社科学术文库

LIBRARY OF
ACADEMIC WORKS OF
SOCIAL SCIENCES

中国民族史人物辞典

高文德 主编

中国社会科学出版社

图书在版编目(CIP)数据

中国民族史人物辞典／高文德主编.—2版.—北京：中国社会科学出版社，2015.3
ISBN 978–7–5161–5711–4

Ⅰ.①中… Ⅱ.①高… Ⅲ.①少数民族–历史人物–中国–词典 Ⅳ.①K828.7–61

中国版本图书馆CIP数据核字(2015)第050424号

出 版 人	赵剑英
责任编辑	任　明
责任校对	韩海超
责任印制	何　艳

出　　版	中国社会科学出版社
社　　址	北京鼓楼西大街甲158号
邮　　编	100720
网　　址	http：//www.csspw.cn
发 行 部	010–84083685
门 市 部	010–84029450
经　　销	新华书店及其他书店
印刷装订	环球印刷（北京）有限公司
版　　次	2015年3月第2版
印　　次	2015年3月第1次印刷
开　　本	880×1230　1/16
印　　张	56.5
插　　页	2
字　　数	2112千字
定　　价	198.00元

凡购买中国社会科学出版社图书，如有质量问题请与本社营销中心联系调换
电话：010–84083683
版权所有　侵权必究

《中国民族史人物辞典》编辑委员会

主　　编　高文德

副　主　编（以姓氏笔画为序）

　　于宝林　马大正　卢　勋　白翠琴
　　杨绍猷　李学洵　陈佳华　周用宜
　　黄　颢　蔡志纯　蔡家艺　滕绍箴

分科主编（以姓氏笔画为序）

　　东北地区：于宝林　陈佳华　滕绍箴
　　北方地区：杨绍猷　高文德　蔡志纯
　　西北地区：马大正　白翠琴　蔡家艺
　　南方地区：卢　勋
　　西藏地区：黄　颢

主要撰稿人（以编写词条数多少为序）

　　高文德　白翠琴　蔡志纯　于宝林
　　陈佳华　杨绍猷　蔡家艺　严圣钦
　　邢玉林　马大正　黄　颢　曹成章
　　黄庭辉　卢　勋　白　滨　赵树恂
　　王慧琴　李凤珍　滕绍箴　祝启源
　　李近春　王宗维　穆宝修　魏良瞍
　　周伟洲　郑俊秀　马恩惠　孟庆芬
　　高淑芬　周用宜　杜荣坤　毛继祖
　　方素梅　郭蕴华　成崇德　罗贤佑
　　罗之基　冉光荣　张江华　陆莲蒂
　　李坚尚　殷　晴

前　言

　　本辞典是有关中国少数民族历史人物的中型专科辞典。在编纂工作中,力求以马克思列宁主义为指导,坚持实事求是精神,争取释文的科学性、知识性、稳定性、简明性的统一。在收词和释义方面,力争在篇幅允许的范围内提供较多的信息,反映新的研究成果,提供较多的人物及内容、较新的材料。我们希望这部辞典能为普及民族史知识,为民族教育事业的发展,促进中外文化交流,提供一种比较实用的工具,能对民族工作者、高等院校师生、社会科学工作者有所帮助。

　　本辞典由中国社会科学院民族研究所历史室主编,并请社会上学有专长、精通民族史的专家、学者撰稿。从1984年着手编写,至1988年总纂定稿。在编纂过程中,许多单位和同志给予大力支持和热情指导,谨在此致以衷心谢意。

　　本辞典虽经反复修改,但由于少数民族历史人物的情况纷繁复杂,涉及方面十分广泛,有些问题尚待研究,加上我们缺乏经验,受到水平限制,缺点和错误在所难免,恳请读者提出宝贵意见,帮助我们今后改进。

《中国民族史人物辞典》编辑委员会
1988年5月

凡 例

一、本辞典是一部中型专科辞典，收录古代至清末少数民族历史人物共5500余条，参见条2000余条。

二、辞典所收录人物，包括在历史上起过一定作用的帝王、后妃、诸王、公主、勋戚；有一定事迹和影响的臣僚、将帅；各少数民族领袖人物、各部重要首领；著名起义领袖和代表人物；在经济、文化、科技等方面有所创造和贡献的科学家、发明家、政革家、学者、文学家、艺人、名医、名匠等；宗教界领袖和著名人物；少数民族传说的祖先；在民族地区起过重要作用的少量汉族人物；等等。

三、辞典所收人物，凡有一人数名或数译者，酌采其中较常见者为正条，其他摘重要者列为参见条，供检索。

四、辞典所收人物，凡属同名的，用①②③等分项叙述。

五、正文中之参见条，均附有正条所在页码，以供查找。

六、辞典之人物名，原则上都改用简化字，只对极少数容易引起混淆的，酌情采用繁体字。

七、本辞典一律以历朝年号纪年，用中文数字表示，后括注公历纪年，用阿拉伯数字表示。公元100年以前者，加"公元"字样。

八、地名用当时古地名，摘重要者括注今地名，古地名与今地名相同者，不注。

九、本辞典按词目笔画顺序排列，正文前有《词目表》。

十、释文中出现的米花（＊）符号，表示该符号后面之人物在本辞典中另有专条解释，可供参阅。

十一、为了向读者介绍更多的信息和研究情况，凡史学界有不同看法的问题，本释文除采同一种主要说法外，并简介其他说法，以供参考。

十二、正文后附有《中国民族历史纪年表》、《中国少数民族政权系谱表》。

目 录

前言 …………………………………………………………… I

凡例 …………………………………………………………… II

词目表 …………………………………………………… 1—88

正文 …………………………………………………… 1—616

附录1 中国民族历史纪年表 ……………………… 617—783

附录2 中国少数民族政权系谱表 ………………… 784—805

词 目 表

一 画

乙辛 ……………………………………… (1)
乙薛 ……………………………………… (1)
乙力支 …………………………………… (1)
乙失钵 …………………………………… (1)
乙室钵 …………………………………… (1)
乙旃眷 …………………………………… (1)
乙息记可汗 ……………………………… (1)
乙旃幡能健 ……………………………… (1)
乙注车鼻可汗 …………………………… (1)
乙毗咄陆可汗 …………………………… (1)
乙毗射匮可汗 …………………………… (1)
乙屈利失乙毗可汗 ……………………… (1)
乙毗沙钵罗叶护可汗 …………………… (1)

二 画

〔一〕

十三太爷 ………………………………… (2)
十姓可汗 ………………………………… (2)
丁炳 ……………………………………… (2)
丁锡 ……………………………………… (2)
丁澎 ……………………………………… (2)
丁燧 ……………………………………… (2)
丁文苑 …………………………………… (2)
丁发祥 …………………………………… (2)
丁国栋 …………………………………… (2)
丁拱辰 …………………………………… (2)
丁洪贵 …………………………………… (2)
丁野夫 …………………………………… (2)
丁景鸿 …………………………………… (2)
丁慎之 …………………………………… (3)
丁鹤年 …………………………………… (3)

丁巴什罗 ………………………………… (3)
七绺须 …………………………………… (3)
七庆朝库儿台吉 ………………………… (3)

〔丨〕

卜阳 ……………………………………… (3)
卜赤 ……………………………………… (3)
卜寨 ……………………………………… (3)
卜撒 ……………………………………… (3)
卜儿孩 …………………………………… (3)
卜只儿 …………………………………… (3)
卜石兔 …………………………………… (3)
卜失兔 …………………………………… (3)
卜列革 …………………………………… (4)
卜言兔 …………………………………… (4)
卜思端 …………………………………… (4)
卜鲁罕 …………………………………… (4)
卜六阿歹 ………………………………… (4)
卜言台周 ………………………………… (4)
卜怜吉歹 ………………………………… (4)
卜都各吉 ………………………………… (4)
卜答失里 ………………………………… (4)
卜言把都儿 ……………………………… (4)
卜颜铁木儿 ……………………………… (4)

〔丿〕

八丹 ……………………………………… (5)
八刺 ……………………………………… (5)
八都 ……………………………………… (5)
八不罕 …………………………………… (5)
八不沙 …………………………………… (5)
八立托 …………………………………… (5)
八思巴 …………………………………… (5)
人皇王 …………………………………… (5)
九松 ……………………………………… (5)
九柱 ……………………………………… (6)

乃牙 …… (6)	刀幹孟 …… (9)
乃颜 …… (6)	刀韫勐 …… (10)
乃蛮台 …… (6)	刀算党 …… (10)
乃乌巴·南喀桑布 …… (6)	刀暹答 …… (10)
	刀懦勐 …… (10)

〔乛〕

刀平 …… (6)	刀糯勐 …… (10)
刀坎 …… (6)	刀霸供 …… (10)
刀典 …… (6)	刀霸羡 …… (10)
刀谈 …… (6)	乜富架 …… (10)
刀浣 …… (6)	
刀士宛 …… (6)	

三　画

〔一〕

刀门俸 …… (6)	三宝 …… (11)
刀木祷 …… (6)	三泰 …… (11)
刀太和 …… (7)	三佛祖 …… (11)
刀太康 …… (7)	三娘子 …… (11)
刀正彦 …… (7)	三模合 …… (11)
刀正综 …… (7)	三罗喇嘛 …… (11)
刀光焕 …… (7)	三宝历代 …… (12)
刀庆罕 …… (7)	三济扎布 …… (12)
刀安仁 …… (7)	三温台吉 …… (12)
刀兴国 …… (8)	三达克多尔济 …… (12)
刀如珍 …… (8)	三都布多尔济 …… (12)
刀更孟 …… (8)	干将 …… (12)
刀两竜 …… (8)	干把珠 …… (12)
刀贡蛮 …… (8)	干其穆尔 …… (12)
刀应勐 …… (8)	于义 …… (12)
刀金宝 …… (8)	于忠 …… (12)
刀放革 …… (8)	于烈 …… (12)
刀怕文 …… (8)	于敖 …… (12)
刀怕便 …… (8)	于頔 …… (13)
刀怕举 …… (8)	于寔 …… (13)
刀奉汉 …… (8)	于谨 …… (13)
刀奉偶 …… (8)	于翼 …… (13)
刀绍文 …… (9)	于休烈 …… (13)
刀承恩 …… (9)	于仲文 …… (13)
刀歪孟 …… (9)	于志宁 …… (13)
刀盈廷 …… (9)	于栗䃅 …… (14)
刀盖罕 …… (9)	于虚出 …… (14)
刀绳武 …… (9)	于阗黑韩王 …… (14)
刀维屏 …… (9)	工布朗结 …… (14)
刀斯郎 …… (9)	工布噶波王 …… (14)
刀景发 …… (9)	工噶嘉木白 …… (14)

土蛮	(14)	大刀王五	(18)
土薛	(14)	大元可汗	(18)
土土哈	(14)	大圣皇帝	(18)
土谢图	(14)	大成比吉	(18)
土麦台吉	(14)	大成台吉	(18)
土登嘉措	(14)	大和卓木	(18)
土伯特台吉	(14)	大俟利发	(18)
土昧阿不害	(15)	大度可汗	(18)
土观呼图克图一世	(15)	大都利行	(18)
土观呼图克图二世	(15)	大慈诺们汗	(18)
土观呼图克图三世	(15)	大策凌敦多布	(18)
土观呼图克图五世	(15)	大策凌敦多克	(18)
土观·罗桑却吉尼玛	(15)	万巴巴	(18)
大石	(15)	万俟洛	(18)
大臭	(15)	万俟普	(18)
大实	(15)	万景和	(18)
大磐	(15)	万俟丑奴	(18)
大檀	(15)	万氏尸逐鞮单于	(18)
大门艺	(15)	兀里	(19)
大元义	(16)	兀纳	(19)
大元瑜	(16)	兀欲	(19)
大仁秀	(16)	兀浑察	(19)
大玄锡	(16)	兀都带	(19)
大同王	(16)	兀良合台	(19)
大华屿	(16)	兀良哈台	(19)
大兴国	(16)	兀鲁忽乃	(19)
大延琳	(16)	兀鲁思罕	(19)
大言义	(16)	兀林答胡土	(19)
大武艺	(16)	兀都思不花	(19)
大玮瑎	(16)	兀鲁思不花	(19)
大昌泰	(16)	兀慎阿不害	(19)
大明忠	(17)	兀慎打儿汉台吉	(19)
大威正	(17)	兀慎阿害兔台吉	(19)
大钦茂	(17)	兀慎打儿罕剌布台吉	(19)
大祚荣	(17)	兀慎歹成打儿汗打儿麻台吉	(19)
大乘都	(17)	才仁旺杰	(19)
大䛒谍	(17)		
大虔晃	(17)	〔丨〕	
大逻便	(17)	口温不花	(20)
大壹夏	(17)	〔丿〕	
大嵩璘	(17)		
大璧只	(17)	千奴	(20)
大彝震	(17)	千家奴	(20)
		乞儿	(20)

词条	页码	词条	页码
乞合都	(20)	也速	(23)
乞伏保	(20)	也不干	(23)
乞伏慧	(20)	也松格	(23)
乞庆哈	(20)	也柳干	(23)
乞离胡	(20)	也速该	(23)
乞四比羽	(20)	也儿吉尼	(23)
乞失里黑	(20)	也先土干	(24)
乞伏公府	(20)	也先不花	(24)
乞伏司繁	(20)	也孙帖额	(24)
乞伏国仁	(20)	也罕的斤	(24)
乞伏轲殚	(21)	也的迷失	(24)
乞伏炽盘	(21)	也速台儿	(24)
乞伏炽磐	(21)	也速忙可	(24)
乞伏益州	(21)	也速迭儿	(24)
乞伏乾归	(21)	也速答儿	(24)
乞伏智达	(21)	也速蒙哥	(25)
乞伏暮末	(21)	也速鲫儿	(25)
乞伏慕末	(21)	也先铁木儿	(25)
乞剌斯八斡节儿	(21)	也孙帖木儿	(25)
义先	(21)	也孙铁木儿	(25)
义巴来	(21)	也迪亦纳勒	(25)
义成公主	(21)	也密力火者	(25)
义坚亚礼	(21)	也儿克兔哈屯	(25)
义渠安国	(21)	也里牙思火者	(25)
久才弥	(21)	女里	(25)
久丹日墀	(21)	小丑	(26)
久若禄益坚赞	(21)	小汉	(26)
凡察	(22)	小哥	(26)

〔丶〕

词条	页码	词条	页码
亡波	(22)	小王子	(26)
门普少得	(22)	小陇拶	(26)

〔乛〕

词条	页码	词条	页码
己宁	(22)	小扎木素	(26)
己珍蒙	(22)	小北阿嬷	(26)
卫律	(22)	小列秃王	(26)
卫慕氏	(22)	小和卓木	(26)
卫征和硕齐	(22)	小云石海涯	(26)
卫征索博该	(22)	小宁国公主	(26)
卫达尔玛诺木欢	(22)	小云石脱忽怜	(26)
也古	(22)	小策凌敦多布	(26)
也先	(23)	小策凌敦多克	(26)
也苦	(23)	小译师查久喜饶	(26)
		习尔	(26)
		习显	(26)
		习不失	(26)

习尼列	(27)	马尕三	(30)
习列吉	(27)	马尕大	(30)
习农乐	(27)	马兰泰	(30)
马五	(27)	马永贞	(30)
马四	(27)	马成祖	(30)
马矢	(27)	马光荣	(30)
马宁	(27)	马守贞	(30)
马和	(27)	马守应	(30)
马注	(27)	马安良	(30)
马骃	(27)	马如龙	(30)
马宥	(27)	马自强	(30)
马雄	(27)	马兆麟	(30)
马瑜	(27)	马汝为	(30)
马锦	(27)	马来迟	(31)
马髯	(27)	马进良	(31)
马儒	(27)	马时芳	(31)
马瞻	(27)	马应龙	(31)
马一龙	(28)	马良柱	(31)
马九皋	(28)	马启西	(31)
马九霄	(28)	马君祥	(31)
马万信	(28)	马明心	(31)
马大用	(28)	马明阳	(31)
马上捷	(28)	马昂夫	(32)
马之龙	(28)	马易之	(32)
马子英	(28)	马忠良	(32)
马元康	(28)	马秉生	(32)
马元章	(28)	马秉良	(32)
马元德	(28)	马河图	(32)
马中任	(28)	马定德	(32)
马少青	(28)	马诚方	(32)
马从谦	(28)	马绍融	(32)
马介泉	(29)	马荣卿	(32)
马化龙	(29)	马哈木	(32)
马文义	(29)	马哈麻	(32)
马文升	(29)	马祖常	(32)
马文禄	(29)	马悟真	(32)
马可思	(29)	马继龙	(33)
马世龙	(29)	马维骐	(33)
马世杰	(29)	马联元	(33)
马世俊	(29)	马黑麻	(33)
马世焘	(29)	马新贻	(33)
马占鳌	(29)	马福塔	(33)
马尔泰	(30)	马福禄	(33)

马殿甲 …… (33)
马德新 …… (33)
马月合乃 …… (33)
马月忽乃 …… (34)
马月忽难 …… (34)
马札儿台 …… (34)
马沙亦黑 …… (34)
马哈金达 …… (34)
马木剌的斤 …… (34)
马合麻火者 …… (34)
马哈德瓦茨 …… (34)
马祥仲巴杰 …… (34)
马可古儿吉思 …… (34)
马黑麻·海答儿 …… (34)
马黑麻·柯尔克孜 …… (34)
马赫穆德·喀什噶里 …… (35)
子元 …… (35)
子丘 …… (35)
子犯 …… (35)

四 画

〔一〕

比 …… (36)
比龙 …… (36)
比栗 …… (36)
比粟 …… (36)
比采粟 …… (36)
比把什 …… (36)
比涉儿 …… (36)
比铜钳 …… (36)
切尽黄台吉 …… (36)
切麦打比多吉 …… (36)
扎什 …… (36)
扎法 …… (36)
扎底 …… (36)
扎木素 …… (37)
扎木禅 …… (37)
扎巴贝 …… (37)
扎尔萧 …… (37)
扎拉芬 …… (37)
扎喀纳 …… (37)
扎巴坚赞 …… (37)
扎巴俄色 …… (37)

扎巴僧格 …… (37)
扎西贝丹 …… (38)
扎西泽巴 …… (38)
扎拉丰阿 …… (38)
扎那噶尔布 …… (38)
扎克巴达颜 …… (38)
扎巴坚赞贝桑波 …… (38)
扎萨克图图们汗 …… (38)
扎贡巴·丹巴若杰 …… (38)
支雄 …… (38)
支谦 …… (38)
支娄迦谶 …… (38)
云 …… (38)
云堆 …… (38)
云丹扎 …… (38)
云丹嘉措 …… (38)
元叉 …… (39)
元奴 …… (39)
元匡 …… (39)
元臣 …… (39)
元羽 …… (39)
元妃 …… (39)
元寿 …… (39)
元宏 …… (39)
元英 …… (39)
元坦 …… (40)
元岩 …… (40)
元谧 …… (40)
元怿 …… (40)
元详 …… (40)
元胄 …… (40)
元顺 …… (40)
元钦 …… (40)
元修 …… (40)
元恂 …… (41)
元恪 …… (41)
元结 …… (41)
元继 …… (41)
元彧 …… (41)
元恭 …… (41)
元晔 …… (41)
元晖 …… (42)
元朗 …… (42)

元悦	(42)	元贵靡	(46)
元祯	(42)	元顺宗	(46)
元略	(42)	元顺帝	(46)
元渊	(42)	元宪宗	(46)
元深	(42)	元晖业	(46)
元愉	(42)	元惠宗	(46)
元善	(42)	元景山	(46)
元斌	(42)	元景安	(46)
元幹	(43)	元善见	(46)
元嵩	(43)	元裕宗	(46)
元遥	(43)	元鲁山	(46)
元廓	(43)	元睿宗	(46)
元雍	(43)	元德秀	(46)
元韶	(43)	无何	(46)
元勰	(43)	无诸	(46)
元澄	(43)	无何允	(46)
元积	(44)	无弋爱剑	(46)
元禧	(44)	天祐	(46)
元澹	(44)	天德	(46)
元徽	(44)	天保奴	(46)
元颢	(44)	天顺皇帝	(47)
元万顷	(44)	天祚皇帝	(47)
元子攸	(44)	天祚帝后	(47)
元天穆	(45)	天祐皇帝	(47)
元太宗	(45)	天授皇帝	(47)
元太祖	(45)	天辅皇帝	(47)
元仁宗	(45)	天锡皇帝	(47)
元文宗	(45)	天赞皇帝	(47)
元文遥	(45)	夫台	(47)
元世祖	(45)	夫差	(47)
元宁宗	(45)	专诸	(47)
元成宗	(45)	专难	(47)
元好问	(45)	开木楚克	(47)
元行冲	(45)	不老	(47)
元次山	(45)	不地	(47)
元孝友	(45)	不合	(47)
元延明	(45)	不花	(47)
元英宗	(45)	不秃	(47)
元武宗	(45)	不只儿	(47)
元明宗	(45)	不花王	(47)
元定宗	(45)	不者克	(47)
元宝炬	(45)	不忽木	(47)
元显宗	(46)	不鲁欢	(47)

不赛因	(47)	瓦克达	(51)
不儿脱阿	(47)	瓦氏夫人	(51)
不他失礼	(48)	瓦剌它卜囊	(51)
不彦台吉	(48)	瓦齐尔博罗特	(51)
不抹阿辛	(48)	王马	(51)
不怜吉歹	(48)	王台	(51)
不欲鲁罕	(48)	王罕	(51)
不答失礼	(48)	王枢	(51)
不亦鲁黑罕	(48)	王忠	(52)
不花帖木儿	(48)	王旻	(52)
不只吉儿台吉	(48)	王杲	(52)
不彦七庆台吉	(48)	王羌	(52)
木公	(48)	王珣	(52)
木征	(48)	王宽	(52)
木哥	(48)	王朔	(52)
木高	(48)	王祥	(52)
木泰	(48)	王崧	(52)
木萨	(49)	王猛	(52)
木得	(49)	王涯	(53)
木森	(49)	王智	(53)
木增	(49)	王禅	(53)
木懿	(49)	王翔	(53)
木八剌	(49)	王锡	(53)
木正源	(49)	王源	(53)
木占春	(49)	王嫱	(53)
木必扒	(49)	王翰	(53)
木仲毅	(49)	王二万	(53)
木华黎	(49)	王二娘	(53)
木里王	(50)	王兀堂	(53)
木知立	(50)	王不花	(54)
木剌忽	(50)	王毛仲	(54)
木骨闾	(50)	王牛儿	(54)
木逢春	(50)	王乌塔	(54)
木答忽	(50)	王化明	(54)
木墨特	(50)	王六具	(54)
木汗可汗	(50)	王文炬	(54)
木杆可汗	(50)	王打文	(54)
木萨·阿斯兰汗	(50)	王正谊	(54)
歹都王	(50)	王世充	(54)
歹雅黄台吉	(50)	王成章	(54)
瓦岱	(50)	王竹淇	(54)
瓦切娃	(50)	王仲宣	(54)
瓦尔喀	(51)	王孝廉	(54)

王丽珠	(54)	车鹿会	(58)
王龟谋	(54)	车臣岱青	(58)
王阿同	(55)	车凌扎布	(58)
王阿崇	(55)	车凌巴勒	(58)
王阿榜	(55)	车凌达什	(58)
王罗祁	(55)	车凌旺布	(58)
王明德	(55)	车凌蒙克	(59)
王和顺	(55)	车犁单于	(59)
王岱舆	(55)	车布登扎布	(59)
王法智	(55)	车臣鄂木布	(59)
王官福	(55)	车凌乌巴什	(59)
王居起	(55)	车凌多岳特	(59)
王承美	(55)	车凌敦多布	(59)
王春藻	(55)	车凌端多布	(59)
王荣祖	(55)	车凌德勒克	(59)
王昭君	(56)	车登三丕勒	(60)
王思礼	(56)	车楞敦噜布	(60)
王宪章	(56)	车木楚克扎布	(60)
王振邦	(56)	车都布多尔济	(60)
王家奴	(56)	车臣默尔根哈屯	(60)
王嵯颠	(56)	车木楚克纳木扎勒	(60)
王裕芬	(56)	丰祐	(60)
王锡桐	(56)	丰伸阿	(60)
王新福	(56)	韦旻	(60)
五路土台吉	(56)	韦保	(60)
五八山只台吉	(56)	韦俊	(60)
五路把都儿台吉	(56)	韦云卿	(60)
五十万打儿汉台吉	(57)	韦以德	(60)
牙兰	(57)	韦同烈	(61)
牙忽都	(57)	韦昌辉	(61)
牙老瓦赤	(57)	韦银豹	(61)
牙刺洼赤	(57)	韦朝元	(61)
屯齐	(57)	韦朝威	(61)
屯屠何	(57)	韦达纳坚	(61)
屯弥桑菩札	(57)	韦杰多日	(61)
车克	(57)	太平	(61)
车里	(57)	太赤	(62)
车根	(57)	太不花	(62)
车凌	(58)	太阳罕	(62)
车薄	(58)	太松汗	(62)
车布登	(58)	太虎罕同	(62)
车臣汗	(58)	太和公主	(62)
车夷落	(58)	尤素甫和卓	(62)

四画 〔一〕〔丨〕〔丿〕

厄僧 …………………………… (62)
厄塞库 ………………………… (62)
厄尔白克 ……………………… (62)
厄碑都拉 ……………………… (62)
区正辞 ………………………… (62)
区希范 ………………………… (62)
匹帝 …………………………… (62)
匹敌 …………………………… (62)
匹娄昭 ………………………… (62)
匹候跋 ………………………… (62)

〔丨〕

止贡赞普 ……………………… (63)
止贡巴·仁钦贝 ……………… (63)
中山 …………………………… (63)
中行说 ………………………… (63)
中山王尚 ……………………… (63)
中山王胜 ……………………… (63)
中山王礜 ……………………… (63)
中山成公 ……………………… (63)
中山武公 ……………………… (63)
中山桓公 ……………………… (63)
中都海牙 ……………………… (63)
内齐 …………………………… (63)
内邬素巴 ……………………… (63)
内齐托音一世 ………………… (64)
内齐托音二世 ………………… (64)
贝住 …………………………… (64)
贝多尔 ………………………… (64)
贝和诺 ………………………… (64)
贝阔赞 ………………………… (64)
贝若咱纳 ……………………… (64)
贝吉德日巴衮 ………………… (64)
日陆眷 ………………………… (64)

〔丿〕

仁先 …………………………… (64)
仁果 …………………………… (64)
仁钦贝 ………………………… (64)
仁多保忠 ……………………… (64)
仁多洗忠 ……………………… (65)
仁多唛丁 ……………………… (65)
仁多楚清 ……………………… (65)
仁钦扎西 ……………………… (65)

仁钦坚赞 ……………………… (65)
仁钦桑布 ……………………… (65)
仁德皇后 ……………………… (65)
仁懿皇后 ……………………… (65)
仁蚌阿旺吉查 ………………… (65)
仁达哇薰奴罗追 ……………… (65)
仁蚌·南喀杰岑 ……………… (65)
仁蚌巴敦悦多吉 ……………… (65)
什钵苾 ………………………… (65)
仆固俊 ………………………… (65)
仆散揆 ………………………… (66)
仆散端 ………………………… (66)
仆固怀恩 ……………………… (66)
仆散安贞 ……………………… (66)
仆散忠义 ……………………… (66)
仆散忽土 ……………………… (66)
仆散留家 ……………………… (67)
化葛 …………………………… (67)
仉机沙 ………………………… (67)
从忍利恩 ……………………… (67)
介赛 …………………………… (67)
仓央嘉措 ……………………… (67)
公孙贺 ………………………… (67)
公孙敖 ………………………… (67)
公孙浑邪 ……………………… (67)
公哥儿监藏班藏卜 …………… (67)
公哥罗古罗思监藏班藏卜 …… (67)
公哥列思巴冲的纳思坚藏班藏卜 …… (67)
毛忠 …………………………… (67)
毛胜 …………………………… (67)
毛福寿 ………………………… (68)
毛里孩王 ……………………… (68)
毛明暗台吉 …………………… (68)
毛拉·比拉勒 ………………… (68)
毛拉木沙·赛拉米 …………… (68)
毛拉穆莎·莎依然米 ………… (68)
牛钮 …………………………… (68)
牛焘 …………………………… (68)
升允 …………………………… (68)
升泰 …………………………… (68)
升天皇帝 ……………………… (68)
长 ……………………………… (68)
长寿 …………………………… (68)

长没 …… (69)	乌须弗 …… (73)
长秃 …… (69)	乌重胤 …… (73)
长昂 …… (69)	乌雅束 …… (73)
长庚 …… (69)	乌就屠 …… (73)
长顺 …… (69)	乌禅幕 …… (73)
长脚 …… (69)	乌路孤 …… (73)
长善 …… (69)	乌默客 …… (73)
长龄 …… (69)	乌介可汗 …… (73)
长孙平 …… (69)	乌什哈达 …… (73)
长孙肥 …… (69)	乌古论镐 …… (74)
长孙俭 …… (70)	乌古孙泽 …… (74)
长孙览 …… (70)	乌尔秃布 …… (74)
长孙炽 …… (70)	乌尔恭额 …… (74)
长孙晟 …… (70)	乌尔棍泰 …… (74)
长孙嵩 …… (70)	乌延查剌 …… (74)
长孙稚 …… (70)	乌伯都剌 …… (74)
长孙翰 …… (70)	乌维单于 …… (74)
长孙无忌 …… (71)	乌藉单于 …… (74)
长孙绍远 …… (71)	乌雷直懃 …… (74)
长孙皇后 …… (71)	乌木布尔代 …… (74)
长孙道生 …… (71)	乌古论长寿 …… (75)
长寿天亲可汗 …… (71)	乌古论庆寿 …… (75)
爪都 …… (71)	乌古论留可 …… (75)
爪儿图 …… (71)	乌古论德升 …… (75)
乌也 …… (71)	乌古孙兀屯 …… (75)
乌云 …… (71)	乌古孙仲端 …… (75)
乌延 …… (71)	乌古孙良桢 …… (75)
乌者 …… (71)	乌尔呼玛勒 …… (75)
乌春 …… (71)	乌延吾里补 …… (75)
乌泰 …… (71)	乌延胡里改 …… (76)
乌野 …… (72)	乌延蒲卢浑 …… (76)
乌乞迈 …… (72)	乌达博罗特 …… (76)
乌也儿 …… (72)	乌林答石显 …… (76)
乌马儿 …… (72)	乌林答胡土 …… (76)
乌云珠 …… (72)	乌林答泰欲 …… (76)
乌古乃 …… (72)	乌林答赞谋 …… (76)
乌尔占 …… (72)	乌珂克图汗 …… (76)
乌尔衮 …… (72)	乌萨哈尔汗 …… (76)
乌兰泰 …… (72)	乌鲁斯拜琥 …… (76)
乌玄明 …… (72)	乌讷博罗特王 …… (76)
乌纥堤 …… (72)	乌苏米施可汗 …… (76)
乌孝慎 …… (72)	乌格齐哈什哈 …… (76)
乌质勒 …… (73)	乌累若鞮单于 …… (77)

乌鲁斯博罗特 …………………… (77)
乌力吉吉尔格勒 ………………… (77)
乌巴缴察青台吉 ………………… (77)
乌和特隆归达赖 ………………… (77)
乌珠留若鞮单于 ………………… (77)
乌稽侯尸逐鞮单于 ……………… (77)
勾德实 …………………………… (77)
勾践 ……………………………… (77)
丹忠 ……………………………… (77)
丹津 ……………………………… (77)
丹丕尔 …………………………… (78)
丹济拉 …………………………… (78)
丹鹏晏 …………………………… (78)
丹贝尼玛 ………………………… (78)
丹巴次仁 ………………………… (78)
丹巴桑结 ………………………… (78)
丹白尼玛 ………………………… (78)
丹白旺秋 ………………………… (78)
丹松次仁 ………………………… (78)
丹珍策旺 ………………………… (79)
丹增达赖 ………………………… (79)
丹巴多尔济 ……………………… (79)
丹巴都噶尔 ……………………… (79)
丹金旺古拉 ……………………… (79)
丹津多尔济 ……………………… (79)
丹津珲台吉 ……………………… (79)
丹津班珠尔 ……………………… (79)
丹津鄂木布 ……………………… (79)
丹津额尔德尼 …………………… (79)
丹济墨吹济加木参 ……………… (79)
月伦 ……………………………… (80)
月即别 …………………………… (80)
月里朵 …………………………… (80)
月思别 …………………………… (80)
月理朵 …………………………… (80)
月赤察儿 ………………………… (80)
月鲁不花 ………………………… (80)
月鲁帖木儿 ……………………… (80)
月举连赤海牙 …………………… (80)
凤英 ……………………………… (80)
凤瑞 ……………………………… (81)
凤伽异 …………………………… (81)
凤弟吉 …………………………… (81)

〔、〕

计美多吉协加衮钦 ……………… (81)
文山 ……………………………… (81)
文庆 ……………………………… (81)
文妃 ……………………………… (81)
文孚 ……………………………… (81)
文昭 ……………………………… (81)
文种 ……………………………… (81)
文铬 ……………………………… (81)
文祥 ……………………………… (81)
文通 ……………………………… (82)
文硕 ……………………………… (82)
文康 ……………………………… (82)
文瑞 ……………………………… (82)
文幹 ……………………………… (82)
文篁 ……………………………… (82)
文煜 ……………………………… (82)
文蔚 ……………………………… (82)
文殊奴 …………………………… (82)
文成公主 ………………………… (82)
文献皇帝 ………………………… (82)
文成文明皇后 …………………… (82)
文献独孤皇后 …………………… (83)
方异玙 …………………………… (83)
火者 ……………………………… (83)
火真 ……………………………… (83)
火筛 ……………………………… (83)
火斌 ……………………………… (83)
火落赤 …………………………… (83)
火臣别吉 ………………………… (83)
火里火真 ………………………… (83)
火鲁火孙 ………………………… (83)
火阿真伯姬 ……………………… (83)
火者他只丁 ……………………… (83)
火赤哈儿的斤 …………………… (83)

〔フ〕

邓宓 ……………………………… (83)
邓叔子 …………………………… (83)
劝丰祐 …………………………… (84)
劝龙晟 …………………………… (84)
劝利晟 …………………………… (84)
双曰 ……………………………… (84)

双福	(84)
孔雀	(84)
允礼	(84)
允礽	(84)
允祉	(84)
允祥	(84)
允禄	(84)
允禵	(85)
允祺	(85)
允禧	(85)
允䄔	(85)
允天嘉木措	(85)
尹珍	(85)
尹怀昌	(85)
尹神武	(85)
尹继善	(85)
尹湛纳希	(85)
尹咱呼图克图	(86)
丑	(86)
丑奴	(86)
丑伐	(86)
丑间	(86)
巴山	(86)
巴布	(86)
巴秃	(86)
巴拜	(86)
巴哈	(86)
巴济	(86)
巴泰	(86)
巴朗	(86)
巴海	(87)
巴桑	(87)
巴禄	(87)
巴赛	(87)
巴布顶	(87)
巴布泰	(87)
巴尔堪	(87)
巴西萨	(87)
巴扬阿	(87)
巴奇兰	(88)
巴哈布	(88)
巴思哈	(88)
巴笃理	(88)
巴雅尔	(88)
巴雅喇	(88)
巴木巴尔	(88)
巴布扎布	(88)
巴尔达齐	(88)
巴克巴海	(89)
巴延蒙克	(89)
巴拉吉尔	(89)
巴图蒙克	(89)
巴剌术黑	(89)
巴勒达尔	(89)
巴勒珠尔	(89)
巴颜恩克	(89)
巴尔思不花	(89)
巴延帖木儿	(89)
巴勒布冰图	(89)
巴雅尔什第	(89)
巴雅尔拉瑚	(89)
巴雅尔堪布	(89)
巴穆布尔善	(89)
巴尔斯博罗特	(89)
巴图尔乌巴什	(90)
巴图尔珲台吉	(90)
巴图济尔噶勒	(90)
巴赖都尔莽奈	(90)
巴木丕勒多尔济	(90)
巴卧·祖拉陈哇	(90)
巴雅斯呼朗诺颜	(90)
巴而术阿而忒的斤	(90)
巴延达喇纳琳台吉	(91)
巴图尔额尔克济农	(91)
巴雅思哈勒昆都楞汗	(91)
予成	(91)
水应龙	(91)
书麟	(91)
书库尔	(91)
书库尔岱青	(91)

五　画

〔一〕

功嘉葛剌思	(92)
打来孙	(92)
打来罕	(92)

打郎台吉	(92)	古欲	(96)
打儿汉台吉	(92)	古噜	(96)
打赖宰生台吉	(92)	古儿罕	(96)
打鲁哇亦不剌金	(92)	古与涅	(96)
札杜	(92)	古余克	(96)
札剌	(92)	古禄格	(96)
札木毕	(92)	古睦德	(96)
札木合	(92)	古儿别速	(96)
札尔善	(92)	古尔布什	(96)
札坦保	(92)	古拉兰萨	(96)
札剌儿	(92)	古叶仁钦贡	(96)
札铁匠	(92)	古出鲁克罕	(96)
札干和卓	(92)	古把克哈敦	(96)
札马鲁丁	(93)	去卑	(97)
札合敢不	(93)	去诸	(97)
札罕格尔	(93)	去特若尸逐就单于	(97)
札阿绀孛	(93)	末只	(97)
札哈坚普	(93)	末赤	(97)
札八儿火者	(93)	末哥	(97)
札牙笃皇帝	(93)	末振将	(97)
札西巴图尔	(93)	术乃	(97)
札那巴札尔	(93)	术赤	(97)
札巴·恩协坚	(93)	术伯	(97)
艾拉汗	(93)	术者	(97)
艾斯木汗	(93)	术烈	(97)
丙兔	(93)	术赤台	(97)
正吉·泽登罗布	(94)	术里者	(98)
玉保	(94)	术汗可汗	(98)
玉德	(94)	术虎高琪	(98)
玉擦	(94)	本塔尔	(98)
玉麟	(94)	本雅失里	(98)
玉元鼎	(94)	世伏	(98)
玉努斯	(94)	世良	(98)
玉哇失	(94)	世续	(98)
玉素布	(95)	世隆	(98)
玉木忽儿	(95)	世德	(98)
玉龙答失	(95)	甘父	(98)
玉努斯江	(95)	甘不剌	(98)
玉昔帖木儿	(95)	甘麻剌	(98)
玉素普和卓	(95)	甘特木耳	(98)
玉素甫·卡迪尔汗	(95)	甘丹法台衮丘群佩	(98)
玉素甫·哈斯·哈吉甫	(95)	东纯	(99)
古乃	(96)	东明	(99)

东垣	(99)	布延巴图尔鸿台吉	(101)
东丹王	(99)	石世	(101)
东丹赞华	(99)	石生	(101)
东登工布	(99)	石弘	(102)
东魏孝静帝	(99)	石宏	(102)
东科尔·达瓦坚赞	(99)	石武	(102)
东科尔呼图克图一世	(99)	石苞	(102)
东科尔呼图克图二世	(99)	石虎	(102)
东科尔呼图克图三世	(99)	石柳	(102)
东科尔呼图克图四世	(99)	石挺	(102)
东科尔呼图克图五世	(99)	石宣	(102)
布当	(99)	石恢	(102)
布延	(99)	石祗	(102)
布桥	(99)	石豹	(103)
布寨	(99)	石勒	(103)
布木巴	(99)	石斌	(103)
布四麻	(99)	石琨	(103)
布占泰	(99)	石堪	(103)
布达齐	(99)	石鲁	(103)
布扬古	(99)	石韬	(103)
布拉敦	(100)	石鉴	(103)
布彦泰	(100)	石遵	(103)
布腊约	(100)	石邃	(103)
布智儿	(100)	石瞻	(104)
布颜代	(100)	石三保	(104)
布颜图	(100)	石久云	(104)
布仁扎仁	(100)	石天爵	(104)
布尔喀图	(100)	石凤魁	(104)
布达扎布	(100)	石文魁	(104)
布延楚克	(100)	石以定	(104)
布齐吉尔	(100)	石世龙	(104)
布孜尔罕	(100)	石古乃	(104)
布拉呢敦	(100)	石达开	(104)
布图克森	(101)	石观保	(104)
布岱恭杰	(101)	石抹元	(104)
布素鲁克	(101)	石抹卞	(104)
布鲁海牙	(101)	石抹荣	(105)
布尔罕尼丁	(101)	石昌松	(105)
布延彻辰汗	(101)	石季龙	(105)
布库里雍顺	(101)	石柳邓	(105)
布顿·宝成	(101)	石皇玺	(105)
布尔布达尔济	(101)	石重贵	(105)
布顿·仁钦朱	(101)	石祥祯	(105)

石敬瑭	(105)	龙汉琓	(108)
石演芬	(105)	龙汉瑭	(109)
石镇仑	(105)	龙汉璯	(109)
石篆太	(106)	龙母叟	(109)
石抹九柱	(106)	龙在田	(109)
石抹乞儿	(106)	龙许保	(109)
石抹也先	(106)	龙异阁	(109)
石抹元毅	(106)	龙求儿	(109)
石抹不老	(106)	龙佑那	(109)
石抹世勣	(106)	龙者宁	(109)
石抹仲温	(106)	龙定国	(109)
石抹怀忠	(106)	龙科桑	(109)
石抹明安	(106)	龙彦韬	(109)
石抹明里	(107)	龙健能	(109)
石抹狗狗	(107)	龙海宽	(109)
石抹宜孙	(107)	龙海基	(110)
石抹查剌	(107)	龙麻阳	(110)
石抹按只	(107)	龙童保	(110)
石抹曷鲁	(107)	龙蒙盛	(110)
石抹高奴	(107)	龙凤佑那	(110)
石抹继祖	(107)	龙突骑支	(110)
石抹常山	(107)	龙栗婆准	(110)
石抹移迭	(107)	龙婆伽利	(110)
石盏合喜	(107)	龙鸠尸卑那	(110)
石盏尉忻	(107)	龙薛婆阿支	(110)
石抹孛迭儿	(107)	龙日格丹达尔	(110)
石抹咸得不	(107)	可老	(110)
石抹靳家奴	(107)	可忒	(110)
石盏女鲁欢	(108)	可沓振	(110)
左禾	(108)	可度者	(110)
左膺	(108)	可突于	(110)
左宝贵	(108)	可博真	(110)
龙会	(108)	可可出大	(110)
龙安	(108)	可朱浑元	(110)
龙升	(108)	可黎可足	(111)
龙咀	(108)		
龙哥	(108)	〔丨〕	
龙熙	(108)		
龙骥	(108)	北辽宣宗	(111)
龙上登	(108)	北周太祖	(111)
龙子贤	(108)	北周文帝	(111)
龙不登	(108)	北周世宗	(111)
龙凤翔	(108)	北周武帝	(111)
		北周明帝	(111)

北周宣帝 ……………………… (111)	叶臣 ………………………… (111)
北周高祖 ……………………… (111)	叶延 ………………………… (111)
北周静帝 ……………………… (111)	叶仙萧 ……………………… (111)
北宫伯玉 ……………………… (111)	叶孙脱 ……………………… (112)
北凉太祖 ……………………… (111)	叶克书 ……………………… (112)
北燕太祖 ……………………… (111)	叶速该 ……………………… (112)
北魏太宗 ……………………… (111)	叶悖麻 ……………………… (112)
北魏太祖 ……………………… (111)	叶护太子 …………………… (112)
北魏世宗 ……………………… (111)	叶护可汗 …………………… (112)
北魏世祖 ……………………… (111)	叶谛弥实 …………………… (112)
北魏出帝 ……………………… (111)	叭真 ………………………… (112)
北魏肃宗 ……………………… (111)	叭来巫 ……………………… (112)
北魏始祖 ……………………… (111)	叭竜杠 ……………………… (112)
北魏显祖 ……………………… (111)	叭阿拉武 …………………… (112)
北魏恭宗 ……………………… (111)	叭桑目底 …………………… (112)
北魏高宗 ……………………… (111)	叱地好 ……………………… (113)
北魏高祖 ……………………… (111)	叱利平 ……………………… (113)
北魏敬宗 ……………………… (111)	叱列陟 ……………………… (113)
北齐神武帝 …………………… (111)	叱列伏龟 …………………… (113)
北周孝闵帝 …………………… (111)	叱列延庆 …………………… (113)
北燕文成帝 …………………… (111)	叱罗可汗 …………………… (113)
北燕昭成帝 …………………… (111)	叫场 ………………………… (113)
北魏文皇帝 …………………… (111)	卢不姑 ……………………… (113)
北魏节闵帝 …………………… (111)	占布拉 ……………………… (113)
北魏后废帝 …………………… (111)	占巴拉道尔基 ……………… (113)
北魏孝武帝 …………………… (111)	卡班巴伊 …………………… (113)
北魏昭皇帝 …………………… (111)	卡塔条勒 …………………… (113)
北魏前废帝 …………………… (111)	卡提条列 …………………… (113)
北魏桓皇帝 …………………… (111)	只克 ………………………… (113)
北魏道武帝 …………………… (111)	只没 ………………………… (113)
北魏穆皇帝 …………………… (111)	只骨 ………………………… (113)
北齐神武娄后 ………………… (111)	只刺里 ……………………… (113)
北魏太武皇帝 ………………… (111)	只刺瓦弥的理 ……………… (113)
北魏文成皇帝 ………………… (111)	出伯 ………………………… (113)
北魏平文皇帝 ………………… (111)	业普铿 ……………………… (113)
北魏孝文皇帝 ………………… (111)	且鞮侯单于 ………………… (113)
北魏孝庄皇帝 ………………… (111)	田五 ………………………… (114)
北魏孝明皇帝 ………………… (111)	田丰 ………………………… (114)
北魏明元皇帝 ………………… (111)	田玄 ………………………… (114)
北魏神元皇帝 ………………… (111)	田苗 ………………………… (114)
北魏宣武皇帝 ………………… (111)	田富 ………………………… (114)
北魏景穆皇帝 ………………… (111)	田强 ………………………… (114)
北魏献文皇帝 ………………… (111)	田九龙 ……………………… (114)

五画 〔丨〕〔丿〕

田九霄 …………………… (114)
田万顷 …………………… (114)
田世爵 …………………… (114)
田甘霖 …………………… (114)
田四浪 …………………… (114)
田处达 …………………… (114)
田汉权 …………………… (114)
田光宝 …………………… (114)
田谷佐 …………………… (115)
田罗驹 …………………… (115)
田旻如 …………………… (115)
田思迁 …………………… (115)
田思飘 …………………… (115)
田胜贵 …………………… (115)
田保富 …………………… (115)
田彦伊 …………………… (115)
田彦晏 …………………… (115)
田祐恭 …………………… (115)
田既霖 …………………… (115)
田家培 …………………… (115)
田景迁 …………………… (115)
田景贤 …………………… (115)
田舜年 …………………… (115)
田楚产 …………………… (115)
田镇海 …………………… (115)
田霈霖 …………………… (115)
由屯 ……………………… (116)
甲·怯喀巴 ……………… (116)
甲域哇钦波 ……………… (116)
四朗彭措 ………………… (116)
史昕 ……………………… (116)
史定 ……………………… (116)
史禄 ……………………… (116)
史献 ……………………… (116)
史大奈 …………………… (116)
史大奈 …………………… (116)
史怀道 …………………… (116)
史思明 …………………… (116)
史都蒙 …………………… (116)
史继先 …………………… (116)
史朝义 …………………… (116)
央金楚白多吉 …………… (117)
央金噶韦洛追 …………… (117)

冉元 ……………………… (117)
冉闵 ……………………… (117)
冉智 ……………………… (117)
冉瞻 ……………………… (117)
冉如彪 …………………… (117)
冉跃龙 …………………… (117)

〔丿〕

代善 ……………………… (117)
他失 ……………………… (117)
他汗可汗 ………………… (117)
卯里孩王 ………………… (117)
令介讹遇 ………………… (117)
尔朱兆 …………………… (118)
尔朱荣 …………………… (118)
尔朱敞 …………………… (118)
尔朱天光 ………………… (118)
尔朱世隆 ………………… (118)
尔朱彦伯 ………………… (118)
尕藏图旦旺秀 …………… (118)
务勿尘 …………………… (119)
务达海 …………………… (119)
失活 ……………………… (119)
失力哥 …………………… (119)
失里吉 …………………… (119)
失里伯 …………………… (119)
失都儿 …………………… (119)
失烈门 …………………… (119)
失怜答里 ………………… (119)
失拜烟答 ………………… (119)
失儿古额秃 ……………… (119)
失吉忽秃忽 ……………… (119)
失钵屈阿栈 ……………… (119)
丘力居 …………………… (119)
丘豆伐可汗 ……………… (119)
白山 ……………………… (119)
白龙 ……………………… (119)
白纯 ……………………… (119)
白英 ……………………… (120)
白郎 ……………………… (120)
白霸 ……………………… (120)
白元光 …………………… (120)
白孝德 …………………… (120)

白里俾	(120)	让国皇帝	(123)
白明达	(120)	汉岱	(123)
白和卓	(120)	礼敦	(123)
白承福	(120)	立山	(123)
白素稽	(120)	立遵	(123)
白凌阿	(120)	立智理威	(123)
白腊切	(120)	玄祖	(123)
白腊车	(120)	玄烨	(123)
白亚栗斯	(120)	主儿扯歹	(124)
白苏尼咥	(120)	兰汗	(124)
白苏发叠	(121)	兰轩主人	(124)
白玛结布	(121)	写亦虎仙	(124)
白若杂纳	(121)	宁纯	(124)
白郁久同	(121)	宁明	(124)
白眉可汗	(121)	宁赞	(124)
白苏伐勃驮	(121)	宁子宁	(124)
白洪大台吉	(121)	宁长真	(124)
白诃黎布失毕	(121)	宁古哩	(125)
白利土司屯月多吉	(121)	宁北妃	(125)
白珠乌坚吉美却吉旺波	(121)	宁令哥	(125)
瓜里	(121)	宁贯娃	(125)
句渠知	(121)	宁原悌	(125)
包利	(121)	宁猛力	(125)
包大度	(121)	宁道务	(125)
处可汗	(121)	宁国公主	(125)
处罗侯	(122)	永丹	(125)
处般啜	(122)	永贵	(125)
处罗可汗	(122)	永珹	(125)
乐善	(122)	永恩	(125)
乐音奴	(122)	永常	(126)
		永琪	(126)
〔丶〕		永祺	(126)
冯仆	(122)	永璋	(126)
冯弘	(122)	永瑢	(126)
冯胜	(122)	永瑆	(126)
冯盎	(122)	永邵卜大成台吉	(126)
冯跋	(122)	必招	(126)
冯万泥	(122)	必思	(126)
冯太后	(122)	必摄	(126)
冯从吾	(122)	必力工瓦僧	(126)
冯乳陈	(123)	必力克图汗	(126)
冯素弗	(123)	必兰纳失里	(126)
让迥多吉	(123)	必巴锡鄂特罕	(126)

头克汗 …… (126)
头曼单于 …… (126)
闪人望 …… (127)
闪仲俨 …… (127)
闪仲侗 …… (127)
闪缮迪 …… (127)

〔乛〕

加罕和卓 …… (127)
对喀纳 …… (127)
弘历 …… (127)
弘古 …… (127)
弘旺 …… (127)
弘昼 …… (127)
弘皎 …… (127)
弘瞻 …… (128)
奴哥 …… (128)
召五定 …… (128)
召匾勐 …… (128)
召晚纳夤 …… (128)
台石台吉 …… (128)
民旦 …… (128)
皮逻阁 …… (128)
皮儿马黑麻 …… (128)
发思八 …… (128)
尼堪 …… (128)
尼玛丹怎 …… (128)
尼玛塘巴 …… (128)
尼佛鲁慈 …… (128)
尼庞古鉴 …… (128)
尼堪外兰 …… (128)
尼玛嘉木参 …… (129)
尼厖古钞兀 …… (129)
司马喜 …… (129)
司马赒 …… (129)
司马熹 …… (129)
司迪克 …… (129)
辽义宗 …… (129)
辽太宗 …… (129)
辽太祖 …… (129)
辽仁宗 …… (129)
辽世宗 …… (129)
辽圣宗 …… (129)
辽兴宗 …… (129)
辽顺宗 …… (129)
辽宣宗 …… (129)
辽景宗 …… (129)
辽道宗 …… (129)
辽穆宗 …… (129)
辽德宗 …… (129)
辽天祚帝 …… (129)
边厮波结 …… (129)

六 画

〔一〕

邦彪笺 …… (130)
迁鲁 …… (130)
地万 …… (130)
地保奴 …… (130)
地粟袁 …… (130)
朴不花 …… (130)
朴古只沙里 …… (130)
芒松芒赞 …… (130)
吉甫 …… (130)
吉能 …… (130)
吉囊 …… (130)
吉尔杭阿 …… (130)
吉谟雅丁 …… (130)
吉德尼玛衮 …… (131)
吉克美丹巴嘉措 …… (131)
吉剌思巴监藏巴藏卜 …… (131)
吉格木德丹金扎木苏 …… (131)
老古 …… (131)
老斡 …… (131)
老回回 …… (131)
老把都 …… (131)
老上单于 …… (131)
老布僧确泊勒 …… (131)
西施 …… (131)
西斋 …… (131)
西清 …… (131)
西太后 …… (131)
西双漂 …… (131)
西林布 …… (131)
西常阿 …… (131)
西喇布 …… (131)

西辽仁宗	(131)	达扎路恭	(135)
西辽德宗	(131)	达日聂西	(135)
西纳格西	(131)	达什丕勒	(135)
西林太清	(131)	达什达瓦	(135)
西秦太祖	(131)	达布聂西	(135)
西秦烈祖	(131)	达尔济雅	(135)
西秦高祖	(132)	达头可汗	(135)
西第什哩	(132)	达麦多吉	(135)
西魏废帝	(132)	达玛仁钦	(135)
西魏恭帝	(132)	达玛旺秋	(135)
西魏悼后	(132)	达拉那达	(135)
西喇巴雅尔	(132)	达波贡巴	(135)
西魏文皇帝	(132)	达波拉结	(136)
西辽承天太后	(132)	达奚长儒	(136)
西纳喇嘛却帕坚赞	(132)	达海绀卜	(136)
西纳喇嘛班觉仁钦	(132)	达勒党阿	(136)
西纳堪布喜饶益西贝桑波	(132)	达赖一世	(136)
夸吕	(132)	达赖二世	(136)
夺里懒	(132)	达赖三世	(136)
有尚	(132)	达赖四世	(136)
存诚道人	(132)	达赖五世	(136)
达云	(132)	达赖六世	(136)
达瓦	(133)	达赖七世	(136)
达什	(133)	达赖八世	(136)
达玛	(133)	达赖九世	(136)
达素	(133)	达赖十世	(136)
达海	(133)	达赖台什	(136)
达赉	(133)	达赞东斯	(136)
达颜	(133)	达磨梭底	(136)
达不也	(133)	达磨赞普	(136)
达瓦齐	(133)	达什巴图尔	(136)
达尔汉	(133)	达什达尔札	(136)
达延汗	(134)	达什朋素克	(136)
达克杂	(134)	达尔札策凌	(137)
达玛璘	(134)	达尔玛达都	(137)
达孜巴	(134)	达礼麻识理	(137)
达洪阿	(134)	达甫茹拉杰	(137)
达涅尔	(134)	达识帖睦迩	(137)
达奚武	(134)	达秋·古鲁	(137)
达奚震	(134)	达理麻识理	(137)
达鲁古	(134)	达赍逊库登	(137)
达赖汗	(135)	达赖十一世	(137)
达颜恰	(135)	达赖十二世	(137)

六画 〔一〕 21

达赖十三世	(137)	托浑布	(141)
达赖巴图尔	(137)	托隆武	(141)
达尼雅尔和卓	(137)	托博克	(141)
达仓巴·班觉桑布	(137)	托尔托保	(141)
达玛巴拉热格希达	(137)	托多额尔德尼	(142)
达垅塘巴·扎希贝	(137)	托克托玛木特	(142)
达垅巴·阿旺丹丘桑布	(138)	执失思力	(142)
达普巴·罗桑登白坚赞	(138)	扩端	(142)
达莫·门让巴·洛桑却札	(138)	扩廓帖木儿	(142)
迈柱	(138)	扫刺	(142)
迈来迪	(138)	扬歌	(142)
迈买的明	(138)	扬吉儿汗	(142)
迈买铁里	(138)	邪务	(142)
迈里古思	(138)	毕取	(142)
迈孜木汗	(139)	毕力克图	(142)
迈孜木杂特	(139)	毕玛拉米扎	(142)
迈玛特玉素普	(139)	毕贺咄叶护	(142)
迈达里呼图克图	(139)	毕里衮鄂齐尔	(143)
成果	(139)	尧骨	(143)
成德	(139)	过折	(143)
成汉太宗	(139)	臣磐	(143)
成汉中宗	(139)	夷列	(143)
成汉文帝	(139)	夷男	(143)
成汉武帝	(139)	夷刺葛	(143)
成汉始祖	(139)		
成汉哀帝	(139)	〔丨〕	
成汉景帝	(139)	贞懿皇后	(143)
成汉献帝	(139)	师子	(143)
成吉思汗	(139)	师范	(143)
成安公主	(140)	师姑	(143)
成烈嘉措	(140)	师问忠	(143)
成衮扎布	(140)	当先别乞失	(143)
百里俾	(140)	光绪帝	(143)
百家奴	(140)	吁里兀	(143)
夹谷查剌	(140)	吐于	(143)
夹谷清臣	(140)	吐延	(143)
夹谷谢奴	(140)	吐万仁	(143)
夹谷吾里补	(141)	吐万绪	(144)
托云	(141)	吐奴傀	(144)
托津	(141)	吐谷浑	(144)
托云保	(141)	吐迷度	(144)
托克湍	(141)	吐贺真	(144)
托明阿	(141)	吐斤洛周	(144)

吐尔阿沙 …………………… (144)	朱尔鉴格 …………………… (147)
吐谷浑玑 …………………… (144)	朱邪赤心 …………………… (147)
吐谷浑静媚 ………………… (144)	伟齐 ………………………… (147)
刚林 ………………………… (144)	休利 ………………………… (147)
刚毅 ………………………… (144)	休哥 ………………………… (147)
刚多尔济 …………………… (144)	休莫霸 ……………………… (147)
吕弘 ………………………… (144)	休留茂 ……………………… (147)
吕光 ………………………… (145)	休屠王 ……………………… (147)
吕绍 ………………………… (145)	休兰尸逐侯鞮单于 ………… (147)
吕赵 ………………………… (145)	伍员 ………………………… (147)
吕隆 ………………………… (145)	伍子胥 ……………………… (148)
吕超 ………………………… (145)	伍弥泰 ……………………… (148)
吕嘉 ………………………… (145)	伍遵契 ……………………… (148)
吕纂 ………………………… (145)	伏允 ………………………… (148)
吕那改 ……………………… (145)	伏图 ………………………… (148)
吕婆楼 ……………………… (145)	伏连筹 ……………………… (148)
早可 ………………………… (146)	伏帝难 ……………………… (148)
早慨 ………………………… (146)	伏帝匐 ……………………… (148)
早疆 ………………………… (146)	伏古敦可汗 ………………… (148)
早乐东 ……………………… (146)	伐佛狸 ……………………… (148)
同同 ………………………… (146)	仳俚迦忽底 ………………… (148)
同阿尔 ……………………… (146)	仳俚伽帖木儿 ……………… (148)
同治帝 ……………………… (146)	仲方 ………………………… (148)
回回 ………………………… (146)	仲宣 ………………………… (148)
回离保 ……………………… (146)	仲恭 ………………………… (148)
曲出 ………………………… (146)	仲温 ………………………… (149)
曲枢 ………………………… (146)	仲敦巴 ……………………… (149)
曲据 ………………………… (146)	仲巴呼图克图 ……………… (149)
曲出律 ……………………… (146)	仲钦南喀桑波 ……………… (149)
曲律皇帝 …………………… (146)	仲钦·查巴桑波 …………… (149)
曲杰顿珠仁钦 ……………… (146)	任者 ………………………… (149)
曳莽 ………………………… (147)	伦都儿灰 …………………… (149)
曳剌粘古 …………………… (147)	仰加奴 ……………………… (149)
	伊拜 ………………………… (149)
〔丿〕	伊匐 ………………………… (149)
竹王 ………………………… (147)	伊巴哩 ……………………… (149)
竹珊 ………………………… (147)	伊尔德 ……………………… (149)
竹白旺修索南乔吉郎布 …… (147)	伊兴额 ……………………… (149)
先那准 ……………………… (147)	伊汤安 ……………………… (150)
先贤掸 ……………………… (147)	伊里布 ……………………… (150)
乔白郎 ……………………… (147)	伊娄谦 ……………………… (150)
朱申 ………………………… (147)	伊桑阿 ……………………… (150)
朱哥 ………………………… (147)	伊勒图 ……………………… (150)

伊勒慎	(150)	后汉隐帝	(154)
伊萨克	(150)	后赵太祖	(154)
伊清阿	(150)	后赵武帝	(154)
伊斯满	(150)	后赵明帝	(154)
伊利可汗	(150)	后赵高祖	(154)
伊希姆汗	(150)	后晋高祖	(154)
伊勒都齐	(150)	后唐太祖	(154)
伊斯哈克	(151)	后唐庄宗	(154)
伊然可汗	(151)	后唐明宗	(154)
伊墨居次	(151)	后凉太祖	(154)
伊达木扎布	(151)	后燕中宗	(154)
伊勒登诺颜	(151)	后燕世祖	(154)
伊斯玛依勒	(151)	后燕烈宗	(154)
伊斯堪达尔	(151)	后燕武成帝	(154)
伊稚斜单于	(151)	后燕昭文帝	(154)
伊什丹巴尼玛	(151)	后燕昭武帝	(154)
伊西斯嘉穆措	(151)	后燕惠闵帝	(154)
伊特勿失可汗	(151)	后凉懿武皇帝	(154)
伊希丹毕扎拉参	(152)	合丹	(154)
伊陵尸逐就单于	(152)	合臣	(154)
伊喜当增旺扎拉	(152)	合住	(154)
伊希·丹金旺吉拉	(152)	合卓	(154)
伊喜洛桑丹贝贡布	(152)	合答	(154)
伊拉古克三呼图克图	(152)	合赞	(154)
伊卜拉欣·土库曼伊利克	(152)	合赤温	(154)
伊利俱卢设莫何始波罗可汗	(152)	合刺带	(154)
伊卜拉欣·桃花石·博格拉汗	(152)	合撒儿	(154)
乩遇	(152)	合儿班答	(154)
乩加思兰	(153)	合不勒罕	(155)
华卿	(153)	合刺合孙	(155)
华聘	(153)	合刺旭烈	(155)
华台吉	(153)	合刺普华	(155)
延	(153)	合丹斡忽勒	(155)
延信	(153)	合刺旭烈兀	(155)
延宠	(153)	合鲁纳答思	(155)
延清	(153)	合刺思八斡节而	(155)
延楚布多尔济	(153)	合罗气把都儿台吉	(155)
向光普	(153)	合骨咄禄毗伽可汗	(155)
向国栋	(153)	兆惠	(155)
向思明	(153)	邬金巴·仁钦贝	(155)
向通汉	(153)	朵哇	(156)
向巴彭措	(153)	朵儿只	(156)
后汉高祖	(154)	朵儿赤	(156)

朵罗台	(156)	色布腾巴尔珠尔	(160)
朵鲁不	(156)	旭烈兀	(160)

〔丶〕

朵尔直班	(156)		
朵里不花	(156)		
朵尔只失结	(156)	刘乂	(160)
各吉八合	(156)	刘劼	(160)
多同	(156)	刘武	(160)
多铎	(156)	刘虎	(160)
多敏	(157)	刘易	(161)
多士宁	(157)	刘和	(161)
多尔济	(157)	刘显	(161)
多尔衮	(157)	刘胤	(161)
多伦禅	(157)	刘宣	(161)
多岳特	(157)	刘哥	(161)
多逻斯	(157)	刘豹	(161)
多隆阿	(157)	刘崇	(161)
多日隆赞	(158)	刘猛	(161)
多达那波	(158)	刘渊	(161)
多吉弥觉	(158)	刘眷	(162)
多吉绕登	(158)	刘隆	(162)
多吉僧格	(158)	刘景	(162)
多罗那他	(158)	刘智	(162)
多尔济扎布	(158)	刘裕	(162)
多尔济车登	(158)	刘粲	(162)
多克辛诺颜	(158)	刘熙	(162)
多尔济达木巴	(158)	刘敷	(162)
多尔济达尔汉	(158)	刘聪	(162)
多尔济色布腾	(158)	刘赟	(162)
多罗土蛮把都儿黄台吉	(158)	刘曜	(163)
色本	(159)	刘骥	(163)
色棱	(159)	刘卫辰	(163)
色力麦	(159)	刘亢埿	(163)
色布腾	(159)	刘可泥	(163)
色尔衮	(159)	刘平伏	(163)
色楞额	(159)	刘龙驹	(163)
色尔格克	(159)	刘头眷	(163)
色沁曲结	(160)	刘务桓	(163)
色布腾扎勒	(160)	刘延年	(163)
色布腾旺布	(160)	刘库仁	(163)
色提巴尔第	(160)	刘没铎	(163)
色棱墨尔根	(160)	刘罗辰	(164)
色布腾多尔济	(160)	刘知远	(164)
色提卜阿勒氏	(160)	刘季真	(164)

刘定逌	(164)	庄敬皇后	(167)
刘承钧	(164)	庄敬皇帝	(167)
刘承祐	(164)	庆桂	(167)
刘振欣	(164)	庆祥	(167)
刘崇望	(164)	庆恕	(168)
刘阔头	(164)	庆童	(168)
刘新翰	(164)	庆喜尊胜	(168)
刘蠡升	(164)	忙兀歹	(168)
刘阔陋头	(164)	忙兀台	(168)
齐旺	(165)	忙古台	(168)
齐万年	(165)	忙哥剌	(168)
齐拉衮	(165)	忙兀的斤	(168)
齐木库尔	(165)	忙哥撒儿	(168)
齐里克齐	(165)	忙哥帖木儿	(168)
齐墨克图	(165)	冲协仁波且	(168)
齐巴克扎布	(165)	汗车凌	(168)
齐齐克妣吉	(165)	江格尔汗	(168)
齐旺巴勒斋	(165)	池青·阿旺曲垫	(169)
齐旺多尔济	(165)	汤古岱	(169)
齐巴克雅喇木丕勒	(165)	汤东杰布	(169)
亦不剌	(166)	宇文归	(169)
亦孙哥	(166)	宇文导	(169)
亦克汗	(166)	宇文护	(169)
亦怜真	(166)	宇文虬	(169)
亦剌合	(166)	宇文忻	(169)
亦辇真	(166)	宇文直	(169)
亦攀丹	(166)	宇文述	(170)
亦力撒合	(166)	宇文贵	(170)
亦不剌因	(166)	宇文恺	(170)
亦里迷失	(166)	宇文衍	(170)
亦纳勒赤	(166)	宇文觉	(170)
亦纳脱脱	(166)	宇文宪	(170)
亦思马因	(167)	宇文泰	(170)
亦思马勒	(167)	宇文邕	(171)
亦迷火者	(167)	宇文㷼	(171)
亦都忽立	(167)	宇文盛	(171)
亦璘真斑	(167)	宇文毓	(171)
亦黑迷儿丁	(167)	宇文融	(171)
亦摄思连真	(167)	宇文赟	(172)
产吉保	(167)	宇文籍	(172)
庄秃	(167)	宇文士及	(172)
庄蹻	(167)	宇文化及	(172)
庄秃赖	(167)	宇文神举	(172)

宇文莫槐	(172)
宇文虚中	(172)
宇文乞得归	(172)
宇文乞得龟	(172)
宇文逸豆归	(172)
宇妥·元丹贡布	(173)
安成	(173)
安同	(173)
安阳	(173)
安住	(173)
安岐	(173)
安位	(173)
安坤	(174)
安的	(174)
安济	(174)
安健	(174)
安禄	(174)
安清	(174)
安童	(174)
安敦	(174)
安抟	(174)
安端	(174)
安藏	(174)
安鳖	(174)
安巴坚	(174)
安世通	(174)
安邦彦	(174)
安吉茂	(175)
安伏成	(175)
安庆绪	(175)
安定国	(175)
安泰宁	(175)
安效良	(175)
安祥茂	(175)
安难答	(175)
安禄山	(175)
安国单于	(175)
安费扬古	(175)
安克帖木儿	(175)
安藏札牙答思	(175)
关布扎布	(175)
羊孙	(175)
羊哥	(175)
兴	(175)
兴奎	(175)
兴肇	(176)
兴平公主	(176)
米鲁	(176)
米里哈	(176)
米剌印	(176)
米思翰	(176)
米里几得	(176)
米拉日巴	(176)
米旁·朗杰嘉措	(177)
讷亲	(177)
讷默库	(177)
讷尔经额	(177)
讷墨库济尔噶勒	(177)
许圣	(177)
许保	(177)
许夫人	(177)
许世亨	(177)
讹勃啰	(178)
讹勃遇	(178)
讹都斡	(178)
讹鲁观	(178)
讹鲁补	(178)
讹罗绍甫	(178)
讹藏屈怀氏	(178)
论弓仁	(178)
论钦陵	(178)
论恐热	(178)
论莽热	(178)
论赞索	(178)
祁充格	(178)
祁廷谏	(178)
祁伯豸	(178)
祁国屏	(178)
祁秉忠	(178)
祁贡哥星吉	(178)
军须靡	(179)
军臣单于	(179)
农实达	(179)

〔 丿 〕

那牙	(179)

那红	(179)	买住	(182)
那阳	(179)	买驴	(182)
那利	(179)	买闾	(182)
那直	(179)	买哥	(182)
那定	(179)	买壮图	(182)
那荣	(179)	买述丁	(182)
那桐	(179)	买的里八剌	(182)
那盖	(179)	孙鹏	(182)
那嵩	(180)	孙万荣	(182)
那鉴	(180)	孙敖曹	(183)
那燕	(180)	孙祥夫	(183)
那木罕	(180)	孙继鲁	(183)
那木按	(180)	红银	(183)
那延成	(180)	纥豆陵毅	(183)
那没罕	(180)	纥石烈九斤	(183)
那彦宝	(180)	纥石烈子仁	(183)
那木札勒	(181)	纥石烈执中	(183)
那言大儿	(181)	纥石烈志宁	(183)
那林台吉	(181)	纥石烈良弼	(183)
那林孛罗	(181)	纥石烈阿疏	(184)
那逊兰保	(181)	纥石烈桓端	(184)
那木儿台吉	(181)	纥石烈鹤寿	(184)
那力不赖台吉	(181)	纥石烈牙吾塔	(184)
那木大黄台吉	(181)	纥石烈胡失门	(184)
那颜博罗特王	(181)	约松	(184)
那囊氏妃西丁	(181)		
异牟寻	(181)		
寻阁劝	(181)	七　画	
寻梦凑	(181)	〔一〕	
艮峰	(181)	玛占	(185)
阳阿	(181)	玛尼	(185)
阶贡钦波	(181)	玛黑	(185)
好胡	(181)	玛木特	(185)
观音	(181)	玛尔巴	(185)
观音奴	(181)	玛尔浑	(185)
欢都	(181)	玛尔赛	(185)
羽之	(182)	玛什巴图	(185)
羽凤麒	(182)	玛罕木特	(186)
羽奴思	(182)	玛哈巴拉	(186)
牟尼赞普	(182)	玛索衮布	(186)
牟羽可汗	(182)	玛斯顿巴	(186)
牟汗纥升盖可汗	(182)	玛木特呼里	(186)
买奴	(182)	玛呢巴达喇	(186)
		玛哈萨嘛谛	(186)

弄甥	(186)	杨广香	(190)
弄更扒	(186)	杨元之	(190)
麦良	(186)	杨元保	(190)
麦宗	(186)	杨中远	(190)
麦力艮台吉	(186)	杨公满	(190)
麦力艮吉囊	(186)	杨凤友	(190)
麦力哥台吉	(187)	杨文弘	(190)
寿淑	(187)	杨文度	(191)
寿童	(187)	杨文德	(191)
寿富	(187)	杨古利	(191)
运昌	(187)	杨正崖	(191)
杜度	(187)	杨玉科	(191)
杜凤英	(187)	杨本程	(191)
杜文秀	(187)	杨再成	(191)
杜尔祜	(187)	杨再思	(191)
杜光辉	(187)	杨吉努	(191)
杜洛周	(187)	杨成规	(192)
杜嘎尔苏荣	(187)	杨邦卫	(192)
杜玛格西·丹增彭措	(188)	杨邦宪	(192)
杞彩顺	(188)	杨光远	(192)
杨六	(188)	杨光富	(192)
杨玉	(188)	杨后起	(192)
杨世	(188)	杨竹庐	(192)
杨玄	(188)	杨应再	(192)
杨安	(188)	杨应奎	(192)
杨初	(188)	杨完者	(192)
杨昌	(188)	杨茂搜	(192)
杨金	(188)	杨奇混	(192)
杨定	(188)	杨奇鲲	(192)
杨昃	(189)	杨明义	(192)
杨洪	(189)	杨岳斌	(192)
杨盛	(189)	杨泗藻	(192)
杨铭	(189)	杨承庆	(193)
杨鼐	(189)	杨承颠	(193)
杨蕴	(189)	杨绍先	(193)
杨毅	(189)	杨栋朝	(193)
杨纂	(189)	杨南金	(193)
杨黼	(189)	杨品硕	(193)
杨士云	(189)	杨保宗	(193)
杨干贞	(190)	杨泰师	(193)
杨大眼	(190)	杨晟台	(193)
杨义贞	(190)	杨难当	(193)
杨千万	(190)	杨难敌	(194)

杨教化	(194)	克石炭	(197)
杨清保	(194)	克主杰	(197)
杨渊海	(194)	克兴阿	(197)
杨添朝	(194)	克兴额	(197)
杨隆盛	(194)	克什克特	(197)
杨景玉	(194)	克拉依汗	(197)
杨景连	(194)	克臭台吉	(198)
杨景言	(194)	克新和卓	(198)
杨景贤	(194)	克列兔台吉	(198)
杨集始	(194)	克罗俄领占	(198)
杨福萃	(194)	克邓威正台吉	(198)
杨福豫	(194)	克主杰·格雷贝桑	(198)
杨僧嗣	(194)	孛吉	(198)
杨穆之	(195)	孛来	(198)
杨木答兀	(195)	孛迭	(198)
杨朵儿只	(195)	孛徒	(198)
杨琏真加	(195)	孛黑	(198)
杨衮巴·坚赞贝	(195)	孛鲁	(198)
却图汗	(195)	孛儿台	(198)
却扎耶西	(195)	孛儿帖	(198)
却贝桑波	(195)	孛吉只	(198)
却吉尼玛	(195)	孛罗忽	(198)
却吉罗追	(195)	孛栾台	(198)
却吉嘉错	(195)	孛鲁欢	(199)
却英多吉	(196)	孛术鲁翀	(199)
却藏南杰班觉	(196)	孛罗忽勒	(199)
却藏呼图克图一世	(196)	孛鲁古台	(199)
却藏呼图克图二世	(196)	孛斡儿出	(199)
却藏呼图克图三世	(196)	孛端叉儿	(199)
邯	(196)	孛端察儿	(199)
豆仑	(196)	孛儿帖赤那	(199)
豆卢宁	(196)	孛术鲁久往	(199)
豆卢通	(196)	孛术鲁定方	(199)
豆卢勤	(196)	孛术鲁娄室	(199)
豆卢琮	(196)	孛术鲁德裕	(199)
豆卢毓	(197)	孛罗帖木儿	(199)
豆卢永恩	(197)	孛术鲁阿鲁罕	(200)
豆卢钦望	(197)	孛脱灰塔儿浑	(200)
豆罗伏跋豆伐可汗	(197)	贡格	(200)
克失	(197)	贡却杰布	(200)
克舍	(197)	贡却嘉措	(200)
克什纳	(197)	贡格敦丹	(200)
克什图	(197)	贡桑诺尔布	(200)

贡楚克扎布 …… (200)	赤都松 …… (205)
贡唐·丹白准美 …… (201)	赤年松赞 …… (205)
贡噶坚赞贝桑波 …… (201)	赤松德赞 …… (205)
贡塘喇嘛祥尊珠查巴 …… (201)	赤祖德赞 …… (205)
贡噶罗追坚赞贝桑波 …… (201)	赤盏合喜 …… (205)
贡噶雷必迥乃坚赞贝桑波 …… (201)	赤盏尉忻 …… (205)
志锐 …… (201)	赤桑杨敦 …… (205)
花大 …… (201)	赤德松赞 …… (206)
花当 …… (202)	赤德祖赞 …… (206)
花哥 …… (202)	赤托囊尊蒙 …… (206)
花巴巴 …… (202)	赤达磨乌东赞 …… (206)
花台吉 …… (202)	赤金·阿旺倾丹 …… (206)
花沙纳 …… (202)	孝友 …… (206)
苍津 …… (202)	孝先 …… (206)
芬古 …… (202)	孝忠 …… (206)
芭里昌祖 …… (202)	孝穆 …… (206)
苏 …… (202)	孝成皇帝 …… (206)
苏马 …… (202)	孝武皇帝 …… (206)
苏宏 …… (202)	孝和皇帝 …… (206)
苏拜 …… (203)	孝烈皇后 …… (206)
苏禄 …… (203)	孝章皇帝 …… (206)
苏仆延 …… (203)	孝庄文皇后 …… (206)
苏布图 …… (203)	李七 …… (206)
苏尔札 …… (203)	李文 …… (206)
苏尔慎 …… (203)	李石 …… (206)
苏兰奇 …… (203)	李寿 …… (206)
苏纳海 …… (203)	李矣 …… (206)
苏祇婆 …… (203)	李纳 …… (207)
苏赉璊 …… (203)	李势 …… (207)
苏彰阿 …… (203)	李英 …… (207)
苏四十三 …… (204)	李贤 …… (207)
苏克萨哈 …… (204)	李睍 …… (207)
苏度模末 …… (204)	李诗 …… (207)
苏密尔岱青 …… (204)	李玹 …… (207)
苏耶南姆嘉木措 …… (204)	李胡 …… (207)
劳章扎布 …… (204)	李贵 …… (207)
劳瑞仓卜 …… (204)	李庠 …… (207)
赤古 …… (204)	李洋 …… (207)
赤伦 …… (204)	李恒 …… (207)
赤驹 …… (204)	李班 …… (208)
赤窟 …… (204)	李桢 …… (208)
赤老温 …… (204)	李贽 …… (208)
赤盏晖 …… (204)	李珣 …… (208)

李特	(208)	李立遵	(213)
李钠	(208)	李圣天	(213)
李流	(208)	李存勖	(213)
李期	(209)	李成梁	(213)
李雄	(209)	李再万	(213)
李遇	(209)	李过折	(213)
李翰	(209)	李吐于	(213)
李坛	(209)	李师古	(213)
李橃	(209)	李师道	(214)
李璧	(209)	李光仕	(214)
李骧	(209)	李光先	(214)
李大信	(209)	李光俨	(214)
李大辅	(209)	李光祚	(214)
李大醻	(209)	李光弼	(214)
李万江	(209)	李光睿	(214)
李天俞	(209)	李守贵	(214)
李天保	(210)	李安全	(214)
李元庆	(210)	李讹哆	(214)
李元阳	(210)	李尽忠	(214)
李元昊	(210)	李如松	(215)
李元砺	(210)	李如柏	(215)
李开芳	(210)	李如桢	(215)
李中铨	(211)	李如梅	(215)
李仁礼	(211)	李如璋	(215)
李仁孝	(211)	李克文	(215)
李仁忠	(211)	李克用	(215)
李仁爱	(211)	李克远	(215)
李仁裕	(211)	李克宪	(215)
李仁福	(211)	李克睿	(215)
李从珂	(211)	李志甫	(215)
李从厚	(211)	李佑卿	(215)
李文凤	(212)	李延宠	(216)
李文明	(212)	李延信	(216)
李文学	(212)	李怀仙	(216)
李文贵	(212)	李怀秀	(216)
李文彩	(212)	李邵固	(216)
李去闾	(212)	李纯祐	(216)
李正己	(212)	李茂勋	(216)
李世安	(212)	李郁于	(216)
李世倬	(212)	李国昌	(216)
李可举	(212)	李秉常	(216)
李玉湛	(213)	李於阳	(216)
李失活	(213)	李学东	(216)

李居正	(217)	李德任	(221)
李绍威	(217)	李德明	(221)
李南哥	(217)	李德旺	(221)
李荫祖	(217)	李遵顼	(221)
李思孝	(217)	李赞华	(221)
李思忠	(217)	李彝兴	(221)
李思恭	(217)	李彝昌	(221)
李思谏	(217)	李彝殷	(221)
李思摩	(217)	李彝敏	(221)
李显忠	(217)	李彝超	(221)
李显祖	(217)	李耀卿	(222)
李洪远	(217)	李可度者	(222)
李彦升	(217)	李没辱孤	(222)
李冠铭	(218)	李诗琐高	(222)
李索低	(218)	吾斯	(222)
李造福	(218)	吾也而	(222)
李倬云	(218)	辰丕勒多尔济	(222)
李娑固	(218)	忒末	(222)
李谅祚	(218)	忒孙	(222)
李家奴	(218)	忒木台	(222)
李继迁	(218)	来阿匹	(222)
李继冲	(218)	来三兀儿	(222)
李继周	(219)	来阿八赤	(222)
李继捧	(219)	扯力克	(222)
李继瑗	(219)	扯扯干	(222)
李继筠	(219)	抄思	(222)
李乾顺	(219)	抄兀儿	(222)
李梅落	(219)	折从阮	(223)
李鸿基	(219)	折可存	(223)
李惟忠	(219)	折可适	(223)
李朝真	(219)	折克行	(223)
李紫琮	(219)	折继闵	(223)
李鲁苏	(220)	折惟昌	(223)
李舜玹	(220)	折惟忠	(223)
李楷固	(220)	折御勋	(224)
李献诚	(220)	折御卿	(224)
李嗣恩	(220)	拆德晟	(224)
李嗣源	(220)	护辽	(224)
李锦贵	(220)	护输	(224)
李源发	(220)	护翰	(224)
李谨行	(220)	把台	(224)
李福宝	(220)	把儿孙	(224)
李满住	(220)	把兔儿	(224)

七画 〔一〕〔丨〕

把汉比吉 (224)
把汉那吉 (224)
把秃孛罗 (224)
把秃猛可 (224)
把林台吉 (224)
把塔木儿 (225)
把都儿台吉 (225)
把都帖木儿 (225)
把匝剌瓦尔密 (225)
把都儿黄台吉 (225)

〔丨〕

步度根 (225)
步鹿真 (225)
步大汗萨 (225)
步鲁合答 (225)
坚童 (225)
坚参扎锡 (225)
坚巴多卜丹 (225)
肖乃台 (225)
肖开特 (226)
肖福禄 (226)
吹扎布 (226)
岐国公主 (226)
时健俟斤 (226)
时健莫俟利发 (226)
别儿哥 (226)
别里沙 (226)
别罗沙 (226)
别的因 (226)
别里古台 (226)
别里迷失 (227)
别别儿的 (227)
别勒古台 (227)
别儿怯不花 (227)
别乞里迷失 (227)
别克列迷失 (227)
吴十 (227)
吴成 (227)
吴拜 (227)
吴钟 (227)
吴留 (227)
吴勉 (227)

吴谅 (227)
吴提 (227)
吴鹤 (227)
吴懋 (227)
吴麟 (228)
吴八月 (228)
吴乞买 (228)
吴天保 (228)
吴不尔 (228)
吴允诚 (228)
吴世宁 (228)
吴幼侠 (228)
吴亚终 (228)
吴达善 (228)
吴老乔 (228)
吴自发 (228)
吴自华 (228)
吴克忠 (228)
吴克勤 (229)
吴阿忠 (229)
吴陇登 (229)
吴者泥 (229)
吴国佐 (229)
吴金银 (229)
吴面儿 (229)
吴蚌颇 (229)
吴凌云 (229)
吴添半 (229)
吴朝俊 (229)
吴黑苗 (229)
吴管者 (229)
足之煎 (229)
岗朱·罗追塔益 (229)
岑浚 (229)
岑猛 (230)
岑瑛 (230)
岑伯颜 (230)
岑春煊 (230)
岑毓英 (230)
岑毓宝 (230)
困即来 (231)
里耀卿 (231)

〔丿〕

秃怀 …………………………… (231)	伯勒克 …………………………… (234)
秃剌 …………………………… (231)	伯答儿 …………………………… (234)
秃薛 …………………………… (231)	伯答沙 …………………………… (234)
秃秃合 ………………………… (231)	伯撒里 …………………………… (234)
秃秃哈 ………………………… (231)	伯帖木儿 ………………………… (234)
秃忽思 ………………………… (231)	伯笃鲁丁 ………………………… (234)
秃忽鲁 ………………………… (231)	伯格埒逊 ………………………… (234)
秃满伦 ………………………… (231)	伯颜子中 ………………………… (234)
秃发乌孤 ……………………… (231)	伯颜忽都 ………………………… (234)
秃发文支 ……………………… (231)	伯颜猛可 ………………………… (234)
秃发武台 ……………………… (231)	伯什阿噶什 ……………………… (235)
秃发虎台 ……………………… (231)	伯尔哈什哈 ……………………… (235)
秃发傉檀 ……………………… (231)	伯蓝也怯赤 ……………………… (235)
秃鲁和伯 ……………………… (231)	伯德特离补 ……………………… (235)
秃满答儿 ……………………… (231)	伯颜帖木儿 ……………………… (235)
秃发利鹿孤 …………………… (232)	伯颜不花的斤 …………………… (235)
秃发树机能 …………………… (232)	瓯头 ……………………………… (235)
秃黑鲁·帖木儿 ……………… (232)	佟国维 …………………………… (235)
我折进台吉 …………………… (232)	佟佳氏 …………………………… (235)
我折黄台吉 …………………… (232)	你勒合桑昆 ……………………… (235)
我托汉卜只剌台吉 …………… (232)	位居 ……………………………… (235)
何庚 …………………………… (232)	佗土度 …………………………… (235)
何遗 …………………………… (232)	佗钵可汗 ………………………… (235)
何和理 ………………………… (232)	佛伦 ……………………………… (236)
何洛会 ………………………… (232)	佛顶 ……………………………… (236)
何鲁扫古 ……………………… (232)	佛保 ……………………………… (236)
何锁南普 ……………………… (232)	佛辅 ……………………………… (236)
伸思伯八 ……………………… (232)	佛厘 ……………………………… (236)
伯克 …………………………… (232)	佛芸保 …………………………… (236)
伯坚 …………………………… (232)	佛木丕丕尔 ……………………… (236)
伯都 …………………………… (232)	皂保 ……………………………… (236)
伯姬 …………………………… (232)	彻里 ……………………………… (236)
伯颜 …………………………… (233)	彻理 ……………………………… (236)
伯嚭 …………………………… (233)	彻卜登 …………………………… (236)
伯麟 …………………………… (233)	彻彻秃 …………………………… (236)
伯牙儿 ………………………… (233)	余善 ……………………………… (236)
伯言儿 ………………………… (233)	余阙 ……………………………… (236)
伯要儿 ………………………… (234)	余里也 …………………………… (237)
伯革赞 ………………………… (234)	余都姑 …………………………… (237)
伯格里 ………………………… (234)	坌达延墀松 ……………………… (237)
伯都王 ………………………… (234)	谷欲 ……………………………… (237)
	妥罗 ……………………………… (237)
	妥明 ……………………………… (237)

妥得璘 …… (237)	冷僧机 …… (240)
妥欢贴睦尔 …… (237)	冷木当·阿班罗勃 …… (240)
希光 …… (237)	冶大雄 …… (240)
希亮 …… (237)	冶熙但璧呢玛 …… (240)
希福 …… (237)	汪罕 …… (240)
希尔根 …… (237)	汪直 …… (240)
希利亚 …… (238)	汪世显 …… (240)
希哇措 …… (238)	汪良臣 …… (241)
希迪图噶卜楚 …… (238)	汪忠臣 …… (241)
鸠摩罗什 …… (238)	汪笑侬 …… (241)
狄后 …… (238)	汪惟正 …… (241)
狄古乃 …… (238)	汪惟和 …… (241)
条列和卓 …… (238)	汪德臣 …… (241)
	沐英 …… (241)
〔丶〕	沐昂 …… (241)
弃宗弄赞 …… (238)	沐诚 …… (241)
弃隶缩赞 …… (238)	沐春 …… (241)
辛古 …… (238)	沐晟 …… (242)
辛饶 …… (238)	沐琮 …… (242)
辛爱黄台吉 …… (238)	沐璘 …… (242)
辛饶米波益辛 …… (238)	沐仲易 …… (242)
辛厦巴才丹多吉 …… (238)	汰劣克 …… (242)
床兀儿 …… (239)	沙 …… (242)
库腾 …… (239)	沙兰 …… (242)
库力甘 …… (239)	沙全 …… (242)
库尔缠 …… (239)	沙琛 …… (242)
库狄干 …… (239)	沙元春 …… (242)
库狄盛 …… (239)	沙不丹 …… (242)
库都喀 …… (239)	沙尔布 …… (242)
库登汗 …… (239)	沙克扎 …… (242)
库尔占司 …… (239)	沙刺班 …… (242)
库尔察克 …… (239)	沙哩岱 …… (243)
库西伯克 …… (239)	沙钵罗 …… (243)
库狄回洛 …… (239)	沙当朋更 …… (243)
库格珠特 …… (239)	沙克都尔 …… (243)
库克新玛木特 …… (239)	沙迷查干 …… (243)
库图克台彻辰鸿台吉 …… (239)	沙格德尔 …… (243)
应天皇太后 …… (239)	沙喇扣肯 …… (243)
怀忠 …… (239)	沙·马合木 …… (243)
怀塔布 …… (239)	沙赤星台吉 …… (243)
怀仁可汗 …… (239)	沙钵略可汗 …… (243)
怀节皇后 …… (240)	沙克都尔扎布 …… (244)
怀信可汗 …… (240)	沙克都尔曼济 …… (244)

七画 〔丿〕

沙玛尔却扎巴 …………………… (244)	完者忽都 …………………… (249)
沙钵罗泥熟俟斤 …………………… (244)	完者哈敦 …………………… (250)
沙钵罗咥利失可汗 …………………… (244)	完颜习室 …………………… (250)
泪咄录毗伽可汗 …………………… (244)	完颜王祥 …………………… (250)
没辱孤 …………………… (244)	完颜天骥 …………………… (250)
没哆氏 …………………… (244)	完颜元宜 …………………… (250)
没藏氏 …………………… (244)	完颜乌带 …………………… (250)
没藏讹庞 …………………… (244)	完颜从坦 …………………… (250)
没庐·赤洁莫赞 …………………… (245)	完颜从宪 …………………… (250)
沈强夫 …………………… (245)	完颜从恪 …………………… (250)
完译 …………………… (245)	完颜从彝 …………………… (250)
完者都 …………………… (245)	完颜允济 …………………… (250)
完颜元 …………………… (245)	完颜石柱 …………………… (250)
完颜卞 …………………… (245)	完颜可喜 …………………… (251)
完颜文 …………………… (245)	完颜白撒 …………………… (251)
完颜匡 …………………… (245)	完颜永元 …………………… (251)
完颜仲 …………………… (246)	完颜永中 …………………… (251)
完颜充 …………………… (246)	完颜永功 …………………… (251)
完颜齐 …………………… (246)	完颜永成 …………………… (251)
完颜亨 …………………… (246)	完颜永济 …………………… (251)
完颜兑 …………………… (246)	完颜永蹈 …………………… (252)
完颜纲 …………………… (246)	完颜奴申 …………………… (252)
完颜忠 …………………… (246)	完颜合达 …………………… (252)
完颜旻 …………………… (246)	完颜合周 …………………… (252)
完颜昌 …………………… (246)	完颜仲元 …………………… (252)
完颜杲 …………………… (246)	完颜仲德 …………………… (252)
完颜昂 …………………… (246)	完颜讹可 …………………… (252)
完颜京 …………………… (247)	完颜讹论 …………………… (253)
完颜兖 …………………… (247)	完颜守贞 …………………… (253)
完颜亮 …………………… (247)	完颜守纯 …………………… (253)
完颜珣 …………………… (247)	完颜守能 …………………… (253)
完颜晏 …………………… (248)	完颜守绪 …………………… (253)
完颜晟 …………………… (248)	完颜守道 …………………… (253)
完颜琦 …………………… (248)	完颜伯嘉 …………………… (253)
完颜爽 …………………… (248)	完颜希尹 …………………… (254)
完颜勖 …………………… (248)	完颜沃侧 …………………… (254)
完颜亶 …………………… (248)	完颜冶诃 …………………… (254)
完颜雍 …………………… (248)	完颜阿邻 …………………… (254)
完颜膏 …………………… (249)	完颜阿琐 …………………… (254)
完颜璟 …………………… (249)	完颜阿喜 …………………… (254)
完颜襄 …………………… (249)	完颜秉德 …………………… (254)
完颜瑰 …………………… (249)	完颜定奴 …………………… (254)
完者秃王 …………………… (249)	完颜宗义 …………………… (255)

完颜宗尹 …………………………… (255)
完颜宗本 …………………………… (255)
完颜宗宁 …………………………… (255)
完颜宗亨 …………………………… (255)
完颜宗固 …………………………… (255)
完颜宗贤 …………………………… (255)
完颜宗叙 …………………………… (255)
完颜宗宪 …………………………… (255)
完颜宗峻 …………………………… (256)
完颜宗隽 …………………………… (256)
完颜宗浩 …………………………… (256)
完颜宗辅 …………………………… (256)
完颜宗望 …………………………… (256)
完颜宗敏 …………………………… (256)
完颜宗雄 …………………………… (257)
完颜宗弼 …………………………… (257)
完颜宗道 …………………………… (257)
完颜宗干 …………………………… (257)
完颜宗磐 …………………………… (257)
完颜宗翰 …………………………… (257)
完颜承晖 …………………………… (258)
完颜承裕 …………………………… (258)
完颜承麟 …………………………… (258)
完颜挞懒 …………………………… (258)
完颜思烈 …………………………… (258)
完颜思敬 …………………………… (258)
完颜骨赧 …………………………… (259)
完颜律明 …………………………… (259)
完颜活女 …………………………… (259)
完颜浑黜 …………………………… (259)
完颜济安 …………………………… (259)
完颜娄室 …………………………… (259)
完颜素兰 …………………………… (259)
完颜铁哥 …………………………… (259)
完颜海里 …………………………… (259)
完颜斜哥 …………………………… (260)
完颜麻吉 …………………………… (260)
完颜阇母 …………………………… (260)
完颜谋衍 …………………………… (260)
完颜蒙葛 …………………………… (260)
完颜蒲查 …………………………… (260)
完颜蒲察 …………………………… (260)
完颜毂英 …………………………… (260)

完颜福寿 …………………………… (261)
完颜斡带 …………………………… (261)
完颜斡鲁 …………………………… (261)
完颜斡赛 …………………………… (261)
完颜鹘懒 …………………………… (261)
完颜赛不 …………………………… (261)
完者帖木儿 ………………………… (261)
完泽笃皇帝 ………………………… (261)
完颜兀不喝 ………………………… (261)
完颜习古乃 ………………………… (261)
完颜石土门 ………………………… (262)
完颜讹古乃 ………………………… (262)
完颜庆山奴 ………………………… (262)
完颜吾扎忽 ………………………… (262)
完颜吴乞买 ………………………… (262)
完颜阿骨打 ………………………… (262)
完颜阿离补 ………………………… (263)
完颜陈和尚 ………………………… (263)
完颜拔离速 ………………………… (263)
完颜胡十门 ………………………… (263)
完颜胡石改 ………………………… (263)
完颜按答海 ………………………… (263)
完颜突合速 ………………………… (263)
完颜银术可 ………………………… (264)
完颜婆卢火 ………………………… (264)
完颜谩都本 ………………………… (264)
完颜斡鲁古 ………………………… (264)
完颜撒离曷 ………………………… (264)
完颜习捏阿不 ……………………… (264)
完颜阿离合懑 ……………………… (264)
完颜斜捻阿不 ……………………… (264)
宋邦 ………………………………… (265)
宋葛 ………………………………… (265)
宋阿袄 ……………………………… (265)
宋隆济 ……………………………… (265)
宋景阳 ……………………………… (265)
穷奇 ………………………………… (265)
诃额仑 ……………………………… (265)
诏炕勒 ……………………………… (265)
诏匾勐 ……………………………… (265)
诏糯炕 ……………………………… (265)
译吁宋 ……………………………… (265)
社仓 ………………………………… (265)

初末吗	(265)	张鹏展	(269)
罕笃	(265)	张乐进求	(269)
罕都	(266)	张伏利度	(269)
罕慎	(266)	张格尔条勒	(269)
罕炳昭	(266)	改琦	(269)
启秀	(266)	改簣	(269)
启昔礼	(266)	改允绵	(269)
启民可汗	(266)	灵桂	(269)
良弼	(266)	陆一	(270)
		陆金	(270)

〔フ〕

张中	(266)	陆爽	(270)
张外	(266)	陆吉迈	(270)
张忻	(267)	陆法官	(270)
张叔	(267)	陆荣廷	(270)
张罔	(267)	陆哥扒	(270)
张晖	(267)	陆希武田	(270)
张润	(267)	阿万	(270)
张浩	(267)	阿山	(270)
张骞	(267)	阿术	(270)
张端	(267)	阿失	(271)
张开格	(267)	阿礼	(271)
张云鹏	(267)	阿台	(271)
张长寿	(267)	阿奴	(271)
张凤藻	(267)	阿列	(271)
张文湛	(267)	阿戎	(271)
张兴癸	(268)	阿伦	(271)
张汝霖	(268)	阿庆	(271)
张红须	(268)	阿吾	(271)
张时中	(268)	阿坚	(271)
张彤柱	(268)	阿邻	(271)
张秀眉	(268)	阿沙	(271)
张佑那	(268)	阿努	(271)
张伯靖	(268)	阿张	(271)
张应龙	(268)	阿苴	(271)
张应禄	(268)	阿茂	(271)
张孟明	(268)	阿画	(271)
张胜温	(268)	阿果	(271)
张格尔	(269)	阿侬	(272)
张凌翔	(269)	阿佩	(272)
张家奴	(269)	阿岱	(272)
张舒和	(269)	阿的	(272)
张登发	(269)	阿宝	(272)
		阿剌	(272)

阿荣	(272)	阿玉奇	(275)
阿南	(272)	阿玉锡	(275)
阿星	(272)	阿布思	(276)
阿拜	(272)	阿布赉	(276)
阿洪	(272)	阿术鲁	(276)
阿绒	(272)	阿只吉	(276)
阿挐	(272)	阿只弄	(276)
阿姹	(272)	阿只兔	(276)
阿速	(272)	阿禾必	(276)
阿桂	(273)	阿尔浑	(276)
阿柴	(273)	阿尔津	(276)
阿铁	(273)	阿令古	(277)
阿浪	(273)	阿必达	(277)
阿海	(273)	阿兰保	(277)
阿理	(273)	阿兰珠	(277)
阿敏	(273)	阿兰泰	(277)
阿散	(273)	阿老丁	(277)
阿鲁	(273)	阿合马	(277)
阿敦	(273)	阿那保	(277)
阿赖	(273)	阿那瑰	(277)
阿碌	(273)	阿克敦	(278)
阿厮	(273)	阿里合	(278)
阿撒	(273)	阿里汗	(278)
阿霖	(274)	阿里罕	(278)
阿懒	(274)	阿里剌	(278)
阿襻	(274)	阿里骨	(278)
阿八剌	(274)	阿里衮	(278)
阿八哈	(274)	阿里海	(278)
阿儿浑	(274)	阿你通	(278)
阿力哥	(274)	阿妣尔	(278)
阿土古	(274)	阿固郎	(278)
阿不合	(274)	阿旺创	(278)
阿不里	(274)	阿罗多	(279)
阿不沙	(274)	阿忽台	(279)
阿不固	(274)	阿知立	(279)
阿木郎	(274)	阿岱汗	(279)
阿木禳	(274)	阿底峡	(279)
阿什坦	(274)	阿弥厥	(279)
阿斗泥	(274)	阿南达	(279)
阿巴泰	(274)	阿剌罕	(279)
阿巴赖	(275)	阿剌浅	(280)
阿古柏	(275)	阿哈出	(280)
阿玉什	(275)	阿思哈	(280)

阿骨只	(280)	阿史那施	(283)
阿保机	(280)	阿史那献	(283)
阿济比	(280)	阿史那瑰	(283)
阿济拜	(280)	阿尔布巴	(283)
阿济格	(280)	阿尔秃厮	(283)
阿都众	(280)	阿尔沙瑚	(283)
阿都赤	(280)	阿礼海牙	(283)
阿速带	(280)	阿兰果火	(284)
阿里雅	(280)	阿台王子	(284)
阿悦贡	(280)	阿老瓦丁	(284)
阿难陀	(280)	阿寺阿春	(284)
阿难答	(281)	阿伏至罗	(284)
阿勒赤	(281)	阿宅阿寺	(284)
阿敏道	(281)	阿里不哥	(284)
阿族戛	(281)	阿里西瑛	(284)
阿塔海	(281)	阿里特勤	(284)
阿黑麻	(281)	阿里海牙	(284)
阿喇纳	(281)	阿里耀卿	(284)
阿答卜	(281)	阿弟木保	(284)
阿答赤	(281)	阿沙不花	(284)
阿鲁丁	(281)	阿妣几得	(285)
阿鲁台	(281)	阿努达喇	(285)
阿鲁补	(282)	阿拉布坦	(285)
阿鲁图	(282)	阿明什罗	(285)
阿鲁忽	(282)	阿旺曲扎	(285)
阿鲁威	(282)	阿旺曲丹	(285)
阿鲁浑	(282)	阿旺年扎	(285)
阿弼达	(282)	阿旺却白	(285)
阿满泰	(282)	阿旺朗杰	(285)
阿察儿	(282)	阿旺楚臣	(286)
阿鞠泥	(282)	阿波可汗	(286)
阿卜只俺	(282)	阿剌吉八	(286)
阿卜达什	(282)	阿剌知院	(286)
阿卜剌因	(282)	阿哈玛特	(286)
阿力古多	(282)	阿速吉八	(286)
阿土阿地	(282)	阿勒马伊	(286)
阿习阿牙	(282)	阿勒赤歹	(286)
阿公阿目	(282)	阿勒坦汗	(286)
阿巴达尼	(282)	阿逸可汗	(286)
阿巴岱汗	(283)	阿喇在坦	(286)
阿布都拉	(283)	阿鲁古列	(286)
阿史那昕	(283)	阿鲁扫古	(286)
阿史那忠	(283)	阿阑豁阿	(286)

阿普少雪	(286)	阿拉克丞相	(290)
阿蓝答儿	(286)	阿帕克和卓	(290)
阿寨台吉	(286)	阿法克和卓	(290)
阿卜都尔璘	(287)	阿剌瓦而思	(290)
阿力·速檀	(287)	阿济斯和卓	(290)
阿山·海戈	(287)	阿勒坦妣吉	(290)
阿什达尔汉	(287)	阿勒迪额儿	(290)
阿巴乱乞儿	(287)	阿勒根彦忠	(290)
阿布都伯克	(287)	阿悉烂达干	(291)
阿布都哈里	(287)	阿喇布珠尔	(291)
阿布都喇汗	(287)	阿喇斯和卓	(291)
阿布都鲁素	(287)	阿鲁浑萨里	(291)
阿布勒比斯	(287)	阿鲁哥失里	(291)
阿史那土门	(288)	阿睦尔撒纳	(291)
阿史那元庆	(288)	阿噶巴尔济	(291)
阿史那元爽	(288)	阿穆尔瞪贵	(291)
阿史那车薄	(288)	阿卜杜拉伯克	(291)
阿史那伏念	(288)	阿卜都喇依木	(291)
阿史那步真	(288)	阿儿浑·阿合	(291)
阿史那社尔	(288)	阿儿孩合撒儿	(291)
阿史那怀道	(288)	阿布都鲁苏勒	(292)
阿史那忠孝	(288)	阿布勒班毕特	(292)
阿史那弥射	(288)	阿史那苏尼失	(292)
阿史那思摩	(288)	阿史那泥熟匐	(292)
阿史那咥运	(289)	阿史那结社率	(292)
阿史那俀子	(289)	阿史那斛瑟罗	(292)
阿史那皇后	(289)	阿史德颉利发	(292)
阿史那都支	(289)	阿尔苏博罗特	(292)
阿史那斛勃	(289)	阿吉旺秋扎巴	(292)
阿史那道真	(289)	阿旺工曲尼玛	(292)
阿史那阙啜	(289)	阿旺扎巴粗陈	(292)
阿史德元珍	(289)	阿旺图丹旺秀	(292)
阿史德奉职	(289)	阿旺罗桑嘉措	(292)
阿史德温傅	(289)	阿旺洛锥嘉措	(293)
阿尔思兰汗	(289)	阿勒楚博罗特	(293)
阿尔哈尔沁	(290)	阿斯呼济和卓	(293)
阿尔博罗特	(290)	阿鲁辉帖木儿	(293)
阿失帖木儿	(290)	阿裕锡哩达喇	(293)
阿齐巴图尔	(290)	阿穆岱鸿台吉	(293)
阿赤赖台吉	(290)	阿布都·克里木	(293)
阿克萨哈勒	(290)	阿里乞失帖木儿	(293)
阿邻帖木儿	(290)	阿旺·罗卓甲措	(293)
阿纳失失里	(290)	阿旺拉木喀嘉样	(293)

阿的迷失帖木儿 …………………… (293)	邵固 ……………………………………… (296)
阿沛·多吉杰布 …………………… (293)	努玛瓦 …………………………………… (296)
阿喇布坦多尔济 …………………… (293)	努固德 …………………………………… (296)
阿穆勒塔摩凌河 …………………… (293)	努尔哈赤 ………………………………… (296)
阿拉克忒睦尔丞相 ………………… (293)	孜牙墩 …………………………………… (297)
阿旺吉甸旺秋查巴 ………………… (293)	驴马 ……………………………………… (297)
阿旺耶西粗赤坚赞 ………………… (293)	纯只海 …………………………………… (297)
阿旺降白选热嘉措 ………………… (293)	纳合 ……………………………………… (297)
阿旺益喜次臣嘉措 ………………… (294)	纳陈 ……………………………………… (297)
阿剌兀思剔吉忽里 ………………… (294)	纳新 ……………………………………… (297)
阿阇黎毕玛拉米扎 ………………… (294)	纳牙阿 …………………………………… (297)
阿嘉洛桑坚样嘉措 ………………… (294)	纳兰氏 …………………………………… (297)
阿嘉呼图克图二世 ………………… (294)	纳延泰 …………………………………… (297)
阿嘉呼图克图三世 ………………… (294)	纳忽里 …………………………………… (297)
阿嘉呼图克图四世 ………………… (294)	纳哈出 …………………………………… (297)
阿嘉呼图克图六世 ………………… (294)	纳哈查 …………………………………… (297)
阿穆尔达喇达尔罕 ………………… (294)	纳噶察 …………………………………… (297)
阿赫马德·玉克乃克 ……………… (294)	纳穆泰 …………………………………… (298)
阿旺罗布藏称勒饶结 ……………… (294)	纳木扎勒 ………………………………… (298)
阿旺班垫曲结嘉木参 ……………… (294)	纳兰邦烈 ………………………………… (298)
阿布杜热依木·尼扎里 …………… (294)	纳兰性德 ………………………………… (298)
阿旺罗布藏益喜丹巴坚参 ………… (294)	纳合七斤 ………………………………… (298)
阿旺罗布藏土布丹济克美嘉措 …… (295)	纳合椿年 ………………………………… (298)
陇寿 ………………………………… (295)	纳林布禄 ………………………………… (298)
陇拶 ………………………………… (295)	纳速剌丁 ………………………………… (298)
陈友 ………………………………… (295)	纳措译师 ………………………………… (299)
陈从 ………………………………… (295)	纳穆扎尔 ………………………………… (299)
陈六 ………………………………… (295)	纳黑失只罕 ……………………………… (299)
陈汤 ………………………………… (295)	纳力不剌台吉 …………………………… (299)
陈泰 ………………………………… (295)	纳木扎勒车凌 …………………………… (299)
陈留 ………………………………… (295)	纳木喀嘉木措 …………………………… (299)
陈瞻 ………………………………… (295)	纳札尔玛穆特 …………………………… (299)
陈大六 ……………………………… (295)	纳木札勒齐紊咙 ………………………… (299)
陈大策 ……………………………… (295)	纳赛尔·阿厮兰伊利克 ………………… (299)
陈永华 ……………………………… (296)	纶布春 …………………………………… (299)
陈吊眼 ……………………………… (296)	纽璘 ……………………………………… (299)
陈行范 ……………………………… (296)	纽的该 …………………………………… (300)
陈家奴 ……………………………… (296)	纽林的斤 ………………………………… (300)
陁锁 ………………………………… (296)	
陁罗尼 ……………………………… (296)	# 八　画
陀比 ………………………………… (296)	
陀锁 ………………………………… (296)	〔一〕
妙明 ………………………………… (296)	青山 ……………………………………… (301)
	青麟 ……………………………………… (301)

青把都 (301)	耶律沙 (305)
青多尔济 (301)	耶律良 (305)
青衮咱卜 (301)	耶律纯 (305)
青宜结鬼章 (301)	耶律固 (306)
青把都儿台吉 (301)	耶律贤 (306)
青海楚琥尔汗 (301)	耶律明 (306)
青把都儿补儿哈兔台吉 (301)	耶律宛 (306)
奉先 (301)	耶律定 (306)
奉诚可汗 (301)	耶律昭 (306)
武拜 (301)	耶律洼 (306)
武纳格 (302)	耶律倍 (306)
武理堪 (302)	耶律朗 (307)
武隆阿 (302)	耶律恕 (307)
武义成功可汗 (302)	耶律淳 (307)
武昌王妃吐谷浑氏 (302)	耶鲁绾 (307)
坦思 (302)	耶律琮 (307)
坤帖木儿 (302)	耶律稍 (307)
松山 (302)	耶律铸 (307)
松午 (302)	耶律湛 (307)
松岩 (302)	耶律履 (307)
松筱 (302)	耶律璟 (307)
松筠 (302)	耶律赞 (308)
松喇布 (303)	耶律濬 (308)
松赞干布 (303)	耶鲁斡 (308)
松木儿台吉 (303)	耶律乙辛 (308)
松巴堪布益西班觉 (303)	耶律大石 (308)
林宽 (303)	耶律义先 (308)
林丹汗 (303)	耶律马五 (309)
林凤祥 (304)	耶律王祥 (309)
林载贽 (304)	耶律天祐 (309)
林沁额叶齐岱青 (304)	耶律天德 (309)
林热·白玛多吉 (304)	耶律化哥 (309)
杯禄汗 (304)	耶律仁先 (309)
板雅忠 (304)	耶律可老 (309)
板子讹可 (304)	耶律术者 (310)
杭奕禄 (304)	耶律术烈 (310)
杭霍卓 (305)	耶律世良 (310)
耶律亿 (305)	耶律石柳 (310)
耶律白 (305)	耶律古乃 (310)
耶律汀 (305)	耶律只没 (310)
耶律阮 (305)	耶律必摄 (310)
耶律苏 (305)	耶律奴瓜 (310)
耶律吼 (305)	耶律弘古 (310)

耶律弘基 …………………… (310)	耶律查哥 …………………… (316)
耶律老古 …………………… (311)	耶律刺葛 …………………… (316)
耶律夷列 …………………… (311)	耶律南仙 …………………… (316)
耶律有尚 …………………… (311)	耶律贴不 …………………… (316)
耶律合住 …………………… (311)	耶律曷鲁 …………………… (316)
耶律休哥 …………………… (311)	耶律重元 …………………… (316)
耶律行平 …………………… (311)	耶律盆都 …………………… (317)
耶律朱哥 …………………… (311)	耶律信先 …………………… (317)
耶律延禧 …………………… (311)	耶律娄国 …………………… (317)
耶律刘哥 …………………… (312)	耶律室鲁 …………………… (317)
耶律安礼 …………………… (312)	耶律洪孝 …………………… (317)
耶律安抟 …………………… (312)	耶律洪基 …………………… (317)
耶律安端 …………………… (312)	耶律洪道 …………………… (317)
耶律羽之 …………………… (312)	耶律屋质 …………………… (317)
耶律买住 …………………… (313)	耶律铎臻 …………………… (317)
耶律买哥 …………………… (313)	耶律留哥 …………………… (317)
耶律李胡 …………………… (313)	耶律奚低 …………………… (317)
耶律杨六 …………………… (313)	耶律狼德 …………………… (317)
耶律忒末 …………………… (313)	耶律敌烈 …………………… (318)
耶律吴十 …………………… (313)	耶律敌猎 …………………… (318)
耶律余睹 …………………… (313)	耶律敌鲁 …………………… (318)
耶律秃花 …………………… (313)	耶律唐古 …………………… (318)
耶律谷欲 …………………… (313)	耶律海思 …………………… (318)
耶律希亮 …………………… (313)	耶律资忠 …………………… (318)
耶律伯坚 …………………… (314)	耶律常哥 …………………… (318)
耶律佛顶 …………………… (314)	耶律偶思 …………………… (318)
耶律怀义 …………………… (314)	耶律斜轸 …………………… (318)
耶律阿思 …………………… (314)	耶律章奴 …………………… (319)
耶律阿海 …………………… (314)	耶律庶成 …………………… (319)
耶律驴马 …………………… (314)	耶律庶箴 …………………… (319)
耶律抹只 …………………… (314)	耶律隆先 …………………… (319)
耶律国留 …………………… (314)	耶律隆庆 …………………… (319)
耶律贤适 …………………… (314)	耶律隆祐 …………………… (319)
耶律岩木 …………………… (315)	耶律隆绪 …………………… (319)
耶律的琭 …………………… (315)	耶律韩留 …………………… (320)
耶律迭里 …………………… (315)	耶律觌烈 …………………… (320)
耶律迭剌 …………………… (315)	耶律雅里 …………………… (320)
耶律宗真 …………………… (315)	耶律喜隐 …………………… (320)
耶律宗懿 …………………… (315)	耶律棠古 …………………… (320)
耶律学古 …………………… (315)	耶律释鲁 …………………… (320)
耶律孟简 …………………… (315)	耶律滑哥 …………………… (320)
耶律弥勒 …………………… (316)	耶律善哥 …………………… (321)
耶律挞烈 …………………… (316)	耶律涂山 …………………… (321)

耶律道隐	(321)	耶律毡古只	(326)
耶律蒲鲁	(321)	耶律毡撒葛	(326)
耶律楚材	(321)	耶律斡特剌	(326)
耶律辖底	(321)	耶律撒剌的	(326)
耶律牒蜡	(321)	耶律耨里思	(326)
耶律察八	(322)	耶律辟离剌	(326)
耶律察割	(322)	耶律何鲁扫古	(326)
耶律撒剌	(322)	耶律秃满答儿	(326)
耶律题子	(322)	画梁	(327)
耶律德光	(322)	直力鞬	(327)
耶律燕哥	(322)	直鲁古	(327)
耶律薛阇	(322)	直懒驾头拔羽直	(327)
耶律辨材	(323)	若干凤	(327)
耶律裹履	(323)	若干惠	(327)
耶歇仁钦	(323)	茂海	(327)
耶嘉克珠	(323)	茂萨	(327)
耶澜可汗	(323)	茂木奖	(327)
耶布移守贵	(323)	茂英充	(327)
耶律匀德实	(323)	苫彻	(327)
耶律夷腊葛	(323)	苦思丁	(327)
耶律忙古台	(323)	苴蒙阁劝	(327)
耶律忙古带	(323)	苗自成	(327)
耶律陈家奴	(323)	苗金台	(327)
耶律阿不里	(323)	苗总牌	(328)
耶律阿保机	(323)	苗普亮	(328)
耶律直鲁古	(324)	英和	(328)
耶律图鲁窘	(324)	英桂	(328)
耶律和鲁斡	(324)	英浩	(328)
耶律迭里特	(324)	英瑞	(328)
耶律挞不也	(324)	英翰	(328)
耶律突吕不	(325)	英俄尔岱	(328)
耶律神都斡	(325)	英义建功毗伽可汗	(328)
耶律敖卢斡	(325)	英武威远毗伽阙可汗	(328)
耶律留礼寿	(325)	苻丕	(329)
耶律捏儿哥	(325)	苻生	(329)
耶律涅鲁古	(325)	苻坚	(329)
耶律萨剌德	(325)	苻宏	(329)
耶律斜涅赤	(325)	苻法	(329)
耶律寅底石	(325)	苻洪	(329)
耶律绵思哥	(325)	苻洛	(330)
耶律塔不也	(325)	苻健	(330)
耶律鲁不古	(326)	苻朗	(330)
耶律普速完	(326)	苻崇	(330)

八画〔一〕 47

苻雄	(330)	奄克孛剌	(333)
苻登	(330)	抹只	(333)
苻融	(330)	抹撚兀典	(333)
苻纂	(330)	抹撚尽忠	(334)
苑支	(331)	拓跋云	(334)
苞汉阳	(331)	拓拔丕	(334)
范蠡	(331)	拓跋弘	(334)
昔班	(331)	拓跋休	(334)
昔里吉	(331)	拓跋余	(334)
昔里伯	(331)	拓跋绍	(334)
昔都儿	(331)	拓跋顺	(335)
昔烈门	(331)	拓跋浑	(335)
昔莫月	(331)	拓跋珪	(335)
昔里铃部	(331)	拓跋晃	(335)
杰书	(331)	拓跋祯	(335)
杰右	(331)	拓跋焘	(335)
杰察	(332)	拓跋嗣	(335)
杰尊贡噶顿珠	(332)	拓跋熙	(336)
杰尊喜饶森格	(332)	拓跋翰	(336)
杰尊喜饶琼内	(332)	拓跋濬	(336)
者白	(332)	拓跋嚁	(336)
者别	(332)	拓跋力微	(336)
者继荣	(332)	拓跋乞梅	(336)
者勒蔑	(332)	拓跋子推	(336)
其至鞬	(332)	拓跋宁丛	(336)
其美汪布	(332)	拓跋伏罗	(336)
述律	(332)	拓跋守寂	(337)
述澜	(332)	拓跋赤辞	(337)
述律平	(332)	拓跋郁律	(337)
述律皇后	(333)	拓跋思恭	(337)
述律哥图	(333)	拓跋猗卢	(337)
郁于	(333)	拓跋猗㐌	(337)
郁兰	(333)	拓跋朝光	(337)
郁捷	(333)	拓跋禄官	(337)
奔睹	(333)	拓跋窟咄	(337)
奔博果尔	(333)	拓跋什翼犍	(337)
奇布腾	(333)	拓跋沙漠汗	(338)
奇哩布	(333)	拔	(338)
奇塔特	(333)	拔灼	(338)
奇克唐阿	(333)	拔实	(338)
奇首可汗	(333)	拔都	(338)
奇塔特伟徵	(333)	拔乙门	(338)
奇塔特彻尔贝	(333)	拔思发	(338)

拔鲁罕	(338)	卓瓦桑姆	(342)
拙赤	(338)	卓尔珲保	(342)
拙赤合撒儿	(338)	卓玛措女王	(342)
拖雷	(338)	卓里克图汗	(342)
抱珍	(338)	卓哩克图汗	(342)
拉锡	(338)	卓特巴巴图尔	(342)
拉夫凯	(339)	卓哩克图珲台吉	(342)
拉布敦	(339)	虎必来	(342)
拉失德	(339)	虎伯恭	(342)
拉哈达	(339)	虎督度	(342)
拉察布	(339)	虎来罕同	(342)
拉藏汗	(339)	虎喇哈赤	(342)
拉甫果嘎	(339)	虎墩兔憨	(342)
拉藏鲁贝	(339)	虎都铁木禄	(342)
拉布克台吉	(339)	贤	(342)
拉旺多尔济	(339)	贤适	(342)
拉·卓微衮波	(339)	尚可孤	(342)
拉·隆格旺秋	(340)	尚结息	(343)
拉托托日宁赞	(340)	尚结赞	(343)
拉旺丹贝坚赞	(340)	尚恐热	(343)
拉旺巧列朗杰	(340)	尚野息	(343)
拉隆贝吉多吉	(340)	尚婢婢	(343)
拉德纳巴德拉	(340)	尚绮心儿	(343)
拉让巴呼图克图	(340)	尚·赞咄热	(343)
拉尊·波底热咱	(340)	呵罗真	(343)
拨绰	(340)	咄于	(343)
斩啜	(340)	咄苾	(343)
欧松	(340)	咄罗	(343)
欧冶子	(340)	咄吉世	(343)
欧曲喇嘛却桑	(340)	咄摩支	(343)
郅支单于	(340)	咄陆可汗	(343)
鸢鞮	(341)	呼辇	(343)
势都儿	(341)	呼必赉	(343)
		呼延攸	(343)
〔丨〕		呼延晏	(344)
叔隗	(341)	呼延翼	(344)
叔孙建	(341)	呼里特噶	(344)
肯尼萨尔	(341)	呼屠吾斯	(344)
些地	(341)	呼揭单于	(344)
卓罗	(341)	呼岱巴尔氏	(344)
卓萨	(341)	呼厨泉单于	(344)
卓其笃	(341)	呼韩邪单于	(344)
卓特巴	(342)	呼达该图哈喇呼勒	(344)

呼都而尸道皋若鞮单于	(344)	明里	(347)
呢牙斯	(344)	明昌	(347)
呢玛善	(345)	明亮	(347)
岭安泰	(345)	明珠	(348)
岭安盘	(345)	明宸	(348)
岭承恩	(345)	明绪	(348)
岭真伯	(345)	明禅	(348)
岭镇荣	(345)	明瑞	(348)
帖赤	(345)	明新	(348)
帖哥	(345)	明德	(348)
帖木儿	(345)	明安图	(348)
帖木伦	(345)	明悉腊	(349)
帖木真	(345)	明安达尔	(349)
帖木迭儿	(345)	明安达礼	(349)
帖柳兀图	(345)	明安额叶齐	(349)
帖卜腾格理	(345)	明里也赤哥	(349)
帖木儿不花	(345)	凯冷	(349)
帖木儿达失	(345)	凯萨	(349)
帖木儿补化	(345)	凯霖	(349)
帖木格斡惕赤斤	(345)	凯音布	(349)
帖哥术探花爱忽赤	(345)	凯珠嘉措	(350)
帕夏	(345)	凯珠布丹桑	(350)
帕尔萨	(345)	岩木	(350)
帕木竹巴	(345)	岩寿	(350)
帕巴桑结	(346)	岩大五	(350)
帕克思巴	(346)	岩母斤	(350)
帕竹扎巴坚赞	(346)	忠义夫人	(350)
旺布	(346)	忠贞可汗	(350)
旺辰	(346)	忠顺夫人	(350)
旺秀	(346)	昙摩难提	(350)
旺扎尔	(346)	昆冈	(350)
旺扎勒	(346)	昆邪王	(350)
旺舒克	(346)	昆泽思巴	(350)
旺住外郎	(346)	昆都力哈	(350)
旺秋多吉	(346)	昆鲁益旺波	(351)
旺济外兰	(347)	昆都伦乌巴什	(351)
旺布多尔济	(347)	昆都力庄兔台吉	(351)
旺出儿监藏	(347)	昆都仑歹成台吉	(351)
旺扎勒多尔济	(347)	昌术	(351)
明记	(347)	昌裔	(351)
明兴	(347)	昇寅	(351)
明安	(347)	昂洪	(351)
明庆	(347)	昂吉儿	(351)

旻宁 …………………………… (351)	罗桑图旦久美嘉措 …………… (355)
罗生 …………………………… (351)	罗卜藏青饶汪曲结布 ………… (356)
罗白 …………………………… (351)	罗卜藏图巴坦旺舒克 ………… (356)
罗盛 …………………………… (351)	罗卜藏衮布阿喇布坦 ………… (356)
罗僧 …………………………… (351)	罗布藏益喜丹巴饶结 ………… (356)
罗卜藏 ………………………… (352)	罗布桑楚勒乡木济克默特 …… (356)
罗发先 ………………………… (352)	迪子 …………………………… (356)
罗秉忠 ………………………… (352)	迪古乃 ………………………… (356)
罗垒云端 ……………………… (352)	迪里古 ………………………… (356)
罗桑图托 ……………………… (352)	迪辇阿不 ……………………… (356)
罗桑称勒 ……………………… (352)	迪辇俎里 ……………………… (356)
罗桑益西 ……………………… (352)	罔氏 …………………………… (356)
罗卜藏车凌 …………………… (353)	罔萌讹 ………………………… (356)
罗卜藏扎什 …………………… (353)	国留 …………………………… (356)
罗卜藏丹巴 …………………… (353)	固穆 …………………………… (356)
罗卜藏丹怎 …………………… (353)	固木布 ………………………… (356)
罗卜藏丹津 …………………… (353)	固始汗 ………………………… (356)
罗卜藏丹增 …………………… (353)	固木札布 ……………………… (357)
罗卜藏衮布 …………………… (353)	固尔玛浑 ……………………… (357)
罗卜藏诺颜 …………………… (353)	固噜扎布 ……………………… (357)
罗卜藏喇什 …………………… (353)	固噜什喜 ……………………… (357)
罗卜藏舒努 …………………… (353)	固噜思奇布 …………………… (357)
罗卜藏察罕 …………………… (353)	固穆巴图尔 …………………… (357)
罗布桑却丹 …………………… (354)	固帑干札拉参 ………………… (357)
罗藏拉卜坦 …………………… (354)	固实彻辰绰尔济 ……………… (357)
罗卜藏车布登 ………………… (354)	图巴 …………………………… (357)
罗卜藏达尔扎 ………………… (354)	图玉 …………………………… (357)
罗卜藏多尔济 ………………… (354)	图类 …………………………… (357)
罗卜藏锡喇布 ………………… (354)	图美 …………………………… (357)
罗卜藏额璘沁 ………………… (354)	图海 …………………………… (358)
罗布桑旺札勒 ………………… (354)	图欲 …………………………… (358)
罗布藏敦珠布 ………………… (354)	图喇 …………………………… (358)
罗顿多吉旺秋 ………………… (354)	图赖 …………………………… (358)
罗桑贝丹意希 ………………… (354)	图古斯 ………………………… (358)
罗桑却吉坚赞 ………………… (355)	图龙禅 ………………………… (358)
罗藏丹森讲索 ………………… (355)	图尔格 ………………………… (358)
罗卜藏扎木巴拉 ……………… (355)	图尔都 ………………………… (358)
罗卜藏凯木楚克 ……………… (355)	图们汗 ………………………… (358)
罗布增苏勒和木 ……………… (355)	图讷赫 ………………………… (358)
罗布藏丹彬多密 ……………… (355)	图伯特 ………………………… (359)
罗布藏班垫坚参 ……………… (355)	图理琛 ………………………… (359)
罗卜藏根敦扎克巴 …………… (355)	图鲁寋 ………………………… (359)
罗卜藏称勒拉木结 …………… (355)	图帖睦尔 ……………………… (359)

图鲁拜琥 (359)
图鲁博罗特 (359)
图敦衮噶南杰 (359)
图墨德达尔罕岱青 (359)
图蒙肯朝克图鸿台吉 (359)
果庄 (359)
果真 (359)
果尔沁 (359)
果鲁干 (359)

〔丿〕

和宁 (359)
和让 (360)
和讬 (360)
和尚 (360)
和坤 (360)
和春 (360)
和钦 (360)
和勇 (360)
和素 (360)
和起 (360)
和都 (361)
和通 (361)
和瑛 (361)
和琳 (361)
和跋 (361)
和鉴 (361)
和士开 (361)
和什克 (361)
和世㻋 (361)
和宁王 (361)
和廷述 (361)
和廷彪 (361)
和庚吉 (362)
和朔奴 (362)
和啰理 (362)
和悰顺 (362)
和隆武 (362)
和鲁斡 (362)
和富谷 (362)
和耀曾 (362)
和礼霍孙 (362)
和多和沁 (363)
和济格尔 (363)
和鄂尔勒克 (363)
和尔朔齐哈萨尔 (363)
季隗 (363)
竺昙摩罗刹 (363)
迭夷 (363)
迭里 (363)
迭里特 (363)
迭里得 (363)
迭剌哥 (363)
迭木帖儿 (363)
迭里弥实 (363)
迭里威失 (363)
垂济恭苏珑 (363)
侨如 (363)
侬罗 (363)
侬虑 (363)
侬楞额 (364)
侬克唐阿 (364)
侬达耶图勒拉 (364)
侬智高 (364)
的令 (364)
的娘 (364)
的鲁 (364)
的禄 (364)
帛纯 (364)
岳乐 (364)
岳讬 (364)
岳柱 (364)
岳起 (365)
岳素布 (365)
岳木忽而 (365)
岳磷帖木儿 (365)
岱布 (365)
岱青 (365)
岱总汗 (365)
岱青和硕齐 (365)
征侧 (365)
质睦 (365)
刹勤明慧海 (365)
乳必多吉 (365)
舍楞 (365)
舍里威 (366)

舍利畏	(366)	金穆宗	(368)
舍起灵	(366)	金二阿訇	(368)
舍剌克炭台吉	(366)	金卫绍王	(368)
金当	(366)	金城公主	(368)
金贤	(366)	金海陵王	(368)
金忠	(366)	受速	(368)
金顺	(366)	受罗部真可汗	(368)
金钦	(366)	狐毛	(368)
金娘	(366)	狐突	(368)
金涉	(366)	狐姬	(368)
金崖	(366)	狐偃	(368)
金敞	(366)	狐鹿姑单于	(368)
金赏	(366)	肫图	(368)
金简	(366)	朋春	(368)
金溶	(366)	朋素克	(368)
金樨	(367)	朋楚克	(369)
金干干	(367)	朋素克旺扎勒	(369)
金大车	(367)	朋素克喇布坦	(369)
金大舆	(367)	肥子	(369)
金万照	(367)	兔花	(369)
金义宗	(367)	兔力帖木儿	(369)
金太祖	(367)	忽古	(369)
金天柱	(367)	忽秃	(369)
金日䃅	(367)	忽辛	(369)
金公趾	(367)	忽怜	(369)
金世宗	(367)	忽剌	(370)
金世祖	(367)	忽都	(370)
金台石	(367)	忽鲁	(370)
金当川	(367)	忽察	(370)
金安上	(367)	忽歹达	(370)
金废帝	(367)	忽必来	(370)
金肃宗	(367)	忽必烈	(370)
金始祖	(367)	忽沙虎	(370)
金相印	(367)	忽林失	(370)
金哀宗	(367)	忽图剌	(370)
金宣宗	(367)	忽剌出	(371)
金康宗	(367)	忽哥赤	(371)
金章宗	(367)	忽思慧	(371)
金景祖	(368)	忽都台	(371)
金牌黄	(368)	忽都合	(371)
金献祖	(368)	忽都花	(371)
金熙宗	(368)	忽都虎	(371)
金睿宗	(368)	忽都剌	(371)

忽斜虎 …… (371)	沮渠男成 …… (375)
忽出哈敦 …… (371)	沮渠茂虔 …… (375)
忽都答儿 …… (371)	沮渠罗仇 …… (375)
忽鲁不花 …… (371)	沮渠牧犍 …… (375)
忽亦勒答儿 …… (372)	沮渠政德 …… (375)
忽林答胡土 …… (372)	沮渠蒙逊 …… (375)
忽都合别乞 …… (372)	沮渠麹粥 …… (375)
咎犯 …… (372)	沮渠德政 …… (375)
匋伻 …… (372)	泮官特勤 …… (375)
匋钪泠 …… (372)	波冲 …… (375)
匋陇建仔 …… (372)	波提亚 …… (376)
周昈 …… (372)	波儿哈都台吉 …… (376)
周几 …… (372)	泥礼 …… (376)
周摇 …… (372)	泥靡 …… (376)
周天孚 …… (372)	泥利可汗 …… (376)
周天受 …… (372)	泥涅可汗 …… (376)
周天培 …… (372)	泥橛处罗可汗 …… (376)
周冠南 …… (372)	泥伏沙钵罗可汗 …… (376)
〔丶〕	泽当巴列钦衮杰哇 …… (376)
	泽塘巴夏孜斑钦索南查巴 …… (376)
於扶罗 …… (373)	治元多 …… (376)
於除鞬单于 …… (373)	郑严 …… (376)
刻里钵 …… (373)	郑旻 …… (376)
京俄巴·楚臣拔 …… (373)	郑和 …… (376)
底弄 …… (373)	郑经 …… (377)
怯台 …… (373)	郑泉 …… (377)
怯伯 …… (373)	郑珊 …… (377)
怯烈 …… (373)	郑琳 …… (377)
怯烈台 …… (373)	郑仁旻 …… (377)
怡良 …… (373)	郑公厚 …… (377)
炒花 …… (373)	郑成功 …… (377)
炒蛮 …… (374)	郑买嗣 …… (377)
法成 …… (374)	郑那忠 …… (377)
法灯 …… (374)	郑昭淳 …… (377)
法海 …… (374)	郑隆亶 …… (378)
法式善 …… (374)	郑献甫 …… (378)
沮渠拏 …… (374)	宝巴 …… (378)
沮渠无讳 …… (374)	宝廷 …… (378)
沮渠汉平 …… (374)	宝鋆 …… (378)
沮渠成都 …… (374)	宝衡山 …… (378)
沮渠兴国 …… (375)	宗元 …… (378)
沮渠安周 …… (375)	宗喀巴 …… (378)
沮渠如子 …… (375)	定信 …… (378)

定咱喇什	(378)	肃顺	(382)
定增亚吉	(378)	肃祖	(382)
宜绵	(378)	陕巴	(382)
官文	(379)	降曲丹皮	(382)
官保	(379)	始艾	(382)
宛梅庵	(379)	始毕可汗	(382)
实卜	(379)	弩温答失里	(382)
实鲁	(379)	迦独庞	(382)
实鲁剌	(379)	迦鲁纳答思	(382)
实怜答里	(379)	线真	(382)
学古	(379)	细奴逻	(382)
羌娜	(379)	细封步赖	(382)
诚乐魁	(379)	孟获	(383)
视连	(379)	孟简	(383)
视罴	(379)	孟谷误	(383)
郎卡	(379)	孟速思	(383)
郎坦	(379)	孟特穆	(383)
郎球	(379)	孟格布禄	(383)
郎杰桑波	(380)	贯云石	(383)
郎结曲丕	(380)	贯只哥	(383)
房琯	(380)	贯楚克	(383)
		贯酸斋	(383)
〔丿〕		承	(383)
弥勒	(380)	承宗	(383)
弥什克	(380)	承天太后	(383)
弥俄突	(380)	函普	(383)

九 画

〔一〕

弥觉多吉	(380)
弥勒僧格	(380)
弥偶可社句可汗	(380)
弥易尼·统瓦端登	(380)
居翁	(380)
居车儿	(381)
屈子	(381)
屈丐	(381)
屈戌	(381)
屈列	(381)
屈原	(381)
屈瑕	(381)
屈术支	(381)
屈出律	(381)
屈利啜	(381)
屈突通	(381)
屈利俟毗可汗	(381)

砧厥	(384)
珉德	(384)
契苾明	(384)
契苾葛	(384)
契苾何力	(384)
契苾歌楞	(384)
项烈	(384)
项崇周	(384)
栋果尔	(384)
栋岱青	(384)
栋伊思喇布	(384)
相威	(385)
相兀速	(385)
相加班	(385)

相单程	(385)	南必	(387)
柏贵	(385)	南木合	(387)
柏葰	(385)	南杰才旦	(387)
柏彦务	(385)	南凉烈祖	(387)
柏节圣妃	(385)	南燕世宗	(387)
柳天成	(385)	南结环爵尔	(387)
树者	(385)	南喀巴藏卜	(387)
树机能	(385)	南燕武皇帝	(387)
树洛干	(385)	南燕献武帝	(387)
胡卢	(385)	南喀雷必坚赞	(387)
胡兰	(385)	草火讹可	(387)
胡来	(385)	荞乍	(387)
胡沙	(385)	荀和叔	(387)
胡剌	(385)	茫噶拉古如	(387)
胡虔	(385)	茹羯	(388)
胡琛	(386)	茹莱杰	(388)
胡睹	(386)	茹茹公主	(388)
胡辇	(386)	药木忽儿	(388)
胡瑰	(386)	荣庆	(388)
胡土虎	(386)	荣如	(388)
胡太后	(386)	荣禄	(388)
胡玉山	(386)	荣僧	(388)
胡母里	(386)	革兰合	(388)
胡沙虎	(386)	带孙	(388)
胡独堇	(386)	带素	(388)
胡登洲	(386)	查剌	(389)
胡太师祖	(386)	查克丹	(389)
胡里伯克	(386)	查郎阿	(389)
胡邪尸逐侯鞮单于	(386)	查剌温	(389)
封孚	(386)	查个只	(389)
封敕文	(386)	查剌阿不	(389)
刺真	(386)	要木忽尔	(389)
刺哥	(386)	酒贤	(389)
刺阿不	(386)	酒令思聪	(389)
刺麻领占巴	(386)	赵兴	(389)
勃阑卡贝云	(386)	赵佗	(389)
郝旦	(387)	赵荣	(389)
郝奴	(387)	赵胡	(389)
郝散	(387)	赵准	(390)
郝阿保	(387)	赵遐	(390)
郝度元	(387)	赵藩	(390)
南八	(387)	赵子青	(390)
南仙	(387)	赵元昊	(390)

赵世延 …… (390)	拾寅 …… (393)
赵尔巽 …… (390)	按只 …… (393)
赵主俗 …… (391)	按出 …… (393)
赵式铭 …… (391)	按陈 …… (393)
赵怀德 …… (391)	按答 …… (393)
赵君道 …… (391)	按摊 …… (393)
赵林花 …… (391)	按扎儿 …… (393)
赵国安 …… (391)	按巴坚 …… (394)
赵国宝 …… (391)	按只鲟 …… (394)
赵国珍 …… (391)	按赤带 …… (394)
赵秉常 …… (391)	按竺迩 …… (394)
赵金龙 …… (391)	按只吉歹 …… (394)
赵建德 …… (391)	轲比能 …… (394)
赵保吉 …… (391)	
赵保忠 …… (391)	〔丨〕
赵重喜 …… (391)	虐罗虐及 …… (394)
赵音旺 …… (391)	哇详水 …… (394)
赵酉摩 …… (392)	哑蒙葛 …… (394)
赵炳龙 …… (392)	哑速火落赤把都儿 …… (394)
赵谅祚 …… (392)	咱雅班第达 …… (394)
赵乾顺 …… (392)	哈岱 …… (395)
赵婴齐 …… (392)	哈剌 …… (395)
赵善政 …… (392)	哈真 …… (395)
赵阿哥昌 …… (392)	哈铭 …… (395)
赵阿哥潘 …… (392)	哈麻 …… (395)
斫答 …… (392)	哈答 …… (395)
歪思 …… (392)	哈八石 …… (395)
咸 …… (392)	哈木儿 …… (395)
咸丰帝 …… (392)	哈元生 …… (395)
咸补海 …… (392)	哈什木 …… (396)
咸得卜 …… (392)	哈什屯 …… (396)
咸安公主 …… (392)	哈宁阿 …… (396)
威正 …… (392)	哈达哈 …… (396)
威正雅拜台吉 …… (392)	哈赤温 …… (396)
威正打儿汗台吉 …… (393)	哈国兴 …… (396)
持至尸逐侯单于 …… (393)	哈迪尔 …… (396)
挞里 …… (393)	哈剌鲟 …… (396)
挞览 …… (393)	哈第尔 …… (397)
挞烈 …… (393)	哈散纳 …… (397)
挞懒 …… (393)	哈斯宝 …… (397)
挞不也 …… (393)	哈撒儿 …… (397)
挞不野 …… (393)	哈攀龙 …… (397)
括里 …… (393)	哈儿八真 …… (397)

九画 〔丨〕〔丿〕 57

哈马儿丁 …… (397)	星讷 …… (400)
哈不勒罕 …… (397)	曷补 …… (400)
哈比布拉 …… (397)	曷鲁 …… (400)
哈剌那海 …… (397)	曷思麦里 …… (400)
哈剌哈孙 …… (397)	曷萨那可汗 …… (400)
哈剌哈纳 …… (397)	冒顿单于 …… (400)
哈斯木汗 …… (397)	贵由 …… (400)
哈喇忽剌 …… (397)	贵英 …… (400)
哈答驸马 …… (398)	贵明 …… (400)
哈力锁鲁檀 …… (398)	贵哥 …… (400)
哈不慎台吉 …… (398)	思柏 …… (400)
哈合罗驸马 …… (398)	思温 …… (400)
哈玛尔岱青 …… (398)	思可法 …… (400)
哈剌帖木儿 …… (398)	思机法 …… (401)
哈克那札尔汗 …… (398)	思伦法 …… (401)
哈利勒·速檀 …… (398)	思任法 …… (401)
哈木把都儿台吉 …… (398)	思行法 …… (401)
哈尔固楚克台吉 …… (398)	思陆法 …… (401)
哈剌亦哈赤北鲁 …… (398)	思的克 …… (401)
哈剌阿思兰都大 …… (398)	思禄法 …… (401)
哈桑·桃花石·博格拉汗 …… (398)	思巴儿监藏 …… (401)
哈尔古楚克都古楞特穆尔鸿台吉 …… (398)	畏答儿 …… (401)
咩米氏 …… (398)	骨咄禄 …… (402)
咩讹埋 …… (399)	骨力裴罗 …… (402)
昭宗 …… (399)	骨咄禄叶护 …… (402)
昭椎 …… (399)	临喜 …… (402)
昭礼可汗 …… (399)	〔丿〕
昭圣皇帝 …… (399)	
昭烈皇后 …… (399)	拜延 …… (402)
昭烈皇帝 …… (399)	拜住 …… (402)
昭德皇后 …… (399)	拜降 …… (402)
贴不 …… (399)	拜牙即 …… (402)
贻谷 …… (399)	拜音图 …… (402)
毗贺突 …… (399)	拜济瑚 …… (402)
毗伽公主 …… (399)	拜巴噶斯 …… (402)
毗伽可汗 …… (399)	拜音达里 …… (402)
毗奈耶室利 …… (399)	拜桑固尔 …… (402)
毗囊热拉赞 …… (399)	拜斯噶勒 …… (402)
毗伽·阙·卡迪尔汗 …… (399)	拜延八都鲁 …… (403)
郢 …… (399)	拜迭力迷失 …… (403)
勋奴扎巴 …… (399)	种敦巴 …… (403)
是贡敕文 …… (399)	科赛 …… (403)
星吉 …… (399)	钟全 …… (403)

钟明亮	(403)	侯尼支	(405)
钟金哈屯	(403)	侯郑昂	(405)
钟都赘卫征诺延	(403)	侯莫陈相	(405)
钦德	(403)	侯莫陈悦	(405)
钦泽旺波	(403)	侯莫陈崇	(405)
钦顺皇帝	(403)	俟斤	(406)
钦哀皇后	(403)	俟力归	(406)
钦爱皇后	(403)	顺治帝	(406)
钦波仁钦桑波	(403)	顺德讷	(406)
钮楞额	(403)	段义	(406)
复株累若鞮单于	(403)	段世	(406)
香妃	(403)	段功	(406)
笃哇	(403)	段正	(406)
笃婆钵提	(403)	段永	(406)
笃来帖木儿	(403)	段兰	(406)
适鲁	(404)	段辽	(406)
重元	(404)	段玑	(406)
重喜	(404)	段光	(407)
修甫	(404)	段庆	(407)
保八	(404)	段辰	(407)
保只	(404)	段明	(407)
保宁	(404)	段忠	(407)
保义可汗	(404)	段实	(407)
俄陶	(404)	段宝	(407)
俄柴儿王	(404)	段俊	(407)
俄·罗丹喜饶	(404)	段龛	(407)
俄·雷必喜饶	(404)	段隆	(407)
信先	(404)	段随	(407)
信苴义	(404)	段福	(407)
信苴日	(404)	段义长	(408)
信苴正	(404)	段义宗	(408)
信苴功	(404)	段匹䃅	(408)
信苴光	(404)	段勿尘	(408)
信苴庆	(404)	段文鸯	(408)
信苴明	(405)	段文振	(408)
信苴忠	(405)	段正兴	(408)
信苴宝	(405)	段正严	(408)
信苴俊	(405)	段正明	(408)
信苴隆	(405)	段正淳	(409)
信苴福	(405)	段末波	(409)
侯景	(405)	段末杯	(409)
侯大苟	(405)	段务尘	(409)
侯公丁	(405)	段兴智	(409)

九画 〔丿〕〔丶〕 59

段寿辉 …………………………… (409)
段连义 …………………………… (409)
段赤城 …………………………… (409)
段和誉 …………………………… (409)
段忠国 …………………………… (409)
段宗榜 …………………………… (409)
段思平 …………………………… (409)
段思良 …………………………… (410)
段思英 …………………………… (410)
段思胄 …………………………… (410)
段思廉 …………………………… (410)
段思聪 …………………………… (410)
段俭魏 …………………………… (410)
段素兴 …………………………… (410)
段素英 …………………………… (410)
段素顺 …………………………… (410)
段素真 …………………………… (410)
段素隆 …………………………… (410)
段素廉 …………………………… (410)
段祥兴 …………………………… (410)
段智兴 …………………………… (410)
段智祥 …………………………… (411)
段智廉 …………………………… (411)
段廉义 …………………………… (411)
段奈台吉 ………………………… (411)
段就六眷 ………………………… (411)
皇太极 …………………………… (411)
泉男生 …………………………… (411)
泉献诚 …………………………… (411)
叟塞 ……………………………… (411)
禹 ………………………………… (411)
鬼侯 ……………………………… (411)
鬼章 ……………………………… (411)
鬼力赤 …………………………… (412)
须卜当 …………………………… (412)
须卜居次 ………………………… (412)
盆都 ……………………………… (412)
盆句除 …………………………… (412)
俞 ………………………………… (412)
胤禛 ……………………………… (412)
独罗 ……………………………… (412)
独吉义 …………………………… (412)
独孤及 …………………………… (413)

独孤郁 …………………………… (413)
独孤信 …………………………… (413)
独孤损 …………………………… (413)
独孤朗 …………………………… (413)
独解支 …………………………… (413)
独吉思忠 ………………………… (413)
独孤怀恩 ………………………… (413)
狠德 ……………………………… (413)
饶绛巴桑结贝 …………………… (413)
胆巴 ……………………………… (413)
胜保 ……………………………… (414)
胜剌哈 …………………………… (414)
胜纳哈儿 ………………………… (414)
盈歌 ……………………………… (414)

〔丶〕

亭独尸逐侯鞮单于 ……………… (414)
奕山 ……………………………… (414)
奕䜣 ……………………………… (414)
奕纪 ……………………………… (415)
奕许 ……………………………… (415)
奕劻 ……………………………… (415)
奕诒 ……………………………… (415)
奕经 ……………………………… (415)
奕志 ……………………………… (415)
奕绘 ……………………………… (415)
奕谅 ……………………………… (415)
奕赓 ……………………………… (415)
奕谱 ……………………………… (416)
奕赫抵雅尔丁 …………………… (416)
度易侯 …………………………… (416)
恒春 ……………………………… (416)
恒祺 ……………………………… (416)
恒瑞 ……………………………… (416)
恒龄 ……………………………… (416)
恒福 ……………………………… (416)
恒德 ……………………………… (416)
恒乍绷 …………………………… (416)
恰赤 ……………………………… (417)
恰台吉 …………………………… (417)
恰那多吉 ………………………… (417)
恰巴扎西贝桑 …………………… (417)
恽珠 ……………………………… (417)

闻国兴 …… (417)	浑邪王 …… (421)
闵览 …… (417)	浑都海 …… (421)
闾毗 …… (417)	前赵烈宗 …… (421)
闾大肥 …… (417)	前赵高祖 …… (421)
闾伯升 …… (417)	前秦太宗 …… (421)
阁罗凤 …… (417)	前秦世祖 …… (421)
炳图伊勒登 …… (418)	前秦高祖 …… (421)
洁实弥尔 …… (418)	前燕太祖 …… (421)
洪万 …… (418)	前燕幽帝 …… (421)
洪古 …… (418)	前燕烈祖 …… (421)
洪晉 …… (418)	前赵光文帝 …… (421)
洪君祥 …… (418)	前赵昭武帝 …… (421)
洪果尔 …… (418)	前秦明皇帝 …… (421)
洪茶丘 …… (418)	前秦高皇帝 …… (421)
洪俊奇 …… (418)	前燕文明帝 …… (421)
洪梦龄 …… (418)	前燕景昭帝 …… (421)
洪福源 …… (419)	前秦哀平皇帝 …… (421)
洗夫人 …… (419)	前秦宣昭皇帝 …… (421)
洛托 …… (419)	养罕王 …… (421)
洛哩 …… (419)	养易斋学人 …… (421)
洛布七力 …… (419)	觉诚 …… (421)
洛昂达孜 …… (419)	觉尔结 …… (421)
洛绒降泽 …… (419)	觉乐凤 …… (421)
洛桑丹增 …… (419)	觉昌安 …… (421)
洛桑塔杰 …… (419)	觉罗伊图 …… (422)
洛桑楚臣 …… (420)	觉罗拜山 …… (422)
洛桑盖敦巴 …… (420)	觉罗耆龄 …… (422)
洛桑丹白尼玛 …… (420)	觉罗海龄 …… (422)
洛桑丹白坚参 …… (420)	觉罗琅玕 …… (422)
洛桑丹白旺秀 …… (420)	觉罗舒恕 …… (422)
洛桑丹悲坚赞 …… (420)	觉罗满保 …… (422)
洛桑图丹嘉错 …… (420)	觉罗巴哈纳 …… (422)
洛热巴·旺秋尊追 …… (420)	觉罗伊桑阿 …… (423)
济火 …… (420)	觉罗纳世通 …… (423)
济度 …… (420)	觉敦仁波且 …… (423)
济什哈 …… (420)	觉罗雅尔哈善 …… (423)
济尔哈朗 …… (421)	觉囊衮噶宁波 …… (423)
济克济札布 …… (421)	宣统帝 …… (423)
济龙呼图克图六世 …… (421)	宣简皇后 …… (423)
济龙呼图克图七世 …… (421)	宣简皇帝 …… (423)
济龙呼图克图八世 …… (421)	宣懿皇后 …… (423)
济龙呼图克图十世 …… (421)	宣武灵皇后 …… (423)
浑瑊 …… (421)	室鲁 …… (423)

室点密可汗	(423)	姚硕德	(427)
宪德	(423)	娜玛	(427)
客台	(423)	娜底	(427)
突昏	(423)	贺讷	(427)
突欲	(423)	贺六浑	(427)
突董	(423)	贺兰祥	(427)
突地稽	(424)	贺若谊	(427)
突吕不	(424)	贺若敦	(427)
突董苏	(424)	贺若弼	(427)
突利可汗	(424)	贺拔仁	(427)
染干	(424)	贺拔允	(427)
姜映芳	(424)	贺拔岳	(428)
娄国	(424)	贺拔胜	(428)
娄昭	(424)	贺福延	(428)
娄室	(424)	贺娄子干	(428)
娄睿	(424)	贺麻路乎	(428)
娄昭君	(424)	贺什格巴图	(428)
迷吾	(424)	贺拔焉过儿	(428)
迷唐	(424)	贺腊毗伽可汗	(428)
祜巴勐	(425)	勇石鲁	(428)
神宝	(425)	孩里	(428)
神土懑	(425)	绒敦	(428)
神都斡	(425)	绒·却吉桑波	(428)
祝孔革	(425)	绒敦玛微僧格	(429)
祝老四	(425)	结胜	(429)
祢罗突	(425)	结什角	(429)
		绛曲约	(429)
〔丆〕		绛贝嘉措	(429)
费扬古	(425)	绛巴桑热	(429)
费英东	(425)	绛曲坚赞	(429)
屋只	(425)	绛曲格哲	(429)
屋曲	(425)	绛巴·囊杰札桑	(429)
屋利啜	(425)	统叶护可汗	(430)
屋骨朵鲁	(425)	骆科	(430)
胥要德	(425)	象多	(430)
姚兴	(425)	逊杜棱	(430)
姚苌	(426)	逊笃布	(430)
姚泓	(426)		
姚绍	(426)	**十　画**	
姚绪	(426)		
姚弼	(426)	〔丶〕	
姚襄	(426)	珠满	(431)
姚弋仲	(426)	珠玛喇	(431)
		珠鲁讷	(431)

珠尔默特旺扎勒	(431)	泰定帝	(434)
珠尔默特那木扎勒	(431)	泰外库勒汗	(434)
珠尔默特益西策卜登	(431)	桂甘	(434)
班第	(431)	桂良	(434)
班超	(432)	桂林	(434)
班滚	(432)	桂廉	(434)
班定远	(432)	桂古达尔	(435)
班珠尔	(432)	桂楼先生	(435)
班都察	(432)	桂·赤桑雅拉	(435)
班丹扎什	(432)	桓赧	(435)
班垫楚称	(432)	格布希	(435)
班觉嘉措	(432)	格色克	(435)
班麻思结	(432)	格埒勒	(435)
班禅一世	(433)	格西臧瓦	(435)
班禅二世	(433)	格坚皇帝	(435)
班禅三世	(433)	格绒达吉	(435)
班禅四世	(433)	格桑嘉措	(435)
班禅五世	(433)	格登嘉措	(435)
班禅六世	(433)	格西多吉周	(435)
班禅七世	(433)	格埒图台吉	(435)
班禅八世	(433)	格埒博罗特	(436)
班禅九世	(433)	格列山只台吉	(436)
班扎喇卫征	(433)	格埒克延丕勒	(436)
班珠尔多尔济	(433)	格埒森扎台吉	(436)
班第墨尔根卓哩克图	(433)	格埒克巴木丕勒	(436)
珲津	(433)	样浦琼哇	(436)
敖卢斡	(433)	根特	(436)
敖昌兴	(433)	根惇	(436)
敖拉昌兴	(433)	根敦	(436)
敖卜言台吉	(433)	根特木耳	(436)
素姑	(433)	根敦朱巴	(437)
素和贵	(433)	根敦嘉措	(437)
素和跋	(433)	都担	(437)
素尔波且	(433)	都哇	(437)
素囊台吉	(433)	都稽	(437)
素泰伊勒登	(433)	都尔玛	(437)
素尔穹·喜饶扎巴	(433)	都兴阿	(437)
秦布	(434)	都位加	(437)
秦再雄	(434)	都隆奇	(437)
泰出	(434)	都尔弥势	(437)
泰不华	(434)	都松钦巴	(438)
泰不花	(434)	都思噶尔	(438)
泰杰勒	(434)	都蓝可汗	(438)

都松芒保杰	(438)	莽古尔泰	(442)
都尔格齐诺颜	(438)	莽噶里克	(442)
都松芒杰隆囊	(438)	莲花生	(442)
真金	(438)	莫邪	(442)
真宝	(438)	莫洛	(442)
真定	(438)	莫世忍	(442)
真哥	(438)	莫托和	(442)
真回老人	(438)	莫彦殊	(442)
真相台台	(438)	莫伦哈屯	(442)
真珠叶护可汗	(438)	莫折太提	(442)
真珠毗伽可汗	(438)	莫折念生	(443)
索氏	(439)	莫何可汗	(443)
索尼	(439)	莫多娄贷文	(443)
索低	(439)	莫贺咄可汗	(443)
索琳	(439)	莫贺咄特勒（勤）	(443)
索元礼	(439)	莫尔根特木内	(443)
索尔扎	(439)	莎罗奔	(443)
索多汗	(439)	莎儿合黑塔泥	(443)
索诺木	(439)	恭阿	(443)
索焕章	(439)	恭坦	(443)
索额图	(439)	恭项	(443)
索巴坚参	(440)	恭格	(443)
索卡尔瓦	(440)	恭镗	(443)
索南坚错	(440)	恭顺皇帝	(443)
索南坚赞	(440)	恭格车凌	(443)
索南孜摩	(440)	莹川	(443)
索南查巴	(440)	哥来秋	(443)
索南饶丹	(440)	哥舒翰	(443)
索南朗杰	(440)	哥力各台吉	(443)
索南群培	(440)	哥鲁瓦嘉木措	(443)
索诺木达什	(440)	聂赤赞普	(444)
索诺木杜棱	(440)	聂巴·贝丹曲琼	(444)
索布多尔札布	(441)	耆英	(444)
索诺木达尔扎	(441)	贾尼别克汗	(444)
索诺木喇布坦	(441)	贾尊珠僧格	(444)
索诺木伊斯扎布	(441)	贾珠·嘎尔堪	(444)
壶衍鞮单于	(441)	贾玛尔·卡尔希	(444)
莽寒	(441)	速哥	(444)
莽布支	(441)	速撒	(444)
莽古赉	(441)	速不台	(444)
莽苏尔	(441)	速仆丸	(445)
莽依图	(441)	速把亥	(445)
莽喀察	(442)	速黑忒	(445)

速别额台 …… (445)	热辣公济 …… (448)
速哥八剌 …… (445)	热丹衮桑帕 …… (448)
赶兔 …… (445)	热振呼图克图一世 …… (448)
载淳 …… (445)	热振呼图克图二世 …… (448)
载湉 …… (445)	热振呼图克图三世 …… (448)
载龄 …… (445)	热振呼图克图四世 …… (448)
载滢 …… (445)	哲别 …… (448)
载漪 …… (446)	哲里麦 …… (448)
顾琮 …… (446)	哲马鲁丁 …… (448)
顾八代 …… (446)	哲布尊丹巴呼图克图一世 …… (448)
顾太清 …… (446)	哲布尊丹巴呼图克图二世 …… (448)
顾纳岱 …… (446)	哲布尊丹巴呼图克图三世 …… (449)
顾实汗 …… (446)	哲布尊丹巴呼图克图四世 …… (449)
破六韩常 …… (446)	哲布尊丹巴呼图克图五世 …… (449)
破六韩拔陵 …… (446)	哲布尊丹巴呼图克图六世 …… (449)
破丑重遇贵 …… (446)	哲布尊丹巴呼图克图七世 …… (449)
破落汗拔陵 …… (447)	哲布尊丹巴呼图克图八世 …… (450)
夏太宗 …… (447)	哲布尊阿旺垂济尼玛丹彬旺舒克 …… (450)
夏太祖 …… (447)	匿舍朗 …… (450)
夏仁宗 …… (447)	
夏世祖 …… (447)	〔丨〕
夏神宗 …… (447)	柴秉诚 …… (450)
夏桓宗 …… (447)	哱拜 …… (450)
夏崇宗 …… (447)	哱承恩 …… (450)
夏惠宗 …… (447)	唃厮啰 …… (450)
夏景宗 …… (447)	唆都 …… (451)
夏献宗 …… (447)	唆鲁和帖尼 …… (451)
夏毅宗 …… (447)	晃兔台吉 …… (451)
夏襄宗 …… (447)	恩长 …… (451)
夏尔哇巴 …… (447)	恩华 …… (451)
夏武烈帝 …… (447)	恩忠 …… (451)
夏格林巴 …… (447)	恩泽 …… (451)
夏不鲁罕丁 …… (447)	恩承 …… (451)
夏扎·汪曲结布 …… (447)	恩铭 …… (452)
振魁 …… (447)	恩龄 …… (452)
捏儿 …… (447)	恩格图 …… (452)
捏里 …… (447)	恩干松蓬 …… (452)
捏儿哥 …… (447)	恩格德尔 …… (452)
顿毗伽叶护 …… (447)	恩兰·达扎路恭 …… (452)
热西丁 …… (447)	恩克卓里克图汗 …… (452)
热西德 …… (447)	恩萨·罗桑顿珠 …… (452)
热穹巴 …… (447)	恩萨·索南乔郎 …… (452)
热西尼玛 …… (448)	恩克跌儿歹成台吉 …… (452)

逞加奴 …… (452)	俫盏 …… (455)
〔丿〕	倚儿将逊台吉 …… (455)
特末 …… (452)	俺嫂 …… (455)
特烈 …… (452)	俺巴孩 …… (455)
特木内 …… (452)	俺坠兔 …… (455)
特古斯 …… (452)	俺答汗 …… (455)
特尔祜 …… (453)	倒刺沙 …… (455)
特母哥 …… (453)	倒瓦答失里 …… (456)
特里得 …… (453)	候吕陵氏 …… (456)
特依顺 …… (453)	候其伏代库者可汗 …… (456)
特默齐 …… (453)	倭仁 …… (456)
特薛禅 …… (453)	倭里罕 …… (456)
特尔庆阿 …… (453)	倭恒额 …… (456)
特健俟斤 …… (453)	倭尔托彦 …… (456)
特固斯库鲁克达赖汗 …… (453)	倪属利稽 …… (456)
钱觉耀 …… (453)	俾西麦甘 …… (456)
钵鲁欢 …… (453)	倍侯利 …… (456)
钵阐布定埃增 …… (453)	倍勒尔 …… (456)
铁失 …… (453)	射匮可汗 …… (456)
铁连 …… (453)	徒单镒 …… (457)
铁保 …… (453)	徒离骨 …… (457)
铁哥 …… (454)	徒单太后 …… (457)
铁铉 …… (454)	徒单百家 …… (457)
铁木耳 …… (454)	徒单合喜 …… (457)
铁木真 …… (454)	徒单克宁 …… (457)
铁迈赤 …… (454)	徒单阿里出虎 …… (457)
铁哥术 …… (454)	徐松 …… (457)
铁穆耳 …… (454)	徐蔚 …… (458)
铁万摆户 …… (454)	徐子王 …… (458)
铁木迭儿 …… (454)	徐偃王 …… (458)
铁背台吉 …… (454)	豹子 …… (458)
铁木儿不花 …… (454)	翁指 …… (458)
铁木儿塔识 …… (455)	翁爱 …… (458)
铁木哥斡赤斤 …… (455)	翁归靡 …… (458)
铎稳 …… (455)	爱伻 …… (458)
铎臻 …… (455)	爱鲁 …… (458)
铎鲁斡 …… (455)	爱必达 …… (458)
称海 …… (455)	爱玛特 …… (458)
称台吉 …… (455)	爱孜木 …… (458)
敌烈 …… (455)	爱星阿 …… (458)
敌鲁 …… (455)	爱理沙 …… (458)
笑乃带 …… (455)	爱隆阿 …… (459)
	爱毕勒达 …… (459)

爱猷识理达腊 …… (459)
爱育黎拔力八达 …… (459)
爱达必斯达延诺延 …… (459)
奚斤 …… (459)
奚低 …… (459)
奚首 …… (459)
奚回离保 …… (459)
奚国皇帝 …… (459)
奚和朔奴 …… (459)
狼岑 …… (459)
狼路 …… (459)
狼德 …… (460)
狼台吉 …… (460)
脑毛大 …… (460)
留保 …… (460)
留哥 …… (460)
留礼寿 …… (460)
逢侯单于 …… (460)

〔丶〕

郭锡 …… (460)
郭安国 …… (460)
郭药师 …… (460)
郭帕伯克 …… (460)
郭海太尉 …… (460)
郭扎巴·索南坚赞 …… (460)
郭仓巴·滚波多吉 …… (460)
高七 …… (461)
高云 …… (461)
高仁 …… (461)
高方 …… (461)
高禾 …… (461)
高奴 …… (461)
高欢 …… (461)
高杞 …… (461)
高松 …… (461)
高衍 …… (461)
高桢 …… (461)
高晋 …… (462)
高祥 …… (462)
高彪 …… (462)
高琳 …… (462)
高斌 …… (462)

高颎 …… (462)
高塞 …… (463)
高肇 …… (463)
高睿 …… (463)
高天喜 …… (463)
高升泰 …… (463)
高仙芝 …… (463)
高永昌 …… (463)
高老五 …… (463)
高贞泰 …… (463)
高多佛 …… (463)
高克恭 …… (463)
高良惠 …… (464)
高纳麟 …… (464)
高罗衣 …… (464)
高明清 …… (464)
高定元 …… (464)
高承祖 …… (464)
高南申 …… (464)
高南容 …… (464)
高桂枝 …… (464)
高泰运 …… (464)
高泰连 …… (465)
高泰明 …… (465)
高泰祥 …… (465)
高借沙 …… (465)
高斋德 …… (465)
高勒趣 …… (465)
高喀鼐 …… (465)
高量成 …… (465)
高智升 …… (465)
高智耀 …… (465)
高德基 …… (466)
高世格亲 …… (466)
衮丹 …… (466)
衮布 …… (466)
衮占 …… (466)
衮桑帕 …… (466)
衮楚克 …… (466)
衮德依 …… (466)
衮丹热巴 …… (466)
衮布扎布 …… (466)
衮杜桑波 …… (467)

衮却伦珠	(467)	海忠	(470)
衮噶仁钦	(467)	海思	(470)
衮噶宁布	(467)	海都	(470)
衮布伊勒登	(467)	海积	(470)
衮济斯扎布	(467)	海望	(470)
衮楚克图英	(467)	海禄	(470)
衮秋丹白准美	(467)	海瑞	(470)
衮必里克墨尔根	(467)	海龄	(471)
旁加独	(467)	海璹	(471)
斋赛	(467)	海兰察	(471)
席卜臣	(467)	海西侯	(471)
唐七	(467)	海合都	(471)
唐古	(467)	海迷失	(471)
唐岱	(467)	海滨王	(471)
唐和	(467)	涂山	(471)
唐贵	(468)	益宗	(471)
唐㪍	(468)	益西约	(471)
唐公廉	(468)	益麻党征	(471)
唐仁祖	(468)	益福的哈鲁丁	(471)
唐古特	(468)	宽阇	(471)
唐古德	(468)	宽彻普化	(472)
唐其势	(468)	宴只吉带	(472)
唐承祖	(468)	宾兔	(472)
唐括辩	(468)	宰生	(472)
唐喀禄	(468)	宰赛	(472)
唐括安礼	(468)	宰生台吉	(472)
疾六眷	(469)	宨合山	(472)
疾陆眷	(469)	容妃	(472)
悟良哈台	(469)	资忠	(472)
悦勃大肥	(469)	资曹	(472)
凌吉讹遇	(469)	娑固	(472)
准塔	(469)	娑葛	(472)
涉珪	(469)	娑悉笼腊赞	(472)
涉复辰	(469)	诺内	(472)
涅里	(469)	诺海	(472)
涅里骨	(469)	诺比提	(472)
涅孚鲁思	(469)	诺尔布	(473)
浩海太尉	(469)	诺曷钵	(473)
浩海达裕	(469)	诺桑哇	(473)
海山	(469)	诺延达喇	(473)
海全	(470)	诺移赏都	(473)
海里	(470)	诺尔布扎布	(473)
海邻	(470)	诺尔布林沁	(473)

诺尔布班第 …………………… (473)
诺尔布敦多克 ………………… (473)
诺颜和硕齐饶旦 ……………… (473)
诺木达喇古拉齐诺延 ………… (473)
诺木塔尔尼郭斡台吉 ………… (474)
课课不花 ……………………… (474)
祥厚 …………………………… (474)
祥福 …………………………… (474)
祥哥剌吉 ……………………… (474)
祥班德益西德 ………………… (474)
朗日塘巴 ……………………… (474)
朗衮扎布 ……………………… (474)

〔フ〕

陵丹巴图尔台吉 ……………… (474)
陶隗 …………………………… (474)
陶苏斡 ………………………… (474)
陶新春 ………………………… (474)
陶克陶呼 ……………………… (474)
蚩尤 …………………………… (474)
姬光 …………………………… (475)
姬僚 …………………………… (475)
娥清 …………………………… (475)
娘·定埃增 …………………… (475)
难楼 …………………………… (475)
难都靡 ………………………… (475)
难兜靡 ………………………… (475)
桑昆 …………………………… (475)
桑哥 …………………………… (475)
桑格 …………………………… (475)
桑扎布 ………………………… (475)
桑映斗 ………………………… (475)
桑结贝 ………………………… (476)
桑结温 ………………………… (476)
桑贾尔 ………………………… (476)
桑哩达 ………………………… (476)
桑噶尔 ………………………… (476)
桑吉坚参 ……………………… (476)
桑结嘉措 ……………………… (476)
桑哥剌吉 ……………………… (476)
桑斋多尔济 …………………… (478)
桑结雅军协饶喇嘛 …………… (478)
通谟克 ………………………… (478)

通袆木特 ……………………… (478)
通哇顿丹 ……………………… (478)
通密缴布喇 …………………… (478)
骊姬 …………………………… (478)
绥可 …………………………… (478)
继祖 …………………………… (478)
勐丘 …………………………… (478)
勐廷瑞 ………………………… (478)

十一画

〔一〕

琐高 …………………………… (478)
梧桐 …………………………… (478)
梅落 …………………………… (478)
梅销 …………………………… (478)
梅惹·洛珠嘉措 ……………… (478)
敕连可汗 ……………………… (478)
敕连头兵豆伐可汗 …………… (478)
乾隆帝 ………………………… (478)
勘马剌丁 ……………………… (478)
勒贝 …………………………… (478)
勒保 …………………………… (478)
勒尔谨 ………………………… (478)
勒克德浑 ……………………… (478)
著力兔 ………………………… (479)
著力兔歹成台吉 ……………… (479)
莬害真 ………………………… (479)
菊儿罕 ………………………… (479)
菊儿八速 ……………………… (479)
菊律可罕 ……………………… (479)
菩萨 …………………………… (479)
菩萨奴 ………………………… (479)
菩萨哥 ………………………… (479)
萧玉 …………………………… (479)
萧英 …………………………… (479)
萧拱 …………………………… (479)
萧柳 …………………………… (479)
萧革 …………………………… (479)
萧恭 …………………………… (479)
萧绰 …………………………… (479)
萧惠 …………………………… (480)
萧温 …………………………… (480)
萧裕 …………………………… (480)

萧斡	(480)	萧恒德	(485)
萧肆	(480)	萧速撒	(485)
萧德	(480)	萧特末	(485)
萧翰	(480)	萧特烈	(485)
萧瀜	(481)	萧敌烈	(485)
萧乙薛	(481)	萧敌鲁	(486)
萧十三	(481)	萧海璨	(486)
萧三娘	(481)	萧陶隗	(486)
萧兀纳	(481)	萧排押	(486)
萧匹敌	(481)	萧辅道	(486)
萧丑奴	(481)	萧惟信	(486)
萧永棋	(481)	萧朝贵	(486)
萧老人	(481)	萧窝斡	(487)
萧迂鲁	(481)	萧普达	(487)
萧师姑	(482)	萧瑟瑟	(487)
萧合卓	(482)	萧酬斡	(487)
萧仲宣	(482)	萧意辛	(487)
萧仲恭	(482)	萧德妃	(487)
萧守兴	(482)	萧耨斤	(487)
萧阳阿	(482)	萧王家奴	(487)
萧观音	(482)	萧牙里辛	(488)
萧孝友	(482)	萧月里朵	(488)
萧孝先	(482)	萧乐音奴	(488)
萧孝忠	(483)	萧夺里懒	(488)
萧孝穆	(483)	萧达鲁古	(488)
萧怀忠	(483)	萧朵鲁不	(488)
萧阿剌	(483)	萧讹都斡	(488)
萧坦思	(483)	萧观音奴	(488)
萧奉先	(483)	萧余里也	(488)
萧青山	(483)	萧阿古只	(488)
萧抱珍	(483)	萧岩母斤	(488)
萧卓真	(484)	萧迭里得	(488)
萧岩寿	(484)	萧胡母里	(489)
萧图玉	(484)	萧挞不也	(489)
萧忽古	(484)	萧铎卢斡	(489)
萧知足	(484)	萧陶苏斡	(489)
萧挞里	(484)	萧菩萨哥	(489)
萧挞凛	(484)	萧得里特	(489)
萧胡靓	(484)	萧塔不烟	(489)
萧胡辇	(484)	萧韩家奴	(489)
萧贵哥	(484)	萧蒲离不	(490)
萧思温	(485)	萧斡里剌	(490)
萧拜住	(485)	萧撒葛只	(490)

萧查剌阿不 …………………… (490)	黄台州 ……………………… (494)
萧朴古只沙里 ………………… (490)	黄甫文 ……………………… (494)
萧哈剌帖木儿 ………………… (490)	黄苓王 ……………………… (494)
萨巴 …………………………… (490)	黄英杰 ……………………… (494)
萨里 …………………………… (490)	黄明堂 ……………………… (494)
萨垒 …………………………… (490)	黄和卓 ……………………… (494)
萨琦 …………………………… (490)	黄乾曜 ……………………… (494)
萨弼 …………………………… (490)	黄焕中 ……………………… (494)
萨赖 …………………………… (490)	黄鼎凤 ……………………… (494)
萨大文 ………………………… (490)	黄道婆 ……………………… (494)
萨大年 ………………………… (490)	黄把都儿 …………………… (494)
萨大滋 ………………………… (491)	曹寅 ………………………… (494)
萨玉衡 ………………………… (491)	曹毂 ………………………… (495)
萨布素 ………………………… (491)	曹仆浑 ……………………… (495)
萨古巴 ………………………… (491)	曹雪芹 ……………………… (495)
萨龙田 ………………………… (491)	梦月 ………………………… (495)
萨亦德 ………………………… (491)	梦麟 ………………………… (495)
萨英额 ………………………… (491)	硕讬 ………………………… (495)
萨剌德 ………………………… (491)	硕岱 ………………………… (495)
萨哈璘 ………………………… (491)	硕垒 ………………………… (495)
萨都剌 ………………………… (491)	硕诺 ………………………… (496)
萨喇尔 ………………………… (491)	硕塞 ………………………… (496)
萨赖尔 ………………………… (492)	硕德 ………………………… (496)
萨穆扎 ………………………… (492)	硕德八剌 …………………… (496)
萨穆坦 ………………………… (492)	硕德布甲木素 ……………… (496)
萨穆哈 ………………………… (492)	奢庞 ………………………… (496)
萨木萨克 ……………………… (492)	奢香 ………………………… (496)
萨仑的斤 ……………………… (492)	奢寅 ………………………… (496)
萨吉尔迪汗 …………………… (492)	奢世统 ……………………… (496)
萨穆尔公主 …………………… (492)	奢世续 ……………………… (496)
萨玛第巴克什 ………………… (492)	奢陇法 ……………………… (496)
萨迦巴·格西 ………………… (492)	奢效忠 ……………………… (497)
萨班贡噶坚赞 ………………… (492)	奢崇明 ……………………… (497)
萨冈彻辰洪台吉 ……………… (493)	龚渤 ………………………… (497)
萨囊彻辰洪台吉 ……………… (493)	盛安 ………………………… (497)
萨图克·博格拉汗 …………… (493)	盛昱 ………………………… (497)
黄三 …………………………… (493)	盛览 ………………………… (497)
黄龙 …………………………… (493)	盛逻皮 ……………………… (497)
黄头 …………………………… (493)	盛熙明 ……………………… (497)
黄俊 …………………………… (493)	戛密 ………………………… (497)
黄少卿 ………………………… (493)	赉塔 ………………………… (497)
黄可经 ………………………… (493)	赉哈木图拉 ………………… (497)
黄龙冠 ………………………… (493)	雪不台 ……………………… (497)

措末迁	(497)
排亚	(497)
探马赤	(497)
据曲	(498)
据埒	(498)
掘埒	(498)
辅道	(498)

〔丨〕

虚除权渠	(498)
虚闾权渠单于	(498)
堂邑父	(498)
常山	(498)
常安	(498)
常青	(498)
常杰	(498)
常钧	(498)
常胜	(498)
常哥	(498)
常德	(498)
常志美	(498)
常遇春	(499)
奄木海	(499)
啰麻	(499)
啜里只	(499)
蛇蜡喳巴	(499)
野里补	(499)
野利氏	(499)
野先不花	(499)
野利仁荣	(499)
野利旺荣	(499)
野利遇乞	(499)
野登台吉	(499)
野里知吉带	(499)
鄂山	(500)
鄂宁	(500)
鄂对	(500)
鄂恒	(500)
鄂海	(500)
鄂辉	(500)
鄂善	(500)
鄂木布	(500)
鄂木佈	(500)
鄂本兑	(501)
鄂尔泰	(501)
鄂齐尔	(501)
鄂伦岱	(501)
鄂容安	(501)
鄂勒衮	(501)
鄂斯瞒	(501)
鄂博什	(501)
鄂木布济	(502)
鄂尔勒克	(502)
鄂齐尔桑	(502)
鄂罗塞臣	(502)
鄂木布达赍	(502)
鄂齐尔图汗	(502)
鄂罗木咱卜	(502)
鄂木布楚琥尔	(502)
鄂托兰珠和卓	(503)
鄂卜锡衮青台吉	(503)
鄂齐尔图车臣汗	(503)
鄂克拉罕伊勒登诺延	(503)
鄂勒哲依图鸿郭斡妣吉	(503)
勘实带	(503)
勘实戴	(503)
崧蕃	(503)
崩用景颇	(503)
崇安	(503)
崇纶	(503)
崇实	(503)
崇厚	(503)
崇绮	(504)
崇礼侯	(504)
崇忍利恩	(504)
崇德可汗	(504)
逻晟	(504)
逻盛	(504)

〔丿〕

铭安	(504)
银术可	(504)
银锭台吉	(504)
移迭	(504)
移相哥	(504)
移剌成	(504)

移剌杰 …………………………… (504)	第穆呼图克图五世 ……………… (508)
移剌袅 …………………………… (504)	第穆呼图克图六世 ……………… (508)
移剌益 …………………………… (504)	第穆呼图克图七世 ……………… (508)
移剌敏 …………………………… (505)	第穆呼图克图九世 ……………… (508)
移剌温 …………………………… (505)	梨弩悉笼 ………………………… (508)
移剌道 …………………………… (505)	偰哲笃 …………………………… (508)
移剌瑗 …………………………… (505)	偶思 ……………………………… (508)
移剌愷 …………………………… (505)	偏何 ……………………………… (508)
移剌履 …………………………… (505)	得里底 …………………………… (508)
移剌子元 ………………………… (505)	得里特 …………………………… (508)
移剌子敬 ………………………… (505)	得银协巴 ………………………… (508)
移剌扎八 ………………………… (506)	盘都 ……………………………… (509)
移剌元臣 ………………………… (506)	盘永用 …………………………… (509)
移剌中哥 ………………………… (506)	斜也 ……………………………… (509)
移剌光祖 ………………………… (506)	斜轸 ……………………………… (509)
移剌仲方 ………………………… (506)	斜野 ……………………………… (509)
移剌羊哥 ………………………… (506)	斜涅赤 …………………………… (509)
移剌按答 ………………………… (506)	斜卯阿里 ………………………… (509)
移剌买奴 ………………………… (506)	斜黑阿浑 ………………………… (509)
移剌曷补 ………………………… (506)	欲谷可汗 ………………………… (509)
移剌捏儿 ………………………… (506)	猎骄靡 …………………………… (509)
移剌粘古 ………………………… (506)	猛吾 ……………………………… (509)
移剌窝斡 ………………………… (506)	猛猎 ……………………………… (509)
移剌蒲阿 ………………………… (507)	猛可真 …………………………… (509)
移剌福僧 ………………………… (507)	猛廷瑞 …………………………… (509)
移涅可汗 ………………………… (507)	猛骨孛罗 ………………………… (509)
移剌古与涅 ……………………… (507)	猛哥不花 ………………………… (509)
移剌众家奴 ……………………… (507)	猛哥帖木儿 ……………………… (510)
移剌阿里合 ……………………… (507)	脱欢 ……………………………… (510)
移剌神都斡 ……………………… (507)	脱罗 ……………………………… (510)
移剌塔不也 ……………………… (507)	脱思 ……………………………… (510)
移剌斡里朵 ……………………… (507)	脱栾 ……………………………… (510)
敏珠尔 …………………………… (508)	脱脱 ……………………………… (510)
敏珠尔喇布坦 …………………… (508)	脱懽 ……………………………… (511)
笪玘 ……………………………… (508)	脱不花 …………………………… (511)
笪立枢 …………………………… (508)	脱火赤 …………………………… (511)
笪重光 …………………………… (508)	脱古思 …………………………… (511)
符那南 …………………………… (508)	脱原保 …………………………… (511)
符南蛇 …………………………… (508)	脱栾赤 …………………………… (511)
符彦通 …………………………… (508)	脱脱哈 …………………………… (511)
第豆胤 …………………………… (508)	脱力世官 ………………………… (511)
第穆呼图克图三世 ……………… (508)	脱列忽乃 ………………………… (511)
第穆呼图克图四世 ……………… (508)	脱列哥那 ………………………… (511)

脱列勒赤 …… (512)	康待宾 …… (515)
脱劣勒赤 …… (512)	康济鼐 …… (515)
脱帖木儿 …… (512)	康艳典 …… (515)
脱烈海牙 …… (512)	康熙帝 …… (515)
脱脱不花 …… (512)	康僧会 …… (515)
脱脱孛罗 …… (512)	康里脱脱 …… (515)
脱黑脱阿 …… (512)	麻奴 …… (515)
脱斡邻勒 …… (512)	麻产 …… (515)
脱欢帖木儿 …… (512)	麻余 …… (515)
脱栾赤驸马 …… (512)	麻贵 …… (515)
脱古思帖木儿 …… (512)	麻星衢 …… (515)
斛律 …… (512)	麻勒吉 …… (515)
斛律平 …… (512)	麻儿可儿 …… (516)
斛律光 …… (513)	痕德堇可汗 …… (516)
斛律金 …… (513)	奼蛮 …… (516)
斛律羡 …… (513)	惟信 …… (516)
斛斯征 …… (513)	惇堂 …… (516)
斛斯椿 …… (513)	阇里 …… (516)
斛律明月 …… (513)	阇阇干 …… (516)
斛律羌举 …… (513)	阇阇秃 …… (516)
斛律洛阳 …… (514)	阇昆仑 …… (516)
逸豆归 …… (514)	清太宗 …… (516)
	清太祖 …… (516)
〔、〕	清仁宗 …… (516)
商胜 …… (514)	清文宗 …… (516)
章奴 …… (514)	清世宗 …… (516)
章肃皇帝 …… (514)	清世祖 …… (516)
章阳沙加监藏 …… (514)	清圣祖 …… (516)
章嘉瑞贝多吉 …… (514)	清安泰 …… (516)
章嘉阿旺洛桑却丹 …… (514)	清佳努 …… (516)
章嘉呼图克图一世 …… (514)	清宣宗 …… (516)
章嘉呼图克图二世 …… (514)	清高宗 …… (516)
章嘉呼图克图三世 …… (514)	清德宗 …… (516)
章嘉呼图克图四世 …… (514)	清穆宗 …… (516)
章嘉呼图克图五世 …… (514)	添寿 …… (516)
章嘉呼图克图六世 …… (514)	淳钦皇后 …… (516)
望 …… (514)	淲丁讹遇 …… (516)
庶成 …… (514)	粘古 …… (516)
庶箴 …… (514)	粘罕 …… (516)
庵罗 …… (514)	粘没喝 …… (516)
庵罗辰 …… (514)	粘睦姑 …… (516)
康 …… (514)	粘合南合 …… (516)
康果礼 …… (515)	粘合重山 …… (516)

盖吴	(516)
寂护	(517)
寅古	(517)
寅底石	(517)
宿喀·洛追杰波	(517)
宿喀·娘尼多吉	(517)
密尔爱玛提	(517)
梁柱	(517)
梁元碧	(517)
梁弥忽	(517)
梁弥定	(517)
婆闰	(517)
婆固	(517)
婆非	(517)
婆罗门	(517)
婆剌淑	(518)
婆鲁屋拉	(518)
谋良虎	(518)
谔班	(518)
谔巴卓哩克图	(518)
谔勒哲炳鸿台吉	(518)
谙都剌	(518)
扈尔汉	(518)

〔 乛 〕

尉元	(518)
尉眷	(518)
尉仇台	(518)
尉迟运	(518)
尉迟迥	(519)
尉迟纲	(519)
尉迟胜	(519)
尉迟恭	(519)
尉迟璥	(519)
尉迟乙僧	(519)
尉迟伏师	(519)
尉迟屈密	(519)
尉迟洪道	(519)
尉迟屋密	(519)
尉迟敬德	(519)
尉迟伏阇信	(519)
尉迟伏阇雄	(519)
尉迟娑缚婆	(519)

尉迟跋质那	(519)
屠耆堂	(519)
屠耆单于	(519)
随阔	(520)
隈欲	(520)
隗后	(520)
隆文	(520)
隆先	(520)
隆庆	(520)
隆祐	(520)
隆舜	(520)
隆布萧	(520)
隆科多	(520)
隆朵嘉措	(520)
隆钦然降巴	(520)
隆多喇嘛阿旺洛桑	(520)
隐布台吉	(520)
颇罗萧	(520)
颇剌淑	(521)
颇拉·索南多杰	(521)
续昌	(521)
绰旺	(521)
绰罗	(521)
绰尔济	(521)
绳果	(521)
绵洵	(521)
绵皋	(521)
绵愉	(521)
绵思哥	(521)

十二画

〔 一 〕

琳丕勒多尔济	(522)
琦善	(522)
琨特穆尔	(522)
琼波南交巴	(522)
琼结·班觉桑波	(522)
辇真监藏	(522)
辇真吃剌失思	(522)
琴璋	(522)
博贝	(522)
博奇	(522)
博明	(523)

十二画 〔一〕

博洛 …… (523)	塔札别克 …… (527)
博斌 …… (523)	塔波拉杰 …… (527)
博霁 …… (523)	塔海绀卜 …… (527)
博古里 …… (523)	塔塔统阿 …… (527)
博东齐 …… (523)	塔赫尔汗 …… (527)
博尔术 …… (523)	塔吾克勒汗 …… (527)
博尔忽 …… (523)	塔旺扎木素 …… (527)
博尔晋 …… (524)	塔喇海台吉 …… (527)
博灵阿 …… (524)	塔儿忽台希怜秃 …… (527)
博罗欢 …… (524)	塔希·东松冈瓦 …… (527)
博罗特 …… (524)	棍噶札勒参 …… (528)
博和托 …… (524)	联魁 …… (528)
博栋阿 …… (524)	颉干迦斯 …… (528)
博喇海 …… (524)	颉利可汗 …… (528)
博尔奔察 …… (524)	颉鼻叶护 …… (528)
博罗尼都 …… (524)	颉跌利施可汗 …… (528)
博迪达喇 …… (524)	颉利俱利薛沙耽弥可汗 …… (528)
博木博果尔 …… (524)	散达 …… (528)
博克多格根 …… (525)	散扎布 …… (528)
博硕克图汗 …… (525)	散即思 …… (528)
博勒呼济农 …… (525)	敬征 …… (528)
博迪阿拉克汗 …… (525)	敬信 …… (529)
博硕克图济农 …… (525)	款彻 …… (529)
博多哇·仁青赛 …… (525)	斯奴古 …… (529)
堪都 …… (525)	斯密愚 …… (529)
塔石 …… (525)	欺南凌温 …… (529)
塔本 …… (525)	韩轨 …… (529)
塔出 …… (525)	韩茂 …… (529)
塔思 …… (525)	韩宝 …… (529)
塔拜 …… (525)	韩昱 …… (529)
塔孩 …… (525)	韩留 …… (529)
塔海 …… (525)	韩雍 …… (529)
塔儿海 …… (526)	韩二个 …… (529)
塔不也 …… (526)	韩文海 …… (529)
塔不烟 …… (526)	韩有献 …… (530)
塔齐布 …… (526)	韩沙班 …… (530)
塔阳罕 …… (526)	韩努日 …… (530)
塔克世 …… (526)	韩杰殷 …… (530)
塔剌海 …… (526)	韩家奴 …… (530)
塔勒岱 …… (526)	韩色力麦 …… (530)
塔斯哈 …… (526)	朝克图台吉 …… (530)
塔察儿 …… (526)	觌烈 …… (530)
塔儿忽台 …… (526)	彭正 …… (530)

彭仲	(530)	彭御彬	(533)
彭玤	(530)	彭象乾	(533)
彭翅	(530)	彭肇槐	(533)
彭惠	(530)	彭儒猛	(533)
彭鼎	(530)	彭翼南	(533)
彭瑊	(530)	彭甘寄伦	(534)
彭九霄	(531)	彭措南杰	(534)
彭万里	(531)	彭舍怕俾	(534)
彭万金	(531)	彭慨主俾	(534)
彭万潜	(531)	彭福石宠	(534)
彭士然	(531)	彭大虫可宜	(534)
彭士愁	(531)	彭错策旺夺吉	(534)
彭元锦	(531)	葛补	(534)
彭允殊	(531)	葛不律寒	(534)
彭世英	(531)	董山	(534)
彭世雄	(531)	董成	(534)
彭世麒	(531)	董咸	(534)
彭仕汉	(531)	董毡	(534)
彭仕珑	(531)	董伽罗	(535)
彭仕端	(532)	董忽力	(535)
彭仕羲	(532)	董狐狸	(535)
彭白氏	(532)	董善明	(535)
彭永年	(532)	董敦·罗追扎巴	(535)
彭师杲	(532)	蒋信	(535)
彭师宝	(532)	蒋回回	(535)
彭师晏	(532)	蒋湘南	(535)
彭师冔	(532)	壹万福	(535)
彭廷椿	(532)	喜宁	(535)
彭志显	(532)	喜隐	(535)
彭宏澍	(532)	覃儿健	(535)
彭明辅	(532)	覃大胜	(535)
彭宗国	(532)	覃友谅	(535)
彭宗舜	(532)	焚如	(536)
彭泓澍	(533)	惠令	(536)
彭沛谷	(533)	惠妃	(536)
彭荩臣	(533)	雄黑	(536)
彭显宗	(533)	雄顿·多吉坚赞	(536)
彭显英	(533)	厒驭可汗	(536)
彭胜祖	(533)	雱迎叶锡道尔济	(536)
彭彦晞	(533)	揭利失若	(536)
彭奚念	(533)	搓莫耶	(536)
彭添保	(533)	握衍朐鞮单于	(536)
彭朝柱	(533)	雅达	(536)

十二画 〔一〕〔丨〕〔丿〕

雅里	(536)
雅尔图	(536)
雅忽秃	(536)
雅巴尔岱	(536)
雅兰丕勒	(537)
雅桑却杰	(537)
雅桑巴却门朗	(537)
雅郊巴·本钦柴阿	(537)

〔丨〕

斐雅思哈	(537)
棠古	(537)
掌机沙	(537)
喃迦巴藏卜	(537)
喇什	(537)
喇巴奇	(537)
喇布坦	(537)
喇嘛扎布	(537)
喇嘛什希	(537)
喇嘛达尔札	(537)
喇依罕木图拉	(538)
喇钦索南罗追	(538)
喇嘛久旬日巴日垂	(538)
喂呱	(538)
喀兰图	(538)
喀喀穆	(538)
喀申和卓	(538)
喀尔吉善	(538)
喀尔莽阿	(538)
喀尔楚浑	(538)
喀沙和卓	(538)
跋提	(538)
跋黑	(538)
跋赤斯	(539)
跋利延	(539)
跋桑希	(539)
跋塞囊	(539)
崽名山	(539)
崽名济	(539)
崽名山遇	(539)
崽名世安	(539)
崽名令公	(539)
崽名聿正	(539)

崽名阿吴	(539)
崽名阿埋	(539)
崽名浪遇	(539)
景安	(540)
景廉	(540)
景臻	(540)
景福保	(540)
黑大汉	(540)
黑石炭	(540)
黑台吉	(540)
黑劳赤	(540)
黑的儿	(540)
黑齿常之	(540)
黑的儿火者	(541)
遇折	(541)
遏古只	(541)
遏必隆	(541)
遏捻可汗	(541)

〔丿〕

锁南普	(541)
锁懋坚	(541)
锁南嘉措	(541)
锁咬儿哈的迷失	(541)
稍合住	(541)
策垫	(541)
策凌	(541)
策楞	(542)
策棱	(542)
策妄达什	(542)
策冷工布	(542)
策旺扎布	(542)
策凌蒙克	(542)
策旺诺尔布	(542)
策旺喇布坦	(542)
策凌乌巴什	(542)
策凌旺札勒	(542)
策凌端多布	(542)
策妄阿拉布坦	(542)
策伯克多尔济	(543)
策凌纳木札勒	(543)
策妄多尔济那木札勒	(543)
策凌额尔德尼洪台吉	(543)

十二画 〔丿〕〔丶〕

答己	(543)
答力台	(543)
答不也	(543)
答失蛮	(543)
答里巴	(543)
答里台	(543)
答里麻	(544)
答思蛮	(544)
答纳失里	(544)
答度台吉	(544)
答海绀卜	(544)
答儿麻失里	(544)
答失八都鲁	(544)
答剌麻八剌	(544)
答里也忒迷失	(544)
答里台斡赤斤	(544)
答儿麻八剌剌吉塔	(544)
智美斡色	(544)
傅恒	(544)
傅清	(544)
傅森	(544)
傅鼐	(544)
傅尔丹	(545)
傅达礼	(545)
傅森内	(545)
傅喇塔	(545)
傅赖塔	(545)
焦礼	(545)
奥巴	(545)
奥屯襄	(545)
奥拉当	(546)
奥鲁赤	(546)
奥斯曼·苏丹之苏丹	(546)
释鲁	(546)
释仁贞	(546)
释加奴	(546)
释贞素	(546)
释昙谛	(546)
释法藏	(546)
释神会	(546)
释僧伽	(546)
释迦也失	(546)
释迦坚赞	(547)
释迦迥乃	(547)
释迦桑波	(547)
舒努	(547)
舒明	(547)
舒保	(547)
舒亮	(547)
舒常	(547)
舒兴阿	(547)
舒通阿	(547)
舒通额	(548)
舒赫德	(548)
舒德郛	(548)
舒尔哈齐	(548)
舒尔哈善	(548)
舒哈克卓哩克图鸿巴图尔	(548)
舜化贞	(548)
腊酷	(548)
鲁苏	(548)
鲁不古	(548)
鲁元昌	(548)
鲁印昌	(548)
鲁至道	(548)
鲁明善	(549)
鲁胤昌	(549)

〔丶〕

就陆眷	(549)
敦拜	(549)
敦崇	(549)
敦多克达什	(549)
敦罗布旺布	(549)
敦罗布喇什	(549)
敦多布多尔济	(549)
敦多克奥木巴	(550)
童仓	(550)
童琮	(550)
蛮子台	(550)
阔出	(550)
阔阔	(550)
阔端	(550)
阔列坚	(550)
阔里哈	(550)
阔阔出	(550)

| 阔阔台 …………………………… (550)
| 阔阔带 …………………………… (551)
| 阔阔真 …………………………… (551)
| 阔儿吉思 ………………………… (551)
| 阔里吉思 ………………………… (551)
| 阔普通武 ………………………… (551)
| 阔阔不花 ………………………… (551)
| 湘岑 ……………………………… (551)
| 湘浦 ……………………………… (551)
| 湘阴王 …………………………… (551)
| 温达 ……………………………… (551)
| 温齐 ……………………………… (551)
| 温福 ……………………………… (551)
| 温彦博 …………………………… (552)
| 温逋奇 …………………………… (552)
| 温溪心 …………………………… (552)
| 温鹤汀 …………………………… (552)
| 温傅可汗 ………………………… (552)
| 温敦蒲剌 ………………………… (552)
| 温纳支郢成 ……………………… (552)
| 温都尔格根 ……………………… (552)
| 温迪罕移室懑 …………………… (552)
| 温迪罕蒲里特 …………………… (552)
| 滑哥 ……………………………… (552)
| 渥巴锡 …………………………… (552)
| 普几 ……………………………… (553)
| 普达 ……………………………… (553)
| 普贵 ……………………………… (553)
| 普颜 ……………………………… (553)
| 普尔普 …………………………… (553)
| 普宁和 …………………………… (553)
| 普贤奴 …………………………… (553)
| 普速完 …………………………… (553)
| 普化可汗 ………………………… (553)
| 普化帖木儿 ……………………… (553)
| 普颜笃皇帝 ……………………… (553)
| 普颜怯里迷失 …………………… (553)
| 善巴 ……………………………… (553)
| 善哥 ……………………………… (553)
| 富俊 ……………………………… (553)
| 富宁安 …………………………… (554)
| 富礼善 …………………………… (554)
| 富登阿 …………………………… (554)

富僧额 …………………………… (554)
富斡 ……………………………… (554)
富阔台 …………………………… (554)
道隐 ……………………………… (554)
道童 ……………………………… (554)
道光帝 …………………………… (555)
道尔达达尔罕 …………………… (555)
谢兰 ……………………………… (555)
谢恕 ……………………………… (555)
谢疆 ……………………………… (555)
谢元齐 …………………………… (555)
谢元琛 …………………………… (555)
谢龙光 …………………………… (555)
谢龙羽 …………………………… (555)
谢志珊 …………………………… (555)
谢法成 …………………………… (555)
谢嘉艺 …………………………… (555)
禄万福 …………………………… (555)
禄东赞 …………………………… (555)
禄佑房 …………………………… (555)
禄鼎坤 …………………………… (555)
裕诚 ……………………………… (555)
裕泰 ……………………………… (556)
裕恩 ……………………………… (556)
裕禄 ……………………………… (556)
裕谦 ……………………………… (556)
裕瑞 ……………………………… (556)
裕德 ……………………………… (556)

〔 乛 〕

弼喇什 …………………………… (557)
弼哩克图 ………………………… (557)
强伸 ……………………………… (557)
强必贝 …………………………… (557)
强白嘉措 ………………………… (557)
强巴贡却仁青 …………………… (557)
强巴·衮噶坚赞 ………………… (557)
媿后 ……………………………… (557)
登里可汗 ………………………… (557)
登利可汗 ………………………… (557)
登罗骨没施合毗伽可汗 ………… (557)
登罗羽禄没密施句立禄毗伽可汗 … (557)
缊纥提 …………………………… (557)

缘斯 …………………………… (557)

十三画

〔一〕

瑚图 …………………………… (558)
瑚图礼 ………………………… (558)
瑚图灵阿 ……………………… (558)
瑚素通阿 ……………………… (558)
瑞芸 …………………………… (558)
瑞昌 …………………………… (558)
瑞洵 …………………………… (558)
瑞诰 …………………………… (558)
瑞常 …………………………… (558)
瑞麟 …………………………… (559)
瑟瑟 …………………………… (559)
瑟帝米 ………………………… (559)
塌岗瓦 ………………………… (559)
楞格礼 ………………………… (559)
楼班 …………………………… (559)
赖丁 …………………………… (559)
赖丹 …………………………… (559)
赖塔 …………………………… (559)
赖慕布 ………………………… (559)
赖和木图拉 …………………… (559)
酬斡 …………………………… (560)
靳家奴 ………………………… (560)
鼓子 …………………………… (560)
蓝玉 …………………………… (560)
蓝拜 …………………………… (560)
蓝山翠 ………………………… (560)
蓝天凤 ………………………… (560)
蓝正樽 ………………………… (560)
蓝奉高 ………………………… (560)
蓝受贰 ………………………… (560)
蒲鲁 …………………………… (560)
蒲古只 ………………………… (560)
蒲寿庚 ………………………… (560)
蒲寿晟 ………………………… (560)
蒲剌束 ………………………… (561)
蒲速越 ………………………… (561)
蒲离不 ………………………… (561)
蒲鲁虎 ………………………… (561)
蒲鲁浑 ………………………… (561)
蒲察贞 ………………………… (561)
蒲察通 ………………………… (561)
蒲奴单于 ……………………… (561)
蒲鲜万奴 ……………………… (561)
蒲察世杰 ……………………… (561)
蒲察合住 ……………………… (562)
蒲察官奴 ……………………… (562)
蒙哥 …………………………… (562)
蒙格 …………………………… (562)
蒙赶 …………………………… (562)
蒙能 …………………………… (562)
蒙衮 …………………………… (562)
蒙力克 ………………………… (562)
蒙公高 ………………………… (562)
蒙古歹 ………………………… (562)
蒙归义 ………………………… (562)
蒙伽独 ………………………… (562)
蒙舍庞 ………………………… (562)
蒙得恩 ………………………… (562)
蒙嵯颠 ………………………… (563)
蒙格布禄 ……………………… (563)
蒙哥铁木 ……………………… (563)
蒙哥撒儿 ……………………… (563)
蒙克特穆尔 …………………… (563)
楚臣拔 ………………………… (563)
楚庄王 ………………………… (563)
楚怀王 ………………………… (563)
楚琥尔 ………………………… (563)
楚臣喜饶 ……………………… (563)
楚臣嘉措 ……………………… (563)
楚琥尔乌巴什 ………………… (563)
楚噜克鸿台吉 ………………… (563)
趑祖 …………………………… (563)
碎奚 …………………………… (564)
碗布台吉 ……………………… (564)
感天皇后 ……………………… (564)
雷迁 …………………………… (564)
雷满 …………………………… (564)
雷万兴 ………………………… (564)
雷再浩 ………………………… (564)
雷征东 ………………………… (564)
雷恶地 ………………………… (564)
雷帖木儿不花 ………………… (564)

十三画 〔一〕〔丨〕〔丿〕〔丶〕 81

〔一〕	
零昌	(564)
摄图	(564)
摄赛	(564)
摆腰把都儿台吉	(564)
摆三勿儿威正台吉	(564)
摇	(564)
搠里蛮	(564)
搠思监	(564)
搠儿马罕	(565)
搠只哈撒儿	(565)
搠思吉斡节儿	(565)
颐园	(565)

〔丨〕

肆叶护可汗	(565)
暗伯	(565)
蜂筑	(565)
路松多	(565)
嗣圣皇帝	(565)
嵩昆	(565)
嵩祝	(565)
署飒可汗	(566)
罩古只	(566)
罩撒葛	(566)

〔丿〕

矮儿克勿	(566)
锡良	(566)
锡珍	(566)
锡卜臣	(566)
锡布推哈坦巴图尔	(566)
锦台什	(566)
辞不失	(566)
简如	(566)
简献皇后	(566)
简献皇帝	(566)
像舒治	(566)
牒蠍	(567)
舅犯	(567)
魁乐觉	(567)
遥折	(567)
腾吉思	(567)
腾机思	(567)
腾里可汗	(567)

鲍化南	(567)
詹山	(567)
詹应鹏	(567)

〔丶〕

靖安皇后	(567)
新保	(567)
新觉劝	(567)
廉恂	(567)
廉惇	(567)
廉希贤	(567)
廉希宪	(567)
廉孟子	(567)
廉惠山海牙	(568)
廉米只儿海牙	(568)
雍闿	(568)
雍正帝	(568)
雍虞闾	(568)
意辛	(568)
慎乐皮	(568)
阖闾	(568)
阙特勤	(568)
满四	(568)
满俊	(568)
满济	(568)
满琦	(568)
满兀带	(568)
满五大	(568)
满五索	(569)
满苏尔	(569)
满速儿	(569)
满都鲁	(569)
满金台吉	(569)
满珠习礼	(569)
满都古勒汗	(569)
满都海哈屯	(569)
满都赉阿固勒呼	(569)
漠咱帕尔	(569)
滇吾	(569)
滇良	(569)
滇零	(569)
溥仪	(569)
源洎	(570)

源光裕 …… (570)	赫连铎 …… (574)
源乾曜 …… (570)	赫连瑱 …… (574)
溪巴温 …… (570)	赫连璝 …… (574)
溪赊罗撒 …… (570)	赫尔克提 …… (574)
猷吞 …… (570)	赫连子悦 …… (574)
慈善夫人 …… (570)	赫连勃勃 …… (574)
慈禧太后 …… (570)	斡论 …… (575)
塞默羯 …… (570)	斡赤 …… (575)
塞巴桑波抱提 …… (571)	斡里 …… (575)
窥基 …… (571)	斡真 …… (575)
窦威 …… (571)	斡儿答 …… (575)
窦炽 …… (571)	斡扎箦 …… (575)
窦毅 …… (571)	斡赤斤 …… (575)
窟哥 …… (571)	斡里剌 …… (575)
福申 …… (571)	斡罗思 …… (575)
福全 …… (571)	斡骨剌 …… (575)
福庆 …… (571)	斡都蛮 …… (575)
福兴 …… (572)	斡特剌 …… (575)
福寿 …… (572)	斡离不 …… (575)
福临 …… (572)	斡鲁古 …… (575)
福泰 …… (572)	斡鲁朵 …… (575)
福敏 …… (572)	斡鲁补 …… (575)
福禄 …… (572)	斡道冲 …… (575)
福绵 …… (572)	斡歌歹 …… (575)
福锟 …… (572)	斡儿乞纳 …… (575)
福长安 …… (572)	斡玉伦徒 …… (575)
福灵安 …… (573)	斡匣儿汗 …… (575)
福康安 …… (573)	斡失帖木儿 …… (576)
福隆安 …… (573)	斡兀立海迷失 …… (576)
褚库 …… (573)	斡亦剌台可汗 …… (576)
褚英 …… (573)	斡齐尔博罗特 …… (576)
褚孔格 …… (573)	斡齐赖赛因汗 …… (576)
〔乛〕	斡喃渴烈思巴 …… (576)
辟离剌 …… (573)	嘉庆帝 …… (576)
十四画	嘉勒斯赉 …… (576)
〔一〕	嘉木样嘉措 …… (576)
	嘉色仁波切 …… (576)
	嘉勒斡凌戬 …… (576)
璘绰尔图 …… (574)	嘉木样吉美旺波 …… (576)
静安 …… (574)	嘉木样谢贝多吉 …… (576)
赫寿 …… (574)	嘉雅·格桑欧珠 …… (576)
赫连昌 …… (574)	嘉色屯月曲吉绛措 …… (577)
赫连定 …… (574)	嘉木样呼图克图一世 …… (577)

嘉木样呼图克图二世	(577)	慕容熙	(581)
嘉木样呼图克图三世	(577)	慕容觥	(581)
嘉木样呼图克图四世	(577)	慕容镇	(581)
嘉纳巴·阿旺洛追嘉措	(577)	慕容德	(581)
慕枝	(577)	慕容翰	(581)
慕洧	(577)	慕容凝	(581)
慕璝	(577)	慕容巙	(581)
慕利延	(577)	慕容麟	(581)
慕施蒙	(577)	慕容三藏	(582)
慕容仁	(577)	慕容绍宗	(582)
慕容永	(577)	慕容宣赵	(582)
慕容尘	(577)	慕容彦超	(582)
慕容会	(578)	慕容涉归	(582)
慕容冲	(578)	慕容曦皓	(582)
慕容农	(578)	蔑兀真笑里徒	(582)
慕容评	(578)	蔡结	(582)
慕容纳	(578)	蔡文姬	(582)
慕容奇	(578)	蔡巴·衮噶多吉	(582)
慕容昕	(578)	蔼苦盖可汗	(583)
慕容忠	(578)	蔼德曷里禄没弭施合密毗伽可汗	(583)
慕容垂	(579)	綦连猛	(583)
慕容定	(579)	綦母怀文	(583)
慕容宝	(579)	摭力克	(583)
慕容法	(579)	辖底	(583)
慕容详	(579)	熙麟	(583)
慕容泓	(579)	舆	(583)

〔丨〕

慕容威	(579)
慕容俨	(579)
慕容顺	(579)	睿智皇后	(583)
慕容俊	(579)	裴纠	(583)
慕容钟	(580)	裴玢	(583)
慕容恪	(580)	裴矩	(583)
慕容晃	(580)	裴绰	(583)
慕容觊	(580)	裴颋	(583)
慕容盛	(580)	裴璆	(583)
慕容隆	(580)	裴兴奴	(584)
慕容超	(580)	裴安定	(584)
慕容颢	(580)	裴国良	(584)
慕容策	(580)	裴神符	(584)
慕容廆	(580)	裴满氏	(584)
慕容楷	(580)	裴慧琳	(584)
慕容臧	(581)	裴阿摩支	(584)
慕容瑶	(581)	嘎尔旦	(584)

十四画 〔丨〕〔丿〕〔丶〕〔乛〕

嘎莫拉 …… (584)	赛冲阿 …… (587)
嘎哇贝孜 …… (584)	赛那剌 …… (587)
嘎西巴日贝僧格 …… (584)	赛尚阿 …… (587)
嘛呢巴达喇 …… (584)	赛景初 …… (587)
嘝讹 …… (584)	赛·基布巴 …… (587)
鹘戍 …… (585)	赛因必阇赤 …… (587)
鹘鲁补 …… (585)	赛音阿拉克 …… (587)
鹘提勃悉野 …… (585)	赛典赤·赡思丁 …… (587)
	赛钦·把巴丹增 …… (588)

〔丿〕

僧厄 …… (585)	察八 …… (588)
僧奴 …… (585)	察伋 …… (588)
僧革 …… (585)	察必 …… (588)
僧格 …… (585)	察尼 …… (588)
僧额 …… (585)	察罕 …… (588)
僧格贝 …… (585)	察哥 …… (588)
僧格桑 …… (585)	察割 …… (589)
僧伽跋摩 …… (585)	察八儿 …… (589)
僧格林沁 …… (585)	察达克 …… (589)
僧衮扎布 …… (585)	察合台 …… (589)
僧格都古楞特穆尔 …… (585)	察阿歹 …… (589)
榘瓠 …… (585)	察哈台 …… (589)
鲜于琛 …… (585)	察罕丹津 …… (589)
鲜于世荣 …… (585)	察罕格根 …… (589)
鲜于修礼 …… (586)	察罕帖木儿 …… (589)
鲜质可汗 …… (586)	察剌孩领忽 …… (589)
	察珲多尔济 …… (590)
	槊直腽鲁华 …… (590)

〔丶〕

端方 …… (586)	谭泰 …… (590)
端华 …… (586)	谭公柄 …… (590)
端珠仁钦 …… (586)	谭绍光 …… (590)
辣都 …… (586)	
彰宝 …… (586)	〔乛〕
彰信可汗 …… (586)	
彰德皇后 …… (586)	翟辽 …… (590)
豪格 …… (586)	翟钊 …… (591)
遮别 …… (587)	翟真 …… (591)
遮弩 …… (587)	翟斌 …… (591)
阚爽 …… (587)	翟鼠 …… (591)
阚伯周 …… (587)	翟璜 …… (591)
精吉木 …… (587)	翟里力 …… (591)
赛屿 …… (587)	翟黎里 …… (591)
赛里 …… (587)	熊绎 …… (591)
赛刊王 …… (587)	熊渠 …… (591)
	熊万顺 …… (591)

十五画

〔一〕

麹嘉 …………………………………… (592)
慧成 …………………………………… (592)
震钧 …………………………………… (592)
撒八 …………………………………… (592)
撒里 …………………………………… (592)
撒改 …………………………………… (592)
撒迪 …………………………………… (592)
撒剌 …………………………………… (592)
撒速 …………………………………… (592)
撒绪 …………………………………… (592)
撒葛 …………………………………… (592)
撒敦 …………………………………… (592)
撒察 …………………………………… (593)
撒之浮 ………………………………… (593)
撒礼塔 ………………………………… (593)
撒吉思 ………………………………… (593)
撒连的 ………………………………… (593)
撒里蛮 ………………………………… (593)
撒里答 ………………………………… (593)
撒剌的 ………………………………… (593)
撒曷辇 ………………………………… (593)
撒葛只 ………………………………… (593)
撒儿塔台 ……………………………… (593)
撒拉雍珠 ……………………………… (593)
撒吉思卜华 …………………………… (593)
撒满答失里 …………………………… (593)
撮孟月 ………………………………… (593)

〔丨〕

噶礼 …………………………………… (593)
噶盖 …………………………………… (594)
噶尔丹 ………………………………… (594)
噶尔玛 ………………………………… (594)
噶尔弼 ………………………………… (594)
噶达浑 ………………………………… (594)
噶勒丹 ………………………………… (594)
噶勒图 ………………………………… (594)
噶尔钦凌 ……………………………… (594)
噶尔第巴 ……………………………… (594)
噶玛拔希 ……………………………… (594)
噶岱默特 ……………………………… (595)
噶勒达玛 ……………………………… (595)
噶东赞宇松 …………………………… (595)
噶尔丹策零 …………………………… (595)
噶尔旦木巴 …………………………… (595)
噶尔玛色旺 …………………………… (595)
噶勒丹达什 …………………………… (595)
噶勒丹策凌 …………………………… (595)
噶·伊西达吉 ………………………… (595)
噶玛丹迥旺波 ………………………… (595)
噶玛曲吉旺秋 ………………………… (595)
噶勒丹达尔札 ………………………… (596)
噶勒丹多尔济 ………………………… (596)
噶尔·东赞域采 ……………………… (596)
噶尔玛岱青和硕齐 …………………… (596)
噶玛巴·却英多吉 …………………… (596)
噶玛巴·都松钦巴 …………………… (596)
噶锡鼐·策丹扎喜 …………………… (596)
噶丹巴·玛本索南杰波 ……………… (596)
噶锡鼐·那木扎尔色卜腾 …………… (596)
噶勒丹锡勒图呼图克图一世 ………… (596)
噶勒丹锡勒图呼图克图二世 ………… (596)
噶勒丹锡勒图呼图克图六世 ………… (596)
瞎征 …………………………………… (596)
瞎毡 …………………………………… (596)
瞎丁木征 ……………………………… (596)
颙琰 …………………………………… (596)
影克 …………………………………… (597)
墨池 …………………………………… (597)
墨特勒 ………………………………… (597)
墨尔根保 ……………………………… (597)
墨尔根台吉 …………………………… (597)
墨尔根诺颜 …………………………… (597)
墨尔根特木纳 ………………………… (597)
题子 …………………………………… (597)

〔丿〕

镇国 …………………………………… (597)
镇海 …………………………………… (597)
稽粥 …………………………………… (597)
稽侯珊 ………………………………… (597)
黎亚义 ………………………………… (597)
黎佛二 ………………………………… (597)

黎纳许	(598)	潘新简	(601)
虢射	(598)	羯猎颠	(601)
德妃	(598)	额哲	(601)
德寿	(598)	额敏	(601)
德周	(598)	额森	(601)
德沛	(598)	额楚	(601)
德保	(598)	额色尹	(601)
德祖	(598)	额色赫	(601)
德福	(598)	额亦都	(601)
德兴阿	(598)	额里克	(602)
德济特	(598)	额琳沁	(602)
德格类	(598)	额墨根	(602)
德勒克	(599)	额璘臣	(602)
德楞泰	(599)	额璘沁	(602)
德薛禅	(599)	额儿布思	(602)
德穆图	(599)	额贝都拉	(602)
德木楚克	(599)	额尔古伦	(602)
德沁扎布	(599)	额尔德尼	(602)
德参济旺	(599)	额色库汗	(602)
德钦多吉	(599)	额驸阿宝	(602)
德勒伯克	(599)	额勒和布	(602)
德源夫人	(599)	额勒登保	(603)
德勒克乌巴什	(599)	额勒登额	(603)
德勒克旺舒克	(599)	额敏和卓	(603)
樊察	(600)	额尔克沙喇	(603)
滕里野合俱禄毗伽可汗	(600)	额尔克和卓	(603)
〔丶〕		额尔克载青	(603)
颜札氏	(600)	额色木图拉	(603)
颜盏门都	(600)	额勒伯克汗	(603)
摩会	(600)	额琳奇岱青	(604)
摩伦汗	(600)	额勒锥特穆尔	(604)
摩诃衍	(600)	额琳沁多尔济	(604)
潭戒	(600)	额墨根乌巴什	(604)
潘乐	(600)	额璘沁多尔济	(604)
潘鸿	(600)	额尔克孔果尔额哲	(604)
潘父苍	(600)	额尔德尼巴图尔珲台吉	(604)
潘龙源	(600)	额尔德尼额尔克托克托鼐	(604)
潘老冒	(600)	额尔德尼喇嘛巴图尔珲台吉	(604)
潘名杰	(600)	额尔德尼伊拉古克三呼图克图	(604)
潘名德	(600)	鹤汀	(604)
潘罗支	(600)	鹤侣	(604)
潘金盛	(601)	鹤野	(604)

〔丿〕

憨都 …………………………… (604)
憨塔卜 ………………………… (604)
豫甫 …………………………… (604)

十六画

〔一〕

璘沁 …………………………… (605)
耨斤 …………………………… (605)
耨里 …………………………… (605)
耨里思 ………………………… (605)
耨盌温敦兀带 ………………… (605)
耨盌温敦思忠 ………………… (605)
醯落尸逐鞮单于 ……………… (605)
翰 ……………………………… (605)
薛贵 …………………………… (605)
薛绶 …………………………… (605)
薛琡 …………………………… (605)
薛斌 …………………………… (605)
薛撒 …………………………… (605)
薛彻秃 ………………………… (605)
薛超吾 ………………………… (605)
薛禄东赞 ……………………… (605)
薛禅皇帝 ……………………… (606)
薛句大 ………………………… (606)
薛居罗 ………………………… (606)
薛胥堂 ………………………… (606)
燕哥 …………………………… (606)
燕颇 …………………………… (606)
燕燕 …………………………… (606)
燕国妃 ………………………… (606)
燕荔阳 ………………………… (606)
燕只不花 ……………………… (606)
燕只吉台 ……………………… (606)
燕只哥台 ……………………… (606)
燕帖古思 ……………………… (606)
燕铁木儿 ……………………… (606)
霍什克 ………………………… (606)
霍隆武 ………………………… (606)
霍集占 ………………………… (606)
霍集斯 ………………………… (607)
霍尔·曲吉昂汪彭措 ………… (607)

〔丨〕

暾欲谷 ………………………… (607)
默啜 …………………………… (607)
默们图 ………………………… (607)
器弩悉弄 ……………………… (607)

〔丿〕

穆占 …………………………… (607)
穆荫 …………………………… (607)
穆亮 …………………………… (608)
穆哥 …………………………… (608)
穆泰 …………………………… (608)
穆崇 …………………………… (608)
穆彰 …………………………… (608)
穆尔祜 ………………………… (608)
穆成额 ………………………… (608)
穆仲义 ………………………… (608)
穆里玛 ………………………… (608)
穆图善 ………………………… (609)
穆惟真 ………………………… (609)
穆敬一 ………………………… (609)
穆腾阿 ………………………… (609)
穆赫林 ………………………… (609)
穆彰阿 ………………………… (609)
穆尔哈齐 ……………………… (609)
穆克登布 ……………………… (609)
穆克登阿 ……………………… (609)
穆埤赞普 ……………………… (610)
穆伦德克汗 …………………… (610)
穆罕默德·萨迪克·喀什噶里 …… (610)
翱尔钦衮噶桑波 ……………… (610)
雕陶莫皋 ……………………… (610)

〔丶〕

辨材 …………………………… (610)
裹里 …………………………… (610)
廪君 …………………………… (610)
磨古斯 ………………………… (610)
磨毡角 ………………………… (610)
潞子婴儿 ……………………… (610)
禧恩 …………………………… (610)

〔乛〕

壁昌 …………………………… (611)

十七画

檀 …………………………………… (612)
檀石槐 ……………………………… (612)
藏巴汗 ……………………………… (612)
藏巴仁波且 ………………………… (612)
藏巴嘉热·耶协多吉 ……………… (612)
霞惹哇 ……………………………… (612)
擦尔钦罗赛嘉措 …………………… (612)
擦绒·汪曲结布 …………………… (612)
赡思 ………………………………… (612)
赡思丁 ……………………………… (613)
蹋顿 ………………………………… (613)
篯古真薛兀勒图 …………………… (613)
濯浦巴·释迦僧格 ………………… (613)
豁儿赤 ……………………………… (613)
豁真别乞 …………………………… (613)

十八画以上

鳌拜 ………………………………… (614)
瞿昙悉达 …………………………… (614)
霭翠 ………………………………… (614)
耀屈之 ……………………………… (614)
鄳舒 ………………………………… (614)
霸都鲁 ……………………………… (614)
曩欢 ………………………………… (614)
曩壁 ………………………………… (614)
懿祖 ………………………………… (614)
懿德皇后 …………………………… (614)
懿璘质班 …………………………… (614)
囊占 ………………………………… (614)
囊加歹 ……………………………… (615)
囊日松赞 …………………………… (615)
囊知牙斯 …………………………… (615)
囊索达麦巴 ………………………… (615)
巘嵝 ………………………………… (615)
麟书 ………………………………… (615)
麟庆 ………………………………… (615)
麟魁 ………………………………… (615)
爨深 ………………………………… (616)
爨震 ………………………………… (616)
爨瓒 ………………………………… (616)
爨日进 ……………………………… (616)
爨归王 ……………………………… (616)
爨弘达 ……………………………… (616)
爨守隅 ……………………………… (616)
爨辅朝 ……………………………… (616)
爨崇道 ……………………………… (616)

一　画

【乙辛】 ①见"耶律乙辛"。(308页) ②见"完颜秉德"。(254页)

【乙薛】 见"萧乙薛"。(481页)

【乙力支】 北魏时勿吉使臣。勿吉族。孝文帝延兴(471—476)中,奉命朝魏。太和(477—499)初,复使魏,贡马五百匹,陈述出使路线。声称其国先破高句丽十落,请与百济自水道并力取高句丽。魏以三国同是藩附,劝其宜共和顺,勿相侵扰,被遣归国。

【乙失钵】 又作乙室钵。隋代铁勒族薛延陀部俟斤。名也咥,又作野咥。隋时臣于西突厥。大业元年(605),西突厥泥撅处罗可汗击铁勒诸部,暴虐苛敛,坑杀薛延陀等部首领数百人,终至逼反铁勒诸部。薛延陀拥其为小可汗,称也咥可汗,又作野咥可汗,居燕末山(今新疆额敏县东山)北。西突厥射匮可汗强盛,复去可汗号而臣之。

【乙室钵】 见"乙失钵"。(1页)

【乙旃眷】 见"叔孙建"。(341页)

【乙息记可汗】(?—553) 又作逸可汗、阿逸可汗。南北朝时突厥汗国可汗。名科罗。阿史那氏。突厥汗国创始人*阿吏那土门子。西魏废帝元年(552),以柔然余众拥阿那瓌叔父邓叔子以图复国,出兵破邓叔子于沃野北赖山(一作木赖山,在今内蒙古五原县东北乌加河北)。次年三月,遣使西魏,献马五万匹,以结和好。是年病卒,临终前,舍子摄图,立弟俟斤为木杆可汗。

【乙旃幡能健】 见"叔孙建"。(341页)

【乙注车鼻可汗】 见"阿史那斛勃"。(289页)

【乙毗咄陆可汗】 又作欲谷可汗、咄陆可汗。唐代西突厥北庭可汗。原为欲谷设,又作乙毗设。贞观十一年(637),与统吐屯联兵攻沙钵罗咥利失可汗。次年,为东厢咄陆五部拥为可汗,建牙镞曷山,是为西突厥北庭。十五年(641),联合石国(今乌兹别克斯坦塔什干)吐屯攻杀南庭乙毗沙钵罗叶护可汗,并南庭,统一西突厥。以阿史那贺鲁为叶护,屯兵多逻斯川(今额尔齐斯河),据可汗浮图城,绝西域贡道,胁迫西域诸族国反唐,进而东扰伊州(今新疆哈密)等地,为唐将郭孝恪所败。继西征康居、米国,因争夺卤获,肆杀部将泥孰啜,遭泥孰啜之将胡禄屋讨伐,兵败退守白水胡城(又作白水城,今哈萨克斯坦奇姆肯特东)。以兵袭击弩失毕部所立乙毗射匮可汗,杀获甚众。后终因失众望,走吐火罗,不知所终。

【乙毗射匮可汗】 唐代西突厥北庭可汗。阿史那氏。*屈利俟毗可汗莫贺咄之子(《新唐书·突厥传》作乙屈利失乙毗可汗子)。贞观十五年(641),乙毗咄陆可汗为部下所逼出走后,他被弩失毕五部立为可汗,获唐使温无隐持节册封。即位后发兵攻乙毗咄陆可汗原所据白水胡城(又作白水城,今哈萨克斯坦奇姆肯特东);送归被乙毗咄陆可汗拘禁之唐使,并请和亲。太宗允婚,并以龟兹、于阗、疏勒、朱俱波、葱岭五地归其统属,以为聘礼。因太宗死,和亲作罢。永徽二年(651),其部为阿史那贺鲁所并,不知所终。

【乙屈利失乙毗可汗】(?—640) 唐代西突厥南庭可汗。阿史那氏。沙钵罗咥利失可汗子。贞观十三年(639),其父在乙毗咄陆可汗与吐屯俟利发合攻下,走死拔汗那(今费尔干纳)后,为弩失毕五部首领拥为可汗。次年死。

【乙毗沙钵罗叶护可汗】(?—641) 又作叶护可汗、沙钵罗叶护、毕贺咄叶护。唐代西突厥南庭可汗。阿史那氏。沙钵罗咥利失可汗弟伽那设之子。原为薄布特勤。唐贞观十四年(640),乙屈利失乙毗可汗死后,为弩失毕五部首领拥为可汗,建牙于睢合水北,称为西突厥南庭。东以伊列河为界,辖今新疆及中亚广大农业地区,龟兹、鄯善、且末、吐火罗、焉耆、石、史、何、穆、康等国皆附之。屡与北庭乙毗咄陆可汗相攻。次年,唐太宗遣左领将军张大师持节册命,赐鼓纛,扶其势力,抑乙毗咄陆可汗。同年为乙毗咄陆可汗支持之石国(今乌兹别克斯坦塔什干)吐屯执杀,突厥南庭亡。

二　画

【一】

【十三太爷】　见"马化龙"。（29页）

【十姓可汗】　见"阿史那都支"。（289页）

【丁炳】　明代书法家。字中耿。回族。福建晋江（今泉州）人。好作诗，善楷书，其作字方正端重，一时为世人称赏。

【丁锡】　明代画家。字佑之，号西坞。回族。浙江仁和（今杭州）人。先世为西域人。或谓为元画家*丁野夫之后。自幼聪明能干，喜绘画。辄纸即画，无不尽善，尤精于山水。

【丁澎】（约1622—1686）　清初诗人。字飞涛，号药园。回族。浙江仁和（今杭州）人。明初回回诗人*丁鹤年后裔，丁大绶之子。有才能文，顺治十二年（1655）进士。初官刑部，继调礼部郎中，典河南乡试。后以事牵累，谪居塞上五年。在杭曾参加登楼诗社，与诗友陆圻、柴绍炳、毛先舒、孙治、张纲孙、吴百朋、沈谦、虞黄昊、陈廷会等，号称"西泠十子"，有《十子诗选》。仕宦后在京与宋琬裳、施愚山、张谯明、周釜山、严灏亭、赵锦帆诗词酬唱，号称"燕台七子"。有合刻诗集行世。著有《白燕楼诗》，在苏杭一带广为流传，"吴中士女，争书衫袖"。另有《扶荔堂诗集选》十二卷，存诗六百四十多首；《扶荔词》一卷，收词五十余首。所作诗，语多忠爱，无怨诽之意。其词作大都清丽隽永，一往情深，言近指远，语有尽而意无穷。康熙二十二年（1683），曾参与《浙江通志》的编撰。刘智著《天方至圣实录》收入其《天方圣教序》、《真教寺碑记》二篇。与弟*丁景鸿、丁滢，皆以诗名，人称"盐桥三丁"。

【丁燧】　清初书画家。回族。福建晋江（今泉州）人。郡诸生，晚年隐居龙头山。"一室萧然，名花异草，法书右画，怡然自得。"年七十五岁卒。精草书，仿佛怀素。

【丁文苑】　见"哈八石"。（395页）

【丁发祥】　清初武术家。回族。字瑞羽。河北沧州孟村镇（今孟村回族自治县）人。生于明末，幼年习武。清康熙十五年（1676），北游燕京（今北京），力败称霸京师之俄罗斯二力士，京师名闻，被康熙帝之叔父达摩亲王延为师。性镇静、乐善好施。后归故里，灌园弄花，平居后半生。

【丁国栋】（？—1649）　清初回民反清起义首领。回族。甘州（今甘肃张掖）回籍军官。顺治五年（1648）四月，因对清朝"重满轻汉"和"剃发令"不满，与回籍军士米剌印等牵回、汉官兵起义反清，杀巡抚、总兵，据甘州，拥立明延长王为王，以"反清复明"为号召，攻下凉州（今武威），留为守城。米剌印领兵东进，连克临洮、岷州、洮州、河州、兰州。关陇大震，各地回、汉群众纷纷响应。后遭陕甘总督孟乔芳镇压，失利。五月，米剌印牺牲，八月，甘州被围，率众据守近五个月。六年正月，弹尽粮绝，城陷，率义军走肃州（今酒泉），立哈密巴拜汗子土伦泰为王，与关外维吾尔等族人民联合继续抗清。清军围肃州城，率义军抵抗。十一月，城破，壮烈牺牲。

【丁拱辰】（1800—1875）　清代兵器家，回族。一名君珍，字淑原，号星南。福建晋江（今泉州）陈棣乡岸兜村人。元*赛典赤·赡思丁之后裔。出身商人家庭。因生活拮据，十一岁即辍学，但于负薪挂角之余，刻苦读书，研究兵法。十七岁随父往浙东经商，业余仍"通三角八线之法"，悉心精研天文，改造旧仪，创"象限全周仪"，以测度算计准确而名于世。道光十一年（1831），出国经商，先后到过菲律宾、伊朗、阿拉伯等地，目睹殖民者的罪恶及殖民地人民之苦难，毅然弃商，立下"富国强兵"宏愿。受魏源、林则徐等人的思想影响，开始潜心研究兵器，吸收外国先进技艺，著为《演炮图说》，并仿洋式，自铸大炮四十门，捐献清廷以抗击英寇。二十一年（1841），赐以六品官衔，授广东候补县丞。其著作受到魏源、林则徐、邓廷桢等爱国将领的高度评价。后又参照中西兵器制造资料，写出《演炮图说后编》、《增补则克录》、《西洋军火图编》等军事著作。是中国近代科技创作之先驱。咸丰（1851—1861）年间，奉调制造兵器，助清军镇压太平天国起义军，授广东知县，仍留原省补用。

【丁洪贵】（？—1894）　清代云南永北各族抗清斗争首领。傈僳族。永北（今永胜）鱼洞波人。因不堪永北土知州高履坤（白族）暴虐凌辱和压迫，于光绪二十年（1894）二月，联合吴管事、谷老四等及普米、纳西各4族人民千余人举行武装暴动，杀死土知州全家及大小属官二十余口，焚毁土司衙门，率武装群众屯聚水头山，准备进攻永北城。四月，遭云贵总督王文绍军镇压，在永北白石岩殉难。

【丁野夫】　元曲家、画家。钱塘（今浙江杭州）回回人。先世为西域人。入中原后，因羡钱塘山水之胜，定居其地。曾为回回国子监生。工曲、套数、小令极多，隐语亦佳。善丹青，画山水人物，学马远、夏圭，笔法颇类。山水小景皆取诗意。其作品有《仿马钦山水轴》（至正四年，1344年作）等。

【丁景鸿】　清初书画家、诗人。回族。字弋云，号鹜峰。浙江仁和（今杭州）人。清著名诗人"西泠十子"

之一丁澎之弟。顺治五年(1648)举于乡,终身不仕。因与兄丁澎、弟丁潆均为少负才名,又居住于仁和之盐桥,遂有"盐桥三丁"之美称。能诗、善画,工书法。世人评其书画:直在李唐、马远之间,草书神俊,处于度羊欣、梁鹄、师宜君山前。

【丁慎之】 见"札马鲁丁"。(92页)

【丁鹤年】(1335—1424) 元末明初诗人。字永庚,号友鹤山人。回回人。出身官宦,父职马禄丁官武昌达鲁花赤,遂定居其地。青年时发愤读书,以精通《诗》、《书》、《礼》三经而负盛名。元末明初,因逃避"反色目人(主要是回回人)"运动,浪迹江湖,贫困潦倒,以教书、卖药为生,明洪武十二年(1379),始归武昌。后隐居曾祖阿老丁墓旁,研究"天方之法"(即伊斯兰教义)。善诗歌,尤工于唐律。存诗三百余首,有《丁鹤年集》传世。通晓中医学和数学。对绘画、书法及古代诗论也颇有研究。

【丁巴什罗】 纳西族东巴(达巴)教祖师。据象形文字经书载,是金补拖格和沙饶里字今牟之子。自幼聪明,学会各种本领。及长,在禅神处与藏族本教巫师一起学习经典和法事,因斗法失败,回乡创立东巴教,并创制图画象形文字。一直被东巴教徒和纳西族群众视为精通经书,法力无边,为人类诵经消灾,驱魔降鬼的英雄。民间流传着多种记载其事迹的经书、画像和专门的舞蹈,纳西族为其建祠堂、塑像,进行祭祀。

【七绺须】 见"韦朝元"。(61页)

【七庆朝库儿台吉】 见"满五大"。(568页)

〔卜〕

【卜阳】 东汉长沙武陵地区少数民族起义首领。桂阳(今湖南郴县)人。桂阳渠帅。桓帝永寿三年(157),与潘鸿、胡兰等联合长沙武陵地区各族人民起义,屯益阳(今湖南益阳东)。延熹三年(160),义军拥众万余人,杀官吏,攻江陵。五年(162),攻入桂阳、苍梧、南海、交趾等郡,击败荆州刺史刘度军。后遭新任荆州刺史度尚镇压,退入山中。自以深固,不复设备,为汉军所败。七年(164),荆州兵与桂阳兵合攻桂阳与零陵。度尚以步骑兵及郡兵攻胡兰义军,胡兰牺牲,余部走苍梧,起义暂息。灵帝中平三年(186),武陵地区少数民族复掀起新的暴动。

【卜赤】(1504—1547) 又作博迪阿拉克汗、钵帝阿拉克、保只、不地、孛只等,或称小王子,亦克汗。明代蒙古可汗。孛儿只斤氏。*达延汗长孙,*图鲁博罗特长子。正德十二年(1517),达延汗卒,以父先卒,理应继承汗位,因年幼,汗位被其叔巴尔斯博罗特占据。十四年(1519),将汗位夺回(一说巴尔斯博罗特卒,被立为可汗),领左翼三万户(察哈尔、喀尔喀、兀良哈),驻于察哈尔万户。因右翼济农吉囊和俺答的势力强悍,不能制驭,故事实上只是察哈尔万户的首领。嘉靖(1522—1566)初,曾助明大同守军哗变。嘉靖十七年(1538),联合吉囊、俺答击败兀良哈部叛乱。曾企图吞并右翼三万户,被其母阻止。后同俺答向明朝要求通贡互市,也不断拥兵攻入明境。卒后,子打来孙继位。

【卜寨】(?—1593) 又作布寨。明代叶赫部首领。女真族,纳喇氏。*清佳努子。明万历十二年(1584),清佳努兄弟被明军杀后,继为叶赫贝勒。为报父仇,联兵蒙古以儿邓侵威远堡,结恍惚太攻哈达部歹商。十六年(1588),闻明将李成梁率兵自海州攻叶赫城,遂弃西城,与那林孛罗并兵守东城,因力不支,出降。请与哈达部分敕入贡,得敕书四百九十九道。十九年(1591),因向努尔哈赤(清太祖)索地,令努尔哈赤归顺叶赫,受努尔哈赤书责。二十一年,与扈伦四部合兵攻掠建州胡卜察寨。九月,又联兵蒙古科尔沁、锡伯、卦尔察、朱舍里、讷殷等九部兵三万攻建州,战于赫济格城至古勒山一带,被建州兵吴谈所杀,联军大败。

【卜撒】(?—1417) 明代云南永宁土知府。纳西族。土知府*各吉八合子。永乐十二年(1414)闰九月,以父老病,代替父职。十五年(1417),被与父同为土官千户剌马非等所杀害。黔国公沐晟保举其弟南八袭职。

【卜儿孩】(?—约1559) 亦译卜儿亥、博喇海。明代蒙古右翼异姓领主。出生于野乜克力部(一说为畏兀儿近族)。初隶达延汗,称太师。后因不服达延汗统治,正德九年(1514)被逐至青海,与先入青海的同族亦不剌联合,出没于青海、甘肃等地,攻击明边,役使撒里畏兀儿,袭击藏族、吐鲁番等。嘉靖十一年(1532),请内属明朝的帖木哥等向甘肃巡抚赵载致意,要求与明朝通贡互市并内属,未果。会蒙古右翼济农吉囊和俺答汗率兵攻入青海,大破亦不剌营,遂计献女与吉囊,借以缓兵自保。二十年(1541),复向明朝献金牌、良马,要求通贡互市内属,以防右翼俺答汗的攻击,亦未获成功。二十二年,被俺答汗征服,使隶永邵卜大成台吉帐下。三十八年(1559),因俺答汗率丙兔、宾兔等数万人据青海,牧地被占,部众散佚,孤身逃亡。

【卜只儿】 见"布智儿"。(100页)

【卜石兔】 亦作卜失兔,又称舍剌克炭台吉,蒙文史籍作博硕图、与鄂尔多斯济农博硕克图(卜失兔)同名。明代蒙古右翼土默特部领主,第四任顺义王。孛儿只斤氏。*俺答汗第五代孙,晁兔台吉长子。初驻牧于山西偏关外委兀儿趁一带,曾入西海(青海)。万历九年(1581),受明封为指挥同知。父卒后,于十七年(1589)袭龙虎将军。三十五年(1607),祖父撦力克卒,与三娘子孙、不他失礼子素囊台吉争夺土默特部及顺义王的承袭权。在撦力克弟五路把都儿台吉等支持下,于三十九年(1611)与三娘子合婚。翌年获明廷认可。四十一年正式受封顺义王。因与素囊等人相对抗,势衰,部属多不听命。崇祯元年(1628),察哈尔部林丹汗西进,土默特部土崩瓦解,遂西遁河套。后卒于该地。

【卜失兔】 ①亦作卜失兔阿不害,即明代蒙古右翼

鄂尔多斯济农"博硕克图"。(525页) ②指明代蒙古右翼土默特部首领、第四代顺义王"卜石兔"。(3页)

【卜列革】(？—1460) 又作孛罗帖木儿。明代哈密忠顺王。蒙古贵族。*卜答失里子。天顺元年(1457)，兄忠顺王倒瓦答失里卒，明廷从其母弩温答失里奏请，封为忠顺王。在位期间，一岁数贡，其部属屡受明廷封爵。四年(1460)卒，无嗣，其母暂主政事。

【卜言兔】 又名柏彦务。明代蒙古内喀尔喀巴林部领主。孛儿只斤氏。*达延汗裔孙，*速把亥长子。驻牧于辽河流域。万历九年(1581)，从黑石炭等攻辽阳，大败明军，歼明将士三百余人。十年，随父攻义州(今辽宁义县)，遇伏战败，父被明将李平胡射死于镇夷堡(在义县东北)，故力图报父仇。十三年(1585)，联合朵颜卫长昂等攻沈阳，斩明将韩元功，又以五万骑谋袭辽阳西古城，事觉，被李平胡击败。一说万历二十二年(1594)在镇武堡(在今辽宁盘山县东北)被明将董一元所杀的伯言儿即卜言兔。

【卜思端】 见"布顿·仁钦朱"。(101页)

【卜鲁罕】 元成宗*铁穆耳皇后。蒙古伯岳吾氏。驸马脱里思之女。元贞(1295—1297)初，立为皇后。大德三年(1299)，受册宝。因成宗晚年长期患病，多预国政，"大德之政，人称平允，皆后处决"。九年(1305)，谋贬成宗兄答剌麻八剌之妃答己与次子爱育黎拔力八达于怀州。十一年，成宗卒，皇后恐答剌麻八剌长子、治军于漠北的海山南归，报其母弟被谴之怨，与左丞相阿忽台等谋立安西王阿难答为帝。因右丞相哈剌哈孙执异，迎爱育黎拔力八达归京，先期发难，诛阿忽台等从谋诸臣，事败，被废，遭幽禁，继出居东安州，并赐死。

【卜六阿歹】 明代瓦剌贵族首领。小列秃王之子。驻牧于哈密北把思阔(巴里坤)之地。弘治八年(1495)七月，父死后，袭太师位。十一月，遣弟卜六赛罕王至甘肃巡抚许进营，议联兵击吐鲁番事宜。与其叔孛罗罕断吐鲁番东援驻哈密守者牙兰之道，使牙兰孤立无援，弃城而遁，明军得以收复哈密。继率兵败吐鲁番头领克可失于也先帖木儿之地。正德十二年(1517)，因吐鲁番攻肃州，应甘肃守臣陈九畴之约，率众袭破吐鲁番三城，杀掳万计，以功受明廷赏赐。次年，贡驼马于明。嘉靖十九年(1540)，因屡遭吐鲁番袭击，兵败，陷于困境，向明请求迁往恭来川(今青海贵德西南)，与驻牧其地的另一瓦剌首领奄克同住。明廷以"疑其诈"为名，不许入关。一说其即是蒙文史籍中的准噶尔部首领哈喇忽剌之父布拉台吉或阿尔卓特博罗。沈曾植在《蒙古源流笺证》中认为可能是土尔扈特之哈喇博那罗。

【卜言台周】 见"布延彻辰汗"。(101页)

【卜怜吉歹】 又作卜怜吉带(台)、不怜吉歹(带、台)等。元朝大臣。蒙古兀良哈氏。中书左丞相*阿术之子。初任宿卫，至元十七年(1280)，父卒，以勋臣子袭领父军。二十年(1283)，与史弼统军镇压建宁黄华。二十七年(1290)，破婺州叶万五。迁江淮行省平章政事。奏谏加强防务策，以三军分别戍守沿海明、台、温、处、绍兴、婺等地，增加濒海沿江戍所，增置战船，均被采纳。大德年间，调湖广行省平章政事，旋罢官。十一年(1307)，应答己可敦之召，扈从爱育黎拔力八达自怀州返大都(今北京)，力佐靖内难，即帝位，官拜河南行省左丞相。延祐元年(1314)，封河南王。

【卜都各吉】 明代云南永宁土官。纳西族。元末受封为永宁州土知州。洪武十六年(1383)，征南将军札拟本州知州。永乐四年(1406)升土知府。卒，子各吉八合袭。

【卜答失里】 ①又作不答失里。元文宗*图帖睦尔皇后。蒙古弘吉剌氏。驸马鲁王之女。初从怀王图帖睦尔出居建康、江陵。文宗天历元年(1328)，立为皇后。崇佛，出银助建大承天护圣寺，并受戒。至顺元年(1330)，与宦者拜住谋杀明宗皇后八不沙，借以掩盖明宗被害之事。三年(1332)，文宗死，出于迷信，未立己子燕帖古思，改立明宗幼子年仅七岁的懿璘质班为帝。被册封为皇太后。幼帝旋死，翌年又立明宗长子年十三岁的妥欢贴睦尔为帝，临朝称制，并约定由己子燕帖古思承位。至元元年(1335)，越礼被尊为太皇太后。六年(1340)，顺帝妥欢贴睦尔追究文宗毒害明宗事，削其尊号，徙置东安州，寻死。②(？—1439)明代哈密忠顺王。蒙古贵族。故王脱脱之子，兔力帖木儿侄。宣德元年(1426)，受明封忠顺王。遣使贡马及方物。三年(1428)，因年幼，未能胜事，明廷复封故忠义王兔力帖木儿弟脱欢帖木儿为忠义王，同理国事。自是二王并贡，岁贡驼、马、玉石、器皿等三四次，获明廷回赐彩币、绢布、袭衣等。四年(1429)，以"谨修臣职，恪守边疆"受赏赐。与瓦剌来往甚密，娶脱欢女弩温答失里为妻，彼此也时有矛盾。十年(1435)，遣使向甘肃总兵官奏报瓦剌猛可卜花欲剽掠沙州等处。

【卜言把都儿】(？—1594) 亦称把兔儿。明代蒙古内喀尔喀巴林部领主。孛儿只斤氏。*达延汗后裔，*速把亥次子。驻牧于辽河流域。在兄弟四人中最剽悍。万历十年(1582)，父攻明镇夷堡(今辽宁义县东北)，被明将李平胡射死后，立意复仇。在叔父炒花、姑花大，堂兄弟暖兔、伯言儿(伯牙儿)等援助下，占据泰宁卫故土，与明军对垒。十三年(1585)，联合诸部数万人入掠沈阳等地，被明将李成梁击败，八百余人被歼。翌年，又与炒花、花大及察哈尔部率三万余人至辽阳挟赏，复为李成梁所败，九百余人战死。后与明军冲突不断。二十二年(1594)，再结炒花、花大、暖兔、伯言儿等入掠镇武堡(今辽宁省盘山县东北)，为明将董一元、李化龙大败，被俘斩五百余人，伯言儿战死，本人受重伤，不久身死，部众散乱。

【卜颜铁木儿】(？—1356) 又作卜颜帖木儿、普颜帖木儿。元朝官员。字珍卿。唐兀吾密氏。初备宿卫，历事武宗、仁宗、英宗。文宗天历(1328)初，由太常寺丞拜监察御史，累任大都路达鲁花赤、肃政廉访使，由行中书省参知政事升左右丞，历行御史台中丞、江浙行省平章政事。至正十二年（1352），率兵镇压天完红巾军，复铜陵、池州，解安庆之围。十三年，乘义军新至疲弊，连败义军，复江、蕲二州，克黄连寨，会诸路元军，攻陷天完都城蕲水（今湖北浠水），获徐寿辉将相四百余人，寿辉仅以身免。继受丞相脱脱命控长江。十六年（1356）六月，复守池州，十一月卒。

【丿】

【八丹】 又作八儋。元朝将领。畏兀儿人。*小云石脱忽怜之子。初事忽必烈于潜邸，为博儿赤（司膳）。以真定路断事官鹰房万户，从征大理有功，受赏赐。中统（1260—1264）初，从征叛王阿里不哥，大败叛军于昔木土脑儿（今蒙古苏赫巴托省南部），杀获甚众。继从太子真金北征，抚军于镇海你里温。后归守真定。未几，迁隆兴府达鲁花赤，遥授中书右丞，居官三年。后奉旨从晋王甘麻剌往征海都，因功受赏赐。卒，赠大司徒。

【八剌】（？—1271） 元代察合台汗国可汗。蒙古孛儿只斤氏。*察合台之曾孙，也孙都哇之子。初随从忽必烈汗。至元二年（1265，一说三年），奉忽必烈命司汗国执政，废木八剌沙汗，自立为汗。后与窝阔台之孙海都发生战争，在海都与拔都孙忙哥帖木儿联兵攻击下，兵败，接受窝阔台孙钦察·斡忽勒调解，战事终止，并与海都结盟好。六年（1269），在海都的默许和军事支援下，分军四路，渡阿母河，攻入伊儿汗国呼罗珊，恃盛拒绝伊儿汗阿八哈议和之请，旋遭阿八哈军伏击，兵败，逃回不花剌。卒于至元七年底（1271年初）；一说卒于1270年。

【八都】 见"拔都"。（338页）

【八不罕】 又作八八罕。元泰定帝*也孙铁木儿皇后。蒙古弘吉剌氏。*按孙威靖王斡留察儿之女。初为晋王也孙铁木儿王妃。泰定元年（1324），册为皇后。致和元年（1328），泰定帝卒，与权臣倒剌沙于上都（今内蒙古正蓝旗东闪电河北岸）扶立幼子阿剌吉八为帝，亲临听政。与在大都（今北京）称帝之文宗图帖睦尔对峙。同年十月，上都兵败，被安置于东安州，不久遇害。

【八不沙】（？—1330） 元明宗和世㻋皇后。乃蛮真氏。初侍周王和世㻋于潜邸。仁宗延祐三年（1316），周王出镇云南，中途举兵关中，事败，逃察合台后王处，她未随，留居京师。泰定帝即位后，被护送至周王处。生宁宗懿璘质班。天历二年（1329），明宗即位，立为皇后。八月，明宗遇害，文宗即位后，继掌宫事。至顺元年（1330），以文宗欲传位于己子，皇后遭构难。四月，为文宗后卜答失里及宦者拜住谋害。

【八立托】 又译不几脱阿。蒙古斡亦剌部贵族。其名见于释迦院碑。汉文碑铭称"奉佛驸马八立托"，蒙文碑铭作 Bars töge。据《史集》载，为*忽都合别乞之孙，脱劣勒赤和成吉思汗女扯扯干公主次子。自幼性格孱弱，但因是成吉思汗外孙、斡亦剌贵族之后，被委以重任，曾尚一悉基公主为妻。宪宗七年（1257）夏，为庆贺宪宗蒙哥汗五十大寿及南征，在其夏营地德勒格尔木伦河附近，建寺立碑，即著名的释迦院碑（蒙哥汗碑）。

【八思巴】（1235—1280） 又译帕克思巴、八合思巴、发思八、拔思发、拔合斯巴等。藏传佛教萨迦派五祖中第五代祖师。元朝第一代帝师、学者。吐蕃萨迦人。生于款氏贵族之家。藏文史籍称作卓衮八思巴罗追坚赞贝桑波。*萨班贡噶坚赞之弟桑察索南坚赞长子。相传三岁能诵莲华经咒，八岁能背诵《本生经》，九岁即能为人讲经，且出于名望大族，故时人称其为八思巴（意为"圣者"，犹汉之称"神童"）。宋淳祐四年（1244），与弟恰那多吉随伯父萨班赴凉州（今甘肃武威）谒见蒙古阔端太子。途经拉萨，由萨班于大昭寺内为其授弥沙戒出家，取法名罗追坚赞。七年（1247），谒阔端，备受宠爱，受命随伯父学显密教法和"五明"。十一年（1251）夏，应召，赴六盘山谒见忽必烈，备受崇敬，尊为"上师"。同年，萨班病逝后，继为萨迦派新法王。次年八月，为伯父灵塔举行开光礼后，离凉州取道朵甘思返萨迦。途中再次谒见忽必烈，表示效忠。忽必烈及王妃、子女皆从其受密教灌顶。宝祐二年（1254），获忽必烈所赐"优礼僧人诏书"，确保后藏萨迦派寺院僧众不遭侵害。次年，返藏受比丘戒，至河州（今甘肃临夏），从高僧扎巴僧格受比丘戒后，折回上都（即开平府，今内蒙古正蓝旗东闪电河北岸）。时佛道二教为取得蒙古统治者的支持，常激烈论战。六年（1258），佛道二家各选十七名代表在忽必烈座前辩论，以决优劣。他作为佛家第二名"抗论"名手参辩，引经据典，驳倒对方，使道家辞屈折服，以樊志应为首的十七名道人诣龙光寺削发为僧。以学识和才能进一步取得忽必烈信任。中统元年（1260），忽必烈即汗位，尊其为国师，赐玉印，任中原法主，统天下释教。至元元年（1264），设总制院，执掌全国释教和吐蕃僧俗政务，以其为总制院事，领之。次年，受命返萨迦，筹建卫藏行政机构，荐举释迦桑波为第一任萨迦本钦，赐以"乌思藏三路军民万户"印。自此，有元一代凡本钦之任命皆由国师（后称帝师）荐举，成定制。返中都（燕京，今北京）后，奉命以藏文字母为基础创制蒙古新字，六年（1269），字成，颁行，是为八思巴字，以描写语音精确见长。因造字有功，次年升号"帝师"，加封"大宝法王"，更赐玉印。以乌思藏十三万户为其供养地。十三年（1276），由太子真金率军护送返萨迦。次年，在曲弥（今日喀则县曲美区）举行有七万僧众参加的盛大法会，真金以忽必烈名义作法会的施主。有《彰所知论》等多种著述。并将内地印刷术、戏剧艺术传至藏区，将吐蕃族建筑技巧、雕塑艺术，引至内地，促进文化交流。十七年（1280），卒于萨迦，忽必烈赐号"皇天之下一人之上开教宣文辅治大圣至德普觉真智佑国如意大宝法王西天佛子大元帝师"。

【人皇王】 见"耶律倍"。（306页）

【九松】（？—1872） 清咸丰年间苗族起义首领。贵州凯塘（今凯棠寨）人。苗族。家境贫寒，幼年习武，素有"百人敌"之称。咸丰初，受白莲教和太平天国革命的影响，与高禾（苗族）组织苗族农民反抗清朝统治，通过白莲教沈大六与杨龙喜联系，传木刻，聚会起义。咸丰六年（1856），攻破岩门何土司衙门和清平县（今凯里西北）城。十年（1860），进军黄平、平越（今福泉）等地，并支援石达开部将曾广依所率太平军攻占贵阳。同治二年（1863），与何得胜、潘名杰等攻占开州（今开阳）、修文、清镇、龙里和贵定。与张秀眉、九大白、陈大六等率领苗侗起义军转战贵州、湖南西部地区。同治十一年（1872）牺牲。

【九柱】 见"石抹九柱"。（106 页）

【乃牙】 见"纳牙阿"。（297 页）

【乃颜】（？—1287） 元朝蒙古宗王。孛儿只斤氏。*成吉思汗幼弟*铁木哥斡赤斤之玄孙，阿术鲁之子。信奉也里可温教（又称景教，即基督教）。嗣父国王位，雄踞辽东，心有异志，轻漫朝廷。对元世祖忽必烈于至元二十三年（1286）罢北辽东道宣慰司，改置东京行中书省，加强对辽东的控制，甚不安。于二十四年四月，乘元朝重兵防御西北诸王海都、笃哇之机，联合东道诸王失都儿、哈丹，暗结西北诸王海都等发动叛乱。六月，在撒儿都鲁为忽必烈军所败，继兵败不里古都伯塔哈之地，逃奔失剌斡耳朵，在玉昔帖木儿、李庭军的夹攻下，兵败被俘杀。

【乃蛮台】（？—1348） 又作乃马台。元朝大臣。蒙古札剌儿氏。成吉思汗十大功臣之一*木华黎五世孙，嗣国王忽速忽尔之子。成宗大德五年（1301），会诸王将同讨叛王海都、笃哇，以功授宣徽院使。仁宗延祐七年（1320），迁岭北行省右丞。英宗至治二年（1322），迁甘肃行省平章政事。文宗天历二年（1329），调陕西行省平章政事。任内，屡解民难，赈济饥贫。继任西行台御使大夫。至顺元年（1330），改任上都留守、虎贲亲军都指挥使，寻任知岭北行枢密院事，封宣宁郡王，出镇北边。惠宗至元三年（1337），嗣国王位，取代朵儿只。六年（1340），拜岭北行省左丞相。至正二年（1342），迁辽阳行省左丞相，后以年迈辞归。死后追封鲁王。

【乃乌巴·南喀桑布】 又称喃卡藏卜或仲钦南喀桑布。明代西藏地方官员。藏族。十五世纪人。帕竹政权代理官长仁钦桑波之子。帕竹查巴坚赞时，被委任为乃乌宗本（《明史》称"牛儿宗寨"），故称"乃乌巴"。尊奉宗喀巴为根本上师。曾作为施主资助兴建哲蚌寺，为宗喀巴圆寂日（十月二十五日）举行纪念法会，请大慈法王举办"甘丹五大供"，其俗流传至今。牛儿宗（乃乌宗）系明代行都指挥使司地。后被明朝封为都指挥佥事。

【 刀 】

【刀平】 明代云南镇沅傣族首领。世袭土官总管，专一总管操练。洪武十五年（1382），与兄那直归附，授千夫长。建文四年（1402），置镇沅州，任知州。永乐三年（1405），率子入朝献方物，赐以钞、文绮。随明军征八百，从攻石崖、者达寨。四年，升镇沅为府，以功升任知府，下置经历、知事各一员。十三年（1415），年迈，以子刀腾袭职。

【刀坎】（1308—1391） 元末明初云南西双版纳召片领（意为广大土地之主）。傣族。少聪睿有才干。元至正七年（1347，傣历 709 年），继父职。明洪武十五年（1382），征南左副将军永昌侯兰玉、右副将军西平侯沐英进兵大理、金齿、车里，改车里路为车里军民府，坎降明，任知府。十六年，遣侄丰禄贡方物，十七年夏，遣子刀思拂入贡，均获厚赐。十九年（1386），改军民府为军民宣慰使司，为第一任宣慰使。以年事渐高，由长子刀暹答嗣位。二十四年（1391，傣历 753 年）卒。

【刀典】 明代云南车里傣族首领。车里军民宣慰使*刀暹答子。以同父异母兄*刀更孟袭为宣慰使后暴虐杀戮，恐祸及自身，遂起事，放更孟于景鸾。永乐十三年（1415），更孟被缢杀后，次子刀双孟立，逾二月又十五日，他废双孟，篡立。因民众不服，被逐。求助于堂兄弟奢陇法，遭拒，怀怨，联合澜沧江东部兵丁，进攻奢陇法，并求援于外祖父孟连大头人叭陇法，与奢陇法战于勐混，兵败，逃景哈。以父与明朝有朝贡关系，遂往奔明朝，至勐南太奔卒。

【刀谈】 明代云南者乐甸傣族首领。者乐甸本马龙他郎甸勐摩地，名者岛，洪武（1368—1398）末归明，隶云南布政司。永乐元年（1403），设者乐甸长官司，改隶云南都司。受明封为者乐甸长官司长官。十八年（1420），入朝贡马，自是皆以刀氏世领司事。

【刀浣】 清代云南镇沅傣族首领。受清封为镇沅土知府。雍正四年（1726），鄂尔泰总督云、贵、广西三省，推行改土归流政策，设置州县，改土司为流官。他与诸土司、土目俱被勒献，其族舍及下属头人怀怨，联合威远等地各族人民，于次年杀知府刘宏度。鄂尔泰遂尽徙已革土司、土目于它省安置，并派兵镇压威远、新平等地的反抗群众。

【刀士宛】（？—1796） 清代云南车里傣族首领，西双版纳第二十九任召片领。车里军民宣慰使*刀绍文第四子，*刀维屏弟。缅军入侵车里（今云南景洪），兄宣慰使刀维屏携家出逃，他被挟同逃，后回归，因系被捆劫，曾有投河守节之举，且知奉法畏罪，获从宽处理，在省监禁。乾隆四十二年（1777）七月，以刀应达暂管宣慰使司期间屡生事故，遂委其为宣慰使，管理车里地方，以靖各勐之心，并赐私庄八处以纳额赋。

【刀门俸】 明代云南孟定傣族首领。初为镇康州土知州，正统（1436—1449）中，应募随明军讨麓川，攻克上江，深入湾甸，直捣缅甸，在擒获思任法、思机法的战斗中屡建战功，升孟定府知府，以其子刀班线为镇康州知州。后入贡京师，麓川思氏乘机攻镇康州，杀班线，掠其金牌印信，复攻孟定，其次子刀孟不支，携家奔永昌。后明廷将其与族人安置于澄江定居，为安插土知府。

【刀木祷】 清代云南车里傣族首领。顺治十七年（1660）八月，降清，清沿明旧制仍置司，授车里宣慰使司（治今云南景洪）宣慰使，管十二版纳（西双版纳）。次年，贡于清，清赏以貂裘、缎匹、鞍马等物，铸给"车里军民宣慰使司印"。是年，吴三桂以普洱地方半归车里，半属元江。编普洱、思茅、普腾、茶山、孟养、勐暖、勐捧、勐腊、整歇、勐万、勐乌、乌德、整董十三处隶元江府。康熙三年(1664)，调元江通判分防普洱，十二版纳仍归车里宣慰使司管理。

【**刀太和**】(?—1802) 清代云南车里傣族首领，西双版纳第三十任召片领。车里军民宣慰使司宣慰使*刀士宛子。嘉庆元年(1796)，父卒，次年，清廷委其袭父职。缅甸木梳王朝以其年幼，另任其叔诏丁为宣慰使，致使叔侄互争权位，长期不睦。三年，诏丁接受勐勇土司诏光规劝，拒绝接受缅王诏命，遭缅王攻击，不敌逃匿，五年(1800)卒。是年，太和受委缅方宣慰使，未及受缅使任状，病卒。

【**刀太康**】(?—1836) 清代云南车里傣族首领，西双版纳第二十九任召片领*刀士宛之子。嘉庆七年(1802)，兄第三十任召片领刀太和卒。子*刀绳武嗣，年方二岁，他受清廷命代行宣慰使(召片领)职务。八年，景迈土兵(当地人称"戛于腊")略地至勐别、勐南，屯兵打洛。时缅甸木梳王在景迈的带兵官萨雅左那诺也率兵侵入西双版纳境，直至十三年(1808)，两军先后在景栋、景永(景洪)、孟遮、整欠、勐勇混战，使地方残破，村舍荡然，各地官民纷纷逃往耿马、勐夏、勐博、勐隋、交趾、老挝，并向北避居思茅、普洱等地，未及逃离者被戛于腊掳往景迈、勐南，西双版纳广大地区荒无人居。十八年(1813)，受清廷命招抚逃散官民回景永等地，重建家园。二十三年(1818)，刀绳武年长，清廷正式委任之为车里宣慰使，是为西双版纳第三十一任召片领。缅王太子麻哈昊谬遣使至景永，迫其与刀绳武赴阿瓦朝勉，以职务不能离，派代表赴缅。缅正复遣使迫其二人赴缅。次年，一人前往，被缅王委为缅方宣慰使，回景永就职，形成叔侄两宣慰使对立局面，互争权位，内乱不已，迫刀绳武避居思茅。引木梳军与刀绳武所结勐别、勐南土兵对抗。道光二年(1822)，战于橄榄坝，败刀绳武兵，侵入景洪，迫刀绳武弃妻逃匿倚邦山中，继擒往阿瓦，困于王家监狱。他奉缅王命回景允供职。五年(1825)，刀绳武被清使索回，十三年(1833)，刀绳武联络六顺、普腾、勐旺、整董、勐乌各土司攻之，兵败，被清廷革职。十四年，他呈请清廷委任其子刀正综承袭宣慰使。

【**刀正彦**】(?—1728) 清代云南西双版纳勐罕土司。傣族。西双版纳宣慰使*刀金宝之叔。拥有较雄厚的政治经济实力，成为清廷实现改土归流的障碍，清廷蓄谋除之，以行威慑。雍正六年(1728)，云贵总督借口江西茶商于西双版纳莽芝山贩茶时，因侮辱麻布朋之妻，被麻杀害，诬陷是受其指使，遣兵进剿基诺山等地。麻布朋逃匿，清兵追捕至崎邦，引起当地傣、哈尼族人民不满，群起反抗。后因力量悬殊，起义群众被击散，逃出澜沧江外，后于勐腊与麻布朋同被捕获，押至昆明，以"反叛"罪遭杀害。

【**刀正综**】(1822—1864) 清代云南车里傣族首领。*刀太康之子。道光十四年(1834)，清廷应其父之请，委其为车里军民宣慰使司(治今云南景洪)宣慰使。缅甸木梳王朝既而委任其弟刀承琮为副宣慰使。二十年(1840)，木梳王孟坑强召其入侍，以清廷职守，不克离职，遣使贡献，被扣留，被迫避居橄榄坝。孟坑遂借机改委诏糯钪为宣慰使，并进攻景洪。二十二年(1842)，木梳王挟持诏糯钪率兵侵入车里，屠杀司署职官，掳掠人民，抢杀汉商，并监禁赴阿瓦的副宣慰使刀承琮母子。他数备银往赎，直至二十四年(1844)，承琮母子始被释归。咸丰九年(1859)，因加重对人民剥削，勐腊、勐捧、勐满等地人民起事，一举攻入易武街。同治元年(1862)，回民起义军进入，授以封号。三年，受清政府命率十二版纳兵援普洱清军攻击思普一带起义军，至麻栗坪之大力士山脚，被义军伏兵刺杀身亡。

【**刀光焕**】 清代云南威远州土知州。傣族。雍正元年(1723)，新平境内各族头人相仇杀，彝族头人普有才聚众攻元江，遭清军镇压，经威远，入车里，继遭清兵追击，遁去。二年，普洱知州刘宏度以其"知情藏匿罪人"，将其及全家流放江西。裁威远州，改为威远直隶厅。

【**刀庆罕**】 明代云南威远州傣族首领。被明封为威远州(治今云南景谷)土知州。永乐二十二年(1424)，入朝贡马及方物，赐以钞币、罗纱等。宣德三年(1428)，复遣头目招刚等进贡，赐以织金、纱罗及信符。其地与车里(今景洪)接境，屡被各土官劫掠，于八年(1433)请置巡检司，获准。

【**刀安仁**】(1872—1913) 清末民主革命的先行者。又名郕安仁，字沛生。云南盈江县人。傣族。云南腾越干崖宣抚使*刀盈廷之子。光绪十七年(1891)，承袭土司职。少年聪颖，喜读汉学。曾受父命率土兵屯守边陲，多次与入侵英军战斗。受革命思潮影响，立志反帝反封建，振兴中华，走富国强兵之路。光绪三十一年(1905)，西游印度考察归国途中，经友人介绍，邀请兴中会会员秦力山协助在干崖开办军国民学堂。次年，带领十余位傣族青年东渡日本留学，与孙中山、黄兴、宋教仁、吴玉章和日人宫崎滔天等革命党人建立关系，加入同盟会。三十四年(1908)初回国，兴办实业，开展反清活动。同年，云南河口起义失败，同盟会员杨振鸿、居觉生(居正)、黄子和等先后至滇西活动，与其结合，以土司衙门为据点，发动附近土司，串连会党，操练队伍。与本地同盟会会员张文光、刘辅国等联合，建立腾越自治同志会。武昌起义爆发后，以《革命方略》为指导，于1911年9月6日在腾越参加起义，建立滇西国民军都督府，任第二都督。旋遭云南都督府一些人以莫须有的罪名向南京国民政府诬告，被捕入狱，囚禁近一年。后为孙中山等营救出狱。任陆军部谘议。1913年病逝于北京。著有傣文叙事长诗《游历记》等。

【刀兴国】（？—1733） 清雍正年间西双版纳各族反抗思普贪官的首领。傣族。原任西双版纳茶山土千户。任职初，对清朝在边疆施行改土归流政策及官吏的征派唯唯诺诺，后因官府兵差、杂派苛索不休，总兵李宗膺、普洱知府佟世荫肆意搜刮，民力枯竭，民众愤怨，于雍正十年（1732）三月，向普洱府据理力争，恳请缓征，遭官衙毒打驱逐，遂弃官归里，聚众结盟，誓杀贪官，迫使李、佟逃窜昆明。起义群众直捣普洱府，元江、思普、景东等地民众纷纷起响应。围攻思茅，抗击清廷所派临安、元江、镇源、威远、景东、曲寻、武定、楚姚等地兵围剿，袭攻乐山清军兵营，不胜，遂伐茶树，塞盐井，退守山间。次年，清军以威胁利诱手法收买部分头人、土官，起义遭镇压，被执，誓死不屈，以刀抹颈，不致命，后遭杀害，兄弟等十余人亦同时遇难。起义失败。

【刀如珍】（？—1727） 清代云南镇源府各族起义首领。傣族。雍正四年（1726）冬，为反抗镇源府知府刘宏度大肆侵占民田，放纵豪绅官吏敲诈掠夺，借丈量土地之机苛索贿银，率傣、哈尼、拉祜等各族民众秘密集会于山林，歃血盟誓，共同反对贪官污吏的压迫和剥削。翌年正月十七日，率义军夜袭府署，杀死刘宏度全家，以泄枳愤。后遭云贵总督鄂尔泰所遣元江协副将张应宗的镇压，与刀廷贵、陶波二、刀西朗等傣族起义首领于昆明遭杀害，受牵连被捕者甚众。

【刀更孟】（？—1415） 明代云南车里傣族首领。车里军民宣慰使*刀暹答长子。永乐十一年（1413），父卒，袭职。执政后，暴虐无道，重辟刑，创轧锯之法，或以铁钩勾罪犯脊骨悬于秤杆之上致死，或日割一胬凌迟处死，一人有罪，株连亲族。傲慢刚愎，拒不接受机智有胆识的堂弟奢陇法之进谏，遂失民心。同父异母弟刀典恐殃及自身，遂起事，将其流于景逢。十三年（1415），被景逢人诱至勐宽缢杀。

【刀两竜】（1219—1273） 宋代云南西双版纳第五任召片领。原姓甸。傣族。*甸陇建仔之子。南宋宝祐五年（傣历619年，1257），继父位，为景龙金殿国国主。与中央王朝建立联系，受赐刀姓，故有是名。自是傣族始有刀姓。有二子，长名爱补瓦，次名伊拉愬。时勐啤酋法钪光无子，应法钪光请，以次子为之嗣。法钪光卒，其次子乃继承父之位。

【刀贡蛮】 明代云南南甸傣族首领。百夫长刀贡孟之孙。建文三年（1401），祖卒，袭南甸百夫长。永乐五年（1407），入贡方物马匹，钦命升任腾冲千户所千夫长兼试千户。请照湾甸州刀景发例，另立衙署，由本族子弟当差。二十年（1422），获明廷批复。据《南甸土司家谱》记，后改升南甸州土知州职。

【刀应勐】（？—1598） 明代云南车里傣族首领。车里军民宣慰使*刀糯勐之子。隆庆二年（1568），父卒，兄室利苏报打袭职，六月而卒，明朝委任其为宣慰使。三年，缅甸东吁国主莽应龙封其为"左掸国大自主福禄至善王"，并以公主妻之，称金莲王后。四年（1570），将所辖地区划分为十二版纳，"十二"傣语称作"西双"，版纳为提供封建负担的行政单位，自是，始有"西双版纳"之称。时西双版纳深受缅甸东吁国剥削压迫，征粮纳贡，掳人为奴。六年（1572），金莲公主要求护送其回阿瓦探望父王，随贡礼品金银珠宝无计其数，均由十二版纳负担，人民苦不堪言。

【刀金宝】（1708—1729） 又作刀金保。清代云南西双版纳第二十六任召片领。傣族。云南车里宣慰使诏匾勐长子。雍正二年（1724），父卒，嗣为召片领。七年（1729）卒，子幼，患口吃，语言不清，人民诨之曰刀套呼糯。次年，以其弟刀细闷纳抚孤协理。

【刀放革】 明代云南芒市傣族首领。芒市，旧曰怒谋，即唐史所谓茫施蛮。洪武十五年（1382），置茫施府。原为芒市陶孟（傣族地方大头目）。曾追随麓川宣慰使思任法侵扰各地。思任法兵败后，于正统七年（1442），遣人来诉，声称原与思任法有仇，今任法已遁，其子思机法等居麓川者蓝地方，愿擒以献。明廷命其调土兵助征机法。八年，思机法攻芒市，为官军所败后，放革归明，设芒市长官司，以其为长官，隶金齿卫。

【刀怕文】 明代云南干崖傣族首领之一。干崖宣抚使*刀怕举之弟。万历（1573—1620）初，兄卒，嫂罕氏之兄木邦宣慰使罕拔附缅王莽瑞体，召其袭职，以臣缅，且许以妹。拒不受，举兵与罕拔战。以缅兵十万骤临，退守永昌。罕拔遂取干崖印付罕氏。后不知所终。

【刀怕便】 明代云南干崖傣族首领。原任干崖长官司副长官，以归附后屡建功，由总兵官沐昂举荐，于正统六年（1441），升为长官，赐以彩币。九年（1444），升干崖为宣抚司，任副宣抚使。据干崖《刀氏世谱》载，正统十四年，擢宣抚，朝京师，赐名思忠。

【刀怕举】 明代云南干崖傣族首领。受明封为干崖宣抚司（治今云南盈江东北旧城）宣抚。娶木邦宣慰使罕拔之妹为妻。嘉靖三十九年（1560），干崖遭缅王莽瑞体侵，附于缅，与诸土官从缅王入扰。万历（1573—1619）初，卒，罕拔召其弟怕文袭职以臣缅，遭拒，遂取干崖印，付其妻罕氏。

【刀奉汉】 明代云南大侯（南甸）傣族首领。宣德四年（1429），明升大侯长官司为大侯州，任知州。以大侯民复业者多，岁纳差发银二百五十两。湾甸、镇康二长官民少，岁纳差发银各百两。永乐（1403—1424）中，俱升为州，奏请援二州例，以善抚绥，民多复业，明帝谕吏部增其秩禄之。八年（1410），遣使入贡，赐以锦绮。正统三年（1438），遣子刀奉送入贡，赐以织金文绮、绒锦诸物。以麓川宣慰使思任法侵扰，奏请与木邦宣慰罕门法共起兵十万，协同征麓川，请赐金牌、信符，以安民心，获赐。思任法向四周扩张，犯景东，掠孟定，杀刀奉汉等千余人，破孟赖诸寨。七年（1442），敕命其子刀奉送袭大侯知州。

【刀奉偶】 明代云南大侯（南甸）傣族首领。受明封为大侯长官司长官。永乐三年(1405),遣子刀奉董贡马及银器,明赐以钞币。六年(1408),复遣弟不纳狂至明廷入贡,赐予如例。后被麓川部酋孟养招刚射死,子刀奉汉袭任大侯长官司长官。

【刀绍文】(1714—?) 清代云南车里傣族首领。车里军民宣慰使司宣慰使*刀金宝之弟。雍正七年(1729),兄卒,诸子不才,清廷委其为宣慰使。乾隆三十年(1765),孟艮土司兄弟不和,缅甸木梳王乘机侵入孟艮,继进攻打洛,过澜沧江入橄榄坝。被迫逃离景洪。木梳兵入据景洪,大肆抢掠。云南总都督橄大理、顺宁营兵往御,克景洪,攻破侵略军修筑的勐笼、勐歇、勐混、勐遮堡垒。三十二年(1767),因懦弱无能,遇木梳军侵扰,不肯出力以御,辄行逃避,被革职。

【刀承恩】(1864—1927) 清代云南西双版纳第三十五任召片领。傣族。光绪十年(傣历 1246 年,1884),继任召片领。娶景栋土司召法之姐为妻,因妻不育,离异,致使岳父召勐罕勒不满,两度遣兵攻西双版纳,被迫逃于勐遮的西定、章澜等地。向勐遮召勐刀正经许诺,若予以保护,愿将西定、章澜划给勐遮。后食言背约,致使勐遮用兵。双方相持多年不决。清廷调柯树勋率兵镇压,事态始平。思茅同知黎肇元趁机将西双版纳所属勐遮、景真、勐混、勐海等土司改为区级行政单位,派流官统治。柯树勋继任思茅同知后,鉴于承恩不满设区改流,在车里设善后总局,观其顺逆,并提出《沿边十二条陈》,取代黎肇元所提设直隶州三县,设官分治西双版纳各勐的改土归流方案,以汉官担任"保护"为名,保留土司制度,将西双版纳划为八个区,在车里设督办一人,每区设行政委员一人。1924年,命子刀栋梁率各地土司随普思沿边行政总局局长柯树勋晋省观光,进犀角、象牙等物,获厚遇,居数月而还。

【刀歪孟】 明代云南陇川傣族首领。明朝平定麓川之初,即行归顺,任陇川宣抚司同知。正统十二年(1447),以原宣抚使恭项肆杀无辜,刻虐人民,致使陇川为乱。他为群众信服,朝廷以其代为宣抚使。景泰七年(1456),遣人贡象、马及金银器皿、方物。成化十九年(1483),子亨法代职。

【刀盈廷】(?—1906) 清末云南干崖宣抚司宣抚使。傣族。在职之年,以英军屡侵边境,受清廷命数派兵筹粮,保卫境土,尽防御之责。遣长子刀安仁率土兵驻守边防,抗击英军。中英会勘滇缅边界时,奉命随中国查勘委员同往,积极效命于查勘工作。不辞辛劳。光绪二十年(1894)。在协助查找滇缅北段我方汉龙、天马、虎踞、铁壁四关的旧址时,获汉龙关址证物,为我方商谈取得主动。喜文学戏剧,教子弟习汉学;创建傣戏;笃信佛教,广建佛寺。因大肆摊掕,激起人民不满。

【刀盖罕】 明代云南威远州土知州。傣族。正统二年(1437),遣使向明廷贡马及银器,得赐彩币等物。继遣随乃吾等进贡,明廷赐以金牌、信符、织金、文绮。

正统六年(1441),明廷颁给金牌,命合兵征麓川。以功升正五品,授奉政大夫、修正庶尹,封其母为太宜人,赐诰命、银带及彩币。

【刀绳武】(1800—?) 清代云南车里傣族首领。车里军民宣慰使司宣慰使*刀太和子。嘉庆七年(1802),父卒,时年二岁,嗣父职为宣慰使,清廷命其叔刀太康为代办,代行宣慰使职务。嘉庆八年至十三年(1803—1808),缅甸木梳军与勐迈地方土兵(当地人称之为"戛于腊")在景栋、景永、孟琏、勐勇诸地连年争战,各地官民纷纷逃往耿马、勐戛、勐博、勐隋、交趾、老挝,并北迁至思茅、普洱等地,未能逃离者被戛于腊掳往景迈、勐南,致使车里广大地区荒芜无人居。嘉庆二十三年(1818),清廷正式委其为宣慰使。木梳王孟云遣太子率师至车里,持强召其赴阿瓦朝觐。因职守不能离,由其叔刀太康代往,缅王遂委太康为缅方宣慰使,致使叔侄两宣慰使对立,互争权位,内乱不已。以太康势大,避往思茅,与勐别、勐南"戛于腊"联合,与刀太康所引木梳军对抗。道光二年(1822),兵败橄榄坝。后以木梳军侵入景洪,弃妻逃匿倚邦山中,被擒往阿瓦,囚禁。五年(1825),清廷遣使赴缅将其索回,置于思茅,凡六载。道光十三年(1833),结六顺、普腾、勐旺、整董、勐乌各土司,合兵攻刀太康,不胜。因拒清命,不解散武装,被革职,怀印潜逃,后死于与越南交界之勐梭。

【刀维屏】(1736—1781) 清代云南车里傣族首领。车里军民宣慰使司宣慰使*刀绍文长子。乾隆三十二年(1767),其父因懦弱怯敌被革职后,委其为宣慰使。三十七年(1772),缅军入侵,不能御,移宣慰司于九龙江内之小勐养。翌年,与弟刀诏丁听信婿诏勐等离间,甚怨清廷,携家逃往勐勇。后返回司治,被清廷拘宁洱,解送昆明,革职。子诏占、弟诏丁、子诏麻哈捧及诏麻哈畿喃均不得承袭,遂携家潜逃。后投归,被监禁。四十六年(1781)死于昆明。

【刀斯郎】(?—1388) 又作刀厮郎。明代云南麓川傣族头领、把事。洪武二十一年(1388),从平缅军民宣慰使思伦法内侵,至马龙他郎甸之摩沙勒,为明军所败。旋受命充悉剌(敢死队)头目,率兵号三十万众,象百余,攻定边。为明西平侯沐英所率精兵一万五千人、火枪、火箭袭击,象群惊走,自相蹂践,大败,被追斩。一说,思伦法兵败,请降,把他作为战争主谋交于明处死。

【刀景发】 明代云南湾甸傣族首领。初受麓川宣慰使思伦法委为湾甸陶孟。永乐三年(1405),升湾甸长官司为州,以其为知州,赐印章、金牌。四年,明廷以湾甸道里险远,改每岁朝贡为三年一贡,如庆贺、谢恩之类,不拘此例。六年,遣人入朝贡马及方物,七年,复遣子刀景悬等入朝贡马,均获赏赐。

【刀斡孟】 明云南陇川傣族首领之一。洪武二十一年(1388),乘麓川首领思伦法于定边之役失败,元气大损之机举兵攻思伦法,陷宣慰司,继攻伦法于腾冲,迫伦法走昆明、南京陈诉。明太祖命西平侯沐春统云南、四川诸卫兵讨之。三十一年(1398),拒招谕,击明军,兵败请降,被明军拒绝。后因沐春病卒,复起兵,被都督何福所擒。关于其反思伦法之原委诸说不一,《明吏·云南土司传》称:因其不满思伦法尊宠佛僧,厚待制火铳、火炮的工匠而举兵;《南夷书》谓:其俗,新君立,各部酋均献女备内室。思伦法妻恃宠而嫉,凡一女进,则诬杀其父、女。幹孟拒征己女,遂起事。

【刀韫勐】(?—1628) 明代云南车里傣族首领。车里军民宣慰使*刀应勐之子。万历二十六年(1598)父卒,袭宣慰使职。天启七年(1627),以缅甸王侵孟艮,应孟艮请求,遣兵、象万余合力反抗侵略。后屡遭缅王攻掠,不能支,遁至思茅。缅王追掳其及勐遮头人诏四闷纳尹打捞及十二版纳江西各地居民至阿瓦。致使该地土地荒芜,耕种无人。后元江土府那氏遂据有车里地。

【刀算党】 明代云南威远州土知州。傣族。孟波人。原为土官,洪武三十一(1398),附明,三十五年(1402),任知州。永乐元年(1403)二月实授。同年,为云南车里宣慰使刀逻答属下所掠,经明廷遣人移文招谕,被释归。三年,贡献象、马、方物致谢。明廷颁降敕谕金字红牌,赐以金带、织金、文绮、袭衣及银钞、锦币。

【刀逻答】(1351—1413) 明代云南西双版纳召片领(意为广大土地之主)。傣族。车里军民宣慰使*刀坎之子。明洪武二十四年(1391,傣历753年),继父职,任宣慰使。永乐元年(1403),令属众攻威远,掠知州刀算党及民众以归。明西平侯沐晟遣使诏谕,遂归还刀算党及所侵威远地,遣人贡马谢罪。自是频频入贡,与明保持密切关系。以宣慰刀招散为八百大甸阻朝廷赴车里官员,于三年(1405)遣使请举兵攻八百,受明帝嘉奖。四年,遣子入国学。以路途遥远,获准三年一贡。善于发现和启用人才。三弟彪斐法之第三子奢陇法,机智有胆识,幼时,即抚为己子。命为带兵官,兼管地方事务。

【刀懦勐】(1656—1681) 清代云南西双版纳第二十三任召片领。傣族,第二十二任召片领诏钪勒子。康熙八年(1669),父卒,继位,因年幼,清迁委任其叔刀木祷代理司务。吴三桂据云南称帝,将清顺治朝颁给西双版纳宣慰使的印信收去,另颁新印,仍以刀木祷代理政务。

【刀糯勐】(?—1568) 又作刀糯猛。明代云南车里傣族首领。车里军民宣慰司宣慰使室利檖版子。嘉靖九年(1530),继父职,任宣慰使。十一年(1532),缅甸王莽应里据摆古,蚕食边地,他人缅应之。隆庆二年(1568),缅王莽应龙遣将麻哈坦率兵侵入西双版纳。他作为战俘,被迫随缅军征逻阿瑜陀耶王朝之景迈,师还,途至勐叭,因行军攻战劳累,被折磨致死。

【刀霸供】 明代云南车里傣族首领。车里军民宣慰使*刀更孟长子。永乐十三年(1415),更孟为民众缢杀后,其位为次子刀双孟承继,旋为刀典所篡。十五年(1417),请袭宣慰使,以弟刀双孟为同知,获准。十九年(1421),双孟请别设治所,遂诏分其地,置靖安、车里两宣慰使司,升双孟为车里宣慰使,霸供为靖安宣慰使。宣德九年(1434),以靖安原车里地因析为二,致有争端,奏请仍并为一,获准,革靖安直司,仍归车里,以其与刀霸羡共为宣慰使。

【刀霸羡】(?—1457) 明代云南车里傣族首领。车里军民宣慰使奢陇法子。父执政时,年已五旬,在职三十年,后期政务,多由其主决。宣德七年(1432),请袭职,获准。九年(1434),靖安宣慰使刀霸供以靖安原车里地因析为二,致有争端,请仍并为一,获准,遂革靖安宣慰司,仍归车里,以刀霸供与其共为宣慰使。多次遣使贡于明。正统五年(1440),以勤修职贡,获赏赐。景泰三年(1452),因遣军筹饷助征麓川功,免景泰元年以前积欠差发金。六年(1455),又以世守南疆,坚守臣节,屡修职贡,受赏赐。天顺元年(1457),因不孚众望,被逐,逃奔明朝,行至勐岭,自刎而死。

【七富架】(?—1494) 明弘治年间苗民起义首领。贵州都匀人。苗族。弘治五年(1492),自称都顺王,与长脚(苗族)等率都匀苗民起义。攻都匀、清平(今凯里)等地。阻断川滇交通。贵州巡抚都御吏邓廷钻等率官兵八万镇压。七年(1494),兵备副使吴倬遣熟苗诈降。被诱至有伏兵的阵地,与二子及长脚父子等皆被俘。苗寨一百一十余被焚毁,义军和苗民被杀被俘者达万余众。

三　画

【一】

【三宝】(？—1784) 清朝大臣。满洲正红旗人。伊尔根觉罗氏。乾隆翻译进士，授内阁中书。乾隆十三年(1748)，随尚书舒赫德往金川办理台务。十六年(1751)，出任湖北驿盐道。后回京任户部郎中。受命至北路军营经理达什达瓦部游牧。二十四年(1759)，任直隶布政使。二十六年(1761)，乾隆帝巡幸热河，因桥道船夫未修整齐备，降调，以道员职衔往哈密办事。后任四川、湖北、湖南布政使。三十六年(1771)，擢山西、浙江巡抚，对驻防八旗生计、区划建置、边务等均有建树。擢湖广总督，对钱粮、营伍、防务、河道等多有建言并被采纳。四十四年(1779)，授大学士兼礼部尚书，旋调闽浙总督，曾复勘、监修浙江海塘。一生崇尚宋元理学，曾为上书房总师傅，辑古今储贰事为《春华日览》，以授诸皇子。四十九年(1784)，扈从乾隆帝赴热河，以疾归。卒，谥文敬。

【三泰】(？—1758) 清朝大臣。汉军正白旗人。其先原系苏完人，姓瓜勒佳氏，后改入满洲籍。都统观音保之子。初由蓝翎侍卫晋二等侍卫。乾隆二十二年(1757)，迁正红旗汉军副都统、吏部右侍郎。二十三年正月，军机处行走。四月，调户部左侍郎。六月，以参赞大臣行走赴西路军营。七月，霍集占自库车败逃，受命与尚书纳穆札勒率索伦、察哈尔及健锐营官兵应兆惠军，遇敌。力战坠马，步战中创阵亡，谥果勇。

【三佛祖】 清代云南西盟地区拉祜族宗教和政治领袖。拉祜族。姓李，因传播佛教以"三佛祖"闻名于世。道光至光绪年间人。当地佤族也接受其管辖，视其为西盟地区大头人。曾参加双江、澜沧一带拉祜族农民反清斗争。失败后，为逃避清军追捕，率部分拉祜族及少数傈僳族和汉族到交通闭塞的西盟山区，建佛寺，立村寨，与当地佤族(时称卡瓦)发生密切关系，以武力和宗教相结合，某种程度地征服了当地佤族，并根据民族分布和佤族原来的部落划分为西盟、力锁、马散、岳宋四个"角马"(行政区划)，进行统治。西盟角马辖西盟山附近几个拉祜族、汉族村寨，命汉人舒志清管理。力锁角马辖十多个拉祜族和佤族村寨，命拉祜族扎拉管理。马散角马辖二十多个拉祜族和佤族村寨，命拉祜族扎谢管理。岳宋角马辖三十多个拉祜族和佤族村寨，命拉祜族扎得管理。在角马之下又委佤族原有部落头人为客长、新官、新爷、管事等官职。在经济上和思想上也对西盟佤族发生较大影响，冲破原来闭塞状态，使外地拉祜族和汉族到西盟地区者日益增多，并带来较先进的生产工具和耕作技术，对佤族产生重大影响。使佤族也接受拉祜族佛教的某些影响。在此基础上，清朝政府于光绪十七年(1891)封西盟拉祜族头人为西盟土千总。

【三娘子】(1550—1612) 蒙文史籍称钟金哈屯、也儿克兔哈屯或克兔哈屯。明代蒙古右翼土默特部女首领。瓦剌奇喇古特(土尔扈特)部哲恒阿噶女。俺答汗出征瓦剌时，与奇喇古特部联姻，遂与俺答汗成婚。隆庆二年(1568)，随俺答再征瓦剌，生不他失礼。五年(1571)，佐俺答与明朝达成通贡互市协议，共同主持互市，积极维护封贡协议，与明边臣往来密切。万历六年(1578)，随俺答赴青海仰华寺谒见索南嘉措(第三世达赖喇嘛)，皈依黄教，被称为"多罗菩萨之化身阿利雅达喇"。九年，协助俺答扩建库库河屯(今呼和浩特)，因长住此地，故此城又称三娘子城。俺答汗卒后，掌兵权，主政务，约束蒙古各部，保持同明朝的通贡互市关系。十三年(1585)，与辛爱黄台吉迎请第三世达赖喇嘛至土默特传教并为俺答汗举行火化仪式。十五年，被明朝封为忠顺夫人。十九年(1591)，督促俺答汗孙撦力克从青海东归，避免了蒙古和明军之间的大规模冲突。在明朝的周旋下，按蒙古当时的风俗，曾先后与顺义王俺答汗的继承人辛爱黄台吉、撦力克和卜石兔再婚，维护了蒙古地区的安定和发展，保持了蒙古和明朝的和平关系。卒后，明廷给予"祭七坛"的降重祭礼。时人赞曰："功比边士十万不止。"

【三模合】 又作三木合。蒙古国将领。散只兀氏。以勇猛著称，享"拔都"(勇士)称号，故又称三模合拔都。随成吉思汗征金。成吉思汗九年(1214)，以金帝迁都汴京(今开封)，奉命率契丹降将石抹明安等，与哗变归降的金纠军合兵进攻中都(今北京)。出古北口，取景、蓟、檀、顺诸州。十年，于通州收降金右副元帅蒲察七斤。金中都留守、右丞相完颜承晖以援尽粮乏自杀后，入据中都。继招降保定、新城、信安、雄、霸、文安、清、沧诸城。次年秋，率师自西夏趋关中，攻潼关，俘杀西安军节度使尼庞古蒲鲁虎，直抵汴京杏花营，大掠而还。

【三罗喇嘛】 又称三剌喇嘛、海喇嘛，全称海喇嘛桑杰扎西，清代文献译作"桑儿加查实"。元末明初藏传佛教噶玛噶举派名僧。藏族。西藏山南卓垅地区人。早年离家至青海湖海心山长期修行，遂有"海喇嘛"之称。后率族迁居碾伯南川。明初，以书招罕都诸部归，因功封西宁僧纲司都纲。精通佛典，曾在官隆洞修行。明洪武二十五年(1392)，在今乐都县碾伯镇之南山建寺，称乐都持金刚寺，简称乐都寺，藏文作"卓藏寺"或"玛藏寺"。次年，明太祖赐名"瞿昙寺"。

【三宝历代】(1415—1497) 明代云南车里傣族首领。车里军民宣慰使＊刀更孟之子。父死，由继父奢陇法抚为己子。天顺元年(1457)，宣慰使刀霸羡自杀后，由族众推举为车里军民宣慰使司宣慰使。翌年，明帝以其虽出庶族，但众望所归，姑从众愿，命袭宣慰使。是年，遭勐笼等头人及兰那酋叭的剌叁版纳联兵攻击，从景兰迁景陇。后获孟艮头人室利稣妥坦麻逻阁兵援，战毕，割勐麻、勐拉以酬孟艮。成化四年(1468)，以兵攻勐浯酋刀武，招抚其逃散居民。次年，刀武为勐遮头人之子所杀。其统治期间，社会经济有所发展，曾出现大量拓地、开垦、移民之事。勐勇、勐阿、勐康等地屯垦事业均取得一定效果，使荒芜无人之地，始有居民往来。

【三济扎布】见"散扎布"。(528页)

【三温台吉】见"真相台吉"。(438页)

【三达克多尔济】(?—1764) 清朝蒙古王公。喀尔喀土谢图汗部人。博尔济吉特氏。亲王丹津多尔济第三子。初授一等台吉。乾隆三年(1738)，父卒，兄子桑斋多尔济袭郡王爵，年幼，由其代理旗务。十八年(1753)，封辅国公。二十年(1755)，随军征准噶尔部达瓦齐于伊犁，奉命督解驼马，叙功，晋贝子品级。二十一年，随定边左副将军哈达哈进兵哈萨克，追索阿睦尔撒纳。继与车臣汗部亲王巴雅尔什第等征和托辉特青衮咱卜。二十三年(1758)，析桑斋多尔济属众别立一旗，授札萨克。

【三都布多尔济】(?—1780) 清朝蒙古王公。喀尔喀土谢图汗部人。博尔济吉特氏。沙克都尔扎市次子。乾隆二年(1737)，袭札萨克一等台吉。十九年(1754)，随参赞大臣努三等赴阿勒和硕，侦乌梁海宰桑赤伦通吹河，由喀喇莽奈直抵其居，降其属四百四十五户，解送特斯鄂尔珲安置。二十年，随征准噶尔部达瓦齐，驻乌里雅苏台督办军需。闻阿睦尔撒纳叛，随乌里雅苏台大臣阿兰泰等驰赴扎布堪，擒阿睦尔撒纳妻孥及其党班珠尔、扎木禅等。以功赐公品级。和托辉特青衮咱卜反清，其子齐苏隆多尔济窜布鲁哲尊丹巴呼图克图所，他缚送京师。二十三年(1758)，随定边右副将军车布登扎布进兵哈萨克。以土尔扈特部台吉舍棱、劳章扎卜等逃，与副都统鄂博什引兵追至俄罗斯界，授所部副将军、参赞。协理俄罗斯边境事。旋署副将军。二十四年，封辅国公。

【干将】春秋末吴国著名冶匠。擅长铸剑，与越国人欧冶子同师，齐名。曾为吴王阖庐铸雌雄二剑而闻于世。后与欧冶子同为楚王作剑，凿茨山取铁铸造名剑三把，一曰龙渊，二曰泰阿，三曰工布，为后世人广为传颂。

【干把珠】(?—1459) 又作干把猪。明天顺年间苗民起义领袖。贵州东苗十三番人。苗族。天顺二年(1458)饥荒，因不堪苛敛，率龙里、贵定、八番、平越(今福泉)等地苗民数万人起义。攻都匀、新添(今贵定)、龙里等卫所屯堡。东苗惯于马战，屡败明军。湖广、贵州总兵官方瑛统领云南、四川、贵州三省官兵及四川、广西土兵数万人，分四路进攻起义军。三年，义军退据六美山、翁受河一带，战斗中被俘杀。

【干其穆尔】见"根特木耳"。(436页)

【于义】(535—583) 北周、隋朝大臣。字慈恭。鲜卑于氏。河南洛阳人。太师于谨子，随父居京兆。西魏大统末，以父勋赐爵平昌县伯，改广都县公。周闵帝即位，迁安武太守，任内崇教化，不尚威刑。晋封建平郡公。明帝和武帝时，历任兖、瓜、邵三州刺史。数从征伐，进位开府。大象二年(580)，为行军总管，与元帅梁睿率军平定益州总管王谦之乱，拜潼州总管，超拜上柱国。后以疾免职，归长安。卒，赠豫州刺史，谥刚。

【于忠】(462—518) 北魏大臣。字思贤，本字千年。鲜卑代人。本姓万忸于氏。后改于氏，领军＊于烈之子。初拜侍御中散。太和(477—499)中，授武骑侍郎，赐名登。十九年(495)，转太子翊军校尉。宣武帝即位，迁长水校尉，改左中郎将。景明二年(501)，改名为忠。迁司空长史。以平元禧功，封魏郡开国公。迁散骑常侍，兼武卫将军。以耿直取怒北海王元详，受谮，停封，进太府卿。正始二年(505)，为西道大使，奉命查处庸官污吏，凡刺史、镇将赃罪显露者，以状闻；守令以下，即行决断。劾并州刺史高聪赃罪二百余条，处决。迁卫尉卿、河南邑中正，与吏部尚书元晖等推定代人族姓。为高肇所忌，出为定州刺史。复授卫尉卿，领左卫将军、恒州大中正。延昌(512—515)初，授都官尚书，领左卫，加散骑常侍。后迁侍中、领军将军。四年(515)，孝明帝即位后，居门下，总禁卫，执朝政，恃权杀左仆射郭祚、尚书裴植，免太尉高阳王元雍官。继任尚书令，领崇训宫卫尉。九月，灵太后临朝执政后，解诸职，只留任尚书令，旋出为冀州刺史。屡受清河王元怿及御史中尉元匡劾奏，得灵太后庇护，赐爵灵寿县公。熙平二年(517)，授尚书右仆射。卒，谥武敬公。

【于烈】(437—501) 北魏大臣。鲜卑代人。本姓万忸于氏，后改于氏。新安公＊于栗磾孙，尚书令洛拔长子。善射。少拜羽林中郎。孝文帝即位后，累迁侍中、殿中尚书。时文帝幼冲，冯太后称制，赐以金策，许有罪不死。加散骑常侍，迁前将军，晋爵洛阳侯，寻转卫尉卿，从驾南征，加镇南将军。太和十八年(494)，与高阳王元雍奉迁神主于洛阳，迁光禄卿。十九年，封聊城县开国子。二十年，以本宗独未预穆泰等谋反事，甚得文帝器重，任领军将军，从征荆沔，论功加金紫光禄大夫。二十三年(499)，孝文帝南征，受命留守京师。宣武帝即位后，以刚直不阿，取怒宰辅咸阳王元禧，出为恒州刺史，以疾固辞。景明二年(501)。武帝亲政，为散骑常侍、车骑大将军、领军，晋爵为侯，常值禁中参与机密，平定咸阳王元禧之乱。八月，暴卒，追封巨鹿郡开国公。

【于敖】(765—830) 唐朝文臣。鲜卑于氏。河南洛阳人。字踖中。工部尚书、东海郡公＊于休烈之孙。以家世文史盛名，少为时人所称，志行修谨。登进士第，选秘书省校书郎。后自协律郎、大理评事试监察御史。元和六年(811),拜监察御史。转殿中,历仓部司勋二员外、万年令、右司郎中,出为商州刺史。长庆四年(824),入为吏部郎中,迁给事中。宝历(825—827)年间,转工部侍郎,迁刑部,出为宣歙观察使,兼御史中丞。卒,追赠礼部尚书。

【于頔】(?—818) 唐朝相臣。鲜卑于氏。河南洛阳人。字允元。北周太师燕文公元谨七世孙。始荫补千牛,迁华阴尉、司门员外郎,兼侍御史,为吐蕃计会使,有出疆专对之能。历长安县令、驾部郎中。德宗时,出为湖州刺史,疏通南朝所开西湖,灌田三千顷。调苏州刺史,罢淫祠,浚沟浍,端路衢,为政有绩,然横暴已甚。贞元十四年(798),为襄州刺史,充山南道节度使。次年,率兵赴唐州击吴少诚,收吴房、朗山县。广кв籍、募士卒,有专横汉南之意。累迁检校尚书左仆射、同中书门下平章事,封燕国公。后又擅总兵据南阳。宪宗即位,削除藩镇势力,稍戒惧,愿以第四子季友求尚永昌公主,获允。元和三年(808),入为司空、同中书门下平章事。八年(813),贬为恩王傅。后拜户部尚书(《旧唐书》为太子宾客)。十三年(818),致仕,授太子宾客。卒,赠太保,谥厉,后改谥思。

【于寔】(?—581) 西魏、北周大臣。字宾实。鲜卑于氏(万忸于氏)。河南洛阳人。燕国公于谨子。初从宇文泰征潼关。大统三年(537),从复弘农,战沙苑,以功封万年县子,任主衣都统。继从战河桥、芒山。平九曲城,进大都督,加散骑常侍。十四年(548),任尚书。从太子西巡。后迁滑州刺史,晋爵为公。恭帝二年(555),率军破羌东念姐部落。北周孝闵帝元年(557),任户(民)部中大夫,晋爵延寿郡公。进位大将军,任勋州刺史,入为小司寇。天和二年(567),率军弹压蒲川郝三郎起事。五年,袭爵燕国公,出任凉州总管。大象二年(580),拜大左辅。隋开皇元年(581)卒,赠司空,谥安。

【于谨】(493—568) 北魏至北周大臣。字思敬,小名巨称(一作巨引)。鲜卑于氏(原为万忸于氏)。河南洛阳人。陇西郡守于提子。晓经史,尤好《孙子》兵书。正光四年(523),从大行台元纂北征柔然。次年,为长流参军,随广阳王元渊北上镇压斛律野谷禄军。迁积射将军。孝昌二年(526),从元渊弹压鲜于修礼义军。率军与梁将曹义宗相战于穰城附近,进拜都督、宣威将军。建义元年(528),任镇远将军,转直寝。随元天穆讨葛荣,平邢杲,从尔朱天光破万俟丑奴等,封石城县伯。累迁大都督。太昌元年(532),从天光与高欢战于韩陵山,兵败入关,任卫将军,咸阳郡守,建言都关中之策。永熙三年(534),随帝西迁,从宇文泰征潼关,破回洛城,授北雍州刺史,晋爵兰田县公。大统三年(537),为东伐前锋,拔弘农,战沙苑,晋爵常山郡公。从战河桥,拜大丞相府长史,兼大行台尚书,迁太子太保。十二年(546),拜尚书左仆射,领司农卿。率军镇潼关,加授华州刺史,拜司空。恭帝元年(554),为雍州刺史。率师攻梁江陵,新立梁主。别封新野郡公,作《常山郡公平梁歌》十首颂之。后拜大司徒(一说为大司寇)。孝闵帝元年(557),晋封燕国公,迁太傅、大宗伯,参议朝政。保定三年(563),以其为三老。天和二年(567),任雍州牧。卒,追赠太师,雍恒等二十州诸军事、雍州刺史,谥文。

【于翼】(?—583) 西魏、北周大臣。字文若。鲜卑于氏(原为万忸于氏)。燕国公于谨子。尚宇文泰女平原公主,拜员外散骑常侍,封安平县公。大统十六年(550),晋爵郡公,加大都督,领禁帐下左右、禁中宿卫。迁武卫将军。恭帝时,任车骑大将军、左宫伯。北周孝闵帝即位,出为渭州刺史。率州兵助贺兰祥讨吐谷浑。迁右宫后。武成二年(560),与宇文护同受遗诏,立武帝。保定元年(561),徙军司马。三年,改封常山郡公。天和(566—572)初,迁司会中大夫。后改大将军,总中外宿卫兵。为宇文护所忌,转为小司徒。七年(572),镇蒲州。建德二年(573),出为安州总管。四年(575),随武帝东伐,下齐十九城。次年,转宜阳总管,陕州刺史。迁河阳总管,豫州总管。大象初,拜大司徒。奉命巡长城,立亭障,西起雁门,东至碣石,创新改旧。改幽州总管。大象二年(580),拒从尉迟迥举兵讨杨坚,执其使,进位上柱国,封任国公。隋开皇元年(581),拜太尉。卒,加赠六州诸军事、蒲州刺史。

【于休烈】(692—772) 唐朝文臣。鲜卑于氏。河南洛阳人。左仆射宁玄孙,沛县令默成子。自幼好学,善属文,与会稽贺朝万、齐融、延陵包融为文词三友,齐名一时。举进士,又应制登科,授秘书省正字,累迁右补阙、起居郎、集贤殿学士,转比部员外郎、郎中。天宝(742—756)末,为杨国忠所排挤,出为中部郡太守。肃宗即位,擢给事中,迁太常少卿,知礼仪事,兼修国史。至德二年(757),奏请搜集典章书籍。乾元(758—760)年间,转工部侍郎,修国史,献《五代帝王论》。后为宰相李揆所忌,命任国子祭酒,权留史馆修撰以贬之。代宗即位,拜右散骑常侍,加礼仪使,历工部侍郎、检校工部尚书,正拜工部尚书,累封东海郡公。有集十卷行于世。

【于仲文】(545—612) 北周、隋大臣。字次武。鲜卑于氏(原为万忸于氏)。先祖代人,后迁洛阳、长安(今陕西西安)。燕国公于寔子。师事博士李详,习《周易》、《三礼》。初为赵王属下,迁安固太守、御正下大夫,封延寿郡公。宣帝时,为东郡太守。北周大象二年(580),拒从尉迟迥举兵讨杨坚,败迥军,以功授开府。后进大将军,领河南道行军总管,授河南道大行台。隋开皇二年(582),拜行军元帅,统十二总管攻突厥。旋勘录尚书省事,后总管开漕渠。八年(588),为行军总管,从征陈朝,平定高智慧。后以私粜军粮,坐除名。次年,复官爵,率兵屯马邑以备胡。奉命督晋王杨广军府事。大业元年(605),为右卫大将军,参掌文武选事。从炀帝征吐谷浑。八年(612),随征辽东,败高丽于乌骨城。后因兵败萨水,除名为民。撰《汉书刊繁》、《略览》各三十卷。

【于志宁】(588—665) 唐朝文臣。鲜卑于氏。京兆高陵(今陕西高陵)人。字仲谧。隋内史舍人宣道子。大业末年,为冠氏县长,后弃官归乡。唐高祖入关,授银青光禄大夫。后被李世民召为补记室,累迁天策府从事中郎,每侍从征战,兼文学馆学士。贞观三年(629),累迁中书侍郎。寻加授散骑常侍,行太子左庶子。累封黎阳县公。曾屡劝谏太子承乾,几被太子遣人刺杀。后李治为皇太子,复任太子左庶子,迁侍中。永徽元年(650),晋封燕国公。次年,监修国史,拜尚书左仆射,同中书门下三品。三年,兼太子少师。显庆元年(656),迁太子太傅。四年(659),拜太子太师。后因被诬党附长孙无忌,免职。寻降授荣州刺史。麟德元年(664),累转华州刺史。以老致仕。卒,赠幽州都督,谥定。参与编撰格式律令、五经义疏及修礼典,有集二十卷。参与主持修订《本草》及图,共五十四篇。

【于栗䃅】 北魏大臣。鲜卑代人。本姓万忸于氏,后改于氏。少习武,善骑射。登国(386—396)中,拜冠军将军,假新安子。皇始(396—398)初,与宁朔将军公孙兰率步骑二万,袭后燕慕容宝于中山。以功进假新安公。永兴二年(410),率步骑一万镇平阳,后转镇远将军、河内镇将,赐爵新城男。泰常元年(416),筑垒河上,御东晋刘裕军。八年(423),攻克金埔,迁豫州刺史,晋爵新安侯。于洛阳之边辟荒安众,甚得民心。始光三年(426),与宋兵将军周几袭陕城;至三辅。晋爵为公,加安南将军。累迁都督兖相二州诸军事、镇南将军、枋头都将。又为外都大官。临事善断,平刑折狱,甚有声称。年七十五卒,赠太尉公。

【于虚出】 见"阿哈出"。(279页)

【于阗黑韩王】 见"玉素甫·卡迪尔汗"。(95页)

【工布朗结】(1799—1865) 清代四川中瞻对土司。藏族。出生于瞻对切依地方,号称"布鲁曼"(意瞎子娃娃)。土司洛布七力之子。继承父业扩张势力。嘉庆(1796—1820)末年,袭扰炉霍土司和上、下瞻对,遭清军进剿,父子逃匿,清撤军后,复返。道光二十八年(1848),率众起事,攻占昌都,乍丫、上、下瞻对等地。次年,受四川总督琦善招安,赏六品长官司虚衔,退还所占之地。咸丰五年(1855),复攻占理塘、巴塘,拆毁理塘土司官寨、桥梁和台站,断川藏通路。同治二年(1863),为四川总督骆秉章所败,退还瞻对。四年(1865),瞻对为四川道员史致康同西藏噶伦彭错泽旺多吉所破,自焚于碉寨内。清将上、中、下瞻对赏给十二世达赖喇嘛,由西藏派官征收赋税。史家对其起事性质褒贬不一。

【工布噶波王】 吐蕃统一前今工布地区小王。名尼雅墀。止贡赞普长子。其父被属下小邦首领洛昂达孜杀害后,亦被流放到工布。被当地推举为王。该王系一直存留后世,赤松德赞及赤德松赞父子为赞普时,特为工布王立碑,规定工布地区土地、奴隶及牧场永为工布王族占有,免赋税、差役。其王系世代传袭,至清代又称为第穆世系,以第穆寺活佛世系传承。

【工噶嘉木白】 清代西藏第穆寺札萨克喇嘛。藏族。为八世第穆呼图克图阿旺罗布藏吉克美嘉木参属下管事札萨克喇嘛,因对呼图克图不守规事隐匿不报,于咸丰三年(1853)被革名号,遣送琼结地方,由该营官管束,禁外出滋事。

【土蛮】 见"图们汗"。(358页)

【土薛】 又作秃薛。蒙古国将领。土别燕氏。元中书右丞相*线真之父。初从铁木真(成吉思汗)统一蒙古诸部。窝阔台汗时,从汗弟拖雷伐金,任西路军先锋。窝阔台汗四年(1232),大败金军于钧州(今河南禹县)三峰山。金亡,继从汗子阔端攻宋兴元及阆、利等州,任都元帅。十三年(1241),取成都,斩四川制置使陈隆之。蒙哥汗七年(1257),以功赐兴元等处六百户为食邑。

【土土哈】(1237—1297) 又作秃秃哈、秃秃合、吐土哈。元朝将领。钦察人。班都察之子。中统元年(1260),与父从忽必烈汗征叛王阿里不哥。袭父职为哈剌赤。以昔里吉等叛执北平王那木罕,于至元十四年(1277)随丞相伯颜征之,败敌于纳兰赤剌、土拉河、鄂尔浑河。次年,追逾金山,以功受赏。十九年(1282),授同知太仆院事。次年,改同知卫尉院事。二十二年(1285),拜枢密副使。次年,兼钦察卫亲军都指挥使。奉命戍金山。二十四年(1287),败叛王乃颜党也不干。继从皇孙铁穆耳越哈剌温山(今大兴安岭),败哈丹。二十六年(1289),随皇孙甘麻剌征海都,战于抗海岭(今杭爱山),以功受忽必烈嘉奖。三十年(1293),进取乞儿吉思,至谦河,尽收乞儿吉思、撼合纳、乌斯、谦州、益兰州五部,屯兵驻守,败海都军于谦河。元贞二年(1296),护送归降之叛王玉木忽儿等入朝。大德元年(1297),进同知枢密院事,奉命戍还北边,卒于途。追封延国公,谥武毅。后加封升王。

【土谢图】 见"恭格"(443页)

【土麦台吉】 见"图墨德达尔罕岱青"。(359页)

【土登嘉措】(1876—1933) 即十三世达赖。清末民初藏传佛教格鲁派(黄教)领袖。藏族。拉萨东南塔布朗敦村人。清光绪三年(1877),被认定为十三世达赖喇嘛。四年正月初四,由八世班禅剃度,取法名"吉总阿旺罗桑土登嘉措鸠差旺觉却勒南巴加娃巴桑布",翌年,举行坐床大典,经光绪帝批准,以阿旺班丹曲结坚赞、普觉夏佛罗桑楚臣强巴嘉措为正副佛师,学习《心经》、《施食法》、《皈依经》《法心经》等经典。八年(1882)正月十三日,从摄政通善呼图克图在大昭寺受沙弥戒,开始学习"因明"。六月从布达拉宫移住大昭寺。十二年(1886),从罗桑索南、罗桑彭错学辩论。二十一年(1895),受比丘戒,返布达拉宫,奉命亲政。二十六年(1900),私派蒙古人德尔智为代表赴沙皇俄国。三十年(1904),以英国侵略军进逼拉萨,出走蒙古。三十二年(1906),朝拜塔尔寺、五台山。三十四年(1908),到北京谒见光绪帝及慈禧太后。宣统元年(1909),归拉萨。次年,由于帝国主义的挑拨,出走印度。1912年返回西藏。其时,通过西藏驻南京总代表、西藏驻京办事处,与中央政府保持密切联系。精通佛学,有关于佛学及语言学等五种著作。曾在军事、财政、邮务、医疗等方面提出一些"新政",以巩固封建农奴制。

【土伯特台吉】 见"铁背台吉"。(454页)

【土昧阿不害】 见"图墨德达尔罕岱青"。(359页)
【土观呼图克图一世】 见"罗藏拉卜坦"。(354页)
【土观呼图克图二世】 见"却吉嘉错"。(195页)
【土观呼图克图三世】 见"土观·罗桑却吉尼玛"。(15页)
【土观呼图克图五世】(1839—1894) 清代青海地区藏传佛教活佛。土观呼图克图四世未成年而亡。道光二十四年(1844),经金瓶掣签确定为土观四世之转世灵童。任佑宁寺(郭隆寺)法台。咸丰三年(1853)赴京,在保和殿被引见。同治三年(1864),在文华殿引见。四年,掌管喇嘛印务处事务。光绪三年(1877),返青海。九年(1883),奉旨晋京当差。十四年(1888),德宗钦赏朝马。十六年(1890),回原寺修理寺院。十九年(1893),奉旨进京。次年在京圆寂。
【土观·罗桑却吉尼玛】(1737—1802) 清代青海佑宁寺(郭隆寺)土观三世活佛(一说为二世)。藏族。旺久杰之子。初随阿旺格来嘉措出家受沙弥戒。乾隆十二年(1747),随松巴大堪布学法。十四年(1749),从章嘉瑞贝多吉受比丘戒。二十年(1755),赴西藏谒见七世达赖格桑嘉措。后去萨噶却图之果芒寺(即哲蚌寺果芒扎仓),曾从章嘉活佛、班禅贝丹益西、萨嘉衮噶洛垂等广听佛法。二十四年(1759),任夏鲁堪布。二十六年(1761),返安多,依松巴大堪布之意出任佑宁寺法台,亦曾任夏琼寺法台。二十八年(1763),赴北京,乾隆授以上师之印,并赐禅师名号,居黄寺。三十三年(1768),告病返乡,乾隆帝赐土观仓为广慧寺。三十六年(1771),奉旨驻京当差。四十九年(1784),前往热河,三次受清帝接见。五十五年(1790),建红沟寺院,清帝赐名延禧寺。学问渊博,懂满、汉、蒙古等文字。有著作十六函,五百余篇,广泛涉及历算、佛教宗派史、密咒、诗歌、传记等。《土观书信集》《章嘉益西丹巴准美传》《佑宁寺志》等,均引人重视。尤其《土观宗派源流史》自嘉庆六年(1801)问世后,闻名国内外,是研究藏、蒙、汉、于阗宗教史的精品,广为学者引用。是书有拉萨布达拉雪印经院木版及甘孜德格木版,1982年又有甘肃排印版。
【大石】 见"耶律大石"。(308页)
【大㚖】(1088—1155) 金朝大臣。本名挞不野。渤海人。大氏。辽末,年二十余被征从军,兵败,走宁江,宁江破,被金军获。收国二年(1116),参加高永昌领导的渤海人反辽起义,兵败,执高永昌降金,为东京奚民谋更,授猛安,兼同知东京留守事。随军攻辽,取中京(今内蒙宁城西)、西京(今山西大同)。天会三年(1125),随完颜宗望攻宋,率本部兵先登,取信德城。翌年,破浚州,立头功。八月,从宗翰、宗望再攻宋,授万户,汴京(今开封)破,为河间路都统,谏止杀掠。迁河间尹,从完颜阁母攻袭庆府。六年,从宗弼南下,败宋将时康民十七万兵,继破杜充兵六万于江宁西。军还,留为扬州都统,经略淮、海、高邮之间。再为河间尹,兼总河北东路兵马。十一年(1133),特迁太子太保,改元帅右都监,守汴京。天眷三年(1140),拜元帅右监军,留汴,行元帅府事。皇统三年(1143),加开府仪同三司。八年(1148),进左监军。天德二年(1150),改右副元帅,兼行台左丞,进行台右丞相。拜尚书右丞相,封神麓郡王。四年,请老,为东京留守。贞元三年(1155),拜太傅,领三省事,累封汉国王。卒,追赠太师、晋国王、谥杰忠。正隆(1156—1161)间,夺王爵,赠太傅、梁国公。
【大实】 见"耶律大石"。(308页)
【大磐】 金朝大臣。渤海人。大氏。本名蒲速越。汉国王之子。以大臣子累官登州刺史,袭猛安。海陵王正隆六年(1161),为右骁骑副都指挥使。世宗大定三年(1163),迁嵩州刺史,从仆散忠义攻宋有功,为左卫将军。五年(1165),召为符宝郎,迁拱卫直都指挥使。八年(1168),奉命访求良弓,多自取,被告发,出为陇州防御使,改亳州,迁武宁军节度使,后以事除名。起为韩州刺史,改祁州刺史。二十三年(1183),以无罪掠死染工,妄认良人二十五口为奴,削官四阶,解职。
【大檀】(?—429) 亦称檀檀、大但。南北朝时柔然可汗。郁久闾氏。社仑季父仆浑次子。初率别部镇守柔然西界,颇得众心。北魏神瑞元年(414),柔然可汗步鹿真荒淫无道,致柔然内乱。与社仑旧臣叱洛侯(出生于高车)谋废步鹿真,事觉,遭围攻,叱洛侯自杀,遂率兵反击,执杀步鹿真,自立为可汗,号"牟汗纥升盖可汗"(意为制胜之王)。继续与北燕冯跋联盟,赠马三千匹、羊万只,使柔然势力复振,进入漠南,力图打开与内地的通道,数年中屡与北魏发生激烈冲突。北魏泰常八年(423),迫使北魏在长川(今内蒙古集宁东北)南筑二千余里长城防御柔然。北魏始光元年(424),率柔然六万余骑攻入云中(今内蒙古托克托一带),拔盛乐宫(什翼犍建都之地,今内蒙古和林格尔附近),擒杀白道(今呼和浩特北)守将段进,进围北魏太武帝拓跋焘五十余重,后因部帅於陟斤(弟大那之子)为魏军射死,被迫撤军,其别帅阿伏干等被北魏追兵击溃。次年,遭北魏五路兵攻击,率众北走。神䴥元年(428),遣子率万骑攻入北魏塞内。二年,遭拓跋焘两路大军合击,兵败栗水(今翁金河),西走。魏军追至兔园水(今图音河),北渡燕然山(今杭爱山),柔然部落溃散。所属高车诸部倒戈相击,死伤无数。柔然本部三十余万众及高车诸部数十万人投归北魏。同年,因惨败势衰发疾而卒。
【大门艺】 唐代渤海国宗室大臣。大氏。高王*大祚荣子,武王*大武艺同母弟。唐中宗神龙元年(705),奉高王命随唐使张行岌朝唐,留侍宿卫。玄宗开元元年(713),回国。熟知唐情势。十四年(726),武王因黑水靺鞨遣使朝唐,擅请唐官,遣其领兵征黑水,他以"唐大国,兵万倍于我,与之结怨,我且亡"为由,极力谏阻。取怒武王,恐被害,弃众逃唐。受封左骁卫将军。二十年(732),奉玄宗命,与左领军将军盖福顺赴幽州征兵御渤海军。翌年,于唐东都天津桥南,击走武王所遣刺客,幸免于难。遂留唐,不复归。

【大元义】(?—794) 唐代渤海第四代国王,即废王。大氏。文王*大钦茂族弟。大兴五十七年(唐贞元十年,794),大钦茂死,因世子大宏临早卒,得嗣位。二月,遣王子清允等三十余人朝唐。在位期间,对下猜虐,即位数月,被族人杀害。

【大元瑜】(?—812) 唐代渤海第七代国王。大氏。康王*大嵩璘子。正历十五年(唐元和四年,809),父死,嗣位。受唐封银青光禄大夫、检校秘书监、忽汗州都督、渤海国王,翌年,改元永德。遣高才南等朝唐。秋,遣高南容等通聘日本。十一月,遣王子延真等再朝唐,献方物。卒,谥定王。

【大仁秀】(?—830) 唐代渤海第十代国王。大氏。简王*大明忠从父,高王*大祚荣弟野勃四世孙。太始元年(唐元和十三年,818)二月,简王死,权知国务。三月,遣李继常等二十六人朝唐告哀。五月,受唐封银青光禄大夫、检校秘书监、忽汗州都督、渤海国王。冬,遣臣慕感德聘于日本。翌年正月,改元建兴。为人精明强干,深悉政务,嗣位后,励精图治,采取强有力措施振兴国势。建兴二年(820),以征海北诸部,扩大境宇,南定新罗功,加金紫光禄大夫、检校司空。六年(824)春,遣大聪睿等五十人朝唐,请备宿卫。厘定郡县,内外齐上,文武兼及,以巩固渤海政权,国势强盛,使渤海进入全盛时代,为"海东盛国"。十二年卒,谥宣王。

【大玄锡】(?—893) 唐代渤海第十三代国王。大氏。*大虔晃孙。唐懿宗咸通十二年(871),虔晃死,嗣立,冬,遣政堂省左允杨成规等一百五人聘于日本。翌年,遣门孙宰、崔宗佐等朝唐,海中遇风,漂日本。僖宗乾符三年(876)冬,遣政堂省孔目官杨中远等一百余人聘于日本。中和二年(882)冬,遣文籍院少监等一百余人聘于日本。昭宗大顺二年(891)冬,遣文籍院少监王龟谋等一百余人聘于日本。在位期间,凡四遣使朝唐,并遣学生至唐京习学古今制度。所辖地有五京、十五府、六十二州,为海东盛国。

【大同王】 明代瓦剌贵族首领。*也先汗弟。名也勒伯罗、阿巴把乞儿或阿孛伯。明正统、景泰年间(1436—1456),屡随其兄进兵中原。天顺元年(1457),联合阿剌知院子昂克秃,与东蒙古孛来抗衡。一说即伯都王。

【大华屿】(?—794) 唐代渤海第五代国王。大氏。文王*大钦茂嫡孙,大宏临子。大兴五十七年(唐贞元十年,794),废王大元义为族人杀死后,被推为王,改元中兴。是年,迁都上京龙泉府(今黑龙江宁安县东京城)。此后,渤海诸王一直定都于上京。同年冬死,谥成王。

【大兴国】(?—1183) 金朝大臣。渤海人。熙宗时,为寝殿小底(内侍),权近侍局直长,最见亲信,未曾离左右。掌管宫殿符钥,自由出入宫禁。皇统九年(1149),因无故被杖,怀怨,参与海陵王谋废立,于十二月九日夜举事。先藏熙宗榻上佩刀,取符钥开门,假传诏旨召海陵王,秉德、唐括辩、乌带等闯入熙宗寝殿,熙宗取佩刀不得,遇弑。海陵篡立后,任广宁尹,受厚赐。天德四年(1152),改义军节度使.赐名邦基。再授绛阳,武宁节度使,改河间尹。正隆六年(1161),世宗完颜雍即位,废官,被夺海陵所赐。大定二十三年(1183),以"同谋弑逆"罪,磔于熙宗思陵之侧。

【大延琳】(?—1030) 兴辽国创建人。渤海人,大氏。高王*大祚荣后裔。辽圣宗太平(1021—1031)年间,官东京(今辽阳)舍利详稳。因渤海人不堪契丹统治者横征暴敛,"民怨思乱",于太平九年(1029)八月,率众起义;囚禁留守驸马萧孝先及南阳公主,杀户部使韩绍勋等,起兵反辽,称王,建国号兴辽,改元天庆(《高丽史》作天兴)。女真等族纷纷起响应。因东京副留守王道平告变,辽国舅详稳萧匹敌率兵先据要害,义军西渡之路受阻。遂密约保州守将夏行美,又被告密,渤海兵八百人被杀,义军东行之路亦断。分兵北取沈州,不克,还守东京。先后五次派高吉德赴高丽通告建国,求援,遭拒。辽以南京留守、燕王萧孝穆为都统,萧匹敌为副统,督兵镇压,义军婴城固守。翌年八月,义军将领杨祥世投敌,引辽军进城,延琳被捕,起义失败,兴辽国亡。

【大言义】(?—817) 唐代渤海第八代国王。大氏。康王*大嵩璘子,定王*大元瑜弟。永德三年(唐元和七年,812),兄死,权知国务。十二月,遣使朝唐。翌年正月,改元朱雀。受唐封银青光禄大夫、检校秘书监、忽汗州都督、渤海国王。十二月,遣王子及辛文德等三十七人朝贡于唐,献金银佛像各一。秋,遣臣王孝廉、高景秀等聘于日本。在位期间,更加密切同唐关系,先后十四次遣王室成员及高级官吏朝唐。卒,谥僖王。

【大武艺】(?—737) 唐代渤海第二代国王。大氏。*大祚荣子。唐玄宗开元元年(713),受唐封桂娄郡王。七年(719),父死,继位,改元仁安。唐封其左骁卫大将军、渤海郡王、忽汗州都督。约其共讨奚、契丹。后屡遣子弟朝唐贡献。仁安七年(唐开元十四年,726),以黑水靺鞨遣使通唐,唐于其地置黑水州,恐腹背受击,遣军征服黑水部,势益强,"东北诸夷畏臣之"。八年,遣郎将高仁等二十四人首使日本,开辟日本道。十三年(唐开元二十年,732),遣大将张文休率水师攻唐登州,杀刺史韦俊,趋幽州,至马都山。在位十八年,先后十余次遣使朝唐,贡方物,遣学生至长安习学古今制度,加强与唐关系。卒,谥武王。

【大玮瑎】(?—906) 唐代渤海第十四代国王。大氏。唐昭宗景福二年(893),国王大玄锡死,嗣为王。遣使告哀于唐。冬,遣文籍院监等一百余人聘于日本。翌年受唐册封。天祐三年(906),遣国相朝唐贡献。其子光赞同来,应宾贡试,进士及第。

【大昌泰】 唐代渤海国宗室大臣。大氏。康王大嵩磷(794—809年在位)时,官慰军大将军、左熊卫都将、上柱将,封开国子。康王正历四年(唐德宗贞元十四年,798)四月,日本桓武天皇遣内藏贺茂等使渤海。冬,奉命随日使通聘日本。十二月,入日京。翌年正旦,参朝贺。

四月，回国。此后，日本开禁，并在能登造客院款待渤海使。

【**大明忠**】(？—818) 唐代渤海第九代国王。大氏。僖王*大言义弟。朱雀五年（唐元和十二年，817），兄死，嗣为王。翌年正月，改元太始。二月卒，谥简王。

【**大威正**】见"昆都力庄兔台吉"。(351页)

【**大钦茂**】(？—794) 唐代渤海第三代国王。大氏。武王*大武艺子。仁安十八年（唐开元二十五年，737），父死，权知国务。翌年正月，改元大兴。六月，受唐封渤海郡王、左金吾大将军（一作左骁卫大将军）、忽汗州都督。遣使朝唐，请写《汉书》《三国志》《晋书》《唐礼》《十六国春秋》等。大兴二年（739），遣都督胥要德等使日本，并护送日本朝唐使者平群广成归国。十八年（755），徙都上京龙泉府（今黑龙江宁安县东京城）。受唐封太子詹事，进太子宾客。二十五年（762），唐肃宗诏以渤海为国，晋封渤海国王，加检校太尉。二十八年（765），加拜司空兼太尉。三十七年（774），改元宝历（宝历年号延用年代不清，故仍以大兴纪年），四十年（777），遣使献日本舞女及方物。四十八年（785），移都东京龙原府（今吉林珲春县八连城）。在位期间，继续积极接受中原地区先进文化及政治制度，推行郡县制度，进一步设置京、府、州、县。推行中原王朝政策，加速封建化。营建上京龙泉府与东京龙原府，实行五京制度。派学生学习唐朝典章制度、中原文化，促进王国的发展。卒，谥文王。

【**大祚荣**】(？—719) 唐代渤海国创建者。原为粟末靺鞨部首领。大氏。乞乞仲象子。居营州（今辽宁朝阳）。骁勇善用兵。唐武后万岁通天元年（696），乘契丹李尽忠、孙万荣举兵反唐，陷营州之机，与父联合乞四比羽起兵响应，率营州靺鞨人及部分高句丽遗民，东渡辽水，回归故地。父死，率众至长白山东北奥娄河边，设堡立壁，大败唐李楷固于天门岭（今张广才岭），据东牟山（今敦化县六顶山），筑城以居。圣历元年（698），建国，自立为震国王（亦称振国王），定都奥东城（在今敦化县境内）。遣使通突厥，以备唐。靺鞨、伯咄、安车骨、号室等部及高句丽余众多归之。辖地以敦化、宁安为中心，西接契丹，东濒日本海，南连新罗，北至黑水靺鞨。有兵数万，户十余万，方圆二千里，尽得夫余、沃沮、弁韩诸国地。有文字及书记。中宗神龙元年（705），受唐招慰，遣子大门艺入侍。睿宗景云二年（711），遣使贡方物于唐。开元元年（713），唐封其为左骁卫员外大将军、渤海郡王，以其所统为忽汗州，加授忽汗州都督。自是始去靺鞨号，专称渤海。同年遣子朝唐，奏请通市。在位二十二年，先后七次遣使朝唐贡献。谥高王。

【**大乘都**】(1228—1299) 元朝大臣。畏兀儿人。祖居别失八里，世为贵族。中统初，入觐世祖，受命入侍禁中，为皇孙阿难答师。未几，皇子忙哥剌卒，阿难答嗣为安西王，受命从镇平凉。后安西王出征吐蕃，他返京。成宗即位后，封翰林学士，赐第京师。大德三年（1299）卒，追封蓟国公。皇庆初，赠太傅，改封秦国公，谥文敏。

【**大諲譔**】 唐末五代时渤海第十五代国王。即末王。大氏。一说为*大玮瑎子。唐昭宗天祐三年（906），父死，嗣为王。翌年四月，唐亡，五月，遣王子大昭顺贡海东物产于后梁。冬，遣文籍院少监聘于日本。后屡遣王子、大臣朝后梁，进方物。贞明四年（918），遣使贡于契丹。翌年，契丹掠渤海户实辽阳。冬，再遣使聘于日本。后唐同光二年（924），遣兵攻契丹辽州（今辽宁新民县辽滨塔），杀刺史张秀实。在位期间，为摆脱困境，朝贡后梁六次，后唐七次，王子大禹谟、大元让、大昭佐及王侄大元谦等先后入贡。三年，遭辽太祖耶律阿保机袭击。翌年，扶余城陷，遣大陈林等一百十六人朝后唐，请援，并命老相率兵御契丹。都城上京龙泉府（今黑龙江宁安县西南东京城）破，率僚属出降，渤海亡。被安置临潢府西，筑城以居，改名为乌鲁古。

【**大虔晃**】(？—871) 唐代渤海第十二代国王。大氏。*大彝震弟。咸和二十七年（唐大中十一年，857），彝震死，权知国务，遣使告哀于唐。翌年二月，受唐封银青光禄大夫、检校秘书监、忽汗州都督、渤海国王。冬，遣政堂省左允乌孝慎等一百余人聘于日本，将唐朝最新历经《长庆宣明历》传入日本。三年冬，遣李居正等一百余人聘于日本。

【**大逻便**】见"阿波可汗"。(386页)

【**大壹夏**】 唐代渤海国宗室大臣。大氏。武王*大武艺从兄。唐玄宗开元十四年（武王仁安七年，726），武王遣大门艺率兵征黑水靺鞨，门艺极力谏阻，遂召还，他奉命代门艺将兵攻黑水靺鞨。

【**大嵩璘**】(？—809) 唐代渤海第六代国王。大氏。文王*大钦茂少子。中兴元年（唐贞元十年，794）冬，成王大华屿死，嗣位。翌年，改元正历。二月，受唐封渤海郡王，兼左骁卫大将军、忽汗州都督。冬，遣郎中吕定琳等六十人使日本。四年（798），遣使朝唐。唐应其请，依文王例，授其检校司空、渤海国王。十一年（805），加金紫光禄大夫、检校司徒。十二年，加检校太尉。在位期间，继续奉行其父睦邻政策，纪纲依旧，十次遣使朝唐，三次遣使日本，发展经济文化联系。卒，谥康王。

【**大嬖只**】 明代蒙古女头领。朵颜卫都督*花当重孙女、伯彦帖忽思女。初嫁俺答汗子*辛爱黄台吉，后被遗弃，自领部分属众驻古北口塞外，与猛可真同为万历（1573—1620）前期称雄于蓟州塞外的蒙古族女杰。万历十年（1582），借炒蛮等至塞要求明朝开马市于古北口，被拒，遂纵兵掠明军卒十余人及塞外明牧马者，被明廷革除抚赏。旋派使者交还所掠人口，得以恢复抚赏。万历十二年后，阴助猛可真向明廷挟赏并袭击明边境。十六年（1588），与猛可真同被明副总兵召至马兰谷（今河北省遵化西北）演武场，双方以交换所掠人口结束冲突。

【**大彝震**】(？—857) 唐代渤海第十一代国王。大氏。宣王*大仁秀孙，大新德子。建兴十二年（830），宣王死，因父早卒，权知国务。遣使朝唐告哀。翌年改元咸和。受唐封银青光禄大夫、检校秘书监、忽汗州都督、渤海国王。咸和二年(832),遣王子大明俊朝唐。渤海已置有左右神策军、左右三军一百二十司。三年二月,遣王子大光晟朝唐。六年(836)夏,遣人运熟铜至唐交易。九年(839)十二月,遣王子大延广朝贡。十一年冬,遣政堂省左允贺福延等一百五人聘于日本。十六年(846)春,遣王子大之尊朝唐。十八年冬,遣永宁县丞王文矩等一百人聘于日本。在位期间,仰慕华风,崇儒敬佛,加强法制,渤海安宁。十多次遣使朝唐,多次派学生学习汉籍经典,传播中原文化。晚唐诗人温庭筠《送渤海王子归国》诗云:"疆理虽重海,车书本一家。盛勋归故国,佳句在中华。"

【大刀王五】(?—1900) 清末武术家。回族。本名王正谊,字子斌,河北沧县(今属沧州市)人。原本汉族,因拜回族武术名流李凤岗为师学艺,遂改宗伊斯兰教,加入回族籍。学成,入京师(今北京),初称小王五。恶私斗,不与人角技。广招游侠之士,在榆关(山海关)江浦间被奉为首领,尊称为"大刀王五"。戊戌变法七君子之一谭嗣同闻名,与之结为兄弟,就问剑术。曾赞助谭氏变法维新。变法失败,谭氏被捕,他曾数次营救不果,嗣同遇害后,仍潜结壮士,继承嗣同的遗志。光绪庚子之变(1900),八国联军进攻北京,他率众抗击侵略军,阵亡。

【大元可汗】见"达延汗"。(134 页)
【大圣皇帝】见"耶律阿保机"。(323 页)
【大成比吉】见"把汉比吉"。(224 页)
【大成台吉】见"把汉那吉"。(224 页)
【大和卓木】见"布拉呢敦"。(100 页)
【大俟利发】见"契苾何力"。(384 页)
【大度可汗】见"咄陆可汗"。(343 页)

【大都利行】(?—728) 唐代渤海宗室大臣。大氏。武王*大武艺子。武王仁安元年(唐玄宗开元八年,720),受唐封桂娄郡王。七年(726),奉使朝唐,授左武卫大将军,留宿卫。九年,以疾卒于唐。玄宗下诏加特进,赠鸿胪卿,命有司吊祭,官造灵舆送归国。

【大慈诺们汗】见"迈达里呼图克图"。(139 页)

【大策凌敦多布】(?—1736) 又作大策凌敦多克、策凌端多克、策凌端多布。清代卫拉特蒙古准噶尔部将领。*噶尔丹弟布木之子。有谋善战,深得*策妄阿拉布坦和*噶尔丹策零倚任。康熙五十四年(1715),受命率军民万人击退俄国布赫戈利茨军对达布逊淖尔(亚梅什湖)地区的侵略。五十六年(1717),率兵六千,突入西藏,袭杀拉藏汗,夺取政权。次年,败清侍卫色楞、总督额伦特兵。五十九年(1720),为清平逆将军延信败于齐诺郭勒、绰玛喇等地,率残众遁。雍正九年(1731)六月,受噶尔丹策零派遣,与小策凌敦多布进犯清军北路,于和通淖尔大败傅尔丹军。八月,复引兵三万侵喀尔喀。自统精兵屯苏克阿勒达呼,令海伦鄂勒锥、曼济分掠克鲁伦、鄂尔海诸地。为喀尔喀副将军丹津多尔济、额驸策凌等败于鄂登楚勒,溃退。晚年体弱多病。额尔德尼昭战役后,力主与内地各族人民和睦相处,发展贸易联系。

【大策凌敦多克】见"大策凌敦多布"。(18 页)

【万巴巴】见"万景和"。(18 页)

【万俟洛】北魏末年六镇起义军将领。字受洛干,又作寿乐干。太平人。匈奴后裔。*万俟普之子。勇武好骑射,为众所服。北魏孝明帝正光四年(523,一说系其事于正光五年),*破六韩拔陵于沃野镇(今内蒙古五原北)率众起义时,随父归之,封显武将军。孝武帝永熙二年(533),归北魏,以战功累迁汾州刺史、骠骑将军。后随孝武帝入关,迁尚书左仆射。西魏文帝大统元年(535),封司空,旋迁司徒。次年,与父俱归东魏,封建昌郡公、领军将军,屡有战功。因深受丞相高欢厚遇,对高欢"愿出死力以报深恩"。东魏孝静帝元象元年(538),与诸将围西魏军于金墉,独军遏河桥,大败西魏军,以功,高欢名其所营地为回洛城。卒于兴和(539—542)初。北齐孝昭帝皇建元年(560),以功配飨北齐世宗高澄庙庭。

【万俟普】北魏末年六镇起义军将领。字普拨。太平人。匈奴后裔。以武勇果断著称。北魏孝明帝正光四年(523,一说系其事于正光五年),*破六韩拔陵于沃野镇(今内蒙古五原北)率众起义时,归之,被封为太尉。后率众降北魏,封后将军、第二领民酋长。孝武帝(532—534年在位)初,封清水郡公,继迁司空、秦州刺史,据覆鞯城。东魏孝静帝天平三年(536),与子万俟洛归东魏,受丞相高欢厚遇,封河西公,累迁太尉、朔州刺史。北齐孝昭帝皇建元年(560),以功配飨北齐太祖高欢庙庭。

【万景和】清末阿拉伯文书法家。回族。被回族等穆斯林尊称为"万巴巴"(或"万爸爸"),即"老人家"或"年高德劭之贤人"之意。为近代中国伊斯兰教著名写经家。所书《古兰经》极有名。书写艺术精美,口碑载道,被视为书写典范,为后代争相仿效。所书《古兰经》抄本,原珍藏于河北徐水县勉家营大清真寺,一直保存至解放后,十年浩劫荡然无存。

【万俟丑奴】(?—530) 北魏末年关陇各族人民起义军首领。鲜卑人(一说为匈奴别种)。北魏孝明帝正光五年(524),随敕勒首领胡琛于高平镇(今宁夏固原)起义。次年,与宿勤明达攻魏泾州,相继败魏将卢祖迁、崔延伯及萧宝夤军,斩延伯,杀敌三万余人,势益盛。孝昌二年(526)胡琛死后,尽领其众。孝庄帝永安元年(528),称天子,置百官,因得波斯国所献狮子,改元神兽。次年,破魏东秦州,杀刺史高子朗。三年(530),攻关中,袭岐州,因属下大行台尉迟菩萨兵败被执,遂弃岐州,走安定,置栅于平亭,继趋高平,后为雍州刺史尔朱天光败于平凉,被执,送洛阳处死。

【万氏尸逐鞮单于】(?—124) 汉代南匈奴单于。挛鞮氏(又作虚连题氏)。名檀。*胡邪尸逐侯鞮单于之子。东汉和帝永元十年(公元98年),亭独逐侯鞮单于死后,嗣单于位。连年遣兵击北匈奴,多所虏获,使北单于逢侯日趋困迫。安帝永初三年(109),受汉人韩琮挑唆,叛汉,围攻美稷(今内蒙古准格尔旗西北),遭汉军迎击,复遣奥鞬日逐王率三千骑击汉兵,为汉将耿夔等所败。次年,闻汉诸军并进,惧,遣使请降,送还所掠汉民万余,获赦,待遇如初。元初三年(116),随汉度辽将军邓遵破先零羌于灵州。六年(119),再随邓遵破鲜卑于马城塞。延光二年(123),为鲜卑大人其至鞬败于曼柏(今内蒙古准格尔旗西北),丧千余人。

【兀里】 见"耶律羽之"。(312页)

【兀纳】 见"萧兀纳"。(481页)

【兀欲】 见"耶律阮"。(305页)

【兀浑察】(?—1293) 元朝将领。蒙古札剌儿氏。蒙古奥鲁官*拜延八都鲁孙,外貌台子。世祖至元六年(1269),袭祖父职。从也速带儿征诸蛮。十六年(1279),从征叛王笃哇于兀丹(今新疆和田)。以功受赏。奉诸王术伯命赴乞失哈里(今新疆喀什)为游击军,战海都、笃哇军,擒敌将也班胡火者,以功授蒙古军万户。

【兀都带】(1272—1302) 元朝大臣。蒙古札剌儿氏。中书右丞相*安童子。世祖(1260—1294年在位)时,袭任宿卫长。至元三十一年(1294),成宗即位,任大司徒,领太常寺事,摄太尉。率百官为忽必烈请谥于南郊,尊谥为"圣德神功文武皇帝",庙号世祖,是为元朝告天请谥之始。元贞二年(1296),进所译太宗、宪宗、世祖实录,为成宗近臣,赞画大政,帝及中宫咸以家人礼待之。大德六年(1302)正月卒。至大二年(1309),追封东平王,谥忠简。

【兀良合台】(1201—1272) 蒙古国大将。蒙古兀良哈氏。成吉思汗十大功臣之一*速不台之子。初侍从成吉思汗孙蒙哥,掌宿卫事。窝阔台汗五年(1233),随孛儿贵由征辽东蒲鲜万奴。七年,从拔都西征,破钦察、阿速、斡罗思,深入孛烈儿(今波兰)、捏迷思(今德意志)等国。定宗后海迷失称制三年(1251),附和拔都,力主拥戴蒙哥即汗位。蒙哥汗二年(1252),副汗弟忽必烈统军南征,次年,统西路军渡金沙江,入察罕章(即白蛮),与忽必烈中路军会合,占大理城。后受命镇云南,取善阐(今昆明)等城,俘大理国主段兴智,两年中先后平大理五城、八府、四郡及察罕章、合刺章(乌蛮)等三十七部。六年(1256),奉命攻南宋四川州县,于马湖江败宋将张都统军,夺取船只二百艘,并进军嘉定、重庆,抵合州。次年,以功加封都元帅,还镇大理。冬,进军安南,迫降安南王。八年(1258),回师北上,配合蒙哥汗、忽必烈二路军围攻南宋,连下贵州、象州,入静江府,破辰州、沅州,直抵潭州(今长沙),大小十三战,杀敌数万。中统元年(1260),返开平(后改称上都,今内蒙古正蓝旗东闪电河北岸),解兵权,以其弟阔阔带代之。仁宗延祐初年,追封河南王。

【兀良哈台】 见"悟良哈台"。(469页)

【兀鲁忽乃】 见"斡儿乞纳"。(575页)

【兀鲁思罕】 明代蒙古朵颜部领主。成吉思汗部将*勒蔑后裔,朵颜卫都督*革兰台第六子。受明封都指挥金事。嘉靖(1522—1566)间,因部属入扰明境,受长兄影克责罚,此后与明朝关系谐和。万历二年(1574),因兄董忽力入掠喜峰口,奉明命劝止。三年,拒绝借兵与侄长昂攻明,并密告明军将为备。弟长秃兵败被俘后,与长昂至明边关请罪,获释。万历四年后,与明朝反目,助长昂等屡扰明辽东地区,多被李成梁等击败。

【兀林答胡土】 见"乌林答胡土"。(76页)

【兀都思不花】(?—约1320) 又作兀都不花。元朝宗王。蒙古孛儿只斤氏。仁宗*爱育黎拔力八达庶长子,英宗*硕德八剌异母兄。深受祖母兴圣太后钟爱,欲立为东宫太子,未果。延祐二年(1315),封安王,出镇和林(今蒙古哈尔和林)。四年(1317),发仓粟赈北方灾民。五年,赐湖州路为其分地。七年(1320),闻父卒,奔丧大都(今北京)。英宗硕德八剌即位后,太后宠臣失烈门等谋废立,事发被诛。受牵连,降顺阳王,旋赐死。

【兀鲁思不花】 元朝宗室。蒙古孛儿只斤氏。河平王昔里吉之子,世祖至元十三年(1276),随父举兵反元。父被执送朝廷后,随诸王玉木忽儿转投海都。成宗元贞二年(1296),归降元廷。因入朝途中缘道抄掠,惊扰边民,被逮问罪,获宗亲力解,获释。终不被信任,未掌兵权,怀怨。英宗至治三年(1323),参与南坡之变,伙同御史大夫铁失等,谋弑英宗,杀丞相拜住。泰定帝即位后,被流放于海岛。

【兀慎阿不害】 见"兀慎阿害兔台吉"。(19页)

【兀慎打儿汉台吉】 见"兀慎歹成打儿汗打儿麻台吉"。(19页)

【兀慎阿害兔台吉】 又作兀慎阿不害、台吉巴图尔等。明代蒙古右翼兀慎(乌审)部领主。孛儿只斤氏。*达延汗重孙,*兀慎打儿罕剌布台吉子。父卒,继领兀慎部,驻牧于大同边外正北一百七十余里处的克儿一带,在阳和(今山西阳高)与明朝互市。

【兀慎打儿罕剌布台吉】(1509—?) 简称拉布克台吉。明代蒙古右翼兀慎(乌审)部领主。孛儿只斤氏。*达延汗孙,*巴尔斯博罗特第三子,*俺答汗弟。驻牧于大同以北的葫芦海子。在大同守口堡与明朝互市。嘉靖二十一年(1542),长兄吉囊卒后,兀慎部被俺答汗控制,成为俺答汗的六大营之一。

【兀慎歹成打儿汗打儿麻台吉】 又作兀慎打儿汉台吉,简称打儿汗台吉。明代蒙古右翼兀慎(乌审)部领主。孛儿只斤氏。*达延汗玄孙,*兀慎阿害兔子,居大同守口堡塞外。为俺答汗得力助手,常配合其军事行动,闻名于塞上。隆庆五年(1571),受明封为正千户,旋升指挥同知。初在山西新平与明朝互市,由于和俺答汗子辛爱黄台吉相龃龉,于次年改在大同守口堡互市。万历六年(1578),俺答汗西行迎接索南嘉措(第三世达赖喇嘛)时,被留下主持与明朝互市。直至四十二年(1614)还见于记载。

【才仁旺杰】(1697—1764) 清代西藏地方政府官员。清史称策凌旺札勒,又称仓吉杰贝洛旦。藏族。拉萨北部达隆人。属喀司族系。阿旺仓巴之子。后因家族纷争,改名多喀,故又称多喀夏仲才仁旺杰。自幼聪慧,善书法、历算。后入敏珠林寺,精通显密二教,深谙大小五明,乐于布施、弘扬佛法,为七世达赖喇嘛佛塔献金银珠宝。曾任日喀则、直贡、贡噶等地宗本及政府孜本等职。任内，不额外勒索赋税，受民众欢迎及政府奖励。雍正七年(1729)，经噶伦颇罗鼐举荐，被清朝封为头等扎萨克台吉，并授噶伦职，执政三十年。多次被派往黑河，随清军迎接准噶尔首领入藏朝佛。十三年(1735)，随颇罗鼐赴当雄迎接七世达赖喇嘛返藏。曾调解达赖喇嘛与颇罗鼐间之误解。一度遭珠尔默特那木札勒诬陷，险遭害。随侍达赖喇嘛赴各地朝佛，被达赖誉为通晓政教二法，善理政务，为诸噶伦之榜样。著有《旋努达美》、《藏梵字典》，自传体《噶伦传》及《颇罗鼐传》。

【丨】

【口温不花】 蒙古国宗室。孛儿只斤氏。成吉思汗异母弟。别里古台次子。窝阔台汗二年(1230)，从帝攻金潞州、凤翔。四年(1232)春，受命率万骑与汗弟拖雷军会师于三峰山(今河南禹县南)，大破金军，尽歼金精锐，擒金将移剌蒲阿。七年(1235)，率军攻宋，克枣阳、光化军。后受召赴行在，以军讨害罕。九年(1237)，围攻光州，降守将黄舜卿，略黄州。善主兵，少扰民，被誉为贤者。

【丿】

【千奴】(1284—1324) 元朝大臣。玉耳别里伯牙吾氏。提刑按察使和尚之子。初任江南浙西道提刑按察使。以江浙行省、行台同治杭州，不宜，谏移行台于建康。后迁山南湖北道提刑按察使。至元二十六年(1289)，加明威将军，迁淮西江北道提刑按察使。不畏权势，弹劾尚书右丞相桑哥恃权擅政、蠹国害民之罪。历迁江北淮东道、江东建康道肃政廉访使，江西湖东、江南湖北两道廉访使。奏劾中书平章伯颜植党营私、徇情弄法之罪，罢黜之。大德七年(1303)，任大都路总管，兼大兴府尹，迁同金枢密院事。谏请就近取兵戍甘肃，勿调山东、河南蒙古军往戍，以减兵民之苦。十一年(1307)，奉海山即汗位，拜平章政事、左翼万户府达鲁花赤。延祐五年(1318)，以老请休，居濮上。聚书万卷，延名师教乡里子弟，出私田百亩以给养，赐名历山书院。卒，追封卫国公，谥景宪。

【千家奴】 见"独吉思忠"。(413 页)

【乞儿】 见"石抹乞儿"。(106 页)

【乞合都】(？—1295) 一译海合都。元代伊儿汗国第五代汗。蒙古孛儿只斤氏。阿八哈汗次子。阿鲁浑汗异母弟。至元二十八年(1291)，阿鲁浑卒后，即汗位，元朝大汗忽必烈赐其藏语名亦怜真·朵儿只。即位初，逮问前执政诸人，询阿鲁浑汗死情及擅杀其相与宫中诸大臣之罪，夺脱合察儿等三人万户兵权。寻率兵讨平罗姆之乱。次年，以兵御埃及王对额弗剌特河右岸的进扰，未遇而还。在位期间，耽于酒色，委政于相臣，滥用无度，广赠泛赐，致使府库空虚，滥发钞币，官民皆怨。成宗元贞元年(1295)，为拜都及脱合察儿等缢杀。

【乞伏保】 又作乞伏宝。北魏镇将。高车(敕勒)人。父居，显祖献文帝(465—471 年在位)时为散骑常侍，领牧曹尚书，赐爵宁国侯。父死，袭侯爵，例降为伯，迁左中郎将，出为鄯善镇将。以母忧解任奉丧还洛。复为长，兼南中郎将，死于襄州刺史任上。

【乞伏慧】 北齐至隋朝大臣。马邑鲜卑人。字令和。善骑射。北齐时，历任行台左丞、右卫将军、太仆卿，累封永宁县公、宜民郡王。北周平齐后，授开府仪同大将军、熊渠中大夫。以军功，授大将军，封西河郡公。隋文帝受禅后，历任曹州刺史、淳州总管、齐州刺史、寿州总管、杞州刺史、徐州总管、荆州总管、秦州总管等职。任上，内清户籍，外御突厥，颇有政绩。炀帝即位，为天水太守。大业五年(609)，引兵征吐谷浑，逢炀帝西巡，因接待不周，除名为民，卒于家。

【乞庆哈】 蒙古语"彻辰汗"的异译。见"辛爱黄台吉"。(238 页)

【乞离胡】 见"永丹"。(125 页)

【乞四比羽】 又作乞昆羽。唐代靺鞨首领。武后万岁通天元年(696)，乘契丹首领松漠都督李尽忠举兵反唐之机，同粟末靺鞨首领大祚荣起兵响应，率众东渡辽水，保太白山之东北，阻奥娄河，树壁自固。拒受武后所封许国公。后被唐右玉钤卫大将军李楷固等击杀。

【乞失里黑】 见"启昔礼"。(266 页)

【乞伏公府】(？—412) 十六国时期西秦王子。陇西鲜卑人。乞伏国仁子。西秦建义四年(388)，父卒，以年幼，未得即位，其叔乞伏乾归被推为西秦主。更始四年(412)，杀秦王乾归及诸子十余人，走保大夏。为乞伏乾归子乞伏炽磐所败，奔叠兰城，依其弟阿柴，后复走，被追杀。

【乞伏司繁】(？—376) 十六国时期鲜卑乞伏部首领。陇西鲜卑人。西秦建立者乞伏国仁之父。先世居苑川(今甘肃榆中县东北)。约东晋咸和四年(329)，父大寒卒，嗣为首领，迁居度坚山。咸安元年(371)，为前秦益州刺史王统所败，归降，被秦王苻坚封为南单于，留居长安(今陕西西安西北)，部众由其叔吐雷统辖。宁康元年(373)，因鲜卑勃寒侵扰陇右，拜都督讨西胡诸军事、镇西将军，统兵讨之，收降勃寒。继奉命镇守勇士川(今甘肃榆中大营川)。卒，子国仁嗣立。

【乞伏国仁】(？—388) 十六国时期西秦建立者。陇西鲜卑人。乞伏司繁子。初随父附前秦苻坚。晋太元元年(376)，父卒，嗣领部众，代镇勇士川(今甘肃榆中大营川)。苻坚兴兵攻晋时为前将军。淝水战后，乘坚兵败之机，返回陇西，招集部众，至十余万。十年(385)，自称大都督、大将军、大单于，领秦、河两州牧，改元建义，置十二郡(一说十一郡)，筑勇士城以居。鲜卑、羌之一部相继归附。十二年(387)，受前秦苻登封为都督杂夷诸军事、苑川王。率军袭鲜卑密贵、裕苟、提伦三部于六泉，继败高平鲜卑没奕于(干)、东胡金熙于渴浑川。十三年,破鲜卑越质叱黎于平襄。卒,追谥宣烈王,庙号烈祖。

【乞伏轲弹】 又作乞伏轲弹。十六国时期西秦将领。陇西鲜卑人。西秦主*乞伏乾归从弟。受封凉州牧。西秦太初七年(394),与秦州牧乞伏益州等受命拒击氐王杨定之军,大败定军,斩定等万七千余,尽有陇西、巴西之地。九年(396),因对乾归悔称藩于后凉,杀谏臣密贵周事不平,投奔后凉吕光,致使后凉出兵攻西秦。

【乞伏炽盘】 见"乞伏炽磐"。(21页)

【乞伏炽磐】(?—428) 又作乞伏炽盘。十六国时期西秦国君。陇西鲜卑人。*乞伏乾归长子。西秦太初六年(393),立为太子。十三年(400),西秦为后秦所败,失国,入质于南凉。晋元兴元年(402),奔其父,归附后秦,封兴晋太守,后为行西夷校尉,留镇苑川(原西秦都城,今甘肃榆中县东北),扩展势力,取枹罕,攻南凉。更始四年(412),父为乞伏公府所杀,引兵攻杀公府,嗣位,称大将军、河南王,改元永康。连年征战。二年,用兵吐谷浑。三年,攻陷乐都,灭南凉。四年,破北凉湟河,攻南羌。六年(417),攻吐谷浑树洛干,迫之走死。建弘五年(424),南取白苟、车孚、崔提、旁为。五年,袭执北凉将沮渠白蹄于临松,南破黑水羌丘担。卒,谥文昭王,庙号太祖。

【乞伏益州】 十六国时期西秦将领。陇西鲜卑人。西秦主乞伏乾归宗亲。受封秦州牧。西秦高祖太初七年(394),与凉州牧乞伏轲弹等受命拒氐王杨定军进攻,初兵败平川,继大败定军,斩定等万七千人,尽有陇西、巴西之地。八年,率军攻天水姜乳,恃胜轻敌,失于备御,纵士卒游畋饮娱,兵败。十一年(398),领军攻取凉支阳、允吾三城。继败吐谷浑视罴于度周川,迫视罴以子为质请和。

【乞伏乾归】(?—412) 十六国时期西秦国君。陇西鲜卑人。*乞伏国仁弟。晋太元十三年(388),兄卒,被推为大都督、大将军、大单于、河南王,改元太初。次年,受前秦苻登封为金城王。羌、鲜卑之一部相继归附,并连败鲜卑大兜国、后凉军,击杀氐王杨定,破吐谷浑军,尽有陇西、巴西之地。迁都苑川(今甘肃榆中县东北)。西秦太初十三年(400),为后秦姚兴所败,归奔南凉秃发利鹿孤,寻降于姚兴,署河州刺史,归义侯,受命还镇苑川,失国八年。晋义熙五年(409),乘后秦兵乱之机复国,称秦王,改元更始,复都苑川。屡用兵于后秦、南凉、吐谷浑。更始四年(412),为兄子公府弑。追谥武元王,庙号高祖。

【乞伏智达】 十六国时期西秦将领。陇西鲜卑人。西秦主*乞伏乾归弟。封广武将军。西秦更始四年(412),乾归为乞伏国仁子公府所弑,遂与乾归长子炽磐引兵讨之,败公府于大夏、叠兰城,后追杀。拥炽磐即位,封龙骧将军。永康二年(413),奉命征吐谷浑树洛干于浇河,获其将呼那乌提,虏三千余户而还。

【乞伏暮末】(?—431) 又作乞伏慕末。十六国时期西秦国君。陇西鲜卑人。字安石跋。*乞伏炽磐子。建弘元年(420),立为太子,领抚军大将军、都督中外诸军事。五年(424),率征北将军木奕干,统军三万破北凉白草岭、临松,徙民二万余口而还。七年(426),攻西安、番禾。九年(428),父卒,嗣位,改元永弘。与北凉沮渠蒙逊约和。永弘二年(429),败吐谷浑与北凉联军。以弟轲殊罗与叔什寅谋逆,诛什寅及其党。因政刑酷滥,部民多叛,势衰。三年,为夏赫连定所逼,举国入魏,留保南安,故地多入于吐谷浑。四年,为夏所破,出降,与宗族五百余人被杀。

【乞伏慕末】 见"乞伏暮末"。(21页)

【乞剌斯八斡节儿】 见"扎巴俄色"。(37页)

【义先】 见"耶律义先"。(308页)

【义巴来】 见"亦不剌"。(165页)

【义成公主】 见"耶律汀"。(305页)

【义坚亚礼】 元朝官员。畏兀儿人。婺州路达鲁花赤铁哥术之子。幼事真金太子于东宫。至元十五年(1278),为中书省宣使。尝使河南,适沛、郑疾疫,命所在村廓构室庐,备医药,以治病者,救活军民甚众。迁直省舍人。承中书檄征考上都储备,以功受世祖赏赐。出为湖州路达鲁花赤。卒于官。

【义渠安国】 西汉官员。义渠戎人。宣帝初,任光禄大夫,奉命视察西羌。以先零等诸羌要求随时渡湟水北,"逐民所不田处畜牧"事奏闻,未被采纳。后因渡湟羌人与汉地方官发生矛盾,羌民联合反抗,于元康三年(公元前63年),复受命前往处理。及至,集先零等羌首领三十余人(一载四十余人),全部斩杀,又纵兵滥杀羌民千余,激起西羌大起义。

【久才弥】 吐蕃本教高僧。据本教史籍《古代吐蕃缘起之要义论》载,在吐蕃第一代赞普尼雅墀赞普时,已有本教(一说始于其子穆墀赞普时),赞普御前置护身本教徒"古辛"为侍者,被誉为"智慧因本"。他为尼雅墀赞普御前第一位护身本教师长。是后,直至松赞干布之父囊日松赞时仍设此职。后因松赞干布奉行佛教,遂废此职。

【久丹日墀】 元代吐蕃纳塘寺高僧。吐蕃山南人。元仁宗(1311—1320年在位)与纳塘寺关系密切,曾邀其弟子格西嘉木样巴克什至内地,奉为上师。他用其弟子带回之御赐汉地纸、墨、笔等,编辑大藏经目录,邀集格西嘉木样巴克什、卫巴洛塞哇绛曲益西等搜集诸版大藏经,精心校勘,最后经其主持编辑而成。同时缮写出大藏经,是为西藏第一部抄本藏文大藏经,因存于纳塘寺,世称纳塘古版大藏经(因清代有纳塘新版大藏经),惜至今未见流传。后又编订《大藏经目录论典广说》和摘要本《甘珠尔目录日光》。此部大藏经之编成,实为藏地大藏经编辑之肇端,由是藏地编写大藏经相继而生。

【久若禄益坚赞】 吐蕃著名译师。赞普赤松德赞(755—797年在位)时人。与嘎哇贝孜、祥班德益西德并称"嘎、久、祥""三少译师"。所译佛经甚多,在《布顿佛教史》所记佛经译文目录中有详载。参见"嘎哇贝孜"条。

【凡察】(？—1451) 又作樊察。明建州左卫(后为右卫)首领。女真族,姓爱新觉罗,汉姓童。明初吾都里万户猛哥帖木儿堂弟(一作同母异父弟)。宣德七年(1432),入京朝贡,封都指挥佥事。八年,升都指挥使。率众援明军击退杨木答兀进攻。旋以猛哥帖木儿为杨木答兀所杀,赴北京告难。九年,以战功升都督佥事,掌建州左卫事。正统二年(1437),与猛哥帖木儿子董山争掌卫事,数年不决。五年(1440),与董山等俱率部迁苏子河一带。七年,明廷析建州左卫,设建州左、右卫,与董山皆为都督同知,他以新印掌右卫,董山以旧印掌左卫。九年、十三年,先后朝于明。十四年,其妻朵儿真索入朝,进皇太后塔纳珠二颗。景泰之后,与子卜花秃扰边,掠人畜。史称"以罪拘死辽东"。

【 、 】

【亡波】 西汉西南夷句町侯。汉昭帝始元元年(公元前86年),益州廉头、姑缯以及牂柯、谈指、同并(在今云南贵州境内)等二十四邑的各族人民三万余人反汉,杀长吏,相持三年有余。他率其邑各君长及民众,击杀反叛者,以斩首捕虏有功,受昭帝封为句町王(治所在今云南广南县境内)。

【门普少得】 传说中基诺山后半山基诺族的女始祖。基诺山前半山和后半山的居民都是从杰主的母祖分衍出的两个血缘集团。传说后半山基诺族的女祖名门普少得,意即接近坎子居住的无父的女子得。其居住的寨子巴普被称为"阿普门濮特肖",即女祖根根居住的高处的接近坝区的寨子。门普少得又叫阿妣少得,即无父的女祖母得。是个高明的巫师,曾在敌人占领杰主之后,勇敢地抢回祖先遗留下来的神器——作饭的三脚石,因而成为后半山基诺人崇拜的祖先。

【 己 】

【己宁】 见"吉囊"。(130页)

【己珍蒙】 渤海国将领。己氏。文王大钦茂(737—794年在位)时,官云麾将军。大兴二年(唐玄宗开元二十七年,739)七月,与若忽州都督胥要德等送日本使者平群广成归国,并报聘。海中遇风,胥要德等遇难,他与广成至出羽登陆。十月,入日京。十二月,上国书,献虎皮、罴皮各七张,豹皮六张,人参三十斤,蜜三斤。翌年正月,日皇答赠美浓绸三十四、绢三十匹、丝锦等,并授位。二月,与日使大伴犬养同来报聘。

【卫律】 汉代匈奴将领。长水胡人。生长于汉地,初仕汉。经协律都尉李延年举荐,出使匈奴。后以延年因故被诛,恐遭牵连,降匈奴,侍单于左右,深受宠信。汉武帝天汉元年(公元前100年),受且鞮侯单于命劝说汉使中郎将苏武归降匈奴,遭拒未果。后被匈奴单于封为丁零王。征和三年(公元前90年),与匈奴右大都尉统军五千与汉贰师将军李广利军战于夫羊句山,兵败。后随狐鹿姑单于败汉军,收降李广利。次年,因忌李广利得单于宠信在己之上,串通胡巫陷杀广利。昭帝始元二年(公元前85年),狐鹿姑单于死,与单于正妻颛渠阏氏谋,匿单于死讯,违单于立弟右谷蠡王嗣位的遗训,诈托单于令,更立单于子左谷蠡王为壶衍鞮单于,致使左贤王、右谷蠡王等怀怨离去,匈奴势分趋衰。四年(公元前83年),向单于献策:穿井筑城,治楼以藏谷,以拒汉军袭击,先后穿井数百,伐材数千。作因不符匈奴俗,始罢。继谋劝降汉使苏武、马宏,亦遭拒。六年(公元前81年),匈奴送归苏武以示和好。

【卫慕氏】 ①(？—1034)又称默穆氏、米慕氏、母米氏。党项首领李德明妻,银州卫慕大族之女。生李元昊(景宗)。宋天圣六年(1028),封为皇后。明道元年(1032),元昊继位,尊为皇太后,广运元年(1034)十月,因同族首领卫慕山喜密谋杀元昊,事觉,沉卫慕族人于河,受株连,被毒死。天授礼法延祚元年(1038),元昊建国称帝,追封惠慈敦爱皇后。②(？—1034)西夏国皇后。景宗李元昊妻。幼孤,由母抚育成人。宋天圣六年(1028),被立为后。贤淑通礼,责元昊鸩杀生母,晓以大义,元昊不听,诛杀其族人,因其有孕,幽禁于别宫。广运元年(1034),生一子,元昊宠妃野利氏诬此子相貌类他人,与子并被元昊所杀。

【卫征和硕齐】 清代卫拉特蒙古辉特部人。伊克明安氏。辉特部首领阿勒达尔和硕齐子。初驻牧塔尔巴哈台。向为策妄阿拉布坦倚任。康熙六十一年(1722),拉藏汗子噶尔丹丹衷被杀后,娶其妻博托洛克。与罗布藏舒努过从甚密。雍正(1723—1735)中,舒努投奔土尔扈特后,噶尔丹策零惧其叛,于博托洛克死后,复将妹(一说姐)色布腾妻之。十一年(1733),奉命与同族台吉浑奇领兵二万进击哈萨克。

【卫征索博该】 见"速把亥"。(445页)

【卫达尔玛诺木欢】(1523—？) 汉籍译作那木按、那木孩。明代蒙古右翼鄂尔多斯领主。孛儿只斤氏。*吉囊第三子。领右翼达喇特杭锦和墨尔格特巴罕,为鄂尔多斯右翼后旗(杭锦旗)始祖。驻牧于榆林边外。嘉靖三十三年(1554),进入甘肃北部,受到明军征讨。有六子。

【也古】 又作也苦、耶虎、牙忽。蒙古国宗王、大将。孛儿只斤氏。*成吉思汗弟*合撒儿长子。父死,嗣父封地。拖雷监国二年(1229),与诸王遵成吉思汗遗命拥戴窝阔台即汗位。窝阔台汗八年(1236),分封诸王时,得般阳路二万四千四百九十三户为食邑。定宗后海迷失称制三年(1251),与诸王拥戴蒙哥即汗位。蒙哥汗二年(1252),授征东元帅,奉命征高丽。次年,因以私怨袭诸王塔察儿营,被蒙哥汗夺兵权。冬,与高丽降将洪福源拔禾山、东州、春州、三角山、杨根、天龙等城。一说约卒于中统二、三年(1261、1262)。

【也先】(1407—1454) 又译额森、厄僧等。明代瓦剌贵族首领。被明廷称为"瓦剌都总兵答剌罕太师淮王大头目中书丞相"。正统四年(1439),继其父*脱懽为太师,进一步兼并蒙古诸部。并乘胜扩展势力,挟岱总汗脱脱不花以征伐、封官、联姻等手法,北服乞儿吉思;西征中亚细亚诸族;南破哈密,慑服其甥哈密忠顺王倒瓦答失里,控制西域要道。联结沙州、罕东、赤斤蒙古诸卫,封喃哥为平章,置甘肃行省,以撤除明廷的西陲屏蔽;东攻兀良哈三卫,与泰宁卫都督拙赤等联姻,使充其耳目;遣使结好建州、海西女真,以配合其对明廷的军事行动。势力所及,西起中亚,东接朝鲜,北连西伯利亚南端,南临长城,致使"漠北东西万里,无敢与之抗者"。从东、西、北三面对明廷形成包围,欲重建大元一统天下。正统十四年(1449)秋,分兵四路直逼明境,亲率主力进攻大同。经土木堡之战,大败明军,俘获明英宗。十月,进围明都北京,遭明军反击,北撤。翌年,遣使议和,送还英宗,恢复与明贡市关系。随着其势力增强,与姐夫岱总汗矛盾益深,欲立外甥为太子,以"舅上皇"自居,遭岱总汗拒。景泰二年(1451),离间岱总汗与弟阿噶巴尔济济农之关系,使岱总汗势孤而败,为兀良哈沙不丹所杀。继坑杀阿噶巴尔济,尽据汗及济农部众。四年(1453),自称大元田盛(天圣)大可汗,建年号添元(天元),由于东蒙古正统势力的顽强抵抗及部分瓦剌封建主的反对,统一局面维持不久。五年(1454),瓦剌内讧,为阿剌知院所败,身亡。据《蒙古源流》载,在败逃途中为布库•索尔逊之子巴郭所杀。

【也苦】 见"也古"。(22页)

【也速】 元末将领。蒙古族。太尉月阔察儿之子。初任宿卫、尚乘寺提点、宣政院参议。至正十二年(1352),随丞相脱脱南下镇压徐州芝麻李起义军,献策以巨石为炮攻城,授同知中政院事。继从文转战淮西,援安丰,攻濠州,征淮东,取盱眙,攻海州,收复滕、沂、泰安等州县;复出兵蒲台,执杀杜黑儿;攻东昌,复阜城,先后升知枢密院事、中书平章政事。继出兵平雄州、蔚州,取大宁,执杀汤通、周成等,复滦州、昌黎等州县,执雷帖木儿不花,拜辽阳行省左丞相、知行枢密院事。二十四年(1364),任中书左丞相,驻军昌平,抵御中书平章孛罗帖木儿对大都(今北京)的进犯,兵败,孛罗帖木儿入京为右丞相。次年,皇太子爱献识理达腊与扩廓帖木儿自太原入讨孛罗帖木儿,也速受命南御,至良乡反,东联辽阳也先不花国王,西联太原扩廓帖木儿,军势大振,破杀追讨之将姚伯颜不花。后孛罗帖木儿事败伏诛。二十七年(1367),任中书右丞相,分省山东。次年,山东为明军所破,遂与部将御于莫州,兵败北遁。

【也不干】 ①元朝宗王。蒙古孛儿只斤氏。*成吉思汗庶子*阔列坚曾孙,河间王忽鲁歹之子。初从北安王那木罕出镇漠北,驻军塔密儿河,至元二十四年(1287),宗王乃颜反,暗遣使约之举兵,使者为枢密院副使土土哈所执,谋泄,率兵东走应乃颜,于土兀剌河(今土拉河)为土土哈追及,兵败,仅以身免。奔怯绿连河(今克鲁伦河)。次年,复入犯,兵败被执。②元代蒙古斡亦剌部贵族。一说为火纳勒赤与火雷公主之后裔。尚延安公主,袭延安份地,封延安王。至顺三年(1332),朝廷曾赐给其子欢忒哈赤金银币钞等。

【也松格】 又作亦孙哥、也先哥、也孙哥、也相哥、移相哥等。蒙古国大将。孛儿只斤氏。*成吉思汗弟*合撒儿次子。以英勇善射著称。约成吉思汗二十年(1225),西征还师后,于不哈速赤忽召集全蒙古那颜贵族聚会时,曾射三百三十五步中的,立"也松格碑"(亦称"成吉思汗石")以志武功。拖雷监国二年(1229),遵成吉思汗遗命,与诸王拥戴窝阔台即汗位。定宗后海迷失称制三年(1251),拥立蒙哥为汗。蒙哥汗三年(1253),随札剌儿带征高丽,先后克光州、玉果等城。六年(1256),首议攻宋。次年,随宗王塔察儿南征,围樊城不克而返。蒙哥汗死后,与诸王奉忽必烈称汗。中统元年(1260),随忽必烈讨叛王阿里不哥,统左军,大败阿里不哥前锋出木哈儿。三年(1262),受赐金印。相传寿高七十五岁,晚年常被忽必烈召见议事。

【也柳干】(? —1258) 元朝将领。蒙古札剌儿氏。成吉思汗宿卫拨彻之子。初袭父职,任火儿赤、宝儿赤,事太宗子岳里吉为卫士长。太宗七年(1235),从皇子阔出、忽都秃攻宋,以功封万户长,迁天下马步禁军都元帅,副大将察罕,总领诸翼蒙古、汉军,徇地陕西、河东,还屯河南。宪宗五年(1255),察罕卒,代为诸翼军马都元帅,攻淮东西诸地。八年(1258),领兵攻扬州,战死,追封曹南桓毅王。

【也速该】(? —1170) 又作叶速该、伊苏凯。蒙古尼伦部贵族首领。乞颜•孛儿只斤氏。把儿坛把阿秃儿第三子,蒙古国创建者*成吉思汗之父。勇敢善战,享"把阿秃儿"(勇士)称号。总管蒙古尼伦诸部军事,屡与周邻诸部争战。当尼伦诸部首领俺巴孩汗被塔塔儿部执送金朝处死后,与诸部贵族共戴忽图剌为汗,出兵金界复仇,大败金兵,掠取大量牲畜财物。同时与塔塔儿部交战十三次。宋绍兴三十二年(1162),击败塔塔儿部,俘获其首领铁木真兀格。时值妻月伦生子,遂取名铁木真(即成吉思汗),以志武功。乾道六年(1170),携子铁木真至弘吉剌部求婚,归途被塔塔儿人置毒饮食中,遇害身死。元世祖至元三年(1266),追谥烈祖神元皇帝。

【也儿吉尼】(? —1368) 元朝大臣。字尚文。唐兀氏。至正五年(1345),由陕西行台监察御史入为内台御史。数弹劾丞相别儿怯不花不可为相,终被谪居。十一年(1351),迁广西道肃政廉访副使。缮城郭,扼险要,以拒红巾军。捐俸贸易海盐,数月,息至巨万,经费以充。遣军平潭、衡二州,克道州等地,广西始定,擢湖广行省平章政事,兼广西道肃政廉访使。二十三年

(1363)，为广西行省平章政事，谨守广西。二十八年(1368)，屡为明军所败，援绝，部下降明，城陷，被执送金陵处死。

【也先土干】(？—1431) 汉名金忠。明朝将领。蒙古族。原为东部蒙古（鞑靼部）领主，明人称之为王子，受阿鲁台节制。永乐十一年(1413)，受明封都督。常以个人名义向明廷朝贡，也获明朝单独封赠，为阿鲁台所忌。二十一年(1423)，明成祖亲征阿鲁台时，率妻子部属归附明朝，获成祖厚待，封忠勇王，赐姓名，伴随成祖左右。翌年，自请为前锋，随成祖征阿鲁台。仁宗嗣位，加封太子太保。宣德三年(1428)，从宣宗征兀良哈，以功，次年加封太保。

【也先不花】①(？—1309) 又作野先不花。元朝大臣。蒙古克烈氏。字鲁欢长子。世祖时，袭父职为必阇赤（书史）长，继任皇子燕王真金王傅。以世勋子孙，备受器重。至元二十二年(1285)，真金卒，次年，出任云南行省平章政事。成宗元贞元年(1295)，出兵镇压金齿。次年，征乞蓝，取瓦农，开阳寨，收降答剌，于其地立云远路军民总管府。大德元年(1297)，平八百媳妇国反抗。先后于诸地立路、府、州、县六十余所，得户二十余万，定官制，立贡税。二年，迁湖广行省平章政事，有政绩，秉公为湖广行省平章政事刘国杰等平冤狱。八年(1304)，迁河南行省平章政事，督有司先士卒堵落黎堤决口，保汴（今开封）无事。次年，升湖广行省左丞相。文宗天历二年(1329)，追封恒阳王，谥文贞。顺帝至正八年(1358)，追封瀛王。②(？—1320) 察合台汗国可汗。蒙古孛只斤氏。笃哇之子。约武宗至大三年(1310)，被弟怯伯等拥戴为汗。初与中央王朝保持和好关系，并于仁宗皇庆元年(1312)、二年，屡遣使贡珠宝、方物、马驼。延祐元年(1314)叛变，率军入扰元朝，为元军床兀儿败于亦武式海迷失。次年复败于赤麦干。同时入侵伊儿汗国，遣弟怯伯等入扰呼罗珊，后因东线军失利，被迫撤兵。因疑部将玉速夫勒归心伊儿汗，于延祐三年(1316)统军征之，为玉速夫勒和伊儿汗联军所败，所不花剌、撒麻耳干等城均遭劫掠。延祐七年(1320)卒，一说卒于延祐五年。③(？—1446或1462) 又译也先卜花。明代东察合台汗国汗（又称别失八里王）。蒙古族。察合台后裔，歪思次子。宣德三或四年(1428或1429)，父卒，嗣位。正统二年(1437)，遣使向明廷贡方物。自后奉贡不绝。一说正统十一年(1446)，卒，也密力火者嗣。另说卒于天顺六年(1462)。在位期间，常攻掠费尔干、塔什干等地。使帖木儿后王不得不将其兄羽奴思遣往伊塞克湖、费尔干、阿克苏一带自立为汗，以牵制之。

【也孙帖额】 见"叶孙脱"。(112页)

【也罕的斤】 元朝将领。哈剌鲁人。密文火者子。世居讹迹邗（今乌兹根）。中统二年(1261)，袭千户长，随军征宋，取五花、石城、白马，卓有战功。至元七年(1270)，拒守成都。战宋将昝万寿，追至眉州，大败敌军。以功授蒙古哈剌鲁河西汉军万户，驻戍眉州，继随军围嘉定，筑怀远寨，以扼要冲，屡败宋军。十二年(1275)，加昭勇大将军、上万户。旋督马湖江水陆军马围攻重庆。十四年，破泸州，次年平重庆，以功加昭毅大将军，授嘉定军民万户、西川诸蛮夷宣抚司达鲁花赤。不久，进奉国上将军、四川西道宣慰使都元帅。十七年(1280)，随军北征叛王笃哇党于兀丹。还师，拜云南行省参知政事。二十一年(1284)，与宗王相吾答儿、右丞太卜等分道征缅，破江头城。二十八年(1291)，任四川行枢密院副使，改陕西行省右丞。大德间以老告休。至大(1308—1311)初年，以先朝老臣，被海山汗特命为陕西行省议事平章。

【也的迷失】(1225—1294) 又作也的迷沙、叶谛弥实。元朝将领。蒙古朵鲁班氏。朵儿伯朵黑失之子。初事忽必烈于府邸，从攻宋，以骁勇，赐号"拔都儿"（勇士）。中统三年(1262)，从宗王按绰征李璮，以功入宿卫，任云都赤（带刀近侍）。后出任监军，破宋军于金刚台，授昭勇大将军、光州等处招讨使。后从丞相伯颜南伐，监十二万户攻阳逻等地。继从都元帅宋彬带降隆兴，分道取闽，所向皆破。迁镇国上将军、广东道宣慰使。至元十四年(1277)，任江西行省参知政事。后遭诬谗，迁招讨使。历任江西道宣慰使、福建行省参知政事、江西行省参知政事等职，督兵往来于闽广。二十一年(1284)，执杀黎德，招降其众。历迁金书江西行枢密院事、行枢密副使、同知枢密院事。二十六年(1289)，征广东钟明亮，次年，收降之。后以镇压起义不利，免官。成宗即位，复起为东昌路达鲁花赤。寻卒。武宗至大元年(1308)，追封云中郡公，谥成毅。

【也速台儿】 又作也速迭儿、也速答儿。元朝将领。蒙古札剌儿氏。曹南王阿剌罕子。元贞(1295—1297)初年，袭父职，任蒙古军万户，镇守山东、河北，升都万户。致和元年(1328)泰定帝死后，奉武宗子图帖睦尔召，扈从北归，入争汗位。途中相继封河南行省参知政事、平章政事，至大都（今北京），迁同知枢密院事。翔戴图帖睦尔即汗位，进知枢密院事。率军连败秃满迭儿辽东军于通州，破王禅上都军于北皇后店，败忽都帖木儿等军于昌平州。后留戍居庸关。收降西台御史大夫也先帖木儿。天历二年(1329)，先后任山东河北蒙古军都万户、行枢密院事、河南行中书省平章政事、大都督。

【也速忙可】 见"也速蒙哥"。(25页)

【也速迭儿】 明代蒙古领主。孛儿只斤氏。元世祖忽必烈弟阿里不哥后裔。初与瓦剌联合，与北元相对抗。北元天元十年（明洪武二十一年，1388），趁明将蓝玉在捕鱼儿海（今贝尔湖）大败北元之机，在土拉河袭杀突围的脱古思帖木儿可汗及其太子天保奴，与部下金枢密院事安达纳哈出雄踞漠北，势力达今东北地区。洪武二十五年(1392)，在斡难河（今鄂嫩河）遭明总兵官周兴进攻，激战于彻彻儿山（今呼伦池西南），大败，五百余人被俘，牧畜及银印等大批物资被明军缴获，势衰，其活动地区分别为瓦剌和阿鲁台所占据。

【也速答儿】 又作也速带儿、也速答而、也速迭儿等。元朝将领。蒙古散只兀氏。都元帅*纽磷之子。至元十一年(1274)，以功臣子入觐世祖忽必烈，以属行枢密院火都赤习兵事。随从围攻嘉定，收降宋安抚詟万寿。十五年(1278)，从西川行枢密副使不花败宋都统赵安，俘制置使张珏，攻取重庆，以功授西川蒙古军马六翼及新附军招讨使，寻迁四川西道宣慰使都元帅。十七年(1280)，受命会云南、湖南兵，攻亦奚不薛，二十年(1283)，收降亦奚不薛，以功擢四川等处中书省右丞。继平定都掌蛮、乌蒙蛮，迁蒙古军都万户，移镇唐兀，旋进同知四川行枢密院事。成宗铁穆耳即位后，任四川等处行中书省平章政事。武宗海山朝，调云南行省，加左丞相。后于南征蛮人时感瘴毒，还至成都卒。

【也速蒙哥】(？—1252) 又作也速忙可。察合台汗国汗。蒙古孛儿只斤氏。*察合台之子。1246—1252年在位。太宗后乃马真称制五年(1246)，太宗子贵由即蒙古国大汗位后，以察合台汗国舍子传孙为非，废黜察合台孙合剌旭烈兀，以其承袭汗位。在位期间，安于逸乐，委政于妃，国事颓弛。贵由汗三年(1248)汗死后，与窝阔台系诸王为党，欲立阔出子失烈门为大汗。贵由汗皇后海迷失称制三年(1251)，与拔都等诸王对立，反对蒙哥嗣大汗位，拒赴推戴大会。蒙哥汗二年(1252)，被合剌旭烈兀妃斡儿干纳奉蒙哥汗命执杀。

【也速䚟儿】(1254—1298) 又作也速答儿。元朝大臣。蒙古兀良哈氏。大宗正府也可札鲁花赤哈丹之子。本名铁木儿，又作帖木儿。雄毅有谋略，通汉文。初事忽必烈于府邸。中统初年，奉命考课各路诸色人匠。继随阿术攻宋，至元十年(1273)，从破樊城、襄阳。后随军转战于丁家洲、杨子桥等地，卓有战功。南宋平，授行中书省断事官，拜怀远大将军。十五年(1278)，进昭勇大将军。次年，授淮东道宣慰使，后受命参议中书省事。二十一年(1284)，由丞相安童举荐，擢中书参知政事。翌年进中书左丞。二十四年(1287)，从征叛王乃颜。乱平，留讨其党塔不带等。后进尚书省平章政事。二十七年(1290)，受命赴武平赈恤灾民，蠲田租，弛商税，发米钞以济。奏请自辽阳行省至上都辟新道，裁旧驿，以便往来。察尚书省左丞相桑哥贪虐日甚，与近臣伊里同发其奸。桑哥伏诛后，以与桑哥同官尚书省，举发迟，罢官。成宗铁穆耳即位后，避帝讳，改今名。后复任江浙行省平章政事。卒，追封安庆王，谥武襄。

【也先铁木儿】(？—1323) 又作也先帖木儿。元朝大臣。蒙古许兀慎氏。淇阳王*月赤察儿第五子。初任宿卫，兄卒，嗣爵淇阳王。累官知枢密院事。英宗至治三年(1323)八月，与御史大夫铁失等阴结晋王府内史倒剌沙，乘英宗自上都南还驻南坡之机，以铁失所领阿速卫兵为外援，杀丞相拜住，弑英宗于行殿。与诸王按梯不花等奉皇帝玺绶，北迎晋王于镇所。九月，拥晋王(泰定帝)即位于龙居河(今克鲁伦河)。任中书右丞相。十月，以弑君罪被诛于行在所。

【也孙帖木儿】 见"也孙铁木儿"。(25页)

【也孙铁木儿】(1276—1328) 又作也孙铁木而、也孙帖木儿。即泰定帝。元朝皇帝。蒙古孛儿只斤氏。世祖*忽必烈曾孙，晋王*甘麻剌长子。成宗大德六年(1302)，袭父晋王位，镇守北边。仁宗皇庆元年(1312)，受南康路六万五千户为食邑。曾先后参与朔戴成宗铁穆耳、武宗海山、仁宗爱育黎拔力八达即帝位。英宗至治三年(1323)八月，得知御史大夫铁失等欲谋弑帝，遣使至上都告变，未至，事发，英宗被弑于南坡。他被迎奉即帝位于龙居河(今克鲁伦河)。同年，诛逆臣铁失、也先铁木儿等，但对参与其谋的本晋王府内史倒剌沙却先后擢为中书平章、中书左丞相，掌理朝政。泰定元年(1324)，命前朝被远徙边地诸王俱还本部，以取悦于诸王。次年，分天下为十八道，遣使宣抚。致和元年(1328)，颁农桑旧制十四条，以利农耕，并诏有司以察勤惰。在位期间，能守祖宗成法，命译《列圣制诏》及《大元通制》、《世祖圣训》，赐百官遵行；纂修累朝朝礼仪。但因滥赐诸王百官，国用不足；实行入粟拜官，铨法亦乱；僧侣持妃主崇信，横行扰民。云南、广西等地各族人民反抗斗争持续不断。

【也迪亦纳勒】 又译野牒亦纳里。蒙古国时期乞儿吉思首领。十三世纪初，游牧于谦河(今叶尼塞河)流域。元太祖二年(1207)，接受成吉思汗使者按弹、不兀剌招降，遣使献白海青、白骟马、黑貂鼠等物，表示臣服。一说也迪亦纳勒为乞儿吉思一部名，其部主为斡罗思亦难(或称野牒斡伦)。亦纳勒或亦难，为乞儿吉思等突厥语部落首领称号。

【也密力火者】(？—1468) 又译亦迷火者、也密力虎者。明代东察合台汗国汗(又称吐鲁番王)。察合台宗王后裔。正统十一年(1446，一说天顺六年，1462)嗣位。初其地介于阗、别失八里间，势甚微弱。后并火州(今新疆吐鲁番县东高昌故城遗址)、柳城(今鄯善县西南鲁克沁)等地，势力日强。景泰三年(1452)，偕其妃及部下头目遣使入贡。天顺三年(1459)，复贡，其使臣进秩者二十四人。明廷先后遣指挥白全、都指挥桑斌等使其地。

【也儿克兔哈屯】 见"三娘子"。(11页)

【也里牙思火者】(？—1364) 又译亦里牙思火者。东察合台汗国汗(一称别失八里王)。*秃黑鲁•帖木儿汗之子。1363年继位。为恢复对河中地区的统治，进行了泥沼之战，获胜，继进兵围攻撒马尔罕，因发生马瘟退兵。1364年，被朵豁剌惕氏异密怯马鲁丁杀害。一说卒于1365年。

【女里】(？—978) 辽朝大臣。字涅烈衮。契丹族。原为世宗积庆宫人。善识马，见马遮可辨骏劣。穆宗应历(951—969)初年，为司马小底，累迁马群侍中、飞龙使。与耶律贤私交甚厚。十九年(969)二月，闻穆宗被杀，从耶律贤驰行，集禁兵五百，联络侍中萧思温、南院枢密使高勋等拥贤即帝位，是为景宗。保宁三年(971)，以功加政事令、契丹行宫都部署，未几，又加守太尉。随地位高升，益加放恣，甚贪，屡受北汉英武帝刘继元厚贿。十年(978)，因私藏甲属，坐法。继发现其谋害萧思温(皇后萧绰父)密函,五月,赐死。

【小丑】 蒙古国著名弓匠。党项族,元称唐兀氏。太祖成吉思汗定西夏,搜罗诸色人匠,因以业弓进献。赐名怯延兀兰,命为怯怜口行营弓匠百户,徙居和林(今蒙古哈尔和林),后卒于此。

【小汉】 见"萧翰"。(480页)

【小哥】(?—973) 辽穆宗耶律璟著帐奴隶。契丹族。因不堪残暴统治,于应历十九年(969)二月,与庖人辛古、盥人花哥等六人联合反抗,杀穆宗。景宗保宁五年(973)十一月,被执,遭害。详见"辛古"条。

【小王子】 见"马可古儿吉思"(34页)、"达延汗"(134页)、"卜赤"(3页)、"打来孙"(92页)等。

【小陇拶】 宋代青唐主。原名溪赊罗撒。唃厮啰疏族。溪巴温之子。宋元符二年(1099)九月,其兄陇拶降宋,河湟吐蕃无主。十月,被嘉勒摩巴桑济等共立为青唐(今青海西宁市)主。因其兄陇拶曾为青唐主,故时人称其为小陇拶。联合本敦谷、鼎凌宗和星章峡一带诸部族,共同抗击宋军。次年,宋军撤兵后,自省章峡以西诸羌均奉之。建中靖国元年(1101)十一月,受宋封西平军节度使、邈川首领。次年,加封敦煌郡开国公,食邑五千户,实封五百户。后宋徽宗听从臣僚邓洵武等建议,决心"绍述先志",再度用兵河湟。崇宁二年(1103),陷湟州,次年,取宗哥、青唐和廓州诸城,他被迫投西夏国。四年(1105),西夏国主李乾顺接纳其归附,并派兵数万围青唐城北之宣威城,欲助其"复国",未果。

【小扎木素】(?—1670) 清朝蒙古王公。鄂尔多斯部人。博尔济吉特氏。阿津泰子,崇德三年(1638),遣使额塞尔贝朝觐清朝。七年(1642),随额璘臣及大扎木素贡驼马。顺治六年(1649),以未附大扎木素劫掠清使,封札萨克镇国公。掌鄂尔多斯右翼后旗。

【小北阿嫫】 传说中基诺族造地之母。顶天立地,力大无穷,世上山川海洋、动植物皆其创造,各民族的地域分野和文化生活特点,也是她指导下区分的,最终在无休止的创世运动中不幸遇难。在挑土创造澜沧江边的大山时,因扁担着肩处被人按上利刃,行到基诺山西边的小勐养时,扁担突然折断,筐里的土倒出后形成乳房式山峰。基诺族称该锋为"俄节阿鲁"(造地母亲用造山生土倒下的山峁)。扁担飞出数十里外,化成景洪附近澜沧江中的长岛。利刃切断其肩部动脉,血流如注,喷到数十里外的基诺山巴卡寨,因其血液浸润过该处土地,这里的基诺族面容比别处红润美丽。传说基诺族居住的竹楼也是奉其旨意建造的。

【小列秃王】(?—1495) 明代瓦剌贵族首领。驻牧于哈密北山把思阔(今巴里坤)之地。曾与哈密王罕慎联姻,将妹嫁之,以扩展个人势力。屡与吐鲁番速檀(苏丹)阿黑麻仇杀。弘治六年(1493),以阿黑麻率兵攻哈密城,执陕巴王,留将据守;八年(1495),应明甘肃巡抚许进之约,联兵击吐鲁番,率属众及邻部共四千骑,大败吐鲁番于乞台哈剌兀之地,中流矢死。一说其即是准噶尔部哈喇忽剌之祖父翁郭楚。或谓部名。

【小和卓木】 见"霍集占"。(606页)

【小云石海涯】 见"贯云石"。(383页)

【小宁国公主】(?—791) 又作少宁国公主。唐荣王女。乾元元年(758),随宁国公主和亲回鹘英武威远毗伽阙可汗磨延啜。后依俗嫁英义建功毗伽可汗移地健。被尊为小宁国公主。有二子。长寿天亲可汗顿莫贺达干立后,二子均被杀,贞元七年(791)卒,回鹘遣使告丧,德宗隆重哀悼这位远嫁漠北三十余年的和亲公主。

【小云石脱忽怜】 又作窎云石笃忽璘。蒙古国时期高昌畏兀儿大臣。原任畏兀儿吾鲁爱兀赤(意大臣)。成吉思汗六年(1211),与父的斤必里杰提(智福大臣)从亦都护入觐成古思汗,遂留侍汗。从征西域,还,事睿宗拖雷于潜邸,抚为养子。后任拖雷分地真定路宣差都达鲁花赤,兼断事官。定居真定栾城。

【小策凌敦多布】(?—约1746) 又作小策凌敦多克、小策凌端多布。号墨尔根岱青。清代卫拉特蒙古准噶尔部将领。巴图尔珲台吉弟墨尔根岱青曾孙。勇武善战。史称"大者善谋小者勇",就是对他和大策凌敦多布的赞誉。原驻牧于喀喇沙尔(今焉耆)一带。雍正九年(1731)六月,与大策凌敦多布领兵三万,攻清军北路,大败靖边大将军傅尔丹军于和通淖尔。八月,复率兵屯苏克阿勒达呼,分掠克鲁伦等地,被喀尔喀副将军丹津多尔济、额驸策凌所败。次年六月,受噶尔丹策零派遣,统兵三万再犯喀尔喀,扰察罕瘦尔、克鲁伦地区,继掠塔密尔,掳喀尔喀亲王策凌妻孥、牲畜。为策凌败于额勺德尼昭,遁走推河。乾隆初年,定议准、喀二部牧界,力主按清廷提出方案执行,敦修和睦。不久,因与第三子达什达瓦不睦,徙沙喇伯勒界游牧。

【小策凌敦多克】 见"小策凌敦多布"。(26页)

【小译师查久喜饶】(?—1074) 吐蕃佛教后宏期著名译师。又名俄列巴喜饶或列巴喜饶。因其声望功德仅次于大译师仁钦桑布,故称小译师。初受阿里古格王派遣与二十六名少年赴克什米尔(一说赴印度)学法。学成返吐蕃,后拜阿底峡为师,配合阿底峡译经,深受器重,特以《密法迦当宝卷》赐之。后依阿底峡嘱在桑浦建寺。对传播阿底峡教法颇多贡献。

【习尔】 又作习尔之。唐代契丹遥辇氏部落联盟首领。称号"鲜质可汗"。懿宗咸通年间(860—873)在位,时契丹益强,发动对奚战争,俘七百户,役属之。与中原唐王朝保持和好关系,间有使节往来。史载其曾遣使贡献于唐朝。

【习显】 见"徒单克宁"。(457页)

【习不失】(?—1123) 又作辞不失、习不出。金朝大将。女真完颜部人。昭祖石鲁之孙,乌骨出次子。以健捷善射著称。屡佐劾里钵(世祖)、颇剌淑(肃宗)平定诸部叛乱。曾受劾里钵命,大败原国相雅达子桓赧、散达的叛军。以温都部乌春、纥石烈部腊醅和麻产起兵反抗劾里钵,受命辅佐颇剌淑击败乌春,俘获杯乃。因功被辽授官详稳。助景祖乌古乃孙撒改攻破留可城。后随阿骨打(太祖)伐辽,受命领兵千人,出河店之战,破辽十万之师。金收国元年(1115),封为阿买勃极烈(治城邑者)。每逢阿骨打伐辽,均付以重托,受命与吴乞买(太宗)一起居守。完颜亮正隆二年(1157),追封曹国公。世宗大定三年(1163),晋封金源郡王,谥忠毅。

【习尼列】 见"完颜守道"。(253页)

【习列吉】 见"昔里吉"。(331页)

【习农乐】 见"细奴逻"。(382页)

【马五】 见"耶律马五"。(309页)

【马四】 见"马文禄"。(29页)

【马矢】(？—1599) 明万历朝黎族起义首领。海南岛定安县人。黎族。万历十九年(1591),曾在居林、沙湾、居碌等黎峒发动黎人反抗官府侵夺民土。不久被镇压。二十七年(1599),在居林峒再次策动起义,儋州、崖州、临高等地黎人纷起响应。率义军席卷澄迈、会同、文昌等县,州邑震动。明廷遣雷廉副总兵黎国耀统率广、雷、琼土客兵八千余人,并招募当地乡勇黎兵三百,由临高、定安、琼山分三路进剿。他指挥义军英勇抗击,杀伤官军甚众。后在峡门与官军会战中受挫,被迫退守五指山腹地,继续坚持战斗。不久,被俘遇害。

【马宁】(？—1680) 清朝将领。回族。宁夏(今银川)人。原为明朝参将,驻守陕西。顺治二年(1645),降清,隶汉军正白旗,授副将,镇压明末农民起义军余部及甘肃回民抗清斗争。升凤翔中协副将,历任四川右路总兵、湖广提督、山东提督。康熙十三年(1674),以征吴三桂有功,加太子太保。十九年(1680)卒于北京。

【马和】 见"郑和"。(376页)

【马注】(1640—1711) 清初伊斯兰教学者。又名郁速馥,字文炳,号仲修。回族。云南永昌(今保山)人。元云南平章政事*赛典赤·赡思丁十五世孙。幼家贫,年十五始就学。南明永历十一年(1657),永历帝在云南建国,以经济之才,被推荐为锦衣侍郎。两年后,避隐教读,笔耕自膳。通晓儒、道、佛学,著《经权集》《樗樵集》。后专攻阿拉伯文、波斯文及伊斯兰教经典、古籍,曾赴四川、陕西、贵州、湖南、湖北、江苏、浙江、山西、甘肃、山东、广东、福建等地寻师、讲学。康熙七年(1668)秋,离滇赴京,被清宗王聘在旗下教读。著《清真批南》,介绍伊斯兰的历史、经义、哲学、教律、天文、传说等。

【马骀】(1885—约1935) 清末民国书画家。字企周,又字子骧,号环中子。回族。四川西昌县人。少孤贫,性豪爽,癖嗜书画。初学于本县画家周镜塘之门,辛亥革命后,遍游滇、蜀、湘、鄂、吴越、燕赵及日本等名山大川,研习书画三十余年。于山水、人物、花木、鸟兽、虫鱼,无所不画,画无不工。将古今中西各法,南北宗派,融为一体,自成家法,被誉为"画学博士"。闲时喜研佛、老哲学。著有《马骀画问》《自习画谱》二十卷(今名《马骀画宝》四卷)、《企周画剩》一卷、《四言画诀》一卷、《企周画集》一卷(为后人所编,收集晚年画作近百幅)等传世。

【马宥】 清代文学家、诗人。回族。字书渊。江苏溧阳人。幼承父马世俊之家学,博通古文,其为文,"纡八条畅,有欧、曾揖让之度"。其诗亦爽朗刻露,风格自超。著有《砚畴集》《溧诗近选》。其弟马容与之齐名,著有《谷含集》并行于世。

【马雄】(？—1678) 清初官员。回族。陕西固原(今宁夏固原)人。广西提督马蛟麟养子。顺治八年(1651),袭一等阿达哈哈番(轻车都尉)世职。九年,充定南王标下左翼总兵官。十年,随军征湖南、广西,以功,加都督同知。十一年,授二等阿思哈尼哈番(男爵),镇守广西。屡败明桂正朱由榔将李定国军。十六年(1659),加云骑尉世职。十七年,受劾庇商抗课,欠盐饷,降二级留用。十八年,任广西提督,驻柳州。康熙十三年(1674)九月,投吴三桂。十四年(1675)冬,与三藩叛军取高、雷、廉三州之地。十七年(1678),病死于雒容(在今广西鹿寨县)。笃信伊斯兰教,创建柳州北门内潭中路清真寺及窑埠村回教坟山,并延聘著名伊斯兰教师常志美(原籍撒马尔罕,后落籍山东济宁)、舍起云(山西人)、马化蛟(北京经师)等到柳州讲学,对当时柳州伊斯兰教的传播及国内伊斯兰教学术交流有一定影响。

【马瑜】(？—约1819) 清朝将领。回族。甘肃张掖人。祖良柱,官四川松潘镇总兵,遂寄籍华阳。少从征廓尔喀(今尼泊尔)、苗疆,迁游击。嘉庆元年(1796),奉命赴达州镇压白莲教运动,赐号"达春巴图鲁"。三年(1798),随德楞泰征齐王氏、姚之富于郧西,擢参将。后随军镇压楚、川等地白莲教,历迁四川提标副将、贵州安义镇总兵。十年(1805),任江南、直隶提督。十八年(1813),随帝赴热河,校射,中三矢,赐黄马褂。奉命镇压滑县起义。十九年(1814),调江南,以事降徐州镇总兵,调兖州镇。二十四年(1819),复任江南提督。不久,卒,谥壮勤。

【马锦】 明代戏剧家。字云将。回族,人称"马回回"。金陵(今南京)人。为金陵戏剧界两大派系之一——华林部的代表者。刻苦努力,深入生活。为演好奸相角色,曾隐姓埋名,至京城(今北京)于奸相顾秉谦家为门卒三年,朝夕观察揣摹其举止。后归金陵,重振华林部,使其一跃而居另一大派——兴化部之上。尤以表演《鸣凤记》中的奸相严嵩最为精湛,人称其演技"绝妙之至"。

【马髯】 见"马秉良"。(32页)

【马儒】(？—499) 北魏时高昌王。太和十五年(491,一说五年,481),高车王阿伏至罗立张孟明为高昌王,未几为国人所杀,众立之为王。二十一年(497),遣司马王体玄至魏,求举国内徙,请师迎接。魏遣明威将军韩安保率军应接,欲置高昌众于伊吾。因高昌人恋本土,不愿东迁,遂杀儒。

【马瞻】(1612—1638) 又作玛占。清初将领。满族,爱新觉罗氏。太祖*努尔哈赤孙,礼烈亲王*代善第六子。后金天聪元年(1627),随贝勒多铎入宁远、锦州界,牵制明兵,援助山西。败明兵于大凌河西,斩副将刘应选,追至松山城,累立功。清崇德元年(1636),随武英郡王阿济格征明,至安州,连克十二城,因功封辅国公。三年八月,随贝勒岳讬征明,败明总督吴阿衡,越北京,趋山东。十一月,卒于军。

【马一龙】(1499—1571) 明代文学家、书法家。回族。字页图,号玉华子,又号孟河。江苏溧阳人。明代诗人*马从谦之从侄。嘉靖七年(1528),乡试中解元。二十六年(1547),中进士。授南京国子监司业。后因母年迈,辞官归里,在溧阳玉华山筑馆讲学,并著述其中。著述颇多,有《玉华子游艺集》二十八卷、《农说》等传世。还以书法著称。

【马九皋】(约1270—1350) 元曲家、书法家。原名薛超吾,字昂夫。回回人。出身官宦,幼喜文学,曾师事著名文人刘辰翁。延祐元年(1314)左右,任江西行中书省令史,后入京任秘书监郎官,历迁典瑞院金院、池州路总管等。至顺三年(1332),任衢州路达鲁花赤。为官宽缓,重视文化教育,曾建尊经阁。晚年隐居杭州。三十一岁即有诗集问世。与著名诗人杨载、虞集、萨都剌等都有唱和之作。曲作主要是散曲,与关汉卿同被列为八大作曲家之一。作品多表现对功名利禄之厌恶,对官吏压迫之愤恨和对田园生活的向往。风格清逸旷达。代表作为《塞鸿秋过·太白祠谢公祠》、《庆东原·西皋亭适兴》、《殿前欢·失题》、《折桂枝雪》及套曲《〔正宫〕高隐》等。善书,以篆书著名。

【马九霄】 元代书法家。名唐古德,字立夫,号九霄,以"马"为汉姓。回回人。先世本西域人。元曲家、书法家*马九皋胞弟。初为江西行省令史,官至淮东肃政廉访司经历。善篆书。

【马万信】(?—1867) 清代新疆回民起义首领。回族。经名牙库尔。伊犁人。同治三年(1864)九月,领导伊犁回、维吾尔等族人民起义,任回族"苏丹"("王"之意)。通过锡伯营总管喀尔莽阿向伊犁将军提出,由他与维吾尔"苏丹"肖开特、伊犁将军三方分管伊犁九城,未果。后因介入维吾尔族"苏丹"肖开特与"艾米尔"(军队首领)艾拉罕之间的内讧,于同治六年(1867)兵败,被艾拉罕所杀。

【马大用】 清朝将领。回族。字厚宜。安徽怀宁人。雍正五年(1727)中武进士,授二等侍卫、陕西火器营参将。署花马池(今宁夏盐池)副将。乾隆初调沅州,抚谕苗民,擢宜昌镇总兵,转漳州镇总兵兼都督金事。曾镇压蔡荣等人之暴动。后移镇台湾,因拯救鹿耳门之受风灾民,擢福建水师提督,驻守厦门。以老休致,归故里。卒,谥慎悫。

【马上捷】 明代文学家、诗人。回族。字云客,号闽仙。云南寻甸人。常德太守之子。文雅蕴藉,颇受家教,有幽人墨士之风。能文善诗。崇祯十一年(1638),徐宏祖(霞客)游历昆明时,他曾出其诗集以相订正。著有《拾芥轩集》。

【马之龙】(1782—1849) 晚清著名诗人和作家。字子云,号雪楼。纳西族(一作回族)。云南丽江大研里人。为人正直不阿,博学多才,善吹铁笛,与同乡牛焘并称为"牛琴马笛"。青年时代怀着"立品需立最高品,登山需登最高顶"的壮志,很想做一番事业。因喜谈古今利弊,在大理的一次科试中,慨然写《锄奸邪,拒鸩毒论》千言附于试卷之后,以"语侵阁臣"被拘留;并褫其秀才衣顶。由是意淡功名,自号雪山居士,漫游南北十三省名胜,吟诗著述。寓居昆明时,与五华书院院长和戴古村等滇中名士论诗唱和。在诗、文、歌、赋等方面均有造诣。著有《雪楼诗钞》六卷(附《赋钞》一卷)、《临池秘钥》四卷、《卦极图说》一部和《阳羡茗壶谱》一卷。辑诗209首的《雪楼诗选》二卷收入《云南丛书》。作品对故乡丽江,特别是对玉龙雪山寄以无限深情。《游雪山》和《玉龙山记》等为不朽的传世佳作。有些诗表现出不向黑暗势力屈服的气节,为人刚毅,受到崇敬,被誉为"高士丽江产,雪山千里明"。辞世时,按其遗嘱用汉礼安葬。象山之侧的马子云墓至今完好无损。

【马子英】 元画家。回回人。元末明初诗人*丁鹤年之族兄。曾中进士。善画梅花、竹石。代表作有《竹石嘉树图》、《梅花》等,颇得时人称赞。

【马元康】 明末象棋国手、诗人。回族。云南永昌(今保山)人。与诗人、书画家闪仲俨及婿马元中兄弟友善,常与之为桔中之乐。时称"棋子出云南,以永昌为上,元康为此中巨擘"。曾与徐宏祖(霞客)对奕,能以双先让徐。能文能诗。

【马元章】(1853—1920) 近代伊斯兰教经师、书画家。回族。甘肃定西人。字光烈。号祯祥,经名利雅顿丁,道号索根报俩·穆罕默德·努尔(意为"忠于安拉的人")。中国伊斯兰教哲赫林耶教派创始人*马明心之曾孙。其父马世麟参加咸同年间云南回民起义牺牲,后人遭清朝迫害,年十八,即率弟侄等隐姓埋名,流寓南方各省,于光绪初返回甘肃,致力于教务,使其派得以复兴。聪明有智,通晓汉文文史及阿拉伯文。著有《省己格言》、《道祖生平实录》、《鉴石训》、《道统论》等。工于书画。

【马元德】 见"吉谟雅丁"。(130页)

【马中任】 清初文士。回族。江苏溧阳人。字君重。明诗人*马从谦之孙。顺治、康熙年间人。幼孤,事母孝,以诸生屡试不中,设馆。子世杰、世俊皆有功名,同以文学著名江右,时称"二马"。因之封为侍读。晚年雅慕濂溪(周敦颐)之学,开渠植莲以自娱,闲度后生。

【马少青】 又名马骥云。辛亥革命武昌首义志士。

【马从谦】(?—1552) 明朝大臣、诗人。回族。字益之,号竹湖。祖籍陕西凤翔,后迁居江苏溧阳。嘉靖十年(1531),顺天乡试中第一名举人。十四年(1535)进士,授工部主事,因治理河患有功,转礼部主客司主事,历任尚宝司丞、光禄寺少卿、翰林院五经博士等职。因上疏弹劾权奸严嵩,劝谏朝廷去粉饰,修武备,易黄老之念和揭发提督太监杜泰之贪污事,于三十一年(1552)十二月,遭廷杖而亡。万历年间得昭雪,追赠太常少卿。能文善诗,其文以议论为主。疏通恺切。其诗继承汉魏之传统,人称其"雅健人古"。著述甚丰,有《四子书心得》、《尚书毛诗日记》、《礼记同兰集》、《丝稿论》四卷、《应制稿》三卷和《诗文集》十八卷,大多散失,其子有骅曾辑遗稿为《竹湖遗稿》,仅存。

【马介泉】 清末文学家、书法家。回族、安徽怀宁人。工文辞、善书法。著有《回教考略书后》等传世。另有《晚晴室家书》三卷,曾刊行世。

【马化龙】(1810—1871) 清同治年间宁夏回民起义首领。中国伊斯兰教哲赫林耶大教主。又名"朝清"。后人称为"十三太爷"。回族。灵州(今宁夏灵武)人。幼年攻读伊斯兰教经典及阿拉伯文,结业后授予阿訇称号。喜爱武艺,能言善辩,曾捐千总武职。与弟务农经商,成为"富甲一方"的大地主兼商人。同治年间(1862—1874),领导宁夏回民起义,攻占金积堡,采取措施,兴修水利,劝课农桑,加强回汉等各民族团结,备受各族爱戴。同治九年(1870),在保卫金积堡战役中,率义军给左宗棠军以沉重打击,击毙其主将提督刘松山。后被清援军包围,弹尽粮绝,为保护义军和回汉民众免遭惨杀,率全家归清军,被左宗棠杀害,起义失败。

【马文义】(?—1871) 清末回民起义军首领。回族。又名马尕三。青海西宁人。人称"哈三阿訇"。祖籍甘肃河州(今临夏)人。早年移居西宁府巴燕戎格(今化隆)。原为西宁镇总兵马本源部下。咸丰十年(1860),率当地及循化厅回、撒拉等族数千人起义。同治元年(1862),西宁回民起义反清,拥其为首领,控制碾伯(今青海乐都)至享堂(今民和县)之间大道,以拒清军,不久扩大到整个西宁地区,声势大振,成为西北回民起义的四大基地之一。八年(1869),派骑兵支援宁夏金积堡回民起义军。后病故。起义军由其部将马永福率领继续抗清。

【马文升】(1426—1510) 明朝大臣。字负图,号三峰居士。回族。河南钧州(今禹县)人。景泰二年(1451)进士。授御史。历仕山西、湖广。成化初,擢南京大理卿。晋右副都御史,巡抚陕西,镇压满四起义,进左副都御史。成化十一年(1475),总制三边军务,入为兵部右侍郎,奉命整饬辽东军务,建言边计十五事及"御戎三策"。孝宗即位,历任左都御史、兵部尚书,达十余年,有文武才,长于应变,朝端大议,往往待其决策。弘治十四年(1501),任吏部尚书。于屯田、马政、边备、守御等多有建策。武宗即位,致仕。卒,追赠太傅。谥端肃。嘉靖初,加赠左柱国、太师。著有《西征石城记》一卷、《兴复哈密记》一卷、《马端肃文奏议》十六卷、《马端肃公文集》一卷。

【马文禄】(?—1873) 清末回民起义首领。本名马四,又名马忠良。回族。甘肃河州(今临夏)人。原为甘州(今张掖)提督索文部下、嘉峪关外赤金地之措户长。同治四年(1865)春,领导肃州(酒泉)回民起义。后从渭南、金积堡、河州、西宁各地退却之义军余亦集中肃州,与之共抗清军,此地成为回民起义军之最后堡垒。十一年(1872),左宗棠派徐占彪等军攻肃州。次年九月,与清军激战城关。弹尽粮绝,被迫归降,被杀害。

【马可思】(1245—1317) 元代汪古部人。贝尔尼之子。景教徒。至元十五年(1278),偕苏马自大都(今北京)往耶路撒冷朝圣。途经霍山、宁夏、和阗、喀什噶尔、呼罗珊至巴格达。一度驻留于阿德比尔附近的圣马·米歇尔教堂。十七年(1280),被总主教马·邓哈委为中国教区主教,并改名阿伯拉罕。翌年春,邓哈去世,在巴格达被推举接替总主教,且得到伊儿汗阿八哈承认,被称为阿伯拉罕三世。

【马世龙】(?—1634) 明朝将领。回族。字苍元。宁夏人(今宁夏银川)人。初以武举任宣府游击,官至永平副总兵,孙承宗奇其才,擢升山海关总兵。崇祯三年(1630),进左都督。会师拒后金兵,收复遵化、水平、迁安、滦州,论功加封太子太保,荫本卫千户。八月,以病归故里。六年(1633),破河套蒙古于宁夏的进犯,七年七月,又击败河套部于枣园堡。不久,卒于官,年四十余。赠太子太傅,世袭锦衣金事。

【马世杰】(1608—?) 清初诗人。回族。字万长。江苏溧阳人。顺治八年(1651),被选为贡生,入北京国子监就读。后因耳疾,归故里,在溧阳南山设馆教书,间或吟诗作文。其诗多抨击时弊,词意俱新,与弟马世俊同以诗文名于江右,时称"二马"。著有文集,未曾刊印,部分诗作收入沈德潜所编《清诗别裁集》中。

【马世俊】 清初文人。字章民,一字甸臣,号匡庵。回族。江苏溧阳人。幼聪颖,工诗,兼精书画。初下第,留京师,贫甚,以行卷谒龚芝麓尚书,受赏识,被视为真才,获周济。顺治十八年(1661),中一甲一名进士。授翰林院修撰,迁侍读。曾谏言:"王者以天下为家,不宜示同异"。性朴素,敏于词翰。著有《匡庵集》,失传。

【马世焘】 清代儒学家、文学家、教育家。回族。字鲁平。甘肃兰州人。祖籍山东历城县,先世于明万历年间从征火落赤有功,保举为道员,因入兰州籍。马裕谦长子。咸丰五年(1855)举人。主讲于五泉书院,门下多为名士。同治年间(1862—1874),因办团练,镇压回民起义,诠选为四川绵竹县知县。不久潜心精研伊斯兰教经籍《天方性理》及庄子南华等书。能文、善诗,著有《四书集注解释切要》、《日新堂诗文集》各四卷。

【马占鳌】 清同治年间河州回民起义军首领。回族。河州(今甘肃临夏)摩尼沟何家庄人。世代为伊斯兰教长。初在西安大学巷清真寺学经,结业"穿衣"后,回乡,在寺内任开学阿訇。同治(1862—1874)初年,与阿州东乡族人马悟真、闵殿臣率众起义,被推举为帅。同治十一年(1872)正月,在太子寺(今广和县三甲集)大败左宗棠军,击毙提督傅光宗等将领。义军本可乘胜前进,但在清军"但分良莠、不论回汉"政策利诱下,不顾一些将领的反对,投降清军,被编为马队三旗,成为清朝统治者镇压义军的工具,蜕变为回民起义的叛徒。

【马尔泰】(?—1748) 清朝大臣。满族,苏完尼瓜尔佳氏。满洲正黄旗人。雍正七年(1729)九月,累官工部左侍郎。八年,查勘筹款赈济江南邳州等处水灾。九年,协理西安军务。七月,署陕西巡抚。乾隆元年(1736),调刑部右侍郎。三年(1738),历任都察院左都御史、正蓝旗满洲都统、署陕西总督、两广总督。四年,驻广西备边,防安南禄平州土官攻扰。五年(1740),因镇压苗民起义延缓,议降调,改留任。六年三月,因安南内乱,请准将原永顺土司所辖白土邱索及附近猴峒二十四村,割归宜山县管辖。八月,署兵部侍郎。七年,历迁正黄旗汉军都统、署川陕总督。次年,授两广总督。九年(1744),建言加强广西南宁、太平、镇安三府沿边关隘防范,令地方官每年冬月查勘一次。寻调闽浙总督。十一年(1746)九月,授领侍卫内大臣。次年,以旧臣自居,托病推诿,革职。寻署热河副都统。

【马尕三】 见"马文义"。(29页)

【马尕大】 见"马悟真"。(32页)

【马兰泰】 清朝大臣。蒙古科尔沁兀鲁特部人。博尔济吉特氏。朗素之孙。雍正七年(1729),追叙曾祖明安随军征战功,进一等恭诚侯,署前锋统领。九年(1731),从征准噶尔,授参赞大臣,于西尔哈昭击退准噶尔军,以功升领侍卫内大臣。曾任职于军机处。后以妄奏军功,被问罪。乾隆(1736—1795)初,复授副都统。又以扈从帝行围迟至,称疾不理事,罢职,谪拉林军中效力。

【马永贞】(1792—?) 清代医生。回族。四川定远(今武胜)人。为人忠厚和蔼,常以医术为邻里诊治。贫苦者多所受益。精于长寿之道,光绪元年(1875),年八十三岁,耳聪目明,尚能劳作,人称寿星。

【马成祖】 "教门三忠"之一,见"撒之浮"。(593页)

【马光荣】 清画家。回族。安徽怀宁人。曾中乡试。书画家马荣卿之子。承家学,善画鸟虫。

【马守贞】(1548—1604) 明代女书画家、剧作家。号湘兰,小字元(或玄)儿,又号月娇。回族。金陵(今南京)人。姊妹四人中最小,人称四娘。曾为秦淮歌妓。"性喜轻侠",与文学家王稚登(百谷)极友善,以诗、画、书出名。善画兰竹,故湘兰之名独著。其兰仿赵子固(即南宋画家赵孟坚),竹法管仲姬(管道升),而得文待诏(文征明)之三昧,潇洒恬雅,别饶风韵。书如游丝弱柳,婀娜媚人。著有传奇剧本《三生传》,并著有《曲录》、《传奇汇考》,今佚,诗集有《湘兰子集》。

【马守应】(?—1644) 明末农民起义军首领。回族。别号"老回回"。陕西绥德人。曾当过边兵。崇祯元年(1628),率众起义,隶闯王高迎祥,活动于甘肃东部,众至数万。四年(1631),入山西,编入王自用的"三十六营",是仅次于王自用、高迎祥的重要首领。张献忠曾率属其部下。八年(1635),参加河南荥阳大会,为十三家首领之一。转战于陕、晋、豫、鲁、川、鄂、皖、湘等地。后与贺一龙(绰号"革里眼")、贺锦、刘希尧、蔺养成合军,称"回革五营"。九年,高迎祥牺牲后,至十三年(1640)李自成再起于河南之前,实力最强,斗争处于低潮时,张献忠曾两度隶其部下,李自成也曾在该部养伤,其在英霍山区的根据地,成为当时抗明运动中坚。十六年(1643),义军内讧,贺一龙为李自成所杀,他顾全大局,仍拒守荆州。十七年春,病故。

【马安良】(1855—1917) 清末将领。回族。甘肃河州(今临夏)人。原名七五,字翰如,经名阿布杜拉·麦知德。同治十一年(1872),随父马占鳌降清,左宗棠赐名"安良",授七品军功顶戴。后陕甘督升允将其部改为"精锐军"。光绪二十一年(1895),协清军提督董福祥镇压河湟回民起义,后历任西宁镇、巴里坤镇、宁夏镇总兵。1911年10月西安起义后,率所部"西军"入陕镇压民军,在乾州、凤翔一带烧杀劫掠。为甘肃都督赵维熙保举为甘肃提督及国民党甘肃支部长。1914年移驻河州。1917年任河西护军使,奉调兰州,至锁南坝,病归,寻卒。

【马如龙】 ①清代医生。回族。四川会理人。字复元。幼性颖敏,喜读书。十八岁时丧父,遂潜心于医学,以医奉母。医术高明,深得达官及江南名士之赞许。②(?—1891)清末云南起义首领。本名马现,号云峰。回族。云南建水人。武秀才出身,以骁勇闻。咸丰六年(1856),因云南巡抚舒兴阿秘令各府厅州县"聚团杀回",激起云南各地回民反抗,在建水起事,领导云南东部和南部义军,占据新兴(玉溪)、昆阳、晋宁、呈贡、嵩明、罗次、易门、富民等县,势颇盛。七年、十年、十一年,三度围攻昆明。后接受清军"和议",变节投降,成为镇压云南回民起义的帮凶,任清临源镇总兵。同治二年(1863),任云南提督。十三年(1874),任湖南提督。光绪四年(1878),离职。十七年(1891),病卒于四川叙州。

【马自强】(1513—1578) 明朝大臣、史学家。字体乾,号乾庵。回族。同州(今陕西大荔)人。嘉靖三十二年(1553)进士。隆庆(1567—1572)中,由经筵迁国子祭酒,振饬学政。升少詹事兼侍读学士,掌翰林院。充皇太子讲官。神宗即位,擢礼部右侍郎,为日讲官。调礼部尚书。修订僚吏条例,以除吏弊。因主修《世宗实录》,加封太子少保。万历六年(1578),擢为阁臣,加封太子太保,兼文渊阁大学士,参决机务。专心守位。卒,谥文庄。著有《马文庄公集》。

【马兆麟】(?—1861) 清代将领。回族。四川会理人。会理把总马士荣之子。曾充会川营马兵领旗。咸丰十年(1860),云南回民起义军攻陷会理城,召其入军,以疾辞,佯狂呆。十一年四月中旬服毒死。

【马汝为】 清代文士。字宣臣,号悔斋。回族。云南元江人。康熙四十一年(1702)中举。次年中进士,选庶吉士，官翰林院检讨，历充三朝国史，方舆、路程三馆纂修。学行为皇帝所知，馆阁推重。五十年（1711），典湖广乡试。五十三年（1714），迁大理寺右寺副，后官贵州铜仁府知府，有政绩。以善书见重于世。今云南丛书中有《马悔斋遗集》二卷，诗文各居其一。其诗质朴，意味深长。曾校阅刘智著《天方性理》一书。晚年居故乡丛桂山房。

【马来迟】（1681—1766） 中国伊斯兰教虎菲耶门宦创始人。回族。教众尊为"道祖太爷"。祖籍陕西长安（今西安），后迁居甘肃河州。少时从青海民和经师马汉臣习经。康熙三十七年（1698），在民和、广和等地任开学阿訇。雍正六年（1728），朝觐麦加，并赴大马士革、巴格达、开罗等地游学，研习苏菲派各教团之学理，历时五年归国，创立虎菲耶教义，在河州、循化、西宁等地回、撒拉等族中传教，信徒日众，达二十余万，今青海卡力岗一带之藏族亦受其影响，于乾隆二十一年（1756）归信伊斯兰教。晚年将教权授予三子马国宝。病故，葬于河州花寺。

【马进良】 清朝将领。回族。西宁人。康熙（1662—1722）间，起自行伍，积功升任古北口总兵，擢直隶提督。后告老归乡，在西宁北关修建寺礼拜一座。卒，谥襄毅。

【马时芳】（1761—1837） 清代思想家、教育家。回族。字诚方，号平泉。河南禹州（今禹县）人。明政治家马文升之后。曾为封邱县、巩县教谕。其学说继师陆象山、王阳明，又颇有黄老之风。主张政治要向权略智数方面发展，处世要注意祸福、利害、盈虚消长，但又反对世儒之空疏迂妄、胶固不通。倡言功利，主张审时度势，崇尚实际，但又讲风水，信鬼神。其说出自孙夏峰学派，走陆、王道路，但对各家求同存异，不仅调停朱、陆，并把汉、唐、宋、明拉在一起。著有《朴丽子》、《马氏心得》、《求心录》、《风烛学钞》、《论语义疏》、《黄池随笔》、《芝田随笔》、《挑灯诗话》等，均收入《平泉遗书》之中。

【马应龙】（1473—1527） 明朝大臣。回族。字公济，号雪峰。甘肃临夏人。先世本安徽凤阳人。正德六年（1511）登进士，任户部江西司主事。逾年，随都御史彭泽率甘肃民兵征蜀，积功升户部山东司署员外郎，后病归故里，居乡三年。十六年（1521），复出为本部福建司郎中。嘉靖元年（1522），升山东按察司副使。五年（1526），升四川按察司按察使，晋通议大夫。

【马良柱】 清代将领。回族。甘肃张掖人。康熙（1662—1722）末，从军征吐鲁番。雍正（1723—1735）初，从征西藏，随安西镇总兵孙继宗攻青海蒙古和硕特部贵族罗卜藏丹津，降台吉三十三，以功授蓝翎侍卫，迁三等侍卫，授四川提标游击。雍正八年（1730），奉命征瞻对土司，授松潘镇左营游击，三迁夔州协副将。乾隆十年（1745），再征瞻对土司。十二年（1747），征金川，力战不支，退师，受劾。后复奉命征金川，授泰宁协副将，克昔岭。历任建昌镇、松潘镇总兵。与提督岳钟琪平杂谷土司苍旺。以老请休，改籍四川华阳（四川剑阁南），卒年八十一岁。

【马启西】（1857—1914） 中国伊斯兰教派西道堂创始人。回族。字慈祥，号公惠。甘肃临潭人。原系"花寺门宦"教徒。曾考取秀才。博览诸子百家，钻研伊斯兰学者刘介廉（智）的汉文著作。光绪十七年（1891），开始在家设私塾，并从事"攻修"的宗教活动达十三年之久，提出简化宗教仪式，减轻宗教负担，提倡学习汉文等一系列改革主张。虽遭门宦势力排斥，但从者甚众。二十七年（1901），脱离旧派，集资修建清真寺，命名"西道堂"，自任教主。提倡教众集资合伙经商务农，开拓荒地，深得贫苦信徒之拥护，遂成一派，因而屡遭门宦势力和清政府之迫害，流亡中亚、新疆达三年之久。宣统元年（1909），返临潭，将所传教派正式命名为"西道堂"。辛亥革命后，主张移风易俗，倡导男子剪辫，女子放足，故更引起其他教派门宦之嫉恨，军阀之迫害。1914年闰五月，军阀马安良部血洗临潭，将其父子、兄弟及教派多人杀害。

【马君祥】 元代画师。回回人。河南洛阳人。与四子马七、马十一、马十二、马十三，均为洛阳回族画工中的杰出人物。擅长壁画，其画继承了民间画工的传统粉本技艺。技法熟练，章法谨严，造型生动。山西永济县永乐宫三清殿内的二百九十一尊帝君、天尊、仙真、星宿、金童、玉女、力士等道教壁画，乃其父子五人于泰定二年（1325）完成之杰作。

【马明心】（1719—1781） 中国伊斯兰教哲赫林耶教派创始人。回族。字复性，名卫。经名"伊卜拉欣"。道号"维尕耶·屯拉海"（意为"维护主道的人"）。祖籍甘肃阶州（今武都）。后迁金县（今榆中）马坡三伏庄。幼孤，为叔父所抚养。六岁随叔父在西关清真寺攻读伊斯兰教经典及阿拉伯文。雍正六年（1728），叔侄徒步赴麦加朝圣，次年，抵也门，叔侄失散，遂求学于沙孜林耶道堂，师事"筛海"（宗教领袖）穆罕默德·布录·色尼。并由其资助朝觐"天房"。乾隆九年（1744），承师命，取道中亚、新疆返青海循化。积极传播沙孜林耶主张，并吸收一些苏菲派的教义，创建哲赫林耶。主张在吟主赞圣时要声吟赞词，故被称为"高念派"（或"高赞派"）；简化宗教仪式，改主麻（"聚礼"）日的十六拜为十拜；强调"海的耶"（即"布施"）要用于周济穷人，阿訇不能独占；教权传递应传贤不传子。得到下层回民拥护。被老教（"格的木"）斥为"异端"。故称"新教"。为争取教民，与花寺门宦发生矛盾，被循化花寺首领马国宝以"邪教"告发，被迫走河州，最后定居官川马家堡。甘、宁、青、云南、山东、河北等地穆斯林，纷纷来访论道，该地成为该派传教基地。四十六年（1781），因其门生苏四十三反抗清朝对该派的镇压，揭起反清义旗，他被捕，拒诱降，于兰州被害。后人将其言论整理汇编成《马明心遗言录》传世，并尊之为"束海达依"（意"为主道牺牲的人"）。

【马明阳】 明末文学家。回族。字异野。云南新兴

(今玉溪)人。崇祯(1628—1644)间,任顺宁府教授。著有《马异野文集》,今不传。

【马昂夫】 见"马九皋"。(28页)

【马易之】 见"迺贤"。(389页)

【马忠良】 ①清末砖雕工艺美术家。回族。甘肃河州(今临夏)人。清同治、光绪(1862—1908)年间人。擅砖雕,作品内容丰富,构图均衡,线条流畅,刀法纯熟,精细秀丽,装饰性极强。光绪年间所制宁夏同心清真寺内之大量砖雕,皆为其匠心独运。其中以巨幅照壁砖雕(长9米,高6米)最为精妙壮观,为中国砖雕艺术之杰作。②见"马文禄"。(29页)

【马秉生】 清末民国初年书法家。回族。安徽怀宁人。书法家*马介泉之侄。得家传,亦善书法。

【马秉良】 清代画家、书法家。回族。字云谷。广西桂林人。因须长经尺,人称"马髯"。为人荡直,虽隐居于市,每乡曲有营缮,必其为之。工篆、隶,善丹青,尤长墨竹。曾绘《云谷图》,一时名俊,题咏赞者众多。

【马河图】(?—1864) 清末回民起义军首领。回族。俗称"三帅主"。贵州盘县人。出身贫苦农民家庭。咸丰八年(1858)十一月,与张凌翔率领全屯回民首先起义反清,占领亦资孔(盘县分县),安龙、兴仁、贞丰、晴隆等地回、汉、苗等族人民纷起响应。至同治元年(1862)的四年里,先后攻占盘县、普安、晴隆、兴仁、贞丰、安龙、册亨、兴义等县城,义军由八十多人发展到两万多人,包括回、汉、苗、布依、彝等各族人民。后与云南金万照义军会师兴仁,被推为元帅,共建临时政府。同治三年(1864),在清军"剿抚兼施"策略下,义军都督马忠叛变,他与张凌翔拒守兴义城月余,终因寡不敌众,于十一月二十八日率众突围,壮烈牺牲。

【马定德】 唐代吐蕃将领。赞普赤松德赞(755—797年在位)时人。曾任腊城等九节度、笼官,后任雅州笼官。有智略,知山川险易,吐蕃诸将行兵,皆禀其谋策,常乘驿计事。曾多次攻黎州及嶲州,均被韦皋所败,恐获罪,于唐德宗建中元年(780),帅部归降。一说败于雅州,于贞元十六年(800)降唐。

【马诚方】 清末评书艺人。回族。原籍甘肃永昌。其父为运河船夫。咸丰十年(1860),英法联军侵略北京后,运河生计断绝,遂漂泊江湖,靠说《水浒》维生,后定居北平(今北京),仍以说书为业,成为当时北方著名评书艺人。善说《水浒》,自成一派,享有声望。其门技艺代代相传,今天津著名评书老艺人姜存瑞乃其第七代传人。

【马绍融】 清代诗人、画家。回族。字绳武。甘肃兰州府狄道州(今临洮)人。幼时从师就读,家贫辍学,稍长,经营小商贩维生。乾隆年间,参加甘肃名诗人组织的"洮阳诗社",发愤学诗,时有佳句,甚得社主吴镇之赏识。通绘画,因而其诗中颇感画意,时人赞誉其诗"潇洒出尘,情妙清新,传遍有识",著有《偷闲集》传世。

【马荣卿】 清代书画家。回族。安徽怀宁人。流寓四川巴县。官云南大理知府。善书、画,尤擅长画金鱼。

【马哈木】(?—1416) 明代初期瓦剌贵族首领。十五世纪初,与太平、把秃孛罗分领瓦剌诸部,屡与东蒙古作战。永乐七年(1409)。被明封为金紫光禄大夫顺宁王。同年,率军袭破蒙古可汗本雅失里及阿鲁台太师,占领和林(今蒙古人民共和国哈尔和林)一带。十年(1412),杀本雅失里,立答里巴为汗。遣使至明廷,表示愿"献故元传国玺",要求明廷派兵清除阿鲁台,遣还脱脱不花王子,并厚赐本部。十一年冬,东渡饮马河(胪朐河,今克鲁伦河),欲攻阿鲁台。翌年,以骄横不贡,遭明成祖亲征。六月,兵败忽兰忽失温(今蒙古人民共和国乌兰巴托东)之地,遁走土拉河。十三年(1415),遣使向明廷贡马结好。次年,为阿鲁台所败,旋卒。一说马哈木即蒙文史籍中的巴图拉或博汗,出生于札哈千户绰罗斯家族。建文元年(1399),其父浩海太尉为额勒伯克汗误杀后,被封为丞相,总辖瓦剌诸部,并尚萨穆尔公主。永乐十三年(1415),为乌格齐哈什哈所杀。或谓洪熙元年(1425),被阿岱可汗击灭。

【马哈麻】 ①明代天文学家。回回人。祖籍西域。幼时即好天文之学,长而勤学。洪武(1368—1398)初,同马沙亦黑来华,在"回回博士馆"为官,于历法、算术、推测能独出新意,被尊为"回回太师"。著有《回回历》,被太祖朱元璋誉为翰林才。洪武十五年(1382)秋,奉太祖命与马沙亦黑、吴宗伯等,将元朝所遗秘籍,择其言天文、阴阳、历象者次第译之。另与火源洁著《华夷译语》。②(?—1415)东察合台汗国汗(一称别失八里王)。故王黑的儿火者之子,沙迷查干之弟。明永乐五年(1407,一说六年)继位。笃信伊斯兰教,并强迫居民皈依伊斯兰教,手段残虐,不缠头巾者,即以马蹄铁钉入其头中。在位期间,以大事修建著称。与明朝多次互相聘问。十三年(1415,一说十二年)卒。③见"买述丁"。(182页)

【马祖常】(1279—1338) 元朝大臣、文士。字伯庸。先世为汪古部人。居光州(治今河南潢川)。礼部尚书*马月合乃曾孙,漳州路总管府同知马润之子。七岁知学,及长,益笃学。拜名师,备受器重。仁宗延祐(1314—1320)初,行科举,乡贡、会试皆居榜首,廷试名列第二。授应奉翰林文字,拜监察御史。曾劝谏仁宗饮酒适度,以免误政。弹劾权相铁木迭儿十罪,罢之。善举贤汰冗,知无不言。迁宣政院经历。遭奸臣谗陷,迁开平县尹,后退居光州。历翰林待制、直学士、礼部尚书。文宗天历元年(1328),召为燕王内尉,复入礼部,曾两知贡举,一为读卷官,称职,为时人所称道。历徽政院副使、江南行台中丞。顺帝即位后,历任同知徽政院事、御史中丞、枢密副使。在朝多所谏言,曾建议蒙古族诵圣贤之书;建武学、武举,储材以备用。工文章,尤善诗。预修《英宗实录》,译润《皇图大训》、《承华事略》,编集《列后金鉴》、《千秋记略》。有《石田文集》十五卷。

【马悟真】(1833—1875) 又作马尕大。清同治年间西北各族反清起义领导人之一。东乡族。东乡北庄人。伊斯兰教北庄门宦创始人马葆真之孙。同治元年

(1862)，响应陕西回民大起义，联合河州各路义军，攻陷狄道、河州。五年(1866)，围攻兰州不下，退守河州。十年(1871)，于太子寺(今甘肃广河县境)，大败左宗棠三路进犯。后随义军首领马占鳌降清。参加镇压循化、化隆、归德、西宁等地回族、撒拉族起义军。光绪元年(1875)，悒郁而卒。

【马继龙】 明代诗人。回族。字云卿，号梅樵。云南永昌(今保山)人。嘉靖二十五年(1546)举人。官至南京兵部车驾司员外郎。善诗，时人评其诗"清丽稳成，风流跌宕，一往情深"。著有《梅樵集》，今不传，其遗诗录入《明滇南诗选》中。

【马维骐】 清代书法家。回族。云南人。官四川提督。寓成都。工书，学颜真卿。成都武侯祠之石刻《隆中对》即其遗墨。笔力雄厚，气势磅礴。

【马联元】(1841—1903) 清代回族学者。字致本。新兴(今云南玉溪)大营人。著名阿訇马学宽之子。幼随父学习伊斯兰经典、阿拉伯文和汉文。曾随舅父马仁山到麦加朝觐，留居土耳其、伊拉克、埃及、印度等国四五年，访问学者，考问经典。同治十三年(1874)，回国，在玉溪大营讲学数十年，弟子以千计。用阿拉伯文和波斯文为"寺院教育"大学部的初级班编了一套完整教材，精简扼要，浅显易懂，被各地清真寺所采用。首倡"中阿并授"，以汉文翻译了《古兰经选本》，采用汉、阿文对照。倡议刊刻《古兰经》，刻版现存昆明南城清真寺。光绪二十七年(1901)九月，赴缅甸，至宝石厂、白城。次年到印度，居于补勒，专心著述。阿拉伯文著作有《简明伊斯兰法典》、《四篇要道》、《性理本经》、《教典经注》、《阿拉伯文法》、《波斯文法》、《修辞学》等；汉文著作有《辨理明证》等。一说卒于光绪二十一年(1895)。

【马黑麻】(? —1609 或 1610) 叶尔羌汗国汗。*拉失德汗之子。其兄阿卜都哈麻在位时，受命赴吐鲁番平叛。明隆庆四年(1570)，遣使于明。万历十九年(1591)，继其兄为汗。将吐鲁番地区封予其弟阿卜剌因，引起当时统治该地区的虎答扁迭叛乱。二十二年(1594)前后乱平。复遣使向明朝贡马请赏。在位期间，叶尔羌汗国归并了吐鲁番地区，社会比较安定，是叶尔羌汗国鼎盛时期。

【马新贻】(? —1870) 清朝大臣。字谷山。回族。山东菏泽(今定陶东北)人。道光二十七年(1847)进士。任安徽建平知县，署合肥。曾参与镇压太平军和捻军，历迁知府、按察使、布政使。同治三年(1864)，任浙江巡抚，奏请减免浙江赋税及杭、嘉、湖、金、衢、严、处七府浮收钱漕，罢漕运诸无名之费。督领修筑海宁石塘、绍兴东塘，修浚三江。七年(1868)，任两江总督，兼通商大臣。选各营兵二千五百人屯江宁(今南京一带)，编为五营，亲加训练，加强城防。九年(1870)七月，被张汶祥刺杀，追赠太子太保，谥端愍。著有《马端敏公奏议》。

【马福塔】(? —1640) 清初将领。满族。纳喇氏。先世居哈达。雅虎之子。隶满洲正黄旗。初授牛录额真。后金天聪五年(1631)，任户部参政。八年(1634)，擢承政。数出使朝鲜。督互市。清崇德元年(1636)十二月，以先锋从太宗征朝鲜，二年初，克朝鲜都城及南汉山城，朝鲜王降。四月，从武英郡王阿济格攻皮岛。十月，出使朝鲜，册封其国王。三年，任户部左参政。四年六月，使朝鲜，九月，任户部承政。十一月，朝鲜王疏言立碑于三田渡以颂太宗，奉命往视。五年二月，卒。

【马福禄】(1853—1900) 清末将领。字寿三。回族。甘肃河州(今临夏)韩家集阳洼山人。蓝翎都司千龄之子。光绪六年(1880)武进士，授守备职。二十年(1894)，参加镇压循化撒拉族暴动。二十一年，随同镇压河州回民暴动，任总兵。义和团运动爆发后，统回军马步七营，驻防山海关，后入卫北京。二十六年(1900)五月，率回军赴黄村，抵御八国联军入侵，与义和团军于廊坊重创侵略军，追敌窜杨村。继与义和团军包围杨村车站，迫侵略军退回天津，不久，侵略军再次进攻北京，他率回军拒守正阳门，誓"以身报国，为民族争光"。率军攻英国使馆，破使馆外栅堡。六月初六，督军毙敌数百，七日，在激战中中弹阵亡。追赠振威将军。葬北京阜城门外三里河清真寺旁。新中国成立后其墓迁葬于甘肃河州。

【马殿甲】 清朝将领。回族。字捷三。河南邓州(今邓县)人。侍卫马显麟之子。幼随父于京师习技勇。嘉庆十六年(1811)，中武进士，殿试一甲第一名，钦点头等侍卫(即武状元)。因平息新疆张格尔叛乱，授广东韶廉镇总兵。鸦片之役防堵海口有功，于道光二十一年(1841)擢升广西提督。曾镇压苗瑶等族起义和林清领导的白莲教起义。卒，谥保安。

【马德新】(1794—1874) 清代伊斯兰教学者。字复初。回族。云南太和(今大理)人。元云南平章政事*赛典赤·赡思丁第二十一世孙。幼随父习阿拉伯文、波斯文。后赴陕西从著名经师周大阿訇攻读伊斯兰教经典，得"陕学"真传。道光二十一年(1841)和二十四年(1844)，两次赴麦加朝觐，途经缅甸、印度、锡兰、也门到阿拉伯，后转赴埃及、土耳其、耶路撒冷，经新加坡回国。在国外学习伊斯兰教经典哲学、法律、文学、历史、天文等。在新加坡从事天文、历法研究，著《寰宇述要》，阐述历法理论。《天方历源》记法推算。其《朝觐途记》记述两次出国的经过与行程。回国后，从事伊斯兰教的教学与研究工作。有三十余种著译。流传较广的有《四典会要》、《性命宗旨》、《道行究竟》、《礼法启爱》等。咸丰六年(1856)，参加云南回民起义，后随马如龙降清。同治十三年(1874)，被云贵巡抚岑毓英杀害，葬玉溪北山的桃源屯后。

【马月合乃】(1216—1263) 又作马月忽乃、马月忽难。蒙古国大臣。汪古部人。字正卿。曾祖帖木尔越哥仕金为马步军指挥使，父昔里吉思官凤翔府兵马判官，官名皆有马，遂以马为姓。信奉也里可温(即聂思脱里派基督教)，月合乃为教名。原籍净州天山，父时迁汴(今开封)。金亡，侍母北迁。见蒙哥于和林(今蒙古哈尔和林)。初于燕京(今北京)佐卜只儿断事官事。蒙哥汗二年(1252),括中原民丁,免儒人为丁。建言立常平仓,屡荐贤士。九年(1259),从汗弟忽必烈(世祖)南征,留汴梁,执掌军需供应,运济南盐百万斤以助军需和民用。中统二年(1261),出私财易马五百助征阿里不哥,以功进礼部尚书。四年,谏言于光化、颍州等处立榷场以易铁铸农器,奉命以本职兼领已括户三千兴铁冶。是年八月二十一日卒于上都(今内蒙古正蓝旗东闪电河北岸),追封金书枢密院事、梁郡侯,谥忠懿。

【马月忽乃】 见"马月合乃"。(33 页)

【马月忽难】 见"马月合乃"。(33 页)

【马札儿台】(1285—1317) 元朝大臣。蒙古蔑儿乞氏。谨只儿之子,中书右丞相*伯颜之弟。历仕武宗、仁宗、英宗、泰定帝、顺帝数朝。初扈从武宗,继侍皇太子爱育黎拔力八达于潜邸,任典用太监。仁宗延祐、英宗至治年间,历任吏部郎中、侍郎、兵部尚书、典瑞院使,后迁大都路达鲁花赤,领虎贲亲军都指挥使。泰定四年(1327),出为陕西行台侍御史。次年泰定帝卒,权臣倒剌沙于上都(今内蒙古正蓝旗东闪电河北岸)辅立阿剌吉八,与大都(今北京)称帝之文宗图帖睦尔相峙,陕西行台台臣起兵应上都。上都兵败,获罪,以兄伯颜有功,始得免。继任上都留守,太府卿。顺帝元统二年(1331),拜御史大夫,寻迁知枢密院事。后至元三年(1337),拜太保,分枢密院,出镇北边。六年(1310),其兄被罢黜后,他出任中书右丞相,寻以疾辞相职。至正元年(1341),封忠王。七年(1317),遭中书右丞相别儿怯不花谗,被谪置甘肃,以疾卒。

【马沙亦黑】 明代天文学家。回回人。汉名吴谅。本西域撒马儿罕人。才识卓越,尤深邃于历法。洪武十二年(1379),来华,入觐太祖朱元璋,问答称旨,授刻漏博士,以礼待之。十五年(1382),授翰林编修,与吴宗伯等译元朝在大都(今北京)所藏之秘籍,曾译《回回历法》。寻任职内灵台太史院。永乐三年(1105),随成祖驾燕京(今北京),授钦天监灵台郎,世袭秋官正职,被尊为钦天监回回太师。著有历算十二种、《回回历》及《法象书》数篇。

【马哈金达】 唐代吐蕃著名僧医、翻译家。汉族。通晓汉藏文及汉藏医学。吐蕃王赤德祖赞(704—755 年在位)时,与吐蕃医生琼布孜孜、琼布通朱等将金城公主进吐蕃时所带许多历算和医药典籍译成藏文,其中有医学经典《月王药诊》,藏文译名《门杰达卫加布》,又名《索麻热扎》,是该书的第一种藏文译本。全书共一百一十五章,简要论述生理、病理、病症的诊断、治疗,药物的性味功效。吐蕃王赤松德赞(775—797 年在位)时,与高昌医生赞巴西拉哈,天竺医生达摩拉扎,被誉为"三神医"。根据各自的理论系统,编著了《历算日月轮》七章,《略疏二十七部》等医著。所著《草药配方》十二章及该书注释《秘密精义》均收入《太医药诊紫色经函》。久居吐蕃,为汉藏文化交流,特别是医学交流留下光辉业绩。

【马木剌的斤】(?—约 1266) 元代高昌畏兀儿亦都护。巴尔术阿而忒的斤之孙,玉古伦赤的斤子。父卒,袭亦都护。曾将探马军万人,从宪宗蒙哥伐宋合州,攻钓鱼山,有功。后还火州,卒。子火赤哈儿的斤袭位。

【马合麻火者】 明代哈密头领。永乐四年(1106),建哈密卫,任指挥。翌年,至京贡马,赐以钞币。

【马哈德瓦茨】 唐代吐蕃著名僧医。汉族。通晓汉藏文,兼通汉藏医学。吐蕃王松赞干布(?—650 年在位)时,与达摩郭卡将文成公主带入吐蕃的《医学大全》译成藏文,书名《门杰青木》,意为大医疗术。书中系统介绍了汉医关于人体生理、病理、诊断、治疗、药物等学说,对藏医药学有较大影响。汉医的阴阳五行、营卫气血、五脏六腑等学说,为藏医吸收,概括为"龙"、"赤巴"、"培根"。汉医诊断疾病的望、闻、问、切以及药物方剂也为藏医所吸收。切脉部位和时间、脉象、下指轻重、脉与四时、脉与脏腑之联系等,基本同汉医一样。同时将一些汉文佛经译成藏文。对汉藏医学、佛学的交流作出贡献。

【马祥仲巴杰】 唐代吐蕃大臣。赞普赤德祖赞(701—755 年在位)时人。系吐蕃舅臣(即尚论)。赤德祖死后,子赤松德赞嗣位,年幼,他掌握吐蕃实权,反对佛教,推崇本教,毁卡查及珍宝神殿,将大昭寺当作屠宰场,亵渎佛教,流放僧人,驱逐汉僧,送走释迦牟尼佛像,禁止举行冥寿之祭,并立"小法"予以申明。后赤松德赞在大臣桂氏及舅臣尼雅桑的支持下,将其诱入赞普墓室,活埋身死。

【马可古儿吉思】(1446—1465) 又作蒙古勒克埒青吉思、马嘎古儿乞、墨尔古儿格思、麻儿可儿、麻马儿可儿吉思、麦儿苦儿吉思、马儿苦儿吉思等。明代蒙古可汗。孛儿只斤氏。岱总汗*脱脱不花幼子。景泰五年(1451)即汗位,号乌珂克图汗,明人称之为小王子,由权臣孛来、毛里孩等擅政。约成化元年(1465)为孛来(一作多郭郎台吉)所杀。蒙、汉文史料对其记载不一。《明史·鞑靼传》将麻儿可儿误作另一人。

【马黑麻·海答儿】(1499—1551) 明代叶尔羌汗国大臣、史学家。朵豁剌惕氏。叶尔羌汗国开国元勋赛亦德·马黑麻之侄。身居要职,为萨亦德汗亲信,享古列坚(驸马)封号,与谋军政要事,多次率军出征。以今新疆南疆为世袭领地,势力急剧增长,形成特权家族,控制叶尔羌汗国军政大权。拉失德汗继位后,为加强汗权,对该家族严厉打击,满门抄斩。明嘉靖十四年(1535),逃往印度,十九年(1540),占领克什米尔,成为当地的统治者。三十年(1551),在当地居民的一次反叛中中箭身亡。在统治克什米尔时期,以波斯文写成《拉失德史》,记述东察合台汗国和叶尔羌汗国初期的历史,是研究明代西域最重要的史料,有罗斯的英译本及汉译本行世。

【马黑麻·柯尔克孜】 又译马黑麻·乞儿吉思。明代天山乞儿吉思(柯尔克孜)首领。正德九年(1514),率军随满速儿汗之弟萨亦德从费尔干纳进攻喀什噶尔的阿布·别克儿,佐萨亦德建叶儿羌汗国,受嘉奖,被指定为乞儿吉思首领。后与乌兹别克统治者矛盾益深,曾俘虏昔班尼汗之堂兄阿布都勒,旋释之。十二年(1517),与萨亦德汗离异,战败被俘入狱。嘉靖元年(1522),复被萨亦德汗起用,充异密,铺佐汗子拉失德征别失八里(或作亦力把里)和乞儿吉思人。旋收服大部分乞儿吉思人。三年(1524)前后,又被萨亦德汗逮捕,押至喀什噶尔,激起乞儿吉思人强烈反抗。

【马赫穆德·喀什噶里】 喀喇汗王朝著名学者。全名马赫穆德(或译马合木)·本·侯赛因·本·穆罕默德·喀什噶里。出生于喀什噶尔(今新疆喀什)。一说为喀喇汗王朝大汗穆罕默德(1057—1058年在位)之孙,1057—1058年宫廷政变中被杀的侯赛因之子。政变中幸免,流浪中亚各地,后抵巴格达,晚年返回喀什噶尔,死后葬于故乡阿克扎村附近的艾孜来提麻拉土丘(今新疆疏附县西南30公里处),其陵墓尚存。旅居巴格达时,于1074年以阿拉伯文写成语言学巨著《突厥语词典》,献给哈里发阿布·哈希姆·阿布都拉。这是关于十一世纪及其前中亚社会的百科全书,是研究当时突厥语各族人民社会生活和科学技术的重要资料。书中保持着许多早期的突厥语诗歌、民谣,是珍贵的文学遗产。受到近代各国学者的普遍重视,有土耳其、乌兹别克、维吾尔和日、法、英等语言的全译本和节译本。

【子元】 见"移剌子元"。(505页)

【子丘】 明代云南顺宁土官。布朗族。任顺宁(今云南凤庆)土知府。洪武二十三年(1390),与布朗族头人勐丘等拒绝向明朝输赋,并自相仇杀,争夺统治权。明廷大理卫指挥郑祥移师至甸头,破其寨,勐丘请降,愿输赋。勐丘死后,复与把事阿罗等相攻击。

【子犯】 见"狐偃"。(368页)

四 画

【 一 】

【比】 见"呼韩邪单于"②。（344页）

【比龙】 北魏时鄯善王。太延（435—440）初,遣使至北魏朝贡。四年（438）,遣弟素延耆入侍。太平真君二年（441）,鄯善遭沮渠安周袭击,惧,欲降。后纳魏使者劝谏,以兵拒守,迫安周退保东城。三年（442）,闻沮渠无讳将万余家会安周,恐被袭,率部众之半奔且末。其世子降于安周。

【比栗】 见"比粟"。（36页）

【比粟】（？—680） 又作比栗、比粟毒、比来粟。唐代回纥首领。药罗葛氏。婆闰子。约唐龙朔二年（662）,继父位主回纥。联仆固、同罗诸部扰唐境,为唐将郑仁泰败。唐移燕然都护府于回纥,改名瀚海都护府,总领碛北诸族。永隆元年（680）卒,子独解支嗣。

【比采粟】 见"比粟"。（36页）

【比把什】 见"必把锡鄂特罕"。（126页）

【比涉儿】 金末反金投蒙统帅。契丹族。金宣宗时仕役乣军。贞祐二年（1214）,蒙古军大举南下,五月,宣宗逃离中都（今北京）,军心动摇。驻扎中都南涿州、良乡一带以契丹为主的乣军杀金将衮昆起义,推其与斫答等为帅,领兵攻中都。在芦沟桥下,乣军千人潜水背袭守桥金兵,大胜,获甲杖甚巨,声势大振。为求后援,遣人与辽东耶律留哥和蒙古军联系。成吉思汗遣降将石抹明安等会之,并力围中都。次年破中都。

【比铜钳】 东汉烧何羌部女首领。年百余岁,多智算,深得族人敬信。东汉初年,卢水胡一支向湟水流域发展,进迫其部,遂于中元二年（57）率部落依附郡县。不久,因部人有犯法者,被临羌县（今青海湟中）长拘捕。部众六七百人被杀,羌民怀怨。东汉朝廷得知,令释放,送医药视养,使其复领部落。

【切尽黄台吉】（1540—1587） 蒙文史籍作库图克台彻辰鸿台吉或呼图克台彻辰鸿台吉。明代蒙古鄂尔多斯部领主,蒙古族政治、军事和思想家。孛儿只斤氏。吉囊孙,诺木塔尔尼郭斡台吉（华台吉）长子。驻牧于黄河河套西部。史称"明敏而娴于文辞,尤博通内典","善用奇兵",习蒙文、汉文、畏兀儿文和藏文。嘉靖四十一年（1562）,率兵征瓦剌,征服土尔扈特。四十五年（1566）,行兵图伯特（藏地）,收降三部落图伯特。主张与明朝通贡互市。隆庆五年（1571）,促成俺答汗与明朝的封贡关系,被明朝封为指挥佥事,并参与撰写著名的《顺义王俺答谢表》。后递升指挥同知、龙虎将军。万历元年（1573）,选精兵出征托克摩克（今伊犁西境）之哈萨克部落。约四年（1576）,被图们汗指定为蒙古五执政理事之一,作为右翼的代表。崇信藏传佛教格鲁派（黄教）,率先皈依并将该教引入蒙古,被第三世达赖喇嘛称为"郭喀噶尔弼彻辰洪台吉"。亲手校勘、整理和续修了《崇高至上转轮圣王敕修法门白史》（简称《白史》）一书,对曾孙萨囊彻辰著《蒙古源流》产生深刻影响。不仅是俺答汗军、政上的得力助手,其政治、宗教思想也强烈影响了俺答汗,并对蒙、藏、汉关系的发展作出积极贡献。

【切麦打比多吉】（约,1842—？） 清代康区德格土司,第十二代法王。藏族。咸丰二年（1852）,十一岁继位。同年,瞻对土司工布朗结占领德格法王辖区,与母同被拘押于瞻对。后由西藏地方政府派代本赤满击败工布朗结,被释归。自此,西藏地方政府派噶伦官员轮流驻昌都,而德格法王亦受制于西藏地方政府。执政时,因与属下头人不睦,邀四川总督派统领剿办,统领兵败,他与母被送往成都,其属下头人成立"仁登会议"代行土司职权。后死于成都。

【扎什】（？—1704） 清朝将领。蒙古族。喀喇沁部人。乌梁罕氏。固噜思奇布次子。康熙十一年（1672）,袭札萨克多罗杜棱郡王。十四年（1675）,拒附察哈尔布尔尼叛,告郎中玛喇为备。继随抚远大将军信郡王鄂扎败布尔尼于达禄。二十九年（1690）,赴尚书阿喇尼军前效力,受命留护军粮,亲请率军从征准噶尔部噶尔丹。继随裕亲王福全败噶尔丹于乌兰布通（今内蒙古赤峰附近,一说在克什克腾旗境）。三十五年（1696）,从康熙帝亲征,至克鲁伦河。

【扎法】 清代云南孟连勐梭地区头人。拉祜族。光绪十一年（1885）,与傣族土司罕炳昭领导孟连的募乃、董竹、木戛等地傣族、拉祜族人民反抗清朝统治,击毙清副将尉迟东晓。清廷派迤南道刘春霖前往镇压,起义军退班顺、黑山等地斗争,因寡不敌众,失败。

【扎底】 传说中拉祜族的创世祖。据说远古时代,地上没有人,后从葫芦里出来一男一女。男名扎底,女名娜底,两人周游世界,不见一人,回告神仙。神仙就叫他俩结婚,繁衍人口。娜底怀了孕,在南亚河边生了一个小孩,让河水冲走。神仙追踪至南亚河,拾得淹死的孩子,分割为若干块,先用白布包一块,成了拉祜族,次用绸布包一块,成了汉族,再用滑绸包一块,成了傣族,第四用黑布包一块,成了哈尼族,第五用红布包一块,成了布朗族,第六用绿布包一块,成了佤族,第七用灰布包的成了彝族。

【扎木素】（？—1708） 清朝将领。蒙古族。敖汉部人。博尔济吉特氏。墨尔根巴图鲁温布长子。尚郡君，授多罗额驸。康熙十一年(1672)，袭札萨克多罗郡王。十四年(1675)，随军征察哈尔部布尔尼。二十九年(1690)，随清军征准噶尔部噶尔丹，败准军于乌兰布通（今赤峰附近）。三十四年(1695)，赴巴林部防御。

【扎木禅】（？—1775） 清朝将领。乌梁海人。扎哈沁宰桑玛木特孙。初隶准噶尔部。乾隆十九年(1754)，随祖内附。二十一年(1756)二月，袭三等信勇公。三月，从定边左副将军哈达哈征乌梁海。旋徙牧哲尔格西喇呼鲁苏。二十三年(1758)，奉命进京朝觐。次年，随参赞大臣齐努浑追擒阿尔齐图，获赏赉。二十六年(1761)，所部置九佐领，受命总领扎哈沁旗众。

【扎巴贝】 见"桑结温"。(476页)

【扎尔鼐】（？—1728） 清代藏传佛教（黄教）僧人、西藏地方政府官员。本名扎尔鼐·罗追杰布。西藏拉萨人。藏族。曾任达赖喇嘛仓储巴，康熙五十九年(1720)，拥护清军入藏平定侵扰西藏的厄鲁特蒙古准噶尔部军，同隆布鼐赴木鲁乌苏迎接清兵。因响导有功，被清封为一等台吉，任命为四噶伦之一。管理西藏地方军政事务。雍正五年(1727)，附和噶伦阿尔布巴等杀害首席噶伦康济鼐。同年，与后藏颇罗鼐军战于江孜。次年，为颇罗鼐围困于布达拉宫，被执，为清军处死。

【扎拉芬】（？—1855） 清朝将领。博尔济吉特氏。满洲正黄旗人。福建建宁镇总兵庆林之子。道光十一年(1831)，赏蓝翎侍卫。二十年(1840)，升头等侍卫。二十七年(1847)，因军政卓异赏副都统衔，充乌鲁木齐领队大臣。二十八年，授镶红旗汉军副都统。咸丰二年(1852)，调镶红旗满洲副都统。次年，调密云副都统。四年，升西安将军兼署固原提督，奉命往潼关御太平军。后赴襄阳一带镇压太平军。五年，太平军攻随州平林市。率兵由望城冈进至五里墩，受重伤突围，卒于军。

【扎喀纳】(1611—1659) 清初将领。满族。爱新觉罗氏。舒尔哈齐孙，扎萨克图长子。清崇德三年(1638)，从睿亲王多尔衮征明，破济南府、天津卫，累立战功。四年，封镇国公。后因追内大臣多尔济属下逃人未获，降辅国公。六年，从太宗征锦州，败明总督洪承畴，追吴三桂等至塔山。七年，驻防锦州。以敏惠恭和元妃丧期歌舞为乐，削爵，黜宗室，幽禁。顺治二年(1645)，叙定京师功，复宗室，授辅国公。随贝勒勒克德浑征湖广。五年(1648)，驻防大同。六年，晋固山贝子。九年(1652)，从敬谨亲王尼堪征湖南，亲王至衡州战殁。十一年，因尼堪战殁事削爵。十二年，复授辅国公。十五年(1658)，随信郡王多尼征明桂王朱由榔于云南，克永昌。

【扎巴坚赞】 ①(1147—1216)宋代藏传佛教萨迦派五祖之第三祖。相传为吐蕃贵族后裔，衮噶宁布第三子。十一岁时，便能讲说"喜金刚怛特罗"，且深得其要领，使听众为之惊讶。自十二岁起，从父亲学法。十三岁，接替二哥索南孜摩主持萨迦寺。曾从绛森达瓦坚赞大师受梵行勤策戒，不沾酒肉，以严守戒律著称。在主持萨迦寺的五十七年间，广收僧徒，讲经传法，著述甚丰，曾用黄金水缮写大宝积经及续部等甘珠尔经。②(1762—1836)清代藏传佛教高僧。藏族。又名洛桑顿珠。生于多麦南部博拉。七岁拜楚臣嘉措为师，十一岁于色拉格西洛桑却培出家。十二岁入拉卜楞寺，十六岁从索南旺杰受沙弥戒，被二世嘉木样活佛晋美旺波认定为果芒喇嘛桑杰多吉的转世，拜拉西噶久巴和卡甲达杰为师，系统修习经典。二十一岁以嘉木样受比丘戒，取法名扎巴坚赞。二十二岁赴拉萨晋见八世达赖喇嘛罗桑强白嘉措，朝礼大昭寺及诸寺院。后入哲蚌寺果芒扎仓，拜霍尔格桑顿珠和贡塘活佛为师。二十五岁赴扎什伦布寺朝拜七世班禅丹贝尼玛。同年，任琼科杰寺主持。二十七岁为拉卜楞寺堪布，执掌政教事务，任内，曾建寺、修佛、募化，迎清嘉木样晋美旺波转世活佛，相继三次任拉卜楞寺法台。

【扎巴俄色】(1246—1303) 又作乞剌斯八斡节儿、合剌思八斡节儿等。元朝帝师。吐蕃萨迦人，款氏。属萨迦弟子夏尔巴喜饶迥乃东院门人。松巴扎巴子。初任帝师八思巴侍从却本（一说任达尼钦波却本），后随恰那多吉之子帝师达玛巴拉进京（一说达玛巴拉后进京）。至元二十八年(1291)，被忽必烈命为帝师，执掌释教。三十一年(1294)，忽必烈逝世后，继为成宗铁穆耳帝师。元贞元年(1295)，成宗赐其双龙盘纽白玉印，印文为"大元帝师统领诸国僧尼中兴释教之印"，并以特造宝玉五方佛冠赐之。曾做了一件为萨迦派后人称道的善事：八思巴异母弟耶歇迥乃之子达尼钦波桑波贝（简称达钦），对未能承袭萨迦寺主及恰那多吉遗腹子达玛巴拉执掌萨迦寺不服，进京申诉，被帝师达玛巴拉斥为非款氏家族正出（其父为侍婢所生），流放于今浙江宁波东部一海岛。他任帝师后，将达钦迎归，承认其是款氏后裔，后帝师一职数由达钦后人充任。任内，极力维护寺院的特殊地位。大德五年(1301)三月十八日，颁法旨给河南郑州大觉寺，解决该寺财产纠纷等问题。四月二十八日，又颁法旨给五台山大宁寿寺所属下院祁林院，告诫当地军政人员，不得搅乱寺院正常秩序，随意向寺院收税和夺取寺院财产。

【扎巴僧格】(1283—1349) 元代藏传佛教噶举派噶玛噶举红帽系始祖。吐蕃人。属旺古家族。因修炼气功能单衣御寒，故又名旺古热巴（意为"旺古单衣师"）。《青史》作"昌古"。有时又称多丹扎巴僧格。十三岁随洛垂查巴受近事戒。十七岁在崩寺出家。后背着家父赴前藏学法。至大元年(1308)，经索曲河渡到达粗浦。在工布聆听法王让迥多吉宣讲《集密灌顶》及《集密续》，获所赠都松钦巴手铃。后赴桑浦寺拜师学显教法，并在法王所建德钦寺学习密法。曾先后赴尼木、萨嘉、觉莫隆、普莫查、希日山、桂仓、久莫冈、六宗、定日、布扎等地拜佛求法。至顺四年(1333)，建乃囊寺，为僧众弘传佛法。约至元四年(1338)左右,遵法王命,居德钦寺修行。弟子众多,有多丹衮杰哇、雅德班钦等四大弟子。

【扎西贝丹】(1379—1449) 明代藏传佛教格鲁派(黄教)高僧。宗喀巴弟子。西藏哲蚌寺创建者,尊称绛央却杰(意"妙音法尊")。生于桑耶地方,出家于泽当寺。于桑浦寺从聂贵仁桑等听《波罗密多经》、《因明学》;于觉摩垅寺随大堪布噶喜瓦习《律藏》、《具舍论》;在甘丹寺从宗喀巴学《中观论》、大小《菩提道次第论》等。广听诸种经典,博学多识,能背诵百部经论。后返泽当寺,任执事。从宗喀巴受比丘戒。由内邬宗宗本南噶桑波为施主,帕竹政权属下贵族资以庄园,于明永乐十四年(1416),创建哲蚌寺。自此,于该寺广传显、密二宗达三十余年,为该寺之主持。

【扎西泽巴】(?—1720) 清代后藏官员。藏族。原为五世班禅罗桑益希官员,后归拉藏汗属下。康熙四十五年(1706),奉命管理后藏娘区军队。五十六年(1717),准噶尔军包围拉萨,他密通书信,投降准噶尔,陷拉萨。准噶尔统治西藏时期,为达孜巴为首之傀儡政府官员,并占有颇罗鼐庄园仁则。五十九年(1720),清军入藏,驱逐准噶尔军后,被处决。

【扎拉丰阿】(?—1783) 清朝大臣。蒙古族。喀喇沁部人。僧衮扎布次子。初名色布腾多尔济,乾隆四年(1739),赐今名。教养于内廷。七年(1742),封辅国公。十年(1745),尚郡君,授多罗额驸。命御前行走。十二年(1747),兼管上驷院。十三年,授满洲正红旗副都统,后调蒙古镶黄旗都统。十四年,晋固山贝子。赐三眼孔雀翎。十八年(1753),授领侍卫内大臣兼理藩院额外侍郎。十九年,督办昭乌达驼马,以辉特台吉阿睦尔撒纳赴北路军请降,奉命往迎。二十年正月,赐贝勒品级。授参赞大臣,与定边右副将军萨喇勒掌西路征准噶尔部达瓦齐,抵伊犁,达瓦齐被俘后,晋封多罗郡王。入觐避暑山庄,授定边右副将军,屯伊犁。定西将军永常因罪削职后,代理军务。继复以定边右副将军随策楞进剿,因阿睦尔撒纳叛逃,降贝子。以托故观望,降辅国公。二十四年(1759)正月,署蒙古正红旗都统。二十六年(1761),授汉军正黄旗都统。二十七年,授领侍卫内大臣。三十年(1765),调蒙古镶白旗都统。三十八年(1773),授御前大臣。四十四年(1779),晋贝勒。四十五年,兼袭札萨克镇国公。四十八年(1783),以前功封郡王。

【扎那噶尔布】(?—1757) 一译扎纳嘎尔布。清代卫拉特蒙古准噶尔部台吉。姓绰罗斯。策妄多尔济那木札勒同高祖兄弟,色布腾第三子。初游牧额琳哈毕尔噶。乾隆二十年(1755),偕噶勒藏多尔济附清。翌年,复举兵反清。因受辉特部台吉沙克都尔宰桑呢玛忐恿,集兵杀噶勒藏多尔济,谋自立为准噶尔大台吉。后为和硕特台吉达瓦所杀。

【扎克巴达颜】 清代西藏地方官。七世达赖喇嘛格桑嘉措之堪布。藏族。乾隆十一年(1746),达赖喇嘛与

郡王颇罗鼐不睦,他乘机诅咒颇罗鼐,后被颇罗鼐属下人桑寨查获,颇罗鼐派噶伦才仁旺杰询问达赖喇嘛经师如何处置。经大臣傅清奏报,高宗敕谕颇罗鼐,以二人不合将导致藏地不宁,遂从轻完结。

【扎巴坚赞贝桑波】 见"帕竹扎巴坚赞"。(346页)

【扎萨克图图们汗】 见"图们汗"。(358页)

【扎贡巴·丹巴若杰】(1801—?) 清代藏传佛教高僧,扎贡巴三世活佛。藏族。甘南夏河人。五岁时被嘉木样谢图确认为扎贡巴洛桑喜饶化身。六岁从阿莽班哲达出家,取名衮却丹巴若杰。后在拉卜楞寺学经及五明之学。曾两赴西藏卫地,先后从达浦永增益西嘉措等三十余位经师学法。从六岁至五十三岁,投身阿莽班哲达衮却坚赞学佛典及历史,成为著名学者。由阿莽班哲达授意,于同治四年(1865),写了著名的《安多政教史》(即《史海》),利用六百余种史书及本人游历所得,历时十二年完成此巨作,木刻版共九百页,内容极丰富,详载青、甘两省藏蒙族政教历史,并涉及西藏、四川、云南藏区有关问题。书中详载各地藏区寺院、寺院活佛与中央政权的密切关系。所记旁征博引,取材有据,所引史书今多已不存,故该书尤显珍贵。是书原有阿木去乎寺木刻版,后被军阀马步芳军焚毁,今所见系拉卜楞寺经库所存木版书,1982年甘肃出版社以排印本出版。此书为国内外藏学研究者广泛引用,盛名不衰。

【支雄】 十六国时期后赵将领。月氏人。初随石勒起事,为十八骑之一。兵败,随勒归附刘渊,拜将军。与石勒屯兵葛阪,为前锋战将,共图东晋。相继攻汲郡向冰、广平游纶。后为刘演败于廪丘。继攻宁黑于武阳,陷之,徙其众万余于襄国。东晋太兴二年(319),勒称赵王,拜中垒将军,领门臣祭酒,专掌辞讼。后赵建武四年(338),以龙骧大将军与姚弋仲统兵伐鲜卑段辽,收渔阳、上谷、代郡等四十余城。

【支谦】 汉代佛教译经师。月氏人。汉桓、灵之世,受业于支亮,好学深思,博览经籍。多技艺,通六种语言。献帝(189—220年在位)末年,避乱于吴,被吴主孙权拜为博士,辅导东宫。以大教虽行,而经多梵文,未尽翻译,遂收集众本,译为汉语。从黄武元年(222)至建兴(252—253)中,先后译出《维摩》、《大般泥洹》、《法句》、《瑞应本起》等四十九经。又从《无量寿》中本起,制菩萨、连句、梵呗三契。并注《了本生死经》,皆行于世。

【支娄迦谶】 简称支谶。汉代佛教译经师。月氏人。汉灵帝(167—189年在位)时,游步洛阳,传译梵文,出《般若道行》、《般舟》、《首楞严》、《职阇世王》等经十余部。所译经皆审得要旨,了不加饰。后不知所终。

【云】 见"须卜居次"。(412页)

【云堆】 清代著名蒙医。著有《医典第三部词解》,对《四部医典》第三部中的名词作了诠释,全书54页,为藏蒙文对照手抄本。

【云丹扎】 见"夏尔哇巴"。(447页)

【云丹嘉措】(1589—1616) 即四世达赖。明代藏

传佛教格鲁派(黄教)领袖。蒙族。生于内蒙古土默特部王族，*俺答汗(明封顺义王)曾孙，苏密尔岱青洪台吉之子。被认定为达赖三世锁南嘉措转世灵童，经甘丹、色拉、哲蚌三大寺代表查访，获确认。明万历三十年(1602)，由三大寺派人迎请入藏，次年，至藏北热振寺举行坐床典礼，后赴哲蚌寺学经，以甘丹池巴班觉嘉措为师，受沙弥戒，取名云丹嘉措。明万历三十五年(1607)，回札什伦布寺向该寺住持罗桑曲结坚赞学经，后复返哲蚌、色拉等寺，广转法轮，四十二年(1614)，邀四世班禅到哲蚌寺，为其授比丘戒。就任哲蚌、色拉两寺堪布。曾派屯月曲吉嘉措去青海建佑宁寺(即郭隆寺)，是为青海建显教僧院之始。四十四年(1616)十二月十五日，在哲蚌寺圆寂。一说，被藏巴汗派人刺死。

【元叉】(?—525) 北魏宗室。字伯俊，小字夜叉。鲜卑元氏(拓跋氏)。京兆王*元继子。宣武帝恪时，任员外郎。娶灵太后妹为妻，及太后临朝，授通直散骑侍郎，历迁散骑常侍、光禄卿、侍中，加领军将军，兼总禁兵，深为太后所信委。正光元年(520)，与侍中刘腾等幽灵太后，杀清河王怿，总勒禁旅，决事殿中。继获肃宗宠信，与腾表里擅权，百僚惧之。四年(523)，腾死后，防卫微缓。六年(525)二月，被灵太后与丞相高阳王元雍免去领军，为骠骑大将军、尚书令、侍中，解兵权。四月，灵太后复临朝听政后，令其出宿，解去侍中。寻被除名为民。是年夏，以谋反罪，赐死。追赠骠骑大将军、尚书令。

【元奴】①见"完颜永元"。(251页) ②见"完颜纲"。(246页)

【元匡】 北魏宗室。字建扶。鲜卑元氏(拓跋氏)。阳平王新成第五子，广平王洛侯嗣子。史称其"性耿介，有气节"，颇得孝文帝器重，以其能匡辅社稷，故改名为匡。宣武帝即位，历任给事黄门侍郎、肆州刺史、恒州刺史、大宗正卿、河南邑中正、度支尚书。袭封广平王(一说是私继)。与擅政之尚书令高肇抗衡，舍死切谏，论肇罪。后以诬肇罪免死降光禄大夫。后兼宗正卿，出为兖州刺史。孝明帝初，入为御史中尉，严于弹纠。熙平二年(517)，奏请取景明以来内外考簿、吏部除书、中兵勋案等，以查窃阶盗官之人，因遭任城王澄反对，乃止。后拜安南将军，加镇东将军，封东平王。后遭澄奏劾，列其罪状三十余条，免死，除官爵。寻复平州刺史，徙青州刺史，迁关右都督，兼尚书行台。以疾还京。孝昌(525—527)初，卒，谥文贞。后追复本爵，改封济南王。

【元臣】 见"移剌元臣"。(506页)

【元羽】(470—501) 又作直懃驾头拔羽直。北魏宗室。字叔翻。鲜卑元氏(拓跋氏)。献文帝*拓跋弘子，孝文帝*元宏弟。太和九年(485)，封广陵王，加侍中、征东大将，为外部大官。后为大理，加卫将军，典决京师狱讼。迁尚书右仆射，为太子太保、录尚书事。十七年(493)，孝文帝将南征，奉命安抚六镇，还领廷尉卿，留守平城。后兼太尉。翌年，迁都后，镇抚代京平城。因政绩不显，免录尚书、廷尉。十九年(495)十二月，授都督青齐光南四州诸军事、征东大将军、青州刺史。加封散骑常侍，进车骑大将军。宣武帝即位后，迁司州牧。景明二年(501)正月，封司徒，改司空。五月，因私员外郎冯俊兴妻，为兴所殴，寻卒。追赠侍中、骠骑大将军、司徒公、冀州刺史。

【元妃】①见"萧贵哥"。(484页) ②见"萧耨斤"。(487页)

【元寿】(550—612) 北周、隋朝大臣。字长寿。鲜卑元氏(拓跋氏)。河南洛阳人。魏邵陵王敦之孙，周凉州刺史宝子。少丧父，及长，颇涉文史。周武成(559—560)初，封隆城县侯。保定四年(564)，改封仪陇县侯。隋开皇初，奉使于淮浦监修船舰以伐陈。四年(584)，参督漕渠之役，授尚书主爵侍郎。八年(588)，任行台左丞，兼领元帅府属，随晋王杨广伐陈。次年，拜尚书左丞，寻拜太常少卿，迁基州刺史，任内以公廉称。入为太府少卿。仁寿四年(604)，为长史，与杨素平汉王杨谅之反，以功授大将军，迁太府卿。大业四年(608)，为内吏令。次年，从讨吐谷浑，率军南屯金山。及还，拜右光禄大夫。七年(611)，兼左翊卫将军，从征辽东。次年正月，至涿郡，病卒。追赠尚书右仆射，谥景。

【元宏】(467—499) 又称拓跋宏。北魏皇帝。471—499年在位。鲜卑元氏(拓跋氏)。献文帝*拓跋弘长子。自幼由冯太后扶养。皇兴三年(469)，立为皇太子。五年(471)，受父禅即位，改元延兴，尊父为太上皇，国事仍奏闻于父。六年(476)，父卒，尊冯太后为太皇太后，临朝听政。太和十四年(490)，太后卒，始亲政。史称其聪敏勤学好为文章，常亲草诏册。在位期间，曾镇压诸地民变，数败柔然、吐谷浑，迫使契丹、库莫奚、地豆于、勿吉、龟兹等奉贡。太和四年(1180)后，屡与南朝齐交兵，并亲率冀、定、瀛、相、济五州兵二十万攻齐，占领泗北五郡。力行改革，效法南朝，改定官制、礼仪，更律令，严法制，提倡务农积谷，考核官吏。太和八年(484)，行百官俸给制。九年，颁均田令，改革租调力役制。十年，初立党、里、邻三长，定民户籍。为适应在中原的统治，采取汉化措施：十八年(494)，从平城迁都洛阳。十九年(495)，提倡衣汉服，说汉语，禁止在朝廷说鲜卑话，违者免官。改鲜卑姓为汉姓，鼓励鲜卑人与汉人通婚。二十年(496)，诏改帝姓拓跋氏为元氏，太祖以来八大著姓，皆改为汉姓。自娶汉族大姓女为妃，以示提倡。诏改长尺大斗，颁行天下。铸太和五铢钱，通用于京城及诸州，规定百官俸禄，皆准绢给钱。改革中，遭到守旧势力反对，遣兵息穆泰等谋乱，处死皇太子恂。改革促进了鲜卑族的发展，缓和各种社会矛盾，增强各族联系。太和二十三年(4199)，引兵南征，染疾，北返，途中卒于谷塘原行宫。谥孝文皇帝，庙号高祖。

【元英】(?—510) 北魏宗室。字虎儿。鲜卑元氏(拓跋氏)。太武帝*拓跋焘曾孙，南安王*元祯之子。史称其"性识聪敏，博闻强记"，善骑射，解音律，微晓医术。孝文帝时，为平北将军、武川镇都大将、假魏公。迁都督梁益宁三州诸军事、安南将军、领护西戎校尉、仇池镇都大将、梁州刺史。在仇池六年，以威惠著称。太和十九年（495），随帝南伐，攻汉中，以功迁安南大将军，封广武伯。二十三年（499），从征汉阳，为左卫将军，加前将军，寻迁大宗正，转尚书，镇荆州。因屡为齐将陈显达所败，免官爵。宣武帝即位后，行徐州，还复尚书、广武伯。后以军功，拜吏部尚书，进常山侯。正始元年（504），都督征义阳诸军事，率众南征，大破梁将曹景宗，克三关，封中山王。三年（506），为征南将军，都督扬徐二州诸军事，率众十万拒梁军，先后破阴陵、梁城、马头，围钟离。次年四月，以经算失图，兵败除名为民。永平元年（508），复王封。后都督南征诸军事，攻克三关。还朝，任尚书仆射。卒，追赠司徒公，谥献武王。

【元坦】 东魏、北齐官员。鲜卑元氏。河南洛阳人。魏献文帝＊拓跋弘孙，咸阳王＊元禧第七子。北魏景明二年（501），其父被诛，兄翼、树等五人相继南奔梁朝，故得承袭，改封敷城王。建义元年（528），以通直散骑常侍复本封咸阳郡王。累迁侍中。孝武帝初，兄树被擒，虑其代己，密劝朝廷以法除之。永熙二年（533），为司空公。东魏天平元年（534），任太尉，历太傅，加侍中、太师、录尚书事、宗正、司州牧。以卖狱鬻官，于武定二年（544），为御史所劾免官，以王归第。寻起为特进，出为冀州刺史，专复聚敛。七年（549），入为太傅。齐天保（550—559）初，准例降封新丰县公。后坐子世宝罪，配北营州，死于配所。

【元岩】（？—593） 北周、隋大臣。字君山。鲜卑元氏（拓跋氏），河南洛阳人。魏敷州刺史祯之子。好读书。初仕周为武贲给事，获大冢宰宇文护器重，为中外记室。累迁内史中大夫，封昌国县伯。周宣帝（578—579）时，因谏阻滥诛被废于家。大象二年（580），为户（民）部中大夫。隋文帝即位，拜兵部尚书，晋爵平昌郡公。性刚鲠严肃，明达世务，廷争面折，无所回避，上下敬惮之。开皇十二年（592），任益州总管长史，辅佐蜀王杨秀镇益州。法令明肃，吏人称赞。次年，卒于蜀。

【元诩】（510—528） 北魏皇帝。515—528年在位。鲜卑元氏（拓跋氏）。宣武帝＊元恪次子。延昌元年（512），立为皇太子。四年（515），父卒，即位，以年幼，由母灵太后临朝听政。正光元年（520），侍中元叉、中侍中刘腾等幽灵太后于北宫，总勒禁旅，决事殿中。三年（522），初行"正光历"。次年，刘腾死，太后解元叉领军，复临朝。时政纲紊乱，任用奸佞，赏罚失当，国用耗竭，饥荒连年，百姓穷困，社会矛盾日趋尖锐。同年冬，爆发六镇各族大起义。孝昌元年（525），借柔然兵镇压破六韩拔陵义军，兵权落入尔朱荣之手。及长，因恶太后所为，取怒太后，己所亲幸者，多以故被害，母子嫌隙日深。武泰元年（528），密诏尔朱荣举兵内向，以胁太后。事觉，被太后鸩杀。谥孝明皇帝，庙号肃宗。

【元怿】（487—520） 北魏宗室。字宣仁。鲜卑元氏（拓跋氏）。孝文帝＊元宏子。幼敏慧，甚得父宠爱。太和二十一年（497），封清河王。宣武帝初，拜侍中，转尚书仆射。延昌元年（512），任司空。孝明帝即位后，为司徒。位至太傅，领太尉，诏裁门下之事。博涉经史，兼综群言，有文才，善谈理，礼敬士人，时望甚重。擅长从政，明于断决，深得灵太后宠信，委以朝政，竭力匡辅其侄孝明帝。为领军元叉、卫将军刘腾所忌，被诬为谋反，后查明得释，遂作《显忠录》二十卷。神龟三年（520）七月，为叉、腾所陷，以谋逆罪，被杀害。正光四年（523），追封范阳王。

【元详】（？—504） 北魏宗室。字季豫。鲜卑元氏（拓跋氏）。献文帝＊拓跋弘子，孝文帝＊元宏弟。善举止。太和九年（485），封北海王。进侍中，转秘书监。十八年（494），孝文帝南征，为尚书仆射，行中领军，留守洛阳。二十二年（498），行司州牧。任护军将军，兼尚书仆射。次年，孝文帝临终，受顾命以司空辅政。景明二年（501），迁侍中、大将军、录尚书事。寻为太傅，领司徒，获宠，位望兼极，参决军国大事。恃势贪冒无厌，公私营贩，广营第舍，夺人居室。正始元年（504），为尚书令高肇所谮，以谋逆罪，免为庶人，徙太府寺，被宣武帝密令杀害。永平元年（508），诏复本封，葬以王礼，谥平王。

【元胄】 北周、隋朝大臣。鲜卑元氏（拓跋氏）。河南洛阳人。魏濮阳王顺孙，武陵王雄之子。少勇果，多武艺，为周齐王宇文宪所重，数从征，官至大将军。被杨坚委以腹心，入侍卫。随坚赴周赵王宇文招之宴，护坚免遭毒害，受重赏。隋开皇元年（581），封武陵郡公，拜左卫将军，迁右卫大将军。历豫亳浙三州刺史。十年（590），任灵州总管，以防突厥。后复为右卫大将军。仁寿二年（602），坐与蜀王杨秀交通除名。炀帝即位后被诛。

【元顺】（495—528） 北魏宗室。字子和。鲜卑元氏（拓跋氏）。任城王＊元澄庶长子。少好学，从师乐安陈丰。淡于荣利，喜作诗，解鼓琴。初任给事中、太常少卿、给事黄门侍郎，为领军元叉所忌，出为恒州刺史，转齐州刺史。自负有才，不得居京都洛阳，遂纵酒自娱，不亲政事。正光六年（525），叉解领军，复为给事黄门侍郎。寻兼殿中尚书，转侍中。后为城阳王徽所间，出任护军将军、太常卿，封东阿县开国公。愤徽等陷己，作《苍蝇赋》，以泄怨。孝昌二年（526），授吏部尚书，兼右仆射，拜征南将军。建义元年（528），闻宗室王公于河阴为尔朱荣所杀，出走，为陵户鲜于康奴所害。孝庄帝时，追赠尚书令、司徒公，谥文烈。曾撰《帝录》二十卷，诗赋表颂数十篇，多佚。

【元钦】（？—554） 西魏皇帝。551—554年在位。鲜卑元氏（拓跋氏）。西魏文帝＊元宝炬长子，母乙弗后。大统元年（535）正月，立为皇太子。十七年（551）三月，父卒，即皇帝位，受制于权臣宇文泰。废帝三年（554）正月，因怨泰杀尚书元烈，谋诛泰，事泄，为泰所废，置之雍州廨舍。四月，被泰鸩杀。史称废帝。

【元修】（510—535） 北魏皇帝。532—535年在位。

字孝则。鲜卑元氏(拓跋氏)。孝文帝*元宏孙,广平武穆王怀第三子。沉厚少言,好史事。始封汝阳县开国公,历任通直散骑侍郎、中书侍郎、太常卿、宗正卿。永安三年(530),封平阳王,兼尚书右仆射,加侍中、尚书左仆射。中兴二年(532)四月,被高欢拥立,即帝位于洛阳东,娶欢女为后,封欢为大丞相、太师,独揽朝政。同年五月,杀前废帝广陵王元恭,十一月,杀后废帝安定王元朗及东海王元晔。永熙三年(534)四月,封宇文泰为侍中、关西大都督、略阳县公,欲依泰除欢。七月,率兵十万拒欢军于黄河,后西奔长安泰处。闰十二月(535年2月),为泰鸩杀。谥孝武帝,史称出帝。

【元恂】(483—497) 北魏太子。字元道,又字宣道。鲜卑元氏(拓跋氏)。孝文帝*元宏长子。太和十七年(493),立为皇太子。父每岁征幸,常留守,主执庙祀。素不好学,苦河洛暑热,常思北归,私着胡服。二十年(496)八月,乘父往嵩岳、自留守金埔之机,谋轻骑奔代。因领军元俨勒门防遏,未果。父归,历数其罪,囚于城西。十二月,废为庶人,置于河阳无鼻城,以兵守之。二十一年(497),为御史中尉李彪密劾,以谋逆罪,被鸩杀。

【元恪】(483—515) 北魏皇帝。499—515年在位。鲜卑元氏(拓跋氏)。孝文帝*元宏次子。太和二十一年(497),立为皇太子。二十三年(499),即位于鲁阳(今河南鲁山县)。景明二年(501),始亲政。四年(503),遣中山王元英攻义阳(今河南信阳)。正始元年(504),占梁司州。二年,取梁州。四年,围攻钟离(今安徽凤阳县东北),为梁军所败。永平二年(509),制定同姓、异族及清修出身的公、侯、伯、子、男之品秩。四年(511),禁天文学。延昌二年(513),定奴良之制。在位期间,优柔寡断,任用非人,国政渐乱。因连年与南朝齐、梁作战,民力衰竭,饥荒四起。卖官鬻爵,贪官横行,纳货出官,大郡二千匹,次郡一千匹,下郡五百匹,名为"市曹"。佛教盛行,更增加人民负担,建寺宇,凿石窟,耗费大量人力和物力,至延昌年间,州郡共有寺宇一万三千余所。各种矛盾日益尖锐,诸族人民聚众起事者连年不断,见于记载的达十七八次之多。谥宣武皇帝,庙号世宗。

【元结】(719或723—772) 唐朝官员、文学家。鲜卑元氏。河南洛阳人。字次山,号漫郎、聱叟。舂陵丞延祖子。天宝十二年(753)第进士,复举制科。奉召,上《时义》三篇。擢右金吾曹参军,摄监察御史,为山南西道节度参谋。参与抗击史思明军,屯泌阳守险,全十五城。以功迁监察御史里行。历水部员外郎、著作郎。后拜道州刺史,为民营舍给田,免徭役,流亡归者万余。容管经使,加左金吾卫将军。大历七年(772),罢还京师。卒,赠礼部侍郎。为诗注重反映社会现实和人民疾苦,所作《舂陵行》、《贼退示官吏》等,受杜甫推崇。散文也多涉及时政,文风古朴。原有集,已散佚。明人辑有《元次山文集》,又曾编选《箧中集》行世。

【元继】(?—528) 北魏宗室。字世仁。鲜卑元氏(拓跋氏)。南平王霄次子,江阳王根嗣子。袭封江阳王,加平北将军。孝文帝时,授安北将军、抚冥镇都大将,转都督柔玄、抚冥、怀荒三镇诸军事,镇北将军、柔玄镇大将。入为左卫将军、兼侍中、中领军,留守洛京。旋授平北将军,镇摄旧都平城。太和二十二年(498),受命征讨不愿随魏军南征、相率北归的以袁纥部树者为主之高车部,遣人慰谕树者,使之逐渐南附。宣武帝恪时,任征虏将军、青州刺史,转平北将军、恒州刺史。因在青州乘民饥馁,许家僮娶民女为妻妾,又以良人为婢,永平三年(510),被御史弹劾,免官爵。后任平东将军,镇徐、扬,配合大将军高肇伐蜀。其子又娶灵太后妹为妻。灵太后临朝听政后,复官尚书、骠骑大将军,封京兆王。神龟二年(519),转司徒公。后晋为太保。位至侍中、太师、大将军、录尚书事、大都督,节度西道诸军。正光五年(524),率军西讨莫折天生等起事。六年(525),封太尉。晚年甚贪婪,聚敛无已。不久,因子叉黜官,废于家。孝昌二年(526),复江阳王。建义元年(528),为太师、司州牧。十月,卒。追赠都督雍泾邠秦岐河梁益九州诸军事、大将军、录尚书、大丞相、雍州刺史,谥武烈。

【元彧】(?—530) 北魏宗室。本名亮,字仕明,后改今名,字文若。鲜卑元氏(拓跋氏)。临淮王昌之子。承父爵为济南王。有才学,以博古文学享盛誉。宣武帝恪时,拜前军将军、中书侍郎,后为给事黄门侍郎。延昌四年(515),复祖封为临淮王,寄食相州魏郡(治今河北临漳西南邺镇)。后兼御史中尉,累迁侍中、卫将军、兼尚书左仆射。正光五年(524),为镇军将军,都督北征诸军事,弹压破六韩拔陵起义,兵败五原,除官爵。寻复封。孝昌元年(526),为都督,与安丰王元延明讨徐州刺史元法僧。十二月,任征南大将军,率兵镇压鲁阳蛮。迁骠骑大将军、东道行台。武泰元年(528),尔朱荣入洛阳杀元氏,遂投奔南梁。孝庄帝即位后始归,历尚书令、大司马,敢于面谏。永安三年(530)十一月,升司徒公,奉诏防河阴,御北叛之尔朱世隆。十二月,为尔朱兆执杀。追赠太师、太尉、雍州刺史。

【元恭】(498—532) 北魏皇帝。531—532年在位。字修业。鲜卑元氏(拓跋氏)。广陵王*元羽子。正始(504—508)中,袭父爵。延昌(512—515)间,拜通直散骑常侍。正光二年(521),为正常侍,领给事黄门侍郎。以元叉擅权,称疾不起,隐居龙花寺。五年(524),加散骑常侍。建义元年(528),授仪同三司。建明二年(531)春,权臣尔朱世隆以新帝元晔疏远,逼晔禅位于恭。十月,高欢推渤海太守元朗即帝位于信都,形成两帝并存局面。翌年四月,高欢败尔朱氏,入定京师洛阳,废恭,改立平阳王元修。五月,被修毒杀于门下外省。史称前废帝。西魏时追谥节闵帝。

【元晔】(507—532) 北魏皇帝。字华兴,小字盆子。530—531年在位。鲜卑元氏(拓跋氏)。南安王*元桢孙,元怡子。史称其"性轻躁,有膂力"。初为秘书郎、通直散骑常侍。孝庄帝(528—530年在位)初,封长广王,食邑千户。出为太原太守,行并州事。永安三年(530)十月,汾州刺史尔朱兆闻从父尔朱荣为孝庄帝所杀,起兵据晋阳,与尔朱世隆会于建兴,立其为帝,改元建明,与孝庄并称帝。翌年二月,为世隆等所逼禅位于广陵王恭,受封东海王,邑万户。太昌元年(532)十一月,坐事赐死。无子,爵除。

【元晖】 北周、隋朝大臣。鲜卑元氏。河南洛阳人。字叔平。魏恒、朔二州刺史琛孙,尚书左仆射翌子。少颇好学,涉猎书记。为宇文泰所赏识。召补相府中兵参军,迁武伯下大夫。曾出使突厥,以功拜宾部下大夫。北周保定(561—565)初,被大冢宰宇文护引为长史。天和三年(568),以多才辩,使北齐。迁振威中大夫,转司宪大夫。及平关东,奉命安辑河北,封义宁子。大象(579—580)初,晋爵为公。隋开皇元年(581),为都官尚书,兼领太仆。二年,奉请决汜阳水灌溉地数千顷,民赖其利。三年,拜左武候将军,转兵部尚书,监漕渠之役。未几,坐事免。旋拜魏州刺史,颇有惠政。在任数年,以疾去职。岁余,卒于京师,时年六十,谥元。

【元朗】(513—532) 北魏皇帝。531—532年在位。字仲哲。鲜卑元氏(拓跋氏)。章武王融第三子。永安二年(529),为肆州鲁郡王后军府录事参军,仪同开府司马。建明二年(531),为冀州渤海太守。十月,被高欢拥立,即帝位于信都城西,建年号中兴。与尔朱世隆所立元恭形成两帝并存局面。封欢为大丞相、柱国大将军、太师,独揽朝政。翌年四月,被迫禅位于孝武帝元修。五月,封安定郡王,食邑万户。十一月,坐事死于门下外省。永熙二年(533),葬于邺西南野马冈。史称后废帝安定王。

【元悦】(?—533) 北魏宗室。鲜卑元氏(拓跋氏)。孝文帝*元宏子。史称其"好读佛经,览书史"。景明四年(503),封汝南王。熙平二年(517),任中书监。寻以坐杀人免官,以王还第。正光元年(520),取悦于领军元叉,任侍中、太尉。四年(523),诏入居门下,与丞相、高阳王雍参决尚书事。寻迁太保,出为徐州刺史。制大锉碓于州门,盗者斩手,奸偷暂息。孝昌二年(526),复领太尉。建义元年(528),以尔朱荣举兵入洛阳,杀害王公大臣,南投梁朝,受厚待。永安三年(530),孝庄帝被杀后,被梁立为帝,年号更兴。次年,梁遣兵送其至边境,以伺北进。孝武帝太昌元年(532)十一月,以皇叔被封为侍中、大司马。十二月(533年初),因属尊,为孝武帝所忌,被杀。追赠太师、司州牧、大司马,谥文宣。

【元祯】(?—496) 北魏宗室。鲜卑元氏(拓跋氏)。景穆帝晃之子。皇兴二年(468),封安南王,加征南大将军、中都大官,迁内都大官。孝文帝即位,领护西域校尉、凉州镇都大将,迁长安镇都大将、雍州刺史。曾受孝文帝教诲,戒其勿恃亲骄矜、违礼僭度;傲慢贪奢,不恤政事;饮酒游逸,不择交友。祯违而不遵,肆意聚敛。太和十三年(489),以赃贿罪削爵,贬为庶人,禁锢终身。后因随帝南征,首从迁都洛阳之大计,于十九年(495)复封南安王,为镇北大将军、相州刺史。二十年五月,至邺。八月病卒,谥惠。

【元略】(?—528) 北魏宗室。鲜卑元氏(拓跋氏)。太武帝*拓跋焘玄孙,中山王*元英之子。历任员外郎、羽林监、通直散骑常侍、冠军将军、给事黄门侍郎。正光元年(520),其兄中山王熙起兵反元叉失败后,先后匿于河内司马始宾、上党屯留县粟法光、西河太守刁双处。后投奔南梁,封中山王、宣城太守。徐州刺史元法僧南叛后,他任大都督,奉命至彭城招抚新附民。孝昌二年(526),北魏孝明帝以梁将换其回,封侍中、义阳王,寻改封东平王,拜车骑大将军、领左卫将军。迁大将军、尚书令,为灵太后所宠任。对政事守常自保,唯具臣事而已。素轻视其姑夫尔朱荣,又党于郑俨、徐纥,与荣结怨。建义元年(528),被荣杀害于河阴。追赠太保、司空、徐州刺史,谥文贞。

【元渊】(?—526) 又作元深。北魏宗室。字智远。鲜卑元氏(拓跋氏)。太武帝*拓跋焘玄孙,广阳王嘉子。孝明帝初,任肆州刺史,改恒州刺史,多所受纳,规定私家有马千匹者必取百匹。坐事,以王还第。正光五年(524),为北道都督,受尚书令李崇节度,北上镇压破六韩拔陵起义。寻赴恒州助李叔仁防拔陵。迁侍中、右卫将军、定州刺史。为城阳王徽所谮,还京任吏部尚书,兼中领军。孝昌二年(526),为骠骑大将军、大都督,北上镇压鲜于修礼等义军。使人挑唆葛荣与修礼关系,使荣杀修礼自立(一说元洪业杀修礼,荣又杀业)。后都督毛谥密告定州刺史杨津,称其谋不轨。遭谥攻,逃至博陵郡界,为葛荣游骑俘,被杀。孝庄帝时追复王爵,赠司徒公,谥忠武。

【元深】 见"元渊"。(42页)

【元愉】(488—508) 北魏宗室。字宣德。鲜卑元氏(拓跋氏)。孝文帝*元宏子。太和二十一年(497),封京兆王,拜都督、徐州刺史。兄宣武帝恪即位后,为护军将军,迁中书监。好文章,喜诗赋,广招四方儒学宾客。崇信佛道,用度常至不接。与弟广平王怀竞慕奢丽,贪纵不法。受宣武帝杖罚,出为冀州刺史。自以年长,而势位不及清河王怿、广平王怀,潜怀异志。永平元年(508)八月,杀长史、司马,诈称高肇弑逆,设坛于信都(今河北冀县)之南,即帝位,改元建平。为宣武帝所遣尚书李平所败,携妻子北走,被执,送洛阳,行至野王(今河南沁阳县),为尚书令高肇密使人杀害,一说感帝不杀之恩,绝气而死。追封临洮王。

【元善】(540—599) 又名善住。隋朝文臣。鲜卑元氏。河南洛阳人。北魏侍中又孙,秘书郎中稚舒子。少随父至江南。好学,通涉五经,尤明左氏传。及侯景之乱,归于北周。受周武帝礼待,为太子宫尹,赐爵江阳县公,执经授太子。隋开皇(581—600)初,拜内史侍郎,迁国子祭酒。讲经陈理,音韵清朗,听者忘倦,为后学所仰望。曾举荐高颎有宰相之才。十九年(599),因高坐事免官,受文帝责。忧惧而卒。

【元斌】(?—553) 东魏、北齐官员。鲜卑元氏。河南洛阳人。字善集。魏献文帝*拓跋弘孙,高阳王*元雍子。少袭父爵，历位侍中、尚书左仆射。居官谨慎，颇为齐文襄帝高澄爱赏。齐天保(550—559)初，准例降为高阳县公，拜右光禄大夫。四年(553)，从文宣帝讨契丹，还至白狼河，以罪赐死。

【元幹】(469—499) 北魏宗室。字思直。鲜卑元氏(拓跋氏)。献文帝*拓跋弘子，孝文帝*元宏弟。太和九年(485)，封河南王，加卫大将军，授侍中、中都大官。改授车骑将军，领吏部尚书。后为都督南豫郢东荆三州诸军事、征南大将军、豫州刺史。十七年(493)，为车骑大将军，都督关右诸军事。次年，徙封赵郡王，授都督冀定瀛三州诸军事、征东大将军、冀州刺史。迁司州牧。十九年(495)，帝南征后，留京都督中外诸军事。因贪淫不遵典法，受劾，免官，以王还第。卒，谥灵王。

【元嵩】 北魏宗室。字道岳。鲜卑元氏(拓跋氏)。任城王*拓跋云子，*元澄之弟。孝文帝时，自中大夫迁员外常侍，转步兵校尉。因安定王元休丧期游猎，免官，后从征沔北有功，任左中郎将，兼武卫将军。太和二十三年(499)，随帝南征，以功赐高平县侯。寻帝病危，奉命送旨至洛阳，赐冯皇后自尽。宣武帝即位后，似武卫将军兼侍中，出为平南将军，荆州刺史。改平北将军、恒州刺史。转平东将军、徐州刺史，迁安南将军、扬州刺史。正始三年(506)，屡败齐军，威名大振。后与妻穆氏、子世贤均为苍头李太伯等所害。追赠车骑将军、领军，谥刚侯。

【元遥】 北魏宗室。字太原。鲜卑元氏(拓跋氏)。京兆王子推次子。以左卫将军从孝文帝南征，封饶阳男。景明(500—503)时，迁镇军将军、冀州刺史。为诸胡造籍，令征税以充军用。胡人告之，除名，后雪冤，为中护军，加右光禄大夫。延昌三年(514)，任征南将军、东道都督，镇遏梁、楚。四年秋，为都督北征诸军事，率步骑十万镇压冀州沙门法庆起事，破大乘军，擒法庆及渠帅百余人。卒，谥宣公。

【元廓】(?—557) 西魏皇帝。554—557年在位。鲜卑元氏(拓跋氏)。文皇帝*元宝炬第四子。大统十四年(548)，封齐王。废帝三年(554)正月，权臣宇文泰废其兄元钦，拥其为帝。恭帝三年(556)正月，初行周礼，建六官，以泰为太师、大冢宰。十月，泰卒，子宇文觉嗣。十二月(557年一月)，封觉为周公。旋被迫逊位于觉，出居大司马府，西魏亡。翌年正月，受封宋公。二月为觉所杀。谥恭帝。

【元雍】(?—528) 北魏宗室。字思穆。鲜卑元氏(拓跋氏)。献文帝*拓跋弘子，孝文帝*元宏弟。太和九年(485)，封颍川王，加侍中、征南大将军。后拜中护军，领镇北大将军。十八年(494)，改封高阳王，奉命迁七庙神主于洛阳。孝文帝南征，为行镇军大将军，总摄留事。后迁卫尉，加散骑常侍、镇北将军、相州刺史。宣武帝初，迁都督冀相济三州诸军事、征北大将军、冀州刺史，稍有治绩。入拜骠骑大将军、司州牧。迁司空公，议定律令，常入参大议。转太尉，加侍中，寻授太保。曾上表论考陟之法。延昌四年(515)，肃宗即位，入居太极西柏堂，谘决大政。诏为宗师，晋太傅。后被领军于忠矫诏废官。以王归第。未几，上表揭忠罪，复侍中、太师，领司州牧。熙平二年(517)，肃宗览政，诏其入居门下，参决尚书奏事。神龟元年(518)，进丞相，总摄庶政。史称其"识怀短浅"，"不能守正匡弼"。建义元年(528)，被尔朱荣杀害于河阴。追赠相国，谥文穆公。

【元韶】(?—559) 东魏、北齐大臣。鲜卑元氏。河南洛阳人。字世胄。魏彭城王勰孙，无上王邵子，孝庄帝子攸侄。初避尔朱氏之难，匿于嵩山。后为孝庄帝访获，袭封彭城王。永熙三年(534)，孝武帝西迁后，高欢以帝后高氏配之，魏室奇宝，多随后入韶家。历位太尉、侍中、录尚书事、司州牧、太傅。北齐天保元年(550)，降爵为县公。十年(559)，文宣帝大诛元氏，被幽于京畿地牢，绝食而卒。

【元勰】(?—508) 北魏宗室。字彦和。鲜卑元氏(拓跋氏)。献文帝*拓跋弘子，孝文帝*元宏弟。史称其"博综经学，雅好属文"。太和九年(485)，封始平王，加侍中、征西大将军。后长直禁内，参决军国大政。十八年(494)，从帝南征，为抚军大将军，领宗子军，宿卫左右，后转中书令。二十年(496)，改封彭城王，授中书监。二十一年，从征汉阳，署中军大将军。又从征沔北，为都督南征诸军事、中军大将军。内侍孝文帝，外总军国之务。二十三年(499)，任司徒、太子太傅。复从帝南征，都督中外诸军事，总摄六师。宣武帝即位，为侍中、都督冀定幽瀛营安平七州诸军事、骠骑大将军、定州刺史。景明元年(500)，以都督南征诸军事，迎接北附之齐豫州刺史裴叔业于寿春。以本官领扬州刺史，简刑导礼，与民休息，州境无虞，远近安定。进位大司马、领司徒。后入京，录尚书事。二年(501)，解官，后为太师，与高阳王雍等议定律令。尚文史，撰自古帝贤达至于魏世子孙三十卷，名《要略》。永平元年(508)，受尚书令高肇潜陷，被鸩杀。追赠司徒公、太师，谥武宣王。孝庄帝即位，追号文穆皇帝。

【元澄】(467—520) 北魏宗室。字道镜。鲜卑元氏(拓跋氏)。景穆帝孙，任城王*拓跋云之子。自幼好学。太和五年(481)，父卒，袭封任城王，加征北大将军。九年(485)，加都督北讨诸军事，率众击退柔然。迁都督梁益荆三州诸军事、征南大将军、梁州刺史，讨抚氐、羌，西南款附。转征东大将军、徐州刺史，甚有政绩。被孝文帝视为创改朝制的功臣。征为中书令，改尚书令，力助孝文帝迁都之举。加抚军大将军、太子少保，兼尚书左仆射。迁吏部尚书，兼右仆射。后坐公事免官，寻复吏部尚书。二十年(496)，以恒州刺史穆泰谋反，行恒州事，讨治之，升正尚书。次年，孝文帝南征，奉命居守洛阳。二十三年(499)，与北海王元详等六人受遗诏辅政。宣武帝初，被弹劾擅禁宰辅，免官。后封都督淮南诸军事、镇南大将军、扬州刺史。景明四年(503)，总军南攻，所至克捷，后以淮水暴涨，引归寿春，失兵四千余，降三阶。转镇北大将军、定州刺史，省减横调，明黜陟赏罚之法，表减公园之地给无业贫民，民赖以安。授太子太保。以司徒高肇当政,惧不自全,为避猜忌,终日昏饮,以示荒败。孝明帝初,为尚书令,迁司空,加侍中。曾表上《皇诰宗制》、《训诂》各一卷,奏利国济民之策十条、垦田授受之制八条。神龟二年十二月(520年1月),卒。追赠都督中外诸军事、太傅、领太尉公。谥文宣王。

【元稹】(779—831) 唐朝大臣、诗人。鲜卑元氏。河南洛阳人。字微之。隋朝兵部尚书元岩六世孙,唐舒王府长史元宽之子。幼孤家贫,母郑氏亲授书传。九岁工属文。唐德宗贞元九年(793),举明经科,补校书郎。宪宗元和元年(806),举制科,对策第一,历右拾遗(一说左拾遗)、监察御史等职。因得罪宦官和守旧官僚,贬为江陵士曹参军,徙通州司马、虢州长史。十四年(819),拜膳部员外郎。后转而依附宦官。长庆(821—824)初,擢祠部郎中,迁中书舍人、翰林承旨学上。二年(822),以工部侍郎为同中书门下平章事。出为同州刺史,徙浙东观察使,文宗大和三年(829),召为尚书左丞,寻拜武昌节度使,以暴疾卒于任所。赠尚书右仆射。擅长于诗,与白居易名相埒,号"元和体",宫中呼其为"元才子"。平素与白居易友善谊深,常相唱和,世称"元白"。早期文学主张也相近,同为新乐府运动倡导者。有些诗篇对当时社会矛盾有所揭露,但反映现实的深度不及白居易。后期多写身旁琐事,又颇多艳诗,对后世诗歌产生不良影响。著述甚多,长诗《连昌宫辞》较著名。有《元氏长庆集》、《类集》等行世。作有传奇《莺莺传》,为后来的《西厢记》提供了素材。

【元禧】(？—501) 北魏宗室。字思永,或作永寿。鲜卑元氏(拓跋氏)。献文帝*拓跋弘子,孝文帝*元宏之弟。太和九年(485),封咸阳王,加侍中、骠骑大将军、中都大官。出为冀州刺史。加都督冀、相、兖、东兖、南豫、东荆六州诸军事。入授司州牧,都督司、豫、荆、郢、洛、东荆六州诸军事。赞同孝文帝断鲜卑语,行汉语等举。以克南阳功,加侍中、正太尉。二十三年(499),受遗诏辅政。虽为宰辅,遇事推诿,无所是非,潜受贿赂,骄奢贪淫,奴婢千数,田业盐铁遍于远近,宣武帝恪颇恶之。景明二年(501),晋太保,领太尉。对帝亲览政,甚不安,与其妃兄兼给事黄门侍郎李伯尚谋反,事露被擒,赐死。

【元澹】(653—729) 唐朝文臣。鲜卑元氏。字行冲。北魏常山王素连之后。少孤,为外祖司农卿韦机所养。及长,博学多通,尤善音律及诂训之书。举进士,累转通事舍人。睿宗景云(710—711)中,拜太常少卿。以拓跋氏未有编年史,乃撰《魏典》三十卷,事详文简,为学者所称。开元(713—741)初,自太子詹事出为岐州刺史,兼关内按察使。自以书生,非弹治才,固辞。入为右散骑常侍、东都副留守。四迁大理卿,寻固辞刑狱之官,求为散职。七年(719),转左散骑常侍。九迁国子祭酒,拜太子宾客、弘文馆学士。累封常山郡公。奉诏领撰古今书目,名《群书四录》。又为玄宗所注《孝经》疏义,列于学官。寻与老罂罗丽正殿校写书事。奉令集学者撰

《义疏》,缀为五十卷,于十四年(726)奏上。为尚书右丞相张说驳奏,其书贮于内府,不得立于学官。愤诸儒排己,退而著论自辩,名为《释疑》。卒,赠礼部尚书,谥献。

【元徽】(？—530) 北魏宗室。字显顺。鲜卑元氏(拓跋氏)。太武帝*拓跋焘玄孙,城阳王鸾之子。粗涉文史,颇有吏才。正始二年(505),父卒,袭封城阳王。授游击将军,出为河内太守,有政绩,享时誉。孝明帝时,为并州刺史,开仓赈灾,并安抚山胡。改秦州刺史。还都,授度支尚书,兼吏部尚书,累迁尚书令,深受灵太后宠任。建义元年(528),拜司州牧,加司徒,永安二年(529),以北海王元颢攻入洛阳,随帝北投尔朱荣,还宫,以与谋之功,封侍中、大司马、太尉公。因惧尔朱荣忌,上表辞官封。次年九月,劝帝杀荣,授太保,仍任大司马、宗师、录尚书事,总统内外。性多嫉,不欲人居其前,每入参谋议,独与帝决。朝臣有上军国筹策者,并劝帝不纳。十二月,尔朱兆袭洛阳,逃至山南故吏寇弥家,后被弥杀害,送尸尔朱兆处。孝武帝即位后,赠太师、大司马,谥文献。

【元颢】(？—529) 北魏宗室。字子明。鲜卑元氏(拓跋氏)。献文帝*拓跋弘孙,北海王*元详子。永平二年(509),袭封北海王。曾任龙骧将军、通直散骑常侍,转宗正卿。迁都官尚书,加安南将军。寻为御史弹劾,除名。正光五年(524),复王爵,加都督华、豳、东秦诸军事、西道行台,统军败胡琛属下宿勤明达等义军、进号征西将军,授尚书右仆射,迁车骑大将军。武泰元年(528),任骠骑大将军、相州刺史,以御葛荣。尔朱荣入洛阳,推奉孝庄帝,诏其为太傅。及尔朱荣杀害王公官吏时,盘桓观望,图自安之计,后与子冠受奔南梁,封魏王,由梁将陈庆之护送北返。永安二年(529)四月,即帝位于睢阳城(今河南商丘县南),改元孝基。以武力逼孝庄帝北逃,入洛阳,改元建武,自河以南州郡多附之。因所统南兵凌窃市里,朝野失望。后为孝庄帝、尔朱荣所败,出逃临颍,为县卒所杀。出帝初,追赠侍中、都督冀定相殷四州诸军事、骠骑大将军、大司马、冀州刺史。

【元万顷】(？—689) 唐朝官员。鲜卑元氏。河南洛阳人。北魏京兆王元子推后裔,唐新安公白泽孙。善属文,起家为通事舍人。乾封元年(666),从英国公李勣征高丽,为辽东道总管记室。因作文檄讥高丽"不知守鸭绿之险",致使高丽徙兵固守之,遂被流于岭外。后获赦,为著作郎。奉诏与左史范履冰、苗神客、右史周思茂、胡楚宾入禁中修撰。凡撰列女传、臣轨、百僚新诫、乐书等九千余篇。奉命参决朝廷疑议表疏,以分宰相之权,故时称"北门学士"。其敏文辞,然放达不拘细节。光宅元年(684),武则天临朝,迁凤阁舍人、侍郎。永昌元年(689),为酷吏所陷,配流岭南而死。

【元子攸】(597—531) 北魏皇帝。528—531年在位。鲜卑元氏(拓跋氏)。献文帝*拓跋弘之孙,彭城王*元勰第三子。孝明帝初,以父鲁阳卫拥之功,封武城县开国公。幼侍帝于禁内,深受亲信。孝昌二年(526),

晋封长乐王,历任侍中、中军将军、卫将军、中书监。武泰元年(528),帝死,被尔朱荣拥立为帝,以荣为尚书令,封太原王,立尔朱氏为皇后,受制于荣。在位期间,勤政事,亲览辞讼,理冤狱。曾遣军镇压葛荣、邢杲、万俟丑奴等义军。永安二年(529),遭北海王元颢所引梁军攻,洛阳陷,北投尔朱荣,获荣援,败颢,复位。三年九月,乘荣入朝之际,伏兵杀之。十二月(531年初),荣从弟世隆、从子兆等率兵袭洛阳。被执,迁晋阳,为兆缢杀于三级佛寺。太昌元年(532),谥孝庄皇帝,庙号敬宗。

【元天穆】(?—530) 北魏末大臣。鲜卑元氏。河南洛阳人。游击将军长生子。年二十,任员外郎。孝昌(525—527)中,奉使北上慰劳镇压六镇义军之广阳王元渊等。路经秀容,结识尔朱荣。遂为别将,赴秀容,为荣腹心,授并州刺史。武泰元年(528),参与荣入洛阳之谋,并留后为之继援。寻被孝庄帝授以太尉,封上党王,征赴京师洛阳。寻监国史,录尚书事,世袭并州刺史。永安二年(529),镇压邢杲起义。击退元颢后,任太宰、司徒公,增邑,通前七万户。爵位极隆,朝贵倾慕,受纳财货,珍宝充积。孝庄帝外示宠敬,内畏恶之。三年,自晋阳入朝时,为孝庄帝杀于明光殿。前废帝初,赠丞相、柱国大将军、雍州刺史,谥武昭。

【元太宗】见"窝阔台"。(554页)
【元太祖】见"成吉思汗"。(139页)
【元仁宗】见"爱育黎拔力八达"。(459页)
【元文宗】见"图帖睦尔"。(359页)
【元文遥】 东魏、北齐大臣。字德远。鲜卑元氏(拓跋氏),河南洛阳人。代王*拓跋什翼犍七世(一说六世)孙。初任员外散骑侍郎,授太尉东阁祭酒。以天下方乱,解官隐于林虑山。东魏武定(543—550)中,被征为大将军府功曹。北齐受禅,授中书舍人。后被幽禁,经年得释,为尚书祠部郎中,乾明元年(560),授大丞相府功曹参军,典机密。及高演即帝位,授中书侍郎,封永乐县伯,参军国大事。次年十一月,受顾命,迎立武成帝高湛。历任给事黄门侍郎、散骑常侍、侍中、中书监。天统二年(566),赐姓高氏,迁尚书左仆射,晋封宁都郡公、侍中。历事三主,明达世务,曾请选用士流为县令。五年(569),出为西兖州刺史,迁东徐州刺史。武平二年(571),征入朝。

【元世祖】见"忽必烈"。(370页)
【元宁宗】见"懿璘质班"。(614页)
【元成宗】见"铁穆耳"。(454页)
【元好问】(1190—1257) 金代大诗人。字裕之,号遗山真隐。一作鲜卑族。系出北魏拓拔氏。元德明子。山西太原府秀容县(今山西忻县)人。幼过继叔父为子。四岁学诗。七岁能诗,年十四从山西陵川郝晋卿学,淹贯经传百家,六年业成,贞祐三年(1215),寓居登封县三乡。四年,以诗作《箕山》、《琴台》等,为文坛名人礼部赵秉文所赞赏,名震京师。兴定五年(1221),中进士第,历内乡令。正大(1224—1231)中,为南阳令。天兴元年(1232),擢尚书省掾。二年,迁左司都事,转行尚书省左司员外郎。三年,金亡,不仕。晚年以著作自任。于家筑野史亭。采录金代君臣言行百余万言,元修《金史》,多本之。为文质朴沉郁,被誉为一代宗工。其诗奇崛而绝雕刿,巧缛而谢绮丽。时值干戈相寻,中原涂炭,金源覆亡,故其诗多慷慨悲凉之作。元初学者郝经对其诗备极推崇,远与诗经相接,取法于李杜,可与苏轼、黄山谷相匹配。编有《中州集》、《壬辰杂编》,著有《杜诗学》、《东坡诗雅》、《诗文自警》等。

【元行冲】见"元澹"。(44页)
【元次山】见"元结"。(引页)
【元孝友】(?—551) 东魏、北齐官员。鲜卑元氏。河南洛阳人。魏太武帝*拓跋焘玄孙,临淮王彧无子,遂袭爵临淮王。累迁沧州刺史。为政温和,明于政理,提出"省人帅以出兵丁,立仓储以丰谷食,设赏格以擒奸盗,行典令以示朝章"等主张。齐天保(550—559)初,准例降封临淮县公,拜光禄大夫。二年(551)冬,被诏入晋阳宫,出与元晖业同被害。

【元延明】(?—530) 北魏宗室。鲜卑元氏(拓跋氏)。文成帝*拓跋濬孙,安丰王元猛子。袭父爵。宣武帝时任太中大夫。孝明帝初,为豫州刺史,有政绩,累迁给事黄门侍郎。博览群书,有文藻,搜集图籍万有余卷,与中山王元熙等以才学著称于世。迁侍中,参与撰定服制。后兼尚书右仆射。以博识多闻,奉命监金石事。孝昌元年(525),为东道行台、徐州大都督,节度诸军事,讨元法僧。收降梁将萧综,复东南之境,至宿、豫而还。迁都督、徐州刺史,招携新故,人悉安业,百姓咸附。孝庄帝时,兼尚书令、大司马。永安二年(529),元颢入洛,受委,率众守河桥。及颢败,携妻子奔梁,死于江南。孝武帝初,赠太保,谥文宣。所著诗赋等三百余篇,撰《五经宗略》、《诗礼别仪》,注《帝王世纪》及《列仙传》。与信都芳共撰《古今乐事》九章十二图,集《器准》九篇,皆行于世。

【元英宗】见"硕德八剌"。(496页)
【元武宗】见"海山"。(469页)
【元明宗】见"和世㻋"。(361页)
【元定宗】见"贵由"。(400页)
【元宝炬】(507—551) 西魏皇帝。535—551年在位。鲜卑元氏(拓跋氏)。孝文帝*元宏孙,京兆王*元愉之子。正始(504—508)初,坐父罪,兄弟皆幽宗正寺。延昌四年(515)获昭雪。正光(520—525)中,拜直阁将军。因谋诛灵太后事泄,免官。武泰元年(528),封邵县侯。永安三年(530),晋封南阳王。孝武帝即位,拜太尉,加侍中。永熙二年(533),晋位太保、尚书令。次年,为中军四面大都督,引军拒高欢。后随孝武帝入关中投奔宇文泰,拜太宰、录尚书事。泰鸩杀孝武后,立其为帝。大统元年(535)正月,即位于长安城西。丞相泰把持朝政,屡与东魏作战。在位期间,推行均田制,确立府兵制;制定徭役、户籍之法;改革官制,减官员,置正长。

七年(541),颁政事之法六条。十年(544),以泰所上二十四条及十二条新制,总为五卷,颁行天下。十二年(546),定婚嫁之制,女不满十三以上勿嫁。次年,令开渠以溉田。诏应宫刑者,直没官,勿刑。逃亡奴婢应黥者,止科亡罪。十五年(549),诏代人太和中改姓者,并令复旧。十七年(551),病卒,谥文皇帝。

【元显宗】 见"甘麻剌"。(98页)

【元贵靡】(? —公元前51年) 西汉时乌孙王(昆莫)。翁归靡长子,解忧公主所生,元康二年(公元前64年),翁归靡上书宣帝,为其求婚于汉室。四年(公元前62年),汉以解忧公主侄女相夫为公主与配。长罗侯常惠送相夫往。途中,闻翁归靡死,已立泥靡为王,相夫以元贵靡不立而还。甘露元年(公元前53年),被汉立为大昆弥(莫),赐印绶,辖六万余户。

【元顺宗】 见"答剌麻八剌"。(544页)

【元顺帝】 见"妥欢贴睦尔"。(237页)

【元宪宗】 见"蒙哥"。(562页)

【元晖业】(? —551) 东魏、北齐官员。鲜卑元氏。河南洛阳人。字绍远。魏景穆帝*拓跋晃玄孙,中散大夫元弼子。涉子史,颇属文。北魏建义元年(528),诉复王爵。东魏天平二年(535),迁司空,寻坐事免。武定二年(544),为太尉,后领中书监,录尚书事。北齐初,降封美阳公,开府仪同三司、特进。以时运渐谢,不复图全,其在晋阳.居常闲暇,乃撰魏藩王家世,号为《辩宗录》四十卷行于世。以位望重,志不伦,为文宣帝所忌。天保二年(551),从驾至晋阳,被杀。

【元惠宗】 见"妥欢贴睦尔"。(237页)

【元景山】(532—586) 北周、隋朝大臣。鲜卑元氏(拓跋氏),河南洛阳人。字宝岳。魏安定王元燮孙,宋安王琰之子。周闵帝时,从大司马贺兰祥击吐谷浑,以功拜抚军将军。后数从征伐,赐爵文昌县公,迁建州刺史,晋封宁安郡公。建德(572—578)年间,从武帝平齐,以功拜大将军,改封平原郡公。后任亳州总管,法令明肃,境内大治。发谯、颍兵击退陈将任蛮奴之进攻,征为侯正。宣帝即位后,从韦孝宽经略淮南,平定郧州总管宇文亮之乱,以功拜亳州总管,晋上大将军。隋开皇元年(581),拜上柱国,寻为安州总管。九月,任行军元帅,率军大举伐陈。后坐事免。卒,追赠梁州总管,谥襄。

【元景安】(? —577) 东魏、北齐大臣。鲜卑元氏(拓跋氏)。河南洛阳人。*拓跋什翼犍五世孙。大司农卿元永子。少工骑射,善于事人,袭为代郡公。北魏永熙三年(534),随孝武帝入关。天平四年(537),东西魏战,临阵投奔东魏。芒山之役,以功加赐西华县男。天保(550—559)初,别封兴势县伯,带定襄县令,赐姓高氏。从征库莫奚、契丹、柔然,兼七兵尚书。天统四年(568),任豫州刺史。武平三年(572),加行台尚书令,封历阳郡王。管内蛮多华少,能施以恩威,咸得宁辑。六年(575),拜领军大将军,承光元年(577),齐亡,入周,以大将军。义宁郡公讨稽胡,阵亡。

【元善见】(524—552) 东魏皇帝。534—550年在位。鲜卑元氏(拓跋氏)。清河文宣王元亶之世子。永熙三年(534),拜通直散骑侍郎,为骠骑大将军。孝武帝元修西投关中后,于十月被大丞相高欢拥立为帝,改元天平,从洛阳迁都于邺(今河北临漳西南)。娶高欢女为后,实权为高氏父子所掌握。诏从迁之户百官免徭役三年,安居人五年。与西魏时有战争,并遣兵镇压山胡等起事。在位期间,为缓和与汉人矛盾,采取选贤补官措施,争取汉士族支持,诏百官举士,举不称才者两免。并发夫筑邺城及漳滨堰。史称其膂力过人,善射,好文学。为大将军高澄所忌,受挟,事无巨细皆报澄。澄卒,弟洋专政,武定八年(550),晋洋为相国。五月,被迫禅位于洋,东魏亡。受洋封为中山王。北齐天保二年十二月(552年1月),为洋鸩杀。谥孝静帝。

【元裕宗】 见"真金"。(438页)

【元鲁山】 见"元德秀"。(46页)

【元睿宗】 见"拖雷"。(338页)

【元德秀】(690—754) 唐朝文士。鲜卑元氏。河南洛阳人。字紫芝。父为延州刺史。少孤贫,事母以孝闻。开元二十一年(733),登进士第,授邢州南和尉,佐治有惠政,召补龙武录事参军,后为鲁山令。秩满,南游陆浑,乃结庐山阿,琴觞之余,间以文咏,率情而书,语无雕刻痕迹。所著《季子听乐论》、《蹇士赋》,为时人所称。卒,门人相与谥为文行先生。士大夫高其行,不直呼名,谓之"元鲁山"。

【无何】 又作无何允。东汉时乌桓首领。雁门(治今山西朔县东南夏关城)乌桓人。为率众王。永初三年(109)秋,与鲜卑大人丘伦、南匈奴骨都侯合众七千骑,攻五原,与太守战于高渠谷,大败汉军,杀郡长吏。后为汉车骑将军何熙、度辽将军梁懂所破,请降,还塞外。

【无诸】 战国末闽越王。秦始皇统一后,被废为君长。秦末诸侯叛秦,率闽越人从番阳令吴芮抗秦,后佐刘邦攻打西楚霸王项籍,因功,汉高祖五年(公元前202年),被复立为闽越王,定都东冶(今福州)。

【无何允】 见"无何"。(46页)

【无弋爰剑】 战国时羌族首领。原为西戎人。秦厉公时(公元前477年—公元前443年在位)被秦所俘,以为奴隶,从事种田、畜牧。后逃出,遇羌女,结为夫妻,进入河湟间(今青海湟水流域),教人种田畜牧,促进生产的发展。羌人闻风来归者甚众,被推为诸羌首领。死后,其子孙分别率领各部羌人,世为豪酋。

【天祐】 见"耶律天祐"。(309页)

【天德】 见"耶律天德"。(309页)

【天保奴】(? —1388) 明代蒙古太子。孛儿只斤氏。可汗*脱古思帖木儿子。随父居漠北。北元天元十年(明洪武二十一年,1388),可汗大本营在捕鱼儿海(今贝尔湖)遭明将蓝玉袭击,宫室、部众八万余人被俘,仅与父等数十骑走脱,行至土拉河,被蒙古别部领主也速迭儿捕杀。

【天顺皇帝】 见"耶律璟"。（307 页）
【天祚皇帝】 见"耶律延禧"。（311 页）
【天祚帝后】 见"萧夺里懒"。（488 页）
【天祐皇帝】 ①见"耶律弘基"。（310 页） ②见耶律大石。（308 页）
【天授皇帝】 见"耶律阮"。（305 页）
【天辅皇帝】 见"耶律隆绪"。（319 页）
【天锡皇帝】 见"耶律淳"。（307 页）
【天赞皇帝】 见"耶律贤"。（306 页）

【夫台】 东汉时夫余王。桓帝永康元年(167)，将兵二万余攻玄菟郡。为太守公孙域所败，损丧千余人。灵帝嘉平三年(174)，复奉章贡献。

【夫差】(？—公元前 473 年) 春秋末吴国国君，吴王*阖闾之子。周敬王二十四年(公元前 496 年)，父卒，继位，日夜练兵备武，誓报越杀父之仇。二十六年(公元前 494 年)，在夫椒(今江苏吴县西南)大败越军，困越王勾践于会稽山(今浙江绍兴)。因勾践愿为臣属，并以举国珍宝相献，应允议和。为从水路北伐齐国，于三十四年(公元前 486 年)命人开凿邗沟。三十六年(公元前 484 年)，在艾陵大败齐军。平素暴戾恣睢，耽于酒色，听信谗言迫死敢于直谏且善战多谋的伍子胥。而对伺机复仇的越国毫无戒备。三十七年(公元前 483 年)。北上黄池与晋争霸时，越军乘虚袭击，被迫回师，向越求和。后仍执迷不悟，致使朝政日衰。周元王四年(公元前 473 年)，遭勾践大举讨伐，被困姑苏山，乞和被拒，悲愤自刎。

【专诸】(？—公元前 515 年) 春秋时吴国勇士。堂邑(今江苏六合西北)人。吴王寿梦有四子，临终遗言，日后王位兄弟相传。子诸樊、余祭、余昧相继为王，余昧死，弟季札不受，由余昧子僚继位。诸樊子光不服，欲杀僚，以复嫡长子继位制。他受伍子胥推荐，愿为光效劳，深受厚待。佯装名庖居光府中，终日练习做鱼。周敬王五年(公元前 515 年)，公子光乘吴王僚令其弟率兵伐楚被困之机，请僚至府中赴宴。专诸置短剑于炙鱼腹中，乘献鱼之机，刺死僚，随即也被僚侍从所杀。光即位后，封其子为上卿。

【专难】 见"长昂"。(69 页)

【开木楚克】(？—1704) 清朝蒙古王公喀尔喀土谢图汗部人。博尔济吉特氏。阿尔占子。康熙二十七年(1688)，率诸弟投清。三十五年(1696)，随军征准噶尔部噶尔丹，遣部卒守汛地，降噶尔丹属台吉车凌等百余人，以功受奖。三十六年，因与固噜什喜失睦，不宜同牧，编所属别为一旗，授札萨克一等台吉。

【不老】 见"石抹不老"。(106 页)
【不地】 见"卜赤"。(3 页)

【不合】 又作不花、普化。蒙古国开国功臣之一。伯岳吾氏。娶成吉思汗家族女子为妻，故称不合古列坚(驸马)。成宗卜鲁罕皇后曾祖父。随从统一蒙古诸部，有功。宋开禧二年(1206)，蒙古国建立时，封为千户长。

【不花】①元朝大臣。蒙古兀良哈氏。蒙古国开国功臣*者勒蔑之孙，*叶孙脱之子。初以世勋子孙事忽必烈于潜邸，任怯薛长，充札鲁忽赤(断事官)。世祖中统元年(1260)，初建中书省，次年，出任中书右丞相。与诸臣同心赞辅，多所建树。四年(1263)，罢相。 ②(？—1328)元朝官员。唐兀氏。*杨朵儿只子。幼有礼自持，有才气，好读书、善书法。仁宗欲授翰林直学士，力辞不就。父被杀，益自励节为学，以荫补武备司提点，转金河东廉访司使。出按部民，凡被诬有怨者，必得究察其情；河东民饥，自捐以赈，继发公廪，民赖不死。天历初(1328)，授通政院判，闻陕西逆军拒诏，郡邑守吏率民出逃，率众出御，晓之以理，被杀害。至顺二年(1331)。追赠礼部尚书。

【不秃】 见"李徒"。(198 页)
【不只儿】 见"布智儿"。(100 页)
【不花王】 见"脱脱不花"。(512 页)
【不者克】 见"拨绰"。(340 页)

【不忽木】(1255—1300) 又作卜忽木、不灰木。元朝大臣。字用时，别名时用。回回人。祖籍康里。忽必烈侍从燕真之子。幼时，侍太子真金。师事太子赞善王恂、国子祭酒许衡，受赞誉，被视为"有公辅器"。至元十三年(1276)，主张兴学校，习儒学，奏建国子学。十四年，任利用少监。次年，出为燕南河北道提刑按察副使，不畏权势，惩治违法西僧。十九年(1282)，升提刑按察使，惩治贪官。二十一年(1284)，参议中书省事。反对卢世荣增赋，不被采纳，遂辞官。次年，升吏部尚书，改工部、刑部。查清河东按察使阿合马不法事百余项。极力反对权臣桑哥枉杀朝臣。二十七年(1290)，拜翰林学士承旨、兼修国史。劾奏桑哥罪状，举荐完泽任中书右丞相。继拜平章政事。谏言遣使招谕交趾，以免用兵劳民。反对麦术丁恢复尚书省。成宗元贞二年(1296)，拜昭文馆大学士、平章军国重事。大德二年(1298)，行御史中丞事，兼领侍仪司事。武宗(1307—1311 年在位)时，追封鲁国公，谥文贞。

【不鲁欢】 见"李鲁欢"。(199 页)

【不赛因】(1304—1335) 元代伊儿汗国第九代汗。蒙古孛儿只斤氏。*合儿班答汗子。初受封于呼罗珊。元仁宗延祐四年(1317)，嗣汗位。以年幼，都元帅出班专权，擅杀祖拉施特哀丁大臣等。五年，分兵平定牙撒吾儿之乱，击退钦察汗月别对打耳班的进犯。以作战英勇，尊称"八哈都儿汗"(意为"勇敢之汗")。英宗至治三年(1323)，与埃及签订和约，结束多年来两国敌对关系。始终与元朝中央保持密切联系。泰定元年(1324)，遣使贺也孙铁木儿即位，并为出班封请，元帝封出班为翊国公。嗣后，直至元文宗时。贡使不断，屡献驼马、珍宝、方物，仅泰定三年(1326)，就有六次之多，元朝亦量予回赐。以出班与诸子恃权擅政，于四年先杀其第三子的马失火者，出班举兵叛，兵败亦被杀。在位期间，因权臣专政，二丞相不和，内乱迭起，国势渐衰。

【不儿脱阿】 见"八立托"。(5 页)

【不他失礼】（1568—1597） 明代蒙古右翼土默特部领主。孛儿只斤氏。*俺答汗子。*三娘子生。驻牧于丰州滩北（即今大青山后）。隆庆五年（1571），受明封为指挥佥事，旋升指挥同知。在山西水泉营和大同得胜堡二处与明朝互市。万历八年（1580），升骠骑将军。俺答汗卒后，控制山西、大同诸市口。侄把汉那吉卒后，在三娘子操纵下，企图与把汉那吉妻把汉比吉合婚，以吞并把汉那吉领地，遭到扯力克和恰台吉等强烈反对，未成。及辛爱黄台吉卒，扯力克与三娘子成婚后，方与把汉比吉结合，生素囊台吉。万历十五年（1587），升龙虎将军。十八年（1590），明廷欲废扯力克而立他为顺义王，未遂。二十年，晋都督佥事。

【不彦台吉】 又作摆腰台吉。明代蒙古右翼土默特部领主。孛儿只斤氏。*俺答汗次子。驻牧于大同西北边外三百余里处的一克掏力革。在阳和（今山西阳高县）的守口堡与明朝互市。

【不抹阿辛】 见"石抹也先"。（106页）

【不怜吉歹】 ①又译卜邻吉带。蒙古国将领。蒙古族。太尉唆海之子。宪宗（1251—1259年在位）时，为大将。七年（1257），随军伐宋，自邓州略地至江汉。后卒，赠太尉，谥忠武。后追封归德王。②见"卜怜吉歹"。（4页）

【不欲鲁罕】（？—1206） 又作不亦鲁黑罕、杯禄汗。名古出古敦（惕）。蒙古诸部统一前乃蛮部首领之一。亦难察之子。*太阳罕弟。父死，与兄太阳罕不睦，分地而治，建牙于兀鲁塔山（今蒙古科布多以北）地区，号不欲鲁罕。一说"不欲鲁"为突厥语，意为"元帅"；一说为金官职"孛极烈"的异译。宋庆元五年（1199），被铁木真（成吉思汗）、王罕联军败于黑辛八石（今新疆布伦托海）附近，逃谦谦州（今叶尼塞河上游）。嘉泰二年（1202），联合蔑儿乞、朵儿边、塔塔儿、哈答斤、散只兀等部进攻蒙古部与克烈部，为铁木真、王罕败于阔亦田（今哈拉哈河上源处）。开禧二年（1206），遭蒙古军袭击，兵败兀鲁塔山，被执杀。

【不答失礼】 见"卜答失里"。（4页）

【不亦鲁黑罕】 见"不欲鲁罕"。（48页）

【不花帖木儿】 蒙古国勋戚。斡亦剌人。斡亦剌部首领*忽都合别乞孙，脱劣勒赤与扯扯干公主之长子。元宪宗三年（1253），率斡亦剌兵随汗弟旭烈兀西征波斯等地。其两位姐妹完者台敦和古玉克哈敦为旭烈兀妃。子札乞儿，孙塔儿海均为斡亦剌千户长，尚旭烈兀女及孙女为妻。

【不只吉儿台吉】 一作布齐吉尔。明代蒙古多罗土蛮部领主。孛儿只斤氏。*达延汗孙。*阿尔苏博罗特长子。驻牧于山西西北偏关外六七百里处。在山西水泉营和得胜堡二处与明朝互市。

【不彦七庆台吉】 见"布延彻辰汗"。（101页）

【木公】（1494—1553） 明代云南丽江土官、诗人。字恕卿，号雪山，又号万松。纳西族。丽江土知府木定长子。嘉靖六年（1527），袭父职。政事开明干练，以军功赐"辑宁边境"四字，授中宪大夫衔世袭知府。自幼学习汉族文化，具有颇高的汉诗文创作水平，为纳西族历史上著名的爱国诗人。著有《雪山始音》、《隐园春兴》、《庚子稿》、《万松吟卷》、《玉湖游录》、《仙楼琼华》等诗集和《木氏宦谱》。与当时文士以诗文唱和，交谊甚厚。张志淳、杨慎、张含、李元阳、贾文元等分别为其诗批点作序。杨慎从中精选百十四首辑为《雪山诗选》，并在《万松吟卷》序中称其"以文藻自振，声驰士林。其所为诗，缘情绮靡，怡怅切情，多摹垂拱之杰，先天之英"。其诗，构思清新，格律严谨，吟颂家乡山水景物与民族习俗，形神兼备，直朴感人。抒发和实践"爱国不忘驽马志，赤心千古壮山河"的维护祖国一统的政治抱负，谆谆劝导子孙"拓守边城，不可有动扰意"。其诗作分别收在明代《列朝诗选》和清代《古今图书集成》中，得传中土，对边疆与内地及各民族间的政治文化交流起了积极作用。

【木征】（？—1077） 又作瞎丁木征。龛谷（今甘肃榆中县境）吐蕃大首领。*瞎毡之子。宋嘉祐三年（1058），父卒，袭位。由于其地位受到属下首领的威胁，为青唐族首领瞎药鸡罗及僧鹿遵迎至河州（今甘肃临夏）。宋熙宁五年（1072），其辖地受宋秦（今甘肃天水）将王韶袭击，组织河州吐蕃人与宋军作战，因力量悬殊，于次年被迫降宋。七年（1074）四月，与妻子、亲属等赴京朝觐。六月，赐姓名赵思忠，拜荣州团练使。赐其母寿安郡君郢成结李姓，封遂宁郡太夫人，封其妻俞龙七为安定郡君（又作咸宁郡君）。后与妻不睦，经宋神宗调解无效，分地而居，妻至河州，本人回熙州。继向宋请求管勾熙河蕃部；妻要求在安乡城置酒场，购买田地，均遭拒绝。后受封秦州钤辖。十年（1077）五月，导宋军擒拿不肯降服的大首领隆吉卜，以功迁合州防御使。六月卒。追赐镇洮军留后。

【木哥】 见"末哥"。（97页）

【木高】（1515—1568） 明代云南丽江土官。原名阿公阿目，字守贵，号端峰，又号长江主人。纳西族。丽江知府*木公长子。嘉靖三十四年（1555），袭父职。有武略，善计谋，曾奉朝命多次对金沙江北部和澜沧江地区用兵，与吐蕃土官争夺地盘，建寨戍兵。并撰写《大功大胜克捷记》及《太平歌》铭刻于石鼓上。嘉靖四十年（1561），明廷赐以信字诰命，授亚中大夫，赞其"诚心报国，割股奉亲，化行边徼，威镇北番，以德其名，忠孝两尽，因才而誉，文武兼全。"善诗文，喜吟咏，以读书为最乐。与大理侍御李中溪至交，中溪赠以诗二十篇，并为之立传，现仍保存有木高摩岩诗文真迹两处。

【木泰】（1455—1502） 明代云南丽江土官。原名阿习阿牙，字本安，号介圣。纳西族。丽江知府长子。明孝宗弘治年间（1488—1505），数次领兵击退来自西部和东部对丽江的侵犯，以保卫边疆有功，屡受嘉奖，授太中大夫衔，赐北胜州沙澜村田置佃，名曰奉地庄。是丽江木氏土司中有汉文诗作传世的第一人。其诗《两关使节》中有"凤诏每来红日近,鹤书不到白云间。折梅寄赠皇华使,愿上封章慰百蛮"之句,表达对明朝的忠诚。

【木萨】 见"茂萨"。(327 页)

【木得】(1311—1390 或 1391) 元末明初云南丽江土官,原名阿甲阿得,字自然,号恒忠。纳西族。丽江路宣抚使阿甲长子。元末任通安州(今丽江县坝区)知州,后升丽江路宣抚司副使。明太祖洪武十五年(1382),明军统一云南,攻克大理等处,他率众首先归附,赐以木姓。十六年二月,从傅友德攻克佛光寨,元右丞普颜笃被迫自焚;三月,令长子阿初击退西番大酋卜却侵犯;八月,随军攻北胜府,擒元平章土酋高生;寻领兵破丽江西部的石门关和铁桥城等处;九月赴京进贡朝觐,授丽江军民府世袭土官知府,领中顺大夫衔,赐镌有"诚心报国"四字的金花带,以示其对统一云南功绩的嘉奖。十八年(1385),从吉安侯陆仲亨捕杀巨津土酋阿奴聪,继从西平侯征景东、定边,皆有功。

【木森】(1401—1441) 明代云南丽江土官。原名阿土阿地,字升荣,号大林。纳西族。丽江军民府知府木土长子。明宣宗宣德九年(1434),袭父职任知府,明英宗正统三年(1438)和四年,领兵从云南总兵官黔国公沐晟征麓川,率军先阵过江,奋勇作战。破敌寨多处,以功赐彩缎及邓川的沙桥田一庄。六年(1441),遣兵随总制尚书靖远侯王骥征麓川,破思任发栅寨,以功升太中大夫资治少尹,云南布政使司参政职事,赠封二代。

【木增】(1587—1646) 明末云南丽江土官、诗人。原名阿宅阿寺,字长卿,号华岳,又号生白。纳西族。丽江土知府木青长子。万历二十六年(1598),袭父职,被称为"木天王"。政事开明,维护祖国统一,有军事、文学才干。任职二十余年间,多次随师或亲率士兵征战,势力西及边陲,北至理塘、巴塘。先后向明朝输军饷及助陵工银二万余两;赴京陈言边政十事;大力吸收先进民族的生产技术,修渠筑道,办作坊,开金铜矿;兼收并蓄汉藏的宗教与文化,促进丽江经济和文化的发展,故被誉为"飞将"、"良翰"。被明廷视为滇南的屏藩,历授云南、广西、四川等布政使司的左、右参政职衔。自幼接受汉族文化,才华横溢,工于诗、能文和赋,文学上有较高造诣。亦善书法。著有《云薖集》、《啸月函》、《山中逸趣集》、《芝山集》、《空翠居录》、《光碧楼选草》和《云薖淡墨》等。著名文人董其昌、徐霞客、傅宗龙、唐泰等分别为其诗文作序和跋。所著《云薖淡墨》六卷收入《四库全书》。徐霞客为《山中逸趣集》写的序中称其"无事诗书礼乐,有事则戎马行间"。主持编译之丽江版《甘珠尔大藏经》著称于世。

【木懿】(1608—1692) 明末清初云南丽江土官。原名阿寺阿春,字昆仑,号台美。纳西族。土知府*木增长子。明天启四年(1624),袭父职。清顺治十六年(1659),投清。次年,授丽江府印,管理原管地方。吴三桂怀异志,欲结吐蕃为外援,见丽江防御严密,于康熙六年(1667)行文征调土兵千名,懿推故不从。吴遂将元朝所赐木氏掌管边镇的金印银印强行收去。七年,又将丽江所属江外的照可、你那等五地割送吐蕃,并迫其交出清廷所颁札付,未果,遂诬其私通吐蕃,强卸职事,押赴省城囚禁七年。康熙十二年(1673),吴三桂造乱,又将丽江属内的其宗、剌普归并吐蕃。吴兵败后,始复职。

【木八剌】 见"阿里西瑛"。(284 页)

【木正源】(约 1795—1878) 清代纳西族著名作家和诗人。字羲民,原名木淳。云南丽江白沙人。*阿知立曾孙。诚朴,聪颖有才华。自幼熟读诸子百家的经籍史书,博学精深,擅长理学,认为理学是立人之本。在他还是生员、游学省城昆明"五华书院"时,就得到林则徐的赞许。嘉庆二十一(1816)科副榜,道光十四(1834)科举人,历任晋宁、镇南、宜良诸州县学正,因能以身表率教诲门下而奉为士林典范。卸任回乡后,主讲"雪山书院",任书院山长。著有《周易集说》六卷、《羲民文集》一卷、《义民诗集》一卷和《见闻杂录》一部。其中脍炙人口,历经两百年传诵至今的佳作是《雪山十二景图》五言近体诗,即:《玉湖倒影》、《金江劈流》、《三春烟笼》、《六月带云》、《晴霞五色》、《夜月双辉》、《晓前曙色》、《暝后夕阳》、《绿雪奇峰》、《龙甲生云》、《白泉玉液》和《银灯炫焰》。把名不见经传的丽江玉龙雪山四季和一天不同时辰的奇观美景一一加以描绘,将传说和对家乡的深情融贯其中,诗画混然一体,作到"使夫不经见雪山者,如亲目焉"。由于其言行、诗文在纳西族士林中的影响,逝世后,经公议入乡贤祠。

【木占春】 清朝将领。字秀清。云南丽江人。纳西族。自幼习武,及长,投军于迤西一带,因奋勇克城功历保官阶。咸同年间,以镇压杜文秀起义军,赏换花翎,以都司尽先补用。光绪十一年(1885),随杨玉科出兵南关,抗击法国侵略军。因功保游击加副将衔。后驻守腾越边防,在营病故。

【木必扒】 明代云南怒江傈僳族木必家族头人。属荞氏族。十六世纪,傈僳族受征调,随丽江土知府木氏与西藏统治集团争夺中甸、维西、宁蒗的统治权。在击败维西藏兵后,因不堪木土司压迫,率众渡澜沧江,越碧罗雪山,进抵怒江,是傈僳族历史上第一次大迁徙入怒江的家族之一。开始与各族融合,傈僳族氏族组织解体。大肆强占土地,抢掠土著居民怒族及独龙族为家庭奴隶,以垒石为界,结草圈地,削树尖,立木栅等方式集中了较多土地。成为"初波扒"(富裕户)。由于生产力水平低下和原始公有制及家族血缘纽带的牵制,所占有的土地,还是在家族关系的掩护下实行共耕。

【木仲毅】 见"沐仲易"。(242 页)

【木华黎】(1170—1223) 又作木合里、摩和赉等。蒙古国大将、汗国功臣。札剌儿氏。孔温窟哇第三子。幼由父送给铁木真(成吉思汗)为奴,故世代为字儿只斤氏臣仆。以沉毅多智、雄勇善战著称,四十年间追随铁木真,无役不从。初随从击灭克烈、乃蛮诸部,统一蒙古,屡立战功,与博尔术最受器重,被铁木真誉为"犹车之有辕,身之有臂"。宋开禧二年(1206)蒙古国建立时,因功封千户长兼左翼万户长,统汗庭以东至哈剌温山(今大兴安岭)的广大地区。与博尔术、博尔忽、赤老温并称"掇里班·曲律"(蒙古语,意为四杰),世任怯薛(护卫军)之长,为十大功臣之一。成吉思汗六年(1211),随从征金,大败金兵于野狐岭(今张家口市西北)、会河堡(今河北怀安县东)等地,尽歼金军精锐,进逼中都(今北京),后攻占益都、滨、棣诸城,至霸州,招降史秉直、史天倪、史天泽父子及肖勃迭等。九年(1214),从成吉思汗围攻中都,迫金帝献女请和。后受命统军攻辽东、辽西。次年,平东京(今辽阳),陷北京(今内蒙古宁城县西),继取锦州等城。十二年(1217),封太师、国王,统领汪古、弘吉剌、亦乞列思、兀鲁兀、忙兀等蒙古军及契丹、纥、汉诸军,受命全权经略中原,总太行以南军政事宜,连年进攻河北、山东、山西各地。改变以往蒙古军春去秋来,只重抄掠的做法,开始占据城池,并下令"禁无剽掠,所获老稚,悉遣还田里"。是年,陷蓟州、大名府、益都、密州诸城。次年,克太原、平阳及忻、代、泽、潞、汾、霍等州。十四年(1219),破岢、岚、吉、隰、绛诸州。次年,收降真定武仙、东平严实,取河北诸地。十六年(1221),破东平,取葭、绥德、坊诸州。次年,又攻拔同州、蒲城,攻长安、凤翔不下。十八年(1223),回师山西,三月,卒于闻喜。英宗至治元年(1321),追谥忠武鲁国王。

【木里王】 见"毛里孩王"。(67页)
【木知立】 见"阿知立"。(279页)
【木刺忽】 元朝大臣。蒙古阿儿剌氏。广平王*玉昔帖木儿长子。初袭父职为右翼万户长。至大四年(1311),仁宗即位,授知枢密院事。皇庆元年(1312),封广平王。一说延祐七年(1320),英宗即位,其弟广平王脱忒哈以谋逆罪被杀后,始嗣王位。致和元年(1328),泰定帝卒,拥太子阿剌吉八即位于上都(今内蒙古正蓝旗东闪电河北岸),为在大都(今北京)即位之文宗图帖睦尔所恶。天历二年(1329),被文宗夺广平王印。
【木骨闾】 柔然始祖。幼年被鲜卑拓跋力微(220—277年在位)属下贵族俘掳,充当奴隶。因首秃,又忘本姓名,故被其主取名为"木骨闾"。成年后,获释,提拔为骑卒。至拓跋猗卢(307—316年在位)时,因死罪逃入沙漠和山谷间,收集逃亡者百余人,依附纥突邻部。死后,其子车鹿会拥有部众,自称柔然。子孙以"木骨闾"的近音"郁久闾"为姓氏,并成为柔然的王族。
【木逢春】 清朝将领。字向东。纳西族。云南丽江人。原事农耕,有勇谋,娴武艺,遂从戎。因军功卓著,历署大理府城守营、永北营参将,加协镇衔;后调办腾越、干崖,勤于边疆防务,因劳积病卒于防所。
【木答忽】 见"杨木答兀"。(195页)
【木墨特】 见"玛罕木特"。(186页)
【木汗可汗】 见"木杆可汗"。(50页)
【木杆可汗】 (?—5720) 又作木汗可汗、术汗可汗,亦作突厥大伊泥温木汗或阿史那木可汗。南北朝时

突厥汗国可汗。名俟斤,又名燕尹、燕都。阿史那氏。突厥汗国创始人*阿史那土门可汗子。西魏废帝二年(553),继其兄科罗(乙息记可汗)嗣立,号木杆可汗。以智勇著称。继位后,率兵破柔然余众,追邓叔子避于西魏。恭帝二年(555),西魏为结好突厥,收缚邓叔子以下三千余人,杀之,突厥汗国代之君临漠北,移牙于都斤山,自诩为漠北游牧民族最高汗权的合法继承者。三年(556),联兵西魏攻破吐谷浑,掳其主夸吕之妻,大获珍物。与西魏和好关系日增,势力日盛。进而东破契丹,北服契骨,并于北周保定二年(562)、三年至天和三年(563—568),与波斯联军进攻西域大国嚈哒,杀其王。以乌浒水为界,瓜分其地,"威服塞外诸国",高昌、焉耆、龟兹、疏勒、于阗及康、安、石等葱岭东西诸城国均归服,其疆域东自辽海(今鸭绿江),西至西海(今里海,一说咸海),南起沙漠,北达北海(今贝加尔湖),五六千里,为突厥最盛时期。在位期间,结好北周。周明帝二年(558)、保定元年(561)相继遣使北周,贡献方物。时因北周、北齐相争,均欲结好突厥为外援,遂实行厚周薄齐政策,以女许武帝宇文邕。保定三年(563),率骑二十万(一说十万)与周将杨忠联兵伐齐。次年,会攻晋阳(今山西太原),掠获甚众。天和二年(567),遣使罗莫缘送女于周,四年,复遣使献马。终其一世,与北周始终保持和好关系。
【木萨·阿厮兰汗】 喀喇汗王朝可汗。萨图克·博格拉汗之子。956—971年在位,称阿厮兰汗(意为狮子汗)。在苏菲派教士援助下,推行喀喇汗国的伊斯兰化,960年有20万帐突厥语部族人接受伊斯兰教。其统治时期,爆发同于阗(今和田)李氏王朝长达三十多年的宗教战争。
【歹都王】 见"伯都王"。(234页)
【歹雅黄台吉】 见"多罗土蛮把都儿黄台吉"。(158页)
【瓦岱】 清朝将领。满洲镶黄旗人。钮祜禄氏,*额亦都孙,参领敖德第三子。初任侍卫、护军统领。康熙十三年(1674),署护军统领,随安亲王岳乐讨耿精忠,败敌军于抚州,复东乡、建昌,克新城。十五年(1676),复随岳乐讨吴三桂军,复萍乡,进征湖南,诸县相继克复。师旋,授护军统领,予云骑尉世职。二十一年(1682),授江宁将军。后授镶黄旗满洲都统、列议政大臣。二十七年(1688),拜振威将军,统兵赴湖北镇压抗清势力。三十年(1691),拜定西将军,率兵出张家口追剿准噶尔部噶尔丹至克鲁伦河。三十一年,受命同都统班达尔沙等管理内务府各庄及八旗诸王庄屯丁于边外耕种事,一无成就。
【瓦切娃】 景颇族载瓦支山官世袭制的始行者。传说景颇人原处于无阶级、无压迫剥削、无世袭山官制度,人人平等的社会。自其始,实行山官世袭,每个山官都必须出身于官种的人继位。有八子,除一子外,其余七子就是后来世袭山官的七个官种大姓,即木仁、勒通、勒排、

恩孔、木然、永孔、木然井等。世袭山官的出现，奴隶的产生，使社会分裂为官种（贵族）、百姓和奴隶三个等级。

【瓦尔喀】（？—1674） 清朝将领。满洲镶黄旗人（一作镶红旗人）。完颜氏。天聪时，任前锋校，屡征战。崇德三年（1638），随贝勒岳讬征明，越燕京趋山东，攻海澄。七年（1642），随贝勒阿巴泰入明边，转战至山东。顺治三年（1646），随肃亲王豪格进川北，镇压张献忠起义军。晋三等阿答哈番（轻车都尉）。九年（1652），授工部理事官。十五年（1658），晋二等阿答哈番。十六年，署前锋统领，驻防云南，克元江城。康熙元年（1662），授参领。五年（1666），迁驻防西安副都统。七年，擢西安将军。十二年（1673）吴三桂叛，受命率西安兵赴四川守御。十三年，进汉中，克阳平关等地。卒，谥襄敏。十六年（1677），以攻保宁损兵罪，追夺原官、世职、削谥。

【瓦克达】（1605—1652） 清初将领。满族，爱新觉罗氏。清太祖*努尔哈赤孙，礼烈亲王*代善第四子。后金天聪元年（1627），随太宗征宁远，战明总兵满桂，被创。清崇德五年（1640），随睿亲王多尔衮围锦州。六年，败明总督洪承畴援军十三万于松山。八年，因事黜宗室。顺治元年（1644），从多尔衮入山海关，败李自成义军于庆都，追至安陆府。三年因功复宗室，授三等镇国将军。随豫亲王多铎征蒙古苏尼特部腾机思、腾机特等，至图拉河斩腾机思子孙，败喀尔喀土谢图汗援兵。四年，晋镇国公。五年，晋多罗郡王。从阿济格驻大同，防喀尔喀二楚虎尔扰边，讨叛镇姜瓖。六年，同亲王满达海破朔州、宁武，平姜瓖所部。任征西大将军，平山西。八年，分管工部，预议政。九年初，以纵何大福罪，解部任，罢议政。寻卒，谥襄。

【瓦氏夫人】（1497—1555） 明嘉靖朝抗倭女英雄。广西归顺府（今靖西）人。壮族。归顺州知州岑璋之女，田州指挥同知*岑猛之妻。平素习武，善用剑，颇有谋略。对丈夫不义之行多有劝阻。因深明大义，甚得族人爱戴。嘉靖六年（1527），其夫及子邦彦被控谋逆不轨，先后被杀。曾代孙岑芝和曾孙岑大寿行州事。勤于政务，"凡州之利弊，躬为规画，内外凛然"。三十三年（1554），倭寇侵扰我国东南沿海，朝廷令兵部尚书张经征调各省土兵配合官军抗倭。请命应征，授"女官参将总兵"，率田州及东兰、那地、南丹等州兵六千余人，赴江浙沿海剿倭，"誓不与贼俱生"。所率"俍兵"英勇善战，秋毫无犯。三十四年（1555），在王江泾（今嘉兴县北州里）战役中，一举歼灭倭寇四十余人。六月，在陆泾坝又斩获倭首三百余级，焚烧倭船三十余艘，倭贼闻风丧胆。"花瓦家，能杀倭"的民谣在江浙广为传颂。以功封二品夫人。群众誉为"石柱将军"。是年七月，回师田州，不久病逝，追封"淑人"。

【瓦剌它卜囊】 见"永邵卜大成台吉"。（126页）

【瓦齐尔博罗特】 见"斡齐尔博罗特"。（576页）

【王马】（？—1337） 元至顺至至元间黎族人民起义领袖。海南岛琼山县人。黎族。因不堪忍受元朝统治者在海南黎族地区的军事高压和繁重征调，于至顺二年（1331），在琼山竖旗聚众，号召黎族群众奋起反抗。与同期起事的王官福、王六具、王周等相呼应，相继攻陷会同、文昌、乐会、万州、南道州等诸县，破南宁军、万安军、吉阳军等军事据点，并进攻海南岛最高的统治中心——乾宁军民安抚司，给元朝在海南岛的统治以沉重打击。元廷命湖广行省左丞移剌四奴统领湘、赣、闽、粤等省官兵赴琼镇压。他指挥义军凭险奋战，痛击官军。朝廷一再更换将领督师，都相继失利。坚持斗争数年之久。至元三年（1337），被捕牺牲。

【王台】（？—1582） 明代海西女真首领。名万，又称万汗。纳喇氏。塔山左卫都督克什纳（亦称速黑忒）之孙。克什纳被本部巴代达尔汉杀后，奔席北部绥哈城。其叔旺济外兰（史称王忠）奔哈达部，驻开原安堡外，为部长。旋哈达部内乱，王忠被杀，被忠子迎为部长。善于用部众，远者招徕，近者攻取，势益盛，扈伦四部与建州三部皆附之，辖地千余里，遂以哈达为国，称汗。时建州右卫都指挥王杲与西部蒙古瓦遥相呼应，屡窥辽边。他居间，不令东西合势，受明封都督。万历三年（1575），捕王杲献明，晋右柱国、龙虎将军。结好叶赫部清佳努、杨吉努，以女妻杨吉努，并纳其妹温姐为妻。为明守哈达三十余年。晚年，暴而黩货，部众离散，势渐衰。杨吉努乘机结乌拉部与其长子扈尔汉交兵，夺取季勒等八寨。万历十年（1582），忧愤而卒。

【王罕】（？—1203） 又作汪罕、翁汗。蒙古国建立前克烈部首领。名脱斡邻勒。忽儿察思之子。幼年曾先后被蔑儿乞人、塔塔儿人掠去为奴。素与弟帖木儿、不花帖木儿不和，分地而治。父卒，嗣为部长，忌杀二弟，为叔古儿罕举兵所逐，后得蒙古部也速该援助，统一本部，建庭于土兀剌河（今土拉河）流域。曾助也速该子铁木真（成吉思汗）战胜蔑儿乞部。宋庆元二年（1196），联合铁木真，配合金军大败塔塔儿部于浯勒札河（今乌勒吉河），受金封为王，故称王罕。旋为其弟额儿客合剌所逐，辗转逃亡于西辽、畏兀儿、西夏，因获铁木真支援，得以复振。四年（1198，一说1199年），击败蔑儿乞部。次年，与铁木真联军袭击乃蛮部，中途因惧乃蛮军势盛，自私自撤兵，遭乃蛮军追袭，兵败，寻得铁木真部下四杰援助，始转危为安。六年（1200），双方联兵于斡难河（今鄂嫩河）大败泰赤乌部，继败哈答斤、散只兀等十余部于捕鱼儿海子（今贝尔湖）。次年，再败古儿汗札木合所统诸部于海剌儿河（今海拉尔河）。嘉泰二年（1202），与铁木真联兵，于阔亦田（约今哈拉哈河上源）击败乃蛮部杯禄汗及蔑儿乞部脱脱、斡亦剌部忽都合别乞等的进攻。不久，因拒绝铁木真联姻之请，关系破裂。三年，密谋伪许婚约，请铁木真赴宴，乘机杀害，谋泄，遂进兵，先在合兰真沙陀（约今乌珠穆沁旗北境）败铁木真，旋遭铁木真袭击，兵败，逃乃蛮部界，被戍将所杀，部众并入蒙古。

【王枢】 西夏国大臣。党项羌族。官枢密使。大德五年（1139），二月，奉乾顺命，与陕西招抚使哆讹、延安招抚使李世辅出兵进攻陕西。五月，李世辅兵抵延安，知宋朝与金议和,陕西归宋,父母之仇已报,即率所部赴其营,谕以归宋,哆讹不从被杀,他被擒。入宋朝后声言:西夏国主感宋恩,将遣使入贡,遂被宋高宗遣人送归国。

【王忠】 又名旺济外兰、旺住外郎。明代海西女真哈达部首领。纳喇氏。克什纳(即速黑忒)之子。明嘉靖十三年(1534),父被族人巴代达尔汉杀后,率众从松花江逃至辽东边外靖安堡,为哈达部部长。因山泽贸易之利,一时成为女真各部盟主,拥有海西九百九十九道敕书,建州三卫五百道敕书亦受其约束。继承父志,效忠明朝。二十二年(1543),向明通报朵颜部结北方蒙古欲犯边事。又执杀犯明边的叶赫部首领祝孔革,以守边有功,封为都督。后被哈达部叛众所杀。

【王旻】 宋代党项羌族军事首领。景德元年(1004),李德明嗣立,封为牙校。二年六月,以宋将招诱党项边民附宋,而不能禁,德明与左都押牙兼行军司马张浦谋,欲降宋,遣其以李继迁遗旨奉表入献,获真宗所赐锦袍银带。言德明所求五事,真宗令其转致所谕七事则许降。

【王杲】(?—1575) 明建州右卫首领。女真族,喜塔拉氏。多贝勒子。曾就学抚顺,兼通女真、汉语文。嘉靖间,为建州右卫都指挥使,自命为都督,俗称阿谷都督。常自称"马法"。为报父之仇,屡犯明边。嘉靖三十六年(1557),窥抚顺城,杀守备彭文洙,掠东州、会安诸堡。四十一年(1562),诱杀明副总兵黑春于妇媳山,犯辽阳,劫孤山,略抚顺,先后杀指挥王国柱等数十人。隆庆(1567—1572)末,至开原索取归明之建州女真人哈哈纳等,不获,遂统千余骑犯清河,扰关市,掠边塞。辽东巡抚张学颜示以恩威,始归还所掠就款。万历二年(1574),诱杀守备裴承祖及把总刘承奕等,又结土默特、泰宁等部蒙古欲大举犯辽、沈,为明总兵李成梁所败。三年,复聚众犯边,遭明军追击,假道于海西女真王台,被王台父子俘获,送京师斩首。

【王羌】 十六国时期休屠王。秦州(治今甘肃天水市东北)休屠胡(屠各胡)人。原附后赵。晋咸和五年(330),举兵反后赵,击败来讨之州军,陇右大震,氐、羌各族多应之。后因兄子王擢与羌人有仇,受后赵河东王石生所贿赂,共击之,兵败,奔凉州(治今甘肃皋兰县西南),秦州夷豪五千余户被迁至雍州。

【王珣】(1177—1224) 蒙古国将领。字君宝。本姓耶律氏。契丹族。善骑射,武力超人,貌黑,人称"哈喇元帅"。祖世为辽代望族,金世宗大定(1161—1189)初年,因避移剌窝斡兵事,徙辽西,更姓王,遂为义州开义(今辽宁义县南开州屯)人。父伯俊。伯父伯亨无子,以为嗣。初聚众十余万,据地自保。成吉思汗十年(1215),率众投蒙,授元帅,兼领义、川二州事。次年,从木华黎征张致反叛,克锦州(今辽宁锦州),破义州(今辽宁义县),叛平。逾年,战功入朝,赐金虎符,加金紫光禄大夫、兵马都元帅,镇远东便宜行事,兼义、川等州节度使。史载其为政简易,赏罚明信。后随木华黎兵略山东。成吉思汗十九年(1224)正月卒。

【王宽】(1848—1919) 近代回族教育家、伊斯兰教学者。字浩然,经名哈志·阿布杜·拉合曼。北京人。青年时期即博览伊斯兰教经典,精通阿拉伯文和《古兰经》,热心经学教育。辛亥革命前,受资产阶级新思潮影响,欲通过提倡文化、改革经堂教育振兴回族,主张"提倡教育,宣传教育,心智精神安静;振兴工艺、改良风欲、国家社会富强"。1905年,率弟子赴中近东各国考察,聘请外国专家前来讲学。1907年,在北京牛街创办回文师范学堂,改良教法,增订课本,经学中兼习汉文及科学,以普及教育,造就师资。1908年,又在牛街清真寺后院,创办京师公立清真第一两等学堂。并于城郊分设四所小学。1912年,于北京发起组织中国回教俱进会,自任副会长、会长。1913年,赴内蒙古呼和浩特市,组织中国回教俱进会分会。后各地纷纷成立分会。先后在上海、南京、开封等地任教长,以发展教育为急务。致使各地竞相效法。为振兴工艺,于1914年前后在北京牛街创办第一家回民工厂——普慈工厂。1912年,孙中山到北京,他在"回教俱进会"举行欢迎会,表示支持革命。曾奉临时政府命,争取提督马安良反正。一度参加袁世凯的"筹安会",袁倒台后,又支持孙中山北伐。1919年3月10日病逝于北京。

【王朔】 见"王翔"。(52页)

【王祥】 见"耶律王祥"。(309页)

【王崧】(1752—1837) 清代白族著名学者和文学家。字伯高,又字酉山,号乐山,原名藩。先世为江苏上元(今南京)人,随沐英征滇落籍浪穹(今云南洱源),担任土职。数代后与白族通婚,而成为白族。其父王梅村博览群书,藏书万卷亲授与学业。后拜当地硕儒檀萃为师。十七岁考取秀才。乾隆五十四年(1789),乡试第三名。嘉庆四年(1799),中进士第六名。翌年任山西省武乡县知县。在职九年,改革盐政,使归于民,治理漳河,兴修书院,自捐资购置书籍,亲自授课,学风大振。去官后,于嘉庆二十一年(1816),应聘主讲晋阳书院,道德学问传遍山西。四年后回滇,门人为绘《乐山讲学图》,且配以绘像,张炜写《乐山先生讲学图记》,以示纪念。在滇受云贵总督阮元之聘,总纂《云南通志》。又集前人滇事之书六十一种,汇为《云南备征志》,与师范《滇系》齐名。后因故托辞回乡,不问世事,专心著述。著作甚多,除《说纬》、《乐山制义》、《乐山集》、《道光云南志钞》雕版刊行外,《乐山诗集》、《布公集》、《江海集》、《提钩集》等均未付梓流传。经他校订的《南诏野史》为研究南诏、大理史提供了一个较好的本子。

【王猛】(325—375) 十六国时期前秦大臣。字景略。北海郡(今山东寿光南)人。少家贫,以卖畚为生。博学好兵书,怀佐世之志,隐居华阴山,敛翼待时,闻东晋桓温入关攻前秦,往见,扪虱而言天下事。后由吕婆楼举荐于苻坚,深受重用,岁中五迁,权倾内外。历任京兆尹、咸阳内史、吏部尚书、尚书左仆射、辅国将军、司隶校尉等。辅佐苻坚平外患息内乱,统一北方;整顿纪纲,禁奢侈,与民休养生息;明法峻刑,惩诛豪强,抑制权贵;广兴学校,崇尚儒学,劝课农桑,开放山泽之利。致使"关陇清晏,百姓丰乐",对前秦的兴盛颇有贡献。建元初,率军攻荆州北边诸郡,掠汉阳万余户而还;讨平略阳羌人敛岐起事。六年(370),率步骑六万攻灭前燕。升都督幽州诸军事、车骑大将军、冀州牧,镇邺,封清河郡侯。八年(372),还长安,任丞相、中书监、尚书令、太子太傅、司隶校尉,加都督中外诸军事。临终,嘱苻坚"不以晋为图",劝坚暂不要出兵东晋。谥武侯。

【王涯】(?—835) 唐朝宰相。先世为乌桓人。一说系太原名望汉王霸之后。字广津,左广阙、温州刺史晃子。博学好古,工属文。贞元八年(792)进士,登宏辞科,任蓝田尉。二十年(804),充翰林学士,拜右拾遗、左补阙,进起居舍人。元和三年(808),取怨宰相李吉甫,罢学士,贬虢州司马,徙袁州刺史。五年,入为吏部员外郎。七年,改兵部员外郎、知制诰,再为翰林学士,累迁工部侍郎,封清源县男。十一年(816),拜中书侍郎、同中书门下平章事。十三年,罢相,迁吏部侍郎。文有雅思,永贞、元和间,训诰温丽,多所稿定。历仕德宗、顺宗、宪宗、穆宗、敬宗、文宗六朝,曾二拜宰相,封代国公,任节度使、监铁转运使、江南榷茶使等职。文宗时,收淄青等州铜铁冶赋税归中央。罢京畿榷酒钱;变茶法,官采官卖,益其税以济用度。太和九年(835),"甘露之变",为宦官仇士良等杀害,时年七十余。昭宗天复初,大赦,追复爵位,官其后裔。

【王智】(?—506) 又作王法智。北魏时秦州(治今甘肃天水市)人民起义首领。休屠胡(屠各胡)人。正始三年(506)正月,聚众起事,拥兵二千,自号王公。推秦州主簿吕苟儿为主,改元建明,置百官,攻逼州郡,与泾州(治今甘肃泾川县北)陈瞻起义相呼应。六月,遭魏安西将军、秦州刺史元丽镇压,兵败,被杀,六千余人遇害。七月,吕苟儿率众十万保守孤山,被逼归降。

【王禅】(?—1328) 元朝宗王。蒙古孛儿只斤氏。晋王*甘麻刺之孙,*松山之子。延祐七年(1320)英宗即位后,封云南王,出镇其地。泰定元年(1324),徙封梁王,食邑益阳县六万五千户。三年(1326),受命与武宁王彻彻秃镇抚北边,整饬边事。致和元年(1328)七月,泰定帝死,九月,与左丞相倒剌沙等在上都(今内蒙古正蓝旗东)辅立皇太子阿速(剌)吉八为帝。受命与右丞相塔失铁木儿等出兵攻大都(今北京),与在大都称帝之图帖睦尔(文宗)争战,进兵榆林,为金枢院事燕铁木儿所败,退走怀来,继取居庸关,与大都兵战于榆河,因塔失铁木儿怀异志,驻兵不前,兵败,走红桥北,继兵败于白浮,退昌平西,逃还上都。十月,上都为齐王月鲁帖木儿及不花帖木儿诸军所围,倒剌沙被迫奉皇帝宝出降,王禅遁走。十一月被擒,赐死。

【王翔】(?—1665) 又作王朔。清代云南临安府王弄山哈尼族首领。受封为王弄山长官司副长官。顺治十六年(1659),附清,授世职。康熙四年(1665),与禄昌贤等反抗清廷改土归流,官兵讨之,自焚死。以其地属开化府。

【王锡】 唐代佛教禅宗传播者。汉族。八世纪人。初任河西观察使判官。吐蕃占领河西走廊后,随敦煌大乘禅师摩诃衍研习佛教禅宗教义,为敦煌汉藏僧俗人等宣讲禅宗之道。791—794年,应吐蕃赞普赤松德赞邀请,随摩诃衍赴吐蕃倡导禅宗明义,先后在逻娑(今拉萨)、昌珠、琼结等地传授禅门,数年间使汉地禅宗风靡吐蕃,吐蕃朝野多从其教,且有王妃、大臣出家为僧尼者。其间,曾伴随摩诃衍以顿门之见(顿悟)同吐蕃渐门之见(渐悟)进行长期辩论,返敦煌后,亲撰《顿悟大乘正理决并序》详记此事,成为流传至今的珍贵敦煌文献。曾不断与吐蕃赞普书信往还,以佛理劝导赤松德赞"精修六度,拯拔四生",对与唐息战媾好起了应有作用。

【王源】 清代画家。字桃溪。纳西族。云南丽江大研里人。乾隆六十年(1795)举人。官浙江新城、遂昌等县,迁福建长乐、连江、宁德、德化县及永春府知州。工于绘画,尤擅长画静物,所画白菜酷似,故人称"王白菜",在闽浙负有盛名。

【王嫱】 见"王昭君"。(56页)

【王翰】 元朝官员。字用文,又名那木罕。唐兀氏。河西人。先世以千户镇庐州,遂为庐州人。初袭千户,有才干,升庐州路治中,改福州路。以功迁同知、理问,综理永福、罗源二县及泉州事。擢行省郎中。至正二十六年(1366),任潮州路总管。元亡,屏居永福山中,号友石山人。拒绝明廷聘用,有病不服药。因有司逼就道,遗诗友人,引刃自绝。持身刻苦,历官二十余年,家无余积。行政以爱人为主,平素喜读书为诗,有《友石山人遗稿》行世。

【王二万】 元大德年间八番起义首领。桑柘(今贵州境内)人。布依族。大德二年(1298)四月,与马虫等领导八番(罗番、程番、金石番、卧龙番、大小龙番、洪番、方番、韦番)起义,杀巡检。仡佬族人民纷起响应,持竹契长刀抗击元兵。遭湖广平章刘国杰镇压及播州宣慰使杨汉英招抚。四年(1300),起义失败。

【王二娘】(?—1216) 南宋淳熙至嘉定间琼州黎族女首领。海南岛琼州人。祖父于北宋皇祐年间(1049—1054)归顺中央王朝,协助朝廷捍御琼管咽喉要地。绍兴朝(1131—1162),琼山许益等人聚众起事。其母黄氏布谕黎峒各安生业不得从乱,功封宜人。黄氏年老无嗣,淳熙八年(1181),她受诰命袭封。"善用众,能制服群黎",成为黎族地区三十六峒都统领。时"琼管有号令,必下王宜人,无不帖然"。积极劝谕"化外"黎人归附,在黎族地区贯彻朝廷政令和绥靖地方。嘉定九年(1216)病卒。无子嗣,其女吴氏袭封,继续统领三十六峒黎人,使"羁縻勿绝"。

【王兀堂】 又作王乌塔。明代建州女真首领。居地距辽东瑷阳堡二百五十里;通市于该地。受明封为都督。

以建州右卫都指挥王杲发难,劫杀孤山堡修堡役夫,曾助明捕捉行凶者送至边关。万历三年(1575),率诸部首领请于御史张学颜,愿以子为质,通市易盐、布,获准。开原、抚顺、清河、宽奠等通互市自此始。自是,辽东边墙以东,自清河以南抵鸭绿江属建州,由其管辖,"颇守法"。五年,掠东州、会安诸堡。七年,入市宽奠,因不满明边官强抑市价,殴打部民,遂"绝迹关市",并数扰宽奠、永奠、新奠。又犯黄关岭。为明将李成梁败于鸭儿匮等地,势衰。

【王不花】 见"朴不花"。(130页)

【王毛仲】 唐朝将领。高丽人。初侍临淄王李隆基。及隆基为皇太子,专知东宫驼马鹰狗等坊。以翊戴功及参与平定萧至忠等之乱,于先天二年(713),授辅国大将军、左武卫大将军等职,晋封霍国公,颇受玄宗宠信。历任行太仆卿、朔方道防御讨击大使,加开府仪同三司。恃宠求为兵部尚书,不得,有怨色。后因结党营私,骄横贪求,为玄宗诏杀。

【王牛儿】 明代广西大藤峡瑶族人民起义首领之一。明景泰(1450—1456)年间,积极投身于侯大苟领导的大藤峡瑶民反抗明王朝的斗争。侯大苟牺牲后,于成化二年(1466)与侯郑昂等在大藤峡再次聚众举事,率义军夜袭浔州府,摧毁三个百户所并夺其官印。翌年,攻占容、藤二县,活捉典史谭安、巡抚谢秀坚,杀贪官伍思聪等。后与侯郑昂分军攻打北流、博白及信宜等地。明廷令浙江布政司左参赞、镇压侯大苟起义的韩雍督军征剿。在广东信宜万料大山与官军奋战,最后因寡不敌众,壮烈牺牲。

【王乌塔】 见"王兀堂"。(53页)

【王化明】 见"王阿崇"。(54页)

【王六具】 见"王马"。(51页)

【王文炬】 渤海国官员。渤海人。王氏。历官政堂省左允、永宁县丞。宣王建兴三年(唐穆宗长庆元年,821)冬,奉使聘日本。十二月入日京。翌年正月,谒日皇。善击球,日皇作诗记其事。二月,授正三位。携日皇复书返。九年(唐文宗太和元年,827)冬,再往聘,同行百余人。十二月登陆,留于但马。因期未到,(原约定十二年一聘)。未获允入京。彝震王咸和十八年(唐宣宗大中二年,848)冬,第三次往聘,同行百人,中途被劫掠。十二月,至能登登陆。翌年三月,上所携国书。四月入日京,日皇授以从二位。善辞令,有仪容,获日皇厚待,优礼冠于诸使。同年夏,携日皇国书及大政官复中台省牒返。

【王打文】(?—1886) 清光绪朝海南岛万州、陵水一带农民起义首领。黎族。光绪十一年(1885)冬,在汉族黄邹强发动的临高、儋州农民武装起义的鼓舞下,与陈忠明等聚集万州、陵水等地黎、汉农民一千余人武装起义,一举攻克定安县南闾、仙沟、雷鸣、澄迈县新吴市及感恩县西乡,定安、澄迈县城危在旦夕。两广总督张之洞令钦廉提督冯子材统兵前往围剿。在敌我悬殊情况下,指挥起义军凭险筑垒据守,与敌人展开殊死搏斗,因寡不敌众,被捕就义。

【王正谊】 见"大刀王五"。(18页)

【王世充】(?—621) 隋末大臣、郑国皇帝。字行满。本姓支,先祖为西域月氏胡人。祖支颓耨时,徙居新丰(今陕西临潼东北),父收幼孤,随母嫁王粲,因姓王氏。学书传,好兵法。开皇(581—600)中,为左翊卫,后以军功授兵部员外郎,明习法律,利口善辩。炀帝时,累迁至江都郡丞,领江都宫监。大业八年(612),募江都万余人,镇压朱燮、管崇等义军。十年,败郡孟让义军。十二年(616),迁江都通守。又破格谦等义军。常搜珍物,选美女以取悦炀帝。后率军与瓦岗军战,大败,困守含嘉城。十四年(618),炀帝死,遂与元文都等于东都拥立杨侗为帝,任吏部尚书,封郑国公。后拜尚书左仆射、总管内外诸军事。大败李密军,迁太尉,寻称郑王。次年,自称相国。既而废杀侗,自立为帝,建元开明,国号郑。唐武德四年(621),被秦王李世民军所败,求救于窦建德。及建德师于武牢为秦王所破,遂以降。至长安,为仇家独孤修德所杀。

【王成章】 清代文人。又名王竹淇。纳西族。云南丽江大研里人。性豪放,博学多才。光绪十五年(1889)举人。曾任禄劝、永善两县教谕。宣统元年(1909)回乡,历任丽江府学务总董、府督学及劝学所所长等职。勤劳尽责,深受地方尊崇。所著《退省斋诗文集》十数卷,被毁无存。

【王竹淇】 见"王成章"。(54页)

【王仲宣】 隋代番禺地区俚人首领。开皇十年(590),聚众反隋,岭南首领多应之,兵逼广州城,攻杀广州总管。遣部将周师举领兵围攻东衡州(治今广东始兴县境),为隋给事郎裴矩、大将鹿愿所败,师举被杀。后遭裴矩与检校慕容三藏和洗夫人部联兵合击,寡不敌众,溃散,不知所终。

【王孝廉】(?—815) 唐代渤海国官员、诗人。渤海人。王氏。僖王大言义(812—817年在位)时,官太守。朱雀二年(唐宪宗元和九年,814)秋,奉使聘日本,告定王大元瑜丧。九月,至出云登陆。十二月,入日京,呈国书。翌年正月,日皇授从三位。能诗,与日本高僧、诗人空海等唱和。五月,返,海中遇风,漂越前。六月,病死日本。空海以诗《伤渤海国大使王孝廉中途物故》吊之。著有诗《奉敕陪内宴》、《出云州书情寄两敕使》等。

【王丽珠】 元末明初海南岛万州黎族首领。世为峒首。元至正(1341—1368)年间,率黎兵协助地方官府镇压陈子瑚,授万守县主簿。后又率黎兵讨平符奴达等人起事,令随县尹,受命统民保境。明洪武(1368—1398)初,又因剿平王廷金,受厚赏。子晋养为黎首,受权管黎。

【王龟谋】 渤海国官员。渤海人。王氏。玄锡王(871—893年在位)时,官文籍院少监。玄锡王二十年(唐昭宗大顺二年,891)冬,奉使聘日本,任大使,同行百余人。十二月,于出云登陆。因距前使通聘未满一纪(十二年),不许入京。携日皇国书及太政官牒归国。所复书、牒,皆日本书法家藤原敏行、小野美材书写,其墨迹流传于国内。

【王阿同】 ①见"苗金台"。(327页) ②见"韦同烈"。(60页)

【王阿崇】(约1777—1798) 又作王阿从。清嘉庆年间布依族起义女领袖。贵州南笼(治今安龙)洞洒人。布依族。又称王囊仙(布依语意为仙姑)。通巫术。嘉庆元年(1796),与韦朝元及堂兄王化明一起,借行巫医之机,揭露地主、高利贷者、土司、官吏罪行,激发布依族人民起义。同年十二月,与韦朝元在南笼普坪等地率众起义。被推为首领,号称"皇仙娘娘",以洞洒寨为京城,改嘉庆二年为仙大元年。封设官职,以桑鸿升为军师。嘉庆二年(1797)一月,攻占册亨城,杀州同曾艾、把总杨烈、外委杨国章等贪官污吏。占领广顺坝场,进逼贵阳城。其势东及惠水,南至广西,西达云南,北抵黔西。清派云贵总督勒保率湖南、广东、广西、云南等省官兵和地主武装,分路镇压,被迫退守洞洒、当丈。嘉庆三年(1798,一说二年),当丈陷,与韦朝元等不幸被捕遇害。布依族人民在安龙城和当丈庙堂供奉她和韦朝元的塑像,以示纪念。

【王阿榜】 见"蒙能"。(562页)

【王罗祁】 唐代云南哈尼族先民大首领。高宗显庆元年(656),与郎、昆、梨、桨四州大首领王伽冲、西洱河大首领杨栋附显等,一同向唐朝贡方物。其所辖地区,一说在滇东南六诏山区、文山、砚山一带。一说在楚雄州至思茅一带。

【王明德】(1604—1664) 明末清初将领。回族。甘肃临夏八坊人。崇祯年间(1628—1644)从军,随总督陕甘三边洪征镇压山陕湖广农民起义军,升指挥同知。以游击领兵驻防汉中,清兵入关,于顺治二年(1645)降清,仍为游击,发汉中,平定抗清军,升宁羌参将。五年(1648)以后,随清军平定四川、贵州等地汉、苗民的抗清斗争,历任松潘副总兵官、都督佥事、建昌总兵官,累官至左都督。康熙元年(1662),进光禄大夫。三年(1664)八月卒,赐封太子少保。

【王和顺】(1868或1871—1934) 近代资产阶级革命家。字德馨,号寿山。广西邕宁县东门乡人。壮族。出生于贫苦农民家庭。早年曾参加刘永福领导的抗法战争。中法停战后,退役回乡,在宣化县城当衙役。目睹清廷腐败,深为不满,投身会党,蓄意反清,秘密组织革命队伍,事泄被捕,后越狱。光绪二十五年(1899),聚众竖旗,发动武装起义,迅速控制南宁、思恩府属广大地区。二十八年(1902),在南宁西郊隆安县马鞍山峡痛击广西提督苏元春所遣总兵马盛治军,马盛治毙命,苏元春也因此被革职。翌年,又于梅龟山智布伏兵,重创陆爵率领的广东安勇军。与附近会党武装配合,转战于武鸣、隆安、扶绥、上思、马山、都安、上林、宾阳、邕宁等地,使官军顾此失彼,穷于应付。三十一年(1905),清廷集数省兵围剿,因寡不敌众,被迫走越南,在西贡加入孙中山领导的中国同盟会。三十三年(1907),奉孙中山命,到钦州、防城等地组织领导壮族反清武装斗争,失败后折回越南河内。翌年,与黄明堂等组织云南河口起义,攻占河口、南溪,因孤军深入补给匮乏受挫,再度转入越南,被法国殖民当局拘捕,解往新加坡服劳役。宣统三年(1911),广州起义爆发,返广东惠州开展革命活动。武昌起义爆发,指挥革命军攻占惠州城,进驻广州。因遭广东都督陈炯明排斥,绕道香港至北京,被袁世凯聘为军事顾问。后对袁肆意专权不满,弃职南归。1915年,袁世凯复辟帝制,积极参加讨袁活动。1922年,发动滇桂军将领入粤讨伐陈炯明,拥护孙中山从上海回广州重开大元帅府。旋去职,隐居广州,不问政事。1934年于广州病逝。

【王岱舆】(约1570—1660) 明清之际伊斯兰教著译家和经师。中国伊斯兰教教义两大学派之一——汉学派创始人。名涯,别署"真回老人"。回族。先祖天方(今阿拉伯)人。明洪武中在钦天监任职,赐居金陵(今江苏南京)。世代精天文、历算之学。他年轻时,承家传,熟读伊斯兰教典籍,并对六经论孟、诸子百家、释道之书,无不钻研,被誉为"学通四教"(指伊斯兰、儒、佛、道)。后专攻伊斯兰教义,立志用汉文介绍伊斯兰教。长期从事译著,开创"以儒诠经"的汉学派。明亡,北上京师(今北京),寄居友人之家,于正阳门外讲经论道,远近问难者,无不折服。卒,葬京西阜城门外三里河清真寺附近之李氏茔中。著有《正教真诠》、《清真大学》、《希真正答》等书,流行于世。

【王法智】 见"王智"。(53页)

【王官福】 见"王马"。(51页)

【王居起】(?—1232) 南宋时琼山黎族人民起义首领。海南岛琼山县人。黎族。绍定四年(1231),在琼山聚众武装起义,自号南王,邻近村峒黎人闻风趋附。率义军相继袭击临高、澄迈、文昌等县,进而大举围攻海南岛首府琼州城,控制城外方圆数十里。与前往镇压之官军展开浴血奋战。因众寡悬殊,于绍定五年(1232)夏被俘遇害。

【王承美】(?—1012) 宋朝边将。党项羌。藏才族部。开宝二年(969),随父自契丹归宋,授丰州牙内指挥使。四年(971)七月,父卒,改天德军蕃汉都指挥使、知州事。五年,移丰州刺史。遣军校向朝廷上言,愿诱吐谷浑、突厥内附,受嘉奖。太平兴国七年(982),与契丹作战,斩获万计,擒天德军节度使韦太。八年,又败契丹,以功授本州团练使。淳化二年(991)冬入朝,受命还本任,控子河汊。景德元年(1004)四月,以守边岁久,迁本州防御使。大中祥符二年(1009)正月,诏月增赐钱五万。五年(1012),请于州城内置孔子庙,获允。十二月卒,赠恩州观察使。

【王春藻】 清代文人。纳西族。号碧泉。云南丽江大研里人。道光元年(1821)举人。道光九年(1829)进士。历任湖南永定县知县及澧州、晃州知州。其诗文已散失。

【王荣祖】(1196?—1260?) 蒙古国将领。字敬先。契丹族,本姓耶律氏。都元帅珣子。性沉厚,勇力绝人。

祖世为辽代望族，金世宗大定(1161—1189)初年，因避移剌窝斡兵事，徙辽西，更姓王，遂以义州开义(今辽宁义县南开州屯)人。成吉思汗十九年(1224)正月，父卒，袭职，为荣禄大夫，崇义军节度使、义州管内观察使。二十一年(1226)，奉命讨辽东葛不霭及蒲鲜万奴，拔盖州(今辽宁盖县)、宣城、石城(今辽宁辽阳东)等，虏生口千余。窝阔台汗元年(1229)，授北京等路征行万户。三年八月，以高丽杀蒙古使者，奉命进讨，围王京，高丽王降，承制设官，分镇其地，后返。五年(1233)二月，随皇子贵由再讨蒲鲜万奴，九月，擒万奴。继从诸王按只台平兴州赵祁反，力戒诸将勿杀无辜。八年(1236)，复从征高丽，取十余城，十三年(1241)秋，迫高丽王遣子入质。蒙哥汗三年(1253)十二月，再随诸王也古征高丽，降天龙、禾山诸城，禁暴掠，得民心。以功受赐金币，官其子兴千户。移镇平壤，募民屯戍，广辟地，尽获诸岛城垒。后高丽王遣世子出降。中统元年(1260)，进沿边招讨使，兼北京等路征行万户。还镇即卒。

【王昭君】　西汉元帝时宫女。名嫱，字昭君，晋因避司马昭讳，改称明君或明妃。西汉南郡秭归(今属湖北)人，元帝(公元前49年—公元前33年在位)时，以"良家子"被选入宫。竟宁元年(公元前33)匈奴呼韩邪单于来朝，请婿于汉。昭君因"入宫数岁，不得见御，积悲怨"，遂自"请掖庭令求行"，奉旨适呼韩邪，被单于封为"宁胡阏氏"。生一男，名伊屠智牙师，后为右日逐王。成帝建始二年(公元前31年)呼韩邪死，从匈奴俗，继为复株累若鞮单于阏氏，生二女，长女名云，为须卜居次，次女为当于居次。对加强汉与匈奴和好关系，使呼韩邪后裔长期亲汉作出一定贡献。昭君出塞的故事成为后来诗词、戏曲、小说、说唱等的流行题材。

【王思礼】(?—761)　唐朝将领。高丽人。王氏。入居营州(今辽宁朝阳)。以功授右卫将军、关西兵马使，从征九曲。玄宗天宝十三年(754)，加金城郡太守。翌年，兼太常卿，充元帅府马军都将，从讨安禄山叛军。潼关失守，助宰相战便桥，不利，更为关内行营节度、河西陇右伊西行营兵马使，守武功，以复长安，收东京功，迁兵部尚书，封霍国公。不久，兼潞、沁等州节度。肃宗乾元元年(758)，总关中、潞州行营兵三万，骑八千，与郭子仪围相州，兵溃。寻破史思明叛军于直千岭。为河东节度副大使。善守计，短攻战，持法严整。上元元年(760)，加司空。翌年卒，追赠太尉。谥武烈。

【王宪章】(1887—1914)　武昌起义和反袁斗争的革命党首领。贵州兴义府鲁沟(今属安龙县)人。苗族。少年时在安龙就读中学，后入贵州省立师范学校，继入警察学堂。初任巡长，因谈论革命被革职。赴武昌参加新军，任什长。后任武汉文学社副社长。宣统三年(1911)，文学社改组，任副指挥。武昌起义时，为革命军团长，后升统标(旅长)，在汉阳与清军血战四十余日。1912年，文学社合并于孙中山的同盟会。任鄂军第二师师长。1913年，任江苏江北讨袁军总司令。在南京与黄兴、李烈钧抵抗袁军。曾赴日本避难，回国后，在上海组织铁血团。1914年，被袁世凯部冯国璋杀害。

【王振邦】(?—1700)　清康熙朝黎族起义首领。海南岛琼山县指马峒人。黎族。因不堪地方官吏役使黎族群众入山采香、藤、花梨、紫檀等物之苦，于康熙三十八年(1699)十二月，在指马峒宰牛传箭，倡导黎人武装反抗官府残酷榨取，率武装群众破琼山县军事据点水尾营，分兵进攻薄沙、保亭、乐安等驻军营寨。由于汉族群众预先深入黎峒"潜通消息"，致使前来征剿之州府官军进退维谷，狼狈不堪。严辞拒绝官府诱降，执杀劝降的万州吏目宛培英，决心与官府势不两立。三十九年(1700)十月，官府出动大军从定安县新关北路峒口进剿。他率领义军与敌人顽强苦战，后遭官军三面夹击，被捕遇害。

【王家奴】　见"萧王家奴"。(487页)

【王嵯颠】(?—859)　嵯颠又作嵯巅、苴颠，又称蒙嵯颠。唐代南诏弄栋(今云南姚安县北)节度。一说为白族王氏始祖，一说属彝族先民乌蛮。唐宪宗元和十一年(816)，杀南诏王劝龙晟，立龙晟弟劝利晟为王。赐姓蒙氏，受封为大容(大兄)，专擅朝政。穆宗长庆四年(824)，劝利卒，又立其弟丰佑。文宗太和三年(829)，操纵南诏军进攻唐朝，连陷嶲(今西昌)、戎(今宜宾)、邛(今邛崃)三州，攻入成都。掠夺大批人口、工匠和财物，使"成都以南，越嶲以北，八百里之内，民畜皆空"。汉族文化、工艺随之广泛传播于南诏，与内地日益接近。宣宗大中十三年(859)，丰佑卒，子世隆立，称帝，由其摄政。不久，被南诏大将段宗榜(属白蛮)所杀，南诏政权从此落入段氏手中。

【王裕芬】　清代女诗人。满族。字芷亭，号呼奴山人。本宗室出家，易姓名为清虚观道士。著有《漱芳诗存》。

【王锡桐】　清代画家。纳西族。字梦桂。云南丽江大研里人。画家*王源之子。自幼受家庭熏陶，勤奋攻读诗文。道光十七年(1837)举人。官江苏如皋、睢宁、安东等知县。爱绘画，临石谷子笔意，多作册页小品。

【王新福】　渤海国大臣。渤海人。王氏。文王大钦茂(737—794年在位)时，官紫绶大夫、行政堂省左允，封开国男。大兴二十五年(唐代宗宝应元年，762)秋，日本答聘副使伊吉益麻吕等归国，奉命同往日本报聘。十月，于加贺登陆，闰十二月，入日京，翌年正月，谒天皇，献方物，并介绍因安史之乱未平，入唐道路不通等情况。日皇授以正三位，并赐宴。二月，日皇遣左兵卫佐板振镰束等护送归国。

【五路士台吉】　见"乌鲁斯博罗特"。(76页)

【五八山只台吉】　见"乌巴缴察青台吉"。(77页)

【五路把都儿台吉】(?—1613或1614)　又称五路黄台吉、那木儿台吉。明代蒙古右翼土默特部领主。字儿只斤氏。*俺答汗孙，*辛爱黄台吉次子。属部称兀鲁特。驻牧于山西天镇以北。在山西新平市口与明朝互市。隆庆五年(1571)，受明封为指挥佥事。万历二十年

(1592)，升龙虎将军。三十三年(1605)，因挟赏攻击明边，被明朝革除市赏。旋设誓认错，退还所掠人马，恢复市赏。三十五年，兄顺义王撦力克病故后，因三娘子亲孙素囊台吉阻止顺义王继承人卜石兔与三娘子合婚、袭王位，结果封王事久拖不决，人心不定，战事迫在眉睫，遂于三十九年(1611)，集结七十三台吉，与素囊为难，迫三娘子就范。在他强力支持和明朝调解下，使卜石兔得以成婚并袭王位。

【五十万打儿汉台吉】 一作五十万打力台吉。明代蒙古右翼土默特部领主。孛儿只斤氏。*撦力克次子。驻牧于大同边外，在新平市口与明朝互市。

【牙兰】 又作牙木兰。明代吐鲁番将领。曲先卫(治今新疆库车)人。幼为吐鲁番所掠，及长，勇健有谋，速檀阿力以妹妻之，握兵用事，颇受宠信。成化八年(1472)，从阿力破哈密城，受命驻守。十八年(1482)，哈密为罕慎所破，遁走。后又于弘治元年(1488)、六年(1493)攻占哈密。八年(1495)，为甘肃巡抚许进遣兵击败，退回吐鲁番。后被满速儿速檀遣往沙州，主通贡事，无功，满速儿疑其与明廷暗通，欲和罕东等卫领共杀之。嘉靖七年(1528)，率部二千人与罕东卫帖木哥(嫂兄)等投奔肃州。被明廷置于湖广，居鄂城。广买田地，盛置产业，家道殷富，为东南一大贾胡。

【牙忽都】(？—1311) 又作牙忽秃、雅忽秃、押忽秃。元朝宗王、将领。蒙古孛儿只斤氏。拖雷之曾孙，薛必烈杰儿之子。年十三岁袭祖父拨绰职统军。元世祖至元十二年(1275)，从北平王那木罕北征，拒叛王昔里吉诱胁，不从叛。十三年(一说十四年)，被昔里吉执禁，次年，乘元将伯颜北征之机，作内应，始脱逃。十八年(1281)，赐耒阳州五千三百四十七户为食邑。二十一年(1284)，与土土哈同讨叛王海都，破之。二十四年，破叛王乃颜党也不干于怯绿连河(今克鲁伦河)。二十七年(1290)，为海都所败，妻子尽失，仅以十余人逃归，受世祖抚慰，封镇远王。大德十一年(1307)成宗卒，与诸王拥戴海山(武宗)即汗位，以功晋封楚王。

【牙老瓦赤】(？—约1261) 又作牙剌瓦赤、牙鲁瓦赤。全名阿吉思·马合木·牙老瓦赤。元朝大臣。花剌子模人。成吉思汗征服花剌子模后，约在1221—1222年，携子马思忽惕自玉龙杰赤投奔成吉思汗，谏言治城之策，受命主管中亚不花剌等城财赋。太宗窝阔台时，曾受命治理河中地区(指乌浒水与锡尔河之间地区)管辖契丹，后召还燕京(今北京)。太宗十三年(1241)，改任中州大断事官，主管汉民公事。宪宗元年(1251)，被任命为燕京等处行尚书省事，总天下财赋于燕。

【牙剌洼赤】 见"牙老瓦赤"。(57页)

【屯齐】(1614—1663) 清初将领。满族。爱新觉罗氏。*舒尔哈齐孙，图伦次子。清崇德元年(1636)，随武英郡王阿济格征明。四年(1639)，随郑亲王济尔哈朗略明锦州、松山、杏山，封辅国公。五年，随睿亲王多尔衮围锦州，从王远离城驻围并私遣兵回家，受罚。六年，从太宗败明军于锦州、塔山。顺治元年(1644)，晋固山贝子。随豫亲王多铎破义军，平山西、河南、江宁。与贝勒尼堪追擒明福王朱由崧于芜湖。授镶蓝旗满洲都统。三年初，从肃亲王豪格西征。五月，败义军贺珍等，解汉中之围。五年，为平西大将军，同辅国公汉岱镇压陕西回民起义。转赴英亲王阿济格军，驻守大同。六年，晋多罗贝勒。九年(1652)，随敬谨亲王尼堪征明桂王朱由榔属下孙可望、李定国等。十一月，尼堪于衡州战殁，命为定远大将军，于宝庆至周家坡大破李定国、孙可望军。十一年，追论尼堪战殁事，削爵。十二年，封镇国公。十五年(1658)，随信郡王多尼征朱由榔于云南。康熙二年(1663)六月，卒。

【屯屠何】 见"休兰尸逐侯鞮单于"。(147页)

【屯弥桑菩札】 松赞干布(617？—650)辅政名臣之一、藏文创制者。吐蕃人。大臣屯弥阿努之子。曾奉命先后出使唐及尼婆罗(今尼泊尔)，迎娶唐文成公主及尼婆罗公主，为增进汉藏及尼藏之间友谊作出贡献。后赴印度(天竺)学习文字(声明学——语言学)，通晓梵文及语言学。返藏后依印度之梵文，结合吐蕃语言之特点，创制藏文楷书，又仿尼婆罗瓦都龙字造藏文草书，是为藏文之始(一说松赞干布之前已有文字)。被誉为第四位吐蕃贤臣。

【车克】(？—1671) 清初大臣。满洲镶白旗人。姓瓜尔佳氏，世居苏完。佐领席尔那之子。父卒，仍其任，兼前锋侍卫。后金天聪八年(1634)，随清太宗征明，由大同趋怀远，薄左卫城，败明总兵曹文绍骑兵。略代州，至五台山，还时败祖大弼。清崇德三年(1638)，授户部副理事官，因库金失记册档论罪，寻兼甲喇章京(参领)。五年(1640)，从郑亲王围锦州，设伏高桥北，因纵敌，籍家财之半。六年，复从攻锦州，破明总督洪承畴。顺治元年(1644)，入关击李自成农民军。二年，授骑都尉。四年(1647)，加一云骑尉。五年，擢户部侍郎。从英亲王阿济格下大同，援太原，歼姜瓖将刘迁、万炼等。七年(1650)，兼任正白旗满洲副都统，世职累进二等轻车都尉。八年，改任都察院参政，因事降世职。旋擢户部尚书。后复世职，加太子太保。擢秘书院大学士，进少保。奉命辑太祖、太宗圣训，充总裁官。十三年(1656)，晋少傅兼太子太傅，仍管户部尚书事。十四年，加少师兼太子太师。圣祖玄烨即位，因错判旗人阿那库与兄金布争产事，诏削加衔。康熙元年(1662)，复授秘书院大学士。六年(1667)，因疾以原官致仕。后四年病故，谥文端。

【车里】 又作彻理。元朝将领。蒙古汪古部人。征行大元帅*按竺迩子。初随父征战。蒙哥汗八年(1258)，随军攻宋，率所部救云顶山，降宋将姚德。继从攻重庆，将兵千人为先锋，渡马湖江，败宋兵于马老山。还屯灰山，败宋劫营之兵。中统(1260—1264)初，为奥鲁元帅，旋改征行元帅。至元二年(1265)，以疾，不任事，命子步鲁合答代领军。

【车根】(？—1638) 后金时期蒙古茂明安部首领。博尔济吉特氏。布颜图汗多尔济子。嗣为茂明安部部长。天聪七年(1633),携户千余投附后金。八年,从征明大同。崇德三年(1638),从睿亲王多尔衮入明边,下山东济南。

【车凌】①一译策凌、车零。清代卫拉特蒙古准噶尔部台吉。姓绰罗斯。策妄多尔济那木札勒同高祖兄弟,达玛林次子。康熙四十一年(1702),从阿喇布坦内徙,驻牧推河。雍正九年(1731),受大策凌敦多布等煽惑,导准噶尔军掠喀尔喀诸札萨克。后受清军追击,偕辉特台吉巴济、兄茂海潜逃准噶尔,驻牧特穆尔图淖尔(今吉尔吉斯斯坦境内伊塞克湖)一带。卒于其地。②(1697—1758)又作策凌、汗车凌。号特固斯库鲁克达赖汗。清代卫拉特蒙古杜尔伯特部台吉。鄂木布岱青和硕齐曾孙。初为准噶尔部二十一昂吉之一,游牧于额尔齐斯河流域。噶尔丹策零死后,准噶尔部内讧。乾隆十五年(1750),喇嘛达尔札杀己弟策妄多尔济那木札勒。继而,达瓦齐又杀喇嘛达尔札。小策凌敦多布孙讷默库济尔噶尔不甘屈从,彼此构兵,俱令杜尔伯特部台吉助战。为摆脱战祸和"莫知所从"的处境,于十八年(1753),与从叔车凌蒙克、从子车凌乌巴什率众三千一百七十余户经乌兰岭、乌英齐、博东齐内附。十九年春,遣使至京。受厚遇,赐车凌、车凌乌巴什羊各五千,车凌蒙克羊三千;使驻牧札克拜达里克,编旗分佐领。封札萨克和硕亲王。二十年,授参赞大臣,从西路军征达瓦齐。伊犁定,赐双亲王俸。率新降诸台吉入觐,封杜尔伯特汗,授左翼盟长。是年秋,以同族台吉讷默库附阿睦尔撒纳叛乱,与乌里雅苏台办事大臣阿兰泰往擒。二十一年七月,徙牧额尔齐斯。随桑斋多尔济率兵讨青衮咱卜之乱。二十二年,以乌兰古木为屯耕地,请以科布多、额克阿喇勒为牧地,获允。后以错牧不便,请以乌兰古木为杜尔伯特牧地,科布多为乌梁海牧地。所部设十一旗。③见"策凌"。(541页)

【车薄】 见"阿史那车薄"。(288页)

【车布登】(? —1770) 清朝蒙古王公。喀尔喀土谢图汗部人。* 锡布推哈坦巴图尔次子。康熙四十五年(1706),袭札萨克镇国公。雍正元年(1723),以居察哈尔之厄鲁特降人罗卜藏锡喇布等叛逃,与同部辅国公车木楚克纳木扎勒追缉之。叙功晋多罗贝勒。九年(1731),随清军征准噶尔部噶尔丹策零,败敌于苏克阿勒达呼,赐"阿克敦巴图鲁"号。十年,在额尔德尼昭之战中,以追败敌众,晋封多罗郡王。十一年,以冒功罪,削郡王爵及赐号,降授贝勒。乾隆元年(1736),署所部副将军,驻防乌里雅苏台(今蒙古扎布哈朗特)。十九年(1754)七月,新降杜尔伯特台吉车凌蒙克子巴朗率众逃,他因追捕不力,削贝勒爵,降授贝子,留军营效力。二十年,随清军征准噶尔部达瓦齐,降服乌梁海,叙功复多罗贝勒。二十一年,奉命随参赞大臣塔尔玛善追征阿睦尔撒纳,以私自弃职逃归,削爵。三十年(1765),仍袭札萨克辅国公。

【车臣汗】 见"鄂齐尔图汗"。(502页)

【车夷落】(?—453) 亦作车伊落。车师前部(今吐鲁番)王。居交河城。屡遣使入贡,与北魏修好。北魏延和(432—434)中,太武帝拓跋焘授予平西将军,封前部王。北凉亡后,沮渠无讳兄弟奔鄯善,据高昌,对西邻车师时加侵扰,互有胜负。太平真君十一年(450),率两千余人伐高昌,配合北魏将万度归攻取焉耆东关七城,虏获男女两百人、驼千头、马千匹,并向北魏献金一百斤。留子歇守交河城。后交河受沮渠安周和柔然兵围攻,收集溃散千余家,归焉耆。遣使北魏,请求赈救。正平元年(451),遣子歇及皮利等十余人赴魏入侍。次年,移居京师平城,北魏赐以妻妾、奴婢、田宅、牛羊,拜上将军,王如故。兴安二年(453),卒。赠镇西大将军、秦州刺史,谥康王。

【车鹿会】 柔然第二代首领。郁久闾氏。父木骨闾卒后,聚众自成一部,称柔然,自为部帅,役属于鲜卑拓跋部,岁贡马畜貂皮等。冬率部入牧漠南,夏还居漠北。史称其"雄健",为柔然民族的兴起和发展打下了基础。

【车臣岱青】 见"鄂木布"。(500页)

【车凌扎布】(?—1718) 又作车璘扎布。清朝蒙古王公。喀尔喀土谢图汗部人。博尔济吉特氏。达什子。原附牧于锡布推哈坦巴图尔。康熙二十七年(1688),遭准噶尔部噶尔丹掠,避居俄罗斯境。三十二年(1693),率属众六百自俄罗斯投清。三十三年,授一等台吉,仍兼札萨克。三十四年,移牧俄依界。三十五年赴达哩刚爱牧地,督理牧务。

【车凌巴勒】(?—1728) 清朝蒙古王公。喀尔喀土谢图汗部人。博尔济吉特氏。土谢图汗* 察珲多尔济第四子。初授一等台吉。康熙三十年(1691),随父朝觐,赐冠带银币。五十年(1711),封札萨克辅国公,析其从子札萨克台吉班珠尔多尔济五佐领隶之。五十四年(1715),与子巴木不勒多尔济随清军驻防扎布堪。五十六年(1717),移驻哲尔格西喇呼鲁苏。五十八年(1719),随右卫将军费扬古等筑扎克拜达哩克城。六十一年(1722),奉命,由汗阿林移厄鲁特降人罗卜藏锡喇布游牧于察哈尔。

【车凌达什】(?—1703) 清朝蒙古王公。喀尔喀车臣汗部人。博尔济吉特氏。绰斯喜布次子。号额尔德尼珲台吉。向清进九白之贡(白驼一、白马八),授札萨克。康熙二十七年(1688),率属众归清。三十年(1691),至多伦诺尔会盟,授一等台吉,仍兼札萨克,并兼辖明素克属众。三十五年(1696),康熙亲征准噶尔部噶尔丹,他赴库哩叶图什巴尔台设汛防守,以督解军需,献马助军功,封辅国公。

【车凌旺布】①清朝蒙古王公。喀尔喀车臣汗部人。博尔济吉特氏。齐旺子。初授协理台吉。隶从兄车布登右翼中旗。康熙五十年(1711),以追缉巴尔呼逃人功,授一等台吉。五十一年,授札萨克。雍正元年(1723),以追执厄鲁特人罗卜藏锡喇布功,于次年封辅国公。九年(1731),授盟长。十年,率子格埒克随军击准噶尔部于额尔德尼昭。乾隆七年(1742),以老罢职。②(?—1728)清代卫拉特蒙古准噶尔部台吉。姓绰罗斯。都噶尔阿喇布坦长子。康熙四十一年(1702),随父内附,徙牧推河。尚郡主,授多罗额驸。翌年,袭父多罗郡王爵。雍正三年(1725),奉命进京朝觐,诏编旗分佐领。设六旗,授札萨克、盟长职。以乌梁海旧为喀尔喀及准噶尔属,令与喀尔喀贝勒博贝分辖之。

【车凌蒙克】(？—1757) 又作策凌蒙克。清代卫拉特蒙古杜尔伯特部台吉。达赖台什弟保伊勒登孙、*车凌从叔父。乾隆十八年(1753),为避准噶尔乱,与车凌、车凌乌巴什率众三千余户内附。次年入觐于热河,受赐宴万树园,封多罗贝勒。所部悉编旗分佐领,授副盟长。二十年(1755),从军征达瓦齐,授参赞大臣,随西路军往。五月,伊犁定,晋爵多罗郡王,督属众驻伊犁。二十一年,自札克拜达里克徙额尔齐斯,后徙乌兰古木。为科布多杜尔伯特中旗祖。

【车犁单于】 汉代匈奴单于。挛鞮氏。日逐王*先贤掸之兄。原任右奥鞮王。汉宣帝五凤元年(公元前57年),奉屠耆单于命,与乌藉都尉各率兵二万驻屯东方,防备呼韩邪单于。因屠耆擅杀右贤王父子、唯犁当户,匈奴内讧,乘呼揭王自立为呼揭单于之机,亦自立为车犁单于,与屠耆、呼韩邪、呼揭、乌藉形成五单于分立局面。旋为屠耆所败,退走西北,与呼揭、乌藉联合,拥兵四万,在呼揭、乌藉并力尊辅下,势力渐盛。寻复为屠耆所败,退走西北。二年,屠耆被呼韩邪击败自杀后,他降于呼韩邪。

【车布登扎布】 ①(？—1782)清朝蒙古将领。喀尔喀赛音诺颜部人。博尔济吉特氏。亲王策棱次子。初授一等台吉。雍正九年(1731),从征准噶尔于苏克阿勒达呼。十年,参与额尔德尼昭之战,以功封辅国公,赐双眼孔雀翎,命乾清门行走。乾隆七年(1742),命御前行走。十六年(1751),授所部副将军参赞。十七年,析其兄成衮扎布所属自为一旗,授札萨克。十九年(1754),以征乌梁海及准噶尔有功,赐贝子品级。二十年,随清军征噶尔部达瓦齐,伊犁平,晋多罗贝勒。首发阿睦尔撒谋叛事。二十一年,以参赞大臣,随定边副将军哈达哈征乌梁海,擒固尔班和卓,继进兵哈萨克,晋封多罗郡王。随军征和托辉特部青衮咱卜。二十二年,署定边左副将军,驻乌里雅苏台。遣兵擒青衮咱卜叛党达玛琳。二十三年,授定边右副将军随定边将军兆惠征厄鲁特阿睦尔撒纳余众及新疆"小和卓"霍集占。是年袭其父超勇号,晋亲王品级。二十四年授所部副将军。二十七年(1762),奉命使西藏。三十六年(1771),授定边左副将军、盟长。三十八年(1773),以牟利罢左副将军职。四十四年(1779),授议政大臣。四十五年,以擅请展牧界,削亲王品级。次年,复封郡王,兼札萨克。 ②(？—1788)清朝喀尔喀蒙古车臣汗。博尔济吉特氏。达玛璘次子。乾隆三十二年(1767)袭车臣汗。入觐,命乾清门行走。三十三年授盟长。三十五年(1770),赐三眼孔雀翎及黄马褂。四十年(1775),命御前行走。四十八年(1783),以私用乌拉票,获赦未入京谢诏,黜御前行走,撤盟长职,夺孔雀翎。四十九年,入觐于避暑山庄,复赐孔雀翎,命乾清门行走。

【车臣鄂木布】 见"咱雅班第达"。(394页)

【车凌乌巴什】(1728—1790) 又作策凌乌巴什。清代卫拉特蒙古杜尔伯特部台吉。鄂木布岱青和硕齐曾孙阿喇布坦子,*车凌从子。乾隆十八年(1753),随车凌内附,驻牧札克拜达里克,封札萨克多罗郡王。二十年(1755),从军征达瓦齐,授参赞大臣。清军定伊犁,晋和硕亲王,授右翼盟长。二十二年(1757),徙居乌兰古木。以克勒杂特宰桑哈萨克锡喇叛乱扰额尔齐斯,遣护卫巴颜率兵三十随军进剿。二十五年(1760),入觐承德,受厚遇,授右翼副将军,御前行走,赐号岱青卓里克图。二十八年(1763),因乌梁海人库克新窜走沙俄,率兵追斩之。四十一年(1776),进京朝觐,赐宴紫光阁。

【车凌多岳特】(？—1778) 清朝蒙古王公。喀尔喀车臣汗部人。博尔济吉特氏。敦多布子。初授二等台吉。乾隆十九年(1754),驻防乌里雅苏台(今蒙古扎布哈朗特),献马五百助军,叙功晋一等台吉。二十年,清军征准噶尔部达瓦齐,复献马六百、牛百、羊千助军,封札萨克辅国公。

【车凌敦多布】(？—1725) 清代卫拉特蒙古和硕特部台吉。姓博尔济吉特。固始汗第七子瑚鲁木什曾孙,噶尔车木伯勒之子。因母于康熙五十七年(1718)遣兵助清军击准噶尔,越二年又献粮助进藏军队,于六十一年(1722)奉命进京朝觐。受特赐,封多罗贝勒。雍正元年(1723),附罗卜藏丹津反清。闻清军将至,母楚克贵纳木扎勒复偕其率属户千余请降。被置于伊克乌兰和硕。旋从清军击敌,擒丹津以献。罗卜藏丹津乱平,削多罗贝勒,降袭固山贝子。

【车凌端多布】(1701—？) 又译作车楞端多布、车楞敦噜布、策凌端多布、策凌敦多克。清代卫拉特蒙古土尔扈特部汗王。*阿玉奇汗之子。康熙五十三年(1714)六月,阿玉奇汗会见图理琛使团时,曾以乌枪一杆献于康熙帝。阿玉奇汗弥留之际被指定为汗位继承人。雍正二年(1724)执政后,着力调解平息了统治集团上层为重新分配沙克都尔扎布的兀鲁思而爆发的争斗。八年(1730),为加强与祖国联系,巩固自身政治地位,遣那木卡格龙等到北京朝觐雍正,并到西藏礼佛。次年五月,隆重接待雍正派遣的满泰使团,并表示愿助清军征准噶尔。俄国政府为抵消满泰使团影响,于1731年5月7日承认其汗王的地位。此举激化了汗国统治集团的矛盾,九年(1731)十月,其兄衮扎布子敦罗卜旺布发难,率军一万进攻,他兵败,率少数亲信逃往察里津,于十三年(1735)退位。同年敦罗卜旺布正式成为汗国统治者。

【车凌德勒克】 清代卫拉特蒙古土尔扈特部贵族。乾隆三十六年(1771),与父巴木巴尔随渥巴锡东返祖邦,授一等台吉。三十九年(1774),父卒,袭札萨克多罗毕锡呼勒图郡王。次年入觐,命乾清门行走,赏三眼孔雀翎。同年,清政府定济尔哈朗为旧土尔扈特东路,受命辖右翼旗务,诏授盟长,赐札萨克及盟长印。四十四年(1779),逢班禅祝厘入觐,再次赴京师瞻礼。五十七年(1792),因病罢,子巴特玛乌巴锡袭。

【车登三丕勒】(?—1776) 清朝蒙古王公。喀尔喀土谢图汗部人。博尔济吉特氏。巴木丕勒多尔济次子。乾隆十三年(1748),袭札萨克辅国公。十九年(1754)二月,随参赞大臣萨拉尔擒擅入汛界之乌梁海人博罗特瑚图克等。二十年四月,随定北将军班第由北路征准噶尔部达瓦齐。二十一年,随定边左副将军兆达哈进兵哈萨克,追执固尔班和卓等,以功获孔雀翎。二十二年,驻防翁固尔诺尔,以台吉达玛琳附和托辉特青衮咱卜叛,与协理台吉占楚卜追执之,以功受赏。二十八年(1763),赴恰克图驻防。

【车楞敦噜布】见"车凌端多布"。(59页)

【车木楚克扎布】(?—1778) 清朝蒙古王公。喀尔喀赛音诺颜部人。博尔济吉特氏。策旺诺尔布长子。雍正十年(1732),随军击准噶尔于克尔森齐老及额尔德尼昭,以功,命乾清门行走,是年袭札萨克镇国公。乾隆三年(1738),晋贝子。十八年(1753),驻防乌里雅苏台(今蒙古札木布哈朗特)。因杜尔伯特台吉车凌等归清时遭准噶尔宰桑玛木特追击,他率兵迎击。十九年,随参赞大臣萨拉尔击乌梁海宰桑察达克于察罕乌苏,继会参赞大臣努三捕宰桑通玛木特。以功赐贝勒品级。二十年,随军征准噶尔部达瓦齐。二十一年,和托辉特部青衮咱卜叛,梗驿传,他督兵增援,使驿路畅通,晋封多罗贝勒。后晋郡王品级。二十二年,招降乌梁海,晋封多罗郡王。二十六年(1761),授副盟长。三十六年(1771),授所部副将军。

【车都布多尔济】(?—1773) 清朝蒙古王公。喀尔喀札萨克图汗部人。博尔济吉特氏。根敦长子。初授三等台吉。乾隆十七年(1752),驻防喀喇乌苏。十八年,以兵迎接归清之杜尔伯特台吉车凌,并擒擅入汛界之扎哈沁宰桑玛木特。二十年(1755),随清军征准噶尔部达瓦齐。继赴汗哈屯,收抚乌梁海。闻阿睦尔撒纳叛,与赛音诺颜部贝勒车布登扎布追缉。二十一年,授二等台吉。复随车布登扎布追捕和托辉特青衮咱卜。二十八年(1763),袭札萨克一等台吉。

【车臣默尔根哈屯】(?—1756) 清代卫拉特蒙古准噶尔部台吉达什达瓦妻。夫死后,代辖部众。乾隆二十年(1755),清军征伊犁,率部众迎降。秋,阿睦尔撒纳举兵反清,因不堪凌虐,率众六千余人迁巴里坤,获"车臣默尔根哈屯"号,意为聪明智慧之王妃。后受清廷命,徙牧阿尔泰。不久移牧热河(今承德附近)一带。旋选所部兵随清军征阿睦尔撒纳。二十九年(1764),是部拨五百户移居伊犁,为伊犁厄鲁特营左翼。

【车木楚克纳木扎勒】(?—1732) 清朝蒙古王公。喀尔喀土谢图汗部人。博尔济吉特氏。德济布长子。康熙二十七年(1688),与弟朋素克喇布坦率属归清。三十年(1691),参加多伦诺尔会盟,授札萨克一等台吉。三十四年(1695),受命走绥克洪果尔侦准噶尔部噶尔丹。三十五年四月,从征噶尔丹,遣本部齐旺为清军响导,并

约和托辉特贝勒根敦及同部辅国公锡布推哈坦巴图鲁共击噶尔丹。五月,以功晋辅国公。奉命赴土拉河侦御准噶尔部。继调安郡王玛尔珲军营,受命护厄鲁特降众至张家口。雍正元年(1723)晋封多罗贝勒。十年(1732),奉命赴科布多,随清军征噶尔部噶尔丹策零,中途患脚病,归。为厄鲁特贝勒色布腾旺布属所阻,战死。

【丰祐】 见"劝丰祐"。(83页)

【丰伸阿】 一作芬升阿。清朝将领。达斡尔郭贝尔氏。咸丰十一年(1861),以亲兵从征河南,擢御前侍卫。同治十二年(1873),帮带察哈尔马队赴援乌里雅苏台,驻巴罕护台谱。光绪初补护军统领。十年(1884),迁镶白旗汉军副都统。十六年,简奉天练兵盛字营总统。次年赐巴图鲁号。二十年中日甲午战争中,援朝鲜,溃于平壤,再溃于奉天,革职。二十四年赦归。次年充库伦办事大臣。三十二年,官镶黄旗汉军副都统。

【韦旻】 宋代文人。广西上林县人。壮族。博学多才,但多次应举不第,遂隐居罗洪湖,据山林泉石之胜而读,自号白云先生。

【韦保】 见"黄龙"。(493页)

【韦俊】 太平天国将领。又名志俊。广西桂平县金田村人。壮族(一说客家人)。清咸丰元年(1851)正月,随胞兄韦昌辉参加金田太平军起义。三年(1853)二月,太平天国定都天京,封国宗。五月,奉东王杨秀清命,与赖汉英督师江西,助攻南昌,在九江一带大败清军。是年冬,清钦差大臣琦善率军围攻扬州,奉命督师赴援,在三叉河击破清军,使曾立昌守军得以突围。以功赐黄袍。四年春,受命与石祥贞率军攻湖南,克常德、岳州等地。翌年,奉命镇守武昌,勇挫清将胡林翼所率湘军。后因天朝发生杨秀清、韦昌辉内讧,孤立无援,败走江西。闻兄韦昌辉因滥杀无辜被诛,恐受株连不敢回朝。因得英王陈玉成力保,受命驻守池州。九年(1859)秋,清将彭玉麟率兵围城,因援兵不至,举城降清,后不知所终。

【韦云卿】(1873—1911) 近代资产阶级民主革命者。广西永淳县(治今横县西北峦城北,邕江东岸)人。壮族。曾在清军广西边防龙光济部任哨官,后加入同盟会。光绪三十三年(1907),奉孙中山之命率部参加黄明堂领导的镇南关起义,攻占清军重兵据守的镇南关炮台,受到孙中山的嘉奖。后因清军疯狂反扑,义军后援不继,被迫撤离。翌年又与黄明堂等率军潜入云南河口发动武装起义。1911年3月,参加黄兴在广州领导的进攻清两广总督衙门的战斗,失败后被俘牺牲,葬于广州黄花岗,为黄花岗七十二烈士之一。

【韦以德】(1833—1854) 太平天国将领。广西桂平县金田村人。壮族(一说祖籍广东,属客家人)。太平天国著名将领韦昌辉之侄。清咸丰元年(1851)正月,参加金田太平军起义,由于屡立战功,于咸丰三年(1853)受封国宗提督军务。翌年夏,奉命守武昌。秋,率军增援田家镇,与清军大战于半壁山,不幸阵亡。

【韦同烈】(？—1451) 明景泰年间苗民起义领袖。贵州兴隆(今黄平)人。苗族。景泰元年(1450)，率数万苗众起义，自称苗王。反征粮征款，乱派杂役，杀官吏。围攻新添(今贵定县)、平越(今福泉)、清平(今凯里)、兴隆等卫近半年之久。播州(今遵义)、邛水(今三穗)、清水江苗民及里、水西、安庄、安南(今普安县境)苗、彝、布依等族农民纷起响应。贵州安南以东，播州、思南以南，湖广沅州(今湖南芷江)以西，武冈以北数百里，为义军所据，拥众二十余万。二年，兴隆遭总兵官梁宝、都督方瑛袭击，率义军退守香炉山。因叛徒出卖，被俘，解京师杀害。

【韦昌辉】(1823—1856) 太平天国领袖之一。原名志正。广西桂平县金田村人。壮族(一说祖籍广东，属客家人)。出身富户，拥地二百余亩，年收租谷十余万斤。因其祖先是从外乡辗转迁入金田，故常受当地豪强排斥和凌辱。年轻时曾两度赴县应试，均落第。后捐监生。道光末年，闻洪秀全、冯云山到桂平一带传教，前往结识，愿"倾其家资以谋大事"，与洪、冯等结为兄弟。四出奔走，发展会众一千余人，积极筹办武器粮草，成为太平天国起义的重要组织者之一。清咸丰元年(1851)正月，金田起义爆发，三月，洪秀全在东乡称王，授予后护又副军师，领右军主将。是年秋，太平军攻克永安，封北王、六千岁。英勇奋战，身先士卒，"虽身罹疾病，犹令御者拥上马亲自督战"。三年(1853)春，太平天国定都天京后，协助东王杨秀清总理朝政，对加强天京防卫、整顿社会陋规及在外交上维护国家主权等，颇有政绩。因洪秀全养尊处优，不问政事，使杨秀清大权独揽，怀怨，表面曲意奉迎，"阴欲夺其权"。六年(1856)，被杨调往江西督师。是年秋，杨秀清诈称天父附体，令下属称之万岁，蓄意篡位。受洪秀全密诏，率兵三千驰归天京，联合秦日纲部袭击东王府，执杀杨及其亲属，滥杀无辜二万余人，使太平天国元气大伤，朝中人人自危，愤愤不平。拒翼王石达开规劝，并欲加害于石，迫石出走安庆，杀石妻孥。石遂集皖赣之兵，兴师问罪。洪秀全惧，下令拘拿问罪。欲举亲兵以抗，因众叛亲离，败走浦口被执，押回天京处死。

【韦银豹】(？—1571) 明代广西壮族人民起义领袖。广西古田县(治今永福县)凤凰村人。壮族。韦朝威之子。幼家贫，以帮人放鸭、扛活为生。早年随父参加反抗明朝官府的斗争，其父被俘遇害，决意为父报仇。正德十三年(1518)，在古田地区重新掀起更大规模的反明斗争，攻占古田县城。洛容、灵川等地百姓纷纷响应，声威大振。明廷令广西副总兵张佑纠集桂、湘、粤等省四万余兵前往镇压。他凭借有利地形与敌人周旋，使官军疲惫不堪，散师而归。继克洛容县城，回师古田，自立为王，设官建制。以古田为根据地，多次粉碎官军围剿，兵势益盛。嘉靖四十三年(1564)冬，率兵夜袭广西首府桂林，杀死参政黎民表，缴获布政司所属库银四万余两(一说七万两)，使整个广西为之轰动。四十五年(1566)，挥师北上，入湖南克城步，攻武岗。所到之处，惩办豪强贪官，开仓济贫，甚得民心。隆庆三年(1569)，朝廷令江西按察使殷正茂为都金御史，统浙、闽、湘、桂等省十四万汉、土兵进行镇压。面时强敌，回师古田拒守，在凤凰山与敌人奋战。凤凰山失陷，又率残部退守马浪、苦水一带山地，因粮尽援绝，乔装突围，伺机再起。五年(1571)六月，因叛徒出卖被捕，不久英勇就义。

【韦朝元】(1768或1771—1797) 清嘉庆年间布依族起义领袖。又名韦德明，绰号七绺须。贵州安龙当丈人。布依族。务农为业，喜弄拳棒，稍识医道，平素好交游，并助人为乐，村民"群相推服"。雍正至嘉庆间，布依族地区相继改设流官统治，但土官仍握地方实权，上下勾结，民怨沸鼎。嘉庆二年(1797)正月，联合王阿崇等在南笼普坪聚众发动反清起义，推王阿崇为首领，自任大王玉帝仙官，以汉人桑鸿升为军师，改年号天顺。二月，率义军攻占册亨城，杀贪官曾艾、杨烈等。群众纷纷加入义军，据有南笼府属许多地方。知府曹廷畏罪自杀。义军势及贵州西南、西北广大地区。贵州巡抚冯光熊率兵镇压，至安顺，面对声势浩大的起义军，被迫按兵自保。清朝特命云贵总督勒保亲临南笼督师，并遣两广总督吉庆和云南巡抚江兰带兵增援，对义军进行围剿。他率义军奋战，屡创清军。后因寡不敌众，被迫退守当丈。九月当丈失陷，被俘，押至北京。身受酷刑，坚贞不屈，英勇就义。

【韦朝威】 明代壮族农民起义首领。广西古田县(治今永福县)凤凰村人。壮族。弘治(1488—1505)年间，因不堪地主官府与土官压榨，在凤凰山区号召壮族农民进行武装反抗，一举攻占古田县城，县令弃城出逃。拒诱降，诛来使，表示与官府势不两立。设伏击败前来镇压的官军，杀副总兵马俊、参议马铉。以古田为根据地，四出袭击官府，惩办土豪劣绅，地方官府束手无策。正德(1506—1521)年间，起兵攻打洛容，在战斗中被俘。对敌人威逼利诱大义凛然，英勇就义。一说病死于军中。

【韦达纳坚】 吐蕃大臣。赞普赤祖德赞(815—838年在位)时人。又名韦杰多日，敦煌藏文史料称韦杰多日达尼雅。为阴谋夺权，与赞普兄达磨串通，将王子臧玛流放门域，毒害；诬王妃与大臣钵阐布勃阐卡贝云私通，逼王妃自杀，勃阐卡贝云远逃，又派人追杀于北方，最后伙同其他二奸臣，将赤祖德赞谋杀于墨竹王宫，拥立达磨为赞普。旋掀起大规模反佛运动。

【韦杰多日】 见"韦达纳坚"。(61页)

【太平】(？—约1425) 明代初期瓦剌贵族首领。十五世纪初，与马哈木、把秃孛罗分领瓦剌诸部。永乐七年(1409)，被明封为金紫光禄大夫贤义王，自是，贡使不绝。屡协同马哈木与东蒙古大师阿鲁台作战。十九年(1421)率军犯哈密，出兵亦力把里。马哈木卒后，一度执掌瓦剌大权。二十二年(1424)，遭马哈木子脱欢侵袭，兵败。约卒于洪熙元年(1425)，子捏烈忽袭爵。

一说太平即《新旧土尔扈特汗诸颜世谱》中之土尔扈特部阿木古朗（意为"太平"）。一说即《蒙古源流》中提到的乌格齐哈什哈之子额色库。

【太赤】 又作太出。蒙古国将领。燕只斤氏。徐国公彻里曾祖。从太宗窝阔台征金，为马步军都元帅。太宗五年（1233），与阿术鲁统军破徐州，擒名帅田用安。八年（1236），太宗分赐诸王勋戚，以功封徐、邳二州为分地，后遂定居于徐。

【太不花】（？—1358） 又作泰不花。元朝大臣。弘吉剌氏。历任云南行省右丞、通政使、上都留守、辽阳行省平章。至正八年（1348），被丞相太平举荐为中书平章政事。次年，太平罢相后，依附脱脱，相谋欲害太平。十二年（1352），出任河南行省平章政事，加太尉，镇压起义军，复南阳、汝宁、唐、随、安陆、德安。十四年（1354），升本省左丞相，与太尉月阔察儿等总统诸军，征高邮张士诚。次年，以不遵朝命，慢功虐民罪罢官，于军前效力自赎。旋拜湖广行省左丞相，镇压沔阳等处义军。对朝廷复起用太平为相，甚怨，拥兵不进，轻慢朝命。十八年（1358），出任右丞相，总兵镇压山东义军。后遭太平等所劾，以缓师拒命罪罢官，被部将刘哈剌不花依太平命执杀。

【太阳罕】（？—1204） 又作塔阳罕。蒙古诸部统一前乃蛮部首领。名台不花。亦难察之子。父受金封为"大王"，蒙古语讹为"太阳"。父死，嗣为部长，仍号"太阳罕"，建廷于兀里牙速秃（今乌里雅苏台）一带。性柔弱，为父所轻，认为他守不住百姓。素与弟出古敦不睦，分地而治。宋庆元五年（1199），嘉泰二年（1202），乃蛮部屡为蒙古部铁木真（成吉思汗）与克烈部王罕联军所败，势力渐衰。但自恃地大马多，以蒙古地区的当然主宰自居，声称："天上只有一个日月，地上如何有两个主人？"忌铁木真灭诸部勃兴。当克烈部被铁木真击灭后，密约汪古部首领阿剌兀思剔吉忽里联兵夹击铁木真。阿剌兀思将其谋告知铁木真，并与蒙古部联合攻乃蛮部。四年（1204），复联合蔑儿乞部、斡亦剌部等进攻铁木真，兵败纳忽山，被执杀，部众并入蒙古部。

【太松汗】 见"脱脱不花"。（512页）

【太虎罕同】 又作虎来罕同、台噶勒准根哈屯。"太虎"为汉语"太后"的蒙语音译，"罕同"即"哈屯"（夫人）。明代蒙古右翼鄂尔多斯部女首领。布延巴图尔鸿台吉（把都尔黄台吉）妻，博硕克图济农母。万历元年（1573），夫出征瓦剌被杀，遂与切尽黄台吉共同辅佐其子。五年（1577），立其子为济农。尽力维护与明朝通贡互市关系，深得明朝赞赏。十五年（1587），其子率兵出河套西行，欲攻略明边，曾再三哭劝，又派人劝阻，不听。子博硕克图济农兵败受伤，孙女被俘后，又出面向明朝谢罪，明还其孙女，许博硕克图从西海（青海）返回河套，双方恢复通贡互市关系。

【太和公主】 又作太和长公主。唐朝公主。宪宗第十七女。长庆元年（821），嫁回鹘崇德可汗，封仁孝端丽明智上寿可敦。由左金吾卫大将军胡证等护送出塞。崇德可汗盛礼相迎，为建牙帐。四年（824）崇德可汗卒后，仍留居回鹘。会昌元年（841）回鹘汗国瓦解时，为黠戛斯俘，由达干十人送之归唐，途中又为回鹘乌介可汗劫。三年（843）乌介可汗兵败，始为唐军迎归，改封安定公主，继晋封长公主，为之置府。

【尤素甫和卓】（？—1755） 维吾尔族。新疆叶尔羌（今莎车）人。黑山派首领达尼雅尔第三子（一作次子）。雍正八年（1730）左右，被准噶尔部首领噶尔丹策零授为喀什噶尔（今喀什）阿奇木伯克。不久被当作人质拘留伊犁。乾隆十七年（1752），达瓦齐杀喇嘛达尔札、夺准噶尔统治权后，见封贵族内讧加剧，遂借口布鲁特进犯喀什噶尔，与子先后脱归。达瓦齐遣兵追赶，未及。遣人谋杀，亦未遂。二十年（1755），清廷使布拉呢敦招抚南疆，与兄加罕和卓于叶尔羌谋反抗，病卒。

【厄僧】 见"也先"。（23页）

【厄塞库】 见"额色库汗"。（602页）

【厄尔白克】 见"额勒伯克汗"。（603页）

【厄碑都拉】 见"额贝都拉"。（602页）

【区正辞】 见"区希范"。（62页）

【区希范】（？—1045） 北宋庆历朝环州地区反宋首领。广南西路环州思恩县（治今广西环江县东）人。族属不详（《宋史》称环州蛮；一说僚人；有说壮族先民）。通诗书，有韬略。曾赴礼部应试，举进士。景祐五年（1038），与其叔区正辞应募从军，助官军镇压安化州蛮。持功向朝廷请宫，被宜州知州冯伸贬往金州监管，怀怨，逃回故里。后与其叔联合荔波县白崖山酋长蒙赶举兵反宋，建"大唐国"。请巫师建坛祭天，自称奉天命建制封官，公推蒙赶为帝，自立为神武定国令公兼桂州牧。庆历四年（1044）正月，率众攻占环州城，继克镇宁州及带溪、普义等寨。后兵败韩婆岭率众退守荔波洞。宋廷悬赏缉拿，未果，后命转运使杜杞统兵征剿。五年（1045）正月，在荔波洞古缔寨被俘，遇害。

【匹帝】（？—661） 唐代奚族部落联盟首领。高宗显庆（656—661）年间，奚族自首领可度者死后即背唐附突厥。龙朔元年（661）时，他为首领，受唐尚书右丞崔余庆等讨伐。被奚众所杀，奚遂附唐。

【匹敌】 见"萧匹敌"。（481页）

【匹娄昭】 见"娄昭"。（424页）

【匹候跋】（？—394） 东晋时柔然第六代首领。郁久闾氏。地粟袁长子。父卒，与弟缊纥提率柔然两部，本人继父业居东部，据有今河套东北、阴山以北一带。北魏登国六年（391），遭拓跋珪攻击，率部西走，途中，被北魏军追及，兵败大碛南床山（今席勒山）下，属众半数被俘，与部帅屋击各收余部分道逃走。至涿邪山（今蒙古国阿尔泰山东南部），为魏将长孙肥追及，被迫投降北魏，受命留居漠北草原。同时，屋击亦被北魏擒杀，侄曷多汗、诘归之、社仑、斛律等被俘，弟缊纥提降魏。登国九年（394），社仑等反魏来投，使居南部，相距五百余里，并令四子监视之。不久，被社仑以计袭杀。

【丨】

【止贡赞普】 吐蕃第八代赞普。是时，从吐谷浑传入本教，自芒康（即乾宁）取得铠甲，并将今后藏之娘若建为基地。后与大臣洛昂达孜争权决斗，被杀身亡，使雅隆部落赞普家族为统治的王权系统中断数年之久。后其遗腹子茹莱杰杀洛昂达孜，迎其次子恰赤（布岱恭杰）继赞普位。并为其建造陵墓，是为吐蕃赞普建陵之始。

【止贡巴·仁钦贝】(1143—1217) 宋代藏传佛教止贡噶举支派创始人。康区丹玛（今四川邓柯）居热家族人，故又称居热大师。其家族世代修宁玛派法，出了一些有成就者。父名多杰，母名准玛。少年时，家乡灾荒，到南方为富人诵经以维生。九岁开始讲经。乾道三年（1167），投丹萨替寺帕木竹巴门下学法，得真传。六年（1170），帕木竹巴故去后，遂居山洞单独静修，彻悟佛家因果教理。于淳熙四年（1177），由香松脱巴作亲教师受比丘戒。研读戒律，颇有造诣。六年（1179），到止贡，扩建帕木竹巴弟子木雅贡仁所建的小寺庙，称为止贡替寺，故被时人称为止贡巴，所创支派称止贡噶举。僧徒众多，学法者络绎不绝。有时参加法会者多达五万余人。向僧伽传授显密教法，并提出佛教的根本是僧徒。与弟子严持戒律，坚持苦修。

【中山】(?—1851) 清朝将领。达斡尔郭博勒（一作郭贝尔）氏。先世契丹大贺氏，世居黑龙江郭博勒屯，顺治初徙布特哈莽鼐屯。以披甲出身，嘉庆时官至左翼前锋统领等。道光十九年（1839），因事降二级调任，寻复官晋正白旗蒙古都统。咸丰初病故。

【中行说】 西汉燕人。原为宦官。汉文帝六年（公元前174年），匈奴老上单于初立，汉帝以宗室女为公主嫁单于为阏氏（单于妻），使其伴送公主，初不肯，后受制而行。至匈奴，降单于，不归。屡教单于勿变胡俗而好汉物，以保强盛，免仰赖于汉；教单于左右疏记，以计课其人众畜物；教单于致汉书牍及印封皆大于汉，倨傲其辞，自称"天地所生日月所置匈奴大单于"，以示强于汉，并屡为匈奴旧俗辩解，以难汉使。为单于重要谋臣，深受宠信。后元三年（公元前161年）军臣单于嗣位后，继事之。

【中山王尚】 亦称中山王胜。战国时中山国末代君主。周赧王十六年（公元前299年），赵武灵王派二十余万兵攻破中山，中山王𦅪盗逃亡，死于齐国，遂即君位，处于赵国的监临下。十九年（公元前296年），被赵国迁于肤施（今陕西省榆林县东南无定河北岸）。次年，中山国被赵、齐、燕所灭。

【中山王胜】 见"中山王尚"。（63页）

【中山王𦅪】(公元前344—公元前308) 战国时中山国国君。白狄鲜虞人，姬姓。周显王四十一年（公元前328年），父成公去世，年十七岁即君位。四十六年（公元前323年），与韩、魏、燕、赵"五国相王"结成同盟，对抗齐、秦、楚。周赧王元年（公元前314年），派相邦（即相国）司马赒率中山国三军平燕国内乱，占领燕国领土方圆数百里，列城数十，以千乘之国跻身于战国列强之中，致中山国于极盛时期。死后，嗣王𦅪将其生前所铸的圆壶、鼎、方壶等葬入墓中，这些器物及其铭文是研究中山国历史的珍贵文物和资料。

【中山成公】(?—公元前328) 战国时中山国国君。白狄鲜虞人，姬姓。继中山桓公为国君。当时为中山国的强盛时期。约周显王三十七年（公元前332年），配合齐、魏，引槐水围赵国的鄗邑（今河北省柏乡县东北），以千乘之国败万乘之邦，故使赵国深以为耻。死后传位于子𦅪，被追封为"成王"。

【中山武公】 战国时中山国国君。白狄鲜虞人，姬姓。周威烈王十二年（公元前414年），建都于顾（今河北省定县），是初见于文献记载并拥有"公"衔的中山国君，后传位于桓公。威烈王十八年（公元前408年），魏文侯以乐羊为将，率魏军假道赵国，攻入中山国。中山君杀乐羊子而烹之，并遣人送一杯肉羹给乐羊，以示守土决心，经三年顽强抵抗，终被魏军攻占。一说魏灭中山，当在武公之时，一说是在桓公之时。

【中山桓公】 一作趄祖。战国时中山国国君。白狄鲜虞人，姬姓。继中山武公为国君。周威烈王二十年（公元前406年），中山国被魏军攻破，处于魏国统治下。魏文侯封太子击为中山君，命李悝（李克）治理之。因魏和中山之间被赵国阻隔，使魏不能有力地控制中山，桓公遂趁机率鲜虞余众，恢复鲜虞中山国（一说于公元前380年左右复国），迁都灵寿（今河北省平山县东北）。周安王二十五年至二十六年（公元前377年—公元前376年），先后与赵战于房子（今河北省高邑县西南）及中人（今河北省唐县西南）。周烈王七年（公元前369年），修筑长城防备赵国。接受中原文化，致中山国于强盛，列于诸侯，仍保留着游牧民族的特点。死后被追封为"桓王"。

【中都海牙】 见"廉希贤"。（567页）

【内齐】(?—1642) 清初将领。蒙古族。扎噜特部人。博尔济吉特氏。忠图子。天聪三年（1629），朝觐后金皇太极。六年（1632），随军征察哈尔部，继从贝勒阿济格攻明大同、宣府。八年（1634），由独石口进攻朔州，克堡三。崇德二年（1637），清遣大臣阿什达尔汉赴其部理庶狱，严禁部人相互诬讦侵夺。三年，率子尚嘉布随军征喀尔喀。四年，征锦州，分守乌忻口，以功受赏。七年卒，顺治五年（1648），追封多罗贝勒。

【内邬素巴】(1042—1118) 宋代藏传佛教噶当派大师。吐蕃人。出生于内邬素村，故称内邬素巴。幼年出家为僧，命名为耶歇拔。二十六岁到热振寺以衮巴哇为师学法，获不动金刚本尊法传授等多种教法。衮巴哇去世后，转依博多哇为师。曾治愈达垅和热振地方的一些麻疯病人,故被时人认为是一位占卜术士,而不知其在佛家修定和显密经典知识方面的造诣。后在内邬素建寺,自任寺主。许多有名望的咒师从各地慕名而来,向他求教学法。向僧众讲授修法的经论及阿底峡的《菩提道灯论》和《教次第论》等,听讲僧众达千人。

【内齐托音一世】(1557—1653) 明末清初卫拉特蒙古土尔扈特部僧人。原名阿弼达。土尔扈特台吉墨尔根特木纳之子。自幼出家为僧,赴西藏扎什伦布寺学佛,师事班禅,法号内齐托音。结业后,受班禅派遣到东蒙古传教。先至喀尔喀蒙古却楞宰桑处,继赴呼和浩特。曾在阿巴嘎哈喇山修行十二年,在黄帽山修行二十五年。林丹汗占据归化城后,带领三十名弟子离开土默特,游历东部蒙古地区,在科尔沁、翁牛特一带传教,并到盛京(今沈阳)朝觐清太宗皇太极。后遭谗言被五世达赖召至呼和浩特居住。为发展黄教,长期与萨满教展开斗争,对内蒙古喇嘛教的传播起了一定作用。顺治十年(1653)十月十五日圆寂,年九十七岁。

【内齐托音二世】(1671—1703) 清代内蒙古僧人。法名阿旺罗桑丹比坚赞。内蒙古茂明安旗人。斡齐尔台吉之子。康熙十三年(1674),被指定为内齐托音一世的转世灵童。十八年(1679),入小召坐床,学习佛教经典。三十年(1691),应清朝政府邀请,与内蒙古四十九旗王公参加多伦诺尔会盟。三十四年(1695),奉旨赴西藏迎请班禅,并调查五世达赖圆寂、第巴桑结秘不发丧一事。三十五年,主持重修小召,康熙赐名崇福寺。三十七年(1698),清朝授予呼和浩特掌印札萨克喇嘛。四十二年(1703)十一月二十五日圆寂。

【贝住】 又译拜住。蒙古国将领。别速特氏。初为蒙古西征军统帅绰儿马罕副将。太宗十三年(1241),绰儿马罕卒,代为元帅。乃马真后称制元年(1242),率军侵入鲁迷(罗马),攻拔额儿哲兰木城(位于幼发拉底河上游)。次年,于额儿赞章附近,击败鲁迷算端凯亦·豁思鲁,进占西瓦思(今土耳其锡瓦思)等地,迫使算端纳币求和称藩。同年,属下蒙古军侵入叙利亚,使马刺提牙(今土耳其马拉提亚)、阿勒波(在今叙利亚北部)等城请降。三年,迫使小阿美尼亚(西里西亚)王海屯一世遣使归附。次年,占领起剌特、阿米德(在今土耳其境)。进军美索波塔米亚。定宗元年(1246),与报达兵战于雅库拔,败退。三年后,进陷答忽哈,杀报达所置官吏。宪宗七年(1257),从旭烈兀攻报达,为右翼大将,克西北诸城。九年(1259),统右翼军从旭烈兀攻叙利亚。

【贝多尔】(?—1756) 清朝将领。索伦阿尔拉氏。隶黑龙江镶黄旗。乾隆二十一年(1756),以三等侍卫从征伊犁,于哈拉塔勒阵亡,恤荫云骑尉。

【贝和诺】(1647—1721) 清朝大臣。满洲正黄旗人。富察氏。尚书济席哈孙。康熙二十四年(1685),由户部郎中兼佐领迁大理寺卿。三十五年(1696),奉命往山东经理闸河。任内封闸蓄水、启闭以时,益于漕运,受康熙帝赏识。同年,迁都察院左都御史。三十六年,擢户部侍郎。朝鲜国旱,国王请开市贸谷,他奉命往中江监视贸易。次年,授陕西巡抚。任内查核省内米麦亏缺并勒限完纳。后调四川,督理进征打箭炉(今四川省康定县)粮饷。奏请设官管辖打箭炉路;请于川省五十七学各设教职等,均为采纳。四十二年(1703),授兵部侍郎。四十四年(1705),擢云贵总督,后官礼部尚书。

【贝阔赞】 又作德贝阔赞。吐蕃末代赞普*达磨之孙,约松之子。生于雅隆旁塘。在娘麦等地寺八座,在江孜一带建谢嘎、江孜等五堡,对江孜一带的发展作出贡献。年三十左右于娘若香波城(今江孜一带)遇刺身亡,一说三十三岁时被刺死于雅隆香波。

【贝若咱纳】 见"毗庐遮那"。(399页)

【贝吉德日巴衮】 吐蕃王族后裔。九世纪中,吐蕃奴隶起义,王室倾覆后,率从人西逃玛尔域一带(今上拉达克的印度河上游玛尔曲河流域),繁衍生息。据《拉达克王统记》载,其属民多持黑弓,故称"持黑弓者"。与今阿里地区同属一系。今拉达克藏人即其后裔。

【日陆眷】《晋书》作就陆眷。西晋时鲜卑段部首领。出生于东部鲜卑,世居辽西。初因乱世被卖为渔阳乌丸(桓)大人库辱官家奴。曾随主至幽州参加诸大人集会。后渔阳饥,受命率人至辽西汆食,招诱亡叛,遂至强盛。卒,弟乞珍代立。

【 丿 】

【仁先】 见"耶律仁先"。(309页)

【仁果】 相传为西汉时白子国国王。白族先民。白崖国(今云南弥渡县红崖)蒙苴颂后裔。传说约于公元前二世纪末,为众所推,在益州郡白崖建立白子国,被汉武帝册封为王,获赐玉印。后因其十五代孙龙佑那被三国蜀相诸葛亮赐姓为张,故又传称为白族张氏的始祖。

【仁钦贝】 十三世纪藏族学者。以故事体裁注释格言的开创者。萨班衮噶坚赞的《萨迦格言》问世后,为人争相传颂。他为使精炼而寓意丰富的格言能为人易懂,对有关格言所包含的内容,用故事体裁逐一注出,使格言含义更加明确,增强了格言的效果,格言与注释相辅相成,相映成辉。注释本曾呈送萨迦班哲达亲阅,然后发表,书名《萨迦格言注释》。《萨迦格言》共457首,用55个故事进行注释,文字简捷生动,颇为人所爱。此种体裁的开创,对后世影响很大。索南查巴的《具善格言》(又称《甘丹格言》)、《益世格言》均沿袭此手法。

【仁多保忠】 西夏国军事首领。党项族。仁多洗忠兄。大安十年(1084)十月,其叔仁多唛丁战死,代为统军。崇宗李乾顺时官卓罗监军司监军、驻兵锉子山,总领西南部族。与权相梁乙逋不睦。天仪治平二年(1087)七月,乙逋以乾顺命胁迫其率万人侵宋泾原,遭宋总管刘昌祚截击,一宿即还。九月,乙逋复令其率十万兵入泾原,与宋副总管曲珍战于曲律山,一夕遁回。天祐民安五年(1094),乙逋谋篡国,他与大臣嵬名阿吴等集兵讨杀,灭其家。后升统军。永安二年（1099）闰九月，率兵助吐蕃围湟州，不克而还。贞观三年（1103）三月，率兵援鄯州赵怀德。四年二月，受宋相蔡京使熙河帅王厚招降，欲内附，事败，免职。

【仁多洗忠】（？—1099） 西夏国军事首领。党项族。监军仁多保忠弟。永安二年（1099）八月，宋熙河军入扰夏境，他率军挺身出战，阵亡，西夏军出援，夺其尸而回。子幼未授官职。贞观元年（1101）十一月，应其弟仁多保忠之请，崇宗命先以廪禄赐其家以抚恤之。

【仁多崚丁】（？—1084） 又作仁多鬼丁。西夏国军事首领。党项族。官监军。凶黠用事，常率兵于西夏国西南边境，出入兰州。夏宋安塞之役时为主谋，宋神宗尝募人捉之，不得。大安七年（1081），率军与宋将李宪争夺南牟城，军败。九年（1083）十一月，谋攻宋朝，遣宥州心腹投宋为内应，计未成。十年十月，引兵十万入泾原，纵火焚草积，民死者甚众，围第十六堡，久攻不下。为宋将卢秉扼归路，兵败、战死。

【仁多楚清】 西夏国大臣。党项族。官御史中丞。父仁多崚丁，官监军。父死，其职由侄仁多保忠代。他虽职高而不得专兵权，请于梁太后，不许，怀怨。永安元年（1098）十月，乘宋军攻入夏境，携家口四十余人间道投宋，并献金三百两，及冠服、宝玩、绣龙帐等。宋哲宗还其所献，授甘州团练使、右厢卓罗一带都巡检使。

【仁钦扎西】《元史》译作辇真吃剌失思。元朝帝师。天历二年（1329）十二月二日，为文宗图帖睦尔任命为帝师。十二月九日，受文宗命，率僧徒于凝晖阁作佛事。次年十一月八日，复奉命，率僧众作佛事，至年底结束。至顺三年（1332），帝师职为贡噶坚赞贝桑波所接替。

【仁钦坚赞】①（1238—1279）《元史》译作亦怜真。元朝帝师。吐蕃萨迦人，生于款氏贵族之家。八思巴异母弟。初一度任萨迦寺住持，后至元廷，为忽必烈供养的上师。至元十一年（1274），八思巴返萨迦处理政务，荐举其接替帝师职。相传，曾在皇宫旁建过一座寺庙。十六年（1279），卒于大都（今北京）。②（1257—1305）《元史》译作辇真监藏。元朝帝师。帝师耶歇仁钦之弟。属萨迦东院人。约于至元二十五年（1288），被忽必烈封为萨迦细脱拉让法台，主持寺事十六年（一说十八年），后被成宗召至京师。大德八年（1304）一月十八日，命为帝师，居大都（今北京）安乐宫御花园。极力维护寺院及僧徒地位，次年二月二十四日，向乌思藏宣慰使司等处官员颁法旨，明令经师昆顿和辇真班藏卜所辖艾巴地方属寺庄园的僧俗百姓和草木寸土，任何人不得豪夺，不得破坏寺庙等，本寺僧徒亦不得违反。五月二十二日，又颁法旨给乌思藏宣慰使，明令对朵儿只旺出所辖僧俗部众、牧场等，不得倚势欺凌，不得随意征收差税、派乌拉，不得干涉俗人出家为僧。不久，卒于大都。

【仁钦桑布】（958—1055） 宋代吐蕃高僧。生于古格地区之农旺日丹（今属西藏阿里地区）。十三岁从益西桑布出家为僧。曾奉吐蕃王族益西约（即大喇嘛）命，与二十六位吐蕃人赴印度（一说迦湿弥罗）学法，以振兴阿里佛教。先后三次赴印，在迦罗哇日大城受到婆罗门大德鼓励。后至森迪，随班哲达夏罗嘎拉哇玛听译瑜伽修习法。复依班钦那若巴、嘎玛拉古巴达及孜纳密拉等佛学家听法。前后师事七十五位班哲达。精通梵文，博览佛典，精修佛教显密经论，翻译了法相乘、四续部、般若部、瑜伽部及集密等大量佛经及声明、因明正量学及医学等，被誉为大译师。所译佛经被佛家称作新密咒，影响深远。还建寺宏传，吐蕃王朝崩溃后佛教能在阿里地区弘扬，其功居首。所译《医学八支》及有关宣讲传授，对佛教后宏期医学的发展起了重大作用。因功，深受吐蕃赞普尊敬，被奉为赞普之上师，将布让（今普兰）的溪卡庄园赐给他，被史家称为西藏溪卡庄园制之始。九十八岁圆寂。

【仁德皇后】 见"萧菩萨哥"。（489页）

【仁懿皇后】 见"萧挞里"。（484页）

【仁蚌阿旺吉查】 见"阿旺吉甸旺秋查巴"。（293页）

【仁达哇薰奴罗追】（1349—1412） 又译仁达哇薰努洛追。明代藏传佛教萨迦派著名佛学家。藏族。生于西藏仁达（在今萨迦与江孜之间）。初从尼雅温衮噶贝学习显教，继随堪钦强森听中观论，又依纳木桑、查杰、久秋贝等学集密。潜心研读，通晓内含，广事弘扬，使集密、中观之见得以传播。著有世界最胜庄严四大论、中观论、入中论、四百论、大乘宝生论、吉祥集密经等十部经论注疏。徒众百余人，以宗喀巴、甲曹杰、克珠杰三人最著名。

【仁蚌·南喀杰岑】 明代西藏地方官员。藏族。十五世纪人。属格氏族。先祖历任吐蕃赞普松赞干布内相、赤松德赞时执法大臣。至其父格·释迦朋，已历二十代。他初依附帕木竹巴政权阐化王查巴杰岑，先后任西藏仁蚌宗宗本、曲弥万户长、萨迦大寺之本钦。该家族以仁蚌宗地区为基地发展起来，故称其后裔为第巴仁蚌巴。该家族对仁蚌地区的开发多有贡献，曾主持缮写《甘珠尔》经。后出家查嘎佳卧寺，任格甘寺总持。

【仁蚌巴敦悦多吉】 明代卫藏中部地方封建领主。藏族。仁蚌宗宗本（地方行政官员名）南喀坚赞四世孙，衮桑巴之子。继任日喀则首领后，继续奉行支持藏传佛教噶玛派打击格鲁派（黄教）的政策。成化十六年（1480），因格鲁派拒绝噶玛派在拉萨建寺，遂发兵占据拉萨部分地区，次年在东郊建寺两座。又东向乃东，武力夺取乃邬宗宗本的溪卡，继而南下雅隆腹地。弘治三年（1490），联合噶玛红帽派四世，建羊八井寺，形成仁蚌巴与噶玛巴联合反对黄帽派势力。五年（1492），再次兵发拉萨，占领拉萨三处要地。十一年（1498），又借口亲属被拉萨行政官处死，全面占领拉萨。为遏制黄教，于十六年（1503）在拉萨建图丹群科寺，并宣布禁止色拉、哲蚌二寺僧人参加拉萨传召大会。直至正德十二年（1517）才被迫退出拉萨。

【什钵苾】 见"突利可汗"。（424页）

【仆固俊】 唐代北庭回鹘首领。出自仆固部。大中年间（847—859），投附沙州节度使张义潮，徙居北庭一带。咸通七年（866），大败吐蕃军，斩尚恐热，传首京师，克北庭、轮台，击取西州，遣使赴唐献俘告捷。后所部内乱，不知所终。

【仆散揆】（？—1207） 金朝大将。本名临喜。女真族。姓仆散。上京（今黑龙江阿城南白城子）人。左丞相*仆散忠义之子。少以世胄，充近侍奉御。大定十五年（1175），娶韩国大长公主，擢器物局副使，特授临潢府路赫沙阿世袭猛安。历近侍直副使、拱卫直副都指挥使、殿前左卫将军。因与人窃议卫中事，罢职。起为滦州刺史，改蠡州，入为兵部侍郎、大理卿、刑部尚书。明昌元年（1190），出为泰定军节度使，改知临洮府事，治府有方，升河南路统军使。以刚直明断，狱无冤滞，晋官一阶。四年（1193），因牵涉郑王永蹈谋逆事，免死除名。起为同知崇义军节度使事。以战功迁西北路副招讨，升西南路招讨使兼天德军节度使。戍边作战，修筑界壕。拜参知政事，改中都路胡土爱割蛮世袭猛安。进尚书右丞、平章政事，封济国公。泰和五年（1205），为宣抚河南军民使。六年春，为左副元帅，对宋作战，复取凌淮、蕲县，解符离、寿春之围。十月，率军分九路大举攻宋，以行省兵三万出颍、寿，潜渡淮水八叠滩，大败宋兵取颍口、安丰军、滁州，攻合肥，围和州，败宋兵于六合，克真州，擒宋将常思敬、萧从德、莫子容。七年，死于下察军中，谥武肃。

【仆散端】（？—1217） 金朝大臣。本名七斤。女真族。姓仆散。中都路火鲁虎必剌猛安人。初充护卫，迁太子仆正，历海陵王子滕王府长史、宿直将军、邠州刺史、尚厩局副使、右卫将军。明昌元年（1190），金章宗即位，转左卫。历东北路招讨副使、左副点检、都点检、河南、陕西统军使，复为都点检。承安四年（1199），以射鹿误入章宗围，被仗解职。泰和三年（1203），起为御史大夫。翌年，拜尚书左丞。六年（1206），攻宋，奉诏为留后，行省事于汴京（今开封）。七年，拜平章政事，封申国公。大安元年（1209），晋拜右丞相，授世袭谋克。贞祐二年（1214），判南京留守，表请迁都南京（汴京）。翌年，中都被蒙古军占领，宣宗至南京，为知开封府事，进御史大夫，拜尚书左丞相。三年，兼枢密副使、枢密使。以左丞相兼都元帅行省陕西，招抚通远军及临洮、积石州、兰州诸部。兴定元年（1217），奏请置元帅府于巩州，以应援。卒，赠延安郡王，谥忠正。

【仆固怀恩】（？—765） 唐代铁勒族将领。卜骨部滥拔延之孙，乙李啜拔之子。父祖皆世袭金微都督。安史乱后，从郭子仪、李光弼作战，屡立战功。与敦煌王出使回纥，请兵结好，并以女和亲回纥英义建功毗伽可汗，领回纥兵平安史之乱。历任尚书左仆射兼中书令、朔方节度副大使、河北副元帅，封大宁郡王。居功自傲，怨未获重用，于广德元年（763）上书自叙功绩，终引吐蕃兵反唐，攻泾、邠诸州。永泰元年（765），又联回纥、吐蕃兵南犯京师，军至鸣沙县，患病，卒于灵武（今宁夏永宁县西南）军中。

【仆散安贞】（？—1221） 金末大将。本名阿海。女真族。姓仆散。*仆散忠义孙，*仆散揆子。初充奉御。娶邢国长公主，为驸马都尉，袭胡土爱割蛮猛安。历尚衣直长、御院通进、尚药副使。转符宝郎，迁同知定海军节度使事。历邠、淄、涿州刺史，拱卫直都指挥使。贞祐元年（1213），改右副点检兼侍卫亲军副都指挥使，迁元帅左都监。翌年，与兵部尚书裴满子仁等分道宣抚河北未破州郡真定、大名、东平、清、沃、徐、邠、海州等，改山东路统军安抚使。镇压红袄军起义。收杨安儿起义军于益都城东，迫安儿奔莱阳。以沂州防御使仆散留家为左翼，安化军节度使完颜讹论为右翼，合兵攻杨安儿。败莱州徐汝贤三州起义军十万，继破棘七起义军四万于辛河。至莱州，遣莱州黥卒曹全等诈降为内应，复莱州，杀徐汝贤。三年，破巨蒙等三堌及马耳山，杀刘二祖红袄军四千余人。攻大沫堌，杀红袄军五千余人，俘刘二祖。破大小峻角子山，杀刘二祖等一万多人。迁枢密副使，行院事于徐州。四年，镇压杨安儿余部郝定。兴定二年（1218），为左副元帅权参知政事行尚书省元帅府，总唐、息、寿、泗行元帅府分道攻宋，败宋兵于安丰，至大江而还。五年，复攻宋，出息州，夺黄土关，入梅林关，拔麻城县，克黄州、蕲州，俘宋宗室七十余口，不杀而献于汴京，遂以为罪。六月，以谋反罪被杀。

【仆散忠义】（？—1166） 金朝大将。本名乌者。女真族。姓仆散。上京（今黑龙江省阿城南白城子）拔卢古河人。婆速路统军使背鲁子，太祖宣献皇后侄。为人谦以接下，敬儒士，善御将士，有大略。年十六，领本谋克兵，从完颜宗辅平陕西，以功，承制署为谋克。继从完颜宗弼（金兀术）取河南，举荐为猛安。攻冀州、大名府，破宋军十余万。渡淮水攻寿、庐等州。以勇略过人，被誉为"将帅之器"。领亲军万户，超宁远大将军，承其父世袭谋克。通女真文。皇统四年（1144），任博州防御史，颇有政绩。郡中大治。八年，改同知真定尹，兼河北西路兵马都总管。迁西北路招讨使，入为兵部尚书。海陵王立，出为震武军节度使，改临洮尹，兼熙泰路兵马都总管。徙平阳尹、济南尹。以汉南路行营副统制，从海陵王攻宋，克通化军。正隆六年（1161），世宗即位，拜尚书右丞。进平章政事，兼右副元帅，镇压契丹移剌窝斡起义军，大败义军于裒领西之陷泉，拜尚书右丞相，改封沂国公。大定二年（1162），以丞相总军事，居南京（今开封）节制诸军，分道攻宋。三年，以丞相兼都元帅。五年（1165），败宋军，迫宋约和，归还所占海、泗、唐、邓等州，世为侄国。拜左丞相，兼都元帅。六年病死。谥武庄。

【仆散忽土】（？—1161） 金朝大臣。亦名师恭、思恭。女真族。姓仆散。上京老海达葛人。出身微贱，曾受完颜宗干周济，擢宿卫十人长。因宗干被熙宗所杀，怀怨，应海陵王约充内应，谋废立。皇统九年（1149）十二月九日，乘值宿之机，导海陵等人寝殿，弑熙宗。首倡立海陵为帝。继受命杀曹国王宗敏。为左副点检，转都点检，迁会宁牧，拜太子少师、工部尚书，封王。继为枢密副使，晋枢密使。贞元三年(1155)，为右丞相。正隆元年(1156)，为太尉、枢密使。海陵至汴京(今开封)，赐第一区，邻徙单太后宁德宫，常入见太后，为海陵所疑。六年(1161)，奉命与西京留守萧怀忠将兵一万镇压契丹撒八起义，未果而还，被杀，并灭族。

【仆散留家】 金末将领。女真族。姓仆散。累官提控、沂州防御使。贞祐二年(1214)七月，受山东宣抚使仆散安贞命为左翼，与右翼安化军节度使完颜讹论等合兵攻杨安儿起义军，败义军将领徐汝贤等三州兵十万于昌邑东，继由上流胶西进兵，破义军将领棘七兵四万于辛河。以轻兵攻莱州诱战，暗结义军戍卒姚云，引金军入城，杀徐汝贤及诸将，复莱州，略定胶西诸县。三年(1215)，破杨安儿步骑三万，歼其众，降头目三百余人，民三万余户。

【化葛】 ①见"耶律化哥"。(309页) ②见"耶律滑哥"。(320页)

【仇机沙】 元朝诗人。回回人。字大用。善诗。作品有《奉寄耕渔高士》、《题徐良夫耕渔轩》等传世。

【从忍利恩】 见"崇忍利恩"。(504页)

【介赛】 见"宰赛"。(472页)

【仓央嘉措】(1683—1706) 即六世达赖。清代藏传佛教格鲁派(黄教)领袖、著名诗人。原名计美多吉协加衮钦。藏族。西藏南部门隅人。自幼随母劳动。清康熙二十四年(1685)，被第巴桑结嘉措认定为五世达赖转世灵童。二十七年(1688)，被带到襄噶孜加以教导，拜五世班禅为师，剃度受戒，取法名罗桑仁钦仓央嘉措。三十七年(1698)十月二十五日，迎至布达拉宫坐床。政治上不得志，实权操于桑结嘉措之手，在桑结监督下被迫学习《根本咒》、《秘诀》、《菩萨随许法》、《生满诚》等经典。四十一年(1702)，周游日喀则时，将僧衣送还其师罗桑益西，以示退戒。学习哲学、诗歌、历算等，著作颇多，以《仓央嘉措情歌》最著，广泛流传于西藏民间。四十四年(1705)，桑结嘉措与拉藏汗争权失败被杀后，拉藏汗以其为"假达赖"密奏清帝，次年，被废黜解往北京，途经青海，于衮嘎诺尔湖附近逝世。一说未死，而周游各地。

【公孙贺】(?—公元前91?) 西汉将领。义渠戎人。公孙浑邪(又作昆邪)之子(一说为孙)。初为太子刘彻舍人。汉武帝元光二年(公元前133年)，以太仆、轻车将军与韩安国等诱击匈奴于马邑(今山西朔县)，为匈奴单于察觉，罢。元朔五年(公元前124年)，随大将军卫青击匈奴于朔方、高阙(今内蒙古河套西北)。还，封侯。次年，复以左将军从卫青出定襄，击匈奴。后以坐酎金，失侯。元鼎六年(公元前111年)，以浮沮将军出五原，至浮沮井(约在今内蒙古百灵庙北)，未遇匈奴而还。太初二年(公元前103年)，为丞相，封葛绎侯。前后七次为将军，击匈奴，无大功。

【公孙敖】(?—公元前917年) 西汉将领。义渠戎人。武帝元光六年(公元前129年)，以骑骑将军出代郡，击匈奴，兵败，亡卒七千，赎为庶人。元朔五年(公元前124年)，以校尉从大将军卫青击匈奴，至右贤王庭，获王，以功封合骑侯。次年，复以中将军从卫青出定襄击匈奴，无功而还。元狩二年(公元前121年)夏，与骠骑将军霍去病分兵出北地、陇西，西击匈奴，误期，赎为庶人。太初元年(公元前104年)，遣军出塞筑受降城(今内蒙古阴山西北)，迎接匈奴降者。天汉四年(公元前97年)，击匈奴至余吾水，亡士卒多，当斩，逃亡民间。后发觉，被处死。

【公孙浑邪】 又作公孙昆邪。西汉官员。义渠戎人。西汉文帝时(公元前180年—公元前157年)归汉。景帝初三年(公元前154年)，以将军击吴、楚，助平七国之乱，以功拜陇西太守。次年四月，封平曲侯，官至典属国。中元四年(公元前146年)，坐法，免为庶人。著书十余篇。

【公哥儿监藏班藏卜】 见"贡噶坚赞贝桑波"。(201页)

【公哥罗古罗思监藏班藏卜】 见"贡噶罗追坚赞贝桑波"。(201页)

【公哥列思巴冲的纳思坚藏班藏卜】 见"贡噶雷必迥乃坚赞贝桑波"。(201页)

【毛忠】(1394—1468) 明朝将领。原名哈剌，字允诚。蒙古族。永昌百户毛宝之子。永乐十一年(1413)，袭父职。屡从明成祖北征。宣德五年(1430)，征曲先(今青海省格尔木县西北)。八年(1433)，征亦不剌山(今内蒙古阿拉善右旗东雅布赖山)。九年，出兵脱欢山(今甘肃省北部)。十年，征黑山(今甘肃省民勤县东南)。诸战皆俘获该地蒙古部首领，累官指挥同知。正统三年(1438)，从征朵儿只伯，先登陷阵，立大功，升都指挥佥事。十年(1445)，进都指挥同知。翌年，奉命将沙州卫迁入塞内，升都指挥使。十三年(1448)，率师入罕东，积功进都督佥事，赐名忠，充右参将，协守甘肃。景泰元年(1450)，因明廷中离间计，被逮至京师问罪，旋遣至福建，屡立战功。英宗复辟后，召还，升都督同知，任左副总兵，镇守甘肃。天顺三年(1459)，进左都督。五年(1461)，抗击蒙古孛来部数万骑入掠，全师而还。七年(1463)，率兵破塞外诸部，封伏羌伯。成化四年(1468)，移师镇压固原(今宁夏固原)满四起义，中流矢卒，追封侯爵，谥武勇。弘治中，建忠义坊于兰州，建武勇祠于甘州，以彰其功。

【毛胜】(1401—1458) 明朝将领。原名毛福寿。字用钦。蒙古族。祖籍幽蓟(今河北省北部)。元右丞相伯卜花孙，安太之子。一说与和宁王阿鲁台同宗。兄济卒，无子，遂继父兄职位，进都指挥使。正统七年(1442)，以征麓川(今云南省德宏州)功，升都督佥事。麓川平，进都督同知。十四年(1449)，因也先率瓦剌诸部南下，奉命与陈怀等率京军三万镇大同。不久，兵败脱归京师。擢左都督。在京师保卫战中，于彰义门北击退也先，引兵至西直门解都督孙镗之围，再败瓦剌于彰义门外，追至紫荆关，战功卓著。同年，以副总兵率军南下贵州，镇压苗族起义，俘起义领袖韦同烈。景泰三年(1452)，入湖广，镇压各族起义，封南宁伯，更名毛胜。后移镇云南腾冲，再平麓川、金齿。卒，迫封侯爵，谥庄毅。

【毛福寿】见"毛胜"。（67页）

【毛里孩王】（？—约1468）又译卯里孩王、木里王、摩里海王、毛礼海王、黄苓王等。明代蒙古翁牛特部领主。孛儿只斤氏。元太祖成吉思汗异母弟*别勒古台后裔。成化二年（1466），杀太师孛来，立脱脱不花长子摩伦为可汗，自为太师，拥兵数万，控制东部蒙古。因受鄂尔多斯部蒙哥、哈答不花（一译和托卜罕）挑拨，君臣内讧，杀摩伦汗。常遣使贡于明，也屡率兵袭击明边。四年（1468），为满都鲁、孛罗忽和乌讷博罗特所败，只身逃遁，饥渴而死。

【毛明暗台吉】一作明暗台吉。明代蒙古右翼土默特部领主。孛儿只斤氏。*撦力克第三子，满官正比吉生。驻牧于张家口西北边外。万历三十五年（1607），撦力克卒后，趁撦力克长孙卜石兔与三娘子孙素囊台吉长期争权之机，取得三娘子信任，并拉拢三娘子及素囊台吉左右的执事人员，得以代理顺义王职事。三娘子欲请明朝封之为顺义王，未果。

【毛拉·比拉勒】（约1823—1899）全名毛拉比拉勒·本·毛拉玉素甫，笔名纳孜米。清代维吾尔族批判现实主义文学奠基人之一。新疆宁远（今伊宁）人。出生于靴匠家庭。幼年受父亲启蒙教育，就读于伊犁经学院。结业后，充清真寺"伊玛目"。同治三年（1864），参加伊犁农民起义。十年（1871），与各族人民一起抗击沙俄侵占伊犁。著有《艾孜勒亚提》、《纳孜古姆》、《在中国的圣战》等长诗。

【毛拉木沙·赛拉米】见"毛拉穆莎·莎依然米"。（68页）

【毛拉穆莎·莎依然米】（1836—1917）一译毛拉木沙·赛拉米。清代史学家和诗人。维吾尔族。年轻时于库车"萨克撒克"经院修习古兰经、圣训、历史、文学、历法、天象、地理，以及阿拉伯文、波斯文等，成绩卓异。咸丰四年（1854），还乡任教，主讲圣训和文学。同治三年（1864），率数百名青年参加库车农民起义，任乌什义军首领玛哈木丁和卓的掌玺官和总务官。同治六年（1867），阿古柏侵占乌什后，为阿克苏税收官文书。后从事写作。光绪二十九年（1903），著《安宁史》，三十二年（1906），撰《麦思乃诗集》，三十三年（1907），撰《伊米德史》。另著有《遗嘱诗抄》。民国六年（1917）在家乡病故。

【牛钮】（？—1737）清朝大臣。满族，他塔喇氏。满洲正白旗人。初由官学生补工部笔帖式。康熙三十九年（1700），受命监筑减水坝以缓武清县筐儿港水患。补工部主事。五十年（1711），监修引河前崖及减水坝前水利工程。五十九年（1720），由郎中擢左副都御史。寻命总管北运河事务。六十年，以河南武陟县马营口河决，受命堵筑。亲勘孟津至清口河工。六十一年，以马营口复决，于秦家厂筑拦水坝。回京议保护通州运河事，于黄河北岸自沁河堤至詹家店十八里无堤处，筑堤捍御。雍正元年（1723），迁兵部侍郎。二年，请江宁、杭州、荆州、京口、广州、福州等处驻防兵习水师。调礼部右侍郎。三年，因迟延应奏事件，降三级调用。七年（1729），受勅监修筐儿港堤工时索金银，并屡拒宗人府传询，革职。八年，参与修筑北运河青龙湾减水坝。

【牛焘】（约1790—1858）清代诗人。纳西族。字涵万。云南丽江大研里人。家道殷实，道光五年（1825）优贡生。历任罗平、镇源、邓川等州县儒学。以弹琴咏诗扬名，琴可自谱曲词，弹奏自如，与诗友马子云并称为"牛琴马笛"。诗则求真情实感，豁达自然，反对苦吟拼凑。纵游家乡名胜，熟悉历史典故，通晓民俗风情，总是神情景画融会贯通才吟咏成章。著有《寄秋轩诗钞》。名篇《花马竹枝词》散发着浓郁的民族风土气息，如身临其境，体味无穷。传诵至今不衰。

【升允】（1858—1931）清朝大臣。蒙古镶蓝旗人。字吉甫。号素庵。光绪举人。光绪二十六年（1900），为山西按察使、布政使。次年任陕西布政使。二十八年（1902），升陕西巡抚。三十年（1904），任江西巡抚，不久调察哈尔都统。次年任陕西总督。在省城设立存古学堂、巡警总局、甘肃农工商矿总局等。宣统元年（1909），反对立宪被革职。1911年辛亥革命后，任陕西巡抚，总理陕西军事。1912年反对清帝退位，率军数十万人，进取陕西，连下十余城，妄图攻下长安，迎奉溥仪，建立西北小朝廷。后因部队获悉清帝退位，拒绝作战，未果。1913年，纠合旧部，勾结沙俄及蒙古王公，再谋复辟，得逞。1917年，诱旧部，谋以甘肃为张勋复辟基地，均告失败。

【升泰】（？—1892）清朝大臣。蒙古正黄旗人。卓特氏。字竹珊。初为员外郎，后历任浙江按察使、云南布政使等职。光绪七年（1881），领副都统衔，任伊犁参赞大臣，寻迁内阁学士。八年，署乌鲁木齐都统，与俄国定阿尔泰边界。十三年（1887），改任驻藏帮办大臣。次年，英国武装侵略西藏。任驻藏大臣，妥协主和，力阻藏民收复失地，与英军议和。十六年（1890），以全权大臣，与印总督定约八款，即所谓"藏印条款"。著有《印藏边务录》。其奏议函电亦收入《清季筹藏奏牍》中。

【升天皇帝】见"耶律阿保机"。（323页）

【长】见"胡邪尸逐侯鞮单于"。（386页）

【长寿】清朝将领。满族，瓜尔佳氏。满洲正白旗人。父塔思哈，道光（1821—1850）初年，官喀什噶尔（今新疆喀什市）帮办大臣。张格尔叛乱时遇难，被授予骑都尉世职。父死后，兄长瑞袭骑都尉世职，授三等侍卫，累官直隶天津镇总兵。咸丰元年（1851），与兄长瑞随钦差大臣赛尚阿赴广西，参与镇压太平天国义军，围永安城数月不下。二年二月，迫太平军由永安城撤出至桂林。又随乌兰泰追太平军至龙寮岭，该地险而易守难攻。时值大雾，遭太平军炮火猛烈袭击，士卒两日不得食，经激烈战斗，被太平军击溃逃散，死伤甚众。在战斗中，他亦坠马，与兄长瑞同时被太平军所杀。后马兰泰中炮伤腿，死于阳朔。咸丰帝以其父子兄弟均死于战场，追赠为提督，授予骑都尉兼云骑尉世职，赐母银三百两。谥勤勇，兄长瑞谥武壮。于永安建祠曰双忠,同死者皆附祠。

【长没】 见"耶律只没"。(310页)

【长秃】 明代蒙古朵颜卫领主。成吉思汗部将*者勒蔑后裔,朵颜卫都督*革兰台第八子。部落三百余,住界岭口(在今河北省长城东段)塞北,受明封都指挥佥事。嘉靖(1522—1566)中,屡与察哈尔部联合攻略明边。四十三年(1564),与诸部分三路攻明山海关等地,被击退。隆庆(1567—1572)间,数助察哈尔部攻明边塞。万历三年(1575),助其侄长昂南下进攻董家口塞,被明将戚继光生擒。经长昂、兀鲁思汗等诸领主至明边关苦求,钻刀为誓,获释。旋背誓,继续与明军为敌。四年,与黑石炭、布延彻辰台吉、董忽力等三万余骑助速把亥攻略明辽东地区。十二年(1584),攻明塞,被明将李成梁击败,一百余人被斩。

【长昂】(？—1607) 又称专难、贵英。明代蒙古朵颜卫首领。成吉思汗部将*者勒蔑后裔,朵颜卫都督花当重孙,影克长子。幼失母,由姨母和姑母抚养。隆庆元年(1567),父南下攻明,被击毙,后经明廷许可,袭父职都督。住大宁城(今古蒙古宁城县)一带。娶蒙古右翼喀喇沁部领主青把都长女东桂为妻。后屡与图们汗、速把亥、青把都等联合扰明边。万历三年(1575),南下攻明,被明将戚继光击败坠马,几遭擒。叔长秃被俘,经纳马钻刀为誓,方获释。十一年(1583),助内喀尔喀领主卜言把都儿等集结三万余人为速把亥复仇,被明将李平胡击退。妻东桂死,又强占已适图们汗的青把都次女(东桂妹),遂与图们汗结怨。十九年(1591),遭图们汗和明军合击。此后与明朝时战时和。二十九年(1601),获明朝许可,恢复木市。三十四年(1606),进兵至山海关前。不久,在行猎途中坠马死,朵颜卫亦随之衰落。

【长庚】(？—1915) 清朝大臣。字少白。伊尔根觉罗氏。满洲正黄旗人。初任县丞、知县,后以翼长从伊犁将军备边。光绪六年(1880),授巴彦岱领队大臣,迁伊犁副都统。十四年(1888),充驻藏大臣,擢伊犁将军。二十二年(1896),兼镶蓝旗汉军都统。二十六年(1900),沙俄军侵入伊犁,奉命与俄领事交涉,谕令退兵。后赴阿尔泰山查勘界址。旋授兵部尚书。三十一年(1905),复授伊犁将军。宣统元年(1909),迁陕甘总督。三年,溥仪逊位,将总督印交布政使赵惟熙而去。卒,谥恭厚。著有《温故录》和《乌鲁木齐守城纪略》。

【长顺】(1837—1904) 又作常顺。清朝将领。达斡尔郭贝尔氏。世居莽鼐屯,初属布特哈正黄旗,后隶正白旗满洲。字鹤汀。初以蓝领侍卫随车驾狩木兰,又从胜保征捻军。同治二年(1863),解颍州围,迁二等侍卫,旋赐号恩特赫恩巴图鲁。后升头等侍卫、记名副都统。七年,擢镶黄旗汉军副都统,加京师供职,充神机营专操大臣。十年,陕甘民扰北路军台,迁科布多(今蒙古国吉尔格朗图)参赞大臣。次年,署乌里雅苏台(今蒙古国扎布哈朗特)将军,修固城防。光绪四年(1878),署巴里坤领队大臣,请巨金安置遗民。六年,移哈密帮办大臣,因丁忧改署任。八年,与沙俄谈判中路分界界约,据理折俄使。次年,迁乌鲁木齐都统。十年,改正白旗汉军都统,进内大臣班。十三年,出为吉林将军,发库帑,募富民捐钱米赈救灾民。又改定税则,岁增榷钱数十万。清理郡学田,以膏土奏拨随缺地数万垧,赡养旗营官兵。二十年,中日甲午战争爆发,清军溃退,旋以疾请归。曾奏请修《吉林通志》,聘编修李桂林、廪贡生顾云主之。自十七年开局兴修,成书一百十六卷,是研究吉林史地的重要参考资料。病愈后,管理神机营。二十五年,命稽察吉林练兵,复授吉林将军。病故,谥忠靖。

【长脚】 见"乜富架"(10页)

【长善】(？—1889) 清朝将领。字乐初。他塔喇氏。满洲镶红旗人。同治五年(1866),授山海关副都统。七年底,迁广州将军。光绪十年(1884),召京,授正蓝旗蒙古都统。十四年授杭州将军,次年卒于任。著有《驻粤八旗志》和《裕庄毅公泰年谱》。

【长龄】(1758—1838) 清朝将领。蒙古正白旗人。萨尔图克氏。字懋亭。尚书*纳延泰子。乾隆三十八年(1773),由翻译生员捐纳笔帖式。历任军机章京、理藩院主事。四十九年(1784),随钦差大臣阿桂镇压甘肃田五领导的人民起义。五十二年(1787),随将军福康安渡海镇压台湾人民起义,俘获起义领袖林爽文。五十六年(1791),复随福康安赴后藏抗击廓尔喀入侵。嘉庆五年(1800),任领队大臣,率吉林、黑龙江官兵赴湖北、陕西追击川楚陕白莲教起义军。八年(1803),染病回京,历官总兵、安徽和山东巡抚、甘陕总督。十三年(1808),因于山东巡抚任内馈送钦差大臣广兴银两、听任藩司动库款为广兴办差事发,被夺职,发往伊犁。不久,充科布多、乌里雅苏台参赞大臣、河南巡抚,复授甘肃总督。任内镇压甘肃木工万五领导的起义,后授伊犁将军。道光六年(1826),新疆贵族张格尔叛乱,陷喀什噶尔(今新疆喀什)。命为扬威将军,与署甘陕总督杨遇春等率军进讨。次年,擒张格尔。十年(1830),廓尔喀侵犯喀什噶尔等城。命为钦差大臣往新疆督办军务。回京后进太傅、一等公。

【长孙平】 北周、隋官员。鲜卑长孙氏(拔拔氏)。河南洛阳人。字处均。周柱国*长孙俭子。有干才,颇览书记,初为周卫王直侍读。建德元年(572),拜开府、乐部大夫。大成元年(579),宣帝置东京官属,任少司寇。杨坚任相后,命为扬州总管。隋开皇二年(582),拜度支尚书,建义仓,以备荒年。转工部尚书。曾奉使突厥,谕令达头可汗与都蓝可汗和解。后遇谴,以尚书检校汴州事。岁余,授汴州刺史。历许、贝二州刺史、相州刺史,俱有善政。在州数年,坐事免职。文帝念其镇淮南功,晋位大将军,拜太常卿,判吏部尚书事。仁寿(601—604)中,卒于官,谥康。

【长孙肥】(？—108) 北魏大臣。鲜卑拔拔氏(后改长孙氏)。代人。代王什翼犍时,年十三,选为内侍。后从拓跋珪投奔独孤及贺兰部,常侍左右。登国(386—

396)初,为大将,从征刘显,击库莫奚,讨贺兰部,俱有战功。从征柔然,降其主匹候跋。从破刘卫辰及薛干部。皇始二年(397),随征后燕中山,拜中领军将军,以功封琅邪公。迁卫尉卿,改卢乡公。天兴二年(399),奉诏讨平中山太守仇儒等。后任镇远将军,兖州刺史,率步骑二万,南徇许昌,略地至彭城。五年(402),充前锋,败后秦姚平于平阳(今山西临汾市西南)。后还镇兖州。史称其得吏民心,威信著于淮泗,善策谋,勇冠诸将,深得拓跋珪器重。赐奴婢数百,畜物以千计。后降爵为蓝田侯。卒,谥武。

【长孙俭】(492—569) 西魏、北周大臣,鲜卑长孙氏(拔拔氏)。河南洛阳人。本名庆明。北魏太尉、北平王*长孙嵩五世孙,员外散骑侍郎缄主子。起家员外散骑侍郎。北魏孝明帝孝昌(525—527)中,从尔朱天光破陇右宿勤明达等,封索卢侯,后从宇文泰平侯莫陈悦,留为秦州长史,防城大都督,别封信都县伯。西魏文帝大统三年(537),转西夏州刺史,总统三夏州诸军事。六年(540),任荆州刺史、东南道行台仆射。在州七载,务广耕桑、兼习武事,风俗大革、民安其业,十二年(546),授大行台尚书,兼相府司马,改名俭。迁尚书左仆射。后任东南道行台仆射、大都督、十五州诸军事、荆州刺史。废帝二年(553)、任东南道大都督、荆襄等三十三州镇防诸军事。及梁元帝嗣位于江陵,乃密陈攻取之谋。江陵平,受赐奴婢三百口,镇江陵,晋爵昌宁郡公。移镇荆州,总管五十二州诸军事、行荆州刺史。周闵帝即位后,征为小冢宰。天和元年(566),出任陕州总管。三年(568),以疾还京。卒于京师长安私第。谥文。

【长孙览】 北周、隋朝大臣。初名善,字休因。鲜卑长孙氏(拔拔氏)。河南洛阳人。魏上党文宣王*长孙稚孙,周上党郡公*长孙绍远之子。略涉书记,尤晓钟律。西魏大统(535—551)年间,为东宫亲信。周明帝(557—560年在位)时,为大都督。武帝即位后,以亲信,超拜车骑大将军,赐名览。天和六年(571),由右宫伯封为薛国公,后任小司空。从平齐,进位柱国。宣帝(578—579)时,晋大柱国、大司马,历同、泾二州刺史。大象二年(580)转宜州刺史。隋开皇二年(582),为东南道行军元帅,统八总管征陈。三年,以陈宣帝卒,还师。以女嫁蜀王杨秀为妃。转泾州刺史,有政绩,卒于官。

【长孙炽】(549—610) 北周、隋大臣。鲜卑长孙氏(拔拔氏)。河南洛阳人。字仲光。北魏冀州刺史裕孙,周平原侯兕子。颇涉群书,兼长武艺。北周建德(572—578)初,为通道馆学士。二年(573),授雍州仓城令,历嶍郡守、御正上士。大象二年(580),杨坚任相后,为丞相府功曹参军,加大都督,封阳平县子。从平王谦有功。隋开皇元年(581),授内史舍人,摄东宫右庶子,出入两宫,甚被委遇。累迁太常少卿,改封饶阳县子,授开府仪同三司,徙吏部侍郎。大业元年(605),迁大理卿,复为西南道大使,巡省风俗,擢民部尚书。四年(608),率精骑五千击吐谷浑,追至青海而还,以功授银青光禄大夫。六年(610),炀帝幸江都宫,奉命留守东都,仍摄左候卫将军事。卒于官,谥静。

【长孙晟】(552—609) 北周、隋朝大臣。鲜卑长孙氏(拔拔氏)。河南洛阳人,字季晟。初任北周司卫上士、车骑都尉。大象二年(580),随汝南公宇文神庆出使突厥,护送千金公主与沙钵略可汗和亲,与沙钵略可汗弟处罗结好。隋开皇元年(581),上书隋文帝,提出"远交而近攻,离强而合弱"的对突厥方略。前后十次出使突厥,与四朝突厥汗王有交往,成功地周旋于各派突厥贵胄之间,是隋朝对突厥政策的制定者和实施者,因功历任车骑将军、左勋卫车骑将军、左勋卫骠骑将军、左领军将军、武卫将军、右骁卫将军等军职。

【长孙嵩】(358—437) 又作拔拔嵩。东晋南北朝时鲜卑贵族。代人。父仁,代王什翼犍时为南部大人。年十四,代父统事。代建国三十九年(376),率部归匈奴刘库仁,后复归附拓跋珪。登国元年(386),珪即代王位,命为南部大人。累著军功。皇始(396—398)年间,随珪征中山,授冀州刺史,赐爵巨鹿公。天兴元年(398),进司徒,历侍中、相州刺史,封南平公,颇有治绩。明元帝即位,与山阳侯奚斤、北新侯安同、白马侯崔宏等八人,听理万机,世号八公。泰常二年(417),以晋将刘裕征后秦姚泓,奉命率军击刘裕,战于畔城,失利。八年(423),太武帝焘即位,封北平王、司州中正。为主先出兵征柔然,后讨夏,逆焘意,受责辱。始光二年(425),迁太尉。后加柱国大将军。自是,焘出征时,便以元老,多留镇京师。卒,谥宣王。

【长孙稚】(?—535) 北魏大臣。鲜卑长孙氏(拔拔氏)。河南洛阳人。魏上党王*长孙道生曾孙,殿中尚书观子,原名冀归。六岁降袭上党公。孝文帝以其幼承业,故赐名稚(《北史》避讳,写为幼),字承业。太和(477—499)末,为前将军,从孝文帝南征,授七兵尚书、太常卿、右将军。永平二年(509),出为抚军大将军,领扬州刺史,假镇南大将军,都督淮南诸军事。孝昌二年(526),为大都督,北上镇压鲜于修礼义军,因与河间王元琛不合,未能协同作战。被义军败于五鹿,俱免官。寻为假镇西将军,讨蜀都督,率军镇压正平郡陈双炽起事。晋授平东将军,复本爵。后任尚书右仆射。三年,为行台,讨雍州刺史萧宝夤。武泰元年(528),雍州平,授车骑大将军、雍州刺史,兼尚书仆射、西道行台。孝庄帝即位。封上党王,改冯翊王,后降为郡公。迁司徒公,加侍中,兼尚书令、太行台,镇长安。后为太尉公。普泰元年(531),授骠骑大将军。次年,奉斛斯椿命,入洛向节闵帝启奏谋诛尔朱世隆兄弟之意。孝武帝即位后,以定策功,更封开国子,请转授姨兄子元悰,获准。永熙三年(534),自虎牢随孝武帝入关赴长安。授太师,录尚书事,封上党王。卒,赠大丞相、都督三十州诸军事、雍州刺史,谥文宣。

【长孙翰】(?—430) 北魏大臣。鲜卑拔拔氏(后改长孙氏),蓝田侯*长孙肥子。道武帝拓跋珪时,以善骑为猎郎。天赐五年(408),父卒,袭爵。次年,珪卒,子嗣在外,翰与元磨浑等迎立之,迁散骑常侍。后以功迁平南将军。率军镇北境,防柔然,威名甚著,晋爵为蓝田公。太武帝焘即位后,还京师平城,晋封平阳王,加安集将军。始光元年(424),从征柔然,奉诏率北部诸将自参合陂北击柔然别帅阿伏干于柞山,斩首数千级,获马万余匹。次年,与东平公娥清出长川追击柔然大檀。迁司徒。四年(427),从征夏赫连昌,与廷尉长孙道生等率军追昌至高平。神䴥二年(429),从征柔然,败大檀弟匹黎。奉诏镇抚安置于漠南的新民。史称其"清正严明,善抚将士"。卒,谥威。

【长孙无忌】(？—659) 唐朝大臣。鲜卑人,鲜卑名门北朝宗族十姓之一拔拔氏之后。籍河南洛阳,字辅机。隋朝名臣*长孙晟之子,唐太宗*长孙皇后之兄。聪颖,博涉书史。初任渭北道行军典签。屡从李世民(太宗)征讨有功。武德九年(626),参予策划"玄武门之变",助李世民夺帝位。历任尚书右仆射、司空、司徒等职,封赵国公。奉命与房玄龄主修《唐律》。贞观二十三年(649),受太宗遗诏辅高宗即位。任太尉,执掌政事。永徽六年(655),极力反对高宗立武则天为后,取怒武后,被诬以谋反罪,放逐黔州(今四川彭水县),继迫令自杀。著有《唐律疏义》三十卷。

【长孙绍远】 西魏、北周大臣。鲜卑长孙氏(拔拔氏)。河南洛阳人。字师,少名仁。北魏太师上党王*长孙稚(承业)之子。雅好书史,晓乐律。起家司徒府参军事。魏孝武帝初,累迁司徒右长史。孝武西迁,随父奔赴,以功封文安县子。西魏大统二年(536),授太常卿,迁中书令,袭父爵。后改冯翊郡公。恭帝二年(555),累迁录尚书事。次年,拜大司乐。周闵帝即位,复封上党郡公。初为太常卿,广召工匠,创制乐器,议定奏乐以八为数。历任礼部中大夫、京兆尹、少保、小司空,出为河州刺史,入为小宗伯。卒,重赠柱国大将军,谥献,号乐祖。

【长孙皇后】(600—636) 唐朝皇后。鲜卑人,出身鲜卑名门北朝宗族十姓之一拔拔氏。籍河南洛阳。隋朝名臣*长孙晟之女,唐太尉*长孙无忌妹。武德元年(618),册为秦王(李世民)妃,太宗即位,立为皇后。贞观(627—649)初期,常与太宗议及赏罚之事,抑外戚专权,劝太宗从谏,颇有建树,于贞观之治,有开创之功。十年(636)病逝,葬昭陵。编有《女则》三十卷,专辑历史上妇女事迹,以为效法古贤之鉴。

【长孙道生】(370—451) 北魏大臣。鲜卑拔拔氏(后改长孙氏)。*长孙嵩从子。道武帝拓跋珪爱其慎重,使掌机密。内侍左右,出入诏命。明元帝嗣(409—423年在位)时,授南统将军、冀州刺史。太武帝焘即位后,封汝阴公,迁廷尉卿。从征柔然,与尉眷率众出白黑两漠间,大捷而还。始光四年(427),从征夏赫连昌,与司徒长孙翰、宗正娥清为前驱,平其国。神䴥三年(430),以征西大将军屯河上,追宋将檀道济至历城而还。授司空,加侍中。延和三年(434),率军讨北燕和龙。太延元年(435),晋封上党王。三年(437),讨灭山胡白龙余军于西河。太平真君五年(444),受诏镇统万(今陕西靖边县东北白城子)。为将有权略,能善待士众。卒,赠太尉。谥靖。

【长寿天亲可汗】 见"合骨咄禄毗伽可汗"。

【爪都】 元朝宗王。蒙古孛儿只斤氏。*成吉思汗异母弟*别里古台之孙,也速不花之子。南宋景定元年(1260),与诸王共同拥戴忽必烈称汗,随汗平定叛王阿里不哥之乱。元中统三年(1262),封广平王。至元十三年(1276),赐螭纽金印。后从汗子北平王那木罕备边于阿力麻里。十四年,追随河平王昔里吉劫持北平王那木罕,谋叛。当伯颜统兵征讨时,悔罪归降,因原有拥戴之功,仅被削王爵,夺兵权,谪往边地。

【爪儿图】 见"炒花"。(373页)

【乌也】 见"完颜勖"。(248页)

【乌云】 见"耶律阮"。(305页)

【乌延】(？—207) 汉代右北平乌桓首领。东汉灵帝(167—189年在位)初年,为右北平乌桓大人,拥众八百余帐落,自称汗鲁王(又作汗卢维)。勇健而有谋略。中平四年(187),在东汉叛将张纯诱使下,与辽西乌桓大人丘力居等,随从攻略蓟中,次年,扰青、徐、幽、冀四州。六年(189),幽州牧刘虞遣使至乌桓,告以利害,购斩张纯,遂罢兵自归。献帝初平(190—193)中,蹋顿代为辽西乌桓大人,总摄三郡乌桓,乌延等亦受制于蹋顿。建安四年(199),与蹋顿等助袁绍破公孙瓒,同被绍以献帝名义封为单于。十二年(207),乌桓为曹操败于柳城(今辽宁锦西西北)后,走辽东,被辽东太守公孙康斩杀。

【乌者】 见"仆散忠义"。(66页)

【乌春】 辽代温都部首领。女真族。居阿跋斯水一带。初以锻铁为业,后率族众归乌古乃(景祖),加入联盟。辽咸雍十年(1074),劾里钵(世祖)继任联盟长后,与景祖异母弟跋黑等联合反对劾里钵联盟,拒绝劾里钵联姻结好之请,屡与完颜部作难。与完颜部争购加古部铁甲,扣留完颜部使者斯勒,恣意寻事。后与桓赧、散达联合起兵反叛。因遇大雨始作罢。继与斡勒部杯乃联合,举兵于度岭,因遭颇剌淑(肃宗)火攻,兵败,杯乃被俘。后又以姑里甸兵一百多人助纥石烈部腊醅、麻产反叛。腊醅兵败,被擒,麻产逃走,其援兵也多归于完颜部。寻为欢都败于斜堆,不久死去。

【乌泰】(1860—1920)清末民初蒙古王公。内蒙古科尔沁右翼前旗人。青年时出家为喇嘛。光绪七年(1881),还俗袭爵,任哲里木盟副盟长。为增加王府财政收入,于十七年(1891),私将洮儿河两岸夹心荒地和归流河流域的荒地放给蒙户,自由开垦。因私放荒地违犯《理藩院则例》有关条款,于二十五年(1899),革副盟长职。二十六年,受沙俄诱惑,私与沙俄勾结,镇压旗内刚布、桑布起义及哲里盟反帝反封建斗争。二十八年(1902)。以私带印信去哈尔滨会见沙俄外交官,革札萨克职,留任三年以观后效。三十年(1904),以旗内矿产、山林作抵押,从沙俄华俄道胜银行借款二十万卢布。在沙俄策动下阴谋搞"独立",由于多数台吉反对而破产。三十二年(1906),又向沙俄借款九万卢布,致使清政府与俄交涉,由大清银行借款归还俄国借款。1911年,外蒙古策划宣布"独立"后,次年他在葛根庙亦宣布科右前旗"独立",遭吉林、黑龙江派兵镇压,逃往库伦,被封为"大蒙古国"刑部副大臣。1913年,率兵窜犯内蒙古东部地区,被击溃。1914年,作为"大蒙古国"代表,参加中俄蒙恰克图谈判。次年,签订《恰克图条约》,俄国承认外蒙古是中国领土一部分,取消"独立"。遂携家归北京,获北洋政府赦免,留京当差,任顾问。

【乌野】 ①见"纳合椿年"。(298页) ②见"完颜勖"。(248页)

【乌乞迈】 见"完颜吴乞买"。(262页)

【乌也儿】 见"吾也而"。(222页)

【乌马儿】 ①又作忽马儿。元朝将领。回回人。至元十三年(1276),以万户从阿术攻南宋,受命守泰州。十五年(1278),与张弘范攻宋将张世杰。二十一年(1284),与忽都虎领兵攻占城(今越南中南部),其国主以书降。次年,从攻安南,败兴道王,进兵富良江,败陈日烜。二十三年,以都元帅任安南行中书省参知政事。二十四年,置征交趾行尚书省,为平章政事。二十五年,奉命迎粮船不至,粮尽还师,率水军先返。 ②元朝大臣。回回人。云南行省平章纳速剌丁次子。官至福建行省平章政事。在泉州、兴化兴办学校,购置学田,修建金鸡、南台、相额、营头、下辇、金溪六座桥梁。将兴化、蒲田、国清等县海塘拨给贫民。改造为田。英宗至治元年(1321),改任江浙行省平章政事,兼江淮等处财赋都总管府事。当年灾荒,将财赋府大米十万石贱价卖给饥民,自购粮五百石救灾民,并运米五十八万石于京师以解灾荒。建江淮财赋府,半年内,财赋所入比往年增加三十三万锭。赴京朝觐,太皇太后亲加慰劳,赐以锦袄。后卒于任所。

【乌云珠】 清代女诗人。满族。康熙朝大学士伊桑阿妻,雍正朝云南总督伊都立母,诰封一品夫人,著有《绚春堂吟草》。

【乌古乃】(1021—1074) 亦作胡来、术乃。即金景祖。女真完颜部长。昭祖 石鲁之子。约辽兴宗(1031—1055年在位)时,完颜部和白山、耶悔、统门、耶懒、土骨沦及五国部等建立松散的部落联盟,史称"乌占乃联盟",被推为诸部长。设国相辅佐理政,以五国蒲聂部节度使拔乙门起兵反辽,鹰路(朝贡海东青之路)不通,计捕拔乙门,献于辽,受辽封生女真部族节度使。置官属,立纪纲,从邻族换取大量铁器,制作弓箭器械。自是,完颜部势力益盛,斡泯水蒲察部、泰神忒保水完颜部、统门水温迪痕部、神隐水完颜部相继加入部落联盟。辽咸雍八年(1072),五国没撚部谢野起兵反辽,断绝鹰路,他率部兵击败之。金天会十四年(1136),追谥惠桓皇帝。皇统五年(1145),增谥景祖英烈惠桓皇帝。

【乌尔占】 清朝蒙古王公。喀尔喀札萨克图汗部人。博尔济吉特氏。察罕斯奇布子。号车臣。驻牧固尔班赛堪。康熙二十七年(1688),率众归清,游牧茂明安苏默图格尔。二十八年授札萨克。三十年(1691),至多伦诺尔会盟,授一等台吉,兼札萨克。三十四年(1695),本部遭准噶尔部噶尔丹掠。三十五年,随大将军费扬古击噶尔丹于昭莫多。雍正五年(1727),以病罢职。

【乌尔衮】 ①(?—1697)又作鄂勒衮。清代卫拉特蒙古杜尔伯特部台吉。杜尔伯特部首领阿勒达尔台什子。康熙二十九年(1690),从噶尔丹进犯乌兰布通,兵败,率众三百余走图拉河界。三十六年(1697),复从噶尔丹掠喀尔喀,被和托辉特台古根敦击杀。②(?—1721) 清朝将领。蒙古族。巴林部人。博尔济吉特氏。鄂齐尔次子。康熙三十五(1696),娶和硕荣宪公主,授和硕额驸。四十三年(1704),袭札萨克多罗郡王。四十八年(1709),以荣宪公主晋封固伦公主,授其固伦额驸。五十六年(1717),随清军赴阿尔泰防御准噶尔部策妄阿拉布坦。后以母丧还。五十八年(1719),与振武将军傅尔丹筹军务。六十年(1721),卒于军。

【乌兰泰】(?—1852) 清朝将领。满洲正红旗人。索佳氏,字远芳。道光六年(1826),随军征大小和卓木后裔张格尔于喀什噶尔(今新疆喀什)。八年(1828),由护军校升护军参领。二十一年(1841),为防英军入侵,随御前大臣僧格林沁查阅天津海口。二十三年(1843),以失察火器营碾药火发,轰毙兵丁,革职。二十七年(1847),以军政卓异,擢广州副都统。咸丰元年(1851),调广西帮办军务。与提督向荣在广西、象州、新墟、永安等地围击太平军。二年(1852),在追击太平军时受炮伤。太平军攻桂林,他率兵追击,在城下之南门桥以炮伤过重而退,卒于军。谥武壮。

【乌玄明】 定安国国王。渤海遗族。乌氏。渤海国亡,其先人保聚故地,称王,建定安国。传至玄明,年号元兴。宋太宗太平兴国六年(981),受宋诏助攻辽。夫余府背辽归定安。是年冬,随女真使上表于宋,约定共举伐辽。端拱二年(989),遣王子献马、雕羽、鸣镝于宋。淳化二年(991),复上表于宋,议共灭契丹。

【乌纥堤】(371—405) 晋代吐谷浑王。一名大孩。吐谷浑氏。视罴弟。隆安四年(400),兄卒,继立。史称其"性懦弱,耽酒淫色,不恤国事",妻念氏专制国事。乘西秦为后秦所灭,西秦王乞伏乾归被召入后秦长安之机,屡攻掠原西秦边地。义熙元年(405),乾归返故地后,率军攻吐谷浑,他大败,亡走南凉,死于该地。

【乌孝慎】 渤海国官员。渤海人。乌氏,或云马姓,官政堂省左允。彝震王咸和十一年(唐武宗会昌元年,841),随政堂省左允贺福延聘日本,任判官,日廷授正五位下。十八年(唐宣宗大中二年,848)秋,再随永宁县丞王文炬聘日本,任副使。日廷授从四位上。虔晃王元年(大中十二年,858)冬,三聘日本,任大使,同行百余人。翌年,正月,至珠洲登陆。因清和天皇居丧,未获允入京,止于加贺。七月,返国。此行曾将唐《长庆宣明历》传于日本,历八百年,对日本有很大影响,故史家曾特笔纪之。

【乌质勒】(?—706) 唐代突骑施汗国创立者。出身突骑施莫贺索葛啜部。本为唐继往绝可汗阿史那斛瑟罗属下莫贺达干。天授元年(690),阿史那斛瑟罗返长安后,被部众拥立为主,下置二十都督,督兵各七千,屯碎叶西北。次年,击败后突厥汗国默啜,克碎叶城。长寿二年(693),配合唐军破吐蕃扶持之阿史那俀子。圣历二年(699),再击默啜,移牙碎叶川,唐授以瑶池都督。同年八月,遣遮弩朝唐,唐派侍御史解琬持节安抚。长安三年(703),逐阿史那斛瑟罗,尽并其地,复在伊丽水、弓月城置小牙,辖地北邻突厥,西接诸胡,东抵庭州。唐遣解琬至其牙帐,晋封为怀德郡王。

【乌须弗】 渤海国官员。渤海人。乌氏。文王大兴三十六年(唐代宗大历八年,773)夏,因前聘日使壹万福等未归,复奉使日本,六月,同行四十人至能登登陆。日廷以所携书牒不合例,拒入京。后申明渤海、日本往来聘问如兄如弟,始获准入京,并约定再访时取道筑紫城。

【乌重胤】(761—827) 唐朝宰相。先世为乌洛侯国胡人,初以国为氏,徙张掖后,改单姓。一说其先出自姬姓,黄帝之后。字保君。河东将承玼子。少为潞州牙将,后任都知兵马使。元和五年(810),以擒昭义节度使卢从史之功,授潞府左司马,迁怀州刺史,兼河阳三城节度使,封张掖郡公。十年(815),率军与李光颜相掎角,讨伐淮西节度使吴元济,凡三载,历百余战,灭之。加检校尚书右仆射,转司空,进邠国公。十三年(818),为横海军节度使。长庆元年(821),屯军深州,讨王廷凑,因朝廷制置失宜,未敢轻进,被穆宗诏杜叔良代之。以其为检校司徒,兼兴元尹,充山南西道节度使。后召至京师,复以本官为天平军节度使,郓曹濮等州观察使。四年(824),加同中书门下平章事。大和元年(827),拜司徒,加太子太师,兼统沧景,以齐州隶军,屡破兖海节度使李同捷。未几卒,赠太尉,谥懿穆。

【乌雅束】(1061—1113) 即金康宗。女真完颜部首领。字毛路完。世祖*劾里钵长子。辽大安帝乾统三年(1103),承袭节度使,继任联盟长。翌年,以高丽来伐,使石适欢破之。派弟斡带征苏滨水含国部,进兵至北琴海,攻克泓忒城。乾统六年(1106),以高丽背约,杀二使,筑九城于曷懒甸,以兵数万来攻,遣军败之,亦筑九城,与高丽九城相对,并继败高丽来犯之军,迫高丽退出九城,取被占故地。九年(1109),以岁歉,赈贫乏者,减盗贼惩偿。金天会十五年(1137),追谥恭简皇帝。皇统五年(1145),增谥康宗献敏恭简皇帝。

【乌就屠】 西汉时乌孙王(昆莫)。翁归靡子,匈奴妇所生。借母家匈奴力,势力壮大。袭杀狂王泥靡,自立为昆弥(莫)。宣帝甘露元年(公元前53年),汉遣兵万五千人往讨。西域都护郑吉使冯夫人谕降。因惧汉威势,放弃大昆弥地位,接受汉廷赐封,尊元贵靡为大昆弥,自为小昆弥。乌孙之分为大、小昆弥自此始。后其不尽归诸翎侯民众,汉复遣常惠率三校士兵屯赤谷,并为大、小昆弥分划地界、人众。大昆弥六万户,小昆弥户四万余,众心皆附之。

【乌禅幕】 汉代匈奴官员。*呼韩邪单于稽侯珊岳父。原居乌孙、康居间,因屡遭侵扰,率众数千人降匈奴。宣帝神爵二年(公元前60年),其婿稽侯珊自以己为虚闾权渠单于子不得嗣单于位,亡归其所,得其资助。四年(公元前58年),因握衍朐鞮单于暴虐杀伐,族中不附,遂结姑夕王及左地贵人共立稽侯珊为呼韩邪单于,佐呼韩邪发左地兵四五万人,败握衍朐鞮单于,迫其自杀。辅佐呼韩邪立业,甚有功绩。

【乌路孤】 见"刘虎"。(161页)

【乌默客】(?—1709) 清代喀尔喀蒙古车臣汗。博尔济吉特氏。车臣汗*诺尔布之孙,伊勒登阿喇布坦子。康熙二十七年(1688),袭汗号。时准噶尔部噶尔丹掠喀尔喀,随叔父纳木扎勒台吉归清,从众十万余户,受命驻牧于乌珠穆沁诸界部。因年幼,以纳木扎勒代掌政务。二十九年(1690),选本部兵赴土拉河,随清尚书阿喇尼侦御噶尔丹。次年于多伦诺尔会盟,清仍保留其车臣汗号,统辖其众,编所部为佐领,自是始称车臣汗部。三十一年定所部为喀尔喀东路,仍贡九白(白驼一、白马八),由阿尔图徙牧伯依尔。三十四年(1695),因所部镇国公罕笃叛清,遁俄罗斯,受命遣兵随郎中阿必达、员外郎伯什喜由喀尔喀河追降其众。拒绝准噶尔部噶尔丹通好之请,执其使卓里克图献清。次年夏,随康熙帝征噶尔丹。三十六年(1697)。定所部在克鲁伦河游牧。

【乌介可汗】(?—846) 唐代回鹘汗国第十四代可汗。跌跌氏。*昭礼可汗弟,*彰信可汗叔。原为乌希特勤。唐开成五年(840),回鹘为黠戛斯所败,馺飒可汗被杀后,为可汗牙部十三姓奉为可汗,南保错子山。闻黠戛斯获唐太和公主欲奉归于唐,引兵击杀护送使达干,劫公主为质,南渡大漠,屯天德军境上,借太和公主命请册封,并遣使求借振武一城以居公主、可汗,未获允。会昌三年(843),被唐河东节度使刘沔军败于杀胡山,走依黑车子室韦,继率残部逃金山。六年(846),被其相逸隐啜杀。

【乌什哈达】(?—1798) 清朝将领。满族。伊尔根觉罗氏。满洲正黄旗人。初任前锋蓝翎长。乾隆三十一年(1766),以前锋校从征缅甸。次年,因功赐号法福哩巴图鲁,授三等侍卫。三十五年(1770),随征金川。后两年,因屡克坚碉,擢二等侍卫,旋任正白旗蒙古副都统。四十一年(1776),授骑都尉加一云骑尉世职,任和阗领队大臣。四十六年(1781),坐与办事大臣德凤(一作风)互讦,革职,发乌什边卡效力。四十九年(1784),复头等侍卫虎枪营营长。五十二年(1787),以健锐营翼长出师台湾,因作战勇敢复赐号。次年,率水师擒庄大田于琅峤,复世职,图像紫光阁后三十功臣。后历任吉林、齐齐哈尔、熊岳副都统。五十六年(1791),调镶红旗蒙古副都统,从征廓尔喀。五十九年(1794),以奏廓尔喀军务不实,革职戍伊犁。嘉庆元年(1796),以头等侍卫随鄂辉镇压襄阳扑城义军。三年(1798),为义军首领王三槐所败,战死。追赏轻车都尉世职,由长子图尔弼善袭。

【乌古论镐】(？—1234) 金末大臣。本名栲栳。女真族。姓乌古论。东北路招讨司人。由护卫累官庆阳总管。天兴元年(1232),迁蔡、息、陈颍等州便宜总帅。二年,运粮四百余斛至归德,请哀宗迁蔡州(今河南汝南)。遣蔡、息章马迎哀宗。同年七月,为御史大夫,兼总帅。治州有方,守蔡州,门禁甚严。因不能满足哀宗从官近侍之索取,屡受诬陷,极少受召见。忧愤郁抑。经右丞完颜仲德为其申辩,以御史大夫权参知政事。九月,蒙古兵围蔡,奉命守南面,三年,城破,被俘,以招息州不下,被杀。

【乌古孙泽】(1250—1315) 元朝大臣。女真族。姓乌古孙。临潢(今内蒙古巴林左旗)人。字润甫。金明威将军璧孙,仲子。先世为女真乌古部,因以为氏。为人刚毅,才干过人。世祖时,从军灭宋,升福建行省都事、兴化路总管府事、永州路判官。世祖至元二十九年(1292),以行省员外郎从攻海南黎族,升广南西道宣慰副使、广西两江道宣慰副使、金都元帅府事。作《司规》三十二章以教民,发官粟赈饥民,减免租赋。后为海北海南道廉访使,教雷州民浚湖筑堤,兴修水利。武宗至大元年(1308),改福建廉访使。卒,谥正宪。

【乌尔秃布】 又译乌尔土布。蒙古国时期朵豁剌惕部首领。十三世纪时受察合台之封,获得天山以南曼朵赖·苏雅(意为向阳区)的大片土地,北达伊塞克湖,西抵费尔干,东至哈喇沙尔。被成吉思汗封为异密,赐以七种特权,敕令中,其名前冠以"蒙兀儿兀鲁思之首"的称号。

【乌尔恭额】(？—1842) 清朝大臣。满洲镶黄旗人。富察氏。嘉庆十二年(1807),考取笔帖式。自道光初,历任军机章京、知府、按察使、府尹等职。在府尹任内,奏请定茧税章程,被采纳。道光十四年(1834),奉命往浙江与河道总督会改修海塘。授浙江巡抚,督办塘工,颇有成效。十七年(1837),同闽浙总督钟祥等奏筹议海防章程六条,均被采纳。任内于治河、法治等方面亦多有建言。二十年(1840),英国发动侵略战争,攻入浙江定海县。他事先毫无准备筹划,亦一无觉察,束手无策,致定海失陷,被革职。

【乌尔棍泰】(？—1858) 清朝大臣。舒穆鲁氏。满洲镶黄旗人。道光二十六年(1846),由响导处护军校委副护军参领,升护军参领。咸丰三年(1853),太平军北伐,奉命办理东路巡防,升镶白旗蒙古副都统。十月因筹办巡防认真,赏戴花翎。四年初,由通州移驻良乡,继赴涿州帮同防堵。五年底,授内阁学士兼礼部侍郎,并充八旗值年大臣。七年初,署稽察宝坻等小四处事务,充考验右翼军政大臣、稽察内七仓大臣。四月,署礼部左侍郎。八年初,奉命赴天津办理洋务,并赴山东筹防河道。六月,天津洋务事毕,于回京途中病故。

【乌延查剌】(？—1185) 金朝将领。女真族。姓乌延,亦作兀颜。节度使蒲辖奴子。勇健果敢。海陵王正隆六年(1161),诸猛安谋克兵皆随军攻宋,州县无备,契丹括里起义军乘机陷韩州,围信州。他率本部急还信州,大败括里于韩州东。十月,世宗即位于东京(今辽阳),入见,充护卫,为骁骑副都指挥使,领万户。率军镇压移剌窝斡契丹起义军,战于花道。大定二年(1162),为宿直将军。袭其父猛安,为蔡州防御使,改宿州,迁昌武军节度使,徙镇郯州。历任凤翔尹、右副点检、兴中尹、婆速路部管。二十五年(1185),为兴平军节度使,卒于官。

【乌伯都剌】(？—1328) 元朝官员。回回人。益福的哈鲁丁之子。成宗大德十一年(1307),由治书侍御史升中书省参知政事。武宗至大元年(1308),升平章政事,出任甘肃、浙江行省平章政事。泰定元年(1324),再任中书省平章政事。致和元年(1328),泰定帝卒于上都(今内蒙古正蓝旗东),发生皇位之争,暗结中书左丞相倒剌沙,欲立泰定帝子阿剌吉八,对金枢密院事燕铁木儿在大都(今北京)立武宗二子持异议,被下狱,继被流放,并籍家,不久被害。

【乌维单于】(？—公元前105年) 汉代匈奴单于。挛鞮氏。伊稚斜单于子。武帝元鼎三年(公元前114年)嗣位。时汉南征东越、南越,无暇北顾;单于初立,亦未扰汉,边境暂安。五年(公元前112年),与西羌通使,约攻汉,匈奴入五原(郡治九原,在今包头市西),杀太守,并遮击赴西域之汉使。元封元年(公元前110年),武帝巡边,勒兵十八万耀武塞上,遣使劝匈奴臣服。不从,拘汉使,但终未敢犯边,数遣使以和亲,先后接见汉使王乌、杨信,空许遣太子入质,并亲自入汉朝觐,以图汉依故约,遣公主,结和亲。后因匈奴使死于京师,疑被汉所杀,关系破裂,屡以兵犯汉边。

【乌藉单于】(？—公元前56) 汉代匈奴单于。原任都尉。宣帝五凤元年(公元前57年),受屠耆单于命与右奥鞬王各率兵二万驻屯东方,防备呼韩邪单于。因屠耆擅杀右贤王父子、唯犁当户,匈奴内讧,乘机自立为单于,与屠耆、呼韩邪、呼揭、车犁形成五单于纷立局面。旋为屠耆将都隆奇所败,退走西北。与车犁、呼揭联合,拥兵四万,后与呼揭同去单于号,并力尊辅车犁单于。寻复为屠耆所败,退走西北。二年,屠耆被呼韩邪击败自杀,车犁归降呼韩邪后,他复被李陵子立为单于,不久被呼韩邪捕杀。

【乌雷直懃】 见"拓跋潜"。(336页)

【乌木布尔代】 清索伦部副总管。康熙二十五年(1686)第二次攻雅克萨之前,亲至城下侦察敌情,擒俄人鄂克索木果以归。一说使部人假称献方物,雅克萨城主疑之,遣霸伊通率三百人视察江岸,抵呼玛尔河口遇清军,被俘一人,余得脱。从被俘俄人供词,得知雅克萨布防等情况,为胜利奠定基础。

【乌古论长寿】(？—1218) 金朝大将。女真族。本姓包氏。临洮府第五将突门族人。包永子。袭父职，为本族都官。章宗泰和(1201—1208)间，充绯翩翅军千户，随军伐宋。宣宗贞祐元年(1213)，以西夏攻会州(今甘肃靖远县)，署征行万户，升副统，与西夏军战于窄土峡，以功署都统，兼安定、定西、保川、西宁军马都弹压。遥授同知陇州防御使，世袭本族都巡检。三年，赐姓乌古论，为先锋都统。以劳迁宣武将军，授通远军节度副使。复迁怀远大将军，升提控。兴定元年(1217)。拒战西夏于陇西，迁平凉府治中，兼节度副使，授同知凤翔府事，兼同知通远军节度事。翌年，迁同知临洮府事。领兵破宋军于宕昌县、西和州等地。升总领都提控，改通远军节度使。守定西，退西夏兵，加荣禄大夫。累败夏兵。

【乌古论庆寿】 金末大臣。女真族。姓乌古论，河北西路(治今河北正定)猛安人。由奉御升近侍局直长、局使。戍边有功，进一阶。泰和四年(1204)，迁局提点。奉诏按视开凿通州漕河。六年(1206)，从右副元帅完颜匡出唐邓攻宋，为先锋都统。率骑兵八千取枣阳。继扼守赤岸，断襄汉路，与诸军克随州，围襄阳。因谋略出众受完颜匡表荐，晋一官，迁拱卫直都指挥使。大安元年(1209)，卫绍王即位，改左副点检。以与黄门李新喜题品诸王，免死除名。起为保安州刺史，历同知延安府、西北、西南招讨副使、棣州防御使、兴平军节度使。贞祐二年(1214)，迁元帅右都监，以保平州功，进宫五阶，改右副点检兼侍卫亲军副都指挥使、左副点检兼亲军副都指挥，知彰德府事。三年，蒙古军包围中都(今北京)，改元帅左都监，领大名府、两南路、河北兵救援，兵败霸州北，中都失陷。改大名府宣抚使，知河中府，权河东南路宣抚副使。翌年，迁元帅左监军兼陕西统军使，驻兵延安，于安塞堡击败西夏兵。兴定元年(1217)。与签枢密院事完颜赛不经略伐宋，连败宋兵于泥河湾石壕村、樊城县。历镇南、集庆军节度使。

【乌古论留可】 金建国前乌古论部首领。女真族。统门、浑春水合流之地乌古论部人。忽沙浑勃堇之子。穆宗盈歌三年(1096)，诱奥纯、坞塔两部作乱，敌库德、钝恩亦叛附之。迎战完颜撒改军，自以为所附三十五部战完颜十二部，必胜。钝恩、敌库德等先兵败被俘。后遭太祖阿骨打攻，城破，渠帅几尽被杀。七年(1100)。降传宗。

【乌古论德升】(？—1218) 金朝大臣。本名六斤。女真族。姓乌古论。益都路(治今山东益都)猛安人。章宗明昌二年(1191)进士。累官补尚书省令史。任吏部主事、绛阳军节度副使。卫绍王大安元年(1209)，知弘文院，改侍御史，因论西京(今山西大同)留守纥石烈执中奸恶，卫绍王不听，迁肇州(今黑龙江肇源)防御使。宣宗迁南京(今河南开封)后，进翰林侍读学士，兼户部侍郎。不久，以翰林侍读权参知政事。出为集庆军节度使，改汾阳军节度使、河东北路宣抚副使，改知太原府、权元帅左监军。宣宗兴定元年(1217)，屡出兵战蒙古军。翌年，授左监军，行元帅府事。太原城破，自缢死。

【乌古孙兀屯】(？—1213) 金朝大将。女真族。姓乌古孙。上京路(今黑龙江阿城)人。世宗大定(1161—1189)末。袭猛安职。章宗明昌七年(1196)。以本部兵充万户，备边有功，授归德军节度副使，改盘安军，迁同知速频路节度使事，迁唐州刺史。泰和六年(1206)，计破宋兵于唐州，斩首万余级，迁同知河南府事，为右副元帅完颜匡右翼都统。从攻襄阳，强渡汉水。进一阶，号平南虎威将军。迁河南副都军。卫绍王大安元年(1209)，迁昌武军节度使，历改西南路招讨使、同知上京留守事。三年，将兵二万入卫中都(今北京)，迁元帅右都监转左都监，兼北京(今蒙古巴林左旗波罗城)留守，迁元帅左监军。宣宗贞祐元年(1213)，以兵入卫中都，奉诏以兵万六千人守定兴(今属河北)，军败，战死。

【乌古孙仲端】(？—1233) 金朝大臣。女真族。姓乌古孙。本名卜吉，字子正。章宗承安二年(1197)策论进士。宣宗兴定四年(1220)，累官礼部侍郎。同年七月，与翰林待制安延珍奉使蒙古求和，见太师国王木华黎，又独往西域，进见成吉思汗。翌年十二月还，口述使行万里经历，由刘祁记录成篇，名《北使记》。以功晋官二阶，历裕州刺史。哀宗正大元年(1224)，召为御史中丞，奉诏安抚陕西。及归，权参知政事。五年，贬同州节度使。哀宗将迁归德，召其为翰林学士承旨，兼同签大睦亲府事，留守汴京(今河南开封)。天兴二年(1233)，蒙古军围汴，自缢死。

【乌古孙良桢】 元朝大臣。女真族。姓乌古孙，字干卿，自号约斋。临潢(今内蒙古巴林左旗)人。乌古孙泽子。智颖好读书。英宗至治二年(1322)，荫补江阴州判官，调婺州武义县尹，有惠政。历漳州路推官、延平判官，陕西行台监察御史，劾罢辽阳行省左丞相达识帖睦迩、御史中丞胡居祐。起为监察御史。顺帝至正四年(1344)，任刑部员外郎，转御史台都事。翌年，改中书左司都事，历任江东道肃政廉访司副使、中书右司员外郎、郎中、参议中书省事，兼经筵官。十一年，拜治书侍御史，升中书参知政事。十三年，升左丞，兼大司农卿。十四年，迁淮南行省左丞，从太师脱脱镇压高邮张士诚。十七年，授大司农。翌年，升中书右丞，兼大司农。有诗文奏议若干卷，藏于家。

【乌尔呼玛勒】(？—1732) 清朝将领。蒙古科尔沁部人。扎尔布台吉子。初授二等台吉。康熙三十五年(1696)，从亲王班第征噶尔丹。五十六年(1717)，随军防御策妄阿拉布坦。五十九年(1720)，击乌梁海，俘获甚多。雍正二年(1724)，封辅同公。七年(1729)，晋固山贝子。

【乌延吾里补】 金朝将领。女真族。姓乌延。亦作兀颜。达吉补子。曷懒路禅岭人，后徙大名路。太宗天会(1123—1135)中，隶元帅右监军麾下。后领父谋克，随军攻宋沧州，下青州，以十二谋克兵援青州永成。

败敌于恩州、临清县。领亲管谋克从总管宗室移剌屋攻单父宋军,力战有功。以先锋随军经略密州,败敌于高密。从攻楚、扬、通、泰等州。熙宗天眷二年(1139),袭其父世袭猛安,授宁远大将军。皇统七年(1147),增以亲管谋克。海陵王天德三年(1151),任同知归德尹。正隆(1156—1161)初,为唐古部族节度使。世宗大定二年(1162),迁保大军节度使,改镇通远。因宋军十万入河、陇,据险要,攻郡邑,调元帅左都监合喜帐下,以备任使。进阶龙虎卫上将军。卒于军。

【乌延胡里改】 金朝将领。女真族。姓乌延,亦作兀颜。曷懒路星显水人。授爱也窟谋克。从鲁王完颜阇母围平州,有功。太宗天会三年(1125),从攻宋,围汴(今开封),败宋兵于城南。五年(1127),攻宋城县,追杀宋逃军千余人。八年(1130),攻庐州,至柘皋镇,领甲士三十为先锋,执宋使者。复以先锋军攻和州,于含山县伏击宋军,获姚观察。九年,定陕右,从蒲卢浑徇地熙秦,败敌兵二千于秦州。奉命领四谋克攻襄阳府。从梁王完颜宗弼攻陈州,大败弃城出逃宋军。熙宗皇统二年(1142),迁定远大将军。八年(1148),授临洮少尹,兼熙秦路兵马副都总管。九年,改同知京兆尹,兼本路兵马都总管。海陵王天德(1149—1153)间,迁同知平阳尹,兼河东南路兵马都总管。贞元三年(1155),改同知曷懒路总管。世宗大定四年(1164),授胡里改节度使。七年(1167),改归德军节度使。十年(1170),移镇显德。年六十九,卒于官。

【乌延蒲卢浑】(1090—1162) 又作蒲鲁浑、蒲鲁虎。金朝将领。女真族。姓乌延,亦作兀颜、乌丸。曷懒路乌古敌昏山人。龙虎卫上将军字古剌子。力大善射,能挽强射二百七十步。以勇健隶完颜阇母军,攻黄龙府,力战有功。败辽将张觉,解兔耳山之围。太宗天会五年(1127),从完颜宗辅定关、陕,拔和尚原,为河北西路兵马都总管。与蒙适将万骑破宋军于扬州,从完颜宗弼取江宁。七年,由海道追宋帝三百余里,不及,毁明州而还。熙宗天眷二年(1139),授镇国上将军,迁安国军,以疾去官。皇统六年(1146),授世袭谋克,起为延安尹,寻致仕。海陵王天德五年(1153),复为归德尹,封豳国公。封太子少师,进太子太保,改真定尹,入判大宗正事。正隆六年(1161),随军攻宋,以本官行右领军副都督事。劝阻海陵王渡江,不听,失利。兵变,海陵被杀,还军。世宗大定二年(1162),任东京(今辽宁辽阳)留守,封豳国公。

【乌达博罗特】 见"斡齐尔博罗特"。(576页)

【乌林答石显】 金建国前乌林答部首领。女真族。孩懒水乌林答部人。金昭祖以条教约束诸部,拒不听命。及昭祖死,与完颜部窝忽窝攻夺灵柩以示强。景祖乌古乃为诸部长时,仍拒不服命,阻绝海东路(女真向辽贡鹰之路),遭辽帝斥责,遣长子婆诸刊入朝。后与婆诸刊同朝见辽帝,被流于边地。

【乌林答胡土】(?—1234) 又作兀林答胡土、忽林答胡土。金末将领。女真族。姓乌林答。正大八年(1231)以破房都尉戍潼关,奉命援汴京(今开封),次年正月,至少室山少林寺,纵军劫掠居民,夺据太平顶御寨。兵败中牟,领二三十人逃归。十二月,奉中京行院完颜思烈命,同保洛阳。天兴二年(1233)三月,思烈病死,受遗命代行省事。六月,蒙古兵攻城益紧,临阵不战,领轻骑、挈妻子弃城南奔,失中京。至蔡州,领忠孝军百人援唐州,为宋兵所败,仅存三十骑还。迁殿前都点检,分守蔡州西面。权参政,城破,投汝水死。

【乌林答泰欲】 金朝大臣。女真族。姓乌林答。太宗天会五年(1127),败宋将李成于淄州(今山东淄博市淄川)。后随军伐宋,为前锋,破王善二十万之众,克濮州,降旁近五县。复与拔离速、耶律马五等追袭宋帝于扬州,以兵助完颜宗弼至江宁,连败宋军。世宗大定(1161—1189)间,赠镇国上将军。

【乌林答赞谋】 又作乌林答赞谟、兀林答赞谋、乌陵赞谋。金朝官员。女真族。姓乌林答。初充"闸剌"(意为"行人"),办理与辽、宋来往交涉事宜。太祖天辅三年(1119),使辽议和,后又奉阿骨打命使辽,和议终不成,遂发兵克临潢。太宗朝,为行台参知政事。妻为海陵王左丞相秉德之乳母。夫妻皆为行台左丞温敦思忠谮杀。世宗大定十二年(1172),诏复官爵,赠特进。

【乌珂克图汗】 见"马可古儿吉思"。(34页)

【乌萨哈尔汗】 见"脱古思帖木儿"。(512页)

【乌鲁斯拜琥】 见"乌鲁斯博罗特"。(76页)

【乌讷博罗特王】 一称那颜博罗特。明代蒙古科尔沁部领主。孛儿只斤氏。元太祖﹡成吉思汗弟﹡哈撒儿后裔,蒙古勇士锡古苏特次子。瓦剌部领主也先统一蒙古各部时,杀其父,俘其兄孛罗乃。本人因驻牧于斡难河(今鄂嫩河),幸免于难,做了科尔沁王。孛罗乃从瓦剌逃回科尔沁后,让位于兄。成化四年(1468),奉满都鲁汗命,为摩伦汗报仇,大败翁牛特部领主毛里孩王。十五年(1479),满都鲁汗卒,曾向其遗孀满都海哈屯求婚,被拒,深被她维护汗统的精神感动,放弃所求。

【乌苏米施可汗】(?—744) 唐代后突厥可汗。阿史那氏。左厢判阙特勤之子。天宝元年(742)骨咄禄叶护被攻杀后,被突厥余众拥立为可汗,以子葛腊哆为西杀。拒唐玄宗使尹招倩劝诱,拒绝内附。后惧唐朔方节度使王忠嗣重兵屯碛口,恐遭袭,请降,然拖延不至。继遭拔悉密、回纥、葛逻禄三部攻击,逃遁,子葛腊哆率众降唐。三年(744),为拔悉密首领阿史那施攻杀,传首长安。

【乌格齐哈什哈】(?—1415) 明初瓦剌贵族首领。一说即瓦剌王猛哥帖木儿。据蒙文史籍,系出克垺古特(一说即土尔扈特)。原统辖瓦剌诸部。明建文元年(1399),因不满北元额勒伯克汗封图拉为丞相,起兵弑汗,"蒙古人众大半降之"。史称此举为"瓦剌称雄之始"。永乐十三年(1415),以怨杀巴图拉,旋卒。子额色库即位称汗。

【乌累若鞮单于】(？—18) 匈奴单于。挛鞮氏。名咸。*呼韩邪单于子，*乌珠留单于弟。原任左犁汙王。新朝王莽奉行民族歧视政策，欲分匈奴地为十五国，谋立十五单于分治，以分匈奴之势。始建国三年（公元11年），被诱至云中，胁迫立为孝单于，其子助被立为顺单于。不受，逃归匈奴，因其子角数犯汉边，王莽杀其子登于长安。五年（公元13年）乌珠留单于死后，被匈奴用事大臣右骨都侯须卜当等立为单于。在王昭君女须卜居次及婿须卜当的规劝下，于天凤元年（公元14年）遣使入塞请和亲。得知子登被杀，绝和亲，不断扰汉边。二年，莽遣使归还遗体，厚赐单于，并谕改"匈奴"曰"恭奴"，"单于"曰"善于"，匈奴与汉关系稍有缓和，但小规模的攻战仍时有发生。

【乌鲁斯博罗特】(1482—约1509) 又译五路土台吉、乌鲁斯拜琥等。明代蒙古济农（亲王）。孛儿只斤氏。*达延汗次子，*满都海哈屯生，*图鲁博罗特的孪生兄弟。约明正德四年（1509），被达延汗授予右翼三万户（鄂尔多斯、土默特、永谢布）济农（亲王）。赴右翼上任时，被永谢布领主亦不剌等谋杀。无嗣。

【乌力吉吉尔格勒】(1866—1929) 清末蒙古独贵龙运动领导者。内蒙古伊克昭盟乌审旗人。奥其尔第三子。出生于贫困牧民家庭。七岁在牧主家当牧童。光绪七年（1881），在旗衙门服差役，十五年（1889），为笔帖式，参与政务，目睹封建王公对牧民的压迫剥削及蒙古人民的反抗斗争。三十三（1907），出家当喇嘛，被尊称为席尼喇嘛。1912年在乌审旗组织"独贵龙"运动，与封建王公展开激烈斗争，宣布废止一切封建差徭赋税，遭政府军镇压，被捕。1920年逃出狱，至北京，后去蒙古人民共和国。1925年参加张家口召开的内蒙古人民革命党成立会议，被选为中央委员，着手建立革命武装，成立内蒙古人民革命军十二团，任团长。在乌审旗开始新的武装斗争。1929年被叛徒布仁吉尔嘎拉等杀害。

【乌巴缴察青台吉】 又称鄂卜锡衮青台吉，简称青台吉，汉籍作五八山只台吉。明代蒙古阿苏特、永谢布两部领主。孛儿只斤氏。*达延汗子，古实哈屯生。达延汗统一蒙古后，被封为阿苏特、永谢布领主。驻牧于蓟镇边外以北。卒后其二子内讧，该二部被巴尔斯博罗特第七子博迪达喇鄂特罕台吉占据。

【乌和特隆归达赖】 见"咱雅班第达"。（394页）

【乌珠留若鞮单于】(？—13) 汉代匈奴单于。挛鞮氏。名囊知牙斯。*呼韩邪单于子。成帝建始二年（公元前31年），任右贤王。元延元年（公元前12年），进左贤王。绥和元年（公元前8），兄死，嗣单于位。初，继续保持与汉和好关系，先后遣子乌鞮牙斯、稽留昆入侍汉。哀帝建平二年（公元前5），以乌孙扰匈奴西境，遣军败之，并接受乌孙质子，后遵汉诏谴归。元寿二年（公元前1），率从者五百入朝汉，受厚遇。归，复遣左日逐王都入侍汉。后依汉俗更名为"知"。因新朝王莽奉行民族歧视政策，强行改"匈奴单于玺"为"新匈奴单于章"，更"匈奴单于"为"降奴服于"，并欲分匈奴地为十五国，立十五单于分治，和好关系破裂。新朝王莽始建国三年（公元11年），遣吴入云中益寿塞（在今内蒙古土默特右旗），大杀吏民，历告各部入塞侵扰，多者万余人，中者数千人，少者数百人，杀略吏民畜产，不可胜数，使汉缘边虚耗。

【乌稽侯尸逐鞮单于】(？—128) 汉代南匈奴单于。挛鞮氏（又作虚连题氏）。名拔。*万氏尸逐鞮单于弟。东汉安帝延光三年（124），嗣单于位。遣温禺犊王呼尤徽与汉将耿夔屡出塞击鲜卑。秋，南匈奴为鲜卑大人其至鞬所，败，渐将王被杀。顺帝永建元年（126），以朔方以西障塞多坏，南匈奴屡遭鲜卑侵扰，上书汉朝，请修复障塞，获允。次年，遣军万骑与汉军共击鲜卑，破其至鞬，虏获甚众。继遣军与汉护乌桓校尉耿晔破辽东鲜卑，迫鲜卑请降。

【匀德实】 ①见"耶律寅底石"。（325页）②见"耶律匀德实"。（323页）

【勾践】(？—公元前465年) 春秋末越国国君。越王允常之子。周敬王二十四年（公元前496年）父卒，继位。在槜李（今浙江嘉兴西南）大败吴军进攻，使吴王阖闾负伤而死。二十六年（公元前494年），闻吴王夫差整日经武，欲报父仇，率先攻打吴国，兵败夫椒（今江苏吴县西南），率残部五千人被困于会稽山（今浙江绍兴）。后采纳大夫文种、范蠡计，向吴求和，愿为臣属，并以举国珍宝相献。吴王允和后，携妻儿及范蠡赴吴国为质，亲为吴王服下役。三年后被释回国，卧薪尝胆，刻苦自励，决意灭吴雪耻。为广收民心，"身亲耕而食，妻亲织而衣"，以鼓励越国百姓积极发展生产。在范蠡、文种等辅助下，推行富国强兵政策，使越国迅速振兴。三十七年（公元前483年），乘吴王夫差北上黄池与晋国争霸之机，率兵五万袭击吴国，杀吴国太子，焚毁姑苏台。周元王四年（公元前473年），复ércoles攻吴，困吴王于姑苏山，拒绝夫差求和，终灭吴国。继挥军北渡淮水，与齐、晋、宋、鲁等国会盟于徐州，被诸国举为盟主。周元王遣使赐胙，命为伯，自号霸王，称雄于江淮。

【丹忠】(？—1740) 清代卫拉特蒙古土尔扈特部贵族。阿喇布珠尔长子。初袭固山贝子，雍正七年（1729），封多罗贝勒。九年（1731），为避准噶尔首领噶尔丹策零扰掠，移牧于阿拉克山、阿勒坦特卜什等处，后定牧额济纳。卒，子罗卜藏达尔扎袭。

【丹津】 ①号噶尔玛岱青和硕齐。清代卫拉特蒙古准噶尔部台吉。*巴图尔珲台吉弟墨尔根岱青长子。康熙（1662—1722）年间，屡遣使向清廷纳贡，获清廷厚遇。二十二年（1683），清廷规定，其贡使入关，与噶尔丹、阿玉奇等各部首领一视同仁，以二百人为限。②(？—1737)清朝将领。蒙古族。土默特部人。姓纳喇。古睦德长子。初授侍卫兼在京佐领。康熙四十三年（1704），赴归化城（今呼和浩特），袭都统职。五十九年袭三等子。雍正元年（1723），奏请于归化城建至圣先师庙，左右翼各设满学教官。九年（1731），清军征准噶尔部噶尔丹,奉命办归化城驻兵事宜。十二年(1734),发归化城帑赈乌喇特部受灾部众。十三年,将归化城每年解运额尔德尼昭粮米四万八百石,由官运改为商运。受命协理归化城屯田事宜。乾隆元年(1736),设马厂于归化城北,受命掌牧务。

【丹丕尔】(1831—1906) 清末内蒙古伊克昭盟准格尔旗蒙古族抗垦斗争首领。准格尔旗人。蒙古族。原任旗协理台吉,因旗札萨克贝子珊济密都布年幼,旗内政务由其掌管。反对清政府推行"放垦",尽力推迟放垦时间。因不满垦务大臣贻谷在准格尔旗设立垦务分局,将熟地指为生荒,强索押荒银,于光绪三十一年(1905),动员蒙汉民众拒交押荒银,被撤销协理台吉职。后遂公开组织领导武装抗垦斗争,拒绝报地,进攻垦务局,驱逐丈放官员,武装阻止丈量,迫使伊盟垦务停顿。后遭清廷派兵镇压,从南坪突围,到喇嘛洞,转战到豹子塔寨,进行英勇抵抗,由于寡不敌众,不幸被捕,在绥远城(今呼和浩特)被杀害。

【丹济拉】(？—1708) 清代卫拉特蒙古准噶尔部台吉。*噶尔丹弟温春子。初附牧于噶尔丹,深得宠信。康熙三十五年(1696),率兵随噶尔丹参加昭莫多战役,兵败,逃库伦伯勒齐尔,统兵千五百掠附近游牧。谋劫清军储粮地翁金,被副都统祖良璧击败,走格格特、哈朗古特等处。势蹙,劝噶尔丹归降,受怀疑。嗣因责噶尔丹仆役,双方发生摩擦,走萨克萨特呼里克。清廷屡谕其内附,不降。三十六年(1697),噶尔丹死后,焚其骸,携其女钟济海走巴雅思都尔,遣人至伯费扬古军前告降。因恐清究其不速降罪,又游牧于博克达、额琳哈必尔噶诸地。后遭策妄阿拉布坦将大策凌敦多布袭击,钟济海及噶尔丹骸骨被劫,遁哈密。为哈密达尔汉伯克额贝都拉迎入境,护送至内地。获赦,授散秩大臣,隶察哈尔正黄旗。四十四年(1705),封札萨克辅国公。越一年,游牧推河,侦防策妄阿拉布坦。乾隆二十六年(1761),遗裔徙牧乌兰乌苏,附入赛音诺颜部。

【丹鹏晏】(？—1911) 辛亥革命志士。回族。河南开封人。自幼家贫,早年即参加反清秘密组织"仁义会"和同盟会,并为该会发展成员,后充任区分部领导人。辛亥河南同盟会组织起义前,率区分部成员500余人参加民军,被河南起义军总司令张钟瑞委任为民军敢死队队长。由于叛徒出卖,被清军逮捕,于1911年12月24日英勇就义。系河南省辛亥革命十一烈士之一。

【丹贝尼玛】 见"丹白尼玛"。(78页)

【丹巴次仁】(1678—1738) 清代德格第四十二世土司兼德格寺主。藏族。曾征服石渠、江西、白玉及竹庆等地的一些部落,势盛。清雍正四年(1726),为清松潘镇总兵招抚,授德格安抚使职,赐金印。十年(1732),加封宣慰使。时青海蒙古一些部落归其属下,实力益盛。通晓佛法,笃信佛教,创建了驰名海内的德格印经院,总计藏书版二十余万块。并于雍正七年(1729)创刻了德格版藏文大藏经,该大藏经不仅校订精细,尤以集佛教各家之言而著称。

【丹巴桑结】(？—1117) 藏传佛教希解派创始人。出生于印度南方白达那所属扎若悉噶地。父名准珠果洽,母名巴惹萨哈。其家族以采珠宝为业。从幼年时代起,脱离家传采珠业,改习佛家经伦,从超岩寺堪布格尾拉出家。后从显、密教名人色林巴(阿底峡之师)、迈特里巴(玛尔巴之师)等五十四人学习显、密教法。并在恒河流域、东印度的丛林中修行。一生中曾先后来藏五次。第一次到咱日(今西藏珞隅地区一山名),因未遇合式的传法对象,返回印度。第二次至阿里传法。第三次由尼泊尔入藏,与雅隆·芒惹色波赴后藏,向觉索朗喇嘛和芒惹色波传授各种修法。第四次是到后藏传法。第五次经西藏到汉族地区传法,传说在汉地十二年,曾到五台山朝拜,讲说教法。宋绍圣四年(1097),返西藏,于定日附近建一寺庙,但未形成为该教派的中心寺。一生主张以修法为主,弟子众多,其教法以般若为主,密法主传大印法门。后世,其所传教法形成希解派。该派没有形成对地方政务有影响的势力集团。

【丹白尼玛】(1782—1853) 又译丹贝尼玛。即七世班禅。清代藏传佛教格鲁派(黄教)领袖。藏族。法名罗桑巴丹丹白尼玛却勒朗结巴桑布。后藏萨南木吉雄人。巴丹顿珠之子。自幼聪慧灵异,被乾隆帝指定为七世班禅。清乾隆四十九年(1784),迎至扎什伦布寺坐床,承达赖八世受比丘戒,延个格等为容尊师,传授经典,广加开示。勤修显密,受清廷赏赐。五十六年(1791),廓尔喀入侵后藏,迁往前藏。翌年,清军驱逐尔喀兵,遂返回札什伦布寺。与清军统帅福康安议立《藏内善后章程》。道光二十二年(1842),捐资助平森巴、拉达克等部之乱,皇帝赐以"宣化绥疆"四字以彰其功。二十四年(1844),以十一世达赖喇嘛年幼,摄政策门林呼图克图失职,奉命赴拉萨摄行藏事。二十五年,受赐金册金印。次年,为十一世达赖凯珠嘉措授沙弥戒,辞摄政职,退居扎什伦布寺,广宣佛法,徒众甚多。

【丹白旺秋】(1854或1855—1882) 即八世班禅。清代藏传佛教格鲁派(黄教)领袖。藏族。生于后藏托甲竹仓。月增旺嘉之子。清咸丰六年(1856),在拉萨大昭寺释迦佛前,经金瓶掣签,认定为前辈班禅之转世灵童,被迎入祥领格桑颇章宫,承热振多吉匡呼图克图剃度,赐法名罗桑班登曲吉扎巴丹白旺秋巴桑布,次年,回札什伦布执掌法台。十年(1860),承阿其呼图克图阿旺益西楚臣等受沙弥戒,学经听法。同治六年(1867),广延高僧,专攻闻、思、修三途,深解显密,尚通医学。七年至十二年(1868—1873),为蒙藏青康各地高僧传药师七佛、天行母等显密诸法仪轨、灌顶、修持等。亲撰戒律,整饬寺规。光绪元年(1875),受具足戒。二年,曾为三千余僧众摩顶、求福。四年(1878),为十三世达赖剃度,赐名。八年(1882),涅槃。灵骨供存于扎什伦布寺。著有《诗镜三章例喻》、《扎什伦布章程》等。

【丹松次仁】(1743—？) 清代卓尼土司。藏族。生于今甘南藏族自治州卓尼，土司索南钦佩之子。幼袭父土司职。自幼受祖母仁钦贝宗影响，笃诚事佛。纳尊者桑结巴桑言，与祖母议定刻印大藏经丹珠尔部，邀请阿旺多吉为印经总管，经师罗桑坚赞负责刻版印刷，又组织校订佛经经师十人、刻版工三百余人，另有众多木工、纸工及墨工、缮写工等，免除诸工赋税，增加工资，并赐"达尔汗"号，总计用银一万三千余两，从1753年至1772年历时二十年，竣工，此即著名的卓尼版大藏经丹珠尔部，加上此前土司所刻印甘珠尔部，遂成全藏大藏经。曾通过班禅大师将丹珠尔部献给乾隆帝。

【丹珍策旺】 清代西藏地方政府官员。藏族。任噶伦。嘉庆九年(1804)，当达木蒙古、三十九族遭雪灾，达赖喇嘛筹捐青稞银两，由其散发给萨咯、纳仓等地灾民。道光二十年(1840)，赴乍丫查办该地两呼图克图械斗案件，因未候批示，自行撤回，被摘去顶戴花翎，奉命随理塘粮务员等办案。二十三年(1843)，以办案奋勉，赏还顶戴花翎。二十五年(1845)，奉命监守被关押之阿旺扎木巴勒楚勒齐木，被其弟惑众劫持。

【丹增达赖】 见"达赖汗"。(134页)

【丹巴多尔济】(? —1813) 清朝大臣。蒙古喀喇沁部人。多罗郡王*扎拉丰阿子。嘉庆四年(1799)二月，以管理差务奋勉，授镇国公。六月，授正黄旗领侍卫内大臣。五年正月，以妄称谕旨休妻，革爵，降一等塔布囊。后授正蓝旗护军统领。六年，赏公衔。八年(1803)二月，以不惜性命勇擒罪犯陈德，晋封贝勒。命御前行走，管理銮仪卫事，赐紫禁城骑马。五月，赏双眼花翎。七月，受命管上驷院事，授正黄旗领侍卫内大臣。十年(1805)，赏三眼花翎。八月，管理崇文门事务。十六年(1811)，以属下人聚赌，革诸职，留御前大臣任。

【丹巴都噶尔】 一译达木巴都噶尔。清代卫拉特蒙古杜尔伯特部台吉。姓绰罗斯。达瓦什克之子。初游牧沙喇伯勒境。乾隆二十年(1755)，随叔父伯什阿噶什附清，徙牧额尔齐斯，授协理台吉。越一年，以伯什阿噶什无嗣，晋札萨克固山贝子，偕叔达瓦济特分辖其众。后因与佐领色布腾瓦攘畜产，掠佛保驼马被撤回诏命。

【丹金旺古拉】(1854—1907) 清末蒙古族诗人。内蒙古察哈尔镶白旗人。七岁时，成为鄂尔多斯郡王旗公尼召的活佛。自幼聪敏好学。掌握蒙藏两种语文。后因公尼召寺庙被烧毁，返察哈尔。光绪十八年(1892)，布教行医，足迹遍及内外蒙各旗，目睹贫苦牧民的痛苦生活，在诗歌中均得到充分反映。著有诗集《公尼召活佛伊希·丹金旺古拉训谕诗》。

【丹津多尔济】(? —1738) 清朝蒙古王公。喀尔喀土谢图汗部人。西第什哩次子。康熙四十五年(1706)，袭札萨克多罗贝勒。五十六年(1717)，率兵赴阿尔泰防御准噶尔策妄阿拉布坦。五十九年(1720)，随振武将军傅尔丹进征，擒宰桑贝坤等。六十年，赴巴里坤。参赞靖逆将军富宁安军事。雍正元年(1723)，晋多罗郡王。次年，留驻阿尔泰，任副将军。三年，以督视军营驼马，捐羊助军功，优叙加级。八年(1730)，晋和硕特亲王。九年，与顺承亲王锡保防守察罕瘦尔，败准噶尔部大策凌敦多布于鄂登楚勒。十年六月，因准噶尔小策凌敦多布率众三万东掠杭爱山，引兵赴额尔德尼昭迎击。赐"智勇"号及黄带，后授盟长。十一年，以额尔德尼昭之役赴援不利，驻军不前，妄奏冒功罪，削智勇亲王爵，降郡王，留副将军任，随平郡王福彭，协理蒙古事宜。乾隆元年(1736)，复和硕亲王爵。

【丹津珲台吉】 清代卫拉特蒙古和硕特部台吉。*固始汗兄*昆都伦乌巴什孙，迈玛达赖乌巴什子。康熙初年游牧于乌拉尔河流域。后徙牧准噶尔地区，与准噶尔部噶尔丹联合反对楚琥尔乌巴什和鄂齐尔图汗。因任意杀掠，遭到部分喇嘛的反对。康熙二十年(1681)，遣人进藏熬茶，向达赖喇嘛奉献马千匹、驼百头及长寿经等。十六年(1677)，遣达尔汉宰桑入贡。二十一年，复遣杭勒岱等百余人入朝。

【丹津班珠尔】 又称丹津班珠尔多仁。清代西藏地方政府官员。藏族。多仁班智达之子。任噶伦。乾隆五十三年(1788)，照其他噶伦例，赏给"札萨克"名号。同年，廓尔喀侵占后藏济龙、聂拉木等地，他同清兵官穆克阿登等在济龙与对方谈判，赔偿廓尔喀银两，退还其所占地方。五十六年(1791)，廓尔喀以索取银两为名，复侵占聂拉木，指名令其赴边讲和，借谈判之机将其诱擒。次年，清军入藏，驱逐廓尔喀，获释。后被达赖喇嘛免职解京。五十七年返藏，不复噶伦职。数年后，无过，准任第巴职。

【丹津鄂木布】 清代卫拉特蒙古准噶尔部台吉。*僧格第三子。康熙十年(1671)，僧格被异母兄车臣杀害时，以年幼附牧其叔噶尔丹。二十七年(1688)，随噶尔丹袭扰喀尔喀，领兵掠额尔德尼昭。三十五年(1696)，因与噶尔丹争牧，彼此结怨，谋约都噶尔喇布坦往附策妄阿拉布坦。因恐策妄阿拉布坦追记前附噶尔丹仇不容，率众徙牧吹河。三十六年，噶尔丹败亡后，其势蹙，被迫仍投策妄阿拉布坦。

【丹津额尔德尼】(? —1712) 清朝蒙古王公。喀尔喀赛音诺颜部人。博尔济吉特氏。弱齐噶岱子。康熙二十七年(1688)，随从兄善巴投附清廷。驻牧哈噜纳山。三十年(1691)，赴多伦诺尔会盟，封札萨克一等台吉。以牧地为阿拉善和啰理侵占，诉于清廷。旋和啰理惧遁，受命随郡王善巴备御。三十六年(1697)，伊拉古克三呼图克图反清，谋劫汛马，受命防缉。

【丹济墨吹济加木参】 清代四川乍丫地区六世大呼图克图。道光十八年(1838)，在查办博窝案中，协助调派士兵，捐助军需，以功赏敕书。与五世二呼图克图洛桑丹臻江错世为师徒，帮办一切事务。后因争派头目与二呼图克图不睦，自道光十五年(1835)至咸丰二年(1852)，彼此不断械斗，拒绝驻藏大臣和西藏噶伦官员调停，使川藏大道为之阻断。后经调解，乍丫为大呼图克图专管，二呼图克图毋庸帮办，

【月伦】 又译诃额仑。蒙古部首领也速该之妻，成吉思汗母。斡勒忽讷惕氏。原许蔑儿乞部首领也客赤列都，被也速该掠为妻。生四子：铁木真（即成吉思汗）、合撒儿、合赤温、铁木哥斡赤斤；一女：帖木仑。约宋乾道六年（1170），夫死，家境衰落，部众离散，遭泰赤乌部凌辱、遗弃，在穷困中抚养诸子成人。后连遭泰赤乌部、蔑儿乞部侵扰追击。助铁木真统一蒙古诸部。开禧二年（1206）蒙古国建立后，与幼子铁木哥共得一万户为"忽必"（"份子"）。曾阻止铁木真加害合撒儿。至元三年（1266），追尊宣懿皇后。

【月即别】（？—1341） 一作月思别。元代钦察汗国可汗。蒙古孛儿只斤氏。脱黑里勒察之子。元仁宗皇庆二年（1313，一说元年），闻钦察汗脱脱卒，赴诸王会议，识破异议者图己之谋，逮杀脱脱子及诸异议者，据汗位。翌年受仁宗正式册封为钦察汗。是后，与元廷屡遣使往来。惠宗至元二年（1336），遣使请求平阳等地岁赐，元廷专置总管府掌其事，每年按额发给。在位时曾于仁宗延祐五年（1318）、惠宗元统二年（1334）二次自打耳班进攻伊儿汗国，遭抗击，始退。是时，与埃及等国通好，沟通贸易，相互遣使往来和厚赐，埃及算端（苏丹，意为君王）曾求婚于月即别，请以成吉思汗家族公主嫁算端。本人信奉伊斯兰教，并在汗国内广泛传播，使部分蒙古牧民逐渐改信伊斯兰教。一说其卒于至元六年（1340）。

【月里朵】 见"萧月里朵"。（488页）

【月思别】 见"月即别"。（79）

【月理朵】 见"述律平"。（332页）

【月赤察儿】（约1249—1311） 又作月赤彻儿、月失察儿、月赤察而。元朝大臣。蒙古许兀慎氏。成吉思汗十大功臣之一博尔忽之曾孙，失烈门之子。年十六岁为世祖忽必烈召见，入怯薛（护卫军），任博尔赤，司御膳。至元十七年（1280），任怯薛长之一。次年，任宣徽使。二十八年（1291，一作二十七年），首发尚书省右丞相桑哥恃权杀异己，以刑赏为货之罪，诛之，以功赏金银田宅。次年，亲率属众疏凿通州至大都（今北京）之通惠河。三十年（1293），兼知枢密院事。成宗铁穆耳即位后，加太保。大德四年（1300），进太师。次年，副晋王甘麻剌督师漠北，大败叛王海都、笃哇，迫海都走死。继辅汗侄海山镇守漠北。十年（1306），随海山逾金山（今阿尔泰山），袭击叛王灭里铁木儿，招降之，并进取海都子察八儿所部，得两部人口十万余。武宗海山即位初，任和林等处行中书省右丞相，封淇阳王。至大元年（1308），再破察八儿军，后迫其归降，漠北始宁。三年（1310），以功赐清州民一万七千九百余户。次年入朝，卒于大都，谥忠武。

【月鲁不花】（1308—1366） 字彦明。元朝大臣。蒙古逊都思氏。成吉思汗十大功臣之一赤老温后裔，脱帖穆耳子。惠宗元统元年（1333）进士，任台州路录事司达鲁花赤（镇守官），首倡建孔子庙，请名儒掌教。至正后，历任行都水监经历、广东廉访司经历、行都水监丞、集贤待制、吏部员外郎等职。至正十三年（1353），随丞相脱脱镇压徐州义军，从军督粮饷，继任吏部郎中、监察御史，奏请大汗祭太室，倡言以老成重臣辅导太子。后历任吏部侍郎、工部侍郎、保定路达鲁花赤、吏部尚书。十七年（1357），掌军守保定，阻红巾军北上。继改任大都路达鲁花赤、吏部尚书，受命招降永平程思忠。后历任翰林侍讲学士、大都路达鲁花赤、江南行御史台中丞、浙西肃政廉访使，因张士诚据浙西起事，偕家小逃庆元。寻改任山南道廉访使，赴任途中于铁山遇倭盗，被执，不屈而死。追封邓国公。

【月鲁帖木儿】 ①（？—1352）元朝大臣。蒙古朵鲁班氏。肃政廉访使普兰奚之子。幼聪颖好读书，十二岁入国学。仁宗时入宿卫，拜监察御史。奉命巡按上都，弹劾右丞相铁木迭儿受贿枉法事，获帝嘉奖。历任兵部郎中、殿中侍御史、迁给事中、左侍仪、同修起居注。劝谏仁宗正大位，勿称太上皇。仁宗卒，铁木迭儿复入据相位，以旧怨，出为山东盐运司副使，擢山南江北道肃政廉访副使。泰定初，迁汴梁路总管。致和元年（1328），得罪权贵伯颜、别不花等，被谪乾宁安抚司安置。顺帝至正四年（1344），任大宗正府也可札鲁花赤（大断事官）。九年（1349），由太医院使拜翰林学士承旨、知经筵事。十二年（1352），任江浙行省平章政事，领兵镇压红巾军，于建德执杀红巾军首领何福，复淳安等县。七月，卒于徽州军中。②（？—1392）一作伊噜特穆尔。明朝建昌卫指挥使。蒙古族。初为故元平章，守建昌路（今四川西昌县）。洪武十五年（1382），明军平云南后，置建昌卫指挥使司，遂自建昌入京师（今南京）朝贡，上元所授印，被封为建昌卫指挥。二十五年（1392）四月，起兵反明，合德昌、会川（今四川会理）等地土兵攻建昌。继北上转攻苏州（今四川冕宁县北），遭明将鲁毅抗击。不久，明廷调京卫及陕西兵一万五千余人往援建昌、苏州，以聂纬、徐司马、瞿能为将，急调大将蓝玉总制诸军，进行征讨。七月，被瞿能大败于双狼寨、托落寨等地，部众数千人被俘或被水溺，被迫退至柏兴州（今四川盐源东北卫城）。十一月，被蓝玉部下毛海以计诱缚，械送京师处死。

【月举连赤海牙】（？—1304） 元朝将领。畏兀儿人。初从宪宗蒙哥征宋，攻合州钓鱼山，奉命制药治疗军疫，以功受赏。继从诸王蒙哥都征云南，屡胜。中统元年（1260），与按竺迩等领兵讨浑都海、阿蓝答儿叛军。至元十二年（1275），为陇右河西道提刑按察使。从皇子安西王忙哥剌讨平兀朗孩火石颜之乱。十五年（1278），从都元帅别速带平秃鲁（贵由汗孙）之乱于六盘山。十七年（1280），进嘉议大夫。二十年（1283），晋中奉大夫、四川等处行中书省参知政事。寻以疾归秦川。大德八年（1304）卒。至顺中，追封威宁郡公，谥襄靖。

【凤英】（？—1511） 明代云南武定土知府。本名阿英，字时杰。彝族。弘治元年（1488）袭职。三年（1490），奉例赐姓凤，晋中宪大夫。十一年（1498），差人贡马，明帝赐宝钞四千贯。十三年（1500），奉命征竹子箐梁王山，以功晋亚中大夫,赠宝钞一千六百贯,彩缎八表里。十五年(1502),从征贵州普安,手斩米鲁,加云南布政司右参政。正德二年(1507),征师宗豆温乡,赐尽忠报国金带一具。

【凤瑞】 清代文士。满族。字桐山。七岁能诗,以笔帖式从李文忠麾下,积功历保武职。卒赠将军。著《老子解》、《如如老人灰余诗草》和《梦花馆诗存》,辑有《浙江八旗殉难录》。

【凤伽异】 又作凤迦异。唐代南诏王子。乌蛮。阁逻凤之子。唐天宝五年(746,一作四年),奉命使唐,获厚遇。七年(748),唐授以上卿兼阳瓜州刺史、都知兵马大将军。十一年(752),吐蕃授给大瑟瑟告身都知兵马大将。永泰元年(765),筑云南城、拓东城(今昆明市)。先其父而卒,未嗣王位。追谥悼惠王。

【凤弟吉】(?—1459) 又作凤弟佶。明广东瑶民起义首领。广东德庆县逍遥山人。瑶族。其父凤广山于正统十一年(1446)曾与赵音旺在泷水聚众起义,后被招抚,天顺元年(1457)四月,他自号凤三将军,招集邻近各山瑶民二千余人,编为旗手,杀手,进行武装反抗官军斗争,攻围城邑,焚毁衙署,击杀官军。三年(1459),拒击右佥都御史总督叶盛征调两广官军水陆两路围剿,恃险与官军奋战,因寡不敌众被俘,解京师杀害。

【 、 】

【计美多吉协加衮钦】 见"仓央嘉措"。(67页)

【文山】 见"崇绮"。(504页)

【文庆】(?—1856) 清朝大臣。满族。费莫氏。满洲镶红旗人。两广总督永保孙。道光二年(1822)进士,改翰林院庶吉士。历任国子监祭酒、通政使、都察院左副都御史、礼部右侍郎。十三年(1833)初,调正蓝旗满洲副都统。五月,奉命总理孝慎成皇后丧仪。寻因事降四级留任,署刑部左侍郎。历迁正蓝旗汉军、署镶白旗蒙古、正白旗满洲副都统、武英殿总裁、总管内务府大臣。十七年(1837),充国史馆副总裁。赴热河查库银亏短案。十八年,命在军机大臣上行走。谏言逢江南各省大熟之年粮价平减,酌量采买,预筹积储。调镶黄旗满洲副御统,兼正蓝旗护军统领。十九年,迁正黄旗护军统领。议定各省总督、提督、巡抚、总兵等随丁额数。二十年,充江南乡试正考官,以定榜误差,革职。二十二年(1842),赏三等侍卫,充库伦办事大臣。二十三年,授吏部右侍郎,转左侍郎,兼正蓝旗蒙古副都统,充崇文门副监督,兼镶蓝旗护军统领,总管内务府大臣。二十四年,升都察院左都御史兼镶蓝旗汉军都统。二十五年,升兵部尚书,赴四川查办前任驻藏大臣孟保等滥提官物事。二十八年(1848),署吏部尚书,总理孝和睿皇后丧仪并办昌西陵工程。三十年初,总理宣宗丧仪。二月,充实录馆总裁。五月,充内大臣,旋因事革职。咸丰二年(1852)冬,复擢户部尚书。三年,署正蓝旗、兼镶红旗汉军都统。四年,历官内大臣、翰林掌院学士、镶黄旗汉军都统。五年,署正蓝旗蒙古都统,署吏部尚书,文渊阁大学士。六年秋,充实录馆监修总裁,上书房总师傅。十一月,宣宗实录圣训告成,改武英殿大学士,是月卒,谥文端。

【文妃】 见"萧瑟瑟"。(487页)

【文孚】(?—1841) 清朝大臣。满洲镶黄旗人。博尔济吉特氏。字秋潭。监生出身。初充军机章京。嘉庆四年(1799),从那彦成赴陕西治军需。十一年(1806),授内阁侍读学士,历鸿胪寺卿、通政司副使。奉命履勘绥远城浑津、黑河碱地改征以及大青山牧场余地招垦事。十三年(1808),充西宁办事大臣。十六年(1811),回京,任镶白旗满洲副都统。偕内阁学士阮元勘议山西盐务。寻授内阁学士,继迁刑部侍郎。十八年(1813),缘事降调,予二等侍卫,命赴山东治军需。二十四年(1819),命在军机大臣上学习行走。曾勘兰仪决口,督浚引河。次年,擢左都御史。道光四年(1824),加太子太保。南河阻运,诏责黄蓄清,至十一月洪湖水多,启坝而高堰,山盱石工溃决,受命与尚书汪廷珍往按治。后官大学士。卒,谥文敬。

【文昭】(1679—1732) 清初诗人。字子晋,号茶翁、芋婴居士、紫幢轩主人。满族。饶余亲王曾孙。原封镇国公百绶子。著有《紫幢轩诗集》,辑有《广唐贤三昧集》十卷、《古诗管》、《唐诗管》、《五朝诗管》、《宸萼集》三卷和《南宋二家小诗》二卷等。

【文种】 春秋末越国大夫。字伯禽(一作子禽)。原为楚国郢城人。曾做宛(今河南南阳)令,后仕越为大夫,时人多称大夫种。周敬王二十六年(公元前494年),越为吴所败,越王勾践被困会稽山。劝越王暂且向吴王卑身称臣,以存越国。后出使吴国求和。议和后,勾践及范蠡等入吴为质,令其留守越国主持政务。勾践返越后,又令其辅理朝政。为振兴越国,与范蠡等励精图治,并向越王陈"伐吴九术"(一说七术),深得越王信服。终于在周元王四年(公元前473年)一举灭吴。继佐越王北上会盟于徐州,使越国称霸江淮。后受人诬告图谋不轨,勾践听信谗言,赐剑令其自杀。

【文铬】 清朝官员。字子乘,别号吏隐居士。瓜尔佳氏。满洲正红旗人。长秀子。咸丰六年(1856)进士,官工部郎中。著有《随轺笔记》、《玉林诗草》、《可青诗余》及《鉴初集》。

【文祥】(1817—1876) 清朝大臣。满族瓜尔佳氏。盛京正红旗满洲人。道光二十五年(1845)进士。咸丰十年(1860)五月,授左翼总兵。英法侵入天津海口,与科尔沁亲王僧格林沁异议,力主勿幸木兰。八月,署步军统领。十二月,与恭亲王奕䜣等统筹洋务全局。主张治外必先安内,提出"灭发捻为先,治俄次之,治英又次之"等反动主张,并拟善后章程六条,设总理各国事务衙门等。十一年,署镶黄旗满洲都统,充总理各国事务大臣。穆宗新立,奏请两宫皇太后垂帘听政,并议章程礼节。充实录馆副总裁。同治元年(1862),迁都察院左都御史、正白旗蒙古都统、总管内务府大臣、工部尚书兼署兵部尚书。三年,赏太子太保衔,历阅兵大臣,署户部尚书、吏部尚书。六年(1867),署翰林院掌院学士,预修《剿平粤捻方略》,充总裁。九年(1870),授大学士,管理工部事务,历任武英殿总裁、体仁阁大学士、文渊阁领阁事。十三年,以日本窥台湾,与恭亲王筹海防六事,主张图自强御外患为急,以防日本为尤急。光绪元年(1875),以大学士在军机大臣、总理各国事务衙门行走。次年卒,谥文忠。著《文忠公祥事略》四卷、《黑龙江松花江游记》、《巴林纪程》、《蜀辂纪程》,以及《期不负斋集》。

【文通】 清朝将领、医家。满族。字梦香。满洲正白旗人。由侍卫历官福建总兵。善长医学,著有《百一三方解》。

【文硕】 清朝大臣。费莫氏。满洲镶红旗人。以主事考入同文馆。光绪十年(1884),迁内阁学士。逾年出为驻藏大臣。十四年(1888),召回京。著《驻藏牍奏函稿》。

【文康】 清朝大臣、学者。字铁仙。费莫氏。满洲镶红旗人。由理藩院郎中出为徽州府知府。道光二十六年(1846),授驻藏办事大臣,因病未赴任。著《儿女英雄传》,修《荣昌县志》二十二卷,辑《史梅叔诗选》十二卷。

【文瑞】(?—1860) 清朝将领。蒙古镶蓝旗人。克什克特恩氏。初驻防荆州。由骁骑校从军。转战湖北、安徽,升江西抚标中军参将。咸丰十年(1860),赴援浙江,克余杭,以总兵记名。解湖州围,赐号"唐木济特依巴图鲁"。授处州镇总兵。继进征金华,固守浦江,城陷,回援杭州,入城助守,城陷而死。追赠骑都尉兼云骑尉世职,谥果毅。

【文幹】(?—1823) 清朝大臣。原名文宁。字蔚艾(其),号远皋,又号芝崖。满洲正红旗人。乾隆四十九年(1784)进士,散馆授编修官。嘉庆二十年(1815),由盛京副都统授礼部右侍郎。二十一年,任贵州巡抚,调河南巡抚。次年因事解职。二十五年(1820),充西藏办事大臣。道光元年(1821),兼镶黄旗汉军副都统。著有《壬午赴藏纪程诗》和《精勤堂吟稿》。

【文筜】 清代女诗人。满族。字湘华。克勤讷平郡王曾孙女,兄景麟为嘉庆十三年(1808)进士。著有《佩兰轩绣余草》。

【文煜】(?—1884) 清朝大臣。费莫氏。满洲正蓝旗人。道光四年(1824)由官学士考取库使。咸丰二年(1852),擢四川按察使。三年,升江宁布政使。四年,参与镇压太平天国运动。钦差大臣琦善卒,奉命接办所部练勇及江北粮台事务。八年(1858),补直隶布政使。九年,英军侵入大沽海口,受命赴北塘办理抚议。擢山东巡抚,参与镇压捻军。十一年,镇压白莲教首领张继善,授直隶总督。同治元年(1862),疏请豁免直属积欠旗租。二年,授镶黄旗蒙古副都统。三年,赴甘肃庆阳军营督办粮台。七年(1868),擢福州将军。十年(1871),兼署闽浙总督。十三年(1874),以日本窥伺台湾,奉命筹办台湾防务。光绪三年(1877),授内大臣,擢刑部尚书。五年,兼署兵部尚书,充经筵讲官。七年,以刑部尚书协办大学士。九年,任总管内务府大臣。十年,授武英殿大学士。寻卒,谥文达。

【文蔚】(?—1855) 清朝大臣。满洲正蓝旗人。费莫氏。副都统富兆子。嘉庆进士。历任侍郎、护军统领、总管内务府大臣。道光二十一年(1841),英军侵浙江,陷定海、镇海及宁波。受命为参赞大臣,同扬威将军奕经赴浙江督师。二十二年初,进驻绍兴,令袭剿宁波及镇海,入外城不克乃退。后英军袭慈溪城北长溪岭及慈溪山军营,攻袭慈溪山城西大宝山。他拒不出兵赴援,致驻守该地副将朱贵战死。并尽弃辎重器械,逃至绍兴。后革职问罪。不久获释。咸丰二年(1852),充哈密办事大臣。次年,调驻藏大臣,授奉天府尹。

【文殊奴】 见"耶律隆绪"。(319页)

【文成公主】(?—680) 唐太宗李世民宗室女。汉族。贞观十五年(641),与吐蕃赞普松赞干布联姻,由唐太宗族弟江夏王李道宗护送入吐蕃;至柏海,受松赞干布亲迎,获尊崇,由赞普别筑城郭宫室以居。自幼受家庭熏陶,知书识礼,笃信佛教。进藏时,携带大量佛经、史书、诗文、农书、医典、历法等典籍,对汉藏经济、文化交流起了促进作用。其所带金质释迦像至今为藏人所崇拜。永徽元年(650),松赞干布去世后,一直居于吐蕃,未返唐地。热爱当地民众,深受百姓爱戴。相传曾设计和协助建造大、小昭寺。在其影响下,汉族的碾磨、纺织、陶器、造纸、酿酒等工艺陆续传入吐蕃,对吐蕃经济、文化的发展、汉藏人民友好关系的加强,作出重要贡献。永隆元年(680)逝世,唐遣使赴吐蕃吊祭。吐蕃王朝为其举行隆重葬礼。至今拉萨尚保存藏人为纪念她而造的塑像。

【文献皇帝】 见"耶律倍"。(306页)

【文成文明皇后】(442—490) 即冯太后。北魏高宗文成皇帝拓跋濬皇后。长乐信都汉人,生于长安(今西安)。秦雍二州刺史冯朗女。父坐事受诛,被籍没入宫,由姑母、太武帝焘之左昭仪扶养。正平二年(452),高宗即位后,选为贵人。太安二年(456),立为皇后。和平六年(465),献文帝弘即位,尊为皇太后。以丞相乙浑专权,密与元丕等策诛浑,临朝听政。翌年,平定长安镇将东平王拓跋道符谋乱,使北魏政权转危为安。因弘非己所生,难以控制,为长久执政计,于皇兴元年(467)弘子宏刚一出生,就躬亲抚养,后罢令不听政事。五年(471),迫弘禅位,立皇太子宏为帝,掌握实权。内宠李弈为弘诛杀后,与弘矛盾益深,于延兴六年(476),鸩杀弘,以太皇太后复临朝听政。与献文帝、孝文帝主持北魏的一些改革,创立文教制度,天安元年(466),令全国立乡学,郡置博士二人,助教二人,学生六十人(一说百人)。太和十一年(487),定乐章,非雅者除之。重视对皇室子孙的教育,作《劝戒歌》三百余章、《皇诰》十八篇,以教孝文帝等。在拓跋鲜卑社会中确立汉族文宗的正统地位,延兴二年

(472),定祭孔礼仪制度。变革旧俗立新制。太和七年(483),下令禁止拓跋同姓通婚。从太和八年(484)至十年,行百官俸给制,创颁均田令,立党、里、邻三长,定民户籍。放松控制工商业者,解放工奴等,促进拓跋社会汉化和北魏政权封建化,有利于缓和社会矛盾。谥文明太皇太后。

【文献独孤皇后】(544或553—602) 名伽罗。隋文帝杨坚皇后。匈奴族。河南洛阳人。周大司马、河内公*独孤信之女。年十四,嫁坚为妻。姐为周明帝后,长女为周宣帝后,贵戚之盛,莫与为比。隋开皇元年(581),坚即帝位,立为皇后,甚受宠尊。坚每临朝,后与其同乘方辇,至閤乃止,政有所失,随即匡谏,多所弘益。雅好读书,识达今古,常与坚言及政事,往往意合,宫中称为二圣。曾参与废太子勇立晋王广之谋。仁寿二年(602),卒于永安宫,葬太陵。

【方异玧】 宋代西南方番(五姓番之一)首领。熙宁元年(1068),入朝献方物,授静蛮军并节度使。六年(1073),与龙番、罗番、石番八百九十人入觐,贡丹砂、毡、马,神宗赐以袍带、钱帛。其后比岁继献。元丰年后改为五岁一贡。

【火者】 见"忽察"。(369页)

【火真】(1349—1409) 又作火斌,全名火里火真。明朝将领。蒙古族。元末,居开平(今内蒙古多伦西北)一带。元亡,北徙。洪武十四年(1381),率一百七十余户投明,居北平(今北京),封燕山中护卫千户。建文元年(1399),随燕王朱棣起兵"靖难",攻真定(今河北省正定县),大败建文帝将耿炳文。从破大宁城(今内蒙古宁城县西大名城)。四年(1402),因勇敢善战,积功升都督佥事,封同安侯。永乐(1403—1424)初,出镇宣府(今河北省宣化),备御蒙古鬼力赤、阿鲁台。七年(1409),因明使郭骥为本雅失里、阿鲁台所杀,被明成祖命为右副将军,从大将军丘福征蒙古。因孤军深入,全军覆没,被擒杀。追赠侯爵,子孙世袭观海卫千户。

【火筛】 又译科赛、郭锡、浩锡等。明代东蒙古右翼满官嗔部领主。满都鲁可汗部下脱罗干子。因其父协同亦思马因篡除权臣癿加思兰,有功于汗庭,故尚满都鲁次女伊锡克公主(满都海哈屯所生),称塔布囊(驸马)。史称"赤面顾天,骁勇善战"。达延汗即位(1480)后,曾屡率兵攻击明边,使明将陈锐等畏惧,不敢与战。与妻养育了达延汗第三子巴尔斯博罗特。正德五年(1510),在达延汗与右翼亦不剌等的战争中,遣人向达延汗报告右翼军机,使达延汗及时移营,免遭偷袭。后率部归附达延汗。一说与达延汗争雄长,兵戈相向,兵败身亡。

【火斌】 见"火真"(83页)

【火落赤】 一作黑劳赤。明代蒙古多罗土蛮部领主。孛儿只斤氏。达延汗四子*阿尔苏博罗特孙,*不只吉儿台吉子。原与父兄驻牧于山西偏关外六七百里处(今土默川一带),后该地被俺答汗侵吞,遂与兄弟西迁。隆庆六年(1572),进入凉州(今甘肃武威一带)、肃州(今甘肃酒泉一带)。万历六年(1578),随俺答汗进入青海,迎接索南嘉措(第三世达赖喇嘛)。俺答汗东返后,仍留居青海,不断侵扰藏族。又入居捏工川(今青海贵德县境),在扁渡口与明朝互市。万历十七年(1589)前后,不断袭击河州(今甘肃临夏一带)、洮州(今甘肃临潭一带)、岷州(今甘肃岷县一带)和西宁等地,大败明军,被明朝革除市赏多年。同时又与瓦剌仇杀。二十年(1592),率兵驰援宁夏副总兵哱拜反明,兵败退走。直至天启七年(1627),仍不时和明军发生冲突。

【火臣别吉】 又译火阿真伯姬、果真、豁真别乞。蒙古国公主。孛儿只斤氏。*成吉思汗长女。南宋嘉泰二年(1202),成吉思汗欲以其许克烈部长王罕孙秃撒合,并为长子求婚于王罕女抄儿别吉,相换做亲,不果,失和结怨,导致战争。后嫁亦乞列思部孛秃为继室。窝阔台汗八年(1236),分封诸王勋戚,赐冠州五户丝户一万二千六百五十二户为食邑。英宗至治元年(1321),追封昌国大长公主。

【火里火真】 见"火真"。(83页)

【火鲁火孙】 见"和礼霍孙"。(362页)

【火阿真伯姬】 见"火臣别吉"。(83页)

【火者他只丁】(?—1524) 明代吐鲁番将领。正德八年(1513),哈密忠顺王拜牙即弃城投奔吐鲁番,满速儿速檀(苏丹)遣其据守哈密。十一年(1516),明廷遣满刺三、写亦虎仙二人前往,令其退出哈密,他索重赏,始以城归。次年,复夺哈密城,并分兵扰沙州。嘉靖三年(1524),随满速儿率三万骑围攻肃州、甘州,兵败,为明军所斩。

【火赤哈儿的斤】(?—1286) 元代高昌畏兀儿亦都护。*巴而术阿而忒的斤曾孙,马木刺的斤之子。至元三年(1266),嗣为亦都护,奉命收抚因遭海都之乱而离散的畏兀儿之众。二十二年(1285,一说为十二年,即1275),笃哇等率兵十二万围火州城,胁其投降。亦都护严辞拒绝,誓称"生以此城为家,死以此城为墓",坚守其城六个月,笃哇无奈,索其女也立亦黑迷失,撤围而去。世祖嘉赏其功,命尚定宗女巴巴哈儿公主,返镇火州,后以火州荒残,迁治所于哈密力。兵力寡弱,于二十三年(1286),遭海都军突袭,力战阵亡。

【 ⁊ 】

【邓宓】 汉朝官员。南海郡番禺南越人。为人刚直,有谋略。武帝元狩六年(公元前117年),被交趾刺史罗宏举为都尉。不久迁任南海郡丞。后擢日南太守。从政期间,除弊兴利,厚生惠民,深受边民拥戴。卒后葬于马鞍山后。

【邓叔子】(?—555) 南北朝时期柔然首领之一。郁久闾氏。*那盖次子,*伏图弟,*阿那瓌叔父。率部居河套西北。北齐天保三年(552),柔然被突厥首领土门所破,可汗阿那瓌自杀,部落四散,阿那瓌子庵罗辰投北齐,遂被西部余众立为主(一说立于553年)。同年,被突厥乙息记可汗(科罗)败于沃野(今内蒙古乌拉特前旗乌梁素海之北)北。此后,柔然诸部屡为北齐、突厥所败。天保六年(西魏恭帝二年,555),又为突厥木杆可汗(燕都)大败,率残部千余户投西魏。初受西魏厚遇,后在突厥压力下,西魏太师宇文泰将其部属三千余人交付突厥使者,被斩于长安(今陕西省西安市)青门外,中男以下,悉充为奴,柔然汗国亡。

【劝丰祐】(817—859) 又作丰祐。唐代南诏第十世王。"乌蛮"。*寻阁劝子,*劝利晟弟。果敢,善抚众。长庆三年(823),即王位。受唐封为滇王,遣使入谢。次年改元保和,又改为天启。宝历元年(825),重修大理崇圣寺落成。太和三年(829),因不堪四川节度使杜元颖凌虐,乘唐失备,命王嵯巅攻蜀,陷巂、戎、邛三州,入成都外郭,掠劫经书、玉帛及子女、百工数万而去。太和五年(831),归还所掠西川民四千人于节度使李德裕。六年,掠骠国民三千,徙之拓东城。大中十二年(858),遣军攻陷安南都护府,救缅。十三年,陷播州。命其子世隆及王嵯巅迎战唐军于古宗,杀唐兵数万,立铜柱为界上。在位期间,慕中原文化,废父子连名制。卒,谥昭成王。

【劝龙晟】(798—816) 又作龙蒙盛。唐代南诏第八世王。"乌蛮"。*寻阁劝子。元和四年(809),受唐封袭南诏王。五年,改元龙兴。数遣使朝唐贡献。用金三千两铸佛三尊送顶寺。在位期间,淫虐失道,上下怨疾。十一年(816),被弄栋节度使王嵯巅所杀。唐命少府少监李铣充册立书祭使赴南诏。谥幽王。

【劝利晟】(802—823) 又作劝利。唐代南诏第九世王。"乌蛮"。*寻阁劝子。*劝龙晟弟。元和十一年(816),兄劝龙晟为弄栋节度使王嵯巅所杀,袭南诏王。十二年,改元全义。十三年,厚赏王嵯巅,赐姓蒙,封大容("容"意为"兄")。十四年,废王嵯巅,赦其罪。命敬信三宝为清平官。十五年,改元大丰。在位期间,与唐保持和好,屡遣使朝唐,或一年数至。长庆三年(823),唐赐南诏金印。是年卒,谥靖王。

【双曰】(?—1561) 明代云龙布朗族起义首领。云龙东山(今蒲甸村)人。嘉靖四十年(1561),"迫于土役",聚集布朗族群众50余人,进行反抗斗争。遭统治者武装镇压,村寨破,与同族人被沉于江。

【双福】(?—1852) 清朝将领。他塔拉氏。满洲正白旗人。道光八年(1828),由护军擢护军校。十年,随赴喀什噶尔征安集延布鲁特回众。二十一年(1841),署黄州协副将、湖广督标左右二营游击。同年底,参与镇压崇阳县钟人杰反清活动。次年,赏戴花翎,赐号乌尔玛斯巴图鲁。二十六年(1846),回旗,仍署护军参领。三十年(1850),升河南河北镇总兵,调贵州古州镇总兵。咸丰二年(1852),授湖北提督。十二月,太平军攻湖北武昌省城,守城巷战死,谥武烈。

【孔雀】(?—525?) 北魏末年六镇起义军将领。匈奴单于之后裔。破六韩氏(潘六奚氏)。破六韩常之父。世袭部落首领。以骁勇著称。北魏孝明帝正光四年(523,一说系其事于正光五年),与族人破六韩拔陵于沃野镇(今内蒙古五原北)率众起义,杀镇将,改元真王,被破六韩拔陵封为大都督、司徒、平南王,率众屡与魏军交战。孝昌元年(525),起义军遭柔然可汗阿那瓌袭击,兵败,被杀。一说率部众万人降尔朱荣,封平北将军、永安县侯。

【允礼】(?—1738) 清朝皇子。满族。爱新觉罗氏。圣祖*玄烨第十七子。雍正元年(1723),封果郡王,管理藩院事。六年(1728),晋封果毅亲王。七年,管工部事。八年,总理户部三库。十一年(1733),授宗令,管户部。十二年,赴泰宁,送达赖喇嘛还西藏。十三年,回京,办理苗疆事务,授遗诏辅政。高宗即位,命总理事务,管刑部。喜文,善诗词,著有《西藏志》、《奉使纪行诗》上下卷、《静远斋诗集》十卷、《春和堂诗集》、《春和堂纪恩诗》、《自得园文钞》、《雪窗杂咏》,并辑有《古文约选》等。

【允礽】(?—1724) 清朝皇子。满族。爱新觉罗氏。圣祖*玄烨次子。孝诚皇后生。康熙十四年(1675),立为皇太子。六岁就读,师事大学士张英、李光地、熊赐履,通满汉文字。二十九年(1690),康熙帝亲征噶尔丹时,奉命处理军政。三十五年(1696),康熙帝再征噶尔丹。复奉命代行郊祀礼。处理各部院奏章。三十六年(1697),康熙帝行兵宁夏,仍命其居守。因肆恶虐众、暴戾淫乱等,逐渐失宠。四十七年(1708),因纠聚党羽、殴挞大臣、欲为索额图复仇等罪,被废。四十八年,复立为太子。五十年(1711),又因结党会饮、行为不端,处置其党。次年,复废,禁锢于咸安宫。雍正二年(1724),病卒,追封谥。

【允祉】(?—1732) 清朝皇子。满族。爱新觉罗氏。圣祖*玄烨第三子。康熙三十五年(1696),随父征准噶尔部噶尔丹,奉命领镶红旗大营。三十七年,封诚郡王。三十八年,降贝勒。四十八年(1709),晋封诚亲王。奉命率庶吉士何国宗等辑律吕、算法诸书。五十三年(1714),书成,康熙帝以律吕、历法、算法三者合为一书,赐名《律历渊源》。雍正二年(1724),因其第三子弘晟有罪,削世子,为闲散宗室。六年,降郡王。八年,复封亲王。寻因怡亲王之丧后至,夺爵,禁景山永安亭。乾隆二年(1737),追谥隐。著有《八音乐器考》和《课余稿》。

【允祥】(?—1730) 清朝皇子。满族。爱新觉罗氏。圣祖*玄烨第十三子。康熙六十一年(1722),世宗胤禛即位,封怡亲王,总理户部三库。雍正元年(1723),总理户部。二年,谏请除加色、加平诸弊,增设三库主事、库大使。三年,以总理事务谨慎忠诚,复加封郡王,任其于诸子中指封。奉命总理京畿水利。四年,疏陈直隶、京东、畿辅西南水利诸事。赐御书《忠敬诚直勤慎康廉明》匾额。七年,办理西北两路军机。卒,谥贤。著有《明善堂诗集》十一卷、《交辉园遗稿》和续刻。

【允禄】(1698—1771) 清朝皇子。满族。爱新觉罗氏。圣祖*玄烨第十六子。号爱月居士。雍正元年

(1723)，袭封庄亲王。承圣祖指授，精天文算法，预修《数理精蕴》，充增修《七政时宪书》总裁，又修《律吕正义后编》。乾隆七年(1742)，总理乐部事。卒，谥恪。著有《九宫大成南北词宫谱》八十一卷，目录二卷。

【**允禟**】(？—1726) 清朝皇子。满族。爱新觉罗氏。圣祖*玄烨第九子。宜妃郭络罗氏生。支持允禩争夺皇太子位。康熙四十八年(1709)，封贝子。奉命往翁牛特送和硕温恪公主之丧。雍正元年(1723)，受命出驻西宁，屡请缓往，不准。因违法肆行、纵容家下人生事等，屡受劾责，并连及允禩、允䄉私结党援诸事。不久，因陕西人称其为"九王"，为雍正帝所不容，被夺爵，幽禁于西宁。四年(1726)，以别造字体，暗藏密递，书言"事机已失"，革去黄带子，削宗籍，逮还京，圈禁，改名"塞思黑"(满语，意为"猪")。后被劾罪状二十八事，论死。因腹疾卒于幽所。

【**允禩**】(？—1726) 清朝皇子。满族。爱新觉罗氏。圣祖*玄烨第八子。良妃卫氏所生。康熙三十七年(1698)封贝勒。四十七年(1708)，署内务府总管事。太子允礽既废，他结诸皇子允禟、允䄉及大臣阿灵阿、鄂伦岱、揆叙、王鸿绪等，谋代立。因"妄蓄大志、党羽相结、谋害礽"事露，夺贝勒，为闲散宗室。旋复贝勒。雍正帝即位后，受命总理事务，晋封廉亲王，授理藩院尚书。元年(1723)，办理工部事务。因谋继立，为雍正帝所不容。三年(1725)，以挟私怀诈、有罪无功，不予议叙。四年(1726)，革去黄带子。旋授民王，寻削王爵，交宗人府圈禁，改名"阿其那"(满语，意为"狗")。诸王大臣复列其罪四十款，论处死。卒于幽所。

【**允禧**】(？—1758) 清朝皇子、诗人。满族。爱新觉罗氏。圣祖*玄烨第二十一子。号紫琼道人。雍正八年(1730)，封贝子，进贝勒。十三年(1735)十一月，高宗即位，进慎郡王。卒，谥靖。善诗，其诗清秀，尤工画，远希董元，近接文澂明，著有《花间堂载笔》、《花间堂诗钞》和《紫琼崖诗钞》三卷，辑有《据经楼诗选》十四卷等。

【**允禵**】(1688—1755) 清朝皇子。满族。爱新觉罗氏。圣祖*玄烨第十四子，*雍正帝同母弟。康熙四十八年(1709)，封贝子。五十年(1711)，从康熙帝巡视塞外，自是辄从，深为康熙帝所爱。五十七年(1718)，以抚远大将军，征讨策妄阿拉布坦。五十八年(1719)，劾吏部侍郎色尔图督兵饷失职，都统胡锡图索诈骚扰，均被治罪。后经略青海、西藏、新疆军务。雍正帝即位，命还京，留景陵待大祭。雍正元年(1723)，晋为郡王。三年(1725)，以宗人府劾其前为大将军时，苦累兵丁、侵扰地方、糜费军饷，命降贝子。四年，被诸王大臣劾，以"糊涂狂妄"罪，被禁锢。乾隆初，获释。二年(1737)，封辅国公。十二年(1747)，进贝勒。次年，晋封恂郡王。著有《绥远大将军奏议》二十卷。

【**允天嘉木措**】(1557—1587) 明代青海地区活佛，即东科尔呼图克图二世。生于巴尔康的瓦和堡。嘉靖四十三年(1564)，在日喀则出家。万历六年(1578)，蒙古土默特首领俺答汗与锁南嘉措(达赖三世)在青海仰华寺会见时，他亦在该寺，并从锁南嘉措授戒。据《蒙古源流》载，后与俺答汗赴内蒙古土默特，曾为俺答汗医愈重病，致使民众广信佛教。曾赴喀尔喀蒙古传教。后居色拉寺。

【**尹珍**】 东汉教育家。牂牁郡毋敛县(今贵州独山)人。字道真。恒帝(146—167年在位)时，自以生于荒凉山区，不知礼义，故随著名经学家许慎学习经书图律，学成后，还乡里教授经书，使偏僻地区开始有了教学。后官至荆州刺史。

【**尹怀昌**】 唐末五代时南宁州领主之一。都云(今贵州都匀)人。与莫彦殊分别割据南宁州(今贵州南部地区)。领区内居有布依族与苗族。后晋天福五年(940)，归附楚王马希范。北宋时，龙、方、张、石、罗五姓领主崛起，取代尹、莫两领主的统治。

【**尹神武**】(1892—1918) 辛亥革命志士。回族。化名孙祥夫，又名沈强夫。奉天(今辽宁)营口人。1910年毕业于奉天甲种商业学校。后留学日本，入东京明治大学政法系学法律。1913年，在东京加入孙中山组织的中华革命党，参加讨袁运动。1915年10月回国，在孙中山所设中华革命党上海总部任实行部负责人。11月曾派人刺死袁世凯爪牙郑汝成。12月与陈其美、吴忠信等参加领导肇和兵舰起义和炮轰制造局的工作，起义失败。1917年11月因叛徒出卖被捕，1918年5月11日在上海龙华英勇就义。

【**尹继善**】(1696—1771) 清朝大臣。满洲镶黄旗人。章佳氏。大学士尹泰子。字元长，号望山。雍正进士。初为翰林。五年(1727)迁户部郎中。赴广东察审布政使官达、按察使方愿瑛受贿徇庇案得实，即署按察使。六年，任内阁侍读学士，协理江南河务。七年，任江苏巡抚，寻署河道总督。九年(1731)，署两江总督。后协办江宁将军兼理两淮盐政。在巡抚、总督任内，对禁漕务陋规、防务、水师建设、行政区划等均有建树。在清查江苏积欠钱粮中，查出自康熙五十一年至雍正四年官吏侵蚀银四百七十二万余两。十一年(1733)，调云贵、广西总督，镇压云南思茅土司起事。乾隆初，任云南总督、刑部尚书。五年(1740)，任甘陕总督。八年(1743)，回任两江总督。时黄河泛滥，他亲往勘察，制定并实施治河方案，成效显著。二十九年(1764)，晋大学士。卒，谥文端。

【**尹湛纳希**】(1837—1892) 清代作家。汉名宝衡山，字润庭。蒙古族。卓索图盟土默特右翼旗人。旺钦巴勒子。自幼聪明好学，从塾师学蒙、汉、藏、满语文。喜爱蒙汉古典文学，善绘画。终身从事蒙古长篇小说创作，从未出仕。以二十余年完成亡父未竟遗著，撰写成史论体著作《大元勃兴青史演义》，叙述成吉思汗建国以来的历史故事。以蒙文著有《一层楼》和《泣红亭》二部描写蒙古封建贵族家庭的长篇章回小说。并翻译过《红楼梦》、《中庸》等汉族古典作品。晚年生活清苦，寄居锦州，靠借贷和典当祖传宝器度日，积劳成疾，于光绪十八年卒于锦州药王庙。

【尹咱呼图克图】（？—约1644） 又作尹湛呼图克图。明末清初西藏藏传佛教（黄教）僧人。清崇德五年（1640），奉达赖喇嘛命赴巴拉特参加蒙古四十四部封建主会盟，参与制定《蒙古—卫拉特法典》。七年（1642），随伊拉古克三呼图克图赴盛京（今沈阳）会见清太宗，代表西藏的蒙、藏上层和清朝建立联系。多次至卫拉特蒙古各部传教，主持各种法事。和卫拉特著名僧人咱雅班第达亦有交往，非常赞赏咱雅班第达的渊博学识，曾赠予咱雅班第达拉让巴呼图克图称号。顺治元年（1644）前后圆寂，其转世灵童为准噶尔部巴图尔珲台吉之子噶尔丹。

【丑】 汉代闽越繇君。闽越王*无诸之孙。建元六年（公元前135年），闽越王郢举兵侵南越边邑，武帝发兵往讨，郢被族人所诛。因丑恪守与汉约，独不与郢谋，被武帝遣使立为粤繇王，奉闽越祭祀。

【丑奴】 ①（？—520）一作配奴。南北朝时期柔然可汗。郁久闾氏。*伏图子。柔然始平三年（北魏永平元年，508），伏图西征，被高车王弥俄突所杀，遂继位，号"豆罗伏跋豆伐可汗"（简称"伏跋可汗"，意为彰制王），改年号为建昌。南和北魏，自建昌四年（永平四年，511）起，屡遣使至北魏朝贡，奉献珠像等。同时亦与南梁通贡。史称其"健壮善用兵"。建昌九年（516），西征高车，擒杀其正弥俄突，尽并其众。使柔然复振。然迷信巫术，纳女巫地万为可贺敦（王后），扰乱朝政，引起内讧，杀死亲弟祖惠。建昌十三年（北魏正光元年，520），因其母候吕陵氏遣大臣李具列等绞杀地万，故欲诛除李具列等。会高车部阿至罗引兵来攻，出师反击失利，败还，被母候吕陵氏及大臣所杀，立其弟阿那瓌为可汗。②见"萧丑奴"。（481页）

【丑伐】 见"刘显"。（161页）

【丑闾】（？—1352） 元朝官员。字时中。唐兀氏。元统元年（1333）进士。累官京畿漕运副使，出知安陆府。至正十二年（1352），募兵数百，率以守城御蕲州曾法兴军。败曾军前队，乘胜追之。后城破被执杀。追赠河南行省参知政事。

【巴山】（？—1673） 清朝将领。满洲镶黄旗人。瓜尔佳氏。世居哈达。初任佐领。天聪五年（1631），从太宗征明，围大凌河。六年，从征察哈尔部。八年，授骑都尉世职，任领催。崇德元年（1636），从征朝鲜。三年，兼任工部理事官。随贝勒岳讬征明，逼燕京。以功加一云骑尉。五年（1640），征虎尔哈部。七年随奉国将军巴布泰驻防锦州。顺治元年（1644）随睿亲王多尔衮入山海关，败李自成起义军。擢工部侍郎，晋三等轻车都尉。二年，授镇守江宁（今南京）副都统。三年，总管江宁驻防满洲兵。六年（1649），晋爵三等男。十一年（1654），以久镇江宁晋二等男。

【巴布】（？—1683） 清代喀尔喀蒙古车臣汗。博尔济吉特氏。车臣汗*硕垒子。顺治十二年（1655），继汗位。遣子穆彰墨尔根楚琥尔朝清，贡九白（白驼一、白马八）。喀尔喀蒙古分左右翼，设八札萨克，车臣汗为左翼札萨克之一。十五年（1658），受清赏赐。康熙二十年（1681），遣子诺尔布向清朝入贡。次年以所属巴尔呼人私掠乌珠穆沁部界，清增兵严防，并责成其"约束所属，守公安居，违者即拘治之，毋稍姑息"。二十二年，清规定其勿越噶尔拜瀚海游牧。

【巴秃】 见"拔都"。（338页）

【巴拜】 清代卫拉特蒙古杜尔伯特部贵族。杜尔伯特首领*达赖台什孙。初附牧噶尔丹，以属众多为噶尔丹所夺，畏不敢争，怀怨。康熙二十七年（1688），从准噶尔军犯喀尔喀，抵乌兰布通，谋率众内附，为伊拉古克三呼图克图所阻。三十三年（1694），乘隙率从子齐布宗至清军营降。初附牧于喀喇沁。三十六年（1697），授散秩大臣，属五品官戴和硕齐，被编入察哈尔正白旗。

【巴哈】（？—1669） 清初大臣。满洲镶黄旗人。瓜尔佳氏。大臣*伟齐第四子。初任一等侍卫。崇德二年（1637），授议政大臣。顺治元年（1644），随军入山海关，定京师。二年，以屡从太宗功授骑都尉世职。多尔衮摄政时，因牵连于内大臣索尼案，革世职。三年，随肃亲王豪格征陕西、四川，镇压反清斗争。晋一等轻车都尉。八年（1651），世祖亲政，命为议政大臣，晋爵一等男。同年，证宗室巩阿岱及其弟锡翰、侍卫冷僧机等朋比妄行罪状。十五年（1658），授领侍卫内大臣。康熙八年（1669），察哈尔部阿布奈久缺朝请，奉命往察其状。及还，因结权臣鳌拜获罪，罢官。

【巴济】 清代卫拉特蒙古辉特部贵族。伊克明安氏。台吉罗卜藏长子。康熙年间袭父爵为札萨克辅国公。十八世纪初年，清军征准噶尔部策妄阿拉布坦时，从靖逆将军富宁安驻防巴里坤，献羊千只，马八百匹，粮百余石助军，继从军败准军于伊勒布尔和硕、阿克塔斯、乌鲁木齐诸地。五十九年（1720），领兵五千护视吐鲁番总管托克托祸木特率众内迁。雍正元年（1723），与副都统阿喇纳进击青海罗卜藏丹津叛乱。九年（1731），奔附噶尔丹策零。死于准噶尔。

【巴泰】（？—1696） 清朝大臣。汉军镶蓝旗人。金氏。天聪五年（1631），任二等侍卫。从太宗征明，围大凌河城。六年，从征大同。崇德元年（1636），随睿亲王多尔衮征明，至沙河。六年（1641），随郑亲王济尔哈朗征锦州。授云骑尉世职，寻擢一等侍卫。顺治二年（1645），晋世职为骑都尉，加一云骑尉。八年（1651），世祖亲政，晋二等轻车都尉。十五年（1658），列散秩大臣，旋擢内大臣。康熙三年（1664），擢国史院大学士。因昔不附睿亲王，晋爵三等男。六年（1667），充修世祖实录总裁官。任内不附权臣鳌拜。七年以疾解任。八年鳌拜获罪。是后授秘书院大学士，改中和殿大学士兼吏部尚书。十三年（1674），以疫请休。十四年命仍入阁办事。十六年（1677），以年迈请休。十九年（1680），复起为正蓝旗汉军都统。卒，谥文恪。

【巴朗】 ①（？—1692）清朝蒙古王公。喀尔喀土谢图汗部人。博尔济吉特氏。喇布塔尔子。康熙二十七年(1688)，徙牧色楞格河。后携属众七百余户投清，赐牧苏尼特界内乌讷齐。二十八年夏，兼领岱青诺颜洪果尔部众。三十年(1691)，至多伦诺尔(今内蒙古多伦县北上都河西南岸)会盟，授札萨克一等台吉。②(？—1755)清代卫拉特蒙古杜尔伯特部台吉。姓绰罗斯。伯布什孙，车凌蒙克次子。乾隆十八年(1753)，从父附清。翌年，乘父进京朝觐之机，率族台吉蒙克特穆尔、侄巴布勒等二百余人逃准噶尔，游行塔本集赛驻牧地。闻副都统达什敦多布领兵追击，与蒙克特穆尔分道逃。后为额伯津宰桑等擒执，送北京处死。

【巴海】①(？—1696)清朝将领。满洲镶蓝旗人。瓜尔佳氏。沙尔达虎之子。顺治十四年(1657)，授秘书院侍读学士。十六年(1659)，袭父职，授宁古塔总管。十七年(1660)，与副都统尼哈里等率兵于飞牙喀之使犬部境分布舟师，潜伏江隈，击败入侵俄罗斯兵。康熙元年(1662年)，改总管为将军。招降墨尔哲诸族。十年(1671)，移边境墨尔哲氏之众于宁古塔附近，号为"新满洲"。十七年(1678)，以抚辑"新满洲"有劳，奖一等轻车都尉兼一云骑尉世职。二十三年(1684)，授镶黄旗蒙古都统，列议政大臣。②(？—1743)清朝蒙古王公。喀尔喀土谢图汗部人。博尔济吉特氏。贝子*锡布推哈坦巴图尔长子。康熙四十五年(1706)，弟车布登袭镇国公爵后，受命协理旗务。五十九年(1720)，与车布登随振武将军傅尔丹袭击准噶尔部策妄阿拉布坦。雍正九年(1731)，随军征噶尔丹策凌，侦准将军大策凌敦多布拥兵据苏克阿勒达呼，以兵六百夜入敌营诱敌将贡楚克扎布喀喇巴图鲁以骑三千来追，设伏大败敌军，以功授札萨克一等台吉。十年，随亲王策楞击小策凌敦多布于额尔德尼昭，晋封辅国公。

【巴桑】①(？—1761)清代卫拉特蒙古台吉。姓伊克明安。初隶准噶尔部。乾隆二十年(1755)，清军征达瓦齐，献籍三百余户降。奉命入觐，封辅国公，附阿睦尔撒纳游牧。越二年，借阿卜达什、克什克特至科布多告辉特部叛，徙呼伦贝尔。②清代卫拉特蒙古杜尔伯特部台吉。汗车凌族弟色布腾长子。乾隆二十一年(1756)，袭扎萨克多罗贝勒爵。越二年，扈跸木兰行围，授副盟长。二十六年(1761)，从喀尔喀郡王车木楚克扎布追擒"吗哈沁"色布腾，获嘉奖。旋授杜尔伯特部左翼副将军。

【巴禄】(？—1770) 清朝将领。蒙古镶黄旗人。博尔济吉特氏。定北将军*班第子。初授三等侍卫，升头等侍卫。乾隆十九年(1754)，授察哈尔总管，赴西路军营。二十年十月，袭一等诚勇公，授镶红旗蒙古都统。二十一年，随将军策楞平定伊犁。继随达勒党阿进兵哈萨克。二十二年，授参赞大臣，协同定边右副将军雅尔哈善办事。二十三年正月，管理巴里坤台站。六月，与定边右副将军车布登扎布等协计土尔扈特逃人色楞。至古尔班察尔。二十四年八月，同富德追击霍集占于伊西洱库尔淖尔。叙功授云骑尉世职。二十五年，迁正蓝旗蒙古都统。二十七年(1762)，授凉州将军。三十一年(1766)，授绥远城将军。三十三年(1768)任察哈尔都统。

【巴赛】(1667—1736) 清初将领。满族。巴尔赛长子。康熙二十一年(1682)，封三等奉国将军。三十四年(1695)，任镶蓝旗汉军副都统。三十五年，从康熙征噶尔丹。五月，至克鲁伦河，同平北大将军马思喀，追至巴颜乌兰而还。三十六年调正黄旗蒙古副都统，旋罢。五十四年(1715)，复授正红旗蒙古副都统，寻调镶红旗满洲副都统、迁正红旗蒙古都统。五十七年(1718)，署黑龙江将军。世宗胤禛即位，实授宁古塔将军。雍正元年(1723)，袭辅国公。四年(1726)，授振武将军，赴阿尔台军营，旋因喀尔喀郡王丹津多尔济奏请，留阿尔台驻防。七年(1729)，命为副将军，从靖边大将军傅尔丹剿御准噶尔部噶尔丹策零。八年，暂护大将军印。九年，同傅尔丹进驻科布多，噶尔丹策零率三万来攻，傅尔丹冒进攻库列图岭不克，旋中伏退还科布多。与副将军查弼纳率余部，于左越岭至哈尔哈纳河滨，力战阵殁，谥襄愍。

【巴布顶】(1793—1825) 维吾尔族。清代新疆喀什噶尔(今喀什)人。伊斯兰教白山派首领*布拉呢敦孙。幼年与兄*张格尔寄居浩罕。后不堪浩罕伯克薄待，与兄相约脱逃，纠集党徒，于道光四年(1824)秋，窜犯新疆图木舒克、乌鲁克卡伦，阴谋窃据喀什噶尔，被游击刘发恒击败。次年，受张格尔派遣，往痕都斯坦借兵，未遂。九月，在前往托古斯托罗途中病故。

【巴布泰】(1592—1655) 清初将领。满族，爱新觉罗氏。清太祖*努尔哈赤第九子。后金天命十年(1625)，征东海呼尔哈部。十一年，掌正黄旗。天聪四年(1630)，随贝勒阿敏驻永平，明军陷滦州，因未能御敌，罢职。八年(1634)，以副都统随军入关，克保安州。后因匿所获罢职。清崇德六年(1641)，封三等奉国将军。七年，驻防锦州。顺治元年(1644)，随睿亲王多尔衮入关，败李自成义军。二年，叙功晋一等奉国将军。三年，随贝勒勒克德浑征湖广，屡败敌军。四年，晋三等辅国将军，再晋辅国公。六年，讨大同叛镇姜瓖。八年，晋镇国公。卒，谥恪僖。

【巴尔堪】(1636—1680) 清初将领。满族。郑亲王*济尔哈朗第四子。顺治十一年(1654)，封三等辅国将军。康熙十三年(1674)，"三藩"叛，吴三桂据湖南，命署副都统赴衮州。以耿精忠遣兵由饶州犯徽州，随江宁将军额楚进剿，为先驱。九月至旌德，赴徽岭，破敌。先后克徽州，复婺源，陷乐平，下饶州。次年克安仁，复贵溪，攻永丰。十六年(1677)，随简亲王喇布征吉安，与吴三桂部韩大任战于螺子山，失利，削职戴罪图功。旋同额楚进征广东，韶州莲花山之战，受伤仍力战，获胜。后三年从喇布师次广西，创发卒于军。

【巴西萨】(？—1775) 清朝武官。索伦布拉穆氏，隶正红旗。乾隆三十八年(1773)，以佐领从征金川，因战功赏花翎，赐号塔尔济特巴图鲁。后两年进攻康萨尔，阵亡。

【巴扬阿】(？—1876) 清朝将领。齐齐哈尔达斡尔人。字玉农。咸丰二年(1852),以协领引见,率黑龙江兵南征。四年,赏花翎。五年,加副都统衔,补呼兰城守尉。六年,攻汉阳,晋副都统,赐号依勒固尔巴图鲁。七年,迁镶红旗汉军副都统,署荆州左翼副都统。同治四年(1865),晋荆州将军,整顿军营,重视教育。光绪初卒于官,谥威勤。

【巴奇兰】(?—1636) 清初将领。满族,纳刺氏。世居伊巴丹。太祖努尔哈赤起兵初,率众来归,隶满洲镶红旗。沙岭之役,率五牛录为前锋败敌。后金天命十一年(1626),从攻宁远,克觉华岛,授职游击。太宗皇太极即位,为十六大臣之一,佐理正黄旗。天聪三年(1629),从征明,逼北京,败总兵满桂。七年(1633),破旅顺口。八年,同萨穆什喀分左右翼征虎尔哈部,叙功晋一等梅勒章京。十年二月卒,赠三等昂邦章京。乾隆初,追封三等子。

【巴哈布】(?—1837) 清朝将领。蒙古正蓝旗人。乌武米氏。嘉庆元年(1796),由健锐营前锋授蓝翎长。随参赞大臣德楞泰出师湖北,继入四川,镇压和追击川楚陕白莲教起义,赏戴蓝翎。七年(1802),起义被镇压后,回任。十一年(1806),以东南海上农民起义首领蔡牵攻台湾,奉命赴闽省捕捉。十五年(1810),升前锋参领。十八年(1813),赴河南滑县,后随御前大臣拉旺多尔济赴河北黄村,镇压天理教起义。二十五年(1820),擢镶蓝旗蒙古副都统。道光二年(1822),任统领、喀喇沙尔办事大臣。六年(1826),回疆贵族张格尔叛乱。他应阿克苏办事大臣苏伦保请援,率土尔扈特、和硕特蒙古兵前往平叛。继调赴长龄军营,参加平叛。九年(1829),授塔尔巴哈台参赞大臣。十二年(1832),授江宁将军。任内五年颇能整饬军务。卒,谥勤勇。

【巴思哈】(1632—1661) 清初将领。满族,爱新觉罗氏。清太祖＊努尔哈赤曾孙,克勤郡王＊岳讬第五子。清崇德四年(1639),封镇国将军。顺治六年(1649),晋多罗贝勒。九年(1652),随敬谨亲王尼堪征义军张献忠属部孙可望于湖南。后与屯齐败敌于周家坡。十一年,以随尼堪败绩罪削爵。十二年,授镶红旗满洲都统,封镇国公。十五年(1658),随信郡王多尼征明桂王朱由榔于云南。十六年,逼云南省城,同贝勒尚善等克镇南州玉龙关,永昌府腾越州。十七年,旋师,以征云南军士扰民,降镇国将军。十八年二月,卒。

【巴笃理】(?—1634) 清初将领。满族,佟佳氏。后金天命初,与弟蒙阿图来归,隶满洲正白旗,授扎尔固齐。积战功,授游击职。十年(1625),从贝勒莽古尔泰克旅顺城。十一年,击退明将毛文龙对萨尔浒城的进犯。天聪三年(1629),从太宗入山海关,克遵化城,因功晋二等参将。四年,从贝勒济尔哈朗守永平,退明将张弘谟兵,率兵援滦州,后弃城归。五年,授礼部承政。六年,出使朝鲜,定职贡颁数。八年,从太宗征明,至应州,与贝勒阿巴泰取灵丘县王家庄,中流矢卒,恤赠三等副将。顺治十三年(1656),追谥敏壮。

【巴雅尔】(1723—1757) 清代卫拉特蒙古辉特部台吉。伊克明安氏。噶尔丹策零时领准噶尔二十一昂吉之一。初游牧于额琳哈毕尔噶。乾隆二十年(1755),清军征达瓦齐时内附。因乏畜产,被徙置吐鲁番耕牧。九月,偕绰罗斯台吉噶勒藏多尔济等进京朝觐,封辉特汗。二十一年夏,举兵应喀尔喀郡王青衮咱卜叛。二十二年(1757),于塔尔巴哈台为清军所擒,处死。

【巴雅喇】(1582—1624) 清朝开国功臣。满族,爱新觉罗氏。＊塔克世第五子,清太祖＊努尔哈赤异母弟。初授台吉。明万历二十六年(1598)初,奉命与努尔哈赤长子褚英征安楚拉库路,取屯寨二十,降众万余,赐号"卓礼克图",又号"青巴图鲁"。三十五年,受命征东海窝集部,取篇席赫、鄂谟和苏鲁、佛讷赫托克索三路,俘众二千。顺治十年(1653),追封多罗贝勒,谥刚果。

【巴木巴尔】(?—1774) 清代卫拉特蒙古土尔扈特部贵族。土尔扈特汗王＊渥巴锡族弟。乾隆三十五年(1770)秋,参加渥巴锡在维特梁卡(今俄罗斯阿斯特拉罕省叶诺塔耶夫斯克以北)召开的会议,决策起义,东返祖邦。三十五年十一月二十(1771年1月5日),率属众200余户、5000余人参加东返征战,和舍楞指挥前锋部队,为抢渡乌拉尔河立下战功,是东返斗争的重要领导人之一。三十六年六月五日(1771年7月17日),抵伊犁河支流察林河畔。因病未能随渥巴锡入觐承德,被乾隆封为多罗郡王,赐号毕锡埒勒图,游牧于库尔喀拉乌苏(今新疆维吾尔自治区乌苏县),属旧土尔扈特蒙古乌纳恩素珠克图盟东路。次年夏,入觐承德,三十九年(1774)病逝,子车凌德勒克袭。

【巴布扎布】(1875—1916) 清末民初蒙古宗社党首领。内蒙古卓索图盟土默特左翼旗人。约十岁,迁居苏鲁克旗(今辽宁彰武县)。自幼不愿劳动,与地方恶少歹徒结帮聚伙,青年时成为当地匪首。后投靠日本人,为"永治挺身队"队长。1908年,任彰武县警察局长。1913年,到外蒙古,投靠哲布尊丹巴,封镇国公。任镇东将军。后返回内蒙古。德国为了牵制沙俄,收买其炸毁中东铁路嫩江铁桥,他向沙俄海拉尔俄国领事吴萨缔告密,获得大量枪支弹药,扩编为十五个营,在沙俄唆使怂勇下,南犯锡林郭勒盟南部地区,被北洋政府军击溃。1916年,复投靠日本,与日本特务川岛浪平勾结,成为"蒙古宗社党"首领,阴谋复清。纠集匪徒五千余人,在吉、奉两省进行扰害。同年十月,在进犯林西城时,头部中流弹坠马身亡。

【巴尔达齐】(?—1654) 清初达斡尔族著名首领。居塞布奇屯,以地为氏,姓色博克。后移居黑龙江北精奇里江畔多科屯,又称精奇里氏。后金天聪八年(1634,一说二年),首率族众来朝,至崇德间先后入朝达十八次,倾心内附,岁贡方物,尚宗室女,为额驸,从征索伦部博木博果尔有功。顺治六年(1649),以沙俄入侵,合族由黑龙江以北迁至嫩江、讷河、诺敏河等地居住。自以额驸身份率家族迁居北京,编入正白旗满洲,初授三等男爵,累至一等男。十一年(一说十二年)卒,葬北京德胜门外(今大屯公社华严厂生产队)。

【巴克巴海】(?—1648) 清初蒙古乌喇特部首领。博尔济吉特氏。色棱第五子。崇德三年(1638),随清军征喀尔喀。四年,从征明锦州、松山。七年,叙功受赏赐。同年冬,遣兵从征明蓟州(治今河北蓟县)。顺治五年(1648),封札萨克辅国公,掌乌喇特后旗。

【巴延蒙克】 见"伯颜猛可"。(234页)

【巴拉吉尔】 清代伊克昭盟"独贵龙"运动领导者。内蒙古伊克昭盟乌审旗人。19世纪50年代,伊克昭盟王公贵族为获宠晋爵,向清廷捐献大量驼马银两,加重对牧民的剥削和压迫。咸丰八年(1858),与朱勒杰尔嘎拉、德勒格尔等组织和领导了乌审旗的"独贵龙"运动,有数百人参加,反对旗王公的封建暴政和日益繁重的苛捐杂税、兵差徭役,反对官吏抢占耕地和向边商借债,将债款摊派给牧民,迫使封建主作出让步,显示出群众的威力。

【巴图蒙克】 ①(?—1774)又作巴图孟克。清代卫拉特蒙古杜尔伯特部台吉。姓绰罗斯。巴特玛多尔济孙,蒙和岱次子。乾隆十八年(1753),随"三车凌"附清,授札萨克辅国公。二十年(1755),从西路军征达瓦齐。旋归牧,复遵定边将军成衮扎布檄,追击明噶特部众。②见"达延汗"。(134页)

【巴剌术黑】 见"巴而术阿而忒的斤"。(90页)

【巴勒达尔】 ①清代卫拉特蒙古青海辉特部台吉。姓伊克明安。青诺颜第巴第三子。康熙(1662—1722)年间,从父徙牧青海,附和硕特部游牧。雍正元年(1723),以罗卜藏丹津叛乱,偕弟贡格等拒附,遣兵助清军击敌,为清廷所重。令别为一部,授贡格为札萨克一等台吉领之。②(?—1770)清朝蒙古王公。喀尔喀札萨克图汗部人。博尔济吉特氏。札萨克图汗﹡格垥克延丕勒长子。乾隆六年(1741),袭札萨克多罗郡王。七年,袭札萨克图汗号,授盟长。十七年(1752),与副都统达青阿以兵三千驻防鄂尔海喀喇乌苏(科布多东南)。十八年,献驼马军。十九年,以杜尔伯特部台吉车凌等归降后,为喀尔喀部人虐,受命驻巴雅防护之,旋以车凌蒙克子巴朗叛逃,他报乌里雅苏台军,分路追缉。二十一年(1756),受命协剿和托辉特部青衮咱卜,授所部副将军。二十三年(1758),入朝,命乾清门行走。二十五年(1760),扈从乾隆帝木兰行围,赐三眼孔雀翎,及黄马褂。三十年(1765),命御前行走。

【巴勒珠尔】 清代卫拉特蒙古青海辉特部台吉。姓伊克明安。青诺颜第巴第五子。康熙(1662—1722)年间,从父徙牧青海,附青海和硕特部牧。雍正元年(1723),以罗卜藏丹津反清,偕兄贡格拒附,领兵助清军击敌,为清廷所重。令别为一部,授贡格为札萨克一等台吉领之。

【巴颜恩克】 清代卫拉特蒙古杜尔伯特部台吉。姓绰罗斯。蒙克特穆尔族台吉。乾隆十八年(1753),随"三车凌"内迁。翌年,从蒙克特穆尔、巴济等潜逃准噶尔,游牧塔本集赛地区。后受清军追击,与之相失,偕噶勒杂特宰桑都噶尔脱归降,仍归旧牧。

【巴尔思不花】 蒙古斡亦剌部贵族。﹡忽都合别乞孙,﹡脱劣勒赤与扯扯干公主之子,﹡成吉思汗外孙。尚拖雷女燕帖木儿,称古儿干(驸马)。

【巴延帖木儿】 见"伯颜帖木儿"。(235页)

【巴勒布冰图】(?—1668) 清蒙古王公。喀尔喀部人。博尔济吉特氏。初为喀尔喀台吉,隶札萨克图汗。康熙元年(1662),札萨克图汗旺舒克为同族罗卜藏台吉额琳沁所戕后,部众溃散,他从杭爱山率部投清,受命附牧于土默特左翼。四年(1665),封多罗贝勒。

【巴雅尔什第】(?—1781) 清朝蒙古王公。喀尔喀车臣汗部人。博尔济吉特氏。多尔济扎勒长子。乾隆五年(1740),袭札萨克多罗郡王。十五年(1750),授盟长。二十年(1755),与同部辅国公达尔济雅等统兵三千,随清军平定准噶尔部达瓦齐于伊犁。继随乌里雅苏台大臣阿兰泰征阿睦尔撒纳,于布拉罕路击斩台吉克和济木呼哩,擒阿克珠勒,因功封和硕亲王。后驻防科布多布延图。二十一年,从定边左副将军哈达哈进攻哈萨克,败阿布赉汗兵,擒固尔班和卓。后返本部,镇压齐木齐格特、于呼伦贝尔西执什第等。

【巴雅尔拉瑚】 清代卫拉特蒙古和硕特部贵族。札萨克多罗土谢图贝勒恭格族叔父。乾隆三十六年(1771),率所属100余户500余人随渥巴锡东返祖邦,诏授一等台吉。

【巴雅尔堪布】 清代西藏礼宾高僧之一。史失其名。藏族。初为僧,后跻身政务。曾随清驻藏大臣文干等依清朝所定"金瓶掣签"制,择定十世达赖喇嘛转世灵童,后奉驻藏大臣及达赖喇嘛命,赴京禀奏达赖灵童及坐床等事,返藏后地位大增,成为达赖及西藏政务中的重要成员之一。道光十一年(1831)、二十一年(1841),曾先后奉达赖喇嘛命赴京祝道光帝五旬、六旬寿辰。对加强西藏与中央朝廷关系作出贡献。

【巴穆布尔善】(?—1669) 清初将领。满族。﹡努尔哈赤孙,塔拜第四子。崇德元年(1636),从清太宗皇太极征朝鲜,败朝鲜兵于陶山。四年,袭兄三等辅国将军爵。顺治元年(1644),随多尔衮定京师,击败李自成农民军。二年,晋二等奉国将军,后两年晋一等奉国将军,又两年晋三等镇国将军。八年(1651),晋封辅国公。康熙四年(1665),任领侍卫大臣。六年(1667),擢秘书院大学士,充纂修世祖实录总裁。八年(1669),以附鳌拜,结党营私罪,伏诛。罢宗室除爵,其子俱著为闲散宗室。

【巴尔斯博罗特】(约1484—1519) 或译伯尔博罗特,明朝人称之为阿著或阿著,号赛音阿拉克,汉文简译作赛那剌等。明代蒙古右翼三万户(鄂尔多斯、土默特、永谢布)济农(亲王)。蒙古孛儿只斤氏。﹡达延汗第三子,﹡满都海哈屯生。一说生于弘治三年(1490)。正德七年(1512),被达延汗授予右翼三万户济农。达延汗(1480—1517年在位)卒后,以汗位继承人、其侄卜赤尚幼,遂于正德十四年(1519)一度登上汗位。不久归政于卜赤,旋卒。

【巴图尔乌巴什】(?—1757) 清代卫拉特蒙古土尔扈特部台吉。卫衮察布察齐六世孙,札曼子。世牧于准噶尔地区。噶尔丹策零及其子统治时,领准噶尔二十一昂吉之一。乾隆二十年(1755),清军征达瓦齐时,率众迎降。是年秋,乘阿睦尔撒纳叛乱,诡言领兵赴博罗塔拉助征,徙牧他处。后获悉阿睦尔撒纳兵败,遁居哈萨克,复觊据伊犁,辖四卫拉特。侦清军严备,流窜于察罕乌苏、博罗布尔噶苏,阿勒坦特卜什诸地。乘间掠巴尔达木特、塔本集赛诸鄂托克。二十二年(1757),阿睦尔撒纳死,偕绰和尔、乌喇特、昂吉岱等逃沙喇伯勒。继遭定边将军成衮札布、右副将军兆惠攻剿,逃哈萨克。死于天花。

【巴图尔珲台吉】(?—1653) 清代卫拉特蒙古准噶尔部首领。名和多和沁。哈喇忽剌长子。明万历四十四年(1616)左右,与父分居,驻牧于额尔齐斯河两岸、亚梅什湖周围。崇祯七年(1634)父死后,嗣位。翌年,达赖喇嘛授予"额尔德尼巴图尔珲台吉"称号。承父业,统辖准噶尔,与鄂齐尔图并为"丘尔干"(会盟)盟主。十年(1637),助和硕特部固始汗击败青海却图汗。十三年(清崇德五年,1640),与喀尔喀蒙古札萨克图汗共同召开卫拉特、喀尔喀各部封建主会议,组成广泛的同盟,并制定《蒙古卫拉特法典》,对协调诸部关系,巩固封建秩序起过一定作用,使各部首领进一步取得谅解,加强了联系。为扩展势力,以女嫁鄂齐尔图及朋楚克为妻,并娶和鄂尔勒克女,结成姻亲。在向西向南发展过程中,与哈萨克、柯尔克孜、诺盖等族发生冲突,经多次战争,迫使哈萨克等部归服。与清廷联系密切,顺治三年(1646),与固始汗等联名向清奉表贡。七年(1650),再遣使入贡。与俄国也有使臣、贸易往来,但对沙俄向准噶尔地区扩张的行径,则坚决予以抵制。在位时期,采取措施,促进准噶尔地区农牧业和手工业的发展,并于和布克赛尔修建寺院、货栈、住房等,形成具有城镇雏型的居民点,为准噶尔的兴起和发展奠定了基础。

【巴图济尔噶勒】(?—1772) 清朝将领。卫拉特蒙古杜尔伯特部人。乾隆十九年(1754),从阿睦尔撒纳妻弟讷默库内附。后随清军征伊犁,兵出北路。二十年(1755)五月,与喀喇巴图尔玉锡等率兵夜袭格登山,大败达瓦齐军。以功授散秩大臣,加赏男爵。是年八月,以党阿睦尔撒纳叛乱罪,被拿问部管辖。次年三月,因疏报讷默库叛乱实情,获赦,授三等侍卫。寻擢头等侍卫,受命赴达勒党阿军营效力。复授散秩大臣。二十二年(1757)十月,授领队大臣,镶蓝旗副都统。越一年,从将军兆惠征霍集占,以功授云骑尉世职。翌年夏,领左翼兵追击霍集占于阿勒楚尔,霍集占逃伊西洱库尔淖尔后,复败之。以功获花翎、白金等赏。二十五年(1760),授内大臣,图形紫光阁,加骑都尉世职。三十四年(1769),授公中佐领。

【巴赖都尔莽奈】(?—1641) 清朝将领。蒙古察哈尔人。姓乌弥。初为察哈尔部大臣。林丹汗兵败后,他率二百余户从哈屯河附后金,隶蒙古正黄旗。崇德元年(1636),授一等男。三年(1638),随贝勒岳讬征明,败明总兵吴国镇及内监冯永盛兵。六年(1641),从征明锦州,败明总督洪承畴援军于松山、杏山间。阻击锦州突围明军,中流矢阵亡,追赠三等子。

【巴木丕勒多尔济】(?—1747) 清朝蒙古王公。喀尔喀土谢图汗部人。博尔济吉特氏。车凌巴勒长子。康熙五十六年(1717),随额附巴林郡王乌尔衮由阿尔泰征准噶尔于赫色勒巴斯诺尔。雍正七年(1729),袭札萨克辅国公。八年,由额尔德尼昭运屯田谷于塔本讬罗海,继以筑科布多城,受命解运所用铁。九年,随同部亲王丹津多尔济等征准噶尔部大策凌敦多布于苏克阿勒达呼。十年,复随额附策凌败小策凌敦多布于额尔德尼昭。

【巴卧·祖拉陈哇】(1504—1566) 明代藏族学者。拉萨西部聂塘人。属尼雅氏族。五岁被比丘恰降巴依转世制认定为康区乃囊寺巴卧系活佛二世。后迎往西藏洛扎卓波寺住持,从上师多丹根顿嘉措学藏语文。九岁随噶举派红帽系四世却吉查巴受沙弥戒及比丘戒,遂取名弥旁·却吉嘉措。十二岁随达波班哲达却结甸贝坚赞听新旧密咒诸法,随卫地癫僧海如嘎衮噶桑波听大手印教授,从夏鲁大译师却琼桑波受具足戒。廿九岁赴工布,在森波朋巴冈师事噶玛噶举派八世活佛弥觉多吉,取名祖拉陈哇,随师广听五明之学,终成一代名家。著有《金刚亥母大释》、《入行论释》、《历算论宝库》、《医方四续释》等。尤以《贤者喜宴》一书闻名于世。该书详述西藏诸派教法历史,独有见地。此书动笔于1545年,成书于1564年,绝大部分章节完稿于洛扎代哇宗拉隆寺(属乃溪卡),故又称《洛扎佛教史》。全书五编十七章,记述印度佛教及王统史,吐蕃王统史,西藏佛教各派教法史,汉地、于阗、西夏、蒙古等王统及教法史,律学源流史,论师及译师史,五明源流史。尤以吐蕃王统史的史料最为罕见翔实,其中有关吐蕃社会制度、阶级等级、赤松德赞及赤德松赞时兴佛盟文、吐蕃晚期奴隶大起义等史料,极为珍贵,有关《噶玛噶举教派史》内容也最为丰富,是研究吐蕃史及噶玛噶举教派史的珍贵文献。

【巴雅斯呼朗诺颜】 见"狼台吉"。(460页)

【巴而术阿而忒的斤】 又译巴剌术黑、八儿出阿儿忒。蒙古国时期高昌回鹘(畏兀儿)亦都护(也作"亦都兀惕",国主号,意为"幸福之主")。初臣属西辽。元太祖成吉思汗四年(西辽天禧三十二年,1209),因不堪压迫和勒索,杀西辽监国。次年,遣使臣服蒙古。战胜蒙古劲敌蔑儿乞部首领脱脱子忽秃等于崭河(今昌吉河),遣使告捷,并贡珍宝。六年(1211),至怯绿连河(今克鲁伦河)畔朝觐成吉思汗。汗许以也立安敦(阿勒屯)公主,叙为第五子,"使与诸皇子约为兄弟,宠异冠于诸国"。仍为亦都护,统领畏兀儿地。十四年(1219),率畏兀儿兵万人随蒙古军西征,破养吉干城。二十一年(1226),从汗攻西夏,皆有战功。太宗窝阔台即位后,以也立安敦公主未婚先卒，又许以阿剌只公主，未及成婚，亦都护卒。其子怯失迈失娶之为妻。

【巴延达喇纳琳台吉】 见"把林台吉"。(224页)

【巴图尔额尔克济农】 见"和啰理"。(362页)

【巴雅思哈勒昆都楞汗】 见"昆都力哈"。(350页)

【予成】(？—485) 《通典》作"子成"。南北朝时期柔然可汗。郁久闾氏。吐贺真子。北魏和平五年(464)，父卒，继立，号"受罗部真可汗"(意为惠王)。仿中原王朝制度，建年号永康，为柔然建年之始(一说450年继位，464年建年号)。时柔然已西并高昌，遂乘势役属焉耆、鄯善、龟兹、姑墨诸国。永康七年(北魏皇兴四年，470)，又进击南疆的于阗，控制西域大片地区，不断与北魏冲突，互相争战。永康九年、十年，连续攻击北魏通西域的重镇敦煌。同时，与南朝宋通使，学习内地文化，渐习书契，颇有学识。并力图联合南朝，夹击北魏。永康十五年(北魏太和二年，478)，与南宋宰相萧道成的使臣王洪范(一作王洪轨)相约，克期共伐北魏。翌年，按约定发三十万骑南进，因南朝宋、齐更替，未遂。继请求南齐武帝派医生和工匠至柔然传授医疗、织锦、造指南车、漏刻的技术，因道远未果。虽与北魏不断交兵，但也遣使通贡不绝，并先后于永康十二年(475)、十五年(478)两次要求与北魏通婚，获魏孝文帝允，但终未能实现。永康二十二年(485)卒，子豆仑继位。

【水应龙】 清末中医师。回族。河南南阳人。七代祖传中医，主治伤寒症，医术高明，人誉为"妙手回春"。几代致力于恢复南阳乡贤张仲景圣祠庙、设立国医学术研究院，对中医学的发展作出贡献。

【书麟】(？—1801) 清朝将领。满洲镶黄旗人。高佳氏。大学士高晋子。乾隆三十六年(1771)，授西安副都统。因大金川索诺木(莎罗奔孙)诱杀革木什扎土司官，侵占其他，小金川僧桑格(泽旺子)进攻鄂克什及明正两土司，命为领队大臣率兵随参赞大臣丰升额进击。四十一年(1776)，金川平。因功授广西提督。四十九年(1784)，授安徽巡抚。任内以漕粮、关税银赈济灾民，并请清厘荒地以益国课民情，颇有成效。五十一年(1786)，黄运两河漫口，同两江总督李世杰等兴工堵修。后擢两江总督兼署江西巡抚。五十五年(1790)，以失察等罪，发遣伊犁。后回总督任并兼署江宁织造和龙江关税务。五十九年(1794)，兼署漕运总督。旋因徇庇两淮盐政夺职。嘉庆初，官都统、尚书、总督。在云贵总督任内，曾参与镇压苗民起义；在湖广总督任内，同将军明亮等镇压川楚陕白莲教起义。卒于军。

【书库尔】 见"楚琥尔乌巴什"。(563页)

【书库尔岱青】 又作岱青。清代卫拉特蒙古土尔扈特部汗王。* 和鄂尔勒克长子。明崇祯十三年(1640)，随父参加在塔尔巴哈台召开的卫拉特、喀尔喀四十四部王公大会，参与制定《蒙古卫拉特法典》。清顺治元年(1644)，成为西迁伏尔加河流域的土尔扈特诸部首领。三年(1646)，与弟罗卜藏诺颜随和硕特部首领顾实汗向清王朝进表贡。同年赴西藏，取得达赖喇嘛对其汗王称号的承认。是后，近十年间，常居西藏，也不时返回伏尔加河流域自己牙帐，与弟伊勒登诺颜、罗卜藏诺颜共同治理本部事宜。七年(1650)、十二年(1655)，先后遣使向清朝奉表贡马，均得清政府礼遇。执政期间尽力调整与俄国关系，通过1655年、1657年、1661年三次谈判，缓和了双方关系，保持了民族的自主与独立。1655年，断然拒绝俄国提出的共同进攻波兰人及其同盟者克里木人的要求，同时也拒绝与克里木汗国联合进攻俄国。十八年(1661)，因年高退位，传汗位与长子朋楚克。被誉为是伏尔加河流域土尔扈特汗国初创时期的著名汗王。

五 画

【一】

【功嘉葛刺思】 见"胆巴"。(92页)

【打来孙】(1520—1557) 亦译打赉逊、打来素、打来宋、达赉逊库登、他赉孙阔通,或称库登汗、小王子等。明代蒙古可汗。孛儿只斤氏。*达延汗曾孙,*卜赤长子。嘉靖二十六年(1547,一说三十年,1551),父卒,即汗位。驻帐于察哈尔万户,原游牧于宣府(今河北宣化)、大同塞外,即锡林郭勒盟一带,曾与右翼俺答汗互相盗马仇杀。后慑于俺答汗的势力,授予俺答汗"索多汗"称号,并徙幕东方,进入大兴安岭以东地区,残破泰宁、福余诸卫,其部众,数攻入明朝蓟西地区。嘉靖三十六年(1557)卒,子图们(土蛮)继位。一说在位十九年,于隆庆三年(1569)卒。

【打来罕】 见"黑石炭"。(540页)

【打郎台吉】 见"哥力各台吉"。(443页)

【打儿汉台吉】 见"阿穆尔达喇达尔罕"。(294页)

【打赖宰生台吉】 又称我折进台吉,简称打赖台吉或宰生台吉。明代蒙古右翼土默特部领主。孛儿只斤氏。*俺答汗孙,*辛爱黄台吉子。驻牧于兴和(今河北省张北附近),拥兵一万余骑。在山西新平市口与明朝互市,与明关系甚洽。

【打鲁哇亦不刺金】 明代于阗王。蒙古族。永乐六年(1408),遣使满剌哈撒木丁等向明廷贡玉璞。十八年(1420),与哈烈、撒马儿罕等皆遣使贡马。明遣陈诚、郭敬等出使其地,赠以彩币。自后贡使不绝。

【札杜】(?—1797) 清嘉庆朝云南各族抗清斗争的拉祜族首领。云南威远(今景谷县)人。嘉庆元年(1796),威远牛肩山一带拉祜族人民乏食,在其领导下起义,反抗清朝。后率领拉祜族义军转移到缅宁的大黑山一带,联合佤族、布朗族起义人民袭击缅宁城。清廷命云贵总督勒保、参将珠隆阿率领滇兵二三千名进行镇压。次年,被俘牺牲。

【札刺】 见"耶律资忠"。(318页)

【札木毕】 清代卫拉特蒙古辉特部台吉。辅国公罗卜藏次子。康熙(1662—1722)中,从父率众内徙,驻牧喀尔喀,授三等台吉。雍正中,随清军赴乌鲁木齐击敌,阵亡。赠辅国公,命以弟达什达尔札承袭。

【札木合】(?—约1205) 又作札木哈。蒙古国建立前札只剌部首领。号"薛禅"(贤者)。与铁木真(成吉思汗)同宗,均为孛端察儿后裔,俱属尼伦蒙古。合剌合答安之子。父死后,嗣为部长。率部游牧于斡难河(今鄂嫩河)畔。为人雄勇有大志,"冀图王权"。幼年曾与铁木真结为"安答"(义兄弟),以示友好。宋乾道六年(1170)铁木真父也速该逝世,乘蒙古孛儿只斤氏势衰,部众离散之机,收容了也速该的大量部民,势盛。当铁木真遭蔑儿乞部攻击时,曾与克烈部王罕一起助铁木真战胜蔑儿乞部,再结"安答"。后忌铁木真即蒙古部汗位,失和,借口部人给察儿被铁木真部下所杀,发动进攻,爆发"十三翼之战"。因虐杀俘虏,引起部下不满,部众离散。宋嘉泰元年(1201),被哈答斤、散只兀、朵儿边、塔塔儿等十一部推举为"古儿罕",联军进攻铁木真,兵败海剌儿河(今海拉尔河)。翌年,结乃蛮等部袭击铁木真与王罕,复败于阔亦田(今哈拉哈河上源),遂投降王罕。屡挑唆王罕与铁木真敌对,致使嘉泰三年爆发"合兰真沙陀之战"。旋与火察儿等谋弑王罕,欲篡权自立,未遂,逃奔乃蛮部。四年乃蛮部为蒙古部击灭后,势益孤,逃唐麓岭(今唐努山),靠剽盗射猎维生。后与部下失和,被执送铁木真处死。

【札尔善】(?—1758) 清朝勇士。索伦都拉尔氏,隶黑龙江正白旗。乾隆十九年(1754),以总管从征伊犁,因勇敢善战,赐号赛沙尔泰巴图鲁。二十三年(1758),黑水之战,率轻骑深入,阵亡。

【札坦保】 清朝将领。达斡尔克音氏,隶齐齐哈尔镶红旗。嘉庆三年(1798),以前锋从内大臣额勒登保转战湖北、四川等地,赏蓝翎。十八年(1813)参与镇压李文成起义。道光二年(1822),迁三姓(今黑龙江依兰县)副都统。

【札刺儿】 金末起兵反金投蒙统帅。契丹族。宣宗时,仕役乣军。贞祐二年(1214),蒙古军大举南下,五月,宣宗逃离中都(今北京),军心动摇。驻扎中都南涿州、良乡一带以契丹为主的乣军杀金将兖昆起义,推其与斫答等为帅,领兵攻中都,在芦沟桥下,乣军千人潜水背袭守桥金兵,大胜,获甲杖甚巨,声势大振。为求后援,遣人与辽东耶律留哥和蒙古军联系。成吉思汗遣降将石抹明安等会之,并力围中都,次年破中都。

【札铁匠】(?—1727) 清代云南镇沅府各族抗暴斗争首领。拉祜族。农民出身。雍正四年(1726)冬,为反抗镇沅知府刘宏度大肆侵占民田,放纵豪绅官吏敲诈掠夺,借仗量土地之机苛索贿银,与傣族首领刀如珍率各族民众秘密集会于山林,歃血为盟,共同反对贪官污吏的压迫剥削。翌年正月十七日夜,乘土兵操练镖弩之机,潜入府署,杀死刘宏度全家。后遭云贵总督鄂尔泰所调元江副将张应宗镇压,与刀如珍等同被杀害。

【札干和卓】 见"加罕和卓"。(127页)

【札马鲁丁】 又译札马剌丁。元代著名天文历法学家。回回人。原为波斯马拉加天文学家。忽必烈即位前,应召来华,事于藩府。至元四年(1267),依据伊斯兰教历法撰进《万年历》,曾被采用。同年,又造西域观测仪器七种:"咱秃哈剌吉"(波斯名,汉言浑天仪)、"咱秃朔八台"(测验周天星曜之器)、"鲁哈麻亦凹只"(春秋分晷影堂)、"鲁哈麻亦木思塔余"(冬夏至晷影堂)、"苦来亦撒麻"(浑天图)、"苦来亦阿儿子"(地球仪)、"兀速都儿剌不定"(画昼时刻之器)。八年(1271),置回回司天台于上都,为提点,执掌观测天文,修制历法。十年,改知秘书监事,兼提点。二十二年(1285),建言编修地理图志,受命主其事。三十一年(1294),修成,名《大元大一统志》。历任集贤大学士。是把伊斯兰教天文历法较全面介绍于中国的第一人,对中西文化交流有一定贡献。

【札合敢不】 又作札阿绀孛、札哈坚普。蒙古诸部统一前克烈部首领之一。克烈部部长*王罕弟。原名怯列亦歹,幼年为西夏所掳,久居其地,因为人机敏,颇受重用,赐名"札合敢不",一说意为"可尊敬的王公";一说为唐兀语"赞普"的异译。曾与王罕率军助蒙古部铁木真(成吉思汗)击败蔑儿乞部。当王罕为另一弟额儿客合剌联合乃蛮军所逐时,他逃亡金边,后寄居蒙古部。宋庆元五年(1199),王罕与铁木真联兵袭击乃蛮部,中途私自撤兵,他与王罕子亦剌合殿后,遭乃蛮军追袭,兵败,得铁木真部下四杰援助,击败乃蛮军。次年,与本部诸诺颜欲谋害王罕,事败,逃往乃蛮部。后复与王罕合。嘉泰三年(1203),克烈部被蒙古部击灭后,归服铁木真,互结姻亲,以长女亦巴合嫁铁木真,次女唆鲁和帖尼嫁铁木真第四子拖雷。后复叛,为蒙古将术赤台执杀。

【札罕格尔】 见"张格尔"。(269页)

【札阿绀孛】 见"札合敢不"。(93页)

【札哈坚普】 见"札合敢不"。(93页)

【札八儿火者】 蒙古国将领。"札八儿"为名,"火者"为宗教职衔。又名阿剌浅,回回人,赛夷氏。雄勇善骑射。通汉语及诸国语,曾往来大漠南北贩卖牲畜。宋嘉泰三年(1203),归附铁木真(成吉思汗),共饮班朱尼水誓盟。随从灭克烈部王罕,统一蒙古诸部。后奉命使金,尽悉金朝实情及近边道路。太祖八年(1213),随从攻金,充响导,引蒙古军自小道入居庸关南口。十年(1215),取中都(今北京),与诸将留守,任黄河以北铁门关以南诸路都达鲁花赤。一说窝阔台汗时,曾奉命掌站赤(驿传)事。太宗六年(1234),随从破蔡州灭金。八年(1236),分封功臣,赐以百户养老。卒年一百一十八岁,追封凉国公,谥武定。

【札牙笃皇帝】 见"图帖睦尔"。(359页)

【札西巴图尔】 见"达什巴图尔"。(136页)

【札那巴尔尔】 ①(1635—1723)清代蒙古语言学家。喀尔喀土谢图汗部人。官布之子。精通蒙、藏文。康熙二十五年(1686),根据天竺字母和藏文字母创制了书写蒙古语的索永布文字。这种文字在喀尔喀寺庙的喇嘛中流行了二百余年,对提高蒙古族文化作出贡献。该文字是一种方形音节文字,从左至右横写,共有九十个音节字母,字体有印刷体、楷书和草书三种。这种文字克服了回鹘式蒙古文不能表达梵文、藏文一些语音的缺点,但其写法复杂,笔划繁多,不易书写和掌握,未能广泛使用。②见"哲布尊丹巴呼图克图一世"。(448页)

【札巴·恩协坚】(1012—1090) 宋代吐蕃名医。赤松德赞大臣钦·多吉斋琼五世孙,香达噶尔瓦之子。出生于前藏夭如地方的札村,取名多达合查。幼年在家放羊五年,后依鲁墨弟子阳绪·杰瓦畏出家,法名西饶杰瓦。入桑耶寺学律戒五年。从伯父香端顷跋学显密经法和医学。从帕当桑杰学希杰法门。因精于显密经法,故称"札巴格西",博通对法"恩巴"之学,故号"恩协",合称札巴·恩协坚,又称恩旺丘跋。青年时,随湿弥罗·班钦·达瓦衮波学"六加行"及医学。依照香伦·多吉兑都授意,于景祐五年(1038)从桑耶寺正殿宝瓶柱下发现《四部医典》原本,复抄秘藏,后几经转折,经卫巴·达玛扎巴、饶端·贡却嘉,传于小宇妥·元丹贡布,使这部医学巨著重现于世。曾在前藏行医济世,传播《四部医典》的《医诀部》,医名远扬。著有《四论摄义》等书。

【艾拉汗】 旧译婆鲁尾拉。清代伊犁维吾尔族、回族起义首领。维吾尔族。新疆伊犁人。千户长伊不拉音之子。同治三年(1864),参加伊犁维吾尔族、回族人民反清起义,被推举为义军"艾米尔"(军队首领)。五年(1866),举兵攻克伊犁将军驻地惠远城,废维吾尔族"苏丹"肖开特,自兼其职。不久,杀肖开特及回族"苏丹"马万信。十年(1871)春,率军抵抗沙俄军对伊犁麻札尔、克特缅等地的侵犯。由于叛徒出卖,失败。六月,拒击俄军二千余人对霍尔果斯河防线和清水河地区侵犯,在广大人民支持下,一度获胜。后因俄军进攻绥定城(今霍城),援军不继,被俘,押解阿拉木图。

【艾斯木汗】 又译额什木汗、伊希姆汗。明末清初哈萨克汗。契晏依汗子,塔吾克勒汗兄弟。1598—1628年在位。明万历二十六年(1598),与布哈拉及撒马尔罕统治者签订和约,规定塔什干城及其周围地区在240年内归哈萨克汗国管辖,并与中亚各国建立贸易联系。与别失八里(又作亦力把里)等统治者矛盾日益尖锐。为维护社会秩序,处理汗国内各种事务和刑事犯罪案件,在《哈斯木汗法规》的基础上制定了《艾斯木汗习惯法》,史称《艾斯木旧典》。平定塔什干统治者吐尔逊·穆罕默德的叛离,使哈萨克汗国重归统一。明崇祯元年(1628,一说顺治二年,1645)卒。

【丙兔】(?—1588) 蒙文史籍作炳图伊勒登,汉文又泽作兵兔、宾兔等。明代蒙古右翼土默特属部委兀慎领主。孛儿只斤氏。*俺答汗第四子。与鄂尔多斯部吉囊孙宾兔同名。嘉靖三十八年(1559),随俺答汗进入西海(青海),逐走亦不剌部下卜儿孩。俺答汗东返后,率部留居西海。隆庆五年(1571),受明封为指挥同知。初在宁夏中卫与明互市,万历二年(1574)后,改在甘肃扁渡口(在今甘肃民乐县境)互市。三至五年(1575—1577),奉父命在西海建寺,迎请索南嘉措(第三世达赖喇嘛),由明廷命名为仰华寺。八年(1580),入掠明朝内地人畜,遭俺答汗驰书切责,尽还所掠人畜。十五年(1587),携子真相台吉渡黄河,移牧于莽剌川(今青海贵南县一带),临洮河,与明军屡起冲突。卒后,子真相仍居莽剌川。

【正吉·泽登罗布】 清代康定炉霍尔土司。藏族。又名德瓦夏巴。管理康区十三大寺之一炉霍寿灵寺,委任其弟为寺主,并为该寺制定一整套规章制度,称为"青则·罗桑克珠规章"。更寺名为霍尔章古寺,旋改为寿灵寺。与土司联为一体,政教合一。借五世达赖喇嘛罗桑嘉措声望,于寿灵寺办第一次大祈祷法会,请五世达赖为该寺指定主持活佛。曾大力修缮寺院、建庙堂、塑佛像、刻写《甘珠尔》经。康熙五十六年(1717),邀请第四世嘉木样协巴活佛指导修建法相院。逝世后,为悼念其对寿灵寺的功绩,将其遗体盛檀香木制塔内,供于新建之大经堂内。

【玉保】(?—1757) 清朝大臣。蒙古镶白旗人。乌梁罕济勒门氏。自理藩院笔帖式三迁郎中。乾隆三年(1738),升侍郎。八年(1743)、十二年(1747),二次率准噶尔使者入藏熬茶。十六年(1751),迁正黄旗蒙古都统。十七年,与尚书舒赫德赴北路防边,备御准噶尔部达瓦齐。十八年,因习准噶尔事,授参赞大臣佐军事。二十年(1755),阿睦尔撒纳叛,复任侍郎、参赞大臣出兵北路。收阿睦尔撒纳所属三百余户等,升内大臣。二十年,封三等男爵,追阿睦尔撒纳至哈萨克,以拥兵不前,削男爵,夺参赞大臣,改领队大臣。后以久劳师无功,逮送京师,死于途。

【玉德】(?—1808) 清朝大臣。满族。瓜尔佳氏。满洲正红旗人。初由官学生迁刑部郎中。乾隆五十一年(1786),擢山东按察使。五十四年(1789),由安徽按察使迁布政使,擢刑部右侍郎,赴湖北审理济阳县杨隆霖控告案。五十六年,赴奉天锦州办案。六十年,授山东巡抚。二月,获刘之协之教友陶兴。十月,疏请东省水师营额,将所设战船十二只改成商船式样,以便更好地缉私。十二月,署河东河道总督。嘉庆元年(1796),调浙江巡抚。次年,为查除洋面,请将兵船假写商船字号。六月,因疏劾宣平知县张蚤誉霉湿仓谷迟延,受罚。四年(1799)七月,赴江苏审办巡抚宜兴被参事及地方官滥责生员案。五年,任闽浙总督。赴泉州查办漳泉械斗事,和平解决,人人称快。六年初,署福州将军。十年(1805)底,与赛冲阿查处蔡某窜台湾滋扰事。次年二月,因久住厦门,毫无筹划,降三品顶带去花翎。又因平时因循玩误,海疆失治,酿成事端,革职,发伊犁效力赎罪。十二年。以三等侍卫充乌什办事大臣。

【玉擦】 吐蕃赞普赤松德赞(755—797年在位)时将领。吐蕃人。随军征战至夏州(今夏河),任统帅驻军该地,后定居甘加区的卡加(又称"喀加")。其后裔分散于岗岔、南木拉、合作、甘加、扎尤、卡加六大部落,谓之"卡加六部"。后又繁衍出众多小部落,成为今甘南藏族自治州首府夏河县地区藏族先民,玉擦被尊为该地藏族始祖。

【玉麟】(?—1833) 清朝大臣。字子振。满族、哈达纳喇氏。满洲正黄旗人。乾隆六十年(1795)进士,选庶吉士,授编修。嘉庆初,三迁至国子监祭酒。历詹事、内阁学士、实录总纂。八年(1803),升礼部右侍郎,充经筵讲官,任实录馆副总裁、正白旗满洲副都统。十年(1805),调吏部右侍郎,充武英殿总裁,转左侍郎,管理国子监。十一年,署户部左侍郎,兼署镶白旗满洲副都统,充左翼监督,署正蓝旗满洲副都统,稽察会同四译馆。十二年,奉使审理安徽寿州狱、湖北官银匠侵亏钱粮事。后历赴湖南、江西、直隶、河南按察,时称公正。旋提督安徽学政。十四年,调江苏学政。十五年,署户部左侍郎。十六年,授右翼总兵,管理右翼宗学、西洋堂事务。坐吏部铨序有误,夺职。未几,授内阁学士兼礼部侍郎衔。十七年,历镶红旗护军统领、左翼总兵、崇文门副监督、户部左侍郎。十八年,天理教林清攻紫禁城,率部击捕,坐门禁懈弛,递职。十九年,以三等侍卫赴叶尔羌办事。二十二年,加副都统衔,充驻藏大臣,后历官左都御史,礼部、吏部、兵部尚书。道光七年(1827),兼翰林院掌院学士,充上书房总师傅,加太子少保。八年,晋太子太保。九年,为伊犁将军,筹划回疆事宜。十二年(1832),回疆事定,回伊犁,拓敬业官学学舍,创建文庙。十三年,回京途中,病故于陕西长安县,谥文恭。

【玉元鼎】 元曲家、历史学家。回回人。原名阿鲁丁,字元鼎。先世西域人。始祖玉速阿剌,随成吉思汗西征有功,为勋旧世臣家。至大、皇庆间(1308—1313)入国子学,从名学者吴澄受业。至治、天历间(1321—1330),为翰林学士。自幼攻读文史,著有《古今历代启蒙》,为中国历史之通俗教科书,赵孟頫评其书"以教童蒙使之习诵,俾知古今,即成人亦可读之以为历代史记之目也"。善散曲,颇有名气,其作多抒情小品,文词清丽流美,时有民歌之风味。代表作有《醉太平·寒食》等,其作大多佚亡,现存有小令七首和套曲一套。

【玉努斯】(?—1826) 清朝官员。维吾尔族。新疆吐鲁番人。札萨克郡王伊斯堪达尔子。任喀什噶尔(今喀什)阿奇木伯克。清嘉庆十六年(1811)袭父爵,进京朝觐。十八年(1813),因私遣人向浩罕馈赠礼物,并密许其在喀什噶尔设立哈孜(哈子)伯克,管理安集延人刑讯事务,被革职。不久又以哄抬粮价、枉杀无辜罪被拘系伊犁。二十四年(1819),释回原籍。道光五年(1825),张格尔侵犯南疆时,赏五品顶戴,令赴喀什噶尔办事。因遣人侦悉张格尔下落功,获赏。六年(1826),张格尔夺取喀什噶尔时,以身殉难。赏一品衔,按头等台吉抚恤。

【玉哇失】(?—1306) 元朝将领。阿速氏。千户也烈拔都儿子。初袭父职，为阿速军千户，赐镇巢二千五十二户为食邑。至元十四年（1277），率所部与土土哈征叛王昔里吉，继从丞相伯颜进军斡耳寒河（今鄂尔浑河），败昔里吉、玉木忽儿军，迫之金山，以功授定远大将军、前卫亲军都指挥使。二十四年（1287），随忽必烈汗征叛王乃颜，充先锋，败哈丹军，于失剌沐涟（今西拉木伦河）擒乃颜。并屡败其党塔不带、哈丹等。三十年（1293），与土土哈统阿速、钦察军征海都，尽收乞儿吉思、撼合纳、乌斯、谦州、益兰州五部。继从皇孙铁穆耳连败海都军。大德元年（1297），攻八邻部，败海都子秃曲灭。次年，败笃哇于合剌合塔。五年（1301），大败海都、笃哇，迫海都走死，以功晋镇国上将军。

【玉素布】（？—1767）一译玉素甫、玉素卜、玉素富、岳素布等。清朝大臣。维吾尔族。新疆哈密人。札萨克固山贝子额敏长子。乾隆五年（1740），袭镇国公爵。十年（1745），晋固山贝子。二十年（1755），率所部兵从清军击达瓦齐。次年，与副将祖云龙助平吐鲁番封建主莽噶里克叛乱，擒其子白和卓。复从清军征布拉呢敦、霍集占。授领队大臣，驻屯乌什。以办事勤谨，越三年晋多罗贝勒。又封郡王。二十五年（1760）春，进京朝觐。因遣人助垦塔勒纳沁田，授参赞大臣，令往叶尔羌代额敏和卓办事。后留阿克苏，任事二年，调往叶尔羌（今莎车）。三十一年（1766），回哈密。旋赴京朝觐，途中染疾，卒于山西灵石县。

【玉木忽儿】又译药木忽儿、要木忽尔、岳木忽而等。元朝宗王。蒙古孛儿只斤氏。*阿里不哥长子。世祖至元八年（1271），从皇子北平王那木罕镇阿力麻里（今新疆霍城）。十三年（1276，或作十四年），暗结昔里吉、脱黑帖木儿、撒里蛮等，劫执北平王、丞相安童，共奉昔里吉以叛，犯和林（今蒙古哈尔和林），扰诸部，先后为元军伯颜、土土哈所败，逃也儿的石河（今额尔齐斯河）。后叛军内讧，脱黑帖木儿转奉撒里蛮为主，相互攻战。先执杀脱黑帖木儿，十九年（1282），为撒里蛮所败，被执送元廷，中途得东道诸王营救，得脱，投附窝阔台后王海都（一说术赤后王火你赤）。成宗元贞二年（1296），率部归降元廷，成宗复其封地，增给岁赐。大德三年（1299），封定远王。九年（1305），改封威定王。武宗至大元年（1308），晋封定王。三年，置王傅府。不久卒。

【玉龙答失】又作玉龙塔失、玉龙塔思、玉龙罕。蒙古国宗王。孛儿只斤氏。*蒙哥汗第三子。中统元年（1260），拥阿里不哥即位于和林（今蒙古哈尔和林）西，与在上都（今内蒙古正蓝旗东闪电河北岸）称帝的世祖忽必烈对峙。见阿里不哥势败，离去，驻军阿勒台山（今阿尔泰山）。后归附朝廷，献蒙哥汗玉玺。至元元年（1264），与阿里不哥等同赴上都朝觐。以先归功，封王，赐驼纽金印。三年，赐卫辉路为分地。约卒于至元四、五年（1267—1268）间。

【玉努斯江】（约1826—1905）清代浩罕汗国官员。全名穆罕默德·玉努斯江。乌兹别克族。原为中亚浩罕汗国艾米尔（军队首领）茂拉艾力木库勒亲信。同治三年（1864）春，受命潜入喀什噶尔（今喀什）搜集情报。是年冬，与茂拉艾力木库勒密谋派阿古柏等侵入新疆。次年，浩罕内乱，俄军入侵，受重新复位之胡达雅尔汗追击，率残部七千余人窜新疆，投靠先入侵之阿古柏。五年（1866），阿古柏夺取叶尔羌（今莎车），被授为该城阿奇木伯克。光绪三年（1877），阿古柏死后，拥立其次子伯克胡里。清军收复南疆，遁色勒库尔（塔什库尔干），为当地塔吉克人擒获，送交清军。光绪六年（1880）获释，返浩罕，充当宗教法官。

【玉昔帖木儿】（1242—1295）又作玉速帖木儿、玉速铁木儿。元朝将领。蒙古阿儿剌氏。成吉思汗十大功臣之一*博尔术之孙，*孛栾台之子。初袭右翼万户，统阿勒台山（今阿尔泰山）部众。继为忽必烈汗召见，任博尔赤，掌怯薛之御膳事，赐名月吕鲁那颜（能官）。至元十二年（1275），拜御史大夫，赐全州清湘县一万七千九百余户为食邑。二十四年（1287），统军征叛王乃颜，三战三捷，执乃颜以献。继辅皇孙铁穆耳讨乃颜余党。次年，大败哈丹秃鲁干，迫之入高丽，以功加太傅。二十九年（1292），任知枢密院事，代丞相伯颜镇守杭海山（今杭爱山），御叛王海都。次年，辅铁穆耳抚军北边。三十一年世祖死后，拥戴铁穆耳即汗位，晋位太师，还镇北边。成宗元贞元年（1295），入朝议边事，卒于大都（今北京）。大德五年（1301），追封广平王。

【玉素普和卓】（约1789—1836）全名迈玛特玉奉普。维吾尔族。新疆喀什噶尔（今喀什）人。伊斯兰教白山派大和卓木*布拉呢敦长孙。早年在布哈拉当阿訇。清道光八年（1828），在其弟张格尔叛乱失败后，得浩罕统治者支持，纠集四万兵力，欲攻喀什噶尔。道光十年（1830）秋，率军袭喀什噶尔，围攻英吉沙尔和叶尔羌（今莎车）。遭壁昌为首清军迎击。是年冬，清援军至，始退。不久因布哈拉举兵攻浩罕，又放弃英吉沙尔和喀什噶尔，与浩罕军一起返回。后卒于浩罕。

【玉素甫·卡迪尔汗】（？—1032）即《宋史》之于阗黑韩王。喀喇汗王朝可汗。于阗李氏王朝的征服者。1004—1032年在位。1009年遣使向宋朝贡方物，开始了两个王朝政治、经济联系。1025年在撒马尔罕南与哥疾宁王朝苏丹马赫穆德会盟，奠定了以阿姆河划分势力范围的中亚政治格局，一直延续到被蒙古征服。是一位有作为的封建君主，笃信宗教，尊敬和厚遇学者及宗教信徒，在位期间，国内涌现出许多学者和可尊敬的人。

【玉素甫·哈斯·哈吉甫】喀剌汗王朝著名诗人。1012—1017年间出生于巴拉沙衮名门世家。后移居喀喇汗王朝的文化中心喀什噶尔（今新疆喀什）。年轻时受过良好的教育，成为学识渊博的学者。1069—1070年完成著名长诗《福乐智慧》，献给喀什噶尔统治者桃花石·博格拉汗哈桑·本·苏来曼，深得赏识，被封为哈斯—哈吉甫（意为"可靠的侍臣"），时年约六十岁。《福乐智慧》是一部以喀什噶尔当地人民的语言写成的劝诫性长诗，共13288行(一说13290行)。宗旨是宣传伊斯兰教的哲学伦理，用清新、形象、生动的语言表达了抽象、难懂、枯燥的哲学概念。在突厥语诸族的文学史中占有重要地位，为其以后的文学发展奠定了基础。是研究喀喇汗王朝的重要史料，形象地描绘了当时社会经济、阶级关系、国家组织、思想意识和风俗习惯等。有维吾尔文、汉文及德文、土耳其文的全译本和节译本。

【古乃】 见"耶律古乃"。(310页)

【古欲】(？—1115) 反辽起义军首领。渤海遗族。古氏。辽天祚帝天庆五年(1115)二月，于饶州(今赤峰)聚众起义，自称大王。头下城(亦称头下州，辽贵族、功臣采邑)渤海人应之，有步骑三万余。四月，击败辽将萧谢佛留。五月，再破辽都统萧陶苏斡，声势颇盛。六月，中萧陶苏斡计，被执，起义失败，被杀数千人。

【古噜】(？—1681) 清朝将领。蒙古族。土默特部人，博尔济吉特氏。托博克次子。初任佐领，康熙九年(1670)，袭都统。十三年(1674)，选兵会征陕西王辅臣。十四年，率土默特兵七百至榆林，与鄂尔多斯部贝勒索诺木合围花马池，败朱龙军。继进围定边，抚定下马关，援征固原。十五年正月，以宁夏兵变，受命防守灵州、定边，以功授三等阿思哈尼哈番(男爵)。

【古儿罕】 又作菊律可罕、菊儿罕。是为罕(汗)号(本名不详)，源于突厥和哈剌契丹，《史集》释其意为"威武"，《元朝秘史》释作"普皇帝"。蒙古诸部统一前克烈部首领之一。马儿忽思之子，克烈部部长*王罕之叔。初与王罕驻牙黑罗卜罕地方。因其兄忽儿察忽思死后，王罕嗣为部长，他对未能嗣位，甚有怨言。又怨王罕嗣位后多杀戮昆弟，摧残骨肉，率兵攻之，大败王罕于哈剌温隘，自为部长。旋遭王罕及蒙古部也速该(成吉思汗之父)袭击，兵败被逐，逃走西夏，后事不详。

【古与涅】 见"移剌古与涅"。(507页)

【古余克】 见"贵由"。(400页)

【古禄格】(？—1666) 清朝将领。蒙古族。土默特部人。姓纳喇。居叶赫部。因叶赫部亡，归依土默特部博硕克图汗于归化城(今呼和浩特)，号楚琥尔。察哈尔林丹汗攻占土默特后，遂归属察哈尔。天聪六年(1632)，后金军征察哈尔林丹汗时，投附后金。崇德元年(1636)，授左翼都统，与右翼都统杭高并驻守归化城。三年(1638)，以喀尔喀札萨克图汗逼归化城，驰告清廷征之。受命加固城垣以备御。夏率韬瑚等九十六人入觐，授一等阿思哈尼哈番(男爵)。后朝献不绝。顺治二年(1645)，晋三等精奇尼哈番(子爵)，受厚赐。六年(1649)，随睿亲王多尔衮征喀尔喀。

【古睦德】(？—1704) 清朝将领。蒙古族。土默特部人。姓纳喇。锡喇布长子。初任佐领。康熙九年(1670)，袭都统，掌土默特左翼，驻守归化城(今内蒙古呼和浩特)。二十五年(1686)，厄鲁特和啰理携众投清，由归化城入觐，受命卫护投附之众。不久，以废职罢统，受召赴京，授佐领，隶蒙古正白旗。三十六年(1697)，复袭都统。

【古儿别速】 又作哈儿八真、菊儿八速。蒙古国建立前乃蛮部部长亦难察之哈敦(意为后妃)。亦难察死后，一度执掌部事，"法度严峻"，为众所服。后归政于亦难察前妻子太阳汗，并依俗续为太阳汗之哈敦。自恃乃蛮部势盛，蔑视蒙古部。宋嘉泰三年(1203)，当克烈部被蒙古部铁木真(成吉思汗)击灭后，力主对蒙古部用兵，掠蒙古妇女为奴婢。次年，乃蛮部为蒙古部所败，太阳汗畏敌怯战，部众多欲举其掌军。旋乃蛮部兵败纳忽山(今鄂尔浑河东土拉河西)，被铁木真纳为妃，后居成吉思汗第二斡耳朵(帐殿)第二位。

【古尔布什】(？—1661) 清朝蒙古官员。内喀尔喀蒙古台吉。游牧于西喇木伦。恩格德尔子。天命六年(1621)十一月，和台吉莽果尔率属众六百户归附后金努尔哈赤，受厚遇与赏赐，尚帝女，为额驸。赐名青卓礼克图，授一等总兵世职，掌满洲、蒙古牛录各一，隶满洲镶黄旗。天聪五年(1631)，随皇太极征明，围大凌河城，因攻战不力，受罚。旋升兵部承政。崇德三年(1638)，改任兵部右参政。六年、七年两次随帝征明，围锦州，败明军。顺治(1644—1661)初，随世祖福临入关击农民起义军。后晋一等总管。十八年正月卒。谥敏襄。

【古拉兰萨】(1820—1851) 清代蒙古族诗人。卓索图盟土默特右翼旗人。旺钦巴勒子，*尹湛纳希长兄。道光二十七年(1847)，父卒，袭协理台吉之职。自幼博览群书，吸收汉族古诗的精华，开创民族诗歌的新形式。诗篇中有明确的反帝斗争的主题，是蒙古族近代文学史上杰出的现实主义诗人，创作有《祝灭寇班师还》、《太平颂》、《黄菊》、《白菊》、《魑魅魍魉》等许多脍炙人口的诗篇。《太平颂》一诗，描述了蒙古族人民寄望蒙古骑兵保卫疆土、歼除敌寇、建设和平环境的心情。还译有《水浒》。

【古叶仁钦贡】(1191—1236) 南宋藏传佛教噶举派达垅噶举支派僧人，达垅寺第二任堪布。首任堪布达垅塘巴·扎希贝之侄。尚未出生，父亲就将其献给札希贝。十一岁，遵扎希贝之命，以吉本巴为亲教师出家学法。十三岁，到前藏达垅寺，成为达垅塘巴的弟子，受教修法达七年之久。十九岁，受比丘戒。宋嘉定三年(1210)，达垅塘巴去世，遵遗嘱继任堪布，主持达垅寺。初期，因不善管理，僧徒多散去，仅留七百余人。除讲经说法，也行医治病。因医术高明，能治疑难杂症，威望日增，施主益多，摆脱困境。三十四岁，开始营建达垅寺大殿。任内，注重戒律，遵循达垅塘巴所制定的寺规，自身生活清廉，为僧众所崇敬，使达垅寺日渐兴旺，僧众三千七百多人，兴建分寺数处。至其逝世时，僧众已发展到五千余人。寺院财富俱增，牲畜遍野。

【古出鲁克罕】 见"屈出律"。(381页)

【古把克哈敦】 又译阔帕克或古玉克。蒙古国时期斡亦剌部贵族*脱劣勒赤之女，*成吉思汗外孙女。嫁伊儿汗旭烈兀为妻，生子出木哈儿、女布鲁干阿合。

宪宗蒙哥三年(1253),夫随军西征,子因母贵留守蒙古本土,受命辖其斡耳朵(帐殿)和军队。

【去卑】 东汉时南匈奴王。持至尸逐侯单于时任右贤王。献帝兴平二年(195),因汉帝自长安东归时遭大司马李傕、车骑将军郭汜追击,率匈奴部众随汉兴义将军杨奉等侍卫汉帝东归,拒击李傕、郭汜。建安二十一年(216),随呼厨泉单于入觐,呼厨泉被魏王曹操留于邺城(今河北临漳县邺镇)后,受曹操命归匈奴,监南单于庭。魏邵陵厉公曹芳嘉平三年(251),以前侍卫献帝东归功,加封其子显号,使居雁门。史载,其后裔铁弗匈奴之赫连勃勃于晋末南北朝时期建西夏国(407—431)。

【去诸】 唐末奚族部落首领。原附契丹。天祐初年(904),率部分奚众背契丹附唐,徙于妫州(今河北怀来东南),依北山而居,渐至数千帐,遂为东、西奚。

【去特若尸逐就单于】(?—140) 东汉时南匈奴单于。挛鞮氏(又作虚连题氏)。名休利。*乌稽侯尸逐鞮单于弟。东汉顺帝永建三年(128)嗣单于位。阳嘉二年(133),遣骨都侯夫沈与汉军出塞击破鲜卑,斩获甚众,夫沈以功受赐金印。永和五年(140),属下左部句龙王吾斯、车纽叛汉,攻西河,围美稷,杀朔方、代郡长吏,以故受汉帝责,受命招降叛者。五月,以不能制下,受汉朝使匈奴中郎将陈龟所逼迫,与弟左贤王同自杀。是后,南匈奴单于位一度虚悬。

【末只】 见"耶律抹只"。(314页)

【末赤】 元朝将领。蒙古乃蛮部人。昔不察之子。初隶札剌儿都镇抚。至元十年(1273),随军破宋襄阳。翌年,破沙洋、新城。十二年(1275),破独松关,署总把。从定岭海,署镇抚。二十四年(1287),进武略将军、监战千户。随镇南王征安南,署副都镇抚。次年还师,驻鄂(今武昌)。旋迁济南路冠州新军万户府千户所达鲁花赤。以军驻戍湖南桂阳。元贞二年(1296),以老请休。

【末哥】 又作穆哥、木哥、莫哥等。蒙古国宗王。孛儿只斤氏。*成吉思汗孙,*拖雷子。窝阔台汗八年(1236),随兄阔端进军四川,受命由阴平郡入蜀,配合诸军攻占成都。定宗后海迷失称制三年(1251),与宗王拔都等拥戴蒙哥即汗位,并统军平息窝阔台孙失烈门等的叛乱。蒙哥汗七年(1257),以功赐河南府五千五百五十二户为食邑。翌年随汗伐蜀,统一军由洋州入米仓关,与诸军会合,围攻合州。九年(1259),遣使告蒙哥死讯,请忽必烈北还承袭汗位,并受委掌西南六盘事宜。世祖中统元年(1260),以功赐银二千五百两。不久病卒。

【末振将】(?—公元前11?年) 西汉时乌孙小昆弥(莫)。约成帝鸿嘉四年(公元前17年),兄安日为降民杀害后,受汉命继为小昆弥。时大昆弥雌栗靡甚强,翎侯皆畏服之。因恐被所并,使贵人乌日领诈降,伺机刺杀之。汉遣中郎将段会宗与都护立雌栗靡季父、解忧公主孙伊秩靡为大昆弥。元延二年(公元前11年,一说为元年,前12),为大昆弥翎侯难栖所杀。

【术乃】 见"乌古乃"。(72页)

【术赤】(1177—1225) 又作拙赤、珠齐、述赤。蒙古国军事将领。孛儿只斤氏。*成吉思汗长子。出生于战乱年代,母尝为蔑儿乞部所掠,后救归,分娩于途,故名"术赤",意为"客人"。骁勇善战,自幼随父征战,无役不从。宋嘉泰四年(1204),掌右翼军战乃蛮部,配合诸军大败乃蛮于纳忽山(位于鄂尔浑河东土拉河西),擒杀其首领太阳汗。战后驻军阿勒台山(今阿尔泰山)镇抚。开禧二年(1206)蒙古国建立后,成吉思汗分封诸子,得蒙古民众九千户。成吉思汗二年(1207,一说1218年)统军征"林木中百姓",先后招降或征服斡亦剌、不里牙惕、巴儿忽诸部,战后,受命统辖这些地区的百姓。成吉思汗六年(1211),随父南下攻金,与弟察合台、窝阔台统右军,取云内、东胜、武州、朔州等地。八年,沿太行山东麓南下,直抵黄河,复绕太行西麓北行,攻掠二十余州,并与诸军会合,围攻金中都(今北京)。十二年(1217,一说1218年),受命讨乞儿吉思,至叶密立河(今额敏河)取胜而还。十四年,随父西征,相继攻克养吉干、八儿真、毡的等城,会同察合台、窝阔台军于十六年攻克花剌子模旧都玉龙杰赤。十九年(1224),蒙古军还师,西征后成吉思汗分封诸子,术赤得花剌子模海(今咸海)、宽田吉思海(今里海)以北的钦察故地为封地。后其子拔都在此封地基础上建钦察汗国。生前屡与弟察合台、窝阔台就汗位继承问题发生纷争,最后由成吉思汗选定窝阔台为继承人,始作罢。西征途中,再次与两弟发生冲突,互争总兵权,致使"师无和,无纪律"。对所受封地远离蒙古本土,也一直心存怨言,故在西征途中屡称疾,拒绝其父之召北征不里阿耳、钦察等部。成吉思汗一度命察合台等备兵逮问,寻闻其死讯,始作罢。

【术伯】 见"出伯"。(113页)

【术者】 见"耶律术者"。(309页)

【术烈】 见"耶律术烈"。(310页)

【术赤台】 又作主儿扯歹、术彻台等。蒙古国大将。兀鲁兀氏人。原为兀鲁兀部首领,依服札儿剌部札木合。"十三翼之战"后,因不满札木合的残暴,率众归附铁木真(成吉思汗),随从参加统一蒙古各部战争,以智勇善骑射著称,深受器重,"每遇战阵,必为先锋"。其所辖兀鲁兀部军作战英勇,在战争中屡承重任,充当主力军。宋嘉泰三年(1203),在合兰真沙陀之战中,率本族士兵力战,射伤克烈部首领王罕子桑昆,重挫敌军,使蒙古军摆脱困境。继任先锋,突袭王罕驻地,击灭克烈部。四年(1204),征乃蛮部,在纳忽山(位鄂尔浑河东土拉河西)之战中,率军奋战,使敌军望而畏退,配合诸军一举灭乃蛮部。开禧二年(1206)蒙古国建立时,封千户长,为十大功臣之一。成吉思汗将嫔妃亦巴哈别吉赐之以示奖励。成吉思汗八年(1213),随成吉思汗弟合撒儿主左军,大败金兵,取蓟州、平、滦及辽西诸部。窝阔台汗八年(1236)分封时,念其功,赐其子孙德州二万户为食邑。

【术里者】 见"萧仲恭"。(482页)

【术汗可汗】 见"木杆可汗"。(50页)

【术虎高琪】(？—1220) 又作术虎高乞。金朝大臣。女真族。姓术虎。西北路猛安人。大定二十七年(1187)，充护卫，转十人长，后历任河间都总管判官、武卫军钤辖、宿直将军、建州刺史、同知临洮府事。泰和六年(1206)，与彰化军节度副使把回海成巩州诸镇，破来犯宋兵。十二月，为册封使，封宋降将吴曦为蜀王。使还，加都统，号平南虎威将军。于秦州大破宋将李孝义军。大安三年(1211)，官泰州刺史，以劲军三千入卫中都(今北京)，屯通玄门外。迁镇州防御使，权元帅右都监。在山东、河北等处募兵三十万据守。贞祐元年(1213)，迁元帅右监军，自镇州移军守御中都。屡为蒙古军所败，惧罪，率部下劲军围都元帅纥石烈执中宅第，杀执中。为左副元帅，进平章政事。四年(1216)，拜尚书右丞相。为人嫉贤树党，专权擅政，附己者用，异己者斥。屡唆宣宗完颜珣伐宋，与宋绝交，致使金两面受敌。凡精兵皆置河南，而置河北于不顾。因变乱纲纪，戕害忠良，屡遭朝臣弹劾。兴定三年(1219)，指使家奴杀妻，并归罪家奴，送开封府杀人灭口。事露，于十二月末(1220初)被处死。

【本塔尔】(？—1669) 清初蒙古王公。喀尔喀部人。博尔济吉特氏。*成吉思汗二十世孙，喇瑚里长子。顺治十年(1653)二月，因与土谢图汗衮布不和，与弟本巴什希、扎木素、额璘沁等率众千户归附清朝。三月，封札萨克和硕达尔汉亲王，赐牧塔噜浑河。为喀尔喀右翼。六月，喀尔喀土谢图汗衮布等请遣其还喀尔喀，未果。

【本雅失里】(1379—1410？) 又称完者秃王、额勒锥特穆尔等。明代蒙古可汗。孛儿只斤氏。*坤贴木儿可汗弟。初居中亚帖木儿王庭撒马尔罕，后脱身入别失八里。永乐六年(1408)，蒙古阿苏特部领主阿鲁台等杀鬼力赤，迎其还蒙古，立为可汗，由阿鲁台擅政。与瓦剌相仇杀，同明廷失和。次年，杀明使郭骥，旋覆没明将丘福所率十万军队。八年(1410)，遭明成祖亲率五十万大军征讨，与阿鲁台分道避战，率部西走，在斡难河(今鄂嫩河)被明军追及，大败，仅以七骑遁入瓦剌，被瓦剌领主马哈木所杀。《鸿猷录》、《明史》等称卒于永乐十年(1412)。

【世伏】(？—597) 一作伏。隋代吐谷浑可汗。原姓吐谷浑，后复姓慕容。*夸吕子。开皇十一年(591)，父死，继为可汗。遣兄子无素向隋奉表称藩，献方物，并请以女备隋后宫，被谢绝。十六年(596)，隋文帝以宗女光化公主妻之，命柳謇之兼散骑常侍送公主至吐谷浑。世伏上表求称公主为"天后"，不许。次年(597)，内乱，为国人所杀。

【世良】 见"耶律世良"。(310页)

【世续】(1852—1921) 清末大臣。字伯轩。索勒豁金氏，内务府满洲正黄旗人。光绪元年(1875)举人。累官内阁学士。二十二年(1896)，授总管内务府大臣兼工部侍郎。二十六年(1900)，八国联军侵入北京，两宫西狩，奉命留京办事。晋理藩院尚书，调礼部，转吏部，兼都统。以纂呈《四经图说》，受属奖。三十年(1904)，以吏部尚书协办大学士，寻授体仁阁大学士。三十二年，任军机大臣，历文华殿大学士、宪政编查馆参预政务大臣。宣统元年(1909)，以疾乞休。三年，复原官，兼总管内务府大臣，首赞溥仪逊位，奉太后命磋商优待条件，授太保，寻加太傅。予修《德宗实录》。卒，赠太师，谥文端。

【世隆】(844—877) 唐代南诏第十一世王。因犯唐帝李世民、李隆基讳，改称酋龙。"乌蛮"人。*劝丰祐子。唐大中十三年(859)即王位。咸通元年(860)，与唐失和，自称皇帝，国名大礼，改元建极。攻陷播州。二年，遣兵破安南。三年，率兵攻蜀，取万寿寺石佛归。四年，攻西川。五年，陷安南邕管。六年，取巂州。七年，攻安南。为岭南西道节度使高骈所败。十年(869)，遣使入朝谢释董成之囚，归成都俘三千人。旋以使者被杀，复率兵五万侵巂州，攻青溪关，破犍为，陷嘉州。十一年，陷黎州，围雅州，攻成都，次眉州。兵败毗桥、沱江，退回南诏。十四年(873)，复攻四川，陷黎州，攻雅州，击定边军。乾符元年(874)，破黎州，入邛崃关，掠成都。二年，攻雅州，被西川节度使高骈击败。三年，遣使入朝乞盟。四年，再攻蜀，败回，发疽死于越巂景净寺。谥景庄皇帝。

【世德】 见"硕德"。(496页)

【甘父】 见"堂邑父"。(498页)

【甘不剌】 见"甘麻剌"。(98页)

【甘麻剌】(1263—1302) 又作甘不剌。元朝宗王。蒙古孛儿只斤氏。世祖*忽必烈之孙，*真金太子之子。幼育于祖母察必皇后处，日侍世祖，深受教诲。至元中，奉命出镇北边，常戒部下勿扰民众，甚受汗嘉奖。至元二十七年(1290)，封梁王，授以金印，出镇云南。二十九年(1292)，改封晋王，出镇漠北，统领太祖四大斡耳朵(帐殿)及蒙古军马，守蒙古肇基之地。次年，在其位下置内史府。三十一年(1294)世祖死后，在帝位继承上与弟铁穆耳发生争执，自以嫡长孙当立，亦欲得国，后因掌兵权的重臣伯颜和玉昔帖木儿持异议，遂奉弟铁穆耳即汗位，自归藩邸。元贞二年(1296)，因朝臣忻都言其有异图，受枢密院鞠审，查无验，始作罢。为人好学，常命府臣讲读《通鉴》，能体恤部属；崇信佛教，泛作佛事，耗财极巨。仁宗即位，追谥献武。其子也孙铁木儿即位后，追尊光圣仁孝皇帝，庙号显宗。

【甘特木耳】 见"根特木耳"。(436页)

【甘丹法台衮丘群佩】 又名嘉木样衮丘群佩。清初西藏甘丹寺第三十五任法台(住持、墀巴)。藏族。鉴于五世达赖喇嘛阿旺罗桑嘉措所居贡嘎孜溪卡(即曲水县之贡嘎宗贡日嘎波山官邸)与色拉、哲蚌、甘丹三大寺甚远，不便执教，建言在布达拉山(即红山)建一新宫，获固始汗与达赖喇嘛首恳。清顺治二年(1645)三月二十五日,固始汗、五世达赖等亲赴布达拉山,决定营造新宫。二十六日依图施工。

【东纯】(?—1860) 清朝将领。字紫来。满洲正蓝旗人。道光十六年(1836),官协领。二十四年(1844),迁福州副都统。咸丰四年(1854),调西宁办事大臣。六年,任福州将军。九年,调成都将军。著有《西宁秉节录》六卷。

【东明】 传说为夫余国始祖。北方稾离国(《论衡》作橐离国,《后汉书》作索离国)之王子。母为王侍婢,王出,有孕,王欲杀之,后生东明,弃之于猪马圈,不死,王疑为天子,听其母收养。及长,常令牧马。善射,王恐夺其国,欲杀之,遂出逃。南至施掩水,以弓击水,鱼鳖浮为桥,得渡,幸免。后称王,都夫余之地,建国,时约在西汉初或此前。

【东垣】 见"壁昌"。(611页)

【东丹王】 见"耶律倍"。(306页)

【东丹赞华】 见"耶律倍"。(306页)

【东登工布】 清代藏族贵族。四川中瞻对土司工布朗结长子。同治四年(1865),官兵进剿瞻对时,屡劝其父退还所占土地,并献家资充作兵饷,以示悔罪,未采纳,后于理塘被擒,押解至藏。经达赖喇嘛及僧俗等共同具结,免死,从宽处理,发往一千里外,由营官圈禁。

【东魏孝静帝】 见"元善见"。(46页)

【东科尔·达瓦坚赞】 (1476—1556) 明代东科尔寺一世活佛。藏族。生于青海巴尔康东科尔地方。父绒布隆巴,家贫,以乞讨维生。他幼年出家,赴木雅热甫岗拜师学经。后转赴西藏,在色拉寺下院绒布康村,拜绒布格底曲杰为师,尽学佛典。后返回青海,在一所原本教寺院旧址本康冈哇处建寺,称东科尔寺桑钦多吉林(意为大密金刚寺),即东科尔寺。是后建僧舍,塑佛像,安置大藏经,开显密讲听之风。八十一岁圆寂。

【东科尔呼图克图一世】 见"东科尔·达瓦坚赞"。(99页)

【东科尔呼图克图二世】 见"允天嘉木措"。(85页)

【东科尔呼图克图三世】 见"哥鲁瓦嘉木措"。(443页)

【东科尔呼图克图四世】 见"嘉木样嘉措"。(576页)

【东科尔呼图克图五世】 见"苏耶南姆嘉木措"。(204页)

【布当】(?—1639) 蒙古将领。博尔济吉特氏,科尔沁部人。初随明安归附努尔哈赤,授二等参将。天聪三年(1629),随皇太极征明,攻遵化,力战破明总兵赵率教,以功进三等梅勒章京。六年(1632),罢蒙古旗后,改隶满洲正蓝旗。崇德三年(1638),授刑部右参政。四年卒。

【布延】(?—1651) 清初蒙古将领。察哈尔部人。初任察哈尔部塔布囊。天聪元年(1627),归附后金,隶满洲正黄旗。先后随军征栋奎部、克什克腾部,攻明边,以功授世职牛录章京。九年(1635),领兵攻宁远,力战败敌追兵,以功进世职三等甲喇章京。崇德元年(1636),随军攻明,败明军于卢沟桥。三年(1638)二月从征喀尔喀蒙古,七月升议政大臣,兼护军统领。五年(1640),随睿亲王多尔衮围攻锦州。次年,从郑亲王济尔哈朗克锦州外城,以功进世职二等甲喇章京。继随军攻明将洪承畴军,以守御帝营不利,遭敌军袭击,受惩处。顺治二年(1645),以前朝旧臣进世职一等甲喇章京。

【布桥】 东汉时封养羌首领。建初二年(77),与烧当羌迷吾合兵五万余攻陇西、汉阳诸地。围南部都尉于临洮,后为汉车骑将军马防、长水校尉耿恭所败,羌部俱降,领二万余人坚守望曲谷。次年春,复败,率余部万余归降。

【布寨】 见"卜寨"。(3页)

【布木巴】(?—1654) 清初将领。蒙古族。郭尔罗斯部人。博尔济吉特氏。元太祖弟哈布图哈萨尔十八世孙。天聪三年(1629),随军征明,入龙井关,克遵化。崇德二年(1637),随承政尼堪由朝鲜征瓦尔喀,至吉木海,败平壤巡抚、安州总兵及安边道援兵。次年,从征明。六年(1641),围锦州,败洪承畴兵于松山(今辽宁锦县西南)。顺治五年(1648),封札萨克镇国公。

【布四麻】 元世祖朝蒙古牧民起义首领。详见"当先别乞失"。(143页)

【布占泰】 明代海西女真乌拉部首领。纳喇氏。与哈达部同祖,为纳齐卜禄之裔。乌拉部长布干之子,满泰弟。万历二十一年(1593)九月,与叶赫等九部联军攻建州努尔哈赤,兵败被俘,获赦。二十四年(1596),被释归,为部主。十二月,以妹嫁太祖弟舒尔哈齐以示盟好。二十五年,背盟,执建州所属瓦尔喀部安褚拉库、内河二路首领罗屯等送叶赫。后复来谒,并于二十六年、三十一年相继娶舒尔哈齐二女,二十九年,又以兄满泰女献努尔哈赤。三十五年(1607),努尔哈赤应东海瓦尔喀部蜚悠城主策穆特赫请,派舒尔哈齐、褚英等率兵三千前往接取新附屯户,与乌拉兵战于乌碣。三十六年,克宜罕山城。九月,他遣使至建州和好,并娶努尔哈赤女。四十年(1612),复背盟,侵建州虎尔哈部,欲娶努尔哈赤所聘叶赫贝勒卜寨女,并以箭射努尔哈赤女。次年,为努尔哈赤所败,乌拉部并于建州,率残众逃奔叶赫部。

【布达齐】(?—1644) 清初将领。蒙古科尔沁部人,博尔济吉特氏。土谢图汗*奥巴弟。天命十一年(1626),随奥巴朝觐后金努尔哈赤,赐号札萨克图杜棱。天聪二年(1628),因随兄私掠察哈尔边,遭诘责。六年(1632),赴昭乌达,会后金军,征察哈尔。崇德元年(1636),封札萨克图郡王,世袭罔替。

【布扬古】(?—1619) 明代海西女真叶赫部首领。纳喇氏。贝勒*卜寨子。明万历二十一年(1593),嗣为贝勒,与锦台什分居叶赫西东二城。二十五年(1597),以妹妻努尔哈赤,与乌拉、哈达、辉发诸部、努尔哈赤歃血会盟。旋背婚,改许蒙古,又许婚乌拉部布占泰。四十三年(1615),复以妹许喀尔喀贝勒巴哈达尔汉子莽古尔岱。后金天命四年(1619),努尔哈赤亲率兵攻锦台什东城,命贝勒代善、皇太极攻西城,东城破,与弟布尔杭古请降,因态度傲慢,被缢杀。

【布拉敦】 见"布拉呢敦"。(100页)

【布彦泰】(?—1880) 清朝将领。满洲正黄旗人。颜扎氏。副都统珠尔杭阿子。荫生出身。嘉庆二十三年(1818),授二等侍卫,充伊犁领队大臣。道光二年(1822),擢头等侍卫,调喀什噶尔参赞大臣,旋授办事大臣。后回京擢喀什噶尔总兵,授伊犁参赞大臣。二十年(1840),擢伊犁将军。二十三年(1843),以天津添设总兵,奉命调察新疆兵制,以旧章难骤裁改陈疏,被采纳。二十四年,查勘新疆开垦事务,历时一年半,因办理甚确,受嘉奖。同年,升陕甘总督。二十七年(1847),授定西将军,率兵镇压喀什噶尔(今新疆喀什)卡外安集延布鲁特与本地维吾尔族人起事。事平。回陕甘总督本任,请撤军需局,将存银二十八万两分拨新疆各城,被采纳。后因委派人员不实,降二级留任。旋调伊犁参赞大臣。咸丰元年(1851),俄罗斯请赴伊犁会议通商,他奉命拟定章程。

【布腊约】 云南基诺山曼卡寨创建者。基诺族。传说最先定居于基诺山石咀附近"杰卓"山的一个妇女,生七男七女,兄妹互相婚配。后来子孙繁衍,分出两对寨子,即可以互相通婚的两个氏族集团。第二对寨子是曼漂和曼坡,曼漂是父寨,曼坡是母寨。这一对父母寨又分衍出曼卡、龙帕、石咀等九个儿寨,统称为基诺山的后半山。曼卡寨从其开始建寨,因系较晚分裂出来建寨,只经历了八代。

【布智儿】 又作卜只儿、不只儿。蒙古国将领。塔塔儿氏。纽儿杰之子。初事铁木真(成吉思汗),任扯儿必(侍从官),随从统一蒙古诸部。南宋开禧二年(1206)蒙古国建立时,以功封千户长。成吉思汗十四年(1219),随帝西征,从破花剌子模、钦察、斡罗思等,每临阵,奋力战,多有战功,深受宠信。蒙哥汗元年(1251),任燕京(今北京)等处行尚书省事,掌狱讼,监造印宝钞,总财赋。赐蔚州安定为食邑。曾因肆杀无辜受忽必烈斥责。1260年与诸王共戴忽必烈称汗。被疑归心叛王阿里不哥,一度失宠,后查无其事,待之如初。中统三年(1262),行中书省事于山东,同讨叛者李璮。至元十年(1273),以身为五朝老臣,谙熟蒙古掌故,受命修起居注。不久病卒,寿高九十余岁。

【布颜代】(1585—1645) 清初将领。科尔沁兀鲁特部人。蒙古族。博尔济吉特氏。初为兀鲁特贝子,天命七年(1622),率众自西拉塔喇归附后金,尚公主为额驸,授二等参将,隶满洲镶红旗。十一年(1626),率蒙古兵随努尔哈赤征明。次年随军征朝鲜,皆有功。天聪三年(1629),随皇太极征明,入龙井关,克大安口,下遵化,破明兵于卢沟桥。五年,授礼部承政,兼右翼蒙古梅勒额真,从帝围大凌河。六年,从攻宣府、大同边外,收察哈尔部众。以私匿俘获,被处罪。八年,随帝攻明大同,收降察哈尔部众,以功进三等梅勒章京。九年,为蒙古镶红旗固山额真。崇德元年(1636),从武英郡王阿济格征明,克昌平,师还,因遭明兵袭击,罢固山额真世职,降一等甲喇章京。顺治元年(1644),入关击李自成义军。次年下江南,战明军,死于军中。

【布颜图】 清代官员。字竹蹊,号啸山。乌梁海氏。世居喀喇沁地方。满洲镶白旗人。累官绥远城副都统。著《画学心法问答》上下卷,上卷问答,下卷集古。

【布仁扎仁】 景颇族始祖宁贯娃之妻。景颇族。"布仁"景颇语意为"龙",传说是龙王之女,居海岛,昼出夜归。宁贯娃敲锣、击鼓,举行跨草篷的结婚仪式(现行景颇族结婚仪式,据说即此时流传下来的习俗),将其娶回。传说反映了女子嫁给男子,母系氏族已向父系氏族过渡。她可能是一个龙图腾的氏族的女子。

【布尔喀图】(?—1644) 清初将领。喀喇沁部台吉。蒙古族。博尔济吉特氏。天聪三年(1629)六月,向后金入贡。九月,朝觐皇太极。十月,充响导,随皇太极征明,取龙井关,定罗文峪,受命中成。四年正月,败明军,执明将丁启明等,以功赐号岱达尔汉。五年,皇太极以贝勒阿巴泰女妻之。三月,从皇太极征察哈尔部,受命追击察哈尔降而复叛者,旋率所部归后金,隶蒙古正蓝旗。崇德元年(1636)六月,授一等昂邦章京。顺治元年(1644)卒。

【布达扎布】(?—1712) 清朝蒙古王公。喀尔喀车臣汗部人。博尔济吉特氏。硕垒汗第十子。初号额尔德尼台吉。随母察罕达喇哈屯驻克鲁伦河布色谭埒客。康熙二十七年(1688),与兄车布登、阿南达投清。二十八年,授济农及札萨克,附牧乌珠穆沁界外乌德翁果额垍苏。三十年(1691),至多伦诺尔会盟,封固山贝子兼札萨克。五十年(1711),晋封多罗贝勒。

【布延楚克】(?—1790) 又作布颜楚克。清代卫拉特蒙古和硕特部首领。雅兰丕勒之子。乾隆三十五年十一月二十日(1771年1月5日),随父参加渥巴锡领导的武装起义,东归依祖邦。父皈依佛门后,因袭父爵。三十九年(1774)初,仿效渥巴锡颁行防盗法纪,制定法纪十条,明确职责,完善管理,奖惩分明,杜绝偷盗。并扩大了甲长管理权限,增加制止逃亡的规定。四十年(1775),任珠勒都斯中路和硕特蒙古巴启色特启勒图盟长,辖中路旗务。五十五年(1790)病逝。

【布齐吉尔】 见"不只吉尔台吉"。(48页)

【布孜尔罕】 见"布素鲁克"。(101页)

【布拉呢敦】(?—1759) 一译博罗尼都、布那敦、布拉敦、布尔罕尼丁。号大和卓木。维吾尔族。新疆喀什噶尔(今喀什)人。伊斯兰教白山派首领玛罕木特长子。初,与弟霍集占被准噶尔贵族拘系伊犁,因于阿巴噶斯、哈丹鄂拓克。乾隆二十年(1755),清军征达瓦齐,率众迎降。奉命回南疆招抚旧部属,以霍集占辖伊犁部众。嗣受霍集占煽动,引兵叛乱,分守喀什噶尔。二十三年冬,偕霍集占率兵围清军于喀喇乌苏(黑水)。在呼尔瑞战斗中被清军射伤,裹创败退。次年六月,以清军压境,由玉鲁克岭谋奔巴达克山,相继受挫于霍斯库鲁克、阿尔楚尔、伊西洱库尔淖尔诸地。七月,在巴达克山被其部酋执杀。

【**布图克森**】(?—1767) 清代卫拉特蒙古杜尔伯特部台吉。姓绰罗斯。鄂木布岱青和硕齐玄孙达克巴次子(一作孙)。乾隆十九年(1754),从辉特部台吉阿睦尔撒纳、讷默库附清,授扎萨克固山贝子。二十年(1755),从西路军征达瓦齐。伊犁平定,仍归旧牧。不久卒,无嗣。众隶刚多尔济及额尔德尼。

【**布岱恭杰**】 即恰赤。吐蕃赞普。* 止贡赞普次子。其父在争权决斗中被洛昂达孜杀害后,他亦被流放于波卧(今波密)。止贡赞普遗腹子茹莱杰杀洛昂,攻下洛昂之宫堡娘若香瓦卡后,迎其继赞普位,茹莱杰任大相。大力发展吐蕃雅隆部落的经济,建造青昂丝孜王宫。同时又设内相(尚论)等官职。本教及谜语、故事等也于此时渐兴。

【**布素鲁克**】(约1824—1869) 一称布孜尔罕、布孜罕。维吾尔族。匿居浩罕之* 张格尔和卓子。清同治三年(1864)十二月,在浩罕军官阿古柏伯克及阿里达什等挟持下,侵入喀什噶尔(今喀什)。与窃居喀什噶尔阿奇木职位之布鲁特(今柯尔克孜)首领思的克相结。后因生活荒淫,权力渐为阿古柏掌握。次年春,思的克被迫出亡。阿古柏势力的扩大,引起部分布鲁特人不安,谋拥其自立。未遂,遭阿古柏软禁。不久受胁迫赴麦加朝圣,绕道克什米尔前往费尔干纳。后一直隐居其地。一说被秘密处死。

【**布鲁海牙**】(1197—1265) 又译勃鲁海牙。元朝大臣。畏兀儿人。先世为畏兀儿大臣。幼丧父,依舅父家就学。善畏兀儿文,尤精骑射。十八岁时随亦都护附成吉思汗,充宿卫,扈从西征。因不避劳苦,受成吉思汗赏赐,以西辽菊儿汗女耶律氏配之。拖雷监国,被遣往燕京总理财赋。还,以廉谨,为庄圣太后荐举,管汤沐邑,统燕京中山军民匠户,并授真定路达鲁花赤。太宗三年(1231),为燕南诸路廉访使,后授断事官,执法平允,遂以官为氏,后裔皆姓廉。中统元年(1260),为真定路宣抚使,禁"羊羔利",使偿者息如本而止。寻迁顺德等路宣慰使,佩金符。至元二年(1265)卒。大德初,赠大司徒,追封魏国公,谥孝懿。

【**布尔罕尼丁**】 见"布拉呢敦"。(100页)

【**布延彻辰汗**】(1555—1603) 汉籍作卜言台周、不燕台吉、卜彦伯、卜言台住、不彦七庆台吉等。明代蒙古可汗。孛儿只斤氏。* 达延汗第六世孙,* 图们汗长子。万历二十一年(1593)即汗位,驻帐于察哈尔万户,游牧于西拉木伦河流域。获岱总汗脱脱不花失去的金印,保持了其父的强大势力。自万历二年(1574)起,联合速把亥、黑石炭、炒花等屡攻明辽东、蓟镇诸边,多被明辽东总兵李成梁(朝鲜族)等击败。卒时,长子莽和克台吉已先去世,由长孙林丹继汗位。

【**布库里雍顺**】 又作布库里英雄。满族。爱新觉罗氏传说中的始祖。起于长白山脚下,发迹于三姓。一说为元代所设斡朵怜万户府的第一任万户。

【**布顿·宝成**】 见"布顿·仁钦朱"。(101页)

【**布尔布达尔济**】(?—1801) 清代卫拉特蒙古辉特部台吉。姓伊克明安。札巴甘墨尔根裔曼济之子,达玛璘从子。幼为哈萨克所掠,居十余载。后闻达玛璘附清,遂脱归。乾隆四十一年(1776),袭扎萨克一等台吉。

【**布顿·仁钦朱**】(1290—1364) 又作布顿·宝成,元人译为卜思端。元代藏传佛教夏鲁派创始人、佛教学者。吐蕃人。出生于后藏夏卜墨。早年主要学习绰浦噶举教法,并学噶当、萨迦等派多种显密教授,精通佛法。后至夏鲁寺(今日喀则县境之夏鲁),在当地首领的支持下,出任寺主。佛学知识渊博,毕生致力于佛教典籍的整理、校勘、注释和研究,对佛学各方面都有论述,见解精辟,成为十四世纪中叶,即萨班以后,宗喀巴以前,对西藏佛教最有贡献的一位学者。其《全集》,流传至今的有二十六函(一称二十八函),二百多种,以至治二年(1322)成书的《布顿佛教史》(或译《善逝教法源流》)为最著名。全书(拉萨版木刻本)212页,收在全集 ya 字函里。是书前半部分叙述印度、尼泊尔佛教弘传的历史,后半部分叙述藏族地区佛教弘传的历史。书后附有纳唐甘珠、丹珠总目录,对研究元代以前藏传佛教的历史、典籍,极有参考价值,一直被佛教史家视为要籍。首次编订了西藏大藏经的"丹珠尔"部,对佛学作出重要贡献,后世的几种版本,基本上都是依据其所编定的次序编排刻印的。除研读佛法,著书立说外,并收徒传法,时人称其所传弟子为夏鲁派,或布顿派。元顺帝曾请其进京说法,但未奉诏成行。

【**布延巴图尔鸿台吉**】(?—1573) 汉籍作把都儿黄台吉。明代蒙古右翼鄂尔多斯部首领。孛儿只斤氏。* 吉能长子。驻牧于陕西榆林边外,时入扰明陕、甘、青地区。隆庆五年(1571),俺答汗与明朝封贡后,受明封为指挥佥事。奉父命将蒙古俘获的明将时銮交还明朝,获明廷重赏。六年,袭父职都督同知。万历元年(1573),率兵西征瓦剌,降辉特部。旋被收降的辉特部首领额色勒贝所杀,长子博硕克图(卜失兔)被立为济农。

【**石世**】(?—349) 十六国时期后赵国君。上党武乡(今山西榆社西北)人。羯族。* 石虎子,母为前赵主* 刘曜女安定公主。封齐公。因母获宠于石虎,甚得虎偏爱。建武十四年(348),石虎废长立幼,立其为太子。大宁元年(349),父卒,即位,因年幼,由皇太后刘氏临朝称制。旋为异母兄彭城王石遵废黜,封谯王,不久与母同被杀,在位仅三十三日。

【**石生**】(?—333) 十六国时期后赵宗室、将领。上党武乡(今山西榆社西北)人。羯族。后赵主* 石勒子。

初官司州刺史。晋太守二年(324)，击杀前赵河南太守尹平于新安。继攻许、颍，为晋将郭诵败于阳翟，退守康城。三年，击河南，败颍川太守郭默等军，后为默与前赵军所败，被围于金墉。咸和元年(326)，攻汝南，执内史祖济。四年(329)，为前赵刘胤围于雍城，婴城自守，并配合中山公石虎援军共破胤于义渠。后赵建平元年(330)，封河东王。后奉命镇守关中。延熙元年(333)，举兵讨丞相石虎，自称秦州刺史，遭石虎攻，奔长安，继弃长安，匿鸡头山，为部下所杀。

【石弘】(314—335) 十六国时期后赵第二代君主。字大雅。上党武乡(今山西榆社西北)人。羯族。* 石勒次子。初立为世子，领中领军，继署卫将军。后赵太和三年(330)，立为太子。好为文咏，结交儒士，幼习经律，兼学兵书。建平四年(333)，父死，即位，改年号延熙，拜石虎为丞相、魏王、大单于，总摄政务，以虎子邃为魏太子、大都督中外诸军事、大将军、录尚书事。石勒文武旧臣皆补闲任。延熙二年(334)，石虎废其为海阳王。次年幽于崇训宫，寻被杀。

【石宏】(?—335) 十六国时期后赵王子。上党武乡(今山西榆社西北)人。羯族。* 石勒子。后赵建平元年(330)，石勒称帝，受封散骑常侍、都督中外诸军事、骠骑大将军、大单于、秦王。因对丞相石虎特权擅召其离藩镇职守及擅杀赵将郭敖有怨言，于延熙二年(334)，被石虎幽禁。赵王石弘被石虎废黜后，于次年，与弘被囚于崇训宫，旋被杀害。《资治通鉴》系被杀事于延熙二年。

【石武】 又作石虎。十六国时期前赵将领。休屠胡(屠各胡)人。原为休屠王。晋永昌元年(322)，以桑城(今甘肃狄道南)降前赵刘曜，被封为都督秦州陇上杂夷诸军事、平西大将军、秦州刺史、酒泉王。太宁元年(323)，晋将陈安攻前赵将刘贡于南安，他引兵攻上邽，以解南安之围，与陈安战于瓜田，因众寡不敌，奔保张春故垒，后与刘贡合兵，大败陈安军，迫之奔陇城。

【石苞】(?—349) 十六国时期后赵宗王、将领。上党武乡(今山西榆社西北)人。羯族。后赵延熙元年(333)，封乐平王，建武十一年(345)，奉命镇守长安。太宁元年(349)，拒战晋征东大将军梁犊，兵败。石遵即位后，封大司马。对石遵杀石世自立为帝不满，谋率关中之众攻都城邺(今河北临漳县西南邺镇)，后闻晋梁州刺史司马勋来攻，始罢。不久，应石遵召，谋诛除辅国大将军石(冉)闵，谋泄，未果，遵被杀。继受新主石鉴命谋攻杀石闵于琨华殿，不克，鉴恐谋泄，杀之。

【石虎】(295—349) 十六国时期后赵第三代君主。字季龙。上党武乡(今山西榆社西北)人。羯族。寇觅之子。幼为* 石勒之父收养，为勒之弟，一说为勒之从子。晋永兴二年(305)，与家人失散。永嘉五年(311)，为晋并州刺史刘琨送至葛陂(今河南新蔡)与勒会合。初拜征虏将军，继署魏郡太守，镇邺三台，封繁阳侯。太兴二年(319)，勒即大单于位，署为单于元辅、都督禁卫诸军事，封中山公。后赵太和三年(330)，勒即帝位，授太尉、守尚书令，封中山王。二十余年，屡统军征战，南擒刘岳，北走"索头"，东平"齐房"，西定秦雍。建平四年(333)，勒死，立太子弘即位，自任丞相、魏王。次年，废弘，自立为赵天王。改元建武，迁都于邺(今河北临漳西南)。府寮亲属，悉署要职。永和五年(349)，称帝。敬奉佛教，称佛图澄为大和尚，衣以绫锦，乘以雕辇，故国人多事佛，争造寺庙，削发出家。在位期间，昏虐苛暴，志在穷兵，屡与辽西鲜卑段辽争战，建武四年(338)，募有勇力者三万人，皆拜龙腾中郎，以舟师十万出漂渝津(今天津附近)，以步骑十万为前锋，击降段辽，迁其户二万余于兖、司、雍、豫四州。并数与前燕慕容皝、东晋等征战。强征士卒，五丁取三，诸州造甲者多至五十万，百姓失业，十室有七。荒游废政，恣意营缮，起太武殿于襄国，造东西宫于邺。征调民夫四十余万，于邺筑台观四十余所，营建长安、洛阳二宫，选民女三万余人，其中夺人妇女九千余人充后宫。百姓穷窘，民不聊生，众怨沸腾。死后，诸子争权，互相残杀，不久，后赵亡。

【石柳】 见"耶律石柳"。(310页)

【石挺】(?—333) 十六国时期后赵宗室、将领。上党武乡(今山西榆社西北)人。羯族。* 石虎之子。晋太宁元年(323)，从父征青州，执刺史曹嶷。后赵建平元年(330)，石勒称王后，任侍中，封梁王。延熙元年(333)，以前锋大都督随父征河东王石生于关中，进师攻长安，与生将郭权战于潼关，兵败，战死。

【石宣】(?—348) 十六国时期后赵宗室。上党武乡(今山西榆社西北)人。羯族。* 石虎之子。初拜左将军。后赵延熙元年(333)，封冀州刺史，河间王。建武三年(337)，立为皇太子。次年，统兵破朔方鲜卑斛摩头。五年(339)，加大单于号，建天子旌旗，省尚书奏事，专决赏刑。为扩展个人势力，削夺诸公侯府吏，归于东宫。执掌生杀拜除之权。好酣饮、畋猎，政事落于中谒令申扁。九年(343)，领兵击破鲜卑斛谷提。十三年(347)，率士卒十八万游猎行乐，日夜相继，士卒饥冻死者万余人，所过三州十五郡，资储殆尽。次年，因其父宠信秦公韬，有更立太子之意，使人乘夜杀韬。事发，被石虎处死。

【石恢】(?—335) 十六国时期后赵王子。上党武乡(今山西榆社西北)人。羯族。* 石勒少子。后赵建平元年(330)，父称帝后，封辅国将军、南阳王。奉命镇守廪丘。延熙元年(333)，以丞相石虎恃权擅政，排斥旧臣，刘太后与石勒养子石堪谋除石虎，立其为主，事败，石堪等被杀，他被征还都城襄国(今河北邢台)。赵王石弘被石虎废除后，于建武元年(335)，与弘同被幽禁于崇训宫，旋被杀害。《资治通鉴》系被杀事于延熙二年(334)。

【石祇】(?—351) 十六国时期后赵国君。上党武乡(今山西榆社西北)人。羯族。* 石虎子。初封新兴王，镇襄国(今河北邢台)。青龙元年(349)，以武德王冉闵(石闵)独揽朝政，擅废立，联兵讨之。次年，称帝，改元永宁。遣弟汝阴王石琨攻闵将王泰于邯郸，兵败。永宁二年(351)，襄国被围，去帝号，称赵王，遣使求援于燕。派刘显率军七万攻邺，兵败，显密请降，求杀祇以自效。四月，被显杀，后赵亡。

【石豹】见"石皇玺"。(105页)

【石勒】(274—333) 十六国时期后赵开国主。字世龙，小字匐勒。上党武乡(今山西榆社西北)人。羯族。祖耶奕于、父周曷朱，均为部落小帅。有勇略，善骑射，自幼常代父执掌部事。年二十余，被晋并州刺史司马腾掠卖于茌平(今山东茌平东)人师欢为奴。联络汲桑，招集王阳等十八人，号十八骑，起兵反晋。一度攻取邺城(今河北临漳县西南)。后兵败，投汉王刘渊，为辅汉将军、平晋王。并乌丸张伏利度，加封山东征讨诸军事。后历授平东大将军、安东大将军。刘聪即位，受命伐晋，克襄阳、江夏、许昌，灭晋东海王众二十余万。从张宾谏，率师据襄国(今河北邯郸)，攻冀州郡县，受聪封为散骑常侍、都督冀、幽、并、营四州杂夷、征讨诸军事，冀州牧、上党郡公。后平王浚，败刘琨，加封陕东伯，专征伐。刘曜即位，封大司马、大将军，晋爵赵公。后平靳明，晋爵赵王。太兴二年(319)，自称赵王、大单于，建政权，史称后赵，统有二十四郡，重用汉族张宾总野政。屡败晋军及周邻诸部，据有冀、并、幽州及辽西一带。即位后，删减律令，定朝仪。定租赋，均百姓田租之半。创制轩悬之乐，八佾之舞。设立大小学，考诸生经义。设劝课大夫，典农使者，循行州郡，核定户籍，劝课农桑。太和元年底(329年初)，灭前赵，建都襄国(今河北邢台)。三年(330)，自称赵天王，旋称帝，改元建平。卒，谥明皇帝，庙号高祖。

【石斌】(？—349) 十六国时期后赵宗王、将领。上党武乡(今山西榆社西北)人。羯族。*石虎子。初封左卫将军，建平元年(330)，封太(平)原王。延熙元年(333)，徙封章武王。二年，与郭敖讨石生将郭权，继讨北羌王薄句大，兵败。建武元年(335)，复率兵二万及秦、雍二州兵平薄句大。封燕公。六年(340)，因淫酒荒猎，肆杀属人，被免官归第。后复为大司马、录尚书事。晋封燕王。太宁元年(349)，为大都督，督中外诸军事，统兵击杀梁犊于荥阳。旋父病，出任丞相，录尚书事，受遗诏辅政。为刘后所忌，以"无忠孝之心"罪，免官归第。不久，被刘后结吏部尚书张豺杀害。

【石琨】(？—352) 十六国时期后赵宗王、将领。上党武乡(今山西榆社西北)人。羯族。*石祇弟。封汝阴王。后赵太宁元年(349)，石遵即位，封大将军。旋与遵共议诛权臣冉(石)闵，事觉，遵被废杀，石鉴即位，升为大都督，统兵征石祇于襄国。次年，奔冀州，与张举、王朗等率兵伐闵，为闵所败。石祇称帝后，任相国，统兵十万征闵，兵败邯郸。永宁二年(351)，引兵救襄国，大败闵军。祇为部将刘显杀害后，琨于次年奔晋，被杀于建康。

【石堪】(？—333) 十六国时期后赵将领。原为田氏子，数有功，被后赵主*石勒收为养子。太和元年(328)，统兵攻晋豫州刺史祖约于寿春，收降晋龙骧将军王国、南阳都尉董幼，破寿春，迫祖约奔历阳，掠二万余户归。从中山公石虎攻前赵，执前赵主刘曜。建平元年

(330)，封彭城王。对丞相石虎恃权擅政，排斥旧臣，独掌军旅不满，于延熙元年(333)，与刘太后共谋除石虎，立南阳王石恢。领军袭兖州，不克，南奔谯城，被石虎将郭太追俘于城父，送都城襄国(今河北邢台)处死。

【石鲁】又作实鲁、庶母、勇石鲁。即金昭祖。女真完颜部长。始祖*函普玄孙，献祖*绥可子。为人刚毅质直。为改变女真社会无书契，无规章可循，"居处绝远，不相统属，自相残杀，各争雄长"的状况，立条教(制度)，民颇听从。但遭保守"旧俗"的部落长老们的激烈反对，被捉，险遭坑杀，得叔父谢里忽营救，幸免于难。后以条教治部，部落遂强，被辽授官惕隐。率部众征伐其他不肯接受条教的部落，直到苏滨水(恤品河)和耶懒水，所至皆克。后得恶疮死于途。金天会十四年(1136)，追谥成襄皇帝。皇统五年(1145)，增谥昭祖武惠成襄皇帝。

【石韬】(？—348) 十六国时期后赵宗室。上党武乡(今山西榆社西北)人。羯族。后赵主*石虎之子。后赵延熙元年(333)，石弘即位，拜前锋将军、司隶校尉，封乐安王。次年，与章武王石斌破北羌王薄句大于北地、冯翊，迫之退保马兰山。虎即王位，封秦公。建武五年(339)，任太尉，与太子石宣日省尚书奏事，专决赏刑。八年(342)，得宠于虎，执掌生杀拜除之权。由是日骄，与太子争权抗衡，造堂于太尉府，号宣光殿，梁长九丈。太子宣斩其匠，截其梁。复修，梁增至十丈。太子仪仗游猎，亦仿效之。十四年(348)，太子宣使杨杯等乘其夜宿佛寺杀之。

【石鉴】(？—350) 十六国时期后赵国君。上党武乡(今山西榆社西北)人。羯族。后赵主*石虎之子。后赵延熙元年(333)，封代王。虎即位，封义阳公。建武十一年(345)，镇关中，役烦赋重，文武蓄长发者，悉拔为冠缨，众不满，被召还邺。石遵即位，任侍中。石闵反，杀遵，拥其为帝。使石苞、李松等诛闵，事泄，被杀。

【石遵】(？—349) 十六国时期后赵国君。上党武乡(今山西榆社西北)人。羯族。*石虎之子。有文德。后赵延熙元年(333)，封齐王。虎即位，拜彭城公。父病危，封彭城王，领大将军，镇关右，受遗诏辅政。太宁元年(349)，父死，与姚弋仲、蒲洪、刘宁等起兵于李城(今河南温县北)，长驱入邺，受耆旧羯人所迎，遂即帝位，斩张豺，以义阳王石鉴为侍中太傅，乐平王石苞为大司马，武兴公石闵为都督中外诸军事、辅国大将军。遣石闵将兵十万平定石冲之乱。以石闵总内外兵权，擅专朝政，谋诛闵，事泄，被杀。

【石邃】(？—337) 十六国时期后赵太子。上党武乡(今山西榆社西北)人。羯族。*石虎子。封征东将军。后赵太和元年(328)，受命都督中军事，从后赵主石勒败前赵军于洛阳，执前赵主刘曜，率兵卫送曜于襄国。建平元年(330)，石勒称帝，封冀州刺史、齐王。四年(333)，勒卒，受父命率兵入宿卫以备变。及石弘即位，封魏太子，都督中外诸军事、大将军、录尚书事。受命留守襄国。建武元年(335)，父即位后，被立为太子，专决尚书奏事。三

年(337),立为天王皇太子。恃权骄淫残忍,欲谋逆,被父幽于东宫,废为庶人,旋被杀。

【石瞻】 见"冉瞻"。(117页)

【石三保】(1746—1796) 清乾隆、嘉庆年间苗族起义领袖。湖南永绥(今花垣)黄瓜寨人。苗族。寨老。靠烧炭、打猎为生。善用刀矛枪弩,性情刚毅勇猛,以善猎著称。乾隆六十年(1795)正月,与贵州石柳邓、湖南吴八月联合起义。在永绥鸭酉战役中,击毙镇筸总兵明安图、永绥副将伊萨纳和同知彭凤尧,歼清军近两千人,占领鸭酉,进围永绥厅城,使永绥粮草断绝。清军在城中拆屋为薪,煮糠作粥。云贵总督福康安与四川总督和琳等,分兵五路向义军进攻。焚烧黄瓜寨等五十六处。嘉庆元年(1796)春,与石柳邓等起义军于凤凰厅境内抗击清军,大战于长吉寨、结石岗、吉多寨等地。五月,由于叛徒出卖,在哄哄寨被俘,押至北京,就义。

【石久云】 东魏时勿吉族使臣。勿古人。孝静帝兴和二年(540),奉使朝魏,贡方物。从此,至武定(543—550)年间,朝贡不绝。

【石天爵】(?—1542) 明代蒙古右翼土默特部领主俺答汗使臣。嘉靖二十年(1541),奉命与肯切至大同,要求通贡互市,被明世宗诏却,并被无理扣留。不久,在俺答汗的强烈要求下,被放回,肯切仍被拘留。翌年,再奉命至大同要求通贡互市,被明巡抚龙大有拘捕,与肯切同被明世宗下令杀害,引起明、蒙之间激烈的军事冲突。

【石凤魁】(?—1854) 太平天国将领。广西贵县人。壮族(一说祖籍广东客家人)。咸丰元年(1851),随堂弟*石达开参加金田起义。三年(1853),太平天国定都天京,被封国宗,奉命率兵二万与赖汉英攻江西南昌,失利败回江宁。翌年二月,受命领兵镇守汉阳,六门攻克武昌,被加封提督军务,统辖诸将,镇守武昌。是年秋,官军来犯,因其"刚愎自专,因循失机",致使武昌失守,逃亡田家镇。同年十月被逮押回天京,以失律斩之。

【石文魁】 清道光年间公益事业家。湖南人。苗族。道光年间(1821—1850),为修建轨者坡道路,捐出巨资,开辟新路。为苗族地区经济发展作出贡献。写有《新修轨者道路序》一文,道出开辟新路的缘由和经过。

【石以定】 宋代西南石番(五姓番之一)首领。熙宁六年(1073),与龙番、罗番、方番等八百九十人入觐,贡丹砂、毡、马、赐袍带、钱帛。元祐二年(1087),自称"西平州武圣军",入贡。

【石世龙】 见"石勒"。(103页)

【石古乃】 见"完颜仲"。(246页)

【石达开】(1831—1863) 太平天国著名将领。广西贵县那良村人。壮族(一说祖籍广东客家人)。早年丧父,因家境尚较丰裕,故能自幼攻读诗书,颇通文辞,曾赴省应试,举孝廉。道光末年,闻洪秀全、冯云山来贵县一带传教,前往结识,并愿倾家产以助饷。在贵县一带积极宣传拜上帝会教旨,广结会众,鼓动推翻清朝腐朽政府。道光三十年(1850)秋,率会众赴金田。咸丰元年(1851)正月,金田起义爆发。三月,洪秀全在东乡自尊天王,被授左军主将。九月,太平军攻克永安城,晋封翼王,五千岁,任前线指挥。率勇将林凤祥、李开芳等先后攻占武昌、黄州、九江、安庆、芜湖、和州等处,连战皆捷,清军闻风丧胆,称其为"石敢当"。三年二月,率军攻陷南京。太平天国定都天京后,奉命赴安庆一带抚民,所到之处,抑制豪强,赈恤贫民,百姓安业,深得民心。四年夏秋,清湘军统帅曾国藩率水陆两师陷武昌。受命督军赴援,诱敌水师深入鄱阳湖,乘夜住湖口纵火攻之,使显赫一时的湘军水师溃不成军。二月,收复武昌。十月,挥军江西,所到之处,闻风归附,使曾国藩龟缩南昌束手无策。六年三月,回师破清江南大营,解天京围。继赴武昌督师。后因天朝发生杨、韦内讧,韦昌辉滥杀无辜,被密诏回京制止韦之所为。韦不听,反欲加害,遂出走安庆,欲集皖赣之兵,回朝伐罪。洪秀全执杀韦昌辉后,受命回朝辅政。十一月,加封电师通军主将义王。理政有方,秉公行事,朝内外倾服。因洪秀全猜忌,暗以亲族福、安二王掣肘,使政令难施。知久留京中自存难保,于七年五月,率师出走安庆。以后数年间转战江西、浙江、福建、湖南、广西、湖北、贵州、云南等地,使朝廷顾此失彼。因没有建立牢固的根据地,军队疲惫,力量削弱。同治二年(1863)春。自滇入川,渡金沙江,至紫打地(今安顺场),因未能抓紧时机抢渡大渡河,深入四川腹地,被清兵抢先堵截,进退维谷,弹尽粮绝,受招安被执。是年四月,于成都遇害。

【石观保】(?—1847) 清道光年间苗族起义首领。湖南乾州(今吉首)厅大河寨人。苗族。出身贫苦农民家庭。道光二十四年(1844),利用苗族"合款",组织苗民抗租,提出减免屯租。二十六年(1846),乾州、永绥(今花垣)、凤凰等地苗民纷纷参加抗租斗争。次年九月,与杨正富、孙文明等在乾州厅杨孟寨起义,打下补毫、鸭保、排料等地屯仓,把屯谷分给贫苦农民。抄没苗族土守备龙大用、石文魁、吴永清等人家产。清廷调集镇筸、绥宁、靖州、常德官兵和土兵围剿。十二月,被俘遇害。

【石抹元】 金朝后期大臣。字希明。契丹族。懿州路胡土虎猛安人。幼孤。初官枢密院、尚书省译史,历同知恩州军州事、监察御史、同知淄州军州事。改大兴府判官、沂王府司马、沁南军节度副使。善理案,平冤狱。寻改河北西路转运副使,累迁山东西路按察转运使。宣宗贞祐(1213—1217)初年,见黄掴吾典与副统仆散扫合借征兵大刮民财,互相残害,乃密告宣宗,使扫合坐诛,民称快。寻移知济南府,到官六月卒。居官自守,不交权要,时获称赏。

【石抹卞】 金朝将领。本名阿鲁古列。契丹族。姓石抹。群牧使五斤子。年十三已能射。天会(1123—1137)末,隶完颜宗弼帐下。拒附太帅完颜宗磐、左副元帅完颜挞懒,及宗磐、挞懒以罪诛,人多以其有识。从宗弼攻宋,取河南,战颍州,授忠勇校尉。历迁宣武将军、河间少尹、遂州刺史,改寿州、唐州。海陵王正隆六年(1161),从攻宋,为武毅军都总管,由别道进兵,下信阳军、罗山县,取蒋州。世宗大定二年(1162),为郑州防御使,以本官领行军万户攻宋,迁武胜军节度使。次年,迁河南尹,转西南路招讨使,改大名尹。奏请修城,以御敌。徙临洮尹。年六十三。卒于官。

【石抹荣】 金朝将领。契丹族。姓石抹。字昌祖。惕益子。年六岁,父追随辽帝奔天德,与母流离道路,为金宗室谷神收纳。及长,事秦王完颜宗翰,居幕府。熙宗天眷二年(1139),充护卫。迁宿直将军。海陵王天德元年(1149),为开远军节度使,改天德尹,徙泰宁军,迁延安、东平尹。正隆六年(1161),从攻宋,为神果军都总管,留驻泗州,以遏逃卒。世宗大定元年(1161),还镇东平。翌年,以本官充山东东西、大名等路都统。以疾,改太原尹,历任益都尹,签书枢密院事,北京、东京留守,陕西路统军,南京、西京留守。因高价卖私物、抑价买民物,削两阶解职。后起为临潢尹,改临洮尹。年六十三,卒。

【石昌松】 清光绪年间举人。湖南人。苗族。应试论文为《理财论》,文中提出"财为国家之命脉,不生之,则源不开;不敛之,则款不集;不节之,则用不度"以及"于衣食之源,畜牧之利,器用之资,以道行之,义取之,德聚之,礼用之"的论点,反映出,关心民疾、抨击时弊的爱国热忱和民主思想。

【石季龙】 见"石虎"。(102页)

【石柳邓】(1737—1797) 清乾隆嘉庆年间苗族起义领袖。贵州松桃大塘人。苗族。喜习武,正直刚强。家贫,靠耕种少量土地和卖草鞋为生。乾隆五十八年(1793),与四川秀山县青龙屯汉族农民一起,参加抗粮抗租斗争,捣毁土司衙门,分了土司财物。接受白莲教反清宣传,坚定了发动苗民起义的信心和决心。次年十二月二十四日,联络湖南永绥(今花垣县)石三保、乾州(今吉首)吴八月、吴陇登等聚会议定翌年正月十八日同时起义。提出"官有万兵,我有万山,其来我去,其去我来"的战略战术原则。事泄,于六十年正月十三日在贵州大塘汛提前起义,围正大营、嗅脑营和松桃厅城。思南、印江及镇远四十八溪地方苗族人民纷纷响应,拥众万余,并进入四川秀山县境。惩治贪官豪绅。嘉庆元年(1796),据险抗击云贵总督福康安与四川总督和琳所率两广、两湖、云贵、四川七省兵。后遭新任清军统帅额勒登保军围击,平陇、乾州失陷,退守石隆。十二月(1797年初),义军粮草缺乏,武器不足,在战斗中头负重伤牺牲。

【石皇玺】(1862—?) 清代民间文学家。湖南永绥(今花垣)板塘寨人。苗族。又名石豹,号板塘。被苗族人民誉为"歌圣"。自编苗歌,自造苗文记载。以这种"苗文"把十三经、廿四史中的故事以及《水浒》、《西游记》、《三国演义》等译成苗歌,流传于苗族人民中间。编写的苗歌富有浓厚的时代色彩,选题广泛。主要民歌有:《相普相娘歌》(祖先歌)、《苗族名人歌》、《劝歌》、《调笑歌》、《谢媒人歌》等。

【石重贵】(914—964) 五代后晋皇帝。942—946年在位。西突厥别部沙陀人,或谓其先世为夷人。后晋高祖石敬瑭从子,后唐庄宗骑将石敬儒子,生于太原。父早亡,从父视之为己子。性好驰射,不喜习文。天福元年(936),历任北京留守、检校司徒、行太原尹、知河东管内节度观察事。二年,拜右金吾卫上将军。三年(938),任开封尹,封郑王,又加检校太尉、同中书门下平章事。六年(941),改广晋尹,晋封齐王。七年,从父卒,嗣位。史称少帝或出帝。对辽主战,开运二年(945),大败南下契丹军。三年初,遣杜重威抗击契丹,杜为争夺帝位,投降契丹。十二月,开封被占,后晋亡。次年(947)正月,被俘押北上。后汉乾祐二年(949),迁黄龙府,后居建州。

【石祥祯】(?—1854) 太平天国将领。广西贵县人。壮族(一说祖籍广东客家人)。清咸丰元年(1851),随弟(一说堂弟)石达开参加金田起义,在石达开麾下当参谋,因知兵多谋,甚受倚重。太平军起事不久,被困永安州,曾为突围献策,深得杨秀清青睐。三年(1853)二月,太平天国定都天京,被封国宗。五月,奉命督师赴江西增援赖汉英部,克九江,陷湖口,连战皆捷。继挥师湖北,在半壁山大败清军。翌年,克黄州。杀清总督吴文镕,乘胜攻占汉阳。因武昌久攻不下,率军转攻岳州,分散敌人兵力,旋回军克武昌。被东王杨秀清誉为"石氏三雄龙虎豹"之虎。回师天京后奉命镇守西梁山,以遏清军。不久,清将向荣督江南大营兵围困天京,回师解围,在七瓮桥大破清军,杀清将张国梁,乘胜追击敌人,不幸中流弹负伤,因伤势过重身亡。

【石敬瑭】(892—942) 五代后晋皇帝。936—942年在位。西突厥别部沙陀人,一说为汉丞相奋之后,或谓其先世为夷人。唐洛州刺史臬捩鸡次子,生于太原。好读兵法,为代州刺史李嗣源(后唐明宗)赏识,妻以爱女。领亲骑,号三讨军(或作左射军),随岳父征战,积功屡任大镇节帅。后唐明宗天成元年(926),为光禄大夫、检校司徒,充陕州保义军节度使。二年,任宣武军节度使,晋封开国公。历任同中书门下平章事、兴唐尹、邺都留守、天雄军节度使等,改河东节度使,镇守太原。应顺元年(934),移镇常山。清泰三年(936)五月,徙郓州节度使,晋封赵国公,不从,与末帝李从珂矛盾加剧,据晋阳起兵反后唐。九月,与南下之契丹主耶律德光相约,以割地岁贡为代价,借兵反后唐。十一月,受契丹册封为大晋皇帝(一说先封晋王),于晋阳即位。改元天福,史称后晋。闰十一月,入洛阳,灭后唐。二年,定都大梁(汴京,今开封)。在位期间,割燕云十六州于契丹,认耶律德光为父,自称"儿皇帝"。对内则严刑峻法,刻剥百姓。谥圣文章武明德孝皇帝,庙号高祖。

【石演芬】 唐朝将领。西域胡人。以战功为朔方邠宁节度兵马使,兼御史大夫,颇得李怀光信宠,收为养子,官至右武锋将。以李怀光欲谋反唐,遣属下部成义密疏于唐廷,事泄,被李怀光执杀。唐德宗嘉其忠义,追赠兵部尚书。

【石镇仑】(?—1854) 太平天国将领。广西贵县人。壮族(一说祖籍广东客家人)。咸丰元年(1851),随弟*石达开参加金田起义,虽作战悍勇,但少谋略,故久未重用。听命于检点指挥。太平天国定都天京后,封国宗,并尊丞相埒,始受统兵,转战江西一带。后随赖汉英援扬州,在三汊河大败清军,以功赏黄袍。四年(1854),与韦俊等督师湖南,先后攻克常州、岳州、武昌,连战皆捷。是年九月,奉命率军增援田家镇,与清军大战于半壁山,不幸阵亡。

【石篡太】(?—1601) 明代侗族农民起义首领。贵州黎平县草坪寨人。侗族。万历二十八年(1600),与同乡吴国佐联合,发动起义,得到周围侗族人民的拥护。拥吴国佐为"天皇上将",自任太保,屡败明军。二十九年,在明朝重兵围剿下,起义失败。与吴国佐等人被俘牺牲。参见"吴国佐"条。(229页)

【石抹九柱】 金末将领。契丹族。哀宗天兴(1232—1234)年间,为息州行帅府事。时蒙古军南下,金廷濒亡,二年(1233)正月,哀宗弃汴京(今河南开封),逃入归德(今河南商丘南),统治内部倾轧不断。九柱喜豪华,出则侍从盈路,致使北面总帅完颜娄室等三帅妒之,渐生猜疑,各集兵士、甲仗,夜则披甲为备。被诬谋反,险被杀,幸为蔡州行帅府事乌古论栲栳所护,于哀宗前力辩曲直,得免,罢帅职,授户部郎中。

【石抹乞儿】(?—1267) 蒙古国将领。契丹族。都总管万户常山子。蒙哥汗四年(1254)父卒袭职,领本万户诸翼军马。从都元帅纽璘南下伐宋,攻重庆(今重庆)、泸州(今四川泸州)、叙州(今四川宜宾)等城,屡建功。继从诸王讨浑都海于临洮(今甘肃临洮)。至元二年(1265),从元帅按敦移镇潼川(今四川三台)。四年(1267)九月,从攻蓬溪寨,战死。

【石抹也先】(1177—1217) 又作不抹阿辛、石抹耶先。蒙古国将领。契丹族。库烈儿孙,脱罗华察儿次子。年十岁,立志复辽国。勇力过人,善骑射,多智略,豪服诸部。被金征为奚部长,让其兄赡德纳,自匿居北野山。闻成吉思汗起兵,匹马投归,建言首取金肇基之地东京(今辽阳)。元太祖十年(1215),以先锋从太师、国王木华黎进逼东京,路杀金新易东京留守,夺其诰命,以新留守名,计取东京,收降守臣寅答虎等四十七人,定城邑三十二。继破北京(今内蒙古宁城西),谏阻屠城。授御史大夫,领北京达鲁花赤。收降兴中府土豪石天应。奉命副脱忽阑阇里必,征燕南未下州郡。追杀图谋叛蒙之张鲸,晋上将军,以御史大夫提控诸路元帅府事。十二年(1217),从木华黎讨鲸弟致,攻蠡州北城,先登,中石死。

【石抹元毅】(1151—1197) 金朝将领。契丹族。姓石抹,本名神思。咸平路(治今辽宁开原东北)酌赤烈猛安莎果歌仙谋克人。武勇过人,以荫补吏部令史,入为大理知法,迁同知亳州防御使事。章宗明昌元年(1190),迁汾阳军节度副使,改同知武胜军节度使事,调彰德府治中。承安二年(1197),授抚州刺史。蒙古军入边,率部属出州经画军饷,与蒙古军遭遇,战死,赠信武将军。

【石抹不老】 元初将领。契丹族。河中府船桥水手军总管*石抹按只子。至元十年(1273),父卒,代领军,从攻嘉定(今四川乐山)。十二年,克城,追斩宋将鲜于都统于大佛滩。继从攻紫云、泸、叙等城,屡建功。十五年,取重庆(今重庆),降宋都统赵安,追擒总管黄亮。次年,受命袭父职,为怀远大将军、船桥军马总管,更赐金虎符,兼夔路镇守副万户。十八年(1281),奉令领蒙古、汉军三千戍施州(今湖北恩施),平服大小盘诸峒蛮,授保宁(今四川阆中)等处万户。

【石抹世勣】(?—1234) 金朝大臣。契丹族。姓石抹,字景略。抚州刺史*石抹元毅子。咸平路(今辽宁开原东北)酌赤烈猛安莎果仙歌谋克人。章宗承安二年(1197),以父死王事,收充侍仪司擎执。五年,登词赋、经义两科进士第。宣宗贞祐三年(1215),累官为太常丞,预讲议所事。迁同知金安军节度使。兴定二年(1218),迁华州元帅府参议官。入为尚书省左司郎中。元光元年(1222),解职。后起为礼部侍郎,转司农,改太常卿。正大(1224—1231)中,为礼部尚书,兼翰林侍讲学士。哀宗天兴二年(1233),从哀宗走蔡州(今河南汝南)。蔡州城破,被杀。

【石抹仲温】(?—1219) 金朝末期将领。本名老斡。契丹族。懿州胡土虎猛安人。早年为护卫十人长、太子仆正。迁同知武宁军节度使事、宿直将军、器物局使。以造马鞍亏缺,章宗宽赦其罪,改左卫将军,迁左副点检。明昌五年(1194),充国信使,贺宋宁宗即位。承安元年(1196),因征讨契丹起义不力,降蔡州防御史。复召为左副点检,迁知临洮府事,驻临洮(今甘肃临洮),与知临洮府事术虎高琪等防备巩州(今甘肃陇西)诸镇。泰和六年(1206),为抗击宋军北伐,招徕吐蕃将青宜可内附,以功晋爵二级。十月,为临洮路兵马都总管,以陇右步骑五千出盐川(今甘肃漳县北),与陕西兵马都统副使完颜承裕合兵,大破宋军。八年(1208),罢兵,改知河中府。崇庆元年(1212),迁陕西统军使。宣宗时,击退宋人对秦州(今甘肃天水)的进攻。寻充本路安抚使,改镇南军节度使。未几,致仕。兴定二年(1218),蒙古军南下,时局动荡,奉召至登贤门,议时政得失。次年,卒。

【石抹怀忠】 见"萧怀忠"。(483页)

【石抹明安】(1164—1216) 元朝将领。契丹族。姓石抹。桓州(今内蒙古正蓝旗北)人。初仕金,尝使蒙古国。崇庆元年(元太祖七年,1212),为金抚州守将,蒙古军破城,降蒙古。奉命率军抚定云中(今山西大同)东西两路。劝谏成吉思汗勿休兵,乘胜而进。受命引兵南进,尽有河北诸郡。与三合拔都由古北口攻扰景、蓟、檀、顺诸州。建言成吉思汗废屠城之制,变屠掠为招抚,所到之处,金军多迎降。元太祖十年(1215),取通州,收降金右副元帅蒲察七斤,驻军于京南建春宫。计破金御史中丞李英、元帅左都监乌古论庆寿所护粮军于永清,败金将完颜合住援中部之兵万二千人于涿州宣封寨,尽得其辎重。四月,克万宁宫,取富昌、丰宜二关及固安县。五月,取中都,加太保,兼管蒙古、汉军兵马都元帅。

【石抹明里】(1242—1310) 元初典膳官。契丹族。祖曷鲁,典内膳,为近臣。中统元年(1260),奉命侍皇太子真金。后随忽必烈北讨,论功,赐白金百两。至元二十八年(1291),为典膳令。成宗铁穆耳即位,加朝列大夫,令诸子入宿卫,假礼部尚书。武宗海山即位,以历事帝后功,授荣禄大夫、司徒,妻梅仙封顺国夫人。

【石抹狗狗】(?—1289) 元朝将领。契丹族。姓石抹。少从军,以壮勇称。元世祖至元八年(1271),从严忠范攻宋,围重庆。翌年,以蒙古军二千,败宋将昝万寿于成都。十六年(1279),升管军总管,授宜武将军,守遂宁。翌年,进明威将军、管军副万户。后从药剌海平定亦奚不薛,随也速带儿镇压都掌、乌蒙、蚁子等族反抗。二十四年(1287),迁怀远大将军、夔路万户,移戍重庆。卒于军。

【石抹宜孙】(?—1359) 元朝大臣。契丹族。姓石抹,字申之。石抹也先五世孙。警敏好学,博览群书,善长诗歌,袭父职为沿海上副万户,守处州(今浙江丽水)。及弟长,让职于弟,还居台州(今浙江临海)。顺帝至正十一年(1351),守温州,以镇压农民军有功,升浙东宣慰副使。十七年(1357),任江浙行枢密院判官,总制处州。累官江浙行省参知政事。镇压浙闽等处起义军。十九年,处州为朱元璋军所破,走福建,欲图报复,无果,还至庆元县,被杀。追封越国公,谥忠愍。

【石抹查剌】(1200—1243) 又作札剌、札剌儿。蒙古国将领。契丹族。御史大夫石抹也先子。善骑射。成吉思汗十二年(1217),父战死,袭为御史大夫,领父所统敢死之士万余,黑衣为号,故曰黑军。次年,从木华黎伐金,取平阳(今山西临汾)、太原(今山西太原)等郡,继攻取益都(今山东益都),禁屠城。逾年,奉诏将黑军分屯平阳、太原、真定(今河北正定)、固安(今河北固安)等地。继随军南下,统黑军为前锋。窝阔台汗五年(1233),败金将白撒、官奴,破汴京(今河南开封),收图籍而还。继从国王塔思讨辽东蒲鲜万奴,力战先登,大破万奴。十三年(1241),授真定、北京(今内蒙古宁城西)两路达鲁花赤(蒙语官名,镇守者)。卒于柳城(今辽宁朝阳)。

【石抹按只】(?—1273?) 蒙古国将领。契丹族。世居太原。大家奴子。金末,随父投蒙。蒙哥汗八年(1258),从都元帅纽璘伐宋,攻成都(今四川成都),败宋兵于灵泉(今四川遂宁境),斩宋将韩勇。又从都元帅按敦攻泸州(今四川泸州),败宋兵于马湖江。自马湖达合江、涪江、清江,造浮桥二十余架,在定四川之役中功最。中统三年(1262),以立桥功,授河中府船桥水手军总管,佩金符。至元四年(1267),从行省也速带儿再攻泸州,有功。九年(1272),从征建都(南诏),次年十月,破之。师还,病卒于途。

【石抹曷鲁】 蒙古国典膳官。契丹族。世典内膳,为近臣。初事成吉思汗,后为皇子拖雷所求,转事拖雷。从征,途缺水源,晨起聚草上之霜煮羹,受拖雷赞赏,师还,赐金帛甚厚。八十岁卒。

【石抹高奴】(?—1229) 蒙古国将领。契丹族。早年仕金,成吉思汗六年(1211),与刘伯林、夹谷常哥等以城降蒙。后为千户,遥授青州防御史,佩金符。窝阔台汗元年(1229),为征行千户,从汗伐金,卒于军。

【石抹继祖】 元代文臣。字伯善。契丹族。御史大夫石抹也先曾孙,昭毅大将军石抹良辅子。学以经术为本,兼通名法、纵横、天文、地理、术数、方技、释老之说,见称于官场。成宗大德十一年(1307),以父告老袭职,为沿海上副万户。初分镇台州(今浙江临海),仁宗皇庆元年(1312),移镇婺州(今浙江金华)、处州(今浙江丽水)。治军严肃,在平宁都(今江西宁都)反叛中获战功。明达政事,讲究盐策,多合时宜。

【石抹常山】(?—1254?) 蒙古国将领。契丹族。青州防御使石抹高奴子。窝阔台汗元年(1229),以父伐金卒于军,袭为千户。蒙哥汗三年(1253),擢总管,领兴元(今陕西汉中)诸军奥鲁(蒙古语,意为老小营)屯田,并领宝鸡(今陕西宝鸡)驿军,权都总管万户,岁余卒。

【石抹移迭】(?—1161) 金朝大臣。契丹族。官辽阳主簿。正隆六年(1161)十月,在东京辽阳拥世宗完颜雍即位,废黜海陵王完颜亮,改元大定。以北面行营都统白彦敬与副统纥石烈志宁不从,受遣往召,被害,世宗追赠镇国上将军,令其家食五品俸,仍收录其子。

【石盏合喜】 见"赤盏合喜"。(205页)

【石盏尉忻】 见"赤盏尉忻"。(205页)

【石抹孛迭儿】 元朝将领。契丹族。姓石抹。随父徙霸州(今河北霸县),仕金为霸州平曲水寨管民官。蒙古木华黎军至霸州,归降,任千户、汉军都统。元太祖十年(1215),授左监军,与北京都元帅吾也儿分领锦州红罗山、北京东路汉军二万。后从征山东、山西,平益都,定太原等地。十六年(1221),为龙虎卫上将军、霸州等路元帅,镇守固安水寨。命士兵屯田,且耕且战。太宗三年(1231),从征河南。五年(1233),从讨辽东蒲鲜万奴。先后大小百战,所至有功。年七十,以疾卒于官。

【石抹咸得不】 又作石抹咸得卜、石抹憨塔卜。蒙古国大臣。契丹族。太傅石抹明安长子。成吉思汗十一年(1216),父卒,袭太保,为燕蓟留后长官,史称"燕京等处行尚书省事",后因其弟忽笃华亦为是职,故人称"大哥行省"。性贪暴,多杀人。被中书令耶律楚材奏禁,遂生怨,密告宗王,诬耶律楚材用亲旧,有二心,被查明不实。后为属下控不法事,得楚材宥。

【石抹靳家奴】 金朝大臣。契丹族。世宗大定(1161—1189)年间,官单州刺史。以虚誉得礼部郎中移剌道举荐,进秩两阶,迁同知太原尹,寻擢陕州防御史。实多取民利。大定十八年(1178)十月,与陕西路统军使石抹荣共以高价卖私物、抑价买民物获罪,为尚书省劾,法当解职削阶,世宗因其扬伪誉诳朝廷,不可恕,诏除名。

【石盏女鲁欢】（？—1233） 又作石盏女鲁懽。金末大将。本名十六。女真族。姓石盏。兴定三年（1219），由河南统军使改元帅右都监，行平凉元帅府事。建议于镇戎建城戍，就地屯田，且耕且战，以遏西夏入扰。迁昌武军节度使。元光二年（1223），谏言选才干之士为防御使，摄帅职以镇商洛。开兴元年（1232），以行枢密院事守归德。以提控张定自募一军抵御蒙古兵。遣人于城北掘得古炮五千余门，奋力守御，城得固。四月，为总帅，佩金虎符。天兴二年（1233）二月，以知归德府事为枢密副使、权参知政事。以军多粮少，请令军出城就食。旋被忠孝军元帅蒲察官奴所杀。

【左禾】 明代云南蒙化州土官。彝族。原系火头。洪武十五年（1382）归附，充添摩牙等村火头。十七年（1384），实授蒙化州判官。二十余年不犯法度，为民信服。永乐三年（1405），升任知州。

【左厢】 见"完颜守贞"。（253页）

【左宝贵】（1837—1894） 清末将领。字冠廷，回族。山东费县地方镇（今山东平邑地方镇）人。出生于贫农家庭。幼时父母双亡，到处流浪，以皮匠谋生。咸丰六年（1856），入江南军营，参与镇压太平军和捻军。升副将。光绪初，任高州镇总兵，长期驻奉天（今辽宁沈阳）、曾镇压朝鲜反洋教起义。晓兵事，有谋勇，治军严明。曾兴办学校、医院，建同善堂，倡导重修家乡地方镇清真寺。光绪二十年（1894），中日甲午战争期间，奉命率军赴朝鲜平壤，与卫汝贵、马玉昆、丰绅阿所部合称"四大军"，共拒日军。负责守卫平壤，遣军至大同江上游堵击日军。九月十四日夜，日军逼平壤，清军主帅叶志超欲逃，他派亲兵将叶监visits，率军防守牡丹台及玄武门，奋勇应战。屡退敌军。虽身负重伤，仍坚誓死守，裹创指挥，亲燃大炮轰击日军。后中炮牺牲。追赠太子少保，谥忠壮，在其故乡建衣冠冢，墓前华表铭文为："经百战，勇冠诸军，常开平天下奇男子；守孤城，心拼一死，张睢阳古之烈丈夫。"

【龙会】 西晋时焉耆王。焉耆王·龙安之子。少而勇杰，立为世子。因其父曾遭龟兹王白山所辱，受父遗命，于即位后袭灭白山，据其国。遣子熙归本国为王。有胆气筹略，霸西域，葱岭以东莫不率服。恃勇轻敌，尝出宿于外，为龟兹国人罗云所杀。

【龙安】 西晋时焉耆王。太康六年（285）遣子入侍西晋。娶狯胡女为妻，生子龙会。曾为龟兹王白山所辱，不忘于心。临终，嘱子会为之复仇。会立，灭白山。

【龙升】 清代云南临安府教化三部哈尼族首领。又名张长寿。受封为教化三部土官司副长官。顺治十六年（1659），归附清朝，授世职。康熙四年（1665），附王翔（又作王朔，哈尼族）、禄昌贤反抗清廷改土归流，被执杀。后以其地为开化府，设流官。

【龙咀】 明代建水州纳更山哈尼族首领。明初，为鼓励农垦，对于率众开荒、扩大耕地的哈尼首领，授予土官职务，世领其所垦土地。洪武（1368—1398）中，以率众开荒有功，给冠带，管理地方，寻授纳更山巡检司土巡检。传于龙政。

【龙哥】 又作珑哥。明代云南师宗州土官。彝族。因年幼未曾管事，由普双妻适苏于永乐二年（1404）暂袭职理事。长成，奉旨袭师宗州同知。

【龙熙】 东晋时焉耆王。又名泥流。焉耆王·龙会子。父袭据龟兹时，受命归本国为王。后遭前凉将张植所攻，拒战于贲仑城，兵败。继于遮留谷伏击植，复败，率部下四万人降。前秦建元十九年（383），吕光讨西域，复降于光。及光立国后，遣子入侍。

【龙骥】（1859—1936） 清末教育家。湖南凤凰厅吉信营满家寨人。苗族。字云生。幼年家贫，靠父亲守碾坊为生。先后就学于吉信、棉塞或凤凰厅城。光绪十一年（1885），湖南乙酉科省试，夺魁。两次进京会试，均因"苗籍"而落第。愆然辞官回乡，以家为馆，办"栖山书院"，教授苗族青年。与吴自华（苗族）等一起培养大批苗族人才，深受苗族人民敬重。其诗记录了他一生主要活动和遭遇，内容感人，有《课读》、《晋京途中》、《咏菊》、《感怀》、《无题》、《杂咏》、《病榻吟》等。

【龙上登】 明代云南临安府教化三部长官司长官。哈尼族。性嗜学，颖悟警敏。明万历时（1573—1620），赴京受职，逗留京师，遍访名宿，学成归来，癖爱汉文典籍，兴学校，建文庙，朔望礼拜，亲撰碑文，论述孟子学说，经其倡导，汉族文化在六诏山区广泛传播，使当地哈尼等各族有机会较早地接触到汉文典籍。

【龙子贤】（？—约1548） 明嘉靖年间苗民起义领袖。贵州平头人。苗族。原为平头苗族首领。嘉靖十九年（1540），铜仁地区旱灾，粮食歉收，不堪官吏追督征粮，与镇筸苗酋龙科桑率苗民暴动，攻湖广麻阳县城。二十二年（1543），铜仁苗酋龙求儿、龙母叟等纷起响应，攻四川酉阳等地。义军达数万众。二十三年（1544），湖广贵州都御史万镗调湖广、贵州十万余官兵和土兵围剿铜仁、镇筸等地，诱俘龙母叟与龙求儿。次年，率余部继续迎击官军。二十六年（1547），攻沅州（今湖南芷江）、麻阳等地，俘清参将杨钦，杀沅州卫百户陈思等。后事不详。

【龙不登】 见"吴不尔"。（228页）

【龙凤翔】（1862—1945） 清末民国时期文学家。湖南凤凰县唐家桥人。苗族。清末考取秀才。曾赞助湘西地区的辛亥革命和支持反袁斗争。一生写了不少文章、碑文、诗等。在《和叶鸿广先生无聊自叹诗》中，有"知君原是青云客，莫羡林泉避世翁"，表达了其思想。作品鼓励人们为实现美好生活而奋斗，对当时军阀混战充满忧虑。著诗抒发对日本帝国主义侵略的极端愤恨，写有"相率同胞逐异类，莫教夷狄肆鲸吞"的抗日诗句。主要诗文有《七夕》、《伤事歌》、《抗日》等。

【龙汉琉】 宋代南宁州领主。西南少数民族大姓豪富龙氏之裔。淳化三年（992），龙汉兴称王时，任南宁州都统，一起入朝贡马、朱砂。至道元年（995），称王，雄长诸部,遣使率西南牂牁诸少数民族入朝贡方物,获太宗召见。同年,授宁远大将军,封归化王。咸平元年(998),遣使率牂牁诸少数民族千余人入贡。五年(1002),遣牙校率部千六百人,贡马、药物、布帛等,获厚赐。

【龙汉瑭】 宋代南宁州领主。西南少数民族大姓豪富。归德将军、南宁州刺史*龙彦韬之子。开宝四年(971),授南宁州刺史兼蕃落使。八年(975),所属三十九部顺化王子若发等三百七十七人贡马、丹砂等。世领其地。

【龙汉璘】 宋代南宁州领主。西南少数民族大姓豪富龙氏之裔。雍熙二年(985),自称王南宁州事兼蕃落使,遣牂牁州酋长赵文桥率族人百余人入朝献方物、名马,并献后蜀孟氏所给符印。太宗授以归德将军、南宁州刺史。端拱二年(989),与五溪都统向通汉相约入贡。淳化元年(990),遣弟龙汉兴入朝。

【龙母叟】(? —1544) 明嘉靖年间苗民起义领袖。贵州铜仁人。苗族。嘉靖十九年(1540),都匀、思南、铜仁等地旱灾。与铜仁、平头二司和接壤的湖广镇溪算子坪等苗民凭险反抗官吏督征钱粮。二十二年(1543),与苗酋龙子贤、龙求儿、龙科桑聚众数万,攻湖广麻阳、四川酉阳等地,抗击湖广、贵州两省官兵的多次进攻。二十三年,被湖广、贵州都御史万镗诱骗,与龙求儿一起被俘,遇害。

【龙在田】 明末清初云南石屏龙朋里土官。哈尼族。天启、崇祯间数有功于明朝,帝嘉之。明末,滇南土官沙定洲和明朝镇守云南世袭黔国公沐天波进行争权斗争,其他土司也互相火并仇杀,攘地夺权。清顺治三年(1646),沙定洲攻其辖地不下,移保宁州等地,他被迫走大理。次年,迎李定国、孙可望等领导的"复明抗清"大西军,平定沙定洲,支持南明,抵抗清军。李定国等在哈尼等族支持下的云南建立抗清根据地。

【龙许保】(? —1551) 明嘉靖年间苗民起义领袖。贵州铜仁府人。苗族。龙母叟、龙子贤起义失败后,于嘉靖二十七年(1548),与吴黑苗等率领蜡尔山苗民起义,继续与明官兵战斗。在龙鱼寨战斗中俘获铜仁指挥张韶和百户钱用等。二十九年(1550)三月,攻克思南、印江,俘获知县徐文伯。四月,破石阡府,俘推官邓本中。总督张岳督集湖广、四川、贵州三省兵十六万会剿义军。三十年(1551),义军从贵州进入湖广镇箪,联合四川小平茶苗民许保,化装成土兵,突入思州府(今岑巩县),俘知府李允简、知事王月谦,开狱放囚,复攻石阡府。后被叛苗诱俘,遇害。

【龙异阁】 宋代西南龙番(五姓番之一)首领。初为静蛮军、藩落使,天圣大王。治平四年(1067),入觐英宗,诏为武宁将军。熙宁六年(1073),与罗、方、石番(皆五姓番)等八百九十人入觐,贡丹砂、毡、马,神宗赐以袍带、钱帛等。其后比岁皆献,龙番贡者至四百人。元丰年以后改为五岁一贡。龙氏于诸姓中最大,贡奉尤频。

元祐五年(1090)、八年(1093)和绍圣四年(1097),皆献方物。

【龙求儿】 见"龙母叟"(109 页)、"龙子贤"(108 页)。

【龙佑那】 又作龙凤佑那、凤佑那、张龙佑那、张佑那等。相传为三国时白族白子国、建宁国首领。汉武帝时白子国国王仁果第十五代孙。传说三国蜀建兴三年(225),蜀相诸葛亮率师南征,至白崖(今云南弥渡县红崖)时,封其为长,赐姓张,改白子国为建宁国,筑建宁城,世领其他。"诸夷慕武侯之德,渐去山林,徙居平地,建城邑,务农桑,诸部于是始有姓氏。"又传说其后裔张乐进求(仁果三十三代孙)于唐初被封为首领大将军。

【龙者宁】 明代云南教化(即强现,今开远、蒙自一带)三部哈尼族首领。又名莽乍。*龙海基十六世孙。明初,傅友德、兰玉、沐英征云南,他受元朝云南梁王命,率部赴滇黔边境堵击明军。明军进至滇东边境罗雄(今罗平),遂迎明反元,至罗雄明军辕门归附,反戈击元军,使明军顺利破滇池,直逼梁王驻地,击溃元军中枢,摧毁元朝在云南的统治。明帝朱元璋改强现三部为教化三部,与王弄部、安南部(舍资部)并为长官司,任副长官,隶临安府长官司。永乐十一年(1413),入觐京师,瞻仰京城先进文化,并参加明成祖亲临的端午盛节。返乡后,每年在六诏山如期举行此节日活动。其统辖期间,哈尼族社会经济有较大发展,马匹、皮毛、药材等农副土特产品远销中原,本地商业也很发达,城镇相应兴起,文化上也出现新的景况。

【龙定国】(? —1817) 云南临安府纳更巡检司土官。哈尼族。嘉庆二十二年(1817),率子随清军前往镇压*高罗衣(哈尼族)领导的反对土司领主和清政府的起义,于逢春岭被义军击杀。奏准后裔世袭土把总。

【龙科桑】 见"龙母叟"。(109 页)

【龙彦韬】 宋代南宁州领主之一。北宋初,南宁州(今贵州南部)龙、方、张、石、罗五姓领主崛起,史称"黔南五姓番",奉龙氏为宗,称西南番王。乾德五年(967),进京朝贡,封为归德将军、南宁州刺史。

【龙健能】 元代云南阿䘏万户府总管。哈尼族。龙海基九世孙。十三世纪中叶,元朝于安南(马关)老寨立阿䘏万户府,任总管,辖礼社江以东至滇东南黔桂边境。其时,龙氏所属哈尼各部分化,王弄部分化为大小二部;强现部分化为阿雅(又名八寨)、枯木、教化等三部,合称强现三部,又称教化三部。

【龙海宽】 清咸同年间侗族农民起义领袖。贵州天柱县坝平人。侗族。秀才出身。在太平天国运动和贵州各地农民起义的影响下,咸丰十一年(1861),在坝平发动起义,拥众万余人,进攻皮厦,由于遭到清军及当地土豪的联合镇压,坝平陷落。遂率军至梁上、巴野(今三穗县属)与农民起义军姜映芳部会合。同治元年(1862),又与张秀眉领导的苗族农民起义军会合,攻占邛水(今三穗县属)和天柱县城,声势浩大。起义军建立革命政权,打击破坏分子,安定社会秩序。同年五月,率义军东进湖南,攻打瓦寨,占领青溪(今镇远县属)等地,截断清军由湘入黔的粮道,在玉屏击溃清军三千余人,乘胜沿沅水东下进逼晃州、黔阳、会同等地。给予清王朝和当地地主豪绅严重打击。清政府调集军队,会合地方地主武装,乘义军主力东进湖南之机,攻陷青溪、天柱县城及邛水汛城。义军由冷水退至黎平,遭清军袭击失败。

【龙海基】 宋代云南开化府哈尼族土司。原为强现部首领,"素为诸夷所服",该部在六诏山各大小部、寨中最为强盛,统领各部、寨。宋皇祐(1049—1054)时,以响导狄青部将杨文广追击侬智高有功,受宋皇朝命,世领六诏山区。自是,哈尼的维摩、王弄、安南(舍资部)、牛羊、新现等部皆属之,接壤交趾,龙氏遂领有六诏山南北包括今丘北、泸西南部(均在山北,为维摩部)、文山、砚山、西畴(均为强现部)、马关、麻栗坡(舍资部)、屏边(王弄部)等广大地区。

【龙麻阳】(?—1113) 明正德年间苗民暴动首领。湖广镇溪(今湖南吉首县)人。苗族。正德六年(1511),与贵州铜仁龙童保率苗民暴动。在土官本椿、筸子坪百夫长龙真协助下共抗官兵。明都御史杨茂元,湖广巡抚刘丙,贵州巡抚沈林,调集湖广、贵州、四川三省官兵五万多人进攻义军。与龙童保据守天生崖及六美山抗敌。八年(1513),被俘遇害。

【龙童保】 见"龙麻阳"。(110页)

【龙蒙盛】 见"劝龙晟"。(84页)

【龙凤佑那】 见"龙佑那"。(109页)

【龙突骑支】 隋末唐初焉耆王。王族龙姓。原役属于西突厥。隋大业中,遣使赴隋朝贡。唐贞观六年(632),遣使入唐贡方物,请开大碛路以通商旅。受命援咥利失可汗以平西突厥内乱,高昌国怨其通大碛路出兵屡攻,十二年(638),高昌联兵处月、处密诸部陷焉耆五城,掠男女1500人。十四年(640),出兵援唐败高昌,尽归原被掠之城与人众。次年,以女嫁西突厥重臣屈利啜弟为妻。恃强疏唐朝。十八年(644),为郭孝恪所率唐军败,城破被俘,执送长安,获赦。永徽元年(650),拜左卫大将军,遣归国,复为焉耆王。卒后刻石像于昭陵。

【龙栗婆准】(?—645) 唐代焉耆王。*龙突骑支弟。王族龙姓。贞观十八年(644),随兄颉鼻叶护等奔西州(今新疆吐鲁番东南高昌城废址)投唐。同年,导安西都护郭孝恪伐焉耆,以功,唐军班师后,留摄国事。不久为西突厥屈利啜所破,被囚禁。十九年,西突厥处般啜立其从父龙薛婆阿支为王,将其解送龟兹、被杀。

【龙婆伽利】 又作先那准。唐代焉耆王。*龙突骑支弟,王族龙姓。贞观十八年(644),随颉鼻叶护等奔西州(今新疆吐鲁番东南高昌城废址)投唐。二十二年(648),唐将阿史那社尔平焉耆,斩西突厥扶立之焉耆王龙薛婆阿支,立为王,设焉耆都督府,兼任都督。

【龙鸠尸卑那】 南北朝时期焉耆王。龙熙后裔。恃地多险,常扰北魏使臣。北魏太平真君九年(448),遭魏将成周公万度归攻袭,失边守左回、尉犁二城。员渠被围,遂率四五万人出城守险以拒,兵败,单骑逃入山中。后奔岳父龟兹王,获厚待。

【龙薛婆阿支】(?—648) 又称龙薛婆阿那支。唐代焉耆王。*龙栗婆准从父(一说从兄)。王族龙姓。贞观十九年(645),为西突厥处般啜立为焉耆王,号瞎干。二十二年(648),唐将阿史那社尔西征,奔龟兹,后为社尔俘杀。一说卒于二十三年(649)。

【龙日格丹达尔】 十九世纪末二十世纪初著名蒙医。达来王旗人。以藏文著《四部医典诠释》(藏文名《朱西塔吉德》,手抄本)、《四部医典诠释·诃子串珠》(木刻本,870页),对《四部医典》作了注释,纠正了元登著《四部医典奥词解说》中的许多讹误。另著有《金色诃子串珠》,诠释了《兰图布》中的古奥难词。

【可老】 见"耶律可老"。(309页)

【可忒】 见"怯台"。(373页)

【可沓振】(?—535) 南北朝时期吐谷浑王。姓吐谷浑氏。约梁中大通六年(534),继立为王。梁以其为行河南王。同年三月,封其为西秦、河二州刺史、河南王。在位二年左右,即为伏连筹子夸吕所替代。

【可度者】 又作李可度者。唐代奚族部落联盟首领。太宗贞观二十二年(648)十一月,率众附唐。唐置饶乐都督府,拜其为持节六州诸军事、饶乐都督,封楼烦县公,赐姓李氏。以所领阿会部为弱水州,处和部为祁黎州,奥失部为洛瓌州,度稽部为太鲁州,元俟折部为渴野州,隶饶乐府。高宗显庆元年(656),又授右监门大将军。未几,卒。奚背唐属突厥。

【可突于】(?—735) 唐代契丹大贺氏部落联盟军事首领。骁勇有谋略,颇得众望。唐玄宗开元三年(715),随联盟首领失活附唐,受封静析军副使。恃权屡废立联盟首领。八年(720),因与联盟首领娑固相悖,起兵反叛,杀娑固,另立郁于,迫唐承认。十三年(725),又与新袭位的咄于(吐于)冲突,逼其离契丹奔唐。另立其弟邵固。旋亲赴唐,见唐对己擅权不满,深为忌恨。十八年(730)五月,复杀亲唐的邵固,推翻大贺氏,另立遥辇氏屈列为首领,率众叛唐,投附突厥。六月,进攻平卢(今河北卢龙),败于捺禄山。二十年(732)三月,与唐兵战于幽州(今北京)北山,再败,远遁。二十一年春,借突厥兵之威,再举攻城,败唐兵于都山(今河北青龙西北)。二十二年,又为唐幽州长史张守珪所败。时与别帅李过(遇)折分掌兵马,相互争权不协。同年底(735年初),被过折斩杀。

【可博真】 见"拓跋余"。(334页)

【可可出大】 见"黑石炭"。(540页)

【可朱浑元】(?—559或560) 东魏、北齐将领。鲜卑可朱浑氏(朱氏)。字道光。其先为辽东慕容部人,世为渠帅,魏时拥众内附。曾祖护野肱为怀朔镇将,遂居家于镇。有武略,与高欢相识。北魏孝昌(525—527)

初,率家赴定州,归鲜于修礼。后奔尔朱荣,为别将。从尔朱天光征关中,镇压万俟丑奴义军,封东县伯。孝武帝立,任渭州刺史。收侯莫陈悦众入据秦州,遭宇文泰围攻,结盟而罢,还镇渭州。东魏天平二年(535),拥众东归晋阳,为高欢迎纳,封县公,授车骑大将军。迁并州刺史,以贪污被劾,获宥,免罪。后以军功拜司空。北齐天保元年(550),封扶风郡王。屡从高澄征稽胡、柔然。八年(557),迁太傅。次年为太师。卒,赠太宰,录尚书。

【可黎可足】 见"赤祖德赞"。(205页)

〖丨〗

【北辽宣宗】 见"耶律淳"。(307页)
【北周太祖】 见"宇文泰"。(170页)
【北周文帝】 见"宇文泰"。(170页)
【北周世宗】 见"宇文毓"。(171页)
【北周武帝】 见"宇文邕"。(171页)
【北周明帝】 见"宇文毓"。(171页)
【北周宣帝】 见"宇文赟"。(172页)
【北周高祖】 见"宇文邕"。(171页)
【北周静帝】 见"宇文衍"。(170页)
【北宫伯玉】(？—186) 东汉末起义军首领。湟中(今青海湟水一带)义从胡人,一说为月氏胡人。东汉中平元年(184),黄巾起义爆发,北地先零羌和湟中、河关羌胡响应,与李文侯共为起义军领袖。进攻金城郡,杀护羌校尉泠征、金城太守陈懿,东下攻汉阳郡,克冀县(今甘肃甘谷)。起用金城人边章、韩遂为帅,专任军政。次年,进击三辅,诛讨宦官,败汉车骑将军张温,威逼汉京都洛阳。十一月,义军兵士夜见流星照营中,以为不祥,拔师后退,西走榆中。败汉将周慎追兵于榆中。三年(186),义军内部分裂,与李文侯、边章同被韩遂杀害,起义失败。

【北凉太祖】 见"沮渠蒙逊"。(375页)
【北燕太祖】 见"冯跋"。(122页)
【北魏太宗】 见"拓跋嗣"。(335页)
【北魏太祖】 见"拓跋珪"。(335页)
【北魏世宗】 见"元恪"。(41页)
【北魏世祖】 见"拓跋焘"。(335页)
【北魏出帝】 见"元修"。(40页)
【北魏肃宗】 见"元诩"。(40页)。
【北魏始祖】 见"拓跋力微"。(336页)
【北魏显祖】 见"拓跋弘"。(334页)
【北魏恭宗】 见"拓跋晃"。(335页)
【北魏高宗】 见"拓跋濬"。(336页)
【北魏高祖】 见"元宏"。(39页)
【北魏敬宗】 见"元子攸"。(44页)
【北齐神武帝】 见"高欢"。(461页)
【北周孝闵帝】 见"宇文觉"。(170页)
【北燕文成帝】 见"冯跋"。(122页)

【北燕昭成帝】 见"冯弘"。(122页)
【北魏文皇帝】 见"拓跋沙漠汗"。(338页)
【北魏节闵帝】 见"元恭"。(41页)
【北魏后废帝】 见"元朗"。(42页)
【北魏孝武帝】 见"元修"。(40页)
【北魏昭皇帝】 见"拓跋禄官"。(337页)
【北魏前废帝】 见"元恭"。(41页)
【北魏桓皇帝】 见"拓跋猗㠗"。(337页)
【北魏道武帝】 见"拓跋珪"。(335页)
【北魏穆皇帝】 见"拓跋猗卢"。(337页)
【北齐神武娄后】 见"娄昭君"。(424页)
【北魏太武皇帝】 见"拓跋焘"。(335页)
【北魏文成皇帝】 见"拓跋濬"。(336页)
【北魏平文皇帝】 见"拓跋郁律"。(337页)
【北魏孝文皇帝】 见"元宏"。(39页)
【北魏孝庄皇帝】 见"元子攸"。(44页)
【北魏孝明皇帝】 见"元诩"。(40页)
【北魏明元皇帝】 见"拓跋嗣"。(335页)
【北魏神元皇帝】 见"拓跋力微"。(336页)
【北魏宣武皇帝】 见"元恪"。(41页)
【北魏景穆皇帝】 见"拓跋晃"。(335页)
【北魏献文皇帝】 见"拓跋弘"。(334页)

【叶臣】(1586—1648) 清初将领。满族,完颜氏。世居兆佳,后隶满洲镶黄旗。后金天命四年(1619),从太祖努尔哈赤征明铁岭,蒙古宰赛援军。六年,从征辽阳,积功授三等轻车都尉。太宗皇太极即位,为十六大臣之一。佐理镶红旗事。天聪元年(1627),随二贝勒阿敏征朝鲜,取义州,晋二等轻车都尉。戍蒙古,追捕逃人,晋三等男。四年(1630),与副都统阿山克永平城,晋三等子,列为议政八大臣。五年,授镶红旗都统。从征大凌河。七年,同贝勒岳讬克明旅顺口。八年,随大贝勒代善略明得胜堡、大同,败朔州骑兵。清崇德元年(1636),随武英郡王阿济格攻,克安州,宝坻。十二月,从太宗征朝鲜,入王都。二年,助阿济格攻皮岛,斩总兵沈世魁,晋一等子。四年,夺取明青山关。七年驻守锦州。顺治元年(1644),率兵平定山西,招抚二十七州,一百四十一县。二年,随顺承郡王勒克德浑平定江南。十一月,移师武昌、襄阳、荆州,讨义军余部一只虎。

【叶延】(309—351) 晋代吐谷浑王。姓吐谷浑氏。吐延子。咸和四年(329),父为羌酋姜聪刺死,继立。誓报父仇,每日缚草为姜聪像哭而射之。及长,沉毅好学,"好问天地造化、帝王年历"。以祖父吐谷浑之名为姓氏,亦为族名、国号。建官制,有长史、司马、将军之号。

【叶仙鼐】(？—1306) 元朝将领。畏兀儿人。土坚海牙之子,初事忽必烈于潜邸,以先锋从征吐蕃、云南。蒙哥汗九年(1259),从攻宋,夺鄂州(今武昌)外城。中统初,参与征阿里不哥。三年(1262),从平李璮之乱。任西道都元帅、吐藩宣慰使。熟知当地民情,于要冲设屯镇抚,恩威兼施,历二十四年。后迁云南行省平章政事,改江西行省平章政事,镇压钟明亮起义。至元三十一年(1294),成宗即位,改任陕西行省平章政事。后辞官归陇右。卒,追封巩国公,谥敏忠。

【叶孙脱】(？—1251) 又作也孙帖额。蒙古国将领。兀良哈氏。成吉思汗十大功臣之一＊者勒蔑之子。曾历仕成吉思汗、窝阔台汗、贵由汗三朝。以勇猛著称,被成吉思汗誉为:"诸将之勇,无过也孙帖额,终日战而不疲。"宋开禧二年(1206)蒙古国建立时,以任火儿赤(佩弓矢环卫者)千人之长,深受宠信。淳祐八年(1248),贵由汗卒,身为前朝旧臣,力主以窝阔台孙、贵由侄失烈门嗣位,遂以拥戴蒙哥之术赤系、拖雷系诸宗王发生矛盾。蒙哥汗元年(1251),以"诱诸王为乱"罪被诛。

【叶克书】(？—1658) 清初将领。满族,辉和氏。世居尼马察部。泰松阿子。归太祖努尔哈赤,授牛录额真,隶满洲正红旗。后金天命六年(1621),从太祖攻辽阳、沙岭,积功授三等副将。太宗皇太极即位,列入十六大臣,佐理正红旗事。天聪五年(1631),任兵部承政。六年,授固山额真(都统)。八年,从大贝勒代善攻明,入得胜堡,略大同。晋二等副将。九年,从贝勒多尔衮征明,屯宁远、锦州间,牵制明军。清崇德元年(1636),从武英郡王阿济格征明,克十二城。坐所部失伍、擅杀罪,罢官,削世职,仍领牛录。二年,从征瓦尔喀、卦勒察。三年,授兵部右参政。四年,授梅勒额真(副都统)。从征索伦。五年,复任固山额真,授牛录章京世职。从睿亲王多尔衮征明围锦州,以功晋三等甲喇章京。六年,从贝勒杜度围锦州,击明总督洪承畴于松山。十一月,从贝勒阿巴泰攻蓟州,败明总兵何腾蛟、白广恩诸军。攻孟家台,陷于敌,坐罢官,夺世职。顺治元年(1644),以牛录额真率军驻宁远。统兵入关,败李自成义军。二年,从肃亲王豪格略山东,以功晋二等阿达哈哈番(轻车都尉)。三年,任镇守盛京总管,晋三等阿思哈尼哈番(男爵)。十四年,坐不劾昭陵总管钟奈罪,罢官,夺世职。

【叶速该】 见"也速该"。(23页)

【叶悖麻】(？—1084) 西夏国军事首领。党项族。官统军。大安八年(1082)九月,宋夏永乐之战,与副统军咩讹埋等以六监军司兵三十万屯泾原北,俟宋军出塞击之。继自明堂川入驻河西,与夏州烽台相对。纵铁鹞军渡河,大败宋军,围永乐城(今陕西米脂县西北马湖峪)。遣游骑直掠米脂,据水砦,又以兵扼要害,断援军馈运。城陷,宋守将徐禧等被杀。进围米脂,耀兵城下而还。后又参与太后梁氏与国相梁乙逋等谋复西夏国失地事。大安十年(1084)四月,与咩讹埋率兵围宋安远砦,宋军拒战,兵败被杀。

【叶护太子】 唐代回纥汗国太子。药罗葛氏。＊英武威远毗伽阙可汗磨延啜长子。唐至德二年(757),率精骑四千援唐平安史之乱,肃宗宴接厚赐,与广平王结为兄弟,配合唐军先后收复西京长安、东京洛阳,因功拜司空,封忠义王,年赠绢二万匹。后罹罪被其父杀。

【叶护可汗】 ①(？—588)南北朝时期东突厥可汗。名处罗侯,号突利设,后称莫何可汗。阿史那氏。＊沙钵略可汗弟。原辖突厥汗国之东部地区,得部众拥戴。为沙钵略可汗猜忌,怀玩有心。北周大象二年(580),密与隋使长孙晟结盟,暗托心腹。当隋文帝对沙钵略施"远交而近攻、离强而合弱"之策时,即遣长孙晟至其所,诱令内附。隋开皇七年(587),沙钵略卒,受汗子雍虞闾遵遗命朔戴,处罗侯以"突厥自木杆可汗以来,多以弟代兄,以庶夺嫡,失先祖之法,不相敬畏"固辞。经雍虞闾以"亡父之命,其可废"为由再劝进,继可汗位,是为叶护可汗。隋使长孙晟赴贺,赐以鼓吹、幡旗。勇而有谋,为扩展势力,以隋所赐旗鼓等号西征阿波可汗,收降阿波部众,生俘阿波,并上书隋廷请处死阿波,未获允。开皇八年(588),率兵三十万攻波斯,中流矢而亡。在位仅一年。②见"统叶护可汗"。(430页)

【叶谛弥实】 见"也的迷失"。(24页)

【叭真】(1119—1192) 宋代云南西双版纳傣族第一任"召片领"(意为广大土地之主)、"景龙金殿国"创建人。傣族。淳熙七年(1180,傣历542年),入主勐泐(今云南西双版纳一带),建"景龙金殿国",即泐国。经十年征战,征服附近诸部落,以结盟方式统一西双版纳全境。绍熙元年(1190,傣历552年),建都景兰(景洪城),以天朝(指中央王朝)皇帝为共主。由勐交酋那刺昆朗玛,景咙酋蒙勐,兰那酋菩提逻阁唷,以及刺陨、金占、唷崖、埭腊、崆峒等部首领,会商劝进,举行滴水礼,共推其为大首领。在位十二年。绍熙三年(1192,傣历554年)卒。

【叭来巫】 见"叭阿拉武"。(112页)

【叭竜杠】 清代攸乐(基诺山)土目。基诺族。雍正七年(1729),清政府在攸乐山设同知。十年(1732)裁撤后,由车里宣慰司刀ư文及各土弁公保其为土目,管村寨三十二。辖地东至蛮海(亚来)一百二十里,南达思通(司土)六十里,西抵蛮撒三十里,北至孙牛(小纽)四十里。

【叭阿拉武】 又作叭来巫。古代傣族传说人物。勐泐(今西双版纳景洪)的第一个首领。傣族。传说出生在勐占巴纳管(今老挝境)。祖父早逝,祖母带领女儿给召勐(地方首领)看守花园,女儿在园内吃了一个牛王吃剩的椰子,遂孕,生叭阿拉武。十岁时,在一山洞寻得父亲牛王。六年后,返乡。时逢本地召勐逝世,头人百姓祷告天神,放出一辆马车,"神选"召勐,马车至其面前,安然不动,遂被举为召勐,尊称为"叭"(大头人之意)。治理有方,地方太平,谷米丰登。传说他因狩猎时追赶一只天神化身的金鹿,进入景洪地区,迷失归程,遂定居其地,率众开荒耕种,筑寨建勐,任召勐。

【叭桑目底】 古代傣族传说人物。被尊为傣族社会各种制度的建立者。"叭桑目底"傣语意为"群众代表"。西双版纳传说中的傣族人民智慧的化身。首倡人民盖房建寨,栽瓜种稻,开始定居,进行农耕。教人们信奉寨神、勐神（地方神）。故此后凡属生产生活、家庭婚姻、宗教信仰等传统习俗，政治法律、社会经济等制度，人们都认为是由他制定的。

【叱地好】 见"耶律和鲁斡"。（324页）

【叱利平】（504—554） 亦作叱列平。东魏、北齐大臣。字杀鬼。敕勒族，代郡西部人，世为酋帅。中军大都督延庆之侄。善骑射。袭第一领民酋长、临江伯。魏孝庄帝初，以军功至武卫将军。后随尔朱荣镇压葛荣义军，平元颢之乱，迁中军都督、右卫将军，封瘿陶县伯。永安三年（530），荣死，与尔朱世隆北走。长广王元晔立，任右卫将军，加京畿大都督。因尔朱氏弑立无定，恐祸及己，遂附高欢，从平邺，破尔朱氏于韩陵，任东郡大行台。从欢击败尔朱兆等，累迁华州刺史、廓州刺史。东魏武定五年（547），镇河阳，八年（550），晋爵为侯。北齐天保初，授兖州刺史，别封临洮县子。三年（552），与诸将南讨江淮，克阳平郡。五年（554）夏，卒于兖州。赠都督、瀛州刺史，谥庄惠。

【叱列陁】 见"叱列伏龟"。（113页）

【叱列伏龟】（？—551） 亦作叱伏列龟。北魏、西魏大臣。字摩头陁。敕勒族，代郡西部人。先世为部落大人。魏初入附，遂世为第一领民酋长，至龟五世。北魏正光五年（524），随广阳王渊北征，为宁朔将军，管帐内兵事。寻任善无郡守。孝昌三年（527），以别将随军西征，累迁征西将军。后还洛阳，任都督，为高欢宠任，加授大都督。西魏大统三年（537），沙苑兵败，降西魏。娶宇文泰兄邵惠公颢之女。次年，封长乐县公。屡从泰征伐，多有战功。历侍中、骠骑大将军、恒州刺史。

【叱列延庆】（？—534） 北魏大臣。敕勒族。代郡西部人。叱列氏，又作叱利、叱伏列氏，后改为李氏。世为酋帅，越骑校尉、临江伯亿弥之子。正光（520—525）末，从大都督李崇北伐。后随尔朱荣入洛阳，随军镇压葛荣义军于相州。因娶尔朱世隆姐为妻，故获尔朱荣厚遇。永安元年（528），任抚军将军、都督、西部第一领民酋长，封永宁县开国公。次年，任恒州刺史。普泰（531—532）初，因世隆得志，特见委重，兼尚书左仆射、山东行台、北海郡公。与大都督侯渊讨执幽州刺史刘灵助。授侍中、都督恒云燕翔五州诸军事、定州刺史。及尔朱兆兵败韩陵，遂北降高欢，从欢于并州。后赴洛，受魏孝武帝委为中军大都督。永熙三年（534），武帝西奔关中，高欢入洛，被杀。

【叱罗可汗】 见"处罗可汗"。（122页）

【叫场】 见"觉昌安"。（421页）

【卢不姑】 见"耶律鲁不古"。（325页）

【占布拉】 清代著名蒙医。青海蒙古人。曾居于内蒙古多伦地区，以"明如拉傲门汗"闻名。康熙（1662—1722）年间，以藏文著《方海》（又作《蒙医正方》，藏文名《满阿嘎仁亲纵乃》），为一部较完整的蒙药方剂学著作，汇集了内、外、妇、儿、五官、皮肤、传染等各科使用之方剂。全书共七十余章，七百余页，为木刻本。

【占巴拉道尔基】 清代蒙药学家。十九世纪奈曼旗人。以藏文著《蒙药正典》（又译《蒙药本草从新》，藏文名《斋萨日密格占》）。书中辑录879种药物，按性能分为八部二十四类。每味药名都以蒙、汉、藏文对照，详细注明药物产地、形态、性味、功能、入药部分、收采时间及炮制方法等，附有插图576张。论述外科术疗使用的器具样式和用途，针灸疗法，写明针刺穴位，并附有两幅全身穴位图。有专章论及温泉疗法。全书284页，为木刻版。

【卡班巴伊】 又称卡班巴伊巴图鲁。清代左部哈萨克（中玉兹）哈喇克烈部伯克。原名艾孜巴查尔。屡助阿布赉汗击退准噶尔封建主的进攻。雍正九年（1731），与阿布赉汗一起，坚决反对沙皇俄国胁迫西部哈萨克（小玉兹）汗效忠沙俄。二十二年（1757），积极支持阿布赉与阿睦尔撒纳决裂，归附清朝。在现代哈萨克族牧民中，至今仍流传着他的英雄故事。

【卡塔条勒】 见"迈买的明"。（138页）

【卡提条列】 见"迈买的明"。（138页）

【只克】 明代官员。罕东卫人。都指挥使班麻思结孙。明成化（1465—1487）中袭职，部众日盛。以吐鲁番侵据哈密，恐为所逼，欲自为一卫。十五年（1479），请如罕东、赤斤例，立卫赐印。获允，于沙州故城置罕东左卫，令其管辖。二十一年（1485），以御边功擢都督佥事。弘治十七年（1504），以瓦剌及安定部人掠沙州人畜，不能自存，至嘉峪关请赈济。正德四年（1509）内乱，部众互相劫夺，奉命劝阻息争。不久卒。

【只没】 见"耶律只没"。（310页）

【只骨】 见"耶律宗真"。（315页）

【只剌里】 见"耶律资忠"。（318页）

【只剌瓦弥的理】 见"必兰纳失里"。（126页）

【出伯】 又作术伯、术白。元朝宗王。蒙古孛儿只斤氏。察合台汗国 * 阿鲁忽汗之子（一说作伊儿汗 * 旭烈兀之孙）。率本部蒙古军及探马赤军捍西陲，御海都、笃哇叛军，置营于甘州，兼领瓜州、沙州以西征戍事，在边十余年，颇有劳绩，屡受赏赐。成宗大德八年（1304），奉命率所部屯田于薛出合出谷。十二月，以积年防边功，封威武西宁王。十一年（1307），晋封豳王。

【业普铿】 清朝将领。达斡尔德都拉氏，以地为姓，隶东布特哈正白旗。咸丰四年（1854），以佐领从征，继升协领，旋因事夺官。同治六年（1867），随军镇压捻军，复原官。光绪二十二年（1896），官布特哈副都统。

【且鞮侯单于】（？—公元前96） 汉代匈奴单于。挛鞮氏。 * 伊稚斜单于子、 * 乌维单于弟。原任匈奴左大都尉。汉武帝太初四年（公元前101年），兄死，嗣位。初，恐遭汉袭击，尽归未还拘留之汉使，遣使至汉贡献。后益骄，于天汉元年（公元前100年）拘留汉使中郎将苏武，徙之北海（今贝加尔湖）。二年，以兵围困汉军，收降汉骑都尉李陵。继遣军万人援车师，败汉军。四年（公元前97年），闻汉遣李广利等诸将分路出击匈奴，遂以兵十万于余吾水(今蒙古土拉河)南迎战汉军,连战十余日,使汉军无所得而还。继攻汉塞外奚侯城,收降都尉李绪,立为右校王。次年卒。

【田五】(?—1784) 清乾隆年间甘肃回民起义首领。又名田富。回族。甘肃海源小山(今属宁夏海源)人。哲赫林耶教派信徒。师事该派创始人马明心,当"海里凡"(学生)。乾隆四十六年(1781),参加苏四十三起义,失败后,在甘肃通渭修筑石峰堡,积蓄力量,造旗帐兵器,准备建立起义根据地。四十九年(1784)四月,因内奸告密,被迫提前起义,与回民张文庆、马四娃等以为尊师马明心报仇为由,占领海源西安州城,直抵固原、屯兵伏羌县之鹿鹿山、静宁州之底店山、潘陇山,扼守险阻。五月,与前往镇压之甘肃提督刚塔战于伏羌县城外,不幸受伤阵亡。

【田丰】 明代湖广永顺宣慰司所属土官。土家族。嘉靖三十三年(1554),奉调率永顺土兵去苏州、松江等地助官军剿倭寇。在新场孤军深入,陷敌埋伏,战殁。

【田玄】(约1590—1646) 明代湖广容美土官。又名田元,字太初,号墨颠。土家族。容美宣抚使田楚产长子。嗣为容美宣抚使。崇祯十二年(1639),奉调,遣副长官陈一圣等率土兵七千,自捐行粮战马,参与镇压李自成、张献忠农民起义军。晋容美军民宣慰使司宣慰使。诰赠龙虎将军、太子太保、后军左都督、加正一品服色。能诗文,著有《金潭咏》、《意草笠浦》等。

【田苗】 明代湖广永顺宣慰司所属土官。土家族。嘉靖三十三年(1554),奉调率永顺土兵往苏州、松江等地协剿倭寇。在新场争先追敌,陷入重围,为国捐躯。

【田富】 见"田五"。(114页)

【田强】 西汉末年武陵郡少数民族起义首领。武陵郡酉阳(今湖南永顺一带)人。王莽篡位后,爆发绿林军、赤眉军起义。武陵郡地区少数民族以其为首,在西阳起义,势力扩展到沅水东西两岸,有力地配合了荆州绿林军的斗争。后遭镇压起义失败。

【田九龙】(?—1609) 明代湖广容美土官。字子云,号八峰。土家族。容美宣抚使田世爵次子。万历年间(1573—1620),随父、兄赴东南沿海平倭寇,多立战功。初,助其侄摄理司务,二侄均夭亡后,始奏准袭容美宣抚使职。

【田九霄】(?—1562) 明代湖广容美土官。号后江。土家族。容美宣抚使田世爵长子。随父率土兵赴浙江黄宗山平倭寇,斩倭五百八十,缴获骡马五十二匹,以功,于嘉靖三十五年(1556),承袭容美宣抚使职。三十六年,在山阴、后梅等处斩倭四百八十,生擒五十六名,药弩射伤焚溺者无数。三十七年,剿倭于丹山等处。三十八年,捣毁倭寇岑港巢穴,杀溺死者无数。赐军银一万七千两,辞而不受,求恢复军民宣慰使,未果而卒。

【田万顷】(?—1294) 元代湖广施溶州土官。土家族。原管泊岩洞。举兵犯辰州,为官军所破,降附,元朝升泊岩为施溶州,任知州。至元三十一年(1294),复举兵反元,官军屡攻不下。成宗铁穆耳即位后,赦之,仍拒降。十月,被元行枢密院副使刘国杰所败,施溶陷,被擒杀。

【田世爵】 明代湖广容美土官。字廷器,号龙溪,乳名七哥俾。容美宣抚使田秀第七子。土家族。嗣为容美宣抚使。与土官向元楫累世相仇。以元楫年幼,佯为和好,以女嫁之,谋夺其产,诬元楫为奸。有司恐激变,自捕元楫,下狱论死。他乘机发兵,尽俘向氏,籍没其土。后抚按知其谋,责与元楫对状,不出,阴与罗峒土舍黄中等谋叛。嘉靖三十三年(1554),诏湖广川贵总督节制容美十四司,问其抗违之罪,如不悛,即绳以法。年八十三,督军剿倭寇,卒于芜湖,特封为宣武将军。

【田甘霖】(?—1675) 清代湖广容美土官。字特云,号铁峰。容美宣慰使田玄第三子。土家族。顺治十三年(1656),兄田既霖卒,无子,袭为容美等处军民宣慰使。创立学宫。吴三桂占其辖地,曾授命,著有《合浦集》。

【田四浪】(?—1871) 清咸同年间哈尼族起义首领。又名田政、田以政。咸丰三年(1853),与普顺义(彝族)领导镇沅、新平一带哈尼族、彝族人民起义,占领镇沅全境和新平县哀牢山西麓,队伍增至五千余人。六年(1856),北上进据景东之者干,半年后退守原地。同年四月,太平天国翼王石达开帐前文书王泰阶、侍卫长李学东以"促夷起义,应援天国"为口号,与彝族李文学、杞绍兴和哈尼族徐东位等各族首领结合,聚众五千多人,在弥渡县属瓦卢山天生营起义,拥李文学为"夷家兵马大元帅"。八年(1858),他与李文学联合,会盟于景东之者干土主庙,誓为打倒庄主,推翻清朝而斗争,被举为"夷家兵马副元帅",分领哀牢山中下段镇沅、墨江等地哈尼族、彝族起义军。以天朝田亩制度为纲领开展活动,使义军日益壮大。九年,命王泰阶率普顺义、刀成义(傣族)等将领攻克新平境,进据因远。十年秋,夺取墨江城。同治二年(1863)春,南克通往思普的关隘通关哨,威震哀牢山区。九年(1870),通关哨清军进攻,思陀、瓦渣等哈尼族土司又背约投敌,义军兵败,被围困于把边江上游壁虎箐的过得岩营地。同年腊月,乘黑夜,腰系绳索,拟沿绝壁而下突围,不幸附落,昏厥被俘。次年春,与二子同遇害。

【田处达】 宋代奖州领主。西南溪峒少数民族大姓豪富,史称奖州田氏。乾德二年(964),与溪、叙州之大姓相互攻劫,后受诏抚,乃定。开宝九年(976),以丹砂、石英入贡。授奖州刺史,世领其地。

【田汉权】 宋代晃州少数民族首领。淳化二年(991),献砂井步少数民族粟忠所获古晃州印一钮,授晃州刺史。三年,与锦州刺史田保全遣使入贡。五年(994),与奖、叙、懿、元、锦、费、福等州入朝献贡。

【田光宝】 明代湖广容美土官。土家族。田乾宗子。元末任容美洞宣抚使。至正二十六年(1366,一说二十七年),遣弟田光受等,以元所授宣抚印,上交吴王朱元璋,请改授。命其为四川行省参政,行容美洞等处军民宣抚司事,仍置安抚元帅治之。洪武四年(1371),遣子答谷等朝觐,纳元所授金虎符。五年,复派答谷赴朝。

【田谷佐】 明代湖广木册长官司土官。土家族。父祖世为安抚,洪武时明军平蜀,民溃散,治所废。永乐四年(1406),招徕三百余户,请袭,获允,任木册长官司长官。九年(1411),以高罗安抚倚势凌虐,侵夺其土地人民,虽蒙朝廷分理,恐复加害,请径隶施州卫,获准。

【田罗驹】 隋代黔安少数民族首领。黔安(今四川彭水县)人。大业三年(607)起兵反隋,夷陵诸族多响应,遭武侯骠骑将军郭荣征讨。翌年,参与田思飘率领的起义,杀隋将军鹿愿,围太守萧造,被行军总管周法尚、将军李景等镇压,败于清江。

【田旻如】(?—1733) 清代湖广容美土官。又名田明如,号碧峰。土家族。宣慰使田甘霖之次庶子。初为直隶通州同知。后袭容美等处军民宣慰使。康熙五十二年(1713),以放肆,为左都御史赵申乔劾奏,获宥,令其改过自新。雍正十一年(1733),复为湖广总督迈柱所劾,令其赴京讯问,托词支延不往,移驻平山寨抗拒。后受督催,于十二月十一日自缢。

【田思迁】 宋代下溪州领主。乾德四年(966),与南州一起内附,以铜鼓、虎皮、麝香等入贡。授下溪州刺史,世领其地。

【田思飘】(?—608) 隋代黔安少数民族起义首领。一名向思多。黔安(今四川彭水县)人。大业四年(608),因不堪深重压迫,率黔安各族人民起义,杀隋将军鹿愿,围太守萧造,遭行军总管周法尚、将军李景、裴仁基分路镇压,败于清江。

【田胜贵】 明代湖广容美土官。土家族。容美洞等处军民宣慰使田光宝之子。袭父职为宣慰使。后因后峒"蛮"向天富作乱,受牵连,被革职。永乐三年(1405),诏抚溃散土司,因军民少,改授容美宣抚使。

【田保富】 明代湖广容美土官。土家族。宣慰使田潮美子。袭父职为容美宣抚使。成化五年(1469),遣人贡方物不及数,停赏。后致仕。弘治二年(1489),进马为土人谭敬棠等赎罪。刑部以纳马赎罪,轻者可原,重者难宥,交按臣察核。八年(1495),贡马及香不及数,马多道毙,命于半赏。

【田彦伊】 宋代高州领主。珍州(后改高州)刺史。少数民族豪酋田景迁之子。开宝八年(975),父卒,入朝请命,袭高州刺史。至道元年(995),与溪州领主同入贡。咸平三年(1000),遣子贡方物及输兵器。五年(1002),遣子承宝等二十二人朝献方物。真宗以承宝为山河使、九溪十峒抚谕都监。六年,遣承宝等镇压辰州、施州等地少数民族暴动。因功于景德四年(1007),授其子为宁武郎将。

【田彦晏】 宋代顺州少数民族首领。真宗(997—1022年在位)朝封归德将军、检校太子宾客,任顺州知州。乾兴元年(1022),率保顺州知州田承恩举兵反宋,攻施州暗利寨。遭夔州兵进剿,失众甚多。因不敌官军,上书朝廷愿还所掠财物,并输粟二千石以表悔过,被朝廷加封宁远将军、检校工部尚书,仍任顺州知州。

【田祐恭】 宋代思州领主。务川(今贵州务川)人。大观元年(1107)入朝,以其地改置思州,授思州刺史,世有其地。政和五年(1115),参与镇压晏州(今四川兴文县)卜漏领导的少数民族暴动。宣和元年(1119),晋贵州防御使。建炎四年(1130),参与镇压川东王辟、郭守忠等率领的饥民起义及马鞍城(今四川酉阳龚滩一带)金头和尚率领的起义,两年未克,后在夔州少数民族首领冉忠等协助下,平定起义。绍兴二年(1132),封为守令。以其故居务川置州治,属羁縻州。卒,赐少师思国公。

【田既霖】(约1619—1656) 清代湖广容美土官。字夏云。土家族。容美宣慰使*田玄次子。顺治十二年(1655),奉表降清,仍赐以蟒玉正一品服色、左都督,加授少傅兼太子太傅、容美等处军民宣慰使。钦赐尚方裘帽、名马、弓矢等物。

【田家培】(1867—1943) 清末民国时期阿拉伯文书法家。字植卿。回族。河西(今属云南蒙自县)人。清末著名伊斯兰教经师马联元弟子。先后在云南及广州各地任教。光绪二十六年(1900),马联元倡刻的全部《古兰经》,即其一手写成版样。原版今存昆明南城清真寺。在云南开远大庄逝世。

【田景迁】(?—975) 宋代珍州领主。西南溪峒少数民族大姓豪富。乾德三年(965),以地内附,赐珍州(今贵州正安县西北),授珍州刺史,世有其地,史称珍州田氏。开宝元年(968),以州郡连岁灾害,建言改名高州。

【田景贤】 又作田师贤。宋末元初思州领主。西南溪峒少数民族大姓豪富。史称思州田氏。宋德祐元年(1275)四月,晋官知思州、州团练使。九月,晋福州观察使。十二月,被元世祖封为思州安抚使,世有其地。元至元十五年(1278),请归附,求撤镇远、黄平戍卒,不允,请降诏禁戍卒勿扰思州之民,获允。十八年(1281),改思州宣抚司为宣慰司,兼管内安抚使。二十一年(1284),隶顺元路宣抚司。子孙世袭土司。

【田舜年】(约1648—1715) 清代湖广容美土官。字绍初,号九峰。土家族。宣慰使*田甘霖子。初受吴三桂敕封,后袭容美等处军民宣慰使。屡奉命从征,著有劳绩。习文史,能文章,所交往者,多一时之名士。有《二十一史纂要》、《容阳世述录》、《白鹿堂诗文集》、《许田射猎传奇》等书行世。康熙五十四年卒于武昌。赠骠骑将军,加三级。妻刚氏,诰封一品夫人。

【田楚产】(1575—1625) 明代湖广容美土官。字子良,号郢阳。土家族。容美宣慰使*田九龙嫡长孙。少时为其庶伯、叔田宗元、田宗恺排挤,携妻、子避居忠峒安抚司处十余年。祖父、伯、叔死后,始承袭宣抚使职。对辖区稍有治理。后被族人、家奴合谋杀死。

【田镇海】 见"镇海"。(597页)

【田霈霖】 明代湖广容美土官。字厚生,号双云。土家族。容美宣慰使*田玄长子。崇祯间(1628—1644),奉调,率属官唐镇邦、唐承祖、刘起沛及其叔田圭、田赡,弟既霖、苏霖，领土兵万余人助明军镇压张献忠、李自成起义军，先后从征于房州、竹山、光化、谷城、荆州等地。南明永历元年（1647），桂王朱由榔命其为容美军民宣慰使，加太子太保、荣禄大夫、后军都督府左都督，赐莽玉正一品服色。

【由屯】 又作猷吞。清朝将领。达斡尔孟尔丁氏。西布特哈正黄旗宜卧奇屯人。勇力过人，善用强弓。以事罢佐领后，至木兰围场射虎一只，为高宗弘历所赏识。乾隆二十年（1755），从征伊犁。二十三年黑水之战，力战有功，赐号克特尔克巴图鲁，一等轻车都尉兼云骑尉世职。后累功至齐齐哈尔副都统转正白旗蒙古副都统。

【甲·怯喀巴】（1101—1175） 宋代藏传佛教噶当派僧人。吐蕃人。出生于鲁惹地方甲氏家族。少年时在罗绕从热穹学经。由哲伯哇作亲教师、格波章杜作规范师出家，取名耶协多吉。为广学诸家名僧大师教义，离热穹，另投名师学法。从耶·格西哲巴、察绒觉敦和格波章杜受比丘戒。于夏弥座前听受《毗奈耶》，学律，随博多哇的弟子道巴等学法。听朗日塘巴讲授《八句义》。后拜夏尔哇巴为师，从学达十三年之久。夏尔哇巴死后，他在哲浦为弟子讲修善提心法，名为《修心七议论》，是为噶当派公开讲授七义修善提心法之始。并于墨竹建怯喀寺，任堪布，故有怯喀巴之称。著有《三种究竟教授》及自传。

【甲域哇钦波】（1075—1138） 宋代藏传佛教噶当派大师。吐蕃人。出生于堆隆的郭高垅。父名雍中敦坝，母名绛萨江。幼年丧父，母改嫁，随姑母生活。因生活困苦，于十二岁出家受沙弥戒，命名勋奴沃。天资过人，有管理才干，十二岁就出任郭高垅寺的捏巴（管理人）。十四岁作堆隆巴大师的侍者，随从研读噶当派的基本典籍和有关经论。后充京俄巴大师侍者，侍师恭谨，尽心承事，甚得宠爱。每讲佛法，侍于左右。得到真传，获得内证。京俄巴死后，赴普穹、蔡穹，受绛达玛迎请往捏地。后在甲域营建寺院，故被称为甲域哇，并长驻此寺。其间，周游诸寺庙庄园，广为诵经传法。后由峨却旺作亲受师，受比丘戒。一生擅长密法二次第（生起次第、圆满次第），有徒众二千余人。噶举派的岗波巴（即塔波拉杰）也曾在其门下受业。

【四朗彭措】 清代康区德格土司，第五代法王。藏族。六世达赖喇嘛仓央嘉措于康熙四十五年（1706）圆寂后，拉藏汗在西藏立伊喜嘉措为七世达赖喇嘛，青海蒙古诸王于理塘选定格桑嘉措为七世达赖喇嘛。他获悉拉藏汗派蒙古官员率军潜赴理塘谋害格桑嘉措，遂遣军赴理塘营救，将格桑嘉措迎至德格仲萨，妥为保护，以功，获西藏地方政府嘉奖，并获准将散居于康、藏、卫的德格百姓全部召回原籍。自此，与西藏地方政府关系密切，势力日强。

【史昕】 见"阿史那昕"。（283页）

【史定】 汉代南越官员。越人。原为南越国揭阳令。元鼎五年（公元前112年），闻汉武帝发兵伐南越，率部降汉，反戈相向。南越灭后，被封安道侯。

【史禄】 秦朝水利专家。原为越人，后仕秦为监御史。禄为其名，姓已失传，故人称史禄或监禄。秦始皇为巩固对岭南的统一，发兵五十万伐百越，他受命征发民工开凿运河，沟通湘、漓二水，为秦兵转运粮饷。运河长三十余公里，流经地势，比降度大，通过在沿河设置斗门，改变水位，使船"循崖向上，建瓴而下"，不仅能通舟楫，而且利于农田灌溉，是我国古代著名水利工程，史称"灵渠"或"湘桂运河"。后秦军与越人战，杀西瓯君译吁宋，遭西瓯人顽强阻击，史禄被留驻揭阳岭，后不知所终。

【史献】 见"阿史那献"。（283页）

【史大奈】（？—638） 又作史大柰。唐朝突厥族将领。阿史那氏。原为西突厥特勤。隋大业七年（611），随西突厥泥撅处罗可汗投隋。次年，从炀帝征高丽，以功授金紫光禄大夫。李渊起兵太原后，率部归附，与柴绍联兵大败隋将桑显和于饮马泉，因佐定长安有功，赐姓史。唐武德年间（618—626），随秦王李世民征薛举、王世充、窦建德、刘黑闼，屡建战功。贞观三年（629），升右武卫大将军，检校丰州都督，封窦国公。十三年（638）卒，追赠辅国大将军。

【史大柰】 见"史大奈"。（116页）

【史怀道】 见"阿史那怀道"。（288页）

【史思明】（？—761） 唐朝叛将。初名窣干。宁夷州突厥人。居营州柳城（今辽宁朝阳南）。与安禄山同乡。骁勇，通六蕃语。天宝初，累功至将军、知平卢军事、平卢兵马使。十四年（755），与安禄山举兵反唐，率军南下，攻取河北地，被安禄山委为范阳节度使，拥兵八万，占有十三郡。至德二年（757），安禄山死后降唐，封归义王，任范阳长史、河北节度使。唐虑其再反，谋杀之，事泄，复起兵反唐。乾元二年（759），取魏州（今河北大名），称大圣燕王，年号应天。引兵援禄山子安庆绪于相州，旋袭杀庆绪，并其众，进占范阳，称大燕皇帝，年号顺天，继进军攻占洛阳。后被其子史朝义所杀。

【史都蒙】 渤海国大臣。渤海人。史氏。文王大钦茂（737—794年在位）时，官献可大夫、司宾少令，封开国男。大兴三十九年（唐代宗大历十一年，776），与高禄恩等一百六十七人奉使聘于日本，贺光仁天皇即位。十二月，于越前遇风暴，都蒙等四十六人幸免。翌年四月，入日京，献方物。日皇授以正三位判官。五月，于重阁门随日皇观骑射，并奏渤海乐。自是渤海乐传于日本。

【史继先】（？—780） 唐朝突厥族将领。阿史那氏。后突厥可汗默啜孙，墨特勤阿史那逾之子。开元四年（716），投唐，授左金吾大将军，酒泉郡太守，河西节度副使。肃宗时赐姓史，官至右神武将军，封颍国公。建中元年（780）卒。

【史朝义】（？—763） 大燕皇帝。唐宁夷州突厥人。史思明长子。天宝（742—756）末年，与父随安禄山叛，率军留守冀州、相州等地。乾元二年（759）正月，父称帝，被封为怀王。上元二年（761）三月，率师攻陕城，不利，受父责，遂遣将缢杀父，自立为帝，改元显圣。密使人至范阳，杀弟朝清及其母皇后辛氏等，内讧不已。宝应元年（762），洛阳为唐所借回纥兵攻取，遂以师十万拒于横水，大败，奔走莫州（今河北任丘北）。次年正月，率骑五千，欲赴幽州发兵回救莫州。因部将田承嗣、李怀仙等皆降唐，叩城不纳，穷蹙缢死于温泉栅医巫闾祠下。一说为怀仙诱杀于范阳城东。

【**央金楚白多吉**】（1809—1887）　清代藏传佛教高僧。藏族。生于后藏之谢门通。五岁从伯父达摩巴扎学习。十岁于甲玛扎浦地方拜妥吉喇嘛阿旺年扎为师，学习诗学、历算等。十一岁出家于扎西格培林寺，法名罗桑群培。十二岁由衮却群培授居士戒及沙弥戒，并从伯父习学声明、文法及显、密经论。二十岁受命管理扎西格培林寺税收。学识渊博，被上师达摩巴扎誉为央金楚白多吉，受上师比丘戒，精通大小五明，成为达摩巴扎的继承人。六十一岁赴前藏，向三大寺及噶伦霞扎等高官讲经说法。光绪十三年（1887），圆寂于扎西格培林寺。著有《洛桑群培传》、《贤哲密意庄严》等，尤以精通藏文文法著称于世。

【**央金噶韦洛追**】　十九世纪藏族学者。青海民和县拉加村人。曾先后在拉萨及青海寺院中学习佛典，获色拉„格西及大昭寺拉仁巴学位。曾任拉萨色拉寺讲经师，也曾在青海塔尔寺讲经传法。著有《格丹格言注释》，在藏族文学中占有重要地位。该书收有民间故事七十一篇，在藏区广为流传，家喻户晓。

【**冉元**】　明代四川酉阳土官。土家族。受明封为酉阳宣抚使。正德八年（1513），献大木二十根，请免子冉维翰袭职赴京，获允。十二年（1517，一作二十年），又献大木二十根，诏量加服色酬赏。

【**冉闵**】（？—352）　十六国时期冉魏建立者。魏郡内黄（今河南内黄县西北）人。字永曾，小字棘奴。本姓冉，因父冉瞻被后赵石虎收为养子，遂以石为姓。为石虎养孙。骁猛善谋策，屡从军征战，卓有战功，封武兴公。后赵太宁元年（349），石虎死，拥立虎子遵，为都督中外诸军事、辅国大将军、录尚书事，辅政。旋杀石遵，立石鉴，自为大将军、武德王。次年，复杀鉴，自立为帝，改元永兴，国号大魏，史称冉魏，复姓冉氏。杀太宰李农、尚书令王谟等，屡与新兴王石祗战。永兴二年（351），围攻襄国，迫祗去帝号，继败祗将刘显于邺，暗结显杀祗。次年，为前燕所败，被执杀。追谥武悼（或悼武）天王。

【**冉智**】　十六国时期冉魏太子。魏郡内黄（今河南内黄县西北）人。„冉闵之子。以父为后赵石虎养孙，遂以石为姓。后赵青龙二年（350），父废杀石鉴自立为帝后，复姓冉氏，被立为皇太子。冉魏永兴三年（352），由大将军蒋干辅佐，奉命守邺城（今河北临漳西南邺镇）。及父为前燕所败被执后，闭城拒守。以城中大饥，人相食，被迫请降，并求救于晋。城破，与皇后等被执送蓟。

【**冉瞻**】（？—328）　又名石瞻。十六国时期后赵将领。字弘武，名良，魏郡内黄（今河南内黄县西北）人。本姓冉，为石勒军所获，被石虎收为养子，遂改姓石。历封左积射将军、西华侯。骁猛善战。晋太宁二年（324），任将兵都尉，领兵攻晋下邳，败晋将刘长，继破彭城内史刘续，收降东莞太守竺珍、东海太守萧诞。三年，陷晋兖州，击杀刺史檀斌于邹山。咸和元年（326），破河南太守王羡（瞻）于邾，继败刘续，取兰陵、石城。三年，随石虎攻前赵刘曜，兵败高候，被杀。永和六年（350），子冉（石）闵称帝，建冉魏，追尊烈祖高皇帝。

【**冉如彪**】　明代四川酉阳土官。土家族。元末，任酉阳军民宣慰使司宣慰使。洪武五年（1372），遣弟冉如喜朝贡，明廷设酉阳州，任知州。八年（1375），改州为酉阳宣抚司，任宣抚使。置平茶、邑梅、麻兔、石耶洞四长官司，每三年一人贡。四洞长官皆隶属之。

【**冉跃龙**】　明代四川酉阳土官。土家族。受明封为酉阳宣抚使。万历四十六年（1618）奉命率酉阳土兵四千人援辽。四十七年，遣子冉天胤及文光等领兵赴辽阳，驻虎皮、黄山等处三年，解奉集之围。再援沈阳，战浑河失利，弟冉见龙战死，土兵死者千余。撤守辽阳，冉文焕等战死，土兵死者七百余人。捐金二千两，运军器至山海关。天启元年（1621），授宣慰使。二年，率土兵援明军合围重庆，镇压奢崇明。

【　丿　】

【**代善**】（1583—1648）　清初宗室大臣。满族，爱新觉罗氏。太祖„努尔哈赤次子。初封大贝勒，与阿敏、莽古尔泰、皇太极，并称四大贝勒。勇武善战，多有战功。万历三十五年（1607），与兄褚英、贝勒舒尔哈齐统兵袭取斐悠城瓦尔喀之民，败乌拉兵于乌碣岩，斩乌拉贝勒博克多，因功赐号"古英巴图鲁"。四十一年（1613），从努尔哈赤灭乌拉。四十四年（1616）后金建国，封和硕贝勒。天命三年（1618）四月，从克抚顺城，败明援军。四年，在萨尔浒大战中，多立战功。继取开原、铁岭，败蒙古宰赛兵。八月，克叶赫西城。六年，从破沈阳、辽阳。十一年（1626），与诸子拥立皇太极为汗。天聪元年（1627）五月，统兵围锦州，败明援军。三年十月，从皇太极征明，趋京城，下良乡。五年，围困大凌河城，败明兵四万，生擒监军张春。崇德元年（1636）四月，晋封和硕礼亲王。崇德八年（1643），皇太极死，八月，与诸王贝勒拥世祖福临继位，以郑亲王济尔哈朗、睿亲王多尔衮同辅政。康熙十年（1671）六月，谥烈。

【**他失**】　见"塔克世"。（526页）

【**他汗可汗**】　一作"佗汗可汗"，见"伏图"。（148页）

【**卯里孩王**】　见"毛里孩王"。（67页）

【**令介讹遇**】　夏惠宗时军事首领。党项族。大安七年（1081），为米脂守将。其年十月，宋军四出包围米脂，惠宗母太后梁氏遣梁永能率师来援，战于城下，西夏军大败，他据城坚守。后被宋将种谔密遣谍者说降，献戎乐四十二人,种谔遣人送之宋京。

【尔朱兆】(?—533) 北魏末年将领。字万仁,又作吐万仁、吐万儿、吐没儿。北秀容(今山西朔县北)契胡(羯胡)。先世居尔朱川,遂以地为氏。尔朱荣从子。少骁猛,善骑射,受荣赏爱。以军功授平远将军、步兵校尉。武泰元年(528),随荣入洛,兼前锋都督。孝庄帝即位,授建兴太守,封颍川郡公。后以击退元颢功,升车骑大将军、汾州刺史。永安三年(530),荣被诛后,据晋阳,攻洛阳,杀庄帝。次年,又废长广王元晔,改立元恭为帝,任柱国大将军,兼录尚书事、大行台。寻加都督十州诸军事,世袭并州刺史。中兴二年(532)初,率军十万屯广阿(今河北隆尧县东)。受高欢反间,与从叔尔朱仲远及度律等相猜疑。为欢败于广阿。后经世隆斡旋,始复好。四月,韩陵之战又为欢所败,复奔晋阳,后走秀容川。次年正月,为欢将窦泰败于赤洪岭,逃穷山,自缢死。

【尔朱荣】(493—530) 北魏末年将领。字天宝。北秀容(今山西朔县北)契胡(羯胡)人。先世居于尔朱川,遂以地为氏,世为酋帅。父尔朱新兴以功封平北军、秀容第一领民酋长。荣继承父祖之业,有部众八千家、马万匹。孝明帝时,袭父爵为直寝、游击将军。正光(520—525)中,乘四方兵起,散畜牧,聚义勇,助北魏拒柔然,镇压内附胡民乞扶莫于、南秀容万于乞真等反抗,败敕勒斛律洛阳和费也头牧子的联合起义,升安北将军、都督恒朔讨虏诸军,晋封博陵郡公。孝昌(525—527)年间,在防御鲜于修礼、杜洛周起义军时,晋车骑将军、大都督。武泰元年(528)春,乘灵太后宠臣郑俨、徐纥鸩死孝明帝元诩之机,起兵入洛,杀灵太后及其所立幼帝元钊,并杀王公卿士二千余人(一说一千三百人)于河阴,立彭城王元勰子长乐王元攸为帝,自任侍中、都督中外诸军事、大将军、尚书令、领军将军,封太原王。在镇压葛荣、邢杲、万俟丑奴等起义后,晋封为柱国大将军、天柱大将军、大丞相、太原王。性好猎,不分寒暑,列围而进,必须齐一,虎豹逸围者坐死,属众甚苦之。恃权擅政,身居晋阳,遥控朝廷,广布亲信,伺察动静。孝庄帝谋除之。永安三年(530)九月,入朝时为帝所杀。

【尔朱敞】 北周、隋官员。北秀容(今山西朔县北)契胡(羯胡)人。字乾罗。尔朱氏。尔朱荣族子,司徒、博陵王。尔朱彦伯子。北魏普泰二年(532),父被诛,随母养于宫中。年十二逃出宫,诈为道士,变姓名,隐嵩山,略涉经史。后西奔长安,受宇文泰礼遇,拜大都督、行台郎中,封灵寿县伯。历迁通直散骑常侍、车骑大将军,晋爵为侯。北周保定(561—565)中,迁使持节、骠骑大将军、开府仪同三司。天和(566—572)中,历信、临、熊、潼四州刺史,晋爵为公。随武帝东征有功,授南光州刺史,入为护军大将军。岁余,转胶州刺史。隋开皇(581—600)初,改封边城郡公。率军平黔安蛮,拜金州总管,转徐州,在职数年,政号严明。后以老归河内。七十二岁卒于家。

【尔朱天光】(496—532) 北魏末年将领。北秀容(今山西朔县北)契胡(羯胡)人。其先居于尔朱川,以地名为氏。尔朱荣从祖兄子。勇武善弓马,深为荣所爱,常预谋策军戎要事。孝昌(525—527)末,为都将,总统肆州兵马。建义元年(528),为肆州刺史,封长安县公。永安(528—530)初,加侍中、北秀容第一酋长。随元天穆镇压邢杲义军。及元颢入洛,兼尚书仆射,为并、肆等九州行台,仍行并州事,后还京师,改封广宗郡公。奉命率贺拔岳等镇压万俟丑奴,进军不利,受荣杖罚,降为散骑常侍、抚军将军、雍州刺史,削爵为侯。后败万俟道洛和略阳王庆云,使三秦、河、渭、瓜、凉、鄯善等款附。复前官爵。三年(530),闻荣死,与贺拔岳图入洛之策。先后晋爵为广宗王、陇西王。建明二年(531),共拥立节闵帝(前废帝),加尚书令、关西大行台。北出夏州,遣将镇压宿勤明达。授大司马。太昌元年(532),韩陵之战兵败后,为斛斯椿拒于河桥,退走西北,被执送于高欢,押至洛,斩于都市。

【尔朱世隆】(500—532) 北魏末年将领。字荣宗。北秀容(今山西朔县北)契胡(羯胡)人。尔朱荣从弟,华州刺史买珍之子。明帝末,兼直阁,加前将军。武泰元年(528),任给事黄门侍郎。孝庄帝即位,以翊戴功,授侍中、领军将军、左卫将军,封乐平郡开国公。永安二年(529),奉诏镇虎牢(今河南荥阳县西北汜水镇)防元颢,惧而遁还。后授尚书左仆射。次年,荣被诛后,走长子(今山西长子县西南),与尔朱度律等共推长广王元晔为主,任尚书令,封乐平郡王,加太傅,行司州牧。建明二年(531)初,又以晔疏远为由,废之,改立节闵帝元恭。帝特置仪同三师(一说为三司)之官,位次上公之下,以其为之。兄弟各拥强兵,总揽朝政。次年,被大都督斛斯椿遣人执杀。

【尔朱彦伯】(?—532) 北魏末年将领。北秀容(今山西朔县北)契胡(羯胡)人。尔朱氏。尔朱荣从弟,华州刺史买珍子。永安(528—530)中,为荣府长史。元晔立,为侍中。普泰元年(531),授使持节、骠骑大将军、右光禄大夫、马场大都督,封博陵郡开国公,后晋爵为王,迁司徒公。以炎旱逊位,寻授侍中、开府仪同三司。二年,与尔朱世隆同被斛斯椿遣人斩于闾阖门,传首高欢。

【尕藏图旦旺秀】(1856—1916) 清代藏传佛教活佛。嘉木样呼图克图四世。西康拉龙人。严潘德勒琼子。清咸丰九年(1859),被认定为三世嘉木样呼图克图转世灵童。次年二月迎入拉卜楞寺,取法号尕藏图旦旺秀。同治七年(1868),入闻思学院学习显宗经典。十年(1871),学因明和般若二学。光绪三年(1877),赴拉萨入哲蚌寺郭莽学院深造,四年后返回拉卜楞寺。七年(1881),创建喜金刚学院,并传"欢喜金刚灌顶"、"虚空瑜伽"和"金刚手大轮"等修供法。十一年(1885),任本寺总法合,兼任青海塔尔寺总法台。二十六年(1900),赴山西朝拜五台山,并到北京雍和宫。二十八年

(1902)，光绪帝赐以"广济祥师"册印。建造医学经堂。对政权机构进行调整，成立"拉章仲贾措兑"，亲自主持政教事务。1914年三月，被袁世凯封为"广济静妙严禅师"。

【务勿尘】 又作段勿尘、段务尘、务目尘。西晋鲜卑段部首领。出于东部鲜卑，世居辽西。*段匹磾之父。父乞珍死，嗣为段部首领，据有辽西地，统众三万余家，拥兵四、五万，臣于西晋。以遣军助东海王司马越征讨有功，于太安二年(303)由幽州刺史王浚表荐，封辽西公。永兴元年(304)，随王浚起兵攻太师司马颖。永嘉四年(310)，进为大单于。卒，子疾陆眷嗣立。

【务达海】(1601—1655) 清初将领。满族，爱新觉罗氏。穆尔哈齐第四子。后金天聪八年(1634)，授骑都尉。清崇德三年(1638)，任刑部左参政。四年，封三等辅国将军。五年，授镶白旗满州副都统。随郑亲王济尔哈朗围锦州，袭杏山、塔山粮运。七年，擢刑部承政。顺治元年(1644)，随睿亲王多尔衮入山海关，败李自成义军。二年，叙功晋二等辅国将军。三年，随军征蒙古苏尼特部腾机思，败喀尔喀土谢图汗、车臣汗援军。四年，晋三等镇国将军。五年，同都统阿赖成守汉中，晋固山贝子。六年，同镇国公屯齐喀讨叛镇姜瓖。七年，参与议政。八年，总理都察院事。十一年(1654)，随郑亲王世子济度讨福建郑成功。中途患病返京。谥襄敏。

【失活】(? —718) 又作李失活。唐代契丹大贺氏部落联盟首领。反唐首领*李尽忠之从父弟。原附突厥，开元三年(715，一作二年或四年)，乘突厥政衰，举部归唐，获唐玄宗赐丹书铁券，封松漠郡王，行左金吾卫大将军、松漠都督府都督、静析军经略大使。五年(717)十一月，赴长安(今陕西西安)，朝见玄宗，尚永乐公主。次年正月北返。五月，卒。玄宗亲为之举哀，遣使吊祭。

【失力哥】 见"述律哥图"。(333页)

【失里吉】 见"昔里吉"。(331页)

【失里伯】(? —1281) 又作昔里伯。元朝将领。蒙古克烈氏。莫剌合子。历任枢密院断事官、河南行省断事官。至元七年(1270)，引水军四万会攻襄阳。八年，从都元帅阿术败宋将范文虎援军。进围樊城，先登。从战鹿门，执宋将张贵。十年，拜昭勇大将军、耽罗招讨使，改管军万户。次年，领襄阳诸路新军，从丞相伯颜渡江，随军破独松关、长兴、湖州，行安抚司事。十四年(1277)，任湖州路总管，进镇国上将军、浙西道宣慰使。十五年，以纵弟阿剌及属部肆掠良民，受劾治罪。

【失都儿】 又作势都儿。元朝宗王。蒙古孛儿只斤氏。*成吉思汗弟*合撒儿曾孙。袭封地，辖也里古纳河(今额尔古纳河)、海剌儿河(今海拉尔河)、阔连海子(今呼伦湖)一带。至元二十四年(1287)，与从父火鲁孙附叛王乃颜反，遣所部铁哥率军攻取咸平府，渡辽河，欲劫取豪、懿二州，为皇子爱牙赤及辽东道宣慰使所败，获赦。一说被处死。

【失烈门】 又作失列门、昔烈门、昔列门。蒙古国宗王。孛儿只斤氏。*窝阔台孙，*阔出子。自幼受窝阔台汗钟爱，称其"可以君天下"，尝有旨以其嗣汗位。窝阔台死，皇后脱列哥那称制，违遗旨，立己子贵由嗣位。贵由汗三年(1248)，汗死，皇后海迷失称制，欲立其为汗，遭术赤系和拖雷系诸王反对，未果。海迷失称制三年(1251)，蒙哥即汗位，以己为窝阔台汗孙，未得立，怀怨，暗结窝阔台系诸王，拒赴拥戴大会，备兵欲乘大会欢宴之机谋变，事泄，被执。蒙哥汗二年(1252)，以谋叛罪，被谪于没脱赤之地，贬为探马赤，在忽必烈帐下随军效力赎罪，后被蒙哥汗投于河中溺死。

【失怜答里】 又作实怜答里。元成宗*铁穆耳皇后。蒙古弘吉剌氏。斡罗陈驸马之女，母鲁国长公主完泽。原为铁穆耳王府元妃。生子德寿。一说于至元三十一年(1294)成宗即位前已卒，另说成宗即位后立为皇后，卒于大德三年(1299)。武宗至大三年(1310)，追谥贞慈静懿皇后。

【失拜烟答】(? —1516) 又译失伯颜答。明代哈密回回都督。初为都督佥事，与写亦虎仙共管哈密回回部众。正德元年(1506)，奉忠顺王陕巴命至京贡马驼方物，晋升为都督同知。十一年(1516)，以内应谋反罪，被明廷官员系狱，捶死(一说病卒)。

【失儿古额秃】 见"述律哥图"。(333页)

【失吉忽秃忽】 见"忽都虎"。(371页)

【失钵屈阿栈】 唐代西域坚昆部俟利发。贞观二十二年(648)，亲率使朝唐献方物。太宗以其地置坚昆都督府，拜都督、左屯卫大将军，隶燕然都护府。

【丘力居】 汉代辽西乌桓首领。东汉灵帝(167—189年在位)初年，为辽西乌桓大人，拥从五千余帐落，自称王。中平四年(187)，在东汉叛将张纯诱使下，随从攻略蓟中。次年，抚青、徐、幽、冀四州，为骑都尉公孙瓒败于辽东属国石门(山名，在营州柳城县西南)，遁出塞。后复聚众围公孙瓒于辽西管子城，长达二百余日，迫瓒军分散返还，死者达十之五六。继因本军饥困，走柳城。六年(189)，幽州牧刘虞遣使其地，告以利害，购斩张纯，遂罢兵自归。献帝初平(190—193)中，死，子楼班幼，从子蹋顿代立。

【丘豆伐可汗】 一作"豆代可汗"，见"社仑"。(265页)

【白山】 西晋时龟兹国(今新疆库车一带)王。曾侮辱焉耆王龙安。安临终时，嘱子会为其雪恨。及会立，举兵龟兹，袭杀之，据其国。

【白龙】(? —434) 北魏起义首领。族属稽胡(又称山胡)。延和三年(434)，于西河(今山西汾阳县)聚众起兵反魏。七月，魏遣阳平王拓跋它督军征讨，魏帝拓跋焘登山临视，义军掩击魏帝，几擒之。九月，为魏军所败，与将帅均被杀。十月，余众数千亦于五原被击杀。

【白纯】 又作帛纯。东晋时龟兹王。太元八年(383)，以前秦将吕光出兵攻龟兹城(今新疆库车)，举兵抵抗，并倾国财宝请援于狯胡。得狯胡王弟呐龙、侯将旭兵及温宿、尉头等国王兵救援,战于城西,为吕光所败,携珍宝逃亡。光立其弟震为王。

【白英】 东汉时龟兹王。安帝延光三年(124)初,西域长史班勇引兵至。初自疑不决,勇晓以恩信,始率姑墨、温宿自缚诣勇所,降汉。

【白郎】 见"乔白郎"。(147页)。

【白霸】 东汉时龟兹王。原为汉朝侍子。永元三年(公元91年),和帝纳西域都护班超策,为达以夷制夷之计,封其为龟兹王,遣司马姚光送归国。班超及姚光共胁龟兹,废其王尤利多而立。见于记载的龟兹白姓,即始于霸。

【白元光】(?—786) 唐朝将领。突厥裔人。朔州刺史道生子。初隶父军,任贞度先锋。安史之乱时,率所部结义营从李光弼平乱,因功迁太子詹事,封南阳郡王,为两都游弈使。克长安后,率兵清宫,进剿余寇,身受数创,肃宗亲为之敷药。转卫尉卿,兼朔方先锋。后奉命主骑军,拒史思明兵。历任灵武留后、定远城使。贞元二年卒,赠越州都督。

【白孝德】(714—779) 唐朝将领。安西胡人。史称其"骁悍有胆力"。乾元(758—760)中,为李光弼偏将。随军战史思明于河阳,率五十骑阵斩其骁将刘龙仙,大败敌军,因功官至安西北庭行营节度、鄜坊邠宁节度使,历检校刑部尚书,封昌化郡王。大历十四年九月卒,赠太子太保。

【白里俾】(?—1516) 又作百里俾。土家族。明代湖广容美宣抚使田秀庶长子。因受歧视,不能袭职,怀怨,明正德十一年(1516),趁父出外巡边,暗结父之左右为心腹,杀田秀嫡子田世宗、田世祖、田世贵、五哥俾、六哥俾,并唆使亲信弑其父于观音坡河侧。为土经历向大保俾等告发,下狱,磔死。

【白明达】 隋代龟兹人。炀帝时任隋廷乐正,创万岁乐、藏钩乐、七夕相逢乐、投壶乐、舞席同心髻、玉女行觞、神仙留客、掷砖续命、斗鸡子、斗百草、阴龙舟、还旧宫、长乐花及十二时等曲。唐贞观年间(627—649),继在唐廷任乐正,作有春莺啭等曲。

【白和卓】 清朝官员。维吾尔族。新疆吐鲁番人。吐鲁番总管莽噶里克子。乾隆二十一年(1756),奉父命进京朝觐。请编设旗队,受清廷厚遇。嗣因父随噶尔部辉特台吉巴雅尔叛,杀宁夏将军和起,为哈密贝子玉素布等擒献于清。获宥,受命归吐鲁番携妻孥、及弟托克托纳咱尔至京,隶蒙古正白旗,授三等侍卫,复晋镶黄旗蒙古副都统。

【白承福】(?—946) 五代时北吐谷浑部首领。一名李绍鲁。吐谷浑族。后唐同光元年(923),因随李存勖征战有功,赠其部于中山北门(今河北蔚县南)为栅,号宁朔、奉化两府,任节度使,赐姓名李绍鲁。后不断向后唐贡马,以羊马入市贸易。后唐亦多次对其加官晋爵,加以笼络。清泰三年(936),后晋石敬瑭割燕、云十六州(今山西、河北北部)与契丹。其部遂为契丹所统治。天福五年(940),因不堪契丹压迫,南返后晋。次年,复被后晋遣军送回契丹。后又返后晋,归河东节度使刘知远,被置于太原东北及岚(治今山西岚县)、石(治今山西离石)二州之间,为大同节度使,其精骑为知远所用。开运元年(944),率部随知远击败契丹的进攻。二年,因驭众无法,部下多犯军令,惧知远严责,其部白可久叛逃契丹。知远遂以此为借口,于次年(946)诱杀其五族,共四百余人,取资财巨万,良马数千。

【白素稽】 唐代龟兹王。王族白姓。白诃黎布失毕之子。显庆三年(658),唐朝平西突厥阿史那贺鲁之乱,擒龟兹国宿将羯猎颠后,被立为龟兹王,授右骁卫大将军、龟兹都督府都督。同年,唐朝迁安西部护府于龟兹。上元(674—675)中,遣使献银颇罗、名马。

【白凌阿】(?—1868) 清代蒙古族起义首领。内蒙古卓索图盟喀喇沁右旗人。家贫,父母早亡,以贩马为生。咸丰九年(1859),聚众起义。后赴达尔罕王旗联络弥勒僧格、赵保承(绰号二喇嘛,蒙古人),发动蒙汉群众反清。十年(1860),率众夺奉天省饷车十三辆,科尔沁王旗饷车十余辆,分济贫民。十一年,和汉族王达聚众抗粮,联合蒙汉起义军八百余人,攻克义州(今辽宁义县)。后遭清兵镇压,王达牺牲。他从义州东渡大凌河,进行游击战,并攻克朝阳。后转战于卓索图盟、昭乌达盟、哲里木盟及奉天、吉林等地。同治七年(1868)十二月二十五日,在亏栅子不幸被清军捕获牺牲。

【白腊切】 云南基诺山巴普寨基诺族首领。地位显赫,后半山地区各村寨均款服,纳贡服役。砍柴、挑水、做饭由扎果、扎垒两寨负担,盖房用草排和竹笆也有固定村寨贡献。一说十八世纪三十年代攸乐同知建攸乐城时尚在世。一说即雍正年间清政府委任的基诺族土目叭龙杠。

【白腊车】 云南基诺山巴亚寨基诺族父系家长制家庭公社家族长。十九世纪末二十世纪初,年八十余岁,与子、孙、曾孙四代七十八人共居于一长方形竹楼内。竹楼长约三十米,宽约十余米。一道门内设有家族总火塘,二门内是大家庭成员集体吃饭、休息、举行家庭会议的场所。行长子继承制,集体劳动,共同消费。他是大家庭核心,根据传统经验推算季节,主持家祭仪式,指导生产劳动。耕种山地,拥有茶园,以茶与汉商易物,种棉自织。将棉花平均分配给各小家庭,由儿媳、孙媳负责丈夫和子女的衣着。

【白亚栗斯】 北魏起义首领。河西胡人。神瑞二年(415)三月,迫于饥馑,聚众于上党(治安民,今山西襄垣县东北)起事,被推为单于,号大将军,改元建平。以司马顺宰为谋主,攻魏河内(治野王,今河南沁阳县)。四月,魏遣公孙表等五将讨之。不久被废,改立刘虎,号率善王。

【白苏尼咥】 隋代龟兹王。王族白姓。在位时拥兵数千。大业(605—618)中,遣使入隋贡方物,与隋保持和好关系。

【白苏发叠】 又作白苏伐叠。唐代龟兹王。王族白姓。*白苏伐勃驶子。武德(618—626)初继位,号时健莫贺俟利发。臣属于西突厥汗国。贞观四年(630),遣使赴唐贡马,太宗赐玺书。十八年(644),安西都护郭孝恪伐焉耆时,发兵助焉耆御唐军,兵败,不久死。

【白玛结布】 清代后藏贵族。藏族。西藏郡王*颇罗鼐之父。任藏军官。康熙二十年(1681)至二十三年(1684),西藏与拉达克战争,奉命从拉萨率援军抵阿里,协助蒙古汗王攻占拉达克列城,收复阿里,深得汗王器重,被委任为聂囊地方官。凭借武力征服邻近小部。西藏与不丹战争时,除参战外,奉汗王命,供应藏军粮草银饷,以功,汗王赐予庄园。

【白若杂纳】 唐代吐蕃赞普赤松德赞时著名译师。吐蕃人。巴阁赫多之子。公元八世纪中叶出生于前藏尼木,取名更甲唐达。天资聪慧,七岁前,在家学习藏文,学业优异。八岁被选为最初出家的七人之一,应召谒见赤松德赞。九岁充内外侍臣。十二岁充入藏的印度名僧莲花生尊者的启请者,从莲花生和萨霍尔堪布希瓦措学习声明学,成为卓越学者。后从楚康林从甚欠·香曲赛巴尔尊者剃度出家。受吐蕃王命赴天竺(今印度)学习佛教经法,从师释森、瑙金噶达敦、白若桑格拉丹,并从克什米尔名医法俄听受许多医学论著。归吐蕃后,宏扬佛法,取法名白若杂纳,意为"大日如来"。译有《六十如理论简说》、《无边光明佛光赞》等众多佛经及著名医学论著《甘露精义八支要诀》、《药诊诸种要诀》、《赞木央本草》。与摩诃衍那从汉文共同翻译了《月王药诊》。著有《四续释难明灯》、《词义注释》,为吐蕃早期佛教三大译师之一。其众多译著对藏族文化和医学的发展,有深远影响。老宇妥·元丹贡布著《四部医典》时,多有参阅和吸收。

【白郁久同】(?—567) 北周起义首领。族属稽胡(又称山胡)。天和二年(567),乘延州总管宇文盛率众筑银州(治今陕西横山县东党岔)之机,与同族乔是罗欲举兵袭击盛军,兵败,被执杀。

【白眉可汗】(?—745) 又称白眉特勒。唐代后突厥汗国末代可汗。名鹘陇匐,判阙特勤子,*乌苏米施可汗之弟。天宝三年(744),乌苏米施可汗被拔悉密等部攻杀后,被族人奉为可汗。突厥大乱,左厢阿波达干等十一部为唐所破。次年三月,突厥右厢为回纥首领骨力裴罗所破,兵败被杀,传首长安。后突厥汗国亡。

【白苏伐勃驶】 唐代龟兹王。王族白姓。武德(618—626)初即位,遣使赴唐朝贡,不久卒,子白苏发叠继。

【白洪大台吉】 又作白洪大哈、白忽台可汗等。明代蒙古右翼永谢布万户喀喇沁部领主。孛儿只斤氏。*昆都力哈长孙,*摆三儿威正台吉子。驻牧于独石口以北的开平地区,拥兵二万余骑,颇有声势。隆庆五年(1571),受明封为指挥同知。万历元年(1573),袭祖父职都督同知。在张家口与明朝互市,通贡不绝。后被其二叔青把都儿台吉所诱,参与进攻辽东,不久即收敛行动,并以龙虎将军自任,劝其三叔哈不填台吉勿攻明边。

【白诃黎布失毕】(?—650) 唐代龟兹王。王族白姓。*白苏发叠弟。兄死,继位。贞观二十一年(647),两次遣使入唐朝贡,释其兄援焉耆拒唐之举。太宗仍决意兵讨。次年,率兵五万与昆丘道行军大总管阿史那社尔所率唐军战,兵败,退守拨换城(今新疆阿克苏县),月余,城破,与其将羯猎颠、相那利先后被俘,执送长安。获赦,拜左武卫中郎将。徙安西都护府于龟兹,辖于阗、碎叶、疏勒,号四镇。永徽元年(650),擢右骁卫大将军,偕那利、羯猎颠归国,仍为龟兹王。因其妻阿史那氏与那利私通,君臣猜忌。高宗尽召入京,囚那利,仍令其归国,遭已降西突厥阿史那贺鲁之羯猎颠拒,卒于道。

【白利土司屯月多吉】 明代康区甘孜北之白利土司。藏族。崇信本教,反对佛教,曾监禁萨嘉、格鲁、迦举、主巴、达垅巴等诸大德,并占领德格、邓柯、那雪六部、昌都及类乌齐等地。曾暗结蒙古林丹汗及后藏之藏巴汗,拟摧毁色拉、哲蚌、甘丹三大寺,以消灭黄教。崇祯十二年(1639),为厄鲁特蒙古和硕特部固始汗所败,属下官员逃遁,狱中之诸派大德获释,送还本土。十三年十一月,被擒,关入地牢。

【白珠乌坚吉美却吉旺波】(1808—?) 清代藏传佛教活佛、学者。藏族。今四川甘孜藏族自治州石渠县人。幼年被指认为巴格·桑旦平措的转世灵童。早年出家,毕生讲法修行。曾任西藏甘丹寺第九十任法台。著有《出世法言·莲苑歌舞》,采用诗文相间体裁,通过一对蜜蜂夫妻生离死别之情,劝人皈依佛门。文字优美,生动形象,但内容消极。另著有《诗论释例》、《道歌》、《酒之罪愆》及《音韵纲要》等。

【瓜里】 见"括里"。(393页)

【句渠知】(?—320) 东晋时陕西关中巴族首领。太兴三年(320),巴族首领句徐、厍彭应前赵将解虎谋反,事败被杀后,巴族人尽反,推其为主,自称大秦,改元平赵。起兵反赵,关中四山氐、羌、巴、羯诸族应之者三十余万,关中大乱。继为赵将游子远所击,属众多散降,率宗族五千余家退保阴密,旋兵败,死。

【包利】(?—1736) 又称"老包"。清雍正、乾隆年间苗民起义领袖。贵州古州(今榕江)人。苗族。雍正十二年(1734),以"苗王出世"号召苗民起义,事泄,被捕。经苗民斗争,获释。次年三月,与红银(苗族)等为反抗官府敲诈勒索,率高表、八妹、丹江、台拱(今台江)二万余苗民起义。先后攻克黄平、重安江、清平(今凯里)、余庆、台拱、清溪等地的城汛及塘房,断驿路,征吏豪,势力扩展至贵州东南地区,被拥戴称王。湖广总督张广泗调集两湖、两广及云、贵、川七省兵力镇压。乾隆元年(1736),退守牛皮大箐(雷公山),后在乌糯箐战斗中被俘,同年押赴贵阳杀害。

【包大度】 见"张秀眉"。(268页)

【处可汗】 见"吐贺真"。(144页)

【处罗侯】见"叶护可汗"。(112页)

【处般啜】又作处半啜。唐代西突厥贵族。五咄陆部之一鼠尼施部首领,乙毗咄匮可汗重臣。贞观十八年(644),乘安西都护郭孝恪伐焉耆还师之机,随屋利啜率军重占焉耆,囚郭孝恪扶立之焉耆王龙栗婆准,立栗婆准从父兄龙薛婆阿支为焉耆王,阴加操纵,实隶国政。曾遣使赴唐,遭唐朝斥责。

【处罗可汗】(?—620)又称叱罗可汗。唐代东突厥可汗。阿史那氏。*始毕可汗之弟。原任俟利弗设,又作乙力设。武德二年(619)始毕可汗死后,继汗位,依俗复纳义成公主为妻。三年(620)二月,迎隋炀帝之萧后及齐王之子杨政道入突厥,立为隋王,居定襄城(今山西大同)。同时遣弟步利啜率二千骑援唐伐刘武周。同年(一说次年),疽发而卒。

【乐善】(?—1860)清朝将领。蒙古正白旗人。伊勒忒氏。任云麾使、陕甘参将。咸丰四年至五年(1854—1855),随胜保于独流、阜城等地镇压太平天国北伐军,赐号"巴克敦巴图鲁"。六年,在河南、安徽镇压捻军。七年,升河北镇总兵。破方家集、正阳关。九年(1859),随亲王僧格林沁防御英、法侵略军。同年6月25日英舰侵入大沽,受命督率守军英勇反击,击沉敌舰多艘,毙敌数百名,取得大沽之捷,擢直隶提督。十年夏,以英军复犯大沽,率敢死士千余人,誓守阵地。8月,敌兵由北塘登陆,炮台失陷,力战阵亡。

【乐音奴】见"萧乐音奴"。(488页)

【 、 】

【冯仆】(549—?)南北朝时期南越首领*洗夫人之子。陈朝岭南地方官吏。陈武帝永定二年(558),受母遣,率岭南诸首领至建康朝陈,被封阳春郡太守。宣帝太建元年(569)十月,广州刺史欧阳纥反陈,奉母命率南越诸首领举兵与陈将章昭达共击之。翌年,擒纥,因功,封信都侯,加平越中郎将,转任石龙太守。卒于陈后主至德年间(583—586)。

【冯弘】(?—438)十六国时期北燕国君。字文通。长乐信都(今河北冀县)人,一说出于鲜卑。*冯跋之弟。太平元年(409),跋立,受封尚书右仆射。次年,领兵平定广川公冯万泥、上谷公冯乳陈之乱,封骠骑大将军、中山公。二十二年(430),乘跋病危,杀跋子翼,即天王位,改元太兴。太兴二年(432),为魏所败,失营丘等郡。因欲废长立幼,迫长子崇奔魏,连遭魏攻,于四年(434),遣使称藩于南朝宋,受封燕王。六年(436),为魏所败,投高句丽。国亡。南朝宋元嘉十五年(438),被高句丽王杀于北丰。谥昭成帝。

【冯胜】(?—1395)明初大将。初名国胜,又名宗异。回族。安徽定远人。文质次子。喜读书,通兵法。元末农民纷纷起义,他与兄国用结寨自保,后归附朱元璋义军,从破滁州、和州,拔采石,取太平、镇江、宜兴、绍兴、晋大元帅。兄卒,袭职,为亲军都指挥使,从战鄱阳,下武昌、庐州,取江西诸路。与诸将收淮东,取泰州、湖州、平江,功仅次常遇春,迁右都督。从大将军徐达北征,下山东诸州郡。明洪武元年(1368),兼太子右詹事。引兵取汴梁、洛阳、陕州、潼关,继征山西,擒元右丞贾成,左丞田保保。二年,克凤翔、巩昌,逼临洮,降元将李思齐。三年,以右副将军从徐达出西安,破扩廓帖木儿,封宋国公。二十年(1387),拜征虏大将军,讨金山之元将纳哈出,降其众二十万。二十五年(1392),奉命籍太原、平阳民为军,立卫屯田。二十八年(1395),因坐蓝玉案奉召还京(今南京),赐死。

【冯盎】(?—646)隋唐时期地方大臣。字明达,号圭璋。高州良德人。谯国夫人*洗夫人之孙,北燕冯弘之后裔。隋开皇(581—600)中(新唐书作仁寿(601—604)初)为宋康令。十一年(591),参与平定王仲宣之敌,后拜高州刺史。仁寿年间镇压潮、成等州僚人起事,迁汉阳太守,授金紫光禄大夫。大业七年(611),从隋炀帝征辽东,领武卫大将军衔。隋亡,回归岭南,平定番禺、新兴冼宝彻等人的倡乱,控制番禺、苍梧和朱崖,据地二千里,自号总管。唐武德五年(622),纳土归唐,高祖授上柱国、高州总管,封越国公。太宗时,曾遣子智戴入朝侍奉,并于贞观五年(631)亲自进京朝觐,受厚待。二十年(646)卒,追封左骁大将军,荆州都督。

【冯跋】(?—430)十六国时期北燕建立者。字文起,小字乞直伐。长乐信都(今河北冀县)人,一说出于鲜卑。后燕慕容宝时,署中卫将军。慕容熙即位后,为政暴虐,为避祸,徙龙城。晋义熙三年(407),起兵攻杀熙,立高云为主,自为都督中外诸军事、征北大将军、录尚书事、武邑公。五年(409),云为幸臣所杀后,即天王位于昌黎,改元太平,史称北燕。次年,平定广川公冯万泥、上谷公冯乳陈之乱。在位期间,奉行睦邻政策,结好柔然,以女许柔然可汗斛律,并纳其女;与库莫奚互市,并署其大人为归善王;与夏赫连勃勃和好结盟。勤于政事,省徭薄赋,劝课农桑,营建太学,抚恤灾民。卒,谥文成帝,庙号太祖。

【冯万泥】(?—410)十六国时期北燕将领。长乐信都(今河北冀县)人,一说出于鲜卑。北燕建立者*冯跋从兄(一作从弟)。初附后燕,慕容熙即位后,为政暴虐,遂与冯跋等二十二人结谋,潜入龙城,于晋义熙三年(407),起兵攻杀熙,立高云为主,任尚书令。次年,为幽、冀二州牧,镇肥如。北燕太平元年(409),跋即位后,封骠骑大将军,幽平二州牧。自以宗亲,有大功,当入为公辅,未如愿,怀怨。次年,奔白狼,与上谷公冯乳陈谋叛,遭跋弟冯弘讨,夜袭弘营,中伏,归降,被杀。

【冯太后】见"文成文明皇后"。(82页)

【冯从吾】明朝大臣、史学家。字仲好。回族(一说汉族)。长安(今陕西西安人)。万历十七年(1589)进士,授御史。为官廉能,敢言。二十年(1592),抗章言万历帝朱翊钧之过失,被削职归籍,家居二十五年。光宗朱常洛即位（1620），起为尚宝卿，进太仆少卿。天启二年（1622），擢左佥都御史。后与邹无标共建首善书院，集同志讲学其中。因遭诋毁，再疏引归。四年（1624）春，起为南京都御史、召拜工部尚书。次年，遭魏忠贤党谗诋，削籍。书院遭毁，愤悒而卒。崇祯初，赠太子太保，谥恭定。能文善辩，精究儒学。著有《少墟集》二十二卷、《冯从吾疏草》一卷、《元儒考略》四卷、《语录》六卷。

【冯乳陈】（？—410） 十六国时期北燕将领。长乐信都（今河北冀县）人，一说出于鲜卑。北燕建立者*冯跋从兄子。粗犷，勇气过人。初附后燕慕容熙，以熙为政暴虐，为避祸，徙龙城。晋义熙三年（407），随跋攻杀熙，奉高云为主，封中军将军。北燕正始二年（408），任并州牧，镇白狼。北燕太平元年（409），跋即位后，封征西大将军，并青二州牧、上谷公。自以宗亲，有大功，当入为公辅，未如愿，怀怨，于次年约广川公冯万泥谋叛，遭跋弟冯弘讨，夜袭弘营，中伏，归降，被杀。

【冯素弗】（？—414） 十六国时期北燕将领。长乐信都（今河北冀县）人，一说出于鲜卑。北燕建立者*冯跋弟。初附后燕慕容熙，为侍御郎。以熙为政暴虐，为避祸，徙龙城。晋义熙三年（407），随跋起兵攻杀熙，奉高云为主，封昌黎尹。次年，为司隶校尉。北燕太平元年（409），跋即位后，为车骑大将军、录尚书事。史称其"雄杰不群"，"有大志"，佐跋成大业。

【让迥多吉】（1284—1339） 元代藏传佛教噶玛噶举黑帽派第三代祖师。后藏贡塘人。随父母到定日，被确认是噶玛噶举派第二代祖师噶玛拔希的转世。是为西藏第一个转世灵童。五岁至粗朴寺从噶玛拔希弟子邬坚巴学法。七岁出家为僧。十八岁请勋鲁绛秋为亲教师、格敦仁青为规范师受比丘戒，学习戒律。后到桑朴寺下院学习显教，听讲《中观论》、《慈氏五论》、《集论》、《俱舍》、《瑜伽师地论》、《因明》等教法。赴康区游化。后继从邬坚巴学《时轮》法，听讲密续和密续释新旧灌顶。又从巴热翁《医方明》等医学典籍。后建德庆登寺，收徒传法。元泰定三年（1326），到拉萨、西康等地传法，并兴建一些小寺庙。致和元年（1328），曾建造一座蒙古式的撒桑桥。至顺二年（1331），应元文宗召进京。抵京时，文宗已去世，遂为宁宗皇后灌顶，为文宗之燕帖古思授戒。元统二年（1334），返藏，先后居粗朴寺、桑耶寺，请人抄写《甘珠尔》、《丹珠尔》全部藏经。后至元二年（1336），应顺帝召再次进京。四年（1338），被封为灌顶国师，赐玉印。

【让国皇帝】 见"耶律倍"。（306页）

【汉岱】（？—1656） 清初将领。满族，爱新觉罗氏。*穆尔哈齐第五子。后金天聪八年（1634），授骑都尉，封一等奉国将军。清崇德二年（1637），参与议政。六年（1641），从太宗围松山。败明总兵吴三桂等。七年，随贝勒阿巴泰攻明蓟州、河间、景州，进克兖州。授兵部承政。顺治元年（1644）四月，随睿亲王多尔衮入关，败李自成义军，定京师，因功晋三等镇国将军。随豫亲王多铎南征，破义军于潼关。二年，同副都统伊尔德，由南阳趋归德，克一州四县，渡淮河，取扬州。三年，授镶白旗满洲都统。同贝勒博洛趋杭州，追明鲁王朱以海于台州，晋一等镇国将军。进兵福建，破明唐王朱聿键属下总兵师福于分水关。入崇安，克泉、漳二州，因功晋辅国公。五年，征陕西，戍大同。六年，从巽亲王满达海克朔州、宁武。移师攻辽州，下长留等县。七年，任吏部尚书，兼正蓝旗满洲都统。八年二月，调刑部尚书，晋镇国公。九年，复任吏部尚书。随敬谨亲王尼堪征湖南，尼堪战死，又与屯齐败孙可望。十一年（1654），以尼堪战死事削爵。十二年，复授吏部尚书，加太子太保，封镇国将军。十三年，获罪夺官爵。

【礼敦】 明代女真族将领。爱新觉罗氏。*觉昌安长子，清太祖，努尔哈赤伯父。初居虎栏哈达之赫图阿拉。以勇猛著称，号巴图鲁（勇士）。受父命率宁古塔诸贝勒灭硕色纳、加虎二强部，尽占五岭迤东、苏克苏浒河迤西二百里诸部，势渐盛。清崇德元年（1636），追赠武功郡王。

【立山】（？—1900） 清朝大臣。蒙古正黄旗人。土默特氏。字豫甫。光绪五年（1879），以员外郎监苏州织造。论修南苑工，赐二品服。后历任奉宸苑卿、总管内务府大臣、正白旗汉军副都统、户部侍郎。二十年（1894），加太子太保。以宁寿宫被盗，失察，降职留任。二十六年（1900），升户部尚书。以久典内廷，为朝臣所嫉。义和团起义，八国联军至天津，因不同意载漪利用义和团，主张议和，遭载漪诬，以藏匿洋人罪，被处死。

【立遵】 见"李立遵"。（213页）

【立智理威】（1254—1310） 元朝大臣。唐兀氏。阿波古之子，亦力撒合弟。至元十年（1273），为太子真金东宫必阇赤，主文书。十八年（1281），出任嘉定路达鲁花赤、安抚蜀地，奉诏甚谨、民安之。又奉命平云南乱。为官通练，召为泉府卿。二十七年（1290），拜刑部尚书，以平刘献冤狱忤宰相桑哥，出为江东道宣慰使。任内务兴学，重人才；为政严明，正直不阿，为豪猾吏所畏。元贞二年（1296），迁四川行省参知政事。大德三年（1299）为湖南宣慰使，继改荆湖，兴利除害，为民解忧。七年（1303），再迁四川行省参知政事，八年进左丞，阻云南王以驿骑纵猎。赈蜀地饥买地葬尸，宽政抚民，属部告治。十年（1306），拜湖广行省右丞，力改武昌织帛上供中之弊，使官费利民，织帛精良，他郡推而用之，视为良法。

【玄祖】 见"耶律匀德实"。（323页）

【玄烨】（1654—1722） 清朝皇帝。满族。爱新觉罗氏。清世祖*福临第三子。1661—1722年在位，年号康熙。顺治十八年（1661）嗣位。时年八岁，由索尼、苏克萨哈、遏必隆、鳌拜四辅政大臣代理国政。康熙六年（1667），始亲政。时鳌拜把持大权，独断独行。八年（1669），联络内大臣索额图等智捕鳌拜，以罪十三拘禁终身，处死其党羽，夺回统治权。建"善扑营"，担任扈从宿卫，以近臣领之。九年，肃正朝纲，恢复内阁制度，举行"经筵"，颁布《圣谕十六条》，并巡视关外。十二年

(1673)起,历时八年平定"三藩"叛乱。二十年(1681),任用内大臣施琅为福建水师提督,"规复台湾"。二十二年(1683),降服郑克塽,收取台湾,设台湾府一、县三隶福建省,并于台湾驻兵屯守,备御殖民者的侵略。二十四年(1685),收复沙俄所侵据之雅克萨(今俄罗斯斯科沃罗丁诺以南,时属中国)。二十七年(1688),派索额图、佟国纲赴尼布楚,命以黑龙江流域的广大领土"皆我所属之地,不可少弃之于鄂罗斯"为原则,与俄使谈判边界并签订《中俄尼布楚条约》,确定中俄东段边界。二十九年(1690)、三十五年(1696)、三十六年(1697),三次率军镇压准噶尔部噶尔丹叛乱,在各族人民支持下,取得乌兰布通(今内蒙古克什克腾旗南)、昭莫多(今蒙古国乌兰巴托东南)几次战役的重大胜利。五十九年(1720),派兵护送达赖六世入藏,逐准噶尔兵。六十一年(1722),派兵进驻乌鲁木齐。从此,多民族国家的统一得到巩固。为加强皇权,设立了南书房,掌票拟谕旨。在位期间,为恢复和发展社会经济采取了一系列措施:重视农业生产,明令停止圈地,改明末藩王庄田为"更名地",号召和奖励垦殖;大力治河,减轻水患;蠲免钱粮;规定"滋生人丁,永不加赋"等,缓和了民族和阶级矛盾,提高了生产力。曾六次南巡,察阅河务、调查民生、观览风俗民情。注重笼络人才,开"博学鸿儒"科,大量吸收知识分子。又设明史馆,纂修《明史》,编纂《古今图书集成》、《全唐诗》、《佩文韵府》、《康熙字典》等。对天文、历法、数学、地理及生物和工程技术等自然科学亦有一定造诣,主持编修了《数理精蕴》、《历象考成》、《皇舆全览图》等,其中《皇舆全览图》历三十载实地测量而成。在发展民族科学文化方面作出了重大贡献。为了维护封建专制统治,大兴《南山集》文字狱,镇压台湾朱一贵领导的农民起义,晚年重行海禁,闭关自守,摧折资本主义萌芽;不定皇储,一再废立,致夺嫡夺位之争由此而生。著述有《庭训格言》、《朱子全书序》、《清圣祖御制文集》等。庙号圣祖。

【主儿扯歹】 见"术赤台"。(97 页)

【兰汗】(?—398) 十六国时期后燕大臣。官尚书,封顿丘王。晋隆安二年(398),暗结段速骨,引兵攻后燕,迫燕国君慕容宝南奔。继攻杀段速骨,奉太子慕容策承制。诱迎慕容宝入城,杀之,又杀策及王公卿士百余人,自称大都督、大将军、大单于、昌黎王,改元青龙。遣军击外孙慕容奇。后为宝子慕容盛所杀。

【兰轩主人】 清代满族女诗人。慎贝勒图公女之孙嵩山妻,都统能泰母,以子贵封一品夫人。著《兰轩诗》。

【写亦虎仙】(?—1521) 明代哈密回回都督。故都督金事赛亦撒隆之侄。弘治五年(1492),受命往谕吐鲁番归还哈密金印、城池,以功,升都督金事,分领回回之众。奉命至京朝贡。次年,吐鲁番夜袭哈密,忠顺王陕巴被俘,与都督同知奄克孛剌分领寄住苦峪之哈密部众。十年(1497),至京朝贡。十七年(1504),与奄克孛剌等从肃州还哈密辅佐陕巴。正德六年(1511),奉命将吐鲁番速檀满速儿之弟真帖木儿从甘州送还吐鲁番,遂与满速儿相结,计诱哈密忠顺王拜牙即弃城归之。且复引满速儿属下火者他只丁据哈密。十二年(1517),因婚娶事与满速儿有隙,险被杀,求他只丁解劝,许约赂币一千五百匹。继唆满速儿复居哈密,犯肃州、沙州。以内应罪被明械至京师,下狱。十四年(1519),减死,与婿俱侍武宗,赐朱姓,封锦衣指挥,扈驾南征。十六年(1521),世宗即位,以其谙熟明廷情事,归必为患,诛之(一说死于狱)。

【宁纯】 唐廉州刺史。字如和。广南西路钦州人。族属乌武僚(壮族先民)。隋合浦太守宁宣子。自幼聪敏,颇善诗书。唐武德(618—626)初,父病卒,唐高祖诏准其承袭父职。勤于政务,抚众有方,州民安生,社会井然,招徕峒民辟境立县,政绩显著。高州首领冯暄等叛据越州,举兵击退之。贞观(627—649)初,冯暄卒,暄弟冯盎屡欲来犯,太宗遣中庶子张元素前往镇抚,于廉州目睹其潜心教化,蛮俗渐改,深为赞赏。后卒于官。

【宁明】(?—1042) 西夏国太子。党项族。李元昊子,野利氏生。天资聪颖。知书好学,深明大义。生性仁慈,不慕荣华富贵。好道家学,从定仙山道士路修篁学辟谷法,朝夕不懈,元昊对其所学深恶之,曾问以养生治国之道,答:不嗜杀人,莫善于寡欲。元昊知其非王霸之器,不许再见。夏天授礼法延祚五年(1042)十二月,忧惧而卒。留遗奏,仍以荒年民生为念,并请以白祫入棺,以志其不能体亲之罪。元昊仍以太子礼安葬。

【宁赞】(573—608) 隋朝地方官员。字翔威。广南西路钦州人。族属乌武僚(壮族先民)。钦州刺史*宁猛力之子,世官钦州土官。隋开皇十四年(594),入朝,授大都督。仁寿二年(602),加赐仪同三司。卒于任,葬钦州石狗坪。

【宁子宁】 西夏国军事大臣。党项羌族。官枢密都招讨使。夏神宗光定九年(1219)二月,以金左都监赤盏石喜重兵逼夏,奉命赴四川请兵夹攻金。十年正月,因宋失约,不出师,复遗书申会师图金,责以失期。九月,与嵬名公辅率兵二十万攻金巩州,与金行元帅府事赤盏石喜战,不利,退守南冈,寻被金兵击败,副将刘押甲玉等被擒。再遣使入四川促宋进兵,宋利州副都统程信督诸将分道进兵,会于巩州城下,会同攻城,不克,两军死伤万计,遂自安远砦退师,遭赤盏石喜军邀击,伤亡甚众。

【宁长真】(?—627) 隋唐时钦州少数民族首领。广南西路钦州人。族属乌武僚(壮族先民),为岭南越族之后。钦州刺史*宁猛力之子。隋开皇二十年(600),父卒,隋文帝钦准袭职。大业三年(607),岭南动乱,奉炀帝诏令与钦州行军总管刘方、刺史李晕等统军南征林邑,大获全胜,授钦江县开国公及行军总管。八年(612),率部从炀帝远征辽东,因功封鸿胪卿,授安抚大使职。不久加封右光禄大夫,任宁越郡(即钦州,大业三年改称宁越郡)太守。唐初,以宁越郡地归附朝廷。武德五年(622),改宁越郡为钦州,任钦州总管府总管。翌年,又改总管府为都督府,任都督。贞观元年(627)于钦州病逝。

【宁古哩】(？—1663) 清初大臣。满洲正蓝旗人。托和洛氏。崇德三年(1638)，任吏部主事。六年(1641)，随郑亲王济尔哈朗围明锦州。顺治二年(1645)，迁吏部启心郎。四年(1647)，授云骑尉世职，晋世职骑都尉兼一云骑尉。十年(1653)，擢吏部右侍郎。十三年(1656)，因坐瞻徇罪革职。十八年(1661)，擢右都御史。任内，请禁辄动京兵御剿滋事，以省饷运，以安民生；请严饬关隘官员察禁私买盔甲弓箭，以杜绝借名买卖及转卖之弊，被采纳。康熙元年(1662)，迁户部尚书。卒谥勤敏。

【宁北妃】 见"慈善夫人"。(570页)

【宁令哥】(1034—1048) 又作宁凌葛。西夏国皇子。党项族。景宗*李元昊子，野利氏生。相貌酷似元昊，故深受宠爱。夏天授礼法延祚五年(1042)十二月，太子宁明死，由母野利氏请求，立其为太子。十年(1047)，元昊为其娶没啰氏，见新妇貌美自纳为新皇后，并废野利氏。他愤于夺妻、黜母，在没藏讹庞的阴谋策动下，于十一年正月十五日夜，乘元昊酒醉入宫，刺杀元昊，逃匿没藏讹庞家中，亦被执杀。

【宁贯娃】 传说中的景颇族祖先。相传其时人们居于小江流域，过穴居生活，使用石刀、石锅、石三脚(用三块石头架成炉灶)等石器，以狩猎为生，用"结结草"硬杆做镖，射杀野兽，开始饲养牲畜。娶妻名布仁扎仁，"布仁"意为龙，传说是龙王之女，居于海岛。可能是龙图腾氏族的女子。因她天天早出晚归，宁贯娃无奈，以敲锣、击鼓的方式，举行婚礼，把她娶回家来，不让她再走。传说反映了女子开始出嫁男子，景颇族正经历着由母系氏族向父系氏族过渡时期。

【宁原悌】 唐朝官员。广南西路钦州人。族属乌武僚(壮族先民)。廉州刺史*宁纯从孙。自幼聪敏好学，武后永昌元年(689)举进士，后入朝策试，得上第，授秘书省校书郎，后加封谏议大夫。玄宗朝又兼修国史。后因直言不讳有忤旨意去官。卒后葬大帽山。朝廷下诏于钦州上蒙村为其立祠，赐名谏议庙。

【宁猛力】(？—600) 隋朝钦州少数民族首领。广南西路钦州人。族属乌武僚(壮族先民)。宁氏世为钦州地区豪门大酋，自恃兵威，雄据一方。陈朝时为安州刺史。隋灭陈后，为迅速绥靖地方，下诏钦准袭职。自以为与陈后同日而生，貌有贵相，陈亡，理当代为天子，故不愿侍隋，凭险自固。隋文帝遣桂州总管令狐熙前往安抚，以礼相待，特意差人送药为其母医病，以示关怀，致使其心悦诚服，纳土归附。开皇四年(584)，改安州为钦州，继任刺史。二十年(600)，欲随前来桂州平乱的员外散骑侍郎何稠入朝参谒，以表效忠。后因病，未能成行，旋卒。

【宁道务】 唐朝地方官员。广南西路钦州人。族属乌武僚(壮族先民)。南朝钦州刺史*宁猛力曾孙。世宦钦州土官。唐天授至天宝年间，先后被朝廷委任龙州、爱州、郁林州牧，后擢新州、封州刺史。卒于任，归葬故里。

【宁国公主】 唐朝公主。肃宗次女。乾元元年(758)，封宁国公主，和亲回纥国*英武威远毗伽阙可汗磨延啜，以谢回纥助唐收复长安、洛阳之功。深明大义，以"国家事重"出嫁回纥。由唐特使肃宗堂弟、汉中郡王护送至回纥汗庭，册为可敦。公主以"天子真女"下嫁，被视为对回纥的厚遇，故深受敬重。次年，可汗死，依俗欲以其殉葬，公主以"中国人婿死，朝夕临，丧期三年，此终礼也。回纥万里结婚，本慕中国，吾不可以殉"为由，力争得免，仅依俗劓面。同年秋，以无子归唐，受百官迎。先后嫁郑巽、薛康衡，改封萧国公主。

【永丹】 汉籍作乞离胡。吐蕃赞普*达磨赞普子。相传为达磨赞普长妃那囊氏收养乞丐之子，又谓系达磨妻兄延力之子，非达磨嫡子。唐会昌二年(842)，达磨被刺杀后，因长妃势大，被强立为赞普，引起部分大臣不满，拥小妃蔡邦氏之子约松(又作欧松)为赞普，形成两赞普并存局面。他占据伍如地区，约松以约如地区为势力范围，双方各持武力争战二十余年，使吐蕃彻底分裂，导致咸通十年(869)属民奴隶大起义，吐蕃王朝灭亡。

【永贵】(？—1783) 清朝大臣。满族，拜都氏。满洲正白旗人。布兰泰子。雍正十三年(1735)，由笔帖式授户部主事。乾隆四年(1739)，迁员外郎。十一年(1746)，出为湖南辰沅永靖道。次年，擢云南布政使，调浙江。十四年(1749)，署浙江巡抚。十五年，纠盐政之弊，条陈八事，俾文武互任其责。十六年，任浙江巡抚，因讳饰温、台诸县旱灾，治赈不力，夺职。十七年，赴北路军营董理粮饷。二十年(1755)，赐按察使衔，署甘肃临洮道，赴巴里坤办粮饷事务。二十一年，赏副都统衔兼参赞大臣。九月，筹办西路台站。二十二年，奏报清军镇压厄鲁特宰桑达什策凌等情状，赏三等轻车都尉世职。从兆惠自额琳哈毕尔罕进兵，继赴鲁克察克屯田。二十三年，以侍郎衔留军，董屯田。奏准增兵加强乌鲁木齐、辟展等地驻兵营垦，收获增加，授刑部侍郎。二十四年，回部平，返京。二十五年，调仓场侍郎，擢左都御史。二十六年，赴克什噶尔办事，授礼部尚书。二十七年，授镶红旗汉军都统，仍驻克什噶尔。请疏沟渠，兴耕稼，建议自赫色勒河东南浚渠四十余里，引水入赫色勒布伊。二十九年(1764)，充经筵讲官。三十年，以乌什回人滋事，受命往哈什哈尔。事平，移驻乌什。三十三年，署伊犁将军，后历任吏部尚书、礼部尚书、左都御史。四十二年(1777)，署大学士。次年坐妄言，降礼部主事，以三品顶带赴乌什办事。后平反，授吏部尚书。四十四年，回京，授镶蓝旗满洲都统。次年，授协办大学士。卒，谥文勤。

【永珹】(？—1777) 清朝宗室。满族，爱新觉罗氏。高宗*弘历第四子。号寄畅主人。乾隆二十八年(1763)，袭履郡王。四十二年卒，谥端。嘉庆四年(1799)，追封履亲王。著《寄畅斋诗稿》。

【永恩】(？—1805) 清朝宗室。字惠周，号兰亭主人，满族。礼简亲王崇安子。初封康亲王。乾隆四十三年(1778)，复号礼亲王。史称其性宽易而持己严，袭爵垂五十年，淡泊勤俭，出处有恒。卒，谥恭。著有《律吕元音》四卷、《金腊脍鲜》四卷和《绿漪园怀旧集》等。

【永常】(？—1755) 清朝大臣。董鄂氏。满洲正白旗人。初为三等侍卫，累迁镶红旗满洲都统。乾隆五年(1740)，授安西提督，驻屯哈密。十五年(1750)，调任湖广总督。十八年(1753)，清廷拟征准噶尔，任钦差大臣驻安西。旋迁陕甘总督，加太子太保。后奉召回京，授内大臣、定西将军，率兵出师西路征准噶尔。二十年(1755)，驻巴里坤，因督粮饷不力受责。是年夏，伊犁平，降吏部侍郎。八月，阿睦尔撒纳举兵叛乱，进犯伊犁。以观望退却被革职，降参赞。后疑准噶尔宰桑扎木参请附屯有诈，兼程后撤，征策楞赴援。事发被夺官送北京，卒于途。

【永琪】(？—1766) 清朝宗室。满族，爱新觉罗氏。高宗*弘历第五子。乾隆三十年(1765)，封荣亲王。次年卒，谥纯。少习骑射，精通满语，为高宗钟爱。著《焦桐剩稿》。通数学，其八线法手卷，内容丰富细致。

【永祺】 见"萧永祺"。(481页)

【永瑆】(1751—1823) 清朝宗室，诗词书法家。满族，爱新觉罗氏。高宗*弘历第十一子。幼工书，深受宠爱。乾隆五十四年(1789)，封成亲王。嘉庆四年(1799)，在军机处行走，总理户部三库。亲王领军机自此始。十八年(1813)，天理教首领林清攻紫禁城失败，因其督捕勤劳受嘉奖。二十四年(1819)，因老病罢一切差使。卒，谥哲。善诗词书法。书法深得古人用笔之意，与满族铁保、汉人翁云纲、刘镛并称四大家。嘉庆时，受命书裕陵圣德神功碑，并自择书迹刻为《诒晋斋帖》。诗词有《诒晋斋随笔》、《消寒诗录》、《诒晋斋集》六卷、《后集》二卷、《续集》二卷和《仓龙集》等。

【永瑢】(？—1790) 清朝宗室。满族，爱新觉罗氏。高宗*弘历第六子。号西园主人。乾隆二十四年(1759)，袭贝勒。三十七年(1772)，晋质郡王，五十四年(1789)，晋质亲王。卒，谥庄。善诗，工画兼通天算，著《仙壶兰韵》、《九思堂诗钞》四卷及《惺斋诗稿》等。现存《长江帆影图卷》，是一幅描绘壮丽河山的优秀作品。

【永璂】(？—1776) 清朝宗室。满族，爱新觉罗氏。高宗*弘历第十二子。嘉庆四年(1799)，追封贝勒。著《日课诗稿》。

【永邵卜大成台吉】(？—1596) 又称恩克跌儿歹成台吉、瓦剌它卜囊，或简称永邵卜。明代蒙古永谢布领主。孛儿只斤氏。*巴尔斯博罗特孙，*博迪达剌长子。驻牧于大青山北面。隆庆五年(1571)，受明封为指挥同知，翌年升都督同知。因严格约束部众，按期与明朝通贡互市，万历四年(1576)，被明朝加封为龙虎将军。后与明朝逐渐发生冲突。六年，随俺答汗西行迎接索南嘉措(第三世达赖喇嘛)。俺答汗东返后，被留在青海，主持仰华寺。八年(1580)后，改称瓦剌它卜囊(意为瓦剌女婿)，活动于青海、甘肃等地。联合火落赤，攻略明境，被革除市赏。二十三年(1595)，被明军大败于西宁，损失惨重。翌年，又兴兵欲报西宁之仇，复大败。

【必招】 元代云南元江府(罗匐甸)土官。哈尼族。至元十二年(1275)冬，罗匐甸哈尼族据险恃强拒受朝命，反抗元军，为元军所破，城下，元江以西哈尼诸部皆归降。次年正月，他亦降元。同年十二月，改罗匐甸为元江府路。

【必思】 元代云南思陀路哈尼族大首领。至元十二年(1275)，"罗槃国"主阿禾必归降元军后，他率领哈尼人民联合当地白衣(傣族)等各族共同反抗元朝统治。十七年(1280)，张立道任临安广西宣抚使，始赴任。复率众举兵反元，后城邑破，被镇压。

【必摄】 见"耶律必摄"。(310页)

【必力工瓦僧】(？—1430) 明代藏传佛教噶举派僧人。藏族。又名王仁波切仁钦贝杰。曾任止贡寺座主。明洪武十八年(1385)，明赐"必力工万户府印"。永乐十一年(1413)，明帝封其为阐教王，并赐彩币印诰，领地在今西藏墨竹工卡境内。阐教王封号世代传承，直至十六世纪止。所受金银驼纽九叠篆刻"阐教王印"及"必力工万户府印"(铜质)，今存西藏文馆会。

【必力克图汗】 见"爱猷识理达腊"。(459页)

【必兰纳失里】(？—1332) 又译必剌忒纳失里、毗奈耶室利。元代哈密力(今新疆哈密)畏兀儿人。初名只剌瓦弥的理。幼学畏兀儿文和梵文，后通汉、藏等多族语。研习藏经，博识多才。大德六年(1302)，奉旨从帝师受戒于广寒殿，代成宗出家，改赐是名。仁宗皇庆(1312—1313)中，奉诏译梵文佛经。延祐(1314—1320)间，封光禄大夫，译进诸国朝贡表文，深得仁宗赏识，授开府仪同三司兼领功德使司事。英宗至治三年(1323)，特授沙津爱护持(意为"总统")，兼领国引进使。文宗至顺二年(1331)，加号普觉圆明广照弘辩三藏国师。次年，与安西王子月鲁帖木儿等谋叛，坐诛。被抄没之人畜、土田、金银货贝、银币、邸舍、书画器玩及妇人七宝奁具，价值巨万。曾将汉文《楞严经》、梵文《大乘庄严宝度经》、《乾陀般若经》、《大涅槃经》、《称赞大乘功德经》、藏文《不思议禅观经》译为蒙文，又将僧俗法规编纂成书，部分内容收于明末库图克图重编之《十善白史》中。

【必巴锡鄂特罕】 汉籍作比把石、北把什等。明代蒙古鄂尔多斯部领主。孛儿只斤氏。*吉能子。驻牧于陕西榆林边外。受明封为指挥金事。约万历十五年(1587)，因争分畜产，攻杀其兄鄂木布达赉(碗布台吉)。

【头克汗】(？—1718) 一译脱卜柯依汗、泰吾坎汗。清代哈萨克汗。*扬吉尔汗子。长驻塔什干。派代理人分别管理所属三个"玉兹"(区划名称)。执政时，首创把哈萨克老氏族习惯法汇集成文法《头克法典》。康熙三十六年(1697)，因劫掠土尔扈特台吉三济札布(散札布)属众，与策妄阿拉布坦结仇。越一年，为策妄阿拉布坦所败。死后，哈萨克族走向分裂。一说"三玉兹"的划分始于其时。

【头曼单于】(？—公元前209年) 匈奴单于。挛鞮氏。在位时，匈奴据有今河套一带，东邻东胡，西毗月氏，北接丁零，南连秦国。秦始皇三十二年(公元前215

年),为秦将蒙恬所败,失河南地(今内蒙古河套南伊克昭盟一带),率部北徙。秦沿边为塞筑四十四城,并增修长城以御之。秦末,国内扰乱,边防废弛,其势力得以恢复,又稍南进。秦二世元年(公元前209年),因欲废长立幼,被长子冒顿所杀。

【闪人望】 明代书法家。名仲俨。回族。云南永昌(今保山县)人。天启五年(1625),为庶吉士。官至永昌府太史。与旅行家徐霞客交谊甚密。能诗,善书法,其字遒劲有法。

【闪仲俨】 明代诗人、书画家。字人望。回族。云南永昌(今保山县)人。曾宦寓金陵(今南京)。天启五年(1625),为庶吉士。尝作长歌以赠友人徐霞客(宏祖)。工书画,其"字画遒劲有法"。

【闪仲侗】 明代诗人。字士觉。回族,云南永昌(今保山县)人。天启(1621—1627)年间举人。工诗,曾随父继迪游览山川,到处父子唱和。著有《鹤和篇》二卷。

【闪继迪】 明代诗人、文学家。回族。字允修,云南永昌(今保山县)人(一说上元人,寄籍保山)。万历十三年(1585)中举,官吏部司务。能文善诗,在天启、崇祯年间颇有诗名,作品清新蕴藉。著有《两岭园秋兴》(一作《羽岭园秋兴》)、《吴越游草》、《广山先生集》等,多佚散,惟《明滇南诗略》中存有其诗四十余首。

【 乛 】

【加罕和卓】(?—1756) 一译札干和卓。原名雅库布。维吾尔族。新疆叶尔羌(今莎车)人。黑山派首领达尼雅尔和卓长子。雍正八年(1730)左右,被准噶尔部首领噶尔丹策零授为叶尔羌阿奇木伯克。噶尔丹策零死后,准噶尔封建主内讧,与弟尤素甫和卓谋自立。达瓦齐派人至叶尔羌,拟将其杀害,未遂。乾隆二十年(1755),清军定伊犁,布拉呢敦招抚南疆。遣兵与布拉呢敦战于乌什,兵败,退守喀什噶尔(今喀什)。后部众哗变,走叶尔羌。复败,被擒杀。

【对喀纳】(1618—1675) 清朝大臣。满族、钮祜禄氏。满洲正蓝旗人。顺治二年(1645),由内院笔帖式迁工部主事、郎中、刑部启心郎。十七年(1660),补都察院左副都御史。十八年,迁刑部侍郎。康熙五年(1666),擢刑部尚书。六年,与郝惟讷等疏请通饬八旗及直隶各省,凡卖身旗下之人捏词控告者,不准理庶,以安民生。七年,授国史院大学士,充世祖实录总裁官。八年,加太子太保,以国史院大学士管刑部尚书事。九年,改文华殿大学士管吏部尚书。十一年(1672),因吏部事混乱,无主见,受责。十二年,以各省司道府州县,召募经制书办典吏攒典等役,一岁一次转拨,积久弊生,请照督抚盐院衙门例,五年役满,停其转拨,获允。卒,谥文端。

【弘历】(1711—1799) 清朝皇帝。满族。爱新觉罗氏。雍正帝*胤禛第四子。1735—1795年在位。年号乾隆。雍正间,封为和硕宝亲王。雍正帝死后,按所遗密诏即位,时年二十五岁。继续推行严禁朋党政策,不准大臣结党,不准满、汉官吏互相攀援,不准诸皇子参与机密;取消议政王大臣虚衔,使清代封建专制主义皇权获得极大发展。为维护祖国统一,加强中央对边疆的统治,继续对西北、西南用兵。乾隆十五年(1750),粉碎西藏首领珠尔默特驱逐驻藏大臣的阴谋,平息其余党的叛乱,废除藏王制,提高驻藏大臣的权力。二十年(1755),派兵攻入伊犁,俘达瓦齐和严重威胁清在青海统治的罗卜藏丹津。二十二年(1757),彻底平定伊犁的阿睦尔撒纳叛乱,并与勾引阿睦尔撒纳的沙俄进行针锋相对的斗争。二十四年(1759),平定新疆大小和卓木叛乱,结束"回部"分裂局面,在喀什噶尔(今喀什)设参赞大臣,在乌什等十一城设办事大臣或领队大臣,取消伯克(即城主)世袭特权,设八旗驻防新疆官兵,从而加强了中央的管辖,为"回部"的发展和加强与内地的经济、文化交流创造了条件。两次派兵征大小金川,平定土司叛乱,并废除土司制,改置州县,巩固和扩大"改土归流"的成果。五十六年(1791),派兵抵御入侵西藏的廓尔喀兵,将其全部驱逐出境,并拒绝英使马戛尔尼的无理要求,维护了国家统一和主权。五十八年(1793),颁布"藏内善后章程",对西藏政治、宗教、官制、军事、司法、涉外等作了详细规定,确定驻藏大臣负责全面督办西藏事务,加强了中央对西藏的管辖。在位期间,基本上执行了康熙帝和雍正帝的经济政策和措施,继续实行"摊丁入亩",奖励垦荒,延长起科年限等,使耕地、垦荒面积和人口显著增加。以"恩威并施"笼络和控制知识分子,累兴文字狱,多次颁布禁书令,大量毁书,严格控制思想舆论;另一方面仍倡导汉学,开博学鸿儒、经济、孝廉方正等科,编纂《续通志》、《续通典》、《续文献通考》和《皇朝通典》、《皇朝文献通考》、《皇朝通志》以及《四库全书》等。其中《四库全书》用编辑一百六十余人,历十年而成,是我国最大的一部丛书。为维护封建专制统治,相继镇压山东王伦领导的农民起义、甘肃苏四十三和田五领导的撒拉族和回族人民起义、台湾林爽文起义、湘黔苗民起义,大肆搜捕白莲教徒。晚年自称"十全老人",听任和珅控制朝政,政治日趋腐败。在位六十年后,禅位于嘉庆帝,自称太上皇,庙号高宗。

【弘古】 见"耶律弘古"。(310页)

【弘旺】 清朝宗室。又名普萨保。满族、爱新觉罗氏。康熙第八子廉亲王*允禩子。著《皇清通志纲要》六卷及《松下堂目下旧见》六卷。

【弘昼】(?—1770?) 清朝宗室。满族、爱新觉罗氏。世宗*胤禛第五子。雍正十一年(1733)封和亲王。十三年,设办理苗疆事务处,与弘历同领其事。乾隆间预议政。著《稽古斋全集》八卷。

【弘晈】(?—1764) 清朝宗室。满族、爱新觉罗氏。怡贤亲王允祥第四子。号镜斋主人。世宗奖允祥功,加封郡王,任其于诸子中指封,他辞不敢承。雍正八年(1730)，封宁郡王。卒，谥良。著有《菊谱》。

【弘瞻】（？—1768）清朝宗室。满族，爱新觉罗氏。世宗*胤禛第六子。号经畬道人。乾隆三年(1738)，袭果亲王。二十八年(1763)，因事降贝勒。三十年，复封果郡王。卒，谥恭。善诗词，雅好藏书，著《鸣盛集》四卷。

【奴哥】见"耶律奴瓜"。（310页）

【召五定】"勐卯国"（今云南德宏瑞丽、陇川一带）"国王"（部落首领）。傣族古代传说人物。传说其母将分娩时，被大鸟衔至一棵大树上，生召五定。后被一僧人将其母子从树上救下，其母遂与僧人结为夫妻。及长，被举为国王。因本领高强，邻近小国（小部落）多归顺。孟艮国（今缅甸景栋地）国王惧，设伏兵将其擒去，以女妻之。婚后，夫妻乘白象逃出孟艮，在勐戈占毕地方重建国家，称勐卯国。

【召匾勐】见"诏匾勐"。（265页）

【召晚纳齋】（？—1895）清代反抗法国侵略者的乌德土司。傣族。光绪二十一年(1895)七月十九日，法国殖民主义者以武力强行占领西双版纳的勐乌、乌德，激起当地人民强烈愤慨。在民众支持下，联合勐乌土司及当地汉人陈玉成、李华庭等人，共议反抗入侵事宜，事泄，被法军捕获。押解转移途中，傣族人民群起打死法国军官，被救。后在与法军血战中，身负重伤，牺牲。

【台石台吉】又称台失哈不害。明代蒙古右翼土默特部领主。孛儿只斤氏。*俺答汗孙，*辛爱黄台吉子。隆庆五年(1571)，受明封为指挥金事。

【民旦】见"林丹汗"。（303页）

【皮逻阁】（698—748）又作魁乐觉、蒙归义。唐代南诏第四世王。"乌蛮"。盛逻皮之子。开元十六年(728)，父卒，嗣为王。在唐朝支持下，相继征服、兼并蒙嶲诏、越析诏、浪穹诏、施浪诏、邆赕诏，自称云南王。二十六年(738)，破吐蕃、洱河蛮。入朝，受封越国公，册云南王，开府仪同三司，赐名归义。筑太和城、大厘城。开元二十九年(741，一作二十七年)，自蒙舍川迁居太和城（今云南大理县南太和村），立龙首、龙尾二关。天宝二年(743)，筑羊苴咩城。五年(746，一作四年)，遣孙凤伽异入朝，唐授以鸿胪卿，妻以宗室女，赐龟兹乐一部。后数遣使入朝，加强与中原的政治、经济、文化联系。

【皮儿马黑麻】明代瓦剌使臣。回回人。仕于瓦剌，历任使臣，周旋于明廷、东西蒙古间。正统元年(1436)，随脱欢使臣阿都赤朝贡，被明廷封为指挥金事。次年，复至京朝贡。后屡随瓦剌使臣阿都赤等向明朝贡，升指挥使和都指挥金事。十年(1445)，至京贡马及皮货，升都指挥同知。十二年(1447)，率瓦剌2472人至京贡马，升指挥使。次年，升都督金事。景泰元年(1450)，以脱脱不花使臣身份至京贡马，升都督同知，次年，以瓦剌使臣身份率1652人至京贡马，升左都督。六年(1455)，以麻儿可儿王子正使至京朝贡。天顺元年(1457)，以阿哈剌忽知院、李来等使臣身份抵京，愿"留京自效"，仍任左都督，后随马政、哈铭作为明廷使臣往赐孛来等。五月，复以蒙古使臣身份至京献宝玺，受明廷命携彩缎表里回赐。归，率族属七十余人居京。明赐名为马克顺。

【发思八】见"八思巴"。（5页）

【尼堪】（1609—1652）清初将领。满族，爱新觉罗氏。清太祖*努尔哈赤孙，广略贝勒*褚英第三子。后金天命年间，从征多罗特、董夔诸部，有功。天聪九年(1635)，从诸贝勒征明山西，随多铎入宁远、锦州界，牵制明西援之师。清崇德元年(1636)，封固山贝子。从太宗征朝鲜，与多铎追朝鲜王至南汉山城。二年，预议政。四年，从太宗征明，随武英郡王阿济格攻塔山、连山。七年，驻守锦州。顺治元年(1644)，随睿亲王多尔衮入山海关，败李自成军，晋多罗贝勒。继从豫亲王多铎破义军于陕西。二年，于潼关败义军刘芳亮部。继随豫亲王克南京，俘明福王朱由崧于芜湖。三年，随肃亲王豪格西征，击义军于鸡头关等地。入川。斩义军首领张献忠于西充。五年，同英亲王阿济格镇压天津义民，晋多罗郡王，加号敬谨。六年，拜定西大将军，讨大同叛镇姜瓖，晋亲王。七年二月，奉命与巽亲王满达海等理六部事。八月，以事降郡王。八年初，晋和硕敬谨亲王。三月，以隐匿英亲王私藏兵器事，降郡王。五月，复封亲王。九年六月，掌宗人府事。七月，以定远大将军征张献忠属部孙可望、李定国，取湖南，趋衡州，破李定国四万大军，后中伏战死。谥庄。

【尼玛丹怎】见"益麻党征"。（471页）

【尼玛塘巴】清代西藏上层僧侣。汉籍称尼玛塘呼图克图。藏族。康熙三十六年(1697)，任第巴桑结嘉措信使，至京密奏五世达赖喇嘛阿旺罗桑嘉措已于康熙二十一年(1682)圆寂，转世灵童年已十五岁之事，受清圣祖厚待。同年偕清朝官员保柱等返藏。途中遇往剿噶尔丹的策妄阿拉布坦军，告以达赖喇嘛圆寂事，请勿兴兵，从中阻挠，圣祖以其持两端，遣使追还。

【尼佛鲁慈】见"涅孚鲁思"。（469页）

【尼庞古鉴】（？—1196）金朝大臣。女真族，姓尼庞古。隆州（今吉林农安）人。本名外留。通女真小字及汉字。世宗大定十三年(1173)进士。历任隆安教授、即墨主簿、国子助教、近侍局直长。为世宗所器重，改太子侍丞。翌年，迁应奉翰林文字，兼右三部司正。章宗立，累迁尚书、户部侍郎，兼翰林直学士。转同知大兴府。明昌五年(1194)，奉诏重修新律，为校定官。九月，以吊祭使出使南宋。使还，拜参知政事。卒于官，谥文肃。

【尼堪外兰】（？—1586）明末建州左卫苏克苏护河部图伦城主。满族。初为努尔哈赤之父塔克世属下。明万历十一年(1583)，引明将李成梁兵攻建州右卫都指挥王杲之子阿台的古勒山城（今辽宁省新宾县境），诱城内兵民归降，大肆焚杀，努尔哈赤父塔克世、祖觉昌安皆死于兵火。努尔哈赤怀怨，举兵与其争建州各部领导权,攻取图伦城,追至嘉班、鄂勒珲城。十四年,于明边台之外被杀。

【尼玛嘉木参】 清代西藏地方政府官员。藏族。原为七世赖喇嘛格桑嘉措弟子,噶伦布隆簪离职后,由七世达赖授意驻藏大臣奏请,补放一名喇嘛任噶伦,于乾隆十六年(1751)被封为噶伦,照诸噶伦例赐札萨克台吉职衔,是为喇嘛奉旨补放噶伦之始。

【尼厖古钞兀】 金朝将领。女真族。姓尼厖古,亦作尼厖窟。曷速馆人。初为大昊扎也,补元帅府通事。率轻骑救邳州,败宋将韩世忠军。作战勇敢,善伺敌虚实,屡捷。加忠显校尉。为蕃部秃里。以功授广阳少尹。奉命与都统白彦敬等率军镇压契丹起义军。至北京(今内蒙古宁城西大名城),未能进。海陵王正隆六年(1161),世宗即位于东京(今辽宁辽阳),迎谒,迁辅国上将军,与都统吾札忽等镇压移剌窝斡契丹起义军。败义军于窳历、陷泉。事平,迁西北路招讨使,改东北路。因私取诸部所进马,被逮问。自杀。

【司马喜】 亦作司马熹,一说即司马𩓥。战国时中山国相邦(即相国)。汉朝太史公马迁之先祖。在宋国获罪遭酷刑。后入相中山国,曾三相中山。周显王四十六年(公元前323年),参与韩、燕、魏、赵、中山"五国相王"结盟事,共拒齐、秦、楚。

【司马𩓥】 一说即司马喜(熹)。战国时中山国相邦(即相国)。周郝王元年(公元前314年),受中山王𩫖的派遣,率中山国三军平燕国内乱,占领燕国方圆数百里地,列城数十,迎立燕昭王。因功封"仲父",赐予"死罪三世无不赦"的特权,致使周天子及诸侯皆遣使致贺,使中山国跻身于战国列强之中。主持铸造中山王𩫖的鼎和方壶,用以祭祀中山国的先祖。

【司马熹】 见"司马喜"。(129页)

【司迪克】 清代哈萨克族抗俄斗争将领。民族英雄肯尼萨尔子。道光二十七年(1847),父死,偕家人移居浩罕。自幼注重学习军事技术。及长,被浩罕任命为五百人长。屡与沙皂侵略军作战。咸丰十年(1860),受命率兵袭击沙俄维尔内哨所。同治三年(1864),率骑兵重创围攻土耳克斯坦城的俄军,在保卫奇姆肯特城和塔什干战斗中,身先士卒。塔什干陷落后,移居布哈拉,继续从事反抗沙俄侵略的斗争。

【辽义宗】 见"耶律倍"。(306页)
【辽太宗】 见"耶律德光"。(322页)
【辽太祖】 见"耶律阿保机"。(323页)
【辽仁宗】 见"耶律夷列"。(311页)
【辽世宗】 见"耶律阮"。(305页)
【辽圣宗】 见"耶律隆绪"。(319页)
【辽兴宗】 见"耶律宗真"。(315页)
【辽顺宗】 见"耶律濬"。(308页)
【辽宣宗】 见"耶律淳"。(307页)
【辽景宗】 见"耶律贤"。(306页)
【辽道宗】 见"耶律弘基"。(310页)
【辽穆宗】 见"耶律璟"。(307页)
【辽德宗】 见"耶律大石"。(308页)
【辽天祚帝】 见"耶律延禧"。(311页)

【边厮波结】 宋代河湟吐蕃大首领。鬼章之孙。居河南。时人称其系西蕃酋首世族。拥兵六千余,辖地西至黄河,北达克鲁克、丹巴国,南抵隆科尔结一带,东毗庸龙城、额勒济格城、丹巴城,至斯丹南一带。宋元符二年(1099)六月,宋军进取河湟,以讲朱、一公、错凿、丹巴四城降宋。七月,又请以其族人户"献与汉家",为此,与七子、二侄、一婿一并受封官职。十月,受宋封供备库使、遥郡刺史,成为朝臣命官,镇守藩篱。十一月,随陇拶等河湟吐蕃大首领赴阙,受宋徽宗接见。

六 画

【一】

【邦彪钱】 见"瞎征"。(596 页)

【迁鲁】 见"萧迁鲁"。(481 页)

【地万】(? —520) 南北朝时期柔然女巫医。原为屋引副升牟之妻,假托神鬼,行巫术,混迹于上层和民间,人称"是豆浑地万"(是豆浑为巫者的称号),深为柔然可汗丑奴宠信。为迷惑丑奴等,先将丑奴弟祖惠隐藏,诡言祖惠在天上,然后祈请上天赐还。丑奴深信不疑,称之为"圣女",纳为"可贺敦"(王后),致乱其朝政。其巫术被丑奴母候吕陵氏识破后,又挑起王室内讧,进谗言使丑奴杀死亲弟祖惠。柔然建昌十三年(北魏正光元年,520),被候吕陵氏所遣大臣李具列等绞死。

【地保奴】 明代蒙古贵族。孛儿只斤氏。可汗*脱古思帖木儿子。随父居漠北。北元天元九年(洪武二十一年,1388),可汗大本营在捕鱼儿海(今贝尔湖)遭明将蓝玉袭击,与宫室及部众八万余人一同被俘,送入明京师(今南京)。向明太祖献金印、金牌,获厚赐。后因蓝玉侮辱元主妃事发,妃自尽,遂怀忿。口出怨言。不久被明太祖遣往琉球(在今琉球群岛)。

【地粟袁】 柔然第五代首领。郁久闾氏。*跋提子。父卒,继位。仍役属于鲜卑拓跋部,岁贡牲畜兽皮,率部游牧于漠南漠北。卒后,柔然分为两部,长子匹候跋继其位居东部,次子缊纥提率一部别居西部。

【朴不花】(? —1364) 又作王不花。元朝宦官。高丽人。朴氏。与顺帝完者忽都皇后同乡,以宦官入事皇后,受宠幸。官至荣禄大夫、资正院使,执掌皇后财赋。至正十九年(1359),与皇后谋内禅,为丞相太平所拒,未果。次年,太平罢相,与丞相搠思监、宣政院使脱欢结党擅政。二十三年,为监察御史也先帖木儿等劾,得皇后庇护,复为集贤大学士、崇正院使。二十四年,与搠思监倚扩廓帖木儿为外援,诬孛罗帖木儿等谋反。孛罗帖木儿领兵逼京师,言必得朴不花始退兵,被缚送至军前处死。

【朴古只沙里】 见"萧朴古只沙里"。(490 页)

【芒松芒赞】(? —676) 又作赤芒松芒赞、芒伦芒赞。汉籍称乞黎拔布。吐蕃赞普。650—676 年在位。吐蕃王朝建立者*松赞干布孙,贡日贡赞之子。母吐谷浑族。唐永徽元年(650),松赞干布卒后,嗣赞普位。因年幼,由大论禄东赞摄理政务。乾封二年(667),禄东赞卒后,由其子钦陵执政,"事无大小,必出于宰相"。咸亨元年(670),钦陵攻占龟兹(今库车)、焉耆(今焉耆)、疏勒(今喀什)、于阗(今和田)安西四镇,引起唐藩之间连年征战。

【吉甫】 见"升允"。(68 页)

【吉能】(1522—1572) 明代蒙古右翼鄂尔多斯济农(亲王)。名诺延达喇,汉文史籍译作那言大儿。孛儿只斤氏。*吉囊(衮必里克墨尔根)子。嘉靖二十一年(1542),父卒,嗣济农位。明人因其封号(济农)译作为吉能,以别于吉囊。自其叔俺答汗崛起后,济农实际上只领鄂尔多斯万户,驻牧于黄河河套西部,听命于俺答。以内地人马天禄为心腹,常攻击明甘州(今甘肃张掖地区)、肃州(今甘肃酒泉地区)一带。隆庆五年(1571),在俺答汗请求下,被明朝封为都督同知,遂约束部众,与明朝停止冲突,通贡互市。次年病卒,明廷特遣使赐祭。

【吉囊】(1506—1542) 明代蒙古右翼三万户(鄂尔多斯、土默特、永谢布)济农(亲王)。小名库蔑里,尊称衮必里克墨尔根,明朝人以其尊号、封号(济农)译作麦力艮吉囊、己宁等。孛儿只斤氏。*达延汗孙,*巴尔斯博罗特长子。正德十四年(1519),嗣济农位,领右翼三万户,驻帐于鄂尔多斯万户,游牧于黄河河套及以西地区。嘉靖(1522—1566)初,势力日强,率弟俺答、昆都力哈(老把都)等东征西讨,雄冠诸部,不受左翼大汗节制。嘉靖三年至十七年(1524—1538),四次率兵攻打兀良哈万户,最后将其征服。嘉靖十一年和十三年(1532,1534),两征青海,大败旧敌亦不剌和卜儿孩,吞并其众。十二年,率兵入援大同明哗变军卒,变兵多随之亡入蒙古。屡入掠明宣府(今河北宣化)、大同、凉州(今甘肃武威一带)等地,给明朝西北边境造成严重威胁。曾要求同明朝通贡互市,被拒。晚年放纵酒色,不理军政,大权落在俺答手中。卒后,右翼三万户被俺答控制,济农势力日衰。

【吉尔杭阿】(? —1856) 清朝大臣。满洲镶黄旗人。奇他拉氏。字雨山。由监生捐笔帖式,任职工部。咸丰四年(1854),由布政使升巡抚。在上海出卖海关主权和租界行使权,并勾结英、法、美侵略军镇压小刀会,攻取上海。五年(1855),因功赏给"法施善巴图鲁"名号。同年,带兵驰往江南大营帮办军务,同钦差大臣向荣等围攻镇江,镇压太平军。六年(1856),于江苏省高资被太平军击败。同年,于营盘烟墩山被太平军击中身亡。被追赠为总督,授一等轻车都尉世职,谥勇烈。

【吉谟雅丁】 元代诗人。回回人。字元德,又称"马元德"。先世为西域巨商,因赞助蒙古军西征有功,其父官至武昌达鲁花赤,遂定居武昌。元末明初回回诗人丁鹤年之胞兄。至正间(1341—1368)进士,官至翰林应奉,主定海,守奉化、昌国,皆有善政。有诗名,《丁鹤年集》附录收有其诗作。

【吉德尼玛衮】 唐代吐蕃阿里王。吐蕃末代赞普*达磨曾孙，*贝阔赞之子。因政权被云丹所夺，率臣工眷属西走阿里(意为"领土及属民"；又称"堆"，意为上部)，开始统辖阿里一带，"阿里"一名即始于此时。故《西藏王统记》又称其为"阿里王"。今普兰地区亦在其辖下。建有王室宫堡红宫，其子扎西尼玛衮又建尼松堡。今古格王宫遗址当是其时宫堡遗存。

【吉克美丹巴嘉措】 又译计美日必嘉措。清代西藏察木多地区帕巴拉六世活佛。藏族。生于察木多杂足补拖地方。为察木多地区格鲁派最大之绛巴林寺住持。康熙五十九年(1720)，清军护送七世达赖喇嘛格桑嘉措由青海入藏，途经察木多，他支应进藏官兵乌拉有功。后清赐以"讲衍黄教额尔德尼诺门罕"名号，颁给敕书、铜印。

【吉刺思巴监藏巴藏卜】 见"帕竹扎巴坚赞"。(131页)

【吉格木德丹金扎木苏】 清代著名蒙医。锡林郭勒盟东苏尼特旗人。二十世纪初，以藏文著《观音之喜》(藏文名《佟瓦嘎吉德》)，全书194页，主要介绍诊断知识，兼论单味药的性能及临床各科疾病常用的验方。1974年译成蒙文出版，书名《蒙医传统验方》。

【老古】 见"耶律老古"。(311页)

【老斡】 见"石抹仲温"。(106页)

【老回回】 ①清末围棋国手。回族。金陵(今南京)人，流寓四川会理。善围棋，与州廩胡楷舜、文生胡学濂等俱称国手。②见"马守应"。(30页)

【老把都】 见"昆都力哈"。(350页)

【老上单于】(？—公元前161年) 汉代匈奴单于。挛鞮氏。*冒顿单于子。名稽粥。汉文帝六年(公元前174年)父死，嗣单于位。初与汉保持和好，结和亲，娶汉宗室女公主为阏氏(单于妻)，收留重用汉使臣中行说，委其教臣下疏记，计课人畜，亲自求教利害得失。十一年(公元前169年)，复扰汉狄道及诸边地。十四年(公元前166年)冬，以十四万骑扰朝那、萧关、北地、彭阳，兵至甘泉宫(故址在今陕西淳化西北甘泉山)，后遭汉数路驻边将士迎击，留塞内月余始退。后连年南下扰掠，使云中、辽东、代郡一带深受其害。后元二年(公元前162年)，始与汉互遣使致书，复和亲，言好。

【老布僧确泊勒】 清代蒙医学家。十九世纪人。以藏文著《蒙医药选编》(藏文名《扎兑宁诺尔》)，以"扎兑"著称于世。全书121章，共464页，以临床各科为主，论及蒙医基础理论、药物、术疗等内容。以专章论述饮食疗法，扼要指出消化道特点、饮食调配、性味及性能，特别叙及马奶酒的医病功能；阐述针灸的取穴、操作方法、适应症、禁忌症、灸的程度及功能；论及温泉疗法，介绍矿泉产地、种类、功效、入浴时间和规则、护理等知识，解释浸疗法的药浴配方、药的作用、煎煮法、适应症、疗程等；辑录了不少蒙医药方和配方理论；对传染病的病源、传染途径、症状及防治亦有所记载。曾以木刻本印行，1973年由内蒙古医学院译成蒙文出版。

【西施】 又称西子。春秋时越国有名佳丽。浙江诸暨县人。周敬王二十六年(公元前494年)，越王勾践兵败夫椒(今江苏吴县西南)，被吴军困于会稽(今浙江绍兴)，遣使求和遭拒，从越大夫范蠡计，取西施献吴王夫差。吴王得西施大悦，应允越国议和，并筑姑苏台与其日夜作乐，致朝政日渐衰败。越国灭吴后，一说"西施复归范蠡，从游五湖(今太湖)"；一说"沉西施于江，以报鸱夷"。

【西斋】 见"博明"。(523页)

【西清】 清朝官员。字研斋。满族。大学士*鄂尔泰曾孙。曾在黑龙江将军衙门任职。著有《黑龙江外纪》八卷，详记山川形势、典章制度、物产风俗等，并将收集到的《中俄尼布楚条约》满文本，译成汉文收录。该书对研究黑龙江史地有重要参考价值。

【西太后】 见"慈禧太后"。(570页)

【西双漂】 元末明初云南车里宣慰使司宣慰使(召片领)妾。基诺族。基诺山人。嫁车里土司，后遭土司前妻迫害，毅然与土司诀别，返回故乡，随身带走己子，寄养在舅舅司土寨长老家，土司去世后，此子被迎回继位。据傣文《泐史》载，其子名*刀暹答(1351—1413)，为第九世宣慰使(召片领)。

【西林布】(？—1859) 清朝将领。达斡尔阿勒丹氏，隶齐齐哈尔镶红旗。清道光二十一年(1841)，以佐领驻浙江，防英侵略军从海上进攻。咸丰三年(1853)，参与镇压太平天国运动，败石达开于武昌，赐号阿木尔罕巴图鲁。后在太湖镇压义军时战死。

【西常阿】 清朝将领。达斡尔索多尔氏。道光(1821—1850)以来出征数省，赏花翎、记名副都统。官双城堡总管，年五十余终于任。

【西喇布】(？—1593) 清太祖努尔哈赤大臣。满族，完颜氏，以地为姓。努尔哈赤起兵，率所属来归，隶满洲镶红旗。为十大臣之一，赐号扎尔固齐。明万历二十一年(1593)，从努尔哈赤败叶赫、哈达等九部来侵之军，追至哈达富尔佳寨。战中，见哈达人西弌库以矢射叔贝勒巴雅拉，以身挡之，中箭而亡。追赠二等轻车都尉。

【西辽仁宗】 见"耶律夷列"。(311页)

【西辽德宗】 见"耶律大石"。(308页)

【西纳格西】 宋代藏传佛教萨迦派僧人。藏族。青海塔尔寺西纳活佛世系先祖之一。属东氏家族，为黄色尼东族的西纳支系。早年在卫藏学经，属萨迦教派学者。后赴蒙古，约于1211—1215年，在蒙古本土谒见成吉思汗，相传曾做法祈干雨，为成吉思汗所器重。应成吉思汗劝请，未赴五台山、南海普陀山朝佛，留侍汗左右。是最早与蒙古取得联系的藏族僧人之一。

【西林太清】 见"顾太清"。(446页)

【西秦太祖】 见"乞伏炽磐"。(21页)

【西秦烈祖】 见"乞伏国仁"。(20页)

【西秦高祖】 见"乞伏乾归"。（21页）

【西第什哩】（？—1706） 清代喀尔喀蒙古军事首领。土谢图汗部人。土谢图汗*衮布之子。初号巴图尔台吉。驻牧于土拉河流域。康熙二十五年（1686），随兄土谢图汗察珲多尔济与扎萨克图汗在库伦伯勒齐尔（今蒙古国乌兰巴托附近）会盟，力促土谢图汗部与扎萨克图汗部和好，使会盟取得一定成果。十七世纪以沙皇俄国不断侵占喀尔喀蒙古地区，于康熙十一年（1672），与察珲多尔济派卓立克图等人至莫斯科，致书沙皇，不准俄国在蒙古土地上建立色楞格斯克城。康熙十四年（1675），复派古柳克随汗使到莫斯科，列举在色楞格斯克等地的俄国人攻打土谢图汗属部，劫掠妇孺和财产的行径。后因俄国拒绝迁城，受汗命指挥蒙古军驻扎于色楞格河地区防御。康熙二十六年（1687），与汗同派人去乌丁斯克，查探俄国全权大使戈洛文率大批军人前来的意图，并以小部队切断色楞格斯克和乌丁斯克的联系，使色楞格斯克处在蒙古军包围中，被俄国视为"是色楞格斯克哥萨克的主要敌人"。康熙二十七年（1688）春，喀尔喀遭准噶尔部首领噶尔丹袭击，抵抗失败，南下投附清朝，被安置在苏尼特界内的阿噜额埒苏台。康熙三十年（1691），举行多伦诺尔会盟，受康熙帝召见，封多罗贝勒兼扎萨克。三十五年（1696），随康熙亲征噶尔丹，与车臣汗部郡王纳木扎勒等各引数十骑，由巴尔岱哈山麓往诱，侦噶尔丹遁，扈驾追至拖诺山，凯旋。

【西魏废帝】 见"元钦"。（40页）

【西魏恭帝】 见"元廓"。（43页）

【西魏悼后】（525—540） 西魏文帝*元宝炬皇后。柔然可汗*阿那瓌长女。史称"容貌端严，夙有成智"。北魏分裂为东魏、西魏后，争与阿那瓌为婚好。西魏大统四年（东魏元象元年，538），年十四岁，被迎入西魏京师，立为皇后，废原皇后乙氏（吐谷浑乙弗部人）。大统六年（540），产后去世，年仅十六岁。柔然疑为乙氏所害，并以此为借口，兴师问罪，兵至夏州（今内蒙古乌审旗南），迫文帝将乙氏赐死，以下平柔然的不满。

【西喇巴雅尔】（？—1661） 清朝将领。蒙古镶黄旗人。姓布库特。世居扎噜特。崇德三年（1638），任佐领，随贝勒岳讬征明，入墙子岭，趋山东，败明太监冯永盛军，叙功，予骑都尉世职。顺治元年（1644），任参领，随睿亲王多尔衮入山海关，镇压李自成起义军，加云骑尉世职。二年，随饶余郡王阿巴泰镇守山东，与都统准塔攻淮安，连败明军。三年，随肃亲王豪格攻张献忠义军。五年（1648），升镶黄旗蒙古副都统，晋三等轻车都尉世职。又晋三等子。八年（1651），以老致仕。

【西魏文皇帝】 见"元宝炬"。（45页）

【西辽承天太后】 见"耶律普速完"。（326页）

【西纳喇嘛却帕坚赞】 明代青海第二代西纳喇嘛。藏族。永乐八年（1410），被明帝奉为上师，赐以国师职事及土地、人户，又赐象牙印章及诏书。十年（1412），赐"慈智禅师"名号。宣德二年（1427），又赐"通慧正觉国师"封号及银印。在青海建西纳桑珠林寺（即西纳寺），又建大经堂。其后，三至六代西纳活佛均受明朝封"慈智禅师"封号。

【西纳喇嘛班觉仁钦】 明代青海塔尔寺西纳七世活佛。藏族。崇祯七年（1634），马соответствии王（即马安邦）反叛，夺取西宁城，他以兵收回西宁，献给明朝。以功赐灌顶国师僧职，并赐金印、诏书等，同时在西宁城关赐建大牌楼一座以彰其功。

【西纳堪布喜饶益西贝桑波】 宋代藏传佛教僧人。青海第一代西纳活佛世系之喇嘛。宋淳祐十一年（元宪宗元年，1251），八思巴谒见忽必烈后，由其陪同返西藏受戒。事毕又将八思巴送回。忽必烈即位后，建总制院（后改宣政院），管理全国佛教及藏区军政事务，他以功封院使，赐珍珠诏书。又将东宗哥、苏尔干、其卡、宾托、东康、噶冈久及凉州地方之比底寺、切东寺、康萨寺、拉松寺等寺院归其管辖。

【夸吕】（？—591） 一作吕夸。吐谷浑可汗。姓吐谷浑氏。*伏连筹子。约于西魏大统初（535）继位，始自号可汗，建都于伏俟城（今青海共和铁卜卡古城）。梁大同六年（540），遣使至梁献马及方物，并求佛教经论。对东、西魏采取"远交近攻"之策。频繁遣使东魏，通好贸易。东魏武定三年（545），以妹适东魏孝静帝，为容华嫔，并娶东魏济南王匡孙女广乐公主为妻。同时，攻西魏湟河郡（治今青海尖扎附近）、西平郡（治今青海乐都），兵败。西魏废帝二年（553），因西魏丞相宇文泰勒军至姑臧（今甘肃武威），惧，遣使贡方物。恭帝三年（556），遭突厥木杆可汗与西魏史宁联合进攻，失贺真（在今青海茶卡盐池附近）、树敦（在今青海共和附近），妻子被虏。突厥等撤军后，始返故地。北周闵帝元年（557），乘周初立，围攻凉、鄯、河（治今甘肃临夏东北）三州；武成元年（559），复攻凉州，为周大司马贺兰祥所败，失洮阳、洪和（在今甘肃临潭附近），遂遣使贡于周，时而掠周边。保定四—五年（564—565），联合宕昌攻周，为周大将军田弘、洮州总管李贤所败。建德五年（576），内乱，遭周太子宇文赟袭击，国都伏俟城失陷。隋开皇元年（581），乘隋初立，攻弘州（治今甘肃临潭西）、凉州，为安郡公元谐等所败，其王侯三十人率部降。后屡扰隋边，直至开皇四年（584）吐谷浑发生内乱，始罢。在位期间，常因喜怒废杀太子，太子惧，谋执其降隋，事泄被杀。复立次子嵬王诃为太子。六年（586），河欲率部降隋，请兵接应，遭拒，乃止。九年（589），隋平定江南，灭陈。惧，始与隋通好。

【夺里懒】 见"萧夺里懒"。（488页）

【有尚】 见"耶律有尚"。（311页）

【存诚道人】 见"杨黼"。（189页）

【达云】 明朝将领。回族。凉州卫（今甘肃武威）人。勇悍有谋略。万历中，嗣指挥金事，进守备、肃州游击将军。因败蒙古炒胡儿，升西宁参将。万历二十三年（1595）连败蒙古贵族俺答汗从子永邵卜，以功擢都督同知。继败永邵卜于明沙、上谷,以总兵官镇守延绥、甘肃。复败蒙古宾兔、著力兔等于松山等地,进甘肃左都督,加太子少保。三十五年(1607),败蒙古军于红崖。"名震西陲,为一时边将之冠",后以秋防卒于军。追赠太子太保。

【达瓦】 清代卫拉特蒙古和硕特部台吉。号扈鲁玛台吉。姓博尔济吉特。*固始汗弟布雅鄂特欢玄孙。世牧准噶尔之额琳哈毕尔噶等地。乾隆二十年(1755)附清。后又随辉特部台吉阿睦尔撒纳反清。扎那噶尔布杀噶勒藏多尔济谋夺取准噶尔部政权时,集兵斩扎,献其首于清军。

【达什】(?—1760) 清朝蒙古王公。喀尔喀赛音诺颜部人。博尔济吉特氏。额墨根长子。初授协理台吉。曾扈从乾隆帝木兰行围,赐孔雀翎及黄马褂,命乾清门行走。乾隆十八年(1753),杜尔伯特台吉车凌等投清,他奉命御准噶尔追兵。十九年,以兵收乌梁海宰桑察达克部众。二十年,随军征准噶尔部达瓦齐。降宰桑齐巴汉,追执达瓦齐。二十一年三月,随郡王车布登扎布征乌梁海,七月,征哈萨克,败阿布赉汗兵于汉塔喇斯。继征和托辉特部青衮咱卜。二十二年,袭札萨克一等台吉。二十三年四月,复随车布登扎布至伊犁,捕厄鲁特反清者,赐公品级。

【达玛】 见"达磨赞普"。(136页)

【达素】(?—1669) 清朝将领。满洲镶黄旗人。章佳氏。初由护军授护军校。天聪五年(1631),从太宗征明,围大凌河,同护军鳌拜击退增援明兵,擢护军参领。崇德五年(1640),随军围锦州,率护军败明杏山兵。六年,复围锦州,败塔山明兵。七年,随豫亲王多铎征宁远。八年,同护军统领阿尔津等征虎尔哈部。顺治元年(1644),从军入山海关,败李自成起义军。继随都统巴哈纳等败义军于太原,追至黄河。二年,随英亲王阿济格攻湖广,镇压李自成起义军。后随肃亲王豪格攻张献忠。六年(1649),随阿济格讨大同叛镇姜瓖,晋一等轻车都尉。九年(1652),随敬谨亲王尼堪镇压湖南、广西孙可望、李定国起义军。十一年(1654),擢护军统领。十三年(1656),擢内大臣。十六年(1659),郑成功攻江宁(今南京),拜安南将军,率军赴援。康熙元年(1662),任内大臣。八年(1669),因牵连于鳌拜事,一度罢官,旋复世职。

【达海】(1595—1632) 满文改造者。满洲正蓝旗人。觉尔察氏。世居觉尔察,以地为姓。博洛孙,散秩大臣艾密第三子。九岁即通满、汉文义。及长,奉清太祖努尔哈赤命,居于宫禁,记注朝政、起草诏令、翻译书籍,并使通明。凡清朝与明、朝鲜、蒙古词命,多出其手。皇太极即位,始置文馆。奉命与刚林、苏开、顾尔马浑、托布戚共译汉籍。天聪三年(1629),太宗征明,破满桂等四总兵军。遣达海与明议和,置议书于德胜门外、安定门外各一通。四年(1630),从征明,降沙河驿众,克永平。五年(1631),赐号"巴克什"。从征大凌河。六年(1632)三月,奉命改造额尔德尼、噶盖所制无圈点满文(即老满文);编制十二字头;字旁各加圈、点;固定字形;确定音义;创制特定字母。自此,新满文乃成,满文渐至完善。对汉文亦有造诣,译汉文典籍《大明会典》、《素书》、《三略》、《六韬》、《孟子》、《三国志》以及《通鉴》、《大乘经》等为满文。因劳成疾,未竟而卒,年仅三十八岁。勤奋一生,对满汉文化交流作出了重大贡献,被誉为满族"圣人"。死后,追赠大学士,谥文成。

【达赉】(?—1638) 后金将领。蒙古族。阿噜科尔沁部人。博尔济吉特氏。天聪四年(1630),投附后金。五年,牧地遭察哈尔林丹汗侵扰,得后金军助,林丹汗遁。六年,遣子穆彰随后金军征察哈尔部。八年(1634)春,朝觐皇太极,受优遇。夏,从后金军征明,入得胜堡,至大同,克堡四、台一。崇德元年(1636),因年高嗜酒,阿噜科尔沁部务由子穆彰掌管。

【达颜】(?—1718) 清代卫拉特蒙古青海和硕特部台吉。博尔济吉特氏。*固始汗曾孙萨楚墨尔根台吉次子。康熙(1662—1722)中,继为青海和硕特部右翼长。因亲王达什巴图尔告讦,曾被囚于北京。后获释,与贝勒色布腾请徙里塘达赖呼毕勒罕。五十五年(1716),奉命遣兵驻噶斯防准噶尔部。是年,青海诸台吉会盟,被定与罗卜藏丹津、察罕丹津领右翼。嗣奉命进京朝觐,获多罗贝勒衔。

【达不也】 见"耶律挞不也"。(324页)

【达瓦齐】(?—1759) 清代卫拉特蒙古准噶尔部台吉。准噶尔名将*大策凌敦多布孙。初领准噶尔二十一昂吉之一。乾隆十五年(1750),喇嘛达尔札杀异母弟策妄多尔济那木札勒自立,又相继杀季弟策妄达什、小策凌敦多布子达什达瓦。他恐祸及自身,与辉特部台吉阿睦尔撒纳同逃哈萨克。十七年,与阿睦尔撒纳举兵突袭伊犁,杀喇嘛达尔札,自立为汗。以达什达瓦侄讷默库济尔噶尔欲与己分领准噶尔众,不允,双方争战,迫讷默库败遁额米尔(今额敏)。继与阿睦尔撒纳生隙,统兵三万往征。十九年(1754),败阿睦尔撒纳,迫之降清。二十年(1755),清军挺进伊犁后,逃奔格登山,遭阿玉锡等夜袭,败走乌什,为乌什伯克霍集集斯擒获,送京师。获宥,封亲王,尚宗室女,留居京城。旋被命为"御前侍卫"。卒于北京。

【达尔汉】(1590—1644) 清初将领。满族,郭络罗氏。初隶镶黄旗,后改隶正蓝旗。沾河寨主扬舒(书)子。为太祖努尔哈赤长公主所出。初任佐领,尚和硕公主为额驸。从征叶赫部,诛其贝勒锦台什,积功至一等男。清太宗即位,为八大臣之一,授镶黄旗都统,随大贝勒代善征扎鲁特等部,积功晋三等子。后金天聪元年(1627),从征朝鲜,克义、定、安三州。从太宗征明,攻锦州。三年,从攻遵化、昌黎。五年三月,直言谏政称:小民怀怨,自有因由。愿洗心自正,矢公审断,凡有所见,尽心直告。七月,从攻明大凌河城。六年,从太宗征察哈尔部,因属下出逃,致使林丹汗遁,以家人漏泄军情降爵一等男。七年，明登州参将孔有德以所部及战舰来归，与都统篇古驻兵江岸，守其船。八年，攻明上方堡、朔州、宣府右卫。九年，与都统阿山牵制宁远、锦州兵，使不得西援。清崇德元年(1636)，从武英郡王阿济格征明，攻顺义县，叙功晋一等子。十二月，从征朝鲜。六年，随郑亲王济尔哈朗等攻锦州。旋因事革世职，罢都统。

【达延汗】①(1474—1517)明代蒙古可汗。名巴图蒙克，又译把秃猛可。孛儿只斤氏。孛罗忽济农*伯颜猛可子。成化十二年(1476)，丧父失母。十六年(1480)，与满都海哈屯成婚，并在其扶助下，继承汗位，称大元可汗，异译作达延汗，大衍汗、歹颜汗、答言罕等。因年幼，被明人称之为小王子。毕生致力于统一蒙古的事业，先在满都海带领下，率兵征服瓦剌，迫其西迁，解除西部威胁。至正德(1506—1521)初，又先后灭异姓权臣亦思马因、火筛，大败右翼割据势力亦不剌、满都赉阿固勒呼(阿尔秃厮)等，统一东部蒙古各部，加强军事组织，巩固了汗位。把分散割据的大小领地合并为六万户，分左右翼，大汗自领左翼察哈尔，喀尔喀和兀良哈三万户，驻帐于察哈尔万户；封一子为济农(亲王)，统率右翼鄂尔多斯、土默特和永谢布三万户，驻帐于鄂尔多斯万户。分封诸子为万户领主，作为大汗宗藩；取消东蒙古异姓封建主的领地，使其成为大汗和诸子的僚属；罢太师、丞相职位，改变成吉思汗以来可汗同建台吉和异姓领主并立的制度，结束百年来异姓权臣专政、内讧和封建割据局面。其前期，和中原地区保持和平互市关系，加强蒙汉经济文化交流，促进蒙古地区生产和社会发展，对漠南、漠北各部的形成产生深远影响。因蒙汉文史籍记载不一，史界对其生平尚有异议。②(1596—1668)又作达颜，藏名丹增多杰，号鄂齐尔。卫拉特蒙古和硕特部首领。*固始汗长子。初驻牧青海，辖青海及西藏部众。清顺治三年(1646)，固始汗遣使通贡，曾"附名以达"。十一年(1654)十二月，固始汗死，诸昆弟争权，汗位空悬三四年。后经各方斡旋，始达成协议，定仍由其掌藏政。达赖喇嘛赐封为汗，称"丹津达延汗"。汉籍称"鄂齐尔汗"，或"达延鄂齐尔汗"。即汗位后，曾多次遣使向清廷纳贡，笃尽悃诚。清廷以其为固始汗嫡裔，死时遣官致祭。

【达克杂】见"达孜巴"。(134页)

【达玛璘】(？—1776) 清代卫拉特蒙古辉特部台吉。姓伊克明安。扎巴甘墨尔根十三世孙班珠尔长子。杜尔伯特汗车凌女婿。初隶杜尔伯特，游牧塔尔巴哈台。后因准噶尔部内乱，徙额琳哈毕尔噶，附噶尔藏多尔济。乾隆二十年(1775)降清，携户六十余至乌里雅苏台，请附车凌牧。授扎萨克一等台吉。四十一年(1776)奉命进京朝觐，扈跸木兰行围。于返回途中病卒。

【达孜巴】(？—1720) 清代西藏地方政府官员。本名达孜夏仲拉加热色丹，清代文献称达克杂(咱)。西藏达孜宗人。藏族。属吉雪噶丹巴族系，故又名吉雪达孜

台吉。因与第巴桑结嘉措近亲，遂与拉藏汗不合，反对执六世达赖仓失嘉措赴京。康熙五十六年(1717)，厄鲁特蒙古准噶尔部军侵扰西藏时，同甘丹池巴赴达木调解，未遂，其属下开拉萨城，迎准噶尔军，杀拉藏汗。准噶尔军占据拉萨后被委任为第悉(摄政王)，接管达赖喇嘛和拉藏汗之印章，与准噶尔军毁宁玛教派寺院，杀拉藏汗旧臣，但保护了五世达赖喇嘛之灵塔。五十九年(1720)，清军入藏，驱逐准部军，同年被清军处死。

【达洪阿】(？—1854) 清朝将领、满洲镶黄旗人。富察氏。字厚庵。曾任游击、参将、副将等。道光十五年(1835)，任台湾镇总兵。二十一年(1841)，因任内五载训练操防臻善，加提督衔。英侵略军船驶入台湾攻击炮台，与台湾道姚莹督兵三次击退侵略军。二十三年(1843)，英国全权代表璞鼎查诬诉达洪阿以妄戮遭风难民作为交战奏报，清政府以欺饰冒功罪，将达洪阿、姚莹革职。不久，复任哈密办事大臣、伊犁参赞大臣、西宁办事大臣。咸丰元年(1851)，随大学士赛尚阿等于广西新墟围剿太平军。三年(1853)，在直隶参与镇压太平军。在临洺关(今河北永年)为太平军所败。四年，与将军瑞昌等于河北阜城围攻太平军，受枪伤卒于军，谥威壮。

【达涅尔】 见"达尼雅尔和淖"。(137页)

【达奚武】(504—570) 西魏、北周大将。鲜卑达奚氏。代人。字成兴。北魏怀荒镇将达奚春孙，汧城镇将达奚长之子。善骑射，为贺拔岳所重，以别将从岳征关右，拜羽林监、子都督。永熙三年(534)，岳被杀后，附宇文泰，从平侯莫陈悦，授都督，封须昌县伯。魏孝武帝入关后，授直寝，转大丞相府中兵参军。西魏大统(535—551)初，出为东秦州刺史，晋爵为公。以弘农等战功，授大都督，晋爵高阳郡公，拜车骑大将军，进大将军。十七年(551)，率兵三万经略汉川。次年，收降梁将而返。旋出镇玉壁，败北齐将。北周孝闵帝即位，拜大司寇。武成元年(559)，转大宗伯，晋封郑国公。率万骑击退北齐进扰，筑柏壁城，留将镇守。保定三年(563)，迁太保。率三万骑自东道伐齐，无功，出为同州刺史。次年，从宇文护东伐，劝护从芒山连夜撤军，以全士众。天和三年(568)，转太傅，卒，赠太傅、十五州诸军事、同州刺史，谥桓。

【达奚震】 西魏、北周将领。鲜卑达奚氏。字猛略。太傅、郑国公*达奚武之子。骁勇善骑射。大统(535—551)初，任员外散骑常侍。十六年(550)，封昌邑县公。累迁抚军将军、车骑大将军。北周明帝初，拜司右中大夫，加骠骑大将军、开府仪同三司。武成(559—560)初，晋爵广平郡公，授华州刺史，导民训俗，颇有治方。天和六年(571)，拜柱国，袭封郑国公，建德二年(573)，出为金州总管。四年(575)，从武帝东伐北齐，为前三军总管。次年，又从东伐，率步骑一万守统军川，克义宁、乌苏二镇，破并州。晋位上柱国。从平邺，拜大宗伯。宣政元年(578)，出为原州总管，寻罢归。隋开皇(581—600)初，卒于家。

【达鲁古】 见"萧达鲁古"。(488页)

【达赖汗】（？—1701） 清代卫拉特蒙古和硕特部首领。原名衮楚克，又作贯楚克或朋楚克。藏名丹增达赖。又称热丹台吉。*达延汗长子（一说为固始汗子，误）。固始汗夺据西藏时，曾率蒙藏联军镇压工布地区噶举派叛乱，捣毁大部寺庙。康熙十年（1671）袭父位。二十年（1681），拉萨与不丹发生争执，以拉达克土王德雷南杰声言不能坐视不丹主巴大喇嘛受欺凌，派甘丹才旺率军攻打拉达克，迫使拉达克将其所占古格、日土等地划归西藏管辖。其统治西藏时，注意维护同清朝政府的联系，常遣使入贡。晚年因西藏第巴桑结嘉措弄权，与准噶尔部噶尔丹互相结纳，实际上处于无权地位。三十年（1691），遣人向清廷奏报桑结暗中阻挠五世班禅入觐。三十五年（1696），清军大败噶尔丹于昭莫多，约青海诸台吉遣使庆捷。后因食物中毒而死。

【达颜恰】 见"恰台吉"。（417页）

【达扎路恭】 全称恩兰·达扎路恭，一说即马重英。吐蕃赞普赤松德赞（755—797年在位）时大臣。曾因崇信本教反对兴佛遭流放。后改信佛教。赤松德赞未掌政时即得到其支持，消灭臣下叛乱，故深得赤松德赞信任，委以军事大权，西攻突厥、东扰唐境。唐代宗广德元年（763），直入长安，立广武王承宏为帝，改元，署置吏，据长安十五日始退。赤松德赞授以大内相兼平章政事之职，于拉萨立碑以彰其功，保护其家族各种政治经济特权。死后被推崇为秦浦地区之护法神。

【达日聂西】 见"达布聂西"。（135页）

【达什丕勒】（？—1778） 清朝蒙古王公。喀尔喀土谢图汗部人。旺舒克次子。雍正六年（1728），袭札萨克一等台吉。八年（1730），受命督运科布多军粮。九年，解运马匹赴巴里坤。继随额驸亲王策棱等败准噶尔部兵于苏克阿勒达呼及额尔德尼昭。后随大将军平郡王福彭驻防乌里雅苏台。乾隆六年（1741），命乾清门行走。十三年（1748），以追擒脱逃之厄鲁特降人达什哈，赐孔雀翎。十八年（1753），献驼马助军。十九年，以新降杜尔伯特台吉车凌属众被劫，率兵追擒巴朗逃人，因功封辅国公。二十一年（1756），以诱执和硕特逃人讷默库，晋封固山贝子，赐双眼孔雀翎。复以捐驼马助军，赐贝勒品级。是年秋，以督兵护台汛，御和托辉特部青衮咱卜，晋封郡王品级。四十二年（1777），授副盟长。

【达什达瓦】（？—1752） 清代卫拉特蒙古准噶尔部台吉。准噶尔名将小策凌敦多布第三子。驻牧喀喇沙尔，领准噶尔二十一昂吉之一。乾隆十年（1745），噶尔丹策零死，子策妄多尔济那木札勒嗣位后，深受倚任。十五年（1750），获悉那木札勒姊夫赛音伯勒克等谋袭之，密告那木札勒为备，擒赛音伯勒克党厄尔锥音。继遭赛音伯勒克党衮布袭击，与那木札勒同被擒执，禁于阿克苏。后被杀。

【达布聂西】 又作达日聂西、达日年寨。吐蕃赞普。汉籍称讵素若。仲年岱如之子。自幼失明，后由吐谷浑医生治愈。继赞普位后，相继征服吐蕃境内（主要在今卫藏地区）三分之二的小邦，以及东巴岱王、吐谷浑王、昌格王、森巴王、香雄王等。吐蕃的娘、贝、嫩等大族部亦被其收服，成为属民。采取措施，发展经济，开始确定物价，牧业亦获得发展，杂养犏牛与骡，储存干草。

【达尔济雅】（？—1780） 清朝蒙古王公。喀尔喀车臣汗部人。博尔济吉特氏。巴苏长子。乾隆十五年（1750），袭札萨克辅国公。十六年，扈从乾隆帝木兰行围。十七年，赴塔密尔军营。二十年（1755），随军征准噶尔部达瓦齐于伊犁。旋阿睦尔撒纳叛，包沁总管阿克珠勒等扰军讯，他引兵执俘阿克珠勒，晋封固山贝子。驻防索勒毕乌拉克沁。二十一年春，随参赞大臣塔尔玛善征阿睦尔撒纳，执和硕特讷默库。继进征乌梁海、哈萨克。随定边左副将军亲王成衮扎布追征和托辉特部青衮咱卜。二十二年，授副盟长。

【达头可汗】 又作达度、地头。西突厥可汗。名玷厥。阿史那氏。*室点密可汗之子。原是突厥汗国的西面可汗。早年佐室点密征蠕蠕（柔然）、嚈哒，立有战功。北周宣政元年（578），率兵攻肃州（今甘肃酒泉），因于阗、挹怛等反，后方动荡，退兵。时突厥内部纷争，与沙钵略可汗（即尔伏可汗）摄图、阿波可汗大逻便、启民可汗（即突利可汗）染干"俱号可汗，分居四面，内怀猜忌，外示和同"，同为突厥国内四强。开皇元年（581），接见隋朝使臣元晖，接受隋赐狼头纛。因兵强而位微，对沙钵略不满，遂遣使至隋，献方物，与隋结好。继而联合阿波可汗大逻便等攻沙钵略，使之腹背受敌，迫之称臣于隋。与阿波可汗称雄西域。十九年（599），称步迦可汗。自恃势盛，先后与东突厥叶护可汗、都蓝可汗相征伐，并屡扰隋境。二十年四月，再次掠隋，为隋将史万岁、长孙晟所败。同年，铁勒等十余部起义，并遭隋朝与东突厥启民可汗联合进攻，战争持续四年，仁寿三年（603），兵败，部众溃散，西奔吐谷浑，不知所终。

【达麦多吉】 见"捌思吉斡节儿"。（465页）

【达玛仁钦】（1364—1432） 明代藏传佛教格鲁派（黄教）高僧。初为仁达哇弟子，擅长辩证。约明洪武三十年（1397），拜宗喀巴为师，参与宗喀巴的宗教改革，协助建立甘丹寺。永乐十七年（1419），宗喀巴圆寂，以法衣及头饰付之，应诸弟子启请，嗣甘丹寺寺主法位，尊称贾曹杰，藏籍称第二任甘丹赤巴，被西藏佛教徒尊为"师徒三尊"之一。

【达玛旺秋】 宋代藏传佛教噶举派拔绒（又作戎）噶举支派创始人。十二世纪人。生今拉萨北的盆域地方，达噶瓦家族人。少时师事塔波拉结大师学习诸法，按法修行，修证达到殊胜通达的极高境界。后至绛地（今后藏昂仁县）讲经传法，于该地建拔绒寺，收徒传法，以密教"大印修法"和显教"大印境界"教授为主，名震绛地。由寺得名，创立拔绒噶举派。高龄谢世，故弟子颇众。死后，拔绒寺的住持由其家族世代传承。

【达拉那达】 见"多罗那他"。（158页）

【达波贡巴】（1116—1169） 宋代藏传佛教高僧。又名尊者贡巴或达杰林。六岁随阿里巴喜饶宁波出家,遂名促陈宁波。德高望重,都松钦巴、祥仁波切等大德均系其弟子。创建拉垅寺,集卫藏康三地僧人于此学经论法,成一时之盛地。曾以其威望调解拉萨地区巴与珍两派势力纷争。被誉为"善说诸法大师",为噶举派中重要人物。

【达波拉结】 见"塔波拉杰"。(527页)

【达奚长儒】 北周、隋朝将领。字富仁。鲜卑达奚氏(奚氏)。代人。魏定州刺史达奚俟孙,骠骑大将军达奚庆之子。十五岁,袭爵乐安公。西魏大统(535—551)中,任奉车都尉,为宇文泰引为亲信。以功,历假辅国将军、抚军将军、通直散骑常侍、车骑大将军。北周天和(566—572)中,任渭南郡守,迁骠骑大将军。建德(572—578)年间,从武帝平齐,晋爵成安郡公。宣政元年(578),授左将军勇猛中大夫。与乌丸轨破陈兵于吕梁,晋大将军。隋开皇元年(581),晋上大将军,封蕲郡公。二年,为行军总管,击突厥沙钵略可汗于周槃,授上柱国。历宁、鄜二州刺史、夏州总管、襄州总管。三年,转兰州总管。率众巡边,出祁连山北,西至蒲类海。五年(585),转荆州总管三十六州诸军事(一说为夏州总管),卒于官,谥威。

【达海绀卜】 见"塔海绀卜"。(527页)

【达勒党阿】(?—1760年) 清朝将领。满洲镶蓝旗人。钮祜禄氏。阿灵阿之子。乾隆二年(1737),由三等子袭一等子。自五年(1740)起,历任镶蓝旗蒙古副都统、刑部尚书、兼镶蓝旗满洲都统、吏部尚书。十三年(1748),因从弟讷亲征金川获罪,请往效力。任参赞大臣,随经略、大学士傅恒征大金川,降莎罗奔。十九年(1754),任黑龙江将军。二十年,任参赞大臣,随军进伊犁,镇压准噶尔部达瓦齐。后授定边左副将军,同参赞大臣哈达哈分往西北二路镇压阿睦尔撒纳叛乱。后授定西将军,止兵哈萨克,中哈萨克汗阿布赉缓兵计,致阿睦尔撒纳脱逃,因坐失机罪罢,革职。二十三年(1758),宥罪,授三等侍卫。随定边左副将军富德等大败霍集占于阿尔楚尔等地。因功授二等侍卫。卒于军。

【达赖一世】 见"根敦朱巴"。(437页)
【达赖二世】 见"根敦嘉措"。(437页)
【达赖三世】 见"锁南嘉措"。(541页)
【达赖四世】 见"云丹嘉措"。(38页)
【达赖五世】 见"阿旺罗桑嘉措"。(292页)
【达赖六世】 见"仓央嘉措"。(67页)
【达赖七世】 见"格桑嘉措"。(435页)
【达赖八世】 见"强白嘉措"。(557页)
【达赖九世】 见"隆朵嘉措"。(520页)
【达赖十世】 见"楚臣嘉措"。(563页)

【达赖台什】(?—1637或1638) 又作达赖台吉、巴图尔达赖台吉。清代卫拉特蒙古杜尔伯特部首领。十七世纪初,游牧于额尔齐斯河至伊施姆河间。曾与准噶尔部首领哈喇忽喇领导抗击喀尔喀和托辉特部首领硕垒乌巴什(一作阿勒坦汗)进犯。后受察罕诺们汗传教影响,虔信喇嘛教,与哈喇忽喇、和鄂尔勒克、巴图尔珲台吉等商定各派一子,代替卫拉特丘尔干(联盟)首领拜巴噶斯出家当喇嘛。明天启五年(1625),借哈喇忽喇调解准噶尔部楚琥尔乌巴什与弟拜巴珠尔争夺秦台吉遗产的纷争,未果。因对土尔扈特台吉墨尔根特默奈和书库尔岱青支持楚琥尔乌巴什不满,与和鄂尔勒克发生冲突。和鄂尔勒克率部西迁后,矛盾始缓和。崇祯七年(1634),率部攻秋明,惩戒沙俄扩张势力。

【达赞东斯】 吐蕃赤松德赞赞普(755—797年在位)时大臣。为吐蕃七大贤臣之第七人。奉赞普命,制定发展吐蕃牧业的法规,令吐蕃每户属民保管并饲养马、犏牛、母黄牛、公黄牛各一头。首倡夏季割草晒干,以备储草过冬之用。

【达磨梭底】 见"宿喀·娘尼多吉"。(517页)

【达磨赞普】(?—842) 又作达玛。唐代吐蕃末代赞普。又名赤达磨乌东赞,贬称朗达磨(意为牛赞普)。838—842年在位。赞普'赤祖德赞兄。唐开成三年(838),在奸臣韦达纳坚等谋划下,杀害赤祖德赞赞普后,被推上赞普位。"嗜酒,好畋猎,喜内,且凶愎少恩。"继位后,吐蕃政局混乱。早年信佛,后反佛,极力镇压佛教势力,在今卫藏等地掀起反佛事件,禁止人民信仰佛教,下令封闭吐蕃境内的全部佛寺,强迫僧人还俗,杀害僧人,或予流放,驱逐外籍僧人出境,强迫佛教高僧打猎杀生,奴役僧人,焚毁佛教经典,使吐蕃佛教受到沉重打击。激起佛教势力的强烈反抗,会昌二年(842),被叶尔巴僧人拉隆贝吉多吉等刺杀。

【达什巴图尔】(?—1714) 清代卫拉特蒙古和硕特部台吉。藏名札西巴图尔,又称达什巴噶尔图、札什巴图尔等。青海'固始汗第十子。固始汗袭据青海时,与兄伊勒都齐、多尔济同辖青海右翼。清康熙三十六年(1697)二月,康熙帝亲征准噶尔部噶尔丹,驻宁夏,遣额驸阿喇布坦等抚慰青海诸台吉,谕勿扰哈密。是年十一月,与青海诸台吉进京朝觐,扈从康熙大阅玉泉山,封和硕亲王。准噶尔部策妄阿拉坦憾其内附,诡请清军征青海,清廷阻之。四十二年(1703),再次朝觐于西安,扈从阅驻防兵。对加强青海蒙古与清朝的联系起了重要作用。

【达什达尔札】 清代卫拉特蒙古辉特部台吉,姓伊克明安。清辅国公罗卜藏第四子。雍正中,奉命袭辅国公爵。九年(1731),受兄巴济裹胁,潜逃准噶尔,游牧于特穆尔图淖尔(今吉尔吉斯斯坦境内伊塞克湖)一带。乾隆二十年(1755),清军抵伊犁,偕弟噶勒丹达尔札率众迎降,徙牧于喀尔喀。

【达什朋素克】(?—1779) 清朝蒙古王公。喀尔喀札萨克图汗部人。博尔济吉特氏。图巴子。雍正二年(1724),随博贝驻特斯,防护乌梁海。九年(1731),随军征准噶尔于苏克阿勒达呼。十二年(1734),授二等台吉。乾隆十八年(1753),随参赞大臣萨拉尔擒私入科布多汛地之乌梁海人札木阐等。二十一年(1756),侦和托辉特青衮咱卜叛,报乌里雅苏台军备御,次年,叙功授一等台吉。二十三年(1758),以乌梁海之阿木古朗等劫马,削札萨克,留军效力。后复职。

【达尔札策凌】(？—1750) 清代后藏地方官员。藏族。珠尔默特那木札勒之子。乾隆十五年(1750),其叔原阿里官员珠尔默特策布登故,经其父奏请,令其驻防阿里,管辖该地官兵。因无官职,不足以弹压,受封札萨克头等台吉。同年,其父因谋叛被诛后,亦撤职被杀,资产归驻藏大臣公有。

【达尔玛达都】(？—1753) 清朝将领。蒙古科尔沁部人。喇什长子。尚郡主,授和硕额驸。雍正十一年(1733),率兵赴北路军,击噶尔丹策凌。乾隆二年(1737),封镇国公。八年(1743),以勤慎受奖,赐贝子品级。

【达礼麻识理】 又作达礼麻失里、答尔麻、答儿麻失里。元末大臣。字遵道。蒙古克烈氏。江西行省参知政事阿剌不花子。顺帝至正五年(1345),官御史台译史、照磨。十五年(1355),拜监察御史。历任工部员外郎、参议詹事院事、秘书太监、吏部侍郎、刑部尚书。二十一年(1361),升中书参知政事。二十三年,迁上都留守,兼开平府尹。次年,以权臣孛罗帖木儿拥兵犯京,胁迫顺帝,遂增修武备,严守以待。二十五年(1365),为上都行省右丞,败孛罗帖木儿部属秃坚帖木儿兵,拜中书右丞,遥授中书平章政事。次年,召为大宗正府也可札鲁花赤(大断事官)。二十七年,拜太子詹事,迁翰林学士承旨、知枢密院事、大抚军院事。

【达甫茹拉杰】 见"茹莱杰"。(388页)

【达识帖睦迩】(？—1364) 又译达识帖木儿、达识铁睦迩、达世帖睦尔等。元末大臣。康里氏。字九成。*康里脱脱之子。幼与兄铁木儿塔识入国学,读经史。历任枢密院同知、中书右丞、大司农。顺帝至正七年(1347),出为江浙行省平章政事。九年,转湖广。十一年(1351),奉命招谕台州方国珍。历迁河南、淮南行省平章政事。十五年(1355),任中书平章政事,出任江浙行省左丞相,兼知行枢密院事。次年,张士诚攻杭州,弃城逃富阳,及士诚兵败,始还。十七年,受士诚降,以功加太尉。与士诚谋,计杀苗军帅、江浙行省左丞杨完者,致张氏兄弟实据杭州。继为士诚等所不容,二十四年(1364),被迫告退,拘禁于嘉兴,饮毒自杀。

【达秋·古鲁】 清末抗击英国侵略军的独龙族义士。二十世纪初年(一说1913年),英帝国主义派遣布里察一行20多武装特务深入独龙族地区,测绘地图,刺探情报,强索民夫,独龙族人民以逃离村寨,断敌粮源相抗拒。达秋·古鲁被搜捕充响导,中途逃脱,躲于树后,乘英人在敌斯柔过溜索时,将溜索砍断,使布里察等坠入江中毙命。迫使侵略军撤出独龙河。一说布里察之死,是独龙族氏族头人布旺勃罗(又作布哇尔勃罗)所为。

【达理麻识理】 元朝官员。畏兀儿人。字正道。父长喜官浙西江东道廉访使,遂家居常州宜兴。博通经史,尤工小篆。以荫授宁国路判官。至正元年(1341),改泰和州达鲁花赤。书十字于楹间,谓"奉薄检常足,官卑清自尊"。居官以勤、法、畏三字为戒,即勤以治事,法以守身,畏以奉行。十二年(1352),以陈友谅破吉安,集民兵为守城计,屡退陈军。十五年(1355),离职返乡,寻病卒。

【达赉逊库登】 见"打来孙"。(92页)

【达赖十一世】 见"凯珠嘉措"。(350页)

【达赖十二世】 见"成烈嘉措"。(140页)

【达赖十三世】 见"土登嘉措"。(14页)

【达赖巴图尔】 见"多尔济"。(157页)

【达尼雅尔和卓】(？—约1730) 一译达尼雅勒、达涅尔、达尼亚和卓等。十八世纪初期新疆伊斯兰教黑山派首领。阿拜都拉和卓次子。十七世纪末,穆罕默德·额敏汗政权崩溃,偕兄舒艾尤布和卓逃克什米尔。阿帕克和卓死,内讧。被叶尔羌汗王后裔阿克巴拉汗迎归,主持政教事务。屡与喀什噶尔(今喀什)白山派玛罕木特纷争。为安定叶尔羌(今莎车)政局,拥立布鲁特首领哈西姆苏勒坦为叶尔羌汗。后失和,哈西姆返归旧牧地。康熙三十九年(1700,一说1715),率众降准噶尔部策妄阿拉布坦,受命为前驱,进袭喀什噶尔,俘玛罕木特。后往伊犁,受策妄阿拉布坦礼遇。五十九年(1720),归叶尔羌,被任命为阿克苏、喀什噶尔、叶尔羌、和田四城阿奇木。雍正五年(1727),晋叶尔羌帕夏(王),受权征收黑山派瓦哈甫土地租税。

【达仓巴·班觉桑布】 藏族学者。后藏达仓人。《汉藏史集》作者。该书约在明宣德九年(1434)成书,内容甚丰,涉及汉、印度、西藏、尼泊尔、西夏、蒙古、于阗等历史。有关藏区佛教各派历史的叙述多有新意,对汉藏关系、蒙藏关系的记载尤详。而以元代蒙古在藏区施政的史料最为珍贵,如有关蒙军入藏、十三万户及驿站、兵站的设置、萨迦诸帝师、大德之政绩,所采史料多属罕见,弥补了《元史》之缺。该书有不丹手抄影印本流传国外。1985年四川有排印本问世。

【达玛巴拉热格希达】(1268—1286或1287) 又作达尼钦波、答儿(耳)麻八剌剌吉塔。元朝帝师。吐蕃萨迦人,款氏。*八思巴弟恰那多吉之子。生于仁钦冈拉让。幼年随八思巴听法,十一岁即可讲佛经《二观察续》。至元十七年(1280),八思巴死后,任萨迦座主,并主持八思巴超度大会。后增建萨迦殿宇、佛像、壁画等,又建霞鲁寺新殿。次年,赴大都(今北京)谒见元世祖忽必烈,多次为忽必烈讲经,深受宠信。娶阔端孙女贝丹为妻。十九年(1282),嗣为帝师,统领全国释教。在内地居五年,后去凉州梅多热哇(即幻化寺),为八思巴舍利玉塔建大寺,并举行隆重佛事。二十四年(1287)奉命管理吐蕃事务,返藏,途中死于青海的支曼陀罗地方。《元史》记其卒于至元二十三年(1286)。

【达垅塘巴·扎希贝】(1142—1210) 宋代藏传佛教噶举派达垅噶举支派创始人。生于羊雪邦热登,为札斯征波族中的鲁格支系人。幼年丧母,为继母所不容,几次逃离家庭出家学法,为父亲追回。十八岁,逃至塘迦拉康寺出家为僧。后得父亲资助在导内首席就读。从多位名师学习显、密教法。二十四岁,从帕木竹巴大师学噶举派教法。以事师恭谨,成为近侍,从师六年,得真传。宋乾道六年(1170),帕木竹巴去世后,至墨竹,从大师怯喀巴学噶当派教法。在肖玛热地方受比丘戒。是后十年中相继在彭多、赛勒、塘果、赛哇垅等地传法布教。淳熙七年(1180),受达、扎、绒三区僧俗名流的邀请,在达垅地区建达垅寺,该教派因此而得名。本人亦被称为达垅塘巴。提倡"日不离三念法门"(即念师、念誓愿、念死)。次年春,妥善解决了达尔域和绒两地的争端,两地均置于达垅寺的控制之下。后扎地亦归属达垅寺。当时被誉为是最有德行的高僧。日常生活和宗教生活都有严格规定和周密安排,严守戒规。达垅寺在其主持下远近闻名,为人所尊崇。晚年有弟子达三千人。发迹后仍不忘有恩于己的帕竹丹萨替寺,常派人送经书、金银佛像及诸种什物。嘉定二年(1209),得悉上贡巴将丹萨替寺的藏书运往岗波寺,十分气愤,于次年悒郁而死。

【达垅巴·阿旺丹丘桑布】 明末清初藏传佛教达垅噶举派僧人。藏族。著有《达垅教史》,成书于清顺治五年(1648,一说康熙八年,1669)。该书专述噶举派垅支系的历史。全书447页,另有增补53页。以木刻版传世。版藏达垅贝甸阿佩寺。

【达普巴·罗桑登白坚赞】(1725—?) 清代西藏达普寺第四世活佛。又名阿旺·罗卓甲措。西藏工布江达县桃保果村人。曾任土观·洛桑却吉尼玛及章嘉瑞贝多吉两大学者之师。与七世达赖关系密切。文学名著《郑宛达娃》的作者。小说描叙印度王子郑宛达娃受奸臣所害,变成杜鹃,经喇嘛开导,甘心做杜鹃为众鸟兽说法,成正果。文笔生动,但宣扬了因果报应,劝人安心立命。

【达莫·门让巴·洛桑却札】 十七世纪藏族名医。青年时,随五世达赖罗桑嘉措和帝松·丹增达吉等学习经法和医学。后任五世达赖太医。在布达拉宫东阁创办医科学校,讲授《四部医典》等医著,培养医学人才。奉五世达赖命,补充了医学名著《祖先口述》的残缺部分。医著甚多,主要有《医诀密本》、《〈医诀部〉疏释·金箸》、《宇妥传》等。尤以《医诀密本》为最著,汇编了藏医学的医诀方剂,在藏药配方上有重要价值。被五世达赖誉为"医药王"。

【迈柱】(1667—1738) 清朝大臣。满族,喜塔拉氏。满洲镶蓝旗人。康熙四十八年(1709),由笔帖式授国子监助教。五十四年(1715),官至监察御史。次年,巡视福建盐课。雍正元年(1723),巡视宁古塔。三年(1725),赴荆州查处原任将军阿鲁侵蚀兵饷事。疏请购地,给兵丁耕种,或招佃征租,以补粮饷,赈济贫困兵丁。擢工部右侍郎,调吏部。至江西审理德安知县萧彬、武宁知县廖科龄亏帑事,查处省钱粮积弊。署江西巡抚。

十二月,请准以江西额征丁银摊入地粮。任内,秉公持正,多所建言。五年(1727),任湖广总督,因濒江州县连年被水害,令民间按粮派夫,修筑江堤。以雕剿法治苗。效法鄂尔泰改土归流,收永顺、保靖、桑植三土司设府县,收容美土司设鹤峰州,改彝陵州为宜昌府,收茅冈土司,改永定卫为县。七年(1729),请准以湖广额征丁银摊入地粮。督湖广数年,政绩显著。十三年(1735)七月,因封疆宣力有年,授大学士入京办事。寻授武英殿大学士,兼吏部尚书。乾隆元年(1736),兼管工部。二年,以病致仕。卒,谥文恭。

【迈来迪】 元明宗·和世㻋妃。哈剌鲁氏。*阿儿思兰汗后裔,帖木迭儿之女。仁宗延祐三年(1316),和世㻋举兵失败,西行,过其地,纳为妃。七年(1320),生子妥欢贴睦尔(顺帝)。至元二年(1336),追谥贞裕徽圣皇后。

【迈买的明】(约1815—1869) 一称卡塔条勒、卡提条列。"卡塔"意为"大"。"条勒"或"条列"意谓"首领"。也称伊山汗和卓。清代"七和卓之乱"首领之一。维吾尔族。玉素普和卓长子。道光二十七年(1847),伙同克齐克罕条勒、塔瓦克尔条勒、萨比尔罕条勒、阿克恰干条勒、伊善罕条勒、倭里罕条勒,纠集一千多精壮骑兵,突破图舒克塔什、乌帕拉特卡伦,潜入玉斯图阿尔图什村(今阿图什里小阿图什村),胁迫大批维吾尔民众叛乱。史称"七和卓之乱"。攻占喀什噶尔后,又分兵窜犯叶尔羌(今莎车)、巴楚、英吉沙尔诸地。为清将布彦泰、奕山等败于科科热瓦特、苏噶特布拉克,遂裹胁英吉沙尔等地民众二万七千余人逃遁。途遇风雪,大批叛兵冻死。后于苏非库尔干被浩罕统治者派人缴械,带回浩罕囚禁。

【迈买铁里】(?—1857) 清代农民起义首领。维吾尔族。新疆库车人。咸丰五年(1855),反对库车办事大臣乌尔清阿、阿奇木伯克迈玛斯底克滥派差徭,与呢雅孜潜赴伊犁控告。获伊犁将军允准,该地农民只承担五种官差,不受额外科派。因胜诉,威望日增,自称"海里拜"(即"哈里发"音转,意为教主),并推举伊布拉依木·夏为领袖。宣称如听从其领导,"不但不当杂差,还有好处"。六年冬(1857年初),起义者惩处催租者,扣留七品伯克哈底尔为人质,拒绝乌尔清阿胁诱,释放被迫修渠之民夫。次年三月九日(4月3日),于牌子瓦庄聚集两千农民,要求新任阿奇木伯克库尔班革退伯克、阿訇,表示只承担五种差使。并谋与喀什噶尔(今喀什)铜厂反差徭群众联合。三月十三日(4月7日),在距库车五里许的一棵树地方,聚集数千农民,准备攻打库车。因连夜风雨,起义队伍又遭乌尔清阿分化瓦解,计划失败,被捕牺牲。

【迈里古思】(?—1358) 元末官员。字善卿。唐兀氏。侨居松江。幼家贫,从师通诗、易二经,授徒养母。多结交名士。至正十四年(1354)进士及第,授绍兴路录事司达鲁花赤。任内,严惩扰民军卒,为民所颂,名声大振。继任江南行台镇抚，募民兵组织果毅军，守护城池。以收复永康等地功，升江东廉访使经历。迁江浙行枢密院判官，分院治绍兴。不满御史大夫拜住哥扰民，结怨。十八年(1358)十月二十二日，出兵逾曹娥江，与平章方国珍部下争斗，失利。驻军东关，单骑驰归，次日，被拜住哥召入私第议事，至中门，被击杀。军民私谥曰越民考。朝廷追赠中大夫，佥江浙枢密院事，谥忠勇，封西夏侯。

【迈孜木汗】 见"迈孜木杂特"。(139页)

【迈孜木杂特】(？—1865) 一称迈孜木汗。维吾尔族。新疆吐鲁番札萨克公品级鄂罗木咱卜曾孙。初袭台吉。清咸丰八年(1858)，任宁远城伊什罕伯克。因运送军粮有功，赏戴花翎，不久擢阿奇木伯克。同治二年(1863)，因滥派钱差徭被控，革职。次年，奉命率兵镇压阿布都鲁素领导的伊犁维、回族民众起义，乘机揭起"官逼民反"旗号，投奔阿布都鲁素自任"苏丹"，乘间杀阿布都鲁素。四年(1865)春，复被杀。

【迈玛特玉素普】 见"玉素普和卓"。(95页)

【迈达里呼图克图】 见"多罗那他"。(158页)

【成果】 清朝将领。索伦人。乾隆二十三年(1758)，以委章京侦厄鲁特功，赏孔雀翎、补侍卫。次年，迁副都统。三十三年(1768)，明瑞征缅甸战死后，以大学士傅恒经略征诸道兵再伐，他率鄂伦春人三百从征，进攻老官屯。缅王求和，随大军班师。三十八年，从攻金川，守三杂谷要地，以护大军后路。

【成德】 ①(？—1799)清朝将领。满族，钮祜禄氏。满洲正红旗人。初为健锐营前锋，从征准噶尔、叶尔羌，有功。从明瑞征缅甸。随温福征小金川，从攻斯当安、巴郎拉，迁四川川北镇总兵。后失美诺，革职留任。小金川平，复官。后以征大金川功，赐赛尚阿巴图鲁号，图形紫光阁，列前五十功臣。署四川提督。乾隆五十三年(1788)，以廓尔喀侵后藏，受命入藏，为参赞大臣。师还授成都将军。廓尔喀复入侵，奉命与鄂辉督兵定藏自赎。旋因失战机夺将军，予副都统衔。廓尔喀降，充驻藏帮办大臣，图形紫光阁，列前十五功臣。寻署杭州将军。嘉庆初，署荆州将军，参与镇压白莲教起义，擒张正谟，旋因纵敌罪夺勇号。四年，病故。后以曾孙女配宣宗为孝全皇后，追封三等承恩公，谥威恪。
②(？—1802)清朝大臣。满族，叶赫氏。满洲正蓝旗人。由文生员考取内阁中书，累官通政司副使。乾隆五十八年(1793)，任太仆寺卿。次年四月，转通政使。十月，迁都察院左副都御史。六十年，擢户部右侍郎。十二月，授镶红旗汉军副都统。嘉庆元年(1796)，调工部左侍郎，充经筵讲官，调镶黄旗满洲副都统。二年，兼署理藩院侍郎，调吏部右侍郎，擢都察院左都御史兼镶黄旗蒙古都统。四年，擢刑部尚书，调补镶黄旗汉军都统。次年，充崇文门副监督。六年，任户部尚书，命在军机处学习行走。四月，调镶蓝旗满洲都统。卒，谥恪慎。

【成汉太宗】 见"李雄"。(209页)

【成汉中宗】 见"李寿"。(206页)
【成汉文帝】 见"李寿"。(206页)
【成汉武帝】 见"李雄"。(209页)
【成汉始祖】 见"李特"。(208页)
【成汉哀帝】 见"李班"。(208页)
【成汉景帝】 见"李特"。(208页)
【成汉献帝】 见"李骧"。(209页)

【成吉思汗】(1162—1227) 名铁木真，又作帖木真、特穆津、忒没真。蒙古国创建者，军事家和政治家。乞颜孛儿只斤氏。贵族首领*也速该长子。出生时正值其父战胜塔塔儿部，俘获对方首领铁木真兀格，遂取名铁木真，以志武功。十二世纪末期，蒙古社会战乱连绵，民众渴望统一和安宁，"深沉有大略"的铁木真顺应社会发展趋势，致力于蒙古各部统一事业。首先借助克烈部王罕和札只剌部札木合援助，战胜蔑儿乞部，树立声威。宋淳熙十六年(1189)，被推举为汗，建乞颜氏联盟，着手建立管理制度。后屡与诸部争战。在"十三翼之战"中，虽为札只剌等十三部所败，因善于笼络部众，各部纷纷归附，势力益盛。庆元二年(1196)，联合王罕，配合金军大败塔塔儿部于浯勒札河(今蒙古乌勒吉河)，被金封为"札兀惕忽里"(部族官)。继灭主儿乞部，俘杀与己抗衡的撒察、泰出。六年(1200)，结王罕于斡难河(今鄂嫩河)大败夙敌泰赤乌部，巩固了在尼伦诸部内的统治地位。寻会同王罕，败哈答斤、散只兀等十余部联军于捕鱼儿海子(今贝尔湖)。次年再败"古儿汗"札木合所统诸部于海剌儿河(今海拉尔河)。嘉泰二年(1202)，灭察罕塔塔儿和按赤塔塔儿，控制东起哈剌温山(今兴安岭)西至斡难河的广大地区。同年秋，败乃蛮部杯禄汗及蔑儿乞、斡亦剌等部于阔亦田(今哈拉哈河上源处)。三年，击溃克烈部，次年征服乃蛮部，擒杀太阳汗，统一蒙古各部，终止了连年不断的战争，为蒙古民族的形成创造了条件。开禧二年(1206)，在斡难河即蒙古国大汗位，号"成吉思汗"，着手制定政治、军事、法律等制度。在整个蒙古地区普遍建立军政合一的千户制，把蒙古部众划分为九十五千户，分封给勋臣八十八人。进一步整顿怯薛(护卫军)，使之制度化，并扩充至万人，成为其专设的常备军。健全法制，设"札鲁花赤"(断事官)掌政刑，并将其治理国家的种种"训言"和"札撒"(法令)汇成"札撒大典"。建立赋税制度，由千户、百户层层管理。开始用畏兀儿字记蒙古语，使蒙古有了文字萌芽。即位后，展开大规模军事活动，开始南下和西征。成吉思汗二年(1207)、四年(1209)，用兵西夏，进围夏都中兴府(今银川)，迫西夏主纳女求和。六年至十年(1211—1215)率军攻金，占领中都(今北京)，破城邑八百六十二处。十三年(1218)派大将哲别分占西辽故地。次年以花剌子模杀害蒙古商队和使臣为由，率二十万大军西征，灭花剌子模，攻占中亚许多地区，越太和岭(今高加索山)进入南俄草原，击败阿兰、钦察部。十八年(1223)，在窝勒迦河(今伏尔加河)败斡罗思和钦察联军。后会师东归。西征后，将所征服地区分封给诸子，后发展为钦察、察合台、窝阔台汗国。二十一年(1226)春,以西夏拒遣质子和出兵随征,再攻西夏,破甘、肃等州,占灵州,进围中兴府。次年七月,病死于军中,在位二十二年。元世祖至元三年(1266),追谥圣武皇帝。武宗至大二年(1309),加谥法天启运圣武皇帝。庙号太祖。

【成安公主】 见"耶律南仙"。(316页)

【成烈嘉措】(1856—1875) 即十二世达赖。清代藏传佛教格鲁派(黄教)领袖。藏族。西藏娘布沃噶章细地方人。大贵族拉鲁·彭错才旺之子。清咸丰八年(1858)正月十三日,于布达拉宫举行金瓶掣签,被认定为十二世达赖喇嘛。摄政热振呼图克图为其剃发,取法名成烈嘉措,后暂居罗布林卡。九年七月初三,被迎进布达拉宫坐床。同治二年(1863),八岁拜罗桑钦饶旺觉(噶丹卸任池巴)为师,受沙弥戒。以摄政热振呼图克图与哲蚌寺僧众冲突,瞻对发生部落纠纷,于同治十二年(1873),受命亲政。曾赴色拉、哲蚌、甘丹及贡塘、德庆等寺朝佛,到圣母湖、曲科甲寺巡礼,转赴山南、桑鸢、桑日、雅垅等地说法、修寺。十三年,返拉萨,举行大招法会。光绪元年暴亡(一说病故)于布达拉宫。

【成衮扎布】 ①清朝蒙古王公。喀尔喀土谢图汗部人。博尔济吉特氏。郡王°固噜什喜次子。初授协理台吉,隶兄郡王多尔济阿喇布坦旗。康熙五十六年(1717),捐马助军征准噶尔部策妄阿喇布坦。五十八年(1719),清廷应其母请,析多尔济阿喇布坦人户别为一旗令其辖之。授札萨克一等台吉。雍正九年(1731),随军征噶尔丹策零,从大将军傅尔丹驻科布多。托故私归,拒顺承亲王锡保命不归,削职。②(?—1771)清朝蒙古王公。喀尔喀车臣汗部人。博尔济吉特氏。多尔济达什长子。雍正三年(1725),袭札萨克一等台吉。十年(1732),清军征准噶尔于额尔德尼昭,以献马助军功,赐孔雀翎。同年,其部巴尔呼人叛窜俄罗斯,他率兵追擒。乾隆二十年(1755),随军征准噶尔部达瓦齐,受命督解驼马。二十一年,察和托辉特部青衮咱卜叛,严守军讯,以功赐公品级。③(?—1771)清朝蒙古将领。喀尔喀赛音诺颜部人。博尔济吉特氏。策棱长子。康熙五十九年(1720),随清军征准噶尔,执宰桑贝坤。雍正十年(1732),在额尔德尼昭战役中有功授一等台吉。乾隆元年(1736),封固山贝子,授所部副将军。奏请筑城驻兵防边。十五年(1750),袭札萨克和硕亲王兼盟长。授定边左副将军。谏言以喀尔喀兵二千驻守鄂尔浑和乌里雅苏台,各部设备用兵以供听调。十八年(1853),以杜尔伯特台吉车凌等率众附清,遣兵赴乌里雅苏台防准噶尔逃兵。十九年,罢定边左副将军职,赴额尔齐斯督屯田。二十一年(1756),首发和托辉特部青衮咱卜叛事,复为定边左副将军,统师平叛。二十二年授定边将军。统军征辉特部巴雅尔。数年统兵边防,多有战绩。

【百里俾】 见"白里俾"。(120页)

【百家奴】(?—1311) 元朝将领。蒙古札剌儿氏。°唆都之子。至元五年(1268),随都元帅阿术攻宋襄阳,以功充管军总把。十一年(1274)后,隶丞相伯颜,为知印。从破郢州、沙洋、新城、江州、太平州,加进义校尉,攻丹阳、吕城,破常州等,皆有功,十三年(1276),宋亡后,领新附军守镇江。继从阿术下泰州,执宋制置使李庭芝及都统姜才,以功晋武略将军、管军总管,袭父职,任郢复州招讨使、建康安抚使。次年,广东平,授管军万户,迁海外诸蕃宣慰使,镇守福建,后兼福建道长司宣慰使都元帅。二十二年(1285),从镇南王脱欢攻安南(今越南北部)。二十七年(1290),任建康路总管。大德十一年(1307),迁镇江路总管。

【夹谷查剌】(?—1172) 金朝大臣。女真族。姓夹谷,亦作夹古。隆州(今吉林农安)失撒古河人。工部尚书谢奴子。善女真、契丹文。海陵王天德元年(1149),以功臣子充护卫。翌年,授武义将军,擢符宝郎,出为滦州刺史,改知平定军事。正隆六年(1161),从海陵王南攻宋,为武威军副都总管。世宗大定二年(1162),授景州刺史,迁同知京兆尹。向元帅左都监徒单合喜建言破敌策,取德顺州。入为殿前右卫将军,袭父猛安,改左卫将军,迁右副点检。九年(1169),出为东北路招讨使兼德昌军节度使。治有勤绩,边境以安。迁临潢尹兼本路兵马都总管,蕃部畏服。改西北路招讨使。

【夹谷清臣】(1133—1202) 金朝大臣。本名阿不沙。女真族。姓夹谷,亦作夹古、加古。胡里改路(治今黑龙江伊兰)桓笃人。善骑射。皇统八年(1148),袭祖驳达猛安。大定元年(1161),以拥戴功迁昭武大将军。从右副元帅纥石烈志宁为管押万户,镇压契丹移剌窝斡起义军,迁镇国上将军,知颍顺军事。与万户孛术鲁定才领骑兵四千击宋兵,复汝州。三年,从志宁大败宋将李世辅,复宿州,授宿州防御使。移博州,改西北路招讨都监,迁乌古十垒部族节度使。十二年(1172),授副都点检,出为陕西路统军使,兼知京兆府事。二十六年(1186),改西京留守。过三年,迁枢密副使。明昌元年(1190),充东北路兵马都统制使。二年,拜尚书左丞,进平章政事,封芮国公。四年(1193),迁右丞相,监修国史。改封戴国公。六年(1195),晋拜左丞相,改封密国公。行尚书省事于临潢府,攻蒙古合底斤(哈答斤)、山只昆(散只兀)等部,至合勒合河(今哈拉哈河)、栲栳泺(今呼伦湖),攻下营帐十四。承安五年(1200),降授横海军节度使兼沧州管内观察使。

【夹谷谢奴】 金朝将领。女真族。姓夹谷,亦作加古。隆州(今吉林农安)纳鲁悔河人。骠骑上将军阿海孙,曷懒路都统不剌速长子。善骑射,通女真、契丹大小字及汉字。及长,随父见太祖阿骨打,总领左翼护卫。从攻西京(今大同),破敌援军,克城。自燕京(今北京)还,破敌于判泥恩纳阿,受赏赐。后领其父猛安,从攻和尚原,出仙人关,大破宋兵。以功,袭父猛安谋克。以宋兵欲袭取石闰诸营,败之,射中其军帅。改华州防御使。入为工部侍郎,晋尚书。改平凉尹、昭义军节度使。世宗大定(1161—1189)初,卒。

【夹谷吾里补】(1082—1186) 金朝将领。女真族。姓夹谷，亦作加古。暗土浑河人。兀屯子。有智略，从完颜娄室攻系辽女真人，招降太弯照三等，救斡鲁古于咸州，败辽兵于押鲁虎城及辽水。金太祖收国二年(1116)，从斡鲁攻高永昌渤海起义军，渡辽水，取广宁。从阿骨打攻临潢，带伤奋击，受赏。后从都统斡鲁定云中，从宗翰屯应州，败辽军在近境。随娄室攻陕西，败诸叛郡。败张浚于富平。以先锋取兰州。加昭武大将军，授世袭猛安。累官孛特本部节度使，封芮国公。

【托云】(？—1879) 清朝将领。彦札氏。满洲正黄旗人。由领催保送三音哈哈。道光二十六年(1846)，赏蓝翎侍卫，命在乾清门行走。咸丰四年(1854)，官正蓝旗蒙古副都统。同治元年(1862)，署镶蓝旗汉军副都统。三年，调正白旗护军统领，兼管火器营。四年，调正红旗满洲副都统。十年(1871)，充左翼监督。十三年，署正白旗蒙古副都统。光绪元年(1875)，赏都统衔。四年，因滥保降四级留任。

【托津】(1755—1835) 清朝大臣。满族，富察氏。满洲镶黄旗人。理藩院尚书博清额子。乾隆四十三年(1778)，由笔帖式充军机章京，后历任工部主事、员外郎、银库员外郎、福建道监察御史。嘉庆四年(1799)，升给事中，署镶黄旗蒙古副都统。八月，解部库银赴达州，以济四川军需。五年，补正红旗满洲副都统，筹办四川军需。由于军事无所陈告，夺职，以头等侍卫充叶尔羌办事大臣。七年(1802)，调喀什噶尔参赞大臣，授镶黄旗蒙古副都统。八年，迁镶黄旗汉军副都统。十年(1805)，调吏部左侍郎。九月，赴湖北，按讯盐法道海昌失察岸商抬价，及钱局鼓铸偷减事。十一年初，调户部左侍郎。按讯东河总督李亨特勒派司员银两各罪，热河副都统庆杰贪婪罪。后署刑部左侍郎，擢工部尚书，调户部尚书。十六年(1811)初，署两江总督。四月，调镶白旗满洲都统，加太子少保衔，兼内大臣。九月，署吏部尚书。十七年，充会典馆副总裁官。十八年九月，回京查办天理教首领林清率众冲紫禁城案，获林清于宋家庄。率兵镇压天理教首领李文成领导的农民起义。十九年，授正白旗领侍卫内大臣，署兵部尚书。五月，充国史馆总裁官。八月，授东阁大学士，管理户部事务。九月，晋太子太保衔，充会典馆总裁官。二十一年(1816)，署御前大臣。次年，管理藩院事务。二十三年，充文渊阁领阁事。五月，重新纂辑明鉴。二十五年(1820)，充殿试读卷官。仁宗卒，奉宣宗即位。九月，充实录馆监修总裁。因背误遗诏，罢军机大臣，降四级留任。道光元年(1821)，晋太子太傅衔，调正黄旗蒙古、正白旗满洲都统。二年，署户部尚书，授内大臣，阅兵大臣，署吏部尚书，署理藩院尚书。十一年(1831)，以大学士致仕。卒，赠太子太师，谥文定。

【托云保】 清朝将领。额哲特氏。满洲正黄旗人。嘉庆十八年(1813)，由马甲擢蓝翎长。道光三十年(1850)，累官副都统衔。咸丰元年(1851)，擢正红旗汉军副都统。三年二月，以太平军占领江宁省城，率吉林官兵二千南下赴援，至延津县，因整军不严，弁兵抢夺民畜，逞凶伤人，降三级留营调用。继与太平军战于丹河辅南之季村及济源县风门山口、平阳府城、深州、静海等地。四年底，授正蓝旗蒙古副都统，与义军战于山东高唐州。五年四月，随僧格林沁克冯官屯，俘义军首领李开芳等。五月，命在御前侍卫上行走。十二月，擢宁夏将军。八年，因病开缺。

【托克湍】 清朝将领。达斡尔多新氏，隶镶白旗满洲。字可斋。清中叶以后，因出征数省，受超等伤一处，赏花翎，赐号哈丰阿巴图鲁。同治八年(1869)，擢齐齐哈尔副都统。光绪五年(1879)，调成都副都统。十三年复调齐齐哈尔副都统。十五年，晋乌里雅苏台将军，后二年，因事革职。年五十余终于京。

【托明阿】(？—1867) 清朝将领。满洲正红旗人。董鄂氏。嘉庆(1796—1820)间，任三等侍卫。道光六年(1826)，同巡抚武隆阿镇压喀什噶尔(今新疆喀什)"回部"起事。后历任总兵、提督、绥远将军。咸丰三年(1853)，赴江南、山东交界防堵太平天国北伐军，由徐州尾追至河南、山西，屡被击败，受枪伤。后参赞胜保军务，复败于北伐军。四年，钦差大臣琦善在福州病亡后，受命为钦差大臣，赴扬州督办江北军务，授江宁将军。六年(1856)，太平军渡江进攻江北大营，因其调度无方，营盘连陷、扬州复失，革职。后被起用。八年(1858)，赴胜保军营防剿太平军。寻赴天津同直隶总督谭延襄办理洋务，授直隶提督、西安将军，仍署直隶提督。十年(1860)，与胜保在通州八里桥抵抗英法联军。同治元年(1862)，率兵至陕西围攻太平军。后因伤疾举发离职。

【托浑布】(1799—1843) 清朝大臣。蒙古正蓝旗人。博尔济吉特氏。字安敦，号爱山。嘉庆进士。历任知府、直隶按察使、直隶布政使等职。道光十九年(1839)，升山东巡抚。二十年，英军侵犯天津海口时，力主妥协投降，支持琦善议和。英舰撤走途经山东时，又向英军赠鸡、肉、米菜犒劳。向道光帝谎报"夷情极为恭顺"。

【托隆武】(？—1842) 清朝将领。达斡尔墨尔哲埒氏，隶墨尔根正红旗。嘉庆十八年(1813)，随副都统色尔衮镇压李文成起义。道光二十一年(1841)，迁盛京副都统，驻海口以防英军内犯。

【托博克】(？—1670) 清朝将领。蒙古族。土默特部人。博尔济吉特氏。居归化城(今呼和浩特)，隶博硕克图汗。察哈尔林丹汗攻占土默特后，归属察哈尔。天聪六年(1632)，后金征察哈尔，迫林丹汗西遁，遂投附后金。崇德元年(1636)，授三等参领，隶土默特右翼，与都统杭高协守归化城。三年(1638)，授一等轻车都尉世职。五年(1640)，晋一等参领。顺治元年(1644)，献驼马貂皮。三年(1646)，随豫亲王多铎击喀尔喀土谢图汗及车臣汗于札济布喇克。叙功授右翼都统。六年(1649)，随英亲王阿济格征姜瓖于大同，屡胜。康熙九年卒，谥果壮。

【托尔托保】(？—1807) 清朝将领。墨尔根达斡尔人,以族为氏,隶镶蓝旗。乾隆三十七年(1772),以上驷院司鞍从征金川。攻昔岭先登,补为蓝翎侍卫。默格尔山之战,弃战马攀登而上,因功赐号扬达克巴图鲁。四十一年,晋头等侍卫,加副都统衔。后以四品官补本籍,奉养母老。嘉庆四年(1799),任呼伦贝尔总管。次年,率黑龙江兵参与镇压川、楚白莲教起义。

【托多额尔德尼】(?—1692) 清朝蒙古王公。喀尔喀赛音诺颜部人。博尔济吉特氏。索诺木和硕齐子。康熙二十七年(1688),率兵拒准噶尔部噶尔丹掠,继与兄乌巴达携众投附清朝。二十九年(1690),侦噶尔丹居巴颜乌兰,与同族素泰伊勒登以兵三千随侍郎温达断准噶尔归路。三十年,至多伦诺尔会盟,封札萨克镇国公。受命备御厄鲁特巴图尔额尔克济农和啰理,和啰理降,罢兵。

【托克托玛木特】(?—1728) 清朝地方官员。维吾尔族。新疆吐鲁番人。初隶准噶尔。康熙五十九年(1720),清散秩大臣阿喇纳领兵赴辟展时,偕众迎降。其族阿济斯阿卓胁吐鲁番众徙喀喇沙尔,脱归者千余户,聚鲁克沁,公举其为总管。遂与额敏和卓遣使请内附,并求援。雍正四年(1726),率众六百五十余户内徙,被清廷置于肃州金塔寺、威鲁堡等地,仍授总管。六年(1728),与辟展头人伊特勒和卓争执,被击毙。

【执失思力】 唐朝突厥族将领。武德九年(626)七月,受颉利可汗命,使唐以观虚实,宣称可汗兵百万已发,被李世民拘于门下省,渭桥之盟后获释归。贞观四年(630),护送炀帝之萧后入朝,授左领军将军。同年颉利可汗败,奉命招降浑、斛萨诸部。贞观年间因征薛延陀、吐谷浑有功娶高祖女九江公主,拜驸马都尉,封安国公。永徽(650—655)中,受房玄龄次子房遗爱等牵连,后以功获赦,流配巂州。龙朔(661—663)中,复官归州刺史,不久病卒。麟德元年(664),追赠胜州都督。

【扩端】 见"阔端"。(550页)

【扩廓帖木儿】(?—1375) 元末将领。本名王保保。沈丘(今安徽临泉)人。中书平章*察罕帖木儿之甥、养子。初随养父镇压农民起义军,顺帝赐名扩廓帖木儿。至正二十一年(1361),受命攻东平,收降红巾军首领田丰、王士诚。次年,察罕帖木儿被王士诚等刺杀后,袭父职,拜太尉、中书平章政事、知枢密院事,代总父兵。举兵破益都,杀田丰、王士诚,继取莒州,平山东。屡与驻守大同之中书平章孛罗帖木儿构兵,争夺晋、冀之权。二十四年(1364),孛罗帖木儿以恃权跋扈被罢,不听命,举兵犯大都(今北京),胁迫顺帝复其职。次年,扩廓受皇太子爱猷识理达腊命攻取大同,并进京城讨孛罗,使顺帝杀孛罗,以功晋中书左丞相,封河南王,总天下兵马,代皇太子统兵镇压起义军。以李思齐恃功不肯统属,相互攻杀,置诏谕不顾。二十七年(1267),罢职,解兵权,分其所领诸军由诸将代领,立抚军院,由皇太子总制天下兵马。次年,因诛杀朝廷所置官吏,被削夺爵邑。旋以明军北伐,复官爵,统兵南下迎战明军,寻自平阳退守太原。元都陷落后,在明军进逼下,率众奔甘肃。后拥兵塞上,屡扰西北边地。明太祖洪武三年(1370),为明将徐达败于沈儿峪,北逃和林(今蒙古哈尔和林),辅昭宗爱猷识理达腊。次年,大败明军于岭北,迫明军据塞为备。五年(1372),渡漠南扰雁门,大掠而还。后随昭宗徙金山,死于哈剌那海。

【扫剌】(?—929) 五代时期奚族部落联盟首领。前首领*去诸子。父卒,代立。后唐庄宗时,赐姓名李绍威。同光元年(923)十二月,遣使赴后唐。三年(925)九月,遣使贺庄宗诞节,贡方物。明宗天成四年(929)卒。子素姑代立。

【扬歌】 见"盈歌"。(414页)

【扬吉儿汗】 见"江格尔汗"。(168页)

【邪务】 见"兴"。(175页)

【毕取】 汉代南越国郎相。岭南番禺地区越人。武帝时,南越王赵建德、丞相吕嘉公开反汉。元鼎六年(公元前111年)冬,汉伏波、楼船二将军奉命率师讨南越,兵困番禺,纵火烧城。遂以军降汉,被封侯。

【毕力克图】(1609—1681) 清朝将领。蒙古族。博尔济吉特氏。世居科尔沁。天聪(1627—1636)时,隶蒙古正蓝旗。任豫亲王多铎护卫。随征朝鲜及明锦州。顺治元年(1644),随多铎进潼关,复移师河南,下江宁(今南京),镇压李自成起义军。四年(1647),授骑都尉世职。六年(1649),擢正蓝旗蒙古副都统。驻兵平阳。八年(1651),兼礼部左侍郎,晋一等轻车都尉。十年(1653),调户部左侍郎。十一年,随靖南将军朱玛喇至广东镇压李定国起义军,晋爵三等男。十六年(1659),署护军统领,率师赴云南,镇压李定国。康熙三年(1664),晋一等轻车都尉兼一云骑尉。八年(1669),擢正蓝旗蒙古都统。列议政大臣。十四年(1675),授平逆将军,率师驻大同,复延安等县,继与扬威将军阿密达讨平凉王辅臣,次年收降之。十七年(1678),移兵守陇州、宝鸡。十九年(1680)还京,仍任都统。卒,谥恪僖。

【毕玛拉米扎】 唐代在吐蕃传播佛教的印度僧人,一说为迦湿弥罗(今克什米尔)人。精通密咒,被称作大班智达学者。修行于印度著名大寺——那烂陀寺,为印度王因陀罗菩提的供奉师长。吐蕃赞普赤松德赞(755—797年在位)时,被迎请入吐蕃传教。初其所传显密之教不为吐蕃人所理解,被贬为"外道恶咒堪布"。后始被重视,赞普为之顶礼。宣讲极喜金刚法、大手印及大法界部,传授《大圆满精义水晶》(简称"精义")、《后译》。其所传精义被称作《毕玛拉精义》。后在雅隆谢宗贝玛孜巴设密宗甘露坛城,特为赤松德赞授以内外密之圆满灌顶,为赤松德赞命名仓巴拉益美多(意为"梵天花")。与其他学者一起为吐蕃翻译了《金刚勇识幻网经》及心识部、法界部、语诀部等精义。所传印度佛典,后被久若陆益坚赞及桑杰盖西译成藏文。颇有威信,曾建议赤松德赞将流放的贝若咱纳迎回吐蕃,被采纳。曾到过汉地,在吐蕃先后居住十三年。

【毕贺咄叶护】 见"乙毗沙钵罗叶护可汗"。(1页)

【毕里衮鄂齐尔】(？—1714) 清朝将领。蒙古族。郭尔罗斯部人。博尔济吉特氏。扎木素子。顺治三年(1646)，袭二等台吉。康熙十三年(1674)，清军剿吴三桂，受命赴荆州驻防。十八年(1679)，撤还。三十五年(1696)，献马助击准噶尔部噶尔丹，晋一等台吉。四十七年(1708)，授札萨克。

【尧骨】 见"耶律德光"。(322页)

【过折】(？—735) 又作遇折、郁捷、李过折、李遇折。唐代契丹遥辇氏部落联盟首领。初为松漠都督府衙官。玄宗开元二十二年底(735年初)，杀反唐的原部落联盟首领屈列和军事首领可突于，献首级于唐，受赏赐。次年(735)，受唐封北平郡王，拜特进检校松漠都督府都督。同年，为可突于余党涅里以"用刑残虐，众情不安"之名杀死。

【臣磐】(？—168) 东汉时疏勒国王。原国王安国之舅。安帝元初(114—120)中，因罪，被徙于月氏。与月氏王亲近。安国死，无子，由母持政。闻国人共立己侄遗腹为王，请于月氏王，以己为遗腹叔，当为王。月氏遂遣兵送还疏勒。国人素敬爱之，又畏月氏强大，故废遗腹，立其为王。顺帝永建二年(127)，遣使贡献于汉，被封为大都尉。五年(130)，复遣侍子偕大宛、莎车使入贡。阳嘉二年(133)，又献狮子、封牛。灵帝建宁元年(168)，于狩猎时为季父和得射杀。

【夷列】 见"耶律夷列"。(311页)
【夷男】 见"真珠毗伽可汗"。(438页)
【夷剌葛】 见"耶律夷腊葛"。(323页)

【 丨 】

【贞懿皇后】(？—1161) 金朝王妃。渤海人。李氏，亦姓秃丹氏。睿宗完颜宗辅妃。辽桂州观察使雏讹只之女。天辅(1117—1123)间，选进上京(今黑龙江阿城)，入睿宗邸。七年(1123)，生世宗。天会十三年(1135)，睿宗死，教子有方。居上京，内治谨严，敦睦亲族，周给贫乏，宗室中甚敬之。旧俗妇女寡居，宗族接续之。祝发为比丘尼，号通慧圆明大师，归辽阳，营建清安禅寺，别为尼院居之。自建浮图于辽阳，为垂庆寺。世宗大定元年(1161)，尊为贞懿皇后。

【师子】 见"亭独尸逐侯鞮单于"。(414页)

【师范】(1751—1811) 清代白族历史学家和文学家。字端人，号荔扉，别号金华山樵。云南大理府赵州(今凤仪、弥渡县)人。祖籍山西洪洞县师村，明初祖辈随黔宁王沐英出征云南，因功被封为世袭指挥使，定居赵州，世代与白族交往通婚，为白族。父师问忠博学有才，曾中闱试第二，以文章教子弟，故得父学而光大之。自幼好学，博览群书。乾隆三十九年(1774)，中举人第二名。初选任剑川州(今剑川县)儒学训导，继奉命办理西征廓尔喀军需，代理知州事，以军功保授安徽望江县知事。任事八年，以爱士恤民为己任，兴利除弊，不畏强暴，严惩贪官污吏。兴办教育，在县衙内开设"小停云馆"，吸收志士学生读文史，研究经典，咏诗作赋，评论现实，考书院诸生学业之进退，亲为讲说，培养了一批有造诣的人才。桐城名士姚鼐称赞他"为人恺悌忠信，笃于友谊，爱士殷殷，出于至诚。"为官清廉，因重听致仕，贫困不能返故里，客死望江，家无余财，唯书籍数千卷。土民悲泣，未受恩者，且为经纪丧事。幸得济南守张鹏升资助，送灵柩归葬弥渡。一生对滇、皖文化作出了杰作贡献。乾隆五十五年(1790)，参与编纂《滇南诗略》。在望江又完成多种著作的编纂和著述。搜集望江先哲四十三家诗文，成《雷音集》，以讽后学。又辑《二余堂丛书》十二种，以广传播。自著《金华山樵前后集》、《二余堂诗文稿》、《抱瓮轩诗文汇稿》、《小停云馆芝言》等，均在望江付梓。又纂《南诏征信录》三卷(未刊行)。晚年纂成巨著《滇系》四十卷，分疆域、职官、事略、赋产、山川、人物、典故、艺文、土司、属夷、旅途、杂感等十二类，博采四百余种书籍，记录了云南少数民族的许多资料，持论确而取义精，成为一部有名的通志史书，姚鼐称赞此书，"论古今之是非，综核形势之利弊，兼采文物、博考古实"。

【师姑】 见"萧师姑"。(482页)

【师问忠】 清代白族学者。字恕先，亦字裕亭。赵州(今云南凤仪、弥渡地区)人。原籍山西洪洞县师村。先祖随明将沐英出征云南，因功晋职为世袭指挥，定居云南赵州，世代与白族交往、通婚，融入白族。少孤，勤奋耕读。乾隆六年(1741)，中乡试亚元。后礼部试多次不中。十一年(1746)，被选任晋宁州训导。历官至长芦石碑场盐课大使，场治兼昌黎乐亭。官乐亭二十年后归故里。为人和易，为官廉洁自持。人称"有文学才，以文章教子弟，多成名者"。子师范传其学而光大之，成为清代著名历史学和文学家。

【当先别乞失】 元世祖朝蒙古牧民起义首领。蒙古族。至元二十七年(1290)秋，因不堪忍受蒙古封建主的剥削和奴役，联合布四麻、兀者台、出春伯驸马、朵罗台、兀儿答儿、塔里雅赤等，率领蒙古牧民发动起义，与官府抗争，与诸领主为敌，先后攻掠四怯薛牛马畜牧、窝阔台汗之子灭里之昔博赤(打捕鹰房之执役者)以及斡脱、布伯诸投下(封地、采邑)，并与贵赤卫亲军都指挥使司达鲁花赤(镇守官)明安所领政府军作战，后兵败汪吉昔博赤，起义被镇压。

【光绪帝】 见"载湉"。(445页)
【呼里兀】 见"旭烈兀"。(160页)
【吐于】 见"咄于"。(343页)

【吐延】(约295—329) 晋代吐谷浑王。慕容氏。吐谷浑长子。晋建武元年(317)，父卒，继立为王。史称其"雄姿魁杰，羌虏惮之，号曰项羽"。性酷暴，不能恤下。咸和四年(329)，为昂城(今四川阿坝)羌酋姜聪刺杀。临终，嘱其将纥拔泥，善辅其子叶延，速保白兰(今青海都兰、巴隆一带)。

【吐万仁】 见"尔朱兆"。(118页)

【吐万绪】 隋朝将臣。代郡鲜卑人。字长绪。有武略。北周时，历拜抚军将军、大将军，袭爵元寿县公。隋文帝即位后，历任襄州总管，晋封谷城郡公，迁青州总管。后为御突厥进犯，出任朔州总管，文治武功均有建树。开皇五年(585)任徐州总管，修战具，谋伐陈。陈灭后，于十一年(591)，任夏州总管。炀帝大业初，因平汉王杨谅之乱有功，拜左武候将军，转光禄卿。七年(611)，拜左屯卫大将军，率军征高丽，班师后进位左光禄大夫。九年(613)，伐刘元进，劳师功微，以怯懦违诏，被除名为民，配防建安，忧郁而死。

【吐奴傀】 柔然第三代首领。郁久闾氏。*车鹿会子。父卒，继位，仍役属于鲜卑拓跋部，游牧于漠南漠北，岁贡牲畜兽皮。卒后由子跋提继位。

【吐谷浑】(246—317) 吐谷浑族始祖。辽东鲜卑慕容部首领*慕容廆庶兄。慕容氏。父涉归分部落一千七百户(一作"七百户")与之，与廆分地而治。父死，廆代领部众。其部与廆部马斗，失和，率部西迁至阴山(今内蒙古阴山)。晋永嘉之乱(312—313)，又率部西南度陇山(今甘肃陇山)，至枹罕原(今甘肃临夏西北)。后向西向南扩展，统辖今甘、青一带的羌、氐等族。至其孙叶延时，始以吐谷浑为姓氏、族名，亦为国号。

【吐迷度】(？—648) 唐代回纥首领。药罗葛氏。原为菩萨属下胡屋(禄)俟利发。唐贞观十七年(643)，联合诸部败薛延陀，尽有其地。旋遣使朝唐，受厚遇。二十年(646)，唐遣萧嗣业至回纥嘉其灭薛延陀汗国之功。次年，唐以其辖地置瀚海都督府，封其为都督、怀化大将军，隶燕然都护府。后恃强自号可汗，依突厥制置官吏，设外宰相六、内宰相三，另置都督、将军、司马等官职。二十二年(648)，为侄乌纥袭杀。唐遣兵部尚书崔敦礼抚慰，追赠左卫大将军，擢其子婆闰为左骁卫大将军，袭父所领。

【吐贺真】(？—464) 一作菟害真。柔然可汗。郁久闾氏。吴提子。北魏太平真君五年(444)父卒，继立，号"处可汗"(意为唯王)。十年(449)初，北魏拓跋焘亲率三路大军来攻，兵至涿邪山(今蒙古国阿尔泰山东南部)，其部帅434绵他拔等率千余户降魏，因势弱，避不与魏军交战。同年秋，率柔然精锐包围北魏东路军数十重，因久攻不下，弃辎重远遁，人畜损失百余万，势力益孤弱。太安四年(458)，又遭北魏文成帝拓跋濬数十万兵征讨，危及柔然腹地，部众数千落降魏，遂远徙避战。和平元年(460)，并高昌，以阚伯周为高昌王(高昌称王自此始)。与南朝宋保持通使往来。五年(464)卒，子予成继立。一说卒于太平真君十一年(450)。

【吐斥洛周】 见"杜洛周"。(187页)

【吐尔阿沙】 清代抗击浩罕入侵的首领之一。塔吉克族。新疆色勒库尔(今塔什库尔干)人。清道光十六年(1836)十一月，随从库尔察克率众抗击浩罕列什格尔胡什伯克入侵。次年六月，乘浩罕军外出抢掠之机，率众潜入城下，活捉留守阿达那等八人，解赴叶尔羌(今莎车)军营处决。浩罕军被迫撤出。

【吐谷浑玑】(480—516) 吐谷浑王族。字龙宝。阿柴曾孙。祖头颓约于北魏太平真君五年(444)，逃北魏，后世居其地。父吐谷浑豊为魏宁西将军、长安镇将、洛州刺史、南中郎将、汶山公。玑年二十袭父爵，内侍宫廷，授直寝奉车都尉、汶山侯，其"处武怀文，博畅群籍"，"善文艺、爱琴书"，俨如一汉族士大夫。

【吐谷浑静媚】(517—565) 吐谷浑王族。*吐谷浑玑侄女。高祖阿柴，为吐谷浑王；曾祖头颓(一作头)于北魏太平真君五年(444)投归北魏，后世居其地。祖父吐谷浑豊为魏宁西将军、汶山公，父仲宝为员外常侍。静媚年十七适魏上党士族尧峻。

【刚林】(？—1651) 清初大臣。满族。瓜尔佳氏。世居苏完。初隶满洲正蓝旗，任笔帖式，掌翻译汉文事。后金天聪八年(1634)，以汉文应试中式举人，命入直文馆。清崇德元年(1636)，授国史院大学士，参议政事。请更定部院承政以下官各五等及考取生员举人之例。屡从太宗征战，积功授骑都尉世职。八年，郡王阿达礼以谋逆伏诛，因系属下速问，后免罪拨隶正黄旗。世祖定鼎北京，叙功为二等轻车都尉。顺治三年(1646)、四年，两充会试主考官，晋一等轻车都尉。五年，以赞理机务功，授三等男，赐号巴克什。六年，充纂修太宗实录总裁官。会试主考官。八年(1651)，以纂修明史缺天启四年至七年实录、崇祯朝事迹无考，请悬赏购求。是年，坐附睿亲王多尔衮谋逆，伏诛。

【刚毅】(1837—1900) 清末大臣。满洲镶蓝旗人。字子良。笔帖式出身。光绪十一年(1885)，由按察使擢山西巡抚，后调江苏、广东。任内，于屯田、固边、修渠、疏浚等多有建言并有一定贡献。二十年(1894)，任军机大臣，反对维新变法。二十二年(1896)，擢工部尚书，后调刑部、工部。任内，为节糜费，疏请裁汰冗员，裁撤各省所立办公局。二十五年(1899)，补为内大臣。以钦差大臣赴江南查办筹饷、清赋，整顿厘金关税、盐务等事。二十六年(1900)，与荣禄策划废光绪帝，立恭亲王奕䜣之子溥俊为"皇太子"。主张利用义和团围攻使馆。八国联军攻入北京，他护送慈禧太后逃往西安，于山西途中病卒。著有《牧令须知》、《秋谳辑要》六卷、《秋审条例》、《刺字条例》《审看拟式》四卷、《洗冤录义证》四卷附《经验方》、《洗冤录歌诀》及《见闻辑要》等。

【刚多尔济】(？—1767) 清代卫拉特蒙古杜尔伯特部台吉。特固斯库鲁克达赖汗族子。乾隆十八年(1753)，"三车凌"内附时，领千余户留准噶尔。十九年，率众随阿睦尔撒纳、讷默库投附清廷。受命入觐，封札萨克多罗贝勒。二十年春，随军进征达瓦齐，出北路。五月，定伊犁。令与讷默库自为一部，授副盟长。是年秋，阿睦尔撒纳叛乱，讷默库谋举兵往附，他与巴图博罗特等劝阻之，不听。讷默库被擒后，清廷以其善约众，授盟长。

【吕弘】(？—400) 十六国时期后凉大臣。略阳(今甘肃秦安东南)氐人。*吕光子。后凉承康元年(399)，吕绍继位后，为司徒，掌管朝政。同年，与吕纂发动宫廷政变,逼绍自杀。纂即天王位后,被封为侍中、大都督、都督中外诸军事、大司马、车骑大将军、司隶校尉、录尚书事,改封番禾郡公。以功高名重,为纂所忌,恐不为所容,于次年起兵东苑反纂,为纂将焦辩击溃,奔南凉秃发利鹿孤,途经广武(今甘肃永登东南),为纂叔父征东将军吕方所执下狱,被纂杀死。

【吕光】(337或338—399) 十六国时期后凉建国者。字世明。略阳(今甘肃秦安东南)氐人。世为酋豪,前秦太尉*吕婆楼子。喜战阵之法,不爱读书。初任前秦美阳令,迁鹰扬将军。从苻坚平并州,随王猛灭前燕,封都亭侯。拜破虏将军,率兵灭蜀人李焉众,迁步兵校尉。继平苻洛叛乱,拜骁骑将军。前秦建元十八年(382),任都督西讨诸军事,率将军羌飞、彭晃、杜进、康盛等总兵七万,铁骑五千,进军西域。次年正月,兵发长安,以鄯善王休密驮等为响导,降焉耆,破龟兹。西域三十余国相继归附。被封为都督玉门以西诸军事、安西将军、西域校尉,因路绝不通,诏令未达。定龟兹后,以其地饶乐,欲留居,后纳诸将谏,东归。并收降原前秦高昌太守杨翰,败凉州刺史梁熙于酒泉,于是"四山胡夷皆来款附"。乘势直取姑臧,自署凉州刺史、护羌校尉。后闻坚为姚苌所杀,遂于东晋太元十一年(386),自称中外大都督、督陇右河西诸军事、大将军、领护匈奴中郎将、凉州牧、酒泉公,建元太安,以姑臧为都,史称后凉。继击退张大豫及秃发奚于的进攻。后凉太安四年(389),称三河王,改元麟嘉。麟嘉四年(392),出兵西秦,败南羌彭奚念,克枹罕。七年(395),率众十万伐西秦,振旅而旋。八年,自称天王,改元龙飞。后期刑法峻重,听信谗言,杀戮大臣。其部下沮渠蒙逊、段业等,均叛离自立。承康元年(399),让位于长子吕绍,自号太上皇帝,未几病死。谥懿武皇帝,庙号太祖。

【吕绍】(?—399) 十六国时期后凉国君。略阳(今甘肃秦安东南)氐人。*吕光嫡长子。初苻坚丧败,长安乱起,随母石氏奔仇池依杨氏。麟嘉元年(389),吕光自称三河王后,自仇池归姑臧,为世子。龙飞元年(396),光即天王位,立其为太子。承康元年(399)夏,与吕纂将兵伐北凉。同年,吕光病重,立其为天王。光卒后不久,光庶长子吕纂发动宫廷政变,逼宫。被迫登紫闼自尽。

【吕赵】(?—1460) 明代广西田州(治今广西田阳县)土目。壮族。天顺元年(457),杀知府岑鉴,冒袭知府职事。公开反明,自命敌骑大将军,僭号太平王,张凤旗、鸣钲鼓,以兵袭击南丹州,攻占向武州,地方州府莫敢与争。四年(1460),巡按御史奏敕调官军往剿田州府城。他挟知州岑铎及家属随从遁入云南,后在镇安被官军追及被诛。

【吕隆】(?—416) 十六国时期后凉国君。字永基。略阳(今甘肃秦安东南)氐人。*吕光弟吕宝子。善骑射。初为后凉北部护军。后凉咸宁三年(401),与吕超共杀吕纂,即天王位,改元神鼎。多杀豪望,以立威名,使内外畏不自安。神鼎二年(402),为后秦将姚硕德败于姑臧,奉表称臣,遣母、弟及子等质于长安。被后秦封为镇西大将军、凉州刺史、建康公。次年,以北凉、南凉相继围攻姑臧,遣超奉珍宝迎请后秦兵入姑臧,后凉亡。被置于长安,封散骑常侍。后秦永和元年(416),因参与姚弼谋反,被姚泓诛。

【吕超】(?—416) 十六国时期后凉大臣。略阳(今甘肃秦安东南)氐人。*吕光弟吕宝子,吕光时任骁骑将军。吕绍即位后,屡密谏杀吕纂。绍死,逃至广武吕方处。纂即位,复官爵,任番禾(今甘肃永昌)太守。后凉咸宁三年(401),以擅伐鲜卑思盘,被召至姑臧(今甘肃武威),恐被治罪,与兄隆杀纂于王宫,拥隆即天王位。以佐命之勋,拜侍中、都督中外诸军事、辅国大将军、司隶校尉、录尚书事,封安定公。以后秦姚硕德率军围攻姑臧,后凉军屡战不利,劝隆称臣于后秦。神鼎三年(403),南凉、北凉联兵攻姑臧,超奉珍宝,迎请后秦姚兴入姑臧,后凉亡。被姚兴封为安定太守。后秦永和元年(416),以参与姚弼叛乱之罪,为姚泓所杀。

【吕嘉】(?—公元前111年) 西汉初南越国丞相。岭南番禺(今广州)地区越族人。汉初赵佗拥兵自立,建国称王,"嘉本越人之雄,佗因越之所服而相之"。佗卒后,历胡、婴齐二主,迨赵兴掌国,仍为国相,权倾朝野。兴母惧其有变,欲倚汉威以自固,让兴上书内附,并与汉使密谋,欲借饮酒除之,未果。他闻知武帝遣韩千秋兴兵问罪,举兵攻杀兴及汉使,立兴异母兄弟赵建德为王,于番禺四十里外设伏全歼汉军。元鼎六年(公元前111年)冬,又率南越军凭险拒击汉伏波将军路博德、楼船将军杨仆等五路军征讨,因势孤力单兵败,与建德乘夜逃亡入海。后被执杀。

【吕纂】(?—401) 十六国时期后凉国君。字永绪。略阳(今甘肃秦安东南)氐人。*吕光庶长子。少喜弓马,不好读书。初居前秦,及苻坚淝水兵败后,西奔上邽,转至姑臧,归后凉,拜武贲中郎将,封太原公。屡有战功。后凉承康元年(399),异母弟吕绍即天王位后,任太尉,统六军。吕光死,与吕弘发动宫廷政变,废吕绍,自立为天王,改元咸宁。后又杀吕弘。次年,举兵袭南凉,进围张掖,西掠建康郡。后闻姑臧遭南凉袭击,引兵还。在位期间,游猎无度,荒耽酒色,致众叛亲离。咸宁三年(401),为堂弟吕超所杀。

【吕那改】 清光绪朝多港黎族起义首领。海南岛崖州多港峒人。黎族。光绪二十二年(1896),崖州乐罗村美国教堂爪牙陈庆昌(汉族)欺榨黎人被杀,地方官府对帝国主义分子奴颜卑膝,激起黎人义愤。次年,聚集多港、多涧等峒四千余黎人武装起义,攻破乐安城。把总何秉钺弃城出走崖州。平日饱尝官吏和传教士欺凌的邻近黎峒百姓纷纷加入起义队伍。旋进攻九所、黄流和崖州。因崖州有重兵拒守,不克,被迫撤回多港,凭险据守,坚持斗争达三年之久。二十五年(1899),遭官军围剿,突围遁匿,不知所终(一说攻崖州时中箭牺牲)。

【吕婆楼】 十六国时期前秦大臣。略阳(今甘肃秦安东南)氏人。先世为略阳氐豪帅。苻生时为侍中,左大将军、侍中尚书等。时人称其才识明达,有王佐之才。曾荐举王猛于苻坚。前秦寿光三年(357),随坚率麾下三百武士入宫,协同苻法,擒杀苻生,拥坚为君,任任隶校尉、太尉等官。其子吕光为后凉君主。

【早可】(?—1746) 清代云南泸水各族反清首领。阿昌族。泸水人。原为江外阿昌头人。乾隆十一年(1746),泸水秤戛寨傈僳族弄更扒等不堪永昌府清朝官吏和泸水六库白族段姓土司的压迫剥削,聚众起义,他闻讯,率众响应,配合弄更扒围攻片马、鱼洞等寨。十月,云南总督分遣官兵攻秤戛寨,义军不敌,弄更扒牺牲。清军分兵三路进攻义军,一由片马、鱼洞,一由大塘、明光,一驻马面关,于十一月二十六日直抵江外,义军兵败,遭杀害。

【早慨】 又作早概。南北朝时期云南云龙阿昌族酋长。公元六世纪人。酋长猛猎孙。继任酋长后,继续与布朗族斗争,杀布朗族酋长底弄,成为云龙地区各部首领。从其开始制定了"铁印券",规定"无券不得擅立",又定"酋长以长子继",把部落首领选举制改变为世袭制。

【早疆】 宋代云南云龙阿昌族酋长。六世纪阿昌族酋长早慨传十余世,社会有所发展,地拓民众,与金齿(永昌)、僰国(大理府)通商贾。至公元十一二世纪大理国时期,传至早疆,僰人(白族)段氏遣人抚之,遂降,受其诰命,岁有常贡。

【早乐东】 清末景颇族反帝爱国山官。云南陇川王子树地区人。光绪二十三年(1897),英帝国主义以武力威胁清政府订立《中英续议滇缅界务商务条款》,侵占中国云南边境大片领土。次年,中英两国代表在陇川勘界时,英方企图在这些不平等条约基础上,再把国界内移六、七十里。激起景颇、汉、傣各族人民强烈反抗。他向侵略者提出严重抗议,并展示虎踞、铁壁二关的碑文拓片,证明这一带历代均是中国领土。侵略者在证据面前,理屈词穷,竟命英侵略军向陇川章凤街进攻。他率边民抗击侵略军,将英军官奥氏拉下马,迫使侵略者退出中国边境,维护了祖国的尊严,保卫祖国领土不受侵犯。

【同同】(1302—?) 元朝官员。字同初。蒙古人。玉速歹儿孙,玉速帖木儿子。元统元年(1333)状元及第,官至翰林待制、集贤院修撰。善作诗,杨维桢称其诗"多台阁体,无不假年,故其诗文鲜行于时"。有《和西湖竹枝词》一首存诗。

【同阿尔】(?—1641) 清初将领。蒙古镶红旗人。世居巴林部,以地为氏。初授骁骑尉。崇德三年(1638),随多罗贝勒岳讬征明,率护军防守七昼夜,破敌。六年(1641)五月,随睿亲王多尔衮围锦州,战明总督洪承畴援军,严守汛地,战死。

【同治帝】 见"载淳"。(445页)

【回回】 元朝大臣。字子渊。回回人。祖籍康里。平章政事不忽木子。世为贵族。嗜学能文。初为成宗宿卫,擢太常寺少卿,改太常院使。武宗至大(1308—1311)间,调大司农卿,历山南廉访使、江南行台治书侍御史、淮西廉访使,改河南廉访使,有政绩。不畏权势,抑劣举贤,严惩不法。延祐七年(1320),英宗即位,由丞相拜住举荐为户部尚书,继拜南壹台御史,改参议中书事。参与议定刑书。泰定初,奏请减漕运粮数,以减轻东南民众负担。授太子詹事丞,升翰林侍讲学士,迁江浙行省右丞。文宗立,任宣政院使。奏请汰僧道,其所有田宜同民间一视征输。历仕数朝,与弟巙巙皆为当时名臣,被誉为"双璧"。

【回离保】(?—1123) 又作回离不。辽末大臣、奚王,又称铁骊王。一名翰。奚族。奚王忒邻之后。善骑射,矫捷勇猛。辽道宗大安(1085—1094)中,入仕,补护卫,迁铁鹞军详稳(将军)。天祚帝天庆(1111—1120)年间,改北女真详稳,兼知咸州路兵马事,改东京统军。领兵平定诸部入扰,因功迁奚六部大王,兼总知东路兵马事。保大二年(1122),天祚帝西逃夹山(今内蒙古武川西)后,三月,与众臣将在南京(今北京)拥立耶律淳为帝,自任知北院枢密事,兼诸军都统。十一月,南京陷,次年正月,逃箭笴山,自立为奚国皇帝,建元天复,设奚、汉、渤海三枢密院,改东、西节度使为二王,分司建官。五月,率军南攻燕地,大败,士卒溃散,被甥乙宰八斤和部将耶律阿古哲所杀,奚政权瓦解。

【曲出】 见"阔出"。(550页)

【曲枢】(?—1322) 又作曲出。元朝大臣。哈剌鲁氏。质理花台之子。世祖时,为真金太子妃阔阔真(伯蓝也怯赤)宫臣,后为真金孙爱育黎拔力八达(仁宗)保傅。大德九年(1305),随从出居怀州(今河南沁阳县)、云中(今山西大同)。十一年,武宗即位,爱育黎拔力八达为皇太子,以侍从功утver平章政事,行大司农,领詹事院事,封应国公。至大元年(1308),晋太子太保,领典医监事。四年,仁宗即位,授太保,录军国重事,集贤大学士,领崇祥院、司天台。卒于位。顺帝至元四年(1338),追封广阳王,谥忠惠。

【曲据】 又作据曲。唐赐名李去间。契丹部落首领。原附突厥,唐太宗贞观二十二年(648年,一说二十年)四月,率众附唐,任刺史。唐就其部置玄州,隶营州(今辽宁朝阳)都督府,是为中原王朝在契丹地区设立地方行政机构的肇端,加强了中原与契丹的关系。

【曲出律】 见"屈出律"。(381页)
【曲律皇帝】 见"海山"。(469页)
【曲杰顿珠仁钦】(1309—?) 青海"诸寺之祖"夏琼寺的创建者。藏族。先祖为萨迦家族人。生于日贡地区。出家后赴卫藏,先后在聂塘、纳塘、夏鲁等地求师学法。后返回安多本土,任临洮新寺(或临洮德萨寺,该寺系元代法王八思巴帝师下令所建)堪布。后应邀赴藏,云游诸寺学法。采纳琳洛桑查巴建议,返安多下部建寺,倡戒律。选定古绒流域夏琼崖为寺址,由顿珠僧格为施主,建造了神殿囊热塞康,是为夏琼寺之始,又称泰钦云丹达杰林(意为"大乘功德宏扬寺")。该寺自黄教创始人宗喀巴在此出家后而名扬,号称安多诸寺之祖。后甘青大德多出任此寺方丈。

【曳莽】(？—645) 唐代薛延陀汗国首领。*真珠毗伽可汗夷男庶长子。唐贞观四年(630),封突利设,又作大度设,统治汗国东方异姓诸部。十二年(638),被唐太宗册为突利莫贺咄叶护,又作大度莫贺咄叶护。十五年(641),乘太宗东巡泰山之机,率军进袭阿史那思摩,与唐将李勣战于白道(今内蒙古呼和浩特市西北),兵败,只身逃遁。十九年(645),夷男死,为弟拔灼袭杀。

【曳剌粘古】 见"移剌粘古"。(506 页)

【丿】

【竹王】 传说中夜郎国最早的首领。相传有一女子于遁水洗纱,有三节大竹流入脚间,闻竹中有婴儿涕哭,剖竹见一男孩,抱回家扶养。及长,才武出众,自立为夜郎侯,以竹为姓,称竹王。汉武帝元鼎六年(公元前111年),降汉,赐以印绶。后被汉朝所杀。

【竹珊】 见"升泰"。(68 页)

【竹白旺修索南乔吉郎布】 见"恩萨·索南乔郎"。(452 页)

【先那准】 见"龙婆伽利"。(110 页)

【先贤掸】(？—公元前 33 年) 汉代匈奴王。挛鞮氏。*且鞮侯单于之孙,*狐鹿姑单于之侄。汉武帝太始元年(公元前 96 年),且鞮侯单于死,其父(名佚)左大将被族众立为单于,旋让位于兄狐鹿姑,自任左贤王,相约以单于位相传。后,其父病卒,狐鹿姑背约,以己子为左贤王,先贤掸以不得代父职,降封日逐王,怀怨。宣帝神爵二年(公元前 60 年),因素与握衍朐鞮单于有隙,又以不得立,率众数万骑投汉。次年,被封为归德侯(又作归德靖侯),食邑二千二百五十户。

【乔白郎】 又称白郎。北周稽胡(又称山胡)首领。为稽胡帅。川路人。天和五年(570),以周开府刘雄出绥州,巡检北边,与同族乔素勿同等率众渡河逆战,兵败。

【朱申】(？—1817) 清代云南宗哈(无阳县境)地区反封建领主的起义首领。哈尼族。新兴地主。嘉庆二十二年(1817),与同族人高罗衣、高借沙率众起义,反对领主和清政府,拥高罗衣为"窝泥王",自被封为副军师。攻陷麻栗、新街、芭蕉岭等寨,击败纳楼彝族土司普承恩,攻克稿吾卡哈尼族土司司署,于逢春岭击杀土司龙定国,拥众一万六千余人,进逼元江州城,直指临安府。后遭云贵总督伯麟军镇压,兵败被执杀。

【朱哥】 见"耶律朱哥"。(311 页)

【朱尔鉴格】 清代抗俄勇士。鄂伦春人。世居精奇尼江。清康熙二十二年(1683),抗击俄人抢掠牲口,并杀五人获其乌枪以报。后多次袭击沙俄殖民者,获有战绩。

【朱邪赤心】 见"李国昌"。(216 页)

【伟齐】 清初大臣。满洲镶黄旗人。瓜尔佳氏。*费英东第九子。天命十年(1625),奉努尔哈赤命同侍卫博尔音普等率兵二千征虎尔哈部,收五百户。因功授骑都尉世职。天聪三年(1629),从太宗征明,略地至遵化,论功晋三等轻车都尉。后太宗出征,常受命留守盛京。任八门提督。九年(1635),太宗命免功臣徭役,他在其例,并受佐领人户使之专辖。世祖时,赐谥端勤。

【休利】 见"去特若尸逐就单于"。(97 页)

【休哥】 见"耶律休哥"。(311 页)

【休莫霸】 东汉时西域于阗王。初为于阗大人。莎车王并于阗后,置将君德镇守,暴虐无道,百姓患之。明帝永平三年(60),于阗别部大人都末兄弟杀君德,他与汉人韩融等复杀都末兄弟,自立为于阗王,并与拘弥国人攻杀莎车在皮山的镇将。大败莎车太子、国相所率诸国兵二万,继败莎车王贤所率诸国兵数万,后于围攻莎车时中流矢死。

【休留茂】 见"伏连筹"。(148 页)

【休屠王】(？—公元前 121？年) 汉代匈奴王。休屠(屠各胡)人。领休屠部驻牧武威等西北边郡一带。西汉元狩二年(公元前 121 年),与昆邪王(浑邪王)同为汉骠骑将军霍去病所败,丧师数万,失匈奴"祭天金人"。恐匈奴单于治罪,与昆邪王议欲降汉,后毁约,为昆邪王所杀,部众被并,降汉,置于陇西、北地、上郡、朔方、云中五郡塞外,汉置都尉、丞、侯等官治之。妻、子俱没入官,输黄门养马。

【休兰尸逐侯鞮单于】(？—93) 汉代南匈奴单于。挛鞮氏(又作虚连题氏)。名屯屠何。*呼韩邪单于(醯落尸逐鞮单于)子。东汉章帝章和二年(公元 88 年),伊屠於闾鞮单于死后,嗣单于位。上书汉朝,请乘北匈奴饥馑、内部纷争之机讨北匈奴。次年,率三万骑随汉车骑将军窦宪大破北单于军于稽落山(今蒙古额布根山)。和帝永元二年(公元 90 年),复遣师子率左右部八千骑夜围北单于,重创之,北单于仅以身免。次年,汉军再破北匈奴于金微山(今阿尔泰山)。北单于遁逃,不知所终。一说逃至乌孙。

【伍员】(？—484) 春秋末吴国大臣。字子胥。原为楚国人。父奢曾任楚国太子建师傅,后因奸臣费无极毁谤,被楚平王执杀。他被迫出走,投奔宋、郑,后至吴国,投太子光(即阖闾)门下。周敬王五年(公元前 515 年),与光策划杀吴王僚夺位,被封为相,参赞国事,并推荐齐人孙武(即孙子)为将军。与孙武率军伐楚,五战皆捷,攻陷楚国郢都(今江陵纪南城),下令掘平王墓,鞭尸三百,以报杀父之仇。以功受封于申(今河南南阳北),故又称申胥。二十四年(公元前 496 年),吴与越战于欈李(今浙江嘉兴西南),阖闾负伤身亡,子夫差继位。辅佐夫差实施富国强兵之治,大败越国,困越王勾践于会稽山,并坚决反对越国求和。吴王不纳,并对其忠诚直谏反生不悦。后被诬陷图谋通齐灭吴,吴王信谗,赐剑令其自杀。

【伍子胥】 见"伍员"。(147 页)

【伍弥泰】(？—1786) 清朝大臣。蒙古正黄旗人。伍弥氏。三等伯阿喇纳子。雍正二年(1724),袭爵,授公中佐领,擢散秩大臣,迁镶白旗蒙古副都统。乾隆十五年(1750)赐诚毅伯号。二十年(1755),授凉州将军,旋以将军衔驻西藏办事。二十四年(1759),授正蓝旗蒙古都统,出为江宁将军。二十七年(1762),以不称职。仍为散秩大臣,受命协办伊犁事务。二十八年赴乌鲁木齐办事。筑精河屯堡,赐名"绥来"。三十一年(1766),署镶黄蒙古、正白汉军两旗都统,授内大臣。三十五年(1770),赴西宁办事。三十八年(1773),驻西藏办事。四十一年(1776),擢理藩院尚书,兼镶白旗汉军都统。继出为绥远城将军。四十五年(1780),受命护送班禅额尔德尼至京。四十八年(1783),授吏部尚书,协办大学士、镶白旗蒙古都统,充上书房总谙达。卒,赠太子太保,谥文端。

【伍遵契】(约 1598—1698) 明清之际伊斯兰教学者。回族。字子先。江宁(今江苏南京市)人。幼习儒学,中秀才。后研究伊斯兰教义,曾在苏州等地讲学。清康熙七年(1668),译著《修真蒙引》,四年完稿。继与兄弟、子侄合译中世纪伊斯兰教修道养性之经典作品波斯文著作"米尔萨德",定名为《归真要道译义》(简称《归真要道》)六年译成。

【伏允】(？—635) 一作允伏。隋代吐谷浑可汗。慕容氏。开皇十七年(597),兄可汗世伏被国人所杀,嗣位。遣使至隋,表陈废立事,并请依吐谷浑"兄死妻嫂"之俗,尚光化公主,获允。自是,岁贡不绝。大业元年(605),遣子慕容顺至长安为质。隋炀帝为扫清中西陆路交通障碍,欲灭突厥、吐谷浑。大业四年(608),诱铁勒莫何可汗契苾歌楞击吐谷浑,他败逃西平郡(治今青海西宁)附近,继遭隋许国公宇文述掩击,西逃、失曼头(今青海共和西南)、赤水(今青海共和)等城。后返故地,集结凉州(治今甘肃武威)以南地区。五年,被炀帝亲率各路大军围于覆袁川(今青海北俄博川),仅率数十骑突围,其仙头王等率部十余万降。六月,伏俟城(今青海共和铁卜卡古城)失陷,逃入党项。大业末(618),乘隋国内乱,尽复故地,并不时扰河西等地。唐初,数遣使至唐,欲连兵灭河西李轨,并于承风戍(今青海千户庄)与唐互市,同时屡扰唐沿边十一州。贞观八年(634),为唐左骁卫大将军段志玄等所败。九年五月,复为西海道行军大总管李靖军所败,逃突伦碛(在今新疆且末、和田间),为部下所杀,子慕容顺降唐。

【伏图】(？—508) 柔然可汗。郁久闾氏。那盖子。柔然太安十五年(北魏正始三年,506),父卒,继位,号"他汗可汗"(一作"佗汗可汗",意为绪王),改年号为始平。同年遣纥奚勿六跋至北魏通和,被宣武帝拓跋恪拒绝。始平三年(508),再次遣纥奚勿六跋持书至北魏通和,进献貂裘等品,仍被拒。同年率兵西征高车,大战于蒲类海(今新疆巴里坤湖)北,败高车王弥俄突,迫其西走三百余里,率兵进至伊吾(今新疆哈密县西)北山。闻北魏将孟威率兵至,撤退,途中,遭弥俄图追击,战死于蒲类海。

【伏连筹】(？—529) 又作休留茂、休留残、休运筹、休留代等。吐谷浑王。姓吐谷浑氏。*度易侯子。北魏太和十四年(490),父卒,继立为王。受南齐封为镇西将军、领护羌校尉,西秦、河二州刺史。违魏孝文帝令称疾不入朝,又修洮阳、泥合(均在今甘肃临潭附近)二戍,取罪于魏。十五年,二戍为魏枹罕镇将长孙百年攻拔。次年,遣世子贺鲁头朝魏,献方物。十七年(493),被孝文帝拜为征西将军,西海郡开国公、吐谷浑王。在位时期,吐谷浑国进入极盛时期,外并戎狄,号为强富,树置百官,称制诸国。西并鄯善(今新疆若羌)、且末(今新疆且末)。终其一朝,连年遣使至魏,献牦牛、蜀马及西南之珍。并屡遣使贡于南朝齐、梁。吐谷浑东临梁益州(治今四川成都),常通商贾,益州民多趋利而往其境,"教其书记,为之辞译"。正光五年(524),秦州(治今甘肃天水)羌族莫折太提父子起义,河西路绝。伏连筹助北魏凉州(治今甘肃武威)、河州(治今甘肃临夏东北)官吏,镇压起义者,收复州城。

【伏帝难】 唐代回纥首领。药罗葛氏。开元七年(719),伏帝匐死后,与承宗同为回纥首领,十五年(727),承宗被凉州都督诬告谋叛,流死瀼州(治所临江县,今广西上思县西南)后,承宗族子瀚海府司马护输率众归漠北,唐朝拜其为都督,辖留居甘、凉间回纥部众。

【伏帝匐】(？—719) 唐代回纥首领。药罗葛氏。*独解支子。唐开元三年(715)继父位,辖牧居甘、凉间回纥诸部,继任瀚海都督,并拜河西经略副使兼赤水军使。次年,助唐攻杀突厥默啜可汗。势盛,其别部移健颉利发与同罗诸部皆率众来投。唐朝置其部于大武军北,仍牧于甘凉间。七年(719)卒,子承宗嗣。

【伏古敦可汗】 一作伏名敦可汗,见"豆仑"。(196 页)

【伐佛狸】 见"拓跋焘"。(335 页)

【忾俚迦忽底】 见"忾俚迦帖木儿"。(148 页)

【忾俚伽帖木儿】(？—1252) 又称忾俚伽普华、忾俚迦(杰)忽底。蒙古国官员。畏兀儿人。唐回鹘国相*暾欲谷后裔。国相曷直普尔之孙。年十六,袭国相答剌罕。原依附西辽,因不堪西辽虐索,于成吉思汗四年(1209),佐畏兀儿亦都护巴而术阿而忒的斤袭杀西辽监国,归降蒙古,以功,加号"忾俚杰忽底"(智福之意)。左右嫉其功者,潜于亦都护,逸其匿先王珍宝珥珠。无以自明,亡附成吉思汗,受赏赐,以二十三城为食邑。后卷入窝阔台系与拖雷系汗位之争。宪宗蒙哥即位初,应窝阔台系诸王之邀,欲以军五万驻扎别失八里郊外,配合斡兀立海迷失等反对蒙哥。事泄,于宪宗二年(1252)被杀。

【仲方】 见"移剌仲方"。(506 页)

【仲宣】 见"萧仲宣"。(482 页)

【仲恭】 见"萧仲恭"。(482 页)

【仲温】 见"石抹仲温"。(106页)

【仲敦巴】(1005—1064) 又作种敦巴。宋代藏传佛教噶当派创始人。吐蕃人。本名仲·甲瓦迥乃。出生于堆隆。早年丧母,禀性刚强。因与继母不和,离家到许地从师求学,师事大师赛尊,同赴康区。初充赛尊杂役,磨糌粑、放牧,边劳动边学法。继从一印度班智达学梵文。得悉印度最有德行学识的阿底峡时在阿里,禀明赛尊,亲往迎接。宋庆历五年(1045)初,抵布穰(今普兰县),会见阿底峡,接受其所传灌顶法。将阿底峡迎请至拉萨,于各寺院讲经传法。因侍阿底峡左右,故得其真传密法教授甚多。至和元年(1054),阿底峡死于愯塘,他遂成为众僧之首和师长。次年,与阿底峡众门徒在愯塘举行阿底峡逝世周年纪念大会,会后,于该地建一座小寺庙。嘉祐元年(1056),应藏北当雄等首领的迎请,率众前往热振,建热振寺,弘传阿底峡教法,门徒众多。后以此寺为根基,形成噶当派。一生未受比丘戒,故只能称居士,不能算僧人。自建热振寺,八、九年间一直在此讲经授徒,门生有五、六十人。著名弟子有博多哇、粗赤拔、康俄巴等。

【仲巴呼图克图】 清代西藏扎什伦布寺总管。藏族。本名罗桑金巴。六世班禅*罗桑贝丹意希之兄。为管理六世班禅商上事务的商卓特巴。乾隆四十五年(1780),陪班禅入京祝乾隆帝七十寿辰,赐"额尔德木图诺门罕"名号。班禅圆寂于北京后,他随舍利金龛西归,将清廷大臣、蒙古王公等所赠班禅之金银绸缎据为私有。五十六年(1791),廓尔喀侵藏至扎什伦布寺,不抵御,携资先逃,致该寺被掠。次年,被押解赴京治罪,另行安插。

【仲钦南喀桑波】 明代西藏地方官员。藏族。十五世纪人。属聂巴溪卡家族。被帕竹查巴坚赞阐化王委任为乃乌宗本(相当今县长)。迎请藏传佛教格鲁派(黄教)创始人宗喀巴师徒为根本上师,曾助缘兴建吉祥哲蚌寺,力助举行拉萨传招大法会。其后裔与蔡巴、江孜地方家族联姻,扩展势力,多人出任侍寝官、都元帅及北方牧区长官。

【仲钦·查巴桑波】 元代吐蕃地方官员。十四世纪人。吐蕃赞普赤松德赞时本阐布之一娘丁增桑波后裔。生于山南赞塘东部,名娘·查巴桑波。依元代吐蕃帕竹地方领袖大司徒绛曲坚赞,被任命为约卡达孜宗本(相当今县长)。其后世历任约卡达孜及查卡溪卡之宗本,对当地政教及地区开发多有贡献。

【任者】 明代云南临安府钮兀哈尼族首领。明初,朝廷为鼓励农垦,对率众开辟荒山,扩大耕地面积的哈尼族首领授予土官职衔,世领其所开辟地区。与陀比等朝贡至京,因地远族众,请授职以总其众,获准,明设临安府钮兀长官司,以其为长官,陀比为副,统辖其地。

【伦都儿灰】(?—1407) 明朝将领。蒙古族。汉名柴秉诚。元末,居甘肃塞外。永乐三年(1405),与头领把都帖木儿(吴允诚)率五千余人投明朝。赐姓名,授后军都督佥事。奉命率属众居凉州(今甘肃省武威县)耕牧,以招来蒙古军民归降。永乐五年(1407),卒于任所。子别力哥出塞自效,有功。

【仰加奴】 见"杨吉努"。(191页)

【伊拜】(1594—1658) 清朝将领。满洲正蓝旗人。赫舍里氏。世居斋谷。佐领拜思哈子。太祖时任佐领。天聪元年(1627),受命迎犒察哈尔部来附人户。八年(1634),至科尔沁部调兵随太宗征明。九年,擢正白旗蒙古都统。崇德元年(1636),随武英郡王阿济格征明,入长城,克昌平等。三年(1638),随睿亲王多尔衮征明,越燕京,略地山东。五年(1640)随围锦州,败杏山、松山明兵。六年攻锦州,叙功晋骑都尉。继受命驻营于杏山,追松山明兵至塔山,败之。顺治元年(1644),调正蓝旗蒙古都统,随军入山海关,败李自成起义军。寻克太原。二年随英亲王阿济格征陕西,于延安败李自成军,追至武昌。三年以功晋三等轻车都尉。五年(1648),随郑亲王济尔哈朗征湖南。六年进逼衡州。八年(1651)以年老解都统任。九年命为议政大臣,晋三等男。卒赠太子太保,谥勤直。

【伊匐】 高车国王。*穷奇子,*弥俄突之弟。五世纪末高车为呎哒所败,被俘,客居其地。北魏神龟元年(518)左右,在呎哒支持下还居高车,重建高车国。遣使结好北魏。正光二年(521),乘柔然内乱,击败婆罗门。次年,遣使奉表北魏,被封为镇西将军、西海郡开国公、高车王。正光四年(523)左右,遣使向北魏朝贡,请求赏赐。后与柔然可汗阿那瓌战,败归,为其弟越居所杀。东魏天平(534—537)中,子比适复杀越居自立。

【伊巴哩】 见"亦不剌"。(165页)

【伊尔德】(1606—1661) 清朝将领。满洲正黄旗人。舒穆禄氏。天聪三年(1629),从其叔扬古利略明锦州、宁远有功,复随军征明北京,败山海关援兵。五年(1631),从征明大凌河。因功授骑都尉世职,寻擢护军统领。崇德二年(1637),随贝勒阿巴泰往筑都尔弼城。五年(1640),随军围锦州。继随王贝勒等至锦州、松山屯田。还击潜袭明兵。因功晋三等男。七年(1642),复从围锦州,败松山兵。叙功晋一等男。顺治元年(1644),驻防锦州。二年(1645),加一云骑尉。奉命随豫亲王多铎南征。六年(1649),与都统谭泰等征江西等地。八年(1651),为护军统领鳌拜所斥责,削世职降一级留任,擢本旗都统。九年晋一等伯兼一云骑尉。随敬谨亲王尼堪征湖广,败绩。十一年(1654),论罪革职籍没。翌年,郑成功部入浙江舟山。拜宁海大将军,统兵攻取舟山。十四年(1657),凯旋,复世爵,叙功晋一等侯兼一云骑尉。十五年(1658),随信郡五多尼征明桂王朱由榔,取贵阳,克昆明。十八年(1661),卒于军。谥襄敏。

【伊兴额】(?—1861) 清朝将领。蒙古正白旗人。何图哩氏。原名伊清阿,字松坪。以骁骑校从征喀什噶尔,选授侍卫。道光十九年(1839),升三等侍卫,改隶满洲。咸丰三年(1853),升头等侍卫。六年(1856),随军镇压捻军,败夏白于泫河北岸,解宿州围。七年,招降王家墟捻军陈保元等五千人。赐号"额图浑巴图鲁"。八年,授正红旗蒙古副都统。破捻军于纪家庄,解蒙城围。继因军败,失丰县,夺职。九年,复职,督办河南军事,破捻军于商水。十年,由僧格林沁举荐,授六品顶戴,寻加三品,督办徐、宿团练事宜。十一年。与捻军战于东平、汶上,后于杨家集中伏兵,战死。谥壮愍。

【伊汤安】 清朝大臣。字小尹,号耐圃。拜都氏。世居叶赫地方,满洲正白旗人。乾隆三十六年(1771)举人。嘉庆元年(1796),自处州调守嘉兴。七年(1802),擢贵州督粮道。历官贵州、云南、河南按察使,太仆寺卿,内阁学士。著有《嘉兴郡志》八十卷及《耐庵集》。

【伊里布】(1772—1843) 清朝大臣。满洲镶黄旗人。爱新觉罗氏。字莘农。嘉庆进士。十二年(1807),升腾越州知州。任内处理与土司、与缅甸的关系有方。道光五年(1825),由知府、按察使先后升任陕西、山东、云南巡抚。曾请裁减云南守兵和文职官员,被采纳。十八年(1838),授云贵总督,协办大学士。二十年(1840),调任两江总督。时英军侵入浙江定海。受命为钦差大臣督师往赴,及至,附和琦善,借词妥协,拒复定海并与英军达成停战协议。后革去大学士。二十一年(1841),令家人张禧等渡海与英军通款,因之革职。二十二年(1842),被改发浙江,由耆英差遣。曾同耆英代表清政府签订丧权辱国的《南京条约》。不久,又任钦差大臣,授广州将军,至广东与朴鼎查办理交涉事务。卒,谥文敏。

【伊娄谦】 北周及隋朝将领。字彦恭。鲜卑人。初仕魏为直阁将军。北周时,官至车骑大将军。武帝(560—578年在位)时,受命出使北齐,旋以北周伐齐,被拘留。及武帝克并州(今山西太原西南),始获释,赐爵济阳县伯,累迁前驱中大夫。大象(579—580)中,晋爵为侯。扬坚为相时,任亳州总管。及扬坚称帝,授左武候将军,旋拜大将军,晋爵为公,出任泽州(今山西晋城县东北)刺史,任内,甚得人和。后因疾去职,年七十卒于家。

【伊桑阿】(1638—1703) 清朝大臣。满洲正黄旗人。伊尔根觉罗氏。先世居瓦尔喀。顺治进士。自康熙七年(1668)起,相继任刑部郎中、内阁学士、礼部、户部右侍郎。十六年(1677),擢工部尚书,旋调吏部。时,吴三桂叛清,据湖南。受命赴江南和茶陵督造战舰,以备平叛之需。二十一年(1682),以黄河决,奉命往勘兼筹海运事宜。因俄罗斯入侵黑龙江流域,奉命往宁古塔督修战船,以备征调。自二十二年起,相继任吏部、兵部、礼部尚书。二十七年(1688),擢文华殿大学士。充三朝国史总裁。三十六年(1697),康熙帝亲征准噶尔部噶尔丹,奉命往宁夏安设驿站。事平,与大学士阿兰泰充《平定朔漠方略》总裁官。在任期间,慎刑狱,奏陈淮、扬水灾灾民困苦状,遂下诏预免田赋。

【伊勒图】(? —1785) 清朝大臣。纳喇氏。满洲正白旗人。乾隆初,以世管佐领授三等侍卫,累迁至镶红旗蒙古副都统,出驻乌鲁木齐、阿克苏、喀什噶尔(今喀什)诸地。乾隆二十八年(1763),任伊犁参赞大臣,旋调喀什噶尔。三十三年(1768),升伊犁将军。越一年,以经略大将军征缅甸,任副将军。因功,擢兵部尚书。三十六年(1771),值土尔扈特汗渥巴锡率众东返,复为伊犁将军,办理安置抚绥事宜,疏请如札萨克例置佐领。以兵部议禁鸟枪,疏奏土尔扈特部新附,鸟枪乃其牧马御兽所用,请勿一概论禁。四十八年(1783),加太子太保,获双眼花翎。卒,清廷以其久驻西疆,凡所经画,皆得宜,处理各部事务有方,为诸族敬服,特予厚恤,封一等伯。

【伊勒慎】(1566—1645) 清初官员。满族,费莫氏。世居萨齐库。满洲镶黄旗人。以乌喇部攻萨齐库,率所属六部归满洲,授骑都尉世职。寻从征明有功,加三等轻车都尉。又以沙岭成功,加二等轻车都尉。后金天聪五年(1631),奉命镇海州,密为防御,严侦缉,设游哨,追斩逋逃,七年,叙功加一等轻车都尉。崇德元年(1636),晋三等男,于辽河沿岸分立营寨,迁移近边居民,使明军不敢犯。四年(1639),以坐视博穆博果尔遁去,革职籍家。六年(1641),正红旗大臣哈哈纳劾其防守海口时,苛敛兵丁财物,私造浮图,受鞭笞。八年,复镇海州。顺治元年(1644)八月,为牛庄城守尉。

【伊萨克】①(? —1780)清朝大臣。维吾尔族。新疆哈密人。札萨克郡王玉素布次子。乾隆三十一年(1766),奉父命护送哈密移民五百户赴伊犁屯用,授二等台吉。是年父死,袭爵。三十六年(1771),偕吐鲁番郡王额敏和卓子丕尔敦入觐。三十八年(1773),授领队大臣,赴伊犁掌维吾尔民屯田事宜。四十一年归。②(? —1842)清朝大臣。维吾尔族。新疆库车人。固山贝子*鄂对孙。初为阿克苏阿奇木伯克。清嘉庆二十一年(1816),因孜牙墩案获罪,降五品伯克。道光二年(1822),调任沙雅尔阿奇木伯克。六年(1826),因侄迈哈默特鄂对潜通张格尔,削爵,袭所遗贝子品级。嗣授阿克苏阿奇木伯克。七年,随清军讨张格尔,令为喀什噶尔(今喀什)阿奇木伯克。从参赞大臣杨芳领兵追叛军,至喀尔铁盖山擒张格尔归。晋封郡王,授喀什噶尔帮办大臣,图形紫光阁。十年(1830),浩罕伯克遣兵拥张格尔兄玉素普和卓入侵,踞喀什噶尔回城,围新城(今疏勒)。参赞大臣札隆阿诬其通敌,被囚。乱平,受昭雪。诏居京师。越三年因病回籍。

【伊清阿】 见"伊兴额"。(149页)

【伊斯满】 见"亦思马因"。(167页)

【伊利可汗】 见"阿史那土门"。(287页)

【伊希姆汗】 见"艾斯木汗"。(93页)

【伊勒都齐】(? —1677) 清朝将领。世居察哈尔。姓莽努特。投附后金皇太极,隶蒙古正黄旗,授护军参领。天聪八年(1634),随皇太极征明,由宣府入边,率所部攻克十二堡。崇德五年(1640)六月,随睿亲王多尔衮屯田义州,败明兵于宁远,随郑亲王济尔哈朗围锦州,设伏高桥北,以纵敌勿击罪,籍家财半。六年,复从郑亲王围锦州,败松山明军。八年(1643),攻取前电卫,叙功予云骑尉世职。顺治元年(1644),随军入关镇压李自成起义军,署护军统领,随豫亲王多铎进军陕西,破潼关。二年,晋三等轻车都尉。三年,从豫亲王追蒙古苏尼特部腾机思,败土谢图汗部、车臣汗部援军。以功晋世职等轻车都尉。六年(1649),从郑亲王征南明朱由榔军。八年(1651),升正黄旗满洲副都统。九年,兼任刑部侍郎,晋爵二等男。十七年(1660),以疾解副都统。康熙十二年(1673),加太子少师。继随顺承郡王征吴三桂,参赞军务。次年,以劳师无功,罢参赞。

【伊斯哈克】 汉籍文献称伊萨克。清代库车农民起义首领之一。维吾尔族。新疆库车人。库车起义首领热西丁和卓表亲。清同治三年(1864),参加库车农民起义,被热西丁和卓委任为东征军总指挥,率军经布古尔、库尔勒、乌什塔拉、曲惠(今和硕县东)、喀喇沙尔,进至吐鲁番。曾欲袭取哈密和木垒,未获成功。同治五年(1866),率军赴叶尔羌(今莎车),与浩罕阿古柏军作战,兵败玛喇尔巴什,叛变投敌。后乘阿古柏赠送的马匹返回阿克苏,被阿克苏人民逐出,窜往库尔勒,六年(1867),阿古柏夺据库车后,被委为库车阿奇木伯克。

【伊然可汗】(?—741) 即登利可汗。后突厥可汗。阿史那氏。毗伽可汗默棘连子。开元二十二年(734)继汗位,遣使哥利施颉斤奉表于唐,以从叔父判阙特勤等二人分掌兵马,在东者号左杀,判阙特勤掌,在西者号右杀。二十三年(735)秋,率兵四万东击契丹、奚,败归。二十四年(736),应唐朝之约,西攻突骑施,出战不利。二十八年(740)三月,受唐朝册封为苾伽骨咄禄可汗。次年(741)三月,遣使赴唐贺正。同年,与其母合谋诱斩右杀,尽并其众。为左杀判阙特勤所怨被击杀。在位八年。一说伊然可汗与登利可汗为二人,伊然可汗嗣位不久旋被杀,弟登利可汗嗣位。

【伊墨居次】 见"须卜居次"。(412页)

【伊达木扎布】(?—1729) 清朝蒙古贵族。喀尔喀札萨克图汗部人。博尔济吉特氏。辅国公衮占长子。初授协理台吉。康熙五十六年(1717),随同部辅国公博贝由布鲁勒路擒厄鲁特宰桑罗卜藏锡喇布。五十九年(1720),擒宰桑贝坤。雍正三年(1725),与博贝擒斩乌梁海人和罗尔迈逃众。四年授札萨克一等台吉。

【伊勒登诺颜】 清代卫拉特蒙古土尔扈特部贵族。和鄂尔勒克次子。书库尔岱青弟。随父徙牧额济勒河(今伏尔加河)。清顺治二年(1645),与弟罗卜藏诺颜代表土尔扈特与俄国使者库德里亚佛采夫谈判,拒绝俄方提出要土尔扈特加入俄国国籍的无理要求。十三年(1656),遣使锡喇尼和硕齐入贡清廷。

【伊斯玛依勒】 又译伊斯梅尔、伊斯玛业勒。清代叶尔羌汗国汗。吐鲁番统治者阿卜剌因第四子。其兄阿布杜拉在白山派和卓操纵的尧乐巴斯军队逼攻下,于康熙六年(1667)放弃汗位,去阿拉伯朝圣,叶尔羌的异密们多赴阿克苏,拥立其为汗。在黑山派和卓势力的支持下很快兼并乌什、库车、拜城等地。八年(1669),尧乐巴斯被部下杀害后,于次年,攻入叶尔羌,成为全国之汗。即位后,驱逐白山派首领阿帕克和卓。十九年(1680,一说二十一年,1682),在准噶尔部噶尔丹及白山派和卓势力的联合进攻下,兵败被俘,送往伊犁。噶尔丹立阿帕克和卓为当地统治者,自是,南疆地区归准噶尔汗国统辖。

【伊斯堪达尔】(?—1811) 清朝大臣。维吾尔族。新疆吐鲁番人。札萨克郡王额敏和卓第五子。乾隆三十一年(1766),从兄鄂罗木咱卜赴伊犁办理屯田事宜。三十八年(1773),叙功,获孔雀翎,五品秩。四十一年(1776),奉诏进京朝觐。四十四年(1779),因长兄苏赉璊虐部众获罪,袭札萨克多罗郡王爵。五十三年(1788),授喀什噶尔(今喀什)阿奇木伯克,赐三眼孔雀翎。是年十二月,调任叶尔羌(今莎车)阿奇木伯克。五十八年(1793),授喀什噶尔办事大臣。

【伊稚斜单于】(?—公元前114年) 又作伊樨斜单于。汉代匈奴单于。挛鞮氏。老上单于子,军臣单于弟。原任左谷蠡王。汉元朔三年(公元前126年),兄死,自立为单于,击败兄子于单,确立在匈奴的统治地位。屡用兵侵扰汉代郡、雁门、定襄、上郡、朔方。五年(公元前124年)、六年,两次为汉大将军卫青所败。元狩二年(公元前121年)春、夏,又两次为汉骠骑将军霍去病所败,先后丧师近十万,昆邪王亦率众四万余人降汉。四年(公元前119年),再为卫青、霍去病击溃,全军覆没,仅携数百人走脱,自是匈奴远遁,势衰,漠南再无单于庭;汉亦因损耗过重,财用匮乏,无力再战,仅徙吏民以实边,"久不北击胡",汉匈形势一度缓和。

【伊什丹巴尼玛】 见"哲布尊丹巴呼图克图三世"。(449页)

【伊西斯嘉穆措】 又称巴噶曾巴·伊喜嘉措、埃霍尔达赖喇嘛、波克塔呼毕勒罕。清代藏传佛教格鲁派(黄教)僧人。藏族。生于门巴地,故藏史又称"门巴喇嘛",以示其出身低微,或简称为"执白莲者"。康熙四十四年(1705),六世达赖喇嘛仓央嘉措被拉藏汗废黜,解往北京后,于四十六年(1707)由拉藏汗和第巴隆素议定其为新六世达赖喇嘛,被迎至拉萨布达拉宫坐床。受到康熙帝册封。以为六世达赖之继任者。广大藏族和蒙古族僧俗官民均不承认其达赖合法身份,仍遵仓央嘉措为六世达赖。五十六年(1717),准噶尔部策妄阿拉布坦遣策凌敦多布(又名才仁敦珠)扰西藏,杀拉藏汗后,称其为"假达赖",将其擒获,囚于拉萨之药王山(加布日山)之庙内。六十年(1721),清军平定西藏后,被押解北京,不知所终。藏史所谓真假达赖之争结束。

【伊特勿失可汗】 唐代薛延陀汗国末代可汗。名咄摩支。真珠毗伽可汗夷男之兄子。唐贞观二十年(646),拔灼败亡后,被余众拥为可汗。遣使入唐,请仍居郁督军山北。唐遣兵部尚书崔敦前往慰抚。后唐虑其为碛北边患,命李勣率九姓铁勒二万骑讨之,大战于郁督军山。可汗兵败,男女三万余被俘,大首领梯真达干率众降。遂率残部窜荒谷,降于唐将萧嗣业,随至长安,授右武卫将军。

【伊希丹毕扎拉参】(1787—1846) 清代内蒙古地区藏传佛教格鲁派最大活佛——章嘉呼克图三世。加佛教传说的十三位先世,亦称第十六世。父名达札拉哲巴,母名萨札达。生于甘肃宗江北的噶达托布达寺附近。经前世章嘉之札萨克喇嘛辨认后奏请乾隆帝确定,获御赐敕书。四岁,从周塞亚瓦坦克达喇嘛受小戒,学习经典。七岁,从札森额尔德尼受比丘戒,习密宗戒律。八岁,奉旨抵热河(今承德)谒见乾隆帝。十一岁,闻乾隆卒,至京吊唁,觐见嘉庆帝。十四岁,奉旨赴西藏学经受法,谒见达赖喇嘛。嘉庆十一年(1806),受大戒。同年,至北京晋谒嘉庆帝。此后屡获嘉庆帝赏赐。二十四年(1819),封为管理京都喇嘛班第札萨克大喇嘛(掌印喇嘛),办理一切黄教事务,来往于北京嵩祝寺及多伦汇宗寺之间。道光八年(1828),获道光帝赐银质镀金大国师印及诰命。十四年(1834),又获金制大国师印及金花。二十六年(1846),在嵩祝寺庆六十诞辰,获道光帝亲书"福寿"二字并白玉如意等礼品。奉旨管理汇宗、善因二寺及康熙五十三年至雍正九年(1714—1731)修建的所有寺庙。同年六月入寂,奉道光帝命供龛座于五台山之镇海寺。

【伊陵尸逐就单于】(？—172) 东汉时南匈奴单于。挛鞮氏(又作虚连题氏)。名居车儿。东汉桓帝建和元年(147),呼兰若尸逐就单于死后,被立为单于。永寿元年(155),属下且渠伯德等叛汉,为安定属国都尉张奂所平。延熹元年(158),南匈奴诸部并叛汉,结乌桓、鲜卑扰缘边九郡,复为张奂所败,诸部悉降。因无能统理政事和制下,被张奂拘禁,后遵汉帝诏被释归。九年(166),以张奂内迁大司农,受鲜卑诱,与鲜卑、乌桓同叛,扰掠汉缘边九郡,闻汉复启用张奂为护匈奴中郎将来讨,于十二月率众归附。

【伊喜当增旺扎拉】 清末著名蒙医。原籍察哈尔。七岁到鄂尔多斯郡王旗公昭庙。自幼学医,精通蒙、藏文,善诗文。从三十八岁起,周游蒙古各地行医。以藏文著《珊瑚验方》(藏文名《朱如道沙拉》),以治疗各科疾病为主要内容,兼叙药物炮制。书中对饮食疗法、针灸疗法、罨疗多有论述。曾木刻印行,共84页。1977年以蒙文翻译出版,书名《蒙医药简编》。

【伊希·丹金旺吉拉】(1854—1907) 清末蒙古族诗人。内蒙古察哈尔镶白旗人。出身贵族家庭。七岁进鄂尔多斯郡王旗公尼庙为呼图克图。自幼聪明好学,十五岁已通蒙藏两种文字,开始写诗。同治七年(1868),因公尼庙被烧毁,返察哈尔致力于医学,周游草原,布教行医。目睹蒙古封建社会的黑暗,把所见穷苦牧民的痛苦生活及王公诸颜的贪婪苛暴写进诗中。所作《训谕诗》分五章三百二十行,以锋利的语言、鲜明的节奏,揭露蒙古社会的种种弊端,在鄂尔多斯草原广泛流传。其诗歌富有蒙古族传统的韵味,易于背诵,在艺术上有一定的创新精神。

【伊喜洛桑丹贝贡布】(？—1811) 清代西藏八世济龙呼图克图,又称达擦济龙呼图克图。驻济龙寺(又称功德林寺,汉名卫藏永安寺),属哲蚌寺果芒扎仓。为出任西藏摄政王四大呼图克图之一。生于博窝之麻勒觉地方。乾隆三十六年(1771),赴京朝觐。三十八年(1773),任掌印喇嘛。返藏时,赐札萨克达喇嘛名号。五十四年(1789),补授协理商上事务,赐"毕埒图诺门罕"名号。五十七年(1792),赏呼图克图名号,及银印一颗。嘉庆元年(1796),修建济龙寺工竣,诏赐卫藏永安寺匾额。九年(1804),任摄政王,代理达赖喇嘛职务,掌办商上事务。同七世班禅丹贝尼玛及三大寺代表,奏请八世达赖喇嘛灵童免予金瓶掣签。

【伊拉古克三呼图克图】(？—1647) 又作伊拉固克散呼图克图。清初内蒙古僧人。原名彻辰绰尔济,法号固实彻辰绰尔济,简称固实绰尔济。藏名色沁曲结、赛音曲结。祖居密纳克(清代宁夏府附近)。根敦达尔罕之子。曾三次学佛于四世班禅大师,为班禅高徒。清崇德七年(1642),五世达赖授以伊拉古克三号,派往盛京(今沈阳市),代表西藏的蒙、藏上层和清朝建立联系。多次往返于西藏与盛京、北京之间。清朝赐予"呼图克图"名号。

【伊卜拉欣·土库曼伊利克】 宋代东部喀喇汗王朝可汗。1128—1158年在位。继位后,因于葛逻禄和康里人的侵掠,于1134年请求西辽菊儿汗耶律大石的保护。耶律大石趁势占领王朝首都巴拉沙衮,把他降封为土库曼伊利克(土库曼王),迁居喀什噶尔(今喀什)。东部喀喇汗王朝作为西辽的附庸继续保持着在葱岭以东、天山以南地区的统治。

【伊利俱卢设莫何始波罗可汗】 见"沙钵略可汗"。(243页)

【伊卜拉欣·桃花石·博格拉汗】 宋代西部喀喇汗王朝可汗。河中地区征服者*纳赛尔·阿斯兰伊利克之子。初号贝里特勤。1038年从阿里特勤诸子的囚禁中逃归,以武力夺取河中地区。1039年1月击退哥疾宁王朝军队的进犯,声威大震。次年称桃花石·博格拉汗。1041年攻下布哈拉,消灭阿里特勤诸子的残余势力,成为整个河中地区的统治者,不再承认东部喀喇汗王朝的宗主地位。喀喇汗国从此分裂为东西两部,史称其所建政权为西部喀喇汗王朝,首都撒马尔罕。为中亚历史上著名君主,全称"国家的支柱、教团的桂冠、真主总督的宝剑、桃花石·博格拉·喀喇可汗",又享有"东方和中国之王"的伊斯兰封号。在位期间,较关心臣民的安宁和需要,保护私有财产,严惩盗贼,注意物价的稳定,改革货币,保证钱币的含银成色,社会秩序比较安定,经济文化有所发展,故享有较高威信。晚年中风,1068年让位于其子纳赛尔,不久死去。

【乩遇】 宋代党项平夏部所属熟藏族首领。党项羌族。入宋为蕃官。宋淳化五年(994)六月,以李继迁率军扼橐驼路,率所部击败继迁,被宋太宗诏受会州刺史。至道元年(995)九月,复率军攻继迁,夺牛马三千余。拒继迁诱降，表示"一心向汉，誓死不移"之志，宋太宗授以检校司空，赐帛五十四，茶五十斛。三年（997），会李继隆部与继迁军主史乩遇战于橐驼口西北，斩首数千，大败史乩遇军。

【乩加思兰】（？—1479） 又译伯格埒逊、伯革赞等。明代蒙古西部乜克力部（一说为畏兀儿近族）首领。初居吐鲁番地区。天顺（1457—1464）间，迁至巴儿思渴（今新疆巴里坤）。成化初年，复率部自哈密以北东迁。六年（1470），入居河套（今内蒙古伊克昭盟一带），成为永谢布部领主。十一年（1475），以女妻满都鲁，立为可汗，自为太师，部众增至数万，娶满都鲁妻满都海哈屯所生长女博罗克沁公主。仗势擅权，屡袭击明边。十五年（1479），被族弟亦思满因和满都鲁的部下脱罗干所杀。

【华卿】 见"荣庆"。（388页）

【华聘】（？—1815） 清朝将领。达斡尔墨尔迪音氏，隶布特哈正黄旗。乾隆五十二年（1787），从攻台湾。嘉庆初，参与镇压贵州、湖北苗民起义，旋转战四川各地，赐多克布希特巴图鲁（一作多克坤巴图鲁）。十一年（1806），扈从狩木兰。次年，补公中佐领。十四年（1809），授御前侍卫镶红旗蒙古副都统。后三年，特授副都统衔兼头等侍卫，回籍调养。

【华台吉】 见"诺木塔尔尼郭斡台吉"。（473页）

【延】（？—18） 西汉时莎车王。元帝（公元前49年—公元前33年在位）时曾为侍子，久居长安。后归国，钦慕中原文化，治政多参行汉朝典章制度，告诫诸子须与汉和好，不可背弃。王莽（9—23年在位）之乱时，匈奴单于乘隙复侵犯西域，唯其强盛，拒附匈奴。死后谥忠武王。

【延信】 清初将领。爱新觉罗氏。多罗温郡王猛峨第三子。康熙二十六年（1687），封三等奉国将军。三十七年（1698），授二等侍卫。四十年（1701），授正蓝旗满洲都统。后以疾解任。五十二年（1713），复都统职。五十七年（1718），随贝子允禵征准噶尔部策妄阿拉布坦，驻军西宁。与允禵结党，徇庇年羹尧。五十九年（1720），授平逆将军，统领满洲、蒙古旗兵由青海往平西藏，败准噶尔之策零敦多卜。进藏时曾侵吞银十万两。同年，封辅国公。六十一年（1722），摄抚远大将军事，寻授平安将军。任内，玩忽职守，怠于军务，不事训练，滥保有贪婪罪官员九十余人。雍正元年（1723），晋封固山贝子。后晋封多罗贝勒。五年（1727），回京。因结党、畏惧入藏和侵帑等事败露，革贝勒爵，以罪二十款监禁、黜宗室、除爵。

【延宠】 又作李延宠。唐代奚族部落首领。前首领＊李诗琐高子。唐玄宗开元二十年（732），随父附唐。未几，父死，嗣位，为饶乐都督。寻从契丹背唐，为唐将张守珪所困，再降唐，复拜饶乐都督、怀信王。天宝四年（745）三月，妻唐宜芳公主。九月，杀公主又叛。唐另立婆固。

【延清】（1846—1918） 清代蒙古族诗人。蒙古镶白旗人。巴哩克氏。字子澄，号铁君，也称阁笔老人。自幼学习汉语，读诗书，聪慧过人。同治九年（1870），补丁卯科优贡。十二年（1873），考中举人，继中进士。在工部都水司，屯田司、宝源局任职。光绪三十年（1904），任翰林院侍讲学士。宣统二年（1910），充文职六班大臣。亲身经历帝国主义侵略中国，带来的深重灾难，在诗中得到反映。光绪二十六年（1900），八国联军入侵北京，他写出《虎口余生》等数百首诗。三十四年（1908），为钦差专使往喀尔喀车臣汗部，著《奉使车臣汗记程诗》。著有《锦官堂诗草》、《锦官堂诗续集》等诗集。

【延楚布多尔济】 清朝蒙古王公。喀尔喀车臣汗部人。博尔济吉特氏。丹津长子。康熙四十五年（1706），袭札萨克镇国公。五十一年（1712），献马助军。雍正二年（1724），随祖母苏嘛达喇朝觐，封札萨克固山贝子。乾隆二十一年（1756），遭所属齐木齐格特人劫掠避居阿巴噶部界。以溺职罪，削爵。

【向光普】 宋代古州领主。西南溪峒少数民族大姓豪富，史称古州向氏。至道二年（996），赐以古州刺史印。大中祥符元年（1008）三月，加银青光禄大夫、检校太子宾客。天禧四年（1020），遣使鼎州营僧斋，以祝圣寿。后皆受朝命。

【向国栋】 清代湖南桑植土官。土家族。桑植宣慰使向长庚子。嗣为桑植宣慰使。为人残虐，与容美、永顺、茅冈各土司相仇杀，民不堪命。雍正四年（1726），缴追印篆。六年，改土归流。七年，以其地为桑植县。被安置于河南。

【向思明】 清代湖广安定土官。土家族。元末任安定宣抚使。至正二十四年（1364，一作二十七年），遣所属长官硬彻律等，以元所授宣抚司印，上交吴王朱元璋，请改授。明置安定等处宣抚司二，与弟向思胜同为宣抚使，又兼梅梓洞长官司长官。

【向通汉】（？—1021） 宋代五溪少数民族首领。淳化二年（991），以五溪诸州统军、鹤州刺史为富州刺史。至道二年（996），官检校司徒，晋封河内郡侯。咸平元年（998），请定租赋，真宗以荒服不征，未许。景德元年（1004），遣使潭州营佛事，以报朝廷存恤之惠。三年（1006），表求追赠父母。天禧元年（1017），率所部入朝，贡名马、丹砂及方物。后又献五溪地理图，特授检校太傅、富州防御使，赐疆土。

【向巴彭措】 清代康区第七代德格土司，第一代法王。藏族。呷马松第三子。曾向萨迦、宁玛教派哈清昔绕觉勒和堪清本却降村等高僧学经，宗教地位较高。清崇德五年（1640），卫拉特蒙古和硕特部首领固始汗攻白利土司时，他抓获溃败逃亡之土司，深受固始汗器重。顺治十年（1653），被封为僧王。固始汗将白利土司所辖领地赠与其管辖，成为德格家族第一代法王。继兼并邻部。扩大领地，势力日强，始建行政区划，设置官吏，据历代藏王之法律、规章，制定"政教合一的规章戒条"和赋税制。

【后汉高祖】 见"刘知远"。(164页)
【后汉隐帝】 见"刘承祐"。(164页)
【后赵太祖】 见"石虎"。(102页)
【后赵武帝】 见"石虎"。(102页)
【后赵明帝】 见"石勒"。(103页)
【后赵高祖】 见"石勒"。(103页)
【后晋高祖】 见"石敬瑭"。(105页)
【后唐太祖】 见"李克用"。(215页)
【后唐庄宗】 见"李存勖"。(213页)
【后唐明宗】 见"李嗣源"。(220页)
【后凉太祖】 见"吕光"。(145页)
【后燕中宗】 见"慕容盛"。(580页)
【后燕世祖】 见"慕容垂"。(579页)
【后燕烈宗】 见"慕容宝"。(579页)
【后燕武成帝】 见"慕容垂"。(579页)
【后燕昭文帝】 见"慕容熙"。(581页)
【后燕昭武帝】 见"慕容盛"。(580页)
【后燕惠闵帝】 见"慕容宝"。(579页)
【后凉懿武皇帝】 见"吕光"。(145页)

【合丹】 又作合丹斡忽勒。蒙古国宗王。孛儿只斤氏。窝阔台汗庶子。窝阔台汗七年(1235),随拔都西征。九年(1237),破钦察,执杀其首领八赤蛮,继攻莫尔多维亚之莫克沙、不儿塔思诸部,进军斡罗思,破也烈赞(梁赞)、科泽利斯克城。翌年与蒙哥征彻耳柯思,执杀其首领秃合儿。十一年(1239),与贵由、蒙哥攻取阿速都城蔑怯思。次年随拔都攻占乞瓦(今基辅)。十三年(1241),分军侵入孛烈儿(今波兰)、马札儿(今匈牙利),掌一军相继征服撒桑、塔忽惕、撒剌甫地区。翌年,闻窝阔台汗死讯,随拔部班师。定宗后海迷失称制三年(1251),与诸王拥戴蒙哥即汗位,次年,以翊戴功分封于别失八里。1260年,与诸王拥戴忽必烈即汗位,参与对阿里不哥的战争,大败阿里不哥党阿蓝答儿、浑都海于姑臧,斩杀之。中统二年(1261),随汗北征,掌右军,配合诸军大败阿里不哥于昔木土脑儿(今蒙古苏赫巴托省南部),斩其大将合丹火儿赤。至元二年(1265),赐郑州为食邑。

【合臣】 见"哈真"。(395页)
【合住】 见"耶律合住"。(311页)
【合卓】 见"萧合卓"。(482页)
【合答】 见"哈答"。(395页)

【合赞】(1271—1304) 伊儿汗国第七代汗。蒙古孛儿只斤氏。阿鲁浑汗长子。幼抚育于祖父阿八哈汗处,习蒙文、畏兀儿文。阿鲁浑即位后,他承袭父原有封地呼罗珊、祃拶答而及剌夷、火木思两地。成宗元贞元年(1295)以拜都结权臣脱合察儿谋杀乞合都汗,夺取汗位,遂以讨叛为名,起兵攻杀拜都,取得汗位。原奉佛教,于呼罗珊建寺庙数所,日与佛教徒相聚;为与拜都争位,取得当地封建主及伊斯兰教徒支持,改信伊斯兰教,奉为国教,拆毁其他一切教堂道院,并以苏丹之称取代大汗之号,自名穆罕默德。始终与中央王朝保持往来,其称汗及皈依伊斯兰教均得到元成宗铁穆耳的承认,并数遣使入朝贡献珍宝;成宗亦以蒙哥汗以来旭烈兀封地彰德路应得之五户丝岁赋赐之。即位初,遣军抵御察合台后王笃哇与窝阔台后主撒儿班对呼罗珊、祃拶答而的进犯。先后平息速海、阿儿思兰等叛王,讨平脱合察儿、涅乎鲁思之乱。1299、1300、1303年三次用兵西利亚(叙利亚)。在位期间,进行一系列政治、经济改革:改变丞相把持朝政的局面,亲主政务,清除积弊;加强法制,限制诸王权贵横行;制定税率,废除高利贷;整治驿站,鼓励农桑,统一货币及度量衡,改变了即位初帑藏空虚,民力殆尽的状况,库藏逐年增加。学博识广,除蒙古语外,尚晓阿拉伯、波斯、汉、藏、印度等语。对天文、化学、医药、技艺、矿物等亦有一定学识,于帖必力思(今大不里士)创建圆顶天文台。熟知蒙古史,并命丞相拉施特哀丁编纂蒙古史——《史集》,这些珍贵史料至今流传于世。

【合赤温】 见"哈赤温"。(396页)
【合剌带】 见"哈剌䚟"。(396页)

【合撒儿】(1164—?) 又作哈撒儿、哈萨儿、拙赤合撒儿、搠只哈撒儿等。蒙古国大将。孛儿只斤氏。也速该次子,铁木真(成吉思汗)弟。以勇猛善射著称。宋乾道六年(1170),父卒,部众离叛,家境衰落,靠渔猎维生,并屡遭泰赤乌部、蔑儿乞部逼迫,后得克烈部王罕、札只剌部札木合援胁,败蔑儿乞部,得以复仇。宋淳熙十六年(1189),铁木真即蒙古部汗位后,充任"云都赤"(佩刀宿卫)。寻爆发"十三翼之战",与月月伦共掌第一翼,抗击札只剌等十三部的进攻。嘉泰三年(1203),铁木真为克烈部王罕败于合兰真沙陀(约今乌珠穆沁旗北境),他伪遣使者与克烈部约降,诱执其使者,悉王罕虚实,大败克烈部于者者额儿温都儿谷口,灭克烈部。次年,掌中军败乃蛮部于纳忽山(位于今鄂尔浑河东土拉河西),以功定其后裔位在诸皇族之上。开禧二年(1206),蒙古国建立后分封时,得四千户为"忽必"(份子)。后因受萨满帖卜腾格里唆使,谋图帝位,被成吉思汗剥夺大部分民户。成吉思汗八年(1213),主左军攻取金蓟、平、滦及辽西诸州。次年与诸军合围金中都(今北京),迫金帝奉女,献金帛、人畜请和。十年(1215),下北京大定府。次年,降女真蒲鲜万奴。其封地在今额尔古纳河、海拉尔河一带。约卒于十四年(1219)前。

【合儿班答】(1281—1316) 又作合而班答。伊儿汗国第八代汗。蒙古孛儿只斤氏。阿鲁浑汗第三子,合赞汗之弟。原受合赞汗命镇守呼罗珊。成宗大德八年(1304),合赞汗死,遵遗命嗣位,号完者都汗(意为"有幸运之汗")。为清除汗位争夺者,先后乞合都汗子阿剌弗朗及支持者呼罗珊军统帅哈儿忽答。承父遗志,建新都,名孙丹尼牙(今伊朗苏丹尼耶)。在位期间,曾先后征服歧兰、也里,一度进军西利亚(叙利亚)。始终与中央王朝保持密切往来,遣使贡献;元成宗铁穆耳、武宗海山亦屡遣人出使伊儿汗国,成宗曾先后遣使诏告与笃哇、察八儿议和事，颁授玺印"真命皇帝和顺万夷之宝"。与欧洲诸国亦保持联系，与法、英国王及罗马教皇互有书信往来。原信奉基督教，后从伊斯兰教，皈依十叶派。遵合赞汗成法，以拉施特哀丁为丞相理财政，颇有成效。重文教，好史学，于新都孙丹尼牙等地建学校，以拉施特哀丁修成珍贵历史文献《史集》。

【**合不勒罕**】又作葛不律寒、哈不勒罕。蒙古部贵族首领。屯必乃薛禅之子，蒙古国创建者°成吉思汗之曾祖父。威望甚高，部众归心，统一蒙古部，开始称"罕"（汗），一说蒙古称罕自其始。蒙古之先辈原以"乞颜"为氏，后族支繁衍，各有其名，"乞颜"之称遂废，届时，复以"乞颜"为氏，其后裔均冠以"乞颜"之称。与金朝建立联系，亲赴金廷，备受礼遇，与金帝共筵。势盛，为金所忌，迫其归服，不从，杀金使，关系破裂，击败金朝进剿之兵，势力大振，蒙古部逐渐发展为强部之一，为后来蒙古地区的统一奠定了基础。以妻弟赛因的斤被塔塔儿人萨满医治而死，起兵与妻族弘吉刺部与塔塔儿部交战，其子合丹击杀塔塔儿部首领篾年把阿秃儿。临终前，以诸子不足付大事，命令众议立俺巴孩为罕。

【**合刺合孙**】见"哈刺哈孙"。（397页）

【**合刺旭烈**】见"合刺旭烈兀"。（155页）

【**合刺普华**】又作哈刺普华。元朝大臣。畏兀儿人。°岳璘帖木儿第八子。幼与母居益都，习畏兀儿文及经史。中统三年（1262），从叔父撒吉思讨李璮有功，召入宿卫，受命至益都置广兴、商山二冶于四脚山，授商山铁冶都提举。寻让职于弟。伐宋时，任行都漕运使，率诸翼兵一万五千，督饷有方。江南平，曾谏兴学校，奖名节，以励天下之士。正名分，严考课，以定百官之法。后见罪于权臣阿合马，出为宁海州达鲁花赤，迁江南道（一作江西）宣慰使，改广东都转运使，兼领诸番市舶。至元二十一年（1284），与都元帅课儿伯海牙等征讨反元之欧南喜。未几，随右丞唆都征交趾，受命护饷道，至东莞、博乐二县，被欧狗、锤明亮等执，杀于中心冈。赠户部尚书，追封高昌郡侯，谥忠愍。

【**合丹斡忽勒**】见"合丹"。（154页）

【**合刺旭烈兀**】（？—1252）又作合刺旭烈。察合台汗国可汗。蒙古孛儿只斤氏。°察合台孙，木阿秃干子。1242—1246年在位。太宗后乃马真称制元年（1242）察合台死后，因其父战死范延堡功，受命监国。元定宗元年（1246），贵由即汗位后，以舍子传孙为非，被废黜，由察合台之子也速蒙哥嗣位。定宗后海迷失称制三年（1251），与诸王共同拥戴蒙哥即大汗位。蒙哥汗二年（1252），因功受命复嗣察合台封地，并执杀与蒙哥汗对抗的也速蒙哥，未至，死于归途。由其妃斡儿干纳代宣朝旨执杀也速蒙哥，并摄国事。

【**合鲁纳答思**】见"迦鲁纳答思"。（382页）

【**合刺思八斡节而**】见"扎巴俄色"。（37页）

【**合罗气把都儿台吉**】见"哑速火落赤把都儿"。（394页）

【**合骨咄禄毗伽可汗**】（？—789）又称长寿天亲可汗、天亲可汗、武义成功可汗、武义可汗。唐代回鹘汗国第四代可汗。药罗葛氏。°英义建功毗伽可汗移地健从父兄。原称顿莫贺达干，或作顿莫贺、莫贺达干。唐大历十四年（779）因谏阻移地健犯唐之举，不听，遂以兵击杀之，并杀可汗亲信及九姓胡凡二千余人，自立为汗，号合骨咄禄毗伽可汗。遣使建达干赴唐，受封为武义成功可汗。因唐振武军留后张光晟诱杀其叔父突董怀怨，冷淡唐册封使源休，后释疑，重大局，遣散支将军康赤心朝唐。贞元三年（787），复遣使长安贡方物，求和亲，德宗以咸安公主和亲。次年九月遣妹骨咄禄毗伽公主及国相跌跌都督，率众千人赴唐迎娶，对唐以"子婿"自称。德宗封其为泪咄禄长寿天亲毗伽可汗，公主为智惠端正长寿孝顺可敦。同年遣使赴唐，请改回纥为回鹘，取"捷鸷犹鹘"之意。五年（789）卒，在位十一年，子多逻斯继。

【**兆惠**】（？—1764）清朝将领。满洲正黄旗人。吴雅氏。字和甫。都统佛标之子。雍正九年（1731），由笔帖式入值军机处，补内阁中书。自十三年（1735）起至乾隆十一年（1746），七迁至副都统、护军统领。后力兼领户部侍郎，充经筵讲官。十八年（1753），奉命赴西藏防准噶尔。十九年，乾隆帝拟定准噶尔，奉命协理北路军务并总理粮饷。二十年，奉命率军驻乌里雅苏台。以阿睦尔撒纳叛，陷伊犁，被调赴西路巴里坤。次年，讨叛，复伊犁。阿睦尔撒纳逃遁哈萨克后，他与参赞大臣富德策应北进，至额密勒，阿睦尔撒纳叛入俄罗斯，乃还师，后授定边将军，参与平定回部首领博罗尼都和霍集占叛乱，率军由乌什取喀什噶尔（今新疆喀什），降其众。二十七年（1762），擢协办大学士兼领刑部尚书。同刘统勋等勘江南河运，后往勘海口，复察直隶河工，事竣还京。卒，谥文成。

【**邬金巴·仁钦贝**】（1230—1309）元代藏传佛教噶举派主巴噶举支派僧人。原名僧格贝。其家祖辈修宁玛派教法，故自幼跟家人修法有定力。年长，因其父要他娶妻成家，不从，逃至叔父家，随从学宁玛派的"玛摩"、"浦尔巴"等法，以及"胜乐"、"喜金刚"、"瑜伽坦特罗"等经论及其注释，成就法和仪轨等。宋淳祐五年（1245），赴博东艾，从仁钦孜摩学《集论》、《俱舍》、《量决定论》和《现观小注》等显教经论，获得说、辩论、著作三者无与伦比的美名。后从郭仓巴受五戒，成为近事弟子，学噶举派"大手印法"。又从高垅的垛德贝学《现观小注》和阅读《毗奈耶》律典。二十岁由博东仁哲作亲教师，同时受沙弥、比丘两戒，法名仁钦贝。继从仁哲学卓译师所传《时轮金刚》全部教授，从高垅巴学恰译师所传《时轮金刚》法和历算，从桑结多吉学杂弥所传《时轮金刚》及其分支。并从德钦登寺之郭仓巴学得全部密法以及时轮法、时轮金则灌顶。后赴邬仗那（此唐人译音，藏人译写为u rgyan，汉音为邬坚）学法，故被称为邬坚巴。返藏后，为已故郭仓巴造了灵骨塔和几尊佛像。景定二年(1261)，偕徒众多人赴印度朝拜金刚座（亦称菩提道场，即释迦牟尼成佛的地方，在今菩提伽耶城），成为有名的瑜伽大师，通晓一切显密教法。返藏后，周游聂地区的洛饶、措那、交尔等地，讲经传法，影响一方。后曾应元世祖忽必烈诏请到大都（今北京），为忽必烈授时轮曼陀罗灌顶。拒绝忽必烈挽留，不辞而别。

【朵哇】 见"笃哇"。（403页）

【朵儿只】（1304—1355） 又作朵而只。元朝大臣。蒙古札剌儿氏。成吉思汗十大功臣之一*木华黎六世孙，*脱脱之子。初任宿卫，英宗至治二年（1322），任集贤学士。次年，随英宗幸上都，八月南坡之变，英宗被叛臣铁失等所弑，朵儿只亦被执，后以其从子朵尔直班求免，得脱于难。文宗天历二年（1329），袭国王位，赴辽阳就国。惠宗后至元三年（1337），国王位为乃蛮台所嗣，次年，迁辽阳行省左丞相。六年，迁河南行省左丞相。至正四年（1344），迁江浙行省左丞相，镇压汀州义军，惠宗亲赐九龙衣。七年（1347），升御史大夫、中书左丞相、右丞相。在任期间，能举贤士，不恃权谋殊。九年（1349），罢相，复袭国王位。十四年（1354），从丞相脱脱南下镇压张士诚义军，破六合，留守扬州。次年，死于军中。

【朵儿赤】（1246—1397） 元朝官员。字道明。党项族，元称唐兀氏。*斡扎箦之子。年十五，通古注《论语》、《孟子》《尚书》。受世祖召见，进言亲君子、远小人之义。授中兴路新民总管，措画屯军事。招子弟之壮者垦田，塞黄河九口，开其三流，凡三载，赋额增倍，转营田使，升潼川府尹。以官旷地给民，视秩分亩，而薄其税，潼川公府仕者因有禄田。不久，任云南廉访副使，防守诸шагу之叛，抵制行省丞相帖木迭儿之贪暴、枉法与诛杀，使安抚使法花鲁丁免于极刑，并复其官。时省臣受贿、诈奏蛮叛，起兵杀良民，亦奏劾废之。

【朵罗台】 元朝著名弓匠。党项族，元称唐兀氏。祖*小丑，父塔儿忽台。业弓世家。曾从万户也速觯儿、玉哇赤等累战有功，授前卫亲军百户。累官昭信校尉、夻陇屯田千户所达鲁花赤，后以病退。

【朵鲁不】 见"萧朵鲁不"。（488页）

【朵尔直班】 又作朵儿只班，字惟中。元朝大臣。蒙古札剌儿氏。成吉思汗十大功臣之一*木华黎七世孙，别理哥帖木儿之子。好读书，通汉文。初任宿卫、工部郎中。惠宗元统元年（1333），擢为监察御史。数谏时政之策，主张振纲纪，修刑政，疏邪佞，任忠良，赈饥民，减冗员，罢不急之工役，止无名之赏赐等。不畏权势，对丞相伯颜、御史大夫唐其势之家人怙势扰民皆绳之以法，并弹劾唐其势从子、钦察亲军指挥使马马沙恣横不法。后历任奎章阁学士院供奉学士、承制学士、侍书学士、同知经筵事，侍汗左右。至正（1341—1368）初年，任大宗正府也可札鲁忽赤（大断事官），执法严明，对宗王违法者亦奏请治罪。后出任淮东肃政廉访使，迁江西行省左丞。至正五年（1345），晋中书参知政事，六年升中书右丞，寻出为辽阳行省平章政事，在任期间，惩治不法，百官豪贾皆畏

之。十一年（1351），拜中书平章政事，以河南红巾义军起，首倡治国之道及守荆襄、湖广的用兵之策，以镇抚义军。后出任陕西行台御史大夫，督军复商州，并修筑奉元城垒以拒义军。因开罪丞相脱脱，出为湖广行省平章政事，任中屡遭脱脱同党的加害与诬陷。卒于黄州兰溪驿，年仅四十。生前喜五言诗，尤精字画，著有《学本》、《君道》、《臣职》、《国政》四书，惠宗赐名《治原通训》。

【朵里不花】 又作朵列不花。元朝官员。蒙古族。字端甫。始为宿卫官，累擢辽阳行省右丞，升平章政事。至正十八年（1358），迁江西行省平章政事，与阿儿浑沙等分道进征陈友谅所率天完军。泛海南下，趋广东，驻军揭阳，收降猺族义军首领金元祐，取循、梅、惠三州，复英、肇、钦、连诸郡，进图江西。二十一年（1361），分省广州，以广东廉访使八撒剌不花拒朝命，奉命征之。后金元祐与诸子复举兵反，领兵拒战，受创，被执杀。

【朵尔只失结】（？—1396） 土族东祁土司之祖。青海西宁州人，世居青海乐都县胜番沟，史称东祁土司。元末任甘肃行省都司右丞。明洪武四年（1371），附明，授宣武将军、指挥佥事。五年，率兵随明将冯胜出甘州追袭北元军，北征金山寺、灰河、水平、蓟州，招降北元军，屡有功。六年，任西宁卫指挥佥事。七年，受命招抚西宁等地藏族。二十九年，战死。子端竹袭职。

【各吉八合】（？—1429） 明代云南永宁府土官。纳西族。永宁州知州*卜都各吉之子。建文年间（1399—1402），父病故，袭知州职。永乐三年（1405）十二月，率香罗、革甸、瓦鲁之、剌次和等四处西番（今普米族）伙头赴京朝觐。四年四月，升永宁州为府，授中顺大夫、永宁府知府，并赐给镌有"克笃忠贞"四字的银花金带。宣德四年（1429），为永宁蛮寨矢不剌非及四川盐井卫土官马剌非所杀。

【多同】 西汉西南夷夜郎侯。建元六年（公元前135年），汉武帝为开发西南地区，以唐蒙为中郎将出使夜郎，赠其大批财物，议定在夜郎境内修治道路，设郡县，置官吏，设立了牂为郡，修筑了从僰道至牂柯江的道路。元狩元年（公元前122年），武帝命王然于等出使滇国，后至夜郎，夜郎侯自以一州王，不知汉广大，问汉使："汉孰与我大？"故后世存"夜郎自大"之说。元鼎六年（公元前111年），汉灭南越。设置牂柯郡，夜郎侯遂入朝，受封夜郎王，受王印。

【多铎】（1614—1649） 清初将领。满族，爱新觉罗氏。清太祖*努力尔哈赤第十五子。初封贝勒。后金天聪二年（1628），从太宗征多罗特部有功，赐号额尔克楚呼尔。三年，从太宗征明，同贝勒莽古尔泰等降汉儿庄，克遵化，进逼明京。与明宁远巡抚袁崇焕、锦州总兵祖大寿二万兵战于广渠门，歼明山海关援军于蓟州。五年，直言时政，以法司诸臣实心秉公执法者少，建言令诸臣明习法律，遵守成规。八月，从太宗围明大凌河，败明四万援军。六年，从太宗征察哈尔林丹汗。八年，从太宗征明，克保安州，略朔州，至五台山。九年，征山西，率军入宁远界。

清崇德元年(1636),晋和硕豫亲王,掌礼部事。八月,同睿亲王多尔衮征明锦州,降胡有升等。十二月,从太宗用兵朝鲜,入都城。四年(1639),因事降多罗贝勒。八月,奉命掌兵部事。同肃亲王豪格征宁远,败明军于城北。五年,同郑亲王分统左右翼兵屯田义州。六年,围锦州,败明援兵。设伏大败明总兵吴三桂。以功晋多罗豫郡王。顺治元年(1664),随睿亲王入关,破李自成义军,晋和硕豫亲王。寻拜定国大将军,统师南征,于潼关败李自成军。二年,攻南京,克扬州,杀史可法,于芜湖俘福王朱由崧。晋和硕德豫亲王。三年,拜扬威大将军,攻蒙古苏尼特部腾机思、腾机特。四年,晋辅政叔德豫亲王。

【多敏】 清代满族女诗人。字惠如。喜塔腊氏。光绪朝漕运总督松椿妻,宝康母。著有《逸情阁遗诗》。

【多土宁】 明代云南陇川傣族首领。受明封为陇川宣抚司宣抚。万历(1573—1620)间,缅甸东吁国主莽应龙率军侵陇川,招其合兵内侵,不从,并将缅侵明计划密告明守边将领为备,称缅内侵之策有二,一为交结木邦,扰顺宁、蒙化,犯大理;一为由木邦出顺宁、蒙化之背,老姚关,取施甸,唾手得永昌、腾越之地。时有江西抚州人岳凤,黠而多智,经商陇川,得其信任,妻以妹。凤谋夺其权,与附近各土司结盟,诱其投东吁。不从,被风子囊乌鸦杀。风夺宣抚印投缅。

【多尔济】 ①(？—1645)清朝蒙古王公。阿巴噶部人。博尔济吉特氏。杨古岱卓哩克图子。号额齐格诺颜。初称阿噜蒙古。隶察哈尔部。后因不堪察哈尔林丹汗虐,徙牧漠北克鲁伦河流域依附喀尔喀车臣汗硕垒。天聪二年(1628),与喀喇沁、土默特、鄂尔多斯诸部长击察哈尔部于土默特之赵城。崇德三年(1638),遣台吉绰尔济贡马及貂皮。四年,归附清朝。五年,遣使贡马,六年,封札萨克多罗哩克图郡王。同年,复遣使贡驼马牛羊。②(？—1646)清朝蒙古王公。乌珠穆沁部人。博尔济吉特氏。成吉思汗十八世孙。翁衮都喇尔子。附属察哈尔部,号车臣济农。为避察哈尔林丹汗侵扰,往依喀尔喀车臣汗硕垒。天聪九年(1635),与硕垒初向后金入贡。崇德二年(1637),率众投附清朝。三年二月,率众从征喀尔喀部。六年正月,遣使献雕鞍和马。七年(一说六年),封札萨克和硕亲王,留车臣号。顺治三年(1646),掌乌珠穆沁左翼。遣属部达喇海随军征苏尼特部腾机思。旋卒。③(？—1648)清初蒙古大臣。科尔沁兀鲁特部人。博尔济吉特氏。明安子。天命七年(1622),随父归附努尔哈赤,授备御,尚公主为额驸。天命十一年(1626)从征扎鲁特、栋奎、克什克腾诸部及朝鲜,皆有战功。天聪五年(1631),后金始设六部,任刑部承政,专理蒙古事。八年(1634),随后金帝皇太极征明,攻大同,受命领中军,大败明总兵曹文诏。崇德二年(1637),授内大臣,参预议政。四年随亲王济尔哈朗攻锦州。六年,随皇太极征明,设伏败明军于杏山,后以明总兵曹变蛟夜犯御营,多尔济不能御,被议罪。后晋一等梅勒章京。顺治二年(1645),晋三等昂邦章京。四年,改任三等总管。④号达赖巴图尔。清代卫拉特蒙古和硕特部台吉。*固始汗第六子。固始汗占领西藏后,为青海和硕特右翼首领。曾助兄达延鄂齐尔汗管理西藏政务,屡遣使向清廷纳贡。清顺治十一年(1654),固始汗卒,清廷遣官致祭。他派人进京致谢,并请设驿于西宁东以便贡使往返,遭拒。康熙十四年(1675),青海诸台吉乘王辅臣叛乱,举兵犯河西等地。他受达赖喇嘛使传谕,集部众。继以兵备御准噶尔部噶尔丹对青海的进犯。十八年(1679),准噶尔部楚琥尔乌巴什子罕都及其属额尔德尼和硕齐,为避噶尔丹乱,窜入漠南蒙古,劫乌拉特达里台吉等人畜。清廷令其"察归所掠"。以罕都等为噶尔丹属,不便查议告。旋卒。⑤清代卫拉特蒙古土尔扈特部贵族。巴木巴尔之祖父。清雍正九年(1731),遣使阿尔巴图、沙喇布丹津赴西藏礼佛,时值西藏阿尔布巴之乱初定,达赖喇嘛徙噶达,清政府为安全计,护送使者往噶达,使使者得以安全返归额济勒河(今伏尔加河)牧地。

【多尔衮】(1612—1650) 清初政治家。满族。爱新觉罗氏。太祖*努尔哈赤第十四子,初封贝勒,天聪二年(1628),从皇太极征蒙古察哈尔部,敖穆轮之战立功,赐号墨尔根岱青。三年,从征明,入龙井关、下汉儿庄,与袁崇焕战于广渠门,歼明山海关援军。五年,初设六部,受命掌吏部。八月,从皇太极围明大凌河,迫祖大寿以城降。九年(1635)四月,与贝勒岳讬等统万众于讬里图收服林丹汗之子额哲,得元朝传国玉玺。崇德元年(1636),晋封和硕睿亲王。八月,与弟多铎配合武英郡王阿济格、饶余贝勒阿巴泰入明境,统兵征山海关,以牵制明兵。十二月,从皇太极用兵朝鲜,克江华岛。三年二月,监筑辽阳、都尔鼻城,治理盛京至辽河大路。八月,率兵征明,克四十余城,俘二十五万之众。六年(1641)二月,违令远围锦州,擅令军士归,降为郡王。七年七月,以擒洪承畴,下锦州、松山、杏山、塔山功,复亲王爵。八年八月,顺治帝福临即位,与郑亲王济尔哈朗共为辅政王,执掌朝政。十二月,同郑亲王集众议定:罢诸王、贝勒、贝子管六部。顺治元年(1644)四月,授奉命大将军,统兵入关,败李自成义军,进驻北京。十月,晋封"叔父摄政王",继加封"皇父摄政王"。七年十二月,卒于喀喇河屯,追尊成宗义皇帝。未几,以谋逆罪,追夺爵位。

【多伦禅】 见"图龙禅"。(358页)

【多岳特】(？—1783) 清朝蒙古王公。喀尔喀札萨克图汗部人。博尔济吉特氏。格色克长子。乾隆十七年(1752),父卒,袭辅国公。二十年(1755),随清军征准噶尔部达瓦齐,奉命由乌里雅苏台解马赴科布多,私携所解马归牧,受劾,削爵。二十二年(1757),随赛音诺颜部郡王车木楚克扎布奉命招降乌梁海宰桑博和勒纳木扎勒等,只身赴济伯拉克堡侦察,因功授三等台吉,赐公品级。二十三年,追执乌梁海总管阿拉善等百余户逃众。二十六年(1761),解军需赴伊犁,济贝子额尔克沙喇军。

【多逻斯】 见"忠贞可汗"。(350页)

【多隆阿】(？—1864) 清朝将领。满洲正白旗人。

呼尔拉特氏。字礼堂。世居齐齐哈尔城。咸丰三年(1853)，以参领随蒙古科尔沁王僧格林沁入关，擢佐领。五年(1855)，奉檄援湖北，隶江宁将军都兴阿部，镇压太平天国起义军。破黄州(今湖北黄冈)、新州，从克广济。六年(1856)，从克武昌、汉阳。加副都统衔，补协领，充行营翼长，复广济。七年(1857)，会诸军破小池口，克黄梅。八年，复九江，攻太湖，逼安庆，破宿松，败陈玉成。九年，进逼太湖，败陈玉成援军。十年，克太湖。居首功，加头品顶戴。十一年(1861)，与陈玉成战于磨山、鲍家桥等地，旋克桐城、宿松，加都统衔，补授正红旗蒙古都统，寻授荆州将军。同治元年(1862)，进兵庐州(今安徽合肥)。后赴陕西督办军务。二年，调西安将军。三年，卒于军。谥忠勇。

【多日隆赞】 吐蕃雅隆部落赞普。赞普岱珍赞之子。相传从其起，始有赞普王族与平民结婚的习俗，标志吐蕃王族血缘观念及界限的崩溃。

【多达那波】 《蒙古源流》作道尔达尔罕。宋代蒙古人。嘉熙三年(1239)，奉蒙古国窝阔台汗子阔端命，自凉州(今甘肃武威)率蒙古军进入卫藏。在藏北，派人烧毁1056年兴建的热振寺和1012年兴建的杰拉康寺，法师赛敦等五百多僧众惨遭杀害。次年，撤军，返回甘青地区。建议阔端选用当地宗教首领协助蒙古统治卫藏地区，并详尽介绍卫藏诸派情况，指出，卫藏地方噶当派的寺庙最多，达垅派首领最顾情面，荣誉德望以止贡派京俄大师为尊，佛法以萨迦派班智达为最精。阔端经过权衡，最后选中萨班。宋淳祐四年(1244)，奉阔端命，与杰门再次领兵进藏，携带阔端致萨班信函和礼物，召萨班赴凉州，晓商卫藏地区归顺蒙古事宜。对西藏纳入元朝版图的祖国统一大业作出贡献。

【多吉弥觉】 见"藏巴仁波且"。(612页)

【多吉绕登】 清代康区甘孜孔萨第一代土司。藏族。扩展实力，健全头人制度，赴西藏朝拜七世达赖喇嘛格桑嘉措，自称是达赖弟子。邀热振活佛昂旺秋登赴甘孜寺讲经传法，声望益增。雍正六年(1728)，受册封，颁发印信、号纸，自此每年纳赋，轮班朝觐。

【多吉僧格】 见"朗日塘巴"。(474页)

【多罗那他】(1575—1634) 明末藏传佛教觉囊派高僧。原名觉囊衮噶宁波。藏族。生于卫藏界上喀热琼尊。相传为觉囊衮噶卓乔大师转世。初学经于觉囊寺。万历三十二年(1604)，从乍米扬坎架札木素受比丘戒，后依卫藏众多师长学法。时印度僧人因国内动乱纷纷进藏，他热诚接待、供养，并依印僧口述撰《印度佛教史》，成书于万历三十六年(1608)。在仁蚌巴支持下势力大增，集资建达丹彭措林寺(后五世达赖更名甘丹彭措林寺)，渐负盛名。应蒙古喀尔喀部之请，前往蒙古长驻传教，四世达赖赐以"大慈迈达里呼图克图"名号。在蒙古传教二十余年，久居库伦(今乌兰巴托)，深得王公百姓崇信。蒙语又称"温都尔格根"(高位光明者)、"帕克托格根"(圣光明者)，成为蒙古掌教喇嘛。又先后被尊为"大慈诺门罕"、"博硕克图济农"，号为"转金轮彻辰济农汗"。晚年录完金字甘珠尔经。崇祯七年(1634)，于库伦圆寂，转为喀尔喀蒙古土谢图汗衮布多尔济之子札那巴札尔，即哲布尊丹巴呼图克图一世。此后依次转世。所著《印度佛教史》最为有名，国内外均有译本流传，为研究印度佛教史权威著作。

【多尔济扎布】(？—1800) 清朝将领。蒙古镶黄旗人。巴鲁特氏。由蓝翎侍卫累擢湖北郧阳参将。从征镇筸苗族，升副将。嘉庆三年(1798)，署宜昌镇总兵。随军镇压白莲教张汉潮于山中，以功受嘉奖。五年(1800)，授广东碣石镇总兵。继镇压陕西白莲教于洵阳三岔山，乘胜深入，被围，战死军中，追授骑都尉世职。

【多尔济车登】(？—1764) 清朝蒙古王公。喀尔喀札萨克图汗部人。博尔济吉特氏。沙克札长子。乾隆二年(1737)，袭札萨克辅国公。二十年(1755)，随清军征准噶尔部达瓦齐。后为阿睦尔撒纳所执，不屈。二十一年，定边左副将军哈达征阿睦尔撒纳，他脱归，复公爵。随军征青衮咱卜，青衮咱卜被擒后，他受命分辖其众，赐双眼孔雀翎。二十二年，授所部副将军参赞。

【多克辛诺颜】 见"哈喇忽剌"。(397页)

【多尔济达木巴】(？—约1732) 一译多尔济丹巴。清代卫拉特蒙古准噶尔部台吉。姓绰罗斯。*噶尔丹策零同曾祖兄弟，*大策凌敦多布次子。雍正九年(1731)秋，随父领兵犯喀尔喀科布多等地，被喀尔喀副将军丹津多尔济、额驸策凌击败。翌年，复偕小策凌敦多布领兵三万掠塔密尔诸地。受额驸策凌等追击，兵败于克尔森齐老、额尔德尼昭，损失惨重，身负重伤，回准噶尔后不久病死。

【多尔济达尔汉】(？—1660) 清朝大臣。蒙古族。博尔济吉特氏。居翁牛特。初为察哈尔部宰桑。后金天聪八年(1634)，林丹汗兵败死于大草滩后，与德参济旺等降后金。隶蒙古镶黄旗。崇德元年(1636)，授世职一等梅勒章京，任都察院承政。三年(1638)，改参政。六年(1641)，随皇太极征明将洪承畴，以功擢内大臣，仍兼参政。七年，从饶余贝勒阿巴泰攻明，自蓟州至兖州。顺治间进三等总管，复授都察院承政。七年(1642)，以内大臣参与议政，兼云骑尉。卒，谥顺僖。

【多尔济色布腾】(？—1737) 清代卫拉特蒙古准噶尔部台吉。姓绰罗斯。*噶尔丹策零同曾祖兄弟，*丹济拉长子。康熙四十七年(1708)，袭父位，为札萨克辅国公。五十四年(1715)，因准军侵掠哈密，奉命率兵驻杭爱山，抚降贡楚克藏布等。雍正元年(1723)，晋固山贝子。八年(1730)，授多罗贝勒，从靖边大将军傅尔丹驻防科布多。

【多罗土蛮把都儿黄台吉】(？—1587) 又称歹雅黄台吉、歹言黄台吉。明代蒙古多罗土蛮部领主。孛儿只斤氏。*达延汗重孙，*阿尔苏博罗特长孙。拥兵万余人。初驻牧于山西偏关外。隆庆五年(1571)，受明封为指挥同知，在山西水泉营与明朝互市。与俺答汗合作，如左右手。万历十四年(1586)，与瓦剌相仇杀。同年，与弟火落

【色本】(？—1636) 后金时期蒙古王公。扎噜特部人。博尔济吉特氏。初以兵助明，被后金所擒。后金天命五年(1620)，释归。为避察哈尔侵扰，往依科尔沁。天聪二年(1628)，与弟玛尼附后金。三年，随后金军征明，以功赐号达尔汉巴图鲁。四年，从攻昌黎。八年(1634)，攻朔州。十年卒。顺治五年(1648)，追封多罗达尔汉贝勒。

【色棱】①(？—1645)清初将领。蒙古族。巴林部人。博尔济吉特氏。*满珠习礼从弟。天聪二年(1628)，娶郡君，授多罗额附。三年，随皇太极征明，因马多瘠受责。崇德六年(1641)，向后金贡驼马貂皮。从围锦州，败明兵于松山(今辽宁锦县西南)。七年，从贝勒阿巴泰攻明，下蓟州(治今河北蓟县)，趋山东，克兖州。顺治二年(1645)卒，五年(1648)，追赠固山贝子。②(？—1657)清初将领。蒙古族。喀喇沁部人。乌梁氏。图琳固英子。天聪八年(1634)，随清军征明，入得胜堡攻大同。九年正月，授札萨克。与塔布囊万丹伟征入明边，至辽河源。崇德三年(1638)，随贝勒岳讬败明军于卢沟桥。六年(1641)，随睿亲王多尔衮围锦州，败明总督洪承畴援兵。七年，与都统谭泰入蓟州(治今河北蓟县)，下山东。次年，至怀柔，败明总兵唐通于螺山。顺治五年(1648)，封镇国公。六年，从征喀尔喀。③(？—1664)清朝将领。蒙古族。扎赉特部人。博尔济吉特氏。固山贝子蒙衮长子。崇德元年(1636)，随军围明锦州，败总督洪承畴援兵。七年从征塔山，毁其城。顺治三年(1646)，从征苏尼特腾机思，败喀尔喀士谢图汗、车臣汗援兵。五年(1648)，袭固山贝子，领札萨克。七年(1650)，从征姜瓖于大同。④(？—1669)清朝将领。蒙古族。杜尔伯特部人。博尔济吉特氏。元太祖弟*合撒儿(哈布图哈萨尔)十八世孙，阿都齐子。清天聪五年(1631)，朝觐皇太极。八年(1634)，从征明大同，克堡十。崇德元年(1636)，封辅国公。二年随亲政尼堪由朝鲜征瓦尔喀，至吉木海，败平壤巡抚、安州总兵及安边道援兵。后屡从征明。八年(1643)，以其属索朗阿随征黑龙江诸部功，赐号达尔汉。顺治三年(1646)从豫亲王多铎追袭苏尼特部腾机思，至谭特克山，斩茂海台吉。五年(1648)，晋封札萨克固山贝子。⑤(？—1671)清朝蒙古王公。乌珠穆沁部人。博尔济吉特氏。绰克图子。初嗣号额尔德尼台吉。崇德二年(1637)，率长子郭多布、次子额尔克奇塔特等附清。三年从征喀尔喀。六年遣敦多布及塔布囊骨塘等献驼马貂皮。顺治三年(1646)封札萨克多罗贝勒，留额尔德尼号。

【色力麦】 见"韩色力麦"。(530页)

【色布腾】 ①清初将领。蒙古族。巴林部人。博尔济吉特氏。*成吉思汗二十一世孙。色特尔子。崇德五年(1640)，朝觐皇太极。六年春，贡貂皮、驼马。八年(1643)，以清征明锦州、松山凯旋，奉表贺捷。顺治元年(1644)，随都统巴哈纳等定山东。三年(1646)，从豫亲王多铎追苏尼特部腾机思，败喀尔喀士谢图汗、车臣汗援兵。五年(1648)，正月，封札萨克辅国公。二月，尚固伦淑慧公主，授固伦额驸。七年(1650)，追叙其父归附功，晋多罗郡王。②(？—1755)清代卫拉特蒙古杜尔伯特部台吉。*车凌族弟。乾隆十八年(1753)，率众随"三车凌"内附，赐牧拜达里克。以"善约众"，令参赞军务。选部众二百偕内大臣萨喇尔招抚乌梁海及科哈沁部众。旋以所部患痘疫，受命徙张家口外，封多罗贝勒。归牧，协理盟长务。十九年十月，偕新降台吉讷默库、阿睦尔撒纳等入觐。二十年，随军讨达瓦齐，授参赞大臣，从西路军征进，克伊犁。阿睦尔撒纳叛乱后，请率军往击。以熟知厄鲁特情况，受命赴乌里雅苏台协办军务，授参赞大臣职加郡王品级。卒于途。③(1713—?)清代卫拉特蒙古和硕特部台吉。博尔济吉特氏。西藏*拉藏汗第三子。康熙五十六年(1717)，被大策凌敦多布军所俘执，押往准噶尔。乾隆二十年(1755)，受达瓦齐派遣，偕诺尔布驻防哈萨克界。清军抵伊犁时，献籍降。诏令入觐，封辅国公，屯牧喀尔喀。越二年，徙牧察哈尔。

【色尔衮】(？—1833) 清朝将领。达斡尔孟尔底音氏(一作孟尔丁或莫尔丹)，隶布特哈正黄旗。世居大莫丁屯。世袭佐领。从征廓尔喀复济咙，赐号托默欢巴图鲁。嘉庆二年(1797)，从德楞泰镇压川、陕、楚白莲教起义，累官总管加副都统衔。九年，授黑龙楚喀(今黑龙江阿城)副都统。十一年，调伊犁领队大臣，寻授镶蓝旗副都统。十五年，改伯都讷(今吉林扶余)副都统，移阿勒楚喀副都统。十八年，参与镇压李文成领导的起义。文成自焚死。二十四年调黑龙江副都统，寻以都统衔充呼伦贝尔办事大臣。道光十三年(1833)病故，谥勇壮。

【色楞额】(？—1887) 清朝大臣。达斡尔郭贝尔氏。世居东布特哈莽鼐屯。字石友。察哈尔副都统都尔通阿子。初从叔父都兴阿，累官为记名副都统，赐号讷恩登额巴图鲁。光绪元年(1875)，盛京将军都兴阿卒，崇实代之，奏充客兵全营翼长，寻署兴京副都统。三年，调成都副都统。五年，迁驻藏办事大臣，划立川藏边界，立碑于噶坝叩坝之北雄辣山巅，以息争端。十一年，调库伦办事大臣。次年迁伊犁将军，请拨款修路，获允。

【色尔格克】(？—1681) 清朝蒙古大臣。喀喇彻哩克部人。博尔济吉特氏。阿拜岱巴图鲁子。袭父职，任三等甲喇章京，继授一等侍卫。崇德元年(1636)，从征朝鲜。五年(1640)，从郑亲王济尔哈朗等征明，围锦州，率侍卫搏战，斩降明蒙古将领僧格依。次年复围锦州，以伏兵击敌，获明将及甲械等，以功受赏。继随清帝皇太极战明将洪承畴，于高桥伏击明军，继围松山。七年(1642)，从贝勒阿巴泰攻明临城，略山东、青州。世祖即位初，授二等梅勒章京，进内大臣。康熙十二年(1673)，加太子少

【色沁曲结】 见"伊拉古克三呼图克图"。（152页）

【色布腾扎勒】（?—1731） 清代卫拉特蒙古准噶尔部台吉。*噶尔丹兄*卓特巴巴图尔子。康熙三十六年（1697），噶尔丹败亡后，青海诸部内附，以年幼未至。四十二年（1703），受命进京朝觐，封多罗贝勒。五十四年（1715），议迁里塘达赖喇嘛噶桑嘉措进京，以察罕丹津不从，遣使奏报清廷。雍正元年（1723），罗卜藏丹津叛乱，胁迫青海绰罗斯众附叛。他勉力从行。后以罗卜藏丹津强令其攻掠西宁，不从，遣人驰告清廷。清军至，率属众二千余迎降，被置西川口外。因劝导从叛贝勒罗卜藏察罕、辅国公车凌、台吉诺尔布反正，受嘉奖，晋多罗郡王。三年（1725），授札萨克，奉令入觐，获赏银千两。

【色布腾旺布】（?—1748） 清代卫拉特蒙古准噶尔部台吉。多罗郡王阿喇布坦次子。初，游牧推河，尚郡主，授多罗额驸。雍正元年（1723），晋多罗贝勒，授札萨克。兄车凌旺布卒后，袭札萨克多罗郡王爵，授盟长。九年（1731），拒从噶尔丹策零攻袭喀尔喀，领兵百余护游牧。复请徙牧喀尔喀河，获允。乾隆元年（1736），命御前行走。卒，子朋素克嗣，复徙推河。

【色提巴尔第】（?—1788） 一译色提卜阿勒氏、色提巴勒氏。清朝官员。维吾尔族。新疆乌什人。拜城伯克齐里克（齐）子。父死，嗣位。为准噶尔贵族胁徙伊犁。清乾隆二十年（1755），清军定伊犁，请内附。阿睦尔撒纳叛后，徙居巴里坤。次年，乱平，返伊犁。受定边右副将军兆惠遣，侦霍集占叛状。后从征准噶尔宰桑呢吗有功，赏四品顶戴。二十三年（1758），从雅尔哈善征霍集占，授三品总管，于库车大败霍集占。继从兆惠进军叶尔羌（今莎车），被困喀喇乌苏。次年春，围解还阿克苏。夏，引导兆惠取喀什噶尔（今喀什）。受命驻英吉沙尔筹济军粮，任英吉沙尔阿奇木伯克。二十五年（1760），调任阿克苏阿奇木伯克。从提督杨宁剿喀什噶尔伯克迈喇木、呢雅斯。授散秩大臣，赏二品顶翎。后代理英吉沙尔、喀什噶尔阿奇木伯克。二十六年（1761），返阿克苏，以畜物助伊犁屯田民，获赏。二十九年（1764），进京朝觐，封辅国公。次年，归阿克苏，为清军转运粮饷，协助镇压乌什赖和木图拉起义，负责监修乌什新城。三十五年（1770），进京朝觐，授喀什噶尔阿奇木。继调任叶尔羌阿奇木。因揭发叶尔羌办事大臣高朴伙同鄂对盗采官玉有功，赏贝子衔。

【色棱墨尔根】（?—1680） 清朝蒙古王公。阿巴哈纳尔部人。博尔济吉特氏。多尔济伊勒登长子。初依喀尔喀蒙古车臣汗硕垒，驻牧于克鲁伦河，后为喀尔喀所迫，南徙绰诺陀罗海。康熙五年（1666），率众三百余归附清朝。六年，封札萨克多罗贝勒，本部掌左翼。清朝以阿巴噶部原牧地给阿巴哈纳尔部。

【色布腾多尔济】（?—1643） 清朝蒙古王公。科尔沁部人。博尔济吉特氏。阿喇布坦长子。康熙五十八年（1719）父卒，因年幼，由叔父罗卜藏喇什袭郡王爵，乾隆三年（1738），叔父卒，封固山贝子，在乾清门行走。

【色提卜阿勒氏】 见"色提巴尔第"。（160页）

【色布腾巴尔珠尔】 清代卫拉特蒙古准噶尔部台吉。*噶尔丹博硕克图汗子。康熙三十五年（1696），从乳母之父晖特和硕齐狩猎巴里坤，被哈密伯克额贝都拉长子郭帕伯克俘虏，献于清。后获宥，授一等侍卫。四十五年（1706），娶轻车都尉觉罗长泰女，晋镇国公。

【旭烈兀】（1217—1265） 又作旭烈、呼里兀。伊儿汗国创建者。蒙古孛儿只斤氏。*拖雷之子，元宪宗*蒙哥、世祖*忽必烈之弟。窝阔台汗七年（1235），随宗王拔都西征，十三年（1241），攻入马札儿（今匈牙利），与速不台等分军五路，大败马札尔军于漕宁河。定宗后海迷失称制三年（1251），与诸王拥戴兄蒙哥即汗位，并受命察视持异议的失烈门等窝阔台系诸王的动静。宪宗三年（1253），任蒙古第三次西征统帅，出兵征未服诸国。六年（1256），灭木剌夷（在今伊朗）。八年，破报达（今伊拉克巴格达），灭哈里发政权。后以帖必力思（今伊朗大不里士）为中心建伊儿汗国。九年（1259），分兵三路侵入西利亚（今叙利亚），连破阿勒颇、大马司革等城。翌年闻蒙哥死讯，留先锋怯的不花代统军继续征进，自率军还师波斯。中统元年（1260），得悉忽必烈即汗位，遣使表示拥戴，并指责阿里不哥争夺汗位之举。中统三年（1262，一说二年），因杀害拔都系后王及屠斯兰教徒等因，与钦察汗别儿哥发生战争，互有胜负。至元元年（1264），被忽必烈正式册封为伊儿汗，统辖东起阿姆河，西至地中海，北抵高加索，南达印度洋的广大地区。以其子阿八哈等为长官分辖各地，并于阿剌塔黑驻夏之所兴建宫殿，于库亦城建庙堂，于蔑剌合建天文台。次年病卒。

【 、 】

【刘乂】（?—317） 十六国时期汉（前赵）王子。新兴（治今山西忻县）匈奴人。汉国建立者*刘渊子，*刘聪弟。河瑞二年（310），封北海王。父临终前，受委为抚军大将军、领司隶校尉。与齐王刘裕、鲁王刘隆并称"三王"，总强兵于内，为宗正呼延攸所忌。太子刘和即位后，性好猜忌，听信呼延攸等谗言，遣尚书田密等攻之，密挟其斩关归奔刘聪。聪即位后，封皇太弟，领大单于、大司徒。后以所谏逆聪意，渐失宠。建元元年（315），东宫舍人荀裕告发其欲谋反，聪遣军监守东宫，禁其朝会，被迫欲让储副于聪子晋王刘粲。麟嘉二年（317），为粲诬陷，以谋反罪，废为北部王，旋被粲杀。

【刘劢】（?—318） 十六国时期汉（前赵）王子。新兴（治今山西忻县）匈奴人。国君*刘聪子。嘉平二年（312），封齐王。麟嘉元年（316），被靳准等诬陷与皇太弟刘乂共谋作乱。三年（318），封大司徒。后遭靳准谗陷，被刘粲杀害。

【刘武】 见"刘虎"。（160页）

【刘虎】①（?—341）又作刘武。一名乌路孤。西晋时铁弗匈奴首领。南匈奴单于之苗裔，右贤王*去卑之孙，浩升爰之子。居新兴郡虑虒县(今山西五台县东北)之北。时北人以父匈奴母鲜卑所生者为"铁弗"，遂以为氏。初臣附于晋，继以部众稍强，举兵叛附汉国，遭晋并州刺史刘琨袭击。晋怀帝永嘉四年(310)，联合白部鲜卑，攻刘琨控制之新兴、雁门二郡，为刘琨及鲜卑拓跋猗卢所败，西渡黄河，据朔方(今内蒙古河套一带)肆卢川，归附汉国刘聪，封楼烦公、安北将军。晋元帝太兴元年(318)，攻鲜卑拓跋郁律西部，兵败，走出塞。晋成帝咸康七年(341)，复攻鲜卑代王拓跋什翼犍，兵败，仅以身免，旋卒。②(？—416)北魏起义首领。族属稽胡(又作山胡)。神瑞二年(415)三月，从河西胡白亚栗斯于上党(治安民，今山西襄垣县东北)起兵反魏，推栗斯为大单于。四月，众废栗斯，立其为主，号率善王。大败魏将公孙表，杀伤甚众。次年九月，为魏中领军叔孙建所败，与谋主司马顺宰皆死，部众万余被杀，十万余被俘。一称渡河东走，至陈留(今开封市东)，为部下所杀。

【刘易】(？—316) 十六国时期汉(前赵)王子。新兴(治今山西忻县)匈奴人。国君*刘聪子。光兴元年(310)，聪即位后，封河间王。嘉平二年(312)，拜车骑将军。三年，舍死谏阻聪擅杀廷尉陈元达。以骠骑将军职与大将军刘粲引兵拒击晋并州刺史刘琨及代公拓跋猗卢军。麟嘉元年(316)，与渤海王刘敷上表弹劾侍中王沈矫弄诏旨，诬陷忠臣，结党擅权，请罢官治罪，因相国刘粲作梗护沈，未果，忿忧而卒。

【刘和】(？—310) 十六国时期汉国国君。新兴(治今山西忻县)匈奴人。字玄泰。汉国创建者*刘渊之子。永凤元年(308)刘渊称帝后，封大将军、大司马、梁王。河瑞二年(310)，立为皇太子。同年，父死，嗣位，性多猜忌，不善驭下，听信谗言，忌其父置齐王裕、鲁王隆、北海王乂总强兵于内，楚王大司马刘聪拥兵十万屯平阳近郊，不自安，与西昌王刘锐、宗正呼延攸等相谋，遣军攻诸王，杀刘裕、刘隆，以刘聪有备，未果。后遭刘聪逼宫，与刘锐、呼延攸等被杀。

【刘显】 东晋时匈奴独孤部首领。本名丑伐。*刘库仁之子。晋孝武帝太元九年(384)，父死，自以库仁嫡子，未能承继父位，由其叔刘眷代领部众，怀怨。次年，击杀刘眷，自立为部落首领，又欲谋杀鲜卑拓跋珪(后为北魏道武帝)，事泄，未果。所部骚乱，数部叛离。十一年(386)，畏拓跋硅来逼，自善无南走马邑，族人奴真、弟刘肺泥相继举众降魏王拓跋珪，势衰。十二年，自恃地广兵强，掠取铁弗匈奴刘卫辰献于后燕主慕容垂之马匹三千，遭后燕还击，兵败，走马邑西山。继遭魏王与后燕联兵袭击，兵败弥泽，部众尽失，遁投西燕慕容永。

【刘胤】(？—329) 十六国时期前赵王子。字义孙。新兴(治今山西忻县)匈奴人。国君*刘曜次子。自幼聪颖，立为世子，及长，力壮善射。汉昌元年(318)，靳准作乱，杀国君刘粲，广诛刘氏男女，他没于黑匿郁鞠部，后被送归。光初六年(323)，父欲废太子刘熙更立胤，以群臣谏请，作罢，封永安王，拜侍中、卫大将军、都督二宫禁卫诸军事、录尚书事。八年(325)，封大司马、大单于，徙宣南阳王，置单于台于渭城(今陕西咸阳东北)。十年(327)，率兵攻前凉，取令居，进据振武。十一年，前赵为后赵石勒所败，父被执杀。次年，与太子刘熙谋西保秦州，率百官奔上邽。城破，与熙及将、王、公、卿三千余人被石虎执杀。

【刘宣】(？—308) 晋代匈奴贵族。字士则。新兴(治今山西忻县)人。汉国建立者*刘渊从祖。自幼好学，师事乐安孙炎。任匈奴右贤王。由并州刺史王广举荐，受晋武帝召见，甚受赏识，命为右部都尉。惠帝建武元年(304)，乘晋内争之机，连匈奴五部共举刘渊为大单于，众至五万，都于离石(今山西离石县)，任丞相，以翊戴功，甚受尊重，执掌军国内外大事。

【刘哥】 见"耶律刘哥"。(312页)

【刘豹】(？—279？) 三国西晋时南匈奴贵族首领。*持至尸逐侯单于扶罗之子。呼厨泉单于时任左贤王。东汉献帝建安二十一年(216)，呼厨泉入觐，被魏王曹操留于邺(今河北临漳县邺镇)，分部众为左、右、前、后、中五部，每部立贵族为帅，任左部帅。时单于内居邺，远离匈奴，其尊日疏；刘豹居于外，部众最强，威望日重，魏邵陵厉公曹芳嘉平三年(251)，以其部内有叛胡，分其部为二，以去其势。一说卒于晋武帝泰始八年(272)前。

【刘崇】(895—954) 五代北汉皇帝。951—954年在位。西突厥别部沙陀人。后汉高祖知远弟(一说从弟)。初隶河东军。后唐长兴(930—933)中，迁虢州军校，历任汉步军都指挥使、麟州刺史、河东马步军都指挥使兼三城巡检使泗州防御使。后汉高祖时，任河东节度使、北京留守、同平章事。隐帝嗣位，加检校太师、兼侍中。乾祐二年(949)，加中书令。乘隐帝年幼，招兵买马，据一方，朝命多不禀行。后周广顺元年(951)正月，即帝位于晋阳，国号汉，史称北汉，改名为旻，仍沿用后汉乾祐年号。据有并、汾等十二州。为与后周对抗，以重币求援于契丹，称侄以事之，受册为英武皇帝。曾与契丹军合攻潞州。境内赋役繁重，民甚苦之。七年(954)，与后周世宗柴荣战于高平，败归晋阳，十一月，病卒，一说卒于八年。谥神武帝，庙号世祖。

【刘猛】(？—272) 晋初并州匈奴首领。为北部帅(又作右贤王)。匈奴右贤王*去卑之裔。因先祖为汉氏外甥，故以刘为姓。武帝泰始七年(271)叛出塞，屯孔邪城，以兵攻并州，为并州刺史刘钦所破。次年，继为晋监军何桢所败。以部众强悍，仍为晋所患，难制。旋为左部帅李恪所杀。

【刘渊】(？—310) 十六国时期汉国(前赵)的建立者。304—310年在位。字元海。新兴(治今山西忻县)匈奴人。*冒顿单于之后裔，左部帅*刘豹之子。幼时博习经史，兼学武事，勇力善骑射。初在洛阳为人质。约晋武帝咸宁五年(279)，嗣左部帅。太康(280—289)末，改北部都尉，统万余落(即户)，居太原兹氏县，五部名士多归之。惠帝永熙元年(290),任建威将军、五部大都督,封汉光乡侯。元康(291—299)末,以部人叛出塞,免官。后复起为行宁朔将军,监五部军事,将兵于邺,继拜北单于。永兴元年(304),于左国城(今山西离石县东北),被族众拥为大单于,都于离石(今山西离石县),拥众五万余,起兵反晋。后迁都左国城,即汉王位,建国号汉,改元元熙。遣军攻太原,取泫氏、屯留、长子、中都,攻西河,取介休。次年,以离石大饥,徙屯黎亭(在今山西长治县西南)。元熙五年(308),遣军南据太行,东下赵、魏,攻占平阳,徙都蒲子(今山西隰县)。十月,称帝,改元永凤。次年,以蒲子崎岖,难于久安,徙都平阳(今山西临汾西北),改元河瑞,遣军攻洛阳、宜阳等地。河瑞二年(310)卒。追谥光文皇帝,庙号高祖。

【刘眷】(?—385) 又作刘头眷。东晋时匈奴独孤部首领。刘库仁之弟。东晋孝武帝太元九年(384)兄死后,继领部众。引前秦将张虬破白部大人絜佛。十年,击破贺兰部于善无(故址在今山西右玉县南),继破柔然于意辛山,获牛羊数十万头。后徙牧牛川(今内蒙古呼和浩特市西南)。对其子刘罗辰劝其防备兄子刘显谋乱事,不以为意,旋被显杀。

【刘隆】(?—310) 十六国时期汉(前赵)王子。新兴(治今山西忻县)匈奴人。汉国建立者刘渊子。河瑞元年(309),封鲁王。次年,父临终前,受委为尚书令。与齐王刘裕、北海王刘乂并称"三王",总强兵于内,为宗正呼延攸等所忌。太子刘和即位后,性好猜忌,听信呼延攸等谗言,遣攸等攻杀之。

【刘景】(?—318) 十六国时期汉(前赵)大臣。从刘渊举兵,历封右於陆王、大都督、大将军。汉河瑞元年(309),任灭晋大将军,统兵攻克黎阳,败晋将王堪于延津。因肆杀无辜,沉男女三万余人于河,黜为平房将军。后封汝阴王。与楚王刘聪等率兵五万攻洛阳,无功而还。嘉平四年(314),封太师,与晋王丞相刘粲等并为"七公"。后出任太宰,封上洛王。汉昌元年(318),遭大司空靳准谗陷,被汉帝刘粲杀。

【刘智】(约1660—1730) 清代伊斯兰教著译家。字介廉,号一斋。回族。江苏上元(今南京)人。伊斯兰教学者三杰之子。继承父业,攻读儒家经史子集和佛、道经书,并钻研阿拉伯文、波斯文、伊斯兰教经典。曾赴山东、河南、河北、湖南、湖北、陕西、甘肃等地访求遗经。后定居南京清凉山扫叶楼,从事著译。流传有《天方典礼》二十卷,详述正教之源流,真宰之认识,念、礼、斋、课、朝之五功,夫妇,父子,君臣,兄弟,服友纲常,以及居外、财货、冠服、饮食、婚丧之礼。《天方性理》一卷五章,为明道之书,详述宇宙造化流行之次第,天地人物各具之功能,身体心性显著之根由,身心性命所藏之妙用,以及天人浑化之极致,义理精蕴。另有《五功释义》一卷、《天方字母解义》等。晚年著《天方至圣实录》一书,博采天方群籍,胪列穆罕默德生平事迹。卒,葬聚宝门外,近雨花台。

【刘裕】(?—310) 十六国时期汉(前赵)王子。新兴(治今山西忻县)匈奴人。汉国建立者刘渊子。河瑞元年(309),封齐王。次年,父临终前,受委为大司徒。与鲁王刘隆、北海王刘乂并称"三王",总强兵于内,为宗正呼延攸等所忌。太子刘和即位后,性好猜忌,听信呼延攸等谗言,遣攸等攻杀之。

【刘粲】(?—318) 十六国时期汉(前赵)国君。新兴(治今山西忻县)匈奴人。字士光。汉国国君刘聪之子。光兴元年(310),封河内王,任抚军大将军,都督中外诸军事。受命领兵四万攻晋洛阳,陷垒壁百余。次年陷长安,杀守将晋南阳王司马模。嘉平二年(312),取晋阳。四年(314),为丞相,领大将军,录尚书事,晋封晋王。十一月任相国、大单于,总百揆,后军国之事均决于其一身。麟嘉二年(317),向刘聪诬陷皇太弟刘乂谋反,诛乂亲厚大臣及东宫官属数十人,废乂为北部王,寻遣人杀乂。不久,被立为皇太子。三年七月,即帝位,改元汉昌。即位后,耽于酒色,委政于大司空靳准,偏听准之言,诛杀太宰、上洛王刘景等诸王。八月,被靳准杀。

【刘熙】(?—329) 十六国时期前赵太子。字义光。新兴(治今山西忻县)匈奴人。国君刘曜子。光初二年(319),立为皇太子。六年(323),父欲废其而立刘胤,以群臣谏请,作罢。十一年(328),前赵为后赵石勒所败,父被执杀。次年,与南阳王刘胤谋西保秦州,率百官奔上邽。城破,与胤及将、王、公、卿三千余人被石虎执杀。

【刘敷】(?—316) 十六国时期汉(前赵)王子。新兴(治今山西忻县)匈奴人。国君刘聪子。嘉平二年(312),封渤海王。又拜大将军。麟嘉元年(316),被靳准等诬陷与皇太弟刘乂共谋作乱。与河间王刘易上表弹劾常侍王沈矫弄诏旨,诬陷忠臣,结党擅权,请罢官治罪,因相国刘粲作梗护沈,未果。以父刑赏紊乱,数切谏,均未获准,忧愤而卒。

【刘聪】(?—318) 十六国时期汉(前赵)国君。310—318年在位。新兴(治今山西忻县)匈奴人。一名载,字玄明。汉国创建者刘渊第四子。曾任右贤王、谷(鹿)蠡王,受命攻洛阳、宜阳等地。刘渊河瑞二年(310),封大司马、大单于,并录尚书事,拥兵十万屯平阳(汉都,今山西临汾西北)西。旋刘渊死,太子刘和即位,忌聪拥重兵,不自安,以兵攻之。聪有备,攻杀和,即帝位,改元光兴。自以越次而立,忌杀嫡兄刘恭。次年,遣军攻晋,破洛阳,执晋怀帝,改元嘉平。建元二年(316),陷长安,俘晋愍帝,改元麟嘉。次年,听信刘粲谗陷,疑皇太弟刘乂谋反,诛乂亲厚大臣及东宫官属数十人,废乂为北部王(后被粲遣人刺杀),立粲为皇太子。在位期间,骄奢淫暴,杀戮无已,诛剪公卿,泛赏滥赐,动辄千万。麟嘉三年(318)卒,追谥昭武皇帝,庙号烈宗。

【刘赟】(?—951) 五代后汉宗室。西突厥别部沙陀人。北汉世祖刘崇子,后汉高祖知远侄。乾祐元年(948),拜武宁节度使,驻徐州。二年,加同平章事。三年(950)，隐帝被杀，郭威入京师，见众臣无立己之意，又忌宗室刘崇、刘信、刘赟握重兵在外，故阳称辅其子帝，遣太师冯道迎之。至宋州，"澶州兵变"已拥郭威为帝，遂被幽于外馆。寻降授开府仪同三司、检校太师、上柱国，封湘阴公。次年，被杀。

【**刘曜**】（？—329） 十六国时期前赵国君。318—329年在位。新兴（治今山西忻县）匈奴人。字永明。汉国创建者*刘渊族子。雄勇善射，好兵书。初历仕刘渊、刘聪、刘粲三朝。元熙元年（304），任建武将军，受命攻太原，取泫氏、屯留、长子、中都。后封始安王，任征讨大都督。刘聪光兴二年（311），与呼延晏统军破洛阳，俘晋怀帝，以功封军骑大将军、雍州牧、中山王。麟嘉元年（316），陷长安，俘晋愍帝，以功任太宰，封秦王。刘粲汉昌元年（318），出任相国，都督中外诸军事，镇长安。旋因大将军靳准谋杀汉帝刘粲，统兵攻准，进军赤壁（今山西河津西北），受翊戴，即帝位，改元光初，尽杀靳氏。次年，徙都长安，改国号为赵，史称前赵。光初三年（320），攻晋陈仓，陷草壁、阴密，继以"抚剿兼施"之策，招降氐羌等族部分人众。六年（323），击杀秦州刺史陈安，降陇城、上邽，招降前凉张茂。八年（325），以兵攻后赵，兵败，退长安。在位期间，立太学、小学，选年十三至二十五岁者一千五百人入学受教。制定乘马、饮酒、祭祀的各种制度。十一年底（329年初），与后赵石勒交战，兵败洛阳，被俘杀。

【**刘骥**】（？—318） 十六国时期汉（前赵）王子。新兴（治今山西忻县）匈奴人。国君*刘聪子。嘉平二年（312），封济南王，又拜征西将军，筑西平城以居。麟嘉三年（318），为大将军、都督中外诸军事、录尚书。聪临终前，封大司马。后遭靳准谗陷，被刘粲杀害。

【**刘卫辰**】（？—391） 东晋时铁弗匈奴首领。*刘务桓第三子。穆帝升平三年（359），兄刘悉勿祁卒，杀兄子自立。遣子朝贡代国拓跋什翼犍，并与前秦苻坚相通，被封为左贤王，请寄田内地，春来秋返，获允。五年（361），以掠秦边民受苻坚责，遂背秦，专附于代。哀帝兴宁三年（365），叛代，为什翼犍所败。与匈奴右贤王曹毂联兵攻秦，兵败木根山，被俘，被苻坚封为夏阳公，继领本部众。废帝太和二年（367），遭什翼犍袭击，兵败奔前秦。孝武帝太元元年（376），导秦兵灭代，秦分代为二部，匈奴独孤部刘库仁统黄河以东，刘卫辰统黄河以西地区。以秦王苻坚厚遇库仁而薄己，耻居库仁之下，举兵叛杀秦五原太守，为库仁所败，部众尽失。后复被秦王封为西单于，屯代来城（故址在今内蒙古准噶尔旗及达拉特旗界内），督摄河西诸族。乘前秦内乱之机，据有朔方，势力日盛，控弦之士三万八千余人。十一年（386），遣使结好后秦姚苌，被封为大将军、大单于、河西王、幽州牧，同时被后燕主慕容永封为大将军、朔州牧。十六年（391），遣子直力鞮攻北魏南部，为魏王拓跋珪败于铁岐山，被迫退出悦跋城（即代来城），旋为部下所杀。

【**刘亢埿**】（？—396） 又作刘可泥。东晋时匈奴独孤部首领。*刘库仁子。*刘显弟。晋太元十二年（387），本部遭后燕和北魏袭击，兄显出走后，被燕主慕容垂封为乌桓王以抚其众，后封广宁太守。二十一年（396），遭魏军袭击，兵败被杀，部众被徙于平城。

【**刘可泥**】 见"刘亢埿"。（163页）

【**刘平伏**】 西魏时起义首领。族属稽胡（又称山胡），原为稽胡帅。后附属西魏，官夏州（治今陕西靖边县北）刺史。西魏大统七年（541）三月，举兵反魏，据有上郡（治今陕西榆林县东南）。不久，为大都督于谨所败，与别帅刘持塞同被俘。

【**刘龙驹**】（？—511） 北魏时起义首领。汾州（治今山西隰县）人。族属稽胡（又称山胡）。永平四年（511）正月，聚众反魏，攻夏州（治今陕西靖边县北）。魏遣诏谏大夫薛和率东秦、汾、华、夏四州兵讨之。四月，兵败，被杀。

【**刘头眷**】 见"刘眷"。（162页）

【**刘务桓**】（？—356） 东晋时铁弗匈奴首领。一名豹子。*刘虎之子。成帝咸康七年（341），父死，代领部众，遣使归附代国，并娶代王拓跋什翼犍女为妻，招集部落，复为诸部雄，同时，遣使朝贡于后赵，与石虎相通，被封为平北将军、左贤王。穆帝永和十二年（356）卒，弟刘阏陋头嗣立。

【**刘延年**】 十六国时期汉（前赵）大臣。从汉主刘渊举兵，历封左独鹿王、江都王。曾奉命与右于陆王刘景等统兵二万征鲜卑，因刘宣谏止，罢兵。汉河瑞元年（309），任大司空。次年，渊临终前，封太保。后任太宰。嘉平二年（312），以新主刘聪擅杀臣属，极力谏阻。四年，录尚书六条（即吏部、殿中、五兵、田曹、度支、左民）事，为汉重臣之一。

【**刘库仁**】（？—384） 东晋时匈奴独孤部首领。本字没根，一名洛垂。有智略。初附代国拓跋什翼犍，为南部大人。晋孝武帝太元元年（376），独孤部为前秦苻坚兵所败，走云中。复受代王什翼犍命，统军十万御秦兵，兵败石子岭。代国亡，被苻坚封为陵江将军、关内侯，统领黄河以东地区，与刘卫辰（铁弗匈奴人，统领黄河以西地区）分统代民。以功进广武将军，位处刘卫辰之上，为卫辰所忌，遭袭击，以兵破之，追至阴山西北千余里，尽收卫辰部众。九年（384），因后燕王慕容垂围苻丕（苻坚子）于邺，自以受苻坚爵命，以兵助击后燕军，并发雁门、上谷、代郡兵以救丕，至繁畤时，被原归附之慕容文攻杀。

【**刘没铎**】 北周起义首领。族属稽胡（又称山胡）。北魏时起义首领*刘蠡升之孙。建德五年（576），乘北周败北齐于晋州之机，取齐人所弃甲仗，聚众起兵于晋州（今山西临汾），被拥立为主，称圣武皇帝，改元石平。次年，遭周齐王、行军元帅宇文宪袭击，遣其将天柱守河东，大帅穆支据河西（指西河离石之河东、河西），据险拒守，兵败，失众万余。继为赵王宇文招所败，被擒，余众皆降。

【刘罗辰】 东晋时匈奴独孤部首领。*刘眷次子。为人机警，有智谋，佐父理政。察觉从兄刘显(刘库仁之子)对未能承继父位总领部众心怀怨恨，谏言其父早图之，以除后患，未被采纳。晋孝武帝太元十年(385)，父被显杀，失势。十二年(387)，乘显遭魏王拓跋珪(北魏道武帝)与后燕主慕容垂联兵袭击，兵败走西燕之机，率众投奔拓跋珪。对显恃强横行，屡先闻奏，深受魏王宠信，拜为南部大人，继随魏王平定各地，以功封永安公、征东将军、定州刺史。卒，谥敬。

【刘知远】(895—948) 五代后汉皇帝。947—948年在位。西突厥别部沙陀人。后唐列校刘琠子，生于太原。初事后唐明宗李嗣源，转为石敬瑭牙门都校。后晋初期，累迁至北京留守、河东节度使。天福七年(942)，闵帝石重贵即位后，加检校太师，晋中书令。开运元年(944)，败契丹伟王于忻口，封太原王。二年，封北平王，三年，加守太尉。率牙兵至朔州南阳武谷大破契丹军。次年(947)初，闻闵帝被契丹军俘押北上后，于二月遣牙将奉表于契丹，契丹主呼其为儿。寻于太原宫受册，即皇帝位，改开运四年为天福十二年。六月，乘契丹军北撤，入汴(今开封)，建国号为大汉，史称后汉。次年初，改元乾祐，改名为暠，控制黄河中下游地区。寻卒，谥睿文圣武昭肃孝皇帝，庙号高祖。

【刘季真】 唐代离石胡人首领。其父龙儿在隋末拥兵数万，自号刘王，封其为太子。龙儿兵败被杀后，与弟六儿复举兵，引刘武周之众攻石州。北结突厥，自称突利可汗，以六儿为拓定王。后为唐军所逼出降，授石州总管，赐姓李氏，封彭城郡王。不久，又联刘武周反唐，兵败被杀。

【刘定逌】(1720—1806) 清代壮族理学家、诗人。字灵溪。出生于广西武缘(今武鸣)地主家庭。自幼受家庭书香熏陶。乾隆十三年(1748)，中进士，授翰林院编修，后去职返乡掌教，曾主持秀峰、宾阳、阳明等书院，著有《三难通解训言述》和《刘灵溪诗稿》等，对程、朱理学研究颇深，在壮族地区，其影响一直延续到近代。

【刘承钧】(926—968) 五代北汉皇帝。954—968年在位。西突厥别部沙陀人。北汉世祖刘崇次子。乾祐四年(951)，父即帝位后，任侍卫亲军都指挥使、太原尹。率兵攻晋、隰二州，不克而退。七年(954，一说八年)，父卒，受契丹册封，即帝位，改名钧，仍沿用乾祐年号。至十年(957)，始改元天会。每上表于契丹主自称男，被契丹主称为儿皇帝。在位期间，勤于为政，境内稍安。谥孝和帝。其养子刘继恩、刘继元先后嗣位，至广运六年(979)，降于宋，国亡。

【刘承祐】(931—950) 五代后汉皇帝。948—950年在位。西突厥别部沙陀人。后晋高祖刘知远次子，生于邺都。初从父镇太原，署节院使，累迁至检校尚书右仆射。后汉初，授左卫大将军、检校司空，迁大内都点检、检校太保。乾祐元年(948)正月，父卒。秘不发丧。二月，授特进、检校、太尉、同平章事，封周王。寻即帝位，未改元。在位期间，与武将藩帅矛盾日益尖锐。三年(950)十一月，邺都留守郭威等举兵攻入开封，被杀，一说为翰林茶酒郭允明所杀。谥隐皇帝。

【刘振欣】(？—1867) 清同治朝黎族起义首领。海南岛崖州官坊村人。黎族。同治六年(1867)六月，代理乐安汛千总外委洪云章来官坊村摊派筑土城之资。因不堪征索之苦，纠集群众当即将洪击毙。是年冬，聚众起事，率东西两路各村黎人围攻当地驻军据点乐安汛，击溃代理崖州协都司吴成龙来讨之兵，吴成龙中毒矢身亡。旋于大田依山立栅结寨，分兵据守办冲岭和昂阔岭，相为犄角，与地方官府分庭抗礼，后遭琼州镇总兵三江协副将刘成元所遣都司郑焕章、陈泰等偷袭，大田失陷，率部突围至五指山下，十二月，被捕遇害。

【刘崇望】(838—899) 唐末宰相。匈奴刘氏(独孤氏)。其先据人，后徙河南洛阳。左贤王*去卑后裔，唐蔡州刺史符之子。咸通十五年(874)，登进士科。初为转运巡官。后入为长安尉。直弘文馆，迁监察御史、右补阙、起居郎、弘文馆学士，转司勋、吏部二员外郎。光启二年(886)，为右谏议大夫，奉旨诏谕河中节度使王重荣。还，召入翰林充学士，累迁户部侍郎、承旨，转兵部。龙纪元年(889)，拜中书侍郎、同平章事。累迁兵部、吏部尚书。大顺元年(890)，代为门下侍郎、监修国史、判度支。次年，因守度支库功，加左仆射。景福元年(892)，遭诬贬为昭州司马。寻召还，拜吏部尚书，后改兵部尚书。卒，册赠司空。

【刘阏头】 见"刘阏陋头"。(164页)

【刘新翰】 清代著名壮族诗人。生于桂北永宁州(今广西永福县西北山区)。自幼苦读，立志仕途，青年中举，曾多次进京赴试均落第，后被聘湖南同考官。四十岁至武缘县教谕，后主持桂林秀峰书院。不久复出仕途，任江阴县令，为官四年，体恤民疾，被誉为"江南第一好官"。后因不满官场腐败，弃官归里。一生写了许多反映社会现实的诗歌，尤其是对辛苦力田的农民寄以极大的同情，多辑入《谷音集》，至今犹存于世。

【刘蠡升】(？—535) 北魏时起义首领。族属稽胡(又称山胡)。孝昌元年(525)十二月，举兵反魏，自称天子，改元神嘉，置百官。据云阳谷(在今山西左云县境)。活动于汾州(治今山西汾阳县)、晋州(治今山西临汾市)之间。次年五月，魏以安西将军宗正珍孙为都督讨之。东魏天平二年(535)，丞相高欢伪与之约和，许以女妻其太子，乘其不备，于三月引兵袭击，蠡升为属下北部王所杀。余众复立其子南海王，后遭高欢攻击，兵败，与皇后、诸王、公卿四百余人及部众五万(一作二万)余户被俘。

【刘阏陋头】 又作阏头。东晋时铁弗匈奴首领。*刘虎子。永和十二年(356)，兄刘务桓卒，嗣立。密谋叛代，闻代王什翼犍引兵西巡，惧，请降。升平二年(358)，因部落多叛，惧而东走。后部众多归兄子刘悉勿祁，遂奔代，悉勿祁自立。

【齐旺】 清朝蒙古王公。喀尔喀赛音诺颜部人。博尔济吉特氏。实第长子。康熙五十八年(1719),袭札萨克一等台吉。雍正九年(1713),随清军击准噶尔兵于苏克阿勒达呼。十年,随额驸策棱督兵败准部军于额尔德尼昭。以功封辅国公,赐双眼孔雀翎。乾隆十九年(1754),驻防鄂尔海喀喇乌苏。二十一年(1756),受命赴科布多督理驿务。二十二年,以病罢职。

【齐万年】(?—约299) 西晋末年陕西各族人民起义首领。关中氐人。晋元康六年(296),匈奴郝度元率冯翊(今陕西大荔)、北地(今陕西耀县)马兰羌、卢水胡部落起兵反晋。秦、雍一带氐、羌纷起响应。他以氐帅被众推为帝,拥众数十万,围泾阳,转战泾、渭间,屡败晋军。翌年,率七万人屯梁山(今陕西乾县),破晋军于六陌(今乾县东北),杀晋建威将军周处,震撼晋廷。九年(299),与晋积弩将军孟观统领的宿卫兵及关中士卒大战十余次,终因粮尽援绝,在中亭(今陕西扶风)兵败被俘,旋遇害。余众在李特率领下,进入益州蜀郡,继续斗争。

【齐拉衮】 见"赤老温"。(204页)

【齐木库尔】(?—1756) 清代卫拉特蒙古辉特部人。伊克明安氏。*卫征和硕齐次子,*阿睦尔撒纳仲兄。乾隆十九年(1754),率众内附,封贝勒,授札萨克。二十年秋,闻阿睦尔撒纳谋叛,以情告札萨克亲王罗卜藏额林沁,率属内徙,封郡王。同年十二月(1756年初)卒,子车布登多尔济袭。

【齐里克齐】 清朝将领。卫拉特蒙古准噶尔部人。乾隆二十年(1755),投附清军。二十二年(1757),随定边将军兆惠击霍集占(即小和卓木),战于霍尔果斯,抚布鲁特部首领图鲁启拜,以功赐蓝翎侍卫。继因护送哈萨克使臣进京纳贡,迁三等侍卫。二十三年,闻兆惠被困喀喇乌苏,从将军富德往援,遇敌于色勒库尔,与前锋参领舒木齐布督健锐营兵登山阴仰击,降敌二千余,以功赐"布哈巴图鲁"号。大小和卓木乱平,命乾清门行走,图形紫光阁。旋迁头等侍卫,授云骑尉世职。三十二年(1767),从将军明瑞征缅甸,败敌于底麻,授副都统衔。返京,迁镶黄旗蒙古副都统。三十七年(1772),随军征金川,督健锐营从参赞大臣阿桂出南路,授领队大臣,克美诺。师还,领健锐营。嘉庆初年,江淮一带爆发农民起义,送察哈尔马往湖北,事毕而回,以未请从军效力,被夺官削世职。寻复职。

【齐墨克图】(?—1648) 清朝将领。蒙古正白旗人。博尔济吉特氏。固山额真武纳格次子。初随军征战,扰宁远,败明兵。父卒,袭世职,旋因违令,夺世职。降袭一等梅勒章京。三次从太宗围明锦州,攻洪承畴军。崇德八年(1643),征黑龙江,连取都里屯、能吉尔等地,升梅勒额真,顺治初随从入关,加牛录章京,合为三等总兵官。

【齐巴克扎布】 ①(?—1756)清朝蒙古王公。喀尔喀札萨克图汗部人。乌巴锡子。初授二等台吉。乾隆二十年(1755),随清军征准噶尔部达瓦齐,于塔木集赛执杜尔伯特部朗,赐孔雀翎。继赴乌里雅苏台(今蒙古札布哈朗特)听调。二十一年,追执辉特部普尔普德济特等叛逃者。复随参赞大臣纳穆扎尔追捕乌梁海逃众,至阿里固特,尾追,阵亡。追封辅国公。②清朝蒙古王公。喀尔喀土谢图汗部人。博尔济吉特氏。车凌扎布长子。康熙五十七年(1718),袭札萨克一等台吉。雍正九年(1713),随额驸亲王策凌等败准噶尔部众于苏克阿勒达呼。乾隆二十年(1755),随清军征准噶尔部达瓦齐,率兵三百驻防奇木吉斯诺尔,以乌梁海逃众窃守汛侍卫贝多尔,与札萨克图汗部台吉根敦往捕,至巴斯库斯收抚乌梁海宰桑玛济岱等,降其众。二十一年,赐公品级。后私和托辉特部青衮咱卜煽惑,弃汛还牧,拒诏谕不归,受劾,削公品级。二十七年(1762),以病罢职。

【齐齐克妣吉】 又译栖栖克、彻彻克,《蒙古黄金史纲》写作阿勒坦妣吉。明代瓦剌太师*也先女。初,父与岱总汗脱脱不花、阿噶巴尔济济农兄弟联合,对抗东部蒙古阿鲁台和阿岱汗,遂将她嫁喀噶巴尔济子哈尔固楚克台吉。景泰三年(1452),脱脱不花兄弟先后被也先击灭,哈尔固楚克亦在逃亡途中遇难,遂被也先羁留在瓦剌。三个月后,生下哈尔固楚克的遗腹子伯颜猛可(字罗忽),使之躲过也先的迫害,在也先祖母萨穆尔公主协助下,遣人送还东部蒙古,保存了元裔。孙达延汗后来继承了汗位。

【齐旺巴勒斋】 清朝蒙古王公。喀尔喀札萨克图汗部人。博尔济吉特氏。札萨克图汗巴勒达尔长子。初授一等台吉,赐公品级。乾隆二十五年(1760),扈从乾隆帝木兰行围,赐孔雀翎。二十八年(1763),署盟长。二十九年,赐黄马褂。三十二年(1767),命乾清门行走。三十三年,辖乌里雅苏台军营学舍。三十五年(1770),袭札萨克图汗兼多罗郡王,授盟长。四十年(1775),赐三眼孔雀翎。五十六年(1791),以病罢职。

【齐旺多尔济】 清朝蒙古王公。喀尔喀赛音诺颜部人。博尔济吉特氏。亲王德沁扎布次子。初授一等台吉。乾隆十八年(1753),献驼马助军。扈从乾隆帝木兰行围,赐孔雀翎。二十年(1755),随军征准噶尔部达瓦齐,定伊犁,赐黄马褂。二十二年,赐贝子品级。二十四年(1759),析其父属分别为一旗,授札萨克。二十五年,扈从乾隆帝木兰行围,赐双眼孔雀翎。三十八年(1773),以罪,削贝子品级和札萨克。

【齐巴克雅喇木丕勒】(?—1777) 清朝蒙古王公。喀尔喀土谢图汗部人。博尔济吉特氏。*成衮扎布长子。乾隆十二年(1747),袭札萨克多罗郡王,命乾清门行走。十六年(1751),授副盟长。十九年(1754),与赛音诺颜部副将军亲王德沁扎布等率锡喇乌苏备调兵赴乌里雅苏台(今蒙古札布哈朗特)附近驻防。二十年,清军平定伊犁后,受命由乌兰呼济尔运军粮。阿睦尔撒纳叛,其党克什木等扰伊犁,他引兵驰援,力战,被执不屈。二十一年克什木等就擒后,始从伊犁还。晋和硕亲王。继随军征和托辉特部青衮咱卜。二十三年(1758)，俄罗斯献阿睦尔撒纳尸。奉命赴恰克图验视。三十年(1765)，授盟长。兼所部副将军。

【亦不剌】(？—1533) 又译亦不剌因、伊巴哩、义巴来、亦孛来、倚巴，尾白儿等。明代东蒙古右翼永谢布部领主。出生于蒙古西部乜克力部（一说为畏兀儿近族）。成化六年(1470)，随部入居河套（今内蒙古伊克昭盟一带），成为永谢布部领主之一。同部太师乩加思兰、亦思马因先后被翦除后，继任达延汗的太师，控制东蒙古右翼三万户。极力反对达延汗统一蒙古的事业，杀死达延汗次子、新赴任的右翼济农（亲王）五路士台吉（乌鲁斯博罗特）。正德五年(1510)，遭达延汗征伐，双方决战于达兰特哩衮（一说为今内蒙古鄂托克旗的达拉图鲁，一说为今大青山），兵败，率残部逃入青海，攻掠藏族，并屡与明军发生冲突。达延汗去世后，曾一度与卜赤汗和好。嘉靖十二年(1533)，遭吉囊（衮必里克墨尔根）、俺答兄弟的攻击，逃入哈密，被当地人所杀。

【亦孙哥】 见"也松格"。(23页)

【亦克汗】 见"卜赤"。(3页)

【亦怜真】 ①(？—1354)元朝大臣。蒙古克烈氏。湖广省左丞相也先不花长子。世祖时，事太子真金于东宫，为家令。仁宗时，累官湖广行省左丞相。天历二年(1329)，追封武昌王。谥忠定。顺帝至正十八(1358)，加封冀王。②见"仁钦坚赞"。(65页)

【亦剌合】(？—约1203) 又作亦刺合鲜昆、你勒合桑昆、桑昆。"亦剌合"为名，"桑昆"为官职。蒙古国建立前克烈部首领。部长*王罕子。为人妒贤无能，被父所轻。宋庆元二年(1196)，随父配合铁木真（成吉思汗）击败塔塔儿部，受金封为本部"详稳"（原为辽朝大部族下所设官职，金因之），蒙古语讹为"桑昆"。一说"桑昆"为"公子"之意。五年(1199)，其父与铁木真联兵袭击乃蛮部，中途私自撤兵，他殿后，遭乃蛮军追袭，寻得铁木真部下四杰援助，始幸免。嘉泰二年(1202)，随父配合铁木真迎击乃蛮等部的进攻，败敌军于阔亦田（约今哈拉河上源）。素忌铁木真为其父所器重，屡与构难，拒绝铁木真互结姻亲之请，并向王罕进逸言，谋袭铁木真，爆发"合兰真沙陀之战"。三年，为铁木真所败，逃西夏，后由曲先（今新疆库车），为当地首领擒杀。

【亦辇真】 元朝大臣。畏兀儿人。中书省平章政事察乃第三子。少敏慧。初为英宗御位下必阇赤（书史）。泰定(1323—1328在位)，初，任内八府宰相。奉旨护送高丽王归国。天历二年(1329)，奉文宗命迎帝兄和世琜东还继汗位，即授翰林学士承旨。惠宗即位后，擢河东山西道肃政廉访使，复召为通政院使，奉命巡视驿传，历答失刺哈孙，抵晃火儿沐涟，革驿传弊政，处理东胜州吴栾、永兴等驿牧地为人侵冒之事，正经界、缓租赋，民立德政碑以颂之。未几，迁山东西道宣慰使，率兵镇压当地起义者。后拜辽阳行省右丞。年五十二，以疾卒于辽阳。

【亦攀丹】(？—1446) 又作亦板丹。明代安定王。蒙古族。元朝宗室后裔，安定王卜烟帖木儿孙。初，父撒儿只失加被族人所杀，流寓灵藏（今四川邓柯境）。永乐十一年(1413)，率属进京朝觐，请授职。袭封安定王，掌安定卫。自是朝贡不绝。二十二年(1424)，以安定卫指挥哈三之孙散哥等劫杀朝使，为都指挥李英等所败。正统元年(1436)，英宗遣使抚慰，赐币帛，促其输诚效力，保境睦邻。九年(1444)，以卫指挥那南奔率众掠曲先人畜，受命追理，依法惩办。卒，子领占些儿袭。

【亦力撒合】(？—1295) 又作亦儿撒合、亦儿思合。元朝大臣。唐兀氏。曲也怯祖之孙，阿波古之子。至元十年(1273)，奉召宿卫，任速古儿赤，掌服御事，甚见亲幸。尝奉使河西，擢河东提刑按察使，进南台中丞。为官正直，不畏权势，屡劾诸王官吏不法贪赃者，奏诸王只必帖木儿用官过滥；弹劾丞相阿合马之子忽辛恃权贪秽，诛之；劾江淮释教总摄杨连真加不法诸事。世祖赐宝刀令"以镇外台"。二十一年(1284)，改北京宣慰使，二十三年(1286)，任辽阳行省参知政事。察诸王乃颜镇辽东，有异志，密请为备，继随世祖征之，掌运粮储，军供无乏，以功加左丞。二十七年(1290)，尚诸王算吉女，世祖亲赐资装，赠玉带。改四川行省左丞。

【亦不刺因】 见"亦不剌"。(165页)

【亦里迷失】 又译亦黑迷失、也里迷失。元代航海家。畏兀儿人。至元二年(1265)，充世祖宿卫。九年(1272)，出使海外八罗孛国，偕其国人以珍宝奉表至京师。十二年(1275)，再使八罗孛国，与其国师以名药献元廷。十四年(1277)，封兵部侍郎。十八年(1281)，任荆湖占城行省参知政事。二十一年(1284)，使海外僧迦剌国（今斯里兰卡）。还，以参知政事管领镇南王府事。后与平章阿里海牙等征占城（今越南南部）。二十四年(1287)，使马八儿国（在今印度半岛东南部），取佛钵舍利，得良医善药，偕其国人来贡方物。复充宿卫。授江淮行尚书省左丞、行泉府太卿。二十九年(1292)，以熟悉海道，拜福建行省平章，与史弼等率兵征爪哇，掌海道事。至占城，遣使招谕南巫里（在苏门答腊西）、速木都剌（今苏门答腊）等国。次年，降葛郎国。因爪哇主婿降而复叛，班师，与史弼并获罪削职，没家赀三分之一。至大三年(1310)，复任平章政事、集贤院使，兼领会同馆事。后告老家居。仁宗(1311—1320年在位)时，封吴国公。

【亦纳勒赤】 又称哈答驸马、哈合罗驸马。蒙古国勋戚。斡亦剌部首领*忽都合别乞子。以其父蒙古军征服"林木中百姓"功，尚成吉思汗术赤之女火雷公主为妻。继其父统领斡亦剌部。元太宗八年(1236)，获延安府9796户"五户丝"为火雷公主的岁赐。孙尼古台和阿忽帖木儿曾在宽彻（拔都曾孙）的兀鲁思任职，统率四千札剌儿军队。其后裔也不干尚公主，袭封延安王。

【亦纳脱脱】(1272—1327) 又称康里脱脱。元朝大臣。康里人。康国王牙牙子，中书右丞相阿沙不花弟。世祖时入宿卫。大德三年(1299),从海山(武宗)抚军漠北。五年,从破叛王海都于杭海(今杭爱山)。十一年,拥海山即位,历任同知枢密院事、中书平章政事、御史大夫,遥授中书右丞相,封秦国公。至大元年(1308),加太尉,实授左丞相。三年,进尚书省右丞相。谏止改立皇子和世㻋为皇太子,仍以皇弟爱育黎拔力八达为皇太子,以守兄终弟继之约,因尚书省赐予无节,迁叙无法,财用日耗,名爵日滥,建言恪遵旧制,奉命整治朝政。四年,复为中书左丞相。仁宗即位,出为江浙行省左丞相,迁江西省。英宗即位,拜御史大夫,改江南行台御史大夫。卒,追封和宁王,谥忠献。

【亦思马因】 ①(?—1274)元朝官员。别马里思丹(今伊朗境)。善造炮。至元八年(1271),应世祖召,与阿老瓦丁同至大都(今北京),奉命造新炮。九年,献所造巨石炮,其炮省力而击远。十年(1273),随军攻宋樊城,以新炮助军破城,继攻襄阳,迫降宋守将吕文焕。以功受赏赐,升回回炮手总管。②(?—1486)又译亦思马勒、伊斯满等。明代蒙古西部乜克力部(一说为畏兀儿近族)首领之一。乩加思兰族弟。初居吐鲁番地区。天顺(1457—1464)间,迁至巴儿思渴(今新疆巴里坤)。成化初,从乩加思兰率部自哈密以北东迁。六年(1470),居河套(今内蒙古伊克昭盟一带),成为永谢布部领主。十五年(1479),联合满都鲁可汗的部下脱罗干等杀死太师乩加思兰,继任蒙古太师,收揽大权。挑拨满都鲁可汗和孛罗忽济农之间关系,使二人反目,并趁机发兵袭击孛罗忽,夺其妻锡吉尔(达延汗生母),达延汗即位(1480)后,继续打击擅政的权臣和异姓领主,遂成首要目标。二十二年(1486),被达延汗派遣的郭尔罗斯部领主脱火赤(托郭齐)少师击杀。

【亦思马勒】 见"亦思马因"。(167 页)

【亦迷火者】 见"也密力火者"。(25 页)

【亦都忽立】 元代儒学家、书法家。自号杏林。回回人。先世为西域回鹘人。为人和易、文雅,通儒书,礼秀士,喜谈仙佛,六十七岁卒。能词,善书大字。其作今不传。

【亦璘真斑】 见"懿璘质斑"。(614 页)

【亦黑迭儿丁】 元代著名建筑师。回回人。祖籍大食国。初仕忽必烈于潜邸。中统元年(1260),受命管茶迭儿(蒙语"庐帐"之意)局,领诸色人匠造作等事。至元元年(1264),修琼华岛(在今北海公园内)。四年(1267),与光禄大夫刘秉忠等,执掌修建元大都(今北京)。八年(1271),授嘉议大夫,茶迭儿局诸色人匠总管府达鲁花赤,主持修筑大都宫殿,运用中国古代建筑成就,兼喇嘛教、伊斯兰教和蒙古族建筑风格,至元十一年(1274)告成。元大都和大都宫殿建筑雄伟壮丽,集我国古代建筑艺术的精华,为世界建筑史上的壮举,为明清及现代北京城奠定了基础。

【亦摄思连真】 见"耶歇仁钦"。(323 页)

【产吉保】(?—1815) 清朝将领。达斡尔墨尔丹氏,隶布特哈正黄旗(一作镶黄旗满洲)。乾隆五十二年(1787),以前锋侍卫从攻台湾,参与镇压林爽文起义,赏哲布锓额巴图鲁号。五十七年,以护军参领从征廓尔喀。六十年,授察哈尔总管。嘉庆十四年(1809),擢察哈尔副都统,旋因失察侵垦牧地革职。十七年,以二等侍卫充英吉沙尔(今新疆英吉沙县)领队大臣。病故。

【庄秃】 见"昆都力庄兔台吉"。(351 页)

【庄蹻】 战国时楚国将领。又名庄豪。一说为楚庄王后裔。楚顷襄王二十年(公元前 279 年),率兵进军西南地区,经黔中、越且兰、夜郎,入滇(今云南滇池附近)。因秦国占领黔中等地,交通断绝,遂留滇称王,号庄王。一说其名又称企足,楚怀王时,与跖发动大规模反抗奴隶主的斗争,为奴隶起义首领之一。后兵败,进入滇池地区,被拥戴为王。

【庄秃赖】 亦作威正庄秃赖台吉,蒙文史籍作钟都赉卫征诺延。明代蒙古鄂尔多斯部领主。孛儿只斤氏。*吉囊孙,*班扎喇卫征(克邓威正)次子。驻牧于神木和孤山(均在今陕西省东北部)以北,来往于榆林(今陕西东北部)、昌宁湖(今甘肃永昌东北昌宁堡附近)、肃州(今甘肃酒泉)和西海(青海),在红山市(今陕西榆林北十里)和清水营(今甘肃灵武东八十里)同明朝互市,受明封为指挥佥事。因要求明朝增赏未遂,屡攻明边,兵败。数被明朝革除市赏。万历十八年(1590),迁至昌宁湖。二十年,与鄂尔多斯济农博硕克图入援宁夏副总兵哱拜(蒙古族)举兵反明。明朝平定哱拜后,主动要求与明朝恢复通贡互市。

【庄敬皇后】 见"萧牙里辛"。(487 页)

【庄敬皇帝】 见"耶律萨剌德"。(325 页)

【庆桂】(1725—1816) 清朝大臣。满洲镶黄旗人。章佳氏。字树斋。*尹继善之子。世居辽东。自乾隆三十六年(1771),历任军机大臣、伊犁参赞、都统、盛京、吉林、福州将军、兵部尚书等职。五十年(1785),署黑龙江将军。命往阿克苏会陕甘总督福安康安辑"回部"。以熟悉边情,受命以钦差大臣与甘肃署总督印务。五十二年(1787),同都统汪承需往湖北汉川县谳狱。五十八年(1793),授荆州将军。五十九年,调都统。往勘高家堰一带河工。嘉庆元年(1796),嘉庆帝巡视热河,受命留京办事。三年(1798),往山东齐河勘狱。四年,授内大臣,充国史馆正总裁,晋文渊阁大学士。十一年(1806),授领侍卫内大臣,后充崇文门正监督。卒,谥文恪。

【庆祥】(?—1826) 清朝将领。蒙古正白旗人。图博特氏。大学士*保宁子。初授蓝翎侍卫。嘉庆十三年(1808),袭三等公爵,授散秩大臣,镶白旗蒙古副都统,兼正蓝旗护军参领,寻授理藩院侍郎,调工部。十八年(1813),率京营兵随那彦成镇压滑县教民起义,升正黄旗汉军都统。历热河、乌鲁木齐都统。二十五年(1820),授伊犁将军。道光六年(1826),代赞大臣永芹,率军剿张格尔之乱。遭张格尔及浩罕军袭击,被围于喀什噶尔(今喀什),援绝,城陷,自刭死。赠太子太

【庆恕】 清末大臣。字云阁。萨克达氏。满洲镶黄旗人。光绪二年(1876)进士,由户部主事简平凉府知府。三十一年(1905),由巩秦阶道任擢青海办事大臣,直至宣统三年(1911)。卒,谥勤僖。著有《大学衍义约旨》二卷和《医学摘精》五种。

【庆童】(?—1368) 元末大臣。康里人。字明德。益国公明里帖木儿孙,*斡罗思子。初以勋臣子孙为仁宗宿卫,历任大宗正府掌判、上都留守、江西、河南、辽阳行省平章政事。顺帝至正十年(1350),调江浙行省。次年,分遣僚佐镇压江东、浙西之红巾军。十四年(1354),以军资、衣甲、器仗、谷粟等供右丞相脱脱军镇压义军。十五年,招降无锡之义军。次年,平江、湖州陷于义军,以女许苗军帅杨完者共抗张士诚。十七年,拜翰林学士承旨。翌年,迁江南行台御史大夫。二十年,晋中书平章政事。二十五年(1365),出任陕西行省左丞相。二十八年(1368),为中书左丞相,与淮王帖木儿不花同守大都(今北京)。八月,明兵破城,被杀。

【庆喜尊胜】 明代藏传佛教萨迦派大师。天顺八年(1464),在前藏贡嘎地方建立金刚座寺。历来萨迦派以后藏为传教中心,自此于前藏开辟一所新的传教道场,促进萨迦派之发展,由其传承的这一支被称为后总巴。

【忙兀歹】 见"忙兀台"。(168页)

【忙兀台】(?—1290) 又作忙兀歹、忙忽带,忙古歹(带)、蒙古带。元朝将领。蒙古塔塔儿氏。行军万户铁里哥之子。初任博州路奥鲁总管、监战万户,邓州新军蒙古万户,治水军于万山南,以备攻宋。至元八年(1271),随军攻樊城,掌五路军之一。十年(1273),同破樊城,收降襄阳。次年,随丞相伯颜大举攻宋,破沙洋、新城,率水师由沙芜入江东下,连破宋水军,取阳逻,招降鄂州。十二年(1275),下黄、蕲、安庆、池州,招降和州,以功授两浙大都督。十四年(1277),率军追击宋将张世杰及益、卫二王,收降漳州。翌年,拜参知政事,行省事于福州,镇抚濒海八郡,旋升左丞。十八年(1281),转右丞。二十一年(1284),拜江淮行省平章政事。次年迁行省左丞相。任中,谏言招募岛民为水工以备攻日本,移省治杭州于扬州,于淮东置屯田,均被采纳。二十七年(1290),任江西行省左丞相,兼行枢密院事。到任不久卒。

【忙古台】 见"耶律忙古台"。(323页)

【忙哥剌】(?—1278) 又作忙阿剌、忙兀剌、忙安。元世祖*忽必烈之子。蒙古孛儿只斤氏。母察必皇后。初以李槃为说书官,师事之。至元九年(1272),封安西王,以京兆为分地,驻兵六盘山,兼领河西、吐蕃、四川等处军政,置王相府。次年益封秦王,并节制两川行枢密院攻宋事宜。十二年(1275),以王相李德辉抚蜀,并命所部军随西平王奥鲁赤攻吐蕃,取万州,降两川州郡,攻重庆、涪州、合州。十四年(1277),奉命率师北讨兀朗孙火石颜叛乱。因南平王秃鲁乘机举兵六盘山,与叛王海都相应,遂于次年南还。不久病卒。

【忙兀的斤】(1237—1312) 元朝大臣。畏兀儿人。因父朵罗术曾以畏兀儿字授忽必烈(世祖),及忽必烈即位,受召入侍。至元十年(1273),受命提点资用库、主尚方幄殿。十五年(1278),改尚用监太监。十九年(1282),迁太府太监。二十五年(1288),改中尚监太监。未几,升中尚卿,寻兼知太府监事。成宗即位,授正奉大夫。大德十一年(1307),成宗卒,应爱育黎拔力八达(仁宗)召,参与挫败阿难答图自主之谋,拥海山(武宗)即汗位。以功拜中尚院使,旋加大司徒。皇庆元年(1312),复拜中尚监。是年卒。元统元年(1333),追封蓟国公。谥忠简。

【忙哥撒儿】(?—1253) 又作忙可撒儿,蒙哥撒儿。蒙古国将领。察哈札剌儿氏,那海之子。初事成吉思汗子拖雷,随从征采,攻凤翔。窝阔台汗七年(1235),随拔都、蒙哥西征,战斡罗思、阿速、钦察诸部,均有战功。归后,任蒙哥藩邸札鲁花赤(断事官)。定宗后迷失称制三年(1251),与宗王拔都等排众议,力主拥戴蒙哥即汗位,以朔戴功封大断事官。受命与宗王旭烈兀统军平息窝阔台汗孙失烈门、贵由汗子忽察、脑忽之乱,审理处死从叛将士七十余人,深受蒙哥汗宠信。蒙哥汗三年(1253),授万户长,旋病卒。至顺四年(1333),追封兖国公。

【忙哥帖木儿】(?—1282) 又作蒙哥铁木。钦察汗国第五代汗。蒙古孛儿只斤氏。钦察汗国创建者*拔都之孙,秃罕之子。至元三年(1266,一说二年)别儿哥汗死后,嗣为钦察汗,得到元朝大汗的正式册封。继别儿哥之后屡与伊儿汗阿八哈作战,兵败,言和缔约。与元朝大汗廷始终保持往来,曾四次接见忽必烈汗所遣使者铁连。一度奉忽必烈命出兵攻打窝阔台系叛王海都,不久又与海都和好,联兵战察合台系后王八剌,迫八剌退还河中。六年(1269),三者聚会于塔剌速河畔,划分河中地区的权利,河中之地三分之二归八剌,余分属他与海都。十四年(1277,或作十三年),蒙哥之子昔里吉背叛元朝,劫执驻镇西北的忽必烈汗子那木罕,送至该处拘禁,直至其死后始被释归。

【冲协仁波且】(1100—1170) 宋代藏传佛教噶当派僧人。吐蕃人。出生于秦地方的一个密宗承家。本名仁钦僧格。早年从甲域哇钦波学法,承事师长,重视诵咒、供佛和静修。三十八岁,聚集门下弟子二百多人。建岗岗寺。

【汗车凌】 见"车凌"。(57页)

【江格尔汗】(?—1652) 又译杨吉儿汗。明末清初哈萨克汗。*艾斯木汗子。1628—1652年在位。为争夺草原商路,屡与东部准噶尔贵族战争。和布哈拉联合,共同反抗准噶尔贵族的进攻。两次遣头克和阿巴克苏丹前往叶尔羌汗处,结成联盟。并与乞儿吉思建立睦邻关系,以争取援助。明崇祯八年(1635),为准噶尔贵族所败,被俘,后逃出。十六年(1643),以六百人抵御准噶尔巴图尔珲台吉两万多人对哈腊套、托克马克等地的进攻,据山扼险,击退敌军。清顺治九年(1652),在与准噶尔作战中阵亡。其子头克汗(泰吾坎汗)继位。

【池青·阿旺曲垫】(1676—1751) 又译赤金·阿旺倾丹。清代西藏热振寺一世(一作六世)呼图克图。亦称垺徵阿齐图诺门罕。为出任西藏地方政府摄政王四大呼图克图之一。生于西宁安多之嘉崇寺附近。为七世达赖喇嘛格桑嘉措荣增师傅。七世达赖将热振寺赠其师,驻锡德林,故又称锡德林活佛。雍正十二年(1734),赏"宣衍黄教阿齐图诺门罕"名号,赐印信。

【汤古岱】(1591—1640) 清初将领。满族,爱新觉罗氏。太祖*努尔哈赤第四子。太宗时,授固山额真(都统)。后金天聪三年(1629),取永平四城,同图尔格等守滦州。四年,明兵破滦州,弃城奔永平。师还,向太宗引罪请死,罢固山额真,夺所属人口,籍家。八年(1634),授三等梅勒章京(副都统)。清崇德四年(1639),封三等镇国将军。

【汤东杰布】(1385—1464) 又作汤东结布。明代藏传佛教噶举派僧人、藏戏创始人。又名贝楚巴旺秋尊珠桑波。藏族。生于后藏恰卧约哇拉孜。自幼聪慧。初为宁玛派僧人,后改从噶举派,一生倾心佛教。对藏族建桥事业卓有功绩,以西藏与其他藏区江河拦路,交通不便,发誓建桥,造益众生,周游藏区,募集资金,西至阿里、南达П域、洛域,东到康定,北抵拉萨河上游,将所集资金,首先在曲卧日建吉祥曲卧日大铁索桥,此后藏区又建铁桥十三座,或其主持、资助建成,或受其影响建成。故被藏民称为"佳桑巴"(意为"铁桥者")。在建桥过程中,招集山南琼结县贝纳家的七姐妹组成歌舞团,四处演出,募集资金。经过长期演出,改进成藏戏的前身,今日藏戏即始于此。后世藏戏演员多自称"汤东甫洛"(意为"汤东弟子"),尊其为藏戏祖师。

【宇文归】 见"宇文逸豆归"。(172页)

【宇文导】(511—555) 西魏大臣。字菩萨。鲜卑宇文氏。代郡武川(今内蒙古武川西南)人。*宇文泰长兄颢之子。初与叔父在葛荣军中,荣败,迁晋阳。北魏永安三年(530),随贺拔岳等入关镇压万俟丑奴义军。永熙三年(534),为都督,镇原州。率骑追斩侯莫陈悦于牵屯山,以功封饶阳侯(一说伯),拜冠军将军,加通直散骑常侍。西魏文帝即位,以定策功,晋爵为公,拜散骑常侍、车骑大将军。大统三年(537),入宿卫,拜领军将军、大都督,败东魏高欢于沙苑。次年,为华州刺史,率军袭咸阳,斩慕容思庆,擒于伏德,南渡渭,与泰会攻赵青雀,平定关中,晋爵章武郡公,加太子少保。九年(543),为大都督、华东雍二州诸军事,行华州刺史。善治兵训卒,守捍有方。十三年(547),征其为陇右大都督、秦等十五州诸军事、秦州刺史。十六年(550),拜大将军、大都督、三雍二华等二十三州诸军事,屯咸阳以镇关中,后复还旧镇。恭帝元年十二月(555年初),卒于上邽。赠尚书令,谥孝。天和五年(570),重赠太师、豳国公。

【宇文护】(513—572) 北周宗室大臣。字萨保。鲜卑宇文氏。代郡武川(今内蒙古武川西南)人。*宇文泰兄颢之少子。父死,随叔在葛荣军中。荣败,迁晋阳。北魏永熙三年(534),任都督,从征莫陈悦。后以迎魏孝武帝功,封水池县伯。西魏大统初,加通直散骑常侍、征虏将军。从泰擒窦泰,复弘农,破沙苑,战河桥,以功,迁镇东将军、大都督。八年(542),进车骑大将军。十二年(546),晋升中山公。十五年(549),出镇河东,迁大将军。恭帝三年(556),泰临终前,遵嘱辅佐泰幼子。孝闵帝元年(557)正月,拥立泰第三子觉代西魏称周天王,自任大司马,封晋国公,进大冢宰。专权擅政,肆杀朝臣,事无巨细,皆先断后奏。九月,废杀觉,立泰庶长子毓为帝。明帝二年(558),封太师。武成元年(559),虽上表归政于明帝,仍执掌军国大事。忌帝有识量,密遣人毒害之,立毓弟邕。保定元年(561),为都督中外诸军事。二年,命柱国大将军杨忠率步骑一万与突厥连兵伐齐,至晋阳而还。三年(563),征兵二十万围攻洛阳,因北齐援至,无功而还,前后执政十五载,对稳定北周局面起一定作用。自恃有功,专横跋扈,诸子僚属亦倚其势蠹政害民。天和七年(572)三月,被武帝所杀。建德三年(574),诏复原封,谥荡。

【宇文虬】 北魏西魏大臣。字乐仁。鲜卑宇文氏。代郡武川(今内蒙古武川西南)人。骁悍,有胆略,从军征讨,屡有战功。北魏孝庄帝永安(528—530)中,授征虏将军、中散大夫,加都督。孝武帝初,随独孤信在荆州,破南梁军,平欧阳等城,攻南阳、广平,以功加安西将军、阁内都督,封南安县侯。及孝武帝西迁,为独孤信帐内都督,寻随信奔梁。大统三年(537),归西魏,晋爵为公,擒窦泰、复弘农,战沙苑、河桥,皆有功,晋车骑将军、左光禄大夫。七年(541),授汉阳太守,从信破梁企定。十一年(545),出为南秦州刺史,加车骑大将军,进骠骑大将军。十七年(551),与大将军王雄等攻取上津、魏兴等。每战必身先卒伍,故上下同心,战多获胜,后授金州刺史,晋位大将军。以疾卒于任。

【宇文忻】(523—586) 北周、隋朝大臣。鲜卑宇文氏。字仲乐。周许国公*宇文贵之子。幼敏慧,善骑射。曾从周齐王宇文宪征突厥,以功赐爵兴固县公。与韦孝宽共镇玉壁,晋爵化政郡公。建德五年(576),从周武帝攻拔齐晋州、并州等地。及齐平,进位大将军。继破陈军于吕梁,晋位柱国,任豫州总管。大象二年(580),为行军总管,从破尉迟迥军于邺城,以功封英国公,参决军国大事。周隋禅代,出力颇多。开皇五年(585),拜右领军大将军,改封杞国公。能兵法,善驭军伍,深得六军推服,为隋文帝所忌,去官。次年,与梁士彦等谋起兵,事泄被诛。

【宇文直】(?—574) 北周宗室。鲜卑宇文氏。又名豆罗突。代郡武川(今内蒙古武川西南)人。周文帝*宇文泰子,武帝*宇文邕弟。西魏恭帝三年(556),封秦郡公。北周武成元年(559),晋封卫国公。历雍州牧、大司空、襄州总管。天和二年(567),率兵南伐,战沌口,失利,坐免官。与武帝谋诛大冢宰宇文护,冀得其位。及诛护后,仅为大司徒,怀怨。建德三年(574),晋爵为王。因从武帝校猎乱行,当众受挞,愤怨滋甚。七月,乘武帝在云阳宫,于京师举兵反,攻肃章门,遭阻拒,败走。八月,于荆州被擒,免为庶人,囚于别宫。寻复有异志,与子十人并诛,谥刺。

【宇文述】(?—616) 北周、隋朝大臣。字伯通。鲜卑宇文氏。代郡武川(今内蒙古武川西南)人。大宗伯*宇文盛子。性谨密,为大冢宰宇文护所器重。建德(572—578)年间,召为左宫伯,累迁英果中大夫,赐爵博陵郡公,改封濮阳郡公。大象二年(580),以行军总管从韦孝宽讨尉迟迥,晋爵褒国公。隋开皇初,拜右卫大将军。九年(589),以行军总管随军干陈。由晋主杨广举为寿州总管。与广共谋取太子位。二十年(600),及广封皇太子,为左卫率。大业元年(605),为左卫大将军,参掌武官选事,改封许国公。四年(608),破吐谷浑,取曼头城、赤水城。还至江都宫(今江苏扬州市西),典选举,参预政事。八年(612),为扶余道军将,征高丽,兵败萨水,除名。次年,复官爵,从征辽东。寻率军讨平杨玄感。十二年(616),病卒于江都。追赠司徒、尚书令、十郡太守,谥恭。

【宇文贵】(?—567) 北魏、西魏、北周大臣。字永贵。鲜卑宇文氏。先世昌黎大棘人,后徙居夏州。莫豆干子。善骑射,好音乐、棋奕。止光(520—525)末,为统军,战破六韩拔陵义军,救援夏州。后从尔朱荣擒葛荣于滏口,加别将。从元天穆弹压邢杲义军,转都督。永安二年(529),率乡兵从荣击退元颢,以功封革融县侯。历郢州刺史、武卫将军、阁内大都督。永熙三年(534),从孝武帝西迁,晋爵化政郡公。大统初,迁右卫将军。三年(537),晋车骑大将军。率军退东魏军,进侍中、骠骑大将军,历夏、岐二州刺史,十六年(550),迁中外府左长史,晋位大将军。曾出兵渠株川,弹压羌酋傍乞铁忽等起事,接纳宕昌王梁弥定。废帝初,出为岐州刺史。二年(553),任大都督、兴西益等六州诸军事、兴州刺史。屯田梁州,奉命镇蜀。改益州刺史,加小司徒。北周孝闵帝元年(557),拜御正中大夫。武成(559—560)初,击吐谷浑,晋封许国公。迁大司空,行小冢宰,历大司徒,迁太保。保定五年(565),奉使突厥迎阿史那皇后。天和二年(567),还至张掖,卒。追赠太傅,谥穆。

【宇文恺】(555—612) 北周、隋朝大臣。鲜卑宇文氏。字安乐。许国公*宇文贵之子,杞国公*宇文忻弟。在周,以功臣子,年三岁,赐爵双泉伯,七岁,晋封安平郡公,少好学,博览书记,解属文多伎艺,号名父公子。累迁御正中大夫。大象二年(580),为匠师中大夫。隋开皇初,拜营宗庙副监、太子左庶子、庙成,别封甑山县公。及迁都,领营都新副监,凡所规画,皆出其手。拜莱州刺史。六年(586),元忻被诛,除名于家。后奉命修鲁班故道。十三年(593),为检校将作大匠,监建仁寿宫。继拜仁寿宫监、将作少监。仁寿二年(602),与杨素监建文献独孤皇后山陵,复爵安平郡公。大业元午(605),营建东京洛阳,为副监,迁将作大匠。又制定舆服,营建千人大帐、观风行殿,甚得隋炀帝赏识。四年(608),拜工部尚书,规画修筑长城。八年(612),晋金紫光禄大夫。卒,谥康。撰有《东都图记》二十卷、《明堂图议》二卷、《释疑》一卷,行于世。

【宇文衍】(573—581) 后改宇文阐。北周皇帝。579—581年在位。鲜卑宇文氏。代郡武川(今内蒙古武川西南)人。*宇文泰曾孙,宣帝*宇文赟子。大成元年(570)正月,封鲁王,寻立为皇太子。二月,受父之皇位,居正阳宫,改元大象。大象二年(580),父卒,居天台。内史上大夫郑译等假造遗诏,命隋公杨坚总持朝政,封为左大丞相、都督内外诸军事、大冢宰,进而为大丞相,集军国大权于一身,大定元年(581)二月,被迫逊位于杨坚,居别宫,封介国公。五月为坚所杀。谥静帝。

【宇文觉】(542—557) 北周建立者。又名陁罗尼。557年在位。鲜卑宇文氏,代郡武川(今内蒙古武州西南)人。西魏大丞相*宇文泰第三子。九岁(一说七岁),封略阳郡公。恭帝三年(556)三月,命为安定公泰世子。四月,拜大将军。十月,父卒,嗣位太师、大冢宰。十二月,诏以岐阳之地封为周公。旋受恭帝禅位,代魏。次年正月,在堂兄宇文护辅佐下,即天王位,建国号为周。史称北周。性刚果,虑晋公护专权难制,谋除之。同年九月,事发,为护所逼逊位,贬为略阳公,居旧邸,月余被毒害。武帝建德元年(572),追尊为孝闵皇帝。

【宇文宪】(544或545—578) 北周宗室。又名毗贺突。鲜卑宇文氏。代郡武川(今内蒙古武川西南)人。*宇文泰第五子。初封涪城县公。魏恭帝元年(554),晋封安城郡公。北周明帝即位授大将军。武成元年(559),为益州总管,益宁巴泸等二十四州诸军事、益州刺史,晋封齐国公。善抚绥,留心政术,蜀人怀之,立碑颂其德。保定四年(564),拜雍州牧。后屯芒山。天和三年(568),为大司马,治小冢宰。次年,出宜阳,筑崇德等五城,绝齐将独孤永业的粮道。六年(571),率兵二万攻北齐伏龙等四城,克张壁、柏社城等。次年,诏为大冢宰,实夺其权。建德三年(547),晋爵为王。以兵书繁广,难求指要,自刊定为《要略》五篇上献。次年,随帝东讨,为前军,拔武济及洛口之东西二城。五年(576),克北齐之洪洞、永安、邺城。及宣帝嗣位,以其属尊望重,深忌惮之,遂被缢杀。

【宇文泰】(505或507—556) 北魏、西魏大臣、北周奠基者。又名黑獭。鲜卑宇文氏,代郡武川(今内蒙古武川西南)人。先祖为匈奴单于远属,与鲜卑杂居,被推为主。北魏安定侯宇文陵玄孙,肱之子。少有大度,轻财好施,喜结贤士。北魏孝昌二年(526),随父参加鲜于修礼起义。后转入葛荣部下。及荣败死,迁晋阳,为尔朱荣赏识,升为统军。永安三年(530),随贺拔岳入关镇压万俟丑奴起义,迁征西将军。太昌元年(532),为左丞,领岳府司马,掌管军政事宜。出为夏州刺史。永熙三年(534),岳死,继统岳军,消灭侯莫陈悦,定秦陇,据关中,受封侍中、骠骑大将军、关西大都督、略阳县公。晋兼尚书仆射、关西大行台。七月,魏孝武帝元修为高欢所逼奔入关中,遂拥奉魏帝于长安,以拒高欢。授大将军、雍州刺史,兼尚书令,晋封略阳郡公。尚冯翊长公主,拜都尉驸马,寻进丞相,掌军国大权。十二月,鸩杀元修,立元宝炬为帝,次年改元大统,史称西魏。任都督中外诸军事、录尚书事、大行台,改封安定郡公。三年(537),晋封柱国大将军。十四年(548),授太师。废帝二年(553),去丞相大行台。三年(554),废黜废帝,改立齐王元廓。恭帝三年(556),进大冢宰。出巡至黄河染疾,还云阳宫,病卒。谥文公。及子觉代魏称周,追尊为文王,庙号太祖。武成元年(559),追尊为文皇帝。史称其知人善任,崇尚儒术,明达政事,擅长方略。执掌西魏军国实权二十余年间,对外与东魏进行沙苑、洛阳、芒山等大战,并遣兵取蜀中,灭萧梁于江陵。对内重用关西汉人,依靠关陇地主支持,进行改革,采用苏绰制定的文案程式和计账户籍之法,裁冗官,置屯田。以绰所提《六条诏书》,即治心身、敦教化、尽地利、擢贤良、恤狱讼、均赋役为治国方针,颁行均田制和赋役制,发展农业,减轻农民负担;设六官,定九命制,罢门资,由朝廷任命刺史府官,以改革官吏任命、选举制度,加强中央集权;收编关陇豪族武装为十二军,由八柱国统率,创立府兵制,相对提高了士卒地位,使六镇军人与关陇大族结合,形成关陇统治集团,并扩大府兵中汉族成分,有助于民族大融合。执政时期,关陇地区经济有所恢复和发展,军力日益增强,为北周统一北方奠定了基础。

【宇文邕】(543—578) 北周皇帝。560—578年在位。又名祢罗突。鲜卑宇文氏。代郡武川(今内蒙古武川西南)人。西魏大丞相*宇文泰第四子。西魏恭帝元年(554),封辅成郡公。北周孝闵帝元年(557),拜大将军,出镇同州。兄明帝毓即位,授蒲州刺史,入为大司空,晋封鲁国公,领宗师。有远识,获宠于帝,参议朝廷大事,言必有中。武成二年(560),明帝为晋公宇文护毒害,遵遗诏即位。继续推行其父制定的政策,广开言路,兼听纳谏,延揽人才。以武川镇将为核心,笼络关、陇、河东、山东的汉族世家,加强中央集权。因堂兄大冢宰宇文护专断国政,处处受制,遂与卫王宇文直等密谋,于天和七年(572),杀护,亲政,进行改革。尊儒毁佛,以儒家为正宗,尊儒学为官学,搜集儒家经典,广求儒生,宣扬儒家"王道"、"德政",以实现大一统。建德二年(573),辨释三教先后,以儒教为先,道教为次,佛教为后。三年,下令禁佛、道二教,毁经、像,罢沙门、道士,令为民,命僧众纳税服役。继续改进府兵制,罢中外府,大选诸军将帅,改军士为侍官,扩充府兵来源,集军权于皇帝一身。通过"大射"、"讲武",增强军队战斗力。对外,北与突厥和亲,娶木杆可汗俟斤女为皇后连兵伐齐。南与陈朝通好,相约中分中国,使陈进兵淮南,牵制北齐。建德四年(575),率周军六万攻拔河阴(今河南孟津县东),围金墉(今河南洛阳市东北)。翌年,取晋州、晋阳。六年(577),攻邺,追俘北齐幼主于青州,灭北齐,统一北方,拥有黄河流域和长江上游。下诏统一度量衡,制定《刑书要简》,力行均田制,释杂户、奴婢为良。宣政元年(578),遣军伐陈,夺淮南地。五月,总戎北伐突厥,寻病卒。谥武皇帝,庙号高祖。

【宇文弼】(546—607) 北周、隋朝大臣。字公辅。鲜卑宇文氏。河南洛阳人。魏巨鹿太守直力勤孙,周宕州刺史珍之子。博学多通,初为周礼部上士,奉使邓至及黑水、龙涸诸羌,招降三十余部。奉诏修定五礼,累迁小吏部,转内史部上士。建德五年(576),从武帝攻拔齐晋州,以功封武威县公,拜司州总管司录。宣政元年(578),迁左守庙大夫。征突厥,拔寿阳,改封安乐县公,授浍州刺史,历迁南司州刺史、黄州刺史、南定州刺史。隋开皇初,封平昌县公,入为尚书右丞。奉命安集内附西羌,置盐泽、蒲昌二郡而还,迁尚书左丞。三年(583),为行军司马,从元帅窦荣定破突厥于甘州。授太仆少卿,转吏部侍郎。九年(589),为信州道诸军节度,随军平陈,以功拜刑部尚书,领太子虞候率,后出为并州长史。十八年(598),为元帅汉王府司马,领行军总管,从征辽东。后历任朔代吴三州总管,刑部尚书,泉州刺史。大业三年(607),转礼部尚书。以才能著称,声望甚重,为炀帝所忌。对帝好声色、勤远征之举颇为不满,被告,坐诛。所著辞赋二十余万言,为尚书、孝经注行于世。

【宇文盛】 西魏、北周大臣。字保兴。鲜卑宇文氏。曾祖伊与敦,祖长寿,父文弧,皆为沃野镇军主。初从宇文泰破侯莫陈悦,授威烈将军,封渔阳县子。大统三年(537),兼都督。从擒窦泰、复弘农、破沙苑,以功授都督,晋爵为公。后授冯翊郡守,加帅都督、西安州大中正、通直散骑常侍、抚军将军。累迁大都督、车骑大将军、骠骑大将军、盐州刺史等。北周孝闵帝元年(557),赴京密告楚公赵贵谋杀宇文护事,授大将军,晋爵忠城郡公,授泾州都督,转延州总管。天和五年(570),入为大宗伯。次年,从齐公宇文宪东讨,运粮援济汾州。建德二年(573),授少师。五年(576),从武帝东征,率步骑一万,守汾水关。宣帝即位,拜上柱国。大象(579—580)中,卒。

【宇文毓】(534—560) 北周皇帝。557—560年在位。鲜卑宇文氏。代郡武川(今内蒙古武川西南)人。西魏大丞相*宇文泰庶长子。生于统万城,故名统万突。自幼好学,博览群书,善属文。西魏大统十四年(548),封宁都郡公。十六年(550),行华州事,寻拜宜州刺史。恭帝三年(556),授大将军,镇陇右。次年,孝闵帝即位后,晋柱国,转岐州刺史,颇有治绩。九月,晋公宇文护废闵帝觉,立其为天王,大权操护之手。武成元年(559),始亲政,军旅之事,仍由护总揽。初改都督诸州军事为总管。遣大司马、博陵公贺兰祥击退吐谷浑的入犯。八月,改天王称皇帝。在位期间,曾集公卿以下有文学者八十余人于麟趾殿,刊校经史,又搜采众书,自羲农至魏末,叙为《世谱》五百卷(一说百卷),所著文章十卷(一曰九卷)。史称其性聪睿,有识量,为护所惮。次年四月,被护毒害。临终前口授遗诏,嘱其弟宇文邕即位。谥明皇帝,庙号世宗。

【宇文融】(?—约730) 唐朝大臣。鲜卑宇文氏。

京兆万年（今陕西西安）人。黄门侍郎节孙，莱州刺史峤之子。开元（713—741）初，累迁监察御史，明辨有吏干。九年（721），奏请清理逃亡户口，置劝农判官十人，并摄御史，分赴各地，检括田畴，招括户口。清出客户八十余万和大量土地。寻进御史中丞。因与中书令张说等相恶，出为魏州刺史，转汴州。十六年（728），入为鸿胪卿，兼户部侍郎。次年六月，拜黄门侍郎、同中书门下平章事。居相位仅百日，九月，出为汝州刺史。被劾，贬昭州平乐尉。后配流岩州，卒于途。赠台州刺史。

【宇文赟】（559—580）北周皇帝。578—579年在位。字乾伯。鲜卑宇文氏。代郡武川（今内蒙古武川西南）人。武帝*宇文邕长子。武成元年（559），生于同州。保定元年（561），封鲁国公。建德元年（572），立为皇太子。宣政元年（578）六月，父卒即位。大成元年（579）二月，于邺宫传位给七岁之子阐（静帝），自称天元皇帝，居处称天台。立大司马杨坚女丽华等五位皇后。嗜酒淫乐，不恤政事，嫉贤妒能，杀害齐王宇文宪、郯公王轨、宗室重臣宇文神举等，宠用奸佞。大兴土木，建洛阳宫，加重徭役，制定《刑经圣制》，加重刑罚，内外恐惧，人心离散。大象二年（580），病卒。谥宣帝。

【宇文籍】（770—828）唐朝文臣。鲜卑宇文氏。字夏龟。父滔，官卑。少好学，尤通《春秋》。宪宗元和（806—820）间，登进士第，从宰相武元衡出镇西蜀。后以咸阳尉直史馆与韩愈同修《顺宗实录》，迁监察御史。因与苏表亲近，为武元衡所怒，贬江陵府户曹参军。入为侍御史，历任著作郎、驾部员外郎、史馆修撰。与韦处厚等同修《宪宗实录》。寻以本官知制诰，转库部郎中。文宗大和（827—835）初，迁谏议大夫，专掌史笔。卒，赠工部侍郎。

【宇文士及】（？—642）隋、唐官员。鲜卑宇文氏。代郡武川（今内蒙古武川西南）人。隋许国公述子，许国皇帝*宇文化及之弟。隋开皇（581—600）末，以父勋封新城县公。尚杨广（炀帝）女南阳公主。大业（605—618）中，历尚书辇奉御、鸿胪少卿。十四年（618），兄化及杀隋炀帝后，署为内史令，封蜀王。随兄经黎阳至魏县，与唐高祖李渊密有往来。武德二年（619），兄为窦建德所擒，遂自济北至长安归唐。时其妹为渊昭仪有宠，渐被重用，授上仪同。从秦王李世民平宋金刚，以功复新成县公，尚寿光县主，迁秦王府骠骑将军。又从平王世充、窦建德，以功晋爵郢国公，迁中书侍郎，转太子詹事。九年（626），太宗即位，任中书令。贞观元年（627），以本官检校凉州都督，御突厥。历殿中监、蒲州刺史，为政宽简，吏人安之。数岁，入为右卫大将军，屡被召阁内，与帝密谈。在职七年，复为殿中监。卒，赠左卫大将军、凉州都督。谥恭，后改谥纵。

【宇文化及】（？—619）隋朝大臣、许国皇帝。618—619年在位。鲜卑宇文氏。代郡武川（今内蒙古武川县西南）人。许国公述长子。初与太子杨广交往甚密，累迁至太子仆，以受贿，再三免官，得广庇护，复职，又与弟士及尚南阳公主，益骄横。广即位，拜太仆少卿。大业三年（607），从帝至榆林，以违禁私与突厥交市，被囚数月，以公主故，免死为奴。十二年（616），父卒，任右屯卫将军。十四年（618）三月，与弟智及等在江都（今江苏扬州市西）发动兵变，杀炀帝于宫中，立秦王杨浩为帝，自称大丞相。拥众十余万，据六宫。九月，鸩杀浩，自称皇帝，国号许，建元天寿，署置百官。次年正月，攻元宝藏于魏州，兵败，继为唐淮安王李神通击破，走聊城。闰二月，为义军领袖窦建德执杀。

【宇文神举】（532—579）北周大臣。鲜卑宇文氏。*宇文泰族子。车骑大将军显和子。初为中侍上士。保定元年（561），袭父爵方长广县公。迁大都督、车骑大将军，拜右大夫。四年（564），晋骠骑大将军，治小宫伯。天和元年（566），迁右宫伯中大夫，晋爵清水郡公。与武帝谋诛晋公宇文护。建德元年（572），迁京兆尹。三年（574），出为熊州刺史。五年（576），攻拔北齐陆浑等五城。后从武帝东伐，授并州刺史，励精图治，威恩兼施，远近悦服。加上大将军，封武德郡公。晋柱国大将军，改封东平郡公。宣政元年（578），转司武上大夫。率军镇压稽胡等反抗，授并潞肆石等四州十二镇诸军事、并州总管。史称其博涉经史，善骑射，勇而有谋，为宣帝所忌，被鸩杀于马邑。

【宇文莫槐】（？—293）西晋匈奴宇文部大人。出于辽东塞外，先世为南单于远属，世为东部大人。《资治通鉴》称之为鲜卑宇文氏。因为政苛虐，于晋惠帝元康三年（293）为部下所杀。弟普拨嗣为大人。

【宇文虚中】（？—1146）金代学者。字叔通。四川成都人。宋大观（1107—1110）进士，累官资政殿大学士。靖康元年（1126），奉命至金军，请和议。后以和议归罪，罢知青州，又下迁祠职。建炎元年（1127），贬韶州。二年，复官。为祈请使使金，赴上京（今黑龙江省阿城南），被留。因有才艺，被金朝授以官爵，掌词命。金天眷（1138—1140）间，累官翰林学士知制诰兼太常卿，封河内郡开国公。著《太祖睿德神功碑》，晋阶金紫光禄大夫。皇统四年（1144），转承旨，加特进，迁礼部尚书。恃才傲慢，得罪女真达官贵人。六年，以谤讪朝廷罪，被诬杀。能诗文，有文集，今佚。《中州集》辑其诗五十首。

【宇文乞得归】（？—333？）又作宇文乞得龟。东晋匈奴宇文部大人。出于辽东塞外，先世为南单于远属，世为东部大人。《资治通鉴》称之为鲜卑宇文氏。*宇文莫槐后裔。父逊昵延死，嗣立。依附后赵石勒。晋太宁三年（325），奉勒遣，击慕容廆。继遭廆子皝等袭击，屯保浇水，兵败，弃军夜遁，失民数万户。咸和八年（333），为别部大人宇文逸豆归所逐，走死于外。

【宇文乞得龟】见"宇文乞得归"。（172页）

【宇文逸豆归】（？—344?）又作宇文归、逸豆归。东晋宇文部大人。咸和八年（333），逐宇文乞得归，自立，迫乞得归走死。继遭鲜卑慕容皝袭击，惧而请和。咸康二年（336），会同辽西鲜卑段辽、段兰攻皝，击安晋以为声援,兵败。建元元年(343),遣国相莫浅浑(又作莫浑)攻觚,因荒酒纵猎,不复设备,大败。同年,执段兰,送后赵石虎,归降,献马万匹。次年,为觚所败,走死漠北,部众散亡。

【宇妥·元丹贡布】 ①老宇妥·元丹贡布(729—853)唐代吐蕃医学家、藏医学奠基人。出生于前藏堆龙·吉那的医学世家。曾祖洛哲希宁为藏王松赞干布御医,祖父斋杰加嘎尔巴札是藏王芒松芒赞御医,父宇妥·琼布多杰为藏王赤都松御医。三岁随父学藏文,听讲医理。五岁习《甘露化学》和《药师佛修习法》等佛教密乘,开始随父行医。十岁任吐蕃王子赤松德赞御医。医德高尚。曾为仇家根居之女医治难症。谦虚好学,二十岁向汉医家东松冈瓦学习治疗癫症、痉症、狂犬症等医术。二十五岁外出学医,得尼泊尔名医达纳释拉哈所授《热症特殊治法》、《喘症休息疗法》。拜天竺(今印度)名医班钦·旃陀罗比为师,听受《医续补篇·珍珠鬘》、《医续目录·明灯》,师事名医美旺,听受《体腔穴窍分指》、《刀针关键锁钥》等医学论著。三十五岁再次往天竺,从班钦、美旺及米哲赞扎德瓦学习。曾遭本教徒所妒,被大臣那囊氏下狱,流放珞隅。后被吐蕃王赤松德赞迎归。三十八岁第三次赴天竺,广投名医,又从美旺听受《医术十万》、《医续晶鉴》、《月王药诊补遗》等;从班钦听受《仙人耳传》和《八支论》,历时四年。返吐蕃后,行医治病,广授门徒,功绩卓著,吐蕃王赐予塔工琼三地为封地。在工布曼隆沟建寺院,培养医生,炮制成药,搜集民间验方。先后往返于拉萨、叶尔瓦、工布、阿里、萨迦等地游学行医,并赴汉地五台山朝圣,从僧医山人阿尔雅听受《配方宝鬘》和《内科疏义》等许多特殊的医训教言。相传曾治愈尼泊尔国王哈答,克什米尔国王祖木哈若。四十五岁,以吐蕃医学为基础,博采汉医学、天竺医学,历经十年,撰成医学巨著《四部医典》,使吐蕃医学达到一个新的高度,为藏医药学发展奠定了较完整的理论基础。五十五岁,前往工布,收徒讲授《四部医典》,弟子众多,其中有本然巴学级的名医五十人,然觉巴学级的名医五十人,噶居瓦学级的名医一百人。《四部医典》有蒙文和汉文译本。国外学者亦对其进行多方面研究。②小宇妥·元丹贡布(1118—1193)宋代吐蕃医药学家。出生于后藏年堆·阁希热塘。藏医学奠基人老宇妥·元丹贡布第十三代孙,与祖父小斋杰多杰、父小琼布多杰、子小绷曾、孙小萨鲁多杰智合同称"小宇妥五贤"。自幼随父学藏文。八岁学习十明,攻读医学论著,青年时成为名医。曾拜卫巴·达玛扎巴为师,学医术、药诊秘诀,获所赐《四部医典》,使失掉多年的祖传《四部医典》原著,又回到手中。十八岁赴印度深造,于古达拜空行主母巴登逞瓦为师,学《青柳续》。后至科毛杰,听受《八支》、《月王药诊》、《益效医经》、《宝积》、《睡莲》等医学论著。再去锡兰,听受大中小三部《月光黑白甘露宝瓶》。又赴王舍城,学巴保的论著《八支》、大小《国鉴》、《石药密方》等。二十一岁返乡行医。曾先后六次去印度学医,贯通群论,声名大噪。后于乡里行医济世,培养门徒,盛时弟子多达三百余人,以松敦·也协宋、姜曼·奈赛、巴曼·尼玛等最著名。著有《大小八支集要》、《巴保医学集要总注·观察宝鉴》、《切脉学五章》、《小续》、《宇妥药诊十八支》、《草药大全》、《十万拳头》等,并以厘定后的藏文改定《四部医典》,加入注释,斟酌时地差别,随宜补遗,用实践医诀加以充实。《本则部》中增补了一些章节;《论述部》增加了茶、药、食等章;《后续部》补充了《月王药诊》中原遗漏的脉诊、子母生克等;《医诀部》亦有增补。并著有《〈四部医典〉金注》。自是,《四部医典》有了繁简两种本子,成为一部更加完善、丰富的医学巨著。在藏药学上有很大成就,对藏药学的发展功著誉盛。

【安成】 清朝大臣。字仁山。满族。以军功保至道员。分省四川,历署建昌、永宁等道。光绪二十六年(1900),赏副都统衔,充驻藏帮办大臣,逾二年病免。著有《驻藏奏稿》。

【安同】(?—429) 北魏大臣。先世避乱辽东,故史称辽东胡人。前燕殿中郎将安屈子。初侍拓跋珪。登国初,频使后燕称旨,为外朝大人,与和跋等出入禁中,迭典庶事。天兴五年(402),从征后秦姚平于柴壁,以谋功,赐爵北新侯,加安远将军。太宗拓跋嗣即位,受命与南平公长孙嵩并理民讼。又与肥如侯贺护持节循察并、定二州及诸山居杂胡、丁零,宣诏抚慰,纠举守宰不法,郡国肃然。后东出井陉至巨鹿,发众欲修大岭山通天门关,又筑城于宋子,以镇静郡县。后被护诬告,槛车征还,幸得免。泰常七年(422),为左辅。及拓跋焘即位,晋爵高阳公,拜光禄勋。寻授征东大将军、冀青二州刺史。为官明察,长于校练。晚年在冀州,颇殖财货,大兴寺塔,为百姓所苦。卒,赠高阳王,谥恭惠。

【安阳】(?—1383) 明初云南寻甸军民府土知府,彝族。洪武十六年(1383),赴京朝觐,贡马及虎皮、毡衫等物,诏赐衣服、锦绮、钞锭。实授知府。返回途中,病故于巴东县。

【安住】 清同治朝将领。达斡尔苏都里氏。世居绰尔哈屯,隶西布特哈镶白旗。同治元年(1862),从征陕西,加副都统衔。三年,补吉林副都统,因丁忧回旗。四年,参加镇压捻军,转战数省,以擅离防所交部严议。令驻师保定以固畿辅,后复原官补正白旗汉军副都统。

【安岐】 清代鉴赏家。朝鲜族。安氏。天津人。字仪周,号麓村,亦号松泉老人。名所居曰沽水草堂。以好士称,江淮间文士贫而不遇者,多依以为生。嗜古今书画名迹以自娱。爱书画,精鉴赏,收藏之富,甲于海内。晚年编辑《墨缘汇观》一部,为晋唐以下出画佳品,鉴定纸、墨、印章真伪之权威之作。

【安位】(?—1637) 明末贵州水西土司。彝族,父安尧臣死后,于天启元年十二月(1622年初)袭宣慰使职。因年幼,由母奢社辉理事。天启二年(1622),在堂叔安邦彦挟持下联合舅父奢崇明反明朝。崇祯二年(1629),兵败,大方基地被烧毁。三年春,率四十八头目出降。

【安坤】(？—1664) 明末清初贵州水西土司。彝族。南明时袭水西宣慰使职。永明王加授光禄寺少卿。清顺治十五年(1658)归附，袭原职，赐袍帽、彩币等，加都督佥事。康熙三年(1664)反清。四年，为吴三桂所灭。五年以其地改设大定、黔西、平远三府。

【安的】 明贵州水西土官。彝族。*霭翠、*奢香之子。洪武二十年(1387)，袭水西宣慰使职，贡马谢恩。二十五年(1392)，复朝贡，赐给三品服及袭衣、金带、白金三百两、钞五十锭。二十九年(1396)，母奢香死，朝廷遣使吊祭。旋贡马谢恩。

【安济】 元末明初四川马湖土官。彝族。元末为四川马湖路(治今四川屏山)总管。明洪武四年(1371)冬，派子安仁赴京归附，诏改马湖路为马湖府，出任土知府，世袭。辖泥溪、平夷、"蛮夷"、沐川四长官司。六年(1373)，因病致仕，以子安仁代职。

【安健】(1877—1929) 资产阶级民主革命者。字舜卿。彝族。贵州省郎岱(今六枝特区)人。水西土司之胄。清末诸生。早年接受民主思想，赴日本。1905年8月在东京参加中国同盟会。回国后参加钦廉、河口、广州等地反清起义。辛亥革命后，先后被孙中山任命为中华革命党贵州支部长、贵州讨袁军总司令、川边宣慰使等职。坚决拥护孙中山的"联俄、联共、扶助农工"为中心的新三民主义，深入四川大、小凉山及甘孜、理塘等少数民族地区。宣传孙中山的五族共和、团结救国的革命思想，坚持国共合作，反对蒋介石、汪精卫叛变革命。在昆明病逝。主要著作有《讨清檄文》、《贵州土司现状》、《贵州民族概略》等。

【安禄】(？—1799) 清朝将领。鄂温克人。*海兰察子。乾隆四十六年(1781)，因父功官三等侍卫。后三年，擢二等侍卫，赏骑都尉世职。父病故，袭公爵，授头等侍卫。嘉庆四年(1799)，协助经略勒保征四川，在镇压白莲教起义中阵亡，赏三等轻车都尉，谥壮毅。

【安清】 汉代佛僧。原籍安息。安息王科斯老之子。永建五年(130)，嗣父位。因不安于世俗生活，让国于叔父活拉加色斯二世。遍历诸国，博通经藏。建和二年(148)，游步洛阳，通习汉文，潜心译经。曾先后到豫章、丹阳、会稽等地宣扬教义，讲解佛典。一生译经九十五部，保存至今的尚有五十四部。

【安童】(1248—1293) 又作安同。元朝大臣、政治家。札剌儿氏。成吉思汗十大功臣之一*木华黎四世孙，*霸都鲁长子。十三岁时任四怯薛之长，掌宿卫事，深受世祖忽必烈器重。十八岁出任中书右丞相，位在百官之上。食邑四千户。至元十二年(1275)，以行中书省枢密院事，随皇子北平王那木罕出镇阿力麻里(今新疆霍城县水定镇西北)，御讨西北诸叛王。十四年(1277，一说十三年)，与北平王同被叛王昔里吉劫执，羁留于窝阔台系后王海都所。后诸叛王内讧，于二十一年(1284)始被释归，复任中书右丞相。二十四年(1287)，以忽必烈复立尚书省，起用桑哥为平章政事，恃权擅政，"天下大权尽归尚书"，中书省形同虚设，乃于二十六年(1289)被迫辞相，止掌宿卫事，在出任中书右丞相期间，处事秉公持重，尊用汉族士大夫，力助忽必烈推行汉法，罢黜庸官，选用良才，并相继与权臣阿合马、卢世荣、桑哥等不法之举作斗争，谏立皇太子兼中书令，判枢密院书，以加强中央统一管理。大德七年(1303)，追谥东平忠宪王，立碑以志其功。

【安敦】 见"托浑布"。(141页)

【安抟】 见"耶律安抟"。(312页)

【安端】 见"耶律安端"。(312页)

【安藏】(？—1293) 即安藏札牙答思。元代畏兀儿翻译家。字国宝，自号龙宫老人。世居别失八里(今新疆吉木萨尔境破城子)。九岁从师学佛经。十五岁习儒、释二家文书，通多种语言，在翰林中颇负盛名。宪宗蒙哥时，应诏入侍。世祖即位，进献佛典《宝藏论元(玄)演集》十卷。谏世祖"亲经史以知古今之治乱，正心术以示天下之向背"。译汉籍《尚书·无逸篇》、《贞观政要》、《申鉴》为蒙古畏兀字上献。阿里不哥之乱时，作为特使前往规劝。后常谏诫世祖"任贤勿贰，去邪勿疑"。中统二年(1261)，国史院立，奉诏收访史事。至元八年(1271)，与许衡共进"知人、用人，德业盛，天下归"之说，受世祖嘉纳，特授翰林学士、知制诰同修国史。寻商议中书省事，奉旨译进《尚书》、《资治通鉴》、《难经》、《本草》。升翰林学士承旨，领集贤院、会同馆及道教事。著有诗文数十卷，今佚。所译多关系国计民生、经世致用之古籍，成为世祖制定政策法令之借鉴，有利于各族间文化交流，卒，追封秦国公，谥文靖。

【安鳌】 明代四川马湖土官。彝族。安洪子。成化六年(1470)六月，袭职任马湖土知府。残忍虐民，计口赋钱，岁入银万计。淫土民妇女，用妖僧百足魇魅杀人。又令人杀平夷长官王大庆，未遂，而杀王弟。为巡按御史张鸾所劾，伏诛。改马湖府为流官知府。

【安巴坚】 见"耶律阿保机"。(323页)

【安世通】 宋代学者。回族。祖籍安息。父为宋武官，有谋策。初隐居青城山，为道人，故号青城山道人，通汉学。宋宁宗开禧二年(1206)，四川宣抚副使吴曦叛，献阶、成、西和凤四川地于金，乃献书于成都帅杨辅，建言聚军民，散金粟，集忠义，联夔、梓之军，共讨曦。并引用庄子之言"可以生而生，福也；可以死而死，亦福也"。以坚杨辅之志，曦败，荐士，以其为首。

【安邦彦】(？—1629) 明末贵州水西土司。彝族。宣慰使安尧臣弟。任宣慰司同知。天启二年(1622)，挟持堂侄、宣慰使安位，说通堂嫂奢社辉，联络水东土舍宋万化，应permit永宁宣抚使奢崇明反明。率土兵连陷毕节、安顺，拔别坝、沾益、破龙里，进围贵阳十余月。自称"罗甸王"。被新任巡抚王三善所破，贵阳围解。三年，派亲信陈其愚诈降，杀王三善，收集散众，兵力又张，逼近贵阳。崇祯元年(1628)，自号"四裔大长老"。二年(1629)，与奢崇明合兵十万犯赤水，攻永宁。在五峰山、桃红坝，被云、湖、川、广、贵总督朱燮元指挥之川、黔明军击败,于红土川被执杀。

【安吉茂】(？—1718) 清朝四川西昌土司。彝族。康熙五十一年(1712),投诚,授河西宣慰司宣慰使,颁给印信、号纸。

【安伏成】 明代四川米易萨莲土官。傣族。明洪武(1368—1398)年间,以建昌月鲁帖木儿叛明,与云南景东土官刀佩(又名陶承恩)等随明军前往征讨。事平后,改民为军,婚娶耕种,在米易萨莲、盐边马喇等地设土千户、土百户。

【安庆绪】(？—759) 唐臣、大燕皇帝。营州柳城(今辽宁朝阳南)胡人。*安禄山次子。初名仁执。善骑射。天宝九年(750),任鸿胪卿。后随父叛。至德元年(756),父称帝时,封晋王。二年正月,杀父,自立为帝,改元载初。纵乐饮酒,委政于严庄。不久,长安、洛阳为唐军收复,退据邺郡(治今河南安阳市)。乾元元年(758),为郭子仪等围困,婴城自固,遣使求救于史思明。次年春,解围,寻为思明所杀。

【安定国】 清朝四川西昌县属土司。彝族。康熙四十九年(1710),附清,授沙马宣抚司宣抚使,颁给印信、号纸,驻牧歉莫。所管那多、厄乌、咱烈山、撒凹沟四土目,共有"罗罗"一万五千余户。

【安泰宁】 明末清初四川西昌土司。彝族。明末世袭建昌宣慰司宣慰使。清顺治十六年(1659)归附,呈缴明所授宣慰司印。

【安效良】 明末乌撒彝族土官。为土知府所属盐仓土目。土知府绝嗣,奉朝廷命袭职。因土舍安云翔、安咀与之争立夺印,仇杀二十年。天启二年(1622),率土兵应水西宣慰司同知安邦彦反明,攻陆广、围罗平,陷沾益,破毕节,后被云南巡抚闵洪学、宣抚使沙源等击败,战死。

【安祥茂】 清朝四川西昌土司。彝族。越嶲土司岭安泰之子。康熙五十七年(1718),河西宣慰使*安吉茂卒,无嗣,抚其为子,更名安祥茂,雍正六年(1728),改土归流,呈缴河西宣慰司印信,赏土千总职衔,给以委牌未授印信、号纸,世袭。管有啰慕、芍果、咱堡、抄沟四土目。

【安难答】 见阿难答"。(281页)。

【安禄山】(？—757) 唐朝叛将。营州柳城(今辽宁朝阳南)胡人。初名轧荦山。少孤,随母改嫁突厥人安延偃,改姓名安禄山。通六蕃语,为互市郎。以骁勇著称,为幽州节度使张守珪收为养子。开元二十八年(740),以战功任平卢兵马使,迁营州都督、平卢军使等职。后得宠于玄宗、杨贵妃,逐日升迁,兼任平卢、范阳、河东三镇节度使,拥兵十五万。天宝十四年(755),在范阳(今河北涿县)起兵反唐,南下攻陷洛阳。次年,自称雄武皇帝,国号燕,建元圣武。破潼关,占领长安,其部将史思明攻占河北十三郡地。至德二年(757),为其次子安庆绪所杀。

【安国单于】(？—94) 汉代南匈奴单于。挛鞮氏(又作虚连题氏)。伊伐於虑鞮单于子。原任左贤王,因无声誉,国中不附,族人尽敬左谷蠡王师子,遂深忌师子,欲杀之。东汉和帝永元五年(公元93年),休兰尸逐侯鞮单于死后,嗣单于位。复与新降者谋议杀师子,事觉,迫师子别居五原界。次年,因与汉使匈奴中郎将杜崇不睦,上书告崇,为崇所怨,遭崇所谮。闻汉遣崇发兵造单于庭,弃帐而逃,复举兵欲杀师子,追师于逃曼柏城,并拒绝汉使调解。旋为其舅骨都侯喜为(一作喜)等所杀。一说系其事于永元五年。

【安费扬古】(1559—1622) 后金五大臣之。满族,觉尔察氏。完布禄子。世居瑚济寨,后隶满洲镶蓝旗。少随父归太祖努尔哈赤。明万历十一年(1583),率兵取萨尔浒城。十二年,从太祖征兆嘉、玛尔墩两城。十五年(1587),从征哲陈部,取洞城、杭嘉、章嘉等寨。二十一年(1593),从太祖征哈达部,以功赐号硕翁科罗巴图鲁。二十七年(1599),从灭哈达部。三十九年(1611),从征东海窝集部,破其二路。四十一年(1613),从灭乌拉部。后金天命元年(1616),与额亦都等同为理政五大臣。与扈尔汉征萨哈连部,取河南北三十六寨。三年,从破抚顺,大败明总兵张承荫援军。四年,破明经略杨镐四路进攻,取得萨尔浒之战的胜利,寻灭叶赫部。六年(1621),攻取辽沈、辽阳,战功卓著。七年七月卒。康熙五十二年(1713),追赐三等轻车都尉世职。

【安克帖木儿】(？—1404或1405) 明代哈密王。蒙古贵族。元肃王纳忽里弟。明洪武后期,兄卒,继为肃王。成祖即位,遣使赴哈密抚谕,许其以马市易。永乐元年(1403),遣使马哈木沙、浑都思等至京,贡马百九十匹,市马四千余匹。次年六月,复贡请封。受封忠顺王。因归附明廷,为鞑靼可汗鬼力赤所忌,被毒死,妻归依鬼力赤。明廷遣官赐祭。

【安藏札牙答思】 见"安藏"。(174页)

【关布扎布】 清代蒙医药学家。十八世纪乌珠穆沁旗人。受清封为台吉,曾任北京唐古特学教习。以蒙文著有《药方》一书,介绍蒙医验方,并兼收印度、西藏、汉、回医使用的药物。全书42页,以木刻版印行。精通蒙、藏文,著有《蒙藏词典》,其中收进不少有关医学名词术语。

【羊孙】 东汉零陵郡少数民族起义首领。零陵(今湖南零陵北)人。安帝元初三年(116),与陈汤率零陵地区少数民族千余人起义,自称将军,头著红巾。义军烧官寺、杀暴吏。安帝采"以夷治夷"之策,招募郡内其他民族镇压起义,义军失败。

【羊哥】 见"移剌羊哥"。(506页)

【兴】 西汉西南夷夜郎王。汉成帝河平(公元前28年—公元前25年)中,与句町王禹、漏卧侯俞互争雄长,举兵相杀。成帝遣太中大夫张匡持节为之调解,不听。牂柯太守陈立谕之休战,亦不从。陈立遂召见兴,诛之,以其头示众,其岳父翁指与子邪务,胁迫二十二旁邑反,据险为垒。陈立攻其水道,致使夜郎国内斩翁指,持首出降,夜郎国亡。

【兴奎】(？—1824) 清朝将领。满族,瓜尔佳氏。

满洲镶白旗人。乾隆三十一年(1766)，由健锐营蓝翎长补前锋校，升参领。四十一年，授贵州黔西协副将，调陕西庆阳协，擢直隶宣化厅总兵。四十六年(1781)，调甘肃西宁镇总兵。五十四年(1789)，擢乌鲁木齐提督。嘉庆四年(1799)，调乌鲁木齐都统。七年(1802)，拜西安将军。受命搜捕陕西起义余众。十月，义军两百余人由川入陕，率兵御之。九年(1804)，调宁夏将军。十二年(1807)，以满营兵丁生齿日繁，请准于库贮马价等拨银二万余两，发商生息，择其弓马娴熟者，按月给赏。五月，甘肃大通县番目尖木赞率众降，愿为官兵前导。西宁办事大臣楚克扎布疑其诈，发兵捕之，尖木赞率众逃。楚克扎布以失信损威夺职，他未能阻止，亦不据实奏参，革职。九月，清军进克沙卜浪，番目完木古等降，因功免革职。十四年(1809)，复授乌鲁木齐都统。十五年，因专擅革职留任。十一月，请准借镇迪道库贮银六千两设典生息，以济孤寡旗人。十八年(1813)，因收受属员馈送，饬令回旗。

【兴肇】(?—1820) 清朝将领。满族。镶蓝旗人。乾隆三十年(1765)，封二等辅国将军，赏戴花翎，乾清门行走。三十三年(1768)，率健锐兵赴云南军营。后一年，围攻西棱受伤，授正白旗护军统领。三十七年(1772)，袭奉恩辅国公，授正蓝旗扩军统领，旋领队大臣赴金川带兵。十一月，兼宗人府右宗人。三十九年(1774)，授荆州将军。四十年十一月，率兵于巴扎木接应清军进取碾占。次年二月，金川平，图像紫光阁。五十二年(1787)，调西安将军。次年，调安远城将军。五十七年(1792)，因所管旗兵偷盗银两，退出乾清门，罚俸五年。旋授散秩大臣。五十八年，复荆州将军。后二年，率满兵二千，赴湖南镇压苗民起义。嘉庆元年(1796)，与额勒登保攻吉吉寨，乾州大陇峒、赶子坪、河洛坪各寨长及斗角岩尾坡九十九峒苗民降。特赐蟒袍。八月，率兵攻义军首领石柳邓于平陇，夺麻里湾等十余处。二年，至襄阳镇压白莲教起义，以教首姚之富等入汉中，与齐王氏、李全、张汉潮等会合，遂分队追击，屡有所失。革职，发乌鲁木齐效力赎罪。五年(1800)，授三等侍卫，任和阗办事大臣，迁二等侍卫。调塔尔巴哈台参赞大臣。十三年(1808)六月，擢镶红旗汉军副都统，十一月，授杭州将军。十四年，调荆州将军。十五年，迁察哈尔都统。十六年，因民人在牧厂内偷挖黄芪伤官兵未报，降二级，授头等侍卫。十七年初，迁正红旗蒙古副都统。十二月，授密云副都统，旋授江宁将军。十九年，授正蓝旗汉军都统。二十二年，因病休致。

【兴平公主】(?—1038) 辽宗室女。契丹族。姓耶律，名不详。兴宗景福元年(1031)，封公主，嫁西夏李元昊，婚后不睦，重熙七年(1038)卒，兴宗遣北院承旨耶律庶成持诏入夏，诘问其故。

【米鲁】(?—1502) 明代贵州普安州土判官隆畅妻(一说妾)。彝族。沾益州土知州安民女。弘治十一年(1498，或作十二年)，与营长阿保及阿劄儿等聚众反明，毒死隆畅，自称"无敌天王"(亦作无敌大王)。又杀隆畅妾适乌及其二子。贿赂镇巡官，得庇护。十四年(1501)，拥众万余，杀掠夷民。攻打屯田、卫所明军，俘统兵镇守太监杨友、毙按察使刘福、都指挥李宗武等多人。十五年(1502)，提督军务尚书王轼调官军、土兵数万，分八路进攻。三月，兵败走马尾笼寨，突围出战，被武定土知府凤英阵斩。

【米里哈】 元杂剧表演家。回回人。乃回回旦色。专工"贴旦杂剧"。人称其"歌喉清婉，妙入神品"。貌虽不扬，颇有名声。

【米刺印】(?—1648) 清初回民反清起义首领。回族。甘州(今甘肃张掖)人。行伍出身。顺治视，为清军副将。因对清廷"重满轻汉"和"剃发令"不满，乘军队调往四川之机，于顺治五年(1648)四月，揭起反清义旗，杀巡抚张文衡等文武官兵，以"反清复明"为号召，拥立明廷长王朱识𨦴为王，攻陷凉州(今武威)，留丁国栋守城，率兵南下，攻占临洮、河州、洮州、岷州、兰州等地，各地回、汉群众纷纷响应，闰四月，率数万军包围巩昌府(今陇西)，威震关陇。后遭陕甘总督孟乔芳镇压，五月，临洮、岷州、洮州、河州相继失陷，在靖远的水泉堡战败，被杀害。

【米思翰】(1632—1674) 清朝大臣。满洲镶黄旗人。富察氏。哈什屯长子。康熙三年(1664)，由侍卫袭父一等男爵兼一云骑尉世职，管佐领。六年(1667)，任内务府总管，守政不阿，严拒辅政大臣假用尚方器具。康熙帝亲政，授礼部侍郎。八年(1669)，擢户部尚书，列议政大臣。任内，以各省公赋听布政使存留司库，致有挪移、亏缺之弊，奏请通饬各省除俸饷诸经费外，所余悉解部，由是勾稽出纳权尽归户部。十二年(1673)，"三藩"相继以撤藩之请试探旨意，他与兵部尚书明珠排众议，力主三藩并撤，移山海关外。吴三桂反，受命协济军需，反对以军需浩繁为词就近调兵御守，主张以绿旗兵制之，并以八旗劲旅会剿，获康熙帝赞许。十三年(1674)，请禁地方苛派于民，为康熙帝采纳。

【米里几得】 又称阿妣几得，意老祖母几得。传说中基诺山前半山基诺族的女始祖。基诺山有前半山和后半山之分，两个半山的居民都是从杰主的母祖分衍出的两个血缘集团。前半山最早定居在司土寨，她被奉为女祖。寨称"阿普戛勒米古"，意为女人管理的祖根根的寨子。传说她是地神之女，神通颇大，可以叫土地下陷，把白昼变成黑夜，是最早的"布拉脆"(巫师)。在外族入侵杰主时来到司土，人们仓皇中忘记带走祖先遗下的神器——做饭的三脚石。据说离开该神器将要多灾多难，她奋不顾身再返杰主，勇敢机智地取回三脚石。维护了祖先的神器，并发明磨石刀，用竹子作涧槽从山间引来泉水。

【米拉日巴】(1040—1123) 宋代西藏佛学家、藏传佛教噶举派第二代祖师。藏族。本名"退巴噶"，意译"闻喜"，又称米拉协贝多吉。生于西藏西部芒域贡塘地区娘昂杂，属觉色族。先祖为宁玛派信徒，父米拉慧幢以经商为业。七岁丧父,家产被伯父霸占。相传为报仇,到卫藏亚隆交尔保村向娘允顿措杰学降雹法,在藏绒努浦库隆跟库隆巴学黑咒术。归故里,以所学咒术,咒杀伯父。又以降雹法毁全村稼禾。后悔罪,为解脱所犯罪恶,改信佛教。宋神宗熙宁十年(1077),赴藏荣那耳他,向荣敦拉噶学"大圆满正法",后到洛扎向玛尔巴上师求法,助玛尔巴建塞噶古托寺,苦学七年,学得玛尔巴全部教法。元丰七年(1084),返乡,隐居济哦、聂闰木一带深山洞穴,坐静修练九年。后下山传教收徒,曾与冈底斯山与本教首领"斗法",取胜,使佛教势力在当地逐渐扩大。多以道歌形式教授弟子,提倡坐静、苦修,影响甚广。受教弟子甚众,最著者有热穹哇和塔波拉结。后一直活动于拉奇、曲巴等地。徽宗宣和五年(1123),被毒害而死。著有《道歌集》传世,其事绩详载于《米拉日巴传及其道歌》。

【米旁·朗杰嘉措】(1846—1912) 清末佛学家。藏族。生于康区德格久塞(即雅龙曲流域),故又称久·米旁朗杰嘉措。父久·昆布达杰,著名医生,母名格孜,均系官宦贵族出身。十二岁在当地莫霍尔寺院桑昂曲林出家,隐居修禅,学习显密佛典。同治元年(1862),因娘绒发生公布朗杰动乱,随难民逃往青海果洛。次年,随舅父久美桑布赴拉萨朝佛。经山南返回康区,先后在邓柯、佐钦及色须等地寺院从师学法,虽出自宁玛派,但对格鲁、萨嘉及噶举诸派学说亦广学博闻,勘比异同,穷究其理。尤以深入阐明宁玛派义理而闻名,从学者颇众。著作有三十二部,有《米旁全集》传世(版藏更庆寺)。内容广泛,涉及佛典及大小五明之学,言简意赅。其中《国王修身论》多富义理。

【讷亲】(?—1749) 清朝大臣。满洲镶黄旗人。钮祜禄氏。*遏必隆之孙。雍正间,命为御前大臣,军机处行走。乾隆帝即位,与鄂尔泰、张廷玉共辅政,号"总理大臣"。历任镶白旗、镶黄旗满洲副都统,领侍卫内大臣,兵部和吏部尚书,军机大臣等。九年(1744),查阅河南、江苏、安徽、山东一路营伍,并验河工海塘,便道查天津河间赈务,屡有建言。十年,充五朝国史馆总裁,寻晋保和殿大学士,后充玉牒馆总裁。十二年(1747),因总督张广泗镇压大金川土司莎罗奔久无功,受命驰往经略军务,因身图安逸,了无成绩,革经略职,赴北路军营。旋为诸王大臣所劾,被逮问拘禁。十四年(1749),被正法。

【讷默库】(?—1756) 清代卫拉特蒙古杜尔伯特部台吉。*车凌乌巴什从子。乾隆十九年(1754),率部偕姊夫阿睦尔撒纳内附,封郡王。二十年,请随军征达瓦齐,隶西路。后知阿睦尔撒纳为北路副将军,请隶北路。获允。伊犁平定,以参赞大臣衔列名。继归牧鄂尔海、喀喇乌苏。清廷命该部自为一盟,授盟长。是年秋,阿睦尔撒纳举兵叛乱。他拒副盟长刚多尔济等劝阻,谋往附,并乘间劫驿骑。为乌里雅苏台办事大臣阿兰泰等所执。二十一年春,被解送北京处死。属众分隶车凌、车凌乌巴什。

【讷尔经额】(?—1857) 清朝大臣。满族,费莫氏。满洲正白旗人。嘉庆八年(1803)翻译进士,官至制造库郎中。道光二年(1822),升湖南按察使、布政使、巡抚。六年(1826),擢漕运总督,以粮船夹带私盐不服搜查,请先禁私囤以清弊源。九年(1829),授山东巡抚,请浚东平州境内各河道。十二年(1832),以英国船只擅入山东洋面,请先断其北驶之路,令水师驱出东境。擢湖广总督。十三年,议准湖南瑶地善后章程六款。十四年,以湖广流民潜往贵州兴义等府苗疆租种山田,议定章程四条,以防日后滋事;严查流民来路以清其源;严禁流民去路以遏其流;严禁流民潜人租种;严禁湖面土棍渔户勾引滋事。十六年(1836),奏定雇募粮船水手章程,仿保甲法,将十船编为一甲,连环互结,以便稽察。以新宁县蓝正樽聚众起事首领未获,自请革职留任。十七年,赏二等侍卫,充驻藏帮办大臣。次年,升头等侍卫,充西宁办事大臣。二十年(1840),擢热河都统、陕甘总督,直隶总督。二十一年,以英国侵略军船支于山海关至秦皇岛间游驶,并驶至福建、厦门,奉命驻天津加意侦察严加堵御,奏防堵之策。二十二年,以功赏太子太保衔。咸丰二年(1852),以直隶总督协办大学士,擢文渊阁大学士,仍留直隶总督任。三年以太平军陷河南归德府,奉命截堵义军北进之路。七月,任钦差大臣,节制河南河北各路官兵。五年,因贻误军机,一败不振,使太平军入畿省,遣戍军。六年,赏六品顶带。次年,赴蓟陵常川住班,以四品京堂候补。

【讷墨库济尔噶勒】(?—约1753) 一译讷默库济尔噶尔,清代卫拉特蒙古准噶尔部台吉。姓绰罗斯。墨尔根岱青五世孙,*满济长子。乾隆十五年(1750),因参与拥立喇嘛达尔扎有功,深得倚任。后阿睦尔撒纳拥立策妄达什事泄走哈萨克时,偕赛音伯勒克领兵三万(一说三千)追击。十八年(1753),不甘屈从达瓦齐统治,集兵万人抵伊犁,谋与达瓦齐分领准噶尔众。被阿睦尔撒纳以计擒执。

【许圣】 东汉南郡巫县地区少数民族起义首领。巫县(今四川巫山东)人。以郡收税不均,怀怨,于和帝永元十三年(101)率众起义。十四年,和帝遣使者督荆州诸郡兵万余人镇压。义军凭险拒守,与汉军相持。后遭官军分路进攻,兵败,请降,族众被徙至江夏(今湖北安陆)一带居住。

【许保】 见"龙许保"。(109页)

【许夫人】 元初畲族农民起义领袖。至元十四年(1277),联合建宁(今福建建宁)人黄华起义。统领闽西南汀、漳各寨畲军,助宋将陆秀夫、张世杰讨降元宋官蒲寿庚及元军,屡获胜。十七年(1280),联合陈桂龙、陈吊眼的漳州畲、汉义军,痛击元军。十九年(1282),又响应黄华反元起义。她领导的畲民起义遍及闽南、闽北各地山寨。

【许世亨】(?—1789) 清代将领。回族。四川新都人。先世出自新疆回部。初为骑兵,从征金川,西藏有功,以武举授把总,累迁守备。再征金川,破碉寨,以功赐"劲勇巴图鲁"号,擢参将。乾隆四十一年(1776),金川平,进云南腾越镇总兵。四十九年(1784),奉命镇压甘肃回民起义,补贵州威宁镇总兵。五十二年(1787),率黔兵二千余镇压台湾林爽文起义,改赐"坚勇巴图鲁"号,列前二十功臣。五十三年,调浙江提督、广西提督。从两广总督孙士毅用兵安南,以功封一等子。五十四年(1789)正月,在掩护清军退却中,阵亡。

【讹勃啰】 西夏国军事首领。党项族。官监军。永安二年(1099)七月,奉命巡边,闻赤羊川首领赏啰讹乞欲投宋,并得宋知环州种朴以兵迎接,遂率千骑追击赏啰讹乞,为种朴所败,与泪丁讹遇同被俘,解入宋。示意种朴,请召其家属及所部亦来投宋,并谕泪丁讹遇降宋。

【讹勃遇】(?—1082) 西夏国军事首领。党项族。官副统军。大安八年(1082)五月,惠宗母太后梁氏谋集兵兴州议大举攻宋,受命与都统军鬼名妹精鬼将兵数万攻入环庆,掠淮安镇,为宋守将张守约合诸路兵所败,与首领三十八人皆死,失铜印及兵符军书器械无计。

【讹都斡】 见"萧讹都斡"。(488页)

【讹鲁观】 见"完颜宗隽"。(256页)

【讹鲁补】 见"完颜宗望"。(256页)

【讹罗绍甫】 西夏国大臣。党项族。殿前太尉讹罗绍先弟。官殿前马步军太尉。乾祐三年(1172)四月,与枢密直学士吕子温,甌匦使芭里直信赴金朝贺金世宗上尊号。六年(1175)十二月,官兴庆尹。与翰林学士王师信赴金朝谢横赐。

【讹藏屈怀氏】 党项族。党项首领*李德明妻,景宗*李元昊庶母。生子成嵬,为元昊弟。夏广运元年(1034)十月,元昊弑生母太后卫慕氏,立其为太后,党项语称"兀泥"。

【论弓仁】 又称莽布支。唐代吐蕃大将。赞普赤都松(676—704年在位)时人。出身噶尔氏家族。大相*论钦陵之子。圣历元年(698),父被迫自杀后,于次年统吐浑七千帐归唐,授左玉钤卫将军,封酒泉郡开国公,食色二千户,赐铁券。神龙三年(707),为朔方军前锋游击使。开元(713—741)初,奉唐皇命,平突厥九姓之乱,大战数十,小战数百,所向无敌。"十数年间,耀国威武。"累迁左骁卫大将军、朔方副大使。六个六岁病逝。追赠拨川郡王,谥忠。

【论钦陵】(?—698) 唐代吐蕃大将。噶尔氏族,故又称噶尔钦陵。松赞干布大相*禄东赞长子。任大论(大相)。以吐蕃赞普赤都松年幼,与弟赞婆专统兵马,居中用事,独揽朝政。事无巨细,皆出其手。东掠唐境,西扰突厥,败薛仁贵于大非川,由是权益大。圣历元年(698),赤都松以狩猎为名,对其征伐,杀其党二千余人,遂自杀。自是噶氏家族势衰。

【论恐热】(?—约866) 又作尚恐热。唐代吐蕃大臣。姓末,名农力。"性悍忍,多谋诈。"达磨赞普(838—842年在位)时,任落门川讨击使,驻守河陇吐蕃占领区。唐会昌二年(842),达磨死,自号国相,欲自为赞普。反对立乞离胡为赞普。遭到吐蕃国相尚思罗及鄯州节度使尚婢婢反对,遂以所谓"义兵"之名集二十万大军,攻尚思罗及尚婢婢,略地至渭州,于洮河擒杀尚思罗。三年,于河州(今甘肃临夏)中伏,为尚婢婢所败,单骑逃脱。后屡败于南谷等地。大中三年(849),献三州七关降唐,要求唐承认其为赞普,遭拒,复反唐。与尚婢婢等混战十余年,给河陇人民带来极大灾难。后遭唐与回鹘联合攻击,咸通七年(866),为北廷回鹘部首领仆固俊擒杀,传首京师。

【论莽热】 全名论莽热没笼乞悉蓖。唐代吐蕃将领。赞普赤德松赞(798—819年在位)时人。唐德宗贞元九年(793),任南道元帅,侵南道。为唐西川节度使韦皋所败。十八年(802),以韦皋围维州,兼任松州五道节度兵马都统、郡牧大使,引十万吐蕃兵解维州之围。中伏兵,被擒获,送京师,德宗赦之,并赐第于崇仁里。

【论赞索】 见"囊日松赞"。(615页)

【祁充格】(?—1651) 清初大臣。满族,乌苏氏。世居瓦尔喀。初隶满洲正白旗,后改隶镶白旗。娴习文史,掌书记事。后金天聪五年(1631),授礼部启心郎。八年,授佐领。清崇德元年(1636),从睿亲王多尔衮征明锦州。顺治二年(1645),授弘文院大学士,与大学士冯铨、洪承畴等充明史总裁官。十一月,为正使,册封朝鲜国王之世子。四年,加授一佐领。六年,充纂修太宗实录总裁官,任会试主考。八年闰二月,以党附睿亲王及擅改太祖实录等罪,伏诛。

【祁廷谏】(?—1656) 土族西祁土司。青海西宁人。西宁卫指挥使祁德子。明万历三十六年(1608),袭父职。崇祯十六年(1643),率子兴周、肇周,联合西李土司李洪远与李自成起义军贺锦部战于西宁,诱杀贺锦等三千人。起义军攻克西宁时被俘,囚于西安。清顺治二年(1645),英亲王阿济格入西安,获释,受命安抚诸族,仍授本卫指挥使,世袭。十年(1653),病老告退。

【祁伯豸】 清代土族东祁土司。青海西宁人。西宁卫指挥同知*祁国屏子。康熙九年(1670),袭父职。"三藩之乱"时,平凉提督王辅臣应,陷巩昌、临洮、兰州。他统各土司随西宁镇总兵王进宝东征,复兰州,因功官至銮舆使。后扈从康熙征噶尔丹,擢温州镇总兵。后回籍,以原官署理指挥同知印务。

【祁国屏】 土族东祁土司。青海西宁人。*朵尔只失结后裔,*祁秉忠之侄。明朝时任西宁卫都指挥同知。崇祯十六年(1643),李自成起义军贺锦部进逼西宁时,率军拒击义军。清顺治二年(1645),降清。后随陕甘总督孟乔芳镇压甘州回民起义,复甘州。九年(1652),授西宁卫世袭指挥同知。以功升庄浪参将。

【祁秉忠】(1573—1622) 明朝官员。土族。青海西宁人。祁世勋子。万历十九年(1591),袭指挥同知。四十四年(1616),任凉州副总兵,授平羌将军印。四十六年(1618),应诏率土兵赴东北,以功晋提督蓟辽左都督。天启二年(1622),战死。

【祁贡哥星吉】(?—1392) 土族西祁土司之祖。青海西宁人。元末任甘肃行省理问所官,封金紫万户侯。明洪武元年(1368),归附明朝,为土族降明抗元第一人。明太祖授以副千户世职。与朵尔只失结于西宁一带招抚蒙藏各部。二十五年(1392),追剿西畬亦林真卉,阵亡。

【军须靡】(?—公元前93?年) 西汉时乌孙五(昆莫)。宫号岑陬,又作岑娶。*猎骄靡长孙。父早卒,被立为太子。季父大禄以不得代太子位,怀怨,结诸昆弟欲攻之,猎骄靡遂分国为三。与其祖、季父各领万余骑,别居。约太初元年(公元前104年),猎骄靡死,嗣为王。依俗妻细君公主。生一女名少夫。公主死,汉为结其夹攻匈奴,复以楚王戊之孙女解忧公主妻之。

【军臣单于】(?—公元前126年) 汉代匈奴单于。挛鞮氏。*老上单于子。文帝后元三年(公元前161年)嗣位,与汉保持和亲关系。六年(公元前158年)绝和亲,以兵六万分扰上郡、云中,烽火通于甘泉、长安,数月始退。景帝元年(公元前156年),复犯代郡,汉遣使约好,复和亲,遣公主嫁单于,通关市,岁馈如故约,边境一度稍安。中元二年(公元前148年)、六年(公元前144年),先后以兵犯燕,扰雁门、云中、上郡,掠苑马,与汉关系破裂。武帝(公元前141年—公元前87年在位)初年,因汉与之和亲约束,饶给厚遇,维持亲汉关系。元光二年(公元前133年),以汉暗设伏兵诱击,再度南下侵扰,杀掳吏民,与汉将卫青等军攻战。元朔二年(公元前127年),所属楼烦、白羊王为卫青所败,损兵数千,失河南地。

【农实达】(1873—1913) 近代资产阶级民主革命者。广西宁明县人。壮族。自幼聪敏好学,十四岁中秀才。后赴广州,深受孙中山革命理论影响,毅然弃文习武,进广东将弁学堂就学。毕业后在龙州任广西边防军陆军教导团教官,对学生灌注革命思想。后任边防军军学兵营管带。积极参加孙中山推翻清政府的准备工作,曾多次潜入桂林等地组织革命武装,并动员一些会党首领如黄明堂、王和顺等人参加孙中山领导的革命。1907年,配合革命党攻镇南关,事泄被撤职。辛亥革命后,袁世凯窃政,又积极投身讨袁运动,后于南宁被桂系军阀陆荣廷杀害。有遗诗数篇,载《宁明耆旧录》。

【 了 】

【那牙】 见"那阳"。(179页)

【那红】(?—1541) 明嘉靖朝黎族农民起义首领。海南岛万州鹧鸪峒大抵村人。黎族。嘉靖十八年(1539),因与其叔那黄发生争田纠纷,叔不胜,暗约陵水县驻军堡村千户万人杰洗袭大抵村,其妻孥及资产被夺一空。积愤,遂结黎亭、岭脚二峒黎首那任等聚众起义,饱尝地方官府压榨的黎族群众闻风响应。率起义军一举攻陷陵水县,千户万人杰畏罪服毒自杀,知州黎巽逃匿。率义军设伏要隘,大败官军,击毙指挥金事张世延及百户于溥、项桧。乘胜挥师,席卷崖、万二州,使明王朝在海南的统治受到严重威胁。二十年(1541),明廷令都御史蔡经等统率官兵十万二千余人前往镇压。他指挥义军"伪遁设伏",重创官军。是年十二月,在与敌人搏斗中英勇牺牲。

【那阳】 明万历朝黎族起义首领。海南岛崖罗活峒人。黎族。万历四十年(1612)冬,与那牙、那定等人在崖州罗活、抱由诸峒聚众武装起义,附近黎人闻风而动,其势益炽。率义军先克海南重要军事据点之一乐平营,继围崖州,"危如累卵"。万历四十一年(1613)正月,击溃海南分总薛鸿翱、把总曾忠来剿之兵。薛鸿翱毙命。是年十一月,又与来犯官军展开激烈战斗,击毙南头副总兵张万纪、参将张守贵。明廷命王鸣鹤督各路官兵及西粤土兵征剿,他亲督义军顽强抗击,抱由、罗活黎峒相继失陷。后不知所终。

【那利】 唐代龟兹相。贞观二十二年(648),辅龟兹王白诃黎布失毕御唐军阿史那社尔,守拨换城(今新疆阿克苏县),月余,城陷,独逸出,引西突厥军助战,杀唐军留守安西都护郭孝恪及子。后为阿史那社尔败,执送长安,获赦。与白诃黎布失毕同被遣归国。因私通王妻阿史那氏。君臣猜忌,复被高宗召入长安,不复回国。

【那直】 明代云南元江傣族首领。洪武十五年(1382),改元置元江路为元江府。十七年,入朝贡象,封元江知府,赐袭衣冠带。十八年,置因远罗必甸长官司隶之,以土酋白文玉为副长官。二十年,以麓川扩张为患,明遣经历杨大用往元江练兵以讨之。

【那定】 见"那阳"。(179页)

【那荣】 明代云南元江傣族首领。洪武二十七年(1394),与白文玉贡于明。永乐三年(1405),复入朝进贡,获厚赐,明改元江府为元江军民府,任知府。请率兵攻八百,受帝嘉劳。以石屏州洛夹桥每受江水冲坏,只命本府修理,民力不堪,请命石屏州协治。获准。永乐六年(1408),元江军民府儒学以洪武中所创庙学规制隘陋,请改建以教民子弟,获允。九年(1411),率头目人等入朝贡马及金银器,获赐予。

【那桐】 清末大臣。满洲镶黄旗人。字琴轩。叶赫那拉氏。光绪举人。长期任京官。光绪二十六年(1900),八国联军进犯津京,他奉命驻守丰台御敌。北京陷,慈禧西逃,命充留京办事大臣,随全权大臣奕劻、李鸿章议和。二十七年,签订《辛丑条约》后,专使日本"道歉"。二十九年(1903),擢户部尚书,调外务部,兼步军统领。管工巡局事。创警务,缮路政。平王维勤冤狱,商民颂之。三十一年(1905),晋大学士,仍充外务部会办大臣。历兼厘订官制,参预政务,变通旗制,署民政部尚书。宣统元年(1909),命为军机大臣,出署直隶总督。请拨部款修凤河。三年(1911),改官制,授内阁协理大臣,旋辞,充袁世凯内阁弼德院顾问。卒年六十九。

【那盖】(?—506) 南北朝时期柔然可汗。郁久闾氏。*吐贺真次子。*豆仑叔。柔然太平八年(北魏太和十六年,492),与侄豆仑可汗分道进击离异自立的高车副伏罗部酋长阿伏至罗,屡胜,而豆仑屡败,故颇得柔然部众之心。众欲废豆仑而立其为主,拒从。众遂杀豆仑母子而被迫继位,号"候其伏代库者可汗"(意为悦乐王),改年号为太安。太安十三年(北魏正始元年,504),率十二万骑,分六道进击北魏,直趋沃野(在今内蒙古乌拉特前旗东北)、怀朔(在今内蒙古固阳县西南),兵至恒(今山西省大同市东北)、代(大同市东北),被魏将源怀等击退。十五年(506)卒,子伏图立。

【那嵩】(?—1659) 明末清初云南元江土知府。字岳生。傣族。自幼勤奋好学,读书不倦,筑楼藏书数万卷。为政遵守法纪,忠于职守,为人性纯笃,富于义气。曾遣弟那仑攻普洱,据其他,势南及车里(西双版纳)。清顺治十四年(1657),响应农民起义军领袖张献忠部将李定国,以元江为基地,鼓动降清明将许名臣、高应凤,联合各地土司一同举义。清廷派吴三桂、铎尼、广西(泸西)府提督张勇等前往镇压。顺治十六年(1659)九月二十一日,吴三桂发兵攻元江。十月十二日夜,率兵突围,因清兵势众,退守城内,掘壕立栅,架浮桥,遏止强渡。严辞拒绝吴三桂劝降,力阻许名臣自缚出城就义,积薪于城楼下,掺以硝磺等引火物,以死自矢,并还书备列吴三桂引清兵入关以来罪行。十一月六日,吴三桂以荷兰殖民主义者所供"红夷火炮"猛攻,义军弹尽粮绝,城破。偕妻、子那焘、赘婿沐志亮登北门城楼,举火自焚。许名臣等自缢,军民多奋战而死。

【那鉴】(?—1553) 明代元江傣族首领。嘉靖二十五年(1546),杀侄元江土知府那宪,夺印,并封收因远驿印记。明遣镇巡官发兵剿之。二十九年(1550),密约交趾武文渊谋反,纵兵攻劫村寨。三十年,为总兵官沐朝弼与巡抚石简所破,失木笼寨、甘庄,势蹙,遣经历张维等伪请降,乘明左布政徐樾至城下受降之机,纵象马兵突城冲之,杀樾等。乘虚攻路通哨、甘庄哨,败官军。后为明军及武定女土官瞿代、宁州土舍禄绍先等所败,请降,遭拒。城中樵采路绝,折屋而爨,斗米银三、四钱,人畜多毙。值瘴毒起,官兵乃撤。三十二年(1553),巡抚云南都御史鲍象贤调七万军进攻。惧,服毒死。

【那燕】(?—1549) 明嘉靖朝黎族农民起义首领。海南岛崖州止强村人。黎族。嘉靖二十六年(1547)冬,崖州通判黄本静差使赵坤文等带着盐、土碗到止强村一带强行摊派,每家碗一个,取鸡一只,盐一碗,交芝麻五升,并肆意勒索牛财等物。黎人不堪苛扰之苦,以那燕为首在止强、石讼等村聚众四千余人,掀起反抗官府斗争,感恩、昌化等地黎人相继应之。率义军攻陷感恩、崖州县城,摧毁许多官军据点,东至陵水,西到昌化皆被义军控制,"海南之境被其动摇"。二十八年(1549)八月,统义军大败前来征剿的两广汉达土舍兵。明巡按御史黄汝桂令巡抚欧阳必进移镇雷阳,会同广西副总兵沈希仪、参将武鸾、俞大猷等集兵八万七千,分三路进攻。面对强大官军,领导义军凭险挖壕、竖栅、垒石、悬木,用强弓利矢与敌人展开殊死搏斗,不幸英勇就义。

【那木罕】(?—1292或1301) 又作南木合、那没罕、那木干、诺穆罕。元朝蒙古宗王。孛儿只斤氏。忽必烈汗子。初以高道为说书官,师事之。至元三年(1266),封北平王。八年(1271),受命统诸王七人出镇西北,讨剿海都之乱,建牙阿力麻里(今新疆霍城县水定镇西北)。九年,借察合台系后王与窝阔台系后王争战之机,讨平察合台系叛王聂古伯余众。十二年(1275),忽必烈复遣丞相安童辅佐之。十四年(1277,或作十三年)被叛王昔里吉劫执,送交术赤后王忙哥帖木儿处。后诸叛王内讧,于二十一年(1284)被释归。同年改封北安王,后复总兵北边,建牙帖木儿河(塔米儿河)。二十三年(1286,又作二十二年),受临江路六万五千户为食邑。翌年,遣军讨叛王乃颜及其党也不干,自主军防海都,以遏东西叛军相连。延祐七年(1320),追封昭定王。

【那木按】 见"卫达尔玛诺木欢"。(22页)

【那延成】(1763—1833) 又作那彦成。清朝大臣。满洲正白旗人。章佳氏。字韶九,一字东甫。号绎堂。大学士阿桂之孙。乾隆进士。初任职翰林院。嘉庆二年(1797),入军机行走。四年(1799),擢工部尚书。是年,受命为钦差大臣督将军明亮军围攻川陕楚白莲教起义,一再败绩,革尚书职。八年(1803),由礼部尚书授军机大臣。十年(1805),命谪戍伊犁,旋调西宁办事大臣。十四年(1809),调叶尔羌(今新疆莎车)办事大臣,补陕甘总督。十八年(1813),以钦差大臣加都统衔率军镇压李文成、林清领导的河南天理教起义。二十五年(1820),擢理藩院尚书。寻调吏部。道光元年(1821),调刑部尚书,后任陕甘总督,复调直隶总督。七年(1827),以钦差大臣往新疆筹办四城平复事宜。十一年(1831),以"禁贸易"、"误国肇衅"等罪革职。卒,谥文毅。著有《平番奏议》四卷、《那文毅公奏疏》八十卷及《那文毅公遗编》。

【那没罕】 见"那木罕"。(180页)

【那彦宝】(?—1843) 又作那彦保。清朝将领。满洲正白旗人。大学士阿桂孙。乾隆五十年(1785),由文生员擢三等侍卫。嘉庆五年(1800),任正黄旗汉军副都统。勘老河,请将对岸户口稀少之顺坡两地,撩荒作牧场。历内阁学士、兵部右侍郎,袭一等轻车都尉。六年,署理藩院右侍郎,调兵部左侍郎,以永定河决,卢沟桥涨水,专事堵筑。擢御前侍卫。七年,复调兵部左侍郎。查勘南河唐家湾漫口。十二月,署云南巡抚,查办滇省维西军务动用司库银事。次年,兼署户部右侍郎,管理钱法堂事务。查勘豫省衡家楼漫口。九年,工竣,加一云骑尉世职,调户部右侍郎。十年,转左侍郎。十一年,调工部左侍郎、泰宁镇总兵兼内务府大臣。十三年(1808),因对西陵总管盛住贪冒事失察,降头等侍卫,发哈密换防。寻授阿克苏办事大臣。十五年(1810),调叶尔羌办事大臣,授镶白旗汉军副都统。十六年,调塔尔巴哈台参赞大臣。十七年,改正红旗蒙古副都统。十八年,兼正红旗护军统领,授泰宁镇总兵官兼内务府大臣。以修复泰陵宝城功,赏戴花翎。十九年,历理藩院右侍郎兼正蓝旗满洲副都统、工部右侍郎、总管内务府大臣、刑部右侍郎转左侍郎。奏劾山东吏治废弛,地方凋敝。二十二年(1817),奉命管理圆明园,兼军政大臣。署行在刑部侍郎,补镶黄旗护军统领。二十四年,督办永定河工程。次年,因南岸复漫口,革都统,降补内阁学士署理河南巡抚。历署镶白旗护军统领、刑部左侍郎、经筵讲官。道光元年(1821),调补吏部左侍郎,左翼前锋统领。二年,以先后办理河工不知洁己,降头等侍卫,发吐鲁番换班。八年(1828),授绥远城将军。十年,调成都将军。十三年(1833)七月,署正黄旗蒙古都统。十一月,因年逾七十,以原品休致。

【那木札勒】 见"策妄多尔济那木札勒"。(543页)

【那言大儿】 见"吉能"。(130页)。

【那林台吉】(1512—?) 全称巴延达喇纳琳台吉。明代蒙古左翼察罕塔塔尔(白鞑靼,属察哈尔万户)部领主。字儿只斤氏。*达延汗孙,*巴尔斯博罗特第五子。驻牧于宣府独石口正北边外,离边塞十五六日程。在张家口与明朝互市。

【那林孛罗】(?—1598)又作纳林布禄。明代叶赫部首领。女真族,纳喇氏。*杨吉努之子。万历十二年(1584),杨吉努兄弟被明军杀后,继为叶赫贝勒。为报父仇,连兵蒙古以儿邓侵威远堡,结恍惚太攻哈达部歹商。十六年(1588),闻明将李成梁率兵趋叶赫城,与卜寨合兵守东城,因力不支,出降。请与哈达部分敕入贡,得敕书四百九十九道。九月,将妹孟古嫁清太祖努尔哈赤,是为孝慈高皇后。十九年(1591),遣使至建州,向太祖索地,遭太祖责。二十一年,与扈伦四部合兵攻建州胡卜寨寨。九月,又连兵蒙古科尔沁、锡伯、卦尔察、朱舍里、讷殷等九部三万兵攻建州,战于赫济格城及古勒山一带,兵败,兄卜寨被杀。忧卒。

【那逊兰保】(1801—1873) 清代蒙古族女诗人。喀尔喀部人。字莲友。四岁随父母入京,七岁入私塾,十二岁能诗赋,十五岁通五经,十七岁嫁于清宗室肃武亲王豪格之子恒恩。在老师归真道人教导下,对诗歌有浓厚兴趣。写有《题冰雪堂诗稿》、《祝归真师八十寿》等诗。其子盛昱搜辑其诗稿九十一篇,刻印成《芸香馆遗诗》两卷,流传至今。

【那木儿台吉】 见"五路把都儿台吉"。(56页)

【那力不赖台吉】 见"阿尔博罗特"。(289页)

【那木大黄台吉】 见"脑毛大"。(460页)

【那颜博罗特王】 见"乌讷博罗特王"。(76页)

【那囊氏妃西丁】 唐代吐蕃赞普*赤德祖赞王妃。吐蕃人,属那囊氏。唐金城公主入藏,与赤德祖赞成婚,生子赤松德赞,其无子,妒之,乘去雅隆旁塘宫瞻观金城公主子之机,夺为己有,扬言系其所生。据藏史载,赤德祖赞为辨别真伪,为赤松德赞举行开步宴会,令其亲辨,那囊氏集团臣工百般招引赤松德赞,然赤松德赞却投入金城公主怀抱,致使其谋失败。藏史所谓"赤松德赞宴会认亲"事,典出于此。

【异牟寻】(754或755—808) 唐代南诏第六世王。"乌蛮"。*凤伽异之子。知书,有才智,善抚众。唐大历十四年(779)即王位。引兵取蜀为东府,又联吐蕃攻唐,为唐将李晟所破。自称日东王,设官职,立九爽、三托。因不堪吐蕃繁重赋役和征索,开始行弃蕃归唐政策。贞元五年(789),遣乌蛮勿邓大鬼主苴梦冲等出使唐剑南西川节度使韦皋处,以示友好。十年(794),率子寻阁劝(寻梦凑)与唐使崔佐时会盟于点苍山神祠。斩吐蕃使,去其所立之号,献吐蕃所授金印,以示归唐。大败吐蕃于神川,取铁桥等十六城垒,俘其王五人,降其众十余万。受唐册封为南诏王。后屡遣使献方物、马匹,献所俘吐蕃将帅。请以大臣子弟入质,派贵族子弟于成都就学。十七年(801),与韦皋联兵破吐蕃,克七城,焚毁堡全一百五十所,擒论莽热献于唐。元和二年(807),遣邓傍传入朝,受封试殿中监。三年卒,谥孝桓王。唐特派太常少卿武少仪赴南诏吊祭。

【寻阁劝】(778—809) 又作寻觉劝、新觉劝、苴蒙阁劝、寻梦凑。唐代南诏第七世王。"乌蛮"。*异牟寻子。唐贞元十年(794),随父与唐使会盟于点苍山神祠。元和三年(808),即王位。唐册袭南诏王,赐"元和册南诏印"。四年,改元应道,上尊号"骠信"。是年末卒,谥孝惠王。

【寻梦凑】 见"寻阁劝"。(181页)

【艮峰】 见"倭仁"。(456页)

【阳阿】 见"萧阳阿"。(482页)

【阶贡钦波】(1090—1171) 宋代藏传佛教噶当派僧人。吐蕃人。本名勋奴扎巴。出生于阶拉囊家族。噶当教授派内邬素巴和甲域哇的弟子,重视修定,故被时人称为阶贡钦波,意为阶地方的大修行人。后在加麻地方仁清岗建仁清岗寺,并在该寺修行,收徒传法,门下弟子约有八百人,传授内邬素巴的修法和密法。

【好胡】 见"萧怀忠"。(483页)

【观音】 见"萧观音"。(482页)

【观音奴】 ①元朝官员。字志能。唐兀氏。居新州(今广东新兴)。泰定四年(1327)进士。由户部主事,转知归德府。为官廉明刚断,判事有方,民有冤者来投诉,立为剖决,依法而行。亳州蝗灾,领民治之,后升都水监官。②见"萧观音奴"。(488页)

【欢都】(1051—1113) 宋代女真完颜部首领之一。石鲁之孙,劾孙之子。劾里钵(世祖)继任部落联盟长之初,值诸部相继变乱,受命掌军权,常与劾里钵谋议,出临战阵,侍从左右。助劾里钵大败纥石烈部腊醅、麻产叛兵于野鹊水,亲入敌阵奋击,左右出入四次,所乘战马死十余匹。不久,追击麻产,射中其首,俘杀之,以功被辽授官详稳。继被任命为都统,大破温都部乌春及窝谋罕于斜堆,俘获蒲察部故石、拔石。先后辅佐劾里钵(世祖)、颇剌淑(肃宗)、盈歌(穆宗)、乌雅束(康宗)四君,达四十年,每逢征伐,率先争战,广廷大议多用其谋。肃宗时,深受宠信,位居诸臣僚之上。穆宗嗣位,凡图辽之事皆专委之。康宗时,尤受敬礼,卒,康宗亲视葬事。天会十五年(1137),追封代国公。明昌五年(1194),谥忠敏。

【羽之】 见"耶律羽之"。(312页)

【羽凤麒】 "教门三忠"之一。见"撒之浮"。(593页)

【羽奴思】(1416—1487) 明代东察合台汗国汗(一称吐鲁番王)。歪思汗长子。一说即《明史》之阿力。明宣德三年(1428),父死,因争夺汗位王公大臣分为两派,弟也先不花派获胜,称汗,被迫离亦力把里,奔撒马尔罕。被帖木儿王朝统治者送至各地向名家学习,获大师称号。约景泰七年(1156),帖木儿王朝为削弱东察合台汗国,制造内部纷争,护送其回国。进入汗国西部,自立为汗,与也先不花对抗,后乘也先不花死,其子克伯速檀继位,被部下挟往吐鲁番之机,占领阿克苏。成化十五年(1479),克伯速檀被部下杀害,羽奴思统一汗国。爱慕城市文化生活,常住塔什干,多次遣使向明朝进贡。

【牟尼赞普】(?—798) 汉籍作足之煎。唐代吐蕃赞普。797—798年在位。赞普*赤松德赞之子。崇信和极力扶持佛教,每年举行"四大供"或"四大祭祀",即分别在桑耶寺、拉萨大昭寺及昌珠寺举行法会,号召全体吐蕃属民向寺院布施财物,是为今五月十五日逛林卡之始。相传为解决社会上贫富悬殊,曾三次下令在吐蕃平均所属臣民财富,结果触犯贵族利益,被代表贵族利益的母后毒死。

【牟羽可汗】 见"英义建功毗伽可汗"。(328页)

【牟汗纥升盖可汗】 见"大檀"。(15页)

【买奴】 元朝官员。回回人。世祖近臣答失蛮子。初袭父职为博尔赤(司膳)。武宗至大(1308—1311)年间,任御药局达鲁花赤。仁宗皇庆(1312—1313)初,升监察御史,平反冤狱,奏请减轻站赤(驿站)户的劳役负担。自仁宗延祐到文宗至顺(1314—1332)年间,历任山南江北道、江北淮东道、河北河南道肃政廉访使、同金宣徽院事、同知宣徽院事、中书省郎中、参议中书省事、司农卿、吏部尚书、通政使等职。元统元年(1333),为太禧宗禋使都典制神御殿事,迁河南江北等处行中书省平章政事、翰林学士承旨。任职期间,多次救济灾民,兴办水利,加固黄河大堤,注意减轻民众负担,明于断案,敢于进谏。

【买住】 见"耶律买住"。(313页)

【买驴】 见"吴成"。(227页)

【买闾】 元代诗人、教育家。字兼善。回回人。先世西域人。元初祖父哈只仕江南,遂家居上虞(今浙江上虞县)。父亦不刺金。自幼博览经史。顺帝至正二十二年(1362)领乡贡。任尹和靖书院山长,经礼部尚书李尚炯推荐,授嘉兴路儒学教授。诗作《甲子集》、今不存,仅赖良《大雅集》选录其诗十首。

【买哥】 见"耶律买哥"。(313页)

【买壮图】(?—1877) 清末武术家。回族。河南鲁山人。生于道光初年。自幼习武,技艺超群,尤擅长心意拳。是精炼简化心意拳的杰出代表之一,和郭云深、东毅斋武术大师并列为心意拳三绝。被称为"心意大侠"。有擒雀沾蝶之功。卒年八十余岁。

【买述丁】 元朝官员。回回人。原居中亚不花剌(今苏联布哈拉)。普祖马哈麻随蒙古军东迁,后居大都(今北京)。阿合马之子。初充侍卫。武宗至大(1307—1311)年间,任尚书院长史,历迁利用监大使、京畿运粮提举、河间运判、集贤院经历等。泰定二年(1325),授南台监察御史。天历(1328—1330)初,任内台监察御史,奏谏官吏不得恃权扰民,低价购买民物。至顺(1330—1333)初,任山南廉访副使,赈济灾荒。后调户部侍郎。顺帝至正二年(1342),任户部尚书,谏言朝廷节减开支,减轻百姓负担。加授中奉大夫。捐俸银凿井,以解决居庸关民众饮水困难。三年,升中书参议。四年任宣徽院同知,授资善大夫中政院使衔。七年(1347),改海道万户府达鲁花赤,九年(1349),迁江西等处都转运茶使。

【买的里八剌】 明代蒙古贵族。孛儿只斤氏。可汗*爱猷识理达腊子。元至正二十八年(明洪武元年,1368),随皇室撤离大都(今北京),至上都(今内蒙古正蓝旗东闪电河北岸)。翌年,上都被明军攻克,退入应昌(今内蒙古克什克腾旗达里诺尔湖西岸)。三十年(洪武三年,1370),在应昌战役中为明军俘获,遣送京师(今南京),朝见明太祖,封崇礼侯,屡获厚赐。北元宣光四年(洪武七年,1374),被明太祖送归蒙古,意在继承汗统。后未嗣汗位。一说他即脱古思帖木儿,不确。

【孙鹏】(约1688—约1759) 清代回族诗人。字图南,号南村。云南昆明人。明代回族诗人孙继鲁六世孙。康熙四十七年(1708)举人,官山东泗水县知县,有治声。以诗古文辞见重于世。著《少华集》二卷,《锦川集》二卷,《松韶集》四卷,合称《南村诗集》,收诗五百多首。其诗英辞浩气,磊落出群。《滇南文略》及《滇系》中有其遗文,其中论兵之作,雄健可喜。为回回医药世家,明代孙继鲁子在昆明开办的药铺"万松草堂",一直传到近代,以秘制丸散膏丹著名。

【孙万荣】(?—697) 唐代契丹大贺氏部落联盟军事首领。隋代契丹部落首领*孙敖曹曾孙(一说为孙)。唐武则天垂拱(685—688)初年,累授右玉钤卫将军、归诚州刺史,封永乐县公。万岁通天元年(696)五月,因不堪忍受唐地方官员的侵侮,与妹婿、松漠都督府都督李尽忠举兵反唐,杀唐营州都督赵文翙(一作赵翙),据营州(今辽宁朝阳),拥李尽忠称"无上可汗",自认为帅,聚众数万,所攻皆胜,为武则天怒恨,被侮称为"孙万斩"。与尽忠攻崇州(今辽宁朝阳东北),擒唐讨击副使许钦寂,八月,大败唐鹰扬将军曹仁师等二十八将于西硖石黄獐谷(今河北卢龙、昌黎之间),俘获右金吾卫大将张玄遇、司农少卿麻仁节。战中善施计,破营州后,佯称缺粮,计诱唐兵轻敌深入,途中伏击,大败唐兵。继攻平州(今河北卢龙),未克。领兵夜袭檀州(今北京密云),为清边道副总管张九节募死士所败。十月(一说九月)李尽忠卒后,复振其众,继续战斗,以何阿小、骆务整为先锋,攻陷冀州(今河北冀县),斩刺史陆宝积。次年(697)三月,又败唐军于东峡石(今河北卢龙附近),杀夏官尚书王孝杰。继攻幽州(今北京)、瀛州(今河北河间)、赵州(今河北赵县),遭丹神兵道总管杨玄基与奚族兵夹击,兵败,主将何阿小被擒,李楷固、骆务整降敌,势衰,东遁,遭唐前军总管张九节三面伏击,又败,遁走潞河(今北京通县以下的北运河)东,为家奴所杀。是后,契丹又附突厥。

【孙敖曹】 隋末唐初契丹部落(一说为内稽部)首领。初仕隋朝为金紫光禄大夫。唐高祖武德(618—626)初年(一说为四年),与靺鞨首领突地稽俱遣使附唐,被安置于营州(今辽宁朝阳)城旁,授云麾将军,行辽州总管。

【孙祥夫】 见"尹神武"。(85页)

【孙继鲁】 明朝大臣、诗人。字道甫,号松山。回族。云南右卫(今属昆明)人。嘉靖二年(1523)进士。官至都察院右副都御史。为官清正,为民请命,赈济饥民,打击豪强,有"孙青天"之誉。奉命巡抚山西,西陲有警,因与总督翁万达政见不合,被陷入狱;在狱中与蒙冤之前御史杨爵意气相投,时作诗唱和,以破碗书壁,写下不少爱国忧民诗篇。后病死狱中,至穆宗执政,始获昭恤,追赠兵部侍郎,谥清愍。有诗集《破碗集》,今不传。

【红银】 见"包利"。(121页)

【纥豆陵毅】 见"窦毅"。(571页)

【纥石烈九斤】 见"纥石烈执中"。(183页)

【纥石烈子仁】 金朝将领。女真族。姓纥石烈。原为知兴中府事。承安四年(1199)二月,代西南路招讨使仆散揆,尽受其治边方略。泰和五年(1205)九月,以河南路统军使充贺宋生日使。翌年四月,遣严整、阎忠、周秀等入襄阳,刺探宋军情。冬十月,随平章政事仆散揆攻宋,率兵三万出涡口。十一月,下来安、全椒二县。十二月,奉命分军涉浅,潜出宋兵后,败宋兵于河桥,克真州。宋复遣陈璧等奉书请和。七年四月,为右副元帅。八年十一月,以枢密使兼三司使。

【纥石烈执中】(？—1213) 金朝大臣。本名胡沙虎,亦作忽沙虎,又名九斤。女真族。姓纥石烈。阿疏后裔。大定八年(1168),充皇太子护卫。明昌四年(1193),累迁右副点检,因肆傲不奉职,降肇州防御使。翌年,迁兴平军节度使、归德军节度使,改开远军兼西南路招副使,知大名府事。承安二年(1197),为签枢密院事。因拒从丞相完颜襄征伐,出为永定军节度使。继以坐夺部军马被解职。泰和元年(1201),知大兴府事。受劾"贪残专恣","失师帅之体",改武卫军都指挥使,迁山东东西路统军使。六年(1206),以山东两路兵马都统,从仆散揆攻宋,分兵驻金城、朐山。五月,败宋兵,杀统领李藻。十月,克淮阴,围楚州。迁元帅左监军,任西南路招讨使,改西京(今大同市)留守。大安元年(1209),授世袭谋克,知大兴府,知太原府,复为西京留守,行枢密院,兼安抚使。引兵备御蒙古军。三年(1211),弃城东走,为蒙古军败于定安,逃回中都(今北京)。迁右副元帅,权尚书左丞。崇庆元年(1212)正月,因得罪朝廷,数其十五罪,罢归田里。翌年,权右副元帅,将武卫军五千人屯中都城北。八月,与完颜丑奴、蒲察六斤等作乱,自称监国都元帅,杀金帝完颜永济(即卫绍王),立宣宗完颜珣。九月,宣宗即位,拜太师、尚书令、都元帅、监修国史,封泽王,授中都路和鲁忽土世袭猛安。后被元帅右监军术虎高琪所杀。

【纥石烈志宁】(？—1172) 金朝大臣。本名撒曷辇,亦作撒合辇、撒改。又名乌古、大雅。女真族。姓纥石烈。上京(今黑龙江阿城南)胡塔安人。东平尹撒八之子。沉毅有大略,娶梁王完颜宗弼女永安县主为妻,深受宗弼钟爱。皇统(1141—1149)间,为护卫。海陵王时历任右宣徽使、汾阳军节度使、兵部尚书、左宣徽使、都点检,迁枢密副使、开封府尹。正隆六年(1161),为北面副统,与都统白彦敬率北京、临潢、泰州三路军镇压契丹人撒八起义。同年世宗完颜雍在东京(今辽阳)即位,归降世宗,任临海节度使、都统右翼军,奉命追击移剌窝斡起义军,破义军,封国公。继败义军于袅岭西陷泉,俘获五万余人。在浑岭奚族地区,俘获起义军将领稍合住,封官许愿,纵归义军充内应,执捕移剌窝斡送金军杀害,致使起义军失败。入朝,为左副元帅,驻军睢阳。继从都元帅仆散忠义攻宋,派完颜王祥取蔡州。设疑兵,大败宋将李世辅于宿州(今安徽宿县)。大定四年(1164)移军临涣。金军攻陷濠、庐、和、滁等州,逼宋议和。五年正月,议定宋割让海、泗、唐、邓、商、秦等州,对金自称侄皇帝,岁献银、绢二十万两匹。拜平章政事。六年二月,还京,进枢密使。九年(1169),任右丞相。十一年,代宗叙北征,还军,封广平郡王,晋封金源郡王。次年病卒,谥武定。

【纥石烈良弼】(1119—1178) 金朝大臣。本名娄室。女真族。姓纥石烈。回怕川人。太宇之子。后随父徙居宣宁(今内蒙古凉城东北)。聪敏忠正,善决断。天会(1123—1137)中,以女真字学生选送京师。年十四,为北京教授,学徒常二百人。从学者,后皆成名。年十七,补尚书省令史。记忆力极强,簿书过目,就得其奥密,虽大文牒,口占立成,词理皆到。在学女真文字者中时称第一。任吏部主事。天德(1149—1153)初,累官吏部郎中,后历任右司郎中、刑部尚书、侍卫亲军马步军都指挥使、参知政事、尚书右丞,转左丞。曾谏阻海陵王攻宋,不听,为右领军大都督,受命抚定北京、辽右。正隆六年(1161),世宗完颜雍在东京(今辽阳市)即位,为南京留守兼开封府尹,再兼河南都统,召拜尚书右丞。奉命往北京招抚移剌窝斡领导之契丹、奚族起义军。拜尚书左丞、平章政事,封宗国公,进拜右丞相,监修国史。大定八年(1168),进拜左丞相。先后纂修《太宗实录》、《睿宗实录》

以献。劝世宗奖励耕织,惩戒荒纵不务正业者。十八年(1178),因病辞官。卒,追封金源郡王,谥诚敏。

【纥石烈阿疏】 金建国前纥石烈部首领。女真族。星显水纥石烈部人。勃堇阿海子。父死,袭勃堇。为景祖昭肃皇后所怜爱。尝与徒单部勃堇诈都争长。辽道宗大安十年(1094),盈歌继任女真部落联盟长后,他对撒改出任国相不满,与同部勃堇毛睹禄等起兵反抗。寿昌三年(1097),遭盈歌攻,申诉于辽。盈歌不得已撤归,留劾者守阿疏城。阿疏居辽无所归。金太祖天辅六年(1122),辽兵败,被俘。

【纥石烈桓端】(1177—1221) 金朝将领。女真族。姓纥石烈。金西南路(治今内蒙古呼和浩特东)忽论宋割猛安人。袭兄银术可谋克。章宗泰和(1201—1208)间伐宋,任行军万户,破宋军于蔡州(今河南汝南)、鹞子岭,克安丰军。授同知怀远军节度事,权木典纥详稳。卫绍王大安三年(1211),西京行省选充合扎万户,授同知清州防御事,历兴平军节度副使、显德军节度副使、辽东路宣抚司都统。败移剌留哥反金军于御河寨,加骠骑上将军,授同知顺天军节度事。宣宗贞祐二年(1214),为宣差副提控,同知婆速路兵马都总管,行府事。翌年,击败来犯之蒲鲜万奴军,复遣将迎击于上京(今黑龙江阿城)等地。四年,迁同海军节度使、同知行府事。改邳州刺史、徐州界都提控,镇压红袄军于黄山等处,解沂州围。晋金紫光禄大夫,兼同知武宁军节度事,召为劝农副使,充都提控,屯陈州。兴定元年(1217),自新息渡淮伐宋,迁武卫军副都指挥使。翌年,迁镇南军节度使,权元帅右都监,改武卫军都指挥使,行元帅府于息州,又代签徐州行枢密院事。

【纥石烈鹤寿】(?—1222) 金朝将领。女真族。姓纥石烈。河北西路山春猛安人。初充亲军。章宗泰和三年(1203),中武举,调襃信县副巡检。六年,宋军围蔡州(今河南汝南),率勇士夜袭宋营获胜,收复新蔡、新息、襃信三县。以行军万户随军出寿春(今安徽寿县),败宋军于涡口,攻取真、滁二州及盱眙军。军还,迁同知息州军州事。改万宁宫同提举。卫绍王大安三年(1211),充西南路马军万户,解东胜州(今内蒙古托克托)围,败西夏军。迁尚方署令,历为行军副统、行省左翼都统、武卫军都统、马军副提控、铃辖、都城东面宣差副提控。宣宗贞祐二年(1214),为武宁军节度副使,镇压红袄军于兰陵石城堌,掳掠良人为生口,为监察御史陈规所劾。兴定元年(1217),充马军都提控,历同知武胜军节度使事、睢州刺史。翌年,攻枣阳,三败宋军,改同知归德府事。三年,授汝州防御使。四年,任武胜军节度使。五年,权元帅左都监,行元帅府于郾州。同年闰十二月,蒙古军破城,战死。谥果勇。

【纥石烈牙吾塔】(?—1231) 亦作牙古塔、牙吾太、牙忽带。金末大将。一名志。女真族。性纥石烈。刚悍喜战。贞祐二年(1214),同亲军出任军中提控,随仆散安贞镇压山东农民起义,奉命破巨蒙等地及马耳山寨,杀刘二祖起义军四千余人,俘义军宣差程宽、招军大使程福等八千余人。四年,积功迁栏通渡经略使,晋元帅左都监。十二月,行山东西路兵马都总管府事,兼武宁军节度使、徐州管内观察使。兴定二年(1218),率兵援泗州,破宋兵,围盱眙,败守军及援兵。师还,破宋兵于连塘村。三年,连败宋兵于濠州、滁州,拔小江寨、辅嘉平山寨。五年(1221),大败宋将时青,复泗州西城,破团山、贾家诸寨,逼濠州。元光元年(1222),以京东便宜总帅兼行户部、工部事。次年,率兵渡淮,败红袄军于米村、孝义村。破叛将纳合六哥于邳州,以功晋官一阶。正大三年(1226),蒙古攻西夏,以灵宝总帅,怀陕州总帅完颜讹可议援西夏之策。翌年,复取平阳。六年(1229),与枢密副使移剌蒲阿等援庆阳,七年,战于大昌原,解庆阳围。升左副元帅,屯京兆(今陕西西安)。恃兵不听朝廷节制。喜用鼓椎击人,世称"卢鼓椎"。八年,为蒙古军所迫,弃京兆东还。五月,病死阌乡。

【纥石烈胡失门】(?—1223) 金朝大臣。女真族。姓纥石烈。上京路(今黑龙江阿城南)猛安人。章宗明昌五年(1194)进士。历任尚书省令史、中都路支度判官、河北东路都勾判官、翰林直学士、大理卿。宣宗兴定二年(1218),充元帅左都监纥石烈牙吾塔参议官,随军攻宋。改同知彰德府事。五迁为吏部尚书。五年(1221),拜御史大夫。元光元年(1222),兼大司农,卒于任。

【约松】 又作欧松。唐代吐蕃王子。达磨赞普子。小妃蔡邦氏所生。会昌二年(842),达磨被刺杀后,长妃那囊氏持势拥永丹(乞离胡)为赞普,因相传永丹系收养乞丐之子,又谓是达磨妃继氏兄尚延力之子,故为部分大臣所不服,遂拥立其为赞普,形成两赞普并存局面。据有约如地区,与永丹各据一方,纷争二十余年,两败俱伤,吐蕃社会彻底分裂,导致咸通十年(869)属民奴隶大起义,吐蕃王朝灭亡。

七 画

【一】

【玛占】 见"马瞻"。(28页)

【玛尼】(?—1648) 清初将领。蒙古族。札噜特部人。贝勒色本弟。天聪三年(1629),随后金军攻明,围都城北京,力战败明军,以功赐号青巴图鲁。八年,与色本朝觐皇太极,献驼马貂皮。崇德三年(1638),随征喀尔喀,贡驼马。

【玛黑】 传说中的基诺族始祖。相传古代昼有七个太阳,夜有七个月亮,七天七夜后植物被晒死,火焰升腾变成乌云,接着大雨倾盆而下,湮没大地与人类。只有玛黑、玛妞兄妹得造物主指点,躲进牛皮大鼓里,幸免于难。漂了七天七夜,大鼓滞留在基诺山杰主的制高点苏毛普它山峰。为了繁衍人类,兄妹结婚,求教造地之母小北阿嫫,得到三粒葫芦籽,种下七天后,葫芦秧就爬过七条山梁和七条大河。长出一个葫芦有房子那么大,里面还有人说话。依小北阿嫫指点,用火锥子捅开葫芦,基诺、布朗、哈尼、汉、傣等族便依次而出。各族在小北阿嫫的指点下学会生产生活技能,各自找到了乐土。

【玛木特】 ①(?—1756)一作祃木特,又称库克辛玛木特。清代准噶尔将领。初为准噶尔宰桑,驻守阿尔泰山,游牧于布拉罕及察罕托辉附近。雍正八年(1730),受准噶尔首领噶尔丹策零派遣,领兵二万,袭清军科舍图卡伦,谋掠驼马,为总兵樊廷等击败,潜逃。乾隆十一年(1746),受命进京纳贡,并呈请准其进藏熬茶队伍在得卜特尔过冬。十八年(1753),准噶尔部封建主内讧加剧,杜尔伯特车凌、车凌乌巴什、车凌蒙克率众附清。他受达瓦齐命领兵追赶,至喀尔喀汛界,为清军所阻,脱归。后因准噶尔内乱迭起,以达瓦齐不足事,率众内附。授内大臣,赐御前行走。准噶尔宰桑通玛木特卒后,受命兼辖其众。乾隆十九年(1754)冬,随定北将军班第进军伊犁,任北路参赞大臣,与定边左副将军阿睦尔撒纳并进。察觉阿睦尔撒纳心怀异志,奏请勿令阿睦尔撒纳前往。阿睦尔撒纳怀怨,暗中散布流言,逸陷其非自愿归降,不足取信,欲将其挤走,未为清帝所纳。寻授札哈沁总管,并兼辖包沁宰桑阿克珠勒部众。二十年(1755)五月,伊犁平定后,以"功多赞画",授三等公爵,赐"信勇"号。是年八月,闻阿睦尔撒纳叛,欲冲出重围,因寡不敌众,被叛党哈升所掳。因怒斥阿睦尔撒纳背信弃义行径,遭杀害。为表彰其功,清廷令其孙札木禅袭三等信勇公。②(?—1779)一译枘木特。号鄂托兰珠和卓。清代维吾尔族贵族。新疆叶尔羌(今莎车)人。辅国公额色尹兄阿里和卓长子。初随额色尹居伊犁。拒从布拉呢敦、霍集占叛,与弟图尔都随额色尹徙居布鲁特(今柯尔克孜)聚居区。乾隆二十三年(1758),霍集占于喀喇乌苏围困清军,额色尹率兵攻喀什噶尔(今喀什),他留居原地视戚属。二十四年,往阿克苏谒兆惠,请内附。次年进京朝觐,授札萨克一等台吉,留居京师。为居京"八回爵"之一。

【玛尔巴】(1012—1097) 宋代西藏著名佛学家。法名却吉罗迫。西藏洛札渠切的卓卧垅北萨村人。旺久约色幼子。自幼聪颖好学。初名达玛旺久,十二岁由师父改名却吉罗追(法慧)。十五岁到芒卡莫古垅寺从卓弥译师学灌顶传法、梵文。后变卖家产,到印度学法,师事那若巴、麦哲巴、盖西宁波(智藏)等人,学法十二年,学得密教的"喜金刚"(又作"双喜金刚")、"集密"、"大印"等法,立志弘扬西藏佛法。不久,再赴印度求法,向那若巴及虐译师等大德学得教授、实修、父续、母续等,并将许多法典带回西藏进行翻译和传授。为了向那若巴大师学夺舍法及耳传等诸甚深要诀,再次前往印度。因那若巴去世,未果,但参谒了许多得道大师。三次赴印度,前后共二十一年,还四次到尼泊尔,参访大善知识一百零八人,通晓印度语言、文字及经典法要。返藏后,定居洛札卓卧垅,收徒传法,弟子甚众,以梅敦村波索南坚赞、粗敦旺额、翱敦却古多吉、果来及米拉日巴等最著名。向梅、粗、翱三人传授《集密》、《胜床》、《喜金刚》、《四座》、《大幻》等密教经典,向米拉日巴传授修法。后辈传承甚广。

【玛尔浑】(?—1709) 清初文士。号古香阁主人。满族,安和亲正岳乐子。袭爵。康熙四十八年(1709)卒,谥懿,为安懿郡正。好学能文章,知名士多从之游。辑宗室王公诗为《宸襟集》,又著《敦和堂集》等。

【玛尔赛】(?—1669) 清朝将领。满洲正白旗人。他塔喇氏。谭拜子。顺治七年(1650),袭父二等男爵,寻晋一等男兼一云骑尉。十五年(1658),署副都统。随宁南大将军罗讬自湖南征贵州,定贵阳等。十六年,移师荆州。郑成功入攻江宁(今南京),率兵援驻防将军喀喀穆,追剿至镇江。康熙元年(1662),授正白旗满洲副都统。二年,随将军穆里玛、图海于茅麓山(今湖北兴山西北)围困李来亨,致李壮烈牺牲。六年(1667),擢工部尚书,寻调户部。七年,兼正白旗蒙古都统。八年病卒,权臣鳌拜擅予谥忠敏。旋鳌拜获罪。因与其党附,追革官爵。

【玛什巴图】(?—1764) 清代卫拉特蒙古杜尔伯特部台吉。姓绰罗斯。蒙克第次子。乾隆十八年(1753),从"三车凌"内附,授扎萨克辅国公。二十年

(1755)，从西路军征达瓦齐，晋固山贝子。越二年，偕车凌乌巴什追擒和硕特台吉桑济，获嘉奖。二十三年(1758)，奉命协理所部盟长事务。卒，子布延济尔噶勒袭。

【玛罕木特】 亦译阿哈玛特、木墨特、艾赫麦德。清代新疆喀什噶尔(今喀什)白山派首领。维吾尔族。阿帕克和卓孙，雅雅和卓第三子。康熙三十四年(1695)，阿帕克死，妻哈努姆帕夏谋将王权交亲生子玛哈氏，杀雅雅和卓。他被白山派教徒藏于托秀克山中，得免于难。哈努姆帕夏被杀后，为喀什噶尔白山派迎归，被立为可汗，称"喀什噶尔汗国"。屡与叶尔羌之黑山派和卓达尼雅尔争战。三十九年(1700，一说1715)，为准噶尔部首领策妄阿拉布坦兵所败，被俘，囚禁于地牢中，数年后获释，仍留原地，有属众三十余户为之耕种。

【玛哈巴拉】 清朝蒙古王公。喀喇沁部人。乌梁罕氏。齐齐克长子。乾隆四十年(1775)，赐公品级，袭札萨克一等塔布囊。五十一年(1786)，尚乡君，授额驸。五十三年(1788)，随从乾隆帝于木兰行围，以修治桥路奋勉功，封辅国公，赐双眼孔雀翎。

【玛索衮布】(1687—?) 清代第十一世卓尼土司。汉名杨汝松。甘南藏区卓尼人。六岁父亡。嗣土司位。十二岁学经。执掌政务，日益成熟，精通汉语文。妻曼香哇，有才智，为得力内助。康熙四十六年(1707)，率土司兵助清军平定海武坪二十四部，以功，康熙帝赐印并赏物。五十五年(1716)，赴京，随康熙帝猎于京师，受赏而归。五十七年(1718)，以准噶尔侵藏，奉旨率土司兵驻守长江上游沿岸，因功受重赏。崇佛，在妻曼香哇支持下，于康熙六十年至雍正九年(1721—1731)刻印了著名的卓尼版藏文大藏经《甘珠尔》部，并以里塘、北京版等早期版本校勘，用银17525两。后卓尼十四世土司丹松次仁于乾隆十八至三十七年(1753—1772)又刻成《丹珠尔》经部。卓尼寺(即禅定寺)内藏甘珠尔、丹珠尔全套经版及精印藏文藏经，在藏区尚属罕见。

【玛斯顿巴】(1317—1383) 元代名僧。西夏人后裔。生于热甫岗地区(今康定北木稚区)。十七岁随上师索南坚赞出家为僧。十八岁赴藏，在桑浦寺随上师浦日哇绎秋久受居士戒，从噶玛噶举派大德让迥多吉广听显密教法。继从堪布僧格坚赞受沙弥戒，随大译师等受比丘戒。后礼巡卫藏诸寺，对萨嘉、觉囊、霞鲁、噶举等各派教法悉心研究。前后在卫藏学习十五年，学法颇多。后返热甫岗，居兹珠仁钦林寺，学法修行。至正十二年(1352)建寺。曾设法平息热甫岗动乱。一生笃诚于佛教，往返藏地与木稚之间，为沟通两地文化作出贡献，使唐以来友好关系得到加强。经长期与藏族密切交往，双方在婚姻、宗教信仰、文化质素及语言风俗等方面差别日益缩小。与嘎西巴日贝僧格、杰哇仁钦、丘莫顿巴、强萨被誉为"木雅五贤者"，有益西多古贝桑波所著《木雅五学者传》记其事。

【玛木特呼里】 一译玛木克呼里。清代布鲁特(今柯尔克孜族)首领。乾隆二十三年(1758)，定边将军兆惠迫击准噶尔宰桑哈萨克锡喇抵其境，率众请内附。遣车里克齐、图鲁起拜、尼沙三人诣兆惠衙门，献牛羊百头。三人受命入觐，赐宴万树园。

【玛呢巴达喇】(?—1832) 清朝蒙古王公。土默特部人。札萨克固山贝子朋索克琳亲第四子。嘉庆四年(1799)，袭札萨克固山贝子。六年(1801)三月，命乾清门行走。十二月授固伦额驸。命御前行走，赏双眼花翎。七年(1802)二月，赐紫禁城骑马。八年，受命管理圆明园八旗官兵。道光七年(1827)，授郡王品级。

【玛哈萨嘛谛】 见"硕垒"。(495页)

【弄甥】 明代云南南宁州土官。彝族。洪武十六年(1383)，受乡老王庆保荐。十七年，赴京朝觐，给诰敕冠带，实授南宁土知州。

【弄更扒】(?—1746) 清代云南傈僳族反清首领。云南泸水秤戛寨人。乾隆十一年(1746)，与排把、幸党等寨傈僳族密老五、欧傈僳等因不堪永昌府清朝官吏和泸水六库白族段姓土司的压迫苛派，集合民众数百进行反抗斗争，以伏弩射伤团练。江外阿昌族头人早可也起而响应，配合围攻片马、鱼洞等寨，拥众千余人，声势渐大。云贵总督张允随等调官兵及兰州、澜沧江、鲁掌、六库、漕涧、大塘、明光等地土目、土铳近二千人，委腾越协副将谢充宗为总统，于当年十月分路围攻幸党、秤戛等寨。群众拒招降，恃险施放滚木、擂石、标弩，杀伤兵练。清官军嗾使鲁掌土巡捕茶尚庆(彝族)将其诱离秤戛寨擒缚，抬至波定，傈僳群众于两旁岩上，施放擂石，抬夫被伤奔避，他亦跌毙。

【麦良】 宋末元初云南丽江摩娑大酋长。又名阿琮阿良。麦宗(牟保阿琮)之子。宋理宗宝祐元年(元宪宗三年，1253)，蒙古忽必烈(元世祖)总兵分三路南征大理时，不战而降。至金沙江边迎接蒙古军，表示臣服，授茶罕章管民官。率土兵助蒙古军破巨津西边的铁桥城和东边的半空和砦(今石鼓)等摩娑酋寨，升茶罕章宣慰使。继从蒙古军攻克大理，功列蒙古大将兀良合台之右，授副元帅衔，还镇丽江。借蒙古军威以统一摩娑各部，成为统辖北胜府、顺州、蒗蕖、永宁、宝山、通安、兰州、巨津及临西等一府六州一县的丽江路最大土官。元世祖至元十一年(1274)，授金紫光禄大夫统军司衔。至今民间仍流传着他与忽必烈友好至交的故事。

【麦宗】 南宋末云南通安州(今丽江坝区)摩娑大酋长。原名牟保阿琮。牟乐牟保之子。相传七岁即识图画象形文字。及长，旁通吐蕃诸族之书。后创制本地的标音文字(纳西古文字之一种)。丽江县白沙岩脚村有"番字岩"古迹，"难译其语"。历代史志皆认为是他的墨迹。明代知府木氏在"番字岩"上题有"千古不磨岩上字"和"扫苔梵墨分明现"之句，清代还记有"墨迹如新"。现已磨灭无存。

【麦力艮台吉】 见"麦力哥台吉"。(187页)

【麦力艮吉囊】 见"吉囊"。(130页)

【麦力哥台吉】 一作麦力艮台吉。明代蒙古多罗土蛮部领主。孛儿只斤氏。*达延汗四子*阿尔苏博罗特之孙。驻牧于山西偏关外。隆庆五年(1571),受明封为指挥佥事,在山西大水泉营与明朝互市。万历十四年(1586),随兄多罗土蛮把都儿黄台吉西行青海,要求明朝在肃州(今甘肃酒泉)开市,被拒,遂率三万余骑拥至塞上索赏,被明将朱正色击退。同年,奉揞力克命,东还本部驻地。

【寿淑】 清代满族女文人。光绪朝礼部侍郎宝廷女,寿富妹。早卒。著有《箨秋遗稿》。

【寿童】 见"薛绶"。(605页)

【寿富】(？—1900) 清朝宗室。满族。字伯茀,一字菊容。正蓝旗人。侍读宝廷子。广览群籍,尤谙周官、礼、太史公书,旁及外国史、通算术、工古文诗词。光绪十四年(1888)举人,二十四年进士,选庶吉士。愤国势渐衰,人才不济,著《劝八旗官士文》,立知耻会,励以自强。由浙江巡抚廖寿丰举荐,赴日本考察,归后撰《日本风土志》四卷。二十六年(1900),八国联军侵入北京,自缢,赠侍读学士。著有《搏虎集》与《寿伯茀太史遗集》。

【运昌】 见"法式善"。(374页)

【杜度】(1596—1642) 清朝宗室。满族。清太祖*努尔哈赤孙,*褚英长子。初授台吉。后金天命九年(1624),随代善迎喀尔喀巴约特部台吉恩格德尔来附。寻封贝勒。天聪元年(1627),同阿敏、岳托等征朝鲜,朝鲜国王请和,定盟而归。三年(1629),征明,薄京师。败满桂、侯世禄援军。同阿巴泰等略通州至张家湾。师还至蓟州,败明山海关援军。七年(1633),赴镇江,迎明孔有德、耿仲明来降。清崇德元年(1636),因功晋多罗安平贝勒。是冬征朝鲜,护辎重后行,略皮岛、云从岛、大花岛、铁山。次年,从多尔衮败明水师。三年,从岳托征明,分兵破明黄岭关、古北门、黄岩口、马兰峪。岳托死后,总右翼军务。与西翼军会通州城西,越北京西抵山西、南抵济南,所获甚多。四年,掌礼部事。旋同济尔哈朗等略明锦州、宁远。五年,同多尔衮等于义州屯田,围锦州。六年,败明兵于松山。次年病故。雍正二年(1721),立碑旌其功。

【杜凤英】(1849—约1871) 清末云南大理农民起义军女将领。回族。云南永昌(今保山)金鸡村人。大理农民革命政权总统兵马大元帅*杜文秀之女,杨威大都督蔡廷栋之妻,故又称蔡杜氏。历任典军、元帅等职。参加和指挥过许多重要战役。同治六年(1867)五月,奉父命为元帅,率十八大司共二十万义军东征昆明,率主力攻占昆明迤东各州县,数围昆明,因寡不敌众,历时一年多不下。八年(1869)夏,在嵩明被清军杨玉科部包围,多次突围未果,遂诈降被清军软禁昆明。次年八月,与夫潜逃,事泄被清军捕获,遇害于昆明。

【杜文秀】(1823—1872) 清咸同年间云南各族反清起义领袖。字云焕,号百香。回族。生于云南永昌(今保山)金鸡村的商人家庭。祖父是往来缅甸贸易的锅头。少时,入学读书,聪颖过人。稍长,参加科试,补为廪生。道光二十五年(1845),以永昌官绅屠杀回民,赴京上控,未获公正处理。咸丰六年(1856),以临安豪绅霸占回民矿权,焚劫回民村寨,云南巡抚亦密令各地"聚团杀回",各地回民心怀疑惧,聚众自保。汉、彝、白、傣、纳西、景颇、傈僳、哈尼等各族人民纷起响应。义军攻占大理。九月,被推举为总统兵马大元帅,在大理建大元帅府,设文武官员。提出"连回汉为一体"、"驱逐鞑虏,恢复中华"、"翦除贪污,出民水火"、"革命满清"等口号。义军军纪严明,所到之处,公平交易,农工商各安其业,人心悦服。采取轻赋税、重生产等政策。全盛时,占领云南五十三县。贵州金万照、马凌翔、马河图领导的义军,陕西、四川兰大顺等领导的义军都与之相通。多次粉碎清军的大规模镇压。同治元年(1862),严词拒绝清军议和请。六年(1867)十月,命蔡廷栋率十八大司,二十余万大军东进,围攻昆明,攻占楚雄等数十城。八年(1869),义军失利,东征受挫。十一年(1872),大理被围,为免遭屠城,毅然决定牺牲自己以换取全城百姓的生命安全。12月26日,和全家服毒自尽。清云南巡抚岑毓英屠杀全部降将,血洗大理城。大司空李国纶在腾越一带坚持反清,后被俘,不屈而死。

【杜尔祜】(？—1655) 清初将领。满族。清太祖*努尔哈赤曾孙,安平贝勒*杜度长子。初封辅国公。从太宗围松山、锦州有功。清崇德七年(1642),袭奉恩镇国公。十月,心怀怨望,为甲喇额真(参领)拜山首告,削爵,黜宗室。顺治元年(1644),从豫亲王多铎南征。二年,以军功复入宗室,封辅国公。五年(1648),从郑亲王济尔哈朗征湖广。六年,败敌于永兴、辰州,进征广西,定全州。八年,晋多罗贝勒。十二年二月卒,谥悫厚。

【杜光辉】 清代抗法英雄。广西防城县江平乡村人。京族。中法战争爆发后,率领本地京族和邻近汉族群众数十人,参加刘永福领导的"黑旗军",同法国侵略军进行坚决的斗争。足智多谋,英勇善战,屡创侵略军。一次,所部被大批法军包围在马头山上,与主力失去联系,弹尽粮绝,情况危急。临危不惧,指挥部分战士用一条绳索从峭壁滑下山去,巧妙冲出重围,潜伏敌后,发动突然袭击,山上山下夹攻,迫使侵略军逃遁。起义队伍乘胜追击,歼灭大批侵略军,取得战斗胜利。

【杜洛周】(？—528) 亦作吐斤洛周。北魏末上谷地区起义首领。柔玄镇(今内蒙古兴和西北)人。一说系敕勒族,一说为独孤浑氏。孝昌元年(525)八月,聚众于上谷(今河北怀来县东南)起义,建元真王。攻没郡县,高欢、蔡俊、尉景、段荣、彭乐等皆从之。进围魏燕州刺史崔秉。次年,安州石离、穴城、斛盐三戍举兵响应,合众三万,击败屯守军都关和居庸关的魏军。南攻蓟城,围范阳,克幽州,俘前台常景和幽州刺史王延年,声势日盛。武泰元年(528),克定州,俘刺史杨津,迫降瀛州刺史元宁。并击败柔然主阿那瓌之一万援兵。二月,为葛荣杀害,部众被并。

【杜嘎尔苏荣】 见"嘎莫拉"。(187页)

【杜玛格西·丹增彭措】 清代著名藏医学家。藏族。十八世纪人。八岁起,从众多学者听受,攻读医学著作和十明之学,学业优异。成年后,杜玛班钦之名遍传康藏,在贡觉境内倡建杜玛寺,曾住该寺撰著佛学、声韵、工艺、历算等著作多种。以亲身调查,总汇前人经验,撰医药名著《晶珠本草》,收录药物二千二百五十四种,详述药物分类、名称、生态、性味、功效、采集、加工等,集藏药学之大成,在医药学、动植物学上,有重要价值。另著有《实用制药程式选集·普照日轮》、《药方集要》、《丸药配方》、《医药异名释要》、《针灸学》等多种医著。门徒众多,以八邦司徒·却吉穷乃等为最著。

【杞彩顺】(?—1859) 清咸丰年间云南彝民反清起义将领。南华县锈水塘人。彝族。南诏细奴罗之裔。咸丰三年(1853),率五六百人首举义旗,反抗清政府的镇压和迫害。六年(1856),加入李文学的起义队伍,任南都督。九年(1859),为流弹所伤,坠涧身亡。

【杨六】 见"耶律杨六"。(313页)

【杨玉】(?—公元前61年) 西汉时先零羌首领。元鼎五年(公元前112年),先零羌、封养牢姐羌等合兵十余万,攻令居、故安,围枹罕。匈奴亦出兵五原(今河套一带),杀太守,互相呼应,势甚盛。次年,为汉将军李息等十万军所破,归降,受封归义侯。神爵元年(公元前61年),以汉光禄大夫义渠安国诱杀先零羌酋豪三十余人,怀怨,配合诸羌举兵反抗,围攻金城郡,重创汉军。后遭汉将赵充国分化、打击,先零羌相继归降,他为若零羌等所杀。

【杨世】(?—370) 东晋时前仇池国君主。略阳清水(今甘肃清水)氏人。永和十二年(356),其父杨俊杀杨国自立。升平四年(360),父卒,继位。初称臣于前秦苻坚,受封平南将军、秦州刺史、仇池公。未几,又归顺东晋,受晋封将军、平羌校尉、武都太守、仇池公。太和三年(368),迁征西将军、秦州刺史。五年卒,子篡继位。

【杨玄】(?—429) 南北朝时期后仇池国君主。字黄眉。略阳清水(今甘肃清水)氏人。杨盛长子。南朝宋永初三年(422),被武帝刘裕封为武都王世子,加号前将军。元嘉二年(425),继位,自称都督陇右诸军事、征西大将军、平羌校尉、秦州刺史、武都王。并被宋文帝封为征西将军、平羌校尉、北秦州刺史、武都王,改奉元嘉正朔。忌堂兄安南将军杨抚有文武智略,不容。三年,借抚子杀人,诛其父子。族人杨兴平遣使附宋求援,玄为宋始平太守庞咨所败。遣使归附北魏。受魏封为都督荆、梁、益、宁四州诸军事、征南将军、梁州刺史、南秦王。后略取西秦之赤水(今甘肃岷县东北),尽有赤水以东宕昌、潞川等地。六年(429),临终,欲以国授其弟杨难当。难当固辞,请立玄子保宗。卒,谥孝昭王。

【杨安】 东晋时前仇池国将领。略阳清水(今甘肃清水)氏人。前仇池国君主*杨初之孙,仇池公杨国之子。东晋永和十一年(355),被晋封为振威将军、武都太守。十二年,父被杨俊杀后,投奔前秦苻生。晋兴宁(363—365)、太和(366—371)年间,屡随前秦王猛等出征,多有战功。兴宁三年(365),任前锋都督,伐匈奴右贤王曹毂、左贤王刘卫辰之叛。太和元年(366),随王猛率众三万攻荆州。掠汉阳万余户而还。次年,从猛与前凉战于枹罕。五年(370),以镇南将军随猛率步骑六万伐前燕,攻入晋阳。咸安元年(371),从苻雅攻仇池,战峡中,收降杨篡。以功加都督南秦州诸军事,镇仇池。宁康元年(373),随军攻克梓潼,任益州牧,镇成都。太元四年(379),以荆州刺史率樊、邓之众为前锋,随苻丕等攻襄阳。

【杨初】(?—355) 东晋时前仇池国君主。略阳清水(今甘肃清水)氏人。东晋咸康三年(337),袭杀族弟杨毅,并其众,自立为仇池公。向后赵石虎称臣,继遣使附东晋。永和三年(347),被晋穆帝封为征南将军、雍州刺史、平羌校尉、仇池公。五年(349),配合晋将褚裒攻破后赵西城。九年(353)六月,击败前秦苻飞对仇池的进攻。十年,被晋封为天水公。十一年(355)正月,杨毅弟宋奴使其姑子梁式王杀之。

【杨昌】(约1784—1847) 清代纳西族散文家。字东阳,号竹塘。云南丽江大研里人。嘉庆十二年(1807)举人。官湖北天门、潜江、谷城、黄梅等县知县。有疏导江流和修堤等政绩。工诗,尤以散文出众。著有《四不可斋》文集。写有游记、杂记、论著及序和跋等;内容广泛,涉及政治、经济、军事和文化;立言精当,论述有据,下笔流畅行云,深得士林叹服。在留存的数十篇文章中,有近三十篇分别收入云南丛书的《滇文丛录》和《丽郡文征》等集中。

【杨金】(?—1803) 清嘉庆朝云南各族抗清斗争的首领。拉祜族。澜沧人。清朝对云南各族此起彼伏的抗清斗争采取"以堵为上策"的方针,封锁澜沧江,截阻拉祜族人民返回威远、镇沅相思茅家园。因不堪忍受清廷的镇遏和连年饥荒,于嘉庆七年(1802)正月,与罗小二、李伙头率领二千多拉祜族人民,不顾清军的镇压,强渡澜沧江,在威远的福班、猛戛、土地塘、峨乐及思茅的元困一带,与清军激战。次年,由于叛徒张辅国的出卖,起义被残酷镇压。

【杨定】(?—394) 东晋时后仇池国君主。略阳清水(今甘肃清水)氏人。前仇池国君*杨难敌孙佛奴之子。晋永和十一年(355),其祖杨宋奴为杨国所杀,随父佛奴及叔佛狗逃奔关中投靠苻坚,尚坚女,封尚书,领军将军。苻坚淝水败后,关中纷乱,仍尽力助坚。太元十年(385),与西燕慕容冲战于长安西,被擒。西燕尚书令高盖收为子。后还陇西,徙治历城(今甘肃成县北),置仓储于百顷,召集氐、汉千余家,自号龙骧将军、平羌校尉、仇池公,称藩于东晋。孝武帝以其自号封之,并割天水西县(今甘肃天水市西南)、武都上禄(今甘肃成县西)为仇池郡。十四年(389),攻陇、冀城,败后秦将,进据天水略阳郡,据有秦州之地,自称秦州牧、陇西王。复立仇池国,史称后仇池国。前秦苻登以其为左丞相、都督中外诸军事、秦梁二州牧,相约共攻后秦。十九年(391),苻登被后秦姚兴所杀,其子苻崇为西秦乞伏乾归所逐,来奔。与崇率众二万攻乾归,兵败被杀,谥武王。

【杨昺】(约1826—1860) 清代纳西族诗人。字子光。杨本程之子。自幼随父母至北京,从师戴均帆。工诗文词,著有《留春斋诗钞》。咸丰六年(1856),亲书丽郡各民族声讨刽子手张正泰的檄文,广为传诵。郡陷后,在颠沛流离中死亡。

【杨洪】(? —1451) 明朝将领。六合人。苗族。字宗道。父杨璟战死于灵璧后,嗣职,调开平。初从成祖北征,至斡难河(今鄂嫩河)。宣德四年(1429),以精骑二百,专巡塞上。机警敏捷,精于骑射,以勇著称。正统三年(1438),破敌于伯颜山、宝昌,进都指挥同知。继为总兵官谭广右参将,佐理军务。建言加筑开平城,增置墩台六十所。历迁都指挥使、都督同知。九年(1444),败兀良哈部于黑北,晋左都督。十二年(1447),升宣府总兵官。十四年(1449),瓦剌太师也先掳明英宗,挟帝胁其开城,拒从,坚守拒敌。景帝监国时,封昌平伯。受命率军二万入卫京师,破敌于霸州,以功晋爵为侯。率部留驻京师,督京营训练,兼掌左府事。建言御敌三策及守边方略四事。景泰二年(1451),以镇朔大将军还镇宣府。八月病逝,赠颖国公,谥武襄。

【杨盛】(364—425) 东晋时后仇池国君主。略阳清水(今甘肃清水)氐人。前仇池国君主*杨难敌之孙杨佛狗之子。晋太元十九年(394),堂兄后仇池国主杨定率众攻西秦时,受命监国守仇池。杨定兵败被杀后,遂自称征西将军、秦州刺史、平羌校尉、仇池公。仍称藩于东晋。分诸四山氐、羌为二十部护军,各为镇戍,不置郡县。鉴于后秦姚兴势盛,于二十一年(396),遣使于后秦,被封为镇南将军、仇池公。隆安二年(北魏天兴元年,398),遣使附魏,封征南大将军、仇池王。次年,遣献方物于晋,受封辅国将军、平羌校尉、仇池公。元兴三年(404),晋平北将军、凉州刺史、西戎校尉。义熙元年(405),乘羌土大乱,汉中空虚之机,遣兄子南平将军杨抚据汉中。继为后秦所败。汉中危,遣子难当等为质降后秦,受封散骑常侍、都督益、宁诸军事、征西大将军、益州牧、武都侯。同年,大破来犯之西秦乞伏乾归军。三年(407),遣苻宣将兵入汉中,行梁州刺史,代杨抚。东晋以其为都督陇右诸军事、征西大将军。八年(412),复叛后秦,袭扰祁山,凭险击退姚兴对仇池的进犯。南朝宋武帝刘裕即位后,封其为车骑大将军,加侍中。永初三年(422),晋封武都王。元嘉二年(425)卒,谥惠文王。

【杨铭】 见"哈铭"。(395页)

【杨䔄】 明代白族学者。号敬庵。云南大理府太和县(今属大理市)人。弘治二年(1489),中举人,官至黄州府(治今湖北黄冈县)通判,为官以精明惠爱著称。致仕后,里居四十余年,闭户而坐,手不释卷,无老少贤否皆称之为长者,寿百岁卒。著有《南诏通纪》十六卷,已失传。

【杨蕴】 宋代诚、徽州领主。一名杨通蕴。诚州(今湖南靖县)人。唐末五代大姓豪富诚州刺史杨再思之裔。子孙相袭,世领其地。唐为溪峒州,宋初号十峒首领,以族姓散掌州峒,史称诚州杨氏。因才雄过人,众推为长。宋开宝九年(976),入朝献宝玉、文马、珊瑚树等,授徽州刺史。太平兴国四年(979),率属部内附,授诚州刺史。

【杨毅】(? —337) 东晋时前仇池国君主。略阳清水(今甘肃清水)氐人。东晋咸和九年(334),父*杨难敌卒,继位,自号龙骧将军、左贤王、下辩公,以坚头子杨槃为冠军将军、左贤王、河池公。咸康元年(335),遣使称藩于晋,受封征南将军。三年(337),被族兄杨初袭杀。

【杨纂】 东晋时前仇池国君主。一名杨德。略阳清水(今甘肃清水)氐人。东晋太和五年(370),父*杨世卒,继位。内讧,与叔宁东将军、武都太守杨统争位。遣使诣晋,被封为平羌校尉、秦州刺史、仇池公。咸安元年(371),率军五万迎战前秦将苻雅、杨安等于鹫峡(仇池北)。获梁州刺史杨亮助,与秦兵战于峡中。兵败,死者十之三四,收散兵遁还。杨雅继攻仇池。惧,被迫出降,送至长安。后为杨安所杀。前秦徙其民于关中,空百顷之地,前仇池国亡。

【杨黼】 明代白族著名诗人、经学家、书画家。号存诚道人,世称桂楼先生。云南大理下阳溪人。"九隆族之裔"杨连五世孙,元代段氏总管书史杨保继子,世代显赫。约生于明洪武(1368—1398)初年,卒于景泰元年(1450)以后。自幼好学,读五经皆百遍,博学多闻,工书画,善篆籀。崇释信道,参禅拜佛,不求仕进,终身隐逸,遁迹林泉,躬耕数亩地。庭前有大桂树,缚板树上,自题"桂楼"。日夕偃仰其中,咏歌自得,娱亲著书。父母殁,为营葬毕,入鸡足山,岩栖十余载。寿至八十时,被子孙迎归,未几卒。平生著述颇富,注《孝经》数万言,证群书,均用小篆书写。又著《篆隶宗源》、《桂楼集》。以方言作《竹枝词》数十首,今仅存《回文诗》、《川晴溪雨》、《桂楼歌》和《词记山花·咏苍洱境》(因刻于碑,后人称《山花碑》)。《山花碑》系用汉字记白语,以二十首诗联为一篇,四句一首,共八十句,仿白族调"七七七五"格式写成,在白族文学史上占有极重要的地位,亦是研究白族历史、语言的重要文献。传说他用草鞋作画,作品皆失传。卒后,著名学者李元阳为作墓志。

【杨士云】(1477—1554) 明代白族学者和诗人。字从龙,号弘山,别号九龙真逸。本姓董。云南大理喜洲人。弘治十四年(1501),云贵乡试第一。正德十二年(1517)中进士,选翰林院庶吉士,后授官工部给事中。丁父艰归里,以供养老母为辞,隐不出仕,闭户读书,一坐十年。嘉靖十六年(1537),举遗逸,被强起,补兵科给事中,转户科。为官清正廉洁,因不愿俯仰于人,称病不出,隐居乡里近二十年。丽江土官赠以黄金,挥之不受,甘贫自乐。教乡人婚丧礼节,易奢为俭。杨慎对其不随流俗,挂冠归里,十分崇敬,写有《寄杨弘山都谏》一诗,并数与之会晤，谈诗论文。自幼力学，老不释卷，工于文辞，精研经籍、天文、律吕。著有《皇极经世》、《黑水集证》、《律吕解》、《咏史》、《郡大记》等，现存《杨弘山先生存稿》十二卷。曾与李元阳同修《大理府志》。卒后，李元阳为作墓志。

【杨干贞】 五代十国时期大义宁国（在今云南）君主。白蛮。云南宾川县人。先世为南诏权贵。大长和国时为剑川节度，操军政大权。后唐明宗天成三年（928），入朝杀君主郑隆亶，灭大长和国，立清平官赵善政为大天兴国君主。天成四年，废赵善政，灭大天兴国，自立为主，改国号大义宁国，年号兴圣。翌年改年号大明。"在位贪暴特甚，中外咸怨。"后晋高祖天福二年（937），被通海节度段思平（白族）所败，废为僧（一说走死或被诛）。在位八年，谥号肃恭皇帝。

【杨大眼】 北魏将领。略阳清水（今甘肃清水）氐人。后仇池国君主*杨难当之孙。北魏太和（477—499）中，举家归附孝文帝，充统军，随征宛、叶、穰、邓、九江、钟离之间，勇冠六军。世宗初，以功封安成县开国子，食邑三百户，升直阁将军，寻加辅国将军、游击将军。后出为征虏将军、东荆州刺史。正始二年（505），随邢峦攻梁将蓝怀慕于清水之南，杀获万计。四年（507），以平东将军衔与魏中山王元英率众数十万攻梁钟离城，守淮桥东西二道，以属下统军夜中争桥奔退，不能禁，黜为营州兵。永平（508—512）中，叙勋，起为试守中山内史。后为太尉长史、假平南将军、东征别将，隶都督元遥，遏御淮、肥。后出为荆州刺史，在任二年而卒。

【杨义贞】（？—1080） 宋代大理国（在今云南）权臣。白族。宋神宗元丰三年（1080），杀大理国第十二世国王段廉义，自立为王，自号广安皇帝。在位仅四月，被段氏臣鄯阐侯高智升子高升泰起兵讨灭。高氏立段廉义侄段寿辉为大理国第十三世王。

【杨千万】 前仇池国君主先祖。略阳清水（今甘肃清水）氐人。汉建安末，祖杨驹始徙居仇池（今甘肃成县西北）。仇池地方百顷，因以百顷为号。汉建安十八年（213），马超攻陇上诸郡县，千万屯兴国（今甘肃秦安县东北），应之。次年，兴国遭曹操与夏侯渊围攻，逃奔马超，余众皆降。后返仇池，被曹魏封为百顷氐王，有部落万余户。

【杨广香】（？—481） 南北朝时期阴平国主。略阳清水（今甘肃清水）氐人。后仇池国君主*杨难当之族弟。后仇池国灭后奔魏。宋升明元年（477），与魏合兵攻杀武都国主杨文度，自立为阴平王、葭芦镇主。受魏封阴平公、葭芦镇主。自此，杨氏政权遂分为二，史称文弘一支为武兴国，广香一支为阴平国。南齐建元元年（479）七月，归齐，封沙州刺史。次年，晋西秦州刺史。三年（481），病卒。其众半奔武兴国，半奔齐梁州刺史崔慧景，后经七主，至陈太建十二年（580），灭于北周。

【杨元之】（约1848—1892） 清代纳西族诗人。字用九。*畅昂之子。廪生。以善写汉、纳两读的诗出名。

通晓纳西族民间歌谣，常把民族典故和土语写进诗里。是写汉、纳两读但语意双关的诗歌或对联的第一人。如《重到文峰寺》："暮多好山色，庭菊冷露滋。佛心徐可觅，佳哉宜意移。"汉意一看即明，而纳西语意则是"不见很久了，山颜喜再现。听闻鸟雀声，声声人心怀"。惜其诗篇散失几尽。

【杨元保】（？—1854） 清咸丰年间布依族起义领袖。贵州独山县播让人。布依族。原籍广西，后移居独山。自幼习武，喜抱打不平，颇有威望，深受布依人民敬重。因不堪清政府苛敛，与余光裕、杨官佑、舒裁缝等参加李源发领导的天地会。不久，其父因领导村民抗捐，被官府残害于狱中，时值广西天地会农民起义军进入独山活动，遂怀着仇恨率领布依、水、苗等族人民，于咸丰四年（1854）二月，在丰宁上司起义。三月，攻克荔波、大塘（今平塘县）等地，进围独山州城，截断通往广西南丹、独山、罗斛、大塘的交通要道。后遭贵州巡抚率贵东道都匀、清江厅等地官兵合攻，放弃攻城，退守播让、拉旺一带，另率轻骑占领下司，与广西义军联系。四月，被官军围困昔里山上，弹尽粮绝，受伤被俘。五月，在贵阳遇害。

【杨中远】 渤海国官员。渤海人。杨氏。玄锡王（871—893年在位）时，官政堂省孔目。玄锡王五年（唐僖宗乾符三年，876）冬，奉使聘日本，任大使，同行百余人。翌年正月，欵于岛根。四月，因距前使通聘未满一纪（十二年），未获准入京，亦不受国书、牒、信物，被遣归。

【杨公满】（？—1572） 明代广西府江壮、瑶人民起义首领。隆庆年间（1567—1572），不堪忍受官府压榨，领导府江壮、瑶百姓掀起大规模武装反明斗争，先后攻陷荔浦、平乐及峰门、南源等县城、卫所，生擒永安知州杨惟执，杀指挥胡翰、千户周濂、李可久、车全、邓尉、土舍岑文等。连战皆捷。隆庆六年（1572），指挥义军抗击明总兵李锡及东兰、龙英、泗城、南丹、归顺等地土兵联合征剿，因寡不敌众，壮烈牺牲。

【杨凤友】（约1830—1885） 清代纳西族诗人。字德辉。云南丽江大研里人。为人诚直，重言行，诗文功底深。曾往阿墩子（今德钦县）授学。同治九年（1870），恢复开科后，乡荐进京，中举。回乡后，主讲雪山书院十二年，从学者众，颇有声誉。著有《韵字通考》一部。

【杨文弘】（？—482） 又作杨文洪。南北朝时期武兴国君主。小名鼠。略阳清水（今甘肃清水）氐人。武都国君*杨文度之弟。宋元徽元年（473），任白水太守，屯武兴（今陕西略阳）。升明元年（477），破仇池，后受魏军攻击，兵败弃城而走。受宋封辅国将军、略阳太守。文度被杀后，退屯武兴，自立为武兴王，史称武兴国主。遣使向魏奉表谢罪，送子入侍。受魏封南秦州刺史、征西将军、西戎校尉、武都王。次年，宋以其为都督北秦州诸军事、平羌校尉、北秦州刺史，袭封武都王。南齐建元三年（481），遣使归附南齐，高帝以之为北秦州刺史，但密令晋寿太守杨公则伺机图之。时北魏已占领武都，于

【杨文度】(？—477) 南北朝时期武都国君主。略阳清水(今甘肃清水)氏人。宋元徽元年(473,一说泰豫元年,472),从兄武都王杨僧嗣卒,自立为武兴王,仍治葭芦(也作茄芦,今甘肃武都东南),受魏封武兴镇将。旋叛魏归宋,受封龙骧将军、略阳太守、武都王,寻改宁朔将军。以弟文弘为白水太守,屯武兴。四年(476),加北秦州诸军事、平羌校尉、北秦州刺史。升明元年(477),遣文弘袭陷魏之仇池,被魏将皮欢喜等击败,弃城而走。闰十二月,受宋封都督北秦、雍二州诸军事、征西将军、刺史。未几,葭芦为杨广香及皮欢喜攻陷,被杀。一说武兴国自其始。

【杨文德】(？—454) 南北朝时期武都国君主。略阳清水(今甘肃清水)氏人。后仇池国君 * 杨玄子,杨保宗之弟。南朝宋元嘉六年(429),父死,叔难当废保宗自立,他逃入氏中。二十年(443),劝保宗据险自固以叛魏,事泄,保宗被执送平城。他在宋廷支持下,由氏人苻达等拥立为主,以白崖(今陕西勉县东北)为政治中心。自号都督秦、河、凉三州诸军事、征西大将军、秦河凉三州牧、平羌校尉、仇池公。后分兵取谈诚,进围仇池,被北魏古弼击退。遣使求援于宋,受封征西将军、北秦州刺史、武都王。史称其政权为武都国。宋将房亮之援军亦败,遂奔守葭芦(今甘肃武都东南),武都、阴平氐民多归附。二十五年(448),复为魏将皮豹子所败,弃城奔汉中,为宋雍州刺史刘骏执送建康,以失守免官削爵。二十七年(450),复起为辅国将军,从梁、南秦二州刺史刘秀之北伐,取阴平、平武。继攻哦提氐,不克,被刘秀之执送荆州。孝建元年(454),因拒从荆州南郡王刘义宣反,被杀。武都国分裂。

【杨古利】(1572—1637) 清初将领。满族,舒穆禄氏。世居珲春,后隶满洲正黄旗。珲春库尔喀部长郎柱子。初侍太祖努尔哈赤,尚努尔哈赤女,为额驸。随军大败辉发部,取纳殷、朱舍里、安褚拉库等路,累立战功。明万历二十七年(1599),从征哈达部,擒部长猛骨孛罗。三十五年(1607),迎护斐悠城新附民,大败乌拉部阻截之兵。征辉发部,夺其城。攻窝集部,夺赫席赫路,克木伦路。三十六年,从征乌拉部,攻取金州城。四十一年(1613),灭乌拉部。后金天命四年(1619),从破明经略杨镐于萨尔浒,总兵马林于尚间崖。取铁岭,败蒙古宰赛兵。六年,从太祖取沈阳、辽阳,大败明军于沙岭。以功统左翼兵,授一等总兵官世职,位仅次于八贝勒。十年(1625),守耀州,败明将毛文龙来犯之兵。天聪三年(1629),从太宗征明,败明总兵满桂兵于北京城北,略通州。六年(1632),败明兵于锦州,以功授三等公,晋超品公。从太宗入关,攻大同、宣府。七年,谏缓图宁、锦州,先深入腹地之策。清崇德元年(1636),与英郡王阿济格征明,克昌平等十二城,俘明总兵曹丕昌等十余万众。二年,从太宗征朝鲜,中伏,阵亡。追封武勋王。

【杨正崖】 见"杨再思"。(191页)

【杨玉科】(？—1885) 清末白族将领。字云阶。云南丽江府营盘街(今属兰坪县)人。同治(1862—1874)初,以义勇入清军滇营,隶和耀曾麾下,参加镇压杜文秀回民起义。三年(1864),获代理云南布政使岑毓英赏识,擢为前锋、守备。四年,署维西协,杀李祖裕。攻陷义军据点丽江、鹤庆,自是显名。后屡与杜文秀交兵,升游击、参将、总兵,清廷赐号"励勇巴图鲁"。十一年(1872),掘隧道攻破义军首府大理城,迫杜文秀自杀,升提督,御赐黄马褂。光绪元年(1875),奉旨搜捕击毙英人马嘉理的边民。又奉命镇压邓川州(今洱源县邓川)、腾越(今腾冲)人民起义。三年,迁广东高州镇,署提督。十年(1884),中法战争爆发,自广东率广武军出镇南关(今友谊关),进驻谅山,设伏大败万余法军,数战皆捷,毙伤大批法兵。因西线主将、广西巡抚潘鼎新不战自退,弃谷松、观音桥、车里和谅山,撤入关内,本人孤军奋战,未能奏效。法军重兵北上,直抵镇南关。十一年初,誓死出关拒战,击退法军,乘胜追击。不幸中炮身亡,妻牛氏亦以身殉夫。清廷追赠太子少保,谥武愍,于大理、镇南关建祠祀之。亦涉足文事,从岑毓英研习春秋左氏传。于驻军处捐资修浚河渠,改建书院。在滇西兴办工商业。戎马之余,著《从军纪录》两卷。

【杨本程】(约1796—1840) 清朝官员。字道南,号毅山。纳西族。云南丽江大研里人。出身医道世家,先祖被誉为"忠义老师"。勤奋攻读诗书,道光五年(1825)考一等拔贡,授刑部七品小京官广东主政。道光十四年(1834),中顺天(北京)乡试举人,官刑部主事。其妻和氏,为第一个到北京的纳西族妇女。

【杨再成】 元代苗族教育家。湖南城步人。约元皇庆元年(1312),在城步创办儒林书院,城步苗区儒道文风渐兴,为传播汉文化,教育苗民子弟,起过重大作用。

【杨再思】 唐末五代、徽州(今湖南西南)少数民族酋长。飞山峒人。自称飞山令,不愿臣服于楚国马氏,直接归附于后唐(923—936)王朝,并纳贡。分其地为十峒,以十子分领其地,自为十峒总首领。子杨正崖在后汉、后周争夺期间,乘机自立,北宋太平兴国四年(979),附宋,封诚州刺史。

【杨吉努】(？—1584) 亦作仰加奴。明代叶赫部首领。女真族,纳喇氏。塔里木卫都督金事 * 祝孔革之孙,清太祖努尔哈赤妃孟古之父。明宣德二年(1427),祖率部从张地南徙至叶赫河岸,因号叶赫部,又称北关。该部建大城二座,他居东城,兄清佳努居西城,皆自称贝勒,明人称之为"二奴"。初与兄俱ება哈达部万汗王台,以妹温姐嫁王台,又娶王台女。二奴以祖父祝孔革为王台叔王忠所杀,日思报复。万历十年(1582),乘王台年势衰,与其长子扈尔汉争战。王台死后,索取"故敕七百道",势益盛。王台子康古陆来投,又妻之以女。时清太祖努尔哈赤初起兵,又以幼女妻之。十一年,连兵蒙古万余骑,袭败王台子猛骨孛罗、孙歹商等,焚其庐、毁田禾,斩杀部众三百余人。后获明槁赏始罢兵。旋又兴兵焚烧猛骨孛罗、歹商田庄,掠百人。十二年,于中固城被明巡抚李松、总兵李成梁伏兵所杀。

【杨成规】 渤海国官员。渤海人。杨氏。玄锡王(871—893年在位)时,官政堂省左允,慰军上镇将军。虔晁王十四年(唐懿宗咸通十二年,871)冬,奉使聘日本,任大使,同行百余人。十二月,至加贺登陆。翌年五日,入日京,居鸿胪馆。时日京流行咳疾,患者多死,流言由渤海使戾气所致,故未得朝谒,日皇授以从三位。曾与内藏寮及诸市人交易。擅辞翰,与都良香等文士赋诗唱和。

【杨邦卫】 清朝官员。字即藩。纳西族。云南丽江大研里人。同治九年(1870)举人。同治十年(1871)中进士。历官四川长宁等县知县。

【杨邦宪】 宋末元初播州领主。西南溪峒少数民族大姓豪富。播州杨氏之裔。宋德祐元年(1275),晋官知播州、州团练使。同年,元世祖封其为播州安抚使,世有其地。元至元二十一年(1284),隶顺元路宣抚司。子孙世袭播州土司。

【杨光远】(1820—1874?) 清代纳西族书法家。字少堂。云南丽江大研里人。咸丰五年(1855)举人。寻赴京考进士,因滇中战事频连,长期滞留北京卖字谋生。工各种书体。其书法龙飞凤舞、秀丽健美。所著《拓雪楼临古今名帖》二十四册,"超脱高妙",故有"兵戎山隔家山远,书帖京华翰墨春"的赠诗。后任宣威县学正。滇人得其一纸皆传为"墨宝"。

【杨光富】 宋代诚、徽州(今湖南西南)侗族大姓首领。先祖自宋初世据诚、徽州,号"十峒首领"。北宋太平兴国四年(979),祖父杨蕴归附宋朝,次年杨姓入贡,被封为诚州刺史。熙宁八年(1075),宋将章惇进兵诚州,他率族姓二十三州峒归附,授右班殿直。自是,宋统治势力深入该地,在诚州设官屯兵,布列寨县,募役人,调役兵,并修筑了从广西融州至诚州的道路。加强了宋朝对其地的控制,也促进侗族和各地的经济文化交流。

【杨后起】(? —486) 南北朝时期武兴国君主。略阳清水(今甘肃清水)氐人。杨文弘从子。南齐建元四年(482),文弘卒,诸子皆幼,遂以嗣位,为北秦州刺史、武都王。南齐武帝进其为冠军将军。北魏也以其为武都王。遂南北两附。继率兵击败文弘子集始。永明二年(484),受齐征虏将军之号。四年(486)卒,集始继位。

【杨竹庐】(约1770—1850) 清代纳西族诗人。原名仲魁,字希元。云南丽江黄山北麓人。出身农家,长期过田园生活。中秀才,博学多才,爱吟咏,对四时农作观察细微,皆有感而吟,清明自然,不乏警句。著有《黄山老人诗稿》数卷。《葵花》一诗:"一轮金色向篱东,品格原来迥不同。占壁留影疏雨碧,短墙花爱夕阳红。孤芳久弃名园谱,独立还如高士风。秉得丹心无媚态,九秋好伴白头翁。"是他为人处事的写照。常与诗友作和切磋,谆谆奖进后生,受到人们的尊崇,被誉为"田园诗人"。

【杨应再】 见"陶新春"。(474页)

【杨应奎】 明代诗人、书法家。字文焕,号渑池。回族。山东益都人。正德(1506—1521)年进士,先后任甘肃临洮和河南南阳知府。因得罪嘉靖皇帝,被革职归里。工诗词,与当地诗人石存礼、兰田、冯裕、刘澄浦、陈经、黄卿一起成立"海岱诗社"。人称"海岱七子"。现存《海岱会集》,多为田园纪趣诗。善书法,《青州遗闻》中,载有明衡王求书之佳话。二子杨铭、杨金均以诗、书留名。

【杨完者】(? —1358) 元朝将领。字彦英。武冈绥宁赤水(今湖南境)人。苗族。深习斗击之法,众推为长,组织苗众习武自卫。受湖广陶梦桢招纳,为千户,累官苗帅。历任海北宣慰使都元帅、江浙行省参政。至正十六年(1356),因张士诚农民起义军取平江,攻嘉兴,奉命率兵赴江浙拒击义军,与万户普贤奴败张士诚,复杭州。率军十万攻张士诚属部邓愈等。十七年,升行省左丞(一作右丞)。恃功矜骄,与江浙右丞相达识帖睦迩不协,力主受张士诚降,并强娶平章政事童女。至正十八年(1358),驻营杭州城北,遭达识帖睦迩与张士诚夹击,兵败自杀。追赠潭国忠愍公。

【杨茂搜】(? —317) 又作杨戊搜。东晋时前仇池国君主。略阳清水(今甘肃清水)氐人。原姓令狐,为百顷氐王杨飞龙外甥,被舅收为养子,改姓杨。为避齐万年起义,于晋元康六年(296),率众四千户自略阳还保仇池,自号辅国将军、右贤王,被群氐拥立为主,史称前仇池国。对来附之关中流移者,迎接抚纳,欲去者卫护资送,甚得时人拥戴。后被晋愍帝封为骠骑将军、左贤王。建兴五年(317)卒,长子难敌嗣立。

【杨奇混】 见"杨奇鲲"。(192页)

【杨奇鲲】(? —883) 又作杨奇混、杨奇肱。唐代南诏诗人。属白族先民白蛮。南诏大厘睑(今云南大理市喜洲)人。曾任南诏王隆舜的布燮。唐僖宗中和三年(883),唐朝与南诏和亲,奉南诏王命至成都迎接唐安化公主,被唐西川节度使高骈和唐僖宗鸩死。人称"读书贯穿百家,有诗名","词甚清美"。诗作不少,惜只传下《途中诗》《游东洱河》和《岩嵌绿玉》两首。《途中诗》被收入《全唐诗》中。

【杨明义】 清代四川雷波厅土司。彝族。世袭千万贯土千总职。雍正六年(1728),因支持乌蒙米贴土目禄永孝反清,战败被俘,追缴印信、号纸。

【杨岳斌】 清朝将领。湖南乾州厅(今吉首)格哨寨人。苗族。原名杨载福。咸丰元年(1851),随曾国藩的湘军镇压太平天国革命,由士兵升副将、总兵,累官湖北提督、福建陆师和水师提督。同治三年(1864),以攻占太平天国首都天京(今南京),授陕甘总督。光绪十年(1884),中法战争爆发后,率湘西苗兵赴福建协助左宗棠打击法军。死后追赐太子太保。

【杨泗藻】(约1830—1880) 清代纳西族诗人,字杏泉。云南丽江大研里人。贡生。名士赵藩称其"才气卓越,知兵,饶吏干"。成年时,逢咸同战事,与乡友李玉湛一道投笔从戎,奔波各地十余载,每有思念家乡、渴求安定和描述各民族风情的诗作。暮年才得任浙江临海县小官之职。不久因劳积病逝。所著《慎余子诗钞》大部散失。

【杨承庆】 渤海国将领。渤海人。杨氏。文王大钦茂(737—794年在位)时,官辅国大将军,行木底州刺史,兼兵署少正,封开国公。大兴二十一年(唐肃宗乾元元年,758),奉命送日本正使小野田守、副使高桥老麻吕等归国,并答聘,吊圣武天皇丧。九月,登陆,居于越前。十二月,入日京。翌年正月,进国书及信物。受厚遇,日皇授又三位,由日本正使高元度、副使内藏全成护送归国。

【杨承颠】(?—约652) 唐代南宁州暴动首领。大勃弄(今云南下关以南地区)人。永徽(650—655)初,举事,私署将帅,攻麻州。与罗仵侯山酋长秃磨蒲、大鬼主都干、周近水大酋长俭弥于、鬼主董朴等共拒郎州道行军总管赵孝祖等的多次进攻。弥于、秃磨蒲战死后,坚守大勃弄,拒招抚,后被执。

【杨绍先】(?—535) 南北朝时期武兴国君主。略阳清水(今甘肃清水)氏人。*杨集始之子。梁天监二年(503),父卒,袭位。因年幼,国事皆委二叔集起、集义。受魏封为南秦州刺史、汉中郡公、武兴王。四年(505),其二叔闻魏克汉中,甚惧,遂叛魏,率众断汉中粮道,拒招抚,立绍先为帝。次年,魏军攻克武兴,被执送洛阳。武兴国灭,改置武兴镇,后改东益州。北魏孝昌(525—527)中,乘各族大起义之机,从洛阳逃回武兴,复自称王。梁中大通六年(534)四月,复向魏称藩,送妻子为质。同年八月,梁也以其为秦、南秦二州刺史。大同元年(535)卒,子辟邪袭位。西魏废帝二年(553),辟邪据东益州反,被擒杀,武兴国复亡。

【杨栋朝】 明朝官吏。字梦苍。白族。云南剑川州(今剑川县)人。万历四十一年(1613),中进士,历官南京礼科给事中,素以刚直知名。天启(1621—1627)间,以朝廷腐败,宦官魏忠贤擅权乱政,置个人安危于不顾,从南京上疏,揭露魏党的罪行,并直言指出明熹宗"畜豺狼于几席,置蜂虿于腹掌间"。结果激怒魏忠贤和熹宗,被削籍归里。崇祯元年(1628),明思宗登极后,被重新起用,入吏科,旋迁光禄寺卿。

【杨南金】 明代白族学者和诗人。字本重,号用章,晚年自号两用先生。云南大理府邓川州(今洱源县邓川)人。弘治十二年(1499)中进士,选江西泰和县令。为官直节有惠政,民谣以"三不动"赞之,"谓刁诈胁不动,财利惑不动,权豪挠不动"。擢监察御史,正德(1506—1521)间,宦官刘瑾用事,其党刘宇为都御使,钳制言官,凌辱属僚。他不屈于权奸,上疏论责,弃官出都。嘉靖(1522—1566)初,被重新起用,官至湖广布政司参议。不久谢病辞官归乡,专意著述。在乡里"扶良善,恤媚寡",寿八十余卒。著有《神午集》、《守土训》、《三教论》等,又修过《邓川州志》,均散失。仅在咸丰《邓川州志》中收入部分诗文,诗有五古《土著变》、七古《玉泉》、七律《登德源城有感》、七绝《收春望》等,文有《重修河堤记》、《崇正祠记》、《旧志序》等。

【杨品硕】(1811—1894) 清代纳西族诗人。字大田。云南丽江大研里人。贡生。因战事流离,家境困迫。苦心读书写诗。社会安定后,在家设馆教书,写作愈加勤奋。著有《雪山樵吟》一部。其中的"丽江竹枝词"六十首,皆为土风民俗佳作。风格纯朴,乡土味浓厚,兼有研究纳西族风情的参考价值。

【杨保宗】(?—443) 一名羌奴。南北朝时期后仇池国君主。略阳清水(今甘肃清水)氏人。后仇池国君主*杨玄之子。南朝宋元嘉六年(429),父卒,继位,旋为其叔杨难当所废。九年·(432),拜镇南将军,镇宕昌(一说石昌)。后因谋发难,事泄,被系。十二年(435),获释,出镇董亭。十六年(439),与兄保显投北魏,被太武帝封为征南大将军、秦州牧、武都王,出镇上邽,尚公主。十九年(442),难当为宋军所败,失仇池,投奔北魏。保宗受命与诸将分路出兵,会仇池。次年,夺取仇池。与拓跋齐对镇骆谷(今甘肃成县西),复其国。后受弟文德劝唆,谋据险自固以叛魏,事泄,被拓跋齐诱执至平城,魏帝命其叔难当杀之。自此,杨氏失仇池,仅以葭芦、武兴、阴平等地立国。

【杨泰师】 渤海国将领、诗人。渤海人。杨氏。文王大钦茂(737—794年在位)时,官归德将军。大兴二十一年(唐肃宗乾元元年758),与辅国大将军杨承庆等二十三人同聘日本,为副使。能诗,与日本文士以诗酬答。其诗《夜听捣衣诗》云:"霜天月照夜河明,客子思归别有情。厌坐长宵愁欲死,忽闻邻女捣衣声。声来断续因风至,夜久星低无暂止。自从别国不相闻,今在他乡听相似。"具有较高的艺术水平。

【杨晟台】 宋元祐年间诚州少数民族暴动首领。元祐二年(1087),改诚州为渠阳军,罢两州兵马及守御民丁。因累年设官屯兵,募役开道,侵占土地,民不安业,率众暴动,攻文村堡。融州少数民族粟仁催等纷起响应。后宋廷议废堡城,撤戍守,以其地还给少数民族,暴动方罢。

【杨难当】 南北朝时期后仇池国君主。略阳清水(今甘肃清水)氏人。*杨盛次子。南朝宋永初三年(422),受宋封冠军将军。元嘉六年(429),兄玄卒,扶立侄保宗,旋废保宗自立,号都督雍凉诸军事、秦州刺史、平羌校尉、武都王。遣使称藩于宋。七年(430),被宋封为冠军将军、秦州刺史、武都王。九年(432),晋号征西将军,加都督、校尉之号。以保宗为镇南将军,镇宕昌。保宗谋发难,事泄被系。十年,被北魏拜为征南将军、南秦王。乘宋梁州刺史甄法护刑政不理,新任刺史萧思话尚未到任之机,袭梁州,破白马,攻占汉中。后被萧思话击败,退出汉中,遣使奉表谢罪。十三年(436),自称大秦王,年号建义,置百官拟皇朝,仍称臣于宋,贡献不绝。十七年(440),仇池大旱多灾,遂去大秦王号,复为武都王。次年,倾兵南下谋据蜀地,并遣建忠将军苻冲出东洛以防汉中军。攻克葭萌(今四川广元县南),获晋寿太守申坦,进围培城。十九年(442),仇池遭宋军袭击,失武兴、下辩、白水,逃上邽,为魏太武帝迎至行宫。魏文成帝时,拜营州刺史。还为外都大官。卒,谥忠。

【杨难敌】(?—334) 东晋时前仇池国君主。略阳清水(今甘肃清水)氏人。杨茂搜长子。晋建兴元年(313),为晋宗室南阳王司马保委为征南将军。后受父命率军援梁州刺史张光攻杨虎,因与光有前怨,又受虎重贿,遂与虎攻取梁州,自称梁州刺史。二月后,为梁州人张威所逐。五年(317),父死,袭位,与弟坚头分领部众。自称左贤王,屯下辩(今甘肃成县西北),以坚头为右贤王,屯河池(今甘肃徽县西)。东晋太兴四年(321)、永昌元年(322),连遭前赵刘曜进攻。遣使称藩,受封为侍中、都督益、宁、南秦、凉、梁、巴六州、陇上、西域诸军事、上大将军,益、宁、南秦三州牧,领护南氐校尉、宁羌中郎将,武都王。太宁元年(323),刘曜攻杀上邽凉王陈安,仇池势孤,与弟俱奔晋寿(今四川广元南),臣于成国李雄。后自汉中袭仇池,执杀前赵镇将田崧。恃强不服成国,并败李雄来讨之兵。咸和六年(331),成国大将军李寿攻阴平、武都,难敌降。九年(334)卒,子杨毅立。

【杨教化】(1277—1309) 元朝官员。唐兀氏。失剌唐兀台之子。幼事海山(武宗)于潜邸,随从出镇北边,执掌成宗所赐玉印。大德十年(1306),以军事人奏,且请领岁赐,遭太府卿梗阻不发,持挝击之。次年,成宗死,内廷与宰臣议所立,他疾驰至怀州,请海山弟爱育黎拔力八达(仁宗)即日入朝,迎海山即位,内难遂平。以功超拜正议大夫,同知太府院事。至大二年(1309),御史台奏为江南湖北道肃政廉访使,武宗不愿其远去,留为将作院使。卒,追赠西夏国公,谥襄敏。

【杨清保】(?—1740) 清乾隆年间苗民起义首领。湖南城步莫宜峒人。苗族。乾隆五年(1740),与侗族粟贤宇率领湘西城步、绥宁、新宁等苗、侗、瑶、汉族农民起义,广西义宁苗民纷起响应。于城步长塘、竹岔等地大败湖广巡抚冯光裕、广西提督谭行义所率湘、桂官兵,歼敌数百人。清廷派云贵总督张广泗率两湖、两广和贵州五省官兵,分五路进剿。与粟贤宇退守南山,凭险抵抗。同年八月,被俘,病死狱中。

【杨渊海】(?—1364) 元代大理总管段功属臣。白族诗人。今云南大理人。仕段功为员外郎。至正二十三年(1363),随段功率大理兵助梁王,出击万胜(明二)领导的入滇红巾军。得胜后,段功被封为云南行省平章,尚梁王女阿𣪣公主,住鄯阐(今昆明)梁王府。他作为谋臣,深知段氏和梁王在云南的争端,洞悉梁王的阴险奸诈,屡劝段功回大理避祸,终不听。二十四年,因段功原妻高氏来信,遂陪同段功返大理。不久,段功又往鄯阐,再三留之,均被拒,只好又陪段功同往。自知无生还之日,并未因此逃避,愿与主共患难。段功旋被梁王诱杀,他拒绝梁王拉拢,愿以死殉主,题诀别诗于壁,仰药而卒。梁王感其才干和忠诚,令厚恤之,与段功同归葬大理。其诀别诗为多种史籍记载。

【杨添朝】 宋乾道年间少数民族起义首领。卢阳(治今湖南芷江)人。僚族。乾道六年(1170),因当地瑶人与省户交争杀死二人,遭知沅州孙叔保袭击,破瑶人十三栅(寨),被遍率众起义。各地民众纷起响应。与常德官兵大战,杀伤官兵十之七八。宋廷施以剿抚兼施之策,被招降。

【杨隆盛】 见"黄可经"。(493页)
【杨景玉】 见"吴朝俊"。(229页)
【杨景连】 见"吴朝俊"。(229页)
【杨景言】 见"杨景贤"。(194页)
【杨景贤】 又作杨景言。元曲家。名暹,后改名讷,号汝斋。蒙古族。因从姐夫杨镇抚,故以杨姓称之。善琵琶,好戏谑,乐府出人头地。《太和正音谱》称其词"如雨中之花"。著有《天台梦》、《生死夫妻》、《偃时救驾》、《西湖怨》、《为富不仁》、《待子瞻》、《三田分树》、《西游记》、《红白蜘蛛》、《巫娥女》、《保韩庄》、《刘行首》、《盗红绡》、《鸳鸯宴》、《东狱殿》、《海棠亭》、《两团圆》等杂剧十八种。所著《西游记》是后来吴承恩著《西游记》的一个重要内容。卒于金陵(今南京)。

【杨集始】(?—503) 南北朝时期武兴国君主。略阳清水(今甘肃清水)氏人。杨文弘之子。南齐建元四年(482),父卒,堂兄后起继位。他被北魏封为白水太守。既而自立为王,被后起击破。永明四年(486),后起卒,继位。南齐以其为北秦州刺史、武都王,北魏也封其为征西将军、武都王。遣使通好于魏、齐。永明十年(492),率众攻汉中,为齐梁州刺史阴智伯军击败,退还武兴。后朝魏,受封南秦州刺史、汉中郡侯、武兴王。建武二年(495),被氐人杨馥之所败,走下辩。四年(497),为氐帅杨灵珍所破,奔汉中,降南齐。永元元年(499),受齐封北秦州刺史。次年,率万余人自汉中北出,谋复旧地。旋附魏,归守武兴。梁天监元年(502),被梁武帝封为北秦州刺史、武都王。二年(503)卒。子绍先袭位。

【杨福萃】 清朝将领。字集五,号小泉。纳西族。云南丽江人。自幼好读书,有计谋和胆略。咸丰年间(1851—1861),招募兵勇防卫乡里。后应杨玉科之聘管理七属(五府二厅)总局,随带练丁,因征战受挫退居四川会理。曾奉命追剿太平天国石达开义军,以功受嘉奖,权令新津县。后调回云南,在总督劳崇光下委办军需。后从杨玉科围攻大理,单骑入城劝降,义军都督杨荣开城献出首领杜文秀。功赐花翎,加"巴鲁图"名号,补用知府。后分发四川,受川督委派平"边乱",屡立功,先后两权顺庆府事。后授龙安府知府。

【杨福豫】 清代纳西族文人。号棋海。云南丽江大研里人。道光二十四年(1844)举人。咸丰三年(1853)中进士。曾任浙江溪、缙、云等县知县。其诗文全部散失。

【杨僧嗣】(?—472或473) 南北朝时期武都国君主。略阳清水(今甘肃清水)氏人。后仇池国君主*保宗之从弟(一作从子)。宋元嘉二十年(443),保宗被杀,子元和逃奔宋，被宋立为武都王，治白水（今四川广元西北）。终因势弱不能自立，弃国奔魏。于是，僧嗣称武都王于葭芦（今甘肃武都东南）。泰始二年（466），受宋封为冠军将军、北秦州刺史、武都王。次年四月，又晋号征西将军。元徽元年（473，一说泰豫元年，472），卒，从弟文度自立为武兴王。

【杨穆之】（1871—？） 清代地方官。纳西族。云南丽江大研里人。出身书香世家，好学有才气，举贡进京朝考第一，为拔贡。光绪（1875—1908）末年，任丽江县学堂总董。辛亥革命后，曾任云南省都督府编修、咨议局议员及德钦、永仁县长等职。回乡后设塾授学而终。

【杨木答兀】 又作杨木答户、木答忽。女真族。籍居三万卫。封千户职。以骁勇称。明永乐二十年（1422），与同住达官谋叛，肆行剽掠，裹胁千余口至朝鲜阿木河近地东良北。二十一年，又迁图们江外。屡拒明廷招抚。拒还被掠人口。二十二年，曾向明朝悔罪谢恩，但不敢入朝，后潜隐山谷。洪熙元年（1425），复拒明仁宗招抚。宣德八年（1433），纠结"七姓野人"（女真人）围攻明军，为明军与建州女真首领猛哥帖木儿（努尔哈赤六世祖）所败。旋纠集七姓女真兵八百余，杀死猛哥帖木儿父子。九年，明遣使往谕，令其归还所掠人口、财物，未果。后人口散失，势衰。

【杨朵儿只】（1279—1320） 元朝大臣。唐兀氏。河西宁夏人。祖父失剌，父失剌唐兀台。少孤，事爱育黎拔力八达（仁宗）于藩邸，甚被倚重。大德九年（1305），随从出居怀州。十一年（1307），受命北迎海山（武宗），佐定内难，以功授太中大夫、家令丞，晋正奉大夫、延庆使。仁宗即位后，历任礼部尚书、宣徽副使、侍御史，有犯法者，虽贵幸无所容贷，故积怨被诬告，仁宗深知，诬不得逞。继为御史中丞，不畏权势，敢直言，一事至数谏。奏劾丞相铁木迭儿恃势贪虐，罢相。迁集贤学士。延祐七年（1320），仁宗死，铁木迭儿复相，以前违太后旨意之罪，被杀害。英宗即位，冤狱昭雪，追封西夏国公，谥襄愍。

【杨琏真加】 又作杨琏真珈（伽）、杨辇真加。元代吐蕃僧人。至元十四年（1277），被元世祖命为江南释教总统。阴结权臣桑哥，于二十一年（1284），擅掘南宋陵墓群，以所得金银宝器修天衣寺。次年，奏请在南宋所毁之会稽泰宁寺、钱塘龙华寺根基上重新建寺，为皇上、东宫祈寿。元廷发谴卫军六千八百人营建，并将江南废寺土田付之修寺。因恃权横恣，戕杀平民，收受美女，攘民田亩，盗取金银珠玉，江南一带怨声载道。二十八年（1291），桑哥失势，失去靠山，受追究，查得侵盗官金一千七百两、银六千八百两、钞十一万六千二百锭、田二万三千亩，私庇平民不输公赋者二万三千户。后得元世祖庇护，获宥，被查抄的田产、人户亦归还之。大德三年（1299），因将江南编民五十余万户，冒入寺籍，发放为民，不知所终。

【杨衮巴·坚赞贝】（1213—1258） 宋代藏传佛教噶举派主巴噶举支派僧人。生于拉堆洛（今西藏定日协噶尔一带）地区的拉冬，东氏家族人。该家族在宁玛派中有一定地位，其父觉桑就是一位名僧。聪颖，能念诵，通书法，五岁能道情歌。六岁到普玛尔哇座前学宁玛、噶当、希解、觉域、萨迦等派密法。九岁任拉冬寺寺主，向僧众讲经。后又从名僧告扎巴、郭仓巴、萨迦班钦、杰京俄、桑结热钦、卓穹巴等人学各派教法。二十二岁时，由拉准索喀巴作亲教师受比丘戒，法名坚赞贝。营建室利日南定寺，并到布勒等圣地讲经说法，进行静修，故名声大震，从各地慕名而来的僧徒多时超过万人。著有《住山法三种》等九部讲经修定的书。

【却图汗】 见"朝克图台吉"。（530页）

【却扎耶西】 见"沙玛尔却扎巴"。（195页）

【却贝桑波】 见"得银协巴"。（508页）

【却吉尼玛】（1883—1937） 即九世班禅。清代藏传佛教格鲁派（黄教）领袖。藏族。西藏达布准巴（一说嘎夏）人。被札什伦布寺寻访为八世班禅转世灵童，经光绪帝批准，于清光绪十四年（1888）正月十四日，在布达拉宫（一说在大昭寺释迦佛前）举行金瓶掣签，认定为九世班禅，由十三世达赖土丹嘉措剃度，赐名"土丹却吉尼玛"。后迎至札什伦布寺德清颇章宫坐床，从第穆呼图克图受沙弥戒，升大宝法座。二十八年（1902），蒙十三世达赖授比丘戒。三十年（1904），英侵略军入侵拉萨，达赖避走蒙古，他兼管前藏政教。三十一年，被英太子乔治胁迫赴印度。以"不丧国权，慈悲为怀"为宗旨，在印度讲经。坚决抵制英国殖民者反清"自治"的引诱，于次年返藏。请容尊丹增旺加传授密谛法要及大威德金刚灌顶，应阿理讷及僧众之请，两次传授时轮金刚大灌顶，建强巴（即弥勒佛）大金佛像。精通显密，广施恩育，扩充坛城，功德殊胜。因与达赖不睦，于1923年借沐浴之期由藏北草原出走，经甘、凉二州抵北平，向曹锟报告西藏政局及整饬边防意见。候命期间遍游山东、南京、上海、杭州、甘肃、青海、东北、内蒙等地，参拜名胜大德，宣扬佛教。1929年，设班禅驻南京办事处，继之又在平、川、康、晋、绥、青等地设办事处。1931年，应国民党之召，参加国民会议，国民政府给予"护国宣化广慧大师"名号。1932年，任西陲宣化使。1934年，参加国民党政府主持的哀悼十三世达赖圆寂的活动，同年任国民政府委员。1935年，回到拉卜楞寺，广宣佛谛，又延嘉木样佛及诸呼图克图传授密教各法灌顶。应西藏公众之请准备回藏，受到英大使及西藏地方政府阻挠，未果，暂住康定。1937年12月，圆寂于青海玉树结古寺甲拉颇章，灵骨迎至札什伦布。在内地十五年，呼吁和平统一，拥护反帝抗日，先后举行九次时轮金刚法会，影响很大。

【却吉罗追】 见"玛尔巴"。（185页）

【却吉嘉错】（1680—1737） 清代青海地区藏传佛教活佛。康熙四十五年（1706），任郭隆寺法台。称土观呼图克图二世。为三世章嘉及松巴智慧光辉之师。五十四年（1715），奉旨进京，赐以呼图克图净修禅师名号。

五十八年(1719)，任塔尔寺法台。雍正元年(1723)，青海和硕特蒙古罗卜藏丹津拥兵反清，郭隆寺喇嘛应之。二年(1724)，清将年羹尧率兵焚毁该寺佛殿经堂。十年(1732)，奉旨重修寺院，改名佑宁寺。十二年(1734)，赴京朝觐，世宗赐净修禅师银印一颗。乾隆元年(1736)，返青海。次年圆寂。

【却英多吉】(1604—1674) 又作噶玛巴·却英多吉。明末清初藏传佛教噶玛噶举派黑帽系十世活佛。藏族。生于青海果洛堪希塘。明万历三十八年(1610)，被迎入寺院学经。次年，举行戴冠典礼，随巴卧祖拉嘉措在拉钦寺受戒，得阅甘珠尔及丹珠尔经，十二年间均在粗浦寺学经。其间曾数遣使贡于明，到蒙古地区传教。四十六年(1618)藏巴汗彭措南杰确立对卫藏的统治后，曾给彭措南杰一方印信，承认其统治。并应邀访问拉萨。藏巴汗死后，又应藏巴汗妻子请，前往桑主则(即日喀则)，主持丧礼，访问拉萨大昭寺。建造了迪洛巴、那若巴、玛尔巴及弥拉日巴等噶举派大师人物像，并先后朝拜桑耶寺、萨迦寺、腾格里湖等名寺圣地。对藏巴汗丹迥旺波(嘉错南杰之子)与格鲁派的斗争表示厌烦，不介入，反对藏巴汗用兵。崇祯十五年(1642)，藏巴汗被支持格鲁派之蒙古和硕特部首领固始汗俘杀，藏巴汗地方政权覆亡。格鲁派得势后，被五世达赖指责参与反格鲁派，驻地遭固始汗军攻击，许多人被杀，其宗教地位受到冲击，遂避居不丹东北部的库堆地方，后转道走云南丽江达耶冈寺。在该地停留三年，受到木土司王室的欢迎。后又去果洛、康区，再返丽江。清康熙十二年(1673)，返回拉萨，在布达拉与五世达赖相会。旋归粗浦寺。次年，于粗浦寺圆寂。

【却藏南杰班觉】(1578—1651) 明代藏传统佛教名僧。藏族。生于西藏堆垅嘎列康萨。父名索南衮布，母名玛玛芝桑。幼年于下密院曲弥隆地方随密宗大师南杰贝桑出家。后相继在热哇堆、哲蚌寺果芒扎仓、色拉寺、甘丹寺、扎什伦布寺及白居寺、昂仁寺拜师学法。在第斯索南群佩的暗中支持下，在果芒扎仓及下密院学密法。继随班禅大师闻听诸法，并受比丘戒。时罕达垅的罕阿甫喇嘛及达陇长官请四世达赖云丹嘉措派一位高僧加以供养，遂奉命赴安多。因蒙古土默特火落赤求法，遂留居该地宗寨甫一年，并在达尔格修行数年。当蒙古喀尔喀部却图汗攻土默特部时，走塔尔寺，任法台。一度被却图汗迎至措卡，尊为上师。明崇祯十年(1637)，蒙古和硕特部固始汗与巴图尔洪台吉击败却图汗后，同年，与之相会。十二年(1639)起，任佑宁寺法台十年。清顺治六年(1649)，在今互助土族自治县北南门峡公社的崩隆扎西塘创建却藏寺。

【却藏呼图克图一世】 见"南结环爵尔"。(387页)

【却藏呼图克图二世】 见"洛桑丹白坚参"。(420页)

【却藏呼图克图三世】 见"阿旺图丹旺秀"。(292页)

【郄】 见"承"。(383页)

【豆仑】(？—492) 南北朝时期柔然可汗。郁久闾氏。予成子。柔然永唐二十二年(北魏太和九年，485)，父卒，继立，号"伏古敦可汗"(一作"伏名敦可汗"，意为恒王)，改元太平。屡与北魏交战失利，部属离异投归北魏。太平三年(北魏太和十一年，487)，出击离异的高车副伏罗部酋长阿伏至罗，兵败，东徙。所属焉耆、龟兹等西域诸国也先后脱离柔然，改附恹哒。八年(492)，与其叔那盖分道进击阿伏至罗，那盖屡胜，本军屡败，大失众心。部众欲立那盖为主，因那盖拒从，遂杀豆仑，以尸示那盖，迫那盖继位。

【豆卢宁】(500或504—565) 西魏、北周将领。字永安。昌黎徒河(今辽宁锦州)人。鲜卑慕容氏，后归北魏，赐姓"豆卢"。柔玄镇将长(一作长)之子。骁勇善骑射。北魏永安(528—530)中，以别将随尔朱天光入关，加授都督。以败万俟丑奴事，赐爵灵寿县男。及天光败，从侯莫陈悦，后率众归宇文泰。永熙三年(534)，孝武帝西迁，以奉迎功，封河阳县伯。后晋爵为公。从擒窦泰，复弘农，破沙宛，授武卫大将军，兼大都督。西魏大统七年(541)，从于谨破稽胡帅刘平伏于上郡。及梁仚定起兵，为军司，监陇右诸军事。事平，晋侍中、骠骑大将军，九年，与东魏战于芒山，迁左卫将军，晋爵范阳郡公。十六年(550)，拜大将军。率众平定羌帅傍乞铁忽及郑五丑。恭帝二年(555)，封武阳郡公，迁尚书右仆射。北周孝闵帝即位，授柱国大将军。武成元年(559)，出为同州刺史，督诸军破稽胡郝阿保、刘桑德等。迁大司寇，晋封楚国公。保定四年(564)，任岐州刺史，带病从军东讨。次年，卒于同州。赠太保、同鄜等十州诸军事、同州刺史。谥昭。

【豆卢通】(539—597) 北周、隋官员。其先为鲜卑慕容氏，后改姓"豆卢"。又名会，字平东。陇右总管府长史、豆卢永恩长子。在周，少以父功，赐爵临贞县侯，寻授大都督，迁仪同三司。改封沃野县公。后加开府，历武贲中大夫、北徐州刺史。隋开皇初，晋爵南陈郡公。后入朝典宿卫。岁余，出为定州刺史，转相州。尚隋文帝妹昌乐县长公主。迁夏、洪二州总管，在职以宽惠称。卒于官，谥安。

【豆卢勣】(546—590) 北周、隋朝大臣。字定东。鲜卑慕容氏。昌黎徒河(今辽宁锦州)人。魏柔玄镇大将苌孙，太保宁嗣子。少受业国子学，略涉文艺。西魏大统十二年(546)，封义安县侯。周闵帝即位，封丹阳郡公。明帝(557—560年在位)时，为左武伯中大夫。以本官游露门学。武帝即位，任渭州刺史，有惠政。天和二年(567)，授邵州刺史，袭父爵楚国公。历天官府司会、信夏二州总管、相州刺史。大象二年(580)，拜利州总管，晋位大将军。以平定益州总管王谦之乱，晋上柱国。隋开皇二年(582)，为北道行军元帅以防突厥。四年，任夏州总管。十年(590)，以疾还京，卒。谥襄。

【豆卢琢】(？—879) 唐朝大臣。鲜卑豆卢氏。河东(今山西境)人。祖愿、父籍，皆以进士擢第。大中十三年(859),登进士科。咸通(860—874)末,累迁兵部员外郎,转户部郎中知制诰,召充翰林学士,正拜中书舍人。僖宗乾符(874—879)中,累迁户部侍郎、学士承旨。五年(878,一作六年),为兵部侍郎、同中书门下平章事。次年,从僖宗出开远门,匿于张直方家,为黄巢义军所杀。

【豆卢毓】(577—604) 隋朝官员。其先为鲜卑慕容氏,后归北魏,赐姓"豆卢"。字道生。隋楚国公*豆卢勣子。开皇十七年(597),汉王杨谅镇并州,其以妃兄任王府主簿。十九年,从征突厥,以功授仪同三司。仁寿四年(604),文帝卒,谅起兵反,毓苦谏,不从。遂密与弟懿、兄贤定里应外合之计。乘谅往介州,奉命与总管属朱涛留守之机,杀涛,闭城拒谅。部署未定,遭谅攻,城陷,被害。赠大将军,封正义县公,谥愍。

【豆卢永恩】(506—563) 西魏、北周大臣。昌黎徒河(今辽宁锦州)人。先世鲜卑慕容氏,为前燕支庶。高祖胜归魂,赐姓豆卢氏。一说为避难改姓。豆卢苌之子,*豆卢宁之弟。初与兄事侯莫陈悦,后归附宇文泰,授珍寇将军。以迎奉孝武帝功,封新兴县伯。屡从征讨,有功,拜龙骧将军、中散大夫。西魏大统八年(542),授右亲信都督,转都督。十六年(550),拜车骑大将军。废帝元年(552),进骠骑大将军。二年,出为成州刺史。恭帝元年(554),晋爵龙支县侯。三年,出镇河、鄯二州。北周闵帝即位后,任鄯州刺史,改封沃野县公,迁陇右总管府长史。武成元年(559),改都督利沙文三州诸军事、利州刺史,统兵平定文州蛮。保定二年(562),复为陇右总管府长史。卒于任。追赠少保,谥敬。一说生于延昌四年(515),卒于保定二年(562)。

【豆卢钦望】(630—709) 唐朝宰相。鲜卑豆卢氏,京兆万年(今陕西西安)人。礼部尚书宽之孙,左卫将军仁业子。武则天时累迁司宾卿。长寿三年(693),拜内史。证圣元年(695),因阿附李昭德罔君,贬为赵州刺史,寻入为司礼卿,迁秋官尚书,封芮国公。历河北道宣劳使、皇太子宫尹、文昌右相、太子宾客。中宗神龙元年(705),拜尚书右仆射(一作左仆射),平章军国重事。后兼检校安国相王府长史、兼中书令、知兵部事、监修国史。史称其为相两朝,前后十余年,独谨其身,不能有所匡正。卒年八十。赠司空、并州大都督,谥元。

【豆罗伏跋豆伐可汗】 见"丑奴"。(86页)

【克失】 见"克舍"。(197页)

【克舍】(?—1486) 又译克失。明代瓦剌贵族首领。阿失帖木儿太师之子。成化十四年(1478),任太师。曾遣人招降邻部及朵颜三卫,并欲与东蒙古连和,进攻明边。二十年(1484)左右,因东蒙古小王子常为边患,且阻其入贡之道,遣人与明廷进行联系。二十二年(1486)卒。

【克什纳】(?—1534) 明代海西女真首领。又名速黑忒。纳喇氏。著名首领王忠父。正德(1506—1521)至嘉靖(1522—1566)初年,为塔山前卫右都督。早居松花江大屈折南北沿江之地,即今吉林省扶余、农安、黑龙江省肇州及哈尔滨以东诸地。借水陆交通之便,发展农业,势渐强,诸部畏服。效忠明朝,协助明廷招抚女真各部。正德十三年(1518),受明封为都督。嘉靖三年(1524),因招抚之功,赐蟒衣。十年(1531),杀猛克,捕逃亡,晋左都督。十三年(1534),被族人巴代达尔汉所杀。

【克什图】(?—1731) 清朝大臣。蒙古正白旗人。博尔济吉特氏。康熙十三年(1674),从征福建。二十三年(1684),补骁骑校。二十五年(1686),叙功授云骑尉世职。三十一年(1692),驻防江宁。三十四年(1695),授三等侍卫。三十六年(1697),升二等侍卫。三十八年(1699),补察哈尔游牧总管。四十年(1701)七月,因逃人私入围场,解总管。十一月授三等侍卫。四十二年(1703),奉命出使准噶尔,以多骑喀尔喀马革职。五十四年(1715),补蓝翎侍卫。五十五年,复出使准噶尔策妄阿喇布坦处,授二等侍卫,复云骑世职。五十九年(1720)五月,从靖宁将军富宁安征准噶尔,袭敌于伊勒布尔和硕,授副都统。六十年,驻屯吐鲁番,退来犯准部军。雍正四年(1726),来京,授散秩大臣。五年正月,授护军统领,署镶黄旗蒙古都统。四月,升领侍卫内大臣兼议政大臣,奉命与俄罗斯定界。六年,总管北路军台。七年,加授骑都尉世职。九年,赴青海选兵防御准噶尔。

【克石炭】 见"黑石炭"。(540页)

【克主杰】 见"克主杰·格雷贝桑"。(198页)

【克兴阿】(?—1879) 清朝将领。达斡尔倭勒氏。高喀萧之子。咸丰四年(1854),随军镇压太平天国运动,克临清,加副都统衔。次年,赐号伊勒固尔巴图鲁,授正红旗蒙古都统。八年,驻防天津海口。十年,率察哈尔骑兵、密云热河步兵一千五百人驻青县,防英军进犯。后官镶黄旗满洲副都统。

【克兴额】(?—1851) 清朝将领。莫勒哲埒氏。满洲镶黄旗人。道光六年(1826),以骁骑校随钦差大臣长龄,出师回疆。次年,收复阿瓦巴特,赏戴花翎。十年(1830),带兵至安集延防守。十四年(1834),授佐领。十七年(1837),升协领。二十七年初,擢齐齐哈尔副都统。十一月,署黑龙江将军。咸丰元年(1851)十一月卒。

【克什克特】 清代卫拉特蒙古辉特部台吉。姓伊克明安。乾隆十九年(1754),率众随辉特部台吉阿睦尔撒纳附清,授札萨克头等台吉,驻牧塔密尔。二十一年(1756),侦知族台吉德济特等附阿睦尔撒纳反清,告于清军。被置于呼伦贝尔游牧。

【克拉依汗】 又译克烈汗、克拉伊汗。明代哈萨克汗国主要创建者之一。白帐汗国巴拉克之子。景泰七年(1456),乘乌兹别克阿不勒海尔汗败于瓦剌之机,与贾尼别克汗一起率部分游牧部落,迁至楚河与塔拉斯河周围。建哈萨克汗国。与别失八里(或作亦力把里)统治者结盟,共同对抗阿不勒海尔汗。成化四年(1468)冬,利用阿不勒海尔汗在征哈萨克汗国途中丧生,乌兹别克汗国内讧之机,征服东钦察草原各游牧部落,乘势占领锡尔河流域的哈腊套山大部分地区。汗同领土扩展，附近哈萨克部落纷纷归附。逼使乌兹别克继位者穆罕默德·昔班尼汗逃往帖木儿汗国的土耳克斯坦城。六年(1470)，率军攻土耳克斯坦，迫昔班尼逃往布哈拉。此后，其名不见于史。

【克臭台吉】 明代蒙古多罗土蛮部领主。孛儿只斤氏。*达延汗第四子*阿尔苏博罗特孙，*不只吉儿台吉子，*多罗土蛮把都儿黄台吉弟。初驻牧于山西偏关外六七百里处(即今土默川)，后该地被俺答汗占据，遂与宾兔等进入甘州(今甘肃张掖地区)塞外。隆庆五年(1571)，受明封为指挥金事。万历二年(1574)，要求在甘肃(今张掖)开设马市，被拒，遂纵兵掠明村寨。翌年，获准在洪水扁都口互市，同时又获准在庄浪岔口堡、铧尖墩进行小市(月市)贸易。十四年(1586)，子我僧大与明军冲突被杀，遂拥兵至明边索赔，得缎布及丧葬费。十六年起，与兄火落赤等率兵数万与明军战，又纵掠青海藏族等。十九年(1591)，与火落赤率部入居莽剌川(今青海贵南一带)西山，被明将尤继先及藏兵大败。不久，又与火落赤至嘉峪关，欲突袭甘州，未遂。

【克新和卓】 见"喀申和卓"。(538页)

【克列兔台吉】 见"格垛图台吉"。(435页)

【克罗俄领占】 见"岁秉忠"。(352页)

【克邓威正台吉】 见"班扎喇卫征"。(433页)

【克主杰·格雷贝桑】(1385—1438) 即一世班禅。简称克主杰。明代藏传佛教格鲁派(黄教)名僧。藏族。出生于后藏拉堆绛。贵族贡噶扎西之子。幼年拜凯珠僧格吉村为师，受沙弥戒，得法名克主杰·格雷贝桑。后赴昂仁、萨迦等寺研究相宗，旁通二乘。明惠帝建文三年(1401)，与俄洞班青进行大辩论，得受显密诸要。永乐元年(1403)，往探法王宗喀巴，受大灌顶，并从杰日达哇受比丘戒。五年(1407)，拜宗喀巴为师，尽学教法。佛学修养精深，曾在昂仁与博东班钦辩论，在江孜与曲吉绒青巴辩论，获胜。宣德五年(1430)，任甘丹寺第三世大法台达八年。曾到江孜乃宁寺传播佛教，建宗喀巴灵骨塔之金顶。生前佐宗喀巴改革宗风，弘扬佛教，并遵宗喀巴遗嘱，世世以呼毕勒罕度世，共兴黄教，为宗喀巴弟子中杰出者。著有《时轮大疏》、《喜金刚大疏》等九种著述。正统三年(1438)，于甘丹卡阙圆寂，其灵塔存甘丹寺。后追认为班禅一世。

【孛吉】 见"完颜宗义"。(255页)

【孛来】(?—1466) 一译博赉。明代蒙古哈喇慎(喀喇沁)部首领。景泰三年(1452)，脱脱不花、阿噶巴尔济兄弟败亡后，受萨穆尔公主派遣，将阿噶巴尔济孙、哈尔固楚克子伯颜猛可(孛罗忽)救出瓦剌，送往兀良哈部呼图克图少师处抚养。五年(1454)，攻杀瓦剌的阿剌知院，立脱脱不花幼子马可古儿吉思为可汗(乌珂克图汗)，自为太师，擅权，时称"鞑靼部落，孛来最强"。西攻瓦剌，东挟兀良哈三卫。同明朝通贡互市，亦屡率兵袭击明边。成化元年(1465，一作成化二年)，诸部内争，杀马可古儿吉思。翌年，被毛里孩杀死。

【孛迭】 见"完颜亨"。(246页)

【孛徒】(?—1227) 又作不秃、不图、孛秀等。蒙古国亦乞列思部首领。捏群之子。以善骑射著称。居也儿古纳河(今额尔古纳河)流域。原依附泰赤乌部，因以礼厚待铁木真(成吉思汗)使者，铁木真以妹帖木伦妻之，故称"古列坚"(驸马)。当札只剌部札木合纠集泰赤乌等十三部谋袭蒙古部时，预知其谋，密告铁木真为备，并以兵助战，讨札木合同党，掠其辎重，降其民。汗妹死，复以汗女火臣别吉妻之。因火罗剌部哈儿八台父子拒为侍从，以兵讨杀之。宋嘉泰三年(1203)，于班朱尼河与铁木真饮水誓盟，迎击克烈部的进攻。开禧二年(1206)蒙古国建立时，封千户长，统领亦乞列思二千户。后率本部兵二千随太师国王木华黎征金，攻辽东、西，以功封冠、懿二州。后随成吉思汗平西夏。元成宗时追封昌王。

【孛黑】 见"跋黑"。(538页)

【孛鲁】(1197—1228) 又作孛罗、兀鲁。蒙古国大将。札剌儿氏。成吉思汗十大功臣之一*木华黎国王之子。通数种语言，善骑射。成吉思汗十八年(1223)，父死，嗣为国王，继掌经略中原事。同年，在西域朝见成吉思汗，受命讨西夏，次年，破银川而还。二十年(1225)，追斩叛将武仙弟于紫荆关。次年，以宋将李全陷益都，引兵围攻之。二十二年(1227)，大败突围之敌军，收降李全，平定山东。继破金滕州。留兵驻守山东、河北而还。闻成吉思汗卒，趋赴漠北汗庭吊唁，以过哀致疾。拖雷监国元年(1228)，卒于雁山。

【孛儿台】(约1161—?) 又作孛儿帖、布尔德。蒙古国创建者*成吉思汗正妻。孛思忽儿弘吉剌氏。*特薛禅之女。享有"兀真"(夫人)、"哈屯"(后妃)称号。婚后曾遭蔑儿乞人所掠，得克烈部王罕及札木剌部札木合之助，被救归。内助成吉思汗创业，力主与札木合分离，以防被兼并；谏诛恃权抗衡之萨满阔阔出(帖卜腾格理)，以避免汗国分裂。生四男：术赤、察合台、窝阔台(太宗)、拖雷，五女。成吉思汗有后妃四十余人，分属四斡耳朵(帐殿)，其地位最高，称"大哈屯"，掌大斡耳朵事宜。一说其卒年晚于成吉思汗，成吉思汗1227年逝世后，她仍在世。元世祖至元三年(1266)，追谥光献皇后，武宗至大二年(1309)，加谥光献翼圣皇后。

【孛儿帖】 见"孛儿台"。(198页)

【孛吉只】 见"耶律重元"。(316页)

【孛罗忽】 见"伯颜猛可"。(234页)

【孛栾台】 又作孛罗台。蒙古国将领。蒙古阿儿剌氏。成吉思汗十大功臣之一*博尔术之子。初袭右手万户，屯驻阿尔泰山。窝阔台汗八年(1236)，追念其父功，赐广平路一万七千三百余户为食邑。定宗后海迷失称制三年(1251)，与诸王将共戴蒙哥即汗位。后随汗攻宋，蒙哥汗九年(1259)，不避夏暑及南方瘴疠，排众议，力请屯驻宋地。至元九年(1272)，该部成军助汗子北平王那木罕平定叛王聂古伯。大德五年(1301),追封广平王。

【孛鲁欢】 ①(?—1264)又作不鲁欢、孛鲁海、孛鲁合。蒙古国大臣。克烈部人。开国功臣昔刺斡忽勒之子。自幼事成吉思汗子拖雷,充宿卫,任必阇赤(书吏)。窝阔台汗八年(1236),分封勋贵,以深州束鹿为食邑。后事拖雷妻唆鲁禾帖尼,为千户长。定宗后海迷失称制三年(1251),拥拖雷子蒙哥即汗位,任也可必阇赤,掌宣发号令、朝觐贡献及内外奏闻诸事,并主管诸色目官职,与也可札鲁花赤(大断事官)忙哥撒儿同辅朝政。蒙哥汗三年(1253),忙哥撒儿卒,独专国事,汉人称为中书右丞相。八年(1258),蒙哥自将攻宋,受命居守和林(今蒙古哈尔和林)。九年,蒙哥卒于军,次年,于和林西按坦河拥蒙哥弟阿里不哥称汗,与在开平(今内蒙古正蓝旗东闪电河北岸)即位之忽必烈争位,称兵五年。至元元年(1264),随阿里不哥归降,被处死。武宗至大(1308—1311)中,追封云王,谥庄愍。②见"博罗欢"。(524 页)

【孛术鲁翀】(1279—1338) 元朝大臣。女真族。姓孛术鲁。顺阳(今河南邓县西北)人。原名思温,字伯和。成宗大德十一年(1307),授襄阳县儒学教谕,升汴梁路儒学正。由翰林学士承旨姚燧荐,预修《世皇实录》。武宗至大四年(1311),授翰林国史院编修官。仁宗延祐二年(1315),为河东道廉访司经历,迁陕西行台监察御史。五年,拜监察御史,擢翰林修撰,改左司都事,兼领国子监,升右司员外郎,奉旨预修《大元通例》,并为之序。泰定元年(1324),迁国子司业。翌年,出为河南行省左右司郎中。三年,擢燕南河北道廉访使,入为太常礼仪院事,纂修《太常集礼》,兼经筵官。擢陕西汉中道廉访使,迁集贤直学士兼国子祭酒。顺帝元统二年(1334),改江浙行省参知政事。三年,任翰林侍讲学士。卒,追封南阳郡公。谥文靖。著有《菊潭集》。

【孛罗忽勒】 见"博尔忽"。(523 页)

【孛鲁古台】 见"别里古台"。(226 页)

【孛斡儿出】 见"博尔术"。(523 页)

【孛端叉儿】 见"孛端察儿"。(199 页)

【孛端察儿】 又作孛端叉儿。传说为蒙古孛儿只斤氏祖先。朵奔蔑儿干之幼子,蒙古国创建者*成吉思汗第十世祖。世居斡难河(今鄂嫩河)上源的不儿罕山(今肯特山)地区。传说为其父死后,其母阿阑豁阿感光所生,与其兄不忽合答吉、不合秃撒勒只的后裔统称为蒙古尼伦诸部。"尼伦"蒙古语"纯洁"之意,以别于其他诸部。因状貌奇异,家人谓之痴,颇受歧视,诸兄弟分家时无所得,栖草庵,靠狩猎、乞食维生。兄弟和好后,率众征服邻近的兀良哈部,掳得大量奴隶、牲畜,势力渐盛。有四子,其中札只剌歹、巴阿里歹、沼兀列歹分别为札只剌部、巴阿邻部、沼兀列亦惕部的祖先。正妻所生之子把林失亦剌秃合必赤为其继承人。其嫡系子孙称孛儿只斤氏。

【孛儿帖赤那】 又作布尔特齐诺,蒙古语音译,意为苍色的狼。传说中的蒙古祖先。蒙古国创建者*成吉思汗二十二世祖。原居额儿古涅·昆(今额尔古纳河)流域,约唐中期,率部众离故地,越腾吉思海(指今呼伦湖),移牧于斡难河(今鄂嫩河)上游的不儿罕(今肯特山)地区驻牧。受部众推举,成为若干个部落的首领。有许多妻子和儿女,长妻名豁埃马阑勒,生子名巴塔赤罕,在诸子中最有出息,后来继承了其位。

【孛术鲁久住】 又作孛术鲁九住、孛术鲁用吉。金朝官员。女真族。本姓孛术鲁。随移剌瑗降宋,更姓名为范用吉。谒见宋制置使赵范,擢置左右,遂易其姓为花,使为太尉,改镇均州。后杀均州主官降蒙古,移均州军民于河南。元太宗八年(1236),充先锋军,从阔出太子攻宋。后被家人诬以欲叛,为同列所害。

【孛术鲁定方】 金朝将领。本名阿海。女真族。姓孛术鲁,亦作兀术鲁、不术鲁。内吉河人,有才勇,海陵王天德(1149—1153)初,授武义将军,充护卫,转十人长,迁宿直将军,历殿前右卫将军、副点检,世袭猛安。出为河南尹,改彰德军节度使。正隆六年(1161),从海陵王南攻宋,为神勇军都总管。世宗大定二年(1162),将兵四千,复汝州,授凤翔尹。宋军陷宿州,从左副元帅纥万烈志宁战于城下,四入敌阵,因出阵下马取水,为人所害,年四十四。追赠金紫光禄大夫。

【孛术鲁娄室】(?—1234) 金末将领。女真族。姓孛术鲁。亦作孛述鲁、兀术鲁、不术鲁、孛术论。天兴二年(1233)九月,蒙古军围攻蔡州益紧,奉命以总帅、世袭谋克,与完颜承麟守东面。十二月,权参政,由承麟代其为东面元帅,权总帅,共同救应。翌年正月,闻哀宗自缢身死,同诸将及军士五百余人皆从死。

【孛术鲁德裕】(?—1217) 金朝大臣。本名蒲剌都。女真族。姓孛术鲁。隆州(今吉林农安)猛安人。初补枢密院、尚书省令史,监察御史,迁少府监丞。章宗明昌(1190—1196)末,修北边壕堑,立堡塞,以功晋官三阶,授大理正。历顺州、滨州、沈州刺史,累官北京路按察使、太子詹事、元帅左都监,迁左监军,兼统漕府路兵马都总管。谪宁海州刺史,迁泗州防御使,武胜军节度使。宣宗贞祐二年(1214),改知临洮府事,兼陕西路副统军。召为御史中丞,拜参知政事兼签枢密院事,行省大名。三年,蒙古军围中都(今北京),奉诏与元帅左监军永锡发河北兵赴援,领大名、河间、清、沧、观、霸、河南等兵,并护送清、沧粮饷。因延误兵期,降沂州防御使,寻知益都府事。

【孛罗帖木儿】 ①(?—1365)又作孛罗铁木儿。元末将领。蒙古散只兀氏。四川行省左丞相*答失八都鲁之子。初随父与红巾军刘福通攻战,至正十二年(1352),以平襄阳功,授云南行省理问。十五年(1355),兵败中牟,为农民军所执,旋被救归。次年,以平太康功进四川行省左丞。十八年(1358),父死,以河南行省平章政事职,总领其父原管诸军,退屯井陉。继破刘福通军于卫辉,克濮州、曹州。次年,移兵大同,领大都督兵农司及十道分司,专督屯种,以援京师。同年,领兵徇丰州、云内,败关先生所领红巾军。二十年(1360),晋中书平章政事,败王士诚军于台州,受命守石岭关以北。与守石岭关以南之察罕帖木儿不睦,构兵,争夺晋、冀之权,顺帝屡诏和解,无效。二十二年(1362),升太尉、中书第一平章。翌年,又领兵南攻察罕帖木儿义子扩廓帖木儿守地,据真定。二十四年(1264),因恃权跋扈,匿护罪臣御史大夫老的沙、知枢密院事秃坚帖木儿,被解兵权;拒不听命,举兵攻京师大都(今北京),迫顺帝复其职。寻以皇太子爱猷识理达腊遣扩廓帖木儿发兵攻己驻屯地大同,复领兵犯京师,相继取得中书左丞相、右丞相职,节制天下军马。以皇太子在外调兵来讨,竟恃权幽禁皇后,并遣军攻上都附皇太子者,南御扩廓帖木儿,为帝所患。二十五年(1365),入朝奏事,被顺帝所遣伯颜达儿等刺死。②见"卜列革"。(4 页)

【孛术鲁阿鲁罕】 又作孛术鲁正。金朝大臣。女真族。姓孛术鲁,亦作不术鲁。隆州琶离葛山人。年八岁,习契丹、女真字。为黄龙府路万户令史。海陵王贞元二年(1154),试外路胥吏三百人,为第一,补宗正府令史,擢尚书省令史。从都元帅仆散忠义镇压移剌窝斡契丹起义军,掌边关文字,甚见信任。从忠义攻宋,宋请和,奉命往和议。由忠义荐举,为大理司直,授尚书省都事,迁同知顺天军节度使。从右丞相纥石烈志宁北巡,摄左右司郎中。还朝,改任刑部员外郎,历侍御史、劝农副使兼同修国史、右司郎中。奏请徙河南成军屯营城中者于十里外。迁吏部侍郎、山东统军都监、武胜军节度使、吏部尚书。世宗大定二十二年(1182),为贺宋正旦使、改西南路招讨使、陕西路统军使兼京兆尹。春秋督阅军士骑射,以严武备。二十八年召为参知政事。改北京留守。

【孛脱灰塔儿浑】 蒙古国时期秃麻部女首领。歹都忽勒莎豁儿之妻。其夫归降蒙古成吉思汗。夫死,主部事,因成吉思汗许诺八邻部贵族豁儿赤于该部选美女三十名为妻,怀怨,率领民举兵反抗,拘捕豁儿赤。成吉思汗十二年(1217),又执俘前往镇压的斡亦剌部首领忽都合,继俘杀蒙古大将博尔忽。后为朵儿伯朵黑申所败,被执,赐给忽都合为妻,部众并于斡亦剌部。

【贡格】(?—1755) 清代卫拉特蒙古青海辉特部台吉。姓伊克明安。卓哩克图和硕齐孙,第巴第四子。初附青海和硕特部牧。雍正元年(1723),以罗卜藏丹津反清,率诸昆弟子侄投附清军,遣兵助清军击罗卜藏丹津于哈玛岭。二年,受命编旗分佐领,自为一部,授扎萨克一等台吉。九年(1731),领兵擒土尔扈特台吉诺尔布于蒙固尔托罗海,晋辅国公。

【贡却杰布】(1034—1102) 又译贡却杰波,意译"宝王"。宋代藏传佛教萨迦派创始人。相传为吐蕃贵族款氏后裔。释迦洛卓之子,西绕楚臣之弟。初从父兄学习宁玛派教法,后改从卓弥译师释迦耶歇(又译释迦益希,994—1078)学新密教法,而以卓弥所传"道果法"经续讲解为主要教法。熙宁六年(1073),在后藏仲曲河谷本波山附近之白土堆旁建萨迦寺(萨迦,即白土之意)。自是,以此寺为主寺,以家族家传的办法继任寺主,逐渐形成一个派别,称萨迦派。

【贡却嘉措】(1791—1858) 清代藏族学者。夏河附近孜雄措干地方(今属甘南藏族自治州)人。五岁于拉卜楞寺出家为僧。曾任拉卜楞寺第四十一任法台。大部时间隐居山林修行或为人念经为生。著有《牦牛、绵羊、山羊和猪的故事》(寓言),通过四种动物人格化,揭露虚伪的喇嘛杀生行为,劝导佛教徒不要杀生,一心向善,守戒终身。文笔多彩,寓意深刻,针砭时弊。

【贡格敦丹】(?—1770) 清朝蒙古王公。喀尔喀赛音诺颜部人。博尔济吉特氏。格林丕勒长子。乾隆十四年(1749),袭札萨克镇国公。十八年(1753),驻乌里雅苏台(今蒙古扎布哈朗特)防护杜尔伯特降众。十九年,擒擅入内汛之乌梁海得木齐瑚图克扎木禅,赐孔雀翎。驻防齐齐克诺尔。二十年,随军征准噶尔部达瓦齐,留驻伊犁。不久,阿睦尔撒纳叛党扰伊犁,突围出,随军平叛。二十一年,随贝勒车布登扎布征哈萨克,败阿布赉汗,赐双眼孔雀翎。继随军征和托辉特部青衮咱卜。

【贡桑诺尔布】(1871—1930) 清末蒙古族教育家。内蒙古卓索图盟喀喇沁右旗人(今昭乌达盟喀喇沁旗)。乌梁海氏。号乐亭,又号夔庵。郡王旺都特那穆吉剌长子。受过严格的蒙古贵族教育,通晓蒙、满、汉、藏等文字,喜吟咏,工书法,善绘画。娶清肃亲王善耆之妹为妻。光绪二十五年(1899),袭多罗都棱郡王,任札萨克、卓索图盟盟长。曾镇压喀喇沁右旗境内义和团起义。同时,改革旗政,减轻差徭,训练军队,开办工厂商店。为发展蒙古教育事业,东渡日本,目睹日本经济、文化教育的发展,亲自拟定"崇正学堂招生布告",以教育救国的思想从事蒙古教育。利用清朝"新政"在客观上造成的有利条件,以全旗的财政收入和个人年俸,于1902年创办崇正学堂,次年成立守正武备学堂及毓正女子学堂,培养了一批蒙古族知识分子和军事人才。1905年冬,为启发民智,宣扬新政,在崇正学堂内办报馆,每两日出蒙文石印报一期,名为《婴报》,在旗内大量发行。还开办了图书馆,开展旗民识字运动。1906年四月,向理藩院尚书肃亲工提出关于对蒙古政策的建议。目睹清朝日衰,于1910年派兵到北京。武昌起义后,以其为首的在京东蒙古王公向清政府提出要求,并成立蒙古王公联合会。与著名学者维新派人物严复、梁启超等人有往来,曾参加孙中山组织的同盟会。袁世凯复辟帝制后,公布《蒙古待遇条例》,请其至京,晋升为亲王,任蒙藏事务局总裁,后为蒙藏院总裁,长达十六年之久。主持创办北京蒙藏学校。曾将其父《如许斋诗集》整理成书,著有《竹友斋诗集》流传于世。

【贡楚克扎布】 ①(?—1781)清朝蒙古王公。喀尔喀车臣汗部人。博尔济吉特氏。固噜扎布长子。乾隆二年(1737),袭札萨克一等台吉。八年(1743),以兵五百赴库伦(今蒙古乌兰巴托),护视哲卜尊丹巴呼图克图。十八年(1753),解马赴库克讷塔尔纳饲牧。十九年,受命守塔密尔军仓。二十一年(1756),由翁吉达什和硕解内札萨克马交乌里雅苏台（今蒙古扎布哈朗特）。二十六年（1761），督牧骆驼。继赴恰克图（今蒙古阿尔丹布拉克），助土谢图汗部亲王桑斋多尔济购马。②清朝蒙古王公。喀尔喀赛音诺颜部人，博尔济吉特氏。车木楚克扎布长子。乾隆二十六年（1761）。扈从乾隆帝木兰行围，赐孔雀翎。三十七年（1772），命乾清门行走。四十四年（1779），袭札萨克多罗郡王，扈帝行围，赐三眼孔雀翎及黄马褂。五十四年（1789），以病罢职。

【贡唐·丹白准美】（1762—1823） 又称衮秋丹白准美。清代拉卜楞寺贡唐仓第三世活佛、学者。藏族。生于英武乡浪坎木村（今甘南藏族自治州美仁乡得合茂村）。出生贫苦农民之家。五岁入扎西曲岭之佐格寺。七岁被拉卜楞寺认定为二世贡唐仓活佛转世灵童，迎入拉卜楞寺，坐床后，为贡唐仓三世活佛。后从嘉木样二世吉美旺波受沙弥戒，取名衮秋丹白准美。乾隆四十三年（1778），赴西藏拉萨深造，在哲蚌寺果芒扎仓从隆多喇嘛等名师学法。四十八年（1783），随八世达赖洛桑绛白嘉措受比丘戒。五十二年（1787），获西藏寺院最高僧侣学位"拉让巴格西"。次年，返拉卜楞寺，协助嘉木样二世主持教务。五十六年（1791），嘉木样圆寂后，于五十八年（1793）出任拉卜楞寺第二十一任法台，达十年之久。学识渊博，名传藏区，请嘉庆帝赐其呼图克图尊号。著作十一部，收入《贡唐·丹白准美全集》，内容论及佛教之显密佛典、五明之学。所著《入中论科判》、《克珠丹增大师教诫释》、《戒律训言集要》、《米拉日巴教诫释》、《黄教兴盛祈愿文》等，广为藏区僧众传诵，以《水喻格言》、《木喻格言》（通称《水树格言》）为最精，为人称道。此书有拉卜楞寺木刻版传世，今有排印本。所著《藏语口语（安多方言）》一书，对18世纪藏语安多方言有深入研究，得到维也纳学者奥恩斯特·斯坦克尔奈与藏族格西洛桑达结博士的高度评价。苏联、匈牙利、日本、美国学者对其著作亦有专门研究。

【贡噶坚赞贝桑波】（1310—1358） 旧译作公哥儿监藏班藏卜。元朝帝师。吐蕃萨迦人，款氏。帝师*八思巴侄孙，帝师*贡噶罗追坚赞贝桑波异母弟，帝师*贡噶雷必迥乃坚赞贝桑波同母弟。属萨迦款氏家族拉康拉章。出任帝师前，曾受封镇国公和国师。至顺三年（1332），至大都（今北京）。次年，被元顺帝任命为帝师。后至元二年（1336）四月十六日，奉帝命，赐乌思藏宣慰使司等处官员法旨，告诫当地行政官员、寺院堪布、万户长、千户长，将两个加措地方之寺辖领地赐予沙鲁寺，供祝圣寿诵经及交纳贡物之用，任何人不得侵占。后在元廷主要为处于风雨飘摇之中的元朝祈祷，或作法诅咒叛乱诸事。至正十八年（1358），卒于大都。

【贡塘喇嘛祥尊珠查巴】（1122—1193） 又称祥卓维衮布仁波切。南宋时吐蕃高僧。生于昂雪擦哇楚。父为持咒者多吉森巴，母名芒吉。七岁由母及长兄教读写。二十四岁随诸阿阇黎学习般若、对法、因明及密咒等佛法。二十六岁从阿阇黎车卡哇受比丘戒，取名尊珠查巴。后随嘎译师等密咒喇嘛学习佛法。三十三岁随达贡促陈宁波听达波噶举教法。此后多年潜修佛理。一度用兵于洛卡、止贡及约卡之诸贵族官吏，将其民户尽收己有。淳熙二年（1175），建蔡扬衮寺，十四年（1187），又建贡塘寺（即拉钦贝巴寺），弘扬佛教。世称蔡巴噶举，又称达波噶举。

【贡噶罗追坚赞贝桑波】（1299—1327） 《元史》译作公哥罗古罗思监藏班藏卜。元朝帝师。吐蕃萨迦人，款氏。帝师*八思巴侄孙，达尼钦波桑波贝之子。至大二年（1309），赴京朝觐元武宗，受到武宗和后妃、大臣们的崇敬。延祐二年（1315）二月，仁宗命其为帝师。赐玉印。任内，极力维护寺院地位。四年（1317），奉旨赐韶州南华禅寺（今广东仁化县境）、广州南华戒院法旨，告谕当地文武官员和僧俗军民使臣，不得随意住坐搅扰寺院，不得侵占寺院佃户、财产，让僧众安静修行；寺僧亦不得倚势做违法之事。六年（1319）十月十五日，又赐大明路浚州（今河南浚县）天宁寺法旨，明令当地军民百姓要保护寺院，禁抢夺寺院财物。十一月八日赐波东艾地方法旨，禁当地军政人员侵占寺院属下的庄园、人户、土地、牧场。因自幼进京，未受具足戒，于至治元年（1321）十二月奉命返藏，从高僧受戒。后组织人缮写金字《甘珠尔》经，收集印度学者的经论，由博学而晓梵文的僧人译成藏文，抄送各大寺院。给数万僧众发放每人一钱黄金的布施，奏请朝廷免除卫藏地区数年赋税，以减轻百姓负担。泰定元年（1324），启程返京。受到皇帝、后妃、太子的盛大欢迎。《元史》系其卒年于至治三年（1323）。

【贡噶雷必迥乃坚赞贝桑波】（1308—1330或1341） 《元史》译作公哥列思巴冲纳思坚藏班藏卜。元朝帝师。吐蕃萨迦人，款氏。帝师*八思巴侄孙，达尼钦波桑波贝之子，属萨迦款氏家族拉康拉章。曾被元廷封为白兰王，尚公主，成为朝廷命官。泰定四年（1327）四月，泰定帝命其为帝师，赐玉印。十月九日，受帝命，作佛事于大天源延圣寺。五年（1328）一月二十四日，又于皇帝住所作佛事，为帝祈福。三月十六日，为文宗授无量戒。是月二十三日，受文宗命，遣僧人赴盐官州（今浙江省海宁县境）作佛事，并造浮屠二百一十六座以镇海潮。天历二年（1329）十一月三日，为新立的皇后作佛事六十日。约卒于至顺元年（1330），一说卒于至正元年（1341）。

【志锐】（？—1911） 清朝将领。字公颖、伯愚，号廓轩、迂庵、穷塞主。他塔拉氏，世居扎库木，满洲正红旗人。陕甘总督裕泰孙。四川绥定知府长敬子。光绪六年（1880）进士。选庶吉士，授编修，累官礼部右侍郎。以妹瑾、珍两妃贬贵人，降授乌里稚苏合参赞大臣，释兵权。历迁索伦领队大臣、宁夏副都统。宣统二年（1910），迁杭州将军。次年，调伊犁将军，加尚书衔。辛亥革命爆发，为革命军所杀。工诗词，有《张家口至乌里雅苏台行程枝词》，记所经台站山川、风俗、宗教。又著《廓轩诗集》、《姜庵诗存》等。

【花大】 明代蒙古泰宁卫首领。泰宁卫酋长把伴之子。居义州(今辽宁义县)塞北。娶内喀尔喀领主虎喇哈赤女,常与虎喇哈赤父子配合,袭扰明辽东地区。万历元年至三年(1573—1575),效朵颜卫首领董忽力,拥兵明塞前挟赏。十年(1582),助速把亥等攻明镇夷堡(今辽宁义县东北)。速把亥被明将李平湖射死后,索尸,葬于塔毋户渡,守护其冢。十一年,与速把亥弟炒花、子卜言把都儿(把兔儿)等聚兵誓师,为速把亥复仇,进兵辽河,攻入清细河(今辽宁西河),与明军激战于镇静堡(在今辽宁北镇之北),负重伤逃归。十三年(1585),与以儿邓等驱兵辽河,被明将李成梁、李松等击败,八百余人被斩。十四年,结炒花、卜言把都儿及察哈尔部三万余骑进兵辽阳,复被李成梁击败,损兵九百余人。二十二年(1594),联合炒花、卜言把都儿、伯言儿等,分兵向明义州方向进攻,至镇静堡以东,见明军严阵以待,引兵还。伯言儿、卜言把都儿战死于镇武堡(在今辽宁盘山县东北)。二十四年,遣弟孝儿至明塞,请求开放马市,立誓为明保塞。

【花当】(?—1530) 一作和通。明代蒙古朵颜卫首领。成吉思汗部将*者勒蔑后裔,朵颜卫都督阿儿乞蛮曾孙,打卜忽子。弘治十八年(1505),达延汗东渐,朵颜卫被残,父不久去世。正德二年(1507),遣使贡于明,不久袭父职都督。复与达延汗亲结,屡向明朝要求增贡赏,被拒。十年(1515),遣次子把儿孙毁鲇鱼关(在今河北遵化西北长城),入马兰谷(遵化西北),击杀明将陈乾。又分兵攻板场谷、神山岭、水平洞等地。旋遭明副总兵桂勇反击,兵败,退驻红罗山,遣子打哈入朝请罪,恢复入贡。卒后,因长子革列罗早死,由长孙革兰台袭都督职。

【花哥】(?—973) 辽穆宗耶律璟著帐奴隶。契丹族。事盥洗之务。因不堪残暴统治,应历十九年(969)二月,与庖人辛古,近侍小哥等六人联合反抗,杀穆宗。景宗保宁五年(973)十一月,被执,遭害。详见"辛古"条。(238页)

【花巴巴】 清末民初阿拉伯文书法家。回族。"巴巴"或"爸爸",为穆斯林对年高德劭之贤人的尊称,或即"老人家"之意。善书伊斯兰教经文,所写《古兰经》最多、最好,其真迹曾赠埃及国王,今仍存福哇德国王皇陵。

【花台吉】 见"诺木塔尔尼郭斡台吉"。(473页)

【花沙纳】(1806—1859) 清朝大臣、蒙古文学家。蒙古正黄旗人。姓伍尔特。字毓冲。*德楞泰之孙。世居察哈尔之崇古尔地方。道光十二年(1832)进士。任翰林院庶吉士。十三年四月,散馆授编修。七月,任日讲起居注官。十六年(1836),为国子监祭酒。二十三年(1843),授都察院左副都御史。二十四年二月,授盛京刑部侍郎。二十五年,调户部右侍郎。三十年(1850)三月,充会试副考官。咸丰元年(1851)八月,署理藩院尚书。三年(1853),奉命专办京城各旗营巡防事宜,以备御太平军。后授工部尚书。四年正月,署翰林院掌学士。十月,调吏部尚书。充实录馆总裁。五年(1855)八月,任顺天乡试副考官。七年(1857),以宣宗实录告成加二级。八年,授内大臣。受命为钦差大臣,偕桂良至天津同英、法等国谈判,力主妥协求和。六月,与俄、美、英、法等国签订《天津条约》。后随桂良赴上海,会同两江总督何桂清签订中英、中法、中美通商章程。善鼓琴,能诗画,为多才多艺之士,著有《德壮果公年谱》、《韩节录》、《音雪斋小草》、《出塞杂咏》、《东使零草》等。

【苍津】 清朝蒙古王公。翁牛特部人。博尔济吉特氏。毕里衮达赉次子。初名班第,后赐今名。康熙三十二年(1693),袭札萨克多罗杜棱郡王。三十九年(1700),以所部乏马,清廷以察哈尔牧场马八百给之。四十一年(1702),率诸台吉朝觐康熙于努瑚岱昂阿。四十五年(1706),尚和硕温恪公主,授和硕额驸。雍正五年(1727),以擅请准噶尔使入藏熬茶,削爵。由其叔父鄂齐尔袭。

【芬古】(1605—1643) 清朝将领。满族。爱新觉罗氏。庄亲王*舒尔哈齐第八子。天聪五年(1631),授镶蓝旗都统。随太宗征明,抵大凌河,率本旗兵围城之西南,败松山来援明兵。又于锦州败明总兵祖大寿。八年(1634),进兵独石口,克长安县,攻赤城,入保安州。九年(1635),随贝勒多铎入宁锦,累牵制明兵。崇德元年(1636),随武英郡王阿济格征明,克延庆州。后从征朝鲜,同都统谭泰以骑入其城,朝鲜王遁,尽收其辎重而还。叙功封固山贝子。四年(1639),因坐取外藩蒙古贿,被削爵,复封辅国公。六年(1641),随军围松山,破明兵。七年(1642),随饶余贝勒阿巴泰征明,抵蓟州,败明总兵何腾蛟等,克其城。八年(1643),驻防锦州。同年卒。顺治十年(1653),追封多罗贝勒,谥靖定。

【芭里昌祖】 西夏国名臣。党项族。与弟芭里庆祖同爵武功大夫。天盛十五年(1163)正月,与宣德郎扬彦敬出使金朝贺正旦。十九年(1167),宫殿前太尉。与枢密都承旨赵衍赴金朝求医,为国丈任得敬医病。乾祐元年(1170)八月,任得敬欲分裂西夏国,置仁宗与瓜沙,金朝助仁宗诛杀得敬。十一月,奉命赴金,奉谢表。

【苏】 见"耶律良"。(305页)

【苏马】(1245—1294) 元代景教徒。畏兀儿人。昔班之子。早年从景教总主教马贵哇尔吉受洗礼。至元十五年(1278),偕汪古部马可思往耶路撒冷朝圣,途经霍山、宁夏、和阗、喀什噶尔、呼罗珊、阿塞拜疆到巴格达。一度驻留于阿德比尔附近塔里尔的圣马·米海尔教堂。后被总主教马·邓哈派往伊儿汗阿八哈宫廷。十七年(1280),被邓哈任命为巡视总监。二十四年(1287),受伊儿汗阿鲁浑派遣出使欧洲。相继到过君士坦丁堡、那不勒斯、罗马,在罗马与红衣主教哲罗姆会晤。后经托斯卡尼、热那亚,至法国巴黎,与法王腓立普四世会见。还至波尔铎,谒见英王爱德华一世。二十五年,返伊儿汗国。卒于巴格达。

【苏宏】 又作苏弘。汉代南越国官员。越人。原为南越国校尉司马。元鼎五年(公元前112年),汉武帝发兵征伐南越时,率越部属降汉,以原官隶汉伏波将军路博德,后因擒获南越王赵建德有功,被汉武帝封为海常侯。

【苏拜】(?—1664) 清朝大臣。满洲正白旗人。瓜尔佳氏。后金将领武理堪次子。年十五,从太祖努尔哈赤征蒙古有功,授侍卫兼管佐领事。天聪九年(1635),随军征察哈尔,收降林丹汗子额哲。崇德元年(1636),从征朝鲜。三年,任护军参领。随贝勒岳托征明。五年围攻锦州,击退松山、杏山明兵。六年(1641),复围锦州,败松山骑兵及明总督洪承畴兵。叙功授世职骑都尉加一云骑尉。七年,随贝勒阿巴泰征明至山东,克乐安、昌邑。晋世职三等轻车都尉。顺治元年(1644),随睿亲王多尔衮入山海关,败李自成起义军。继随军取道土默特、鄂尔多斯入边败李自成军。二年,进师榆林,败李自成军,进征延安,七战皆捷。三年,署护军统领。随肃亲王豪格征西充,镇压张献忠起义军。五年(1648),授护军统领,叙功晋爵二等男。八年(1651),因举发英亲王阿济格罪,晋一等男加一云骑尉。旋因附会内大臣洛什博尔辉,遭罢任、削爵、籍没。九年起,为正白旗副都统。十三年(1656),擢内大臣,复爵。寻授领侍卫内大臣。康熙三年卒,谥勤僖。

【苏禄】(?—738) 唐代突骑施汗国第三代可汗。出身车鼻施部,"苏禄"系职务,为军队统领,是称汗前所进尊号。景云二年(711),可汗娑葛为后突厥默啜杀害,突骑施汗国无君而乱。因善抚众,渐集众至三十万,复雄踞西域。开元三年(715),受唐封左羽林大将军、金方道经略大使。次年自立为毗伽可汗。六年(718),封顺国公。次年,被唐册为毗伽忠顺可汗。十年(722),与唐继往绝可汗阿史那怀道女金河公主和亲,继娶突厥、吐蕃公主为妻。十一、十二年,两次率军救援被阿拉伯军围攻之拔汗那,大败阿拉伯军,因之得"阿布·穆札衣"绰号,意为"奔突的公牛"。十八年(730),唐朝为之庆功。自二十二年(734)后,恃强与唐关系恶化,屡犯边,战事延续三年,致使腹背受敌,国势日衰。二十六年(738)末(一说次年初),为重臣莫贺达干、都摩支袭杀。突骑施汗国走向衰亡。

【苏仆延】(?—207) 又作速仆丸。东汉时辽东乌桓首领。灵帝(167—189年在位)初年,为辽东乌桓大人,拥众千余帐落,自称峭王。中平四年(187),在东汉叛将张纯诱使下,随从攻略蓟中,次年扰青、冀等州,破清河、平原,杀掠吏民。六年(189),幽州牧刘虞遣使其地,告以利害,购斩张纯,遂罢兵自归。刘虞为公孙瓒击杀后,于献帝兴平二年(195)率族众及鲜卑部众七千余骑,随鲜于辅南迎虞子刘和,与袁绍兵共十万,同破公孙瓒于鲍丘。建安四年(199),与蹋顿等共助袁绍破公孙瓒,同被绍以献帝名义封为单于。后与上谷乌桓大人难楼等共奉蹋顿为王。十二年(207),乌桓为曹操败于柳城(今辽宁锦西西北)后,走辽东,被辽东太守公孙康斩杀。

【苏布图】(1624—1648) 清初将领。满族。努尔哈赤曾孙、阿巴泰孙,尚建子。初封辅国公。顺治二年(1645),从勒克德浑驻防江宁。十二月,移师征湖广。三年,至武昌破义军一只虎,受赏,晋封固山贝子。五年九月,随济尔哈朗征湖广,旋卒于军。谥悼愍。

【苏尔札】 见"索尔札"。(439页)

【苏尔慎】(?—1822) 又作苏尔仲。清朝将领。达斡尔苏都里氏,隶布特哈正黄旗。乾隆五十六年(1791),从征廓尔喀,赏蓝翎侍卫。嘉庆二年(1797),参与镇压四川、陕西等地白莲教起义。五年,赐号西林巴图鲁。十八年,林清攻紫禁城失败,因击毙数人加副都统衔。旋以领队大臣率巴图鲁侍卫赴山东,镇压李文成等领导的起义。十九年,补镶红旗蒙古副都统,充上书房谙达。二十年,迁镶蓝旗蒙古都统。道光元年(1821),因事降蓝翎侍卫。二年,以二等侍卫休致,病故。

【苏兰奇】 一译苏兰齐。清代布鲁特(今柯尔克孜族)冲噶巴什部首领。祖阿瓦勒、父博硕辉均获清廷册封。父死,袭位。赐三品顶翎。嘉庆二十年(1815),因击孜牙墩有功,并拿获图尔第迈莫特婿莫玛什,赐二品顶戴。二十五年(1820),闻张格尔谋犯边,入报,不但未得奖励,反遭斥逐,遂参与叛乱。张格尔失败后,逃浩罕。

【苏纳海】(?—1666) 清朝大臣。满洲正白旗人。他塔喇氏。初为睿亲王多尔衮护卫。顺治三年(1646),授弘文院学士。随肃亲王豪格进陕西、四川,镇压张献忠起义军。六年(1649),随英亲王阿济格讨大同叛镇姜瓖。七年授骑都尉世职。九年(1652),充《太宗文皇帝实录》副总裁官。后擢吏部侍郎。十二年(1655),任镶黄旗满洲副都统。十三年,授国史院学士。十七年(1660),先后任工部、兵部尚书。康熙帝即位,擢国史院大学士兼户部尚书。康熙五年(1666),因力阻鳌拜以互易庄地打击正白旗,被鳌拜罗织罪名处绞。八年(1669),康熙帝亲政,特旨为其昭雪,谥襄愍。

【苏祇婆】 南北朝时期龟兹(今新疆库车)音乐家。其父在西域"称为知音","代相传习,调有七种"。受父教,善弹琵琶,精晓龟兹乐。周武帝时(560—578),随突厥皇后入北周,传述龟兹乐律"五旦七声"的理论。五旦相当于黄钟、太簇、林钟、南吕、始洗五均。每均有七声。以每一声为主,可构成一种调式,故五旦七声共得三十五调。其乐理后演变为隋唐燕乐二十八调。

【苏赉璊】(?—1780) 清朝官员。维吾尔族。新疆吐鲁番人,郡王*额敏和卓长子。乾隆十七年(1752),授三等伯克。二十一年(1756),晋公品级。二十三年(1758),奉命赴库尔勒、布古尔(今轮台)办理多伦移民事务。次年入觐。二十七年(1762),授一等台吉,率子玛弩启雅尔护南疆维吾尔族农民至伊犁屯田。三十年(1765),随清军镇压乌什赖和木图拉起义。四十二年(1777),袭父多罗郡王爵。嗣因向属众科敛银两、强征幼女,获罪解京,降贝勒。使居京师,授一等侍卫。

【苏彰阿】 清朝将领。达斡尔孟尔丁氏。世居尼尔吉屯,隶西布特哈正白旗。咸丰(1851—1861)时,隶多隆阿军从征。同治元年(1862),授总管加副都统衔。次年,为记名副都统,以失约束革职,旋因功复官,赐号法尔沙泰巴图鲁。十三年,率黑龙江兵五百戍乌里雅苏台。

【苏四十三】(1729—1781) 清代撒拉族人民反清起义领袖。原籍河州(今甘肃临夏),祖辈迁居循化(治今青海循化撒拉族自治县)街子工,父苏那黑置庄田于查加工之古节烈庄,遂为古节烈庄人。乾隆二十六年(1761),拜甘肃安定回民马明心为师,传伊斯兰教哲赫林耶门宦(新教),与河州回民马来迟所传花寺门宦(老教)对立,引起新老教派之争。清廷偏袒老教,新教失利。二十七年,马明心被逐出循化,他为新教领袖。四十五年(1780)冬,与循化清水工撒拉人韩二个提出"杀老教、灭土司"口号。次年正月,率新教群众杀清水二世袭哈尔户长(总头人)韩三十八等,自称"回王"。三月十八日,又杀前来镇压的河州协副将新柱、兰州知府杨士玑,举众起义。义军攻陷河州,围攻兰州,占据城西南龙尾山和华林山,发展到二千余人。六月十五日,战死于华林山。

【苏克萨哈】(? —1667) 清朝大臣。满洲正白旗人。纳喇氏。额驸苏纳长子。初委署佐领。崇德六年(1641),随郑亲王济尔哈郎围锦州,败明总督洪承畴援兵于塔山,叙功授骑都尉世职,寻晋三等轻车都尉。顺治七年(1650),袭三等男。八年,授议政大臣。后进一等男加一云骑尉。十年(1653),奉命与都统陈泰等率禁旅出镇湖南,剿农民军孙可望部。十二年,连败刘文秀部于岳州、武昌、常德。十三年,叙功晋爵二等子,任领侍卫内大臣,加太子太保。十八年(1661),顺治帝死。康熙帝即位,受遗诏辅政,与鳌拜对立互争。康熙五年(1666),力阻鳌拜以互易庄地打击正白旗之举。六年康熙帝亲政。虑鳌拜之逼,请守先帝寝陵,后被鳌拜诬以不欲归政,罗织罪状二十四款,处绞。八年(1669),追复原官及世爵。

【苏度模末】 见"慕容忠"②。(578页)
【苏密尔岱青】 见"松木儿台吉"。(303页)
【苏耶南姆嘉木措】(约1684—1753) 清代青海地区活佛。即东科尔呼图克图五世。随察罕诺门罕出家受具足戒。雍正元年(1723),青海和硕特部罗卜藏丹津反清,因喇嘛同情,寺庙遭到破坏。乾隆元年(1736),在青海湟源县西南五十里建特普天邪德普林,即清代东科尔寺。据《蒙藏佛教史》载,该寺领地甚广,绕湟源四境,县城十余里外皆为寺产。十七年(1752),赴五台山朝拜,次年死于归途。

【劳章扎布】(? —1771) 清代卫拉特蒙古土尔扈特部贵族。*和鄂尔勒克堂弟额济内泰什六世孙。初未随西迁,留牧伊犁,为准噶尔属台吉。乾隆二十年(1755)、二十二年(1757)清军先后击败准噶尔部首领达瓦齐、阿睦尔撒纳。随从兄舍楞退据博尔塔拉。二十三年(1758),为清军副都统唐喀禄部俘执。后舍楞诈降,诱杀唐喀禄,将其救出。旋随舍楞逾喀喇玛岭外逃俄境,归牧于敦罗布喇什治下的土尔扈特汗国。三十五年十一月二十日(1771年1月5日),率属众四百余人参加渥巴锡领导的起义,东返祖邦。三十六年六月(1771年7月),返伊犁河支流察林河畔。继随渥巴锡入觐承德,病死于途。追封为闲散一等台吉。

【劳瑞仓卜】(1884—1939) 又作劳瑞桑布。蒙古族诗人。内蒙古伊克昭盟杭锦旗人。幼年在旗的沙拉召当喇嘛。1913年结识内蒙古人民革命党领导人之一旺丹尼玛,从事革命宣传活动。1926年参加"独贵龙"运动。后在五原被捕,遭严刑拷打,坚贞不屈,寻被营救出狱。大革命失败后回乡。其诗作歌颂人民,谴责压迫者,深受蒙古著名诗人丹金旺吉拉(1854—1907)影响,诗作韵律平整,具有浓厚的鄂尔多斯风格。

【赤古】 见"赤驹"。(204页)
【赤伦】 清代阿尔泰乌梁海宰桑。初隶准噶尔部。乾隆十九年(1754)春,率众徙牧吹河。奉达瓦齐命,同厄鲁特兵夹攻阿睦尔撒纳。会清军往征,被擒。获释,编旗分佐领,授三品总管。二十年(1755)正月,授副都统衔。奉命与察达克招服汗哈屯乌梁海。旋督兵往达布逊图鲁堵截阿睦尔撒纳叛军。二十一年夏,受喀尔喀郡王青衮扎布煽动,欲引兵叛。后追悔,引咎自责。

【赤驹】 又作赤窟、赤渠、赤古、赤苦。蒙古国勋戚。孛思忽儿弘吉剌氏。*按陈长子,铁木真(*成吉思汗)之婿。与父随从铁木真统一蒙古诸部,南宋开禧二年(1206)蒙古国建立时,因功封千户长。尚铁木真第三女郓国公主禿满伦,故称古列坚(意为驸马)。后随从攻金。成吉思汗七年(1212,一说八年),与汗子拖雷破德兴,尽克境内诸堡。窝阔台汗八年(1236),得东平府内民户为食邑。死后追封宁濮郡王。

【赤窟】 见"赤驹"。(204页)
【赤老温】 又称齐拉衮。蒙古国大将。逊都思氏。锁儿罕失剌之子。以骁勇善战著称。原附属于泰赤乌部。铁木真(成吉思汗)早年遭泰赤乌部塔儿忽台执禁,得其营救幸免于难。后归附铁木真,随从参加统一蒙古各部的战争。曾与博尔术等一起,配合克烈部,击败乃蛮部曲薛吾军。以作战勇敢,铁木真赐号"把阿秃儿"(勇士)。宋开禧二年(1206)蒙古国建立时,与父同掌一千户,代父领军,统领薛凉格河(色楞格河)地区。与博尔术、木华黎、博尔忽并称"掇里班·曲律"(蒙古语,意为四杰),世任"怯薛"(护卫军)之长,为十大功臣之一。并世袭"答剌罕"之号,享有九次犯罪不罚的特权。

【赤盏晖】 亦称张晖。金朝将领。女真族。姓赤盏。其先附于辽,居张皇堡,故以张为氏。慷慨有志略。辽季以战功,授礼宾副使,领来、隰、迁、润四州屯兵。金太祖天辅六年(1122),降金,仍领其众。从完颜阇母定兴中府义,锦等州,破张觉,皆有功,授洺州刺史。太宗天会三年(1125),从完颜宗望攻宋,败宋军于孟阳。次年,下保州、真定,进围汴京(今开封)。师还,从攻河间,败李成援军,破袭营刘先生兵,加桂州管内观察使,留抚河间。五年(1127),从完颜宗辅经略山东,下青州。复随完颜阇母攻克潍州,加静江军节度使。从破泗州。还屯汶阳,破敌于梁山泺,获舟千余。移军攻济州,下曹、单等州。从攻寿春、归德,渡淮,为先锋,败敌于秀州、苏州,至余杭,通粮饷,治桥道,载《资治通鉴》版以归。富平之战,为右翼,兵败,杖释。与讹鲁补获河州安抚使白常等。还攻庆阳,两败重敌,杀其将戴巢。迁归德军节度使。于宋州营建学舍,劝督生徒。熙宗天会十五年(1137),为安化军节度使。天眷三年(1140),为定海军节度使,改济南尹,累迁光禄大夫。以罪罢,后起为昌武军节度使。海陵王天德二年(1150),迁南京留守,改河南路统军使,授世袭猛安,拜尚书右丞,封河内郡王。次年,拜平章政事,封戴王。正隆元年(1156),出为兴平军节度使。三年,为枢密副使,封景国公。十二月,复为左丞,封济国公。迁大兴尹,封荣国公。年六十五,卒。世宗大定(1161—1189)间,谥武康。

【赤都松】(？—704) 又作都松芒保杰、都松芒杰隆囊。汉籍作器弩悉弄、梨弩悉笼。唐代吐蕃赞普。*芒松芒赞子。唐仪凤元年(676,一说四年,679)嗣位,在位期间,从汉地得到茶叶和笛子、哨呐、多达曼、布桂等乐器。开始向外扩张时,以噶尔东赞之子尼雅赞德甫及韦·达扎恭略为大相,并有七名勇将,东攻唐甘州、瓜州,东南犯南诏,辖地东接凉、松、茂等州,南连婆罗门、西临龟兹、疏勒等四镇,北抵突厥,"地方万余里,自汉魏以来,西戎之盛,未之有也"。同时,为加强赞普权势,于圣历元年(698)统兵攻杀掌握军权居中用事的噶尔家族代表钦陵。长安三年(703),以南诏反叛吐蕃,率军征之,长安四年(704),兵败身亡。葬于吐蕃雅隆琼结墓地。

【赤年松赞】 又作赤尼雅松赞、揭利失若。吐蕃赞普。*拉托托日宁赞之子。任赞普期间,雅隆部落经济有长足进步,牧地与农田相接,串连湖泊,引水,开沟渠,蓄水灌溉,又引山泉浇田。

【赤松德赞】(？—797) 又作墀松德赞,汉籍作娑悉笼腊赞。唐代吐蕃赞普。*赤德祖赞与*金城公主之子。天宝十四年(755)嗣位。乘中原安禄山之乱,屡犯唐边。广德元年(763),遣军攻入长安,旋退,并攻占维、松、保三州。大历十四年(779),兴建吐蕃第一所寺院桑耶寺,首次在吐蕃剃度僧人,立译场。颁布兴佛诏书,令吐蕃臣民崇佛,继又兴建牛儿巴寺、曲卧日寺及谐拉康寺等名寺。建中二年(781),自唐朝请僧人到吐蕃,规定每二年更换的制度。为解决吐蕃宗教信仰和派系之争,宣布吐蕃信佛禁苯(苯教为吐蕃早期宗教),信渐门派而弃顿门派。任命佛教僧人为王朝僧相(却论),开创僧人参政之先例。在内政方面厘定法律,制定杀人偿命的命价标准。严格等级制度,明确贵族与属民间的界限。强化吐蕃奴隶制。大力发展吐蕃医学,名医、医著辈出。对邻族采取扩张政策。攻突厥、侵唐境,掠南诏。晚年将王权交于子牟尼赞普,赴苏卡地方修行。后死于苏卡米玛园,其陵建于琼结穆日山。

【赤祖德赞】(？—838) 汉籍作可黎可足。唐代吐蕃赞普。815—838年在位。又名热巴坚,赞普*赤德松赞之子。继位后,建年号彝泰,故又称彝泰赞普。崇僧佞佛,以高僧钵阐布参与吐蕃政事,执掌王朝政务。规定"七户养僧制",命吐蕃属民七户供应一名僧人之生活给养。法律规定以恶指指僧者断指,以恶意视僧者剜目。广建寺院,先后建讲院、禅院及律藏院三十座,以伍祥多贝美扎西根佩寺最佳。为使译经规范化,厘定吐蕃文字,制定文字改革三原则,将往昔所译经典编为佛经目录《丹喀尔目录》,是为今存藏文之最早佛经目录。并编纂梵藏对照《大辞汇》。依印度规制改定吐蕃度量衡。在位期间,致力于唐蕃和好,于长庆元年(821)、二年,分别在长安及逻娑(拉萨)举行唐蕃会盟,时称长庆会盟或甥舅和盟,并立"唐蕃会盟碑"(即藏史所载之逻些碑)于今拉萨大昭寺前(今存),为唐蕃和好作出巨大贡献。开成三年(838),被反佛大臣杰多日等谋杀,推其兄达磨为赞普,吐蕃王朝自是衰落。

【赤盏合喜】(？—1233) 又作石盏合喜。金末大臣。女真族。姓赤盏。宣宗时,累迁兰州刺史、提控军马。贞祐四年(1216),败西夏兵四万于定西。兴定元年(1217),以功遥授同知临洮府事。冬,权行元帅府,驻来远寨以张声势。二年,败宋兵于临洮。三年,迁元帅左都监,行元帅府事于巩州。四年,在鹿儿原、新泉城、巩州等地连败西夏兵,以功遥授平西军节度使。元光元年(1222),率兵援凤翔主将完颜仲元,抵御蒙古军。二年,力战蒙古及西夏兵数十万于凤翔,升签枢密院事。正大元年(1224),拜参知政事、权枢密副使。为人刚愎自用。开兴元年(1232),奉命守汴京,抵御无术,畏敌失措,及哀宗求和,蒙古兵退,又以守城为己功,力主庆贺,为百官所指。七月,为枢密使,进屯中牟古城。闻权参知政事思烈军溃,放弃辎重,逃回汴京。以抗命不出,逗留不进,弃军逃跑罪,罢官为民,怀怨。天兴二年(1233),欲降蒙古速不台。因哀宗致书约其反正,被叛臣崔立杀害。

【赤盏尉忻】(1171—1233) 又作石盏尉忻。金末大臣。字大用。女真族。姓赤盏。上京(今黑龙江阿城)人。当袭其父谋克,不愿就。明昌五年(1194)策论进士。后选为尚书省令史、吏部主事、监察御史。谏请禁止诸王驸马至京师和买诸物。迁镇南军节度副使、息州刺史,改丹州,迁郑州防御使,权许州统军使。元光二年(1223),历户部侍郎、权参知政事、户部尚书,拜参知政事,兼修国史。正大元年(1224),升尚书右丞。极力谏阻哀宗修宫室;弹劾同判睦亲府内族撒合辇奸谀害国事。五年,辞官居汴京。天兴二年(1233),叛臣崔立投降蒙古,他自缢身死。

【赤桑杨敦】 松赞干布(617？—650)时吐蕃大臣。尼雅氏之子。号称"不可缺少的四大臣"之一,政绩卓著。早期吐蕃居民均居山上,经其提倡,吐蕃居民从山上迁居河谷地带,并改建城镇,而在最高处建造堡塞。被誉为吐蕃七贤臣之第五位。

【赤德松赞】 唐代吐蕃赞普。又名青云赛纳莱。798—815年在位。*赤松德赞第四子。二十三岁时,其父将王权交其掌管,而自往苏卡纽玛园修行。兄牟尼赞普及穆迪赞普相继死于非命,母后干政,吐蕃政教受损。贞元十四年(798)嗣位,着手恢复被毁损的佛寺,恢复对桑耶寺的供养,将被流放到吐蕃东境擦哇绒的佛教大师贝若咱纳(毗卢遮那)迎回逻娑(拉萨)。为迎请印度高僧毕玛拉米扎、咱纳斯纳等人译经,特于拉萨河下游热玛冈建造噶琼多吉英寺(意为"小星金刚界寺")。命后妃、诸王、大臣八十余人宣誓兴佛护法。誓文中宣布不准毁损佛寺,应坚守三宝,不准将寺僧役使为奴,不得强行征税,不准以俗律对僧人起诉;宣布寺院设住持宗师管理教务,选格西(善知识)作为赞普幼年之师僧。盟文具有重要研究价值,今载《贤者喜宴》内。寺内所立《噶琼寺碑》亦为研究吐蕃政教的珍贵文物。后又相继兴建拉萨大昭寺院廊、桑耶、拉萨等十二处讲经院、叶尔巴、泰浦等十二处修道院。卒年五十四岁,葬于琼结,名洁秦墓(意"大王墓")。

【赤德祖赞】(?—755) 汉籍作弃隶缩赞。唐代吐蕃赞普。*赤都松之子。又名梅奥宗。长安四年(704),嗣赞普位。致力于唐蕃和好,景龙四年(710),与唐联姻,娶唐中宗养女雍王李守礼女金城公主为妻。与金城公主屡促唐蕃会盟,开元二十一年(733),唐蕃于赤岭划界立碑、互市,唐蕃和睦相处。加强与唐朝的文化交流,请汉人任其王子赤松德赞之侍读,学习汉文化。汉地《金光明经》、《律差别论》及医药、历算等相继传入吐蕃,同时遣人赴印度等地学习佛学,带回五部佛经,在桑耶等地分建五神殿以存佛典。死于羊卓巴采。据今存拉萨之达扎路恭纪功碑,是为其大臣郎氏和末氏所害。

【赤托囊尊蒙】 吐蕃赞普达布聂西(六世纪后半期)时大臣。曾与其子共同制造了升、斗、秤等量具,改变了吐蕃无度量衡具状况。由于度量衡等工具的发明使用,使吐蕃社会出现了双方议价的商品交易活动,促进了吐蕃商品经济的发展。因功被尊为"吐蕃七贤臣"之第三位贤臣。

【赤达磨乌东赞】 见"达磨赞普"。(136页)
【赤金·阿旺倾丹】 见"池青·阿旺曲垫"。(168页)
【孝友】 见"萧孝友"。(482页)
【孝先】 见"萧孝先"。(482页)
【孝忠】 见"萧孝忠"。(483页)
【孝穆】 见"萧孝穆"。(483页)
【孝成皇帝】 见"耶律贤"。(306页)
【孝武皇帝】 见"耶律德光"。(322页)
【孝和皇帝】 见"耶律阮"。(305页)
【孝烈皇后】 见"萧撒葛只"。(490页)
【孝章皇帝】 见"耶律淳"。(307页)
【孝庄文皇后】(1613—1687) 清初女政治家。蒙古族。博尔济吉特氏。科尔沁贝勒寨桑女,清太宗*皇太极之妻。天命十年(1625),嫁后金太祖努尔哈赤第八子*皇太极。崇德元年(1636),皇太极称帝,封永福宫庄妃。三年,生皇九子福临。八年(1643),世祖福临即位,尊为皇太后。顺治十八年(1661),圣祖玄烨即位,尊为太皇太后。历经清初三朝政治风云,对政局稳定和全国统一有杰出贡献。皇太极时期,"赞助内政",成为清朝奠基者之一。皇太极病逝后,借睿亲王多尔衮、肃亲王豪格等"诸王兄弟,相争为乱"之机,将年仅六岁的福临拥上帝位。顺治初年,鉴于多尔衮倚所恃兵权,排斥异己,结党擅政,遂审时度势下嫁多尔衮。多尔衮死后,又辅佐顺治、康熙两帝理政,"朝廷有黜陟,上多告后而后行"。她继承太宗遗志,极力保持满族语言和习俗,教诲幼帝理政之法,体恤兵民,又识用人之要。屡解圣祖之忧,深受敬重。康熙二十六年(1687)十二月卒,葬昭西陵。

【李七】 见"李文彩"。(212页)
【李文】(?—1488) 明朝官员。土族。世居青海西宁。*李英侄,李雄子。明宣德四年(1429),升陕西行都司都指挥佥事。因功累迁都指挥使。天顺元年(1457),以右都督出镇大同。封高阳伯,称西伯府。

【李石】(?—1176) 金朝大臣。辽阳渤海人。李氏。字子坚。辽桂州观察使雏讹只子,金睿宗贞懿皇后弟。金太宗天会二年(1124),授世袭谋克,为行军猛安。八年(1130),任礼宾副使,转洛苑副使。熙宗天眷元年(1138),为汴京(今开封)都巡检使。历大名少尹、汴京马军副都指挥使,累官景州刺史。海陵王营建燕京(今北京)宫室,受命护役皇城端门。迁兴中少尹。知海陵王忌宗室,秩满,托疾还乡。世宗大定元年(1161),以定策功为户部尚书,继拜参知政事。三年(1163),罢为御史大夫。后封道国公。六年(1166),世宗幸西京(今大同),奉命守卫中都(今北京)宫阙。七年,拜司徒,兼太子太师,御史大夫。十年(1170),拜太尉、尚书令。晋封平原郡王。十四年(1174),以太保致仕,晋封广平郡王。卒,谥襄简。

【李寿】(300—343) 十六国时期成汉君主。338—343年在位。字武考。略阳临渭(今甘肃秦安东南)巴人。*李骧子。敏而好学,为堂兄李雄所重。成汉玉衡八年(318),拜前将军,督巴西军事,迁征东将军。二十年(330),为都督中外诸军事、大将军、西夷校尉、录尚书事,封扶风公。督军攻拔巴东建平。次年,攻阴平、武都。二十二年(332)秋,南征宁州,次年,悉平诸郡。二十四年(334),封建宁王。六月雄死,奉遗诏辅政。初辅李班,录尚书事。及李期袭位,进大都督,封汉王,奉命讨班弟李玝于涪,迫之降晋,遂屯涪。玉恒二年(336),北入汉中,破司马勋。因威名远震,为期兄李越所忌,惧不自安,于四年(338)率步骑万人袭成都,废李期等,称帝,改元汉兴,国号为汉,史称成汉。凡诸制度,多所更易,公、卿、州、郡,皆起用亲己僚佐;雄时旧臣及六郡士人,皆被废黜。汉兴四年(341),徙旁郡民三丁以上者以实成都,大修宫室,治器玩,人有小过,辄杀以立威,民疲于赋役,怨声载道。卒,谥昭文帝,庙号中宗。

【李矣】 明初云南禄丰县土官。任南平关巡检司土巡检。彝族。洪武十六年(1383)归附。十七年,实授土巡检。建文元年(1399),因奸情事起送部,去职。永乐二年(1404),奉旨复职,同时设一流官巡检。

【李纳】 唐朝地方割据者。高句丽人,李氏。李正己子。初任奉礼郎、殿中丞,兼侍御史、行军司马,濮、徐、兖、沂、海留后,进御史大夫。德宗建中二年(781),父死,秘丧不发,擅领军务,奏请袭父位,未获允。怨从父李洧背己以徐州归唐,举兵攻洧,为唐援军所败,还濮阳。继还郓,与田悦、李希烈、朱滔、王武俊连和,自称齐王,置百官。兴元元年(784),奉诏归命,去王号,上表谢罪,授检校工部尚书,同中书门下平章事,封陇西郡王。会诸军破李希烈于陈州城下,加检校司空,进检校司徒。死年三十四,赠太傅。

【李势】(?—361) 十六国时期成汉君主。343—347年在位。字子仁。略阳临渭(今甘肃秦安东南)巴人。李寿长子。李期(334—338年在位)时,拜翊军将军、汉王世子。汉兴元年(338),父称帝后,立为皇太子。四年(341),领大将军、录尚书事。六年(343),父死,袭位。疑杀马当、解思明,逼弟汉王广自尽。骄淫不理国事,内外离心。太和三年(346),李奕举兵晋寿,蜀人从者数万,势登城拒战,射杀奕。嘉宁二年(347),为东晋安西将军桓温所败,出降。与亲族十余人被徙建康,封归义侯,成汉亡。晋升平五年(361)卒。

【李英】(?—1442) 明朝官员。土族。世居青海民和上川口。西宁卫指挥使李南哥之子。明永乐六年(1408),袭父职。十年(1412),随明成祖北征兀良哈、阿鲁台。同年因讨获老的罕有功,进都指挥佥事。洪熙元年(1425),进讨塞外蒙古四卫,因功擢右府左都督。宣德二年(1427),封会宁伯,世称东伯府。恃功骄,所为多不法。七年(1432),因杀人罪下狱,夺爵论死。正统二年(1437)获释。七年病死。

【李贤】(?—1425) 明朝将领。原名丑驴。蒙古族。早年任元兵部尚书(一作工部尚书)。洪武二十一年(1388),归降明朝,太祖赐以姓名。因通译书,授燕王府纪善。建文元年(1399),从燕王起"靖难"师,有功绩,升都指挥同知。奉命译塞外表奏及朝廷诏敕。屡向明成祖禀陈己见,多被采纳。洪熙元年(1425),进后军都督佥事,旋升右都督,封忠勤伯。

【李睍】(?—1227) 西夏国末代皇帝。党项族。献宗李德旺侄,清平郡王子。封南平王。乾定四年(1226)七月,献宗死,被拥立继位,改元宝义。时蒙古兵临城下,国势濒危。十一月,灵州(今宁夏灵武西南)被围,遣老将嵬名令公赴援,兵败城陷。他以兵事方殷,遣使如金请停使聘。宝义二年(1227)春,中兴府(今宁夏银川市)被围,拒降,据城而守。逾半年,粮尽援绝,军民多病,又发生地震,被迫率文官武将奉图籍向蒙古请降,求宽限一月献城。七月出降,被蒙古军杀死于萨里川,西夏国亡。

【李诗】 见"李诗琐高"。(222页)

【李珣】 五代时药物学家。字廷仪。先世为波斯人,随僖宗入蜀,授率府率。花间派词人李珣胞弟。举止文雅,颇有节行,知医,以鬻香散为业。暮年,家无余财,唯道书药囊而已。

【李胡】 见"耶律李胡"。(313页)

【李贵】(?—1702) 清代广东八排瑶民反清首领。广东连山县人。瑶族。康熙四十年(1701)十一月,与邓仁等于李八峒聚众起事,袭击连阳州县,败提督殷化行所遣总兵刘虎兵,拒绝副将林芳、把总陈溥招抚,杀林芳、陈溥及官兵十余人,誓与官府斗争到底。翌年正月,清廷诏都统松桂等调广东、广西、湖广三省官军水陆进剿,并遣人入瑶峒分化瓦解瑶众。后被俘遇害。

【李庠】(247—301) 西晋末年官员。字玄序。略阳临渭(今甘肃秦安东南)巴人。东羌猎将李慕第三子。初仕郡督邮、主簿。以才兼文武,善骑射,拜中军都督。元康(291—299)末年,以洛阳方乱,称疾去官。后与略阳、天水等六郡流民避难就食于梁、益。至蜀,为益州刺吏赵廞器重。永康元年(300),廞被征为大长秋,有割据巴蜀之异志,遂表其为部曲督。奉命招聚六郡流民壮勇万余人。以讨功,封威寇将军、阳泉亭侯。因骁勇得众心,为廞所忌。永宁元年(301)初,劝廞称尊,反以"大逆不道"罪被杀。兄李特遂聚众起义。

【李洋】(约1770—1840) 清代纳西族诗人。云南丽江大研里人。嘉庆五年(1800)举人。曾官通海县教谕。诗文功底较深。所到之处无不吟咏。在赴京考进士时,从滇到京以诗纪程。尽情描绘家乡景物、寺观和花草。把丽江茶花视作"浓艳滇南第一花"。诗称"清淡漫道荆湘好,此地幽情(指丽江玉泉)胜岳阳"。将深情厚义根植于家乡土壤中,融爱家爱国为一体。其所题文峰寺灵洞上的"南洲第一灵洞"遒劲大字,至今犹存。

【李恒】(1236—1285) 元朝将领。字德卿,号长白。党项族,元称唐兀氏。西夏国皇族。李惟忠子。自幼聪颖,移相哥妃爱之,收为养子。中统三年(1262),移相哥命为尚书断事官,恒以职让兄。因告李瓘反,入狱。瓘被诛,获释。世祖嘉其功,授淄莱路奥鲁总管,佩金符。至元七年(1270),改宣武将军、益都淄莱新军万户。从伐宋,破樊城、襄阳、鄂州、汉阳,以功迁明威将军、宣威将军等。从伯颜东下,擒宋将高世杰,下岳州,拔沙市。继分三道出师,为左副都元帅,从都元帅逊都台出江西。一路追逐宋相文天祥至空坑,获其妻女,降众二十万。败宋兵于梅岭。十四年(1277),拜参知政事,行省江西。十五年,任蒙古汉军都元帅。率部追张世杰、陆秀夫,陆秀夫抱卫王赴海死,世杰逃走亦溺死,获南宋金玺等物。十七年(1280),拜资善大夫、中书左丞,行省荆湖。任内,禁掠民为奴,赈恤饥民,释放籍于官之猎户。一生大小百战,攻下城邑百有五十。十九年(1282),请解军职,子散木觯(李世安)袭本军万户。二十一年(1284),从皇子镇南王脱欢征安南,班师,殿后,膝中毒矢,至思明州,毒发,卒。追赠平章政事,谥武愍。

再赠推忠靖远功臣、太保,追封滕国公。

【李班】(288或307—334) 十六国时期成汉君主。334年在位。字世文。略阳临渭(今甘肃秦安东南)巴人。李特孙,荡第四子。初署平南将军。玉衡十四年(324,一说十二年),被叔李雄立为太子。史称其谦虚博纳,敬爱儒贤。常参与大议,提倡垦田均平,认为"贵者广占荒田,贫者种殖无地",是违反王者大均之义。十八年(328),为行抚军将军,修晋寿军屯。二十四年(334)六月,雄卒,袭位。以建宁王李寿录尚书事辅政,政事皆委寿及司徒何点、尚书令王瑰等,自居中执丧礼,一无所预。十月,为雄子越所杀,谥戾太子。李寿袭位,追谥哀皇帝。

【李桢】(1200—1258) 蒙古国将领。字干臣。党项族,元代称唐兀氏。西夏国皇族。金末,因国中内乱,随父入金,应经童试中选。及长,为质子于蒙古,以文学得近侍太宗,赐名玉出干必阇赤。太宗七年(1235),从皇子阔出伐宋,下河南诸郡,至唐、邓二州,访察民情,赈恤饥寒,致流散者多归。十年(1238),从大将察罕伐宋,以功佩金府,授军前行中书省左右司郎中。奏请寻访天下儒士,各令所在优赡之。十三年(1241),围寿春,单骑入敌营劝降。上表请取襄阳,以扼宋朝喉襟,受定宗嘉奖。赐虎符,授襄阳军马万户。宪宗六年(1256),受命率师巡于襄樊,八年(1258)。随宪宗征宋,同议事。九月,卒于合州。

【李贽】(1527—1602) 明代著名思想家、文学家。本名林载贽,后改姓李。号卓吾,或笃吾,又号宏甫,别号温陵居士。回族。泉州晋江(今属福建泉州市)人。出身航海贸易世家。父祖以上几代人皆从事航海贸易或担任翻译。嘉靖三十一年(1552)举人。历任教谕、国子临博士、礼部司务、刑部郎中。万历五年(1577),出任云南姚安知府。因不满朝政,三年后辞官,隐居山林、著书立说。被统治者斥为"异端之尤"屡遭迫害。其哲学思想受反道学的泰州学派和佛教禅学的影响,公开以"异端自居,有某些朴素唯物主义因素。认为宇宙的构成是由于物质的阴阳二气之变化","天下万物皆生于两,不生于一";提出"穿衣吃饭即是人伦物理",主张重视功利、"原情论事"、"革旧鼎新",对封建教条和假道学进行了大胆揭露。称道学先生为"鄙儒"、"俗儒"、"腐儒",斥其"阳为道学,阴为富贵"。认定《六经》、《论语》、《孟子》等只是其弟子随笔记录,并非"万世之至论",反对"咸以孔子之是非为是非"。抨击男尊女卑的封建观念,以为男女之智慧没有区别,主张男女自由婚嫁,称赞卓文君、红佛之善于择配。怒斥官吏之罪恶行径为"不操戈矛之强盗","吃人之老虎"。万历三十年(1602),避居河北通州(今北京市通县),神宗以"敢倡乱道,惑世诬民"罪名。将其监禁,自刎死。在文学方面,反对复古模拟,主张创作必须抒发己见,从"绝假纯真"之"童心"出发,反对"以多读书,识义理障其童心",在一定程度上是对封建传统思想的突破。重视小说戏曲在文学上的地位,于当时颇有影响,但其"童心说"的理论依据仍是唯心主义的。曾评点《水浒传》、《西厢记》等,著有《李氏焚书》、《续焚书》、《藏书》、《续藏书》、《李氏文集》、《李氏丛书》等。

【李珣】 五代时文学家。字德润。伊斯兰教徒。祖籍波斯(今伊朗)。先祖李苏沙,唐末经商入蜀,定居四川梓州(治今三合)。善诗词,著有《琼瑶集》(已佚)。《全唐诗》第十二函第十册,录其诗词五十四首。《花间集》亦选其词三十七首。《全五代词》卷四六,有其渔父歌三首。其诗词感情细腻,构思奇巧,生动感人。兼通医术,著有《海药本草》,曾为李时珍著《本草纲目》所引用。

【李特】(?—303) 西晋末年蜀地流民起义首领。字玄休。先世巴西宕渠(今四川渠县东北)賨人。后迁汉中杨车坂,号杨车巴。曹操定汉中,其祖李虎率众迁略阳临渭(今甘肃秦安县东南),号巴人。因与氐人杂居,又称巴氐。李慕子。少任州郡,雄武善骑射。晋惠帝元康(291—299)末年,因关西战乱饥荒,与略阳、天水等六郡流民数万家,流移汉中,进入巴蜀地区。永康元年(300),为益州刺史赵廞部将。永宁元年(301),因弟庠为廞所杀,引众聚绵竹(今四川德阳县北),攻成都,败廞。被晋封为宣威将军、长乐乡侯。以新任益州刺史罗尚逼令流民限期归返故里,并夺取流民资财,遂于绵竹结大营,安置流人,聚众起义,被推为主,行镇北大将军,承制封拜。攻占广汉,进兵成都攻罗尚。与蜀民约法三章,施舍赈贷,礼贤拔滞,军政肃然,得到蜀民拥戴。太安元年(302),自称益州牧,都督梁益二州诸军事、大将军、大都督。二年正月,攻入成都小城,改元建初。二月,因失于备御,被罗尚袭杀。子雄称王后。追尊为景皇帝,庙号始祖。

【李钠】(?—1703) 清朝大臣。朝鲜族。李氏。汉军正黄旗人。陕西提督李思忠孙,兵部尚书李荫祖子。自佐领授户部员外郎。康熙十三年(1674),以参将从征吴三桂,迁御史。二十七年(1688),授湖北按察使,擢兵部侍郎;三十五年(1696),从康熙征噶尔丹,奉命督饷。三十七年,授山东巡抚,因病辞官,改授安徽巡抚,四十二年(1703),赴山东赈灾。卒于赈所。

【李流】(248—303) 西晋末年蜀地流民起义首领。字玄通。略阳临渭(今甘肃秦安东南)巴人。东羌猎将李慕第四子,李特之弟。少好学,善骑射,被晋东羌校尉何攀举为东羌督。晋惠帝元康(291—299)末年,为避饥荒,与兄等流入益州,获刺史赵廞器重。永宁元年(301),因兄庠被廞所杀,与特举兵绵竹(今四川德阳县北)。以平廞功,被晋封为奋威将军、武阳侯。冬,与六郡流民推特为主,自为镇东将军,居东营,号为东督护。率精锐与益州刺史罗尚相持。太安二年(303)初,攻陷成都小城,谏言特收集猛锐,严为防备,不被采纳。二月,特战死,蜀人多叛,流民畏惧。遂与兄子荡、雄收余众,还赤祖(今四川绵竹县东北)。自称大将军、大都督、益州牧,保东营,荡、雄保北营,抗拒晋荆州刺史宗岱、建平太守孙阜及罗尚军。败尚将,乘胜进抵成都,据郫城。九月,病卒。侄堆雄王后,追谥秦文王。

【李期】(314—338) 十六国时期成汉君主。334—338年在位。字世运。略阳临渭(今甘肃秦安东南)巴人。李雄第四子。聪慧好学,能属文,多才艺。初为建威将军、安东将军。成汉玉衡二十四年(334)十月,兄李越杀新君李班,立其为帝。即位后,诛班弟都,遣军伐都弟玝于涪,逼之降晋。得志后,轻诸旧臣,外信任尚书令景骞、尚书姚华等,内宠宦臣许涪,刑赏大政,皆决于数人,政纲紊乱,宗室诸王多被诛杀,籍没妇女、资财以实后庭,诸臣怀惧,人不自安。玉恒四年(338)四月,被李寿废为邛都县公,幽之别宫。五月,自缢死(一说为寿杀),谥幽公。

【李雄】(274—334) 十六国时期成汉创建者。304—334年在位。字仲俊。其先世巴西宕渠(今四川渠县东北)賨人,后迁略阳临渭(今甘肃秦安东南),称巴氐。西晋末期蜀地流民起义首领李特之子。晋元康(291—299)末年,与略阳等六郡流民就食梁、益。永宁元年(301),随父起兵于蜀,为前将军。太安二年(303),父及叔李流相继去世,遂自称大都督、大将军、益州牧,都于郫城(今四川郫县)。十二月,攻克成都。次年,称成都王,改元建兴。除晋法,约法七章。建兴三年(306)六月,称帝,改元晏平,国号大成,立百官。晏平六年(311)正月,拔涪城、巴西,改元玉衡。在位期间,轻徭薄赋,发展生产,年丰谷登;刑政宽和;兴文教,立学官。其赋男丁岁谷三斛,女丁斛半,疾病半之;户调绢数丈,绵数两,境内较安定。因赏罚不明,行军无号令,用兵无部伍,也给成汉政权留下隐患。玉衡二十四年(334)病卒,谥武帝,庙号太宗。

【李遇】 西夏国将领。党项族。西夏正德元年(1127),受崇宗李乾顺命领兵取宋威戎城,因金将婆卢火先取之,已前锋将与之战不利,遂遗书金将娄室,西夏国以天德、云内归金,金许西夏以陕西北鄙之地,金兵乃退。自取威戎城,欲尽收关陕,频以兵援鄜延。宋陕西制置使王倦其强,遣谍入西夏国行间,乾顺心疑,黜之而收其兵。

【李翰】 清代画家。回族。浙江杭县(今属杭州市)人。善画葡、桃。

【李枟】(约1799—1855) 清代纳西族诗人、画家。字秀岐,号西屏,原名李梭。聪敏,有才华,工诗文,所画山水,尤为著名。道光二十四年(1844)举人。咸丰二年(1852)进士。初留京任户部广东司主事,后分到广东为学官。卒于任上。所作诗文多佚。

【李樾】(约1790—1850) 清朝纳西族官员。字果亭。云南丽江大研里人。才智出众,博学,善诗文,工书法。嘉庆二十四年(1819)举人。道光十三年(1833)进士,入翰林院,为庶吉士,后出任山东定陶等县知县。曾借慈云庵古柏有鹤栖止一事写诗抒怀,自侍有"仙才"和"蓬莱骨",想象白鹤那样"绕琼林树",往"佳处飞",有长久留居翰林院之志,对出任县事委屈不满。有政绩,被称为"循良",卒于任。著作散失。因科名及第,又任过内廷优职,故被称为李翰林,对丽江知识界颇有影响。

【李璧】 明朝地方官员。广西武缘县止戈乡人。字白夫。壮族。性聪敏,勤奋好学。弘治八年(1495),应乡试中举。先后赴浙江兰溪县和仁和县任"教谕",潜心施教,诲人不倦,生员深感其德。正德十年(1515),升任四川剑州知州,为政务实,廉正刚直,颇有政绩。修筑剑阁道,使自剑阁南至阆州,西至梓潼,三百余里车、船畅通,一改剑州闭塞面貌,百姓受惠,故深得剑州民众敬仰和怀念。十六年(1521),迁云南临安府同知,因从政期间政绩显著,嘉靖朝擢南京户部员外郎。后在赴任途中病逝(一说为四年,1525)。生前对经传、钟律、碑文颇有研究,著有《剑阁集》、《皇明乐谱》、《名儒录》等。

【李骧】(?—328) 十六国时期成汉宗室、大臣。字玄龙。略阳临渭(今甘肃秦安东南)巴人。西晋东羌猎将李慕第五子,李寿之父。晋惠帝元康(291—299)末年,与兄特等流入益州。永宁元年(301)冬,与六郡流民共推特为主,举兵起事。次年,为骁骑将军。曾奉命屯军毗桥,屡破益州刺史罗尚军。后率军攻犍为,断运道,迫尚弃城夜遁,与侄李雄克成都。成汉建兴元年(304),雄即位,封太傅。玉衡元年(311),破涪城,获晋扬烈将军等,使巴西等地复归成汉。十三年(323),率军征越巂,伐朱提,收降太守李钊。寻进攻宁州,兵败堂狼(今云南会泽县北)。卒,追赠相国,谥汉献王。汉兴元年(338),子寿即位,追尊为献帝。

【李大信】 宋代党项羌族军事首领。雍熙元年(984),随李继迁占据地斤泽,常领兵四出侵扰宋地。同年九月,为宋知夏州尹宪,都巡检使曹光实所破。二年,从继迁等赴银州向曹光实诈降,设伏杀光实,入据银州。与众议推继迁为定难节度、西平王,以号令党项羌。后从张浦主张,暂不称王,称都知蕃落使,权知定难军留后。被封为蕃部指挥使。淳化四年(993),继迁欲图原居五州地,信为蕃部都指挥使,领兵进攻宋庆州,不胜而还。

【李大辅】 见"李大酺"。(209页)

【李大酺】(?—720) 又作李大辅。唐代奚族部落联盟首领。唐睿宗景云元年(710),遣使赴唐,贡方物。后与唐失和,延和元年(712),败唐军于冷硎,擒杀幽州都督。玄宗开元三年(715),遣大臣粤苏、梅落使唐请和,遂附唐,受封饶乐郡王,拜左金吾员外大将军、饶乐州都督。五年(717),赴唐廷入觐,唐以宗室女辛氏封固安公主妻之。八年(720),契丹可突于背唐,乃率兵讨伐,战死。

【李万江】(?—841) 唐代吐谷浑首领之一。广德元年(763)后,以吐蕃占据河陇,率部迁入河东(今山西省)。同年,从泽潞节度使李抱玉至潞州(治今山西长治),居津梁寺(今山西长治境内),地丰水草,马健称"津梁种",岁入马价数百万。唐会昌元年(841),任泽潞节度使刘从谏惧其部再迁生变,遂诬其谋反,夷三族凡三百余家。

【李天俞】(?—1664) 明末清初土族官员。青海西宁人。明末任副总兵。崇祯十六年(1643)冬,李自成起义军贺锦部攻占甘凉及土司衙门东山城(今青海民和),只身逃西宁。次年春,义军攻占西宁时被俘,因于西安。清顺治二年(1645),清军英王阿济格入陕,获释。受命回西宁招抚各族。五年(1648),率土兵镇压甘州回族米剌印起义。十年(1653),授西宁卫指挥同知。

【李天保】(？—1461) 又作李添保。明天顺年间苗民起义领袖。湖广麻城人。苗族。景泰年间(1450—1456),参加蒙能领导的苗民起义。天顺四年(1460),立蒙能之子聪为起义总兵官,自称武烈王,筑将台,改元武烈。以城步长安坪为根据地,率苗兵攻武冈、中林及龙里等地。湖广贵州总兵官都督李震率官兵镇压。次年,被俘遇害。

【李元庆】(1841—1904) 近代开封农民抗粮罢市运动领导者。回族。开封市郊东乡治台村人。早年参加河南民间秘密会社"仁义会"。为人刚正,好打不平。光绪三十年(1904)秋,为反抗清政府强迫该地农民补交沙荒地税粮,领导数万回、汉农民奋起反抗,开展抗粮罢市,阻拦米粮柴草进城,砍毁电杆十余里,并制订了攻打开封城的计划。事泄,遭镇压,避走杞县农村,联络当地"仁义会",准备东山再起。后在陈留县农村被害身亡。

【李元阳】(1497—1580) 明代白族著名文学家、史学家和理学家。字仁甫(一作仁夫),号中溪,别号逸氏。云南大理人。先祖浙江钱塘人。元时远祖李顺官大理路主事,落籍大理,至元阳为第九世。因世居点苍山十八溪中,故号中溪。自幼善学能文,学问博通,明习吏事。嘉靖元年(1522),中云贵乡试第二名。五年(1526)登进士,初授翰林院庶吉士,因议事忤权臣,受排斥。后借母丧,归大理闲居。十年(1531),复出任江阴县令。严兵卫,拒"海寇"犯扰。平日兴利除害,有惠政。离任时,民众为立生祠、勒碑、述善政百余事。擢户部主事,改监察御史,巡按闽中。因极言直谏,外调为荆州(治今湖北江陵县)知府。任内,凿井修堤,解民之忧,政声颇著。知人善选,拔张居正于童试八百人之冠。居正任宰相后,与之常有书信往还。因不愿阿事权贵,绝意仕进。十八年(1539),丁父忧,去职,隐居乡里,专心著述。与谪居云南的杨慎相契最深,优游山水,诗酒唱酬。精研性理之学,著《心性图说》。与杨士云同修《大理府志》,晚年又重修该书,修订所纂《云南通志》。文学著作有《艳雪台诗》、《中溪漫稿》,今只传《中溪家传汇编》十卷。在闽中曾校刻毕《史记题评》、《十三经注疏》、《杜氏通典》等计七百六十四卷,对祖国经史典籍的传播作出重要贡献。

【李元昊】(1003—1048) 西夏国第一代皇帝。西夏国王*李德明子,卫慕氏生。小字嵬理,后更名曩霄。性雄毅大略,熟习兵书、法律,晓佛学,通蕃汉文字。宋天圣六年(1028),领兵破回鹘,夺甘州,遂立为太子。常劝谏其父勿臣事宋朝,主张"衣皮毛,事畜牧,蕃性所便。英雄之生,当王霸耳"。明道元年(1032),父死,继立。受宋封为定难军节度、夏银绥宥静等州观察处置押蕃落使、西平王。继位后,申明号令,以兵法约束部族,继续对吐蕃、回鹘用兵,占领了河西走廊。辖境"东尽黄河,西界玉门,南接萧关,北控大漠,地方万余里,倚贺兰山为固"。建国前后,仿宋制立官制,建年号,定兵制,升州郡,益边防。将全国划分为十二个监军司,委豪酋分别统领。在大臣野利仁荣辅佐下,实行一系列适应本族情况的改革,规定文武官职及庶民服饰,下"秃发令",实行党项族传统发式,废唐、宋赐姓,改用嵬名,自称"兀卒"(青天子)。改革礼乐制度,改九拜为三拜,"革乐之五音为一音"。在其主持下,创制了记录党项语言的西夏国文字,命野利仁荣演释成十二卷,并译《孝经》、《尔雅》、《四言杂字》等汉籍。宝元元年(1038)十月,正式称帝建国,国号大夏,改元天授礼法延祚,定都兴庆府(今宁夏银川)。天授礼法延祚二年,遣使向宋上表,请求承认合法帝位,遭拒,被宋削夺官爵,悬赏捉拿。继立后,开始对宋发动攻击,屡攻宋境,终元昊之世,宋夏大小战斗四十余次。以其杰出的军事才能,在对宋战争中连连获胜。三年(1040)三川口之战,执杀将刘平、石元孙;四年,好水川之战,宋将任福败亡;五年,定川砦之战,宋将葛怀敏全军覆没。战争给宋朝带来危机,西夏国亦因久战,人马死亡,财力不给,国力疲敝,人民厌战,两国均寻求媾和,于七年(1044)重修和议,元昊对宋保持名义上的称臣,宋朝"岁赐"西夏国银七万两、绢十五万匹,茶三万斤。因辽境党项叛逃及辽奉行依宋胁夏之策,与辽失和,构怨,一改建国前倚辽抗宋之策,导致辽夏战争。同年,迎战辽兴宗十万大军,坚壁清野,诱敌深入,使辽军士疲马饥,大败辽军于南壁,俘获驸马都尉萧胡睹等,旋乘胜向辽请和。为人凶鸷、多疑,后期常杀戮重臣大将。十一年(1048)被其子宁令哥亲杀身亡。谥武烈皇帝。庙号景宗,墓号泰陵。

【李元砺】(？—1211) 宋嘉定朝郴州瑶民起义首领。荆湖南路郴州(今湖南郴县)黑风峒人。瑶族。因不堪忍受封建官吏与地方豪强肆意诛求,于嘉定二年(1209)冬,聚众起义,邻近州县百姓纷纷响应,拥众万余,声势浩大。所到之处,官军闻风而逃,先后攻克湖南郴州、桂阳、茶陵、安仁和江西吉州、龙泉等县。击溃荆、鄂、江、池四州围剿官军,杀江州驻扎都统制赵选等。次年,率义军转战粤北,攻陷南雄州。宋廷命工部侍郎王居安知豫章督师征剿。是年冬,因叛徒出卖,被俘。四年,于江西吉州被害。

【李开芳】(？—1855) 太平天国著名将领。广西浔州(治今桂平)大李村人。壮族。清咸丰元年(1851)正月,金田起义爆发,投奔太平军。因魁伟善战,被提拔为戊一监军。翌年七月,从太平军进攻柳州,杀敌有功,擢金一总制,带右一军。后随西王萧朝贵攻长沙,晋金一正将军。十一月,与林凤祥率兵克湘北要塞岳州,缴获大量军需武器,升殿右二指挥。继取湖北重镇汉阳和武昌,升殿右二检点,不久加封地官正丞相。三年(1853)正月,与林凤祥统陆路军进兵南京,沿途所向披靡。二月,率精兵从聚宝门攻进南京城。继东取扬州。三月,洪秀全为彻底推翻清朝统治,兴师北伐。与林凤祥领大将军衔率师从浦口入皖北，克滁州、破临淮关、陷凤阳府。五月，兵临河南开封，因敌重兵拒守未克，转攻朱仙镇、郑州、汜水、巩县，强渡黄河，围怀庆。因清援军阻击，绕道入山西，破曲沃、平阳。八月，从武安入直隶境，在河北临洺关大败直隶总督讷尔经额。九月，兵迫保定城。以功封定胡侯。因保定屡攻不下，率兵绕道深州、献县、沧州、静海，攻天津取北京。清军云集天津西北杨村，以堵太平军北进。因孤军深入，粮援不继，于咸丰四年二月被迫南撤阜城待援。为科尔沁郡王僧格林沁、钦差大臣胜保等追击，又退守连镇。闻天朝援兵已至临清，亲率兵往迎，被困高唐。五年二月，林凤祥在连镇全军覆没后，僧格林沁移师高唐。他率部突围转至茌平县冯官屯，在屯内外遍挖地道壕沟，伏击来犯之敌。因僧格林沁引运河水灌屯，屯内水深数尺，粮草火药尽湿，欲以诈降突围，被僧格林沁伏兵捕获。五月，于北京就义。同治二年（1863），被天朝追封为靖王。

【李中铨】 清代纳西族官员、医师。字自衡。云南丽江大研里人。光绪十七年（1891）举人。曾主讲于雪山书院。通医术，精医理。光绪三十三年（1907）进京，分发四川候用。应驻藏大臣赵尔丰之聘，随队往昌都、里塘、巴塘一带，办粮饷事务多年。回乡后，任丽江劝学所所长。著有《课余丛考》、《毛诗鸟兽草木虫鱼考》、《伤害论方证贯解》。

【李仁礼】 西夏国宗室。党项族。惠宗朝臣李景思之子。通蕃、汉文字，有才思，善歌咏。始任秘书监，继擢河南转运使。元德二年（1120）十一月，以先世功晋舒王。监军韦州时，曾私受吏民钱财，其兄仁忠遗书责之，勉以为官清正之道，即归还所受财物。至死，家无储粮，仁忠悉以廪俸供给。

【李仁孝】（1124—1193） 西夏国第五代皇帝。党项族。崇宗*李乾顺长子，曹氏生。西夏大德五年（1139），十六岁即帝位。时西夏国面临饥荒，地震灾害及哆讹领导的大起义。遂纳群臣建议，立赈济法，令各州赈济灾民，减免租税。派西平都统军任得敬镇压了哆讹为首的各部起义。采取一些缓和阶级矛盾的措施，促进了社会生产的发展。天盛年间的法律书中，规定土地可自由买卖，进一步巩固了封建所有制关系，使西夏国的封建经济进入繁荣时期。为适应经济发展，天盛十年（1158）西夏国始立通济监铸钱，并逐渐完善政治制度与法律制度，定官制，各州设州主、通判、正听、都案等职，更加汉化。参照宋代政书编修《天盛年改定律令》、《新法》等法律文书。令乐官李元儒重修乐书，赐名《新律》。提倡文治，人庆元年（1144）六月，令各州县设立学校，增加学员达三千人。在宫中也设立小学，设教授，吸收宗室子弟入学。人庆二年（1145）七月，建立大汉太学，亲释奠。三年三月，尊孔子为文宣帝。实行科举，四年八月，始立唱名法、策举人，又设童子科。五年，复建内学，选名儒授业。天盛十三年（1161）正月，立翰林学士院，以焦景彦、王金等为学士，修纂实录。整治朝政，鼓励大臣直言进谏，任用刚介直言的斡道冲为中书令，擢任国相。十五年五月，下令大禁奢侈。追封创制西夏国文字的野利仁荣为广惠王。乾祐元年（1170）在金朝的支持和援助下，诛杀任得敬，灭其党族，粉碎任得敬篡权分国的阴谋。二十四年（1193）九月二十日，卒，年七十，在位五十五年，谥圣德皇帝，庙号仁宗，墓号寿陵。

【李仁忠】（？—1148） 西夏国宗室。党项族。惠宗朝臣李景思之子。通蕃、汉文字，有才思、善歌咏。始任秘书监，后擢礼部郎中。西夏元德二年（1120）十一月，以先世功晋封濮王。在朝为官，严于礼，守法纪。曾责弟仁礼私受吏民钱财，促使还所受。生活俭朴。晋王察哥暴虐，上疏弹劾，为崇宗乾顺嘉奖，由左枢密进中书令。仁宗时，以任得敬恃任太后宠欲入朝干预国政，与御史大夫热辣公济上表阻止，太后亦惮其威。人庆五年十一月卒。赠吴王，谥恭显。

【李仁爱】（1108—1125） 西夏国皇子。党项族。崇宗*李乾顺子，辽成安公主所生。幼聪颖，年长多才艺。及金灭辽，请父速发兵赴援。后乾顺见辽亡，转而向金称臣纳款，仁爱哭谏，不听。西夏元德七年（1125），以伤辽国之亡，又不肯向金国称臣、愤恚而死。

【李仁裕】（？—944） 党项族。五代时西夏州定难军节度使*李仁福从兄。任宥州刺史，多战功，人人甚服其威猛。后唐庄宗同光二年（924）四月，受仁福命，奉表入贺后唐。后晋天福八年（943），绥州刺史李彝敏作乱，奔入南山中，遂率领所部追击，战败，被杀。

【李仁福】（？—933） 党项西夏州政权统治者。西夏州节度使*李彝昌族父。五代后梁开平年间（907—911），任西夏州定难军蕃部指挥使。开平三年（909），彝昌为部将杀害后，被诸将推为留后，梁太祖以检校司空、定难军节度使。四年，以岐王李茂贞、晋王李克用联合进攻西夏州，向梁告急，获梁太祖兵援，解围。梁太祖又授以检校太保同平章事。乾化三年（913），官至检校太保，兼中书令，封陇西郡王。龙德二年（922），晋王李存勖攻梁，仁福向梁贡战马五百匹助战。李存勖灭梁建后唐，仁福复讨好后唐，于同光二年（924）遣从兄、宥州刺史李仁裕奉表入贺，受封朔方王。天成二年（927）九月，又赐功臣号并加食邑。

【李从珂】（885—936） 五代后唐皇帝。934—936年在位。本姓王，镇州（今河北正定）人，生于平山，小字二十三。被明宗*李嗣源收为养子，改姓李。从义父征战，屡有军功。同光二年（924），为卫州刺史。三年，以突骑都指挥使戍石门。天成元年（926），任河中节度使。二年，加检校太保、同平章事。长兴二年（931），充西京留守。三年，进太尉，移凤翔节度使。四年，封潞王。应顺元年（934）二月，拒从闵帝命移镇太原，遭王思同讨剿。遂以清君侧为由，率军于四月入洛，废闵帝自立，改元清泰，史称末帝。三年（936）闰十一月，闻后晋石敬瑭率军至河阳，自焚于玄武楼。

【李从厚】（914—934） 五代后唐皇帝。先世为代北胡人。后唐明宗*李嗣源第三子。生于晋阳旧第，小字菩萨奴。天成元年(926),授金紫光禄大夫、检校司徒。二年,加检校太保、同平章事、河南尹,判六军诸卫事。三年,授汴州节度使。四年,移镇河东。长兴元年(930),改镇州节度使,封宋王。二年,加检校太尉、兼侍中,移镇邺都。三年,加尚书令。四年(933)十一月,父卒,自邺至洛,于十二月即帝位。应顺元年(934)四月,为潞王李从珂废为鄂王,寻被缢杀于卫州。其姐夫石敬瑭建后晋,追谥为闵帝,史亦称其为少帝。

【李文凤】 明代壮族知名学者。字廷仪。广西宜山人。自幼笃学,博识书传。嘉靖十一年(1532),考取进士,历官云南按察司佥事。后称疾回乡,闭门著述。代表作有《月山丛谈》、《越峤书》等。

【李文明】(?—1800) 清嘉庆朝云南各族抗清斗争首领。拉祜族。双江人。嘉庆四年(1799)四月,因不堪猛猛土巡检罕朝鼎(傣族)苛虐,率各族人民起义,迅速攻下猛猛(或作勐勐,今双江),土司逃到缅宁城。阿佤大山李小老率各族人民渡辣蒜江来会师。孟连南扎勐扎的铜金和尚辅国也应邀前来猛猛坝卡,借佛教影响组织和扩大起义队伍。使坝卡附近五十余寨的拉祜族都投入起义队伍,众至五万余人。十一月,与李小老指挥义军进攻缅宁城并占领部分山区。十二月,在娜招、福陵山等处与清军主力会战,后自动焚毁村舍,退入丛林。五年二月,与新任云贵总督书麟军激战于双江的黄草坝、丙别、猛白山一带。三月,义军的政治宗教中心坝卡陷落,遭清军血洗,与李小老被俘就义,张辅国投降。

【李文学】(1826—1874) 清咸同年间云南农民反清起义首领。彝族。又名正学。云南赵州(今弥渡县)瓦卢村人。原籍蒙化直隶厅南涧(今南涧彝族自治县)小李自摩村人,本姓字,因入赘改姓李。少年时作奴仆。咸丰六年(1856),率五千余人起义,称"夷家兵马大元帅"。后与云南回民反清起义领袖杜文秀联合,受"大司藩"职。率彝、汉、傣、回等族人民转战于哀牢山区。同治十一年(1872),在蒙化城(今巍山彝族回族自治县县城)战败后,被叛徒出卖,为清军所执。十三年(1874)春,在牛街就义。彝人为之建庙立碑。

【李文贵】 西夏国军事首领。党项族。官教练使。天授礼法延祚五年(1042)六月,大臣野利旺荣被宋朝知青涧种世衡施以离间计,元昊疑,遣其假旺荣意回报种世衡。宋郏延经略使庞籍疑有诈,留其于宋不遣。西夏宋定川砦战后,两国欲议和。六年正月,奉宋仁宗召,归西夏国说和。二月,返西夏,元昊复遣其以野利旺荣等书赴宋议和。四月,与六宅使伊州刺史贺从勖从宋上书仁宗,称男纳款。

【李文彩】(?—1872) 清咸丰、同治间壮族起义领袖。又名李七。广西横州(今横县)狮子塘村人。壮族。家贫,以剃发为生。道光三十年(1850),因不堪豪门盘剥,在平郎聚众竖旗而反,归附者甚众。翌年,被南宁府招安,充当勇目。咸丰二年(1852),与佃户宁晚等在平山村再举义旗,联合永淳十三屯壮族佃农,掀起大规模武装斗争。八月,攻占平郎,以此为据点,凭险筑城建寨,并分兵据守福隆铁厂,成犄角之势。四出袭击豪门劣绅,地方官府"莫之奈何"。六年(1856)二月,遭两广总督叶名琛所遣广东廉州知府沈棣辉、参将廖达章军与当地团练围攻,寡不敌众,遂走浔州,加入陈开创立的大成国,被封为定国公。是年冬,与定北王梁昌率军由贵州直迫横州。翌年正月,克永淳,率众万余分水陆夹击横州。四月,破城,全歼拒守官军,击毙千总苏朝光、吏目朱鉴等。五月,攻占南宁府,更名南安府。继破广东灵山县城。八年十月,在灵山县与清军交战中受挫,退回平郎。翌年,经怀远梅寨转入贵州,归附石达开。同治二年(1863)春,石达开在大渡河失败后,率部转战于川、黔、湘边界地区。翌年,复入贵州,与汉、苗、侗、布依等族农民起义军配合,与清军展开长期斗争,严重动摇了清政府在当地的统治。十一年(1872)四月,在牛塘与清军激战中阵亡。一说"弃苗疆而逸"。

【李去间】 见"曲据"。(146 页)

【李正己】 唐朝地方割据者。本名怀玉。高句丽人。李氏。初为营州副将。肃宗乾元元年(758),平卢节度使王玄志死,他杀其子,拥立其姑母之子侯希逸为帅。代宗宝应(762—763)中,以军候从讨史朝义。任兵马使,得众心,为希逸所忌,被解职,怀怨,于永泰元年(765)逐希逸,奉诏代为节度使,赐名。据有淄、青、齐、海、登、莱、沂、密、德、棣十州,复取曹、濮、徐、兖、郓,控制山东十五州地。赋徭均平,政令齐一,势盛,威震邻境。历检校司空,加同中书门下平章事,以司徒兼太子太保,封饶阳郡王,徙治郓。建中(780—783)初,约田悦、梁崇义、李惟岳偕叛,屯济阴,增兵徐州以扼江、淮。迫唐政府漕运改道。成为唐中期重要割据势力之一。

【李世安】(1253—1331) 元朝大臣。字彦豪,又名散木斛。生于宣德府(今河北宣化)龙门川,人称李龙川。党项族,元称唐兀氏。中书左丞﹡李恒之子。从父定江南、破崖山,任广州达鲁花赤,迁新军万户,擢同知江西宣慰司使,世袭益都、淄莱上万户。父死,金江西等处行中书事,兼本军万户。至元二十四年(1287),金行尚书省事。二十五年至二十七年,两次平僚人。元贞初(1295),出为江浙行省参知政事,改河南行省。后迁湖广行省左丞。为官体恤民情,办首恶,不辞苦,颇有德政。至大初(1308)入朝,加荣禄大夫、平章政事,商议枢密院事,提调诸卫屯田。皇庆二年(1313),拜江西行省平章政事。延祐二年(1315),平息宁都县民变。三年,以母年九十,请归养。

【李世倬】(?—1770) 清代画家。朝鲜族。李氏。字天章,一字汉章、天涛,号谷斋,又号绿园、星崖,别号十石居士、太平拙吏、伊祁山人、清在居士。汉军正黄旗人。总督李如龙子。官至右通政。少随父至江南,从王翚,得其传。后官山西,观吴道子水陆道场图,悟得人物之法。善画山水、人物、花鸟、果品。晚年,喜用指墨作人物、花鸟小品,年逾八旬犹能作画。

【李可举】 唐朝将领。回鹘阿布思之裔,幽州节度使*李茂勋之子。咸通（860—874）末，继其父为节度使，升检校太尉。中和（881—885）末，以太原李克用与定州王处存结盟势盛，恐为己患，遂联结吐浑都督赫连铎等，袭沙陀药儿岭，战雄武军，进检校侍中。后遣部将李全忠攻易州，兵败，全忠惧获罪，引兵反攻幽州。城破自焚死。

【李玉湛】（1827—1887） 清代纳西族诗人和教育家。字韫川，自号"一笑先生"。云南丽江大研里人。自幼刻苦熟读诸子经史，少年时即补博士弟子员，后负笈昆明五华书院三年，纵览书院藏书，学业大进，功底深厚。青壮年时适逢战乱，遂投笔从戎，多在滇西北一带随营过幕僚生活。触景生情，写了很多反映纳西、藏、傈僳、白等民族的民情、风俗、历史和战争实况的各体诗文。形象生动，极富感情。同治九年庚午科（1870）秋试中举。剑川名士赵藩年少时曾师书之。后多有诗文相和，成为忘年之交。赵撰《一笑先生墓表》，称其"读书日记数千言，下笔惊其侪辈"，颇为尊崇。脱离戎事后，主讲雪山书院，为书院山长，为培植滇西北各族士子贡献半生。所著《一笑先生诗文钞》三卷被选入《云南丛书》中。

【李失活】 见"失活"。（119页）

【李立遵】 又作李遵、立遵，或郢成蔺逋叱。宗哥（今青海平安驿）吐蕃大首领。一说为阗（今新疆和田）人。原出家为僧，后还俗。利用佛教号召民众，招附邻近诸部。闻河州（今甘肃临西夏）大酋耸昌斯均控制吐蕃赞普后人唃厮啰，联结邈川首领温逋奇将唃厮啰劫持至廓州（今青海化隆县群科），尊为"赞普"，自立为相。不久，将王城迁到经济比较发达的宗哥城。利用"佛子"唃厮啰为旗帜招抚部众，势力日强，拥兵六、七万，又以女许配唃厮啰。注意发展与四邻关系，北联甘州回鹘，东依宋朝，以巩固大首领地位。宋大中祥符八年（1015）二月，遣使向宋贡马，受宋真宗厚赐。九月，派人使宋，请讨西夏以自效。次年，自恃威及河湟，欲取代唃厮啰，请宋册封"赞普"号，遭拒，仅受封保顺军节度使，遂怀怨。九月，率众三万余人攻秦州（今甘肃天水），为宋将曹玮败于三都谷（今甘肃甘谷县境），兵力尽失。因贪婪残暴，肆意杀戮，国人不附，与唃厮啰矛盾益深，公开分裂。天圣三年（1025）正月，曾独自向泾原路总管司乞俸钱。后事失载。

【李圣天】 北宋时西域于阗王。本名尉迟娑缚婆。王族姓尉迟氏。后梁乾化二年（912）执政，建号同庆，仿唐制，设职官，发展经济。同庆二十七年（后晋天福三年，938），遣检校太尉马继荣赴开封朝贡。后晋遣供奉官张匡邺出使其国。二十九年（940）抵于阗，封其为大宝于阗国王。北宋建隆二年（961），遣使朝宋，随行还有摩尼国师。乾德四年（966），遣太子德从（一作从德，即尉迟苏拉）率使贡方物。同时与北宋归义军节度使、沙州望族曹议金结为姻亲，以曹氏女为于阗皇后，将己第三女回嫁曹议金之孙。卒年失载，史称次年德从为于阗王。

【李存勖】（885—926） 五代后唐皇帝。923—926年在位。西突厥别部沙陀人。唐末河东节度使、晋王*李克用长子。生于晋阳宫，小名亚子。晓音律，善骑射。乾宁二年（895），随父讨隰州王行瑜，为昭宗所赏识，遥授检校司空、隰州刺史，改汾晋二州刺史。天祐五年（908），父卒，袭河东节度使及晋王位，据晋阳（今山西太原）。攻占幽州、镇州，降魏州，尽有河北地。连年与后梁军战于黄河中下游一带。二十年（923）四月，称帝于魏州（治今河北大名东北），改元同光。因曾受唐赐姓李，亦称大唐，史称后唐。领有十三节度使、五十州。十月，灭后梁，建都洛阳。大修宫殿，疑忌大臣，宠信宦官伶人。任用孔谦为租庸使，峻法剥下，厚敛奉上。赋役繁重，四方饥馑，兵变蜂起。同光四年（926）初，遣养子李嗣源镇压赵在礼为首之兵变，源反与魏州变兵联合南下。四月，勖为属下所杀，或谓中流矢死。谥光圣神闵孝皇帝，庙号庄宗。

【李成梁】（1526—1615） 明朝辽东大将。朝鲜族。铁岭卫（今辽宁铁岭）人。字汝契。世授铁岭卫指挥金事。家贫，年四十仍为诸生，后入京袭职，积功为险山参将。明隆庆元年（1567），以抗土蛮，入援永平功，进副总兵职。三年，以军功进秩一等。四年，署都督金事，整饬边务，以拒察哈尔部土蛮、泰宁部速把亥、炒花，朵颜部董忽力、长昂，建州王杲、王兀堂，叶赫部清佳努、杨吉努侵扰，军声大振。五年，败土蛮于卓山，积功署都督同知，世荫千户。又败土蛮于辽阳北河、前屯、铁岭、镇西诸堡，增荫二等。万历二年（1574），以破建州都指挥王杲功，进左都督，世荫都指挥同知。三年，败土蛮、炒花，加太子太保，世荫锦衣千户。四年，败黑石炭、大委正。六年，连破土蛮，加太保，世荫本卫指挥使、世荫指挥金事。十二月，大胜速把亥、炒花等三万骑于圜山，晋封宁远伯。七年，败土蛮对锦州等的进犯。八年，破建州都督王兀堂于永奠等地。九年初，败土蛮、黑石炭等。十年，击杀速把亥，以镇抚辽东功，世荫锦衣指挥使。十一年，攻建州王杲子阿台所据古勒寨，击杀阿台，录功，世荫指挥金事。十二月，与巡抚李松谋斩叶赫部清佳努、杨吉努，世荫锦衣卫指挥使。十三年，击退速把亥子把兔儿对沈阳、开原、铁岭等地的进犯，改荫都指挥使。十九年（1591），以谎报战功，解任。二十九年（1601），再镇辽东，守辽八年，积功至太傅。

【李再万】（？—约1502） 明弘治年间苗民起义领袖。湖南城步人。苗族。弘治十四年（1501），自称天王，率领苗民起义。聚众数万。攻城戕吏，驱杀地主，分占田地。控制城步五洞四十八寨及广西义宁、新安等地。湖南巡抚闫促宇等领兵六七万，从武冈、绥宁、全州、新安、义宁等八路进军镇压。次年，起义失败。

【李过折】 见"过折"。（143页）

【李吐于】 见"咄于"。（343页）

【李师古】（？—806） 唐朝地方割据者。高句丽人。检校司徒*李纳子。以荫累署青州刺史。父死，起为右金吾大将军、平卢节度使。德宗贞元（785—805）末，进同中书门下平章事。乘德宗李适死，集将士勒兵掠州县，闻顺宗立，乃罢。累加检校司徒、兼侍中。卒，追赠太傅。

【李师道】(？—819) 唐朝地方割据者。高句丽人。检校司徒*李纳子,*李师古异母弟。署知密州。宪宗元和元年(806),兄卒,被师古亲近高沐、李公度等立为平卢节度使。后受朝命,知留后,加检校工部尚书,为副大使。外奉王命,阴结亡叛。十年(815),乘唐发兵攻蔡州(今河南汝南)机,率兵二千抵寿春,扬言助官军,实援蔡州。暗遣人焚河阴转运院钱帛、粮谷,刺杀宰臣武元衡,以声援蔡州。十四年(819),部将刘悟叛,率军征讨,兵败身死。

【李光仕】(？—597) 隋桂州(治今广西桂林)俚帅。文帝开皇十七年(597)春二月,率俚人反隋,震撼桂州各地。闻朝廷遣员外骑侍郎何稠等发岭南、岭北官军前往镇压,在白石洞一带密林中设栅埋伏,率奇兵重创官军。后因孤兵固守,被桂州总管周法尚击破,被杀。

【李光先】(？—1593) 明朝官员。土族。青海西宁人。明嘉靖四十年(1561),袭指挥使职。万历十一年(1583),中武进士。次年任南镇抚司佥事。十九年(1591),任东司佥事。二十一年卒于任。

【李光俨】 五代后周官员。党项族。党项西夏州政权统治者*李彝殷族子。李彝景子。事周为银州防御使。宋太祖建隆元年(960),太祖受禅,受定难军节度使西平王李彝殷所遣,奉表入贺,以循谨有礼,深受太祖厚遇。乾德元年(963)二月,与妻冈氏游于无定河,生子李继迁。

【李光祚】 宋代党项族将领。初为李继捧牙将。宋淳化五年(994),遭宋将李继隆攻讨,从继捧徙于野,奉命告李继迁。因继迁欲并继捧,被缚。后从继迁,任指挥之职。同年七月,受继迁遣,同张浦诣宋绥州,伪求纳款。至道三年(997)十二月,以继迁与宋战不胜,复奉命出使宋京修贡。求备藩任,请复夏州定难军节度使之职,赐姓名。

【李光弼】(708—764) 唐朝将领。契丹族。营州柳城(今辽宁朝阳南)人。契丹首领、唐蓟郡公楷洛之子。沉毅有大略。善骑射,武后时入朝,历任左卫亲府左郎将、安北都护,以破吐蕃、吐谷浑功,进云麾将军,累迁朔方节度副使。天宝十四年(755),安史之乱,出任河东节度副使,兼云中太守,加魏郡太守、河北采访使,与郭子仪联军经略河北,连克十余郡,于太原大败史思明部。乾元二年(759),升天下兵马副元帅,讨安庆绪。宝应元年(762)出镇徐州,封临淮王。次年派兵镇压浙东袁晁起义。广德二年卒于军。

【李光睿】(？—978) 五代时期党项夏州政权统治者。改名克睿。宋初夏州定难军节度使*李彝殷(兴)子。乾德五年(967)九月父卒,以行军司马权知州事。十月,授定难军节度使,加检校太保。开宝五年(972)三月,闻太祖解诸将兵权,罢藩镇节度,不安,遣使贡献,表请入朝,未获允。七年,以其侄李继迁为管内都知蕃落使,屡拒北汉刘继元之诱,拒绝联兵攻宋,并御劫掠银州之北汉军。九年(976)九月,率兵伐北汉,十月,克吴堡寨,俘寨主侯遇献于宋,太宗即位,避太宗讳改名克睿。太平兴国元年(976)十二月,以击北汉功,加检校太尉。三年五月卒,赠侍中。

【李守贵】(？—1056) 西夏国官员。党项族。军事大臣野利遇乞部下,掌出纳官。为元昊宠妃没藏氏幸臣。元昊死,没藏太后与兄没藏讹庞专国政。西夏福圣承道四年(1056)九月,以讹庞侵耕宋屈野河地,宋朝牒告西夏国,他奉没藏氏遣至屈野河勘察边界,以实情告。因没藏后先与己私通,后又私侍从宝保吃多己,怀怨。是年十月,乘没藏后偕吃多己猎于贺兰山夜归之机,领数十骑于途中劫杀没藏后并吃多己。旋与全家皆被没藏讹庞诛杀。

【李安全】(1170—1211) 西夏国第七代皇帝。党项族。仁宗*李仁孝族弟越王仁友子。天庆三年(1196)十二月父死后,求袭王爵,遭拒,降封镇夷郡王。十三年(1206)正月,与纯祐母罗氏废纯祐自立。六月,罗氏二次遣使于金,言纯祐不能嗣守,大臣议立安全,请赐封册。七月,被金册为西夏国王。应天二年(1207),蒙古闻安全废主自立,遣兵来伐。四年三月,蒙古军第三次征西夏,兵入河西,攻兀剌海城,破克夷门,进围中兴府(今宁夏银川市)。安全求援于金,不应,向蒙古纳女请和。皇建元年(1210)八月,以金拒援,遭万骑攻金葭州。皇建二年(1211)七月,为齐王遵顼(神宗)所废。八月五日卒,年四十二,在位六年。谥敬穆皇帝。庙号襄宗,墓号康陵。

【李讹哆】(？—1116) 西夏国大臣。党项族。原为本族帐首领。西夏永安(1098—1100)中,降宋,授环州定远蕃族大首领。贞观十三年(1113)十月,致书西夏国统军梁哆腄,相约取定远及其窖粟数十万。陕西转运使任谅知其谋,将窖粟分输定边诸城堡,及哆唛围定远,失所藏而还。越七日,率所部万余骑归西夏。十二日,奉李乾顺命,率数万众入边军,围观化堡,力攻二十五日,不克乃退。在西夏国渐用事,与子遇昌常引兵进攻宋朝。雍宁三年(1116)七月,侦察宋边时,为宋熙河巡卒所获,被杀。

【李尽忠】(？—696) 唐代契丹大贺氏部落联盟首领。是名为唐所赐。原联盟首领*窟哥之孙(一说曾孙)。唐武则天(684—705年在位)时,为右武卫大将军兼松漠都督府都督。万岁通天元年(696)五月,因不堪忍受唐地方官员的侵侮,与妻兄、归城州刺史孙万荣举兵反唐,擒杀营州都督赵文翙(一作赵翙),据营州(今辽宁朝阳),自号"无上可汗",以孙万荣为帅,拥众数万。攻崇州(今辽宁朝阳东北),执唐讨击副使许钦寂,声势益壮,为武则天所恨,被侮称为"李尽灭"。八月,在西硖石黄獐谷(今河北卢龙、昌黎之间)大败唐鹰扬将军曹仁师等二十八将,俘获右金吾卫大将军张玄遇、司农少卿麻仁节。为人有谋略,善用计,破营州后,计诱唐兵轻敌深入,途中设伏,大败唐军。继攻平州(今河北卢龙),为唐右武威卫大将军、清边道行军大总管武攸宜重兵所阻,别部夜袭檀州(今北京密云),亦败,兵退入山。十月

(一说九月)卒。是后,契丹又附突厥。

【李如松】(?—1598) 明朝将领。字子茂。朝鲜族。铁岭卫(今辽宁铁岭)人。*李成梁长子。以父荫为都指挥同知,充宁伯远勋卫。英勇善战,晓兵事。迁署都督佥事,为神机营右副将。神宗万历十一年(1583),出为山西总兵官。十五年(1587),移镇宣府。召佥书中府。二十年(1592),哱拜反于宁夏,奉命为提督陕西讨逆军务总兵官,统辽东、宣府、大同、山西诸道援军大破之,进都督,世荫锦衣指挥同知。奉命提督蓟、辽、保定、山东诸军援朝鲜,拒日本入侵。二十一年,克平壤,复开城及黄海、平安、京畿、江原四道。后兵败碧蹄馆,损丧甚众,退驻开城。二月,遣军焚日军龙山仓积粟数十万,日军乏食。继复京城。师还,论功加太子太保。二十六年四月,率轻骑远出攻土蛮,中伏力战死。赠少保、宁远伯,谥忠烈。

【李如柏】(?—1619) 明朝将领。字子贞。朝鲜族。铁岭卫(今辽宁铁岭)人。*李成梁次子。以父荫为锦衣千户、指挥佥事。数从父出塞征战,以功历密云游击、黄花岭参将、蓟镇副总兵。神宗万历十六年(1588),以李氏兵权太盛,解任。后署宣府参将。二十年,随兄援朝抗击日本,署都督佥事,先率师赴援。翌年,克平壤、开城,进都督同知,为五军营副将。出为贵州总兵官。二十三年,改镇宁夏,败著力兔于平房、横城,进右都督。以疾归,家居二十余年。后奉诏镇辽东。四十七年(后金天命四年,1619),从辽东经略杨镐战后金努尔哈赤于萨尔浒,兵败受劾,自杀。

【李如桢】 明朝将领。朝鲜族。铁岭卫(今辽宁铁岭)人。*李成梁第三子。由父荫为指挥使。屡迁至右都督。曾掌南、北镇抚司,提督西司房,列环卫者四十年。虽为将家子,然未历行阵,不知兵。神宗万历四十七年(1619),出镇辽东。奉经略杨镐命守铁岭,还屯沈阳。后金攻铁岭,他拥兵不救,城失,以罪罢任。熹宗天启(1621—1627)初,下狱论死。毅宗崇祯四年(1631),免死充军。

【李如梅】 明朝将领。字子清。朝鲜族。铁岭卫(今辽宁铁岭)人。*李成梁子。由父荫,历都指挥佥事。随兄如松赴朝鲜抗击日本。屡迁辽东副总兵。神宗万历二十四年(1596),败炒花入犯。翌年八月,进都督佥事,充御倭副总兵,援朝鲜拒日军。率左军攻蔚山,迫日军遁归岛山。后失战机,为日援兵所败。擢御倭总官。兄如松战死辽东,奉命驰代之。逾年,以拥兵畏敌,受劾罢职。起复佥书左府。

【李如樟】 明朝将领。朝鲜族。铁岭卫(今辽宁铁岭)人。*李成梁第四子。由父荫历都指挥佥事。从兄如松征宁夏,先登有功,累进都督佥事。历任广西、延绥总兵官。

【李克文】(?—1005) 宋代党项政权官员。党项族。夏州党项政权统治者*李继捧族父。宋太平兴国五年(980),继捧以季弟嗣位,族众不满,发生内乱。七年三月,时任绥州刺史、西京作坊使,上表宋太宗,言继捧不当承袭,恐生变乱,请遣使偕至夏州,谕令入觐。奉命权知夏州,继捧召赴京。继因与继迁议不协,分地而居,继迁率旧部居银州。九月,受太宗召,挈家属入京,以唐僖宗所赐其祖忠铁券及朱书御扎献太宗,获太宗嘉奖,授澧州刺史。十月,夏州乱,受命权知州事,赴镇安抚。景德二年(1005),以博州防御使卒于任,追赠岳州防御使。为人性恭顺,谨守法,谨饬封堠,抚安族众。值继迁抗宋,缄口不言兵。

【李克用】(856—908) 唐末将领、五代后唐王朝奠基者。西突厥别部沙陀人。本姓朱邪,因一目失明,又号独眼龙。祖籍陇右金城。代北行营节度使李国昌(朱邪赤心)第三子。生于神武川之新城。骁勇善骑射。初随父鸦压庞勋起义军,被视为"飞虎子",授云中牙将。继任沙陀副兵马使,戍蔚州。乾符三年(876,一说五年),起兵杀大同防御使段文楚,据云州。五年为大同军节度使、检校工部尚书。后军势渐振,拒受调命。广明元年(880),为唐军所败,与父北逃鞑靼。黄巢起义军攻占长安后,被代北起军使陈景思荐为代州刺史,率沙陀兵镇压义军。中和二年(882),擢雁门节度使、神策天宁军镇遏、忻代观察使。三年,攻破长安,任同平章事、兼太原尹、北京留守、河东节度使。四年(884),晋爵陇西郡王。割据代忻,进掠并汾等州。乾宁二年(895),率师自晋阳趋三辅,讨凤翔李茂贞、邠州王行瑜、华州韩建,以功赐忠贞平难功臣,晋封晋王。屡与朱温兵戎相见,互有胜负。天祐二年(905,一说四年),与契丹耶律阿保机会于云州东,结盟通好。唐亡,仍沿用天祐年号。五年(908),卒于晋阳。同光元年(923),其子存勖即帝位后,迫尊为太祖武帝。

【李克远】(?—981) 宋代夏州党项政权官员。党项族。*李继筠族父。宋太宗太平兴国四年(979),以银州刺史,随李继筠助太宗征北汉,率军沿黄河列阵,渡河略太原以张军势。五年(980),因李继捧以季弟嗣位,怀怨,与弟克顺等率兵袭击夏州,中伏败死。

【李克宪】 宋代夏州党项政权官员。党项族。*李继筠族父。宋太宗太平兴国四年(979),以绥州刺史,随李继筠助太宗征北汉,率军沿黄河列阵,渡河略太原以张军势。后恃功,跋扈不顺,遭继筠劾免职。后太宗以绥州无主,复命具知州事。太宗密令李氏宗族赴京,克宪偃蹇不肯行。后通事舍人袁继忠持诏往谕,继忠入京,授单州刺史,赐第京师。

【李克睿】 见"李光睿"。(214页)

【李志甫】(?—1340) 又作李至甫、李智甫,一名李胜。元代畲族农民起义领袖。漳州南胜(今福建南靖)人。顺帝至元四年(1338)六月,联合汉民义军领袖黄二使,举兵围漳州,败元守将搠思监。又转攻龙溪,连败闽、浙、赣、粤四省元军。六年三月,被漳州人陈君用袭杀。

【李佑卿】(1885—1913) 近代资产阶级民主革命者。广西凭祥县人。壮族。青年时目睹清政腐败,丧权辱国,心怀义愤。光绪三十二年(1906),毅然投奔孙中山,加入同盟会。次年春,回凭祥秘密组织革命武装。是年秋,奉孙中山命与黄明堂发动镇南关起义,任副总指挥,一举攻占重兵据守的镇南关炮台,受到孙中山嘉奖。由于清军反扑,义军后援不继,被迫撤至越南境内。光绪三十四年(1908),奉命与黄明堂等率军潜入云南河口发动武装起义,攻占河口,挥师北上,直迫蒙自。遭云贵总督锡良调黔、桂、川三省兵袭击,孤军深入,无法相持,再度退兵越南。被侵越法军强令解除武装,押送新加坡服劳役。1911年10月,武昌起义爆发,归国继续追随孙中山革命,被派往海南岛任抚黎局局长。1913年,在海南岛积极响应孙中山发动"二次革命",并策划兴兵讨袁。后被琼州镇守使刺身亡。

【李延宠】 见"延宠"。(153页)

【李延信】 宋代党项族军事首领。*李继迁从弟。雍熙二年(985)二月,向继迁进献取银州之策,主张弃漠北而图银州,以求立足。入据银州后,共举继迁为都知蕃落使,权知定难军留后,受封行军司马。淳化五年(994)八月,奉命使宋贡驼马谢罪。获太宗召见得抚慰厚赏而还。景穗元年(1004),德明嗣位后,受封为银州防御使。

【李怀仙】(?—768) 唐朝大臣。柳城(今辽宁朝阳南)胡人。智敏善骑射。世隶契丹,守营州。后附安禄山、史思明。安史之乱后,降唐,任幽州、卢龙节度使,迁检校兵部尚书,在辖区内治城邑,聚甲兵,委派官吏,征收赋税,拥兵自重。代宗大历三年(768),为部将朱希彩等所杀。

【李怀秀】 见"迪辇俎里"。(356页)

【李邵固】 见"邵固"。(396页)

【李纯祐】(1177—1206) 西夏国第六代皇帝。党项族。仁宗*李仁孝长子,罗氏生。西夏乾祐二十四年(1193),十七岁即位,实行附金和宋之策。天庆元年(1194),受金册为西夏国主。三年,族弟越王李仁友子李安全上表诵父功冀嗣父爵,被拒,封镇夷郡王,遂怀怨。四年九月,向金请求复置保安、兰州二榷场,被允。七年(1200),遣使于金为太后罗氏求医,蒙金太医来治。八年十一月,因金浚边界濠堑,入西夏界国,遣使诘责。十年,策土,赐宗室遵项进士及第。十二年(1205),西夏国遭蒙古军袭击,失力吉里砦,瓜、沙诸州被掠。六月,蒙古兵退,改兴庆为中兴府(今宁夏银川市)。十一月,乘蒙古兵侵金,以兵入蒙古境,不战而还。十三年(1206)正月二十日,被镇夷郡王安全与母罗氏合谋所废。三月,暴卒,年三十。在位十四年,谥昭简皇帝,庙号恒宗,墓号庄陵。

【李茂勋】 唐朝将领。回鹘阿布思之裔。会昌(841—846)年间附唐,隶张仲武,以智勇善骑射,颇得器重,受命将兵,以功赐姓名。咸通(860—874)末,率兵袭杀陈贡信,进驻幽州,受唐封为节度使。不久,因病告老,授尚书右仆射。致仕,荐子李可举为节度使。

【李郁于】 见"郁于"。(333页)

【李国昌】(?—883或887) 本姓朱邪,名赤心。唐末将领。西突厥别部沙陀人。阴山府都督、伐北行营招抚使执宜之子。初任唐朔州刺史。咸通十年(869),为太原行营招讨、沙陀三部落军使,从康承训镇压庞勋起义军,升单于大都护、振武节度使,赐姓名李国昌,字德兴。寻被吐谷浑所袭,退保神武川。越三年,徙云州刺史、大同防御使。广明元年(880),称疾拒命,为唐军所败,与子克用北逃鞑靼。中和二年(882),因克用被召为代州刺史以镇压黄巢起义军,遂率族自鞑靼归代州。次年,克用镇太原,表其为代北节度使。不久,卒。其孙后唐庄宗李存勖即帝位后,追谥为文皇,庙号献祖。

【李秉常】(1061—1086) 西夏国第三代皇帝。党项族。毅宗*李谅祚长子,梁氏生。七岁即位,母后摄政,以太后弟梁乙埋为国相。母族擅权,为争取党项贵族与地主阶级拥护,废汉礼,改用蕃礼,又穷兵黩武,大举进犯宋境,以转移统治阶级内部矛盾。西夏大安二年(1076),始亲政。六年正月,在皇族支持下,下令取消蕃仪,恢复汉礼,遭母党反对未能实行。三月,拟采用西夏将汉人李清建议,以黄河以南地归宋,与宋结好,借宋朝之力削弱梁氏。事泄,李清被梁氏与幸臣罔萌讹谋杀,帝亦被囚于兴庆府外。帝党率兵与梁氏对抗,国中大乱。五月,应西夏保泰统军李藏花麻之请,宋朝分兵五路攻入西夏境,讨梁氏,梁太后在失利形势下,采用坚壁清野,断宋馈运,反败为胜。八年,又取得对宋永乐之战的胜利。连年战争,西夏国生产破坏,财用困乏,物价暴涨,人民饥困,国内对梁氏专权不满。九年闰六月,梁太后与梁乙埋谋划,让秉常复位,以缓和国内矛盾。复位后,国政大权仍被梁太后和梁乙埋所掌握,一面遣使入宋表请称臣纳贡,以图宋朝恢复对夏"岁赐";一面又以索还西夏国旧有疆土为由,继续侵扰宋边。大安十年(1084)正月,发兵八十万围攻兰州。四月,遣都统军叶悖麻等攻安远砦。十月,遣兵十万攻泾原,皆败,复遣向宋朝入贡。十一年二月,梁乙埋死,子梁乙逋自立为国相,继续独揽国政。十月,梁太后死,乙逋与仁多保忠分掌左右厢兵权,势力相抗,秉常不能约束。天安礼定元年(1086)七月十日,忧愤而卒。年二十六,在位十九年。谥康靖皇帝,庙号惠宗,墓号献陵。

【李於阳】(1784—1826) 清代白族诗人。初名李鳌,字占祜,号即园。原籍云南大理府太和县(今大理)人,少年时随父徙居昆明。嘉庆二十四年(1819)中副贡,工古文,被时人誉为"昆华五子"之一。后秋试屡不第,专意于诗词赋。著有《苍华诗文集》、《游子吟》、《紫云集》、《社声录》等,今仅传《即园诗钞》十四卷。诗词富于人民性,如《祷雨叹》、《泣牛谣》、《卖儿叹》、《食粥叹》、《苦饥行》、《米贵行》、《邻奴叹》、《兵夫叹》、《赈米图》等均以现实主义笔法,反映了民间饥寒交迫,卖儿鬻女的悲惨生活。

【李学东】(1826—1876) 清咸同年间云南彝民反

清起义将领。四川马边厅(今马边县)人。彝族。曾参加太平军。咸丰四年(1854),赴云南哀牢山区进行反清起义宣传活动。六年(1856),在赵州(今弥渡县)瓦卢村天生营同李文学起义,任上将军。率兵与清军战于哀牢山各地。同治十三年(1874),清军围攻起义军根据地蜜滴时,统二百人突围而出,进入深山。后屡出袭击清军。光绪二年(1876)夏,病故。

【李居正】 唐代渤海国官员。渤海人。李氏。宣王大仁秀(818—830年在位)时,入唐京长安学习古今制度。彝震王感和三年(唐文宗太和七年,833),业成,随朝唐使高宝英归国入仕。虔晃王三年(唐懿宗咸通元年,860)冬,奉使聘日本,并吊文德天皇丧,任大使,同行百余人。翌年正月,至岛根登陆。因聘期未满,未获允入京。此行曾传《梵本东胜咒》于日本,后藏山城东胜寺。

【李绍威】 见"扫剌"。(142页)

【李南哥】 元末明初土族官员。青海西宁人。世居青海民和上川口。元末任西宁州同知。明洪武四年(1371),附明,授忠显校尉,招抚西番八族,经略河湟。西宁州改卫,累功进西宁卫指挥佥事,升指挥使。永乐六年(1408),以老病去职,子李英袭。宣德(1426—1435)中,病卒。一说永乐五年(1407)卒。

【李荫祖】(1629—1664) 清朝大臣。字绳武。朝鲜族。陕西提督*李思忠次子。汉军正黄旗人。初授户部员外郎,三迁兵部侍郎。顺治十一年(1654),直隶灾,奉命与尚书巴哈纳等治赈。寻授兵部尚书、右副都御史,总督直隶、山东、河南三行省。疏请免除受灾州县秋粮,招流民还故乡。建言分兵驻守北塘、涧河诸地。十四年(1657),加太子太保,移督湖广,十七年,因病辞官。

【李思孝】 唐代党项羌拓跋部首领。夏州定难军节度使*拓跋思恭(李思恭)弟。唐文德元年(888),为行军司马,受兄命攻取鄜延,自称保大军节度使留后。受唐封鄜坊丹翟等州观察使,并检校司徒,同中书门下平章事。大顺元年(890)六月,同思恭率兵会都招讨使张浚于晋州。乾宁二年(895),兄卒,七月,以唐邠宁节度王行瑜反,与河东李存信擒其将王令陶献于行在。八月,拜邠宁北面招讨使,从邠宁四面行营都招讨李克用讨王行瑜,取鄜州,遂为节度使,累兼侍中。三年三月,以老致仕,荐弟思敬为保大军兵马留后。

【李思忠】(?—1657) 清朝将领。铁岭卫(今辽宁铁岭)人。朝鲜族。明辽东总兵官*李成梁族子,李如梃子。仕明为太原同知,罢官抚顺。后金太祖天命三年(1618),归后金,徙还铁岭。六年(1621),奉命收族人,授牛录额真,进游击。太宗天聪三年(1629),从征明,取永平等四城。奉命守遵化,战明将谢尚忠。五年,随军攻南海岛,进二等参将。九年(1635),进三等梅勒章京,奉命驻守盖州城。崇德二年(1637),奉命修辽阳诸城。七年(1642),汉军旗制定,隶正黄旗。世祖顺治元年(1644),从豫亲王多铎徇陕西,击李自成起义军,破潼关,下江南,克扬州,抚定江北州县凡十。三年,以梅勒额真成西安。擢陕西提督。七年,晋爵一等男。十一年,以老致仕。

【李思恭】 见"拓跋思恭"。(337页)

【李思谏】(?—908) 唐代党项夏州政权统治者。唐末夏州定难军节度使*拓跋思恭弟。乾宁二年(895)兄卒,因子亡,孙幼,军中立思谏。八月,以邠宁节度使王行瑜叛,唐昭宗命为招讨使,从邠宁四面行营都招讨李克用共讨之。四年正月,昭宗又命其兼宁塞节度,以分李茂贞之势。九月,加凤翔四面行营副都统,讨李茂贞。天祐三年(906)九月,因静难节度使杨崇本将六镇兵攻夏州,十月,告急于梁,得梁将刘知俊援,破敌,自是夏州服于梁。梁太祖开平元年(907)五月,加检校太尉兼侍中。

【李思摩】 见"阿史那思摩"。(288页)

【李显忠】(1109—1177) 南宋将领。初名世辅,后赐名显忠。党项族。李永奇之子。自唐以来世袭苏尾九族巡检。年十七,随父出战金人,补承信郎,充队将,转武翼郎,充副将。金人陷延安,授其父子以官,欲寻机执金帅兀术归宋,未果。继授承宣使,知同州。计执金帅撒里曷,因遭金兵追击,事败,全家二百余口遇害。宋绍兴九年(1139)二月,出奔西夏国,借兵二十万,击擒撒里曷,取陕西五路归于夏。领兵除夏患"青面夜叉"。继拜延安招抚使,统兵二十万取陕西,至延安,归宋,赐名显忠。金兀术进攻河南,他以招抚司前军都统制,数败金兵,加保信军节度使、浙东副总管。因向朝廷奏恢复之策,忤秦桧意,又遭金使谗陷,被降官奉祠,居台州。绍兴二十九年(1159),以金朝渝盟,受命以本部捍御,获采石之捷,尽复淮西州郡,以功授淮西制置使、京畿等处招讨使,擢太尉、宁国军节度使、主管侍卫马司公事。兼权池州驻扎御前诸军都统制,节制军马。隆兴元年(1163),兼淮西招讨使。暗结金统军萧琦为内应,取河东。以萧琦背约,败之。复灵璧、虹县、宿州,授殿前都指挥使。因副使邵宏渊忌功不协,多方掣肘,兵败,责受果州团练使、潭州安置,后移抚州。乾道元年(1165),还会稽,复防御使、观察使、浙东副总管,拜威武军节度使、左金吾卫上将军,复太尉。淳熙四年(1177)七月卒,谥忠襄。

【李显祖】(1633—1675) 清朝将领。朝鲜族。汉军正黄旗人。陕西提督*李思忠第三子。父死袭爵。清世祖赐名塞白理,授二等侍卫、甲喇额真。康熙(1662—1722)初,授随征江南左路总兵官。五年(1666),迁广东水师提督。八年,改浙江提督。以耿精忠叛乱,自福建侵浙江。疏请分兵援台州,防宁波,击走精忠将曾养性。卒于军。乾隆(1736—1795)初,定封三等男。

【李洪远】(?—1644) 明朝官员。土族。青海西宁人。世袭指挥同知。明崇祯十六年(1643)冬,与西祁土司祁廷谏等守西宁城,拒李自成起义军。次年春,诱杀义军首领贺锦等三千人。起义军攻克西宁时,与妻祁氏及家丁一百二十人死于乱军中。

【李彦升】 唐代学者。伊斯兰教徒。原为大食国

(指阿拉伯哈里发帝国)人。唐代,随父经商留居中国。努力学习汉族文化,有文才,汉学造诣颇深。唐大中元年(847),经大梁连帅范阳公(即宣武军节度使卢钧)举荐,由礼部考其才,试五经、时务,次年以进士第名显。为见于文献记载的回族先民学习汉族文化的最早代表人物之一。

【李冠铭】 清末武术家。回族。河北沧州孟村镇(今孟村回族自治县)人。系大陆合门。为大刀王五之师李凤岗之叔。有奇力,据载能手攀石坊梁以股夹马起,马跳嘶不能动,为镖客所敬服,有威名,故镖客过沧境相戒不喊镖,久沿成例。

【李索低】 见"索低"。(439页)

【李造福】 西夏国大臣。党项族。曾受遣五使辽国。贞观四年(1104)六月,宋夏战于灵州川,夏败,受命与田若水至辽国求援。五年正月,复使辽国求援,请辽出兵伐宋。同年十二月,三使辽国促兵相救。六年六月,宋朝许西夏国和,再赴辽国谢解和之德。十年(1110)三月,为供奉使,赴辽国进贡物。

【李倬云】 清初白族学者。字瑶峰。云南鹤庆州(今大理白族自治州鹤庆县)人。自幼勤学,博览群籍,工古文,善赋诗。康熙四十七年(1708)中举,选学正。有多种著述,今存《鹤庆府志》二十六卷,光绪《鹤庆州志》中收有其诗文二十余篇。《稗子行》《农夫叹》《乞儿行》等诗中充满对农民悲惨生活的同情。"富家索债日呼门,医疮何处堪剜肉",揭露了地主阶级的残酷剥削;"黠者依险阻,跳梁弄戈矛",说明人民被迫进行反抗的原因。

【李娑固】 见"娑固"。(472页)

【李谅祚】(1047—1068) 西夏国第二代皇帝。党项族。景宗*李元昊子,没藏氏生。因出生于两岔河行营故名谅祚。小字宁令哥。西夏天授礼法延祚十一年(1048)周岁即位,朝政大权由太后没藏氏和舅父国相没藏讹庞控制。福圣承道四年(1056)十月,没藏氏被杀,讹庞又将女嫁谅祚为后,以控制之。奲都三年(1059),讹庞杀害帝亲臣汉人高怀正、毛惟昌,以削帝势。五年四月,从讹庞子妇梁氏处获悉讹庞谋叛,召杀之,诛讹庞全家,赐后没藏氏死,始亲政。结好宋朝,奉表请尚公主,废蕃礼,用汉礼,任用汉族士人,向宋朝献马,求太宗御制诗章隶书石木,并求《九经》《唐史》《册府元龟》及朝贺礼仪,请赐工匠。拱化元年(1063)复唐赐李姓,同宋朝恢复権场贸易,通互市。对十二监军司作了部分调整变更,又增设官职,充备官制。即位初,遭辽军袭击,屡败,辽军攻入贺兰山,被迫纳降称臣。亲政后,乘吐蕃唃厮啰与辽绝交之隙,进攻青唐城,复败。拱化元年,收降西使城吐蕃首领禹藏花麻,以族女嫁之,封驸马,升西使城为保泰军,命花麻驻守。四年,又收降河州吐蕃部落首领瞎毡子木征。从拱化二年七月起,借口宋朝侮辱夏使,发兵十万,连侵宋秦凤、泾原,驱胁归宋之党项熟户归夏。三年,复攻庆州、保安军,围顺宁砦,掠泾原,争德顺军的同家堡,杀熟户,掠牛羊。四年,入庆州,攻大顺城,因中箭撤军。五年闰三月,遣使向宋朝纳贡谢罪,许诺谨守封疆,不再侵扰宋境,复通和。五年十二月(1068年初)卒,谥昭英皇帝,庙号毅宗,墓号安陵。

【李家奴】 元契丹人。姓移剌。割股医母病。

【李继迁】(963—1004) 党项夏州政权统治者,西夏国创建人。银州防御史*李光俨之子。生于银州(今陕西榆林南)无定河边一山寨(今称李继迁寨)。智勇善骑射。开宝七年(974),任管内都知蕃落使。太平兴国七年(982)六月,族兄李继捧率族人入宋献所属五州地,他拒诏,不从北阙,与弟继冲、亲信张浦等诈言乳母死出葬,置兵甲于棺,率族众数十人出奔夏州东北三百里之地斤泽,出其祖拓跋思忠像示族人,号召部族起事。十二月,攻夏州、银州、宥州等地。雍熙元年(984)九月,地斤泽被知夏州尹宪、都巡检使曹光实袭破,母、妻被获,与弟继冲幸免得脱。遂聚豪族,招募众人,兵势复振。二年二月,以弟继冲等诈降,诱杀曹光实,袭据银州,自称定难军留后。乘胜攻会州,围抚宁砦,与宋军战,兵败,弃银州逃走。三年二月,向契丹称臣图援,被封授定难军节度银夏绥宥等州观察处置等使,特进检校太师都督夏州诸军事,并尚宗室女义成公主。淳化元年(990)十二月,受契丹封为西夏国王。二年,受继捧招降,伪称归诚,宋太宗授以银州刺史,赐姓名赵保吉。旋诱继捧降契丹,并其部众。继捧逃走,为宋所执。被宋削所赐姓名。因宋实行盐禁,处境困窘,内外骚乱。至道二年(996)三月,于浦洛河邀击宋运往灵州的粮草,继攻西凉府,围灵州,宋以五路救援,继迁恐早夏有失,解围。三年,复上表归宋,宋授夏州刺史、定难军节度、夏银绥宥静等州观察处置押蕃落等使。旋复抄掠宋边。咸平四年(1001),谋西掠吐蕃,北收回鹘,攻灵州不克,屯田于其境。五年三月,攻陷灵州(今宁夏灵武南),以为西平府,遂都于此。尽复绥宥诸州地。六年(1003),东攻麟州不克,复攻西蕃,取西凉府(今甘肃武威),继攻六谷都朔方节度使潘罗支,为罗支邀集六谷部及者龙族败于三十九井,中流矢,逃回灵州。景德元年正月二日卒,年四十二。追尊"应运法天神智仁圣至道广德孝光皇帝"。元昊建国,谥神武,庙号太祖,墓号裕陵。

【李继冲】 宋代党项夏州政权官员。党项族。*李继迁弟。宋太平兴国七年(982),以族兄李继捧向宋献五州地投宋,与兄定难军都知蕃落使李继迁共谋出奔地斤泽,抗宋自立。雍熙元年(984)五月,受继迁命诱党项咩嵬族首领乜崖率所部降附。九月,地斤泽被宋知夏州尹宪、都巡检使曹光实袭破,与继迁弃众逃走。二年二月,纠合部族赴银州,诱杀曹光实。三年,与继迁臣契丹,被封为定难军节度副使。淳化二年(991)诈降于宋,赐姓名赵保宁。授绥州团练使。景德元年(1004),继迁死,子德明立,以其为绥州刺史兼右司马指挥使。后任行军司马。二年,建议德明结好契丹,以威服众心。受命向契丹纳贡请封,受厚遇。十月,以德明受封西平王,到契丹谢封册。

【李继周】(943—1009) 宋朝边将。党项族。延州金明(今陕西安塞东南)人。金明镇首领李孝顺子。嗣掌本族。宋太平兴国三年(978),击败党项东山部对清化砦的进攻,补殿前承旨。雍熙(984—987)中,与侯延广败末藏、末腋等族于浑州西山。淳化四年(993),迁殿直。五年,讨李继迁,招降族帐首领二十余人,率部入夏州,败李继迁于石堡砦,以功转供奉官。修筑阿都关、塞门、卢关等边砦城,率所部袭击其附近的磨卢家、媚咩、拽藏等族。至道二年(996),授西州作坊副使。继充延州路踏白先锋,随军攻继迁,败之于路。咸平初(998),改西京左藏库副使。三年(1000),复为先锋,深入夏境,焚积聚,杀人畜,获器甲凡六十余万,授供备库使,领金明县兵马都监、新砦解家河卢关路都巡检。五年(1002),授西京作坊使。景德元年(1004),以继迁围麟州,受诏率兵会同李继福掩击之,加领诚州刺史。

【李继捧】(962—1004) 宋代党项夏州政权统治者。宋初夏州定难军节度使*李光睿子,*李继筠弟。初任衙内都指挥。兄卒,袭职。因不孚众望,宗族叛离,银州刺史李克远与弟李克顺等率兵袭夏州,继捧设伏败之,并以兵变告太宗。太平兴国七年(982)五月,奉太宗诏率家属入朝,受厚赐,因献夏、绥、银、宥、静五州八县之地,留居京师,授彰德军节度使。雍熙四年(987)五月,被疑暗通族弟继迁为宋边患,被出为崇信军节度使。端拱元年(988),迁感德军节度使,奉命招降继迁,赐姓名赵保忠,授夏州刺史,充定难军节度使,夏、银、绥、宥、静等州观察处置蕃落等使,并赐金、银、五州钱帛、刍粟、田园等。四月,伪称降宥州御泥布罗树等族,加特进同中书门下平章事。淳化元年(990)十月,以夏州遭继迁攻,乞援于宋。二年十一月,受继迁诱,遣使表附契丹,封西平王,复姓名李继捧。五年(994)三月,闻宋将李继隆率兵讨继迁,谏言宋与继迁解怨罢兵,未获允,并遭李继隆军袭。后营帐遭继迁袭击。单骑逃还城中,被夏州将赵光嗣执送汴京,获赦,授右千牛卫上将军,封宥罪侯,赐居京师。后官居右金吾卫上将军,判岳州、复州、永州等官。景德元年(1004)病卒,赠诚塞军节度使。

【李继瑗】 宋代党项族官员。*李继迁弟。真宗咸平元年(998),继迁降宋后,奉命使宋献马,授亳州防御使。五年(1002),继迁攻下灵武,欲徙都,劝兄勿弃银、夏旧地,不听,决定迁都西平,命其与牙将李知白等督众立宗庙、置官衙,挈宗族,操办建都事宜。景德元年(1004),李德明嗣立,封为夏州防御使。

【李继筠】(?—980) 党项夏州政权统治者。宋初夏州定难军节度使*李光睿子。太平兴国三年(978)五月,父卒,以衙内都指挥使检校工部尚书自权知州事,旋授检校司徒定难军节度观察留后。四年三月,上表请率所部随宋太宗征北汉,田遣银州刺史李克远,绥州刺史李克宪,率蕃汉兵列阵渡河,略太原以张军势。

【李乾顺】(1084—1139) 西夏国第四代皇帝。党项族。惠宗*李秉常长子。梁氏生。西夏天安礼定元年(1086),三岁即帝位,母后与国相梁乙逋专权,不断发动对宋战争。天祐民安七年(1096)十月,奉母命领兵五十万,侵入宋朝鄜延路,攻陷金明砦,献俘于辽,以为应援。永安二年(1099)正月,梁太后得罪辽朝,被辽使用药酒毒死,乾顺在辽朝支持下亲政,依附辽朝,曾出兵助辽平息拔思母部的起义,争取辽朝援助,以拒宋朝。辽朝也遣使为夏宋和解说项。三年十一月,向辽请婚,娶辽宗室女成安公主南仙。金朝兴起,南下侵辽,乾顺采取援辽抗金之策。元德四年(1122)三月,遣兵五千援辽。五月,得知辽天祚帝逃入阴山,又遣大将李良辅领兵三万救援,击败金兵,后兵败宜水。五年正月,复出兵救辽,闻辽天祚帝西通云内州,遣使迎接,被辽册封为西夏国皇帝。见辽将亡,为保全西夏国,上誓表向金称臣,以事辽之礼事金。利用宋金交战之机,扩大疆域。在位期间,崇尚汉族文化,贞观元年(1101)八月,采纳汉官御史中丞薛元礼的建议,于蕃学之外,特建国学(即汉学),设置教授,选皇亲贵族子弟三百人,由官府供给廪食,入学受教。总结梁氏"一门二后"长期专权的历史教训,为巩固皇权,采取分封皇姓的措施,封庶弟察哥为晋王,宗室景思子仁忠为濮王,次子仁礼为舒王。封皇族鬼名安惠为梁国正献王。大德五年(1139)六月四日卒,年五十六,在位五十四年。谥圣文皇帝,庙号崇宗,墓号显陵。

【李梅落】 见"梅落"。(478页)
【李鸿基】 见"张秀眉"。(268页)
【李惟忠】(1220—1278) 西夏国宗室、元朝大臣。党项人,元代称唐兀氏。西夏国太子*李德任子。宝义元年(1226),蒙古军取灵州,父被执,不屈而死。他求从父死,蒙古将异之,执以献宗王合撒儿,王留养之。后随嗣王移相哥经略中原,有功,任淄川王分地达鲁花赤,佩金符,赠金吾卫上将军,签书枢密院事。死后追封滕国公,谥忠肃。

【李朝真】 清末伊斯兰教学者、阿拉伯文书法家。回族。河北沧州人。祖上世代皆为著名伊斯兰学者。曾祖李清泰是华北地区三大经师之一。他承袭家学,先后在通州(北京通州)、北京及京东等地清真寺任开学阿訇,闻名华北地区。三十岁时,就理著名伊斯兰学者辩论认主学。善书阿拉伯文,笔法圆润有力。其墨迹至今在通州等地回民中多有收藏。

【李紫琮】 宋代大理国(后理国,在今云南)大臣。白族。今云南大理市人。仕大理国第十六世国王段正严(段和誉),任"天驷爽彦贲"。宋徽宗政和六年(1116),为进奉使,与副使李伯祥出使宋朝。路过湖南,闻宋朝学校、文物之盛,入学校瞻拜孔子像,观看御书阁。翌年,抵宋京师,贡马三百八十匹及麝香、牛黄、细毡等物。段正严遂被宋封为云南节度使、大理国王,进一步加强大理同和宋朝的藩属关系。由于他仰慕汉族文化及在出使中所起的作用,此后大理国几次派使臣至宋求取《大藏经》、经史、百家和药书等,对孔子的崇拜也成为白族的传统。

【李鲁苏】见"鲁苏"。(548 页)

【李舜弦】五代时女画家、书法家、诗人。先世为波斯人,寄居蜀中梓州(今四川三台)。前蜀花间派词人李珣之胞妹,前蜀后主王衍纳为昭仪。善属文、尤工书画,精画竹,其画"生意具足,世人效之"。著有《蜀宫应制》《随驾游青城》《钓鱼不得》等诗。

【李楷固】唐代契丹大贺氏部落首领。武则天万岁通天元年(696)五月,因不堪忍受唐朝地方官员的侵侮,随松漠都督府都督李尽忠、归诚州刺史孙万荣举兵反唐,擒杀营州都督赵文翙(一作赵翙),占据营州(今辽宁朝阳),兵至数万,被尽忠委为别帅。八月,在西硖西黄獐谷(今河北卢龙、昌黎之间)大败唐鹰扬将军曹仁师等二十八将。善使飞索套人,"百无一漏",曾以索套擒右金吾卫大将军张玄遇、司农少卿麻仁节,获大功。翌年(697)六月,遭唐及奚族兵夹击,兵溃,降唐,因勇,获魏州刺史狄仁杰奏保,免死,拜左玉铃卫将军,受命领兵追击契丹未降之众。以靺鞨首领乞四比羽、乞乞仲象等拒绝唐封,图据太白山(今长白山)、奥娄河(今牡丹江)谋求发展,受命追击,斩杀乞四比羽。继与乞乞仲象子大祚荣战于天门岭,兵败,只身逃回。久视元年(700)七月,以征讨反唐的契丹余众有功,深得武则天青睐,赐姓武,授左玉铃卫大将军,封燕国公。

【李献诚】唐代黑水靺鞨首领。本名倪属利稽。玄宗开元十年(722),赴唐都长安(今西安)朝贡,拜勃利州刺史。十三年(725),唐置黑水军,次年,置黑水府,以其部长为都督,唐设长史监之。十六年(728),赐名李献诚,授云麾将军兼黑水经略使,仍以幽州都督为其押使。自此朝贡不绝。

【李嗣恩】(?—918)五代后唐大臣。吐谷浑部人。本姓骆。代北沙陀部首领*李克用养子,以战功迁突阵指挥,赐名李嗣恩,收为义子。后辽州(治今山西左权)刺史。晋王天祐十二年(915),从李存勖入魏州(治今河北大名),迁天雄军马步指挥。后官至代州刺史、石岭关以北知兵马使、振武节度使(镇朔州,今山西朔县)。十五年卒于太原,追赠太尉。

【李嗣源】(867—933)五代后唐皇帝。926—933年在位。本代北胡人。汾州刺史霓(一说电)之子,生于应州金城县,名邈佶烈。骁勇善骑射。从沙陀部李克用征战,被纳为养子,从李姓,改名嗣源。天祐五年(908),以击败朱梁功,授代州刺史。历相州刺史、邢州、天平军节度使。同光元年(923),晋太尉,移镇汴州,为蕃汉内外马步军总管。改镇州节度使。四年(926)二月,受命镇压赵在礼为首的魏州兵变,反与变兵联合南下。四月,占据大梁(即汴,今开封),进逼洛阳。闻庄宗卒,遂入洛监国,杀专事搜括之租庸使孔谦,废谦所立苛敛之法,以收人心。旋即帝位,建年号天成,改名亶。在位期间,境内稍安,有利于社会经济的恢复和发展。长兴四年(933)十一月,卒于雍和殿。谥圣德和武钦孝皇帝,庙号明宗。

【李锦贵】(?—1861)清咸丰年间(1851—1861)广西上林壮族起义首领。上林县(今田东县东南)东关村人。壮族。自幼读诗书,通文墨,刚直侠义,孚有众望。咸丰初,被村人举为东关团总。后因对官府不满,与黄元镠、李绍理等组织大勇堂,自称大元帅,竖旗聚众与官府公开抗衡,邻近村民闻风趋附,声势浩大。咸丰七年(1857),八月,率起义军攻占上林县城,执杀知县杨培坤、开仓济贫,号召人民蓄发变服,奉太平天国年号,改上林县为澄江县,自称明义将军大司马,册封黄元镠、李绍理为左右指挥,分立营垒,拥兵据守。八年七月,遭清副将肖劳芳围剿,被迫率部退出上林县城。后因获贵县起义军领袖黄鼎凤支援,在上林坚持斗争,先后攻破苍贤、桃塘、内八义、外八义等村寨。九年十月,与太平天国将领石镇吉联兵再克上林。翌年正月,被石镇吉封为澄江县大令。四月,配合翼王石达开攻占武缘县城。十一年(1861)二月,亲迎石达开入上林县城,被封精忠大柱国体天侯。五月病逝。

【李源发】(?—1850)清代湖南瑶民起义首领。湖南新宁(今开江县)人。瑶族。道光二十七年(1847),曾积极参加新宁瑶民首领雷再浩领导的湘桂边瑶、壮农民大起义,为得力部将。雷再浩失败牺牲后,在新宁地区聚集残部,重振反清力量。二十九年(1849)十一月,率部一举攻占新宁县城,杀县令,毁官衙,开仓济贫,深得群众拥护,附近瑶、壮、汉等族贫苦农民纷纷加入起义队伍。先后转战于湖南新宁、城步和广西全州、兴安、灵川、龙胜、融安、永福、阳朔、荔浦、修仁等广大瑶、壮地区,给当地官军以沉重打击,在龙胜地区曾杀清参将玛隆阿,震撼整个桂北地区。次年,朝廷调集数省兵力前往围剿。六月,战败被俘,解至北京杀害。

【李谨行】(?—682)唐代靺鞨首领。*突地稽子。为人伟貌,武力绝人。麟德(664—665)中,历任营州(今辽宁朝阳)都督。其部家僮数千人,以财力雄边,为邻部所惮。累拜右领军大将军,积石道经略大使。吐蕃论钦陵率众十万攻湟中(指今青海湟水沿岸),其兵士素不设备,闻敌至,开门以待。吐蕃疑有伏兵,竟不敢进。唐高宗上元三年(676),破吐蕃数万众于青海。累授镇军大将军、行右卫大将军,封燕国公。卒,追赠幽州都督,陪葬乾陵。

【李福宝】清代纳西族文人。字珍五。云南丽江大研里人。光绪十四年(1888)举人。有才学,又年青中举,故拜从学者众多。主讲雪山书院,很快成为有名气的书院山长。在知府和地方各界支持下,与王成章主撰《光绪丽江府志稿》。后进京考进士,因科试停止,转而在四川做幕僚。晚年回滇,卒于昆明。

【李满住】(?—1467)明代建州卫首领。女真族,古伦氏。建州首领*阿哈出(赐名李诚善)孙,*释加奴(赐名李显忠)子。继其父掌管建州卫。初居房州(或奉州,今黑龙江东宁县大城子古城)。永乐二十二年(1424),以蒙古军入扰,率千余户移居婆猪江(今浑江)。洪熙元年(1425),首次向明朝贡马及方物。宣德四年

(1429)，请入朝充侍卫，未获允。五年，请与朝鲜市易，朝鲜不纳，宣宗令于辽东境上市易。正统元年(1436)，因遭忽刺温(海西女真)侵掠，欲移居辽阳草河，遣子李古纳哈朝贡，送还东宁逃人四十八口，受嘉赏。三年，因屡遭朝鲜侵扰，移居灶突山(今兴京境)东南浑河沿岸。七年(1442)，擢都督佥事。十一年(1446)，与凡察等遣人贡马、驼、方物。十二年初，擢都督同知。六月，受命御瓦刺入侵。景泰二年(1451)，畏避蒙古脱脱不花东侵，移居兀喇山瓮村。成化三年(1467)，因扰边，被明与朝鲜军所杀。

【李德任】(？—1226) 西夏国太子。党项族。西夏神宗*李遵顼子。立为太子。西夏光定七年(1217)十二月，蒙古成吉思汗率军围中兴府(兴庆府，今宁夏银川市)，父出走西凉，他受命留守都城，后遵顼遣使请降，蒙古兵始退。十三年(1223)，遵顼遣其率师侵金，以金兵势强，建议与金约和，固谏不从，遂请避太子位，出家为僧，触怒遵顼，被囚于灵州。宝义元年(1226)十一月，蒙古军取灵州，被执，不屈死。

【李德明】(981—1032) 党项夏州政权统治者，西夏国创建人。*李继迁子。小字阿移。宋景德元年(1004)嗣位，称定难军留后。即位初，攻杀潘罗支，报杀父之仇，乘胜取凉州。二年，遣使于辽请封，受封西平王，借辽之势挟制宋朝。继同宋朝媾和，受封定难军节度使、西平王，获允与宋贸易，并同宋在归还灵州、遣子弟入质、归还宋俘、解散军队等七事，反复协商，订立和约。此后，遵父"西掠吐蕃健马，北收回鹘锐兵"的遗命，集中力量向西方开拓。自大中祥符元年(1008)，四攻甘州回鹘失利，至天圣六年(1028)，始为其子元昊攻取。明道元年(1032)，又派元昊收凉州。同时屡用兵吐蕃，数与潘罗支弟厮铎督作战。德明统治时期，实行保境安民，发展生产的政策，通过回赐、榷市贸易，得到经济利益，发展了党项族的经济，又从取道夏境的西域商人中勒取高额税利，积累了财富。随着经济的发展，加快了建国称帝的步伐，役民夫数万大建宫室。天禧四年(1020)十一月，将都城由西平府迁至怀远镇，改名兴州(今宁夏银川)，正式建都。五年，受辽册封为尚书令，晋大西夏国王。其后，宋朝亦加尚书令，封西平王。天圣六年(1028)，封子元昊为太子，以承嗣。明道元年(1032)十月卒。年五十一岁，在位三十年。谥光圣皇帝，庙号太宗，墓号嘉陵。

【李德旺】(1181—1226) 西夏国第九代皇帝。党项族。神宗*李遵顼次子。光定十三年(1223)四月，遵顼废太子德任，十二月，在蒙古的威逼下，逊位于德旺，改元乾定。即位初，闻蒙古西征未还，遣使结漠北诸部为外援，以拒蒙古。二年(1224)，为蒙古兵所败，军队死伤数十万。纳右丞相高良惠策，遣使如金修好，相约互援。后蒙古兵围沙州，破银州，漠北诸部溃散，乃遣使请降，许以质子为信。因不践约，又纳蒙古仇人，乾定四年(1226)，成吉思汗亲率十万军征夏，破黑水城，屠肃州，取甘州，下西凉府。七月，德旺忧惧而死，年四十六。庙号献宗。

【李遵顼】(1163—1226) 西夏国第八代皇帝。党项族。西夏国宗室齐王彦宗子。年少力学，博通群书，工隶篆。桓宗天庆十年(1203)三月，廷试进士第一，袭封齐王，又擢升大都督府主。皇建二年(1211)七月，废安全自立。改前朝附金抗蒙国策为附蒙侵金屡出兵攻金，或应蒙古征调随从攻金。二年三月，受金册为西夏国王。七年(1217)十二月，蒙古攻入西夏国，中兴府被围，出奔西凉(今甘肃武威)，命太子德任居守。纳枢密都承旨策，谋与金修好，共拒蒙古，未果。八年起数遣使入川谋联宋攻金，与金或战或和。十二年，在蒙古的威胁下，又从蒙攻金，十三年(1223)正月，以步骑十万，合蒙古木华黎兵围金凤翔。四月，遣太子德任率师侵金，因德任主张与金约和，废太子，囚禁于灵州。六月，复遣兵万人攻金陇安军，破积石州。十二月，受蒙古威逼宣告退位，传帝位于次子德旺，自称上皇。乾定四年(1226)卒，年六十四，在位十三年。谥英文皇帝。庙号神宗。

【李赞华】 见"耶律倍"。(306页)

【李彝兴】 见"李彝殷"。(221页)

【李彝昌】(？—909) 党项夏州政权统治者。唐末夏州定难军节度使*拓跋思恭(李思恭)孙。父仁祐早卒。后梁开平二年(908)十一月，李思谏卒，军中遵遗命立其为留后，寻起复正授旄钺。三年，夏州都指挥高宗益与其党作乱，谋据夏州，他被执杀。

【李彝殷】(？—967) 党项夏州政权统治者。后改名彝兴。后唐夏州定难军节度使*李彝超弟。清泰二年(935)兄病，以行军司马职被推为留后。兄卒，遂代为节度使。至后晋天福八年(943)，累官检校太师。开运元年(944)，因起兵助攻契丹，授契丹西南面招讨使。后汉乾祐元年(948)二月，加侍中。六月，河中李守贞叛，应守贞请，出兵逼延州声援。二年，隐帝知其桀骜之志，以静州隶定难军，赐兼中书令，以恩泽羁縻之。后周立，广顺元年(951)，被太祖封为陇西郡王，同时遣使奉表附北汉刘钧。后周显德元年(954)封西平王。四年(957)十一月，叛北汉，诱河东麟州刺史杨崇训归周，官加太保、太傅。宋太祖建隆元年(960)正月，遣银州防御使等奉表入贺，避宣祖讳改名彝兴，太祖嘉之，加守太尉。三月，应太祖诏遣从弟彝玉御北汉兵于麟州。三年四月，遣使献良马三百匹。为人嗜货财，识机变，入宋后贡奉唯谨，征调时应。因屡拒北汉之约，深受太祖厚赉。乾德五年(967)卒，赠太师，追封西夏王。

【李彝敏】(？—943) 党项族。五代时夏州定难军节度使*李仁福族子。任绥州刺史。后唐明宗天成元年(926)，参与讨定绥、银三州军乱。仁福子李彝殷嗣位。晋天福八年(943)七月，结夏州衙内部指挥使拓跋崇斌等作乱，谋袭州城，事泄，崇斌被斩，彝敏兵败，与弟彝俊等五人弃绥州，挈亲属二百七十人逃延州，后被执送夏州处斩。

【李彝超】(？—935) 党项夏州政权统治者。五代时夏州定难军节度使*李仁福之子。后唐长兴四年（933）父卒，以左都押牙四州防遏使之职被三军推为留后，因诈称仁福遗命，牵怒明宗，被调镇延州，不奉命。四月，遣兄阿罗王发兵守青岭门。五月，遣党项军抄掠唐军，攻芦关，不克。七月，拒唐军于夏州城。十月，上表请罪，受封定难军节度检校司空加检校司徒，复与唐和好修贡。清泰二年（935），临终前，奏以弟行军司马李彝殷权知留后。

【李耀卿】 见"阿里耀卿"。（284页）

【李可度者】 见"可度者"。（110页）

【李没辱孤】 见"没辱孤"。（244页）

【李诗琐高】 又作李诗锁高。或李诗，或琐高。唐代奚族部落首领。玄宗开元十八年（730）以后，奚人随契丹可突于并附突厥。二十年（732），唐遣信安王讨奚，他领部落五千帐降唐。受唐封归义王，兼特进、左羽林军大将军同正。移其部落于幽州界安置。复置归义州，充归义州都督。

【吾斯】（？—143） 东汉时南匈奴王。原任左部句龙王。顺帝永和五年（140），与句龙王车纽相结，叛汉，攻西河，招诱右贤王，合兵七八千骑围美稷（今内蒙古准格尔旗西北），杀朔方、代郡长吏。五月，为汉度辽将军马续所败。九月，拥立车纽为单于，继东引乌桓，西收羌胡等数万人，攻破京兆虎牙营，杀上郡都尉及军司马，掠并、凉、幽、冀四州。十一月，为汉朝使匈奴中郎将张耽败于马邑，车纽归降。继率所部与乌桓攻掠汉边。汉安元年（142），与且渠伯德等复掠并部。次年，为汉使匈奴中郎将马寔遣人刺杀。

【吾也而】（1163—1258） 又作吾也儿、乌也儿、乌野儿等。蒙古国将领。散只兀氏。图鲁华察子。以武勇著称，享"把阿秃儿"（勇士）称号。成吉思汗六年（1211），随汗征金，与哲别克东京（今辽阳）。十年（1215），从木华黎充先锋，取北京（今内蒙古宁城西北），以功授北京总管都元帅，留镇该地。以绥怀有方，北京以南地区相继归降，继破惠州，斩金将挞鲁，擒兴州守将赵守玉。十一、十二年，相继讨平锦州叛将张致、兴州叛将重儿，以功受赏。十五年（1220）以后，从木华黎围东平，攻延安，取葭州、鄜州，攻凤翔。十八年（1223），从木华黎子孛鲁征西夏，破银川。二十二年（1227），从攻益都，连破三十余城，屡建功。窝阔台汗元年（1229），受命与诸将攻破辽东。三年，攻高丽，取十余城（一说取四十余城），迫高丽王请和，遣子入朝。十三年，以功授北京等七路征行兵马都元帅。蒙哥汗元年（1251），以病谢归。死后追封营国公。

【辰丕勒多尔济】 清朝蒙古王公。喀尔喀土谢图汗部人。博尔济吉特氏。贝勒*西第什哩长子。康熙四十五年（1706），弟丹津多尔济袭贝勒爵，他协理旗务。五十八年（1719），随哲卜尊丹巴呼图克入觐，以所属编为一旗，授札萨克一等台吉。五十九年（1720），遣子沙克都尔札布随振武将军傅尔丹攻准噶尔部策妄阿拉布坦。雍正五年（1727），随额驸郡王策凌赴恰克图勘俄罗斯地界。六年以老罢职。

【忒末】 见"耶律忒末"。（313页）

【忒孙】 见"带孙"。（388页）

【忒木台】 又作忒木歹。蒙古国将领。札剌儿氏。朔鲁罕子。父死，嗣领父军。隶汗子窝阔台位下，随从西征，俘康里部首领以献，继从征西夏。窝阔台即位后，以功受命行省事于河东，领兀鲁兀、忙兀、亦乞烈思、弘吉剌、札剌儿五部军。窝阔台汗二年（1230），随汗征金，攻归德，平河南。八年（1236），以功赐大同二千户为食邑。蒙哥汗八年（1258），随汗征四川，卒于军。在任期间，治军严，不扰民，故卒后，其驻兵之地太原、平阳、河南等地民众皆为之立祠。

【来阿匹】 清代云南福贡傈僳头人。嘉庆八年（1803），维西傈僳族恒乍绷领导的农民起义军进入怒江地区后，一些傈僳族头人趁机侵占怒族土地，引起两族矛盾，连年械斗。约光绪六年（1880），因其强占怒族腊吾土地，腊吾求助于怒族头人阿改度，与之械斗，怒族战败，阿改度逃往独龙河补塔地方，怒族土地耕牛全被其强占，并掳去怒族二三十人做奴隶，成为福贡固泉村的奴隶主。死后，其子扒阿真、山阿真继父业。

【来三兀儿】 见"哈不慎台吉"。（398页）

【来阿八赤】（？—1288） 又作阿八失、阿八赤。元朝将领。唐兀氏。河西人。术速忽里子。初为宪宗宿卫，随军攻宋，奉命往监元帅纽邻军，据重庆下流之铜罗峡，以遏宋援兵，败宋都统甘顺。至元七年（1270），随军攻襄樊，督运器械粮储。十四年（1277），任同知尚膳院事。十八年（1281），为益都等路宣慰使、都元帅，督兵万人开运河，河成，迁胶莱海道漕运使。二十一年（1284），授征东招讨使，招降辽东诸部。二十二年，授征东宣慰使、都元帅。二十四年，授湖广等处行尚书省右丞，随皇子镇南王征交趾，战女儿关，直逼王京，其王逃遁，遣使约降，以缓元帅。久之，军乏食，将士多疫不能进，所得关隘皆失。次年，回军。归途，战交趾军，中毒矢死。

【扯力克】 见"撦力克"。（583页）

【扯扯干】 见"阇阇干"。（516页）

【抄思】（1205—1248） 蒙古国将领。乃蛮氏。敌温子。祖父屈出律曾篡西辽政权自立。成吉思汗十三年（1218），蒙古灭西辽，与母俱被虏，受命事成吉思汗第一斡耳朵（帐殿）。窝阔台汗元年（1229），随军征金，破代、石二州。四年（1232），从汗弟拖雷假道宋伐金，以轻骑扰敌营，以疲金师，大败金军于钧州三峰山，尽歼金军精锐，以功赐宅第及人口五十，擢副万户，与大断事官忽都虎留镇河南，守随州。九年（1237），受命签军，得西京、大名等地军四千余，统之。后移镇颍州。寻以疾归大名。

【抄兀儿】 又作抄吾儿。蒙古国开国功臣之一。照烈氏。原附属泰赤乌部。宋嘉泰元年（1201），得知泰赤乌、弘吉剌、哈答斤、散只兀等十一部会于刊河（今根河），共推札只剌部札木合为古儿罕，谋袭铁木真（成吉思汗),遂密告铁木真为备(一说告密者为豁里歹),使其免于被难,并于海剌儿河(今海拉尔河)大败十一部联军。因功获"答剌罕"称号,有权蚀亨战利品和猎获物,茬临大宴,其号世袭。

【**折从阮**】(891—955) 五代时后唐、后晋、后汉、后周大臣。字可久,本名从远。党项族。世居云中(今山西大同)。唐末麟州刺史嗣伦子。性温厚,以孝闻于世。五代后唐同光(923—926)年间,任河东牙将、领府州副史,又授刺史。长兴初(930)入朝,以洞习边事,加检校工部尚书,复授府州刺史。后晋初,云中属契丹,辽朝欲尽徙河西民户实辽东,从阮保险拒之。后受晋出帝命,以兵攻契丹,深入边界,连拔十余砦。开运初(944),加检校太保,迁本州团练使。同年又领朔州刺史、安北都护,振武节度使,契丹西南面行营马步都虞侯。后汉立,率众归附,避高祖刘知远名讳改名。继升府州为永安军,析振武之胜州并沿河五镇隶属之,授光禄大夫、检校太尉、永安军节度使、府胜等州观察处置使、赐功臣名号。乾祐元年(948),加特进、检校太师。二年春,举族入觐,授武胜军节度使。后周广顺元年(951),加同平章事,移镇滑州、陕州。二年冬,授静难军节度使。显德二年(955),兼侍中。以年老上章请代,去职。冬,赴朝途中,卒于西京。赠中书令。

【**折可存**】(1096—1126) 宋朝边将。字嗣长。党项族。*折克行子。既冠入仕,为右班殿直,迁左侍禁,改忠训郎,充经略司准备差使。随兄秉边,以计擒夏将女崖功,迁秉义郎,阁门祗候,升第四副将。宣和初(1119),随宋军伐夏,以功升阁门宣赞舍人。率军镇压方腊起义,迁武节大夫;继奉命镇压宋江,迁武功大夫。为援雁门(今山西代县)拒金军,驻兵崞县。崞县破,被质于应州。靖康元年(1126),逃至中山府北寨,卒。为人刚直不挠,豪爽有大节,笃学喜士,敏于为政,名重缙绅间。

【**折可适**】(1051—1110) 宋朝边将。字遵正。党项族。折克俊子。幼年喜读书。未冠,沉厚智略,敏于决断,通诗文、医药、占卜,善驰射。经鄜延帅郭逵荐举,试廷中,补披带班殿侍,充鄜延路经略司准备差使。从种谔出塞,勇健,益知名。宋元丰五年(1082),与西夏人战于三角岭,收复米脂城,败敌于蒲桃山。元祐六年(1091),以所部兵八千,于洪德砦伏击西夏国梁氏兵十万,破敌,以功积官至皇城使、成州团练使、知岷、兰州、镇戎军。绍圣二年(1095),与总管王文振统熙、秦、庆三道兵筑好水川,因兵失道死,获罪,留职责效,奉诏袭西夏国大将嵬名阿埋、昧勒都逋,俘其族属三千人,取天都山,迁东上阁门使、洺州防御使、泾原钤辖、知州事。拜和州防御使,进明州观察使,为副都总管。崇宁三年(1104),以轻骑援钟传,破敌解围。谏言开辟广土,进筑要害,被采纳。继以踏口之战,损兵数百,为钟传所劾,贬郑州观察使。不久复为泾原路经略安抚使、马步军都总管、知渭州,拜淮康军节度使。大观元年(1107),被谤陷,出为佑神观使。次年,诬解,复知渭州。大观四年(1110),受命帅泾原,到任四月,以疾告老。是年十月二十九日卒。有文集十卷、奏议三十卷,边议十篇。

【**折克行**】(? —1108) 宋朝边将。字遵道。党项族。*折继闵子。初仕军府。宋熙宁三年(1070),夏人进攻环庆,种谔筑罗兀城以牵制西夏军。克行受命随军护饷道,破敌于葭芦川,以奋勇作战,为诸将称道。擢知府州。元丰四年(1081),以守臣率部随宋军攻西夏,杀西夏国大将咩保吴良。继破宥州,每出必胜。西夏人畏之,益左厢兵,专以挡折氏。绍圣三年(1096)九月,向太原孙览献策,城葭芦,继入津庆、龙横川,斩敌三千人。奉诏于河东进筑八砦,通道鄜延,城成,敌不敢动。在边三十年,善抚士卒,战功最多,被羌人誉为"折家父"。官至秦州观察使。卒,赠武安军节度使。

【**折继闵**】(1018—1052) 宋初边将。字广孝。党项族。*折惟忠子。性格庄重,喜读韬略,务通大义,晓用兵策。天圣二年(1024),随父任为三班奉职。景祐(1034—1038)中,改右侍禁。宝元二年(1039),兄继宣因事被绌后,擢其为西京作坊使,嗣州事。康定元年(1040),率所部出塞,迎击西夏李元昊,掩其不备,俘获甚众,继深入夏境,破寨二十余所,焚其族帐,迫西夏军远遁。庆历二年(1042)三月,城建宁砦。七月,元昊以十万众攻麟州,进围府州,遂清野,入保城邑,坚壁不出战。以守城功,迁宫苑使、普州刺史。十月,奉命护送麟州戍衣,遭元昊伏击,脱归,削夺宫苑使。三年冬,大破西夏军于杜胡川。五年(1045)二月,奉诏筑宁府、安丰、西安、靖化、永宁五寨,及河滨堡。六年,迁果州团练使,麟府路长马钤辖,仍知州事。七年,招降叛军折高留。元昊建西夏国,有从河西迁入雄勇津侨寓者,继闵给予安抚,于城北建三堡安置,有人户三千,计万口,使其归业。皇祐四年(1052,一载二年)四月三日,以疾卒,赠太尉。

【**折惟昌**】(978—1014) 宋初边将。党项族。*折御卿子。宋至道三年(997)八月,其兄知府州折惟正归朝后,以内图代知州事,兼麟府浊轮寨都巡检使。咸平二年(999)八月,因河西黄夏族长蒙异保及府州熟户啜讹叛,引李继迁进攻麟州万户谷,进至松花砦,与从叔同巡检使海超、弟供奉官惟信率兵赴战,海超、惟信战死,惟昌臂中流矢坠马,突围出。九月,击败继迁部万保埋于埋井寨,又破言泥族拔黄砦,焚其器甲车帐,俘斩甚众,以功领富州刺史,改文思使。景德三年(1006),以破敌护卫刍粮安抵麟州,入朔州界破狼水砦,拜兴州刺史。是年,以兀泥族大首领名崖密告真宗,备李德明侵宋。大中祥符二年(1009)六月,率所部首领名崖等入朝,请赐旗竿三十以壮军容。七年(1014)五月,受命援河东民运粮到麟州,领步骑屯宁远砦,疾甚冒风沙而行。卒于途。

【**折惟忠**】(? —1034) 宋初边将。字荩臣。党项族。*折御卿子。宋咸平二年(999),兄惟信与李继迁作战死,补西头供奉官,擢阁门祗候。大中祥符七年(1014)五月,兄惟昌卒,应其母千乘郡大夫人梁氏请,宋诏令其为六宅使知府州,兼麟府路都巡检使,领普州刺史,再迁左藏库使,实授嘉州刺史,改资州,进简州团练使。母丧,起复云麾将军,知兵事,天圣(1023—1032)中,契丹与西夏国会兵境上,声言嫁娶,惟忠觇得其实,率部往备,告诫士卒毋轻动。虽敌纵马入宋营以探虚实,亦不为所动。卒,赠耀州观察使。

【折御勋】(938—977) 字世隆。五代、宋初边将。党项族。*折德扆子。宋乾德二年(964)父卒,以衙内都指挥使、汾州团练使、权知府州事。三年,加府州防御使。开宝二年(969),太祖征太原,诣行在谒见,授永安军节度观察留后。四年,以郊祀朝觐太祖,礼毕归镇。九年(976),郊祀西洛、复朝觐太祖。因病,改泰宁军节度使,留居京师。太平兴国二年卒。赠侍中。

【折御卿】(957—995) 宋初边将。党项族。*折德扆子,*折御勋弟。初历任节院使、兵马都校、闲厩副使、知府州。宋太平兴国四年(979)三月,从太宗征河东,受命与监军尹宪领屯兵同攻岚州,破岢岚军,擒其军使折令图以献。继下岚州,杀宪州刺史霍翙,擒将马延忠等七人,迁崇仪使。雍熙二年(985)九月,领成州刺史。端拱元年(988),以六宅使诚州团练使知府州,又为府州团练使兼麟府浊伦寨巡检使。淳化三年(992)二月,迁府州观察使。四年四月,以银夏州管内蕃汉户八千族帐,并马牛羊万计归附。五年五月,授永安军节度,充麟州兵马都总管夏银府绥都巡检使。至道元年(995)正月,率兵败契丹军于子河汊,斩获甚众,契丹大将韩德威仅以身免。同年,带病再战韩德威,使契丹军不敢进。病死军中,赠侍中。

【折德扆】(917—964) 五代、宋初边将。党项族。*折从阮子。初署马步军都校。后汉乾祐二年(949),随父入觐,授府州团练使。后周显德元年(954),为永安军节度使。显德中,率师攻下河市镇,斩叛军五百余级,被召入朝,以其弟德愿权总州事。后迎谒世宗于通许桥,请迁内地。世宗以其素得蕃情,不许,厚加赏赐而还原职。宋初,破河东沙谷砦,斩敌五百级。建隆二年(961),朝见太祖,赐归镇。乾德元年(963),败北汉军数千于太原城下,擒获其将杨磷。二年九月卒。赠侍中。

【护辽】 见"段辽"。(406页)

【护输】(?—743) 又作护翰。唐代回纥首领。药罗葛氏。承宗族子。原为瀚海都护府司马,唐玄宗开元十五年(727),凉州都督诬其族父谋叛,族父被流死瀼州(治所临江县,今广西上思县西南)后,率众袭杀凉州都督,梗阻安西诸族国贡唐通道,建牙帐于乌德鞬山。天宝二年(743)卒。

【护翰】 见"护输"。(224页)

【把台】(?—1454) 明朝将领。汉名蒋信。蒙古族。忠勇王*也先土干(金忠)甥。永乐二十一年(1423),随也先土干投明朝,授都督佥事。宣德(1426—1435)初,赐姓名。正统(1436—1449)时,封忠勇伯。十四年(1449),从英宗北征瓦剌,在土木之役中为瓦剌军所俘,

被也先置于赛罕王帐下。身在瓦剌志在明朝,从中保护被俘的明英宗,又解救英宗的侍卫袁彬。景泰元年(1450),随英宗返京师(今北京)。卒,追封侯爵,谥僖顺。

【把儿孙】(?—1530) 明代蒙古朵颜卫领主。成吉思汗部将*者勒蔑后裔,朵颜卫都督花当次子。受明封指挥同知。勇敢善射,常联合察哈尔部攻明边。正德十年(1515),因数请明朝加赏未遂,率千余骑毁鲇鱼关(在今河北遵化西北长城),入马兰谷(遵化西北),击杀明参将陈乾,被明朝削职。不久,遣使入贡,获准。嘉靖九年(1530),父卒,因长兄革列孛罗早死,谋夺嫡袭父职,未遂。旋卒,明廷命其子伯革袭职。

【把兔儿】 见"卜言把都儿"。(4页)

【把汉比吉】(约1546—1615) 又称大成比吉。明代蒙古翼土默特部领主*把汉那吉妻。隆庆四年(1570),随把汉那吉至大同投明。同年俺答汗与明朝达成和议,遂同归土默特。奉俺答汗命,驻牧于大板升地区。俺答汗卒后,大板升地尽归把汉那吉。万历十一年(1583),把汉那吉行猎坠马死后,主持大板升地,故俺答汗长孙撦力克和三娘子亲生子不他失礼都争与她合婚,争夺大板升地。在恰台吉等干预下,与撦力克成婚。十四年,撦力克为承袭顺义王位,与三娘子合婚,她遂改嫁不他失礼,生素囊台吉。四十年(1612),因历来效忠明朝并节制素囊有功,被明廷封为忠义夫人。

【把汉那吉】(1553—1583) 亦称大成台吉、把都台吉、大成矮吉台吉、把汉孙等。明代蒙古右翼土默特部领主。孛儿只斤氏。*俺答汗孙,*铁背台吉(黑台吉)子。四岁丧父,由俺答妻一克哈屯养育。及长,娶把汉比吉(大成比吉)。隆庆四年(1570),因不满俺答汗夺其所聘之妾,率妻把汉比吉、奶公阿力哥等十人至大同投明,被明穆宗封为指挥使。同年十二月,俺答汗与明朝和谈成功后,归还土默特。明、蒙双方以此为契机,于翌年达成通贡、互市和封职协议,开创了几十年和平往来的新局面。归后,奉俺答汗命,领有富裕的大板升地,称大成台吉。万历四年(1576),因长期主持贡市有功,升昭勇将军。次年随俺答汗赴青海迎接索南嘉措(第三世达赖喇嘛),皈依黄教。八年(1580),由明朝译员讲授《忠经》和《孝经》,学习汉族文化。十一年,行猎坠马死。

【把秃孛罗】 明初瓦剌贵族首领。一说为古儿烈兀锡(克坏古特部)人,或谓辉特部人。15世纪初,与马哈木、太平共理政事,分领瓦剌诸部。永乐七年(1409),受明廷封为金紫光禄大夫、安乐王。自是,贡使不绝。屡协同马哈木与东蒙古本雅失里汗及阿鲁台太师作战。洪熙元年(1425),遣子亦剌思向明延贡马。宣德(1426—1435)年间,部众为马哈木子脱欢所并。据《明英宗实录》正统十一年(1446)十一月甲申条载:"因与把秃孛罗仇杀失去驼钮金印"分析,正统年间仍有其活动痕迹。

【把秃猛可】 见"达延汗"。(134页)

【把林台吉】(?—1578) 又称野登台吉。明代蒙古土默特部领主。孛儿只斤氏。*俺答汗子。驻牧于大同阳

和(今山西阳高)塞外以北。隆庆五年(1571),受明封为指挥同知,在阳和口(守口堡)与明朝互市。子七。

【把塔木儿】(?—1472) 明代哈密右都督。忠义王脱欢帖木儿外甥。畏兀儿人。一说系卜列革女之子。天顺四年(1460),忠义王卜列革卒,无嗣,众头领欲拥其嗣位,王母弩温答失里以臣不可继君,不允。自是国内无主,众益离散。成化三年(1467),自都督同知升右都督,摄行国王事。

【把都儿台吉】 见"阿穆尔达喇达尔罕"。(294 页)

【把都帖木儿】(?—1417) 明朝将领。汉名吴允诚。蒙古族。元末,居甘肃塞外,官至平章。永乐三年(1405),与头领伦都儿灰(柴秉诚)率部五千余人、马驼一万八千投明朝。赐姓名,授右军都督佥事,奉命率部居凉州(今甘肃省武威县)耕牧。自是甘肃、宁夏边境日安。七年(1409),率兵入亦集乃(今内蒙古额济纳旗东南),俘蒙古将士哈剌等二十余人,进都督同知。翌年,从明成祖出塞,败本雅失里,升右都督,寻进左都督。后积功封恭顺伯。十二年(1414),率子从明成祖征瓦剌。师还,留居凉州备边。十五年(1417),卒于任所,诏赠国公,谥忠壮。其子答兰、克忠、管者、克勤均为明将,为保明边,多有功勋。

【把匝剌瓦尔密】(?—1382) 元朝宗室。蒙古孛儿只斤氏。忽必烈第五子云南王·忽哥赤后裔,梁工孛罗子。一说至正(1311—1368)间,袭梁王位,镇云南。二十四年(1364),云南遭夏明玉珍攻,弃城退保金马山。后以大理兵击败明玉珍军。二十八年(1368)元亡后,继守云南,沿用元年号,遣使赴塞外元帝所,执臣节如故。屡拒明招谕,杀明使。明洪武十四年(1381)十二月,为明将傅友德所败,丧师十余万,退走普宁州。旋自杀。

【把都儿黄台吉】 见"布延巴图尔鸿台吉"。(101 页)

丨

【步度根】(?—约 233) 三国时期鲜卑贵族首领。鲜卑联盟首领·檀石槐之孙。兄魁头死后,嗣为鲜卑一部之首领,据有云中、雁门、北地、代郡及太原等地的全部或一部分。魏文帝曹丕(220—226 年在位)即位后,曾遣使入贡,被封为王。因兄扶罗韩被鲜卑别部首领轲比能所杀,与轲比能失和结怨,屡相攻杀,势弱,被迫率众万余落退保太原、雁门,并联络扶罗韩子泄归泥附己,共拒轲比能。黄初五年(224),亲诣魏廷贡献,受赏赐,与魏保持和好关系,"一心守边,不为寇害"。明帝青龙元年(233),受轲比能诱使,叛魏,扰掠并州,杀略吏民,在魏将秦朗追击下,走漠北,后为轲比能所杀。

【步鹿真】(?—414) 东晋时柔然可汗。郁久闾氏。社仑和·斛律长兄诘归之子。北魏神瑞元年(414),趁可汗斛律与北燕冯跋和亲时,挑拨斛律与大臣树黎的关系,与树黎共谋,将斛律父女逐往北燕王庭和龙(今辽宁省朝阳县),自立为可汗,委政于树黎。不久,因侵犯社仑功臣叱洛侯(出身于高车)的少妻,叱洛侯与社仑季父仆浑之子大檀结盟,拟立大檀为可汗。事觉,发兵围攻叱洛侯及大檀,迫叱洛侯自刎,旋遭大檀反击,被俘杀。

【步大汗萨】 又作步六汗萨。东魏、北齐将领。匈奴破六韩氏。代郡西部(一作太安狄那)人。魏金门、化正二郡太守荣孙,龙骧将军居之。北魏正光(520—525)末,值六镇起义,率家南下奔尔朱荣,从荣入洛阳,授扬武军帐内统军,赐爵江夏子,从战葛荣,加镇南将军。荣死,投尔朱兆,补帐内大都督,随战韩陵。永熙二年(533),以所部降高欢。任第三领民酋长,累迁秦州镇城都督、北雍州刺史。东魏天平(534—537)中,转东寿阳三泉都督。元象元年(538),行燕州,迁临川领民大都督,赐爵长广伯。出使柔然。以五城大都督镇河阳。加车骑大将军,晋封右唐县公。授晋州刺史,加骠骑大将军。北齐初,改封义阳郡公。天保四年(553),率众南伐。次年,将兵四万趣泾州。

【步鲁合答】 元朝将领。蒙古汪古部人。征行大元帅·按竺迩孙,·车里子。初随父征战。至元二年(1265),父疾,不任事,受命代领军。八年(1271),为管军千户。十一年(1274),率军破宋云顶山寨,降嘉定,攻重庆,追击突围之宋军,至广羊坝。继平泸州叛军。十六年(1279),蜀平,以功授武略将军、征行元帅。二十一年(1284),统蒙古探马赤军千人从平金齿,继从征罗必甸,平八百媳妇国,以功,授云南万户府达鲁花赤。

【坚童】(1253—1291) 元朝大臣。字永叔。蒙古蔑儿乞氏。大名路宣慰使阔阔之子。少孤,稍长,入国学,受业于祭酒许衡。入宿卫,后授中顺大夫、右侍仪。迁同修起居注。至元二十三年(1286),任礼部尚书,改吏部,进御史台侍御史。次年,从征叛王乃颜,有功,迁燕南河北道提刑按察使。二十八年(1291),改本道肃政廉访使,迁河南行省平章政事。不久卒。

【坚参扎锡】 清代西藏地方官员。藏族。任卓尼尔。乾隆十五年(1750),从珠尔默特那木扎勒作乱,受命借与拉达克贸易为名,通款准噶尔,信策旺多尔齐那木扎勒汗发兵声援。返藏时,被拿获,得其逆书。

【坚巴多卜丹】 清代西藏地方官员。藏族。任噶伦。嘉庆十年(1805),为阿旺索巴等匿名控告,以办事不公,乘八世达赖喇嘛绛贝嘉措圆寂之机,营私舞弊,侵占庄田。以补放噶伦官民收授馈送金银等罪名,革职,照札萨克喇嘛例,由济龙呼图克图派拨小庙,予以住,禁外出滋事,并退出历年得达布朗庄园租息,归商上。

【肖乃台】 又作萧乃台、笑乃带。蒙古国将领。克烈部土别干氏。初随成吉思汗统一漠北诸部。南宋开禧二年(1206)蒙古国建立后,隶左翼万户木华黎帐下任先锋。后随从征金,成吉思汗八年(1213),从破涿州,收降史秉直与史天倪、史天泽父子。二十年(1225),与史天泽讨真定叛将武仙,败武仙将葛铁枪,克中山,继取无极、赵州,击走武仙,复真定等地。继擒杀宋将彭义斌,降大名,定东平。二十二年(1227)，从嗣国王孛鲁定益都，受命屯驻济、兖以备宋军。窝阔台汗四年(1232)，略汴京，徇睢州，斩杀金将完颜庆山奴。六年(1234)，配合诸军破蔡州，灭金。受委并统史天泽等三万户军镇东平。八年(1236)，以功赐东平三百户为食邑。病卒于位。

【肖开特】(？—1867) 清代新疆伊犁宁远城起义首领之一。维吾尔族。原为宁远城(今伊宁)掌教阿訇。同治三年(1864)九月，伊犁维吾尔族、回族起义，反抗清朝统治，乘机掌握起义领导权，任"苏丹"(王)。次年十一月，通过锡伯营总管喀尔莽阿同伊犁将军明绪谈判，提出将伊犁九城分成三片，由他与回族苏丹马万信、明绪分治，各辖三城；伊犁将军以下官职分三分，由三方各自派人充任。四年(1865)十二月，攻克惠远城后，因与"艾米尔"(军队首领)艾拉汗不睦，被废，投靠马万信。引兵攻艾拉汗，兵败被杀。

【肖福禄】(1754—1839) 清朝将领。回族。字寿山。甘肃河州(今临夏)人。年二十从军。乾隆四十五、四十六年(1780—1781)间，随阿桂征战，建功。后随福安康征西藏。在东南沿海驻防三十余年，又在江浙二省督师十余载，历任都司、游击、参将、总兵，直至提督。道光八年(1828)回河州。卒，谥襄恪公。

【吹扎布】 清代卫拉特蒙古土尔扈特部使臣。乾隆十九年(1754)，受土尔扈特汗王敦罗布喇什派遣，假道俄境归国，于二十一年(1756)抵北京。七月，清政府应其求，派麒麟保护送赴西藏礼佛，返回后入觐承德，受礼遇，乾隆在避暑山庄五次赐宴。他向乾隆陈述土尔扈特西迁原委和客居异地的思乡之情，并呈所居疆域之图。敦罗布喇什委其所献之黑绒镶银花的弓袋与箭束，至今仍保存于北京中国历史博物馆。

【岐国公主】 金朝公主，蒙古* 成吉思汗皇后。女真族。姓完颜。卫绍王* 完颜永济女。至宁元年(1213)，蒙古军围中都(今北京)，金宣宗遣使求和。贞祐二年(1214)，命完颜承晖赴蒙军议和，接受成吉思汗提出的许和条件，献童男女各五百、绣衣三千件、御马三千匹和大批金银珠宝，以公主献成吉思汗，由完颜合达领亲卫军护送，其母钦圣夫人袁氏伴随至蒙古，被称为"公主可敦"，即公主皇后。深受成吉思汗厚遇，守成吉思汗第四斡耳朵(帐殿)，居斡耳寒河(今鄂尔浑河)西。公主无出。年寿甚高，中统元年(1260)，尚在世。

【时健俟斤】(？—6167) 又作特健俟斤。隋代回纥第一代首领。药罗葛氏。与妻乌罗浑共理国事，牧于娑陵水(又作仙娥河、仙萼河，今蒙古人民共和国境色楞格河)，拥众十万。忌子菩萨才勇有谋，为众所畏服，驱逐之。统治时期约为隋大业年间。

【时健莫俟利发】 见"白苏发叠"。(121页)

【别儿哥】(？—1265或1266) 又作伯勒克。钦察汗国可汗。蒙古孛儿只斤氏。* 术赤之子，钦察汗* 拔都之弟。信奉伊斯兰教。窝阔台汗七年(1235)，随拔都西征。九年，参与对莫尔多维亚的攻掠。翌年统兵征钦察，俘获阿儿主马黑等军事首领。太宗后乃马真称制元年(1242)，闻太宗死讯，随兄还师。曾奉拔都命，与弟脱哈帖木儿统兵扈从蒙哥(宪宗)。定宗后海迷失称制三年(1251)，与诸王拥戴蒙哥即大汗位。翌年，以功封赐曲儿只。蒙哥汗三年(1253)，受命括斡罗思户口。六年(一说五年)，拔都死后，先后嗣位的拔都子撒里答、兀剌黑赤亦相继去世。他暂摄国事。七年由蒙哥汗正式册封为钦察汗国汗。九年蒙哥汗死后，在忽必烈与阿里不哥争夺汗位的斗争中，屡遣使劝和。中统(1260—1264)初，曾与察合台汗阿鲁忽争战，旋议和。中统三年(1262，一说二年)，以伊儿汗旭烈兀杀术赤系诸王、戮伊斯兰教徒为由，分军进攻伊儿汗国，入呼罗珊，扰印度河右岸之地，并进屯设里汪，终其一生战事未断，彼此互有胜负。在位期间，定赋役，田产十取一，马牛羊百取一；在城镇凡民户及千及万者，设达鲁花赤(镇守官)一人监治。至元二年(1265)，在与旭烈兀子阿八哈作战时死于军中。

【别里沙】 又作别罗沙。元代诗人。回回人。字彦诚。先世为别失八里(今新疆吉木萨尔北破城子)人，后居龙兴路(今江西南昌市)。早年登进士第。官至河南光州达鲁花赤。工诗有名，人谓其诗"有唐人之风"。诗作多散佚。

【别罗沙】 见"别里沙"。(226页)

【别的因】(1229—1309) 元朝将领。乃蛮氏。* 抄思次子。出生于和林(今蒙古人民共和国哈尔和林)。初事窝阔台汗第三可敦位下。蒙哥汗四年(1254)，袭父职，为副万户，镇守随、颍等处。六年，受命总辖随、颍之征镇军士。以精骑射、善舞刀，为士卒所服。中统四年(1263)，任寿、颍二州屯田府达鲁花赤(镇守官)。至元十三年(1276)，授明威将军、信阳府达鲁花赤，先后在二地根除虎患，为民除害。十六年(1279)，进宣威将军、常德路副达鲁花赤，平定同知李明秀之乱。三十一年(1294)，进怀远大将军，迁池州路达鲁花赤，复为荆山附近民众除野猪之害。至大二年(1309)，进昭勇大将军、台州路达鲁花赤，旋卒。

【别里古台】 又称别里古带、字鲁古台、别勒古台、伯勒格德依。蒙古国宗王、大将。字儿只斤氏。* 成吉思汗异母弟。勇力多智谋。幼年与兄屡遭泰赤乌部、蔑儿乞部凌辱追逼，生母为蔑儿乞人所掠，后得克烈部、札只剌部援助，复仇。南宋淳熙十六年(1189)成吉思汗即蒙古部汗位时，被委为"阿塔赤"，掌驭马。曾遵兄命，清除追随主儿乞部的"国之勇士"不里孛阔。嘉泰二年(1202)，被委为札鲁花赤(断事官)，掌惩治斗殴盗贼事宜。四年，不畏强敌，力主攻战乃蛮部，大败乃蛮于纳忽山(今鄂尔浑河东土拉河西)。在统一蒙古诸部中，功绩显赫，备受信赖，被汗誉为是得天下的得力膀臂。开禧二年(1206)蒙古国建立后，任也可札鲁花赤(大断事官)，并赐蒙古百姓三千户(一说一千五百户)，封地在斡难河(今鄂嫩河)、怯绿连河(今克鲁伦河)之间。成吉思汗二十二年(1227)，受命镇守广宁，与辽王并辖兵马。年寿甚高，定宗后海迷失称制三年(1251)，尝与诸王拥戴蒙哥称汗。

【别里迷失】 见"别克列迷失"。(227页)

【别别儿的】 明初乞儿吉思首领。汉文史籍称之为万户。原臣服于瓦剌。宣德五年(1430)，遣副千户巴巴力等至京奏事，受赐彩币。一说他即是《明英宗实录》正统四年(1439)正月癸卯条提到的瓦剌政权中之把把的丞相，为四卫拉特联盟成员。或谓其即是也先弟大同王。

【别勒古台】 见"别里古台"。(226页)

【别儿怯不花】(？—1350) 又作别里怯不花。元朝大臣。蒙古弘吉剌部人，燕只斤氏。字大用。丞相*阿忽台子。至大年间(1308—1311)，侍明宗子和世瑓于藩邸。后入国子学。延祐三年(1316)，随周王和世瑓镇云南，至大同还，入宿卫，侍仁宗。英宗朝，授怀远大将军，出为八番宣抚司达鲁花赤。泰定后，历任同知太常礼仪院事、吏部尚书、江浙行省参知政事、礼部尚书、宣徽使、御史大夫、中书平章政事等职。至正二年(1342)，任江浙行省左丞相，发粮钞，减赋税，以赈恤杭城受火灾居民。三年(1343)，任中书左丞相。七年(1347)，进右丞相。素与原右丞相脱脱有隙，谋陷之，并逐脱脱父马札儿台，遭群臣异议。六月，受劾罢相，谪居渤海县。追封冀王，谥忠宣。

【别乞里迷失】 见"别克列迷失"。(227页)

【别克列迷失】 又译别里迷失、别乞里迷失、别急列迷失。元朝将领。斡亦剌人。斡亦剌部首领*忽都合别乞曾孙，巴尔思不花与燕帖木儿(拖雷女)之子，尚元室公主，供职于元廷，随军四处征伐，卓有战功。至元十二年(1275)，随伯颜参加淮安之役，因功受赏赐。翌年，从金书枢密院事、淮东行枢密院升为中书右丞。十四年(1277)，以叛王昔里吉自立为帝，进犯和林，受命随伯颜北征，率元军前锋驰赴战场。次年，以功受赏赐。十六年(1279)，升同知枢密院事。曾参与讨伐部众追随叛王的斡亦剌军。约十九至二十一年(1282—1284)间，获罪被诛。

【吴十】 见"耶律吴十"。(313页)

【吴成】(？—1434) 明朝将领。原名买驴。蒙古族。原籍辽阳，元辽阳行省右丞通伯之子。洪武二十年(1387)，父子随北元全国公观童最降明朝，改姓名，充总旗，数从军出塞。建文元年(1399)，授永平卫百户。旋投燕王朱棣，在"靖难"战争中，屡立战功，升都指挥金事，威震南军。成祖即位后，授都指挥使。永乐八年(1410)，从成祖征阿鲁台、本雅失里，进都督金事，充前锋。永乐末年(1422—1424)，又三次从成祖征阿鲁台。洪熙元年(1425)，进左都督。宣宗即位，封清平伯。从宣宗征汉王朱高煦，为前锋。乐安(今山东惠民县，汉王封地)事定，出守兴和(今河北张北)，备御开平(今内蒙古正蓝旗闪电河北岸)。宣德三年(1428)，从宣宗北征有功，晋爵为侯。八年底(1434年初)卒，追封渠国公，谥壮勇。

【吴拜】 见"武拜"。(301页)

【吴钟】 清初武术家。回族。字弘声。河北省沧州孟村镇(今属孟村回族自治县)人。北方八门拳术之初祖。八岁即就传，聪慧过人，勇力出众。弃书学击技。曾游历大江南北学艺，精习八极之术及大枪奥妙。与当时武术名流康大力、李章并称"武林三杰"。雍正十三年(1735)，南游浙江，与少林派和尚比武，曾绩绣标一囊。后至燕京(今北京)，为康熙第十四子恂勤郡王允禵延之为师。时京师有"神枪吴钟"之称。后因母病回故里，设教桑梓，从学日众，民国初已传七世，其徒成艺者一百四十五人。

【吴留】 见"萧恒德"。(485页)

【吴勉】(？—1385) 又称吴面儿。明代侗族农民起义领袖。贵州黎平县兰洞人。侗族。出身贫苦，因不堪土官和流官的双重压迫，于洪武十一年(1378)率当地侗、苗、汉等族人民发动著名的兰洞起义，直捣靖州，在零陵、九里岗等地击败明军，杀靖州指挥金事过兴父子。后遭明辰州指挥杨仲军围攻，受挫。十八年(1385)五月，以反对土官、流官圈占土地为号召，发动第二次起义，拥众二十万，以今黎平、榕江为中心，占领湘、黔、桂三省交界的广大地区，建立农民革命政权，被拥为王。同年八月，明廷调集三十万大军，以屠杀与欺骗手段进行镇压。因力量悬殊，同年十一月起义失败，与子吴禄被俘牺牲。

【吴谅】 见"马沙亦黑"。(34页)

【吴提】(？—444) 南北朝时期柔然可汗。郁久闾氏。*大檀子，北魏太武帝神䴥二年(429)，父卒，继可汗位，号"敕连可汗"(意为神圣之王)。四年(431)，遣使至北魏朝贡。延和三年(434)，与北魏太武帝拓跋焘和亲，娶北魏西海公主为妻，又以妹适拓跋焘，封左昭仪。同年遣兄秃鹿傀率数百人朝魏，献马二千匹。太延二年(436)，与北魏绝和南进，互相征伐，并在西域展开激烈争夺。五年(439)，率精骑至北魏七介山(在今山西右玉县西南)、北魏京师震动。继因后方被魏将嵇敬等袭破，兄乞列归、伯父他吾无鹿胡等五百将帅被魏军所俘，万余人被斩，被迫撤退，盟国北凉亦被拓跋焘讨平。太平真君四年(443)，遭拓跋焘四路军攻击，大败于颇根河(今鄂尔浑河)。翌年，复遭拓跋焘袭击，远遁走死。

【吴鹤】 明代苗族儒士、教育家。湖广镇溪上涝(今湖南吉首)人。耿直不阿，不乐仕途。曾随王阳明游学江西，为王阳明有才华的弟子之一。王阳明平定"宁藩之乱"后，举荐其为官，因恨宦官弄权不就，返故里镇溪司马溪设馆办学，免费教授乡里子弟。死后，葬于镇溪鳌鱼山。清咸丰时(1851—1861)，后人为其建祠树碑，并开设"源溪书院"以示纪念。有《滕王阁集饮》、《岳阳楼观涨》等诗章流传于世。

【吴懋】 明代白族学者和诗人。字德懋，号高河。云南大理人。*李元阳之婿。嘉靖十九年(1540)，中举人，官通判。后居家，与张含友善，杨慎谪滇与之从游学习。著有《行剑子》、《叶榆檀林志》、《南霞集》、《乘槎集》。今仅存诗歌数首。以怀念杨慎的《写韵楼歌》最为人称道。

【吴麟】 清朝学者。字子瑞,一字晚亭,别号黍谷山樵。吴查拉氏,满洲镶黄旗人。康熙四十九年(1710)举人,授内阁中书舍人。乾隆元年(1736),荐举鸿博,参与修《明史》,纂《本纪》,充《明史纲目》纂修官。善诗文,工山水画,著有《黍谷山房集》、《江源说》。

【吴八月】(1729—1796) 清乾隆嘉庆年间苗族起义领袖。又名吴世宁。湖南乾州(今吉首)平陇人。苗族。少年时代读过书,善骑射,颇受苗族人敬重。乾隆六十年(1795),因不堪清官吏及地主的剥削压迫,与贵州石柳邓、湖南石三保、吴半生、吴陇登等相约起义。提出"穷苦兄弟跟我走,大户官吏我不饶"的口号。率众攻打乾州城,全歼清军六千余,击毙乾州同知宋如椿、巡抚江瑶,震惊朝廷。起义军力量东抵湖南沅江西岸,北至永顺、古丈,南达麻阳,西接贵州铜仁、松桃及四川秀山酉阳。围困镇筸(今属凤凰县),袭击粮道,断绝清军给养,牵制清军主力。清政府派两广、两湖、云贵、四川七省十万清军进入湖南,分三路合攻起义军。他以德高望重,足智多谋,被推为吴王。同年十一月,由于叛徒吴陇登的出卖,在卧盘寨被俘。拒诱降,受酷刑,于嘉庆元年(1796)三月慷慨就义。

【吴乞买】 见"完颜吴乞买"。(262 页)

【吴天保】 元末湘西起义首领。湖广靖州(今湖南靖县)人。瑶族(一说苗族)。至正六年(1346),于靖州一带聚众反元,参加起义者除瑶族外还有苗、侗、汉和土家等族农民,拥众六万余人,声势浩大。从起义到至正九年(1349)间,先后袭击或攻占黔阳、武冈、沅州、溆浦、靖州、全州、辰溪等州县,击杀奉诏征剿的湖广行省右丞沙班(一作实保)。率师北上河南,攻占荥阳等城镇。其去世后,队伍纷纷加入刘福通和徐寿辉领导的农民起义军。

【吴不尔】(?—1433) 明宣德年间苗族起义首领。贵州乌罗府(今松桃县境)人。苗族。新朗寨苗族首领。宣德初,湘黔边区旱灾,苗民生活饥苦。宣德七年(1432),率治古、答意等长官司(皆在今松桃境内),及新朗寨苗众起义,攻清浪(今镇远境内),杀官吏,并联络湖广筸子坪苗民龙不登等攻五寨、白崖等地。贵州都督萧授调集贵州、四川、湖广十余万官兵,于宣德八年(1433)五月进攻筸子坪,起义失败,牺牲。

【吴允诚】 见"把都帖木儿"。(225 页)

【吴世宁】 见"吴八月"。(228 页)

【吴幼侠】 见"吴自华"。(228 页)

【吴亚终】(?—1868) 又称吴亚忠、吴阿忠。清咸丰、同治间壮族起义领袖。广西新宁州(治今扶绥县)渠卢村人。壮族。咸丰年间(1851—1861),随父吴凌云在广西左、右江一带抗击清军。咸丰十年(1860)八月,随父攻陷太平府。翌年建立延陵国,被命镇守太平府城。同治二年(1863),其父阵亡,率余众潜至镇安,收拾残部,重振旗鼓。后与小张三领导的农民起义军会合,转战于左江各地。六年(1867)九月,率军袭击太平府,分兵占据隆安、扬墟等地。十月,兵袭枯冯,"踞水岩以阻粮道"。十一月,遭提督冯子材军袭击,率义军退守归顺州。翌年四月,归顺州失守,小张三身亡,率残部退守三台山。五月,在三角塘与官军激战,因众寡悬殊,败走凭祥。后在龙州与官军奋战中英勇就义。

【吴达善】(?—1771) 清朝大臣。字雨民。满族,瓜尔佳氏。满洲正红旗人。乾隆元年(1736)进士。由户部主事,累官工部侍郎,镶红旗满洲副都统。二十年(1755),授甘肃巡抚。七月,赴巴里坤督理军需。二十三年(1758),加太子少保。二十四年,授陕甘总督。四月,以总督衔管甘肃巡抚事。于宁夏横城堡滨河东岸筑草坝,以防河泛。十二月,调河南巡抚。二十六年(1761),改延津、封丘、胙城、荥泽、卢氏、灵宝诸县营制。四月,调云贵总督。二十七年,以云贵各镇协营每兵千设藤牌兵百,少不适用,请以七成改习鸟枪,三成改习弓箭。寻兼署云南巡抚。二十九年(1764),奏改都匀、铜仁二协营制。三十一年(1766),调陕西总督。于木垒一带招集民户编里,一里分十甲,每里选里长一,每百户选渠长一,以资铃束户民垦地。三十三年(1768),调湖广总督,兼署荆州将军。三十五年(1770),兼署湖南巡抚。三十六年,调陕甘总督。以妥善处理土尔扈特归附部众,受赏。卒,赠太子太保,谥勤毅。

【吴老乔】 见"阿伦"。(271 页)

【吴自发】 清朝官员。湖南凤凰厅吉信人。苗族。号诚斋。咸丰年间(1851—1861)参加清军,随贵州提督田兴恕镇压贵州铜仁、清溪、玉屏等地号军。又随从镇压苗、侗起义军,升镇远知府。光绪年间(1875—1908),擢贵东道道台。在贵州东部农业生产的恢复和发展以及反对贪官,整顿吏治等方面有一定政绩。

【吴自华】 清代教育家。湖南凤凰厅得胜营人。苗族。同治年间(1862—1874),从贵州镇远回到湘西,正值清政府在苗区兴办学馆,他自筹经费,开办苗学,创立三潭书院,聘用苗族任教,培养苗族青年。其子吴幼侠于宣统二年(1910)赴长沙考取留日生额,在日本帝国大学留学,成为苗族第一代赴国外的留学生。辛亥革命时,从日本回国从事教育工作。三潭书院为培养苗族人才作出了贡献。

【吴克忠】(?—1449) 明朝将领。一名伯克。蒙古族。把都帖木儿(吴允诚)次子。《明史》误将他和长兄答兰混为一人。永乐三年(1405),随父投明朝,奉命居凉州(今甘肃省武威县)耕牧。八年(1410),从明成祖征东蒙古阿鲁台、本雅失里,以功升凉州卫指挥金事。十五年(1417),父卒,于次年袭父爵恭顺伯。二十年至二十二年(1422—1424),从成祖三征阿鲁台。洪熙元年(1425),晋爵为侯。宣德四年(1429),任宣府副总兵巡边。正统九年(1444),领兵出喜峰口,出征兀良哈,以功,加太子太保。十四年(1449),随英宗征瓦剌。在英宗撤离宣府时,与弟克勤等为殿军拒后,与瓦剌追兵血战而亡,追封邠国公,谥忠勇。

【吴克勤】(？—1449) 明朝将领。蒙古族。把都帖木儿(吴允诚)子，永乐三年(1405)，随父投明朝，奉命居凉州(今甘肃武威县)耕牧。八年(1410)，与父兄从明成祖征东蒙古阿鲁台、本雅失里。十二年(1414)，从成祖征瓦剌。父卒后，又从成祖三征阿鲁台，皆有功。正统十四年(1449)，随英宗征瓦剌。在英宗撤离宣府时，与兄吴克忠等作殿军拒后，与瓦剌追兵血战阵亡。诏封遵化伯，谥僖敏。

【吴阿忠】见"吴亚终"。(228页)

【吴陇登】清乾隆嘉庆年间苗族起义领袖。后为叛徒。湖南凤凰厅鸭保寨人。苗族。原为苗百户。乾隆五十九年(1794)，与贵州石柳邓、七妹(苗族)等在家聚会商讨起义。乾隆六十年(1795)，与吴半生在凤凰厅的苏麻寨与鸭保寨同时起义，围困凤凰厅城。清廷采用"以苗攻苗"策略，分化义军，他受收买，暗地通敌，出卖乾州义军首领吴八月的行踪，致使吴八月被俘遇害。以投敌功，获朝廷五品翎领的赏赐，其叛变动摇了义军军心，许多头目先后变节，致使起义失败。

【吴者泥】(？—1414) 明永乐年间苗民起义首领。湖南保靖县笃子坪人。苗族。永乐十二年(1414)，与苗金龙等率苗民起义，自称苗王。其子吴担竹与吴亚麻联合贵州答意、治古(今皆属松桃)等地苗民共同抗击明军。后被贵州都督萧授镇压。

【吴国佐】(？—1601) 明代侗族农民起义首领。贵州黎平人。侗族。生员出身。万历二十八年(1600)，与同乡石纂太联合，举义反明，周围侗族人民纷纷响应。自称"天皇上将"，石纂太为"太保"，合兵围上黄堡。采取诱敌深入的战略，大败黎平府参将黄冲霄、守备张世忠的围剿。黄冲霄败逃，张世忠被杀。义军乘胜攻下水井、燕窝等七十余屯堡，焚五开南城，破永从县，围中潮所，粉碎明湖广总督陈良玭、陈璘联合围剿，迫政府军退守靖州，义军声势益壮。二十九年正月，遭偏沅巡抚江铎等七路兵合剿，据险坚守，中火攻，与石纂太等被俘牺牲。

【吴金银】清代侗族人民起义首领。广西龙胜人。侗族。乾隆四年(1739)，领导龙胜厅广南等地的侗族人民举行反抗清朝统治的武装斗争。苗、瑶、壮族人民纷起响应，起义队伍扩大至二千余人。粉碎清广西、湖南、贵州三省兵围剿。后因敌人不断增援，当地地主豪绅又与清军勾结，从中破坏，平等、都鳌等重要据点相继陷落，于象州被俘，起义失败。

【吴面儿】见"吴勉"。(227页)

【吴蚌颇】明代云南临安府左能哈尼族首领。明初，为鼓励农垦，对于率众开荒、扩大耕地的哈尼族首领，授予土官职务，世领其所垦土地。洪武(1368—1398)中率众开辟荒山。被族众推为长。寻以御安南有功，以所辟之地从思陀长官司分出，另立左能长官司，因其地有左能山故名。授以副长官，世袭，隶临安府。

【吴凌云】(？—1863) 清咸丰间广西壮族反清首领。又名元清，绰号长腰四。广西新宁州(治今扶绥县)渠卢村人。咸丰元年(1851)，曾被指控"代贼消赃"入狱。未几，越狱逃跑，潜回渠卢村，组织"全胜堂"，竖旗聚众，武装反抗地方官府。翌年，为新宁知州庆祺兵所破，率残部及家眷转至忠州陇罗村，重振旗鼓，聚众数万，转战左、右江地区，先后攻克新宁、宁明、养利、左州等城邑，"纵横数百里，沦陷殆遍"。十年(1860)八月，攻占太平府，执杀知府刘作肃，副将多禄、千总李为梁等。翌年，于太平府修筑宫室，建立延陵国，自称延陵王，铸玉玺颁诏设官建制，册封梁国桢等数十人，分兵据守要隘。后遭清军及地方反动武装反扑，同治元年(1862)，太平府失陷，率残部逃至忠州陇罗。翌年正月，在突围时中伏身亡。

【吴添半】(1772—1795) 又名吴天半、吴半生。清乾隆嘉庆年间苗民起义领袖。湖南凤凰厅苏麻寨人。苗族。年轻精悍，勇猛刚毅。乾隆六十年(1795)正月，与贵州石柳邓、湖南吴八月等一起暴动。二月，清云贵总督福康安、四川总督和琳、湖广总督福宁率两广、两湖、云贵、四川七省兵十余万镇压起义。四月，所据苏麻寨失陷，渡大乌巢河到猿猴寨、狗脑坡一带活动，屡退清军进攻。九月，自鸭保寨赴高斗寨，中伏，被俘，同年遇害。

【吴朝俊】(？—1907) 清朝光绪年间抗法斗争领袖。贵州都匀府内外套人。苗族。又名吴人杰，人称吴三元帅。咸丰同治年间原为起义军首领，后降清。光绪三十二年(1906)，提出"杀洋人、灭洋教"口号，聚集苗、水、汉、布依等族人民起义，攻占都匀府城，捣毁教堂。都匀三角州苗民吴满起而响应，攻占烂土(今三都境)。三十三年，独山汉民、都江厅苗民杨景玉、杨景连，贵定平伐司布依族罗发光和荔波水族等纷起响应，攻教堂，黔南反法斗争炽热。在法国传教士谭尚礼威逼下，贵州巡抚庞鸿派官兵镇压。同年，遭诱捕，在都匀就义。

【吴黑苗】见"龙子贤"。(108页)

【吴管者】(？—1426) 明朝将领。蒙古族。把都帖木儿(吴允诚)子。永乐三年(1405)，随父投明朝，居凉州(今甘肃省武威县)耕牧。八年(1410)父兄从明成祖征阿鲁台、本雅失里后，与母留守凉州。时原归降明朝的凉州卫"鞑官千户"虎保、永昌卫"鞑官千户"亦令真巴等起兵反明，欲诱把都帖木儿部众共同起事。遂与母共议，召部将保住(杨效诚)等拒战，擒伍马儿沙等。因功，授指挥佥事。洪熙元年(1425)，升都指挥佥事，封广义伯。次年卒。

【足之煎】见"牟尼赞普"。(182页)

【岗朱·罗追塔益】(1813—1890) 清代藏族历算学家。藏传佛教康区宁玛派大师。其师哦勒单丹与北京的大译师公·工查布(即工布查布，北京版藏文大藏经主编之一)相友善，通信传其教，又从云南丽江府汉族历算学家袁灵学得实际运算法，而得汉历之学。他承继师传，编成时宪历《春牛经》，流传藏地，有穗格木刻版行世。

【岑浚】(？—1505) 明代广西思恩州土官。壮族。

都指挥使*岑瑛之孙,思恩州(治今广西平果)知府岑鏔之子,成化十六年(1480),袭父职。弘治十二年(1499),田州知府岑溥被杀,头目黄骥、李蛮相互争权。奉督府命护卫岑溥幼子岑猛回田州承袭父职。因受黄骥厚赂,挟持岑猛于思恩州。后因总镇诸官干预,始送岑猛回田州,并要索分田州府属辖地,未遂,怀怨,率兵二万,纠合泗城岑接等土官,两次攻占田州,擅废田州知府,另立州官;并劫掠上林、武缘等县。十八年(1505),总督潘蕃、太监韦经、总兵毛锐等集两广、湖广汉土兵十万,分六路征剿,他凭借地势险阻顽抗,后被执杀。

【岑猛】(1489—1526) 明代广西田州土官。壮族。田州(治今广西田阳县)知府岑溥之子。自幼深受父母偏爱,立意让其嗣业。其兄岑猇因失宠弑其父,后被土目黄骥、李蛮所杀。以其年幼,嗣位未定。黄骥勾结思恩知府岑浚与李蛮争权,兵戎相见。弘治十一年(1498),在都御史邓廷瓒、副总兵欧磐等干预下,得以承袭父职。岑浚等对其出任知府极为不满,两次举兵攻陷田州。弘治十八年(1505),御史潘蕃发兵诛浚。朝廷调猛迁任福建平海卫所千户。经多方贿赂,允留田州,降为指挥同知。怀怨,常借讨乱为名,四出掠夺,成为左右江大首豪。自恃兵强,凌虐邻近州县,雄据一方。嘉靖五年(1526),都御史姚镆等发兵八万,以都指挥沈希仪等统兵征讨。因其岳父归顺州知州岑璋暗为官军作内应,兵溃,暂避归顺州。后知被璋所卖,饮鸩身亡。

【岑瑛】(?—1478) 明代广西思恩州土官。壮族。岑氏家族土官世家,祖父岑坚明初任田州知府,父岑永昌是思恩州知州。永乐十八年(1420),承袭思恩州(治今广西平果县)知州职。正统三年(1438),以善治兵、有谋略,并助官绥靖地方,晋田州知府,兼管思恩州政务。后思恩州提格为知府,继任知府。六年(1441),奏请改思恩府为思恩军民府。景泰四年(1453),奉命率兵赴城参加操练检阅,大助军威,授奉议大夫。翌年,又以镇压瑶民起义有功,晋二品散官,并准思恩州土兵应输田粮减半。天顺三年(1459),因频年领兵从征有功,由镇守中官朱祥荐举,授都司军职。不久,又以"历练老成,累有军功"加封都指挥同知,擢参政、都指挥使。任内,积极提倡教化,创建府学,使"民知读书"、"蛮俗"为之一变。

【岑伯颜】(?—1383) 元末明初广西土官。广西田州(治今广西田阳)人。壮族。元至正二十七年(1367),袭父职,为田州、来安二路总管军民安抚使。明洪武元年(1368),明兵下广西,遣使赍印降明。翌年,遣使上朝奉表贡马及方物,受封田州知府。洪武六年(1373),田州溪峒民反,讨平之,上书朝廷赈济安州、顺龙州、侯州、阳县、罗博州、龙威寨百姓。朝廷诏有司各给牛、米,蠲税二年。卒,子岑坚袭。

【岑春煊】(1861—1933) 近代封建、资产阶级官僚。原名春泽,字云阶。广西西林县那劳村人。壮族。出身封建官僚家庭,其父*岑毓英曾任清云南巡抚,云贵总督等职。光绪十一年(1885),考取举人。十五年(1889),父病逝后,被授五品京堂候补。历任光禄寺少卿和大仆寺少卿,管理宫廷事务。中日甲午战争爆发后,被派往烟台总理营务。光绪二十四年(1898),以力主变法维新,获光绪皇帝青睐,擢广东布政使。因上疏弹劾昏庸无能的粤督谭钟麟,博得时人称道。二十六年(1900),调甘肃布政使。不久八国联军攻入北京。率军至宣化护慈禧和光绪西奔有功。擢陕西巡抚。次年任山西巡抚,残酷镇压当地义和团运动。迁两广总督,又血腥镇压陆亚发等人领导的广西人民起义,加封太子少保衔。任内推行"富国强兵"新政。三十三年(1907),入京任邮传尚书,旋复任两广总督,上任途中被奕劻、袁世凯等人指控曾与康、梁等改良派有涉,被解职。宣统三年(1911),四川掀起保路运动,复起为四川宣抚使,奉命入川平乱。辛亥革命不久袁世凯窃政,历任福建宣抚使和粤汉川铁路督办,不久被罢职。1913年,在上海参加反袁斗争,支持孙中山发动的"二次革命",失败后逃往南洋。1915年冬,袁世凯复辟帝制。次年春,回广东,与梁启超等在广东肇庆成立军务院,被推为副抚军长,代行抚军长职,参加护国运动。1917年,孙中山在广州成立护法军政府,他表面支持护法运动,暗中排斥孙中山。次年,勾结桂系军伐改组军政府,将大元帅制改为七总裁制,自任主席总裁。1920年,孙中山指挥粤军击败桂系军阀后,逃亡上海。晚年曾反对过蒋介石的独裁专制,资助十九路军抗日。在上海病逝。著有《乐斋漫笔》。

【岑毓英】(1828—1889) 清朝大臣。字彦卿,号匡国。广西西林县那劳村人。壮族。西林县团总岑苍松子。年青时便助父组织团练,协助官府绥靖地方,授候补县丞之职。靠镇压人民起义在官场中平步青云。咸丰六年至十年(1856—1860),率团练入滇多次镇压当地人民起义,先后授宜良知县、路南知州、升直隶州同知兼署澄江府事。十一年(1861),受巡抚徐之铭命,以高官厚禄收买云南反清首领马如龙等率众就抚,以功授云南布政使加按察使衔。同治二年(1863),以镇压清军参将马荣、李俊等谋反,晋道员。翌年,任云南布政使,兼署迤南兵备道。六年(1867),因督师镇压滇黔交界猪拱菁一带以陶新春领导的苗民起义,升云南巡抚,赏赐头品顶戴。十一年(1872),奉命与马如龙等统兵围困大理城,镇压以杜文秀为首的大理回民起义。杜文秀多次突围未遂,遣人致书议和。他假意允诺,后背弃前言,血洗大理城。以此邀功受赏,擢云贵总督。历迁贵州巡抚、福建巡抚兼督台湾防务等职。光绪八年(1882),侵越法军向越南北部推进,直接威胁中国边境,复调任云贵总督,以加强防务。中法战争爆发后,奉命率滇军出关抗法,在越南宣光、临洮等地大败法军。中法停战和约签订后,授权参加勘定滇越边界。十五年(1889),病卒,追封太子太傅,葬临桂县尧山。

【岑毓宝】(1841—1897) 清朝官员。字楚卿。广西西林县那劳村人。壮族。少年从军,随兄*岑毓英入滇。同治二年(1863),随兄督剿清军参将马荣、李俊等人反叛。同治六年(1867),因杜文秀帅义军围攻昆明,受命率兵往援。后又随兄与马如龙等统兵推翻杜文秀大理政权,血洗大理城。光绪十年(1884)春,奉命出关参加中法战争。翌年,率兵攻打越南临洮,大败法军,赏赐黄马褂。中法停战和约签订后,参与勘查中越边界。十四年(1888),调往福建任盐法道,不久,调回云南升任按察使权布政使职。二十一年(1895),被御史溥松弹劾革职回乡。二十三年(1897),死于家中。

【困即来】(?—1444) 明代沙州卫首领。永乐二年(1404),率众内附,任卫指挥使。八年(1410),擢指挥金事。旋掌卫事,朝贡不绝。二十二年(1424),以瓦剌贤义王太平贡使中途为盗阻,遣人护送进京。进都督金事。洪熙元年(1425),因劫亦力把里及撒马儿罕贡使,遭肃州守将攻剿。旋以岁荒人困,请贷谷种,获准。哈烈贡使经沙州,遭赤斤指挥革古剽掠,受命巡察。宣德九年(1434)以罕东及西番侵掠,谋徙罕旧城,未获准。越一年因哈密窜扰,复惧瓦剌入犯,率属众二百余走塞下,居苦峪。正统元年(1436),奉命追夺罕东所劫阿端卫贡物,擢都督同知。四年(1439)八月,疏奏瓦剌潜通哈密,获厚赏。七年(1442),率众攻哈密。

【里耀卿】 见"阿里耀卿"。(284页)

【丿】

【秃怀】 见"耶律秃花"。(313页)

【秃剌】(?—1309) 元朝蒙古宗王。字儿只斤氏。察合台玄孙,阿只吉子。以勇力著称。成宗大德十一年(1307)汗死,卜鲁罕皇后与左丞相阿忽台谋立安西王阿难答,秃剌受爱育黎拔力八达命,执杀阿忽台,与诸王共戴海山(武宗)即汗位,以功封越王,赐绍兴路为分地。与右丞相哈剌哈孙不睦,潜言于汗,使哈剌哈孙被罢相出镇北边。自以功高赏薄,怀怨,并居功屡对海山汗出言不逊,被疑有异志。至大二年(1309),被诛。

【秃薛】 见"土薛"。(14页)

【秃秃合】 见"脱脱哈"。(511页)

【秃秃哈】 见"土土哈"。(14页)

【秃忽思】 见"耶律希亮"。(313页)

•【秃忽鲁】(?—约1328) 又作秃鲁。元朝大臣。蒙古克烈氏。湖广行省左丞相也先不花次子。初任宗正府札鲁花赤(断事官),继为中书右丞、司徒。武宗至大元年(1308),知枢密院事。二年,授中书左丞相。仁宗皇庆二年(1313),以太府卿出任中书右丞相。延祐元年(1314),罢相。复知枢密院事。三年,以遥授中书左丞相从武宗子周王和世㻋出镇云南。中途,和世㻋举兵西走金山(今阿尔泰山),改陕西行省左丞相。至治三年(1323),泰定帝即位后,任御史大夫。泰定二年(1325),加太保。四年,加太傅,录军国重事。文宗天历二年(1329),追封广阳王。谥清献。

【秃满伦】 又译秃马伦。蒙古国公主。字儿只斤氏。元太祖˚成吉思汗女。嫁弘吉剌部按陈之子˚赤窟(又作赤古)。窝阔台汗八年(1236),赐濮州(治今山东鄄城北旧城)五户丝户三万。追谥郓国公主。

【秃发乌孤】(?—399) 十六国时期南凉建立者。河西鲜卑人。秃发氏。˚秃发树机能后裔。父思复鞬死,嗣为首领。务农桑,礼俊贤,治政刑,修邻好,势渐盛。晋太元十九年(394),受后凉吕光封为冠军大将军、河西鲜卑大都统、广武县侯。次年,破乙弗、折掘等部,筑廉川堡(今青海民和县西北)以居。受吕光封广武郡公。二十一年,又受封益州牧、左贤王。隆安元年(397),自称大都督、大单于、西平王,建元太初。用兵广武,攻取金城,败吕光将窦苟于街亭。太初二年(398),改称武威王。三年,徙都乐都(今青海乐都)。因酒醉坠马受伤死。追谥武王,庙号烈祖。

【秃发文支】 十六国时期南凉将领。鲜卑秃发氏。曾奉秃发傉檀命,攻南羌、西虏,大胜。以功封兴城侯,晋义熙二年(406),受命镇守姑臧(甘肃武威)。后拜镇南将军,任湟河太守,为南凉主所倚重。因荒酒愎谏,不恤政事,为邯川护军孟恺所劾,受斥责。九年(413),为北凉护军成宜侯所败,归降沮渠蒙逊,受封镇东大将军、广武太守、振武侯。

【秃发武台】(?—415?) 又作秃发虎台。十六国时期南凉太子。河西鲜卑人。秃发氏。˚秃发傉檀之子。南凉嘉平元年(408),立为太子,录尚书事。四年(411),奉命拒击吐谷浑树洛干军,兵败。不久,复为西秦乞伏炽磐败于岭南,失牛马十余万。七年(414),父西征乙弗等部,受命守都城乐都(今青海乐都)。轻敌,为西秦所乘,城陷,被执,与文武百姓万余户被徙于枹罕。旋父兵败,亦降。次年,被杀。

【秃发虎台】 见"秃发武台"。(231页)。

【秃发傉檀】(365—415) 十六国时期南凉国君。河西鲜卑人。秃发氏。˚秃发利鹿孤之弟。少机敏有才略。为父所器重。南凉太初三年(399),受命镇西平(今青海西宁市)。建和元年(400),败后凉兵于三堆。次年,为都督中外诸军事、凉州牧、录尚书事。三年,兄卒,嗣位,号凉王,改元弘昌,迁都乐都(今青海乐都)。攻后凉都城姑臧(今甘肃武威)。弘昌三年(404),去年号,称臣于后秦。后秦弘始八年(406),攻北凉,献马羊于后秦,受封凉州刺史,镇姑臧。十年(408),大败后秦军,复称凉王,改元嘉平。三年(410),为沮渠蒙逊所败,迁乐都。四年,复败,遣子入质,请和。七年(414),为西秦所败,归降,南凉亡。受西秦封为左南公。次年,被毒杀,追谥景王。

【秃鲁和伯】 元顺帝朝蒙古牧民起义首领。蒙古八邻部人。详见"哈剌那海"。(397页)

【秃满答儿】 ①元代蒙古斡亦剌部贵族、驸马。尚世祖忽必烈孙女脱脱灰公主为妻。一说即《元史·暗伯传》所载秃绵答儿。至元二十四年(1287),继乃颜乱后,曾参与诸王哈鲁(哈鲁孙)叛乱,为暗伯剌杀。②见"耶

律,秃满答儿"。(326页)

【**秃发利鹿孤**】(？—402) 十六国时期南凉君主。河西鲜卑人。秃发氏。秃发乌孤弟。太初三年(399),兄卒,嗣位,徙居西平(今青海西宁市)。次年,改元建和。遣弟秃发傉檀败后凉兵于三堆,并进围其都城姑臧(今甘肃武威)。建和二年(401),称河西王。大败后凉吕隆军。纳臣谏,建学校,以田玄冲等为博士祭酒以教子弟。遣军败北凉,迫沮渠蒙逊以弟为质,继败后凉昌松太守孟祎于显美。卒,追谥康王。

【**秃发树机能**】(？—280) 又称树机能。西晋时鲜卑首领。河西鲜卑人。秃发氏。勇壮多谋略。西晋泰始(265—274)中,率众反晋。六年(270),击杀秦州刺史胡烈于万斛堆,拒击尚书石鉴进讨之军。七年,结诸胡攻杀凉州刺史牵弘于青山。咸宁元年(275),送质请降。三年(277),为晋平虏护军文鸯所败。五年(279),攻陷凉州。十二月(280年初),为武威太守马隆所败,被部下杀。

【**秃黑鲁·帖木儿**】(1329—1363) 又译秃忽鲁·帖木儿。东察合台汗国第一代汗(又称别失八里王)。一说为察合台后裔也先不花之子,一说为亦迷火者之子,或云也先不花与亦迷火者为一人。巴尔托尔德认为其出生于察合台汗族之说,很可能是朵豁剌惕氏异密编造出来的。十八岁时(1347—1348年)被朵豁剌惕氏异密播鲁只立为汗,从此察合台汗国正式分裂为东西两部,他是东察合台汗国的第一代君主,首府阿力麻里(今新疆霍城县西北)。1353年接受伊斯兰教,并致力于在全国推行,在位期间,力图恢复汗国的统一,于1360年和1361年两次进兵河中地区,越过阿姆河,直达兴都库斯山,暂时实现了汗国的统一。次年,还师。1363年卒,河中地区复又独立。一说其生于1330年,卒于1362年。

【**我折进台吉**】 见"打赖宰生台吉"。(92页)

【**我折黄台吉**】 见"阿尔苏博罗特"。(292页)

【**我托汉卜只剌台吉**】 见"博迪达喇"。(524页)

【**何庚**】 见"蔡结"。(582页)

【**何遗**】 西汉官员。越人。仕汉,受封驰义侯。元鼎五年(公元前112年)秋,汉武帝兴师伐南越,受诏发夜郎兵下牂牁江会番禺,佐伏波将军路博德、楼船将军杨仆平南越,且兰君不愿出兵远行,与其众反,故未能率兵甲抵番禺伐越。南越平,又受命征伐西南夷,佐中郎将郭昌、卫广讨平且兰,开置五郡。但因前平南越时兵未及下,故未被加封。

【**何和理**】(1561—1624) 后金五大臣之一。满族。栋鄂氏。世居瓦尔喀,后迁居栋鄂,以地为姓。克彻巴颜孙,额勒吉子。二十六岁代兄屯珠鲁巴颜为部长。明万历十六年(1588),太祖努尔哈赤纳哈达部女为妃,他率兵护行。所部兵马精壮,雄长一方,应努尔哈赤至兴京,尚长公主嫩姐,授一等大臣,隶满洲正红旗。从太祖征乌拉部及窝集部瑚尔哈路、扎库塔城。明万历四十一年(1613),从灭乌拉部。后金天命元年(1616),与费英东、额亦都、扈尔汉、安费扬古并为理政五大臣。四年(1619),从破明经略杨镐军。六年,从取沈阳、辽阳,以功授总兵官。事太祖三十余年,积功至子爵。九年八月初十卒。

【**何洛会**】(？—1651) 清初大臣。满洲镶白旗人。佐领阿吉赖之子。父卒,嗣官,兼护军参领。后金天聪八年(1634),从攻明锦州。九年,以功获免徭役。清崇德五年(1640),授正黄旗蒙古都统,从多尔衮围明锦州,调正黄旗满洲都统。初隶肃亲王豪格,意见相左。顺治初,睿亲王多尔衮摄政,与肃亲王有隙,遂讦肃亲王与两黄旗大臣扬善等将谋乱。肃亲王削爵,扬善等弃市。以功,授世职一等轻车都尉。从睿亲王入关,击李自成农民军于望都。奉表迎世祖,擢内大臣,总管左右翼留守盛京,并统领熊耀(岳)、锦州、宁远、凤凰城、兴京、义州、新城、牛庄、岫岩诸城。顺治二年(1645),叙功,晋世职一等男。奉命驻防西安,道经河南,镇压刘洪起等。年底以定西将军自陕西徇四川。三年,败叛将贺珍七万兵于西安,破自成将刘体纯于山阳及商州。以豪格复爵,下四川,受命还京师。四年,驻防宣府,仍正黄旗满洲都统。五年,调镶白旗满洲都统。佐征南大将军谭泰破金声桓、王得仁、李成栋军,进世爵三等子爵。与贝子屯齐讦郑亲王济尔哈郎包庇肃亲王悖妄事。郑亲王降爵,肃亲王幽卒。七年(1650)冬,睿亲王多尔衮卒。八年二月,议政王大臣苏克萨哈首告睿亲王谋不轨,获知状罪,又追论诬告肃亲王罪,处死,籍家。

【**何鲁扫古**】 见"耶律何鲁扫古"。(326页)

【**何锁南普**】 元末明初将领。原名锁南普。河州(今甘肃临夏)人。蒙古族(一说东乡族或藏族)。元末任吐蕃等处宣慰司都元帅。明洪武三年(1370),投明征西将军邓愈,明太祖赐姓何,任河州卫指挥同知。在河州东乡(今甘肃东乡族自治县)实行土司统治。今东乡族自治县政府所在地仍称锁南坝(普)。

【**伸思伯八**】 元世祖朝蒙古牧民起义首领。蒙古族。原为世祖子爱牙赤位下的千户。至元二十五年(1288),蒙古牧民和站户因不堪忍受驿站的沉重劳役和各种需索,在其率领下发动起义,断绝驿道,使平常只需三日的路程得绕道走一个月之久,阻滞了当地与各地的联系和运输,给封建领主以一定打击。后起义被镇压,以谋不轨罪被杀。

【**伯克**】 见"吴克忠"。(228页)

【**伯坚**】 见"耶律伯坚"。(314页)

【**伯都**】 元朝大臣。哈剌鲁氏。集贤大学士曲枢长子。早年侍从爱育黎拔力八达(仁宗)。成宗大德十一年(1307),特授翰林学士,迁典宝监御、治书侍御史。武宗至大元年(1308),升荣禄大夫,遥授中书平章政事,改侍御史。次年,以中书参知政事进平章政事,行中书右丞。卒年三十二。

【**伯姬**】 春秋时赤狄潞氏君主潞子婴儿的夫人。晋景公(一说晋成公)姊。春秋时,上至周天子和诸侯均与北狄通婚,晋国与北狄诸部紧邻,关系更为密切,周襄王二十五年(公元前627年),晋败狄于箕(今山西蒲县东北)后,被潞子婴儿迎娶为夫人。自此,晋和北狄关系改善。公元前6世纪末,北狄国家瓦解,赤狄和晋的关系复趋紧张,在赤狄内讧中,被赤狄国相酆舒害害。

【伯颜】 ①(1236—1295)元朝军事家。蒙古八邻氏。蒙古国开国功臣阿剌之孙,晓古台之子。生长于伊儿汗国。以深略善断著称,信奉也里可温教(基督教)。至元初,受伊儿汗旭烈兀命出使大汗廷奏事,深得忽必烈赏识,留作侍臣,与谋国事。至元二年(1265),任中书左丞相,后迁中书右丞。七年(1270),改任同知枢密院事。十一年(1274),复任左丞相,总兵分三路攻宋,与阿术统中路,取鄂州、汉阳等地,沿长江东下,次年取黄州、蕲州、江州、安庆、池州等地,大败宋宰相贾似道军于丁家洲,收降太平州、滁州,下建康(今南京),寻进中书右丞相。十一月,分兵三路进军临安(今杭州),与右丞相阿塔海取中道,节制诸军并进。十三年(1276),陷临安,俘宋帝、谢太后等北还,取宋地三十七府、一百二十八州、七百余县。十四年,以宗王昔里吉等叛执北平王那木罕,自阿力麻里东犯和林,奉命率师北上,大败叛军于斡耳寒河(今鄂尔浑河)。十八年(1281),从皇太子真金抚军漠北,益藤州四千九百余户为食邑。二十二年(1285),代宗王阿只吉总军西北。二十四年(1287),从世祖讨平叛王乃颜之乱。二十六年(1289),任知枢密院事,分院和林。二十九年(1292),招降叛王明理铁木儿,屡败海都叛军。因遭朝臣谗陷,被罢职,居大同。三十一年(1294),世祖卒,受顾命翊戴铁穆耳即位,复任知枢密院事。同年十二月(1295年初)病卒。大德八年(1304),追封淮安王。至正四年(1344),追封淮王。有《丞相淮安忠武王碑》以志其功。②(?—1340)元朝大臣。蒙古蔑儿乞氏。谨只儿之子。十五岁侍从海山(武宗)于藩邸。成宗大德三年(1299),从海山北征叛王海都。十年(1306),讨降斡罗思、失班,屡著战功。十一年(1307),赐号"拔都"(勇士)。武宗即位后,历任吏部尚书、御史中丞。至大二年(1309),任尚书平章政事,领右卫阿速亲军都指挥使司达鲁花赤。仁宗延祐三年(1316),为武宗子周王和世㻋府常侍。后于仁宗、英宗、泰定帝朝历任江南行台御史大夫、江浙、江西、河南等行省平章政事。致和元年(1328)泰定帝死后,与燕铁木儿迎立武宗次子图帖睦尔(文宗),以功历任御史大夫、中书左丞相、知枢密院事,封浚宁王。至顺三年(1332),奉太后命迎立宁宗懿璘质班。次年,又奉顺帝妥欢帖睦尔即位,任中书右丞相,晋封秦王,总领蒙古、钦察、斡罗思诸卫亲军都指挥使。元统三年(1335),以谋逆罪奏诛中书左丞相唐其势及其弟塔剌海,鸩杀皇后伯牙吾氏,赐号"答剌罕"。以农民起义不断发生为由,严禁汉人、南人执军器,主张尽杀张、王、刘、李、赵五姓汉人。至元五年(1339),进为大丞相。把持朝政,专权自恣,变乱成宪,构陷异己,诛及无辜,罗织罪名,擅杀郯王彻彻秃、黜宣让王帖木儿不花、威顺王宽彻普化。深为顺帝所患。至元六年(1340),其侄、御史大夫脱脱乘其出猎之机,奉旨将其罢黜,谪徙南恩州阳春县,途中病死于龙兴路驿舍。③(1295—1358)元朝大臣、学者。哈剌鲁氏。一名师圣,字宗道。世代居开州濮阳(今河南濮阳西南),隶蒙古万户府军籍。六岁,从塾师读《孝经》、《论语》。及长,受业于宋进士黄坦,读朱子之书,结中原文士。顺帝至正四年(1344),以隐士被征入京,授翰林待制,预修《金史》。书成,辞归。复起为江西廉访佥事,后以病免,归里,从学者千余人。十八年(1358),以河南义军烽起,结乡民为伍以自保,后避兵至磁州,从者数十万家,被义军执杀,追赠奉议大夫、金太常礼仪院事,谥文节。平生修辑六经,多所著述,皆毁于兵,未曾流传于后世。

【伯嚭】 春秋末吴国大臣。原为楚人,楚大夫伯州犁之孙。伯州犁被杀后,投奔吴国。吴王阖闾执政时为大夫,夫差继位后被封太宰。为人嫉忌贤能,阿谀奸诈,贪财好色。周敬王二十六年(公元前494年),吴在夫椒大败越国,越王勾践被困会稽山。遣使求和,遭吴相国伍子胥的坚决反对。他贪受越国厚赂,力劝吴王罢兵赦越,致使吴王应允议和。后诬陷伍子胥勾结齐国攻打吴国,使吴王迫杀伍子胥。怂恿吴王终日寻欢作乐,趁机擅权恣行,使吴国日益衰败。越灭吴后,被越王执杀。

【伯麟】(?—1824) 清朝大臣。字玉亭。满族。瑚锡哈哩氏。满洲正黄旗人。初由翻译举人授兵部笔帖式,累迁内阁学士。乾隆五十七年(1792),迁盛京兵部侍郎,寻授山西巡抚。嘉庆九年(1804),擢云贵总督。十年,缅甸与暹罗属夷夏于腊构衅,拒缅甸求援。十三年(1808),戒缅甸四大万头目勿觊觎九龙江土司所辖十三板纳地,以事得体,受嘉奖。十七年(1812),平定腾越边外野寨头目拉干,于缅宁、腾越等要隘复设一千六百名土练,拨给旷土耕种。十八年,督各土司平定南兴土目铜金(张辅国),增设腾越镇马鹿塘、大坝二汛。二十二年(1817),以临安边外人高罗衣纠众,自称窝泥王,攻杀土目龙定国,扰瓦渣、溪处两土司境,窥伺内地,亲率兵平之,定善后条规。以功加太子太保衔,授协办大学士,仍留总督任。二十三年,平定高罗衣从侄高老五,增设临安江东、西两路要隘塘汛官兵。二十五年(1820),还京,授兵部尚书兼正红旗汉军都统。九月,充实录馆总裁,疏陈滇黔边务六事。道光元年(1821),授体仁阁大学士,管理兵部。二年初,调镶蓝旗满洲都统。寻以老休致,仍充实录馆总裁。卒,谥文慎。

【伯牙儿】 见"伯言儿"。(233页)

【伯言儿】(?—1594) 又作伯要儿、伯牙儿、黄台州、伯言等。明代蒙古内喀尔喀领主。孛儿只斤氏。达延汗后裔,虎喇哈赤孙,兀班次子。占据福余卫故地,驻牧于辽河流域,故亦被称作福余卫首领。史称其"最剽悍,诸部倚以为强"。万历初年,受明朝抚赏,常将各部活动密告明朝边吏。不久,与明朝反目。万历七年(1579),

与叔炒花、兄煖兔等攻沈阳。翌年,要求增赏未遂,杀明庆云守备王凤翔及边卒十余人,被革除市赏。十四年(1586),被明将李成梁等击败。此后与明辽东军争战不已。二十二年(1594),联合炒花、卜言把都儿、花大等,统二万余骑,拟入掠锦州、义州等地。兵至镇武堡(今辽宁盘山县东北),被明将董一元、李化龙击败,中箭身亡。

【伯要儿】 见"伯言儿"。(233页)

【伯革赞】 见"乩加思兰"。(153页)

【伯格里】 清代卫拉特蒙古准噶尔部台吉。姓绰罗斯。*小策凌敦多布第五子。初驻牧喀喇沙尔。乾隆初年,复随父徙往沙喇伯勒。乾隆二十年(1755)附清。同年秋,辉特部台吉阿睦尔撒纳集兵反清后,率众千余人内迁。先驻牧巴里坤、后徙阿尔泰,再迁至热河(今承德一带)。

【伯都王】 又译歹都王。明代瓦剌贵族首领。*也先汗弟。明景泰五年(1454),瓦剌内讧,与赛刊王设计毒杀阿剌知院次子。也先被杀后,率众西走哈密,投奔其姐哈密忠顺王母弩温答失里。天顺五年(1461),受明廷封都督佥事,其子兀忽纳为指挥佥事。曾屡遣使随哈密使臣向明廷朝贡。一说即大同王。

【伯勒克】 见"别儿哥"。(226页)

【伯答儿】(?—1300) 元朝将领。阿速氏。千户阿答赤子。初袭父职。后领阿速军千人随军征河平王昔里吉,战叛王玉木忽儿于土兀剌河(今土拉河)、斡儿寒河(今鄂尔浑河)。屡与叛军战,著有功。至元二十年(1283),封定远大将军,后卫亲军都指挥使,兼领阿速军,充阿速拔都达鲁花赤。二十二年(1285),征别失八里,战秃呵等军于亦里浑察罕儿,以功受赏。二十六年(1289),从征海都于杭海岭(今杭爱山)。军受困乏食,出私财、家畜给军,受嘉奖。

【伯答沙】(?—1332) 又译伯达沙。元朝大臣。蒙古察哈札剌儿氏。也可鲁花赤(大断事官)*忙哥撒儿孙、帖木儿不花子。幼入宿卫,为博尔赤(司膳)。历事成宗、武宗。由光禄少卿擢同知宣徽院事、宣徽院使,遥授左丞相。仁宗延祐四年(1317),任中书右丞相。七年(1320),英宗即位,铁木迭儿执政,改集贤大学士,仍录军国重事,继以大宗正札鲁花赤出镇北方。泰定帝(1323—1328年在位)时,还朝,加太保。致和元年(1328),泰定帝卒,文宗图帖睦尔立于大都(今北京),倒剌沙拥泰定帝幼子阿剌吉八即位于上都(今内蒙古正蓝旗东闪电河北岸),两帝并立,相互构兵,及上都兵败,奉帝玺上献文宗,拜太傅,仍为札鲁花赤。卒,赠太师,追封威平王。

【伯撒里】 元朝大臣。康里氏。初为鹰坊官。天历元年(1328),文宗即位,封储政使。至顺元年(1330),拜燕王宫相。二年,任中书平章政事,兼宫相都总管府都达鲁花赤。三年,兼徽政使。顺帝至元二年(1336),出任江西行省平章政事,至正六年(1346),为辽阳行省左丞相,镇压辽阳吾者野人。二十五年(1365),拜太师、中书右丞相、监修国史。二十七年,封永平王。

【伯帖木儿】 元朝将领。钦察人。初任宿卫,金左卫亲军都指挥使司事。至元二十四年(1287),随玉昔帖木儿征叛王乃颜,败叛军于合泐合河(今哈拉哈河)、海剌儿河(今海拉尔河)。次年,随皇孙铁穆耳败哈丹兵于贵烈河(今归流河)、托吾儿河(今洮儿河)。二十六年(1289),以海都犯和林,受命驰援,至怯绿连河(今克鲁伦河),移兵讨叛王拜要,擒其党伯颜。拜怀远大将军,任东路蒙古军上万户,统钦察、乃蛮、捏古思、那也勤等四千余人。翌年,与辽阳平章彻里帖木儿追讨至鸭绿江,为哈丹子老的所败。后隶诸王乃蛮台,任先锋,连败哈丹军。二十九年(1292),平叛王捏怯烈及其党。延祐后,历任辽阳等处行中书省平章政事、左丞相。卒,追封文安王,谥忠宪。

【伯笃鲁丁】 元朝大臣、诗人。汉姓鲁,字至道。回回人,先世大食(今阿拉伯)人。英宗至治元年(1321)进士。顺帝至元元年(1335),由礼部侍郎迁秘书太监。二年,出任浙东海右道肃政廉访副使,曾修复浙东永嘉石门洞书院、鼓励诸生"有学有政,需用于时"主张学贵自得,学以致用。三年,为岭南广西道廉访副使,历迁赣州路、建德路达鲁花赤,潭州路总管。为官清廉,为人宽厚。擅作诗,被明人戴良列为元代西域十二位著名诗人之一。遗诗有《换樊时中宝哥西参政》、《逍遥楼》、《浮云寺》等。

【伯格埒逊】 见"乩加思兰"。(153页)

【伯颜子中】(1327—1379) 元末明初诗人,教育家。回回人。字子中。以字行。江西进贤人。先世本西域人。出身显贵之家,祖父在江西做官,遂居于此。幼年,师事江西学者夏溥、毛元庆等,研习儒学,且喜读兵书。因五举不第,授南昌东湖书院出长,改建昌路(今南城县)儒学教授。为人至孝尽友道,培养其弟和堂弟考取举人。至正十二年(1352),被起用为赣州路都事、分省都事,参加镇压元末农民起义军。元亡后,隐姓埋名浪迹江湖。洪武三年(1370),返进贤,以经商为生。数拒明太祖朱元璋请,誓死不出仕。十二年(1379),朱元璋再派江西布政使沈立本请其出仕,他即悲痛地写下七章绝命诗饮鸩而亡。有诗名,其诗"有唐正音",艺术造诣昭著,以诗明志。时人誉其诗"时寓其忠愤于词翰之间"。著有《子中集》,今不存。诗作大多佚亡,只留很少作品,收入《元诗选》。

【伯颜忽都】(1324—1365) 元顺帝皇后。蒙古弘吉剌氏。毓德王孛罗帖木儿之女。后至元三年(1337),立为皇后。生皇子真金,二岁夭亡。性节俭,不妒忌,以礼法自持,深受顺帝敬重。

【伯颜猛可】(1452—1476) 一译巴延蒙克。明代蒙古济农(亲王)。字儿只斤氏。*达延汗把秃猛可父(一些汉籍作弟)。景泰三年(1452),伯祖父岱总汗脱脱不花、祖父阿噶巴尔济济农先后败亡于瓦剌部领主也先,父哈尔固楚克台吉在逃亡中遇难。母齐齐克妣吉为也先女,被也先羁留。产后瞒过也先,在萨穆尔公主(也先祖母)帮助下,遣人送至兀良哈部领主呼图克图少师处抚养。稍长,娶呼图克图少师女锡吉尔。后遇叔祖父满都鲁(满都古勒)汗,授于博勒呼济农号,故明人称之为亨罗忽、亨鲁忽等。二人合兵,在科尔沁部协助下,大败翁牛特部领主毛里孩王,为被杀的摩伦汗报了仇。后在鸿郭赉、亦思马因的挑拨下,二人反目,被迫出亡,为亦思马因击败,妻锡吉尔被掳。成化十二年(1476),在逃遁途中,被永谢布人所杀。

【伯什阿噶什】(?—1756) 清代卫拉特蒙古杜尔伯特部台吉。鄂木布岱青和硕齐玄孙车凌多尔济子,初领准噶尔部二十一昂吉之一,驻牧伊犁沙喇伯勒境。达瓦齐夺取准噶尔部统治权后,屡受侮。乾隆二十年(1755),清军定伊犁,率妻子博东齐等三千余户内附。封札萨克和硕亲王,置从众于额尔齐斯。二十一年九月,进京朝觐。诏编旗分佐领如"三车凌"例,自为一盟,任盟长。

【伯尔哈什哈】(?—1782) 清代卫拉特蒙古土尔扈特部贵族。*渥巴锡从弟,多尔济喇布之子。清乾隆三十六年(1771),随渥巴锡东返祖邦,授札萨克一等台吉。四十年(1775),辖南路土尔扈特左翼旗务,赐札萨克印。四十七年(1782),卒。子纳木扎勒喇什袭。

【伯蓝也怯赤】(?—1300) 元世祖太子真金妃。又名阔阔真。蒙古弘吉剌氏。生三子:甘麻剌、答剌麻八剌、成宗铁穆耳。性孝谨,善事中宫,被世祖忽必烈赞为"贤德媳妇"。至元三十一年(1294),世祖死,引世祖遗言,助子铁穆耳继位,被尊为皇太后。秉公处事,拒受浙西所献田七百顷,并令中书省尽易院官之受献者;不徇私情,拒为弟谋官。卒,谥裕圣皇后。至大三年(1310),追尊徽仁裕圣皇后。

【伯德特离补】 金朝大臣。奚族。姓伯德。挞不也子。辽御院通进。金太宗天会(1123—1135)初,与父归金,授世袭谋克,后以京兆尹致仕。奉命招降松山、平州、蓟州未附军民,督之耕作。天会三年(1125),从完颜宗望攻宋,为军马猛安,规取保、遂、安三州。攻安肃军,败河间、雄、保等援兵,拔城。摄通判事,降将胡愈结众谋乱,他勒兵擒之。迁同知安肃军事,改磁州,领磁、相二州屯兵。迁滨州刺史,改涿州刺史。入为工部郎中,从尚书右丞张浩营缮东京(今辽宁辽阳)宫室。摄行六部事,迁大理卿,出为同知东京留守。海陵王天德三年(1151),为大理卿,同知南京(今开封)留守。改洺州防御使,迁崇义军节度使。未几,告老归里,卒。

【伯颜帖木儿】(?—1454) 又译巴延帖木儿。明代瓦剌贵族,也先汗重臣。《明史》等称其为也先弟。一说为蒙古史籍中的阿苏特部阿里玛丞相。领有平章、特知院等衔,统率瓦剌(卫拉特)左翼诸鄂拓克。正统十四年(1449),参与"土木之役"攻战明军,明英宗被俘后,奉居其营。后力主议和送回英宗。景泰五年(1454)卒于瓦剌内讧中。天顺元年(1457),英宗复位,曾遣使赏赐其妻阿塔塔来阿哈。

【伯颜不花的斤】(?—1359) 元朝将领。字苍崖。畏兀儿人。高昌亦都护*巴而术阿而忒的斤后裔,驸马都尉、江浙行省丞相朵儿的斤子。好学,善草书,工画龙,晓音律。初以父荫同知信州路事,又移建德路。与天完红巾军战,未几升建德路总管。至正十六年(1356),任衢州路(治今浙江衢县)达鲁花赤。次年,迁浙东都元帅,守衢州,寻升江东道廉访副使。闻天完将领王奉国率军攻围信州(今江西上饶),于十九年(1359),自衢引兵往援,败奉国于城东,入城与镇南王大圣奴等共守御。拒诱降,据城力战。后城破,自刎。谥桓敏。

【觚头】 元朝大臣。蒙古许兀慎氏。太师*月赤察儿第三子。自六岁侍太子真金孙海山(武宗)。成宗大德三年(1299),从海山镇西北,抚军康孩山(今杭爱山)。十一年(1307),海山即帝位,奉命侍汗弟皇太子爱育黎拔力八达于东宫,领怯薛事,充博尔赤(司膳)、玉典赤(户郎)。拜宣徽使,遥授左丞相。至大元年(1308),领尚服监,拜太师,兼前卫亲军都指挥使。二年,赐名脱儿赤颜(又作脱而赤颜),兼知枢密院事,加录军国重事。仁宗皇庆元年(1312),嗣淇阳王。

【佟国维】(?—1719) 清朝大臣。满洲镶黄旗人。佟佳氏。康熙帝外戚。都统佟图赖次子。初隶汉军。后改入满族。顺治十七年(1660),任一等侍卫。康熙九年(1670),授内大臣。十二年(1673),吴三桂叛清,其子吴应熊居京师,吴党谋反以红帽为号。他首发其事,奉命率侍卫至大佛寺擒缚十数人。二十一年(1682),授领侍卫内大臣,寻列议政大臣。二十九年(1690),随军征讨准噶尔部噶尔丹,参赞军务。与兄佟国纲率左翼兵败噶尔丹于乌兰布通(今内蒙古克什克腾旗南)。师还,以其不率兵穷追,罢议政,降四级留任。三十五年(1696),从康熙帝征噶尔丹。次年,因功复原级。四十三年(1704),同内大臣明珠监赈就食京师之山东流民。寻以年老解任。为官期间,党于皇太子允礽。四十八年(1709),允礽被废后,力请速定储位,致众皆恐,欲立允禩为皇太子而列名保奏。卒。谥端纯。

【佟佳氏】 清代满族女文人。号天然主人。清睿恪亲王如松(?—1770)继室,封福晋。著有《虚舟雅课》初集二集、《乌私存草》、《穗帷泪草》及《宝善堂家训》。

【你勒合桑昆】 见"亦剌合"。(166页)

【位居】 三国时夫余国大臣。夫余王麻余立为大使。为人轻财善施,国人附之。岁岁遣使至京都贡献。魏正始七年(246),幽州刺史毋丘俭征高句丽,他遣大加郊迎其使,并以粮助军。以季父牛加怀异志,杀季父父子,籍没其财物。

【佗土度】 见"拉托托日宁赞"。(340页)

【佗钵可汗】(?—581) 又作他钵可汗。南北朝时期突厥汗国可汗。阿史那氏。突厥汗国创始人*阿史那土门可汗子。北周建德元年(572),继其兄*木杆可汗为突厥可汗。继位初,为稳定内部局势,避免纷争,以其兄乙息记可汗之子摄图为尔伏可汗,统领汗国东部地区;以其弟褥但可汗之子为步离可汗。统领汗国西部地区。时中原地区北周与北齐争战不息，周、齐为得突厥支持，争相盟好，求结和亲。周岁给缯絮锦十万段，并厚待突厥在京师之人；齐人亦倾府藏给之。他初对双方等距相待，不偏袒任何一方，从中获利甚厚，自夸"但使我在南两个儿孝顺，何忧无物邪！"不久改等距相待为厚周薄齐的政策，并于建德六年(577)助周灭齐。恃强亦不时进掠北周。宣政元年(578)犯幽州，围酒泉，掠获甚多。北周为求得边境安定，于大象二年(580)二月，遣使宇文庆则、长孙晟赴突厥，送赵王宇文招之女千金公主结和亲。在位期间，纳齐国沙门僧惠琳言，始信佛，创建寺庙，求佛经，甚至"躬自斋戒"。突厥人信佛，实为其首倡。在位十年，病卒。临终前嘱戒其子力避木杆可汗大逻便。

【佛伦】(？—1701) 清朝大臣。满洲正白旗人。舒穆禄氏。初由笔帖式迁兵部主事。康熙十五年(1676)，迁工部郎中，授大理寺卿。十八年(1679)，擢内阁学士。时吴世璠据云贵。奉命赴湖广，总理进黔粮饷事宜。及至，请设塘站数处，集夫递送；请饬将军督抚招徕士民贸易以裨粮运，均为采纳。云南平，回京。后历任刑部、兵部侍郎，左都御史，工部、刑部、户部尚书。任户部尚书期间，得赃人众，亏空积年，弊端未革。曾与河道总督靳辅勘议河工，力主停屯田、丈出民田退还业主。二十七年(1688)，授内务府总管。二十八年，补授山东巡抚。任内，曾以绅衿田亩与民人田亩一例应役，厘剔山东赋役不均之弊。为备荒欠，得富户捐输谷二十五万余石。三十一年(1692)，擢川陕部督。三十五年(1696)，康熙帝亲征噶尔丹，奉命与大学士阿兰泰等分班值宿禁城。三十八年(1699)，授文渊阁大学士。

【佛顶】 见"耶律佛顶"。(314页)

【佛保】(？—1771) 清朝蒙古王公。喀尔喀赛音诺颜部人。博尔济吉特氏。多罗贝勒恭格喇布坦第四子。雍正元年(1723)，袭固山贝子。附伯父额驸策棱旗，牧塔密尔。十年(1732)，遭准噶尔兵掠，经塔密尔被俘。乾隆二十二年(1757)，准噶尔平，自伊犁归，赐公品级。二十八年(1763)，封辅国公，命乾清门行走。

【佛辅】(？—534) 南北朝时期吐谷浑王。吐谷浑氏。*呵罗真子。梁中大通二年(530)，父卒，继立为王。受梁武帝封为宁西将军、西秦、河二州刺史。其世子遣使向梁皇太子献白龙驹。

【佛厘】 见"拓跋焘"。(335页)

【佛芸保】 清代满族女诗人。字锦香。完颜氏。满洲镶黄旗人。嘉庆朝江南河道总督*麟庆之女，宗室翰林延煦妻。著有《清韵轩诗草》。

【佛木丕丕尔】(？—1775) 清朝武将。达斡尔郭贝尔氏。隶布特哈旗。清乾隆三十六年(1771)以亲军校从征缅甸。因金川土司拒命，回军助剿。后四年逼科布曲，中炮死，赠恩骑尉。

【皂保】(？—1882) 清朝大臣。宁古塔氏。满洲镶黄旗。道光二十五年(1845)进士，改翰林院庶吉士。三十年(1850)，充咸安宫总裁。咸丰六年(1856)，官国子监祭酒。同治元年(1862)，擢兵部右侍郎，兼署工部右侍郎，兼管钱法院事务。二年，兼署右翼总兵。三年，充册封朝鲜国王正使，暂署吉林将军。四年，调镶红旗满洲副都统，与黑龙江将军特普钦挑选吉林、黑龙江马队各五百名，赴直隶听候征剿军，署吉林将军。五年，奉命赴察哈尔照料征兵事宜。六年，授吏部左侍郎。十一年(1872)，升理藩院尚书。十三年，授正红旗蒙古都统。光绪元年(1875)，署吏部尚书。二年，兼署礼部尚书，调刑部尚书。四年，留正红旗蒙古都统任。

【彻里】(1260—1306) 又作彻理。元朝大臣。蒙古燕只吉台氏。马步军都元帅太赤曾孙。家居徐州。至元十八年(1281)，受世祖召见，留侍左右，后擢利用监。曾谏言赈恤民众，禁鬻学田。二十四年(1287)，随世祖征叛王乃颜，二十八年(1291)，弹劾尚书省丞相桑哥专权误国害民之罪，诛之，使诸蒙冤者获释，并亲赴江南察处桑哥党羽，凡四过徐州而不入家门。旋出任御史中丞、福建行省平章政事，引兵镇压欧狗为首的汀、漳农民起义。三十一年(1294)世祖卒，与诸王共同朔戴铁穆耳即位，历任江南诸道行台御史大夫、江浙行省平章政事，总理疏导吴松江工程，使沿江两岸免遭水患。大德九年(1305)，任中书平章政事。死后追封徐国公，至治二年(1322)，追封武宁王。有《平章政事徐国公神道碑》以志其功。

【彻理】 见"车里"。(57页)

【彻卜登】 见"沙不丹"。(242页)

【彻彻秃】(？—1339) 又作彻彻笃、薛彻秃。元朝宗王。蒙古孛儿只斤氏。*蒙哥汗曾孙，完泽之子。先后历事元朝六帝。英宗至治二年(1322)，受命总兵北边，封武宁王，泰定帝泰定元年(1324)，承袭父所部，嗣卫王位，以功历受赏赐。文宗天历元年(1328)，于金山迎奉文宗兄和世㻋东归承袭大汗位。次年和世㻋于和宁北即汗位后，立弟图帖睦尔(即文宗)为皇太子，他受命至大都(今北京)宣命。至顺二年(1331)，赐淮安路海宁州为食邑，晋封郯王。宁宗至顺三年(1332)，徙镇辽阳。惠宗至元元年(1335)，首发中书左丞相唐其势谋叛之事，后以功先后赐太平路为食邑、苏州田二百顷。五年(1339)，遭中书右丞相伯颜诬陷谋叛，被伯颜擅自刑处死。至正元年(1341)，受昭雪。

【余善】(？—公元前110年) 西汉闽越王。*无诸之子，郢之弟。建元六年(公元前135年)，其兄发兵攻打南越，武帝遣大行王恢、大司农韩安国等率兵助南越讨闽越。郢欲负隅顽抗，他与宗族人反杀郢，被汉封东粤王。元鼎五年(公元前112年)，支持南越反汉，汉平南越后，仍率东粤兵与汉相抗，并册封驺力等为吞汉将军，进军白沙、武林、梅岭，杀汉三校尉。元封元年(公元前110年)冬，遭汉水陆军进攻，率东粤兵凭险多次挫败汉军，后被粤繇王居股及其部众反戈所杀。

【余阙】(1303—1358) 元末官员。字廷心，一字天心。唐兀氏。世家河西武威（今甘肃武威）。父沙剌藏卜，官居庐州（今安徽合肥），遂为庐州人。少丧父，家贫，十三岁就学授徒养母。元统元年（1333）进士，授同知泗州事。为政严明，宿吏皆惮之。应召奉翰林文字，转中书刑部主事，三月之间，理冤狱五百件，为上官所忌，以不阿权贵弃官归。继复翰林修撰，参与修辽、金、宋三史。历任监察御史、中书礼部员外郎，湖广行省左右司郎中。曾力促右丞沙班帅师镇压广西莫徭，为其筹集粮饷。改集贤经历，迁翰林待制，出佥浙东道廉访司事。至正十二年（1352），任淮西宣慰副使、分兵守安庆，抗击红巾军，立砦置屯拒守。升都元帅。以防卫广西苗军有功，拜江淮行省参知政事。十七年（1357），拜淮南行省左丞。天完将赵普胜与陈友谅联合攻安庆。次年初，城破，自尽。一生留意经术，五经皆有传注，尤工诗文，有《青阳山房集》五卷。善篆隶。为军号令严信，与部下同甘苦，有古良将风烈。追封夏国公，谥忠宣。后增谥文忠，追封西夏国公。时初，诏立土庙于忠节坊，岁时致祭。

【余里也】 见"萧余里也"。（488 页）
【余都姑】 见"耶律余睹"。（313 页）
【坌达延墀松】 唐代吐谷浑王子。吐谷浑可汗与吐蕃公主所生。龙朔三年（663），吐谷浑国为吐蕃灭亡后，以吐谷浑王子、吐蕃赞普外甥的身分受重用。开元十五年（727），任大论、参政。
【谷欲】 见"耶律谷欲"。（313 页）
【妥罗】 见"脱罗"。（510 页）
【妥明】 见"妥得璘"。（237 页）
【妥得璘】（？—1872） 清末新疆回民起义首领。一名妥明，经名达吾提。回族。陕西人（一说河州人）。原为伊斯兰教阿訇。同治元年（1862），陕甘回民起义，他游历金积河湟，后至新疆乌鲁木齐，被该地提督参将索焕章聘为师傅。同治三年（1864）六月，与索焕章等在南关清真寺率众起义，被推为"清真王"。占据乌鲁木齐、玛纳斯、吐鲁番等地。九年（1870）春，击退浩罕阿古柏侵犯。秋，兵败求和。十年夏，与汉族团练徐学功议和，共逐阿古柏出乌鲁木齐。十一年（1872）秋，阿古柏再犯乌鲁木齐，退走玛纳斯，城陷自尽。

【妥欢贴睦尔】（1320—1370） 又作妥欢贴木尔、妥欢贴木耳、妥欢帖睦尔、妥欢帖穆尔，元朝末代皇帝。蒙古孛儿只斤氏。明宗*和世㻋长子。至顺元年（1330），被文宗贬徙高丽大青岛，次年复徙广西静江。至顺三年（1332），文宗死，遵遗诏，弟懿璘质班即位，旋死。次年，被文宗后卜答失里立为帝，即位于上都（今内蒙古正蓝旗东闪电河北岸），在统治阶级内部矛盾日趋尖锐形势下，利用权臣间互相倾轧，加强统治。至元元年（1335），以谋逆罪诛中书左丞相唐其势及其弟塔剌海、妹皇后伯牙吾氏。六年（1340），以欺君、变乱祖宗成宪罪，黜中书大丞相伯颜为河南行省左丞相。同年，以原谋逆明宗罪，撤文宗庙主，徙置文宗皇后卜答失里于东安州，放文宗太子燕帖古思于高丽。至正十四年（1354），以出师无功，坐视寇盗罪，削中书右丞相脱脱职。十六年（1356），中书左丞相哈麻等谋废帝，立太子爱猷识理达腊，事败，被杀。但皇室内争权斗争未断。二十五年（1365），皇后奇氏与皇太子爱猷识理达腊，外依统军将领扩廓帖木儿，"欲胁帝禅位"，未果。在位期间，复科举，兴学校，命有司举荐人才；提倡修生制法，相继诏修累朝实录及后妃功臣列传、《至正条格》、《宋史》、《辽史》、《金史》，编《六条政类》。由于"急于政事，荒于游宴"，委政于权臣，纲纪紊乱；滥赐田钞，泛修佛事，财政枯竭，府库空虚；诸王贵族横征暴敛，将相忙于争权，政局不稳；加之水旱灾害严重，全国各族人民不断发动武装起义。至正十一年（1351），爆发以红巾军为主的农民大起义，动摇了元朝的统治。二十八年（1368）七月，在朱元璋明军攻克大都（今北京）前，北走上都，元亡。次年奔应昌（今内蒙古克什克腾旗西达赉诺尔附近）。明洪武三年（1370）病卒。庙号惠宗，明太祖加号顺帝。

【希光】 清代满族女诗人。钮祜禄氏，满洲正白旗人。员外郎伊嵩阿妻。夫死，自缢。翁永贵录其诗奏闻，赐旌。著有《希光诗钞》。
【希亮】 见"耶律希亮"。（313 页）
【希福】（1589—1652） 清初大臣。满族，赫舍里氏。世居英额，后迁哈达。后金天命四年（1619），随兄硕色率众归努尔哈赤。通满、汉、蒙古文字，召直文馆，屡奉使蒙古诸部。赐号巴克什，隶满洲正黄旗。天聪二年（1628），太宗亲征察哈尔，受命促科尔沁土谢图额驸奥巴赴会。三年，叙功授骑都尉世职。从太宗征明，败明兵于北京北门外，大凌河之役同都统谭泰奋击锦州援兵，晋三等轻车都尉。清崇德元年（1636），改文馆为内三院，任国史院承政，旋授弘文院大学士，晋二等轻车都尉。三年，请更定部院官阶之制。屡奉使察哈尔、喀尔喀、科尔沁诸部，编户口、设佐领、颁法律、平狱讼、宣机宜。顺治元年（1644），主持译辽、金、元三史。后以"乱政"罪革职。八年（1651），雪冤，仍授弘文院大学士。九年初，充纂修太宗实录总裁官。二月，任会试主考官，晋三等男，复晋一等男，加一云骑尉。寻以定鼎北京功，特晋三等子世袭。十月，授议政大臣。十一月卒，追赠太保，谥文简。

【希尔根】（？—1679） 清朝将领。满洲正黄旗人。觉尔察氏。世居长白山，初任护卫。天命十一年（1626），随努尔哈赤征蒙古巴林部，后屡从征，以功授骑都尉世职。崇德元年（1636），任护军统领，随军征明，克昌平等县，败明太监高起潜兵，擒明总兵。师还，独以军殿后。叙功超授一等轻车都尉世职。二年，随军攻克明皮岛。五年（1640），随睿亲王多尔衮围锦州。七年，围蓟州，败明总兵白腾蛟。顺治二年（1645），随英亲王阿济格镇压李自成起义军，败李锦，又南下追至西安、武昌等地。以功晋三等男，世袭。三年，随肃亲王豪格进川北，镇压张献忠起义军。六年（1649），随巽亲王满达海讨大同叛镇姜瓖。晋爵一等男。九年（1652），擢护军统领。康熙十三年(1674)，授定南将军，讨耿精忠，后镇守南昌。十五年(1676)，副简亲王喇布，督师围攻吉安吴三桂部。

【希利亘】 柔然国相和学者。约南朝宋代(420—479)后期人。柔然前期，国政疏简，不识文书，刻木记事，后与北魏及南朝不断交往，学习中原文化，渐知书契，并建立官制、兵制、年号等。至希利时，"颇有学者"。史称其"解星算、数术，通胡、汉语"，曾预言南朝齐当兴。

【希哇揩】 见"寂护"。(517 页)

【希迪图噶卜楚】 明代藏传佛教高僧。蒙古族。精通蒙、藏、汉三种语言文字，曾将藏文《般若经》译成蒙文，深受三世达赖喇嘛器重，赠给"班迪达固希巧尔气"法号。万历十六年(1588)，三世达赖在蒙古圆寂，留下遗书，委托其为呼和浩特法座，主持蒙古地区教务。蒙古语称"法座"或"首席"为"锡埒图"，遂被称为一世锡埒图呼图克图。依据三世达赖旨意，为了依靠蒙古封建主势力推广喇嘛教，他寻认俺答汗之孙苏密尔台吉之子为三世达赖转世灵童，是为四世达赖。四世达赖随其习学经典，并授于其国师称号。三十年(1602)，护送四世达赖赴西藏拉萨座床。回到呼和浩特后，主持扩建锡埒图召(也写成席力图召)，使之成为汉藏混合建筑形式。圆寂后，由纳文罗布森札木素为转世的二世锡埒图呼图克图。

【鸠摩罗什】(344—413) 又译鸠摩逻多、拘摩罗逻多、究摩罗罗陀等。意为"童受"、"童首"、"童寿"、"童子"。后秦高僧。原籍天竺，世为国相。其父鸠摩罗炎娶龟兹王妹生罗什。年七岁，随母出家。九岁以后，与母游学于罽宾(今克什米尔)、月氏、疏勒等国。初学小乘，并旁通婆罗门哲学。后在疏勒始学大乘，精研《中论》、《十二门论》、《百论》等经典。学识渊博，誉贯西域。年二十，为龟兹王迎还，广说诸经，四方学者皆师之。前秦建元十九年(383)，苻坚将吕光破龟兹，被迎回凉州。在姑臧十八年，得以通晓汉文。后秦弘始三年(401)，为姚兴迎至长安，居于草堂寺，辟逍遥园为译场，任译主，由僧肇、道生、道融等八百余僧人襄助翻译。译出《摩诃般若波罗密经》、《妙法莲华经》、《维摩诘所说经》、《阿弥陀经》、《金刚般若波罗密经》等经部，以及《中论》、《百论》、《十二门论》、《大智度论》等部，共七十四部、三百八十四卷。与真谛、玄奘并称为中国佛教三大翻译家。所译经论辞义通明，典丽而不失原意，并首开集体译经之先例。著有《实相论》二卷，对《维摩经》、《金刚经》等进行注释。不仅传播了佛教大乘中观宗思想，成为后世三论宗的渊源，且对成实师、天台宗的创立产生极大影响。

【狄后】 亦作隗后、媿后、叔隗。春秋时周襄王的王后。赤狄人，隗姓。周襄王十三年(公元前 639 年)，郑文公企图称霸诸侯，控制东周王室，攻打滑国，扣留襄王的使者。十七年(公元前 635 年)，襄王召狄师伐郑，大败郑军。襄王力排臣谏，与赤狄联姻，遂被立为王后。不久因与襄王异母弟王子带(甘昭公)私通，欲谋取王位，被襄王废，狄人出兵败周师，逐襄王立王子带，同被置于温邑(今河南温县西)。晋文公出兵勤王，围温，执杀王子带，狄后不知所终。

【狄古乃】 见"完颜忠"。(246 页)

【条列和卓】 见"倭里罕"。(456 页)

【丶】

【弃宗弄赞】 见"松赞干布"。(303 页)

【弃隶缩赞】 见"赤德祖赞"。(206 页)

【辛古】(？—973) 又作斯奴古。辽穆宗御厨、著帐奴隶。契丹族。穆宗残暴，奴隶常因小失枉遭酷刑，受炮烙、铁梳、断手足、烂肩股、折腰脂、划口碎齿等，被杀者不绝。应历十九年(969)二月，随穆宗出猎怀州黑山(今内蒙古巴林左旗罕山)，因进食稍迟，恐遭害，结近侍小哥，盥人花哥等六人联合反抗，借进膳之机，杀穆宗，逃匿。这是契丹皇帝第一次被奴隶所杀，对辽统治者震动很大。景宗保宁五年(973)十一月，被执，遇害。

【辛饶】 又作辛饶米波益辛、辛波切或米波切。吐蕃苯教祖师。大约与吐蕃传说的第一代赞普尼雅赤赞普同时。生于今阿里的约莫隆仁(又称辛域约莫隆仁，地在今扎达县境，一说地处古代犬食境)。木杰亭巴盖后裔，父名杰本，母名杰谢玛。创立苯教，谓辛饶苯或雍仲苯；崇拜鬼神和自然物，以诸种祭祀及祈福禳灾之咒术为该教特色。时约莫隆仁之木族王即崇信苯教。后分成多派，至今犹存。

【辛爱黄台吉】(约 1522—1586) 简称黄台吉，蒙文史籍作僧格都古楞特穆尔或僧格等。明代蒙古土默特部领主。孛儿只斤氏。俺答汗长子。以骁勇著称，士马雄冠诸部，被称为蒙古右翼五勇士之一。早年助父南攻明朝边境，西征瓦剌，迫左翼察哈尔大汗打来孙东迁于辽，进占察哈尔部原牧地(今河北宣化以北地区)。后与父不睦，自领兵马，时扰明境，并与察哈尔部构兵。嘉靖四十四年(1565)，进攻宣府(今宣化)，被明将击败受伤。隆庆五年(1571)，俺答汗与明朝达成封贡协议时，受明封为都督同知。万历元年(1573)，加封龙虎将军。十一年(1583)，袭父封为第二代顺义王，改称乞庆哈(彻辰汗)。在明朝斡旋下，按蒙古当时风俗，与庶母三娘子成婚。在三娘子推动下，同明保持和平互市关系。十三年，迎请第三世达赖喇嘛至归化(今呼和浩特)传教并为俺答汗举行火化仪式。晚年患病，由三娘子主持军政事务。

【辛饶米波益辛】 见"辛饶"。(238 页)

【辛厦巴才丹多吉】 明代西藏地方后藏王。藏族。原为仁蚌巴家族的家臣。嘉靖四十四年(1565)，激起属民起义，推翻仁蚌巴阿旺吉扎在仁蚌宗的统治。掌权后将首府迁到日喀则，自称后藏王，并与藏传佛教止贡派联合，与格鲁派为敌。万历三十三年(1605)，策动后藏及雪嘎、雪那两处军队，击败格鲁派的施主第巴吉雪巴，杀伤许多官兵。其后世彭措南杰建第巴藏巴(藏巴汗)

地方政权。

【床兀儿】(1260—1322) 又作床吾儿、床兀而、创兀儿、幢兀儿。元朝将领。钦察人。同知枢密院事*土土哈第三子。初任宿卫。至元二十四年(1287)，从玉昔帖木儿征叛王乃颜，以功进左卫亲军都指挥使。大德元年(1297)，袭父职。统兵逾金山，攻八邻部，败海都援军。次年，败笃哇军于合剌合塔。三年(1299)，任金密院事，佐宗王海山戍守北方。五年(1301)，大败海都、笃哇军，迫海都走死，后笃哇亦造使请降。以功累进枢密副使、同知枢密院事、知枢密院事。十一年(1307)，成宗卒，扈从海山南还即位，加拜平章政事，封容国公。至大二年(1309)，晋封句容郡王。延祐元年(1314)，败笃哇子也先不花于亦忒海迷失。次年，复败其将也不干等。四年(1317)，还朝，仍知枢密院事，商议中书省事。卒，追封扬王。

【库腾】 见"阔端"。(551页)

【库力甘】 亦作阔里哈。清朝官员。原东海呼尔哈部人。姓葛依克勒氏。世居德新(红土崖)，为赫哲巨族之一。额驸达尔汉孙。为额驸。因累年贡貂，顺治九年(1652)，赏骑都尉。辖葛依克勒、虎什哈里、努耶勒三部，为总部长。康熙五十四年(1715)，编为三佐领。

【库尔缠】(？—1632) 后金人臣。满族，钮祜禄氏。世居长白山，隶满洲镶红旗。索塔兰次子，太祖*努尔哈赤外孙。幼时，养育宫中，嗜学。后金天命元年(1616)，被太祖召直左右，参与机密。十一月，与蒙古喀尔喀五部会盟议和。九年(1624)，至科尔沁修好，授牛录章京，十一年，太宗皇太极即位，从征扎鲁特部。天聪元年(1627)，从二贝勒阿敏征朝鲜。三年，定文馆职守，受命记注时政，以备国史。四年，从攻明，计取滦州。驻守。败明监军道张春军，后从阿敏弃水平诸城。五年，出使朝鲜。六年，使明得胜堡议和。后以奉召失期、庇刘兴祚等罪论死。

【库狄干】 又作库秋干。东槐、北齐大臣。鲜卑库狄氏。善无(今山西右玉东南)人，居朔方(治今陕西子长东南)。越豆眷曾孙。魏正光(520—525)初，授将军，宿卫于内。孝昌元年(525)，奔云中，投尔朱荣。武泰元年(528)，以军主随荣入洛阳，授伏波将军。后附高欢为都督。永熙元年(532)，破尔朱氏于韩陵，以功封广平县公，进郡公，任恒州刺史。娶欢妹乐陵长公主为妻。东魏元象元年(538)，以大都督与西魏战于河阴，兵败。兴和二年(540)，为太保，四年(542)，转太傅。武定元年(543)，为大都督，赴武牢讨御史中尉高仲密之叛。继任定州刺史。五年(547)，迁太师。北齐天保元年(550)，封章武郡王，转太宰。卒，谥景烈。

【库狄盛】 亦作库狄盛。东魏、北齐大将。鲜卑库狄氏。怀朔(今内蒙古固阳西南)人。字安盛。初为高欢亲信都督，授伏波将军。以功封行唐县伯，累加安北将军、幽州刺史，晋爵为公。后授征西大将军、朔州刺史。天保元年(550)，北齐受掸，改封华阳县公，又授北朔州刺史。后拜特进。卒，赠太尉公、朔州刺史。

【库都喀】 见"忽都合"。(371页)

【库登汗】 见"打来孙"。(92页)

【库尔占司】 见"阔儿吉思"。(551页)

【库尔察克】(？—1836) 一译库勒恰克。清朝官员。原名依达也提。塔吉克族。清代新疆色勒库尔(今塔什库尔干)提孜那甫村人。幼年家贫，为人牧畜。十三岁，被浩罕军掳卖至布哈拉为克仁家奴。故名"库尔察克"，塔吉克语意为奴隶。三十三岁时，乘克仁祭祖赛马之机，逃回故乡。后以勇智，获六品伊什罕伯克。道光十年(1830)，带领塔吉克人民英勇抗击玉素普和卓率浩罕兵侵入喀什噶尔及色勒库尔，杀死入侵者二十多人，夺回被抢牛羊等。以功晋四品衔阿奇木伯克。十五年(1835)，两次击退浩罕军入侵，以功授三品顶戴。次年，遭浩罕列什格尔胡什伯克炮击，不幸中弹牺牲。

【库西伯克】 见"阿古柏"。(275页)

【库狄回洛】 又作库狄回洛。东魏、北齐大将。鲜卑库狄氏。代人。初事尔朱荣为统军。北魏建义元年(528)，以预立孝庄帝功，转为别将，赐爵毋极伯。荣死，隶尔朱兆。普泰元年(531)，拥众归高欢。从破尔朱氏于韩陵，以功补都督，加后将军、太中大夫，封顺阳县子。历朔、夏、建三州刺史。昭帝即位，封顺阳郡王。太宁(561—562)初，转朔州刺史，食博陵郡干。转太子太师。卒，赠太尉公、定州刺史。

【库格珠特】 见"黑石炭"。(540页)

【库克新玛木特】 见"玛木特"。(185页)

【库图克台彻辰鸿台吉】 见"切尽黄台吉"。(36页)

【应天皇太后】 见"述律平"。(332页)

【怀忠】 见"萧怀忠"。(483页)

【怀塔布】(？—1900) 清末大臣。满洲正蓝旗人。叶赫那拉氏。大学士*瑞麟子。荫生出身。咸丰间，因捐输军饷由员外郎奖知府。光绪九年(1883)，任泰宁镇总兵兼总管内务府大臣。深得慈禧倚信，是"后党"重要成员。二十年(1894)，由尚书兼署左都御史。时户部收存湖南京饷间杂黑铅，他疏陈其弊，请嗣后各省委解京饷务当厘定章程以重库储，被采纳。二十四年(1898)，因竭力阻挠群臣上书言事，被革职。旋补总管内务府大臣。戊戌变法后，任理藩院尚书兼署礼部尚书。卒，谥恪勤。

【怀仁可汗】(？—747) 唐代回纥汗国创立者。名骨力裴罗。药罗葛氏。*护输子。原为后突厥汗国之逸标苾叶护。天宝元年(742)、三年(744)，乘后突厥汗国内乱，出兵击破乌苏米施可汗和拔悉密颉跌伊施可汗，自立为骨咄禄毗伽阙可汗，建牙帐于乌德鞬山(杭爱山支系)、鄂尔浑河之间的哈剌巴哈逊，辖九姓之地。继破拔悉密、葛逻禄。辖地东极室韦，西至金山，南控大漠，尽有古匈奴地。二次遣使唐朝。被玄宗封为奉义王，继拜骨咄禄毗伽阙怀仁可汗，简称怀仁可汗。四年(745)，击杀后突厥白眉可汗，并遣使顿啜罗达干朝唐，受封左骁卫员外大将军，成为漠北继突厥后又一强大汗国。在对内统治上既承袭突厥汗国旧制，又采用唐朝职官称号，受唐册封，称唐朝为上天汗国，致力发展与唐朝的和好关系。

【怀节皇后】 见"萧撒葛只"。（490页）

【怀信可汗】（？—805） 唐代回鹘汗国第七代可汗。跌跌氏，又作阿跌氏。原为骨咄禄，任跌跌都督。历仕天亲、忠贞、奉诚三可汗，居次相位，有战功。因屡主兵，为诸部所畏敬。贞元六年（790）忠贞可汗被毒死后，起兵杀篡位者，拥忠贞可汗子阿啜为奉诚可汗。与大相颉干迦斯共辅佐之。十一年（795），奉诚可汗卒，无子，为族人拥为可汗，依俗复娶咸安公主，自此回鹘汗国可汗由药罗葛氏转入跌跌氏。遣使赴唐，被唐册拜为爱滕里逻羽禄毕密施合胡禄伽怀信可汗（又作腾里罗羽禄没密施合胡禄六骨咄录毕伽怀信可汗、腾里逻羽禄没密施合胡毕伽怀信可汗），简称怀信可汗。在位时，回鹘汗国兴盛，在与吐蕃争战中居优势，取凉州、占北庭、龟兹，向西扩境至拔贺那国（费尔干纳），重开东西交通。永贞元年（805）卒，子俱禄毕伽继，是为腾里可汗。

【冷僧机】（？—1652） 清初大臣。满族，纳喇氏。世居叶赫。满洲正蓝旗人。叶赫部长金台石同族。叶赫亡后来归，隶贝勒莽古尔泰。后金天聪元年（1627），隶敖汉部长索诺木。九年（1635），首于法司，言莽古尔泰（已死）、德格类与公主及索诺木结党谋不轨。以自首免罪，改隶正黄旗，授世职三等男。清崇德二年（1637），告兵部参政穆尔泰透露都统都类坐事下兵部待审事，授一等侍卫。世祖福临即位，睿亲王多尔衮摄政，授内大臣。顺治二年（1645），晋一等男加一云骑尉。旋遇考满晋三等子。七年晋一等伯。九年（1652），以迎合睿亲王多尔衮乱国罪，被诛，籍家。

【冷木当·阿班罗勒】 清末云南贡山县第四区独龙族反土司斗争首领。因不堪察瓦龙藏族土司的剥削压迫，约在宣统二年（1910），与次里组织六十余人起事，拒缴察瓦龙土司的捐税。以砍刀、弓弩武装起来，到土司驻地布尔去请愿，代表大家和土司谈判，土司见武装群众来势汹汹，逃走。群众坚持斗争，连续四年未纳税。

【冶大雄】（？—1756） 清朝将领。回族。四川成都人。康熙五十八年（1719），从征西藏，克里塘、巴塘。雍正（1723—1735）初，从征松潘黄胜关、桌子山、棋子山。追袭青海蒙古和硕特部罗卜藏丹津，以功升陕西庄浪营参将，加副将衔，奉命赴巴里坤军，署川陕督标中军副将。雍正八年（1730）十二月，与总兵樊廷拒准噶尔军进犯，以功赐骑都尉世职，授直隶山永协副将，署湖北彝陵镇总兵，署山西大同镇总兵。乾隆元年（1736），以副将从征城绥苗、瑶，擢镇筸镇总兵、云南昭通镇总兵。十三年（1748），从征金川，与总兵哈攀龙会师，攻占昔岭，降金川头人。授云南提督，加左都督衔。后受弹劾，降哈密总兵，署安西提督。赴巴里坤验马，因疏报不实，夺官，逮京治罪。二十一年（1756）四月，病死于西安。

【冶熙但璧呢玛】（1849—1875） 清代内蒙古地区藏传佛教格鲁派最大活佛——章嘉呼图克图四世。加佛教传说的十三位先世，亦称第十七世。父名童朗波，母名满超。生于青海之札拉通，幼名森哈萨托。道光三十年（1850），经三世章嘉之大弟子森沙巴及札萨克喇嘛札沙等选定为三名转世灵童之一，由雍和宫金瓶掣定为章嘉四世。五岁，从虚布森和兰布森拖堂淡哲二喇嘛受小戒。咸丰八年（1858），奉诏入京，晋谒咸丰帝于颐心殿，获赐玉如意、金碗、法床、黄车等宝物，驻节京城。九年，赴多伦，受到内蒙古四十九旗和外蒙古五十七旗诸王公、贝勒、贝子之隆重欢迎。同年冬转至甘肃。同治元年（1862）赴京师，驻嵩祝寺，谒同治帝于内廷。此后游学于五台山、多伦和伊克昭等地，修习经典。五年（1866），抵达西藏。翌年，至拉萨，诣大小昭及三大寺，顶礼圣像，布施僧众，于哲蚌寺演说经义，因精通梵文，深获藏人赞誉。又从诸高僧进修经典，习密宗。七年，从哲拉色勒呼图克图受大戒。八年，应蒙古诸王公之请，奉旨返蒙古地区。九年，获同治帝召见，命任职京师，敕封大国师，赐金印、诰命。奉命每年五月至多伦避暑，十月来京任职。十年，奉旨管辖多伦之善因、汇宗二寺。十三年，同治帝卒，率僧徒诵经超荐。光绪元年（1875），赴五台山避暑，归途中染疾，在京师城外之天宁寺入寂。奉光绪帝命供龛座于五台山镇海寺。

【汪罕】 见"王罕"。（51页）

【汪直】（？—1483） 明朝太监。广西桂平大藤峡人。瑶族。成化元年（1465），两广总督韩雍镇压大藤峡瑶民起义时被虏，因年幼，送昭德宫侍奉万贵妃，后升迁御马监太监。为人狡黠，善奉迎，深得宪宗青睐，曾奉密令伺察宫内丑闻。十三年（1477），领西厂特务组织，升提督官校刺事。以锦衣百户韦瑛等为心腹，结党营私，屡兴大狱，肆意迫害朝臣，公卿皆畏之。后因大学士商辂、兵部尚书项忠等上告，罢西厂，复任御马太监。未几，复开西厂，重新得势，权焰益炽，令东厂官校诬告项忠，罢之为民。十五年（1479）秋，奉命至辽东等地巡边，所到之处，百官因畏其势，竞相奉迎厚赂，敢怒不敢言。十七年（1481），西部蒙古亦思马因犯宣府，受帝命与平胡将军王越往御，后留镇大同。因给事中御史一再奏其苛扰，大同巡抚郭镗劾其与总兵许宁不和，成化十九年（1483），宪宗废西厂，调南京任御马监，后贬为奉御，不久病逝。

【汪世显】（1195—1243） 金朝及蒙古国大臣。字仲明。巩昌盐川镇（今甘肃漳县）人。系出蒙古汪古部，遂以汪为氏。原仕金，历同知平凉府事、陇州防御使、巩昌府治中、同知。与巩昌府总帅完颜仲德共拒蒙古军。金开兴元年（1232），代为巩昌府便宜总帅。天兴三年（1234），金亡，据地自守。蒙古窝阔台汗七年（1235），受皇子阔端招谕，归降蒙古，仍守原职。从蒙古军南下攻宋，断嘉陵江路，捣大安军，入武信。十年（1238），进军葭萌，取资州、嘉定、峨嵋。十一年，从都元帅塔海绀卜略地东川，破开州。十二年，攻重庆。以功赐名中山。

十三年,从阔端攻成都,杀宋蜀帅陈隆之。乃马真后称制二年(1243),为便宜都总帅,领秦、巩等二十余州事。中统三年(1262),追封陇西公,谥义武。延祐七年(1320),加封陇右王。

【汪良臣】(1231—1281) 元朝将领。巩昌盐川镇(今甘肃漳县)人。蒙古汪古部人。巩昌府便宜都总帅＊汪世显第四子。初从兄德臣出征,为裨将,以战功为便宜都总帅府参议。蒙哥汗三年(1253),为元帅,率部屯田白水。八年(1258),还巩昌,筹办军需,代行便宜总帅府事。中统元年(1260),会诸王将讨阿里不哥,于耀碑谷执杀阿蓝答儿,以功权便宜都总帅。次年,平水里,转同金便宜都总帅。败宋将昝万寿水军。三年,任阆、蓬、广安、顺庆等路征南都元帅。四年,攻重庆。至元六年(1269),授东川副统军。十年(1273),任西川行枢密院副使。十一年,取嘉定,围重庆。十三年,败杨立援军。十五年,败宋将张珏,四川平。擢四川行省左丞,奏谏治蜀十五事。追封梁国公,谥忠惠。

【汪忠臣】(1219—1266) 蒙古国将领。字汉辅。巩昌盐川镇(今甘肃漳县)人。蒙古汪古部人。巩昌府便宜都总帅＊汪世显长子。窝阔台汗七年(1235),随父降蒙古,留质汗处。后以管军总领随军攻César四川,破文阶,攻成都。乃马真后称制元年(1242),以破吐蕃叠州功,赐银符。次年,父死,皇子阔端以其弟德臣袭父职,委其为巩昌元帅,兼知府事。蒙哥汗二年(1252),代行都总帅事。次年,受汗弟忽必烈命,造舟楫,修栈道,水陆兼行,督运粮饷以助军。八年(1258),从蒙哥汗攻四川,取剑门关。次年,弟德臣战死,举侄惟正代为帅,佐之。中统元年(1260),任巩昌便宜副都总帅,副惟正戍清居,屯田练兵。以久劳于边,被召还巩昌。元贞二年(1296),追谥忠让。

【汪笑侬】(1853—1918) 清代剧作家和表演家。原名德克俊,号仰天。举人,累官知县,旋被参革。光绪(1875—1908)时,戊戌变法失败和八国联军侵入北京,编剧《哭祖庙》,抒发爱国热情。还改编和创作多种京剧剧目。

【汪惟正】(1242—1285) 元朝将领。字公理。巩昌盐川镇(今甘肃漳县)人。蒙古汪古部人。巩昌府便宜都总帅＊汪世显之孙,＊汪德臣长子。蒙哥汗九年(1259),父卒,代为巩昌便宜都总帅。守清居山。次年,拥忽必烈即位,实授都总帅职。执杀叛将乞台不花,受命总东川军事,对宋作战。中统二年(1261),入朝,受赏赐,还镇巩昌。至元七年(1270),临嘉陵江,立栅扼水道,以备宋军。九年,率兵攻忠、涪。曾益兵助攻重庆,夺洪崖门,获宋将何统制。十四年(1277),与别速带统兵征叛王土鲁于六盘山,擒之。以功授金吾卫上将军、开成路宣慰使。十七年(1280),迁龙虎卫上将军、中书左丞,行秦蜀中书省事,分省于四川。二十二年(1285),改陕西行中书省左丞。卒,谥贞肃。

【汪惟和】 元朝将领。巩昌盐川镇(今甘肃漳县)人。蒙古汪古部人。巩昌府便宜都总帅＊汪世显之孙,＊汪德臣第三子。至元二十六年(1289),以巩昌便宜都总帅率所部万人北征。二十九年(1292),兼巩昌府尹。三十年,奉命率所部军三千攻吐蕃。大德元年(1297),以所部军屯田沙州、瓜州,官给钞二万余锭置种、牛、田具。官至昭文馆大学士。

【汪德臣】(1224—1259) 蒙古国将领。字舜辅,又名田哥。巩昌盐川镇(今甘肃漳县)人。蒙古汪古部人。巩昌府便宜都总帅＊汪世显次子。年十四,以质子侍皇子阔端。乃马真后二年(1243),袭父职,从征蜀,出忠、涪,所向皆克,援兴元,却宋军。蒙哥汗二年(1252),受命修治利州等城,立屯田居守,以为取蜀之计。八年(1258),从汗攻宋,取苦竹、长宁,收降运山、青居等。九年,会诸军围攻合州钓鱼山,病卒。世祖中统三年(1262),追封陇西公,谥忠烈。

【沐英】(1345—1392) 明初大将。字文英。回族(一说苗族)。安徽定远人。少孤,被朱元璋收为养子,从朱姓。深受器重,年十八,授帐前都尉,守镇江。后随军征福建,略崇安,破闽溪十八寨,洪武元年(1368),复姓沐。迁大都督府佥事,进同知。十年(1377),充征西副将军,从邓愈讨吐蕃,西略川、藏,封西平侯。十一年,拜征西将军,讨西番。十三年(1380),奉朱元璋命总领陕西兵出塞,略亦集乃路,过黄河,登贺兰山(今宁夏境),大败北元军,擒元国公脱火赤等。十四年,随大将军徐达北伐,克全宁四部。继以征南右副将军,同蓝玉、傅友德取云南,大败元梁王兵十万于曲靖,擒平章达里麻,追梁王走死,右丞观音保以城降。后留镇滇中,设官立卫守之。从十七年至廿一年(1384—1388),先后平定曲靖亦佐、浪穹、"百夷"思伦发、越州阿资、广西阿赤部等。任内,简守令,课农桑,扩屯田,浚滇池,平水患,定贡税,民赖以安。卒,追封黔宁王,谥昭靖。

【沐昂】(?—1445) 明朝将领。字景高。回族。祖籍安徽定远。初为府军左卫指挥佥事,曾随父南征,因功擢右都督。正统四年(1439),征麓川。以征缅甸之功,留镇云南。喜与文士交往,曾辑《沧海遗珠集》。卒,追赠定远伯,谥武襄。

【沐诚】(1456—1482) 明朝将领、诗人、书法家。字择善。回族。祖籍安徽定远,世代居云南。七岁即通读《孝经》、《论语》诸书。及长,娴韬略。成化十年(1474),袭云南左卫佥事。十六年(1480),与御史樊莹等创建腾冲司学。十八年(1482),升都指挥使,充右参将,镇守金齿、腾冲等地。工咏吟,喜草书。

【沐春】(1361—1398) 明朝将领。字景春。回族。祖籍安徽定远。洪武九年(1376),随父＊沐英征西番、云南、江西,积功,授后军都督府佥事。父卒,袭封西平王,镇云南。善拊循士卒,与下同甘苦。洪武二十七年(1394),越州阿资反明,设计擒斩之,寻征缅甸。镇云南七年,大修屯田,开田三十余万亩,铁池凿河,灌宜良涸田数万亩,民受益者五千余户,三十一年(1398),卒于军,民立祠祭之。

【沐晟】(?—1439) 明朝将领。字景茂。回族。祖籍安徽定远。世代宦居云南昆明。好读书,历官后军左都督。建文元年(1399),袭封侯。永乐四年(1406),拜征夷左副将军,讨交趾。论功封黔国公。十二年(1414),又征交趾,至占城,还师,留镇云南。仁宗立,加太傅,给征南将军印。宣德元年(1426),再征交趾。正统四年(1439),征麓川还,至楚雄病卒。追赠定远王,谥忠敬。

【沐琮】(1450—1496) 明代诗人、书法家。回族。祖籍安徽定远。号益庵,又号东山居士。明朝开国功臣*沐英之曾孙。景泰七年(1456),袭黔国公,继镇云南达三十余年,留意屯田、水利。成化十八年(1482),加封太子太傅,佩征南将军印。好读书,工诗,其歌诗乐府,瑰丽可观,人争传诵之。嗜学书史,不释于手,善草书,自成一家。卒,谥武僖。

【沐璘】(?—1458) 明代诗人、书画家。字廷章。回族。明开国勋臣*沐英之后、*沐昂之孙。以右军都督同知充云南总兵官,继镇云南。在镇七年境内晏然。喜读书,自称"东楼居士"。善篆、籀和草书,大字。人称"右儒将士"。英宗天顺二年(1458)六月卒。

【沐仲易】 又作木仲毅、穆仲义。元代诗人、曲家、书法家。回回人。先世为西域人。少年丧母,由继母马哈麻抚育成人。曾为回回国子监生,官至江浙行省左右司员外郎。为人谨慎,做事周严,为上司与下属所称道。元末,弃官携家避居松江,明初居上海郊外。工诗,精书法,尤以散曲著称,人称其"乐府隐语,皆能穷其妙",一时大夫、士人交口称叹。著有《破布衫》、《大鼻子哨遍》、《耍孩儿》等,盛行于世。惜作品全佚。

【汰劣克】 清代布鲁特(今柯尔克孜族)萨雅克部首领。道光四年(1824),张格尔犯边,为喀什噶尔(今喀什)帮办大臣巴彦巴图所败,遁。巴彦巴图乘机纵兵杀掠,其妻孥及部众百余人皆惨死。为报杀亲之仇,遂会张格尔部二千余人,于阿克密依特地方,攻杀巴彦巴图等。

【沙】 东察合台汗国汗(一称吐鲁番王)。*满速儿汗长子。父晚年退隐,嗣汗位。在位期间,与叶尔羌汗王朝的阿克苏统治者马黑麻发生战争,俘马黑麻,送回察力失(今新疆焉耆县),后放归。明嘉靖四十五年(1566)左右,与瓦剌"圣战",中流矢卒。其死后,为争夺汗位内争迭起,东部地区为叶尔羌汗王朝归并。

【沙兰】 又译失剌卜。元代蒙古斡亦剌部贵族、驸马。*忽都合别乞曾孙,巴儿思不花之子。曾尚成吉思汗系公主为妻,与兄弟别克列迷失皆供职于元世祖忽必烈宫廷,为侍从。

【沙全】 元初将领。初名抄儿赤。哈剌鲁氏。随父沙的居河南柳泉(今宜阳西)。五岁为宋军所房,年十八,留刘整部下。中统二年(1261),随刘整归降蒙古,为管军百户。至元三年(1266),从破宋将夏贵于云顶山。

五年(1268),迁镇抚,从围樊城、襄阳,率军克仙人山、陈家洞诸寨,破樊城,升千户。渡淮,败宋将陈安抚。十二年(1275),从丞相阿术败宋将张世杰等于焦山,克常州,收降华亭,以功授华亭军民达鲁花赤。屯田芍陂(今安徽寿县南),加武略将军,兼领盐场,升华亭府达鲁花赤,改松江万户府达鲁花赤。二十二年(1285),迁兴隆万户府达鲁花赤。继受命镇松江。卒于官。

【沙琛】 ①明初云南寻甸女土官。彝族。洪武十七年(1384)袭职,任寻甸军民府(今寻甸县)土知府。二十三年(1390),在辖区内置木密关守御千户所,于甸头、里果马里设屯田所,联络耕种,以为边备。是后,土官皆按期入贡。②清代回族诗人。字献如,号雪湖。云南太和(今大理)人。元平章*赛典赤·赡思丁后裔,朝俊子。乾隆四十五年(1780)中举,嘉庆六年(1801),任怀远知县。后在怀宁、建德、合肥、霍邱、六安州任职。所到之处,救灾恤困,定保甲,募义勇,兴学校,民赖以安。在霍邱时,因审案未实,嘉庆十一年(1806)秋,为继任告发,撤职戍边。怀远、怀宁、建德、霍邱、六安士民集资代为申冤,吁求免罪,获嘉庆帝赦免。少负异才,及长,益刻苦自励,著有《点苍山人诗钞》八卷,于嘉庆二十三年(1818)刊印,其诗隽妙之语,峰起迭出,被誉为"滇中人才"。

【沙元春】(?—1858) 清朝将领。回族。字梅芳。河南郑县(今属郑州)人。道光十二年(1832)中进士。以蓝翎侍卫历任山西吉州营都司、天津镇标右营游击。咸丰八年(1858),调大沽口营副将,防守北岸炮台,御英军入寇,亲燃巨炮击沉英舰二艘。后中弹牺牲,入祀昭忠祠,并赐云骑尉职。

【沙不丹】 一作彻卜登。明代蒙古郭尔罗斯部首领。郭尔罗斯为兀良哈属部,故明人称之为"兀良哈之沙不丹"。其女为岱总汗脱脱不花妻,因与属人私通,被岱总汗刺伤耳鼻,遣回娘家,双方结怨。景泰三年(1452),趁岱总汗被也先战败逃入郭尔罗斯部之机,杀岱总汗,留下外孙摩伦台吉。

【沙尔布】(?—1659) 清初将领。蒙古察哈尔部人。博尔济吉特氏。崇德二年(1637),率百余丁投清,授牛录额真,隶蒙古镶白旗。旋擢一等侍卫。至顺治九年(1652),三迁,累授本旗固山额真,予世职云骑尉。次年,与宁南大将军陈泰守湖南。十二年(1655),设伏,大败明将刘文秀等于岳州、武昌。继败敌舟师。十六年(1659),在磨盘山遭明将李定国伏击,战死,谥襄壮。

【沙克扎】(?—1657) 清朝蒙古王公。鄂尔多斯部人。博尔济吉特氏。萨囊子。崇德二年(1637),遣纳延泰巴图向清贡驼马。六年(1641),归附清朝。顺治七年(1650),以未附大扎木素劫掠清使,封札萨克固山贝子,掌鄂尔多斯左翼后旗。

【沙剌班】 元朝大臣。畏兀儿人。字敬臣,号山斋。大司徒阿邻帖木儿之子。能诗文兼工大字,精通畏兀儿文和蒙文,为宪宗之师。惠宗即位后,深受礼遇,入侍禁中。累官翰林学士承旨、奎章阁大学士、中书平章政事、大司徒、宣政院使。为《金史》纂修官之一。曾谏阻以"薛禅"号赠权臣丞相伯颜，顺旨请立奇氏为皇后。卒，追封北庭王，谥文定。

【沙哩岱】（？—1670） 清朝将领。蒙古察哈尔部人。姓鄂尔沁。洛哩弟。初随兄从察哈尔归清，任佐领。顺治元年（1644），随睿亲王多尔衮入山海关镇压李自成起义军。三年（1646），随豫亲王多铎征苏尼特部腾机思，败土谢图汗和车臣汗援兵，叙功晋二等轻车都尉。十五年（1658），袭三等男爵，授散秩大臣。康熙帝即位后，赐庄田、奴仆。

【沙钵罗】 见"阿史那苏尼失"。（292页）

【沙当朋更】 传说中的独龙族始祖。"沙当"独龙语意为"地"，"朋更"意为"老大"。以耕种火山地为生。神母莫朋更（独龙语称天为"莫"）将一对亲生女儿——念坚（意"一个眼的姑娘"）和念勒姆（意"两个眼的姑娘"）配其为妻，还陪嫁五谷种子和牲畜、家禽、蜜蜂等。念坚生了一群小燕子，不久都变成了人。他因忙于生产，无力照顾子女，便请太迪策（意"满身是毛的人"）为之照顾。太迪策是吃人的动物，偷偷把小孩吃了，他们遂杀掉太迪策，把剩下的孩子请猴子照顾。那时有个叫夏姆（意"长有长尾巴的人"）的，不务正业，人们对之极其痛恨，将他杀了，投于河中，不料河水猛涨，竟没大地，淹死世人，惟有燕子变成的俩兄妹上山挖菜，幸免于难，后结为夫妇，生了九男九女，长大后分居各处，繁衍为独龙族。

【沙克都尔】 ①（？—1677）清朝蒙古王公。四子部落人。博尔济吉特氏。巴拜之子。康熙三年（1664），袭札萨克多罗达尔汉卓哩克图郡王。十四年（1675），驻牧宣府（今河北宣化）。以布尔尼煽动察哈尔左翼四旗毁边私遁事奏告清朝，以功赐御服貂裘。遣属额布根毕里克等擒喀尔喀右翼镇国公扎穆素叛卒功，受赏。②（？—1752）清代卫拉特蒙古辉特部贵族。伊克明安氏。辉特部首领*卫征和硕齐长子。乾隆十五年（1750），因弟阿睦尔撒纳谋立策妄达什，反对喇嘛达尔扎，失败后逃奔哈萨克，遂分获其一半部众。十七年（1752）冬，被阿睦尔撒纳击杀。

【沙迷查干】（？—1408） 明代东察合台汗国汗（一称别失八里王）。蒙古族。故王*黑的儿火者之子。永乐元年（1403，一说建文元年，1399），嗣位。次年，遣使向明廷贡玉璞名马。三年，因哈密忠顺王安克帖木儿为鬼力赤可汗毒死，率所部进讨，明廷嘉其义，遣使赐以彩币。自此使者来往贡赐不绝。五年（1407），遣脱亦不花等贡玉璞及方物，以撒马尔罕本其先世故地，请以兵复之，为明廷劝阻。次年卒，弟马哈麻嗣位。

【沙格德尔】（1869—1929） 清末民初蒙古族民间诗人。内蒙古昭乌达盟巴林右旗人。德钦拉希之子。生于贫寒家庭，七岁进林东庙当喇嘛，直到二十余岁，受尽凌辱。目睹僧俗封建主贪婪伪善，欺骗百姓，贪污自肥，愤然出走，开始编唱"好来宝"抨击黑暗社会。后来成为流浪行乞的喇嘛，周游昭乌达盟、锡林郭勒盟、哲里木盟各旗。经历磨难而不屈服，编出许多揭露和讽刺社会上种种弊端的好来宝、谚语和歌谣。继承蒙古族民间文学的优良传统，以散韵结合的形式进行创作，在民间流传极广，脍炙人口。

【沙喇扣肯】 清代卫拉特蒙古土尔扈特部贵族。札萨克多罗弼哩克图郡王舍楞从子，巴图尔乌巴什子。清乾隆二十三年（1758），随叔父舍楞奔俄罗斯，归牧额济勒河（今伏尔加河）土尔扈特部。三十六年（1771），随渥巴锡东返祖邦，入觐承德，诏封固山贝子，赐号乌察喇勒图，授札萨克。三十八年（1773），授新土尔扈特副盟长，辖右翼旗务，赐札萨克印。四十年（1775），再次入觐承德，参加木兰行围。四十八年（1783），诏世袭罔替。

【沙·马合木】 明末清初叶尔羌国史学家。楚剌思氏。大将军法齐勒之子。叶尔羌开国功臣后裔，该族世袭乌什—阿克苏之某地为封地，在马黑麻汗（1591—1609年在位）和阿合马汗（1609—1638年在位）统治时期，地位日益显赫。学识渊博，史学造诣甚深，对叶尔羌汗国史研究作出贡献。清康熙十一至十五年（1672—1676）间，写成《拉失德史》的续编——《编年史》，记叙至17世纪伊斯梅尔汗中期。约于康熙三十五年（1696），又完成《寻求真理者之友》，这是一部黑山派和卓的圣者传。两部书均用波斯文写成，是研究16、17世纪西域的重要史料。

【沙赤星台吉】（？—1595） 明代蒙古右翼土默特部领主。孛儿只斤氏。俺答汗子，*三娘子生。万历四年（1576），受明封为副千户。十一年（1583），升指挥佥事，领明威将军衔。与明朝通贡互市，和睦相处。哑不能言，无后嗣。

【沙钵略可汗】（？—587） 又称伊利俱卢设莫何始波罗可汗。隋代突厥汗国可汗。名摄图。阿史那氏。*乙息记可汗子。隋开皇元年（581），佗钵可汗卒后，极力反对木杆可汗子大逻便袭位，力主以佗钵子庵罗嗣位。在其支持下，庵罗继位，后因不堪大逻便辱骂构难，让位于摄图。号沙钵略可汗，居都斤山（今杭爱山东支）。为稳定内部，以庵罗居独洛水（今土拉河），称第二可汗；大逻便为阿波可汗，统其属众。以勇著称，部众归心，地方诸部皆归之，势力日振。欲乘隋朝初创，立足未稳，南侵以获利，在其妻千金公主挑唆下，倾众抚隋边，控弦之士四十万。先联合齐将高宝宁，攻陷临渝镇，进而纵兵自木硖石门两道大扰武威、天水、安定、金城、上郡、弘化、延安。因隋文帝杨坚采纳长孙晟"远交而近攻，离强而合弱"的治突厥之策，从政治上分化突厥诸部，从军事上积极备战，使突厥势减，受阻。开皇三年（583）四月，兵败白道，丧师千余人。时长孙晟分化突厥之策也初见成效，突厥内部发生纷争。与达头可汗、阿波可汗、贪汗可汗及弟处罗侯、从弟地勤察等多方为敌，陷于内外交困窘境。四年（584）九月，遣使向隋请降，表示"重叠亲旧"，"终不违负"。隋遣后仆射虞庆则等出使，赐千金公主杨姓，改封为大义公主。沙钵略亦赠虞庆则马千匹，以从妹嫁之。寻为达头可汗所困，遣使赴隋告急，愿寄居白道川内，得隋兵应接及衣食赐给。旋遭阿拔围攻，妻子被掠，复得隋兵援助，挫阿拔。遂与隋立约以碛为两国界。五年七月，遣第七子库合真特勤等使隋，受封为柱国、安国公，自是岁贡不绝。七年(587)四月，病卒，在位七年。

【沙克都尔扎布】（？—1722） 清代卫拉特蒙古土尔扈特部贵族。*阿玉奇汗长子。早年随父征战，战绩显赫。康熙四十七年(1708)，应俄国政府之请，率军镇压顿河流域布拉文农民起义。五十三年(1714)，与继母达尔玛巴拉及纳扎尔玛穆特一起向正在土尔扈特访问的清朝图理琛使团赠礼。阿玉奇汗晚年，受命主持汗国政务，被指定为汗位继承人。六十一年(1722)，先于其父去世，临终前未经阿玉奇汗同意，指定长子达桑格为继承人，引发了汗国统治集团上层争夺汗位继承权的斗争。

【沙克都尔曼济】（？—1756） 清代卫拉特蒙古和硕特部台吉。*昆都伦乌巴什玄孙噶勒丹敦多布子。噶尔丹策零统治时，准噶尔二十一昂吉之一。乾隆十八年(1753)起，辅佐达瓦齐政权。清军定伊犁后，率众迎降，受命入觐于避暑山庄，封和硕特汗，授盟长。二十年(1755)，阿睦尔撒纳叛清，随定西将军策楞往剿。阿睦尔撒纳据伊犁后，受命遣亲信宰桑备兵，使毋为煽惑。旋从弟明噶特附阿睦尔撒纳叛，胁其众。子图们拒从，率众抵珠勒都斯，请内徙。继与子图们屯牧巴里坤附近。二十一年夏，和托辉特部青衮札卜叛，准噶尔台吉噶勒藏多尔济等纷起响应。遂被疑私通噶勒藏多尔济侄札那噶尔布，为雅尔哈善部将闫相师袭杀。

【沙玛尔却扎巴】（1453—1542） 明代藏传佛教噶玛噶举派红帽系四世活佛。又名却扎耶西。藏族。生于金沙江下游哲雪迪。幼年从法王嘎玛巴等噶玛派大德学习佛典。后赴工布拜师求法。继赴多康、西宁、蒙古等地布教，化导霍尔隆巴等人，使之晓明佛道，归于正法，戒酒敬僧。后还康区，再经工布赴前藏，讲经说法。帕主阿旺扎西扎巴年幼时，他曾代行帖寺京俄职。明弘治三年(1490)，在敦悦多吉支持下，在拉萨北部羊八井建羊八井寺，与黄教抗衡。

【沙钵罗泥熟俟斤】 唐代薛延陀汗国贵族。*真珠毗伽可汗夷男叔。贞观十六年(642)九月，受夷男命赴唐求婚，献马三千匹，唐太宗为求边境三十年安宁，许以新兴公主和亲夷男，完成和亲使命。后事失载。

【沙钵罗咥利失可汗】（？—639） 又作咥利失可汗、咥利始可汗。唐代西突厥可汗。阿史那氏。*咄陆可汗阿史那泥孰弟。原为同俄设，又作同娥设。贞观八年(634)，兄泥孰卒后，继汗位。次年，遣使赴唐献马，求和亲，受唐封汗号，和亲之议未成。统治初，面对五咄陆、五弩失毕二大集团纷争的现状，为加强统治，重新将西突厥分为两厢十部（又作十姓、十箭），碎叶川以东为左厢（东厢）咄陆五部，置五大啜辖之；碎叶川以西为右厢（西厢）弩失毕五部，置五大俟斤辖之。十一年(637)，属下统吐屯联合阿悉吉阙俟斤兴兵，欲拥立欲谷设为大可汗。在其弟步利设支持下，以焉耆为基地还击，复得故地，暂保汗号。十二年，欲谷设拥众咄陆五部，自立为乙毗咄陆可汗，建牙镞曷山西，称北庭；他辖弩失毕五部，称南庭。十三年(639)，为属下吐屯俟利发联结咄陆可汗所败，亡命拔汗那（今费尔干纳）而死。

【汨咄录毗伽可汗】 见"奉诚可汗"。(301页)

【没辱孤】 又作李没辱孤。唐代奚族部落首领。宪宗元和三年(808)，受唐封为平州游奕兵马使，赐姓李。

【没哆氏】 夏景宗*李元昊宠妃。大臣没哆皆山女。本为元昊子宁令哥所娶，元昊见其貌美，于天授礼法延祚十年(1047)五月，自纳为妃，号称"新皇后"，于天都山特建宫室居之，日与宴乐其中，引起内宫纷争，皇后野利氏失宠怨望，被废。次年，野利氏子宁令哥刺杀元昊。延嗣宁国元年(1049)，西夏与辽国战于贺兰山，兵败，她亦被执，安置于蓟州。

【没藏氏】 ①（？—1056）夏景宗*李元昊妻。本大臣*野利遇乞妻，元昊诛杀遇乞后，应遇乞侄女、元昊后野利氏请求，将其迎入宫。因与元昊私通，被野利后出为尼，居兴州戒坛寺，号没藏大师。元昊常入寺与之幽会，或带其出猎。夏天授礼法延祚十年(1047)二月，偕元昊猎于两岔河，于行营生谅祚。养于兄没藏讹庞家。次年，讹庞唆使元昊长子宁令哥杀元昊，又诛宁令哥，立谅祚，尊其为宣穆惠文皇太后，与兄共专国政。延嗣宁国元年(1049)，遣使向辽入贡，觇其动挣。其后或战或和。福圣承道二年(1054)七月，为谅祚请婚于辽，并进誓表，请颁誓诏，辽主以其反复，不许。三年十月，于兴庆府西建承天寺，贮宋朝所赐大藏经，延请回鹘僧演经，时与谅祚亲临听讲。性荡、好佚游，每出骑从甚众，夜令国中张灯火以资娱览。先后与李守贵、宝保吃多己通。四年十月，与吃多己猎于贺兰山，夜归途中被李守贵袭杀身死。②（？—1061）夏毅宗*李谅祚妻。大臣*没藏讹庞女。福圣承道四年(1056)，李守贵杀谅祚母没藏太后，讹庞诛李守贵，以女为谅祚妻。奲都五年(1061)四月，谅祚与讹庞媳梁氏通，讹庞欲谋杀谅祚，被梁氏告密，事败，被杀，她亦被废，受幽囚。九月，因不堪凌虐，号泣欲自裁，赐死。

【没藏讹庞】（？—1061） 西夏国国相。大臣*野利遇乞妻*没藏氏之兄。遇乞被害，妻出家为尼，景宗元昊与之私通生谅祚，寄养其家。夏天授礼法延祚十年(1047)三月，任国相。与没藏氏谋害太子宁令哥，图立谅祚。乘元昊夺宁令哥妻自纳，又黜其母野利氏之机，唆使宁令哥刺杀元昊，又执杀宁令哥，立谅祚为帝，尊没藏氏为太后，自任国相，兄妹专权。夏福圣承道元年(1053)二月，向宋朝索古渭州地不得，遂侵静边砦，攻环庆。三年(1055)，又派人侵掠屈野河西地，拒宋请，不肯定疆界，并屯兵河西。四年十月，以没藏氏被汉臣李守贵所杀，遂杀李守贵全家，以己女嫁谅祚，立为后。自是独揽国政，诛杀由己。䂮都元年(1057)五月,败宋军于忽里堆,再次拒绝议疆界之请。十二月,遣兵袭鄜延。二年,以来投之吐蕃啴厮啰捺罗部阿作为向导,攻吐蕃。围青唐城(今青海西宁),与啴厮啰战,败还。三年,据屈野河,妄指河中央为界,沿河屯兵,劫掠行人,侵耕土地。八月,杀谅祚乳母之夫六宅使高怀正及毛惟昌,以削弱谅祚。五年(1061)四月,与子密谋杀谅祚,子妇梁氏与谅祚私通,密告,谅祚在大将漫咩支持下,擒杀其父子及族人,又杀其女没藏后,立梁氏为后,结束没藏氏专权的局面。

【没庐·赤洁莫赞】 又称洁莫准。吐蕃赞普*赤松德赞(755—797年在位)五王妃之一。喜好佛法,躬身修道。约在唐贞元八至十年(792—794)间,敦煌汉族高僧大乘禅师摩诃衍应赞普邀,赴吐蕃逻些(今拉萨)等地弘扬汉地佛教禅宗顿门派观点,一时吐蕃贵族及平民僧俗多从其教。据《敦煌本顿悟大乘正理决序》载,没庐氏虔诚皈依佛门,"剃除绀发,披挂缁衣",取僧名(比丘尼名)绛求洁(意为"菩提主")。一心向佛,广行善业,建格吉寺(即格吉切玛林寺),塑造无量光佛等九尊眷属佛像,并按佛经所载规制于吐蕃西部"堆地"建立教规。所建格吉寺颇有特色,寺壁之砖以铅水黏合,寺顶以铜为之,铸铜钟为乐器,以旃檀木为井壁,以供佛圣水,寺内主佛像眉间镶发光宝珠。据钟铭载,原山南昌珠寺铜钟及今存山南桑耶寺之铜钟均系其所铸。曾参与定立政务民俗制度,谓之"小法",规定男人行男性礼节,女人行女性礼节;令富豪放债;于田中竖立卜石;规定春秋季节之时间相等。晚年史无记载。

【沈强夫】 见"尹神武"。(85页)

【完译】 ①(1246—1303)元朝丞相。蒙古土别燕氏。都元帅*土薛之孙,中书右丞相*线真之子。初侍从太子真金,任詹事,参与谋议,执掌环卫,深受器重,被太子誉为难得之才。太子死后,留辅皇孙。曾两随皇孙铁穆耳抚军北方,参与平定乃颜、合丹之乱。至元二十八年(1291),任尚书省右丞相,以尚书省与中书省并立,于国于民不利,奏罢尚书省,并其事于中书省,遂任中书右丞相。革除桑哥弊政,罢钩考钱粮,蠲免积欠租税,节赏赐,一时谓之贤相。三十一年(1294)世祖卒,与诸王共翊戴铁穆耳即位,继续任相,以东宫旧臣,尤受倚重,凡"宗藩内外官吏人等,咸听丞相完译约束"。奏罢征安南之师,上祖宗尊谥庙号。忌太傅伯颜、平章不忽木,排挤之,使不得入中书省。因独总百司,力不胜任,大德三年(1299),成宗复任哈剌哈孙为中书左丞相,以分其权。四年(1300),加太傅,录军国重事。死后追封兴元王。②(?—1323)又作完者。元朝大臣。畏兀儿人。陕西行省平章政事*叶仙鼐子。武宗时,任太子詹事。至大四年(1311),仁宗即位,任中书平章政事,迁宣徽院事。皇庆二年(1313),改任知枢密院事。延祐四年(1317),出为云南行省平章政事。至治三年(1323)八月,与御史大夫铁失等杀英宗于南坡(今内蒙古正蓝旗东)。泰定帝即位,任知枢密院事。十月,以谋逆罪被诛。

【完者都】(1240—1298) 元朝将领。钦察人。哈剌火者之子。以骁勇著称。蒙哥汗六年(1256)从军。九年(1259),从忽必烈攻宋鄂州(今武昌)。中统三年(1262),随军讨李璮于济南,以功受赏。至元四年(1267),从万户不花里略地荆襄,败宋军于安阳滩。继随都元帅阿术围攻襄樊。十一年(1274),授武略将军、彰德南京新军千户。从丞相伯颜南征,破沙洋、新城,战丁家洲,进武义将军。十三年(1276),以下临安、扬州,以功赐号"拔都儿"(勇士),进信武将军、管军总管、高邮军达鲁花赤,继进怀远大将军、高邮路总管府达鲁花赤。十七年(1280),加镇国上将军、福建等处征蛮都元帅。统军五千征漳州陈吊眼,途收降黄华。十九年(1282),于千壁岭执斩陈吊眼。二十二年(1285),拜骠骑上将军、江浙行省右丞,兼管军万户。加强对浙西私盐的管理,收盐贩五千,隶军籍。后历任中书左丞、江浙行省平章政事等职。一生历经大小十七战,卓有战绩。曾于高邮兴学劝农,使淮右流民纷纷而至。卒,追封林国公,谥武宣。

【完颜元】(?—1149) 金朝宗室、大臣。本名常胜。女真族。姓完颜。太祖*完颜阿骨打孙,*完颜宗峻子,熙宗*完颜亶弟。为北京(今内蒙古宁城西)留守,封胙王。皇统七年(1147),因熙宗赐酒,不能饮,熙宗仗剑逼之,逃遁。海陵王谋废立,忌其有人望,欲除之。九年,河南军士孙进反,自称"皇弟按察大王",熙宗疑"皇弟"即常胜,海陵王为篡立,乘机指名诬之,助成狱。以谋反罪被诛。

【完颜卞】 金朝大臣。本名吾母。女真族。姓完颜。上京(今黑龙江阿城)司属司人。世宗大定二年(1162),充护卫,积功授彰化军节度副使,入为都水监丞,累迁中都、西京路提刑使。徙知归德府、河平军节度使。改北京留守、知大兴府事。章宗承安元年(1196),以擅进问宰臣,笞四十。五年(1200),以刚正疾恶,拜御史大夫。以金吾卫上将军致仕。

【完颜文】(?—1172) 金朝宗室、大臣。本名胡剌,亦作忽剌。女真族。姓完颜。*完颜阿骨打孙,左副元帅宋王*完颜宗望子。熙宗皇统(1141—1149)间,授世袭谋克,加奉国上将军,居中京(今内蒙古宁城西)。海陵王贞元元年(1153),任秘书,坐与灵寿县主阿里虎有奸,除名。复为秘书监,封王。正隆年间例封郧国公。历翰林学士承旨、同判大宗正事、昌武军节度使。世宗大定元年(1161),改武定军,留京师。三年(1163),改广宁尹,判大宗正事,封英王,迁真定、大名尹,徙封荆王。十二年(1172),因多取猛安谋克良马,买民物与价不尽其值,诡纳税草十六万束等赃罪,夺爵,降德州防御使,怀怨,造兵仗,画阵图,欲谋反。为家奴告发,事觉,亡命。十二月,被执杀。

【完颜匡】(1152—1209) 金朝大臣。本名撒速,亦名㸄。女真族。姓完颜。始祖*函普九世孙。事豳王允成,为教读。大定十九年(1179),以才学博通,德行淳谨,奉命教完颜璟(章宗)、完颜珣(宣宗)兄弟汉字、女真小字,习女真语。不久,充太子侍读。奉命作《睿宗功德歌》,以教章宗,勿忘祖宗创业之难和功德。二十五年(1185),中礼部策论进士,仍侍读。二十八年,任中都路教授。明昌元年(1190),章宗即位,历近侍局直长、副使、局使、提点太医院、翰林直学士。使宋,奉命改名弼。迁秘书监,兼大理少卿,迁签书枢密院事。承安元年(1196),行院于抚州。三年,入守尚书左丞,兼修国史,进《世宗实录》。建言简政省官,立监察体访之使。改枢密副使,授世袭谋克。泰和六年(1206),为右副元帅,佐仆散揆迎击南宋军。攻取枣阳、光化、神马坡,克随州,进围德安,下安陆、应城、云梦、汉川、荆山等县。败宋兵二万于信阳东。权尚书右丞,行省事。奉命取襄阳,以为蜀汉屏蔽,久攻不克。七年,为平章政事,兼左副元帅,封定国公,总统诸军,行省于汴京(今开封)。宋被迫议和,割地世称侄国。八年,还京,进宫两阶。同年十一月,章宗死,受遗诏,立卫绍王。拜尚书令,封申王。

【完颜仲】 金朝大臣。本名石古乃。女真族。姓完颜。金源郡王*完颜娄室子。通女真、契丹、汉字。初随兄斡鲁统军视事。熙宗皇统元年(1141),充护卫,授世袭谋克。海陵王天德元年(1149),摄其兄活女济州尹户,部内称治。改滨州刺史、知积石军事,转同知河南尹。正隆六年(1161),从攻宋,为神勇军副都总管。迁同知大兴尹,将兵二千,益遵化屯军,备契丹。迁西南路招讨使,兼天德军节度使。政尚忠信,决狱公平。蕃部不敢扰边。召为左副都点检,宿卫严谨,每事有规矩,后来者守其法。世宗大定五年(1165),宋请和,为报问使至宋,并接归正隆年间被宋军所俘商州刺史完颜守能。转都点检,兼侍卫亲军都指挥使,迁河南路统军使。后因罪解职。起为西北路招讨使,改北京留守。

【完颜充】(?—1149) 金朝宗室、大臣。本名神土懑。女真族。姓完颜。太祖*完颜阿骨打长孙,辽王*完颜宗干长子。熙宗(1135—1149年在位)初,加光禄大夫。天眷(1138—1140)间,为汴京留守。皇统(1141—1149)间,封淄国公,为吏部尚书,晋封代王,迁同判大宗正事。九年(1149),拜左丞相。卒,追封郑王。

【完颜齐】 金朝宗室、大臣。本名受速。女真族。姓完颜。*完颜阿骨打孙,左副元帅宋王*完颜宗望子。熙宗天眷三年(1140),以宗室子拜镇国上将军。皇统元年(1141),迁光禄大夫。海陵王正隆六年(1161),迁银青荣禄大夫。世宗大定(1161—1189)初,迁特进,加安武军节度使,留京师奉朝请。以近属,受宠遇,而性庸滞无才能。大定三年(1163),罢节度官,给随朝三品俸,累官特进。

【完颜亨】(?—1154) 金朝宗室、大臣。本名字迭。女真族。姓完颜。太祖*完颜阿骨打孙。梁王*完颜宗弼子。熙宗(1135—1149年在位)时,封芮王,为猛安。海陵王天德元年(1149),加特进。拜右卫将军。有才勇,善骑射、击鞠。因妄称海陵所赐弓弱不可用,遭忌,出为真定尹。历中京、东京留守。以家奴诬其谋反,遭疑,改广宁尹。海陵王命李老僧同知广宁尹事,以监视,并构其罪状。贞元二年(1154),家奴六斤与老僧诬其谋反,处死狱中。世宗大定元年(1161),追复官爵,封韩王。

【完颜兑】 清代满族女诗人。字悦姑。工部尚书穆里玛之妻。能诗善画,著有《花堁丛读》和《花堁闲吟》。

【完颜纲】(?—1213) 金朝大臣。本名元奴,字正甫。女真族。姓完颜。明昌(1190—1196)中,为奉御,累官左拾遗,迁刑部员外郎。泰和元年(1201),为贺西夏主生日使。转工部郎中。四年(1204),与乔宇等编辑陈言文字,凡关涉宫廷及大臣者摘进,其余以省台六部各为一类,凡二十卷。迁同签宣徽院事。六年(1206),任蜀汉路安抚使、都大提举兵马事,与元帅府参决西边事。至洮州,招降叠州四十三族羌人首领青宜可。迁拱卫直都指挥使。奉命招降宋四川宣抚副使吴曦以全蜀归金。翌年,为陕西宣抚副使。八年,还京,迁陕西路按察使,累官尚书左丞。至宁元年(1213),领兵十万行省事于缙山。屡拒徒单镒等建议,领兵至怀来,为蒙古军所败。纥石烈执中(即胡沙虎)作乱时,被召还京,以失四川、败缙山罪被杀。贞祐四年(1216),追复为尚书左丞。

【完颜忠】(?—1136) 金朝大臣。本名迪古乃,亦作迪古乃、狄古乃,字阿思魁。女真族。姓完颜。石土门弟。受太祖阿骨打器重。辽天祚帝天庆四年(1114),以兵从阿骨打伐辽。金收国元年(1115),与银术哥守达鲁古路。二年,与斡鲁、蒲察等镇压高永昌渤海起义军,降东京(今辽宁辽阳)。继与斡鲁古等率二万兵败辽秦晋国王耶律捏里于蒺藜山,拔显州,降乾、惠等州。天辅二年(1118),取奉圣州,破其兵五千于鸡鸣山,奉圣州降。六年(1122),代石土门为耶懒路都勃堇。太宗天会二年(1124),迁其部于苏滨水。十三年(1135),熙宗即位,加太子太师。翌年,加保大军节度使,同中书门下平章事。世宗大定二年(1162),追封金源郡王。

【完颜旻】 见"完颜阿骨打",(262页)
【完颜昌】 见"完颜挞懒"。(258页)

【完颜杲】(?—1130) 金朝开国功臣。本名斜也,亦作斜野。女真族。姓完颜。世祖*劾里钵第五子,太祖*完颜阿骨打同母弟。收国元年(1115),封论昃勃极烈。天辅元年(1117),率兵下金山县,陷泰州,降女固、脾室四部及渤海人。五年(1121),封忽鲁勃极烈,都统内外诸军,领兵攻辽。翌年,克高、恩等州及中京(今内蒙古宁城西),降奚王。与完颜宗翰会师奚王岭,追辽天祚帝西走。以西京(今山西大同)复叛,又攻取,率军至白水泺,招抚未降州郡及诸部族。以辽秦晋国王耶律捏里据燕京(今北京)自立,从太祖下燕京。天会元年(1123),太宗完颜晟即位后,任谙班勃极烈,与完颜宗干同治国政。三年(1125),金朝伐宋,任都元帅,居京师,遣完颜宗翰、完颜宗望分道进兵。四年,再伐宋,俘获宋徽、钦二帝。皇统三年(1143),追封辽越国王。正隆(1156—1161)年间,封辽王。大定十五年(1175),谥智烈。

【完颜昂】(1100—1163) 金朝宗室、将领。本名奔睹。女真族。姓完颜。景祖*乌古乃弟*跋黑之孙,斜斡之子。幼侍太祖阿骨打。臂力过人。赐佩金牌。年十七,从伐辽。天辅六年(1122),奉国论勃极烈完颜杲之命,赴完颜宗翰处议定追辽天祚帝于鸳鸯泊。天会二年(1124),奉军师完颜阇母命,与刘彦宗分兵征讨南京叛乱。继从完颜宗望伐宋,任河南诸路兵马都统,称"金牌郎君",与宗弼领兵三千为先锋,攻汴州。领八谋克兵,战败宋军万人。七年(1129),追击宋帝至海。继与撒离喝攻取河西郡县,取宁洮、安陇二寨,攻乐州,收降其都护及河州安抚使。进至西宁州,其都护以城降,吐蕃酋长之孙赵铃辖率所部木波首领五人降。后领军四千降积石军及所部五寨官吏,攻取廓州。天眷元年(1138),授镇国上将军、东平尹。翌年,率军击退岳飞军,追至清口。在东平七年,改益都尹,迁东北路招讨使,改崇德军节度使,迁会宁牧。天德元年(1149),改安武军节度使,迁元帅右都监,转左监军,授上京路移里闵斡鲁浑河世袭猛安。海陵王增其四谋克,而只受亲管谋克,余让族兄弟。二年,任枢密副使。贞元元年(1153),转太子少保,进枢密使、尚书左丞相。三年,拜太尉。封沈国公。进太保,判大宗正事,封楚国公。正隆元年(1156),从海陵王攻宋,任左领军大都督。六年(1161),海陵王死,遣人杀太子光英于南京(今河南开封),遣子、婿奉表贺世宗即位。大定二年(1162),晋封汉国公,任都元帅,置府山东,经略边事。为人谨慎,因海陵王暴虐,常纵饮沉酣,数日不醒,遮人耳目,以避杀身之祸。兄弟和睦,尤善施与,亲族贫困,必厚赠。

【完颜京】 金朝大臣。本名忽鲁。女真族。姓完颜。*完颜阿骨打孙,左副元帅宋王*完颜宗望子。以宗室子累迁特进。熙宗皇统九年(1149),为御史大夫。海陵王天德二年(1150),任翰林学士承旨,兼修国史。迁工部尚书,改礼部、兵部,判大宗正事,封曹王,迁河间尹。正隆二年(1157),封演国公,为北京(今内蒙古宁城西大明城)留守,改益都尹。六年(1161),违制,立春日饮酒,降滦州刺史。改绛阳军节度使。海陵王遣护卫忽鲁往绛州杀之,闻讯,逃汾州境,得免。十月,世宗完颜雍即位于东京(今辽宁辽阳),入见于桃花坞,复判大宗正事,封寿王。改西京(今山西大同)留守。五年,谋反,事觉,免死除名,安置岚州楼烦县,官给上田。

【完颜衮】(?—1153) 金朝宗室、大臣。本名梧桐。*完颜宗干子,海陵王*完颜亮弟。女真族。姓完颜。皇统七年(1147),为左副点检,转都点检。九年(1149),为会宁牧,改左宣徽使。海陵王立,奉使宋朝。拜司徒兼都元帅,领三省事,进拜太尉。天德二年(1150),罢帅府,立枢密院,为枢密使、太尉,领三省事如故。四年底(1153年初)死。追进王爵。

【完颜亮】(1122—1161) 即金废帝海陵王。金朝皇帝。本名迪古乃,亦作字烈,字元功。女真族。姓完颜。辽王*完颜宗干次子。天眷三年(1140),以宗室子封奉国上将军,赴梁王完颜宗弼处任行军万户,后迁骠骑上将军。皇统四年(1144),加龙虎卫上将军,为中京留守。为人多猜忌,残忍横暴,在中京专事立威,以压服人。七年(1147),任尚书左丞,揽持权柄,结党营私,以心腹任省台要职,密谋篡权。八年,任平章政事,十一月,任右丞相。九年,兼都元帅,封太保,领三省事。十二月,发动宫廷政变,弑熙宗自立为帝,杀曹国王完颜宗敏、左丞相完颜宗贤,改元天德。即位后,极力推行封建化,加强皇权。天德二年(1150),继续镇压贵族反对派,杀太傅完颜宗本和尚书左丞相唐括辩、完颜秉德及完颜宗翰子孙三十多人,太宗子孙七十多人,诸宗室五十余人。以弟衮领三省事,兼都元帅,总揽军政大权。同时任用大批汉人、契丹人和渤海人,以渤海人挞不野为行台尚书右丞相,汉人张通古为尚书左丞相。废除行台尚书省,改都元帅府为枢密院,使政令统一于朝廷。贞元元年(1153),迁都燕京(今北京),为中都,定五京制,大定府为北京,辽阳府为东京,云中府为西京,开封府为南京,会宁府为上京。正隆元年(1156),上尊号圣文神武皇帝。废除中书省、门下省,只置尚书省,直属于皇帝,下设左、右丞相、参知政事,以太师、领三省事温都思忠为尚书令,废除原平章政事官。至此,中央官制改革完成,史称"正隆官制"。继续实行女真人南迁政策,以大兴府、山东路、大名府等地拘收的原侵官地和荒闲牧地分给南迁女真人耕种。二年,令拆毁会宁府旧宫殿、诸大族第宅等夷作耕地。同时对原封有王爵的贵族一律削封,进一步打击女真旧贵族。为南侵南宋,营建汴京(南京),将印造钞引库迁至汴京。大力征兵,凡年二十以上、五十以下,一律纳入军籍,共约正军十二万,合副军共二十四万,从中挑选强健能射者五千人亲自阅试,号为"硬军"。六年(1161),亲将三十二总管兵伐宋,屡败。在瓜洲渡,兵部尚书耶律元宜兵变,被箭射死。在位期间先后镇压了东海张旺、徐元起义,契丹撒八、窝斡起义,大名府王九郎起义等。大定二年(1162),降封为海陵郡王,谥炀。二十年(1180),降为海陵庶人。

【完颜珣】(1163—1224) 即金宣宗。金朝皇帝。本名吾睹补,亦作吾都补,又名从嘉。女真族。姓完颜。显宗允恭长子。大定十八年(1178),封温国公。二十九年(1189),晋封丰王,累判兵、吏部,又判永定、彰德等军。承安元年(1196),晋封翼王。泰和八年(1208),晋封邢王,又封升王。至宁元年(1213),卫绍王被杀后即帝位,改元贞祐,以纥石烈胡沙虎为太师、尚书令兼都元帅,封泽王。二年(1214),遣尚书右丞相完颜承晖向蒙古军求和,奉献卫绍王女岐国公主给成吉思汗。五月,迁都南京(即汴京,今河南开封)。人心动摇,各地投降派、契丹、乣、汉军吏、地主纷纷降蒙。驻涿州、良乡一带的契丹军为主的乣军首先起兵,大败金兵,降蒙。景、蓟、顺等州相继失陷。三年,派元帅左监军永锡等领中山、真定等州兵四万救援中都,于涿州旋风寨为蒙军所败,中都、北京相继失守。其间,锦州张鲸、辽东蒲鲜万奴相继称王独立;山东、河北等地,人民纷纷起义。面对蒙古威胁,发动对宋战争,欲南逃扩地立国,遭宋朝军民及抗金义军迎击,腹背受敌。五年(1217),复派元帅左都监乌古论庆寿等领兵侵宋,未果。兴定三年(1219),杀尚书右丞相术虎高琪。五年,又杀左副元帅、枢密副使仆散安贞及其二子。内部倾轧,国势益衰。元光二年十二月(1224年初),卒,遗诏立太子完颜守绪(哀宗)继位。谥继天兴统述道勤仁英武圣孝皇帝。

【完颜晏】(?—1162) 金朝大臣。本名斡论,亦作讹论。女真族。姓完颜。景祖*乌古乃孙,隋国王*完颜阿离合懑次子。明敏多谋略,通契丹字。太宗天会元年(1123),奉命督扈从诸军讨平乌底改。授左监门卫上将军,为广宁尹,入为吏、礼两部尚书。熙宗皇统元年(1141),为北京(今内蒙古巴林左旗南波罗城)留守,改咸平尹,徙东京(今辽宁辽阳)。海陵王天德元年(1149),封葛王,拜同判大宗正事,晋封宋王,授世袭猛安。翌年,海陵王迁都燕京(即中都,今北京),奉命留守上京(今黑龙江阿城)。累封豫王、许王、越王。贞元(1153—1156)初,晋封齐王。在上京凡五年。正隆二年(1157),改西京(今山西大同)留守。迁临潢尹。致仕,还居会宁。六年(1161),世宗即位于东京,率宗室数人入见,拜左丞相,封广宁郡王。未几,兼都元帅。世宗大定二年(1162),进拜太尉。复致仕,还乡里。

【完颜晟】 见"完颜吴乞买"。(262页)

【完颜璹】(1172—1232) 金朝宗室、大臣。诗人。本名寿孙,字仲实,一字子瑜。女真族。姓完颜。世宗*完颜雍孙,越王*完颜永功子。博学有才,喜为诗,工真草书。世宗大定二十七年(1187),加奉国上将军。章宗明昌(1190—1196)初,加银青荣禄大夫。卫绍王(1208—1213年在位)时,加开府仪同三司。宣宗贞祐(1213—1217)中,封胙国公。哀宗正大(1224—1232)初,晋封密国公。在朝四十年,日以讲诵吟咏为事,与文士赵秉文、元好问等交善。宣宗贞祐二年(1214),随迁南京(即汴京,今河南开封)。所作诗文甚多,自删其诗,存三百首,为《如庵小藁》。

【完颜爽】 金朝宗室、大臣。本名阿邻。女真族。姓完颜。太祖*完颜阿骨打孙,卫王完颜宗强子。海陵王天德三年(1151),授世袭猛安。正隆二年(1157),任横海军节度使,改安武军,留京师奉朝请。六年(1161),违酒禁,被杖,下迁归化州刺史,夺猛安。复安武军节度使,十月,海陵王遣使胥灭宗室,忧惧不知所出。闻世宗完颜雍即位于东京(今辽宁辽阳),弃妻子奔之,与弟忻州刺史可喜至中都,东迎世宗,授殿前马步军都指挥使。封温王,改秘书监,迁太子太保,晋封寿王,判大宗正事。晋封英王,转太子太傅。大定十五年(1175),摄太尉。复世袭猛安,晋封荣王,改太子太师。

【完颜勖】(1099—1157) 金朝宗室、大臣。学者。本名乌野,亦作乌也。字勉道。女真族。姓完颜。穆宗*盈歌第五子。自幼好学,人称秀才。年十六,从太祖阿骨打攻宁江州,从完颜宗望追击辽天祚帝于石辇铎。

天辅七年(1123),太宗吴乞买即位,自军中召回,预谋政事。天会四年(1126),以宗翰、宗望定汴州,受宋钦宗降,奉命往军中慰劳,载书数车而还。女真人原无文字,祖宗事皆不载。六年(1128),奉诏求访祖宗遗事,以备国史。以阿骨打与高丽议和后,凡女真人入高丽者皆索回,延十余年,上书谏止。十五年(1137),为尚书左丞,加镇东军节度使、同中书门下平章事。因参与平定宗磐之难有功,以"皇叔祖"字冠其衔,力辞。皇统元年(1141),撰定熙宗尊号册文。所撰《祖宗实录》三卷成,记始祖以下十帝事迹,凡部族,皆载明某部、某乡、某村,以识别。凡与契丹往来及征伐诸部,一无所隐,咸得其实。以功特于职俸外别给二品亲王俸。历监修国史、平章政事、大丞相,兼侍中。八年(1148),进献《太祖实录》二十卷,受厚赐。出领行台尚书省事,召拜太保,封鲁国王。九年,进拜太师,封汉国王。海陵王时,封秦汉国王,晋封周宋国王。正隆元年(1156),与宗室俱迁中都。二年,降封金源郡王。能用契丹字写诗文,著有《东狩射虎赋》、《女直郡望姓氏谱》等甚多。

【完颜亶】(1119—1150) 即金熙宗,亦作闵宗。金朝皇帝。本名合剌,小名曷剌马。女真族。姓完颜。金太祖*完颜阿骨打孙,丰王*完颜宗峻长子。自幼学汉文化,能书写作赋。天会十年(1132),任谙班勃极烈。十三年(1135),太宗死,即帝位。着手改革,废除勃极烈制度,改用辽、宋汉官制度,以太师、太傅、太保为三师,太尉、司徒、司空为三公。尚书省置令一人,次左右丞相及左右丞(副丞),以加强相权,元帅府置都元帅及左右副元帅、左右监军、左右都监。地方官制仍袭宋辽旧制设路、府、州、县四级,各路设兵马都总管统领军兵。十五年,下令用《大明历》。十一月,废傀儡齐国,降封刘豫为蜀王。同时置行台尚书省于汴京,治汴京地区。天眷元年(1138),颁行女真小字及新的官制与"换官"的规定。规定封国制,增设平章政事和参知政事官。设御史台,监察官员活动,以加强皇权。建都城上京会宁府(今黑龙江省阿城县),营建宫室。翌年,处死阻挠改革的保守贵族宗磐、宗隽、挞懒等。三年(1140),派宗弼、宗干伐宋,占河南、陕西地。皇统元年(1141),划定宋金以淮水为界,基本确定金朝统治领域。二年,立太子,确定皇权世袭制。五年(1145),创设"屯田军"制,将大批女真人和契丹人迁居中原,监视和镇压中原人民的反抗。末年,酗酒妄杀朝臣,使人人自危。九年十二月(1150年初),完颜亮(即海陵王)等发动宫廷政变,被亮杀于寝所,被降为东昏王。大定(1161—1189)初,追谥武灵皇帝。十九年(1179),增谥弘基缵武庄靖孝成皇帝。

【完颜雍】(1123—1189) 即金世宗。金朝皇帝。本名乌禄。女真族。姓完颜。太祖*完颜阿骨打孙,睿宗*完颜宗辅子。皇统年间(1141—1149),以宗室子封葛王,为兵部尚书。天德(1149—1153)初,判会宁牧。历迁判大宗正事、中京留守、燕京留守、济南尹、西京留守。贞元三年(1155),晋封赵王。正隆二年(1157),降封郑国公,晋封卫国。翌年,再任留守,徙封曹国。六年(1161),任东京留守,海陵王派高存福为副留守,监视其行动。十月,南征万户完颜福寿等发动政变,杀高存福,拥其为帝,改元大定。即位后,为巩固皇权,采用兼容并包策略,争取各族贵族、百僚支持,以稳定统治。派兵镇压耿京、窝斡等农牧民起义。同年,上尊号仁明圣孝皇帝,由东京至中都,继续实行海陵王直接统治汉地的国策。二年,命吏部侍郎石琚(汉人)详定官制,由尚书省颁行,继承海陵王广泛任用契丹、渤海和汉人参与军政的用人之策。放免二税户与奴婢为平民。十二月,派右丞相仆散忠义领重兵侵宋。三年,准许民间开采金银。四年,派官清查土地,核实财产,史称"通检"或"推排",后屡派人到各路通检物力钱。五年,南宋被迫遣使求和,割海、泗、唐、邓、商、秦等给金,岁献币、绢二十万两、匹。战事结束后,注意恢复发展农业生产。十一年(1171),上尊号应天兴祚钦文广武仁德圣孝皇帝。十八年(1178),铸大定通宝。二十一年(1181),重申计口授地,下令查各户人力及可耕地亩,须自耕,地有余而力不足者,方许招人租佃。一再倡导保存女真习俗。在位二十九年,农业、手工业都有不同程度的发展,仓廪有余,号称"小尧舜"。谥光天兴运文德武功圣明仁孝皇帝。

【完颜膏】 金朝大臣。本名珂里剌。女真族。姓完颜。上京(今黑龙江阿城)司属司人。世宗大定十年(1170),以皇家近亲,充东宫护卫,转十人长,授御院通进。二十四年(1184),从世宗幸上京。翌年,迁符宝郎,进吏部郎中。章宗即位,因犯禁,夺官一阶。明昌元年(1190),起为同知棣州防御使事。以上书忤诋宰执,杖罢,发还本猛安。次年,降授同知宣德州事。召授武卫军副都指挥使,四迁知大兴府事,转左宣徽使。承安二年(1197),拜尚书右丞,出为泰定军节度使。移知济南府。

【完颜璟】(1168—1208) 即金章宗。金朝皇帝。小字麻达葛。女真族。姓完颜。世宗完颜雍孙,显宗完颜允恭子。大定十八年(1178),封金源郡王。初学女真语言小字及汉字经书。二十五年(1185),晋封原王,判大兴府事。翌年,赐名璟,拜尚书右丞相。十一月,立为皇太孙。二十九年(1189),即皇位。次年,改元明昌。五年(1194),命左丞相夹谷清臣在临潢府行尚书省事,领上京等九路军三万人击败蒙古合底斤、山只昆等部。承安元年(1196),命右丞相完颜襄领败鞑靼。连年用兵北方,征服各族。翌年,在世宗朝修壕基础上,继续掘完连绵九百里的界壕,以备外族。十一月,镇压德寿、陁锁等领导的契丹、乣军起义。酷爱汉诗词,创作甚多,爱好汉族书法和绘画,在金朝诸帝中,为汉文化程度最高的一人。即位后,仿效唐宋汉制,制定礼乐衣装制度。命人编修《金纂修杂录》、《大金仪礼》。泰和六年(1206)十一月,诏许女真屯田军与当地居民通婚,加快民族融合,加速猛安谋克制崩溃。以都统纥石烈执中、平章政事仆散揆等南败宋兵,迫宋降,恢复两朝盟约。在位期间,因统治阶级腐朽无能,黄河于曹州(大定二十九年,1189)、卫州(明昌四年,1193)、南京阳武(明昌五年,1194)曾三次大决堤,使山东、河北、河南等路黄河两岸遭重灾,农村经济受到严重破坏。因连年战争,军费与日俱增,大量发行交钞以应付财政"所入不充所出"的窘境,曾发行银币"承安宝货",并继续进行通检推排和括田。在位二十年间,基本完成女真族封建化,女真上层分子转化为地主。以婢宠擅朝,朝政日败,各种矛盾激化,金朝由强盛开始衰弱。大安元年(1209),谥宪天光运仁文义武神圣英孝皇帝。

【完颜襄】(1140—1202) 金朝大臣。本名唵。女真族。姓完颜。昭祖石鲁曾孙(一作五世孙),东京留守什古之孙,参知政事阿鲁带子。善骑射,多勇略,年十八袭世爵。大定二年(1162),从左副元帅完颜谋衍镇压契丹移剌窝斡等起义军,败义军于肇州之长泺等地。继从平章政事仆散忠义败义军于袅岭西陷泉,特授亳州防御使。为颍、寿都统,率甲士二千败宋兵五千,复颍州,擒宋帅杨思。攻濠州,击执宋将郭太尉于横涧山。继奉左副元帅纥石烈志宁命,率骑二千,夺取清流关,逼宋议和。召入为拱卫直都指挥使,改殿前右卫将军,转左卫,后历任东北路招讨都监、速频路节度使、曷懒路兵马都总管、殿前左副都点检、陕西路统军使、河南统军使。入为吏部尚书,转都点检,擢御史大夫,拜尚书右丞,进左丞。大定二十三年(1183),拜平章政事,封萧国公,进右丞相,徙封戴国公。二十九年(1189),世宗卒,遵顾命,辅皇太孙完颜璟(章宗)即位。明昌元年(1190),出知平阳府事,移知凤翔,历西京(今大同)留守,进枢密使,复拜右丞相。七年(1196),与完颜安国分两路攻鞑靼,直抵浯勒扎河,败鞑靼部长。拜左丞相,监修国史,封常山郡王。十一月,以契丹德寿等起兵反金,发上京兵六千驻守北京,派临潢府总管乌古论道远等分道镇压。晋封南阳郡王。继为左副元帅,拜枢密使兼平章政事,屯北京。把散居诸乣迁居京师附近,以防与契丹人联合反抗。督率军卒、民夫开掘自临潢府路左界至北京路的大壕,以备御蒙古兵。泰安四年(1199),拜司空,仍领左丞相。泰和元年(1201),改授河间府路算术海猛安。卒,谥武昭。

【完颜瓁】(?—1192) 金朝宗王。本名桓笃,又作欢睹。女真族。姓完颜。金章宗完颜璟兄,郓王琮同母弟。工诗,善骑射,精书艺,女真大小字。世宗大定二十二年(1182),封崇国公。二十六年,加崇进。章宗即位,迁开府仪同三司,封瀛王。谥文敬。

【完者秃王】 见"本雅失里"。(98页)

【完者忽都】 元顺帝皇后。高丽人。姓奇氏。初由徽政院使秃满迭儿进为宫女,主供茗饮,生皇太子爱猷识理达腊,日见宠幸,立为第二皇后,居兴圣宫,改徽政院为资正院。习学《女孝经》、史书,效法历代皇后有贤行者。至正十八年(1358),京城大饥,出金银粟帛赈饥民,葬死者。次年,与皇太子谋内禅,未果,为帝所疏远。二十三年(1363),以同族被高丽王杀,遣同知枢密院事崔帖木儿为丞相用兵一万侵高丽,中伏兵,兵败。二十五年,被字罗帖木儿矫旨幽于诸色总管府,百日后始还宫。孛罗帖木儿死,传旨令扩廓帖木儿领兵拥皇太子入京,欲胁顺帝禅位,不果。十二月,立为皇后。二十八年(1368),明兵攻大都(今北京),从帝北奔,不知所终。

【完者哈敦】①又译完泽或乌勒杰。元代伊儿汗妃。蒙古斡亦剌部贵族脱劣勒赤女,*成吉思汗外孙女。嫁伊儿汗旭烈兀为妻,生子猛哥帖木儿、女忙克鲁干和乞迷赤。至元二年(1265),夫死,前妻子阿八哈嗣位,将底牙儿别克、哲吉烈之一部赐其为份地,并纳其为妃。十九年(1282),阿八哈卒后,欲立己子猛哥帖木儿继汗位,寻猛哥卒,复与忽推哈敦议阿八哈子阿鲁浑为汗。②又译完者台。脱劣勒赤孙女,不花帖木儿之女。初嫁伊儿汗旭烈兀子猛哥帖木儿为妻,后被阿八儿赤所纳。③斡亦剌部贵族腾吉思古儿干孙女,速剌迷失和秃都合赤之女。继其姑母忽都鲁之后,嫁伊儿汗阿鲁浑为妻。

【完颜习室】(?—1127) 又作完颜习失。金朝大臣。女真族。姓完颜。金源郡王石土门子。康宗乌雅束时,以高丽筑九城于曷懒甸,从斡赛攻高丽。辽天祚帝天庆三年(1113),从阿骨打攻宁江州,推锋力战,授猛安。后从斜也克中京(今内蒙古宁城西大明城),袭辽帝于鸳鸯泺。继败夏将李良辅。与娄室获辽帝于余睹谷。太宗天会三年(1125),从完颜宗翰攻宋,与银术可围守太原。翌年,攻襄垣,下潞城,降西京(今大同),至汴。受命统十二猛安军镇抚怀、孟险要,四境以安。世宗大定(1161—1189)间,谥威敏(又作威敬)。

【完颜王祥】见"耶律王祥"。(309页)

【完颜天骥】(?—1211) 金朝抗蒙将领。女真族。姓完颜。大安三年(1211),蒙古军取居庸关,逼中都(今北京),他派兵突袭,杀蒙古兵三千人。十二月,蒙古军攻南顺门,他设计巷战,诱蒙古骑兵入城,于街上布满拴马桩,夜纵火烧街旁民屋,街窄屋倒,蒙古军死伤甚众,被迫退军。巷战中战死。

【完颜元宜】(?—1164) 金朝大臣。本姓耶律氏,名阿列,一名移特辇。契丹族。天辅七年(1123),完颜宗望追辽天祚帝至天德,随父慎思归降,赐姓完颜。善骑射。皇统元年(1141),充护卫,累迁瓯里本群牧使,入为武库署令,转符宝郎。海陵王立,为兵部尚书。天德三年(1151),复本姓耶律氏。历顺义、昭义节度使,复为兵部尚书、劝农使。正隆六年(1161),从海陵王攻宋,以本官领神武军都总管,大败宋军于和州,以功进浙西道兵马都统制,督诸军渡江,至扬州瓜洲渡。十月,闻世宗完颜雍在东京(今辽阳市)即位,与子王祥、武胜军都总管徒单守素等众劫袭杀海陵王,代行左领军副大都督事,派人杀皇太子光英于南京,领兵北还。大定二年(1162)春,入见世宗,拜御史大夫,进平章政事,封冀国公,复赐姓完颜氏。奉命往泰州路镇压契丹移剌窝斡起义军。大定四年(1164),罢为东京留守。不久,致仕,卒于家。

【完颜乌带】(?—1152) 金朝大臣。亦名言。女真族。姓完颜。行台左丞相*阿鲁补子。熙宗(1135—1149年在位)时,累官大理卿。熙宗晚年,喜怒无常,大肆诛杀,群臣危惧。皇统九年(1149)十二月,结海陵王完颜亮等杀熙宗。海陵即位,为平章政事,封许国王。因完颜秉德曾在熙宗面前斥其妻唐括氏与海陵私通事,结怨。天德二年(1150),诬告秉德谋反自立,海陵杀秉德,以秉德世袭猛安谋克授之,进右丞相。继进司空、左丞相,兼侍中。不久,因早朝未至,取怒海陵王,出为崇义军节度使。天德四年(1152),海陵唆唐括氏杀之,纳唐括氏于宫,封贵妃。

【完颜从坦】(?—1218) 金朝宗室。女真族。姓完颜。卫绍王大安(1209—1211)中,任尚书省祗候郎君。宣宗贞祐二年(1214),自募义兵数千,任宣差都提控,授同知涿州事,迁刺史,经略海州。未几,充宣差都提控,安抚山西军民,应援中都(今北京)。四年,行枢密院于河南府。谏强兵利民之策。兴定元年(1217),改辉州刺史,权河平军节度使、孟州经略使。授同知东平府事,权元帅左监军、行元帅府事,与参知政事李革守平阳(今山西省临汾)。翌年,蒙古军破城,自杀。追赠昌武军节度使。

【完颜从宪】(?—1208) 金朝宗室、大臣。本名吾里不,亦作吾里补,亦名琦。女真族。姓完颜。世宗*完颜雍孙,显宗*完颜允恭子。世宗大定二十九年(1189),章宗即位,加开府仪同三司,封寿王。承安元年(1196),晋封英王。四年四日,改封瀛王。泰和五年(1205),赐名从宪。六年,授秘书监。

【完颜从恪】(?—1232) 金朝太子。女真族。姓完颜。卫绍王*完颜永济子。大安元年(1209),封胙王,为左丞相。翌年八月,立为皇太子。至宁元年(1213),卫绍王被胡沙虎杀,与兄弟皆废居中都(今北京)。宣宗贞祐二年(1214),徙郑州。四年,徙居南京(今河南省开封)。哀宗天兴元年(1232),崔立作乱,勒兵入见太后,传令封梁王,监国。同年四月,与荆王守纯及诸宗室被崔立送至京城南青蒙古军前,被杀。

【完颜从彝】(?—1214) 金朝宗室、大臣。本名阿怜,又作阿邻。女真族。姓完颜。世宗*完颜雍孙,显宗*完颜允恭子。世宗大定二十五年(1185),封宿国公,加崇进。翌年,赐名璪。二十九年(1189),章宗即位,封沂王。明昌四年(1193),诏追封故鲁王孰辇为赵王,以其为赵王后人。承安元年(1196),为兵部尚书,改封蔡王。四年(1199),授秘书监。泰和五年(1205),章宗赐名从彝。八年,封霍王。

【完颜允济】见"完颜永济"。(251页)

【完颜石柱】(?—1283) 元朝将领。女真族。姓完颜。同州管民达鲁花赤完颜拿住子。宪宗时,袭父职为征行千户,总管八都军。宪宗九年(1259),从忽必烈征合剌章,随都元帅纽璘攻马湖江。世祖中统二年(1261),授征行万户。翌年,从都元帅帖哥攻嘉定。至元四年(1267),败宋兵于九顶山。五年,攻泸州水寨,击五获寨,渡马湖江,败宋兵。后从行省也速带儿降建都,攻嘉定,复泸州,取重庆。十四年(1277),迁昭勇大将军。十六年，授四川东道宣慰使。翌年，改镇国上将军、四川道宣慰使，总管随路八都万户。二十年（1283），拜四川行省参知政事。

【**完颜可喜**】（？—1162） 金朝宗室、大臣。女真族。姓完颜。太祖＊完颜阿骨打孙，卫王完颜宗强子。以宗室子累官唐括部族节度使，降忻州刺史。正隆六年（1161），海陵遣使欲杀之。闻世宗完颜雍即位于东京（今辽宁辽阳），弃州归之。与兄归化州刺史阿邻会于中都（今北京），受卫权中都留守事阿琐之请，留中都，辅佐治事。闻世宗发东京，迎见于麻吉铺。授兵部尚书，领兵往南京（今开封），至中都，闻南京已定，遂止。才武过人，自以太祖孙，颇有异志。世宗初至中都，多事，扈从诸军未暇行赏，或有怨言，同昭武大将军斡论等欲借扈从军士怨望作乱。大定二年（1162），乘世宗谒山陵之机，中道称疾而归，夜召斡论等谋会于家，知事难成，遂与完颜璋等执斡论等自首，拒认自己首谋，及与斡论面质，款服，被杀。

【**完颜白撒**】（？—1233） 金末大臣。名承裔，女真族。姓完颜。末帝＊完颜承麟之兄。初为奉御。贞祐（1213—1217）间，累官知临洮府事、兼临洮泰州路兵马都总管。兴定元年（1217），为元帅左都监，行帅府事于凤翔。奉诏出巩州盐川，败宋兵于皂郊堡、天水军。二年，取西和州。三年，破虎头关，败宋兵于七盘子、鸡冠关，取褒城县、兴元府、洋州。权参知政事，行省事于平凉。四年，遣军大败西夏兵三万于定西州。元光元年（1222），败西夏兵于临洮踏南寺、大通城。正大五年（1228），任尚书右丞、平章政事。开兴元年（1232），蒙古军攻京城，拒谏，不出兵进击。遣兵万人开短堤，决河水，以守京城。工程未毕，蒙古兵至，将士多丧。继奉命守城西南，不力，罢官。军士恨其不战误国，欲杀之，哀宗派亲军二百为之卫。同年复起为平章政事、权枢密使、兼右副元帅。护卫哀宗弃汴出逃。次年正月，奉命督军取卫州，兵败，逃归，唆哀宗走归德。以卫州败兵罪，下狱七日，饿死。

【**完颜永元**】 金朝宗室、大臣。本名元奴。女真族。姓完颜。辽王＊完颜宗干孙，郑王充（神土懑）子。幼聪敏，日诵千言。熙宗皇统元年（1141），试宗室子作诗，中格。善《左氏春秋》，通其大义。海陵王天德元年（1149），授百女山世袭谋克。海陵王忌杀宗室，与弟耶补儿逃匿得免。正隆六年（1161），世宗完颜雍即位于东京（今辽宁辽阳），与弟归之，授宗正丞，历任符宝郎、滦州刺史、棣州防御使、泰宁军节度使。平差调赋税，民赖以安。迁震武军节度使。世宗大定六年（1166），迁崇义军节度使，徙顺义军。以过解职。起为保大军节度使，历昭义、绛阳、震武军，迁济南尹、北京副留守、兴中尹、彰化军节度使。颇有政绩，所至称治，民为之立祠。年五十一，卒官。

【**完颜永中**】（？—1195） 又作完颜允中、完颜惟中。金朝宗室、大臣。本名实鲁剌，又名万僧。女真族。姓完颜。世宗＊完颜雍子。大定元年（1161），封许王。五年（1165），判大兴尹。七年，晋封越王。十一年（1171），晋封赵王。十三年，拜枢密使。二十一年（1181），改判大宗正事。二十五年（1185），加开府仪同三司。翌年，复为枢密使。二十九年（1189），章宗即位，判西京（今大同）留守，晋封汉王。明昌二年（1191），因奔孝懿皇后丧后期，为章宗所嫌忌。四月，晋封卞王。三年，判平阳府事，晋封镐王，亦作镐厉王。以谋反罪被诛。泰和七年（1207），诏复王爵，谥厉。

【**完颜永功**】（1154—1221） 又作完颜允功、完颜惟功。金朝宗室、大臣。本名宋葛，又名广孙。女真族。姓完颜。世宗＊完颜雍子。勇健，涉书史，好法书名画。世宗大定四年（1164），封郑王。后晋封隋王、曹王。十五年（1175），任刑部尚书。十七年，授活活土世袭猛安。翌年，改大兴尹。二十三年（1183），判东京（今辽宁辽阳）留守，改河间尹、北京（今内蒙古宁城西大明城）留守。二十五年，拜御史大夫。二十六年，判大宗正事。因罪解职。复判大宗正事。二十九年（1189），章宗即位，判平阳府事，晋封冀王，改判济南府，授山东西路把鲁古世袭猛安。明昌二年（1191），判广宁府事，晋封鲁王。翌年，判彰德府事。承安元年（1196），晋封郕王。二年，判太原府事。泰和七年（1207），改西京（今大同）留守。八年，复判平阳府事。卫绍王大安元年（1209），晋封谯王，判中山府事。翌年，晋封越王。卒，谥忠简。

【**完颜永成**】（？—1204） 又作完颜允成。金朝宗室、大臣。本名鹤野，又称娄室。女真族。姓完颜。世宗＊完颜雍子。博学，善属文，为世宗钟爱。大定七年（1167），封沈王。师事太学博士王彦潜。十一年（1171），晋封豳王。十六年（1176），判秘书监。次年，授世袭山东东路把鲁古猛安，判大睦亲府事，改中都路胡土霭哥蛮猛安。二十年（1180），授翰林学士承旨。二十三年，判定武军节度使事，改判广宁府。二十五年（1185），奉命留守中都，判吏部尚书，进开府仪同三司，为御史大夫。二十九年（1189），章宗即位，晋封吴王，判真定府事。明昌元年（1190），改山东西路盆买必刺猛安。次年，晋封兖王。坐率军民围猎，解职。后授沁南军节度使。三年（1192），改判太原府事。七年，改判平阳府事。承安元年（1196），晋封豫王。自幼喜读书，善交文士，自号"乐善居士"，有文集行世。卒，谥忠献。

【**完颜永济**】（？—1213） 又作完颜允济。即金卫绍王。金朝皇帝。小字兴胜。女真族。姓完颜。金世宗＊完颜雍第七子。大定十一年（1171），封薛王，同年，晋封滕王。十七年（1177），授世袭猛安。二十六年（1186），为秘书监。二十七年，转刑部尚书。二十八年，改任殿前都点检。二十九年，晋封潞王，任安武军节度使。明昌二年（1191），晋封韩王。四年，改判兴平军。翌年，改沁南军。承安二年（1197），改封卫王。泰和八年（1208），即皇位。次年，改元大安。大安二年（1210），命儒臣校《大金仪礼》，编《续资治通鉴》。同年八月，立子胙王从恪为皇太子。三年，以蒙古成吉思汗领兵来侵，一面遣西北路招讨使粘合合打求和，一面派平章政事独吉千家奴、参知政事完颜承裕行省事于边。金军失利，九月，居庸关失守，中都(今北京)戒严，下令禁男子出中都城，同知乌古孙兀屯领二万兵护卫中都。德兴府、昌平等地相继失陷。崇庆元年(1212)，以西夏犯葭州，派延安路兵马总管完颜奴婢御之。至宁元年(1213)，右副元帅纥石烈胡沙虎发动政变，被迫出宫到故邸，被宦官李思中杀害。同年九月，降封为东海郡侯。贞祐四年(1216)，追复卫王，谥绍。

【完颜永蹈】(?—1193) 又作完颜允蹈。金朝宗室、大臣。本名银术可。初名石狗儿。女真族。姓完颜。世宗*完颜雍子。大定十一年(1171)，封滕王。十二月，晋封徐王。二十五年(1185)，加开府仪同三司。翌年，为大兴尹。二十九年(1189)，章宗即位，判彰德军节度使，晋封卫王。章宗明昌二年(1191)，徙封郑王。三年，改判定武军。四年，以谋反罪被杀。泰和七年(1207)，诏复王爵，谥剌。

【完颜奴申】(?—1233) 又作完颜讷申。金末大臣。字正甫。女真族。姓完颜。完颜素兰之弟。女真策论进士。正大三年(1226)，由翰林直学士，充益政院说书官。五年(1228)，转吏部侍郎。受命审理近侍张文寿、仁寿、李麟之受敌馈遗事，得奸状。九月，改侍讲学士，以御史大夫奉使蒙古，朝见太宗窝阔台于龙驹河(今克鲁伦河)。翌年，迁吏部尚书，复出使蒙古。以功拜参知政事。天兴元年(1232)，奉命往蒙古军驻地郑州海滩寺求和。十月，升参知政事兼枢密副使，与完颜斜捻阿不总诸军留守汴京(今开封)。二年，西面元帅崔立发动政变，被杀。

【完颜合达】(?—1232) 又作完颜合打(合答、哈达)。金末大将。名瞻，字景山。女真族。姓完颜。善骑射。贞祐二年(1214)，三护卫，送岐国公主赴蒙古。三年，授临潢府推官，权元帅右监军。隶经略使乌林答乞住，授中都统，迁提控。不久，临潢、全庆两军变，杀乌林答乞住，推其为帅，统乌林答乞住军，计杀首乱者数人。六月，以本军降蒙古。四年，率所部军民南归金朝，进官三阶，升镇南军节度使，驻益都，接应元帅蒙古纲，充宣差都提控，奉蒙古纲命，与蒙古军战于寿光、临淄。兴定元年(1217)，转通远军节度使，兼巩州管内观察使，改平西军节度使，兼河州管内观察使。二年，知延安府事、兼鄜延路兵马都总管。三年，为元帅右都监攻宋，破宋兵于梅村关、马岭堡，取麻城县。四月，战西夏军于隆州。行元帅府事于唐、邓。四年，屯延安。败西夏军于拄天山。五年，知延安府事。与征行元帅纳合买住败西夏军于安塞堡。元光元年(1222)，迁元帅左监军，授山东西路吾改必剌世袭谋克。权参知政事，行省事于京兆，兼统河东两路。正大三年(1226)，迁平凉行省。四年，拜平章政事，封芮国公。七年，以平章政事权枢密院副使。以亲卫军三千败蒙古军于卫州。与权参知政事移剌蒲阿同行省事，以备潼关。九年(1232)正月，为蒙古军败于钧州三峰山(今河南禹县)，走钧州，城破被执杀。

【完颜合周】 金末人臣。一名永锡。女真族。姓完颜。贞祐(1213—1217)中，为元帅左监军，领中山、真定、保、涿等兵救援中都(今北京)。三年(1215)，未至，为蒙古军所败，被削除官爵。四年，任御史大夫，权尚书右丞，总兵陕西，至京兆(今西安)，畏蒙古兵不战，失潼关，免死除名。兴定三年(1219)，复为参知政事。正大四年(1227)，蒙古军攻占临洮府，为议和使，与蒙古议和。天兴元年(1232)，汴京(今开封)被围，谏言于京城括粟可得百余万石，与左丞李蹊总其事，大肆盘剥。继为同判大睦亲府事，兼都点检，管宫掖事。好作诗词，曾作《括粟榜文》，因词语鄙俚，被京人讥为"雀儿参政"。

【完颜仲元】 金末将领。中都(今北京)人。本姓郭。大安三年(1211)，应李雄招募。从军抗蒙。贞祐三年(1215)，累功为永定军节度使，赐姓完颜。所部兵最强，号"花帽军"，人称"郭大相公"。兼本路宣抚使，知河间府事，改知济南府事，权山东东路宣抚副使。四年，改河北宣抚副使。领兵镇压涟水红袄军。兼单州经略使，遥授知归德府事，驻军卢氏，改商州经略使，权元帅右都监。兴定元年(1217)，复单州经略使。败宋兵于龟山、盱眙，破红袄军于白里港。遣军败围海州之宋兵。三年(1219)，奉诏屯宿州，与右都监纥石烈德同行元帅府事。翌年，兼保静军节度使，迁劝农使。五年，为镇南节度使。元光元年(1222)，知凤翔府事，御蒙古军。二年，迁元帅右监军，授河北东路洮委必剌猛安。正大(1224—1231)间，为兵部尚书，皇太后卫尉。

【完颜仲德】(?—1234) 金末大臣。本名忽斜虎。女真族。姓完颜。聪颖，读书习策论，有文武才。初试补亲卫军。泰和三年(1203)进士，历仕州县。后从军，被蒙古军所俘，不及一年尽通蒙古语。率众万余返金，授邳州刺史。增筑城壁，汇水环城以守。哀宗即位，遥授同知归德府事，同签枢密院事，行院事于徐州。叠石增城，引水为固，民赖以安。六年，移知巩昌府，兼行总帅府事。招集散亡，得军数万，依山为栅，屯田积谷，一方得安。八年，授巩昌行省。天兴元年(1232)，拜工部尚书，参知政事，行尚书省事于陕州。复立山寨，安抚军民。领兵入援汴京(今开封)。以秦、巩山岩深固，粮饷丰赡，建言西幸，依险固守。进尚书省右丞、兼枢密副使。二年正月，行尚书省于徐州。二月，平鱼山之乱。后随哀宗走蔡州，领省院事，主持军政。选士括马，缮治甲兵，整肃军纪，准备迎战。谏阻修宫室，选宫女。蔡州被围，领兵守城，抚慰军士，昼夜御备。三年正月，城破，率一千精锐巷战。闻哀宗自缢，亦投水而死。

【完颜讹可】 ①(?—1232)金朝将领。又称"草火讹可"、"草讹可"。因好以草火燎俘虏，故名。女真族。姓完颜。护卫出身。兴定三年(1219)十一月，以同签密院事，行院事于河北。正大六年(1229)十二月，以权签枢密院事，奉诏与移剌蒲阿领兵救庆阳。八年(1231)九月，以蒙古军攻河中府，与板子讹可领兵三万前往防守。十二月(1232年初)，城破，被俘杀。②(?—1232)金朝将领。又称"板子讹可"、"板讹可"，因曾误以宫中牙牌为板子，故名。女真族。姓完颜。护卫出身。累迁元帅右监军、邠泾总帅、权参知政事,奉命守邠、泾、凤翔等地。正大八年(1231)九月,蒙古军攻河中府,以河中总帅与草火讹可领兵三万守之。十二月,城破,率败卒三千夺船逃阌乡,被处杖刑二百致死。

【完颜讹论】 金末将领。女真族。姓完颜。历官枢密院都监、安化军节度使、右副点检。贞祐二年(1214),受仆散安贞命为右翼,与左翼沂州防御使仆散留家合兵攻杨安儿起义军。败起义军将领徐汝贤三州兵十万于昌邑东。与诸军破莱州,杀徐汝贤。以兵追杨安儿,迫之走死于海上。兴定五年(1221),以右副点检行元帅府事于唐、邓。五月,为唐州守将,与宋兵战于唐州境内,兵败,丧师七百余人,匿以捷闻。御吏完颜李兰发其事,宣宗因其为元帅完颜赛不侄,释不为罪。

【完颜守贞】 金朝大臣。本名左靥。自号冷岩。女真族。姓完颜。大学者*完颜希尹孙,昭武大将军完颜把答子。海陵王贞元二年(1154),袭祖谋克。正隆六年(1161),世宗即位,充符宝祗候,授通进,任彰德军节度副使,迁北京(今内蒙古宁城西大明城)留守,移上京(今黑龙江阿城),坐安置契丹户民部内娶妻,除名。大定二十五年(1185),起为西京(今大同)警巡使。为人刚直,凡朝廷论议及有所问,皆傅经以对,为世宗钟爱,授中部(今北京)左警巡使,迁大兴府治中,进同知,改同知西京留守事。二十九年(1189),章宗即位,为刑部尚书,兼右谏议大夫,拜参知政事,进尚书左丞,授上京世袭谋克。明昌三年(1192),出知东平府事,改西京留守。四年,拜平章政事,封肃国公。翌年,罢平章政事。好读书,通法律,明习国朝故事。时金国礼乐刑政因袭辽、宋旧制,杂乱无章,遂佐章宗更定修正,为一代法。出知济南府事。旋因与近侍窃语宫掖事,夺官一阶,解职。承安元年(1196),降授河中防御使。五年(1200),改部罗火扎合石节度使。迁知都府事,移知济南府,以安抚山东重地。卒,谥肃。

【完颜守纯】(?—1233) 金末大臣。本名盘都。女真族。姓完颜。金宣宗*完颜珣次子。贞祐元年(1213),封濮王。二年,为殿前都点检兼侍卫亲军都指挥使,权都元帅。三年,任枢密使。四年,拜平章政事。兴定元年(1217),授世袭东平府路三屯猛安。三年,封英王。四年,密召知案蒲鲜石鲁剌等谋议,欲发丞相术虎高琪罪,以除之,事泄,未果。元光二年(1223),宣宗病危,抢先入宫。弟完颜守绪(即哀宗)后至,遣枢密院官及东宫亲卫军总领移剌蒲阿集军三万屯东华门外,以护卫四人监守纯于近侍局,次日,哀宗即位。正大元年(1224),封荆王,罢平章政事,判睦亲府。后以图谋不轨罪,下狱,得慈圣皇太后营救,得免。天兴二年(1233),汴京(今开封)西面元帅崔立发动政变。与梁王从恪等宗室五百余人被送至青城,被蒙古军杀死。

【完颜守能】 金朝官员。本名胡剌。女真族。姓完颜。大学者*完颜希尹孙,昭武大将军完颜把答子。累官商州刺史。海陵王正隆六年(1161),宋军陷商州,被执。世宗大定五年(1165),宋朝请和,释归,诏给旧官之俸。十九年,为西北路招讨使。时诏徙契丹移剌窝斡起义军余众于临潢、泰州,因受押剌民列赂,匿不遣,事觉。二十一年,以赃罪,除名。

【完颜守绪】(1198—1234) 即金哀宗,亦作金义宗。金朝皇帝。初名守礼,又名宁甫速。女真族。姓完颜。宣宗*完颜珣第三子。泰和(1201—1208)年间,授金紫光禄大夫。至宁元年(1213),宣宗登极,晋封遂王,授秘书监,改枢密院。贞祐四年(1216),立为皇太子,掌枢密院事。元光二年十二月(1224年初),即帝位,改元正大。采取措施,任用抗蒙有功帅,集中兵力,抗蒙救亡。正大元年(1224),逐秘书监、权吏部侍郎蒲察合住等二奸臣,朝中为之一振。改变战略,停止侵宋战争,以免腹背受敌。六月,派枢密判官移剌蒲阿率兵至光州,四处张榜,告谕宋界军民,金朝"更不南伐"。同时,罢守纯平章政事,任用完颜赛不为平章政事,石盏尉忻、张行信为尚书右丞、左丞,并力救ami。二年,遣使与西夏议和,西夏以兄事金,不再称臣。下令为抗蒙死难将佐十三人立褒忠庙,以激励将士。三年,遣枢密副使移剌蒲阿收复平阳、太原等山西失地。七年(1230),派完颜合达、移剌蒲阿领兵十万救卫州。九年(1232),钧州三峰山之战,金军大败,精锐尽失,汴京(今河南省开封)被围,以曹王完颜讹可为人质,求和,蒙古军暂退。以汴京援绝粮尽,人相食,下令括粟。蒙古遣使至汴,令其去帝号称臣降蒙。十二月,弃京出逃归德。汴京、中京相继失陷。天兴二年(1233),逃蔡州。九月,蒙古军与宋将孟珙会师围蔡州。三年正月初,传位于东面元帅完颜承麟,自缢死。旋末帝承麟被杀,金亡。谥哀宗、昭宗。

【完颜守道】(1120—1193) 金朝大臣。本名习尼列。女真族。姓完颜。以祖谷神功,擢应奉翰林文字。皇统九年(1149),同知卢龙军节度使事,历献、祁、滨、蓟四州刺史。因治政有方,蓟州父老请留其再任。迁昭毅大将军,授左谏议大夫。多有政谏,以内族完颜晏非相才,建言可增其禄而勿任为相。极力谏阻贷民财以奖赏扈从将士。大定二年(1162),以右副元帅完颜谋衍镇压移剌窝斡起义不力事力言于朝,改派仆散忠义代之。改太子詹事,兼右谏议大夫。拜参知政事,兼太子少保。受命安抚北京、临潢、泰州等地的契丹起义军余部。进尚书左丞,兼太子少师。拜平章政事。十四年(1174)迁右丞相,监修国史,进左丞相,授世袭谋克。二十年(1180),《熙宗实录》成,进拜太尉、尚书令,改授尚书左丞相。二十五年(1185),坐擅支东宫诸皇孙食廪,夺官一阶。不久改兼太子太师。二十六年,辞官。明昌四年(1193),卒,谥简靖。

【完颜伯嘉】(?—1223) 金末大臣。字辅之。女真族。姓完颜。北京路(治今内蒙古宁城西大明城)讹鲁古必剌猛安人。明昌二年(1191)进士,调中都左警巡判官。不畏豪强,有法必依。曾弹劾权臣平章政事仆散揆,系禁孝懿皇后妹晋国夫人之用事奴。后历任宝坻丞、尚书省令史、太学助教、监察御史、平凉治中、莒州刺史。大安(1209—1211)中,三迁同知西京留守,权本路安抚使。贞祐(1213—1217)初,迁顺义军节度使、震武军节度使兼宣抚副使,提控太和岭诸隘。四年三月,迁元帅左监军,知太原府事,河东北路宣抚使。七月,改知归德府事,继迁签枢密院事,知河南府事。兴定元年(1217),知河中府,充宣差都提控,召为吏部尚书。翌年,任御史中丞。十二月,权参知政事、元帅左监军,行尚书省、元帅府于河中府,控制河东南北路便宜从事。三年,奉诏行枢密院于许州,召还,罢为中丞。四年,河南水灾,充宣慰副使。五年,起为彰化军节度使,改翰林侍讲学士。为人纯直,以"益国泽民"为己任。元光元年(1222),以言事过切,降同知归德府事。二年,遥授集庆军节度使,权参知政事,行尚书省于河中府,率陕西精锐与平阳公史咏共复河东。六月,病卒。

【完颜希尹】(?—1140) 金朝大将、女真大字创制者。本名谷神,又作兀室、悟室、胡舍。女真族。姓完颜。欢都子。为人深谋多智。从太祖阿骨打征战,屡有功。受命仿汉文楷字,因契丹字,合女真语,创制女真文字,于天辅三年(1119)颁行,史称女真大字。从完颜宗翰袭辽帝,为前驱,以八骑与辽主战,一日三败之。辽天祚帝逃奔白水泺,尽获其内库宝物。收降西京(今大同)。权西南、西北两路都统。天会三年(1125),金大举伐宋,任元帅右监军,自西京攻太原。五年,与诸将掳宋徽、钦二帝及后妃还,北宋亡。从宗翰逐宋康王于扬州。十三年(1135),太宗死,拥立熙宗完颜亶。任尚书左丞相兼侍中。天眷二年(1139),封陈王,与完颜宗干共诛完颜宗磐、完颜宗隽诸王。三年,以"心在无君"等罪名,与子同赐死。皇统三年(1143),赠邢国公。天德三年(1151),追封豫王。正隆二年(1157),降封金源郡王。大定十五年(1175),谥忠献。

【完颜沃侧】(?—1161) 金朝将领。女真族。姓完颜。大将麻吉子。年十七,隶军中,从拔离速击败辽将马五。太祖天辅六年(1122),父死,领其职。从完颜宗望攻宋,袭康王于江、淮间。师还,驻东平。熙宗天会十五年(1137),屯兵河北,招降傍近诸营,多获畜产兵仗,受赏。从攻陕西,为右翼都统,攻城破敌,皆有功。师还,授谋克。迁华州防御使,治政有方。迁迪列部族节度使,改迭剌部。同知燕京留守事,改西北路招讨使。首发契丹撒八秋满冒俸禄事。后撒八起义,被杀。

【完颜冶诃】 金建国前完颜部将领。女真族。景祖*乌古乃后裔。居神隐水完颜部。为本部勃堇。与同部人把里勃堇等归附,女真势益强。肃宗颇剌淑拒桓一再失利,奉世祖劾里钵命,与欢都同以本部七谋克之兵助之。与欢都常在世祖左右,居则与谋议,出则莅行阵。穆宗盈歌初,以苏滨水人拒命,不受出兵,奉命与斡赛往问罪。章宗明昌五年(1194),追谥忠济。

【完颜阿邻】(?—1162?) 金朝大臣。女真族。姓完颜。康宗*乌雅束孙,*完颜宗雄子。颖悟辩敏,通女真、契丹大小字及汉字。为熙宗所赏识,年十八,授定远大将军,为顺天军节度使。海陵王天德二年(1150),迁益都尹,兼山东东路兵马都总管,历泰宁、定海、镇西、安国等军节度。正隆六年(1161),从海陵王攻宋,为神勇、武平等军都总管,由寿州道渡淮,与劝农使移剌元宜合兵三万为先锋。十月,至卢州,连败宋将王权于柘皋镇、渭子桥及和州南。闻世宗完颜雍即位于东京(今辽宁辽阳),率金军渡淮北还,迁尚书部,监粮饷助军镇压契丹移剌窝斡起义军。次午,窝斡败亡,还懿州,以疾卒。

【完颜阿琐】 金朝宗室、将领。女真族。姓完颜。太祖*完颜阿骨打孙,卫王完颜宗强幼子。长身多力。海陵王天德二年(1150),授奉国上将军,累加金吾卫上将军,居中都。正隆六年(1161)十月,世宗完颜雍即位于东京(今辽宁辽阳)。与宗室璋率守城军官乌林答石家奴等,杀同知中都留守事蒲察沙离只、府判抹撚撒离喝,行留守事,遣谋克石家奴等奉表东京。世宗大定二年(1162),授横海军节度使,赐以名鹰,改武定军,迁兴平军节度使、广宁尹,因坐赃一万四千贯,受杖八十,削两阶,解职。后改平凉、济南尹。年三十七,卒于官。

【完颜阿喜】 金朝宗室、将领。女真族。姓完颜。好学问。袭父北京路笞柏山猛安,听讼明决,为众所信爱。以廉能,历任彰国军节度副使、上京留守判官、同知速频路节度使,改归德军,历海、邳二州刺史,皆兼总押军马。破宋统领刘文谦于宿迁进犯。败戚春、夏兴国舟兵万余人。迁镇国上将军,为元帅左监军纥石烈执中前锋。渡淮破宝应、天长二县。师还,迁同知归德府事,改泗州防御使。卫绍王大安二年(1210),改华州防御使,迁镇南军节度使。宣宗贞祐二年(1214),改知大名府,历任马军都提控、横海、安化军节度使,宣差山东路左翼都提控、知济南府事、沁南节度使、河南统军使,兼昌武军节度使。

【完颜秉德】(?—1150) 金朝宗室、大臣。本名乙辛。女真族。姓完颜。*完颜宗翰孙。初为西南路招讨使,迁汴京(今开封)留守。进兵部尚书,拜参知政事。皇统八年(1148),与乌林答蒲卢虎等廉察郡县,还,拜平章政事。与郎中三合议迁辽阳渤海人屯燕京以南事。近侍高寿星不愿南迁,请悼后裴满氏谮于熙宗,秉德遭杖笞怀怨。九年十二月,与海陵王等谋逆,弑熙宗于寝殿。海陵篡立,为左丞相,兼侍中、左副元帅,封萧王。后遭乌带诬,出领行台尚书省事。海陵因其首谋废立,及弑熙宗又不即劝进,欲除之。于天德二年(1150)四月,遣使就行台杀之。大定元年(1161),世宗完颜雍即位,追复官爵,赠仪同三司。

【完颜定奴】(?—1219) 金朝大臣。女真族。姓完颜。*完颜纲弟。初任护卫、平凉府判官,累官同知真定府。从平章政事仆散揆伐宋,加平南虎威将军。迁河南东路副统军,三迁武胜军节度使,入为右副点检。卫绍王大安二年(1210),升元帅右都监,援西京(今大同)拒蒙古军,改震武军节度使。元帅奥屯襄败绩。坐失期不至及不奏军败实情,降为河州防御使,迁镇西军节度使、河东北路按察转运使。宣宗贞祐二年(1214),改知河南府，兼河南副统军。迁河南统军使，兼昌武军节度使。改签枢密院事、殿前都点检，兼侍卫亲军都指挥使。行院事兼归德府事，改兼武宁军节度使，行院于徐州。召为刑部尚书、参知政事。

【完颜宗义】（？—1150） 金朝宗室、大臣。本名字吉，亦作字极。女真族。姓宗颜。世祖*劾里钵孙，辽王斜也第九子。海陵王天德元年（1149），为尚书左丞。翌年，为平章政事。海陵已杀太宗子孙七十余人，尤忌斜也诸子盛强，欲尽除之。被元帅府令史遥设诬与撒离喝谋反，与斜也子孙百余人同被杀。世宗大定元年（1161），追复官爵，赠特进。

【完颜宗尹】（？—1188） 亦作完颜崇尹。金朝宗室、大臣。本名阿里罕。女真族。姓完颜。初充护卫，改牌印祗候，授世袭谋克，为右卫将军。历顺天、归德、彰化、唐古部族、横海军节度使。正隆六年（1161），从海陵王攻宋，领神略军都总管，先锋渡淮，取扬州及瓜洲渡。大定二年（1162），改河南路副都统，驻军许州。以宋兵攻陷汝州，杀刺史乌古孙麻泼及汉军二千人，遣万户孛术鲁定方领骑兵四千反攻，复取汝州。迁大名尹，仍副都统。历河南路统军使、元帅左都监、南京留守。八年，为山东路统军使。迁枢密副使。授世袭蒲与路屯河猛安，并亲管谋克。加太子太保。拜平章政事，封代国公，兼太子太傅。建言罢养马钱等，输粟赈饥。

【完颜宗本】（？—1150） 金朝宗室、大臣。本名阿鲁。女真族。姓完颜。太宗*完颜吴乞买第三子。皇统九年（1149），为右丞相兼中书令，进太保，领三省事。封原王。同年海陵王篡立，进太傅，领三省事。熙宗完颜亶时，海陵曾私议宗本等势强，劝熙宗不宜优宠太甚。篡位后，猜忌更深。天德二年（1150）四月，海陵召其入殿击鞠，处死。大定二年（1162），追封潞王。

【完颜宗宁】（？—1191） 金朝大臣。本名阿土古。女真族。姓完颜。系出景祖*乌古乃。太尉阿离合懑孙。性勤厚，有大志。初从海陵王南征，为都统。正隆六年（1161），战瓜洲渡，功最。历祁州刺史。世宗大定二年（1162），为会宁府路押军万户，擢归德军节度使，督民治蝗害。移镇宁昌军，改知临潢府（今内蒙古巴林左旗南波罗城）事，移天德军。十一年（1171），封行军右翼都统，为贺宋正旦使。累迁兵部尚书，授隆州路和团猛安烈里没世袭谋克。出知大名府事，徙镇利涉军，迁同签大睦亲府事，知咸平。章宗明昌元年（1190），入授同判大睦亲府事，拜平章政事，处事明敏。

【完颜宗亨】 金朝宗室、大臣。本名挞不野。女真族。姓完颜。阿买勃极烈*习不失孙，真定留守鹘沙虎子。熙宗天眷元年（1138），充护卫。翌年，以擒宗磐、宗隽有功，加忠勇校尉，迁昭信校尉、尚厩局直长。三年，升局副使。起为淑温特寔室将军。改会宁府少尹，历登州刺史、献州刺史、特满群牧使。以本职领武扬军都总管从海陵王南伐，过淮。正隆六年（1161），世宗完颜雍即位于东京（今辽宁辽阳），受诏入朝。大定二年（1162），授右宣徽使，迁北京路兵马都统，镇压契丹起义军。与左翼万户蒲察世杰以七谋克军与起义领袖移剌窝斡战于花道，兵败。继追击起义军首领括里。受扎八诈降。纵其去，致使括里、扎八亡于宋，降宁州刺史。

【完颜宗固】（？—1147） 金朝大臣。本名胡鲁，亦作胡卢。女真族。姓完颜。太宗*完颜吴乞买子。熙宗天会十五年（1137），为燕京留，封豳王。天眷二年（1139），完颜宗磐以谋反罪被杀，受株连，当绝属籍，获放，罚不得称皇叔。皇统二年（1142），复为判大宗正。六年，为太保，右丞相兼中书令。

【完颜宗贤】（？—1149） 金朝宗室、大臣。本名赛里，亦作塞里。女真族。姓完颜。习不失孙。天辅六年（1122），从都统完颜杲取中京，袭辽天祚帝于鸳鸯泺。奉命以兵助挞懒攻辽耶律马哥。与诸将分行招谕，获辽留守迪越家人辎重，降群牧官木卢瓦，得马甚多，逐水草牧之。直追至旺国崖西，累官至左副点检。天眷二年（1139），宗隽以谋反罪被捕，宗贤正饮酒其家，亦夺官爵。不久，复职。皇统四年（1144），授世袭谋克，转都点检，封豳国公。拜平章政事。进拜右丞相，兼中书令。进拜太保、左丞相，监修国史。进太师，领三省事，兼都元帅。出为南京留守，领行台尚书省事。复为左副元帅，兼西京留守。再为太保，领三省事。复为左丞相，兼都元帅。自护卫，未经十年，身兼将相，常思报效朝廷，故未附悼后母党。皇太子济安死，力劝熙宗选后宫以广继嗣，得罪悼后，遭后与海陵王排挤。皇统九年（1149），海陵谋逆，杀熙宗，假传熙宗旨，召入宫，被杀。

【完颜宗叙】（1126—1171） 金朝大臣。本名德寿。女真族。姓完颜。*完颜阇母第四子。有大志，喜谈兵。天德二年（1150），充护卫，授武义将军。翌年，授世袭谋克，擢御院通进，迁翰林待制，兼修起居注，转国子司业，兼左补阙。正隆元年（1156），转符宝郎。在宫职凡五年，历迁大宗正丞、侍卫亲军马军都指挥使、左骁骑都指挥使。二年，从海陵王幸南京（今开封）。六年（1161），以西北路契丹撒八等起义，为咸平尹，兼本路兵马都总管，领甲仗四千备用。同年，世宗完颜雍在东京（今辽宁辽阳）即位，归之，授宁昌军节度使。大定二年（1162），契丹起义军攻宁昌，率仅有的女真、渤海骑兵三十力战，受创被俘。居百余日，得临潢民移剌阿塔等营救，逃归。见元帅完颜谋衍贪房掠，失事机，不肯受职，还京向世宗面奏起义军虚实。拜兵部尚书，领右翼都统，佐新任元帅仆散忠义镇压义军。破义军于花道，复与元帅右监军纥石烈志宁大破移剌窝斡于陷泉、七渡河。入为右宣徽使。以元帅右监军驻山东，分兵据冲要，以御宋北进。不久，奉诏与左副元帅纥石烈志宁参议军事。四年（1164），渡淮水，出唐、邓，至襄阳，屡战皆捷。翌年，金宋议和，迁河南路统军使。十年（1170），拜参知政事，奉诏巡边。次年病死。生前曾谏言招募贫民戍边屯田，以使贫者无艰食之患，富家免更代之劳，以专农业。

【完颜宗宪】（1108—1166） 金朝大臣。本名阿懒。

女真族。姓完颜。撒改次子，完颜宗翰弟。年十六，选入学，学女真字书。兼通契丹、汉字。未冠，从宗翰伐宋，陷汴京（今开封），众人争抢府库财物，独载图书以归。识虑深远，建言远引前古，因时制宜，制定制度礼乐。反对挞懒、宗隽以河南、陕西之地与宋，使其称臣的主张。以捕宗磐、宗隽之功，授昭武大将军。修国史，累官尚书左丞，摄门下侍郎。皇统五年（1145），转行台平章政事。天德（1149—1153）初，为中京留守、安武军节度使，封河内郡王，改太原尹，晋封巨鹿郡王。正隆年间（1156—1161），夺王爵，再迁震武、武定军节度使。大定元年（1161），世宗完颜雍在东京（今辽宁辽阳）即位，奉诏弃官来归，任中都留守。翌年，迁西京（今大同）留守。同年八月，改南京（今开封）留守，摄行台尚书省事。召为太子太师。旋拜平章政事，赐《太祖实录》。进拜右丞相。

【完颜宗峻】（？—1124） 金朝宗室、将领。本名绳果，亦作室曷。女真族。姓完颜。太祖完颜阿骨打次子，熙宗完颜亶父。天辅五年（1121），忽鲁勃极烈完颜杲都统诸军攻取中京，宗峻别领合扎猛安，受金牌，与杲俱袭辽天祚帝于鸳鸯泊，迫天祚帝逃走阴山，与完颜宗翰击走辽将耿守忠救西京之援军，攻取西京。七年，阿骨打死，与兄宗干等率宗室群臣拥立太宗完颜晟即位。天会十四年（1136），子熙宗即位，追谥景宣皇帝，庙号徽宗。正隆二年（1157），被海陵王降为丰王。世宗时，复尊为景宣皇帝。

【完颜宗隽】（？—1139） 金朝开国功臣。本名讹鲁观。女真族。姓完颜。太祖完颜阿骨打子。勇力善射。天会十四年（1136），为东京（今辽宁辽阳）留守，镇治渤海。天眷元年（1138），入朝，与左副元帅完颜挞懒、宋王完颜宗磐暗地结党，支持挞懒以河南、陕西地与宋，使宋称臣的主张。不久，为尚书左丞相，加开府仪同三司，兼侍中，封陈王。二年，拜太保，领三省事，晋封兖国王。七月，以"力摈勋旧，欲孤朝廷"的谋反罪，被诛。

【完颜宗浩】（？—1207） 金朝宗室、大将。本名老，字师孟。女真族。姓完颜。昭祖石鲁四世孙，太保兼都元帅汉国公完颜昂子。贞元（1153—1156）中，为海陵王入殿小底。世宗完颜雍在东京（今辽宁辽阳）即位，受父命驰贺，命充符宝祗候。大定二年（1162），领万户从父至山东都元帅府，授山东东路兵马都总管判官。承袭因囯斡鲁浑猛安，授河南府判官，同知陕州防御使事。升同知彰化军节度使事，累迁同签枢密院事，改曷苏馆节度使。二十三年（1183），为大理卿。翌年，授山东路统军使，兼知益都府事。二十六年（1186），为贺宋主生日使。还，授刑部尚书。翌年，拜参知政事。明昌元年（1190），章宗即位，出为北京留守，三转同判大睦亲府事。受命佩金虎符驻泰州，以备御北方。力主出兵征讨北方诸部。承安三年（1198），收降广吉剌（弘吉剌），败山只昆（散只兀）于忒里葛山，收降合底忻（哈答斤）部长白古带、山只昆部长胡必剌等。大败婆速火等部，斩首溺死者四千五百余人，获大量驼马牛羊。迁光禄大夫。翌年，拜枢密使，封荣国公、崇国公。建言将东北路招讨司自泰州徙金山，以据要害，设副招讨二员，分置左右，以备御。奉命至中都、山东、河北括地，得地三十余万顷。出知真定府事，徙西京留守，复为枢密使，进拜尚书右丞相。奉命监督开掘界壕，以备守戍。继率军击退撒里部长陁括里，杀获甚众。进拜左丞相。泰和七年（1207），兼都元帅，行省事于汴京（今开封），督军攻宋，亲赴襄阳巡师，迫宋遣使请和。九月，卒于军，谥通敏。

【完颜宗辅】（1096—1135） 金朝宗室、将领。本名讹里朵，后名宗尧。女真族。姓完颜。太祖完颜阿骨打第五子。为人性宽恕，好施惠，尚诚实，魁伟望严，人望而畏之。从父四出征战，侍从左右，参与帷幄。天辅六年（1122），与乌古乃讨平新降民安福哥在黄龙府的叛乱。天会五年（1127），任右副元帅，驻兵燕京。十一月，自河间攻宋淄、青州。翌年，破宋将马扩兵二十万于乐安。继降滑州，取开德、大名，平定河北。八年，治兵洛水，破宋将张浚骑兵六万，步卒十二万于富平，降耀州、凤翔府，下泾渭二州，败宋经略使刘倪于瓦亭，收原州。十年，为左副元帅。取保川城，降熙州，招抚巩、洮、乐、西宁、兰、廓、积石等州和定远、和政、甘峪、宁洮、安陇等城寨及镇堡蕃汉营部四十余，平定陕西五路，派兵驻防要冲，班师。拥完颜亶（熙宗）为谙班勃极烈。天会十三年，追封潞王，谥襄穆。皇统六年（1146），进冀国王。正隆二年（1157），追赠太师，改封许王、豳王。大定元年（1161），追谥立德显仁启圣广运文武简肃皇帝，庙号睿宗。

【完颜宗望】（？—1127） 一名宗杰。金朝宗室、大将。本名斡鲁补，亦作斡里不、斡离不、讹鲁补。女真族。姓完颜。太祖完颜阿骨打次子（《大金国志》作第四子）。历随阿骨打征西夏伐宋，侍从左右。金天辅六年（1122），以先锋从阿骨打追击辽天祚帝，大败辽兵于石辇驿。十二月，与诸将攻陷燕京（今北京）。翌年，任副都统，与都统斡鲁追击天祚帝于阴山，俘获辽诸王、后妃、公主等，得车万余乘。继败天祚帝，俘获其子赵王习泥烈及传国玺。大败南京留守张觉，取南京。天会三年（1125），任南京路都统，奉命从燕山路侵宋，大败宋将郭药师军四万五千于白河，取燕山府。继破宋真定兵五千，克信德府。四年，渡黄河，取滑州，围汴京（今开封）。宋钦宗被迫请和，割太原、中山、河间三镇，对金奉表称侄，增岁币。八月，以右副元帅，再攻宋，大破宋兵四万于井陉，取天威军、真定。十一月，降魏县、临河县，克德清军、开德府。十二月，与宗翰军陷汴京，宋钦宗投降。翌年，俘掳宋徽、钦二帝及宗族四百七十余人北还，北宋亡。天会十三年（1135），追封魏王。皇统三年（1143），进封国王，徙晋国王。天德二年（1150），加辽燕国王。大定三年（1163），改封宋王。谥桓肃。

【完颜宗敏】（？—1149） 金朝宗室、大臣。本名阿鲁补。女真族。姓完颜。太祖完颜阿骨打第七子。天眷元年（1138），封邢王。皇统三年（1143），为东京（今辽阳）留守，拜左副元帅，兼会宁牧。进拜都元帅，兼判大宗正事。再进太保，领三省事，兼左副元帅，领行台尚书省事，封曹国王。后封蜀王。海陵王谋篡立，畏其属尊且才勇碍事，欲陷害之。九年（1149），海陵发动宫廷政变，杀熙宗自立，改元天德，假传熙宗欲议立后，召进宫，被害。天德三年（1151），追封太师，晋封爵。

【**完颜宗雄**】（1083—1122） 金朝大将。本名谋良虎。女真族。姓完颜。康宗*乌雅束长子。善射，九岁能射逸兔，年十一，射中奔鹿，挽强射远，可达三百步。为人善谈辩，多智略，为众爱敬。从太祖阿骨打伐辽，多所建言，以所部兵败渤海兵，以功授世袭千户谋克。辽天祚帝天庆四年（1114），从破辽军于出河店，多功。达鲁古城之役，将右军，击退辽兵，又助左军击溃辽兵，追至乙吕白石。收国元年（1115），大败天祚帝兵七十万于护步答冈。天辅四年（1120），从阿骨打攻取上京临潢府（今内蒙古巴林左旗南）。以功娶阿骨打之女。五年，建言徙诸路猛安谋克之民万余家屯田泰州。继与宗翰等大破辽将耿守忠兵七千于西京（今大同）之东。好学嗜书，精通契丹大小字，凡金初立法定制，皆与宗干共同拟定，及与辽议和，书诏契丹、汉字，与宗翰、希尹共主其事。天眷中，追封太师、齐国王。天德二年（1150），加秦汉国王。正隆二年（1157），改太傅、金源郡王。大定二年（1162），追封楚王，谥威敏。

【**完颜宗弼**】（？—1148） 金朝名将，开国功臣。本名斡啜，又作兀术、斡出、晃斡出。女真族。姓完颜。太祖*完颜阿骨打第四子（《大金国志》作第六子）。有胆略，善射。早年从都统完颜杲追袭辽天祚帝于鸳鸯泺。天会三年（1125），从南京路都统完颜宗望伐宋，取汤阴县，逼汴京（今开封），迫宋帝出奔，率百骑追击，获马三千匹而还。宗望死后，于六年（1128）率军败宋郑宗孟数万兵，克青州、临朐，败宋兵三万于河上。继取濮州、开德府、大名府，平定河北。宋帝弃扬州奔江南，宗弼等分道进攻，先后取归德、卢州、江宁等，追宋帝于越州，取湖、杭二州，坐镇杭州，遣阿里等率兵四千追击宋帝至明州，宋帝被迫逃入海。八年（1130），取秀州。与宋将韩世忠战于长江，互有胜负，后于江宁败韩世忠。渡江北还，从宗辅平陕西。与宋将张浚战于富平，陷重围，获援军救得脱。旋败张浚于富平，招降熙河、泾原两路。九年，在和尚原为宋军所败，将士多战殁。十五年（1137），授右副元帅，封沈王。天眷二年（1139），进拜都元帅、太保，领行台尚书省。以谋反罪在祁州杀完颜挞懒。奉命总管诸州军旅与民讼钱谷之事。三年，派兵攻取汴、郑、陈、亳等州及洛阳，定河南。继攻淮南，克卢州。不久，任尚书左丞相兼侍中、太保、都元帅、领行台如故。皇统元年（1141），进兵河南，宋帝被迫乞和，岁贡银、绢各二十五万两、匹，以淮水为界。二年，回京，兼监修国史。以功进拜太傅，赐人口、牛、马各千，驼百，羊万，每岁宋进贡内给银、绢各二万两、匹。七年（1147），为太师，领三省事，都元帅。大定十五年（1175），谥忠烈。累封沈王、梁王、越国王。

【**完颜宗道**】（？—1204） 又作完颜崇道。金朝大臣。本名八十。女真族。姓完颜。上京（今黑龙江阿城南）司属司人。系出景祖*乌古乃。太尉斡论少子。通《周易》《孟子》，善骑射。世宗大定五年（1165），充阁门祗候，累迁近侍局使。曾将右丞相乌古论元忠、左卫将军仆散揆等窃议上告，受世宗嘉奖，授右卫将军，出为西南路副招讨。二十九年（1189），章宗即位，改同知平阳府事，迁西北路招讨使。治政有方，诸部悦服，边鄙顺治。召为殿前右副都点检，迁陕西路统军使，以镇静得军民心，特迁三阶，兼知京兆府事。章宗承安二年（1197，一作元年），为贺宋正旦使。寻授河南路统军使。决狱有方，时人服其明。改知河中府，有惠政，民立像祭之。移知临洮，以病解职。卒，追赠龙虎卫上将军。

【**完颜宗干**】（？—1141） 金朝宗室、大臣。女真族。姓完颜。本名斡本。太祖*完颜阿骨打庶长子。从阿骨打伐辽，率众填堑，使军得渡。劝阿骨打勿攻春州，以休养士卒。旋与完颜宗雄攻取金山县，招降女固、脾室四部及渤海人。天辅六年（1122），从都统完颜杲攻取中京（今内蒙古宁城西）。劝杲出兵鸳鸯泊追击辽天祚帝，败辽将耿守忠。天会元年（1123），太宗完颜晟即位，封国论勃极烈，与斜也同辅政。三年（1125），俘获辽天祚帝于应州西余睹谷。谏言和参与制定礼仪、官制，定服色，设选举。十年（1132），封国论左勃极烈。熙宗即位，拜太傅，领三省事。天眷二年（1139），进太师，封梁宋国王，监修国史。皇统元年（1141），从熙宗至燕京，归，卒于野狐岭。熙宗辍朝七日，大臣死辍朝，自此始。天德元年（1149），子海陵王即位，追谥宪古弘道文昭武烈章孝睿明皇帝，庙号德宗。大定二年（1162），除庙号，改谥明肃皇帝。二十二年（1182），削帝号，封皇伯、太师、辽王，谥忠烈。

【**完颜宗磐**】（？—1139） 金朝大将。本名蒲鲁虎。女真族。姓完颜。太宗*完颜吴乞买长子。天辅五年（1121），任副都统，从都统完颜杲伐辽。次年，攻进中京大定府（今内蒙古宁城西）。天会十年（1132），为国论忽鲁勃极烈。十三年（1135）熙宗即位，为尚书令，封宋国王，拜太师，与宗干、宗翰并领三省事。受熙宗优礼，益跋扈，曾在熙宗前与宗干争论，持刀向宗干。与左副元帅挞懒、东京留守宗隽结党，支持挞懒以河南、陕西地与宋，使宋称臣之主张。天眷二年（1139），谋作乱，宗干、完颜希尹首发其事，以"煽为奸党，坐图向鼎"罪被诛。

【**完颜宗翰**】（1080—1137） 金朝开国功臣。本名粘没喝，汉译粘罕。小名鸟家奴，后改名宗雄。女真族。姓完颜。国相*撒改长子。智勇双全，为众所服。辽天庆五年（1115），拥阿骨打即帝位，继从征辽都统耶律讹里朵，掌右军，大败辽军于达鲁古城。天辅五年（1121），谏言西征灭辽，任移赉勃极烈，佐忽鲁勃极烈完颜杲克中京（今宁城西大明城）。率偏师大败奚王霞末，平北安州，派完颜希尹经略近地，俘获辽护卫耶律习泥烈。与完颜杲会师奚王岭，追袭辽天祚帝，平定西路州县。继从阿骨打取燕京（今北京）。天辅七年（1123），任都统，驻军云中。天会三年（1125），拜左副元帅，自太原路伐宋，降朔州，克代州、太原，俘宋经略使张孝纯等，取泽州、怀州。五年（1127），俘宋徽、钦二帝同宗族四百七十余人及珪璋、宝印、图书等大批财宝北还，北宋亡。同年七月，授铁券，除反逆外，余皆不问。继赴洛阳，镇压人民反抗，复取郑州，迁洛阳、襄阳、颍昌、汝郑、均等州之民于河北，又派完颜娄室平定陕西州郡。奉命南下，进兵东平，取徐州，袭宋高宗赵构于扬州，追赵构入海逃温州。八年（1130），任国论右勃极烈，兼都元帅。十三年（1135），熙宗完颜亶即位，拜太保、尚书令，领三省事，封晋国王。大定（1161—1189）间，追赠秦王，谥桓忠。

【完颜承晖】（?—1215）　金末大臣。本名福兴，字维明。女真族。姓完颜。益部尹郑家之子。自幼好学，深通经史。袭塔割剌北没谋克。大定十五年（1175），选充符宝祗候，迁笔砚直长，调中都右警巡使。选充皇太孙（金章宗）侍正。明昌元年（1190），章宗即位，为近侍局使，历任兵部侍郎、东京、咸平等路提刑副使、同知上京留守事、北京留守、知大名府，召为刑邢尚书。泰和六年（1206），迁山东路统军使，改知兴中府事。大安元年（1209），卫绍王即位，召为御史大夫，拜参知政事，进尚书左丞，行省于宣德。三年（1211），因完颜承裕兵败会河堡，亦坐罪除名。至宁元年（1213），为横海军节度使。贞祐元年（1213），拜尚书右丞，进平章政事，兼都元帅，封邹国公。二年，金宣宗迁都南京（今开封），进拜右丞相，兼都元帅，封定国公，与抹撚尽忠佐皇太子留守中都（今北京）。以右副元帅蒲察七斤率军降蒙古，中都危急，太子走南京。三年，尽忠临阵畏惧，弃城出逃，城内粮尽援绝。遂作遗表论国家大计，辨君子小人治乱之本，历指邪正者数人，后服毒自杀，中都失守。追赠太尉、尚书令、广平郡王，谥忠肃。

【完颜承裕】（?—1213?）　金朝宗室、大臣。本名胡沙。女真族。姓完颜。颇读孙吴兵书。初充符宝祗候，历任中都左警巡副使、殿中侍御史、右警巡使、彰德军节度副使、刑部员外郎、郎中。迁会州、惠州刺史、同知临潢府事、东北路、西南路招讨副使。泰和六年（1206），攻宋，迁陕西路统军副使，改通元军节度使、陕西兵马都统副使，屯兵成纪。败宋将吴曦五万兵对秦州的进攻，继败宋将冯兴、杨雄、李珪步骑八千于赤谷，追至皂郊城，斩杨雄、李珪，进克成州。八年（1208），罢兵，迁河南东路统军使，兼知归德府事，改知临潢府。大安元年（1209），召为御史中丞。三年（1211），拜参知政事，与平章政事独吉思忠（一名千家奴）行省戍边，北御成吉思汗蒙古兵。失备，遭袭击，兵败乌沙堡（今河北张北西北），独吉思忠被解职，受命主兵事。同年八月，蒙古兵至野狐岭（今河北万全膳房堡北）。他拥兵四十万，畏敌不敢拒战，坐失良机。遭蒙古兵进击，大败，"死者蔽野塞川"。退至会河堡（今河北怀安东），复大败，金军精锐尽失，逃入宣德。卫绍王轻其罪，只除名。崇庆元年（1212），起为陕西安抚使。至宁元年（1213），迁元帅右监军，兼咸平路兵马都总管，又败于契丹耶律留哥。改同判大睦亲府事、辽东宣抚使。贞祐（1213—1217）初，改临海军节度使。

【完颜承麟】（?—1234）　又作完颜丞麟。金朝末帝。女真族。姓完颜。天兴二年（1232）九月，蒙古兵包围蔡州，金分军防守四面及子城。奉命与总帅术虎娄室守东面。十二月，代术虎娄室为东面元帅，权总帅，试与娄室同救应。三年正月，哀宗传位于承麟。退保子城。城破，为乱兵所杀。

【完颜挞懒】（?—1139）　亦名昌。金朝大将，开国功臣。女真族。姓完颜。穆宗*盈歌子，太祖*完颜阿骨打从弟。天辅六年（1122），从完颜宗翰追击辽天祚帝于鸳鸯泺，收辽都统马哥群牧，获辽枢密使得里底及其子。六月，阿骨打亲征天祚帝于大鱼泺，奉命以草泺守护辎重。继任奚六路军帅，镇抚奚路兵官，全权处理奚部及南路边界之事，按渤海例，设猛安谋克。天会二年（1124），进攻辽外戚遥辇昭古牙所部于建州，执杀部将曷鲁燥、白撒葛，进降金源县，遥辇二部，破兴中兵，降建州官属，得山寨二十、村堡五百八十。于兴中、建州设九猛安。翌年，任六部路都统。四年，从完颜宗翰等破宋兵二万于杞。获京东路都总管韩直儒，取拱州、宁陵、睢阳、亳州。五年，俘虏宋徽、钦二帝北还，任元帅左监军，取密州、臣鹿、磁、信德等地，转右副元帅。八年，力谏以刘豫为大齐皇帝。十五年，为左副元帅，封鲁国王。天眷二年（1139），以谋反罪，完颜宗磐、完颜宗隽等被杀，挞懒因有大功，获赦，降行台左丞相。至燕京，愈骄不法，与翼王鹘懒谋反，事发南逃祁州，连同二子同被追杀。

【完颜思烈】（?—1233）　金末人臣。女真族。姓完颜。南阳郡王*完颜襄子。颇知书史。自五六岁入宫充奉御，得宠幸，人称"自在奉御"。金宣宗（1213—1223）时，以权臣纥石烈执中专横跋扈，曾涕泣跪抱帝膝谏诛执中。由提点近侍局迁都点检。天兴元年（1232），权参知政事。汴京（今开封）围急，哀宗求和，蒙古兵退。参知政事赤盏合喜主张庆贺，他以城下之盟为耻，力阻之。领十余万军入洛，行省事于邓州。奉召会武仙军入援汴京，拒武仙阻涧之策，兵败京水，罢职，以守中京。蒙古军押其子于城下诱降，拒从。二年，闻叛臣崔立以汴京降蒙古，忧病而死。

【完颜思敬】（?—1173）　金朝大臣。本名撒改。初名思恭。女真族。姓完颜。金源郡王*神土懑之子，习失弟。为人刚直有才干。年十一，从父谒见太祖阿骨打。天会四年（1126），随军攻太原，下洛阳，围汴京（今开封），皆有功。扈从太宗完颜晟幸东京（今辽阳）。从征术虎麟，以功充护卫。天眷二年（1139），以捕完颜宗磐、完颜宗隽功，迁显武将军。因在混同江（今松花江与黑龙江下游）中救出曹国王完颜宗敏，擢右卫将军，袭押懒路万户，授世袭谋克。入为工部尚书，改殿前都点检，迁吏部尚书。天德（1149—1153）初，拜尚书右丞，罢为真定尹。封河内郡王。徙封巨鹿郡王。改益都尹。正隆二年（1157），改庆阳尹。大定二年（1162），授西南路招讨使,封济国公,兼天德军节度使。迁北部都统。以元帅右都监入奚族地区,会同诸军镇压移剌窝斡起义军。在张哥宅败义军节度特末也。起义军叛徒稍合住等拘捕移剌窝斡及其母、妻子、弟侄降,献俘于京师,拜右副元帅,经略南边,驻山东。三年,召还京,为北京留京。七年(1167),任平章政事。九年,拜枢密使。上疏论五事,建言女真人以文理选试,教授女真语言文字,以契丹人分隶女真猛安等。

【完颜骨赧】 亦作完颜谷赧。金初将领。女真族。姓完颜。冶诃子。善骑射,有才干。从讨桓赧、散达、乌春、窝谋罕、留可叛军,皆有功。从太祖阿骨打攻辽,战宁江州出河店,破辽帝亲军,皆以力战受赏。袭其父谋克。领秦王宗翰千户,攻取中京(今内蒙古宁城西)、西京(今山西大同)。宗翰伐宋,围太原未下,还西京。受命以右翼军佐银术可守太原。败汾州、团柏、榆次、岚、宪、潞援军。金军围汴,引万户军,屡败宋援兵,引兵复取宪、潞等州。收抚保德、火山。后领军镇夏边,在职十二年。太宗大会八年(1130),授世袭猛安。熙宗天眷(1138—1140)初,为天德军节度使,致仕。累迁开府仪同三司。年八十五卒。

【完颜律明】 金朝抗蒙将领。女真族。姓完颜。大安三年(1211)十二月,金中都(今北京)守将完颜天骥设计巷战,诱蒙古骑兵入城,设伏,大败蒙古军。天骥战死后,继续领兵守卫中都,令金军自城上射击攻城蒙古军,夜遣轻兵劫蒙古车营寨。蒙古军屡攻中部不下,翌年正月,被迫撤兵解围。

【完颜活女】 金朝大将。女真族。姓完颜。金源郡王*完颜娄室子。年十七,从攻宁江州、济州,败敌八千。遇敌于信州,力战救移剌本于阵。败耶律佛顶兵于沈州。从完颜宗翰攻奚王霞末、乙室部。破迭剌部叛军。太宗天会四年(1126),随父围攻太原,败宋援军于杀熊岭,斩宋将种师中。十一月,渡孟津,败宋将郭京兵数万。师还,连破敌于平陆渡、张店原及屯留、太平、翼城等地。分兵取陕西,降蒲州,留镇。迁都统。从攻泾州,降京兆、凤翔诸县。娄室死,袭合扎猛安,代为黄龙府路万户。熙宗天眷三年(1140),为元帅右都监,迁左监军,改安代军节度使,历京兆尹,封广平郡王,改代国公,晋封隋国公。年六十一,卒,谥贞济。

【完颜浑黜】 亦作完颜浑啜。金朝大臣。女真族。姓完颜。随太祖阿骨打起兵,辽天祚帝天庆四年(1114),败辽将赤狗儿于宾州(今吉林农安东北),以兵四千助娄室、银术可攻黄龙府(今吉林农安)及白马泊。太祖天辅六年(1122),败契丹、奚、汉六万兵于高州(今内蒙古赤峰东北哈拉木头),破奚七岩,击辽兵于古北口。世宗大定(1161—1189)间,封徐国公。

【完颜济安】(1142—1143) 金朝太子。女真族。姓完颜。熙宗*完颜亶长子。母为悼平皇后裴满氏。熙宗皇统二年(1142)三月,册为皇太子。金朝立太子之制,自此始。十二月病死。葬兴陵之侧。谥英悼太子。

【完颜娄室】(1177—1230) 金朝大将。字斡里衍。女真族。姓完颜。白答子。年二十一,代父为七水诸部长。从太祖阿骨打攻克宁江州,受命招降照撒等系辽籍女真人,败辽兵,擒两将。辽天庆四年(1114),率兵攻陷咸州,系辽籍女真人相继来降。金天辅二年(1118),授万户,镇守黄龙府,进都统,从完颜杲取中京(今内蒙古宁城西)。追辽天祚帝至白水泺,获其内库宝物。与阇母攻破西京(今山西大同)。天会三年(1125),从完颜宗望追辽帝,大败辽兵于三山,擒获辽天祚帝于余睹谷。继受命率师趋陕津,攻河东未下郡县,破蒲、解之军二万,取河中府(今山西永济西)。败宋将范致虚,下同、华二州,克京兆府(今陕西西安附近),获宋制置使傅亮,克凤翔。后进克延安府,连下很多郡县,守延安。以陕西城邑复叛,进右副元帅,总陕西征伐事,带病力战破敌,立大功。天会十三年(1135),追赠泰宁军节度使,兼侍中,加太子太师。皇统元年(1141),追封莘王。正隆(1156—1161)年间,改赠金源郡王,谥壮义。

【完颜素兰】 金末大臣。一名翼,字伯扬。女真族。姓完颜。至宁元年(1213)策论进士。累迁应奉翰林文字。权监察御史。翌年,金宣宗迁都南京(今开封),继召留守,中都(今北京)的太子守忠亦赴南京,他力谏留太子共守中都,以壮声势,建言减少宫中费用以养兵御敌。贞祐三年(1215),自中都计议军事归,首发平章政事术虎高琪嫉贤树党,变乱纪纲,戕害忠良之罪,深得宣宗赏识,再任监察御史。擢内侍局直长,迁谏议大夫,进侍御史。屡进言,多有补益。兴定二年(1218),因辽东蒲鲜万奴叛乱自立,与近侍局副使宗室完颜讹可同赴辽东察访。还,授翰林待制,正大元年(1224),转刑部郎中。八月,权户部侍郎。翌年三月,任京西司农卿,改司农大卿,转御史中丞。七年,权元帅右都监、参知政事,行省于京兆。迁金安军节度使,兼同、华安抚使。奉命回朝,行至陕西被蒙古军包围,出奔道中遇害。

【完颜铁哥】(?—约1215) 金朝大将。女真族。姓完颜。年二十四,袭父职为速频路(治今苏联乌苏里斯克,即双城子)曷懒合打猛安。授广威将军,改临海军节度副使,改底剌乣详稳。章宗承安二年(1197),为先锋万户。迁同知武胜军节度使事,充右副元帅完颜匡副统攻宋,号平南荡江将军,攻光化军、襄阳,迁同知临潢府事,改西南路副招讨、宿州防御使。宣宗贞祐二年(1214),任都统,奉命入卫中都(今北京)。迁东北路招讨使,兼德昌军节度使,驻泰州。咸平府守将蒲鲜万奴有异志,牒取所部骑兵及户口迁咸平,不遣。后奉辽东宣抚使完颜承充命赴上京(今黑龙江阿城),伐蒲与路(今黑龙江克东)。军还,为新任宣抚使蒲鲜万奴所害。谥勇毅。

【完颜海里】 金朝将领。女真族。姓完颜。金源郡王*完颜娄室族子。从娄室徙执吉讹母。太宗天会三年(1125),从娄室追及辽天祚帝于朔州阿敦山,奉命往见辽帝谕降。辽天祚帝穷蹙,待于阿敦山之东,获之。八年(1130),从完颜宗辅经略陕西。翌年,败宋军于泾、邠之南。修栈道，破宋来拒之兵，以功赏银百五十两，奴婢十人。熙宗天眷元年(1138)，擢宿直将军。翌年，参与平定宗磐、宗隽之乱。历任广威将军、都水使者、西北路招讨都监、复州、滦州刺史、耶卢碗群牧使、迭剌部族节度使、同知大兴尹、兼中都路兵马都总管、武宁军节度使、广宁尹。年六十二，卒。

【完颜斜哥】 金朝宗室。女真族。姓完颜。开国功臣秦王*完颜宗翰孙。累官同知曷苏馆节度使事。世宗大定元年(1161)，任刑部侍郎，充都统，与副统完颜布辉自东京(今辽宁辽阳)先赴中都(今北京)，擅自署置官吏，私用官中财物，事觉，免死，除名。翌年，起为大宗正丞，迁祁州刺史。以坐赃枉法，杖一百五十，除名。后起同知兴中尹，迁唐括部族节度使，历开远、顺义军。御史台劾其在云内受赃，因祖父有大功，免死，杖一百五十，除名。后复起为劝农副使。

【完颜麻吉】(？—1122) 金朝将领。女真族。姓完颜。蜀王*银术可母弟。年十五，隶军中，从破高丽兵，下宁江州，平系辽女真，克黄龙府，皆身先力战，以功为谋克，继领猛安。破奚兵，下咸、信、沈州及东京诸城，皆有功。与稍合等屯兵高州。以兵援蒙刮勃堇，大破敌兵，复败恩州兵五万人。降中京山谷中之辽人三千余。太祖天辅六年(1122)，战高州，中矢，卒。大小三十余战，所至皆捷。熙宗皇统(1141—1149)中，追赠银青光禄大夫，谥毅敏。

【完颜阇母】(1090—1129) 金朝宗室、大将。女真族。姓完颜。世祖*劾里钵第十一子，太祖*完颜阿骨打异母弟。金收国二年(1116)，佐完颜斡鲁率军赴东京(今辽阳)镇压高永昌领导的渤海人反辽起义，在首山破永昌兵，歼其众。天辅二年(1118)，代斡鲁古为咸州路副统。四年(1120)，会阿骨打于浑河，攻克上京临潢府(今内蒙古巴林左旗南)。六年(1122)，与都统完颜杲攻取中京大定府(今内蒙古宁城西)。继克西京(今山西大同)。连败辽军于朔州、河阴、马邑县。九月，镇压中京部族反抗，招抚沿海郡县。七年，败南京留守张觉于营州，后兵败兔耳山。天会二年(1124)，克南京，杀都统张敦固。十一月，下宜州，拔权栖山，杀节度使韩庆民。三年，任南京路副都统、都统，与宗望等伐宋。五年，任元帅左都监，取河间，大败宋兵于莫州。翌年，克潍州。熙宗时，追封吴国王。正隆年间，改谭王。大定二年(1162)，徙封鲁王，明昌四年(1190)，封鲁庄明王。谥庄襄。

【完颜谋衍】(1108—1171) 金朝大臣。女真族。姓完颜。*完颜娄室之子。勇力过人，善用长矛。天眷(1138—1140)间，充牌印祗候，授显武将军，擢符宝郎。皇统四年(1144)，为奥吉猛安，权济州路万户。八年(1148)，为元帅右都监。天德三年(1151)，为顺天军节度使，历河间、临潢尹，改婆速路兵马都总管。正隆六年(1161)，奉命镇压西北路契丹族撒八起义。与完颜福寿、高忠建等拥完颜雍即帝于东京(今辽阳)，拜右副元帅。以都统白彦敬、副都统纥石烈志宁在北京(今内蒙古宁城西)，拒不受命，奉命征服之。大定二年(1162)正月，率诸军镇压契丹移剌窝斡起义军，因贪卤掠，战不利，被解职，召回京师。七年，出为北京留守，改东京留守，封荣国公。

【完颜蒙葛】 名亦作蒙刮、蒙适、蒙括。金朝开国功臣之一。女真族。姓完颜。太祖收国元年(1115)，从阿骨打战辽天祚帝，身被数创，力战，功著。太宗天会四年(1126)，从右副元帅完颜宗望攻真定。与河北西路兵马都总管蒲卢浑将万骑追袭宋帝至扬州。世宗大定(1161—1189)间，封银青光禄大夫。

【完颜蒲查】 亦作完颜蒲察。金朝官员。女真族。姓完颜。冶诃孙，散达子。自上京(今黑龙江阿城)梅坚河，徙屯天德(今内蒙古乌拉特前旗)。初为元帅府扎也，使于四方称职，按事能得其实，领猛安。熙宗皇统(1141—1149)间，任同知开远军节度使，斥候严整，边境无事。海陵王正隆(1156—1161)初，为中都路兵马判官。抚治京城中都(今北京)有方，百姓稍安。改安化军节度副使。世宗大定二年(1162)，领行军万户，充邳州刺史、知军事，领本州万户，管所屯九猛安军，历昌武军节度使、山东副都统。以行元帅府副统事从撒改南征。入为太子少詹事，迁开远军节度使，袭伯父骨被猛安，历婆速路兵都统管、西北路招讨使。为人廉洁忠直，临事能断，凡任事，为人称道。

【完颜蒲察】(？—1129) 亦作完颜蒲查。金朝宗室、大臣。女真族。姓完颜。穆宗*盈歌子。辽天祚帝天庆四年(1114)，从太祖阿骨打败辽将赤狗儿于祥州东。太祖收国二年(1116)，会咸州路都统斡鲁古镇压高永昌渤海起义军，取东京(今辽宁辽阳)。后与习古乃等破奚王霞末于中京(今内蒙古宁城大明城)西，又败辽兵于奉圣州及西京(今山西大同)。太宗天会四年(1126)，随军伐宋，与娄室等专事晋陕，取平定军、辽州。六年(1128)，败宋兵于丹州、临夏，取延安府。次年，取鄜、坊二州，降绥德、静边等十六城寨。还守蒲州。死于中山(今河北正定)。追封齐国公(一作济国公)。

【完颜毂英】(1106—1179) 金朝大将。本名挞懒。女真族。姓完颜。蜀王*完颜银术可子。幼警敏有志。年十六，从伐辽，常为先锋，授世袭谋克。太宗天会四年(1126)，随父围守太原。后拔太原，下河东诸州，攻汴京(今开封)，皆有功。与都统马五徇地汉上，至上蔡，以先锋破孔家军。从完颜宗辅攻开州、大名府、东平，功最。以先锋从其叔拔离速袭宋康王于扬州。大败宋军于常武城。以先锋攻克绛州、沁州。摄河东路都统，从左监军移剌余睹招西北诸部，平九部。以先锋破宋吴山军。从完颜宗弼再取和尚原，以本部兵破宋兵五万，夺新叉口，计取和尚原。熙宗天会十五年(1137)，拜安达大将军，摄太原尹，四境咸治，兼摄河东南、北两路兵马都总管。破宋兵，克耀州城。从元帅撒离喝计败宋兵，定关、陕。历行台吏部、工部侍郎。从完颜宗弼巡边，迁刑部尚书，转元帅左都监。海陵王天德二年(1150)，迁右监军，改山西路统军使，领西南、西北两路招讨兵马，无功，降临海军节度使，历平阳、太原尹。正隆六年(1161)，为中都(今北京)留守，兼西北面都统，镇压契丹撒八起义军，驻军归化州。世宗即位，为左副元帅，将兵三万驻归化。大定二年(1162)，至南京，复汝、颍、嵩等州县，授世袭猛安。入拜平章政事，罢为东京留守，改济南尹、平阳尹、西京、东京、上京留守。

【完颜福寿】(？—1163) 金朝大臣。女真族。合住之子。曷速馆人。天眷二年(1139)。袭父职为猛安，授定远大将军，累加金吾卫上将军。正隆六年(1161)，从海陵王攻宋，率娄室、台答葛二猛安由山东道进至泰安。以海陵王"失道，不能保天下"，中道北还，渡辽水，至东京(今辽阳市)，杀海陵王所派副留守高存福，从婆迷路兵马都总管完颜谋衍拥立世宗完颜雍即位，为元帅右监军。从完颜谋衍征白彦敬、纥石烈志宁于北京(今内蒙古宁城西大明城)。是冬，领兵镇压契丹移剌窝斡起义军，俘生口万计。授兴平军节度使，复世袭猛安，领济州路诸军事。

【完颜斡带】金初将领。女真族。姓完颜。世祖*劾里钵子，康宗*乌雅束、太祖*完颜阿骨打弟。为人刚毅果断，服用整肃，临战决策。年二十余，为裨将，从撒改攻留可城。力主攻城，治攻具，破城。继平二涅襄虎路、二蠢出路。康宗二年(1104)，奉命征服苏滨水未服诸部，进兵北琴海，攻拔泓忒城。年三十四病死。熙宗天会十五年(1137)，追封仪同三司、魏王，谥定肃。

【完颜斡鲁】(？—1127) 金朝开国功臣。女真族。姓完颜。韩国公劾者次子。康宗乌雅束初期，助斡带攻含国部斡豁，拔其城，归附太祖阿骨打。代斡赛将兵数月，筑九城与高丽九城对抗，出则战，入则守。收国二年(1116)四月，奉命统率诸军，镇压东京(今辽宁辽阳)渤海人高永昌起义，途中，大破辽兵六万于益褪，攻取沈州。镇压高永昌起义后，封南路都统，迭勃极烈。天辅五年(1121)，派胡刺古等领兵镇压吐烛偎水部实里古达，追至合挞刺山，杀其首领四人，抚定余众。从忽鲁勃极烈完颜杲攻辽天祚帝，克西京(今山西大同)，败西夏李良辅三万援军于天德境。派勃剌淑等俘辽权六院司喝离质于水泺。任西北、西南两路副都统，晋都统。皇统五年(1145)，追封郑国王。明昌四年(1193)，改封金源郡刚烈王。

【完颜斡赛】又作完颜斡塞。金初将领。女真族。姓完颜。世祖*劾里钵子，康宗*乌雅束、太祖*完颜阿骨打弟。穆宗盈歌初，因纥石烈部纳根涅掠苏滨水部民，奉命往问，于把忽岭西毛密水杀纳根涅，抚定苏滨水部民。康宗二年(1104)，佐斡带治苏滨水诸部。四年(1106)，以高丽杀使臣，筑九城于曷懒甸，奉命率兵十队，连破高丽兵，进围其城。高丽请和，退九城戍军。曾封郑王、卫王。熙宗皇统五年(1145)，追封卫国王。

【完颜鹘懒】(？—1139) 金朝宗室、大臣。女真族。姓完颜。太宗*完颜吴乞买子。封翼王。天眷二年(1139)，左副元帅、鲁国王完颜挞懒谋乱事发，出为行台尚书左丞相，至燕京，愈骄不法，他与之相结，密谋作乱，事发，弃燕京南逃祁州，被迫杀。

【完颜赛不】(？—1233) 金末大将。女真族。姓完颜。始祖*函普弟保活里之后，沉厚有大略。初补亲卫军。金章宗(1189—1208年在位)初，选充护卫。明昌元年(1190)，由宿直将军为宁化州刺史，迁武卫军副都指挥使。泰和二年(1202)，转胡里改路节度使。四年，升武卫军都指挥使，殿前左副都点检。六年，任右翼都统，从平章政事仆散揆攻宋。六月，与蒲鲜万奴等败宋将黄甫斌于蔡州。贞祐元年(1213)，拜同签枢密院事。三年，迁知临洮府事，兼陕西路副统军，改知凤翔府事，兼本路兵马都总管，进元帅右都监。翌年，取宋木陡关；焚西夏来羌城界河桥，败西夏兵于结807川、车儿堡。兴定元年(1217)，转签枢密院事。奉诏攻宋，连败宋兵于信阳、陇山、七里山，渡淮，拔光山、罗山、定城等县，破光州两关。二年，破宋兵于铁山及上石店、唐县。四月，进兼西南等路招讨使、西安军节度使、陕州管内观察使。攻枣阳，大败宋兵三万。七月，迁山东西路兵马都总管，兼武宁军节度使。三年，夺宋白石关，破宋兵于七口仓、石鹤崖。四年，出兵河北，招降晋安权府事皇甫珪、正平县令席永坚。迁枢密副使。五年，引兵援河东，复晋安、平阳。元光二年(1223)，复河中。正大元年(1224)，拜平章政事，进尚书右丞相。五年，行尚书省于京兆。后致仕。天兴元年(1232)，复为右丞相、枢密使，兼左副元帅，封寿国公。二年，行尚书省事于徐州。十月，徐州守将郭恩、郭野驴等叛降蒙古。拒降，自缢身死。

【完者帖木儿】元朝大臣。蒙古许兀慎氏。淇阳王*月赤察儿之孙，马剌之子。文宗(1328—1332年在位)朝，任怯薛官。顺帝至元元年(1335)，袭淇阳王爵，封御吏大夫，加太博。十月，为监察御吏所劾，以其为逆臣也先铁木儿之侄，不宜主中台，被夺爵，流放于广海安置。

【完泽笃皇帝】见"铁穆耳"。(454页)

【完颜兀不喝】(？—1165) 金朝官员。女真族。姓完颜。会宁府(后加号上京，今黑龙江阿城)海姑寨人。年十三，选充女真字学生。补上京女真吏，再习小字，兼通契丹字。充尚书省令吏。海陵王天德(1149—1153)初，任吏部主事，擢右拾遗，累迁左司郎中。正隆六年(1161)，从海陵王攻宋，至淮南，闻世宗即位于东京(今辽宁辽阳)，入奏其事。世宗大定二年(1162)，移剌窝斡契丹起义被镇压后，罢契丹猛安谋克，奉命分置其户口及降者隶诸女真猛安谋克。改同知大兴尹，迁横海军节度使。卒于官。

【完颜习古乃】名亦作实古乃、石古乃、习古乃。金朝将领。女真族。姓完颜。辽天祚帝天庆四年(1114)，与蜀王银术可使辽，还，言辽人可取之状，阿骨打始决意伐辽。太祖天辅六年(1122)，辽萧妃自古北口出奔，奉命追之，不及。后为临潢府军帅。平迭刺部，留领诸部。太宗天会元年(1123)，赐以空名宣头及银牌，许以便宜授之。获辽许王莎逻、驸马都尉萧乙辛。筑新城于契丹周特城，诏置会平州。六年(1128),奉命通阅完颜慎思所部及未置猛安谋克户口具籍以上。十年(1132),为东南路都统司都统,移治东京(今辽宁辽阳)。世宗大定(1161—1189)间,封濮国公。

【完颜石土门】 名又作神徒门、神土懑。金建国前耶懒路完颜部部长。女真族。姓完颜。始祖*函普弟保活里五世孙,直离海子。曾服侍世祖劾里钵于病榻,相约不忘。勇敢善战,临事果断。世祖袭位,交好益深,邻部不悦,合兵攻之。与弟阿斯懑拒敌,杀斡里本,败诸部兵,诏谕诸部附于世祖。后以所部兵从征乌春、窝谋罕及钝恩、狄库德等,皆有功。继从征高丽。及伐辽,功尤多。下西京(今大同),赐金牌。太祖阿骨打西征,他率善射者三百佐皇子宗辅卫京师。与宗辅讨平黄龙府叛军,以功赐奴婢五百,受厚赏。卒年六十一。海陵王正隆二年(1157),追封金源郡王。

【完颜讹古乃】 金初宗室、将领。女真族。姓完颜。冶河子。年十四,隶秦王宗翰军中,常领兵前行为侦候。随太祖阿骨打攻辽,以甲骑六十,追获辽招讨徒山、公主牙不里以献。败辽援军,擒同瓜。善驰驿,日行千里。熙宗皇统元年(1141),以功授宁远大将军、迭剌唐古部节度使。五年(1145),授千户。六年,迁西北招讨使。九年(1149),迁天德尹、西南路招讨使。海陵王天德四年(1152),迁临洮尹,加金紫光禄大夫。年五十三,卒于官。

【完颜庆山奴】(？—1232) 金朝宗室、大臣。又名承立,字献甫。女真族。姓完颜。统军使拐山之子,平章白撒从弟。卫绍王至宁元年(1213),以迎立宣宗完颜珣有功,为西京(今山西大同)副留守,权近侍直长,迁武卫军副都指挥使,兼提点近侍局。贞祐三年(1215),蒙古军围中都(今北京),为宣差便宜都提控,募兵赴援。升元帅右都监,行元帅府事。翌年,知庆阳府事,兼庆原路兵马都总管。兴定元年(1217),败蒙古及西夏军于宁州(今甘肃宁县),以功进元帅左都监,兼保大军节度使,行帅府事于鄜州(今陕西富县),屡败西夏军。哀宗正大四年(1227),为元帅,同总帅完颜讹可将兵守盱眙。兵败,降定国军节度使。八年(1231),留守京兆(今陕西西安),十月,弃城还朝。未几,代徒单兀典行省事于徐州。翌年,引兵援汴京,于杨驿店为肖乃台所败,被执,宁死不屈。

【完颜吾扎忽】 金朝将领。女真族。姓完颜。婆卢火孙。善骑射。年二十,以本班祇候郎君都管从征,以功授修武校尉。熙宗皇统二年(1142),权领泰州军。平陕西,至泾州,大破宋兵于马西镇,超迁宁远大将军,袭猛安。复以本部军从完颜宗弼,权都统。海陵王正隆六年(1161),从攻宋。同年,奉命与德昌军节度使移室懑率泰州及曷懒路兵镇压契丹起义军。迁咸平尹,驻军泰州。改临潢尹,摄元帅左都监。从元帅右都监神土懑解临潢之围。后奉命追义军,因押军猛安契丹人忽刺叔以所部助义军,失利,退守泰州,以俟大军。翌年,聚甲士万三千于济州,会元帅谋衍,败移剌窝斡起义军于长泺。战陷泉,皆有功,改胡里改节度使。为人有才智,善用军,常出敌不意,以寡敌众,号为"鹘军"。

【完颜吴乞买】(1075—1135) 名又作乌乞迈、吴乞马,亦称完颜晟。即金太宗。金朝皇帝。女真族。姓完颜。世祖*劾里钵第四子,太祖*完颜阿骨打弟。初为穆宗盈歌养子。辅太祖建国。收国元年(1115)七月,为谙班(大)勃极烈,掌理内政,逢阿骨打出征,常受命居守。天辅七年(1123),阿骨打死,继皇位,改元天会,仍沿用勃极烈制度,以弟完颜杲(即斜也)为谙班勃极烈,阿骨打长子宗幹为国论勃极烈。次年,立驿站,自京师至南京每五十里置驿。为集中力量灭辽侵宋,命完颜宗翰等与西夏割地议和,以下寨以北、阴山以南、乙室耶剌部吐禄泺西之地与西夏,西夏奉表称藩。天会三年(1125)二月,擒辽天祚帝于余都谷,八月,降封为海滨王,辽亡。十月,遣军南下攻宋,以完颜杲为都元帅,自西京(今大同)入太原。以挞懒为六部路都统,自南京(平州)攻燕山。同时收罗大批汉族士大夫任州县地方官。四年(1126)正月,兵围汴京,宋钦宗遣使求和,割地,对金称侄。八月,复命左副元帅宗翰等伐宋,复围汴京,十二月,宋钦宗投降。五年二月,降宋徽宗、钦宗为庶人,四月,掳宋二帝北归,北宋亡。十二月,以完颜宗辅领兵伐南宋。七年(1129),袭宋高宗于扬州,迫高宗南逃建康(今南京)、杭州、越州、明州,入海逃温州。八年,派右副元帅宗辅去陕西,败宋张浚军于富平。命刘豫为大齐皇帝,世修子礼,都大名府作为金朝属邦。在位期间,改订勃极烈制度,作为中枢军政机构,勃极烈定为四员:以阿骨打孙完颜亶为谙班勃极烈,皇子宗磐为国论忽鲁勃极烈,宗幹为国论左勃极烈,宗翰为国论右勃极烈兼都元帅。政治上建立各种典章制度,颁布官制,在汉地采用汉官制度,建尚书省及所属诸台府寺。军事上仿辽、宋制度,设元帅府统领诸军。经济上采取受田、赋税等措施。晚年改变兄终弟及的旧制,立阿骨打孙完颜亶(即熙宗)为继承人。十三年卒,尊谥文烈皇帝。皇统五年(1145),增谥体元应运世德昭功哲惠仁圣文烈皇帝。

【完颜阿骨打】(1068—1123) 亦称完颜旻。即金太祖。金国创建者。女真族。姓完颜。世祖*劾里钵次子。幼时,善骑射,能射三百二十步。二十三岁时,即行围号令诸军。曾与肃宗颇刺淑合兵,包围直屋铠水,俘杀叛军首领麻产,因功被江授予详稳。穆宗盈歌时,受命在阿斯温山北泺之间追杀温都部跋忒。随穆宗击杀萧海里。盈歌末年,受命通告各部不得再自称都部长和擅置信牌驰驿讯事,使女真号令始一。辽天祚帝乾统九年(1109),以饥荒,下令三年不征税,闻者感泣,远近归心。天庆三年(1113),康宗乌雅束死,即位为女真各部都勃极烈。翌年,被辽授予节度使。派宗室习古乃等赴辽,索讨逃辽的纥石烈部长阿疏,并刺探辽朝虚实。同时,建城堡、修器械,准备用兵于辽。九月,进军宁江州,建将士奖惩之制,以振军威。十月,克宁江城。同时招降辽统治下的铁骊部人、渤海人及系辽籍之女真人。为加强军事力量,规定以三百户为一谋克,十谋克为一猛安。使部落联盟组织更加军事化。十一月，率三千七百余人，大败辽都统萧虬里、副都统挞不野军于出河店，把被俘辽兵收编为女真军，使兵力增加到一万人。天庆五年(1115)，称帝，国号大金，改元收国。陆续废除辽朝法律，减轻赋税；废除部落联盟长制度和国相制，设勃极烈四人为皇帝之下最高统治机构。九月，攻占黄龙府城(今吉林农安)。十二月，以二万兵大败辽七十万军于护步答冈。翌年，派斡鲁统领内外诸军镇压高永昌领导的渤海人反辽起义，执杀高永昌，占领东京诸州县。为发展文化，命欢都之子完颜希尹创制女真字，于天辅三年(1119)八月正式颁行。四年，攻陷辽上京临潢府(今内蒙古巴林左旗南)，收降上京留守挞不野。翌年，以忽鲁勃极烈完颜杲为内外诸军都统，大举伐辽。六年，取辽中京(今内蒙古宁城西)，招降天德、云内、宁边、东胜等州，擒获逃匿辽朝的纥石烈部长阿疏。八月，追击辽天祚帝至大鱼泺。十二月，攻陷燕京(今北京)。七年八月，在返回金上京(今黑龙江省阿城附近)途中病死。统治期间，作为女真奴隶主的总代表，完成建国破辽两件大事。从此女真族历史开始了一个新时期。天会三年(1125)，尊谥武元皇帝。皇统五年(1145)，增谥应乾兴运昭德定功睿神庄孝仁明大圣武元皇帝。

【完颜阿离补】(?—1146) 名亦作阿里补、阿鲁补。金朝宗室、大将。系出景祖*乌古乃。女真族。姓完颜。屡从征伐，灭辽伐宋皆有功。天会九年(1131)，从睿宗完颜宗辅经略陕西，任左翼都统，与右翼都统宗弼抚定巩、洮、河、西宁、兰、廓等州军，来宾、定远、和政、甘峪、宁洮、安陇等城寨，平泾原、熙河两路，以功为世袭谋克。十二年(1134)，为元帅右都监。十五年，迁左监军。天眷三年(1140)，从宗弼复侵河南，迁左副元帅。皇统三年(1143)，封谭国公。六年为行台左丞相，仍左副元帅。

【完颜陈和尚】(1192—1232) 金末大将。名彝，字良佐。女真族。姓完颜。丰州(今内蒙古呼和浩特东)人。同知阶州军事完颜乞哥之子。贞祐(1213—1217)中，年二十余，被蒙古军俘虏，留用。一年后，借省亲还丰州，与从兄安平都尉斜烈劫杀监卒，夺马奉母南归金。试补护卫，转奉御。斜烈行寿、泗州元帅府事，随行充宣差提控。为人天资聪颖，喜好文史，从王渥学《孝经》、《小学》、《论语》、《春秋左氏传》，略通其义。正大二年(1225)，随斜烈屯方城。以私愤杀人罪下狱。兄死获赦，以白衣领紫微军都统，转忠孝军提控。以治军有方，军纪严明，每战必充先锋，五年(1228)，充先锋，大败蒙古军于大昌原，以功授定远军大将军、平凉府判官，世袭谋克。六年，率忠孝军，备御北边。七年，率忠孝军及亲卫军三千为先锋击蒙古军，解卫州之围。八年，迁御侮中郎将。九年正月，钧州三峰山(今河南禹县境)之战，金军大败，退守钧州，城破，巷战被擒。拒降被杀。追赠镇南军节度使，勒石以记其功。

【完颜拔离速】 金朝将领。女真族。姓完颜。蜀王*完颜银术可弟。太祖天辅六年(1122)，从完颜宗翰战辽军，与讹谋罕等大破辽兵于古北口。奉命留兵二百，据险守之。从银术可围太原，败宋援军，复太谷、祁县等地。败隆州谷宋将姚古军。太宗天会四年(1126)，克太原，为管勾太原府路兵马事，与完颜娄室败宋兵于文水。从宗翰围汴京(今开封)，与银术可略地襄、邓。翌年，克颍昌府。与泰欲、马五袭宋康王于扬州。熙宗天会十五年(1137)，迁元帅左都监。大破宋军，降渭州、德顺军，平陕西。迁元帅左监军，加金吾上将军。卒，谥敏定。

【完颜胡十门】(?—1118) 金初将领。女真族。姓完颜。始祖*函普兄阿古乃后裔。辽太尉挞不野子。曷苏馆(今辽宁复县境)人。勇而善战。通汉语及契丹大小字。辽天祚帝天庆六年(1116)，渤海人高永昌据东京(今辽阳)举兵反辽，拒从，率属众投撒改，拒战高永昌兵，不敌，奔于撒改。以粮饷助军攻开州。后随女真军攻保州。败辽军。赏赐甚厚。以功为曷苏馆七部勃堇。卒，追赠监门卫上将军，再赠骠骑卫上将军。

【完颜胡石改】 金初将领。女真族。姓完颜。从太祖攻骨打攻宁江，败辽兵于达鲁古城，破辽天祚帝亲兵，皆有功。与兄实古乃败援济州之辽兵，克济州，降春州、泰州及境内诸部族。追辽天祚帝至中京(今内蒙古宁城西大明城)，获其宫人，辎重凡八百辆。以兵五百追击思泥古叛军，获其亲属部人。以兵五千克复德州城。从完颜娄室败敌兵二万于归化南，降归化。从取居庸关，并燕之属县及其山谷诸屯。引兵追击移失部叛军及泽州诸部叛逃者。又败叛人于临潢，诛其首领，安抚其民。熙宗天眷二年(1139)，迁永定军节度使，改武定军，徙汴京留守，海陵王天德三年(1151)，授世袭猛安。年六十八年。

【完颜按答海】(1108—1174) 又作完颜安达海。金朝大臣。亦名阿鲁绾。女真族。姓完颜。康宗*乌雅束孙，*完颜宗雄次子。性端重，不轻发。年十五，阿骨打赐以一品伞。善击球。熙宗天眷二年(1139)，袭父猛安。任太宗正丞，以猛安让兄子唤端，加武定军节度使，改侍卫亲军都指挥使，封金源郡王，进谭王，迁同判大宗正事，别授世袭猛安。因谏阻迁都中都(今北京)，取怒海陵王，留上京。后晋封郓王，改封魏王，迁济南尹，改西京(今大同)留守，广宁尹。正隆六年(1161)，世宗完颜雍即位于东京(今辽宁辽阳)，入见，判大宗正事，迁太子太保，封兰陵郡王。改劝农使。进金源郡王，致仕。世宗大定八年(1168)，留京师，使预巡幸宴会。

【完颜突合速】 亦作完颜突葛速。金朝将领。女真族。姓完颜。从完颜宗望攻平州，下应州。继随完颜宗翰攻宋，以八谋克兵破石岭关屯兵数万，至太原，复祁县，取文水，屯汾州境，败宋河东军帅郝仲连等援军。从完颜银术可留军经略太原，破宋援兵四千于文水。与耿守忠合兵击县西山之宋兵三十万，杀八万余人，获马及资粮甚众。与拔离速以步骑万余御宋制置使姚古。与完颜活女败末宋将种师中兵十万于榆次，斩种师中于杀熊岭。与拔离速破宋将张灏兵十万于文水近郊。潞州叛，被围，力战突围。及再攻宋，与沃鲁率五百骑为前驱，降河扬。太宗天会五年(1127)，汴京(今开封)平，取宪州，克保德、石州。翌年，与马五等西取均、房州。破唐、蔡、陈州及颖昌府。熙宗天眷(1138—1140)初，为彰化军节度使。三年(1140)，任元帅左监军。皇统八年(1148)，改济南尹。海陵王天德(1149—1153)间，封定国公，授世袭千户。年七十二，卒。正隆二年(1157)，追赠应国公。

【完颜银术可】(1073—1140) 名又作银术哥、银术割。金朝开国功臣之一。女真族。姓完颜。阿骨打嗣位，奉命与习古乃使辽，还，以辽帝荒于政，上下解体等政事人情告阿骨打，力促伐辽。金太祖收国元年(1115)，从阿骨打大败辽都统耶律讹里朵于达鲁古城，为谋克。继与娄室等攻黄龙府，败辽兵万余于白马泺。十二月，奉命守达鲁古城。翌年，为谋克，屯宁江州。从都统完颜杲克中京(今内蒙古宁城西大明城)，与习古乃等率兵三千击奚王于京西七十里。天辅七年(1123)，奉命报聘于宋。辽天祚帝西奔，以兵绝其后，遂获辽帝。太宗天会四年(1126)，从完颜宗翰攻宋，留兵围太原，连败宋援军。与完颜宗望会兵，攻克汴京(今开封)。师还，降岢岚、宁化等军，攻拔岚州，招降火山军，六年(1128)，取邓州，杀宋将李操等。守太原。十年(1132)，为燕京留守。十三年，致仕，加保大军节度使，同中书门下平章事，迁中书令，封蜀王。世宗大定十五年(1175)，追谥武襄。

【完颜婆卢火】(?—1138) 金初将领。女真族。姓完颜。安帝五代孙。居安出虎水。辽天祚帝天庆四年(1114)，从阿骨打伐辽，奉命征迪古乃兵，失期，被杖。后助娄室、银术哥攻黄龙府。奉穆宗盈歌命讨辞勒罕、辙孛得。渡苏衮河，招降旁近诸部，至特滕吴水，执杀辙孛得。太祖收国元年(1115)，破特邻城，降辞勒罕。为谋克。天辅元年(1117)，与迪古乃等将兵二万，会咸州都统斡鲁古，迎击辽秦晋国王耶律捏里。五年，摘取诸路猛安万余家，屯田泰州，为都统。翌年，从阿骨打取燕京(今北京)，为右翼，败辽兵，取居庸，率轻骑追萧妃，执其从官统军察刺、宣徽查刺。与石古乃讨平迭剌叛乱。守边屡有功。太宗天会十三年(1135)，加同中书门下平章事。熙宗天眷元年(1138)，驻乌古迪烈地。卒，谥刚毅。

【完颜谩都本】 金初将领。女真族。姓完颜。虞国公麻颇长子。多谋善战，孝友恭谨。年十五，隶军中，从攻窝卢欢。攻宁江州，取黄龙府，破高永昌，取春、泰州，皆有功，为谋克。征讨岭东未服州郡，过土河东山，败其兵三千人。与猛安蒙葛、麻吉击奚、契丹于土河西，破其众九万人，复败奚众万余于阿邻甸，降其旁近居人。继以五百骑破辽兵一千，生擒其将。与完颜阎母攻兴中府，中流矢卒，年三十七。天眷(1138—1140)中，赐金紫光禄大夫，谥英毅。

【完颜斡鲁古】(?—1122) 亦作完颜斡里古。金朝开国功臣。女真族。姓完颜。辽天祚帝天庆四年(1114)，从阿骨打伐辽，与阿鲁抚谕斡忽、急赛两路系辽女真人，击斩辽节度使挞不野，降酷辇岭阿鲁台罕等十四太弯及斡忽、急赛两路。击杀辽都统实娄于咸州西，克咸州，收降随满忽吐及邻部户七千，破辽将喝补。以功为咸州军帅。太祖收国二年(1116)，佐斡鲁镇压高永昌渤海起义军于东京(今辽宁辽阳)。天辅元年(1117)，与迪古乃、娄室等将二万众，击辽秦晋国王耶律捏里。以兵一万戍东京。攻显州，破郭药师。大败捏里于蒺藜山，追至阿里真陂。拔显州，收降乾、懿、豪、徽、成、川、惠等州。驻军显州，居功自恣。二年，为劾里保、双古等所弹劾，以辽帝在中京(今内蒙古宁城西大明城)不追袭，谎报咸州粮草，攻显州获生口财富多自取等罪，降为谋克。六年，征牛心山，中道病卒。世宗大定十五年(1175)，追谥庄翼。

【完颜撒离喝】(?—1150) 又作完颜撒里曷。金朝大将，开国功臣。又名昊。女真族。姓完颜。安帝跋海六代孙，胡鲁补山之子。骁勇有才略，为太祖阿骨打钟爱。常随从军中。天会五年(1127)，从完颜宗翰等取宋汴京(今开封)，俘虏宋徽、钦二帝。宗翰北还后，受命定河北，降雄州。击破真定起义军。六年，从攻陕西，经营渭河以西，降德顺军、泾原路镇戎军，取保川城。翌年，降宁洮、安陇二寨、下河及乐州，至西宁，尽降其都护官属，收降木波族长等。九年，下庆阳，降环州。陕西平，奉命总兵驻屯要冲。翌年，收剑外十三州，败宋王彦军七千于沙会泺，克金州。十一年，连破宋军于饶峰关、固镇等地。十四年，为元帅右监军。天眷三年(1140)，自河中出陕西，连败宋军于凤翔、泾州、渭州。为右副元帅。皇统三年(1143)，封应国公。因久握兵在外，颇得军心，为海陵王所忌，于天德二年(1150)出为行台尚书左丞相兼左副元帅，不得预军事。十月，元帅府令史遥设受海陵密旨，假造契丹小字家书，诬告其父子谋反。在汴京被杀，族全家。善契丹字，今存陕西乾陵之《都统郎君行记》题识，为其手迹。大定(1161—1189)初，追复原爵。三年(1163)，追封金源郡王，谥庄襄。

【完颜习捏阿不】 见"完颜斜捻阿不"。(264页)

【完颜阿离合懑】(1071—1119) 亦作完颜阿里合懑。金朝开国功臣。女真族。姓完颜。景祖*乌古乃第八子。英勇善战。世祖劾里钵平定腊醅、麻产叛乱后，奉命抚察暮棱水人，时年仅十八。后从国相撒改讨平留可，多战功。赞助阿骨打出兵伐辽，屡建功。收国元年(1115)，拥阿骨打即位，建立金朝，封为国论乙室勃极烈。为人聪敏强记，能默记辨析祖宗族属之事及旧俗法度。与斜葛同修金朝谱牒。临终前，建议阿骨打废止女真人以良马殉葬之旧俗，并献平生所乘战马。熙宗时，追封隋国王。天德中，改赠隋国公。大定间，谥刚宪。

【完颜斜捻阿不】(?—1233) 又作完颜习捏(涅)阿不。金末大臣。女真族。姓完颜。累官卫州节度使。天兴元年(1232)正月，弃城走汴(今开封)。奉命领本部兵戍、汴御蒙古军。时军士恨平章政事完颜白撒不战误国,欲杀之。他妄杀市民,以靖乱。十月,拜枢密副使,兼知开封府、权参知政事,与完颜合奴总率诸军留守京师。二年正月,京城西面元帅崔立发动政变,被杀。

【宋邺】 五代后梁年间辰州少数民族首领。辰州(今湖南沅陵)人。开平四年(910)十二月,与溆州、靖州等地苗、侗首领潘金盛、昌师益等为反对马殷侵扰而起义,攻湘乡、武冈等地。恃所居险阻,使马殷进讨受阻。后楚王派吕师周攀藤缘崖破山寨,进入飞山洞,潘金盛战死。乾化二年(912),率众归降,授辰州刺史。

【宋葛】 见"完颜永功"。(251页)

【宋阿袄】(?—1408) 明永乐年间苗民暴动首领。贵州人。苗族。原为酋长。永乐四年(1406),与贵州宣慰司所属谷劳、王石(今贵定县境内)等寨苗民共同起事,拒纳赋税。遭贵州镇远侯顾成派官兵镇压,首领暮尚等被杀害。逃避于京城,六年(1408)被俘,在京师遇害。

【宋隆济】(?—1303) 又作宋龙济。元代雍真少数民族安抚司土官。大德五年(1301),以反征民夫为号召,组织苗、布依、仡佬等族起义。攻贵州中部和北部地区,击杀知州张怀德。同年十一月,水西彝族土官妻蛇节率彝、苗族响应。元军被分割包围在深山峡谷中,丧师十之八九。湖广行省右丞刘琛弃众逃遁,以身幸免。六年。起义扩展至乌撒、乌蒙、东川、芒部、普安(皆在贵州西部)等地。元遣湖广行省平章政事刘国杰率四川、陕西、湖广、云南等省官兵三万余人及思、播二州土兵一万余人,协同镇压起义军。七年(1303),为侄宋阿重执送元军。遇害。

【宋景阳】 宋代水东领主。开宝八年(975),累官至宁远军节度使。率军镇压广右少数民族暴动,进兵都云(今贵州都匀),西南平。建总管府于大万谷乐等处,授其宁远节度都总管,以镇地方。因抚绥有法,甚得人心。柳州、庆远少数民族多归附,有苏、赵、周、兰、寮、南、容七姓举族相附。卒追赠太尉,谥忠诚。

【穷奇】 南北朝时期高车副伏罗部贵族。首领*阿伏至罗弟。北魏太和十一年(487),随兄率部十余万落。西迁到车师前部(今新疆吐鲁番交河故城一带)西北,建高车国,奉其兄为"候娄匐勒"(意为"大天子")统北部,专御柔然。自为"候倍"(意为"储主")统南部。以御哒。5世纪末。高车南部遭哒袭击,兵败,被杀。部众分投北魏、柔然,余众在阿伏至罗率领下,国势渐弱。

【诃额仑】 见"月伦"。(79页)

【诏炕勒】(1617—1669) 明末清初云南西双版纳第二十二任召片领。傣族。第二十一任召片领室利稣坦玛长子。明崇祯十二年(1639),父卒嗣位。清顺治十八年(1661),附清,贡献,清廷颁给印信,委任为宣慰使(召片领)。辖地扩展至元江。

【诏匾勐】(1680—1724) 又作召匾勐。清代云南西双版纳第二十五任召片领。傣族。第二十四任召片领*刀木祷之子。康熙二十三年(1684)父卒,嗣为宣慰使(召片领),年方四岁,由母摄政。年二十二岁始亲政。在职四十年,雍正二年(1724),卒。

【诏糯炕】 清代云南西双版纳傣族首领。第二十七任召片领*刀绍文之孙。19世纪中叶,伙同父兄率族众起兵争夺召片领刀正综位。道光十八年(1838),部分与谋之重要头人被宣慰司捕杀,他逃匿山中。后逃离西双版纳,往依勐班、耿马,旋复回景洪,纠集柁盆之人,扰十二版纳,不胜败去,复匿柁盆,被景栋头人遣人接去,受景栋头人怂恿再袭西双版纳及孟连,兵溃,走勐拉、勐麻。兵连祸结,久之不解,清廷与缅方派员处理,获赦免,至阿瓦入侍缅王。道光二十年(1840),缅甸木梳王孟坑召刀正综入侍,不往,孟坑遂改委其为西双版纳宣慰使(召片领),命其率木梳军入侵西双版纳。至景洪,被逐,走景栋。咸丰元年(1851),复引暹罗兵侵勐捧等地,大肆焚掠,致使勐捧长期无居民,成为荒坝。

【译吁宋】 秦时西瓯越君。秦始皇发卒五十万,分五军守五岭,令尉屠睢击越。他率族人奋起抗秦,后为秦军所杀。西瓯越人夜破秦营,杀尉屠睢,以报桀君之仇。

【社仑】(?—410) 北魏时柔然可汗。郁久闾氏。始祖*木骨闾间第六世孙,缊纥提子。北魏登国六年(391),柔然诸部被北魏攻破,与兄弟诘归之、斛律、曷多汗一同被俘。不久,父兵败亦降北魏。父子及部众同被迁入云中(今内蒙古托克托一带)。九年(394)。与弟曷多汗弃父西走,遭魏将长孙肥追击,至跋那山(今包头西),曷多汗被斩,部众多被歼,仅率数百人投奔伯父匹候跋,奉命居南部,距匹候跋帐五百余里,并受其四子监观。不久,执匹候跋四子而反,以计袭杀匹候跋。因惧北魏征讨,率部远徙漠北。与后秦姚兴和亲,势盛,败魏将和突,解救姚兴"属国"素古延、黜弗诸部,征服敕勒诸部。游牧于弱洛水(今土拉河)畔,创立部落军事编制,以千人为军,置将一人;百人为幢,置帅一人。规定军功奖惩办法,临敌先登者,赐以战利品;退懦者,或以石击杀之,或处以捶挞之刑。以刻木记事,以羊屎计兵数。在颇根河(今鄂尔浑河)大败匈奴部帅拔也稽,并匈奴余部。建庭于敦煌、张掖之北,周围小国纷纷投附,声势大振。天兴五年(402),称"丘豆伐可汗"(一作"豆代可汗",意为驾驭开张之王),是我国北方一些民族以"可汗"作为最高统治者称号的开始。辖地西至焉耆以北,东至辽东,势及整个漠北,并时常南下攻入北魏境内。天赐元年(404),柔然内讧,其从弟悦代、大那等欲谋杀之而立大那。事觉,大那等南投北魏。永兴二年(410),遭北魏袭击,兵败退走,卒于途。

【初末呄】 见"措末迁"。(497页)

【罕笃】(?—约1695) 清朝蒙古王公。喀尔喀车臣汗部人。博尔济吉特氏。噶尔玛次子。康熙二十九年(1690),因其叔札萨克洪俄尔岱青为准噶尔部噶尔丹所掠,他带领其众入科尔沁界,附亲王沙津游牧。三十年,至多伦诺尔会盟,封镇国公,袭洪俄尔岱青所遗札萨克。三十四年(1695),因诱夺锡喇布所属瑚尔拉特人众,受责,怀怨。旋,准噶尔部噶尔丹掠巴颜乌兰,他拒诏谕，不内徙，执清使音扎纳，叛，暗通俄罗斯。拒其兄车布登规劝，遁逃俄罗斯。不久，被俄罗斯擒献。伏诛。

【罕都】(1664—1693) 又译堪都、憨都。清代卫拉特蒙古准噶尔部台吉。巴图尔珲台吉弟楚琥尔乌巴什孙。康熙十五年(1676)，因父受噶尔丹侵掠，与额尔德尼和硕齐内逃。次年，率兵四百，潜入漠南蒙古乌拉特部掠人畜，窜就其舅和啰理，居额济纳河。二十三年(1684)，遣使进京献贡，请宥劫掠乌拉特部罪。二十八年(1689)，率兵千人掠清廷边汛，虑遭甘肃提督孙思克兵讨剿，请宥罪，受命仍住牧阿拉善。后与叔父罗卜藏额琳沁聚牧一处。三十年(1691)，随和啰理违旨，拒徙牧归化城，逃出阿拉善，为孙思克击败，走哈密。寻与罗卜藏额琳沁偕噶尔丹属图克齐哈什哈纵兵劫袭清使员外郎马迪，被青海台吉额尔德尼纳木扎勒击败，走死。

【罕慎】(？—1488) 明代哈密忠顺王。把塔木儿子。畏兀儿人。成化八年(1172)，袭父右都督职。然不得主国事，哈密政令无所出。吐鲁番阿力速檀乘隙破其城，执王母，夺金印。哈密卫所被迫迁至苦峪城(今甘肃敦煌东北)。十八年(1482)，率罕东、赤斤及本卫众万人，袭破哈密城，乘势连复八城，还居故土。升左都督。弘治元年(1488)，封忠顺王。同年，土鲁番阿黑麻速檀以其非蒙古贵族。乃伪与结亲，诱杀之。

【罕炳昭】 清代云南孟连勐梭上司。傣族。光绪十七年(1891)，与拉祜族头人扎法领导孟连的募乃、董竹、木戛等寨的傣族、拉祜族人民反抗清朝统治，击毙清副将尉迟东晓。清廷派刘春霖前往镇压，义军退班顺、黑山等地，获人民支持，坚持斗争，终因寡不敌众，逃入阿佤山。后被英国殖民主义者捕获。

【启秀】(？—1901) 清朝大臣。库雅拉氏。满洲正白旗人。同治四年(1865)进士，改翰林院庶吉士。光绪三年(1877)，官翰林院侍讲学士，充咸安宫总裁，转侍读学士。次年，授内阁学士兼礼部侍郎衔。五年，擢工部右侍郎兼钱法堂事务，调盛京刑部侍郎。十七年(1891)，授礼部左侍郎。二十年(1894)，晋理藩院尚书。二十一年，历武英殿总裁、总管内务府大臣、署正红旗满洲都统、会典馆副总裁、管理三库大臣。二十四年(1898)，署正蓝旗蒙古都统，充国史馆副总裁。二十五年，署兵部尚书。二十六年，在总理事务衙门大臣上行走。七月，八国联军侵入北京。次年，以庇护义和团，专与洋人为难罪，被杀。

【启昔礼】(？—约1232) 又作乞失力、乞失里黑。蒙古国开国功臣之一。斡剌纳儿氏。原属克烈部，为王罕部将也客扯连家奴，宋嘉泰三年(1203)，探知王罕父子欲谋袭铁木真(成吉思汗)，密告为备，使铁木真免于被难，得以取胜。因功赏赐王罕之金帐、金器皿等珍稀物品及王罕的随从。开禧二年(1206)蒙古国建立时，封千户长，赐号"答剌罕"，有权独享战利品和措获物，莅临大宴，并任"火儿赤"(佩弓矢侍从)，被铁木真誉为是"前后的助手"。后随铁木真平西夏，征西域，无役不从，"摧坚蹂强，

以死力自效"。窝阔台汗四年(1232)，从汗征金，出太行，击燕南，皆有功。死后追封顺德王。谥忠武。

【启民可汗】(？—608) 隋代东突厥可汗。名染干。原号突利可汗，又作启民可汗。阿史那氏。叶护可汗处罗侯之子。游牧于突厥汗国北部地区。素与隋和好，隋开皇二年(582)，沙钵略可汗犯边时，受隋使长孙晟之托，诈告铁勒等欲叛，使沙钵略退兵。开皇中，遣使请婚，按隋文帝"当杀大义公主者方许婚"的旨意，潜之于都兰，终杀公主。以流人杨钦挑拨突厥与隋的关系，都蓝可汗为隋忌恶，转而全力扶持染干。十七年(597)。妻宗女安义公主，频遣使入隋。继率众南徙，居度斤旧镇，逢都蓝犯边，即告隋，为都蓝所恶。十九年(599)四月，与都蓝可汗、达头可汗战于长城下，兵败，随长孙晟入朝，受封意利珍豆启民可汗，突厥部众继之归附者达万余口。安义公主卒，复妻宗室杨谐女成公主。突厥可汗中，一人妻二公主者，唯其一人。继得隋助，筑大利城以居，后为避都蓝侵扰，复内徙，游牧于夏、胜二州之间。因获隋廷支持，在突厥诸部内争中，势力日炽。仁寿三年(603)，铁勒诸部背达头可汗归附，达头势蹙，西奔吐谷浑，启民遂有其众，居碛口，岁遣使朝贡。慕华夏文化，请"依大国服饰法用，一同华夏"。大业三年(607)，于榆林朝觐炀帝，颇得厚赏。四年(一说五年)病卒。

【良弼】(？—1912) 清末大臣、宗社党首领。满洲镶黄旗人。爱新觉罗氏，字赉臣。大学士伊里布孙。早年留学日本陆军学校，毕业归，入练兵处。历陆军部军学司监督副使，补司长。时新设禁卫军，任第一协统领兼镶白旗部统，迁军谘府谘使。以知兵效力于清政府，改军制、练新军、立军学等皆其谋。注重人才，自将帅至军士，皆延纳，颇为时忌。武昌起义后，倡外联群帅、内安当国。对起义军进行严厉镇压，并与皇族溥伟、铁良等组织宗社党，反对与革命政府议和，负隅顽抗。后被革命党人彭家珍炸伤致死，其党解体。

【 フ 】

【张中】(约1584—1670) 明末清初伊斯兰教学者和经师。回回族。字君时，又名时中，自号"寒山"或"寒山樵叟"。江苏苏州人。幼习伊斯兰教和儒、佛等经籍。阿拉伯文、汉文之素养扎实。年长，从师张少山、陆见子、非非子等深造，曾住苏州、扬州等地讲学。崇祯十一年(1638)，游学南京，遇印度伊斯兰学者阿世格，从学三年。擅长"认主学"(即伊斯兰教教义学)。著有《归真总义》和《四篇要道补注便蒙浅说》(简称《四篇要道》)等传世。又有《克理默解》，今不传。

【张外】(？—413) 北魏起义首领。西河胡人。永兴五年(413)五月，与王绍等举兵反魏。魏遣会稽公刘洁等率兵三千镇西河以招讨。七月，归附河西胡曹龙，杀马盟誓，推龙为大单于。不久，龙降魏，执其献于魏，被杀害。

【张忻】（？—1658） 明末清初史学家、诗人。回族。字静之。山东掖县人。出身官宦世家。明天启五年（1625），登进士第。任河南夏邑县知县，授吏部主事。累迁太常寺卿。崇祯初年，因得罪中贵，贬归故里。清顺治二年（1645），以天津总督骆养性之推荐，授兵部左侍郎，兼右副都御史。能文善诗，揪心于伊斯兰教义，教史。撰有《清真教考》一书，书佚，序存，载刘智《天方至圣实录》附录中，又有诗集《三芸馆诗草》，亦佚。

【张叔】 汉代经学家。一说为叶榆（今云南大理）人。"天资颖出，过目成诵"，因感本地人多不知书，故欲变革当地风俗。汉武帝元狩（公元前122年—公元前117年）间，闻司马相如至若水（今雅砻江）讲学，遂负笈往从之。受经学归，教授乡人，将汉族经学传入当地。一说为蜀郡成都人，汉文帝末年，被蜀郡守文翁选送京师，受业博士，习七经。归以授徒，获文帝嘉许。武帝时被征入京师为博士，明天文灾异，著《春秋章句》，官至侍中、扬州刺史。

【张罔】（？—362） 十六国时期前秦起义首领。休屠胡（屠各胡）人。约晋隆和元年（362），聚众数千起事，自称大单于。攻掠郡县。前秦苻坚以尚书邓羌为建节将军，率兵七千讨之。因众寡不敌，兵败。

【张晖】 见"赤盏晖"。（204页）

【张润】 清朝将领。纳西族。云南丽江大研里人。字如膏。自幼敏捷矫健，剽悍好武。未弱冠即投营远征，因奋勇有谋，屡建奇功，补云南抚标左营把总。咸丰六年（1856），云南起义军杜文秀据大理城，战事波及整个滇西。他先是驻扎巨甸窥度形势，后同姚得胜一起附杜军，受官职。同治二年（1863），从起义军大翼长李玉树驰援普洱。后降清军，授都司职。六年至十一年（1867—1872）间，为清军北路的一翼，先后破维西，克丽江、剑川，入上关，进大理。以故加授提督衔记名总兵，赐"僧额巴图鲁"名号。杜文秀先败后，署大理府城守营，奏请借补镇雄营参将。后因擅杀被俘首领二人被谪，充军黑龙江。光绪十一年（1885），遇赦复职。未几，因多枪伤及失意愤懑发病卒。

【张浩】（？—1163） 金朝大臣。字浩然。夫馀东明。王后裔。辽阳渤海人。本姓高，曾祖霸，仕辽而为张氏。天辅（1117—1123）中，金太祖定辽东，为承应御前文字。天会八年（1130），赐进士及第，授秘书郎。太宗将幸东京（今辽阳），提点缮修宫阙，超迁卫尉卿，权签宣徽院事，管勾御前文字，参与制定朝仪。历迁赵州刺史、大理卿。天眷二年（1139），详定内外仪式，户部、工部、礼三部侍郎，迁礼部尚书。田瑴党事起，省台一空，奉命行六部事。簿书丛委，决遣无留，人服其才。补彰德军节度使，迁燕京路都转运使，改平阳尹，颇有政绩，郡中大治。海陵王即位，为户部尚书，拜参知政事。天德二年（1150），进尚书右丞。三年，受命扩建燕京城（今北京），营建宫室。贞元元年（1153），海陵定都燕京，进拜平章政事、尚书右丞相兼侍中，封潞王，改封蜀王、左丞相。正隆二年（1157），封鲁国公。义受命营建汴京（今开封）宫室。海陵迁汴，任太傅、尚书令，晋封秦国公。闲谏阻南伐，被杖。六年（1161），世宗即位，上贺表。翌年，拜太师、尚书令，封南阳郡王。举荐纥石烈志宁等人才。卒，谥文康。

【张骞】（？—公元前114年） 西汉外交家。汉中成固（今陕西城固）人。初为汉武帝郎官建元二年（公元前139年），奉命率甘父等百余人从陇西出使大月氏，欲相约共同夹攻匈奴。中途被匈奴扣留，历时十年，娶妻生子，但"持汉节不失"。元光六年（公元前129年），乘机逃经车师、焉耆、龟兹、疏勒等地，越葱岭，亲历大宛、康居和大月氏、大夏等地。居大月氏年余东归，又被匈奴扣留一年，于元朔三年（公元前126年），方归汉，拜太中大夫。此行前后共十三年，虽未完成联合大月氏共抗匈奴的使命，但对西域各国的物产、人口、风俗民情有所了解，开辟了通往西域的道路。元朔六年（公元前123年），以校尉从大将军卫青出击匈奴，屡建军功，封博望侯。元狩二年（公元前121年），以卫尉与李广出右北平击匈奴，由于贻误军机，被废为庶人。四年（公元前119年），拜中郎将，率三百人再次出使西域，欲劝乌孙东返，共抗匈奴。因乌孙内乱，未果。乃分遣副使持节出使大宛、康居、大夏、安息等地。元鼎二年（公元前115年），返长安，拜大行。次年卒。两次出使西域，加强了中原和西域各族的联系，进一步密切了汉族与中亚各地人民的友好往来，促进了彼此间的经济、文化交流。

【张端】（1616—1654） 清初史学家。回族。山东掖县人。明崇祯十六年（1643）进士，选庶吉士。李自成起义军陷北京，他与父皆从义军。清顺治二年（1645），经山东巡抚方大猷引荐，召至京，仍为庶吉士，授宏文院检讨，充明史纂修官。三年，任江南乡试正考官。五年（1648），迁秘书院侍讲学士，转国史院侍读学士。九年（1652），预修《太宗文皇帝实录》，充副总裁，迁礼部左侍郎，擢国史院大学士。卒，赐太子太保，谥文安。

【张开格】 见"张秀眉"。（268页）

【张云鹏】 明朝官员。白族。云南大理府（今大理）喜洲人。弘治十五年（1502）登进士，授大理寺评事。为官清正廉明，对横行一时的宦党也"如法判拟，不少假借"，故得罪宦官刘瑾，被谪为湖广宁远县丞。刘瑾伏诛后，升刑部主事，迁郎中，仍执法不阿，触动权贵，又被贬为和州（今安徽和县）同知，寻迁九江府判。正德十四年（1519），征兵助讨叛王宸濠，得转任南宁府同知，后晋升叙、泸（四川宜宾、泸州）兵备金事，卒于任上。

【张长寿】 见"龙升"。（108页）

【张凤藻】 清代诗人、书画家。字镜芝。回族。四川巴县（今重庆）人。县诸生。约嘉庆、道光年间人。工诗、书、画。时有郑燮（板桥）三绝之目。篆、隶见重于使、书法家何绍基。著有《金石广韵府》行世。

【张文湛】 清末民国初纳西族著名书画家。字丽川。云南丽江九河人。大理守城营都司·张润义子，著名诗人李玉湛得意门生。本是杜文秀起义军大司卫姚得胜之子,生父不屈战死后,随母逃归丽江大研里避难,被张润留住在家,收为义子,改从张姓。自幼聪敏刚毅,酷爱诗书画。在李玉湛悉心指教下学业大进。后义父被谪充军黑龙江,因张氏家庭纠纷被迫去德钦藏区学做生意。张润遇赦归乡后,被召归,从师读书。经三试成为秀才,曾赴昆明考举人不第。有真才实学,科试停止后,被云南学务处特选为留日学生,因无意于功名利禄,坚辞不去,在乡设塾,授历史、珠算、应用文、书画等新课,培养各族学子,并研习名家,辛勤创作书画。其正、草、篆、隶书法,在汲取欧阳询,米南宫、《华山碑》及周秦石刻的神和意基础上,自成一体。绘画则山水、花鸟、人物,样样擅长。尤爱画离奇坚拔的山石,故名其书室为《石友斋》。曾为光绪《丽江府志稿》绘画,对纳西族书画界很有影响。所存书画颇多,部分收藏于丽江县博物馆。

【张兴癸】 清咸同年间云南反清彝民起义将领。云南赵州(今弥渡)瓦卢村人。彝族。南诏﹡细奴逻之胄。咸丰六年(1856),随李文学起义,任帅府都司、副将军等职。同治十二年(1873)冬,在南涧县与清军战斗中牺牲。

【张汝霖】(?—1190) 金朝大臣。渤海人。字仲泽。尚书令﹡张浩子。少聪敏好学。海陵王贞元二年(1154),赐进士第,特授左补阙,历任大兴县令、礼部员外郎、翰林待制。世宗大定八年(1168),进刑部郎中。翌年,授太子左谕德兼礼部郎中,擢刑部侍郎,改太子詹事、少师兼御史中丞、中都路都转运使、太子少师兼礼部尚书,转吏部,为御史大夫。以过失,出为棣州防御使。复为太子少师兼礼部尚书,拜参知政事。二十五年(1185),坐擅支东宫诸孙食料,夺官一阶。迁尚书右丞。二十八年(1188),进平章政事,兼修国史,封芮国公,受顾命。翌年,章宗即位,加银青荣禄大夫,晋封莘。卒,谥文襄。

【张红须】(?—1831) 清道光朝黎族起义首领。海南岛崖州洋淋峒人。黎族。道光九年(1829),积极响应崖州黎亚鸡发动的起义,反抗官吏、豪强对黎人横正暴敛。不久,亚鸡病卒,被公推为首领。得到抱腊、抱麻、抱蕴等峒及五指山附近黎人的声援,"州兵不能御"。次年,闻两广总督李鸿宾命琼州知府普祥、总兵孙得发统兵剿捕,派人至洋淋岭伐木置要道旁,割草覆盖,下设火具,在山坳埋伏重兵,大败官军,继以巨木断官军归路,施以火攻,杀伤甚众,万州营千总周明清、崖州营记委黄振疆均毙命,知府普祥亦因此被革职。清廷令两广总督李鸿宾坐镇雷州,命提督刘荣庆率精兵至琼讨伐。后被刘荣庆诱入城中被捕。道光十一年(1831),被害于雷州城。

【张时中】 见"张中"。(266页)

【张彤柱】 清代五峰土官。土家族。因其世职五峰安抚使被容美宣慰使田舜年所夺,令子田耀如袭之,雍正二年(1724),袭深溪、石宝长官。十一年(1733),因容美土司田旻如不法,受凌虐,首先缴出康字六千九百三号印信一颗,请求改土归流。十三年(1735),清廷以其首倡大义有功,赏千总职衔,令其随营行走,以示鼓励。

【张秀眉】(?—1872) 清咸丰同治年间苗族起义领袖。贵州台拱厅(今台江)仰冈寨人。苗族。家贫,以当雇工为生。咸丰(1851—1861)初,苗族地区灾荒,无力缴纳军粮款,被迫与包大度、张开格、李鸿基等于咸丰五年(1855)三月,在台拱赏梅尼歃血盟誓聚众起义。围攻台拱厅城,打死州吏吴复。攻击各地清官汛堡。九月,攻占丹江厅城。六年。相继占领台拱、黄平、清江、清平等厅州县。与侗族余正纪合攻古州(今榕江)厅城。经过三年战斗,义军控制贵州东南部苗族聚居的大部地区。在太平天国革命影响下,贵州各地先后爆发了分别由姜映芳、龙大汉、何得胜、刘义顺领导的各族人民起义。他借助四周起义力量,一面休整,一面生产,没收土司、地主、屯军的土地,分给无地农民,边耕边战斗。有组织地训练士卒,打了不少胜仗。同治七年(1868),义军抗击贵州、湖南、四川、广西数省清军围剿。九年(1870),清军攻占台拱、丹江、凯里。与杨大六、包大度等退守雷公山。十一年(1872),起义首领先后被俘或牺牲。四月,与杨大六在乌东与席宝田部激战,兵败被俘,解往长沙被杀害。苗族人民怀念其英雄事迹,有《十八年反政》、《英雄张秀眉》等史诗流传民间。

【张佑那】 见"龙佑那"。(109页)

【张伯靖】 唐元和年间苗族起义首领。辰叙州(今湖南西部)人。苗族。宪宗元和六年(811),今湘西、桂北、黔东、川东一带连年遭受严重水灾。黔州观察使窦群却强征溪峒各族农民修筑城郭,激起辰、叙州苗、侗农民强烈不满。遂率众暴动。播(今遵义)、费(今德江)等州苗民纷起响应,声势浩大。宪宗调集庸蜀(今四川)、荆汉(今湖北)、南粤(今两广)、东瓯(今福建)驻军进击。斗争坚持达三年之久。八年(813),被湖南观察使柳公绰招抚,授右威卫朔府中郎将。

【张应龙】 明代五峰土官。土家族。初袭五峰长官。万历二十七年(1599),奉调从征播州杨应龙,获其弟杨兆龙,因功加封武略将军,恢复五峰安抚使司,任安抚使。

【张应禄】 清朝将领。回族。字丽生。四川巴县(今属重庆市)人。咸丰间(1851—1861),隶属成都回族将领虎嵩林麾下,随从镇压太平天国起义军,转战湖北、安徽、江西诸省,擢总兵,署浙江杭州协副将。咸丰十年(1860),统兵援嘉兴,兵败,被击毙。追赠提督,谥壮愍,赐骑都尉兼一云骑尉世职。

【张孟明】 北魏时高昌王。敦煌人。太和十五年(491,一作五年,481),高车王阿伏至罗杀柔然所立高昌王阚伯周子首归兄弟,立之为王,控制高昌地区。后为国人所杀。

【张胜温】 宋代大理国(在今云南)画师。白族。宋孝宗淳熙七年(大理国段智兴盛德五年,1180)绘梵画长卷(俗称《张胜温画卷》),以精细生动的笔触、辉煌夺目的色彩,宏大的气魄描绘了大理国、佛教、各种当地传说以及社会生活、习俗等。系素笺本彩色施金画。全长约十丈(三十多米),共一百三十四开,有像六百二十八个。按内容大致分为三段,前段绘大理国(后理国)第十八世国王段兴智,龙冠蟒服,男女扈从,手执如意、斧钺、灯、金旌幡等;中段绘佛、菩萨、梵天、应真八部释众;后段绘天竺十六国王。全画以中段"南天释迦牟尼佛会"和"药师琉璃光佛会"为主题,画卷原为一轴,后流入江南。明英宗正统(1436—1449)间。因洪水被渍,改装成册帙,后又复为卷轴。清代藏于宫廷,乾隆帝跋曰:"卷中诸像,相好庄严,傅色涂金,并极精采。"被后人誉为"天南瑰宝"。此画表明了作者的高超画技和渊博的学识,成为研究南诏、大理国时期社会生活、佛教和艺术的重要文物。

【张格尔】(1790—1828) 一译札罕格尔。又称张格尔和卓、张格尔条勒。维吾尔族。新疆喀什噶尔(今喀什)人。伊斯兰教白山派大和卓木*布拉呢敦孙。自幼居浩罕。清嘉庆二十五年(1820),纠众三百多人侵南疆图舒克塔什、喀浪圭、乌帕拉特卡伦,进逼喀什噶尔,为领队大臣色普徵额所败。道光四年(1824)八月,集众三百余人,抢劫乌鲁克卡伦,复为清军击溃,逃布鲁特(今柯尔克孜)。后得浩罕玛达里汗许诺,派兵数千协同夺取喀什噶尔。次年,伙同布鲁特萨雅克部落首领汰劣克破清领队大臣巴彦巴图军。道光六年(1826)夏,率浩罕及布鲁特兵五百余人,裹胁维吾尔族民众万余人,攻陷喀什噶尔、英吉沙尔、叶尔羌、和田四城。在喀什噶尔建政权,自称赛义德·张格尔·苏丹。后为清伊犁将军长龄、陕甘总督杨遇春、山东巡抚武隆阿所领陕西、甘肃、吉林、黑龙江军败于浑巴什、柯坪、洋阿尔巴特、沙布都尔、阿瓦巴特。七年,所踞四城相继为清军克复,流窜于木吉、阿赖、拉克沙、达尔瓦斯诸地。旋中长龄计,误以官兵全撤,喀城空虚,于是年底,率步骑五百,由开齐旧路潜入阿尔图什,遭清提督杨芳、喀什噶尔阿奇木伊萨克伏击,逃喀尔铁盖山,被清军执送北京,处死。

【张凌翔】(?—1864) 清末贵州回民起义首领。回族。贵州盘县人。出身贫苦农民家庭。幼习武,为当地著名拳师。咸丰八年(1858),不堪恶霸官府之欺压,与马河图率大坡埔回民揭竿而起,一举攻占亦资孔城(盘县分县城),安龙、兴仁、贞丰、晴隆之回、汉、苗、布依、彝等族人民纷起响应,拥众二万余人,至同治元年(1862),先后攻占普安、兴仁、兴义、册亨等八个县城,并与云南金万照所率义军在兴仁会师,被推为元帅,建立以他和金万照、马河图为首的临时政权,设黎贤局,制定并公布《民族平等条例》、《保护行商条例》,废除苛捐杂税,开仓济贫,奖励耕织,清理监狱,镇压土豪劣绅。得到各族人民拥护。与进入贵州之太平天国起义军共同战斗。三年(1864),由于清军"剿抚兼施",义军都督马忠叛变,兴仁被围,与马河图坚守月余,终因寡不敌众,于十一月二十八日率众突围,壮烈牺牲。

【张家奴】 见"耶律章奴"。(319 页)

【张舒和】 清代书画家。回族。字筱山。清末北通县(今北京通县)人。精书画。

【张登发】(?—1887) 清代云南澜沧拉祜族起义首领。原为村寨世袭部落头人兼军事首领。每年向辖区内农民征收一定实物贡赋,向每户征调一人为之服役三天。因头人是由族众推选,具有一定的代表性,并得到民众拥护。看到澜沧地区各族人民不堪清朝和当地土司的剥削压迫,迫切要求反抗斗争,遂于光绪十三年(1887)十月起事。在群众支持下,联合澜沧木戛、南栅、富邦一带拉祜族头人和群众,进攻勐勐和缅宁。经过一个多月的战斗,终因力量悬殊,起义遭镇压。勐勐大坟山、撑肝梁子的起义农昆惨遭屠杀,他亦被俘就义。

【张鹏展】 清代壮族著名文学家和诗人。字南松。广西上林(今田东县东南)人。出身于书香门第,自幼受家庭熏育。乾隆五十四年(1789)进士,曾任翰林院撰修、御史等职,后因主持赈济北京城南水灾有功,升太仆、大常寺卿。任内刚正不阿,因得罪朝中权贵解职归里,先后掌教桂林、上林、宾阳等地书院,并潜心写作,著有《谷贻堂全集》、《离骚经注》、《读鉴释义》和《兰音山房诗草》等,编撰有《峤西诗抄》,被誉为粤西名家。

【张乐进求】 一作张乐尽求。相传为唐初戎州都督府匡州白崖(今云南弥渡县红崖)建国国王。传说为汉武帝时白族白子国王仁果三十三代孙。仁果传十五世至龙佑那,被三国蜀相诸葛亮封为长,赐姓张,改白子国为建宁国。再传十七世至张乐进求。唐初遣使随唐都督韦仁寿入朝,被唐帝封为首领大将军(一作云南镇守将军),亦称"云南国诏"。又传说唐太宗时,以女妻蒙氏细奴罗(彝族先民)。并逊位与蒙氏(建大蒙国),张氏建国遂绝。

【张伏利度】 晋代乌桓首领。有众二千,营于乐平(治今山西晋阳)。恃众屡拒前赵刘渊(304—310 年在位)招纳。后接纳羯族石勒,结为兄弟,使勒率众攻掠,所向无前,诸胡畏服。后为勒计执,部众被吞并。不久获释。勒率其众归刘渊。

【张格尔条勒】 见"张格尔"。(269 页)。

【改琦】 清代回族著名画家。字伯蕴,号七芗。江苏华亭(今上海松江)人。寿春镇总兵光宗孙。嘉庆、道光时以人物画负有盛名。其仕女画生动逼真,色彩鲜艳雅致。其花卉画,娟秀可爱。作品有《红楼梦图咏》、《百美图》等。通敏多能,善诗句,著有《玉壶山房集》。

【改簧】 清代画家。回族。字再芗,江苏华亭(今上海松江)人。画家*改琦子,承继家学,所画人物、仕女、花卉皆具父风。精鉴赏。

【改允绵】 清代女画家。号小茶女史。回族。江苏华亭(今上海松江)人。清著名画家*改琦女、汪镛之妻。承继家风,善画花卉。人称其"钩染花卉,纤秀可爱"。

【灵桂】(?—1885) 清朝宗室、大臣。满族。正蓝旗人。道光十八年(1838),二甲一名进士。累官总管内务府大臣。咸丰元年(1851),充前旨大臣,管理火药局事务。二年,兼署镶白旗护军统领。三年,署户部右侍郎,会陈筹款采铜加铸。同治二年(1863),充实录馆副总裁。历任国史馆副总裁、都察院左都御史、署工、礼、兵、刑部尚书、理藩院尚书。十三年,兼署镶白旗满洲都统,充八旗值年大臣。光绪元年(1875),兼署刑部尚书,充实录馆总裁。历迁吏部尚书、体仁阁大学士、文渊阁领阁事、武英殿总裁。卒,谥文恭。

【陆一】 云南贡山四区独龙族始祖。详见"陆金"。(270页)

【陆金】 云南碧江县怒族始祖。相传很久以前,云南贡山四区的独龙族是从"汉人地方"搬去的。最初来的是陆金、陆一俩兄弟。他们欲同到俅江(独龙河)去,一天晚上,在过怒江溜索时,遇暴风雨,弟弟刚溜到怒江西岸,溜索就被雷电劈断,兄弟两隔江哭别。弟弟越过高黎贡山来到俅江,其后代成为"俅族"(独龙族),哥哥住在怒江,后代成为怒族。

【陆爽】(539—591) 隋朝官员。字开明。鲜卑陆氏(步六孤氏)。河北临漳人。北齐霍州刺史陆概子。年十七,被齐司州牧、清河王高岳召为主簿。擢中侍御史,寻兼治书,累转中书侍郎。齐灭,与阳休之等十余人被周武帝召入关。至长安,任宣纳上士。隋开皇元年(581),转太子内直监,迁太子洗马。曾与左庶子宇文恺等撰《东宫典记》七十卷。以博学、善辩,常被朝廷差遣迎送至境陈人。卒于官,赠上仪同、宣州刺史。

【陆吉迈】 清代云南泸水县称戛区反土司统治的群众首领。双奎地托底人。傈僳族。19世纪末,因不堪土司压迫,组织群众起义,提出"不抢老百姓,专抢有钱人,打到皇帝门口去"、"杀官安民"等口号,拥众三百余人,攻入称戛土司府,土司逃跑。后遭附近土司联合围剿,因寡不敌众,弹尽粮绝,土司又利用其岳父作内应,夫妇均遭杀害。起义只维持二十几天,起义群众惨遭镇压。

【陆法官】 隋代音韵学家。名词,以字行。鲜卑陆氏(步六孤氏)。河北临漳人。太子洗马爽之子。少敏慧好学。初官承奉郎。开皇二十年(600),追坐父事除名。常与刘臻、萧该、颜之推等探究音韵,详议古今是非,南北通塞,编成《切韵》五卷,全书久佚。据近几十年发现之数种唐写本韵书考定,《切韵》分一百九十三韵:平声五十四,上声五十一,去声五十六,入声三十二。部目次序不及《广韵》整齐,字数较少,注也稍略。此书以当时洛阳音为主,酌收古音及其他方音。为唐宋韵书始祖,在我国音韵学上占有一定地位。

【陆荣廷】(1859—1928) 桂系军阀。原名亚宋,字干卿。广西武缘(今广西武鸣)宁武乡人。壮族。出身贫寒,早年投身会党,后被举为首领,聚游勇出于龙州一带。中法战争爆发后,曾投奔唐景崧参加抗击法国侵略军。中法停战后被裁员,结伙继续在中越边界一带活动,后归附边防督办苏元春,任分统领。光绪三十年(1904),参与镇压陆亚发领导的柳州农民起义,被两广总督岑春煊提拔为巡防营统领。三十三年(1907),又因镇压黄明堂等领导的镇南关起义有功,擢左江镇总兵,晋广西提督。宣统三年(1911)辛亥革命爆发,与广西巡抚沈秉坤等宣布脱离清政府独立,被推为广西副都督,后任都督兼广西民政长,成为桂系军阀头目,把省会从桂林迁至南宁。1912年,袁世凯窃政,为讨好声世凯,于次年残酷镇压广西革命党人,被授宁武将军。后因遭袁猜忌而不满。1915年冬,袁世凯复辟称帝。次年春,与梁启超等在肇庆成立两广护国军都司令部,参加讨袁运动。袁世凯病卒,黎元洪继任总统,历任湖南督军和广东督军。1917年,孙中山在广州成立护法军政府,孙中山任大元帅,他被举为元帅。表面支持孙中山北伐,暗与岑春煊等合谋排斥孙中山。次年五月,与岑春煊等改大元帅制为七总裁负责制,任七总裁之一。1920年,被粤军击败,退出广东。随后公开投靠北洋军阀政府,任广西边防军务督办。1921年,孙中山下令讨伐,被迫出走上海。次年九月,在广西旧部支持下回归广西,与北洋军阀吴佩孚勾结,伺机东山再起。1924年,孙中山下令再次讨伐,复走上海。1928年病卒。

【陆哥扒】 清代云南泸水县称戛区反封建土司的起义首领。称戛区瓦瓦大竹箐人。傈僳族。乾隆年间(1736—1795),与弟那底扒、妹扒斯巴、那哥妈,因不堪土司剥削压迫,发动群众起义,称戛及碧江、福贡地区群众纷起响应。拒击永昌等地官军和土司兵,相持斗争不下,在挪丕和土司订立和约,立石为界,互不统属。后被官兵捕杀。

【陆希武田】 见"热西丁"。(447页)

【阿万】 见"阿伦"。(271页)

【阿山】(?—1647) 清初将领。满族。伊尔根觉罗氏。初随父阿尔塔归太祖努尔哈赤。隶满洲正蓝旗。后金天命六年(1621),从征辽阳有功,授二等轻车都尉。太宗皇太极即位,擢十六大臣之一,佐理正白旗事。从征扎鲁特,入巴林,俘获甚多,晋三等男。天聪元年(1627),从征朝鲜,克义州。三年,从征明,攻明军于北京西南,擒总兵麻登云等。四年,破永平。晋三等子。五年,从征大凌河,授都统。六年,从太宗征察哈尔,有功。八年(1634),略明锦州,复征察哈尔。九年,征明山西时,领前锋兵赴锦州,牵制明军,于大凌河斩明副将刘应选等。清崇德元年(1636),随武英郡王阿济格征明。二年,率左翼舟师攻皮岛,斩守将沈世魁,晋一等子。六年(1641),随睿亲王多尔衮围广宁,征锦州,败松山援兵。因从阿济格出征时,邀功偏袒己子,私取蒙古财物,被罚。继同饶余贝勒阿巴泰征明,入墙子岭,至兖州,屡败明军。顺治元年(1644),随军入山海关,败李自成义军,镇守平阳,晋三等公。率部渡淮,拔扬州,下江宁,追明福王朱由崧于芜湖。三年,以轻信巫者萨海诬告状,削爵罢都统任。复授一等子。

【阿术】(1227—1281) 又作阿述。元朝大将。蒙古兀良哈氏。蒙古国开国功臣 速不台之孙,都元帅

*兀良合台之子。以智勇著称。蒙哥汗时,随父征西南夷,平大理,破白蛮、乌蛮等诸部,降安南,皆有战功。蒙哥汗八年(1258),随父配合蒙哥汗、忽必烈二路军围攻南宋,破辰、沅二州,直抵潭州(今长沙)。世祖忽必烈即位后,掌宿卫事。中统二年(1261),奉命率军援涟水,退宋军。次年,从诸王拜出等征李璮,以功封征南都元帅,开府汴梁。至元元年(1264),略地两淮。四年(1267)起,连攻南宋重镇襄阳、樊城,筑垒堡,断宋援军。相继败宋将夏贵、范文虎、张顺、张贵援军。十年(1273),破樊城收降襄阳。次年,奏请大举攻宋,与伯颜、阿里海牙同掌军。同年,进荆湖行省平章政事,相继拔沙洋、新城、复州、汉阳、鄂州。十二年(1275),又降黄、蕲、江、池等州,继破两淮镇将张世杰、孙虎臣水军,以功官拜中书左丞相。次年,降扬州、泰州,执李庭芝、姜才等宋将,两淮悉平,以功得泰兴县二千户为食邑。在灭宋战争中以其"控制之力为多"。十七年(1280),巡历西边,至别失八里(今新疆吉木萨尔北破城子),病卒,追封河南王。皇庆初年,元仁宗命河南行省建祠以志其功。

【阿失】 元朝将领、勋戚。蒙古亦乞列思氏。*忽怜之子。初随晋王甘麻剌及海山镇守漠北,讨叛王海都、笃哇。成宗大德五年(1301),配合诸军败叛军于哈剌答山,箭射笃哇膝,击退叛军扰犯,迫海都退兵。因功赐珠衣。先后尚成宗女益里海涯公主、宪宗孙女买的公主。武宗至大元年(1308),袭万户,封昌王。仁宗爱育黎拔力八达赐以宁昌县税人。英宗即位后,亦屡受赏赐。

【阿礼】 元代云南孟定布朗族头人。至元二十四年(1287),与金齿孟定林场布朗族头人阿瓮及阿蒙子雄黑等皆接受云南行省招抚。岁承差发铁锄六百把,雄黑岁承差发布三百匹。

【阿台】(? —1288) 元朝大臣。别失八里畏兀儿人(一说哈密里人)。兴平等处行省都元帅*阿里乞失帖木儿之子。宪宗七年(1257),任巴滦路达鲁花赤。减税薄役,赈济饥民,请免银、盐、酒等税课八分之一,细民不征。后置甲乙籍,籍民丁力,民甚便之。至元十年(1273),进怀远将军。发粟赈民,救活甚众。二十一年(1284),进昭武大将军。二十四年(1287),献马五百匹助军征乃颜叛军,世祖赐以缴获之乃颜银瓮。翌年入朝,病卒。追封中书右丞、永平郡公。谥忠亮。

【阿奴】 见"阿努达喇"。(285 页)
【阿列】 见"完颜元宜"。(250 页)
【阿戎】 见"阿伦"。(271 页)
【阿伦】(? —1605) 明万历年间布依族苗族起义首领。时贵州饥荒,定番(今惠水)地震,官府赋役不减,人民生活陷入绝境。万历三十三年(1605),率布依、苗各族人民起义。东路在他与阿万、阿绒领导下,以新添、平越、龙里、清平等卫为活动中心;西路在阿浪、阿戎领导下,以贵州卫、贵州前卫为活动中心;铜仁、思石一带为苗族活动地区。先后攻打都清、平越、清平、贵州前卫以及余庆、麻哈州的一些屯、堡、哨所,迫使通路官商和屯堡官军不敢出入往来。后遭贵州巡抚郭子章所遣总官兵陈璘等镇压,被俘遇害,四千多布依、苗族人民遭残杀。

【阿庆】 见"段庆"。(407 页)
【阿吾】 元代云南镇西路(治今盈江东北旧城)大赕火头。傣族。镇西路总管阿兰之父。至治二年(1322),其孙三阵与冗镇西路总管艏朵争夺领地,要求艏朵划给土地和人民,被拒绝,遂诉之于阿吾,共发难,占领不岭、雷弄二寨。杀虏甚众,迫该族各以银三(百)两赎被虏之一人。拒绝官府招抚及退出所占领之地,声称要坚持斗争。

【阿坚】(? —140) 东汉乌桓首领。为乌桓大人。永和五年(140),结南匈奴左部句龙王吾斯等举兵反汉,为汉中郎将张耽所败,被杀,余众悉降。

【阿邻】 见"完颜爽"。(248 页)
【阿沙】 ①元朝官员。唐兀氏。肃州(治今甘肃酒泉)人。父举立沙,夏末以城降成吉思汗,以父功授肃州路也可达鲁花赤。宪宗时赐虎符,世祖时升昭武大将军,迁甘肃等处宣慰使,并统领唐兀军。中统二年(1261),被遣赴甘肃等处赈抚贫民。②又作阿沙赤。明代瓦剌首领。*也先孙。成化二十二年(1486),兄克舍死后,佐养罕王继太师位。他也被部下拥为阿木克太师(意统辖一切的太师),占据察罕、阿剌帖儿等地。其部称大瓦剌(一说即额鲁特部)。与季弟阿力古多有隙,相互攻战。弘治九年(1496),达延汗乘机袭之。后其部众逐渐西徙。

【阿努】 见"阿努达喇"。(285 页)。
【阿张】 明代云南永昌府(治今保山)甸头防送火头。布朗族。洪武十六年(1383),总兵官委其署云南永昌府永昌甸头巡检司巡检,十七年实授。二十三年(1390),改为金齿军民指挥使司管属。卒,永乐十五年(1417),子莽蒙承袭。

【阿苴】 明代云南永宁土官。纳西族。土知府南八子。父卒,由太监总兵罗珪等保举,于天顺二年(1458),袭土知府职。卒,子阿绰于成化二十一年(1485)袭。

【阿茂】(? —1427) 明代云南顺宁府(治今凤庆)十夫长。布朗族。宣德二年(1427),为十夫长,因苛虐百姓,致使雄摩等十五寨布朗族人不堪统治者压迫,倚山恃险,举行起义。他与土兵八十人被杀。同年秋,起义被都督同知沐晟统率之云南官军及大侯等四长官、鹤庆、顺宁二府士兵镇压。

【阿画】 又名阿拂。祥柯"黑卢鹿"部第六十二代首领。元至大元年(1308),授武略将军、顺元等处军民宣抚使。泰定(1324—1327)间,赐名帖木儿卜花,晋中奉大夫、护国侍卫亲军都指挥、八番沿边宣慰使。至顺元年(1330),加授资善大夫、云南行省左丞。后以奉命征伐之功授昭勇大将军、佩三珠虎符、顺元八番等处军民宣慰使;加龙虎大将军,顺元郡罗甸侯。卒后赠谥济国公。

【阿果】 见"耶律延禧"。(311 页)

【阿侬】 北宋广源州壮族首领侬智高之母。广南西路左江武勒州人。壮族。性聪敏，有谋略。夫侬全福为傥犹州知州，宝元初年为抗击交趾曾建立长其国，自尊昭圣王帝，后被交趾执杀。携子侬智高出走雷火峒。庆历元年（1041），辅佐其子收复傥犹州，建大历国。力主内附，以抗交趾侵扰，屡被宋廷拒绝。皇祐四年（1052），其子起兵反宋，又竭力相助，"智高攻陷城邑，多用其策"。侬智高在邕州建大南国时，被尊为皇太后。皇祐五年（1053），侬智高兵败出走大理后，她收拾残部三千余人转入特磨（今广南），整军精武，伺机再起。至和（1054—1056）初，为宋安抚使余靖及部吏黄汾、黄献等所败，不幸被俘，后解往宋京洛阳杀害。

【阿佩】 汉代牂牁"黑户鹿"之裔，称"鬼王"。唐开成元年（836）内属。会昌（841—846）中，被封袭罗甸王，世有罗甸。

【阿岱】（？—1639） 清初将领。世居喀尔喀。姓鄂尔果诺特。天命年间，投后金，隶蒙古正黄旗，授三等轻车都尉世职。天聪元年（1627）正月，授参将。驻守伊兰布哩瑚，数破明军，晋世职二等轻车都尉，累迁至右翼蒙古都统。八年（1634），随贝勒代善自喀喇鄂博攻明得胜堡，进略大同。崇德元年（1636），随武英郡王阿济格征明，攻克定兴、宝坻等城。二年（1638），随贝勒岳托攻密云东北墙子岭，败明总督吴阿衡。

【阿的】 明初云南师宗州土官。彝族。元末袭父职。洪武十五年（1382），附明。十六年，开设衙门。二十一年（1388），赴京朝觐，实授师宗州土同知。

【阿宝】（？—1739） 即额驸阿宝。清代卫拉特蒙古和硕特部台吉。多罗贝勒·啰理第三子。康熙三十四年（1695，一作四十三年，1704）娶和硕格格，封和硕额驸，赐第京师。四十八年（1709），袭父爵。五十四年（1715），以准噶尔部策妄阿拉布坦扰哈密，任右卫将军费扬古参赞，率属众赴推河。继会西安将军席柱等，驻巴里坤，击准军于伊勒布尔和硕、阿克塔斯、乌鲁木齐诸地。五十七年（1718）赴青海，参赞延信军，败策凌敦多布军于卜克河、齐诺郭勒、绰玛喇等地。继护送达赖喇嘛噶桑嘉错进藏。受命统兵五百驻藏，参赞公策旺诺尔布军。雍正元年（1723），撤驻藏兵。会青海罗卜藏丹津叛，受命听抚远大将军年羹尧调遣。因遭羹尧所忌，被遣归游牧。旋进京朝觐，封多罗郡王。二年，罗卜藏丹津乱平，以阿拉善为宁夏驻地，受命出牧山后。旋请赐青海旷地，钤诸部，获青海贝子丹忠所遗博罗充克克牧地。七年（1729），以博罗充克克地隘，擅请牧乌兰穆伦及额济讷河，被削爵。旋复爵，仍归牧阿拉善。

【阿剌】①又作阿剌黑。蒙古国将领。八邻部人。原为泰赤乌部属民。宋嘉泰二年（1202），泰赤乌部兵败后，与父述律哥图、弟纳牙阿投归铁木真（成吉思汗）。以不忘故主，擒而又纵，深得铁木真赏识。随从统一蒙古诸部。开禧二年（1206），蒙古国建立后，被封为千户长兼断事官。后从征西域，平忽毡（今苏联列宁纳巴德）有功，受封其地。②见"萧阿剌"。（483页）

【阿荣】（？—1333） 元朝大臣。字存初。蒙古克烈氏。中书右丞按摊之子。幼事武宗海山充宿卫。累官湖南宣慰副使。任内，发粟赈灾，平定乱事，历迁湖广行省左右司郎中、佥会徽院事、吏部尚书。泰定（1324—1328）初，任湖南宣慰使，改浙东道宣慰使都元帅，以疾辞官。文宗天历元年（1328），复起为吏部尚书，参议中书省事。二年，拜中书参知政事，进奎章阁大学士、备受器重，尽心理政。后辞官南归武昌，好文史，善赋诗，精于数学，与当代文士虞集等交游。

【阿南】 西汉叶榆（今云南大理）酋长曼阿娜（一作曼阿奴）妻。白族先民。今云南大理人。传说西汉元封（公元前110年—公元前105年）间，叶榆遭到西汉征讨，夫被汉将郭世忠所杀，本人被俘。为避免被郭世忠强纳为妻，设计提出三个条件，依其言方允婚：一设帐祭奠故夫；二焚故夫衣，易君新衣；三遍告国人嫁娶之事。次日，聚国人，张松幕，置火其下。俟火炽，焚夫衣，引刀自断，身扑火中。时为六月二十五日，国人哀之，每岁是日燃火把聚会吊之，被尊为"阿利帝母"，大理县"本主"，是日称星回节。传说，后来南诏火焚五诏主也是日。

【阿星】 明代云南楚雄县土官。彝族。元末任乡火头，归附于明朝，于洪武十七年（1384），赴京朝贡，实授楚雄府通判。

【阿拜】（1585—1648） 清初将领。满族，爱新觉罗氏。太祖·努尔哈赤第三子。后金天命十年（1625），与弟塔拜、巴布泰征东海北路呼尔哈部，俘获一千五百户。授骑都尉职。天聪八年（1634），晋三等男。崇德三年（1638），授吏部承政。四年，封三等镇国将军。六年（1641），驻防锦州南乳峰山。八年，因年老罢承政。顺治四年（1647），晋二等镇国公。卒，谥勤敏。

【阿洪】 怒族英雄。传说生于云南碧江县一区九村，生年适怒族第十一代祖先赤赤维时代。曾领导怒族人民击败傣族的侵扰。生前曾居住"依洛夫"及"通屋腊斯"岩洞，死后有四处墓葬。依洛夫洞穴有原始壁画，传说是其创作。

【阿绒】 见"阿伦"。（271页）
【阿拏】 见"蒙能"。（562页）
【阿姹】 唐代西南两爨首领·爨归王妻。乌蛮女。天宝（742—756）间，因受唐离间，爨氏发生内讧，夫被其侄爨崇道所杀，遂携子爨守隅投母族乌蛮借兵，又遣使向南诏王皮罗阁求援。不久，南诏、东爨兴师，击杀爨崇道、爨辅朝父子。至皮罗阁卒，阁罗凤立后，因子、媳奔河赕（今云南大理）居住，遂自为乌蛮部落主，从京师朝参，大蒙恩赏。

【阿速】（？—1466） 明代将领。赤斤蒙古卫人。都指挥同知且旺失加子。正统九年（1444），授都督佥事。时瓦剌首领也先势炽，遣使求婚。虞有诈，不从，请内徙。诏勿弃故土，给粟以恤，令自强。十三年（1448），以卫都指挥总儿加陆率众围困哈密使臣于苦峪，受责。

景泰二年(1451),也先复遣使请婚,他受明廷命拒婚,整兵备御。五年(1454),也先图兼并赤斤蒙古卫,遣使授印,胁其归服,拒从。天顺元年(1457),奉命护送明使都指挥马云使西域,进秩左都督。

【阿桂】(1717—1797) 清朝大臣。初为满洲正蓝旗人,改隶正白旗。章佳氏。字广廷、文成,号云岩。大学士*阿克敦子。乾隆十三年(1748),随兵部尚书班第征金川土司莎罗奎。二十年(1755),参与讨伐准噶尔部达瓦齐叛乱。二十四年(1759),同副将军富德征剿回疆霍集占叛乱。回疆平,驻军伊犁,督民屯垦,颇有成效。自二十六年(1761)至三十四年(1769),先后任工部尚书、四川总督、伊犁将军、云贵总督、礼部尚书等职。三十六年(1771),尚书桂林第二次征剿金川土司,军溃被劾。命阿桂为参赞大臣接替桂林,同尚书温福进剿。三十八年(1773),温福战死。授为定西将军。先攻小金川,尽复其地,继攻大金川,后降服索诺木。金川平,授武英殿大学士。四十九年(1784),镇压甘肃苏四十三、田五等领导的回族、撒拉族人民起义。卒,谥文成。

【阿柴】(?—426) 又作阿豺。南北朝时期吐谷浑王。姓吐谷浑氏。*树洛干弟。晋义熙十三年(417)兄卒,继立。自号骠骑将军、沙州刺史。兼并氐、羌,辖地数千里,号为强国。南朝宋永初二年(421),为保存实力,遣使降西秦乞伏炽磐,受封征西大将军、安州牧、白兰王。景平元年(423),复使宋献方物,受封安西将军、沙州刺史、浇河公。元嘉三年(426),再受封拜,欲遣使朝贡,暴病而卒。临终,舍长子纬代,立从弟慕璝。折箭遗教诸子弟戮力一心,以保家国。

【阿铁】 传说中的怒族祖先。与妻子伊娃原居丽江。房前有一棵大树,结满黑色果子。人们说这棵树是鬼栽的,果子不能吃。其夫妇不信,悄悄吃了,伊娃不幸死去。接着大树变成人,并将女儿嫁其为妻,送其夫妇一只竹篾筐。不久,洪水淹没大地,只有其夫妇乘坐竹筐,漂浮水面,幸免于难。漂到澜沧江边,定居下来,生四男四女,相互配为夫妻,天上一对,地下一对,俅江(独龙河)一对,内地一对,人口日益繁衍。不久其夫妇巡猎,迁至怒江的普乐、果课。当地住有麂子氏族和黄蜂氏族,麂子氏族徙往俅江,剩下黄蜂氏族与他们住在一起,互通婚姻,自是,其家族内部不再兄妹通婚,使怒族改变了血缘内婚制。

【阿浪】 见"阿伦"。(271页)

【阿海】 ①见"仆散安贞"。(66页)②见"孛术鲁定方"。(199页)③见"耶律阿海"。(314页)

【阿理】(?—1045) 西夏国皇子。党项族。夏景宗*李元昊子。咩迷氏生。与母无宠,避居夏州王庭镇。及长,图谋聚众为乱,被其党羽卧香乞告发,事败,被元昊捉获,沉于河中溺死,并赐其母死。

【阿敏】(1586—1640) 清初宗室、大臣。满族,爱新觉罗氏。太祖*努尔哈赤弟*舒尔哈齐次子。其父子兄弟因谋叛太祖,兄阿尔通阿、弟扎萨克图被杀,父因禁而死。他获宥,养于太祖处。初封贝勒,多有战功。明万历三十五年(1607),与太祖长子褚英攻取乌拉宜罕山城。四十一年(1613),从太祖灭乌拉部。四十三年,太祖创建八旗制度时,任镶蓝旗旗主贝勒。后金天命元年(1616),封和硕贝勒,与代善、莽古尔泰、皇太极并称四大贝勒,俗称二贝勒,参与国政。四年,破明兵于萨尔浒山、尚间崖及栋鄂路,旋参加灭叶赫部之战。六年,从太祖攻克沈阳、辽阳。十一月入朝鲜袭毛文龙所部。十一年(1626),先后征喀尔喀巴林部及扎鲁特部。天聪元年(1627),与贝勒岳迁托征朝鲜,连陷定州、安州、平壤,朝鲜王被迫请和,订"江都之盟"。后从太宗征明锦州、宁远。四年,入山海关,克水平、滦州、迁安等地。翌年,明将孙承宗率兵反击,监军道张春等围困滦州,他怯不增援,反杀降人逃出关外。六月,清太宗定其十六条罪状,囚禁。崇德五年(1640)十一月,卒于狱。

【阿散】(1255—1304) 又作哈珊。元朝官员。畏兀儿人。隆兴府达鲁花赤八丹第四子。通畏兀儿文,善骑射。初事太子真金于东宫。任怯里马赤(通事、译员)。至元二十年(1283),授詹事院判官。二十四年(1287),任真定路总管府达鲁花赤,兼管内诸军奥鲁劝农事。以真定所濒滹沱河多水患,奏漂疏浚河流,加修堤堰,使河水循故道。堰成,缓和水势。后因规利者恶害其私,窃决新堰,为台臣所劾,罢事。元贞元年(1295),拜肃甘行省平章政事。大德三年(1299),入觐成宗,受命统领西边军事。完缮甘州城以备御。卒于官。

【阿鲁】 ①见"完颜宗本"。(255页)②见"完颜阿答海"。(363页)

【阿敦】 见"耶律安端"。(312页)

【阿赖】(?—1678) 清朝将领。世居喀尔喀部。姓莽努特。太宗皇太极时,携家属投后金,隶正黄旗蒙古。奉使阿嚕部,招降部长数人,以功赐号达尔汉,优免赋役。后率兵追逃众,征喀木尼喀部,擒其部长叶雷。崇德元年(1636),叙功授一等轻车都尉兼一云骑尉世职。加赐号库鲁克达尔汉。三年(1638),授礼部右参政。四年,升正黄旗蒙古都统。六年(1641),随清军围明锦州,设伏杏山路侧,败明总督洪承畴援军。顺治元年(1644),招抚山西郡邑。三年(1646),随豫亲王多铎追蒙古苏尼特部腾机思。五年(1648),继领兵驻防汉中。六年,晋二等男世职。九年(1652),以老疾解都统任。康熙十二年(1673),加太子太保。

【阿碌】(?—1874) 清代高山族抗日首领。台湾琅峤(今恒春半岛)牡丹社人。同治十三年(1874),日本侵略军在美国的暗中怂恿和支持下,以陆军中将西乡从道为首率部三千余人在台湾社寮港登陆,随后在龟山、竹社、风港和石门一带疯狂烧杀掠夺。阿碌领导当地高山族人民凭借险阻,与日寇展开激烈战斗,使敌人伤亡惨重,后在石门要隘壮烈牺牲。

【阿厮】 见"耶律阿思"。(314页)

【阿撒】 ①见"移剌温"。(505页)②见"蒲察世

杰"。(561页)

【阿霖】(？—1826) 清朝大臣。满族，富察氏。满洲正红旗人。乾隆五十一年(1786)，由翻译生员考补内阁中书。历官四川顺庆府通判、湖北兴国府知府。嘉庆元年(1796)，赴荆州军营，随巡抚惠龄镇压白莲教起义。二年，转战槐树冈等处，以功赏戴花翎。七年(1802)，赴参赞大臣德楞泰军营办理粮饷。八年，署郧阳府知府，次年实授。十四年(1809)，调武昌府，坐审报不实，革职。十六年，捐复原官。十九年(1814)，为保定府知府。二十年，以承审滦州石佛口王姓传教惑众案得实，赏还花翎。二十一年，升热河道。二十三年，因事降三级调用。旋以在军营效力，赏给知府，留直隶补用。道光元年(1821)，复热河道，擢直隶按察使，迁浙江布政使。二年，升江西巡抚，修复丰城县所属沿江堤岸以防水患。三年，以老休致。

【阿懒】 见"完颜宗宪"。(255页)

【阿禧】(？—1364) 元代云南大理总管 段功妻。蒙古族。元宗室梁王 把匝剌瓦尔密女。至正二十三年(1363)，因段功(白族)率大理军助梁王败万胜(明二)，迫红巾军退出云南，遂奉父命下嫁段功。二人情感颇笃，致段功流连忘返，安居郡阐(今昆明)梁王府，也完全丧失对梁王的警惕。二十四年，段功获大理原妻高氏书信及乐府诗笺，返大理。不久，因思念公主，竟不顾高氏及部下苦谏，复至鄯阐，为梁王所忌，疑有"吞金马，咽碧鸡之心"(指吞并全云南)，设计杀之。她奉父命，令以孔雀胆毒杀段功。入夜，将父谋密告段功，并出示毒具，愿与同归大理避祸，劝之再三而不信。翌日中元节，段功被梁王诱杀于通济桥。闻变，痛不欲生，矢志以死殉情，作血泪愁愤诗明志。诗云："吾家住在雁门深，一片闲云到滇海。心悬明月照青天，青天不语今三载。欲睹明月到苍山，误我一生踏里彩(指锦被)。吐噜吐噜(蒙语可惜)段阿奴，施宗施秀同奴歹。云片波粼不见人，押不芦花(北方回生草)颜色改。肉屏(指骆驼)独坐细思量，西山铁立风潇洒。"令侍女以锦被包段功尸，以王礼装送返归大理。侍灵行，绝食而亡。公主坚贞不渝的情怀长期为各族传颂，郭沫若感其事，作《孔雀胆》一剧以志。

【阿八剌】 元代云南永昌反元首领。永昌(今保山)南窝人。布朗族。延祐六年(1319)二月，率众反抗元朝统治。后被云南行省元军镇压。

【阿八哈】(1234—1282) 又作阿不哥、阿不合、阿八合。伊儿汗国第二代汗。蒙古孛儿只斤氏。 旭烈兀汗长子。初随父西征，至元元年(1264)，受父封，领有伊剌克、祃拶答而、呼罗珊等地，建牙于徒思。次年父死，嗣位，以未得忽必烈大汗册封，未登汗位，只权摄国政，都帖必力思(今伊朗大不里士)，并建驻夏、驻冬之所。以弟亦失木忒、迪歆等分辖各地。三年(1266)，率军击退钦察汗别儿哥军之入扰。七年(1270)，击败察合台汗八剌，收复呼罗珊失地。同年被元朝忽必烈汗正式册封为伊儿汗。八年，应忽必烈诏征，遣回炮手阿老瓦丁、亦思马因至京，配合攻宋战争。十年(1273)，进取不花剌，掠俘五万而还。以埃及算端(苏丹)扰亚美尼亚(阿尔明尼亚)、西利亚(叙利亚)等地，并屡挫蒙古军，在议和失败后，于至元十四年(1277)率军攻埃及军，收复罗姆。十七年(1280)，攻入西利亚，先破阿勒颇等城，后前军屡败，不胜而还。十九年(1282)，病死军中。在位期间，厚遇基督教，屡与教皇及英法等国通使，借以联合欧洲诸国共攻埃及。兴文教，重科学，史称盛年。

【阿儿浑】 ①见"阿鲁浑"。(282页)②见"阿尔浑"。(276页)

【阿力哥】 明代蒙古右翼土默特部人。领主 把汉那吉的奶公。隆庆四年(1570)，随把汉那吉至大同投明，受明封为正千户。同年，俺答汗与明朝达成和议，遂与把汉那吉同归土默特。

【阿土古】 见"完颜宗宁"。(255页)

【阿不合】 见"阿八哈"。(274页)

【阿不里】 见"耶律阿不里"。(323页)

【阿不沙】 见"夹谷清臣"。(140页)

【阿不固】 又作阿卜固。唐代契丹大贺氏部落联盟首领。窟哥死后，继为松漠都督府都督。显庆五年(660)五月，因不堪忍受唐地方官员的掳掠，联合奚族，举兵反唐，兵败，为定襄都督、冷岍道(即冷陉山，一说为今辽宁内蒙间的努鲁儿虎山)行军总管阿史德枢宾所执，送东都(今河南洛阳)，不知所终。

【阿木郎】(？—1493) 明代哈密卫官员。初任都指挥。弘治元年(1488)，因吐鲁番速檀阿黑麻诱杀罕慎，令牙兰据哈密，遂率众避难至苦峪。次年，请边臣调赤斤、罕东卫兵夜袭哈密城，败牙兰，迫阿黑麻归还哈密城及金印。五年(1492)，擢都督佥事，与都督同知奄克孛剌共辅忠顺王陕巴。次年，阿黑麻率兵夜袭哈密城，与陕巴拒守大土剌(大土台)，被围三日，急调乜克力、瓦剌二部兵以援，复败，被执杀。

【阿木穰】(？—1840) 清代四川大金川八角碉土司。藏族。道光二十年(1840)，英国发动鸦片战争，于广州受挫后，改道北上窜扰浙江海岸，他同土守备喀哩率两千余藏军，被编入四川营参将王国英部下，随军攻宁波南路，率藏军英勇打击侵略军，因内奸出卖，在未及占领全城时，中敌人炮火，壮烈牺牲。因作战英勇，被当地人民供于朱贵将军庙内，四时祭祀，以示哀悼。

【阿什坦】(？—1683) 清代学者。海龙氏，完颜金裔。初隶镶蓝旗满洲，后改隶内务府镶黄旗。顺治二年(1645)，选授内院。六品他赤哈哈番(笔帖式)。九年(1652)进士，擢刑部给事中。康熙七年(1668)，授实录纂修官。译著有《清文大学中庸》、《清文孝经》和《清文通鉴总论》。

【阿斗泥】 见"贺拔岳"。(428页)

【阿巴泰】(1589—1646) 清初将领。满族，爱新觉罗氏。清太祖 努尔哈赤第七子。初授台吉，明万历三十九年(1611)，同费英东等征东海窝集部乌尔固辰、穆棱二路。后金天命八年(1623)，同德格类征扎鲁特部，追斩昂安。十年，与三贝勒莽古尔泰援科尔沁部拒察哈尔林丹汗，解克勒珠尔根城围。十一年，太宗即位，封贝勒。以未能受封和硕贝勒，怀怨。天聪元年(1627)五月，太宗征锦州，受命守都城。二年，与岳托征明，毁锦州、杏山、高桥三城。三年，从太宗征明，同贝勒阿济格率左翼军克龙井关、汉儿庄，败山海关援军，下遵化，趋通州，与岳托败大同总兵满桂、宣府总兵侯世禄。与莽古尔泰攻宁远巡抚袁崇焕、锦州总兵祖大寿援兵于广渠门外。五年(1631)，初设六部，受命掌工部事。从太宗围大凌河，袭锦州援军。七年，同阿济格略山海关。八年，从太宗攻宣府，与阿济格克灵邱。清崇德元年(1636)，晋多罗饶余贝勒。驻防噶海城。三年，奉命监筑都尔弼城，治盛京至辽河大路。五年，同睿亲王多尔衮督义州屯田。败明杏山、松山兵。六年，围攻锦州，败明总督洪承畴援兵十三万于松山。七年，与郑亲王济尔哈朗克杏山。以奉命大将军征明，破蓟州等州县，执明鲁王朱以海等诸王。顺治元年(1644)，晋多罗饶余郡王。三年三月卒，十年，追谥敏。

【阿巴赖】(?—1671) 又称阿巴赖诺颜、阿巴赖台吉。清代卫拉特蒙古和硕特部台吉。卫拉特联盟首领*拜巴噶斯次子。原牧于额尔齐斯河及额敏河流域。曾参加固始汗对青海和西藏的远征。满族统治者定鼎北京后，屡遣使贡献。顺治十三年(1656)，派人护送俄国使臣巴伊阔夫进京，受顺治皇帝接见。因与兄鄂齐尔图争夺遗产，长期不睦。在17世纪50至60年代的准噶尔部封建主内讧中，鄂齐尔图支持僧格，他支持车臣和卓特巴巴图尔。十四年(1657)，与兄对峙于额敏河畔。后经子察衮、侄噶勒达玛调解，暂趋缓和。十七年(1660)，战幕重启，咱雅班第达再次出面斡旋，谋促使双方进行谈判。未果。是年冬，鄂齐尔图引兵三万，进逼爱古斯河畔。次年四月，双方激战于额敏河流域，力弱失败，被迫逃往额尔齐斯河旧牧地，躲入"寺院城"中。后经其母赛汗珠哈屯劝退，鄂齐尔图汗撤兵，并归还所获俘虏、财产。康熙七年(1668)左右，徙居乌拉尔，与昆都伦乌巴什一起驻牧。嗣因劫掠当地杜尔伯特王公兀鲁思，擒杀土尔扈特部首领朋楚克，被阿玉奇汗执杀。

【阿古柏】(1821—1877) 中亚浩罕汗国军官。本名穆罕默德·雅库甫伯克，又称穆罕默德·阿古柏·伯克，别号库西伯克，汉籍译"怕夏"、"帕夏"、"雅各刊"、"俄古柏"。乌兹别克人(一说塔吉克人)。原为"巴特恰"(街头舞师)，后经妹夫塔什干阿奇木纳尔·穆罕默德帮助，取得玛赫拉姆(传令官)、"胖色提"(五百人长)、阿克麦吉特(彼罗夫斯基要塞)伯克等职位。因拥立毛拉汗有功，被任命为"沙哈瓦尔"(宫廷主事)及要塞库拉玛的长官。曾应召赴塔什干协助浩罕的讷克布伯克抗击沙俄入侵。同治三年(1864)十二月，受茂拉艾力木库勒派遣，拥布素鲁克侵入新疆，先后占领喀什噶尔(今喀什)、英吉沙尔、叶尔羌(今莎车)、和田、阿克苏、乌什、库车等地，残酷迫害新疆各族人民。六年(1867)，在喀什噶尔拼凑"哲德沙尔"(意为七城)汗国，自称"巴达吾来特哈孜"(或作"毕条勒特")，意谓"洪福之王"。为扩充个人势力，曾迫使布鲁特(今柯尔克孜)首领思的克出亡，监禁布素鲁克，并以朝觐为名逐出新疆，毒死迈买的明和卓及其弟克希克汗条勒，暗中与沙俄等勾结。九年(1870)，侵占吐鲁番，窜犯乌鲁木齐、玛纳斯等地，镇压各族人民的反抗，强化宗教统治。十一年(1872)和十三年(1874)，相继与俄国、英国签订不平等条约，出卖中国主权。光绪三年(1877)，由于受到清军沉重打击，内部互相倾轧，在库尔勒被部下击毙。残众由其子伯克胡里带领逃入俄国。

【阿玉什】(?—1700) 清朝蒙古王公。喀尔喀赛音诺颜部人。博尔济吉特氏。济雅克子。康熙二十七年(1688)，投附清朝。三十年(1691)，赴多伦诺尔会盟，授札萨克一等台吉。三十四年(1695)，赴绥克哀果尔侦御准噶尔部噶尔丹。三十五年，遣人充清军向导，征噶尔丹。以功封辅国公。受命护送厄鲁特降众赴张家口外。三十六年，扈从康熙帝幸宁夏。

【阿玉奇】(1639或1640—1724) 又作阿玉气，清代卫拉特蒙古土尔扈特部首领。祖父*书库尔岱青，父朋楚克，世为土尔扈特部长。生时适逢祖父拟率众西徙额济勒河(今伏尔加河)，因年幼，未同行，寄居于外祖父巴图尔珲台吉所。17世纪50年代中期，祖父自西藏熬茶归，道经准噶尔，被携归本部。康熙八年(1669)，因朋楚克在同和硕特部台吉阿巴赖的斗争中被杀，继位。为报父仇，于十年(1671)联合驻额济勒河诸台吉，击杀阿巴赖。执政后，不屈从于沙皇俄国的胁迫，拒绝无条件宣誓效忠俄国。屡遣人进京贡献和至西藏熬茶，加强与祖国各族人民的联系。二十九年(1690)，获西藏黄教寺院集团赐予的汗号和印玺。始终重视维护祖国统一。噶尔丹发动叛乱后，他将女儿色特尔札布嫁策妄阿拉布坦，以抑制噶尔丹。三十五年(1696)，清军败噶尔丹于昭莫多，遣兵千人到阿尔泰一线布防，以防其西窜。次年，噶尔丹乱平，又令诺颜和硕齐等进京纳贡庆捷。继遣侄阿喇布珠尔进藏熬茶。四十八年(1709)，使萨穆坦绕道西伯利亚入贡。殷札纳、图理琛等代表清政府探访土尔扈特部时，对祖国亲人往访，十分重视。"陈设筵宴，排列牲畜，远来迎接"，先后两次接见使团全体人员，详细询问祖国的政治、经济情况，倾诉土尔扈特人民对祖国的深切怀念和爱戴之情，并一再表示要继续加强与祖国亲人的联系。后虽因沙俄百般阻挠，愿望未能实现，但终其一生始终为此进行着不懈努力。

【阿玉锡】 清代卫拉特蒙古准噶尔部勇士。号喀喇巴图尔。噶尔丹策零在位期间(1727—1745)，曾主司牧务。后因获罪，恐被绳之以法，徒步内徙附清。乾隆十五年(1750)，因萨喇勒荐举;被清廷擢为侍卫。二十年(1755)，迁札哈沁翼领，随清军征达瓦齐。达瓦齐聚众保格登山，受命统巴图济尔噶勒等二十四人袭其营，降其众六千五百余人，擒其台吉二十人，宰桑四人。乾隆帝赞其勇，作阿玉锡歌，制记功碑文，勒石山岩，授散秩大臣，图形紫光阁。

【阿布思】(?—754) 唐代铁勒族同罗部首领。原臣服于后突厥，任西叶护。开元三年(715)，与后突厥首领默啜战于啨北，溃。天宝元年(742)，率众附唐，封奉信王，赐姓名李献忠。八年(749)，率部从哥舒翰伐吐蕃，夺石堡城(今青海湟源县西南)，官至朔方节度副使。十一年(752)，因与安禄山隙，拒从调遣讨契丹，遁漠北，为回纥败，西奔葛禄禄，为葛罗禄首领顿毗伽叶护所执，连同妻子、部众数千人送北庭都护程千里。十三年(754)，解送长安，被杀。

【阿布赉】(1711—1781) 原名艾布勒莽苏尔。左部哈萨克(中玉兹)汗。祖阿不拉依，父瓦里世为土耳克斯坦城苏丹。十五岁时因极参加反对准噶尔贵族斗争，遂获祖父"阿布赉苏丹"称号。清雍正九年(1731)，与族兄中玉兹汗坚持反对小玉兹阿布尔·海尔汗效忠沙俄。乾隆六年(1741)，准噶尔部噶尔丹策零遣兵进攻哈萨克，被俘送伊犁。旋脱归。二十年(1755)秋，遣兵助阿睦尔撒纳叛乱。后受清使招抚，内附。二十二年(1757)，遣子集噶尔等十一人进京献贡，表示"愿将哈萨克全部归顺"，永为臣仆。后每隔一二年、二三年遣使进京一次。又经常派人到伊犁、乌鲁木齐等地贸易。三十六年(1771)，被清廷封为中玉兹汗。沙皇俄国曾胁之效忠，并遣人谋害，均未得逞。

【阿术鲁】 又作阿察儿、阿只乃。蒙古国将领。斡剌纳儿氏。初事铁木真(成吉思汗)，任博尔赤(司膳)。南宋嘉泰三年(1203)，随铁木真迎战克烈部王罕，兵败合兰真沙陀，与铁木真共履艰危，饮班朱尼河水誓盟。后随从统一蒙古诸部。开禧二年(1206)蒙古国建立时，以功封千户长。成吉思汗十一年(1216)，征辽东女真，破蒲鲜万奴。二十一年(1226)，随汗征西夏。次年，受命领兵围攻夏都中兴府，迫夏主降，杀之。窝阔台汗四年(1232)，从汗伐金，收降信安，取金二十余城。金亡后，又取宋宿州、泗州。蒙哥汗二年(1252)，赐大名路五百五十户为食邑。不久，以年迈辞官。

【阿只吉】 元朝蒙古宗王。孛儿只斤氏。察合台曾孙，不里之子。蒙哥汗(1251—1259年在位)初，父死后，承袭太原份地。1260年与诸王共戴忽必烈即大汗位，以功备受信任。后受委驻镇别失八里，兼辖天山南路畏兀儿及哈密力等地屯戍军事。至元十八年(1281)，兼掌太和岭至别失八里新置驿站三十所，沟通东西交通。二十二年(1285)，因管军失律，为同族叛王笃哇所败，被夺兵权，由丞相伯颜代总军务。先后历事忽必烈汗、铁穆耳汗两朝，对西北防务颇有政绩，故屡受赏赐。一说约卒于成宗大德八、九年(1304、1305)间。

【阿只弄】 元代云南景东甸傣族首领。泰定二年(1325)，举兵北进，元廷命云南行省督所部兵捕之。次年，遣子与诸土官入朝献方物，赐以符印。后受封开南州土官。四年(1327)，复率兵入扰，云南行省招捕之。至顺二年(1331)二月，遣子罕旺入朝献驯象，请升景东甸为景东军民府，任知府，罕旺为千户。自是，除常赋外，岁增输金五千两，银七百两。

【阿只兔】 见"谔勒哲炳鸿台吉"。(518页)

【阿禾必】 宋末元初云南元江"罗槃国"主。哈尼族。元至元十二年(1275)冬，哈尼族统治中心罗槃城(元江)遭元军进击，率众坚守城垣抵抗，并屡拒元朝云南行省平章政事赛典赤招谕，不降。后迫于形势，归附。其所属哀牢山西麓马笼(墨江)、思么(思茅、普洱)、你陀等哈尼诸部，也相继归降，并贡金、马、币、帛于元朝。次年，元调蒙古、爨僰诸军征服白衣(傣族)、和泥一百九寨。其归降后，不知所终。

【阿尔浑】(?—1275) 又译作阿儿浑、阿儿浑·阿合。伊儿汗国大臣。蒙古斡亦剌部人。千户长太出之子。一说其出身低微，家境贫困，荒年，父曾以其易一牛腿。通晓畏兀儿文书。元太宗时任必阇赤(书史、书记)，颇受重用。后任阔儿吉思的八思哈(镇守官)和那可儿(伴当)，辅佐治理阿母河以西波斯诸州。因阔儿吉思专权，不欲其任事，返回察合台汗廷。乃马真后称制元年(1242)，继阔儿吉思任波斯诸州行政长官。翌年，抵达呼罗珊后，即宣读札儿里黑(敕令)。继赴伊剌克和阿哲儿拜占等地，整顿民政，废除非法赋敛，拘收诸王滥发的符牌。曾先后参加定宗贵由、宪宗蒙哥的朔漠大会。受宪宗继掌阿母河等处行尚书省事，佩虎符。调查人口，编制户籍，统一征税制度，按贫富分别计丁出赋，蠲免其他一切赋敛。并以丁赋供给签军、驿站、使臣之费，不再科派于民。宪宗三年(1253)，旭烈兀西征并总督阿母河以西波斯等地军政，他受命管理财赋，负责供输。八年(1258)，伊儿汗国建立后，主管财政，并先后辅助旭烈兀长子阿巴哈(阿八哈)及其子阿鲁浑镇守呼罗珊、祃拶答而。与蒙古汗室联姻，子讷兀鲁思(尼佛鲁慈)、列克集(勒格济)均娶成吉思汗黄金家族之女为妻，女也分别适君主和异密们，权势颇大。历仕数汗，前后治呼罗珊等地三十余年，去弊政、善理财，对社会安定及经济发展起到一定作用。

【阿尔津】(?—1658) 清初将领。满族。伊尔根觉罗氏，世居穆溪。满洲正蓝旗人。齐玛塔子。初任参领，授二等轻车都尉。后金天聪四年(1630)，从纳穆泰守滦州，因力战，免弃城罪。九年(1635)，征察哈尔，驻归化城，获博硕克图汗子的使者，晋一等轻车都尉。清崇德三年(1638)，从多铎征明，为祖大寿所败，削世职，籍家产之半，仍领护军统领。六年(1641)，攻明松山，击总督洪承畴军，授三等轻车都尉。七年，攻明宁远城。八年，克虎尔哈部七屯。顺治元年(1644)，破李自成农民军于安肃，晋二等轻车都尉兼一云骑尉。从多铎破潼关，定江南，擢三等男。三年(1646)，与鳌拜等击叛将贺珍于汉中，攻张献忠农民军于叙州。五年(1648)，晋一等男爵，寻率师定宣化叛兵。八年(1651)，与额克青揭发武英亲王阿济格罪，晋一等子加一云骑尉。九年，授西安将军，改定南将军，从汉中移师湖广。十一年(1654)，由护军统领迁都统。十二年，授宁南靖寇大将军，与卓罗等驻荆州。次年，渡江克辰州，宝庆、永顺诸土司均归服。继下沅、靖，取滇、黔。因与经略大学士洪承畴不协，召回京。十五年(1658)，率本旗兵从靖寇大将军多尼征云南，卒于军。追赠太子太保，谥端果。

【阿令古】 见"阿里骨"。(278页)

【阿必达】(？—1736) 清朝将领。蒙古正白旗人。姓阿拉克奇特。康熙十五年(1676)，以护军随贝子傅喇塔征耿精忠部于温州。十六年，征何祐于泉州，以先登破城，得巴图鲁号，授护军校。二十年(1681)，署护军参领，随将军赉塔征云南，赐云骑尉世职。三十二年(1693)，授护军参领三十五年(1696)，随大将军费扬古征准噶尔部噶尔丹，大败敌军于昭莫多。叙功加一云骑尉并世职为骑都尉。四十七年(1708)，以失察革职，发黑龙江。五十六年(1717)，自备鞍马随军征准噶尔部策妄阿喇布坦，署参领。雍正五年(1727)，授副都统。

【阿兰保】(？—1801) 清朝将领。达斡尔札拉尔氏，隶齐齐哈尔正白旗。初以优秀射手被选为善射者，随狩木兰围场。后留京师，由司辔充蓝翎侍卫。乾隆三十九年(1774)征金川，从副将军明亮出南路，因功迁三等侍卫，赐号噶布什克巴图鲁。四十六年参与镇压苏四十三回民起义。累官至镶蓝旗蒙古都统，管理上驷院，后病故。

【阿兰珠】(？—约1613) 满族。栋鄂氏。世居瓦尔喀什。阿格巴颜子，对齐巴颜弟。太祖努尔哈赤攻杭佳城，阿格巴颜之妻父令其助守，不从，率所部归太祖。隶满洲镶红旗。初授牛录额真，与兄子噶尔瑚济分辖所部。继任扎尔固齐(汉译都堂)。明万历四十一年(1613)，从征乌拉部，奋勇冲击，殁于阵。追赠三等甲喇章京。顺治间，追谥顺毅。

【阿兰泰】 ①(？—1699)清朝大臣。满洲镶蓝旗人。富察氏。初任笔帖式，累迁郎中。康熙十九年(1680)，经议政王大臣等疏荐，练习部务。"三藩"叛后，专习军机文檄。二十年，擢光禄寺卿，迁内阁学士。曾充方略馆副总裁兼《明史》副总裁。二十六年(1687)，迁工部尚书，后调兵部、吏部。二十八年(1689)，充三朝国史总裁。擢武英殿大学士。三十一年(1692)，陕西饥。与河道总督靳辅议运江淮粮米于西安，以备积储。三十五年(1696)，康熙帝亲征准噶尔部噶尔丹。奉命留京直宿禁城、阅视奏事。秋，随康熙帝出归化城(今内蒙古呼和浩特)，奉命经理军务。三十六年(1697)，充《平定朔漠方略》总裁，深得康熙帝赞赏。卒，谥文清。 ②(？—1760)清朝将领。蒙古正白旗人。博尔济吉特氏。内大臣克什图子。康熙五十五年(1716)，袭云骑尉世职。五十九年(1720)，授蓝翎侍卫，累迁二等侍卫。雍正九年(1731)，袭骑都尉。十二年(1734)五月，授头等侍卫，八月授满洲正黄旗副都统。乾隆四年(1739)，赴塔密尔军营办事。六年(1741)，调满洲镶白旗副都统。十年(1745)，升蒙古镶蓝旗都统。十二年(1747)，升宁古塔将军。十三年，调盛京将军。十九年(1754)，赴北路军营，授参赞大臣。二十年，随军征准噶尔部达瓦齐，叙功晋男爵。留乌里雅苏台办事。八月，辉特部阿睦尔撒纳叛，他执其孥，迁其户畜于塔密尔。九月，授参赞大臣，随定边左副将军达勒党阿追征阿睦尔撒纳。后留乌里雅苏台办事。二十一年，擒叛逃之杜尔伯特首领讷默库。继随定边左副将军成衮扎布追执和托辉特部青衮咱卜。二十三年(1758)，授汉军镶黄旗副都统。二十四年，为归化城都统。

【阿老丁】(约1231—1315) 元代伊斯兰教大师。祖籍波斯(今伊朗)。世代皆巨商。因与弟乌马儿举家资助元世祖忽必烈(1260—1294年在位)征西域功，赐官，以年迈不仕，获赐田宅于京师(北京)，遂定居。延祐年间(1314—1320)，以"回回大师"之教职居杭州，出资重建文锦坊南之真教寺(即今凤凰寺)。卒，葬于此。子孙皆仕元。

【阿合马】(？—1282) 元朝初期大臣。回回人。细浑河(今锡尔河)畔费纳克式城(今苏联塔什干西南)人。初隶弘吉剌部按陈那颜。后随按陈女察必皇后入宫。元世祖中统三年(1262)，受命领中书左右部，兼诸路转运使，专理财赋。以善于理财，深得世祖宠信。四年(1263)，兼开平府(上都)同知，奏请领三千户冶铁。岁得铁一百三万七千斤，铸农具二十万件，易粮四万石。至元元年(1264)，升中书省平章政事。三年(1266)，兼领制国用使司，奏请节支国用。七年(1270)，任尚书省平章政事。改中书省平章政事。十二年，奏禁私售食盐、药材，私造铜器，由官售之，以充国用，使财政支出得以应付。奏立诸路转运司，以亦不剌金、札马剌丁、阿里火者、阿老瓦丁、倒剌沙等人为使。因专权贪横，打击异己，为太子真金及中书左丞相安童等所不满，屡遭弹劾。十九年(1282)，被益都千户王著等诱杀。家产被籍没，子孙皆被杀。

【阿那保】(？—1837) 清朝将领。达斡尔廓贝尔氏。东布特哈莽鼐屯人，隶布特哈正黄旗。乾隆四十年(1775)，以马甲驻京，授上驷院司辔长。五十六年，从征廓尔喀，因功迁二等侍卫，寻护贡使入觐。六十年，参与镇压贵州、湖北的苗民起义，赐号奋图里巴图鲁。嘉庆二年(1797)，从都统德楞泰赴四川，镇压白莲教起义。六年，因病回京。十四年，授正红旗蒙古副都统，寻授上驷院卿。二十一年，赐紫禁城骑马管理善扑营，迁镶蓝旗蒙古都统兼管上驷院事务。历官正黄旗蒙古都统、正蓝旗汉军都统、内大臣总谙达、管理健锐营事务。道光十七年(1837)卒，谥勤勇。

【阿那瓌】(？—552) 南北朝时期柔然可汗。郁久闾氏。*伏图子，*丑奴弟。柔然建昌十三年(北魏正光元年(520)，柔然内讧，母候吕陵氏及大臣杀可汗丑奴，立其为可汗。立经十日，为族兄示发所败，与弟乙居伐率轻骑南投北魏,被封为"朔方郡公、蠕蠕王(即柔然王)"。翌年,拟还漠北复仇亲政。未几从兄婆罗门破示发且被立为可汗,又遣人来迎,恐为所害,未敢北还。不久,婆罗门为高车所逐,率部至凉州(今甘肃武威)归降北魏,遂被柔然诸部数万人迎还。正光四年(523),北魏爆发六镇各族大起义,应北魏之召,于孝昌元年(525)率十万大军南下镇压起义,击溃破六韩拔陵所率起义军,杀起义将领孔雀等。同年,柔然内部安定,士马复壮,击败高车,自号"敕连头兵豆伐可汗"(一作"敕连头兵代可汗",意为把揽王),与北魏通贡不绝。东西魏分裂后,成为争取的力量。阿那瑰分别与之和亲。其兄弟塔寒娶西魏化政公主,又将长女嫁西魏文帝为皇后(魏悼后);子庵罗辰娶东魏兰陵郡长公主(原称乐安公主),孙女邻和公主嫁东魏高欢第五子高湛,另一女亦嫁高欢为正室,称"蠕蠕公主"。同时,与南朝加强联系,不断派使臣朝梁。吸收中原文化,仿照中原的官制,设侍中、黄门等官,以齐人淳于覃任秘书监黄门郎,掌文墨。6世纪中叶,西部原役属于柔然为其做铁工的突厥崛起,反抗柔然统治。北齐天保三年(552),为突厥首领土门攻破,自杀。

【阿克敦】(1685—1756) 清朝大臣。满洲正蓝旗人。章佳氏。康熙年间(1662—1722)进士。五十七年(1718),擢内阁学士。六十一年(1722),擢兵部右侍郎、翰林院掌院学士。充纂圣祖实录副总裁。雍正元年(1723)起,历充四朝国史、《大清会典》、治河方略副总裁。奉旨同散秩大臣舒鲁封朝鲜国王。四年(1726)起,调兵部左侍郎,署两广总督兼广州将军、广东和广西巡抚。九年(1731),以准噶尔部扰喀尔喀游牧,受命随抚远大将军马尔赛进剿,协办军务。十二年(1734),同侍郎傅鼐密往准噶尔谕噶尔丹策零划清游牧界线。十三年,署镶蓝旗满洲副都统。充《八旗通志》副总裁。乾隆三年(1738),充正使往准噶尔定喀尔喀与厄鲁特地界。四年,充《一统志》副总裁。七年(1742)起,历任镶蓝旗满洲都统、刑部尚书和步军统领。允五朝国史副总裁和国史馆总裁,卒,谥文勤。

【阿里合】 见"移剌阿里合"。(507页)
【阿里汗】 见"倭里罕"。(456页)
【阿里罕】 见"完颜宗尹"。(255页)
【阿里剌】 见"完颜膏"。(249页)

【阿里骨】(1040—1096) 又译阿令古、阿骨。宋代唃厮啰政权第三代继嗣者。本为于阗(今新疆和田)人。少随母事董毡,故为养子。元丰兰州之战有功,自肃州团练使进防御使。宋元丰六年(1083),董毡死,以养子身份嗣王位。因其非唃厮啰血统,且地位低微,故在重血统、贵种姓的吐蕃社会里,遭到唃厮啰家族及有关大首领的反对。为控制青唐政局,封锁董毡死讯,匿丧不发,出令如董毡在日。两年后,始向宋朝奏报董毡死讯,请求册封,获宋封赐。元祐二年(1087)初,为巩固统治地位,镇压唃厮啰家族大首领的反叛,秘密和西夏国立约,欲借西夏国的力量收复被宋占领的熙河六州地。通过战争缓和内部矛盾。派大首领鬼章率众攻取洮州,围河州南川寨,并配合西夏围定西城。后因西夏未能有效配合,遭宋军突袭,断黄河飞桥,使青唐十万援军列阵河沿,无法增援,兵败,鬼章被俘。受挫后,于次年向宋朝上表谢罪,请求释放鬼章。宋朝为集中力量应付辽和西夏的进逼,同意息兵依旧例许其贡使往来,加封金紫光禄大夫、检校太保。执政后,由于性残忍,以杀戮为事,不得人心,又因专宠西夏国公主,从其所好,修寺造塔,族人大怨,许多部族纷纷离去,或投宋,或据地而治。唃厮啰家族成员,打着"复国"旗号,四处活动,河湟政局动荡不安。为平复各地反叛,借助宋朝余威震慑诸部,于八年(1093),遣使向宋进"蕃字"书,要求与宋"各立文约。汉蕃子孙不相侵犯"。绍圣三年(1096),宋派礼宾使李宇等赴青唐抚问,同意以后按元丰四年例给予封赐。同年九月十三日卒。宋朝赐孝,以示慰问。

【阿里衮】(? —1777) 清朝大臣,满洲镶黄旗人。钮祜禄氏。字松崖。内大臣德音子。乾隆四年(1739)至十二年(1747),历任副都统、侍郎、湖南、山西、山东巡抚。在山东巡抚任内,曾请蠲免或缓纳山东灾区钱粮、移八旗兵于宁古塔(今黑龙江省宁安县)等地屯垦,为乾隆帝采纳。十五年(1750),擢湖广总督,后署刑部尚书。二十一年(1756),奉命以领队大臣赴西路军营,进至雅尔拉,与定西将军达勒党阿擒宰桑南札布等。二十三年(1758),任参赞大臣,选马三千自哈密进发以济军需。继与将军富德讨霍集占,解将军兆惠之围。后留叶尔羌(今新疆莎车)办事。二十五年(1760),擢领侍卫内大臣、后历任礼部、户部尚书、御前大臣,陕西巡抚、协办大学士。三十三年(1768),以参赞大臣往云南军营,寻署总督,继授副将军,驻守永昌。任内,对防务、粮运、耕种等多有贡献。卒于军,谥襄壮。

【阿里海】 见"阿儿孩合撒儿"。(291页)

【阿你通】 元代云南顺宁府(治今凤庆)庆甸布朗族火头。至治二年(1322)十二月,蒙化州兰神场落落(罗罗)族摩察火头过生琮,与其联合,发动布朗族众二千五百人,摩察群众五百人,攻镇南州定远县。杀九十九人,俘百余。泰定四年(1327)十一月,布朗族内属,置顺宁府、宝通州、庆甸县。

【阿妣尔】 意为老祖母尔。传说为基诺等各族的出世献身者。相传玛黑、玛妞兄妹成婚,为了繁衍人类,得造地之母小北阿嫫授给葫芦籽,种后长出大如房屋的一个葫芦,里面有人说话,在小北阿嫫的指点下,用火锥子去捅开葫芦,一连捅了三次,里面的人都惊叫不要捅。阿妣尔在葫芦里大声说:我不怕,朝我这里捅,第四次才把葫芦捅开。基诺族便与布朗、哈尼、汉、傣等族从葫芦里依次而出,老祖母尔为人类的出世献了身。

【阿固郎】 唐代鞑鞨首领。高祖武德五年(622),赴唐首都长安(今陕西西安)朝贡。太宗贞观二年(628),始臣附,所献有常,唐以其地为燕州。

【阿旺创】 景颇族景颇支山官。属景颇族景颇支勒排氏。载瓦支山官奥拉当之兄。与弟奥拉当同至载瓦地区，奥拉当任载瓦支山官后，他回景颇任山官。

【阿罗多】①东汉车师后部王。永兴元年(153)，以与戊部侯严皓不和，遂攻围汉屯田且固城，杀伤吏士。旋因后部侯炭遮领余众叛降汉，被迫携母妻子及随从百余人亡走北匈奴。敦煌太守宋亮立后部故王军就质子卑君为后部王。后阿罗多从匈奴还，与卑君争国。戊校尉阎详虑其招引匈奴乱西域，乃复立为王。②西晋时鲜卑人。咸宁二年(276)，率众与西域戊己校尉马循战，兵败降晋。

【阿忽台】(？—1307) 元朝大臣。蒙古燕只斤氏。大德五年(1301)，任知枢密院事。七年，受命与阿伯整饬河西军事，升中书左丞相。十年(1306)，与右丞相哈剌哈孙整饬庶务，凡铨选钱谷等听中书裁决。十一年，成宗卒，与平章八都马辛、宗王明里铁木儿等谋推成宗后卜鲁罕称制，以安西王阿难答为辅，事败，以"潜有异图"之罪，被宗王爱育黎拔力八达(仁宗)及右丞相哈剌哈孙所杀。

【阿知立】又作木知立。清代云南丽江府改土归流的主要倡议者。丽江门沙人。纳西族。木氏土知府远支宗族。为人豪迈机智，有谋略和远见，为新兴地主势力的代表人物。时清朝于丽江府设流官通判，但大权操于土官知府手中，通判行动受掣肘，无法改变"上府暴敛肆虐，民不堪命"的景况。遂邀有影响人士，谋对策，于雍正元年(1723)初。在中海堤岸上纠集土人，揭露木氏土官罪行，获众人资助，偕阿仲芷、和日嘉、阿宝他等赴省申诉。清廷遂以木氏"居官贪虐派累，土人控告不已"为由，将丽江土知府降为土通判，改设流官知府。次年春，首任流官知府将木氏多处庄田尽数归官，家人尽数入里为民，约五百多户，二千三百多名木家的庄奴、院奴(即农奴)，除奴籍为平民，查免无名杂派，取消土官的政治、经济和军事特权木氏家族统台丽江地区四百五十年的历史结束，促进了地主经济和文化的发展。

【阿岱汗】(1390—1438) 亦作阿台汗、阿台王子，明代蒙古可汗。孛儿只斤氏。成吉思汗弟*合撒儿后裔(一作铁木哥斡赤斤后裔)。洪熙元年(1125，或云永乐八年，1410)，即汗位。由太师阿鲁台擅政。从阿鲁台率东蒙古(鞑靼部)与瓦剌反复仇杀，初大败瓦剌，俘其领主脱欢(后释归)，后屡败，部属离散。宣德九年(1134)，遭瓦剌袭击，阿鲁台被脱次所杀。义федера遭明军打击，兵力几尽。正统三年(1138)，一度投明。不久，被脱欢及所立岱总汗脱脱不花捕杀。蒙文史籍于其经历、纪年多有出入。

【阿底峡】(982—1054) 吐蕃佛教后宏期进藏之印度高僧。印度萨霍尔正格瓦贝次子。生于萨护罗(今孟加拉国达卡附近)。梵文名迪巴嘎热施咱纳，藏文译作贝玛海洋益西，意为"吉祥燃灯智"。藏史通称"觉卧杰阿底峡"，意为"佛王阿底峡"，简称"觉卧杰"(佛王或尊圣王)。宋庆历二年(1042，一说三年)，被阿里王绛求约遣使迎人吐蕃宏教，先后到阿里、后藏、拉萨、叶尔巴、桑耶、连巴、纳曲、唐波且、聂塘等地，居吐蕃十七年，传教、收徒、著书、行医。其弟子以大译师仁钦桑布、小译师查久喜饶(列巴喜饶)等最著。所传之大乘学、藏传密典及中观论等，均因其宏扬，而完备于吐蕃。著有《菩提道灯论》、《中观教授记》、《发菩提心论》等，为藏传佛教的重要经典，僧人必读之作。后世黄教创始人宗喀巴代表作《菩提道次第广论》，即脱胎于《菩提道灯论》，被誉为西藏噶当派之开派祖师。萨迦、噶举、格鲁诸派亦因其学说而新兴。所著《八分医方》，对西藏医学北派的形成起着重要作用。曾在山南贡噶县姐德秀地区为民修造水坝，至今为人传颂。为印蕃宗教文化交流作出贡献。卒于聂塘寺，其遗骨供奉于该寺，1978年，孟加拉国派使节至聂塘寺致祭，并将骨灰运回该国供奉。

【阿弥厥】隋代疏勒王。其时统有大城十二，小城数十。拥兵二千人。臣于突厥，岁送贡赋。大业(605—618)中，遣使赴隋贡方物。

【阿南达】①(？—1696)清朝蒙古正公。喀尔喀车臣汗部人。博尔济吉特氏。硕垒汗第十一子。初号达赉乌吉，驻牧克鲁伦河北索和尼。康熙二十七年(1688)，率诸子投清。二十八年，授理农及札萨克，驻牧阿噜科尔沁界内呼噜苏台。三十年(1691)，至多伦诺尔会盟，封固山贝子兼札萨克。②(？—1701)清朝将领。蒙古正黄旗人。乌弥氏。内大臣哈岱次子，初以一等侍卫兼佐领。康熙八年(1669)，以党附鳌拜论罪，获宥。二十七年(1688)，以准噶尔部噶尔丹侵掠喀尔喀诸部，奉命谕之罢兵。二十九年(1690)，随大将军裕亲王福全，败噶尔丹于乌兰布通。三十一年(1692)，奉命赴宁夏，招降和硕特部台吉巴图尔额尔克济农，升正黄旗蒙古都统。三十五年(1696)，康熙帝亲征噶尔丹，奉命于喀尔喀诸部，选熟知塞外途径者二十人为向导。并从费杨古人败噶尔丹军于昭莫多。继驻乎肃州，招降噶尔丹妻弟噶尔丹多尔济，擒其族子顾孟多尔济。三十六年，叙昭莫多功，授云骑尉世职。奉命驻戍西宁。雍正二年(1724)，追谥恪敏。

【阿刺罕】(1233—1281) 又作阿里罕，元朝将领。蒙古札剌儿氏。*也柳干之子，袭父职，为诸翼蒙古军马都元帅。蒙哥汗九年(1259)，从忽必烈围宋鄂州(今武昌)。中统二年(1261)，从帝大败叛王阿里不哥于昔木土脑儿(今蒙古苏赫巴托省南部)，卓有战功。次年，从讨李璮于济南，败之于老仓口，以功进都元帅。至元四年(1267)改上万户，从阿术攻宋。十年(1273)，破樊城，降襄阳。次年，随丞相伯颜南下，统罕攻郢州，破沙芜堡，取鄂州，收降沿江州郡。十二年(1275)，加昭毅火将军、左翼絮古汉军上万户。旋拜中奉大夫、参知政事。继分军三道取临安，所向皆破。次年，追宋降伯颜偕宋君臣北还后，受委掌军，与左丞董文炳追击宋臣张世杰及益王，攻浙东温、台、处及闽中诸郡，平江南。以参知政事行宣慰使，十四年(1277)，拜行中书省左丞，迁右丞。十八年(1281)，拜行中书省左丞相，统蒙古汉军十四万自江南浮海征日本，行至庆元，卒于军。追封曾国公,谥武定,继追封曹南王,改谥忠宣。

【阿刺浅】 见"札八儿火者"。(93页)

【阿哈出】(?—约1411) 又作为虚出。明朝建州女真首领。古伦氏。原为元朝于依兰附近设立的五万户之一,即火儿阿万户。明初,南迁房州(今黑龙江省东宁县东,大城子古城),永乐元年(1403)十一月,朝明,授建州卫指挥使,赐姓名李诚善。三年十月,七年七月,又先后朝贡。其子释迦奴、猛哥不花皆忠顺明廷,父子兄弟"光宠于朝"。

【阿思哈】(?—1776) 清朝大臣。满洲正黄旗人。萨克达氏。雍正四年(1726),任兵部郎中,军机处行走。乾隆十四年(1749),由甘肃布政使擢江西巡抚,后调山西。十七年(1752),因令富户出资抚恤平阳灾民,被革职。二十年(1755),以布政使衔往准噶尔筹措粮运。擢内阁学士。二十二年(1757),署江西巡抚。二十五年(1760),详复各丁旗谱及铠甲户册,查出脱漏人丁及其典卖屯田、隐漏屯地等。二十八年(1763),因任内婪贿、累派民间,获罪,受宥赴伊犁协校军明瑞办事。后出任广东巡抚,继调河南。任内,对行政管理、漕运等多有建言。三十四年(1769),迁云贵总督。因在军营不实力措办军需,革总督职,发往伊犁。三十九年(1774),回京。授左都御史。四十一年(1776),署吏部尚书,旋署漕运总督。卒,谥庄恪。

【阿骨只】 见"萧阿古只"。(488页)

【阿保机】 见"耶律阿保机"。(323页)

【阿济比】 一译阿济拜、阿济毕。清代布鲁特(今柯尔克孜族)额德格讷部首领。乾隆二十四年(1759),清军平定大小和卓木叛乱后,代表"西部柯尔克孜族(西布鲁特)"十五部向定边将军兆惠请求内附。次年,遣锡喇嘛噶斯进京朝觐。二十七年(1762),霍罕(浩罕)入侵,占领鄂斯邑。清廷应其请,令永贵遣人往谕,责霍罕罪。霍罕首领额尔德尼伯克恐清廷断绝贸易,归还鄂斯邑之地。

【阿济拜】(?—1652) 清初蒙古将领。巴林部人。卓特氏。初事后金帝努尔哈赤,任牛录额真。天命三年(1618),从贝勒阿巴泰击明总兵张承荫。次年破明总兵杜松于界凡。七年(1622),败明兵于沙岭。天聪三年(1629),以甲喇额真从后金帝皇太极征明,略通州,逼北京。九年(1635),以击明兵有功,授牛录章京世职。顺治元年(1644),随军入关击农民起义军李自成,升正蓝旗蒙古梅勒额真。三年(1646),从肃亲王豪格攻农民起义军张献忠,败义军将领高汝砺于秦州,击张献忠于西充,进一等阿达哈哈番兼拖沙喇哈番。九年(1652)八月,以老离职。寻卒,谥忠勤。

【阿济格】(1605—1651) 清初宗室将领。满族,爱新觉罗氏。清太祖·努尔哈赤第十二子。初封台吉。后金天命十年(1625)、十一年,从征察哈尔部、巴林部、扎鲁特部,因功封贝勒。天聪元年(1627)正月,同二贝勒阿敏等征朝鲜,克五城。五月,从太宗征明,与莽古尔泰卫塔山粮运。会师锦州,攻宁远。三年八月,与贝勒济尔哈朗略明锦州、宁远。十月,从太宗征明,率左翼四旗及蒙古兵克龙井关、汉儿庄、洪山口,进抵北京城郊。十二月,同贝勒阿巴泰略通州,与大贝勒代善歼明山海关援军五千。五年,从太宗进围锦州,击溃明军。继败明监军道张春援军于大凌河。六年,败察哈尔林丹汗。统左翼及蒙古兵略大同、宣府。此期间,在征明、攻朝鲜及伐察哈尔三者问题上,力主先征明。八年五月,与贝勒多尔衮等入龙门口,败明兵。清崇德元年(1636)四月,晋封多罗武英郡王。五月,趋河北延庆等县,五十六战皆捷,擒叛兵曹丕昌,俘获十数万。二年,助贝子硕托攻皮岛。四年,略锦州、宁远。六年,同郑亲王济尔哈朗围锦州,败明军于松山,破明总督洪承畴援军。七年二月,围杏山,败吴三桂军。顺治元年(1644)四月,同睿亲王入山海关,破李自成义军。十月,晋封和硕英亲王。任靖远大将军,追自成于九江,斩刘宗敏,俘宋献策。十一月,率兵驻大同,以平西大将军讨叛将姜瓖。居功请封"叔王",未获允。八年正月,乘多尔衮卒,胁其属下附己,并与子劳亲合军"为乱",被幽禁。十月,欲于禁所举火,赐死。

【阿都众】 元代云南永昌(今保山)南窝布朗族头人。延祐五年(1318),与阿艮等起事,杀镇将,夺驿马。云南行省参政汪中(申)奉右丞朵尔只命前往镇压。自八月至次年五月,南窝等地寨栅被毁,百姓遭杀戮,群众避走箐楼。阿艮降,余众逃散。元军因天热回师。南窝所属枯柯甸、祜甸、庆甸等皆降,岁纳贡赋。

【阿都赤】(?—1441) 明代瓦剌人。明指挥同知慌忽儿之侄。永乐以后曾多次出使明廷。正统元年(1436),充瓦剌正使朝贡于明,受封都指挥金事。次年,升都督同知。三年(1438),受脱欢太师命至京朝贡,升右都督。翌年,率千余人至京,贡马驼、貂鼠皮等方物。六年(1441),率使臣贡马及方物。未几,卒于会同馆。明廷以都督例行丧礼,赐文祭之,葬于崇文门其先世之墓。

【阿速带】 又作阿速台、阿速歹。蒙古国宗王。孛儿只斤氏。蒙哥汗次子。蒙哥汗八年(1258),从父攻宋,因狩猎伤民稼,受责。中统元年(1260),拥阿里不哥即位于和林(今蒙古哈尔和林)西,与在上都(今内蒙古正蓝旗东闪电河北岸)称帝的世祖忽必烈对峙,屡为忽必烈军所败。至元元年(1264),随阿里不哥归附,获赦,不久,卒。

【阿里雅】(?—1715) 清朝蒙古王公。喀尔喀赛音诺颜部人。博尔济吉特氏。布尼子。康熙三十一年(1692),率众投附清廷,授一等台吉兼札萨克。驻牧克鲁伦河流域。三十二年,移牧鄂尔浑及土拉河。三十四年(1695),俘准噶尔部噶尔丹党津巴。三十五年,追捕噶尔丹败兵。驻防汗阿林。五十四年(1715),遣兵随和托辉特公博贝征乌梁海。

【阿悦贡】(?—1386) 明代云南顺宁土官。布朗族。原为布朗族头人,洪武十五年(1382),归附明朝,明置顺宁(今凤庆)土知府,署府事。十七年,任知府,定租赋,立贡制。十九年(1386)卒,子勐哀承袭。

【阿难陀】 克什米尔商人。杰桑之子。吐蕃赞普赤松德赞(755—797年在位)早年时赴吐蕃,在大昭寺与小昭寺之间丝绸市场经商。精通印藏两种语言。赤松德赞继位不久,崇苯教与兴佛发生激烈争论,赤松德赞召开苯教与佛教的公开辩论,请其任辩论双方的翻译。后迎请静命师进藏,为赤松德赞及诸臣宣讲佛教原理,由其任翻译。被誉为"三老译师"之一。

【阿难答】(？—1307) 又作安难答、阿难答失里。元朝宗王。蒙古孛儿只斤氏。元世祖*忽必烈孙,安西王*忙哥剌之子。至元十五年(1278),父卒,袭安西王位。十八年(1281),赐吉州路六万五千户为食邑。自幼信奉伊斯兰教,部众十五万人,大多皈依。二十二年(1285),于位下立衍福司。成宗大德五年(1301),海都犯和林,以所部力战,有功。十一年(1307),成宗卒,与宗王明里铁木儿、左丞相阿忽台、平章八都马辛等谋推成宗后卜鲁罕称制,以其辅之,事败,被宗王爱育黎拔力八达(仁宗)及右丞相哈剌哈孙执杀。

【阿勒赤】 见"按陈"。(393页)

【阿敏道】(？—1757) 清朝官员。蒙古镶红旗人。姓图尔格期。世居察哈尔。员外郎阿吉斯子。雍正初,累迁二等侍卫。九年(1731),率巴尔呼兵百人赴巴尔坤佐军征准噶尔。继与侍读学士查克丹统喀尔喀兵三千赴任。乾隆元年(1736),授镶蓝旗察哈尔总管。十九年(1754),加副都统衔。二十年,阿睦尔撒纳叛,台站中断,受命督站台事,恢复驿递。二十一年,授镶蓝旗蒙古副都统。受命赴叶尔羌(今莎车)、喀什噶尔(今喀什),招抚布拉尼敦、霍集占兄弟(大小和卓),被执。二十二年,谋脱归,未果,被杀。以功图形紫光阁,列为后五十功臣之一,加骑都尉世职兼一云骑尉。

【阿族戛】 清代向独龙族传播种稻技术者。独龙族。19世纪80年代,从木刻戛迁至茂顶,带来稻种数碗,时逢栽种季节,遂以竹尖掘地,将稻种种于火烧地上,声言长出之物,极为可口,邻人均不信,劝其另种小米或稗子。秋后收获,请村人品尝,众皆称道,于是相继向其学种稻。

【阿塔海】(1234—1289) 又作阿答海。元朝将领。蒙古逊都思氏。蒙古国开国功臣*塔海之孙,卜花之子。才略过人,初袭父爵为千户长。蒙哥汗时,随都元帅兀良合台征云南,身先士卒,卓有战功。后事忽必烈(世祖)于潜邸。元初参加对宋战争,至元九年(1272),奉命督诸军攻襄阳,次年破城,以功授镇国上将军、淮西行枢密院副使。筑正阳东西二城,却宋将夏贵之军。继官拜行中书省右丞。十二年(1275),会丞相伯颜军,连破池州、镇江,败宋将李庭芝军及张世杰、孙虎臣水师,破常州,下平江、嘉兴。次年,会师临安,追宋降。十四年(1277),任江淮行省平章政事。次年,任行省左丞相。十八年(1281),督军侵日本。二十年(1283),任征东行省丞相,再征日本,均丧师而还。次年,遣军助镇南王脱欢征占城,亦无功。二十四年(1287),扈从世祖征叛王乃颜。追封顺昌郡王。

【阿黑麻】(1465—1504) 明代东察合台汗国汗(一称吐鲁番王)。羽奴思汗次子(《明史》作阿力之子)。因羽奴思汗常住塔什干,一些不喜欢城市生活的蒙古人拥其逃回别失八里。经过十年,统一当地蒙古兀鲁思,并于明成化二十三年至弘治元年(1487—1488)归并畏兀儿地,建都吐鲁番。六年(1493)或其前,正式称汗。在位期间,对外实行积极政策,把领地扩展到哈密以东,同明朝多次发生战争,但仍保持政治、经济联系。两次大败瓦剌,声威大震,被瓦剌人称为"阿剌扎汗"(意为"嗜杀之汗")。十五至十六年(1502—1503),率军援其兄马合木汗,共同抗击昔班尼汗的侵犯,兵败,被俘,后放归,次年病逝。

【阿喇纳】 ①清朝将领。蒙古族。土默特部人。姓纳喇。*古禄格第五子。初任佐领。康熙二十五年(1686),袭都统,掌土默特左翼,驻守归化城(今内蒙古呼和浩特)。二十七年(1688),选兵侦御准噶尔部噶尔丹。三十年(1691),受命护视附归化城游牧之喀尔喀部众。三十五年(1696),随大将军费扬古击准噶尔部噶尔丹于昭莫多(今蒙古乌兰巴托东南),运炮七十九门贮归化城。三十六年正月,助军驼,三月,因军律废弛,削职。②(？—1724)清朝将领。蒙古正黄旗人。乌弥氏。阿南达长子。初袭其祖哈岱世职,授三等侍卫,累进散秩大臣。康熙五十五年(1716),授参赞大臣。五十六年,随军征准噶尔,率一千三百人,自乌兰乌苏深入乌鲁木齐。五十九年(1720),奉靖逆大将军富宁安命,率军四千,自吐鲁番出边,破敌于齐克塔木。六十年,率师进取吐鲁番,并留驻其地。败策妄阿喇布坦来犯之军,以功授协理将军,筑城屯垦。雍正元年(1723),擢镶红旗蒙古副都统。随军征青海,率兵二千驻布隆吉尔,大败阿喇布坦苏巴泰来犯之军。次年卒于军,谥僖恪,加牛录章京。

【阿答卜】 明代云南顺宁府(今凤庆)布朗族头人。宣德(1426—1435)初年起事。云南三司请发兵捕之,朝廷命黔国公沐晟遣人招抚,通事段保等往谕,遂归服,遣散其众,民得安居。

【阿答赤】 又作阿塔赤。蒙古国及元朝将领。阿速氏。万户郡和思之子。窝阔台汗十年(1238),蒙古西征军至其地,随父归降蒙哥,统阿速军千人从征。归,任蒙哥府邸宿卫。蒙哥汗八年(1258),随汗征蜀,战剑门、钓鱼山,皆有功。中统初,从都元帅阿剌罕征藩王阿里不哥,战其党阿蓝答儿、浑都海。中统二年(1261),扈从忽必烈汗败阿里不哥于昔木土脑儿。三年,从征李璮,前后二十余战,以功授千户。至元五年(1268),从攻南宋,破金刚台。六年,攻安庆府。七年,下五河口。十一年(1274),从下沿江诸郡。还戍镇巢。被降将洪福所杀。

【阿鲁丁】 见"玉元鼎"。(94页)

【阿鲁台】(？—1434) 亦作阿噜克台。明代东部蒙古(鞑靼部)太师。孛儿只斤氏。*成吉思汗弟合撒儿后裔,阿苏特部领主。原为鬼力赤汗枢密知院。永乐元年(1403),与鬼力赤率兵击瓦剌,兵败。六年(1408),杀鬼力赤，立元裔本雅失里为可汗，自为太师，擅实权，东蒙古势力复振，西攻瓦剌。次年，与明廷失和，杀明使郭骥，倾覆丘福率领十五万明军。八年（1410），遭明成祖五十万大军征讨，因与本雅失里意见不一，率部东走。途中，与明军遭遇，大败。冬，遣使向明朝贡马。十一年（1413），受明封和宁王。十四年（1416），大败瓦剌领主马哈木。次年被瓦剌击败。二十年（1422）、二十一年、二十二年，遭明成祖三次亲征，势力削弱。后立阿岱为可汗，与阿寨台吉合作，一度击败瓦剌。宣德九年（1434），遭岱总汗脱脱不花袭击，大败。同年，被瓦剌领主脱欢袭杀。

【阿鲁补】 见"完颜宗敏"。（256页）

【阿鲁图】 又作阿鲁秃。元朝大臣。蒙古阿儿剌氏。成吉思汗十大功臣之一*博尔术玄孙，*玉昔帖木儿之孙。初任怯薛长、翰林学士承旨、知枢密院事。惠宗至元三年（1337），袭广平王。至正四年（1344），由丞相脱脱荐举，拜中书右丞相，并任辽金宋三史总裁。翌年，三史成，进献妥欢贴睦尔汗。在任期间，善理政用人，为众所服。六年（1346），因拒与左丞相别儿怯不花同谋挤害原丞相脱脱，遭别儿怯不花及监察御史劾奏，被罢相。十一年（1351），复起为太傅，出镇和林。卒于位。

【阿鲁忽】（?—1265或1266） 察合台汗国可汗。蒙古孛儿只斤氏。*察合台之孙，拜答儿之子。元世祖中统初，依附阿里不哥，与忽必烈争夺蒙古国大汗位，寻受阿里不哥命取代合剌旭烈兀妃斡儿干纳，主察合台汗国事。中统二年（1261），阿里不哥兵败昔木土脑儿（今蒙占苏赫巴托省南部）后，屡向察合台汗同征索人畜粮械，他拒供给，遂杀阿里不哥使者，投归忽必烈汗。翌年，于普剌城迎战阿里不哥军，斩杀哈剌不花，旋遭阿里不哥后军阿速台袭击，败走和田、喀什噶尔，继走撒马尔罕。后又遭窝阔台孙海都及拔都弟别儿哥袭击，腹背受敌。至元元年（1264）阿里不哥归降忽必烈后，兵事始解。

【阿鲁威】 又作阿鲁灰。元朝大臣、元曲家。蒙古人。字叔重，号东泉，人称"鲁东泉"、"东泉鲁公"。至治（1321—1323）间，累官泉州路总管。泰定帝召为翰林侍讲学士。泰定三年（1326），奉命与直学士燕赤译《世祖圣训》，以备经筵进讲。迁侍读学士。四年，奉命译《资治通鉴》以进。致和元年（1328），同知经筵事。文宗立，致仕居杭州。善作曲，《太和正音谱》称其词"如鹤唳青霄"。著有蟾宫曲十六首、湘妃怨二首、寿阳曲一首。

【阿鲁浑】（?—1291） 又作阿儿浑。伊儿汗国第四代汗。蒙古孛儿只斤氏。*阿八哈汗长子。初受封于呼罗珊。至元十九年（1282），父死，叔帖古迭儿（又称阿合马）嗣位，自以阿八哈汗嫡长子、汗位合法继承人，未能承袭汗位，甚怨，要求授古迭儿益封伊剌克、法儿思两地，未果，遂起兵争夺汗位。兵败被俘，得旧臣不花营救，逃脱。在不花所部军队支援下，于二十一年（1284），攻杀帖古迭儿，夺得汗位。二十三年（1286），被元世祖忽必烈正式册封为伊儿汗，不花被封为丞相。同年击退埃及兵之入扰。以不花自恃翊戴之功，恃权擅政，结党谋逆，于二十五年底（1289年初）捕杀之。在位期间，继承其父联合基督教诸国共图埃及的政策，与欧洲诸国建立联系，与罗马教皇及英、法国王互有使臣及书信往来。故除崇信佛教，好方术，亦厚遇基督教徒，唯轻犹太教徒。二十八年（1291），卒于八赤阿阑。

【阿弼达】 见"内齐托音一世"。（63页）

【阿满泰】（?—1792） 清朝将领。达斡尔瓜尔佳氏。乾隆二十四年（1759），以披甲从征回疆，收喀什噶尔城（今新疆喀什市旧称）。三十八年，以蓝翎侍卫从攻金川南路。因功升三等侍卫，赐号札努恩巴图鲁。四十六年、四十九年，两次平甘州叛。五十六年，授领队大臣，从征廓尔喀，因征战功在军中授蒙古副都统，后抵帖朗古夺河桥，中创落水而亡。子巴产巴图鲁袭三等侍卫。

【阿察儿】 ①见"按扎儿"。（293页）②见"阿术鲁"（276页）

【阿鞠泥】 见"贺拔允"。（427页）

【阿卜只俺】（?—1435） 明朝将领。蒙古族。东蒙古（鞑靼部）太师*阿鲁台子。初随父多次与明成祖作战。宣德九年（1434），父被瓦剌击杀，无所依，至塞归降明朝，授左都督，赐宅第居京师。

【阿卜达什】（?—1761） 清代卫拉特蒙古台吉。姓伊克明安。初隶准噶尔部，称克什努特台吉。乾隆十九年（1754），随阿睦尔撒纳内附，中道为噶勒杂特宰桑哈萨克锡喇俘房，居扎哈沁。复被清军擒执。以实告将军班第。令附阿睦尔撒纳驻牧塔密尔，授扎萨克一等台吉。二十年（1755）春，从军征达瓦齐，驰额密尔充哨探队。伊犁平定，偕新降台吉入觐。越二年，徙居呼伦贝尔。

【阿卜剌因】 明代叶尔羌汗国吐鲁番统治者。叶尔羌汗国*拉失德汗幼子，*马黑麻汗之弟。因其兄把吐鲁番封予他，引起当时统治这一地区的虎答扁迭反叛。万历二十二年（1594）前后，乱平，遂成为吐鲁番统治者。马黑麻死后，中央汗权衰落，乘隙兼并阿克苏，自称汗。天启元年（1621），遣使向明朝贡玉石、钢钻等方物。卒于崇祯八年（1635）前后。

【阿力古多】 又称阿力古多兀王。明代瓦剌贵族。*也先孙，*阿沙弟。成化二十二年（1486）兄克舍卒后，与阿沙太师率众驻牧于察罕、阿剌帖儿等地。后彼此生隙，相互仇杀，遂西据哈密。次年，与侄养罕王合兵，谋犯甘肃，因哈密忠顺王罕慎奏告明廷，不得利而去，怀怨，还掠哈密剌本城。后又欲与罕慎结姻。

【阿土阿地】 见"木森"。（49页）

【阿习阿牙】 见"木泰"。（48页）

【阿公阿目】 见"木高"。（48页）

【阿巴达尼】 亦作阿布尼达、阿布尼波。珞巴族各部落传说中的始祖。西藏米林县博嘎尔部落的传说认为：天父地母结合后，生子金东，金东生子东日，东日生两子日尼、日洛,即阿巴达尼、阿巴达洛。前者是珞巴族祖先,后者是藏族祖先。"阿巴"意为父亲、祖先,"达尼"为名。原住西藏工布的其他地区,后迁米林。有三子:长子当邦率子邦蒙和邦姆向西南方迁移,到达今德根地区,其后裔即德根部落人;次子当坚携子坚洛、坚博沿雅鲁藏布江往东,到了墨脱等地,其子孙就是汉工人,即巴达姆、民荣等部落人;第三子当日与子日古、日杨居纳玉山沟,传至当波和嘎尔波时,南迁马尼岗及其以南地方,其后裔即今博嘎尔、棱波和邦波等部落人。在珞巴族的迦龙、崩尼、崩如、苏龙等部落,都有讲述阿巴达尼是他们始祖的传说。

【阿巴岱汗】 明代蒙古外喀尔喀领主,土谢图汗部始祖。孛儿只斤氏。*格埒森扎孙,诺诺和(伟征诺颜)长子。万历十五年(1587),至土默特归化城(今呼和浩特)谒见第三世达赖喇嘛,呈献貂皮帐幕、币帛、牲畜等数以万计,获得"瓦齐尔汗"称号,成为明代外喀尔喀第一个皈依佛教的领主。归后在外喀尔喀修建第一所大寺额尔德尼昭,由栋科尔满珠锡里呼图克图主持开光仪式。在其倡导下,佛教很快在外喀尔喀传播。传说他曾进藏谒见第三世达赖喇嘛,是一种佛教的附会。著名的第一世哲布尊丹巴呼图克图为其曾孙。

【阿布都拉】(?—1765) 一译阿卜都拉。清代维吾尔族贵族。新疆哈密人。札萨克贝子*额敏子,郡王*玉素布弟。乾隆二十五年(1760),授乌什阿奇木伯克。任内,与乌什办事大臣素诚恃权横行,贪赃枉法,苛敛百姓,侮辱妇女,为民所怨。三十年(1765)春,因无故鞭笞运送沙枣树苗民众,引起众怒。二月十四日夜,被赖和木图拉等起义群众擒执,囚于牢中。为求免死,谋以女配赖和木图拉。未果,被杀。

【阿史那昕】(?—742) 又称史昕。唐朝突厥族将领。*阿史那怀道子。开元二十八年(740),被玄宗册封为继往绝可汗,又作十姓可汗,濛池都护,其妻凉国夫人李氏为交河公主。天宝元年(742),奉命赴突骑施平息内乱,在俱兰城(今苏联中亚江布尔东卢戈沃伊附近)被突骑施首领莫贺达干杀。

【阿史那忠】(610—675) 唐朝突厥族将领。启民可汗母弟*阿史那苏尼失之子。颉利可汗时父为小可汗,牧于灵州西北。贞观四年(630),奉父命擒颉利可汗归唐,入长安,拜左屯卫将军,妻宗女定襄县主,赐姓史,名忠,字义节。置宅于万年县(今陕西西安市西北),自称万年史氏。九年(635),封薛国公。十一年(637),检校长州都督。十三年(699),拜左贤王,佐阿史那思摩可汗统突厥部众。十八年(644),以西州道抚慰使出使西域,配合安西都护郭孝恪对焉耆、处月、处密等族国的军事行动。遵太宗诏,在西域"宣布威德,招纳降附,问其疾苦,济其危厄,务尽绥怀之道",收到良好效果。二十年(646),迁右武卫大将军。永徽(650—655)中,因伐薛延陀有功,授左武卫大将军,旋迁右骁卫大将军。显庆五年(660),以长岭道行军大总管东征契丹。咸亨元年(670),以吐蕃联兵弓月诸部攻陷龟兹等西域十八羁縻州,受命为西域道安抚大使兼行军大总管赴西域,与逻娑道行军大总管薛仁贵率兵讨吐蕃,对受吐蕃贵族挟制的族国安抚招纳。四年(673)十二月,弓月、疏勒国王入朝通好。上元二年(675)卒,追赠镇国大将军,陪葬昭陵。

【阿史那施】(?—744) 唐代突厥贵族。领拔悉密部。天宝元年(742),乘后突厥汗国内乱,联合回纥、葛逻禄攻杀骨咄禄叶护。旋自立为贺腊毗伽可汗,又作颉跌利施可汗,以回纥首领骨力裴罗与葛逻禄首领为左、右叶护。三年(744),杀乌苏米施可汗,遣使报唐。不久,为回纥与葛逻禄联兵所破,被杀。

【阿史那献】 又作史献。唐朝突厥族将领。*阿史那元庆次子。长寿元年(692),其父为来俊臣诬告谋反被杀后,流配崖州(今广东琼山东南,一说流配振州)。景龙(707—709)年间,复任北庭大都护府首任都护,拜右骁卫大将军,袭兴昔亡可汗(又作摩阿吏那兴昔亡可汗)兼昆陵都护。景云二年(711),为招慰十姓使,安抚西突厥十姓部落,未几升碛西节度使。率兵平定西突厥都坦之叛,收碎叶西诸部三万帐。继以定远道大总管,与北庭都护汤嘉惠联兵抗击后突厥默啜,保护已内属的葛逻禄、胡(禄)屋、鼠尼施等部。开元初因讨突骑施不力,归死长安。

【阿史那瑰】 见"默啜"。(607页)

【阿尔布巴】(?—1728) 清代西藏地方政府官员。本名阿尔布巴·多吉杰布,又称阿沛·多吉杰布,藏史一般称噶伦阿沛。西藏工布江达人。藏族。任拉藏汗噶伦,总理政务。康熙五十六年(1717),厄鲁特蒙古准噶尔军侵扰西藏,于工布地区拥兵自卫,御准军东侵。五十九年(1720),应清抚远大将军、皇十四子允禵邀请,赴青海噶玛塘(今贵德县境)与允禵相见,任进藏清军先遣队总管。六十年,受封贝子兼噶伦,管理工布地区兵马事务。忌首席噶伦康济鼐,欲篡取西藏实权。雍正五年(1727),联合隆布鼐、扎尔鼐等人杀害康济鼐。次年,为四噶伦之一颇罗鼐围困于布达拉宫,被执,被清军处死。

【阿尔秃厮】 见"满都赉阿固勒呼"。(569页)

【阿尔沙瑚】(?—1643) 清初蒙古将领。瓦三氏。初为察哈尔部林丹汗护卫。林丹汗兵败西行后,率属众归附后金,隶蒙古镶白旗,授世职游击。崇德三年(1638),随军征明,屡败明兵,至济南。五年(1640),从征索伦部,俘获其部长博木博果尔等。六年从征明,围锦州,继败洪承畴兵,以功进世职一等甲喇章京。

【阿礼海牙】 又作阿礼海涯、阿卜海牙、阿不海牙。元朝大臣。畏兀儿人。集贤大学士脱列子,同知枢密院事野纳之弟。早年为武宗、仁宗宿卫,甚见信任。皇庆元年(1312),任参议中书省事,后升参知政事、左丞、右丞、平章政事。延祐七年(1320),英宗即位,出为湖广行省平章政事。至治初,历江浙、河南、陕西等省,皆有惠政。归朝,拜翰林学士承旨。致和元年(1328)秋。泰定帝死于上都(今内蒙古正蓝旗东),随伯颜支持文宗图帖睦尔与泰定帝子阿剌吉八争夺帝位，当文宗自江陵途经河南入大都时，于汴（今河南开封）郊迎接，受命复镇河南。时陕西行省等处诸王、官员支持上都阿剌吉八，东攻潼关和河南各地，他高价籴粟，以充粮储，命近郡分治戎器，检阅士卒，括马民间，以备不虞，并调兵守卫，以功迁陕西行台御史大夫。天历二年（1329），任中书省平章政事。至顺元年（1330），复拜中书平章政事，兼侍正府侍正。元统二年（1334），出任河南行中书省左丞相。三月，改江浙行省左丞相。寻卒。

【阿兰果火】 见"阿阑豁阿"。（286页）

【阿台王子】 见"阿岱汗"。（279页）

【阿老瓦丁】（？—1312） 元初著名造炮师。回回人。原籍西域木发里（今伊拉克摩苏尔）。善造回回炮（投石机）。至元八年（1271），应元世祖召，与亦思马因等至京师（今北京），受命制造新炮，威力甚大。至元十一年（1274），应平章阿里海牙请，随军攻南宋，以炮攻宋城，克潭州（今湖南长沙）、静江（今广西桂林）。十五年（1278），以功授宣武将军、管军总管。十八年（1281），受命往南京（今河南开封）屯田。二十二年（1285），任回回炮手军匠万户府副万户。大德四年（1300）告老。

【阿寺阿春】 见"木懿"。（49页）

【阿伏至罗】（？—507） 南北朝时期高车国创始者。原为漠北高车副伏罗部首领，役属于柔然。北魏太和十一年（487），因不愿随柔然豆仑可汗对北魏战争，乘柔然"乱离，国部分散"之机，与弟穷奇率部十余万落，西迁到车师前部（今新疆吐鲁番交河故域一带）西北，自立为王，建高车国，称"候娄匐勒"（意为"大天子"），统北部；以弟为"候倍"（意为"储主"），统南部。联合北魏，屡败柔然。十四年（490），遣胡商越者至平城，以二箭贡奉。后使臣往来不绝。十五年，杀柔然所立高昌王阚伯周子首归兄弟，以敦煌张孟明为高昌王，一度控制高昌等地。其统治时期，高车势力，东北至色楞格河一带，北达阿尔泰山，南服高昌、焉耆、鄯善，西邻悦般，东与北魏毗连，在蒙古高原形成"柔然衰微，高车强盛"的局面。后受嚈哒进攻，势力渐弱。统治集团内部矛盾加剧，其长子欲谋逆自立，事泄，被杀。后因残暴，大失人心，于正始四年（507）左右，为部众所杀。

【阿宅阿寺】 见"木增"。（49页）

【阿里不哥】（？—1266） 又作额里克。蒙古国宗王。孛儿只斤氏。拖雷幼子，宪宗蒙哥与世祖忽必烈之同母弟。窝阔台汗八年（1236），授真定路八万户为食邑。定宗后海迷失称制三年（1251），与诸王翊戴兄蒙哥即汗位。蒙哥汗八年（1258），汗自将攻宋，他留守和林（今蒙古哈尔和林）。次年，闻蒙哥死于军中，遂借监国之机遣阿蓝答儿发兵于漠北，脱里赤括兵于漠南，谋袭汗位。中统元年（1260），闻忽必烈先在开平（后称上都，今内蒙古正蓝旗东闪电河北岸）即位，也于四月在和林西按坦河自立为汗。遣阿蓝答儿进军西凉府，遣合剌察儿迎战忽必烈军，均兵败，逃奔乞儿吉思之地。因

兵溃粮乏，被迫伪降，乘机于中统二年（1261）袭击忽必烈戍军也松格部，逾大漠南进。十一月，兵败昔木土脑儿（今蒙古苏赫巴托省南部），北遁。次年，闻察合台后王阿鲁忽背己归附忽必烈，统军征之，破天山南北路，进占阿力麻里，大肆杀掠，引起部下不满，部众离叛，军力大减，加之粮道断绝，困于饥馑，被迫于至元元年（1264）归降。三年（1266）病死。

【阿里西瑛】 省称"里（李）西瑛"。元曲家、音乐演奏家。回回人。先世本西域人，父辈即居松江（今属上海），原名木八剌，字西瑛，后以字行。因身躯魁伟，又有"长西瑛"之称。元曲家阿里耀卿之子。自称其居室为"懒云窝"，后为松江名胜之一。以散曲闻名，其作多表现郁郁不得志之苦闷心情，有《殿前欢》、《凉亭乐·叹世》等少量作品传于今。善吹筚篥，深得元曲家贯云石、释惟等推崇，曾赋诗以赞之。

【阿里特勤】 宋代喀喇汗王朝汗族。从1020—1021年至1034—1035年，为中部河中地区统治者，自1031—1032年始称桃花石·喀喇可汗。1034—1035年死后，其子玉素甫嗣立。1041年，贝里特勤（后称桃花石·博格拉汗）伊卜拉欣占领布哈拉，结束其子在河中地区的统治。

【阿里海牙】 又作阿里海涯、阿力海涯、阿鲁海牙。元朝大臣、将领。畏兀儿人。贯云石之祖父。原居西域北庭，少家贫，尝从事耕种。经举荐，事世祖于潜邸，任宿卫世祖即位，渐见擢用。中统三年（1262），升中书省郎中。至元元年（1264），迁参议中书省事。次年，金河南行省事。五年（1268），从阿术、刘整围攻宋襄阳、樊城，加参知政事。奏谏先攻樊城，则襄阳可不攻而得。十年（1273），破樊城，继以水军焚襄阳浮桥，断襄阳援，招降宋将吕文焕。以功行荆湖等路枢密院事，镇襄阳。奏请乘胜顺流长驱以平宋。后进行省右丞。十一年（1274），与伯颜、阿术率军大举攻宋。渡江后，留镇鄂、汉，继分兵南下，先后占据荆南、淮西、江西、广西、海南等地，共得五十八州。所过之处，"取民悉从轻赋，民所在立祠祀之"。二十年（1283），为荆湖占城行省平章政事。二十三年（1286），入朝，加光禄大夫、湖广行省左丞相。年六十卒，追封楚国公，旋追赠长沙王。至正七年（1347，一说八年），改赠江陵王。

【阿里耀卿】 省称里耀卿，又作李耀卿。元曲家。回回人。先世本西域人。长年隐居松江（今属上海），曾为翰林学士。以散曲闻名，其作品大多佚失，仅有《醉太平》传世。

【阿弟木保】（？—1769） 清朝官员。索伦人。乾隆二十三年（1758）从征伊犁，因功授协领。后从征缅甸，收猛拱猛养，染瘴卒于军。

【阿沙不花】（1263—1309） 元朝大臣。康里人。康国王牙牙之子。至元十三年（1276），入侍世祖，赐以田土人户，家兴和之天成，以谨守臣职，受命掌门卫。二十四年（1287），乃颜叛，奉命说东道诸王纳牙勿从叛，归

附朝廷，并以千户从征乃颜。三十年（1293），从皇孙铁穆耳（成宗）抚军北方，逾金山，与海都叛军战于杭海（今杭爱山），有功。成宗即位，任大宗正府也可札鲁花赤（大断事官），后兼两城兵马都指挥使。大德十一年（1307），成宗死，助右丞相哈剌哈孙挫败左丞相阿忽台、平章八都马辛欲以卜鲁罕皇后称制、安西王阿难答辅政之谋，诛杀阿忽台等，奉命北迎怀宁王海山（武宗）即位，任中书平章政事，加太尉。至大元年（1308），进中书右丞相，行御史大夫，改行平章政事，录军国重事，封康国公，兼广武康里侍卫亲军都指挥使，迁知枢密院事。至正元年（1341），追封顺宁王，谥忠烈。

【阿妣几得】 见"米里几得"。（176页）

【阿努达喇】（？—1696） 简称阿努、阿奴，也称阿努哈屯。卫拉特蒙古和硕特部人。鄂齐尔图汗孙女（一作女）。美而慧。初嫁僧格。康熙九年（1670），僧格在内乱中被杀后，使人间道至西藏告噶尔丹，召噶尔丹返回准噶尔，夺取政权。复嫁噶尔丹。二十五年（1686），率部众进藏熬茶，晋谒五世达赖喇嘛。二十九年（1690），策妄阿拉布坦遣兵袭科布多，为所掳。曾偕策妄阿拉布坦向清廷奏报与噶尔丹交恶始末。不久脱归。三十五年（1696），随噶尔丹与清军战于昭莫多，中弹阵亡。

【阿拉布坦】（？—1703） 又称丹津阿喇布坦、都噶尔阿喇布坦。清代卫拉特蒙古准噶尔部台吉。墨尔根岱青曾孙。初游牧于科布多等地，为噶尔丹倚任。噶尔丹在乌兰布通、昭莫多战役失败后，见噶尔丹势孤，与之分行。康熙四十一年（1702），内向移牧，欲内附。遭策妄阿拉布坦将大策凌敦多布截击。遣宰桑洪科尔额尔奇木迎击，斩其卜藏琳沁及追兵四百余人。会清军迎援，大策凌敦多布率兵遁。遂携户七百余，屯茂岱察罕瘦尔，遣洪科尔额尔奇木入告。入觐康熙帝，受厚赉，封多罗郡王，赐牧推河。次年授札萨克。

【阿明什罗】 又作阿明释理。东巴教著名经师。影响仅次于东巴教祖师丁巴什罗。据传说和经书记载，是今中甸县江边的摩娑人。十三岁赴西藏投奔大经师学经，因出身贫贱，未被收为弟子，借为大经师当佣工之机旁听，学会要学的所有经书，后偷出经书，逃离西藏，归中甸北地，居岩洞中编译成摩娑文，传授子弟。于是岩洞被称为"阿明灵洞"，北地也由此成为各地东巴教徒流连瞻仰和学习经典的圣地。民间至今流传着"北地东巴大"、"不到北地，不算大东巴"的俗语。明嘉靖二十三年（1544），丽江府知府木高在"阿明灵洞"对面白水潭旁题刻"五百年前一行僧，曾居佛地守弘能"的摩崖诗，以纪其事。诗文至今犹存。

【阿旺曲扎】（1706—1778） 清代藏传佛教高僧。生于夏琼寺附近之参仕地方。出家于夏琼寺，从策央阿旺诺布学经。二十一岁入色拉寺杰扎仓，受具足戒，先后拜罗桑群培、阿旺敦珠、甘丹赤巴阿旺曲丹等为师，获"拉然巴"学位，入下密院学法，任该院堪布，为八世达赖喇嘛强白嘉措经师。乾隆二十九年（1764），任甘丹丹赤巴，造宗喀巴银质佛像供于拉萨坛城中心，又造一尊释迦牟尼合金铜质佛像献于夏琼寺。八世达赖喇嘛受沙弥戒和比丘戒时，担任亲教师。乾隆四十三年，在拉萨甘丹寺圆寂。

【阿旺曲丹】（1677—1752） 清代藏传佛教高僧。生于青海黄河南岸尖扎噶摩浦地方。十一岁出家于青海夏琼寺，从其叔阿旺楚臣受沙弥戒。十五岁入色拉寺，习修各种经典，博学多识，于桑普寺获"般若论师"称号。二十五岁于拉萨祈愿大法会上辩论获"拉然巴"称号。后入下密院学经。二十九岁任该院掌堂师。后返青海，先后到夏琼寺、塔尔寺、佑宁寺等地进香还愿。三十四岁返藏，任阿里托林寺堪布，修缮了仁钦桑布时期所建之佛塔，传授显密经论。四十三岁任下密院堪布。康熙五十九年（1720），七世达赖喇嘛格桑嘉措入藏坐床拜其为师，章嘉呼图克图乳必多杰亦尊其为长，研修佛法。乾隆五年（1740），任甘丹寺赤巴。十三年（1748），献白银万两修缮夏琼寺，亦将六世达赖所赐金银宝座靠背献出，供该寺金塔殿内。十七年，圆寂于热振寺。

【阿旺年扎】（1746—？） 清代藏传佛教高僧。生于青海夏琼寺附近。十岁出家于夏琼寺。十八岁进藏入色拉寺，受沙弥戒，先后拜格仓贤巴默朗、堪噶桑官德、罗桑嘉华等为师，学习经论。二十七岁从六世班禅罗桑贝丹意希受具足戒。三十二岁在拉萨祈愿大法会上获"拉然巴"学位。三十六岁任下密院格贵。相继拜益喜坚赞、隆多喇嘛、嘉色仁波且、热振活佛等高僧为师。四十七岁任下密院堪布，五十一岁任阿里托林寺座主，六十二岁任甘丹寺甘丹赤巴。是九世达赖喇嘛隆朵嘉措、十世达赖喇嘛楚臣嘉措、七世班禅丹贝尼玛、嘉木样协巴久美嘉措、哲布尊丹巴等人之经师。

【阿旺却白】（1760—1839） 清代藏传佛教高僧。藏族。生于前藏麻尔江之帕崩噶热。父名阿热邬坚森塔。十二岁入哲蚌寺果芒扎仓，拜夏鲁寺堪布噶久洛桑班觉为师。十五岁从藏巴益西班觉受沙弥戒。二十五岁从八世达赖喇嘛罗桑强白嘉措受具足戒。后又拜高僧益西坚赞和隆多喇嘛为经师。三十三岁获"拉然巴"学位。六十二岁任甘丹赤巴，在位七年，于道光八年（1828）卸任。是后在扎什伦布寺和三大寺传授经法和戒律，为功德林达擦活佛及噶钦·格勒坚赞之师。

【阿旺朗杰】 明代西藏达隆寺寺主。本名夏仲·阿旺朗杰。藏族。万历四十六年（1618），藏巴汗彭错南杰击败前藏吉雪藏军与喀尔喀蒙古联军，破色拉寺和哲蚌寺，僧人多逃往达隆寺，他供养僧众长达四个月，并居间调解，两寺向藏巴汗交纳罚金，僧人返回拉萨。天启元年（1621），青海土默特蒙古军入藏，击败藏巴汗丹迥旺布（彭错南杰之子）于结塘岗，他复随四世班禅罗桑却吉坚赞等从中调解，藏巴汗退还所侵占色拉寺、哲蚌寺的庄园；将前、后藏被迫改宗的黄教寺院及寺属庄园全部归还黄教；次年由四世班禅主持迎请五世达赖喇嘛灵童到哲蚌寺。为酬赏其功，三大寺决定，将每年拉萨祈愿大法会之余物,赠达隆寺,并发放该寺僧人一份祈愿法会布施。

【阿旺楚臣】(1721—?) 清代西藏地方官员。藏族。生于甘南卓尼擦多地方。出家于擦多寺,成年后,入色拉寺麦扎仑学习佛法。博学多识,由"翁则"晋"堪囊"学位。乾隆二十八年(1763),奉召至京任雍和宫大喇嘛和堪布,深受乾隆帝赏识。四十二年(1777),由乾隆帝指定赴藏继任第穆呼图克图摄政职务,准其代理达赖喇嘛掌办商上事务。兼任八世达赖喇嘛绛贝嘉措之经师。是西藏历史上唯一的非活佛身份,而由普通喇嘛破格晋为达赖喇嘛代理人、摄政王者。后被追任为第一世策默林活佛。

【阿波可汗】 隋代东突厥汗国贵族。名大逻便。阿史那氏。木杆可汗子。父卒,弟佗钵可汗立;佗钵可汗卒,又因其母出身微贱,族人不服,拥立庵罗。他自以汗子不得立,怀怨,屡构难于庵罗,迫庵罗让位于摄图,是为沙钵略可汗。被沙钵略委为阿波可汗,还领所部,游牧于阿尔泰山之东,与沙钵略可汗摄图、达头可汗玷厥,突利可汗染干同列为突厥汗国四强,"俱号可汗,分居四面,内怀猜忌,外示和同"。隋开皇元年(581)八月,遣使贡方物于隋。三年(583),随沙钵略掠隋,兵败凉州(今甘肃武威)。继受隋将长孙晟诱劝,依附于隋,留塞上,遣使入朝,为沙钵略所怨,牙帐被袭,母被杀,还无所归,西投达头可汗,乞师十万攻沙钵略,复故地。七年(587),为叶护可汗擒。后不知所终。

【阿剌吉八】(?—1328) 又作阿里吉八、阿速吉八。元朝幼主。蒙古孛儿只斤氏。泰定帝也孙铁木儿子。泰定元年(1324),立为皇太子。从师习《皇图大训》《帝训》。致和元年(1328)七月,泰定帝卒,九月,为丞相倒剌沙等拥立,即位于上都(今内蒙古正蓝旗东闪电河北岸),改元天顺。与在大都(今北京)称帝之义宗图帖睦尔争战,分道遣兵攻大都,兵败。十月,上都陷,倒剌沙奉皇帝宝出降。不知所终。

【阿剌知院】(?—1456) 又作阿拉克丞相、阿拉克忒睦尔丞相、阿剌平章。明代瓦剌贵族,也先汗重臣,执掌瓦剌(卫拉特)右翼诸鄂拓克。出身于巴图特巴噶尔观鄂拓克。正统十四年(1449),与也先率军改袭明宣府、赤城等地,后力主与明议和。其驻地一度在今多伦县、克什克腾旗一带。景泰四年(1453),也先称汗后,向也先求太师位,未获允,怀怨,其二子又先后为也先鸩杀,遂于次年举兵三万击败也先。继与东蒙古孛罗平章交兵,败。七年(1456),为部属所杀。

【阿哈玛特】 见"玛罕木特。"(186 页)
【阿速吉八】 见"阿剌吉八"。(286 页)
【阿勒马伊】 宋代喀剌汗王朝学者。全名阿布勒·法图赫·阿布都·卡费尔·本·侯赛因·阿勒马伊。11 世纪居于喀什噶尔(今新疆喀什)。著有《喀什噶尔史》和《晒赫词典》,均已失传。在杰马勒·卡尔希于 14 世纪初写成的《苏拉赫词典补编》中保存了《喀什噶尔史》的一些片断,是研究喀喇汗王朝早期历史的珍贵资料。

【阿勒赤歹】 见"按赤带"。(394 页)
【阿勒坦汗】 见"俺答汗"。(455 页)
【阿逸可汗】 见"乙息记可汗"。(1 页)
【阿喇在坦】(?—1739) 清代卫拉特蒙古青海绰罗斯部台吉。巴图尔珲台吉子,卓哩克图和硕齐孙,察罕丹津婿。康熙五十五年(1716),进京朝觐,封公品级一等台吉,授札萨克。雍正元年(1723)。罗卜藏丹津兵反清,察罕丹津率属走河州,与之相失,遂偕察罕丹津宰桑巴图等率户千四百余内徙。三年(1725),以功晋辅国公,仍兼札萨克。九年(1731),以噶尔丹策零谋犯边,奉命偕札萨克郡王额尔德尼额尔克托克鼐选兵万人护青海诸台吉牧。

【阿鲁古列】 见"石抹卞"。(104 页)
【阿鲁扫古】 见"耶律何鲁扫古"。(326 页)
【阿阑豁阿】 又作阿兰果火、阿抢郭斡。"阿阑"为名,"豁阿"为蒙古语"美丽"之意。传说为蒙古尼伦诸部祖先。蒙古国创建者成吉思汗十一世祖母。豁里秃马惕部首领豁里剌儿台蔑儿干之女。原居阿里黑兀孙(今勒拿河上游)地区,因其父与本部不和,全家移牧至不儿罕山(今肯特山)地区。嫁朵奔蔑儿干(成吉思汗十一世祖)为妻,生二子,名不古讷台、别勒古讷台。其夫死后,又生三子,名不忽合塔吉、不合秃撒勒只、孛端察儿(成吉思汗十世祖),后各为姓氏。传说后三子是感光而孕,故称其后裔为"尼伦"(蒙古语"纯洁"之意)诸部,以别于其他各部。民间流传着有关其折箭教诲诸子同心协力,永不分离的传说。

【阿普少雪】 传说中基诺山巴亚寨基诺族父系取代母系制的人。"阿普"基诺语意为"祖父"、"爷爷"、"祖先","少"是没有父亲之意,"雪"是名,意为不知父亲的老爷爷雪。魁伟英武,力大无比,无人匹敌。适值外族入侵基诺山,为保卫家园,率众出征,大败敌军,将敌人赶出基诺山,追到勐海。还师路上,突然表示要把全部姑娘都杀光。人们得知杀死他的秘诀,不能用刀,必须用藤蔑绞。一次乘其骑马出,埋伏在山间夹道,用数道藤子将他从马上绊下来,用藤子将他勒死。

【阿蓝答儿】(?—1260) 又作阿兰带儿、阿兰塔儿、阿兰台儿、阿兰答儿。蒙古国将领。1251 年蒙哥即位后,受命与晃兀儿驻守和林(今蒙古人民共和国哈尔和林),掌管宫廷、帑藏诸事。因汗弟忽必烈于本封地京兆行汉法,"得中土心",势盛,引起蒙哥汗疑忌,遂乘机诬陷。蒙哥汗七年(1257),被委陕西行省左丞相,受命于关中设钩考局,查核京兆、河南财赋,罗织河南经略司、京兆宣抚司官员一百余条罪状,致使忽必烈属下官员受株连者甚众。次年,汗自将伐宋时,受命辅汗弟阿里不哥留守和林。九年(1259),蒙哥汗死后,与浑都海等谋立阿里不哥为汗,并进兵忽必烈潜邸开平(今内蒙古正蓝旗东闪电河北岸)。中统元年(1260),进军西凉府,为忽必烈将合丹、合必赤、汪良臣败于删丹,被执杀。

【阿寨台吉】(1400—?) 又译阿赛等。明代蒙古贵族。孛儿只斤氏。*额勒伯克汗弟*哈尔古楚克鸿台吉的遗腹子,母鄂勒哲依图鸿郭斡姬吉。建文元年(1399),生父被杀,母先后被额勒伯克汗、瓦剌领主乌格齐哈什哈夺取,生阿寨,被乌格齐爱养如子。乌格齐子额色库称汗时,备受冷遇,被作为家奴役使。洪熙元年(1425),额色库汗卒,在萨穆尔公主(额勒伯克汗女)救助下,与母自瓦剌逸归东蒙古。与阿鲁台、阿岱汗合力大败瓦剌,俘巴图拉(马哈木)子脱欢(萨穆尔公主与前夫巴图拉所生)。为报答公主救命之恩,释放脱欢。一说后被阿鲁台所杀,故其子投归瓦剌。生子脱脱不花、阿噶巴尔济和满都鲁,长子和三子先后继承了汗位,次子的曾孙即达延汗。

【阿卜都尔瑞】(?—1772) 一译阿不都尔满。维吾尔族。新疆叶尔羌(今莎车)人。喀什噶尔(今喀什)阿奇木伊克和卓孙。布拉呢敦、霍集占叛乱,伊克和卓被杀。为避乱,匿居布鲁特(今柯尔克孜)牧区。后为霍集占所获,遭拘禁。乾隆二十四年(1759),清军攻取叶尔羌后获释。次年进京朝觐,以其为旧和卓孙,授二等台吉,留居北京。为居京"八回爵"之一。

【阿力·速檀】(?—1478) 明代吐鲁番统治者。天顺八年(1461),向明朝遣使入贡。一说成化五年(1469)自称速檀(苏丹)。九年(1473),袭破哈密城,兼并该地区。在位期间,一直与明朝保持政治、经济联系,贡使不断。

【阿山·海戈】 明代哈萨克著名诗人、哲学家。原名阿山。初居金帐汗国都城萨莱,后牧居喀山,成为穆罕买提可汗重臣。1445年,汗死,金帐汗国瓦解后,返哈萨克,为贾尼别克汗之谋士和诗人。因其忧国忧民,故被称为"海戈"(意"忧愁者")。在《广岳》《窄岛》中指出:使人民享受幸福的唯一出路,是到达"乐土",无贫富之分。

【阿什达尔汉】(约1580—1642) 清初大臣。满族,纳喇氏。满洲正白旗人。叶赫贝勒*金台石族子,太宗舅。清太祖努尔哈赤灭叶赫,率所属来归,授牛录额真(佐领)。后金天命六年(1611),从攻明奉集堡、辽阳,因功授一等轻车都尉,赦免死一次。太宗皇太极嗣位。奉命典外藩蒙古事。天聪六年(1632),同白格等与明边吏议和,因受馈,夺其所取财物。七年六月,随贝勒济尔哈朗至蒙古鞠狱,因失敕令,论罚。十一月,宣布钦定律令于蒙古部落。八年,察哈尔林丹汗败亡后,受命与吴拜等侦林丹汗子额哲所在。又至春科尔会蒙古诸部,分划牧地。以功令专辖一佐领事。九年,随多尔衮等将万人取额哲,于托里图谕降额哲及其母举部来归。继领兵略明宣府、大同,入山西。清崇德元年(1636),授都察院承政。十月,与希福出使察哈尔、喀尔喀、科尔沁诸部,申明律令。二年正月,从征朝鲜,晋三等男,世袭。赴科尔沁、巴林、扎鲁特、喀喇沁、土默特、阿禄诸部颁赦,审理狱讼,因滥受蒙古部馈,失公允,于次年五月罢承政。七月,复任都察院承政。五年,与参政祖可法等疏论时事,为太宗所纳。六年,随太宗围攻明杏山,明总兵曹变蛟夜犯御营,因未至御前防护,论罪。次年罢承政,降世职为骑都尉。

【阿巴乩乞儿】(?—1514) 明代尔察合台汗国朵豁剌惕惕部首领。成化三年(1467),以武力从叔父手中夺取叶尔羌(今新疆莎车),后又相继占领喀什噶尔(今喀什)、和田等地区,先后击败东察合台汗羽奴思、阿黑麻的进攻,统治该地区达四十余年。贪婪残暴,除剥削当地居民和发动战争抢劫外,还调用大批囚犯挖古城钱宝。使喀什噶尔、叶尔羌、和田等古城遭到严重破坏,引起人民普遍不满,他残酷进行镇压。正德九年(1514),萨亦德汗兵临城下,逃奔昆仑山,被萨亦德军追杀。

【阿布都伯克】(?—1759) 译阿布都瓜卜。维吾尔族。新疆乌什人。乌什伯克阿济斯和卓子。乾隆二十年(1755),清军征准噶尔,达瓦齐败遁乌什。与弟霍集斯计擒之,献于清。继疏清释归霍集兄弟所辖部众。次年,霍集占引兵叛,受委为叶尔羌(今莎车)伯克。二十三年(1758),清定边将军兆惠征喀什噶尔(今喀什),遣额敏都霍什提上招抚。霍集占惧,执而杀之。

【阿布都哈里】(?—1832?) 维吾尔族。清代新疆喀什噶尔(今喀什)人。白山派和卓*布拉呢敦次子。乾隆二十八年(1763),因父叛乱被俘送北京,赏给功臣为奴。道光三年(1823),被编入正白旗蒙古,充披甲。旋因任张格尔叛乱受牵连,与子伯巴克、阿布都色莫特、孙阿什木等分别被流放云南、广东、福建、广西等地。

【阿布都喇汗】(?—1669) 又译阿布杜汗。蒙古族。察合台后王阿布都·拉西德汗孙。世居新疆。明天启七年(1627),平息叶尔羌汗国统治集团纷争,恢复东西两部统一。复备兵抗击天山北部卫拉特贵族、巴尔喀什湖以南哈萨范封建主窜犯。顺治三年(1646),遣使贡于清,并屡派人到肃州、兰州等地贸易。六年(1649),河西回族等丁国栋等举兵反清,吐鲁番封建主拥立其四弟巴拜汗子土伦泰为王,清廷闭关绝贡。十二年(1655),遣克拜等三百人进京奉表,并送归所掠边民。复贡。诏定五年一贡,贡使入关不得过百人。康熙六年(1667),尧乐巴斯汗在和卓穆罕默德·优素甫父子支持下叛乱,夺取政权,被迫遁居克什米尔。不久病卒(一说死于印度德里城)。

【阿布都鲁素】(?—1865) 一译阿布都鲁苏勒。清代伊犁起义首领。维吾尔族。新疆伊犁人。原任宁远城阿奇木伯克。同治三年(1864),领导伊犁维吾尔族、回族起义,任"艾米尔"(军队首领)。联合伊犁河南北维吾尔族村庄,于九月十三日率兵攻占宁远城。后被投奔义军的原阿奇木伯克迈孜木杂特遣人刺杀,迈孜木杂特乘机夺权,自任"苏丹"。

【阿布勒比斯】(?—1783) 一译阿布里比斯、阿布尔比斯、阿布勒必斯等。清代右部哈萨克(乌拉玉兹)苏勒坦(苏丹)。阿布勒班毕特汗次子,建牙帐于塔什干及吹河等地。清乾隆二十三年(1758),清军将领蒙固尔岱、赫善追擒哈萨克锡喇至其地,遂请内附。遣卓兰、博苏尔满等进京朝觐，表示"奋勉自效"，要"倍于左部"。自是，每隔一二年或三年，即遣促进京纳贡，并经常派人到伊犁等地贸易。

【阿史那土门】(？—552) 又作吐门，意为"万夫长"。即伊利可汗，鄂尔浑突厥文碑作布民可汗。南北朝时期突厥汗国可汗。阿史那氏。初为突厥部落首领，臣属柔然，其众充柔然锻奴(铁工)。后生产发展，部落稍盛，始与西魏通商，至塞上市缯絮。西魏大统十一年(545)，西魏宇文泰遣酒泉胡安诺槃陀使其地，次年遣使回献方物。继率部助柔然战胜铁勒，降其众五万余帐落，势力益盛。恃强，求婚于柔然。柔然可汗阿那瑰以其为锻奴之酋，辱骂拒之。土门怒杀柔然使，转而求婚于西魏。大统十七年(551)，娶西魏长乐公主，和亲示好。是年，西魏文帝卒，遣使吊祭。西魏废帝元年(552)，正月，发兵大败柔然于怀荒北，阿那瑰兵败自杀，柔然汗国亡。土门遂称伊利可汗，以漠北为中心建突厥汗国。

【阿史那元庆】(？—692) 唐朝突厥族将领。兴昔亡可汗*阿史那弥射之子。初任左豹韬卫朔州中郎将。唐垂拱元年(685)，升左玉钤卫将军兼昆陵都护，袭兴昔亡可汗，辖五咄陆部，后又拜镇国大将军、行左威卫大将军。如意元年(692)，为来俊臣诬陷谋反被执杀。次子阿史那献流配崖州，长子阿史那俀子投吐蕃贵族反唐。

【阿史那元爽】 唐朝突厥族将领。*阿史那弥射子，*阿史那元庆弟。显庆二年(657)，随父征阿史那贺鲁，贺鲁兵败奔石国，受命与肖嗣业率兵穷追，虏贺鲁归。以后事迹不详。

【阿史那车薄】 又作车薄。唐代西突厥车鼻施部首领。永淳元年(682)，率西突厥诸部围弓月城(今新疆霍城县西北)，为安西副都护王方翼援军败于伊丽水(今伊犁河)，丧师千余。继联合三姓咽面，拥兵十万，与王方翼再战于热海(今伊塞克湖)，兵败逃遁。后不知所终。

【阿史那伏念】(？—681) 又作史伏念。东突厥反唐首领之一。颉利可汗从兄之子。永隆元年(680)，为反唐首领阿史德温傅等拥立为可汗，与唐军对抗。二年，遭唐将裴行俭追击，中离间计，与阿史德温傅相猜忌，被唐军各个击破，同年闰七月，执阿史德温傅降唐，九月，与阿史德温傅等突厥首领五十四人在长安被杀。

【阿史那步真】(？—666) 唐朝突厥族将领。西突厥*室点密可汗五世孙，*阿史那弥射族兄。贞观六年(632)，因不满族弟阿史那弥射受唐册封，杀弟侄二十余人，自立为咄陆可汗，据弥射属地。显庆二年(657)，参加平定阿史那贺鲁之乱，十月班师，以功拜继往绝可汗兼濛池都护、骠骑大将军，统碎叶西弩失毕部。五年(660)，配合苏定方讨平唐之阿悉结部。龙朔二年(662)，与阿史那弥射同随苏海政讨龟兹，因原与弥射有隙，又忌其功，谗陷弥射欲谋反，唆苏海政诱杀弥射。

【阿史那社尔】(604—655) 又作阿史那社尒。唐朝突厥族将领。东突厥*处罗可汗次子。十一岁时即拜拓设，建牙碛北，与颉利可汗子欲谷设分统铁勒、回纥、仆骨、同罗诸部，奉行"部众既丰，于我便足"之道，无所课敛，治众有方，获诸首领拥戴。武德(618—626)末，率军援欲谷设抗击薛延陀进攻，败绩。贞观二年(628)，退守可汗浮图城(今新疆吉木萨尔县北破城子)。八年(634)，乘西突厥咄陆可汗兄弟内讧，引兵西进，得众十万，自号都布可汗，谋复旧地，率精骑五万，北讨薛延陀，兵败，率万人退至高昌。九年(635)，率部归唐。次年拜左骁卫大将军，部众居灵州(治所在今宁夏灵武县西南)，娶高祖女衡阳长公主，为驸马都尉，典屯兵于内苑。十四年(640)、十九年(645)，先后从侯君集、太宗征高丽，以功封毕国公，授鸿胪卿。二十一年(647)，以昆丘道行军大总管与契苾何力、郭孝恪诸将，率铁勒十三部及突厥骑十万伐龟兹，次年破处月，克龟兹拨换城(今新疆阿克苏县)，虏龟兹王白诃黎布失毕及大臣百余人，连克七十余城，移安西都护府于龟兹，勒石纪功班师。二十三年(649)，太宗卒，请以身殉葬，高宗授右卫大将军。永徽四年(653)，加镇国大将军。六年(655)卒，追赠辅国大将军、并州都督，陪葬昭陵。

【阿史那怀道】 又作史怀道。唐朝突厥族将领。*阿史那步真孙，*阿史那斛瑟罗子。长安四年(704)，袭父爵继往绝可汗，又称十姓可汗。神龙年间(705—706)授右屯卫大将军、光禄卿，以及太仆卿兼濛池都护。二年(706)，持节赴突骑施牙帐，封娑葛袭怀德郡王。以后事迹不详。

【阿史那忠孝】 唐朝突厥族将领。*阿史那昕子。天宝元年(742)，随父赴突骑施平息内乱，至俱兰城(今中亚江布尔东户戈沃伊附近)，父被突骑施首领莫贺达干攻杀后，与母交河公主返归长安，授左领军卫员外将军，以后事迹不详。

【阿史那弥射】(？—662) 唐朝突厥族将领。西突厥*室点密可汗五世孙。世为莫贺咄叶护。贞观六年(632)，受太宗封为奚利邲咄陆可汗。因族兄阿史那步真自立为汗后肆杀其侄二十余人，被迫率所部于十三年(639)附唐，任右监门大将军。十九年(615)，随太宗征高丽，因功封右襄县伯。显庆二年(657)，迁右武卫大将军。同年以流沙道安抚大使率军出南道，与出北道的伊丽道行军大总管苏定方联军讨西突厥阿史那贺鲁。十月，册拜为兴昔亡可汗。次年(658)三月，加拜昆陵都护。四年(659)三月，与阿史那步真进军双河(今新疆乌苏县雅马渡口)西，攻杀真珠叶护可汗。龙朔二年(662)，与继往绝可汗兼濛池都护阿史那步真随苏海政征龟兹。与阿史那步真有隙，为所忌，被谗陷"谋反"，为苏海政斩杀。一说阿史那弥射与吞阿娄拔奚利邲咄陆可汗阿史那泥孰、阿史那思摩麾下的右贤王阿史那泥孰实为一人。

【阿史那思摩】(？—645) 又称李思摩、思摩。隋末唐初东突厥贵族。颉利部人。阿史那氏。咄六设之子，*启民可汗染干从弟。唐朝扶立之东突厥可汗。隋开皇

(581—600)末，启民可汗附隋南下后，被碛北诸部奉为可汗，启民可汗北还后，仍去可汗号。历仕始毕、处罗、颉利三可汗，均任夹毕特勤。唐武德七年(624)八月，与突利可汗奉使赴唐议和，面见秦王李世民，请和亲，愿与唐分据中原和漠北，互不相犯，永为蕃附。受封为和顺郡王。贞观四年(630)，与颉利可汗同为唐军俘获，授右武侯大将军、化州都督，封怀化郡王。十三年(639)，封乙弥泥孰俟利苾可汗，赐姓李氏，统突厥旧部，居于漠南，建牙定襄(今山西大同)，以大碛为界，北与薛延陀相接。十八年(644)，因屡遭薛延陀侵扰，部众相率离散，复请迁部于胜、夏二州间，自己留作宿卫，授右武卫将军。次年随太宗东征高丽，中流矢，太宗亲为吮血，传为佳话。同年卒于京师，追赠兵部尚书、夏州都督，陪葬昭陵。

【阿史那咥运】 唐代西突厥贵族。*泥伏沙钵罗可汗阿史那贺鲁之子。永徽二年(651)，随父率众西征，据乙毗咄陆可汗旧地，建牙双河及千泉，受封为莫贺咄叶护，率军攻庭州(今新疆哈密)。显庆二年(657)，兵败，随父奔鼠尼施，途中，与父同为石国苏咄城主伊涅达干诱执。

【阿史那俀子】 吐蕃贵族扶立之西突厥可汗。阿史那氏。*阿史那元庆长子，*阿史那献兄。唐长寿元年(692)，其父为来俊臣诬害。次年依吐蕃自立为汗，并聚兵攻唐。延载元年(694)二月，为唐将王孝杰败于冷泉及大岭，势衰。阿史那仆罗继之。

【阿史那皇后】(551—582) 北周皇后。阿史那氏。突厥*木杆可汗俟斤之女，北周武帝*宇文邕皇后。北周天和三年(568)，被周使迎归，深受武帝敬崇。是后，突厥与北周和好关系日趋发展。木杆可汗一改在中原地区对北齐与北周等距相待的方针，而为厚周薄齐，与北周联合，终于建德六年(577)亡齐国。宣政元年(578)，宣帝即位后，被尊为皇太后。大象元年(579)，改为天元皇太后。次年，又先后尊为天元上皇太后、太皇太后。隋开皇二年(582)卒，附葬于孝陵。

【阿史那都支】 又作阿史那匐延都支，或都支。唐朝突厥族将领。原为西突厥处木昆部首领，隶兴昔亡可汗阿史那弥射。咸亨二年(671)，唐朝为安抚五咄陆部之众授其为左骁卫大将军兼匐延都督。仪凤四年(679，一作二年，677)六月初，依吐蕃势力联合李遮匐兴兵反唐，自立为十姓可汗，侵掠安西。同年，安西都护裴行俭以护送波斯王子汲涅师回国之名率军至西州(今新疆吐鲁番高昌废址)，招安西四镇诸族首领，集兵万人进攻，都支被执，献俘长安。

【阿史那斛勃】(？—650) 唐代东突厥贵族。突利部人。阿史那氏。世为小可汗，建牙金山之北。贞观四年(630)颉利可汗败亡后，被突厥余众朔为可汗，臣于薛延陀。因勇而有谋，为薛延陀可汗夷男所忌，被逼，反归旧地，拥兵三万，自称乙注车鼻可汗(又称车鼻可汗)，统葛逻禄、结骨、拔悉密诸部。二十一年(647)薛延陀汗国亡后，遣其子沙钵罗特勤使唐通好，请亲自入朝，旋背约，杀往迎之唐使云麾将军安调遮、右屯卫郎将韩华。二十三年(649)，遭唐将右骁卫郎将高侃击。次年，在金山被俘，解送长安，获赦，拜左武卫将军，余众被置于郁都军山，设狼山都督府统之，隶瀚海都护府。

【阿史那道真】 唐朝突厥族将领。阿史那社尔子。历任左屯卫大将军。咸亨元年(670)四月，拜逻娑道行军副大总管，与薛仁贵率军五万讨吐蕃，以援吐谷浑，八月，为吐蕃将领论钦茂所败，军卒尽丧，幸免于难，因罪，贬为民。

【阿史那阙啜】(？—708) 唐朝突厥族将领。赐名忠节，故又作阙啜忠节，或阿史那阙啜忠节。阙为部落名，啜为官名。隶突骑施乌质勒。长寿元年(692)，与王孝杰联合伐吐蕃，克龟兹、于阗、疏勒、碎叶等城。神龙二年(706)，因不满乌质勒长子娑葛代父统兵，屡相攻战，不敌，旋入唐宿卫，行至播仙镇(今新疆且末县西南)，采纳经略使、右威卫将军周以悌连结吐蕃攻娑葛之策，发兵攻于阗坎城，获财无数。遣使献金七百两于宰相宗楚客，请军援伐突骑施，获允，宗楚克遣冯嘉宾安抚，发甘、凉以西兵助讨娑葛。事泄，娑葛于景龙二年(708)遣兵袭之，与冯嘉宾均被执杀。

【阿史德元珍】(？—711) 又作元珍。唐代后突厥贵族。习知中原风俗及边塞虚实，早年在单于都护府检校降户，后为单于长史王本立拘禁。骨咄禄起兵反唐，仍请求复职。永淳元年(682)，投骨咄禄，深受重用，拜为阿波达干，专统兵马中。辅佐骨咄禄破铁勒九姓，平漠北，重振突厥汗国。屡与唐征战，同年，为唐将薛仁贵败于云州。次年与骨咄禄围单于都护府，执杀司马张行师。垂拱三年(687)，随骨咄禄扰朔州，兵败黄花堆。继大败唐军，尽歼爨宝璧军。神功元年(697)，谏阻默啜可汗杀唐使田归道。景云二年(711)，征讨突骑施，战死。一说阿史德元珍即暾欲谷。

【阿史德奉职】 又作奉职。东突厥反唐首领之一。调露元年(679)十月，联合阿史德温傅率单于大都护府辖内突厥部众反唐，拥立阿史那泥熟匐为可汗，二十四州突厥部众皆应之，众至数十万，败唐将肖嗣业军。永隆元年(680)三月，兵败黑山(今内蒙古包头市西北)被俘。

【阿史德温傅】(？—681) 又作温傅、温傅可汗。东突厥反唐首领之一。调露元年(679)十月，联合阿史德奉职率单于大都护府辖内突厥部众反唐，拥阿史那泥熟匐为可汗，二十四州突厥部众皆应之，众至数十万，败唐将肖嗣业军。永隆元年(680)三月，为唐军败于黑山(今内蒙古包头市西北)，可汗被杀，复拥立颉利可汗从兄子阿史那伏念为汗，与唐军对抗。二年，遭唐将裴行俭追击，受离间，与阿史那伏念不和，被伏念执送唐廷，九月与阿史那伏念等突厥首领五十四人在长安被杀。

【阿尔思兰汗】 又译阿昔兰、阿儿厮兰、阿思兰。蒙古国时哈剌鲁部首领。名不详。统治海押立(巴尔喀什湖东南，科帕尔附近)等地。初服属西辽。因不堪西辽少监之掳掠，于成吉思汗六年(1211)，杀少监，随蒙古大将忽必来入觐成吉思汗，称臣服属。娶成吉思汗女(一说族女)为妻。后率部从征花剌子模。宪宗时,以讹迹邗城(今吉尔吉斯共和国乌支根)给其子为封邑。

【阿尔哈尔沁】 清朝索伦总管。黑龙江索伦人。乾隆二十三年(1758),从将军兆惠攻叶尔羌(今新疆莎车),濒黑水为营,力战有功,擢索伦总管,赐号齐克齐巴图鲁。

【阿尔博罗特】 又称纳勒博古喇,汉籍作那力不赖台吉。明代蒙古左翼浩齐特部领主。孛儿只斤氏。*达延汗子,*满都海哈屯生。达延汗统一蒙古后,被封为浩齐特部领主,属察哈尔万户。驻牧于宣府(今河北宣化)、张家口至独石口边外,在张家口与明朝互市。卒后由其四子分领该部,后被图鲁博罗特的后裔继承。

【阿失帖木儿】 ①(1250—1309)元朝大臣。畏兀儿人。武都王孟速思子。史称其"性聪强,能传家学"。至元二十四年(1287),从征叛王乃颜,以功,授枢密院都事。被召入内廷教皇孙铁穆耳(成宗)及甘麻剌字书。二十九年(1292),迁枢密院断事官。大德二年(1298),迁翰林侍读学士。复受命以字学授海山(武宗)。累擢翰林学士。武宗即位,以师恩特拜荣禄大夫、大司徒、翰林学士承旨、知制诰兼修国史。未几,加金紫光禄大夫,领太常礼院使。卒,赠太师,追封武都王,谥忠简。②(?—1478)又译斡失帖木儿。明代瓦剌贵族首领。*也先汗次子。或谓即准噶尔始祖额斯墨特达尔汉诺颜。景泰四年(1453),其父称汗后,被封为太师。天顺、成化年间,率瓦剌部众驻居漠北,辖地东自克鲁伦河中上游,西至额尔齐斯河上游的广大地区。屡与东蒙古封建主卯里孩等争战,曾败孛罗乃王,迫使卯里孩久居河套,不敢渡河而北,其势颇盛。多次遣使入贡明廷,部属受明廷封爵者凡五十余人。

【阿齐巴图尔】 见"衮布"。(466页)

【阿赤赖台吉】 见"斡齐尔博罗特"。(576页)

【阿克萨哈勒】(?—1789) 清代卫拉特蒙古土尔扈特部贵族。策伯克多尔济弟。乾隆三十六年(1771),随渥巴锡东返祖邦,授一等台吉。四十年(1775),诏辖北路土尔扈特左翼旗务,授札萨克。四十四年(1779),授副盟长。五十四年(1789)卒。子阿咱拉袭。

【阿邻帖木儿】 又作阿林铁木儿、阿怜帖木儿。元朝大臣。畏兀儿人。秘书太监阿的迷失帖木儿之子。善蒙古文,多闻识,历事数朝。由翰林待制累迁翰林学士承旨。仁宗时,奉诏译《贞观政要》、《大学衍义》为蒙古文。英宗时,侍从讲学,翻译诸经,纪录故实,总治诸王、驸马、番国朝会等事。泰定间,与许师敬译《帝训》为蒙古文,更名《皇图大训》。天历二年(1329),奉命北迎明宗入正帝位,被明宗视为师,封大司徒。次年,进光禄大夫、知经筵事。其间,又译蒙古典章为汉文,为《皇朝经世大典》中六典所本。

【阿纳失失里】 又作阿纳失舍里。元仁宗皇后。蒙古弘吉剌氏。生子*硕德八剌(英宗)。皇庆二年(1313)三月,册为皇后,以中政院掌宫事。先汗而卒。英宗即位,追尊为皇太后。谥庄懿慈圣皇后。

【阿拉克丞相】 见"阿剌知院"。(286页)

【阿帕克和卓】(1626—1695) 一译阿法克和卓。本名依达耶图勒拉。新疆伊斯兰教白山派首领。维吾尔族。喀什噶尔白山派穆罕默特·优素甫和卓长子。原籍撒马尔罕,生于哈密。明崇祯十一年(1638),随父往喀什噶尔(今喀什)布教。因取得叶儿羌(今莎车)汗国阿布杜拉支持,势力渐强。清康熙六年(1667),与阿布杜拉汗发生摩擦,煽动白山派教徒立尧乐巴斯为汗,镇压黑山派群众。九年(1670),胡什夏迪领导泽浦、叶城等地人民举行暴动,进逼叶尔羌。其父被毒死,被迫逃往中亚。继遭阿布杜拉汗弟伊斯玛依勒汗追击,经克什米尔往西藏,经五世达赖推荐,赴伊犁投奔噶尔丹。二十一年(1682,一说1678、1680)引准噶尔兵攻喀什噶尔,俘伊斯玛依勒汗,灭叶尔羌汗国,自称"阿帕克和卓",意谓"宇宙之主"。为谢噶尔丹之助,每年向准噶尔贵族缴纳白银十万腾格,残酷迫害黑山派,使维吾尔族传统文化受到严重摧残,无数文艺家、诗人、学者遭囚禁。三十一年(1692),叶城、泽浦、英吉沙尔等地爆发舒艾尤布和卓领导的黑山派起义。被迫让位,携子雅雅和卓逃往吐鲁番和哈密。后乘喀什噶尔白山派徒众反抗伊斯玛依勒汗弟穆罕默德·额敏统治之机,重返叶尔羌掌权,并暗中遣人杀害舒艾尤布。三十四年(1695),叶尔羌发生暴动,被杀。葬于喀什噶尔阿格杜。

【阿法克和卓】 见"阿帕克和卓"。(290页)

【阿剌瓦而思】 蒙古国将领。回回人。祖籍西域八瓦耳。世任其国千夫长。太祖成吉思汗征西域时,率部众归降,随成吉思汗破瀚海军,攻轮台(故址今新疆轮台东南)、高昌(故址今吐鲁番东)、于阗(今和田一带)、寻思干等地。后战死于军中。

【阿济斯和卓】 一译阿喇斯、厄集斯、阿斯呼济。新疆吐鲁番封建主。维吾尔族。初隶准噶尔。康熙五十九年(1720),清散秩大臣阿喇纳招抚吐鲁番时,遁喀喇沙尔。雍正三年(1725),清军退居哈密后,为策妄阿拉布坦护归吐鲁番,杀额敏和卓两兄,迁鲁克察克维吾尔族众于喀喇沙尔。嗣以地狭,复徙乌什。后为乌什大封建主。死后葬阿克苏。

【阿勒坦妣吉】 见"齐齐克妣吉"。(165页)

【阿勒迪额儿】 又译阿里替也儿、按迪也儿。蒙古国时期乞儿吉思首领。13世纪初游牧于谦河(今叶尼塞河)流域。元太祖二年(1207),接受成吉思汗使者按弹、不兀剌招降,遣使献白海青、白骟马、黑貂鼠等物,表示臣服。一说阿勒迪额儿系部名,其部宅为阿儿波斡亦。

【阿勒根彦忠】 金朝大臣。本名宎合山。女真族,姓阿勒根,亦作阿卫侃。好学,通吏事。熙宗天会十四年(1136),选充尚书兵部孔目官,升尚书省令史、右司都事。皇统七年(1147),改大理丞,历任会宁尹、同知会宁府事、尚书吏礼部郎中。海陵王贞元二年(1154),进本部侍郎。常奉命裁决疑难,据法以对,执奏不阿。翌年,任御史中丞,历尚书户部侍郎、侍卫亲军副都指挥使。正隆二年(1157)，为贺宋正旦使。六年，迁南京路都转运使。世宗大定二年(1162)，改大名尹。兼本路兵马都总管。四年(1164)，为刑部尚书。受命规措北边艰食户口。卒年五十二，追赠荣禄大夫。

【阿悉烂达干】 唐代西域宁远国王。守远国原系拔汗那，又称钹汗、破洛那，辖地在真珠河(又作质河，今那林河)之北。显庆(656—661)初，其先遏波之遣使朝贡。三年(658)，任休循州都督，阿了参剌史。开元二十七年(739)，率兵助唐平突骑施，因功授骠骑大将军，拜奉化王。天宝三年744)，娶宗室女和义公主，改国号为宁远，赐姓窦，自是屡遣使朝唐。

【阿喇布珠尔】(？—1716) 清代卫拉特蒙古土尔扈特部贵族。书库尔岱青曾孙。其父纳扎尔玛穆特从阿玉奇汗游牧于伏尔加河流域。康熙年间，率属众赴西藏礼佛，四十三年(1704)，自西藏归，时逢阿玉奇汗因向准噶尔部索要被扣留的属部未果，与准噶尔部策妄阿拉布坦不睦，使土尔扈特部归国之通道梗阻，无奈，滞牧于嘉峪关外，旋遣使至京师，求内属，请封其为固山贝子。五十四年(1715)，以策妄阿拉布坦扰哈密。应诏率兵五百效力，事后入觐京师，因功封多罗郡王。次年，病逝，子丹衷袭爵，雍正九年(1731)，定牧额济纳。

【阿喇斯和卓】 见"阿济斯和卓"。(290页)

【阿鲁浑萨里】(1245—1307) 又作呵鲁浑撒里、阿里浑撒里、阿剌浑撒里。元朝大臣。畏兀儿人。父乞台萨理，通经、律、论，名万全。父卒，以父字为全氏。师事国师八思巴，晓多种语言，通习经、史、百家及阴阳、历教、图纬、方技等。经八思巴举荐，任太子真金宿卫，日见器重。二十一年(1284)，擢左侍仪奉御。谏言世祖治天下必用儒术，招致山泽道艺之士，以备任使，被采纳，遣使求贤，置集贤馆以待。出任集贤馆学士，兼太史院事。请立国子监。二十三年(1286)，进集贤大学士。次年，授尚书右丞，继拜平章政事。以桑哥为政暴横，请罢征理司。桑哥败，以连坐，被籍产。二十八年(1291)，复集贤大学士。三十年(1293)，复领太史院事。成宗即位后，甚受器重。大德三年(1299)，拜中书平章正事。十一年卒。延祐四年(1317)，赠太师，追封赵国公，谥文定。

【阿鲁哥失里】(？—1433) 明朝将领。汉名金顺。瓦剌人。永乐七年(1409)，归附明廷，任大宁司都指挥金事。次年，从太宗至漠北，攻袭鞑靼可汗本雅失里，继败其太师阿鲁台于静房镇，升都指挥同知。洪熙元年(1425)，晋左军都督金事。宣德三年(1428)，扈从宣宗巡边，有战功。翌年，封顺义伯，岁禄八百石。

【阿睦尔撒纳】(1723—1757) 清代卫拉特蒙古辉特部台吉。和硕特部台吉噶尔丹丹衷遗腹子。后其母博托洛克改嫁辉特部首领伟征和硕齐，遂为辉特部台吉。乾隆十五年(1750)，以喇嘛达尔扎杀异母舅策妄多尔济那木札勒自立，不奉令，谋立策妄达什。事觉，策妄达什被杀。恐祸及自身，偕达瓦齐遁居哈萨克。十七年(1752)十一月二十七日，与达瓦齐率众突入伊犁，杀喇嘛达尔札，拥达瓦齐为汗。后因争夺地盘，彼此衔怨，为达瓦齐所败，于十九年(1754)率部投清，封亲王。次年，随清军征伊犁，为定边左副将军，率前锋兵出北路。平定达瓦齐，获"双亲王"俸。寻因谋作厄拉特四部"珲台吉"未遂，举兵反清，袭击留守伊犁清军。二十一年(1756)，闻噶勒藏多尔济、巴雅尔等相继叛，围清将兆惠于特讷格，遂自哈萨克潜回伊犁，与诸台吉、宰桑会盟，欲自立为汗。翌年，为定边将军成衮扎布等所败，再逃哈萨克。因阿布赉已内附，乃亡命俄国塞米巴拉丁斯克要塞。继被送至托波尔斯克。患天花，九月二十一日病死。

【阿噶巴尔济】(1423—1452) 明代蒙古济农(亲王)。孛儿只斤氏。元裔阿寨台吉次子，岱总汗脱脱不花弟。正统三年(1438)，兄即汗位，被任命为济农，地位相当于副汗，济农称号始于此。景泰二年(1451)，协助可汗击败也先瓦剌军。后中瓦剌离间计，不听子哈尔固楚克台吉劝阻，欲谋取汗位，叛投也先，共同击败脱脱不花。自称可汗，封也先为济农。三年，被也先设计诱杀。

【阿穆尔晗贵】 见"雅兰丕勒"。(537页)

【阿卜杜拉伯克】 一译阿卜杜勒。清代布鲁特族(今柯尔克孜族)抗俄将领。希布察克部阿赖山女王马尔曼甘达特哈子。光绪二年(1876)春，沙俄派斯科别列夫侵入阿赖山区。他领导当地人民，利用石砌鹿寨。严惩入侵者，迫使斯科别列夫迁回前进。后因力量悬殊，被迫逃亡。斯科别列夫胁迫女王劝其返回，亦遭其严辞拒绝。

【阿卜都喇依木】(？—1764) 维吾尔族。初附属霍集占，任喀什噶尔(今喀什)阿奇木伯克。乾隆二十四年(1759)，清军征霍集占抵喀什噶尔时，请降。获宥，授叶尔羌伊什干伯克。次年，因诉鄂对嗜饮、躁妄不称职，受责。嗣从噶岱默特进京朝觐。返，与派苏巴特伯克呢雅斯、喀什噶尔商伯克迈喇木等谋叛。后俱，首于噶岱默特，转告参赞大臣舒赫德备御。继调任喀什噶尔伊什干伯克。因未获阿奇木职，怀异志。二十八年(1763)乘出使之机潜与浩罕通。次年，事发，被处死。

【阿儿浑·阿合】 见"阿尔浑"。(276页)

【阿儿孩合撒儿】 又作阿里海。蒙古国大将。札剌儿氏。薛扯朵抹黑之子。约南宋淳熙十六年(1189)，随父归依铁木真(成吉思汗)，共戴铁木真即蒙古本部汗位，受命掌征讨巡警之事。旋参加十三翼之战，率本族组成一翼，随铁木真迎击札只剌等十三部的进攻。嘉泰三年(1203)，铁木真为克烈部王罕败于合兰真沙陀后，受命出使苑烈部，质问加兵之故，历数王罕败盟之事。继与术赤台充先锋，围攻王罕牙庭，大败克烈部，迫王罕走死。开禧二年(1206)蒙古国建立后，任怯薛(护卫军)千人长之一，深受宠信。成吉思汗六年(1211)，随汗征金。十年(1215)，从破中部(今北京)，受委查抄中都府藏，因接受贿品，受汗斥责，失宠。不久病卒。

【阿布都鲁苏勒】 见"阿布都鲁素"。(287页)

【阿布勒班毕特】(？—约1769) 一译阿卜尔嘛密特、阿布尔班必、阿布勒巴木比特、阿布尔玛木比特。哈萨克族。头克汗第三子。原为"中玉兹"汗。后阿布赉汗势力强大,逐步退居上耳克斯坦城一带,成为"大玉兹"的实际汗王。清乾隆二十四年(1759),遣使贡于清,表示臣服。后每隔二三年向清廷遣使一次,并经常遣人至伊犁等地贸易,为促进哈萨克族与内地各族的政治、经济联系起了一定作用。

【阿史那苏尼失】(？—634) 又作沙钵罗。唐代东突厥贵族。阿史那氏。启民可汗母弟。原为沙钵罗设,有属众五万帐,游牧于灵州(今宁夏灵武西南)西北。颉利可汗时立为小可汗。贞观三年(629),因与颉利可汗有隙投唐,拜北宁州都督、右卫大将军,封怀德郡王。

【阿史那泥熟匐】(？—680) 又作泥孰匐、泥熟匐。东突厥反唐首领之一。阿史那氏。调露元年(679)十月,单于大都护府辖内突厥首领阿史德温傅、阿史德奉职等联兵反唐时,被拥为可汗,二十四州突厥部众皆应之,众至数十万,败唐将肖嗣业军。永隆元年(680)三月,与唐将裴行俭战于黑山(今内蒙古包头市西北),兵败,为部下所杀,余众奔狼山(今内蒙古杭锦后旗西北)。

【阿史那结社率】(？—639) 又作阿史那结社尔、结仕率、结射率。唐代突厥可汗。阿史那氏。始毕可汗子。突利可汗什钵苾弟。贞观三年(629)十二月隋突利可汗附唐,封中郎将。十三年(639)四月,乘唐太宗赴九成宫之机,率众逼宫,欲拥突利可汗子贺逻鹘北还自立,为唐将孙武开所败,北渡渭水,被追斩。贺逻鹘获赦,流放于岭南。

【阿史那斛瑟罗】(？—704) 唐朝突厥族将领。阿史那步真子。原为步利设。垂拱二年(686),任右玉钤卫将军兼濛池都护,袭继往绝可汗,统弩失毕部。天授元年(690),率六万余众徙居内地,入朝,拜左卫大将军,改封竭忠事主可汗,仍任濛池都护。久视元年(700),任平西军大总管,征伐西突厥弩失毕五俟斤之阿悉结薄露,获胜,受命镇守碎叶。因对属下用刑严酷,诸部不服,长安三年(703),突骑施首领乌质勒兴兵,碎叶失守,复奔入唐,留居长安。次年,死于来俊臣制造的冤狱。

【阿史德颉利发】 又作哥解颉利发。唐代后突厥贵族。毗伽可汗大臣。开元十二年(724)七月,受毗伽可汗遣赴唐求亲。在长安深受礼遇,曾陪玄宗野猎。唐朝以其位轻礼薄,未允婚。八月,离长安返归。

【阿尔苏博罗特】 汉籍作我折黄台吉。明代蒙古右翼多罗土蛮部领主。孛儿只斤氏。达延汗子。满都海哈屯生。达延汗统一蒙古后,被封为多罗土蛮领主。多罗土蛮,即多伦土默特,指七鄂托克土默特,原称蒙古勒津(满官嗔)。驻牧于山西偏关外河套地区。卒后由其二子继承,并向西迁。

【阿吉旺秋扎巴】(？—1724) 清代后藏贵族。藏族。噶伦才仁旺杰之父。掌握达隆地区政教大权。因门达旺地区的黄教派与边境不丹的噶举派不断发生教派之争,康熙五十三年(1714),被委任为门达旺地区军官,捍卫该地边境,受嘉奖。五十六年(1717),准噶尔军与藏军战于当雄,他同隆布鼐、仲孜乃被拉藏汗委任为日喀则宗本。五十七年,准噶尔军占领西藏,被第巴达孜巴委任为卓尼尔官员。五十九年(1720),清军入藏,被关押,后经颇罗鼐保释。免于惩处。雍正二年卒,七世达赖喇嘛格桑嘉措亲为其超度作回向礼。

【阿旺工曲尼玛】 清代西藏六世济龙呼图克图,又称达擦济龙呼图克图。驻济龙寺(又称功德林寺,汉名卫藏永安寺),属哲蚌寺果芒扎仓。为出任西藏摄政王四大呼图克图之一。生于博窝之巴里郎地方。由五世达赖喇嘛委其管理济龙寺,曾赴青海充当教习喇嘛。康熙二十九年(1690),准噶尔部噶尔丹与喀尔喀部土谢图汗构衅,第巴桑结嘉措假五世达赖喇嘛(时已卒)令,命其前往劝和哲布尊丹巴与准噶尔讼事,未果,反密唆噶尔丹侵扰漠南蒙古。清军败噶尔丹于乌兰布通后,又代为讲和。三十五年(1696),奉旨将其解京。

【阿旺扎巴粗陈】 《清实录》作阿旺扎木巴勒粗勒齐木。藏族。九世达赖圆寂后,奉清帝诏命领办西藏事务,奉旨遵行,尚属妥善,获清帝特谕嘉赏。后任十世达赖喇嘛之正师傅。道光二年(1822),清帝赐以"额尔德尼诺门汗"及"萨玛第巴克什"(即噶勒丹锡埒图萨玛第巴克什)名号。十四年(1834),复受清帝封为"翊教衍宗禅师"。十八年(1838),因在平息博窝(今波密)动乱中"一手督办,毫无贻误",特在原禅师封号上准加"靖远"二字,以彰其功。二十一年(1841)、二十四年(1844),又先后参与金瓶掣签验定十世达赖及五世哲布尊丹巴呼图克图的转世灵童。严遵清制,诸事有成。

【阿旺图丹旺秀】(1725—？) 清代青海地区活佛,却藏呼图克图三世。生于佑宁寺附近的恰记沟。乾隆七年(1742),赴西藏哲蚌寺的果莽学院学般若、中观诸经。深得达赖七世器重,授予阿奇图诺门罕封号。十三年(1748),返青海,任佑宁寺法台。从十七年至二十七年、四十二年至四十五年两次任塔尔寺法台。乾隆末年卒。

【阿旺罗桑嘉措】(1617—1682) 即五世达赖。明末清初藏传佛教格鲁派(黄教)领袖。藏族。生于西藏山南琼结地方之青哇达孜。日喀则宗本都杜饶登之子。明天启二年(1622),六岁由三大寺僧众迎至拉萨哲蚌寺,认定为四世达赖喇嘛云丹嘉措之转世灵童。五年(1625),从四世班禅出家,受沙弥戒,僧名阿旺罗桑嘉措。崇祯九年(1636),与青海蒙古和硕特部固始汗共商消灭黄教之敌对势力。十年,从四世班禅受比丘戒,就任哲蚌、色拉两寺座主,尽学诸多佛典。为对抗噶玛派对黄教的压迫,于十四年(1641),与四世班禅遣人赴青海密招固始汗率兵入藏。次年,固始汗击败噶玛派登松旺波及白利土司,征服前后藏,擒杀藏巴汗,以所得赋税献五世达赖。同年,与四世班禅遣伊拉古克三等到盛京

(今沈阳)。清顺治元年(1644),清帝遣使存问,并迎请其入京。次年建布达拉白宫,并为每年一次的"传大招"规定会期和规模。九年(1652),应召赴京,受顺治帝殊礼款待,住西黄寺。是第一位赴京之达赖喇嘛。翌年返藏,至内蒙古代噶(今凉城),被顺治帝封为"西天大善自在佛所领天下释教普通瓦赤喇怛喇达赖喇嘛",自是"达赖喇嘛"在西藏的宗教地位得到中央政府的承认而确立。返藏后,巩固封建农奴制度,扩大格鲁派寺院集团实力,数巡游卫藏各地,委任宗本,制定法规和服饰等级,新建大寺十三所,规定诸寺庙住寺僧数、田产、农奴等,制定严格的组织机构、僧官任免、学经制度等。康熙帝即位后,每年派人携皇帝亲笔信和贵重礼品到西藏看望他和班禅。康熙十八年(1679),委任桑结嘉措为第巴,主持西藏政务,自己专心潜修,从事著述。受过系统教育,知识渊博,诵晓梵文,著有各种作品二十一函,有《五世达赖全集》传世。其中以《西藏王臣吏》、《相性新释》、《普提道次第论讲义》、《引导大悲次第论》等为最著名,传播甚广。

【阿旺洛锥嘉措】(1635—1688) 清代青海地区活佛,噶勒丹锡勒图呼图克一世。生于青海西宁。幼年随舅学习,后赴外蒙古。清顺治九年(1652),赴西藏入哲蚌寺果莽院学习,后又在拉萨下密学院专门研究密宗,获得学位。任哲蚌寺德杨、果莽两院堪布。康熙二十一年(1682),任噶尔池巴,即宗喀巴金座的继承人,蒙语称锡勒图。清圣祖特召来京,奉旨赴额鲁特、喀尔喀蒙古讲经。后返京,在各寺讲经。

【阿勒楚博罗特】(1490—?) 亦作阿尔珠博罗特、额勒博古喇,汉籍作纳力不刺台吉。明代蒙古内喀尔喀五部领主。孛儿只斤氏。达延汗子,*满都海哈屯生,《蒙古黄金史》等称其与斡齐尔博罗特为孪生兄弟。达延汗统一蒙古后,被封为内五鄂托克喀尔喀(即内喀尔喀五部)领主。驻牧于哈拉哈河以东。卒后由其子虎喇哈赤台吉继承。

【阿斯呼济和卓】 见"阿济斯和卓"。(290页)

【阿鲁辉帖木儿】(?—1361) 元末蒙古宗王。孛儿只斤氏。*窝阔台后裔,帖木儿赤之子。初事明宗和世瑓,后事惠宗妥欢帖睦尔,至顺三年(1332)父死后,嗣阳翟王位,屯驻北方。红巾军起义爆发后,见国事不稳,拒诏南援。至正二十年(1360),乘隙拥兵数十万,屯驻木儿古彻兀,胁诸王叛元,遣使敦促惠宗让位于己。初败元将秃坚帖木儿讨剿之军。二十一年,为知枢密院事老章所率十万元军击溃,欲东遁,被部将执送京师,被杀。

【阿裕锡哩达喇】 见"爱猷识理达腊"。(459页)

【阿穆岱鸿台吉】 见"脑毛大"。(460页)

【阿布都·克里木】 见"萨图克·博格拉汗"。(493页)

【阿里乞失帖木儿】(?—1256) 蒙古国官员。别失八里(今新疆占木萨尔北破城子)畏兀儿人(一说哈密里人)。乃马真氏二年(1243),袭父塔本职,为兴平等处行省都元帅。遵父先政,兴学养士,轻刑薄徭。曾从征高丽,有战功。宪宗六年(1256),卒,追封平章政事、营国公,谥武襄。

【阿旺·罗卓甲措】 见"达普巴·罗桑登白坚赞"。(138页)

【阿旺拉木喀嘉样】 清代西藏第穆五世呼图克图。任西藏工布地区黄教丹吉林寺住持,故又称丹吉林呼图克图。为出任西藏摄政王四大呼图克图之一。出生于工布札嘉中地区。康熙十五年(1676),从五世达赖喇嘛剃度为僧,取法名阿旺拉木喀嘉样,赐以大批寺庙庄园,大小分寺分布于工布、波密、中部康区,以第穆帕巴却宗为主寺的工布第穆拉章为该区最大活佛世系,曾多次参加清朝各种典庆宗教仪式。逝世于北京。

【阿的迷失帖木儿】 元朝官员。畏兀儿人。独山城达鲁花赤月儿思蛮子。后因察合台后王笃哇据别失八里,尽室徙居于凉(今甘肃武威)。与父入觐,被世祖诏入宿卫为必阇赤(书史)。继从安西王忙哥剌出镇六盘,后事忙哥剌子阿难答,先后二十余年。成宗即位后,以先帝旧臣被召归,授汝州达鲁花赤,积官秘书太监。

【阿沛·多吉杰布】 见"阿尔布巴"。(283页)

【阿喇布坦多尔济】 清朝将领。四子部落人。蒙古族。博尔济吉特氏。三济扎布长子。康熙四十九年(1710),袭札萨克多罗达尔汉卓哩克图郡工。雍正九年(1731),授副将军,率兵驻固尔班赛,防御准噶尔部噶尔丹策凌。十年,移驻伯格尔。十二年(1734),移驻札布堪。十三年,奉命统兵三千留驻乌里雅苏台(今蒙占札布哈朗特)。乾隆元年(1736),还。三十六年(1771),以督购驼马助军平回部功,受赏赐。同年以病罢。

【阿穆勒塔摩凌诃】 清朝将领。鄂伦春人。骁勇善战。清初从征台湾、廓尔喀,屡立战功。嘉庆(1796—1800)时,从参领德楞泰参与镇压川、楚白莲教起义,官至总管加副都统衔。

【阿拉克忒睦尔丞相】 见"阿剌知院"。(286页)

【阿旺吉甸旺秋查巴】 又作仁蚌阿旺吉查。明末后藏仁蚌地区王子。《萨迦班哲达传》作者,成书于明崇祯十二年(1639),著于仁蚌波昌。该书以诗体专述萨班幼年、青年学法情况,特别记载了萨班携八思巴及恰纳多吉赴蒙古事。除正文外,加有注释,以便读者准确理解正文。与八思巴、洛巴仁钦贝所著两种萨班传齐名。该书原为德格印经院木刻版,1985年4月四川民族出版社有排印版问世。

【阿旺耶西粗赤坚赞】 见"阿旺益喜次臣嘉措"。(293页)

【阿旺降白选热嘉措】(?—1777) 清代西藏第穆六世呼图克图。为西藏工布地区黄教丹吉林寺住持,故又称丹吉林呼图克图。为出任西藏摄政王四大呼图克图之一。乾隆二十二年(1757),七世达赖喇嘛格桑嘉措圆寂后,奉旨任摄政,掌管达赖喇嘛商上僧俗事务,始为定制。二十三年,赐"管理黄教巴勒丹诺们罕"名号。二十七年(1762),授金字银印。

【阿旺益喜次臣嘉措】(1818—1876) 又译阿旺耶西粗赤坚赞。清代西藏热振寺三世(一作八世)呼图克图。亦称垺征阿齐图诺门罕和锡德林活佛。为出任西藏摄政王四大呼图克图之一。出生于欧柱鼎。道光四年(1824),经金瓶掣签,确定为热振活佛转世。十九年(1839),赏"诺门罕"名号。于二十七年(1847),奉旨任摄政王,掌办商上事务。咸丰三年(1853),赐"垺征阿齐图呼图克图"尊号,准其转世,颁给垺征阿齐图呼图克图广衍黄法阿齐图呼图克图敕书印信。五年(1855),十一世达赖喇嘛凯珠嘉措圆寂后,再度任摄政王。十一年(1861),因察办夷情出力,赏"慧灵"名号。同治元年(1862),因施事,与哲蚌寺、噶丹寺内讧,不胜,携印潜赴京呈诉,经驻藏大臣参奏诏黜呼图克图名号,不准转世,经众喇嘛禀诉,被启准转世幼子,仍掌寺务。

【阿剌兀思剔吉忽里】(?—约1211) 又作阿剌忽失的吉惕忽里。蒙古国汪古部首领。世为部长,率部驻牧于阴山北金边壕一带。原服属于金朝,隶西北路招讨司,为金守卫边壕。宋嘉泰三年(1203),乃蛮部太阳罕密约其联兵夹攻蒙古部,不允,并以是谋告铁木真(成吉思汗),遂互结"安答"(义兄弟、盟友)。四年(1204),以兵助铁木真灭乃蛮部。开禧二年(1206)蒙古国建立时,因功封千户长,统领本部五千户。成吉思汗六年(1211),充蒙古军伐金向导,南出界垣,寻奉命归镇本部,为部下异议者所杀。追封高唐王。

【阿阇黎毕玛拉米扎】 见"毕玛拉米扎"。(142页)

【阿嘉洛桑坚样嘉措】(1768—1816) 塔尔寺阿嘉呼图克图三世。藏族。生于郭密氏族的贺尔加庄。幼时在塔尔寺学经,后赴西藏色拉寺拜师学法,八世达赖授以"额尔德尼班智达"称号。曾四次赴北京,历任雍和宫掌印扎萨克喇嘛、多伦诺尔掌印喇嘛。乾隆末年受封为"禅师"及"呼图克图"。嘉庆十六年(1811),赐以"诺门汗"称号。为青海七大呼图克图之一,在塔尔寺其地位最高,相传为宗喀巴父之转世,故称"阿嘉"(藏语"阿嘉"意为"父")。20世纪50年代初,阿嘉世系已传七世。

【阿嘉呼图克图二世】 见"洛桑丹悲坚赞"。(420页)

【阿嘉呼图克图三世】 见"阿嘉洛桑坚样嘉措"。(294页)

【阿嘉呼图克图四世】 见"耶嘉克珠"。(323页)

【阿嘉呼图克图六世】 见"洛桑丹白旺秀"。(420页)

【阿穆尔达喇达尔罕】(1531—1586) 汉籍译作打儿汉台吉、把都儿台吉等。明代蒙古鄂尔多斯部领主。孛儿只斤氏。吉囊子,吉能弟。领鄂尔多斯右翼三鄂托克卫郭尔沁,驻牧于榆林、孤山边外。在榆林与明朝互市,受明封为指挥同知。自万历元年(1573)起,如约与明朝通贡互市,明朝以增马价奖励之。十四年(1586),在红山市(今陕西榆林北十里)互市时,染天花去世。

【阿赫马德·玉克乃克】 又译阿合马提。喀喇汗王朝诗人。马赫穆德之子。12世纪下半期至13世纪上半期人。居于喀什噶尔(今新疆喀什)。是一位盲诗人。12世纪末或13世纪初写成《真理的入门》(又名《真理的献礼》)一书,献给喀喇汗王朝的喀什噶尔异密穆罕默德。这是一部用喀什噶尔当地人民的语言写成的劝诫性的长诗,连同跋共五百余行。主题是宣扬伊斯兰教的哲学伦理思想,在一定程度上也反映了当时的社会情况。

【阿旺罗布藏称勒饶结】(?—1900) 清代西藏第穆九世呼图克图。为西藏工布地区黄教丹吉林寺住持,故又称丹吉林呼图克图。为出任西藏摄政王四大呼图克图之一。生于桑叶那拖。咸丰八年(1858),经金瓶掣签,确定为第穆活佛转世。摄政王功德林达察济龙活佛阿旺白登曲吉坚赞逝世后,于光绪十二年(1886),奉旨任摄政王,掌办商上事务。十三年,奏准为十三世达赖喇嘛土登嘉措荣增正师傅,在第一次隆吐山抗英战争中,面呈驻藏大臣,斥责英人有意寻衅侵扰。十四年,为九世班禅灵童举行金瓶掣签仪式。十七年(1891),因办理印藏通商有功,赏"靖善禅师"名号。十三世达赖喇嘛亲政后,辞去摄政职务。二十五年(1899),因与瞻对康巴喇嘛使用邪咒图害十三世达赖喇嘛,事泄,革除呼图克图名号。二十六年(1900),禁毙狱中。宣统二年(1910),准其转世。

【阿旺班垫曲结嘉木参】(1854—1886) 清代西藏十世济龙呼图克图,又称达擦济龙呼图克图。驻济龙寺(又称功德林寺,汉名卫藏永安寺),属哲蚌寺果芒扎仓。为出任西藏摄政王四大呼图克图之一。生于牙隆扎西仔。咸丰八年(1858),经金瓶掣签,确定为济龙活佛转世。光绪元年(1875),十二世达赖喇嘛成烈嘉措圆寂,以达赖喇嘛转世灵童未确定,任摄政王代理达赖喇嘛职务,掌办商上事务。三年(1877),奏请免予十二世达赖喇嘛转世灵童金瓶掣签。同年,同八世班禅丹贝旺秋为十三世达赖喇嘛举行坐床典礼,赏"通善"名号,任十三世达赖喇嘛正经师。五年(1879),奏报全藏僧俗拒洋人入藏。八年(1882),任堪布,为十三世达赖喇嘛授小戒。次年,妥善处理西藏与居藏之巴勒布(即尼泊尔)贸易商民纠纷事件。

【阿布杜热依木·尼扎里】(1770—1840) 清代维吾尔族诗人。新疆喀什噶尔(今喀什)人。出生于手工业者家庭。幼就学于艾提卡麦德力斯,精诵波斯语和阿拉伯语。成年后,曾任喀什噶尔阿奇木伯克左赫鲁丁的首席秘书官和掌印官。著有长诗《热碧娅一赛丁》、《爱情长诗集》。晚年完成哲理诗《获取解脱的途径》。《热碧娅一赛丁》取材于民间传说,热情歌颂人民群众追求自由幸福的强烈愿望,无情鞭挞剥削阶级的凶狠残暴。《获取解脱的途径》以对话形式,列出八十八个问题,提出九十二个答案,对了解维吾尔族思想发展史有一定价值。

【阿旺罗布藏益喜丹巴坚参】 清代西藏热振寺四

世(一作九世)呼图克图。亦称埒征阿齐图诺门罕和锡德林活佛。为出任西藏摄政王四大呼图克图之一。出生于四宁纳沃寺附近。光绪三年(1877),经金瓶掣签,确定为热振活佛转世。二十年(1894),任九世班禅荣增师傅。二十三年(1897),奉旨赏还呼图克图名号及原印信,并开复札萨克喇嘛职衔。

【阿旺罗布藏土布丹济克美嘉措】(？—1819) 清代西藏第穆七世呼图克图。为西藏工布地区黄教丹吉林寺住持,故又称丹吉林呼图克图。为出任西藏摄政王四大呼图克图之一。生于察木多嘉木凌附近萨罔地方。嘉庆十三年(1808),奏准为九世达赖喇嘛隆朵嘉措荣增师傅。十六年(1811),摄政王济隆逝世,奉旨任摄政王,协理商上事务,赐"额尔德尼诺们罕"名号。二十年(1815),九世达赖圆寂,掌办商上事务,全藏和丹吉林寺庄园、牧场兴旺,丹吉林寺有"聚宝盆"之称。

【陇寿】(？—1525) 明代四川芒部军民府上官。彝族。原为土舍,论支派该袭土知府职,庶弟陇政等争袭,仇杀不已。奉镇巡官命护印。嘉靖元年(1522),朝廷准袭职,免赴京,恐离任后其知府之职被夺。四年(1525),被陇政诱杀,印被夺。

【陇拶】 宋代青唐主。汉名赵怀德。*唃厮啰疏族,*溪巴温之子。原居河南。元符二年(1099),宋军入河湟,兵临青唐城(今青海西宁),原青唐主瞎征出走,青唐无主,部族离乱。被大首领心牟钦毡等与契丹、西夏国公主迎归,立为主。九月,率众降宋。十一月,由宋将王仲达、高永年率骑兵千人护送,赴宋京师朝觐,授河西军节度使,差知鄯州军州事,充蕃部都护,封武威郡公,依府州折氏例世代承袭。次年四月,宋赐姓名赵怀德,令于鄯州住坐。因鄯州为小陇拶所据,不得前往,改知湟州,受命"招纳携叛,镇遏边境"。不久,遭小陇拶袭击,奔河南。当地首领郎阿章及缅什罗等挟之以令诸族。崇宁三年(1104)十月,宋将王厚大据河南,率众出降。次年二月,复至宋京,改授感德军节度使,封安化郡王。大观二年(1108)一月,改封顺义郡王、昭化军节度、河南蕃部总领。自此,一直在河南吐蕃诸部中活动。

【陈友】(？—1460) 明朝将领。回族。先世西域人,后居安徽全椒。明英宗正统(1436—1449)初,官千户,累迁都指挥佥事。频令使瓦剌有功,进都指挥使。九年(1444),充宁夏游击将军,击兀良哈。十二年(1447),创修北京东四清真寺。景泰(1450—1456)初,进都督同知,镇压湖广、贵州苗民起义。天顺元年(1457),随方瑛镇压苗民起义,因功,进左副总兵,仍镇湖广。后蒙古孛来部犯宁夏,奉命充宁夏总兵官,征之,因失事召还京师。弘治六年(1493),追封沔国公,谥武僖。

【陈从】 东汉武陵郡少数民族起义首领。武陵澧中(今湖南澧县)人。肃宗建初元年(公元76年),因不堪官吏征敛,率澧中地区各族人民起义,进入零阳县(今湖南慈利、大庸一带)境。是年冬,为零阳五里精夫(少数民族酋长)等所破,归降,起义失败。

【陈六】 ①见"耶律庶成"。(319页)②见"萧孝穆"。(483页)

【陈汤】 见"羊孙"。(175页)

【陈泰】(？—1655) 清初大臣。满族,钮祜禄氏。满洲正黄旗人。*额亦都孙,彻尔格子。初授护军参领。从征明锦州,败明宁远援军。后金天聪三年(1629),从太宗皇太极征明,驻军德胜门外,攻袁崇焕营。五年(1631),从围大凌河城,歼明监军道张春援军。清崇德五年(1640)、六年,从围锦州,败杏山、松山明兵,由骑都尉晋三等轻车都尉。七年,复围锦州,掘壕困松山,援正黄旗蒙古营击退袭营明军。八年,败明总兵马科、总督范志完军。率师克山东东阿、汶上、宁阳,晋世职二等。顺治元年(1644),入山海关,镇压李自成农民军,晋世职一等。四年(1647),授礼部侍郎。从征湖广,败一只虎于荆州。拜靖南将军,与栋阿贲败明鲁王将曹大镐、张耀星,克同安、平和二县。五年,克兴化、长乐、连江等,福建平。次年,授护军统领。七年,晋二等男,擢刑部尚书。八年(1651),移吏部尚书,授国史院大学士。旋因事降一等轻车都尉。九年,起为礼部尚书,充会试主考官,授镶黄旗满洲都统,特命晋二等子爵。十年,授宁南靖寇大将军,与蓝拜等征湖广。十一年,复授吏部尚书兼都统,仍任大将军。十二年,败孙可望将刘文秀、卢明臣、冯双礼等,晋一等子加一云骑尉。卒于军,谥忠襄。

【陈留】 见"萧孝友"。(482页)

【陈瞻】(？—506) 北魏时泾州(治今甘肃泾川北)人民起义首领。休屠胡(屠各胡)人。正始三年(506)正月,聚众起事,自称王,改元圣明。与秦州(治今甘肃天水市)吕苟儿、王智起义相呼应。七月,秦州起义被镇压后,扼险拒守,后遭兼太仆卿杨椿夜袭,兵败,被杀。

【陈大六】(？—1868) 又作陈大陆。清咸同年间侗族农民起义首领。贵州天柱人。侗族。参加姜映芳领导的侗族农民起义。同治元年(1862)五月,与龙海宽等统率一支队伍东进湖南,攻打瓦寨,占领青溪(今镇远县属)等地,截断清军由湘入黔的粮道,在玉屏击溃清军三千余人,乘胜沿沅水东下进迫晃州、黔阳、会同等地。同年八月,姜映芳被俘牺牲后,率义军余部继续抗清。以江口屯(今剑河县属)为根据地,与张秀眉领导的农民军配合战斗。三年(1864),攻克天柱县城,东进湖南会合、靖县一带,重创清军。五年(1866)十一月,湘军将领席宝田统军二万余人再次入黔,攻打江口屯,并分兵截阻张秀眉援军,使江口屯陷为孤立。七年(1868),义军英勇抗击清军两路围攻,以土炮击毙清军数百人。由于清军不断增援,又配有洋枪、洋炮,江口屯失陷,起义失败,义军万余人遭屠杀,"江水为之赤流"。

【陈大策】(？—1577) 明朝将领。回族。安徽全椒人。明初将领陈发之五世孙。颖敏好学,博涉经史。正德(1506—1521)中,官北京后军都督府。时武宗留心诸宗教，常询以伊斯兰教理，遂呈进《古兰经》，并荐名教领翻译。武宗因于伊斯兰教经典《古兰经》三十卷之"微言妙义，无不贯通"，其遵崇伊斯兰教，是与之宣扬关系极大。曾赞修北京东四牌楼清真寺，重修山东济南府、直隶易州等处礼拜寺。万历五年(1577)闰八月卒。

【陈永华】(？—1680) 南明大臣。字复甫。福建同安人。为人务诚，遇事果断，有识力。永历(1617—1661)间，由兵部侍郎王忠孝举荐，谒郑成功，被誉为"卧龙"，授参军。永历十五年(1661)，郑成功收复台湾，授咨议参军。成功卒后，辅其长子郑经为政。凡"军国大事，必谘问焉"。不辞劳苦，亲历南北二路高山族各社，教民栽种五谷，插蔗煮糖，晒海水为盐，烧瓦围栅作舍，使"比户殷富"，倡教化，于各社设小学。积极推动高山族地区及整个台湾经济文化的发展。清康熙十三年(1674)春，郑经率师进攻闽粤沿海，奉命留守承天府，授东宁总制使。卒，郑经亲临其丧，谥文正，赠资政大夫、正治上卿。

【陈吊眼】(？—1282) 一作陈钓眼，又名陈大举，元初反元义军首领。漳州(今属福建)人。畲民。宋景炎元年(1276)，从南宋抗元将领张世杰讨泉州宋降臣蒲寿庚，至元十七年(1280)，与叔父陈桂龙等据漳州起义，聚众十万，连五十余寨，与许夫人联合，据漳州高安寨扼险痛击元军。十九年(1282)，为元将完者部、高兴击败，退走千壁岭，被执，于漳州遇害。

【陈行范】 唐代广东泷州(治今广东罗定南)僚人首领。开元(713—741)年间，曾任泷州刺史。十六年(728)春，会同何游鲁、冯璘等聚众反唐，自称帝，封何游鲁为定国大将军，冯璘为南越王，陷四十余城，据岭表分庭抗礼。后遭杨思勖所率永运道等官兵及淮弩手十万人进剿，何游鲁、冯璘等阵亡，他率残部逃至深州，潜入云际、盘辽二洞，后被畅思勖追兵执杀。

【陈家奴】 见"耶律陈家奴"。(323页)

【陁锁】 亦作陀锁，金代起义军领袖。契丹族。原为特满群牧官。承安元年(1196)十一月，与特满群牧契丹人德寿发动起义，据信州反金。建年号身圣，众号数十万，远近震动。攻占韩州、懿州。以数万军迎战懿州宁昌军都统字迭，兵败，遁走。

【陁罗尼】 见"宇文觉"。(170页)

【陀比】 明代云南临安府钮兀哈尼族首领。明初，朝廷为鼓励农垦，对率众开辟荒山，扩大耕地面积的哈尼族首领授予土官职衔，世领其所开辟地区。宣德八年(1433)，与任者等朝贡至京，因地远象众，清授职以总其众，获准，明置临安府钮兀长官司，以任者为长官，以其为副长官，统辖其地。

【陀锁】 见"陁锁"。(296页)

【妙明】(约1793—1862) 清代纳西族著名诗僧。号雪峰，又名松庵。云南丽江阿喜人。生性诚朴、勤奋。因家贫，自幼被送到净莲寺当和尚。入寺后，努力攻读经书和诗文，利用净莲寺时有名流相聚之机，与马子云等诗人交往密切，刻意琢磨汲取、吟咏。后任寺庙住持，募建"嵌雪楼"，经常与诗人聚会，成为有才华的诗人。曾云游峨嵋、武当等名山胜景。多有与内地名亡唱和的诗作。所著《黄山吟草》、《云游集》等诗卷，有木正源、李樾、和勋等人作序，称其为"释门而儒行者"。其诗奇妙自然，明快乐观，意境宁静，情感真挚，颇有"万缘坐断一蒲团"的佛门功夫和特色。

【邵固】(？—730) 又作李邵固、李召固。唐代契丹大贺氏部落联盟首领。前首领*咄于弟(一作*李尽忠弟)，唐玄宗开元十三年(725)，咄于受逼奔唐后，他被可突于拥为首领，承唐封松漠郡王。是年冬，朝觐唐玄宗于行在所，从封禅泰山，被授以左羽林军员外大将军、静析军经略大使、广比郡正，尚东华公主(一作东光公主)。在位期间，加强与唐往来。十四年，先后遣大首领李阔池、刺史普固都、刺史出利等赴唐，十五年，义相继遣子诸括、大首领承嗣赴唐献方物。赴唐使臣不断，密切了与唐的关系。开元十八年(730)五月，为反唐的军事首领、静析军副使可突于所杀。

【努玛瓦】 清代后藏地厅官员。藏族。噶伦康济鼐属下官员，并妻康济鼐妹。雍正五年(1727)，随颇罗鼐参加卫、藏战争，战于江孜。后叛颇罗鼐，密遣人致书对方，相约在颇罗鼐之阿里、当雄援军未到江孜之前，一举围歼，征服后藏，事泄，被颇罗鼐处死于日喀则。

【努固德】(？—1757) 黑龙江索伦人，隶镶白旗。清乾隆二十年(1755)，从宁夏将军和起驻巴里坤，以功赐号巴图鲁。后两年，从副都统额尔登额攻博罗齐，战死。

【努尔哈赤】(1559—1626) 又作弩尔哈奇、努尔哈齐。满族卓越的政治家和军事家，建州女真首领，后金国创建者。爱新觉罗氏。明初建州左卫首领*猛哥帖木儿后裔，*觉昌安孙，*塔克世子。幼年家道中衰，十岁时生母喜塔喇氏死，不为继母纳喇氏所喜。年十九析家别居，得财产、牲畜和奴隶最薄。后常往抚顺马市，熟悉汉区的风俗人情，深受汉族封建思想文化的影响。明万历十一年(1583)，明将李成梁攻阿台时，父、祖均死于军中，遂被推为首领。时女真社会内部出现统一趋势，要求结束各部蜂起，互相战杀的混乱局面。同年五月，以父祖遗甲十三副起兵，攻打尼堪外兰，五六年间先后统一浑河、董鄂、苏克苏护河、哲陈、完颜五部。十五年(1587)，于兴京南呼兰哈达(旧老城)定国政，严禁作乱、窃盗、欺诈，制定保护私有财产的法律。加强与汉区的经济联系，互市交易，使满洲民殷国富。曾多次入京朝贡，被明封为都指挥、都督金事、龙虎将军，加强了与明的政治联系。二十一年(1593)，于浑河畔击败叶赫、哈达、乌拉、辉发、科尔沁、锡伯、卦勒察、珠舍里和讷殷九部联军三万人的进攻，大获全胜。继并珠舍里和讷殷两部，统一建州女真各部。又不断对东海女真用兵，先后收复窝集、萨哈连、使犬、使鹿诸部。随着统一事业的向前发展，势力和地域的个断扩大，初称淑勒贝勒，又称聪睿汗或昆都仑汗、大英明汗。二十七年(1599)，为适应女真各部内部联系日趋密切的需要，命额尔德尼、噶盖用蒙古文字母标注女真语语音，创制满文，被称为无圈点满文或老满文。三十一年(1603)，由佛阿拉城迁都赫图阿拉(今辽宁省新宾县境)。四十三年(1615)，在牛录制的基础上经过改造，创建兵民合一的八旗制度，把分散的各部女真人组织起来，军事力量得到迅速加强，社会生产力获得提高，对推动初期满族社会的发展及其后入关统一全国，都起了重要作用。四十四年(1616)，在赫图阿拉建国为金，史称后金，改元天命。自此，把主要矛头转向明朝。天命三年(1618)，以七大恨告天，率步骑两万誓师伐明，克抚顺、清河等城。四年，萨尔浒(今抚顺东南)之战，大败明军约十万人的四路进攻，取得以少胜多的自卫战争胜利，巩固了后金政权。六年，连下沈阳、辽阳，占领辽河以东全部地区。施行"计丁授田"等政策，推进了满族社会封建化的进程。七年，渡辽河，占广宁。十年(1625)，迁都沈阳，编立农奴制庄园。十一年初，统兵十三万攻宁远城(今辽宁兴城县)，为明将袁崇焕所败，受重伤。八月疽发于背，死于沈阳城尔四十里之叆鸡堡。谥武皇帝，后改谥高皇帝，庙号清太祖。

【孜牙墩】(？—1815) 清代伊斯兰教黑山派阿訇。维吾尔族。新疆喀什噶尔(今喀什)塔什密里克庄人。嘉庆十九年(1814)三月，娶居京之喀申和卓女为妻。喀申和卓系"白山派"遗裔，向居和卓坟。他恳请喀什噶尔阿奇木伯克玉素普允其将妻室移往塔什密里克庄同住。遭拒绝。遂与布鲁特(今柯尔克孜)希布察克部落首领图尔第迈莫特结义，约集数百人，于次年八月四日举事反对玉素普。未遂被捕，受指控谋作"南八城王子"，和图尔第迈莫特俱被凌迟处死。

【驴马】 见"耶律驴马"。(314页)

【纯只海】 又作纯直海。蒙古国将领。珊竹氏。初为成吉思汗宿卫，从征西域，有功，为管军总管。窝阔台汗五年(1233)，任益都行省军民达鲁花赤，佩金虎符。从都元帅太出破徐州，迫金帅国用安走死。九年(1237)，迁京兆行省都鲁花赤，至怀，复受命以本部兵就镇怀孟，总军河南。十一年(1239)，被心怀异志之同僚王荣所执，断两足跟，获妻喜礼伯伦营救，得脱，以兵讨杀王荣。皇庆(1312—1313)初，迫封温国公，谥忠襄，树碑于怀，以旌其功。

【纳合】 见"耶律安礼"。(312页)

【纳陈】 又作剌真。蒙古国将领。字思忽儿弘吉剌氏，*赤驹之子，*成吉思汗之孙婿。蒙哥汗七年(1257)，袭为万户长。尚成吉思汗孙女鲁国公主薛只干。八年，随军攻宋，入四川。九年，攻钓鱼山，不克，继从汗弟忽必烈下大清口。后率军破山东济、兖、单诸州。世祖中统二年(1261)，与诸王北计叛王阿里不哥，大败阿里不哥之党八儿哈八儿思之军于昔木上脑儿、孛罗克秃。

【纳新】 见"廼贤"。(389页)

【纳牙阿】 又作乃牙。蒙古国将领、开国功臣。你出古惕巴阿邻部人。失儿古额秃之子。原依服泰赤乌部。宋嘉泰元年(1201)，泰赤乌等部为铁木真(成吉思汗)败于海剌儿河(今海拉儿河)，其首领塔儿忽台逃匿林中。他与父、兄擒塔儿忽台，欲献铁木真，后复释，归附铁木真，以其不忘故主，忠义可嘉，深受铁木真器重。后随从铁木真统一蒙古各部。嘉泰四年(1204)，随军大败蔑儿乞部于合刺答勒忽札兀儿之地，收降其首领带儿兀孙。开禧二年(1206)蒙古国建立时，因功封中军万户长兼千户长。据《史集》载，寿高一百二十岁，至蒙哥汗时(1251—1259年在位)仍在世。

【纳兰氏】 清代满族女诗人。揆叙妹，侄永寿雍正(1723—1735)时官兵部左侍郎。著有《绣余诗稿》。

【纳延泰】(？—1762) 清朝大臣。蒙古正蓝旗人。萨尔都克氏。雍正元年(1723)正月，由理藩院笔帖式授主事，后历任员外郎、郎中、额外侍郎、署太仆寺卿、内阁学士、参赞大臣。十年(1732)，授理藩院侍郎、镶红旗蒙古都统。十一年，同喀尔喀札萨克图汗等议驻兵备边。十二年。署工部诗郎，兼上驷院事。乾隆二年(1737)，升理藩院尚书、镶蓝旗蒙古都统、军机处行走。十六年(1751)，任方略馆副总裁。二十一年(1756)，受命赴北路军查办军务。二十五年(1760)，以过革理藩院尚书职。旋授理藩院侍郎。

【纳忽里】 亦作忽纳失里、纳忽失里、兀纳失里。元末明初哈密镇将。蒙古族。初封威武王，后改肃王，又称哈梅里王。明洪武十三年(1380)，遣使至明廷贡马。翌年，复遣回回阿老丁贡马。二十三年(1390)，遣长史阿思兰沙、马黑木沙贡马，并与别部仇杀。翌年春，遣使请于延安、绥德、平凉、宁夏，以马互市，未果。后因屡遏阻和邀杀西域贡使，哈密城为明督金事刘真所破，携家属遁去，其王子、诸王、国公、部属三千余人及辎重马匹被虏。二十五年(1392)，遣回回哈只阿里等贡马骡以"谢罪"，受明太祖赏赐。洪武后期卒，由弟安克帖木儿继肃王位。

【纳哈出】(？—1388) 元末明初蒙古将领。札剌儿氏。蒙古国开国功臣*木华黎远孙。元末为太平路(治今安徽当涂)万户，官至太尉。至正十五年(1355)，在江南太平之役中被红巾军所俘。同年，被朱元璋遣返。二十八年(1368)，元亡，据金山(今吉林省双辽县东北)，拥众二十万余，任北元丞相，与脱古思帖木儿汗相呼应。屡拒明太祖招降，数率兵攻入辽东，后为明将叶旺等所败。北元天元九年(明洪武二十年，1387)，遭明将冯胜、傅友德、蓝玉所率二十万军攻击，被迫归降明军，被太祖封为海西侯。次年，奉命随傅友德远征云南，途中，饮酒过度，发疾卒于武昌。奉诏归葬于京师(今南京)南门外。

【纳哈查】 见"纳噶察"(297页)

【纳噶察】(？—1757) 又作纳噶札、纳哈查。清代卫拉特蒙古和硕特部台吉。拉藏汗次子苏尔札子。初与从兄班珠尔游牧于塔尔巴哈台。乾隆十九年(1754)，率众随阿睦尔撒纳内附，封辅国公。次年七月，受阿睦尔撒纳派遣,请定北将军班第等令阿睦尔撒纳统辖准噶尔部众。后奉命抚南疆,协剿阿睦尔撒纳。二十一年(1756),晋固山贝子。

【纳穆泰】(?—1635) 后金将领。满族,舒穆禄氏。额驸杨古利幼弟。少从太祖努尔哈赤征讨,太宗皇太极即位,擢为八大臣之一。后金天聪元年(1627),从征朝鲜。三年,从太宗伐明攻遵化。四年,克水平、滦州等四城。与图尔格等分守滦州。五月,遭明军攻,弃滦州奔永平。后随阿敏弃水平东归,论罪夺官,籍家。五年,将兵入明边。擢兵部承政,授游击职。同图尔格略锦州、松山。八年(1634),授固山额真、三等甲喇章京。旋从太宗伐明,克灵丘县王家庄。九年二月,从贝勒多尔衮收降察哈尔林丹汗之子额哲。叙功加三等梅勒章京。十月卒。

【纳木扎勒】 ①(?—1710)清代卫拉特蒙古和硕特部台吉。号额尔德尼。姓博尔济吉特。*固始汗曾孙,*墨尔根台吉子。康熙三十五年(1696),袭土谢图岱青号。越一年,从叔祖达什巴图尔进京朝觐,授多罗贝勒。四十一年(1702),以牧地乏水草,且多疾,请徙牧大草滩。未获准。卒,子罗卜藏察罕袭。②(?—1721)清代喀尔喀蒙古车臣汗部贵族。博尔济吉特氏。车臣汗*乌默客叔父。号额尔德尼台吉。康熙二十七年(1688),准噶尔部噶尔丹侵扰喀尔喀,携年幼的乌默客归清,授济农。次年授札萨克,统辖归降之众。二十九年,选兵随清尚书阿喇尼侦御噶尔丹。次年于多伦诺尔会盟,封多罗郡王,兼札萨克。三十四年(1695),因噶尔丹掠巴颜乌兰,遣子旺扎勒随郎中音扎纳赴路喇呼济尔传谕内徙;旋镇国公罕叛清,派兵追降其众。三十五年春,御驾征噶尔丹,选部校库济根等七人为向导,与兄朋素克各引十余骑赴巴尔岱哈山麓侦噶尔丹军踪迹,随平北大将军马思喀由拖诺山追剿,获胜。三十八年(1699)、四十八年(1709),先后向清朝贡献。③(?—1758)清朝将领。蒙古正白旗人。图伯特氏。拉锡之子。初任头等侍卫。乾隆十年(1745),授正白旗满洲副都统。后调镶蓝旗,十三年(1718),署总管内务府大臣。十五年,调工部侍郎。以西藏郡王珠尔默特纳木札勒谋叛,受命同都统班第驻藏。十九年(1754),赴北路军营管理新降杜尔伯特、辉特、和硕特等游牧。二十年,以阿睦尔撒纳谋据准噶尔,受命同参赞大臣阿喇泰等驻防乌里雅苏台。二十一年,授参赞大臣,同将军成衮札布领索伦兵追剿并擒获和托辉特郡王青衮咱卜。二十二年,授工部尚书兼正红旗满洲都统,驻科布多。署定边左副将军。后授参赞大臣,靖逆将军,由库车镇压霍集占叛乱。战死。二十四年(1759),乱平。追谥武毅。

【纳兰邦烈】 金朝将领。女真族。纳兰氏。泰和六年(1206)五月,为安国军节度副使,受命统领精骑三千戍宿州。破宋将田俊迈二万骑兵的进攻,战斗中,中流矢。夜遣骑二日出宋兵后突袭,宋兵阵乱,继以兵追击,大破宋兵,擒田俊迈。以功受赏赐。十月,随平章政事仆散揆攻宋,任先锋都统,受命潜渡淮水之八叠滩,伏军南岸,配合诸军大败宋兵,夺取颍口,下安丰,攻合肥。取滁州等地,还师。

【纳兰性德】(1654—1685) 清初著名词人。满洲正黄旗人。纳兰氏。大学士明珠长子。字容若,名成德、性德。自号楞伽山人。自幼刻苦自励、潜心向学,有汉学素养。康熙十年(1671),中顺天乡试举人,受业于徐乾学。十一年,应礼部会试。十五年(1676),应殿试,赐进士出身,选授一等侍卫。曾扈从康熙帝出巡兀喇(即乌拉。今吉林市乌拉街)、塞外。深受康熙帝赏识。轻视仕途,渴求自由。常览山川风物以资博闻,与所游者多江南汉族文人,皆一时名士。工词诗。其词诗神秀超逸,不拘形式。写景吟物,婉丽缠绵;传情赠友,真挚感人。堪称清初词坛奇杰,与当时享有盛名的汉人朱彝尊、陈维崧等相媲美。有的词过于哀伤,这与其终生忧郁寡欢有关。又长书法、喜治印,对书画鉴赏、裱贴、琴法音韵均有修养。晚年潜心佛学、道教,还系攻经史,搜求宋元诸家经解,从事经学考据。与徐乾学合辑《通志堂经解》;考订、编辑《大易集义粹言》、《陈氏礼集说补正》;编选《今词初集》、《名家绝句钞》、《全唐诗选》。其作品有《通志堂诗集》、《通志堂文集》、《饮水集》、《渌水亭杂识》等。

【纳合七斤】(?—1172) 金世宗朝起义军领袖之一。女真族。纳合氏。西北路人。大定十二年(1172)四月,河东、河北等路大饥荒,金廷仅发"所在开仓赈恤"一纸空文诏书,无实际救荒措施。遂与各地人民起义抗金。利用当地有利地形,当金军来攻,即分散移至各山谷,金军撤走,复聚集抗击金军。后被金元帅仆散忠义等镇压,被杀。

【纳合椿年】(?—1157) 金胡夫臣。本名乌野。女真族。纳合氏。幼入西京(今大同)学馆,习女真字。后选送京师,师事教授耶鲁。补尚朽今交,累官殿中侍御史,改监察御史。海陵王为相,荐为右司员外郎,参与编定新制。熙宗皇统九年(1149),海陵王即位,为谏议大夫。改秘书监,修起居注,授世袭锰安,为翰林学士兼御史中丞。贞元(1153—1156)初,奉命徙上京诸猛安于中都、山东等路安置,有劳绩,为殿前都点检,赐今名。三年(1155),拜参知政事。曾冒占西南路官田八百余顷。卒,追封谭国公,谥忠辩。

【纳林布禄】 见"那林孛罗"。(181页)

【纳速剌丁】 ①(?—1292)元朝大臣。回回人。云南行省平章*赛典赤·赡思丁长子,也称赛典赤,意为"荣耀的圣裔"。中统元年(1260),任安南达鲁花赤,首率回回军进入云南。后官至云南诸路宣慰使都元帅。至元十六年(1279),驻兵大理、保山、腾冲一带,招抚金齿、蒲、骠、曲腊、缅等族三百余寨,定租赋,设驿站,立卫兵,加强防卫。十七年,任云南行省左丞,后升右丞。二十一年(1284),进平章政事。任内,采取措施,巩固新建立的云南行省:罢云南都元帅府,集军政大权于行省;定质子制,达官子弟入质京师;立云南诸路提刑按察司,清查积压案件和官吏,裁减冗官;定赋税,建军屯,开云南驿路,禁权势之家放高利贷,禁没人为奴,定云南地方货币与全国通用货币余、银的比值,促晋封建地主经济的发展,加强云南与各省经济文化联系。二十三年(1286),以合剌章、蒙古军千人,从皇子脱欢征交趾。二十八年(1291),改任陕西行省平章政事。卒,追封延安王。②(?—1353)元末官员。回回人。字士瞻。浚州达鲁花赤马合木子。随父定居河北大名。进士出身,历任淮东廉访司书吏、两浙都盐运司、淮东宣慰司属员。顺帝至正十年(1350),参与镇压真州(治今江苏仪征)农民起义。参议镇南王府宣慰司军事,建议筑四城,立外寨,招募新兵以拒泰州义军。率战船巡视,以固江防。继于江宁、芜湖等地镇压义军,留守芜湖江口。十二年(1352),奉命捍高邮得胜湖,拒战泰州李二(芝麻李)起义军。次年,以兵援高邮,战张士诚起义军,兵败战死。

【纳措译师】 吐蕃佛教后宏期译师。全名纳措粗陈杰哇。曾在印度学法。宋庆历二年(1042),奉吐蕃阿里王绛求约派遣,再赴印度迎请高僧阿底峡赴吐蕃传法以振兴佛教。曾得到在印学法的吐蕃译师贾尊珠僧格和印僧噶玛拉西拉的支持和赞助。归途,至尼婆罗,贾尊珠僧格受害身死,阿底峡动摇欲返,经其竭力劝请,阿底峡感其诚遂决意入藏,并与阿里王相会于托林寺。后长期担任大师阿底峡的翻译,为吐蕃后宏期重兴译经之风贡献颇大。

【纳穆扎尔】(?—1758) 清朝大臣。蒙古正白旗人。图伯特氏。都统拉锡子。初授蓝翎侍卫。累迁工部侍郎、镶蓝旗满洲副都统。乾隆十五年(1750),西藏郡王珠尔默特那木扎勒之乱平定后,与班第驻西藏。自喀喇乌苏至库车增八台站,设兵,并于阿里、那克桑、腾格里淖尔、阿哈雅克四路各隘口设卡伦,备御准噶尔部。十九年(1754),与喀尔喀亲王得亲扎布安置杜尔伯特降众,设卡伦防范。二十年,驻屯乌里稚苏台,防御准噶尔部阿睦尔撒纳。旋移户部侍郎。二十一年,和托辉特青衮咱卜叛,他虑喀尔喀诸部为所动,传檄谕以利害。以功授参赞大臣。从将军成衮扎布率索伦兵追捕青衮咱卜,送京师,封一等伯,世袭,赐号勤襄。二十二年,授工部尚书,正红旗满洲都统,驻科布多。署定边左副将军。二十三年,授参赞大臣,出西路,征新疆小和卓霍集占。以军援定边将军兆惠,被围,力战,矢尽,阵亡,追封三等义烈公,谥武毅。

【纳黑失只罕】(?—1418) 明代东察合台汗国汗(又称别失八里汗)。1415—1418年在位。蒙古族。察合台后裔,故王*马哈麻从子(一说为*沙迷查干子)。永乐十三年(1415),即位。次年,明赐以玺书、金织文绮、盔甲弓刀等。十五年(1417),遣使贡方物,并言将嫁其妹于撒马儿罕,请以马市妆奁。次年,为从弟歪思所杀。

【纳力不剌台吉】 见"阿勒楚博罗特"。(293页)

【纳木扎勒车凌】(?—1770) 清代卫拉特蒙古准噶尔部台吉。青海绰罗斯部卓哩克图和硕齐曾孙。乾隆四年(1739),袭父爵为札萨克辅国公。十五年(1750),自青海进藏谒达赖喇嘛,至喀喇乌苏,闻西藏郡王珠尔默特纳木扎勒谋叛,率众护视布达拉宫。乱平,以功封固山贝子。

【纳木喀嘉木措】 见"咱雅班第达"。(394页)

【纳札尔玛穆特】 清代卫拉特蒙古土尔扈特部贵族。*书库尔岱青孙。其父纳木策凌从阿玉奇汗游牧于额济勒河(今伏尔加河),始居其地。康熙四十三年(1704),遣妻及子阿喇布珠尔率众赴西藏礼佛。因受准噶尔部策妄阿拉布坦所阻,滞留嘉峪关外。五十四年(1715),与阿玉奇汗一起接待清廷图理琛使团,并向图理琛表示:因假道俄罗斯不易,请勿遣归阿喇布珠尔。

【纳木札勒齐斋陇】(?—1760) 清朝蒙古王公。喀尔喀赛音诺颜部人。博尔济吉特氏。多罗贝勒吹扎木三长子。雍正二年(1724),袭札萨克多罗贝勒。九年(1731),与札萨克图汗部贝勒班第等徙居色楞格河南北岸,保护游牧,备御准噶尔入扰。次年,随军败准部兵于克尔森齐老。乾隆十八年(1753),以杜尔伯特台吉车凌等降,率兵随参赞大臣达青阿防御准噶尔追兵。二十年(1755),随清军征准噶尔部达瓦齐,献马助军。与同部贝子车布登扎布等迫达瓦齐至乌喇岭。次年,随定边左副将军哈达哈征乌梁海及哈萨克,败阿布赍汗,以功赐双眼孔雀翎。

【纳赛尔·阿厮兰伊利克】 喀喇汗王朝汗族、河中地区征服者。称阿厮兰伊利克(意为狮子王),职位比汗低一级。领地首府乌兹干(位于费尔干谷地)。999年10月21日,率领喀喇汗王朝军队顺利进入萨曼王朝首都布哈拉,俘末代国王阿布都·马利克,送至乌兹干。留总督统领布哈拉,返回乌兹干。

【纶布春】(?—1801) 清朝将领。索伦罗佳氏,隶镶白旗。初以黑龙江学团驻京,为司辔,从征喀尔喀,夺热索桥有功,擢三等侍卫,赐号色默尔亨巴图鲁。乾隆六十年(1795),参与镇压贵州、湖北等地苗民起义。嘉庆元年(1796),擒其首领石柳邓。旋从都统额勒登保镇压四川、湖北等地教民起义。五年,因事革镶蓝旗蒙古副都统职,以马甲留营效力。六年,因作战勇敢授二等侍卫,还巴图鲁号,旋病故于汉中。

【纽璘】(?—约1263) 又作纽邻。蒙古国将领。散只兀氏。李罗带之孙,都元帅太答儿之子。初随父征战,以智勇善谋,为众所服。蒙哥汗七年(1257),随军征四川。翌年,与宋制置使蒲泽之军战于遂宁江箭滩渡,长驱至成都,以功受赏赐。都元帅阿答胡死后,被众将推为长,率军大败宋军于灵泉山,降云顶山城,平成都及彭、汉、怀、绵等州,收附威、茂诸蕃,以功升都元帅。冬,统军趋重庆,封锁重庆江,绝宋援兵,以声援入蜀之蒙哥汗大军。九年(1259),讨思、播二州,又败宋将吕文德于涪州。以士卒不服水土多病,遂还师。元世祖中统元年(1260),在阿里不哥与忽必烈汗争夺汗位斗争中,欲附阿里不哥,后应忽必烈使者召,始入朝,受命镇秦、巩、唐兀等地。次年，援宋降将刘整败吕文德。因忌刘整受宠，遇事阻挠之。四年(1263)，为刘整所潜，逮至上都按问，后获释，还至昌平，死于归途。追封蜀国公。

【纽的该】(?—1360) 元朝大臣。蒙古阿儿剌氏。成吉思汗十大功臣之一*博尔术四世孙。初任宿卫，累官同知枢密院事，后罢官居家。顺帝后至元五年(1339)，奉使宣抚达达地，整治有司不公不法事三十余件，颇有政绩，以才升知岭北行枢密院事。至正十五年(1355)，任中书平章政事，迁知枢密院事。十七年(1357)，以太尉总山东诸军，镇守东昌路，以拒义军。次年，为田丰军所败，以兵溃粮乏，弃东昌，退屯柏乡，还朝后，任中书左丞相，以宿卫世勋，见信于帝，后迁知枢密院事。在任期间，处事平允，唯才是选，不用私人，颇受称赞。卒于位。

【纽林的斤】(?—1318) 元代高昌畏兀儿亦都护。*巴而术阿而忒的斤玄孙。至元二十三年(1286)，父火赤哈儿的斤阵亡后，赴大都(今北京)请兵北征。世祖壮其志，令尚太宗孙女不鲁罕公主。公主卒，继娶其妹八卜叉公主。诏留永昌(今甘肃武威境内)，俟与北征诸将齐发。旋以荣禄大夫、平章政事衔，领本部探马等军万人出镇吐蕃宣慰司，讨脱思麻。史称"民赖以安"。武宗至大(1308—1311)初，被召还，嗣为亦都护。仁宗延祐三年(1316)，封高昌王。八卜叉公主卒后，复尚安西王之女兀剌真公主。领兵火州，复立畏兀儿城。五年(1318)，卒于永昌。

八 画

【一】

【青山】 见"萧青山"。(483页)

【青麟】(?—1854) 清朝大臣。图们氏。满洲正白旗人。由贡生补侍卫处笔帖式。道光二十一年(1841)进士。改翰林院庶吉士,升侍读,历国子监祭酒。二十九年(1849),累官内阁学士兼礼部侍郎衔,仍留学政任。咸丰二年(1852),升户部右侍郎兼管钱法堂事务。丰北河决,奉命督工。三年二月,提督湖北学政,因太平军连陷湖北各州郡及武昌,九月,调礼部右侍郎,仍留学政任。以太平军由江西至湖北,攻陷兴国州等处,招集乡勇筹备防守。十月,太平军攻占湖北、江西、安徽长江两岸,请敕各督抚合力并攻,以期得力。四年二月,授湖北巡抚,太平军攻陷汉阳、汉口。六月,武昌陷。疏言仿古人移师就饷之法,赴长沙休息三五日,再相机防剿。七月,以越境偷生罪,在荆州被处死。

【青把都】 见"青把都儿台吉"。(301页)

【青多尔济】(?—1700) 清朝蒙古王公。喀尔喀土谢图汗部人。博尔济吉特氏。贝子*锡布推哈坦巴图尔弟。康熙三十年(1691),投清。三十五年(1696),随康熙帝征准噶尔部噶尔丹,以功,授札萨克一等台吉。析锡布推哈坦巴图尔属别为一旗。

【青衮咱卜】(?—1757) 清朝蒙古王公。喀尔喀札萨克图汗部人。博尔济吉特氏。班第子。乾隆二年(1737),袭札萨克多罗贝勒,授所部副将军。八年(1743),以息职为额驸策棱所劾。十六年(1751),因纵属人私出巡界,与准噶尔、回众贸易,革副将军及札萨克贝勒爵,降公品级札萨克台吉。十九年(1754),随参赞大臣萨拉尔招抚乌梁海,复札萨克贝勒原爵。随参赞大臣努三追执乌梁海宰桑赤伦於阿勒和硕。叙功晋封郡王品级,复授所部副将军。二十年三月,随军征准噶尔部达瓦齐,引兵先进,赐三眼孔雀翎。四月,招降乌梁海宰桑齐巴汉等。六月,至伊犁,收达瓦齐游牧,获其孥属及喇嘛六千余。受命总辖新编乌梁海旗。谕降旧属准噶尔部散居汗哈屯之乌梁海宰桑哈尔玛什玛济岱等。旋阿睦尔撒纳反清,他与阿睦尔撒纳交结甚密,暗将清军征剿计划密告之,因前功获宥。受命以参赞大臣随给达哈进征。二十一年五月,至乌梁海,私携所部兵还牧,遣人赴乌里雅苏台军煽动喀尔喀部众散归,诱厄鲁特贝子朋素克公丹拜与乌梁海总管赤伦达克等反清。胁迫所属和托辉特等六鄂拓克及乌梁海十六鄂拓克附之。清军至,属众溃散,携孥走齐斯吉特,谋通俄罗斯。十一月,于杭哈奖噶斯为参赞大臣纳木札尔追执,送京师。二十二年正月,被杀。

【青宜结鬼章】 见"鬼章"。(411页)

【青把都儿台吉】(?—1591) 又称昆都仑歹成台吉,简称青把都。明代蒙古右翼永谢布万户喀喇沁部领主。孛儿只斤氏。*巴尔斯博罗特孙,*昆都力哈次子。驻牧于张家口至独石口以北边外地区。父卒,将喀喇沁部皆统于手中,拥兵数万。隆庆五年(1571),受明封为指挥同知。万历元年(1573),升金吾将军。以女妻朵颜卫首领长昂,结为姻亲。与明朝通贡互市不绝,能节制其弟哈不慎、满五索、满五大与明朝维持和平往来,但也时与明军发生冲突,联合察哈尔部进攻明边。其许多部属娶汉族妇女,在靠近边塞地区建筑房舍居住。与内喀尔喀巴林部首领速把亥有隙,万历十一年(1583),欲谋杀速把亥,未遂。

【青海楚琥尔汗】 见"朝克图台吉"。(530页)

【青把都儿补儿哈兔台吉】 明代蒙古右翼土默特部领主。孛儿只斤氏。*俺答汗孙,*辛爱黄台吉子。驻牧于山西天镇以北,受明封为指挥金事,在山西新平市口与明朝互市。

【奉先】 见"萧奉先"。(483页)

【奉诚可汗】(?—795) 唐代回鹘汗国第六代可汗。药罗葛氏。*忠贞可汗幼子。原称阿啜。唐贞元六年(790)其父中毒死后,为次相跌跌骨咄禄等大臣拥立为汗,称汩咄录毗伽可汗。依俗复娶咸安公主。回鹘汗国大相颉干迦斯出征吐蕃归后,亦得大相认可和辅佐。旋遣使赴唐。被册封为奉诚可汗。同年秋,大相颉干迦斯以兵五万攻吐蕃,谋复北庭,兵败,浮图川亦为葛逻禄所取,被迫迁西北各部于牙帐南以避之。次年相继攻吐蕃、葛逻禄,并遣使向唐献捷。十一年(795)卒,无子。部人拥其相骨咄禄为可汗,是为怀信可汗。

【武拜】(1595—1665) 又作吴拜。清初大臣。满族,瓜尔佳氏。满洲正白旗人。武理堪长子。父死,袭管佐领事。年十六随军略明抚顺,矢中额而不顾。后授侍卫。后金天命四年(1619),从征叶赫,受重伤力战,赏良马。六年(1621),从破明军于南寿山,授骑都尉。以年少建功,视一等大臣例隶千人。十一年(1626),以蒙古巴林部贝勒囊努兔背盟,随军征之,杀百人。清太宗皇太极继位初,擢列十六大臣,佐理镶白旗事。天聪四年(1630),从阿敏守永平,夜破明步兵营,授前锋参领。五年,同参领苏达喇越赴锦州侦敌。六年,从征察哈尔,率精锐先行。后金军克归化城后,奉命抚辑降户。八年(1634),将右军与额驸多尔济攻大同,败明总兵曹文诏军。继与承政阿什达尔汉等招察哈尔林丹汗之子额哲及大臣来归。九年,攻明大凌河屯兵,克松山城南台堡,叙功晋三等轻车都尉。清崇德元年(1636)冬,随太宗征朝鲜。次年授前锋统领,列议政大臣。三年(1638),攻明宁远、洪山口、罗文峪、密云等地。六年(1641),以围锦州不力获罪,释免。七年,随阿巴泰败明军于丰润、三河、静海及通州。八年,随济尔哈朗攻明中后所、前屯卫。十一月,改任正白旗副都统。顺治元年(1644),随多尔衮入山海关,追李自成农民军于望都。逾年授内大臣。三年(1646),随多尔衮镇压苏尼特部长腾机思的叛乱。四年,同巩阿岱、何洛会驻防宣化,晋一等子,屡晋二等伯。八年(1651),同罗什博尔辉等举发英亲王阿济格谋干政事,晋三等侯。旋以党附和罗什博尔辉罪,削职籍没。十五年,叙功,复一等子爵,世袭罔替。卒,谥果壮。

【武纳格】(?—1635) 后金将领。蒙古正白旗人。博尔济吉特氏。居叶赫。初率七十二人投努尔哈赤。有勇略,通蒙、汉文,赐号"巴克什"。明万历四十一年(1613),从征乌喇部,以功授三等副将。后金天命十一年(1626),随努尔哈赤攻明,统兵破觉华岛,尽歼明军,焚敌舟二千余,以功晋三等总兵官。皇太极即位后,受命总管蒙古军,继为固山额真。天聪三年(1629),与额驸苏纳率蒙古军征察哈尔,收降边民二千户。闻流言降者谋叛,尽杀其男子,受皇太极斥责。后屡从军征明,力战建功,克遵化,逼明都。败明督师袁崇焕援军。次年克永平。六年(1632),招抚大同、宣府边外察哈尔部众。八年(1634)后,任蒙古军左翼固山额真,以一等昂邦章京世袭,旋进三等公。随皇太极征明,受命统蒙古军策应,入独石口,至应州,所过诸州县,或攻,或抚,均有战绩。

【武理堪】 清初将领。满族,瓜尔佳氏,世居义屯,满洲正白旗人。清太祖努尔哈赤征哈达时归附。明万历二十一年(1593),叶赫贝勒布寨联合哈达、乌喇、辉发、科尔沁、席北、卦尔察、朱舍里、讷殷等九部联军进攻建州。奉命侦敌,得知联军三万人将乘夜渡沙济岭而进,还报,努尔哈赤率兵破诸路军,布寨为吴谈所杀。后金天命四年(1619),随军败明经略杨镐四路向赫图阿拉(今辽宁省新宾县境)的进攻。曾率二十骑至呼兰山,杀明兵四十人,获马五十,明军自相踩踏死千余。努尔哈赤初定满洲旗制,为牛录额真(佐领),每有征伐任前锋统领。

【武隆阿】(?—1831) 清朝将领。七十五之子;监生出身。嘉庆元年(1796)至七年(1802),随军于湖北、四川等省追剿川陕楚白莲教起义军。由副前锋校升头等侍卫、副都统。八年(1803),署贵州古州镇总兵。次年,调署广东潮州镇。后获咎解总兵职。十一年(1806),因东南海上起义军首领蔡牵攻台湾,奉命赴台湾。于鹿耳门败蔡牵。十二年,授台湾镇总兵,继续镇压东南海上起义军。二十五年(1820),回旗,授喀什噶尔参赞大臣。道光二年(1822),调西宁办事大臣。后回京,授江西、山东巡抚。六年(1826),授钦差大臣,赴新疆参赞军务,镇压张格尔叛乱,复喀什噶尔(今新疆喀什)等四城。八年(1828),请增省新疆武职官制,奏定保送伯克章程,请设喀什噶尔等城银库等,均被采纳。后降头等侍卫,授和阗办事大臣。十年(1830),回京。

【武义成功可汗】 参见"合骨咄禄毗伽可汗"。(155 页)

【武昌王妃吐谷浑氏】(?—528) 吐谷浑王族。吐谷浑王*拾寅曾孙女。延兴四年(474),祖父费斗斤受命入侍北魏,遂留居平城(今山西大同),封永安王。父吐谷浑仁袭爵,并与北魏东阳王元丕联姻,妃为元丕外孙。后适魏宗室武昌王元鉴为妃。

【坦思】 见"萧坦思"。(483 页)

【坤帖木儿】(1377—1402) 又译琨特穆尔、衮忒睦尔等。明代蒙古可汗。孛儿只斤氏。*脱古思帖木儿孙,*额勒伯克汗长子。明建文元年(1399),父被瓦剌部领主乌格齐哈什哈所杀,次年即汗位。与明朝互相遣使通好。四年(1402)被杀,无嗣,鬼力赤篡夺汗位。一说《蒙古黄金史》等所载托欢可汗即坤帖木儿。

【松山】 元朝宗王。蒙古孛儿只斤氏。*忽必烈曾孙,晋王*甘麻剌子。至元三十年(1293),出镇云南,赐梁王印。元贞二年(1296),遣位下怯薛军(护卫军)镇压元江起事者。大德五年(1301),以云南土官宋隆济叛攻贵州,遣云南行省平章幢兀儿等将兵镇压之,斩杀五百余人。九年(1305),因受人符谶之说所惑,奉诏勿问云南事。因不得志,忧郁成疾。至大二年(1309),为云南王老的罕所取代。

【松年】(1837—1906) 清代蒙古族画家。蒙古镶蓝旗人。字小梦,号颐园。姓鄂觉特氏。幼年入八旗官塾读书,自幼爱好书画,长期奋力自习。同治八年(1869),拜名画家如山为师,学习中国绘画理论和技法,经名师指授,颇有造诣。善画山水,花卉、鸟兽、虫鱼及鸡、鸭、猫,经常对之写生。逢游山川名胜,遇有好景,即心识默记,或当场描下草稿。好饮酒吃蟹,醉后画酒坛、螃蟹。热爱绘画达到忘记一切的境地。著有《颐园论画》,光绪二十三年(1897)书成,是毕生从事绘画的总结。

【松岩】 见"富俊"。(553 页)

【松葰】 见"柏葰"。(385 页)

【松筠】(1754—1835) 清朝大臣、学者。蒙古正蓝旗人。字湘浦。玛拉特氏。初任翻译生员,考授理藩院笔帖式,充军机章京,为乾隆帝所重,升银库员外郎。乾隆四十八年(1783),升内阁学士,兼副都统。五十年(1785),以办事大臣赴库伦,处理中俄贸易,历时八年。还,任内务府大臣、军机大臣。五十九年(1794),署吉林将军,赴荆州察税务。逢卫辉水灾,开仓赈恤,受乾隆帝嘉奖,授工部尚书兼都统。继任驻藏大臣,在藏五年。嘉庆四年(1799),迁户部尚书,旋授陕甘总督,加太子少保。参与镇压陕甘白莲教起义,屡败,革官衔,留总督任。七年(1802),任伊犁将军,兴修水利,发展农业,颇有成效,垦田六万余亩。十四年(1809),以未鞫诛杀蒲大芳等,降喀什噶尔参赞大臣。调两江总督。十六年(1811),调两广总督,协办大学士,兼内大臣,后任吏部尚书。回京,授军机大臣,未几罢改授御前大臣。十八年(1813),复出为伊犁将军,拜东阁大学士,继改武英殿大学士。后以镇压滑县教徒,加太子太保。二十二年(1817),以抗疏谏阻仁宗幸盛京,罢大学士,出为察哈尔都统,署绥远城将军。后历任正白旗汉军都统、礼部尚书、盛京将军。道光元年(1821),授兵部尚书,调吏部尚书,复为军机大臣。十二年授理藩院侍郎,调工部,进正蓝旗蒙古都统。十四年(1834),以都统衔休致。久历边疆,著有《绥服纪略》、《西藏巡边记》、《藏宁路程》等。卒,谥文清。

【松喇布】(? —1709) 清朝蒙古王公。鄂尔多斯部人。博尔济吉特氏。多罗郡王索诺木长子。初袭二等台吉。康熙十四年(1675),随军收复花马池,有功。十五年,晋一等台吉。二十一年(1682),袭札萨克多罗贝勒。二十二年,以牧地狭,移牧苏海阿噜。二十七年(1688),以准噶尔部噶尔丹侵扰喀尔喀,受命督兵二千防汛。三十一年(1692),以兵三千侦防噶尔丹。三十五年(1696),随军掌运粮事宜。请免察罕托辉猎禁。三十六年,以原于横城设市贸易,距牧区远,不便,请于定边、花马池等地设市,并请允内地边民赴其地垦种,获允。旋受命随军督运。三十七年,以经理驿站功,晋多罗郡王。

【松赞干布】(617?—650) 又作弃宗弄赞、弃苏农,亦号弗夜氏。吐蕃王朝缔造者,赞普。*囊日松赞子。自幼受良好教育,精武功,为众钦服。其父为属下叛离的族人毒死后,嗣位。平定内乱,尽杀投毒者。经数年征战,兼并诸部,统一西藏高原,定都逻些(今拉萨),建立吐蕃奴隶制政权。经休养生息,聚集力量,先后降服苏毗(今青海玉树一带)和羊同(今西藏阿里及羌塘西南一带),吐蕃益强,白兰、多弥等西部诸羌皆畏威咸服,成为属部。唐贞观八年(634),遣使赴唐沟通关系。唐太宗十分重视来自青藏高原的使者,遣行人冯德遐下书临抚,获赞普厚待,吐蕃与唐关系益深。同时,与南部泥婆罗(今尼泊尔)通好。十三年(639),与泥婆罗王鸯输伐摩女尺尊公主联姻。为密切与唐关系,遣使携珍宝入朝,向唐求婚,遭拒。疑唐拒婚系吐谷浑王离间所致,遂率羊兵共击吐谷浑。继勒兵二十万入扰松州,并命使者贡金甲,欲迎公主,为唐兵所败,遂派大相禄东赞至唐谢罪,复请婚。唐太宗为结好吐蕃,以求西境安宁,于十五年(641)以宗室女文成公主嫁之。继统一后,采取措施加强吐蕃建设。为统一战争需要,建立严密的军事组织,划分"四如",作为军事行政单位,牢固掌握吐蕃军权。组织禁卫军,建立戍边制度,加强对属部和边鄙地区的控制。强化王权,集军政大权于一身。定立各种制度,以章饰区分五等官阶;以盟誓制度加强对各部的约束,要求大臣忠于赞普,赞普对臣下亦尽保护之责。定法律,划分"桂"与"庸"等阶级。明令保护私有财产,惩治盗贼,设酷刑对付奴隶反抗。采取措施发展经济,鼓励百姓学习和运用先进生产技术,改进耕作方法。制定度量衡以利通商。对发展本民族文化艺术也多有建树,派臣子屯米三菩扎赴印学习文字,创制吐蕃文字。注意吸收汉族等先进文化。遣贵族子弟赴长安,入国学。请唐人掌其表疏,促进汉藏经济、文化交流,与唐的和好关系益密,使者络绎不绝。十八年(644),派禄东赞携七尺金鹅的重礼,入贺唐太宗征高丽得胜。二十二年(648),遣兵营救为中天竺劫掠的赴西域唐使王玄策。二十三年,被唐高宗封为驸马都尉、西海郡王。继晋封宾王。对藏族社会、经济、文化的发展和汉藏两族友好关系的加强,作出重要贡献。永徽元年(650),卒于逻些。唐遣使吊祭,抚慰。

【松木儿台吉】①又作孙木儿阿不害,蒙文史籍作苏密尔岱青。明代蒙古右翼土默特部领主。孛儿只斤氏。*俺答汗孙,*辛爱黄台吉子。驻牧于宣府(今河北宣化)西北擦哈揉儿(今河北西北察汗淖)。隆庆五年(1571),受明封为指挥佥事,在山西新干市口与明朝互市。部属极苦穷,其他蒙古各部亦苦其为盗。万历十六年(1588),第三世达赖喇嘛索南嘉措在蒙古圆寂后,其子被认定为达赖喇嘛的转世灵童,取名*云丹嘉措,为第四世达赖喇嘛。②明代蒙古右翼土默特部领主。孛儿只斤氏。不彦台吉孙,摆腰把都儿台吉子。驻牧于大同西北边外,受明封为百户,在阳和(今山西省阳高县)的守口堡与明朝互市。父卒,代领其部众。

【松巴堪布益西班觉】(1704—1787或1708—1788) 清代藏传佛教格鲁派学者、青海佑宁寺松巴第三世活佛。"松巴"一名有二解,一说松巴二世松巴达曲绛措生于松巴村,故名。又说系藏族十八族系一支。土族(一说蒙古族),据《安多政教史》载,生于青海额尔德尼台吉仓巴久部落内。康熙四十九年(1710)出家。五十五年(1716),在佑宁寺学法。雍正元年(1723),随巴仁阿旺扎西学《金刚蔓》,后赴拉萨学经。九年(1731),还青海。十一年任佑宁寺堪布,自是始有松巴堪布之称。乾隆二年(1737),去北京,与三世章嘉瑞贝多吉校对在汉地印制的藏文经典,并获清帝所赐"额尔德尼班智达"称号。十五年(1750),赴山西五台山朝圣。学识渊博,精通藏、蒙、汉、梵等文学,亦晓满文。四处游历,考察史实文物。著有《印度、汉地、藏、蒙、土佛教史》(通称《如意宝树史》或《松巴堪布史》)、《青海史梵歌新声》(简称《青海史》)、《松巴堪布年表》、《南瞻部州总志》,均国内外闻名。其全集总计九函,六十八部。

【林宽】明代侗族农民起义领袖。贵州锦屏县启蒙人。洪武三十年(1397),组织农民暴动,攻克龙里(今锦屏县属),捣毁龙里守御千户所,乘胜进军新化(今锦屏县属)、平茶(今湖南靖县属),围攻黎平所,并在黎平县境内铁炉、苗坡等险要地区建立根据地,声势大振,打击了明朝在侗族地区的统治。明朝先后派湖广都指挥使齐让、楚王朱桢等率兵前往镇压。同年十月,被俘,起义失败。

【林丹汗】(1592—1634) 又作陵丹巴图尔台吉、灵丹、民旦等。号库图克图汗。明朝人译作虎墩兔憨。明代蒙古末代可汗。孛儿只斤氏。达延汗第八世孙，布延彻辰汗长孙。万历三十一年（1603），祖父卒，因父莽和克台吉已先去世，遂于翌年即汗位。领左翼察哈尔万户，驻帐广宁（今辽宁北镇）以北。自万历（1573—1619）末年起，不断攻击辽东明军。矢志继承达延汗的事业，力图以武力统一蒙古各部，对抗建州女真。天启五年（1625），北征投附后金的科尔沁部，不克。其属部敖汉、奈曼等也先后投降后金。崇祯元年（1628），西进土默特、河套地区，击败蒙古右翼的喀喇沁、土默特等部，占据归化（今呼和浩特），迫鄂尔多斯等部归服。又与漠北的朝克图台吉（却图汗）取得联系，互相策应，一时声势大振。统率"八大营二十四部"，东起辽西，西尽洮河（今甘肃境）。独占明朝给予蒙古各部的岁赐，控制蒙古诸部同明朝的贸易。拒绝后金的诱降，联合明朝抗击后金，使明朝每年赠银八万一千两。崇祯四至五年（1631—1632），东击投附后金的蒙古诸部，抵兴安岭以东的西拉木伦河北岸，遭后金皇太极反击，不战而退，被追至西土默特。七年（1634），向青海进兵，图据西藏，控制僧俗领导权，号令全蒙古，继续抗击后金。途中出痘死于西拉他拉大草滩（今甘肃天祝藏族自治县境）。翌年，察哈尔余部被后金攻灭，妻、子被俘，漠南蒙古各部均归属后金。在位期间，笃信藏传佛教格鲁派（黄教），受迈达哩诺门汗等大喇嘛灌顶，在境内修建了多处佛寺、佛塔。继图们汗遗志，将108函的藏文《甘珠尔经》全部译成蒙文，对蒙、藏思想、文化的交流作出重要贡献。

【林凤祥】（？—1855） 又作林凤翔。太平天国杰出将领。广西武缘（今武鸣）林圩广寺村人。壮族。出身贫苦，自幼充雇工。习武善骑射。清咸丰元年（1851）正月，金田起义爆发，投奔太平军。因剽悍善战，被提拔为御林侍卫。次年，随西王萧朝贵攻长沙。萧阵亡后，坚持苦战，升土官正将军。奉命率师攻克湘北要塞岳州，缴获大量军需武器，升殿左一指挥。乘胜攻占湖北重镇汉阳和武昌，擢殿左一检点。因屡战皆捷，加封天官副丞相。旋与李开芳率先头部队进军南京，沿途克黄州、九江、芜湖、和州等城镇。三年二月，率先攻破南京仪凤门，击毙两江总督陆建瀛，为太平军长驱入城扫清道路。继下扬州。太平天国定都天京后，为彻底推翻清朝统治，兴师北伐。与李开芳、吉文元领大将衔率师从浦口入皖北，迅速攻克滁州、临淮关和凤阳府。五月，入河南，迫开封府，因清重兵把守，未克，转攻朱仙镇、郑州、汜水、巩县等处。六月，从巩县洛河口强渡黄河，围怀庆。因清援军阻击，绕道山西破曲沃、平阳。八月，从武安入直隶境，在临洺关大败直隶总督讷尔经额，兵临保定城。以功封靖胡侯。因强攻保定不下，率军绕道深州、献县、沧州、静海，欲由天津夺取北京。清军云集天津西北杨村，以堵太平军北进。因孤军深入，粮援不继，于次年二月被迫南撤阜城待援。为科尔沁郡王僧格林沁、钦差大臣胜保等率兵追迫，后退连镇，坚守近十个月，清军死亡枕藉。因弹尽粮绝，连镇失陷，身受重伤被俘，威武不屈，怒叱僧格林沁："妖奴，汝快砍吾首去，毋污我！"后被押往北京，于咸丰五年（1855）二月英勇就义。同治二年（1863），被天朝追封为求王。

【林载贽】 见"李贽"。（208页）

【林沁额叶齐岱青】（1600—1656） 亦作额璘沁。明末鄂尔多斯济农，鄂尔多斯左翼中旗始祖。孛儿只斤氏。博硕克图济农次子。天启七年（1627），继其兄策凌额尔德尼，嗣济农位。崇祯八年（后金天聪九年，1635），乘后金军欲收服林丹汗子额哲之机，私要额哲盟，分其众以行，为后金军追获，献所获察哈尔户千余，并率部归附后金，获皇太极赐，复济农号。顺治元年（1644），遣兵随英亲王阿济格镇压李自成起义军，次年还师，以功受赏。六年（1649），至北京入朝，受封多罗郡王，准世袭。

【林热·白玛多吉】（1128—1188） 藏传佛教噶举派主巴噶举支派创始人。生于娘堆（今西藏江孜）地方，下林麦家族人。父嘉补甲哇波，通晓多种密咒修法，以医卜为业，故从童年时代起就习书法和念诵。曾随若曼医师学医道，后成为名医。十三岁丧父。十七岁在阿阇黎林师座前受居士戒，学法。从格西翁塘巴出家，学得多种密法。又在惹译师座前听受《时轮》、《胜乐》等教法。一度还俗，与曼摩（女药师）结婚。后从穹昌巴及热穹巴的弟子松巴学法。宋乾道元年（1165），赴目萨替寺，投帕木竹巴门下，得密法口诀，闭门静修，获"证悟"，将所得"证悟"编成诗献于帕木竹巴，深得宠爱。遵师命，弃离妻室，一心修法。帕木竹巴去世后，他周游前后藏，讲经说法。曾应昌波地方首领迎请，为向蔡巴喇嘛作战，将所获财物资助向蔡巴建造大佛像。晚年，居那普寺，收徒传法，著书立说。

【杯禄汗】 见"不欲鲁罕"。（48页）

【板雅忠】 明代云南车里（今景洪）人。傣族。车里军民宣慰使三宝历代之弟。天顺元年（1457），宣慰刀霸美自杀后，与族众共举三宝历代为宣慰使，声称："大众同意推吾兄为主，甚善，无论山地，或是水田，但给余足够衣食者，使余为一平民，自耕自食，为愿已足。"三宝历代继位后，他背弃前言，纠合八百媳妇国作乱，未果。明廷命三宝历代袭宣慰使职。

【板子讹可】 见"完颜讹可"。（252页）

【杭奕禄】（？—1748） 清朝大臣。满族，完颜氏。满洲镶红旗人。初由闲散考授中书。雍正元年（1723），授额外员外郎、监察御史。迁光禄寺少卿。二年，充翻译乡试副考官。三年，迁光禄寺卿。以清廷蠲免苏州、松江田赋四十五万，奏准定业户免额一钱，佃户免租谷三升，使贫富均得实惠。擢左副都御史兼管光禄寺。五年（1727），出使安南。次年，安南王誓世世永矢臣节。寻授刑部侍郎，署吏部尚书。受命赴湖南查处曾静、张熙谋乱案。七年，授镶红旗满洲副都统。八年，补礼部侍郎，署前锋统领。十年（1732），署西安将军，授钦差大臣，察阅甘、凉及山西近边营伍。十一年，因骄奢放纵，扰累兵民，夺官。乾隆元年(1736),授额外内阁学士,补工部侍郎,充世宗实录副总裁。继驻西藏办事。四年(1739),以西藏西南的库库木、颜布、叶楞三汗交恶,贝勒颇罗鼐宣谕罢兵事奏闻。继调刑部。五年,擢左都御史,列议政大臣。十一年(1746),以老致仕。

【杭霍卓】(?—1800) 清代右部哈萨克(乌拉玉兹)苏勒坦(苏丹)巴喇克子。原居西部哈萨克(小玉兹)。二岁时,父病逝,母改嫁右部哈萨克苏勒坦阿布勒比斯,随从,被阿布勒比斯育为长子。乾隆四十八年(1783),阿布勒比斯卒,袭爵,清廷册封为汗。

【耶律亿】 见"耶律阿保机"。(323页)

【耶律白】 见"耶律良"。(305页)

【耶律汀】 契丹族。王子帐耶律襄女。辽圣宗统和七年(989),封义成公主。出嫁党项族首领李继迁,随赐马三千匹。开泰二年(1013)八月,又受赐车马。圣宗以和亲之策联结党项,与宋抗衡,形成三足鼎立局面。

【耶律阮】(918—951) 即辽世宗。辽朝第三代皇帝。947—951年在位。小字兀欲,又作隈欲,乌云。契丹族。辽太祖*耶律阿保机孙,人皇王*耶律倍长子。会同九年(946),随太宗耶律德光攻后晋,下晋都汴京(今河南开封),亡后晋。大同元年(947)二月,封永康王。四月,回军途中,太宗卒,在镇阳(今河北栾城北)被随军将臣拥立为帝。祖母淳钦太后以其父倍走投外国,逆人之子不当立为由,亲率三子李胡将兵抗击。他引军北上,与太后兵在横渡隔潢河(今西辽河上游西喇木伦河)列阵。经重臣耶律屋质从中斡旋,方约和罢兵。继以谋反罪将太后和李胡幽于祖州(今内蒙古巴林左旗西南),诛其党划设、楚补里等,扫除帝位障碍。八月,置北院枢密使,以心腹耶律安抟任之。九月,行柴册礼,上尊号天授皇帝,改元天禄。封安端为明王,主东丹国。封察割为泰宁王,刘哥为惕隐,高勋为南院枢密使,组成统治中枢。在位时继续对中原用兵。天禄三年(949)十月,发兵攻克贝州(今河北清河西),杀深州刺史史万山,四年,亲兵陷安平、安丘、束鹿等城。五年,在后周攻后汉时,册后汉刘崇为"大汉神武皇帝",举兵伐周。他在位时期,政局异常动荡,内部反叛不断。即位第二年(948),堂弟耶律天德、妹夫萧翰和同族伯父耶律刘哥、耶律盆都联合谋反,事泄,未果。诛天德,杖萧翰,谪刘哥,罚盆都远使辖戛斯国。次年(949),萧翰与公主阿不里函约明王安端,再次谋反。事败,斩萧翰,阿不里下狱死。天禄五年(951)九月,率军伐后周,至归化州祥古山(今河北宣化境),祭父亡灵,酒醉,被安端子察割联合盆都及燕王牒蜡、六院大王郎五发动政变所杀。葬显陵之西山(今辽宁北镇西南)。应历二年(952),谥孝和皇帝,庙号世宗。圣宗统和二十六年(1008)七月,增谥孝和庄宪皇帝。

【耶律苏】(?—926) 名又作素,或铎稳。辽初皇室大臣。字云独昆。契丹族。太祖*耶律阿保机母弟。性柔顺,事阿保机忠谨,言无隐情,获宠信。太祖二年(908),为舍利(管军头目)。三月,奉命与夷离堇(军事首领)萧敌鲁南下,援沧州节度使刘守文,会师北淖口,胜归。五至七年(911—913),因诸兄剌葛、迭剌、寅底石、安端发动反阿保机之乱,从中调节,深得阿保机器重。神册五年(920)六月,为惕隐,掌皇族政教。次年正月,为南府宰相。任内有赇行,民怨之。天赞三年(924)九月,与南院夷离堇迭里略地西南。天赞四年十二月(926年1月),从阿保机伐渤海,破其首府忽汗城(今黑龙江宁安西南东京城),改渤海为东丹国。九月,卒。

【耶律吼】(911—949) 辽初将领。字曷鲁。契丹族。六院部夷离堇(军事首领)耶律蒲古只后人。太宗会同六年(943),为南院大王。以后晋石重贵对契丹上表时称孙不称臣,辞多不尊,力主讨晋。从太宗德光征晋,直下晋都汴京(今河南开封)。大同元年(947),太宗猝卒于班师途中,与北院大王耶律洼、直宿卫耶律安抟等共立永康王耶律阮(耶律倍子)为帝。因功加采访使。以拒收宝货,不求富贵为时人称颂,名入《七贤传》。

【耶律沙】(?—988) 辽朝将领。字安隐。契丹族。穆宗应历(951—969)年间,累官南府宰相。及景宗即位,总领南面边事。保宁八年(976)九月,与冀王耶律敌烈率兵南下,援北汉抗宋,以功加守太保。乾亨元年(979)三月,为都统,与监军敌烈再援北汉,至白马岭(今山西盂县东北),遇宋兵,因敌烈不听劝阻,强行渡涧,遭袭击,败归南京(今北京)。七月,与耶律休哥分兵夹击,大败宋兵于高梁河,宋太宗仅以身免。九月,任监军,从都统韩匡嗣伐宋,在满城为宋诈降所骗,中伏兵,大溃。以罪当斩,因承天后说情,获免。乾亨四年(982),圣宗继位,承天太后摄政,复随从伐宋,败刘廷让、李敬源军,受厚赏。

【耶律良】(?—1070) 又作耶律白。辽代晚期学者。字习撚,小字苏。契丹族。著帐郎君后人,生于乾州(今辽宁北镇西南)。家贫,曾先后就读于医巫闾山、南山。兴宗重熙(1032—1055)中,始入仕,补寝殿小底,寻为燕赵国王耶律弘基(道宗)近侍。迁修起居注。善诗赋,曾作《秋游赋》、《捕鱼赋》以进。道宗喜其才,擢为知制诰,兼知部署司事。清宁六年(1060)五月,奏请编道宗诗文,成《清宁集》。未几,任敦睦宫使,兼权知皇太后宫诸局事。时,率先察觉皇太叔耶律重元父子图谋叛乱,因事关重大,密言于太后,转告道宗为备。九年(1063)七月,重元乱起,道宗被围于滦河(今内蒙古宁城西南)行宫,他率宿卫士卒奋力抵御,配合援军,击溃叛军。以功迁汉人行宫都部署。咸雍元年(1065),同知南院枢密使事。次年七月,为惕隐,掌皇族政教。六年(1070)六月,任中京留守。未几,卒。追封辽西郡王,谥忠成。著有诗集《庆会集》,道宗作序,今佚。

【耶律纯】 辽代中期学者。契丹族。善星相之学。圣宗统和(983—1012)年间为翰林学士。二年(984),奉诏使高丽,送国书以议地界。闻高丽国师精于星相,乃纳重币,设威仪求见,屡请不从,遂求助于高丽王,方得一见,国师以世所未闻之偏正垣七政论,及日月并明说等八篇和二百字真经二十五题亲授之，为此作《星命总括》三卷，书序于是年八月十三日。原书已佚，《永乐大典》存其端倪，清修《四库全书》时辑出，始得通行。

【耶律固】 辽、金大臣、史学家。契丹族。学识渊博，长于典故，精通契丹、汉文字。辽道宗时，任牌印郎君，渐获宠。大康十年(1084)，受命傅导燕国王耶律延禧。擢总知翰林院事。寿昌七年(1101)正月，道宗卒，天祚帝耶律延禧即位，向其问丧仪礼事，继作道宗及宣懿皇后契丹字哀册。累官御院通进、银青崇禄大夫、检校国子祭酒、试武骑尉。后又作契丹字《故耶律氏铭石》，今皆存，为珍贵契丹字资料。辽亡入金，金太宗天会三年(1125)七月，受命为报谢宋国使。后为广宁尹，奉诏译书。皇统(1141—1149)年间，撰修《辽史》，书未成而卒，弟子萧永祺继之，作成纪三十卷、志五卷、传四十卷。惜今佚。

【耶律贤】(948—982) 即辽景宗。辽朝第五代皇帝。969—982年在位。字贤宁，小字明扆，又作明记。契丹族。辽世宗*耶律阮次子。天禄五年(951)，父被耶律察割谋反所杀，时年四岁，藏于积薪中得免。穆宗璟即位后，养于永兴宫。应历十九年(969)二月，闻穆宗于怀州黑山(今内蒙古巴林左旗罕山)为奴所杀，即率飞龙使女里、侍中萧思温等赴行在，经群臣劝进，登帝位，尊号天赞皇帝。以萧思温为北院枢密使兼北府宰相，封魏王，封隆先为平王、稍为吴王、道隐为蜀王、必摄为越王、敌烈为冀王、宛为卫王，进太平王罨撒葛为齐王，改封赵王喜隐为宋王，北院大王屋质加于越，组成统治核心。在位期间，汉族官吏地位日显，作用益大。封南院枢密使高勋为秦王。拜室昉为政事舍人，寻擢工部尚书，授枢密使兼北府宰相，任郭袭为南院枢密使，兼政事令。擢刘景为礼部尚书、宣政殿学士。玉田韩氏家族权势尤为显赫。先后封韩匡嗣、韩德让(圣宗赐名耶律隆运)父子为燕王和南院枢密使。其对外政策沿袭前朝援北汉而抵宋，但力图与宋维持现状。保宁六年(974)三月，与宋达成和议，约束北汉勿轻动干戈。八年(976)，遣使吊唁宋太祖赵匡胤。九年(977)，北汉遭宋攻，纳重币求援，仅赠战马未出兵。十一年(979)正月，遣挞马长寿使宋，问兴师伐汉之故，遭拒，失和。二月，应北汉请，以南府宰相耶律沙为都统，冀王耶律敌烈为监军率兵南下。三月，与宋军战于白马岭(今山西盂县东北)，失利，敌烈等五将阵亡。六月，北汉降宋。继遣北院大王耶律奚低与宋战于沙河(今北京附近)，复败。宋围南京(今北京)。七月，爆发著名的高梁河大战，惕隐耶律休哥与南院大王耶律斜轸分两路夹攻宋军，获大捷，宋太宗仅以身免。十月，兵败满城。乾亨二年(980)三月，发十万兵攻夺雁门，为宋将杨业所败。十月，亲赴南京，继至固安，兵围瓦桥关(今河北雄县)，追宋军至莫州(今河北任丘)。四年(982)九月，病卒于焦山(今内蒙古丰镇南)。遗诏梁王耶律隆绪嗣位，军国大事听皇后萧绰命。次年正月，谥孝成皇帝，二月，葬乾陵(今辽宁北镇西南)。兴宗重熙二十一年(1052)十一月，加谥孝成康靖皇帝。

【耶律明】 见"耶律璟"。(307页)

【耶律宛】 契丹族。辽初皇臣。太祖*耶律阿保机孙，*耶律李胡次子。穆宗应历三年(953)十月，与郎君嵇干、敌烈谋反，事觉被执，次年正月获释。景宗保宁元年(969)四月，封卫王。不日而卒。

【耶律定】 辽朝王子。契丹族。辽天祚帝*耶律延禧第五子。封秦王。保大二年(1122)三月，受女真军攻击，随父西逃夹山(今内蒙古武川西)。耶律淳在南京(今北京)自立为"天锡皇帝"，世称"北辽"。六月，淳病卒，遗命由其遥即帝位。淳妻萧德妃称制，曾五次上表金帝阿骨打，请允章其为帝，未成。三年(1123)四月，在青冢泺(今内蒙古呼和浩特附近)为女真兵擒获，不知所终。

【耶律昭】 辽朝文臣。字述宁。契丹族。仲父房之后。博学善文。圣宗统和(983—1012)中，因兄国留获罪，受株连，流放西北部。以才学获西北路招讨使萧挞凛厚爱，召之门下。数谏安边之策。统和十五年(997)，挞凛讨阻卜有功，圣宗赐诗嘉奖，他受命作赋以答谢。开泰(1012—1021)中，于聿里堵山行猎，为羖羊所触，卒。《辽史》本传存其长篇《答萧挞凛书》，后世论者以为雅健有西汉晁贾之风。

【耶律注】 辽初大臣。字敌辇，又作迪辇，迪辇注。契丹族。辽太宗*耶律德光族兄，隋国王*耶律释鲁孙。辽太祖时，常任事。太宗即位，任惕隐，掌皇族政教。天显十一年(936)，为先锋随太宗助后晋攻后唐，大败唐将张敬达于太原北。会同(938—947)间，擢北院大王。九年(946)，为先锋，与将军高模翰分兵伐晋，军出瀛州(今河北河间)，在南阳务大败贝州节度使梁汉璋。大同元年(947)：太宗猝死军中，乃与南院大王耶律吼定策，结连直宿卫安抚，拥永康王耶律阮继位。遂拜于越(最高荣誉衔，授有殊功者)，赐宫户。卒年五十四。

【耶律倍】(899—937) 东丹国国主，世称"东丹王"。小字图欲，又作突欲、托允、托云。汉名东丹赞华，李赞华。契丹族。契丹开国皇帝*耶律阿保机长子。神册元年(916)立为皇太子。十月，为先锋都统随父征乌古部，大捷获功。五年(920)，率兵攻云内(今内蒙古呼和浩特西)、天德(呼和浩特附近)等地，胜归。天赞三年(924)六月，阿保机大举西征时，留守京师，权以监国。继献攻讨渤海之计。天赞四年，与弟耶律德光并为先锋从父征渤海，五年(926)，拔重镇扶余城(今吉林四平西)，谏阿保机勿搜括户口，乘势取忽汗城。旋下渤海都城忽汗城(今黑龙江宁安西南东京城)，擒其王。二月丙午(4月4日)改渤海为东丹国，受封"人皇王"，留镇，受赐天子宫服，置左右大次四相及文武百官，建元甘露。是年七月，闻父卒，急赴行在奉丧。见弟德光为天下兵马大元帅，总柄军权，母淳钦皇后称制，偏爱德光，乃于天显二年(927)十一月，屈让德光继皇位。未几，被迁东平(今辽宁辽阳)，因不堪受疑，五年(930)十一月，率部投后唐，于海岸立木为碑，刻诗曰："小山压大山，大山全无力,羞见故乡人,从此投外国。"至洛阳见明宗,献印三纽及诸方物。赐姓东丹,名慕华,拜怀化军节度使,瑞、慎等州观察使。未几,改赐李赞华,移镇滑州(今河南滑县),遥领虔州节度使,并纳唐庄宗后宫夏氏为妃。他在后唐虽受礼遇,然所封皆空衔,不预政事,遂与后唐离异,暗与契丹通音息。天显九年(934),见潞王李从珂弑愍帝夺位,乃密告德光请讨。十一年闰十一月(937年1月),被从珂遣内班秦继旻、皇城使李彦坤杀害于第所。旋石敬瑭灭唐,赠燕王。谥文武元皇王,葬医巫闾山。天禄元年(947),子世宗即位,追赠让国皇帝,圣宗统和二十六年(1008),更谥文献,兴宗重熙二十一年(1052),增谥文献钦义皇帝,庙号义宗。史载其聪敏好学,崇尚孔子,有文才,通阴阳,知音律,精医术。购书多至万卷,于医巫闾山筑望海堂储之。通晓契丹文、汉文,曾作《乐田园诗》,以契丹文译《阴符经》等。还为有辽一代著名画家,以画本国人物与草原景致著称,其画有"千角鹿图"、"吉首并驱图"、各种"骑图"等。宋李廌《画品》称:"古今画蕃马者,胡瑰得其内,东丹得其骨。"其画曾作珍品藏宋秘府,《宣和画谱》列有画目,今皆佚。

【耶律朗】(?—951) 辽初将领。字欧新。契丹族。太宗族兄。因力大,人称"虎斯"(契丹语"大力"),每战必克,有威名。太宗天显(926—938)年间,以材勇入仕。会同九年(946),随太宗南下灭后晋,受命恪守澶渊(今河南濮阳西),控扼河渡。大同元年(947)四月,闻太宗病死军中,随军将臣拥世宗阮继位,遂弃城前往投效,受任六院大王。天禄五年(951)九月,泰宁王耶律察割谋杀世宗自立,寿安王耶律璟(太宗子)集兵围讨,他令详稳(将军)萧胡里领军前往,并告诫要酌情以待,"当持两端,助其胜者"。寻乱平,穆宗璟即位,因其不忠,处斩,籍没家属。

【耶律恕】(1088—1156) 金初将领。字忠厚,本名耨里。契丹族。喜读书,通契丹大小字。早年仕辽,保大二年(1122),天祚帝西逃夹山(今内蒙古武川西),辽亡在即,三月,与同知殿前点检事耶律高八共降金。随左副元帅完颜宗翰伐宋。天会十一年(1133),从完颜宗弼取和尚原(今陕西宝鸡西南),翌年,参与仙人关(今甘肃徽县南)大战,受右副元帅完颜宗辅举荐,任太原、真定少尹。历迁行台兵部侍郎,尚书左司郎中。海陵王时,为沁南军节度使,迁行台工部尚书,改安国军节度使。贞元元年(1153),为参知政事。翌年任兴中尹,入为太子少保。正隆元年(1156)致仕,封广平郡王,卒。次年,例赠银青光禄大夫。

【耶律淳】(1063—1122) 即北辽宣宗。在位仅三月。小字涅里,又作捏里。契丹族。道宗弟*耶律和鲁斡子。笃好文学,自幼为祖母、皇太后萧挞里养于宫中。大康三年(1077),道宗因太子濬被害,又无他子,欲立其为嗣,后因事惹怒道宗,出任彰圣等军节度使。天祚帝乾统元年(1101)六月,封郑王。三年(1103)十一月,任东京留守,加越王。六年(1106)十月,拜南府宰相。因首谏制两府礼仪,获帝嘉赏,徙魏王。十年(1110)闰七月,袭父职,为南京(今北京)留守。天庆五年(1115),天祚帝亲征女真,兵败,御营副都统耶律章奴率先锋军发动兵变,欲拥其为帝,他斩使者献天祚,并率兵守上京(今内蒙古巴林左旗南),御章奴,获天祚重任。六年六月,晋封秦晋国王、都元帅,受免礼不哥待遇。时辽军屡败,受命募兵,在辽东招饥民二万余,组成"怨军"。次年七月,与女真军战于蒺藜山(今辽宁阜新北),大败。保大二年(1122),天祚帝西逃夹山(今内蒙古武川西)。三月,驻守南京臣将拥其称帝,号天锡皇帝,改元建福,遥降天祚帝为湘阴王。据燕京,拥有燕、云、平、上京、中京、辽西等六路,世称"北辽"。沙漠以北,西南、西北路两都招讨府、诸蕃部族部,仍奉天祚,形成二帝并存局面。称帝仅三月,于当年六月病卒。葬燕西香山永安陵。谥孝章皇帝,庙号宣宗。

【耶鲁绾】 见"耶律涅鲁古"。(325页)
【耶律琮】 见"耶律合住"。(311页)
【耶律稍】 辽朝皇臣。契丹族。太祖*耶律阿保机孙,东丹王*耶律倍第三子。景宗保宁元年(969)四月,封吴王。后被奴诬告,景宗杀其奴。圣宗统和元年(933)十月,为上京(今内蒙古巴林左旗南)留守,行临潢尹事。三年(985)十一月,奉诏主持秦王韩匡嗣葬祭事。不知所终。

【耶律铸】(1221—1285) 蒙古国及元朝大臣。字成仲。契丹族。中书令*耶律楚材子。父死,嗣领中书省事。曾博采历代德政,汇成八十一章以进。蒙哥汗八年(1258),领侍卫军从汗伐蜀,运筹于帷幄,屡出奇计,攻取城池,以功受赐。世祖中统元年(1260),在忽必烈与阿里不哥争夺汗位斗争中,归依忽必烈。次年,任中书左丞相,兼修辽金史,并随汗北征,败阿里不哥军于昔木土脑儿。至元元年(1264),奏定法令三十七章。至二年后,相继任平章政事、平章军国重事等职,曾奉命制大成乐舞。十九年(1282),复任中书左丞相。次年,以妄奏等罪被罢,徙居山后。至顺元年(1330),追封懿宁王。著《双溪醉隐集》。

【耶律湛】 金代中期将领。契丹族。海陵王时,为左将军(一作左卫将军)。正隆元年(1156)十一月,为贺宋正旦使,与宋交往。时各地爆发起义,反海陵王大肆征敛。六年(1161)八月,南京路单州(今山东单县)杜奎起兵,据城反金。他受命征讨,与右骁骑副都指挥使大磐将起义镇压。

【耶律履】 见"移刺履"。(505页)
【耶律璟】(931—969) 即辽穆宗。辽朝第四代皇帝。951—969在位。曾名明,小字述律。契丹族。太宗*耶律德光长子。太宗会同二年(939)三月,封寿安王。天禄五年(951)九月,随世宗南下伐后周,军至祥古山(今河北宣化境),世宗祭父酒醉,被察割所杀,他集兵围讨叛军,诛察割,继皇位,上尊号天顺皇帝。因嗜酒,常不朝,夜酗饮,昼屡寐,国人谓之"睡王"。在位期间政局不稳,谋反不断。应历二年(952)正月,太尉忽古质谋反伏诛。六月,政事令萧眉古得等密谋南奔,事觉,被杀。七月,政事令娄国、林牙敌烈等联合谋反,欲夺帝位,未成被执杀。三年十月,卫王宛和郎君稽干等谋反,事连及太平王罨撒葛(璟大弟)和林牙华割及安抟(璟父德光心腹)等,案发,诛华割和稽干,安抟死狱中。九年(959)十二月,冀王敌烈(璟三弟)和宣徽使海思、萧达干等谋反,未果,被执,死狱中。十年七月,太保楚阿不等谋反,被处死。十月,喜隐谋反,连及其父李胡(璟叔父),下狱死。他即位后对外援北汉,攻后周。接连南下,但胜少败多。应历元年(951)十月,遣萧禹厥攻晋州(今山西临汾),不克。二年九月,攻冀州(今河北冀县),为周军所拒。三年(953),攻定州(今河北定县),败。翌年春,与北汉合兵攻周,兵败高平。五月,忻、代等州背汉降周,遣南大王耶律挞烈救援,在忻口(今山西忻县北)败周军,斩周将史彦超。十一月,北汉世祖刘旻死,子刘钧即位,是为睿宗,向契丹称"儿皇帝"。七年(957)十一月,遣侍中崔勋与北汉合兵再攻潞州(今山西长治),不克。九年(959),遭周攻,失益津(今河北霸县北)、瓦桥(今河北雄县)、淤口(霸县东)三关;五月,又失瀛、莫二州。三关以内诸城纷纷降周,南京(今北京)危机,亲赴督阵。六月,周世宗猝卒,始罢兵。对内残暴统治,滥刑嗜杀。常因小失施酷刑:炮烙、铁梳、断手足、烂肩股、折腰胫、划口碎齿,弃尸于野。左右给事被杀者相继不绝。并听信巫言,取人胆调制延年之药,被杀者无数,引起反抗。应历十九年(969)二月,游猎于怀州黑山(今内蒙古巴林右旗罕山),被庖人辛古、近侍小哥、盥人花哥等所杀。后附葬怀陵(今内蒙古巴林右旗床金沟)。兴宗重熙二十一年(1052)八月,谥孝安敬正皇帝。

【耶律赟】 见"耶律隆庆"。(319页)

【耶律濬】(1058—1077) 辽朝太子。小字耶鲁斡。契丹族。辽道宗﹡耶律弘基长子,天祚帝﹡耶律延禧父。自幼聪慧,好学知书。清宁九年(1063),封梁王。翌年,随道宗行猎,三发三中,深得道宗宠爱。咸雍元年(1065),立为皇太子。大康元年(1075),兼领北南枢密院事,始预政。为权臣南院枢密使耶律乙辛所不容,被诬告谋废立,于三年(1077)六月,被执,受杖刑,幽宫中。乙辛党耶律燕哥审理其事,谎告其招认,遂被贬为庶人,发上京(今内蒙古巴林左旗南),囚牢中。旋为乙辛遣人杀害,葬龙门山。大康九年(1083)闰六月,昭雪,追谥昭怀太子,以天子礼改葬玉峰山。天祚帝乾统元年(1101)十月,追谥大孝顺圣皇帝,庙号顺宗。

【耶鲁斡】 见"耶律濬"。(308页)

【耶律乙辛】(?—1083) 辽道宗朝重臣。字胡觌衮。契丹族。五院部人。耶律迭剌子。出身贫困。幼慧黠。兴宗重熙(1032—1055)中始仕,为文班吏,掌太保印,陪从入宫,以详雅为帝后所怜爱,补笔砚吏,累迁护卫太保。道宗即位,授同知点检司事,常召之参决疑议,擢北院同知,历枢密副使。清宁五年(1059)六月,为南院枢密使,七年(1061)三月,改知北院枢密使事,封赵王。九年(1063),因平"重元之乱"有功,赐"匡时朔圣竭忠平乱功臣",拜南院枢密使,晋封魏王。咸雍五年(1069),加守太师,独揽朝政,排挤异己耶律仁先、耶律良、萧韩家奴等;结纳附己之张孝杰、耶律燕哥、萧十三等,"势震中外,门下馈赂不绝。凡阿顺者蒙荐擢,忠直者被斥窜"。大康元年(1075),因皇太子濬预政,恣权受阻,遂诬宣懿皇后与伶官私通,致皇后赐死;继诬太子谋废立。三年(1077)六月,太子被废为庶人,囚上京(今内蒙古巴林左旗南)。十一月,遣人将太子阴害,并株连大批臣将。未几,事觉。五年(1079),出知南院大王事,削一字王爵,改混同王。次年正月,出知兴中府事。七年(1081)十二月,以鬻禁物于外邦,被执,囚来州(今辽宁绥中前卫镇)。九年(1083)十月,以私藏兵甲密谋奔宋罪被诛。天祚帝乾统二年(1102)四月,诏掘墓戮尸,家属分赐诸受陷者。

【耶律大石】(1087或1094—1143) 又作耶律大实。即西辽德宗。西辽创建者。字重德。契丹族。辽太祖﹡耶律阿保机八世孙。通契丹字、汉字,善骑射。天祚帝天庆五年(1115)进士,擢翰林应奉,升承旨。辽称翰林为林牙,故世称其为"大石林牙"。历任泰、祥二州刺史和辽兴军节度使。保大二年(1122),遭女真进攻,辽中京(今内蒙古宁城)、西京(今山西大同)相继失守,天祚帝西逃夹山(今内蒙古武川西),他在南京(今北京)与诸臣拥立兴宗孙、秦晋王耶律淳称帝,改元建福,史称北辽。次年四月,南京失陷,被擒。数月后逃出,西投天祚帝。后与天祚帝相左,四年(1124)七月,杀枢密使萧乙薛和坡里括,自立为王,率众西行。至西北重镇镇州可敦城(今蒙古哈达桑东),召七州、十八部王众,募得精兵万余,立排甲,具器仗,军威复振。假道回鹘,继续西行。金天会九年(1131)二月,至起儿漫(今布哈拉东),正式称帝,号葛儿汗(意为"大汗"、"汗中之汗"),汉号天祐皇帝,改元延庆。十二年(1134),建都巴拉沙衮,名虎思斡耳朵(契丹语,意为"有力的宫帐",今托克马克南),改年号康国。史称西辽,又称后辽、西契丹、黑契丹、哈剌契丹等。统治地位巩固后,开始扩展领域,相继征服喀什噶尔、和阗、畏兀儿等,复向西,于寻思干(今撒马尔罕)败桑节尔率领的诸国联军,进军花剌子模(今咸海一带),迫其王阿提西兹归服,建成中亚强大帝国,辖地包括今新疆及其以西的广大地区。其政制基本袭辽,官分南北,保留原军职名称和战术特点。不依当地传统分封采邑。对被征服地区采取温和政策,"轻徭薄赋",对属国属部"柔远怀来",对宗教信仰"循俗"、"宽容",使阶级关系、民族关系、宗教关系有所缓和,被史家誉为"公正的君主"。康国十年(1143)病卒,庙号德宗。

【耶律义先】(1011—1052) 辽代中期将领。契丹族。于越﹡耶律仁先弟。举止庄重,有礼仪。兴宗重熙(1032—1055)初,补祗候郎君班详稳(将军)。十三年(1044),从兴宗攻西夏,为十二行纥都监,以功擢南院宣徽使。迁夷离毕,掌刑狱。以同知枢密院事萧革怙宠专权,谏言勿重用,不纳。曾因于帝宴怒斥革为国贼,取怒兴宗,赖皇后保救得免。十七年(1048)八月,以殿前都点检为行军都部署,奉命讨蒲奴里部,多所招降。十八年(1049)二月,擒其首领陶得里以献,受兴宗手诏褒奖,以功改南京统军使,封武昌郡王。任内,军器完整,民得休息,迁契丹行宫都部署。二十一年(1052)十二月,官拜惕隐,掌皇族政教。晋封富春郡王。寻卒。道宗清宁九年(1063)十一月,追赠许王。

【耶律马五】 金初将领,开国功臣之一。契丹族。英勇善战,早年仕辽。道宗时,官乌古敌烈统军使。大康八年(1082),迁北院大王。辽亡降金,为招讨都监。太宗天会四年(1126),从右副元帅完颜宗翰伐宋,破宋张灏军四千于文水(今山西文水),为宗翰克太原创造条件。继破汴(今河南开封),亡北宋。六年(1128),随右副元帅完颜宗辅南伐,取房州(今湖北房县),擒宋转运使刘吉、邓州通判王彬。攻略汉上,至上蔡(今河南上蔡),先锋破宋孔家军。八年(1130),击宋军于陇州(今陕西陇县),降一县而还。与完颜宗弼(兀术)等分路南进,袭宋高宗于扬州(今江苏扬州),迫高宗渡江逃建康(今江苏南京)。以功显赫,卒赠金吾上将军。大定(1161—1189)年间,世宗大褒功臣,绘像衍庆宫。

【耶律王祥】 又作完颜王祥。金代中期将领。契丹族。冀国公耶律元宜(完颜元宜)子。海陵王时,为骁骑副都指挥使。正隆六年(1161)十月,太祖孙完颜雍乘海陵王南下伐宋,形势动荡之机,在东京辽阳(今辽宁辽阳)称帝,是为世宗。海陵欲渡江,军中多怀去逆。他奉父密诏,率众御攻营,射杀海陵,以衣巾裹海陵尸,焚之。即领军北还,投世宗,受赐姓完颜。大定(1161—1189)初年,随左副元帅纥石烈志宁伐宋,攻取蔡州(今河南汝南)。官归德尹。十五年(1175),与客省使卢玑共为贺宋生日使,与宋往来。

【耶律天祐】 蒙古国将领。契丹族。河北西路安抚使耶律忒末子。早年随父仕金。成吉思汗九年(1214),与父率众三万投蒙,授招讨使。十六年(1221),从父略邢、洺、磁、相、怀、孟等地。次年,以父致仕,袭职,为河北西路安抚使。随元帅史天倪攻取益都诸城,略沧、棣,遂兼沧、棣州达鲁花赤(蒙语官名,镇守者)。以计克金盐山卫镇盐场,岁运盐四千席,以供军用。十九年(1224),取大名(今河北大名)。次年,金降将武仙据真定(今河北正定)叛蒙,他乘夜逃出,领蒙古军克城。受命镇赵州(今河北赵县)。二十一年(1226),武仙复犯,害其父。遂率众死战,于栾城、元氏、高邑、柏乡等地屡挫武仙。后因监军张林暗通武仙,城失,受创。次年,复城杀张林。以功加奉国上将军、洺州征行元帅,兼赵州安抚使。因伤致仕,居赵。

【耶律天德】(?—948) 辽初将领。字苾扇。契丹族。辽太宗耶律德光第三子。猛悍矫捷,人望而畏。会同三年(940)五月,奉诏使后晋。六年(943),以晋帝石重贵对契丹"称孙不称臣",辞多不尊,随太宗德光伐晋。九年(946)十一月,在望都以五千骑断晋兵粮道,迫十万晋军乏食投降,继而直下晋都汴京(今河南开封),灭晋。大同元年(947),太宗卒于回军途中,受命护送灵柩赴上京(今内蒙古巴林左旗南)。天禄二年(948),与太宗妹夫萧翰同谋反世宗,事败被囚。继参与刘哥和盆都谋反,被杀。

【耶律化哥】 又作耶律化葛。辽代中期将领。字弘隐。契丹族。楚国王耶律岩木后人。景宗乾亨(979—982)初,为北院林牙(掌文翰)。圣宗统和四年(986),率兵南伐,据平州(今河北卢龙)要地,败宋军,拜上京留守,迁北院大王。十六年(998),复攻宋,破敌于遂城(今河北徐水西)。二十三年(1005)二月,迁南院大王。二十九年(1011)六月,改北院枢密使。开泰元年(1012)十一月,征讨西北阻卜,以功封豳王。奉命经略西境,进长翼只水(今额尔齐斯河),途中掳掠西州回鹘,引起不满,以罪削王爵,以侍中遥领大同军节度使。

【耶律仁先】(1013—1072) 辽中期著名将领。字一得,又字糺邻,小字查刺。契丹族。仲父房之后,南府宰相耶律思忠子(一作瑰引子)。有智略。兴宗时,初任左千牛卫将军,出入宫中,给事左右。继授崇德宫使,总辖图版,兼领禁卫。迁殿前副点检。深受兴宗器重,称:"唐有大亮,我有仁先。"未几,改任北面林牙,掌文翰。再徙副枢密使。奉命平定高丽、女真等侵扰。重熙十一年(1042),受命使宋,索取瓦桥关(今河北雄县)以南十县土地,迫宋应允岁增纳银十万两,绢十万匹,以偿地产。以功擢中书门下平章事,授功臣。十三年(1044)七月,率兵镇压武清李宜儿起义,迁契丹诸行宫都部署,封南王,受兴宗赐诗嘉奖。十六年(1047),迁北院大王。十八年(1049)七月,充先锋征西夏,因夏主李元昊远去,未遇敌而还。翌年,知北院枢密使事,迁东京留守,判辽阳府事。任内,开山通道,边境安定,以政绩封吴王。道宗清宁元年(1055)十月,同知南京留守事。次年六月,擢南院枢密使。四年(1058)六月,迁北院枢密使。继被诬陷,出为南京兵马副元帅,守太尉,改隋王。六年(1060)六月,昭雪,复北院大王。九年(1063)五月,拜北院枢密使,徙许王。七月,皇太叔耶律重元父子纠合四百官员叛乱,围道宗于滦河(今内蒙古宁城西南)行宫,他受命领宿卫军抵御,与援军会合,败叛军,以功擢安邦卫社尽忠平乱同德功臣,授北面枢密使,加尚父,晋封宋王,诏画《滦河战图》以彰其功。咸雍元年(1065),加于越(最高荣誉衔,授有殊功者),改封辽王。十二月,受耶律乙辛排挤,出任南京留守,徙晋王。任期有政绩,为时人赞誉。五年(1069)正月,任西北路招讨使,领禁军征阻卜塔里干、图没里同瓦等。卒于任,葬葛箬母山。

【耶律可老】 契丹族。王子班郎君胡思里女。辽圣宗时期,契丹空前强大。开泰九年(1020)十月,西亚大食国遣使进方物,为王子册割请婚。次年三月,复请婚,圣宗遂将其封公主嫁之。加强了契丹与大食的友好往来。

【耶律术者】(?—1115) 辽末起兵反辽将领。字能典。契丹族。于越*蒲古只之后。魁伟雄辩。乾统(1101—1110)初,补祇候郎君。六年(1106),加观察使。天庆五年(1115)正月,被女真兵大败于达鲁古城(今吉林扶余附近),迁银州刺史,徙咸州糺将。见女真勃兴,天祚帝屡败,与知咸州路兵马事耶律章奴谋立魏国王耶律淳(天祚帝叔)。八月,闻章奴在赴女真前线途中发动兵变,引麾下响应、前往会之,途中为游兵所擒,执送天祚帝行宫,临危不惧,厉数天祚帝之过,陈社稷危亡之本,被杀。

【耶律术烈】(?—1123) 辽末皇臣。契丹族。辽兴宗弟耶律吴哥四世孙。保大三年(1123),受女真军攻,随天祚帝西逃夹山(今内蒙古武川西),后因君臣不合,与皇子耶律雅里离天祚帝出走西北诸部,在沙岭拥雅里称帝,建元神历。十月,雅里卒,为众臣择之继位,在位未及一月,即为乱兵所杀。

【耶律世良】(?—1016) 辽代中期大臣。小字斡。契丹族。六院部人。通晓国朝典故及世谱。曾上书与族弟敌烈争嫡庶。圣宗时,为北院郎君。统和二十九年(1011)三月,受大丞相韩德让举荐,任北院大王。开泰元年(1012)十一月,加检校太尉、同政事门下平章事。次年,任都监,从北院枢密使耶律化哥讨平西北阻卜,化哥欲还军,他上书请益兵进讨,追至安真河(今蒙古翁金河),胜归。十二月,以功封岐王,擢北院枢密使。三年(1014)三月,受命城招州(今蒙古哈达桑西)。九月,进兵乌古部,招降诸部叛军。次年五月,为副部署率兵攻高丽,五年(1016)正月,破高丽军于郭州(今朝鲜平安北道郭山)西。至南海军,病卒。

【耶律石柳】 辽后期大臣。字酬宛。契丹族。六院部人。统军副使耶律安十子。性刚直,有经世志。始为牌印郎君,道宗大康(1075—1084)初,任夷离毕郎君,掌刑狱。因不附权臣耶律乙辛,被诬附太子濬谋废立,流放镇州(今蒙古哈达桑东)。及濬子天祚帝即位,方受昭雪,乾统(1101—1110)年间,召回任御史中丞,遥领静江军节度使。作《谏治乙辛党书》,今存。

【耶律古乃】(1234—1269) 蒙古国将领。契丹族。辽王*耶律留哥曾孙,收国奴(石剌)子。蒙哥汗九年(1259),父卒,嗣为广宁路总管军民万户府职。忽必烈中统元年(1260),受命征河西。三年(1262),江淮大都督李璮起兵反蒙,攻益都,据济南,以涟、海三城献南宋。他奉令随军征李璮,破峄山,以功受赏。至元六年(1269),忽必烈并广宁路于东京,遂去职。俄卒。

【耶律只没】 名又作长没、质睦。辽朝皇臣。字和鲁董。契丹族。世宗*耶律阮第三子。智敏好学,通契丹字、汉字。善赋诗。穆宗应历十九年(969),因与宫人私通,遭鞭笞,被刺一目,受宫刑,候斩。二月,穆宗为人所杀,其兄耶律贤即位,获释,封宁王。保宁八年(976),又因妻造毒酒,夺爵,流乌古部。统和元年(983),圣宗即位,皇太后萧绰称制,被征还,复旧爵。作有《移芍药诗》、《放鹤诗》等,皆佚。

【耶律必摄】 辽朝皇臣。字箴董。契丹族。太宗*耶律德光第五子。穆宗时,闻族人恒特及萧啜里畏罪欲逃,密告于帝,见信,委侍从。力谏穆宗勿嗜酒妄杀,曾谏保一监养鹿官免遭杀害。景宗保宁元年(969)四月,封越王。五年(973),奉命攻讨党项,获功。后病卒。

【耶律奴瓜】(?—1012) 又作耶律奴哥。辽代中期将领。字延宁。契丹族。辽太祖异母弟耶律苏之孙。圣宗统和四年(986),为黄皮室糺都监,率兵赴蔚州(今河北蔚县),助枢密使耶律斜轸御宋太宗北伐,败宋名将杨业军,以功擢诸卫小将军。继迁黄皮室详稳(将军)。六年(988)九月,率先锋军从圣宗南下攻宋,败宋兵于定州(今河北定县),升东京统军使。十三年(995)七月,随奚王和朔奴征兀惹,失利,削金紫崇禄大夫阶。十九年(1001)七月,拜南府宰相。二十年,复随圣宗南下。次年四月,败宋军于望都(今河北望都),擒宋将王继忠,俘获甚众,以功加同政事门下平章事。二十六年(1008),为辽兴军节度使。未几,复为南府宰相。开泰元年(1012),加尚父,寻卒。

【耶律弘古】(?—1043) 又作耶律洪古。辽代中期大臣。字胡笃董,又作胡睹衮。契丹族。辽太祖伯父*耶律岩木后人,枢密使*耶律化哥弟。圣宗统和(983—1012)年间,累迁顺义军节度使,入为北面林牙,掌文翰。太平元年(1021),加同政事门下平章事,出为彰国军节度使,兼山北道兵马都部署,徙武定军节度使。六年(1026)四月,拜惕隐,掌皇族政教。八月,奉命从兄讨阻卜叛,有功。圣宗刺臂血盟为友,礼遇尤异。继拜南府宰相,迁上京留守。兴宗重熙六年(1037)五月,为南院大王。六月,兴宗亲制诰辞,赐诗以赞。十二年(1043),进拜于越(最高荣誉衔,授有殊功者),复授武定军节度使。八月卒,兴宗亲临奠祭。

【耶律弘基】(1032—1101) 又作耶律洪基。即辽道宗。辽朝第八代皇帝。1055—1101年在位。字涅邻,小字查剌。契丹族。兴宗*耶律宗真长子。性沉静、严毅。兴宗重熙六年(1037),封梁王。十一年(1042)十一月,进燕国王,总领中丞司事。翌年八月,总北南院枢密使事,加尚书令,晋封燕赵国王。二十一年(1052)七月,为天下兵马大元帅。知惕隐事。二十四年(1055)八月,兴宗病卒,遵遗诏继位,改元清宁。次年十一月,上尊号天祐皇帝。咸雍元年(1065)正月,增号圣文神武全功大略广智聪仁睿孝天祐皇帝。初政,能求直言,访治道,劝农兴学,救灾恤患,平赋税,缮戎器,禁盗贼。后以贵族内部争权斗争激烈,朝政趋衰。清宁九年(1063)七月,发生"重元之乱",皇太叔、天下兵马大元帅耶律重元父子纠合大小官员四百余人叛乱自立,军犯行宫,为许王耶律仁先和耶律乙辛率宿卫兵所败。平叛后继宠乙辛,官拜北院枢密使。大康元年(1075),太子濬预政,乙辛专权受阻,遂诬宣懿皇后与伶官私通,陷濬谋废立,受连死者众。后虽乙辛被执杀,然国力大伤。统治后期,权相张孝杰横行,吏治败坏,法令不明,鬻狱卖官。又大肆崇佛,一岁饭僧三十六万,一日而祝发三千。致使僧徒纵恣放债营利,侵夺小民,加剧社会矛盾。大安八年(1092)十月,西北阻卜诸部长磨古斯起兵反辽。历时九年方平,损失严重。他能文善诗,诗作《题李俨黄菊赋》为一代佳品。传令者尚有《赐法均大师句》、《戒勖释流偈》;见载有《放鹰诗》、《君臣同志华夷同风诗》等。清宁六年(1060),耶律良曾将其诗赋编成《清宁集》,今佚。他还好汉文化,尊尚儒学。设学养士;颁《五经》传疏,求乾文阁所缺经籍,命儒臣校理;多次诏颁《史记》、《汉书》,召儒士讲《五经》大义。寿昌七年(1101)正月,病卒于混同江(今松花江一段)行宫,遗诏长孙耶律延禧嗣位。六月,谥仁圣大孝文皇帝,庙号道宗。葬永福陵(今内蒙古巴林右旗白塔子北)。近年,在其墓中发现汉文和契丹文哀册。

【耶律老古】 辽初将领。字撒懒。契丹族。太祖*耶律阿保机侄。性沉毅,有勇略。幼养于宫中,及长,随太祖征战,屡建战功。后梁开平元年(907),拥阿保机即位,为佐命功臣之一。建国初,以太祖弟剌葛等谋叛,受命严号令,勒士卒以备变,剌葛见其武备森严,惧遁。叛平,以功授右皮室详稳(将军),典宿卫。神册(916—922)末年,随太祖南下攻燕、赵等地,在云碧店遇敌,恃勇轻敌,直犯其锋,受创。归营而卒。

【耶律夷列】(? —1163) 西辽君主。1151—1163年在位。契丹族。西辽创建者*耶律大石子。康国十年(1143),父病卒,因年幼,由母感天皇后主国事。咸清七年(1150),母卒;即帝位,改元绍兴。在位期间,推行户籍制,籍民八万四千五百户,以一丁为一户缴纳赋税。绍兴八至九年(1158—1159),为抗御花剌子模进攻,应辖地寻思干(今苏联撒马尔罕)首领之请,遣夷离堇·突厥蛮率万骑救助,后经寻思干教长、长老出面调停,花剌子模还师,罢兵。在位十三年卒,庙号仁宗,因子幼,遗诏由妹普速完权主国事。

【耶律有尚】(1235—1320) 元初文臣。字伯强。契丹族,东平(今山东东平)人。辽东丹王*耶律倍十世孙。祖父官东平,遂以为籍。早年受业于许衡,习性理之学。至元八年(1271),为斋长,助集贤大学士、国子祭酒许衡教蒙古子弟。十年,进助教。后任秘书监丞,出知蓟州(今天津蓟县),为政宽简,得民心。继为詹事院长史。二十二年(1285),因国学渐废,受召为国子司业。二十四年(1287),建学馆,立国子监,任国子祭酒。二十七年(1290),以亲老,辞归。大德元年(1297),复为国子祭酒,加集贤学士。迁太常卿,再复集贤学士。累官至昭文馆大学士、兼国子祭酒,阶中奉大夫。前后五居国学,遵许衡教法,以义理为本;经术为尊,躬行为务,海内宗之。卒,谥文正。

【耶律合住】(929?—979?) 名又作昌术、昌主。辽代大臣。字粘衮。汉名琮,字伯玉。契丹族。辽太祖阿保机弟*耶律迭剌孙。智敏善论。以皇族后裔入仕。年十五任先军监师随太宗南下;勇建战功。太宗灭晋,开府库,搜珍宝,他独不取。世宗、穆宗朝,弃官归田。景宗保宁二年(970)七月,复拜崇禄大夫、检校太保、右羽林军大将军,兼御史大夫。翌年,迁右龙虎军大将军。因南部边界多事,保宁五年(973)六月,授涿州刺史,西南面兵马都监,招安、巡检等使,特进检校太傅。遥授昭武军节度、利巴等州观察处置使等。任内,主张与宋和议,曾领数骑径往宋雄州(今河北雄县),陈述两国利害。六年(974)三月,获准与宋约和,致宋书,修旧好。和议成,拜左卫上将军。边境稍安,时人称赞:"合住一言,贤于数千万兵。"不久,因目睹前规,宠厚易祸,致仕。保宁十一年(979)葬马孟山(今内蒙古喀喇沁旗鸽子洞沟),景宗遣人会葬。追赠政事令。

【耶律休哥】(? —998) 辽代中期著名将领。字逊宁。契丹族。辽太祖族兄、南院夷离堇(军事将领)耶律绾思子。穆宗应历十五年(965),随北府宰相萧干征乌古、室韦等部。应历末年,任惕隐,掌皇族政教。景宗保宁五年(973),率兵西伐党项,胜归。屡对宋作战。乾亨元年(979),南京(今北京)被围,奉诏领五院军救援。七月,与耶律斜轸大败宋军于高梁河,宋太宗仅以身免。十月,随燕王韩匡嗣与宋兵战于满城,识破宋诈降计,规劝匡嗣严兵以待,遭拒,中计,军溃,他整兵救援,解围。二年(980),擢北院大王,总南面戎兵。十月,随景宗南下,围瓦桥关(今河北雄县),败宋兵,追至莫州(今河北任丘)。十二月,拜于越(最高荣誉衔,授有殊功者)。乾亨四年(982)九月,任南面行军都统。翌年,迁南京留守,并特许伺机处事。任内,均戎兵,立更休法,劝农桑,修武备,边境大治。统和四年(986),面对宋三路进攻,避免正面作战,出奇兵、夜袭薄弱,昼疲敌军,断绝粮道,致使宋军疲惫,进展缓慢。五月,与援军大败宋兵于歧沟关(今河北涿县西南),追至拒马河。继率军西助耶律斜轸,复寰州(今山西朔县东北)、朔州(今山西朔县),擒宋名将杨业。因功晋封宋国王。十一月,任先锋都统,随圣宗南伐,十二月,败宋军于望都、君子馆(今河北河间北),尽歼刘廷让军。六年(988)九月,再随圣宗亲征,十一月,在唐河受挫,寻攻满城,下祁州(今河北安国)。次年三月,因功,准入内神帐行再生礼。五月,与宋军战沙河北,获胜,以功特赐免拜不名。六月,与排亚破宋兵于泰州(今河北保定)。七月,在徐河附近遭宋军袭击,伤臂。一生征战,声名远振,史称"虽配古名将,无愧矣"。统和十六年(998)十二月卒,圣宗辍朝五日,诏立祠南京。道宗大康(1075—1084)年间修国史,首编其事迹以进。

【耶律行平】 见"耶律资忠"。(318页)

【耶律朱哥】 蒙古国将领。契丹族。太傅*耶律秃花子。早年随父事成吉思汗。父伐金卒于军,袭父爵,拜太傅。随都元帅塔察儿攻金,同破蔡州(今河南汝南)。窝阔台汗六年(1234),金亡,奉命统刘黑马等七万户。次年,与都元帅塔海绀卜辅皇子阔端征四川。卒军中。

【耶律延禧】(1075—1128) 即辽天祚帝。辽朝第九代皇帝。1101—1125年在位。字延宁,小字阿果,又作阿适,契丹族。道宗*耶律弘基孙。因父濬受冤屈死,道宗又无他子,故自幼备受珍爱。大康六年(1080)三月,六岁时,封梁王。加守太尉,兼中书令。九年(1083)十一月,晋封燕国王。大安四年(1088)六月,知中丞司事。七年(1091)十月,为天下兵马大元帅,总北南院枢密使事,加尚书令。寿昌七年(1101)正月,道宗卒,奉遗诏即位,尊号天祚皇帝,改元乾统。为父昭雪,搜捕耶律乙辛余党。三年(1103)十一月,增号惠文智武圣孝天祚皇帝。因"拒谏饰非,穷奢极侈,盘于游畋,信用谗谄,纲纪废弛,人情怨怒"内外矛盾重重,起义不断。即位当年即发生赵钟哥攻打皇宫事件。天庆三年(1113)闰四月,爆发李弘起义。五年(1115)二月,饶州(今内蒙古林西县樱桃沟村)渤海人古欲拥骑三万反辽称王。六年正月,东京少年杀留守起义。渤海人高永昌据东京(今辽宁辽阳),自称大渤海皇帝,攻取辽东五十余州。二月,汉人侯概聚众万人在中京(今内蒙古宁城)起兵,攻占高州,袭击川州。七月,春州(今内蒙古突泉县双城子)渤海二千户反叛。八月,乌古部叛。七年二月,涞水贫民董庞儿聚众万人起义,转战云、应、武、朔等州。八年正月,东路诸州义兵蜂起。五月,汉人安生儿、张高儿聚众二十万人,攻懿州。九年二月,张撒八在中京发动射粮军起义。内忧不止,外患义起。天庆四年(1114),女真举兵反辽,攻陷咸、宾、祥等州。五年八月,亲率十五万大兵征讨。因辽军内讧,副都统耶律章奴兵变,遭女真袭击,损失惨重。七年(1117)十二月,复败于蒺藜山(今辽宁阜新北)。次年,与金议和,未果。十年(1120)五月,上京(今内蒙古巴林左旗南)留守挞不也降金。统治内部又生内讧,元妃嫉诬文妃伙同妹夫耶律余睹谋另立,于十一年正月,赐死文妃,余睹率军降金,告知辽军内幕,加速辽统治的崩溃。时宋金订"海上之盟",联合攻辽。保大二年(1122),中京、云中(今山西大同)相继失陷,率残部逃夹山(今内蒙古武川西)。驻南京(今北京)臣将立其叔耶律淳为天锡皇帝,建"北辽",降封他为湘阴王,十二月,南京失陷,北辽亡。次年五月,子耶律雅里于沙岭称帝,改元神历,数月亦亡。四年(1124)七月,耶律大石分兵西去,自立为王。他于五年(1125)二月,在应州(今山西应县)新城东为金将完颜娄室俘获,八月,送至金,降封海滨王,后病卒。

【耶律刘哥】 又作耶律留哥。辽初将领。字明隐。契丹族。辽太祖弟*耶律寅底石子。太宗时入仕,驻守边徼,累迁西南边大详稳(将军)。大同元年(947),太宗南下伐晋,卒于回师途中,随军将臣拥世宗阮继位;淳钦皇太后立子李胡,发兵抗击,他与叔父安端率兵投世宗,与李胡兵在泰德泉遭遇,战中遇险,以身护安端,败李胡兵,事平后以功加惕隐,掌皇族政教。天禄二年(948),与弟盆都、太宗子天德、侍卫萧翰谋反,欲杀世宗,事发被囚,流放乌古部。病卒于当地。

【耶律安礼】 金大臣。本名纳合。契丹族。幼孤,事母以孝闻名。辽亡降金。主宗弼帅府文字事,任左班殿直。天眷(1138—1140)初,从元帅于山西,由行台吏、礼部主事累迁工部侍郎,改左司郎中。天德(1149—1153)间,废行台,入为工部侍郎,累迁工部尚书。翌年冬,为宋国岁元使。为官不附上刻下,奉命审理韩王亨狱于广宁。以亨无谋反罪上奏,取怒于海陵王,被怀疑其原是梁王宗弼故吏而同情亨。改吏部尚书。正隆元年(1156),拜枢密副使,封谭国公,迁尚书右丞。三年,转左丞。因谏阻伐宋,置为南京留守,封温国公。为官廉洁,宝货人口一无所取,被誉为贤吏。卒年五十六。

【耶律安抟】(?—953) 辽初将领。契丹族。辽世宗*耶律阮族兄,南院夷离堇(军事首领)迭里子。父在太祖卒时因谏耶律倍继位被淳钦皇后杀害。他与倍子永康王阮结交甚厚。大同元年(947),以直宿卫随太宗南下伐晋。回师途中,太宗病卒,与北院大王耶律洼和南院大王耶律吼定策,拥阮继位,遂为阮腹心,拜总知宿卫。继而平定淳钦太后的对抗。以功为首任北院枢密使。应历元年(951),世宗被害,穆宗璟(太宗子)即位,不为所用。三年(953),被诬与齐王罨撒葛谋反,下狱死。

【耶律安端】(?—953) 又作耶律阿敦。辽朝皇室、辽初"诸弟之乱"的参与者。字猥隐。契丹族。辽太祖*耶律阿保机四弟。太祖五年(911)五月,与兄剌葛、迭剌、寅底石等谋反,因妻粘睦姑告发,未果。翌年十月,又反,势单不支,归降。七年(913),再叛,领兵至阿保机处,伪称进觐,欲加害,事败被拘。乱平,以"性本庸弱,为剌葛所使",被杖释。神册三年(918)正月,任大内惕隐,掌皇族政教。率兵攻取云州(今山西大同)。天赞四年(925)十二月,随阿保机伐渤海,领先锋军万骑破渤海军三万,获大功。五年(926)正月,灭渤海。三月,将兵平定安边、定理、郸颉(今黑龙江哈尔滨市郊阿城)三府叛乱,诛安边府叛帅二人。会同六年(943)十二月,随太宗德光南下伐晋,由沧(今河北沧县附近)、恒(今河北正定)、易(今河北易县)、定(今河北定县)分道进军。翌年正月,入雁门,围忻(今山西忻县)、代(今山西代县),迫使后晋遣书求好。后染疾先归。大同元年(947)四月,太宗卒,拥耶律阮继位,与淳钦皇太后兵战泰德泉,大胜。九月,封"明王"(一说"伟王"),主持东丹国。后因子察割谋反,诛世宗阮,穆宗璟立后,赦通谋罪,放归乡里。应历二年十二月辛亥(953年1月18日)卒。

【耶律羽之】 辽初大臣。字寅底哂。小字兀里。契丹族。辽太祖*耶律阿保机族弟。自幼嗜学,通诸部语。在阿保机初掌权时,即参与军谋。天显元年(926),阿保机灭渤海,立东丹国,受任为东丹国中台省右次相,与左大相耶律迭剌共佐东丹国主耶律倍,"莅事勤恪,威信并行"。太宗德光继位后,谏言迁徙东丹居民,获允。三年(928)十二月,迁东丹民以实东平,升东平为南京(今辽宁辽阳)。五年(930)十一月,东丹王耶律倍越海投奔后唐,他治国事如故,以功加守太傅,迁中台省左相。会同元年(938),入朝加特进。三年(940)六月,以贪暴不法罪,奏免渤海相大素贤。

【耶律买住】(?—1270?) 蒙古国将领。契丹族。太傅*耶律秃花次子。兄耶律朱哥征四川卒于军,以兄子宝童有疾不任事,乃袭兄爵,拜太傅。蒙哥汗八年(1258),随汗伐宋,攻四川,献策"欲略定西川下流诸城,当先定成都"。遂奉命率诸军破成都。忽必烈汗至元七年(1270)五月,随军攻嘉定(今四川乐山),未下而卒。

【耶律买哥】(?—1259) 蒙古国将领。契丹族。太师*耶律绵思哥子。通诸国语。窝阔台汗时(一作成吉思汗时),为奉御,后袭父职,为中都路也可达鲁花赤(蒙语官名,镇守者)。时中都供应浩费,屡贷于民,悉以私藏偿还。汗闻之,赐银万两。蒙哥汗八年(1258),从汗伐蜀,次年,攻合州(今四川合川)钓鱼山,卒军中。

【耶律李胡】(912—960) 辽初皇族、重要将领。一名洪古,字奚隐。契丹族。辽太祖*耶律阿保机第三子,太宗*耶律德光弟。天显元年(926),从阿保机平渤海,以功封自在太子。四年(929),随太宗德光南下中原,次年,拔寰州(今山西朔县东北),被立为寿昌皇太弟,兼天下兵马大元帅,受赐原所俘渤海户。八年(933),率兵西伐党项,胜归,党项来贡。寻德光亲兵南下,被委留守京师。大同元年(947),德光死军中,因随军将臣拥立世宗兀欲(耶律倍子)为帝,遂怀怨,在母淳钦皇太后支持下,将兵抗拒,与世宗支持者耶律安端战于泰德泉,败归。尽执世宗臣僚家属。旋再举兵,隔潢河(今西辽河上游西喇木伦河)与世宗对阵。因其禀性暴虐,"小怒辄黥人面,或投水火中"。人心背向,士卒多投世宗。被迫罢兵,趋上京(今内蒙古巴林左旗南)。未几,以谋反罪,迁祖州(上京西南)软禁。穆宗应历十年(960)十月,因子喜隐策反,受殃被囚,死狱中,葬玉峰山西谷。圣宗统和二十六年(1008),追谥恭顺皇帝(史载因避金章宗父允恭讳,改钦顺)。兴宗重熙二十一年(1052),更谥章肃皇帝。

【耶律杨六】 ①辽中期大臣。契丹族。圣宗时官太傅。在"澶渊之盟"后一年,统和二十三年(1005)九月,奉诏使宋,贺宋真宗生辰,以示两国友好。②辽代后期大臣。契丹族。道宗(1055—1101年在位)时为鹰坊使。契丹甚重"头鹅宴",有"一鹅先得金百两"(《白石道人诗集》)之说。大康元年(1075)二月,随道宗赴大鱼泺猎,以获鹅,进工部尚书。

【耶律忒末】(?—1226) 蒙古国将领。契丹族。辽都统耶律丑哥子。早年仕金,为都统。成吉思汗九年(1214),与子天祐率三万众投蒙,授帅府监军,从元帅史天倪略赵州平棘、栾城、元氏、柏乡、赞皇、临城等县。十六年(1221),加洺州等路征行元帅,与子讨邢、洺、磁、相、怀、孟等地,以功授真定路安抚使、洺州元帅。进兵泽潞,功迁河北西路安抚使,兼泽潞元帅府事。次年,致仕,退保真定(今河北正定)。二十年(1225),金降将武仙据真定叛蒙。次年,被执,不屈,遭害。

【耶律吴十】(?—1139) 金初将领。契丹族。东京(今辽宁辽阳)人。辽亡前夕,于天祚帝天庆六年(1116)五月,投女真军,随金将完颜蒲家奴分兵招谕辽兵,获辽留守迪越家人辎重,并降群牧官木卢瓦,得马甚多。金天辅六年(1122),从太祖追辽帝,至小鱼泺,夜潜辽营,执新罗奴还,探知天祚帝所在。七年,被阴告与辽降将耶律余睹谋反,未究。天会三年(1125),随主将完颜宗望追天祚,探得天祚欲渡河奔党项,遂致书党项阻之。二月,天祚被俘,辽亡。天眷二年(1139)六月,策谋反金,事泄伏诛。

【耶律余睹】(?—1132) 名又作余睹、余笃,余都姑。辽朝大臣。契丹族。天祚帝文妃妹夫。天庆(1111—1120)年间,为金吾卫大将军、东路都统。九年(1119),领兵镇压张撒八起义,擒撒八。保大元年(1121)正月,被元妃兄萧奉先诬与文妃谋立文妃子耶律敖鲁斡,惧,降金,仍以原职领所部。次年正月,引金军攻辽,迫天祚帝西逃。金太宗天会三年(1125),为元帅右都监,领兵伐宋,破宋兵于汾河北,擒其帅郝仲连等,杀万余人。十年(1132),欲举兵反金,为云内节度使耶律奴哥告发,奔西夏,夏人见其未领兵马,不纳,遂投鞑靼,被杀。

【耶律秃花】 名又作秃怀、兔花。蒙古国将领。契丹族。太师*耶律阿海弟。世居桓州(今内蒙古正蓝旗)。早年仕金时,曾随兄奉使克烈部王罕所,与铁木真(成吉思汗)结纳,遂弃金投蒙,留为质,直宿卫。南宋嘉泰三年(1203),铁木真与王罕盟破,从铁木真战王罕,兵败,与诸亲信共饮班朱尼河水为誓,攻败王罕。开禧二年(1206),拥铁木真登基,号成吉思汗。成吉思汗六年(1211)、从汗伐金,充向导,袭金群牧监,获马甚多。十年(1215),随军破中都(今北京),因功,拜太傅,封濮国公。从木华黎攻山东、河北诸地。统领万户扎剌儿、刘黑马、史天泽等讨金。卒于西和州(今甘肃西和)。

【耶律谷欲】 辽代中期大臣。字休坚。契丹族。六院部人。节度使阿古只子。有礼法,工文章。圣宗统和(983—1012)中,为本部太保。开泰(1012—1021)中,迁塌母城节度使,因处置霸州疑狱,得圣宗赏识,授启圣军节度使。太平(1021—1031)中,复为本部太保。继擢南院大王。见世风日颓,欲请老还乡,不许。兴宗时,命为诗友,常问以治国之道,多有进谏。重熙十三年(1044),奉诏与耶律庶成、萧韩家奴共编辽国上世事迹及诸帝《实录》,未成而卒,享年九十。

【耶律希亮】(1247—1327) 元朝大臣。初名秃忽思。字明甫。契丹族。中书令*耶律楚材孙,*耶律铸子。幼随父受业于燕京,天资聪慧,九岁能诗。蒙哥汗八年(1258),赴六盘山觐蒙哥,继随父扈从蒙哥南下伐宋。次年七月,蒙哥卒于蜀,乃将辎重北ავ陕右。中统元年(1260),忽必烈与阿里不哥争汗位,因其父投忽必烈,与母被阿里不哥部将所拘,胁迫西行,至肃州(今甘肃酒泉),遇父好友哈剌不花,获释。与兄弟抵叶密立(今新疆额敏),附宗王禾忽,继为阿里不哥所攻,辗转西域各地。后涉大漠至上都(今内蒙古正蓝旗东),入觐忽必烈。受命为速古儿赤(掌内府尚供衣服者)、必阇赤(书史)。至元八年(1271),授符宝郎。十四年(1277),转礼部尚书,迁吏部尚书。十七年(1280),以疾谢事。至大二年(1309),武亲寻访旧臣,复起为翰林学士承旨、知制诰兼修国史,纂世祖忽必烈言行以进。卒,追封漆水郡公,谥忠嘉。所著诗文及从军纪行录三十卷,名《慊轩集》,今佚。

【耶律伯坚】 元初大臣。字寿之。契丹族。桓州(今内蒙古正蓝旗西北)人。为人豪侠,喜与名士游。以荐举入官,为工部主事。至元九年(1272),迁保定路清苑县尹。任内,建言大司农司妥善解决徐水之害,使县民受益。又承接民诉,禁权贵截县西塘水为磨,令决水注田以利民,溉田余月方得堰水置磨,著为定制。凡郡府赋役重于他县,必诣府力争,"宁得罪于上,不可得罪于下"。在清苑(今河北保定)四年,受民拥戴。民立石以颂其德。后擢恩州同知。

【耶律佛顶】 辽末将领。契丹族。天祚帝时,官永兴宫使。天庆五年(1115),天祚帝亲征金受挫,损失惨重。翌年,受命为监军从都元帅耶律淳招募"怨军"。寻为显州路都统。后怨军溃,与金军战于沈州(今辽宁沈阳),败,遣书请和,未成。保大时,任西南面招讨使。二年(1122)四月,受诏降金。在金将完颜昂监视下。受命以兵护送诸降人于浑河路从居。

【耶律怀义】 金朝大臣。本名孛迭。契丹族。辽宗室子。年二十四,以战功累迁同知点检司事。完颜宗翰取四京。辽帝谋奔于夏,谏止,不听,遂窃取辽帝厩马降金。领谋克从军,随完颜宗翰等经略西方。太宗天会元年(1123),为西南路招讨使,择诸部冲要之地,建城市,通商贾,自是岁丰畜繁。三年(1125)从宗翰攻宋,降马邑,破雁门,攻太原,降清源县徐沟镇,屯汾州境,破河东、陕西路救太原之兵于文水西山。翌年,从娄室取汾州及其属邑,过平阳,出泽、潞趋河阳,所至皆降,与诸军取汴京(今开封)。平郑州叛者,下濮州及雷泽县,从破大名、东平府、徐、兖等州。七年(1129),还镇。十年,加尚书左仆射,改西北路招讨使。熙宗天眷(1138—1140)初,为太原尹,改中京留守、大名尹。皇统九年(1149),海陵王即位,封漆水郡王,晋封莘王、萧王。正隆(1156—1161)间改封景国公。年八十二,卒于云中。

【耶律阿思】 又作耶律阿斯。辽朝大臣。字撒班。契丹族。善射,有干才。道宗清宁初年入仕,补祗候郎君,进渤海近侍详稳。清宁九年(1063)七月。皇太叔耶律重元与子涅鲁古谋叛,围道宗于滦河(今内蒙古宁城西南)行宫,他率军抵御,射杀涅鲁古,与援军会合,平叛。以功赐靖乱功臣。大康九年(1083)六月,迁契丹行宫都部署。大安二年(1086)六月,兼知北院大王事。四年(1088)十月,封漆水郡王。寿昌元年(1095)十二月,为北院枢密使,监修国史。因与契丹行宫都部署萧陶隗、右夷离毕(契丹官名,掌刑狱)萧谋鲁斡、崇德宫使萧陶苏斡等不协,遂加诬陷,将三人排挤出朝。寿昌七年(1101),道宗卒,受顾命辅立天祚帝,加于越(最高荣誉衔。授有殊功者)。奉诏治耶律乙辛余党,因受贿,多宽免。又阻萧合卓谏修边备,被世人讥为"以金卖国"。后以风疾,辞任,加尚父,封赵王。年八十而卒;追封齐国王。

【耶律阿海】 蒙古国将领。契丹族。金尚书奏事官脱迭儿子。善骑射,通诸国语。早年仕金,奉使克烈部王罕所,弃金投蒙,出入战阵,参与机谋。宋嘉泰三年(1203),铁木真与王罕盟破,与铁木真及诸亲信共饮班朱尼河水为誓,击败王罕。开禧二年(1206),拥铁木真登基,号成吉思汗。成吉思汗六年(1211),随先锋哲别攻金,充向导,破乌沙堡(今内蒙古兴和北),攻宣平(今河北怀安东北),战会河川,至居庸关。八年(1213),从破宣德(今河化宣化)、德兴(今河北涿鹿西南),谏言成吉思汗止杀掠,受赞赏。翌年,与诸军并力围金中都(今北京)。十年(1215),中都破,以功拜太师,行中书省事。十四年(1219),从汗西征,次年,克蒲华(不花剌,今苏联中亚布哈拉),寻思干(今苏联撒马尔罕),遂留监寻思干。以疾卒于职,年七十三。至元十年(1273),追封忠武公。

【耶律驴马】 元初臣将。契丹族。中都路也可达鲁花赤买哥子。早年备宿卫,为必阇赤(蒙古语,书吏),累官右卫亲军都指挥使。至元二十四年(1287),以父功,世祖忽必烈赐以只孙服(蒙语,与宴者着一色服饰称只孙服),命居其父太师位。翌年,率兵征叛王哈丹,有战功。后以年迈辞任。

【耶律抹只】 又作耶律末只。辽代中期大臣。字留隐。契丹族。仲父房痕鲁后人。初以皇族入侍。景宗(969—982年在位)时为林牙,掌文翰,迁枢密副使。乾亨元年(979)二月,为监军,与南府宰相耶律沙南下伐宋,至白马岭(今山西盂县北),遇宋军,时阻大涧,不听劝阻,急欲取胜,强使先锋军渡涧,兵败,仅以身免。后在高梁河大战中多有军功,得释前过。十月,辽诸将在满城中宋诈降计,兵败,唯其部不乱,受景宗谕赞,迁南海军节度使。圣宗统和元年(983)四月,任枢密副使兼侍中、东京留守。四年(986)正月,奉命讨女真,大获而还。三月,为御宋太宗亲征,奉命至南京(今北京)迎圣宗亲临,圣宗赐剑专杀。旋败宋军于涿州(今河北涿县)东。六年(988)七月,封漆水郡王,迁大同军节度使。以农遭霜旱之灾,奏请增价折粟,原定州民输税,斗粟折钱五,请折钱六,获允,部民称便。统和(983—1012)末年卒。

【耶律国留】 辽代中期文士。契丹族。皇族仲父房之后。善属文,为圣宗所重。因妻弟媳阿古与奴私通,杀奴,致阿古自尽。时阿古母受宠于皇太后,遂惹怒太后,欲将他处决,被迫逃亡,后被骗回,处死。狱中作《兔赋》《寤寐歌》等,为一时佳作,受世人赞赏,今佚。

【耶律贤适】(928—980) 辽代大臣。字阿古真。契丹族。于越(最高荣誉衔,授有殊功者)耶律鲁不古子。嗜学有志,得于越耶律质赏识。穆宗时,见朝臣多以言遭谴,乃避嫌静退,游猎自娱,绝言时事。曾劝耶律贤勿议穆宗酗酒荒政,使穆宗不疑贤。应历十七年(967),奉命会讨乌古部,胜归,授右皮室详稳(将军)。十九年(969)二月,景宗耶律贤继位,以谏言有功加检校太保,遥授宁江军节度使,旋加特进同中书门下平章事,成为景宗心腹。保宁二年(970)七月,拜北院枢密使,兼侍中。三年七月,为西北路兵马都部署。任内,勤于政务,处决积年陈案。曾奏劾大丞相高勋及守太尉女里等恣行横贪。乾亨二年(980),封西平郡王。

【**耶律岩木**】 契丹遥辇氏部落联盟军事首领。字敌辇。迭剌部人。辽太祖*耶律阿保机伯父,玄祖*耶律匀德实次子。身高力大,能裂牡鹿皮。三次出任迭剌部夷离堇(军事首领)。年四十五而卒。兴宗重熙二十一年(1052)七月,追封蜀国王(一作楚国王)。因其兄麻普(或作麻鲁,玄祖长子)无后,故其后裔曰孟父房。

【**耶律的琭**】 名又作的禄,敌鲁。辽代中期将领。字耶宁。契丹族。为辽太祖耶律阿保机伯父*耶律释鲁后人。圣宗时,为右皮室详稳(将军)。统和二十八年(1010)八月,随圣宗侵高丽,十一月,渡鸭绿江,败高丽将康肇,进围铜州(今朝鲜平安北道林东郡),协同耶律盆奴等擒康肇、李玄蕴、卢戬、杨景、李成佐等。以为国戮力,被圣宗誉为辽室"千里驹"。赐御马及细铠。继下铜、霍、贵、宁等州,取高丽首府开京(今朝鲜开城)。二十九年(1011),以功为北院大王。出任乌古敌烈部都详稳。年七十二而卒。

【**耶律迭里**】(?—926) 辽初大臣。契丹族。辽太宗*耶律德光族兄,夷离堇(军事首领)耶律楚不鲁子。幼年常受辽太祖耶律阿保机抚育。及长,隶阿保机幕下。神册六年(921),任惕隐,掌皇族政教。天赞三年(924)五月,擢南院夷离堇。是年,率龙军随阿保机西征阻卜、党项,多功。四年十二月,从伐渤海。五年正月克首府忽汗城(今黑龙江宁安西南东京城),灭渤海。七月,阿保机卒,淳钦皇后称制,偏爱次子耶律德光,欲让其继位。他以帝位宜先嫡长为由,谏立东丹王耶律倍。引起太后不满,十一月被下狱,遭炮烙之刑,不服,被杀害,并籍其家。

【**耶律迭剌**】(?—926) 名又作迭剌哥、迭烈哥。辽初皇室"诸弟之乱"的参与者。字云独昆,又作匀赜衮。契丹族。辽太祖*耶律阿保机二弟。太祖五年(911)五月,与次兄剌葛及弟寅底石、安端等谋反,因安端妻告发,未果。翌年十月,又反,势单不支,罢兵谢罪。七年(913)再叛,谋杀阿保机未果,兵趋行宫,掠辎重,焚庐帐,夺走祖先神帐,劫西楼(即上京),烧毁阿保机称帝时所建明王楼,并具天子旗鼓,图谋另立,其势颇甚。几经大战,兵败被擒,受杖释。战乱导致饥馑,"士卒煮马驹,采野菜以为食,孳畜道毙者十七八,物价十倍"。神册三年(918)四月,又密谋南奔,事觉,知罪当诛,预具棺柩,然以"诸戚请免",由妻涅里衮代死。他对发展契丹文化有突出贡献。史载其性敏给,回鹘使臣来访,无人能通其语,述律后荐其作陪,相从二旬,即习其语,并"因

制契丹小字,数少而该贯",对神册五年(920)所制契丹大字有重大改进。天显元年(926),任东丹国左大相。七月,卒。

【**耶律宗真**】(1016—1055) 即辽兴宗。辽朝第七代皇帝,1031—1055年在位。字夷不堇,又作珠卜衮,木不孤。小字只骨。契丹族。圣宗*耶律隆绪长子。生母钦哀皇后萧耨斤。以齐天皇后萧菩萨哥子早殁,被收为养子。聪敏,善骑射,好儒术,通音律,能诗画。常与侍臣饮酒赋诗唱和,对有功之臣赐诗以奖。曾亲画五幅千角鹿图献宋,为宋君所珍,藏于天章阁。圣宗开泰七年(1018)五月,封梁王。太平元年(1021)十一月,受册皇太子。十年(1030)六月,判北南院枢密使事。十一年(1031)六月,父卒,即帝位,改元景福。翌年十一月,上尊号文武仁圣昭孝皇帝,重熙十一年(1042)十一月,增号聪文圣武英略神功睿哲仁孝皇帝,二十三年(1054)十一月,更号钦天奉道祐世兴历武定文成圣神仁孝皇帝。即位时方十六岁,由太后萧耨斤摄政。重熙三年(1034),太后谋废之,欲立少子重元。得重元告密,囚太后于庆州(今内蒙古巴林右旗白塔子),尽诛其党,是年七月,始亲政。在位期间,沿前朝定策,重农业,在边境屯田,命内地州县植果,亲临观禾,多次遣使阅诸路禾稼,禁屋从践民田。继续整顿吏治,禁职官沉酗废事,或私取官物,借宴乐奏请私事。开创御试之制,每年取进士五六十人。为加强法制,于重熙五年(1036)四月,命参照古制,纂太祖以来法令,颁《新定条制》五百四十七条。时契丹、北宋、西夏三足鼎立。即位初期,与宋夏保持和好往来。重熙十一年(1042),为取瓦桥关(今河北雄县)以南十县土地,集兵南京(今北京),声言伐宋,迫宋岁增输银十万两,绢十万匹。十三年(1044)五月,因边境党项诸部叛附西夏,遣西南面招讨都监罗汉奴将兵进讨,失利。寻亲征,先胜后败,最后议和。十八年(1049),再度西征,中有胜负,至次年五月,西夏降附称臣。重熙二十四年(1055)八月,病卒。遗诏由子耶律弘基嗣位。十月,谥神圣孝章皇帝,庙号兴宗。十一月,葬庆陵(今内蒙古巴林右旗白塔子北)。

【**耶律宗懿**】 见"耶律查哥"。(316 页)

【**耶律学古**】(?—980) 辽代中期大臣。字乙辛隐。契丹族。皇族仲父房之后,于越耶律洼庶孙。颖悟好学,专攻翻译,善诵诗,译作、诗作今皆不传。景宗保宁(969—979)中入仕,补御盏郎君。乾亨元年(979),南京(今北京)被宋兵所围,受命赴援,面对危险形势,极力安民心,备防御,昼夜不懈,直至休哥领兵解围。因护城功,遥授保静军节度使,拜南京马步军都指挥使。二年(980),改彰国军节度使。以善御兵,禁兵掠民,安民守边功,进惕隐,掌皇族政教。

【**耶律孟简**】 辽代后期文士。字复易。契丹族。于越*耶律屋质五世孙,节度使耶律刘家奴子。聪慧,善诗文,六岁能诗,应声而成。道宗时,在朝任职。因与权臣耶律乙辛抵牾,贬巡磁窑关。后流放保州(今河北保

定)。闻皇太子耶律濬被乙辛陷害,作《放怀诗》二十首以伤之。大康(1075—1084)中,归乡,上表谏修国史,以垂后世,首编耶律曷鲁、屋质、休哥三人事迹以进。继受命置局编修,力戒史官严守大信,勿以好恶徇情。天祚帝乾统(1101—1110)中,任六院部太保,改高州观察使。任内,修学校,招生徒。继迁昭德军节度使。其诗文、史作皆佚,《辽史》仅存《放怀诗》序一则。

【耶律弥勒】 金代海陵王妃。契丹族。礼部侍郎萧拱妻妹。天德二年(1150),由拱荐于汴(今河南开封),及入宫,因非处子,被遣出,外数月,复召入,封为充媛,封其母张氏为莘国夫人。后晋封柔妃。

【耶律挞烈】 辽代大臣。字涅鲁衮。契丹族。六院部郎君裹古直之后。沉厚多智,具重才,有政绩,人称"富民大王";善领兵,赏罚信明,得士卒心。太宗会同(938—947)年间,为边部令稳。穆宗应历二年(952)三月,升南院大王。任内,均赋役,劝耕稼,户口繁殖。四年(954),领西南道军南下援北汉讨后周,在忻口(今山西忻县北)大败后周军,斩周将史彦超。十四年(964),以西南面招讨使领兵援北汉,退北宋兵。十八年(968),宋兵进围北汉都城太原,他以西南面行军都统、兵马总管发诸道兵救援,获胜。景宗保宁元年(969),以功兼政事令,致仕。乾亨(979—983)初年,受召见,言政事,获厚待。寻病卒,享年七十九岁。

【耶律查哥】 名又作查割、查葛、查个只。辽中期皇亲显臣。汉名宗懿。契丹族。兴宗堂弟,秦晋国王*耶律隆庆子。干略过人。圣宗开泰五年(1016)十月,封中山郡王。太平四年(1024)六月,为保静军节度使。九年(1029)六月,进潞王。兴宗重熙五年(1036)四月,任南府宰相,十九年(1050)十二月,为南院大王。二十一年(1052)十月,改南院枢密使,晋封越国王(一记为赵国王,或魏国王)。道宗清宁二年(1056)六月,为上京留守。次年六月,任惕隐,掌皇族政教。五年(1059),为辽兴军节度使。

【耶律剌葛】(?—923) 又作耶律剌哥。辽初皇室"诸弟之乱"首领。字率懒,又作撒剌、撒剌阿拨。契丹族。辽太祖*耶律阿保机大弟。太祖二年(908),任惕隐,掌皇族政教。曾率兵征乌丸、黑车子室韦。五年(911)五月,与诸弟迭剌、寅底石、安端等谋反,因安端妻粘睦姑告发,未果。翌年七月,分兵攻打平州(今河北卢龙),十月,乘凯旋之机,又与诸弟等反,据西山以阻阿保机归路,终因势单,罢兵谢罪。七年(913)再叛,命安端带兵入觐阿保机,欲乘机暗害,派寅底石兵趋行宫,掠辎重,焚庐帐,夺走祖先神帐;遣神速姑劫西楼(即上京),烧毁阿保机称帝所建明王楼;自引军至乙室堇淀(一说在今内蒙古巴林右旗附近),具天子旗鼓,图谋另立。几经大战,溃败,五月,在榆河被擒,受杖释。战乱导致饥馑,"士卒煮马驹,采野菜以为食,孳畜毙者十七八,物价十倍"。神册二年(917)六月,乘阿保机南下幽州(今北京)之隙,借子赛保里叛逃投晋,被晋收为养子,任刺

史。怨无实权,又奔梁。天赞二年(923),梁亡,为唐庄宗李存勖擒获,以叛兄弃母,负恩背国罪,斩于洛阳汴桥下。

【耶律南仙】(?—1125) 辽朝宗室女。契丹族。天祚帝乾统五年(1105)三月,西夏遣使请婚,受封成安公主,嫁西夏国王李乾顺为妃。八年(1108),生子仁爱。天庆二年(1112)六月,返辽朝拜。保大五年(1125),以天祚帝被执,辽亡,绝食而死。

【耶律贴不】 辽朝宗室、大臣。契丹族。兴宗弟*耶律隆祐子。圣宗时,初封豫章王。太平九年(1029)六月,任长宁军节度使。兴宗重熙十七年(1048)十一月,封汉王,为西京留守。次年六月,任河南道行军副都统。十九年(1050)闰十一月,迁中京留守。寻为南府宰相。道宗清宁三年(1057),任东京留守,晋封魏国王。五年(1059)六月,迁西京留守,徙吴王,改卫王。九年(1063)七月,参与皇太叔耶律重元叛乱,纠合大小官员四百余人,率弩手军围道宗于滦河(今内蒙古宁城西南)行宫,后兵溃被擒,削爵为民,流放镇州(今蒙古哈达桑东)。

【耶律曷鲁】(872—918) 契丹开国勋臣。字控温,一字洪隐。契丹族。辽太祖*耶律阿保机族弟。幼与阿保机相交甚厚。从政后,事阿保机弥谨,常佩刀不离左右,渐成心腹谋士,军国事非其参议不决。阿保机称帝前,曾领数骑前往招服小黄室韦。继充先锋从阿保机伐越兀与乌古部,屡获战功。唐天复元年(901),因阿保机数计奚部不下,奉命前往招降,以"契丹与奚言语相通,实一国"规劝奚首里归附。四年(904),讨黑车子室韦,在桃山(一说在今河北万全西北)大败幽州刘仁恭援军,降室韦。次年,随阿保机赴云州(今山西大同)会晋王李克用,被赞为"伟男子"。天请三年(906)底,痕德堇可汗卒,力劝阿保机登位。翌年,朔戴阿保机称帝,受命总军国事,并总宿卫,统率侍卫亲军。太祖五年(911),率兵讨以阿保机大弟剌葛为首的诸弟叛乱。八年(914)乱平,以功擢迭剌部夷离堇(掌兵刑)。神册元年(916),拜阿鲁敦(契丹语,盛名)于越(最高荣誉衔,授有殊功者),寻为先锋从阿保机伐西南诸族。二年,败唐节度使周德威于可汗州(今河北怀来东),进围幽州(今北京)。三年七月病卒,葬"于越峪",立石纪功。道宗清宁时,立祠于上京(今内蒙古巴林左旗南)。大康年间,耶律孟简*上书修史,首撰其事迹以进。

【耶律重元】(?—1063) 又作宗元。辽朝宗室、重臣。小字孛吉只。契丹族。圣宗*耶律隆绪次子。材勇绝人,寡言笑,人望而畏。圣宗太平三年(1023)十二月,封秦国王。十一年(1031)六月,圣宗卒,兴宗即位,钦爱(哀)皇后萧耨斤自立为皇太后摄政,欲废兴宗立其为帝,他密告兴宗。重熙三年(1034),兴宗囚太后,亲政,封其为皇太弟、北院枢密使、南京留守、知元帅府事。十七年(1048)十一月,赐金券誓书,地位显耀一时。因兴宗曾许以千秋万岁后传其位,益骄纵不法。二十四年

(1055)，兴宗病卒，子道宗弘基嗣位，他被尊为皇太叔，享免拜不名特权。翌年，授天下兵马大元帅。清宁四年(1058)，复赐金券，加四顶帽、二色袍，宠冠一时，遂觊觎皇位，道宗亦"知其谋，阴以为备"。九年(1063)七月，乘道宗出猎滦河(今内蒙古宁城西南)之机，与子涅鲁古纠合陈国王陈六、知北院枢密事萧胡睹、卫王贴不等大小官员四百余人，胁弩手军包围行宫，遇许王耶律仁先和耶律乙辛领宿卫兵抵御。是夜，自立为帝。黎明，为道宗援军所击，败遁大漠，自杀。

【耶律盆都】(？—951) 辽初将领。契丹族。辽太祖弟*耶律寅底石子。天禄元年(947)，以族属入仕，官皮室军详稳(将军)。二年(948)，与兄刘哥、太宗子天德等谋反，事露未果，被罚远使辖戛斯。应历元年(951)九月，参与泰宁王察割的反叛，举兵入帐杀世宗。后为穆宗璟擒杀。

【耶律信先】(？—1055?) 辽代大臣。契丹族。耶律瑰引子，于越*耶律仁先弟。兴宗以其父为刺血友，幼养宫中。善骑射。重熙十四年(1045)，为左护卫太保，同知殿前点检司事。寻为知夷离毕事，掌刑狱。翌年十一月，任汉人行宫都部署。十八年(1049)，兼右祇候郎君班详稳(将军)。为亡父请封，获兴宗允，追封燕王。是年，从北院枢密使萧惠讨西夏，败于河之南，受责。道宗清宁(1055—1064)初，为南面林牙，掌文翰。

【耶律娄国】(？—952) 辽朝皇室。字勉辛。契丹族。世宗*耶律阮弟。天禄五年(951)，遥授武定军节度使。九月，随世宗南下伐后周，军至祥古山(今河北宣化境)，世宗为泰宁王察割叛杀，他从寿安王耶律璟围讨叛军，诱杀察割。拥穆宗璟即位，以功授南京留守、政事令。时见穆宗嗜酒，荒废政事，乃有夺位之心。应历二年(952)，串通耶律敌猎谋反，案发被拘，八月，缢杀于可汗州(今河北怀来东)西谷。

【耶律室鲁】(971—1011) 又作耶律适鲁。辽代中期大臣。字乙辛隐。契丹族。六院部人。与圣宗同年生，备受宠爱。年二十，补祇候郎君，寻为宿直官，供职宫中。统和二十年(1002)，为队帅随圣宗南下伐宋，略地赵魏，次年七月，因功加检校太师，迁北院大王。二十二年(1004)十一月，在澶州(今河南濮阳)破宋通利军，迫宋请和，契宋订立历史上著名的"澶渊之盟"。以功擢特进同下平章事，赐推诚竭节保义功臣。次年，上书请以羊和皮岁易中原绢，彼此受益，上下称道，遂拜北院枢密使，封韩王。二十九年(1011)六月，随圣宗猎于平地松林(今内蒙古克什克腾旗一带)，卒于沙岭，追赠守司徒、政事令。

【耶律洪孝】 见"耶律涅鲁古"。(325页)
【耶律洪基】 见"耶律弘基"。(310页)
【耶律洪道】 见"耶律和鲁斡"。(324页)
【耶律屋质】(917—973) 又作耶律屋只。辽初重臣。字敌辇。契丹族。皇族孟父房之后。有器识，处事从容，博学知天文。太宗会同年间，官惕隐，掌皇族政教。大同元年(947)四月，太宗卒，随军将臣拥立耶律倍子阮，淳钦太后不允，构兵，两军在横渡隔潢河(今西辽河上游西喇木伦河)布阵。面对严重局势，他从中调停，力主言和，确保了世宗帝位，深为世宗所重。天禄二年(948)，受命审理耶律天德、萧翰等人谋反案，诛天德，杖萧翰，迁刘哥，以盆都使辖戛斯国。三年，察泰宁王耶律察割等有反意，告世宗为备。两年后，世宗在祥古山(今河北宣化境)祭父，酒醉，被察割所杀。他领兵杀察割，拥穆宗耶律璟(太宗子)即位，受命知国事。应历五年(955)，任北院大王，总山西事。保宁元年(969)二月，景宗即位，奉命南下，于白马岭(今山西盂县东北)计败宋兵，十一月，以功加于越(最高荣誉衔，授有殊功者)。五年(973)五月，病卒。道宗时立祠树碑，以彰其功。

【耶律铎臻】(？—927) 辽初将领。字敌辇。契丹族。六院部人。夷离堇(军事将领)耶律蒲古只孙。幼有志节。太祖耶律阿保机称帝前为于越时，常居左右。即位后，屡问以计。天赞三年(924)，闻太祖欲伐渤海，谏言先讨西夏，解除后忧，方可东进，被采纳。天显元年(926)，淳钦皇后称制，受难被囚，寻获释。

【耶律留哥】(1165—1220) 金末结蒙反金将领。契丹族。原仕金为北边千户。时蒙古勃兴，金卫绍王为防范契丹人叛金投蒙，令两户女真人夹居一户契丹人，遂怀怨，乘金上京(今黑龙江阿城)、泰州(今吉林洮安四家子)守兵调防之机，于崇庆元年(1212)在隆安(今吉林农安)、韩州(今吉林梨树偏脸城)一带举兵反金，后与耶的合兵，拥众十余万，自立为都元帅，以耶的为副，势盛。继归附蒙古，与蒙古军按陈那颜结盟，在蒙古军援助下，大败金军于迪吉脑儿。次年三月，称王，国号辽，建元天统。封设丞相、元帅、尚书等官职。于归仁县(今辽宁昌图四面城)败金宣抚蒲鲜万奴所率四十万大军，收服安东同知阿怜，尽有辽东州郡，遂建都咸平(今辽宁开原老城镇)，号中京。继败金左副元帅移剌都，攻克金东京(今辽宁辽阳)。拒绝群臣劝进，于贞祐三年(1215)十一月，赴北朝觐蒙古成吉思汗，被赐金虎符，仍号辽王。四年，郡王耶厮不乘其外出之机，率众反叛，在澄州(今辽宁海城)称帝，改元天威。未及三月，被杀，由乞奴监国，继为金兵所败，逃往高丽。后乞奴、金山、统古与、喊舍相继废杀更替。兴定二年(1218)，留哥引蒙古、契丹兵十万入高丽，高丽助兵四十万攻喊舍，喊舍兵败江东城，自缢。乱平，复辽东。四年(1220)，卒，由妻姚里氏权领其众，七年后，长子薛阇袭爵。

【耶律奚低】 辽代中期将领。契丹族。孟父房楚国王*耶律岩木后人。英勇善骑射。景宗时历任军职。圣宗统和四年(986)，为右皮室详稳。时奉命从枢密使耶律斜轸抵御宋太宗北伐，七月，大败宋军于朔州南，箭射宋名将杨业，擒后三日身亡，因未生擒，违军令，故不为功。后屡从承天皇太后南伐，有战绩。以病卒。

【耶律狠德】 又作耶律狼德。契丹遥辇氏联盟时期部落首领。契丹族。时联盟内部争权斗争日益激烈，他纠合部分贵族起兵杀害迭剌部夷离堇(军事首领)匀德实(辽太祖耶律阿保机祖父),未几,被蒲古只以计诱杀。

【耶律敌烈】 ①(?—979)辽朝皇臣。字巴速堇。契丹族。太宗*耶律德光第四子。穆宗应历九年(959)十二月,结前宣徽使耶律海思、萧达干等谋反,被告发,未果。景宗保宁元年(969)四月,封冀王。八年(976)九月,奉命与南府宰相耶律沙率兵南下,援北汉抗宋,胜还。乾亨元年(979)三月,为监军,与耶律沙举兵再援北汉,至白马岭(今山西盂县东北),遇宋兵,欲速战取胜,强令先锋军渡涧,遭袭击,师溃,身亡。②(?—1092)辽代后期大臣。字撒懒。契丹族。采访使*耶律吼五世孙。性宽厚,好学,工文词。在任有政绩。兴宗重熙(1032—1055)末年,补牌印郎君,兼知起居注。道宗清宁元年(1055),迁同知永州事。因禁盗有功,改任北面林牙承旨,执掌文翰事。九年(1063),获知皇太叔耶律重元父子叛乱,围道宗于滦河(今内蒙古宁城西南)行宫,即领兵赴援,平叛。以功遥授镇海军节度使。次年,徙武安州观察使。咸雍五年(1069),累迁长宁宫使。任内,检括户部司乾州钱帛拖欠赋税,立"出纳经画法",公私称便。大康四年(1078),任南院大王。秩满,部民请留。迁同知南京留守事、上京留守。大安(1085—1094)中,历塌母城节度使、乙室大王、知西北路招讨使事。后因疾辞任,加兼侍中,赐一品俸。

【耶律敌猎】(?—952) 又作耶律敌烈。辽初将领。字乌辇。契丹族。六院夷离堇(军事将领)耶律术不鲁子。世宗天禄元年(947),任群牧都林牙。五年(951)九月,泰宁王耶律察割等谋反,杀世宗自立,他被扣于叛军中。未几,叛军为寿安王耶律璟所败,他受察割遣,面璟议和,乘机向璟献计,将察割诱出,脔杀之。穆宗璟即位后,获重赏,因未获重任,不满。翌年,聚众策反,谋立世宗子耶律娄国,事觉,被凌迟处死。

【耶律敌鲁】 辽代中期名医。契丹族。先世为五院之族。圣宗统和(983—1012)初,为大丞相韩德让举荐,官至节度使。医术甚精,察形色能知病原。曾为枢密使耶律斜轸妻治愈疑难病症。年八十而卒。

【耶律唐古】 辽代中期大臣。字敌隐。契丹族。孟父房之后,于越*耶律屋质庶子。性廉谨,善属文,以父为太宗、世宗、穆宗三代重臣,善理事务,于圣宗统和二十四年(1006),乃述父安民治盗之法奏上,遂补小将军,迁西南面巡检,历壕州刺史、唐古部详稳(将军)。任内,严立条科,禁民贩马与宋、夏,并奏禁私贩及安边之策,受皇太后嘉赏。诏令边郡遵行。在边境致力军屯,劝督耕稼。先屯于胪朐河(今克鲁伦河)侧,继移屯镇州(今蒙古哈达桑东),获大成果,前后十五年,积粟数十万斛。兴宗重熙(1032—1055)年间,改任隗衍党项部节度使。四年(1035),致仕,乞为父建碑,获允,年七十八而卒。

【耶律海思】(925—959?) 辽朝皇臣。字锋衮。契丹族。隋国王*耶律释鲁庶子。机警有辩才。会同五年(942),年十八,逢太宗颁诏天下,广求直言,乃赴京求见,谏以治道。以才授宣徽使。继随太宗南下伐后晋,多有战功。大同元年(947),太宗卒军中,随军将臣拥世宗阮继位,淳钦皇太后将兵抗击,两军在横渡隔潢河(今西辽河上游西喇木伦河)列阵。他受命往见太后,几经斡旋,达成和议,确立世宗皇位。受命领太后诸司事。穆宗应历九年(959)十二月,与冀王敌烈(太宗第四子)等谋反,被告发,受执,死狱中。

【耶律资忠】 又作耶律行平。辽中期文士。字沃衍,小字札剌,又作只剌里。契丹族。皇族仲父之后。博学,工词章。年四十未仕。圣宗时补宿卫,对圣宗晓以古今治乱。开泰(1012—1021)年间,授中丞,日渐获宠。开泰二年(1013)六月,奉诏使高丽,索要女真六部旧地,未成,出为上京副留守。次年二月,再使高丽,被扣留。八年(1019),高丽王请和,被释归。圣宗以其被拘六年,忠节不屈,亲迎于郊,授林牙(契丹官名,掌文翰),知惕隐事,并以外戚女妻之。在任,与枢密使萧合卓、少师萧把哥相诋,被夺官,出知来远城(今辽宁丹东东北九连城)事。历保安、昭德二节度使。著有《治国诗》、《西亭集》等,今佚。

【耶律常哥】 辽代后期女学者。契丹族。太师耶律适鲁妹。自幼爽秀,有成人风。及长,善诗文,但不苟作。曾读《通历》,能品评前人得失。诗作皆佚,仅《辽史》收存道宗咸雍(1065—1074)年间所作《述时政》文:"君以民为体,民以君为心。人主当任忠贤,人臣当去比周;则政化平,阴阳顺。欲怀远,则崇恩尚德;欲强国,则轻徭薄赋。四端五典为治教之本,六府三事实生民之命。淫侈可以为戒,勤俭可以为师。错赏则人不敢诈,显忠则人不敢欺。勿泥空门,崇饰土木;勿事边鄙,妄费金帛。满当思溢,安必虑危。刑罚当罪,则人劝善。不宝远物,则贤者至。建万世磐石之业,制诸部强横之心。欲率下,则先正身;欲治远,则始朝廷。"笔锋犀利,道及治政之要。操行修洁,不畏权势。权臣枢密使耶律乙辛恃宠擅权,喜其文才,屡求诗,她回文以讥。大康三年(1077),乙辛诬陷太子濬,株连其兄妹,遂随兄远谪镇州(今蒙古哈达桑北)。年七十,卒于家。终身未嫁。

【耶律偶思】 契丹遥辇氏部落联盟军事首领。辽太祖*耶律阿保机叔父。契丹族。迭剌部人。力助阿保机夺权称帝。有三子:耶律曷鲁、耶律觌烈、耶律羽之,皆为阿保机开国勋臣和心腹将领。临终嘱曷鲁,需率诸弟赤心事奉阿保机,并告阿保机,其子曷鲁可委以重任。

【耶律斜轸】(?—999) 辽代中期著名将领。字韩隐。契丹族。于越(最高荣誉衔,授有殊功者)耶律曷鲁孙。性明敏。保宁元年(969),经枢密使萧思温举荐,受命节制西南面诸军,并尚皇后侄女。八年(976)六月,迁南院大王。十一年(979),随南府宰相耶律沙南下伐宋。在白马岭(今山西盂县东北),沙军失利,他率后军赴援,退宋军。宋灭北汉后,进围南京(今北京),七月,他与耶律休哥左右夹击,大败宋军于高梁河(今北京西北),宋太宗仅以身免。乾亨四年(982)九月,景宗卒,与韩德让共受遗命拥景宗长子隆绪继位,时隆绪年幼,皇太后萧绰摄政。次年,任北院枢密使,参决国政,深受宠信。统和三年(985)八月,为都统,率军讨女真,掠获生口十余万,马二十余万,受嘉赏。四年(986),为诸路兵马都统,南御宋太宗亲征,在定安(今河北蔚县北),破宋贺令图军,追至五台,斩首数万。进取蔚州(今河北蔚县)。在飞狐口(今河北涞源北)败宋潘美军,又设伏兵,擒宋名将杨业。以功加守太保,封魏王。十七年(999)九月,随太后南伐,卒军中。

【**耶律章奴**】(?—1115) 又作耶律张家奴。辽末起兵反辽将领。字特末衍。契丹族。皇族季父房之后,耶律查剌子。明敏善谈论。道宗大安(1085—1094)中入仕,补牌印郎君。天祚帝乾统元年(1101),累迁右中丞、兼领牌印宿直事。六年(1106),以懈职降知内客省事。天庆四年(1114),授东北路统军副使。五年(1115),改同知咸州路兵马事,迁同知南院枢密使事。从天祚帝征女真,见女真勃兴,天祚帝屡败,欲立魏国王耶律淳(天祚帝叔),淳不从,遂于八月起兵反叛,攻上京,转至祖州(今内蒙古巴林左旗西南),祭告太祖庙,述起兵复大辽王业之意,西至庆州(今内蒙古巴林右旗白塔子)。饶州(今内蒙古林西县樱桃沟村)渤海人及中京(今内蒙古宁城)义军多来投附,拥众数万。后为顺国女真阿鹘产所败,欲逃女真,为巡者捕获,执送天祚帝行宫,处死。

【**耶律庶成**】 辽代中期著名学者。字喜隐。小字陈六。契丹族。皇族季父房之后,检校太师耶律吴九子。自幼好学,通习契丹文、汉文,尤工诗。兴宗重熙(1032—1055)初,始入仕,补牌印郎君,累迁枢密直学士。曾与萧韩家奴各进《四时逸乐赋》,得兴宗赏识。入宫中,参决疑议。重熙七年(1038),出使西夏。十三年(1044)六月,为翰林都林牙。奉命与萧韩家奴、耶律谷欲等编集辽国上世事迹及诸帝《实录》二十卷。十五年(1046),编纂《礼书》三卷。后遵诏与枢密副使萧德共修《律令》,参酌古今,刊正讹谬,成书以进。他还通晓医药,以契丹医者鲜知切脉审药,并奉命以契丹文译《方脉书》,时人通习,使诸部族亦晓医事。后为妻胡笃所诬,以罪夺官,贬为"庶耶律"。远使吐蕃凡十二年,至道宗清宁(1055—1064)年间始归,昭雪,沼复皇族,还官。吏载有诗文于世,今不传。

【**耶律庶箴**】(?—1082) 辽代后期大臣。字陈甫。契丹族。皇族季父房之后,检校太师耶律吴九子。性懦弱,善属文。兴宗重熙(1032—1055)中,为本部将军。咸雍元年(1065),同知东京留守事。迁乌衍突厥部节度使。九年(1073),知蓟州事。次年改都林牙,掌文翰。深感契丹姓氏仅耶律与萧二姓,诸多不便,上表请使诸部各立姓氏,道宗以为旧制不可改,未纳。他对权臣耶律乙辛失宠时称贺,获宠时巴结,出尔反尔,为世人所鄙。大康八年(1082),辞任。著有《戒谕诗》,今佚。

【**耶律隆先**】 字团隐。契丹族。辽初文士。辽太祖*耶律阿保机孙,东丹王*耶律倍第四子,世宗*耶律阮弟。为人聪慧,博学能诗,著有《阆苑集》行于世,今佚。景宗保宁元年(969)四月,封平王。未几,兼政事令,留守东京。任内,薄赋税,省刑狱,恤鳏寡,荐贤能,为时人所称道。后与统军耶律宗鲁同攻高丽,获战功。卒,葬医巫闾山之道隐谷。

【**耶律隆庆**】(973—1016) 辽中期皇臣。又名赞,字燕隐,小字普贤奴,又作菩萨奴。契丹族。景宗*耶律贤次子,圣宗*耶律隆绪弟。自幼老成,善骑射。景宗乾亨二年(980)正月,八岁时,封恒王。初兼侍中,圣宗统和十六年(998),徙梁国王,为南京留守。翌年十月,为先锋南下攻宋,大败宋将范庭召于瀛州(今河北河间)。十九年(1001),再败宋军于行唐(今河北行唐)。开泰元年(1012),更封晋国王,进秦晋国王,加守太师,兼政事令,又拜大元帅,赐金券。五年(1016)九月,朝觐圣宗,十二月,还北安州(今河北隆化北土城子),病卒。次年三月,葬医巫闾山,追赠孝文皇太弟。

【**耶律隆祐**】(?—1012) 又作耶律隆裕。辽中期皇臣。小字高七,一字胡都堇。契丹族。景宗*耶律贤第三子,圣宗*耶律隆绪弟。性沉毅,少时慕道,见道士则喜。乾亨(979—983)初,封郑王。圣宗统和十六年(998)十二月,徙吴国王。十九年(1001)十月,更楚国王,圣宗大举攻宋,受命留守京师。二十一年(1003)十月,拜西南面招讨使。二十八年(1010),圣宗亲攻高丽,复奉命留守京师。翌年正月,圣宗归,亲迎于来远城(今辽宁丹东东北九连城),三月,权知北院枢密使。开泰元年(1012)三月,改齐国王,留守东京。于时大建道观,接连数百间。八月,卒,赠守太师,谥仁孝,兴宗重熙(1032—1055)年间,改谥孝靖。

【**耶律隆绪**】(972—1031) 即辽圣宗。辽朝第六代皇帝。982—1031年在位。小字文殊奴。契丹族。景宗*耶律贤长子。幼年喜书翰,十岁能诗。成人后,精射法,晓音律,好绘画,尤慕唐文化,常读《贞观政要》,亲以契丹字译白居易《讽谏集》。景宗乾亨二年(980),封梁王。四年(982)九月,景宗卒,即帝位,睿智皇后萧绰奉遗诏摄政。十月,始临朝,上尊号昭圣皇帝。统和元年(983),改尊号为天辅皇帝。并复国号大辽为大契丹。二十四年(1006)十月,增号至德广孝昭圣天辅皇帝。开泰元年(1012)十一月,又增为弘文宣武尊道至德崇仁广孝聪睿昭圣神赞天辅皇帝,太平元年(1021)十一月,再增为睿文英武宗道至德崇仁广孝功成治启元昭圣神赞天辅皇帝。在位期间,对内改革,为适应民族、人口增多的形势,将原二十部扩编为三十四部,多以原宫帐奴隶和被征服人户充新部,致使劳动者身份改变,封建剥削关系居主要地位。同时,释放奴隶,使应历年间以来胁从为部曲者,籍隶州县。大力整顿吏治,任贤去邪,诏谕诸官"当执公方,毋得阿顺"。凡官不治者,罢之。加强法制,禁主人擅杀奴婢。先后更定法令凡数十事,多合人心。纲纪修举,吏多奉职。还仿唐制,开科取士。统和六年(988),开贡举。科举对象主要为汉人,加强汉人在统治集团中的成分和作用。是时,辽达鼎盛。对外采取联合党项抗击宋朝之策,向周邻扩张。统和四年(986)正月,随承天太后南下,赴南京(今北京),挫败宋太宗北伐。二十二年(1004)亲征,闰九月,败宋军于唐兴(今河北安新东南)、遂城(今河北徐水西)。十月,攻瀛州(今河北河间)、祁州(今河北安国)。十一月,直取洺州(今河北永年),破德清军,抵澶渊(今河南濮阳西)。宋请和,订立"澶渊之盟",宋岁纳银十万两,绢二十万匹。两朝各守旧界。此后一百多年,辽宋未大战。为制扼宋,对党项施以拉拢之策。统和四年(986)二月,授党项首领李继迁定难军节度使、银夏绥宥等州观察处置等使。七年(989)三月,以义成公主妻之。统和二十八年(1010)九月,册西夏国王。而对周邻进行征讨、压服。统和十年(992)、二十八年(1010)、开泰七年(1018)三次用兵高丽。多次征伐乌古、敌烈部。统和二十八年(1010)五月,西讨甘州回鹘,直达肃州(今甘肃酒泉),降其王耶剌里。阿萨兰回鹘(西州回鹘)、沙州回鹘相继遣使来贡。对阻卜(鞑靼)施用分部治理之策。太平十一年(1031)六月,卒于大福河(今内蒙古呼虎尔河)北行宫。八月,谥文武大孝宣皇帝,庙号圣宗。十一月,葬庆陵(今内蒙古巴林右旗白塔子北)。

【耶律韩留】(？—1035) 辽中期文士。字速宁。契丹族。皇族仲父房之后。举止庄重,有明识。工诗。圣宗统和(983—1012)年间,召摄御院通进。开泰三年(1014),迁乌古敌烈部都监、知详稳(将军)事。随枢密使耶律世良平敌烈部叛乱,加千牛卫大将军。继任谛居、迭烈德部节度使,有政绩。兴宗重熙元年(1032),累迁同知上京留守,改衾六部秃里太尉。因性不苟合,为枢密使萧解里所忌,从中谗言,不得召用。四年(1035),任北面林牙,掌文翰,著有《述怀诗》等,今佚。

【耶律觃烈】(880—935) 辽初将领。字兀里轸,又作汀里轸。契丹族。辽太祖*耶律阿保机族弟,夷离堇(军事首领)*耶律偶思子,太祖元年(907)阿保机称帝时,以兄曷鲁统率侍卫亲军故,入侍帷幄,与闻政事。神册三年(918)七月,任迭刺部夷离堇。五年(920)九月,随皇太子耶律倍西征党项,至天德(今内蒙古呼和浩特附近)、云内(呼和浩特西),率偏师力战,斩获甚众。天赞二年(923),又随天下兵马大元帅、皇子耶律德光南伐中原山西诸地,所至城堡皆下,以功受厚赏。四年十二月(926年1月),从阿保机征渤海。五年(926)正月,拔重镇扶余城,受命与皇弟寅底石留镇。天显二年(927),转守南京(今辽宁辽阳)。

【耶律雅里】(1094—1123) 辽末皇子。字撒鸾。契丹族。天祚帝*耶律延禧次子。性宽厚,恶诛杀,喜读书。每取唐《贞观政要》及林牙(契丹官名,掌文翰)耶律资忠所作《治国诗》令侍从读。战中获逃亡者,仅笞不杀;遇归顺者,即官之。七岁,封梁王。保大三年(1123)四月,与诸皇子被女真军围于青冢寨(今内蒙古呼和浩特西南),得硬寨太保特母哥竭力抢救,逃脱,赴云内州(今内蒙古托克托南)见天祚帝。天祚帝西走,他被军将耶律敌烈等乘黑夜劫奔西北诸部,至沙岭,于五月拥立称帝,建元神历。以敌烈为枢密使,特母哥副之。乌古部节度使糺哲、迭烈部统军挞不也,都监突里不等各率众来附。十月,病卒。由兴宗弟吴哥四世孙术烈继位。

【耶律喜隐】(？—982) 辽朝皇臣。字完德。契丹族。*耶律李胡子,穆宗*耶律璟堂弟。雄伟善骑射。初封赵王。性轻傲不羁,皇帝召见,不时至,受鞭笞,怀怨。应历十年(960)十月,谋反,事觉,以皇亲得释。未几,复反,被执下狱。保宁元年(969),景宗即位,获释。娶皇后姊,四月复爵,改封宋王。六年(974),被告谋反,废爵。九年(977),为西南面招讨使,奉命至河东索还叛户。乾亨二年(980)六月,又反,被执,囚祖州(今内蒙古巴林左旗西南)。三年(981)五月,上京(祖州东)降军作乱,欲劫立之,攻祖州未破,遂立其子耶律留礼寿,旋叛军失败。次年七月,赐死。

【耶律棠古】 辽末大臣。字蒲速宛。契丹族。皇族六院郎君耶律葛剌之后。性坦直,好辨善恶,人有不善,必尽言不隐,世称"强棠古"。道宗大康(1075—1084)中,补本班郎君。因屡数当朝者得失,不受赏识,久不得升擢,出任西北戍长。天祚帝乾统三年(1103),因不附权臣萧奉先,被罢官。天庆(1111—1120)初,以乌古敌烈部反,被召任乌古部节度使。出私财及征富户以赈穷困,部民诚服,因功,加镇国上将军。都统萧嗣先兵败,他不畏其兄奉先袒护,力谏以军法论处。保大元年(1121),辞任。二年,闻天祚帝败走夹山(今内蒙古武川西),前往拜见,复任乌古部节度使。七月,率家丁击破敌烈部进攻,加太子太保。年七十二而卒。

【耶律释鲁】 名又作室鲁、述鲁。契丹遥辇氏部落联盟军事首领。字述澜,又作率懒。契丹族,迭刺部人。*耶律匀德实(玄祖)第三子。辽太祖*耶律阿保机伯父。痕德堇可汗时,助耶律辖底(阿保机同族叔父)强行柴册礼,夺取夷离堇(军事首领)要职,自任"于越",总知军国事,位于夷离堇之上,操纵部落联盟军政大权,是为契丹于越官职之始。掌权期间,契丹经济、军事均有发展,北征于厥、室韦,西伐党项、吐浑,南略易、定和奚、霫。占据潢河(今西辽河上游西喇木伦河)沃壤,兴板筑,置城邑,教民种桑麻,习纺织。"辽王业之隆,其亦肇迹于此。"为阿保机开国称帝奠定了坚实的基础。为加强统治,创立侍卫亲军"挞马",委阿保机首任,称"挞马狘沙里",是为阿保机政治生涯的端肇。时,契丹内部争权斗争异常激烈。其权势益增,为契丹贵族所忌,遂为蒲古只等三族联合其子滑哥所杀害。享年五十七岁。兴宗重熙二十一年(1052)追封为隋国王。

【耶律滑哥】(？—914) 名又作化葛,化哥。辽初皇室"诸弟之乱"参与者。字斯懒。契丹族。隋国王*耶律释鲁子,辽太祖*耶律阿保机堂兄。为人阴险,曾奸父妾,惧事露,与剋(官名,掌兵)萧台哂等将父杀害,后归罪台哂,使其没入弘义宫为奴。太祖六年(912)正月,任惕隐,掌皇族政教,参与以耶律剌葛(阿保机大弟)为首的叛乱。八年(914)正月,乱平,以反君弑父、诱诸弟作乱罪,与子耶律痕只同被凌迟处死。

【耶律善哥】(1213—1264) 蒙古国将领。赐名蒙古歹。契丹族。辽王* 耶律留哥次子。成吉思汗二十一年(1226),随母姚里氏入觐大汗于河西阿里湫城(一说为西夏平凉府),受命从亲王口温不花。窝阔台汗二年(1230),从攻破天胜堡、凤翔府(今陕西凤翔),以功袭兄"拔都鲁"号。四年(1232),随军攻金,引兵三千渡黄河,会大军灭金。后伐宋,拔光州(今河南潢州)、枣阳(今湖北枣阳),由千户迁广宁尹。

【耶律涂山】 金初大臣。契丹族。系出辽遥辇氏。在辽,世为显族。早年仕辽,累官金吾卫大将军。保大五年(1125)正月,见辽天祚帝逃奔天德(今内蒙古呼和浩特东),大势已去,乃率部降金,金将完颜宗翰承制授以尚书,为西北路招讨使。十月,为先锋随左副元帅宗翰伐宋,至汾州(今山西汾阳),破宋将折家军,从攻太原、隆德府(今山西长治),入汴(今河南开封),克洛阳。又从完颜娄室平陕右。金太宗天会七年(1129),授太子少保。十年(1132),迁尚书左仆射。致仕。年九十一而卒。海陵王正隆(1156—1161)年间,追赠邶国公。

【耶律道隐】(?—983) 辽初皇臣。字留隐。契丹族。太祖* 耶律阿保机孙,东丹王* 耶律倍第五子。性沉静,有文武才。出生于后唐。辽太宗天显十一年(936)闰十一月,父被后唐末帝李从珂杀害,年幼,为洛阳僧隐养之,故名"道隐"。太宗灭唐后,返辽,赐居外罗山。景宗保宁元年(969)四月,封蜀王,为上京留守。乾亨元年(979)十二月,改南京留守,徙封荆王。统和元年(983)正月,病卒,追封晋王。

【耶律蒲鲁】(?—1055) 辽代中期文士。字乃展。契丹族。皇族季父房之后,都林牙(契丹官名,掌文翰)* 耶律庶箴子。自幼聪悟好学。七岁能诵契丹大字,继习汉文,博通经籍。兴宗重熙(1032—1055)中,曾举进士,因违背契丹族不准试进士之旧制,鞭打二百。寻授牌印郎君。才思敏捷,应诏赋诗,立成中进。受嘉赏。兼习骑射,从猎,三矢中三兔。转通进。

【耶律楚材】(1190—1244) 蒙古国大臣。契丹族。辽太祖* 耶律阿保机九世孙,金朝尚书右丞* 耶律履之子。字晋卿。世居燕京(今北京),精通汉语文,博览群书,通晓天文、地理、律历、术数及释老、医卜。原仕金为开州同知、左右司员外郎。成吉思汗十年(1215)蒙古军取燕,十三年(1218),被召用,备受器重,被誉为"吾图撒合里"(意为长髯公)。十四年,随汗西征,常晓以征伐、治国、安民之道,为汗观星相或占卜吉凶。二十一年(1226),随汗征西夏,从下灵州。曾谏言禁止州郡官吏擅自征发杀戮,使贪暴之风稍敛。拖雷监国二年(1229),窝阔台(太宗)即汗位时,倡立朝仪,行君臣礼,以尊汗权,谏行宥赦之制。自是日益受到重用,被誉为"社稷之臣",其才得以施展。初执掌中原地区赋税事宜,窝阔台汗三年(1231),任中书令。在任期间,提出许多有利于中原政治、经济、文化发展的政策和措施。在政治方面,建议设州郡长吏,行军民分治;行五户丝制,取代裂土分民,加强中央集权;废屠城旧制,使民众稍安。在经济方面,立燕京等十路征收课税使,主赋调事宜;禁止州县擅行科差,限制权贵苛征暴敛;力阻蒙古贵族改汉地为牧场的企图,保护中原农业经济;力主废除高利贷剥削和扑买课税旧制,以减轻民众负担;限制印造交钞之数,以免国困民乏。在文化方面,谏言兴文治,召用名儒;设编修所、经籍所,编集国史;以守成必用儒臣为由,建议开科取士,释放被俘为奴的儒者,得儒士四千三十人,其中免为奴者四分之一。统一衡量,给符印,立钞法,定均输,布递传,明驿券,使蒙古国庶政略备,民众稍得安宁。建议窝阔台汗实行"信赏罚,正名分,给俸禄,官功臣,考殿最,均科差,选工匠,务农桑,定土贡,制漕运"之《时务十策》。仕太祖、太宗两朝近三十年,多有襄助之功。太宗后脱列哥那称制后,因屡弹劾皇后宠信之奥都剌合蛮,渐被排挤,所谏之策亦多所受阻。脱列哥那称制三年(1244)卒于位。文宗至顺元年(1330),追封懿宁王。著有《湛然居士集》、《西游录》等。

【耶律辖底】(?—913) 契丹遥辇氏部落联盟军事首领。字涅烈衮,又作涅里衮。契丹族。迭剌部人。耶律帖剌子,辽太祖* 耶律阿保机同族叔父。痕德堇可汗时,见异母兄耶律罨古只被推举为迭剌部夷离堇(军事首领),心中不服,阴谋夺位,在耶律释鲁支持下,乘罨古只举行再生礼之机,取红袍、貂蝉冠,乘白马而出,令党人大呼:"夷离堇出矣!"众皆罗拜,继行柴册礼,自立为夷离堇,与于越释鲁同权国政。未几,因释鲁被蒲古只等三族谋杀,恐殃及自身,携子逃渤海,伪称失明。至唐天祐四年(907)阿保机建国称帝后方归,任于越,已不掌实权。时,统治者争权斗争激烈,他极力策划和唆使阿保机诸弟叛乱,欲借其力谋图大位。辽太祖七年(913),叛乱失败,在榆河被擒。是年六月,被处死。

【耶律牒蜡】(?—951) 又作耶律牒蝎。辽初将领。字述兰,又作述轧。契丹族。六院夷离堇(军事首领)耶律蒲古只之后。太宗天显(927—938)年间,任中台省右相。会同元年(938)七月,与临海军节度使赵思温出使后晋,持节册封石敬瑭为英武明义皇帝。六年(943),敬瑭死,因其子石重贵上表契丹"称孙不称臣",语多不尊,随太宗德光南下伐晋,九年(946)十二月在滹沱河降晋将杜重威等二十万众,继下晋都汴京(今河南开封),重贵降,晋亡。大同元年(947)平相州(今河南安阳)之叛,斩首数万级。是年四月,德光卒于班师途中。随军臣将拥立永康王耶律阮(耶律倍子)继皇帝位。淳钦太后发兵抗击。他被偏将术者执送太后,旋逃归世宗。天禄二年(948)十月,封燕王,为南京留守。五年(951)六月,与枢密使高勋奉使北汉,册刘崇为大汉神武皇帝。九月,随世宗南下伐后周,军至祥古山(今河北宣化境),乘世宗祭父,酒醉,与泰宁王察割举兵反叛,入帐杀世宗,立察割,寻遭穆宗璟围讨,被擒,不降,凌迟而死。

【耶律察八】 金代海陵王昭媛。契丹族。曾许嫁奚人萧堂古带。海陵纳之,封为昭媛。恋旧情,使侍女以软金鸭鹉袋数枚暗送堂古带,事觉,被海陵王于宝昌门楼手刃击杀,堕门下死,侍女并诛。

【耶律察割】(? —951) 辽初皇臣。字欧辛,又作沤僧,呕里僧,呕里僧王。契丹族。辽太祖弟*耶律安端子。善骑射。大同元年(947),太宗病卒军中,随军将臣拥世宗阮继位,淳钦太后将兵抗击。纷争中,他力怂父投世宗,事平,以功封泰宁王。天禄三年(949),以告萧翰邀父谋反事,博得宠任,留侍宫中,领女石烈军。暗中蓄谋反叛,将住所移行宫附近,伺机行刺。五年(951)七月,在太液谷暗杀未成。九月,随军南下,在祥古山(今河北宣化境),乘世宗祭父酒醉,串通耶律盆都,举兵入帐杀世宗,自立为帝,胁百官以从。寻遭耶律璟围讨,被世宗弟耶律娄国弱杀。

【耶律撒剌】(? —1077) 辽朝大臣。字董隐。契丹族。北院大王耶律磨鲁古孙。性忠厚。清宁(1055—1064)初,累迁西南面招讨使,以善治称。咸雍九年(1073)十二月,改南院大王。寻为契丹行宫都部署。因奏劾枢密使耶律乙辛之过,受排挤,出为始平军节度使。大康三年(1077)六月,被诬谋立皇太子濬,遭害。及濬子天祚帝即位,受昭雪,乾统(1101—1110)年间,追赠漆水郡王,绘像宜福殿。

【耶律题子】(? —986) 又作耶律迪子。辽朝将领、画家。字胜隐。契丹族。北府宰相耶律兀里孙。善射,工画。景宗保宁(969—979)年间,任御盏郎君。九年(977),出使北汉,议长久通好之策。圣宗统和二年(984),与西南边详稳耶律速撒讨破陀罗斤。四年(986),随北院枢密使耶律斜轸抗御北宋名将杨业进攻,败宋将贺令图于定安。以功授西南面招讨都监。继围寰州(今山西朔县东北),冒矢登城,败宋军。于朔州(今山西朔县)擒业,屡立战功。是年冬,复与萧挞凛由东路击宋,俘获甚众。后率兵进击易州,卒。战中,见宋将有因伤而仆者,乃绘其状以示宋人,众皆称神妙,惜画今不存。

【耶律德光】(902—947) 即辽太宗。辽朝第二代皇帝。927—947年在位。字德谨,小字尧骨,又作耀屈之。契丹族。辽太祖*耶律阿保机次子。天赞元年(922),任天下兵马大元帅,从父北征于厥里;西讨党项、回鹘,直取单于城(今内蒙古和林格尔北);东灭渤海,继破达卢古;南下中原,占平州(今河北卢龙),围幽州(今北京),攻掠山西诸镇,战功显赫。天显元年(926),父卒,翌年,在其母支持下,凭借手中兵权,排挤兄耶律倍,称帝,尊号嗣圣皇帝。在位期间,继续南下。天显三年(928)出师定州(今河北定县)。败归。翌年,遣弟耶律李胡发兵云中,克寰州(今山西朔县东北)。九年(934),亲率兵南伐,拔阴阳(今山西山阴西南),下阳城。十一年(936),应石敬瑭请,南下赴援,在太原西北大败后唐将张敬达和杨光远。十一月,册敬瑭为大晋皇帝,约为父子。会同元年(938)十一月,得敬瑭献幽(今北京)、蓟(蓟县)、瀛(河间)、莫(任邱)、涿(涿县)、檀(密云)、顺(顺义)、妫(怀来)、儒(延庆)、新(涿鹿)、武(宣化)、云(大同)、应(应县)、朔(朔县)、寰(朔县东北马邑镇)、蔚(蔚县)等十六州。上尊号"睿文神武法天启运明德章信至道广敬昭孝嗣圣皇帝"。以皇都为上京府临潢(今内蒙古巴林左旗南),升幽州为南京(今北京),原南京更为东京(今辽宁辽阳)。为适应领土拓宽、民族成分复杂、汉人增多的形势,继续完备以国制治契丹,以汉制待汉人的制度,重用汉人,吸收汉文化。会同元年(938),整顿吏制,改一批契丹官制名称为汉名,又依汉例设置新职。重视发展文化。四年(941),命有司编纂始祖奇首可汗事迹。大同元年(947),建历法。大力发展宗教。会同六年(943),后晋石敬瑭死,因其子重贵对契丹"称孙不称臣",兴兵问罪,中途受挫。九年(946)九月,亲整兵马,再度南伐,克定州(今河北定县),下镇州(今河北正定),围晋兵主力于滹沱河岸之中渡寨,收降晋将杜重威、李守贞、张彦泽等。继拔相州(今河南安阳),直攻晋都汴京(今河南开封),迫重贵奉表投降,灭亡后晋。大同元年(947)二月,改国号"大辽"。因后晋各地反抗不断,宋州(今河南商丘南)、亳州(今安徽亳县)、密州(今山东诸城)相继失陷,加之兵士水土不服,于四月北返。行至栾城(今河北栾城县)病卒。临终前,言以纵兵掠刍粟、括民私财、不遽遣诸节度还镇为之三项失误;九月,归葬凤山,称怀陵(今内蒙古巴林右旗床金沟)。庙号太宗。圣宗统和二十六年(1008)七月,谥孝武皇帝。兴宗重熙二十一年(1052)九月,增谥孝武惠文皇帝。

【耶律燕哥】(? —1095) 辽朝大臣。字善宁。契丹族。皇族季父房之后,太师耶律豁里斯子。清宁(1055—1064)年间,为左护卫太保。大康(1075—1084)初,转北面林牙(契丹官名,掌文翰)。党附权臣南院枢密使耶律乙辛;充当耳目,凡有闻见,必以密告。迁左夷离毕,掌刑狱。及乙辛诬陷皇太子濬谋废立,大康三年(1077)六月,他奉命审理濬案,不听濬据理申诉,与萧十三易濬陈辞,谎告伏款,致使太子被贬庶人,受囚遇害。是年闰十二月,迁契丹行宫都部署。五年(1079)五月,拜南府宰相。八年(1082)二月,迁惕隐。未几,事觉,于大安三年(1087),被贬离朝,外任西京留守。

【耶律薛阇】(1193—1238) 蒙古国将领。契丹族。辽王*耶律留哥长子。金崇庆元年(1212),随父起兵反金。贞祐三年(1215),奉金币九十车、金银牌五百面,至怯绿连河(今克鲁伦河)行宫入觐成吉思汗。后从征西域,攻花剌子模,率兵救太子术赤于合迷城,受创。又战于蒲华(今布哈拉)、寻思干(今撒马尔罕)。积功为"拔都鲁"(蒙古语"勇士")。成吉思汗二十一年(1226),经母姚里氏之请,许袭父爵。窝阔台汗二年(1230),从帝南征,有功,赐马四百、牛六百、羊二百。次年,受命为都元帅合赤温东征,收其父遗民,移镇广宁府(今辽宁北镇),行广宁路都元帅府事。自是年至九年(1237),连征高丽、东夏（蒲鲜万奴）。

【耶律辨材】 金末臣将。契丹族。义州人。辽东丹王*耶律倍八世孙，参知政事*耶律履子。身材雄伟，天资豪爽，每以志节自负。官中京兵马副都指挥使。宣宗（1213—1223年在位）时，曾受召问政，言相多非真材，遂触犯权贵，被贬出为许州兵马钤辖。未几，卒。

【耶律袅履】 又作耶律袅里。辽代后期画家。字海邻。契丹族。六院夷离堇*耶律蒲古只后人。兴宗重熙（1032—1055）年间，累迁同知点检司事。三赴西夏，索回被执驸马都尉萧胡睹。转永兴宫使、右祗候郎君班详稳（将军）。圣宗时，将娶秦晋长公主孙女，因其母与公主婢有隙，必去婢方允婚，乃计杀婢，事发，处以大辟，因精于画，遂画圣宗像献上，被减刑，流放边戍。又以善画，召拜同知南院宣徽事。两次奉命使宋，画宋帝像以归。咸雍（1065—1074）年间，加太子太师。画像作品今皆不存。

【耶歇仁钦】（1248—1294） 《元史》译作亦摄思连真、亦摄思怜。元朝帝师。属萨迦东院人。为*八思巴弟子。当八思巴在临洮居住时，投八思巴门下，后随从至元大都（今北京），谒见忽必烈汗，深得宠信。至元二十三年（1286），帝师达玛巴拉返藏处理政务，被忽必烈任命为帝师。三十一年（1294），卒于五台山。

【耶嘉克珠】（1817—1869） 清代青海地区活佛，塔尔寺阿嘉呼图克图四世。幼年在塔尔寺学因明。道光七年（1827），进京朝觐。十一年（1831），敕赐多伦诺尔慈福寺一座。十三年（1833），奉旨入藏考察经典。十五年（1835），赐述道禅师印。十七年（1837），任扎萨克达喇嘛。二十六年（1846），掌管京城喇嘛印务处事务。咸丰六年（1856），因病回青海。同治元年（1862），西北回民反清，他在塔尔寺举办团练保护寺院。八年，圆寂于西宁塔尔寺。

【耶澜可汗】 见"屈戍"。（380页）

【耶布移守贵】 西夏国官员。党项族。景宗李元昊时为容州刺史。天授礼法延祚四年（1041），随元昊攻宋，围麟、府二州，因代钤辖张亢等合兵为守，受命以兵攻之，屡败。十月，引兵据府州北之琉璃堡，分列三砦以守，失备，夜遭张元军袭击，仓促迎战，死者三百余人，失牛羊马驼万计，弃堡逃走。

【耶律匀德实】 契丹遥辇氏部落联盟军事首领。契丹族，迭剌部人。辽太祖*耶律阿保机祖父。生于祖州（今内蒙古巴林左旗西南）。曾任大迭剌部夷离堇，掌兵刑，操部落联盟实政。在任期间"始教民稼穑、善畜牧，国以殷富。"因内部争权，为耶律狼德杀害。兴宗重熙二十一年（1052），追尊简献（又作简宪）皇帝，庙号玄祖。

【耶律夷腊葛】（？—969） 名又作夷剌葛、夷腊。辽朝大臣。字苏散。契丹族。检校太师耶律合鲁子。穆宗应历（951—969）初年，以父任入侍，数岁，为殿前都点检，参与机密之谋，深获穆宗信任，迁寄班都知，受赐官户。常谏穆宗勿嗜酒妄杀，曾谏保一监鹿详稳（将军）免于诛。时辽法，歧角牡鹿，唯天子射。应历十八年（968）九月，秋猎，遇此鹿，获殊遇；受命先射，中的，擢政事令，赐金、银、名马及黑山东抹真之地数十里。十九年（969），穆宗被近侍小底所弑，景宗即位，以宿卫不严，被诛。

【耶律忙古台】 蒙古国将领。契丹族。太师*耶律阿海长子。成吉思汗时，为御史大夫，佩虎符，监战左副元帅官、金紫光禄大夫。管辖契丹及汉军。奉命驻守中都（今北京）。承制招安水泊等处。

【耶律忙古带】 又作忙古歹、蒙古歹。元初将领。契丹族。太傅*耶律秃花曾孙，宝童子。忽必烈时，赐金符，袭父职，为随路新军总管，统领山西两路新军。从四川行省也速带儿征蜀。至元五年（1268）八月，奉命带兵六千征西番、建都（在今云南）。十一年（1274）正月，带新旧军万余戍建都，立建都宁远都护府，兼领互市监。六月，继率武卫军南征。次年正月，将汉军万人从侍卫亲军指挥使扎的失领蒙古军二千赴蔡州（今河南汝南）。十九年（1282）八月，征罗氏鬼国（约今贵州西北地区一带）返，授管军万户。二十一年（1284），以攻罗必甸（今云南元江）。至云南，奉诏入缅，迎援云南壬也先帖木儿。迁副都元帅。继从诸王阿台征交趾（今越南北部），与昭文王战于白鹤江，夺战船八十七艘。又从云南王攻破罗必甸。成宗铁穆耳时，授乌撒乌蒙等处宣慰使，兼管军万户。迁大理金齿等处宣慰使都元帅。大德六年（1302），以平乌撒（今云南威宁一带）、罗罗斯（今四川凉山一带）功，受厚赐。九年（1305），擒杀普安（今贵川普安）、罗雄（今云南罗平）州首领阿填。次年，进骠骑卫上将军，遥授云南诸路行中书省左丞。卒军中。至大四年（1311），赠龙虎卫上将军、平章政事，追封濮国公，谥威愍。

【耶律陈家奴】 辽代晚期大臣。字绵辛。契丹族。懿祖弟耶律葛剌八世孙。兴宗重熙（1032—1055）中，补牌印郎君，因当值不至，降本班。后授御盏郎君。历鹰坊、尚厩、四方馆副使，迁徙鲁古皮室详稳（将军）。以进诗献驯鹿，祝太后生辰，受嘉奖。道宗清宁（1055—1064）初，累迁本夷离毕，掌刑狱。后太子遭诬被废，道宗疑其党附，免职。继任乌古部节度使行军都监，数讨西北诸部，皆胜，边境复宁。寿昌三年（1097），以功加尚书右仆射。六年（1100），任南院大王。天祚帝乾统元年（1101），徙山陵使，次年六月辞任。年八十而卒。

【耶律阿不里】（？—949） 辽朝公主。契丹族。太祖子、人皇王*耶律倍女，世宗妹。天禄二年（948），下嫁宣武军节度使萧翰。次年，与夫致书结明王耶律安端谋反，书为耶律屋质所获，事泄，被囚禁，病死狱中。

【耶律阿保机】（872—926） 又作阿保基、阿保谨、阿布机、安巴坚、按巴坚。即辽太祖。契丹国创建者。小字啜里只。汉名亿。契丹族。出生于迭剌部霞濑益石烈（契丹语，乡）耶律弥里（今内蒙古阿鲁科尔沁旗东）。德祖*耶律撒剌的子。自幼聪敏，才智过人。及长，值伯父释鲁掌权，深得信任，入职任"挞马狘沙里"，组建侍卫亲军。相继降小黄室韦，破越兀、兀古、六奚诸部，被国人誉为"阿主沙里"（沙里，契丹语"郎君"）。唐昭宗天复元年(901)，任本部夷离堇(军事首领)，专事征伐，大破室韦、于厥及奚。进大迭烈府夷离堇。次年，领兵四十万南下，讨河东、代北(今山西北部)，克九郡。三年(903)，北攻女直，南取河东怀远军，略地蓟北(今河北北部)。升于越，总知军国事，成为部落联盟的实际操纵者。天祐三年(906)十二月，痕德堇可汗卒，翌年(907)正月，废传统选汗制，在心腹支持下，燔柴告天，即皇帝位，上尊号天皇帝。即位后，平定以刺葛为首的"诸弟之乱"，尽杀要求恢复世选的原七部首领，巩固了帝位。后梁贞明二年(916)二月，于龙化州(今内蒙古敖汉旗东)上尊号大圣大明天皇帝，建元神册，国号大契丹。建国后，着手制定新制度。对遥辇氏二十部进行改造，天赞元年(922)，将"人众势强，故多为乱"的迭刺部析为五院部和六院部，各置夷离堇，隶北府，使迭刺部夷离堇由最高军事首领削为北宰相府下的一级官员。彻底废除部落世选制，确立皇位世袭。创"斡鲁朵"(宫卫)制，建成特殊的皇权侍卫，"入则居守，出则扈从"，成为对内镇压异己，对外扩张的一支核心力量。健全法制，制定契丹第一部法典《决狱法》。组织人力创制契丹文字。本着"因俗而治，得其宜"的原则，制定民族政策。降奚后，置六部奚，命勃鲁恩主之，仍号奚王。降渤海，改东丹国，仍用渤海老相为右大相。中央官制分南北，"(北面)以国制治契丹，(南面)以汉制待汉人"。大力吸收汉文化，兴建孔子庙、佛寺、道观等。对外大肆扩张辖地。称帝当年(907)，征黑车子室韦，降其八部。五年(911)，取奚、霫等地。继而南下中原，神册元年(916)，攻蔚、新、武、妫、儒五州，自代北至河曲逾阴山，尽有其地。四年(919)，降乌古部。天赞三年(924)，西征吐浑、党项、阻卜等部，远逾流沙，拔浮图城(今新疆吉木萨尔南)，尽取诸部。天显元年(926)，东灭渤海，改东丹国，以长子耶律倍为人皇王主之。是年七月，自渤海班师，途中卒于扶余府(今吉林四平西)。谥升天皇帝(一作大圣皇帝)，庙号太祖。翌年(927)，葬祖陵(今内蒙古巴林左旗西南)。圣宗统和二十六年(1008)，进谥大圣大明天皇帝。兴宗重熙二十一年(1052)，加谥大圣大明神烈天皇帝。

【**耶律直鲁古**】(? —1213) 西辽君主。1177—1211年在位。契丹族。西辽创建者*耶律大石孙，仁宗*耶律夷列次子。西辽绍兴十三年(1163)，仁宗卒，因年幼，由姑母承天太后普速完主国政。崇福十四年(1177)，普速完被杀后，即帝位，改元天禧。在位三十四年，为西辽统治时间最长的国君。天禧二十七年(1204)，应花剌子模(今咸海一带)算端(苏丹)摩诃末请，派大将塔阳古领兵一万助摩诃末击退古耳人进攻。后花剌子模、畏兀儿及河中地区相继离异，西辽势衰。三十一年(1208)，乃蛮部王子屈出律为蒙古所败，投奔西辽，被其收留，以女妻之，授以汗号，允屈出律返故地收集乃蛮残部。屈出律势壮后，联合花剌子模反叛。初在真不只河击败屈出律，继遭花剌子模等联合进攻，统将塔尼古被擒，首府虎思斡耳朵(今托克马克南)居民投附摩诃末，关闭城门拒绝西辽军入城。三十四年(1211)，战败被擒，让帝位与屈出律，被尊为太上皇，两年后病卒。

【**耶律图鲁窘**】(? —947) 辽初臣将。初名徒离骨。字阿鲁隐。契丹族。肃祖曾孙(一作五世孙)，五院部夷离堇(军事首领)耶律敌鲁古子。勇而有谋。太宗天显十一年(936)九月，父南下伐后唐战死，允袭父职，仍以父字为名，以旌其忠。会同元年(938)，迁北院大王。尝独与太宗议国事，颇得赏识。九年(946)八月，从太宗攻后晋石重贵，遇晋将杜重威拥兵十万扼滹沱桥，不得进，力主坚战，献策选锐骑断饷道，使晋兵食尽援绝而降。以功获厚赐。次年春，卒于军。

【**耶律和鲁斡**】(? —1110) 又作叱地好。辽后期皇臣。字阿辇。汉名洪道。契丹族。兴宗*耶律宗真次子，道宗*耶律洪基弟，北辽天锡皇帝*耶律淳父。有武略，善计谋。兴宗重熙十七年(1048)，封越王。道宗清宁元年(1055)十二月，晋封鲁国王。次年十一月，徙宋魏国王。其间曾任上京留守，改南京留守。九年(1063)七月，参与平定皇太叔耶律重元之乱。天祚帝乾统元年(1101)六月，进天下兵马大元帅，加守太师，并受免拜不名之礼。三年(1103)十一月，尊为皇太叔(与天祚帝实为祖孙辈，"皇太叔"系尊号)，兼南京留守。六年(1106)十月，兼惕隐，掌皇族政教。十一月，加尊号"义和仁寿皇太叔"。见围场守备松弛，谏帝巡幸。乾统十年(1110)闰七月，从猎庆州(今内蒙古巴林右旗白塔子)，卒。

【**耶律迭里特**】(? —913) 辽初名医。字海邻。契丹族。太祖*耶律阿保机族弟，于越*耶律辖底子。善骑射，有臂力，被阿保机誉为"万人敌"。阿保机称帝后，授迭刺部夷离堇(军事将领)。医术高超，史称其："视人疾，若隔纱睹物，莫不悉见。"曾为阿保机治愈心痛病。后梁乾化三年(913)，因随父参与反阿保机叛乱，被杀。

【**耶律挞不也**】①(? —1077)名又作塔不也、达不也。辽朝大臣。字撒班。契丹族。皇族季父房之后，林牙(契丹官名，掌文翰)耶律高家子。清宁(1055—1064)中，补牌印郎君，累迁永兴宫使。九年(1063)八月参与平定重元之乱，以功知点检司事，赐平乱功臣，为怀德军节度使。咸雍五年(1069)，迁遥辇剋(契丹官名，掌兵)。大康三年(1077)，授北院宣徽使。获知枢密使耶律乙辛等谋害皇太子濬，欲杀乙辛，事露，被乙辛诬与太子谋废立，遇害。及濬子天祚帝即位，昭雪。乾统(1101—1110)间，追封漆水郡王，绘像于宜福殿。②(1036—1093)辽朝边将。字胡独堇。契丹族。于越*耶律仁先子。道宗清宁二年(1056)入仕，补祗候郎君。迁永兴宫使。九年(1063)，参与平定皇太叔耶律重元叛乱有功，赐定乱功臣，遥授忠正军节度使，同知殿前点检司事。历高阳、临海二军节度使、左皮室详稳(将军)。大康六年(1080)，授西北路招讨使，率诸部首领入朝，兼兼侍中。不久，改任西南面招讨使。大安八年(1092)十月，阻卜首领磨古斯兴兵反辽,西北路招讨使耶律何鲁扫古战不利,次年,他受诏接任。磨古斯伪降,在镇州(今蒙古哈达桑东)西南沙碛间受降时遭袭击,兵败,阵亡。追赠兼侍中,谥贞悯。

【**耶律突吕不**】(?—942) 又作耶律突吕不也。辽初学者。字铎衮。契丹族。六院部人。*耶律蒲古只孙。自幼聪敏嗜学,深得辽太祖阿保机器重。受命参与创制契丹文字,为契丹大字的主要创制者,神册五年(920),字成,颁行全国,是为契丹文化史上之重大事件,改变契丹族无文字,以刻木为信的状况,促进契丹族文化的发展。以功授文班林牙(契丹官名,掌文翰),领国子博士,知制诰。次年五月,又奉诏撰"决狱法"。十二月,从皇太子耶律倍南下中原,攻定州,在幽州(今北京)擒马步军指挥使王千。天赞二年(923)正月,任副统帅,随天下兵马大元帅耶律德光略地蓟北,攻取平州(今河北卢龙),俘刺史赵思温,乘胜进军燕、赵。四月,克曲阳(今河北曲阳)、北平(今河北完县)。以功受阿保机嘉赏。三年,从太祖攻党项。四年(925)二月,再随德光攻党项,多获而还。天显元年(926),从阿保机平渤海,奉诏铭太祖功于永兴殿壁。七月,太祖死,淳钦皇后称制,他受人中伤,惧祸潜逃。次年,德光即位,被召还。三年(928)五月,奉命攻讨乌古部,至次年六月,大获而还;继随德光南下,败后唐军于霞沙寨。十一年(936),受旨护石敬瑭入洛阳,灭唐建晋。总大册礼仪,以功加特进检校太尉。

【**耶律神都斡**】 又作移剌神都斡。金代中期大臣。契丹族。景国公耶律怀义子。海陵王时,官西北路招讨都监。正隆(1156—1161)年间,从父伐宋,父卒云中(今山西大同)。世宗时,为宣徽使,侍帝左右。大定八年(1168)九月,与太府监高彦佐为贺宋生日使,与宋往来。

【**耶律敖卢斡**】(?—1122) 辽末皇子。契丹族。天祚帝*耶律延禧长子。善骑射。性宽和,乐扬人善,素有人望。乾统六年(1106)十一月封晋王。时宫中有制,禁侍从读书,见小底茶剌违制,暗护之,时人皆称其宽厚。保大元年(1121)元妃子萧奉先为使元妃子耶律定嗣位,诬其母文妃与耶律余睹谋废立,文妃赐死,余睹投金。次年,余睹引金兵来攻,天祚帝听信奉先谗言,将其赐死。

【**耶律留礼寿**】(?—981) 契丹族。辽代皇臣。太祖*耶律阿保机曾孙,宋王*耶律喜隐子。景宗乾亨三年(981)五月,上京(今黑龙江省阿城南)汉军叛,被拥立为王,旋战败,被上京留守除室所擒,七月,伏诛。

【**耶律捏儿哥**】(?—1223?) 蒙古国将领。契丹族。太师*耶律阿海子。成吉思汗时,兄耶律忙古台卒,无嗣,由其代职,佩虎符,监辽东蒲鲜万奴军。十八年(1223),万奴乘蒙古军统帅木华黎卒,据辽东起兵反蒙,其举家遇害。追赠辽东行省右丞。

【**耶律涅鲁古**】(?—1063) 又作耶律涅里骨。辽朝宗室。小字耶鲁绾。汉名洪孝。契丹族。皇太叔*耶律重元子。兴宗重熙十一年(1042)十二月,封安定郡王,十七年(1048)十一月,晋封楚王,为惕隐。道宗清宁元年(1055)十二月,徙封吴王,次年十一月,封楚国王。三年(1057)三月,出为武定军节度使。七年(1061)六月,知南院枢密使事。九年(1063)七月,与父纠合大小官员四百余人发动叛乱,乘道宗出猎滦河(今内蒙古宁城西南)之机,率弩手军包围行宫,遇详王耶律仁先领宿卫兵抵御,出战,为渤海近侍详稳阿厮射杀。

【**耶律萨剌德**】 契丹遥辇氏部落联盟军事首领。契丹族,迭剌部人。辽太祖*耶律阿保机曾祖父。生于祖州(今内蒙古巴林左旗西南)。任部落联盟军事首领夷离堇,掌兵马,主刑辟,握联盟实权。尝与黄室韦作战。天祚帝乾统三年(1103)被追尊为庄敬皇帝,庙号懿祖。

【**耶律斜涅赤**】 辽初将领。字撒剌。契丹族。六院部舍利房衮直之后。早年隶辽太祖耶律阿保机幕下,常有疾,阿保机赐樽酒,饮之病愈,以契丹语酒樽曰"撒剌",遂依诏更其字。太祖元年(907),阿保机开国称帝后,受命掌腹心部。天赞元年(922),迭剌部析为北、南两院,任北院夷离堇,掌兵刑。三年(924),随阿保机西征吐浑、党项、阻卜等部,十月,拔浮图城(今新疆奇台西北),尽取西鄙诸部。四年十二月,从伐渤海。五年正月,破重镇扶余府(今吉林四平西),乘胜围首府忽汗城(今黑龙江宁安西南),追降其王,渤海亡。继讨已降复叛诸郡县。一生征战,为阿保机佐命功臣之一。天显(926—938)年间卒,年七十。

【**耶律寅底石**】(?—926) 又作耶律匀德实。辽初"诸弟之乱"的参与者。字辛辛。契丹族。辽太祖*耶律阿保机三弟。太祖五年(911)五月,与兄刺葛、迭剌及弟安端等谋反,因安端妻告发,未果。翌年十月,又反,势单不支,罢兵谢罪。七年(913),再叛,由安端暗杀阿保机未遂,自引兵趋行宫,掠辎重,焚庐帐,夺祖先神帐,兵败,遁榆河,自杀未遂,被擒,后获赦。战乱导致饥馑,"士兵煮马驹,采野菜以为食,挚畜道毙者十七八,物价十倍"。天赞四年(925)十二月,从伐渤海。五年正月,拔重镇扶余城(今吉林四平西),留驻。未几,渤海亡,改东丹国。天显元年(926),奉阿保机遗诏,为守太师、政事令,辅佐人皇王耶律倍经营东丹。寻为淳钦皇后遣司徒划沙暗害。兴宗重熙二十一年(1052),追赠许国王。

【**耶律绵思哥**】 蒙古国将领。契丹族。太师*阿海次子。成吉思汗十四年(1219),与父从汗西征。父卒,袭爵,拜太师,监守寻思干城(今苏联中亚撒马尔罕)。久之,奉请返还内地,遂为守中都路也可达鲁花赤(蒙语官称,镇守者),佩虎符。未几,卒。

【**耶律塔不也**】(?—1111) 又作耶律挞不也。辽朝大臣。契丹族。皇族仲父房之后。以善击鞠,获宠于道宗。咸雍(1065—1074)初,补祗候郎君。党附权臣南院枢密使耶律乙辛,成心腹。大康三年(1077),乙辛诬太子濬谋废立,因无据,道宗不按。他阴受乙辛遣,伙同萧讹都斡向道宗伪供参与太子谋乱,致太子被废,遇害。事罢,改任延庆宫副使。寿昌元年(1095),迁行宫都部署。及濬子天祚帝即位,搜捕乙辛党,他以贿获免,出为特免部节度使。徙敌烈部节度使。复为敦睦宫使。天庆元年(1111),出为西北路招讨使。以疾卒。

【耶律鲁不古】 名又作卢不姑、鲁不姑。辽初学者。字信宁。契丹族。太祖*耶律阿保机从侄。受命参与创制契丹文字,为契丹大字的主要创制者。神册五年(920)正月,字成,九月,颁行全国,是为契丹文化史上的重大事件,从而改变了契丹无文字、刻木为信的状况,促进契丹族文化的发展。以功授林牙(契丹官名,掌文翰),监修国史。后任西南边大详隐(将军),率偏师从伐党项,获功。天显十一年(936)七月,迎河东节度使石敬瑭。九月,随太宗南下,援石敬瑭,败后唐将张敬达于太原北。会同元年(938),奉命再伐党项,四年(941),胜归。世宗天禄(947—951)中,拜于越(最高荣誉衔,授有殊功者)。后任北院大王。终年五十五。

【耶律普速完】(?—1177) 西辽承天太后。1163—1177年称制权国。契丹族。西辽创建者*耶律大石女,仁宗*耶律夷列妹。绍兴十三年(1163),仁宗卒,奉遗诏权主国事,号承天太后,改元崇福。七年(1170),发兵西讨花剌子模(今咸海一带),擒其统帅阿牙儿别。花剌子模算端(苏丹)亦勒·阿尔思兰病死后,诸子争位,她于九年(1172)助长子帖乞失夺算端位,使花剌子模臣服西辽。时与驸马萧朵鲁不弟朴古只私通,出朵鲁不为东平王,旋加谋害。十四年(1177),被朵鲁不父斡里剌射杀。

【耶律罨古只】 契丹遥辇氏部落联盟军事首领。契丹族,迭剌部人。耶律帖剌之子,辽太祖*耶律阿保机同族伯父。痕德堇可汗时,被选为迭剌部夷离堇(契丹官名,掌兵刑),依俗,为夷离堇者,需行再生礼,是时,异母弟耶律辖底在耶律释鲁支持下一举夺位。辖底乘其就帐易服之机,取红袍、貂蝉冠,乘白马而出,令党人大呼"夷离堇出矣"!众皆罗拜,因行柴册礼,自立为夷离堇,与于越释鲁同掌国政,罨古只遂失夷离堇位。

【耶律罨撒葛】(935—972) 又作耶律撒葛。辽朝皇臣。契丹族。太宗*耶律德光次子。会同二年(939)三月,封太平王。穆宗时委以国政。应历三年(953)十月,欲谋反自立,问卜于魏璘,事觉被执,次年正月获释,贬戍西北边境。景宗保宁元年(969),亡入沙陀,被召回,获宥,入朝封齐王。四年(972)闰二月,疽病发,卒,三月,追册皇太叔,谥钦靖。

【耶律斡特剌】 辽朝边将。字乙辛隐。契丹族。许国王*耶律寅底石六世孙。自幼不喜官禄,年四十一,始补本班郎君。道宗大康(1075—1084)中,为宿直官,历左、右护卫太保。大安元年(1085),升燕王傅,次年月,以枢密院事兼知左夷离毕事,掌刑狱。四年(1088),改北院枢密副使,迁知北院枢密使事,赐翼圣佐义功臣。八年(1092)十月,阻卜部领磨古斯兴兵,杀西将吐古斯,连败辽军。十年(1094)四月,他任都统,率军征讨,败磨古斯四部,斩首千余级,以功任西北路招讨使,封漆水郡王,加赐宣力守正功臣。以后三年,连破耶睹刮部、梅里急部等。寿昌三年(1097)十月,任南府宰相。破闸古胡里扒部。四年十月,兼契丹行宫都部署。五年五月,复兼西北路招讨使,禁军都统。六年正月,执获磨古斯,使历时九年的阻卜之战平息。以功加守太保,赐奉国匡化功臣。天祚帝乾统元年(1101),请辞任,未允。六月,复兼南院枢密使,封混同郡王。翌年十月,擢北院枢密使,加守太师,赐推诚赞治功臣。未几致仕,卒,谥敬肃。

【耶律撒剌的】 名又作作鲁。契丹遥辇氏部落联盟军事首领。辽太祖*耶律阿保机生父。契丹族,迭剌部人。生于祖州(今内蒙古巴林左旗西南)。曾任部落联盟夷离堇(军事首领),掌兵马,主刑辟,握联盟实政。在任期间,始置铁冶,教民鼓铸,以土产多铜,始造钱币。曾率兵讨黄,俘七千户,徙饶乐之清河。兴宗重熙二十一年(1052)追尊宣简皇帝,庙号德祖。

【耶律耨里思】 契丹遥辇氏部落联盟军事首领。契丹族。迭剌部人。辽太祖*耶律阿保机四世祖。生于祖州(今内蒙古巴林左旗西南)。曾任迭剌部夷离堇,掌兵马,主刑辟,握部落联盟实权。任期"大度寡欲,令不严而人化"。天祚帝乾统三年(1103)追尊昭烈皇帝,庙号肃祖。

【耶律辟离剌】 金初将领。契丹族。辽亡前夕,于天祚帝天庆六年(1116)五月,投女真军。妻秘书监萧裕妹,官左卫将军、近侍局副使。海陵王完颜亮即位后,心忌太宗诸子,欲除之。遂受命从裕密杀完颜宗本和完颜宗美。为平众疑,被出为宁昌军节度使。正隆四年(1159),官宿州防御使,十一月,为贺宋正旦副使,随翰林侍讲学士施宜生使宋,还,告宜生通宋,害之。

【耶律何鲁扫古】 又作耶律阿鲁古。辽朝边将。字乌古邻。契丹族。皇族孟父房之后。兴宗重熙(1032—1055)末年入仕,补祗候郎君。道宗清宁(1055—1064)初年,加安州团练使。大康(1075—1084)中,历怀德军节度使、奚六部秃里太尉,奉命措划东北边事,改左护卫太尉。大安八年(1092),知西北路招讨使事,因讨耶睹刮部有功,加左仆射。以阻卜部领磨古斯兴兵反辽,于次年三月,率兵攻阻卜,还时,都监萧张九遇敌,兵败,诸军多陷没,不以实奏,削官。寿昌六年(1100)五月,以东京留守迁惕隐(契丹官名,掌皇族政教),兼侍中,赐保节功臣。次年,道宗卒,与宰相耶律俨总山陵事。天祚帝乾统三年(1103)十一月,迁南院大王。未几,致仕。

【耶律秃满答儿】 元初将领。契丹族。太傅*耶律秃花孙,*耶律买住子。初充宿卫,后授成都管军万户。至元十一年(1274),从西川行院忽敦攻嘉定(今四川乐山),修平康寨守备。次年,随都总帅汪良臣破九顶山,杀都统,降嘉定。继随忽敦下泸、叙诸城,围重庆,守合江口,以遏宋援兵。逾年,泸州叛,从汪良臣攻之。十五年(1278)正月,克泸城,斩守将王世昌、李都统。再围重庆,败守将张珏,克城。因功赐虎符,授夔路招讨使,迁四川东道宣慰使,改同金四川等处行枢密院事,迁四川等处行中书省左丞。二十四年(1287),尚书省立,改行尚书省左丞,进右丞,拜都元帅。不久卒。

【画梁】 清代满族女画家。瓜尔佳氏。仁兴妻。工书画,著《超范室画范》。

【直力鞮】(? —391?) 东晋时铁弗匈奴首领之一。*刘卫辰子。太元十五年(390),奉父命攻贺兰部,追贺讷降于北魏。闻魏主拓跋珪引兵来救,退兵。次年,率兵八九万攻魏南部,遭魏军拒击,兵败铁岐山南,只身逃遁。后所居悦跋城(即代来城)被袭击,与父出走,于木根山被迫擒,部众五千余人被杀。

【直鲁古】 ①辽初太医。吐谷浑人。出身医家。太祖阿保机西征吐谷浑,获之。时为婴,由淳钦皇后收养。及长,习医,专事针灸。太宗时,封太医。年九十而卒。撰有《脉诀》、《针灸书》等,今皆不存。②见"耶律直鲁古"。(324页)

【直懃驾头拔羽直】 见"元羽"。(39页)

【若干凤】 西魏、北周大臣。代郡武川人。字达摩。其先原居漠北,与鲜卑拓跋氏俱起,以部落名为姓。司空若干惠子。少深沉,有识度。西魏大统(535—551)末,袭父爵长乐郡公,尚宇文泰女。废帝二年(553),授骠骑大将军、开府仪同三司。恭帝三年(556),授大宗伯。出为洛州刺史。征拜大驭中大夫。北周保定四年(564),封徐国公。建德二年(573),拜柱国。

【若干惠】(? —547) 西魏将领。代郡武川人。字惠保。其先与鲜卑拓跋氏俱起漠北,以部落名为氏。树利周子。初随尔朱荣征伐,以功拜中坚将军。后以别将从贺拔岳西征,封北平县男。岳被害后归宇文泰,拜直阁将军。从擒窦泰,复弘农,破沙苑,加侍中,封长乐郡公。西魏大统七年(541),迁中领军。九年,率右军随宇文泰大败东魏军于芒山,后遭东魏军夜袭,设计收军而还。迁司空。善抚御,将士服之。十二年(546),率兵击退东魏将侯景对襄州的进攻。次年,镇鲁阳,卒于军。加赠秦州刺史,谥武烈。

【茂海】 一译漠海。清代卫拉特蒙古准噶尔部台吉。姓绰罗斯。*策妄多尔济那木扎勒同高祖兄弟,达玛林长子。康熙四十一年(1702),随从兄丹津阿喇布坦附清,驻牧推河。雍正初年,编旗分佐领,授札萨克辅国公。九年(1731),因受大策凌敦多布煽惑,导准噶尔军掠喀尔喀诸札萨克。受清军追击,偕辉特台吉巴济等潜逃准噶尔,驻牧特穆尔图淖尔(今苏联境内伊塞克湖)一带。卒于其地。

【茂萨】(? —1766) 一译木萨。维吾尔族。新疆吐鲁番人。札萨克郡王*额敏和卓次子。乾隆二十四年(1759),定边将军兆惠领兵征布拉呢敦、霍集占,奉父命割麦济军食,以功封公品级,理喀什噶尔(今喀什)阿奇木伯克事务。次年,办理伊犁屯田事宜,移叶尔羌等维吾尔农民居之,授伊犁阿奇木伯克。时喀什噶尔商伯克迈喇木、派苏巴特伯克呢雅斯骚乱,掠库勒塔里木等汛界。借参赞大臣阿里衮往剿,封辅国公。二十八年(1763),赴南疆增调维吾尔族农民千五百户至伊犁屯田。越二年,随清军镇压乌什赖和木图拉起义。

【茂木奖】 传说中教独龙人种谷物的女神。独龙人原食兽肉、树皮、草根,穿兽皮、树叶。天神为使独龙人摆脱饥寒的痛苦,将其女茂木奖嫁给独龙人丘根棒,教独龙人耕织之法。陪嫁的礼品有种子、小米、荞子、青稞、麻及豆类、瓜果,但是不给谷子。她再三请求,都遭拒绝。遂于临行之夜,偷了两粒谷子,藏于耳环内。婚后与丈夫开垦火山地,将所带谷物种下。谷物成熟时,其父得知女儿偷了谷子,大怒,派老鼠于一夜之内将谷子吃光,仅两粒谷子掉入石缝中未被发现,其夫妇将其拾回,以后连年播种,不断获得丰收,独龙人从此有了谷物。

【茂英充】 传说中的怒族女始祖。远古,天降群蜂,聚集在怒江边的拉加底村。后蜂与蛇交配(一说与虎交配),生茂英充。她长大后又与虎、蜂、蛇、麂子、马鹿等交配,所生后代,成为蜂、虎、蛇、麂子、马鹿氏族,她成为各个氏族公认的女始祖。传说反映了怒族经历过母系氏族社会,他们起源于一个共同的始祖。动物命名的各种图腾,是区分氏族集团的标志。据碧江普乐乡蜂氏族家谱载,从茂英充至阿纳已63代。

【苦彻】 蒙古国及元朝将领。钦察人。初事窝阔台汗,任阿黑塔臣(司牧马)。后从攻凤翔、潼关,随大将速不台攻汴京(今开封),破蔡州,从宗王口温不花攻取光州,升百户,赐号"拔都儿"(勇士),故称苦彻拔都儿。蒙哥汗九年(1259),随忽必烈攻宋,率兵至鄂州城下谕降,勇退追兵。中统三年(1262),授蔡州蒙古汉军万户府千户。至元二年(1265),入庐州,于竹林伏击宋军。五年(1268),从阿术围攻襄阳。后略地淮东。十二年(1275),授武略将军、管军千户。次年,随阿术平淮东,迁滁州路总管府达鲁花赤。十四年(1277),从讨只鲁斡带,进宣武将军。十七年(1280),以老请休。

【苦思丁】 元朝官员。字成之。回回人。仁宗延祐(1314—1320)年间,为辽州(今山西昔阳西北)监郡,迁吏部侍郎,后历仕英宗、泰定帝、文宗三朝。至顺三年(1332),任庆元路(今浙江宁波一带)总管。为官清廉,善理财政。修筑渠池、屯田劝耕、严惩贪官、减轻民众的漕运负担,四明(今浙江宁波)民众立碑以志其功。改两淮都转运盐使、浙东道宣慰使都元帅。

【苴蒙阁劝】 见"寻阁劝"。(181页)

【苗自成】 唐初畲族农民起义领袖。高宗仪凤二年(677),与畲族首领雷万兴等人率畲民起义,会同广东陈谦所率汉族义军攻陷广东潮阳,击败唐军,后被陈元光所率唐军镇压。

【苗金台】(? —约1451) 明正统景泰年间苗民起义领袖。贵州镇远人。苗族。正统十四年(1449)三月,自称顺天王,率镇远洪江等地苗民起义。联合湖广、贵州边界苗众,反征粮征款,反苛税杂役,攻靖州土官衙门及贵州、湖广一路边城屯堡,进围清浪、平越(今福泉)等城。四川播州（今贵州遵义），赤水、毕节等地苗民纷起响应。总督军务兵部尚书王骥调集云南、贵州、四川、广西等地官兵十万余，分路进攻起义军。他与韦同烈、王阿同等联合抗击明军。景泰二年(1451)，起义失败。

【**苗总牌**】(？—1439) 明正统年间苗民暴动首领。贵州计砂人。苗族。正统四年(1439)，自立统千侯、统万侯等名号，联络苗金虫（苗族），率洪江生苗暴动，分据地方，抵御明官兵。贵州总兵官都督萧授、都指挥郑通、都督吴亮等调集湖广、贵州官军分路进剿。义军据险迎敌，在洪江战役中不幸牺牲。

【**苗普亮**】(？—1414) 明永乐年间苗民起义首领。贵州思州府（今岑巩）台罗寨人。苗族。原为酋长。永乐八年(1410)，率台罗上下诸寨苗民暴动，后受兵部招安。十一年(1413)，与苗普罗哲等率台罗十四寨苗民及洪江、横陂苗民再次暴动，攻镇远、清浪诸卫。贵州总兵官镇远侯顾成、都督梁福等率湖广、贵州等地官兵四万，分兵进剿。十二年，在战斗中被杀。

【**英和**】(？—1840) 清朝大臣。字煦斋。索绰络氏。满洲正白旗人。尚书德保子。少有隽才。乾隆五十八年(1793)进士。嘉庆三年(1798)，官侍读学士，累迁内阁学士。五年，授礼部侍郎兼副都统。六年，充内务府大臣，调户部。九年，加太子少保，命在军机大臣上学习行走，寻因事罢降。历内阁学士，理藩院、工部侍郎。数奉使出按事。十八年(1813)，擒天理教首领林清于黄村西宋家庄，实授步军统领、工部尚书。道光二年(1822)，以户部尚书协办大学士，兼翰林院掌院学士。四年，《仁宗实录》成，加太子太保。八年(1828)，授宁夏将军，寻以病解职。后因宝华峪万年吉地工程获罪，解发黑龙江充当苦差。十一年，释回。著有《卜魁赋》、《那恭勤公清安行状》、《恩福堂自订年谱》、《石氏受姓源流纪略》、《思福堂诗钞》十二卷附试帖一卷、《恩荣叠唱集》和《植杖集》等。

【**英桂**】(1800—1879) 清朝大臣。赫舍里氏。满洲正蓝旗人。道光元年(1821)，以翻译举人考取内阁中书。二十九年(1849)，累官署兖沂曹济道。咸丰二年(1852)，任山西、山东按察使。三年，擢河南巡抚。以太平军进入湖北，奉命赴南阳筹防。次年，带兵赴河北严防。参与镇压捻军。八年(1858)，调山西巡抚。同治二年(1863)，擢福州将军。三年，自贝子载容包衣人，抬入正蓝旗满洲。七年(1868)，任闽浙总督兼理福州将军印务，旋兼署福建巡抚。九年，天津通商大臣崇厚以机器总局制造军火需硫磺，令商人赴台湾采买，请准照旧封禁。十年，授内大臣。次年，任兵部尚书。十三年，调吏部尚书兼步军统领、兼兵部尚书。光绪元年(1875)，以吏部尚书协办大学士，充实录馆总裁。二年，署正黄旗满洲都统。三年，署镶白旗汉军都统，授体仁阁大学士。卒，谥文勤。

【**英浩**】 清末学者。字养吾。高佳氏。满洲镶白旗人。历官内阁中书科笔帖式，度支部笔帖式。著有《字典校录》一卷、《字雅选文》六卷及《恬知轩诗集》。

【**英瑞**】(？—1840) 清朝大臣。满族，那拉氏。满洲正白旗人。嘉庆时由举人补国子监助教，官至步军统领衙门郎中。道光四年(1824)，以扑救造办处玻璃库火灾功，擢镶黄旗蒙古副都统。历署左翼前锋统领、工部左侍郎，兼管钱法堂事务，充右翼监督、署工部侍郎。因任内屯田司遗失册籍，降级留任。八年四月，奉命审理黑龙江将军禄成派兵不公及与私马交站饲养案，因失于预防，禄成自戕，下部察议。六月，补镶白旗护军统领，因对头等侍卫恩绪殴毙家人案迟延不奏，降二级留任，后因病开缺。

【**英翰**】(？—1876) 清朝大臣。字西林。萨尔图氏，满洲正黄旗人。福萨阿之子。道光二十九年(1849)举人。咸丰四年(1854)，拣发安徽以知县用。参与镇压太平天国运动，赏戴花翎，加五品衔。十一年，署宿州同知。同治元年(1862)，参与镇压捻军，擢按察使。二年，赐号格洪额巴图鲁，授布政使，赏达青巴图鲁号。五年(1866)，升巡抚。六年，赐三等轻车都尉世职。七年，加太子少保衔。十三年(1874)，擢两广总督。光绪元年(1875)，袭云骑尉，晋二等轻车都尉世职，署乌鲁木齐都统。二年，补都统。著《英果敏公奏议》。

【**英俄尔岱**】(1596—1648) 清初大臣。满族，他塔喇氏。世居札库木。岱图库哈理孙，多罗额驸诸裔谟多子。隶正白旗。初授佐领。败界藩人于萨尔浒。后金天命四年(1619)，攻开原，斩降明蒙古将领阿尔布。六年，攻沈阳城有功，授三等轻车都尉。攻辽阳城，擢二等轻车都尉。天聪三年(1629)，留守遵化，破敌，擢一等轻车都尉。五年，初设六部，授户部尚书，封固山额真（都统）。娶多罗饶余郡王女，为多罗额驸。以勤政务，任事敏断，晋三等男。六年，再晋三等子。顺治元年(1644)，随睿亲王多尔衮入关，破李自成义军，晋三等公。又五年考绩，晋二等公。

【**英义建功毗伽可汗**】(？—779) 又作牟羽可汗、登里可汗。唐代回纥汗国第三代可汗。药罗葛氏。名移地健。*英武威远毗伽阙可汗磨延啜次子。乾元元年(758)，娶仆固怀恩女为妻。次年继可汗位，建号爱登里罗汩没密施颉登密施合俱禄毗伽可汗，依俗纳小宁国公主为妻。宝应元年(762)，应唐朝之请，率军与仆固怀恩联兵攻史朝义，再克洛阳。居功骄纵跋扈，恣意侮辱唐朝天下兵马元帅李适（即后来唐德宗）。广德元年(763)，杀史朝义，平安史之乱。以功封颉咄登里骨啜密施俱禄英义建功毗伽可汗，册其妻为娑墨光亲丽华毗伽可敦。同年归国，同时携摩尼僧睿思等四人同归，是为摩尼教传入回纥之始，遂发展成回纥国教。大历三年(768)，光亲可敦卒，再娶仆固怀恩幼女，是为崇徽公主。十四年(779)，唐代宗卒，德宗初立，他受依附于回纥的九姓胡诱唆，欲举兵南下犯唐。因拒绝从父兄顿莫贺达干谏阻，被击杀。在位二十年。

【**英武威远毗伽阙可汗**】(？—759) 唐代回纥汗国第二代可汗。药罗葛氏。*怀仁可汗骨力裴罗子，初为磨延啜，又称葛勒特勒或葛勒可汗。唐天宝二年(743)，奉父命讨擒后突厥汗国乌苏米施可汗。次年，其父称汗后，受命西讨葛逻禄。六年(747)，继汗位，号登里罗没密施颉翳德密施毗伽可汗。继西征，臣服葛逻禄诸部，建八剌沙衮城（今中亚托克马克东南楚河南岸）。至德元年(756)，遣使灵武觐唐肃宗，请出兵助唐平安史之乱。次年，遣太子叶护率军四千余援唐。同年秋，与唐军连克西京长安、东京洛阳。乾元元年(758)，被唐朝封为英武威远毗伽阙可汗，简称英武威远可汗或英武可汗。尚肃宗幼女宁国公主，结和亲。同年，遣子骨啜特勒及宰相帝德，率三千精骑助唐攻安庆绪。二年卒，在位十二年。有突厥文《回纥英武威远毗伽可汗碑》以志其功。

【苻丕】(？—386) 十六国时期前秦国君。字永叔，略阳临渭（今甘肃秦安东南）氐人。*苻坚庶长子。聪慧好学，博综经史。初为征南大将军、都督征讨诸军事、守尚书令、长乐公。建元七年(371)，为征东大将军、雍州刺史。十四年(378)，率步骑七万攻东晋襄阳，越年克之。十六年(380)，封都督关东诸军事、冀州牧，镇邺（今河北临漳县西南）。淝水败后，为慕容垂围逼，率男女六万余口东赴潞川，被秦骠骑将军张蚝、并州刺史王腾迎入晋阳。东晋太元十年(385)，即帝位于晋阳南，改元太安，置百官。次年，率众四万，进据平阳（今山西临汾），谋袭洛阳，将讨姚苌。闻西燕慕容永欲假道东归，使王永讨之，败于襄陵，众离散。率骑数千奔东垣（今山西垣曲东南），为东晋将冯该所杀。谥哀平皇帝。

【苻生】(335—357) 十六国时期前秦国君。字长生。略阳临渭（今甘肃秦安东南）氐人。*苻健第三子，史称其"雄勇好杀"，精"击刺骑射"。皇始四年(354)立为太子。五年(355)，继帝位，改元寿光。在位期间，酗酒乱政，荒淫暴虐，擅杀无辜，残害百姓，致使怨声载道。寿光三年(357)，苻坚、苻法等率兵入宫，将其废为越王，继而杀之。谥厉王。

【苻坚】(338—385) 十六国时期前秦国君。字永固，一名文玉。略阳临渭（今甘肃秦安东南）氐人。*苻健弟*苻雄之次子。苻生时为东海王。寿光三年(357)，与兄苻法等袭杀苻生，自立。去皇帝号，称大秦天王，改元永兴。即位后，以苻法为丞相、东海公，寻杀之，讨平其弟赵公双、从弟晋公柳、魏公庾等之乱。着手革除暴政，主张"黎元应抚，夷狄应和"；重用汉族士人王猛等，抑制豪强，强化王权；鼓励农耕，教民以区种之法，兴修关中水利，以增加财政收入，缓和阶级矛盾及统治集团内部矛盾。废除胡汉分治制度，信用汉族士人委以重任，提倡儒学，兴办教育。以汉族封建政治传统和文化传统的继承者自命，积极推行"圣君贤相"的治国之道。对各族实行"服而赦之"的方针，对自动归顺或投降的少数民族上层基本采取优容政策，收容匈奴卫辰部入居塞内，结好乌丸、鲜卑诸部，招徕西域、西南、东北诸族遣使朝贡。秦国趋于稳定，生产有所发展，为统一北方创造条件。建元六年(370)，灭前燕。翌年初，徙关东豪杰及杂夷十万户于关中，处乌桓于冯翊、北地，丁零翟斌于新安、渑池。又灭仇池氐杨氏，收陇西鲜卑乞伏司繁。封吐谷浑碎奚为安远将军。九年(373)，取东晋梁、益二州，收服西南诸夷邛筰、夜郎。十二年(376)，攻姑臧，灭前凉，徙其豪右七千余户于关中。同年，乘鲜卑拓跋氏衰乱，击灭代国，并降服西障氐羌八万三千余落。十六年(380)，分三原、武都、雍氐十五万户予宗亲，各领之散居方镇，以加强对各族的控制。十八年(382)，命吕光出兵西域。结束黄河流域长期动乱分裂的局面，其境东极沧海，西并龟兹，南容襄阳，北尽沙漠。东北的新罗、肃慎，西北的大宛、康居、于阗等，均遣使献方物。因连年用兵，人民负担加重，也加深了境内的各种矛盾。统一北方后，恃强图灭东晋。十九年(383)，于淝水为晋军所败，损失惨重，势衰。各族首领慕容垂、慕容泓、慕容冲、姚苌等均乘机反秦自立。二十一年(385)五月，长安遭西燕慕容冲攻击，出奔五将山（今陕西岐山县境）。后为姚苌俘获，缢死于新平（今陕西彬县）佛寺中。谥世祖宣昭皇帝。

【苻宏】 十六国时期前秦太子。略阳临渭（今甘肃秦安东南）氐人。*苻坚子。前秦永兴元年(357)，坚即位后，封为皇太子。建元二十一年(385)，长安遭西燕攻击，坚出奔五将山，奉命留守长安。未几，城危，率数千骑与母、妻、宗室西奔下辩，遭坚婿仇池氐帅南秦州刺史杨璧所拒，复奔武都，投氐豪强熙，假道投归东晋，被置于江州，历位辅国将军。桓玄篡位时(403—404)，为梁州刺史。义熙(405—418)初，以谋叛被诛。

【苻法】 十六国时期前秦大臣。略阳临渭（今甘肃秦安东南）氐人。*苻雄之子，苻坚庶兄。苻生在位时为清河王。寿光三年(357)六月，得知苻生图谋诛己，与梁平老及强汪率壮士数百人潜入云龙门，与苻坚所率士卒会合，入宫，废生为越王，旋之。以庶出，推坚继位，被封为侍中、都督中外诸军事、丞相、录尚书事、东海公。寻遭疑忌被杀。

【苻洪】(285—350) 十六国时期氐族首领。原姓蒲，字广世，略阳临渭（今甘肃秦安东南）氐人。其先世为西戎酋长。父怀归，为部落小帅。晋永嘉四年(310)，被同族推为盟主，自称护氐校尉、秦州刺史、略阳公。后归附前赵刘曜，拜宁西将军，率义侯。徙居关中高陆（今陕西高陵），进氐王。曜败，退守陇山。东晋咸和八年(333)，降后赵石勒，拜冠军将军、泾阳伯。后率氐、羌二万户下陇东，至冯翊郡，劝石虎徙雍州豪杰及氐羌十多万户于关东，以实京师，被纳，拜龙骧将军、流民都督。率众居枋头（今河南淇县东南、浚县西南）。以功，迁冠军大将军，封西平郡公、关内领侯将。永和五年(349)，与姚弋仲等镇压梁犊起义军。后进位车骑大将军、略阳公、都督关中诸军事、雍洲牧、领秦州刺史。及石遵即位，受谗遭疑，去都督职，遂降东晋。六年封征北大将军、都督河北诸军事、冀州刺史、广川郡公。遂改姓苻氏。后被秦雍徙民拥立为主。众至十多万，自称大将军、大单、三秦王。旋为石虎旧将、军师将军麻秋毒死。谥惠武帝。

【苻洛】 十六国时期前秦大臣。略阳临渭（今甘肃秦安东南）氐人。苻坚堂兄。以雄勇著称。为坚所忌，故常为边牧。初封征北将军、幽州刺史、行唐公，镇和龙（今辽宁朝阳）。自以有灭代之功，求开府仪同三司，不得，怨愤。建元十六年（380），任都督益宁西南夷诸军事、征南大将军、益州牧、领护西夷校尉，镇成都，受命从伊阙趋襄阳溯汉水而上。疑坚将其"投之西裔"，举兵反，自称大将军、大都督、秦王，署置官司，以治中平颜为辅国将军、幽州刺史，充谋主。分遣使者征兵于鲜卑、乌桓、高句丽、百济、新罗、休忍，未果。惧，欲止。后纳平颜劝谏，西进，率众七万发和龙，图长安。与兄北海公苻重会，屯中山（河北定县），有众十万。继为苻坚军败于中山，被俘送长安，获赦，徙凉州西海郡。

【苻健】（307或317—355） 十六国时期前秦创建者。字建业。略阳临渭（今甘肃秦安东南）氐人。初名罴，字世建，为避石虎外祖之讳，改名健。苻洪第三子。勇果善骑射，甚为石虎父子钟爱。永和六年（350），父死，继位，去三秦王号，称晋爵。次年，以后赵新亡，关中豪强割据，自称晋征西大将军、都督关中诸军事、雍州刺史，率众西行。至盟津，分兵两路，遣弟苻雄率众五千自潼关入，至华阴；兄子苻菁率众七千至渭北。自率军继雄入关，引兵至长安。遂称天王、大单于，建元皇始，国号大秦，置百官，都于长安。皇始二年（352），称帝。四年（354），拒击东晋桓温军，坚壁清野，致使晋军大饥，退兵。在位期间，置来宾馆于平朔门以怀柔远人。起灵台于杜门，与百姓约法三章，"薄赋卑宫、垂心政事、优礼耆老、修尚儒学"，对安定前秦社会秩序、缓和民族矛盾起一定作用。谥明皇帝，庙号世宗，后改高祖。

【苻朗】 十六国时期前秦宗室。字元达。略阳临渭（今甘肃秦安东南）氐人。苻坚从兄子。初受坚封为镇东将军、青州刺史、乐安男，在任甚有成绩。但喜经籍，不屑时荣，好谈虚语玄，登山涉水。东晋太元九年（384），遣使至彭城求降晋，被加封员外散骑侍郎。至扬州，与东晋豪门斗富争奇，超然自得，曾言侮骠骑长史王忱兄弟。后数年，为王氏兄弟潜杀。著《苻子》数十篇行于世。

【苻崇】（？—394） 十六国时期前秦末代国君。略阳临渭（今甘肃秦安东南）氐人。苻登长子。太初元年（386），登即帝位后，立为皇太子。九年（394）春，登引兵征后秦时，受命守胡空堡。及登为尹纬所败，被杀后，弃城逃湟中，即帝位，改元延初。冬，为梁王乞伏乾归所逐，东投仇池陇西王杨定。与定军三万共攻乾归，遭乾归将凉州牧轲弹、秦州牧益州、立义将军诘归三万骑拒击。初败益州于平川，后为轲弹等所败，于定均被杀。

【苻雄】 十六国时期前秦大臣。字元才。略阳临渭（今甘肃秦安东南）氐人。前秦开国君主苻健之弟。善兵书，多谋略。东晋永和七年（351），兄苻健称天王，以其为丞相、都督中外诸军事、车骑大将军、领雍州刺史。身为佐命元勋，而谦恭奉法。次年，率众攻王擢于陇西，迫擢奔凉西。皇始三年（353），大败前凉兵于龙黎，后率众二万还长安。遣平昌王苻菁略定上洛郡，于丰阳县立荆州，以通关市，致使国用充足。四年，东晋桓温率众四万趋长安，雄随苻苌等拒温于尧柳城愁思堆，领骑七千，于白鹿原败温军，破司马勋于子午谷。先于健而亡，约卒于皇始四年或五年。

【苻登】（343—394） 十六国时期前秦国君。字文高。略阳临渭（今甘肃秦安东南）氐人。苻坚之族孙，苻敞之子。喜读书，颇览书传。初封殿上将军，迁羽林监、扬武将军、长安令，后坐事黜为狄道长。及关中起兵，苻坚被杀，奔枹罕（今甘肃临夏），被诸氐推为都督陇右征羌诸军事、抚军大将军、雍、河二州牧、略阳公，率众五万东下陇，据南安，将攻姚苌。苻丕即位后，为征西大将军、南安王。大破姚苌于胡奴阜。前秦太安二年（386），丕死，子幼，登即位于陇东，建元太初。缮甲兵，引师而东。进据胡空堡，戎夏归之者十余万。遂率众下陇入朝那，屡与姚苌战，互有胜负。继遣将克平凉，自统军进据苟头原以逼安定。后大界营遭苌袭击，妻子被杀，男女五万余口被掠。此后，相继与后秦姚苌军战于千户固、鸢泉堡、段氏堡、马头原、新平、安定等地。九年（394），乘姚苌新亡，尽众而东，以趣废桥，为姚兴将尹纬所败，奔平凉，入马毛山。遣子汝阴王苻宗质于陇西鲜卑乞伏乾归，联姻求援，得乾归两万骑救援，与兴战于山南，为兴所败，被杀。谥高皇帝，庙号太宗。

【苻融】（？—383） 十六国时期前秦大臣。字博休。略阳临渭（今甘肃秦安东南）氐人。苻坚季弟。文武兼备，聪辩明慧，善谋略，精骑射。崇尚黄老之学，著有《浮图赋》，壮丽清赡，世咸珍之。苻健之世，封安东王，固辞。苻生为帝，常侍左右。前秦寿光三年（357），苻坚即位，封阳平公，深受宠信，参议国事。甘露元年（359），为侍中、中书监、左仆射。建元六年（370），镇守洛阳。八年（372），为都督六州诸军事、镇东大将军、冀州牧，镇邺（今河北临漳县西南）。曾劝谏苻坚勿迁前燕鲜卑君臣至长安，使其布列朝廷。十六年（380），被召返长安，为侍中、中书监、都督中外诸军事、车骑大将军、司隶校尉、太子太傅、领宗正、录尚书事。十八年（382），苻坚欲征东晋，多次谏阻，痛陈利害，不为所纳。次年，拜征南大将军，统前锋军二十万南下，克寿春（今安徽寿县），遣使促坚速赴寿阳，一举灭晋。后于淝水之战中，兵败，为晋兵所杀。谥哀公。

【苻纂】 十六国时期前秦大臣。略阳临渭（今甘肃秦安东南）氐人。苻坚时任尚书令，封魏昌公。苻丕即位后，自长安率壮士三千投奔之，拜太尉，晋封东海王，继任大司马。太安二年（386），受命与左丞相王永击西燕慕容永于襄陵，兵败，受丕猜忌。丕南奔东垣后，他与弟尚书永平侯苻奴率丕余众数万，奔据杏城。次年，被苻登授为侍中、都督中外诸军事、太师、领大司马，晋封鲁王。曾率军攻上郡羌酋，败姚硕德于泾阳，后遭姚苌拒，退屯敷陆。未几，弟师奴劝其称尊号，拒从，被杀。

【苑支】 见"鸢鞮"。（341页）

【苞汉阳】 宋代梅山峒少数民族暴动首领。峒民左甲首领。太平兴国二年（977）七月，与右甲首领顿汉凌等率众暴动，攻边界。遭翟守素发潭州兵镇压。自此不许与汉民互相交往。

【范蠡】 春秋末越国大夫。字少伯。原为楚国宛（今河南南阳）人。后仕越国为大夫。周敬王二十六年（公元前494年），越在夫椒被吴所败，越王勾践被困于会稽山（今浙江绍兴南），危在旦夕。与大夫文种向越王献计，劝越王暂且向吴王卑身称臣，以举国珍宝相献，以存越国。吴国允和后，随勾践往吴国为质。释归后，受越王之托，与文种励精图治，使越国迅速复兴，终于在周元王四年（公元前473年）一举灭吴。继佐勾践北渡淮水，与齐、晋等国会盟徐州，称霸江淮，后擢封上将军。认为"贵上极则反贱"，弃官携财宝与亲信走齐国，化名"鸱夷子皮"耕于海畔。后被齐国发现，被委任为相。不久又弃官至陶（今山东曹县境），以经商为务，致资千万，自号陶朱公。后不知所终。著有《计然篇》等。

【昔班】 ①蓝帐汗国建立者。蒙古孛儿只斤氏。*术赤子，钦察汗*拔都弟。成吉思汗死后，于拖雷监国二年（1229），遵成吉思汗遗命，与诸王拥戴窝阔台（太宗）即汗位。窝阔台汗七年（1235），随拔都西征，深入至欧洲中部。十三年（1241），与拔都、旭烈兀、哈丹、速不台分五路进攻马札儿（今匈牙利），于涓宁河败马札儿国王军，并攻掠马茶（今布达佩斯）等城。太宗后乃马真称制元年（1242），闻太宗死讯，随兄还师。以从征斡罗思等地有功，领有拔都分与之咸海以北之地，为蓝帐汗国，奉拔都为钦察汗国可汗。定宗后海迷失称制三年（1251），与诸王拥戴拖雷子蒙哥即蒙古国大汗位，使汗权由窝阔台系转入拖雷系。②元朝大臣。畏兀儿人。畏兀儿坤闾城（今新疆库尔勒）达鲁花赤阙里斡赤之子。初教窝阔台汗长子合失畏兀儿字书，后在忽必烈藩邸任必阇赤（书史）长。中统元年（1260），任真定路达鲁花赤，入为宗正府札鲁忽赤。以阿里不哥叛，受世祖命督粮援河西军。闻万户阿失铁木儿欲附阿里不哥，即规劝其率二万兵入朝，受世祖嘉奖。至元中，海都叛，奉命出使海都处招谕，令其退军置驿。十三年（1276），任中书右丞，娶尚宗王女不鲁真公主。次年，复使海都处，令其朝觐，未果。两次奉使，往返三年，风沙瞖目失明。时年七十，以翰林学士承旨致仕。八十九岁卒。

【昔里吉】 又作昔烈吉、昔里给、失里吉、失烈（列）吉、习列吉。元朝蒙古宗王。孛儿只斤氏。*蒙哥汗子。中统初，附阿里不哥反忽必烈，兵败，于至元元年（1264）随阿里不哥归降。五年（1268），封河平王。八年（1271），随皇子北平王那木罕出镇西北，驻镇阿力麻里。十四年（1277，或作十三年），暗结脱黑帖木儿、玉木忽儿、撒里蛮等谋叛，劫执北平王、丞相安童，遣使通好于海都，遭拒，遂犯和林，扰掠诸部，先后为元军伯颜、土土哈等所败，逃兀儿的石河（今额尔齐斯河）。后叛军内讧，因脱黑帖木儿又转奉撒里蛮为主，双方互相攻战，与玉木忽儿执杀脱黑帖木儿。十九年（1282），为撒里蛮所败，被执送元廷（一说中途得东道诸王乃颜营救，得脱，继为元军所执），后被放逐海岛而死。

【昔里伯】 见"失里伯"。（119页）

【昔都儿】（?—1298） 元朝将领。钦察人。秃孙子。至元十年（1273），袭父职为百户。从军下襄阳等地，授忠显校尉、管军总把。十四年（1277），随军征叛王玉木忽儿于和林（今蒙古哈尔和林）。十七年（1280），以功进侍卫亲军百户。自请从湖广行省甄定故未附诸城。二十四年（1287），以千户从镇南王征安南，破一字城，战塔儿山，取其都城。次年，还师，率军开路，迎战来截击之安南军。二十六年（1289），进广威将军、炮手军匠万户府达鲁花赤。

【昔烈门】 见"失烈门"。（119页）

【昔莫月】 见"措末迁"。（497页）

【昔里钤部】（1191—1259） 又作昔里甘卜。蒙古国将领。本名李益立山。唐兀氏。河西沙州人。父答儿沙，仕西夏为官。少负气节，通儒释，晓音律。太祖二十一年（1226），率部降蒙古。次年，同忽都铁木儿招谕沙州。中伏兵，以所骑救首帅，退追兵，受太祖嘉奖。进取肃州。太宗七年（1235），随宗王拔都西征，破钦察，擒八赤蛮，攻斡罗思，取也烈赞。十一年（1239），攻阿速都城蔑怯思城，亲率敢死士十人，登云梯袭破，赐名拔都，班师，授千户，寻迁断事官。定宗元年（1246），进大名路（治今河北大名）达鲁花赤。宪宗时，出监大名，前后十有四年，号令明肃，豪右屏息。宪宗九年（1259），随忽必烈南征，受命供军饷，力疾而行。秋七月，以疾归，卒于家。追赠太师，谥贞献。

【杰书】（1645—1697） 清朝亲王。满族。爱新觉罗氏。镇国公祜塞第三子。顺治六年（1649），袭多罗郡王。十六年（1659），袭和硕康亲王。康熙十三年（1674），耿精忠于福建起兵叛清。以奉命大将军率师至浙江，坐守金华两载，徒以文移往来为事，不统兵进讨。后经康熙帝敦促，移驻衢州，攻拔浦城，复建阳，迫降精忠，败郑锦于乌龙江。十六年（1677），入仙霞岭，直抵福州，剿抚并用，收复全闽。十七年因援迟，海澄（今福建省龙海县）为郑锦所陷。十九年（1680），命预议政。二十九年（1690），奉命驻归化（今内蒙古呼和浩特），备御准噶尔部噶尔丹。寻移师乌兰布通（今内蒙古克什克腾旗南），与裕亲王福全军会，及至，噶尔丹遁，遂撤还。卒，谥良。

【杰右】 云南基诺山曼雅寨的建寨人。基诺族。传说最先定居于基诺山石咀附近"杰卓"山的一个妇女，生七男七女，兄妹互相婚配。后来子孙繁衍，分出两对寨子，即可以互相通婚的两个氏族集团。第一对寨子是茨通和曼夺，茨通是父寨，曼夺是母寨。这一对父母寨又分衍出曼雅、曼海、帕尼等十个儿女寨，统称为基诺山的前半山。曼雅寨从其开始建寨，共经历了右保、保杰、巴保杰、杰约、约八、八撤、撤杰、杰白腊、白腊约、约子、不勒杰,共十二代。

【杰察】(1118—1195) 宋代藏传佛教噶举派绰浦噶举支派创始人。生于夏卜地区的杰地(日喀则和萨迦之间),鲁氏家族人。母名拉杰,是当地一位小王之女,故称杰察,意为王甥。五岁始学文字与算法。从少年时代起就有志于学习佛法,曾从鲁尼玛等十八人为师,学习各种教法。十九岁赴前藏,从布桑译师的直传弟子玛·却吉嘉布、麦敦衮领及却吉桑波译师的弟子喇嘛协钦波学法。宋绍兴十三年(1143),返乡讲经传法。后从乍噶波哇等十三人学法。继前往帕竹从帕木竹巴学法,得许多教义和教授,并证悟大手印空性义。相传曾先后向八十二位名师学法。学业圆满后,回乡收徒传法,行善事。乾道七年(1171),受比丘戒。于绰浦地方营建绰浦寺,创立绰浦噶举派。

【杰尊贡噶顿珠】(1419—1486) 明代藏传佛教格鲁派(黄教)高僧。上密院创建者。杰尊·喜饶森格之弟子。生于后藏江孜的乃宁地方。出家于纳塘寺。随顿珠巴(宗喀巴八弟子之一)修习《释量集注》等经。后于哲蚌寺听杰尊·喜饶森格讲授《秘密根本七法》,博学,对显、密宗均有造诣,继入下密院修密宗。明天顺八年(1464),任下密院堪布,因与该寺堪布扎西尖强有隙,携带佛像、经卷、法器及弟子数人,至卫堆穷木达之色哇降山洞研习密宗,因其地在拉萨上部,故称上密院。次年至强巴林寺修行,传授密宗,规定每年召集僧众法会一次。成化二十一年(1485),拉萨水灾,应邀祈福免祸,受达隆宗奖励,将小昭寺赐上密院,作僧众聚会地。次年卒于强巴林寺。

【杰尊喜饶森格】(1382—1445) 明代藏传佛教格鲁派(黄教)下密院创建者,*宗喀巴八大弟子之一。生于后藏占尔玛地方。出家于纳塘寺,拜堪钦珠巴喜饶为师,习修各种教法,取法名为喜饶森格。对香巴噶举教法有较深造诣。明永乐八年(1410),游历前藏,于色拉寺被宗喀巴收为弟子,从学显、密二法。十七年(1419),宗喀巴于色拉寺授以各种法器、经典,传承佛法,又于后藏桑布的那木饶达布扎仑传授密法。宣德元年(1426)起,与根顿珠巴于后藏的强钦、纳塘、达那等地传授显宗达五年之久,后返拉萨。八年(1433),创建下密院,专授黄教密宗,从学僧侣甚众。著有《集量释》、《见导引》、《根本续疏》等,正统十年(1445)圆寂于噶丹居康。

【杰尊喜饶琼内】 宋代藏传佛教后宏期后藏高僧。十一世纪人。从师罗顿多吉旺秋出家。初在坚公寺学法。宋天王五年(1027)后,在坚公寺附近建夏鲁寺(吉祥夏鲁金寺)。该寺后出布顿大师,而成夏鲁派,元代为夏鲁万户治所,内藏元代文书及梵文经典甚多,为藏区名寺。

【者白】 明初云南镇南州阿雄土官。彝族。元末为阿雄村火头。洪武十六年(1383),总兵官委其为阿雄村关巡检司土巡检。十七年,实授。

【者别】 见"哲别"。(448页)

【者继荣】(? —1585) 明代云南罗雄州土官。彝族。初,父被罗雄土知州者浚所杀,母被夺,生己。及者浚年老,以其代袭知州职。遂驱逐浚,经镇巡官干预,又禁锢浚。万历九年(1581),奉调征缅,行前杀浚以安定家乡。师过越州,停留土官资氏家,淫乐不进。知州越应奎上告兵备,将擒之,遂聚众反明,攻破陆凉鸭子塘、陡陂诸寨,筑石城于赤龙山,据龙潭为险,广六十里。十三年(1585),赤龙寨为云南巡抚刘世曾等所破,出逃,至阿拜江,被百户兰为所杀。

【者勒蔑】 又作哲里麦。蒙古国大将。兀良哈氏。札儿赤兀歹之子。居不儿罕山(肯特山)地区,与蒙古部为邻。自幼侍从铁木真(成吉思汗),多有功劳,被铁木真誉为是"有福庆的伴当"。曾相随逃避蔑儿乞人追击。南宋淳熙十六年(1189),铁木真即蒙古部汗位时,与博尔术同被封为众官之长,参与运筹,随从统一蒙古各部,以果敢善战著称,有"饮露骑风"之美称,屡救铁木真于危难之中。嘉泰二年(1202),在与泰赤乌部作战中,搭救受重伤的铁木真。翌年,孤军断后,截击克烈部进攻,掩护铁木真撤退。四年,充先锋,与乃蛮部作战。开禧二年(1206),蒙古国建立时,封千户长,为十大功臣之一,享有九次犯罪不罚的特权。与哲别、速不台、忽必来并称"四獒"。

【其至鞬】 东汉时鲜卑首领。辽西鲜卑大人。安帝元初六年(119),鲜卑为汉度辽将军邓遵所败。次年,与乌伦率众附汉,封率众侯。建光元年(121)秋,复叛,攻居庸关,败云中太守成严,进围护乌桓校尉徐常于马城,势力益盛,拥兵数万骑。延光元年(122),攻雁门、定襄、太原。次年,以万余骑攻南匈奴于曼柏(今内蒙古达拉特旗东南),杀千余人。三年(124),扰高柳,破南匈奴,杀渐将王。顺帝永建元年(126),攻代郡,杀太守李超。次年,为汉与南匈奴联兵所败。至阳嘉年间(132—135),仍屡扰汉边。死后,鲜卑之劫掠始缓。

【其美汪布】(? —1898) 清代西藏贵族。藏族。九世班禅*却吉尼玛外祖父。班禅幼而无父,由其抚育,不辞劳苦。光绪十七年(1891),由扎什伦布寺札萨克喇嘛汪曲楚奏请,照历辈班禅之父蒙赏爵衔之例,赏封辅国公。二十四年(1898),尚未身受赏爵,病故,其爵赏班禅胞弟扎喜汪结。

【述律】 见"耶律璟"。(307页)

【述澜】 见"耶律释鲁"。(320页)

【述律平】(879—953) 小字月理朵。契丹开国皇帝*耶律阿保机皇后。先世回鹘人。出生契丹右大部。父月椀为遥辇氏部落联盟之阿扎割只(官名)。907年,阿保机称帝时尊为地皇后。行兵御众,常预军事。开国初,助阿保机平定"诸弟之乱"和七王反叛。神册元年(916),加号应天大明地皇后。亲选精锐二十万骑,置属珊军掌之。是年,率军大破室韦。继规劝阿保机礼遇幽州使臣韩延徽,擢其为谋士,命主持建牙开府,筑城郭,立市里,安置汉人,为契丹的发展作出贡献。天显元年(926)七月,阿保机卒后,称制权军国事。为震慑诸将,斩杀百余人。自断右腕入柩,权作身殉,朝野称为"断腕皇后"。在义节寺建断腕楼,树碑以纪。次年,排众议,极力压制长子耶律倍,主定次子耶律德光继皇帝位。是年十二月,被尊为皇太后。会同元年(938)十一月,上尊号"广德至仁昭烈崇简应天皇太后"。大同元年(947),德光卒,为争皇位,遣三子李胡与兀欲(耶律倍子)战于泰德泉,并亲率兵拒之潢河(今西喇木伦河)。兀欲(辽世宗)即位后,被幽于祖州(今内蒙古巴林左旗西南)。应历三年(953)六月卒,十一月,葬祖陵(祖州西北)。谥圣元神睿贞烈皇后。兴宗重熙二十一年(1052),更谥淳钦皇后。

【述律皇后】 见"述律平"。(332页)

【述律哥图】 又译失力哥、帖柳兀图、失儿古额秃。蒙古国开国功臣之一。蒙古八邻氏。初事泰赤乌部。宋嘉泰二年(1202),泰赤乌部兵败后,率子阿剌、纳牙阿投归铁木真(成吉思汗),以不忘故主,擒而又纵,深得铁木真赏识。随从统一蒙古各部。开禧二年(1206),蒙古国建立时,二子并受封千户长。窝阔台汗八年(1236),受封河间路临邑县五户丝户一千四百五十户。

【郁于】(?—723) 又作李郁于。唐代契丹大贺氏部落联盟首领。前首领*娑固从父弟。玄宗开元八年(720),娑固被杀后,为军事首领、静析军副使可突于推为部落联盟首领。时契丹附唐,受唐封松漠都督府都督。十年(722),赴长安(今陕西西安)请婚,尚燕郡公主,受封松漠郡王、左金吾卫员外大将军、静析军经略大使。次年,病卒。

【郁兰】 见"段兰"。(406页)

【郁捷】 见"过折"。(143页)

【奔睹】 见"完颜昂"。(246页)

【奔博果尔】 见"博木博果尔"。(524页)

【奇布腾】 清代卫拉特蒙古土尔扈特部贵族。叶木沁之子。乾隆三十六年(1771),率所属800余户约4000余人随渥巴锡东返祖邦,诏封札萨克固山贝子,赐号伊特洛勒。四十年(1775),诏授盟长,辖东路土尔扈特左翼旗务,赐札萨克印。四十四年(1779),以年班入觐,赐双眼孔雀翎及章服、佩饰、银币、鞍马诸物。

【奇哩布】(?—1784) 清代卫拉特蒙古土尔扈特部贵族。策伯克多尔济之弟。乾隆三十六年(1771),随渥巴锡东返祖邦,授一等台吉。四十三年(1778),兄卒,因兄子恭格车凌年幼,辖北路土尔扈特右翼旗务,兼副盟长。次年,袭札萨克和硕布延图亲王,诏授盟长。四十六年(1781)冬,以属下罗卜藏占巴等匿入境之哈萨克马群不报,及时予以处罚,有功。次年,清政府驻塔尔巴哈台大臣惠龄嘉其守法奉公,赐币奖之。四十九年(1784),卒,子车凌乌巴什袭。

【奇塔特】 ①(?—1653)清初蒙古科尔沁部首领。索诺木之子。崇德四年(1639),尚固伦端靖公主,授固伦额驸。八年(1643),朝觐皇太极。顺治六年(1649),叙其父从征功,封多罗郡王,世袭罔替。②(?—1666)清朝将领。蒙古族。喀喇沁部人。乌梁氏。色棱长子。曾随军征明大凌河、大同、昌平、蓟州、临清,皆有功。顺治三年(1646),随豫亲王多铎追苏尼特部腾机思,击之于瓯特克山,继败喀尔喀土谢图汗、车臣汗援兵。十四年(1657),袭札萨克镇国公。

【奇克唐阿】 清代官员。字慎修。满族。翻译生由户部改归部选知县。精于医术,著《厚德堂集验方萃编》四卷。

【奇首可汗】 又作奚首。传说为契丹最早的首领。有八子,后繁衍为八部。故壤在潢河(今西辽河上游西喇木伦河)之西、土河(今老哈河)之北。时契丹仍草居野次,靡有定所。相传在契丹发源地、两河交汇处的木叶山建有始祖庙,奇首居南庙,内有绘像。太祖七年(913)六月,耶律阿保机曾"抚其先奇首可汗遗迹,徘徊顾瞻而兴叹"。统和七年(989)四月,承天皇太后萧绰亦谒其庙。

【奇塔特伟徵】(?—1635) 后金将领。蒙古鄂尔多斯部人。博尔济吉特氏。居克鲁伦河流域。皇太极时,与弟额尔格勒珠尔、喀兰图、札克托会,率所部投后金。隶蒙古正黄旗。天聪八年(1634),受皇太极命略锡尔哈、锡伯图,收察哈尔流散部众,与岱青塔布囊斩七十三人,降百余人。九年(1635),从贝勒多铎征明,至大凌河西,迎战明将刘应选、赵国志,敌众己寡,力战,阵亡。追赠三等梅勒章京。

【奇塔特彻尔贝】(?—1664) 清初将领。蒙古族。哈尔图特氏。初为察哈尔部宰桑。后金天聪八年(1634)林丹汗败亡后,以四百户退守哈屯河。十一月,应后金使招,率众至西拉木伦河,投后金,隶蒙古正蓝旗。皇太极以林丹汗的福晋妻之。崇德元年(1636),授世职三等昂邦章京。三年随军征明,略山东。次年师还,以迟援所部牛录额真珠额文,致使珠额文战死,罚马。六年(1641),从军围锦州,破洪承畴明军,复与阿尔沙湖败明兵来劫炮者及洪承畴步兵,以功进世职二等昂邦章京。顺治初,随军入关击农民起义军李自成,至庆都。三年(1646),从豫亲王多铎北讨苏尼特部腾机思,逐至鄂特克山。继攻土谢图汗、车臣汗援军,以功进一等昂邦章京。

【奄克孛剌】 明代哈密都督。故忠顺王*罕慎弟。畏兀儿人。弘治五年(1492),受诏以都督同知辅佐忠顺王陕巴。次年,吐鲁番速檀阿黑麻袭占哈密,陕巴被俘,代主哈密事。与回回都督佥事写亦虎仙、哈剌灰指挥佥事拜迭力迷失等修苦峪城拒守。十年(1497),陕巴还。与陕巴不睦,后陕巴娶其侄女,始结好。十七年(1504),部属阿孛剌阴结阿黑麻子真帖木儿入主哈密。陕巴惧走苦峪,他与写亦虎仙等计杀阿孛剌,复拥陕巴主哈密。次年,陕巴卒,拜牙即嗣封后,仍掌哈密卫印信,协力佐之。正德八年(1513),拒从拜牙即投吐鲁番,奔肃州。十年,升左都督。十二年(1517),吐鲁番犯瓜州时,率兵助甘肃总兵彭廉拒击。

【抹只】 见"耶律抹只"。(314页)

【抹撚兀典】 名又作阿典。金末大臣。女真族。天兴二年(1233)正月,以点检与总领温敦昌孙侍行帐中,请哀宗登舟奔归德。六月,徐州行省完颜忽斜虎入朝,代行省事。不久,调回,权参知政事,与签枢院事娄室行省事于息州(今河南息县)。奉命领西帅臣范真等所进马千余匹。八月,赴息州,密遣忠孝军百余骑袭宋兵于中渡店,斩获甚众。

【抹撚尽忠】(?—1215) 金朝大臣。本名㝎多。女真族。上京路(治今黑龙江阿城)猛安人。金大定二十八年(1188)进士,累迁顺义军节度副使、翰林修撰。同知德昌军节度事,签北京按察司、滑州、恩州刺史。迁山东按察副使。后因虚奏农事,降为刺史。泰和六年(1206),随平章政事仆散揆攻宋,为元帅右监军完颜充经历官。八年,入为吏部郎中,累迁中都、西京按察使。为左副元帅兼西京留守。以保全西京之功,进宫三阶,拜尚书右丞,行省西京。贞祐元年(1213),进拜左丞。翌年,封申国公。进拜都元帅。五月,宣宗迁都南京(今开封),为左副元帅,与都元帅、右丞相完颜承晖同守中都(今北京)。十月,进拜平章政事,监修国史。三年,蒙古兵进攻愈烈,中都危急,弃城南逃南京。后以谋反罪被杀。

【拓跋云】(447—481) 北魏宗室。鲜卑拓跋氏。太武帝*拓跋焘孙,景穆帝*拓跋晃之子。和平五年(464),封任城王,拜侍中、征东大将军、和龙镇都大将。献文帝即位后,入朝。后拜都督中外诸军事,任中都大官,听理民讼,时人誉之。皇兴四年(470),为中军大都督,率军出东道随帝北征柔然。五年,力劝帝勿禅位于京兆王子推,而传位皇太子宏。延兴三年(473),任征西大将军讨武都氏。改都督徐兖二州缘淮诸军事、征东大将军、徐州刺史。善抚绥,得民心。后拜侍中、中都大官。出为冀州刺史,能留心政事,甚得下情。迁都督陕西诸军事、征南大将军、长安镇都大将,雍州刺史。挫抑豪强,州民颂之。卒于任,追谥康。

【拓拔丕】①乐平王拓跋丕(?—444)北魏宗室。鲜卑拓跋氏(元氏)。太宗明元帝*拓跋嗣次子。少有才干,为父钟爱之。泰常七年(422),封乐平王,拜车骑大将军,后为骠骑大将军。太延元年(435),与镇东大将军徒河屈垣率军四万伐北燕,至和龙,掠男女六千口而还。次年,督河西、高平诸军讨氐南秦王杨难当,至略阳,定秦陇。曾劝阻其兄太武帝焘加兵高丽以索讨潜逃的北燕冯弘。四年(438),随帝北伐柔然,督十五将出东道。翌年,从帝西征北凉沮渠牧犍,为后继,并镇守凉州。太平真君四年(443),随帝督十五将出西道击柔然。五年,因尚书令刘洁曾计谋立其为帝,坐刘洁事忧卒,谥戾王。②东阳王拓跋丕(422—503)又作元丕。北魏宗室。鲜卑拓跋氏(元氏)。河间太守乐城侯兴都次子。太武帝拓跋焘时为羽林中郎,随帝南征,赐爵兴平子。献文帝弘即位,累迁侍中。讨平丞相乙浑之反,迁尚书令,改封东阳公。孝文帝宏即位后,封东阳王,拜侍中、司徒公。奉命制决疑难案事三百余条。太和三年(479),迁太尉,录尚书事,深受孝文帝和冯太后敬纳。十六年(492),援例降王爵,封平阳郡公。翌年,孝文帝南征,受命与广陵王羽留守平城。十八年(494),为太傅、录尚书事。迁都督,领并州刺史。改封新兴公。雅爱本族风俗,对变俗迁洛,改官服,禁绝旧语等,皆所不愿。二十年(496),因子元隆、元超与穆泰等谋立阳平王元颐,反对孝文帝迁洛变俗,被削职为民。二十三年(499),宣武帝恪即位,以勋臣,历仕六世,封为三老。卒,追赠左光禄大夫、冀州刺史,谥平。

【拓跋弘】(454—476) 又称第豆胤、万民。北魏皇帝。465—471年在位。鲜卑拓跋氏。文成帝*拓跋濬长子。太安二年(456),立为皇太子。和平六年(465)五月,即帝位。年幼,侍中乙浑专权,擅杀尚书杨保年等。天安元年(466),丞相乙浑谋反,诛之,冯太后临朝称制。初立乡学,郡置博士二人、助教二人、学生六十人。皇兴元年(467),遣军至长安讨平东平王道符之反。同年始亲政,明赏罚,拔清官,黜贪污,勤于政。屡遣军败宋兵,占有淮北之青、冀、徐、兖四州及淮西地。三年(469),徙青、齐民于平城,置平齐郡以处之;以平齐户及诸民能输谷入僧曹者为僧祇户,以重罪犯及官奴为佛图户。因连年旱饥和用兵,山东民疲于赋役,命依民贫富为三等输租之法,等为三品:上三品输平城,中输他州,下输奉州。罢杂调十五之旧制,民赖以安。遣使与宋和亲修好,岁通信使。四年,遣征西大将军长孙观击吐谷浑。亲率军于女水之滨(赤城西北)大败柔然。好黄、老、浮屠之学,常有遗世之心。五年(471),禅位于太子宏(一说为冯太后所逼),被尊为太上皇,仍预国事。延兴二年(472),率军追击柔然,并屡西巡和南巡。六年(476)六月,为冯太后鸩杀于永安殿。谥献文皇帝,庙号显祖。

【拓跋休】(?—494) 北魏宗室。鲜卑拓跋氏(元氏)。太武帝*拓跋焘孙,景穆帝*拓跋晃之子。皇兴二年(468),以皇叔封为安定王,拜征南大将军、外都大官。以善断狱著称。孝文帝初,为征东大将军、领护东夷校尉、和龙镇将,抚防库莫奚。入为中都大官。后拜征北大将军、抚冥镇大将,击退柔然进攻。入为内都大官。太和十五年(491),迁太傅。次年,任大司马。十七年(493),随帝南伐,领大司马,执法严明,六军肃然。次年七月,卒,谥靖王。

【拓跋余】(?—452) 北魏皇帝。452年在位。又名可博真。鲜卑拓跋氏。世祖太武帝*拓跋焘少子。太平真君三年(442),封吴王。正平元年(451),改封南安王。二年三月(一说二月),中常侍宗爱杀其父,又矫皇后令,杀东平王翰,迎其为帝,改元水平(一作承平)。自以少子,违次而立,遂厚赐群下,以收众心。旬月间,府藏虚竭。好酣饮、畋猎,不恤政事。以宗爱擅权专恣,欲收其权,爱恨之。十月,夜祭东庙时,为爱所遣小黄门贾周等杀害。谥隐。

【拓跋绍】(394—409) 北魏宗室。鲜卑拓跋氏。道武帝*拓跋珪次子。天兴六年(403),封清河王。史称其人"凶狠险悖,不遵教训",常轻游里巷,劫剥行人,砍射犬猪,以为乐。曾被父倒悬于井中,垂死乃出。与兄齐王嗣也不和。天赐六年(409)十月，因其母贺氏被珪幽于宫中，将被杀，夜与帐下宦官数人逾垣入宫杀珪。后为兄嗣执杀。

【拓跋顺】 北魏宗室。鲜卑拓跋氏。代王*拓跋什翼犍孙，地干子。登国(386—396)初，封南安公。及拓跋珪讨中山，留守京师盛乐。传闻魏军溃败，欲自立，后纳属下谏，始罢。曾引兵讨贺力眷于阴馆，不利。天兴元年(398)，封毗陵王，任司隶校尉。后因逆拓跋珪意，被废。以王卒于家。

【拓跋浑】(？—487) 北魏宗室。鲜卑拓跋氏。魏道武帝*拓跋珪孙，阳平王熙次子。太武帝焘时，封南平王，以继其叔广平王连后，加平西将军。善弓马，能射飞鸟，深受焘赏识，常引侍左右。后封都督平川诸军事，领护东夷校尉、镇东大将军、平州刺史，镇和龙。以绥导有方，受民众拥戴。后徙凉州镇将、都督西戎诸军事、领护西域校尉，颇有治绩。太和十一年(487)，随焘巡方山，卒于途。

【拓跋珪】(371—409) 亦作涉珪、涉圭。即魏太祖道武帝。北魏建立者。386—409年在位。鲜卑拓跋氏。代国昭成帝*拓跋什翼犍孙，献明帝之子。代建国三十九年(376)，前秦灭代，分代民为二部，黄河以东属匈奴独孤部刘库仁，河西属铁弗匈奴刘卫辰。珪因年幼随母贺氏依库仁。东晋太元十年(385)，奔贺兰部依其舅贺讷，被推为主。次年正月，集旧部于牛川(今内蒙古呼和浩特东南)，即代王位，改元登国，徙居盛乐(今内蒙古和林格尔西北)。四月，改称魏王，国号魏。在后燕援助下，击败其叔窟咄。登国二年(387)，南破独孤部。翌年，东败库莫奚和解如部。继讨高车袁纥及豆陈、纥突邻、纥奚、贺兰、叱奴等部。六年(391)，西讨黜弗部，北征柔然，破刘卫辰部，势力益盛。十年(395)，大败后燕慕容宝于参合陂(今内蒙古凉城东北)。次年，建天子旌旗，改元皇始。二年(397)，乘慕容垂新死，进兵中原，攻取晋阳、中山、邺等名都重镇，拥有黄河以北之地，隔河与东晋相峙。次年，徙山东六州民吏及徒何、高丽三十六署、百工伎巧十余万口，以充京师，给耕牛，计口授田。迁都平城(今山西大同市东北)，称帝，改元天兴。定京畿东至代郡，西及善无，南极阴馆，北尽参合陂，其外，四方四维，置八部帅以监之。在位期间，广泛招纳人才，起用汉族士人，效法中原王朝，制定典章制度，省台，置百官，立爵品，正封畿，定律令，申科禁；重视农业生产，息众课农，计口授田，屯田垦荒，减轻租赋；离散诸部，分土定居，皆同编户；兴学校，增加国子太学生，巩固了北魏统治，有利于鲜卑社会的发展，晚年为政暴虐，疑杀百官，朝政衰废。天赐六年(409)，为次子拓跋绍所杀。永兴二年(410)，谥宣武皇帝，庙号烈祖。泰常五年(420)，改谥道武皇帝。太和十五年(491)，改庙号太祖。

【拓跋晃】(428—451) 北魏皇太子。字天真。鲜卑拓跋氏。太武帝*拓跋焘长子。延和元年(432)，立为皇太子。寻焘东征和龙，命录尚书事。太延五年(439)，父西征凉州，为监国，决留台事。太平真君四年(443)冬，受命副理万机，总统百揆。史称其"明慧强识"，"好读经史"。较重视农业生产，令有司课畿内之税，禁饮酒、杂戏、弃本沽贩者，使垦田增辟。自身营园田，收其利。为政精察，被中常侍宗爱所忌，谮于焘，杀其属下仲尼道盛等。正平元年(451)，忧卒。一说因欲谋害焘，被杀。谥景穆太子。其子拓跋濬即位，追尊景穆皇帝，庙号恭宗。

【拓跋祯】 北魏宗室。鲜卑拓跋氏。代王*拓跋什翼犍玄孙，都官尚书干之子。有胆识，善骑射，通诸方语。太武帝焘时为司卫监，从征柔然，以计败敌。孝文帝初，封沛郡公，后拜南豫州刺史，计降大胡山蛮，淮南人相继投附者三千余家。后任都牧尚书。卒，赠侍中，谥简公。

【拓跋焘】(408—452) 亦称佛厘、佛狸或伐佛狸。北魏皇帝。423—452年在位。鲜卑拓跋氏。太宗*拓跋嗣长子。母杜氏，冀州汉人。史称其"勇于战斗，攻城临敌，皆亲贯甲胄，夷宋畏之"。泰常七年(422)，封泰平王，寻立为皇太子。父疾，奉命监国，总摄朝政，以长孙嵩等为左右辅。次年，即位。始光二年(425)，命在汉字篆隶草楷基础上，造新字千余。继位后，承先祖既成之势，凭借鲜卑骑兵四出征伐，西击西夏国，取长安、统万，于神䴥元年(428)，俘赫连昌。太延二年(436)，攻占龙城，灭北燕冯氏。五年(439)，取凉州，俘北凉沮渠牧犍。屡出兵北击柔然、高车，西逐吐谷浑，迫使西域诸族及东北契丹等族遣使朝贡。统一北方，结束割据局面，与南朝刘宋对峙。太平真君六、七年(445—446)，遣兵镇压卢水胡盖吴起义。十一年(450)，率军十万南下围悬瓠(今河南汝南县)，直抵瓜步。遭宋军民顽强反抗，掠淮南五万余户而返，辖区扩大到淮河以南。同年，诛杀崔浩等门阀士族数千人。在位期间，重用汉族士人；两次改定律令，以宽刑省罚；创行新字，兴太学，于平城东建太学，祀孔子，命王公卿士皆入太学，禁巫觋，信道抑佛，诏毁佛寺、坑僧尼、焚经像；增辟垦田，移民牧畜，对社会发展起过一定作用。统一北方后，采取随俗而治的方针，有利于北方地区社会秩序的恢复和稳定。正平二年(452)三月(一说二月)，为宦官宗爱所杀，谥太武皇帝，庙号世祖。

【拓跋嗣】(392—423) 北魏皇帝。409—423年在位。字木末。鲜卑拓跋氏。太祖*拓跋珪长子。天兴六年(403)，封齐王，任相国，加车骑大将军。因母按旧俗赐死，哀泣不止，触怒珪，被迫逃匿于外。天赐六年(409)，闻弟绍杀父，入城杀绍，即皇帝位，改元永兴。以南平公长孙嵩、北新侯安同等八人共听朝政，谓之"八公"。选贤任能，使尚书燕凤等入侍讲论，出议政事。永兴二年(410)，率军北击柔然。次年，命安同等巡行并、定二州及诸山居杂胡、丁零，问其疾苦，察举寸宰不法者。神瑞元年(414)，率军击柔然。泰常二年(417)，遣军攻西山丁零。次年，遣师东袭北燕，至龙城，徙其民万余家而还。六年(421)，诏天下户二十输戎马一匹，大牛一头；六部民羊百只者，调戎马一匹。次年，因病，大封诸子，立泰平王焘为皇太子，临朝听政，为国副主，以长孙嵩等为左右辅。乘宋武帝新亡之机,大举攻宋,取司州及兖州、豫州部分地区。八年(423),筑长城于长川之南,东起赤城(今河北赤城),西至五原(今包头市西北),长二千余里,备置戍卫,以防柔然等。史称其"兼资文武","礼爱儒生,好览史传"。以刘向所撰《新序》、《说苑》于经典正义多有所阙,乃撰《新集》三十卷。卒,谥明元皇帝,庙号太宗。

【拓跋熙】①阳平王熙(399—421),北魏宗室。鲜卑拓跋氏(元氏)。北魏道武帝*拓跋珪子。天兴六年(403),封阳平王。史称其"聪达有雅操,为宗属所钦重"。泰常五年(420)正月,随兄齐王嗣阅兵于东郊,督十二军校阅,因军仪甚严,受厚赐。四月,西讨越勤部有功。六年卒。有七子。②中山王熙(?—520),北魏宗室。鲜卑拓跋氏(元氏)。即元熙,字真兴。中山王英之子。有文才,好结交才学之士。初为秘书郎,延昌二年(513),袭封中山王,兼将作大匠,拜太常少卿,给事黄门侍郎,转光禄勋。旋任平西将军、东秦州刺史,进号安西将军、秘书监。后授相州刺史镇邺,为太傅清河王元怿所厚。正光元年(520),因元叉、刘腾等杀怿并幽禁灵太后,于八月举兵讨叉、腾。起兵十日,为其长史所执,被叉遣人斩于邺。灵太后重新听政后,追赠为都督冀定瀛相幽五州诸军事、大将军、太尉公、冀州刺史,增本封一千户,谥文庄王。

【拓跋翰】①秦王翰。北魏宗室。鲜卑拓跋氏。代国君主*拓跋什翼犍第三子。少有志,年十五便请率军征伐,受命领骑二千。成年统兵,号令严信,多有战功。建国三十五年(372)以后卒。道武帝珪即位后,追赠秦王,谥明,故史称秦明王。②东平王翰(?—452)北魏宗室。鲜卑拓跋氏。世祖太武帝*拓跋焘之子。太平真君三年(442),封秦王,拜侍中、中军大将军,参典都曹事。史称其"忠贞雅正,百僚惮之"。后镇枹罕(今甘肃临夏县),以信惠抚众,为羌戎敬服。正平元年(451),改封东平王。二年二月,父卒,诸臣欲立之,因中常侍宗爱与其不协,矫太后令立南安王余,遂被杀于永巷。

【拓跋濬】(440—465) 亦作乌雷直勤。北魏皇帝。452—465年在位。鲜卑拓跋氏。世祖太武帝*拓跋焘孙,恭宗景穆帝*拓跋晃长子。焘爱之,常置左右,号世嫡皇孙。永平元年(452)十月,叔拓跋余为宦官宗爱所杀,殿中尚书长孙渴侯等迎立之。兴安二年(453),先后平息京兆王杜元宝、建宁王拓跋崇、濮阳王闾若文、永昌王拓跋仁等谋叛。继镇压河间郑县(今河北任丘县北)起事农民,十五岁以上男子被杀,十五岁以下者赐从臣为生口。次年,遣军北击柔然,虏其将。太安二年(456),命定州、并州刺史讨井陉山,镇压羌众起事的数千丁零人。遣军北击伊吾,克其城。四年(458),以军攻宋兖州,败东平太守刘胡。自将骑十万击柔然,迫其可汗远遁,别部乌朱贺赖、库世赖率众降附。和平元年(460),遣军征吐谷浑,使拾寅走保南山。后因遇瘴气多病疫,还师。三年(462),遣将军陆真讨平氏豪仇傉檀。在位期间,整治弊政,屡责地方官吏侵扰百姓,遣尚书穆伏真等三十人,巡行州郡,观察民情,凡善于政者襃赏,昏于政者黜戮。增置内外候官,伺察诸曹及州、镇。严律令,规定凡犯赃十匹布以上者处死;平民卖子女为奴者令赎;设酒禁;严禁皇族、王公侯伯等与卑姓为婚。以宽猛相济之法维护封建秩序。缓和鲜卑和汉士族的矛盾。卒,谥文成皇帝,庙号高宗。

【拓跋曜】(401—422) 北魏宗室。鲜卑拓跋氏。道武帝*拓跋珪子。天兴六年(403),封河南王。及长,武艺绝人。与阳平王熙等并督诸军讲武,众咸服其勇。泰常七年(422),卒。有七子。

【拓跋力微】(174—277) 鲜卑拓跋部首领。拓跋诘汾子。魏黄初元年(220),继父为部落首领。游牧于上谷(今河北怀来县)以西。因遭西部大人侵扰,属众离散,遂投依没鹿回部大人窦宾。与宾共攻西部,宾感相助之恩,准其北居长川(今内蒙古兴和县一带)。正始九年(248),杀宾子,并其众,诸部大人皆款服,势力渐强,控弦之士二十余万。甘露三年(258),迁居定襄之盛乐(今内蒙古和林格尔西北),诸部相继归附。组成以拓跋部为首的部落大联盟,除宗室八姓为代表的八部外,还统异姓七十五部及与拓跋部保持朝贡关系的四方诸姓三十五部。对魏采取和亲政策。景元二年(261),遣子沙漠汗朝魏,聘问交市,往来不绝,魏晋禅代,通好仍密。晋咸宁三年(277),听信谗言,授意害其子沙漠汗。诸部受乌丸王库贤挑唆,纷纷离散,寻忧病而卒,在位五十八年。天兴初,追尊为始祖,谥神元皇帝。

【拓跋乞梅】 唐代党项羌拓跋部首领。唐思乐州刺史。代宗时期(762—779),以党项常与吐蕃联合骚扰,采郭子仪之议,将散居灵、盐、庆州等地的党项拓跋部落迁往银州以北,夏州以东。以其为首的党项拓跋部居庆州一带,位于陇山(六盘山)以东,故称其所部为"东山部"。

【拓跋子推】(?—477) 北魏宗室。鲜卑拓跋氏。太武帝*拓跋焘孙,景穆帝*拓跋晃子。太安五年(459),封京兆王。历侍中、征南大将军、长安镇都大将。史称其性沉雅,善于绥抚,秦雍之人,服其威惠。后入为中都大官,以察狱著称。皇兴五年(471),其侄献文帝欲禅位于他,以大臣固谏,乃传孝文帝宏。承明元年(476),出任青州刺史,于次年七月卒于道。

【拓跋宁丛】 党项羌拓跋部首领。南北朝时党项羌分布在今青海省东南部和四川省松潘县以西的山谷地带。隋文帝开皇五年(585),率部族至旭州(甘肃庆阳境)内附,被封为大将军。十六年(596),进攻会州(今四川茂汶境),为隋陇西兵击败,复请降,愿为臣属。遣子弟入朝谢罪。文帝劝其族部定居。自此与隋朝贡不绝。

【拓跋伏罗】(?—447) 北魏宗室。鲜卑拓跋氏。太武帝*拓跋焘之子。太平真君三年(442),封晋王,加车骑大将军。五年(444),督高平、凉州诸军讨吐谷浑慕利延。军至乐都,间道行出大母桥,出其不意大破之,使慕利延属众惊奔白兰,其兄子拾寅走河曲,斩首五千级,降万余落。八年(447)十二月,卒。无子,爵除。

【拓跋守寂】 唐代党项羌拓跋部首领。拓跋氏远祖*拓跋赤辞孙。玄宗开元(713—741)时,党项羌拓跋部内迁,归附唐朝,封为右监门都督,西平公。参与平定安史之乱,有战功,擢容州刺史,领天柱军使。后赠灵州都督。

【拓跋赤辞】 唐代党项羌拓跋部首领。唐初,臣属于吐谷浑,与浑主慕容伏允友善,结为姻亲。贞观八年(634),率党项军到狼道坡,助吐谷浑抵抗唐行军大总管李靖军进攻,并拒绝唐廓州刺史久且洛生的劝降,被唐军败于肃远山。唐太宗趁其新败,又先后派岷州都督李道彦和刘师立劝降。时赤辞从子拓跋思头已暗约归唐,其部属拓跋细豆已降唐,赤辞见宗党离异,与从子思头率众归附唐朝。唐将其地分设懿、嵯、麟、可等三十二州,以松州为都督府,授赤辞西戎州都督,赐姓李。

【拓跋郁律】(?—321) 鲜卑拓跋部首领。*拓跋沙漠汗孙,弗之子。史称其"姿质雄壮,甚有威略"。晋建兴四年十二月(317年初),嗣立。次年,击败入侵之铁弗匈奴刘虎,以女妻来附之虎从弟路孤。继西并乌孙故地,东吞勿吉以西,士马精强,雄于北方。拒绝前赵刘曜、后赵石勒请和及东晋的封爵,治兵讲武,有"平南夏之意"。其伯母惟氏,恐其得人心,不利于己子,害之,立子贺傉。天兴初,追尊为太祖,谥平文皇帝。

【拓跋思恭】(?—895) 唐代党项羌拓跋部首领,夏州党项政权创建人。唐末党项平夏部夏州刺史拓跋乾晖裔孙。咸通(860—873)末,据宥州(今陕西靖边),自称刺史。中和元年(881),集党项羌与汉兵数万,助唐镇压黄巢起义,被僖宗封为武卫军,权知夏、银、绥州留后。进兵武功,初战于王桥不利,又进军东渭桥,弟思忠败死,僖宗赠宥州刺史。思恭返夏州,缮甲训兵,表请再战,僖宗赐夏州定难军号,促之进兵。二年,授京城南面都统,检校司空、同中书门下平章事,复出兵屯军渭桥,率锐士八千与黄巢战,被进为京城四面收复都统,权知京兆尹事。三年,随雁门节度使李克用攻占长安,以功加太子太傅,晋爵西夏国公,再赐姓李。统夏、绥、银、宥、静五州之地。夏州李氏党项政权自此始。光启元年(885),与邠宁节度使朱玫共讨河中节度使王重荣;二年十一月,奉诏讨襄王,至绥州,闻其败遂还。文德元年(888)取鄜延,以弟思孝知留后。

【拓跋猗卢】(?—316) 西晋时鲜卑拓跋部首领。*拓跋沙漠汗少子。有勇略,善统军。晋惠帝元康五年(295),受叔禄官命统领西部,居定襄之盛乐故城(今内蒙古和林格尔西北)。同年,南掠并州(今山西境),迁杂胡北徙云中、五原、朔方。又西渡河击匈奴、乌桓诸部。自杏城北八十里,迄长城原,夹道立碣,与晋分界。西晋辖区汉人归附者日增。叔禄官卒后,于永嘉元年(307),总摄三部为一统。四年(310),助晋败白部鲜卑及铁弗匈奴,受封大单于、代公,并求晋割让陉北马邑、阴馆、楼烦等五县,势力益盛。六年(312),又助晋败前赵刘聪。建兴元年(313),以盛乐为北都,修故平城(今山西大同市东北)为南都,并于黄瓜堆筑新平城(小平城),使长子拓跋六修镇之,统领南部。三年,受晋封为代王,置官属,定刑法,食代、常山二郡。四年(316),欲废长立幼,以少子拓跋延明为嗣,与六修有隙,讨之失利,逃匿民间,寻为六修所杀。天兴初,追尊为穆皇帝。

【拓跋猗㐌】(?—305) 西晋时鲜卑拓跋部首领。*拓跋沙漠汗长子。史称其"英杰魁岸,马不能胜"。晋元康五年(295),叔禄官即位后,奉命统领中部,居代郡之参合陂(今内蒙古凉城东北)北。七年(297),渡漠北巡,西略诸部,积五年东返,降附二十余部。建武元年(304),应晋并州刺史司马腾请,率十余万骑大破匈奴刘渊于西河、上党。与腾盟于汾东而还,于参合陂西垒石为亭,树碑以志其绩。次年,又以数千轻骑援腾击渊,斩渊将綦母豚。受晋封为大单于。统部凡十一年。后,定襄侯卫操树碑以颂功德。天兴初,追尊桓皇帝。

【拓跋朝光】 唐代党项羌拓跋部首领。代宗时期(762—779),该部散居灵、盐、庆州一带。庆州置静边州,以其为都督、左羽林大将军。唐采纳郭子仪之议,将居住该地的"六府党项"迁银州以北、夏州以东,静边州都督府也同时移置银州境内。因该部居夏州一带,地处沙碛,俗称"平夏",故称平夏部。

【拓跋禄官】(?—307) 西晋时鲜卑拓跋部首领。*拓跋力微少子。元康五年(295,一说四年)即位后,将国人分为三部,自居上谷北(今河北怀来一带),为东部;兄沙漠汗子猗㐌居代郡参合陂(今内蒙古凉城东北),为中部;猗卢居定襄之盛乐故城(今内蒙古和林格尔西北),为西部。承父既成之势,与晋通好,社会较为安定,"财畜富贵,控弦骑士四十余万"。九年(299),结好宇文部,以长女妻宇文莫廆之子逊昵延。建武元年(304),应晋并州刺史司马腾请,率部破匈奴刘渊于西河、上党。天兴初,追尊昭皇帝。

【拓跋窟咄】(?—386) 东晋时鲜卑拓跋部贵族。代国君主*拓跋什翼犍少子。建国三十九年(376),父败亡后,以年长,被前秦将苻洛遣徙长安,受苻坚礼遇,入太学读书。后因乱,随慕容永东迁,任新兴太守。登国元年(386),佐拓跋珪复代国,寻改称魏。八月,匈奴库仁子刘显欲立其为主取代珪,共同兴兵逼北魏南境,迫珪北逾阴山,复奔贺兰部,向后燕求援。十月,进屯高柳(今山西阳高县),为珪与后燕贺骑合兵击败,投奔匈奴刘卫辰,被杀,属众被珪收降。

【拓跋什翼犍】(320—376) 十六国时期代国君主。号上洛公。鲜卑拓跋氏。*拓跋郁律次子。史称其"雄勇有智略"。东晋咸和四年(329),兄翳槐嗣立后,他率五千余家至襄国(后迁邺),质于后赵十年,颇受汉文化熏陶。咸康四年(338),兄卒,被迎归,遵嘱即代王位于繁時(今山西浑源县西)北,年号建国,分国之半与弟孤。始置百官,分掌众职,制定法律,规定反逆、杀人、奸、盗之刑罚,初具国家规模。建国三年(340),定都于云中之盛乐宫（今内蒙古呼和浩特西南）。次年，筑盛乐城于故城南八里，渐兴农业。屡率军北击高车，南袭铁弗匈奴刘卫辰等部。东自㴲貊，西及破洛那，南至阴山，北尽沙漠，多归附。前燕、后赵、前凉等也遣使通好。以刘卫辰归附前秦，于三十年（367）、三十七年（374），两征卫辰，迫其南走，向前秦苻坚求援。三十九年（376），为苻坚所败，逃往阴山之北，部落离散，又遭高车抢掠，退回漠南，至云中为其庶长子所杀，代国亡。一说战败被送至长安，旋释归；或称为其子翼圭缚献秦军。天兴初，追尊高祖，谥昭成皇帝。

【拓跋沙漠汗】（？—277） 三国西晋时鲜卑拓跋部贵族。*拓跋力微子。自魏景元二年（261）始，质于魏都洛阳，接受汉文化，穿着汉服，精学武艺。晋泰始三年（267），以父年迈求归。咸宁元年（275），又使晋，获厚赐。及归，行达并州，晋征北将军卫瓘以其为人雄异，恐成后患，乃请命扣留，并贿拓跋诸部大人，欲加害之。三年（277），方准其北归。诸部大人以其仰慕中原文化，恐其继位后，变易旧俗，于己不利，遂谗于力微，矫命将其谋害于塞南。天兴初，追尊为文皇帝。

【拔】 见"乌稽侯尸逐鞮单于"。（77页）

【拔灼】 见"颉利俱利薛沙耽弥可汗"。（528页）

【拔实】（1308—1350） 元朝大臣。字彦卿。蒙古克烈氏。居大都（今北京）。顺帝元统元年（1333），授燕南宪佥，累迁翰林直学士、吏部尚书、浙东廉访使，改大都路达鲁花赤。至正五年（1345），奉命巡抚江南湖广道，纠举无避。拜集贤大学士，出为燕南廉访使，改江西。博学多才，喜好收藏图书典籍，善写文章，尤长于书法，篆隶真草各得其妙。

【拔都】（1209—1256） 又作八都、巴禿。钦察汗国建立者。蒙古孛儿只斤氏。*成吉思汗孙，*术赤次子。别号"赛因汗"，意为"好汗"。初从父西征，成吉思汗二十年（1225），父死后，嗣父封地，据有咸海、里海以北地区。食邑平阳府四万一千三百二户。拖雷监国二年（1229），与诸王共奉窝阔台即汗位。窝阔台汗七年（1235），统诸长子西征，史称"长子出征"。连破不里阿耳、钦察、阿速。九年擒杀钦察首领八赤蛮、阿速首领合赤儿·兀古列。继进兵斡罗思，攻陷也烈赞，翌年破莫斯科、弗拉基米尔。十一年（1239），取阿速都城蔑怯思。次年攻克乞瓦（今基辅）。十三年（1241），分军侵入孛烈儿（今波兰）、马札儿（今匈牙利），攻掠马茶（今布达佩斯）等城。太宗后乃马真称制元年（1242），闻太宗死讯，率师东返。次年，抵亦的勒河（今伏尔加河），留驻封地，整治本藩，建萨莱城（今阿斯特拉罕附近），称钦察汗国（又作金帐汗国），辖地东起也儿的失河（今额尔齐斯河），西至秃纳河（今多瑙河），南尽太和岭（今高加索山），北括斡罗思。将今咸海东北地方分给其兄斡鲁朵，建白帐汗国，将咸海以北之地分给其弟昔班，建蓝帐汗国。因与太宗子贵由有隙，反对贵由即汗位，屡托辞拒赴拥戴大会，致使汗位继承拖延三年之久。定宗贵由死后，于定宗后海迷失称制三年（1251），以长支宗王的身份，排众议，推戴拖雷子蒙哥即汗位，使汗权由窝阔台系转入拖雷系。因拥戴有功，权力益增。一说其生于1208年，卒于1255年。

【拔乙门】 辽代五国蒲聂部节度使。初附属于辽。约兴宗（1031—1055年在位）时，与完颜部以及白山、耶悔、统门、耶懒、土骨论等部结成松散部落联盟，共推女真完颜部长乌古乃为诸部长。后起兵反辽，断绝鹰路（朝贡海东青之路）。乌古乃献"计取"之策于辽，伪与之结好，以妻为质，暗袭之。被执献于辽帝。

【拔思发】 见"八思巴"。（5页）

【拔鲁罕】 见"博罗欢"。（524页）

【拙赤】 见"术赤"。（97页）

【拙赤合撒儿】 见"合撒儿"。（154页）

【拖雷】（？—1232或1233） 又作图类。即元睿宗。蒙古国宗室、大将。孛儿只斤氏。*成吉思汗第四子，*忽必烈汗之父。蒙古人通称之为"也客那颜"或"兀鲁黑那颜"，意为"大官人"。南宋开禧二年（1206），蒙古国建立后分封时，分得民户五千。英武有谋略，随父征战，无役不从，故被称作"那可儿"（伴当）。成吉思汗八年（1213），随父征金，与父率中路军，取雄、霸、滨、棣等河北、山东二十余郡。十四年（1219），随父西征，相继攻陷不花剌、撒麻耳干等城。十六年（1221），独掌一军，攻占呼罗珊诸城。西征后成吉思汗分封诸子时，依蒙古幼子继承父业之习俗，受封于蒙古本土，领有克鲁伦河至阿尔泰山的广大地区，继承了其父所有的帐殿、帑藏、牧地和军队，故拥有许多军队，比其他宗王更为独立和强大。二十二年（1227），父死后，暂任监国，其监国二年（1229），遵父遗命与诸王拥立兄窝阔台（太宗）即汗位。窝阔台汗二年（1230），随汗征金，次年统右军，破凤翔，渡渭水，出宝鸡，入大散关，破城寨一百四十余，并假道南宋境，沿汉水而下，趋钧州。四年（1232），大败金兵于钧州三峰山，尽歼金军精锐，继取河南郡县。后与窝阔台军会合，许金议和之请，率师北还。不久病卒，年四十余。宪宗时追谥英武皇帝。世祖至元三年（1266），改谥景襄皇帝。庙号睿宗。

【抱珍】 见"萧抱珍"。（483页）

【拉锡】（？—1733） 清朝大臣。蒙古正白旗人。图伯特氏。康熙四十二年（1703），任二等侍卫。四十三年，察探黄河河源、视察河流经流诸处，将目击绘图进呈。四十九年（1710），参与书写满洲蒙古合璧《清文鉴》。五十三年（1714），迁一等侍卫。雍正帝即位，授都统。元年（1723），授散秩大臣，调正白旗满洲都统，管理藩院事。任内，彻底清查正白旗事件，清厘本旗拖欠库银。请不拘旗内各甲喇人数，通计一旗闲散人按额数挑取养育兵，被采纳并通行八旗。同年，授议政大臣，赏世职骑都尉兼一云骑尉。三年（1725），以年羹尧获罪，奉命至浙江抄查其财产。四年，以隐匿乌梁海事革职，降一等侍卫，管太仆寺卿事。后授都统，署江宁（今南京）

将军。六年(1728),署天津满洲水师营都统。任内,革除水师营官兵俸粮运道往返积弊,颇有成效。九年(1731),授领侍卫内大臣。

【拉夫凯】 亦作喇巴奇。清代达斡尔族首领。顺治七年(1650),沙俄殖民者哈巴罗夫侵入该地时,疏散本族居民,拒绝殖民者要求,保持民族气节。

【拉布敦】(?—1750) 清朝将领。满洲正黄旗人。初隶镶红旗。栋鄂氏。尚书锡勒达之子。雍正七年(1729),随靖边大将军傅尔丹镇压准噶尔部噶尔丹策零叛乱。因傅尔丹指挥不利,于和通泊大战中丧师。十年(1732),随额附策零率兵败噶尔丹策零的入犯,取得额尔德尼昭(光显寺)大捷。十二年(1734),率兵越阿尔泰山侦察。乾隆元年(1736),补参领。六年(1741),授副都统。八年(1743),授北路军营参赞大臣,后署古北口提督,代驻藏副都统。十四年(1749)还京,授工部左侍郎。旋受命赴藏办事。十五年,以西藏郡王珠尔默特那木札勒谋叛,与驻藏大臣傅清设计诛杀之。后为其党所害。谥壮果。

【拉失德】(1509—1559或1560) 又译热西德。叶尔羌汗国汗。*萨亦德汗长子。少年时被父派驻别失八里(今新疆吉木萨尔北破城子),被乌兹别克、哈萨克和吉利吉思赶回喀什噶尔(今新疆喀什)。明嘉靖七年(1528),受命进攻博罗尔,获胜。继赴阿克苏处置谋反事件。后赴乌斯藏进行"圣战"。十二年(1533),父卒,在叶尔羌即位。首先镇压了一直控制东察合台汗国——叶尔羌汗国军政大权的朵豁剌惕氏诸异密,加强了汗权;击败伯父满速儿汗的几次进攻;打败乌兹别克。史称其身材魁梧,勇悍善战,处事明断,言谈高雅,精于音乐,对十二木卡姆的形成起了一定作用,传说其妃子阿曼尼莎是这部套曲的作者之一。

【拉哈达】(1628—1703) 清朝将领。满洲镶黄旗人。钮祜禄氏。尚书彻尔格子。初仕侍卫。顺治十七年(1660),授兵部督捕侍郎。十八年,擢工部尚书、议政大臣。康熙三年(1664),授镶黄旗蒙古都统。八年(1669),调本旗满洲都统,十三年(1674),耿精忠叛应吴三桂。授镇东将军驻防兖州,于金华败叛军。继从康亲王杰书,仍以都统参赞军务。十四年,败叛军于处州,复松阳、宣平二县。十五年,随杰书进征福建,降耿精忠,败郑锦部,授宁海将军。十六年,同赖塔复兴化、泉州、漳州及海澄等县。移取潮州。师旋,还福州。十七年,大败刘国轩军于泉州。同巡抚吴兴祚会赖塔军三面合击,克厦门,金门。与副都统马忠文率兵守福州。二十一年(1682),还京。二十四年(1685),以老病致仕。

【拉察布】 一译拉札布、喇察布。清代卫拉特蒙古和硕特部台吉。号墨尔根岱青。博识克图济农孙,察罕丹津从子。康熙五十年(1711),封辅国公。寻晋固山贝子。以率属从平将军延信护送达赖七世格桑嘉措进藏功,于雍正元年(1723),晋多罗贝勒。后附罗卜藏丹津反清,掠察罕丹津牧。清军至,惧,奔巴尔喀木。寻为子察罕喇布坦等迎回,献驼马千余助清军。被削贝勒爵,降镇国公。三年(1725),授札萨克,准仍领众游牧。九年(1731),附土尔扈特台吉诺尔布反清,携子察罕喇布坦于索罗木河遁,为清军追击,复降,被禁西宁。旋解由察罕丹津管辖,以子察罕喇布坦辖属众。

【拉藏汗】(约1656—1717) 原名拉藏鲁贝。清代卫拉特蒙古和硕特部重要首领。祖达延、父丹增达赖,世掌藏政。康熙四十年(1701)父死,兄丹增旺杰继位。他贪嗜权力,杀兄自袭为汗。因西藏第巴桑结嘉错擅权,素与之不睦。四十二年(1703)正月,乘拉萨举行祈愿大法会之机,指使部下杀死桑结嘉错官员。后遭桑结嘉错逼迫,离开拉萨,集蒙古八旗兵反击。经色拉、哲蚌、噶丹三大寺上层喇嘛居中调解,桑结嘉错被迫退位。四十四年(1705),桑结嘉错买通汗府内侍,企图于食物中投毒谋杀之。事觉,借口返回青海,于黑河地区集蒙古军队,分兵三路,进军拉萨。桑结嘉错兵败,逃贡噶宗,被其妻次仁札西擒获,处死。继而废黜桑结嘉错所立六世达赖仓央嘉错,立意希嘉错为六世达赖喇嘛,报请清政府册封。同年被清封为"翊法恭顺汗"。因其所立意希嘉错不孚众望,引起西藏僧俗及青海蒙古诸台吉的不满。四十九年(1710)左右,西藏黄教寺院集团与青海蒙古察罕丹津等,于理塘寻认噶桑嘉错为六世达赖喇嘛转世"灵童",迎至青海塔尔寺,以与其对抗。五十六年(1717),准噶尔部首领策妄阿拉布坦遣大策凌敦多布率兵六千,侵袭西藏。他因缺乏防备,指挥失当,没有取得西藏上层喇嘛支持,兵败被杀。

【拉甫果嘎】 吐蕃赞普埃肖列时大臣。吐蕃人。*茹莱杰子。首创以"托卡"——双牛一日所耕土地的面积,作为计算耕地面积的单位。又规定以"兑"作为统计牲畜头数的单位。发明将低处流水引向高地方法,并在低处种植水田作物。被誉为第二位吐蕃贤臣。

【拉藏鲁贝】 见"拉藏汗"。(339页)

【拉布克台吉】 见"兀慎打儿罕刺布台吉"。(19页)

【拉旺多尔济】 清朝蒙古王公。喀尔喀部人。博尔济吉特氏。定边左副将军成衮扎布子。乾隆三十六年(1771),袭札萨克亲王。尚高宗女固伦和静公主,授固伦额驸。从征临清、石峰堡皆有功。嘉庆八年(1803)二月,仁宗于顺贞门遭谋刺者陈德袭击,他及时护驾,执诛陈德,以功赐御用补褂,封其子巴彦济尔噶勒为辅国公。

【拉·卓微衮波】(1186—1259) 宋代藏传佛教噶当派大师。吐蕃人。觉坝之子,拉·隆格旺秋之任。六岁从郭·杜哇正巴大师座前受近住斋戒,并学经书。十六岁在怯喀寺受近事戒。后出家学法,命名绛曲斡。不久,以格西勒敦亲教师受比丘戒。受戒后在怯喀寺从叔父学经。叔父死后,任怯喀寺和基布寺堪布,管理两寺事务达二十七年之久。由于持寺有方,为诸方所敬仰,受委托兼管博多寺及其分寺、工布地方达巴、补曲、绛隆三大寺下属的三十座寺庙,以及塔波地方喇达、甘门雪两主寺及若干属寺。在相当长时期内,由其委任这些寺院的管家和地方属民长官。桑波且寺迎请他主持大塔落成开光仪式,并把寺院连同属寺奉献给他。绒孜噶寺也请其主持大灵堂落成典礼,并将该寺及屑寺的管理权奉送给他。故桑波且和扎果两地也有其许多门徒。后世有十六罗汉围绕拉·卓微衮波的画像。

【拉·隆格旺秋】(1158—1232) 宋代藏传佛教噶当派僧人。吐蕃族。出身于雅隆觉卧王系,为小王觉卧南交之子,吐蕃赞普的后裔。八岁始读诵经文。十四岁受近事戒。十五岁以鲁噶为亲教师,穹波为规范师受戒出家,命名为绛曲仁钦。后从赛基布巴学法。二十四岁听从赛基布巴教诲,受比丘戒,从喀且班钦等许多名僧大师学法。赛基布巴去世后,从宋绍熙元年(1190)起,继任怯喀、基布两寺的堪布,住持寺院事务达四十三年之久。自是,两寺的堪布都由雅隆觉卧王族的人担任。从师研读了《甘珠尔》全部诵授经教,故时人称其为隆格旺秋。

【拉托托日宁赞】《唐书》作佗土度。吐蕃赞普。敦煌吐蕃藏文文书称拉托尼雅赞。赞普托杰赞子。据藏史载,相传在其六十岁时,获天降佛经经咒、佛塔等六种佛教文物,均装在一个宝箧内。时吐蕃人不理解这些为何物,遂加以供奉,称之为"年波桑哇",意为"尊严秘密"。这些被后世神化了的文物,可能是最早从外界传入吐蕃的佛教文物。

【拉旺丹贝坚赞】(1631—1668) 清代西藏第穆四世呼图克图。任西藏工布地区黄教丹吉林寺住持,故又称丹吉林呼图克图。为出任西藏摄政王四大呼图克图之一。出生于工布扎克吉玉买。由四世班禅认定为第穆世系转世活佛,在哲蚌寺洛色林学经。顺治二年至六年(1645—1649),在卫藏地区从五世达赖喇嘛受比丘戒,取法名为拉旺格勒。九年(1652),随五世达赖进京觐见顺治皇帝。十年,陪五世达赖返藏,于青海途中分手,返回康区。康熙七年(1668),应青海贵族邀请赴青海,途中病逝。

【拉旺巧列朗杰】 明代西藏第穆三世呼图克图。任西藏工布地区黄教丹吉林寺住持,故又称丹吉林呼图克图。为出任西藏摄政王四大呼图克图之一。出生于聂赤仲钦。随帕巴拉通瓦顿丹剃度出家,从巴索·拉旺却吉坚赞受比丘戒。曾多次聆听四世达赖喇嘛云丹喜措教诲。由于该寺宗教的威望,被第三世帕巴拉任命为波密、古、阿、登地区喇嘛教格鲁派诸寺院的总持者,故人称第穆教主。万历三十七年(1609)和四十二年(1614),前往扎什伦布寺拜四世班禅洛桑却吉坚赞为师。

【拉隆贝吉多吉】 简称拉隆多贝。唐代吐蕃僧人。名达尼雅桑。原为吐蕃战将,后出家为僧,久居叶尔巴寺,主持寺务并潜修佛典,颇有名望。会昌二年(842),因吐蕃末代赞普达磨反佛,残杀政敌及僧侣,严重毁坏佛教文物,在僧侣贵族支持下,单身乔装至逻娑(今拉萨),乘达磨赞普观看大昭寺前唐蕃会盟碑时,用弩箭刺死达磨,后逃往青海安琼纳木宗修行。为恢复佛教,参与吐蕃"后宏期"剃度首批僧人。

【拉德纳巴德拉】(1672—1703) 清代卫拉特蒙古僧人。早年师事咱雅班第达,随从在卫拉特蒙古地区传教,任主管侍从一绥本堪布。清顺治九年(1652),随师入藏会五世达赖。十八年(1661),作为咱雅班第达全权代表到爱呼斯河慰问和硕特部王公阿巴赖台吉。康熙元年(1662),护送其师灵柩至西藏拉萨。八年后,赴西藏迎请咱雅班第达的转世灵童,受达赖喇嘛召见。学识渊博,精通蒙、藏语言文字,与其他僧人合作,为其师补充翻译了三十七种佛教经典。晚年著有《拉让巴咱雅班第达传,宛如月光一样明亮》,简称《咱雅班第达传》。

【拉让巴呼图克图】 见"咱雅班第达"。(394页)

【拉尊·波底热咱】 吐蕃王子云丹后裔。九世纪中,吐蕃政权瓦解后,流移至桑耶地区。子桑耶拉尊温莫,后繁衍出著名的第巴加里哇、擦绒宰波、第巴甫才哇及拉灵嘎哇等支系。该系对藏传佛教后宏期的发展起重要作用。在擦拉·益西坚赞(即桑耶宰波擦益西坚赞)时,以施主身份派鲁梅促陈喜饶等九人赴东部康区求法,学成,返回桑耶,使被达磨赞普毁坏的吐蕃佛教得以中兴,功在此王族后裔。

【拔绰】 又作不者克。蒙古国宗室。孛儿只斤氏。成吉思汗孙,拖雷子。骁勇善骑射。窝阔台汗七年(1235),随拔都西征。九年,与蒙哥率军二万、船四艘,大败钦察、阿速,擒杀钦察首领八赤蛮、阿速首领合赤儿·兀古列。继随拔都进军斡罗思,攻陷其中部和南部的主要城市,十二年(1240),破绵客儿绵(即基辅)。太宗后乃马真氏称制元年(1242),还师,以功赐号"把阿秃儿"(勇士)。定宗后海迷失称制三年(1251),与拔都等拥戴蒙哥即汗位。蒙哥汗七年(1257),赐蠡州三千三百四十七户为食邑。

【斩啜】 见"默啜"。(607页)

【欧松】 见"约松"。(184页)

【欧冶子】 春秋末著名冶匠。于越人。善铸宝剑,与吴人干将同师,闻名于世。曾为越王允常铸造五剑,犀利无比。楚王闻之,以重宝聘二人铸剑。遂"凿茨山泄其溪取铁",铸成宝剑三把,一曰龙渊,二曰泰阿,三曰工布。传说楚王持泰阿剑登城指挥楚军大破晋郑之师。

【欧曲喇嘛却桑】(1772—1851) 清代藏传佛教高僧。藏族。生于后藏绒多曲莫地方。父名扎西班觉。幼年善于楷书和行书。十三岁出家于札西格培寺,拜洛桑坚赞为师,取名为洛桑次仁,后从大堪布阿旺多吉受居士戒及沙弥戒。二十岁在欧曲日磋修行,同时从益西贝珠受比丘戒。二十一岁拜洛桑格桑却杰为师。二十二岁至三十二岁期间多次赴札什伦布寺拜仲则·洛桑楚臣、古格经师洛桑丹增等人为师。精通大小五明,除赴各地讲经说法外,于欧曲日磋专事修行。

【郅支单于】(?—公元前36年) 汉代匈奴单于。孪鞮氏。名呼屠吾斯。呼韩邪单于兄。原为左贤王。西汉五凤二年(公元前56年),乘匈奴内讧,自立为郅支骨都侯单于于匈奴东边。四年,攻杀西边之闰振单于,并其众。甘露元年（公元前53年），击败呼韩邪单于，占据单于庭。遣子入侍汉朝，并遣使朝献。黄龙元年（公元前49年），率部西行，先击杀伊利目单于，并其众，继破乌孙，北击乌揭、丁令、坚昆，遂留都于坚昆，势力强盛。自以距汉道远，又怨汉朝庇护和厚赐呼韩邪单于，于初元五年（公元前44年）先困辱汉使，索还侍子，继杀汉使谷吉，西走，与康居王联姻结盟，娶康居王女，借康居兵屡败乌孙，势力益盛，不以康居王为礼，杀康居王女及贵人、民众数百，发康居民筑城。继向阖苏、大宛强索贡献。建昭三年（公元前36年），为汉西域都护甘延寿、副校尉陈汤击杀于康居。

【鸢鞮】 亦作苑支。春秋时白狄鼓氏酋长。鼓氏为春秋时的"子国"，故亦称"鼓子"。周景王十八年（公元前527年），晋正卿中行穆子（荀吴）率军进攻白狄鲜虞氏，并分兵包围鼓氏（在今河北省晋县境内）。鼓氏因外无鲜虞氏支援，内断粮草，食尽力竭而降，遂被晋军所掳。不久被释归安抚部众。周景王二十四年（公元前521年），因不堪晋国压迫，起兵反晋，投奔鲜虞氏。翌年，复遭中行穆子镇压，鼓都昔阳亭（今河北省晋县西北）失陷，再次被俘，鼓氏亦灭。

【势都儿】 见"失都儿"。（119页）

【 丨 】

【叔隗】 ①春秋时晋大夫赵衰的夫人。出身于赤狄廧咎如氏。周惠王二十二年（公元前655年），廧咎如为白狄所败，与妹季隗一起被白狄所俘。时晋公子重耳及其臣赵衰均在白狄避难，遂与妹同被白狄献与重耳，重耳纳季隗，而令其与赵衰成婚，生赵盾。十二年后，赵衰随重耳入卫、齐、曹、宋、郑、楚、秦诸国，母子留在狄境。周襄王十六年（晋文公元年，公元前636年），赵衰等助重耳返晋继君位。重耳将己女赵姬妻赵衰。在赵姬的一再请求下，母子被迎还晋国，立为正妻和嫡长子，而赵姬及所生三子甘居其下。②《国语·周语》称周襄王的狄后为"叔隗"，详"狄后"。

【叔孙建】（365—437） 北魏大臣。本名乙旃幡能健，亦作乙旃眷。鲜卑乙旃氏（后改为叔孙氏）。代人。一说其先为高车乙旃部人，后融合于拓跋鲜卑，成为宗族十姓之一。叔孙骨子。少以智勇著称。从拓跋珪奔贺兰部，常侍左右。登国（386—396）初，为外朝大人，与安同等十三人迭典庶事，参军国之谋。随秦王觚使后燕，历六载。累迁中领军，赐爵安平公，出为并州刺史。后以公事免，守邺城。明元帝即位，为正直将军、相州刺史。泰常元年（416），督军大破山胡刘虎，败东晋军。迁广阿镇将。授都督前锋诸军事、楚兵将军、徐州刺史。率众取青、兖诸郡。以功赐寿光侯，加镇南将军。神䴥三年（430），授平原镇大将，封丹阳王，加征南大将军。史称其"治军清整，号令严明"。卒，谥襄王。

【肯尼萨尔】（？—1847） 一译克尼萨雷，又称肯萨尔·哈斯莫夫。清代左部哈萨克苏勒坦（苏丹）。哈萨克族首领阿布赉孙。道光十七年（1837）冬，沙俄哥萨克少尉雷托夫率兵侵入哈萨克。率勇士于途设伏，摧毁其全部辎重，杀伤雷托夫军多人。翌年夏，率众攻俄军据点阿克摩林斯克，缴获甚多。继于图尔盖河流域等地，惩治了投靠沙俄的民族败类。二十年（1840），与若拉曼、季连希巴图鲁等率领的抗俄队伍汇合，进攻塔什干。从二十三年（1843）至二十六年（1846），屡败沙俄列别杰夫、比齐亚诺夫、杜尼科夫斯军的进袭。后因兵士染病，转战楚河、伊犁河流域等地。沙俄唆使浩罕等进行击。二十七年（1847），在阿拉套山被围，壮烈牺牲。

【些地】 又称姜太。明代西藏卓尼土司。藏族。吐蕃赤祖德赞时驻卓尼税务官噶·伊西达吉后裔。属噶氏。明永乐（1403—1424）时，率部自上乍作盖迁居卓尼，卓尼寺（即禅定寺）住持将大寺政教权交其执掌。他委弟傲地主持寺务，自摄政教大权。永乐十六年（1418），奉帝召进京，因守茶马司及边塞有功，授世袭指挥佥事，封武德将军。其家族有"兄为土司，弟为僧官"之称。

【卓罗】（？—1668） 清朝将领，满洲正白旗人。佟佳氏。三等男巴笃理第三子。天聪八年（1634），袭父爵兼任佐领，崇德三年，随贝勒岳托攻北京，征山东。四年，略锦州。六年（1641），随武英郡王阿济格败明总督洪承畴兵。顺治元年（1644），随军入山海关败李自成起义军。二年，晋一等男，任正白旗副都统。三年，随顺承郡王勒克德浑征湖广，败李锦于荆州。四年，于长沙战明总兵王进才，会孔有德军，取明桂王朱由榔所据武冈。六年（1649），擢礼部尚书，列议政大臣。七年调都察院左都御史，兼镶白旗满洲都统，擢吏部尚书。晋爵至一等男兼一云骑尉。九年，授靖南将军，征湖广。十二年（1655），驻防荆州。十三年，取辰州，败张献忠将孙可望。十六年（1659），随信郡王多尼攻昆明，与都统伊尔德分八旗兵驻守云南。康熙元年（1662），晋爵二等伯。卒，谥忠襄。

【卓萨】 清代西藏地方官员。藏族。拉萨北郊人。第巴·桑结嘉措之子。其父与统治西藏之蒙古汗王拉藏汗争权。康熙四十二年（1703），其父被迫退位，由其代理第巴职务。四十四年（1705），其父被杀。次年他亦被拉藏汗所废，随六世达赖喇嘛仓央嘉措赴京，被置于察哈尔的多伦诺尔。五十六年（1717），于青海塔尔寺受七世达赖喇嘛格桑嘉措接见。

【卓其笃】 又称卓杞笃、笃其卓。清代高山族抗美首领。台湾龟仔角十八社人。同治六年（1867），美国驻厦门总领事李仙得和海军上将贝尔以美船"罗佛号"在台湾南部遇险，船员在龟仔角登陆被杀为借口，率舰在琅峤一带登陆偷袭。他率高山族人民奋起抗击来犯之敌，使侵略者龟缩海边，一筹莫展。后美国政府被迫派李仙得与其和谈。他严正指出：过去当地人民屡遭外国侵略者无辜杀害，故"罗佛号事件"事出有因。我们愿意和平，但你们要战争，我们就抗击到底。若美国船只今

【卓特巴】（？—1692） 清朝蒙古王公。喀尔喀扎萨克图汗部人。博尔济吉特氏。乌巴岱子。号达尔玛什哩。康熙十四年（1675），遣使向清入贡。二十五年（1686），以扎萨克图汗成衮与土谢图汗察珲多尔济不和，受命劝导双方和好。二十六年，与同族台吉德克德赫结成衮子沙喇，谋与准噶尔部噶尔丹共攻察珲多尔济，事泄，遭察珲多尔济追击，逃遁。二十九年（1690），与沙喇子巴朗率属投清，授扎萨克，居归化城。三十年，不赴多伦诺尔会盟，率众掠朋素克牧地，削扎萨克职。九月，服罪，复封多罗贝勒，授扎萨克。

【卓瓦桑姆】 传说中的门巴族佳丽。祖居门隅南部。公元9世纪末，吐蕃灭亡，门隅为土王嘎隆旺布统治。一次，土王去林中狩猎，与之相遇，纳为妃，生一儿一女。为大妃哈香对姆所忌，欲害之。获屠夫、渔夫和猎人的保护，幸免于死。子成人后，才华过人，成一小邦国王，终于复仇。今门隅打隆宗木新村南的拉加拉寺，即为纪念她而修建。藏戏《卓瓦桑姆》即以此传说为题材，由门巴喇嘛改编成神话故事剧。

【卓尔珲保】（？—1828） 清朝将领。达斡尔斡郎氏，隶齐齐哈尔正蓝旗。嘉庆四年（1799），以骁骑校从征，镇压川、陕、楚三省白莲教起义，升协领。十八年，加副都统。二十五年，授宁夏副都统。道光五年（1825），调西安右翼副都统。次年，率黑龙江兵赴新疆镇压张格尔叛乱，旋回疆平。八年因病归。

【卓玛措女王】 清代索磨（今阿坝藏族自治州境）女王。索磨土司之先人。藏族。先祖为吐蕃法王，后东移索磨领地为王。至其时，因诸王子不和，遂将王权交予其执掌，并得到清廷册封。执政期间纳贡于清，并广建佛寺，迎请西藏诸僧弘扬佛法。经其与索南卓玛两代女王经营，势盛，一度囊括白玉、卓谷、果洛等部。远近部落多有投奔者，成为阿坝（大嘉绒）地区之实力派。

【卓里克图汗】 见"恩克卓里克图汗"。（452页）

【卓哩克图汗】 见"渥巴锡"。（552页）

【卓特巴巴图尔】 清代卫拉特蒙古准噶尔部台吉。*巴图尔珲台吉次子，*僧格异母兄。顺治十年（1653）父死，僧格继位。因争夺遗产，与僧格纷争，联合长兄车臣击僧格。以卫拉特"丘尔干"（联盟）首领鄂齐尔图引兵支持僧格，导致卫拉特全面内战。十六年（1659），经额敏河之战后，势弱兵蹙，被迫承认僧格在准噶尔部的合法地位，康熙九年（1670），矛盾再度激化，联合车臣袭杀僧格。僧格妻阿努遣人进藏告噶尔丹。噶尔丹集僧格之众败之。车臣被杀，本人逃往青海。为青海（绰罗斯）南右翼头旗之祖。

【卓哩克图珲台吉】 见"策妄阿拉布坦"。（542页）

【虎必来】 见"忽必来"。（370页）

【虎伯恭】 元代诗人，书法家。回回人。先世本西域人。家居钱塘（今浙江杭州）。年青时，与两个弟弟同考经行史。成年时。常与友人买舟载酒，作湖上游，成一时之风流人物。其诗作，学韦（应物）、柳（永）至于乐府隐语，靡不究竟。善书法，取法王羲之和王献之。

【虎督度】 呼图克图的异译，又称小活佛。见第四世达赖喇嘛"云丹嘉措"。（38页）

【虎来罕同】 见"太虎罕同"。（62页）

【虎喇哈赤】 亦作虎剌哈、和尔朔齐哈萨尔等。明代蒙古内喀尔喀五部领主。孛儿只斤氏。*达延汗孙，*阿尔楚博罗特子。驻牧于辽东边外辽河套。初众不满千人，但勇敢善战。以女嫁泰宁卫首领花大，获花大鼎力支持，势力激增。嘉靖二十五年至四十三年（1546—1564），率部向辽阳、沈阳、开原、铁岭等地逼近，与其子兀把赛、速把亥、兀班、答补、炒花致内喀尔喀于极盛时期。

【虎墩兔憨】 见"林丹汗"。（303页）

【虎都铁木禄】 元朝将领。哈剌鲁氏。铁迈赤之子。又名刘汉卿。好读书，多结交学士大夫。至元十一年（1274），随丞相伯颜攻宋。十三年（1276），下宋都临安（今杭州），受命入宋宫，护帑藏。授忠显校尉、总把，转昭信校尉。二十二年（1285），授奉训大夫，荆湖占城等处行中书省理问官。二十三年，从皇子镇南王脱欢征安南。归，以权臣桑哥恃权擅政被夺职。二十八（1291），桑哥伏诛后，擢给事中。受命督造战船于南方，以征安南。三十一年（1294），成宗即位后，迁福建行省郎中，汉阳路总管府达鲁花赤，转湖南道宣慰副使。奉命招服峒部首领岑雄。后历任河南行省郎中、同金枢密院事、礼部尚书、兵部尚书。

【贤】（？—62） 东汉时西域莎车王。康之弟。建武九年（公元33年），兄卒，嗣立。攻杀拘弥、西夜王，立兄康二子为王。十四年（公元38年），与鄯善王安同遣使贡于汉，使西域通于汉。十七年（公元41年），遣使请设都护。光武帝以其父子兄弟相约事汉，赐以西域都护印绶。后纳敦煌太守裴遵谏，为避免"假以大权"，使"诸国失望"，收回都护印，改赐汉大将军印绶。由是恨汉，仍诈称大都护，攻鄯善、龟兹、妫塞、大宛、于阗诸国，杀于阗、姑墨、子合诸王，遣将镇守。明帝永平三年（公元60年），以于阗王休莫霸与拘弥联兵杀莎车驻守皮山镇将，遣太子领兵攻于阗，后自将攻之，均大败，只身逃归。四年，于阗王广德引诸国兵三万攻莎车，将其诱骗出城，执之。次年，被杀。

【贤适】 见"耶律贤适"。（314页）

【尚可孤】 唐朝大臣。东部鲜卑宇文氏后裔。天宝（742—756）末，先后隶范阳节度使安禄山、史思明。上元（760—762）中，归唐，累授左、右威卫大将军，封白水县伯，以功迁太常卿。后被鱼朝恩收为养子，改名智德。统兵三千屯扶风，武功达十余年，士伍整肃，军邑安之。赐姓李氏，名嘉勋。曾率兵讨伐朱泚之乱。兴元元年（784），迁检校工部尚书、兼御史大夫、神策京畿渭南商州节度使。因收复长安有功，封冯翊郡王。奉命讨李怀光，至沙苑，卒于军，追赠司空。

【尚结息】 唐代吐蕃大臣。赞普赤松德赞（755—797年在位）时，先后任大将、大相。曾驻军河陇，与唐久战不息。代宗广德元年（763），与达扎路恭入侵长安，立广武王承宏为帝，改元，置官吏，据长安十五日始退。为人残忍而好杀，因在剑南被唐击败，思刷其耻，不肯约和。德宗建中三年（782），因在对唐约和问题上与赞普意见分歧，被罢职。

【尚结赞】（？—796） 又作尚结赞诺囊。唐代吐蕃大臣。属那囊氏家族。赤松德赞赞普（755—797年在位）时，主张唐蕃和好，反对大相尚结息侵唐，建议赞普与唐定界明约，以息边人，被采纳，遂罢尚结息大相职，命其代之。建中四年（783），与唐陇右节度使张镒会盟于清水（今甘肃清水），唐蕃议约和好。清水会盟盟文载于《旧唐书·吐蕃传》，成为历史见证。次年，自请出兵助唐平朱泚之乱，收复京城长安，有功于朝。后以唐背约，未履行许诺，未以泾、灵四镇之地与吐蕃，遂结怨，复兴兵，直入凤翔，被西平郡王李晟所败，只身逃逸。贞元三年（787），又乘与唐将会盟于平凉之机，阴谋劫盟，执唐兵部尚书崔汉衡以下使者六十人、士兵干人，致使唐蕃交恶。掌权后，对内逼吐蕃太子兄弟外逃，迫杀功臣，怨声四起。致使唐联合回鹘、南诏、大食屡败吐蕃。

【尚恐热】 见"论恐热"。（178页）

【尚野息】 唐代吐蕃大臣。赤松德赞赞普（755—797年在位）时，驻守河陇吐蕃占领区，久与唐战。广德元年（763），与达扎路恭入侵长安，立广武王承宏为帝，据长安十五日始退。以功受吐蕃最高级瑟瑟章饰嘉奖，权盛一时。曾数次召集会盟议事，并清查叛臣财产。

【尚婢婢】 唐代吐蕃大臣。羊同（今阿里一带）人。姓没卢。名赞心牙。世为吐蕃贵相。宽厚沉勇，有谋略，不愿为官，好读书，国人敬之。赞普赤德赞（815—838年在位）时，任鄯州（今青海乐都）节度使。会昌二年（842），达磨赞普死后，吐蕃王室分裂，支持乞离胡，反对论恐热自为赞普。三年，遣论恐热二十万兵袭击，遣将庞结心等设伏，大败论恐热于河州（今甘肃临夏）一带。四年，分兵五道拒守鄯州，屡退敌军。双方混战十余年，互有胜负。唐大中三年（849），败于牦牛硖，率部落三千余人徙甘州草地。

【尚绮心儿】（？—849） 唐代吐蕃大臣。一说即尚塔藏。赞普赤祖德赞（815—838年在位）时，长驻河陇一带吐蕃占领区.任都元帅居河州（唐时大夏川，今临夏）。官至"蕃相"、"尚书令"、"中书令"。致力于唐蕃和睦，与钵阐布积极推动会盟。长庆二年（822），参加在逻娑（今拉萨）哲园堆的唐蕃会盟，今存大昭寺前之《唐蕃会盟碑》刻有其名："天下兵马都元帅同平章事尚绮心儿"，名列第二。会盟后以东道节度身份返回河州，招集吐蕃东方各节度使将帅凡百人，迎接参加会盟后返唐的唐使刘元鼎，并向诸帅晓谕会盟盟文，约束诸将帅恪守盟约，"无相侵掠"。大中三年（849），因反对论恐热自立为赞普的行径，被论恐热所杀。

【尚·赞咄热】 又称尚·赞咄热（拉金）。吐蕃赤德祖赞赞普（704—755年在位）时大臣。唐景龙二年（708），奉赞普命，以"大首领瑟瑟告身"名分，与宰相金告身尚钦藏等赴唐请婚，未果。三年，复使唐请婚，唐中宗以雍王李守礼女金城公主妻赞普。次年，亲迎金城公主人吐蕃。为唐蕃再次联姻结好作出贡献。

【呵罗真】（？—530） 一作阿罗真。南北朝时期吐谷浑王。姓吐谷浑氏。*伏连筹子。梁大通三年（529），父卒，继立为王。受梁武帝封为宁西将军、护羌校尉、西秦、河二州刺史、河南王。在位一年卒。一说伏连筹死，子夸吕立，无呵罗真继立之事。

【咄于】 又作吐于、李吐于。唐代契丹大贺氏部落联盟首领。前首领*郁于弟。玄宗开元十一年（723），郁于病卒后，袭爵。任松漠都督府都督，析析军经略大使。任内与唐王朝往来甚密，屡遣使赴唐，献方物，受唐厚遇和赏赐。十三年（725），受唐封中郎将。后因与部落联盟军事首长、静析军副使可突于不睦，为所逼，偕燕郡公主奔唐，受封辽阳郡王，留唐作宿卫，其弟邵固在契丹继为新首领。

【咄苾】 见"颉利可汗"。（528页）

【咄罗】 又作绰罗。唐代契丹大贺氏部落联盟首领。高祖武德六年（623），曾向唐献名马、丰貂。时契丹有兵四万，析为八部，"凡调发攻战，则部落毕会；猎，则部得自行"。诸部之长，称大人，共推一大人建旗鼓以统八部。对外依附突厥。后为奚族所迫，退保鲜卑山（今内蒙古科尔沁右翼中旗西）以居。

【咄吉世】 见"始毕可汗"。（382页）

【咄摩支】 见"伊特勿失可汗"。（151页）

【咄陆可汗】（？—634） 又作大度可汗，唐代西突厥可汗。名泥孰，又作泥熟。阿史那氏。世袭莫贺咄（设），故又称泥孰莫贺咄（设）。贞观二年（628），因屈利俟毗可汗杀统叶护可汗自立，遂迎立统叶护子咥力特勤为肆叶护可汗。同辖弩失毕五部，与之对抗。后与肆叶护可汗不和，退居焉耆。约贞观六年（632）肆叶护可汗为族人所逐死后，被迎立为可汗。遣使长安，并在牙庭接见唐使鸿胪少卿刘善因，受唐朝册封为吞阿娄拔奚利邲咄陆可汗，是为唐朝册封西突厥可汗之始。一说阿史那泥孰与阿史那弥射实为一人。

【呼辇】 见"萧胡辇"。（484页）

【呼必赉】 见"忽必烈"。（370页）

【呼延攸】（？—310） 十六国时期汉（前赵）大臣。匈奴呼延氏。大司空*呼延翼子。晋永安元年（304），与右贤王刘宣等族人谋议乘司马氏内争之机举兵，共推刘渊为大单于。奉命赴邺（治今河北临漳西南邺镇）告渊。汉国建立后，官宗正。因无才行，不为渊所重用，终身不迁官。汉河瑞二年（310），在渊临终前，以未能受遗诏承顾命，怀怨。其甥刘和即位后，阴结侍中刘乘，谗陷齐王刘裕、鲁王刘隆、北海王刘乂、楚王刘聪，引兵杀裕、隆，后被刘聪擒杀。

【呼延晏】 十六国时期汉（前赵）大臣。匈奴呼延氏。初任卫尉。嘉平元年(311)，署前锋大都督、前军大将军，领兵二万七千攻克洛阳，执晋怀帝。二年，任右仆射。麟嘉三年(318)，汉帝刘渊临终前，封太保。聪卒，靳准作乱，杀新帝刘粲，他自平阳投奔刘曜于赤壁（今山西河津县西北），拥曜称帝，领司空。曾劝阻曜杀谏臣游子远。官至太傅。

【呼延翼】(? —309) 十六国时期汉（前赵）大臣。匈奴呼延氏。汉王刘渊皇后之父。佐渊起兵建国，任御史大夫。永凤元年(308)，渊称帝，封大司空、雁门郡公。河瑞元年(309)，与楚王刘聪相继率兵攻晋洛阳，兵败。不久，为部下所杀。

【呼里特噶】 清代卫拉特蒙古青海辉特部台吉。青诺颜第巴长子。康熙(1662—1722)年间，随父移居青海，附青海和硕特部游牧。雍正元年(1723)，罗卜藏丹津举兵反清，偕弟贡格拒附，遣兵助清军，为清廷所重，令别为一部，授贡格为扎萨克一等台吉领之。

【呼屠吾斯】 见"郅支单于"。(340页)

【呼揭单于】 汉代匈奴单于。原任呼揭王，屯驻西方。宣帝五凤元年（公元前57年），与唯犁当户谋谮右贤王欲自立为单于，唆屠耆单于杀右贤王父子。单于察知有冤，杀唯犁当户。恐殃及自身，遂叛，自立为呼揭单于。匈奴内讧，与屠耆、呼韩邪、车犁、乌藉形成五单于纷立局面。车犁、乌藉为屠耆击败后，与之联合，拥兵四万。旋与乌藉同去单于号，并力尊辅车犁单于。不久，复为屠耆所败，退走西北。

【呼岱巴尔氏】 维吾尔族。清代新疆乌什人。乌什郡王品级*霍集斯次子。乾隆二十三年(1758)，定边将军兆惠率军讨霍集占时，奉父命赍书迎降，后获悉乌什穆逊阿訇潜通霍集占，安抚乌什百姓，禁穆逊阿訇戚属，获清廷嘉奖，授内大臣。二十五年(1760)，以苦虐乌什百姓被控，偕兄漠咱帕尔至京与父聚处。

【呼厨泉单于】 汉代南匈奴单于。挛鞮氏（又作虚连题氏）。羌渠单于子，*持至尸逐侯单于弟。因兄被逐，不得归国，屡遭鲜卑扰掠。东汉献帝兴平二年(195)，兄死，嗣为单于，居平阳，卷入中原群雄混战，建安七年(202)，从袁尚军攻取平阳，后为曹操司隶校尉钟繇所败，归降。十一年(206)，曹操征并州高干，干入匈奴求救，单于拒之。二十一年(216)，率诸王朝觐，被曹操留于邺城（今河北临漳县邺镇），所受岁给如列侯，子孙传袭其号。族众被分为五部，散居各郡县，每部立贵族为帅，选汉人为司马监督之。自是，单于徒有虚号，无实际控制地域，匈奴不复为统一势力。

【呼韩邪单于】 ①(? —公元前31年)汉代匈奴单于。挛鞮氏。名稽侯珊。*虚闾权渠单于子。宣帝神爵二年（公元前60年），父死，自以单于子不得立，亡归妻父乌禅幕。因握衍朐鞮单于暴虐杀伐，国中不附，于四年（公元前58年）被乌禅幕与左地贵人共立为呼韩邪单于，发左地兵四五万击握衍朐鞮，收其众。继而匈奴内讧，与屠耆、呼揭、车犁、乌藉形成五单于纷立局面，更相攻击，死者以万数。五凤二年（公元前56年），先后击杀屠耆、乌藉，收降车犁，势力渐盛。甘露元年（公元前53年），为兄郅支单于败，遂纳左伊秩訾王策，事权自救，遣子弟侍汉。二年，归服汉朝，受厚遇，位在诸侯王之上。次年，亲自入朝，赞谒称臣，并率部南迁汉光禄塞（今陕西榆林东北）下，为汉守卫受降城，屡得汉赈济、赏赐，民众益盛。与汉使相约"汉与匈奴合为一家，世世毋得相诈相攻"，后北归单于庭。建昭三年（公元前36年），汉遣西域都护甘延寿、副校尉陈汤率部击杀郅支单于，使其恢复了对匈奴全境的统治。竟宁元年（公元前33年），复入朝，请婿汉以自亲，汉元帝以宫女王昭君（王嫱）嫁之。自是，匈奴与汉朝保持和好关系达六七十年。②(? —56)又称醯落尸逐鞮单于。汉代南匈奴单于。挛鞮氏（又作虚连题氏）。名比。*乌珠留若鞮单于子。原任右薁鞮日逐王，主南边八部及乌桓事。蒲奴立为单于后，他以己为前单于长子不得立，怀怨，密遣汉人郭衡将匈奴地图奉汉。东汉建武二十三年（公元47年），率部亲诣西河求内附。次年，为南边八部大人立为单于。以其祖父呼韩邪单于尝依汉得安，故沿袭其号，是为南单于，与北单于蒲奴分立，自是匈奴分为南北。二十五年（公元49年），遣军击北匈奴，执北单于弟，继败北单于，迫之却地千里。遣使向汉奉藩称臣，遣侍子，修旧约，求使者监护。汉授其玺绶，立南单于庭于五原西，后徙西河美稷（在今内蒙古准格尔旗西北），置"使匈奴中郎将"率兵护卫之，每岁供给大量粮、畜、彩缯；单于亦列置诸部王，助汉捍戍北地、朔方、五原、云中、定襄、雁门、代郡，巩固了南匈奴与汉的和好关系。

【呼达该图哈喇忽刺】 见"哈喇忽刺"。(397页)

【呼都而尸道皋若鞮单于】(? —46) 汉代匈奴单于。挛鞮氏。名舆。*呼韩邪单于子，*乌累若鞮单于弟。初任左谷蠡王，后进左贤王。新朝王莽天凤五年（公元18年）乌累单于死后，嗣位。初与中原保持和好关系，遣大且渠奢至长安奉献。因王莽胁迫立右骨都侯须卜当为须卜单于以取代舆，遂怀怨挑边。淮阳王更始元年（公元23年）王莽被诛后，一面恢复与汉使臣往来，接受汉所授单于旧制玺绶；一面又扶立三水卢芳为汉帝，助彭宠拔蓟城，一再扰北边。东汉光武帝建武五年（公元29年），数犯渔阳界，因遭抗击，始罢。次年，匈奴薁鞮日逐王及卢芳军为汉将冯异所败，再复使臣往来，以通旧好，但仍结卢芳入扰。十年（公元34年），以兵援卢芳，为汉大司马吴汉所败，退出塞。后屡与汉交兵，互有胜负，不断遭汉将杜茂、张堪、祭肜、马援的迎击。

【呢牙斯】(? —1878) 又作尼牙斯。新疆维吾尔族。原为叶尔羌（今莎车）阿奇木伯克。清同治三年(1864)，乘库车爆发农民起义之机起兵，为库车义军首领热西丁和卓所败，向阿古柏求援，谋夺叶尔羌，被当地群众击败，奔喀什噶尔。阿古柏侵占叶尔羌、和田后，命为和田阿奇木伯克。光绪三年(1877)秋，乘清军挺进南疆之机,攻阿古柏,为阿古柏子伯克胡里击败,越戈壁投清军。后因谋取世袭王位未遂,暗造兵器,阴谋叛乱。案发,被捕自尽。

【呢玛善】(?—1824) 清朝将领。满族。满洲镶黄旗人。初随从镇压湖北白莲教起义。嘉庆二年(1797),授蓝翎侍卫。次年,因歼灭黄号首领齐王氏、姚之富,擢三等侍卫。四年,袭父骑都尉加一云骑尉。五年底,随长龄征青号首领徐添德。次年,歼徐添德部张允寿于熊藏山,擢头等侍卫。七年,擢湖北竹山协副将。十月,击杀蓝号首领戴世杰,俘元帅赵鉴于施家沟,赏戴花翎。十年(1805),擢河南河北镇总兵,调湖北郧阳镇。十八年(1813),命在头等侍卫上行走。三月,授浙江衢州镇总兵。九月,调河南南阳镇。二十五年(1820),擢成都将军。道光元年(1821),赴云南镇压永北厅土司所属唐贵等起事。二年,征果洛克,俘土目曲俊等五十五人,受嘉奖。卒,谥勤襄。

【岭安泰】 清代四川越嶲土司。彝族。康熙四十九年(1710),归清,授煖带密土千户,颁给印信、号纸。管有上官、六革、瓜倮、纠米、布布、阿多六磨、磨卡为呷、西纠七乡总。

【岭安盘】 清初四川越嶲土司。彝族。康熙四十三年(1704)附清,授邛部宣抚司宣抚使,颁给印信、号纸。

【岭承恩】 清代四川彝族土司。越嶲(今越西)人。世袭煖带密土千户,居呷落(今甘洛县)田坝。同治二年(1863),在冕宁至大渡河紫打地沿线,率土兵助清军堵击太平天国起义军石达开部,晋升土游击世职,赐恒勇巴图鲁号。后兼袭越嶲邛部宣抚司、西昌河东长官司、河西抚夷司。

【岭真伯】 元末明初四川越嶲土官。彝族。元末,封邛部州招讨使。明洪武(1368—1398)中,归附。改为邛部军民州,任土知州。

【岭镇荣】(?—1918) 清末民国初四川彝族土司。*岭承恩之族孙。袭任越嶲邛部宣抚司、煖带密土游击、西昌河东长官司、河西抚夷司等职。光绪三十四年(1908),以英国传教士巴尔克擅入凉山活动被苏呷、阿侯家人杀死,清廷调兵镇压二姓彝人。他派土兵二千助清军,加总兵衔。结交法国传教士,信奉天主教。与头人合译《地球志》、《农作书》、《工匠书》、《算数书》等。因受军阀欺压,病故于西昌法国人教堂。

【帖赤】 见"铁失"。(453页)

【帖哥】 见"铁哥"。(454页)

【帖木儿】 见"赵国安"。(391页)

【帖木伦】 又作帖木仑。蒙古国公主。孛儿只斤氏。*成吉思汗妹。父*也速该卒后,家境衰落,屡遭磨难,全家数为泰赤乌部、蔑儿乞部逼迫。及长,嫁亦乞列思部人孛秃。元朝追封为昌国大长公主。

【帖木真】 见"成吉思汗"。(139页)

【帖木迭儿】 见"铁木迭儿"。(454页)

【帖柳兀图】 见"述律哥图"。(333页)

【帖卜腾格理】 见"阔阔出"。(550页)

【帖木儿不花】 ①(1286—1368)又作铁木儿不花。元朝宗室。蒙古孛儿只斤氏。*忽必烈孙,镇南王*脱欢第四子。泰定二年(1325),兄脱不花卒,侄孛罗不花年幼,遂奉朝命代袭为镇南王。致和元年(1328),应怀王图帖睦尔之召至京,朔戴怀壬即汗位。次年,还镇南王位于孛罗不花,改封宣让王,移镇庐州(今合肥)。后至元五年(1339),因丞相伯颜擅权,被贬。脱脱入相后,复旧封,还镇。至正十二年(1352),遣所部兵从乞塔歹等镇压庐州境内农民义军,事后受帝赏。十六年(1356),与威顺王宽彻普化领兵镇怀庆。次年,率芍陂屯军拒战汝、颍农民军。庐州失守,奔大都(今北京)。二十七年(1367),晋封淮王。次年顺帝北走,留为监国,拒守。城破被杀。②见"铁木儿不花"。(454页)

【帖木儿达失】 见"铁木儿塔识"。(454页)

【帖木儿补化】(?—1351) 又作帖木儿不花、铁木儿补化、帖睦尔补化等。元代高昌畏兀儿亦都护。*纽林的斤长子。大德(1297—1307)中,尚阔端孙女朵儿只思蛮公主为妻。至大(1308—1311)年间,从父入觐武宗,充宿卫,领大都护事,后出为巩昌(今甘肃陇西)等处都总帅达鲁花赤。延祐五年(1318),父死,嗣为亦都护高昌王。英宗至治(1321—1323)时,领甘肃诸军,仍治其部。泰定(1324—1327)中,移镇襄阳,自此,畏兀儿之地归由察合台后王管辖。寻拜湖广行省平章政事。致和元年(1328),受文宗召,还大都(今北京),佐平上都之难。后拜知枢密院事,让亦都护高昌王位于其弟。天历二年(1329),迁中书左丞相,加太子詹事,拜御史大夫。后至元六年(1340),拜中书左丞相,监修国史,至正六年(1346)罢。十一年(1351),被诬以谋害大臣罪,为脱脱(一说伯颜)奏杀。并株连其弟亦都护太平奴。

【帖木格斡惕赤斤】 见"铁木哥斡赤斤"。(455页)

【帖哥术探花爱忽赤】 元朝将领。畏兀儿人。八思忽都探花爱忽赤之子。受宪宗蒙哥命管理渴密里(今哈密)及曲先(今库车)诸宗藩地。中统(1260—1264)初,被叛王阿里不哥党浑都海、阿蓝答儿所执,后乘间脱走,入觐世祖,受命袭父职,掌畏兀儿、阿剌温、灭乞里、八思四部。率四部兵征叛,以功受赏赐。后从皇子西平王奥鲁赤讨建都蛮,擢昭勇大将军、罗罗斯副都元帅、同知宣慰司事。卒于官。

【帕夏】 见"阿古柏"。(275页)

【帕尔萨】(?—1790) 维吾尔族。新疆叶尔羌(今莎车)人。辅国公额色尹弟。因不肯追随霍集占叛乱,于清乾隆二十一年(1756)徙居布鲁特(今柯尔克孜)聚居区。继迁玛尔噶朗。二十四年(1759),受清定边将军兆惠招抚,授三等台吉,留居北京。为居京"八回爵"之一。

【帕木竹巴】(1110—1170) 宋代藏传佛教帕竹噶举派创始人。生于康区南部止垅勒雪(又作直隆子雪)

的达峨芒康地方,属韦哇纳盘托家族人。父名韦哇阿达,母名若切萨准勒。幼年父母双亡,由叔父收养。九岁在甲奇寺出家,取名多吉杰波。才智过人,自学文字、画佛像。在康区先后从师十六人学法,主学《入菩提行论》。十九岁,赴前藏堆隆嘉玛尔寺学《中观》和《量释论》。从噶当派高僧杨冈巴、敦登巴等学"发愿菩提心"法及《教法次第》等书,获得广泛的佛法知识。宋绍兴四年(1134),在苏浦寺由甲杜作亲教师受比丘戒,学《戒经》。学显教法时坚持修四时禅定(晨、午、昏、夜),被时人称为却擦哇。后从玛尔·却吉坚赞学《胜乐密续》等密法,从瓜译师学各家真传的密教修法,随萨迦寺的萨钦学道果教授等。师事塔波拉杰,获得许多密法和大印法门真传,遂以塔波拉杰为根本上师。后返乡,于蔡岗收徒传法,声名远扬,慕名来学法者日众。把从师所学及体验写成《噶吉酿格》一书,进行传授。二十八年(1158),于前藏的帕木竹(今西藏泽当雅鲁藏布江北岸)地方,创建著名的丹萨替寺,故被时人称为帕木竹巴,其所建支派也被称为帕木竹巴派,达垅塘巴、止贡巴等也投其门下,接受特殊密法传授。徒众多达八百人,见于经传者有十余人。乾道六年(1170)七月二十日圆寂。

【帕巴桑结】(1507—1566) 明代西藏察木多地区帕巴拉二世活佛。藏族。生于工布却康孜哇。察木多地区格鲁派最大之绛巴林寺住持。因前辈威望,于康区享有较高宗教地位。曾应云南丽江木土司嘉样扎巴之请,于土司驻地藤境宫广传佛教。于政、教均有建树,曾任康区数寺院住持。

【帕克思巴】 见"八思巴"。(5页)。

【帕竹扎巴坚赞】(1374—1432) 《明史》作吉剌思巴监藏巴藏卜,又称扎巴坚赞贝桑波。明代藏传佛教帕竹噶举派僧人。藏族。其祖绛曲坚赞为帕竹政权首脑,势力显赫。八岁任泽当寺主,十一岁辞去寺主职,赴乃邬栋孜任万户长职。洪武二十年(1388),明朝正式诏准其任帕竹地方政权首领,即帕莫竹巴第五代第斯(执政长官)。同年,明太祖封其为"灌顶国师"。永乐四年(1406),遣使奉贡,明成祖册封其为"灌顶国师阐化王",赐螭纽玉印,世代承袭。对其他教派并不轻视排挤,尤其支持宗喀巴所倡黄帽派("黄教"),宗喀巴所以能创办拉萨传大召的祈祷大会,均得力于其政治及经济上的大力支持,黄教之兴,与其动员各地贵族倾力相助密不可分,故誉满藏区。本人倾心向佛,每年写陀罗尼咒一部,二十二年从未间断,并主持写了三部《甘珠尔》经,分别用金、金银混合及墨汁写成,其训诂、正字及文法方面属相当严谨的三部藏经。

【旺布】(?—1742) 清朝蒙古王公。喀尔喀土谢图汗部人。博尔济吉特氏。巴朗长子。康熙三十二年(1693),袭札萨克一等台吉。三十五年(1696),扈从康熙帝征准噶尔部噶尔丹。五十四年(1715),捐羊助军。五十六年(1717),复献驼马。雍正四年(1726),以准部策妄阿喇布坦谋掠乌梁海,受命随札萨克图汗部副将军博贝率兵驻防特斯。九年(1731),捐军需助清军征噶尔丹策凌。后与同部辅国公巴木丕勒多尔济随军败准部军于苏克阿勒达呼。十年八月,击准噶尔军于额尔德尼,赐孔雀翎。乾隆三年(1738),以功封札萨克辅国公。

【旺辰】(?—1763) 清朝蒙古王公。苏尼特部人。博尔济吉特氏。垂济恭苏咙第三子。雍正十年(1732),袭札萨克多罗郡王。乾隆八年(1743),命乾清门行走。十六年(1751),授锡林郭勒盟副盟长。二十年(1755),献马助清军征准噶尔部达瓦齐。二十四年,复献驼。

【旺秀】 又译旺久。甘南卓尼土司先世。藏族。卓尼始祖噶·伊西达吉后裔。明正德三年(1508),应邀赴北京朝觐明帝。因在汉藏交接区护政传法,为明朝兴盛谋益,以功受嘉赏,赐姓名杨洪。奉命继续护持汉藏黎民。自此,其家族始姓杨,同中央朝廷关系密切。

【旺扎尔】(?—1762) 清朝大臣。蒙古正白旗人。图伯特氏。领侍卫内大臣拉锡子。雍正六年(1728),由荫生授三等侍卫,擢御前二等侍卫。十三年(1735),授镶蓝旗满洲副都统。乾隆三年(1738),与侍郎阿克敦台吉额默根赴准噶尔,议定喀尔喀与厄鲁特地界。四年,升头等侍卫,八月,授正黄旗满洲副都统。五年,受命查审喜峰口管理台站的官吏。六年署正黄旗护军统领。七年,署镶红旗护军统领。以独石口、张家口等处多事,受命前往督缉,分查界址,酌立章程。八年,授镶白旗满洲都统,旋授理藩院右侍郎。十三年(1748),擢御前大臣。赴全川军营,查阅沿途驿站。十四年,晋领侍卫内大臣。十五年,总管圆明园八旗官兵及上驷院健锐营事。二十七年(1762),转理藩院。左侍郎。卒,谥恪慎。

【旺扎勒】(?—1749) 清朝蒙古王公。喀尔喀车臣汗部人。博尔济吉特氏。车布登长子。康熙三十三年(1694),袭札萨克多罗贝勒。三十五年(1696),康熙亲征准噶尔部噶尔丹,他遣所属充向导。雍正元年(1723),与从叔父札萨克台吉车凌旺布追擒厄鲁特逃人罗卜藏锡喇布于乌克尔布克色,叙功晋封多罗郡王,授副盟长。八年(1730),以迟误军驼罪削爵。九年,复贝勒,赴察罕瘦儿军效力。

【旺舒克】(?—1723) 清朝蒙古王公。喀尔喀赛音诺颜部人。博尔济吉特氏。札萨克亲王·善巴从子,德克德赫子。康熙三十年(1691),赴多伦诺尔会盟,封札萨克辅国公。三十五年(1696),随西路大将军费扬古败准噶尔部噶尔丹于昭莫多。三十六年(1697),以伊拉克三呼图克图叛清,受命与同族札萨克台吉图巴丹津额尔德尼等设汛防缉。

【旺住外郎】 见"王忠"。(52页)

【旺秋多吉】(1556—1603) 明代藏传佛教噶玛噶举派黑帽系第九世活佛。藏族。生于康地金沙江流域的哲雪。嘉靖四十年(1561),六岁即被送至粗浦寺学习。曾应云南木土司邀请,出访丽江纳西族地区。历访噶玛贡寺、绛秋林寺,赴北方羌塘传法说教。二十四岁从夏玛珠古师学法。后出访后藏,朝拜扎什伦布、松珠林、达玛及萨嘉等寺。返回粗浦寺后，为寺设计了一幅巨大丝织佛像。应仁蚌巴首领邀请，前往传播教义。后赴工布及咱日山，并建咱日宗喀寺。曾应不丹王之请，在不丹短暂停留布教传法，又接受锡金王邀请，派一位高僧前往，在锡金建造了热隆、波通及容迪克三座寺院。生前写有关于中观、般若及大手印方面的著作。

【旺济外兰】见"王忠"。(52页)

【旺布多尔济】(?—1757) 清朝蒙古王公。喀尔喀札萨克图汗部人。博尔济吉特氏。额璘沁子。乾隆十四年(1749)，以追执乌梁海逃人巴党等，授二等台吉。二十年(1755)，父卒，袭辅国公。随西路军征准噶尔部达瓦齐，抵伊犁，达瓦齐被擒。继随定西将军策楞征阿睦尔撒纳，赐孔雀翎。二十一年，从兄青衮咱卜叛，他晋袭札萨克多罗贝勒，并辖青衮咱卜所属部众。十一月，随参赞大臣纳穆扎尔擒青衮咱卜。赐双眼孔雀翎。二十二年五月，授副盟长。六月，随军擒噶尔部泥玛于阿尔察图山，以功赐郡王品级，十一月卒于军。

【旺出儿监藏】(?—1325) 元朝帝师。吐蕃人。历任元英宗和泰定帝两朝帝师。以原帝师贡噶罗追坚赞贝桑波奉旨返藏受具足戒，并处理藏中事务，帝师位缺，于至治二年(1322)九月，由西蕃僧高主瓦迎至大都(今北京)，代摄帝师职。泰定元年(1324)二月，主持为元廷做佛事。同年六月，泰定帝受戒于帝师。至帝师贡噶罗追坚赞贝桑波返京时，他可能已故去，故帝师复出之事皆置而不论。

【旺扎勒多尔济】(?—1732) 清代蒙古喀尔喀土谢图汗。博尔济吉特氏。多尔济额尔德尼阿海长子。康熙五十年(1711)，袭土谢图汗位。五十一年，至京朝觐，五十四年(1715)，为备御准噶尔部策妄阿喇布坦，提出将所部鄂尔浑河、土拉河之苏呼图喀喇乌苏等可耕地十余处供屯种。并奉命选本部兵驻防阿尔泰。六十年(1721)，赐其斡齐赖巴图土谢图汗印，督理俄罗斯边境事。雍正三年(1725)，以增设赛音诺颜部，定该部为喀尔喀后路。四年因额尔德尼昭缺谷种，请助给屯田兵粮。五年，授盟长。以库伦及恰克图为该部与俄罗斯互市地，奉命禁俄罗斯人于非互市期逾楚库河。

【明记】见"耶律贤"。(306页)

【明兴】(?—1874) 清朝将领。索伦敖拉氏。世居巴彦街屯，隶西布特哈镶黄旗。咸丰三年(1853)，从征江南镇压太平天国运动。十一年，赏记名副都统，赐号法什尚阿巴图鲁。同治元年(1862)，授乍浦副都统。次年，署杭州将军，寻率部回黑龙江。八年乞休。十一年，授荆州右翼副都统。病故。

【明安】①(?—1303)元朝将领。康里人。至元中受命贵赤军，扈驾出入。二十年(1283)，擢怀远大将军、中卫亲军都指挥使。越二年，迁贵赤亲军都指挥使，领蒙古军八千北征海都叛军。二十六年(1289)冬，率众击别怜叛军，追还所掠人畜。复败布木麻、当先别乞失等。以功升定远大将军、贵赤亲军都指挥使司达鲁花赤。率军出征别失八剌哈孙，败敌于别失八里及忽兰兀孙(今新疆沙湾)。大德二年(1298)，复北征海都。七年(1303)阵亡。②清初蒙古将领。博尔济吉特氏。原为科尔沁兀鲁特部首领。明万历二十一年(1593)，与叶赫等九部联合攻努尔哈赤，兵败，只身幸免。后与努尔哈赤和好。万历四十年(1612)，以女适努尔哈赤。后金天命二年(1617)，向努尔哈赤贡献驼十、马牛各百，深受礼遇，受赐民户四十。七年(1622)，率部归附努尔哈赤，授三等总兵官，别立兀鲁特蒙古一旗。天聪三年(1629)，与固山额真武讷格、额驸恩格德尔等征察哈尔，降二千户。五年，随皇太极攻明，大败明军于大凌河城。六年，从帝征察哈尔，因违令私占俘获，擅以官牛与所属，并匿蒙古亡者，罢蒙古旗，改隶满洲正黄旗。八年，改三等昂邦章京。顺治初年进二等伯。卒，谥忠顺。雍正年间，追封一等侯。

【明庆】(?—1880) 清朝将领。达斡尔德敦氏(一作德都拉氏)，隶布特哈正白旗。道光八年(1828)，从征喀什噶尔(今新疆喀什)，擢头等侍卫。二十二年，从扬威将军奕经戍镇海，因击英舰功，升正黄旗蒙古副都统。咸丰二年(1852)，率黑龙江骑兵参与镇压太平天国运动。七年，赐号达桑阿巴图鲁，因伤回京。十一年，署正蓝旗满洲副都统御前上行走，补正红旗蒙古副都统，旋率八百骑与捻军作战。同治元年(1862)，因伤请开缺召还，改正黄旗汉军副都统，迁镶黄旗蒙古副都统。光绪初卒，谥简敬。

【明里】见"石抹明里"。(107页)

【明昌】(?—1833) 清朝将领。达斡尔郭博勒氏，隶呼伦贝尔索伦镶黄旗。乾隆五十年(1785)，以领催出征廓尔喀，因布尔都克等处战功，赏戴蓝翎。嘉庆十二年(1807)，木兰随围，赏换花翎。道光元年(1821)，升任总管。七年，从征喀什噶尔，因在扬嘎尔巴特著有战功，加副都统衔。八年，补呼兰城守尉。九年，简任西安左翼副都统。病故于西安任所。

【明亮】(1736—1822) 清朝大臣。满洲镶黄旗人。富察氏。尚书米思翰曾孙，都统广成子。乾隆十八年(1753)，为多罗额驸。三十年(1765)，授伊犁领队大臣。随将军明瑞等镇压赖和木图拉领导的乌什武装暴动。三十一年，授吉林副都统，旋调宁古塔(今黑龙江省宁安)。三十四年(1769)，随征缅甸。三十七年(1772)，以护军统领随四川总督桂林镇压大小金川土司叛乱。其间，授广州将军，定边右副将军。四十一年(1776)，平定大小金川。授成都将军，留川经理平叛后事宜。奏请于金川增设副将、参领等，被采纳。后入军机处行走。四十二年，回将军任，兼署四川提督。任内，请裁大小金川官兵，被采纳。四十六年(1781)，参与围剿苏四十三领导的甘肃撒拉族、回族人民起义，杀害苏四十三。授乌鲁木齐都统。旋署伊犁将军。后以私释罪官，入狱。四十九年(1784)，甘肃回族人民再度起义，获释，被起用。随阿桂围剿起义。五十五年(1790)，授刑部尚书，后授黑龙江将军等职。嘉庆初,参与镇压湘黔苗民起义,围剿川楚陕白莲教起义。因屡败,受责,遂依靠乡勇镇压。十七年(1812)起,历任西安将军、兵部尚书、内大臣等职。二十二年(1817),授大学士。道光元年(1821),以老病乞休。卒,谥文襄。

【明珠】(1635—1708) 清朝大臣。满洲正黄旗人。纳喇氏。字端范。叶赫贝勒*金台石孙,尼雅哈子。初任侍卫、銮仪卫治仪正、内务府郎中。康熙三年(1664),擢内务府总管。五年(1666),授弘文院学士。六年,充纂修《清世祖章皇帝实录》副总裁。七年,阅淮扬河工,旋授刑部尚书。十二年(1673),吴三桂以撤藩之请试探朝旨,明珠力主撤藩,为康熙帝所赏识。十四年(1675),授吏部尚书。十六年(1677),授武英殿大学士。屡充重修太祖、太宗实录及编纂《三朝圣训》《平定三逆方略》《大清会典》《一统志》《明史》总裁。两遇实录告成,加太子太傅,晋太子太师。主持朝政时,支持河道总督治理黄河;与大臣索额图各树党羽,互相倾轧。二十七年(1688),以植党营私、市恩通赂、卖官鬻爵等罪,为御史参劾,革大学士。寻授内大臣。二十九年(1690),随裕亲王福全征讨准噶尔部噶尔丹,参赞军务。三十五年(1696),从康熙帝征讨噶尔丹,督运西路粮饷。三十六年,复征噶尔丹,扈从康熙帝至宁夏,拨运驼饷。师还,叙功复原级。

【明扆】 见"耶律贤"。(306页)

【明绪】(?—1866) 清朝将领。诺洛氏。满洲镶红旗人。内翻译生员捐纳笔帖式。道光二十九年(1849),累官刑部员外郎。咸丰五年(1855),升甘肃布政使。次年署陕西按察使。十年(1860),赏副部统衔,充塔尔巴哈台参赞大臣,授镶蓝旗汉军副都统。十一年,沙俄使臣请勘西北地界,奉命会同乌里雅苏台将军明谊前往塔尔巴哈台妥为办理。同治元年(1862)奏称,沙俄意在多占伊犁、塔尔巴哈台两处之界,以收服哈萨克布鲁特。谈判时据理驳斥,并命各城加强设防,以御沙俄。三年,授内阁学士兼礼部侍郎衔,仍留伊犁参赞大臣任。十月,授伊犁将军。四年,库尔喀喇乌苏、伊犁北关回民起事,次年攻将军衙署,其阖家自焚死,谥忠节。

【明禅】(?—1833) 亦作明善、明产。清朝将领。达斡尔郭贝尔氏。隶布特哈镶苗旗。乾隆五十七年(1792),以领催从征廓尔喀,因博尔东拉山战功,赏蓝翎再补佐领。嘉庆十二年(1807),随狩木兰。十八年,镇压河南李文成起义。道光六年(1826),张格尔叛,授领队大臣前往镇压。九年,迁西安左翼副都统。

【明瑞】(?—1768) 清胡将领。满洲镶黄旗人。富察氏。一等公寓文(一说广成)子。乾隆皇帝之内侄。乾隆十四年(1749),授二等侍卫。二十一年(1756),以副都统衔赴西路军营,随定西将军达勒党阿追剿窜入哈萨克之阿睦尔撒纳,并与哈萨克战。因功授副都统,二十四年(1759),任御前侍卫。寻迁参赞大臣,随将军兆惠征博罗尼都和霍集占。二十六年(1761),授正白旗汉军都统。寻转左侍郎。二十七年,奉命赴伊犁,授伊犁将军。二十八年,因平定准噶尔和回部有功,赏骑都尉世职。三十年(1765),统兵镇压赖和木图拉领导的新疆乌什维吾尔族人民暴动。围乌什城半年之久,致暴动失败。三十二年(1767),任云贵总督兼兵部尚书等职、领兵参加征缅战争。次年,阵亡。谥果烈。

【明新】 清朝蒙古族数学家。内蒙古锡林郭勒盟正白旗人。清代蒙古族杰出科学家*明安图季子。字景臻。初充食俸生。其父曾论证求圆周率的公式,并新创一系列公式,总称"割圆十三术"。乾隆三十年(1765),父卒,遵遗命。完成父未竟之业,与明安图弟子陈际新、张肱整理续成《割圆密率捷法》一书,于乾隆三十九年(1774)定稿,问世。

【明德】(?—1770) 清朝大臣。满族、辉和氏。满洲正红旗人。雍正十二年(1734),由笔帖式补太常寺博士,乾隆初历任太仆寺丞、步军统领衙门员外郎等职。七年(1742),授湖南按察使。十九年(1754),擢四川布政使。次年,调甘肃,赴肃州办理军务。二十一年,任山西巡抚。二十二年,补陕西巡抚。十月,因前任山西布政使蒋洲亏空,发甘肃交总督黄廷桂差委。二十四年(1759)初,授甘肃巡抚。二月,请自四川、河南拨运三十万串以办军需、兵饷。四月,因在山西仟内滥举属员,降级调任,署甘肃按察使。二十五年,迁甘肃布政使,复任甘肃巡抚。二十六年初,用节省运粮银万余两修嘉峪关左右边墙。二十七年,调山西巡抚。奏请于归化城五厅设仓贮谷,将夏县白沙河旧堰由土工改石工。二十八年,补江西巡抚,调陕西巡抚。三十年(1765)初,署江西巡抚,调江苏巡抚。三十一年七月,请借拨司库银九千七百余两,修浚常熟县福山塘一河,灌民田数万顷。三十三年(1768),补云南巡抚。修竣省城至永昌边界道路以资转运。八月,以永昌、普洱沿边土司遭战乱,田土多荒,有乏籽种牛具者,请量借给。九月,以滇省铜厂三十余、金银铅厂二十九分属粮道、布政司专管,本地道府无稽察责,请准改进管理办法。三十四年,擢云贵总督。因漠视军务,降补江苏巡抚。七月,署云南巡抚,专管台站事,因不尽力,革翎顶,留任。

【明安图】 ①(1692—1765)清代蒙古族杰出数学家、天文学家。字静庵。蒙古正白旗(今内蒙古锡林郭勒盟正白旗)人。一说其生卒年为1691—1763。康熙九年(1670),被选入钦天监学习天文、历象和数学。由于刻苦学习,深入探究,独立思考,成绩突出。康熙五十一年(1712),以才华出众,成为得宠的官学生,与当时著名学者伴随康熙赴避暑山庄。并从康熙在皇宫听西方传教士讲授测量、天文、数学。初任钦天监时宪科五官正。乾隆二十五年(1760)后,升任钦天监监正,执掌钦天监工作。通过长期科学实践,成为我国杰出的天文学家、数学家和地理测绘学家,以毕生精力贡献于科学事业。他以科学方法进行地理测绘工作。乾隆二十一年(1756)、二十四年(1759),两次参加对新疆西北地区的地理测量工作,完成天山北路、南路的测绘工作。获得大量有关山川、道里、气候等的科学资料，成为绘制《乾隆内府舆图》新疆部分、《皇舆西域图志》的重要依据，为我国地理测绘工作作出贡献。他在天文学工作中也成绩卓著，对天文、历法、气象进行实地观测，掌握资料，进行科学研究。在钦天监任时宪科五官正时，每年将汉文本的《时宪书》译成蒙文，呈清廷颁行。供蒙古使用。并参加御制《律历渊源》一书的工作，将积累的考测资料编入该书《历象考成》部分。雍正八年（1730），修订编出《日躔月离表》，从乾隆二年至七年（1737—1742），参加编成《历象考成后编》十卷，反映了中西天文历象科学的新成果，成为清代编制历法的依据，从乾隆九年至十七年（1744—1752），参加《仪象考成》一书的推算工作。四十年中为我国天文历象科学作出杰出贡献。明安图是位数学家。以中国传统的数学，结合西方数学的成果，论证了三角函数幂级数展开式和圆周率的无穷级数表示式等九个公式，成功地解析了九个求圆周率的公式，写成《割圆密率捷法》一书初稿。惜因病未成而卒。后由其子明新、学生陈际新续成（1774年），共四卷。此书在清代数学界被誉为"明氏新法"，在我国数学史上占有重要地位。②清朝将领。蒙古正红旗人。博尔济吉特氏。以云骑尉授三等侍卫，升湖南保靖营游击。从征金川，大小五十四战，以功升镇筸镇总兵。督兵镇压贵州、湖南苗民石柳邓、石三保等，战死。

【明悉腊】　唐代吐蕃大臣。赞普赤德祖赞（704—755年在位）时任御史及政令。晓书记，通汉文，久居长安，致力唐蕃和好。唐中宗景龙二年（708），奉赞普命，赴唐求婚，至长安，受唐中宗盛宴及赏赐。四年（710），迎金城公主入吐蕃，进一步加强唐蕃关系。后曾奉金城公主命向唐请《毛诗》、《礼记》、《左传》。经其推动，唐蕃于开元十九年（731，一说二十二年）在赤岭竖界碑。精于汉文诗律，常与长安文士赋诗唱和，曾与中宗作柏梁体联句，深受赞赏。

【明安达尔】（？—1352）　元朝官员。字士元。唐兀氏。元统元年（1333）进士，由宿州判官，转潜江县达鲁花赤。至正十二年（1352），农民起义军入潜江县，他率军出击，执义军将军刘万户，进营芦洑。义军又至，出战死。

【明安达礼】（？—1669）　清初大臣。蒙古正白旗人。西鲁特氏。世居科尔沁。博博图子。天聪元年（1627），袭父三等轻车都尉兼管佐领。崇德三年（1638），任护军参领。随贝勒岳托征明，由密云东北毁边墙进；败明兵，克南和县。六年（1641），随军围锦州，叙功进二等轻车都尉。七年，随贝勒阿巴泰入蓟州，逼燕京，略北山东。八年，屡败明兵于螺山等地。擢礼部参政兼正白旗蒙古副都统。顺治元年（1644）从入关，破李自成起义军。二年，随英亲王阿济格至延安镇压李自成起义军，定陕北。三年，改兵部侍郎。随豫亲王多铎败蒙古苏尼特部腾机思。五年（1648），擢正白旗蒙古都统。七年，授兵部尚书，后列议政大臣，晋二等子。十年（1653），以徇隐事罢尚书，降世职。十一年，统兵征俄罗斯，败之于黑龙江。十三年，授理藩院尚书。十五年（1658），拜安南将军，驻防荆州。十六年，郑成功入攻江宁（今南京），他率师赴援，于三山峡破郑成功将杨文英。旋移师浙江，驻防舟山。十七年（1660），复授兵部尚书。康熙三年（1664），加太子太保。六年（1667），调吏部尚书。旋因疾致仕。卒，谥敏果。

【明安额叶齐】（？—1591）　又作明爱额叶齐，汉籍译称明安、明罕、明海等。明代蒙古鄂尔多斯部领主。孛儿只斤氏。吉囊孙，阿穆尔达喇达尔罕子。驻牧于榆林、孤山边外，在榆林与明朝互市。万历十九年（1591），随图墨德达尔罕岱青（土昧）与明朝互市毕，临边索赏，遭明延绥总兵杜桐等袭击，部众四百七十余人被斩，本人亦被杀。

【明里也赤哥】　又作蒙力克。蒙古国开国功臣之一。晃豁坛部人。察剌合子。初与父俱事铁木真（成吉思汗）父也速该。宋乾道六年（1170）也速该死后，遵嘱辅佐铁木真一家。后一度归服札只剌部札木合。淳熙十六年（1189），铁木真即蒙古汗位后，复率七子及部众归事铁木真，随从统一蒙古诸部。嘉泰三年（1203），克烈部王罕父子伪许婚约，谋图铁木真，他识破其谋，劝阻铁木真拒绝赴宴，幸免于难。开禧二年（1206），蒙古国建立时，因封千户长，以对铁木真"护助处甚多"，受厚赐。后因其子阔阔出恃势与铁木真抗衡，被处死，他亦受到冷遇。一说铁木真母月伦在也速该逝世后，曾改嫁与他。

【凯冷】　见"匋钪冷"。（371页）

【凯萨】（？—1855）　清代珞巴族义都部落反抗殖民主义者的著名首领。十九世纪中叶，殖民主义势力不断向西藏渗透。咸丰元年（1851），法国神父 M. 噶拉克进入瓦弄、珞渝、察隅等地活动，收集情报，严重伤害珞巴族民族情感和利益。四年（1854），又进入察隅杜曲地区，不尊重当地风俗，激起珞巴族人民不满。他率众奋起处死噶拉克。次年，遭到英国殖民当局从萨他亚派出的阿萨姆长枪队镇压，因失于戒备，匆忙应战，战败被俘，诸子战死。在关押期间，拒绝威迫利诱，毫不屈服，乘敌军戒备松弛，奋起杀死两名敌军出逃，因寡不敌众，再度被俘。同年，被英军杀害于第如噶赫（一说被绞死于加尔各答）。

【凯霖】（约1255—？）　元朝官员。祖籍西域，阿鲁浑氏。汉姓荀，字和叔。父阿散，仕元，任大名路税课提领，遂居大名（今河北大名）。幼读儒书。仁宗皇庆元年（1312），任宝庆路祁阳县（今湖南祁阳）达鲁花赤，转彰德路临漳县（今河北临漳）保义校尉。顺帝至元二年（1336），官林州（今河南林县）达鲁花赤。继授奉议大夫，彰德路（今河南安阳）总管府达鲁花赤，兼本路诸军奥鲁赤总管府达鲁花赤。关心民众疾苦，修治道路，安抚灾民，为时人所称赞。

【凯音布】（？—1839）　清朝将领。满族，富察氏。满洲镶黄旗人。嘉庆六年（1801）进士，改翰林院庶吉士，累官吏部左侍郎。十八年（1813），因承修泰陵宝城获罪，发盛京充披甲。二十三年(1818)，释回。次年，以主事起用。道光元年(1821)，充十五善射。四年(1824)，历理藩院右侍郎、刑部左侍郎，后因事降三级留任。五年，调吏部左侍郎、正红旗蒙古副都统。七年，署仓场侍郎，议复海运事宜。十一年(1831)，授刑部、兵部左侍郎，正白旗满洲副都统。十三年，因疏防、李相清越狱，降四级留刑部左侍郎任。十四年，授察哈尔都统，十六年，授都察院左都御史、镶蓝旗蒙古都统、成都将军。十八年(1838)，因镇压四川夷人起事中靡费粮饷，革职留任，寻兼四川总督。

【凯珠嘉措】(1838—1855) 即十一世达赖。清代藏传佛教格鲁派(黄教)领袖。藏族。生于康区打箭炉富户之家。才丹团柱之子。被认定为十世达赖转世灵童之一，因阿里地区发生战争，未举行金瓶掣签，暂居泰宁寺。道光二十一年(1841)五月二十五日，战争结束，由驻藏大臣主持在布达拉宫举行金瓶掣签，正式认定为十一世达赖喇嘛，请七世班禅于大昭寺剃度，取法名凯珠嘉措。二十二年四月二十六日，在布达拉宫举行坐床典礼。二十六年(1846)，拜七世班禅为师，受沙弥戒，入哲蚌学习五部大论等佛典。咸丰二年(1852)，由驻藏大臣陪同往色拉、哲蚌、甘丹等寺讲经说法，熬茶。因康区乍丫和中瞻对地区内乱，在英帝国主义唆使下边界也不断发生冲突，于咸丰五年(1855)正月十三日，受命亲政。十二月二十五日，在布达拉宫暴亡。

【凯珠布丹桑】 见"哲布尊丹巴呼图克图七世"。(449页)

【岩木】 见"耶律岩木"。(315页)

【岩寿】 见"萧岩寿"。(484页)

【岩大五】(约1836—1871) 清咸丰同治年间苗族起义领袖。贵州都匀府清平凯塘(今属凯里)人。苗族，本名顾馥春，参加哥老会后取是名。咸丰三年(1853)，参加高禾、九松领导的苗民起义军。反抗黎平知府胡林翼。当杨龙喜利用白莲教组织在黔北起事，进军凯塘时，随高禾响应。四年，成为起义军首领之一。同治二年(1863)，参加何得胜军攻贵阳。三年至十年(1864—1871)，先后参加大定府各县的三次大战役。攻占黔西州城、大定府城(今大方县城)、平远州(今织金县)和威宁州城。六年(1867)，在安顺府安平县(今干坝)芦荻哨智杀贵州提督赵德光，震动朝廷。八年(1869)，南渡盘江。与回族农民起义军白旗军配合占领安南县(今晴隆)。十年(1871)，云南巡抚岑毓英率黔、滇、川、桂四省官军镇压起义军。由于内奸出卖，被俘，在贞丰城就义。

【岩母斤】 见"萧岩母斤"。(488页)

【忠义夫人】 见"把汉比吉"。(224页)

【忠贞可汗】(?—790) 唐代回鹘汗国第五代可汗。药罗葛氏。名多逻斯，又称泮官特勤。合骨咄禄毗伽可汗顿莫贺达干子。贞元五年(789)，继汗位，唐朝遣鸿胪卿郭锋册拜其为爱登里逻汩没密施俱录毗伽忠贞可汗。依俗娶顿莫贺达干可敦咸安公主。次年为其妻少可敦叶护公主与弟毒死。

【忠顺夫人】 见"三娘子"。(11页)

【昙摩难提】 又称法喜。晋代译经师。吐火罗人。童年出家。以聪慧夙成，遍观三藏；博闻强识，靡所不综。曾暗诵《增一阿含经》，闻名遐迩，众皆推服。前秦苻坚建元(365—385)年间，东入长安，受苻氏礼遇。时慕容冲叛，关中扰攘。坚臣武威太守赵正慕法情深，请译《中增一二阿含》，并先所出《毗昙心三法度》等。凡一百零六卷。历时两载，功成。后因姚苌侵逼关内，人情汹汹，仍归西域。

【昆冈】(?—1907) 清朝宗室、大臣。满族。正蓝旗人。同治元年(1862)进士，改翰林院庶吉士。历充河南、云南乡试正考官、会试同考官。光绪元年(1875)，官内阁学士兼礼部侍郎衔。历迁礼部右侍郎，兵部、刑部左侍郎，提督福建学政。十年(1884)，擢理藩院尚书。十六年(1890)，调礼部尚书。二十年(1894)，充会典馆副总裁。二十一年，以礼部尚书协办大学士。二十二年，充国史馆副总裁，授大学士，管理工部事务，授体仁阁大学士，管理藩院事务，为东阁大学士。二十四年，授翰林院掌院学士兼充国史馆、会典馆正总裁。奉命查处西陵守护大臣废弛祀典、钻营受贿案，革贝子毓枱、镇国公全荣守护差使。二十六年(1900)，义和团起义，銮舆西狩，奉命留京办事。二十七年，授内大臣、督办政务大臣，管理兵部事务，署步军统领。二十九年，授文渊阁大学士。卒，谥文达。

【昆邪王】 又作浑邪王。汉代匈奴王。领昆邪部驻牧张掖等西北边郡一带。西汉元狩二年(公元前121年)，与休屠王同为汉骠骑将军霍去病所败，王子及相国、都尉被俘，丧师数万。恐匈奴单于治罪，欲降汉。后怨休屠王毁约，杀之，并其众降汉，凡四万人。受汉封漯阴侯，世袭其号，食邑万户，封地在平原郡漯阴县。部众被置于陇西、北地、上郡、朔方、云中五郡塞外，汉置都尉、丞、侯等治之。

【昆泽思巴】(1349—1425) 即大乘法王。元末明初藏传佛教萨迦派名僧。又名衮嘎扎西、泰钦衮扎巴，全名衮噶扎西坚赞贝桑波。藏族。帝师衮噶坚赞之孙。大元国师却吉坚赞之子。属萨迦派拉康喇让支系。永乐八年(1410，一说十一年)，被明成祖派中官迎至南京，受明帝封为"万行圆融妙法最胜真如慧智弘慈广济护国演教正觉大乘法王西天上善金刚普应大光明佛"，简称大乘法王，领天下释教，赐印诰。礼遇和地位亚大宝法王，在大慈法王之上。十二年(1414)，辞归西藏，明帝赐九叠篆体墨玉印——"正觉大乘法王之印"，今存。另有复刻同样之木质印章亦在世。

【昆都力哈】(1510—1572) 又称把都儿，蒙文史籍作巴雅思哈勒昆都楞汗，别称老把都。明代蒙古右翼永谢布万户喀喇沁部领主。孛儿只斤氏。达延汗孙，巴尔斯博罗特第四子，俺答汗弟。左翼察哈尔部东迁于潢河(今西拉木伦河)流域以后，与俺答汗子辛爱黄台吉等进占其地,驻牧于张家口东北边外至独石口以北一带,拥兵三万,为俺答汗得力臂膀。嘉靖三十年(1551),与明朝互市于新开口堡(今河北张家口附近),不久闭市。隆庆五年(1571),受明封为都督同知。俺答汗为其请封王号,未遂。明设张家口马市与之互市。翌年罹疾卒。

【昆鲁益旺波】 吐蕃赤松德赞赞普(755—797年在位)时名僧。昆杰贝波切之子。先辈曾任赤松德赞的内相。桑耶寺建成后,为最早出家的七僧人之一。精通梵文及佛典,曾将许多佛经译成吐蕃文,为赤松德赞时著名"三少译师"之一。其后裔即萨嘉系。

【昆都伦乌巴什】 清代卫拉特蒙古和硕特部台吉。号都尔格齐诺颜。哈尼诺颜洪果尔第三子。原驻牧伊犁河流域。17世纪三十年代末,参加对青海和西藏的远征。四十年代初,曾多次遣使贡于清。五年(1640)参加蒙古四十四部封建主会盟。在卫拉特联盟中,因与准噶尔部巴图尔珲台吉意见不合,长期受排斥。八年(1643)夏,巴图尔珲台吉集卫拉特各部兵,谋攻哈萨克扬吉尔苏丹。他拒不派兵,并声援扬吉尔。双方隙益深。后遭巴图尔珲台吉联合和硕特部鄂齐尔图、土尔扈特部和鄂尔勒克的攻击,双方激战于乌哈尔里克。虽获杜尔伯特诸台吉兵援,亦未取胜。后经咱雅班第达斡旋,罢兵,承认巴图尔珲台吉和鄂齐尔图的盟主地位。顺治十年(1653),巴图尔珲台吉死,诸子争战,鄂齐尔图和阿巴赖兄弟也卷入纷争。他支持阿巴赖,因势弱失败。康熙二年(1663),徙牧乌拉尔河。七年(1668)左右,与阿巴赖同牧。继遭鄂齐尔图袭击,兵败,被执送西藏。

【昆都力庄兔台吉】 亦称大威正或庄秃。明代蒙古察哈尔部领主。孛儿只斤氏。达延汗曾孙打来孙之子。早年随父徙幕东方,进入大兴安岭以东地区,残破泰宁、福余诸卫。万历七年(1579),随兄图们汗发难于辽左。不久,又与布延彻辰台吉、黑石炭等聚兵十二万至明边,援引俺答汗与明朝封贡例,要求封王、通贡,被拒,遂构兵,扬言攻广宁(今辽宁省北镇)。翌年,与图们汗、哈不慎等联合,进攻山海关、一片石(在今河北省秦皇岛市东北九门口西)等地,兵败。十二年(1584),复与布延彻辰台吉、卜言把都儿、花大、炒花等攻辽沈地区。十五年(1587),与图们汗等集兵十万列于塞外,威胁广宁、锦州、义州等地。十八年(1590),与布延彻辰台吉复攻辽沈,兵败,二百八十多人被斩俘,势衰。

【昆都仑歹成台吉】 见"青把都儿台吉"。(301页)

【昌术】 见"耶律合住"。(311页)

【昌裔】 见"萧匹敌"。(481页)

【昇寅】(? —1834) 清朝将领。字宾旭、晋斋。马佳氏。满洲镶黄旗人。初考授礼部七品小京官。累官副都御史。嘉庆二十一年(1816),授盛京礼部侍郎,署盛京将军。道光六年(1826),任热河都统。八年,为宁夏将军,历成都、绥远城将军。十一年(1831),授左都御史兼都统。十二年,署工部尚书。十四年,授礼部尚书。未至,卒于途,赠太子太保,谥勤直。著有《使喀尔喀纪程》。

【昂洪】(? —1633) 后金蒙古将领。科尔沁兀鲁特部人。博尔济吉特氏。明安子。天命七年(1622),随父归附努尔哈赤,授游击。十一年(1626),从征巴林、扎鲁特蒙古诸部。天聪五年(1631),从皇太极征明,攻大凌河,因功,升三等副将,赐号达尔汉和硕齐。

【昂吉儿】(? —1295) 又作昂吉。元朝将领。唐兀野蒲氏。张掖人。千户野蒲甘卜子。父死,领父军,从征诸地有功。至元六年(1269),授千户,从征蕲、黄、安庆等地。建议城信阳,以遏宋。九年(1272),升信阳军万户,从平章阿术南征有功,升淮西道宣慰使,奏请汰冗官,立屯田。迁河南行省、参知政事、淮西宣慰使都元帅,行省左丞、右丞,加龙虎卫上将军。谏止东侵日本,不被采纳,果无功而还。屡为直言,虽取怒世祖,其辞不屈。后竟以微过罪之。

【旻宁】(1782—1850) 清朝皇帝。1820—1850年在位,年号道光。满族。爱新觉罗氏。仁宗颙琰之子。在位期间,政治腐败,武备弛废,土地高度集中,不断激起人民反抗,各族人民起义此伏彼起,为缓和民族矛盾和阶级矛盾,曾准许旗人耕种盛京、畿辅田地。移吉林、奉天旗人于黑龙江双城堡耕垦。准八旗余丁出外谋生。六年(1826),派兵平定新疆张格尔叛乱。十八年(1838),英法侵略者输入鸦片,造成清政府白银外流,财政危机,人民贫困。次年,派湖广总督林则徐赴广东查禁鸦片。二十年(1840)鸦片战争爆发。他时主战主和,最后妥协投降,将林则徐革职。二十一年,命琦善与英侵略者谈判并签订《穿鼻条约》。沙角、大角炮台失守后,又决定对英宣战,派御前大臣奕山到广州主持战事,大败。二十二年(1842),派耆英、伊里布与英国代表璞鼎查在南京签订了丧权辱国的《南京条约》。二十四年(1844),与美国签订《望厦条约》,与法国签订《黄浦条约》。至此,西方资本主义打开了中国门户,使中国沦为半殖民地半封建社会。对内继续镇压各地反清运动,激起人民强烈反抗。三十年(1850)病死。庙号宣宗。

【罗生】 见"罗僧"。(351页)

【罗白】(? —1405) 明代云南鹤庆军民府宣化关巡检司土巡检。彝族。洪武十五年(1382),附明。十六年,总兵官署其为土巡检。十七年实授。

【罗盛】(635—712) 又作逻盛、逻晟、罗慎。唐代南诏第二世王。乌蛮。细奴逻之子。上元元年(674),父卒,嗣位。称兴宗王。武后(684—705年在位)时入朝,受赐锦袍金带。唐太极元年(712)卒,一说开元(713—741)初卒。子盛罗皮嗣位。庙号世宗。

【罗僧】 又作罗生。清代纳西族著名藏传佛教喇嘛。又名立相,俗姓和。云南丽江束河人。家道清贫,以编制竹器为业。后到福国寺当喇嘛,进藏学经有成就。回丽江后,向滇、川藏客富商募集资金,并得丽江府知府元展成捐助,于雍正五年(1727)在风景秀丽的刺是秣度山上建指云寺,当住持,并请福国寺具足法师当大喇嘛。被尊为指云寺开山祖师。对纳西族藏族宗教文化交流有积极影响。

【罗卜藏】 ①清代卫拉特蒙古辉特部台吉。伊克明安氏。初隶准噶尔,因不堪噶尔丹凌虐,于康熙二十八年(1689)随和硕特部台吉噶勒丹多尔济内附,被安置于阿拉善。次年,噶尔丹兵败乌兰布通,他从副都统阿南达设哨布隆吉尔及噶斯口。噶勒丹多尔济投附策妄阿拉布坦后,携属八百余归旧牧。清廷因其减,授辅国公号。令徙居喀尔喀札萨克图汗部。②清代卫拉特蒙古土尔扈特部贵族。巴木巴尔之父。雍正(1723—1735)年间,率属众东返,行至策木河,为哈萨克兵所阻,折回额济勒河(今伏尔加河)流域。③(?—1737)清朝将领。蒙古族。翁牛特部人。博尔济吉特氏。札萨克郡王鄂齐尔次子。初授三等台吉。康熙五十八年(1719),随喀尔喀镇国公策旺诺尔布驻屯索罗木,防御准噶尔部策妄阿喇布坦。五十九年,为前队,击准部大策凌敦多布于齐诺郭勒。从达穆河入藏,后留驻。六十年还,晋一等台吉,赐孔雀翎及黄马褂。雍正五年(1727),袭固山贝子。九年(1731),随军征准部噶尔丹策凌。从喀尔喀亲王策棱败大策凌敦多布于苏克阿勒达呼。十年,统昭乌达,哲里木兵二千,败小策凌敦多布于喀尔森齐老及额尔德尼昭。以功晋多罗贝勒。十一年,袭札萨克多罗杜棱郡王。④(?—1752)清朝将领。蒙古族。敖汉部人。博尔济吉特氏。衮布子。初授二等台吉。康熙五十年(1711),尚郡主,授和硕额驸。五十四年(1715),命乾清门行走。雍正四年(1726),晋一等台吉。七年(1729),封辅国公。九年(1731),随喀尔喀亲王额驸策棱,征准噶尔部噶尔丹策凌,授参赞大臣。十年,由克尔森齐老袭击准部军,破敌于额尔德尼昭,与将军塔尔岱追至推河,以功晋固山贝子。乾隆元年(1736),命御前行走。七年(1742),擢理藩院额外侍郎。八年,晋多罗贝勒。十三年(1748),署镶蓝旗蒙古都统。十五年(1750),授盟长,署喀尔喀定边左副将军。

【罗发先】(1848—1906或1907) 清光绪年间布依族起义首领。贵州平伐司(今龙里东南)人。布依族。为反抗清政府和法国天主教堂的压迫和剥削,于光绪三十三年(1907,一说三十二年),响应都匀内外套苗族吴朝俊杀洋人、反洋教起义,与苗、水、汉等族人民一起举行武装起义,提出"覆清灭洋"口号,围攻法国教堂和地主武装。后遭贵州巡抚庞鸿和天主教洋枪队镇压,英勇牺牲。

【罗秉忠】(?—1480) 原名罗俄领占。明朝将领。沙州卫都督金事。困即来子。父卒,兄喃哥袭职,本人被授予指挥使,协理沙州卫事。兄卒,升都指挥使,代领沙州卫众。正统十四年(1449),土木之变后,进都督金事,奉命率部南下贵州镇压苗族起义,升左都督。天顺(1457—1464)初,获赐姓名。因涉嫌曹钦反叛事,下狱,后自辩得释。成化元年(1465),以游击将军从尚书程信至四川永宁(今叙永县一带)镇压彝族反抗。四年(1468),封顺义伯。卒,谥荣壮。

【罗垒云端】(?—1767) 一译洛垒云端。清代卫拉特蒙古杜尔伯特部台吉。姓绰罗斯。鄂木布岱青和硕齐玄孙,达克巴第三子。乾隆十九年(1754),随辉特部台吉阿睦尔撒纳附清,授扎萨克固山贝子。二十年,从西路军征达瓦齐。卒,无嗣。众隶刚多尔济及额尔德尼。

【罗桑图托】 全称为桑日哇·罗桑图托。清代西藏地方政府官员。藏族。康熙八年(1669),任第三任第巴。曾与蒙古达赖汗遣兵击不丹,经札什伦布寺僧人与之谈判,始罢,重申明万历四十四年(1616)协议。九年,住持修缮小昭寺的经堂、围墙。执政期间,制定了政府官员、贵族按品级、资历的服饰等级及席位制度,称为"当仪阿库巴卓",于十一年(1672)正式颁布执行。同年,于大昭寺楼上为布达拉宫朗杰扎仑的僧众单独修建一所大殿。十四年(1675),还俗,妻乃东家族之女。五世达赖喇嘛罗桑嘉措令其辞第巴职,移居桑日庄园。

【罗桑称勒】(1849—1905) 清代藏传佛教高僧。生于青海南部孜雄的塘布多。又名称勒多吉。五岁被嘉木样晋美嘉措认定为绒布法王转世,赐名罗桑称勒丹巴嘉措。六岁拜丹巴活佛为启蒙师,于拉卜楞寺坐床。从格西土登塔耶习修显、密经典。八岁受沙弥戒。十一岁至二十四岁学完五部大论,于该寺从阿旺曲培受具足戒。后任四川贡萨寺住持,任内,建经院和禅院,弘扬佛法。曾游历西藏、蒙古等地区,广建佛像、佛塔,讲经授法,成为博学多识的学者。光绪三十一年(1905)圆寂于贡萨寺。

【罗桑益西】(1663—1737) 即五世班禅。清代藏传佛教格鲁派(黄教)领袖。藏族。生于后藏托嘉竹仓。索朗旺扎之子。四岁被迎至扎什伦布寺,拥登法座,拜格西罗丹为师。十岁能写作。十六岁到拉萨,承五世达赖罗桑嘉措授沙弥戒,赐名罗桑益西,受大威德金刚灌顶,返扎什伦布寺就大法台,宣释经义。同年再赴拉萨,在达赖座前聆听法要,拜噶觉苏朗为大经师,益得深造。康熙二十年(1681),广结法缘,加修庙宇。二十四年(1685),从多吉尊巴受灌顶,从根却吉村受比丘大戒。二十七年(1688)、三十三年(1694),两次受清廷诏谕入京弘法,因未出疫均未成行。三十六年(1697),在朗卡子宗主持认定六世达赖,为之授沙弥戒,赐法名罗桑仁钦仓央嘉措。六世达赖被废,卒于解送北京途中,遂又为拉藏汗所立意希嘉措授戒,命名。五十二年(1713),清康熙帝封其为"班禅额尔德尼",赐金册金印,受命助拉藏汗管理西藏事务。自是,"额尔德尼"正式成为历代班禅的称号。五十六年(1717),蒙古准噶尔部首领策旺阿拉布坦侵扰西藏,为防止和缓对准军的破坏,他亲临拉萨调处,未果,返后藏扎什伦布寺。五十九年(1720),赴布达拉,为七世达赖授沙弥戒与比丘戒,赐名。雍正六年(1728),以调解卫藏两军冲突有功,受命治理后藏拉孜、昂仁、彭错林等地。选派显密皆通者入京弘法。勤奋著作,广度僧伽,受比丘戒者一万六千余人,受沙弥戒者一万三千余人,善知识者四百余人。乾隆二年(1737)圆寂,灵骨存于扎什伦布寺。

【罗卜藏车凌】 一译罗卜藏策楞。清代卫拉特蒙古和硕特台吉。昆都伦乌巴什裔,准噶尔部首领*噶尔丹策零妹夫(一说姐夫)。初隶准噶尔。雍正九年(1731),因不满噶尔丹策零统治,与避居准噶尔之青海罗卜藏丹津谋叛。事觉,惧被惩,领兵万人欲逃土尔扈特,被擒执(一说逃入布鲁特后病故)。妻被迫配辉特台吉卫征和硕齐。

【罗卜藏扎什】(?—1750) 清代西藏地方政府官员。藏族。曾任卓尼各官员,附郡王珠尔默特那木扎勒。乾隆十五年(1750),珠尔默特那木扎勒以谋叛罪。被驻藏大臣傅清等杀死后,聚众围攻,焚烧驻藏大臣衙门,枪杀劝其停止暴行的热振寺主赤钦多吉和在藏的汉族人员。七世达赖喇嘛格桑嘉措暂任诺门罕班智达处理政务,将其逮捕处死。

【罗卜藏丹巴】 ①清代后藏扎什伦布寺喇嘛。藏族。乾隆五十六年(1791),廓尔喀侵掠扎什伦布寺。他借占卜之词惑众,妄称神言不宜抗敌,使喇嘛不思竭力守御,相率离去,致使扎什伦布寺被劫。后于众噶伦、各大寺喇嘛前处决。②清代藏传佛教僧人。藏族。任甘丹寺甘丹赤巴。宣统二年(1910),由于帝国主义挑拨,十三世达赖喇嘛离藏出走印度后,驻藏大臣联豫奉诏夺达赖喇嘛名号,委任其代理商上一切事宜,赏诺门罕名号,另寻灵童。

【罗卜藏丹忠】 清代西藏喇嘛僧。藏族。康熙五十六年(1717),准噶尔部策妄阿拉布坦遣大策凌敦多布扰据西藏,应聘往准噶尔地区布教。乾隆八年(1743),噶尔丹策零遣吹纳木克等进藏礼佛,随队返归。清廷恐其在藏生事,令驻藏副都统索拜押送京师。中途遁,后复被执。

【罗卜藏丹津】(1692—?) 清代卫拉特蒙古和硕特部台吉。清和硕亲王*达什巴图尔子。康熙五十三年(1714),袭父位。五十九年(1720),随清军进藏驱逐准噶尔军。九月十五日,七世达赖喇嘛格桑嘉错于拉萨正式举行坐床典礼后,他以青海及西藏旧皆和硕特属,己乃固始汗嫡孙,谋据西藏以遥制青海。因清廷未令其掌管藏政,而以拉藏汗旧臣康济鼐治前藏,台吉颇罗鼐理后藏,遂怀怨。雍正元年(1723),诱诸部盟于察罕托罗海,令各仍故号,不得复称清所封王、贝勒、贝子、公等封号,自称"达赖混台吉",揭起反清旗帜。因亲王察罕丹津、郡王额尔德尼额尔克托克托鼐洞察其谋,并拒绝参与叛乱,遂举兵往击。拒清廷劝和,因禁清使常寿于军中,并遣兵分掠西宁之南川、西川、北川等地。西宁附近寺院纷起响应。遭清川陕总督年羹尧、四川提督岳钟琪及富宁安等数路军袭击,进藏道路受阻,与策妄阿拉布坦联系断绝,溃败。雍正二年(1724)二月八日,遭清军三路追击,母阿勒泰喀屯、妹夫格勒克、济农藏巴济卜、吹克凌诺木齐等被俘,本人遁逃准噶尔。乾隆二十年(1755),清军平定伊犁时被俘。获宥,令居京"不许擅出"。其二子编入正黄旗蒙古,分授蓝翎侍卫。

【罗卜藏丹增】 又作罗卜藏扎尔桑、洛桑丹增。清代卫拉特蒙古土尔扈特部著名大喇嘛。土尔扈特部最古老的喇嘛庙——昂嘉库伦之第七任住持,扎尔固八成员之一。以其宗教上的特殊地位,成为渥巴锡领导土尔扈特东返斗争的重要助手,乾隆三十五年(1770)秋,参加渥巴锡在维特梁卡(今苏联阿斯特拉罕省叶诺塔耶夫斯克以北)召开的会议,决策东返。乾隆三十六年(1771)九月,随渥巴锡入觐于承德,受礼遇,以其宗教地位,深受乾隆尊重,普陀宗乘庙落成时,受命瞻礼。按四等台吉例,赏银二百两以示嘉奖。入觐结束时,请求随章嘉呼图克图留居京师,获准,自是,不再过问世俗凡事。其住持的昂嘉庙,在19世纪末巴伦台(新疆维吾尔自治区和静县境内)黄庙建成前,一直是土尔扈特蒙古中影响最大的喇嘛庙。死后,由昂嘉喇嘛罗卜藏西里文继任住持。

【罗卜藏衮布】 ①(?—1707)清朝蒙古王公。喀尔喀部人,博尔济吉特氏。衮布伊勒登长子。康熙四年(1665),与弟达尔玛达喇等率众投附清朝,授二等台吉。二十一年(1682),父卒,袭札萨克多罗贝勒。二十九年(1690),以准噶尔部噶尔丹扰喀尔喀各部,受命备兵巡地,侦御噶尔丹。三十五年(1696),奉命率本部兵随军征噶尔丹。②见"罗卜藏衮布阿喇布坦"。(356页)

【罗卜藏诺颜】 清代卫拉特蒙古土尔扈特部贵族。*和鄂尔勒克第三子。随父徙牧额济勒河(今伏尔加河)。顺治二年(1645),与兄伊勒登诺颜代表土尔扈特与俄国使者库德里亚佛夫谈判,拒绝俄方提出要土尔扈特加入俄国籍的要求。三年,与兄书库尔岱青联名随青海和硕特部首领固实汗向清廷进表贡。十四年(1657),与子多尔济遣使沙克锡毕特、达尔汉乌巴什等向清廷贡驼马二百余,并获准携马千匹,至归化城贸易。

【罗卜藏喇什】(?—1738) 清朝蒙古王公。科尔沁部人。博尔济吉特氏。岱布次子。康熙五十五年(1716),袭札萨克多罗郡王。雍正九年(1731),随军征噶尔丹策凌。十年,败小策凌敦多卜于乌逊珠尔及鄂尔浑河畔之额尔德尼昭。

【罗卜藏舒努】(?—约1735) 又译罗卜藏索诺、罗卜藏素诺、罗卜藏硕诺等,或简称舒努、硕诺。清代卫拉特蒙古准噶尔部台吉。*策妄阿拉布坦次子,*噶尔丹策零异母弟。康熙末年,因被诬与拉藏汗子噶尔丹衷谋逃内地,被囚伊犁三年。嗣后,父遣兵侵袭西藏。清尚书富宁安等领兵进击乌鲁木齐等地,受命领兵往御哈萨克。雍正初,闻父兄欲擒己,逃入哈萨克。继至伏尔加河土尔扈特部。雍正八年(1730)左右,遣人致书噶尔丹策零,要求释放被俘哈萨克、布鲁特人,交还其部众,并分配父遗产。九年,当清廷遣副都统满泰、阿斯海等探访土尔扈特部时,亲向使团人员倾诉对噶尔丹策零的不满,要求清廷拨给兵丁,与噶尔丹策零决战。死于伏尔加河土尔扈特部。

【罗卜藏察罕】(?—1742) 清代卫拉特蒙古和硕

特部台吉。姓博尔济吉特。*固始汗四世孙,纳木扎勒子。康熙五十年(1711),袭父多罗贝勒爵。雍正元年(1723),附罗卜藏丹津反清,偕阿喇布坦、巴勒珠尔阿喇布坦掠青海诸台吉牧。后闻清军将至,率族台吉衮布色布腾、纳罕伊什反正,被置于西宁口外,削多罗贝勒爵。越一年,令仍领众游牧,授扎萨克一等台吉。六年(1728),奉命进京朝觐,晋辅国公。

【罗布桑却丹】(1873—?) 清末蒙古族学者。内蒙古卓索图盟喀喇沁左旗人。因家贫,无资入学,刻苦自学,勤学好问,终于掌握蒙文。以寒门子弟破格擢用为"苏木章京"。光绪二十至二十三年(1894—1897),被派往哲里木盟各旗查丁造册,调查徙居该地的家户、人丁。二十三年,弃官,赴北京拜僧为师,虚心求教,经过四年的苦心钻研,又掌握了汉、满、藏三种文字。光绪二十八年(1902),在理藩院应试,成绩优异,授"四种语言国师"(翻译学位)职称。用三年多时间写出著名的《蒙古风俗鉴》一书。

【罗藏拉卜坦】(?—1679) 清代青海地区藏传佛教活佛。生于青海东川土官庄(今海东地区互助土族自治县)。著名的李土司后裔。在郭隆寺(佑宁寺)为僧,称土官呼图克图,后改为土观活佛。即土观呼图克图一世。康熙十一年(1672),为郭隆寺法台。该寺原设显宗,他与章嘉一世设密宗,使郭隆寺成为显密双修的寺院。

【罗卜藏车布登】(?—1744) 清朝将领。蒙古族。喀喇沁部人。乌梁罕氏。杜棱郡王色棱长子。雍正九年(1731),清军征准噶尔部噶尔丹策凌,奉命率所部兵屯张家口外,封辅国公。十年,与喀尔喀亲王额驸策楞等击准噶尔于额尔德尼昭。十一年,赐双眼孔雀翎。

【罗卜藏达尔扎】(?—1767) 清代卫拉特蒙古土尔扈特部贵族。阿喇布珠尔孙,丹忠之子。清乾隆五年(1740),袭多罗贝勒,因年幼由理藩院遣官代理。二十四年(1759),主持部务。三十二年(1767)卒,子旺扎勒车凌袭。

【罗卜藏多尔济】(?—1783) 卫拉特蒙古和硕特部台吉。清多罗郡王额驸阿宝次子。清乾隆四年(1739),袭父爵。十五年(1750),尚郡主,授多罗额驸。二十一年(1756),和托辉特部青衮札卜叛应阿睦尔撒纳,率所部兵二千赴清军营效力,驻巴里坤。侦悉阿睦尔撒纳由博罗塔拉溃窜阿卜克特,与副参统爱隆阿等分道驰击。擒辉特台吉巴雅尔。以功晋封郡王,授参赞大臣。二十三年(1758),从定边右副将军车布登札布追击噶勒杂特宰桑哈萨克锡喇、布库察罕,抵和落霍斯、哈鲁勒托罗海等地,于库陇癸岭获喀喇沁鄂拓克宰桑恩克图,以功赐双眼花翎。二十四年,献羊五千助清军讨大小和卓木。诏图形紫光阁。三十年(1765),封和硕亲王。

【罗卜藏锡喇布】(?—1781) 清朝蒙古王公。敖汉部人。郡王鄂勒斋图第三子。初授二等台吉。雍正七年(1729),尚县君,授固山额驸。九年(1731),命乾清门行走。乾隆十四年(1749),命御前行走。十九年(1754),赐公品级。二十四年(1759),封辅国公。二十九年(1764),授副盟长。三十年,晋盟长。三十一年,擢理藩院额外侍郎。三十三(1768),晋镇国公。四十年(1775),晋固山贝子。

【罗卜藏额璘沁】(?—1693) 又译罗卜藏额琳沁、罗卜藏林辰。清代卫拉特蒙古准噶尔部台吉。*巴图尔珲台吉弟楚琥尔乌巴什第五子。康熙十五年(1676),遭噶尔丹侵掠,与父同被执。二十八年(1689),乘噶尔丹出攻喀尔喀之机,率旧部千余人内附,与侄罕都一起驻牧阿拉善。三十年(1691),因拒绝徙牧归化城,随和啰理遁逃。遭清将军孙思克追击,走哈密。后与罕都等于嘉峪关外纵兵劫袭清使员外郎马迪,被青海台吉额尔德尼纳木扎勒击败,走死于甘肃大草滩。

【罗布桑旺札勒】 清代蒙古族著名僧人。曾到青海塔尔寺拜松巴堪布为师。后返内蒙古,为乌素图召第三代活佛。雍正三年(1725),主持建两寺:一名罗汉寺,内塑有十八罗汉像,塑工精巧,形态逼真;一为法禧寺,是汉藏混合建筑形式,内藏有松巴堪布著作雕版,共三千四百五十五块,包括经、律、论、医、算等内容。他不仅熟悉经典,还擅长医术。

【罗布藏敦珠布】 清代藏传佛教僧人。六世班禅弟子。藏族。乾隆四十五年(1780),六世班禅罗桑贝丹意希入京朝觐,清帝于热河仿扎什伦布寺,特建须弥福寿寺(又称扎什伦布寺),为班禅驻地,班禅委其为该寺堪布。当班禅舍利金龛归藏后,他领徒众二十余人主持该寺,向内地喇嘛百余人传授经典、戒律。

【罗顿多吉旺秋】 宋代藏传佛教名僧。佛教后宏期首创人拉勤贡巴饶塞十弟子之一。十一世纪后藏人。学法有成,于今后藏夏鲁寺地建坚公寺,以弘扬佛教。因初无僧,内只有空立木梯,故又称坚公齐东囊东寺。后从罗顿多吉旺秋出家为僧,是为娘麦地区尼玛坚公寺的第一位僧人,也是后藏后宏期最早出家人之一。由是寺宇闻名,后世克什米尔著名班钦大师及萨班衮嘎坚赞均到此瞻仰朝拜。萨班在此出家受戒时之洗头石锅今日犹存。

【罗桑贝丹意希】(1738—1780) 即六世班禅。清代藏传佛教格鲁派(黄教)领袖。藏族。生于西藏日喀则香昌札希孜。幼时喜玩法器,痛恶烟酒,手持书卷,被七世达赖认定为前辈班禅之转世灵童。乾隆五年(1740)六月初四,被迎入扎什伦布寺,拜七世达赖为师学经。七岁受沙弥戒,法名班禅罗桑贝丹意希。二十岁受比丘大戒。二十二岁在布达拉措钦大殿得章嘉大师亲授时轮金刚大灌顶。三十年(1765),清帝赐以金册、金印。四十四年(1779)六月,率三大堪布及高僧百余人,首途晋京。次年七月至热河(今河北承德),于避暑山庄庆贺高宗七十寿辰。清高宗曾特地为其在热河仿扎什伦布寺修建须弥福寿宫。后至京,居于西黄寺,曾于雍和宫、黄寺等地讲经传戒。是年,颁赐玉印玉册。十一月初一,患痘疾,于黄寺圆寂。高宗命于黄寺内以赤金制班禅肖像一尊,又赐赤金七千两造金塔一座,以供佛身，高宗亲临致祭。四十六年，由各大堪布扶灵回藏，皇帝亲往送祭。于扎什伦布寺新建楼阁，制大银塔一座，内装乾隆所赐赤金宝塔，永资供养。四十七年，诏命于黄寺之西，建清净化城塔，藏其经咒衣履，并立碑，刻高宗御制塔记。其内地之行，对巩固祖国统一、民族团结具有重大意义。

【罗桑却吉坚赞】(1567—1662) 即四世班禅。明末清初藏传佛教格鲁派（黄教）领袖。藏族。后藏西部兰周甲人。差巴本仓策忍之子。初名曲结巴丹桑布。五岁即能诵多种经卷。十三岁到安贡寺出家为僧，拜克珠桑结益西为师，受沙弥戒，法名罗桑曲结坚赞，并受灌顶。十四岁任安贡寺墀巴。明万历十六年(1588)，拜大堪布班青当秋亚白等为师，受比丘戒。次年赴拉萨朝拜释迦佛，并与诸大德辩论，得大慧名。从上师青饶汪修等受时轮、长寿佛、大灌顶等，从桑结嘉措聆听四系诸法。二十九年(1601)，回扎什伦布寺坐床，就任第十六任大法台，阐扬黄教，整饬僧纪，扩建扎什伦布寺等。到拉萨哲蚌寺为四世达赖传授诸大灌顶及比丘戒。四十四年(1616)，四世达赖卒，复至拉萨，兼色拉、哲蚌两大寺主，周游各寺，访诸大德，研究经典，精通五明，主持写《甘珠尔》大藏三部，剃度僧侣，塑像造寺。受藏巴汗之请，寻认五世达赖灵童，迎至哲蚌寺为其剃度，授法戒。倡议联合蒙古和硕特部固始汗，并与五世达赖、固始汗共同遣使朝清。清顺治二年(1645)，固始汗授予"班禅博克多"尊号，是为班禅名号之始。四年(1647)，与达赖遣使贡于清，清帝封之为"金刚大师"。五年，清帝请其与五世达赖进京。九年(1652)，欢送五世达赖赴京。一生为巩固西藏与中央的关系，稳定西藏政局起了重大作用。康熙元年(1662)，圆寂于扎什伦布寺。

【罗藏丹森讲索】(1878—1888) 清代内蒙古地区藏传佛教格鲁派最大活佛——章嘉呼图克图五世。加佛教传说的十三位先世，亦称第十八世。父名阿朗萨松、母名闸朗孟。生于西宁之多隆基地方。光绪七年(1881)，由西宁钦差大臣及第四世章嘉之弟子等选定为转世灵童。翌年在雍和宫金瓶掣定为章嘉五世。九年，以大金刚教海喇嘛为师，修习经典，受小戒。十年，从噶隆匝伯特耶丹萨喇嘛受比丘戒。十二年，奉旨到京，谒见光绪帝，命驻锡京畿、修习经典。十三年，至多伦善因、汇宗二寺诵经。旋赴五台山镇海寺礼拜先世塔院。十四年，应多伦各仓喇嘛之请，抵多伦，受到内蒙古四十九旗、外蒙古五十七旗王公、贝子、札萨克及哲布尊丹巴之代表等三万余人的盛大欢迎。不久，在多伦善因寺入寂。遵其遗嘱，供龛座于五台山镇海寺。

【罗卜藏扎木巴拉】 清代藏传佛教僧人。藏族。西藏普宁寺堪布。哲布尊丹巴呼图克图三世身边之堪布诺门罕扎木巴勒多尔济等，因私向俄罗斯贸易，被勒令赴京后，他以通晓经典，于乾隆三十年(1765)被谕旨遣往库伦，赏诺门罕名号，教习哲布尊丹巴勤学经典，慎守戒律。

【罗卜藏凯木楚克】 八世达赖喇嘛强白嘉措之堪布。藏族。乾隆五十六年(1791)，奏报：扎什伦布寺仲巴呼图克图于廓尔喀侵掠之前，已将财产转移，该寺喇嘛借占卜之词谓不能抗敌，众心惑乱，相率散去，不复守御，致使廓尔喀占据扎什伦布寺。后被委任为扎什伦布寺之商卓特巴，安抚民众，清查资财。

【罗布增苏勒和木】 清代蒙医药物学家。18世纪察哈尔人。通蒙、藏文，精通蒙医药物。以藏文写有数种医学著作：《认药学》（藏文名《满乌西吉德》），全书四册，即"珠宝、土、石类认药学"、"木、汤、滋补类认药学"、"草类认药学"、"盐、灰、动物产品认药学"。药物按类分成十篇，描述药物的形态，为认药、采药及研究药物提供了依据。全书共148页，以木刻版印行；《油剂制法》（藏文名《巴斯满玛扎苏勒》），内容包括奶油药制法、疟疾和梅毒之医治、皮肤病种类、种牛痘法等，并辑录金丹等汉医验方，全书16页，为木刻本；《脉诊概要》（藏文名《扎达嘎苏勒道兑》），以脉诊为主要内容，并叙及放血的脉络穴位，全书26页，为木刻本。

【罗布藏丹彬多密】 见"哲布尊丹巴呼图克图二世"。(448页)

【罗布藏班垫坚参】 清代藏传佛教格鲁派活佛。西藏七世济龙呼图克图，又称达擦济龙呼图克图。驻济龙寺（又称功德林寺，汉名卫藏永安寺），属哲蚌寺果芒扎仓，为出任西藏摄政王四大呼图克图之一。生于喀木之类伍齐的拉喀色尔地方。奉旨入京，高宗赐以呼图克图名号，赐银印及黄车等物。五十一岁在京圆寂。

【罗卜藏根敦扎克巴】 清代西藏贵族。藏族。八世达赖喇嘛*强白嘉措兄弟。恃势肆行舞弊，占人地亩，崇红教喇嘛，轻视第穆呼图克图、济咙呼图克图，亏缺达赖喇嘛商上物件，对来藏熬茶者应得之费亦减半发放，故于乾隆五十五年(1790)，被勒令来京。次年，以廓尔喀第二次侵藏，奉令回藏，仍随达赖喇嘛居住，以资奉侍，但不令其管事。同年，向军机大臣供认：沙玛尔巴、噶伦丹津班珠尔等与廓尔喀议定，许以每年付三百元宝，廓尔喀退出所占之地。

【罗卜藏称勒拉木结】(？—1864) 清代西藏地方政府官员。藏族。受命办理达赖喇嘛商上事务。嘉庆八年(1803)，任总堪布。后因随同垲征呼图克图滋事，经大臣满庆奏参革职，候审。同治二年(1863)，色拉寺喇嘛持械将其抢回，满庆虽屡谕其归案，皆抗命不遵，遂派兵缉拿，他自知不敌，于三年(1864)，由色拉寺携带徒众夜逃，身亡。

【罗桑图旦久美嘉措】(1792—1855) 即嘉木样呼图克图三世。清代藏传佛教格鲁派活佛。青海同仁县保安旗人。仁钦嘉子。被土观活佛认定为嘉木样二世转世灵童，由达赖、班禅主持，嘉庆皇帝派员参加，在拉萨大昭寺经金瓶掣签，确定为三世嘉木样。嘉庆三年(1798)正月，迎至拉卜楞寺，从土观呼图克图洛桑却吉尼玛受戒，取法号罗桑图旦久美嘉措。拜拉然巴洛桑旦增为师，学习藏文。十一年(1806)，从贡唐·贡却丹贝卓美受沙弥戒。十六年(1811),赴拉萨入哲蚌寺郭莽学院学经。十九年(1814),赴后藏,由七世班禅洛桑丹贝尼玛授比丘戒。次年返回拉卜楞寺,任法台,改革寺院戒律。道光皇帝赐以"扶法禅师"称号。咸丰二年(1852),任塔尔寺法台。由于闭门静修,寺庙大权落在各活佛手中,一些活佛拥有属寺、属民、土地和财产。他一生不穿新衣,不用金银器具。五年(1855),嘱委贡唐仓呼图克图任总法台,火你藏仓呼图克图任摄政。九月圆寂。

【罗卜藏青饶汪曲结布】(?—1872) 清代西藏地方政府官员。藏族。受命办理达赖喇嘛商上事务。同治三年(1864),接任协理商上事务诺门罕汪曲结布之职。办事谨慎,为僧众所钦服,赐诺门罕名号。达赖喇嘛接任后,撤封号。后赏呼图克图名号。奏请自十二世达赖喇嘛免赴京更换金册。十一年(1872),廓尔喀由藏边界聂拉木撤出后,遵大臣德泰命,整顿边防事务,妥拟章程。同年卒,奉旨准其转世。

【罗卜藏图巴坦旺舒克】 见"哲布尊丹巴呼图克图四世"。(449 页)

【罗卜藏衮布阿喇布坦】(?—1689) 又作罗卜藏古木布阿喇布坦、罗卜藏衮布。清代卫拉特蒙古和硕特部台吉。*鄂齐尔图汗孙。康熙十六年(1677),鄂齐尔图被噶尔丹杀害后,率众遁居青海,恳请清廷赐居甘肃龙头山。清以龙头山为内地兵民耕牧之所,未获允。乃徙居布隆吉尔,娶喀尔喀土谢图汗察珲多尔济之女。二十四年(1685),因从叔父和罗哩请清廷赐敕印,钤部众,敕与和罗哩同牧于阿拉克山阴。次年,达赖喇嘛使与清使拉都琥往勘,确定游牧界。姊阿努携兵千人赴藏,虑其袭,未立即徙牧。二十七年(1688),噶尔丹引兵侵喀尔喀,欲率众往助土谢图汗察珲多尔济,会清廷已谕令噶尔丹罢兵,遂作罢,撤回牧地。旋卒。

【罗布藏益喜丹巴饶结】(1759—1816) 又称洛桑盖敦巴。清代西藏热振寺二世(一作七世)呼图克图。亦称垆征阿齐图诺门罕和锡德林活佛。为出任西藏摄政王四大呼图克图之一。出生于里塘。乾隆二十五年(1760),赏"诺门罕"名号和印信。主持改修旺征寺,经章嘉呼图克图奏请理藩院,赐名"凝禧寺"及匾额一道。

【罗布桑楚勒乡木济克默特】 见"哲布尊丹巴呼图克图五世"。(449 页)

【迪子】 见"耶律题子"。(322 页)

【迪古乃】 ①见"完颜亮"。(247 页)②见"完颜忠"。(246 页)

【迪里古】 见"萧敌鲁"。(486 页)

【迪辇阿不】 见"萧拱"。(479 页)

【迪辇俎里】 又作迪辇祖里、迪辇组里。唐赐名李怀秀,又作李怀节。唐代契丹遥辇氏部落联盟首领。玄宗开元二十三年(735),在联盟军事首领涅里主持下,由部众推举为联盟首领,称"阻午可汗"。行"柴册仪",燔柴祭日就职。然实权操于"夷离堇"涅里之手。在位初期与唐关系良好。是年底,遣使赴唐。天宝二年(743),又遣刺史等八十人赴唐。四年(745)三月,受唐赐名,领松漠都督,封崇顺王,尚静乐公主。九月,因新任营州都督安禄山的挑衅,杀静乐公主,叛唐,投附突厥。

【罔氏】 党项夏州政权统治者*李继迁母,银州防御使*李光俨妻。宋乾德元年(963)二月,与光俨游于无定河,生子李继迁。雍熙元年(984),继迁逃匿地斤泽,抗宋自立,九月,被宋知夏州尹宪、都巡检曹光实袭破,逃走,罔氏被获。淳化二年(991)七月,继迁伪降宋,授银州观察使,赐姓名赵保吉。封其为西河郡太夫人,留居京师。五年(994),因继迁复叛宋,被羁于延州,参政寇准请斩其于保安军北门,以儆凶逆。宰相吕端主张安置于延州,善视之,以招降继迁。后病死于延州。

【罔萌讹】 西夏国大臣。党项族。知书,侍惠宗李秉常母梁太后。秉常年幼继位,太后专权,与国相梁乙埋居中用事。数劝梁太后进攻宋朝。夏乾道元年(1068)二月,夏人李崇贵与韩道喜杀宋朝保安军知军杨定,宋索凶手,他谋隐匿,不成,被梁乙埋执献,故有隙。十一月,向梁太后献策,以宋朝降人景询易投宋之夏臣嵬名山,不得。二年十月,受遣与宋使定地界。十二月,请遣使至辽求印绶,未果。天赐礼盛国庆元年(1069),受命使宋贺正旦,诣延州,不至而还。大安七年(1081),以夏将李清劝秉常以河南地归宋,与宋议和,梁太后与其设计诱杀李清,囚禁秉常,与梁乙埋等聚集人马,斩断河梁,封锁消息。使皇族与后族的争权斗争更趋激化。

【国留】 见"耶律国留"。(314 页)

【固穆】 ①(?—1643)后金将领。蒙古族。郭尔罗斯部人。博尔济吉特氏。天聪七年(1633),朝后金,献驼马。八年,从征明,入上方堡,由宣府攻朔州。崇德元年(1636),封札萨克辅国公。二年随承政尼堪由朝鲜进征瓦尔喀,至吉木海,败平壤巡抚、安州总兵及安边道援兵。三年,随军攻明,由义州进围中后所。②(?—1674)清朝将领。蒙古族。土默特部人。博尔济吉特氏。*成吉思汗后裔,鄂木布楚琥尔子。崇德四年(1639),嗣札萨克。六年(1641),随军征明,围锦州,败总督洪承畴援兵。八年(1643),遣属布达尔从征明。顺治三年(1646),从追苏尼特叛人腾机思。五年(1648),封镇国公,康熙二年(1663),晋固山贝子。

【固木布】 见"衮布"。(466 页)

【固始汗】(1582—1655) 又译顾实汗,皆"国师"之音译。名图鲁拜琥。明末清初卫拉特蒙古和硕特部首领。卫拉特汗哈尼诺颜洪果尔第四子。以勇武著称。据《青海史》载,明万历二十二年(1594),年仅十三岁,率军击败俄伽浩特(一说指头缠白布信仰伊斯兰教部众的城市)之四万士兵,占据今巴里坤、乌鲁木齐一带。三十四年(1606),因调解平息卫拉特与喀尔喀战事有功,备受推重,被东科尔呼图克图授以"大国师"称号。自万历三十四年至崇祯九年(1606—1636),率所部与杜尔伯特首领达赖台吉游牧于恩巴河和喀拉库木河一带,后转至额尔齐斯河支流托波河流域。崇祯七年(1634)冬,与巴图尔珲台吉发动对哈萨克远征,获胜。九年(1636),遣使至盛京贡马匹、方物。同年,为避免内部冲突及另寻新牧地,应西藏班禅罗桑却吉坚赞、第巴索南饶丹之请,与巴图尔珲台吉联兵进军青海,从塔尔巴哈台经伊犁和塔里木盆地,于翌年抵青海,击败却图汗,据其地。十一年(1638),至拉萨会见达赖五世和班禅四世,获"顾实·丹增曲结"("国师·持教法王",或作"丹津却吉甲波",意"佛教护法王")尊号。蒙语又称为"顾实·诺门汗"("国师·护法汗")。十三年(1640),攻灭康区白利土司顿丹多吉。同年出席蒙古领主大会,参加制定《蒙古卫拉特法典》。翌年,兴兵入后藏。十五年(1642),灭藏巴汗,掌握西藏地方政权,命长子达延鄂尔齐汗驻守拉萨。扶持黄教,以前后藏之税收奉献五世达赖作为寺院费用。除日常政务由其控制的第巴索南饶丹料理外,西藏高级官员均由其委任,并制定"十三法律",新添噶伦达本等官职,健全西藏地方行政机构,直接控制西藏军队。严厉镇压藏巴汗拥护者之反抗,牢固掌握青、藏地方政权,以黄教护法王自居。屡遣使与清廷联系。顺治三年(1646),与卫拉特务部首领二十二人联名奉表贡,清廷赐以甲胄弓矢,命其统辖诸部。十年(1653),受封为"遵行文义敏慧固始汗"。后病故于拉萨。对巩固西藏地方和清中央政权的关系起一定作用。

【固木札布】 一译衮布。清代卫拉特蒙古辉特部台吉。姓伊克明安。乾隆十九年(1754),率众随辉特部台吉阿睦尔撒纳附清,授扎萨克辅国公,驻牧塔密尔。二十一年(1756),因追随阿睦尔撒纳反清,被擒执。

【固尔玛珲】(1615—1681) 又作固尔玛晖。清初将领。满族,爱新觉罗氏。*舒尔哈齐孙,*阿敏第三子。崇德三年(1638),随睿亲王多尔衮征明,由北京入山西,东取济南,连下四十余城。四年,因功封辅国公。五年,以父阿敏罪,削爵,黜宗室。顺治五年(1648),复入宗室,封辅国公。六年,随郑亲王济尔哈朗征湖广。擒何腾蛟于湘潭,取永兴。以功晋固山贝子。康熙二十年(1681)十月卒,谥温简。

【固噜扎布】 ①(?—1691)清朝蒙古王公。喀尔喀车臣汗部人。博尔济吉特氏。丹津子。初号额尔德尼台吉。驻牧克鲁伦河南鄂罗赖。康熙二十七年(1688),随母达吉纳哈屯归清,附牧于乌珠穆沁界外哈尔吉勒岱喀喇瀚海。康熙三十年(1691),至多伦诺尔会盟,授扎萨克一等台吉。②(?—1829)清朝蒙古王公。郭尔罗斯部人。锡喇博第子。乾隆四十二年(1777),袭扎萨克镇国公,任副盟长。嘉庆十九年(1814),以站丁与本地毗连,杂处,于种地、牧马不便为由,呈请划定蒙古地土与站丁地土界址,被革副盟长职,逐出乾清门。道光二年(1822),复命御前行走。

【固噜什喜】(?—1705) 清朝蒙古王公。喀尔喀土谢图汗部人。博尔济吉特氏。索诺木子。号墨尔根诺颜,掌喀尔喀左翼一旗,为八札萨克之一。康熙二十一年(1682),受清赐给冠服佩带弓刀器币。二十二年,请定游牧界,规定不越过噶尔拜瀚海。二十七年(1688),以准噶尔部噶尔丹扰掠喀尔喀,与弟达什等随土谢图汗察珲多尔济南下投清,赐牧四子部落界外洪果尔。二十八年,授济农,仅次于三汗。二十九年,遣兵随侍郎温达赴土拉河侦噶勒丹。三十年正月,以噶尔丹谋掠该部,奉清命,迁牧近内汛。四月,至多伦诺尔会盟,封多罗郡王,仍兼札萨克,掌喀尔喀土谢图汗部左翼中旗。十月备兵御厄鲁特。三十五年(1696),噶尔丹兵败后,遗属阿玉什偕札萨克图汗部亲王策旺扎布谕令准部台吉阿喇布坦速降。

【固噜思奇布】(?—1658) 清初将领。蒙古族。喀喇沁部人。乌梁罕(兀良合)氏。元臣*者勒蔑(济拉玛)十五世孙。苏布地子。天聪八年(1634),从征明,入得胜堡,攻大同。并向皇太极献驼马。九年正月,所部编佐领,授札萨克,掌右翼。五月从征明,略平鲁卫。崇德元年(1636),封固山贝子,赐多罗杜棱号。三年(1638),随郑亲王济尔哈朗攻明前屯卫及宁远。五年(1640),赐仪仗。六年,从围锦州,败总督祖承畴援兵。继与都统谭泰等进围蓟州(治今河北蓟县),败明总兵白腾蛟、白广恩,继下山东。次年,败明总兵唐通于螺山。顺治七年(1650),晋多罗杜棱贝勒。

【固穆巴图尔】(?—1664) 清初蒙古王公。茂明安部人。博尔济吉特氏。锡喇奇塔特次子。崇德元年(1636),随车根归附清朝。三年(1638),从睿亲王多尔衮征明,破太监高之潜军,至山东,克济南。顺治三年(1646),从豫亲王多铎追击苏尼特部腾机思,败喀尔喀土谢图汗、车臣汗援兵。五年(1648),叙功封辅国公。七年,晋多罗贝勒。

【固帮干札拉参】 见"棍噶札勒参"。(528页)

【固实彻辰绰尔济】 见"伊拉古克三呼图克图"。(152页)

【图巴】 ①(?—1656)清初蒙古乌喇特部首领。博尔济吉特氏。*成吉思汗弟*合撒儿(哈布图哈萨尔)十八世孙。哈尼泰冰图台吉第五子。号额尔赫台吉。天聪八年(1634,一说七年)与桑阿尔斋向后金献驼马。随军征明大同。崇德元年(1636),随军侵朝鲜。三年(1638),从征喀尔喀。四年,从征明锦州、松山。七年(1642),遣兵随征明蓟州(治今河北蓟县)。顺治三年(1646),随军追击苏尼特部腾机思。败喀尔喀土谢图汗、车臣汗援兵于扎济布拉克。五年(1648),封札萨克镇国公,掌乌喇特中旗。②清朝蒙古王公。喀尔喀札萨克图汗部人。博尔济吉特氏。根敦子。初为避准噶尔部噶尔月侵扰,奔青海,后投刚清朝。随南贝由布噜勒进征准噶尔以功授一等台吉。继从土谢图汗贝勒丹津多尔济赴巴里坤,封辅国公,赐双眼孔雀翎。后赴察罕瘦尔,以援征不力,私归游牧,削爵。不久复授一等台吉。

【图玉】 见"萧图玉"。(484页)

【图类】 见"拖雷"。(338页)

【图美】(?—1632) 清朝将领。蒙古族。科尔沁部人。博尔济吉特氏。哲格尔德子。后金天命十一年(1626)，随奥巴投附后金努尔哈赤，赐号岱青达尔汉。天聪三年(1629)，从贝勒济尔哈朗攻明，入大安口，克遵化，进围北京，败宁远、锦州援兵。五年从围大凌河，擒明监军道张春。六年随征察哈尔。后年老致仕，归牧。

【图海】(?—1681) 清初将领。满洲正黄旗人。马佳(即富察)氏。字麟洲。世居绥芬。顺治二年(1645)至九年(1652)，任职于内三院。十二年(1655)，擢刑部尚书，十五年(1658)，与大学士巴哈纳等校订律例。康熙帝即位后，授满洲都统。二年(1663)，授定西将军，与靖西将军穆哩玛率禁旅和绿营兵以立垒围困的手段围剿以川鄂为根据地的李来亨等起义军。六年(1667)，晋弘文院大学士。充太宗实录总裁官。十二年(1673)，吴三桂以撤藩之请试探朝旨，他反对撤藩。十三年，耿精忠叛。康熙帝以筹饷用才，命其摄户部尚书。十四年授副将军，同抚远大将军鄂札往征察哈尔蒙古布尔尼叛军。十五年，拜抚远大将军，总辖陕西，攻虎山墩，围平凉，招抚叛将陕西提督王辅臣，稳定了西北局面。十八年(1679)，克复兴安。后赴汉中，转饷济蜀师。卒，谥文襄。

【图欲】 见"耶律倍"。(306 页)

【图喇】(?—1674) 清朝将领。满洲正黄旗人。舒穆禄氏。世居珲春。初任兵部笔帖式。崇德七年(1642)，随贝勒阿巴泰征明山东。顺治元年(1644)，随豫亲王多铎进陕西，追剿李自成起义军。二年，随征江南。七年(1650)，擢兵部主事，予骑都尉世职。十二年(1655)，擢兵部郎中。十三年，随将统伊勒德平舟山，叙功加一云骑尉。康熙元年(1662)，受命镇压山东于七起义军，擢大理寺少卿。二年，授驻防杭州副都统。至定海招降郑锦部。七年(1668)，擢杭州将军。十三年(1674)，以耿精忠叛，奉命驻守杭州兼防海疆。与总督李云芳等相机防剿。

【图赖】(1600—1646) 清初将领。满族，瓜尔佳氏。*费英东第七子。初隶镶黄旗，后改隶正黄旗。天聪初，从征察哈尔，攻明宁远。三年(1629)，从太宗进逼北京，授骑都尉世职。四年，随二贝勒阿敏镇守永平，援滦州，败明监军道张春。授三等轻车都尉。五年，围大凌河，败明援兵，擒张春。征大同，叙功晋二等轻车都尉。七年(1633)，随贝勒岳托攻取旅顺口。九年，授护军统领，随贝勒多铎入广宁，赴锦州，败明总兵祖大寿。清崇德二年(1637)，授议政大臣。三年，随岳迁征明，进军山东，败明刘宇亮于通州，晋三等男爵。六年(1641)、围锦州，拔塔山、杏山，晋一等男爵。八年，取中后所及前屯卫，晋三等子爵顺治元年(1644)，随军入山海关，破李自成义军，追至望都，超授三等公爵。败义军将领刘宗敏、刘芳亮军，破潼关，平定陕西。移兵江南，克扬州，斩史可法，追获明福王朱由崧，晋一等公爵。三年，任本旗都统，随端重亲王博洛进军浙闽，至杭州，败鲁王属下总兵方国安军，拔金华等城。败明阁部黄鸣骏于仙霞关。追唐王朱聿键于汀州，闽海平。还师金华病卒。追谥诏勋，雍正九年(1731)，加号雄勇。

【图古斯】 见"萧孝忠"。(483 页)

【图龙禅】 亦作图龙恰、多伦禅。清代达斡尔首领。额驸巴尔达齐之婿。顺治八年(1651)，与兄弟托尔加、粤姆捷等被沙俄侵略者袭击，因力竭被俘，不屈，拔刀自尽。

【图尔格】(1596—1645) 清初将领。满族，钮祜禄氏。五大臣之一*额亦都第八子。尚和硕公主，为额驸。少从太祖努尔哈赤征战，积功至轻车都尉。后金天命十一年(1626)，太宗即位，授镶白旗大臣为十六大臣之一，寻擢都统，又因父功晋子爵。天聪三年(1629)，从太宗征明，克遵化。四年，贝勒阿敏失水平，因不能力谏，削世职，解都统任。五年三月，从围锦州，率护军驻锦州、松山间，屡立战功。七月，任吏部承政。从太宗攻大凌河。八年(1634)，太宗略山西大同时，率兵驻张古台河，以扼敌师。九年从贝勒多尔衮招抚察哈尔，收降林丹汗之子额哲。十年，晋一等男。清崇德元年(1636)，复任镶白旗都统，随武郡王阿济格攻明昌平、雄县。二年，以罪削职，仍管都统事。三年，随多尔衮入关，破明青山关下四城。五年(1640)，从破松山、锦州，晋子爵，擢内大臣。六年，随阿济格败明兵于塔山。击退明总兵曹变蛟、吴三桂对两黄旗的进攻，同豫亲王设伏败吴三桂、王朴于高桥。七年，同铙余贝勒阿巴泰攻山东，俘明鲁王朱以海及乐陵、阳信、东原、安邱、滋阳诸王及各王府、宗室官属几千人。十月，晋二等公。顺治九年(1652)，追谥忠义。雍正九年(1731)，赐号果毅。

【图尔都】(?—1779) 清代维吾尔族王公。新疆叶尔羌(今莎车)人。辅国公额色尹从子，容妃之兄。乾隆二十一年(1756)，拒从霍集占叛，与额色尹等自伊犁避居布鲁特(今柯尔克孜)牧区及安集延等处。二十三(1758)，清军征布拉尼敦、霍集占抵叶尔羌时，随额色尹攻喀什噶尔(今喀什)等地，扰布拉尼敦后路。次年，归附清廷，受命进京入觐，授头等台吉，赐居京师。二十七年(1762)，追论攻喀什噶尔功，晋封辅国公。

【图们汗】(1539—1592) 全称扎萨克图图们汗，汉籍译作土蛮、土买汗等。明代蒙古可汗。孛儿只斤氏。*达延汗第五世孙，*打来孙长子。嘉靖三十七年(1558)即汗位，驻帐于察哈尔万户，游牧于西拉木伦河流域。势力强盛，有铁骑六万，控制左翼诸部，力图统一蒙古各部，任命左右翼的五名代表人物执政理事，颁布政令(即所谓"图们汗法典")称扎萨克图汗。征服女真等部，令其纳贡。在位期间，联合蒙古各部，屡入明辽东、蓟镇等地，索取市赏，或掠夺人畜，致辽东战乱不止，明京师震动。后多次被明辽东总兵李成梁(朝鲜族)等击败，辽东稍安。万历四年(1576)，皈依藏传佛教格鲁派(黄教)。曾遣使邀请第三世达赖喇嘛索南嘉措至该部传教，未果。又组织大批人力翻译《甘珠尔经》。卒后，由其子布延台吉继汗位。

【图讷赫】(?—1688) 清朝将领。蒙古科尔沁部人。卓哩克图亲王乌克善子，崇德七年(1642)，从征明，于螺山败明监军太监兵，继败敌于渔梁桥，顺治元年(1644)，以功授一等台吉。十八年(1661),封辅国公,世袭罔替,康熙十三年(1674),随军讨吴三桂,后赴郴州驻防。

【图伯特】(1755—1823) 一译图默特。清朝大臣。新疆锡伯族人,姓伊拉里氏。清乾隆二十九年(1764),随父母自盛京(今沈阳)移住伊犁,编入锡伯营正蓝旗。三十八年(1773)应试,为披甲。后逐级擢升。嘉庆四年(1799),任锡伯营总管。七年(1802)十月,组织锡伯族民众兴修察布查尔大渠,引伊犁河水灌田。十三年(1808),渠成,深一丈,宽三丈,长二百余里,灌地七万余亩,受清朝政府嘉奖。次年,进京朝觐,图形紫光阁。越一年,调任塔尔巴哈台领队大臣。二十年(1815)卸任。

【图理琛】(1667—1740) 清朝大臣。满洲正黄旗人。阿颜觉罗氏。康熙二十五年(1686),由监生考授内阁中书。三十六年(1697),转中书科掌印中书,寻迁内阁侍读。四十一年(1702),监督芜湖税关。四十二年,充礼部牛羊群总管。后坐事夺职。五十一年(1712),特命复职。以内阁侍读,与侍读殷扎礼、理藩院郎中纳颜探望抚慰徙牧伏尔加河下游的土尔扈特部人,由喀尔喀境越西伯利亚至其地,受到隆重接待。往返三载余,行程万余里,及归,因述其道里、山川、民风、物产以及应对礼仪,成《异域录》一卷。其书首冠舆图,次为行记。雍正元年(1723),擢广东布政使,后署陕西巡抚。五年(1727),调吏部右侍郎。与喀尔喀郡王策凌参加中俄中段边界谈判,签订《中俄布连斯奇约》和《中俄恰克图界约》。六年,往筑札克库达里克城。乾隆帝即位,授内阁学士,迁吏部侍郎。后因与俄使私立木牌、擅纳俄商人界,逮问论斩,宽宥。二年(1737)。以老病辞官。著有《异域录》。

【图鲁窨】 见"耶律图鲁窨"。(324页)

【图帖睦尔】(1304—1332) 又作图帖穆尔、脱帖木儿。元朝皇帝。蒙古语尊称札牙笃皇帝。蒙古孛儿只斤氏。武宗* 海山次子,明宗* 和世㻋弟。英宗至治元年(1321),出居海南。泰定帝泰定元年(1324),奉召还京,封怀王,食邑瑞州六万五千户。次年出居建康。致和元年(1328),又迁居江陵。以己为武宗子,未能继承帝位,甚怨。同年七月,泰定帝死,九月,权臣倒剌沙等立泰定帝阿速(剌)吉八即帝位于上都。同月,他被金枢密院事燕铁木儿等迎归大都(今北京),被拥戴即帝位,改元天历,形成两帝并存、相互争战局面。十月,以兵围攻上都,迫倒剌沙奉皇帝宝出降。天历二年(1329)正月,让位于兄和世㻋,是为明宗。四月被立为皇太子。八月,亲迎明宗于王忽察都(今河北张北县北),以明宗旋暴死,复即位于上都(今内蒙古正蓝旗东)。同年平息四川囊加台之乱。至顺二年(1331),讨平云南秃坚之乱。在位期间,兴文治,创建奎章阁学士院,命儒臣进经史之书,考帝王之治,推行儒学;命翰林国史院和奎章阁采辑本朝典故,仿唐、宋会要,编修《经世大典》,至顺二年书成;尊儒崇佛,修葺曲阜孔庙,建颜回庙,加封孔子父母及诸弟子,从帝师受佛戒,作佛事。因耽于逸乐,委政于右丞相燕铁木儿,致使燕铁木儿恃权擅政,"挟震主之威,肆意无忌";因滥加赏赐,广作佛事,泛增衙门,续增卫士鹰坊,所费浩繁,"帑藏空虚,生民凋瘵",广西、云南、海南、岭北等地人民反抗持续不断;与明宗系的帝位之争持续不断,使明宗后八不沙被逸遇害,立己子阿剌忒纳答剌为皇太子,以承帝位,远徙明宗子妥欢帖睦尔于高丽、广西静江。死后追谥圣明元孝皇帝,庙号文宗。顺帝至元六年(1340),以其谋为不轨,使明宗饮恨而死为由,诏除庙主。

【图鲁拜琥】①见"图鲁博罗特"。(359页)②见"固实汗"。(356页)

【图鲁博罗特】(1482—?) 又译铁力摆户、图鲁拜琥。明代蒙古贵族。孛儿只斤氏。* 达延汗长子,* 满都海哈屯生。达延汗在位(1480—1517)时即去世,未继承汗位。按蒙古族长子继承制传统,子卜赤(博迪阿拉克汗)在达延汗去世后,继承汗位。

【图敦衮噶南杰】(1432—1496) 萨嘉派密法传承贡噶支派创始人。藏族。生于吐蕃创造文字大德图弥桑布扎家族,故称图敦(意为图族上师)。幼名扎阿杰布。从绛巴林巴受比丘戒。师事扎托巴雅南桑波,学习萨迦派子孙所传密法。明天顺八年(1464),在前藏贡噶宗东边创建贡噶多吉丹寺,后通称贡噶寺。创立各种曼陀罗仪轨及实修次第之事相。其传承称贡噶系。

【图墨德达尔罕岱青】(?—15917) 又作图迈达尔罕岱青,汉籍译作土昧阿不害、土麦台吉等。明代蒙古鄂尔多斯部领主。孛儿只斤氏。* 吉囊孙,阿穆尔达喇达尔罕长子(一说为次子)。驻牧于榆林、孤山边外,在榆林与明朝互市。初受明封为指挥金事。万历十四年(1586),父赴红山市(今陕西榆林北十里)互市时染天花死,明廷为奖励其贡市之辛劳,准袭父职指挥同知,由其子本拜台吉任指挥金事。排除一些领主谓其父被明朝鸩死之说,约束部众不参与反明活动,坚持与明朝通贡互市。十九年(1591),互市毕,临边要赏,遭明延绥总兵杜桐等袭击,四百七十余人被斩。

【图蒙肯朝克图鸿台吉】 见"朝克图台吉"。(530页)

【果庄】 见"鬼章"。(411页)

【果真】 见"火臣别乞"。(83页)

【果尔沁】(?—1670) 清初将领。蒙古族。瓦三氏。阿尔沙瑚侄。初仕后金为牛录额真。崇德八年(1643)叔死后,袭世职一等甲喇章京。顺治初,随军入关击农民起义军李自成,升镶白旗蒙古梅勒章京,进世职二等梅勒章京。十七年(1660),升本旗固山额真。副定西将军爱星阿,率师与吴三桂合兵逐明桂王朱由榔。次年,至大理,出腾越,道陇川、猛尔,至锡箔江,于猛养收降明将白文选。康熙三年(1664),进一等梅勒章京。寻列议政大臣。调本旗满洲都统。卒,谥襄敏。

【果鲁干】 见"阔列坚"。(550页)

【 J 】

【和宁】 见"和瑛"。(361页)

【和让】(1871—1924) 清代纳西族诗人。又名柏香,自号蜗角先生。云南丽江人。家贫,生性憨直,读书刻苦,能诗文,亦工书法。本欲"科名必达",因战乱停科不遂。宣统元年(1909),选上特科拔贡。曾任四川新津县文官。回乡后一直教书培植学子,是丽江有影响的名师之一。著有《柏香诗钞》九册、共计一千五百多首诗。自撰《蜗角先生传》。

【和讬】(? —1646) 清初将领。满族,栋鄂氏。三等轻车都尉郎格次子。初授佐领。崇德七年(1642),擢镶红旗满洲副都统,随郑亲王济尔哈朗围明锦州,收降总兵祖大寿,克塔山城,招降杏山。随阿巴泰取黄崖口,进围蓟州。入山东,克兖、莱、青诸州。八年,擢吏部参政,兼副都统。顺治元年(1644),随睿亲王多尔衮入关,败李自成义军,追至望都,叙功晋骑都尉。至登州,讨明福王朱由松属下副总兵杨威,平登莱。与豫亲王多铎会师河南,晋三等轻车都尉。二年,从贝勒勒克德浑征浙江,大败马士英、方国安军。三年四月,卒。

【和尚】 ①元朝大臣。玉耳别里伯牙吾氏。忽都思之子。初袭父职任百户。蒙哥汗九年(1259),随忽必烈攻鄂(今武昌)。中统三年(1262),随军讨李璮,以功升阿剌罕万户府经历。至元五年(1268),随都元帅阿术攻襄阳。十一年(1274),从丞相伯颜攻宋,转战于柳子、新滩、沌口,以功受忽必烈嘉奖。次年,从平章阿里海牙取岳州、沙市,招降江陵,升行省郎中。十三年(1276),从破潭州,力阻屠城,改行省断事官。继督军破静江,兼行宣抚事。广西平,授常德路达鲁花赤。后历任岭南广西道、江南浙西道提刑按察使。谨守职任,对原上司阿里海牙恃功骄恣亦劾奏不贷。卒于任,年四十九岁。谥庄肃。 ②元朝宗室。蒙古孛儿只斤氏。镇南王*脱欢孙,威顺王*宽彻普化子。封义王。侍从顺帝左右,多有劳绩,甚受宠信。对孛罗帖木儿称兵犯阙,据中书右丞相位,甚不满,屡谮之于帝。至正二十五年(1365),受顺帝密旨与儒士徐士本谋,交结勇士上都马、伯颜达儿、帖古思不花等,刺杀孛罗帖木儿于延春阁。二十八年(1368),顺帝北走,奉命留京,佐淮王帖木儿不花守大都(今北京)。旋于城破前亡走。

【和珅】(1750—1799) 清朝大臣。满洲正红旗人。钮祜禄氏。字致斋。生员出身。乾隆三十四年(1769),年二十,即承袭三等轻车都尉世职。因聪敏,颇有才干和善奉承,获乾隆帝赏识。由三等侍卫屡擢至总管内务府大臣、步军统领、监督崇文门税务,总管行营事务。四十五年(1780),擢户部尚书,并由乾隆帝赐名其子丰绅殷德,"指为十公主之额驸",结为儿女亲家。四十六年,为钦差大臣,同大学士阿桂等镇压苏四十三领导的甘肃撒拉族、回族人民起义。升文华殿大学士。曾为乾隆帝大肆敛财,建立秘密的用以敛财的议罪银制度。出纳帝命,对外使亦然,成为第一号权臣。嘉庆元年(1796)调任正黄旗领侍卫内大臣、镶黄旗满洲都统,后管理刑部。二年,与他平列军机的大学士阿桂死,他升为首辅。三年,襄赞机宜,承旨书谕,加恩晋封一等公。在柄政二十年间,专擅骄恣,曾以太上皇名义发布敕旨,网罗信亲,排斥异己,与嘉庆帝勾心斗角。任内,贪黩营私、以办理军务自肥,克扣军饷,滥杀无辜,贻误军国。四年,为科道诸臣弹劾,以罪二十被赐死。查抄家产清单总计八十三号,仅二十六号清单合价银二亿多两,总计赃款当不下八亿两,故当时民谚谓:"和珅跌倒,嘉庆吃饱。"

【和春】(? —1860) 清朝将领。满洲正黄旗人。赫舍里氏。字雨亭。道光(1821—1850)间历任护军参领、参将、副将等职。咸丰元年(1851),随向荣于广西镇压太平军,赏"铿色巴图鲁"名号。二年,援桂林,力战解围,加提督衔。追剿太平军至湖南、湖北、江西等省。三年,擢江南提督,后调安徽,围攻庐州(今安徽合肥市)等地。六年(1856),进剿三合,镇压捻军,时向荣卒于军。受命为钦差大臣,重整江南大营,继续镇压太平军和捻军。八年(1858),进兵至雨花台,掘壕围天京。授江宁将军。十年(1860),太平军会攻江南大营并破之。和春逃往苏州浒墅关,后自缢。谥忠壮。

【和钦】 清代纳西族著名书法家。字敬中,号东桥。云南丽江坝区人。少时家贫,聪明好学,道光十七年(1837)优贡。善长书法,正、草、篆、隶各体皆工。咸丰年间(1851—1861),丽江被回民起义军占领后,赴鸡足山寺庙中写诗作文,深钻苦练书法。有《书法》诗曰:"草草真真数十体,肥肥瘦瘦万千行。不知手腕酸无力,日日挥毫磨墨忙。"曾先后手抄《史记》、《易经》和《文字会室》等全部。所抄佛经一册现存丽江县文化馆。其书法结构严整,遒健有劲,颇有造诣。同治十年(1871),选授云南县教谕,办学有成绩。卒于任所。著有《善忘翁诗集》一部。

【和勇】(? —1474) 明朝将领。原名脱脱孛罗。蒙古族。东蒙古太师*阿鲁台孙。宣德九年(1434),阿鲁台被瓦剌击杀后,随父阿卜只俺归附明朝,居京师(今北京)。次年,父卒,袭指挥使。后积功至都督佥事。天顺元年(1457),进都督同知,赐姓名。五年(1461),充游击将军,率千余蒙古军至两广镇压人民起义,升右都督。因师久无功,被停俸,充事官。成化元年(1465),率部赴广西镇压大藤峡瑶族起义,升左都督。三年(1467),奉命督理"效勇营"(京军十二营之一)训练,奏陈大藤峡功,封靖安伯。卒,谥武敏。史称其性廉谨,不营私渔利。

【和素】 清康熙时(1662—1722)著名翻译家。字存斋。完颜氏。内务府镶白旗满洲人。阿什坦子。累官内阁侍读学士。御试满文第一,赐号巴克什,充皇子师傅,翻译房总裁。译有《清文左传》、《清文黄石公素经》、《清文三国志》、《清文菜根谭》及《清文琴谱合璧》三十八卷。

【和起】(? —1756) 清朝将领。满族,马佳氏。满洲镶蓝旗人。康熙六十一年(1722),袭父职。乾隆四年(1739),授盛京协领。十二年(1747),任广东副都统,后二年调宁夏副都统。十九年(1754),与侍卫福海率宁夏兵千人赴北路军营,随定西将军永常讨达瓦齐,迁宁夏将军。次年，乱平。为巴里坤办事大臣。二十一年初，给钦差大臣关防。十一月，率兵征剿辉特台吉巴雅尔，因噶勒杂特宰桑哈萨克锡喇、布鲁特台吉尼玛暗中叛应巴雅尔，遭围攻，战死。谥武烈，追封一等伯，以一等子世袭。二十三年，擒尼玛父子，诛于墓前。

【和都】 见"忽秃"。（369页）

【和通】 见"花当"。（202页）

【和瑛】（？—1821） 清朝大臣。蒙古镶黄旗人。额勒德特氏。原名和宁，避宣宗讳改是名，字太庵。乾隆三十六年（1771）进士，授户部主事，历员外郎。后历任安徽太平府知府，四川按察使，安徽、四川、陕西布政使。五十八年（1793），领副都统衔，充西藏办事大臣。不久授内阁学士。在藏八年著《西藏赋》，博采地形、民俗、物产，为之作注。嘉庆五年（1800），任理藩院侍郎，历工部、户部侍郎，出为山东巡抚。七年（1802），以废弛政务，匿灾情，解职，戍乌鲁木齐。旋复叶尔羌帮办大臣，调喀什噶尔参赞大臣。九年（1804），授理藩院侍郎，仍留边任。十一年（1806），还京，为吏部侍郎。未几，复出为乌鲁木齐都统。十四年（1809），授陕甘总督。十六年（1811），迁盛京刑部侍郎。后历任工部、兵部、礼部尚书，军机大臣，领侍卫内大臣，充上书房总谙达，文颖馆总裁。卒，追赠太子太保，谥简勤。

【和琳】（1753—1796） 清朝大臣。满洲正红旗人。钮祜禄氏。副都统常保子，权臣*和珅弟。乾隆四十二年（1777），由笔帖式累迁至郎中。五十一年（1786），署杭州织造，后擢湖广道御史。任内，巡视山东漕运，请改河挑工定例，受乾隆帝赏识。后擢内阁学士，授兵部侍郎，任内于导疏水运等皆有贡献。五十七年（1792），以廓尔喀侵扰后藏，受命随福康安入藏督办军政事务。同年，擢工部尚书，仍兼理藏务。任内，改进运送军粮之法，按各站险阻、日行里数分别加以奖惩，获乾隆帝赞许。五十九年（1794），授四川总督。后受命参赞军事，随福康安镇压石柳邓、吴半生领导的湘黔苗民起义，屡败绩。福康安卒后，主办军营调度机宜。卒于军，谥忠壮。著有《卫藏通志》十六卷、《芸香堂集》上下卷。

【和跋】（？—403或404） 北魏官员。鲜卑素和氏（后改和氏）。代郡人。以才辩知名。太祖道武帝时为外朝大人，参军国大谋，有智算，拜龙骧将军，赐爵日南公。众平中原。天兴元年（398），以功进尚书，镇邺。次年，应氏人李辩之请，率轻骑夜袭慕容德军，克滑台，改封定陵公。四年（401），与常山王元遵率众五万破贺兰部（一作破多兰部）别帅木易于，出为平原太守。六年（403，或天赐元年404），被道武帝杀于豺山路侧。

【和鉴】 清朝将领。云南丽江白沙里人。纳西族。为人朴实，勇武有胆略。道光十二年（1832），中武举。以功授大理府城守营都司。咸丰（1851—1861）初年，以太和县回民聚集清真寺起事，率亲兵数人前往规劝，被伏兵所杀。追赠昭武都尉，诏建专祠于榆城。

【和士开】（524—571） 北齐大臣。字彦通，清都临漳人。先世为西域商胡，本姓素和氏。一说原属鲜卑素和部，后西徙；一说原为西域胡人，后赐姓素和。仪州刺史安子。幼聪慧，选为国子学生。天保（550—559）初，为长广王高湛府行参军。善握槊（古代博戏）、能弹胡琵琶，深得湛欢心。后授京畿士曹参军。及湛（武成帝）即位，累迁侍中，加开府。后主纬时，得幸于胡太后。天统四年（568），历右仆射、左仆射。武平元年（570），以中军为尚书令，后封淮阳王。次年二月，录尚书事。七月，被琅邪王高俨矫诏杀于南台。赠左丞相、太宰。

【和什克】（？—1781） 一译霍什克、瑚什奇。维吾尔族。新疆和田人。阿锡木六世孙。原为喀什噶尔（今喀什）阿奇木伯克。乾隆二十年（1755），清军进驻伊犁，遣布拉呢敦回南疆招抚旧属，他拒不纳。清军至，始迎降。后以布拉呢敦、霍集占谋叛，遁布鲁特（今柯尔克孜）驻牧区。二十四年（1759），返阿克苏投附清军，并告定边将军兆惠；霍集占与浩罕额尔德尼伯克交厚，谨防其窜。自请导清军攻喀什噶尔和叶尔羌（今莎车）。霍集占弃城窜逃后，受命署叶尔羌阿奇木伯克。二十五年，进京朝觐，留居北京，封辅国公，为驻京"八回爵"之一。

【和世㻋】（1300—1329） 又作禾失剌。元朝皇帝。蒙古孛儿只斤氏。武宗*海山长子。仁宗延祐三年（1316，一作二年），封周王，出镇云南。对其叔仁宗背弃叔侄相传之约，未能受封皇太子以承大统，甚怨。十一月，至延安，与其父旧臣谋发难，出兵取潼关、河中府，事败，逃奔察合台后王处。致和元年（1328）泰定帝死，其弟图帖睦尔在其父旧臣燕铁木儿等拥戴下即帝位。文宗天历二年（1329）正月，应弟文宗之迎请劝进，即帝位于和宁北，率众还京师。四月，封弟图帖睦尔为皇太子。八月，还至王忽察都（今河北张北县北）之地，并会见皇太子。旋暴死于行殿。追谥翼献景孝皇帝，庙号明宗。其子妥欢帖睦尔即位后，于至元六年（1340）诏称图帖睦尔是"假让位之名"，"谋为不轨"，使明宗饮恨而死。

【和宁王】 见"阿鲁台"。（281页）

【和廷述】 清代纳西族爱国将领。云南丽江人。勇武剽悍，有胆略。咸同年间，曾随杨玉科镇压杜文秀起义军，赏"铿僧额巴鲁图"名号，补授东川营参将，简放总兵。光绪十一年（1885），法国侵略军以越南为跳板，侵扰中国边境，挑起中法战争。率部随广东陆路提督杨玉科出兵镇南关，奋力争先抗击法军，乘胜直捣谅山敌巢，功勋卓著，受到两广总督张之洞的特别嘉奖。清帝赏穿黄马褂，加头品顶戴，记名简放提督。因积劳伤发，病逝于浪穹（今云南洱源）。

【和廷彪】（1861—1910） 清代纳西族爱国将领和诗人。字虎臣。云南丽江白沙人。总兵和耀曾之子。出身将门，性刚强，富正义感，好读诗书。光绪十一年（1885），以北京大兴籍贡生科试中举。历任浙江长林盐道使、广东清远县知县、广西思恩府知府等职。政令清明，悉心时务，注重振兴文教。曾自捐薪俸千余金及在公项内拨款，倡修与创建清远县书院和藏书楼。从内地购买大批书籍,赠给丽江雪山书院,并题楹联鼓励办学,培植人才。每逢国难当头,总是慷慨请战。伊犁事发后,弃文从武,西出玉门关抗击沙俄入侵。中法战争时,积极参加抗击法国侵略者。甲午战争时,组织和统领民团与日本侵略军作战。经常写诗对侵略者进行口诛笔伐。所著《瓯东集》诗二卷,杰作《铁甲船》,愤怒揭露清廷的腐败和列强瓜分中国的阴险,指出"船炮非不利","所任者不贤",充分表达了边地民族对苦难祖国的赤诚。故被誉为"人中杰"、"诗中豪"。三十年(1904),因竭力主战被清廷废黜。从此休官赋闲。宣统二年(1910),病逝于苏州。

【和庚吉】(1864—?) 清代纳西族诗人。号松樵。云南丽江大研里人。光绪十五年(1889)举人。光绪十八年(1892)进士。先在京师任兵部主事车驾清吏司,后任四川乐至县知县,迁石柱、秀山、温江、遂宁等县官。清末告退返里,修建"退园",自号"退仙",作诗行文。著有《退园韵语》、《听琴轩墨审》等诗集。

【和朔奴】 又作奚和朔奴,奚王和朔奴。辽中期将领。字筹宁。奚族。奚可汗后裔。景宗保宁(969—979)年间,为奚六部长。乾亨四年(982)九月,迁南面行军副部署。圣宗统和四年(986),率军南下抵御宋太宗北伐,在燕南大破宋兵,受嘉赏。六年(988)冬,随圣宗南下,败宋军于狼山(今河北易县西南狼牙山)。八年(990),奏请奚依旧制设职官,获允。十三年(995)七月,任都部署,奉命伐兀惹。军至兀惹城(今黑龙江通河附近),为邀功请赏,拒绝兀惹请降,致兀惹死战,攻城不下。恐空返受责,乃述掠东南诸部而归。以劳师无功,士马死伤,于次年五月被削职。

【和啰理】(?—1707) 又作和罗理。号巴图尔额尔克济农。清代卫拉特蒙古和硕部台吉。固始汗第四子巴延阿布该玉什长子。原游牧于准噶尔。噶尔丹攻杀鄂齐尔图车臣汗后,被迫率众避居甘肃大草滩。闻噶尔丹谋攻青海,恐殃及自身,由双井避入内地,为驻甘州清将张勇逐出。徙牧额济纳河。因其甥准噶尔部之罕都,借属额尔德尼和硕齐潜入漠南蒙古,掠乌拉特部达理台吉等人畜,其弟土谢图罗卜藏劫宁夏及茂明安诸部,受清廷诘责。康熙二十一年(1682),与弟土谢图罗卜藏遣使纳贡,请赦免扰边罪,求于宁夏互市。旋恩清赐敕印,钤部众。清廷令其与本族台吉鄂齐尔图孙罗卜藏衮布阿喇布坦聚合一处,颁金印玺书。二十五年(1686)春,率众进京朝觐。二十七年(1688),以噶尔丹引兵进攻喀尔喀,请出兵助土谢图汗察珲多尔济,未获准。三十年(1691),以噶尔丹兵追近阿拉善,受命内徙。继因从掠喀尔喀游牧,被令移归化城,着宁夏兵备护。不从命。获悉清军至,率众窜逃。寻悔罪,携众二千余驻牧额济纳河明安雅玛图。后仍居阿拉善。三十五年(1696),清军败噶尔丹于昭莫多,督兵千余驻阿尔泰。三十六年,授札萨克,封多罗贝勒。

【和惊顺】 纳西族葬俗改良先行者。字乐天。云南丽江束河人。生于康熙年间,自幼赴鹤庆府读书。知诗书,明大义,有才干。雍正元年(1723),与白沙阿知立倡议丽江改设流官知府。乾隆元年(1736),捐资助知府管学宜建书院,置义学馆。其母死后,又从管知府的移风易俗倡议,第一个按汉礼殡殓,择地埋棺土葬,铭刻碑文祭奠,致使乡里逐渐革除火化弃骨、念经和杀牛羊致祭的旧俗。因能应时势潮流,得到官民赞许。八十寿辰时,管学宣撰寿文遥贺,乾隆中去世亦寄挽诗相吊。

【和隆武】(?—1782) 清朝将领。满族,马佳氏。初隶满洲镶蓝旗,后因功以本佐领抬入满洲正黄旗。宁夏将军和起子。初袭父一等子爵,授三等侍卫。乾隆三十六年(1771),袭佐领。三十七年初,随明亮征金川,攻甲尔木山梁,克美诺各碉寨。三十八年七月,败金川兵于鸠寨,夺碉五十余,迁镶蓝旗蒙古副都统。十一月克僧格宗。三十九年初,随富德克绒布寨北沃什山、摩格、孟格、里格、穆图德宗,进攻卡角。署古州镇总兵。攻取斯第、木克什、日旁,升都统。同珠勒格德尽克谷尔堤诸地碉寨。四十年初,授正蓝旗蒙古都统。攻得楞以南碉卡、额尔替山梁、石真噶,取札乌古、耳得谷、阿尔古及荒子坪一带碉卡,攻独古木思满、甲杂官寨,克独松。四十一年四月,金川平,晋三等果勇侯,图形紫光阁,列前五十功臣。四十三年(1778)四月,授宁夏将军,十一月调吉林将军。卒,谥壮毅。

【和鲁斡】 见"耶律和鲁斡"。(324页)

【和富谷】 清朝将领。纳西族。云南丽江人。自幼聪慧,好读经书。及长,在杨玉科帐下委办白井盐务,筹运军饷。因勤劳务实功,赏戴花翎,以都司秩委署云龙州三七汛把总,后补龙陵营左哨千总,兼办刺井盐务。同治十年(1871),保至副将衔参将。光绪十一年(1885),统广武军后营从杨玉科出师南关,抗击法国侵略军,立战功受赏。杨玉科在镇南关外中炮阵亡后,奉命建武愍公专祠。后以劳伤并发,卒于大理。

【和耀曾】(1834—1887) 清代将领。字荣轩。纳西族。云南丽江白沙人。大理守城营都司*和鉴子。习武,好读书。咸丰六年(1856),父卒,荫袭云骑尉职。保署维西协任都司职,曾奉令指挥帐下杨玉科、张润等镇压杜文秀起义军。同治十一年(1872),同杨五科攻克大理城。赏穿黄马褂,赐"达鲁巴图鲁"名号。历任副将、总兵、记名提督、提督等职,封正一品官、建威将军,并赏给田产。任内,赏恤死伤兵勇及培植丽、滇士子(包括昆明名士陈荣昌)。后署陕西汉中镇。在任贵州镇远镇总兵的十余年间,治兵有方,地方宁安,注意民间生理,督率所部修渠筑堤,连年按季节在道旁种植桐树,百姓受惠。卒于任,镇远建有和公祠及竖碑颂其政德。祠、碑今尚存。

【和礼霍孙】 又译和鲁火孙、和鲁霍孙、火鲁火孙、火礼霍孙。元朝大臣。蒙古人。至元五年(1268),任翰林待制兼起居注。九年(1272),建言选汉官子弟入蒙古字国子学,习蒙古字。十年,以翰林学士承自兼会同馆事,主朝廷咨访,降臣奏请。受命与伯颜审定史天泽、姚枢所定《至元新格》，参考行之。十二年，主翰林兼国史院修国史、典制诰事。十七年(1280)，与高和尚将兵同赴北边。十八年，谏言于扬州、隆兴、鄂州、泉州置蒙古提举学校官，兼守司徒。十九年，阿合马被杀后，集中书省、御史台、枢密院、翰林院等官议阿合马所管财赋。任中书右丞相，裁中书省部滥官，罢司徒府及农政院。二十一年(1284)，率百官奉玉册玉宝，上尊号。请开科举，旋被罢，事寝。

【和多和沁】 见"巴图尔珲台吉"。(90页)

【和济格尔】(？—1646) 清初蒙古将领。乌鲁特部人。初仕明，为千总。后归降后金帝努尔哈赤，任甲喇额真。隶属汉军正白旗，从汉俗改姓何。屡从努尔哈赤攻巴林、栋奎等部。天聪三年(1629)、五年，两从皇太极征明。八年(1634)，授世职牛录章京。崇德四年(1639)，汉军四旗建立，为镶白旗梅勒额真。五年、六年，两次随军围锦州。七年，从破塔山、杏山，以功授正白旗梅勒额真。八年，从克中后所、前屯卫二城，为一等甲喇章京。顺治三年二月卒。

【和鄂尔勒克】(？—1643) 又作鄂尔勒克。清代卫拉特蒙古土尔扈特部首领。元臣翁罕后裔，卓立甘鄂尔勒克子。明末游牧于额什尔努拉(今乌尔扎尔一带)等地。屡率众迎击沙俄扩张主义势力。明万历三十七年(1609)，坚决拒绝俄国使节戈鲁平胁其效忠俄国的要求。天启五年(1625)，准噶尔部封建主楚琥尔乌巴什与弟拜巴吉什争夺秦台吉遗产，内讧争战。同族台吉墨尔根特木纳支持楚琥尔乌巴什，引起杜尔伯特部首领达赖台什的不满，酿成卫拉特蒙古全面内战。因不愿骨肉相残，于崇祯元年(1628)，率众越哈萨克草原，徙牧额济勒河(今伏尔加河)。十年(1637)，遣兵参与固始汗对青海的远征，灭喀尔喀却图汗。继进军喀木和西藏。清崇德五年(1640)，偕子书库尔岱青至塔尔巴哈台(一说札萨克图汗部)参加蒙古四十四部封建主会盟。八年(1643)，徙牧阿斯特拉罕附近，与当地诸盖人结成抗俄联合战线。后遭沙俄军镇压，在阿斯特拉罕战斗中不幸中炮身亡。

【和尔朔齐哈萨尔】 见"虎喇哈赤"。(342页)

【季隗】 春秋时晋公子重耳的夫人。出身于赤狄的廧咎如氏。周惠王二十二年(公元前655年)，廧咎如为白狄所败，遂被白狄俘虏。时晋公子重耳在母舅白狄部避难，被白狄献与重耳，纳为夫人，生二子。重耳离狄后，留白狄待重耳。周襄王十六年(晋文公元年，前636)，重耳返晋继君位，遂被狄人送归晋国。

【竺昙摩罗刹】 一称竺法护。晋代佛教译经师。先世月氏人，本姓支。世居敦煌郡。八岁出家，事沙门竺高座为师，诵经日万言。因天性明敏，操行精苦，笃志好学，博览六经，游心七籍。晋武帝(265—290年在位)时，随师至西域，游历诸国，遍学中亚各国语言，凡训诂、音义、字体，无不精熟。后赉梵经归，自敦煌至长安，沿路传译。终生以弘通为业，劳不告倦。先后译出《贤劫》、《正法》、《华光赞》等一百六十五部。晋武帝末年，隐居深山。后复立寺庑安青门外，精勤行道，声盖四远。僧徒数千，皆宗事之。惠帝(290—306年在位)时，关中扰乱，百姓流移，与门徒东下黾池。以年老体衰病卒，年七十八岁，时人谓之"敦煌菩萨"。

【迭夷】 见"特薛禅"。(453页)

【迭里】 见"耶律迭里"。(315页)

【迭里特】 见"耶律迭里特"。(324页)

【迭里得】 见"萧迭里得"。(488页)

【迭剌哥】 见"耶律迭剌"。(315页)

【迭木帖儿】 见"铁木迭儿"。(454页)

【迭里弥实】 元末官员。回回人，原西域合鲁温氏。字子初。大都路治中满速儿孙，安庆路治中马哈麻子。事母至孝，年四十不仕。初充宿卫，继授行宣政院崇教。顺帝至正二十三年(1363)，任新州(今广东新兴县)达鲁花赤。曾参与镇压当地人民起义。二十五至二十七年(1365—1367)，任漳州路达鲁花赤，有政绩，民赖以安。朱元璋军占领福州、兴化、泉州后，他拒招降，自杀。

【迭里威失】 元朝大臣。别失八里畏兀儿人(一说哈密里人)。昭武大将军阿台子。少好读书，成宗(1294—1307年在位)时入宿卫，授河西廉访司佥事，历任监察御史、淮西廉访副使、中书左司员外郎、枢密院参议、判官。延祐四年(1317)，任翰林侍读学士，出为河间路总管。出俸金及官库所积赈饥民，活数十万人。以河间为水陆要冲，四方供亿皆取给，遂立法调遣，民便之。后升汀阳行省参知政事。

【垂济恭苏珑】(？—1731) 清朝蒙古王公。苏尼特部人。博尔济吉特氏。萨穆扎第五子。康熙三十七年(1698)，袭札萨克多罗郡王。三十八年，以追击察哈尔部之巴尔呼逃众，受嘉赏。五十五年(1716)，督锡林郭勒兵驻额尔德尼昭，配合清军征准噶尔部策妄阿拉布坦。五十九年(1720)，于和博克萨里击准噶尔兵。六十一年(1722)，驻察罕瘦尔。雍正二年(1724)，撤还。九年(1731)，奉命督内札萨克四十九旗兵五千，随西北二路军征进。卒。

【侨如】 春秋时长狄(鄋瞒)酋长。服属赤狄。《左传》载，长狄酋长为兄弟五人：侨如、焚如、荣如、简如、缘斯。周顷王三年(公元前616年)，随赤狄为首的北狄诸部进攻齐、鲁，遭鲁大夫叔孙得臣(庄叔)反击，兵败于咸(卫地，在今河南省濮阳县东南)，被叔孙得臣等射杀。

【依罗】 晋代夫余国王。夫余王*依虑子。武帝太康六年(285)，夫余被前燕慕容廆所破，依虑自杀，遂走保沃沮，嗣为王。翌年，遣使求援于东夷校尉何龛，得兵助，与督邮贾沈共败慕容廆，得复国。然国力衰微，慕容廆屡掠其族人，卖于中原。晋帝又发诏由官赎还，并禁司、冀二州买卖夫余人口。

【依虑】(？—285) 晋代夫余国王。扶余王*麻余之子。父死，年六岁被立为国王。武帝太康六年(285)，为前燕慕容庵所败,自杀,子弟走保沃沮。

【依楞额】(?—1899) 清朝将领。达斡尔布库尔氏,布特哈驻防(一作黑龙江镶红旗)。咸丰七年(1857),以余丁隶僧格林沁,镇压捻军多年。同治七年(1868),赐号额腾额巴图鲁。十年,率军驻乌里雅苏台,寻加副都统衔等。光绪十四年(1888),统领满洲、锡伯、索伦三营驻防霍斯果尔。次年,署锡伯领队大臣。二十年,日本侵略军犯辽东,受命率神机营驻防南苑,旋移防山海关、蓟州、喜峰口等地。

【依克唐阿】(?—1899) 清朝将领。阿扎拉里氏。满洲镶黄旗人。初由马甲从征江南。咸丰七年(1857),因战功,赏戴花翎。十一年(1861),补防御。同治四年(1865),转吉林满洲镶黄旗佐领。五年,加副都统衔,赐号加法什尚阿巴图鲁。八年(1869),授墨尔根城副都统。十一年(1872),署黑龙江将军。次年,调黑龙江副都统。光绪二年(1876),专理中俄通商事务。五年(1879),调呼兰副都统。七年,防沙俄侵略,迁珲春副都统。十二年(1886),与沙俄勘分边界。十五年,擢黑龙江将军。二十年(1894),中日战争爆发,奉命抵宽甸等地防御,因清军接连失利,革职,统所部戴罪立功。二十年,授盛京将军。二十二年。统筹整顿奉天满汉营制,凡二十八营。

【依达耶图勒拉】 见"阿帕克和卓"。(290 页)

【依智高】(1025—1055) 北宋广源州壮族首领。广南西路邕管羁縻广源州侬峒人。父侬全福为傥犹州知州,宝元(1038—1040)初年,因不堪忍受交趾压榨.起兵反抗,兵败被执杀。庆历元年(1041),在母侬阿侬辅佐下,举兵攻占傥犹州,建大历国。旋交趾兴兵来犯,战败被擒。不久获释,被交趾委任为知广源州,并辖雷、火、频、婆四峒及思浪州。翌年,赐郡王印,拜太保。八年(1048),复起兵,并向宋朝清内附,以求获一职统摄诸部,抗击交趾掠夺,遭拒,"穷无所归",遂与部属侬建侯、侬智忠和汉族黄玮、黄师宓等起兵攻占安德州,建立南天国,自尊仁惠皇帝,年号景瑞。多次击退交趾入侵,但再三请求归附宋朝而不纳。皇祐四年(1052)四月,举兵反宋,率众五千沿右江东下,五月,破邕州,执杀知州陈珙,释放囚犯,开仓济贫,深受民众拥护。改国号为大南国,年号启历。设置封官。挥师东进,相继攻破横、贵、龚、浔、藤、梧、封、康、端等九州,直迫五府经略使所在地广州,屡攻不下,复北上入广西,破贺、昭、宾三州。数败朝廷征剿之兵,击杀宋将张忠、蒋偕。宋仁宗特命枢密院副使狄青为宣抚使,会同安抚使余靖、孙沔集两广汉、土兵三万余众前往讨伐。次年正月,在邕州归仁铺为狄青所败,因寡不敌众,焚城流亡大理,后不知所终。一说在至和二年(1055)被大理国人所杀。

【的令】(?—1374) 明洪武年间苗民起义首领。平伐(今贵州龙里东南)人。苗族。洪武六年(1373),与的若等率大平伐(在今贵定县)苗民暴动。谷峡、刺向关等地苗民纷起响应,聚众树栅,攻的敖诸寨。七年,遭贵州指挥张岱所遣官兵镇压,至的敖,败走山谷,后被总旗康成俘获遇害。

【的娘】 元代平伐酋长。平伐(今贵州龙里东南)人。苗族。泰定二年(1325)二月,以所部十万户、土官三百六十人归降。请朝谒,奉命与所部四十六人入觐。

【的鲁】 见"耶律撒剌的"。(326 页)
【的禄】 见"耶律的琭"。(315 页)
【帛纯】 见"白纯"。(119 页)

【岳乐】(1625—1689) 清朝将领,满族。爱新觉罗氏。努尔哈赤孙,郡王阿巴泰第四子。初封镇国公。顺治三年(1646),随肃亲王豪格进军四川,于西充镇压张献忠起义军,致张献忠中箭身亡。五年(1648),随英亲王阿济格驻防大同。八年(1651),由多罗贝勒袭封多罗郡王。九年,预参政。十年,因喀尔喀蒙古土谢图汗、车臣汗等拒不归还所掠巴林人户,命为宣义大将军驻归化(今内蒙古呼和浩特),相机镇压。后喀尔喀入贡,乃撤还。十四年(1657),晋封和硕安亲王。康熙十三年(1674),任定远平寇大将军,赴江西征讨吴三桂、耿精忠叛乱;后进兵湖南,复萍乡,围长沙,克武昌。十九年(1680),俘诈称明太子朱慈灿,移送法司。二十年,掌宗人府事。二十七年(1688),以噶尔丹侵扰喀尔喀,同简亲王雅布各率兵赴苏尼特汛界驻防。卒,谥和。

【岳讬】(1598—1638) 清初重要将领。满族,爱新觉罗氏。太祖努尔哈赤孙,大贝勒代善长子。初封台吉。后金天命六年(1621),率军略明奉集堡,辽沈之战追击明军至白塔铺。继随父攻扎鲁特部,斩昂安及其子,以功封贝勒。天聪元年(1627),同贝勒阿敏等征朝鲜,克义州、定州、汉山等城,达平壤,迫朝鲜王降。与叔济尔哈朗劝阻阿敏入朝鲜王京纵兵肆掠,力主班师。寻同贝勒莽古尔泰卫塔山粮运,攻宁远城,败明军于牛庄。次年,同阿巴泰、硕托攻明锦州。三年,从太宗伐明,与贝勒济尔哈朗率右翼兵夜袭大安口,败马兰营、遵化援兵,五战皆捷。继同阿巴泰败大同总兵满桂、宣府总兵侯世禄于顺义,进逼北京。从父败明援军,同贝勒萨哈璘等围攻永平府,克香河镇。五年,谏言太宗"近忠良,绝谗佞,行黜陟之典,使诸臣知激劝"。是年设六部,受命掌兵部事。从太宗攻大凌河,收降明将祖大寿。次年,献策善抚汉族官兵。后同济尔哈朗略察哈尔部,至归化城。七年,与贝勒德格类攻克明旅顺口。九年,从太宗略明山西,以病留驻归化城,挫败阿鲁科尔沁与明使密谋。清崇德元年(1636)封亲王,后以庇莽古尔泰、硕托,离间济尔哈朗、豪格事,降贝勒,罢兵部事。旋复职,领兵征朝鲜,围朝鲜王于南汉山城。次年,以抗太宗命,拒较射,降贝子,再罢部任。三年,复贝勒职,从太宗征蒙古喀尔喀部。继拜扬威大将军。率右翼兵伐明,下济南。卒于军。四年,追封克勤郡王。康熙二十七年(1688),立碑纪功。

【岳柱】(1281—1338) 元朝大臣。畏兀儿人。字止所、兼山。中书平章政事阿鲁浑萨里之子。自幼好学,有远识。十八岁,从丞相答失蛮入宿卫。至大元年(1308),任集贤学士,以荐贤举能为事,平素爱好经史,自天文、医药之书,无不穷极。皇庆元年(1312),迁湖南道宣慰使。常接见儒生,询求民间疾苦。延祐三年(1316),进隆禧院使。七年(1320),授太史院使。泰定元年(1324),改太常礼仪院使。四年(1327),任礼部尚书,领会同馆事。寻授江西等处行中书省参知政事。天历元年(1328),进集贤大学士。至顺二年(1331),任江西等处行中书省平章政事。对桂阳张思进等聚众起事,力阻兴兵捕剿,采取抚绥措施。次年,迁河南江北等处行中书省平章政事,旋以军事至扬州,得疾。四年(1333)卒。

【岳起】(? —1803) 清朝大臣。满族,鄂济氏。满洲镶白旗人。乾隆三十六年(1771)举人,授笔帖式,累官户部员外郎、翰林院侍讲学士、詹事府少詹事。五十六年(1791),迁奉天府尹。次年,升内阁学士兼礼部侍郎。五十八年,授江西布政使。嘉庆四年(1799),任山东布政使,擢江苏巡抚。九月,奏清查漕务积弊,禁止浮收,以绝弊源。奏劾胡观澜、高桂林派捐修葺江阴广福寺,由二人分偿钱二万余串,以修苏州官塘桥路。五年,署两江总督。五月,查办南河工员庄刚、刘普等侵渔舞弊事,治罪。六年,请准浚筑毛城铺以下河道堤岸、上游永城洪河、下游萧、砀境内河堰,借帑举工,分五年计数征还。八年(1803),以病留京,署礼部。七月,孝淑皇后奉移山陵,因奏疏措词不当,革职留任。寻卒,赠太子少保。

【岳素布】 见"玉素布"。(95页)

【岳木忽而】 见"玉木忽儿"。(95页)

【岳磷帖木儿】 又作岳璘帖穆尔。元朝大臣。畏兀儿人。唐回鹘国相暾欲谷后裔,伭俚伽帖木儿弟。初奉亦都护命赴蒙古汗庭,年十五,以质子从成吉思汗征讨,多战功。精通畏兀儿文,奉命教皇弟斡赤斤诸王子畏兀儿字书及孝悌敦睦、仁厚不杀之理,受嘉奖。从攻河南,徙民万余户入乐安。未几,任河南等处军民都达鲁花赤。道出河西,察其地荒芜缺水,遂凿井置堠,行旅称便。窝阔台汗时,任大断事官,从斡赤斤出镇顺天(治今河北保定)等路,"布德化,宽征徭,盗遁奸革,州郡清宁"。寻复监河南等处军民。年六十七,卒于保定。后追封山东宣慰使,谥庄简。

【岱布】(? —1710) 清朝将领。蒙古族。科尔沁部人。博尔济吉特氏。札噶尔布达礼长子。康熙二十四年(1685),袭札萨克多罗郡王。二十九年,随军防御准噶尔部噶尔丹。三十五年(1696),随黑龙江将军萨布素由东路追击噶尔丹,噶尔丹被西路大将军费扬古所败,还师。

【岱青】 见"书库尔岱青"。(91页)

【岱总汗】 见"脱脱不花"。(512页)

【岱青和硕齐】 见"察罕丹津"。(589页)

【征侧】(? —43) 公元一世纪骆越反汉女首领。交趾麓冷县人。出身于骆越将门,甚雄勇。交趾太守苏定以法绳之,深为怨怒。建武十六年(公元40年)春二月,与妹征贰聚众起事,一举占领交趾郡、九真、南、浦诸郡"蛮夷"纷纷响应,攻陷岭外六十余城,自立为王。汉光武帝刘秀遣伏波将军马援等率师讨伐。十八年(公元42年)春,于浪泊与缘海而进之官军恶战,兵败逃至禁溪。翌年正月,与妹征贰被马援军斩杀,传首洛阳。

【质睦】 见"耶律只没"。(310页)

【刹勤明慧海】 明代藏传佛教萨迦派大师。藏族。原为扎什伦布寺格鲁派僧人,后转修萨迦派教法,集各派之大成,创立刹勤派。三世和五世达赖喇嘛都曾学过刹勤派之教法及导果教授,刹勤派的十三种金法及四面摩诃哥罗法等曾在格鲁派中盛极一时。

【乳必多吉】(1340—1383) 元末明初噶玛噶举第四世转世活佛。别名室利达玛格尔提。出生于工布地区富裕之家,父名达东索朗顿珠,母名卓萨准珠敬。三岁随父母到娘波,被让迥多吉的弟子衮杰哇认定为让迥多吉的转世。后从衮杰哇和雍顿多吉贝等学《那饶六法》、《时轮六加行》、《生园二次第》等噶举和宁玛两派密法,以及显教《慈氏五论》等。为帕木竹巴地方政权大司徒绛曲坚赞所器重。至正十六年(1356),元顺帝曾召其进京,未成行。次年,受比丘戒。十八年(1358),元顺帝及太子特派定呼温本和贡却绛称等蒙藏金字使者,迎请其进京。中途,在康区为群众作法,调解部落纠纷。过宗喀,为宗喀巴授五戒。在谅州朱必寺为僧徒及蒙古、西夏、汉人的译师讲法。二十年(1360),抵大都,为元顺帝父子传授金刚亥母灌顶和传方便道,讲《那饶六法》。在大都五年中,曾为太子讲经说法,为汉、蒙、畏兀儿、西夏、高丽等族的王公显贵传法。见元朝濒危,于二十四年(1364)请求返藏。二十八年(1368),元亡明兴。明太祖朱元璋曾派人召其与藏族僧俗首领赴京,未应召。明洪武七年(1374),遣使进贡,直接同明发生关系。次年正月,明太祖赐诏粗朴寺(又作卒尔普寺,时乳必多吉任寺主),禁官民骚扰寺院。十六年(1383),卒于工布北荒山中。

【舍楞】 又作舍棱。清代卫拉特蒙古土尔扈特部首领。额济内泰什六世孙。驻牧伊犁,为准噶尔属。乾隆二十年(1755)、二十二年,清军先后击败准噶尔部首领达瓦齐、阿睦尔撒纳后,抗而拒降,与族兄巴图尔乌巴什退据博尔塔拉。二十三年(1758),为摆脱清军副都统唐喀禄追击,诈降,设伏诱杀唐喀禄,与族弟劳章扎布、巴图尔乌巴什之子沙剌扣肯及数千部众逾喀喇玛岭外逃俄境,归牧于敦罗布喇什治下的土尔扈特汗国。对俄国推行的民族压迫政策不满,成为渥巴锡领导东返斗争的主要助手之一。三十五年(1770)秋,参加渥巴锡在维特梁卡(今苏联阿斯特拉罕省叶诺塔耶夫斯克以北)召开的重要会议,决定武装起义,东返祖邦。三十五年十一月二十日(1771年1月5日),率属众500余户、2100余人参加土尔扈特族起义,与巴木巴尔同为抢渡乌拉尔河前锋统帅,是东返斗争的重要领导人之一。三十六年六月五日(1771年7月17日),和渥巴锡率众抵伊犁河支流察林河畔,继随渥巴锡入觐承德被乾隆封为多罗郡王,赐号弼哩克图,所属划为青色特启勒图新土尔扈特盟二旗。三十七年

(1772)后,划牧于阿尔泰布勒罕河一带(今新疆维吾尔自治区富蕴、青河两县),三十八年,授新土尔扈特盟长。五十七年(1792),因病免职,长子策伯克扎布袭。

【舍里威】 见"舍利畏"。(365页)

【舍利畏】(?—1274) 亦作舍里威、舍利威或舍利。宋末元初反抗蒙古贵族统治的云南各族起义领袖。白族僧人。宋理宗宝祐元年至五年(1253—1257),蒙古军先后在忽必烈和兀良合台率领下,灭大理国,征服云南彝、白等各族各部,其民族压迫和阶级压迫政策激起各族群众的强烈不满。宋理宗景定五年(元至元元年,1264),联合威楚(今楚雄)、统矢(今姚安)、鄯阐(今昆明)及三十七部诸爨起兵,杀各处守将,武装起义,众至三十万。义军先后攻占鄯阐、统矢、威楚、新兴(今玉溪)、石城(今曲靖)和寻甸等重镇,动摇了蒙古贵族及其代理人在云南的统治。不久,遭行蒙古驻军和大理总管段实(信苴日)的镇压,起义军先受挫于威楚,继兵败统矢。同年秋,集十万义军,谋攻大理,复遭蒙古都元帅也先和段实的反击,兵败安宁。义军据点鄯阐、威楚、新兴、石城相继失陷,三十七部亦被镇压。元至元十一年(1274),率众再度起义,不幸被化装成商人的段实奸细石买等刺死,起义失败。

【舍起灵】(1638—1703) 清初伊斯兰教学者。回回人。祖籍湖南沅陵。字蕴善,号云山,经名哈桑·伊本·阿布都·瓦哈布。出身书香门第,自幼受家教学汉文和阿拉伯文。十六岁,遵父命去山东济南拜经学大师常志美门下求学,钻研伊斯兰教经典,结业后,曾在襄城、北京、陈州(今河南淮阳县)、沧州等地任阿訇。大力倡导"遵经改俗",(即根据伊斯兰教经典对某些习俗进行改革)。被称为"祈兴"或"祈行"的"侯都斯"(意"创始人")。著有《醒迷录》一书,成于康熙十八年(1679)。

【舍刺克炭台吉】 见"卜石兔"。(3页)

【金当】 西汉大臣。匈奴休屠胡(屠各胡)人。*金日磾曾孙,驸马都尉金建孙。母名南,与王莽母功显君为孪生姊妹。平帝元始四年(公元4年),嗣秺侯,食邑千户。及王莽(公元9—23年在位)败,绝爵。

【金贤】 明代经学家。回族。先祖乃大食默伽(今沙特阿拉伯麦加)人。太祖朱元璋建国初,授其先世鸿胪卿,赐姓金,名启宇,居南京,遂为江宁人。贤曾举进士,长于《春秋》,著有《春秋记愚》十卷。

【金忠】 见"也先土干"。(24页)

【金顺】 见"阿鲁哥失里"。(291页)

【金钦】(?—1?) 西汉大臣。匈奴休屠胡(屠各胡)人。都成侯*金安上孙,长信少府*金涉从弟。初为太子门大夫。哀帝(公元前7年—公元前1年在位)即位后,为太中大夫给事中。奉命主持帝祖母傅太后葬送之事,擢为泰山、弘农太守,有政绩,著威名。平帝(公元前1年—公元5年在位)即位,征为大司马司直(一作大司徒司直)。元始元年(公元1年),任京兆尹,徙光禄大夫、侍中,袭都成侯。不久,以失礼不敬,惑众乱国罪,下狱自杀(一说为王莽诛)。

【金娘】(?—1787) 清代台湾林爽文起义领导人之一。台湾凤山(今高雄)下淡水人。高山族。招汉族洪标入赘为夫。中年时因染疾曾跟人学画符治病,病愈后,便一直给他人医疾;乾隆五十一年(1786),林爽文在台湾北路发动武装反清,南路以庄大田为首揭竿响应,自称元帅。闻其能请神、治病,在攻打狗港时,请她祭天。后替义军治愈伤病,被庄大田聘为军师,尊称为仙姑。起义军攻破凤山县后,被林爽文封为柱国夫人,位一品。起义失败后被捕,遭官府杀害。一说卒于乾隆五十三年(1788)。

【金涉】 西汉大臣。匈奴休屠胡(屠各胡)人。卫尉*金敞长子。成帝(公元前33年—公元前7年在位)时,为侍中骑都尉,领三辅胡越骑。曾与长乐少府戴崇等举荐王莽,使莽为汉帝所重用。哀帝(公元前7年—公元前1年在位)时,任奉车都尉,官至长信少府。为当世名士,诸儒称之。

【金崖】(?—433?) 北魏将领。平凉(治今甘肃平凉)休屠胡(屠各胡)人。官拜征西将军。北魏延和二年(433),与安定镇将延普争权,举兵攻普,不克,退保胡空谷,据险自固。旋为安定镇将陆俟所败,被执杀。从弟金当川代领其众。

【金敞】(?—公元前20年) 西汉大臣。匈奴休屠胡(屠各胡)人。建章卫尉*金安上次子。元帝为太子时,为中庶子,获宠。元帝即位后,为骑都尉、中郎将侍中。与太傅萧望之等同心辅政,多所匡正。后事成帝,为奉车都尉。河平四年(公元前25年),为水衡都尉。阳朔元年(公元前24年),官卫尉。史称"为人正直",左右惮之。

【金赏】(?—公元前42年) 西汉大臣。匈奴休屠胡(屠各胡)人。休屠王孙,*金日磾次子。初为侍中,与昭帝略同年,共卧起,赏奉车都尉。始元二年(公元前85年),八九岁,嗣秺侯。妻大将军霍光女。宣帝甘露四年(公元前50年),任太仆。永光元年(公元前43年),为光禄勋。卒,无子。

【金简】(?—1794) 清朝大臣。汉军正黄旗人。朝鲜族。金氏。武备院卿三保子。初隶内务府汉军。乾隆中授内务府笔帖式,累迁奉宸院卿,赐姓金佳氏。乾隆三十七年(1772),授总管内务府大臣,监武英殿刻书,充《四库全书》副总裁,专司考核督催。三十九年,授户部侍郎,管钱法堂,任镶黄旗汉军副都统。四十三年(1778),奉命编纂《四库荟要》,署工部尚书。受命赴盛京(今沈阳)查平允库项亏短事,奏定盛京银库章程。四十六年(1781),受命总理工部。四十八年,擢工部尚书、镶黄旗汉军都统。翌年,请疏浚卢沟桥中泓五孔水道,并请定三四年疏浚一次。曾以文学获主知,改译辽、金、元三史人地官名,复以三史国语解重加编次,刊于原史之前。五十七年(1792),调吏部尚书。谥勤恪。

【金溶】 清朝官员。字广蕴。回族。顺天大兴(今北京)人。雍正八年(1730)进士,以刑部员外郎擢山东道监察御史。乾隆帝即位,诏征直言之士,曾奏疏安民五事,主张轻徭薄赋,提出富民即富国的主张。乾隆九年(1744),湖广总督孙嘉淦被罚修顺义城。他进言谏阻,以免他人预作受罚之计,而相率贪污,被革职。后调任福建漳州知府任内,惩治地方恶吏,深受民众爱戴。乾隆十三年(1748),以福建大旱,米粮腾贵,平粜粮米,劝富家出粜,弛台湾米入内地之禁,以缓灾情,民赖以安。重视文治。修文庙乐器,增书院学子费用,以便安心求学。后调台湾道,补陕西盐驿道,署布政使、按察使,调浙江粮道。因与巡抚陈学鹏不睦,告老归家,卒年七十三。

【金椳】 清代满族女诗人。字韵香。完颜氏。侍卫费莫英志妻,知府文禧母。著有《绿芸轩诗钞》。

【金干干】 见"柳天成"。(385页)

【金大车】(约1493—1536) 明代诗人。字有,号方山子。回族。金陵(今南京)人。其父进士出身,官至延平府(治今福建南平)知府。自幼受良好教育,博览艺文。多次应试不中,书剑飘零。年四十四卒于旅途。著有《金子有集》。

【金大舆】 明代诗人。回族。字子坤。*金大车弟。先世乃西域默伽国人。太祖朱元璋时来华,授鸿胪卿,遂定居金陵(今南京)。因落拓不第,生活清寒。"游思愤籍,极意迷造,通览六纬、穷研五际。"善诗,古体学魏晋之建安、元康之风,近体效唐朝贞观开元之格。时人评其诗"其气弘以畅,其词瞻以靡,其调和以雅,其音貌以玄,铸自精心,可称高手"。并比之于晋朝之陶渊明。著有诗集《金子坤集》行世。

【金万照】(1838—1872) 清代贵州农民起义首领、宗教学家。回族。号盛斗,人称"金二阿訇"。祖籍云南澄江,以经商为业。幼习伊斯兰教经典,通晓阿拉伯文。曾游学甘肃,探索哲赫林耶教义,深研伊斯兰教各种经典哲学,返云南,从事讲学,推行哲赫林耶教门,是该派在云南的"大尔林"("大学者")之一。在云、贵两省回民中享有较高威望。年长任元兴(今元江县)营乘府。应贵州盘县回民反清起义首领张凌翔、马河图号召,借"招抚"之名,于同治元年(1862)率八百余壮士赴贵州兴仁与义军会师,被推为"经略大臣",共建农民革命临时政府。制定《民族平等条例》、《保护行商条例》,并废除苛捐杂税,开仓济贫,镇压土豪劣绅,得到回、汉、苗、布依、彝等族人民拥戴。三年(1864)十一月,兴仁保卫战中,张凌翔、马河图壮烈牺牲后,他领导义军同贵州新任提督周达武之湘军转战黔西达八年之久。十一年(1872)十月,在保卫新城的战斗中,弹尽粮绝,幻想通过谈判以牺牲一家性命换取全城生命,结果被害于贵阳。

【金义宗】 见"完颜守绪"。(253页)

【金太祖】 见"完颜阿骨打"。(262页)

【金天柱】 清代伊斯兰教学者。回族。字北高,江苏石城(今南京)人。文雅有才思,通中西之学。乾隆二年(1737),官翰林西译馆正教序班。著有《清真释疑》,后人补入宗教及回族史料不少,刻为《清真释疑补辑》。今传世有光绪七年(1881)京都(今北京)清真寺藏板。

【金日䃅】(日音密,䃅音低)(公元前134年—公元前86年)西汉大臣。字翁叔。匈奴*休屠王之子。武帝元狩二年(公元前121年),其父与昆邪王为汉将霍去病所败,丧师惨重,并失匈奴祭天金人,恐单于治罪,谋降汉,后毁约,为昆邪王所杀,并其众降汉,他与母、弟俱没入官,输黄门养马。因安于职守,卓有成效,被封为马监,复迁侍中驸马都尉光禄大夫,入侍左右,以谨慎自守,未尝有失,深受器重。因休屠王原拥有祭天金人以祭天主,故赐姓金氏。后元元年(公元前88年),察觉侍中莽何罗谋逆,擒缚之,救汉帝于难。次年,以功封车骑将军。武帝临终前,与大司马霍光等受遗诏辅少主昭帝,封秺侯,食邑二千二百一十八户。辅政岁余,病故,谥秺敬侯。

【金公趾】 明代音乐家、书法家。名初麟。回回人。云南晋宁人。其祖父乃甲科,父金伟。以乡荐,任江西万安县令。因弹劾钱士晋,被罢官。与明旅行家徐霞客友好。善歌,知音律,家有歌童声妓,又善书,其字颇肖明代书法家董其昌。

【金世宗】 见"完颜雍"。(248页)

【金世祖】 见"劾里钵"。(373页)

【金台石】 见"锦台什"。(566页)

【金当川】(?—434) 北魏时平凉(治今甘肃平凉)休屠胡(屠各胡)首领。征西将军*金崖从弟。北魏延和二年(433),从兄因争权为魏将执杀后,被部众推举为首领。次年,率众围攻魏阴密。四月,为魏征大将军常山王拓跋素所败,被执杀。

【金安上】(?—公元前55?年) 西汉大臣。匈奴休屠胡(屠各胡)人。字子侯。*金日䃅侄,金伦子。少为侍中,史称"惇笃有智",为宣帝钟爱。以举发楚王刘延寿反谋,赐爵关内侯,食邑三百户。地节四年(公元前66年),以参与平定霍禹反谋,封都成侯,食邑千七百七十一户,官至建章卫尉。曾奉命诘问御史大夫萧望之轻丞相丙吉罪。卒,谥敬侯。

【金废帝】 见"完颜亮"。(247页)

【金肃宗】 见"颇剌淑"。(521页)

【金始祖】 见"函普"。(383页)

【金相印】(?—1877) 清代新疆回民反清暴动首领。初为排素巴特(今伽师)屯田民。同治三年(1864)六月,与布鲁特(今柯尔克孜)人思的克起兵反清,占据喀什噶尔回城(今喀什市),继陷叶尔羌、和阗等城。后因内讧,奉命赴浩罕迎伊斯兰教白山派和卓后裔入新疆。浩罕军官阿古柏与之同来。光绪三年(1877),被清军查获处死。

【金哀宗】 见"完颜守绪"。(253页)

【金宣宗】 见"完颜珣"。(247页)

【金康宗】 见"乌雅束"。(73页)

【金章宗】 见"完颜璟"。(249页)

【金景祖】 见"乌古乃"。(72页)

【金牌黄】 明洪武年间苗族暴动首领。贵州清水江中平人。苗族。洪武二十九年(1396),率领苗民聚众暴动,遭贵州都司发兵镇压,藏匿土官宣慰宋诚家中,幸免于难,暴动群众五百余人被捕获。

【金献祖】 见"绥可"。(477页)

【金熙宗】 见"完颜亶"。(248页)

【金睿宗】 见"完颜宗辅"。(256页)

【金穆宗】 见"盈歌"。(414页)

【金二阿訇】 见"金万照"。(367页)

【金卫绍王】 见"完颜永济"。(251页)

【金城公主】(?—739) 和亲吐蕃之唐公主。中宗养女,雍王李宗(或作守)礼女,吐蕃赞普赤松德赞之母。景龙三年(709),吐蕃赞普赤德祖赞(弃隶缩赞)遣使向唐请婚,获允,遂以其与之联姻。由吐蕃使臣尚赞咄名悉腊(藏籍称尚·赞咄热拉金)及唐左卫大将军杨矩持节护送赴吐蕃,中宗亲送至始平县(后改金城县)。次年,抵逻些(今拉萨),深受赞普尊崇,居逻些之鹿苑。后,唐又以河西九曲之地为其汤沐之所。时唐蕃关系虽有所缓和,双方边将的摩擦仍时有发生。她始终致力于唐蕃和好。开元四年(716),受唐赐锦帛等物,奉表谢恩,并向玄宗献金鋬等,以期唐蕃重新和好。十九年(731),派人向唐求请《毛诗》、《礼记》、《左传》、《文选》各一部,使这些汉籍传入吐蕃。二十一年(733)二月,致书唐室,建言唐蕃界,导致于赤岭划界立碑互市。七月,吐蕃赞普派宰相论纥野赞赴唐通好。对汉藏经济、文化交流与和好作出贡献。她将文成公主带去的释迦佛像由小昭寺移供于大昭寺,并开创朝佛仪式。二十七年(739)卒,赞普派人赴唐告丧。唐为其举哀于光顺门外,且辍朝三日。

【金海陵王】 见"完颜亮"。(247页)

【受速】 见"完颜齐"。(246页)

【受罗部真可汗】 见"予成"。(90页)

【狐毛】 春秋时晋国大夫。属白狄狐氏。*狐突子,*狐偃兄。周惠王二十一年(公元前656年),晋国内乱,太子申生被迫自杀,公子重耳、夷吾出亡。翌年,随重耳亡入白狄,居狄十二年后,又随重耳先后入卫、齐、曹、宋、郑、楚、秦诸国。周襄王十六年(公元前636年),助重耳归晋继君位,佐晋文公成霸业。

【狐突】(?—公元前637年) 春秋时晋国大夫。字伯行。晋文公重耳的外祖父。属白狄狐氏。周惠王二十一年(公元前656年),晋国内乱,翌年,其二子狐毛、狐偃随晋公子重耳出亡,入白狄及齐、楚、秦等国。周襄王十五年(公元前637年),晋惠公卒,子圉立,惧重耳返晋,遂令他召还狐毛、狐偃,以绝重耳之臂膀。因拒命被囚,不屈而死。

【狐姬】 春秋时晋献公的夫人。属白狄狐氏。*狐突女。生晋文公重耳。

【狐偃】(?—公元前622年) 春秋时晋国大夫。字子犯。晋文公重耳舅父,故亦称"舅犯"、"咎犯"。属白狄狐氏。*狐突子。周惠王二十一年(晋献公二十一年,前656),晋国内乱,太子申生被迫自杀,公子重耳、夷吾出亡。翌年,与兄狐毛及晋大夫赵衰等随重耳逃入白狄避难。居狄十二年后,又先后入卫、齐、曹、宋、郑、楚、秦诸国,与秦、晋大夫会盟。周襄王十六年(公元前636年),辅佐重耳归晋继君位,改革内政,整顿军队,主张以诚待下,赏罚功过,讲究兵不厌诈等战术。城濮一战,与先轸等率晋军大败楚师,得首功。为文公建立霸业多有建树。文公卒后,又辅佐其子晋襄公六年而卒。

【狐鹿姑单于】(?—公元前85年) 汉代匈奴单于。李鞮氏。*且鞮侯单于子。原任左贤王。武帝太始元年(公元前96年)父死,弟主大将嗣。旋使弟禅让,得嗣位。以弟为左贤王,以待传位于弟。不数年,弟死,更立己子为左贤王,作单于继承人。征和二年(公元前91年),扰汉上谷、五原,杀掠吏民。三年,犯五原、酒泉,杀两都尉。继败汉贰师将军李广利于范夫人城(约在今内蒙古百灵庙北),收降之。次年,遣使至汉以和亲,要汉开关市,嫁室女,赠财物,后因拘汉使乃罢。后元二年(公元前87年),复以兵犯朔方。

【肫图】 清朝宗室、学者。字溥仁。满族。简仪亲王德沛从弟。著《理象解原》四卷、《书经直解》、《诗解正宗》及《一学三贯清文鉴》。

【朋春】(?—1701) 亦作彭春。清朝将领。满洲正红旗人。栋鄂氏。先世居瓦尔喀,后迁至栋鄂(今辽宁桓仁西),别为一部,故以地为姓。哲尔本子。顺治九年(1652),袭父一等公爵。康熙十五年(1676),加太子太保。授正红旗蒙古副都统。二十一年(1682),奉命与郎坦沿黑龙江行围,侦沙俄窃踞之雅克萨(今苏联斯科沃罗丁诺以南,时为我国领土)居址形势,历时四个月,出色完成委命,并筹划抗击沙俄侵略。擢正红旗满洲副都统。二十四年(1685),率八旗及山东藤牌兵进围雅克萨,迫使俄军投降,毁城而还。二十九年(1690),随裕亲王福全征讨准噶尔部噶尔丹叛乱,参赞军务,率右翼至乌兰布通(今内蒙古克什克腾旗南),因其军为河岸泥淖所阻,未与噶尔丹军直接交战。师旋,以不追剿罪降四级留任。三十五年(1696),康熙帝统六师分三路进讨噶尔丹。参赞抚远大将军费扬古军务,出西路,败噶尔丹主力万余人于昭莫多(今蒙古乌兰巴托东南),噶尔丹仅以身免。三十八年(1699),以病解职。四十年(1701),疾卒。

【朋素克】 ①清朝蒙古王公。喀尔喀车臣汗部人。博尔济吉特氏。车臣汗*乌默客叔父。初号伊勒登台吉。康熙二十七年(1688),以准噶尔部噶尔丹扰掠喀喀,与乌默客归清,授济农,驻牧乌珠穆沁界外布哈和赖。二十八年,授札萨克。三十年(1691),至多伦诺尔会盟,封固山贝子、兼札萨克。后徙牧呼济尔图布咙。三十四年(1695),以噶尔丹掠巴颜乌兰,复归牧布哈和赖。三十五年,率次子恭格三丕勒从征噶尔丹,并遣护卫穆扎哈尔为清军向导。随平北大将军马思喀进剿,与费扬古军配合，大败噶尔丹于昭莫多(今蒙古乌兰巴托东南)，因功晋封多罗郡王。赐牧乌兰布拉克，授盟长，赐名达尔汉。六十一年(1722)，因侵吞驼丁赏，勒买民妇，受罚。雍正五年(1727)，以老罢职。②(？—1799) 清代卫拉特蒙古准噶尔部台吉。*憨都(罕都)孙，色布腾旺布嗣子。乾隆十三年(1748)，降袭札萨克固山贝子。二十六年(1761)，定牧于鄂尔浑河流域之乌兰乌苏，受命隶喀尔喀赛音诺颜部。后以强取族台吉为己属，获罪，被削职。五十六年(1791)，因车凌多尔济无嗣，复受命袭爵。

【朋楚克】(？—1669) 清代卫拉特蒙古土尔扈特部汗王。*书库尔岱青子。顺治十八年(1661)，继位。继续奉行其父的既定政策，加强与清朝的和好联系，缓和与俄国的关系。为加强与准噶尔部的传统友谊，继续发展联姻，娶准噶尔部首领巴图尔珲台吉之女为妻，并将子阿玉奇自幼寄养于外祖父处。曾奉父命参加与俄国的谈判。执政后对俄国奉行和解政策。清康熙三年(1664)，主动将巴什基尔和鞑靼封建主联合反对俄国的计划告知俄国政府，建议俄国政府沿伏尔加河、顿河、乌拉尔河一带修筑工事，以御克里木汗国可能的进攻，并再次拒绝克里木汗国封建主联合反对俄国的提议。曾一度协助俄国镇压斯杰潘·拉辛领导的农民起义。约于康熙八年(1669)逝世，长子阿玉奇继位。

【朋素克旺勒】(？—1735) 清代卫拉特蒙古和硕特部台吉。姓博尔济吉特，青海*固始汗四世孙，额尔克巴勒珠尔子。康熙四十六年(1707)，袭多罗贝勒爵，授札萨克。五十五年(1716)，受命领兵驻噶斯防准噶尔。雍正元年(1723)，因受罗卜藏丹津裹胁，以兵掠族台吉郡王额尔德尼额尔克托克托鼐游牧。及至罗卜藏丹津被清军击败，势渐孤，遂擒吹喇克诺木齐宰桑等请降。不久，吹喇克诺木齐出逃，复奉奋威将军岳钟琪命擒之。清廷以其识时慕义，仍予保留封爵。四年(1726)，受命进京朝觐，晋多罗郡王。

【朋素克喇布坦】①(？—1712)清朝蒙古王公。喀尔喀札萨克图汗部人。博尔济吉特氏。萨玛弟子。康熙二十五年(1686)，嗣额尔德尼济农号。遣使向清入贡。受康熙帝命调解成衮与土谢图汗察珲多尔济关系导之和好。三十年(1691)，至多伦诺尔会盟，除济农号，封札萨克多罗郡王。三十六年授盟长。②(？—1746) 清朝蒙古王公。喀尔喀土谢图汗部人。博尔济吉特氏。郡王车木楚克纳木扎勒弟。初授协理台吉，隶车木楚克纳木扎勒旗。康熙五十四年(1715)，随右卫将军费扬古赴扎布堪，防御准噶尔部策妄阿喇布坦。五十五年，分兵驻额德尔。五十六年，随和托辉特辅国公博贝擒鲁特宰桑罗卜藏锡喇布等，降其众。五十八年(1719)，捐羊十万于巴里坤军。五十九年，随征西将军祁里德征厄鲁特，收降宰桑色布腾。雍正八年(1730)，析其兄车木楚克纳木扎勒二佐领辖之，别为一旗，授札萨克一等台吉。十年(1732)，以噶尔丹策凌遣大策凌敦多布掠喀尔喀牧地，至额尔德尼昭，他领兵随征。

【肥子】 见"绵皋"。(521页)

【兔花】 见"耶律秀花"。(313页)

【兔力帖木儿】(？—1425) 明代哈密忠义王。蒙古贵族。忠顺王脱脱从弟。永乐九年(1411)，封忠义王，受命世守哈密。翌年，遣使贡马，请于哈密置僧纲司，以僧速都剌失为都纲，获允。自是岁贡不断，常贡马千余匹。十七年(1419)，因礼待往来西域之朝使，获成祖所赐绮帛各七十匹。未几，遣使告瓦剌贤义王掠其境，明廷遣使责太平等。洪熙元年(1425)，卒。翌年，明廷遣官赐祭。

【忽古】 见"萧忽古"。(484页)

【忽秃】(？—1217) 又作忽都、和都。蒙古国建立前蔑儿乞部首领之一。兀都亦惕氏。部长脱脱子(《史集》作弟)。随父屡与蒙古部争战。宋庆元四年(1198)，为克烈部王罕所败，归降。次年，乘王罕遭乃蛮部将曲薛兀撒八剌袭击之机，逃巴儿忽真隘(今巴尔古津河流域)，奔其父所。六年(1200)，与哈答斤、散只兀等十一部会于阿雷泉，联兵进攻蒙古部铁木真及克烈部王罕，兵败捕鱼儿海子(今贝加尔湖)。次年，又与诸部会于刊河(今根河)，共推札只剌部札木合为古儿罕，袭击铁木真，复败于海剌儿河(今海拉尔河)。嘉泰二年(1202)，联合乃蛮、朵儿边、哈答斤、散只兀等部与铁木真、王罕战于阔亦田(今哈拉哈河上源)，败绩。四年(1204)，蔑儿乞部为铁木真败于撒里川，随父奔乃蛮部不欲鲁罕，后逃也儿的石河(今额尔齐斯河)一带。嘉定元年(1208，一说开禧元年，1205)，遭蒙古军追击，父被杀，遂逃畏兀儿地区。十年，于垂河被蒙古大将速不台追杀。

【忽辛】(？—1310) 元朝大臣。回回人。云南行省平章*赛典赤·赡思丁第三子。至元初，以世臣子充宿卫，获忽必烈赏识。十四年(1277)，任兵部郎中。次年，出为河南等路宣慰司同知。历任云南诸路、陕西道转运使、燕南河北道宣慰司同知、南京总管、两浙盐运使等职。大德元年(1297)，任云南行省右丞，任内整治弊政，裁减王府宿卫名额，严格控制军粮发放，整顿赋税，严惩贪官，大兴文风，遍设庙学，对土官采取羁縻策略，取得良好效果。五年(1301)，遣使说服缅王，改善与缅关系。八年(1304)，任四川行省右丞，改江浙行省左丞。至大元年(1308)，任江西行省平章政事，拜荣禄大夫。次年，以母老谢职归养。卒，追封雍国公，谥忠简。

【忽怜】 元朝将领。蒙古亦乞列思氏。札忽儿臣子。尚宪宗蒙哥汗女伯牙罕公主。世祖至元十四年(1277)，以诸王脱黑帖木儿劫持汗子北平王那木罕作乱，奉令讨叛，大败敌军，因功复尚宪宗孙女不兰奚公主。南宋亡，赐广州民户为食邑。二十四年(1287)，随汗征叛王乃颜，大败叛党合丹军于程火失温，迫合丹遁走。逾年，复败叛党于曲列儿、塔兀儿河，追歼余众。又逾年，大败合丹于兀剌河(今松花江)，因功赐"拔都"(勇士)称号，死后追封昌王。

【忽剌】 见"完颜文"。(245页)
【忽都】 见"忽秃"。(369页)
【忽鲁】 见"完颜京"。(247页)
【忽察】 又作火者。蒙古国宗王。孛儿只斤氏。*贵由汗长子。贵由汗三年(1248)汗死后，辅佐母海迷失摄政。以己为前汗嫡长子，图嗣汗位。闻拔都等诸王于阿剌脱忽剌兀的族众会上倡戴蒙哥嗣位，怀怨，以大会非在斡难河(今鄂嫩河)、怯绿连河(今克鲁伦河)蒙古本土召开为由，拒赴朔戴大会。定宗后海迷失称制三年(1251)，虽允诺亲赴在怯绿连河之阔帖兀阿阑再次召开的族众会议，仍拖延不行，后期不至，并与弟脑忽及失烈门等相结，欲以祝贺为名，备兵谋变，事泄被执，从叛者七十余人被杀，以本人年幼，为人所误，免死，禁锢于军营。

【忽歹达】 东察合台汗国大臣。朵豁剌惕氏。播鲁只之子。其父扶立秃黑鲁·帖木儿为东察合台汗国第一代汗，自是，该族控制军国大权，成为察合台汗国东部最大的地方势力，阿克苏、喀什噶尔、叶尔羌与和田等地区为其世袭领地。其叔怯马鲁丁篡夺汗位达二十五年之久，死后，他扶立秃黑鲁·帖木儿幼子黑的儿火者为汗，权势益重，享有黑的儿火者赐予之十二种特权。后又相继拥立过五位汗：沙迷查干(1403—1408)、马哈麻(1408—1415)、纳黑失只罕(1415—1418)、失儿马哈麻(1418—1421)和歪思(1421—1428)。晚年去朝圣，死于麦加。

【忽必来】 ①(?—1211) 又作虎必来。蒙古国大将。八鲁剌氏。以雄勇著称。早年与弟忽都思投靠铁木真(成吉思汗)，随从参加统一蒙古各部战争。宋淳熙十六年(1189)，共同拥戴铁木真为蒙古部汗，充"云都赤"(佩刀侍卫)。嘉泰二年(1202)，受命整顿军纪，对战争中违令私掠财物之阿勒坛、忽察儿等予以惩治，籍没其所掠财物。四年，充先锋，征乃蛮部，威震群敌，战功居多。开禧二年(1206)蒙古国建立时，封千户长，并总管汗国军务。为十大功臣之一，与者勒蔑、哲别、速不台并称"四獒"。据《史集》载，其所辖千户隶属成吉思汗第五子阔列坚。后统兵西征哈剌鲁，成吉思汗六年(1211)，迫使哈剌鲁部主阿儿思兰汗归降，并携其至怯绿连河(今克智伦河)行宫朝觐成吉思汗。旋卒。②见"忽图剌"。(370页)

【忽必烈】(1215—1294) 又作呼必赉。元朝创建者。蒙古孛儿只斤氏。*成吉思汗第四子*拖雷之子，*蒙哥汗弟。蒙古语尊称薛禅(意为"贤者")皇帝。为藩王时，便"思大有为于天下"，召藩府僚及四方有识之士，问以治道。蒙哥汗元年(1251)，受命掌漠南汉地军国庶事，驻爪忽都。相继遣使抚治邢州；力阻官吏肆杀无辜；置五仓令民入粟，以资军行；立经略司于汴，整顿河南军政，屯田唐、邓，均卓有成效。三年，受京兆分地，遂立屯田，兴农业，举汉儒，建学校，遣将校，戍诸州；印交钞，佐经用，使关陇大治。同年，与大将兀良合台分军征云南，收降摩沙蛮、白蛮，灭大理。六年(1256)，开府于桓州东、滦水北之龙岗，后建成开平府(今内蒙古正蓝旗东闪电河北岸)。同年，益怀州为分地。因地广权重，遭亲贵忌谗，致使蒙哥汗生疑，他纳姚枢议，遣家小入质和林(今蒙古哈尔和林)，并亲自入觐，始解疑。八年(1258)，从汗征南宋，次年，统军围鄂州(今武昌)。闻蒙哥汗死讯，又得知弟阿里不哥欲谋汗位，遂与宋约和，罢兵北还。宋景定元年(1260)三月，由合丹、塔察儿等诸王朔戴，即汗位于开平，建元中统。鉴于蒙古"武功迭兴，文治多缺"的状况，提倡文治，推行汉法，以适应对中原地区的统治。同年四月，阿里不哥纠合西北诸王在和林自立为汗，引起内讧。中统三年(1262)，平定李璮之乱。至元元年(1264)，平息阿里不哥之乱，迫其归降。继将统治中心由开平南迁燕京(今北京)，复称中都。升开平为上都，作驻夏之地。八年(1271)，依中原传统，改大蒙古国国号为大元。翌年改中都为大都，确定为首都。即位后，采纳汉族士大夫建议，"近取金、宋，远法汉、唐"，日臻完善国家机构，在保留蒙古原有的"达鲁花赤"(镇守官)、"札鲁花赤"(断事官)等官制外，在中央，由中书省总政务，枢密院掌兵权，御史台主掌纠察百官，在中书省下设吏、户、礼、兵、刑、工六部；在各地分设十路宣抚司，后陆续在全国建立十个行中书省，下设路、府、州、县，加强了中央集权制封建政权。政权稳定后，重新发动对宋战争，十年(1273)，取汉水中游军事重镇襄阳、樊城，次年以伯颜为统帅大举伐宋。十三年(1276)，占临安，收降南宋皇室。十五、十六年，相继破文天祥、陆秀夫、张世杰等抗元力量，灭宋，统一全中国，建立中国历史上第一个少数民族统治的王朝。这一时期，内战未断，北有乃颜之乱，西有海都称兵。二十四年(1287)，平息乃颜，终世祖一朝屡破海都对和林等地的进犯，维护了广大边疆的安全。同时，不断对邻国进犯，多次出兵安南、占城、缅国，至元十一(1274)、十八年(1281)，两征日本，二十九年(1292)，进兵爪哇，均遭失败。其统治时期，中国出现空前规模的统一局面，结束数百年来南北对峙，诸国并立状态，促进国内各民族间经济文化交流及对边疆地区的开发，推进了中国统一的多民族国家的发展。锐意改革，在经济上，实行"以农桑的本"的重农政策，举农桑、扩屯田、修水利；在政治上，广行汉法，建行省制度，定朝仪，立官制，制法律；在文化上，奖励文士，兴学校，设国子学，颁行八思巴蒙古新字，促进了社会的繁荣。成宗铁穆耳即位后，追谥圣德神功文武皇帝，庙号世祖。

【忽沙虎】 见"纥石烈执中"。(183页)

【忽林失】 元朝将领。蒙古八鲁剌思氏。瓮吉剌带子。至元(1264—1294)中，任宿卫，事皇孙铁穆耳。后随从北征叛王乃颜党哈丹等，以功忽必烈汗赏赐，领太府监。继从宁王阔阔出、海山战海都、笃哇。以功拜翰林承旨。旋改万户，战斡罗思、察八儿。至大(1308—1311)中，拜司徒。后继仕仁宗爱育黎拔力八达。

【忽图剌】 又作忽都剌、忽必来。蒙古部贵族首领。孛儿只斤氏。*合不勒罕之子。勇力过人。俺巴孩罕被塔塔儿部执送金廷处死后,嗣为蒙古近亲诸部首领,称罕(汗)。为复仇,屡用兵于金沿边地区,数败金讨剿之兵。一说宋绍兴十六年(1146)统兵攻金,败金戍兵,掠获而还,继败金都元帅完颜宗弼(兀术)讨剿之兵。次年金遣使议和,割西平河以北二十七团寨,岁遗牛羊米豆与蒙古。同时率部与塔塔儿部交战达十三次。三十二年(1162),败塔塔儿兵,俘获其首领铁木真兀格、豁里不花。

【忽剌出】(？—1286) 元朝大臣。蒙古人。涿州路达鲁花赤直脱儿孙。袭职为益都路蒙古万户,授昭勇大将军。至元十二年(1275),领山东诸军攻宋,大败宋将孙虎臣水师于丁家洲,破张世杰舟师于焦山江中,取常州,从丞相伯颜败宋军于长桥。十三年,会诸军取临安(今杭州)。从丞相阿术攻淮东,执宋淮东制置使李庭芝,平江南。迁湖州路达鲁花赤。次年,进镇国上将军、淮东宣慰使。奉命屯守上都。十五年,任南台御史中丞。十九年(1282),改福建行省左丞。次年,调江浙行省。二十三年,升平章政事。卒于任。

【忽哥赤】 元朝蒙古宗王。孛儿只斤氏。元世祖*忽必烈子。至元四年(1267),封云南王,出镇云南,并兼辖大理、鄯阐、察罕章、合剌章、赤秃哥儿、金齿等地,立大理等处行六部治之。受命诏谕安南,使其王来朝,子弟入质,编民出军役,纳赋税,置达鲁花赤以治其地。五年,应安南王之请,受命助安南王抵御占城、真腊之入扰。时大理等处三十七部宣慰使都元帅宝合丁久据其地,心怀异志,深忌王至,与王傅阔阔带相结谋逆。约于至元六、七年(1269—1270),为宝合丁等毒死。

【忽思慧】 元朝名医。回回人。擅长营养学。天历三年(1330),编成《饮膳正要》三卷,广泛辑录历代名医秘方、验方及蒙古地区的饮食疗法,如牧区的饮食马奶、牛骨髓等,汇饮食营养学和药物学知识为一体,是一部较完整的营养学著作。该书将食物分为米谷、兽、禽、鱼、果、菜、料物七类,论述其性能,并附插图说明。强调异地食物要与本地水土气候相宜,以免致病。注意饮食卫生,以绢巾蒙侍者口鼻,以免气息触大汗之食物。不少药物、药方及饮食名称是以蒙语译音记载的。

【忽都台】 蒙古国蒙哥汗皇后。弘吉剌氏。忙哥陈女。《史集》作亦乞列思氏兀鲁带之女。生班秃、玉龙答失二子。早卒,后妹也速儿继为妃。至元三年(1266),追谥贞节皇后。

【忽都合】 又译忽都花、库都喀,或称忽都合别乞。蒙古斡亦剌部首领。善巫术,称"别乞"(萨蛮巫师首领称号)。宋嘉泰元年(1201),与哈答斤等十一部盟于刊河(今根河),共推扎只剌部札木合为"古儿罕",联兵与铁木真、克烈部王罕战于海剌儿河(今海拉尔河),兵败。次年,与乃蛮等联兵战蒙古部,复败于阔亦田之地(今哈拉哈河上源处)。后归依克烈部。三年(1203),与札木合等谋害克烈部王罕,事泄,逃依乃蛮部。四年(1204),与乃蛮等结盟,复为铁木真败于纳忽山(今鄂尔浑河东土拉河西)。遂率部牧猎于失思吉思(今锡什锡德河)一带。元太祖二年(1207),成吉思汗派长子术赤率右翼军征"林木中百姓",忽都合率部迎降,并引术赤军沿锡什锡德河北上,降服斡亦剌其他支系、不里牙惕等十余部(一说其降于1208年,术赤征乞儿吉思事在1218年)。十二年(1217),奉命攻秃马惕部叛军。平叛后,成吉思汗将该部已故诸颜妃子孛脱灰·塔儿浑赐之。自是,斡亦剌势力进入秃马惕故地谦河之八河口。以功,成吉思汗命其统斡亦剌部四千户,并以女扯扯干公主及术赤女火雷公主分别适其子脱劣勒赤和亦纳勒赤。其女斡兀立海迷失亦适蒙哥汗(一说适贵由汗),深受宠幸。有元一代,其后裔历任要职,与蒙古皇室联姻不绝。

【忽都花】 见"忽都合"。(371页)

【忽都虎】 又作忽都忽、胡土虎、失吉忽秃忽,汉人称其为胡丞相,通称忽都忽那颜(那颜,意为官人)。蒙古国首任也可札鲁花赤(大断事官)。塔塔儿氏。南宋庆元二年(1196),本部遭金军及蒙古军袭击,兵败,被获,为成吉思汗母月伦收为养子,后随从成吉思汗统一蒙古各部,以善射著称。开禧二年(1206)蒙古国建立时,封千户长,任札鲁花赤,掌政刑财赋,立"青册"记载各种事宜,使蒙古初具成文法。成吉思汗六年(1211),随从征金,十年(1215),蒙古军攻占中都(今北京)后,受命检视帑藏,以拒绝私受礼物,深受汗嘉奖。后随汗西征,十七年(1222),率军攻战花剌子模主札阑丁,兵败。窝阔台汗四年(1232),随汗弟拖雷大败金兵于三峰山,尽歼金军精锐。六年(1234),灭金后,出任中州断事官,执掌政刑,并括籍中原民户,得续户一百一十余万。八年(1236),主持将中原诸州民户分赐诸王勋戚。受赐广平等处四千户为食邑。在任期间,决狱公正,他断案的原则奠定了蒙古刑制的基础。据《史集》载,卒于阿里不哥叛乱期间(1260—1264),享年八十二岁;一说年逾九十而卒。

【忽都剌】 见"忽图剌"。(370页)

【忽斜虎】 见"完颜仲德"。(252页)

【忽出哈敦】 蒙古斡亦剌部贵族脱劣勒赤之女,*成吉思汗外孙女。嫁钦察汗拔都之子秃罕为妻。其子忙哥帖木儿和脱答猛哥自1266年至1290年相继为钦察汗国君主。

【忽都答儿】 又作忽都带儿、忽都察儿等。元朝大臣。蒙古人。至元三年(1266),任中书左丞相。四年,降平章政事。七年(1270),复为左丞相。十二年(1275),请上皇帝、皇后尊号,未获允。二十一年(1284),赐其怯薛江南户钞武冈路新宁县五千户,计钞二百锭。延祐三年(1316),追封寿国公。

【忽鲁不花】 元朝大臣。蒙古人,一说为八邻氏。卜邻吉带子,中书右丞相*铁木迭儿伯父。通畏兀体蒙文。初任怯薛官。中统二年(1261),出任中书左丞相,三年,兼中书省都断事官。沁水渠成,谏言定制,以防豪权侵夺。至大四年(1311),追封归德王,谥忠献。

【忽亦勒答儿】 见"畏答儿"。（401页）
【忽林答胡土】 见"乌林答胡土"。（76页）
【忽都合别乞】 见"忽都合"。（371页）
【咎犯】 见"狐偃"。（368页）

【匋帔】(1164—1234) 又名爱帔。宋代云南西双版纳第三任召片领。傣族。匋杭冷长子。南宋嘉定四年（傣历五七三年，1211），继父位，为景龙金殿国国主。弟伊俸叛乱，企图争王位，被其杀。端平元年（傣历五九六年，1234），被杀，因属于恶死，人皆惧之，故尊为一方鬼主，即地方神披勐（社神），以使其不为害于地方百姓，并岁时祭祀，以至后世。

【匋杭冷】(1143—1211) 又名凯冷。宋代云南西双版纳第二任召片领。傣族。叭真第四子，南宋绍熙三年（傣历五五四年，1192），继父位，为景龙金殿国国主，建元景泰。臣属中央王朝，成为南宋境内的一个地方政权。宋帝规定其九年一大贡，五年一小贡，封之为九江（澜沧江景洪附近一段）王。

【匋陇建仔】(1195—1257) 宋代云南西双版纳第四任召片领。傣族。匋帔子。南宋端平元年（傣历五九六年，1234），继父位，为景龙金殿国国主。颇能干。与外甥恭莱（又名莽嘎腊莱）所建兰那王国（即八百媳妇国，都清迈）关系甚密。恭莱划出部分地方为其汤沐邑，每年以金银质仪仗等器物敬送外祖父，他每年亦以马二十匹、母牛三十头、骡二十匹、盖毡二十床、钢刀二十把、食盐百驮回馈，致使两国关系和睦。

【周昉】(1847—1924) 清末民国初纳西族教育家和诗人。号兰坪。云南丽江石鼓人。周际昌之子。童年在战乱中渡过，中年考取秀才。光绪十五年（1889）始中举。对科举怀有不满，为开阔眼界，赴南洋观察振兴实业情况。留住新加坡，任华人家庭教师。归国后，任大理和弥勒等县教谕。卸任后返乡，提倡办小型工业，改建石鼓冲江河上的铁索桥和发展石鼓渡口的金沙江船渡。致力办教育，主讲雪山书院。光绪（1875—1908）末年，停止科举，兴办学堂。书院山长改为学务总董。任丽江第一任学务总董，热心于教育事业，继丽江县高等小学堂的建立，又先后创办石鼓高、初两等小学堂和兴文小学校，并写律诗，以"创业诚难守亦难"、"故园所乐稔桃李"的精神鼓励办好新学堂。民国初年，与纳西族一些诗友组织"桂香诗社"，相聚论新诗，任社长。所著诗文颇多，除刻印《江渔诗钞》集外，余皆焚烬。剑川名士周钟岳在诗集序中称："存古风近体百首，劝劝；规摩伊人，而飘逸洒脱，更进大化。一洗雕虫雾谷之习。"因其对教育等事业的贡献，获得地方人士特赠的"梓里模范"匾额。

【周几】(?—426) 即普几。北魏大臣。鲜卑普氏（后改周氏）。代人。顺阳侯周干子。以善射，为猎郎。明元帝即位，为殿中侍御史，掌宿卫禁兵，断决称职。迁左民尚书。以军功封交趾侯。太武帝焘以其多智勇，遣镇河南。常嫌奚斤等绥抚关中失和，斤等惧之。后进宋兵将军。始光三年（426），率洛州刺史于栗磾以万人袭陕城（今河南三门峡市西），卒于军。归葬平城，追赠交趾公，谥桓。

【周摇】 西魏、北周、隋将领。鲜卑普氏（后改周氏）。河南洛阳人。字世安。魏北平王右六肱孙，南荆州总管恕延子。少刚毅，有武艺。西魏时，官至开府仪同三司。557年，周闵帝即位，赐姓车非氏，封金水郡公。历凤、楚二州刺史。从平齐，以功超授柱国，晋封夔国公。未几，拜晋州总管。大象二年（580），徙封济北郡公，拜豫州总管。隋文帝即位，复姓周氏。开皇三年（583），任幽州总管、六州五十镇诸军事，修障塞以御突厥。越六载，徙寿、襄二州总管。卒年八十四，谥恭。

【周天孚】(?—1860) 清朝将领。回族。四川巴县（今属重庆）人。从兄天受镇压太平天国起义军，转战两广、江浙，荐保参将，留江苏补用。咸丰九年（1859），奉命入皖南，战太平军于泾县，旋又解金坛之围。十年，太平天国将领李世贤大举围金坛。天孚负隅拒守四十余日，粮尽，军变。于陷城先一日在逃亡路上为变兵所杀。追赠总兵，赐骑都尉世职，谥威毅。

【周天受】(?—1860) 清朝将领。回族。四川巴县（今属重庆）人。字百禄。咸丰（1851—1861）初，从向荣镇压广西太平天国起义军，转战湖南、湖北、江南，累官游击，赐号"沙拉吧依巴图鲁"。五年（1855），率川军赴安徽、福建援张芾攻起义军，授提督，督办浙江防务。后入安徽，复泾县。十年（1860），徽州为义军所破，败走庙埠，被击毙。赐骑都尉兼云骑尉世职，谥忠壮。以其弟天培、天孚先皆战死，清廷命于成都及本县合建专祠。

【周天培】(?—1859) 清朝将领。回族。四川巴县（今属重庆）人。字涵斋。由行伍从征广西太平天国起义军，累擢守备，隶向荣军。咸丰六年（1856），赐号"卫勇巴图鲁"。次年，因在浙江、镇江镇压义军，擢贵州定广协副将。八年（1858），授云南鹤丽镇总兵。受命赴浙江援其兄天受，先后转战江、浙、闽等省，作战果敢，出诸将之上。次年擢湖北提督，驻防浦口。是年冬，在江浦为太平军名将陈玉成军击毙。赠太子少保，赐骑都尉兼云骑尉世职，谥武壮。

【周冠南】(1875—1933) 变法维新的积极推行者。字鉴心。纳西族。云南丽江石鼓人。举人周兰坪子。出生于书香世家，从小学业优秀，长期受其父振兴实业思想的熏陶，有抱负。光绪二十七年（1901）举人。后被选送赴日本留学，为纳西族第一个出国留学生，读师范科。积极参加早期同盟会活动。三十二年（1906）回国，为刚建校一年的丽江府中学堂携回动物标本一套。次年，丽江府创办《丽江白话报》，是该报的积极支持者和主要撰稿人之一。提倡白话文，宣传变法维新，实业救国，抵御外侮。曾写过开发丽郡矿物资源方面的文章。历任丽江府中学堂、师范学堂、省立第三中学等校校长，为培养边地人才花了大半生心血。后曾任双柏、凤仪等县县长。政绩清廉，宣布永远革除奉献旧例。所遗《留日笔记》二册和《四川水利工程设计草稿》一册，现存丽江县图书馆。

【、】

【於扶罗】 见"持至尸逐侯单于"。(393页)

【於除鞬单于】(?—公元93年) 汉代北匈奴单于。原任右谷蠡王。东汉和帝永元三年(公元91年),兄北单于(史失其名)为汉将耿夔败于金微山(今阿尔泰山),逃遁不知所终,遂自立为单于。统众数千止于蒲类海(今新疆巴里坤湖),遣使款塞。次年,汉遣耿夔授以玺绶。五年(公元93年)自叛北还,为汉将兵长史王辅及中郎将任尚追杀。部众离散。自是鲜卑徙据其地,匈奴余众十余万落为鲜卑所并,皆自号鲜卑。

【劾里钵】(1039—1092) 即金世祖。宋代女真完颜部首领。景祖*乌古乃次子。辽咸雍十年(1074)父死后,继任部落联盟长,史称"劾里钵联盟"。同年,袭辽朝授予的节度使称号。为巩固在联盟中的统治地位,赠国相雅达马匹、财物,迫令其让位给乙弟颇剌淑,引起其叔跋黑与雅达之子桓赧、散达的反抗。遣颇剌淑领兵袭击,兵败。遂亲自率军涉奋很水,经贴割水讨之,杀百余人。后遣使议和,不成。继派族弟辞不失,大败桓赧骑兵,俘获大批车、甲、牛、马等。辽大安七年(1091),桓赧、散达归降。同时,命颇剌淑、辞不失等大败温都部乌春的反抗,俘斡勒部杯乃献于辽朝。不久,因居于活剌浑水的纥石烈部腊醅、麻产兄弟集合乌古论部骚腊勃堇和部落贵族挞懒等掠"野居女真",以兵败之,夺回被掠居民。至此,部落联盟进一步巩固和加强。金天会十五年(1137),追谥圣肃皇帝。皇统五年(1145),增谥世祖神武圣肃皇帝。

【京俄巴·楚臣拔】(1038—1103) 宋代藏传佛教噶当派大师。吐蕃人。本名楚臣拔,因常侍仲敦巴左右,故称京俄巴,意为"眼前人"。出生于凌区的郎惹岗地方。父名释迦多杰,母名里谟耶喜准。天性聪颖,幼年时即对佛家的性空有所悟解,对梵文译本的经典已略通晓。二十岁赴热振寺,师事仲敦巴,学习秘密教授,并继续进修梵文,达到能翻译梵文经典的水平。仲敦巴死后,又事南交钦波、衮巴哇等人为师,继续学法。擅长二谛义,也特别重视诵咒、供佛和静修。晚年收徒授法,门下弟子很多,甲域哇钦波便是其高足。

【底弄】 南北朝时期云南云龙地区布朗族首领。云龙一带自古为"摆夷"(傣族)、阿昌、"蒲蛮"(布朗族)共同杂居,约公元5世纪中叶的南北朝时期,阿昌族首领猛猎与布朗族首领相争,至猛猎孙早慨时,"蒲蛮"首领底弄为早慨杀,布朗族遂受其统治。

【怯台】 又作客台、可忒。蒙古国将领。兀鲁兀氏。成吉思汗十大功臣之一*术赤台之子。才武过人。初与父从铁木真(成吉思汗)统一蒙古诸部。南宋开禧二年(1206)蒙古国建立时,因功封千户长。成吉思汗六年(1211),随汗伐金。八年(1213),受命围攻居庸关北口,迫降金将讹鲁不花,继配合诸军围攻金中都(今北京),统兵守中都往来通道,截阻金援军。翌年,与诸军迫金帝献女请和。因功封郡王。

【怯伯】(?—1327) 察合台汗国可汗。蒙古孛儿只斤氏。*笃哇子。武宗至大二年(1309),与其父旧臣同谋,杀察合台汗达里忽,暂时摄国,以俟其兄也先不花入朝中原大汗归来嗣位,并击败窝阔台系察八儿等诸王的进犯。翌年,召开忽里勒台(大会)拥立其兄也先不花即汗位。仁宗延祐二年(1315),受命攻伊儿汗国,扰呼罗珊,因粮尽,又闻东线入扰元朝之军失利,始撤军,旋为元军败于扎亦儿。七年(1320)其兄也先不花死后,复嗣汗位,谋求与元朝和好,于英宗至治二年(1322)、三年,先后遣使贡献,后复叛,数入扰,至六月归降元朝,恢复和好关系。在位期间,进行政治改革,注意农业生产,铸造钱币,并以那黑沙不为首府,建宫殿作为可汗居地,使察合台汗国统治中心移至河中地区。

【怯烈】(?—1300) 元朝官员。回回人。祖籍西域,移居太原。以中书译史从平章政事赛典赤经略川、陕。元至元十二年(1275),署云南行省幕官,收附诸洞蛮夷有功。十五年(1278),击退缅人入扰,授行中书省左右司员外郎。十八年(1281),受命赴京奏事,拜镇西平缅麓川等路宣抚司达鲁花赤,兼管军招讨使。市马给成都乌蒙诸驿路,使驿递畅通。后随诸王相吾答儿等征缅,充向导,破江头城。继从云南王八缅,总兵三千屯镇缥国。擢正议大夫,金缅中行中书省事,迁通奉大夫、云南诸路行中书省参知政事,进左丞。

【怯烈台】 又作窟里台、乞里歹。蒙古国将领。蒙古人。以骁勇著称,享"拔都"(勇士)称号。领五部探马赤军之一,随从成吉思汗、窝阔台汗征战,屡承重任,充当主力军,多有战绩。窝阔台汗三年(1231),受命镇守东平。与阔阔不花、按察儿、孛罗、肖乃台分统五部探马赤军镇守中原要冲,括各地民匠,共得七十二万户。同年,分封诸王勋戚时,赐东平路一百户为食邑。金亡后,所统军散居各地,多有入民籍者。

【怡良】(?—1867) 清朝大臣。满洲正红旗人。瓜尔佳氏。道光十八年(1838),由按察使、布政使擢广东巡抚。初支持林则徐的禁烟与抗英斗争。任内查缉鸦片,奋勉奉办,卓有成效。二十年(1840),拒绝钦差大臣琦善胁迫他诬告林则徐通敌。二十一年,揭发琦善擅与英人订立《穿鼻条约》。后兼署两广总督。同年,奕山督师广州时,反与奕山力主投降,并联名上疏请求议和。二十二年,授闽浙总督,赴福建会办军务。二十三年,奉命赴台湾查办英国全权代表璞鼎查诬诉抗英将领姚莹、达洪阿一案,奏入英人所诉,致革达洪阿、姚莹职。咸丰三年(1853),授两江总督,镇压太平军及上海小刀会起义。

【炒花】 亦作炒哈、抄花、舒哈克卓哩克图鸿巴图尔、洪巴图鲁、叶赫巴图鲁、爪儿图等。明代蒙古内喀尔喀五部领主。孛儿只斤氏。*达延汗第六子*阿尔楚博罗特孙,*虎喇哈赤第五子。占有福余卫故地,驻牧于广宁东北辽河河套一带,史称其部为"炒花五大营"。明穆宗隆庆时(1567—1572),势力不强,从其兄速把亥攻略明广宁地区,并一度与察哈尔部仇杀。万历(1573—1620)初,势力渐强,与速把亥、黑石炭、董忽力等屡攻明辽东地区,多被明将李成梁击败。万历十年(1582),因速把亥被明军射死,遂联合察哈尔等部,为其兄复仇。同时又与海西女真发生冲突。建州女真努尔哈赤兴起后,双方发生对抗,与明朝关系稍有缓和。万历四十三年(1615),与明朝在辽东马市、木市进行互市。四十七年(后金天命四年,1619),因侄孙宰赛部为努尔哈赤攻破,势孤,被迫与后金结盟,对付明朝。不久背盟,与明朝通和,共抗后金。天启六年(天命十一年,1626),复被后金击破,内喀尔喀五部亦被征服。

【炒蛮】 明代蒙古朵颜卫领主。一说为朵颜卫都督*花当重孙、伯彦帖忽思次;一说为花当孙、哈рук赤长子。受明封为都指挥佥事,在古北口受明岁赏。隆庆六年(1572),与脑毛大、董忽力等聚兵,伺机攻略明边。万历四年(1576),杀掳边民二十余人,又设伏大败明追兵,被革除岁赏。同年,交还所掠人口,请求恢复抚赏,获准,贡赏如初。七年(1579),与大壁只、小阿卜户等起兵攻掠古北口以东地区,归途,遭明军截杀,十五人被俘,伤亡二百余人,复被革除贡赏。同年,遣使以犬血为誓(比钻刀发誓更隆重)。坚请恢复抚赏及归还被俘人口,获许。后与明朝时战时和,反复无常。

【法成】 唐代吐蕃僧人、佛经翻译家。早年居吐蕃本部(今卫藏),后移居沙州(今敦煌)、甘州及张掖一带。出身桂氏族,全称"桂·却楚",意译"桂·法成"。在其所译佛经上署名"大蕃大德三藏法师沙门法成"。唐大中二年(848)吐蕃败离沙州后,署名为"国大德三藏法师沙门法成",简称"沙门法成"或"法成"。吐蕃晚期著名佛学家,也是汉藏佛教文化交流的重要传播者。精通梵、藏、汉三种语文,深晓佛学。经常在沙州开元寺、永康寺、甘州修多寺、张掖等地讲经传法,翻译并集录佛经。从学者众多,汉僧明照、法镜等十余人常随其闻法。译有藏汉文佛经二十三部(藏译汉九部,汉译藏十四部),另有讲经录及佛经集录等。其中不少著述今存大藏经中传世。

【法灯】 明代云南马龙州土官。彝族。洪武四年(1371),父安崇病故,因年幼,由母萨住赴京告袭。十六年(1383)十月,准袭。二十七年(t394)八月,奉旨袭土知州。

【法海】(1671—1737) 清朝大臣。满洲镶黄旗人。佟佳氏。世居佟佳,以地为姓。字渊若。图赖之孙,佟国纲之子。康熙进士,擢侍讲学士。五十五年(1716),擢广东巡抚。任内,疏请沿海官员游巡应轻装简从,由粤东至浙江等处查勘海运;曾勘查海塘并请改土筑为木石处筑堤岸、水闸。均为康熙帝采纳。曾扈从康熙帝巡视齐鲁秦晋等省,并侍皇子讲诵。后革职诏赴西宁军营效力。期间,私与皇子允禵结党。雍正元年(1723),召还京。命提督江南学政。二年,授浙江巡抚。任内,曾整顿浙省驿站,颇有成效。四年(1726),迁兵部尚书兼内务府总管。寻坐事,诏发西陲效力于水利处。乾隆元年(1736),赏副都统衔,协理咸安宫事务。

【法式善】(1753—1813) 清代蒙古族学者、诗人。本名运昌,字开文,号时帆。尝筑梧门书屋,故称梧门先生。乌尔济氏。内务府正黄旗人。七岁始读书,十二岁即作诗。十八岁参加京兆试,未及第。乾隆四十四年(1779),在顺天中举,四十五年中进士,选为翰林院庶吉士。五十年(1785),乾隆帝赐名法式善,满语"竭力有为"之意。迁翰林院侍读学士,参加编纂《四库全书》,任四库全书馆提调官。后历任国子监司业、祭酒、侍讲学士、侍读学士。长于史学,精通文献,著有《清秘述闻》十六卷、《槐厅载笔》二十卷、《陶庐杂录》六卷、《备遗杂录》八卷、《洪文襄公年谱》一卷、《李文正公年谱》七卷。善作诗,广结交文士名流,诗作主要写景、咏物、酬赠、送别等,著有《存素堂文集》、《诗集》等。喜书画、篆刻、藏书。

【沮渠拏】(?—411) 又作沮渠如子。北凉宗室、将领。临松(治今甘肃张掖南)卢水胡人。北凉主*沮渠蒙逊弟。永安元年(401),封建忠将军、都谷侯。奉命出使秦,见陇西公姚硕德于姑臧。请准该部东迁,后谏阻兄弃本土东徙。旋北凉为南凉秃发利鹿孤所败,蒙逊许以其入质。三年(403),入质于后秦。十一年(411),封护羌校尉、秦州刺史、安平侯,镇姑臧。未几卒。

【沮渠无讳】(?—444) 十六国时期北凉国君。临松(治今甘肃张掖南)卢水胡人。北凉国君*沮渠牧犍之弟。初为沙州刺史、都督建康以西诸军事、领酒泉太守。永和七年(439),北凉为北魏所破,酒泉遭魏军袭击,遂收遗民奔晋昌,依从弟敦煌太守沮渠唐儿。次年,复酒泉,攻张掖不克,退保临松,遣使请降,归还酒泉及所俘将士。北魏太平真君二年(441),被魏封为征西大将军、凉州放、酒泉王,并引兵击杀沮渠唐儿,据有敦煌。因被魏视为心腹边患,遭魏袭击,失酒泉。三年,攻占鄯善、高昌,与南朝宋通好,被宋封为凉州刺史、河西王、都督凉河沙三州诸军事。次年,建元承平,沿用北凉国号。承平二年(444)病卒。

【沮渠汉平】 北凉宗室、将领。临松(治今甘肃张掖南)卢水胡人。北凉主*沮渠蒙逊弟。北凉玄始四年(415),兄攻取西秦广武郡后,拜折冲将军、湟河太守。以夏王赫连勃勃遣使请结盟,他奉兄命莅盟于夏。未几,湟河遭西秦王乞伏炽磐攻,率众力战拒守,遣军败秦兵。后以属下长史焦昶等暗通西秦,受困出降。

【沮渠成都】 十六国时期北凉宗室、将领。临松(治今甘肃张掖南)卢水胡人。*沮渠罗仇子,北凉建立者*沮渠蒙逊从弟。永安七年(407),任金山太守。玄始六年(417),以前将军职统兵五千击降西海鲜卑部。及蒙逊西凉败于鲜支涧,曾建言班师以图后举。十一年(422),率众一万耀兵于岭南,还屯五涧。继遭西秦袭击,兵败被擒。承玄元年(428),西秦遭北凉攻,释其归以求和。

【沮渠兴国】(?—431) 十六国时期北凉王子。临松(治今甘肃张掖南)卢水胡人。北凉建立者*沮渠蒙逊次子。玄始十二年(423),立为世子。十五年(426),与父遣使至南朝宋请求《周易》、《搜神记》及子、集诸书,获赠。承玄二年(429),随父征西秦,攻定连,兵败治城,被擒。被秦王乞伏暮末封为散骑常侍,妻王妹平昌公主。暮末弟乞伏轲殊罗谋奉其为主,事泄,未果。三年,暮末部下郭恒复谋劫其以叛,事觉,未成。义和元年(431),被送于西夏国赫连定。不久,夏为吐谷浑王所败,被创死。

【沮渠安周】(?—460) 十六国时期北凉国君。临松(治今甘肃张掖南)卢水胡人。北凉国君*沮渠蒙逊子。兄*沮渠牧犍时为乐都太守。永和七年(439),北凉为北魏所破,南奔吐谷浑。北魏太平真君二年(441),受兄无讳命,西攻鄯善。次年收降鄯善王次子。北凉承平二年(444),兄无讳死,代立,沿用承平年号。与南朝宋保持和好关系,被宋封为凉州刺史、河西王、都督凉河沙三州诸军事。八年(450),引柔然兵袭取车师城。在位时期,信奉佛教,造佛寺,十五年(457),命书吏写《佛说菩萨藏经》。十八年(460),被柔然军攻杀,北凉亡。

【沮渠如子】 见"沮渠挐"。(374页)

【沮渠男成】(?—401) 十六国时期北凉将领。临松(治今甘肃张掖南)卢水胡人。北凉国君*沮渠蒙逊从兄。原依附后凉,为将军、晋昌(治今甘肃安西县东)太守。后凉龙飞二年(397),闻蒙逊起兵叛后凉,亦聚众数千屯乐涫(在今甘肃高台县西北),败后凉军,击杀酒泉太守垒澄,并进攻建康,遣使说服建康太守段业叛吕光,与蒙逊共推段业为大都督、凉州牧、建康公,建北凉政权。被业封为辅国将军,受委军政重任。北凉神玺二年(398),攻后凉常山公吕弘,取张掖。天玺三年(401),因拒绝蒙逊图谋段业之请,为所怨,遭谗陷,被段业赐死。

【沮渠茂虔】 见"沮渠牧犍"。(375页)

【沮渠罗仇】 十六国时期卢水胡首领。临松(治今甘肃张掖南)卢水胡人。北凉主*沮渠蒙逊伯父。先世为匈奴左沮渠,遂以官为氏。世为部帅。后归附后凉吕光,任尚书,拜建忠将军。后凉麟嘉四年(392),随军攻西秦金城王乞伏乾归,军于左南。龙飞二年(397),再从光伐西秦,前军兵败。弟三河太守曾劝其起事,免被害,未从。不久,吕光听信谗言,以败军之罪杀之。

【沮渠牧犍】(?—447) 又作沮渠茂虔。十六国时期北凉国君。临松(治今甘肃张掖南)卢水胡人。北凉创建者*沮渠蒙逊第三子。初随父征战,北凉玄始九年(420),从父败西凉,取酒泉,被委为酒泉太守。后任敦煌太守。义和三年(433),被立为世子,加中外都督、大将军、录尚书事。旋父卒,即河西王位,改元永和。承父遗志,与南朝宋、北魏保持和好关系,送妹兴平公主于魏,被魏拜为都督凉沙河三州、西域羌戎诸军事、凉州刺史、河西王。次年,亦被宋拜为都督凉秦河沙四州诸军事、河西王。永和五年(437),尚魏太武帝妹武威公主。七年(439),以其嫂姊毒害武威公主,遭魏帝亲讨,据城抗击,兵败,面缚请降,受魏主礼遇,继为征西大将军、河西王。北魏太平真君八年(447),因与故臣民联通谋反罪,被赐死,谥哀王。

【沮渠政德】(?—423) 十六国时期北凉太子。临松(治今甘肃张掖南)卢水胡人。北凉主*沮渠蒙逊子。北凉永安十二年(412),蒙逊在姑臧(今甘肃武威)即河西王位,立为世子,加镇卫大将军,录尚书事。玄始九年(420),奉命攻西凉敦煌,太守李恂闭城不战,次年,蒙逊来援,以水灌敦煌城,克之。以北凉晋昌太守唐契叛,将兵讨破之。十二年(423),以柔然来攻。奉命轻骑进战,为柔然所杀。

【沮渠蒙逊】(368—433) 十六国时期北凉创建者。临松(治今甘肃张掖南)卢水胡人。先世为匈奴左沮渠,遂以官为氏。雄杰有谋略,涉猎书史。初随伯父(《北史》作叔父)罗仇附后凉吕光。为沮渠部首领。后凉龙飞二年(397),以罗仇为吕光杀,聚众万余,屯聚金山(在今甘肃山丹县境),推后凉建康太守段业为大都督、凉州牧、建康公,建北凉政权。历任张掖太守、尚书左丞、临池太守、西安太守。为段业忌惮,恐不容,于北凉天玺三年(401),以从兄男成被段业杀为由,攻杀段业,自称大都督、大将军、凉州牧、张掖公,改元永安,居张掖(今甘肃张掖西北)。为巩固政权,免于四面受敌,遣使贡于后秦,以子弟入质南凉。后屡与邻国交兵,次年,攻后凉姑臧,兵败,请和结盟;六年(406),袭西凉,至安弥,遭拒而还;次年,迎战南凉,破秃发傉檀于均石,继攻南凉西郡太守杨统于日勒,降之;十年(410),再败秃发傉檀于穷泉,并攻西凉,败西凉世子李歆于马庙;十一年,攻拔姑臧,继攻南凉乐都,迫秃发傉檀以子为质。十二年,迁都姑臧(今甘肃武威),即河西王位,改元玄始。九年(420),灭西凉,尽有凉州地(今甘肃黄河以西地区),西域诸国皆称臣纳贡。遣使与南朝宋、北魏结好,并连年用兵于西秦。在位时期,笃信佛教,厚遇天竺(古印度)僧人,命译佛经《初分》、《中分》、《后分》共三十卷。义和三年(433)卒,追谥武宣王,庙号太祖。

【沮渠麹粥】(?—397) 十六国时期卢水胡首领。临松(治今甘肃张掖南)人。北凉主*沮渠蒙逊伯父。先世为匈奴左沮渠,遂以官为氏,世为部帅。后归附后凉吕光,为三河太守。龙飞二年(397),与兄沮渠罗仇从光伐西秦,前军兵败,以光好信谗猜忌,曾劝兄起事,免被害,未从。不久,以败军之罪与兄同被杀。

【沮渠德政】 见"沮渠政德"。(375页)

【泮官特勤】 见"忠贞可汗"。(350页)

【波冲】(?—738) 唐代云南六诏中的越析诏(磨些诏)主。辖今宾川至金沙江北的盐边一带,兵强,并有"状如刀戟残刃"、"所指无不洞"的兵器——铎鞘,素被南诏(蒙舍诏)视为劲敌。开元二十六年(738),被豪酋张寻求杀害,南诏主皮逻阁亦乘机在唐剑南节度使王昱支持下移越析诸部,并越析诏。其侄于赠,持铎鞘,率众渡江至双舍(今盐边一带),整兵反抗,屡败南诏兵。后为皮逻阁子阁逻凤所败,于赠投江死。历经七十年的越析诏灭亡。铎鞘亦为南诏王所获,成为出军行进必执的传世之宝。

【波提亚】 清末西双版纳傣族农民反土司斗争领袖。傣族。勐海曼兴寨人。1909年4月,傣族人民欢庆傣历新年,勐海曼两、曼兴两寨因互换耕牛宰杀中发生争议,西双版纳土司刀柱国趁机敲诈他等白银各三十二两。不服,几经申诉,无效,被迫举义,群众纷起响应,起义队伍攻入勐海城。刀柱国被迫向西双版纳宣慰使求救。时值勐遮土司刀正经与勐海土司、西双版纳宣慰使不和,遂出兵支持义军,大败勐海土司兵,刀柱国逃遁。起义军在群众支持下坚持斗争一年多,终因敌我实力悬殊,被镇压。

【波儿哈都台吉】 见"段奈台吉"。(411页)

【泥礼】 见"涅里"。(469页)

【泥靡】(? —公元前53年) 西汉乌孙王(昆莫)。*军须靡与匈奴妇之子。约太初四年(公元前93年)左右,父死,年幼,让位于大禄子翁归靡。元康二年(公元前64年,一说神爵二年,公元前60年),翁归靡死后,在乌孙贵人支持下复位,号狂王。依俗妻解忧公主,生一男鸱靡。因"暴恶失众",解忧公主谋诛之,未遂。后为翁归靡子乌就屠所杀。

【泥利可汗】 ①(? —601)隋代东突厥贵族。阿史那氏。鞅素特勒子。隋开皇七年(587),阿波可汗大逻便被叶护可汗擒,族人拥其为汗。九年,隋朝灭陈朝后,曾与大义公主(即北周千金公主)合谋,图反隋,未果。仁寿元年(601),为铁勒所败,死于乱军。史载常将其与西突厥之泥利可汗相混。②隋代西突厥可汗。*达头可汗玷厥孙,*咄陆(又作都六)子。早年娶汉族向氏为妻。仁寿三年(603)达头可汗在隋军与启民可汗联兵打击下西奔吐谷浑后,他被族人拥立为可汗。在位时间不长,事迹史载甚鲜。大业元年(605),其子达漫已以泥橛处罗可汗之名见诸于史籍。史载常与东突厥之泥利可汗相混同。

【泥涅可汗】 见"移涅可汗"。(507页)

【泥橛处罗可汗】(? —619) 又作曷萨那可汗、曷婆那可汗,简称处罗可汗。隋代西突厥可汗。名达漫,又作达曼。阿史那氏。*泥利可汗之子。隋大业元年(605,一说仁寿三年,603),继为可汗,率部驻牧乌孙故地(今伊犁河流域)。因抚御失道,苛敛属部,铁勒诸部群起反抗,屡相攻战。后受隋使崔君卿劝抚,遣使朝贡。六年(610),因拒炀帝之约,辞赴大斗拔谷(今甘肃民乐县东南甘、青二省交界处扁都口隘路)相会,炀帝纳裴矩策,支持其叔射匮可汗兴兵袭之,处罗兵败,退保时罗漫山(今新疆哈密北天山)。后受母向氏(汉人)劝导,于七年,臣隋,留居长安。次年隋炀帝征高丽,封曷萨那可汗。十年(614)正月,娶隋信义公主。隋末,从宇文化及至河北,兵败,投唐,封归义郡王。武德二年(619),被唐高祖李渊纵东突

厥始毕可汗所杀。太宗即位后,以礼改葬。

【泥伏沙钵罗可汗】(? —659) 唐代西突厥北庭可汗。名贺鲁。阿史那氏。*室点密可汗五世孙,曳步利设射匮特勤劫越子。乙毗咄陆可汗时为叶护,统处月、处密、姑苏、歌逻禄、失毕五姓之众。唐贞观二十二年(648),率部内属,据庭州(今新疆吉木萨尔县北破城子)。因从征龟兹有功,授昆丘道行军总管。次年,任左骁卫将军、瑶池都护府都督,治莫贺城(今新疆阜康县东)。招集西突厥离散诸部,势渐盛。乘太宗初亡,谋取西、庭二州,并拒唐使招抚,于永徽二年(651),与子咥运率众西逃,据乙毗咄陆可汗故地,建牙双河(今新疆乌苏县雅马渡口)及千泉,自号泥伏沙钵罗可汗,统领咄陆五姓、弩失毕五姓,拥兵数十万,称雄西域。恃强扰唐境,掠庭州,先后与唐将梁建方、契苾何力、程知节攻战,使唐朝于永徽四年(653)废瑶池都督府。显庆二年(657),以兵二万(一说十万)迎战唐伊丽道行军大总管苏定方、流沙道按抚大使阿史那弥射、阿史那步真于曳咥河(即多逻斯川,今新疆额尔齐斯河上游)西,兵败,继在千泉、双河、碎叶水又屡遭唐军围击,兵败,携子投鼠尼施,途经石国苏咄城,为城主伊涅达干诱执,献于唐将肖嗣业。后获赦。四年(659)卒,葬于颉利可汗墓侧,刻石以纪其事。贺鲁被执,北庭灭,西突厥汗国亡。唐朝于其地置昆陵、濛池二都护府,西突厥所属诸部分置州府,隶安西都护府。

【泽当巴列钦衮杰哇】 明代藏传佛教噶当派僧人、学者。藏族。山南泽当人。通晓佛教史,明正德七年(1512),撰写了一部关于噶当派弘传历史著作,书名《大业噶当教史》,全称《噶当传记噶当佛教史明释》,全书417页,以木刻本传世,系阐述噶当教派史的重要著作。

【泽塘巴夏孜斑钦索南查巴】 见"索南查巴"。(440页)

【治元多】(? —221?) 三国时反魏首领。凉州(治姑臧,今甘肃武威)卢水胡人。魏文帝黄初二年(221)十月,举兵反魏,声势日盛,河西大震。旋遭魏凉州刺史张既、护军夏侯儒等征讨,率众七千余人据守要冲,后引还显美(治今甘肃永昌县东南)。十一月,率众数千欲放火烧魏军营,中伏兵败。部众被杀俘以万计(一说被杀五万余人,被俘十万,失畜百余万)。

【郑严】 西汉官员。越人。汉武帝伐南越时,与田甲率越人先归汉,封归义侯。以越人善骑射,受命与田甲组织越骑将之,号为越骑兵。元鼎五年(公元前112年)秋,南越国相吕嘉反汉,拜戈船将军率众出零陵下漓水,甲为下濑将军下苍梧,助伏波将军路博德、楼船将军杨仆征南越,"严善将兵,而甲苛急众,未得前"。后东越反,又奉命与田甲率越侯兵出若邪、白沙,伐东越。元封元年(公元前110年)冬,平定东越,但因平南越不力,故未被加封,后不知所终。

【郑旻】 见"郑仁旻"。(377页)。

【郑和】(1371—1434) 明代著名航海家。本姓马,小字三保,或作三宝。回族。云南昆阳(今属昆明市晋

宁县)人。先世西域人,世代信奉伊斯兰教。明初入宫为宦官,事燕王朱棣于藩邸。后从燕王起兵,朱棣即位后,赐姓郑,升内官监太监,时称"三保太监"。官至南京守备。永乐三年(1405),奉命与副使王景弘率舟师远航,通使"西洋",两年而返。至宣宗宣德八年(1433),相继七次(或说八次)远航,历时二十八年,先后到达东南亚、印度半岛、阿拉伯、东非三十余国,最后一次航行,已年逾六十。宣德九年(1434,一说十年)死于海上(或说病逝于南京)。为打开中国到东非航道之第一人,促进中国与亚非各国经济、文化交流。南洋各地至今保留不少有关郑和的遗迹。其航海地图及随行人员之著作,是研究明代中外交通史和亚非民族史的重要文献,对地理学、航海学和海洋科学的发展作出卓越贡献。

【郑经】(1643—1681) 又名锦,字式天,号贤之。福建泉州南安人。* 郑成功长子。南明永历十六年(1662)父殁,嗣延平郡王,在台湾仍奉永历正朔,改东都为东宁,升天兴、万年二县为州,设吏、户、礼、兵、刑、工六部,并在南北两路及澎湖设安抚司。继承父志,大力鼓励开荒垦植,号召人民种蔗制糖,煮海水晒盐,积极倡办学校,对台湾尤其高山族人民经济文化的发展有积极影响。二十八年(1674)乘内地"三藩"之乱,率军攻占福建、广东七府之地。"三藩"之乱平定后,被迫退归台湾,自此一蹶不振,溺于酒色,东宁之地遂衰。三十五年(1681)正月,卒于承天府行台。

【郑泉】 见"郑买嗣"。(377页)。

【郑珊】 清代书画家。字雪湖,晚年号"野桥老人"。回族。安徽怀宁(今安庆)人。精六法,工墨梅山水。

【郑琳】 清代画家。字牧山。回族。安徽怀宁(今安庆)人。与兄雪湖俱为清末著名画家,有"江南二郑"之称。擅长花卉。

【郑仁旻】(889—926) 亦作郑旻,一作郑仁明。五代十国时期大长和国(在今云南)第二代国王。白蛮。郑回第八世孙,* 郑买嗣子。后梁太祖开平四年(910)即位,改年号始元。又先后使用过天瑞、景星、安和、贞佑、初历和孝治年号(顺序待考)。梁末帝乾化四年(914),率兵攻前蜀,被蜀高祖王建所败,溺水死者万余人。后唐同光二年(924),遣布燮郑昭淳携朱鬃白马求婚于南汉,获南汉主之女增城公主。明宗天成元年(926),服金丹暴卒,子隆亶立,谥号肃文太上皇帝。

【郑公厚】 明代广东瑶民起义首领。广东都城(治今郁南)人。瑶族。正德十四年(1519),与韦公炳聚众起义,自号通天大王,公炳号通地大王。翌年,联合归仁乡壮族首领、铲平王蒙公高率众三千人打封川,杀指挥张萧、千户王谦、达官马骥及官军数百。十六年(1521),率众先后袭击德庆、金林、悦城,官军不能御,官府被迫派人办花红牛酒犒抚。嘉靖元年(1522,一说二年)接受招安。

【郑成功】(1624—1662) 我国杰出民族英雄。郑芝龙子。乳名福松,初名森(一作森林),字明俨,号大木。福建泉州南安人。南明隆武间,受唐王赐姓朱,改名成功,封御营中军都督,人称国姓爷。顺治三年(1646),清兵南下入闽,因其父欲至福州进表投诚,与郑鸿逵等人力谏不听,遂起师反清。以南澳为基地,自称招讨大元帅,在东南沿海一带坚持抗击清军。十一年(1654),清廷曾遣使至泉州,欲封其为海澄公,不从,坚持侍奉南明王朝,受封延平郡王。十六年(1659),与张煌言联师北征,连克四府三州二十四县,威震东南。十八年(1661),率军从金门料罗出发,横渡台湾海峡,于鹿耳门登陆,击败荷兰侵略者。康熙元年(1662),在台湾汉族和高山族的积极支持下,围攻台湾城(今台南市),殖民头目揆一被迫献城投降,将侵略者驱逐出境,收复祖国神圣领土台湾,旋即宣布奉南明永历正朔,改赤嵌为东都明京,台湾更名安平镇,设一府二县,整顿法纪,惩办贪官,安定台湾社会秩序。实施屯田,寓兵于农,增产粮食,以供军需,不准侵扰高山族和当地汉人的耕业。亲自率众至高山族地区访问视察,带去大批烟、布、酒和其他物品,高山族人民"男妇壶浆,迎者塞道"。还设专人管理高山族事务,对高山族社会经济发展采取一系列有力措施,促进高山族人民经济的发展。对维护祖国领土主权的完整和开发台湾经济及加强台湾各族人民的团结都作出卓绝的贡献。

【郑买嗣】(860—909) 又名郑泉。唐末五代初大长和国(在今云南)第一世王。南诏清平官郑回(汉族)七世孙,因世居南诏为官,融入白蛮(白族先民)。南诏王隆舜时,历官至侍中,权势日重。隆舜出巡,奉命守国,遂专政柄。南诏末代王舜化贞时,晋职为相。唐昭宗天复二年(南诏中兴五年,902),乘舜化贞卒(一说为郑所杀),杀其太子及南诏王室八百余人,自立为王,国号大长和国,次年改元安国。后梁太祖开平元年(大长和安国五年,907),欲忏悔杀人罪过,建普明寺。开平三年(安国七年,909),铸佛万尊,供寺中祈福。同年八月卒,谥号圣明文武威德桓皇帝。

【郑那忠】 明弘治、正德间万州黎族起义首领。海南岛万州鹧鸪峒人。黎族。弘治十七年(1504),于万州鹧鸪、龙吟等峒聚众起义,号召黎人反抗官府。击毙前往镇压之海南督备指挥谷泰。乐会、陵水、黎亭等县黎人纷纷趋附,其势益炽,屡败官军。正德七年(1512),海南兵备副使詹玺督军征剿,令指挥王琥分兵四路合击。为避开敌人强大攻势,率义军转移至乐会纵横峒大连山,使官军扑空散师而归。后不知所终。

【郑昭淳】 五代十国时期大长和国(在今云南)贵族和诗人。白蛮(白族先民),今云南大理人。* 郑买嗣子,* 郑仁旻弟。任"清容布燮",封归仁庆侯,食邑一千户。后唐同光元年(南汉乾亨七年,923,一作同光二年),奉国主命出使南汉,以朱鬃白马求婚。史称其"好学,有文辞,(南汉主刘)䶮与游燕赋诗,䶮及群臣,皆不能逮"。其辩才及诗均倾南汉君臣。南汉主遂允婚,以增城公主妻郑仁旻。

【郑隆亶】（？—928） 五代十国时期大长和国（在今云南）第三世国王。白蛮。郑回第九世孙，郑仁旻子。后唐明宗天成元年（926）即位，年号天应。天成三年（928，一说天成二年），被剑川节度杨干贞所杀，国亡。一说卒年二十六岁。谥号恭惠皇帝。

【郑献甫】（1801—1872） 清代著名壮族诗人。字小谷。出生于象州山村，自幼聪敏笃学。道光十年（1830）进士，授刑部主事职，因不恋仕途，仅任事一年，便弃官南归从教，游学湖南和江浙等地。学识渊博，一生中创作了许多好诗，《补学轩诗集》中汇集诗人二千八百余首诗歌，按编年分为《鸦吟》、《鹤唉》、《鸡尾》、《鸥闲》四集，共十六卷。诗人创作态度严肃，追求言志写真，主张"诗中无我不如删"，反对因袭，"妙在不落套"，故作品格调清新，意境深刻，在当时壮族诗坛中享受很高声誉。

【宝巴】 见"保八"。（404页）

【宝廷】（？—1890） 清朝宗室、大臣。字竹坡。满族。满洲镶蓝旗人，郑献亲王济尔哈朗八世孙。同治三年（1864）举人，七年进士，累迁侍读。光绪五年（1879），转侍读学士。七年，授内阁学士，主福建乡试。回京后自劾罢，居西山。著《尚书持平》《竹坡侍郎奏议》上下卷、《庭闻忆略》上下卷、《偶斋诗草》三十六卷及《偶斋词》等。

【宝鋆】（？—1891） 清朝大臣。索绰络氏。满洲镶白旗人。道光十八年（1838）进士。三十年（1850），累官实录馆纂修，侍讲学士。咸丰五年（1855），任礼部右侍郎。历正红旗蒙古副都统、户部右侍郎。十年（1860），授总管内务府大臣，以英军入侵，管地被掠，降为五品顶戴。十一年，命在军机大臣上行走，充实录馆副总裁、总理各国事务衙门大臣。同治元年（1862），调左翼前锋统领。擢户部尚书，兼署兵部尚书。二年，充实录馆总裁。三年，兼署刑部尚书。参与镇压捻军。七年（1868），拟定补救漕仓积弊章程十条。充方略馆总裁。十年（1871），充国史馆总裁。历任吏部、刑部、兵部尚书。光绪元年（1875），任文渊阁领阁事、实录馆监修总裁。三年，授武英殿大学士。五年，赏太子太傅衔。六年，管理神机营事务。十二年，以大学士致仕。卒，谥文靖。著《奉使三音诺颜汗纪程诗》、《文靖公遗集》十二卷及《佩蘅诗钞》。

【宝衡山】 见"尹湛纳希"。（85页）

【宗元】 见"耶律重元"。（316页）

【宗喀巴】（1357—1419） 西藏佛教史上著名宗教改革者、藏传佛教格鲁派（黄教）创始人。青海西宁西南宗喀人，故名宗喀巴。藏族。父伦本格元末官达鲁花赤。元至正十九年（1359），从噶玛噶举黑帽系四世活佛乳必多吉受近事戒，得名贡噶宁布。二十三年（1363），由父母送至甲琼寺出家，从噶当派高僧顿珠仁钦学经，受沙弥戒，取名罗桑扎巴贝（通称罗桑札巴）。精研藏文、密法、显教经论等。明洪武五年（1372），前往卫藏继续深造，到各教派寺院访师求道。九年（1376），开始攻读显教重要论著，向萨迦派仁达瓦学《俱舍论》、《集论》、《入中论》、《量释论》，向顿桑瓦学《量释论》，在觉摩陇跟罗赛瓦学经文，研读邬由巴的《量释论译注》等。十四年（1381），返回前藏，先后到止贡、桑朴、孜塘等寺进行立宗答辩。十八年（1385），向布顿弟子学密宗的经典注疏。在前后藏共二十余年，学问精进，博通显密，逐渐形成自己的思想体系，著有《建立次第广论》、《菩萨戒品释》、《事师五十颂释》、《密宗十四根本戒释》、《中论广释》、《辩了不了义论》等多种著作。在藏期间，对萨迦、噶举等教派上层享有各种特权、占有农奴、追逐利禄、生活淫靡、压迫剥削人民等弊端深为不满，为恢复佛教的纯洁性，倡议对宗教进行改革，要求喇嘛重苦行，持戒律，禁娶妻。在噶当派教义的基础上，吸收其他教派一些内容，创建格鲁派，因该派僧人戴黄色僧帽，又称黄帽派，俗称黄教。永乐六年（1408），应阐化王札巴坚赞所请，到仲不坳为各寺僧众讲授《菩提道次第广论》及《密宗道次第广论》等著作。七年，在西藏帕竹地方政权支持下，在拉萨大昭寺举办大祈愿会，俗称传大昭。同年，在拉萨东修建甘丹寺。十三年（1415），应明成祖邀，派亲近弟子释迦也失赴明都朝谒，加强了西藏与中央王朝联系。十七年（1419），授意释迦也失主持兴建色拉寺。弟子众多，最著者有扎希贝丹、释迦也失、根敦主巴等。卒于拉萨甘丹寺。一生著述颇丰，均收入《宗喀巴全集》中。所创黄教对藏传佛教影响极深，逐渐成为诸派中最得势者。

【定信】 清末官员。字可庵，别号幕巢馆主人。颜札氏。满洲正黄旗人。官农工商部员外郎。著有《人海见闻录》、《幕巢馆诗钞》、《曼珠沙室文集》、《曼珠沙室诗剩》、《兰雪吟》及《茫茫吟》。

【定咱喇什】（？—1744） 清朝蒙古王公。鄂尔多斯部人，博尔济吉特氏。桑忠多尔济长子。康熙五十七年（1718），以三等台吉从清军防御准噶尔部策妄阿喇布坦。雍正二年（1724），从征青海罗卜藏丹津叛乱。八年（1730），率兵千人随西路军征准噶尔，获悉准噶尔兵袭科舍图汛地，与阿拉善台吉衮布等击之，因功晋爵一等台吉。乾隆元年（1736），授札萨克掌鄂尔多斯右翼前末旗。

【定增亚吉】 清代康区炉霍寿灵寺第一世活佛。藏族。生于甘孜黑神寺附近农家。阿措子。乾隆五十年（1785），由甘孜杂柯桑珠寺活佛扎·洛真认定为色拉寺格从降央麦浪转世，被迎入寿灵寺，为该寺第一世主持活佛，名格从定增亚吉，又称格从一世。先后于理塘乡城、道浮等地设经坛，传经、灌顶，广收徒众，深受尊崇。

【宜绵】（？—1812） 清朝将领。满洲正白旗人。鄂济氏。原名尚安。生员出身。历任兵部笔帖式、军机章京、郎中、布政使。乾隆四十七年（1782），擢广东巡抚。不久，因枉断控案革职。后授乌鲁木齐都统。任内将乌鲁木齐所属六州县等地历年征收粮食及贮粮分三年春季出粜，秋季买补还仓，收防霉变；又将乌鲁木齐所属应征地粮减半。五十九年（1794），命官吏赈抚固关灾民，受乾隆帝嘉奖，赐名宜绵。六十年，授甘陕总督。曾搜查西安府铺户所藏玉器，起出大小玉器及璐石多件。嘉庆初，于襄阳、东乡、兴安、安康各地镇压川楚陕白莲教起义。其间，曾奏各州县团练乡勇赏过则骄、威过则散，非纪律之师可比，切中军营之弊。因镇压白莲教起义不力，被发往伊犁。不久回京，官大理寺卿。十一年(1806)，以腿疾复发，准其开缺。

【官文】(1798—1871) 清朝大臣。满洲正白旗人。王佳氏。字秀峰。道光间，历任侍卫、副都统。咸丰三年(1853)，值太平军由湖南下汉阳，欲取荆州时，奉命专统荆州防务。四年，任荆州将军，督师与湘军合攻武昌。五年，授湖广总督。任内，与湖北巡抚胡林翼筹划长江上游军务；剿捻军，屡败。同年，为钦差大臣，进克武汉。十一年(1861)，授大学士。阻截陈玉成进军武汉。同治元年(1862)，于河南信阳、罗山等地屡次镇压捻军。六年(1867)，任直隶总督。七年，因阻截西捻军张宗禹入直隶失败，被革职。

【官保】(?—1776) 清朝大臣。满族，乌雅氏。满洲正黄旗人。雍正十年(1732)，由刑部笔帖式擢堂主事，迁员外郎。乾隆五年(1740)，迁郎中。七年，授江南江宁府知府。十一年(1746)，补刑部员外郎，转郎中，改监察御史。二十年(1755)，迁刑科给事中，巡视台湾。二十二年，擢镶黄旗汉军副都统。五月，受命赴西藏办事。二十六年(1761)，授刑部侍郎。二十七年，调正黄旗满洲副都统。二十八年，以刑部左侍郎兼管工部侍郎，后二年调工部侍郎。三十二年(1767)，复往西藏办事。察知原西藏粮务通判吴元澄以库银贸易，亏空银八千余两，加一级。后历正红旗蒙古都统，署理藩院尚书，正红旗满洲都统，兼署礼部尚书，充经筵讲官。三十四年(1769)，署户部尚书，协办大学士。六月，受命留京办事，因失察麨面短少事，降一级留任。十一月，授户部尚书。三十五年，调刑部尚书兼议政大臣。三十六年，充国史馆正总裁，六月，兼署兵部尚书。三十八年(1773)，调吏部尚书。四十一年，因年逾八旬有病，致仕。三月卒，谥文勤。

【宛梅庵】 清代画家。回族。北通县(今北京通县)人。在同治(1862—1874)、光绪(1875—1908)年间，以画梅花出名，故名为"梅庵"。

【实卜】 明代乌撒女土官。彝族。元末为乌撒府右丞。明洪武十四年(1381)，聚兵赤水河，抗拒明军傅友德、胡海洋部，败遁。十五年，所部复攻明军。十六年，派属下酋长朝贡方物，被加赐珠翠，任乌撒府知府，亲率七百七十一人赴朝，诏赐织金文绮、钞锭。十七年，任乌撒军民府土官知府。贡马朝廷，受赐绮钞。规定每年纳粮二万石，毡衫一千五百领，以马六千五百匹易茶、盐、布匹等。

【实鲁】 见"石鲁"。(103页)

【实鲁剌】 见"完颜永中"。(251页)

【实怜答里】 见"失怜答里"。(119页)

【学古】 见"耶律学古"。(315页)

【羌娜】 亦作羌奴，小名僧奴，又名宝姑。元代云南大理总管段功女。白族。段功嫡妻高氏所生，段宝姊。至正二十四年(1364)，父被梁王诱杀，与弟均在稚

年。及长，闻母诉父冤，恒志不忘复仇，绣文旗以待。因嫁建昌(今四川西昌县)土官阿黎氏(一作阿冇)，临行，将绣旗付与段宝，相约等弟长成，联合夫家并东川军马以复仇。又赠诗二章，挥泪而别。诗中凝聚了少女的满腔悲愤和报仇雪恨的心情，也表现出其高度文化素养。她的事迹和诗篇，广为人们传诵，并为各种史志所载。

【诚乐魁】 见"盛逻皮"。(497页)

【视连】(350—390) 晋代吐谷浑王。姓吐谷浑氏。*碎奚子。太元元年(376)，父忧死，继立。史称其"廉慎有志性"。为悼念其父，不饮酒畋猎七年，军国大事委之将佐。以西秦势盛，于太元十五年(390)，遣使向西秦贡方物，金城王乞伏乾归拜其为沙州(今青海贵德西南穆格塘)牧、白兰王。

【视罴】(367—400) 晋代吐谷浑王。姓吐谷浑氏。*视连子(一说视连弟)。太元十五年(390)，父卒，继立。史称其"英果，有雄略"，怀"秣马厉兵、争衡中国"之志，"于是虚襟延纳，众赴如归"。西秦乞伏乾归见其新立，遣使拜其为使持节、都督龙涸已西诸军事、沙州牧、白兰王，不受，与西秦结怨。隆安二年(398)，为西秦将乞伏益州等败于度周川(在今甘肃岷县西南)，退保白兰(今青海都兰、巴隆一带)，遣使谢罪请和，以子宕岂为质。乾归妻以宗女。

【郎卡】 清代四川大金川土司。藏族。土司莎罗奔之兄子。代主土司事。乾隆(1736—1795)年间，逐小金川土司泽旺，侵扰邻近革布什扎土司。乾隆三十一年(1766)，总督阿乐泰授以安抚使职，并赐印，以归还诸土司被侵之地。后与绰斯甲土司通婚，以女妻泽旺之子僧格桑，致使大小金川相结，诸小土司不敌。后归降。

【郎坦】(1634—1695) 清朝将领。满洲正白旗人。瓜尔佳氏。内大臣武拜之子。年十四任三等侍卫。顺治六年(1649)，迁二等侍卫。随端重郡王博洛讨伐大同叛将姜瓖，进一等侍卫。八年(1651)，以造言构衅，获罪革职。后复一等侍卫。康熙二年(1663)，代管佐领，迁护军参领。从定西将军图海镇压李自成起义军。从征李来亨等于湖广茅麓山。十三年(1674)，擢正白旗蒙古副都统，后调本旗满洲副都统。二十一年(1682)，率兵沿黑龙江觇沙俄军窃踞之雅克萨(今苏联斯科沃罗丁诺以南，时为我国领土)。二十四年(1685)正月，以副都统衔随彭春进师雅克萨，其头目未战而降。是年终，沙俄军复踞雅克萨。二十五年二月，会同黑龙江将军萨布素攻雅克萨并参赞军务。擢正白旗蒙古都统。二十八年(1689)，至尼布楚，同索额图等与俄罗斯议界。三十一年(1692)正月，授安北将军，驻防大同，以防准噶尔部噶尔丹进犯。寻擢领侍卫内大臣兼火器营总管。列议政大臣。三十二年，授昭武将军，率兵驻甘州。三十三年三月，移宁夏，侦噶尔丹与策妄阿拉布坦。三十四年五月，受命往盛京察视边隘。

【郎球】(1594—1666) 清朝大臣。满洲正蓝旗人。爱新觉罗氏。初任理事官兼护军参领，天聪三年

(1629)，从太宗征明燕京。九年(1635)，随军征明，同参领图赖等率兵先趋锦州有功。擢刑部承政兼护军统领，列议政大臣。崇德四年(1639)，因徇徇隐默和蔑视皇帝革世职、罢任。六年，随征明锦州，与副都统星纳败松山援兵，助内大臣锡翰败杏山巡逻兵，追至塔山。七年，授礼部参政，擢承政。顺治元年(1644)，任礼部尚书。二年，授骑都尉世职。三年，随顺承郡王勒克德浑至荆州战李自成起义军。四年，晋三等轻车都尉。六年(1649)，授本旗都统兼礼部尚书。七年调刑部尚书。八年因徇隐罢任、削世职。九年，复礼部尚书，列议政大臣。十一年(1654)，调户部尚书。十三年(1656)，因徇庇解任。

【郎杰桑波】 见"喃迦巴藏卜"。(537页)

【郎结曲丕】 清代后藏扎什伦布寺札萨克喇嘛。藏族。咸丰三年(1853)，七世班禅丹贝尼玛圆寂，在其呼毕勒罕未出世前，由其代理后藏事务。通晓经典，为僧俗倾服。同年赏色埒本诺门罕名号。五年(1855)，以廓尔喀侵扰济咙、聂拉木，与大臣赫特贺共防剿。六年，与前藏摄政王埒征阿齐呼图克图，专差巴雅尔堪布赴京贡物。参加班禅额尔德尼呼毕勒罕之金瓶掣签。八年(1858)，八世班禅丹贝旺秋坐床后，因病告休，留色埒本诺门罕名号，以终其身。

【房琯】(697—763) 唐朝大臣。河南人。字次律。一说为鲜卑房氏(屋引氏)。一说其先房乾本出清河房氏，晋初使鲜卑，留而不遣，后裔随北魏南迁。唐平章事房融子。少好学，荫补弘文生，隐陆浑山，唯读书为事十余载。开元十二年(724)，作《封禅书》上献，被中书令张说奏为秘书省校书郎，调补同州冯翊尉，寻去官，举任县令科，授虢州卢氏令。二十二年(734)，拜监察御史，坐鞫狱不当，贬睦州司户参军。历慈溪、宋城、济源县令，兴利除害，颇有能名。天宝元年(742)，拜主客员外郎，后迁试主客郎中。五年(746)，擢试给事中，赐爵漳南县男。后贬宜春太守，历琅邪、邺郡、扶风太守。十四年(755)，征拜左庶子，迁宪部侍郎。次年，玄宗避安史之乱于蜀，他至普安郡谒见，拜文部尚书、同中书门下平章事。八月，奉使灵武，册立肃宗，参与军机。寻持节招讨西京，败于便桥。至德二年(757)，贬为太子少师。十一月，从肃宗还京，晋封清河郡公。乾元元年(758)，出为邠州刺史。次年，拜太子宾客。上元元年(760)，改礼部尚书，历晋州、汉州刺史。宝应二年(763)，拜特进、刑部尚书。八月，病卒于道。赠太尉。

【 弥 】

【弥勒】 见"耶律弥勒"。(316页)

【弥什克】(？—1764) 清朝蒙古王公。喀尔喀札萨克图汗部人。博尔济吉特氏。彻埒克长子。雍正十年(1732)，随父击准噶尔，被俘，后脱归，袭辅国公。乾隆十八年(1753)，以杜尔伯特部台吉车凌等降清，受命赴巴颜珠尔克等地备御准噶尔追兵。十九年，诱擒扎哈沁部宰桑衲木特。二十年(1755)，随军征准噶尔部达瓦齐于伊犁，二年(1757)，奉命遣护杜尔伯特游牧。

【弥俄突】(？—516) 南北朝时期高车国王。穷奇子。5世纪末，高车为𠒒哒所败，父被杀，本人被俘。北魏永平元年(508)左右，𠒒哒再次出兵，谋立其为高车王，高车部众遂杀跋利延，迎立之。后依附𠒒哒，积极与北魏修好，以抗柔然。遣使北魏，奉表献金方、银方、金杖、马、驼。得北魏将孟威军助，大败柔然于蒲类海(今新疆巴里坤湖)北，杀伏图可汗割其发送孟威，并遣使献龙马、金银貂皮及方物。势盛，使高昌王鞠嘉转而臣属高车。熙平元年(516)，为柔然可汗丑奴攻败，被执杀。

【弥觉多吉】(1507—1544) 明代藏传佛教噶玛噶举派黑帽系八世活佛。藏族。生于西藏东部康区的当曲。被司徒仁波切迎至噶玛寺，与贡钦司甫哇相会。五岁被迎到康地类乌齐贵族洛隆巴府邸。明正德八年(1513)，从杰曹珠古受近圆戒。曾居苏芒寺、绛秋林寺，并邀访工布的卡热及杰丹地方。十一年(1516)，应邀访问云南丽江，被纳西族木土司召见，木土司请求每年派五百名少年去西藏受教育。后途经里塘，赴咱林山朝圣。归居绛秋林寺修行。明武宗曾派中官刘允等五百人迎其去北京，旋以武宗死，未果。二十二岁拜堪钦曲珠桑格为师学佛法。继把西部大波地区传法问经，往咱日山朝佛。嘉靖八年(1529)，随众赴前藏，居粗浦寺学佛典。后于达波谢珠林寺圆寂。

【弥勒僧格】(？—1869) 清代蒙古族起义首领。内蒙古达尔罕王旗人。咸丰(1851—1861)年间，和赵保承等发动起义，后与喀喇沁右翼起义首领白凌阿联合，与清军作战，转战各地。同治二年(1863)，被清军捕获，由吉林解往热河，行至大石桥店门，逃逸。从同治三年(1864)至七年(1868)，转入秘密活动。五年(1866)，秘密联络汉族，偷袭清军。七年(1768)，白凌阿牺牲后，率领二十余人，从土默特转战到阿鲁科尔沁旗等地。八年，在战斗中被捕，死于狱。

【弥偶可社句可汗】 见"婆罗门"。(517页)

【弥易尼·统瓦端登】 宋代藏族名医。又名强巴贡却仁青。吐蕃王室后裔。生于12世纪中叶。父索南多吉，通晓医学。自幼学习藏文，天资慧敏，学业优异。青年时，从藏医北方学派之主绛巴·囊杰扎桑及昌迪·巴登措杰、西藏译师琐南嘉措和印度学者纳吉仁钦等学习佛教三藏经典和《四部医典》原著及解释、《月王药诊》、《月光》、《甘露宝瓶》、《配方百种》等医学论著，继承了囊杰扎桑的医学遗产，成为北方学派著名医家，曾任御医。著有《〈四部医典〉注释·四相庄严》、《玛拉雅释难·大小满意》、《脉经注释·耳传金刚词句》等，在藏医药发展史上享有盛誉。

【居翁】 西汉岭南西瓯人。汉时为桂林监，役属南越国。武帝时南越王赵建德、丞相吕嘉公开反汉。元鼎六年(公元前111年)冬，汉伏波、楼船二将军奉命率师讨南越。他告谕瓯、骆四十余万附汉,被封湘城侯。

【居车儿】 见"伊陵尸逐就单于"。(152 页)

【屈子】 见"赫连勃勃"。(574 页)

【屈丐】 见"赫连勃勃"。(574 页)

【屈戌】 又作屈戍、鹘戍。唐代契丹遥辇氏部落联盟首领。称"耶澜可汗"。原依附回鹘。文宗开成五年(840),乘回鹘被黠戛斯打败,可汗被杀,诸部溃散之机,脱离回鹘统治,举部附唐。武宗会昌二年(842),受唐封云麾将军,守右武卫将军。使用唐赐印玺。唐武宗赞其为"英雄挺出、忠信生知。威令可固于封疆,诚素必彰于礼义"。

【屈列】(?—735) 又作屈烈、屈剌、据埒、掘埒。唐代契丹遥辇氏部落联盟首领。一说为遥辇氏第一代首领洼可汗,又称遥辇可汗。玄宗开元十八年(730),大贺氏联盟首领邵固被军事首领可突于杀后,被立为首领。在可突于胁迫下背唐,投附突厥。屡遭唐征讨,先为唐幽州长史赵含章所败,北走。二十二年(734),被唐幽州长史张守珪大败,与可突于密议诈降,徙帐西北,欲引突厥兵攻唐。同年底(735 年初),因内部争权被别帅过折(遇析)所杀,部众溃散。

【屈原】(公元前 340 年—公元前 278 年) 战国时楚国政治家、爱国诗人。归州秭归(今湖北秭归)人。名平,字原,又名正则,字灵均。楚国国君同姓贵族,楚武王之子瑕之后裔,因封于屈,以为氏。约楚怀王十一年(公元前 318 年),任左徒,博闻强识,明于治乱,娴于辞令,备受信任。十六年(公元前 313 年),受命造宪令。力主限制贵族特权,改革内政,举贤任能,实现富国强兵。对外东联齐国,西抗强秦。在诸国"合纵"与"连横"的政治斗争中,三次出使齐国,以图联齐制秦。因楚怀王听信谗言,内惑于南后郑袖,外欺于秦臣张仪,被贬为三闾大夫,只掌管楚国公族屈、昭、景三氏谱牒,主持宗庙祭祀典礼,教育公族子弟。楚顷襄王二年(公元前 297 年),复遭亲秦的子兰、靳尚馋毁,放逐到长江以南沅湘流域的荒野之地。长期流放中,接近民众,目睹黑暗现实,忧国忧民。后楚国政治愈加腐败,君臣贪于苟安,不雪国耻,屈辱求和于秦,领土屡失,国力益衰。二十一年(公元前 278 年),楚国郢都被秦残破,君王出逃。眼见无法实现其政治主张,挽救国家于危亡,遂于该年五月,满怀怨愤投汨罗江(在今湖南东北部)自杀殉国。一生中写了许多不朽诗篇,抒发对国事的积虑和忧念、对贵族庸愚误国的憎恨、对广大人民的关怀和同情。多次陈诉变法图强、任用贤能的政治主张。主要作品有:《离骚》、《天问》、《招魂》、《哀郢》、《怀沙》、《九歌》、《九章》、《惜往日》、《涉江》等二十五篇。这些诗篇成为中国人民的宝贵文化遗产,也是世界文化宝库的珍品。

【屈瑕】(?—公元前 699 年) 楚国将军。楚武王四十年(公元前 701 年),战败郧国(今湖北郧城),并与贰、轸二国建立盟约。四十二年(公元前 699 年),攻罗国,至鄢(今襄阳境),为罗罗与卢戎(皆楚国境内少数民族)所败,在荒谷(楚地)自缢死。

【屈术支】 又作屈木支。隋末唐初西域康国王。月氏人。王族温姓。炀帝时娶叶护可汗女,臣于西突厥汗国。唐贞观元年(627),遣使赴唐献名马。五年(631)、九年(635),屡遣使贡方物。十一年(637),又遣使献金桃、银桃。自是岁贡不绝。

【屈出律】(?—1218) 又作曲出律、曲书律、古出鲁克罕。乃蛮部贵族首领,西辽末代皇帝。*太阳罕子。宋嘉泰四年(1204),乃蛮部为蒙古部败于纳忽山(今鄂尔浑河东土拉河西)后,经塔米儿河、兀泷古河(今乌伦古河),至兀鲁塔山(今科布多以北),逃依其叔不欲鲁罕。开禧二年(1206),不欲鲁罕为蒙古军所败,被执杀,他与篾儿乞部长脱脱逃也儿的石河(今额尔齐斯河)。嘉定元年(1208),兵败,逃奔西辽。深得西辽末帝直鲁古厚遇,被认作义子,并尚公主浑忽,甚得直鲁古宠信。四年(1211),乘成吉思汗南征金国之机,返故地,招集流亡于叶密立、海押立、别失八里三地之间的乃蛮残部,得众甚多,军势骤盛。密与花剌子模相结,夹攻西辽,执直鲁古,篡夺西辽帝位,尊直鲁古为太上皇。称帝后,继续沿用西辽国号。在位期间,先后征服阿力麻里、合失合儿、兀丹等地。原崇信也里可温教(即景教、基督教),因后妃皆信佛教,遂皈依佛教,并迫令居民弃伊斯兰教,改宗佛教,引起伊斯兰教徒愤怨。十一年(1218),蒙古将哲别率军二万征西辽,利用其政权内部矛盾及伊斯兰教徒不满情绪,迅速取得胜利。他先后逃合失合儿、巴达哈伤,寻为蒙古军执杀,西辽亡。

【屈利啜】 见"屋利啜"。(425 页)

【屈突通】(557—628) 隋末唐初大臣。先世为库莫奚种人。依附鲜卑慕容氏,徙居昌黎(今辽宁朝阳),后家长安(今陕西西安)。仕隋为虎贲郎将,擢左武卫将军。大业九年(613),与宇文述共破礼部尚书杨玄感叛军,以功拜左骁骑卫大将军。后授关内讨捕大使,镇压义军。十二年(616),隋炀帝南移江都宫,奉命镇长安。后受代王杨侑命守河东,兵败,降唐高祖李渊,授兵部尚书、蒋国公,为秦王李世民行军元帅长史。唐高祖武德元年(618),从平薛仁杲,判陕东道行台左仆射。从讨王世充,以功拜陕东道大行台右仆射,镇东都洛阳。数岁,召为工部尚书。九年(626),太子建成谋变,复检校行台仆射,驰镇洛阳。贞观(627—649)初,为洛州都督,进左光禄大夫。七十二岁卒,赠尚书左仆射,谥忠。

【屈利俟毗可汗】(?—631) 又作莫贺咄可汗。唐代西突厥可汗。阿史那氏。*达头可汗子、*统叶护可汗伯父。原为西突厥小可汗。贞观二年(628),杀统叶护,自立为汗。弩失毕部不服,拥立统叶护之咥特勤为乙毗钵罗肆叶护可汗,与之对抗。西突厥分为两大集团,一为莫贺咄可汗统治的左厢(也作东厢)咄陆五部;一为肆叶护可汗统治的右厢(也作西厢)弩失毕五部。为在内部斗争中取得唐朝支持,于四年(630)遣使求和亲。因突厥内乱,君臣未定,战争不息,被拒,失却唐朝政治上支持，部内大乱。次年(一说同年)，被肆叶护可汗和阿史那泥孰联兵击杀于金山。

【肃顺】(1816—1861)清朝大臣。满洲镶蓝旗人。爱新觉罗氏。字豫亭。郑亲王乌尔恭阿第六子。道光间，官将军、内阁学士兼礼部侍郎。咸丰初，历任御前大臣、总管内务府大臣、尚书、大学士等职。为咸丰帝权臣。太平天国革命爆发以后，力荐曾国藩、左宗棠、胡林翼，主张用湘军镇压太平天国。为解决清政府财政困难，倡发纸币、铸大钱。咸丰八年(1858)，在第二次鸦片战争时期，参加对外交涉决策。九年，在北京与俄使伊格那提耶夫谈判，拒绝沙俄对我国乌苏里江以东地区的领土要求。十年，英法联军进犯北京时，与载垣、端华等护送咸丰帝逃往热河(今河北承德)。同治帝即位后，为八辅政大臣之一。任内，事多专擅、招权纳贿。是年，极力反对慈禧太后垂帘听政，并与载垣、端华朋比，与慈禧太后争夺统治权。慈禧与恭亲王发动"北京政变"(亦称"祺祥政变")，将其处死。

【肃祖】 见"耶律耨里思"。(326页)

【陕巴】(?—1505) 明哈密忠顺王。蒙古宗室后裔，安定王千奔侄，忠顺王脱脱近亲从孙。初居安定卫。弘治五年(1492)，明廷因罕慎无嗣，王位空悬，封其为忠顺王，命都督金事阿木郎与都督同知奄克孛剌共辅佐之。娶野乜克力禿卜花台卜之女为妻。次年，哈密为吐鲁番阿黑麻速擅所破，被俘。八年(1495)，甘肃巡抚许进收复哈密。十年(1497)，才从吐鲁番还。与故忠顺王罕慎弟奄克孛剌不和，后娶罕慎女，始结好。平素嗜酒凌下，失众心。部属阿孛剌等咸怨，于十七年(1504)，阴结吐鲁番，欲迎阿黑麻速擅幼子真帖木儿(罕慎女之子)主哈密。陕巴惧，偕家走苦峪(今甘肃敦煌东北)，明廷命其返哈密，并令奄克孛剌和写亦虎仙辅助之，而将真帖木儿留于甘州夷馆。

【降曲丹皮】 清代西藏地方官员。藏族。任堪布。咸丰元年(1851)，奉达赖喇嘛命，赴京呈递丹书克，叩请圣安，呈献贡品。是年，七世班禅丹贝尼玛生辰，文宗赐佛像、御笔福字、寿字、白玉念珠、银曼达、绸缎等物，由其带回西藏转交。

【始艾】 唐代葛僚酋长。戎州泸州地区(今四川泸州、宜宾之间)人。葛僚族(今仡佬族先民)。大中十三年(859)，因官吏贪婪，民不聊生，群僚怨而暴动，立其为王。逾梓潼。攻城池。遭刺史刘成师诱降，斩首领七十余，率余众退至东川。后受节度使柳仲郢招抚，归降。

【始毕可汗】(?—619) 隋末唐初东突厥可汗。名咄吉世，又作咄吉、吐吉、吐蕊。阿史那氏。启民可汗染干子。隋大业四年(608，一说五年)，继汗位，依俗复纳义成公主为妻。势盛，为隋所患。十年(614)，隋取裴矩策，分其势，欲将宗女嫁其将叱吉设，拜为南面可汗，并诱杀其重臣史蜀胡悉，双方关系恶化。十一年八月，乘隋炀帝北巡，以兵十万围炀帝于雁门(今山西代县)逾月，史称"雁门之围"。隋末，中原群雄争战，薛举、窦建德、王世充、刘武周、梁师都、李轨、高开道等均欲借突厥势力以自重，始毕接受其臣服，均授以可汗称号。并应唐公使臣刘文静之请，遣康鞘利率兵二千援李渊。唐武德元年(618)九月，遣使骨咄禄特勤朝唐，以援唐有功，深受礼遇。二年二月，率军至夏州(治所在今陕西靖边县东北白城子)，会梁师都谋犯唐边。四月，又以五百余骑助刘武周欲攻太原。是月病卒。高祖李渊发哀长乐门，废朝三日，遣使吊唁。

【弩温答失里】 明哈密忠顺王*卜答失里之妻。瓦剌首领*脱欢女,*也先姊。夫死，子倒瓦答失里、卜列革相继为王。天顺四年(1460)，卜列革卒，亲主政事。与明廷关系甚密，贡使往来。天顺末成化初，哈密为野乜克力乩加思兰所破，率部属避居苦峪(今甘肃敦煌东北)，遣使朝贡并告难。成化二年(1466)，还哈密。翌年，明以故忠义王脱欢帖木儿外甥把塔木儿为右都督，摄行国王事，其仍掌实权。九年(1473)，哈密为吐鲁番攻破，被俘，部属复走苦峪。十八年(1482)，罕慎克哈密后，复还故土。成化末不见于史载。

【迦独庞】 又作旁独庞、蒙伽庞。南诏乌蛮部落渠帅。蒙舍庞子。居蒙舍川(治今云南巍山彝族回族自治县西北龙宇图山)。卒，子细奴逻嗣为渠帅。

【迦鲁纳答思】(?—1311) 又译合鲁纳答思。元朝大臣。畏兀儿人。通佛学及诸族语。经翰林学士承旨安藏扎牙答思荐于元世祖，召入朝。奉旨向吐蕃国师学佛法和藏文，期年皆通。用蒙古畏兀字译梵、藏经论进献世祖，刻版颁赐诸王大臣。曾于世祖前译奏南洋星哈剌的威二十余国表章，诸使惊服。当朝议兴兵讨暹国、罗斛等国时，奏谏勿以武力相攻，宜遣使劝降，世祖纳其言，命岳剌也奴、帖灭等往使，降者二十余国。至元二十四年(1287)，擢翰林学士承旨，侍成宗于潜邸。元贞元年(1295)，成宗即位，迁大司徒。于大都(今北京)白塔寺译佛经。吐鲁番曾发现注明壬寅年(大德六年，1302)的译经刻本残叶。仁宗即位，仍为司徒，是年卒。后裔以鲁为姓。

【线真】 元朝大臣。蒙古克烈部人，土别燕氏。*土薛子。初于忽必烈潜邸任宿卫，为博尔赤(司膳)。中统二年(1261)，随汗征叛王阿里不哥，掌右翼，大败敌军于昔木土脑儿(今蒙古苏赫巴托省南部)。四年(1263)，任中书右丞相，与诸臣论定朝制。至元元年(1264)，罢职，还领宿卫事。四年(1267)，任宣徽院使。七年(1270)，改光禄卿。受命查处参议枢密院事费正寅谋通宋事，绳之以法。卒，追赠太师，谥忠宪。

【细奴逻】(617或618—674) 又作细诺逻、习农乐、独罗。南诏创建者*迦独庞之子，皮罗阁曾祖父。居蒙舍川(治今云南巍山彝族回族自治县西北龙宇图山)。后部众渐盛，于唐贞观二十三年(649)，建"大蒙国"，自称"奇嘉王"。以巍山为首府。高宗(649—683年在位)时，入朝，受唐封巍州刺史。

【细封步赖】 唐代党项羌细封部首领。太宗贞观三年（629），受南会州都督渝令，率部族内附，获厚遇。唐朝以其住地设轨州（今四川松潘县境），授刺史。受命率所部讨击吐谷浑。

【孟获】 三国时西南少数民族大姓首领。建宁郡（以今曲靖为中心的云南东部地区）人。祖先系汉族移民，因世居南中，受当地少数民族影响很深，并"为夷汉所服"。建兴元年（223），随雍闿一起反蜀。三年（225）春，蜀相诸葛亮率兵分三路南征，雍率部赴越巂郡（以今西昌市为中心的四川西南地区）援助当地反蜀叟帅高定元，被高的部曲所杀。孟统雍之部众，抗击蜀军，被诸葛亮"七擒七纵"，乃心悦诚服归顺。后仕蜀，官至御史中丞。因其后裔长与当地少数民族，特别是与彝族逐渐融合，故被当作彝族的代表人物。

【孟简】 见"耶律孟简"。（315页）

【孟谷误】 唐代云南哈尼族大首领。据张九龄《敕安南首领爨仁哲书》所列举衔名，开元年间（713—741），为和蛮大鬼主，与安南首领爨仁哲、僚子首领阿迪、南宁州大鬼主爨崇道等九人并列。他们各领有部落，同为唐朝臣属。其名夹处诸爨部落首领间，名随安南首领爨仁哲之后。据此，一说认为，其地临近当时的安南都护府，在今红河州和文山州一带。一说在楚雄州至思茅地区一带。

【孟速思】（1206—1267） 元朝官员。畏兀儿人。世居别失八里（今新疆吉木萨尔北破城子），后徙中都（即大都，今北京）。阿的息之子。十五岁，尽通畏兀儿文书。受成吉思汗召见，奉命为拖雷后唆鲁禾帖尼管理分地岁赋。后侍忽必烈于潜邸，日见亲用。曾任断事官。宪宗死，拥立忽必烈即汗位。中统初，从汗征叛王阿里不哥，闻断事官不只儿有二心，奏遣还中都。至元初，与安童并拜丞相，固辞。数奉命收召豪俊，凡所引荐，皆当世所选，深受世祖眷顾。卒，谥敏惠。大德十一年（1307），赠太师，追封都王，改谥知敏。

【孟特穆】 见"猛哥帖木儿"。（509页）

【孟格布禄】 见"猛骨孛罗"。（509页）

【贯云石】（1286—1324） 元代畏兀儿文学家。本名小云石海涯，字浮岑，号酸斋，别号成斋、疏仙、石屏、芦花道人等。祖籍西域北庭（今新疆吉木萨尔县），*阿里海牙孙。父名贯只哥，遂以贯为姓。善骑射，能诗文，"其旨皆出人意表"。成年后，袭父爵，任宣武将军、两淮万户府达鲁花赤，出镇湖广行省永州。后将官职让其弟忽都海涯。至大元年（1308），北上大都，师事姚燧，并结识文人许有壬等，常相邀吟诗讲道。未几，选为英宗潜邸说书秀才，宿卫禁中。皇庆二年（1313），封翰林侍读学士、知制诰同修国史。翌年，上疏条六事：释边戍以修文德、教太子以正国本，设谏官以辅圣德、表姓氏以旌勋胄、定服色以变风俗、举贤才以恢至道。所谏切中时弊。延祐元年（1314），称疾辞职退隐钱塘（今杭州），居南门外海鲜巷，以卖药为生，读释学佛，立书著述，终年三十九岁。葬于大都（今北京）西郊畏兀村祖茔。精通汉文，善草隶书，工诗文，尤精散曲。其峭厉有法之古文和慷慨激越的歌行乐府，为时人好评。对唱腔也颇有研究，著名南戏海盐腔即得其传授。生前有《贯酸斋诗文集》和《孝经直解》行世，后多散佚不传。保留至今的有散曲小令八十八首、套数十套，诗三十八首、词两首、文三篇和《孝经直解》一卷。所作散曲，风格豪放，亦有偏于清丽者，内容多写逸乐生活和男女之情。与徐再思（号甜斋）齐名，后人合辑二者作品，称为《酸甜乐府》。

【贯只哥】 元朝大臣。畏兀儿人。湖广行省左丞相*阿里海牙子，*贯云石父。大德至延祐初，任职湖广。延祐二年（1315），迁江西行中书省平章政事。泰定元年（1324），调江浙行省。后任职于河南。卒，赠河南行省平章政事，追封楚国公，谥忠惠。

【贯楚克】 见"达赖汗"。（134页）

【贯酸斋】 见"贯云石"。（383页）

【承】 汉代西南夷句町王弟。始建国元年（公元9年），王莽篡位后，贬句町王为侯。其兄邯不服，怀怨，为牂牁大尹周钦诈杀。遂举兵攻杀周钦，又杀益州大尹程隆。王莽遣平蛮将军冯茂率巴、蜀、犍为等郡官兵反击，三年不能克。又调集天水、陇西骑士，广汉、巴、蜀、犍为吏民等二十万人镇压，斩杀数千，始平。

【承宗】（？—727） 唐代回纥首领。药罗葛氏。*伏帝匐子。唐玄宗开元七年（719），继父爵为回纥都督、河西经略副使兼赤水军使。因与凉州都督有隙，被诬陷谋叛，十五年（727），流死于瀼州（治所临江县，今广西上思县西南）。

【承天太后】 ①见"耶律普速完"。（326页） ②见"萧绰"。（479页）

【函普】 金始祖。女真完颜部人。年六十余，至女真完颜部，居仆斡水涯，娶该部一贤女，生二男一女，遂为完颜部人。时值女真社会由母权制逐步过渡到父权制，女真内部屡生械斗，民不聊生，渴望安宁。函普应民众之请立约，凡杀伤人者出人口一、马二十匹、母牛十头、黄金六两交被杀伤之家。至是械斗止息，为部众所钦服，女真社会渐走向统一。金天会十四年（1136），追谥景元皇帝，尊为始祖。皇统五年（1145），增谥始祖懿宪景元皇帝。

九 画

【一】

【玷厥】 见"达头可汗"。（135页）

【珉德】 明代四川马湖土官。彝族。安济侄。任马湖（治今屏山）土知府。洪武七年（1374），遣弟阿穆上表贡马，因未亲往，触怒明廷，太祖拒收贡马。十二年（1379），贡香楠木，诏赐衣钞。十六年（1383），赴朝献马十八匹，赐衣一袭、米二十石、钞三十锭。

【契苾明】 又作契苾承明，字若水。唐代铁勒族契苾部将领。凉国公契苾何力子。仕唐，十二岁任奉辇大夫。麟德（664—665）中，升左武卫大将军、贺兰州都督。继拜柏海道经略使，征吐蕃，以功进左威卫大将军。后任鸡田道大总管，征突厥，军至乌德鞬山，诱附二万帐，官至左鹰卫大将军。因病卒于凉州姑臧，享年四十六岁，赠凉国公。有《契苾明碑》以志其功。

【契苾葛】 隋末铁勒族契苾部首领。始为莫贺咄特勤，辖地近吐谷浑。因居地狭隘，又多瘴毒，遂迁龟兹，居于热海（今伊塞克湖）之北。

【契苾何力】（？—677） 唐代铁勒族契苾部著名将领。先辈世为契苾部首领，父莫贺咄特勤契苾葛卒后，袭位，时年九岁，号大俟利发。唐太宗贞观六年（632），与母率部众六千余户附唐，置于甘、凉间（今甘肃西北），就地置贺兰州，封其弟契苾沙门为刺史，其母为姑臧夫人。后受召入朝，授左领军将军。八年（634），随凉州都督李大亮征吐谷浑。次年，会战于赤水川（今青海兴海县东南黄河西岸唐乃亥一带），追吐谷浑可汗允至突伦川（今新疆且末西），破其牙帐，俘其妻子而归，以功授宿卫北门，检校屯营事，尚临洮县主。十四年（640），以葱山道副大总管与交河道行军大总管侯君集率突厥、契苾数万骑平高昌。十六年（642），巡抚旧部，返里省亲。逢契苾部一些首领欲投薛延陀，被挟执至薛延陀首领夷男牙帐，严词拒绝招降，誓忠唐朝。太宗闻悉，以允薛延陀和亲，迎其回京，授右骁卫大将军。十九年（645），任前军总管，随太宗征高丽，督战白崖城（今辽宁辽阳东北），胜十数倍于己之敌。次年，拜昆丘道行军大总管，与阿史那社尔率铁勒十三部兵十万讨龟兹，俘龟兹王。二十三年（649），太宗逝世，与阿史那社尔一起，请依本族俗杀身殉葬，为高宗劝止。永徽二年（651），拜弓月道行军大总管，统兵八万平西突厥阿史那贺鲁。显庆二年（657），升左骁卫大将军。龙朔元年（661），任辽东道行军大总管，征高丽。因漠北铁勒诸部发生骚动，充铁勒道安抚大使，赴漠北，安辑诸部，平九姓铁勒，擒叶护、设等二百人归。乾封元年（666），乘高丽泉盖苏文死，众子争权，又以辽东道行军大总管兼安抚大使征高丽，虏高丽王还，授镇军大将军，行左卫大将军，徙凉国公，领右羽林军。卒，赠辅国大将军、并州都督。

【契苾歌楞】 又作契苾哥论。隋代铁勒族契苾部首领。始为俟利发俟斤，原臣于西突厥。大业元年（605），铁勒诸族反抗西突厥泥撅处罗可汗暴政，拥其为易勿真莫何可汗（又作易勿施莫贺可汗），建牙贪汗山（今天山东部），复立薛延陀首领也咥为小可汗，甚得众心，焉耆、高昌、伊吾诸国皆服属。后西突厥射匮可汗盛，复去可汗号臣之。

【项烈】 见"萧幹"。（480页）

【项崇周】（1856—？） 清光绪年间抗法斗争首领。云南猛洞人。苗族。光绪十年（1884），中法战争发生后，组织以苗族青年为主的瑶、壮、汉等各族农民军，与法国侵略者展开斗争。用长矛、大刀、毒弩及猎兽用的套索、陷阱、铁夹、竹箭等伏击或偷袭侵略军，摧毁法军哨所。十三年（1887），在高蓬伏击法军，获胜。十四年，在清水河伏击战中大胜，迫使法军停止偷移界碑活动。二十年（1894），法军派人到猛洞购买土地，遭其严词拒绝。二十一年，法军收买越南人行刺，未遂。以功清廷授以"边防管带"。二十八年（1902），赐锦旗嘉勉。誉之"边防如铁桶，苗中之豪杰"。

【栋果尔】（？—1643） 清朝将领。蒙古族。科尔沁部人。博尔济吉特氏。明安子。崇德元年（1636），封镇国公。二年，随承政尼堪由朝鲜进征瓦尔喀，至吉木海，败平壤巡抚、安州总兵及安边道援兵。六年（1641），从征明，败总督洪承畴兵于松山（今辽宁锦县西南）。八年（1643），卒。顺治五年（1648），追封多罗贝勒。

【栋岱青】（？—1648） 清初将领。蒙古族。翁牛特部人。博尔济吉特氏。杜棱郡王逊杜棱弟。天聪六年（1632），与逊杜棱等率众归后金。随皇太极征察哈尔部。七年，向后金献驼马。八年，从后金征察哈尔，继自龙门口入明边，至大同，克台堡各一。九年，遣属翁克森喇嘛等献马。崇德元年（1636），编旗设佐，授札萨克，掌翁牛特左翼，赐号多罗达尔汉岱青。三年（1638），以喀尔喀札萨克图汗逼归化城，从皇太极征之。四年，率宰桑乌巴什等随军征明，六年（1641），围锦州，以功受赏。

【栋伊思喇布】（？—1681） 清朝蒙古王公。阿巴哈纳尔部人。博尔济吉特氏。多尔济伊勒登次子，贝色棱墨尔根弟。康熙四年（1665），率众二千余至喀尔喀右翼牧地，归附清朝。封札萨克固山贝子，掌右翼。清朝以阿巴噶部原牧地给阿巴哈纳尔部。

【相威】（1241—1284） 元朝将领。蒙古札剌儿氏。成吉思汗十大功臣之一*木华黎曾孙，国王速浑察第三子。至元十一年（1274），受命总兀鲁兀、忙兀、弘吉剌、亦乞列思、札剌儿五投下兵随军伐宋，取安丰、和州。翌年，掌左翼军以舟师略江阴、澉浦、上海、华亭。十三年（1276），封征西都元帅，总兵镇戍西边，以拒叛王海都。次年，任江南诸道行台御史大夫，奏陈便民十五事，谏言并行省、削冗官、钤镇戍、拘官船、业流民、录故官等。在任期间，秉公持正，执法不阿，屡惩不法官吏。据理力谏缓征日本，为忽必烈汗所纳。二十年（1283），觐汗，并进译语《资治通鉴》。寻拜江淮行省左丞相。次年，赴任途中卒于蠡州。

【相兀速】 元朝将领。蒙古斡罗纳氏。千户怯怯里子。初袭父职。率本部兵随阿术攻襄阳、樊城，继从塔出筑正阳堡，败宋庐州军。至元十一年（1274），授武略将军。次年，从都元帅博罗欢取涟海，随丞相伯颜破淮安。后受命统领蒙古、女真、汉军三万户戍守湾头堡。十三年（1276），从阿术追执宋制置使李庭芝与扬州都统姜才于泰州。翌年，以功加宣武将军，管军总管。十八年（1281），调蒙古侍卫亲军总管。二十三年（1286），改千户。三十年（1293），擢蒙古侍卫亲军副指挥使，进显武将军。

【相加班】 见"桑结贝"。（476 页）

【相单程】 东汉武陵郡少数民族起义首领。原为武陵少数民族精夫（酋长）。建武二十三年（公元 47 年），率众起义，攻郡县。汉武帝遣武威将军刘尚率南郡、长沙、武陵等地官兵万余人镇压，为义军所败。二十四年，义军攻占临沅（今常德）。二十五年，汉朝派伏波将军马援率中郎将刘匡、马武、孙永、耿舒等为官镇压起义。武陵各族人民在壶头山（今湖南沅陵东）居高临下，阻击马援军，相持达八个月之久，马援病死军中。汉朝多次失败后，采用招抚办法，订约退兵，武陵各族归附于汉。

【柏贵】（？—1859） 清朝大臣。蒙古族文人。蒙古正黄旗人。额哲忒氏。字雨田。嘉庆二十二年（1817）举人。充实录馆誊录。道光四年（1824），书成，议叙知县。历知府、按察使、布政使。二十四年（1844），迁广东按察使。咸丰二年（1852），调广东巡抚。参与镇压广东人民反清起义。七年（1857），署两广总督。英法联军攻陷广州时，被俘，投敌，充当傀儡，镇压人民反侵略斗争。著有《奏议》。

【柏葰】（？—1859） 清朝大臣。蒙古正蓝旗人。巴鲁特氏。原名松葰，字静涛。道光六年（1826）进士。选庶吉士，授编修。累迁内阁学士，兼正红旗汉军副都统。十八年（1838），任盛京工部侍郎。二十年（1840），授刑部侍郎。二十五年（1845），充总管内务府大臣。二十八年（1848），升左都御史。三十年（1850），迁兵部尚书，内大臣。咸丰五年（1855），任热河都统。六年，于军机大臣上行走，兼翰林院掌院学士。八年（1858），典顺天乡试，拜文渊阁大学士。与载垣、端华、肃顺不睦。后遭御史劾奏，以乡试舞弊罪，于次年被杀。

【柏彦务】 见"卜言兔"。（4 页）

【柏节圣妃】 亦作白洁圣妃或柏洁圣妃，见"慈善夫人"。（570 页）

【柳天成】（？—1871） 清咸丰同治年间苗族起义领袖。贵州都匀府杨柳屯人。苗族。家境贫寒，少习武功。咸丰（1851—1861）初年，在都匀坝固场一带组织苗民练习武功。咸丰五年（1855）五月，被推为苗王，联合金干干（苗族）等在坝固起义，攻鸡贾河，围都匀城。六年，采取分散兵力各自隐藏之策，不直接与官军交战，乘云贵总督恒春回军贵阳之机，攻克都匀。七年，联合何得胜、罗光明、潘新简各军，屡挫清军。八年，攻占麻哈城，击毙守将，再克都匀。十一年（1861），活动于荔波、都江、独山、都匀一带，攻占都江、八寨等厅城。同治三年（1864），遭贵州巡抚张亮基进攻，转入防御。八年（1869），贵州提督张文德率黔军万余进攻八寨、鸡贾河，义军转守为攻，在羊安战役中歼灭清军三十余营，击毙总兵、参将、都司等官吏八人。九年，贵州巡抚曾璧光等督师抵都匀，攻鸡贾河。十年（1871），鸡贾河失守，率义军退守都匀内外套地区，后被叛徒暗杀身亡。

【树者】 南北朝时期敕勒袁纥部首领。其部原居漠北鄂尔浑河、土拉河流域。后屡为北魏所破，部分迁入漠南。北魏太和二十二年（498），因敕勒之众不愿随魏军征南齐，遂推其为首领，聚众举兵，欲北投柔然。击败宇文福所率魏军，进入漠北。后受北魏平北将军、江阳王元继分化招诱，率众出降，返回漠南。

【树机能】 见"秃发树机能"。（232 页）

【树洛干】（394—417） 晋代吐谷浑王。吐谷浑氏。*视罴子。义熙元年（405），其叔乌纥堤卒，率部众数千户奔莫何川（今青海贵德西莫渠沟河一带），自称大都督、车骑大将军、大单于、吐谷浑王，又号戊寅可汗。轻徭薄赋，信赏必罚，致吐谷浑复兴，沙漒（今甘肃洮水以西地）诸豪莫不归附。史称其"英武"，有"振威梁、益，称霸西戎"，"远期天子"之志。七年（411）二月，北伐南凉，败秃发僻檀太子虎台，取浇河（今青海贵德）。势盛，为西秦所忌。八年，吐谷浑别部阿若干（一说为树洛干）为西秦乞伏炽磐败于赤水（今甘肃岷县东北），归降，拜平狄将军、赤水都护。九年，复为乞伏智达破于浇河。十三年（417），弟阿柴又为西秦安东将军木奕于所破，他退保白兰（今青海都兰、巴隆一带），惭愤发疾而卒。

【胡卢】 见"完颜宗固"。（255 页）

【胡兰】 见"卜阳"。（3 页）

【胡来】 见"乌古乃"。（72 页）

【胡沙】 见"完颜承裕"。（258 页）

【胡剌】 见"完颜守能"。（253 页）

【胡虔】 辽代著名画家。契丹族。名画家*胡瑰子。学父画番马得誉。丹青之学有父风。虔家学之妙，殆未可分真赝。其作品曾藏于北宋秘府，有四十四件。今多佚，现存《汲水蕃部图》为传世之精品。元人揭傒斯曾以此图题应制诗曰："沙碛茫茫塞草平,沙泉下马满囊盛,曾于王会图中见,真向天山雪外行。圣德只今包宇宙,边庭随处乐农耕;生绡半幅唐人笔,留与君王驻远情。"

【胡琛】(？—526) 北魏末高平镇敕勒酋长,各族大起义首领之一。正光五年(524),被高平(今宁夏固原)镇民赫迪恩等推戴为高平王,与部将万俟丑奴攻高平镇以应沃野镇匈奴人破六韩拔陵起义,为魏将卢祖迁所破,北走。秦州起义首领羌人莫折太提部将卜朝(一作卜胡)袭克高平,后镇民杀卜朝迎其归。孝昌元年(525),复据高平,派万俟丑奴、宿勤明达进攻泾州,击退魏将萧宝寅的进攻,义军势益盛。次年,因与莫折念生相结,轻慢破六韩拔陵,为拔陵部属费律诱斩于高平。义军继由丑奴统领。

【胡睹】 见"萧胡睹见"。(484页)

【胡辇】 见"萧胡辇"。(484页)

【胡瓌】 辽代著名画家。契丹族。一说为慎州乌索固部人,居范阳(今河北涿县)一说为范阳人。善写北方草原牧猎,精描民族生活习俗,所画多为穹庐帐幕、弓矢鞍马,水草放牧,游骑射猎,以及荒漠平远、冰天雪地的大自然景色。其画充分展示契丹民族生活真实面貌,反映出浓郁的时代气息。尤善画马,用笔清劲细密,骨骼体形强劲有力,生动传神,一望可知为驰骋广漠草原之骏马。人评其画:"握笔落墨,细入毫芒,而气度精神,富有筋骨。然纤微精致,未有如瓌之比者也。"宋编《宣和画谱》曾辑录其作品六十五件,多佚。现存《回猎图》、《还猎图》、《蕃马图》、《卓歇图》等,长卷《卓歇图》(现藏北京故宫博物院)历来被视为代表作。

【胡土虎】 见"忽都虎"。(371页)

【胡太后】 见"宣武灵皇后"。(423页)

【胡玉山】 清代云南沧原县班洪佤族第二代王。佤族名"达尖准"。同治、光绪年间人。班洪佤族第一代王达本之子。父卒,嗣为王。继续加强班洪佤族统一事业。光绪十七年(1891),奉清朝命,参与调解勐角董傣族土司矛盾案,因功,赐胡姓,汉名玉山,封为班洪土都司,世袭。通过封赐,加强了胡姓对该地区的统治,促进其封建化的过程。

【胡母里】 见"萧胡母里"。(489页)

【胡沙虎】 见"纥石烈执中"。(183页)

【胡独堇】 见"萧孝穆"。(483页)

【胡登洲】(1522—1597) 明代伊斯兰教学者、中国回族经堂教育的奠基人、经堂教育两大学派之一——陕西学派的创始人。字明普。回族。陕西咸阳人。精研伊斯兰教之学,亦习儒学。曾到麦加朝觐,回国后,立志兴学,改革口头传授经义之法,首倡经堂教育制度,用半工半读之法,培养不少宗教人才,使经堂教育得以蓬勃发展,清真寺设学之风渐开。其学说逐渐发展为经堂教育的陕西学派,被穆斯林尊为"胡太师祖"。他所倡导的经学,以专精为特点,与注重博览的山东学派相区别。

【胡太师祖】 见"胡登洲"。(386页)

【胡里伯克】 一称伯克胡里。乌孜别克人(一说塔吉克人)。*阿古柏次子。同治三年(1864)十二月,随父侵入新疆。六年(1867)夏,阿古柏夺取库车后,授库车军事长官。十一年(1872),领兵残酷镇压乌鲁木齐各族起义,进驻玛纳斯。光绪三年(1877),父死,于喀什噶尔(今喀什)杀弟海古拉自立。举兵攻阿克苏,败阿奇木汗条勒军队。不久,进兵和田。是年冬,攻喀什噶尔汉城。因闻清军逼近费匣巴特,逃亡俄国。

【胡邪尸逐侯鞮单于】(？—公元85年) 东汉南匈奴单于。挛鞮氏(又作虚连题氏)。名长。*呼韩邪单于(醯落尸逐鞮单于)之子。明帝永平六年(公元63年),丘除车林鞮单于死后,嗣单于位。继续保持与汉和好关系,不断与北匈奴攻战。九年(公元66年),遣伊秩訾王大车且渠至汉就学。十六年(公元73年),遣左贤王信随汉将祭彤出朔方高阙塞(在今内蒙古临河西北)击北匈奴皋林温禺犊王。章帝建初元年(公元76年),与缘边郡兵、乌桓兵再击皋林温禺犊王于涿邪山,斩降数千。元和元年(公元84年),攻掠北匈奴伊莫訾王商队。由于南匈奴、丁零、鲜卑、西域从四面攻北匈奴,使其不复自立,远遁而去。

【封孚】(337—407) 十六国时期后燕、南燕大臣。字处道。渤海人。聪敏,有士君子之称。后燕慕容垂(384—396年在位)时,屡随军征战。慕容宝即位后,累迁吏部尚书。永康三年(398),兰汗篡立后,南奔辟闾浑,任渤海太守。后归附南燕慕容德,委以重任,外总机事,内参机谋。南燕建平元年(400),封右仆射。六年(405),慕容超嗣位,封太尉。以权臣公孙五楼专断朝政,多违旧章,他屡尽匡谏,不为所纳。不畏上,舍死把超比作桀纣之主。

【封敕文】(？—466) 又作是贲敕文、拾贲敕文。北魏官员。其先为什贲城(今陕西榆林西)胡人,遂以城名为姓,后迁代郡。孝文帝时改为封氏。关内侯豆孙,侍御长涅子。始光(424—428)初,为中散,迁西部尚书,出为领护西夷校尉、秦益二州刺史,赐爵天水公,镇上邽。太平真君六年(445),奉诏征吐谷浑慕利延兄子拾归于枹罕。次年,率师破金城边冏、天水梁会义军,斩冏,迫会败走汉中。后又击败略阳王元达等起事。太安四年(458),与新平公周盆击宋将殷孝祖于清水东,不克。

【刺真】 见"纳陈"。(297页)

【刺哥】 见"耶律剌葛"。(316页)

【刺阿不】 见"萧查剌阿不"。(490页)

【刺麻领占巴】 明代藏族高僧。河州卫番僧纲司第一世纲端月坚藏之后裔。原系甘肃河州(普纲寺、永昌寺僧人),受明封为第二世纲。该家族掌管河州卫番僧纲司教权历十二世,效力明廷,颇多贡献。并以教权控制该地政权。后被迎至京师北京大慈恩寺。明正统六年(1441),受封"真修禅师",兼河州都纲。同年出资助兴建北京西郊翠微山法海寺,并以"开山喇嘛"身份亲自参与筹建。因功刻名于寺碑,以示纪念。

【勃阑卡贝云】(？—838) 唐代吐蕃名臣。赞普赤祖德赞(815—838年在位)时执政僧人。因以高僧身份参政而官至僧人宰相(钵阐布)，故名钵阐布勃阐卡贝吉云丹，简称钵阐布云丹，或勃阐卡贝云，有时仅以僧职"钵阐布"称之。任内，力佐赞普弘扬佛教，进行第二次吐蕃文字改革。致力于唐蕃和好，屡请合盟，与大相兼东道节度使尚绮心儿一道同唐朝议定盟文。长庆二年(822)，亲自主持在逻娑(今拉萨)哲堆园的唐蕃会盟，今存大昭寺前之《唐蕃会盟碑》，碑文刻有藏族会盟人名，其名列首位。开成三年(838)，遭反佛贵族韦达纳坚迫害，被诬与王妃私通，逃往北方静修，后遇害。

【郝旦】东汉初辽西乌桓首领。原为辽西乌桓大人，统领乌桓之一部。光武帝建武二十五年(公元49年)，率众九百余人(《三国志》作九千余人)附汉，诣阙朝贡，献奴婢、牛马与弓箭、虎豹貂皮等物，受汉劳飨、赏赐。其众部留为宿卫，其渠帅有八十一人被封为侯、王、君长等。留居辽东属国、辽西、右北平、渔阳、广阳、上谷、代郡、雁门、太原、朔等缘边诸郡，为汉侦候，助击匈奴、鲜卑。汉朝在上谷宁城(今河北宣化市西北)复置护乌桓校尉，进行管理，执掌赏赐、质子、互市等事宜，并兼领鲜卑事宜。是后，历明、章、和三帝，边塞无事。

【郝奴】十六国时期卢水胡首领。杏城(今陕西黄陵西南)人。晋太元十一年(386)三月，乘西燕主慕容冲率众东下，长安(今陕西西安)空虚之机，结高陵人赵谷率四千余户入据长安，称帝，渭北响应之。以谷为丞相，弟郝多为帅。遣弟攻扶风王麟于马嵬(今陕西兴平西)。四月，郝多为后秦王姚苌所执；长安被围，惧，遂请降，受封镇北将军、六谷大都督。隆安二年(398)四月，复率众附北魏。

【郝散】(?—294) 西晋时匈奴起义首领。元康四年(294)五月，聚众起兵反晋，攻上党(治今山西黎城南古城)，杀长吏，入守上郡(治今陕西榆林东南)。八月，率众降晋，为冯翊都尉所杀。

【郝阿保】(?—560) 北齐稽胡(山胡)首领。延州(治今陕西延安东南)人。天保十年(北周武成元年，559)，与同族郝狼皮率众人附于北齐，自署丞相，以狼皮为署柱国，并与别部刘桑德共为影响。不久，为北周柱国豆卢宁所破。次年，狼皮等复反周，为大将军韩果所破。

【郝度元】西晋时匈奴起义首领。元康四年(294)，兄郝散起兵反晋被冯翊都尉杀害后，于六年(296)五月，结冯翊(治今陕西大荔)、北地(治今陕西耀县东南)马兰羌、卢水胡复起兵反晋，攻杀北地太守张损，败冯翊太守欧阳建。八月，又败雍州刺史解系，秦、雍等地氐、羌各族纷起响应，立氐帅齐万年为帝，围攻泾阳。

【南八】明代云南永宁土官。纳西族。永乐十五年(1417)，父各吉八合与兄卜撒为土官千户剌马非等杀害后，由黔国公沐晟保举继兄职，任土知府。二十二年(1424)奉旨批准。卒，太监总兵罗硅等奏保其子阿苴袭职。

【南仙】见"耶律南仙"。(316页)

【南必】元世祖皇后。弘吉剌氏。纳陈孙仙童之女。至元二十年(1283)，册为皇后，继察必皇后守大斡耳朵(帐殿)。时世祖年高，相臣常不得见，凡奏疏辄由后转呈，故颇预朝政。生子铁蔑赤。文宗至顺二年(1331)，诏累朝神御殿之在诸寺者，各制名冠之，曰懿寿。

【南木合】见"那木罕"。(180页)

【南杰才旦】清代西藏地方政府官员，后藏贵族。藏族。康济鼐之侄。学识渊博，被尊称为"班智达"(梵语，意为"学者")，故又名多仁班智达。乾隆十五年(1750)，珠尔默特那木扎勒事变后，七世达赖喇嘛委其暂管西藏地方政务。十六年，清廷于西藏建立噶厦，被任命为四噶伦之一，受封公爵，故又称噶伦公班智达。四十四年(1779)，率藏军三百名赴江卡查办三岩事件。四十七年(1782)，因年老以原品休致，遇大事诸噶伦仍与其商酌办理。

【南凉烈祖】见"秃发乌孤"。(231页)

【南燕世宗】见"慕容德"。(581页)

【南结环爵尔】(1578—1650) 明末清初青海地区活佛，却藏呼图克图一世。生于青海多隆沟的却藏村。曾在西藏哲蚌寺果莽院学显宗，于下密宗院学密宗。为当时西藏著名的格西之一。曾应甘肃河州韩土司请，赴甘肃及青海蒙古地区讲经说法。崇祯三年(1630)起，任塔尔寺法台八年。自十二年(1639)起，任佑宁寺法台十年。著有数种著作。

【南喀巴藏卜】(?—1414) 又称宗巴斡。藏文《青史》称本勤(意为"官长")约斯南喀巴巴藏卜。明代藏传佛教名僧。藏族。先世曾受封朵甘卫指挥使。驻西藏昌都东南贡觉县(明译"馆觉")，故又称"馆觉僧"。永乐初，受明招谕。四年(1406)，遣使入贡。诏授"灌顶国师"号。次年，遣使入谢。加封护教王，赐金印、诰名。十二年(1414)，卒。所赐"灌顶国师之印"及前代受封之"朵甘卫指挥使司印"，今均存。

【南燕武皇帝】见"慕容德"。(581页)

【南燕献武帝】见"慕容德"。(581页)

【南喀雷必坚赞】(1399—1444) 又作斡喃渴烈思巴。明代藏传佛教萨迦派中都却喇让支系(即《明史》之"思达藏僧")名僧。藏族。生于萨迦南之达仓。明永乐十一年(1413)，以"恭事朝廷"，封思达藏(即萨迦县南之达仓)辅教王，赐以封诰，此封诰今存。

【草火讹可】见"完颜讹可"。(252页)

【荞乍】见"龙者宁"。(109页)

【荀和叔】见"凯霖"。(349页)

【茫噶拉古如】(1231—1297) 蒙元朝时期藏传佛教噶举派达垅噶举支派僧人，达垅寺第四任堪布。十六岁出家为僧。二十五岁前藏达垅寺，谒见其叔达垅寺主桑结雅军协饶喇嘛，受比丘戒，随从学法，得"那饶六法"和"大手印"等教授。后效法叔父，闭门静修。元至元二年(1265)，八思巴从元大都(今北京)返藏处理军政事务，路过达垅寺，他奉命前去迎接，并向八思巴学法。

经协饶请求,八思巴允诺对其予以关照。协饶临终前,受委管理寺院。协饶去世后,达垅寺主之位一度为协饶另一位侄子桑结温所得。因取得八思巴的支持,迫桑结温让位,于至元十年(1273)正式继任达垅寺堪布。任内,主持营造释迦牟尼大像。并以元世祖忽必烈所赐金元宝六颗,用于塑像。

【茹羯】 唐代奚族将领。文宗大和四年(830),率兵攻唐,为唐将李载义所败,被执。文宗赐冠带,授右骁卫将军。

【茹莱杰】 又作茹拉杰,敦煌文书称达甫茹拉杰。止贡赞普时大臣。吐蕃人。吐蕃七大贤臣之首。大臣札氏子。止贡被属下小邦首领洛昂达孜杀害后,支持止贡子恰赤(布岱恭杰)从洛昂达孜手中夺回王权,使赞普王系得以续传,出任大臣。大力发展吐蕃经济,烧炭、冶炼金银铜铁;制犁、轭,开垦荒地,引水灌溉,犁地耦耕,农耕收获谷物即始于此时;水上建桥,对吐蕃经济发展颇有贡献。

【茹茹公主】 一作"蠕蠕公主"。南北朝时期柔然公主。可汗*阿那瑰女,东魏权臣*高欢妻。阿那瑰时,柔然强盛,与西魏通和,高欢患之,力求与柔然和亲,为世子求阿那瑰女,阿那瑰只许高欢自娶。东魏武定三年(545),与高欢成婚,定为正室,以原妻为妃。阿那瑰遣弟秃突佳送亲,并令其见外孙后才返国。高欢病卒后,按柔然风俗,改嫁高欢子高澄,生一女。史称"公主性严毅,一生不肯华言"。

【药木忽儿】 见"玉木忽儿"。(95页)

【荣庆】(1855—1912) 清代文士。蒙古正黄旗人。鄂卓尔氏。字华卿。光绪十二年(1886)进士,以编修充镶蓝旗管学官。后历任侍读学士、蒙古学士、鸿胪卿、通政副使。二十七年(1901),擢大理卿,署仓场侍郎。二十八年后,历任刑部、礼部、户部尚书、大学堂管学大臣、军机大臣、政务大臣。重人才,力主"国家取才,满汉并重",奏谏严加考核所属官员,以《御制劝善要言》《人臣儆心录》《性理精义》《上谕八旗》等书为居官立身之本。三十一年(1905),为协办大学士,改学部尚书。三十二年充修订官制大臣。宣统元年(1909),以疾请休。调礼部尚书,晋太子少保。三年(1911),改弼德院副院长,充顾问大臣、德宗实录馆总裁。清朝被推翻后避居天津。

【荣如】 春秋时长狄(鄋瞒)酋长。服属于赤狄。《左传》载,长狄酋长为兄弟五人:侨如、焚如、荣如、简如、缘斯。周顷王三年(公元前616年),随赤狄为首的北狄诸部进攻齐、鲁,被宋、鲁、齐等国所败,侨如被鲁军所杀,缘斯被宋军所俘,遂与兄焚如率部逃走。周匡王六年(公元前607年),率长狄再次攻入齐国,为齐大夫王子城父所败,被齐军执杀。

【荣禄】(1834—1903) 清末大臣。满洲正白旗人。瓜尔佳氏。字仲华。喀什噶尔帮办大臣塔斯哈孙,甘肃凉州总兵长寿子。荫生出身,承袭骑都尉兼一云骑尉世职。慈禧亲信,后党核心人物。同治五年(1866),任正蓝旗蒙古副都统,寻调镶白旗满洲副都统。七年(1868),捻军攻入直隶后,随恭亲王奕䜣办巡防事。十三年(1874),授护军统领、总管内务府大臣。光绪初,兼步军统领,旋升工部尚书。二十年(1894),日军构衅,京城震动。疏陈固根本之策,请特设专防局,领以亲王,专决军务。主张募重兵驻京畿以备缓急。二十一年(1895)起,历任兵部尚书、协办大学士等职。任内,请变通武科举,参酌中外兵制,造就将才。请于各省设立武备学堂,又请广练兵团,认为有兵不练与无兵同,练不得法与不练同,力陈治国之道唯在兵强。二十四年(1898),以"祖宗之法不能变"为由,极力阻挠光绪帝变法。同年,授大学士、直隶总督,兼充办理通商事务北洋大臣。任内,疏请整顿保甲、联络渔团,并言其立法有四:捐益旧章;厘剔积弊;明定赏罚;严司稽查。寻任军机大臣,仍节制北洋各军。请立武卫军,设前后左右中五军,被采纳。是年,参与慈禧太后发动的政变,因禁光绪帝,捕杀维新派。二十六年(1900),义和团运动发展到京津地区。他参与策划废光绪帝,立端王载漪子溥俊为"皇太子"。同年,八国联军攻入北京。充留京办事大臣。旋奉诏诣西安。回京后,加太子太保,授文华殿大学士。二十九(1903),因久病不痊请解任。卒,谥文忠。

【荣僧】 元代书法家。字子仁。回回人。曾考取进士,官至江浙行枢密院经历。善楷书,师虞永兴。

【革兰合】(?—1548) 明代蒙古朵颜卫首领。成吉思汗部将*者勒蔑后裔,朵颜卫都督*花当长孙。嘉靖九年(1530),祖花当卒,父革列孛罗早死,叔把儿孙谋夺嫡袭职未遂,亦死。遂于翌年袭祖职都督。时人称其"骁勇绝伦",与察哈尔部和亲,常采取联合行动。二十年(1541),向明朝要求增加贡使至三百人,未获准,再请二百人,复被拒,遂下塞下攻掠。二十六年(1547),联合海西女真诸部出没于辽东、辽西。翌年卒,子影克嗣都督。

【带孙】 又译忒孙。蒙古国大将。札剌儿氏。孔温窟哇第五子,太师、国王*木华黎弟。据《史集》载,宋开禧二年(1206)蒙古国建立后,受封左翼千户长,与族人同领本族二千户。领本部兵二千随兄征战。成吉思汗十四年(1219),统军取金绛州。十六年(1221),在石天应军配合下破洺州。十八年(1223),木华黎临终,受遗嘱统领蒙古军,后将军权移交木华黎之子孛鲁国王,继续随军征战。二十年(1225),取彰德。次年,破濮州、东平。纳严实之议,废屠城旧制,百姓得免者数万。是年,围李全于益都,二十二年(1227),与孛鲁军配合,迫降李全,取城。以功封郡王。窝阔台汗八年(1236)分封诸王时,得东平府东阿县一万户为食邑,故世称东阿郡王。

【带素】(?—公元22年) 西汉时夫余国王。哀帝建平元年(公元前6年)春正月,遣使聘高句丽,请交质子,未果。十一月,以兵五万侵高句丽,遇大雪,人多冻死,乃还军。新朝王莽始建国元年(公元9年)秋八月,复遣使至高句丽,以"国有大小,人有长幼,以小事大者礼也,以幼事长者顺也"胁迫高句丽琉璃王事夫余。五年(公元13年),复侵高句丽,中伏,为高句丽王子无恤所败。自是,在军事上对高句丽处劣势。地皇元年(公元20年),遣使送一头二身赤鸟于高句丽。三年(公元22年),为高句丽所败,被杀。

【查刺】 ①见"耶律弘基"。(310页) ②见"耶律仁先"。(309页) ③见"石抹查刺"。(107页)

【查克丹】(?—1746) 清朝大臣。蒙古内喀尔喀巴约特部人。博尔济吉特氏。恩格德尔曾孙。自官学生袭三等甲喇章京,授头等侍卫。累迁正黄旗护军统领、镶蓝旗蒙古都统。雍正三年(1725),署甘州将军。四年,授正黄旗满洲都统。九年(1731),从振武将军顺承郡王锡保出北路讨准噶尔,受命参赞军务,授内大臣。十年,与额驸策棱迎击准噶尔将小策凌敦多布,大败敌军于额尔德尼昭,继于察罕托辉歼准噶尔军,以功进二等甲喇章京。后参赞靖边大将军锡保军务。十三年(1735),还京,调正红旗蒙古都统。乾隆四年(1739),以病请休。

【查郎阿】(?—1747) 清朝将领。满洲镶白旗人。纳喇氏。色思特子。康熙末,授参领。雍正五年(1727),由都统迁左都御史。西藏阿尔布巴及管理前藏之噶伦隆布奈合谋叛投准噶尔并戕首席噶伦康济鼐。六年,受命同驻藏副都统马喇、大学士僧格及颇罗鼐诛阿尔布巴。七年,返西安,协同川陕总督岳钟琪办理军需。旋署川陕总督。奏改西安管粮通判为水利通判,专事堤筑,被采纳。同年,兼理西安将军印务。八年,赴肃州(今甘肃酒泉)办理军务,仍兼总督。九年,署陕西总督。十年,署宁远大将军,讨伐噶尔丹策零叛乱。十三年(1735),奏西路驻防、马驼牧放、兵粮挽运诸事,被采纳。继任文华殿大学士兼兵部尚书。乾隆元年(1736),以甘肃地瘠,请酌拨陕西仓储预筹协济,并同陕西巡抚刘于义确订协济诸事。三年(1738),赴宁夏救济震灾兵民。五年(1740),还京,入阁办事。六年,同侍郎阿里衮请查黑龙江、吉林乌拉等处开垦地亩。

【查刺温】 见"塔思"。(525页)
【查个只】 见"耶律查哥"。(316页)
【查刺阿不】 见"萧查刺阿不"。(490页)
【要木忽儿】 见"玉木忽儿"。(95页)

【迺贤】(1309—约1369) 又作纳新。元代诗人。字易之。原为葛逻禄氏,"葛逻禄"汉译为"马",故汉姓马。先世本居西域,曾祖时定居南阳,后迁浙东鄞县(今宁波)。自幼雅好诗书,青年时曾游大都(今北京)。顺帝至正五年(1345)遍历大河南北。后侨寓京师,以诗为业。与当时旅居大都的书法家韩与玉、古文家王子充被誉为"江南三绝"。官至翰林国史馆编修。晚年隐居故里,颇有诗名。诗作清润流丽,以《新乡媪》、《颍州老翁》、《新堤谣》、《塞上曲》、《巢湖》、《西曹郎》等为上乘。著有《金台集》(三卷,今存二卷)、《金台后集》(今佚)及游记《河朔访古记》(十六卷,已佚《永乐大典》辑录二卷)等。

【迺令思聪】 西夏国大臣。党项人。官居殿前太尉。天庆五年(1198),与枢密直学士杨德先赴金朝谢横赐。十二年(1205)九月,复与知中兴府通判刘俊德出使金朝谢横赐。

【赵兴】(?—公元前112年) 西汉时南越国第四代国君。祖籍真定(今河北正定)人。明王*赵婴齐子。其父质于汉廷十余载,娶邯郸樛氏女为妻,故兴生长于长安。汉元狩(公元前122年—公元前117年)初,父嗣王位,被立为太子。即位后,尊母为王太后。元鼎四年(公元前113年),汉武帝遣使至南越,劝其内附称诸侯。在母支持下,决定上书内附,遭国相吕嘉等人极力反对,受母计欲除之,未遂。次年,武帝得悉吕嘉作梗,遣人率兵入越地以制嘉。嘉知势不可能利己,遂反。兴与母均被杀。

【赵佗】(?—公元前137年) 秦汉时南越国君,自称南方蛮夷大长。真定(今河北正定)人。秦时曾佐屠睢攻越,后为龙川县令,与南海尉嚣共守越地。秦末农民起义席卷中原,以郡尉嚣病亟,令其代行南海尉事,授计绝秦通越之道。聚兵自守待变。后趁秦亡楚汉相争之机,攻占桂林、象郡地,自立为南越武王。汉高祖十一年(公元前196年),封南越王,赐玉玺,应允与汉"剖符通使,和集百越",不为边患。吕后执政,抛弃"和集百越"政策,下令对岭南禁运,不准将铁器等物输往南越,并中断与南越通使,削去南越王名号,还兴师讨伐。佗乃与汉绝,自尊南越武王,建立帝制,与汉王朝分庭抗礼,又以财物贿赂闽越、西瓯、骆越役属,不断巩固和扩大自己的势力范围,"东西万余里,兵甲百余万",兵迫长沙边邑,与南下官军抗衡。文帝即位后,遣使臣陆贾入越修好,重申"和集百越"政策,建议互相抛弃前隙,恢复通使。佗遂取消帝制,"愿奉明诏,长为藩臣,复修职贡"。经孝、景之世,常遣使入朝,守约不移。武帝建元四年(公元前137年)卒,寿逾百岁。

【赵荣】(?—1475) 明朝大臣。回族。字孟仁。先世西域人,元时入居闽县(今属福建福州)。从舅父翰林萨琦入都,以能书授中书舍人。正统十四年(1449),瓦剌也先入犯,于土木堡俘明英宗,并挟英宗进京师,邀大臣往迎,他舍生请行。擢大理右少卿,充鸿胪卿,与右通政王复出城朝见。景泰元年(1450),擢工部右侍郎,与杨善出使瓦剌,由于善口辩,迎英宗回归。因功进左侍郎。天顺元年(1457),进尚书。统兵平定曹钦。奉命兴建京师(今北京)回回祖师茔地。七年(1463),以疾辞官归故里。曾助修闽县礼拜寺。

【赵胡】 西汉时南越国第二代国君。祖籍真定(今河北正定)人。南越王*赵佗孙。汉建元四年(公元前137年),佗卒,遵遗命嗣位。遣使入汉朝告丧,武帝诏准袭南越王职。循佗旧制,恪守约职,事汉甚恭,为武帝所悦。六年(公元前135年)秋,闽越王郢举兵侵南越边邑。因守汉约,未擅自兴兵抗击,上书告汉廷。武帝令大行王恢等统兵征闽越。闽越族人因汉兵强众,杀郢献其首,罢兵。为报朝廷盛德,特遣其子婴齐入朝侍奉。元狩(公元前122年—公元前117年)初,病危,令婴齐请归侍疾，获允，不久病逝，葬番禺，谥文王。

【赵准】（约1810—1856）清代纳西族反抗暴政首领。字衡望，号小莱。云南丽江大研里人。道光十二年（1832）中恩科副榜。性刚强，平素喜论兵事。曾从戎。咸丰六年（1856）八月，鹤丽镇中营千总张正泰率练勇及暴徒，以剿回为名，屠杀生灵，抢劫财物。他被地方推举为大团总，保卫家乡，与张正泰奋战于迎恩桥，阵亡。赵府亦被张正泰焚毁。

【赵暹】 明代广西崇善县土司。宣德元年（1426），为扩充辖地，率众攻占左州县城，执土官，夺其印，占据四十余村峒。大量制造各种火器，竖旗署官僭号称王，四出攻打邻近州县。明朝令总兵官顾兴祖会广西三司剿捕。他拒招谕，率众扼寨与官军抗，被官军困，被迫交出所夺各州土官印，并企图从间道潜逃，遭千户胡卫伏兵擒获。

【赵藩】（1851—1927） 清末民国初年白族政治活动家和学者。字樾村，一字介庵，晚年自号石禅老人。云南剑川县向湖村人。诞生于宦僚和书香世家。祖父赵砺轩、父赵联元均为清朝光禄大夫。自幼读经史百家，酷爱诗词。同治七年（1868），参加地主武装"北路义师"，镇压杜文秀起义，两次夺取起义军据点剑川城。光绪元年（1875），中举人第四名。购经史子集万卷，捐置剑川金华书院。选易门县训导，后被云南盐法道钟念祖和云贵总督岑毓英选入幕府，因出谋助岑毓英镇压"倮黑夷"，被保举候选直隶州知州。十九年（1893）以后，奉调入川，先后任筹饷局提调、酉阳州知州、川东土税局督办、保商局督办、按察使、滇黔官运局总办、永宁道等职，三获清帝嘉奖，有"天下监司第一"之称。因感帝国主义侵略之危急和清廷的腐败，写诗文赞扬刘永福所率黑旗军的抗法业绩，抒发对清政府的不满，并同情革命党人。1905年孙中山成立同盟会后，受革命浪潮推动，虽身为按察使，但积极参加营救革命党人。因营救四川同盟会员谢奉琦不果，辞官回籍。1910年，响应蔡锷等人领导的昆明起义，在大理筹组"迤西自治总机关部"，被选为该部总理。旋被蔡锷任命为迤西道巡按。1912年冬，被选为众议院议员，于翌年春至北京任职。因对袁世凯独裁不满，招致迫害，愤然离京返滇。1915年，参加蔡锷、唐继尧等人领导的讨袁护国运动，担任云南省团保局总办，负责护国军后方治安。1917年，代表唐继尧赴广州参加孙中山护法军政府的政务会议，被任命为交通部长。1920年，奉孙中山命，促成滇军参加讨伐桂系军阀。同年辞职回云南，任云南省图书馆馆长，继续整理云南文献资料，总纂《云南丛书》等，同时还参加了反对军阀唐继尧的活动。《云南丛书》分初、二编，共205种，1631卷，为云南历史文献的搜集整理作出杰出贡献。生平著作甚多，已刊行的有《岑襄勤公年谱》《滇中兵事记》《向湖村舍诗初集、二集》《桐华馆梦缘集》《小鸥波馆词抄》《介庵楹句辑钞正、续集》《向湖村舍杂著》等。其杰作成都武侯祠对联，被誉为发人深省的"施政篇"和"治安策"。

【赵子青】 清代广东八排瑶民起义首领，广东连山县人。瑶族。道光十二年（1832）五月，于连州茅冲聚众反清，转战湖南江华、兰山等地，起义军迅速扩展至二千余人，以深山密箐为据点，四出袭击官军，后遭湖北提督罗思举、贵州提督余步云檄各路官军合围，率众据山与官军恶战，因寡不敌众，被俘遇害。

【赵元昊】 见"李元昊"。（210页）

【赵世延】（1260—1336） 元朝大臣。蒙古汪古部人。征行大元帅*按竺迩孙，文州吐蕃等处万户府达鲁花赤*赵国宝子。聪颖喜读书。幼受世祖召见，入枢密院、御史台习吏事。至元二十一年（1284），任云南诸路提刑按察司判官，参与平定乌蒙。二十六年（1289），擢监察御史，劾丞相桑哥不法事。二十九年（1292），佥江南湖北道肃政廉访司事。举儒学，立义仓，修堤堰，禁掠良为奴。成宗（1294—1307在位）朝，历任江南行御史台都事、中台都事，迁安西路总管，剖决壅滞文牍三千件，发廪赈灾民。至大元年（1308），改四川肃政廉访使，纠蒙古军士科差繁重，军官抑良为奴等弊，修都江堰以便民，有政绩。四年（1311），升陕西行台侍御使，力主对蛮夷采用羁縻之策，反对穷兵黩武。延祐元年（1314），任中书参知政事，次年，迁御史中丞，劾右丞相铁木迭儿十三罪。历翰林学士承旨、昭文馆学士。五年（1318），拜四川行省参知政事，于重庆路立屯田。仁宗卒，遭铁木迭儿诬陷，入狱，得左丞相拜住助，获释。泰定朝，历集贤大学士、御史中丞、中书右丞，加同知枢密院事。文宗即位，以翊戴功，官至中书平章政事。至顺元年（1330），奉命与虞集等纂修《皇朝经世大典》，封鲁国公。二年，改封凉国公。至元元年（1335），任奎章阁大学士、翰林学士承旨、中书平章政事。次年十一月卒，谥文忠。生前曾校定律令，汇为《风宪宏纲》行世。

【赵尔巽】（1844—1927） 清末大臣。汉军正蓝旗人。字公镶，号次珊，又号无补。同治进士。历任翰林院编修、国史馆纂修、御史、知府、按察使、布政使等。光绪二十八年（1902），任湖南巡抚。三十年，署户部尚书。三十一年，任盛京将军。三十三年，任湖广总督。次年，转四川总督兼成都将军。宣统三年（1911），任东三省总督。组织奉天国民保安会，对抗孙中山领导的辛亥革命，力倡东北独立。民国成立后，改任奉天都督，寻辞职蛰居青岛。后任国史院清史馆长。1914年，兼参政院参政。1917年张勋复辟，1925年段祺瑞执政，两任参议院议长。1926年，任善后会议议长、安国军最高政治顾问。1927年，兼海兰附加税保管委员会委员。是年卒。主编《清史稿》原本536卷，今本删《时宪志》所附八线对数表7卷，存本纪25卷，志135卷，表53卷，列传316卷，共529卷。因初稿未经复核改定，仓促付梓，故体例不一，繁简失当，并有年月、事实、人名、地名的错漏颠倒等。但对《清实录》《清会典》《国史列传》以及地方志、档案材料等进行系统整理，是一大成果。而有些鲜见的材料，更有参考价值。有关外一次本、关内本、关外二次本三种不同版本，各有删减。1976年中华书局出版的点校本以关外二次本为底本,三本互异处均有附注,并录出异文。

【赵主俗】 唐代牂牁酋长。贞元七年(791)授官,朝贡不绝,至十八年(802)已五遣使朝贡。元和二年(807),宪宗诏黔南观察使派将护送牂牁、昆明贡物。七年(812),宪宗对牂牁等来使赐宴于麟德殿。自是数遣使或朝正月,迄开成(836—840)年间不绝。

【赵式铭】(1870—1942) 白族爱国学者。字星海,号韬父。云南剑川人。自幼聪敏,勤奋好学。及长,关心时事,敢于评论时弊。光绪二十年(1894),至昆明应乡试,因在试卷中"放言时务",被贬入副榜(副贡)。后在家乡任教,担任高等学堂校长,勉励学生立志救国,洗雪甲午战争的国耻。曾创办《丽江白话报》和《永昌白话报》,并参与创办《云南日报》。在报上著文宣传救国救民的主张。编写滇剧剧本《苦越南》,愤怒谴责法国侵略者的罪行。民国后参加"南社"、"苏州国学会"。1939年担任云南通志馆馆长,与周钟岳等编纂《新纂云南通志》,先后担任副总纂、总纂。著述甚多,已刊行的有《白文考》、《爨文考》、《么些文考》、《云南光复志》、《起源篇、建设篇、西征篇》、《考察四川灌县堰工利病书》等。还有《希夷征室诗抄》、《浩劫余生录》、《睫巢随笔·楹句》、《滇志辨略》、《汉书补注》、《韬父六十自述》等未刊行。

【赵怀德】 见"陇拶"。(295 页)

【赵君道】 唐代牂牁酋长。开元二十五年(737)入朝献方物。据有西谢地,封为酋长。史称"西赵蛮",其后裔有赵国珍。

【赵林花】(?—1533) 明代广东瑶民起义首领。广东阳春县人。瑶族。嘉靖十年(1531),与黎广雄于阳春西山聚众起事。翌年,率众一千七百余人一举攻陷高州府及茂名县,杀官军,夺银库,德庆、新兴等地瑶民纷纷响应,地方官府无从措办。十二年(1533)正月,明廷令兵部右侍郎提督陶谐、总兵官征蛮将军仇鸾泣镇两广,调兵六万三千,分三路进剿。是年,被俘遇害。

【赵国安】 元朝将领。又名帖木儿。蒙古汪古部人。征行大元帅*按竺迩子。至元四年(1267),兄国宝卒,子世荣幼,代袭职,为蒙古汉军元帅,兼文州吐蕃万户府达鲁花赤。后以其兄安边功,赐金虎符,进昭勇大将军。十五年(1278),讨叛王秃鲁于六盘山,擒之。及世荣年长,请解职授世荣,受世祖嘉奖,别授昭毅大将军、招讨使。

【赵国宝】(?—1267) 蒙古国将领。又名黑梓(又作黑子)。蒙古汪古部人。征行大元帅*按竺迩子。尚武好学,有谋略。初随父征战,常参与军务之事。中统元年(1260),从讨阿蓝答儿、浑都海,有功。遣使招降吐蕃首领随孟迦,从之入朝。建言城文州以扼险,封蒙古汉军元帅,兼文州吐蕃万户府达鲁花赤,有政绩,招降扶州诸羌首领呵哩禅波哩揭等。延祐元年(1314),追封平章政事、梁国公,谥忠定。

【赵国珍】 唐代牂牁地区少数民族首领。原为牂牁谢氏的一个部属首领。天宝年间(742—756),应诏参加攻打南诏有功,晋黔中都督。守护五溪地区十余年,地方安宁。自开元二十五年(737)晋京受官起,至元和二年(807)止,牂牁朝贡不绝。官至工部尚书。

【赵秉常】 见"李秉常"。(216 页)

【赵金龙】(?—1832) 清代江华瑶民起义首领。祖籍湖南新田人,后因生活所迫迁至江华县锦田。瑶族。世代靠租垦荒山维生,生活十分困苦,对官吏豪强深恶痛绝。道光十一年(1831),朝廷又下令"山田升科",激起瑶民强烈不满,与常宁县瑶人赵福才等人合谋策反,利用宗教活动作掩护,在湘、粤、桂边境秘密组织反清队伍,并派人到广东连州筹办硝药、铁砂,制造枪炮。是年十二月底,在江华河口发动武装起义,占城池,杀贪官,惩豪强,使地方官府一片恐慌。湖广总督卢坤调集两湖官军进行围剿,在武水瑶山遭义军迎头痛击,卢坤被降职,戴罪立功。翌年二月,率部在池塘圩再次击败来犯清军,杀湖南提督海凌阿和宝庆协副将马韬等,"金龙出大洞,海马(指海凌阿和马韬)归池塘"成了瑶族人民广为流传的歌谣。继夺取湖南兰山、宁远、新田、常宁、兴宁、桂阳、武冈、江华及广东乳源、连南和广西富川、贺县,队伍扩展至一万余人,所向披靡,使清王朝大为震惊。三月,清廷调集两湖、两广和贵州五省兵力,命户部尚书禧恩亲临督剿。他率义军据守常宁县洋泉镇,与强大官军浴血奋战,因孤立无援,弹尽粮绝,壮烈牺牲。

【赵建德】 西汉时南越国第五代国君。真定(今河北正定)人。南越明王*赵婴齐嫡长子。其父入质汉廷前娶越女所生。其父入质汉廷后另娶邯郸谬氏女为妻,生弟名兴,被立为太子。兴即位后,他被封为高昌侯。元鼎四年(公元前113年),被汉武帝徙封为术阳侯。翌年,弟兴与其母执意上书内附对汉称侯,被国相吕嘉所杀,立其为南越王。闻武帝发兵来讨,与嘉及随从数百人乘夜出城逃匿于海中,后被越校尉司马苏宏擒获,押至长安被杀。

【赵保吉】 见"李继迁"。(218 页)

【赵保忠】 见"李继捧"。(219 页)

【赵重喜】 元朝将领。《元史》称其为"土波思乌思藏掇族氏"人,据考,似为唃厮啰后人。*赵阿哥潘子。初充皇子阔端近身侍卫。宋宝祐元年(1253),从蒙古征哈剌章,累立战功。元中统元年(1260),从总帅汪良臣讨浑都海叛军,以功授征行元帅。四年(1263),随军讨破忽都等,因战功显赫,袭父职为元帅,继为临洮府达鲁花赤。后转民官,按例应上缴所佩战符,获殊遇,终身佩之。任内重视发展生产,兴办学校,以善理政务闻名于朝野。后以老请休,未获允,命其长子官卓斯结承袭达鲁花赤,而升其为巩昌二十四处宣慰使。卒,谥桓襄。

【赵音旺】 明代广东瑶民起义首领。广东泷水(今罗定)人。瑶族。正统十一年(1446),因不堪忍受镇守两广少监阮能等对瑶民百端苛索,与逍遥山瑶人凤广山聚众起义，邻近广大瑶民纷纷响应。自号大将军，率众攻破泷水县城，击毙抚瑶判官冯述等，官军不能制。凤广山被官府招降后，复联合岑溪等地诸瑶，继续与官府进行长期斗争。景泰五年(1454)春，遭明廷右都御史总督马昂军及广西兵围剿，泷水失陷，下落不详。

【赵酋摩】 唐代牂牁西赵酋长。一名赵酋磨。领地在牂牁境内(今贵州贞丰、望谟一带)。俗与东谢同。世为酋长，拥兵万人。自古未尝通中央王朝。贞观二十一年(647)，遣使入朝，率所部万余户内附，改其地为明州，授明州刺史。

【赵炳龙】(1608—1697) 明末清初白族诗人。字文成，又字云升，号楸园老人。云南剑川州(今剑川县)人。明崇祯六年(1633)，中举，曾任南明永历帝吏部主事、户部员外郎。后隐居剑川石宝山，从事著述。著有《楸园杂识》、《居易轩诗文钞》、《宝岩居词》等，仅有《居易轩诗遗钞》八卷传世。

【赵谅祚】 见"李谅祚"。(218页)

【赵乾顺】 见"李乾顺"。(219页)

【赵婴齐】 西汉时南越国第三代国君。真定(今河北正定)人。南越王*赵佗曾孙，文王*赵胡子。建元六年(公元前135年)，闽越王郢举兵侵南越边邑，武帝发兵征闽越，闽越王郢被诛。其父为报朝廷盛德，将他入质汉廷十余年。入侍前，曾娶妻生子建德，至长安后，又娶邯郸樛氏女为次妻，生子名兴。元狩(公元前122年—公元前117年)初，得悉父病危，请归侍父疾，获允。不久父卒，继位，上书请立樛氏为皇后，兴为太子。在位数年而卒，葬番禺，谥明王。

【赵善政】 五代十国时期大天兴国(在今云南)君主。白蛮。剑川节度宁北城北伝逸旁(今云南洱源县邓川北)人。世代为南诏显贵。郑氏大长和国时为清平官。后唐明宗天成三年(928)，大长和国被杨干贞所灭，遂被杨干贞立为主，改国号为大天兴国，年号尊圣。四年，复被杨干贞废黜，在位仅十月。国亡，谥号悼康皇帝(一作惠康皇帝)。

【赵阿哥昌】 金朝及蒙古国官员。《元史》称其为"土波思乌思藏掇族氏"人。先辈归附宋朝，赐姓赵，世居临洮(今甘肃岷县)。据宋代文献，宋时河湟吐蕃首领附宋且赐姓赵者，乃唃厮啰之孙木征等兄弟六人，故似为唃厮啰后人。父巴命，"富甲诸羌"。他相貌甚伟，力气过人。金朝控制临洮时，归附金人。金宣宗贞祐(1213—1217)中，以军功官至熙河节度使。金亡后，率众退保莲花山，后举部归附蒙古，被驻守凉州(今甘肃武威)的蒙古皇子阔端命为叠州安抚使。时战火遍及河西陇右，城中百姓逃匿山中，城无居人，故每至一地，即首先招抚逃亡百姓回归故里，妥善安置农桑事宜，筑堡立垒以自保。寿八十，卒于官。

【赵阿哥潘】 蒙古国将领。《元史》称其为"土波思乌思藏掇族氏"人。先辈归附宋朝，赐姓赵，世居临洮(今甘肃岷县)。宋时河湟吐蕃首领中附宋且赐姓赵者，只有唃厮啰之孙木征兄弟六人，且一直在今甘肃甘南藏族自治州境及临洮、宕昌、洮州一带活动，故似为唃厮啰后裔。巴命之孙，*赵阿哥昌子。及长，继承父业，统治当地诸族，有威名。随蒙古军征四川，屡与宋都统制曹友闻战，以破大安(陕西阳平关北)功，授同知临洮府事。继于阆州(今四川阆中)，获战船三百艘。攻利州(四川广元)，执刘太尉，败宋师于潼川，破宋制置使刘雄飞于青居山，在进兵成都等战役中亦累立战功。宋淳祐十二年(1252)，忽必烈取道临洮征云南大理时，被起用，命摄元帅，城益昌，历时五年而成。后从宪宗蒙哥攻取西安，以功授临洮府元帅。随军驻钓鱼山，退劫营宋军，以功赐名"拔都"(勇士)。中统元年(1260)，还镇临洮。任内，关心民众疾苦，发私廪赈饥贫，给百姓种粟二千余石，"人赖不饥"。以私马百匹充驿骑，出私羊千只替民纳赋，受嘉奖。善养良马，每年择上骥五驷贡于朝。后受命赴青居山驻屯，中途为宋军袭杀。谥桓勇。

【斫答】 金末起兵反金投蒙统帅。契丹族。宣宗时，仕役乣军。贞祐二年(1214)，蒙古军大举南下，五月，宣宗逃离中都(今北京)，军心动摇，驻扎中都南涿州、良乡一带以契丹为主的乣军杀金将兖昆义，推其为帅，攻中都，在芦沟桥大败金兵，获甲杖甚巨，声势大振。为求后援，与辽东耶律留哥和蒙古军联系。成吉思汗遣降将石抹明安等会之，并力围中都。次年破中都。

【歪思】(?—约1428) 明代东察合台汗国汗(一称别失八里王)。马哈麻汗孙(一作子)，*纳黑失只罕从弟。永乐十六年(1418)，杀从兄，拥其伯父失儿马哈麻即位。后与伯父失和，以兵袭之。十九年(1421)，伯父病逝，继位。对卡尔梅克人(瓦剌)"圣战"，由于卡尔梅克人逼近，从别失八里迁都亦力把里(今新疆伊宁)。在位期间，每年巡狩塔里木周边地区，在吐鲁番开井灌地，种粮自给。笃信伊斯兰教。与明朝互有使臣往来。宣德三年(1428)，在萨图克的一次突袭中中箭身亡。一说卒于七年(1432)。

【咸】 见"乌累若鞮单于"。(76页)

【咸丰帝】 即"奕詝"。(415页)

【咸补海】 见"俺巴孩"。(455页)

【咸得卜】 见"石抹咸得不"。(107页)

【咸安公主】(?—806) 又作咸安大长公主。唐朝公主。德宗妹。贞元四年(788)，和亲回鹘汗国合骨咄禄毗伽可汗顿莫贺达干。被德宗封为智慧端正长寿孝顺可敦。同年，由可汗妹骨础禄毗伽公主亲迎，在唐使湛然、关播等护送下赴回鹘。顿莫贺达干卒后，依回鹘俗历嫁忠贞可汗、奉诚可汗、怀信可汗。元和元年(806)卒于回鹘，改封燕国襄穆公主。

【威正】 见"威正打儿汗台吉"。(393页)

【威正雅拜台吉】(?—1587) 又作委敬阿拜、威正恰。明代蒙古多罗土蛮部领主。*多罗土蛮把都儿黄台吉长子。驻牧于丰州(今内蒙古呼和浩特地区)西没纳河。隆庆五年(1571)，受明封为千户，在山西岢岚、大同得胜堡二处与明朝互市。万历十四年(1586),率三万骑从其父西行。翌年,与明军发生冲突,与父同被杀。一说又称答度台吉,但答度台吉于万历七年(1579),被明朝封为百户,恐难以勘同。

【威正打儿汗台吉】 简称威正。明代蒙古察哈尔部领主。孛儿只斤氏。达延汗曾孙、打来孙之子。早年从父东迁,进入大兴安岭以东地区,残破泰宁、福余诸卫,占据泰宁卫故地,故亦被称为泰宁酋长。与海西女真部都督王台结为姻亲。史称其"最习兵"。嘉靖(1522—1566)中,常与兄图们汗、黑石炭等配合,进攻明界岭口、桃林、冷口(皆在河北省长城东段)等地,闻名塞上。自隆庆(1567—1572)起,结炒花、速把亥等屡击辽东、辽西地区。万历二年(1574),与黑石炭、以儿邓等刑白马誓师,扬言攻明广宁(今辽宁北镇)、锦州、义州,实与速把亥攻入开原。翌年,结布延彻辰台吉,攻入沈阳,被明将李成梁等大败,损兵二百余,散失战马、器械无数。七年(1579),与图们汗、以儿邓等率三万余骑,攻入东昌堡(在今辽宁海城西北),复被李成梁大败,八百余人被斩俘。此后多年,与驻边明军冲突不断,多有损伤。

【持至尸逐侯单于】(?—195) 东汉南匈奴单于。挛鞮氏(又作虚连题氏)。名於扶罗。羌渠单于子。原任右贤王。灵帝中平五年(188),父被右部醢落与屠各胡攻杀后,嗣为单于。次年,亲至汉廷,自讼杀其父之族人立须卜骨都侯为单于事。旋乘汉帝灵逝世,汉廷大乱之机,率数千骑与白波军合兵扰河内诸郡,后欲归南庭,遭族人拒,遂止于河东平阳。献帝初平元年(190),从袁绍、张杨讨董卓,屯漳水(今河南漳河)。次年,执张杨叛袁绍,屯黎阳(今河南浚县东)。三年(192),为曹操败于内黄(今河南内黄县西北)。翌年,与黑山别部共助袁术与曹操战于匡亭,兵败。

【挞里】 见"萧挞里"。(484页)
【挞览】 见"萧挞凛"。(484页)
【挞烈】 见"耶律挞烈"。(316页)
【挞懒】 见"完颜毅英"。(260页)
【挞不也】 ①见"萧挞不也"。(489页) ②见"萧兀纳"。(481页)③见"耶律挞不也"。(324页)。
【挞不野】 ①见"大臭"。(15页) ②见"完颜宗亨"。(255页)
【括里】 又作瓜里。金代海陵王末年起义领袖。契丹族。初为咸平府谋克。正隆六年(1161),西北路招讨司译史撒八举行起义,山后四群牧起兵响应,他率部自山后逃归,被咸平府少尹完颜余里野疑为参与起义,家属被捕,遂率二千众起义。攻下韩州(今吉林梨树县偏脸城)及柳河县(今辽宁昌图县八面城),占咸平(今辽宁开原老城镇),队伍扩大,败猛安绰质,声势益张,欲引兵攻重镇济州(今吉林农安),为金兵败于信州(今吉林怀德新集城),率军南下,欲攻东京(今辽宁辽阳),至常安县(今辽宁沈阳北懿路村),遥闻东京留守以十万兵至,率众投附撒八义军。撒八被杀后,于大定二年(1162),随义军攻临潢、泰州、韩州、懿州,破川州,走花道,越袤岭,后在陷泉被金军大败,入奚部,北赴沙陀,九月,因首领移剌窝斡被擒杀,率余众南下投宋。后助宋将李世辅战金军,取宿州。

【拾寅】(?—481) 一作什寅。南北朝时期吐谷浑王。姓吐谷浑氏。树洛干子。北魏兴安元年(452),其叔慕利延卒,继立为王,始居伏罗川(今青海贵德西)。用书契,起城池,筑宫殿,始奉佛教。对北魏奉修职贡,受魏封镇西大将军、沙州刺史、西平王。同时,屡遣使南朝宋,贡方物,次年被宋进为镇西大将军。其地盛产金、银、牛、马,为魏所觊。和平元年(460),遭阳平王新成、南郡公李惠两路军袭击,走保南山(今青海湖南山),丧失驼马二十余万。皇兴四年(470),复因不供职贡于魏,遭魏上党王长孙观攻击,兵败曼头山(今青海共和西南),从弟豆勾来率部降。被迫遣别驾康盘龙入贡求和,遭拒。后吐谷浑饥窘,扰掠北魏浇河(今青海贵德)。延兴三年(473),复遭长孙观及广川公皮欢喜军袭击,遣子诣军请和。次年,遣子费斗斤入侍,自是岁献于魏。与魏和平交往。同时亦遣使于宋,献善舞之马及方物,接受宋封号。南齐建元元年(479),遣使朝献于齐,受封骠骑大将军。

【按只】 见"石抹按只"。(107页)
【按出】 见"徒单镒"。(456页)
【按陈】 又作按赤、按只、阿勒赤。弘吉剌部首领,蒙古国重臣。孛思忽儿弘吉剌氏。特薛禅之子、铁木真(成吉思汗)之妻弟。率本部兵从铁木真统一蒙古诸部。南宋开禧二年(1206)蒙古国建立时,封千户长,辖弘吉剌部三千户。曾随汗弟合撒儿徇地辽左。受命招降契丹耶律留哥,协同败金兵于迪吉脑儿。成吉思汗十二年(1217),随木华黎国王经略中原,为十提控之一。十七年(1222),将兵三千断潼关道。后从汗平西夏。二十二年(1227),赐号国舅那颜。窝阔台汗四年(1232),赐银印,封河西王。八年(1236),赐东平五千二百户为食邑。前后从征三十二战皆有功。元贞元年(1295),追封济宁王。

【按答】 见"移剌安答"。(506页)
【按摊】(?—1309) 元朝大臣。蒙古克烈氏。湖广行省左丞相也先不花第五子。初事成宗铁穆耳,长宿卫。出任海北海南道宣慰使、都元帅。任内威望素著,诸族帖服。黎族首领王高等以二十余洞归附,输贡税。后以省亲辞职。武宗至大二年(1309),复拜中书右丞,行浙东道宣慰使都元帅。不久,奔父丧于武昌,以哀致疾卒。文宗天历二年(1329),追封赵国公、中书左丞相,谥贞孝。

【按扎儿】 又作按察儿、阿察儿。蒙古国将领。克烈部土别干氏。初随成吉思汗征金,继从国王木华黎,任探马赤五部前锋都元帅之一,转战于燕南、河北、山东、山西等地。成吉思汗十四年(1219),木华黎北还后,任前锋总帅,摄国王事,统兵屯平阳以备金。十七年(1222),败金将侯小叔,复取河中府。翌年,木华黎死后,继随嗣国王孛鲁征战。窝阔台汗二年(1230),随汗克河中,围攻凤翔。四年(1232),从嗣国王塔思会同汗弟拖雷军,大破金军于钧州三峰山,尽歼金军精锐。继随都元帅速不台攻汴。八年(1236),以功赐平阳户六百一十四、猎户四、驱户三十为食邑,不久病卒。

【按巴坚】 见"耶律阿保机"。(323 页)

【按只觸】 见"野里知吉带"。(499 页)

【按赤带】 又作按只带、按只吉歹、按只台、阿勒赤歹等。蒙古国大将。孛儿只斤氏。*成吉思汗弟*哈赤温之子。有勇善谋断,自幼从成吉思汗征战。宋嘉泰三年(1203),侦知克烈部王罕军来袭,预告铁木真(成吉思汗)为备,并随军击灭克烈部。开禧二年(1206),蒙古国建立后分封诸王时,得民二千户。封地东接金界,南邻弘吉剌部,北至怯绿连河(今克鲁伦河)。窝阔台汗二年(1230),随汗征金。四年(1232),会汗弟拖雷大败金军于三峰山,尽歼金军精锐。次年,与汗子贵由率左翼军征东西夏国,执蒲鲜万奴,平辽东。后讨平兴州赵祁叛军。八年(1236),分封诸王时,得滨、棣州为食邑。同年随军伐宋,汗子阔出死后,代掌中军。皇后乃马真氏称制时(1241—1246),主军中原,承制得拜万户以下官,并屡以兵攻宋江淮地。定宗后海迷失称制三年(1251),与诸王拥戴蒙哥即汗位,深受倚重。

【按竺迩】(1195—1263) 蒙古国将领。雍古氏。幼抚养于外祖父术要甲家,讹为赵家,故称姓赵。初事成吉思汗次子察合台,以善射著称,深受器爱。成吉思汗十四年(1219),随汗西征,凡七年,以功升千户长。二十一年(1226),从征西夏,翌年,从攻金边郡,相继取积石州,围河州,破临洮,攻德顺、巩昌。窝阔台汗即位后,任元帅,镇守汗兄察合台的分地删丹州,开辟自敦煌抵玉门关的驿道,直通察合台驻营地。窝阔台汗三年(1231)后,会同诸军连破凤翔、西河州、平凉,收降庆阳等地。四年,随汗弟拖雷大败金军于三峰山(今河南禹县西南),尽歼金军精锐。六年(1234),从破蔡州,灭金。继取金、兰、定、会四州,招降巩州,以功授征行大元帅,赐号"拔都"(勇士)。八年(1236),随汗阔端攻蜀,任宗王末哥军先锋,破宕昌,扰阶州,取文州,会同诸军破成都。十年。从都元帅塔海绀卜再攻蜀,先后克隆庆,攻重庆,围万州。十三年,连破二十余城。后数年亦皆有战绩。中统元年(1260),在忽必烈汗与阿里不哥争夺汗位的斗争中,随宗王合丹败阿里不哥军,斩其将阿蓝答儿、浑都海。四年卒。仁宗延祐元年(1314),追封秦国公。

【按只吉歹】 见"按赤带"。(394 页)

【轲比能】(? —235) 三国时期鲜卑贵族首领。原属鲜卑一小部,鲜卑部落联盟首领檀石槐死,联盟瓦解后,以勇健、断法公允被推举为鲜卑一部大人,据有代郡、上谷一带。起用逃亡该地的汉人教鲜卑人制兵器甲胄,效法中原,学文字,定法制,势渐强。东汉建安(196—220)中,贡献于曹操,求通市。后因助代郡乌桓扰边,为曹操军所败,遁出塞。魏文帝(220—226 年在位)初,遣使贡马,被封为附义王,与魏通好互市。与檀石槐孙步度根及东部鲜卑大人素利屡相攻击,迫步度根退保太原、雁门。黄初五年(224),因遭护乌桓校尉田豫袭击,叛魏,屡扰幽、并,太和二年(228),围豫于马城。青龙元年(233),诱步度根叛魏,联兵扰并州,为魏将秦朗所败,退走漠北。旋袭杀步度根,兼并鲜卑各集团,统一漠南大部。三年(235),为魏幽州刺史王雄遣人刺杀。

【　|　】

【虐罗虐及】 云南碧江怒族第三十六代祖。相传有四子,长子拉黑,次子拉欧,三子拉穷,四子拉赊。今碧江八村的怒族为次子拉欧之后代,九村为三子拉穷之后代,七村的部分怒族为四子拉赊的后代。长子拉黑因生下后啼哭不已,按怒族习惯必须迁居才能免除啼哭,故迁至高黎贡山以西的墨河、狄秀江一带居住,并与当地土著居民融合,居墨河者称"曼娃",居狄秀江者称"狄秀龙",至今已有 27 代,发展演变为独龙族。故怒族和独龙族相互来往,互称亲戚,关系密切。

【哇详水】 云南怒江福贡木古里怒族第九世祖。从第一世祖仆纳庆八传至哇详水、哇启独,距今约 280 年。由于人口进一步增长,土地逐渐被开垦。其女出嫁给碧江三区的怒族时,划去名为鱼独的一块土地。为防止碧江三区怒族乘机侵入,双方划定界线,从此各家族纷而仿效,致使木古里的怒族与碧江第三区怒族划定辖区界线。由于各家族有一定的界线,迁徙流动减少,形成比较稳定的村落。

【哑蒙葛】 又作阿木噶、哑蒙噶巴。明代藏传佛教高僧。西藏聂塘人。藏族。明朝大慈法王释迦也失弟子。随大慈法王进京,遂留居京师。宣德元年(1426),受明封为"灌顶净修弘智国师"。正统四年(1439),加封为西天佛子大国师,赐诰命。六年(1441),朝廷赐馆夫十人予以照料,时尊号"妙法诸修净慈普应辅国阐教灌顶弘善西天佛子大国师"。同年,代表已故大慈法王及其本人,出资助缘兴建北京西郊翠微山法海寺,因建寺有功,在《法海禅寺记》碑文中勒名永志。

【哑速火落赤把都儿】 又作合罗气把都儿台吉、诺木达喇古拉齐诺延、诺们达喇呼拉齐,简称哈罗气、合落气等。明代后期蒙古右翼阿苏特领主。孛儿只斤氏。*巴尔斯博罗特孙,*博迪达喇第三子。*驻牧于宣府(今河北宣化)、大同以北,今内蒙古锡林郭勒盟左、右苏尼特地区。在张家口和明朝互市。隆庆五年(1571),受明封为指挥佥事。万历四年(1576),升明威将军。被察哈尔图们汗任命为蒙古五执政理事之一,除万历十八年(1590)一度陈兵张家口之外,一直和明朝通贡互市不绝。

【咱雅班第达】(1599—1662) 明末清初卫拉特蒙古喇嘛教首领、语言文字学家。原名乌和特隆归达赖,法名纳木喀嘉木措,别称车臣鄂木布、车臣绰尔济,拉让巴呼图克图等。控奎扎雅齐孙,巴巴汗第五子。17 世纪初,西藏黄帽派喇嘛教传入卫拉特,卫拉特四部诸首领议定各献一子出家当喇嘛。卫拉特"丘尔干"(联盟)首领拜巴噶斯无子,遂以其为义子献出当喇嘛。明万历四十三年(1615),受戒于栋科尔呼图克图嘉木扬却吉。次年,赴西藏修习佛法。先在第巴处当随员,后入佛学院学习。因资质聪颖,学习勤奋,经十年时间,成为博通经教、"出类拔萃"的僧人,被大昭寺授予"格西"学位,并深得四世禅罗桑却吉坚赞赏识。崇祯八年(1635),作为"十格隆"之一,陪随五世达赖阿旺罗桑嘉措受比丘戒,取得"吉本"和"阿巴"两个法位。清崇德三年(1638),应和硕特部首领固始汗邀请,代表五世达赖返卫拉特布教。五年(1640),参加蒙古四十四部封建主会盟,参与制定著名的《蒙古卫拉特法典》。会后,应札萨克图汗为首的喀尔喀封建主邀请,前往讲经布教。六年,先后在札萨克图汗部、土谢图汗部和车臣汗部讲经,规劝众人敬重宗喀巴教,为札萨克图汗译经卷《祖师问道语录》。深受封建主们崇敬,被尊称为"拉让巴咱雅班第达"。七年,重返卫拉特,继续大力推广喇嘛教,并在各部封建主中积极斡旋,以消除彼此纷争。足迹遍及准噶尔、杜尔伯特、和硕特、辉特及伏尔加河的土尔扈特等部,号召卫拉特人崇信佛法,同"萨满教"进行斗争。为弘扬法教,亲自为各部封建贵族诵经、授戒和主持丧葬仪式。同时还从事创制文字和翻译佛教经典。顺治元年(1644),翻译了藏族文献《玛尼全集》(又名《玛尼噶奔》、《十万宝颂》)。五年(1648),在回鹘体蒙文的基础上创制了托忒文,使书面语言和卫拉特方言密切联结起来,使其能较好地表达卫拉特人的方言。自七年(1650)起,又与弟子把藏文佛经《大涅槃经》、《无量寿智经》、《金刚经》、《金光明经》等译成托忒文。其所译藏文著作,达一百七十余种,多数为宗教典籍,也有不少关于藏族人民的伦理、历史、文学、医学等的记载,如《明鉴》、《贤劫经》、《居悉》(又称《四部医典》)等。尤其是《居悉》,内容丰富,既有医学理论,又有生理解剖、诊断、防治疾病的方法,对蒙古医学的发展,具有重要意义。顺治十七年(1660),出面调停和硕特部鄂齐尔图与弟阿巴赖之间的战争,使延续数年的战争,得到相对缓解。康熙元年(1662)夏,前往西藏途中得病,至青海哈其尔图商地方圆寂。

【哈岱】(1618—1680) 清朝大臣。蒙古察哈尔部人。姓乌弥。巴赖都尔莽奈子。随父攻宁远,救父于战阵。崇德七年(1642),袭父爵三等子。随军征明,败明军于密云,克易州、顺德,略地山东临清。顺治元年(1644),随睿亲王多尔衮入山海关镇压李自成起义军。二年,随贝勒攻浙江,击杭州。三年,随豫亲王多铎征苏尼特部腾机思,败喀尔喀土谢图汗及车臣汗兵。四年,晋二等子。六年(1649),随英亲王阿济格征大同。十二年(1655),随定海大将军伊尔德征舟山。十四年(1657),晋一等子。康熙十四年(1675),授内大臣。次年,调驻大同、河南。

【哈刺】 见"毛忠"。(67页)

【哈真】 又作合臣、哈只吉、哈赤吉。蒙古国将领。蒙古族。成吉思汗十一年(1216),辽东契丹人耶律留哥部下九万余人窜逃高丽,夺据江东城。十三年(1218),奉命与札剌率蒙古军及辽东蒲鲜万奴所属女真军追讨。与高丽王所遣枢密院使赵冲联兵围攻江东城,平定契丹兵。遂与赵冲盟,定高丽岁输贡赋。十四年,回师。自是,蒙古每年遣使至高丽索取贡物。

【哈铭】 汉名杨铭。明朝通事(翻译官)。蒙古族。一说回族。幼从父为明朝通事。正统(1436—1449)中,随吴良出使瓦剌,被羁留。正统十四年(1449),明英宗征瓦剌兵败被俘,遂为英宗和也先作蒙汉语通事,侍从英宗左右。因祖护英宗,为也先所忌,屡欲杀之。景泰元年(1450),从英宗返京师(今北京),赐姓名,授锦衣卫指挥使,数奉使至蒙为通事。著《正统北狩事迹》一卷。

【哈麻】(?—1356) 元朝大臣。康里人。字士廉。母为宁宗乳母。早年充顺帝宿卫,有口才,深受宠幸,累官殿中侍御史,历任礼部尚书、同知枢密院事。因趋附丞相脱脱,与左丞相太平等结怨。至正九年(1349),被劾,除官。十二年(1352),复为中书添设右丞。十三年,授右丞。后因与脱脱有隙,出为宣政院使。十四年,升中书平章政事。屡向帝、后、太子潜谮脱脱、也先帖木儿,致脱脱等被贬逐死,籍家。十五年,拜中书左丞相,与弟御史大夫雪雪独揽朝政。十六年,密谋奉皇太子践位,事泄,被杖死。

【哈答】 ①(?—1251)又作合答、合歹。蒙古国将领。斡亦剌部人。部长*忽都合别乞子,定宗贵由皇后*海迷失兄。尚成吉思汗子术赤之女火鲁公主,故称古列坚(驸马)。宋开禧二年(1206),蒙古国建立时,以父功,封千户长。成吉思汗八年(1213),从伐金,围中都(今北京),扼守近都通道,断金援军。窝阔台汗即位后,奉命领宿卫军千人。后继事贵由汗。贵由卒,海迷失摄国。在汗位之争中,力主以窝阔台孙失烈门承大统,为蒙哥所忌。海迷失称制三年(1251),蒙哥即位,以"坐诱诸王为乱"罪,被杀。 ②元朝将领。蒙古兀鲁兀氏。*怯台子。元世祖中统元年(1260),自请随忽必烈汗北征叛王阿里不哥,率兀鲁兀族军从诸王合丹、驸马纳陈掌右翼,大败阿里不哥军于昔木土脑儿,继败敌军于失烈延塔兀,因功受赏。三年(1262),从诸王哈必赤平定李璮之乱,皆有功。

【哈八石】(1284—1330) 元朝官员。回回人。祖居于阗(今新疆和田)。勘马剌丁次子。幼好学。仁宗延祐二年(1315),元朝首行开科取士,中进士。初任职固安州,打击豪强,安定民生,领兵民修永定河堤三百里以防水患。后历任中书省右司属官、礼部主事、秘书著作郎、监察御史、户部员外郎、金浙西道廉访司事等职。至顺元年(1330),调山北道廉访使,卒于途。为官清廉,有政绩。

【哈木儿】 见"哈木把都儿台吉"。(398页)

【哈元生】(?—1738) 清朝将领。直隶河间(今河北献县一带)人。回族。康熙年间入伍,任把总。累迁至建昌路都司。雍正二年(1724),补抚标右营守备,奉命镇压贵州布依族、苗族起义。三年,补威宁镇中军游击,会四川军,攻乌蒙、镇雄,以功授寻沾营参将。六年(1728),镇压米贴苗民,迁元江副将。七年,迁黎平副将、安笼总兵。八年(1730),再破乌蒙,改乌蒙土知府为昭通府。九年,任云南提督、贵州提督。十年,镇压贵州苗族起义,进《新辟苗疆图志》。十三年(1735),镇压古州苗民,晋扬威将军。后以劳师无功,降副将。卒于军,追加总兵衔。

【哈什木】(?—1765) 蒙古族。博尔济吉特氏。察合台后裔。苏勒坦阿哈木特子。世居新疆吐鲁番。初隶准噶尔部。康熙五十九年(1720),清军进征策妄阿拉布坦时,因兄莽苏尔迎献驼马,取罪于策妄,被囚于喀喇沙尔(今焉耆)。乾隆二十年(1755),定西将军永常等进征达瓦齐时,献籍迎降。同年秋,阿睦尔撒纳叛乱,为避祸与兄遁叶尔羌。二十五年(1760),奉诏入觐,授头等台吉,赐居京师。

【哈什屯】(1598—1663) 清朝将领。满洲镶黄旗人。富察氏。初任前锋校,隶正蓝旗,天聪时改隶镶黄旗。授侍卫,寻袭佐领,擢礼部参政。崇德二年(1637),征瓦尔喀。三年,改礼部副理事官。六年(1641),随军围锦州,击退犯军之曹变蛟兵。顺治元年(1644),擢内大臣。二年,授骑都尉世职,晋世职至一等轻车都尉加一云骑尉。七年(1650),列议政大臣。八年,世祖亲政后,晋一等男。同内大臣遏必隆等招降郑芝龙。寻入福建攻郑成功。十年(1653),加太子太保。十三年(1656),出使朝鲜。寻以年老致仕。康熙二年卒,谥恪僖。

【哈宁阿】(?—1648) 清初将领。满族,富察氏。世居额宜湖。阿尔图山子。隶满洲镶白旗,任佐领。后金天聪二年(1628),随贝勒岳讬征明锦州,略松山、杏山、高桥,授护军统领。三年,从太宗征明燕京,战明巡抚袁崇焕、总兵祖大寿于广渠门外,因功授骑都尉世职。五年,征大凌河。八年(1634),征大同。九年,晋二等轻车都尉。清崇德元年(1636),从征皮岛。二年,列为议政大臣。三年,随豫亲王多铎等经中后所,为祖大寿所袭,革世职。六年(1641),从围锦州,袭明总督洪承畴军于沿海,攻松山,屡战皆捷。继随武英郡王阿济格守高桥。时惠敏泰和元妃丧,因对辅国公扎喀纳于军中欢娱不举,逮系。八年,同护军统领阿尔津征虎尔哈部。顺治元年(1644),随睿亲王多尔衮入关,追李自成义军于望都。三年,复授三等轻车都尉。率兵追义军至绥德州、延安府、武昌、安陆府,下江南,于扬子江夺义军战舰。继随顺承郡王勒克德浑征湖广,降义军吴汝义,晋二等轻车都尉。从肃亲王豪格败叛镇贺珍于汉中,进败张献忠所部。五年,授一等轻车都尉世职,寻卒。

【哈达哈】(?—1759) 清朝将领。满洲镶黄旗人。瓜尔佳氏。将军*傅尔丹次子。康熙五十九年(1720),授侍卫。雍正九年(1731),迁头等侍卫。十年,授蒙古正蓝旗都统。十三年(1735),驻防呼伦贝尔。乾隆四年(1739)起,历任汉军镶白旗和满洲镶红旗都统、工部尚书、议政大臣、兵部尚书、步军统领。十九年(1754),赴北路军营,任参赞大臣。二十年,同将军班第征准噶尔部达瓦齐,亲自统军追剿,执获之。后授定边左副将军,留屯北路,声援定西将军策楞由西路征阿睦尔撒纳。二十一年,由阿尔泰进兵哈萨克,追剿阿睦尔撒纳,败哈萨克汗阿布赉。二十二年,以坐失机宜,不追击阿布赉罪,革职,发热河披甲效力。二十三年,宥罪,授三等侍卫,率西安驻防兵赴西路军营。二十四年,随定边左副将军富德等败霍集占,因功授二等侍卫。卒于军。

【哈赤温】(1166—?) 又作合赤温。蒙古孛儿只斤氏人。*也速该把阿秃儿第三子,*成吉思汗弟。约宋乾道六年(1170),父卒,家境衰落,部众离散,连遭泰赤乌部、蔑儿乞部侵扰,逃避在外。早卒,无所表现。蒙古国建立后,由其子按赤带受份地。

【哈国兴】 清朝将领。回族。直隶河间(今河北献县一带)人。贵州提督*哈攀龙子。乾隆十七年(1752)武进士,授三等侍卫,出任云南督标右营游击,迁东川营参将。治军严明,侍人有礼,深得云南各族信任。三十一年(1766),从云贵总督杨应琚用兵缅甸,战楞木,克猛卯,升腾越营副将。率军援赵宏榜,战新街,退缅军。复从将军明瑞克木邦,擢楚姚镇总兵。师还,任普洱镇总兵,迁贵州提督,移云南提督,加太子少保。三十四年(1769),从傅恒再征缅甸,至老官屯受阻,应缅人请,奉命和议,约定缅十年一贡,毋扰边疆,归还被掠人。后被劾议约不实,降贵州古州镇总兵,迁云南临元镇总兵。三十七年(1772),迁西安提督,领陕西、甘肃军,从将军温福征金川。九月,金川头人索诺木遣使献鄂克什地以降。继克路顶宗,破卡五十余、碉三百余,奇袭附近碉卡。平定小金川,分军进征金川。授参赞大臣。卒于军,加赠太子太保,谥壮武,图形紫光阁。

【哈迪尔】(?—1830) 一译哈第尔。维吾尔族。新疆乌什人。郡王衔贝勒*霍集斯第四子。清乾隆四十六年(1781),袭父爵,于乾清门学习行走。五十四年(1789),任镶红旗蒙古都统。嘉庆四年(1799),赐御前行走。次年,编入蒙古镶黄旗。十六年(1811),受命赴喀什噶尔(今喀什)祭奠郡王伊斯堪达尔。道光四年(1824),返乌什祭祖。因呈控田产被占不实,受命休致。旋授内大臣。

【哈剌䚟】(1237—1307) 又作哈剌带、哈剌歹、合剌带。元朝将领。哈剌鲁氏。管军万户八合子。初随军攻宋汉水重镇襄阳、樊城。继以水军镇抚从丞相伯颜南下。至元十二年(1275),随阿术战焦山,获战船二艘。与招讨王世强统水军五千、战船百艘,连破江阴、许浦、金山、上海、崇明、金浦等地,获战船三百余艘,成澉浦。十三年,任招讨副使,追击宋将张世杰舟师,驻守定海,连退宋军,进蒙古汉军招讨使,招降温州。十四年,拜宣武将军、沿海经略使,兼副都元帅,镇守沿海。进昭勇大将军、沿海招讨使,招降广州,从攻张世杰。在灭宋战争中卓有功绩。十八年(1281),擢辅国上将军、都元帅,从右丞范文虎征日本,遇飓风,丧师而还。二十二年(1285),赐号拔都儿(勇士)。历任沿海上万户府达鲁花赤、浙东宣慰使、中书左丞。大德五年(1301),擢云南行省右丞,与左丞刘深征八百媳妇国,兵败,罢职。卒,追封巩国公,谥武惠。

【哈第尔】 见"哈迪尔"。(396页)

【哈散纳】 蒙古国将领。克烈部人。宋嘉泰三年(1203),从成吉思汗征克烈部王罕,曾同饮班朱尼河水,受宠信,管领阿儿浑军。随汗西征,破薛迷思坚(今撒马尔罕)、不花剌(今布哈拉)等城。太宗时,仍领阿儿浑军,并回回人匠三千户驻寻麻林(在今河北万全县境)。寻授平阳(故址在今山西临汾西南)、太原两路达鲁花赤,兼管诸色人匠。后病卒。

【哈斯宝】 清代蒙古族翻译家、文学家。自号施乐斋主人、耽墨子。内蒙古卓索图盟人。深通蒙汉文,博览群书,对《史记》、《汉书》、《水浒》、《金瓶梅》、《格斯尔汗传》都很熟悉。嘉庆二十四年(1819),仁宗六十寿辰时曾到过承德。崇拜曹雪芹,其名意为"玉的护身符",一说是慕贾宝玉而拟的笔名。是《红楼梦》的研究者和传播者,把《红楼梦》一百二十回节译成蒙文四十回,名为《新译红楼梦》,还撰有《序》、《读注》、《总录》各一篇,自画金陵十二钗正册图像十一幅。每回译文之后均写有批语。其译稿被争相传抄,在草原传播,现存有四、五个抄本。常与一些文友画客聚会,纵谈古今。其所著被译成汉文出版,名《新译红楼梦回批》。

【哈撒儿】 见"合撒儿"。(154页)

【哈攀龙】(?—约1751) 清代将领。回族。直隶河间(今河北献县一带)人。其先出自新疆"回部"。乾隆二年(1737),中一甲一名武进士,授头等侍卫。任兴化城守副将。历任河南南阳、福建海坛、漳州诸镇总兵。十三年(1748),奉命往金川,隶总督张广泗军,署松潘镇总兵,与冶大雄会师,攻占昔岭。金川头人降。十四年,金川事定,署固原提督。十六年(1751),任湖广提督,迁贵州提督,后病死于北京。

【哈儿八真】 见"古儿别速"。(96页)

【哈马儿丁】 又译怯马鲁丁。元末明初蒙古朵豁剌惕部首领之一。布拉吉(播鲁只)弟。元至正八年(1348),与兄拥立秃黑鲁帖木儿为东察合台汗国汗(一称别失八里王)。二十四年(1364),杀也里牙思火者及其家族,自称汗,引起蒙古贵族的反对。明洪武八年至十二年(1375—1379)间,一再受中亚跛者帖木儿的攻袭。十二年,帖木儿来攻时,因患水肿病,不能骑马,匿入山中,不知所终。一说逃向额尔齐斯河地区,1389年卒。

【哈不勒罕】 见"合不勒罕"。(155页)

【哈比布拉】 维吾尔族。新疆和田人。原为宗教法官,曾赴麦加朝圣。咸丰七年(1857)归国。同治三年(1864),库车爆发农民起义,他与和田阿奇木伯克子海孜那奇勾结,乘机举事,被举为"帕夏"(王)。引兵迎战库车起义首领热西丁和卓。派人赴浩罕及英国求援。同治五年(1866)十二月,浩罕阿古柏伪称朝见圣人陵墓,将其俘获,送叶尔羌(今莎车)监禁。不知所终。一说同年被阿古柏杀死。

【哈剌那海】 元顺帝朝蒙古牧民起义首领。蒙古八邻部人。至正七年(1347)九月,因不堪忍受蒙古封建主的剥削和奴役,联合秃鲁和伯等,率领本部蒙古牧民发动起义,截断岭北驿道,阻滞了驿站运输和往来联系,给封建领主以一定打击。

【哈剌哈孙】 ①(1257—1308)又作合剌合孙。元朝大臣。蒙古斡剌纳儿氏。蒙古国开国功臣*启昔礼曾孙,囊加台子。善骑射,通蒙文,重儒学。至元九年(1272),以勋臣后裔,受命掌宿卫,袭号"答剌罕"。十八年(1281),得钦、廉二州为食邑。二十二年(1285),任大宗正,执法平允,审理昭雪众多冤狱,深受敬重,被誉为难得之才。二十八年(1291),迁湖广行省平章政事,以亲信重臣清查桑哥余党,整治湖广弊政。成宗大德三年(1299),进中书左丞相,重用儒士,每有大政,必与儒臣共议,奏建大都孔子庙,安置国子学,选名儒为学官,录近臣子弟入学。七年(1303),进中书右丞相,精选所用之人,定官吏赃罪十二章及丁忧、婚聘、盗贼等制,辅佐成宗理政,卓有成效。十一年(1307),成宗卒,因左丞相阿忽台与皇后伯岳真氏谋立安西王阿难答,称病,拒绝签署皇后内旨,并秘密遣使南迎世祖曾孙爱育黎拔力八达于怀州,先期发难,执杀阿忽台及阿难答。继北迎爱育黎拔力八达兄海山于漠北,拥立为帝,是为武宗。旋因反对加封秃剌为越王,遭秃剌潜谮,被罢右丞相,以和林行省左丞相出镇漠北。命漠北诸部置传车,运米数万石以赈饥民;置仓积粟接济来归者;疏浚古渠灌田数千顷;整治称海屯田,岁得米二十余万石,边政大治。死后追封顺德王。有《丞相顺德忠献王碑》以志其功。②见"移剌元臣"。(506页)

【哈剌哈纳】 明代哈密首领。永乐六年(1408),奉忠顺王脱脱命至京贡马,被明廷封为都指挥同知。翌年,又至京贡马。八年(1410),因脱脱沉湎于酒,不理政事,拒属下劝谏,明廷谕其善辅之。脱脱暴卒后,晋升都督金事,受命镇守其地。

【哈斯木汗】(1445—1523) 明代哈萨克汗。*贾尼别克汗子。1511—1523年(一说1508—1518)在位。其统治期间,统一哈萨克诸部,联合别失八里(或作亦力把里)统治者,与昔班尼汗进行长期战争。领地南括锡尔河流域及其诸城,东南抵七河流域,东北达巴尔喀什湖以东以南,西至雅克河流域。首府从锡晏那克城迁至土耳克斯坦城。明正德八年(1513),与赛德汗结盟反对塔什干统治者。与邻近地区特别是中亚农业区和城市进行频繁贸易。制定《哈斯木汗法规》(又称《哈萨克汗国名鉴》),采取措施促进经济文化的发展,使汗国人口增至一百余万,士兵达三十万,出现兴盛局面。因治绩显著,被誉为哈萨克汗与速檀中最坚强者。

【哈喇忽剌】(?—1634) 又称呼图克图哈喇忽剌,

号多克辛诺颜。明末卫拉特蒙古准噶尔首领。出生于绰罗斯家族。布拉台吉子。万历十五年（1587），与和硕特部首领拜巴噶斯联兵击退喀尔喀蒙古乌巴什洪台吉的进犯。17世纪20年代，驻牧地之东南邻和托辉特部领地，西至额尔齐斯河东岸，北达球梅什湖。屡与向西扩展领地的和托辉特部硕垒乌巴什争战，受挫。至崇祯元年、二年（1628—1629）始败和托辉特部，重返天山北。在抵御外族侵扰和调解内部纠纷过程中，威望日增，势力渐盛，成为卫拉特蒙古诸部的实际盟主。

【哈答驸马】 见"亦纳勒赤"。（166页）

【哈力锁鲁檀】 见"倒瓦答失里"。（456页）

【哈不慎台吉】 又称来三兀儿。明代蒙古右翼永谢布万户喀喇沁部领主。孛儿只斤氏。*巴尔斯博罗特孙，*昆都力哈第三子。驻牧于张家口东北边外大沙窝、三间房，与察哈尔部为邻，拥兵数万。隆庆五年（1571），受明封为指挥佥事，在张家口与明朝互市。六年，父卒，喀喇沁部为其仲兄青把都儿台吉统领，故有积怨，常单独行动。时与察哈尔部图们汗及黑石炭、速把亥、长昂等联合行动，扰明辽东、蓟镇等地区，甚至拥兵至山海关前，被明朝革除市赏。后经多次请求，发誓不再犯塞，双方恢复来往。万历十五年（1587），又与明军起冲突。

【哈合歹驸马】 见"亦纳勒赤"。（166页）

【哈玛尔岱青】（？—1714） 清朝蒙古王公。喀尔喀札萨克图汗部人。博尔济吉特氏。博托果子。初授二等台吉。康熙三十四年（1695），随清军征准噶尔部噶尔丹，奉命侦察。三十五年，随前锋侍卫阿南达到汗阿林，击固英必齐叶齐，降敌百余。继率属分路追击准部军。三十六年，授札萨克一等台吉。

【哈剌帖木儿】 见"萧哈剌帖木儿"。（490页）

【哈克那札尔汗】（？—1580） 又译阿克那札尔汗。明代哈萨克汗。*哈斯木汗子。1538—1580年在位。史称其足智多谋，勇敢善战。继位后，着手巩固政权，平定内乱，重新统一汗国，结束塔赫尔汗和布达什汗时期的分裂状态。与邻国恢复友好关系，巩固与乞儿吉思联盟，被称为"哈萨克人和乞儿吉思人的可汗"，共同击退别失八里（又作亦力把里）统治者对七河流域和伊塞克湖地区的进攻。明嘉靖四十二年（1563），与布哈拉汗阿布多拉二世结盟，反抗塔什干巴巴苏丹。隆庆三年（1569），诸盖国的哈萨克部落皆归属，并占领其首府萨莱依契克城。从16世纪60年代至70年代，其汗国与中亚各国和睦相处，经济联系密切，商业贸易兴隆，为汗国中兴时期。万历八年（1580），为巴巴苏丹所杀。贾尼别克汗之孙契晏依继位。

【哈利勒·速檀】 明代天山乞儿吉思（柯尔克孜）人首领。别失八里（或作亦力把里）阿黑麻汗子。弘治十七年（1504），父卒，兄弟为争夺汗位内讧。长兄满速儿继位，受排斥，西奔天山乞儿吉思处，被拥立为首领（一说监治官）。继而，同母兄亦德汗也投归之。越四年，被满速儿汗败于察隆察克，率部分属众逃费尔干纳，至阿黑昔（一说是安集延），被费尔干纳地区监治官沙亦乩汗之堂兄弟札你·别汗处死。

【哈木把都儿台吉】 亦作哈木儿。明代蒙古右翼土默特部领主。孛儿只斤氏。*俺答汗孙，*辛爱黄台吉子。驻牧于山西偏关北边外擦哈把剌哈素，受明封为指挥佥事。与明朝保持通贡互市。

【哈尔固楚克台吉】（？—1452） 明代蒙古贵族。孛儿只斤氏。元裔*阿寨台吉孙，*阿噶巴尔济子。初从伯父脱脱不花与瓦剌联合，对抗东部蒙古太师阿鲁台和阿岱汗，娶也先女齐齐克妣吉。景泰二年（1451），脱脱不花与也先分裂后，助伯父败也先。旋因其父中瓦剌离间计，欲叛投也先，曾极力劝阻。脱脱不花败亡后，复劝父勿将济农（亲王）称号授予也先，亦遭拒。次年，父被也先诱杀后，逃至察合台后王境通玛克（今苏联托克马克），被一富人之弟射杀。其遗腹子即伯颜猛可（孛罗忽济农），孙达延汗后来继承了汗统。

【哈剌亦哈赤北鲁】 蒙古国时期畏兀儿唆里迷（今新疆焉耆）人。性聪敏，被亦都护月仙帖木儿召为断事官。巴而术阿而忒的斤时，被召至西辽，任西辽主直古鲁诸王子师。成吉思汗四年（1209），亦都护归附蒙古后，乃与子月朵失野纳驰归成吉思汗。奉命教诸皇子书，月朵失野纳以质子入宿卫。十四年（1219），从征西域，经别失八里东独山城（今新疆奇台），地当东西要冲宜屯田，请准其将唆里迷之属民六十户移居此地，垦辟屯田，遂留居。六年后，成吉思汗西征归，其地田野垦辟，民物繁庶。但他已卒，乃赐其子都督印兼独山城达鲁花赤。

【哈剌阿思兰都大】 蒙古国时期高昌畏兀儿人。玉龙阿思兰都大子。高昌巨室。成吉思汗四年（1209），畏兀儿亦都护战胜篾儿乞部脱脱子忽秃后，奉命与察鲁向蒙古奏捷。后又以金宝入贡。由是高昌归附蒙古。他留事成吉思汗，入宿卫。从成吉思汗攻金，卒于柳城。赠湖广行省右丞、上护军，追封范阳郡公。

【哈桑·桃花石·博格拉汗】（？—1103） 东部喀喇汗王朝可汗。从1069—1070年或更早些为喀什噶尔（今喀什）统治者，号桃花石·博格拉汗，从1080—1081年至1102—1103年为整个东部喀喇汗国可汗。在其统治时期，喀喇汗王朝经济文化空前繁荣。玉素甫·哈斯—哈吉甫著名的长诗《福乐智慧》就是献给他的。

【哈尔古楚克都古楞特穆尔鸿台吉】（1363—1399）简称哈尔古楚克鸿台吉。明代蒙古贵族。孛儿只斤氏。可汗*脱古思帖木儿子（一作*额勒伯克汗子）。明建文元年（1399），在浩海达裕（浩海太尉）的挑拨下，被其兄额勒伯克汗杀死于归猎途中，妻鄂勒哲依图鸿郭斡妣吉为兄所夺。遗腹子即阿寨台吉。孙脱脱不花继承了汗位。

【咩米氏】 ①党项首领*李德明妻，*李元昊庶母，生子成遇，为元昊弟。 ②（？—1045），夏景宗李元昊妻。生子阿理，因失宠，避居夏州王庭镇。天授礼法延祚八年（1045），阿理聚众谋乱，被其党卧香乞告发，事败，被元昊沉于河中溺死,同时赐其死。

【咩讹埋】(?—1084) 西夏国军事首领。党项族。官副统军。大安八年(1082)九月,宋夏永乐城战役中,与都统军叶悖麻等以六监军司兵三十万攻永乐城,杀宋朝给事中徐禧,耀兵于米脂城下。十年(1084)四月,复与叶悖麻率兵围安远砦,宋将拒战,兵败被杀。

【昭宗】 见"爱猷识理达腊"。(459页)

【昭梿】(1776—1829) 清朝宗室。满族。太祖*努尔哈赤次子*代善后裔,永恩子。好学善诗文,喜交游,尤悉国故,自号汲修主人,又号檀樽主人。嘉庆七年(1802),封辅国公,授散秩大臣。十年(1805),袭礼亲王爵。二十年(1815),坐凌辱大臣、滥用非刑罪,夺爵圈禁。次年,获释。道光二年(1822),赏候补主事。著有诗文二百余篇,已佚,纂辑《礼府记》未付梓。以撰清史笔记《啸亭杂录》闻名,载清朝掌故极详。

【昭礼可汗】(?—832) 唐代回鹘汗国第十一代可汗。跌跌氏。*保义可汗弟。原为曷萨特勤(勤)。长庆四年(824),继汗位,唐朝册封其为爱登里罗汩没密施合毗伽昭礼可汗,又作登罗骨没密施合毗伽昭礼可汗、登里罗汩没密施毗伽昭礼可汗、萨特勒可汗,受唐赐币十二车。文宗(827—840)初,又受唐赏马值绢五十万。太和六年(832),为部下杀害。

【昭圣皇帝】 见"耶律隆绪"。(319页)

【昭烈皇后】 见"萧卓真"。(484页)

【昭烈皇帝】 见"耶律耨里思"。(326页)

【昭德皇后】 见"萧塔不烟"。(489页)

【贴不】 见"耶律贴不"。(316页)

【贻谷】(?—1926) 清朝大臣。字蔼人(仁)。乌雅氏,满洲镶黄旗人。光绪元年(1875)举人。十八年(1892)进士。累官内阁学士。二十六年(1900),八国联军侵北京,扈从两宫西幸西安,任兵部左侍郎。授督办蒙旗垦务大臣,拟定开垦大纲。二十九年,擢绥远城将军。重官垦,立垦务局,设东路公司,官商合办,资送绥远学生出洋,或就北洋学堂。三十四年(1908),以归化城副都统文哲珲败坏边局,蒙民怨恨,受劾革职,遣戍川边。卒后,晋边官绅请昭雪,释处分,葬易州白杨村。著有《绥远奏议》和《垦务奏议》附《蒙垦陈诉事略》。

【毗贺突】 见"宇文宪"。(170页)

【毗伽公主】 唐代回纥汗国公主。药罗葛氏。*英武威远毗伽阙可汗磨延啜之妹。至德元年(766),敦煌王李承采奉肃宗命赴回纥借兵平安史之乱。可汗以公主嫁承采以示和好。被肃宗封为毗伽公主和王妃。是为回鹘与唐和亲之始。

【毗伽可汗】(684—734) 又作苾伽可汗。唐代后突厥可汗。名默棘连,又作默矩。阿史那氏。*颉跌利施可汗子。*阙特勤兄。神功元年(697),拜大度设,史籍作右厢察,又作"小杀"。随其叔默啜征战,出兵二十五次,身经十三战,皆立战功。开元四年(716),默啜死,阙特勤杀默啜子移涅可汗,拥其为汗,称圣子毗伽可汗。

为巩固统治,任阙特勤为左贤王,总掌军事,召默啜时衙官暾欲谷为谋主。以妹妻黠戛斯可汗,娶突骑施可汗女为媳,又以女嫁突骑施可汗苏禄,结好邻邦。在位期间,屡与周邻诸部征战,八年(720),征拔悉密,围北庭,扰甘、凉两州,与唐将英杰令战于郁都斤山,掠羊马数万及降唐之凉州契芯部。九至十年(721—722),征契丹、奚等族,十八年(730),联合契丹伐奚。攻伐重点是突厥旧时属部。对唐朝则奉行谋臣暾欲谷之策,以唐"人和岁丰,未有间",故以和为上,改默啜可汗战和相兼之策。开元六、九、十年屡遣使言和,十二年,四次遣使请和亲。开元十五年(727),拒绝吐蕃联兵突厥进攻中原之请,并遣大臣梅录啜赴唐通告,以示好,深受唐赏,获允在受降城通市,岁获帛数十万匹,使突厥益强。二十二年(734),以谋臣梅录啜施毒谋逆,讨斩梅录啜,尽灭其党。旋卒,在位十九年,大漠南北再次出现"蕃汉百姓,皆得一处,养畜资生,种田米作"的升平景象。唐玄宗遣使吊祭,并为之树碑立庙。突厥人亦以突厥文书写碑文,与汉碑同立,是为著名的《毗伽可汗碑》。

【毗奈耶室利】 见"必兰纳失里"。(126页)

【毗囊热拉赞】 《五部遗教·大臣遗教》一书作毗·纳木热赞·尚热拉赞。吐蕃赞普赤松德赞(755—797在位)时人。系当时"九大舅臣(尚论)"之一。"九大舅臣"凭借身居要职,搜刮民财,争夸财势,或以功勋为荣,或以财富要贵。他以功高显赫于朝野。时以文字告身不同区分官员地位之高低,其一身获四种告身为官饰:碧玉文字告身、大雍仲文字告身、珍宝文字告身及黄色宝石文字告身,以此为"英武标志"。

【毗伽·阙·卡迪尔汗】 据杰马勒·卡尔希《苏拉赫词典补编》中保存下的阿勒马伊《喀什噶尔史》片断记载,为喀喇汗王朝(840—1212)的创建者。由于年代、事件相合,极有可能就是汉文史料中于840年率回鹘十五部西奔葛逻禄的庞特勤。漠北回鹘汗国亡后,庞特勤成为碛西回鹘汗国各部的首领。

【郢】(?—公元前135年) 西汉闽越王。*无诸子。建元三年(公元前138年),受吴王子子驹怂恿,起兵攻东瓯,闻汉朝派严助率军从海路援东瓯,被迫回师。六年(公元前135年),又发兵攻南越。汉武帝令大行王恢、大司农韩安国领兵助南越。郢欲凭险与汉军对抗,后被其弟馀善及宗族人谋杀。

【勋奴扎巴】 见"阶贡钦波"。(181页)

【是贡敕文】 见"封敕文"。(386页)

【星吉】(1296—1352) 元末官员。字吉甫。唐兀氏。河西人。挦思吉子。武宗时袭怯里马赤(通事、译员),后于仁宗潜邸任给事,以精敏称。仁宗至文宗朝,历任中尚监、监察御史、宣政院使、江南行台御史大夫、湖广行省平章政事。为官持正,不畏权势,惩治不法,致豪强敛手,贫弱称快。至正十一年(1351),汝、颍红巾义军起,他起用老将郑万户,募士兵,筑城池,修器械,严巡警,拒守武昌,抗义军。城破,返京。继出为江西行省平章政事，贷钱募兵，阻击义军。一度复池州、石埭诸县，进据清水湾，克江州，据鄱阳口，扼江要冲以图恢复。因湖广已陷，江西被围，援断粮乏，兵败被俘，七日不食而死，追封咸宁王。

【星讷】（？—1674） 清朝大臣。满洲正白旗人，觉尔察氏。初为二等侍卫兼佐领。从太祖努尔哈赤征明。天聪七年（1633），驻守辽河。八年，随太宗征蒙古察哈尔部。同前锋统领席特库等略大同。论功授云骑尉世职，寻授刑部参政。崇德三年（1638），征黑龙江。四年，授护军参领兼议政大臣。寻迁副都统。六年（1641），授工部参政。随郑亲王济尔哈朗围锦州，败明兵于松山。七年，败明总兵吴三桂等于高桥。八年，擢工部尚书。顺治元年（1644），随睿亲王多尔衮入山海关，败李自成起义军。授一等轻车都尉。三年，随肃亲王豪格于郑州、秦州、川中败张献忠，加一云骑尉。六年（1649），随多尔衮讨叛镇姜瓖于大同。七年，晋爵二等男。八年，因罪革职。复任工部尚书，列议政大臣。十年（1653），以年老致仕。

【曷补】 见"移剌曷补"。（506 页）

【曷鲁】 ①见"石抹曷鲁"。（107 页） ②见"耶律曷鲁"。（316 页）

【曷思麦里】（？—1255） 蒙古国将领。西辽虎思斡耳朵人。原为西辽末主直鲁古近侍，后出任可散城八思哈（掌民事赋税之官）。因不满乃蛮王子屈出律篡据其国，于成吉思汗十三年（1218）蒙古军征西辽时率众出降，受命从哲别为先锋，引蒙古军追斩屈出律。翌年，随军西征，十五年，从哲别追击花剌子模算端（苏丹）摩诃末，迫之走死于宽田吉思海（今里海）一孤岛。后相继攻略阿哲儿拜占、谷儿只、越太和岭（今高加索山）、败阿速、钦察及斡罗思诸部。十九年（1224），随军东返。二十一年，从成吉思汗征西复，任必阇赤（令史），掌文牍。窝阔台汗二年（1230），随汗征金，领奥鲁事，掌辎重。四年，任怀孟州达鲁花赤。次年，击退金来犯之兵，并招降金总帅范真以下军民万余人。十二年（1240），任怀孟、河南二十八处都达鲁花赤（镇守官），承制总理所兼州县。

【曷萨那可汗】 见"泥橛处罗可汗"。（376 页）

【冒顿单于】（？—公元前 174 年） 秦末汉初匈奴单于。挛鞮氏。*头曼单于太子。因其父欲废长立幼，被质于月氏，后逃归，任万骑长。秦二世元年（公元前 209 年），杀父自立，并尽杀后母、弟及将臣之不从者。整顿内部组织，封设左右屠耆王（贤王）、谷蠡王、大将、大都尉、大当户、骨都侯等二十四长。立课敛，制刑法，建奴隶制国家政权，势力日盛，拥兵数十万。乘中原楚汉相争之机，东灭东胡，西逐月氏，并夺取楼兰、乌孙、呼揭及其旁二十六国地，北服丁零、浑庾、屈射、鬲昆、薪犁，南降楼烦、白羊，统一大漠南北，并进占秦河南地（今内蒙古河套伊克昭盟一带）。西汉初，屡南下侵扰。汉高帝六年（公元前 201 年），围马邑，降韩王信，攻太原，至晋阳。次年，以精兵四十万围困高祖于平城白登山（今山西大同东北），严重威胁汉朝统治，迫使汉帝采取和亲之策，嫁公主，赠财物，开关市，与单于约为兄弟。后仍不断扰犯代郡、雁门、云中等地。至汉文帝（公元前 180 年—公元前 157 年在位）初年，始缓和与汉关系，互遣使臣致书，复修和亲。

【贵由】（1206—1248） 又作古与、古余克。即元定宗。蒙古国第三代大汗。孛儿只斤氏。太宗*窝阔台长子，母*脱列哥那可敦。拖雷监国二年（1229），窝阔台即汗位后，承袭其父原有封地，以叶密立（今新疆额敏县）为中心，领有今额尔齐斯河上游和巴尔喀什湖以东地区。窝阔台汗五年（1233），从宗王按赤带征辽东，擒东西夏国主蒲鲜万奴。七年（1235），与宗王拔都等西征，史称"长子出征"，攻取钦察、阿速诸部及斡罗思诸国。十一年（1239），攻陷阿速都城篾怯思。次年，以父病，奉诏先行东还蒙古。其间，窝阔台汗八年（1236），受赐大名六万八千五百九十三户为食邑。太宗皇后脱列哥那称制五年（1246），在皇后力主下即汗位于汪吉宿灭秃里。即位初，朝政犹出于六皇后（脱列哥那）。是年，于皇后死后，纠原有弊政，杀皇后宠信之西域商人奥都剌合蛮，起用牙老瓦赤掌中原财赋，复以镇海为中书右丞相，派察罕进攻江淮，命野里知吉带西征。素与钦察汗拔都不睦，贵由汗二年（1247）秋，以养病为由，领兵西行，欲图拔都。翌年三月，至横相乙儿病卒。在位期间因黄金家族内部争权矛盾，军事活动进展不及前朝，太祖、太宗朝所行之政趋衰。元世祖至元三年（1266），追谥简平皇帝。

【贵英】 见"长昂"。（69 页）

【贵明】 见"博明"。（523 页）

【贵哥】 见"萧贵哥"。（484 页）

【思柏】 清代满族女诗人。雍正时，兵部侍郎永寿妻，诰封一品夫人。著《合存诗稿》。

【思温】 见"萧思温"。（485 页）

【思可法】（1285—1370） 又作思可发。元代云南西部地方政权"麓川王国"首领。原名刹远。傣族。其地原为勐卯部，元初建麓川路。后至元六年（1340），麓川路军民总管府总管罕静法卒，无嗣，被迎立为勐卯主，建城于蛮海。即位后称思可法，"思"傣语意为"白虎"，"可"意为"获"，"法"意为"王"，以其曾擒获白虎，故名。在位四年，迁居者阑（勐卯南），为麓川统治中心。势强，乘元朝统治削弱之机，兼并同邻地区，声名大振。至正二年（1342）、六年、七年，元顺帝先后遣云南行省参知政事不老、云南行省平章政事亦秃浑等讨伐或遣使招谕，均告失败。元遂招降麓川统属下之诸土司，以孤立之。因惧元朝大军讨伐，至正十五年（1355），遣子满散（又作莽三）入朝贡方物，受元封麓川平缅宣慰使司宣慰使。进而吞并邻近三十六路、四十八甸，攻占远干（镇源）、威远（景谷）二府。在所兼并地区废土官，派亲信及有功将去治理，按等级分子大小不同的"采邑"，作为世袭领地。麓川在其治理下，政治、经济，文化有较大发展。明洪武三年（1370）卒，一说卒于洪武二年。

【思机法】(？—1454) 又作思机发。明代云南麓川（治今瑞丽）傣族首领。云南麓川平缅军民宣慰使*思任法子。正统七年（1442），父为明军所败，走缅甸，被缅甸宣慰卜剌浪囚，困窘，向明朝请罪。后又图恢复，据者阑坚守，为兵部尚书王骥等所破，守孟养。十一年（1446），父被杀后，屡乞降，入贡，获赦。十二年，复拒招降。十三年，王骥率官军土军十三万征麓川，十月，兵抵金沙江，机法于西岸立栅以待，两军大战于鬼哭山及芒崖山等地，死伤惨重，退走缅甸，为宣慰卜剌浪所执，后放回孟养。景泰五年（1454），缅求索土地，明左参将胡志谕以银夏等处地方与之，缅乃送机法及妻孥等至金沙江村，被押送京师处死。

【思伦法】(？—1399) 又作思伦发。明代云南麓川（治今瑞丽）傣族首领。元末云南平缅宣慰使*思可法孙。洪武十四年（1381），其弟麓川主思瓦法统兵入侵南甸，其部属达鲁方等遂拥立其为主。十五年，明军入云南，进取大理、金齿，惧，遂降。明置平缅宣慰使司，以其为宣慰使。十七年（1384）八月，遣刀令孟贡方物，并献元朝所授宣慰使司印，改授平缅军民宣慰使，赐朝服、冠带等。寻改麓川平缅军民宣慰使，兼辖元之麓川、平缅两路之地。势盛，兼并孟定、威远、镇康、湾甸、孟养、大侯、孟琏、潞江、干崖、芒市各土司区。其势力东达车里，远及八百媳妇国，除车里、元江、景东各有其主外，所有傣族区几被兼并。十八年，率众攻景东，败明都督冯诚军，击杀千户王升，景东土知府俄陶亦败退白崖川（弥渡）。二十一年（1388），进攻马龙、他郎甸之摩沙勒，兵败。继悉举其众号称三十万，战象百余只，攻定边（今南涧），复大败。次年，遣使请降，贡象、马、银、方物谢罪，并交出主谋刀斯郎等一百三十七人。自是，三年一贡。于辖地设置"叨孟"，总管政务，兼管军民，并设万长、千长、百长、拾长等官职，形成强大统治机构。二十七年（1394），亲入朝贡马、象、方物。二十八年，率兵南扰缅甸。三十年（1397），经明使李思聪调解，罢兵。旋发生内讧，为刀干孟所逐，走云南。后至南京求援，明派兵擒刀干孟。后返回麓川。因内讧，势渐衰。

【思任法】(？—1446) 又作思任发。明代云南麓川（治今瑞丽）傣族首领。*思伦法子。永乐十一年（1413），代兄*思行法任云南麓川平缅军民宣慰使司宣慰使。初，与明保持密切关系，屡遣使入贡以示好。同时不断扩张辖地，兼并各部，先后攻占孟定、湾甸、干崖、南甸、腾冲、潞江及金齿等地，杀掠民众，焚毁甸寨。并沿江造船欲取云龙，杀瓦甸、顺江、江东等处守军。屡拒朝廷劝谕。明以定西伯蒋贵为总兵官，行在兵部尚书王骥总督军务，率南京、湖广、四川、贵州等地军十五万进军麓川，发生"三征麓川"之役。正统六年（1441）夏，派兵三万，象八十头，占大侯州（云县），夺威远、景东，同时派人请降。后于驻地上江（陇川江东岸）遭明军三路夹击，大败。先后退守杉木笼、马鞍山。列象为阵拒击明军，复败。七年，奔孟养，为木邦所击，复走缅甸，为宣慰卜剌浪因于阿瓦。八年，明屡索，缅不予，并以水师迎战，声言割麓川给木邦，割孟养、戛里给缅甸，始交付。其子思机法以精兵坚守者阑，继退守蛮莫。明责成云南总兵官沐昂再向缅甸索取思任法，许诺将孟养等地划给。十一年（1446），与妻孥等三十二人被缅甸献于明，于途中不食，垂死，被明云南千户王政所杀。

【思行法】(？—1416) 明代云南麓川（治今瑞丽）傣族首领。麓川平缅军民宣慰使*思伦法之子。永乐二年（1404），袭父职，迁居景冷。同年，明朝遣内官张勤颁赐麓川。麓川遣人进贡，朝廷赐之钞币。行法头目刀门赖诉孟养、木邦数侵其地。五年、六年、七年、九年，相继遣使贡献，并获厚赐，与明往还密切。十一年（1413），请以弟思任法代职，获允。

【思陆法】 见"思禄法"。（401页）

【思的克】 亦译色迪克、司迪克、色的克、萨德克等。清代新疆塔什密里克（今疏附南）阿奇木伯克。布鲁特（今柯尔克孜族）人。同治三年（1864）夏，乘库车农民起义之机，举兵逐喀什噶尔白山派首领托合提马木提，宣布承认起义首领热西丁和卓为可汗，被委为喀什噶尔（今喀什）阿奇木伯克。因遭喀什噶尔的浩罕商人及部分伯克的反对，遣金相印至浩罕迎布素鲁克和卓进喀什噶尔。后受阿古柏掣肘，被迫走英吉沙尔。复集合队伍，企图反击，被阿古柏击败，逃往塔什干。

【思禄法】 又作思禄、思陆、思陆发。明云南麓川（治今瑞丽）傣族首领。*思机法幼子（一作*思任法子）。正统十三年（1448），明兵部尚书靖远伯王骥等第三次征麓川，随父拒守金沙江，与官军战于鬼哭山及芒崖山等地，死伤惨重，父等隐匿，遂被麓川部众拥立为主，据孟养，聚集部从，拟再建政权。时王骥军亦疲惫不堪，粮饷不济，死亡枕籍，急欲引还，乃与其缔约，任命其为孟养土目，承认对孟养的统治，并立石金沙江为界，上刻："石烂江枯，尔乃得渡"。

【思巴儿监藏】(？—1425) 即"灵赞善王"。明代藏传佛教名僧。藏族。生于四川甘孜州灵藏地，故《明史》又称"灵藏僧"。永乐四年（1406），遣使贡于明，受封灌顶国师。次年，加封"赞善王"。其兄朵甘卫都指挥使剌兀监藏卒，子南噶监藏年幼，由其暂领朵甘卫都指挥使职，不久受封。其家族均承袭赞善王封号。

【畏答儿】(？—1203) 又作忽亦勒答儿、愠里答儿、畏答而等。蒙古国开国功臣。忙兀氏人。原为忙兀部首领，依靠札只剌部札木合。"十三翼之战"后，因不满札木合的残暴，率众归附铁木真（成吉思汗），并折箭誓忠。铁木真嘉其诚，赐号"薛禅"（贤者），并互结"安答"（义兄弟）。随从参加统一蒙古各部战争，深受器重。其所辖忙兀部军在战争中屡承重任，充当主力军。宋嘉泰三年（1203），在合兰真沙陀之战中，与克烈部对阵，因诸将畏缩不前，自告奋勇，充任先锋，力克强敌，身受重伤，月余创发而死。开禧二年（1206），蒙古国建立时，追封为千户长，由子孙世袭，列为十大功臣之一。窝阔台汗八年（1236）分封时，念其功，赐其子忙哥泰安州二万户为食邑。

【骨咄禄】 见"颉跌利施可汗"。(528 页)

【骨力裴罗】 见"怀仁可汗"。(239 页)

【骨咄禄叶护】(？—742) 又作骨咄叶护。唐代后突厥贵族。开元二十九年(741)，攻杀后突厥左厢(左杀)判阙特勤所立之毗伽可汗子，继立其弟为汗。旋又杀之，自立为可汗。天宝元年(742)，为拔悉密阿史那施联合回纥、葛逻禄等部兵攻杀。

【临喜】 见"仆散揆"。(65 页)

【丿】

【拜延】(？—1282) 元朝将领。唐兀氏。河西人。千户火夺都子。父死，袭职。至元九年(1272)，授征行千户。十年，受命击宋师于成都，从攻嘉定，取卢、叙，攻重庆，数有战功。十二年(1275)，任东西两川蒙古汉军万户，率兵二千于涪州策应总帅汪田哥，败宋于青江，擒其都将十七人，夺军资，焚战舰。十三年，泸州复叛，受遣领兵趋泸州珍珠堡，败宋将王世昌，击合州援军，取泸州。助行院副使卜花围重庆，重庆降，授宣武将军、蒙古汉军总管。十九年(1282)，从总帅汪田哥入朝，升怀远大将军、管军万户。

【拜住】 ①(1296 或 1298—1323) 元朝大臣。蒙古札剌儿氏。成吉思汗十大功臣之一*木华黎后裔，中书右丞相*安童孙。至大二年(1309)，以世勋子孙袭为宿卫长。延祐二年(1315)，任太常礼仪院使。四年(1317)，进大司徒。熟知蒙古典故、太祖圣训，遵行之；好儒学，广延儒士谘访古今礼乐刑政、治乱得失，故深通汉族传统礼仪。七年(1320)，英宗即位，任中书平章政事。以徽政使失烈门擅权乱政，结党谋逆，受命擒诛之，进中书左丞相。屡谏英宗节制奢侈，陈治国安民之道，深受倚重。至治二年(1322)，请立宗仁卫以总漠北流民，给予赈恤，官赎被鬻为奴者，使流民得安。察右丞相铁木迭儿恃权擅政，广立朋党，鬻狱卖官，肆杀异己，遂屡谏英宗止之，使之不得肆行其奸。同年，进中书右丞相，辅英宗推行新政，召用贤良，罢黜冗官，减免税役，颁行《大元通制》，其改革引起蒙古守旧贵族的反对。三年(1323)，以铁木迭儿生前罪恶日彰，奏请夺其官爵制书，毁其碑，并根究其党，引起其党铁失等的恐惧和不满。同年八月，随英宗自上都(今内蒙古正蓝旗东闪电河北岸)南还，至南坡，与英宗同遭铁失等杀害。泰定初，以功追封东平王。 ②见"萧拜住"。(485 页) ③见"贝住"。(64 页)

【拜降】 元朝大臣。钦察人。忽都子。通蒙古语。初从平章阿塔海于扬州，为奏差官，每年数赴京奏事，深得忽必烈赏识。至元二十二年(1285)，授金坛尹，后迁江浙行省理问官、江西行省都镇抚。二十七年(1290)，从丞相忙兀台平定瑶僚。二十九年(1292)，迁庆元路治中。大德元年(1297)，调浙东廉访副使。任内，曾亲赴行省，力请拨粟赈灾。谨守职任，惩奸平冤，整治豪强、贪贿。由太傅哈剌哈孙举荐，升工部侍郎，条陈江南弊政数百款，均被采纳。十一年(1307)，迁上书。至大二年(1309)，授资国院使。三年，奉使江南，卒于途，年六十一岁。一说延祐二年(1315)卒。追赠江浙行省左丞，封顺阳郡侯，谥贞惠。

【拜牙即】 明哈密忠顺王。蒙古贵族。忠顺王*陕巴子。弘治十八年(1505)，父卒，袭封忠顺王。屡遣使至京朝贡。在位期间，昏庸不道，常疑部属欲害己。正德八年(1513)，弃城投附吐鲁番，居满速儿速檀弟把巴尔营。哈密为吐鲁番火者他只丁占据。十年(1515)，遣使向明朝贡奏事。后不知所终。

【拜音图】 清初将领。满族。巴雅喇第三子。后金天聪八年(1634)，授三等子爵。随阿济格迎察哈尔来降之土巴济农。九年底，授镶黄旗固山额真。清崇德元年(1636)，随阿济格征明，略保定府，克安肃县。继从征朝鲜。三年，随多尔衮征明，与图尔格败明军于董家口，毁边墙入，克青山关下城。六年，以庇护弟巩阿岱临阵退缩，革职罢固山额真。寻从多尔衮攻锦州，与多铎围松山。七年，复固山额真。顺治二年(1645)，从多铎西征，败刘方亮于潼关。封一等镇国将军。又南征克扬州，下杭州。三年，授三等公。随多铎败喀尔喀部兵，晋封镇国公。五年(1648)，晋封固山贝子。随阿济格戍大同。六年，攻叛将姜瓖余党，拔沁州，破攘将胡国鼎于潞安，晋封多罗贝勒。九年，以弟巩阿岱党附多尔衮，受牵连削爵、幽禁、黜宗室。死后，嘉庆四年(1799)，命复宗室，赐红带。

【拜济瑚】 清代卫拉特蒙古土尔扈特部贵族。*阿玉奇汗子，*沙克都尔扎布曾孙。清乾隆三十六年(1771)，率所属 600 余户约 2000 人随渥巴锡东返祖邦，封辅国公，辖南路土尔扈特右翼旗务，赐札萨克印。

【拜巴噶斯】(？—1640) 明末卫拉特蒙古和硕特部首领。卫拉特汗博贝密尔咱孙，哈尼诺颜洪果尔子。16 世纪末至 17 世纪前期为卫拉特"丘尔干"(会盟)盟主，兵力雄厚，拥有一万六千人之卫队，被公认是宗教和政务上颇有权威及影响的首领。明万历十五年(1587)，率卫拉特联军击退喀尔喀蒙古乌巴什洪台吉的进犯。四十四年(1616)左右，将义子咱雅班第达送往西藏当贵族喇嘛，为最早在卫拉特地区推行黄教者之一。

【拜音达里】(？—1698) 清朝蒙古将领。乌鲁特部人。和济格尔子。初袭任二等甲喇章京。圣祖初，连任参领、宣化总兵官。康熙十三年(1674)，以耿精忠反，被委为随征福建总兵官。后受命增援广东，驻守广州。十五年(1676)，尚之信叛，遂督所部斩关突围，会大军于赣州。以忠勇有功，进一等。十九年(1680)，授驻防广州副都统。二十七年，升广州将军。

【拜桑固尔】 见"狼台吉"。(460 页)

【拜斯噶勒】(？—1657) 清初将领。蒙古族。科尔沁部人。博尔济吉特氏。札萨克图郡王布达齐长子。

初授一等台吉。天聪五年(1631)，从攻明大凌河。九年，从收察哈尔部众。崇德元年(1636)，赐号卓哩克图。三年(1638)，从征明，下山东。六年(1641)，随睿亲王多尔衮围锦州，败明总兵洪承畴援兵。顺治二年(1645)，袭札萨克多罗札萨克图郡王。三年，随豫亲王多铎攻苏尼特部腾机思。十四年卒。

【拜延八都鲁】 蒙古国将领。札剌儿氏。初事成吉思汗，赐名"八都鲁"(勇士)。窝阔台汗七年(1235)，领札剌儿军一千六百人，与塔海绀卜同伐宋，出秦巩，入蜀，有战功。蒙哥汗三年(1253)，与总帅汪德臣创立利州城。次年，破宋军于紫金山，拔鹿角寨。七年(1257)，从都元帅纽璘围取云顶山，继留镇成都，降诸属县，以功赐金五十两。中统二年(1261)，授蒙古奥鲁官。至元六年(1269)，以老告休，以孙兀浑察代领其军。

【拜迭力迷失】 明代哈密哈剌灰首领。勇悍机警。初为千户，与平章革失帖木儿及舍人迭力迷失力管辖哈剌灰迁居苦峪之哈剌灰("瓦剌种类"，一说系回回化的蒙古人)部众。弘治七年(1494)，升指挥佥事，与都督同知奄克孛剌、回回都督佥事写亦虎仙分领畏兀儿、回回、哈剌灰人，共辅哈密王。常遣使入贡，其部属屡受封爵。八年，率众赴把思阔(巴里坤)，和瓦剌小列秃王配合，共击吐鲁番。

【种敦巴】 见"仲敦巴"。(149页)

【科赛】 见"火筛"。(83页)

【钟全】 宋末畲族起义领袖。理宗宝庆元年(1225)，响应活动于闽、粤、赣等地的赣州汉族首领陈三枪起义军，利用有利地势，采取灵活战术，痛击宋朝官军。端平元年(1234)，因陈三枪遇害，起义失败。

【钟明亮】 元初畲民起义领袖。循州(今广东龙川西)人。至元二十五年(1288)，率众万余人起义，称大老，攻漳浦等地。二十六年正月，攻赣州、宁都，据秀岭，被讨，五月降元。同年闰十月复反，以众万人攻梅州，漳、韶、雄等州二十余处皆举兵响应，声势浩大。元朝被迫在一年内三次下令减免田租，又遣月的迷失等前往镇压。次年二月又降，五月再反，率众攻赣州，后病死。

【钟金哈屯】 见"三娘子"。(11页)

【钟都赉卫征诺延】 见"庄秃赖"。(167页)

【钦德】(?—907) 唐代契丹遥辇氏部落联盟末代首领，称"痕德堇可汗"。约于僖宗光启元年(885)后执政。凭借契丹逐渐强大的军事力量，乘中原藩镇之乱，逐渐蚕食周邻鞑靼、奚、室韦等部落，南下攻掠幽、蓟等地。天复三年(903)十一月，牧地被唐幽州节度使刘仁恭焚烧，被迫向唐献马请盟。旋背盟南下，遣阿钵(耶律阿保机妻兄)将万骑攻渝关(今河北抚宁西)。天祐三年十二月(907年初)卒。翌年正月阿保机称帝。至此，自730年始，长达一个半世纪，历经九世的遥辇氏部落联盟时代宣告结束，为耶律氏建立的国家所取代，契丹族步入历史新时期。

【钦泽旺波】(1802—1892) 清代藏传佛教宁玛派僧人。藏族。道光二十年(1840)，周游卫藏，寻访圣迹，将见闻撰成《卫藏道场圣迹志》(简称《地方志》)。内载卫藏地区路线、地名、山名、水名、寺庙名，并将各地或寺院间路程逐一标明。记述各寺历史、文物及有关人物。行文简朴，是一部纪实性寺院史及历史地理名著。全书木刻版40页。有意大利费拉丽英译本，陶玛斯附有详注。1985年出版汉译本，载《藏文史料译文集》。

【钦顺皇帝】 见"耶律李胡"。(313页)

【钦哀皇后】 见"萧耨斤"。(487页)

【钦爱皇后】 见"萧耨斤"。(487页)

【钦波仁钦桑波】 明代西藏聂哇溪卡早期首领、军事将领。藏族。15世纪人。曾任帕竹大司徒官吏，知兵法，善治军，应帕竹司徒之求出任帕竹诸军统帅，一举击败萨迦本钦桑哇。后任冈波镇盖尔溪卡堡主管，在恰萨建盖尔船只渡口。

【钮楞额】 清朝将领。达斡尔郭贝尔氏。幼时宿卫禁廷。光绪十五年(1889)，擢正黄旗副都统。十七年(1891)，为盛京副都统。二十四年(1898)，调护军统领。

【复株累若鞮单于】(?—公元前20年) 西汉时匈奴单于。挛鞮氏。名雕陶莫皋。*呼韩邪单于之子。成帝建始二年(公元前31年)，父死，嗣立。承父志，与汉保持和好。依匈奴俗，复以王昭君为阏氏(单于妻)。因慕汉帝常谥号"孝"，遂于单于称号上冠以"若鞮"(匈奴语意为"孝"字样。遣子右卢儿王醯谐屠奴侯入侍汉。河平元年(公元前28年)，复遣右皋林王伊邪莫演至汉奉献。四年(公元前25年)，亲自朝汉，受礼遇，由汉使班伯持节迎于塞下，由中郎将王舜护送至京，受厚赐，二月北归。

【香妃】 见"容妃"。(472页)

【笃哇】(?—1306) 又作笃娃、都哇、都瓦、都阿、朵瓦、朵哇等。察合台汗国汗。蒙古孛儿只斤氏。*八刺子。约元世祖至元十年底(1274年初，一说九年)，在窝阔台孙海都扶持下即汗位，联军扰天山南北各地，并进犯畏兀儿地区。十二年(1275)，被元廷追收原所赐八刺之金银符。后连年与元军争战，终世祖一朝未息。同时与伊儿汗国敌对，于成宗元贞元年(1295)入犯呼罗珊。大德二年(1298)，乘元军失备，大败元军，俘驸马阔里吉思。五年(1301)，与海都纠合诸王四十人联兵进犯哈剌和林(今蒙古哈尔和林)，为元将败于兀儿秃，中流矢，负伤西走。海都死后，扶持海都子察八儿嗣位。七年(1303)，遣使"请命罢兵，通一家之好"，西北之乱始平。后与察八儿失和，屡相攻战。十年(1306)，遣使入朝，请与元军共图察八儿，使察八儿两面受敌，被迫归附。尽收海都生前所占察合台封地之土地。

【笃婆钵提】 又作笃娑钵提。唐代西域康国王。月氏人。王族温姓。万岁通天年间(696)，武则天封其为康国王，拜左骁卫大将军。

【笃来帖木儿】(?—1331) 察合台汗国汗。蒙古孛儿只斤氏。*笃哇子，*怯伯弟。至顺元年(1330)，嗣汗位。与钦察汗月即别、伊儿汗不赛因各进本藩地图。同年，元政府颁布《经世大典》，附图称察合台汗国为笃来帖木儿位下，与钦察汗国、伊儿汗国并列。卒，弟答儿麻失里继汗位。

【适鲁】 见"耶律室鲁"。（317页）

【重元】 见"耶律重元"。（316页）

【重喜】 元朝将领。蒙古散只兀氏。万户脱察剌子。初随军攻宋，蒙哥汗九年（1259），战洋隘口，勇夺战船，受忽必烈嘉奖。中统初，袭父职。三年（1262），从征李璮。次年，镇守莒州。至元二年（1265），受命筑十字路城以备御。四年（1267），从抄不花征泗州北古城，援救被围之蔡千户。十年（1273），修正阳城，次年，退宋军。十二年（1275），随博罗欢破涟海诸城，大败宋将李提辖，屯瓜洲。十三年，从阿术追执宋制置使李庭芝与扬州都统姜才于泰州。次年，拜昭勇大将军、婺州路总管府达鲁花赤。不久卒于军。

【修甫】 见"长令"。（68页）

【保八】 又作宝巴。元朝官员，文士。字公孟，号普庵。蒙古人（一说色目人）。居洛阳。少好学，精易理，著有《易原奥义》一卷、《周易原旨》六卷、《周易尚占》二卷，爱育黎拔力八达（仁宗）为东宫太子时，任大中大夫，曾以此书进，受太子嘉纳。累官黄州路总管。

【保只】 见"卜赤"。（3页）

【保宁】（？—1808） 清朝大臣。蒙古正白旗人。图伯特氏。靖逆将军纳穆札尔子。初由亲军袭爵，授乾清门侍卫。从征金川，力战，迭克要隘，擢陕西兴汉镇总兵。后调河南南阳镇、直隶乌兰镇，兼总管内务府大臣。又擢江南提督。乾隆四十九年（1784），授成都将军。率兵镇压甘肃石峰堡回民。五十一年（1786），授四川总督。五十二年，调伊犁将军，兼内大臣，筹备仓储。五十五年（1790），赴四川暂署总督事。五十六年，加太子少保，授御前大臣。六十年（1795），授吏部尚书，兼镶黄旗汉军都统，旋出为伊犁将军。嘉庆二年（1797），任协办大学士，寻拜武英殿大学士，加太子太保。七年（1802），授领侍卫内大臣，管理兵部，兼管三库。十一年（1806），以疾请休。

【保义可汗】（？—821） 唐代回鹘汗国第九代可汗。跌跌氏。怀信可汗骨咄禄庶长子。天亲可汗时，率军抗击东犯之黠戛斯，获胜。贞元七年（791），西讨吐蕃，收复北庭，解龟兹之围，进军至珍珠河，乘胜大败葛逻禄、突骑施，拓境至拔汗那（费尔干纳）。元和三年（808）继位，唐宪宗遣宗正少卿李孝诚册拜其为爱登里罗汨密毗伽可汗，又作登啰汨密施合毗伽保义可汗。六年（811），遣使伊难珠赴唐求和亲，未成，怀怨，率三千骑至唐边地相胁。十五年（820），遣使合达干再求和亲，穆宗初立，允其请。次年病卒。

【俄陶】（？—1397） 明代云南景东傣族首领。洪武（1368—1398）间，明军至楚雄，纳款。大理平，受招谕，至楚雄献铠仗、马匹及元所授牌印。明置景东府，以其为知府。洪武十八年（1385），遣弟阿（俄）你奉表贡方物。是年，以麓川宣慰使思伦法率众攻景东之都吉寨，领千百夫长等二万余人御之，不敌，率民千余户避于大理府白崖川。景东屏大理、楚雄，明为稳定附近元江、景谷等地土司和嘉奖其对明忠诚，赐以白金文绮。二十三年（1390），明军击退麓川思伦法，复景东地，建景东卫，以锦衣卫金事胡常守卫所，陶仍为土知府。卒，子陶干嗣。有明一代，凡边陲有警，景东必调兵以御，故被推崇为"土司中最称恭顺者"。

【俄柴儿王】 见"斡匝儿汗"。（575页）

【俄·罗丹喜饶】（1059—1109） 通称小俄译师。宋代藏传佛教噶当派僧人。吐蕃人。俄·雷必喜饶弟却交子。自幼从伯父学经，又从普穹哇·楚臣喜饶等名师学得许多教法，学识丰富，甚得伯父喜爱。十七岁，立志赴克什米尔求学，同热、年译师等结伴前往。恰遇古格（今西藏阿里地区札达县）王孜德在托顶寺（即托林寺）举行"丙辰法会"（即火龙年法会），应邀赴会。得古格王子旺秋德应允，资助其到克什米尔拜访名师。在克什米尔从班智达萨加那、拔益西多等六人学经。并在班智达嘎丹嘉波协助下，完成古格王子的嘱托，译成《量庄严论》。精研佛门经论十七年，于宋元祐八年（1093）返藏。继从班智达绷察松巴、苏玛谛积底等名师学经，其间复去尼泊尔从师学习密法。后专心从事译经，对旧译本多有订正。西藏大藏经中由他译出的经论达四十余部。后在拉萨、桑耶等地讲经传法，前后有两万三千多僧众听讲。其门徒众多，亦颇有所成，其中，能充当副讲，讲授《量庄严论》、《量决定论疏》的有五十五人，讲说《量决定论》的有二百八十人，讲说经论教法的约有一千八百人，讲经说法者约两千一百三十人。他写过一些经论注疏，并多次讲授《量决定论》、《中观论》、《慈氏五论》等多种佛教典籍。

【俄·雷必喜饶】 宋代藏传佛教噶当派大师。11世纪吐蕃人。相传是吐蕃王朝赞普赤松德赞的大臣俄钦波的后人。密乘宁玛派格西多杰勋奴子。幼年从征·耶协云丹出家。曾赴康区师事赛尊，从学经论，获许多教法。宋庆历五年（1045），返前藏。后在拉萨附近建扎纳寺，讲经授法传徒。后拜阿底峡为师，学习经论等佛门典籍，听受教法。性情和善，同辈中人缘颇好。为讲经授法，恭请阿底峡与巴曹译师在拉萨共同翻译《中观心论注》，复请阿底峡著《中观教授论》。熙宁六年（1073），建内邬托寺，后又称桑浦寺。曾赴热振寺，从仲教学法。因翻译和修订多种有关因明的书，享译师之号。

【信先】 见"耶律信先"。（317页）

【信苴义】 见"段义"。（406页）

【信苴日】 见"段实"。（407页）

【信苴正】 见"段正"。（406页）

【信苴功】 见"段功"。（406页）

【信苴光】 见"段光"。（406页）

【信苴庆】 见"段庆"。（407页）

【信苴明】 见"段明"。(407页)
【信苴忠】 见"段忠"。(407页)
【信苴宝】 见"段宝"。(407页)
【信苴俊】 见"段俊"。(407页)
【信苴隆】 见"段隆"。(407页)
【信苴福】 见"段福"。(407页)

【侯景】(503—552) 东魏、南梁将领。字万景。怀朔镇(今内蒙古包头东北)人。一说为羯胡。骁勇善骑射。由北镇戍兵渐升为镇功曹史。后随尔朱荣弹压六镇义军,擒葛荣,擢定州刺史、大行台,封濮阳郡公。永熙元年(532),尔朱氏败后,继归高欢。任魏司徒、河南道大行台,拥兵十万,专制河南。东魏武定五年(547),恐为欢子澄所害,先以河南十三州降西魏,后附南梁,受封河南王,任大将军、都督河南北诸军事、大行台。继为东魏慕容绍宗所败,损兵四万,渡淮而南,据寿阳,加封南豫州刺史。太清二年(548),密结梁宗室萧正德等举兵叛变,攻建康(今南京)。次年,占台城皇宫,自为都督中外诸军事、大丞相、录尚书事。五月,梁武帝死,立萧纲。大宝元年(550),自称宇宙大将军、都督六合诸军事。分兵破广陵、吴郡、吴兴、会稽等,纵兵杀掠,继陷郢州,围巴陵,为王僧辩等击退。二年(551)八月,废简文帝纲,改立豫章王萧栋。十一月,又废萧栋,自立为帝。国号汉,改元太始。次年三月,被梁将陈霸先、王僧辩等击败,东逃,为部下羊鹍所杀。

【侯大苟】(?—1465) 明正统、成化年间广西瑶族起义军杰出领袖。广西桂平县罗渌洞田头村人。瑶族。家贫,原以烧炭、帮工及打猎为生,为人持正不阿,具有强烈反抗精神,在瑶族中颇孚众望。因不堪忍受官僚土豪肆意强索,于正统七年(1442),与蓝受贰等以石门为据点,发动武装起义,后因蓝受贰等被诱杀,起义受挫。十年(1445),在大藤峡掀起规模更大的起义,率义军攻陷重兵镇守的两广总督衙门梧州城,声威大震,附近各县壮、汉农民纷纷响应,拥众一万余人,有步兵、骑兵、水兵三军,控制黔江水陆两路,深入至两广交界的高州、廉州、雷州等广大地区,所到之处,毁衙署,杀贪官,开仓济贫,深受群众拥护。天顺七年(1463)十一月,率七百精兵再次袭击梧州城,杀训导任璲,擒按察司副使,缴获大量武器。明英宗朱祁镇虽悬千金重赏缉拿,终未得逞。成化元年(1465),明宪宗朱见深特命浙江参政左金都御使韩雍、都督征夷大将军赵辅等率北京、南京、江西、湖广官军十六万前往征讨。率义军退守大藤峡。由于四面受敌,被迫退至九层楼山,依险筑垒,用巨石、滚木、标枪、毒弩等作武器,与官军鏖战数月之久,终因众寡悬殊,起义遭到血腥镇压,被捕壮烈牺牲。

【侯公丁】(?—1539) 明广西大藤峡瑶民起义首领。广西桂平人。瑶族。嘉靖十七年(1538),武靖州土目黄贵、韦香为侵占瑶民田庐,勾结指挥潘翰臣,诱杀其兄胜海。积愤,聚众起义,据大藤峡弩滩,与官军抗衡。金事邹阅、参议孙继武率官军千余人,从水路进击弩滩,他率众二千余人,夜袭官军营堡,杀戍兵二百余人,重据大藤峡。邹阅、孙继武因兵败革职。副使翁万达、御史邹尧臣及田汝成合谋,遣百户许雄入大藤峡弩滩劝降,谎称"公丁本良瑶,为仇家所诬,当为白之"。中计,被诱至城中,遇害。

【侯尼支】 北魏时勿吉族人。孝文帝太和九年(485),奉命朝魏。翌年,复入贡。

【侯郑昂】(?—1467) 明代广西瑶族农民起义首领。广西桂平人。瑶族。曾参与*侯大苟领导的大藤峡瑶族人民大起义。成化元年(1465),侯大苟牺牲后,与王牛儿等聚集残部,坚持斗争。翌年十月,率义军七百余人架梯夜袭浔州府城,焚毁城楼、军营,杀贪官污吏,夺百户所印三颗。为此,镇压大藤峡起义的浙江参政左金都御使韩雍、赵辅等受到明宪宗朱见深严斥。三年(1467),率义军攻陷容县县城,杀该官伍思聪,擒典史谭安、巡抚谢秀坚等。继挥师藤县、北流、博白等地。后遭韩雍所遣参将孙震、指挥张英镇压,在博白县鸡冠山与官军激战中壮烈牺牲。

【侯莫陈相】(489—571) 北齐大臣。鲜卑侯莫陈氏。代郡人。北魏第一领民酋长伏颓孙,朔州刺史斛古提子。七岁丧父,号慕过人。及长,从高欢起义。太昌元年(532),以韩陵战功,封阳平县伯,后改封白水郡公。历任蔚州刺史、大行台,节度西道诸军事,迁车骑将军、显州刺史,改太仆卿、汾州刺史。别封安次县男及始平县公。北齐天保(550—560)初,任太师。五年(554),转司空公,晋爵白水王。十年(559),迁大将军。后拜太尉公,兼瀛州刺史。历太保、朔州刺史。天统二年(566),为太傅。次年,为太宰。别封义宁郡公。武平二年(571),卒于州。追赠右丞相、太宰、太尉、都督、朔州刺史。

【侯莫陈悦】(?—534) 北魏大臣。鲜卑侯莫陈氏。代郡人。都尉婆罗门子。生长于河西。及河西牧子起事,归附尔朱荣,为参军,迁大都督。孝庄帝(528—530)初,任征西将军,封柏人县开国侯。后为尔朱天光右厢大都督,进讨文西,镇压万俟丑奴等义军,任豳州刺史。建明元年(530),授车骑大将军、渭州刺史。封白水郡公。普泰(531—532)中,任秦州刺史。后与贺拔岳赴雍州以应高欢。永熙(532—534)初,加都督陇右诸军事。三年(534)正月,应岳邀共讨灵州刺史曹泥,暗结高欢右丞翟嵩诱杀岳。四月,为宇文泰军所逼,奔灵州依曹泥,途中被原州都督贺拔颖追杀。

【侯莫陈崇】(?—563) 西魏、北周大臣。字尚乐。鲜卑侯莫陈氏。代郡武川(今内蒙古武川西南)人。殿中将军侯莫陈兴子。骁勇善射。年十五,随贺拔岳等弹压葛荣义军。又从元天穆平定邢杲起义,遂升为建威将军。北魏永安二年(529),从岳破元颢于洛阳,迁直寝。随岳入关,破赤水蜀,执万俟丑奴,封临泾县侯。永熙三年(534),岳为侯莫陈悦杀害后,与诸将谋迎宇文泰,灭悦,别封广武县伯。西魏大统元年(535),任泾州刺史,加散骑常侍、大都督、晋爵为公，累迁车骑大将军、骠骑大将军，改封彭城郡公。后从擒窦泰，复弘农，破沙苑，战河桥，平稽胡起事。十五年（549），进柱国大将军。恭帝三年（556），拜大司空。北周孝闵帝即位，晋封梁国公，加太保。历大宗伯、大司徒。保定三年（563），为宇文护所逼自尽。初谥躁，护伏诛后，改谥庄闵。

【俟斤】 见"木杆可汗"。（50页）

【俟力归】 北魏时勿吉族人。宣武帝景明四年（503），奉命朝魏，贡方物。自此迄于孝明帝正光（520—525）年间，贡使不断。

【顺治帝】 见"福临"。（572页）

【顺德讷】（？—1758） 清朝将领。黑龙江达斡尔人。乾隆十九年（1754），以甲兵从征卫拉特，因功擢侍卫。次年，迁头等侍卫。与俄疆吏斯喀比潭会于额尔齐斯河上，索要叛清的卫拉特蒙古辉特部首领阿睦尔撒纳，未果。晋秩副都统，率兵备边，防阿睦尔撒纳窜入。二十三年，授领队大臣，从靖逆将军雅尔哈善进讨大小和卓木，进至库车，守西门外，雅尔哈善不备，和卓木兄弟从西门出，沿北山口逃走。雅尔哈善委罪于顺德讷，被杀。

【段义】（？—1334？） 亦称信苴义。元代云南大理第八代总管。白族。今云南大理人。*段俊族弟（一作子）。元惠宗元统元年（1333）袭职，封承务郎、蒙化知州。因助元军镇压中庆路（治今昆明）阿容禾，升云南行省参政。卒，段隆子（一作段义子）段光继任大理总管。

【段世】 明初云南大理领主。白族。今云南大理人。一说为*段宝弟，*段明叔。另说为段宝子，段明兄弟。或说段宝卒后，继任平章，段明受明太祖封为宣慰使。洪武十四年（1381）秋，明将傅友德、蓝玉和沐英等奉命征云南，歼梁王军。蓝玉、沐英分兵趋大理，遣使招降。遂与段明致书傅友德，请依唐宋故事，奉正朔，定朝贡，以为外藩，欲继续割据大理，被拒绝，限期投降。同年十二月，段明卒，遂权领大理事。凭上关和下关之险，列兵五万扼守下关，对抗明军。十五年春，初挫沐英在下关的进攻。不久，遭明兵夹攻，大理兵败，与段明二子苴仁、苴义被明军所擒。十六年，被遣送明京师（今南京），因先世段宝曾上有降表，故获太祖赦免，苴仁赐名归仁，受永昌卫（治今甘肃永昌县，一作武昌卫）镇抚，苴义赐名为归义，受雁门卫镇抚。诸史籍对段明、段世之记载多相混杂，尚待考证。

【段功】（？—1364？） 亦称信苴功，《明史》作段得功。元代云南大理第十代总管。白族。今云南大理人。*段光弟。元惠宗至正四年（1344，一作五年，或作至治元年，即1321），袭任承务郎、蒙化知州。六年（《百夷传》作八年），奉命为前锋出征籠川路土官思可法。十二年（1352），升大理总管，旋升云南行省参政。二十三年（1363），应梁王请求，率兵击败万胜（明二）的红巾军，迫红巾军退出云南返重庆，自是威望大著于西南。受封云南平章，妻梁王女阿禧公主，留居中庆（今昆明）。翌年，返大理，旋至中庆，为梁王所忌，疑有"吞金马，咽碧鸡"（指吞并全云南）之心。梁王先密令阿禧以孔雀胆毒杀之，阿禧未从。最后被梁王以计诱杀于通济桥。自此梁王又失去段氏的支持。郭沫若所著历史剧《孔雀胆》即以此为题材。

【段正】（？—1316） 亦称信苴正。元代云南大理第五代总管。白族。今云南大理人。*段忠子，*段庆弟。元成宗大德十一年（1307），袭任大理总管、云南行省参政。同年招蒙化（今巍山）山中白民入籍。在职期间，元廷命云南驻军及当地土兵出征八百；武宗至大元年（1308），"沾益乌蒙地大震，三日并出"；元廷开科取士，每榜限云南取五人（蒙古二，色目二，汉一）。仁宗延祐三年卒，子段隆继任大理总管。

【段永】（502—569） 西魏、北周官员。鲜卑段氏。字永宾。先世辽西石城人。晋幽州刺史*段匹磾后裔。曾祖为北魏黄龙镇将，迁至高陆河阳（今陕西高陵）。魏正光（520—525）末，六镇起事，永携老幼避居中山，后赴洛阳。拜平东将军，封沃阳伯。讨平青州崔社客，晋爵为侯，授左光禄大夫。西魏大统（535—551）初，结宗人谋归西魏，袭斩西中郎将慕容显和，以功别封昌平县子，授北徐州刺史。从擒窦泰，复弘农，破沙苑，以功，晋爵为公。河桥之役，力战先登，授南汾州刺史。累迁骠骑大将军、开府仪同三司，赐姓尔绵氏。废帝元年（552），授恒州刺史。周闵帝元年（557），进广城郡公。历文、瓜二州刺史、工部中大夫、军司马。保定四年（564），拜大将军。历任内外，颇有声称。天和四年（569），授小司寇，迁右二军总管，率兵北道讲武。遇疾，卒于贺葛城。赠柱国大将军、同华等五州刺史，谥基。

【段兰】 又作郁兰。东晋鲜卑段部首领。出于东部鲜卑，世居辽西。*段辽弟（一作子）。受鲜卑拓跋部委为抚军将军、冀州刺史、勃海公。咸和九年（334），受兄命，与慕容翰共攻柳城，败慕容汗援军于中尾谷，因翰恐灭本国，力谏阻，独归，始罢。咸康二年（336），复率步骑数万屯柳城西回水（又作曲水），闻慕容皝援军至，遁归。四年（338），中伏击，大败。后投宇文部逸豆归。五年，兄死，嗣立。建元元年（343），被逸豆归执送于后赵石虎，获宥，受命领鲜卑五千人屯令支。约卒于永和六年（350）前，子段龛嗣立。

【段辽】（？—339） 《北史》、《魏书》作护辽。东晋鲜卑段部首领。出于东部鲜卑，世居辽西。*疾陆眷孙。晋太宁三年（325），以首领段牙欲徙都为罪，率族人攻杀牙，自立。咸和六年（331），受晋封为骠骑将军。同期，被鲜卑拓跋部委为骠骑大将军、幽州刺史、大单于、北平公。九年（334），遣军攻慕容皝。咸康二年（336），复与宇文逸豆归会攻皝，兵败。四年（338），为皝及后赵石虎联军所败，弃令支，奔密云山。遣使诈降，并密约皝伏击后赵军，部众遂为皝所有。次年，举兵反，事败，被杀。

【段玑】（？—401） 十六国时期后燕大臣。鲜卑段氏。官前将军，封思悔侯。以国君慕容盛务峻刑威，多所猜忌，宗亲勋旧人不自保，于晋隆安五年（401），与秦兴、段泰等乘众心动摇举兵，杀慕容盛。不久，慕容熙即位，以叛逆罪被执杀，夷三族。

【段光】（？—1344）亦称信苴光。元代云南大理第九代总管。白族。今云南大理人。*段隆子（一作*段义子）。惠宗至元元年（1335），继任大理总管（一作元统元年，即1333年袭职）。败"番兵"于河尾关（今下关），自赋《凯旋诗》记其事。因与梁王争地成仇，遣张希矫、杨生、张连等率兵攻梁王，兵败。至正三年（1343），遭梁王攻击，遂亲自督兵大败梁王于昆弥山（在今凤仪南），割据大理（有的史书称至大二年，即1309年，段光与蒙古云南王老的发生战争）。至正四年（1344）卒，弟段功袭职。一作至元四年（1338）卒。

【段庆】（？—1307?）亦称信苴庆、段阿庆。元代云南大理第四代总管。白族。今云南大理人。*段实子（一作*段忠子）。至元十八年（1281），随父入觐世祖，被留宿卫东宫。二十一年（1284），继任大理总管（一作元成宗大德四年即1300年袭职）。大德三年（1299），奉敕征交趾（在今越南）。后受封为镇国上将军、大理金齿等处宣慰使都元帅，佩金虎符。尚元公主。十一年（1307），封云南行省参政。不久卒，弟段正继任总管。

【段辰】 见"涉复辰"。（469页）

【段明】（？—1381?）亦称信苴明。明初云南大理第十二代总管。白族。今云南大理人。*段宝子。洪武十四年（1381）春，父卒，袭职。受明封为宣慰使。秋，明将傅友德、蓝玉、沐英等率兵出征云南，歼梁王军，遂两次致书傅友德，请明军班师，止征大理，愿奉明正朔，佩华篆，比年一小贡，三年一大贡，欲继续割据大理，被拒绝。同年十二月卒，叔段世继领大理。一说明军攻破大理被俘。

【段忠】（？—约1283）亦称信苴忠。元代云南大理第三代总管。白族。今云南大理人。*段实弟（一作子）。至元十九年（1282），段实奉命出迎征缅军，卒于金齿（今保山），遂奉诏任大理宣慰使兼管军民万户府。随元帅阔木伐西林，破会川（今会理），通鄯阐（今昆明），平休林、武定、缅甸之役皆有功。二十年十二月卒，段实子段庆继任大理总管。一说卒于元成宗大德三年（1299）。

【段实】（？—1282）亦称信苴日，或作段日、信苴实。元代云南大理第二代总管。白族。今云南大理人。*段兴智弟（或作子）。宋理宗景定二年（元世祖中统二年，1261），北上入觐世祖，获赐虎符，奉诏领大理、鄯阐（今昆明）、威楚（今楚雄）、统矢（今姚安）、会川（今会理）、建昌（今西昌）、腾越（今腾冲）等城，自各万户以下，皆受节制。五年（元至元元年，1264），率兵镇压白族僧人舍利畏领导的威楚、统矢、鄯阐及三十七蛮部各族起义，先挫起义军于威楚，又败之于统矢。同年秋，奉诏与都元帅也先出击起义军，败舍利畏于安宁，夺义军据点鄯阐、威楚、新兴（今玉溪）、石城（今曲靖）等重镇，平三十七部。至元三年，入觐元世祖，获赐金银、衣服、鞍勒、兵器。十一年（1274），元廷以赛典赤为云南行省平章政事，段氏虽为大理总管，但权限已被缩小。同年，遣石买等化装为商人，混入起义军，刺死再次起义的舍利畏。十三年，奉云南行省调遣，与万户忽都领兵击退缅国对滇西的进攻，因功封为大理、蒙化等处宣抚使。十八年（1281），携子段庆入觐世祖，以忠勤，进大理威楚金齿等处宣慰使、都元帅。旋加封为云南诸路行中书省参知政事。十九年，奉诏与右丞拜答儿迎接云南征缅之师，途中，病卒于金齿（今保山地区）。一说卒于元成宗大德元年（1297）。史界或以他为大理第一代总管。

【段宝】（？—1381）亦称信苴宝。元末明初云南大理第十一代总管。白族。今云南大理人。*段功子。至正二十四年（1364），父被元梁王害死，翌年，为众所立，称平章（一说于明洪武元年、元至正二十八年，即1368年嗣职）。二十六年，遭梁王密使行刺，未遂。又遭梁王军队七次攻击，均未被攻破。在鹤庆府知事杨升调解下，息兵，以洱河金鸡庙为界，南属梁王，北属段氏。经梁王上奏，受元封为云南行省左丞。同年，拒绝梁王借兵反击入滇的红巾军。二十七年，梁王来使通好，双方关系趋缓和。洪武元年，率兵至鄯阐（今昆明）助梁王败红巾军首领舍兴，又败石多罗于海口，被梁王封为武定公。四年（1371），遣叔段贞奉表至明京（今南京），表示归顺，明廷嘉奖以书报之。十四年卒，子段明继职。

【段俊】（？—1332）亦称信苴俊。元代云南大理第七代总管。白族。今云南大理人。*段隆子。元文宗天历元年（1328），继任大理总管，受元廷封为云南行省平章，段平章之号始此。在职期间，蒙古在云南诸王及驻军互相征伐，内乱不已，各族民众驿输苦不可堪，乃至乌撒（今贵州威宁）部请转隶四川。至顺三年（1332）卒，族弟（一作子）段义继任大理总管。

【段龛】（？—357）东晋鲜卑段部首领。出于东部鲜卑，世居辽西。*段兰（一作郁兰）子。父卒，嗣立。率部南徙，东据广固（今山东益都县西北），自称齐王。晋永和七年（351），以青州内附，受晋封镇北将军、齐公。十一年（355），袭破前燕将荣国于郎山。继遭燕将慕容恪袭击，拒纳弟罴固守之策，杀罴。次年，兵败淄水，退守广固，所属诸城先后受燕招抚。十一月，出降，受封伏顺将军。升平元年（357），为燕主慕容俊杀。

【段隆】 亦称信苴隆。元代云南大理第六代总管。白族。今云南大理人。*段正子（一作*段庆子）。元仁宗延祐四年（1317），袭任大理总管。六年，元廷诏准土官无子嗣者，按当地习俗，以妻代管。泰定帝致和元年（1328），"以老退闲"，子段俊继任大理总管。一说元文宗至顺元年（1330）退闲。

【段随】（？—386）十六国时期西燕国君。原为西燕国君慕容冲部将。更始二年（386）二月，冲为左将军韩延所杀，立其为燕王，改元昌平。三月，为左仆射慕容恒、尚书慕容永所袭杀，立宜都王子慕容顗为燕王。

【段福】 亦称信苴福，字仁表。宋代大理（后理国，在今云南）贵族。白族。今云南大理人。大理国末代国王，*段兴智季父。宋理宗宝祐二年(元宪宗四年，1254)，蒙古兀良合台军攻破押赤城(今昆明)，在昆泽(今云南宜良)俘段兴智，大理国灭亡。翌年，与段兴智同被兀良合台送去觐见蒙哥汗，获赐金符，奉命归国，安辑大理。四年(宪宗六年，1256)，又与段兴智向蒙哥汗献大理地图，请悉平诸部，并条奏治民、立赋之法，奉诏领原大理国军(爨僰军)。不久，与段兴智领爨僰军二万为前锋，导兀良合台讨平诸郡之未附者，又攻降交趾。六年(宪宗八年，1258)，蒙古发动灭宋战争，奉命领爨僰军，随兀良合台出征，经广西，直捣潭州(今长沙)，配合忽必烈进攻湖北。翌年，与忽必烈军会师于鄂州(武昌)。宋理宗景定二年(元世祖忽必烈中统二年，1261)，为蒙古灭宋立过战功的爨僰军被遣回云南。著有《征行集》。

【段义长】 一作段易长，见"段正兴"。(408页)

【段义宗】 五代十国时期大长和国(在今云南大理一带)诗人。属白族先民白蛮。今大理地区人。曾任大长和国主郑仁旻的布燮。善言辞，工于诗。前蜀乾德(919—924)间，奉命出使蜀国(今四川)，因不愿朝拜，削发为僧，号"大长和国左街崇金寺赐紫沙门银钵"。至蜀，凡"谈论、敷奏道德、一歌一咏，捷应如流"，并写下不少诗篇，如《题大慈寺芍药》、《题三学院经楼》、《题判官赞卫有听歌妓洞云歌》和《思乡》等，被誉为"如此制作，实为高手"。《洞云歌》在蜀中竞相传抄，风行一时，《思乡》载入《全唐诗》。

【段匹磾】 晋代鲜卑段部首领。出于东部鲜卑，世居辽西。*务勿尘子，*疾陆眷弟。随父附晋。西晋末，受封左贤王、假抚军大将军，率众助晋征讨。后领幽州刺史，封渤海公，据蓟城。建武元年(317)，与并州刺史刘琨等一百八十人上表司马睿劝进位。同年，推琨为大都督，结盟共讨石勒，并约兄疾陆眷等会于固安，因从弟段末柸从中作梗，未遂。太兴元年(318)，兄卒，自蓟城奔丧，为叔涉复辰、段末柸所阻，兵败。同年，杀琨，失人心，又遭末柸攻，退保蓟。次年，为石勒、石虎所败，奔乐陵，依邵续，居厌次。三年，引兵败末柸。及邵续为石勒军所执，据厌次婴城自守。四年，城破，被执，归降石勒，受封冠军将军。后因谋乱，事败被杀。

【段勿尘】 见"务勿尘"。(119页)

【段文鸯】 又作文鸳。晋代鲜卑段部首领之一。出于东部鲜卑，世居辽西。首领*疾陆眷弟。永嘉四年(310)，奉司空王浚命率军攻石勒。六年(312)，复与兄随都护王昌攻石勒于襄国(治今河北邢台)，屡获胜，后从弟段末柸被俘，兄欲与石勒结盟，他曾极力劝阻，未被采纳。建兴四年(316)，援刘演于廪丘，以拒石勒。疾陆眷死后，与兄段匹磾俱奔乐陵，依邵续，居厌次。太兴三年(320)，引兵攻蓟城，及归，闻厌次为石勒所破，邵续被执，以兵取厌次，婴城固守。四年，为石勒军所破，被执，受封左中郎将，后因谋乱欲推匹磾为主，事败被杀。

【段文振】 (?—612) 北周、隋大臣。鲜卑段氏。*段匹磾八代孙，北周洮河甘渭四州刺史段威子。初为冢宰宇文护亲信，擢中外府兵曹。建德五年(576)，随武帝攻拔晋州、并州等，以功将拜柱国，遭谗毁，而授上仪同，赐爵襄国县公。后从平邺都，击稽胡，经略淮南。隋开皇(581—600)初，安集淮南，从讨诸蛮，随征突厥，历任石、河二州刺史。六年(586)，为兰州总管，改封龙岗县公，以行军总管击退入塞之突厥，逐北至居延塞而还。九年(589)，从元帅秦王伐陈，为司马，别领行军总管。及平江南，任扬州总管司马，转并州。后拜云州总管，迁太仆卿。十九年(599)，以行军总管破突厥达头可汗于沃野。仁寿(601—604)初，讨嘉州獠，先败后胜。寻为杨秀和苏威所诬，除名。及秀被黜，上表自申，授大将军。四年(604)，任灵州总管。炀帝即位，为兵部尚书。随征吐谷浑，以功进右光禄大夫。从幸江都，为行江都郡事，大业八年(612)，为左候卫大将军，出南苏道，征辽东，卒于军。赠尚书右仆射、北平侯，谥襄。

【段正兴】 又名段义长(一作易长)。宋代大理国(后理国，在今云南)第十七世国王。白族。今云南大理人。*段正严子。宋高宗绍兴十七年(1147)，父因诸子内争外叛，禅位为僧，遂即君位。翌年改元永贞，以高量成(高明量子)为相国。先后又改元大宝(一作太宝)、龙兴、盛明、建德。绍兴二十年(1150)，由高氏出兵镇压腾越(今云南腾冲)、水昌(今云南保山)人民起义及三十七蛮部反抗。同年，高量成让相位，遂以其侄高寿贞为相国(称"中国布燮")。孝宗隆兴元年(1163)，高寿贞卒，又以其子高寿昌为"中国公"主国事。乾道八年(1172)，禅位为僧，子段智兴立。卒后谥号景宗正康皇帝。

【段正严】 又名段和誉。宋代大理国(后理国，在今云南)第十六世国王。白族。今云南大理人。*段正淳子。宋徽宗大观二年(1108)，父禅位为僧，遂即王位。翌年改元日新。中元节，各方贡金银、罗绮、犀象、珍宝万计，牛马遍点苍山。四年(1110)，改元文治，遣相国高泰明镇压三十七蛮部反抗。政和六年(1116)，封高泰明为平国公。不久，高泰明卒，由高泰运主国事。高泰明子高知昌因罪流死，其部属尹、何二人谋报仇，欲乘王入寺进香时杀之，事露，段正严反以二人为义士，欲赦罪加官，二人不从愿死，处决后，为立义士冢。同年，遣李紫琮、李伯祥为正副使入宋进贡，次年抵宋京师，贡马三百八十匹及麝香、牛黄、细毡等物，被宋封为金紫光禄大夫、检校司空、云南节度使、上柱国、大理国王。宋高宗绍兴十七年(1147)，出师镇压"慕宁远矣空破马地方"起义，大败。同年，三十七蛮部复起兵反抗，攻取鄯阐(今云南昆明)，高泰明子高明清被杀。在诸子内争外叛的情况下，禅位为僧，子段正597继位。在位三十九年，为大理国统治最长者。谥号宪宗宣仁皇帝。

【段正明】 宋代大理国(后理国，在今云南)第十四世国王。白族。今云南大理人。*段思廉孙。宋神宗元丰四年(1081)，第十三世国王段寿辉以"天变"为托辞禅位(一说为高升泰所废)，遂即君位，实权仍操在高智升、高升泰父子手中。翌年改元保立（一作保定）。后又改元建安、天祐。"为君不振，人心归高氏"，宋哲宗绍圣元年（1094），被迫避位为僧，国人立高升泰为王，段氏大理国中断。谥号保定皇帝。

【段正淳】 宋代大理国（后理国，在今云南）第十五世国王。白族。今云南大理人。*段思廉孙，*段正明弟。宋哲宗绍圣三年（1096），"大中国"（辖大理国原境）国王高升泰遗命其子高泰明还位与段氏，遂被高氏立为国王，改国号为"后理国"，年号天授。以高泰明为相国，执政柄，高泰运为栅主。次年改元开明，赦徭役。徽宗崇宁元年（1102），修楚雄城，封与高泰明子高明量。翌年，遣高泰运奉表使宋，求得经籍六十九家、药书六十二部。因鄯阐（今昆明）高观音来朝，进金马杖八十节，呈报人民三万三千户，遂赐予八章礼衣、龙头剑，擢为安东将军。崇宁四年（1105），缅人、波斯、昆仑三国进白象及香物等。宋徽宗大观二年（1108），禅位为僧，子段正严（段和誉）立。谥号中宗文安皇帝。

【段末波】 见"段末杯"。（409页）

【段末杯】（？—325） 又作段末杯、段末波。晋代鲜卑段部首领。出于东部鲜卑，世居辽西。*疾陆眷从弟。永嘉六年（312），受大司马王浚命，与疾陆眷随都护王昌攻石勒于襄国（治今河北邢台），被俘，获宥，约为父子，遣还。建武元年（317），从兄段匹磾推并州刺史刘琨为大都督，约其共讨石勒，因有前父子之约，又恐匹磾独有其功，拒出兵。次年，疾陆眷卒，杀从父涉复辰，自立为单于。遣军败从兄段匹磾，自称幽州刺史。太兴三年（320），复破匹磾，继为匹磾与乐陵邵续所败。太宁三年（325）卒，弟段牙立。

【段务尘】 见"务勿尘"。（119页）

【段兴智】（？—1260） 宋代大理国（后理国，在今云南）第二十二世（末代）国王，蒙元时期大理第一代总管。白族。今云南大理人。*段祥兴子。宋理宗淳祐十一年（1251），父卒，继王位。翌年改元天定。宋理宗宝祐元年（1253），遭忽必烈所率十万蒙古军进攻，兵至丽江。以相国高泰祥（高祥）为首，拒降，杀蒙古使者，"悬尸于树"。鹤庆、剑川等地相继失陷，不久，大理城破，高泰祥被杀，遂逃往滇池地区。次年春，忽必烈班师北还，由兀良合台留镇云南并继续东进，于是合刺章水城（在今禄劝县）、罗部府（今罗次）、押赤城（今昆明）均被蒙古攻取。最后在昆泽（今宜良）被蒙古军所俘，大理国（后理国）灭亡，所属五城、八府、四郡及三十七蛮部皆入于蒙古。三年（元宪宗五年，1255），在兀良合台护持下，与叔段福进见元宪宗蒙哥，获赐金符，奉命返大理，与兀良合台、宣抚使刘时中共同安辑大理。翌年，向蒙哥献大理地图，请悉平诸部，并条奏治民、立赋之法，被赐予"摩诃罗嵯"（梵语大王之意），奉命主诸蛮白爨等部。不久，与段福率爨僰军（以白族为主的大理军队）二万为前锋，导兀良合台出征未附诸部，又攻降交趾。五年（元宪宗七年，1257），任中庆路八府总管，即大理第一代总管。

宋理宗景定元年（元世祖中统元年，1260），与段福北行，拟朝见世祖，道卒。世祖遣使致祭。后其弟段实（信苴日）继任大理总管。

【段寿辉】 宋代大理国（后理国，在今云南）第十三世国王。白族。今云南大理人。*段廉义侄。宋神宗元丰三年（1080），叔段廉义被权臣杨义贞篡弑。历四个月，杨义贞复被鄯阐侯高智升子、清平官高升泰诛灭，遂被高氏立为国王。元丰四年，改元上明，以高智升为布燮，高升泰为鄯阐侯，操实权。"是年日月交晦，星辰昼见"，遂以"天变"为托词，禅位与段思廉孙段正明。一说为高升泰所废。谥号上明皇帝。

【段连义】 见"段廉义"。（411页）

【段赤城】 唐代南诏除蟒英雄。白族先民。叶榆（今云南大理）绿桃村人。石匠（或作农民、牧羊人、铁匠）。相传唐元和十五年（820）五月，洱海有巨蟒吞食人畜，淹没田园城郭，南诏王劝利晟不能治，遂自荐愿灭蛇以救地方。全身缚刀，手持利剑，入水斗蟒，被蟒吞食。剑锋出蟒腹，人蟒俱亡。劝利晟命剖蟒，取英雄骨葬之，建塔并煅蟒骨皮，以其灰抹塔，名灵塔，俗称蛇骨塔，以纪念英雄。又被村民奉为"本主"，立祠，建衣冠冢。塔已废，现下关附近佛图寺塔非当日之灵塔，人们亦称之为蛇骨塔。

【段和誉】 见"段正严"。（408页）

【段忠国】 见"段俭魏"。（460页）

【段宗榜】 唐代南诏（在今云南）权臣。白族。太和（今云南大理城北）人，一说为汤（今云南宜良）人。为南诏王丰祐武将。唐宣宗大中十二年（858），因缅（骠国）遭狮子国进攻，求救于南诏，遂奉王命率南诏兵救缅。临行，恐权臣王嵯颠乘丰祐年老王储世隆年幼之机篡国，向丰祐请得专生杀之权。出征途中，因王嵯颠子违期，杀之。入缅得胜，获狮子国旗帜、金鼓、兵杖等，缅王酬以金佛（一作佛舍利）。次年，丰祐卒，世隆立，由王嵯颠摄政，专朝政，遂由缅归国，途中，致书王嵯颠，请率国人出迎金佛，乘王某拜佛时杀之。南诏大权从此落入段氏手中。其曾孙辈段思平建大理国。

【段思平】（893—944） 五代十国后期大理国（在今云南）创建者。白族。今云南大理人。祖籍甘肃武威，六世祖*段俭魏，为南诏王阁逻凤大将军，败唐军有功，升清平官。父段保隆为南诏布燮。后晋天福二年（937），任通海节度使，因受大义宁国主杨干贞迫害，遂以"减尔税粮半，宽尔徭役三载"为号召，联合奴隶和农奴为主的起义队伍，又以"赦徭役"为条件，取得滇东三十七蛮部的支持，会盟于石城（今云南曲靖），举行起义，攻破太和城（在今大理城北），灭杨干贞的大义宁国，建大理国，年号文德，以羊苴咩城（今大理城）为都。即位后，厉行改革，"尽逐杨氏邪臣，罪大者正罚爽，表暴贞良。更易制度，损除苛令"。建立了一整套封建制度，于是远近归心，咸奉约束，把南诏末朝以来各部族、部落分裂、战乱的局面重新统一起来。又大行分封，封爨氏于巴甸（通海），封高氏于巨桥（昆阳），封董氏于成纪（永胜）。三十七蛮部也得到封赏。笃信佛教，在位八年，年年建寺，铸佛万尊。卒后由子段思英继位，谥号太祖圣神文武皇帝。

【段思良】（？—951）一作段思胄。五代十国后期大理国（在今云南）第三世国王。白族。今云南大理人。段保隆子，*段思平弟。后晋开运二年（945），废其侄段思英为僧，自立为王（一说段思英卒，为国人所立）。翌年，改元至治。后周广顺元年（951，一说二年）卒，子段思聪立，谥号圣慈文武皇帝。

【段思英】五代十国后期大理国（在今云南）第二世国王。白族。今云南大理人，*段思平子。后晋开运元年（944），父卒，即王位。二年，改年号为文经。同年，被其叔段思良篡位，废为僧，法名宏修大师。谥号文经皇帝。一说"立未几死"，"国人立其叔思良"。

【段思胄】见"段思良"。（409页）

【段思廉】宋代大理国（后理国，在今云南）第十一世国王。白族。今云南大理人。*段思平重孙，段思智子。宋仁宗庆历四年（1044），第十世国王段素兴在位无道，国人废之，遂被立为国君。翌年改元保安。后又改元正安、正德、保德。皇祐五年（1053），收留起兵失败逃入大理国的侬族（今壮族）义军首领侬智高等人及其余众。至和二年（1055），在宋廷胁迫下，杀侬智高（一说先已死于大理），函其首级献宋。嘉祐八年（1063），命权臣高智升镇压姚州（今云南姚安县）杨允贤在洱海地区领导的起义。加封高智升太保、德侯，赐予白崖禾甸之地。不久又晋封高智升为鄯阐侯。自此，高氏权势日重，而段氏日衰。神宗熙宁八年（1075，一作七年），禅位为僧，由于段廉义继位。谥号孝德皇帝。

【段思聪】（？—968）五代末北宋初大理国（在今云南）第四世国王。白族。今云南大理人。*段思良子。后周太祖广顺二年（952）即王位，年号明德。后改元广德。宋太祖开宝元年（968），又改元顺德。同年卒，在位十七年，子段素顺立，谥号至道广慈皇帝。

【段俭魏】又名段忠国。唐代南诏大将军、相国。白族。祖籍甘肃武威。据说为汉太尉段颎后裔。南诏王阁逻凤时，任大将军。唐天宝十年（751），南诏遭唐剑南节度使鲜于仲通所率八万军征讨，奉命与阁逻凤子凤伽异联合与吐蕃兵迎战唐军，大败唐兵于西洱河，仲通仅以身免。十三年（754），南诏又遭唐将李宓等所率十道兵（指全国）征伐，复与凤伽异率兵迎击唐军于江口，诱唐军深入，使之粮尽，内外夹击，覆没唐军，俘李宓。两次大战，灭唐军二十余万。翌年，因功封清平官，赐名忠国，旋拜相国。其六世孙段思平建大理国。

【段素兴】（？—1044?）宋代大理国（后理国，在今云南）第十世国王。白族。今云南大理人。*段素真孙。祖父卒（一说禅位），父已先亡，遂于宋仁宗庆历元年（1041）即王位。翌年，改元圣明。后又改元天明。性好游狎，广营宫室于东京（今昆明）。斗草簪花，昼夜行乐。庆历四年（1044），被国人所废，众立段思平曾孙段思智之子段思廉为王。谥号天明皇帝。

【段素英】（？—1009）宋代大理国（后理国，在今云南）第六世国王。白族。今云南大理人。*段素顺子。宋太宗雍熙三年（986）即王位，年号广明。淳化末（约994），受太宗封为检校太保、归德大将军，依旧忠顺王。真宗景德元年（1004），述《传灯录》。自翌年起，先后改元明应、明圣、明德、明治。在位二十四年卒，子段素廉立，谥号昭明皇帝。

【段素顺】（？—985）宋代大理国（后理国，在今云南）第五世国王。白族。今云南大理人。*段思聪子（《滇载记》云，二人未知何属）。宋太祖开宝二年（969）即王位，年号明政。与宋朝相安无事。在位十七年卒，子段素英立，谥号应道皇帝。

【段素真】（？—1039）宋代大理国（后理国，在今云南）第九世国王。白族。今云南大理人。*段素廉孙，*段素隆侄。宋真宗乾兴元年（1022），祖父卒，父已先死，本人年幼，遂由叔父段素隆即王位。仁宗天圣四年（1026），段素隆禅位为僧，得继王位。翌年，改元正治。宝元二年（1039）卒，因子先亡，由孙段素兴继位，谥号圣德皇帝。一说庆历元年（1041）禅位为僧。

【段素隆】（？—1041）宋代大理国（后理国，在今云南）第八世国王。白族。今云南大理人。*段素英孙，*段素廉侄。宋真宗乾兴元年（1022），段素廉卒，因廉子已先卒，廉孙段素真尚幼，遂即王位。翌年，改元明通。仁宗天圣四年（1026），禅位为僧，侄段素真继位。庆历元年（1041）卒，国人敬其禅位之德，谥称秉义皇帝。

【段素廉】（？—1022）宋代大理国（后理国，在今云南）第七世国王。白族。今云南大理人。*段素英子。宋真宗大中祥符二年（1009），父卒，即王位。翌年，改元明启。七年（1014），派兵进攻交州（今越南），兵败。乾兴元年（1022）卒，在位十三年。一说天禧五年（1021）卒。侄段素隆立。谥号敬明皇帝（一作宣肃皇帝）。

【段祥兴】（？—1251）宋代大理国（后理国，在今云南）第二十一世国王。白族。今云南大理人。*段智祥子。宋理宗嘉熙二年（1238，一作三年），即王位。翌年改元道隆。淳祐四年（1244），蒙古兵出灵关（今四川芦山县西北）攻大理，遂命大将高禾率三千人迎战于九禾（今云南丽江县九河地方），挫蒙古军，高禾牺牲。十一年（1251）卒，子段兴智继王位。谥号孝义皇帝。

【段智兴】（？—1200）宋代大理国（后理国，在今云南）第十八世国王。白族。今云南大理人。*段正兴子。宋孝宗乾道八年（1172），父禅位为僧，遂即君位，仍由"中国公"高寿昌主国事。翌年改元利贞，遣李观音得等二十三人至广西横山寨要求与宋市马，并要求经书、药书、药材等。先后又改元盛德、嘉会、元亨、安定。在位期间，高氏内部斗争激烈，政局动荡。淳熙元年（1174），高观音隆夺高寿昌位与高贞明（高寿昌侄）。不久，阿机起兵夺高贞明位还与高寿昌，贞明奔鹤庆。三年，高妙音自立，自白崖（今云南弥渡县红崖）起兵，取鄯阐(今昆明),夺高寿昌位。宋光宗绍熙元年(1190),修十六寺。宋宁宗庆元年(1195),修龙首(今大理市上关)、龙尾(今大理市下关)二关,又修三阳城。六年卒,子段智廉继位。谥号宣宗功极皇帝。

【段智祥】(?—1238?) 宋代大理国(后理国,在今云南)第二十世国王。白族。今云南大理人。*段智兴子,*段智廉弟。宋宁宗开禧元年(1205)即位,改元天开。后又改元天辅、仁寿。嘉定五年(1212),出征三十七蛮部,追至寻甸,平之。时高阿育(容)主国事,建寺不已。宋理宗宝庆元年(1225)后,由高榆城隆主国事。嘉熙元年(1237,一说为嘉定八年,1215),封高榆城隆为鄯阐王,高泰祥为相国,光日为演习(大府主将)。史称当时"举贤育才,时和年丰,称治国焉"。二年卒,子段祥兴继王位。庙号神宗皇帝。一说禅位为僧。

【段智廉】(?—1204) 宋代大理国(后理国,在今云南)第十九世国王。白族。今云南大理人。*段智兴子。宋宁宗庆元六年(1200),父卒,继王位。翌年改元凤历,后又改元元寿。嘉泰二年(1202),遣使入宋,取《大藏经》1465卷,置五华楼。四年卒,弟段智祥立。谥号享天皇帝。一说开禧元年(1205)卒。

【段廉义】(?—1080) 又作段连义。宋代大理国(在今云南)第十二世国王。白族。今云南大理人。*段思廉子。宋神宗熙宁八年(1075,一作七年),父禅位为僧,遂即王位。翌年改元上德,遣使向宋朝进贡刀剑、犀皮甲、鞍辔等。十年,又改元广安,作八龙王会。元丰三年(1080),被权臣杨义贞所杀。谥号上德皇帝。

【段奈台吉】 又称波儿哈都台吉。明代蒙古右翼土默特部领主。李儿只斤氏。*俺答汗孙,*辛爱黄台吉子。驻牧于张家口北马肺山一带。隆庆五年(1571),受明封为指挥佥事。在山西新平市口与明互市。万历九年(1581),因与明军发生冲突,被明停止贡市,并由俺答汗革除官职。十四年(1586)、十六年,又与明发生两次冲突。后恢复贡市,双方保持和平关系。无后嗣。

【段就六眷】 见"疾陆眷"。(469页)

【皇太极】(1592—1643) 清朝第二代皇帝。满族。爱新觉罗氏。清太祖*努尔哈赤第八子。勇力绝伦,多有战功,自幼好学,深得父偏爱。与大贝勒代善,二贝勒阿敏、三贝勒莽古尔泰,并列为四大贝勒。天命十一年(1626),以"深契先帝圣心"为代善等推举为后金国汗,次年改元天聪。因后金连年对外战争,社会生产遭到严重破坏,与明、朝鲜贸易断绝,社会危机深重。即位后,积极发展农业、手工业生产,颁布保护农业法令,加强内外贸易;笼络汉官,吸收汉族文化;废止八家分治,废除四大贝勒共理政务的旧制,加强封建君权;扩大八旗组织,增编"八旗蒙古"和"八旗汉军";采取措施缓和国内阶级矛盾和民族矛盾。同时,以二贝勒阿敏用兵朝鲜,招抚敖汉、奈曼、喀尔喀等蒙古诸部,亲征察哈尔。天聪九年(1635),察哈尔林丹汗所部全部归降,内蒙古平定。次年,获元朝传国玉玺,正式称帝,国号大清,改元崇德。为夺取全国统治权,天聪三年(1629),亲率军攻明,包围燕京(今北京),计杀明臣袁崇焕,致书明廷议和。崇德三年(1638),复令岳讬、多尔衮入明边,克一府、三州、五十七县。七年(1642),再命多罗饶余贝勒阿巴泰统兵征明,克三府、十八州、六十七县。继努尔哈赤未竟之业,屡向东海瓦尔喀、虎尔哈、黑龙江萨哈连等部用兵,扩大、巩固了东北边疆。同时令达海改进满文,制出有圈点新满文,促进满族文化的发展。设立六部,改文馆为内三院,创设理藩院,管理蒙藏等少数民族事务,完善了清初六部、两院、八衙门等统治机构。谥文皇帝,庙号清太宗。

【泉男生】(632—677) 原为高句丽大臣,后为唐朝将领。高句丽人。泉氏。盖苏文子。九岁,以父任为先人,历迁中里小兄、大兄、知国政,主辞令,进中里位头大兄、莫离支,兼三军将军,加大莫离支。因被诬谋逆,走保国内城(今吉林集安县境),率部众及契丹、靺鞨投附唐朝。授平壤道行军大总管,兼持节宣抚大使。被召入朝,迁辽东大都督、玄菟郡公,赐第京师。还军攻平壤,擒高藏王。进右卫大将军,卞国公。唐仪凤二年(677),受命安抚辽东,置州县,招流移,平赋敛,罢力役,民赖以安。卒,追赠并州大都督,谥襄。

【泉献诚】 唐朝将领。高句丽人。泉氏。唐卞国公*泉男生子。初随父附唐,拜右武卫将军。天授(690—692)中,以右卫大将军兼羽林卫。后因得罪酷吏来俊臣,被诬谋反,被缢杀。武则天后知其冤,追赠右羽林卫大将军,以礼改葬。

【叟塞】(?—1646) 清初蒙古王公。苏尼特部人。博尔济吉特氏。初号巴图尔济农。天聪九年(1635),奉表后金贡驼马。崇德三年(1638),复遣使入贡。四年,归附清朝。六年(1641),擒明哨卒于张家口。七年,封札萨克多罗杜棱郡王,掌苏尼特部右翼。八年,献驼马。

【禹】 见"兴"。(175页)

【鬼侯】 商代鬼方酋长。在商朝和周国的打击下,率部分鬼方属民投降商朝,因功被商王封为侯,故称。商纣王时,与西伯昌(即周文王)、鄂侯一起被封为"三公",并以女嫁纣王。封地在九侯城(即鬼侯城,在今河北省磁县)。纣王末年,女被纣王杀,本人亦被施以醢刑(剁为肉酱)。

【鬼章】(?—约1091) 又名青宜结鬼章。清代译作果庄。宋代河湟吐蕃大首领、唃厮啰政权名将。原为溪巴温属下一名首领,后势力寝强,逐溪巴温出河南,成为当地大酋。勇敢有智谋,为青唐(今青海西宁)主董毡重用,屡领兵征战。熙宁五年(1072),宋发动熙河战役,占领唃厮啰属下熙河六州之地。七年(1074),受董毡命,率数万之众入河州,图复失地,于踏白城计袭宋军,杀宋将景思立等。继以岷州铁城堡为根据地,与宋军对峙。宋悬赏缉之,未果,遂"以汉爵縻之",于熙宁十年(1077)授其廓州刺史。元丰五年(1082),以随董毡征西夏功,擢授甘州团练使。董毡死后,复效忠阿里骨。始终不忘收复故地。元祐二年(1087),同子结瓦龊率兵攻取洮州(今甘肃临潭)。后为宋秦凤、泾原诸路军所败,被俘,送京师。获宥,受命招降部属归附。后授陪戎校尉,给衣食、房舍、鞍马等生活用资,在京养老,继徙居秦州(今甘肃天水),卒于其地。

【鬼力赤】(？—1408) 明代蒙古可汗。非元室后裔。建文四年(1402),蒙古可汗坤帖木儿卒,无嗣,遂于次年称汗,史称"篡立"。永乐(1403—1424)初,屡与瓦剌仇杀,互有胜负。永乐二年(1404),毒杀哈密忠顺王安克帖木儿。与明朝通使往来。因部属不附,永乐五年(1407),被废,众拟迎立元裔本雅失里。次年,为部下阿鲁台等所杀。一说鬼力赤即蒙文史籍中的瓦剌部领主乌格齐哈什哈,或谓波斯文史籍中的窝阔台后裔乌鲁克特穆尔。

【须卜当】(？—21) 匈奴用事大臣。须卜氏。*王昭君女*须卜居次之夫。任右骨都侯。新朝始建国元年(公元9年),因王莽更易汉朝原赐匈奴单于故印,改"匈奴单于玺"为"新匈奴单于章",致使单于怀怨,他受单于命索求故印,未果。五年(公元13年),乌珠留单于死后,与妻辅立单于弟咸为乌累若鞮单于,规劝单于与汉和亲。天凤元年(公元14年),遣人至西河虎猛县制虏塞(在今内蒙古准格尔旗),求见汉和亲侯王歙(王昭君兄子),以示和好,促使王莽遣王歙使匈奴,贺单于初立,使匈奴与中原恢复和好关系。次年,被王莽封为后安公,子奢封后安侯。五年(公元18年),受命至制虏塞下,会见王莽使臣王歙,被胁迫诱至长安,被王莽强立为须卜单于,并欲以兵护送还匈奴辅立之,致使匈奴呼都而尸道皋若鞮单于怀怨,以兵扰北边,匈奴与中原和好关系受到破坏。

【须卜居次】(？—23) 又作伊墨居次。匈奴*复株累若鞮单于与*王昭君长女。名云。因嫁须卜氏右骨都侯须卜当为妻,故称"须卜居次","居次"汉言"公主"。新朝王莽始建国五年(公元13年),乌珠留单于死后,与须卜当辅立呼韩邪单于(王昭君前夫)子咸为乌累若鞮单于。承母志,常欲与汉和好,规劝单于与汉和亲。天凤元年(公元14年),遣人至西河虎猛县制虏塞(在今内蒙古准格尔旗),求见和亲侯王歙(王昭君兄子),促使王莽遣歙出使匈奴。次年,遣子大且渠奢至塞迎汉使,夫须卜当被封为后安公,子奢被封后安侯。对弥合汉匈关系作出一定贡献。五年(公元18年),与须卜当同被王莽使者诱至塞下,须卜当被胁迫立为须卜单于,引起匈奴单于不满,屡出兵攻边,使和亲关系遭破坏。

【盆都】 见"耶律盆都"。(317页)

【盆句除】 东晋北羌王。太宁三年(325),率众附前赵,遭后赵将石佗袭击,兵败,失众三千余落。后获前赵中山王刘岳兵援,击杀石佗于河滨,其部得救。

【俞】 见"兴"。(175页)

【胤禛】(1678—1735) 清朝皇帝。满族。爱新觉罗氏。原名允禛。康熙帝*玄烨第四子。1722—1735年在位。年号雍正。康熙间,封贝勒,晋封雍亲王。多结党羽,在诸皇子争夺帝位中势最强。即帝位时,皇亲国戚势如水火,诸王分朋结党,统治集团严重分裂。为使"雍正改元,政治一新",分别处死、禁锢其政敌年羹尧、隆科多,监禁或诛除争夺皇位的诸兄弟,处置其党羽,稳定了政局。为确保"民无二主",削弱旗主势力,加强对旗主监督,还明令管理各旗务之亲王、郡王为都统,将八旗军政大权尽掌己手。将六科给事中改隶都察院,削弱内阁和大臣会议权力,又于七年(1729)设立军机处,成为秉承皇帝旨意、经办军政事务的国家中枢,使参与议政的满洲亲王、大臣成为虚曹。把康熙朝出现的密折制度化。在加强皇权的同时,继承康熙帝巩固边疆的未竟事业,重视西藏佛教,笼络蒙古、西藏、青海地区少数民族上层,采取措施乃至使用武力削除边疆的割据势力和平定动乱:二年(1724),平定青海卫拉特罗卜藏丹津叛乱,后在该地区实行郡县制和札萨克制;四年(1726)起,采纳云贵总督鄂尔泰建议,于西南少数民族地区逐步推行"改土归流",改土官为流官,废除土司世袭制,设立府州县,削除割据,对促进各族人民经济文化交流和民族融合趋势起了积极作用;五年(1727),支持西藏首领颇罗鼐,彻底平定阿尔布巴动乱,在西藏始设驻藏大臣,代表中央统领驻藏官兵,督导颇罗鼐总理藏务,使驻藏大臣遂成定制,终清未移;十年(1732),派兵征讨准噶尔部噶尔丹策零,败准部于喀尔喀蒙古土谢图部境,后定阿尔泰山为准部游牧界线,为维护、发展社会经济,围绕清查亏欠钱粮,大力整顿吏治,惩罚贪官,改善了国家财政状况;全面推行"地丁合一"(即"摊丁入亩")制度,使大批农村劳动力流入市镇,促进了清初得以恢复的资本主义萌芽;注重消除黄河水患,修建浙江海塘;鼓励垦荒,认真执行康熙帝"垦田令"及推迟延年起科,取得较好成效;采取措施逐步清除清初及前明所留下的农奴制残余。对外,为抵制西方殖民主义者企图通过传教士扩张势力,以严格的措施限制传教士的活动;先后与沙俄签订了《布连斯奇条约》、《恰克图条约》。为维护封建专制统治,镇压苗僮等少数民族起义;兴文字狱,构吕留良、曾静案,撰《大义觉迷录》;提倡汉学,严格控制思想舆论。还大搞"神道设教",鼓吹"祥瑞"等。庙号"清世宗"。

【独罗】 见"细奴逻"。(382页)

【独吉义】(1094—1164) 金朝大臣。本名鹘鲁补。女真族。姓独吉。曷速馆人。徙居辽阳阿米吉山。秘剌子。金太祖收国二年(1116),随父降金,以质子至上京(今黑龙江阿城)。善女真、契丹字,为管勾御前文字。熙宗天会十五年(1137),擢右监门卫大将军,为宁化州刺史,历任迭剌部族节度使、复州防御使、卓鲁部族节度使、河南路统军都监、武胜军节度使。海陵王贞元元年(1153),改唐古部族节度使,改彰化军、利涉军节度使。正隆六年(1161),世宗即位于东京(今辽宁辽阳),即日归附,为参知政事。大定二年(1162),罢为益都尹,兼本

【独孤及】(725—777) 唐朝官员、文学家。匈奴独孤氏。河南洛阳人。字至之。颍川郡长史通理之子。天宝(742—756)末，以德举高第，补华阴尉。事于江淮都统府，掌书记。代宗(762—779年在位)时，召为左拾遗，历太常博士、礼部员外郎、濠、舒二州刺史。时逢饥旱，邻郡亡失者甚多，舒人独安。以治课加检校司封郎中，徙常州刺史。其人喜鉴拔后进。与李华、萧颖士等同以古文著名。为文彰明善恶，长于论议，所著《仙掌铭》为时人所赏。也善诗。有《毗陵集》。晚年嗜琴，有眼疾不治，欲听之专。卒，谥宪。

【独孤郁】(775—814) 唐朝官员。匈奴独孤氏。河南洛阳人。字古风。礼部员外郎*独孤及子。德宗贞元十四年(798)，擢进士第，娶太常卿权德舆之女为妻。元和(806—820)初，举制科高等，拜右拾遗，俄兼史馆修撰，进右补阙，擢翰林学士。五年(810)，岳父辅政，以嫌去内职，拜考功员外郎，仍兼修撰。寻知制诰。八年(813)，还为学士。次年，以疾辞禁近，徙秘书少监，年四十卒，赠绛州刺史。

【独孤信】(503—557) 北魏、西魏、北周大臣。本名如愿。先世为匈奴部落大人，后定居武川(今内蒙古武川西南)。领民酋长库车子。善骑射，有谋略。北魏正光(520—525)末，以与贺拔度同斩卫可瓌而知名。后避乱中山，为葛荣所获。及葛荣兵败，为尔朱荣别将，从征韩娄，破元颢，赐爵受(爰)德县侯，迁武卫将军。永熙二年(533)，从贺拔胜出镇荆州，为大都督。次年，奉命入关抚慰胜弟贺拔岳之众。继随孝武帝西迁，晋爵浮阳郡公，任卫大将军、都督三荆州诸军事、兼尚书右仆射、东南道行台、大都督、荆州刺史，击败东魏荆州刺史，抚定三荆。后为东魏援军所败，奔梁。西魏大统三年(537)，还长安，任骠骑大将军，加侍中，寻拜领军将军。从宇文泰复弘农，破沙苑，改封河内郡公。六年(540)，任陇右十一州大都督、秦州刺史。在州示礼教、劝农桑，民赖以安，流人附者数万家。泰以其信著远近，故赐名为信。次年，败岷州刺史，加授太子太保。十二年(546)，平定凉州刺史宇文仲和之乱，拜大司马。次年，移镇河阳，以御柔然。十四年(548)，进位柱国大将军。十六年(550)，迁尚书令。恭帝三年(556)，拜大司马。北周孝闵帝元年(557)，迁太保、大宗伯，晋封卫国公。以与赵贵同谋，被宇文护逼令自尽于家。长女周明敬后，四女为元贞后，七女为隋文后。隋文帝即位，追赠太师，封赵国公，谥景。

【独孤损】(？—905) 唐末大臣。匈奴独孤氏。河南洛阳人。字又损。云州刺史独孤密孙，吏部侍郎云子。初为礼部尚书。昭宗天复三年(903)，为兵部侍郎、同中书门下平章事。天祐元年(904)，判右三军事。次年三月，罢相，为静海军节度使。六月，被朱全忠所杀。

【独孤朗】(？—827) 唐代官员。匈奴独孤氏。河南洛阳人。字用晦。礼部员外郎*独孤及子。由处士辟署江西、宣歙、浙东三府。元和(806—820)中，擢右拾遗。因劝罢淮西用兵，忤宪宗意，贬兴元户曹参军。后拜殿中侍御史，兼史馆修撰，出为韶州刺史。寻召还，迁谏议大夫。敬宗宝历元年(825)，迁御史中丞。文宗(827—840年在位)初，迁工部侍郎，出为福建观察使，创发背卒，赠右散骑常侍。

【独解支】(？—715) 唐代回纥首领。药罗葛氏。*比粟子。唐永隆元年(680)，袭父位，继任瀚海都督。时后突厥默啜可汗势盛，回纥旧地尽为所并，乃率众联契苾、思结、浑诸部自碛北徙居甘、凉州避乱。以精骑充唐之赤水军，佐唐戍边。开元三年(715)卒，子伏帝匐嗣。

【独吉思忠】 金朝大臣。本名千家奴。一名永中。女真族。姓独吉。明昌六年(1195)，为行省都事，累迁同签枢密院事。承安三年(1198)，为兴平军节度使，改西北路招讨使。增缮西自坦舌，东至胡列么近六百里界壕之女墙副堤，以功入为签枢密院事，转吏部尚书。泰和四年(1204)，拜参知政事。五年、六年，以宋屡背盟不可信，数谏言采取措施以备御。七年，充淮南宣抚使，进尚书右丞。大安元年(1209)，拜平章政事。三年(1211)，与参知政事完颜承裕(一名胡沙)行省事于边地，抵御蒙古军进攻。恃险隘，堡塞完缮，失备，为蒙古军前锋哲别所败，连失乌沙堡、乌月营，退兵，被解职。

【独孤怀恩】(585—620) 唐初将臣。匈奴独孤氏。隋涿郡太守独孤整子，唐高祖李渊母元贞皇后侄。幼时以隋文献皇后之侄，养于宫中。后仕鄠县令。唐高祖平京城，授长安令，号令严明。武德(618—626)初，为工部尚书。二年(619)，率兵与尧君素战于蒲州城下，不利，受高祖斥责，怨恨，阴图异计。遂与解县令荣静、前五原县主簿元君宝谋引王行本兵与刘武周联合，断李世民(太宗)所屯柏壁粮道。事泄，于次年二月被诛。

【狼德】 见"耶律狼德"。(317页)

【饶绛巴桑结贝】(1411—1485) 明代藏传佛教名僧。萨嘉派大德绒敦玛微僧格弟子。因博通众多佛典，故称"饶绛巴"(意为博通经论者)。是后，藏传佛教称博通佛典者为"饶绛巴"，成为学位名。明正统十四年(1449)，创建哲域结察寺，后又扩建土丹囊结寺、曲果伦布寺、扬巴坚寺、年纳恰雄寺及下结蔡寺五座寺院，总为性相学院本支六寺。均依萨迦派之规秩行事，为晚期萨迦派之重要讲经寺院。

【胆巴】(1229—1303) 元代吐蕃僧人。又名功嘉葛剌思。朵甘斯旦麻(今四川甘孜藏族自治州邓柯地区)人。幼年双亲见背，随叔过活。十二岁始学佛法经典，"经科咒式坛法明方，靡不洞贯"。二十四岁讲演大喜乐本续等经文，四众悦服。后从师命，赴天竺(今印度)参礼古达麻室利为师，习梵文佛教经典和密法，得真传。中统(1260—1264)间，由帝师八思巴推荐，被忽必烈召至内地，居五台山寿宁寺。至元九年(1272)，留住京师。十八年(1281)，奉世祖命赴东海某地做佛事。时其弟子桑哥在朝中任相，为桑哥所不容，遂请求返里。

二十六年(1289)，被桑哥召回大都(今北京)，居圣安寺。不久，又被谪于潮州(今广东潮阳)，居开元寺。以该地为唐代韩愈论道之所，次年，于城南净乐寺故基建寺。二十八年(1291)，桑哥伏诛后，被召回京。三十年(1293)五月，为忽必烈治愈腿疾，以功，获准在五台山建寺。三十一年(1294)，成宗即位后，被召还京，在庆典大礼上，奏请蠲免寺院僧人赋税，获准。元贞元年(1295)，奉召住大护国仁王寺。大德六年(1302)二月，为成宗治愈疾病，获厚赏。三月，扈从成宗北巡。七年五月，病卒。皇庆(1312—1313)间，追号大觉普惠(慈)广照无上胆巴帝师。

【胜保】(？—1863) 清朝将领。满洲镶白旗人。苏完瓜尔佳氏。字克斋。道光年间举人。历任翰林院侍读、国子监祭酒。三十年(1850)，针对时弊，列陈时事条五：重河务，求疏导之法；严海防，申明鸦片之禁；整水师，求训练之法；察吏治，痛戒因循之弊。被采纳。咸丰元年(1851)，授光禄寺卿。二年，升内阁学士。屡陈军务、河工、赏罚诸事。同年，太平军入湖北，欲攻武汉。他详奏防务大局。后奉命往河南，为琦善所委用。三年，以内阁学士兼侍郎衔会办军务，与琦善等于湖北、安徽、河南等省镇压太平军。旋命帮办河北军务，任钦差大臣，与僧格林沁等迎截、追剿太平天国北伐军。四年，奉命赴山东临清阻击北伐援军。旋北上，在高唐围困李开芳部，兵败革职。六年(1856)起，相继于安徽、河南与福济、英桂等镇压太平军、捻军，屡败，有"败保"之称。曾用两手政策，俘杀捻军首领多人，招降李昭寿、张元龙等人。十年(1860)，在通州八里桥抵抗英法联军。十一年，同治帝登基后，他详疏朝廷政柄，抨击载垣、端华任揽大权，主张慈禧太后听政，"二圣并崇"。同年，入山东镇压捻军，收编宋景诗黑旗军。又赴安徽、河南，收降苗沛霖，诱杀陈玉成。同治二年(1863)，授钦差大臣，督办陕西军务，镇压回民起义。不久，以"讳败为胜"罪令自尽。著有《胜保奏稿》。

【胜剌哈】 见"胜纳哈儿"。(414页)

【胜纳哈儿】 又作胜纳合儿、胜剌哈。元代蒙古宗王。孛儿只斤氏。*成吉思汗弟*哈赤温后裔，忽剌忽儿子(一说为忽剌出子)。南宋景定元年(1260)，从东道诸王共同拥戴忽必烈称汗。同年，因功受厚赐，得银五千两、文绮帛各三百匹。后嗣济南王位，至元二十年(1283)，设王府官。继从北安王那木罕镇守漠北。二十四年(1287)，以阴结叛王乃颜，欲执诸将相发难，事觉，被召入朝，夺王爵，收缴"皇侄贵宗之宝"印，罢济南分地所署官。

【盈歌】(1053—1103) 又作扬歌、扬歌太师。即金穆宗。宋代女真完颜部长。字乌鲁完，号仁祖。景祖*乌古乃第五子，世祖*劾里钵之弟。肃宗颇剌淑时，因参加平叛，擒其首领麻产有功，被辽任命为详稳。辽大安十年(1094)，颇剌淑死后，继任部落联盟长，承袭节度使，史称"盈歌联盟"。曾屡讨平诸部之叛。以陶温水之纥石烈部阿阎版及石鲁反叛，断绝五国部鹰路(朝贡海东青之路)，执杀辽捕鹰使，受辽帝之命讨破之，救归辽使幸存者数人。继命撒改为都统，击败乌古论部留可、诈都及敌库德等。乾统二年(1102)，受辽命捕杀辽叛将萧海里。在位期间，曾进行一些改革，接受阿骨打建议，命诸部不得再自称都部长和擅置信牌，自此号令始一，奠定金朝建国之基础。熙宗天会十五年(1137)，追谥孝平皇帝。皇统五年(1145)，增谥章顺孝平皇帝。

【 亭、奕 】

【亭独尸逐侯鞮单于】(？—98) 东汉时南匈奴单于。李鞮氏(又作虚连题氏)。名师子。醯僮尸逐侯鞮单于子。休兰尸逐侯鞮单于时任左谷蠡王。和帝永元元年(公元89年)，率万骑出朔方鸡鹿塞，与南单于共三万军，配合汉车骑将军窦宪，大破北匈奴军于稽落山(今蒙古额布根山)。次年，率左右部八千骑分军两路夜围北单于，斩获万余口，北单于仅以身免。以功深受南单于和汉帝殊遇。五年(公元93年)，进左贤王，以素有智勇，受族人敬重，为新单于安国所忌，虑被诛，别居五原界，称病拒赴单于庭议事，遭安国袭击，走曼柏城。次年(一说同年)，安国被其舅喜为(一作喜)杀后，被辅立为单于。初遭降胡袭击，得汉安集掾(官号)王恬援助，破之。继遣为率万骑随汉将邓鸿大破北单于于满夷谷(在今内蒙古准格尔旗西北)，前后斩一万七千余口。八年(公元96年)，以右温禺犊王乌居原与安国同谋，欲考问之，迫乌居战叛出塞外，后为汉将庞奋所败。

【奕山】(1790—1878) 清朝大臣。满族。满洲镶蓝旗人。爱新觉罗氏。字静轩。道光帝侄。道光时历任侍卫、副都统、伊犁参赞大臣、护军统领。二十一年(1841)，授御前大臣。英军入侵广东后，命为靖逆将军，同广东巡抚怡良督师广州，反对两广总督林则徐战守方针，提出"防民甚于防寇"，污蔑抗英人民为"汉奸"。观望英军困省城，继向英军投降求和，签订《广州和约》。当三元里人民集数万众围困英军时，又遣广州知府余得纯为英军解围。英军再攻入定海时，又拒绝进兵英军占据之香港。二十二年被革职，圈禁。次年，因道光帝庇护，获释。二十五年(1845)，调伊犁参赞大臣，署伊犁将军。咸丰五年(1855)，授黑龙江将军。八年(1858)，屈服于沙皇的军事压力，轻诺沙俄的领土要求，与沙俄签订出卖我国东北大片领土的《中俄瑷珲条约》。卒，谥庄简。

【奕䜣】(1832—1898) 清末大臣。满族。爱新觉罗氏。道光帝第六子。咸丰元年(1851)，封恭亲王。三年(1853)，太平天国起义军直逼北京。署领侍卫内大臣巡防。九年(1859)，授内大臣。十年，英法联军进犯北京，咸丰帝逃往热河(今河北承德市)，他受命为全权大臣与联军谈判，其间，为英法人所制。十一年，文宗死与慈禧勾结发动"北京政变"(亦称"祺祥政变"),杀辅政大臣肃顺等,慈禧垂帘听政。授议政王、军机大臣。主张"借洋兵助剿"太平军,支持兴办洋务,为洋务派首领之一。同治四年(1865),因与慈禧矛盾,罢议政王及一切职位。寻由惇亲王等保奏,命管理总理各国事务衙门。七年(1868),西捻军入直隶。受命节制各路统兵大臣,防卫京师。光绪十年(1884),因在中法战争中主张妥协,被罢免。二十年(1894),复被起用,管理总理各国事务衙门,负责海军,督办军务,节制各路统兵大臣。旋授军机大臣。卒,谥忠。著有《乐道堂全集》及《萃锦吟》十一卷。

【奕纪】(?—1863) 清朝宗室、大臣。满族。镶红旗人。多罗贝勒绵懿子。嘉庆二十一年(1816),由应封宗室头等侍卫。道光九年(1829)后,历任正白旗蒙古副都统,兼正红旗总族长、理藩院、兵部右侍郎,署正白旗满洲副都统。十四年(1834),与左都御史升寅赴山东、河南查阅营伍并查办控案。转兵部左侍郎,充国史馆清文总校,授总管内务府大臣,管理清漪园太医院事务。十五年,赏镇国将军,赐紫禁城骑马。因修龙泉峪万年吉地工程加太子少保衔。十六年,历署正红旗汉军都统、内大臣、理藩院尚书。十七年,授御前大臣、后扈大臣,历礼部、署工部尚书。十八年,调户部尚书、正白旗满洲副都统等。因营私,革职。二十年,发往黑龙江当差。二十一年,英军侵入各海口,奉命赴天津效力。后发往盛京、吉林当差。咸丰三年(1853),赏六品顶戴,赴河南军营。五年,赏四品顶戴。

【奕𬣞】(1831—1861) 清朝皇帝。1850—1861年在位,年号咸丰。满族。爱新觉罗氏。道光帝子。即位后不久,即命钦差大臣赛尚阿等赴广西镇压太平天国起义。咸丰三年(1853),当太平天国占领并定都天京(今江苏南京)后,又令建立"江南大营"和"江北大营",钳制太平军,并派琦善、向荣等围困天京,遭惨败。太平军经安徽、山西、河北,直逼天津附近。他任用肃顺、彭蕴章等筹划政务,以图顽抗,并令僧格林沁、胜保堵击北伐军,遭惨败。为挽回败局,指使曾国藩、李鸿章等先后组织湘军、淮军等地主武装对太平军进行反扑。六年(1856),第二次鸦片战争爆发后,主张妥协投降,致使英法联军攻占大沽,天津告急,北京震惊,遂派桂良、花沙纳与英法美俄四国签订了《天津条约》。十年(1860),英法联军进攻北京,遂逃往热河(今河北承德),命奕䜣为全权大臣与英法联军签订屈辱的《北京条约》。在第二次鸦片战争期间,又先后被迫签订了《中俄瑷珲条约》和《中俄北京条约》,这些条约出卖了中国主权和领土。十一年,病死于热河避暑山庄。庙号文宗。

【奕劻】(1836—1918) 清末大臣。宗室贵族。满族。爱新觉罗氏。道光帝侄。道光三十年(1850),袭辅国将军。咸丰十年(1860),进贝勒。同治(1861—1875)间,加郡王衔,授御前大臣。光绪十年(1884),受命管理总理各国事务衙门。进庆郡王,会同醇亲王办理海军事务。二十年(1894),懿旨进亲王。二十六年(1900),八国联军侵占北京,与李鸿章同任全权大臣与各国议和。次年,在北京与十一国签订丧权辱国的《辛丑条约》。改总理各国事务衙门为外交部后,仍总理部事。二十八年(1902),代表清政府与俄使雷萨尔签订《交收东三省条约》(即《俄国撤兵条约》)。二十九年,授军机大臣,兼管外务、陆军部事。宣统三年(1911),任"皇族内阁"总理大臣,主张起用袁世凯。后出任弼德院总裁。次年,宣统帝被迫退位,他避居天津。为官贪墨,劣迹昭著,后病卒。

【奕詥】(?—1868) 清朝宗室。满族。爱新觉罗氏。道光帝旻宁第八子。道光三十年(1850),文宗奕𬣞即位,封钟郡王。咸丰十一年(1861),穆宗载淳即位,命免宴见叩拜、奏事书名。同治三年(1864),分府。仍在内廷行走。卒,谥端。著《四知堂遗稿文》二卷,诗二卷,末一卷试帖。

【奕经】(1791—1853) 清朝大臣。满洲镶红旗人。爱新觉罗氏。字润峰。道光帝侄,多罗贝勒绵懿子。侍卫出身。嘉庆(1796—1820)间,历任内阁学士、都统、将军等职。道光四年(1824),授护军统领,管理火器营事务。曾纂《清仁宗睿皇帝圣训》,同大学士托津、礼部尚书松筠校勘清文。十年(1830),奉命同钦差大臣长龄镇压回部起事。十三年(1833),授黑龙江将军,后调盛京。覆勘永陵应修工程。二十一年(1841),署理藩院尚书。英军侵扰浙江,陷定海、镇海及宁波府城。出为扬威将军,同参赞大臣文蔚赴浙江督师,至苏州,屯兵不前;进驻浙江后,袭攻宁波、镇海,不克,退兵。诬蔑抗英乡勇义民。二十二年(1842),分兵三路攻宁波与定海,因泄露军机,大败,致英军直犯长江。以罪监禁。二十三年(1843),复被起用,充叶尔羌(今新疆莎车)参赞大臣。次年调伊犁领队大臣。咸丰三年(1853),奉命率驻防密云官兵赴山东,同巡抚李惠堵剿太平军,寻驻江南徐州。卒于军。

【奕志】(1823—1850) 清朝宗室。满族,爱新觉罗氏。初名奕约,号西园主人。嘉庆帝第四子瑞怀亲王绵忻子。道光八年(1828)十月,袭郡王爵,予半俸。寻更名。卒,谥愨。咸丰三年(1853),赐福晋郡王半俸。著有《乐循礼斋诗稿》八卷和《古欢堂文集诗集诗余》。

【奕绘】 清朝宗室。满族。爱新觉罗氏。字子章,号太素道人、幻园居士。乾隆帝第五子荣纯亲王永琪孙,荣恪郡王绵亿子。封贝勒,官正白旗汉军副都统、内大臣。著有《子章子》、《明善堂集》四十卷、《妙莲华集》、《秘书集》和《写春精舍词》。

【奕𫍽】(?—1889) 清朝宗室。满族。爱新觉罗氏。道光帝第五子。号东阁主人。道光二十六年(1846),袭惇郡王。咸丰五年(1855),降贝勒。六年,复封郡王。十年,晋惇亲王。卒,谥勤。著《东园诗集》和《藏修斋诗稿》四卷。

【奕赓】 清朝宗室。满族。庄亲王后裔。官三等侍卫。著述甚丰，有《东华录缀言》六卷、《歌章祝辞辑录》二卷、《谥法续考》、《本朝王公封号》、《封谥翻清》、《清语人名译汉》二卷、《侍卫琐言》一卷附补遗、《管见所及》附补遗及《括谈》等。

【奕𫍽】(1840—1891) 清朝宗室、大臣。满族。爱新觉罗氏。道光帝第七子。咸丰帝即位，封醇郡王。同治帝即位，迭授御前大臣、领侍卫内大臣，管神机营。因参与慈禧太后发动的"北京政变"(亦称"祺祥政变")，深得慈禧信任。同治十一年(1872)，晋封醇亲王。十三年(1874)同治帝死，无嗣，以其子载湉入继帝位，是为光绪帝。光绪十年(1884)，建议设海军，加强沿海军防。次年，任总理海军衙门大臣，节制沿海水师。后命巡阅北洋军。曾受慈禧命挪用海军经费，修建颐和园。著有《邮程日记》、《巡阅海防日记》、《竹窗随笔》二卷、《窗课存稿》二卷、《九思堂诗稿》四卷又七卷，续编十三卷、《航海吟草》及《退潜别墅存稿》等。

【奕赫抵雅尔丁】(1268—1314) 元朝大臣。回回人。祖籍西城。大都(今北京)南北两城兵马都指挥使亦速马因子。自幼"颖悟嗜学"，长于西域字语。初为中书省掾，累升江西行省员外郎、吏部主事、刑部员外郎、中书省郎中、翰林侍讲学士，知制诰兼修国史，转中奉大夫、集贤大学士。未几，授江东建康道肃政廉访使。为官清正，多平冤狱。主张执法应能"变通以适事宜"，为众所服。反对滥用狱具。任内因善于理事，"赃吏削迹"。

【度易侯】(？—490) 一作易度侯。南北朝时期吐谷浑王。姓吐谷浑氏。*拾寅子。少好星文，尝向南朝宋求星书，未获。南齐建元三年(481)，父卒，继立为王。被南齐封为镇西将军、领护羌校尉，西秦、河二州刺史、河南王。永明三年(485)，进车骑大将军。遣侍郎时真向北魏贡方物。后因攻宕昌(今甘肃宕昌)羌，受魏孝文帝责，归还所掠人口、财物。

【恒春】(？—1857) 清朝大臣。萨达拉氏。满洲正白旗人。嘉庆二十五年(1820)进士。道光二十四年(1844)，累官山西按察使。历署布政使、陕西布政使、署巡抚、刑部右侍郎，兼正黄旗蒙古副都统。咸丰元年(1851)，授察哈尔都统。以察哈尔官马亏短，请准从各牧群孳生马匹留补。调正蓝旗汉军都统、刑部尚书。因事降四级调用。三年，授奉天府尹。历迁大理寺卿、盛京工部侍郎、刑部左侍郎兼正黄旗汉军副都统、山西巡抚。奉命防阻太平军北伐，驻正定府。九月，抵平定。接受巡抚盐政关防，请变通河东盐务章程。改山陕、河南商运为官运官销。四年，奉命发泽潞防兵千名赴黄河防堵太平军，后改发大明扼要防守。酌定捐免充商易银之法，可易库银数十万两以济军需。以山西兵艰粮少，请照广西、江南、河南成案办理。十二月，擢云贵总督兼署云南巡抚。派兵镇压贵州等地苗族起事。七年，以回族起事至大理府，进逼省城，自缢。

【恒祺】(？—1866) 清朝大臣。伊尔根觉罗氏。内务府满洲正白旗人。道光五年(1825)，由官学生补奉宸苑拜唐阿(执事人)。三十年，署奉宸院卿。咸丰初，接管粤海关税务。六年(1856)，加布政使衔。十年(1860)，补武备院卿。奉命办理海口通商事宜，以办理换约事宜赏头品顶戴。十一年，帮办总理各国衙门事务，擢内阁学士兼礼部侍郎衔，补镶红旗蒙古副都统。同治元年(1862)，升理藩院右侍郎，调刑部，转工部。二年，充右翼监督。次年，兼署理藩院右侍郎。四年，历任崇文门副监督、前引大臣、八旗新旧营房大臣，管火药局，并兼八旗值年大臣。因火药局失火，下部议处。五年，奉命勘东、西陵工程。旋卒。

【恒瑞】(？—1801) 清朝将领。满族。满洲正白旗人。由闲散宗室累官头等侍卫。乾隆四十一年(1776)，以副都统衔赴西藏办事。五十一年(1786)，擢福州将军。次年，率兵一千至台湾镇压林爽文起义。五十三年初，同海兰察擒林爽文于老衢崎。二月，同穆克登阿追擒庄大田等四十余人，起义失败。因前妄请多兵获罪，以副都统衔充伊犁参赞大臣。五十四年(1789)，授正黄旗汉军都统、定边左将军。五十五年，调镶黄旗、正白旗汉军都统。六十年(1795)，补绥远城、西安将军。嘉庆元年(1796)初，率兵三千，会同毕源、惠龄镇压白莲教起义。二年初，因贻误军机获罪，留营效力。三月，以执杀韦成、姚爽等二十七人，赏戴花翎。五月，义军首领姚之富、王廷诏、李全合为一处，由紫阳县白马石抢渡汉江。以迟缓罪革花翎。十月，与义军战于神山沟、韩家坝、高峰沟，俘获甚多，获赏。三年十二月，义军首领李全、樊人杰至西乡，因不即迎击受责。五年四月，追义军于黄莺铺，杀首领罗贵等五百余人，又于麓子关获胜，赏云骑尉世职。十二月，以年老有疾，调回西安。卒于任。

【恒龄】(1823—1862) 清朝将领。达斡尔郭贝尔氏。隶呼伦贝尔旗。咸丰九年(1859)，以佐领应征，后归僧格林沁充营总，与捻军作战。十一年，赐号达春巴图鲁。同治(1862—1874)初，任副都统，署直隶提督、正黄旗护军统领。在与捻军作战中死去，谥壮烈。

【恒福】(？—1862) 清朝大臣。蒙古镶黄旗人。额勒德特氏。福州将军*壁昌子。荫生出身。道光年间(1821—1850)，由道府升按察使，署布政使。咸丰二年(1852)，赴河南军营，为钦差大臣琦善办理文案。八年(1858)，由山西巡抚调河南。任内实行坚壁清野、兴筑堡寨，以防御和镇压捻军。九年，升任直隶总督，奉命至北塘劝阻英、法公使进京换约，被拒绝。后在北塘代表清政府与美国互换《天津条约》批准书。次年始，英法联军相继侵占北塘，攻陷新河，袭大沽。他力主投降，强令大沽南岸炮台挂免战白旗并压制人民的反侵略斗争，后逃至天津，令天津县令迎敌入城。十年(1860)，英法联军再占天津。他受命为钦差大臣同桂良前往议和，未成，撤钦差大臣职。卒，谥恭勤。

【恒德】 见"萧恒德"。(485页)

【恒乍绷】(？—1803) 又作恒乍崩、恒兆绷等。清代云南维西反清起义首领。云南维西厅岩瓦乡弥尔古村人。傈僳族。善占卜治病,人称沙泥(活佛),民众悦从。后被维西族土目所逐。嘉庆六年(1801)冬,岁饥,率饥民向康普、古刹两寨土司借粮不得,发动起义。贫农腊者布、乌恒布、别的扒等群起响应,一举拥入康普女士千总禾志明衙门及喇嘛寺,开仓将囤粮、积谷分给周围傈僳、纳西、汉、白等族群众,击毙维西厅前往镇压之官兵近五十名。后被骗至千总衙门拘禁。得乌恒布等营救,杀死女士千总等数十人。被岩瓦傈僳、白、汉等族群众共推为起义首领,以岩瓦、康普为据点,提出"借粮抗官"、"分种田地"的口号。至年底,拥众四千余人,攻占维西城,进抵巨甸,继续向石鼓、丽江、剑川、兰坪等地发展,聚众达万人。迎击云贵总督所率二万官兵的镇压,在石鼓红石崖及巨甸太平塘两次战役中击溃清兵进攻,击杀昭通守备鲍友信等。次年,进行大小战斗百余次,屡挫官兵。云贵总督悬赏万金缉拿。其妻、弟、岳母及首领赤线扒被捕。官军又以政治诱降和金钱收买等办法分化义军,维西城及康普、岩瓦等据点失陷,率众退入怒江。是年冬,义军复壮大,准备袭击维西、兰坪等地。嘉庆帝先后下谕二十三道,加派官军团练五六万人进行围剿。八年十月,清军分兵四路进攻怒江地区,乌恒布、别的扒等先后被俘杀。越十日,由于拉马洛村奴隶主向清军告密,壮烈就义。

【恰赤】 见"布岱恭杰"。(101页)

【恰台吉】(?—1591) 明代蒙古右翼土默特部领主。名脱机,又称达颜恰。*俺答汗义子。任俺答汗近侍。领地在妥妥城(今内蒙古自治区托克托县)一带。其属民临近明边塞驻牧,故被明人称为"临边夷"。能言善辩。嘉靖(1522—1566)间,屡奉俺答命出使明朝要求通贡互市。嘉靖三十年(1551),到宣府(今河北省宣化)恳切陈词,"攒刀为誓",要求通贡互市,明廷同意开大同马市。隆庆五年(1571),受明封为百户,后升千户、指挥金事。在大同得胜堡和山西水泉营与明朝互市。万历初,奉俺答命,两次进藏迎请索南嘉措(第三世达赖喇嘛)。俺答汗卒后,助把汉姓吉和撦力克,阻止三娘子夺取大板升地。曾撰述俺答汗的生平事迹,成为《俺答汗传》的蓝本。

【恰那多吉】(1239—1267) 吐蕃款氏。帝师*八思巴胞弟。宋淳祐四年(1244),与兄一起随同伯父萨班·贡噶坚赞赴凉州(今甘肃武威),会见蒙古皇子阔端。六年(1246),抵凉州。次年,谒见阔端,深受皇子喜爱,受命学习蒙古语。及长,被忽必烈封为白兰王,赐金印及同知右两部衙署。继娶公主墨可敦,并习蒙古俗,着蒙古服装。咸淳元年(1265),受忽必烈命,随八思巴返萨迦,参加筹建西藏地方行政机构,进一步加强对西藏地方的管理。不久,因蒙古公主无嗣,又与同萨迦家族关系密切的夏鲁万户之女堪卓本成婚。

【恰巴扎西贝桑】 明代西藏地方官。藏族。15世纪人。属恰巴家族。传说其先祖乃山南雅隆下部麻域之琼之鸟王所生,故其家族称"恰巴"(意为"鸟人")。曾在泽塘寺学,后被帕竹政权下斯查巴坚赞委任为恰巴万户长,从此其后世历任恰巴万户长职。

【恽珠】(?—1833) 清代满族女学者。字星联,别字珍浦。阳湖(今江苏常州)人。知府廷璐妻。子*麟庆,道光(1821—1850)时,累官江南河道总督,母以子贵,封一品夫人。著有《兰闺宝录》六卷,《红香馆诗词集》,辑有《恽逊庵先生遗集》、《国朝闺秀正始集》二十卷,附录、补遗各一卷,《闺秀正始续集》一卷,附录一卷。

【闻国兴】 清古州地方官。贵州都江厅(今贵州三都)人。苗族。又名小播五。参加过咸丰、同治年间苗民大起义,后投降清军,并助清军镇压都江、古州一带苗民起义军。光绪年间(1875—1908),累官古州镇总兵。

【阆览】 见"萧挞凛"。(484页)

【闾毗】 北魏大臣。柔然人。*大檀可汗亲属。北魏太武帝拓跋焘(423—452年在位)时,携弟、妹等自柔然投北魏。妹入选东宫,生文成帝拓跋濬,是为恭皇后。太安二年(456),授平北将军,赐爵河东公。同年,加侍中,晋爵为王,任征本将军,评尚书事。子弟十余人均被封为王、公、侯、子爵。卒后追赠太尉。

【闾大肥】 又作悦勃大肥。北魏将领。柔然人。一说为仆浑(步浑)子,*大檀弟。北魏道武帝拓跋珪时,与弟率宗族投北魏,获厚遇,尚华阴公主(一作华阳公主),赐爵"其思子"(一作"期思子"),奉为上宾,参与政事。北魏明元帝拓跋嗣继位后,进内都大官,增爵为侯。神瑞年间(414—416),任都将,大破越勒部于跋那山(今内蒙古包头西)。泰常(416—423)初,领禁兵击柔然,俘其大将莫孤浑。八年(423),随宜城王奚斤攻虎牢(今河南荥阳西北汜水镇),与娥清领兵出中道,攻取高平(今山东邹县西南)、金乡(今山东金乡),东至泰山。因功兼摄使持节、安阳公,镇抚陈(今河南沈丘)、汝(今河南商水西北)。太武帝拓跋焘始光二年(425),复与奚斤出云中白道(今内蒙古呼和浩特北),破柔然可汗大檀。旋师为内都大官。两度出任冀、青二州刺史,因从征西夏国赫连昌有功,授荥阳公。华阴公主卒,复尚菠泽公主。神䴥二年(429),从拓跋焘大败大檀。又出征平凉(今甘肃华亭西),屡建战功。为北魏三世功臣,卒后追封中山王。

【闾伯升】(?—540) 北魏大臣。字洪达。柔然王室后裔。河南洛阳人。其高祖率部投北魏,赐爵高昌王,仕至司徒公。后世代仕魏。他尚太尉咸阳王元禧之女元仲英公主。文武兼资,雅于从政,初授散骑侍郎,后辗转于司徒、司空府参军事。正光(520—525)中,为谏议大夫。建义(528)时,官拜给事黄门侍郎、司空长史兼大鸿胪卿,转太尉长史,后迁散骑常侍、本国大中正。

【阁罗凤】(约712—778) 又作阁逻凤、觉乐凤。唐代南诏第五世王。乌蛮。*皮逻阁子。与唐保持和好关系。开元二十六年(738),唐授以右领军卫大将军,兼阳瓜州刺史。二十九年(741),加左领军卫大将军。天宝二年(743),迁左金吾卫大将军、都知兵马大将军。三年,加上柱国。七年(748)即位,袭云南王。九年(750),因不堪唐边臣侵辱,遣大军将王毗双、罗时攻杀云南太守张虔陀,取姚州并夷州三十二,俘嶲州西泸令郑回。爱其才,用为清平官。十年,在西洱河大败剑南节度使鲜于仲通,唐兵死者六万人。建元长寿。遣弟阁陂和尚及子铎传等六十人向吐蕃献铠甲。十一年,向吐蕃献金冠、锦袍、金宝带、金帐等物,被吐蕃册为"赞普锺"(意"赞普王之弟"),南国大诏,称东帝。改是年为赞普锺元年。在浪穹筑白崖睑城。十三年(754),大败唐剑南留后李宓,广府节度使何履光所率十道兵于江口时神川,俘李宓,取嵩州、会同郡,据清溪关。令清平官郑回撰德化碑文,以志其功。十四年,攻取蜀邛州,筑邛子城及丽水金宝城。广德二年(764),羊苴咩城建成,命名大理城,又名紫城。在位期间,重视吸收汉族文化,命郑回教子弟以儒学,命子凤伽异开始筑拓东城(今云南昆明)。大历十三年(778,一说十四年)卒,谥神武王。

【炳图伊勒登】 见"丙兔"。(93页)

【洁实弥尔】(1253—1315) 元朝大臣。畏兀儿人。野薛涅子。年十八,与兄兀玉笃实赴京,受世祖命,侍太子真金于东宫。后任同知延庆司事,掌东宫佛事。厚金不贪,善守机要,屡受重任。真金卒,留事太子妃阔阔真。成宗即位,擢嘉议大夫,晋资善大夫、同知宣政院事,兼领延庆使,约束甚严。后进荣禄大夫、宣政使,领延庆使。至大(1308—1311)间,以先朝旧臣,仍领延庆使。延祐元年(1314),议封其国公爵,固辞,遂升延庆司为正二品以褒之。卒,赠太师,追封齐国公,谥文忠。

【洪万】(?—1310) 元朝将领。高丽人。洪氏。小字重喜。辽阳行省右丞*洪俊奇长子。世祖至元十三年(1276),入宿卫。十八年(1281),袭父职为怀远大将军、安抚使、高丽军民总管。二十四年(1287),从征乃颜,败叛将黄海、塔不台等。奉命率蒙古、女真、汉军留镇剌河(今内蒙古哈拉哈河),败叛党金家奴等于扎剌麻秃、蒙兀山、那兀江(今嫩江)等地。继从诸王爱牙哈赤、平章塔出等征叛党哈丹、八剌哈赤,至黑龙江。二十八年(1291),从平章薛阇干追叛军至高丽青州,败哈丹,还师,授辽阳行省右丞。二十九年,为总管高丽、女真、汉军万户,兼安抚使、高丽军民总管。武宗至大二年(1309),以罪谪漳州,中道获赦。

【洪古】 ①见"耶律李胡"。(313页) ②见"耶律弘古"。(310页)

【洪䛒】 9世纪吐蕃占领敦煌时期名僧。汉族。以"吐蕃沙州释门教法和尚"身份出任敦煌佛教界"僧统",又充沙州释门都法律兼摄行教授,在汉藏僧人中颇有声望。遵循圣神赞普弃宿隶赞意旨,兴建"七佛药师之堂",即今日之敦煌第十六窟,至今,巨大佛台中央仍保留有开洞时的古藏文题记,记载其开窟兴佛之德。同时,又在石窟附近建"法华无垢之塔"。与敦煌高僧妙弁、吴逼真等同为敦煌汉藏佛教界的显赫人物,为汉藏佛教文化交流及唐蕃友好作出积极贡献。

【洪君祥】(?—1309) 元朝将领。高丽人。洪氏。小字双叔。*洪福源第五子。年十四,随兄洪茶丘见世祖忽必烈于上京。至元三年(1266),奉命统高丽兵三百,从秃花秃烈、伯颜等筑万寿山,开通州运河。六年(1269),从头辇哥平高丽权臣林衍。八年(1271),戍河南,掠宋淮东、西地。十年(1273),从元帅孛鲁罕袭淮东之阳湖,俘其男女牛马。十一年,以蒙古汉军都镇抚从伯颜攻宋,从元帅孛鲁罕攻拔清河。于镇江招降宋洪都统。宋降,升武略将军、中卫亲军千户,后历升中卫亲军副都指挥使、枢密院判官、同金枢密院事。二十四年(1287),扈从忽必烈征乃颜,以兵车环卫世祖营帐。师还,加辅国上将军。著《东征录》,载世祖起居。二十八年(1291),授辽阳行省右丞,加集贤大学士。奉使高丽,还,改金枢密院事。成宗大德九年(1305),擢司农,拜中书右丞。十年春,改江浙行省右丞,迁辽阳行省右丞,奏请增巡兵,设儒学提举、都镇抚等官于辽阳,以兴文化,修武备。武宗即位,入为同知枢密院事,进平章政事,商议辽阳行省事,改辽阳行省平章政事。

【洪果尔】(?—1641) 清代蒙古王公。科尔沁部人。博尔济吉特氏。纳穆赛子。天聪元年(1627),遣使向后金朝贡。三年(1629),与奥巴随贝勒济尔哈朗征明,入大安口,克遵化,进围明都北京,败锦州、宁远援兵。六年(1632),从攻大同、宣府。崇德元年(1636),封札萨克多罗冰图郡王,世袭罔替。三年(1638),尚县主,授多罗额驸。

【洪茶丘】 见"洪俊奇"。(418页)

【洪俊奇】(1244—1291) 元朝将领。高丽人。洪氏。小字茶丘。*洪福源次子。幼从军,以骁勇知名。世祖中统二年(1261),雪父冤,袭父职,为管领归附高丽军民总管。至元六年(1269),率军三千从国王头辇哥平高丽权臣林衍,迁江华岛所有臣民重归王京(高丽首都,今朝鲜开城)。奉命立屯田总管府于凤州等地。八年(1271),同经略使欣都破林衍余部,杀其王承化侯。十年(1273),与忻都破耽罗(今朝鲜济州岛),杀林衍部将金通精。十一年三月,授昭勇大将军、安抚使、高丽军民总管,提点高丽农事。八月,授东征右副都元帅,领舟师二万,渡海侵日本,拔对马、一岐、宜蛮等岛。十四年正月,授镇国上将军、东征都元帅,镇高丽。二月,率蒙古、高丽、女真、汉军,从丞相伯颜北征弘吉剌部只鲁瓦台和昔里吉叛乱。十七年(1280),授龙虎卫上将军、征东行省右丞。次年,与右丞忻都领舟师四万,由高丽金州合浦渡海侵日本,舟为飓风所坏,逃还。十九年(1282)十月,于平滦黑坬儿监造战船七百艘,以图后举。二十一年(1284),授征东行省右丞。二十四年(1287),奉命率高丽、女真、汉军扈从忽必烈征乃颜,设疑兵降叛军,授辽阳等处行尚书省右丞。二十七年(1290),以疾辞归,后以叛王哈丹窜掠高丽,复被起用,镇辽左。

【洪梦龄】 清代名宦。回族。山东临清人。世有隐德,乡里称善,曾入翰林,后以知县用,兴学重农,致力实政,一时吏治称最,号为循良。道光二十一年(1841)科翰林洪毓琛即其后裔。世代缨,为山东回族之望。

【洪福源】(1206—1258) 元代高丽降将。洪氏。麟州都领洪大宣子。先世为中国人,唐时入高丽,子孙遂贵于三韩,名所城曰唐城。初袭父为神骑都领。太祖十三年(1218),蒙古军追蒲鲜万奴余部至高丽,随父迎降。太宗三年(1231)九月,率部与撒礼塔攻未附诸城,随军进至王京(今朝鲜开城),迫高丽王降。翌年,以高丽杀蒙古所置达鲁花赤,招集北部四十余城民众以待。八月,率所部与撒礼塔合攻高丽军,至王京处仁城,撒礼塔中流矢卒,还师,奉命留屯。五年,西京(今朝鲜平壤)为高丽军所破,率所集北界之众徙辽东,居辽阳、沈阳间。六年,任管领归附高丽军民长官。七年,随唐古拔都儿侵高丽。乃马真后称制四年(1245),随阿母罕再侵高丽威州。宪宗蒙哥元年(1251),改授虎符,为前后归附高丽军民长官。三年,从诸王也古侵占禾山、东州、春州、三角山、杨根、天龙等城。四年,与大将扎剌台合兵取光州、安城、忠州、珍原等城。八年(1258),高丽王族子入质,欲并统本国降蒙军民,潜于宪宗,遂被杀。后赠嘉议大夫、沈阳侯。谥忠宪。

【洗夫人】(?—602) 又作冼夫人。6世纪南方少数民族杰出女首领。广东高凉郡山兜乡丁村人。洗家世为南越首领,部落十余万家。自幼熟读春秋,勇谋兼备。在母家时已露锋芒,"能行军用师,压服诸越"。常劝亲族为善,规谏其兄洗挺勿恃强侵掠傍郡,深得族人敬重。梁武帝时,适罗州刺史冯融子高凉太守冯宝为妻。"约诫本宗,使从民礼",诸酋相率受约,州县政令有序。太清二年(548),西魏降将侯景反叛,攻陷建康。高州刺史李迁仕据高要太守陈霸先北上讨叛之机,派人诱使冯宝共反。她说服丈夫拒绝参与这一分裂之举,并计败李迁仕,助陈霸先讨平叛乱,收复建康。陈霸先称帝建立陈朝后,又派子冯仆率众首领至建康,以示竭诚,对陈朝政局的稳定起了重要作用。后又率百越酋长协同陈将章昭达平广州刺史欧阳纥反叛,因功封中郎将石龙太夫人(一说高凉郡夫人)。陈亡后,岭南归附未屑,她怀集百越,保境安民,被尊为圣母。开皇九年(589),遣孙冯魂举兵迎隋军入广州。翌年,又遣孙冯暄讨俚帅王仲宣兵变,以暄与逆党陈佛智素相友善,按兵不动,执暄下狱,另派孙冯盎率军平息叛乱。并亲与隋使裴矩巡抚诸州,使岭南重新获得统一。以功封谯国夫人,赐临振县汤沐邑一千五百户。坚持国家统一,反对分裂割据,致力于消除民族隔阂,提倡学习汉人先进生产技术和文化,对促进岭南地区的民族团结和经济文化发展作出积极贡献。仁寿二年(602)病逝,追封诚敬夫人,葬于广东电白县北。

【洛托】(1616—1665) 清初将领。满族。爱新觉罗氏。舒尔哈齐孙,寨桑古长子。后金天聪八年(1634),从太宗入关,有功。清崇德元年(1636),封固山贝子。从征朝鲜,同贝勒多铎围南汉山城,屡歼援军。二年,参与议政。四年,随英亲王阿济格围明塔山、连山。五年,随睿亲王多尔衮屯田义州。同镇国公屯齐击败明锦州兵夜袭。六年三月,围锦州,以离城远驻,并私遣兵还,受罚。八月,太宗征松山,败明总督洪承畴兵,他率军击溃军于塔山。七年,从郑亲王济尔哈朗取塔山。任都察院承政。八年,被家人都塔里讦告,削爵,幽禁。顺治八年(1651),复封三等镇国将军。十三年(1656),授镶蓝旗满洲都统。十四年,为宁南靖寇将军,驻防荆州,攻孙可望、李定国,收降之。由湖南进取贵州。十五年,与洪承畴会师常德,收复沅陵等县。十六年,授云骑尉,晋一等镇国将军。十七年,任安南将军,征郑成功。康熙四年四月,卒。

【洛哩】(?—1638) 清初将领。蒙古察哈尔部人。鄂尔沁氏。初为察哈尔林丹汗护卫。天聪六年(1632),持元初八思巴喇嘛所铸嘛哈噶拉金佛,率百余人投后金,隶蒙古正黄旗。授世职一等参将。崇德三年(1638),从贝勒岳讬征明,自墙子岭毁边墙入,击败明总督吴阿衡。六年(1641),随军围锦州,失利,力战阵亡,以功追赠三等梅勒章京。

【洛布七力】 清代四川中瞻对土司。藏族。因常扰掠邻近土司牧场、财物而起纠纷。嘉庆十九年(1814),清遣副将例德方查办,拒认罪。次年,总兵罗声皋率军用兵瞻对,遂将土司印信给其子阿更承袭,暂避,请撤退官兵,未遂。清军占据中瞻对后路要隘后,他凭借熟悉地形之便,与官兵周旋于山林深谷间,使官兵疲惫不堪,被迫撤军。

【洛昂达孜】 吐蕃统一前小邦首领。居今尼洋河一带。后臣服于止贡赞普,成为属民。后借比武之机,杀死赞普,在今年楚江流域的娘若香波堡称王,将止贡妃掠为己有,致使吐蕃赞普传承中断数年之久。后止贡大臣茹莱杰及止贡子夏堰引兵反攻,将其毒杀,攻下娘若香波堡,迎止贡次子恰赤为赞普,使赞普王系得以恢复。

【洛绒降泽】 清代甘孜寺第一世香根活佛。藏族。甘孜第五代孔萨土司格绒达吉次子。曾被选为十二世达赖喇嘛成烈嘉措的转世灵童,迎往西藏。因金瓶掣签落选,由七世班禅贝丹尼玛授沙弥戒,取法名罗绒尺朱,授予"香根"(意为救星)名号。其宗教地位仅次于达赖、班禅。咸丰六年(1856),返回甘孜,成为甘孜寺第一世香根活佛。孔萨土司发展了政教合一制。

【洛桑丹增】 ①(1748—1815)清代藏传佛教高僧。又名扎西顿珠。藏族。生于后藏洛哈底河畔之甲卡。入扎什伦布寺学经,取法名为洛桑丹增。十岁从堪钦·益西坚赞受沙弥戒。学识渊博,获噶久巴之名。二十八岁从六世班禅贝丹意希受比丘戒。此后十四年隐居班觉伦布寺修行。四十五岁任吉科扎仓轨范师,四十八岁任居巴扎仓轨范师。四十九岁为七世班禅丹贝尼玛之经师,获得古格经师称号。著有《胜乐轮灌顶讲说》。
②见"罗卜藏丹增"。(353页)

【洛桑塔杰】 清代前藏官员。藏族。任蚌唐巴地区代本。雍正元年(1723),为防御青海蒙古王公罗卜藏丹津叛军窜扰西藏,同颇罗鼐分路进剿,率兵从彭域出发,颇罗鼐从拉萨出发,会师于念青唐古拉山附近的多纳,营于那曲,率军突袭该地首领额尔德尼济农等,收服青海南部,归西藏。返藏后,受达赖喇嘛和清廷嘉奖。

【洛桑楚臣】(1841—1907) 清代藏传佛教高僧。藏族。生于多麦林噶堆之悦达地方。三岁被七世班禅贝丹尼玛认定为果芒曲达之转世。六岁拜第甲衮却为启蒙师。七岁迎至拉卜楞寺法座,从嘉木样洛桑土登晋美嘉措,受居士戒及沙弥戒,拜格西欧拉桑木丹嘉措等为师。十三岁重返拉卜楞寺,修习显、密经义及大小五明。二十六岁赴藏朝拜达赖喇嘛和班禅大师。二十九岁主持拉卜楞寺。其间曾赴蒙古、多麦等地传经授法。后应章嘉·益西丹白坚赞并请至佑宁寺,于光绪三十三年(1907),圆寂于该寺,后移灵于拉卜楞寺。

【洛桑盖敦巴】 见"罗布藏益喜丹巴饶结"。(356页)

【洛桑丹白尼玛】(1689—1772) 清代青海地区活佛,噶勒丹锡勒图呼图克图二世。生于青海羊桑地方。幼年在塔尔寺学经,后赴西藏学经。回青海后,在塔尔寺、佑宁寺、夏琼寺等辩经。奉召北京。雍正十三年(1735),敕封为慧悟禅师噶尔丹锡埒图呼图克图。并敕建仁寿寺,作为驻锡京师之所。乾隆(1736—1795)初年,与章嘉呼图克图三世以蒙文翻译甘珠尔经。新修雍和宫,建显宗、密宗、医学、文学四学院。后返青海。

【洛桑丹白坚参】(1652—1723) 清代青海地区活佛,却藏呼图克图二世。初在塔尔寺学显宗密宗。后赴西藏学经。回青海后,任塔尔寺密宗学院法台。康熙十九年(1680),被封为呼图克图。连任塔尔寺法台十七年。任内修缮寺院,将大金塔盖上金瓦,将三世达赖墓塔改修为银装。整饬戒律,提倡学风。康熙六十一年(1722),七世达赖住塔尔寺时,曾聘其为经师。雍正元年(1723),因同情青海罗卜藏丹津反清,在清军烧毁广惠寺时被烧死。

【洛桑丹白旺秀】(1869—1909) 清代青海地区活佛,塔尔寺阿嘉呼图克图六世。光绪七年(1881),进京,九年(1883),简放副扎萨克达喇嘛。十年,回籍。二十年(1894),在南海晋谒皇太后,奉旨掌管喇嘛印务处事务,授扎萨克达喇嘛,掌管弘仁寺及唐古忒学事务。二十八年(1902),回籍。三十年(1904),又返京。三十一年因病回籍。宣统元年(1909),在西宁塔尔寺圆寂。

【洛桑丹悲坚赞】(?—1766) 清代青海地区活佛,塔尔寺阿嘉呼图克图二世。相传喜惹桑布为阿嘉呼图克图一世,是宗喀巴父转世。故称"阿嘉"(意为"父")。乾隆十一年(1746),奉旨进京朝觐,赐述道伯勒各图诺门罕称号,住雍和宫,任扎萨克达喇嘛。在多伦诺尔慧宗寺敕赐游牧地一块。

【洛桑图丹嘉错】(1848—1902) 清代青海地区活佛,噶勒丹锡勒图呼图克图六世。生于黄河南的莽拉族。幼年在德庆寺、塔尔寺学经。咸丰(1851—1861)末年赴京,后返青海在德庆寺学经。同治十三年(1874),再次赴京,并到蒙古地区传法。任多伦诺尔等寺掌印喇嘛。光绪五年(1879),返青海。九年(1883),任塔尔寺法台。重订塔尔寺僧规则,重修佛殿数处。

【洛热巴·旺秋尊追】(1187—1250) 宋代藏传佛教噶举派下主巴噶举的创始人。生于雄地区的扎钦。洛囊家族人,故称洛热巴。父名伦觉,母名麦萨吉。六岁,晓诵读。十六岁,曾承事恭候名僧藏巴嘉热,十七岁,复至聂塘栋谒见藏巴嘉热。十八岁,私自逃到觉摩垅寺从堪布拜第出家,法名旺秋尊追。一再拒绝父母要其还俗娶妻的要求,从藏巴嘉热学"拙火定",掌握修行要诀。从师受比丘戒,学习《戒经》,听受《喜金刚》等密续部修法。父亲去世后,他将遗产献给师长,到"主"寺修行,发愿守持戒规。宋嘉定四年(1211),藏巴嘉热去世后,到一雪山上苦修。继在曲弥喇波等地修建一些小寺庙,收徒传法。在乌日住了七年,聚有徒众七千余人。帮助当地调解乱事纠纷,掌握了地方的部分权力。淳祐元年(1241),在雅隆河谷东岸修建噶波日坝寺,并书写金字经书。举行法会时,与会者多至万余人。曾重修洛扎的噶曲寺;在门地区(在今不丹境)的本塘建塔尔巴林寺。整顿僧格日寺寺规,为五百僧众授胜乐大灌顶和召集盛大的法会。

【济火】 又作火济、济济火。汉样牁"黑卢鹿"部首领。据水西土司家谱载,为其二世远祖。三国蜀汉时,诸葛亮于建兴三年(225)率军南征高定、孟获时,他曾在今滇东北、黔西北一带积粮通道,从征助军,因功受封为罗甸国王(或作罗殿国王)。后代世袭贵州水西土司。原也称"卤氏"、"罗氏",明太祖赐姓安,以后即称水西安氏,为贵州彝族势力最盛者。

【济度】(1632—1660) 清初将领。满族。爱新觉罗氏。郑亲王·济尔哈朗次子。顺治八年(1651),初封多罗简郡王,兄富尔敦卒,为世子。次年,命议政。十一年(1654),授定远大将军,与贝子多达海、都统噶达浑进攻郑成功。入福建,进驻泉州。十三年(1656),黄梧、苏明、郑纯等率官兵降,自泉州移驻漳州。复遣觉罗阿克善等进击,获胜。十四年,师还赴丧。五月,袭封和硕亲王,仍其郡王之号曰简。卒,谥纯。

【济什哈】(?—1662) 清朝将领。满洲正黄旗人。富察氏。佐领科里木次子。天聪(1627—1636)时佐领。崇德四年(1639),擢护军统领。五年,随郑亲王济尔哈朗征明锦州,战松山。寻驻义山,卫兵屯田。以越旗助战,擅离汛地罪,罢护军统领。继随郑亲王济尔哈朗围锦州,于松山屡败明兵。七年(1642),授正红旗蒙古副都统。八年,兼任户部参政。顺治元年(1644),入山海关,败李自成起义军,授骑都尉世职。二年,随端重亲王博洛征浙江,驻守杭州。寻还京任工部侍郎。五年(1648),受命驻东昌府,随靖南将军陈泰、郑彩入攻长乐等县。以功晋二等轻车都尉。七年,调刑部侍郎,迁尚书。授正红旗蒙古都统,列议政大臣。九年(1652),奉命征胶州总兵时行叛军,收降之。十四年(1657)调满洲都统。从宁南大将军罗托军征明桂王朱由榔,继助镇南将军卓木泰攻克昆明。康熙元年(1662)卒。六十年(1721),追谥勇壮。

【济尔哈朗】 ①(1599—1655)清王朝创建者之一。满族。爱新觉罗氏。清太祖*努尔哈赤弟*舒尔哈齐第六子。初封和硕贝勒。后金天命十一年(1626),率兵攻蒙古巴林部、扎鲁特部。天聪元年(1627),与二贝勒阿敏进军朝鲜,攻明将毛文龙所据铁山,军逼平壤,与朝鲜王议和而还。五月,从太宗攻明锦州、宁远城。二年,与豪格攻杀蒙古固特塔布囊,降其部众。三年八月,同贝勒德格类等再征锦州、宁远。十月,从太宗征明,与岳讬攻克马兰营、马兰口、大安口,会师遵化,逼明京城。四年初,从太宗克永平,与贝勒萨哈璘下滦州、迁安。五年三月,建言"选贤良,填司刑宪"。七月,初设六部,奉命掌刑部事。从太宗攻明大凌河城。六年,从征察哈尔,收归化城千余众。七年,奉命修岫岩城。八年,太宗亲征察哈尔,奉命留守盛京。清崇德元年(1636)四月,封和硕郑亲王。连年领兵攻明宁远、锦州、松山。七年(1642),再围锦州,收降祖大寿,克松山、塔山、杏山。八年八月,世祖福临即位,与睿亲王多尔衮同辅政。顺治元年(1644),封信义辅政叔王。四年(1647),以府第越制,罢辅政。五年三月,坐不举发大臣谋立肃亲王豪格,降郡王。闰四月,复亲王爵。九月,拜定远大将军,征湖广。九年(1652),晋封叔和硕郑亲王。 ②见"默们图"。(607页)

【济克济札布】 清代卫拉特蒙古辉特部台吉。姓伊克明安。巴济戚族。初游牧青海,附和硕特部。后因罗卜藏丹津举兵侵其牧,率属徙往喀尔喀附巴济。雍正九年(1731),导准噶尔军掠喀尔喀诸札萨克,被清军击败,潜逃准噶尔。乾隆二十年(1755),清军抵伊犁,复偕噶勒丹达尔札率请内附。令仍驻牧喀尔喀。

【济龙呼图克图六世】 见"阿旺工曲尼玛"。(292页)

【济龙呼图克图七世】 见"罗布藏班垫坚参"。(355页)

【济龙呼图克图八世】 见"伊喜洛桑丹贝贡布"。(152页)

【济龙呼图克图十世】 见"阿旺班垫曲结嘉木参"。(294页)

【浑瑊】 (736—799) 唐代铁勒族将领、浑部首领。原名进。曾祖浑元庆,祖父浑大寿,父浑释之,皆世袭皋兰都督。天宝五年(746),十一岁,随父从朔方军。七年(748),随父从征西突厥阿史那贺鲁,后从朔方节度使安思顺伐葛罗禄,因功迁中郎将。十四年(755),安史乱后,佐郭子仪收复西京,以功加太常卿。广德元年(763),仆固怀恩反唐,攻灵武,其父战死,遂任朔方行营兵马使。后与吐蕃争战多年,升左金吾卫大将军。建中四年(783),因朱泚作乱,率军坚守奉天(今陕西乾县)。次年与李晟联兵收复京师,平乱,官至邠、宁、庆副元帅,检校司徒兼中书令。贞元三年(787),与吐蕃会盟平凉,因吐蕃背信劫盟,夺马脱险。卒,赠太师。

【浑邪王】 见"昆邪王"。(350页)

【浑都海】 (?—1260) 蒙古国将领。蒙古族。初副哈剌不花征蜀,继受命统军二万守六盘。蒙哥汗九年(1259),汗死后,与朝臣阿蓝答儿、脱火赤等相结,谋立汗弟阿里不哥,自六盘起兵,与领兵南下之阿蓝答儿会合于西凉府,图据关陇,与忽必烈军对峙,遭诸正合丹、合必赤及总帅汪良臣迎击。中统元年(1260)九月,兵败删丹,与阿蓝答儿均被执杀。

【前赵烈宗】 见"刘聪"。(162页)
【前赵高祖】 见"刘渊"。(161页)
【前秦太宗】 见"苻登"。(330页)
【前秦世祖】 见"苻坚"。(329页)
【前秦高祖】 见"苻健"。(330页)
【前燕太祖】 见"慕容皝"。(581页)
【前燕幽帝】 见"慕容暐"。(578页)
【前燕烈祖】 见"慕容俊",(579页)
【前赵光文帝】 见"刘渊"。(161页)
【前赵昭武帝】 见"刘聪"。(162页)
【前秦明皇帝】 见"苻健"。(330页)
【前秦高皇帝】 见"苻登"。(330页)
【前燕文明帝】 见"慕容皝"。(581页)
【前燕景昭帝】 见"慕容俊"。(579页)
【前秦哀平皇帝】 见"苻丕"。(329页)
【前秦宣昭皇帝】 见"苻坚"。(329页)

【养罕王】 明代瓦剌贵族首领。一说*为也先曾孙,*克舍子,即蒙文史籍中提到的哈喇台青森。成化二十二年(1486),父死。继太师位,辖绰罗斯部,拥兵七千,驻扎在把思阔(巴里坤)附近。次年,屡以兵扰掠赤斤、罕东,并与叔阿力古多合兵谋犯甘肃,因哈密忠顺王罕慎奏明廷,不得利而去,怀怨,遂还掠哈密剌木城。后与罕慎缔亲,遣使随哈密使臣奏请入贡。弘治四年(1491),以瓦剌太师名义入贡的已是火儿忽力(或火儿忽倒温)。其名后不见于史载。

【养易斋学人】 清代满族女文人。清宗室嘎公之女,袭封男爵珠亮之妻,封一品夫人。嵩山、峒山母。著有《养易斋集》。

【觉诚】 清朝女文人。字丹奉。满族。江苏、浙江巡抚雅尔哈善妹。有残疾,立志依父母以终。著有《素言》。

【觉尔结】 (?—1860) 清代西藏地方政府官员。藏族。任噶伦。咸丰八年(1858),经驻藏大臣奏派办理三十九族案件,次年完结,赏二等台吉职衔,准其承袭一次。十年(1860)卒,子策旺朗结袭台吉职。

【觉乐凤】 见"阁罗凤"。(417页)

【觉昌安】 (?—1583) 又作叫场、觉常刚。明朝建州左卫首领。女真族。清太祖*努尔哈赤祖父。世居苏子河畔赫图阿拉(今新宾县境)。兄弟六人通称宁古塔贝勒,是为六祖。明嘉靖(1522—1566)初,统一五岭以东,苏克苏浒河以西二百里地,势渐强。后与栋鄂部相抗,战后势衰。嘉靖末年,归附建州右卫都指挥王杲,屡犯明边,旋背王杲归顺明朝。万历二年(1574),导引明将李成梁攻王杲,立有战功。初为建州左卫都指挥使,后升都督金事,常率族人至辽东互市。十一年(1583),图伦城主尼堪外兰导李成梁攻古勒山城时,与子塔克世赴援救孙女夫阿台,城破死于兵火。清追尊为景祖翼皇帝。

【觉罗伊图】(?—1677) 清朝大臣。满洲镶红旗人。顺治元年(1644),授秘书院学士。二年,参与修《明史》,任副总裁。三年,译成朗洪武宝训。四年,加三等轻车都尉。九年(1652),充修纂太宗实录副总裁,授宗人府启心郎。十一年,署刑部尚书,后擢兵部尚书。十七年(1660),调吏部尚书。奉命同礼部尚书沃赫等校定律令。十八年,授弘文院大学士。康熙六年(1667),解大学士任,掌管王府事。卒,谥文僖。

【觉罗拜山】(?—1627) 后金将领。满族。满洲镶黄旗人。清景祖五弟宝郎阿曾孙。后金天命六年(1621),从太祖努尔哈赤征明,攻沈阳。既克辽东,授三等轻车都尉。天聪元年(1627),从攻明锦州城不下,移师攻宁远,遭锦州兵追击。与佐领巴希争先还业,战死。清太宗皇太极亲临其丧,赐三等男。

【觉罗耆龄】(?—1863) 清朝将领。满族。道光十七年(1837)举人。三十年(1850),累官袁州府知府。咸丰三年(1853),以太平军由广西入江西,会同文武分段守御,赏戴花翎并加道衔。六年(1856),擢布政使。是年底,太平军陷瑞州,奉曾国藩命领赣兵在饶州防堵。七年,擢江西巡抚。率兵复万安、乐安、临江府等城。九年,调广东巡抚。十一年,因采办洋米迟延,降四级留任。同治元年(1862),赴福建办理援浙军务。次年,调补福州将军。旋卒,谥恪慎。著《两广夷务奏稿》。

【觉罗海龄】(?—1835) 清朝大臣。满族。正蓝旗人。乾隆五十八年(1793),选吏部笔帖式。历任昌陵礼部员外郎、理藩院郎中、山东道监察御史。嘉庆十八年(1813),转京畿道监察御史。因拿获助天理教攻进紫禁城的太监杨进忠,赏四品卿衔。又以执获林清案内人,擢内阁侍读学士。十九年后,历迁鸿胪寺卿、道政使司副使、太仆寺卿、奉天府尹、湖南按察使、布政使。因母年老多病留京,擢内阁学士兼礼部侍郎衔,改正白旗、镶黄旗蒙古副都统、刑部右侍郎。后因事降三级留任。道光二年(1822),充翻译会试副考官,调理藩院左侍郎,署镶红旗护军统领。四年,署理盛京刑部侍郎,因贪贿降级留任。后赏二等侍卫,充阿克苏办事大臣。五年,授都察院左副都御史。六年,升盛京工部侍郎。七年,调刑部。拿获越边窃鹿茸之台丁,拟订偷猎治罪专条。查获偷砍官山树木三十八起。八年,调刑部左侍郎。九年,授镶黄旗蒙古副都统、署户部右侍郎,兼管钱法堂事务。十年,调泰宁镇总兵兼管内务府大臣。

【觉罗琅玕】(?—1804) 清朝大臣。满族。隶正蓝旗。由笔帖式累官刑部郎中、内阁学士,出为江苏按察使。乾隆五十年(1785),授刑部侍郎。五十一年,擢浙江巡抚。五十二年,由海道运谷二十万石,援清军镇压台湾林爽文起义,受嘉奖。旋因事解职,以头等侍卫赴哈密办事。历叶尔羌办事大臣、喀什噶尔参赞大臣、热河避暑山庄总管。嘉庆二年(1797),以三等侍卫充古城领队大臣,召授刑部侍郎。五年,出任云贵巡抚,镇压广顺苗民杨文泰的反抗,擢云贵总督。次年,镇压石岘苗民。卒,谥恪勤。著有《海塘新志》六卷,续志四卷,《续海塘新志》四卷。

【觉罗舒恕】(1639—1703) 清朝将领。满洲正白旗人。武功郡王礼敦曾孙。顺治十二年(1655),由三等侍卫晋一等。康熙八年(1669),授兵部督捕侍郎。十年(1671),迁吏部侍郎。十三年(1674),以吴三桂陷湖南,奉命赴江西参赞定南将军希尔根军务。寻署前锋统领。继与希尔根往剿耿精忠,收杭州,克复新城、宜黄、崇仁、安乐等县。后率兵赴援广东,以镇南将军驻肇庆。十五年(1676),因尚之信叛,败绩,退驻赣州。受命坚守南安、梅岭,以固保江西。十六年,授安南将军。十七年,守梧州。十八年,授都察院左都御史。同莽依图督兵败吴世琮,解南宁围,以病剧请返京。后因败溃奔退,阻挠进兵,诈称病剧等罪革职。三十四年(1695),复镶黄旗满洲副都统,授宁夏将军,驻归化城北。后参赞抚远大将军费扬古军务。三十五年,随康熙帝征准噶尔部噶尔丹,授扬威将军,率右卫兵随费扬古出西路,同败噶尔丹于昭莫多(今蒙古人民共和国乌兰巴托东南)。三十六年,驻箚喇穆伦,旋还京。三十七年,擢正蓝旗满洲都统。四十年(1701),以病请休。

【觉罗满保】(?—1725) 清朝将领。满洲正黄旗人。字凫山。康熙朝进士。康熙五十年(1711),授福建巡抚,五十四年(1715),擢福建、浙江总督。奉命巡海,请自乍浦至南澳沿海五千余里建台、寨一百二十七所,炮位一千余个;于各口岸按极冲、次冲修筑墩台;择地建造营房,巡防分守;于台湾北界鸡笼山置淡水营,设官驻防,以扼台湾之尾。五十九年(1720),为使淤沙归江海,防潮患,同浙江巡抚朱轼疏陈修筑海塘六事。六十年(1721),台湾朱一贵起义。他调南澳镇总兵蓝廷珍、提督施世骠率水陆军由澎湖进征,并于台湾宣传朝旨,出师仅七日,即诱捕了朱一贵,起义军被镇压。因指挥得当加兵部尚书。

【觉罗巴哈纳】(?—1666) 清初大臣。满洲镶白旗人。天聪(1627—1636)间屡从太宗征战有功。八年(1634),授骑都尉世职。崇德三年(1638),授刑部理事官,后擢刑部参政,兼正蓝旗满洲副都统。七年(1642),以刑部失勘及审断不公,革世职。顺治元年(1644),睿亲王多尔衮摄政,擢正蓝旗蒙古都统,寻调满洲都统。与都统石廷柱攻取德州、临清等地,后移师山西,同都统叶臣遣使招降明总督李化熙,又率师趋平阳。于黑龙关降明守备三员,兵六千余。三年(1646),随肃亲王豪格入四川,攻张献忠义军,分兵遵义、夔州、茂州,降大顺政权官数百员、甲士数千。八年(1651),奏请遣兵采办临清青砖,分派漕船运载于通州,辗转拨运供用是为国家无益之费,遂命永行停止。兼正白旗满洲都统。任内,阿附睿亲王多尔衮,屡次私厚白旗兵丁给饷,苛待黄旗兵丁。九年,授刑部尚书。后授弘文院大学士。十八年(1661),授秘书院大学士。康熙元年(1662),兼镶白旗满洲都统。卒,追谥敏壮。

【觉罗伊桑阿】 清乾隆朝蒙占名医。精通正骨。乾隆(1736—1795)中,以正骨起家,至巨富。被选隶上驷院。门徒甚众,其授徒法颇异,将笔管削为数段,令徒包以纸,摩挲之,使笔节皆接,如未断,依法接骨,皆奏效。凡禁廷执事人有跌损者,经其医治,多愈。侍郎齐召南坠马,伤首,脑出,蒙古医士以牛脬蒙其首,治愈。

【觉罗纳世通】 清初大臣。满洲镶蓝旗人。初由笔帖式迁户部郎中。乾隆十九年(1754)起,历任云南布政使、安徽按察使。二十三年(1758),奉命赴巴里坤筹粮饷,寻委鲁克察克办理屯田。二十八年(1763),任参赞大臣,赴喀什噶尔(今新疆喀什)办事。任内,任所属官兵凌虐维吾尔族人民,科派其出田,扰其耕种,致人民废时失业。三十年(1765),因镇压乌什人民起事不力并阻挠将军明瑞前往查核,被治罪。

【觉敦仁波且】(1126—1200) 宋代藏传佛教噶当派僧人。吐蕃人。生于觉宗,本名绛曲仁钦。十三岁机遇冲协仁波且大师,随从学法。二十一岁在嘉杜师座前受比丘戒。四十六岁出任岗岗寺堪布,主持该寺事务,并兼任杰拉康寺堪布。任岗岗寺堪布期间,僧众多时达五百余人。后该寺即以传承甲域哇一派的修持和密法为主。

【觉罗雅尔哈善】(?—1759) 清朝将领。满洲正红旗人。雍正三年(1725),由举人授内阁中书。十年(1732),迁侍读。乾隆初,迁御史,擢通政使。曾针对时弊疏言题奏要务贵于详明,不得滥用浮词。自乾隆十三年(1748),由知府、按察使署江苏、浙江巡抚。后因宽纵辖内民人私销钱罪受乾隆帝切责。十五年(1750),以京口驻防兵粮饷拨夫徒漕米于旗兵、居民、商旅皆不便,请复旧例,被采纳。十九年(1754),补兵部右侍郎兼副都统。二十年,充《平定准噶尔方略》副总裁,赴北路军营,任参赞大臣。二十一年,转赴西路军营,驻巴里坤。时和硕特部沙克都尔漫济徙牧逼巴里坤,且与准噶尔扎那噶尔布通,他夜袭其营戮之。因功授内大臣衔。二十二年,回京。授镶蓝旗满洲都统,后擢兵部尚书。二十三年,任靖逆将军,同参赞大臣哈宁哈征讨霍集占,进兵围库车。因霍集占遁,徒取空城。二十四年(1759),因于库车安坐纵敌、劳师糜饷等罪,解京正法。

【觉囊衮噶宁波】 见"多罗那他"。(158 页)

【宣统帝】 见"溥仪"。(569 页)

【宣简皇后】 见"萧岩母斤"。(488 页)

【宣简皇帝】 见"耶律撒刺的"。(326 页)

【宣懿皇后】 见"萧观音"。(482 页)

【宣武灵皇后】(?—528) 即胡太后。北魏世宗宣武帝元恪之妃。安定临泾(今甘肃镇原南)人。司徒胡国珍女。初召入掖庭为承华世妇。永平三年(510),生皇子诩,进为充华嫔。延昌四年(515),孝明帝即位,尊为皇太妃,寻为皇太后。子幼,遂临朝执政。信佛教,兴建寺、塔、石窟。正光元年(520),为元叉、刘腾幽于北宫,归政逊位。后爆发六镇起义,腾卒,又被解领军,于六年四月,复临朝摄政,继续遣将镇压各地义军。预征六年租调,民不聊生。大权独揽,任用非人,母子嫌隙日深,凡帝所亲信者,皆以事调除之。武泰元年(528)二月,鸩杀孝明帝,立临洮王元宝晖世子年仅三岁的元钊为帝,以便长久专政。四月,尔朱荣引兵入洛阳,将其及少主沉于河。谥灵太后。

【室鲁】 ①见"耶律释鲁"。(320 页) ②见"耶律室鲁"。(317 页)

【室点密可汗】(?—576) 又作瑟帝米、伊室点密、常瑟波罗斯。南北朝时期西突厥可汗。阿史那氏。阿史那土门可汗弟。初统十大首领,领兵十万,征西域。北周保定二年(562),战哒,约于天和二年(567),联合波斯王库萨和第一,击灭哒,杀其王,乘胜攻取赫时、拔汗那、康、安、史等族国,自立为西方可汗,分领乌孙故地,为西突厥之始。建牙帐于鹰娑川(今库车西北小裕勒都斯河),为南牙(冬都);后于碎叶河之千泉(今楚河西岸),建北牙(夏都)。辖地东接东突厥,西领雷翥海(今咸海),南抵疏勒,北达瀚海,与葛逻禄、处月、处密、伊吾等族杂处,地处中西交通要道,丝绸之路必经之地。为发展丝绸贸易,遣使至波斯,为波斯王库萨和第一所拒,部分使者被杀。复遣使至东罗马。天和三年(568),在牙帐接见东罗马使者。后与东罗马使臣往返频繁,东罗马亦送回留居之突厥人。北周建德五年(576)逝世。

【宪德】(?—1740) 清朝大臣。蒙古正白旗人。姓西噜特。吏部尚书*明安达礼孙。头等侍卫花善子。康熙五十七年(1718),由荫生授理藩院主事。迁刑部员外郎。雍正二年(1724),迁郎中。四年(1726)二月,授湖北按察使。十月,升巡抚。五年,调四川巡抚。任内多有政绩,设驿盐道及盐茶大使,专司其事,以除稽核不周之弊。六年,奏安置入川人户事宜,拨地亩令垦。于宁远府汉境择大村建学舍。九年(1731),授工部尚书。十二年(1734)六月,兼议政大臣。七月调刑部尚书仍兼工部尚书事,署满洲正红旗都统。乾隆元年(1736)赴泰陵督办工程。

【客台】 见"怯台"。(373 页)

【突昏】 唐代西域康国王。月氏人。王族温姓。笃婆钵孙。父泥涅师师死后,继位。开元六年(718),遣使献馆子甲、水晶杯、马脑瓶、鸵鸟卵、胡旋女子等。

【突欲】 见"耶律倍"。(306 页)

【突董】(?—779) 又作突董统。唐代回鹘汗国贵族。药罗葛氏。*合骨咄禄毗伽可汗顿莫贺达干叔父。英义建功毗伽可汗移地健(759—779 年在位)时,率回鹘使团留驻长安,德宗即位后返国,途经振武(今内蒙古和林格尔西北),被振武留后张光晟诱杀,同时被害者达900 人,引起回鹘众怒。德宗贬张光晟,遣册封使源休送归其遗骸。新可汗顿莫贺达干重大局,不以血濯血,释疑。一场因突董被害引起的风波始平息。

【突地稽】 隋唐时期靺鞨首领。一说为粟末靺鞨部长。隋末,率部千余家内属,置于营州(今辽宁朝阳),隋炀帝授金紫光禄大夫、辽西太守。唐高祖武德(618—626)初,遣使朝贡,以其部署燕州,为总管。曾率部赴定州参加镇压刘黑闼,被太宗封为耆国公,徙其部于幽州之昌平。高开道引突厥兵攻幽州,他率兵拒出,大破突厥兵。贞观(627—649)初,拜右卫将军,赐姓李。寻卒。

【突吕不】 见"耶律突吕不"。(324 页)

【突董苏】 唐代奚族部落联盟首领。懿宗咸通九年(868),遣大都督萨葛赴唐,与唐交好。

【突利可汗】 ①(603—631)隋末唐初东突厥小可汗。名什钵苾。阿史那氏。始毕可汗子,颉利可汗侄。隋大业(605—618)中任泥步设,领东牙兵,妻隋淮南公主,建牙幽州之北,统辖奚、霫等数十部。唐武德七年(624),随颉利可汗犯唐,为秦王李世民离间计所诱,与其结为兄弟,引兵还,致使颉利势单不支,遣使求和。贞观元年(627)受命征奚、霫等部,继北征薛延陀、回纥,兵败受拘,叔侄构难。二年(628)四月,遭颉利攻击,次年遣使归唐。四年(630),授右卫大将军,封北平郡王,拜顺州都督。五年(631),奉命入朝,十月至并州病卒,享年二十九岁。 ②见"启民可汗"。(266 页)

【染干】 见"启民可汗"。(266 页)

【姜映芳】(1833—1862) 又作姜应芳。清咸、同年间侗族农民起义领袖。贵州天柱县织云乡垒溪寨人。出身于贫苦农民家庭,七岁时,父亲因无力缴纳皇粮入狱,迫害致死。祖父和母亲亦因无力偿还地主债务,惨遭毒打身亡。故自幼对官吏地主怀有刻骨之恨,发誓复仇。1840 年鸦片战争失败后,清政府把战争赔款转嫁给各族人民,激起强烈不满。咸丰五年(1855),受太平天国革命的影响,在家乡织云秘密组织天地会,又称金兰会,提出"打富济贫",主张:"大户人家欠我钱,中户人家你莫言,小户人家跟我走,打倒大户来分田。"号召侗族人民起来推翻清朝政府。拥众千余人,进军天柱县城,途中,因遭官军阻击,转移到梁上、巴冶一带,继续坚持战斗。后与姜芝灵、龙海宽领导的侗族起义军汇合,并与张秀眉领导的苗族起义军配合,协同作战,声威益张。同治元年(1862)五月,率义军攻克天柱县城,杀赃官土豪,分田土,以九龙山为根据地,建制设官,被推为"奉天伐暴灭清复明统领义师定平王"。后军分几路,进击湘西和黔东,屡获胜,拥众十万,声言"挥戈直捣北京"。清政府调湘军,联合地方武装,乘义军东进之隙,偷袭天柱县城。他回师救援,因寡不敌众,义军内又出现叛逆,战斗失利,被俘,押至铜仁府,在敌人威逼利诱面前义正词严:"若要我不反,除非石头烂。"十一月,在铜仁惨遭杀害。

【娄国】 见"耶律娄国"。(317 页)

【娄昭】(?—548) 亦作匹娄昭。东魏大臣。字菩萨。鲜卑娄氏。代郡平城(今山西忻县西北)人。高欢妻神武明皇后同母弟,真定侯娄提孙。正直有谋,为高欢所重。普泰元年(531),随欢举兵于信都,为中军大都督。次年,以破尔朱兆于广阿,封安喜县伯,改济北公,徙濮阳郡公,授领军将军。永熙三年(534),因欢与孝武帝矛盾日趋尖锐,遂以疾辞还晋阳。后从欢入洛阳。次年,为东道大都督,讨平兖州刺史樊子鹄。东魏兴和二年(540),转大司马,仍领军。武定二年(544),迁司徒,出为定州刺史。好酒,晚年得偏风,州事皆委僚属。卒,追赠太师、太尉,谥武。后追封太原王。

【娄室】 见"纥石烈良弼"。(183 页)

【娄睿】(?—570) 东魏、北齐官员。鲜卑娄氏(匹娄氏)。字佛仁。魏南部尚书拔(一作壮)子,神武明皇后侄。幼孤,被叔父太原王昭所养。善骑射,有武干,为高欢帐内都督。北魏孝武帝太昌元年(532),从破尔朱氏于韩陵,寻迁骠骑大将军。北齐初,授领军将军,别封安定侯。为瀛州刺史,聚敛无厌。皇建(560—561)初,封东安王。太宁元年(561),进位司空。平高归彦于冀州,拜司徒。河清三年(564),因肆杀被劾,获免,寻为太尉。大破周军,以功进大司马。任总偏师,赴悬瓠,专行非法,侵削官私。四年,免官。寻授太尉。天统三年(567),任大司马,旋为太傅。

【娄昭君】(501—562) 即北齐神武明皇后。鲜卑娄氏(匹娄氏)。魏赠司徒内干之女。少明悟,强族多欲聘之,皆不肯行,而愿以私财给高欢,以娶己。及高欢起事,参与谋策。北魏普泰元年(531),封为渤海王妃。东魏武定三年(545),高欢娶柔然公主为正室,其避之。共育六男二女。五年,长子澄嗣爵,进为太妃。北齐天保(550—559)初,尊为皇太后,居宣训宫。十年(559),孙高殷即位,尊为太皇太后。密与子高演等谋,废殷立演,复为皇太后。演死,又下诏立高湛为帝。太宁二年(562),卒于北宫。

【迷吾】(?—87) 东汉时烧当羌首领。滇吾子。汉永平二年(59),随父降汉,迁居塞内,与汉朝关系相对安宁。建初二年(77)夏,聚兵,欲叛出塞,遭金城太守郝崇追击,战于荔谷,大败汉军,斩二千人。诸种及属国卢水胡纷起响应。后与封养种羌酋布桥等五万余众合攻陇西、汉阳(今甘肃甘谷县南),为车骑将军马防、长水校尉耿恭所败,归降。元和三年(86),复与弟号吾反叛,战败,退居归义城。章和元年(87),闻护羌校尉傅育领汉阳、金城等兵来攻,设伏夜袭莒营,击杀傅育。与诸种步骑七千人入金城塞。旋为张纡将司马防败于木乘谷,归降。张纡背约,佯约之赴宴,施毒酒中,乘醉杀之。

【迷唐】 东汉时烧当羌首领。迷吾子。章和元年(87),其父被护羌校尉张纡计杀后,怀恨,以金帛、子女与烧何、当煎、当闐等部联姻交质。据有大、小榆谷,联兵五千攻陇西塞,与张纡战于白石,不利,退守大、小榆谷。广泛联合诸羌部及少数民族,势盛。后遭张掖太守新任护羌校尉邓训攻伐,率部去赐支河曲,永元九年(97),率众八千复攻陇西,诸羌应之,合步骑三万人,破陇西兵,杀大夏长。后遭征西将军刘尚所率三万军征讨,引去。又因击杀累姐等羌,引起冲突,以致党援益疏,力量削弱。十二年(100,一作十三年),在护羌校尉周鲔等强大军事压力下,所部瓦解,六千余人投降,被分徙汉阳、安定、陇西等郡安插。率余众千人远徙赐支河首一带,依靠当地发羌生存。

【祜巴勐】 16、17世纪傣族诗人、文学理论家。"祜巴"傣语意为"导师",为小乘佛教僧侣中佛爷等级的称谓,"祜巴勐"意为一方之大佛爷,故知他是佛教僧侣。原名不详。著有《论傣族诗歌》。以朴素的辩证唯物主义观点,论述了宇宙、地球和人类的形成及人类的思维、语言、宗教、文学等社会现象的产生。作品以犀利的笔锋刺向西双版纳的封建领主,指出西双版纳的最高统治者是吃人的"虎霸王",唤起人民不要像寓言中诚实善良的鹿子和马鹿一样,让老虎吃掉,要学聪明的猴子,联合起来,同虎霸王斗争。无情地批判一些僧侣的虚伪言行,揭露小乘佛教的欺骗性。

【神宝】 见"韩宝"。(529页)

【神土㦰】 见"完颜充"。(246页)

【神都斡】 见"耶律神都斡"。(325页)

【祝孔革】 又作褚孔格。明代叶赫部首领。女真族。纳喇氏。曾祖父打叶(即胜根打喇汉)明封指挥使,父奇里哈尼(亦作齐尔噶尼)封指挥佥事,因扰边被杀。正德八年(1513),结女真首领加哈屡扰边。后受招抚,袭父指挥佥事职。嘉靖三年(1524),晋都督。十三年(1534),塔山前卫都督速黑忒被族人巴代达尔汉所杀,遂取其位而代之,成为海西女真各部盟主,控有敕书七百道,称雄一时。嘉靖中,为速黑忒子王忠所杀,所部十三寨被夺。

【祝老四】(?—1748) 清代云南傈僳族反抗清朝官吏及民族压迫的首领。云南泸水秤戛寨人。乾隆十一年(1746)弄更扒等傈僳族抗清斗争被镇压后,清政府将原属傈僳族的土地强行划给土司所有,并恣意凌虐,激起人民反抗。十三年(1748),与枝花扒、黑得窝等,怨鲁掌土目茶尚庆(彝族)随清军镇压人民,遂联合二别罗头人,焚毁茶尚庆房屋及六库段姓土司司署,打伤其家口,占据新寨、练地,进攻永昌。云贵总督张允随复派腾越协副将谢光宗前往镇压。群众坚持斗争数月,终因寡众悬殊,与黑坎、黑夺扒、祝长脚等(均傈僳族)先后被执杀。

【祢罗突】 见"字文邕"。(171页)

【 ㄈ 】

【费扬古】(1645—1701) 清朝将领。满洲正白旗人。栋鄂氏。内大臣鄂硕子。康熙十三年(1674),随安亲王岳乐率军赴江西征讨"三藩"叛乱。因功擢领侍卫内大臣,列议政大臣。二十九年(1690),准噶尔部噶尔丹掠攻喀尔喀后犯边。受命参赞军务,往科尔沁调兵随征。于乌兰布通(今内蒙古克什克腾旗南)破噶尔丹所设"驼城",败其军。三十二年(1693),拜安北将军,驻归化城(今内蒙古呼和浩特市)。三十四年(1695),授抚远大将军。三十五年,随康熙帝征讨噶尔丹,率西路军与噶尔丹主力会战于昭莫多(今蒙古人民共和国乌兰巴托东南),大败其军。后驻守喀尔喀,连败噶尔丹余部。三十六年,从康熙帝征宁夏,与内大臣马思喀两路进兵,迫使噶尔丹进退无地,仰药而死。四十年(1701),扈从康熙帝赴索约勒济,途中疾发而还。卒,谥襄壮。

【费英东】(1562—1620) 后金五大臣之一。满族,瓜尔佳氏。苏完部长索尔果子,世居苏完部,后隶满洲镶黄旗。以骁勇善战著称。明万历十六年(1588),随父率部归努尔哈赤,授一等大臣,尚努尔哈赤孙女。以姐夫兑秦巴颜有叛志,诛之。二十六年(1598),同台吉褚英征瓦尔喀,取安褚拉库路屯寨二十余处,招降各部。三十五年(1607),从贝勒舒尔哈齐往迎瓦尔喀斐悠城新附民,大败乌拉部阻截之兵。从贝勒巴雅喇讨东海窝集部,取赫席赫、鄂摩和苏鲁、佛讷赫托克索路。三十九年(1611),同阿巴泰取乌尔固辰、穆棱二路。四十一年(1613),从努尔哈赤灭乌拉部。后金天命元年(1616),与额亦都、扈尔汉、安费扬古、何和理,同为理政五大臣。三年,从努尔哈赤攻取明抚顺,被誉为"万人敌"。四年,攻取叶赫城。败明兵于萨尔浒山。从努尔哈赤三十余年,身先士卒,冲锋陷阵,屡立战功,授一等总兵官世职。五年三月,卒于任。天聪六年(1632),追封直义公。

【屋只】 见"耶律屋质"。(317页)

【屋曲】 云南碧江怒族虎氏族第十四世祖。原居兰坪弥洛底。相传三四百年前,因追赶黄蜂,见碧江第九村土地肥沃,遂居之。原居该地的蜂氏族已有四十余代,虎氏族来后,两族和睦相处。后勒墨人(白族一支)进入怒江,抢夺蜂氏族土地,虎氏族即与蜂氏族联合,共同抗击勒墨人。后两氏族关系更加密切,相互融合,蜂氏族居九村年代较久,住在上面,称斗霍苏,虎氏族迁居九村较晚,且住在下面,故称达霍苏。

【屋利啜】 又作屈利啜。唐代西突厥贵族。乙毗射匮可汗重臣。贞观十五年(641),联合弩失毕部逐乙毗咄陆可汗,在唐朝支持下奉乙毗射匮可汗为北庭可汗,辅佐治国。结好焉耆,娶焉耆王龙突骑支之女为弟妻。焉耆王自恃有北庭汗王支持,疏唐拒不朝贡。十八年(644),安西都护郭孝恪伐焉耆,执突骑支,留焉耆王弟龙栗婆准摄国。他乘唐军还师之虚,率援军攻下焉耆,囚栗婆准,以兵追击唐军,为郭孝恪败于银山。以后事迹失载。

【屋骨朵鲁】 见"移剌子敬"。(505页)

【胥要德】(?—739) 唐代渤海国官员。渤海人。胥氏。文王大钦茂(737—794年在位)时,官若忽州都督、忠武将军。大兴二年(唐玄宗开元二十七年,739)秋,奉使聘日本,海中遇风,与同行四十人遇难。日本赠以从二位。

【姚兴】(366—416) 十六国时期后秦第二代君主。南安赤亭(今甘肃陇西西)羌人。字子略。*姚苌长子。

后秦建初元年(386)，封皇太子。父出征，常留统后事，镇长安。九年(394)，即帝位于槐里，改元皇初。重用其叔姚绪、姚硕德、弟姚崇及功臣尹纬、狄伯支等。斩前秦主苻登于泾阳(今甘肃平凉)，灭其国，徙阴密(今甘肃泾川南)三万户于长安。降仇池杨盛，上邽姜乳、鲜卑薛勃、西秦乞伏乾归、后凉吕隆，南凉秃发傉檀、北凉沮渠蒙逊、西凉李玄盛皆遣使请降，并封官爵。与北魏、夏时战时和。在位期间，内修政事，广容人才。禁百姓造锦绣及淫祀；百姓因荒自卖为奴婢者，免为良人；尚节约，车马无金玉之饰。重儒学，用汉人，天水姜龛等门徒各数百，诸生远至长安求学者万数千人。后重佛教，与鸠摩罗什等讲说佛经，续出诸经并诸论三百余卷，公卿以下莫不钦附，沙门自远而至者五千余人，坐禅者恒有千数，州郡事佛者十室而九。

【姚苌】(330—393) 十六国时期后秦开国主。南安赤亭(今甘肃陇西西)羌人。字景茂。*姚弋仲第二十四子。初随兄姚襄征战，参与谋策。晋升平元年(357)，兄死，率众降前秦苻生。苻坚立，历任扬武将军、左卫将军、陇东、汲郡、河东、武都、武威、巴西、扶风太守，宁、幽、兖三州刺史，封益都侯。淝水之战，任龙骧将军、督益梁州诸军事。战败，与慕容冲通好，叛坚，齐于渭北，纠集西州豪族，于东晋太元九年(384)自称大将军、大单于、万年秦王，建年号白雀，封设左右长史、左右司马等官职。进屯北地，厉兵积粟，以观时变。次年，于五将山执杀前秦苻坚。继乘慕容冲离长安东下，先破扶风，继败卢水胡郝奴于长安。白雀三年(386)，即皇帝位于长安，改元建初，国号大秦(史称后秦)，置百官，以弟姚绪为司隶校尉，镇长安，自率大营西上安定，破平凉胡金熙、鲜卑没奕于，略地秦州，降秦州刺史王统，追击前秦主苻登。击杀魏褐飞，收降雷恶地。继攻阴密，败苻登于安定东。下令留台诸镇各置学官，考试优劣，随才擢叙。建初八年(393)，病重，返长安，死。谥武昭皇帝，庙号太祖。

【姚泓】(388—417) 十六国时期后秦第三代君主。南安赤亭(今甘肃陇西西)羌人。字元子。*姚兴长子。博学善论。尤好诗咏。后秦弘始四年(402)，封皇太子，父出征，常留总后事。十八年(416)，父死，即帝位，改元永和。相继平定齐公姚恢等宗室贵族叛乱。以并州、定阳、贰城胡数万落叛，攻立义将军姚成都于匈奴堡，推匈奴人曹弘为大单于，遣征东将军姚懿讨之，执弘，徙其豪右万五千落于雍州。仇池公杨盛叛，夏赫连勃勃来攻，分遣兵击之。东晋刘裕大军来伐，连克许昌、洛阳，进逼潼关，遣征东将军姚绍拒之。懿欲废泓自立，为姚绍所俘。于是宗族内乱，互相攻击，势衰。次年，长安被围，率宗室请降，被送于建康(今南京)，处死。

【姚绍】(？—417) 十六国时后秦将军。羌人。皇初四年(397)，以武都氐人屠飞、唊铁杀后秦陇东太守姚回，据方山叛，受命讨平之。弘始十六年(414)，以秦安远将军杨佛嵩为赫连勃勃所杀，贰县羌叛秦，奉命率禁卫诸军镇抚岭北。秦帝姚兴疾笃，令其与侍中任谦等典禁兵，宿卫于内，镇压广平公姚弼谋乱。永和元年(416)，镇压李润羌起事。东晋刘裕来伐，建议迁安定镇户内实京畿，以精兵十万固守长安，未被采纳。次年，相继平定秦并州牧姚懿、征北将军姚恢叛乱，以功拜太宰、大将军、都督中外诸军事，与姚鸾率兵五万守潼关。后秦军为晋所败，呕血而死。

【姚绪】 十六国时后秦将领。南安赤亭(今甘肃陇西西)羌人。*姚弋仲子，*姚苌弟。后秦建初元年(386)，姚苌称帝，任征虏将军、司隶校尉，镇长安。八年，苌死，将兵镇安定。姚兴即位，封晋王，保东边。受命自龙门入蒲阪，击降西燕河东太守柳恭，拜并、冀二州牧，镇蒲阪。弘始四年(402)，后秦发诸军伐魏，受命统河东兵为前军节度，魏军进攻蒲阪，固守不战。历任苌、兴二朝，颇有政绩，受殊遇，朝廷大政，必先咨之而后行。后位至丞相。

【姚弼】(？—416) 后秦将领。南安赤亭(今甘肃陇西西)羌人。后秦主*姚兴子。后秦弘始四年(402)，封广平公。十年(408)，拜中军将军，与后将军敛成、镇远将军乞伏乾归率步骑三万伐南凉秃发傉檀，破昌松(今甘肃古浪)，至姑臧(今武威)，兵败而还。后任雍州刺史，镇安定，得宠于兴，任尚书令、侍中、大将军。结纳党羽，势倾东宫，潜有陵夺之志。十七年(415)，称疾不朝，聚兵于第，事泄，其党唐盛、孙玄等被杀。次年，乘父病重，招集数千披甲谋反，诏赐死。

【姚襄】(331—357) 十六国时羌族首领。南安赤亭(今甘肃陇西西)羌人。字景国。*姚弋仲第五子。雄武多才，明察善抚，为众敬服。后赵石祇即位，拜骠骑将军、护乌丸校尉、豫州刺史、新昌公。又受东晋封平北将军、并州刺史。东晋永和八年(352)，父死，率部众六万南攻阳平、元城、发干，封设官职，以谯城(今安徽亳县)为中心形成势力。以晋扬州刺史殷浩欲吞其部，败之，乘胜济淮，屯于盱眙，有众七万，分置守宰，劝课农桑。将佐部众皆北人，劝其北还，遂去晋官号，自称大将军、大单于，经许昌至洛阳，遭晋征西大将军桓温攻袭，兵败伊水，北退北屈(今山西吉县北)，西上杏城、黄落，归附者五万余户。升平元年(357)，遭前秦将苻黄眉、苻坚、邓羌攻击，战于三原，中伏，为苻坚所杀。弟姚苌建立后秦，追谥魏武王。

【姚弋仲】(280—352) 十六国时羌族首领。南安赤亭(今甘肃陇西西)羌人。东汉烧当羌首领*滇吾之后，魏镇西将军、西羌都督柯回之子。晋永嘉乱后继父业，领部众数万，东徙榆眉(今陕西千阳东)，自称护西羌校尉、雍州刺史、扶风公。投靠前赵刘曜，封平西将军、平襄公。石勒建立后赵，任安西将军、六夷左都督。石季龙执政后，率部东徙清河(今山东临清东)，任十郡六夷大都督、冠军大将军，深受重用，参与决策。梁犊反，出兵讨灭之，晋封西平郡公，石祇即位，任右丞相。后赵亡，于晋永和七年(351)遣使降东晋，封使持节、六夷大都督、都督河北诸军事、车骑大将军、大单于、高陵郡公。

【姚硕德】 十六国时后秦将军。南安赤亭(今甘肃陇西东)羌人。姚弋仲之子,姚苌弟。统所部羌人居陇上。后秦白雀三年(386),闻苌称帝,举兵于秦州响应,拜都督陇右诸军事、征西将军、秦州刺史、领护东羌校尉,保西陲。后受命镇李闰堡,保北边。姚兴即位,封陇西王。皇初三年(396),讨平凉胡金豹于水洛城,击降上邽姜乳,任秦州牧,领护东羌校尉,镇上邽。弘始二年(400),以征西大将军伐西秦,降其众三万六千,"军无私掠,百姓怀之"。三年,攻后凉吕隆,至姑臧(今甘肃武威),抚纳夷夏,分置守宰,节粮积粟,以军令整齐,秋毫无犯,"西土悦之",吕隆、北凉沮渠蒙逊、西凉玄盛皆遣使请降,统一河西。七年(405),击降仇池杨盛。力佐后秦,屡建大功,深受殊遇,凡国家大政必先咨而后行。后位至太宰。

【娜玛】 传说中的古代拉祜族女头人。相传拉祜族的一部分原居于云南大理洗麻塘,自种火麻,自织麻布,洗麻塘就是沤麻、洗麻之所。一次,她命九名男人去撵山打猎,射中一头马鹿,追至临沧,见其地小红米长得很好。遂率众南迁至云南南部临沧等地,主要以狩猎为生。后鉴于男人和女人常常发生矛盾,遂给他们分工,让女人种菜,男人放鸭。

【娜底】 传说中拉祜族的女创世祖先。见"扎底"。(36页)

【贺讷】 匈奴贺兰部首领、北魏大臣。原姓贺兰氏或贺赖氏。道武帝拓跋珪之舅,献明后兄。代建国三十九年(376),前秦灭代,珪与母献明后投奔贺兰部依之。讷总摄东部为大人,迁居大宁。前秦苻坚假其为鹰扬将军。东晋太元十一年(386),推珪即代王位于牛川。十五年(390),以心怀异志,被珪击败,西走。继为刘卫辰军所逼,向珪告急请降,被徙至东界。复通于后燕慕容垂,受封归善王。因与弟染干相攻,遭垂军征讨,兵败赤城,得珪救援,遂从珪征中原,拜安远将军。后珪离散诸部,分土定居,不许随意迁徙,其君长大人皆同编户。

【贺六浑】 见"高欢"。(461页)

【贺兰祥】(515—562) 西魏、北周大臣。字盛乐,亦作盛洛。先世为匈奴族。后居武川。初真子。北魏永熙三年(534),从平侯莫陈悦,以功封抚夷县伯。从攻潼关,取回洛城,拜为右直长,晋爵为公。西魏大统三年(537),从攻杨氏壁,晋右卫将军。九年(543),战芒山,累迁骠骑大将军。十四年(548),任都督、荆州刺史,晋爵博陵郡公。有惠政,远近诸族多款附。十六年(550),拜大将军。奉命于泾渭间修造富平堰,开渠引水,东注于洛,民获其利。废帝二年(553),行华州事,历同州刺史、尚书左仆射、小司马。北周孝闵帝即位,进大将军,与宇文护共参军国之事。武成元年(559),和宇文贵率军至凉州讨吐谷浑,拔洮阳、洪和。次年,晋封凉国公。卒,追赠太师、同岐等十三州诸军事,谥景。

【贺若谊】 西魏至隋朝大臣。字道机。鲜卑贺若氏。先世为代人,后迁河南洛阳。魏云州刺史伏连孙,右卫将军统之子。刚果,有干略。西魏初,以功臣子,赐爵容城县男,历迁直阁将军、大都督、通直散骑常侍、尚食典御。被宇文泰所器重,引为左右。曾使柔然,劝其与西魏连和,以功拜车骑大将军、略阳公府长史。周闵帝即位,封霸城县子。历灵邵二州刺史、原信二州总管。保定五年(565),兄贺若敦为宇文护所害,坐免官。周武帝亲览政事后,召为熊州刺史。从平齐,率兵出函谷,先据洛阳,拜洛州刺史,晋封建威县侯,以功,位大将军。大象二年(580),为亳州总管,西遏司马消难,东拒尉迟迥。讨申州刺史李慧,晋爵范阳郡公,授上大将军。开皇中,位左武侯大将军,封海陵郡公。后拜灵州刺史,以防突厥。数载,以老求归,卒于家。

【贺若敦】(521—565或569) 西魏、北周大臣。鲜卑贺若氏。先世为代人,后迁河南洛阳。魏云州刺史伏连孙,右卫将军统之子。善骑射。大统三年(537),劝父归西魏。次年,与河内公独孤信为围洛阳,引箭拒敌,无虚发,为宇文泰所赏识,授都督,封安陵县伯,迁太子庶子。魏废帝二年(553),拜右卫将军。寻加骠骑大将军,晋爵广乡县公。率军进岷蜀,斩谯淹,晋爵武都郡公,拜典祀中大夫,改金州都督。败蛮帅向白彪于信州,擒荆州蛮帅文子荣。武成元年(559),入为军司马。率步骑六千援湘州,战陈军,以失地无功,除名。保定二年(562),拜工部中大夫,迁金州总管。三年,从杨忠引突厥破齐长城,至并州而还。五年(565),授中州刺史,镇函谷。恃功负气,每出怨言,触怒宇文护,被征还,逼令自杀。建德初,追赠大将军。

【贺若弼】(544—607) 隋朝大臣。字辅伯。鲜卑贺若氏。河南洛阳人。魏右卫将军统孙,隋中州刺史敦之子。有文武才略,为周齐王宇文宪所敬,引为记室,封当亭县公,迁小内史。与韦孝宽伐陈,攻拔数十城。拜寿州刺史,改封襄邑县公。隋开皇元年(581),为吴州(一作楚州)总管,委以平陈之事,献取陈十策。九年(589),大举伐陈,为行军总管,拔南徐州,屡破陈军,晋爵宋国公,后拜领军大将军。十五年(595),上《御授平陈七策》,不纳。后转右武候大将军。恃功以宰相自许,免官。后下狱,除名,岁余,复爵,但不再任使。大业三年(607),从帝北巡,至榆林。帝设千人大帐,宴突厥启民可汗,他以为太侈,私议得失,为人所告,坐诛。

【贺拔仁】(?—570) 又名贺拔焉乞儿。东魏、北齐大臣。敕勒贺拔氏。善无(今山西右玉东南)人。字天惠。北魏太昌元年(532),以帐内都督从高欢破尔朱氏于韩陵,力战有功。北齐天保元年(550),封安定郡王。历数州刺史、太保。五年(554),坐违节度除名。天统元年(565),为太师。三年,任右丞相。武平元年(570),录尚书事。卒,赠相国、太尉、录尚书、十二州诸军事、朔州刺史,谥武。

【贺拔允】(487—534) 北魏末期大臣。本名阿鞠泥或阿泥。神武尖山(今山西朔县)人。敕勒(高车)贺拔氏(后改何氏,一说鲜卑人)。祖尔逗(尔头),镇防北境,遂定居武川。武川军主度拔子。善骑射,有胆略。正光(520—525)末,与父及弟胜援怀朔镇,镇压六镇义军。父身亡,与弟奔恒州刺史广阳王元渊,授积射将军,防滏口。渊败,归附尔朱荣。建义元年(528),授征东将军,封寿阳县侯。永安(528—530)中,授征北将军、蔚州刺史,晋爵为公。元晔即位,改封燕郡公,兼侍中,出使柔然。还至晋阳,与高欢出信都,参定大策。中兴元年(531),元朗即位,转司徒,领尚书令。次年,孝武帝即位,晋爵为王,转太尉。帝与高欢有隙,谋除之,令胜、允领军备御。天平元年(534),为高欢所害。

【贺拔岳】(?—534) 北魏大臣。一名阿斗泥。神武尖山(今山西朔县)人。敕勒(高车)贺拔氏(后改何氏,一说鲜卑人)。贺拔度拔子,贺拔胜弟。初为太学生,及长,善骑射。正光末,与父兄援怀朔镇,弹压六镇义军。后投尔朱荣,任都督、前将军。从荣镇压葛荣等义军。永安元年(528),历任安北将军、武卫将军,赐爵樊城乡男。坐事失官爵。二年,复职,授西道都督。以左厢大都督从尔朱天光镇压万俟丑奴义军,败尉迟菩萨于渭水,破侯伏侯元进,擒万俟丑奴、萧宝夤等,授都督泾、北豳、二夏四州诸军事,车骑将军、泾州刺史,封清水郡公。建明元年(530),授骠骑大将军。普泰初,督三雍、三秦、二岐、二华诸军事,任雍州刺史、关西行台。永熙二年(533),都督雍华等二十州诸军事,大都督。亲至北境安置边防。拥众关右,与高欢东西对峙。三年(534)正月,召秦州刺史侯莫陈悦共讨灵州刺史曹泥。二月,高欢暗令悦诱杀之。赠大将军、太保。

【贺拔胜】(?—544) 北魏、西魏大臣。字破胡。神武尖山(今山西朔县)人。敕勒(高车)贺拔氏(后改何氏,一说鲜卑人)。祖尔逗,镇防北境,遂居武川。武川军主度拔子。正光末,与父兄援怀朔镇,杀六镇义军卫可瓌。后父身亡,与兄允、弟岳奔恒州刺史广阳王元渊,为强弩将军,充帐内军主。渊败,归尔朱荣,转积射将军,兼都督。建义元年(528),封易阳县伯。授直阁将军,寻加通直散骑常侍、平南将军,进安南将军。后为大都督,山井陉,镇中山。永安二年(529),率兵破元颢军,改封真定县开国公。普泰初,授右卫将军,进号车骑大将军。及尔朱氏为高欢所败,又降欢。太昌元年(532),拜领军将军。授侍中。永熙二年(533),孝武帝谋除高欢,授其都督三荆二郢南襄南雍七州诸军事、荆州刺史,加授南道大行台,与弟岳领军备御。同期,以兵攻梁雍州。诱降蛮王文道期(一作问道期),取冯翊等数城,晋爵琅邪郡公。次年,武帝西奔关中,遂率部奔南梁。大统二年(536),返长安,授太师。次年,从宇文泰擒窦泰于小关。加授中军大都督。从破东魏军于沙苑、河桥。八年(542),以前军大都督从泰追高欢于汾北。以诸子在东魏者皆为欢所害,愤恨成疾。十年,卒于位,追赠定冀等十州诸军事、定州刺史、太宰,谥贞献。

【贺福延】 渤海国官员。渤海人。贺氏。彝震王(830—857年在位)时,官政堂省左允。咸和十一年(唐武宗会昌元年,841)冬,奉使聘日本,任大使,同行百余人。十二月,至长门登陆。翌年三月,入日京,献信物。四月,日皇授以正三位。携日皇国书、太政官牒及信物归国。

【贺娄子干】(534—593) 北周隋朝将领。字万寿。鲜卑贺娄氏(楼氏)。本代人,随氏南迁,世居关右。魏太子太傅道成孙,右卫大将军景贤子。以骁武知名。仕周,累迁少司水,封思安县子。北周静帝大象(579—581)中,授秦州刺史,晋爵为伯。从韦孝宽平尉迟迥之乱,晋封武川县公。隋开皇元年(581),晋爵巨鹿郡公。以行军总管从元谐击吐谷浑于青海,遂镇凉州。二年,破突厥于兰州,授上大将军。为营新都副监,迁工部尚书。后以行军总管从窦荣定破突厥。奉诏至河西,发五州卒,大破吐谷浑。四年(584),以通晓边事,授榆关总管,迁云州刺史,北境稍安。后以行军总管,出西北道应接突厥降使,还拜云州总管。十三年(593,一说十四年)卒于官,追赠怀、魏等四州刺史,谥怀。

【贺麻路乎】(?—1777) 清代新教哲赫林耶派首领。撒拉族。循化(今青海循化撒拉族自治县)人。乾隆二十六年(1761),拜马明心为师,习新教哲赫林耶派。三十四年(1769),为世袭总掌教。后以传播邪教罪,发往乌鲁木齐为奴,病死。

【贺什格巴图】(1849—1915) 清末蒙古族诗人。内蒙古鄂尔多斯乌审旗沙尔里克苏木人。拉卜杰子。初在村塾学习蒙文,同时学会汉文、藏文。二十岁开始在巴拉珠尔公手下当书吏。同情"独贵龙"运动。因写了一篇暗助"独贵龙"领导者的寓意诗而受到牵连,被革职。以放牧、种菜、行医为生,生活清苦。著有《可贵的"独贵龙"》《蔚蓝色的天空》《双马行》《平等》《罪恶的时代》等诗篇。编有《初学文鉴》,是包括自然和社会知识的快板诗,通俗易懂,被鄂尔多斯村塾用作儿童课本。还著有《珠宝集》,概述从三皇五帝到清末的历史。

【贺拔焉过儿】 见"贺拔仁"。(427页)
【贺腊毗伽可汗】 见"阿史那施"。(283页)
【勇石鲁】 见"石鲁"。(103页)
【孩里】(1023—1099) 又作海邻。辽朝大臣。字胡辇。回鹘族。先世于太祖时使辽,留居,为辽所用。他于兴宗重熙(1032—1055)年间为近侍长。道宗清宁九年(1063)七月,皇太叔耶律重元父子叛乱,围道宗于滦河(今内蒙古宁城西南)行宫,他率先抵御,与援军会合,平叛。因功加金吾卫上将军,赐平乱功臣。累迁殿前都点检。素以宿卫严肃著称。大康元年(1075),加守太子太保。次年,加同中书门下平章事。三年(1077),改同知南院宣徽使事。因反对权臣耶律乙辛擅政,遭排挤,出任广利军节度使。继受诬与太子濬谋废立,获宥。大安初,历品达鲁虢部节度使。病卒。

【绒敦】 见"绒敦玛微僧格"。(428页)
【绒·却吉桑波】 宋代藏传佛教宁玛派僧人、学者。吐蕃人。11世纪时人。出生于后藏空绒。绒·仁清楚称子。聪颖过人,经典只需阅读一两遍即能通晓。十一岁开始听讲"法相"教法,十三岁圆满完成所学功课,通达经典,学识优异,精通因明、吠陀和非宗教经典。著有《入大乘法理》。通梵文,译注有密教多种典籍。亦懂颂词、修辞学等。除宗教论著外,还为念智称的《语言门论》作过注释,写过几部藏文文法及有关世间生活、农业、畜养和制作藏式奶酪等方面的著作。严守戒律和修持,能解读印度语等多种语言,故为后藏地区许多有学之士所敬仰。一些人投其门下听讲诸教法。印度的一位班智达衮钦达摩班遮曾企望他多著教法经典以普度众生。以学识渊博,见多识广,享班智达称号。

【绒敦玛微僧格】(1367—1449) 明代藏传佛教名僧、学者。萨嘉派住持显教之大德雅楚桑结贝的弟子。笃信系解派教授及修次第论,曾在拉萨北彭域地区建那烂陀寺,以十大经论立宗,讲说六十四部经典、四十部经论疏释。平生唯以讲述佛经为事,以讲《现观庄严论》、《般若论》为主。著有《量决定论疏》。曾对宗喀巴的论著提出过异议。

【结胜】 西夏国军事首领。党项族。官铃辖。骁武有勇。曾与宋朝麟州将王文郁战于开光州,力屈请降,受宋封为供奉官。夏天赐礼盛国庆二年(1071)十二月,谋归夏,宋神宗得知,诏令纵其归,并发给口粮路费,命经略司牒告宥州于边界交割。

【结什角】(?—1169) 宋代结什角政权首领。唃厮啰五世孙,巴羊族长世昌子。宋隆兴二年(1164),宋破洮州(今甘肃临潭),与母避居乔家族,被乔家族首领播通与木波、陇逋、庞拜、丙离四族耆老大僧等共立为族长,号称王子。因金人曾为其报京藏杀父之仇,于次年率众投金。是为唃厮啰政权崩溃后,其后人在金朝扶持下建立的地方政权,史称结什角小政权,疆境之内管辖四万余户。附金后,每年向金贡马驼,受金抚慰、厚赐。后因拉拢西夏所属祈安城(即积石军)的吠折、密藏二族阴附金朝,为西夏人所不容。乾道五年(1169),赴庄浪族探母时,遭西夏人围攻,拒降,率部众奋力抵抗,突围,被西夏人砍断一臂,不久死去。

【绛曲约】 又名尊者绛曲约。吐蕃赞普达磨后裔拉德子。曾派译师贾尊珠僧格及纳措促陈杰哇携十六秤黄金赴印度,于宋庆历二年(1042)迎请印度著名佛学家阿底峡来吐蕃广传显密佛学。在阿里普兰区之托林寺会见阿底峡,大力支持阿底峡传播佛教于吐蕃。对吐蕃后宏期佛教的发展起了重要推动作用。

【绛贝嘉措】 见"强白嘉措"。(557页)

【绛巴桑热】 清代历算学家。藏族。19世纪初人。任青海同仁县拉加寺兴萨呼图克图的司库总管。精通历算之学,所著《时轮历精要》(又称《商卓特桑热历书》)最为出名。本书根据《白琉璃》及《日光论》,综合其要点写成,是西藏时轮历的重要著作,至今藏历的算法及数据都依据此书。时轮历源出于藏文经典《时轮经》,具体算法又依据丹珠尔经中《胜乐经首品释》内的"胜生周",以六十年为一周期(类似干支纪年法),第一胜生周的首年为公元1027年。桑热所著《白琉璃》及《日光论》即源于时轮经理论,在藏族历算中属伦珠嘉措所创之浦派(山洞派)。

【绛曲坚赞】(1302—1364) 又译绛求坚参。西藏帕木竹巴政权的创建者。自幼聪颖,诵读佛家经典。七岁受近事戒,取名绛曲坚赞。九岁从大堪布楚达哇和阿阇黎布出巴出家。十四岁随内邬栋前往卫藏政治、宗教中心萨迦,从高僧大德学经,勤奋用心,尊事师长,为萨迦寺主达尼钦波所喜爱,任掌印官。元延祐四年(1317),参加萨迦派在曲弥召开的春季法会,结识贡噶罗追坚赞等高僧大德、地方长官,因锋芒毕露,招致萨迦派一些当权者的忌恨,为后来几遭磨难埋下祸根。后因帕竹万户长坚赞甲布沉湎酒色,不修政绩,于至治元年(1321)致书元朝参劾,并向当时返藏的帝师贡噶罗追坚赞面诉,致使坚赞甲布被免职,由其出任万户长。次年,得到元朝承认及所赐虎头印信。帕木竹巴势力的强大,对其他万户构成威胁。天历二年(1329),遭雅桑万户进攻,兵败。因萨迦本钦有意袒护雅桑,又败讼,被下狱,囚于贡塘(今西藏吉隆)。后越狱,逃回帕竹,重整旗鼓,剪除雅桑万户。元统二年(1334),派兵攻占萨迦管辖的贡噶宗(今西藏贡噶县)。至正八年(1348),消灭拉萨地方最大的万户蔡巴的势力。与止贡万户形成对峙局面,并直接动摇了萨迦派对卫藏地区的统治。同时遣使向元朝贡方物。元廷承认帕竹的地位,赐其万户银印和金册玉符等。获得朝廷的支持后,于至正九年(1349)击败止贡万户,尽取其地。攻占萨迦城,萨迦政权宣告解体。经过几年的征战,兼并卫藏地区。十三年(1353),遣使贡狮子皮等。次年,元顺帝封其为大司徒,赐金册诏书和印信,世代执掌西藏地方权力。帕竹政权建立后,吸取萨迦政权垮台的教训,整顿吏治,根据十善法戒,制定有关诉讼、处刑、罚款等十五条法规。实行"六一税",减轻百姓负担。做取信于民的一些善事,如种树、架桥、修路等。于交通要冲设置日喀则、内邬、贡噶、扎噶、穷结达孜、尼隆孜等十五个大宗,规定各宗长官宗本三年一换,以加强统治。修建寺院,严申教规戒律。针对萨迦派后期寺院戒律松弛、不重视研习经典的弊病,修建泽当讲经院,树立讲经弘法的好风气。对藏族社会发展作出贡献。

【绛曲格哲】(1084—1167) 宋代藏传佛教噶当派僧人。阿里人。少年出家受比丘戒,并学《毗奈耶》。曾在聂译师座前听讲《般若波罗密多》和《慈氏五论》。曾谒见普穷哇,朗日塘巴、噶玛哇、康巴隆巴诸大师。十分敬仰内邬素巴大师,向其学习阿底峡的《菩提道灯论》。内邬素巴去世后,又师事甲域哇,从其学法。后常驻达坚寺静修。

【绛巴·囊杰札桑】(1395—1475) 明代藏族名医、藏医北方学派奠基人。国公·却札巴桑子。出生于后藏昂仁,取名嘉如达玛仁增。天资聪颖,从四、五岁起,学习藏文。十岁起,从噶阿瓦·巴角西饶仁青巴桑、桑格参巴以及印度学者纳吉仁钦、帕东·乔勒囊杰等学佛教显密经法。从霍尔·噶西瓦·桑格加参受居士戒,法名乔嘉·囊杰札桑。由萨迦巴·衮噶扎西坚参巴桑奏请,受明帝封为大司徒。屡与多位学者答辩,成为著名学者。自四十一岁起,致力著述,弘扬佛法,行医济世。除内明、声明、工巧明及历算学著述外,医学论著颇享盛誉,自成一家,以其学说为基础形成藏医北方学派。著有《八支集要·如意宝珠》一百二十章、《〈本则部〉论注·释义明灯》、《〈论述部〉论注·甘露河流》、《〈后续部〉释难·万想如意》、《医药宝匣》、《三百六十医法辨识》、《九绝症分辨》等。

【统叶护可汗】(?—628) 又作叶护可汗、统叶护。唐代西突厥可汗。阿史那氏。射匮可汗弟。勇而有谋。唐武德(618—626)初,兄死后,继汗位。执政后北并铁勒,西拒波斯,南伐罽宾,移汗庭于石国北之千泉(今楚河西岸),拥兵数十万,称雄西域。遣吐屯监统西域诸国,苛敛赋税。武德元年至五年(618—622),屡遣使赴唐通好,朝贡,求和亲。高祖李渊为牵制东突厥,取远交近攻之策,许婚。九年(626),遣高平王李道立至西突厥报聘。次年,可汗以真珠统俟斤为使随李道立赴长安,献万钉宝钿金带、马五千匹。途中为颉利可汗阻未达。在位期间,礼待诸方来使。印度僧波罗颇迦罗密罗去传教,同年,唐僧玄奘西行取经,途经汗庭,均受到盛情款待。玄奘于素叶城(今苏联托克马克附近)曾亲睹可汗游猎盛况,服饰仪仗豪华,兵马甚盛。可汗遣使亲送玄奘至西突厥最南之属国迦毕试国(今阿富汗喀布尔北)。同年,为其伯父莫贺咄所杀。是后,西突厥分裂为二部分,相互争斗不已。

【骆科】 宋绍兴年间峒民暴动首领。宜章人。侗族。绍兴九年(1139),率众暴动,攻郴、道、连、桂阳诸州县。遭宋兵镇压,被俘,余众据兰山,攻平阳。后遭江西兵马都监程师回镇压,失败。

【象多】 见"抹撚尽忠"。(334页)

【逊杜棱】(?—1645) 清初蒙古翁牛特部首领。博尔济吉特氏。图兰长子。初为阿噜部济农。天聪元年(1627),率属众归后金,随皇太极征察哈尔部。七年(1633),向后金贡驼马貂皮。八年夏,从征察哈尔部,继入明边,至大同,克堡三。崇德元年(1636),封札萨克多罗杜棱郡王,掌翁牛特右翼。

【逊笃布】 清朝蒙古王公。喀尔喀土谢图汗部人。博尔济吉特氏。达什子。初授协理台吉,隶郡王敏珠尔多尔济旗。雍正十年(1732),额驸策楞败准噶尔于额尔德尼昭,准噶尔部众逃推河,他以兵追击,以功授札萨克一等台吉。乾隆二十年(1755),驻防乌里雅苏台(今蒙古扎布哈朗特),侦阿睦尔撒纳叛,与乌里雅苏台大臣阿兰泰驰赴其牧,收执其孥属。二十一年,以和托辉特部青衮咱卜叛,与车臣汗部札萨克台吉成衮扎布督兵严守各汛地,以功赐公品级。二十二年,以私赴乌梁海购物,削公品级。

十 画

【一】

【珠满】（？—1707） 清朝将领。满洲正白旗人。瓜尔佳氏。世居乌拉。康熙十三年（1674），以耿精忠叛应吴三桂，奉命署护军参领随军征江西。同征南将军尼雅翰等于南康等地败叛军。十五年（1676），随军规复吉安，败敌于惶恐滩。十六年起，随镇南将军莽依图往征广东，入韶州，败吴三桂军；继进剿广西，由横州至南宁，败吴世琮，解南宁围；于柳州败马承荫军。十九年（1680），随征南大将军赖塔征云南。二十五年（1686），叙功晋骑都尉兼一云骑尉。二十九年（1690），授护军参领、前锋参领。三十六年（1697），擢荆州副都统。任内曾镇压苗民起义。四十五年（1706），擢江宁将军。

【珠玛喇】（1605—1662） 清朝将领，满洲镶白旗人。碧鲁氏。世居叶赫。率所部虎尔哈人归附清太祖努尔哈赤，任佐领。天聪三年（1629），入明边遵化至燕京，败明兵，旋克水平，攻昌黎。五年（1631），围大凌河，败明援兵。六年，从征察哈尔部。七年（1633）随贝勒德格类等攻旅顺口，因功授骑都尉世职。九年（1635），随贝勒多铎攻明锦州。崇德元年（1636）征朝鲜。复率兵征明，败明总兵，取四县而还。三年（1638），授兵部理事官，从围锦州。招降大凌河北山四寨。六年（1641），随郑亲王济尔哈朗围锦州。七年，征虎尔哈部。顺治元年（1644），任参领。率兵从睿亲王多尔衮入山海关攻李自成起义军。授正蓝旗满洲副都统，寻擢兵部侍郎。二年，复授都尉世职。与副都统和托分驻防杭州，任左翼副都统。三年（1646），从征福建。八年（1651），擢正白旗蒙古都统，迁吏部尚书。十一年（1654），授靖南将军，出征广东，攻孙可望、李定国起义军。晋三等男。十五年（1658），以年老致仕。康熙元年（1662）卒，谥襄敏。

【珠鲁讷】（？—1768） 清朝大臣。满族，那尔氏。满洲镶白旗人。乾隆二十年（1755）翻译举人。寻以笔帖式在军机处行走。历吏部主事、员外郎、调户部颜料库。三十一年（1766）初，擢湖广荆州右翼副都统，迁礼部侍郎。五月，调工部兼正黄旗满洲副都统。十月，署户部侍郎。三十二年初，兼署兵部。八月，为参赞大臣驻雅尔。寻赴云南军营，统绿营兵四千驻木邦。土司瓮团率七百余人降，请于清水河招商复业，派兵监之。十二月，摆夷环歇等五十人伪降，尽杀之。三十三年初，奏设木邦至阿瓦台站五，分兵防卫。遣兵守东、西山，拒来犯之缅甸兵。因福珠营被焚，绿营兵溃，被围。自尽。

【珠尔默特旺扎勒】 清代后藏贵族。藏族。珠尔默特益西策卜登子。乾隆十五年（1750），为避其叔父珠尔默特那木扎勒之陷害，入扎什伦布寺为僧。清欲委任其为阿里首领，遭其叔拒绝，未遂。同年，其叔被驻藏大臣所杀后，查证其父被陷身亡。次年，准袭其父辅国公爵，任阿里总管，并承袭被其叔抄没之庄园，常驻拉萨。

【珠尔默特那木扎勒】（？—1750） 清代西藏贵族。又名达赖巴图尔。藏族。后藏人。噶伦颇罗鼐次子。管理藏北三十九族和达木蒙古。乾隆十二年（1747），承袭其父郡王爵，总理西藏事务。上任后，对达赖喇嘛心怀叵测，诛除异己，暗结厄鲁特蒙古准噶尔部，谋乱。以藏地安宁无事为由，要求撤驻藏清军。十三年，率藏军和前藏代本于喀拉乌苏练兵。十四年六月，欲遣西藏色拉寺、噶尔丹寺喇嘛往云南中甸发展黄教。同年十月，要求驻藏大臣将霍尔噶锡等番归其管辖，遭拒绝。十二月，遣兵袭杀其兄阿里地区首领珠尔默特策布登，遣子达尔扎策凌驻守阿里。忌其父旧臣才仁旺杰、和公班智达，遣坚参扎喜通款准噶尔部，求其出兵阿里，并监视驻藏大臣，阻绝邮传书书，危及达赖喇嘛，严重扰乱了西藏政局。十五年（1750），被清驻藏大臣傅清和拉布敦执杀。

【珠尔默特益西策卜登】（？—1750） 清代西藏阿里地区官员。俗称益西策卜登。藏族。西藏郡王＊颇罗鼐长子，妻拉达克酋长之女。雍正五年（1727），卫藏战争中，与其父分南北二路围攻拉萨。八年（1730），受清封头等台吉。次年，晋封辅国公。十一年（1733），赐镇国公，任阿里宗本，自此，藏文献称其为阿里公，常率藏军巡防阿里北部边境。后因身体不佳，居拉萨耽溺于佛事。乾隆十五年（1750），为其弟珠尔默特那木扎勒陷害。

【班第】 ①（？—1647） 清朝将领。蒙古族。敖汉部人。博尔济吉特氏，＊成吉思汗二十二世孙，塞臣卓哩克图子。天聪五年（1631），从征明大凌河，败锦州援兵。六年，随军征察哈尔部，继征明归化城、宣府。七年，尚固伦公主，授固伦额驸。崇德元年（1636）四月，封札萨克多罗郡王。三年（1638）二月，从征喀尔喀札萨克图汗，由兴安岭至登弩苏台。九月，从征明，趋山东，克济南。四年，随皇太极征明松山。六年（1641），随军围明锦州，迎击援兵于松山，以两红旗、镶蓝旗为明兵所袭，与诸军击却之。顺治三年（1646），随豫亲王多铎追击苏尼特部腾机思至扎济布拉克，败喀尔喀土谢图汗、车臣汗援兵。 ②（？—1755）清朝将领。蒙古镶黄旗人。博尔济吉特氏。康熙末，官内阁侍读学士。雍正间，历任内阁学士、工部侍郎，充《世宗实录》副总裁。乾隆四年（1739），擢湖广总督。任内修堤塘、补仓储、阅营伍、立赏格，镇压湖南境内苗民起事。十三年（1748），授内大臣。赴金川军营办理粮饷，并参与镇压大金川土司莎罗奔。十五年（1750），赴西藏，未至，西藏郡王珠尔默特那木札勒谋叛，为驻藏都统傅清等计杀。班第抵藏，又诛叛乱分子罗卜藏札什等。十八年（1753），署两广总督。任内修整广东库存完好炮械，余悉熔铁备用。十九年，授兵部尚书，赴北路军营。继署定边左副将军，筹办进剿准噶尔部达瓦齐军务，率兵讨宰桑玛木特，尽收其属，因功补授正黄旗领侍卫内大臣。后授定北将军，主北路军营，率军入伊犁，俘获达瓦齐。事平，阿睦尔撒纳求为卫拉特四部总台吉，未成，率兵反清，班第被其党围困，力不支，临危自尽，谥义烈。

【班超】（32—102） 东汉名将。字仲升。扶风安陵（今陕西咸阳东北）人。史学家班彪子。东汉永平五年（62），与母随兄班固至洛阳。初为兰台令史，后被免。十六年（73），从奉车都尉窦固北征匈奴贵族，任假司马。将兵别击伊吾，战于蒲类海，有功。旋奉命率吏士三十六人赴西域，攻杀匈奴派驻鄯善的使者，迫使于阗王广德诛匈奴监护使者，归服汉朝。西域南道诸国纷纷遣使通好。升军司马。次年，西进疏勒，废黜亲附匈奴的疏勒王兜题，另立新王。十八年（75），与疏勒王忠坚守槃橐城拒击焉耆进犯。章帝初，北匈奴在西域反扑，车师、焉耆等国乘机叛离，超被召还，至于阗，受当地人挽留，复北上。建初三年（78），率疏勒、于阗、康居兵一万余人攻袭匈奴控制之姑墨石城。继与徐干所率援军击败反叛的疏勒都尉番辰。八年（83），升将兵长史。从章和元年（87）至永元六年（94），南破莎车，北弱龟兹，征讨焉耆、尉犁、危须，采取"坚壁清野"之法，击退月氏的进攻，并与乌孙取得联系。保护了西域各族的安全和"丝绸之路"的畅通。永元三年（91），任西域都护，管辖西域各国，驻龟兹它乾城。七年（95），封定远侯，后人称其为"班定远"。在西域先后达三十一年，曾遣甘英出使大秦（罗马帝国），至条支的西海（今波斯湾）而还。十四年（102）八月，返洛阳，拜射声校尉。九月，病卒。其子班勇继承父业，再通西域。班氏父子为开通西域，密切汉族和西北少数民族的关系，作出重要贡献。

【班滚】 清代四川下瞻对土司。藏族。土司策冷工布子。雄黠健武，胜于其父。乾隆九年（1744），因驻藏官兵换防返川途中，遭下瞻对劫掠，次年，清军分三路进征，他联合上瞻对土舍四朗据险扼守，抵御官兵。十一年（1746），清援军陆续入藏，自知力薄，计诱清军深入，自焚泥日官寨，暗率部转移。次年，被川陕总督张广泗查询。十四年（1749），托泰宁寺喇嘛达尔罕堪布向清请命输诚，获宥。

【班定远】 见"班超"。（432页）

【班珠尔】 清代卫拉特蒙古和硕特部台吉。＊拉藏汗孙，＊阿睦尔撒纳胞兄。因父噶尔丹丹衷被诛，滞居准噶尔，与从弟纳噶尔察驻牧塔尔巴哈台一带。乾隆十五年（1750），准噶尔部策妄多尔济那木札勒被杀后，与阿睦尔撒纳谋立策妄达什，为策妄达什兄喇嘛达尔札所怨。次年，被迫逃哈萨克。越一年，潜回塔尔巴哈台。十八年（1753），因阿睦尔撒纳与达瓦齐隙，遭达瓦齐讨伐，赴哈萨克求援。次年，与阿睦尔撒纳率众内附，封郡王，驻牧扎布堪河流域。二十年（1755），随清军进征伊犁，为西路军参赞大臣。伊犁定，晋和硕亲王。后举兵响应阿睦尔撒纳叛乱，被擒。部众被分赏齐木库尔及喀尔喀各部落。

【班都察】 蒙古国将领。钦察人。钦察玉里伯里部长亦纳思孙，忽鲁速蛮之子。蒙古窝阔台汗八年（1236），与父归降蒙古，从蒙哥（宪宗）攻阿速，破都城蔑怯思，有功。后率所部随蒙古军东归。蒙哥汗三年（1253），率钦察百人从汗弟忽必烈征云南，平大理，以强勇著称。常侍忽必烈左右，掌牧马、撞乳马事，所制马乳色清味美，称黑马乳，蒙古语谓"黑"为"哈剌"，因称其属为"哈剌赤"。中统元年（1260），与子土土哈从世祖忽必烈北征阿里不哥，有功。不久卒。天历二年（1329），追封溧阳王。

【班丹扎什】 又作班丹扎释、班丹扎释巴藏卜。明代藏传佛教高僧。藏族。永乐五年（1407），应明帝邀，赴南京。曾奉明帝命，护送西藏大宝法王德银协巴返藏，后屡奉命出使西域诸地，促使这些民族地区归顺明朝，致使"远夷率服，边境无虞"。后返北京，赐居护国寺，授以僧录司右阐教之职，赐以"弘通妙戒普慧善应慈济辅国阐教灌顶净觉西天佛子大国师"尊号。正统四年至八年（1439—1443），出资助缘兴建北京西郊翠微山法海寺，该寺以壁画超群而闻名于世。十二年（1447），命其徒班卓巴藏卜国师、喇嘛也释巴雕版印刷经其校刊的《圣胜慧到彼岸功德宝集偈》（三十二品）佛经，赤字版、雕图、汉藏合璧，流通京都。景泰三年（1452），受封为大智法王，赐以诰命。圆寂后，葬于京师。今有宣德十年（1435）宣宗为其雕造的等身木像传世（原供于护国寺，今移存于广安门内法源寺），并于护国寺内树碑铭刻《西天佛子大国师班丹扎释寿像记》以彰其功。

【班垫楚称】 清代藏传佛教僧人。藏族。八世班禅＊丹白旺秋胞弟。同治八年（1869），班禅额尔德尼父丹增汪结病卒，所遗公爵应由其袭，因其自幼削发为僧，勤习经典，不愿承袭公爵，故封为大喇嘛，以便服侍班禅额尔德尼。

【班觉嘉措】 明代藏传佛教高僧。藏族。任甘丹寺甘丹赤巴，为三世达赖喇嘛索南嘉措之管家。明万历二十年（1592），受三大寺委派，赴内蒙古归化（今呼和浩特），经查访正式确定俺答汗之曾孙为四世达赖喇嘛，命名为云丹嘉措。三十年（1602），由蒙军护送入藏。

【班麻思结】 明代罕东卫人。自幼居沙州。洪熙元年（1425），从明军讨曲先卫有功，未获赏。宣德七年（1432），陈于朝，授罕东卫指挥使。十年（1435），晋都指挥佥事。正统四年（1439），以沙州卫都督困即来侵踞其地,请遣返。五年,与指挥同知绰儿加攻哈密,掠人畜。继与赤斤卫指挥锁合者结纳,谋攻赤斤。诏令其睦邻保境,毋启衅端。沙州卫内徙后,尽有其地。十四年(1449),以暗与瓦剌也先通好,受命还居本卫,不从。旋晋都指挥使。景泰、天顺年间,屡遣使贡献。

【班禅一世】 见"克主杰·格雷贝桑"。(198页)
【班禅二世】 见"恩萨·索南乔郎"。(452页)
【班禅三世】 见"恩萨·罗桑顿珠"。(452页)
【班禅四世】 见"罗桑却吉坚赞"。(354页)
【班禅五世】 见"罗桑益西"。(352页)
【班禅六世】 见"罗桑贝丹意希"。(354页)
【班禅七世】 见"丹白尼玛"。(78页)
【班禅八世】 见"丹白旺秋"。(78页)
【班禅九世】 见"却吉尼玛"。(195页)

【班扎喇卫征】(1526—?) 亦作巴扎尔,汉籍作克登威正台吉。明代蒙古右翼鄂尔多斯部领主。孛儿只斤氏。吉囊第六子。领鄂尔多斯左翼浩齐特克里野斯,驻牧于榆林以东孤山边外。其子庄秃赖是万历(1573—1620)时活动于明朝陕、甘、宁、青等西北边境的著名领主。

【班珠尔多尔济】(?—1736) 清朝蒙古王公。喀尔喀土谢图汗部人。博尔济吉特氏。班第达额尔德尼纳木扎勒子。康熙三十年(1691),至多伦诺尔(今内蒙古多伦县北上都河西南岸)会盟,授一等台吉,袭其父札萨克。五十六年(1717),随振武将军傅尔丹驻防崆格扎布堪。

【班第墨尔根卓哩克图】 汉籍作满金台吉。明代蒙古鄂尔多斯部领主。孛儿只斤氏。布延巴图尔第三子,博硕克图济农弟。驻牧于黄河河套地区,坚持与明朝通贡互市,每岁款塞如约,未从其二兄侵扰明边。万历十二年(1584),受明封为百户。

【珲津】(?—1659) 清初将领。蒙古敖汉部人。萨尔图氏。崇德六年(1641),清军围锦州时,与台吉诺木齐、武巴什等出降,授世职牛录章京,隶蒙古镶蓝旗。旋授甲喇额真。顺治元年(1644),随清军入关,击李自成农民起义军,署梅勒额真。以督后队有功,加半个前程。移师山西,败李自成将陈永福,占领太原所属半数州县。三年(1646),从肃亲王豪格征张献忠义军,率兵入四川,与固山额真巴特玛等屡破义军。以功晋三等阿达哈哈番。任镶蓝旗蒙古梅勒额真。六年(1649),与努山克宝庆;入沅州,破敌于洪江,以功晋一等甲喇章京。十六年(1659),于磨盘山遭明将李定国伏击战死,谥壮勤。

【敖卢斡】 见"耶律敖卢斡"。(325页)
【敖昌兴】 亦作敖拉昌兴。清朝呼伦贝尔文士。达斡尔人。字芝田。著有《京路记》、《调查乌的河源》、《田舍诗》、《依仁堂集》等。咸丰元年(1851),以佐领职,奉命巡查额尔古纳河、乌第河源,归后将巡边经过撰《乌春》。
【敖拉昌兴】 见"敖昌兴"。(433页)
【敖卜言台吉】 明代蒙古右翼土默特部领主。孛儿只斤氏。*辛爱黄台吉孙,*五路把都儿台吉长子。驻牧于山西天镇以北,在山西新平市口与明朝互市,受明封为副千户,与明朝关系和谐。父卒,代领其众。

【素姑】 五代奚族部落联盟首领。前首领*扫刺子。后唐明宗天成四年(929),父死代立。与后唐友好,常遣使往来。后唐灭亡前夕,于清泰三年(936),欲背后唐投契丹,得后唐末帝李从珂的慰抚。

【素和贵】 唐代吐谷浑大臣。其先原为鲜卑白部人,后融入吐谷浑。龙朔三年(663),叛吐谷浑逃入吐蕃,尽言吐谷浑虚实,吐蕃出兵灭吐谷浑国。后为吐蕃大将。永隆元年(680),与吐蕃大论钦陵弟赞婆率兵三万攻唐河源军(今青海西宁),为唐河源军副大使黑齿常之击走。

【素和跋】 见"和跋"。(361页)
【素尔波且】(1002—1062) 意为大素尔。宋代藏传佛教宁玛派僧人。吐蕃人。本名释迦迥乃,出生于后藏年楚河流域素尔家族,故亦称年·素尔波且·释迦迥乃。为向众多弟子讲经说法,在邬巴垅地方修建邬巴垅寺,兼行医治病,故时人称其为拉杰·邬巴垅巴。后又在香区达桑巴建造九尊吉祥护法神像。曾师事大上师卓弥,学习教法、道果教授。以恭谨虔诚,深得其师宠爱。并向许多旧密咒师学习当时流传的宁玛派教法,开始对宁玛派典籍进行整理、阐述和注释,使之成为有系统的经典。相传有弟子一百零八名,成就最著者有所谓四尖端和一锋芒。高徒素尔穹·喜饶扎巴密法最好,香阁穹哇知识最渊博,桑贡喜饶嘉波修行最深,木雅群扎成为讲说"幻化"密法的唯一高徒,却扎喇嘛则教法知识最渊博,有雄辩之才。一生未娶,收素尔穹为养子。

【素囊台吉】 亦作素郎。明代蒙古右翼土默特部领主。孛儿只斤氏。*俺答汗孙,*不他失礼子,*把汉比吉生。仰祖母三娘子之势并有大板升之众,甚富强。初受明封为都督同知,万历二十五年(1597),升龙虎将军。三十五年(1607),第三代顺义王扯力克卒后,掌握三娘子的兵权,与扯力克长孙卜石兔争夺土默特部的统治权和顺义王位,极力阻止卜石兔与三娘子合婚。由于五路把都儿台吉等七十余领主的干预及母亲的规劝,始允卜石兔与三娘子成婚并继承王位,但始终拒绝听命于卜石兔。

【素泰伊勒登】(?—1703) 清朝蒙古王公。喀尔喀赛音诺颜部人。博尔济吉特氏。噶尔玛孙。札萨克亲王善巴族弟。初隶土谢图汗察珲多尔济,驻牧翁古布尔哈台,康熙二十七年(1688),率众投清,赐牧四子部落界外察罕博托辉。二十九年(1690)三月,随侍郎温达赴土拉河御准噶尔部噶尔丹。三十年,赴多伦诺尔会盟,封札萨克镇国公。三十五年(1696),遣台吉车木朋侦噶尔丹踪,报大将军费扬古督兵败之。

【素尔穹·喜饶扎巴】(1014—1074) 又称喜卧巴·拉杰钦波(意为大医师)。宋代藏传佛教宁玛派僧人。吐蕃人。其父素尔贡是一位以乞化为生的大德高僧。初随父行乞至邬巴垅寺,为素尔波且所收养,取名喜饶扎巴。为区别于师名，称素尔穹（即小素尔）。因其常在嘉卧地区有九个峭岩的山顶上修行，故又称其为德协嘉卧哇。从养父素尔波且学习许多教法，因缺乏钱财，没有写经本，更未得到密法传授和灌顶。后娶富人女为妻，得资助，遂愿，学成。曾宣讲《集密意经》，听众达三百余人。继主持邬巴垅寺。后赴嘉卧地区的山岩洞穴中修法达十三年之久。曾谒见阿底峡的弟子桂枯巴拉哉，从学喜金刚。曾在年若地方与四名显教徒辩论，使对方折服，改宗师事之。自此，声名远扬。门下弟子众多，有所谓四柱、八梁、十六椽、三十二桶、二大瑜伽士、一狂徒、二平庸、二达故氏、三位不中用者。

【秦布】（？—1743） 清朝将领。蒙古镶蓝旗人。姓乌朗罕济勒仙。世居科尔沁。康熙二十三年（1684），袭二等轻车都尉。四十四年（1705），授参领。五十九年（1720），迁满洲镶红旗副都统。雍正二年（1724），调蒙古镶红旗副都统。五年（1727），迁蒙古镶蓝旗都统。八年（1730），授陕西西安将军。乾隆元年（1736），请于凉州、西宁各添设步兵一千，将西安兵四千改为乌枪兵，获允。五年（1740），以年老休致。

【秦再雄】 北宋初湖南辰州瑶族首领。勇智双全，附近瑶人多为所服。太祖平定荆、湖后，为进一步巩固对瑶族地区的统治，采用以夷制夷政策，委任其为辰州刺史，准其"自辟吏属，予一州租赋"，借此镇抚瑶人。任内，训练精兵三千，"皆能被甲渡水，历山飞堑，捷如猿猱"，积极协助官府绥靖地方，受到太祖赞赏，被加封为辰州团练使。派人分赴各地，布谕朝廷怀抚之德，致使瑶人纷纷归附，五州连袤数千里，终太祖世相安无事。

【泰出】 见"塔出"。（525页）

【泰不华】（1304—1352） 又作泰不花、泰普化。元朝大臣。蒙古伯岳吾氏。塔不台子。本名达普化，文宗赐今名。好读书，善篆隶，通文史。至治元年（1321）进士，历任集贤修撰、秘书监著作郎、江南行台监察御史、中台监察御史。曾劾罢御史大夫脱欢，反对加封异姓大臣伯颜、撒敦为一字王。后历官礼部侍郎、绍兴路总管。至正初，参与修宋、辽、金三史，书成，授秘书卿，升礼部尚书，兼会同馆事。九年（1349），受命察实台州方国珍举兵事，并上招捕之策。继迁江东道廉访使，改翰林侍读学士。十一年（1351），为浙东道宣慰使都元帅，分兵温州，与孛罗帖木儿夹攻方国珍。继迁台州路达鲁花赤。次年，率舟师袭方国珍，战死。追封魏国公，谥忠介。尝重类《复古编》十卷，据经史考证讹伪。

【泰不花】 见"太不花"。（62页）

【泰杰勒】（1850—1930） 清代维吾尔族诗人。新疆叶城人。童年从父受教。后至印度新德里读书，学习阿拉伯语、波斯语、印度语，兼攻医学和物理学。回国后在家乡就医，兼任伊斯兰教高级经文学校教师。业余进行诗歌创作。著有《拜利克泰杰勒与赛拜克穆杰勒》等作品。其用维吾尔语写的格则勒，有深刻的思想性和艺术性，是19世纪末20世纪初诗歌创作的优秀典范。民间留传下来的《泰杰勒诗编》，20世纪初在布拉格用维吾尔文出版，还有一些诗在苏联塔什干出版。

【泰定帝】 见"也孙铁木儿"。（25页）

【泰外库勒汗】 见"塔吾克勒汗"。（527页）

【桂甘】 又作桂干。唐代吐蕃大臣。赞普赤德祖赞（704—755年在位）及赤松德赞（755—797年在位）时人。出身桂氏族。赤德祖赞死后，反对大臣马祥仲巴杰专权用事和肆意反对佛教，与年幼的王子赤松德赞暗中商议剪除之策。联合一些信佛大臣，制造舆论传说马祥将得重病，致使马祥精神委靡，继之又传说赤松德赞将有大难，需先造墓，令亲信大臣暂居墓内数日，以祛病消灾。诱之入墓，活埋于墓中，使赤松德赞掌权。

【桂良】（1785—1862） 清朝大臣。满洲正红旗人。瓜尔佳氏。字燕山。总督玉德子。嘉庆（1796—1820）间，捐升员外郎，授知府。道光十二年（1832），由四川、广东布政使调江西。十四年（1834）升河南巡抚。任内，奏筹议查私硝章程，内有"严办私贩、稽察偷漏、严缉偷越、杜绝包庇"四项；曾勘河南黄河两岸堤堰，兴工修补。十九年（1839），擢湖广总督，后调闽浙、云贵。二十年，兼署云南巡抚，定整顿饬察营伍章程。咸丰二年（1852），授兵部尚书。三年，奉命驻扎直隶，任总督，与胜保阻截太平天国北伐军。七年（1857），授东阁大学士。八年，英法联军攻陷大沽炮台。同吏部尚书花沙纳至天津谈判，力主妥协求和；旋代表清政府与俄、美、英、法等国签订《天津条约》。后赴上海会同两江总督何桂清签订中英、中法、中美通商章程。十年（1860），英法联军再占天津时，授钦差大臣赴天津议和，未成。英法联军进犯北京，咸丰帝逃往热河（今河北承德）。随恭亲王奕䜣与联军谈判。十一年，任军机大臣。

【桂林】（？—1779） 清朝大臣。满族，伊尔根觉罗氏。满洲镶蓝旗人。两广总督鹤年子。由廪生捐工部主事，累迁山西按察使。乾隆三十六年（1771），擢户部侍郎，在军机处行走。九月，赴四川佐温福征金川。十一月，授四川总督。督兵收约咱，克东山梁大小碉五、石卡二十余。进据墨尔多山梁。三十七年，克卡丫，破郭松、甲木、噶尔金等。分兵五道收革布什咱寨落七十余里，攻默资沟、吉地、丹东，乘胜深入取索诺木。遣将越墨垄沟克大碉一，石卡二十一。复党哩、沙冲地、达乌。因功受赐。旋以调度失算，未乘胜进兵金川，受责。又因只图安逸，不能与士卒同甘苦，致北山梁损兵，命戍伊犁。三十八年，以三等侍卫至四川军前督粮运。四十年（1775）四月，授头等侍卫。九月，任四川提督。四十三年（1778），晋两广总督。四十四年，广西桂林、柳州二府旱，拨备用广东平粜谷十万石，分贮水次各州县，酌量动拨。十二月卒，追加太子太保衔，谥壮敏。

【桂廉】 清朝将领。达斡尔索多乐氏。道光（1821—1850）以来出征数省，赏蓝翎、副都统衔。历任协领署墨尔根（今黑龙江嫩江）副都统，年五十余终于任。

【桂古达尔】 清代达斡尔族首领。以地名桂古达尔为氏。顺治八年(1651),率同族千人保卫家乡,与沙俄入侵者奋战,宁死不屈。

【桂楼先生】 见"杨黼"。(189页)

【桂·赤桑雅拉】 唐代吐蕃大臣。赤松德赞赞普(755—797年在位)时人。大相*桂甘子。奉命制定"九双木简"、"真智五木简"及"三审木简"、"流动木简"等法律,分别作为医疗费赔偿、命价赔偿、亲属离异、判断诉讼真伪及盖印结案等的法律依据。命价赔偿从大相至最低属民,均依次标定命价标准,杀伤人者依此赔偿命价。对赤松德赞推行法治,巩固吐蕃奴隶制政权颇有意义。被誉为吐蕃第六位贤臣。

【桓赧】 宋代女真完颜部首领之一。国相雅达子。居完颜部邑屯村。曾辅佐金景祖乌古乃理政。因怨金世祖劾里钵迫令其父让国相位给劾里钵弟颇剌淑,与兄弟散达一起联合劾里钵叔父跋黑和温都部首领乌春等起兵反抗,击败颇剌淑军,并乘胜大肆掳掠。当劾里钵派人议和时,又索要劾里钵弟盈歌的大赤马和辞不失的紫骝马作为议和的苛刻条件,遭拒,遂联合不术鲁部卜灰、蒲察部撒骨出及混同江左右匹古敦水北诸部兵,恃势与劾里钵继续争战,并令诸部恣意掠取乌古乃夫妇之宝货、财产。率军到北隩甸,后为劾里钵所败,与散达逃走。辽大安七年(1091),率部众归降。

【格布希】(1740—1810) 清代蒙古族作家和翻译家。察哈尔部人。住白山寺(蒙语称"察罕乌林苏默")从事创作和翻译。用藏文写成十卷本著作,在寺庙内出版。对民间史诗《格萨尔》有深入研究。编有《潘恰坦特尔》三十四个故事集。对印度贤者纳加鲁所著《玉液之滴》加以注释,使故事具有蒙古特色。如有一个故事,猫把自己打扮成老鼠的保卫者,哄骗老鼠,并把他们吃掉。他改编后把猫比作喇嘛骗子,把老鼠比作普通信徒,通过作品痛斥上层喇嘛利用宗教以达到贪婪目的。遭到上层喇嘛的迫害和攻击。他以增删和修改的作品,反对世俗封建宗教对人民的压迫,是一位进步的蒙古族作家。

【格色克】(？—1752) 清朝蒙古王公。喀尔喀札萨克图汗部人。博尔济吉特氏。札萨克图汗沙喇第三子。为准噶尔部噶尔丹所逼,与兄巴朗、恭格避居阿尔泰山阳。康熙二十九年(1690),投归清朝,居乌兰。三十年四月,因年幼未赴多伦诺尔会盟。封其叔策旺扎布亲王爵,代掌其部众。十月,随母布尼达喇赴诉京师,封辅国公。

【格埒勒】(？—1719) 清朝大臣。蒙古族。喀喇沁部人。乌梁罕氏。初名默纳克,后赐今名。尚乡君,授额驸。康熙二十五年(1686),袭一等塔布囊。四十四年(1705),以族属繁积三十八佐领,命增设一旗,授札萨克。五十四年(1715)四月,清军防御准噶尔部策妄阿喇布坦,奉命率本部兵赴推河。继受命统右卫。以擒罗卜藏锡喇布功,授参赞大臣。

【格西臧瓦】 宋代吐蕃噶玛噶举派僧人,西夏与西藏间佛教文化之最早传播者。噶玛噶举派法王都松钦巴高徒。夏仁宗(1139—1193年在位),闻都松钦巴名,遣使入藏迎请,不果,遂请能代表都松钦巴者前往,他奉师命赴西夏传法,被西夏王奉为上师。

【格坚皇帝】 见"硕德八剌"。(496页)

【格绒达吉】 清代康区甘孜孔萨第五代土司。藏族。四朗却登子。幼年丧父,由甘孜的郎扎活佛格戒郎加抚教,职名格绒达吉,承袭土司职位。曾到西藏、尼泊尔等大寺院学经,返甘孜后,扩建甘孜寺,成为康北最大黄教寺院之一。执政时,因与白利土司争夺旦勒山顶草场,发生械斗,后经寺庙喇嘛调解,始和好,划分界线。

【格桑嘉措】(1708—1757) 即七世达赖。清代藏传佛教格鲁派(黄教)领袖。藏族。康区理塘人。索南达结之子,由西藏三大寺上层喇嘛认定为达赖六世仓央嘉措转世灵童。清康熙五十四年(1715),在理塘出家,次年,被青海丹津王迎至青海塔尔寺。五十八年(1719),受康熙帝正式册封为七世达赖喇嘛。翌年,进藏,于布达拉宫坐床,拜五世班禅为师,受沙弥戒,取名洛桑格桑嘉措。先从班禅学习菩提道次第广论等,后入哲蚌寺学经。雍正五年(1727),复拜五世班禅为师,受比丘戒。因西藏发生阿尔布巴、隆布鼐及扎尔鼐谋杀康济鼐事件,为防止准噶尔乘机来犯,于次年12月被迎至理塘,八年(1730),又奉诏移驻泰宁惠远庙。十三年(1735),返拉萨管理宗教事务。乾隆十五年(1750)配合清军平息珠尔默特那木札勒叛乱。十六年,受清政府令掌管西藏地方政权,并执行《酌定西藏善后章程》十三条,颇受僧俗人民爱戴。是为西藏格鲁派政教合一地方政权的开端。二十二年(1757),于布达拉宫圆寂。

【格登嘉措】(1679—1765) 清代藏传佛教高僧。藏族。生于多麦热贡。出家于隆务寺,法名格登顿珠,后因主持达香寺,命名为格登嘉措。直至二十五岁习学诸部经论,赴多麦地区诸寺讲经。二十六岁赴藏入哲蚌寺果芒扎仓学经。三十六岁参与拉萨大愿法会辩经,获然降巴称号。四十岁由地方政府委任为后藏伯科曲堆寺堪布,后任孜钦曲堆寺住持。曾于五世班禅罗桑意希和七世达赖喇嘛格桑嘉措尊前聆听诸种正法。五十五岁返隆务寺任住持,修持诸业,故尊称为隆务大师,遍履多麦地区诸寺院讲经传法。

【格西多吉周】 宋代吐蕃僧人。淳祐四年(1244),随萨迦派领袖八思巴至内地归顺蒙古。十一年(1251),八思巴伯父萨班于凉州去世后,八思巴继为萨迦教派法主,循萨班之志,决意将萨班与蒙古所议定吐蕃归顺蒙古的决定付诸实施,支持蒙哥汗遣使赴吐蕃调查户口土地情况。他奉命随蒙古金字使臣进吐蕃清查户口,划分地界,对促进汉、蒙、藏的联系和文化交流及中央政府对吐蕃的管辖作出贡献。

【格埒图台吉】(1491—？) 一作格埒迪,又称察罕孟克,汉籍作克列兔台吉。明代蒙古贵族。孛儿只斤氏。

*达延汗子,古实哈屯生。史料未载其领地,卒后无嗣。

【格埒博罗特】(1482—?) 又称格根孟克,汉籍作称台吉、成台吉。明代蒙古左翼敖汉、奈曼两部领主,孛儿只斤氏。*达延汗子,苏密尔(亦作萨穆尔)哈屯生。达延汗统一蒙古后,被封为敖汉、奈曼的领主。属察哈尔万户。驻牧于蓟州边外以北。卒后由二子继承,后被图鲁博罗特后裔继承。

【格列山只台吉】 见"格埒森扎台吉"。(436 页)

【格埒克延丕勒】(?—1741) 清朝蒙古王公。喀尔喀札萨克图汗部人。博尔济吉特氏。朋素克喇布坦长子。康熙五十一年(1712),袭札萨克多罗郡王。五十四年(1715),随散秩大臣祁里德赴推河防御准噶尔部策妄阿喇布坦。五十六年(1717),移驻塔斯果尔玛及哲斯库布辖尔库业根。雍正八年(1730),统兵赴塔尔弼阿噜御准噶尔。九年,还驻科布多。击准噶尔军于齐齐克诺尔。继因牧地遭准部掠,内徙。十年,随建勋将军达尔济驻防伯格尔,授盟长,破准部军于乌兰布拉克等地。札萨克图汗策旺扎布因从征退缩罪被削爵后,由他袭札萨克图汗,仍留多罗郡王爵,兼所部副将军。后相继驻屯乌里雅苏台、科布多、伟衮特里默等地备御。

【格埒森扎台吉】 全名格埒森扎贲尔珲台吉,亦作格勒三扎等。汉籍作格列山只台吉。明代蒙古外七鄂托克喀尔喀领主。孛儿只斤氏。*达延汗子,苏密尔哈屯生。达延汗统一蒙古后,被封于外七鄂托克喀尔喀。驻牧于哈拉哈河以西。为外喀尔喀诸部始祖。卒后由七子分别继承。

【格埒克巴木丕勒】(?—1771) 清朝蒙古王公。喀尔喀车臣汗部人。博尔济吉特氏。车凌布木长子。康熙五十三年(1714),袭札萨克辅国公。雍正十一年(1733),以所属巴尔呼人由塔尔巴哈台遁俄罗斯,他以兵击之。乾隆元年(1736),授所部副将军。以治军有方,军容整肃,受奖赏。十八年(1753)杜尔伯特部车凌等归附,他受命赴扎布堪御准噶尔追兵。二十年(1755),从清军征准噶尔部达瓦齐,以解运驼马迟误罪,削副将军及辅国公爵。阿睦尔撒纳叛其党克什木等,扰伊犁,他引兵奋击,次年,复札萨克辅国公。二十五年晋镇国公。

【样浦琼哇】 宋代时轮经的传播者。吐蕃人。据《汉藏文书》载,印度时轮经为西藏学者所闻,知苦婆罗国(即香跋拉国)第二代法王白莲连王著有《时轮经》的权威注释,书名《无垢光大疏》(成书于公元前 177 年),颇负盛名,为著名时轮历的著作。为引进及发展时轮历,遂做施主,请卓译师在克什米尔人达衮藏文译文的基础上(相传只是半部)续译《无垢光大疏》,书成,西藏始传时轮经及经中所含之时轮历。因初译时在 1027 年,遂以此年作为藏历"胜生周"(以六十年为一周期,类似干支纪年法)之首年,至今如是。

【根特】(?—1693) 清初将领。满洲镶蓝旗人。瓜尔佳氏。尼努之子。世居尼马察。天聪(1627—1636)间,任刑部理事。顺治元年(1644),以前锋统领从多尔衮入山海关战李自成起义军,败义军将唐通于一片石。因功晋轻车都尉。四年(1647),授协领,驻防西安,同侍郎喀喀穆讨郧阳王光泰。六年(1649),随陕西三边总督孟乔芳复蒲州,进征平阳,镇压抗清势力。九年(1652),授参领。十年,随贝勒屯齐征秦王孙可望。十一年,从宁海大将军伊尔德征郑成功,克舟山,因功授副都统。康熙十六年(1677),擢副都统,列议政大臣。二十三年(1684),以老病乞休。卒,谥襄壮。

【根惇】(?—1705) 又作根敦。号额尔克岱青。喀尔喀札萨克图汗部和托辉特鄂托克首领。蒙古族。硕垒乌巴什孙。康熙二十五年(1686),札萨克图汗部台吉额璘沁西奔后,众无主,使领之,授札萨克。二十七年(1688),以噶尔丹侵扰喀尔喀,率众避色楞格河畔,击退济喇克伟征哈什哈等。部属齐巴克塔尔谋附噶尔丹,遣兵追执之。乘胜由杭爱山趋阿尔泰,斩噶尔丹将察罕台吉乌尔衮。三十二年(1693),遣使向清廷告捷,获厚赏。越一年,奉命入觐,封多罗贝勒。领兵侦伺噶尔丹。三十六年(1697),漠北安宁,归故牧,献都噶尔阿喇布坦降众。一说是年卒。

【根敦】 ①(?—1697)清朝蒙古王公。喀尔喀札萨克图汗部人。博尔济吉特氏。抗图岱子。康熙二十五年(1686),授札萨克。二十七年(1688),以本部遭准噶尔部噶尔丹侵扰,徙属众避居色楞格河,自引兵击走噶尔丹将济喇克伟喀什哈等。二十八年,由杭爱山趋阿尔泰山,斩噶尔丹将察罕台吉乌尔衮。三十三年(1694)九月,归附清朝,封多罗贝勒,仍兼札萨克。三十五年(1696),奉命协清军剿噶尔丹,击噶尔丹族弟阿拉布坦,尽降其众。 ②(?—1742)清朝将领。蒙古族。土默特部人。阿弼达长子。初授副都统。康熙五十九年(1720),授参赞大臣。随振武将军傅尔丹由阿尔泰征准噶尔部策妄阿喇布坦,擒宰桑贝坤。雍正元年(1723),袭都统。二年,率满洲兵二千赴巴里坤防御青海罗卜藏丹津,继驻兵吐鲁番。九年(1731),清军征噶尔丹策凌,从西路大将军岳钟琪败准部军于乌鲁木齐,追至额尔穆克河。以功赏御用冠服。十年,随副将军常赉等率兵三千余援征哈密。十三年(1735),还归化城,协理屯田事宜。 ③(?—1763)清朝蒙古王公。喀尔喀札萨克图汗部人。伊达木扎布第三子。初授协理台吉。雍正九年(1731),引兵追击厄鲁特贝勒色布腾旺布所属奇尔吉斯逃众。乾隆七年(1742),袭札萨克一等台吉,驻防塔密尔。十九年(1754),移驻哈喇阿济尔罕。二十年,随清军征准噶尔部达瓦齐,受命巡视海拉图等地。二十一年,随定边左副将军哈达哈征哈萨克,破哈萨克于巴颜山。二十三年,以追缉盗马者,不获,夺俸。

【根特木耳】 亦作干其穆尔、甘特木耳。清初索伦部首领。初居尼尔涅河(尼布楚城西),后徙居额尔古纳河东岸的汗河(根河)和海拉尔河一带。本名特木尔,因居根河,故名。传说属巴雅吉尔(白义耳)氏族。顺治十年(1653)避俄将哈巴洛夫侵扰,迁居黑龙江南嫩江流域。与著名萨满穆克吐干（穆克达哈）招抚部众，势渐盛。后附清，授佐领。十二年，助清军明安达礼追击沙俄殖民者斯捷潘诺夫，参加呼玛尔之役。康熙五年（1666），因不满清朝的待遇，率三佐领人越额尔古纳河，逃到俄人的势力范围，族人交给沙俄毛皮之税，纳贡于车臣汗和蒙古活佛。中俄尼布楚谈判中，清使多次提出交还其人，成为当时交涉的重要人物。

【根敦朱巴】(1391—1474) 又作根敦朱、根敦主。即一世达赖。明代藏传佛教格鲁派（黄教）名僧。宗喀巴四虚空弟子之一。藏族。后藏萨迦附近霞堆人。贡布多吉第三子。家贫，自幼随父母牧羊。明永乐三年（1405），于纳塘寺出家，拜团柱凯珠为师，从楚巴喜饶受沙弥戒。八年（1410），受比丘戒，后云游卫藏各地名寺圣地，以昌珠寺高僧贡桑巴为师，学"因明"与"中论"，参加辩论。十三年（1415），赴札喜多喀地方听宗喀巴讲经说法，拜宗喀巴为师，后多次随宗喀巴教法，成为重要弟子。与宗喀巴另一弟子喜饶僧格到后藏各地讲经说法。后到拉萨向噶丹第二任池巴甲曹杰学众多要法，再返后藏，于降勒、打纳等处讲经，门徒众多。正统十二年（1447）在日喀则建札什伦布寺，任该寺池巴（住持）达二十八年，广泛研习哲学和佛教经典，精通显密教法，是当时西藏著名的佛教学者，故称"大班吉达根敦朱"。著有《戒经疏》、《正理庄严论》等。成化十年（1474），圆寂于此寺。后被格鲁派（黄教）僧人追认为达赖喇嘛一世。

【根敦嘉措】(1475—1542) 即二世达赖。明代藏传佛教格鲁派（黄教）名僧。藏族。生于后藏日喀则西北的达纳地方一农户家。三岁被认定为达赖喇嘛一世根敦朱巴之转世。幼年随父学宁玛派密法。明成化二十一年（1485），十一岁被迎进札什伦布寺。次年，从隆日嘉措受近事戒，同年出家，受沙弥戒，法名根敦嘉措贝桑波。十九岁，往拉萨哲蚌寺学经，二十一岁拜万宁住持嘉样烈巴曲觉为亲教师，受比丘戒，学量释论及大论。时值格鲁派（黄教）向西康、青海、阿里等地发展，遂赴前、后藏及山南各地从师学法，并传法讲经。正德四年（1509），在山南圣母湖畔（即拉莫拉措）创建群科甲寺。七年（1512），任札什伦布寺第五任池巴（住持）。十二年（1517），返拉萨，任哲蚌寺第十任池巴，冬春住持哲蚌寺，夏秋住持群科甲寺。嘉靖五年（1526），兼色拉寺第九任池巴。在哲蚌寺修建甘丹颇章，供其居住，立管理寺属庄园的第巴制度。后五世达赖便以甘丹颇章为地方政权名。二十一年（1542）圆寂，被追认为达赖喇嘛二世。

【都担】(?—714) 唐代西突厥首领。开元二年（714），起兵反唐，自称贺腊毗伽可汗，据碎叶川（今中亚之楚河）。后碎叶等镇为碛西节度使阿史那献所破，被执杀，部众二万余帐归降。

【都哇】见"笃哇"。（403页）

【都稽】汉代南越国郎相。南越人。武帝（公元前156—前87）时，南越王赵建德与丞相吕嘉反汉。元鼎六年（公元前111）冬，汉伏波、楼船二将军奉命率兵讨南越。建德与嘉逃亡入海，他率部降汉。知嘉必东走高昌，遂助伏波擒嘉，被封临蔡侯。

【都尔玛】(?—1664) 清朝官员。蒙古镶黄旗人。姓西纳明安。天聪二年（1628），随贝勒岳托征明锦州。五年（1631），随军围大凌河，败突围明军。八年（1634），随内大臣额驸多尔济等攻大同，败明总兵曹文诏，赐号巴图鲁，授佐领。崇德六年（1641），随军围锦州，截击明总督洪承畴援军，屡败明军于杏山、塔山间。伏击明总兵吴三桂于高桥。围松山城，败突围明军。叙功授三等轻车都尉世职。顺治二年（1645），晋三等男爵。七年（1650）晋二等子爵，授内大臣。

【都兴阿】(?—1875) 清朝将领。满洲正白旗人。郭贝尔氏。字直夫。博多欢次子。道光九年（1829），由荫生授三等侍卫。十七年（1837），晋二等侍卫。咸丰三年（1853），从僧格林沁赴天津，堵击太平天国北伐军，击败林凤翔，擢头等侍卫。五年（1855），克河北连镇，焚其城，俘林凤翔，赏副都统衔。寻授京口副都统。六年，擢江宁将军，复武昌、汉阳，克广济、黄梅诸城，赐号"霍钦巴图鲁"。七年，会攻陈毛成，攻小池口，克湖口。八年，克九江，授荆州将军。十年（1860），受命督办江北军务。十一年，调江宁将军，仍驻扬州督江北军。同治二年（1863），饬军进防浦口，围剿李秀成。三年，调西安将军，督办甘陕军务，署甘陕总督。克复江宁（今南京）。四年，调盛京将军。七年（1868），入京，管神机营。授钦差大臣，赴天津，会同左宗棠、李鸿章等镇压太平军。卒，谥清悫。

【都位加】清代四川西昌女土司。彝族。夫都显贵死后，受命为阿都正长官司护印长官。又兼护理阿都副长官司印务。住牧东罗寨。

【都隆奇】西汉时匈奴将领。虚闾权渠单于正妻颛渠阏氏之弟。原任左大且渠（官名）。汉宣帝神爵二年（公元前60），单于卒，与颛渠谋，乘诸王未至之机，立右贤王屠耆堂为握衍朐鞮单于，深受新单于宠信。四年（公元前58），为呼韩邪单于击败，逃奔握衍朐鞮弟右贤王所。其冬，与右贤王共立日逐王薄胥堂为屠耆单于，发兵数万东击呼韩邪单于。五凤元年（公元前57），匈奴五单于纷立，相互攻战，他以兵击败乌藉单于。次年，随屠耆单于攻战呼韩邪单于，兵败，与屠耆少子右谷蠡王姑瞀楼头亡归汉朝。

【都尔弥势】元朝将领。畏兀儿人。岳璘帖木儿第四子。中统三年（1262），从叔父撒吉思讨李璮，以功授行省郎中，拜博兴州、沂州达鲁花赤。至元十一年（1274），随丞相伯颜攻宋，为先锋，败宋丞相贾似道于丁家洲，破宋将孙虎臣于焦山，从破常州，升断事官。宋平，授安丰路达鲁花赤，权处州达鲁花赤。时新附民多阻兵自保，他单骑前往招降，兵不血刃，人以"四哥佛子"称之。后以阿台马专权用事，告归。复起为征东都元帅，发兵征日本，因与丞相阿答海异议，辞任。后历任同知浙东道宣慰司事、行省郎中、太平路达鲁花赤、广西道提刑按察使,卒于官。

【都松钦巴】(1110—1193) 又作噶玛巴·都松钦巴。宋代藏传佛教噶玛噶举派创始人之一。传说能知过去、现在、未来,故号称"都松钦巴",意为"能知三时(或译作三世)的人"。本名格迫,出生于垛康地区的哲雪山区(在今四川甘孜新龙县)。父母都是修密法的信徒,故从少年时代起就从父母学法。机遇上师甲噶毗若、伯真,听二人教授,得真传。十六岁由哲窝却根喇嘛作亲教师剃度出家,命名却吉扎巴。从阿底峡弟子辈学习阿底峡所传密法。二十岁在堆隆萨塘从堆隆·嘉玛尔巴、恰巴却季僧格师徒二人学《慈氏五论》、《中观六论》。后从夏慈哇及其弟子喜饶僧格学噶丹派诸法教授达六年之久。从巴曹译师学《中观六如理聚》,从梅律师受比丘戒,学律部。并赴甲拉康从瓜译师和康巴阿僧学时轮"六加行法"等。三十岁从塔波拉杰与粗埵宁波私侄,学噶当派的《菩提道次第》和传授噶举派的《方便道教授》,为八百修行者中之佼佼者。宋绍兴十七年(1147),于类乌齐(今西藏昌都附近)附近的噶玛地方建噶玛拉顶寺,噶玛派亦由此得名。在前后藏共住了三十年,到五十岁时,集其门下的僧徒已达数千人。曾调解平息康区头人之间的纠纷,并将所得七块大松耳石、茶叶及七十头牛等礼物献给岗波寺。晚年,又在堆隆建粗朴寺。

【都思噶尔】(?—1653) 清初蒙古王公。阿巴噶部人。博尔济吉特氏。布达什哩子。初号巴图尔济农,以避察哈尔掳掠依附喀尔喀。天聪九年(1635)。向后金表贡驼马貂皮。崇德二年(1637),遣属阿玉什向清朝入贡。顺治八年(1651),归附清朝,封札萨克多罗郡王,掌本部右翼。

【都蓝可汗】(?—599) 隋代东突厥可汗。名雍虞闾,又作雍闾。阿史那氏。*沙钵略可汗子。开皇八年(588),叶护可汗卒,继位,号颉伽施多那都蓝可汗。与隋贡使不绝。忌弟钦羽设部落强盛,击杀之。开皇十一年(591)四月,遣弟褥但特勤朝隋,献于阗玉杖,受封为柱国、康国公。翌年,遣使献马万匹,羊二万只,驼牛各五百头,请缘边置市互易,使沙钵略可汗时出现的和好关系得以保持和发展。十三年(593),听信内地流民杨钦挑唆,停修职贡,屡扰隋边。经隋使长孙晟再三说服,晓以利害,始执杨钦等人,并杀大义公主。但和好关系仍受到影响,向隋请婚亦被拒。隋文帝纳长孙晟策,转而全力扶持处罗侯子突利可汗染干,并于十七年(597)以安义公主亲染干。都蓝以己为"大可汗",反遭隋所轻,遂绝朝贡,数为边患。十八年,遭隋蜀王杨秀袭击。翌年,攻大同,遭隋元帅杨谅等六路兵迎击。继联合达头可汗,合攻染干,尽杀其兄弟子侄,追染干等奔隋。旋于内乱中为部下所杀,在位十二年。

【都松芒保杰】 见"赤都松"。(205页)

【都尔格齐诺颜】 见"昆都伦乌巴什"。(350页)

【都松芒杰隆囊】 见"赤都松"。(205页)

【真金】(1243—1286) 又作精吉木、珍戬。元世祖*忽必烈皇太子。蒙古孛儿只斤氏。母察必皇后。少从师汉儒姚枢、窦默,习《孝经》。中统三年(1262),封燕王,守中书令。次年、兼判枢密院事,亲至中书省署敕。至元七年(1270),受命巡抚称海。十年(1273),立为皇太子,元朝立太子册礼始于此。喜读儒籍及经史,与近臣王恂、许衡等习学讲论《资治通鉴》、《贞观政要》及辽、金史事。十六年(1279),受命参决朝政,凡中书省、枢密院、御史台及百司政事,皆先启后闻。十八年(1281),受江西龙兴路十万五千户为分地。对中书平章政事色目人阿合马恃权擅政、结党横贪、蠹国害民甚恶之。十九年,当阿合马被王著等刺杀后,重用中书右丞相和礼霍孙,改革朝政,以"便国利民"。二十二年(1285),江南行台监察御史奏请忽必烈禅位于皇太子,阿合马党羽乘机离间,引起忽必烈疑心,致使父子不和。是年十二月(1286年初)忧疾而死。成宗时追谥文惠明孝皇帝,庙号裕宗。

【真宝】 又作真定。元朝官员、文士。字朝用,号彝斋。蒙古人。至正(1341—1368)初,由崇安主簿迁政和县达鲁花赤,凡闽中诸郡疑狱难决者,行省必委其讯狱,颇有政绩,民众集录其断狱善政为书,名《东和善政录》。改福建元帅府经历。至正六年(1346),与万户廉和尚等镇压汀州连城县民罗天麟、陈积万起义。历任江浙行省检校、南台御史。

【真定】 见"真宝"。(438页)

【真哥】(?—1327) 元朝武宗皇后。蒙古弘吉剌氏。脱怜子迸不剌之女。至大三年(1310),册为皇后。皇庆二年(1313),立长秋寺掌宫政。泰定四年(1327),追谥宣慈惠圣皇后。

【真回老人】 见"王岱舆"。(55页)

【真相台台】 或译宰生,一说又称三温台吉。明代蒙古右翼土默特部领主。孛儿只斤氏。*俺答汗孙,丙兔台吉子。部名威兀慎。嘉靖三十八年(1559),随父进入西海(青海)。在甘肃扁都口(在今甘肃民乐县境)与明朝互市。万历十七年(1589),袭父职指挥同知。不久率兵进驻莽剌川(今青海贵南一带),逼近西宁,与火落赤部进攻明河州、临洮、渭源等地,先后被明将尤继先、达云等击败,著名的仰华寺亦被明经略使郑洛下令烧毁。

【真珠叶护可汗】(?—659) 唐代西突厥可汗。阿史那氏。*乙毗咄陆可汗之子。原为颉苾达度设、真珠叶护。素与泥伏沙钵罗可汗有隙,结弩失毕五部共击沙钵罗。永徽四年(653)嗣位后,数遣使赴唐求援军讨沙钵罗。六年(655)十一月,唐朝遣丰州都督元礼臣赴突厥,欲册拜其为可汗,至碎叶城(今托克马克附近),为沙钵罗兵阻,未果。显庆二年(657),乘唐军讨伐阿史那贺鲁,联合弩失毕部,破其牙帐。四年(659),与西突厥兴昔亡可汗阿史那弥射战于双河(今新疆乌苏县雅马渡口),兵败被杀。

【真珠毗伽可汗】(?—645) 薛延陀汗国创建者。姓壹利咄氏。名夷男,也咥可汗乙失钵孙(一说是子)。

原附东突厥。唐贞观元年(627),联回纥等部攻东突厥可汗,获胜,被诸部推为首领。三年(629)八月,遣使朝贡。唐太宗遣游击将军乔师望持册拜其为真珠毗伽可汗。次年,与唐联兵攻灭东突厥,创立薛延陀汗国,建牙于突厥旧庭郁督军山。辖地东至靺鞨,西极西突厥,南接大漠,北至俱沦水(又作俱沦泊,今内蒙古呼伦湖),统有回纥、拔野古、阿跌、同罗、仆骨诸部,拥兵二十万。以庶长子曳莽为突利失可汗,嫡子拔灼为四叶护可汗,分领东、西二部分。同年遣弟统特勤朝唐,获厚赐。十三年(639),欲击突厥阿史那思摩,为唐朝所阻,约以大漠为界,北属薛延陀,南属突厥。次年,遣使请婚,为太宗拒。十五年(641)十一月,乘太宗东巡泰山之机,发兵二十万击阿史那思摩,为唐将击败。次年四月,遣使谢罪。九月,复遣叔父沙钵罗泥熟俟斤求婚,太宗许以新兴公主,并约定次年在灵州(今宁夏灵武县西南)与其会见。不久,太宗毁约赖婚,使双方和好关系受到损害。十九年(645)九月病卒。太宗为之设祭。

【索氏】 党项族。夏景宗李元昊妻。喜娱乐音乐,修容打扮,但无宠。夏广运二年(1035),元昊领兵攻唃厮啰,兵败,讹传元昊已死,索氏喜形于色,玩乐尤甚。不久,元昊还,她惧罪自杀,元昊灭其家族。

【索尼】(?—1667) 清朝大臣。满洲正黄旗人。赫舍里氏。硕色之子。太祖努尔哈赤(1616—1626)时为一等侍卫。从征界藩,败哈达兵;征栋夔,退蒙古援兵。天聪元年(1627),从太宗攻锦州,于大凌河户口袭击明兵,旋侦宁远,追击出城兵。三年,从征明至燕京,战明督师袁崇焕援兵,救贝勒豪格破围出。四年,招降榛子镇、沙河驿人户,拔永平。五年,擢吏部启心郎。从围大凌河,败明锦州援兵。六年,从征察哈尔,入明边,略大同、取阜台寨。八年(1634),以任内无阙失,授骑都尉世职。崇德八年(1643),考绩超授三等男。太宗死,应睿亲王多尔衮召议册立,首言立太子。顺治帝即位,誓辅之。顺治元年(1644),以忠贞戮力、不附肃王等,晋二等子。继从多尔衮入关,定京师。五年(1648),以与图赖等谋出肃亲王,为贝子屯齐所讦,夺官,遣戍昭陵。顺治帝亲政后,被召还,复世职,晋三等伯。九年(1652),晋一等伯,擢内大臣兼议政大臣,总管内务府事。十八年(1661),世祖死,康熙帝即位,受遗诏辅政。为政保守,倡复满洲旧制。晚年,见权臣鳌拜日益专擅,疏请康熙帝亲政。康熙六年(1667),晋一等公。未几病卒,谥文忠。

【索低】 又作李索低,或索氏。唐代奚族部落首领。宪宗元和三年(808),受唐封为右武威卫将军同正,充檀、蓟两州游奕兵马使,赐姓李。

【索琳】(?—1780) 清朝大臣。满族。完颜氏,满洲正蓝旗人。热河副都统那苏泰子。乾隆元年(1736),由荫生以主事用签掣兵部。后任吏部、兵部员外郎,军机章京,刑部、户部郎中,山西归绥道。二十五年(1760),迁按察使。二十六年,升浙江布政使。后四年,授副都统,赏戴花翎,赴库伦协同桑斋多尔济办事。受命查桑斋多尔济等潜与俄国贸易事,因掩饰革副都统职。后召还京,授户部右侍郎,在军机处行走。三十四年(1769),署理藩院侍郎。次年底,充国史馆副总裁。三十六年,以副都统衔赴西藏办事。旋因罪降七级,授内阁学士,革职留任,八年无过方可开复。四十一年(1776),升理藩院尚书,留库伦办事。四十三年,召还京,复因在库伦办理与俄国贸易事未妥,革任。次年,以副都统衔赴藏办事,赏戴花翎。因巴塘功,受嘉奖。四十五年,行抵拉里山卒。

【索元礼】(?—691) 唐朝官员。胡人。武则天临朝,任游击将军。在洛州办理刑狱,任内贪赃枉法,以酷刑逼供,广牵无辜,冤死者达数千人。后武则天为息众怒,将其诛杀。

【索尔扎】(?—1743) 一译苏尔扎。清代卫拉特蒙古和硕特部台吉。*拉藏汗次子。康熙五十六年(1717),以准噶尔部大策凌敦多布进犯西藏,随父率兵抵抗。兵败,退守布达拉宫。因噶卜伦沙克都尔扎布、台吉纳木扎勒通敌,城破,父被杀,率兵三十名谋遁,被擒。次年七月迁伊犁。雍正五年(1727),噶尔丹策零嗣位后获释。后拟归故地,未果,死于伊犁。

【索多汗】 见"俺答汗"。(455页)

【索诺木】 ①(?—1656)清朝蒙古王公。克什克腾部人。博尔济吉特氏。成吉思汗二十世孙沙喇勒达子。天聪八年(1634),率属众归附后金。崇德四年(1639),四子部落毕里克台吉逃离后金,他以不追击罪,罚畜。是年向后金贡方物。五年,朝贡,赐蟒服。顺治九年(1652),授札萨克一等台吉。 ②清代四川大金川土司。藏族。土司郎卡子。父死,继位。乾隆三十一年(1766),与小金川土司僧格桑侵扰鄂克什土司地。三十六年(1771),又诱杀革布什扎土官。同年,清军攻克小金川后,他率部增设石碉,凭险扼守。三十八年(1773,一说三十九年),清军分兵四路攻勒乌围,碉破,被迫出降。

【索焕章】(?—1865) 清末新疆回民起义首领。回族,甘肃提督索文之子。原为乌鲁木齐绿营提督参将。同治三年(1864)六月,与陕西回民妥得璘起兵反清,攻占乌鲁木齐满汉二城,推妥得璘为"清真王",自任义军元帅。先后攻取阜康、吉木萨、哈密、古城、奇台、绥来、昌吉等城。分守吐鲁番。曾派兵夺取伊犁城,兵败。四年(1865,一说九年,1870)病逝。

【索额图】(?—1703) 清朝大臣。满洲正黄旗人。赫舍里氏。索尼次子。初任康熙帝侍卫,康熙六年(1667),协助康熙帝智捕权臣鳌拜,清除鳌拜集团,加强了皇权。后历任吏部侍郎、大学士。十一年(1672),《清世祖章皇帝实录》成,以总裁官,加太子太傅。十九年(1680),任内大臣,寻授议政大臣。二十二年(1683),因骄纵自恃,革议政大臣、太子太傅、内大臣。二十五年(1686),授领侍卫内大臣。任内,与大臣明珠各植党羽,互相倾轧。二十八年(1689),受命同都统佟国纲至尼布楚,与俄使议界,秉康熙帝旨意,力主收复中国在外贝加尔湖以东领土,拒绝俄使的无理要求,终于签订了《尼布楚条约》,划定中俄东段边界。二十九年(1690),统盛京、吉林、科尔沁兵于巴林讨伐噶尔丹,败之于乌兰布通(今内蒙古克什克腾旗南)。以噶尔丹败遁不率兵追击,降四级留任。三十五年(1696),随康熙帝征噶尔丹,领兵前行并督理火器营事。三十六年,叙功,复原级。从康熙帝至宁夏,回至船站,命督水驿。四十二年(1703),因居官贪黩、朋比徇私,又卷入诸皇子嗣位之争,被御史魏象枢参劾,被拘禁于宗人府。死于幽所。

【索巴坚参】 清代藏族历算学家。甘肃马杨寺(位于今天祝藏族自治县永登)僧人。《马杨寺汉历心要》藏文改编本的编译者,此书为时宪历(即所谓农历)历书。17世纪末以前西藏尚无时宪历,五世达赖阿旺罗桑嘉措在京时曾欲将汉地时宪历引入西藏,未果。后北京雍和宫蒙古族喇嘛向汉族学得汉历日月食推算法,研制编成《汉历中以北京地区为主之日食推算法》,通称《汉历心要》(手写本十六页,附表格十八种)。他随师精研此道,用藏文意译成书,称《马杨寺汉历心要》,为藏传时宪历之最早著作。从此西藏始从时轮历改用时宪历,为藏族历算学另辟新径。其译文中所夹注释,为研究心得,颇有价值。19世纪中此书传至甘南州拉卜楞寺,光绪五年(1879)建喜金刚班传习此历,每年自编"黄历"。20世纪初传到拉萨,藏医院又据此推算每年编制藏历,至今如是。

【索卡尔瓦】 17世纪中期门隅地方部落首领。门巴族。被民众尊为"第巴"(王),辖众约三千户。五世达赖喇嘛执掌西藏政教大权期间,曾派梅惹喇嘛洛卓嘉措回家乡门隅,加强对该地政教统治,得到其有力支持。清顺治十三年(1656)以后,又接受梅惹喇嘛进一步的施政措施,同意由西藏地方政府派两名行政官员协助管理门隅政务。无嗣而终。

【索南坚错】 见"锁南嘉措"。(541页)

【索南坚赞】(1372—?) 明代藏传佛教萨嘉派僧人,故又称萨嘉巴索南坚赞。藏族。生于夏鲁康萨。八岁既晓佛典,并广读经论。十七岁随索南查巴及贝甸僧格出家,取名索南坚赞贝桑波。及长,从布顿仁钦珠(即布顿大师)、杰赛托梅桑波、邦洛罗垂丹巴等名师讲听、辩论及著述。著有因明、般若、中观及密咒等五明及佛教史著作。所著《王统世系明鉴》(又称《藏王世系明鉴》,通称《西藏王统记》)最为有名,成书于明洪武二十一年(1388),写于西藏桑耶寺。木版104页,十八品。内容述及佛教诞生、印度王系。以大量篇幅讲述吐蕃王朝始末。对松赞干布、赤松德赞、赤祖德赞三代赞普事迹记述尤详,对文成、金城两公主嫁吐蕃以及藏汉民族文化交流的历史亦多有叙述。有汉文、英文译本。

【索南孜摩】(1142—1182) 宋代藏传佛教萨迦派五祖之第二祖。相传为吐蕃贵族款氏后裔。衮噶宁布次子。自幼从父亲学习萨迦派教法。后从桑浦寺的恰巴却吉僧格学习《中观》和《现观庄严论》等显、密教法,长达七年之久。十六岁时,已通达诸本续。后接替其父任萨迦寺住持,收徒传法,弟子众多,亲自向僧徒讲道果教授。善弥勒五论,尤以注释量决定论及自著因明书著称于世。

【索南查巴】(1478—1554) 又称泽塘巴夏孜班钦索南查巴。明代藏传佛教僧人、学者。藏族。随钦波索南扎西出家,法名索南查巴。先后在桑浦尼玛塘及色拉杰求学,多为显教。后从上密院从吉强曲甸洛垂巴学密法,取得格西学位。学密法长达十四年之久。明嘉靖三年(1524),任哲蚌寺洛塞林之讲听法台。次年,任甘丹寺夏孜扎仓法台。八年(1529),任第十五任甘丹寺法台。十四年(1535),改任哲蚌寺法台。又先后任泰钦林、久穆、帕木寺、尼定、纳约及仁钦林等寺主管。曾为三世达赖索南嘉措授戒赐名。七十四岁于哲蚌寺卸任。学识渊博,被佛教界誉为"布顿大师转世"。著有《新红史》、《新旧噶当教史》、《佛历表明灯》、《俱舍论释》、《具善格言》(即《甘丹格言》)等名著,均收入《班钦索南查巴全集》中。三十三年(1554)去世,其灵骨塔存于哲蚌寺。

【索南饶丹】 见"索南群培"。(440页)

【索南朗杰】 ①明代前藏雪地方大贵族。俗称吉雪第巴。藏族。为前藏地区格鲁派的最大施主。万历三十年(1602),从内蒙古迎请四世达赖喇嘛入藏坐床,并与随从护送的蒙古军联合攻击后藏噶举派施主藏巴汗噶玛彭错南杰,因吉雪藏军内哄溃散,逃往青海。四十五年(1617),邀喀尔喀蒙古首领联合攻藏巴汗子丹迥旺布。天启元年(1621),与哲蚌寺强佐索南饶丹联合青海土默特首领击败丹迥旺布占有彭波孜宗。 ②见"通哇顿丹"。(477页)

【索南群培】(?—1658) 又称索南饶丹。明末清初西藏地方官员。藏族。初任四世达赖喇嘛侍从官,拒绝后藏噶玛教派彭错南杰在拉萨会见四世达赖。明万历四十六年(1618),任哲蚌寺强佐。同年,以藏巴汗丹迥旺布(彭错南杰之子)袭击色拉寺、哲蚌寺,赴青海求援于土默特蒙古首领珲台吉和罗桑丹增嘉措。四十七年,与四世班禅于琼结地方找到四世达赖喇嘛之转世灵童阿旺罗桑嘉措,密藏于囊噶孜地方。天启元年(1621),击败藏巴汗。次年,将灵童迎入哲蚌寺。崇祯八年(1635),因藏巴汗结青海喀尔喀部首领却图汗欲灭黄教,与四世班禅密遣哲蚌寺僧人向和硕特蒙古首领固始汗求援。十五年(1642),率藏军同固始汗军推翻后藏藏巴汗地方政权。被固始汗委为西藏首任第悉官职。清顺治二年(1645),主持修布达拉宫白宫。

【索诺木达什】(?—1749) 清代卫拉特蒙古青海和硕特部台吉。博尔济吉特氏。*固始汗第八子桑噶尔扎孙。康熙五十九年(1720),率部众驻柴达木防御准噶尔部。雍正元年(1723),罗卜藏丹津叛乱时被诱执。旋脱归,获固山贝子爵。三年(1725),授札萨克,奉命进京朝觐。

【索诺木杜棱】(?—1644) 清朝将领。蒙古族。

敖汉部人。博尔济吉特氏。天聪元年(1627)，归附后金，赐济农号。二年随军征察哈尔。八年(1634)，从征明，入得胜堡，由大同至朔州。九年削济农号。崇德元年(1636)，随军侵朝鲜，由朝鲜进攻瓦尔喀。六年(1641)，从征明锦州、松山。以功受赏赐。顺治元年(1644)卒。五年(1648)，追封多罗郡王。

【索布多尔札布】(？—1882) 又作素布多尔札布。清朝将领。达斡尔族。孟尔的音氏。世居大莫丁屯，隶布特哈正黄旗。咸丰三年(1853)，参与镇压太平天国运动，败林凤祥军于藁城，擢正蓝旗汉军副都统。同治七年(1868)，驻岑子岭以防捻军攻海河路。光绪初卒。

【索诺木达尔扎】(？—1744) 清代西藏贵族。藏族。七世达赖喇嘛*格桑嘉措之父。生于江孜穷结家族。哲蚌寺僧人，还俗至西康理塘。康熙四十七年(1708)，得子。青海诸王忌西藏拉藏汗立伊喜嘉措为七世达赖喇嘛，与之争权，遂于五十一年(1712)，由青海亲王达什巴图尔确认其子为六世仓央嘉措转世灵童。五十三年(1714)，为避拉藏汗询查，随灵童居德格寺。次年，受清命，移居青海塔尔寺。五十九年(1720)，随清军护送达赖喇嘛入藏坐床。以达赖喇嘛年幼，代理政。雍正五年(1727)，与噶伦隆布鼐、阿尔布巴等人结党杀害首席噶伦康济鼐。七年(1729)，清禁其干预政务，封辅国公。十三年(1735)，达赖喇嘛亲政后，常居桑日噶玛村，准其每年来拉萨探视一次。乾隆九年(1744)卒，清遣官赴藏为其举行隆重葬礼，并封其子恭格丹津袭辅国公。

【索诺木喇布坦】(？—1765) 清朝蒙古王公。阿巴噶部人。博尔济吉特氏。巴特玛衮楚克长子。雍正元年(1723)，袭札萨克多罗郡王。九年(1731)，大军征噶尔丹策凌，以锡林郭勒盟所购驼献察罕瘦尔军营，助清军征准噶尔部噶尔丹策凌。十年授锡林郭勒盟副盟长。十二年晋盟长。乾隆十九年(1754)，奉命督内札萨克蒙古所购驼马解赴翁吉军营，并自献马助清军征准噶尔部达瓦齐。二十年，赐亲王品级。二十二年(1757)，率台吉诺尔津扎布等平定达哩冈爱、多伦诺尔及喀尔喀诸部起事者，叙功加二级，命御前行走。二十三年，遣人购锡林郭勒健驼四千献巴里坤军营，并自献马助军。

【索诺木伊斯扎布】(？—1717) 清朝蒙古王公。喀尔喀札萨克图汗部人。博尔济吉特氏。多尔济子。因与札萨克图汗成衮不睦，失其父济农号。康熙二十七年(1688)，率属由和硕托辉归附清朝，居归化城。三十年(1691)，赴多伦诺尔会盟与朋素克喇布坦争济农号，诏除济农旧号，授札萨克一等台吉。三十五年(1696)，随大将军费杨古败准噶尔部噶尔丹于昭莫多。继从侍卫阿南达追击。三十六年，封辅国公。

【壶衍鞮单于】(？—公元前68) 西汉时匈奴单于。挛鞮氏。*狐鹿姑单于子。原任左谷蠡王。汉昭帝始元二年(公元前85)，父临终前嘱立单于弟右谷蠡王，及父死，其母颛渠阏氏(单于正妻)假托单于令，与诸贵人饮盟，更立其为单于。左贤王、右谷蠡王以不得立，怀怨，不肯赴会于龙城，匈奴势衰。四年(公元前83)，以兵犯汉代郡，杀都尉，恐遭汉袭击，纳儿律策，穿井筑城，治楼以藏谷，坚守拒汉。六年(公元前81)，归还汉使苏武、马宏等，以示善意。元凤元年(公元前80)，复以兵二万侵汉边，遭追击，失瓯脱王以下九千余人，后远徙西北，不敢南逐水草，仅遣民屯瓯脱(边界)，继遣骑九千屯受降城，以备汉。三年(公元前78)，以右贤王等王率四千骑入日勒(今甘肃山丹东南)、屋兰(今山丹西北)、番和(在今甘肃永昌境)，为张掖太守所败，自是不敢入张掖。元平元年(公元前74)、宣帝本始元年(公元前73)，结车师，两击乌孙。后闻汉、乌孙联兵二十万来袭，远遁。三年(公元前71)，因相继遭丁零、乌桓、乌孙三面袭击，损耗过甚，国势益衰。

【莽寒】 明代云南顺宁右甸布朗族头人。宣德(1426—1435)初年，顺宁府布朗族头人阿答卜等起事，明廷命黔国公沐晟遣人招抚，他以所属五千户归属，愿入朝贡献。宣德五年(1430)五月，遣叔阿类随陈恺等入朝贡马。

【莽布支】 见"论弓仁"。(178页)

【莽古赉】(？—1785) 清朝宗室、将领。满族。满洲正蓝旗人。杨福子。雍正(1723—1735)时由三等侍卫官至协办班领事务章京。乾隆三年(1738)，累迁正蓝旗满洲副都统。五年初，赴西宁办理青海事务。以办事三年，众心悦服，再留任三年。十年(1745)，由正白旗满洲副都统，授镶红旗护军统领。二十二年(1757)，授正蓝旗满洲副都统，赴伊犁北路军营，在参赞大臣上行走。二十四年(1759)，赴西藏办事。三十六年(1771)，奏免西藏所属阿克苏地方三十九部落贡马银。三十七年，谕禁驻藏兵丁雇觅妇女。三十九年，回京。授正白旗满洲副都统，赏戴花翎。次年，调盛京副都统，十二月，袭奉国将军。四十四年(1779)，授陕西宁夏将军。四十六年(1781)，协助阿桂镇压苏四十三领导的回民起义。四十九年(1784)，因镇压固原新教回人田五等起事失时，受责。五月调杭州将军。

【莽苏尔】 又作满苏尔。蒙古族。博尔济吉特氏。蒙古察合台后裔，苏勒坦阿哈木特子。世居新疆吐鲁番。初隶准噶尔部。康熙五十九年(1720)，清军进击乌鲁木齐时，以迎献驼马，获罪于策妄阿拉布坦，被拘禁于喀喇沙尔(今焉耆)。乾隆二十年(1755)，清军征达瓦齐，遣使请内附。由定北将军班第奏请，受命辖吐鲁番旧属。同年秋，阿睦尔撒纳叛乱后，与弟哈什木逃叶尔羌。二十四年(1759)，大小和卓木乱平，复请内附。受命进京朝觐，授头等台吉，赐居北京。不久病卒。

【莽依图】(1634—1680) 清朝将领。满洲镶白旗人。兆佳氏。武达禅子。顺治七年(1650)，晋三等轻车都尉。十五年(1658)，随征南将军卓卜特至贵州征明桂王。十六年，进师盘江，败李定国军，定云南。康熙二年(1663)，随靖西将军穆哩玛围剿李来亨军于茅麓山(今湖北兴山西北）。因功授江宁协领。十三年(1674)，随征南将军尼雅翰进师岳州，征讨吴三桂。后署副都统，驻守肇庆。十六年(1677)，授江宁副都统。命为镇南将军，率师复广东、韶州。十七年，赴广西征讨吴三桂部，失利。十八年，于梧州败吴三桂军。次年，授护军统领，率师平柳州。卒于军。追谥襄壮。

【莽喀察】(？—1772) 清朝将领。索伦纳喀氏，隶黑龙江镶白旗。乾隆二十二年(1757)，以马甲从征准噶尔，俘罗达什札卜，迁二等侍卫。霍集占(即小和卓木)据叶尔羌(今新疆莎车)叛，从将军兆惠营于黑水，被围数月始解，后战于霍斯库鲁克岭，因功升头等侍卫，赐号丹巴巴图鲁。平定回部后，以骑都尉又一云骑尉世职充御前侍卫。三十六年(1771)，征金川，命为领队大臣，从将军温福进讨。在攻巴朗拉山时，先登夺碉卡六，受重伤。回京后改任蒙古副都统。次年二月，因伤故。

【莽古尔泰】(1587—1632) 后金宗室大臣。满族，爱新觉罗氏。太祖*努尔哈赤第五子。明万历四十年(1612)，从太祖征乌拉部，克六城，多有战绩。后金天命元年(1616)，授和硕贝勒，与代善、阿敏、皇太极并称四大贝勒，俗称三贝勒，任正蓝旗旗主贝勒，参与国政。四年(1619)，在萨尔浒大战中，从太祖败明将杜松军于界凡、萨尔浒谷口、吉林崖，合攻萨尔浒山和宽甸路。继参加灭叶赫部之战。五年，从太祖追击明总兵李秉诚等至浑河。十年(1625)，率兵克明旅顺口。继统兵援蒙古科尔沁部抗击察哈尔部林丹汗侵扰。十一年，从太祖伐喀尔喀巴林部，领兵夜渡锡拉木伦河进击。天聪元年(1627)，攻明右屯卫，护塔山粮运。三年，从太宗征明，克汉儿庄，击明总兵赵率教于遵化，进逼北京，激战于广渠门。五年，围攻大凌河城，率巴牙喇兵策应于城南，败明总兵吴襄援军，擒监军道张春等。十月，因抗太宗诘责，降多罗贝勒，罚银万两，撤五牛录归公。次年从太宗伐察哈尔林丹汗，攻明大同、宣府。十二月卒。九年，围谋逆罪发，除爵。

【莽噶里克】(？—1757) 清代新疆吐鲁番维吾尔族封建主。祖玛尔占楚克，父图默尔库济，世为吐鲁番总管。父死，嗣位，称达尔汉伯克。乾隆二十年(1755)，清军征伊犁，献户籍四百余降。以功受赏赐。旋率兵百五十名投萨拉尔军，因中途遇准噶尔布尔古特众掠驼马，受阻而返。复偕弟阿里呢咱尔，集兵七千余，往迎清定西将军永常，献籍告千余。受命归旧牧。次年，呈请入觐。未允，受命留牧。继遣子白和卓入觐，请编旗队。封公爵，辖伊拉里克至阿斯塔克众。辉特台吉巴雅尔叛后，佯应清廷联兵往讨，暗与巴雅尔勾结。后为清安西提督傅魁击杀。

【莲花生】 又作莲华生。入吐蕃传教的印度僧人。梵语名"贝玛桑菩哇"，藏语称"贝玛琼内"，意译"莲花生"。因曾以规范师(阿阇黎)身份为吐蕃剃度僧人，故又称"规范师莲花生"。乌仗那(在今巴基斯坦境)人。由寂护推荐，应赞普赤松德赞(755—797年在位)请，入吐蕃传播佛教，倡导中观兼密宗佛学观点，力助赞普抑本教，兴佛教。勘察设计吐蕃第一座寺院——桑耶寺，并与莲花戒一起为吐蕃试度了第一批僧人"七觉士"。所传佛教旧密咒，对吐蕃佛教形成和发展影响深远，西藏佛教宁玛派的形成即源其学说，被宁玛派尊为始祖，在藏区佛寺中多有其塑像，以示敬仰。

【莫邪】 春秋末年吴国著名冶匠干将之妻。传说吴王阖闾使干将铸剑，干将采五山之铁，精六合之金英，用三百童男童女鼓橐装炭，但熔炉内铁汁久久不下。她断发剪甲投入炉中，"金铁乃濡，遂以成剑"。

【莫洛】(？—1674) 清朝大臣。满洲正红旗人。伊尔根觉罗氏。世居呼纳赫鲁。顺治七年(1650)，任工部理事官。寻改工部主事，累迁郎中。康熙六年(1667)，擢副都御史。七年，授山西、陕西总督。任内，革耗羡、整驿递、息词讼、练士卒、兴水利，谙熟地方情形，颇有政绩。八年，因党附鳌拜，获罪，以颇能任事，获宽免。九年，擢刑部尚书。十三年(1674)，清军讨吴三桂，受命驻扎西安，防守边陲要地陕西，复加拜武英殿大学士，并兼管兵部事。策遣诸军讨吴三桂。同年，统兵由汉中入征四川，提督王辅臣惑众谋乱，莫洛被重创，殁于军。二十二年(1683)，追谥忠愍。

【莫世忍】 宋代南丹州(治今广西南丹县)少数民族首领。治平元年(1064)，率部下攻杀其侄南丹州刺史莫公帐，上书朝廷，请授刺史，岁输银百两。三年(1066)，授刺史职。熙宁二年(1069)，因镇压瑶民，授检校礼部尚书。元丰三年(1080)入贡，赐南丹州印。六年(1083)，献弓矢，助官军讨安化，以表世代效忠朝廷，被赐铜牌旗号，迁检校户部尚书。

【莫托和】(？—1777) 索伦人。隶正白旗。清乾隆二十年(1755)，以佐领从征伊犁，在平定阿睦尔撒纳的叛乱中，因功擢头等侍卫，委营总。旋战死。

【莫彦殊】 唐末五代时南宁州领主之一。与都云(今都匀)尹怀昌分别割据南宁州(今贵州南部地区)，领区内居有布依与苗族人民。后晋天福八年(943)，归附于楚王马希范。北宋时，有龙、方、张、石、罗五姓领主崛起，取代莫、尹两领主的统治。

【莫伦哈屯】 又称一克哈屯。明代蒙古右翼土默特部领主*俺答汗妻。初为俺答汗父*巴尔斯博罗特济农第三哈屯。巴尔斯博罗特卒后，被俺答汗收娶。其子铁背台吉夭亡时，欲以一百童子和一百驼崽殉葬，引起民众强烈反抗，有的贵族也参加了斗争，当杀至四十幼儿时，被迫停止这一暴行。万历十三年(1585)，第三世达赖喇嘛至归化(今呼和浩特)时，将其遗骨火化，并以神化形式谴责了她的杀人罪行。

【莫折太提】(？—524) 又作莫折大提。北魏末羌人起义首领。世居渭州襄城。北魏孝明帝正光五年(524)，因不堪秦州刺史李彦残虐，结薛珍等据秦州城(今甘肃天水市)起兵反魏，杀李彦，自称秦王。南秦州(今甘肃成县西)孙掩、张长命、韩祖香等纷起响应，杀刺史崔游。命卜朝攻克魏高平镇（今宁夏固原），杀镇将赫连略、行台高元荣，势力大振。旋死，子念生继立。

【莫折念生】（？—527） 北魏末羌人起义首领。*莫折太提子。正光五年（524），随父起兵反魏，据秦州城（今甘肃天水）。同年父死，继位，称天子，建年号天建，置百官，以阿胡为太子，阿倪为西河王，弟天生为高阳王，珍为东郡王。遣都督杨伯年、樊元、张朗攻仇鸠、河池二戍，遣天生东下陇东略地，取岐州，执杀魏都督元志及刺史斐芬之，袭雍州，乘胜西攻凉州。命金城王莫折普贤屯水洛城以防魏军。次年，为魏岐州刺史崔延伯、西道行台萧宝夤所败，诈降，伺机复反。孝昌三年（527），为其将杜粲杀害，政权亡。

【莫何可汗】 见"叶护可汗"。（112页）

【莫多娄贷文】（？—538） 东魏将领。鲜卑莫多娄氏（莫氏）。太安狄那人。北魏普泰元年（531），从高欢起兵。历伏波将军、武贲中郎将、虞候大都督。从击尔朱兆于广阿，以功加前将军，封石城县子。东魏天平（534—537）中，晋爵为公，任晋州刺史。元象元年（538），授车骑大将军、南道大都督，与行台侯景等攻西魏将独孤信于金埔城。继请率所部击宇文泰前锋，未获允，擅率轻骑一千，军前斥堠，遇周军战，阵亡。赠尚书左仆射、司徒公。

【莫贺咄可汗】 见"屈利俟毗可汗"。（381页）

【莫贺咄特勒（勤）】 见"契芯葛"。（384页）

【莫尔根特木内】 见"墨尔根特木纳"。（597页）

【莎罗奔】 清代四川大金川土司。藏族。土司嘉勒巴孙。康熙六十一年（1722），从川陕总督岳钟琪征西藏羊峒藏区，有功。雍正元年（1723），授金川安抚使，其地自称大金川，而以旧土司泽旺辖地为小金川，以女阿扣妻泽旺。乾隆十一年（1746），劫泽旺土司印，据其地。因四川总督干预，始归还印信及土地。次年，侵占邻近之革布什扎及明正土司，并屡败纪山、张广泗、讷亲等往征之清军。十四年（1749），为将军岳钟琪所破，归降。

【莎儿合黑塔泥】 见"唆鲁和帖尼"。（451页）

【恭阿】（1624—1649） 清初将领。满族。爱新觉罗氏。*舒尔哈齐孙，贝勒*阿敏第四子。因其父于天聪四年（1630）坐罪，被废为庶人。后复入宗室。顺治五年（1648），随郑亲王济尔哈朗征取湖广，镇压大西斗争。六年（1649），抵长沙，擒明桂王辖下总督何腾蛟于湘潭。后进征广西，先后克城六十余座。封镇国公。卒于军。

【恭坦】（？—1811） 清代卫拉特蒙古土尔扈特部贵族。乾隆三十六年（1771），随渥巴锡东返祖邦的额墨根乌巴什长子。次年，袭父爵为札萨克固山巴雅尔图贝子。四十年（1775），授副盟长，辖南路土尔扈特中翼旗务，赐札萨克印。嘉庆十六年（1811）卒，子巴勒丹拉什袭。

【恭项】 明代云南陇川傣族首领。最先归顺明朝，随明军讨陇川思任法，以万兵为向导，每战先登，俘思任法、思机法妻孥八十，象三十，斩首万余，并发私积饷军三月。对愿归顺明朝的陇川头目，均请委以官职。遣子恭立进贡，朝廷授立为长史。陇川平，明晰其地，于正统九年（1444）立陇川宣抚使司，以其为宣抚使。十三年（1448），因与百夫长刀木立相仇杀，人民怀怨，欲杀其父子，由明遣军护送至云南。后因暴杀无辜，刻虐人民，引起陇川人民反抗，由明廷委同知刀歪孟代之，他被安置于曲靖，任宣抚使。

【恭格】（？—1773） 清代卫拉特蒙古和硕特部首领。*拜巴噶斯弟*昆都伦乌巴什五世孙。游牧于伏尔加河流域，归属于渥巴锡。乾隆三十五年十一月二十日（1771年1月5日），率所部1000余户、约5000人随渥巴锡东归祖邦。归国后随渥巴锡入觐承德，被乾隆皇帝封为巴启色特启勒图和硕特部多罗贝勒，赐土谢图号。三十七年（1772），划牧珠勒都斯，次年病逝，子德勒克乌巴什袭，授盟长。

【恭镗】（？—1889） 清朝将领。满洲正黄旗人。蒙古博尔济吉特氏。字振魁。大学士琦善子。初任吏部主事，升郎中，兼内务府银库员外郎，充总理各国事务衙门章京。出任湖北荆宜施道。镇压江陵白莲教，以此加按察使衔。同治十年（1871），擢奉天府府尹。光绪三年（1877），任乌鲁木齐领队大臣，越二年，迁都统。十二年（1886），署黑龙江将军，疏请举办漠河金矿，建议垦荒实边。十五年（1889），调杭州，中途卒于天津。

【恭顺皇帝】 见"耶律李胡"。（313页）

【恭格车凌】 清代卫拉特蒙古土尔扈特部贵族。乾隆四十三年（1778），父策伯克多尔济去世时，因年幼未袭爵，授公品级一等台吉。札萨克亲王由其叔父奇哩布袭。四十九年（1784），奇哩布卒，次年，诏辖其父属众，授札萨克，别铸北路右翼札萨克印。

【莹川】 清代满族女诗人。字如亭。宁古塔氏。学士巴克棠阿之女。嘉庆（1796—1820）时礼部、吏部尚书铁保妻，以夫贵封一品夫人。著《如亭诗稿》二卷。

【哥来秋】 见"高勒趣"。（465页）

【哥舒翰】（？—757） 唐朝将领。出身突骑施哥舒部。父哥道元为安西都护将军、赤水军使，遂世居安西。天宝六年（747），御吐蕃有功，擢为武卫员外将军，充陇右节度副使、关西兵马使、河源军使。八年（749），于青海积石军再败吐蕃，遂以鸿胪卿兼西平郡太守，摄御史中丞。时人诗颂其功："北斗七星高，哥舒夜带刀。至今窥牧马，不敢过临洮。"十一年（752），加开府仪同三司，次年，晋封凉国公，加河西节度使，封西平郡王。不久因疾寓居长安。安史之乱后，以天下兵马副元帅统军二十万守潼关。玄宗听信杨国忠谗言，强命其贸然出击，在灵宝县西南中伏，被俘，潼关失守，囚于洛阳。安庆绪兵败撤出洛阳被杀。

【哥力各台吉】 又称打able台吉。明代蒙古土默特部领主。字儿只斤氏。*俺答汗子。在大同得胜堡边外三百余里处垛兰我肯山后驻牧。在得胜堡与明朝互市。子一。

【哥鲁瓦嘉木措】（1588—1639） 明末青海地区活佛，即东科尔呼图克图三世。生于巴尔康的它库山。由南苏随那木哥尔真等认定为东科尔呼图克图二世允无嘉木措的转世灵童。七岁时赴青海,并到蒙古诸部。卫拉特与喀尔喀之间发生冲突时,他从中调解成功,被邀请去卫拉特。卫拉特务部首领皆送一子为僧,从其学经,和硕特首领拜巴噶斯以义子为僧,即著名的咱雅班第达。五十二岁于青海圆寂。

【聂赤赞普】 《唐书》作鹘提勃悉野。传说为吐蕃第一位赞普(王)。据敦煌吐蕃藏文文书载,系天神墀端茨之子,从天而降,被雅隆部落奉为"六牦牛部"之王。因吐蕃人肩舆抬其登上王位,故名"聂赤赞普",意为"肩舆王"。据传说推测,约为公元前一百余年间西汉盛时人。藏史称以他为首的七位赞普为"天墀七王"。《唐书》称其建武多智,并诸羌,据有析支水西之地,其地称吐蕃,姓悉勃野。

【聂巴·贝丹曲琼】 吐蕃官员。14世纪人。出自聂巴溪卡家族。钦波仁钦桑波后裔。曾任娘麦桑主孜宗本(相当今县长),后任乃乌宗本。主持建门卡溪卡,修缮大昭寺,修琉璃顶,以石板铺地,加建围廊及转经楼顶、彩绘壁画。帕竹大司徒死时,邀请拉萨河上下游之密咒僧人大事设供祭祀,后沿以为俗。

【耆英】(1787或1790—1858) 清朝大臣。满洲正蓝旗人,爱新觉罗氏。大学士禄丰次子。字介春。荫生出身,嘉庆(1796—1820)间,官内阁学士兼礼部侍郎,护军统领。道光四年(1824),奉命护送京旗闲散户口前往双城堡垦田。后宫总管内务府大臣、理藩院尚书、内大臣、户部、吏部、工部尚书。十八年(1838),授盛京将军。任内,饬属访察天津所到英船鸦片销路,主张稽查海口,建议旗民十家联保,以凭稽查,被采纳。后历任副都统、内务府大臣、尚书等职。二十二年(1842),奕经在浙江为英所败,他署杭州将军,旋授钦差大臣,赴浙江向英军求和。至南京,与英人签订丧权辱国的《南京条约》,次年赴广东去虎门签订《中英五口通商条约》。曾弹劾抗英将领姚莹、达洪阿。抑民以奉外,压制广东人民的抗英活动。二十四年,任两广总督,允许英人去广东、河南划定租界,与美国订立《望厦条约》,与法国签订《黄埔条约》,二十七年(1847),英军突入广东省河,强求入城,耆英擅许其延期两年入城。三十年(1850),被革职。咸丰八年(1858),第二次鸦片战争时,奉命往天津与英法联军议和。后因擅自回京获罪,令自尽。

【贾尼别克汗】 又译加尼别克、札你别克,又名阿布赛义德。明代哈萨克汗国主要创建者之一。景泰七年(1456),与克拉依汗率部分游牧部落,脱离乌兹别克阿不勒海尔汗的统治,至楚河、塔拉斯河流域,建立哈萨克汗国。屡败阿不勒海尔汗,附近哈萨克部落纷纷归附。15世纪70年代,哈萨克汗国人口已增至二十余万。成化四年(1468),与克拉依汗击败阿不勒海尔汗继承者恰依克答海儿,征服东钦察草原各游牧部落,重返故土。继占领锡尔河流域哈腊套山大部分地区。约1473年卒于军。在哈萨克人的历史故事中被尊为阿兹贾尼别克汗(尊敬的贾尼别克汗)。

【贾尊珠僧格】 吐蕃佛教后宏期阿里地区译师。曾奉阿里王益西约命,率使团赴印度迎请大德阿底峡,因热病使者多病故,被迫中途返吐蕃。绛求约继王位后,于宋庆历二年(1042)复派纳措译师赴印迎阿底峡,时他正在印度学习,遂助纳措迎阿底峡,因精通梵文及印度语,为阿底峡所倚重。归途,至尼婆罗,遇害身亡。

【贾珠·嘎尔堪】 意为"汉人之子、舞蹈者"。赤松德赞(755—797年在位)王子幼年时侍伴。汉人。驻吐蕃唐使巴德武之子。伴随赤松德赞,并为之讲述汉文中有关十善法的学说。后奉赤松德赞命赴长安向唐皇求赐佛经,对赤松德赞信仰佛教产生深刻影响。精于舞蹈,通医学,晓藏文,金城公主带到吐蕃的医书《月王药诊》,即有他参加译成藏文。

【贾玛尔·卡尔希】 神学家。本名阿布·法兹勒·本·穆罕默德,贾玛尔·卡尔希为荣誉称号。1230—1231年生于阿力麻里(今新疆霍城县西北)。其父为清真寺的古兰经背诵人。幼年就读经文学校,受教于著名的伊斯兰学者。是当时一流的神学家,曾任当地政府要职;1263—1264年,迁居喀什噶尔(今新疆喀什市),曾游历中亚各地。一度为蒙古国宗王海都服务。通阿拉伯文、波斯文。1282年,根据朱哈里的阿拉伯文词典《语言之冠和阿拉伯文之美》,编译成波斯文《苏拉赫词典》。14世纪初年,又撰写了《苏拉赫词典补编》,含有中亚各王朝的丰富史料与一些晒赫(伊斯兰教长)和学者的传记材料,受到东方学家的普遍重视。约卒于14世纪初期。

【速哥】 蒙古国和元朝将领。蒙古人。忽鲁忽儿子。以勇壮著称。蒙哥汗四年(1254),随帖哥火鲁赤征蜀,援万户刘七哥,解巴州之围。继从都元帅纽璘败宋将姚德,破云顶山城,二败宋军于三曹山。元至元三年(1266),从行院帖赤战宋军于九顶山。五年(1268),任德州达鲁花赤,擢陕西五路四川行省左右司员外郎。七年(1270),随也速带儿败宋军于马湖江。迁行尚书省员外郎。九年(1272),随西平王奥鲁赤征建都蛮,任先锋,破黎州水尾寨,克连云关,于建都东山斩其首领布库。次年,讨碉门诸蛮,破连环城,继败宋军于七盘山,以功授新军万户。十二年(1275),败宋将昝万寿于麻平,收降紫云、泸、叙诸城,进逼重庆。连败守将张万。十五年(1278),重庆降,以功授成都水军万户,迁重庆夔府等路宣抚、招讨两司军民达鲁花赤、四川南道宣慰使,镇守重庆等州。十九年(1282),任顺元等路军民宣慰使,征亦奚不薛。二十四年(1287),迁阿东陕西等路万户府达鲁花赤。二十九年(1292),加都元帅。三十一年(1294),金书四川行枢密院事,败吐蕃军。成宗元贞元年(1295),罢行院,居家,数年后卒。

【速撒】 见"萧速撒"。(485页)

【速不台】(1176—1248) 又作雪不台、速别额台等。蒙古国大将。兀良哈氏。哈班次子。以骁勇善战著称,享有"把阿秃儿"(勇士)称号。与铁木真(成吉思汗）五代世交。初以质子侍铁木真，继任百户长。与者勒蔑、哲别、忽必来并称"四獒"，常任先锋。宋嘉泰四年（1204），征乃蛮部，威震群敌，战功最著。开禧二年（1206）蒙古国建立时，封千户长，为十大功臣之一。成吉思汗六年（1211），随汗征金，翌年率兵取桓州。十二年（1217），受命统军歼灭蔑儿乞部余众。十四年，从成吉思汗西征花剌子模。次年，与哲别追击花剌子模算端（苏丹）摩诃末，迫其走死于宽田吉思海（今里海）一孤岛。复攻略阿哲儿拜占、谷儿只，并越太和岭（今高加索山），败阿速、钦察及斡罗思诸部。十九年（1224），奉诏班师东返。二十一年（1226），从征西夏，连破撒里畏兀儿等部及德顺、镇戎诸州。窝阔台汗即位后，充统将随从参加对金战争。从汗弟拖雷假道宋界，攻金河南。窝阔台汗四年（1232），大败金军于钧州南之三峰山，以都元帅总兵镇河南。翌年，取汴京（今河南开封）。六年，配合诸军破蔡州（今河南汝阳），金亡。七年，受命从拔都西征，任副帅。八年，破不里阿耳。九年，败钦察部八赤蛮，继入斡罗思境，连破也烈赞、莫斯科、兀剌的迷儿及斡罗思中部和南部的所有主要城镇。十二年（1240），下乞瓦（今苏联基辅）。继续西进，分军侵入孛烈儿（今波兰）、马札儿（今匈牙利），进军至秃纳河（今多瑙河）附近。1242年，闻窝阔台汗死讯，与拔都一起班师。定宗贵由即位后，以老还乡。至大三年（1310），追封河南王。

【速仆丸】 见"苏仆延"。（203页）

【速把亥】（？—1582） 亦作苏不害、速不亥、速卜亥、苏把亥、速不害、苏巴海、卫征索博该、达尔汉诺颜等。明代蒙古内喀尔喀巴林部首领，孛儿只斤氏。达延汗第六子*阿尔楚博罗特孙，虎喇哈赤次子。嘉靖（1522—1566）末年，随父入据泰宁卫、福余卫故地，驻牧于广宁东北辽河东套一带，故被明人当作泰宁卫酋长。势力强盛，被察哈尔图们汗任命为蒙古五执政理事之一，作为内喀尔喀的代表，一时威震辽东。与弟炒花等联合察哈尔部，入掠明开原、义州（今辽宁义县）和锦州等地。嘉靖（1522—1566）末至隆庆（1567—1572）间，屡败明军。至明大将军李成梁总领辽东兵事时，多次被明军击败。万历十年（1582），在镇夷堡（今辽宁义县东北）被李成梁部将李平胡射死。其妹夫花大将尸体驮回，葬于塔母户渡。

【速黑忒】 见"克什纳"。（197页）

【速别额台】 见"速不台"。（444页）

【速哥八剌】（？—1327） 元英宗皇后。蒙古亦乞列思氏。驸马昌王阿失与昌国公主益里海涯之女。至治元年（1321），册为皇后。御史大夫铁失为其兄，于三年（1323），以谋弑英宗罪伏诛，皇后为御史所参，以与元凶铁失为骨肉至亲，不宜仍拥中宫旧号居处内廷，泰定帝以其未预谋逆，罪不相及，未准。泰定四年（1327）六月卒，追谥庄静懿圣皇后。

【赶兔】 一译噶勒图。明代蒙古右翼土默特部领主。孛儿只斤氏。*俺答汗孙，*辛爱黄台吉子。父母离异后，随母移牧于满套儿（今河北丰宁一带），被称作蓟门属夷。万历十二年至十三年（1584—1585）向明边将要求增赏，未予满足，双方发生冲突。二十三年（1595），与部属倒布攻掠明边，兵败退走。翌年，复与倒布率数百骑袭击明边，双方互有伤亡，最后被明军击退。

【载淳】（1856—1875） 清朝皇帝。1861—1875年在位，年号同治。满族。爱新觉罗氏。咸丰帝*奕詝长子。咸丰十一年（1861），咸丰帝死后继位，时年六岁，由其母慈禧太后执掌国政。在位期间，采取"依靠洋人助剿"的政策，与慈禧太后共同依靠英、美、法等国的支援和曾国藩、李鸿章等汉族地主武装力量，镇压太平天国革命以及捻军、回民和苗民起义，延缓了封建统治的危机。生活腐朽，不理朝政。同治十三年十二月（1875年1月），病死于性病（一说天花）。庙号穆宗。

【载湉】（1872—1908） 清朝皇帝。1875—1908年在位，年号光绪。满族。爱新觉罗氏。道光帝孙，醇亲王*奕譞子。同治十三年十二月（1875年1月），同治帝死，无嗣，遂入继帝位。因年幼，由慈禧太后听政。光绪十三年（1887）亲政。后仍受制于慈禧太后，并各结其党，争权日炽。二十年（1894），中日甲午战争爆发后，为维护国家和民族利益，反对妥协投降，主张抗战。二十一年，《马关条约》签订后，加深了中国殖民地化和民族危机。他提倡自强、独立、改革。采纳康有为、梁启超改良主张，实行变法维新，于光绪二十四年（1898）6月11日颁发"明定国是"诏，宣布变法。在一百零三天中，相继发布新政诏书、谕令一百多起，主要内容有：改革科举、废除八股；建立学堂、学习西学；设立驿局、报馆，奖励著作和发明；保护奖励农工商；修铁路，开采矿产；减裁冗员；精练海陆军等，史称"戊戌变法"。这些变法措施遭到慈禧太后为首的顽固派的反对。同年9月21日，慈禧太后依靠守旧势力发动政变，他被软禁于中南海瀛台。三十四年病故于涵元殿，庙号德宗。

【载龄】（？—1883） 清朝宗室、大臣。镶蓝旗人。不入八分辅国公奕果子。道光二十年（1840）进士。改翰林院庶吉士。三十年（1850），累官内阁学士兼礼部侍郎衔，充文渊阁直阁事。咸丰元年（1851），任前引大臣。历署工部右侍郎，都察院左副都御史，署理藩院，工部左侍郎，镶红旗满洲副都统，工部右侍郎。四年（1854），以太平军北伐攻陷山东临清州，奉命督固安、黄村等处官兵防范。署陕西巡抚，授刑部右侍郎。五年，兼署陕西提督，调户部左侍郎。因固安防堵功赏戴花翎。授泰宁镇总兵兼总管内务府大臣。同治二年（1863），擢兵部尚书。次年，兼署吏部尚书。九年，袭父爵。调户部，兼刑部尚书。光绪二年（1876），任武英殿总裁。历吏部尚书、协办大学士、内大臣、署翰林院掌院学士、实录馆蒙古总裁、体仁阁大学士、文渊阁领阁事。五年，赏太子少保衔。卒，谥文恪。

【载澂】 清朝宗室。满族，爱新觉罗氏。恭忠亲王*奕䜣次子。同治三年（1864），封不入八分镇国公。七年，袭贝勒。光绪十五年（1889），加郡王衔。二十六年(1900),以罪革爵归宗。著有《格言简要》八卷、《雪林书屋诗集》八卷和《一山房集陶诗》上下卷。

【载漪】(1856—1924) 清末大臣。宗室贵族。满族。爱新觉罗氏。嘉庆帝第三子惇亲王绵恺孙,出继瑞亲王绵忻。咸丰十年(1860),袭贝勒。光绪二十年(1894),晋封端郡王。二十五年(1899),慈禧欲废黜光绪帝而立其子溥俊为"大阿哥"(皇太子),故受慈禧重用。二十六年,任总理各国事务大臣,办理外交。利用义和团围攻日本使馆。八国联军自天津侵逼北京后,随慈禧西逃,至大同,命为军机大臣,旋罢。后同全权大臣李鸿章与八国联军议和,被诸帝国主义视为"首祸",夺爵,戍新疆。

【顾琮】(?—1754) 清朝大臣。满族,伊尔根觉罗氏。满洲镶黄旗人。尚书*顾八代孙,副都统顾俨子。初以监生入算学馆,修成算法诸书。康熙六十一年(1722),授吏部员外郎。雍正三年(1725),授户部郎中,迁监察御史。四年,巡视长芦盐政。八年(1730),迁太仆寺卿。九年,授霸州营田使。十一年(1733),官直隶河道总督。十二年,挑浚引河,号为天赐引河,疏通永定河。乾隆元年(1736),署江苏巡抚。二年,协办吏部尚书,督修永定河,旋署河道总督。三年,以畿辅西南诸水汇于东西两淀,淤垫漫溢为患,奏请设堡船捞泥。六年(1741),请改定子牙河管河体制,授漕运总督。七年,奏请利用清江以上运河水灌田。十年(1745),请于马庄集、曹家店建石闸,以束上游之水,引水济运。十一年,署江南河道总督。后二年,调河东河道总督。十七年(1752),请于运河沿岸,每二里建堡房,计四百座。十九年(1754),以浮费工银,夺官。

【顾八代】(?—1708) 清朝大臣。满洲镶黄旗人。伊尔根觉罗氏。字文起。顾纳禅次子。好读书,善射。顺治十六年(1659),以荫生充护军,随征云南。因功授户部笔帖式,袭二等轻车都尉世职,擢任吏部文选司郎中。康熙十四年(1675),改翰林院侍读学士。时吴三桂踞湖南,遣将掠两广。镇南将军莽依图驻韶州。十六年(1677),奉命传谕莽依图规复广西,并留军从征广西,参与运筹。十九年(1680),平定广西。继随平南大将军赖塔进征云南。二十年,云南平。补侍读学士,后擢内阁学士,充《平定三逆方略》副总裁、经筵讲官、礼部侍郎、礼部尚书。三十二年(1693),以不称职革任,仍直内廷。三十七年(1698),因病乞休。卒,谥文端。

【顾太清】(1799—1877) 亦称西林太清。清朝著名女词家。满洲镶蓝旗人。西林觉罗氏。名春。字子春,一字梅先。号太清。常自署名太清春,晚年或署名太清老人椿。祖父鄂昌,曾任甘肃巡抚。乾隆间,获罪死。因太清出于籍没之家,入荣亲王府贝勒奕绘侧室时,假托王府护卫顾文星之女,呈报宗人府,故改顾姓。自祖父死,家道中衰,迁居北京香山。幼喜文学,少时出入荣府,后与奕绘婚。及奕绘谢世,因与婆不睦,被迫析产,携子女移居邸外,坚持诗词创作。晚年生活凄楚。精于词学,尤重周邦彦、姜夔之作。其观花、游景、状物、咏怀、抒情、题画之作甚富,且情真意切、浑然一体,笔端豪迈,不落窠臼。有"满洲词人,男中成容若,女中太清春"之谓,置太清于满洲女词人之冠,并与纳兰性德(即成容若)齐名。亦能书善画,其"书法秀丽超逸,与其词、画并称三绝"。其作品有《东海渔歌》、《天游阁诗集》等。

【顾纳岱】(?—1648) 清初将领。满族,满洲镶黄旗人。觉罗拜山子。初袭三等男。清崇德三年(1638),征明。败明兵于山海关、丰润,至山东败内监冯永盛等,克博平,晋一等男。顺治元年(1644),以护军统领随多尔衮入山海关,败李自成农民军。随多铎逐自成于陕州。三年(1646),败自成将刘元亮,克潼关,通西安,加一云骑尉。随多铎徇河南,至扬州,与伊尔都等获船二百余,进克明南都。败明将黄得功舟师于芜湖。从博洛徇苏州,克昆山、江阴城。移兵趋浙江,略平湖,克嘉兴城,三战三胜。师还,晋三等子。四年,从多铎征苏尼特部,败腾机思于欧特克山。又自土拉河西行,败喀尔喀兵于查布布喇克。寻以恩诏进二等子。五年,从谭泰下江西,败金声桓于九江。进攻南昌时,中炮阵亡,追赠一等子爵。

【顾实汗】 见"固始汗"。(356页)

【破六韩常】 东魏、北齐大臣。字保年。附化人。匈奴单于后裔。破六韩氏(潘六奚氏)。北魏末年六镇起义军将领孔雀之子。有胆略,善骑射。北魏孝明帝孝昌元年(525),起义军兵败,父被杀(一说率部降尔朱荣,封侯),常归尔朱荣。孝庄帝永安三年(530),尔朱荣被魏帝杀后,归河西,与河西人纥豆陵步蕃大破尔朱兆于秀容(今山西朔县西北)。东魏孝静帝天平三年(536),与西魏秦州刺史万俟普归东魏,被权臣高欢委为抚军,随军征讨,累迁车骑大将军,封平阳公、洛州刺史。曾建议高澄筑杨志、百家、呼延三镇以制敌。后迁沧州刺史。卒后追赠尚书令、司徒公、太傅。北齐孝昭帝皇建元年(560),以功配飨北齐显祖高洋庙庭。

【破六韩拔陵】 又作破落汗拔陵、破洛汗拔陵等。北魏末年六镇起义军首领。匈奴族,单于之苗裔,右谷蠡王潘六奚之后裔,以潘六奚为氏,破六韩乃潘六奚之异译。北魏孝明帝正光四年(523,一说五年),于沃野镇(今内蒙古五原北)率众起义,杀镇将,建元真王,诸镇民众纷纷响应。次年,破武川、怀朔,败魏临淮王于五原,连破安北将军李叔仁、抚军将军崔暹于白道,迫大都督李崇逃还云中,东西部敕勒皆叛魏附之,势力益盛。孝昌元年(525),围魏广阳王元渊于五原,引兵击西部敕勒首领乜列河,遭魏伏兵,败,继遭柔然可汗阿那瓌袭击,大将孔雀被杀(一说投降),势衰,南徙。其后史载不一,一说旋被柔然贵族所杀;一说孝昌二年(526)尚遣其臣费律诱斩高平之胡琛。

【破丑重遇贵】 党项夏州政权将领。党项族。宋雍熙二年(985),随李继迁及部属张浦、李大信等,向宋都巡检守银州的曹光实诈降,诱杀曹光实。李继迁入据银州,自称定难军留后,授其为蕃部指挥使。淳化元年

(990)，受继迁命，往夏州诈降李继捧，于城中接应继迁，大败继捧，迫之逃走。景德元年(1004)李德明嗣位后，出任都知蕃落使。

【破落汗拔陵】 见"破六韩拔陵"。(446页)
【夏太宗】 见"李德明"。(221页)
【夏太祖】 见"李继迁"。(218页)
【夏仁宗】 见"李仁孝"。(211页)
【夏世祖】 见"赫连勃勃"。(574页)
【夏神宗】 见"李遵顼"。(221页)
【夏桓宗】 见"李纯祐"。(216页)
【夏崇宗】 见"李乾顺"。(219页)
【夏惠宗】 见"李秉常"。(216页)
【夏景宗】 见"李元昊"。(210页)
【夏献宗】 见"李德旺"。(221页)
【夏毅宗】 见"李谅祚"。(218页)
【夏襄宗】 见"李安全"。(214页)

【夏尔哇巴】 (1070—1141) 又译霞惹哇。宋代藏传佛教噶当派大师。吐蕃人。本名云丹扎。出生于藏北绒波一个牧民之家。年轻时，从博多哇出家学经。记忆力过人，能默记很多经论。博多哇死后，许多弟子改从其继续学习经论。门下僧众，多时达三千六百多人。主要讲授经论，尤为注重讲授《究竟一乘宝性论》。因噶当派诸大师中流传中观宗和唯识宗两种完全不同的发心仪轨，各执己见，遂依据阿底峡《菩提道灯论》自注，制定发菩提心仪轨，进行讲授。本人也著有一部论，以调解噶当派内部对教义的不同理解。多方赞助巴曹译师讲说《中观沦》，将门下许多弟子献给巴曹，并匡正巴曹译《中观论》之误点，为巴曹所折服。从热振寺求得阿底峡《经集论》，作施主请人译出，因此成为教法之主。

【夏武烈帝】 见"赫连勃勃"。(574页)

【夏格林巴】 (1875—1913) 全称夏格林巴米久伦珠，清末西藏地方官员。藏族。后藏夏格尔宗(旧译协噶尔宗)之林务布溪卡人。出身贵族世家。夏格林巴乃家族名。时家道中落，仅存一小溪卡。后往拉萨，由甘丹寺活佛荐往西藏地方政府的历算部门(即孜康)学习，学成后被派往宗噶宗(今吉隆)担任宗本。约两三年后调回拉萨，出任西藏政府的噶仲(又作仲依，即秘书)。宣统二年(1910)正月，随十三世达赖喇嘛出走印度，至大吉岭。久居在外，思念家乡，遂写下长诗《忆拉萨》，博得十三世达赖赏识，后升为噶伦。

【夏不鲁罕丁】 (1228—1370) 元代伊斯兰教经师。本大食国开才龙人(或说查者例绵人)。皇庆年间(1312—1313)，随贡使至泉州，时年逾八十，主持清净寺教务达六十年，任"摄思谦夏"(或称筛虎勒伊斯兰，意"伊斯兰长老"，是对主持教务者的尊称)。虽年事已高，仍致力教务，"一新寺政"。博学多才，至正九年(1349)，主持复缮了清净寺，使伊斯兰教之三掌教制皆备。明洪武三年(1370)，以一百四十二岁高龄辞世。其后人世袭寺政至明万历三十五年(1607)，达三个世纪。"夏"姓遂为其家姓，乃泉州夏姓回回之先祖。

【夏扎·汪曲结布】 (？—1864) 清代西藏地方政府官员。藏族。噶伦敦珠卜多尔衮子。生于扎什伦布寺附近之巴南木地方，出家于扎什伦布寺。道光二十一年(1841)，拉达克侵入阿里，奉命随索康率藏军驰援，并参加停战谈判，恢复阿里与拉达克原来边界和商民往来。咸丰五年(1855)，以尼泊尔袭据边境聂拉木和吉隆，深入后藏，率藏军收复聂拉木要隘，因无援军，次年在驻藏大臣主持下，与尼泊尔议和。后因与掌办商上事务的热振呼图克图阿旺夷喜楚臣坚木参不和，辞官剃发为僧。热振呼图克图被革职后，于同治元年(1862)复起用，任摄政，代理达赖喇嘛协办商上事务，赏"诺门罕"名号。创修拉萨城垣，工未峻而卒，遂罢役。

【振魁】 见"恭镗"。(443页)
【捏儿】 见"移剌捏儿"。(506页)
【捏里】 见"耶律淳"。(307页)
【捏儿哥】 见"耶律捏儿哥"。(325页)

【顿毗伽叶护】 唐代突厥族葛罗禄部西支首领。原驻牧于北庭西北、金山以西地区。因地处东、西突厥间，常视其兴衰附叛，后附唐。开元(713—741)初，葛罗禄部遣使入唐。天宝十二年(753)，率军助唐攻同罗，俘同罗首领阿布思及其部众数千，解送北庭都护程千里军，晋封金山郡王。

【热西丁】 (？—1867) 旧译陆希武田。清代维吾尔族阿訇。新疆库车人。和卓谢伊合尼木丁第三子。同治三年(1864)，库车农民发动反清起义，杀办事大臣萨灵阿，欲迎奉原叶尔羌阿奇木、库车郡王爱玛特，遭拒，遂迎其为首领。自称"汗和卓"(汉籍文献讹为"黄和卓")，并冠以"圣人穆罕默德最伟大的后裔、宇宙力量的主宰者"的头衔。组成两支军队，四出征讨，扩充势力。西征军由贺提甫率领攻哈拉玉尔衮(今温宿县东)，为清军打败。复令胞兄包玛里丁增援，一度推进至阿图什和叶尔羌。东征军由伊斯哈克(汉籍文献称伊萨克)统辖，经布古尔、库尔勒、乌什塔拉进至吐鲁番。并进攻木垒和哈密，未克。四年，派兵抵御浩罕阿古柏对喀什噶尔的入侵，因热衷扩充势力，不能全力抵抗，加之部分将领叛卖，屡败。六年(1867)夏，被阿古柏执杀。

【热西德】 见"拉失德"。(339页)

【热穹巴】 (1083?—1161) 宋代藏传佛教僧人。吐蕃人。米拉日巴大师弟子。出生于后藏贡塘。本名多吉扎。幼年丧父，居叔父家为仆役。自幼善于念诵经文，常为村民诵经超度。十一岁在家乡机遇米拉日巴大师，随从座前习修"拙火定"，获"证验"，继续学法。十五岁，因患麻风病，独居荒屋。获印度三个游方僧人怜悯，被带到印度，从师专修密宗的一种咒法。病愈返藏。途中从阿都那达沙学《胜乐》等数十种怛特罗经教。回乡后，复师事米拉日巴。后遵师命再赴印度从底布巴学得无身空行毋九种全备之法及其他教授。学成返藏后，把所学之法奉献给米拉日巴。自此，这种密法在噶举派中形成两种传承：米拉日巴传下米的，叫"胜乐耳传"；热穹巴传下来的，叫"热穹耳传"。由于师事米拉日巴，又获印度师长传授，根基深厚，遂赴各地传法。到过前藏许多地方，居却噶五年。并在乌汝向尼泊尔人阿苏大师学得许多教授。继赴香布雪山中静修。后到业、嘉、洛绕三地传法，弟子颇多。

【热西尼玛】(1764—1836) 清代蒙古族僧人。内蒙古土默特旗人。孟克章格亚第三子。为额尔德尼莫日根·对音库尔班第达呼图克图转世灵童，十二岁起在广觉寺学习经典七年。乾隆四十七年(1782)，赴西藏学经十年，返广觉寺。从嘉庆六年(1801)至道光五年(1825)，前后七次到京朝贡。

【热辣公济】 西夏国大臣。党项族。仁宗时官至御史大夫。性耿直，有风采。天盛元年(1149)七月，以权臣西平都统军任得敬表请入朝，上章谏止，以免得敬入朝干政。二年七月，出使金朝贺海陵炀王即位。十二年(1160)三月，察得敬晋爵楚王后，出入与西夏国主等，上疏劾之。二十一年(1169)二月，复劾得敬专恣弄权，请罢斥。得敬获知，欲借端诛之，仁孝恐为所害，令其致仕。

【热丹衮桑帕】 见"衮桑帕"。(466 页)

【热振呼图克图一世】 见"池青·阿旺曲垫"。(169 页)

【热振呼图克图二世】 见"罗布藏益喜丹巴饶结"。(356 页)

【热振呼图克图三世】 见"阿旺益喜次臣嘉措"。(293 页)

【热振呼图克图四世】 见"阿旺罗布藏益喜丹巴坚参"。(294 页)

【哲别】(? —约 1224) 又作者别、哲伯、遮别等。蒙古国大将。别速惕氏。原名只儿豁阿歹。初附属泰赤乌部，宋嘉泰二年(1202)，"阔亦田之战"中泰赤乌等部兵败，饥困无所归，降铁木真(成吉思汗)，以骁勇善射，赐名哲别(意为"箭镞")，随从参加统一蒙古各部战争。历任十户长、百户长。四年，充先锋，征乃蛮部，威震群敌，战功居多。开禧二年(1206)蒙古国建立时，封千户长。为十大功臣之一，与者勒蔑、忽必来，速不台并称"四獒"。旋受命征乃蛮部，于兀鲁塔山擒不欲鲁罕，使乃蛮部辖地尽归蒙古。成吉思汗六年(1211)，充伐金先锋，取乌沙堡、乌月营，破居庸关，薄中都(今北京)，遭金军拒战，遂挥师袭取东京(今辽阳)。八年，随成吉思汗入紫荆口，再取居庸关。十三年(1218)，统兵击灭乃蛮部王子屈出律，尽得其篡据之西辽故地。次年，从成吉思汗西征花刺子模，翌年，与速不台追击花刺子模算端(苏丹)摩诃末，追其走死于宽田吉思海(今里海)一孤岛。复攻略阿哲儿拜占、谷儿只，并越太和岭(今高加索山)。败阿速、钦察及斡罗思诸部。十九年(1224)，奉诏班师东返，于还军途中病死。

【哲里麦】 见"者勒蔑"。(332 页)

【哲马鲁丁】 元代诗人。回回人。字师鲁。曾任江苏镇江儒学教授。有诗名，代表作有《题钱玉潭竹林士贤图》等。

【哲布尊丹巴呼图克图一世】(1635—1723) 清代喀尔喀蒙古最大的转世活佛——哲布尊丹巴系第一代活佛。加佛教传说的十五位先世，亦称第十六世。法名札那巴札尔、罗布藏旺布札勒三等，尊称温都尔格根(至上光明者)、博克多格根(圣光明者)。孛儿只斤氏。喀尔喀第一代土谢图汗衮布多尔济次子。清崇德三年(1638)，从驾母巴林喇嘛受格宁戒(在家精修)。翌年，从旺西布鲁勒呼喇嘛受出离戒(出家)，在锡埒图察罕诺尔寺院升法座，获"善智释迦幢"称号。顺治七年(1650)，至西藏札什伦布寺晋谒第四世班禅额尔德尼，受沙弥戒。又至布达拉拜谒第五世达赖喇嘛，潜心修法，被宣称为第十五先世迈达哩胡土克图(达拉那达)的转世，获"哲布尊丹巴呼图克图"(意为尊者·正士·转世活佛)法号。从此，哲布尊丹巴系由萨迦派改宗格鲁派(黄教)。八年。奉格鲁派两位大师法旨，携传法喇嘛和五十余名工匠返喀尔喀，弘扬黄教，筹建寺院。十二年(1655)，遣使至北京向顺治帝敬献佛像。同年，再次入藏晋见两位黄教大师，修习秘法。翌年，返喀尔喀。十六年(1659)，举行著名的"白池讲经"，使黄教传播喀尔喀全土。从西藏迎请全部《甘珠尔经》并抄写两部。康熙二十年(1681)，遣使向康熙帝敬献佛像三尊。二十五年(1686)，奉康熙专旨，协同理藩院尚书阿喇尼和达赖喇嘛的使者噶尔旦西勒图调解喀尔喀左右翼之间的纠纷。二十七年，因准噶尔部领主噶尔丹在沙俄支持下率三万兵侵入喀尔喀，遂毅然决定"全部内徙，投诚大(清)皇帝"，拒绝投降沙俄，受到清廷妥善保护及内蒙古各族的热情接待。三十年(1691)，在多论诺尔受康熙接见，被封为大喇嘛，委以喀尔喀宗教事务管理大权，被列为喀尔喀百官有司首班。此后数年，随康熙冬寓北京，夏居热河(治河北省承德)避暑山庄。三十五年(1696)，至热河祝贺康熙在昭莫多(今乌兰巴托东南)大败噶尔丹旋师。三十七年，陪同康熙在北京旃檀寺礼佛，又随驾五台山。三十八年，兄土谢图汗察珲多尔济去世，遂返漠北做佛事。四十年(1701)，重修被噶尔丹焚毁的额尔德尼昭(在今蒙古人民共和国哈尔和林附近)。五十年(1711)，在库伦(今乌兰巴托)修建一所活动大寺院，以来往各地布教传法。五十七年(1718)，奉旨多次致书准噶尔部首领策妄阿拉布担，劝其勿袭扰藏民。六十一年(1722)，以八十八岁高龄从漠北赶赴北京，吊唁康熙逝世。雍正元年(1723)，在北京黄寺入寂。雍正帝亲至灵前悬帕奠茶，追赐"弘法大师"尊号，令世世永称"呼毕勒罕"，专派大臣护送龛座返漠北，供奉于专修的庆宁寺。

【哲布尊丹巴呼图克图二世】(1724—1758) 法名罗布藏丹彬多密。清代喀尔喀蒙古最大的转世活佛——哲布尊丹巴系第二代活佛。加佛教传说的十五位先世，亦称第十七世。孛儿只斤氏。第一世哲布尊丹巴呼图克图曾侄孙，土谢图汗惇多布多尔济子。雍正元年(1723)，据第一世哲布尊丹巴在北京临终前暗示，经第七世达赖喇嘛从四名灵童中遴选，最后由雍正皇帝确定为转世活佛。雍正六年(1728)，从栋科尔呼图克图那旺罗布藏受格宁戒(在家精修)。翌年，由喀尔喀诸王举行大典，正式升法座。十年(1732)，因准噶尔部首领噶尔丹策零率三万兵攻入喀尔喀，遂被清廷迎至多伦诺尔(今内蒙古多伦)避难。乾隆元年(1736)，奉诏入京晋见乾隆皇帝，诏准在喀尔喀使用黄色围墙和黄墙行宫。不久返多伦诺尔。三年，受乾隆帝正式册封，获金册、金印，正式掌管喀尔喀教务。五年，奉旨返漠北库伦(今乌兰巴托)，修缮额尔德尼昭并修建新寺院，巡视各地，召开法会，接纳信众捐献。十五年(1750)，接受栋科尔呼图克图那旺占巴勒丹沁赠予的汗山(在库伦南土拉河南岸)南方寺院(后称广教寺)和僧众等。从僧达三万余人，直接管辖领民一千多户。十九年(1754)，奉诏设"额尔德尼商卓特巴"一职，专管行政事务，本人专理教务。完善宗教制度，命僧学院教习经典，授僧学位。制定寺院建筑法，规定喇嘛之法衣、祭礼、祝文、赞颂等。二十一年，奉乾隆亲笔诏令，召集各部王公，稳定喀尔喀局势，使清军得以顺利平定厄鲁特蒙古辉特部阿睦尔撒纳和青衮咱卜之乱，故被乾隆加封为"敷教安众大喇嘛"。二十二年十二月(1758年2月)，因染天花在库伦入寂。乾隆敕建"敕愿寺"，供奉其舍利塔。

【哲布尊丹巴呼图克图三世】(1758—1773) 法名伊什丹巴尼玛。清代喀尔喀蒙古最大的转世活佛——哲布尊丹巴系第三代活佛。加佛教传说的十五位先世，亦称第十八世。藏族。喀木(西康，今西藏昌都地区)里塘领主丹津衮布子。第二世哲布尊丹巴呼图克图入寂后，乾隆帝为防备喀尔喀诸王公因争献灵童而纷争，并防止哲布尊丹巴权力过重，故决定转世于西藏。乾隆二十八年(1763)，在乾隆诏谕下，由喀尔喀诸王公迎入蒙古。途经热河时，受到乾隆接见，并从章嘉呼图克图罗勒丕多尔济受出离戒、沙弥戒。同年，从多伦诺尔(今内蒙古多伦)到达库伦(今乌兰巴托)，升法座。因年幼，由库伦办事大臣处理呼图克图事务。三十年，扩建广教寺(在乌兰巴托南)。三十一年，在科布多(喀尔喀西部)筹建新寺院。三十二年，奉诏在库伦额尔德尼商卓特巴衙门设大喇嘛职，创大法会制度。三十八年，在库伦入寂。龛座供于库伦甘丹寺。

【哲布尊丹巴呼图克图四世】(1775—1813) 法名罗卜藏图巴坦旺舒克(或译罗布桑图巴丹旺楚克)。清代喀尔喀蒙古最大的转世活佛——哲布尊丹巴系第四代活佛。加佛教传说的十五位先世，亦称第十九世。藏族。第八世达赖喇嘛伯父索诺木达什子。乾隆三十八年(1773)，第三世哲布尊丹巴呼图克图入寂后，喀尔喀诸王公于次年遣使入藏晋谒第八世达赖喇嘛，请求指定转世活佛。四十年，由达赖喇嘛指定。四十三年(1778)，在布达拉从达赖喇嘛受格宁戒(在家精修)，取法名。四十六年，起程赴蒙古，途经多伦诺尔(今内蒙古多伦)，从第二世章嘉呼图克图罗勒丕多尔济受出离戒。旋至库伦(今乌兰巴托)就法座。及长，励精教务，广修寺院，规定法戒，督促喇嘛修学。五十五年(1790)，在以往所设僧学院和医学院之外，加设时轮学(星学)院。五十六年、六十年，两赴热河，在避暑山庄(在今河北省承德市)晋谒乾隆皇帝，获厚赐。及归库伦，注全力布教传法，自西藏求取众多佛像，供于寺院。嘉庆四年(1799)，为乾隆逝世修冥福，造万尊佛像。七年(1802)，至热河，建八座佛塔。八年，巡锡额尔德尼昭(在今蒙古人民共和国哈尔和林附近)，并起程进藏。九年，至布达拉，谒第八世达赖喇嘛，受比丘戒。同年，携大量佛像及经典返喀尔喀。十一年，在库伦建密乘学院。十三年，建特达布林禅寺。十四年，建兹安特寺，并赴热河谒嘉庆帝。十七年(1812)，赴北京参诣诸寺。十八年，返喀尔喀途中诣五台山，因肺病入寂。诏赐曼陀罗，送龛座返喀尔喀，供于庆宁寺。一生以振兴佛教为务，为喀尔喀佛教多有建树，是前四世中首位受比丘大戒者。

【哲布尊丹巴呼图克图五世】(1815—1842) 法名罗布桑楚勒乡木济克默特。清代喀尔喀蒙古最大的转世活佛——哲布尊丹巴系第五代活佛。加佛教传说的十五位先世，亦称第二十世。藏族。卫地(前藏)衮布惇多布子。乾隆晚年，创金瓶掣签制，规定哲布尊丹巴系活佛转世，由西藏大昭寺之金瓶掣定。第四世哲布尊丹巴呼图克图入寂后，报入西藏，由第七世班禅额尔德尼遴选三名灵童，以汉、满、蒙、藏四种文字录其姓名，置入金瓶中，由班禅额尔德尼和驻藏大臣抽定，奏请嘉庆帝认可，转谕喀尔喀诸部。嘉庆二十四年(1819)，在布达拉从第七世班禅额尔德尼受格宁戒(在家精修)及出离戒。二十五年，迎至库伦(今乌兰巴托)居法座，受清廷金册、金印。道光元年(1821)，重赐金册、金印。同年，向道光帝献"九白之贡"(白驼一，白马八，为清代蒙古汗王之最高礼仪)。十一年(1831)，从经师罗卜桑札木养受沙弥戒。十五年(1835)，经道光诏可，至西藏晋谒第七世班禅额尔德尼，受比丘戒。十六年，归库伦。十九年(1839)，至北京晋见道光皇帝。二十二年，在库伦入寂，龛座供于库伦甘丹寺。

【哲布尊丹巴呼图克图六世】(1842—1848) 清代喀尔喀蒙古最大的转世活佛——哲布尊丹巴系第六代活佛。加佛教传说的十五位先世，亦称第二十一世。藏族。卫地(前藏)牧驴人之子。第五世哲布尊丹巴呼图克图入寂后，报入西藏，由第七世班禅额尔德尼金瓶掣定。道光二十八年(1848)，由喀尔喀各部所派五千余人迎至库伦(今乌兰巴托)，升法座。坐床仅五十九日即染天花入寂，年仅七岁，龛座供于丹巴多尔济寺。

【哲布尊丹巴呼图克图七世】(1849或1850—1869) 法名凯珠布丹桑(一译架伊兹蒲丹占)。清代喀尔喀蒙古最大的转世活佛——哲布尊丹巴系第七代活佛。加佛教传说的十五位先世，亦称第二十二世。藏族。拉萨附近的俗人米谷玛耳之子。第六世哲布尊丹巴呼图克图入寂后,报入西藏,于咸丰元年(1851)由第七世班禅额尔德尼金瓶掣定。四年,从甘丹寺绰尔济喇嘛受格宁戒(在家精修)和出离戒。五年,被喀尔喀各部迎至库伦(今乌兰巴托)就法座。至十二岁,立志修学,研习经典,修戒律。及长,因左右不得其人,遂日夜耽于酒色。同治二年(1863)以后,受库伦办事大臣车臣汗阿耳塔西兹达父子之谄媚、调唆,不事宗教,专务田猎,嗜烟酒,气力亏损。又一再拒绝进藏受戒,引起众喇嘛和信众的忧虑和不满。七年(1868),至土音德伦河作例祭,归途病去,于十二月(1869年1月)入寂。龛座供于库伦甘丹寺。

【哲布尊丹巴呼图克图八世】(1870—1924) 法名哲布尊丹阿旺垂济尼玛丹彬旺舒克。清末民国初喀尔喀蒙古最大的转世活佛——哲布尊丹巴系末代活佛。加佛教传说的十五位先世,亦称第二十三世。藏族。出生于第十二世达赖喇嘛近侍家中。第七世哲布尊丹巴呼图克图入寂后,奉同治帝之诏及喀尔喀诸部之请,由第十二世达赖喇嘛金瓶掣定。同治十三年(1874),在父母陪同下,被迎至库伦(今乌兰巴托),就法座。光绪十三年(1887),巡锡额尔德尼昭(在今蒙古人民共和国哈尔和林附近)。十四年,遣使贡物祝贺光绪帝举行大婚。十五年,参诣庆宁寺(供有第一世哲布尊丹巴等之龛座)。嗣后深居简出,修习经典。然自父母去世后,日渐耽于酒色斗牌。宣统三年(1911),在沙俄怂恿下,宣布"独立",将中央驻库伦办事大臣三多等逐出外蒙,自称"大蒙古皇帝",年号"共戴",登极受贺。1914年,派使者参加中俄恰克图会议,取消独立,承认中国对外蒙的宗主权,哲布尊丹巴名号受中华民国大总统册封,同意民国政府驻库伦大员出席典礼及正式聚会应列最高地位。外蒙获自治权。1915年,接受民国政府大员陈箓为都护使、库伦办事大臣。1916年,在库伦接受民国大总统特命专使陈箓的册封。第一次世界大战期间,俄国内外交困,无暇东顾。白俄谢米诺夫等骚扰蒙边,外蒙情势危急。加之财政枯竭,遂应外蒙诸王公之请,于1919年无条件撤销自治,内政、外交、军事等统归民国中央政府管理。旋被民国大总统加封为"外蒙翊善辅化博克多哲布尊丹巴呼图克图汗"。1921年二月,白俄侵占库伦,遂在白俄操纵下,重登宝座,再次宣布"独立"。同年七月,苏军占领库伦,外蒙古人民革命党建立政权,被奉为立宪君主。晚年双目失明,1924年入寂,哲布尊丹巴系从此被废除。

【哲布尊阿旺垂济尼玛丹彬旺舒克】 见哲布尊丹巴呼图克图八世。(450页)

【匿舍朗】 唐代奚族部落联盟首领。文宗大和九年(835),赴唐廷入觐,与唐交好。

【 | 】

【柴秉诚】 见"伦都儿灰"。(149页)

【哱拜】(? —1592) 明朝将领。蒙古族。嘉靖(1522—1566)中,因得罪塞外本部酋长,父兄被杀,本人伏水草中得免,潜投宁夏守备郑印。骁勇屡立战功,升至都指挥。万历十七年(1589),加副总兵致仕,由子哱承恩袭职。十九年,因青海蒙古火落赤、真相等屡败明军,顺义王扯力克西行动之,洮河告警,遂至经略使郑洛辕门,愿以所蓄三千苍头军与子哱承恩等从征,得许。从征有功,然受到巡抚党馨无理刁难,军粮、装备及战马均遭侵扣,立功不得升赏,哱承恩遭棰挞。致生怨念。二十年二月,鼓动军锋刘东肠等在宁夏城(今宁夏银川市)举兵反明,闯入帅府、军门,擒杀副使石继芳、党馨,劫总兵官张维忠(后自杀),焚公署,收符印,拘明庆王。又分兵玉泉营(在银川西南)、中卫、广武等地。招引鄂尔多斯部著力兔、庄秃赖和济农博硕克图(卜失兔)等入援。亲诣著力兔帐中筹划、调拨,致全陕震动。明廷虽调集宣府、大同、山西、辽东诸镇边兵及浙兵、湖广苗兵,以名将麻贵(回族)、李如松(朝鲜族)为统帅前往镇压,均未奏效。数次招降,亦无功。八月,遭明军水攻,著力兔部被击退,城中乏食,势稍衰。九月,中明军反间计,自相残杀,使明军乘虚而入,哱承恩被擒,宅院被围,大势已去,遂自缢身亡,反明亦告失败。明朝"万历三大征"之一——平哱拜,即指此。

【哱承恩】(? —1592) 明朝将领。蒙古族。哱拜子。神宗万历十七年(1589),父致仕,得袭副总兵。十九年,因青海蒙古火落赤、真相等屡败明军,顺义王撦力克西行助之,洮河告警,得明周御史举荐,参加征讨。旋从父领三千苍头军随征。父子虽立战功,但遭巡抚党馨无理刁难,军粮、装备、军马多被侵扣。又因"强娶民女为妾",遭党馨棰挞,遂于二十年(1592)二月举兵反明,占据宁夏城(今宁夏银川),任副总兵。奉父命率兵攻取玉泉营(在银川西南),攻占中卫、广武等地,河西望风披靡。后退守宁夏城,拒其母施氏之劝降。设伏兵劫取明军粮饷二百余车。六月,遭明将李如松(朝鲜族)等所率辽东、宣府、大同、山西、浙江、湖广(苗兵)诸路军围攻,闭城坚守,以炮箭挫明军。八月,遭明军水攻,城中乏食,势稍衰。九月,水浸崩城北关,遂以重兵赴北关激战,南关失守。复中明反间计,杀其党许朝等,属众离散,城破,拥苍头军拟赴军门谒监军御史梅国桢谈判,被明参将杨文所执。十一月,被杀。

【唃厮啰】(997—1065) 清人译作嘉勒斯赉。唃厮啰政权的创建者。原名欺南凌温。吐蕃王朝赞普后裔。生于高昌磨榆国。十二岁时,被河西羌人大贾何郎业贤带至河州(今甘肃临夏)。旋被当地大户耸昌厮均移至移公城,取名唃厮啰,义为"佛子"。受河州吐蕃首领控制,被誉为佛的化身。吐蕃俗尚贵种,重血统,故诸族竞相拥之。后为宗哥族首领李立遵、邈川族首领温逋奇以武力挟至廓州(今青海化隆县群科古镇),尊为"赞普"。不久,将王城迁至经济比较发达的宗哥城(今青海平安驿)。后与李立遵失和,率众走邈川(今青海乐都),为温逋奇所执囚,以温逋奇为论逋(相),拥兵六、七万。宋天圣十年(1032),以温逋奇发动宫廷政变,欲废己自立,平息叛乱。为扩展势力,举族徙青唐(今青海西宁市),立法建制,拥众数十万。此后近百年间,青唐成为甘青地区吐蕃族政治、军事、经济、文化与宗教的中心。史称其所建政权为"唃厮啰"。在位期间,注意发展睦邻关系,奉行附宋抗夏以自保的政策。天圣十年(1032),受宋封宁远大将军、爱州团练使、邈川大首领。与宋开展茶马互市,积极发展与西域的贸易。景祐二年(1035),西夏李元昊领兵来战,攻下牦牛城(今青海西宁市北),他坚守青唐,乘机反击。获胜。康定元年(1040),与宋使刘涣共商讨夏大计,并奉献誓书及西州地图,重申与宋协力抗夏的决心。受宋加封保顺河西军节度使。两次击败西夏主李谅祚军。

【唆都】(?—1285) 元朝将领。蒙古札剌儿氏。骁勇善战。初任忽必烈宿卫。从征大理。中统三年(1262),随军平山东李璮之乱。谏免私贩马于南宋者罪,籍为兵。任千户,戍蔡州(今河南汝南)。至元五年(1268),随都元帅阿术攻宋襄阳、樊城,退范文虎舟师,断襄樊粮援,升总管。十年(1273),进郢、复等处招讨使,戍郢州。继从丞相伯颜攻宋。十二年(1275),下建康,任建康安抚使。翌年,从下临安(今杭州),副参政董文柄留戍。继戍严州,镇压衢、婺、徽等州抗元斗争,破婺、衢,攻处州。十四年(1277),升福建道宣慰使,行征南元帅府事。连下建宁、福州、漳州、潮州,进参知政事、左丞,行省事于福州。遣使诏谕南海诸国来朝,许其互市。十八年(1281),以占城(今越南中南部古国)杀元使臣,立占城行省,任右丞。次年,以兵征之,破木城等,迫其王退遁山林。二十一年(1284),奉镇南王脱欢命,会师安南(今越南北部国名),败安南兵于清化、义安关,继屯天长。次年,闻脱欢先行撤兵,引兵还,于乾满江遭安南兵截击,战死。谥襄愍。

【唆鲁和帖尼】(?—1252) 又作唆鲁禾帖尼、莎儿合黑塔泥别乞。蒙古国王妃。"别乞"为部落首领之女的称号,有"公主"之意。克烈部*札合敢不女。南宋嘉泰三年(1203),克烈部败亡后,赐给拖雷为妻,生四子:宪宗蒙哥、世祖忽必烈、伊儿汗旭烈兀及阿里不哥。聪明能干,严格遵循"札撒"(法律),深受窝阔台汗敬重,称其"高出于举世妇女之上",遇事常与之商议。窝阔台汗四年(1232),夫死后,受命掌管封地及军队。素睦于拔都系诸王,贵由汗二年(1247),闻知汗领兵西行欲图拔都,遂遣使密告拔都为备。蒙古国汗位由窝阔台系转入拖雷系,是与其"能干和远见"分不开的。贵由汗三年(1248),汗死后,即遣子蒙哥结好于拔都,在拔都拥戴下于海迷失称制三年(1251)即汗位。善于理众和用人,备受族众敬仰。信奉景教,也推行伊斯兰教,兴建伊斯兰教学校。世祖至元三年(1266),追谥庄圣皇后,武宗至大二年(1309),加谥显懿庄圣皇后。

【晃兔台吉】 明代蒙古右翼土默特部领主。字儿只斤氏。顺义王*扯力克长子。驻牧于山西偏关外委兀儿趁一带,离明边七百余里,万历十五年(1587),受明封为龙虎将军。先其父而卒,故未继承顺义王位,后由其长子卜石兔袭封。

【恩长】(?—1816) 清朝大臣。满族。觉罗察氏。满洲镶蓝旗人。钟音子。乾隆三十年(1765),捐员外郎,选盛京户部,后补兵部员外郎,充军机章京,授河南南阳府知府,迁直隶坝昌道,口北道。五十一年(1786),升湖南按察使。五十八年(1793),因失察事,降三等侍卫为和阗帮办大臣。嘉庆四年(1799),调办事大臣。次年,以和阗回户原种官地,年久迷失岁纳空粮者有七百五十余户,请以塔克一带官荒地二万六百余亩均匀拨补。六年,任安徽按察使。七年,擢广西布政使,后四年迁巡抚。旋因事降三级留任。十四年(1809),调河南巡抚。十六年(1811),南阳府王胯子等聚众抢劫,持械拒捕,因查办迟延及失察林树芳等事,降三等侍卫,为乌里雅苏台参赞大臣。次年,迁二等侍卫,调喀什噶尔参赞大臣。因失察阿奇木伯克玉努斯营私罔利,苦累回民,私遣使与浩罕伯克爱玛尔通好,受责。二十年(1815),因前在广西巡抚任内事等,革职。

【恩华】(?—1854) 清朝宗室、大臣。满族。镶蓝旗人。郑慎亲王乌尔恭阿子。道光十三年(1833),封三等辅国将军,授散秩大臣。历正黄旗蒙古副都统、内阁学士兼礼部侍郎衔,理藩院右侍郎、署镶白旗护军统领。二十五年(1845),稽察左翼宗学,管理幼官学事务。二十七年,充奏事处领班,兼銮仪卫銮仪使。历调工部、兵部左侍郎、镶红旗总族长、经筵讲官。咸丰元年(1851),署左翼前锋统领、吏部左侍郎。二年,任总管内务府大臣,署理上驷院事务。三年,署吉林将军,奏准与打牲乌拉总管,妥议硝土开采售卖章程,以资官用火药,以补旗民生计。授左翼前锋统领,升理藩院尚书兼镶红旗汉军都统。奉命率吉林、黑龙江官兵赴江南淮徐一带,防堵太平军,以援河南怀庆等府拒义军功,赏黄马褂。旋因追征迁延革职,留营效力。次年,卒于军。著《两汉三国朔闰表》及《两晋南北朝朔闰表》。

【恩忠】(?—1665) 清代云南临安溪处哈尼族首领。受封为溪处长官司副长官。清顺治十六年(1659),归附清朝,授副长官世职。康熙四年(1665),附东川土司禄昌贤反对清廷改土归流,被杀害。职除,改土舍。

【恩泽】(?—1899) 清朝将领。蒙古镶蓝旗人。噶奇特氏。光绪初,以佐领随军克复乌鲁木齐诸城,擢协领。先后于呼图壁、头屯河、玛纳斯等地镇压回民起义。晋副都统。历任巴里坤、乌鲁木齐领队大臣、吉林副都统。二十年(1894),与将军长顺备御日本侵略军,治团练,筑台垒,设疑兵,致敌引去。署将军。率军镇压伯都纳、乌拉白莲教起义。二十一年,调黑龙江,督边防。谏请招垦荒地,赈恤穷乏。统兵镇压观音山等地起事者,以功受赏。

【恩承】(1820—1892) 清朝大臣。叶赫那拉氏。满洲正白旗人。道光二十三年(1843),由翻译生员补侍卫处笔帖式。咸丰三年(1853),随参赞大臣僧格林沁镇压捻军。五年,补兵部郎中。九年(1859),英军侵入天津大沽口,随僧格林沁击退英船。从征直隶、河间捻军。同治四年(1865),授镶红旗蒙古副都统。四月,僧格林沁战死曹州,因失于应援,革职留营戴罪图功。十一月,充翼长赴奉天镇压义军。五年,授理藩院左侍郎。七年,参与镇压捻军张总愚。八年,授正蓝旗汉军副都统,管理神机营事务。次年,赴盛京承修永陵工程,兼署刑部左侍郎。后历任礼部右侍郎、正黄旗满洲副都统、八旗值年大臣。光绪元年(1875),授总管内务府大臣,管理户部三库事务。十年(1884),承修东陵工程,补授大学士,管理理藩院事务。授体仁阁大学士。次年,充会典馆总裁。十三年,任国史馆副总裁。十五年,授东阁大学士。卒,谥文恪。

【恩铭】(?—1907) 清末大臣。满洲镶白旗人。于库里氏。字新甫。同治举人。光绪四年(1878),捐资为知县。十八年(1892),任兖州知府。二十六年(1900),任山西按察使。主张用护送教士、解赦教民遏制义和团运动。八国联军攻入北京,他筹边备饷。二十七年,擢浙江盐运使。任内搜刮民财;亦以实力缉私和整理催运等销办法,使两淮盐政行销畅通。三十二年(1906),授安徽巡抚。任内残酷镇压皖南建德红莲教起义和霍山人民的反教会斗争。三十三年(1907)七月六日,在安庆巡警学堂毕业典礼上,率司道亲往考验,被光复会首领徐锡麟等枪杀。谥忠愍。

【恩龄】(?—1866) 清朝官员。字楚湘、述园、知园。哈达瓜尔佳氏,满洲正红旗人。由兵部笔帖式,累官淮安府知府,升淮阳兵备道,兼理河务。道光二十三年(1843)因病回旗。著有《正红旗满洲哈达瓜尔佳氏家谱》和《述园诗存》。

【恩格图】(?—1648) 清初蒙古将领。科尔沁部人。初率众投后金,授牛录额真,受命驻守于伊兰布里库,防蒙古游牧界。天聪年间,屡从皇太极征明,攻遵化,袭大安口,以功授世职二等甲喇章京,擢兵部承政。后任蒙古正红旗固山额真。崇德元年(1636),从征明及朝鲜。因战松山时隐匿军情,还师时为明军所败等罪受罚。三年,随贝勒岳讬征明,攻密云,率先入边破敌。五年(1640),从郑亲王济尔哈朗征明,围松山,败明劫营之兵。次年,随帝皇太极征明,以违方略,遇敌不前,受罚,受命与诸将更番戍松山。顺治元年(1644),随军入关击农民起义军李自成。先后进一等甲喇章京、三等梅勒章京、一等梅勒章京。五年讨江西叛将金声桓,卒于军。

【恩干松蓬】 景颇族传说中的远古祖先。远古时景颇人不会种谷子,以采集荞麦、金盏等野草充饥。时江头海子地方产谷子。一天,与妻思蓬郎么到江边打鱼,遇景颇族的祖先恩弄松洞及其妻思蓬涂么。吃午饭时其夫妻食米饭,松洞夫妻吃野草。相互交谈后,得知自己和松洞原是兄弟,思蓬郎么和思蓬涂么是姐妹。于是便将谷种分给松洞夫妇带回去播种,使其后裔学会种谷。

【恩格德尔】(?—1636) 清初蒙古将领。博尔济吉特氏。达尔汉巴图鲁子。原为内喀尔喀巴约特部首领。游牧于西喇木伦。明万历三十三年(1605),三十四年,先后入觐努尔哈赤,献驼马,并奉表上尊号,自是蒙古诸部连年朝贡不绝。天命二年(1617),努尔哈赤以贝勒舒尔哈齐女妻之,封额驸。九年(1624),率所部归附后金,受殊遇,享"非叛逆,他罪皆得免"的特权,任三等总兵官,隶满洲正黄旗。天聪三年(1629),与武讷格等率军征察哈尔,继从帝皇太极征明,入龙井关,克遵化,逼明都。后所部蒙古军为明援军所败。五年,从帝围大凌河城,以作战不利受罚。崇德元年(1636)五月卒。顺治十二年(1655),追谥端顺,并立碑以纪其功。

【恩兰·达扎路恭】 见"达扎路恭"。(135页)

【恩克卓里克图汗】(1359—1392) 简称卓里克图汗。明代蒙古可汗。孛儿只斤氏。可汗*脱古思帖木儿子。明洪武二十二年(1389,一说二十一年)继汗位,在位四年。洪武二十五年(1392,一说二十四年)卒,无嗣,弟额勒伯克继立。

【恩萨·罗桑顿珠】(1505—1566) 即三世班禅。明代藏传佛教格鲁派(黄教)名僧。藏族。生于后藏拉奎恩萨格吉切玛。索南多吉子。自幼崇敬释迦宗喀巴,八岁便自披白绸单,挂项珠,独自跌坐月下。十一岁从大德扎巴顿珠剃发出家,受沙弥戒,法名罗桑顿珠。从极拉热聆听菩提道次第、时轮金刚、大盛德金刚等,又从曲吉罗珍结村学密谛,受灌顶。后往札什伦布向罗桑希业诸大德精学显密。十七岁随竹青曲吉云游诸名寺,普作供养。蒙白马金赐神通经卷,亲受灌顶,获竹青(大成)之位。建顿萨曲宫于恩萨。著有《恩萨全集》行世。明嘉靖四十五年二月二十三日圆寂,于隐更寺建塔供养。

【恩萨·索南乔郎】(1439—1504) 全称竹白旺修索南乔吉郎布。即二世班禅。明代藏传佛教格鲁派(黄教)名僧。藏族。后藏恩萨人。初名支才贝吾。幼时,能追述前辈班禅事迹。被巴索曲结甘丹尺巴收为门徒,赐名索南乔郎。后从森巴洛垂贝巴等大德学法,遂得显密诸法,佛典教诫,衣钵真传,而成大德。移居后藏隐更寺,专事禅修,并在恩萨谷建玉顶寺,有僧徒十六人,被派往各地弘法,自居恩萨曲吉颇章,亲撰嘉言,详注经论。曾为二世达赖传戒。明弘治十七年(1504)二月二十五日涅槃,法身藏于宝塔,供于隐更寺。后追认为班禅二世。

【恩克跌儿歹成台吉】 见"永邵卜大成台吉"。(126页)

【逞加奴】 见"清佳努"。(516页)

【 丿 】

【特末】 见"萧特末"。(485页)
【特烈】 见"萧特烈"。(485页)
【特木内】 见"墨尔根特木纳"。(597页)
【特古斯】(?—1740) 清朝将领。蒙古族。扎赉特部人,博尔济吉特氏。固山贝子纳逊长子。初授三等台吉。康熙四十二年(1703),袭札萨克固山贝子。五十六年(1717),与都统穆尔赛赴阿尔泰御准噶尔部策妄阿喇布坦。五十九年(1720),降其宰桑色布腾。雍正九年(1731),从顺成郡王锡保征噶尔丹策凌,胜绩。十年,大败小策凌敦多卜于额尔德尼昭。以功晋封多罗贝勒。

【特尔祜】(?—1658) 清初将领。满族。爱新觉罗氏。清太祖*努尔哈赤曾孙,安平贝勒*杜度第三子。清崇德四年(1639),封辅国公。六年,从围锦州,败明兵于松山、杏山间。七年,克塔山。后以事削爵,黜宗室。顺治元年(1644),从多尔衮入山海关,破李自成义军,追至庆都。复从多铎再败李自成军于潼关。二年复宗室,封辅国公,六年,晋贝子。卒,谥恪僖。

【特母哥】 辽末将领。契丹族。天祚帝保大(1121—1125)年间,任硬寨太保。三年(1123)四月,与诸皇子、皇妃被女真军围于青冢寨(今内蒙古呼和浩特西南),奋力突击。救天祚帝次子雅里于难,赴云内州(今内蒙古托克托南)见天祚帝。时拥有扈从千余人,多于天祚,天祚虑其生变,欲诛之,责其不能尽救诸皇子,及讯问雅里后作罢。继而,天祚欲投西夏,他不从,与军将耶律敌烈乘夜将雅里劫走,奔西北诸部,五月,在沙岭拥雅里称帝,建元神历,自任副枢密使。十月,雅里卒,又推耶律术烈(兴宗弟吴哥四世孙,即位,十一月,术烈为乱军所杀,政权瓦解。四年(1124)正月,降金。不知所终。

【特里得】 见"萧得里特"。(489页)

【特依顺】(?—1849) 清朝将领。满洲正蓝旗人。他塔喇氏。嘉庆时,任骁骑校。道光七年(1827),由佐领升协领。十三年(1833),随将军瑚松额镇压台湾张丙陈起事。十七年(1837),任密云副都统。任内,请于密云临口添设抬炮,增设乌枪,铸造钢刀存库,被采纳。寻授宁夏将军。二十一年(1841),英军侵入广东,扰浙江。命为参赞大臣赴广东,旋改赴浙江,佐扬威将军奕经督师。二十二年,同钦差大臣耆英驻守杭州,署杭州将军。英军攻陷乍浦后,因未能预防被革职留任。《南京条约》签订后,受命在浙江筹就善后事宜妥协章程。二十六年(1846),调任乌里雅苏台将军。

【特默齐】(?—1793) 清代卫拉特蒙古和硕特部台吉。博尔济吉特氏。*达延汗曾孙。初附牧班珠尔,驻牧塔尔巴哈台。乾隆十九年(1754),随阿睦尔撒纳内附,游牧喀尔喀界。复从萨喇尔、努三招抚乌梁海宰桑赤伦,扎哈沁宰桑玛木特等,以功授三等台吉。二十年,从军征达瓦齐,降服阿巴噶斯、哈丹、乌勒木济。授扎萨克一等台吉。越二年,徙居察哈尔。

【特薛禅】 又作德薛禅、迭夷。弘吉剌部首领之一,蒙古国勋臣。孛思忽儿弘吉剌氏。*铁木真(成吉思汗)岳父。本名特,因从铁木真起兵有功,赐名"薛禅"(意为"贤者")。率众驻牧于扯克彻儿、赤忽儿古地区。宋乾道六年(1170),以女孛儿台许铁木真。庆元六年(1200),得悉哈答斤、散只兀、弘吉剌等十一部会盟于阿雷泉,谋袭蒙古部,遂密告铁木真为备,于捕鱼儿海子(今贝尔湖)大败联军。开禧二年(1206)蒙古国建立时,因功其子按陈、孙赤驹分别封千户长,统领本部四千户。有元一代,其后裔历任要职,世与蒙古皇室联姻,"生女世以为后,生男世尚公主"。

【特尔庆阿】(?—1888) 清朝将领。达斡尔郭贝尔氏。世居大伯尔科屯,隶布特哈正白旗。咸丰八年(1858),以骁骑校从征江南,赏花翎,总管加副将衔。同治四年(1865),征防山东,以沿途索需逗留罪,夺职。次年,复原官。十年,赴伊犁将军荣全军。十二年,充塔尔巴哈台厄鲁特领队大臣。光绪十年(1884),擢正白旗蒙古副都统。十二年,充黑龙江齐字营总统,统军二年休致,病故。

【特健俟斤】 见"时健俟斤"。(226页)

【特固斯库鲁克达赖汗】 见"车凌"。(57页)

【钱觉耀】(?—1665) 清代云南临安府瓦渣哈尼族首领。顺治十六年(1659),归附清朝,授瓦渣长官司副长官世职。康熙四年(1665),附王翔(又作王朝,哈尼族),禄昌贤反抗清廷改土归流,被官兵执杀。职除,改土舍。

【钵鲁欢】 见"博尔忽"。(523页)

【钵阐布定埃增】 见"娘·定埃增"。(475页)

【铁失】(?—1323) 又作帖赤、帖失、帖实。元朝大臣。蒙古亦乞列思氏。英宗妃速哥八剌之兄,权臣中书右丞相*铁木迭儿义子。仁宗时任翰林学士承旨、宣徽院使,英宗即位初,任太医院使、中都威卫指挥使。至治元年(1321),进御史大夫,兼领左右阿速卫。恃权擅政,排斥异己,以私怨潜杀宣徽使秃坚不花,劾黜江南行台御史大夫康里脱脱。铁木迭儿死后,拜住出任右丞相,振立纲纪,力矫弊政。铁失虑事败遭诛,于三年(1323)八月,乘英宗自上都南还驻南坡之机,暗结知枢密院事也先铁木儿、大司农失秃儿等,以其所领阿速卫兵为外应,杀拜住,弑英宗于帷殿,遣使奉皇帝玺迎立泰定帝于漠北。泰定帝即位后,十月,与其党皆伏诛。

【铁连】(1218—1281) 元朝大臣。蒙古乃蛮氏。善辞有谋略。初为宗王拔都宿卫,后受命掌拔都分地平阳路隰州岁赋。中统初,调平阳驿站达鲁花赤。至元初,受命出使拔都后王忙哥帖木儿所,议处宗王海都叛事。途经海都境,直造其所,觇视虚实,以善应对,致海都无机加害,得脱。至忙哥帖木儿所,议决共击海都。归,以海都兵繁而锐,谏言不宜速战,坚垒以待。后以忙哥帖木儿背盟与海都约和,又一再出使钦察汗国劝谕,未果。后改任绛州达鲁花赤。至元十五年(1278),加宣武将军。卒于任。

【铁保】(1752—1824) 清朝大臣、学者。满洲正黄旗人。栋鄂氏。字冶亭,一字梅庵。乾隆进士。历任吏部主事、郎中、户部员外郎、侍读学士、内阁学士。嘉庆四年(1799),授漕运总督。同年十一月,诏于明年驾诣盛京(今辽宁沈阳)恭谒祖陵,他疏陈届时革馈送、勿辟新道、禁扈从指称官差安拿车马三款,被仁宗采纳。八年(1803),调山东巡抚。因漕运迅速,加太子太保衔。十年(1805),擢两江总督。任内河工日见敝坏,吏治日见废弛,且恣纵劣员,偏听人言,枉罪无辜。十四年(1809),因不胜封疆重任,被革职发往乌鲁木齐。次年,授三等侍卫,由叶尔羌(今新疆莎车)办事大臣调喀什噶尔(今新疆喀什)参赞大臣。十七年(1812),擢刑部尚书。因在喀什噶尔任内不详勘刑狱和以资助叛裔罪枉杀四命事发,被革职发往吉林。二十三年(1818),回京,授司经局洗马。道光元年(1821),以病辞官。曾众集满人诗文,辑成《白山诗介》,后加增辑,仁宗赐名《熙朝雅颂集》;长书法,与刘墉、翁方纲齐名;刻《惟清斋帖》;著《准清斋集》。

【铁哥】(1248—1313) 又作帖可、帖哥。元朝大臣。怯失迷儿(今克什米尔)人,伽乃氏。怯失迷儿万户斡脱赤子,宪宗国师那摩侄。四岁随叔父入觐蒙哥汗。后隶丞相孛罗,为宿卫。至元十七年(1280),任尚膳监使。后历任同知宣徽院事、司农寺达鲁花赤、大司农。二十四年(1287),从忽必烈征叛王乃颜,于撒儿都鲁智退众敌。二十九年(1292),进中书平章政事。成宗朝仍前职,屡发廪赈灾。武宗即位后,遥授中书右丞相。曾为宁王阔阔出廷辨其诬,得免死。至大二年(1309),兼领度支院。四年(1311),仁宗即位后,授太傅,录军国重事。卒,赠太师,追封秦国公,谥忠穆。后改封延安王,谥忠献。

【铁铉】(1367—1403) 明朝将领。回族。邓州(今河南邓县)人。仲名子。洪武(1368—1398)中由国子生授礼科给事中,调都督府断事。以才,深得朱元璋器重,赐字"鼎石"。建文初,升山东参政。二年(1400),燕王朱棣领"靖难"军攻济南,他与诸将奋力抵御,迫朱棣自动解围。擢山东布政使,升兵部尚书。参赞平燕将军盛庸军务。是年冬,复于东昌破燕王军。永乐元年(1403),朱棣即位,铉押残兵驻淮南,兵败被擒,不屈被杀。

【铁木耳】 见"铁穆耳"。(454页)

【铁木真】 见"成吉思汗"。(139页)

【铁迈赤】(?—1282) 蒙古国及元朝将领。哈剌鲁氏。善骑射。自幼入质于成吉思汗,事忽兰可敦位下。曾从成吉思汗平定西夏。窝阔台汗时,随汗子阔出定河南,皆有功。蒙哥汗九年(1259),从忽必烈伐宋,攻鄂(今湖北武昌)。受命统军迎援兀良合台北上与大军会合。中统二年(1261),随忽必烈讨叛王阿里不哥,大败叛军于昔木土脑儿(今蒙古人民共和国苏赫巴托省南部)。至元七年(1270),以功封蒙古诸万户府奥鲁总管。

【铁哥术】(?—1299) 元朝将领。畏兀儿人。世居五城,后徙京师大都(今北京)。尚书达释孙,野里术长子。沉毅有才识。世祖时,军兴,文檄交驰,他以畏兀儿文簿录之,无一遗漏,颇受赏识。至元中,擢棣州达鲁花赤,迁德安府达鲁花赤。适宋遗民蔡知府据城反元,他率众先登,奋战克城。力阻屠城,劝谏主将只诛其党,勿滥杀无辜。后迁婺州达鲁花赤,颇有政绩。大德三年(1299)卒。赠江浙行省平章政事,追封云国公,谥简肃。

【铁穆耳】(1265—1307) 又作铁木耳。元朝皇帝。蒙古孛儿只斤氏。世祖＊忽必烈孙,＊真金太子第三子。蒙古语尊称完泽笃皇帝。至元二十四年(1287),从世祖征叛王乃颜有功。翌年,受命抚军乃颜党合丹、火鲁火孙,迫合丹败亡高丽。三十年(1293),受皇太子宝,抚军北边。次年世祖死,在伯颜、玉昔帖木儿等拥戴下,即汗位于上都。大德三年(1299),命皇侄海山出镇漠北,讨叛王海都、笃哇。五年(1301),大败叛军,追海都走死。七年(1303),笃哇归降,漠西北乱平,基本上结束了延续四十余年的皇室内战。在位期间,守世祖成法,世称平允,基本停止了对外战争,为稳定局势,缓和农民的不满情绪,采取措施支助农桑,减免租赋,罢冗官,限制诸王豪奴掠夺民田,缓和了社会矛盾,基本上保持了守成局面。但因横费不节,滥赏权贵,致使国库空虚,"岁入之数,不支半岁",动支钞本。妄自兴师镇压八百媳妇国,加重西南地区人民负担,激起蛇节等的起义。晚年长期患病,委政于卜鲁罕皇后及大臣,"凡国家政事,内则决于宫壶,外则委于宰臣",纲纪渐坏,政局趋衰。武宗即位后,追谥钦明广孝皇帝,庙号成宗。

【铁万摆户】 见"图鲁博罗特"。(359页)

【铁木迭儿】(?—1322) 又作帖木迭儿、迭木帖儿、铁木迭而。元朝大臣。一说为蒙古八邻部人。木儿火赤子。成宗大德(1297—1307)年间,任同知宣徽院事,兼通政院使。武宗时历任宣徽使、江西行省平章政事、云南行省左丞相。至大四年(1311)仁宗即位初,倚皇太后答己权宠,入为中书右丞相。预卖盐引、铁冶、括田增税,招致江西蔡五九起义,南方各地骚动不断。以怙势贪虐,任用亲近,排斥异己,鬻官结党,遭内外监察御史四十余人弹劾,然恃皇太后宠庇,仅被罢相,未正其罪。寻又起为太子太师。延祐七年(1320)仁宗死后,复以太后旨入为中书右丞相。擅杀萧拜住、扬朵儿只、贺伯颜等朝臣,英宗患之,起用拜住为中书左丞相,委为心腹,以牵制其所为。渐被疏远,病死于家。至治三年(1323),以生前之罪,被追夺官爵及封赠制书,毁碑籍家。

【铁背台吉】 又作铁拜台吉、黑台吉,蒙文史籍作土伯特台吉。明代蒙古土默特部领主。孛儿只斤氏。＊俺答汗第三子,莫伦哈屯生。青年时夭亡,其母欲以一百童子、一百驼崽为之殉葬,引起民众反抗而中止。卒后留下一子,即促成俺答封贡的把汉那吉(大成那吉)。

【铁木儿不花】 ①又作帖木儿不花(华)。元朝大臣,蒙古人。成宗朝,任通政使、武备卿。大德十一年(1307),武宗即位,任知枢密院事。奉命摘汉军万人,别立一卫,以完备五卫之制。遥授左丞相。至大元年(1308),加录军国重事。三年,任知枢密院事。四年,奉仁宗命,与中书右丞相塔思不花审理尚书省丞相脱虎脱及三宝奴等变乱旧章事。受封宣宁王。改宗正札鲁花赤。延祐六年(1319),为御史大夫。次年,英宗即位,复知枢密院事。至治元年(1321),以军士贫乏,奉命整治军政。顺帝元统三年(1335),复御史大夫,加银青荣禄大夫。至元二年（1336），升中书省平章政事。六年（1340），晋左丞相。被顺帝誉为"嘉绩著闻"之相臣。
②见"帖木儿不花"。（345 页）

【铁木儿塔识】(1302—1347) 又作帖木儿达失（塔识）、铁木儿达识。元朝大臣。康里氏。字九龄。康国王*康里脱脱子。初入国子学，继事武宗子和世㻋于藩邸。文宗朝历任礼部尚书、陕西行台侍御史、奎章阁侍书学士、大都留守、同知枢密院事。后至元六年（1340），拜中书右丞，次年，升平章政事。赞辅顺帝理政，谏以治道。曾奏请减田租，输京仓米储和林以为备。至正五年（1345），任御史大夫。预修宋、辽、金三史，为总裁官。任内，谏请废株连罪，被采纳。次年，迁中书平章政事。七年（1347），任左丞相，整饬纲纪，复科举，选用贤良，储米于沿河诸仓，以备荒。卒，赠中书右丞相，追封冀宁王，谥文忠。

【铁木哥斡赤斤】(1168—约1245) 又作帖木格斡惕赤斤、斡真、斡陈，或简称斡赤斤。蒙古国宗王。孛儿只斤氏。*也速该幼子，*成吉思汗弟。以幼子承父业，主灶，故称"斡赤斤"，意为"灶君"。以勇猛著称，享"把阿秃儿"(勇士)称号。受成吉思汗宠爱，赐号"国王"。南宋嘉泰四年（1204），不畏强敌乃蛮部，排众议极力主战，大败乃蛮部于纳忽山（今鄂尔浑河东土拉河西）。开禧二年（1206），蒙古国建立后，与母月伦共得一万户为食邑。封地位浯剌沐涟（今松花江）北，跨纳浯沐涟（今嫩江）。成吉思汗十四年（1219）西征时，受命留镇漠北，兼节度辽东等地军国重事，权势益重。窝阔台汗十三年（1241），乘汗死，皇后乃马真氏称制之机，率东道诸王称兵向和林，欲谋取汗位，闻汗子贵由率军自西征返，始退。性好土木，广治宫室园苑。一说卒于贵由汗元年（1246），因汗按问其称兵罪，被处死。

【铎稳】见"耶律苏"。（305 页）
【铎臻】见"耶律铎臻"。（317 页）
【铎鲁斡】见"萧铎卢斡"。（489 页）
【称海】见"镇海"。（597 页）
【称台吉】见"格坲博罗特"。（436 页）
【敌烈】①见"萧翰"。（480 页） ②见"萧敌烈"。（485 页） ③见"耶律敌烈"。（317 页） ④见"耶律敌猎"。（318 页）
【敌鲁】①见"萧敌鲁"。（485 页） ②见"耶律敌鲁"。（318 页）
【笑乃带】见"肖乃台"。（225 页）
【偌盏】见"塔察儿"。（526 页）

【倚儿将逊台吉】(?—1588) 明代蒙古右翼土默特部领主。孛儿只斤氏。*俺答汗幼子，*三娘子生。万历九年（1581），受明封为百户，后升武略将军。无后嗣。

【俺嫂】元代金齿孟定甸（今云南耿马孟定区）傣族首领。至元二十四年（1287），与孟缠甸官阿受夹、鲁砦官木拜共率民二万五千，请归元朝统治。元初在滇西设金齿安抚司，领六路，孟定诸部未尝统属，至是内属，设孟定路军民总管府，领孟缠、鲁砦二甸。

【俺巴孩】又作咸补海、阿木拜。泰赤乌部贵族首领。想昆必勒格之子。与成吉思汗所出孛儿只斤氏同宗，均为*海都（成吉思汗六世祖）后裔。其时，本族支繁衍日盛，别立为泰赤乌部。合不勒罕（成吉思汗曾祖）死后，遵遗命，被蒙古孛儿只斤、泰赤乌等近亲诸部立为共主，称罕（汗）。约金熙宗（1135—1149年在位）时，送女出嫁（一说娶妻），至兀儿失温河（今乌尔逊河）地区，为世仇塔塔儿人执送金朝，死于木驴之刑。临终前，遗命由合不勒罕之子忽图剌或己子合答安继承罕位，为其复仇，导致与塔塔儿部、金朝之间连年战争。

【俺坠兔】见"谭勒哲炳鸿台吉"。（518 页）

【俺答汗】(1508—1582) 蒙文史籍作阿勒坦汗，汉文又译安滩、谙达、俺答阿不孩等，尊称索多汗、格根汗。明代蒙古右翼土默特部首领。孛儿只斤氏。*达延汗孙，*巴尔斯博罗特次子。驻牧于丰州滩一带（今呼和浩特地区）。自嘉靖三年（1524）起，屡助兄吉囊（衮必里克墨尔根济农）征兀良哈部，直至征服为止。十一年（1532）和十三年，两次借吉囊入西海（青海），大败亦不剌和卜儿孩。十二年，又与兄率兵援大同明哗变军卒，将逃出的大批变兵带回蒙古。吉囊卒后，控制右翼诸部，取得汗号，迫使左翼察哈尔大汗打来孙东迁于辽。又西征瓦剌，进至漠北，势及蒙古大部地区。同期，屡遣使于明，要求通贡互市，遭拒绝。二十九年（1550），因使者被明无理杀害，率兵攻至北京城下，史称"庚戌之变"。迫明朝于次年开放宣府、大同等马市。不久，因明朝未满足其要求，双方复起冲突而闭市。隆庆四年（1570），以孙把汉那吉降明，率兵至大同索孙。经谈判，以亡入土默特的汉人赵全等换取把汉那吉。翌年，又与明朝达成封贡互市协议，被明封为顺义王，并在大同、张家口、宁夏、甘肃等地开设十一处马市。万历元年（1573），再次率兵进入青海，进至安木多、喀木（今西藏东部）等地，深入藏族地区，与藏传佛教格鲁派（黄教）发生关系。三年，建库库河屯（今呼和浩特），由明廷命名为归化。六年（1578），建仰华寺于青海，迎请索南嘉措，召开盛大法会，正式入教。尊索南嘉措为"圣识一切瓦齐尔答喇达赖喇嘛"，达赖喇嘛称号始于此，同时被达赖喇嘛称为"转千金法轮咱克喇瓦尔第彻辰汗"。共同制定了一系列保证黄教在蒙古传播的法令和戒律。八年，在库库屯建寺，由明廷命名为弘慈寺。九年十二月（1582年1月）去世。十三年（1585），第三世达赖喇嘛索南嘉措亲诣归化，将其遗骨火化。生前，奖励农耕，发展牧业、手工业，广泛吸收汉、藏文化，发展蒙古的建筑、工艺、医药、历法和军事技术，促进蒙古社会、经济、文化的发展，对蒙、藏、汉经济、文化交流作出特殊贡献。

【倒剌沙】(?—1328) 元朝大臣。回回人。原仕晋王也孙铁木儿，为王府内史，深受信任。常以其子宿卫哈散侦朝廷事机告晋王。英宗至治三年（1323）八月初，御史大夫铁失与哈散及枢密院事也先铁木儿谋发动政变，弑英宗立晋王,并以其事告知。英宗遇害,九月,晋王(泰定帝)即位,授中书平章政事,升中书左丞相。泰定二年(1325),改御史大夫,复为左丞相,录军国重事。四年(1327),受命领内史府四斡耳朵(帐殿)事。曾建言凡蒙古、色目人效汉法丁忧者除名。致和元年(1328),泰定帝死,擅政,与皇后立泰定帝子阿剌吉八于上都(今内蒙古正蓝旗东),与在大都(今北京)即位之文宗图帖睦尔对峙,形成两帝并立。杀害暗附文宗之诸王满秃等,以兵攻大都,兵败,上都被围,被迫奉皇帝宝出降,被杀。

【倒瓦答失里】(? —1457) 明哈密忠顺王。亦称哈力锁鲁檀。蒙古贵族。故王*卜答失里子。正统四年(1439),嗣位。时其地种落杂居,头目不相统属,莫能节制,众心离涣,势渐衰。翌年,都督皮剌纳潜通瓦剌猛可卜花等欲谋杀之,未遂。与周邻瓦剌、吐鲁番、沙州、罕东、赤斤诸卫悉相怨,屡遭袭击。八年(1443),舅瓦剌太师也先遣兵围哈密,杀头目,俘人畜,取王母及妻北还,胁王往见。王遣使赴明廷告难,后也先送还王母及其妻。十年(1445),也先复取其母、妻、弟及撒马儿罕贡使百余人返北,催其往见。十三年(1448)夏,亲至瓦剌,居数月方还。后事露,受明诘责。会也先攻明边,哈密始稍安。景泰三年(1452),遣使捏列沙朝贡,请授官,因暗通瓦剌,遭拒。天顺元年(1457),卒,弟卜列革继位。

【候吕陵氏】(? —520) 南北朝时期柔然可贺敦(王后),原为可汗*豆仑妻。柔然太平八年(北魏太和十六年,492),豆仑为部众所杀,那盖继立,遂为那盖子、豆仑堂弟*伏图收纳,生丑奴、阿那瓌、祖惠等六人。柔然建昌元年(北魏永平元年,508),丑奴继位后,宠信女巫地万,乱其朝政,她识破地万的蛊惑伎俩,于建昌十三年(北魏正光元年,520)派大臣李具列等绞杀地万。同年,因丑奴欲诛杀李具列等,又被高车部阿至罗战败,遂与大臣共杀丑奴,立丑奴弟阿那瓌为可汗。立十日阿那瓌族兄示发率数万民来攻,阿那瓌兵败,南投北魏,她被示发所杀。

【候其伏代库者可汗】 见"那盖"。(179页)

【倭仁】(1804—1871) 清代大臣。蒙古正红旗人。乌齐格里氏。字艮峰。道光九年(1829)进士。十二年(1832),授编修,历任侍讲学士、侍读学士。二十四年(1844),升大理寺卿。咸丰年间,历任侍讲学士、光禄寺卿、盛京部侍郎。同治元年(1862),升工部尚书。以老成端谨,学问优长,命为同治帝师。辑进古帝王事迹及古今名臣奏议,赐名《启心金鉴》。后兼任翰林院掌院学士,调工部尚书,协办大学士、文渊阁大学士。为清政府中守旧派代表,素以理学相标榜,反对革新。同治六年(1867),京师同文馆设天文算学馆,招收官人子弟入学,他以立国"根本之图,在人心不在技艺"为由,极力反对学习西方科学知识。十年(1871),晋文华殿大学士,以疾请休。卒,赠太保,谥文端。有《倭文端公遗书》。

【倭里罕】(1821—1865) 又作阿里汗。一称条列和卓、倭里汗条勒和卓。移居浩罕之新疆维吾尔族和卓后裔,张格尔弟巴布顶子。清道光二十七年(1847),参与卡塔条勒领导的"七和卓之乱"。咸丰二年至五年(1852—1855),伙同铁完库里和卓窜扰新疆西南部卡伦,受到维吾尔族人民阻击。七年(1857),在阿斯图阿尔图什庄大阿訇密尔爱玛提及浩罕商人的支持下,率军攻取喀什噶尔(今新疆喀什)和英吉沙尔,进军巴楚和叶尔羌(今新疆莎车),为叶尔羌参赞大臣庆英所败。因遭各族兵民奋力抵御,闻伊犁、乌鲁木齐援军至,被迫逃离喀什噶尔。同治元年(1862),复纠集残众窜扰卡伦,又败。率亲信三百余人,裹胁维吾尔民众一万五千余人逃。同治四年(1865),投靠窜犯南疆的浩罕伯克阿古柏,被阿古柏秘密处死。

【倭恒额】 清朝将领。达斡尔郭贝尔氏。世居东布特哈莽鼐屯。色楞额之弟。咸丰十年(1860),以委防御从征河南,赏花翎、正白旗二等侍卫。同治十二年(1873),以帮统率察哈尔蒙古八旗兵千人赴乌里雅苏台。光绪十一年(1885),补护军统领充简东三省练兵吉字营总统。后六年,调齐字营总统。二十七年,迁山海关副总统。三十一年解任。

【倭尔托彦】(? —1842) 亦称鄂尔托彦、卧尔托彦。清朝将领。达斡尔俄嫩氏。隶黑龙江正红旗。嘉庆二年(1797),镇压川、陕、楚三省白莲教起义,及陕西叛兵,赏蓝翎、协领。道光六年(1826),征张格尔,收复喀什噶尔等四城,图像紫光阁。十年,授黑龙江副都统,寻调墨尔根。在任十年,后因事革职。年五十终于瑷珲籍。

【倪属利稽】 见"李献诚"。(220页)

【俾西麦甘】(? —1895) 清代撒拉族起事首领。循化(治今青海循化撒拉族自治县)草滩坝石头坡人。光绪二十一年(1895),与乃曼工撒拉族人马古禄班率众围攻循化厅城,兵败,被执送兰州杀害。

【倍侯利】 十六国时期敕勒(高车)斛律部首领。北齐名将*斛律金之高祖。其部原居漠北鄂尔浑河、土拉河流域,为"六种高车"之一,北魏天兴五年(402),乘柔然社仑可汗为北魏所败,进入高车之机,举兵掩击,大败柔然军。恃胜不备,为社仑所败,斛律部众得脱者仅十之二三。率残部归附北魏,受封孟都公。史称其"质直勇健过人,奋944陷阵,有异于众",为众所服。善卜吉凶,深得拓跋珪赏识,命其少子曷堂内侍。卒,谥忠壮王。

【倍勒尔】 清代雅克萨地方达斡尔族副首领。康熙二十四年(1685),雅克萨之战前,率族人三十余抵城下侦察敌情,俘俄人噶瓦力喇等七人献于京,受赏。为雅克萨战争的胜利作出贡献。在中俄《尼布楚条约》谈判中,清使以雅克萨为倍勒尔故墟力争,俄人遂以城归清朝。

【射匮可汗】 隋末唐初西突厥可汗。阿史那氏。*达头可汗玷厥孙,咄陆之子。原为西突厥小可汗。隋大业五年(609),遣使求婚于隋。继受隋臣裴矩诱纵,攻泥橛处罗可汗,迫之退守时罗漫山(今新疆哈密北天山)。约大业七年(611)称汗,势渐盛,薛延陀、契苾二部惧其强,皆去汗号臣属之。辖地东至金山,西至雷翥海(今咸海），建汗庭于三弥山（今新疆库车县北之哈尔克山）。玉门以西诸族国皆属之。唐武德（618—626）初卒。

【徒单镒】（？—1214） 金朝大臣。本名按出。女真族。姓徒单。上京路（治今黑龙江阿城）速速保子猛安人。北京副留守乌輦之子。聪慧，七岁习女真文，继从编修官温迪罕缔达学古书，习作诗、策，在诸生中造诣最深，通契丹大小字及汉字，熟悉经史。十三年，中女真进士科，授两官，为中都路教授。十五年，选为国子助教、国史院编修官，兼修起居注，累迁翰林待制，兼右司员外郎。献《汉光武中兴赋》。明昌元年（1190），章宗即位，迁左谏议大夫，兼吏部侍郎，为御史中丞，拜参知政事，兼修国史，进尚书右丞。三年（1192），罢为横海军节度使，知平阳府事，改京西留守。承安三年（1198），改上京留守，拜平章政事，封济国公。泰和四年（1204），罢知咸平府。五年，改南京留守。翌年，徙知河中府，兼陕西安抚使。改知京兆府事，充宣抚使，节制陕西元帅府。建议改革驿递制度，置提控急递铺官，致使邮达畅通。七年，奉诏出兵金、房州，以分掣宋朝梁、益、汉、沔兵势。遣军出商州，拔鹘岭关，取上津县，破宋兵于平溪，追宋遣使议和，进特进。大安（1209—1211）初，封濮国公，改东京留守充辽东安抚副使。三年（1211），改上京留守。以金军兵败会河堡，受命入卫中部（今北京）拜尚书右丞相，兼修国史。至宁元年（1213），以纥石烈执中作乱，废卫绍王，建议立宣宗。宣宗即位，进拜左丞相，封广平郡王，授中都路迭鲁department世袭猛安蒲鲁吉必剌谋克。著有《学之急》、《道之要》及《弘道集》六卷。

【徒离骨】 见"耶律图鲁窘"。（324页）

【徒单太后】（1109—1161） 金国皇太后。完颜宗干正妻，蒲带之女。女真族。徒单氏。无子，养宗干妾李氏长子郑王充，因充嗜酒，尤爱妾大氏长子海陵。后因不满海陵弑熙宗自立，生隙。天德二年（1150）正月，与大氏俱被尊为皇太后，居东宫，号永寿宫。四年（1152），海陵迁中都（今北京），独留上京（今黑龙江省阿城南）。贞元三年（1155），迁至中都，入居寿康宫。后因谏止伐宋，海陵不悦。至汴京（今河南开封），居宁德宫。正隆六年（1161），枢密使仆散师恭（忽土）将兵镇压契丹撒八起义，辞谒太后，对举兵伐宋表示不满，为侍婢高福娘告发。海陵恐师恭将兵在外，太后或有异图，遂派点检大怀忠等于宁德宫杀之。世宗大定（1161—1189）间，谥哀皇后。

【徒单百家】 金末大将。女真族。姓徒单。贞祐四年（1216），以孟州经略使率军五千，由便道济河趋关、陕，抵御蒙古军。天兴元年（1232），为关陕总帅，便宜行事。为点检，与御史大夫完颜合周，再括京城粟。十二月，以元帅左监军行总帅府事，率军扈从哀宗出奔。二年，领诸军舟往凤池，兵溃。

【徒单合喜】（？—1171） 金朝臣。女真族。姓徒单。世袭猛安蒲涅子。上京（今黑龙江阿城）速海水人。太祖天辅（1117—1123）间，从金源郡王娄室为扎也。太宗天会六年（1128），以功为谋克，寻领娄室亲管猛安，权左翼军事。熙宗皇统二年（1142），为陇州防御使。连败宋兵于高陵、秦州、凤翔、饶风关。迁平凉、临洮、延安尹。海陵王天德二年（1150），为元帅左都监，陕西统军使。贞元二年（1154）兼河中尹。正隆六年（1161），为西蜀道兵马都统。十月，世宗即位于东京（今辽宁辽阳）受命守陕左。大定二年（1162），复为陕西路统军使，改元帅右都监。表陈攻宋方略，诏许以便宜从事。转左都监。破宋兵于华州，大败宋将吴璘于德顺等地。五年（1165），为陕西路统军使，兼京兆尹。七年（1167），任枢密副使，改东京留守。九年（1169），入为平章政事，封定国公。

【徒单克宁】（？—1191） 金朝大臣。本名习显。女真族。姓徒单。汾阳军节度使况者之子。左丞相完颜希尹之甥。其先金源县人，徙居比古土之地，后随猛安徙山东，占籍莱州。善骑射，有勇略，精通女真、契丹文。熙宗时，为符宝祗候，充护卫，转符宝郎，迁侍卫亲军马步军都指挥使，改忠顺军节度使。娶完颜宗干女嘉祥县主。海陵王时，降知滕阳军，历宿州防御使、胡里改路节度使、曷懒路兵马都总管。大定元年（1161），以本路兵会东京（今辽阳），迁左翼都统。二年，从右副元帅完颜谋衍镇压契丹移剌窝斡起义军，败义军于长泺、雾河、罗不鲁等地。迁太原尹，驻军平凉，改益都尹，兼山东路兵马都总管、行军都统。四年（1164），大败宋将魏胜于楚州之十八里口，追至楚州，射杀魏胜，取楚州及淮阴县。改大名尹，历河间、东平尹、召为都点检。十一年（1171），从丞相纥石烈志宁北伐。翌年，迁枢密副使，兼知大兴府事，改太子太保，拜平章政事，封密国公。后罢为东京留守。十三年，改南京留守，兼河南统军使。复拜平章政事，授世袭不扎土河猛安兼亲管谋克。十九年（1179），为右丞相，徙封谭国公。二十一年（1181），为左丞相，徙封定国公。翌年，赐名克宁。二十四年（1184），受命留中都（今北京）辅佐皇太子守国。次年，行左丞相事。太子死，表请立皇太孙。二十六年，为太尉，兼左丞相。二十八年（1188），兼尚书令，封延安郡王。二十九年，世宗卒，遵顾命，辅皇太孙完颜璟（章宗）即位。封东平郡王。进拜太傅，兼尚书令。明昌元年（1190），拜太师，封淄王。卒，谥忠烈。

【徒单阿里出虎】（？—1154） 金朝大臣。女真族。姓徒单。兴中尹拔改子。会宁葛马合窟申人。皇统九年（1149），为熙宗护卫十人长。海陵将弑熙宗，欲得其为内应，以女妻其子，同谋废立。十二月九日，乘值禁宫之机，与海陵王等入寝殿，刺杀熙宗。海陵立，为右副点检。天德二年（1150），留守东京（今辽宁辽阳），加仪同三司。八月，改河间尹，后为太原尹，封王。居功自傲，日益凶狠，视僚属为奴，少忤其意，辄笞辱。贞元二年（1154），占卜，自谓"当有天命"，事发，被杀。

【徐松】（1781—1848） 字星伯。汉族。原籍浙江上虞，后随父居北京。嘉庆十年（1805）进士，授编修。十五年（1810），督学湖南，任宝庆府（今湖南邵阳）主考。因厌恶封建士大夫骗取功名，有意不按规定恭谒"圣庙",讲读"圣谕",试题也不依"八股"格式,被诬以"诲慢圣贤"、"四书题目割裂经文罪",遣戍伊犁。伊犁将军松筠爱其才,嘱为纂修《新疆事略》(后改名《新疆识略》)。遍游天山南北路,详细记录所经山脉走向、河流发源、流向,并绘出草图,与旧史、方略等官修史书比勘,去伪存真,纠谬补缺,仿郦道元《水经注》撰写《西域水道记》,详载水道流域之交通、物产、城邑兴废、民族分布等,为研究新疆各族历史、地理提供了第一手资料。嘉庆二十五年(1820)获释归,历任内阁中书、礼部主事、榆林知府等职。治学讲求实际,精通金石文字及舆地之学。著述尚有《新斠注地理志集释》、《汉书西域传补注》、《新疆赋》、《唐两京城坊考》等。

【徐蔚】 东晋时夫余国王子。初质于前燕,为散骑侍郎。晋废帝太和五年(370),乘前秦苻坚率兵十万攻前燕邺城之机,率夫余、高句丽及上党质子五百余人,夜开城门,迎前秦军,前燕亡。

【徐子王】 见"徐偃王"。(458页)

【徐偃王】 又作徐子王。周穆王时徐戎首领。徐戎亦称徐夷或徐方。统辖今淮、泗一带。《后汉书·东夷传》称:地方五百里,向其朝贡的有三十六国。周王闻之,遣使至楚,令其灭之。

【豹子】 见"刘务桓"。(163页)

【翁指】 见"兴"。(175页)

【翁爱】(?—1658) 清朝将领。世居科尔沁。姓卓尔古特。皇太极时,投附后金,隶蒙古镶黄旗,授佐领。崇德二年(1637),随军征瓦尔喀。四年(1639),随镇国公扎喀纳等率兵驻防界藩城、屏城间,内大臣多尔济属下窃马,追之不及,论罪,罢佐领。七年(1642),随贝勒阿巴泰征明,攻克莒州。顺治元年(1644)四月,署副都统,督后队入关镇压李自成起义军。追义军至山西,围攻太原。二年,随英亲王阿济格征陕西,败义军于绥德州。三年,授礼部理事官,兼任前锋参领,随肃亲王豪格攻张献忠义军,叙功授云骑尉世职,晋三等轻车都尉。九年(1652),升镶黄旗蒙古副都统。

【翁归靡】(?—公元前64?) 西汉时乌孙王(昆莫)。乌孙王*措骄靡孙,大禄子。约太始四年(公元前93)左右,堂兄乌孙王军须靡死,子泥靡幼,遂嗣为王,号肥王。依俗妻解忧公主,生三男两女。以匈奴数犯边,上书请汉派兵救援。本始三年(公元前71),统五万骑从西方入,助汉军大败匈奴,直捣右谷蠡王廷,俘获匈奴单于季父、居次(公主)及名王、都尉、千长、骑将以下四万人,畜七十余万头。元康二年(公元前64),上书请以长子元贵靡为王,并尚解忧侄女相夫公主,后因本人死而事未成。一说卒于神爵二年(公元前60)。

【爱伻】 见"訇伻"。(371页)

【爱鲁】(1226—1288) 元朝将领。唐兀氏。*昔里钤部子。中统元年(1260),袭大名路(治今河北大名)达鲁花赤。至元四年(1267),以盗用官钱被罢职。五年,从皇子忽哥赤出镇云南,受命征金齿,败诸部兵万于人。

骠甸。六年,定其地租赋,继平火(又作大)不麻等二十四寨。七年,改中庆路达鲁花赤,兼管爨僰军。十至十八年(1273—1281),随平章赛典赤经营云南,历任云南诸路宣慰使、副都元帅,云南行省参知政事等职。兴屯田,开乌蒙道,置水陆驿传,征服筇连州等地诸部。十九年,进左丞,参加平定亦奚不薛叛乱,为诸王杨吾答儿征缅供馈饷。二十二年(1285),与右丞拜答儿平乌蒙阿谋之叛,生擒阿谋。二十四年(1287),进右丞,改行尚书右丞,从镇南王征交趾,大小数十战,破木兀门,擒其将黎石、何英,逼其都大罗城。二十五年还师,因感瘴疠卒于道。于西南任职二十一年,在军不吝赏赉,能得死士,所向有功,为一时名将。追赠平章政事,谥毅敏。加赠太师,追封魏国公,改谥忠节。

【爱必达】(?—1771) 清朝大臣。满族。钮祜禄氏。满洲镶黄旗人。弘毅公*额亦都曾孙。世居长白山。乾隆九年(1744),由吏部郎中署江西布政使。历官贵州布政使,山西、浙江、云南巡抚,云贵、湖广总督。二十八年,谪居伊犁。撰著有《弘毅公战功行略》及《黔南识略》三十卷。

【爱玛特】(?—1864) 维吾尔族。新疆库车人。郡王伊萨克子。维文史籍称阿合买提王伯克。清道光七年(1827),授六品伯克、二等台吉。后署阿克苏阿奇木伯克。时值玉素普和卓率浩罕兵入侵,以捐粮马助军,授一等台吉。寻因父被诬通敌,受株连,被押。不久获释,仍留阿克苏。二十二年(1842),袭父爵。以捐献军需,助平卡塔条勒等"七和卓"之乱,获双眼孔雀翎。咸丰二年(1852),任叶尔羌(今新疆莎车)阿奇木伯克。嗣以年班滥施派款,受控告,被革职。七年(1857),倭里罕和卓率兵陷喀什噶尔,受调补阿克苏阿奇木伯克。十年(1860),奉命赴叶尔羌办案,因沿途扰劫民众,撤任。后以私通外国获罪,致仕。同治三年(1864),库车农民发动起义,因拒出任首领,被杀。

【爱孜木】 维吾尔族。新疆喀什噶尔(今新疆喀什)人。原任温巴什(什户长)。清咸丰五年(1855)六月,浩罕玉散和卓依善纠集小股歹徒,企图窜犯喀什噶尔,策动叛乱。途经阿斯图阿尔图什庄时,他设计将其稳住,深夜将入侵者活捉,解送喀什噶尔。成功地粉碎了浩罕封建主的一次入侵。

【爱星阿】(?—1664) 清初将领。满族。舒穆禄氏。满洲正黄旗人。额驸扬古利孙,塔瞻子。初袭父爵,加三等轻车都尉俸。顺治八年(1651),任领侍卫内大臣。十七年(1660),授定西将军,与卓罗等率禁旅会吴三桂南征明桂王朱由榔。次年,至大理,出腾越。抵木邦,趋缅甸。十二月至旧晚坡,抵兰鸠江滨,缅甸以舟载桂王及其孥等献军前。总兵马宁、沈应时降白文选。李定国走死猛猎。以功加少保兼太子太保,予世袭一等公。卒,谥敬康。

【爱理沙】 元代诗人。回回人。字允中。先世为西域巨商,因助蒙古军西征有功,居京城大都(今北京)。其父官至武昌达鲁花赤,遂定居武昌。元末明初著名诗人丁鹤年胞兄。工诗,与胞兄吉谟雅丁不相仲伯,时人赞称"二君之诗为足传"。《丁鹤年集》附录中收有其诗作。

【爱隆阿】 清朝将领。满洲正黄旗人。觉尔察氏。初由前锋历迁侍卫。乾隆十七年(1752),授正黄旗护军参领。二十年(1755),擢黑龙江左翼齐齐哈尔副都统,寻调伯都讷副都统。二十一年,授领队大臣赴巴里坤军营。二十二年,同参赞大臣富德追剿巴雅尔,败哈萨克阿布赉部众。率兵至济尔哈朗接续台站,追杀杜尔伯特部纳木齐游牧数千人;收厄鲁特宰桑乌鲁木游牧五百户。二十三年,随靖逆将军雅尔哈善击败武装反清的霍集占。后随将军兆惠败霍集占于叶尔羌(今新疆莎车)等地。二十四年,随将军富德追剿霍集占于西洱库尔淖尔。二十五年,授正白旗护军统领兼镶白旗蒙古副都统。后授伊犁参赞大臣。

【爱毕勒达】 一译阿拜拉达,全名哈拜都拉·斡里汗。清代左部哈萨克(中玉兹)汗。斡里汗第三子。道光二年(1822),父死,袭爵。四年(1824),伊犁领队大臣乐善奉命前往册封,因率众赴巴彦乌拉迎接,于距巴彦乌拉七十里处,被沙俄哥萨克兵劫走。翌年,复遣弟萨尔罕领回救书。八年(1828),呈请进京朝觐,诏准待驾幸热河之时。

【爱猷识理达腊】(1338—1378) 一译阿裕锡哩达喇。明代蒙古可汗。孛儿只斤氏。元惠宗(顺帝)*妥欢贴睦尔长子。号必力克图汗,庙号昭宗。元至正十三年(1353),立为太子,兼中书令、枢密使。二十七年(1367),受命总天下兵马。二十八年(明洪武元年,1368),明军进逼大都(今北京)时,随皇室退守上都(今内蒙古正蓝旗东闪电河北岸)。翌年,上都失守,退入应昌(今内蒙古克什克腾旗达里诺尔湖西岸)。三十年(1370),父卒,嗣汗位,次年改年号宣光,史称北元。同年,应昌失落,率数十骑突围,退居和林(今蒙古人民共和国哈尔和林),与元将扩廓帖木儿(王保保)会合。宣光二年(洪武五年,1372),在和林附近击败明将徐达的中路军,驱骑南下。四年(洪武七年,1374),兴和(今河北省张北县)被明将蓝玉攻取。次年,扩廓帖木儿卒,势衰。八年(洪武十一年,1378),病卒。明太祖亲撰祭文,两次遣使至漠北吊唁。

【爱育黎拔力八达】(1285—1320) 元朝皇帝。蒙古孛儿只斤氏。*答剌麻八剌次子,武宗*海山弟。蒙古语尊称普颜笃皇帝。早年师事名儒李孟,多所受益。成宗大德九年(1305),以皇后卜鲁罕秉政,奉诏出居怀州。十一年(1307),成宗死,奔丧归大都(今北京),在右丞相哈剌哈孙支持下,挫败卜鲁罕皇后辅安西王阿难答争夺皇位之谋,拥立统军北边之长兄海山为帝。同年受封皇太子,相约兄弟叔侄世世相承。继领中书省、枢密院事,戒饬百官有司,振纲纪,力主遵世祖成宪,"凡世祖所未尝行及典故所无者,慎勿行"。至大四年(1311),武宗海山死,以法定继承人即位。以变乱旧章、流毒百姓为由,处死武宗权臣脱虎脱、三宝奴等。延祐元年(1314)、二年,遣军连败察合台后王也先不花军于亦忒海迷失、扎亦儿等地,平息西北之乱。背弃叔侄相传的前约,未立兄子和世㻋为继承人,于延祐三年(1316)立己子硕德八剌为皇太子,以承大位,并远徙和世㻋于云南,引起武宗旧臣的不满,辅佐和世㻋中途抗命,事败,西走金山(今阿尔泰山)。其统治时期,相继平息诸王脱花赤、阿木哥、不里牙敦等叛乱,镇压江西蔡五九、西番、广东、云南等地土民及晋王也孙铁木儿部民的反抗。在位期间,能勤于政事,嗜读书,知史事。起用世祖时有声望老臣,矫武宗朝弊政。禁诸王豪权擅据山场,横行害民,禁百官役军人营造私第。兴科举,扩国子学,起用儒士,命人节译《大学衍义》、《贞观政要》、《资治通鉴》为蒙古语。复世祖旧制,集中统、至元以来条章,编纂颁行。力主以农桑为本,选人加强大司农司,总屯田事宜,朝政有所振兴。英宗即位后,追谥圣文钦孝皇帝,庙号仁宗。

【爱达必斯达延诺延】 见"宾兔"。(472页)

【奚斤】(369—448) 即达奚斤。北魏大臣。鲜卑达奚氏(后改奚氏)。筝之子。世典马牧。机敏有识。登国(386—396)初,统禁兵。后为侍郎。随拓跋珪征慕容宝于参合陂。皇始(396—398)初,拜越骑校尉。典宿卫禁旅。后从征高车诸部,破库狄、宥连部,击侯莫陈部,至大娥谷,置戍而还。历任都水使者、晋兵将军、幽州刺史,封山阳侯。明元帝即位,为郑兵将军,循行州郡,问民疾苦。平定章武民刘牙起事。明元帝巡幸云中,奉命留守京师平城,平定昌黎王慕容伯儿谋反。永兴四年(412),行左丞相。与长孙嵩等八人听理万机,世号"八公"。次年,从征越勤部之跋那山。神瑞元年(414),从征柔然。后拜天部大人,晋爵为公。辅佐太子焘理政。泰常七年(422),为都督前锋诸军事、司空公、晋兵大将军、行扬州刺史,率军南征,平兖豫诸郡。焘即位,晋爵宜城王。率军累破夏赫连定,入蒲坂,据长安,秦雍氐羌皆附之。后兵败平凉,免为宰人。寻拜安东将军,降爵为公。太延元年(435),为卫尉,改为弘农王,加征南大将军,改万骑大将军。以元老,令其平决狱讼,咨访朝政。卒,谥昭王。

【奚低】 见"耶律奚低"。(317页)

【奚首】 见"奇首可汗"。(333页)

【奚回离保】 见"回离保"。(146页)

【奚国皇帝】 见"回离保"。(146页)

【奚和朔奴】 见"和朔奴"。(362页)

【狼岑】 三国时期越嶲郡定筰县(今四川盐源一带)摩娑夷豪帅。甚为蛮夷所信任。与越嶲叟夷帅高定、牦牛王结盟抗蜀。因摩娑夷(牦牛夷的亲属部落)所在地定筰、台登(今冕宁)所产盐、铁、漆为蜀国新任越嶲郡太守张嶷侵夺,不服,与槃木王舅起而抵制,被张嶷所派壮士数十人用计挞杀。

【狼路】 三国时期邛部地区牦牛夷部落首领之一。自蜀相诸葛亮讨伐高定之后,与高定联盟的牦牛夷(包括摩娑夷)和叟夷等屡起反抗,杀越嶲太守龚禄等人。太守不敢到任,牦牛至成都的道路阻断。延熙三年

(240)，新任越嶲太守张嶷诛杀苏祁(今四川西昌北部)邑君冬逢(牦牛王女婿)。狼路派叔父离统率冬逢部众，为姑婿冬逢报仇。后受藐厚赂，率兄弟、妻、子诣嶷所，盟誓，受封"牦牛眗毗王"，至是开通旧道，恢复古亭驿，使断绝百余年的牦牛到成都的交通重新开通。

【狼德】 见"耶律狼德"。(317页)

【狼台吉】(1523—?) 蒙文史籍作拜桑固尔(朗)台吉、巴雅斯呼朗诺颜，汉籍简译作狼台吉。明代蒙古右翼领主。孛儿只斤氏。*吉囊次子，*吉能弟。领扣克特锡包沁和乌喇特图伯特两部，为鄂尔多斯右翼中旗的始祖。隆庆五年(1571)，俺答汗与明朝封贡后，同明朝互市于宁夏，子宾兔、著力兔、宰相为雄踞于明朝西北边外。

【脑毛大】 亦作阿穆岱鸿台吉、那木大黄台吉、奴木大黄台吉等。明代蒙古左翼察哈尔部领主之一。孛儿只斤氏。*图鲁博罗特曾孙，挨大笔失台吉子。驻牧于广宁西北小凌河流域。隆庆六年(1572)，行兵至义院口、界岭口(均在今河北抚宁县以北的长城东段)。万历四年(1576)，与速把亥袭击锦州、义州(今辽宁义县)。十三年(1585)，与图们汗东掠三岔河以东和辽阳以西地区，给辽东明军造成极大威胁。被图们汗任命为蒙古五执政理事之一。十五年，代表察哈尔部图们汗等至河套参拜第三世达赖喇嘛索南嘉措，并邀请其前往察哈尔部传教，未如愿。

【留保】 清朝大臣。完颜氏。满洲镶黄旗人。阿什坦孙。康熙二十年(1681)进士。散馆授编修。雍正六年(1728)，授通政使，兼詹事府詹事，署翰林院掌院学士。十一年(1733)，迁礼部右侍郎，改左侍郎，仍兼掌院学士、詹事。乾隆三年(1738)，任户部右侍郎。次年，兼会试副考官。五年(1740)，改吏部右侍郎。八年(1743)，因事降内阁学士。九年，迁盛京工部侍郎。著有《大清名臣言行录》。

【留哥】 ①见"耶律留哥"。(317页) ②见"耶律刘哥"。(312页)

【留礼寿】 见"耶律留礼寿"。(325页)

【逢侯单于】 东汉时北匈奴单于。挛鞮氏。南匈奴单于屯屠何子。原任日逐王。东汉和帝永元六年(94)，南单于师子立，新降胡十五部胁立其为单于，欲渡漠北，遭汉将邓鸿等追击，兵败满夷谷(今内蒙古准格尔旗西北)，失众七万余，率众逃出塞，分为二部，自领右部屯涿邪山，左部朔方西北。八年(96)，因部众饥困，又遭鲜卑袭击，无所归，逃入塞者络绎不绝。十二年(100)，连续遭南单于袭击，处境窘迫。十六年(104)后，连续遣使至汉称臣贡献，请和亲，修故约。安帝元初四年(117)，为鲜卑所败，部众皆归附鲜卑。次年，率百余骑诣朔方塞归降，被徙于颍川郡。后不知所终。

【 、 】

【郭锡】 见"火筛"。(83页)

【郭安国】(?—1161) 金朝大臣。渤海人。郭氏。*郭药师子。累迁奉国上将军、南京(今河南开封)副留守。海陵王贞元三年(1155)，以南京皇宫失火罪，削三官，杖八十。后擢兵部尚书，改刑部尚书。领武捷军都总管，与武胜、武平军为前锋。正隆六年(1161)，为浙西道兵马副统制，十一月，兵变，海陵王遇弑。他为众所恶，亦被杀。

【郭药师】 金朝将领。渤海人。郭氏。铁州(今吉林敦化西南)人。辽末应募从军，为"怨军"渠帅。与金将韩鲁古战于显州城下，兵败。改"怨军"为"常胜军"，擢诸卫上将军。后以涿、易二州归于宋。领宋兵六千攻入燕京(今北京)，巷战兵败。金阿骨打割燕山六州与宋人，奉命佐王安中守燕山。金太宗天会三年(1125)，拒战完颜宗望军于白河，兵败归降，为燕京留守，赐姓完颜。从宗望攻宋，因尽知宋虚实，多所建言。熙宗皇统九年(1149)，海陵王即位，奉诏复本姓。

【郭帕伯克】(?—1716) 维吾尔族。新疆哈密人。达尔汉伯克额贝都拉长子。康熙三十五年(1696)，奉父命率兵三百擒噶尔丹子色布腾巴尔珠尔于巴里坤，献于清，以功获赏。翌年，噶尔丹死，其侄丹济拉携噶尔丹骸骨走哈密，与父迎入城，并护送至内地。表请清廷颁赐敕印；酌派人驻肃州，以便往来朝觐；贡使至肃州，许乘驿。获准。授二等伯克，协理旗务。四十八年(1709)，袭父爵，晋一等札萨克。

【郭海太尉】 见"浩海达裕"。(469页)

【郭扎巴·索南坚赞】(1182—1261) 宋代吐蕃僧人。出生于定日。父名卓窝嘉雍，母名东谟杰玛。从幼年时代起就精于书法和诵读。曾从色弥巴座前受居士戒，后拜释迦师利跋陀罗学法，并从许多名师学习显密多种教法。二十九岁受比丘戒，法名索南坚赞。后到冈底斯山修行，有所证验。于年楚河上游(今江孜地区)建造郭扎寺，故被称为郭扎巴。曾从尼泊尔迎请毗布底旃陀罗到定日讲经传法。

【郭仓巴·滚波多吉】(1189—1258) 宋代藏传佛教噶举派上主巴噶举支派创始人。生于洛扎地区的鲁穹给查。父名曲洽门扎，母名树谟伯金。幼年寄养于素顿僧人处，命名滚波贝。英俊善歌舞。年长，从师学《噶当道次》、《中观》、《入行论》、《现观小注》等显教经论。宋开禧三年(1207)，赴热坞寺，谒藏巴嘉热，剃度出家，取法名滚波多吉，从学修定和皈依发心、大发心、四瑜伽以及止贡派所传多种密法。三年后又到止贡从止贡巴学密法。曾至热振寺和达垅寺，谒见达垅塘巴、向蔡巴等大师。嘉定五年(1212)，举行盛大的转法轮会，到会僧众达四千八百人。为继续向名师学法，前往洛扎喀曲，从师三年。后至冈底斯雪山、克什米尔和阇兰达罗等地周游，朝拜圣地。后在温热·达玛僧格座前受比丘戒。曾去杂日山修持三年。在甲若仓向希解派僧人学希解派教法。约宝庆二年(1226)，在协嘎尔附近的郭仓地方，建造郭仓寺，故被称为郭仓巴。继又修建了登卓、绷扎、绛岭、德钦登、巴尔卓多杰林等寺。在诸寺中轮流居住，收徒传法，僧众以千计。宝祐六年(1258)，在巴尔卓多杰林寺病卒。

【高七】 见"耶律隆祐"。(319页)

【高云】(？—409) 又作慕容云。大燕皇帝。字子雨。高句丽族。后燕主＊慕容宝养子。祖父和，高句丽之支庶，自称高阳氏之苗裔，故以高为氏。初侍太子慕容宝，拜侍御郎，袭败慕容会军，被慕容宝收为养子，赐姓慕容氏，封夕阳公。后燕建始元年(407)，将军冯跋发动宫廷政变，杀慕容熙，他被立为天王，复姓高氏，改元正始，国号大燕，都龙城(今辽宁朝阳县)。平定越骑校尉慕舆良叛乱。正始三年(409)，被幸臣离班、桃仁所杀。谥惠懿皇帝。

【高仁】(？—727) 渤海国将领。渤海人。高氏。武王大武艺(719—737年在位)时，官宁远将军郎将。武王仁安八年(唐玄宗开元十五年，727)九月，携国书同义游将军、果毅都慰德周等二十四人奉使聘日本，为两国通聘之始。海中遇风，漂虾夷境，被害。首开日本道，为渤海国第一任聘日使。

【高方】 宋代大理国(在今云南)大臣。白族。其先人在唐开元(713—741)时被南诏王迁居于十睑(即十州，在今大理白族自治州一带)。五代后晋(936—946)初，为善巨(今云南永胜)守。素与段思平友善。段思平起兵受挫时，招段思平至善巨，共谋借三十七蛮部兵，推翻大义宁国杨干贞统治，建立大理国，因功被段思平封为岳侯，复领有巨桥(今云南昆阳)地方。自此高氏成为大理国权臣，地位仅次于段氏。

【高禾】(？—1872) 清咸丰年间苗族起义首领。贵州台拱(今台江)人。苗族。咸丰元年至三年(1851—1853)，台拱地区迭遭水、旱、虫灾，官吏、地主的租赋有增无减，激起苗民反抗。三年，与九松(苗族)等率贵州东南的台拱、黎平、古州、都匀、八寨等地苗民发动抗粮斗争。坚持斗争达半年之久，后遭胡林翼所领清军及当地地主武装镇压。五年(1855)，与九松等人又参加了张秀眉等领导的苗民起义军，继续反抗清廷官吏与地主的剥削与压迫。同治十一年(1872)，被俘遇害。

【高奴】 见"石抹高奴"。(107页)

【高欢】(496—547) 东魏大臣、北齐奠基者。一名贺六浑。渤海蓨(今河北景县)人。世居怀朔镇(今内蒙古包头东北)。为鲜卑化汉人(一说其先为高丽人或鲜卑人)。初为边镇队主、函使，往来于怀朔、洛阳间。孝昌元年(525)，投杜洛周义军，继归葛荣，后叛附尔朱荣。永安三年(530)，尔朱荣被诛，留晋州。受元晔封为平阳郡公。次年初，东据冀州。三月被节闵帝封为渤海王，四月，加授大都督、东道大行台、冀州刺史。以六镇降户为基础，联络汉人大族，声威大震。六月，举兵信都，讨尔朱氏。十月，奉渤海太守元朗为魏帝，与尔朱氏所立节闵帝对峙。太昌元年(532)四月，于邺城附近韩陵山战败尔朱氏，入洛阳，废元朗及节闵帝，改立孝武帝元修，自为大丞相、天柱大将军、太师、世袭定州刺史。以晋阳险要建大丞相府，遥控北魏朝政。永熙三年(534)，与孝武帝矛盾激化，率师趋洛阳，逼帝西奔关中，另立元善见为东魏帝，迁都于邺。总揽大权达十四年。南联梁朝，北怀柔然、吐谷浑、高车等。屡与西魏争战。天平四年(537)，兵败沙苑，损兵八万。次年，洛阳河桥之战，先败后胜。武定元年(543)，取弘农以东洛阳等地。四年(546)，围玉璧(今山西稷山县西南)，死伤七万人，无功而还。次年正月，卒于晋阳，谥献武王。北齐天保元年(550)，子高洋代东魏称齐帝，追尊为神武帝。

【高杞】(？—1826) 清朝大臣。高佳氏。满洲镶黄旗人。大学士＊高斌孙。初由监生考取内阁中书。乾隆三十七年(1772)，充军机章京。五十七年(1792)，官至襄阳府知府，调武昌府。六十年，镇压苗人石三保起事，赴常德等处办理粮饷军火，升荆宜施道。嘉庆元年(1796)初，赴枝江参与镇压白莲教聂杰人起义。继赴当阳，与豫省清军合剿杨起元。七月，擢按察使，以克复当阳功，赐号玛尚阿巴图鲁。二年，升福建布政使。三年，与总督景安败白号首领张汉潮部，擢湖北巡抚。五年(1800)二月，授刑部右侍郎，后兼镶红旗汉军副都统。迁户部左侍郎，调镶白旗满洲副都统。六年夏，奉命督办卢沟桥西岸决口工程，并经理赈济。寻因事调兵部左侍郎。九月，署工部左侍郎。七年，授湖南巡抚。九年(1804)初，因办事迟延降一级调用，以副都统衔为喀什噶尔帮办大臣，调乌鲁木齐领队大臣。旋因湖南任内事发，发遣伊犁效力赎罪。十二年(1807)，赏三等侍卫，为叶尔羌办事大臣。十七年(1812)，擢浙江巡抚。十八年，历刑部左侍郎、兼总管内务府大臣、署河南巡抚、热河都统。九月，赴河南镇压滑县天理教起义，俘著名首领蔡成功、徐梦林等。十二月，克复滑县，赏头等轻车都尉，赴兰州署陕甘总督印务。十九年初，调乌鲁木齐都统，仍署陕甘总督。道光二年(1822)，以老休致。

【高松】 金朝官员。渤海人。高氏。本名檀朵。澄州析木(今辽宁海城东南)人。年十九，从军于蒲辇。因有力善战，被完颜宗弼(兀术)召置左右，从破汴京(今河南开封)及和尚原。累官咸平总管府判官。海陵王正隆六年(1161)，世宗即位。充管押东京路渤海万户。兵部尚书可喜谋反，拒劝诱，不从。随军镇压契丹移剌窝斡起义军，迁咸平少尹，四迁崇义军节度使。卒年七十四。

【高衎】(？—1167) 金朝大臣。辽阳渤海人。高氏。字穆仲。敏而好学，善诗赋。年二十六，登进士第。逾二年，调漷阴丞，历任尚书省令史、右司都事、吏部员外郎，左司员外郎。因徇私情，将大奉国臣拟为贵德县令，取怒海陵王，降清水县主簿。居二年，为大理司直，迁户部员外郎，同知中都都转运使，太常少卿，吏部郎中。世宗大定元年(1161)，转左司郎中，迁吏部尚书。五年，为贺宋帝生日使，中道得疾去职。

【高桢】(1091—1159) 金朝大臣。辽阳渤海人。高氏。少好学，尝业进士。太祖收国二年(1116)，降金，从破渤海人高永昌义军于东京(今辽宁辽阳),任同知东京留守事,授猛安。太宗天会六年(1128),迁尚书左仆射,判广宁尹,加太子太傅。在镇八年,政令清肃,吏畏民安。熙宗天会十五年(1137),加太子太师,提点河北西路钱帛事。天眷(1138—1140)初,同签会宁牧。封戴国公,改同知燕京(今北京)留守,迁行台平章政事、西京(今大同)留守,封任国公。为中京(今内蒙古宁城西大名城)留守,封河内郡王。贞元元年(1153),迁太子太保,行御史大夫,封莒王。拜司空,晋封代王。

【高晋】(1706—1778) 清朝大臣。高佳氏。满洲镶黄旗人。大学士高斌从子,凉州总兵述明子。初授山东泗水知县,累迁安徽布政使,兼管江宁织造。乾隆二十年(1755),擢安徽巡抚。二十二年,受命协办徐州黄河两岸堤工。二十三年初,协理江南河工。七月,加太子少傅。二十六年(1761),迁江南河道总督。二十七年,授内大臣,请展宽运河邵伯以下六闸金门,以济运。二十八年,加太子太傅。二十九年四月,建言于云梯关外旧堤上作斜长子堰,使水汇正河入海。三十年,迁两江总督,仍统理南河事务。三十三年(1768),署湖广总督,兼摄荆州将军事。次年,回两江总督任,兼署江苏巡抚,请准收小钱运云南改铸制钱,以省洋铜。三十五年,兼署漕运总督。三十六年,晋文华殿大学士兼礼部尚书,仍留两江任。同裘四修等筹勘永定河工。四十年,会勘蜀山湖蓄水。四十一年,与萨载筹治黄河积淤,请浚清口以内引河停淤,使黄河不浚自深,海口不疏自治。四十三年(1778)四月,赴浙江相度海塘。七月,赴河南堵筑仪封漫口。卒,谥文端。

【高祥】 见"高泰祥"。(465 页)

【高彪】 金朝大臣。辰州(今辽宁盖县)渤海人。高氏。本名召和失,亦作召和式。辽兴、辰、开三镇节度使安国孙。刺史六哥子。机巧勇健,通音律。初代父从军,战于出河店。后随父降金。从都统完颜杲攻辽中京(今内蒙古宁城西大名城),领谋克,随完颜斡鲁破辽将合鲁燦及韩庆民于高州、惠州。从完颜宗望攻平州,徇地西北道,招降石家山寨。太宗天会三年(1125),从攻宋,为猛安,围汴京(今河南开封)。屯镇河朔,破敌于霸州。五年(1127),授静江军节度使、寿州刺史。翌年,从攻宋,徇地山东,有功,屡受重赏。七年,取柘城县。从梁王完颜宗弼(兀术)袭宋康王,至杭州。与宋将韩世忠战于黄天荡(今镇江与南京间)。次年,以攻陕西,率兵三千取廓州。九年,从攻和尚原与仙人关。熙宗天会十五年(11379,废齐国,奉命代滕阳军以东诸路兵马都统,抚谕徐、宿、曹、单、滕阳,为武宁军节度使。改沂州防御使,历安化、安国、武胜军节度使,迁行台兵部尚书,改京兆尹,封邳国公。复为武定军节度使,归德尹。海陵王正隆三年(1158),任枢密副使,封舒国公,赐名彪。卒年六十七,谥桓壮。

【高琳】(497—572) 西魏、北周将领。字季珉。先世为高句丽人。高氏。北魏孝明帝正光(520—525)初,任卫府都督。随军讨邢杲,破梁将陈庆之,以功转统军。从尔朱天光破万俟丑奴,拜宁朔将军、奉车都尉。后兵败韩陵山,留洛阳。孝武帝永熙三年(534),随帝西迁,从入关,封巨野县子。西魏文帝大统(535—551)初,晋爵为侯,历授龙骧将军、直阁将军、平西将军,加勇直散骑常侍。三年(537),从宇文泰破高欢于沙苑。转安西将军,晋爵为公。累迁卫将军。四年,从擒莫多娄贷文,战河桥,以功,拜太子左庶子。奉命镇守玉壁。任正平郡守,加大都督。击退北将军方老,进使持节、车骑大将军、散骑常侍,迁鄜州刺史,加骠骑大将军、侍中。北周闵帝元年(557),晋爵犍力郡公。明帝武成元年(559),从征吐谷浑,破稽胡郝阿保。二年,率兵平文州氐酋。武帝保定元年(561),授梁州总管、十州诸军事。天和二年(567),徙丹州刺史。三年,迁江陵副总管。拒战南朝陈兵,进大将军。卒,追加冀定齐沧州五州诸军事、冀州刺史。谥襄。

【高斌】(1682—1755) 清朝大臣。字右文。高佳氏。满洲镶黄旗人,初隶内务府。世宗雍正元年(1723),授内务府主事。迁郎中,管江南织造。六年(1728),任广东布政使,调浙江、江苏、河南诸省。九年(1731),迁河东副总河。十年,调两淮盐政,兼管江南织造。十一年,署江南河道总督。十二年,培筑范公堤六万四千余丈。十三年,授江南河道总督。高宗乾隆元年(1736),请由河兵、民工分摊修河土方,河兵挑运十之四,民工十之六。以河南永城、江南萧县屡被河患,受命与两江总督赵弘恩、河南巡抚富德筹疏通之策,均被采纳。三年,淮、扬运河竣工,受嘉奖。四年,与顾琮会勘直隶河道。六年,建言培运河南岸缕堤,作为黄河北岸遥堤。调直隶总督,兼管总河。七年,受命治赈淮、扬水灾。后还直隶。十年(1745),加太子太保,授吏部尚书,仍管直隶水利、河道工程。十二年,命为协办大学士、军机处行走。十一年,赴江南按治水患。十二年初,授文渊阁大学士。四月,往江南督理防汛。十三年,到山东治赈。因罪夺大学士,留河道总督。十六年(1751)三月,以大学士衔管河道总督事。闰五月,暂管两江总督。二十年(1755)三月卒,谥文定。以历浚河治水,颇有劳绩,命祀贤良祠。著《初学切要》和《固哉草亭文集》二卷、《诗集》四卷。

【高颎】(541—607) 隋朝大臣。字昭玄,一名敏。自称渤海蓨(今河北景县)人。北周州刺史高宾子。少明敏,涉书史,善词令。年十七,为周齐王记室。武帝时袭爵武阳县伯,历任内史上士、下大夫。随军平齐及隰州叛部。习兵事,多计略。杨坚执政,被招致相府,任司录。破尉迥兵八万于武陟,封义宁县公,迁相府司马。隋朝建立,任尚书左仆射,晋封渤海郡公,拜左卫大将军、左领军大将军。开皇二年(582),节度诸军。伐陈,献灭陈方略。九年(589),任元帅长史,从晋王杨广灭陈。以功加授上柱国,晋爵齐国公。任元帅,率兵破突厥进犯。曾谏阻伐辽东,帝不从,为元帅长史,从汉王征辽东,不利而还。炀帝即位,拜太常卿。当朝执政近二十年,颇有政绩,朝野推服。善用人,先后举荐苏威、杨素、贺若弼等,成为一代名臣。后因议论炀帝荒淫侈靡，被人陷杀。

【高塞】（？—1670）清朝宗室。满族。爱新觉罗氏。太宗 皇太极第六子。自号敬一主人。初封辅国公。康熙八年（1669），进镇国公。居盛京，读书医无闾山，嗜文学，弹琴赋诗，著《恭寿堂集》《啸亭杂录》作寿祺堂）。

【高肇】（？—515）北魏大臣。渤海人。厉威将军高飏子，文昭皇太后兄。世宗景明（500—503）初，封平原郡公。历任尚书左仆射、领吏部、冀州大中正，娶世宗姑高平公主，迁尚书令，受宠信。结朋党附之者昌，背之者亡。构杀北海王元详、彭城王元勰，唆世宗防卫囚禁诸王，致使朝野咸畏恶之。高后立，愈受宠信，专权自恣，擅改先朝旧制，抑黜勋戚。延昌元年（512），迁司徒。三年，为大将军，督诸军征蜀。四年（515），世宗死，高阳王专决庶事，与领军于忠密遣人杀之。灵太后临朝，追赠营州刺史。孝武帝永熙二年（533），追赠太师、大丞相、太尉公、录尚书省事、冀州刺史。

【高睿】（1249—1314）元朝大臣。中兴府（今宁夏银川）人。 高智耀子。至元（1264—1294）中，随父出使西北，父卒，授符宝郎，迁唐兀万户指挥副使，历翰林待制、礼部侍郎。累官嘉兴路总管、江东道提刑按察使。为官治境有方，擒寇捕盗，抑恶扬善，务持大体，有儒者之风。后历任同金行枢密院事、浙西道肃政廉访使、江南行台侍御史、御史中丞、淮东道肃政廉访使。查缉盗窃府库之真盗，释放被冤的平民数百人。复拜南台御史中丞。卒，追封宁国公，谥贞简。

【高天喜】（？—1758）清朝将领。卫拉特蒙古准噶尔部人。雍正（1723—1735）中为清军俘虏，被西宁高氏育为己子，遂从其籍，改是名。成年后，应征从军。因忠勇，擢保宁堡守备。乾隆二十二年（1757），定边右副将军兆惠领兵击阿睦尔撒纳，随将迈斯汉前往应援。中道迎战准噶尔噶勒杂特郭拓克兵，获其驼马。兆惠被困济尔哈朗时，迈斯汉惧不驰援。受命代其职。嗣迁金塔协副将，又迁西宁镇总兵，授领队大臣。二十三年十月，随军进攻叶尔羌，议间道出英峨奇盘山，渡河劫霍集占辎重。受命督兵修桥渡军。军渡未及半，兆惠被困，遂舍桥赴援，与霍集占激战，殁于阵。以功图形紫光阁，谥果义。

【高升泰】（？—1096）宋代大理国权臣，大中国（均在今云南）国王。白族。今云南大理人。 高智升子。大理国第十二世国王段廉义在位（1075—1080）时，为清平官，兼九爽（省）之事，与父领有今昆明及周围地区。宋神宗元丰三年（1080），因另一权臣杨义贞杀段廉义自立，称"广安皇帝"，奉父命起兵灭杨义贞，立段廉义侄段寿辉为国君。因功封鄯阐侯，父子执掌朝政并控制大理国大部辖区。四年，迫使段寿辉禅位与段正明（一说被高氏父子所废）。段正明"为君不振，人心归高氏"，哲宗绍圣元年（1094），被迫避位为僧，遂被国人立为君主。改国号为"大中国"，年号上治。三年（1096），临终前嘱其子高泰明还君位于段氏，命后人勿效尤。及卒，高泰明遵嘱立段正明弟段正淳为大理国第十五世国王。此后大理国又称后理国，实权仍操高氏之手。谥号富有圣德表正皇帝。

【高仙芝】（？—755）唐朝将领。高句丽人。高氏。四镇校将舍鸡子。年二十余，从至安西，以父功补游击将军。善骑射。唐玄宗开元（713—741）末，为安西副都护、四镇都知兵马使。天宝六年（747），奉诏率步骑一万征吐蕃，大破吐蕃军于连云堡，袭小勃律（今克什米尔北），俘小勃律王等。拂菻、大食诸部七十二国皆降附。擢鸿胪卿，假御史中丞，为四镇节度使。旋加左金吾卫大将军。九年（750），率军讨石国，俘其王送至长安。次年，被石国王子引大食兵败于怛罗斯城，引数千残兵逃回安西。历迁武威太守、河西节度使、右羽林军大将军，封密云郡公。十四年（755），从元帅荣王征安禄山，为副元帅，失利，退守潼关。后被监军边令诚诬杀。

【高永昌】（？—1116）大渤海国创建人。渤海遗族。高氏。初仕辽，为供奉官。辽天祚帝天庆五年（1115），募渤海武勇马军二千人，任指挥。因东京（今辽阳）留守萧保先为政酷虐，翌年正月初一夜，率十数渤海人入府衙，杀萧保先，起兵反辽，拒绝东京户部使大公鼎诱降，初五夜，据有东京，自称大渤海皇帝（一作国号大元），建元隆基（一作应顺）。攻占辽东五十余州。五月，与辽宰相张琳二万兵战于辽河三义梨树口，不胜，退保东京。乘张琳渡辽河之机，大败辽军。遣使至金，约并力取辽。因拒绝金太祖阿骨打要其去帝号，未果。于首山为金兵所败，奔长松岛（今长山岛）。后被叛徒挞不野执送金军，被杀。大渤海国亡。

【高老五】（？—1818）清代临安反封建领主的起义首领。纳更土司人。哈尼族。起义首领 高罗衣侄。嘉庆二十二年（1817），高罗衣率众武装反抗清朝时，他入赘妻家。高罗衣反抗失败被杀后，于次年六月，复称王，与随高罗衣举事失败得逃的副军师马哈札再次结合，率众再度起义抗清。攻稿吾卡，由蛮015渡江，抵临安府城郊四十里之牛肝哨。清总兵李庆云闻风闭城，不敢出战。后为总督伯麟所调粮道诚端等所败，退回红河南岸，固守打雀山顶，终因众寡悬殊，与马哈札等继为观音山外委阮锡元擒杀，起义失败。

【高贞泰】唐代渤海国官员。渤海人。高氏。宣王大仁秀建兴五年（唐穆宗长庆三年，823）冬，奉使聘日本，任大使，同行百人。十一月，至加贺登陆。六年四月，由越前守臣代献信物。因日本连年歉收，人民穷困，朝廷苦于迎送，未获允进京，回国。

【高多佛】唐代渤海国官员。渤海人。高氏。康王正历十五年（唐宪宗元和四年，809）十月，随和部少卿高南容奉使聘于日本。翌年。未随正使归国，留于越前，教日人学渤海语。后赐姓高庭氏，名高雄，遂籍于日本，子孙以高庭为氏。

【高克恭】（1248—1310）元朝大臣、画家、诗人。字彦敬，号房山。回回人。先世西域人，占籍大同，后居燕京（今北京）房山。高亨子。历任监察御史、工部、吏部、刑部侍郎,刑部尚书。为官清廉、颇有政见,建言兴学校、选真才、汰冗官、增吏俸、慎刑狱,力主开科取士。博学能文,擅浙山水与墨竹。初学宋米芾父子画法,后吸收李成、董元、巨然法,造诣精绝,与赵孟頫齐名,时人称"南赵北高"。作品以《夜山图》《秋山暮霭图》最著名,有十余幅传世。其诗也很出名。被时人比之于"诗中有画、画中有诗"的唐代诗人王维。著有《房山集》、《高文简公集》。

【高良惠】(1160—1227) 西夏国大臣。枢密直学士高岳孙。为人忠恳,有经世之才。桓宗时数论国事,不见信。献宗立,于乾定元年(1223)出任右丞相,首进和金三策,与金修好,联金抗蒙。二年,以蒙古遣使至西夏国责遣质子,劝献宗如约,力谏不纳。末帝宝义元年(1226),蒙古侵夏,中兴府(今宁夏银川)被围,他内镇百官,外励将士,日夕扼守,自冬入夏,积劳成疾。见国势日危,忧愤而死。

【高纳麟】(1281—1359) 元朝大臣。中兴府(今宁夏银川)人。西夏国遗臣*高智耀孙。元臣*高睿子。大德六年(1302),以丞相哈剌哈孙荐,入备宿卫。仕成宗、武宗、仁宗,先后任中书舍人、宗正府郎中、金河南廉防司事。延祐初,拜监察御史,以言事忤旨,激怒仁宗,得中丞朵儿只力救乃解。迁刑部员外郎、河南行省郎中。英宗、泰定帝朝历任都漕运使、湖南、湖北两道廉访使。天历元年(1328),任杭州路总管,除奸去蠹,吏畏民悦。二年,改江西廉访使,出粟赈南昌饥民。至顺元年(1330),拜湖广行省参知政事。元统初(1333),改江南行台治书侍御史,升中丞。后至元元年(1335),拜中书参知政事,迁同知枢密院事。寻出为江浙行省右丞,请致仕,不允,授浙西廉访使,力辞不赴。至正二年(1342),任行宣政院使。以耆旧僧弥戒、惠洲犯法,皆治以重罪,并请设崇教所,以治僧狱讼。迁江浙、河南行省平章政事。四年(1344),入为中书平章政事。七年(1347),出为江南行台御史大夫。寻拜御史大夫,加太尉,受劾,罢居姑苏。十二年(1352),江南义军四起,复为南台御史大夫,兼太尉,总制江浙、江西、湖广三省军马,镇压起义军,平定州郡。十三年,谢官,退居庆元。十六年(1356)九月,复为江南行台御史大夫,仍太尉。十八年(1358),奉召入朝,次年卒于通州。

【高罗衣】(?—1817) 清代云南宗哈(元阳县境)地区反封建领主的起义首领。哈尼族。素以强悍著称,控制一方。19世纪初,发展为宗哈白氏领主(哈尼族)统治下的新兴地主。与朱申、高借沙(均哈尼族)及家庭塾师章喜和马哈札(均外来汉族知识分子)等,看到哀牢山东麓的广大农奴蒙受该土司等苛派扰累,致令饥寒,遂号召群众起来反对土司领主和清政府。嘉庆二十二年(1817)三月,自称"窝泥王",封章喜为军师,朱申和马哈札为副军师,高借沙为大都督,聚众七、八百人起义。攻陷麻栗、新街、芭蕉岭等寨,击败纳楼彝族土司普承恩。攻克稿吾卡哈尼族土司司署,于逢春岭击杀土司龙定国。群众纷起响应,拥众一万六千余人。义军北上,直趋溪处、瓦渣土司境。溪处土司赵理战败投降,瓦渣土司钱瑾溃逃元江避难。义军进逼元江州城,直指临安府。清军机大臣兼云贵总督伯麟亲率军镇压,派副将李国栋率师援元江,命游击方振奎从中路渡礼社江截击。义军因众寡悬殊,失败。与高借沙、朱申及章喜等先后被擒牺牲,仅马哈札一人脱险。

【高明清】 宋代大理国(在今云南)权臣。白族,今云南大理人。*高泰明第四子。受封定远将军。初被父派往统矢府(今云南姚安)。宋徽宗政和元年(1111,或作大观三年或四年,即1109、1110),父讨平三十七蛮部反抗后,被派往鄯阐(今昆明)镇守。宋高宗绍兴六年(1136,一作徽宗宣和元年,即1119年),三十七蛮部复起兵反抗,攻占鄯阐,被杀。

【高定元】(?—225) 亦作高定。三国时蜀国叟人首领。部众居越巂郡(以今西昌为中心的四川西南地区)。称作"叟帅"。建兴元年(223),杀郡将军焦璜,举郡称王。三年(225)三月,诸葛亮率兵南征,其属下自旄牛(今四川汉源)、定筰县(今四川盐源)、卑水(今四川美姑至宁南之间地区)设置众多营垒抗拒。战败,为诸葛亮所杀。

【高承祖】 唐代渤海国官员。渤海人。高氏。宣王大仁秀(818—830年在位)时,官政堂省少卿。建兴七年(唐敬宗宝历元年,825)冬,奉使聘日本,任大使,同行百人。十二月,至隐岐登陆。翌年五月入京。日皇授以正三位,并赐宴。夏,归国。

【高南申】 唐代渤海国大臣。渤海人。高氏。文王大钦茂(737—794年在位)时期,官辅国大将军、玄菟州刺史,兼押衙官。大兴二十二年(唐肃宗乾元二年,759)春,奉命同日本遣唐使藤原河清、判官内藏全成东聘日本,海中遇风,漂对马岛。十二月,入日京。翌年正月,谒日皇,呈中台省牒。日皇授以正三位。同年二月,由日使护送归国。

【高南容】 唐代渤海国大臣。渤海人。高氏。宫和部少卿和干苑使,封开国子。正历十五年(唐宪宗元和四年,809),康王大嵩璘逝世,定王大元瑜即位,十月,与高多佛等奉使聘于日本,并告哀。次年,入日京。四月,款于鸿胪馆。未久,携日本嵯峨天皇复定王国书返渤海。九月,复携国书奉使日本,贺嵯峨天皇即位。十二月,入日京。翌年四月,与日使林东人同归国。

【高桂枝】 明代白族诗人。字树秋,号畸庵。今云南洱源县邓川人。明末庠生。目睹世事日非,不欲进取,筑室德源山下,名曰"畸庵",隐居其中,筑圃莳花,啸咏自适。与太和李庚龙往来唱和。著有《畸庵草》一卷。现存有:《畸庵咏怀》、《卫军行》、《雨夜闻防河》、《挑河吟》等十余首伤时感事,同情民众的诗作,被誉为白族明清作品中的"诗史"。

【高泰运】 一作高泰连。宋代大理国(在今云南)权臣。白族。今云南大理人。*高升泰子(一作侄),*高泰明弟。段寿辉为大理国王时,奉命守安宁。宋哲宗绍圣三年(1096)，奉父遗命，与兄还位于段氏，立段正淳为大理国王，被封为栅主。封地在腾越(今腾冲)，号"黑演习"。宋徽宗崇宁二年(1103)，奉命朝宋，求得经籍六十九家，药书六十二部。政和六年(1116，一作七年)，高泰明卒，继任相国。宣和元年(1119)，赠木夹与宋边将，要求入贡。后事不详。

【高泰连】 见"高泰运"。(464页)

【高泰明】(？—1116) 宋代大理国(在今云南)权臣。白族。今云南大理人。"大中国"主*高升泰子。宋哲宗绍圣三年(1096)，奉命取消"大中国"，还位于段氏，立段正淳为国王(自此大理国又称后理国)，任相国，执政柄，政令皆出其门，被国人称为"高国主"，波斯、昆仑等国来贡大理者，皆先谒相国。四年，封其子高明量于威楚府(今楚雄)，后又封其四子高明清于统矢府(今云南姚安)。宋徽宗政和元年(1111，或作大观三年或四年，即1109、1110)，三十七蛮部反抗，令高明清镇守鄯阐(今昆明)，防备三十七部。六年(1116)，被段正严(段和誉)封为平国公，嘉其"忠贞"。同年(一作七年)卒，追封"国师"，亦称明公。弟高泰运继任相国。

【高泰祥】(？—1253) 又作奉祥。宋代大理国(后理国，在今云南)权臣。白族。今云南大理人。*高升泰后嗣(一说为九世孙)。宋理宗嘉熙元年(1237，一说为宋宁宗嘉定八年，1215)，被第二十世大理国王段智祥封为相国，主国事。史称当时"举贤育才，时和年丰，称治国焉"。又历任段祥兴(第二十一世王)、段兴智(第二十二世王)之相国。宋理宗宝祐元年(元宪宗三年，1253)，大理国遭忽必烈所率十万蒙古军进攻，极力主战，杀蒙古招降使者，奉王命守金沙江，与蒙古将伯颜不花、虎儿敦等相持。因蒙古军渡江陷鹤庆、剑川，进逼大理城，遂回师勤王。拒战失败，段兴智逃往滇池地区，本人退至姚州(今云南姚安)，欲募兵于三十七蛮部再战。不久，兵败被俘，押至大理，坚贞不屈，被斩于五华楼。临刑曰："段运不回，天使其然，为臣殒首，盖其分也。"被忽必烈称为忠臣，许世官其子孙。次年，段兴智亦被俘，大理国灭亡。

【高借沙】(？—1817) 清代云南宗哈(今元阳县境)地区反封建领主的起义首领。哈尼族。新兴地主。嘉庆二十二年(1817)，与同族人高罗衣、朱申等人率众起义，反对土司领主和清政府，拥高罗衣为"窝泥王"，受封大都督。义军连续攻陷麻栗、新街、芭蕉岭等寨，击败纳楼彝族土司普承恩，攻克稿吾卡哈尼族土司署，于逢春岭击杀土司龙定国，拥众一万六千余人，义军进逼元江州城，直指临安府。后遭云贵总督伯麟军镇压，兵败被执杀。

【高斋德】 唐代渤海国官员。渤海人。武王仁安八年(唐玄宗开元十五年，727)九月，随正使宁远将军郎将高仁等二十四人奉使聘日本。海中遇风，漂虾夷境，仁等十六人被害，斋德等八人幸免于难。转至出羽登陆，十二月，入京。翌年正月，谒日皇，上国书，献信物，获厚赐。日皇授其八人俱正六位上。同年四月回国。日本以引田从麻吕为护送使，携国书与之同来报聘。

【高勒趣】 亦作哥来秋。传说中的纳西族先祖。崇忍利恩四世孙，俄高勒子。机智勇猛，不畏强霸，鬼神也甘拜下风。娶戟思美，生趣忍等四子，长大后分为梅、和、树、叶(亦作买、何、束、叶)四支(氏族或部落)，分居金沙江南北的广大地区。之后，梅支有九兄弟；和支有七兄弟；树支有六兄弟；叶支有五兄弟。从四个古老的支系繁衍出无数个子孙族系。至今，不少纳西族还能说出自己是那个支的后裔。

【高喀萧】 清朝将领。达斡尔倭勒氏，隶布特哈旗。官至御前侍卫、都统。道光十六年(1836)，请裁布特哈满洲官员八名，布特哈索伦、达斡尔官缺，归各部落挑选。以旗佐官丁苦于送貂朝贡，谏请由驿站兵丁呈贡。宣宗以内臣干预地方公事，交御前大臣、军机大臣会同审汛，发热河效力赎罪。次年，回京。以头等侍卫休致。

【高量成】 宋代大理国(在今云南)权臣。白族。今云南大理人。*高泰明孙，高明量子。娶大理国王女成宗。初继其父为威楚(今楚雄)领主，住威楚德江城。宋高宗绍兴六年(1136，一作徽宗宣和元年，即1119年)叔父高明清被三十七蛮部军杀死于鄯阐(今昆明)后，出任相国，执掌大理国政事。十八年(1148)，镇压三十七蛮部反抗。不久让相位于侄高寿贞，自号"中国公"，亦称护法公(护国公)。在职期间，威楚成为大理国另一政治中心，"四夷八蛮，累会于此"，国内八方诸侯，亦在此会盟。

【高智升】 宋代大理国(在今云南)权臣。白族。今云南大理人。岳侯高方后嗣。大理国建国初，高氏被段思平分封于巨桥(今巨阳)，世官世禄，管土管民。宋仁宗嘉祐八年(1063)，奉第十一吐国王段思廉命，率兵镇压姚州(今云南姚安县)杨允贤在洱海地区领导的起义。被加封为太保、德侯，赐予白崖禾甸地。不久又晋爵为鄯阐侯，成为拥有今昆明及周围地区的大领主，权倾朝内外。神宗元丰三年(1080)，因另一权臣杨义贞杀第十二世国王段廉义自立，称"广安皇帝"，遂命子高升泰起兵灭杨氏，立段廉义侄段寿辉为国君。因功封为布燮，子高升泰为鄯阐侯。又乘势将子孙安置于"八府、四郡"为官，控制朝政和大部分辖区。四年，迫使段寿辉禅位与段正明。一说高氏父子废段寿辉。

【高智耀】(1206？—1271？) 蒙古国官员。字显达。西夏中兴府(今宁夏银川)人。夏右丞相*高良惠孙(一作子)。夏乾定三年(1225)，登进士第，任签判。夏亡，隐居贺兰山。元太宗召之，辞归。后谒皇子阔端于西夏故地，请免儒者徭役，仍不就官职。宪宗时(1251—1259)，上奏以儒者治国，被采纳，诏免儒者徭役。中统元年(1260)世祖即位后，又力言儒术治国，受命专领汉、夏儒户，拜翰林学士，巡行各州县，释放淮、蜀儒生沦为驱口者数千人。至元五年(1268)，谏言立御史台。至元中，擢西夏中兴等路提刑按察使。后出使西北，至上都(今内蒙古正蓝旗东)，病卒。追封宁国公，谥文忠。

【高德基】(1119—1172) 金朝大臣。辽阳渤海人。高氏。熙宗皇统二年(1142)进士。六年(1146),为尚书省令史。九年(1149),海陵王即位,欲都燕京(今北京),摄燕京行台省都事。改摄右司员外郎,历户部员外郎、中都路都转运副使、户部郎中。海陵王正隆四年(1159),为南京宫室营造提点。转同知开封尹。世宗大定三年(1163),以察廉治状不善,下迁同知北京路都转运使事,改刑部侍郎。七年(1167),改中都路都转运使。九年,转刑部尚书。为贺宋帝生日使。十一年,改户部尚书。奏请免军需房税等钱,减农税及盐酒等课。因增高市价支付随朝官俸粟钱,多出官钱四十万贯,降兰州刺史。

【高世格亲】 清代蒙医药学家。十九世纪阿拉善旗人。同治十二年(1873),以蒙文著《普济杂方》,为简明方剂书,收集各科疾病常用的方剂、单方、验方。方药名称都以藏、蒙、汉、满四种文字对照。全书61页,以蒙文刻印出版,阿拉善北寺存有木刻版本。

【衮丹】(1148—1217) 又称衮丹热巴。宋代藏传佛教噶举派绰浦噶举支派创始人之一。杰察弟。曾听帕木竹巴大师讲授米拉日巴传,并立志成为像米拉日巴那样的人,曾三次向帕木竹巴提出要求学法,获允,依大师所传之法修定,获得证悟,卓有成就。曾以青稞向灾民施食,救了不少百姓。随兄杰察在绰浦地方建绰浦寺,创立绰浦噶举派。

【衮布】 ①(？—1705)又作固木布,号阿齐巴图尔。清代卫拉特蒙古和硕特部台吉。青海固始汗第三子达兰泰子。原牧嘉峪关外。清顺治十三年(1656),以叶尔羌汗国尝夺其属,乘叶尔羌使者克拜率三百人入贡抵肃州之机,欲引兵袭之,为清甘肃巡抚周文煜所阻。康熙中,噶尔丹率兵侵喀尔喀。清遣使谕策妄阿拉布坦与之绝,道经嘉峪关外,他助粮糗驼马,且派人充向导。三十六年(1697)春,遣宰桑祃木特至清军营请内附。旋令长子额尔德尼额尔克托克托鼐赴察罕托罗海,参与青海诸台吉会盟。因达赖汗子拉藏怨其私遣使内附,擅希宠于"天朝",欲引兵袭之,复使次子朋素克往晤。四十三年(1704),清廷以其先于诸台吉内附,封多罗贝勒。
②(？—1708)清朝蒙古王公。喀尔喀赛音诺颜部人。博尔济吉特氏。图蒙肯第十三子。康熙元年(1662),以札萨克图汗旺舒克为同部罗卜藏台吉额璘沁所杀,他率左翼兵击走额璘沁,受土谢图汗察珲多尔济嘉奖,授昆都伦博硕克图号。二十五年(1686),赴库伦伯勒齐尔会盟,授札萨克。二十七年(1688),遭准噶尔部噶尔丹掠,集众投清。二十九年(1690),遭噶尔丹追击,兵败,得尚书阿喇尼援,得脱。三十年,赴多伦诺尔会盟,封多罗郡王,仍兼札萨克。三十五年(1696),随抚远大将军费扬古败噶尔丹于昭莫多。三十六年,归游牧。

【衮占】(？—1713) 清朝蒙古王公。喀尔喀札萨克图汗部人。博尔济吉特氏。车凌衮布长子。号额尔德尼哈坦巴图尔。康熙二十七年(1688),准噶尔部噶尔丹掠喀尔喀,抵杭爱山,他以兵拒之,兵败,携众归附清朝,受命驻牧茂明安界外苏默图格尔。二十八年,授札萨克。三十年(1691),至多伦诺尔会盟,授一等台吉,仍兼札萨克。三十一年,投靠噶尔丹的伊拉古克三呼图克图潜遣人入边,伺衅,他缚以献清廷。三十五年(1696),随大将费扬古大败噶尔丹于昭莫多。赐牧杭爱山阴之额德尔齐老图。五十年入朝封辅国公。

【衮桑帕】(1389—？) 又称热丹衮桑帕、江孜法王衮桑帕、大德大司徒法王衮桑帕。明代西藏地方官员。藏族,属穆氏族中之迦支系(后称夏喀哇族)。先世原居今甘孜州之邓柯(丹玛)一带,后移居后藏年楚河流域翁喀恩莫龙,成为江孜等地统治者。他幼年出家为僧,明永乐十一年(1413)继父职。于江热建立法苑,迎请克主杰(即班禅一世),尊为教法官,弘扬佛法。同年,被明帝封为大司徒,赐银印。次年,为能得到大菩提正果,在年楚河上建造一座奇特之六孔桥,桥上建大菩提佛塔,内藏释迦像坛城等八种坛城。同时广兴佛事,做大法会。同一世班禅扩建白阁德钦寺(即白居寺)。洪熙元年(1425),建白居寺围墙,宣德二年(1427),建吉祥多门塔,使之成为西藏唯一的一座塔中寺,堪称一绝。六年(1431),以纳塘本《甘珠尔》经为蓝本,命人在磁青纸上缮写金字《甘珠尔》经一百一十部,称"江孜天邦玛"本(意为禁门,指此经只存本寺不得外传),为藏文大藏经诸版中之缮本。继缮写《丹珠尔》经一部。正统四年(1439),又写密宗经典四续咒。六年(1441),雕版印刷《八支全咒》,并建藏经殿以存大藏经典。由于其建甘珠尔经典、依节期供设、严肃法规,有益于朝廷兵差赋税之制,颇得明廷信赖,曾特颁发"致热丹衮桑帕大司徒诏书",以褒其功。享年五十余岁。

【衮楚克】 ①(？—1653)清初将领。蒙古族。奈曼部人,博尔济吉特氏。成吉思汗二十世孙。拒明诱降,于天聪元年(1627)三月,遣使向后金献明诱降书。二年,随军征察哈尔部,以功赐达尔汉号。继追剿察哈尔余众。三年,因越界驻牧罚马。十月,从征明,由阳什穆河入大安口,克遵化。五年(1631),围明大凌河,败锦州援兵。六年,从征察哈尔,越兴安岭至布隆图。移兵攻明归化城、宣府。八年(1634),随军征察哈尔,移兵攻克明得胜堡,由大同至朔州。崇德元年(1636),封札萨克多罗达尔汉郡王。三年(1638),二月从征喀尔喀札萨克图汗,由兴安岭至登务苏台。九月,从征明,趋山东,克济南。四年二月,随皇太极征明松山。六年(1641),随军围锦州,迎击明援兵于松山。顺治三年(1646),随豫亲王多铎追苏尼特部腾机思至札济布拉克,败喀尔喀土谢图汗、车臣汗援兵。 ②见"达赖汗"。(134页)

【衮德依】(？—1791) 清朝将领。索伦都拉尔氏。乾隆五十二年(1787),从攻台湾,赏吉尔孔额巴图鲁,授佐领。五十六年,从征廓尔喀,在帕朗古阵亡,赠云骑尉。

【衮丹热巴】 见"衮丹"。(466页)

【衮布扎布】 ①(？—1724)清朝蒙古王公。喀尔喀札萨克图汗部人。博尔济吉特氏。诺尔布子。康熙二十九年(1690)朝觐,授二等台吉。附牧从兄乌尔占。三十五年(1696),随清军败准噶尔部噶尔丹于昭莫多。五十六年(1717),驻防阿尔台军营,授一等台吉。雍正二年(1724),授辅国公。 ②(约1662—约1796)清代蒙古族著名学者。内蒙古锡林郭勒盟乌珠穆沁旗人。乌达喇协理台吉子。雍正(1723—1735)时期,曾任北京唐古特学堂总教管。精通蒙、藏、满、汉四种文字。写有许多著作,主要有《恒河之流》(蒙文本)、《海比忠乃辞典》(蒙藏文对照),并译著《造像量度经》(藏译汉)、《金刚寿命陀罗尼修行法》等。

【衮杜桑波】 明代西藏地方官员。藏族。15世纪人。仁邦巴家族后裔,桑主孜宗本诺桑哇之子。继父职,依帕竹闸化王查巴琼内,任仁蚌宗宗本。与萨嘉派大德衮钦桑结佩及果热索南僧格建供施关系,特在原仁蚌宗之宗嘎霞地内之吉木才建造讲经院,又助缘兴建达纳土丹南杰寺。

【衮却伦珠】(1497—1557) 明代藏传佛教萨迦派名僧。藏族。《增续正法源流佛教史》(又称《宝天成教史》、《衮却伦珠佛教史》)作者。该书分两部,第一部为衮却伦珠所作,第二部为桑结彭措(1649—?)所作。全书228页,116页前为印度、尼泊尔等佛教弘传史;116页以后为西藏佛教产生、前后宏期、噶当巴、佐钦巴、玛尔巴、萨嘉巴等教派史、译师史及翻译佛经史等。为通史性著作,有独特见解,尤对历史大事的年代考证颇见功力。有德格木刻版存世。

【衮噶仁钦】(1331—1399) 《萨迦世系宝库》称尚师大元衮噶仁钦,《汉藏文书》称大阿阇黎衮噶仁钦坚赞贝桑波。元末明初藏传佛教萨迦派细脱拉让支系名僧。藏族。辅教王南喀雷必坚赞之子。为细脱拉让系(即细脱宗室)第二代继承人。将细脱拉让系住地从萨迦迁往曲弥,故又称"曲弥巴"。承袭辅教王职,并受封"灌顶国师",又称"大元国师"。曾历任本勤(政务官)、帕竹逋曲坚赞侍从。其子罗追坚赞曾受明朝封为国师,此后细脱拉让系每况愈下。

【衮噶宁布】(1092—1158) 意译"庆喜藏"。宋代藏传佛教萨迦派五祖之首。相传为吐蕃贵族款氏后裔。贡却杰布子。十一岁丧父,按萨迦规,应继承寺主位,因年幼,由年届六十三岁的拨日译师仁钦扎(1040—1111)代掌寺务。除从拨日译师学法外,还从当时著名译师和法师广学显、密教法,从噶当派僧人丈底·达玛宁布学《对法》,从穹·仁钦扎与麦浪泽学《中论》和《因明》,从朗卡乌巴昆仲学《集密》及《大黑天》等密法,从卓弥译师的大弟子向敦学得《亲口教宝》教授。集诸家之大成,形成一套完整的"道果教授",成为以后萨迦派传人的主要教法。元代其后人在内地传法,也是以道果教法为主。二十岁,接替拨日译师主持萨迦寺,历时四十八年。收徒传法,弟子甚多,使萨迦派势力逐渐扩大,声名远播,被萨迦派人尊为"萨钦"(意为萨迦大师)。

【衮布伊勒登】(?—1682) 清朝蒙古王公。喀尔喀部人。博尔济吉特氏。成吉思汗二十世孙,硕垒乌巴什珲台吉第三子。为喀尔喀西路台吉,隶札萨克图汗部。康熙三年(1664),札萨克图汗旺舒克为同族罗卜藏台吉额璘沁所杀,部众溃散,无所依,率众由漠北投附清朝,赐牛羊马,封札萨克多罗贝勒,赐牧喜峰口外察罕和硕图,称喀尔喀左翼。十二年(1673),扈从康熙帝于南苑晾鹰台阅兵。

【衮济斯扎布】 清朝将领。蒙古族。土默特部人。博尔济吉特氏。固穆第四子。清康熙十三年(1674),袭札萨克固山贝子。十四年三月,拒察哈尔布尔尼诱,不从叛,遣使奏告清廷。并随清抚远大将军鄂扎征布尔尼。布尔尼兵败被杀后,以功,将原附察哈尔之喀尔喀台吉托音等四佐领人口赏之。三十一年(1692),以御准噶尔部噶尔丹不动,托故私归削爵。

【衮楚克图英】(?—1649) 清初将领。蒙古察哈尔部人。和勒依武氏。初为察哈尔宰桑。天聪八年(1634),率二百余人与德参济旺等投后金。隶正红旗,授甲喇额真。崇德元年(1636),授世职一等梅勒章京。二年,因事降一等甲喇章京。三年,随军征明,入墙子岭,因引兵逃避,受罚。六年,随征明,围锦州,战松山。八年,攻宁远,屡败明兵。顺治元年(1644),入关击李自成农民起义军,与固山额真恩格图合军败义军。二年,进三等梅勒章京。三年,从讨张献忠义军,屡战皆胜。六年(1649)从讨姜瓖,攻大同,于赴援土默特营时,中流矢,阵亡,以功追进二等梅勒章京。

【衮秋丹白准美】 见"贡唐·丹白准美"。(201页)

【衮必里克墨尔根】 见"吉囊"。(130页)

【旁加独】 见"迦独庞"。(382页)

【斋赛】 见"宰赛"。(472页)

【席卜臣】 见"锡卜臣"。(566页)

【唐七】 元末广西瑶民起义首领。广西贺州(治今广西贺县)人。瑶族。元统二年(1334),于贺州发动广大瑶民武装反抗元代统治者的残酷压迫和剥削,起义军"据其山险,连引数百里",使官军无从措办,并率众先后攻占和袭击广西恭城、富川、阳朔及湖南江华、永明等州县,广西境内瑶、壮百姓纷纷揭竿而起,给当地官府以沉重打击。后被元廷纠集数省兵镇压。

【唐古】 见"耶律唐古"。(318页)

【唐岱】 清代画家。字毓东,号静岩、默庄。满族。以荫官参领,历官内务府总管。家祖业甚丰,尽付于弟。山水画沉厚深稳,出于王原祁之家。著有《绘事发微》,为时人所推重。还有《画山水诀》一卷。

【唐和】 北宋湖南桂阳瑶民起义首领。庆历三年(1043),因桂阳地区官府残酷捕杀贩盐瑶民,激起瑶民愤慨,聚众五千余人,英勇抗击官军,杀巡检李延祚、潭州都监张克明。知潭州刘沆奉命发兵招讨。因受抚者众而受挫。五年(1045),以桃油平、能家源等地为据点,再度起事。是年冬,于华阴峒隘口大败内殿崇班礼宾副使胡元、右侍禁郭正、殿侍王孝先等所率官军,胡元等被杀,刘沆也因此被罢黜。宋仁宗纳知桂阳监宋守信之策,遣熟悉溪峒之事的衡州监祭酒黄士元统兵镇压。他被迫率众转移至郴州黄莽山,后转战英州、韶州等地,依山拒守。七年(1047),接受朝廷招安,受封,其众悉降。

【**唐贵**】(?—1821) 清代滇西北傈僳族人民抗暴斗争首领。又名唐老大。傈僳族。云南永北(今永胜)公母寨人。原为村寨头人。为反对永北土司高善将傈僳族田地夺去卖给汉族地主,于嘉庆二十五年(1820)十二月,聚集农民数百人起义,击溃前往镇压的永北营守备郭荣先所部官军,提出"夺回夷人土地"的口号。汉族陈天培、傅添贵、陶显贵,彝族梅依老十、回族沙李得,傣族刀周等均率众参加,不到一月,拥众万余人。遣陈天培等领数千武装渡金沙江攻占永北、大姚,将所获财物,分给贫者,使各安生业。建立农民政权,被公推为"地王",以傅添贵为制命先生、陈天培为天理先生、梅依老十、陶显贵、刀周、沙李得、黄腾、杨老五等为将军,树起黄色义旗。清廷命成都将军呢玛善为钦差大臣,总揽三军,赴永北镇压起义。道光元年(1821)四月,在四川、云南、贵州三省官兵残酷镇压下,起义据点拉古、芝麻庄等村寨被官军攻破,陈天培、刀周、梅依老十及大批农民被杀害。遂于公母寨率众凭险抵抗,数败清兵,终因众寡悬殊,与陶显贵、陈秀等均被俘遇害。

【**唐菆**】 东汉初筰都地区牦牛夷(纳西族先民)部落首领之一。明帝永平年间(58—75),在益州刺史朱辅的宣传感召下,牦牛缴外的白狼王唐菆和槃木等部落举族奉贡,向汉朝献颂诗三章,即《远夷乐德歌》、《远夷慕德歌》和《远夷怀德歌》,表示臣属慕化归义。三歌以汉字记音,共四十四句,一百七十六字,是为著名的《白狼歌》。

【**唐公廉**】 清代石梁土官。土家族。石梁安抚使*唐承祖子。初袭下洞长官司长官,后袭石梁安抚使。因与容美土司田舜年有隙,被杀。安抚使之职被夺。

【**唐仁祖**】(1249—1301) 元朝大臣。畏兀儿人。字寿卿。唐古直孙,唐骥子。早年丧父,由母教之读书,通诸方语言,尤精音律。中统初,质于元廷,习学蒙古字书。至元六年(1269),充中书省蒙古掾。十八年(1281),任翰林直学士。后历转工部侍郎、中书右司郎中,参议尚书省事。曾反平阳冤滞,奏罢真定、保定钱谷旧案。不畏权势,屡忤权臣桑哥。二十八年(1291),任翰林学士承旨。奉旨与近侍速哥等往赈辽阳饥荒。寻升将作院使。大德五年(1301),再授翰林学士承旨,知制诰兼修国史。卒,赠平章政事,追封洹国公,谥文贞。

【**唐古特**】 清代卫拉特蒙古辉特部台吉。青诺颜第巴次子。姓伊克明安。康熙(1662—1722)年间,从父徙牧青海,附和硕特部游牧。雍正元年(1723),罗卜藏丹津引兵反清,借弟贡格拒附,遣兵助清军击敌,为清廷所重。令别为一部,授贡格为扎萨克一等台吉领之。

【**唐古德**】 见"马九霄"。(28页)

【**唐其势**】(?—1335) 元朝大臣。钦察人。中书右丞相*燕铁木儿子,顺帝皇后答纳失里兄。致和元年(1328),泰定帝卒,与父兄拥立文宗图帖睦尔即位,连败上都兵。至顺元年(1330),赐"答剌罕"号。元统元年(1333),袭父封爵为太平王。二年,任高丽女真汉军万户府达鲁花赤、御史大夫。三年,晋中书左丞相。恃权怀异志,与叔答里等谋废顺帝,拥立诸王晃火帖木儿,率兵犯阙,被右丞相伯颜等捕杀。

【**唐承祖**】 明代石梁土官。土家族。崇祯间(1628—1644)出人助饷随容美土司田元镇压李自成、张献忠起义军,由石梁长官司长官晋升为石梁安抚使司安抚使。因争边地,与添坪所仇杀不解。后为容美土司田霈霖所忌,以铁镣拘禁三年,忧愤而死。

【**唐括辩**】(?—1150) 金朝大臣。本名斡骨刺。女真族。姓唐括。彰德军节度使重国子。娶熙宗女代国公主,为驸马都尉。官至参知政事、尚书左丞。熙宗晚年,喜怒无常,大肆诛杀,朝臣人人自危。遂相继结纳右丞相秉德、海陵王完颜亮,谋废立。为护卫将军特思告发,被杖逐。皇统九年(1149)十二月九日,乘代国公主为其母悼后作佛事,居寺中之机,与海陵、秉德等密谋于家中,夜入寝殿,弑熙宗。立海陵,为尚书右丞相兼中书令,封王,进拜左丞相。因流露出有觊觎帝位之意,为海陵王所畏忌。天德二年(1150),以与宗本谋反罪,被杀。

【**唐喀禄**】(?—1758) 清朝将领。蒙古正蓝旗人。他塔拉氏。雍正十三年(1735),由笔帖式授理藩院堂主事。乾隆六年(1741),迁员外郎。十九年(1754),赐副都统衔,赴北路军营管理新降辉特台吉阿睦尔撒纳、班珠尔等游牧。二十年,以不尽职、调回,在员外郎上行走。清军征准噶尔,他拒调遣,以溺职罪革职。后复员外郎职,继受命管理定边右将军萨喇尔游牧。二十一年四月,赐副都统衔,授领队大臣,随同定边右副将军哈达哈办事。五月,随军赴哈萨克,索叛酋之阿睦尔撒纳,七月,擒固尔班和卓,以功授副都统,赐孔雀翎。十二月授理藩院侍郎,补镶蓝旗蒙古副都统。二十二年,授参赞大臣。以兵驻额尔齐斯,声援西路军征哈萨克锡喇,以粮缺马乏为由擅撤兵,革侍郎、副都统职,降蓝翎侍卫。二十三年,以土尔扈特舍棱谋窜沙俄,受命堵截,后中诈降计,战死。

【**唐括安礼**】(?—1181) 金朝大臣。本名斡鲁古,亦作讹鲁古,字子敬。女真族。姓唐括。好学,通经史,工词章。贞元(1153—1156)中,累官临海军节度使,入为翰林侍读学士,改浚州防御史、彰化军节度使。大定(1161—1189)初,迁益都尹、大兴尹。七年(1167),以府内大治,狱空,受赏赐。拜参知政事,历横海军节度使,历河间尹、南京留守、尚书右丞。主张以汉法治国,建言平等对待女真与汉人,勿因签军以妨农作。广开取士之路,按才录用。转左丞,进平章政事,封芮国公,授世袭谋克。建议世宗选人才要重视策论,提倡诗赋策论各场考试,文理俱优者中选,赏有功者不逾时。二十一年

(1181),拜右丞相,晋封申国公。

【疾六眷】 见"疾陆眷"。(469 页)

【疾陆眷】(?—318) 又作疾六眷、就陆眷、段就六眷、段眷等。晋代鲜卑段部首领。出于东部鲜卑,世居辽西。*务勿尘子。父卒,嗣为辽西公。晋永嘉六年(312),受大司马王浚命,随都护王昌攻石勒于襄国(治今河北邢台),屡获胜。后以从弟段末杯被俘,应石勒请,结盟而还。建兴元年(313),因拒王浚召不遣军攻石勒,遭浚讨,大败浚所遣拓跋猗卢军。建武元年(317),与并州刺史刘琨等一百八十人上表司马睿劝进。同年,弟段匹䃅推刘琨为大都督,招其共讨石勒,因恐匹䃅独据其功,拒出兵。

【悟良哈台】 又作兀良哈台。元朝大臣。蒙古人。累官枢密副使。至正十二年(1352),改中书添设参知政事、同知经筵事。十三年,进右丞,兼大司农卿。十七年(1357),任中书平章政事。十八年,出知行枢密院,节制河北诸军。十九年,屯驻孟州,与察罕帖木儿部将八不沙等交兵,后引蒙古军还京师大都(今北京)。

【悦勃大肥】 见"间大肥"。(417 页)

【凌吉讹遇】(?—1099) 西夏国军事首领。党项族。辖洪、宥、韦三州都统军贺浪啰部下。天祐民安八年(1097)七月,随军与宋熙河将王愍战于宥州,贺浪啰战死。永安元年(1098),合洪、宥两监军兵迎战王愍,不胜,退至十里井。二年二月,率数万军驻神堆等险要,以遏阻西夏国投宋部族,并与鄜延将张诚等战,不利。梁太后被杀,夏遣使向宋告哀。宋哲宗因其与夏臣嵬保劝梁氏"开边",令擒二人入献,夏崇宗李乾顺即以杀梁氏罪归二人,执杀之,遣使告宋。

【准塔】(?—1648) 清初将领。满族。佟佳氏,满洲正白旗人。*扈尔汉第四子。后金天聪八年(1634),授骑都尉世职,官甲喇额真(参领)。同鳌拜略明锦州,复与劳萨率兵迎护察哈尔来降诸宰桑。清崇德二年(1637),随阿济格奋勇攻取明皮岛,因功晋三等男,袭十二次,赐号"巴图鲁"。三年,授蒙古固山额真(都统),寻从岳托攻明密云墙子岭,败明太监冯永盛、总兵侯世禄,晋二等男。六年(1641),从多尔衮围锦州,因离城远驻,获罪。后从阿巴泰略山东,因攻孟家台不克,又妄报陷阵,夺"巴图鲁"号,降世职为一等轻车都尉。顺治元年(1644),从多尔衮等入关攻李自成农民军,克庆都、真定,定居庸关内外诸城堡及畿南诸州县,以此复三等男。二年,率左翼兵克徐州、淮安、通州、如皋、泰兴、凤阳、庐州等地,平定江淮。晋三等子,复"巴图鲁"号。三年,从豪格略陕西,受命攻武大定、石国玺等,降其众七百人。十一月,与豪格败张献忠于西充(今四川西充)。四年,与尼堪、满达海等分兵下遵义、夔州、茂州、荣昌、富顺、内江、资阳诸郡县,四川平。复随豪格镇压武大定等。寻卒。论功,晋世职一等子爵,追谥襄敏。

【涉珪】 见"拓跋珪"。(335 页)

【涉复辰】(?—318) 又作段辰。晋代鲜卑段部首领。出于东部鲜卑,世居辽西。首领*务勿尘弟。兄卒,以兄子疾陆眷嗣位为辽西公。东晋建武元年(317),与并州刺史刘琨等一百八十人上表司马睿劝进。同年,疾陆眷弟段匹䃅推刘琨为大都督,招其共讨石勒,因恐匹䃅独据其功,与疾陆眷拒出兵。太兴元年(318),疾陆眷卒,以其子幼,遂自立,并出兵拒匹䃅,以防之篡位。不久,被段末杯所杀。

【涅里】 ①又作泥里、泥礼、雅里。唐代契丹遥辇氏部落联盟军事首领。迭剌氏。辽太祖*耶律阿保机七世祖。初追随联盟军事首领可突于。可突于被别部帅过折(遇折)杀害后,于唐玄宗开元二十三年(735),以"过折用刑残虐,众情不安"为由,起兵杀过折。立迪辇俎里为可汗,自任联盟军事首领"夷离堇",统军马,掌刑辟,握联盟实权。于时受唐封松漠都督、左金吾卫大将军。时契丹势力日盛,联合奚王李归国共同抗击突厥进犯,大胜。不久,背唐自立。二十四年三月,败唐平卢讨击使、左骁将军安禄山。次年三月,为唐幽州长史张守珪败于捺禄山,北走松漠,重新整顿部落联盟。"始立制度,置官属,刻木为契,穴地为牢",且"究心农工之事","教耕织,而后盐铁诸利日以滋殖"。将原十部析为二十部。 ②见"耶律淳"。(307 页)

【涅里骨】 见"耶律涅鲁古"。(325 页)

【涅孚鲁思】(?—1297) 又译尼佛鲁慈、讷兀鲁思。伊儿汗国大臣。蒙古斡亦剌部人。阿尔浑子。初佐阿鲁浑长子合赞,镇治呼罗珊(今伊朗霍腊散省与阿富汗西部)。娶伊儿汗阿八哈女秃坚术(托绐珠)公主为妻。至元二十六年(1289),丞相不花为伊儿汗阿鲁浑所杀,恐疑为同谋,祸及自身,举兵叛,进袭克失甫河畔合赞军营。次年,因沿途受合赞军追击,从巴达哈伤至海押立(巴尔喀什湖和伊犁河之间),往依海都,率兵三万扰掠呼罗珊。元贞元年(1295),伯都杀乞合都汗,他依妻秃坚术之言,仍归附合赞。助合赞平息伯都之乱即汗位,遂为大将军,位于群臣之右。恃功骄蹇,为合赞所厌,被裨将诬为阴通埃及。图谋不轨。大德元年(1297),家属为合赞捕诛,乃于呼罗珊举兵叛,遭合赞军追击,败走也里城,为法合鲁丁执送合赞将忽都鲁沙营被杀。

【浩海太尉】 见"浩海达裕"。(469 页)

【浩海达裕】(?—1399) 亦译浩海太尉、郭海太尉。明代蒙古可汗额勒伯克的大臣。瓦剌绰罗斯部领主。明建文元年(1399),为谋取蒙古丞相职位,管辖瓦剌诸部,怂恿额勒伯克杀汗弟(一说汗子)哈尔古楚克鸿台吉,夺取弟媳鄂勒哲依图鸿郭斡妣吉。不久,中妣吉离间计,被额勒伯克汗误杀。

【海山】(1281—1311) 元朝皇帝。蒙古孛儿只斤氏。世祖*忽必烈曾孙,*答剌麻八剌长子。蒙古语尊称曲律皇帝。成宗大德三年(1299),代宁远王阔阔出总兵北边。四年,破叛王海都军于阔别列,翌年,大败海都、笃哇军于迭怯里古等地,海都兵败走死。七年

(1303)，笃哇遣使归降。八年，封怀宁王，食邑瑞州六万五千户。十年（1306），进军也儿的失河（今额尔齐斯河），逐海都子察八儿亡走笃哇处。十一年，成宗死，弟爱育黎拔力八达在右丞相哈剌哈孙支持下，挫败卜鲁罕皇后辅安西王阿难答争夺皇位之谋，拥其为帝，遂拥兵南还，即位于上都。封弟爱育黎拔力八达为皇太子，相约兄弟叔侄世世相承。至大元年（1308），招抚笃哇子款彻，败海都子察八儿，后迫其归降，漠北之乱悉平。在位期间，命翰林国史院纂修顺宗、成宗实录及皇后、功臣列传，译孝经、佛经为蒙古语。但因耽于酒色，滥授官爵，殊恩泛赐，调军民大造宫殿、佛寺、私邸，致使铨选钱粮之法尽坏，廪藏空竭，"国之粮储，岁费浸广，而所入不足"，予卖盐引，用及钞本，使世祖时代成法遭破坏。死后追谥仁惠宣孝皇帝，庙号武宗。

【海全】（？—1862） 清朝将领。达斡尔鄂嫩氏。世居博库尔沁前屯。隶布特哈镶黄旗。咸丰三年（1853），以骁骑校参与镇压太平天国运动，旋赐号达春巴图鲁，官至京口副都统。同治初阵亡，谥壮节。

【海里】 见"萧孝先"。（482页）

【海邻】 见"孩里"。（428页）

【海忠】 清朝官员。字靖堂。满洲正红旗人。道光六年（1826），官承德府知府。逾四年，擢热河兵备道。著有《承德府志》八十卷。

【海思】 见"耶律海思"。（318页）

【海都】 ①蒙古国建立前蒙古部贵族首领。合赤曲鲁克子，蒙古国创建者﹡成吉思汗六世祖。幼时，因自家草场被札剌儿部人破坏，彼此发生冲突，全家遇难，牲畜、财物被掠，本人被藏匿，得以幸免于难。后被入赘于巴儿忽部的叔父纳臣营救至巴儿忽真谷（今巴尔古津河流域）居住。成年后，被纳臣及部众推举为部长。为报父祖之仇，率兵攻破札剌儿部，掠其部民为奴，势力渐盛，附近各部相继归服，逐渐形成为强部之一，为后来蒙古部的发展奠定了基础。自是，札剌儿部民世代为其后裔的奴仆，一直被遗留给成吉思汗。②（？—1301）元朝蒙古宗王。孛儿只斤氏。﹡窝阔台汗孙，合失子。蒙哥汗即位后，窝阔台系宗王失势。蒙哥汗二年（1252），为分散该系力量，将窝阔台封地分封于诸子孙，以去其势。海都被谪封于海押立（今伊犁西）。中统初，自以太宗嫡孙不得立，怀怨，阴附阿里不哥发难。至元元年（1264）阿里不哥被平定后，仍谋求自立为汗，拒绝忽必烈征召，雄踞西北，结好木赤、察合台、窝阔台系诸王，扩展势力。忽必烈虽于至元三年（1266）以蔡州为其分地，按年赏赐，仍难拢其心，与忽必烈所封察合台汗八剌争战，继而约和，并于至元六年（1269）助兵攻伊儿汗阿八哈。后扶立八剌子笃哇为察合台汗，联兵扰天山南北各地，连年与元军争战。二十四年（1287），暗结东道诸王乃颜等，谋东西夹攻元军，因乃颜迅速被平定，未竟。二十六年（1289），又进逼蒙古旧都和林（今蒙古哈尔和林），闻忽必烈汗亲征，始遁。后屡犯边，与镇守漠北的皇孙甘麻刺、铁穆耳军作战，终忽必烈一朝战事未断。成宗大德元年（1297），为元将床兀儿败于八邻。四年（1300），又为海山（武宗）败于阔别列。五年（1301），与笃哇纠合窝阔台系、察合台系后王四十人再犯和林，兵败和林北迭怯里吉及合剌合塔，不得志，退军，不久病死。

【海积】（？—1402） 明代云南武定军民府土官。彝族。﹡商胜子。洪武二十二年（1389），以母病替职。二十六年（1393），钦准袭土知府。建文四年（1402），赴京朝贺期间病故。

【海望】（？—1755） 清朝大臣。满洲正黄旗人。乌雅氏。初任护军校、内务府主事、郎中。雍正八年（1730），擢总管内务府大臣，兼户部三库。九年（1731），授内大臣。同直隶总督李卫勘浙江海塘，疏言改筑之法，又奏海塘管工、工价、设官兵等事，均被采纳。十三年（1735），以振武将军傅尔丹虐兵婪索事发，奉命赴北路军营拿获傅尔丹至京。寻以发遣人犯在鄂尔坤垦种并无实效、易生事端，请将人犯改发他处。乾隆元年（1736），授户部尚书兼议政大臣。以米运鄂尔坤价贵，疏请令蒙古运。六年（1741），请停各省捐谷例，皆被采纳。后官礼部、户部尚书。卒，谥勤恪。

【海禄】（？—1791） 清朝将领。蒙古正蓝旗人。齐普齐特氏。乾隆二十年（1755），以前锋随领队大臣莽阿纳出师伊犁，参与平定阿睦尔撒纳叛乱。次年，随定边右副将军兆惠驻济尔哈朗。二十四年（1759），随副将军富德征讨霍集占叛乱，攻叶尔羌（今新疆莎车）等地，因功赐"噶卜什海巴图鲁"名号。二十七年（1762），擢三等侍卫。三十年（1765），派往乌什办事。随领队大臣鄂津镇压乌什维吾尔族人民反抗封建统治的武装暴动。三十五年（1770），随征缅甸。次年，调往金川征讨土司叛乱。后因功实授固原镇总兵。四十年（1775），补直隶天津镇总兵。继续征讨金川土司叛乱。师旋，擢云南提督。四十六年（1781），参与镇压甘肃撒拉族伊斯兰教新教首领苏四十三领导的起义。四十八年（1783），赴乌鲁木齐署理都统事务。后调补乌什参赞大臣，授伊犁参赞大臣。五十三年（1788），因诬告罪，被革职。后复被起用，官提督。

【海瑞】（1514—1587） 明朝官员。字汝贤，一字应麟，自号刚峰。广东海南岛琼山县人。回族。福建松溪知县海宽之孙，海瀚子。嘉靖二十八年（1549）中举。三十二年（1553），任福建南平县儒学教谕。三十六年（1557），升浙江淳安县知县。抑权豪，清丈土地，均赋徭，颇有政绩。四十一年（1562），迁江西兴国县知县。四十五年（1566），调户部云南司主事。因上《治安疏》（世人誉为"直言天下第一疏"），批评世宗迷信道教，不理朝政等事，被捕入狱。世宗死，保释复官。穆宗隆庆三年（1569），任应天巡抚，兴利除弊，疏浚吴淞江，消除水患，推行"一条鞭法"。任职仅七个月，遭官僚权贵诬告排挤，革职闲居达十六年。万历十三年（1585），复被起用，先后任南京吏部右侍郎、南京右佥都御史等，两年后病逝，谥忠介。一生刚正不阿，不事权贵，在淳安县任内，不畏权相严嵩淫威，拒不阿附其亲信钦差大臣鄢懋卿；秉公查封江浙总督胡宗宪搜刮的金银。搏击豪强，平反冤狱，勒令豪绅把强占的田地退还给农民，对其救命恩人、原宰相徐阶也毫不徇情。徐阶弟徐陟亦因作恶被判刑。为官清正，生活俭朴。被誉为"南包公"。著有《海瑞集》。

【海龄】（？—1842） 清朝将领。满洲镶白旗人。郭洛罗氏。嘉庆十八年（1813），任守备。随直隶总督温承惠于河北镇压李文成领导的天理教起义。道光十年（1830），由副将擢大名镇总兵，后调正定镇。十五年（1835），因不称职被总督琦善所劾。后授西安、江宁、京口副都统。二十一年（1841）7月，英军入侵浙江，陷定海（今浙江镇海县），他封闭沿海通商码头以防御。二十二年，因请备丰年俸饷支给防守京口旗营官兵，被降二级留用。同年7月，英军入攻镇江时，率旗兵千人及青州兵六百人驻守城内，参赞大臣齐慎与湖北提督刘允孝分兵扼守城外。后因齐、刘俱败，退保新丰镇。英军炸破西门入城后，又督部与英军巷战，势不支，自杀。

【海璘】 见"萧海璘"。（486页）

【海兰察】（？—1793） 清朝著名将领。鄂温克人，姓多拉尔氏（一作索伦杜拉尔氏）。世居西布特哈阿伦河、依拉达屯。后隶满洲镶黄旗。乾隆二十年（1755），以马甲从征准噶尔，镇压阿睦尔撒纳叛乱，擒辉特台吉巴雅尔，赐号额尔克巴图鲁，擢头等侍卫。三十二年，从征缅甸，败敌于戛鸠江，授镶黄旗蒙古副都统。旋留军防边，移镶白旗蒙古副都统。三十六年，率鄂温克兵征金川。次年，进攻路顶宗及喀木色尔，破卡寨五十、碉三百，擢正红旗蒙古都统。三十八年，征大金川屡获胜，后因美诺等地失守，受责停俸。次年，收复罗博瓦，授内大臣。旋又赐号绰尔和罗巴图鲁。四十一年，平金川，封一等超勇侯，图像紫光阁，授领侍卫内大臣。四十六年，参与镇压青海苏四十三领导的回民起义，步战中枪伤，克华林山。后三年，复督巴图鲁侍卫镇压回民义军。五十二年，从征台湾，镇压林爽文起义，晋二等超勇公。次年，台湾平，再次图像紫光阁。五十六年，廓尔喀侵后藏，率巴图鲁侍卫和鄂温克兵进讨。明年，抵第哩浪口，率兵出中路，进屯擦木，攻克济咙。遂进兵密哩顶，抵旺噶尔，深入八百七十里。师至旺堆后，进驻雍雅山，廓尔喀乞降，不许。清军攻城夺卡，屡战获胜。抵集木集山后，廓尔喀惧，投降。晋爵一等公。为祖国的统一，反抗外来侵略作出了贡献。曾在黑龙江南屯鄂温克地区建第一个喇嘛庙，传播佛教文化。病故，谥武壮。

【海西侯】 见"纳哈出"。（297页）
【海合都】 见"乞合都"。（20页）
【海迷失】（？—1252） 又作斡兀海迷失，"斡兀立"实为部名。蒙古国*贵由汗（定宗）可敦（后妃）。一说为斡亦剌部长*忽都合别乞之女。贵由汗三年（1248），汗卒后，称制摄国。以先汗窝阔台尝言皇孙失烈门"可以君天下"为由，结察合台系诸后王，力主以失烈门嗣位，遭术赤系、拖雷系诸后王反对，久议汗位继承人未决。称制期间，因嗜信巫术，不甚问朝事，委政于右丞相镇海等，政纲紊弛。对术赤子拔都等诸王拥立拖雷子蒙哥嗣位持异议，拒赴翊戴大会。蒙哥汗二年（1252），以结诸王抗命为由被处死，诸子忽察、脑忽被远谪禁锢。世祖至元三年（1266），追谥钦淑皇后。

【海滨王】 见"耶律延禧"。（311页）
【涂山】 见"耶律涂山"。（321页）
【益宗】 见"脱古思帖木儿"。（512页）
【益西约】 吐蕃赞普达磨后裔。又名天喇嘛益西约。初名阔日（一说松埃）。因阅读先祖史籍，遂决心出家，开王族弃政为僧之例。宋至道二年（996），以桑耶寺为模式，于阿里扎朗county建著名之托林寺（又名托定寺及高翔寺），为阿里最大佛寺，建筑宏伟，据《三世章嘉呼图克图传》载，北京颐和园后山香岩宗印之寺群即仿托林寺建成。后派仁钦桑波等二十一名聪慧少年赴印度学习佛法，以兴佛教。先迎达玛巴拉等三僧于阿里宏扬律藏，后请印度高僧阿底峡入藏。为此亲赴印度边界寻觅黄金作为聘金之用，不幸被噶罗禄部所擒，该部提出以其头颅等重之黄金为赎金，他嘱属下应以黄金兴佛而不可赎其身，遂以身殉佛。对阿里后宏期佛教的发展及阿里地区的开拓贡献颇大。

【益麻党征】（？—约1170） 清代译作尼玛丹怎。宋代河湟吐蕃首领。唃厮啰疏族。*溪巴温子。*陇拶弟。北宋灭亡前夕，无暇西顾，于靖康二年（1127），遣使至河湟寻找唃厮啰血统封立。以索为国人信服，受命措置湟部事，赐姓名赵怀恩，封陇右郡王，成为北宋在河湟的最后一名宦官。绍兴元年（1131），河湟为金人所占，拒绝金人劝诱，弃离部族、田宅，携老小赴川中。四年（1134），至阆州（今四川阆中），投附南宋，受优恤。六年（1136），受命总领河南诸兵，以示勿忘收复故土。后徙居成都府，由四川安抚制置使司供给费用。二十三年（1153），由熙河观察使改鼎州观察使，加成都府兵马钤辖。二十七年（1157），任成都府路兵马钤辖。乾道六年（1170）五月，其妻向官府诉苦，自陈家贫，夫未葬。可知其约卒于是年。

【益福的哈鲁丁】 元代语言学家。回回人。祖籍西域。昭文馆学士木沙剌福丁孙，平章政事札剌鲁丁子。世祖至元年间（1264—1294），供职于翰林院，官至翰林学士承旨，正奉大夫。通亦思替非文（一说为波斯文，因古都亦思法杭之异译而得名）。是时，元朝与西域诸藩来往频繁，而葱岭以西各伊斯兰教地区，通行波斯文及阿拉伯文，为便于交往，需造就精于其文之人才。至元二十六年（1289），尚书省奏请由其教授公卿大夫与富民之习其文，以施用。八月，于翰林兼国史院设回回国子学，仁宗延祐元年（1314）四月，别置回回国子监学，掌其事。元设学校，教授回回文字，实自其始。卒，追赠大司徒、封古国公，谥忠简。

【宽阁】（？—1308） 又作宽彻、款彻。察合台汗国汗。蒙古孛儿只斤氏。*笃哇子。成宗大德十年(1306),奉父命朝贺。闻父卒,归国嗣位,奉行与元朝友好的政策,至大元年(1308),武宗予以厚赐,并先后遣使抚问。他向元廷进呈成吉思汗时所造撒马耳干等城户口青册,并请以三年民赋输官以示恭顺。

【宽彻普化】(?—约1365) 又作宽彻不花。元朝宗室。蒙古孛儿只斤氏。*忽必烈孙,镇南王*脱欢子。泰定三年(1326),封威顺王,镇武昌。致和元年(1328),应怀王图帖睦尔之召,还京,朔戴怀王即汗位,后还镇。至正五年(1345),因放纵位下宿卫侵渔百姓,被太师伯颜召至京,贬官。脱脱任丞相后,查无罪,归镇。十一年(1351),率兵战徐寿辉农民军于金刚台,兵败,子别帖木儿被俘。次年,失武昌,被夺印。湖广行省参政阿鲁辉克复武昌、汉阳后,他率部屡战农民军。十四年(1354),还镇武昌。十六年(1356),与宣让王帖木儿不花领兵镇怀庆。后率水陆军攻徐寿辉将倪文俊,兵败汉川县鸡鸣汊,奔陕西。二十五年(1365),欲还京,为李思齐所扼,受命屯田成州。

【宴只吉带】 见"野里知带"。(499页)

【宾兔】 蒙文史籍作爱达必斯达延诺延。明代蒙古鄂尔多斯部领主。孛儿只斤氏。*吉囊孙,*狼台吉(拜桑固尔)长子。嘉靖三十八年(1559),随叔祖父俺答汗率数万人进入西海(今青海),败达延汗右翼叛臣卜儿孩,攻略当地藏族、撒里畏兀儿等。俺答汗东返后,留居松山(今甘肃天祝藏族自治县东松山),时称松山宾兔,以别于留居青海的俺答汗子西海丙兔。部众五千余人(一说一千余人)。隆庆五年(1571),俺答汗与明朝达成封贡协议后,受明封为指挥同知。与明朝互市于庄浪(今甘肃永登县)。俺答汗卒后,无人节制,故不断与明军发生冲突。万历二十六年(1598),松山地区被明朝将领李汶、达云(回族)夺取,并修筑边墙,鄂尔多斯部遂失去占据四十余年的松山地区。

【宰生】 见"真相台吉"。(438页)

【宰赛】 亦作宰赛、介赛等。明末内喀尔喀五部首领之一。孛儿只斤氏。*达延汗第六子*阿尔楚博罗特裔孙,*伯言儿子。部众一万余,拥精兵五千。占据福余卫故地,驻牧于辽河流域。势力所及,西起扎鲁特,东跨辽河两岸,北控科尔沁南部,风靡内喀尔喀全土。万历二十三年(1595),与明朝通贡互市。三十三年(1605),因诱杀明边将熊钥,被革除市赏。又与伯父煖兔不和,筑城以备。四十七年(后金天命四年,1619),率部与努尔哈赤战于铁岭,兵败,与二子均被俘。不久获释,继续对抗后金,与察哈尔部林丹汗相呼应。至崇祯七年(后金天聪八年,1634),部众散亡,不知所终。

【宰生台吉】 见"打赖宰生台吉"。(92页)

【窊合山】 见"阿勒根彦忠"。(290页)

【容妃】(约1734—1788) 清乾隆帝妃子。即香妃。原名买木热·艾孜木。清末小说附会其遍体生香,维吾尔语称伊帕尔汗,汉译香妃。维吾尔族。叶尔羌(今新疆莎车)人。伊斯兰教始祖派噶木巴尔后裔。回部第二十九世和卓阿里之女。乾隆二十五年(1760),随叔辅国公额色尹进京,应选入宫,为贵人。二十六年(一说二十七年),升为嫔,三十三年(1768),封为妃。曾陪乾隆巡游苏州、杭州、泰山、曲阜、盛京(今沈阳)等地。死后葬河北省遵化县东陵裕妃园寝中;一说葬新疆喀什市阿帕克和卓麻丸。

【资忠】 见"耶律资忠"。(318页)

【资曹】 明代云南曲靖府陆凉州土官。彝族。宣德八年(1433),袭陆凉州(治今云南陆良东北)土知州。正统六年(1441)十二月,因随军征战有功,升曲靖军民府同知。景泰六年(1455),纳粟捐晋宣慰司副使,仍管州事。

【娑固】①(?—720)又作李娑固。唐代契丹大贺氏部落联盟首领。前首领*失活弟(一作从父弟)。开元六年(718)五月,失活死后,受唐封袭爵,为松漠都督府都督。翌年四月,向唐献马。十一月,偕唐公主赴长安(今陕西西安)入朝,承玄宗内殿赐宴。及归,见静析军副使可突于勇悍获众心,猜畏不安,欲谋除之,事泄。八年(720),为可突于所攻,奔营州(今辽宁朝阳)求助,被可突于斩于阵前。 ②又作李娑固,或娑固。唐代奚族部落首领。玄宗天宝(742—756)初年,奚附唐。四年(745)九月,其首领、饶乐都督延宠背唐,他于五年四月被唐任以饶乐都督,封昭信王,奉命定所余部。

【娑葛】(?—711) 唐代突骑施汗国第二代可汗。*乌质勒长子。神龙二年(706),父死,袭嘱鹿州都督、怀德郡王,拜左骁卫大将军兼卫尉卿。景龙二年(708),击败阿史那忠节(又作阙啜忠节),建号贺腊毗伽十四姓可汗。唐朝赐名守忠。景云二年(711),率兵与唐北庭汉骑、坚昆兵合击后突厥汗国,拜归化可汗(又作钦化可汗),授金山道前军大使,佐金山道行军大总管吕休璟。军机泄,为其弟遮弩所引默啜兵所败,被俘杀。

【娑悉笼腊赞】 见"赤松德赞"。(205页)

【诺内】(?—1707) 清朝将领。蒙古喀尔喀部人。博尔济吉特氏。亲王本塔尔第四子。康熙九年(1670),袭札萨克和硕达尔汉亲王。十四年(1675),以其叔镇国公扎木素越界逃,与弟萨玛第等率兵追获之,以功受赏赐。二十七年(1688),以准噶尔部噶尔丹侵扰喀尔喀掠土谢图汗、车臣汗、札萨图汗部,受命率所部兵侦御噶尔丹。二十九年(1690),率四子部落及归化城土默特兵千人屯土拉河。继分兵驻归化城。三十五年(1696),随清大将军费扬古败噶尔丹于昭莫多,俘众五百余。继从费扬古驻喀尔喀郡王善巴界。

【诺海】(?—1792) 清代卫拉特蒙古和硕特部贵族。札萨克多罗土谢图贝勒恭格族叔父。乾隆三十六年(1771),率所属250余户1400余人随渥巴锡东返祖邦,诏授札萨克一等台吉。四十年(1775),诏辖巴启色特奇勒图和硕特盟右翼旗务,赐札萨克印。

【诺比提】 18世纪维吾尔族诗人。新疆和田人。

自幼好学,曾取道莎车到喀什噶尔(今新疆喀什)读书。善写诗。作品有《格则勒》等。其诗主要以爱情为题材,也写过不少劝人忠诚向善、争取和平的著作。其诗歌抒情、优美,语言通俗、明快,富有人民性。

【诺尔布】 ①(?—1687)清代喀尔喀蒙古车臣汗。博尔济吉特氏。车臣汗*巴布子。康熙二十年(1681),受父命携子伊勒登阿喇布坦向清朝入贡。次年,因所属巴尔呼人以牲畜及貂皮私与俄罗斯互市,受命整顿所属,与俄罗斯绝市。二十二年(1683),继其父嗣车臣汗。二十五年(1686),以土谢图汗与札萨克图汗内讧,受命导之和好。次年,与土谢图汗察珲多尔济向康熙帝进表,请求颁印,并奏请上尊号,未准。清帝命其"亲睦雍和,毋相侵扰"。 ②(?—1731)清代卫拉特蒙古青海土尔扈特部台吉。莽海后裔。世牧青海。雍正元年(1723),率众响应青海和硕特部首领罗卜藏丹津反清,后悔罪,获赦免。三年(1725),授礼萨克一等台吉。九年(1731),准噶尔部噶尔丹策零遣玛木特领兵掠科舍图驼马。他受命与硕特札萨克公拉察布设汛腾格里防御。乘间叛清,盗掠驼马。为和硕亲王察罕丹津等所败,被执送京师,处死 ③(?—1767)清朝蒙古王公。喀尔喀札萨克图汗部人。博尔济吉特氏。纳木扎勒多尔济子。初为二等台吉。乾隆二十一年(1756),从父策登扎布附和托辉特部青衮咱卜叛,他劝阻,不听,遂与台吉固穆札卜等赴乌里稚苏台军告变,并率属由博罗哈布齐尔徙牧察罕托辉。授札萨克一等台吉。二十二年,驻防布延图额德格特汛。二十七年(1762),解军驼赴伊犁。三十一年(1766),送马四千赴乌鲁木齐。

【诺曷钵】(?—688) 又作诺贺钵、诺遏钵、诺遏拔等。唐代吐谷浑可汗。慕容氏。慕容顺子。封燕王。贞观九年(635),父为国人所杀,他被唐立为吐谷浑主,因年幼,大臣争权,国中大乱。十二月,太宗遣侯君集平息吐谷浑动乱。次年三月,遣使至唐,请颁唐历,奉唐年号,并遣子弟入侍。受唐封河源郡王、乌地也拔勤(勒)豆可汗。十二月,亲到长安朝见,并请婚。十二年(638),吐蕃松赞干布闻唐许嫁公主与吐谷浑,而己遭拒绝,遂迁怒吐谷浑。发兵击之。诺曷钵不能抗,走青海之北。十四年(640),太宗以宗室女弘化公主妻之。十五年,察丞相宣王专权谋变,欲挟己投吐蕃,与弘化公主奔唐鄯城(今青海西宁),所部威信王与唐鄯州刺史合军击杀宣王兄弟三人,乱平。二十三年(649),唐太宗去世,刻其石像列昭陵前。永徽二年(651),封驸马都尉。龙朔三年(663),为吐蕃所败,与弘化公主率数千帐逃唐凉州(治今甘肃武威),吐谷浑亡。乾封元年(666),受唐封为青海国王。咸亨元年(670),唐以右威卫大将军薛仁贵率军击吐蕃,并护送其还国,因兵败,未遂。先后居于凉州南山(今甘肃武威南祁连山)、鄯州浩亹河(今青海大通河)南、安乐州(今宁夏同心县东北),任安乐州刺史。

【诺桑哇】 又称诺布桑布。明代西藏地方官员。仁蚌巴·南喀杰波子。承袭祖、父辈宗本及万户长职。宣德十年(1435),依恃帕竹政权势力,出任娘麦桑珠孜之宗本,并建容地强钦寺,成为帕竹属下主要掌事大臣。在职期间,对萨迦、噶举及格鲁(即格丹)诸教派一视同仁。

【诺延达喇】 见"吉能"。(130页)

【诺移赏都】 西夏国大将。党项族。天授礼法延祚十一年(1048),元昊被其子宁令哥刺杀。国舅没藏讹庞又执杀宁令哥,国中无主。他与诸大臣欲按元昊遗命立从弟委哥宁令为西夏国主。讹庞以委哥宁令非子无功,且西夏国自祖考以来皆父死子继为由,遂立没藏氏之子谅祚。讹庞以诺移赏都等三大将掌兵,后令分掌国事。

【诺尔布扎布】 清朝蒙古王公。喀尔喀赛音颜部人。博尔济吉特氏。亲王德沁扎布长子。初为一等台吉。乾隆十七年(1752),赐公品级。二十年(1755),随军征准噶尔部达瓦齐,屯驻乌哈尔和硕,并收准噶尔降众。后叙功晋封固山贝子。二十七年(1762),袭札萨克和硕亲王,授副盟长,命乾清门行走。赐三眼孔雀翎。三十一年(1766),授所部副将军,袭赛音诺颜号。五十一年(1786),以病罢职。

【诺尔布林沁】(?—1756) 清代卫拉特蒙古准噶尔部台吉。姓绰罗斯。*策妄多尔济那木勒同高祖兄弟。初游牧额琳哈毕尔噶。乾隆二十年(1755),从父噶勒藏多尔济附清。是年秋,辉特部台吉阿睦尔撒纳举兵反清。偕从兄弟扎那噶尔布驰兵往击,败阿巴噶斯、哈丹军,移牧都尔伯勒津。阿睦尔撒纳隙之,掠其牧。伊犁喇嘛因其为噶尔丹策零族裔,谋立之为卫拉特"总台吉",与阿睦尔撒纳抗争。未果,病死。

【诺尔布班第】(?—1734) 清朝蒙古王公。喀尔喀札萨克图汗部人。博尔济吉特氏。萨木多尔济长子。康熙三十五年(1696),袭札萨克多罗贝勒。赐牧塔尔弼克哩叶库布辄尔。四十年(1701),赐黄马褂杏黄罄。五十九年(1720),随振武将军傅尔丹由布噜勒征准噶尔,于格尔额尔格擒宰桑贝坤等百余人。雍正十二年(1734),以纵属夺军粮,降札萨克镇国公。

【诺尔布敦多克】(?—1756) 一译诺尔布端多布。清代卫拉特蒙古和硕特部台吉。罗卜藏车凌子。初游牧额琳哈毕尔噶。乾隆二十年(1755),清军征伊犁,遣长子鄂齐尔迎降。旋遭同族台吉班珠尔袭击,属产被夺。同年秋,阿睦尔撒纳举兵叛清。应定边右副将军萨喇尔之约,与沙克都尔曼济子图扪同领兵至博罗塔拉伐叛,未果。遣使至乌里坤,誓随清军剿阿睦尔撒纳。次年,率众归清,封公爵。敕将班珠尔所夺财产归还。

【诺颜和硕齐饶旦】(?—1736) 汉籍作诺颜和硕齐。清代后藏官员。藏族。郡王*颇罗鼐弟。受命管辖哈喇乌苏兵,护西藏,授头等札萨克台吉,世袭。雍正五年(1727),卫、藏战争时,在颇罗鼐长子率领下,于藏绒地击退前藏阿尔布巴军队。

【诺木达喇古拉齐诺延】 见"哑速火落赤把都儿"。

（394 页）

【诺木塔尔尼郭斡台吉】(1524—?) 汉籍简称华台吉、花台吉。明代蒙古右翼鄂尔多斯部领主。孛儿只斤氏。吉囊第四子。领右翼巴苏特卫新，为鄂尔多斯右翼前旗始祖。驻牧于榆林以西边外，即今乌审旗一带。其长子即著名的切尽黄台吉(库图克图彻辰鸿台吉)。

【课课不花】 见"阔阔不花"。(551 页)

【祥厚】(?—1853) 清朝将领。满洲镶红旗人。爱新觉罗氏。道光八年(1828)，袭骑都尉世职。十七年(1837)，授镶红旗蒙古副都统，后调山海关。任内，以拿获夹带鸦片人犯受赏；校阅山海关等处八旗官兵训练，奖惩优劣。调熊岳副都统。二十年(1840)，以英国发动侵略战争，同盛京将军耆英等拨兵驻守海口防堵。二十八年(1848)，由金川副部统升江宁将军。咸丰三年(1853)，太平军由武昌东下，两江总督陆建瀛弃上游，逃回南京，巡抚杨文定逃往镇江。他以"御外必先靖内"，宅张统兵堵剿，镇压太平军。旋署两江总督，领关防。时，太平军直扑南京。他督饬文武顽抗十昼夜，城破，被杀。谥忠勇。

【祥福】(?—1841) 清朝将领。满洲正黄旗人。玛佳氏。由亲军累擢冠军使。出为湖南宝庆协副将，从提督罗思举镇压湖南省江华瑶族人民起义。后官总兵。道光二十年(1840)，鸦片战争爆发，他率镇篁镇兵援广东。次年，守乌涌炮台，率士卒英勇抗击英国侵略军，因兵单不支，为国殉难。予骑都尉世职。

【祥哥刺吉】(1284—1332) 又作桑哥刺吉。元朝公主。答刺麻八刺女。大德十一年(1307)，适弘吉刺氏之鲁王，封皇妹鲁国大长公主，赐水平路为分地。至大三年(1310)，夫卒，不从蒙古俗继适诸叔，守节终身。仁宗即位，改封皇姐鲁国大长公主。文宗称帝后，加封"徽文懿福贞寿大长公主"。屡受厚赐，资财雄厚，声势之隆超过元代所有公主。对汉文化艺术具有浓厚兴趣，收藏历代诸书名画，乐与虞集、袁桷、柳贯、朱德润等著名文士相交，对当时文艺、教育及宗教颇有影响。

【祥班德益西德】 唐代吐蕃僧人。赤松德赞赞普(755—797 年在位)时一百零八位译师之一。又名尚益西德或益西德。是赤松德赞时著名"三少译师"之一，与嘎哇贝孜译师齐名。曾将《观差别》、《善行四释要义》等四部佛经译成吐蕃文，是吐蕃最早的译经之一。

【朗日塘巴】(1054—1123) 宋代藏传佛教噶当派大师。吐蕃人。本名多吉僧格。博多畦门下著名弟子。一生致力于讲经授徒，立志要使一切众生都不要离开比丘的事业，故被弟子誉为无量光佛的化身。与博多哇一样，主要讲授"噶当七论"，也讲"慈氏五论"，即《现观庄严论》、《庄严经论》、《宝性论》、《辨法法性论》、《辨中边论》。后曾师事内邬素巴学法，成为其再传弟子。其僧徒多时有二千多人，培养了不少有名的弟子。

【朗衮扎布】(?—约 1766) 清朝蒙古王公。喀尔喀札萨克图汗部人。博尔济吉特氏。喇布坦子。初以协理台吉从征准噶尔部达瓦齐及哈萨克，以功授一等台吉，赐孔雀翎。乾隆二十三年(1758)，与额璘沁台吉率兵八百随靖逆将军雅尔哈散击库车回部。授辅国公。继从定边将军兆惠征叶尔羌(今新疆莎车)，以功晋镇国公，赐双眼孔雀翎。二十八年(1763)，与乌梁海内大臣察达克定乌鲁木齐等路十五汛地。后扈从乾隆帝木兰行围，赐黄马褂，命乾清门行走。

【 了 】

【陵丹巴图尔台吉】 见"林丹汗"。(303 页)

【陶隗】 见"萧陶隗"。(486 页)

【陶苏斡】 见"萧陶苏斡"。(489 页)

【陶新春】(1825—1867) 清咸丰同治年间苗族起义领袖。贵州威宁骨董山(今属赫章县)人。苗族。又名陶正春、陶虎。世代为以机(彝族)土目的农奴。父早逝，随母改嫁到巴拉寨熊家。有同母兄弟三人，先后被派到威宁和赫章服役。咸丰五年(1855)，接受白莲教杨龙喜等号召，与弟陶三春筹备反清起义。咸丰十年(1860)，借举行"降仙"集会，号召起义。惩治罪大恶极土目，攻占七星关和水城福集铜矿，矿工纷起响应。攻进郎岱厅(今六枝)，归沙彝族也起而响应。在峰顶山、海马姑、红岩尖山、骨董山及猪拱箐等地建立根据地，实行屯垦制，把土地分给群众，自种自收，边生产边战斗。十一年，配合太平军曾广依、张遇恩部围攻毕节县城。与翼王石达开取得联系，编入石达开军，任苗军元帅，与杨应角、熊不顺等随军作战。同治元年(1862)，组织两支部队，分头出击黔、滇、川边区。二年，攻彝良。三年，与岩大五的黄旗军攻克大定。五年(1866)，配合黔北号军再次攻占大定府城。清政府调集川黔滇三省兵，以云南布政使岑毓英为统帅，进剿义军，采用"以夷治夷"之策，利用农奴对土司、土目的畏惧心理，由土目安履宪出面利诱分化群众。六年(1867)，在猪拱箐战役中，被俘。同年九月，在黔西州城壮烈牺牲。

【陶克陶呼】(1863—1922) 又作陶各陶、陶什陶、套克套、脱克脱、陶克陶胡等。清末民初抗垦斗争组织者。郭尔罗斯前旗人。蒙古族。出生于没落贵族家庭。因反对旗扎萨克、蒙古王公出卖旗地，代表民众到旗府请愿，要求停止出卖土地，遭杖责。遂于光绪三十二年(1906)九月，集三十一八举义，武装反清、捣毁垦务局，遭清政府镇压，离家出走，在昭乌达盟、哲里木盟和呼伦贝尔阁一带活动。后逃往俄国，任陆军少尉。1911年，受沙俄派遣，潜回库伦(今蒙古乌兰巴托)，参与沙俄策划的外蒙古和呼伦贝尔"独立"活动。曾任哲布尊丹巴的亲卫队队长、兵部副大臣。1922 年 4 月病死。

【蚩尤】 古代传说中九黎部落首领。相传有兄弟八十一人，兽身人语，铜头铁额，食沙石，造兵器刀戟大弩等，能呼风唤雨，勇猛善战。曾率九黎部落与黄帝、炎帝部落争斗不已。涿鹿之战中，被黄帝所杀。传说其墓在今山东东平县境。一说，为苗族始祖，至今苗族仍奉其为祖先。

【姬光】 见"阖闾"。(568 页)

【姬僚】(？—公元前 515) 春秋时吴国国君。吴王馀昧子。周景王十九年(公元前 526)父卒。吴国人遵先王遗言，尊其父季札为君，季札坚决不就，改立其为王。周敬王五年(公元前 515)，乘楚平王之死，令余率兵伐楚，楚早有防备，并切断吴军归路，使吴国内实力空虚。公子光与伍子胥等密谋，利用设宴献食之机，使勇士专诸将锋利短剑置鱼肚里，将其刺死。

【娥清】 又译鹅清。北魏大将。鲜卑娥氏。代郡人。一说本姓拓跋，明元帝拓跋嗣弟，因事被黜，以名为氏。少有将略，累著战功，迁给事黄门侍郎。泰常八年(423)，任中领将军，与周几等渡河，略地至湖陆，以功赐爵顺昌侯，镇枋头。太武初，还京师，进为东平公。始光二年(425)，与平阳王长孙翰从东道出长川击退柔然。转宗正卿。后从征统万，与奚斤讨赫连昌至安定。后为昌弟赫连定所擒，及世祖拓跋焘克平凉，乃得还。后镇并州，讨山胡白龙于西河。太延二年(436)，迁平东将军，与古弼等东征冯弘，以不急战，使弘奔高丽，槛车征还，黜为门卒。卒于家。

【娘·定埃增】(？—838) 唐代吐蕃名僧，赞普赤德松赞(798—815 年在位)时参政高僧，获"钵阐布"称号，故又称"钵阐布定埃增"或"钵德娘·定埃增"。初任赞普幼年之师僧，深受器重。后助赞普消除障碍，取得政权，并"常为社稷献策"，为赞普献贡纳赋，"忠贞不二"。因持守臣民之礼，遵比丘教规，被吐蕃臣工奉为楷模，委任为平章政事。与钵阐布勃兰卡贝吉云丹致力于唐蕃和好，参与厘定吐蕃文字，确立吐蕃译经原则，对吐蕃文字的改进和译经事业起了重要作用。因功绩显著，赞普赤德松赞在拉萨东北之谐拉康寺，特为其树碑盟誓。碑文申明，无赞普下诏，永保其后代官职及诰身名位；有罪不株连后代旁系；其所有奴隶、牧场、草料、园林等，始终由其后代承袭，不没收，不转赠；碑文所记事项，永远不得更改。由于积极支持赞普王族及推行佛教，招致政敌仇恨。唐开成三年(838)，达磨赞普当政，开始反对佛教，被害。

【难楼】 东汉时上谷乌桓首领。灵帝(167—189 年在位)初年，为上谷乌桓大人，拥有九千余帐落，自称王，在诸郡乌桓中人数最众。献帝初平(190—193)中，辽西乌桓大人丘力居死，从子蹋顿代立，总摄三郡乌桓部众，难楼亦受制于蹋顿。建安四年(199)，与蹋顿等共助袁绍破公孙瓒，被绍以献帝名义封为乌桓单于。后共奉蹋顿为王。建安十二年(207)，与蹋顿同被曹操败于柳城(今辽宁锦西西北)。

【难都靡】(？—公元前 177?) 又作难兜靡。西汉时乌孙王(昆莫)。率部落游牧于祁连、敦煌间(即河西走廊)，为匈奴西边小国。约汉文帝三年(公元前 177)左右，被大月氏(一说匈奴)所杀，失地，部众亡走匈奴。

【难兜靡】 见"难都靡"。(475 页)

【桑昆】 见"亦刺合"。(166 页)

【桑哥】(？—1291) 又译桑葛。元朝大臣。出生于多麦(今甘、青、川三省交界处藏区)的噶玛洛部落。元朝国师胆巴弟子。自幼聪颖好学，通晓蒙古、汉、回、吐蕃等多种语言，善理财。至元二年(1265)，于垛思麻机遇八思巴，留充译史。后经八思巴荐举，为忽必烈所垂青，尝为西蕃译史。至元中，擢为总制院使，执掌全国佛教和吐蕃军政事务。十一年(1274)，帝师八思巴退藏处理政务，与本钦贡噶桑波有隙，忽必烈为确保萨迦派在西藏的地位，以贡噶桑波有谋叛之嫌为借口，派其率军进藏讨诛贡噶桑波及其党，为八思巴剪除心腹之患。乱平后，着手整顿西藏防务，以部分蒙古军留驻边防要塞，将交通要冲的大驿站交蒙古军管理，由卫藏各万户府供应马匹及用资，使连结京师与藏区的交通畅通。按朝廷惯例对卫藏官员实行俸禄制。二十四年(1287)二月，任尚书省平章政事，奉命检核中书省政务，枝出亏欠钞四千七百七十锭，昏钞一千三百四十五锭，使中书省麦术丁等有关官员被革职查办。同时，与丞相安童专决各行省官员的任选。十月，任尚书右丞相，兼总制院使(后改宣政院使)。身居要职后，曾整饬吏治，任用亲信充实各部，调整行省官员。整顿财政，变更钞法，发行至元宝钞，理算江淮等六省钱谷。整顿水陆驿站，惩治不法官员，完善管理制度。因增加盐、茶、酒、醋等课，加重民间负担，任意选调官员，受贿卖官鬻狱，屡遭弹劾。二十八年(1291)，遭蒙古王公也里审班以及不忽木等劾，以"专权黩货"、"紊乱政事"罪，被处死。

【桑格】(？—1699) 清朝将领。满洲正白旗人。喜塔拉氏。侍郎库礼子。顺治(1644—1661)末，任三等侍卫。康熙六年(1667)，擢一等侍卫，后授护军统领。十三年(1674)，耿精忠叛应吴三桂。定南将军希尔根率师赴江西，他奉命参赞希尔根军务。同副都统席布率兵克复抚州，入城驻守。十四年，随军克东乡、复建昌。十五年，安亲王岳乐于萍乡等地败吴三桂军。十八年(1679)，随岳乐复长沙，进兵武冈等地，后还京。因委顿不堪，解护军统领任，以世职随旗行走。三十五年(1696)，随康熙帝征准噶尔部噶尔丹，署护军统领，管镶白旗大营。师至克鲁伦河，同内大臣阿密达败噶尔丹军于昭莫多(今蒙古人民共和国乌兰巴托东南)。师旋，命复护军统领。

【桑扎布】 见"散札布"。(528 页)

【桑映斗】(约 1782—1842) 清代纳西族著名诗人。字沁亭。云南丽江大研里人。自幼得其父悉心指导，勤奋好学，知识渊博，才华横溢。中秀才，原想读书成名，因性格刚强，作文时爱发议论，屡赴省试不第，便长期在乡下教书。目睹战乱期间官绅强取豪夺，农村荒芜，义愤填膺，以诗抒怀，写出很多为人民喊冤叫屈的《大麦黄》、《采黄独》、《土兵行》、《野庙曲》等佳作，勾画出一幅幅纳西族农民的悲惨景象："老翁倚墙泣，自悲骨髓干。大男南陇死，次男维西残。只此膝下孙，暮景相为欢。

谓当从戎去,泪眼忍相看。强者凭人去,仍得室家完。老翁携孙叹,何词对上官?"(《土兵行》)。诗作原有二千余首,多在战乱中散失,现仅存《铁砚堂诗稿》三百多首。其诗题材广泛,形式多样,爱憎分明,激情充沛,形象生动,通俗明快,广为传抄阅诵,经久不衰。晚年虽因诸事失意,有过绝望弃世,"自拟葬前身"之感伤,仍不愧被誉为人民的诗人。

【桑结贝】(1267—1314) 《元史》译作相加班、相家班。元朝帝师。吐蕃萨迦人,款氏。帝师扎巴俄色侄。曾做过萨迦寺的堪布和康赛拉章的法台,后进京。大德九年(1305)三月,被成宗铁穆耳命为帝师。任内维护寺院地位。十一年(1307)十月十九日,赐沙鲁寺(位于萨迦东北部之沙鲁万户住地,今日喀则县夏鲁)法旨,告诫当地军政官员、部落首领以及百姓等,不得向沙鲁寺随意征收兵差、食物、乌拉和商税,不得住入僧舍佛堂,不得掠夺寺院财产,保证僧人安静生活,以便修行。同时,寺院亦不得持此法旨行违法之事。历任成宗、武宗和仁宗三朝帝师。

【桑结温】(1251—1294) 元代藏传佛教达垅噶举派僧人。出生于康区。达垅寺第三任堪布*桑结雅军协饶喇嘛侄。本名扎巴贝。十三岁在叔父座下出家为僧,听受噶举派教法及其他教法。元至元九年(1272),协饶喇嘛去世后,继任达垅住持。因其兄茫茫拉古如得帝师八思巴支持,与其争夺住持位,被排挤出达垅寺。利用任住持保管文物的权利,于至元十三年(1276)将达垅寺著名佛门圣物(传说为米拉日巴大师的遗骨、遗物及珍贵佛像等)携至老家康区。以前任住持有遗嘱为由,拒绝萨迦派使者的索讨。于康区营建类乌齐寺,后该寺成为达垅派在康区的主寺。

【桑贾尔】(?—1207) 1206年布哈拉人民起义领袖。12世纪中期,喀喇汗王朝中央政权削弱,布哈拉出现一个世袭宗教、政治家族,代表人物称"萨德尔·贾罕"(意为"世界的支柱"),史称该政治实体为"布尔罕王朝"。拥有大量瓦克弗土地,从手工业和商业获得巨额收入,同时代表西辽征税,借机残酷搜刮。因贪婪而卑鄙,被民众称为"萨德尔·贾尔纳姆"(意为"地狱的支柱")。1206年桑贾尔领导布哈拉人民举行起义,驱逐萨德尔,没收封建贵族财产,"布尔罕王朝"覆亡。后遭出逃的封建贵族及花拉子模沙摩诃末的联合进攻,因起义者未同郊区农民联合,也未采取卫城措施,兵败。1207年布哈拉为花拉子模军占领,起义者遭屠杀,他被投入河中淹死。

【桑哩达】(?—1748) 清朝蒙古王公。巴林部人。博尔济吉特氏。鄂齐尔第三子。初授二等台吉。康熙四十四年(1705),入朝,受命理旗务。五十四年(1715),请从军防御准噶尔部策妄阿喇布坦。五十九年(1720),随前锋统领定寿等击准部军,俘宰桑贝坤等百余人。继随振武将军傅尔丹败准部军于乌兰呼济尔。雍正三年(1725),以功封辅国公。八年(1730),袭札萨克多罗郡王。九年,随军征噶尔丹策凌。十一年(1733),防察罕布尔哈苏。十三年(1735),防乌里雅苏台。乾隆四年(1739),授副盟长。

【桑噶尔】(?—1666) 清初将领。蒙古族。扎噜特部人。博尔济吉特氏。色本次子。崇德三年(1638),从征喀尔喀,献驼马,有功。以巴林台吉满珠习礼私遣兵还牧,夺所属之半赐桑噶尔。四年,从征明锦州,分守乌忻河口。六年(1641),攻松山(今辽宁锦县西南)。七年献驼马。顺治五年(1648)正月,袭多罗达尔汉贝勒,领札萨克。

【桑吉坚参】(1452—1507) 明代藏传佛教噶举派名僧。本名却吉伦布。藏族。生于后藏娘堆之扎西喀噶。七岁从噶举派大堪布贡噶桑吉受沙弥戒,取法名桑吉坚参。继随萨迦派大师云丹嘉措学习佛法,成为虔诚教徒,隐迹高山岩窟,潜心苦修。后游历西藏各地,远至尼泊尔,所到之处,广收徒众,弘扬佛法,深受尊崇。信守戒律,化缘度日,生活清贫,行异常人,因获"后藏疯子"名号。主张苦修,反对奢华。除游历传法外,还追踪本派创始人米拉日巴足迹,故成噶举派代表人物之一。著有《米拉日巴道歌集》《米拉日巴传》《玛尔巴传》等。

【桑结嘉措】(1653—1705) 清代西藏地方官员、学者。藏族。生于拉萨北部贵族仲曼巴家。阿苏子,第巴陈列嘉措侄。自幼受叔父教养,聪颖好学。获五世达赖器重和培养,成为著名学者和善理政务的官员。崇信格鲁教派,兼信宁玛教派。康熙十八年(1679),被五世达赖任命为第五任第巴(又称第斯,西藏政府官员)。二十一年(1682),五世达赖死,为了黄教利益及本人权势,秘不发丧。次年,以喀尔喀蒙古左右两翼内讧,受清朝命遣使谕和,乘机假五世达赖名义唆使噶尔丹侵扰喀尔喀。噶尔丹被清军击败后,又假达赖之名奏请清朝赐"土伯特王爵"。三十三年(1694),被清封为法王,赐金印。当噶尔丹败遁时,又阻止准噶尔部首领策妄阿拉布坦追歼,并奏请撤除驻青海西宁的清军,煽动青海台吉"缮修器械",故遭到清朝谴责。三十六年(1697),始尊旨奏报五世达赖圆寂始末及其转世之呼毕勒罕于拉萨坐床之事。后因与拉藏汗发生矛盾,隐退,由其子阿旺任钦任第巴。以谋害拉藏汗不遂,于四十四年(1705),遭拉藏汗所调纳曲(今西藏黑河)蒙古军袭击,兵败堆龙,被执杀。掌权期间,奉行达赖喇嘛尊奉清朝的政策。将卫、藏及阿里地区统辖于第巴政府,使贵族依附于达赖喇嘛,并以贵族及其子孙于拉萨居官为条件,将他们的庄园归政府管辖。大力发展黄教,赠予黄教寺院大量庄园、农奴,扩建布达拉宫(红宫),令政府属下官员一律信奉黄教。在各地推行宗本流官制度,集权于拉萨地方政府,并制定法律,对进一步巩固发展西藏农奴制及强化"政教合一"体制起了重要作用。在文化方面,主持整理西藏文献,从宗教史、藏医史及历算学方面加以总结,写成《黄琉璃》《兰琉璃》及《白琉璃》等名著,对继承发展藏族文化具有重大意义。

【桑哥刺吉】 见"祥哥刺吉"。(474页)

【桑斋多尔济】(?—1778) 清朝将领。蒙古族。喀尔喀土谢图汗部卜。额附多尔济色布腾之子。乾隆三年(1738),袭札萨克多罗郡王。因幼孤,随母和惠公主至京,教养于内廷。嗣尚郡主,授多罗额驸。十九年(1754),署所部副将军。后随定边左副将军亲王成衮扎布驻防鄂尔海喀喇乌苏。二十年,随定北将军班第平准噶尔部达瓦齐。闻阿睦尔撒纳叛,以兵追击,擒叛党,并采取措施,防新降厄鲁特众,以功晋袭亲王爵。二十一年,授北路参赞大臣,与乌梁海总管齐伦协剿和托辉特部青衮咱卜。九月,授所部副将军。二十三年,赴库伦,协理俄罗斯边界事。二十四年正月,督解驼马送乌里雅苏台军营。二月,以茶布易俄罗斯马。三十年(1765),私与俄罗斯互市罪,削爵。后复封多罗郡王。

【桑结雅军协饶喇嘛】(1203—1272) 宋代藏传佛教噶举派达垅噶举支派僧人,达垅寺第三任堪布。贡嘉之子。自幼好学,常独自于寂静之所修行。十六岁出家为僧,法名协饶喇嘛。十九岁从达垅寺堪布古叶仁钦贡大师学教法导释。后由章巴作亲教师受比丘戒。宋端平三年(1236),古叶仁钦贡去世后,继任寺主,出任达垅寺第三代堪布,领僧众三千六百多人。增订寺规加强寺院管理。元至元二年(1265),八思巴由大都(今北京)返萨迦路过达垅寺,他派侄子茫噶拉古如前往迎接,并应邀与八思巴相见,行碰头礼(地位相等者所行见面礼),将茫噶拉古如托付给八思巴,请求关照。

【通谟克】(?—1739) 清朝蒙古王公。喀尔喀札萨克图汗部人。博尔济吉特氏。墨德卓哩克图子。康熙五十三年(1714),袭一等台吉,授札萨克。以居地近乌梁海,受命辖之。五十六年(1717),随清军征准噶尔,因久居边地,悉敌虚实,奉命随土谢图汗部贝勒丹津多尔济赴巴里坤征伐。雍正二年(1724),随副将军阿喇纳驻布隆吉尔,征剿青海罗卜藏丹津,俘其党丹津以献,晋封辅国公。九年(1731),遭准噶尔部大策凌敦多布掠,属众溃散。十年移徙阿拉善。

【通祃木特】(?—1755) 清代阿尔泰乌梁海宰桑。初隶准噶尔部,游牧于诺海克卜特尔。乾隆十九年(1754),因准噶尔扎哈沁宰桑玛木特谋内附,掠其牧。事觉,诱执之。旋遭散秩大臣撒喇尔攻击,被俘送北京。获宥,受命入觐,授内大臣。次年病卒。

【通哇顿丹】(1567—?) 明代西藏察木多地区帕巴拉三世活佛。又名索南朗杰。藏族。生于龙布上部(汉籍作隆布堆)。为察木多地区格鲁派最大之绛巴林寺住持。是帕巴拉活佛中最年青而有建树者。于康区南部、波密、察木多、八宿等地传经说法。屡应丽江土司邀请,往来于芒康、迪庆间,弘扬佛法,一度长驻芒康。后被任命为察木多强巴林寺堪布。自此,帕巴拉活佛世袭主持强巴林寺,以改昔日该寺住持来自不同地区活佛的作法,定为该寺制度。

【通密缴布喇】见"屯弥桑菩札"。(57页)

【骊姬】春秋时晋献公的夫人。出身于骊戎。周惠王五年(公元前672),晋献公伐骊戎时被晋掳获,立为夫人。十二年(公元前665),生公子奚齐。为夺嫡,向献公进谗言,使太子申生主曲沃(在今山西省闻喜县东北),重耳居蒲城(在今山西省隰县北),夷吾居屈(在今山西省吉县北),而让奚齐居晋都绛(在今山西省翼城县东南)。又投毒于申生向献公所进的食物中,挑拨其父子关系,迫使太子自杀,公子重耳、夷吾出亡,引起晋国内乱,促献公立奚齐为太子。

【绥可】又作随阔。即金献祖。辽代女真完颜部首领。德帝乌鲁孙,安帝跋海子。初徙居海古水,教民耕垦树艺,建筑房屋,始有栋宇之制,人称其地为"纳葛里",意为居室。遂定居于安出虎水之侧。改变昔日"无室庐,负山水坎地,梁木其上,覆以土,夏则出随水草以居,冬则入处其中,迁徙不常"的状况,推进女真社会的发展。熙宗天会十四年(1136),追谥定昭皇帝,庙号献祖。皇统五年(1145),增谥献祖纯烈定昭皇帝。

【继祖】见"石抹继祖"。(107页)

【勐丘】明代云南顺宁土官。布朗族。土知府*猛吾子。洪武二十三年(1390),承袭,与土知府子丘等拒绝向明朝输赋,并自相仇杀,争夺统治权。明廷大理卫指挥郑祥,移师至甸头,破其寨,请降,愿输赋。其死后,土把事阿罗等复起事。二十九年(1396),被镇压。

【勐廷瑞】(?—1597) 又作猛廷瑞。明代云南顺宁府土知府。蒲人(布朗族先民)。万历(1573—1619)中,明参将吴显忠向其索财不遂,诬告于巡抚陈用宾,遂以其婿奉学倚其势与兄奉赧(赦)构兵为由,诬以助恶,遣兵入其寨,袭执之,并改顺宁土官为流官。二十五年(1597),明廷以事牵连奉学,责其擒献奉学自赎。被迫斩奉学以献。吴显忠进而诬其谋反,率军进剿,被迫献印献子侯命。显忠入其寨,尽取勐氏十八代蓄资数百万,诱其至会城执杀之。致使所部十三寨聚众起事,被官兵剿杀,其子被诛。

十一画

【一】

【琐高】 见"李诗琐高"。(222页)

【梧桐】 见"完颜充"。(247页)

【梅落】 又作李梅落。唐代奚族部落首领。附唐后,为饶乐府都督,封归诚王。唐宪宗元和元年(806),赴唐廷,加授检校司空,寻归。

【梅锅】 于越人。传说先世为越王子孙,因避楚,举族迁丹阳皋乡,更姓梅。周末,散居沅湘。秦时,随族人徙南海台岭。秦末,番阳令吴芮叛秦。闻知,令族人户出壮丁一人,"编为什伍",投奔吴芮,劝芮佐沛公刘邦伐秦。后奉芮命举百越兵配合各路诸侯破秦。秦灭后,因佐汉有功,赐食邑十万户,封台侯。

【梅惹·洛珠嘉措】 清代藏传佛教格鲁派(黄教)名僧。门隅门巴族。曾拜五世达赖喇嘛阿旺罗桑嘉措为师,在拉萨哲蚌寺研习经典。因学富五明,品行优秀,深得五世达赖赏识。17世纪50年代,受五世达赖命,归故里,出任门隅地区政教首领。行前五世达赖以亲笔所绘佛像赐予,以示器重。在门隅头人和错那宗官员的配合和支持下,于康熙十九年(1680),将乌坚桑布所建之宁玛派(红教)达旺寺,改成格鲁派(黄教)寺院,隶属于哲蚌寺洛色林札仓。实行僧差制度,规定多子家庭须将排行偶数的儿子送入达旺寺或其属寺为僧。划分行政区域,将门隅划分为32个措(或定)。建立寺院所属庄园,摊派差赋和乌拉等。从而加强了西藏地方政府对门隅的管辖。

【敕连可汗】 见"吴提"。(227页)

【敕连头兵豆伐可汗】 一作"敕连头兵代可汗",见"阿那瓌"。(277页)

【乾隆帝】 见"弘历"。(127页)

【勘马剌丁】(1239—1297) 元朝官员。回回人。大名宣课提领迷儿阿里子。原居于阗(今新疆和田),元初随父入居中原。世祖至元十三年(1276),监永州祁阳县(今湖南祁阳县),力阻元军杀县民,使一万三千余户得以幸免。任内,严肃吏治,打击豪强,惩治污吏,减轻子人民的负担,为人所称颂。成宗元贞元年(1295),被陷害入狱。出狱后调任广海盐课提举。卒,追封奉训大夫、飞骑尉渔阳县男。

【勒贝】(?—1681) 清初将领。满洲正蓝旗人。郭尔罗氏。御史鄂巴塞臣子。初任侍卫兼佐领。顺治十八年(1661),由一等侍卫授正蓝旗蒙古都统。康熙八年(1669),调正蓝旗蒙古都统。十六年(1677),赴江西代简亲王喇布讨吴三桂。继与江宁将军额楚守韶川,参赞军务。十七年,与额楚守梧州。十八年,与额楚败吴世琮,解南宁围。十九年,同副都统额赫纳于柳州败马承荫,继克象州,收降承荫。代莽依图为镇南将军。旋随征南大将军赖塔进定云南,参赞军务。吴世琮自杀,云南始平。班师途中,病卒。

【勒保】(1740—1819) 清朝将领。满洲镶红旗人。费莫氏。字宜轩。大学士温福子。监生出身。乾隆四十五年(1780),擢内阁学士。五十二年(1787),授陕甘总督。五十六年(1791),清军征廓尔喀,受命办理驼马、军装、口粮,于口外安设台站。六十年(1795),调云贵总督,督办军需,经理粮饷,同闽浙总督福康安等镇压石三保、石柳邓领导的湘黔苗民起义。福康安卒后,奉命赴湖南同将军明亮接办军务。嘉庆初,调湖广、四川总督。其间,同尚书惠龄、将军恒瑞及额勒登保、德楞泰等围剿和镇压川楚陕白莲教起义,授经略大臣,节制川楚陕甘豫五省军务。后因玩忽职守被监禁。五年(1800),复被起用,以兰翎侍卫赴川,继续镇压白莲教起义。十四年(1809),擢武英殿大学士。后官尚书、崇楙门监督、内大臣、总督、军机大臣。卒,谥文襄。著有《勒文襄公奏疏》(抄本四百册)等。

【勒尔谨】(?—1781) 清朝将领。满洲镶白旗人。宜特墨氏。乾隆翻译进士。三十七年(1772),由按察使、布政使、巡抚,授陕甘总督。任内请移西安、宁夏满洲兵千人驻巴里坤(今新疆巴里坤哈萨克自治县),拨京兵分补西安、宁夏,加强甘肃防务。复请于乌鲁木齐等地增府、官,被采纳,遂设镇西府、昌吉县;又请巴里坤满洲兵一千驻古城(今新疆奇台县),添设领队大臣一。四十一年(1776),疏请镇西府所属设官事宜。四十二年,请增巴里坤城守营,均被采纳。四十六年(1781),调兵镇压甘肃撒拉族伊斯兰新教首领苏四十三领导的起义,于河州(今甘肃临夏)俘其家属。后因坐居兰州,观望失机,被监侯,旋令自尽。任内,累年谎报甘肃灾情,任地方官侵蚀赈银,收受其中。

【勒克德浑】(1618—1652) 清初将领。满族。爱新觉罗氏。清太祖努尔哈赤曾孙,萨哈璘次子。顺治元年(1644),坐兄阿达礼谋立睿亲王多尔衮罪,黜宗室。十一月,复宗室,封多罗贝勒。二年,任平南大将军,驻江宁。分兵剿抚两浙,败明鲁王朱以海属马士英军。征明唐王朱聿键所置总督何腾蛟等于湖广。三年初,率军至武昌,歼明总兵马进忠、王进才军于临湘。遣巴布泰等追李自成义军余部于安远、南漳等地,至襄阳、彝陵,义军首领田见秀、张耐、李佑、吴汝义等五千余人降。五年(1648),晋多罗顺承郡王。同郑亲王济尔哈朗克湘潭,擒何腾蛟,攻全州,克永安关。七年,参与议政。八年,掌刑部事。九年卒,追谥恭惠。

【著力兔】 ①指鄂尔多斯部领主"谔巴卓哩克图"。(518页) ②指多罗土蛮部领主"著力兔歹成台吉"。(479页)

【著力兔歹成台吉】 亦作著力兔台吉、招力兔台吉。明代蒙古多罗土蛮部领主。孛儿只斤氏。*达延汗第四子*阿尔苏博罗特孙,*不只吉儿台吉子,*多罗土蛮把都儿黄台吉弟。初与父兄驻牧于山西偏关外六、七百里处(即今土默川),后该地被俺答汗吞并,遂与其弟火落赤等西迁。隆庆五年(1571),受明封为指挥佥事。长期驻牧于松山(在今甘肃天祝藏族自治县东)地区,被称为松山著力兔。与瓦剌相仇杀。万历二十年(1592),率兵入援宁夏副总兵哱拜反明,攻入镇北堡、李刚堡等处,后被明将李如松(朝鲜族)、麻贵(回族)等击败,经贺兰山,逃出塞外。

【菟害真】 见"吐贺真"。(144页)

【菊儿罕】 见"古儿罕"。(96页)

【菊儿八速】 见"古儿别速"。(96页)

【菊律可罕】 见"古儿罕"。(96页)

【菩萨】(? —636?) 唐代回纥首领。药罗葛氏。*时健俟斤子。材勇有谋,所向皆破,为众所畏服。早年与父不和,被逐。约隋炀帝大业十二年(616),父死后被族人拥为首领。唐贞观(627—649)初,联兵薛延陀攻东突厥颉利可汗,亲率五千骑破突厥主将欲谷设之十万兵于马鬣山,乘胜追至天山,俘其部众,号"活颉利发"。附于薛延陀,建牙帐于独乐水(又称独洛河,今蒙古人民共和国境内土拉河),势力日盛。贞观三年(629),遣使赴唐献方物。约于十年左右卒。

【菩萨奴】 见"耶律隆庆"。(319页)

【菩萨哥】 见"萧菩萨哥"。(489页)

【萧玉】 金朝大臣。又名老人。契丹族。初与太宗子、左丞相完颜宗本交往甚厚。及海陵王弑熙宗篡位后,于天德二年(1150),杀宗本及太宗子孙七十余人,他弃义,遵海陵王所示教,诬宗本等聚众谋反,得海陵王宠信,自尚书省译史擢礼部尚书加特进,继进为参知政事。次年,授猛安,子尚公主。贞元元年(1153),为尚书右丞,翌年,拜平章政事。正隆元年(1156),晋右丞相,封陈国公。三年(1158),拜司徒,判大宗正事。五年(1160),兼御史大夫。次年六月,为尚书左丞相,晋封吴国公。九月,海陵王亲兵南下攻宋,奉命与张浩留守省事。十月,世宗在东京即位。下月,海陵王被弑。大定二年(1162),降奉国上将军,归里,夺所赐家产。久之,起为孟州防御使,世宗告诫其当思改过。转定海军节度使,改太原尹。因与少尹乌古论扫曷不合,各削一官,解职,寻卒。

【萧英】 见"萧特末"。(485页)

【萧拱】(? —1151) 金代中期大臣。本名迪辇阿不。契丹族。越国王*萧仲恭子。初为兰子山猛安。熙宗皇统九年(1149)三月,因宰相完颜亮荐勋戚子孙为达官以徼取人誉,被擢为礼部侍郎。是年底,完颜亮夺位,是为海陵王。将纳其妻妹耶律弥勒为妃,令其自汴(今河南开封)取之,因弥勒非处子,遭遣出宫,他被罢礼部侍郎,归兰子山治猛安事。继与阿纳不合,被诬谤上,天德三年(1151)十月,处死。

【萧柳】 辽代中期文士。字徒门。契丹族。太祖*淳钦皇后弟阿古只五世孙。幼养于伯父萧排押家。多知能文。圣宗统和(983—1012)中,因叔父恒德举荐,召入侍卫。十七年(999),随皇弟隆庆攻宋,中流矢,裹创再战,大败宋将范庭召。由伯父荐为东京四军兵马都指挥使。翌年,为北女真详稳(将军),迁东路统军使,秩满,百姓请留,遂续任。二十八年(1010)十一月,随圣宗攻高丽。次年师还,致仕。平生著诗逾千篇,由耶律观音奴辑为《岁寒集》行世,今佚。

【萧革】(? —1063) 辽朝重臣。字胡突堇,小字滑哥。契丹族。国舅房林牙(契丹官名,掌文翰)萧和尚子。警悟多智,善谀上。圣宗末年,累迁官职。兴宗重熙初年,拜北面林牙。十二年(1043),为北院枢密副使。次年,拜北府宰相。十五年(1046)十一月,改同知北院枢密事。夷离毕(契丹官名,掌刑狱)耶律义先劾其奸,兴宗弗听,益获宠。十九年(1050)闰十一月,拜南院枢密使,封吴王,位于诸王之上。二十一年(1052)七月,改北院枢密使,兼中书令,晋封郑王。二十四年(1055)八月,兴宗病卒,受遗诏辅立道宗,复任南院枢密使,徙封楚王。清宁四年(1058)十二月,复迁北院枢密使。任内,与北院枢密使萧阿剌不协,将其排挤出朝,七年(1061),向道宗进谗言,欲杀阿剌。事败,渐失宠。八年,致仕,改郑国王。九年(1063)七月,参与皇太叔耶律重元叛乱,乱平,凌迟而死。

【萧恭】(? —1159) 金朝中期将领。字敬之。奚族。乃烈奚王之后,万户萧翊子。太宗时,随伐宋,以材勇,年二十三代父领五州兵。败宋兵于中山(今河北定县),渡淮,袭宋高宗。师还,授德州防御使。滨、棣间奚人皆归附,改棣州防御使。熙宗皇统(1141—1149)年间,迁同知横海军节度使,改同知中京留守事,累迁兵部侍郎,授世袭谋克。海陵王(1149—1161年在位)初,因语言犯禁,受杖,夺官解职。贞元二年(1154),复起为同知大兴尹,岁余,迁兵部尚书。正隆三年(1158),与太府监魏子平为宋国生日使。寻任侍卫亲军马步军都指挥使。四年,迁光禄大夫,复为兵部尚书。三月,受命经画西夏国边界,还经临潼,因失所佩金牌,至太原,忧惧成疾而卒。海陵王亲奠之。

【萧绰】(953—1009) 辽中期女政治家。景宗皇后,圣宗生母。小字燕燕。契丹族。北府宰相*萧思温女。初为贵妃,景宗保宁元年(969)五月,册为皇后。以景宗荒庸有疾,她多临朝,"国事一决于其手"。凡大诛罚,大征讨,多由其裁决。乾亨四年(982)九月,景宗卒,子圣宗继位,年方十二,她奉诏摄政,受尊为皇太后。次年六月，上尊号承天皇太后。统和二十四年（1006）十月，增号睿德神略应运启化承天皇太后。摄政期间注意发展生产，劝课农桑，禁伐桑梓，劝民种树，拓垦荒地。知人善任，重用汉官。拜韩德让为大丞相，总二枢府事，位于诸亲王之上。用汉官室肪、邢抱朴、张俭、马得臣等理政。以"智略宏远"的耶律休哥和"有经国才"的耶律斜轸主军，多创战绩。故被誉为"明达治道"，"善驭左右"。大力整顿吏治，加强法制。命诸道举贤才，察贪酷，禁抢掠，辅圣宗更定法令凡数十事，多合人心。并亲决滞狱。军事上屡对宋用兵，"亲御戎车，指麾三军"，被甲督战。统和四年（986），偕圣宗赴南京（今北京），接连在歧沟关（今河北涿县西南）和飞狐口（今河北涞源北）等地大破宋军，擒宋名将杨业，挫败宋军北伐。二十二年（1004），再度亲征，攻保州（今河北保定）、瀛州（今河北河间），进围澶渊，逼宋求和，主持订立著名的"澶渊之盟"。二十七年（1009），归政圣宗。十二月，病卒于南幸途中。次年四月，葬乾陵（今辽宁北镇西南），谥圣神宣献皇后。兴宗重熙二十一年（1052）十一月，更谥睿智。

【萧惠】（983—1056） 辽朝中期重臣。字伯仁，又作贯宁、管宁。小字脱古思。契丹族。太祖*淳钦皇后弟阿古只五世孙，圣宗*钦爱皇后弟，道宗*宣懿皇后父。初以后戚为国舅详稳。统和二十八年（1010），随圣宗攻高丽，破高丽军于奴古达北岭，攻开京（今朝鲜开城），以军律整肃闻名，授契丹行宫都部署。开泰二年（1013），改南京统军使。六年（1017），为右夷离毕（契丹官名，掌刑狱），加同中书门下平章事，知东京留守事，寻改西北路招讨使，封魏国公。太平六年（1026），奉命西征甘州回鹘。与阻卜军战于可敦城（今蒙古哈达桑东）西南，失利。七年，任南京侍卫亲军马步军都指挥使。六月，奉命再讨阻卜。十年（1030）十一月，迁南京统军使。兴宗即位，知兴中府，历顺义军节度、东京留守、西南面招讨使、检校太师，兼侍中，封郑王。重熙六年（1037）五月，复为契丹行宫都部署，加守太师，徙赵王。十一月，拜南院枢密使，更齐王。力促兴宗南下伐宋，与太弟率师压宋境，迫宋岁增银十万两、绢十万匹，罢兵维持和议。以功进韩王。十二年（1043）正月，兼北府宰相，同知元帅府事。十月，为北院枢密使。十三年九月，为先锋从兴宗征西夏，败西夏军于贺兰山北，继为西夏军败，议和。十七年（1048），尚兴宗姐秦晋国长公主，拜驸马都尉。次年，再征西夏，先败后胜。翌年五月，西夏请降称臣。十九年（1050）十二月，告老，封魏国王。道宗清宁二年（1056）卒，遗命家人薄葬。

【萧温】（？—935） 即辽太宗靖安皇后。契丹族。辽太祖淳钦皇后*述律平侄女。天赞元年（922），耶律德光任天下兵马大元帅时纳为妃。因聪慧洁素，获宠，虽军旅田猎，皆偕行。天显二年（927）十一月，德光即位，立为皇后。六年（931），生耶律璟（穆宗）。十年（935）正月，卒于行宫。五月，归葬怀陵（今内蒙古巴林右旗床金沟），德光亲为之制文，谥彰德皇后。兴宗重熙二十一年（1052），更谥靖安皇后。

【萧裕】（？—1154） 金海陵王朝宠臣。本名遥折。奚族。为人倾险巧诈。初以猛安居中京（今内蒙古宁城西）。熙宗皇统四年（1144），海陵王为中京留守，即与之暗结。见海陵有篡位心，乃密唆海陵谋废立。七年（1147），被海陵举荐为兵部侍郎，改同知南京留守事，迁同知中京留守事。九年（1149）十二月，海陵篡立。翌年，任秘书监。循海陵旨意，加害太宗诸子，诬太傅、领三省事完颜宗本及领行台上书省事完颜秉德谋反，诛杀权贵百余，以功擢尚书左丞，加仪同三司，授猛安，进平章政事，监修国史。贞元元年（1153），为右丞相、兼中书令，擅权专恣。见海陵猜忍嗜杀，恐疑己延祸，乃密结前御史中丞萧招折等谋立亡辽天祚帝之孙，遣使招西北路招讨使萧怀忠共举事，被怀忠告发，二年（1154）正月，与招折等皆被处死。

【萧幹】（？—986） 辽朝将领。小字项烈，字婆典，又作婆项。契丹族。北府宰相*萧敌鲁子。天禄五年（951）九月，泰宁王察割谋反，杀世宗自立，遣人邀其共事，他拒从。叛平，穆宗即位，授群牧都林牙。应历十五年（965）七月，奉命征讨乌古部。十七年（967）正月，胜归，擢北府宰相，迁突吕不部节度使。景宗乾亨元年（979），宋军北伐，围辽南京（今北京）。他奉命救援，在著名的高梁河大战中，与耶律休哥等拼力奋击，大胜，受嘉赏。自是，每征战必参决军事，官加政事令。二年，又败宋兵于瓦桥关（今河北雄县）。四年（982），圣宗隆绪继位，太后萧绰摄政，乃受重用，凡奏，多听用。

【萧肄】 金熙宗朝宠臣。奚族。初官秘书监。以谄谀熙宗悼平皇后邀宠，累加官。皇统七年（1147），为参知政事。时朝内派系纷争，以文字诬陷翰林学士张钧。九年（1149），诬奏钧借奉旨拟诏之机谤帝，杀钧，赐其通天犀带。是年十二月，熙宗被弑，海陵王即位，例加银青光禄大夫。数日后，以其无功受赏，张钧无罪被诛为由，除名，放归乡里，禁锢不得出百里外。

【萧德】 辽朝中期大臣。字特末隐。契丹族。楮特部人。性和易、嗜学，好礼法。圣宗太平（1021—1031）中，领牌印、直宿，累迁北院枢密副使。善写奏章，每奏皆详明，多得圣宗称赞。兴宗时，受命与林牙（契丹官名，掌文翰）耶律庶成修《律令》，参酌古今，刊正讹谬，成书以进。改任契丹行宫都部署。道宗清宁元年（1055），迁同知北院枢密使，封国公。旋拜南府宰相。五年（1059），转任南京统军使。九年（1063），复南府宰相。是年七月，皇太叔耶律重元父子谋乱，纠合大小官员四百余人，利用弩手军*围道宗于滦河（今内蒙古宁城西南）行宫，他推锋力战，斩重元子涅鲁古，配合援军平乱，以功封汉王。咸雍（1065—1074）初，以年迈告归，不许。加尚父，辞任，年七十二而卒。

【萧翰】（？—949） 辽初将领。一名敌烈，原名小汉，字寒真。契丹族。辽太祖*耶律阿保机甥。太祖天赞元年（922），奉命南下救援镇州节度使张文礼，斩后唐将李嗣昭，拔石城(今河北唐山东北)。太宗天显十一年(936)，随帝助石敬瑭攻后唐。九月，设伏兵大败唐将张敬达。会同初年，领汉军侍卫。八年(945)，随太宗南下征晋。大同元年(947)正月，入晋都汴京(今河南开封)，任宣武军节度使，留汴。未几，闻太宗病卒军中，赴行在，与随军臣将拥世宗阮继位。天禄二年(948)，娶世宗妹阿不里。继而，以与太宗子天德等谋反罪，被杖释。三年，与妻阿不里以书阴结明王安端谋反，叛书为耶律屋质所获，事败，被杀。

【萧瀜】 辽代中期画家。兴宗、道宗时人。契丹族。好读书，亲翰墨，尤善丹青。官至南院枢密使。倾慕唐代裴宽、边鸾画风，凡有奉命使宋者，必托其购求画品名作，不惜重价。亲以临摹，咸有法则。其作品今皆不存。

【萧乙薛】(? —1124) 辽末将领。字特免。契丹族。国舅少父房之后。道宗寿昌(1095—1101)年间，累居显官。天祚帝天庆(1111—1120)初，知国舅详稳事，迁殿前副点检。四年(1114)十一月，为行军副都统，与女真军战于宾州(今吉林农安东北红石垒)，兵败，免职。一年后复任武定军节度使，迁西京留守。七年(1117)，与南京统军都监查剌镇压涞水董庞儿起义，在易水、奉圣州(今河北涿鹿)两败义军，擢北府宰相，加左仆射，兼东北路都统。十年(1120)六月，任上京留守，知盐铁内省两司、东北统军司事。保大二年(1122)，败于金兵，调西南面招讨使，见部民流散，未赴任，从天祚帝西逃云中(今山西大同)，继走夹山(今内蒙古武川西)，拜殿前都点检。四年(1124)正月，迁知北院枢密使事。七月为耶律大石所杀。

【萧十三】(? —1079) 辽朝大臣。契丹族。蔑古乃部人。节度使*萧铎鲁斡子。性辨黠，善揣人意。清宁年间，任护卫太保。依附权臣耶律乙辛，擢殿前副点检。大康三年(1077)，为清除专权阻障，向乙辛献计诬陷皇太子濬，事成，擢殿前都点检，兼同知枢密院事。与夷离毕(契丹官名，掌刑狱)耶律燕哥谋改太子陈状，诬为伏款，致太子被废，因于上京(今内蒙古巴林左旗南)。再擢北院枢密副使。继向乙辛献杀濬之策，阴害太子，诈称疾毙。未几，事觉，五年(1079)三月，出为保州统军使。寻卒。天祚帝即位，乾统二年(1102)，剖棺戮尸。

【萧三娘】 太平天国女将领。广西武宣县东乡人。壮族。咸丰元年(1851)，随兄萧朝贵参加金田起义。善骑射，能马上指挥，左右开弓，号称女元帅。三年(1853)，随太平军进攻镇江，率女兵数百，一马当先，抢先攻占城楼，勇猛为男军所不及。后不知所终。

【萧兀纳】(1049—1118) 辽末大臣。一名挞不也。字特免。契丹族。六院部人。魁伟简重，善骑射。道宗清宁(1055—1064)初，由兄萧图独举荐，补祗候郎君，迁近侍敞史，护卫太保。咸雍三年(1067)三月，奉命使宋，吊祭英宗。未几，徙右夷离毕，掌刑狱。大康(1075—1084)初，为北院宣徽使。二年(1076)十二月，改南京统军使。与夷离毕萧陶隗进谏，力阻权臣耶律乙辛荐立皇侄耶律淳为嗣，奏乙辛谋害皇孙延禧之谋，取信于道宗。五年(1079)，授同知南院枢密使事，兼殿前副点检，封兰陵郡王，辅导皇孙。次年十二月，迁北府宰相。七年(1081)五月，兼殿前都点检。八年六月，知北院枢密使事。大安元年(1085)，改南院枢密使。寿昌二年(1096)十二月，复任北府宰相。乾统元年(1101)，天祚帝延禧即位，因在储位时曾数以直言忤旨，被排挤出朝，外任辽兴军节度使、守太傅。继为佛殿小底王华诬告私借内府犀角，夺太傅官，降宁边州刺史，改临海军节度使。天庆元年(1111)，知黄龙府事，更东北路统军使。见东北女真勃兴，屡谏言先发举兵压之，不纳。四年(1114)七月，女真起兵反辽。率兵战于宁江州(今吉林扶余附近)，首战失利，城陷。十一月，与女真兵战于斡邻泺，再败，被免官。次年，随天祚帝亲征，复败。危机之时，受任上京留守。遇东北路统军副使耶律章奴内讧，领兵来攻，以死拒战，守卫上京。次年，以功授契丹行宫都部署兼副元帅。八年(1118)十一月，病卒。

【萧匹敌】(996—1031) 辽朝中期大臣。一名昌裔。字苏隐。契丹族。兰陵郡王*萧恒德子。父母早亡，育宫中，及长，尚秦晋王公主，拜驸马都尉，任殿前副点检。开泰八年(1019)，改北面林牙，掌文翰。太平四年(1024)八月，迁殿前都点检，出为国舅详稳(将军)、武定军节度使。次年三月，为契丹行宫都部署。九年(1029)八月，以平定大延琳反叛有功，封兰陵郡王。十一年(1031)六月，圣宗卒，钦爱皇后摄政，诬齐天皇后谋反，他因平时为齐天后所重，受株连，公主劝其逃女直国，不从，"宁死弗适他国"。当月，赐死。

【萧丑奴】 又作石抹氏。蒙古国将领。契丹族。元中书平章*萧拜住曾祖。聪敏有识，善骑射。早年仕金，为古北口屯戍千户。成吉思汗六年(1211)，遇蒙古军南下，领兵三千防御，中矢受创，开关降蒙。奉命追击金将招灯必舍，攻取平、滦、檀、顺、深、冀等州，授檀州军民元帅。及成吉思汗西征，进献弓弩，擢檀、顺、昌平万户，仍管打捕鹰房人匠。卒于职，追封顺国公，谥忠毅。

【萧永祺】 金朝史家。本名蒲烈，字景纯。少好学，通契丹大小字。广宁尹耶律固奉诏译书，遂受业门下，尽悉其术，熙宗皇统(1141—1149)年间，固修《辽史》，未成而卒，乃继之，成书，纪三十卷、志五卷。后人称为萧永祺《辽史》，惜今佚。因上此书，加宣武将军，任大常丞。海陵天德(1149—1153)初，擢左谏议大夫，迁翰林侍讲学士，同修国史，再迁翰林学士。翌年，迁承旨。欲擢尚书左丞，固辞。时称长者。年五十七而卒。

【萧老人】 见"萧玉"。(479页)

【萧迂鲁】 辽朝边将。字胡突堇。契丹族。五院部人。节度使萧约质子。兴宗重熙年间(1032—1055)为牌印郎君。道宗清宁九年(1063)，参与平定皇太叔耶律重元叛乱，追击重元余党郭九，以功擢护卫太保。咸雍元年(1065)，使宋议边事。后任知殿前副点检事。五年(1069)，为行军都监讨西北阻卜，俘获甚众。因出军时粮草未备足，致使士卒纷逃，降戍西北边地。未行，复率乌古敌烈兵败北部兵，以功释前罪，奉命总知乌古敌烈部。九年(1073)，率四百精骑败敌烈部叛军，继破敌烈部首领合术，尽得被掠人畜而还。竭力镇抚阻卜，未成大乱，以功，拜左皮室详隐(将军)。大康(1075—1084)初，以西北招讨都监从都统耶律赵三平定阻卜，因功改南京统军都监、黄皮室详稳，迁东北路统军都监。

【萧师姑】(？—1104)　即辽天祚帝德妃。契丹族。北府宰相萧常哥女。道宗寿昌二年(1096)入宫，封燕国妃。生子耶律挞鲁。天祚帝乾统三年(1103)，改德妃。寻加号"赞翼"。子受封燕国王。次年，子卒，哀甚，卒。

【萧合卓】(？—1026)　辽朝中期大臣。字合鲁隐。契丹族。突吕不部人。始为本部吏。圣宗统和(983—1012)初，以勤恪补南院侍郎。十八年(1000)，由北院枢密使韩德让举荐，升任中丞。二十七年(1009)，承天皇太后卒，翌年，奉命使宋，馈太后遗物，擢北院枢密副使。开泰三年(1014)，为左夷离毕。以久居近职，明习典故，善于应对，故获宠信。五年(1016)四月，升北院枢密使。次年五月，为都统率兵征高丽。圣宗因其为官清廉，以族属女妻其子。太平五年(1025)，患疾。圣宗欲亲视，辞谢。是年十二月(1026年1月)卒。

【萧仲宣】(1094—1157)　辽末金初大臣。本名野里补。契丹族。越国王*萧仲恭同母弟。聪敏好学。因母为辽道宗季女，五岁时，即遥授郡刺史，累加太子少师，为本部详稳(将军)。辽亡前夕，为护卫太保左右班详稳，随天祚帝西奔，至石辇铎，奉命留侍母，为金兵所获。金太宗嘉其孝，且谓其能知辽国事，命权宣徽使，从右副元帅完颜宗辅伐宋，师还，居家。熙宗皇统二年(1142)，授镇国上将军，历顺义、永定、昭义、武宁四镇节度使。海陵王正隆二年(1157)，卒。以为政平易，吏不为奸，贿赂禁绝，溯、潞百姓为之立祠刻石颂赞。

【萧仲恭】(1090—1150)　辽末后族大臣。原名术里者，又作术者。契丹族。天祚帝姨父、中书令*萧特末子。性恭谨有礼。幼时为孩儿班班使，天庆五年(1115)，任副宫使，后迁本部详稳(将军)。保大二年(1122)，为护卫太保，兼领军事，扈从天祚帝西逃天德军(今内蒙古呼和浩特东)，侍奉备至。五年(1125)二月，与天祚帝同被金兵俘获，金太宗以其忠于主，特加礼待。金太宗天会四年(1126)，奉命使宋。累迁右宣徽使，改殿前都点检。熙宗天眷二年(1139)，因防范完颜宗磐反叛有功，加银青光禄大夫。次年，迁尚书右丞。皇统(1141—1148)初，封兰陵郡王，授世袭猛安。七年(1147)九月，进拜平章政事，同监修国史，封济王。八年六月，改行台左丞相，八月，入为尚书右丞相，十二月，为太傅，领三省事，封曹王。海陵王天德二年(1150)，封越国王，任燕京留守。卒，谥贞简。正隆二年(1157)，改郑国公。

【萧守兴】　见"萧思温"。(485页)

【萧阳阿】　辽末大臣。字稍隐。奚族。奚六部敌稳突吕不七世孙，五蕃部节度使*萧乐音奴子。识契丹、汉字，通天文、相法。年十九为本班郎君。历铁林、铁鹞、大鹰三军详稳(将军)。天祚帝乾统元年(1101)，由乌古敌烈部屯田太保为易州刺史。迁武安州观察使，历乌古涅里、顺义、彰信等军节度使，权知东北路统军使事。受命平定耶律狼不反叛，身被二创，未获叛首，被免官。未几，权南京留守。寻卒。

【萧观音】(1040—1075)　即辽道宗宣懿皇后。女诗人。契丹族。枢密使萧孝惠女。兴宗重熙二十二年(1053)，为燕赵王耶律弘基纳为妃。清宁元年(1055)，弘基即位，立为皇后。次年十一月，上尊号懿德皇后。四年(1058)，生太子濬，益获宠。工诗，善谈论，旁及经、子，自制歌词，尤善琵琶。诗留今者有《伏虎林应制》、《君臣同志华夷同风应制》、《同心院十首》、《绝命词》等。如清宁二年(1056)随帝出猎赋："威风万里压南邦，东去能翻鸭绿江，灵怪大千俱破胆，那教猛虎不投降。"《怀古》："宫中只数赵家妆，败雨残云误汉王，惟有知情一片月，曾窥飞鸟入昭阳。"均为一代佳作。性端重，不事雕琢，见皇太叔重元妻浓妆艳抹，流目送媚，戒之，遭嫉恨。大康元年(1075)，被南院枢密使耶律乙辛等诬与伶官赵惟一私通，乃作《绝命词》，自缢死，苇席裹尸还家。数年后，被昭雪。天祚帝乾统元年(1101)六月，追谥宣懿后，移葬永福陵(今内蒙古巴林右旗白塔子北)。

【萧孝友】(991—1063)　辽朝中期大臣。字挞不衍，小字陈留。契丹族。圣宗*钦爱皇后弟，兴宗*仁懿皇后叔。圣宗开泰(1012—1021)初年，以戚属为小将军。太平元年(1021)，加左武卫大将军、检校太保。赐名孝友。兴宗重熙元年(1032)，累迁西北路招讨使，封兰陵郡王。八年(1039)，晋封陈王。十年(1041)，加政事令，更吴王。十二年(1043)，拜南院枢密使，进赵王。十五年(1046)十一月，任北府宰相，出知东京留守。十八年(1049)，随兴宗征西夏，失利，兴宗欲斩，为太后赦免。次年十二月，西夏降，复为东京留守，徙燕王。寻改上京留守，更秦王。道宗清宁元年(1055)九月，加尚父，复任东京留守。次年十二月，为北府宰相，遥授洛京留守。次年十二月，为北府宰相，遥授洛京留守。致仕，晋封丰国王。九年(1063)，因子胡觌参与重元谋乱，罪诛。

【萧孝先】(？—1037)　辽后族。字延宁，小字海里。契丹族。辽圣宗*钦爱皇后弟，兴宗*仁懿皇后叔。圣宗统和十八年(1000)，任祗候郎君，尚圣宗第四女南阳公主崔八，拜驸马都尉。开泰五年(1016)，为国舅详稳、南京统军使。太平三年(1023)，为汉人行宫都部署，加太子太傅。五年(1025)十二月，迁上京留守。改东京留守。九年(1029)八月，东京渤海人大延琳举兵反辽，被囚禁。翌年三月，穴地而逃，妻南阳公主被杀。八月，事平，奉命留守上京(今内蒙古巴林左旗南)。十一年(1031)三月，被钦爱皇后召往宫中总禁卫事，成后心腹。六月，圣宗卒，兴宗即位，受钦爱后指使，诬告正宫齐天皇后和北府宰相萧噼里等谋反，废齐天后，钦爱后摄政，授天平军节度使，加守司徒，兼政事令。重熙二年(1033)，封楚王，擢北院枢密使。四年(1035)，徙晋王。六年(1037)，为南京留守。卒，谥忠肃。

【萧孝忠】①(？—1043)辽朝大臣。字撒板，又作撒八、撒八宁，小字图古斯。契丹族。国舅详稳(将军)*萧陶瑰子，圣宗顺圣元妃弟。性慷慨。圣宗开泰(1012—1021)中，补祗候郎君，尚越国公主，拜驸马都尉，累迁殿前都点检。太平(1021—1031)中，擢北府宰相。兴宗重熙七年(1038)十二月，知东京留守事，十二年(1043)正月，入朝，封楚王，拜北院枢密使，曾谏言并北、南两枢密院为一，未果。七月，卒，兴宗亲悼，赐官户守冢。十一月，追封楚国王。②(？—1090)辽朝后期大臣。契丹族，锦州撒里北部人。铁林军厢主之子。累官乾宁军大师、静江军节度使。大安五年十二月一日(1090年1月)病卒。1951年夏，于辽宁锦西西孤山出土其墓志，志盖背刻汉文，志文刻契丹大字，为珍贵的契丹文字资料。

【萧孝穆】(981—1043) 辽朝中期重臣。小字胡独堇，又作陈六。契丹族。国舅详稳(将军)*萧陶瑰子，圣宗*顺圣元妃弟，兴宗*仁懿皇后父。廉谨有礼法，不趋炎附势，有政绩，时人誉为"国宝臣"。长于文墨，著有《宝老集》行世，今佚。统和二十八年(1010)，为西北路招讨都监。开泰元年(1012)，遥授建雄军节度使，加检校太保。十一月奉命征讨阻卜各部的反抗。次年十二月，擢西北路招讨使。三年(1014)四月，拜北府宰相、检校太师。太平二年(1022)，知枢密院事，充汉人行宫都部署。翌年十一月，改任南京留守、兵马都总管，封燕王。九年(1029)八月，任都统，奉命镇压渤海将军大延琳在东京(今辽宁辽阳)的反辽起义，败大延琳于平山(辽阳南)，次年八月，擒大延琳。十一月，以功封东平王，任东京留守。宽政务，抚流徙，作出一定让步。景福元年(1031)兴宗即位。顺圣元妃自立为皇太后摄政，擢其为南府宰相，徙秦王。重熙三年(1034)，兴宗亲政，任燕京留守、兵马大元帅。六年(1037)三月，拜北院枢密使，封吴国王。任内注重选吏用人。八年(1039)，表请籍户口以均徭役，使政赋稍平，户口蕃息。九年，徙封楚王。十年，极力谏阻兴宗南下伐宋，不纳。以年迈辞归，亦不允。十二年(1043)正月，改任南京枢密使。六月，复北院枢密使，封齐国王。十月，卒。追赠大丞相、晋国王。谥贞。

【萧怀忠】(？—1161) 又作石抹怀忠。金朝将领。本名好胡。奚族(一作契丹族)。海陵王时，为西北路招讨使。贞元元年(1153)十二月，奉命北巡。翌年正月，拒从尚书右丞相萧裕谋反，执萧裕使者，并举奏，使叛事夭折，以功于二月进枢密副使，赐名"怀忠"。复为西北路招讨使，西京留守，封王。寻改南京留守。正隆六年(1161)五月，复为西京留守、西南面兵马都统。奉命与枢密使仆散思恭等将兵一万镇压契丹人撒八起义，无功。被疑为同族相怜，或参与萧裕反事，八月，被处斩军中，并族其家。大定三年(1163)，诏追复官爵。

【萧阿剌】(？—1061) 辽朝重臣。汉名知足。字阿里懒。契丹族。北院枢密使*萧孝穆子。性果，晓世务，有济世之才。幼养宫中，深得兴宗喜爱。重熙六年(1037)，为弘义宫使。累迁同知北院枢密使，加同中书门下平章事，出为东京留守。二十一年(1052)四月，拜西北路招讨使，封西平郡王。继尚秦晋国公主，拜驸马都尉。二十四年(1055)八月，兴宗卒，道宗继位。奉遗诏拜北府宰相、权知南院枢密使事，十一月，晋封韩王。次年十二月，改北院枢密使，徙陈王。与萧革同掌朝政。以萧革善阿谀，恃宠擅权，与之相悖，被贬为东京留守。清宁七年(1061)五月，入朝行瑟瑟礼(祈雨射柳之仪)，力陈时政得失，遭萧革所谮，激怒道宗，被杀。葬乾陵赤山(今辽宁北镇西南)。后人谓："阿剌若在，无重元、乙辛之乱。"

【萧坦思】(？—1118) 辽道宗惠妃。契丹族。国舅少父房之后，驸马都尉萧霞抹妹。大康元年(1075)，宣懿皇后受害后，被耶律乙辛荐入宫。次年六月，立为皇后。无子。八年(1082)十二月，降为惠妃，徙居乾陵(今辽宁北镇西南)。乾统二年(1102)，因天祚帝搜诛乙辛党，受株连，贬为庶人，囚宜州(今辽宁义县)，诸弟没入兴圣宫。天庆六年(1116)，召还，封太皇太妃。八年(1118)，奔黑顶山，卒，葬太子山(今内蒙古宁城西南)。

【萧奉先】(？—1122) 辽末后族、大臣。又名得里底。字乣邻。契丹族。天祚帝元妃兄，使相萧撒钵子。道宗大康(1075—1084)年间，补祗候郎君，迁兴圣宫副使，兼同知中丞司事。寿昌二年(1096)，监讨达里得、拔思母二部，多俘而还，改同知南京留守事。五年(1099)十月，知北院枢密使事。天祚帝乾统元年(1101)为北面林牙，掌文翰。四年(1104)七月，知北院枢密事。六年(1106)正月，与南院枢院使牛温舒使宋，调节宋与西夏争地矛盾。天庆三年(1113)，加守司徒，封兰陵郡王。时东北女真勃兴，他妥协让退，不加防备，力阻对女真先用兵。翌年，女真起兵反辽。七月，重镇宁江州(今吉林扶余东南)失陷，弟嗣先虽败混同江，他极力袒护，致使将士怀怨，无斗志。对郡县失陷，亦拖而不报或缓报。眈于争权，妒文妃子敖卢斡有威望，为使妹元妃子能继皇位，于保大元年(1121)诬文妃与妹夫、统兵副都监耶律余覩拥敖卢斡谋废立，致使文妃、敖卢斡被赐死，余覩降金。三月，中京(今内蒙古宁城)、西京(今山西大同)相继失陷，随天祚帝逃往夹山(今内蒙古武川西)，继被天祚帝驱逐，为部将耶律高山奴所执，押送阿骨打，途中为辽兵截获，赐死。

【萧青山】 元初将领。契丹族。原属石抹氏。檀、顺、昌平万户*萧丑奴子。世祖中统元年(1260)，袭父职，为万户。至元十一年(1274)，从丞相伯颜南下伐宋，师还，授湖北提刑按察使。寻卒。追封顺国公，谥武定。

【萧抱珍】(？—1166) 金代道士。太一教创始者。卫郡(今河南汲县)人。熙宗天眷(1138—1140)年间，传太一三元法箓之术，名曰太一教。皇统八年(1148)，奉诏进宫,受赐观额"太一万寿"。入元,于两京建太一宫,世祖忽必烈赐太一掌教宗师印与其后传弟子李居寿。

【萧卓真】 契丹族。辽太祖耶律阿保机四世祖母,肃祖耶律耨里思妻。生四子:洽慎、萨剌德、葛剌、洽礼。次子耶律萨剌德为阿保机曾祖父,即懿祖。天祚帝乾统三年(1103)追尊昭烈皇后。

【萧岩寿】(1029—1077) 辽朝大臣。契丹族。乙室部人。性刚直,尚义气。兴宗重熙(1032—1055)末年入仕。道宗即位,受皇太后举荐,被重用,历文班太保、同知枢密院事。咸雍五年(1069,一作四年),从耶律仁先破阻卜,受诏留驻,以部下逃归者多,被免官。十年(1074),以讨敌烈部有功,为敌烈部节度使。大康元年(1075),同知南院宣徽使事,迁北面林牙,掌文翰。密奏权臣耶律乙辛谋不轨,致乙辛外任。后为乙辛反诬,出为顺义军节度使。乙辛复职,他被流放乌隗部,终身拘作。大康三年(1077),被乙辛诬谋立皇太子濬,被杀害。及濬子天祚帝即位,昭雪,乾统(1101—1110)年间,追赠同中书门下平章事,绘像宜福殿。

【萧图玉】 辽朝中期将领。字兀衍。契丹族。北府宰相*萧海璃子。圣宗统和(983—1012)初年,承天太后摄政。以戚属入侍。寻任乌古部都监。因讨速母缕等部有功,迁乌古部节度使。十九年(1001),任西北路招讨使。二十五年(1007)九月,奉命讨阻卜,胜归。二十六年(1008),西征甘州回鹘,降其王耶剌里。二十八年(1010)五月,再征甘州回鹘,克肃州(今甘肃酒泉),尽俘其民,修土隗口故城以充之。师还,尚圣宗第十三女金乡公主赛哥,拜驸马都尉,加同政事令门下平章事。二十九年,谏言分治阻卜各部,各置节度使。次年十一月,阻卜反,被围于可敦城(今蒙古哈达桑东),后因北院枢密使耶律化哥援军至,降附阻卜。开泰六年(1017)二月,因金乡公主妄杀无罪家婢,削官同平章事,公主亦降为县主。未几,出为乌古敌烈部详稳(将军)。寻致仕返里。

【萧忽古】(?—1077) 辽朝将领。字阿斯怜。契丹族。宰相萧挞列之后。性忠直。初补禁军。咸雍(1065—1074)初,从招讨使耶律赵三讨番部之违命者,以矫捷跃上驼峰,受器重,赵三以女妻之。被道宗召为护卫。时见枢密使耶律乙辛擅权肆虐,不平,伏桥下,欲待其过而杀之,因暴雨毁桥,未果。继欲于行猎中刺杀,为亲友所阻。大康三年(1077),再欲杀乙辛,事泄,被执,审劾不服,流放边地。及皇太子濬受诬被废解上京(今内蒙古巴林左旗南),召其至,同遇害。及濬子天祚帝即位,昭雪。乾统(1101—1110)年间,追赠龙虎卫上将军。

【萧知足】 见"萧阿剌"。(483页)

【萧挞里】(?—1076) 即辽兴宗仁懿皇后。契丹族。南府宰相*萧孝穆女。性淑谨,遇节日,以诸国所贡分赐贫瘠。景福元年(1031),兴宗即位时入宫。重熙元年(1032),生皇子弘基。四年(1035)三月,立为皇后。二十三年(1054),上尊号贞懿慈和文惠孝敬广爱崇圣皇后。兴宗佞佛,多有匡谏。二十四年八月,兴宗卒,子道宗继位,尊为皇太后。清宁二年(1056)十二月,上尊号慈懿仁和文惠孝敬广爱崇天皇太后。九年(1040)七月,皇太叔重元纠合四百官员谋反,与道宗被围滦河(今内蒙古宁城西南)行宫,形势凶险,亲披挂上阵,督促将士御叛,直到翌旦,援军至,击溃叛军。大康二年(1076)三月,卒。六月,谥仁,懿皇后,葬庆陵(今内蒙古巴林右旗白塔子北)。

【萧挞凛】(?—1004) 名又作挞览、闼览。辽朝中期将领。字驼宁。契丹族。马群侍中术鲁列子。幼敦厚,有才略,通天文。景宗保宁(969—979)初年,为宿直官。圣宗统和二年(984),为彰德军节度使。次年,奉命东征女真,俘获甚多,受嘉奖。四年(986),为诸军副部署,从枢密使耶律斜轸南下抵御宋太宗北伐。七月,于朔州设伏,擒宋名将杨业。六年(988),迁南院都监。九月,从圣宗伐宋,攻沙堆驿,力战被创。翌年,加右监门卫上将军、检校太师。十一年(993),与东京留守萧恒德攻高丽,直攻蓬山郡(今朝鲜平安北道龟城西南),至安戎镇,追高丽王请和,奉贡称臣。十二年(994),随齐王妃萧胡辇领兵抚定西部,边境,任阻卜都详稳(将军)。功还,加兼侍中,封兰陵郡王。十五年(997)五月,讨敌烈八部。九月,征阻卜未降诸部。圣宗赐诗以奖其功。寻任南京统军使。二十年(1002),随圣宗南伐,四月,破宋军于泰州(今河北保定)。次年四月,在望都(今属河北)擒宋将王继忠。二十二年(1004)十一月,破德清军(今河南清丰西北),围澶州(今河南濮阳),中伏弩身亡。

【萧胡睹】(?—1063) 辽朝大臣。字乙辛。辽太祖*淳钦皇后弟阿古只六世孙,丰国王*萧孝友子。兴宗重熙(1032—1055)中,为祗候郎君,迁兴圣宫使。尚秦国长公主,拜驸马都尉,寻以不谐离婚。复尚齐国公主,任北面林牙(契丹官名,掌文翰)。道宗清宁(1055—1064)中,历北、南院枢密副使,代族兄术哲为西北路招讨使。见北院枢密使萧革擅权,与术哲不协,遂潜逸术哲。岁向革献珍玩、畜产等,备受革青睐。擢同知北院枢密事。继助革构陷堂兄阿剌,为时人所鄙。清宁九年(1063)七月,参与皇太叔重元叛乱,率弩手军围道宗于滦河行宫,是夜,拥重元称帝,自为枢密使,次日,为道宗援军所败,受创,单骑遁走,至十七泺,投水死。

【萧胡辇】(?—1007) 又作呼辇。辽代中期驻边女将。契丹族。承天太后*萧绰姐,齐王罨撒葛妻。景宗保宁四年(972),齐王卒时自称齐妃。圣宗统和十二年(994)八月,奉命领西北路乌古等部及永兴宫分军共三万余众,屯西鄙驴驹儿河。治边有方,采取各部分治之策,一部或叛,邻部讨之,使同力相制,卓有成效。被誉为"不惟有辟土之大功,且有靖边之长策。"后自主改嫁其奴达览阿钵。继领兵征服鞑靼。二十二年(1004),改可敦城(今蒙古哈达桑东),置镇州。选诸部族二万余骑屯军,专捍室韦、于厥等部。二十四年(1006),图谋北投阻卜,结兵反承天太后,事觉,被囚怀州(今内蒙古巴林右旗岗岗庙)。次年六月,赐死。

【萧贵哥】 即辽天祚帝元妃。契丹族。皇后*萧夺里懒妹。十七岁册为元妃。性沉静、宽厚。尝昼寝,觉近侍盗貂裘,假寐不言,被传为佳话。生子雅里(梁王)、定(秦王)、宁(许王)。另有三女。保大二年(1122),为女真所迫,随天祚帝西逃夹山(今内蒙古武川西),因兄奉先屡争利误国,被逐。未几,兵败,被俘。为女真将完颜宗翰纳为妻(一说从天祚西狩,病卒)。

【萧思温】(?—970) 辽朝大臣。小字寅古。又名守兴,小字喂呱。契丹族。辽景宗睿智皇后*萧绰父。通书史,备受宠任。不善兵,因常败,为诸将所不屑。太宗时,初为奚秃里太尉,后尚太宗长女吕不古公主,迁群牧都林牙。穆宗时,擢南京留守。应历八年(958),奉命御后周,畏暑不前,仅拔沿边数城而还。九年四月,为兵马都总管,抵御后周世宗,失益津(今河北霸县北)、瓦桥(今河北雄县)、淤口(霸县东)三关及易、瀛、莫三州,南京(今北京)告紧。恐朝廷罪己,表请穆宗亲征。以后周世宗病故,退兵,始解南京之危。十年(960),又在石州(今山西离石)为宋兵所败。十九年(969),穆宗被杀,与南院枢密使高勋、飞龙使女里等拥景宗贤即位,以功擢北院枢密使,兼北府宰相,寻加尚书令,封魏王。女萧绰被册皇后。保宁二年(970)五月,随景宗出猎医巫闾山,被高勋等谋害,追封楚国王。

【萧拜住】(?—1320) 元初大臣。契丹族。原属石抹氏。檀州知州哈剌帖木儿子。忽必烈汗时,曾从皇孙铁穆耳(成宗)北征,授檀州知州。历任礼部郎中、同知大都路总管府事、知中山府,有政绩,受民赞。武宗海山时,历任中书左司郎中、河间路总管、右卫率使,迁户部尚书,拜御史中丞。仁宗皇庆元年(1312),迁陕西行中书省右丞。延祐元年(1314),以通政院使为中书右丞。三年五月,进中书平章政事,调典瑞院使,超授银青荣禄大夫,崇祥院使。四年四月,以太常礼仪院使加授大司徒,参与揭发右丞相铁木迭儿怙势纳贿、枉法害民事。七年正月,仁宗卒,铁木迭儿复入中书为右丞相,诬其违太后旨,执杀之,并籍全家。至治三年(1323),泰定帝即位,得昭雪,追封蓟国公,谥忠愍。

【萧恒德】(?—996) 又作吴留。辽朝中期将领。字逊宁。契丹族。国舅宰相*萧幹子。圣宗统和元年(983)二月,尚承天太后三女越国公主延寿,拜驸马都尉,任南面林牙,掌文翰。寻从宣徽使耶律阿没里攻高丽。改北面林牙。四年(986),参与谋划抵御宋太宗北伐。改东京留守。六年(988)十月,随圣宗南下伐宋,亲督将士攻陷沙堆驿,中流矢,寻破长城口,以功受嘉奖。十年(992)十二月,率兵攻高丽,攻蓬山郡(今朝鲜平安北道龟城西南),至安戎镇,迫使高丽王治遣使奉表请和。后奉圣宗命,以女嫁高丽国王。十二年(994),赐启圣竭力功臣号。十三年七月,从都部署和朔奴讨兀惹,军至兀惹城(今黑龙江通河附近),为邀功请赏,拒绝兀惹请降,致兀惹死战,攻城不下,恐空返受责,乃进掠东南诸部而归。以劳师无功,兵马死伤,削功臣号。十四年(996),为行军都部署,率兵伐蒲卢毛朵部。后坐与宫人贤释私通,被承天太后赐死。追封兰陵郡王。

【萧速撒】(?—1077) 又作萧素(索)撒。辽朝大臣。字秃鲁堇。契丹族。突吕不部人。性沉毅。兴宗重熙(1032—1055)年间,累迁右护卫太保。十七年(1048),从耶律仙先征蒲奴里叛,执叛首陶得里。二十二年(1053),为利州刺史,奉命出使高丽,贺生辰。道宗清宁(1055—1064)中,历北面林牙(契丹官名,掌文翰)、彰国军节度使、北院枢密副使。咸雍十年(1074),经略西南边,受遣至代州(今山西代县),与宋交涉河东地界。大康二年(1076)六月,知北院枢密使事。见枢密使耶律乙辛恃宠擅权,不附,受嫉恨。次年六月,被诬谋立皇太子濬,遇害。至濬子天祚帝即位,昭雪,乾统(1101—1110)年间,追封兰陵郡王,绘像宜福殿。

【萧特末】 辽朝中期大臣。字何宁。汉名英。契丹族。善机辨,有才能。圣宗太平(1021—1031)年间,累官安东军节度使。十一年(1031),为左祗候郎君班详稳(将军)。改左夷离毕,掌刑狱。兴宗重熙十年(1041),为南院宣徽使、归义军节度使。翌年,奉诏与翰林学士刘六符使宋,索取瓦桥关(今河北雄县)南十县土地,迫宋岁增银十万两,绢十万匹,维持和议。以功加同政事门下平章事。后复北院宣徽使。

【萧特烈】(?—1123) 辽末将领。字讹都椀。契丹族。天祚帝乾统(1101—1110)中,入宿卫,出为顺义军节度使。天庆四年(1114),同知咸州路兵马事。翌年,以兵败削节度使。保大元年(1121),迁隗乌古部节度使。在战中又受任中军都统,先后被女真军败于石辇铎与梯已山。次年,随天祚帝西逃夹山(今内蒙古武川西)。三年(1123),不愿随天祚帝投奔西夏,与耶律兀直计议,乘夜将皇子梁王耶律雅里劫走,奔西北诸部,于当年五月在沙岭拥雅里称帝,建元神历,自任枢密使,十月,雅里卒,继立耶律术烈(兴宗弟吴哥四世孙),未及一月,为乱兵所杀。

【萧敌烈】 ①辽朝中期将领。契丹族。穆宗(951—969年在位)时,官彰国军节度使。时辽对中原的策略是援北汉,攻后周。应历四年(954)春,辽与北汉联军在高平(今山西高平)为周世宗所败。五月,忻州(今山西忻县)、代州(今山西代县)背北汉降后周,他奉命与太保许以赘宰兵平二州之叛,十一月,告捷。 ②辽朝中期大臣。字涅鲁衮。契丹族。乙室部人。宰相挞烈四世孙。识度弘远,为乡里推重。初为牛群敌史,圣宗闻其贤,召入侍,迁国舅详稳。统和二十八年(1010),以国家连年征战,年谷不登,谏阻伐高丽,不讷。次年,同知左夷离毕事,迁右夷离毕,掌刑狱。开泰元年(1012),率兵巡西部边境,追捕夷离堇(军事首领)部下闸撒狘扑里、失室、勃葛等逃遁之部民,令复业。三年(1014)六月,拔里、乙室已两国舅帐合为一帐,任国舅详稳总领其事。是夏,与东京留守耶律团石奉命攻高丽,造浮梁于鸭绿江,城保州、宣州(皆今朝鲜义州一带)。十月,在通州(今朝鲜林东部)为高丽将周演击败,损失严重。次年四月,还师,迁同政事门下平章事,改上京留守。为人宽厚,达政体,有王佐才。六年(1017),汉人行宫都部署王继忠荐其为枢密使,未果,迁中京留守。③辽朝后期将领。契丹族。名臣*萧孝穆之后,同知北院枢密事*萧胡觌族弟。道宗(1055—1101年在位)时,为北剋(契丹官名,掌兵),受族兄胡觌举荐,迁旗鼓拽剌详稳(将军)。不知所终。

【萧敌鲁】(?—919) 又作迪里古。辽初将领。字敌辇,又作迪辇。契丹族。辽太祖*耶律阿保机表弟、*淳钦皇后弟。性宽厚,臂力过人,有胆略。遇敌,亲冒矢石,必胜乃止。阿保机初兴时,侍左右,随从征讨,勇行于阵,深得赏识,在开国勋臣中,被阿保机喻之以"手"。太祖元年(907)阿保机称帝时,受命领腹心部,统率侍卫亲军。三年(909)三月,奉命南援沧州节度使刘守文,在北淖口(今天津武清南)大败刘守光军。翌年七月,因功擢北府宰相。五年(911),充先锋参与平定以阿保机大弟剌葛为首的诸弟叛乱,在榆河擒剌葛,受嘉赏。后征西南诸部,多获战功。神册三年十二月辛丑(918年1月6日)卒。

【萧海璃】(918—967) 辽朝大臣。字寅的哂。契丹族。先世于遥辇氏部落联盟时期为本部夷离堇(军事首领)。令稳萧塔列子。貌魁伟,臂力过人。世宗天禄(947—951)年间,娶明王安端女藹因翁主。穆宗应历(951—969)初年,以藹因参于察割谋乱,继娶太宗次女嘲瑰翁主。五年(955)四月,为北府宰相,总知军国事。穆宗暴虐,反叛诸多。他为政廉谨,凡受命理案,周密体察,不使人冤,由是知名。十七年(967)五月,卒,穆宗慜悼,辍朝二日。

【萧陶隗】 辽朝大臣。字乌古邻。契丹族。宰相萧辖特六世孙。性刚直,不惧权贵,每大议,无视帝有难色,毅然决之,故有威重。咸雍五年(1069)任马群太保,察群牧治理冗乱,常以少为多,以无为有,上下相蒙,积弊成风,遂上书建言,核实具数,著为定籍,使畜产蕃息。大康(1075—1084)初,迁夷离毕,掌刑狱。与北院宣徽使萧兀纳谏阻立皇侄耶律淳为嗣,逆枢密使耶律乙辛意,被贬出为权东京留守。大安七年(1091),徙契丹行宫都部署。因直言谏止耶律阿思为北院枢密,受排挤,外任西南面招讨使。继为阿思诬以治边懈怠,有贼掠畜产而不追,免官。后起任塌母城节度使,待赴,疽发于背,猝卒。

【萧排押】(?—1023) 又作萧排亚。辽朝中期将领。字韩隐,又作韩宁。契丹族。国舅少父房之后。善智多谋,每军事有疑,多预参决。穆宗应历(951—969)年间为政事令。圣宗统和(983—1012)初,任左皮室详隐,奉命征阻卜,建功。四年(986),率兵南下御宋太宗北伐,破宋将曹彬、米信兵于望都(今河北望都)。寻总永兴宫军及舍利、拽剌、二皮室等军,与枢密使耶律斜轸收复山西所陷城邑。六年(988)九月,战满城(今河北满城),率卒先登,以功授南京统军使。翌年四月,尚卫国公主,拜驸马都尉,加同政事门下平章事。六月,再败宋兵于泰州(今河北保定)。十三年(995),历北、南院宣徽使。十五年(997),加政事令,改东京留守。二十二年(1004),随圣宗亲征,十一月,克宋德清军(今河南清丰西北),直抵澶州(今河南濮阳)。十二月,"澶渊之盟"成,擢北府宰相。二十八年(1010)八月,为都统从圣宗攻高丽。十一月,下开京(今朝鲜开城),大获而还,受封兰陵郡王。开泰二年(1013),以宰相知西南面招讨使。五年(1016),晋封东平郡王。七年(1018)十月,再为都统,攻高丽,兵败茶河,免官。太子三年(1023)二月,复为西南面部招讨,封豳王。旋卒。

【萧辅道】(?—1252) 金代末年道士。字公弼,号东瀛子。卫郡(今河南汲县)人。太一教创始者萧抱珍之后。卫绍工人安二年(1210),主持太一教道门,为四传。宣宗贞祐二年(1214),奉诏主亳州太清宫事。金亡蒙兴,贵由汗二年(1247),赐号中和仁靖真人。忽必烈(世祖)闻其名,召至和林(今蒙古人民共和国哈尔和林),留居宫邸。后以年老相告,请授弟子李居寿掌教事。

【萧惟信】 字耶宁。契丹族。辽朝大臣。楮特部人。南府宰相萧高八子。性沉毅,笃学善辩。兴宗重熙(1032—1055)初入仕,累迁左中丞。十五年(1046),任兴宗长子燕赵国王耶律弘基(道宗)傅,辅导以礼。十七年(1048),迁北院枢密副使,坐事免官,寻复职,兼北面林牙,掌文翰。次年正月,奉命使宋。道宗清宁九年(1063),参与平定耶律重元之乱有功,赐竭忠定乱功臣,加太子太傅。历南京留守、左右夷离毕(契丹官名,掌刑狱)。咸雍二年(1066)七月,为南院枢密使。五年(1069)六月,知北院枢密使事。七年(1071)十二月,为南府宰相,兼契丹行宫都部署。大康三年(1077),枢密使耶律乙辛擅权肆虐,诬皇太子濬谋废立,内外知其冤,无敢言,他不惧权贵,数与廷争,道宗不纳,遂告老,加守司徒。

【萧朝贵】(?—1852) 太平天国开国功臣和杰出将领。广西武宣县东乡人。壮族。出身于贫苦农民家庭,青年时为生活所迫流入桂平县紫荆山区以烧炭为生。为人刚直有胆略,颇受炭工拥戴。清道光二十三年(1843),洪秀全创立拜上帝会,派冯云山深入桂平一带传教,秘密组织革命力量。他与好友杨秀清积极动员群众参加拜会,并四出宣传教旨。冯云山被捕入狱后,与杨秀清假称天父、天兄托降,以安定众心,坚持斗争,并积极设法营救冯云山出狱。深得洪秀全器重,以妹洪宣娇(一说原名杨云娇,被洪秀全认作妹,更名洪宣娇)妻之。积极参与组织和筹划起义,成为领导核心之一。金田起义爆发后,被封为右弼又正军师,领前军主将,负责指挥军事。以金田"无险可扼,无城可凭",于咸丰元年(1851)九月,统兵攻占永安城,被洪秀全封为西王、八千岁,位列第三,仅次于洪、杨,凡太平天国谕檄,授命与杨秀清会衔颁布。不久,率太平军主力突围,在龙寮口重创敌军,斩总兵长瑞、长寿、董光甲、邵鹤龄等四人,乘胜北上,在桂林城外率军桥击毙广州副都统乌兰泰,继克全州,入湖南,连陷道州、江华、永明、郴州等地。在湖南期间，与杨秀清联衔先后发布《奉天讨胡檄布四方谕》、《奉天救世安民谕》、《救一切天生天养中国人民谕》等檄文，号召民众推翻清朝统治，实现"天下一家，共享太平"。二年七月，率林凤祥、李开芳等部连破安仁、悠县、醴陵和石马铺。九月，兵临长沙城下，身先士卒，督军攻城，不幸中弹英勇献身。

【萧窝斡】 见"移剌窝斡"。(506 页)

【萧普达】(？—1044) 辽朝边将。字弹隐。契丹族。圣宗统和(983—1012)初年，为南院承旨。开泰六年(1017)，出任乌古部节度使。次年，平敌烈反叛，任乌古敌烈部邢监。太平十年(1030)，任乙室部大王。兴宗重熙(1032—1055)初年，改乌占敌烈部都详稳(将军)。任内，熟练边事，以悦取人，获众望，多建功业，擢西南面招讨使，十三年(1044)，奉命征西夏，五月，中流矢身亡，翌年六月，追赠同中书门下平章事。

【萧瑟瑟】(？—1121) 辽天祚帝文妃。女诗人。渤海人。国舅大父房之女。聪慧娴雅，详重寡言。自少工文墨，善歌诗。乾统(1101—1110)初，入宫。三年(1103)冬，立为文妃。及生蜀国公主和皇子敖卢斡，尤被宠幸，行柴册礼，加号"承翼"。诗作现存两首。《讽谏歌》云："勿嗟塞上兮暗红尘，勿伤多难兮畏夷人；不如塞奸邪之路兮，选取贤臣。直须卧薪尝胆兮，激壮士之捐身；可以朝清漠北兮，夕忧燕云。"《咏史诗》云："丞相朝来佩剑鸣，千官侧目寂无声，养成寇盗谋将及，害尽忠臣谏不行，亲戚尽连藩屏乱，私门潜畜爪牙兵，可怜二世秦天下，犹向宫中望太平。"此皆涉政之作，带强烈时代色彩。所谏不为天祚帝采纳。因子敖卢斡在朝内威望日重，引起他妃嫉根。保大元年(1121)正月，被元妃兄萧奉先诬与妹夫耶律余覩谋反，欲立子敖卢斡，蒙冤赐死。

【萧酬斡】(1062—1116) 辽末将领。字讹里本。契丹族。国舅少父房之后，赵王萧别里剌子。貌雄伟，性和易。道宗大康元年(1075)，尚越国公主，拜驸马都尉，任祗候郎君班详稳(将军)，迁殿前副点检。五年(1079)五月，封兰陵郡王。七年(1081)五月，徙汉人行宫都部署，兼知枢密院事。次年，为国舅详稳。大安二年(1086)七月，因母擅取驿马，厌魅梁王，受株连，流放乌古敌烈部。天庆(1111—1120)中，妹萧坦思被尊为太皇太妃后，复任南女直详稳，迁征东副统军。六年(1116)闰正月，与驸马都尉萧韩家奴率兵镇压广州(今辽宁沈阳西南大高华堡)渤海人起义。三月，又领兵镇压侯概起义，在川州(今辽宁北票东北黑城子)擒获侯概。继返军镇压东京(今辽宁辽阳)高永昌起义，兵败，被击毙，追赠龙虎卫上将军。

【萧意辛】(？—1123) 契丹族。耶律奴妻。国舅驸马都尉陶苏斡女。年二十出嫁，事亲睦族，以孝闻。崇尚礼法，自持"修己以洁，奉长以敬。事夫以柔，抚下以宽。"因其大与权臣耶律乙辛不合，被诬夺爵，没入兴圣宫，流放乌古部。道宗念其为公主之女，欲使离婚，她遵夫妇之义，坚辞不受，从夫服役，劳而无怨，道宗感其节，召举家还。保大三年(1123)正月，为卢彦伦叛军所害。

【萧德妃】(？—1123) 北辽宣宗*耶律淳妃。契丹族。萧普贤女。保大二年(1122)，天祚帝西逃夹山(今内蒙古武川西)，三月，耶律淳在南京(今北京)称帝，史称"北辽"，受册封德妃。六月，淳病卒，自立为皇太后，称制，改元德兴，遵遗命遥立天祚帝子、秦王耶律定为帝。兴科举，放进士李球等一百零八人。击退宋军进攻。以宰相李处温父子与宋勾结，赐死。曾五次上表金帝阿骨打，求立耶律定，遭拒。女真来攻，亲守居庸关，败，与耶律大石从古北口西逃夹山(今内蒙古武川西)，见天祚帝。三年(1123)二月，被天祚帝处死。

【萧耨斤】(？—1058) 辽圣宗元妃。契丹族。太祖*淳钦皇后弟阿古只五世孙女。初为宫人，开泰五年(1016)，生皇子宗真，被立为顺圣元妃。太平十一年(1031)六月，圣宗卒，子宗真即位，是为兴宗。按遗诏应册正宫齐天后为皇太后，她匿遗诏，自立皇太后。诬齐天后与北府宰相萧浞卜、国舅萧匹敌谋反，拒听兴宗劝言，因齐天后于上京(今内蒙古巴林左旗南)，将浞卜、匹敌赐死，株连四十余人。翌年，逼齐天后自尽，独揽朝权。重熙元年(1032)十一月，上尊号法天应运仁德章圣皇太后。主政期间，大肆擢用后族姻戚，三兄二弟皆封王，姊妹封国夫人。弟徒古撒尚燕国公主，兄解里尚平阳公主，陈六尚南阳公主，皆拜驸马都尉。又纳兄孝穆女为兴宗后，弟高九女为帝弟妃。诸连姻娅，并擢显官。毛克和等四十人，为后家奴隶，无劳绩，亦皆授防、团、节度使。南北面番汉公事皆由其弟兄掌握。凡所呈奏，弟兄聚议，各各弄权。重熙三年(1034)，谋废兴宗，另立少子重元，因重元告密事败，被囚庆州(今内蒙古巴林左旗白塔子)。八年(1039)七月，迎回。二十三年(1054)，改尊号仁慈圣善钦孝广德安静贞纯懿和宽厚崇觉仪天皇太后。翌年八月，兴宗卒，道宗即位，尊为太皇太后。清宁三年十二月己巳日(1058 年 1 月 24 日)病卒。次年五月，谥钦爱皇后(又作钦哀皇后)，葬庆陵(今内蒙古巴林右旗白塔子北)。

【萧王家奴】(？—1150) 金初将领。奚族。居库党河。魁伟多力。早年仕辽，为太子率府率。金太祖天辅七年(1123)，金兵入奚地，率乡人降金，授千户领其众。从讨奚王回离保之余众，擒阿古者，降其众。继平定平、滦等地，屡获功，数受赏。天会三年(1125)，随南京路都统完颜宗望攻宋，破燕京守将郭药师等于白河，迫药师降，取燕山府州县。次年，进围汴(今河南开封)，迫宋谢罪请和，解围。八月，再攻宋，败宋兵于中山(今河北定县)，并破祁州(今河北安国)、河间(今河北河间)等地援兵。师还，屯镇河溯。继随宇董照里以骑兵二千讨平于临淄(今山东淄博东北)举众反金之葛进。明年，攻沧州。破宋将徐文舟师。八年(1130)，任静江军节度使，授世袭千户。从梁王完颜宗弼(兀术)攻宋，为万户，还为五院部节度使。天德二年(1150)，改乌古迪烈招讨都监。寻卒。

【萧牙里辛】 契丹族。辽太祖*耶律阿保机曾祖母。遥辇氏部落联盟军事首领*耶律萨剌德（懿祖）妻。生四子：叔剌、帖剌、匀德实、褭古直。第三子匀德实为阿保机祖父（玄祖）。天祚帝乾统三年（1103）追尊庄敬皇后。

【萧月里朵】 契丹族。辽太祖*耶律阿保机祖母。遥辇氏部落联盟军事首领*耶律匀德实（玄祖）妻。生四子：麻鲁、岩木、释鲁、撒剌的。第四子撒剌的为阿保机之父（德祖）。其夫匀德实在内部争权斗争中，为耶律狼德杀害后，为避株连，命四子投靠耶律台押。不久，狼德被杀，方免于难。唐懿宗咸通十三年（872），孙阿保机出世，异常珍爱，"鞠为己子"。为防遭阴害，"常匿于别幕，涂其面，不令他人见。"兴宗重熙二十一年（1052），追尊简献皇后。

【萧乐音奴】（1023—?） 辽朝将领。字婆丹。奚族。奚六部敌稳突吕不六世孙，拔剌子。善言辩，通契丹、汉文字。善骑射，喜交名士。道宗清宁八年（1062），为护卫，参与平定耶律重元叛乱，以功迁护卫太保，改本部南赵（契丹官名，掌兵），调旗鼓拽剌详稳（将军），监障海东青，曾获白花者十三，受赏赐，拜五蕃部节度使。

【萧夺里懒】（?—1132） 辽天祚帝皇后。契丹族。平州人。宰相萧继先五世孙。性闲淑、有仪则。道宗大安三年（1087），入宫。翌年，封燕国王妃。乾统元年（1101），天祚帝即位，册为皇后。保大五年（1125），于应州（今山西应县）东与天祚帝一起被金兵所俘，为金将粘罕纳为次室。金太宗天会十年（1132），随辽降将耶律余覩起兵反金，兵败，被金部族节度使兀室所杀。

【萧达鲁古】 辽朝大臣。契丹族。性奸险。清宁（1055—1064）年间，党附权臣枢密使耶律乙辛，受擢拔，迁旗鼓拽剌详隐。大康三年（1077），乙辛诬太子濬谋废立，致濬被贬为庶人，囚于上京（今内蒙古巴林左旗南）。他受乙辛遣，与近侍直长撒把密赴上京。同留守萧挞得夜领力士至囚室，谎称有赦，召太子出见之，函其首以归，诈云疾薨。事毕，任国舅详稳。然恐事白，出入常佩刀，几欲自杀。及濬子天祚帝即位，大肆搜捕乙辛党，他以赂获免。后以疾卒。

【萧朵鲁不】（?—1177） 西辽大臣。契丹族。兵马都元帅*萧斡里剌子。尚德宗耶律大石女普速完，拜驸马。崇福元年（1164），妻普速完称制，是为承天太后。太后与己弟萧朴古只沙里私通，他被出为东平王，继遭罗织罪名杀害。

【萧讹都斡】 辽朝大臣。契丹族。国舅少父房之后。咸雍（1065—1074）中入仕，为牌印郎君。大康三年（1077），受权臣枢密使耶律乙辛遣，向道宗伪供，诬太子濬，诈称参与耶律撒剌等谋，欲立太子。致使太子濬被害。是年，授始平军节度使。未几，因与乙辛相悖，遭杀害，以灭口。

【萧观音奴】 辽朝中期臣将。字耶宁。奚族。奚王搭纥孙。圣宗统和十二年（994），为右祇候郎君班详稳（将军）。迁奚六部大王。时见俸秩外所给獐鹿皆取于民，奏止。二十年（1002），与南京统军使萧挞凛共为先锋从圣宗攻宋，二十二年（1004）十月，下祁州，破德清军（今河南清丰西北），直抵澶州（今河南濮阳），迫宋请和，订立"澶渊之盟"。因功受赏，为同知南院事。未几，卒。

【萧余里也】 辽朝大臣。契丹族。道宗妹夫，国舅萧阿剌子。兴宗重熙（1032—1055）中，以外戚入仕。道宗清宁（1055—1064）初，补祇候郎君，尚郑国公主，拜驸马都尉，累迁南面林牙（契丹官名，掌文翰）。因父与北院枢密使萧革不和，受排挤，出任奉先军节度使。十年（1064）冬，任北面林牙。咸雍（1065—1074）中，被告谋害南院枢密使耶律乙辛，因无证未治罪，出任宁远军节度使。见乙辛恃宠专权，倾心事之，结为党，擢国舅详稳。大康二年（1076）六月，封辽西郡王，次年五月，拜北府宰相，兼知契丹行宫都部署事。参与乙辛构陷皇太子濬，事成，擢知北院枢密事。继以侄女妻乙辛子。恃势横肆于朝。未几，诬陷事觉，被贬出朝，外任天平军节度使。五年（1079）六月，为西北路招讨使。后以母病去官。

【萧阿古只】 名又作阿骨只，遏古只。辽初将领。字撒本。契丹族。辽太祖*耶律阿保机表弟。*淳钦皇后弟。其女萧撒葛只为辽世宗怀节皇后。自幼放任不羁，及长，骁勇善射，临敌敢前。契丹建国前，阿保机任于越（总知军国事）时，以材勇充使任。太祖元年（907）阿保机称帝，受命领腹心部，统率侍卫亲军。五年（911），参与平定以阿保机大弟耶律剌葛为首的诸弟叛乱，奉命赴黑山（今内蒙古巴林左旗罕山）护卫淳钦皇后。继在培只河大败叛军，于榆河擒叛首剌葛，备受赏赐。在开国勋臣中，被阿保机喻之以"耳"。神册二年（917）三月，受命南攻新州（今河北涿鹿），大破卢龙节度使周德威，斩首三万余级。乘胜进围幽州（今北京）。三年（918），因功擢北府宰相。天赞二年（923）七月，复领命南伐，略地燕赵（今河北地区），克磁窑镇。三年，在阿保机亲兵西征时，被委以南面边事。四年十二月，随阿保机讨渤海。五年正月，攻取重镇扶余城（今吉林四平西），独将骑兵五百，败老相军三万。未几，渤海亡。继讨已降复叛之郡县，败鸭渌府援军。进破回跋城（今吉林辉南县东北）。不日病卒。

【萧岩母斤】（?—933） 契丹族。辽太祖*耶律阿保机生母，遥辇氏宰相剔剌之女，部落联盟军事首领*耶律撒剌的（德祖）妻。生五子，阿保机为长子。唐哀帝天祐四年（907）正月，阿保机称帝时，被尊为皇太后。辽太宗天显八年（933）十一月卒，翌年葬德陵，诏建碑于陵上，碑今已不存。兴宗重熙二十一年（1052），追尊宣简皇后。

【萧迭里得】（?—1063） 辽朝将领。字胡觌董。契丹族。国舅少父房之后，驸马萧双古子。幼警敏不羁，好射猎。圣宗太平（1021—1031）中，以外戚补祇候郎君，历延昌宫使、殿前副点检。兴宗重熙十三年（1044），随军攻西夏，率兵首入夏境，多所俘获，迁都点检，改乌古敌烈部都详稳。十八年(1049),再举伐夏,贻误军期,复为都点检。次年三月,败西夏军于三角川,擒观察使,以功擢知汉人行宫都部署事,出为西南面招讨使。后因族弟黄八私议宫掖事,隐匿不告,受杖刑,削爵为民。至道宗清宁(1055—1064)中,复为南京统军使。九年(1063)七月,参与皇太叔耶律重元叛乱,兵败被擒,伏诛。

【萧胡母里】契丹遥辇氏部落联盟后期首任执法官。审密氏人。建国前夕,曾出使唐朝,被拘幽州,遁归国后,任决狱官(这是契丹社会发展所产生的新职任),世袭。

【萧挞不也】(?—1077) 辽朝大臣。字斡里端。契丹族。国舅郡王萧高九孙。性刚直。咸雍(1065—1074)中,补祗候郎君。大康元年(1075),为彰愍宫使。尚赵国公主,拜驸马都尉。三年(1077),改同知汉人行宫都部署。因与北院宣徽使耶律挞不也相投,为权臣枢密使耶律乙辛所嫉。以挞不也被诬与皇太子濬谋废立,受株连,同遇害。及濬子天祚帝即位,昭雪。乾统(1101—1110)年间,追封兰陵郡王,绘像宜福殿。

【萧铎卢斡】(1040—1100) 又作萧铎鲁斡。辽代后期诗人。字撒板。契丹族。好学,有才干,善诗文。曾三复孔子"时哉"语,作古诗三章见志。当时名士皆称其高清雅韵,不减古人,惜今皆佚。道宗时,年三十始入仕,给事北院知圣旨事。因太子濬被诬,受牵连,贬戍西北部。在边十余年,至濬昭雪,始归乡。屏谢人事,以诗自娱。天祚帝乾统(1101—1110)初年,追赠彰义军节度使。

【萧陶苏斡】辽末将领。字乙辛隐。契丹族。突吕不部人。奥隗部节度使萧里拔之孙。道宗清宁(1055—1064)年间入仕,补笔砚小底,升祗候郎君,转枢密院侍御。咸雍五年(1069),迁崇德宫使。七年(1071),以讨五国有功,由五国节度使改任静江军节度使。次年,因触犯权臣耶律阿思,远调漠北渭水马群太保。天祚帝乾统(1101—1110)中,迁漠南马群太保。以大风伤草。马多倒毙,免官。九年(1109),复起任天齐殿宿卫。翌年,因谷价飞涨,宿卫子供给不足,以私廪周济,得士心,召同知南院枢密使事。天庆四年(1114),任汉人行宫副部署。以女真勃兴,起兵反辽,力谏发大兵压之,不纳。五年(1115)四月,以都统出兵饶州(今内蒙古林西县樱桃沟村),镇压渤海人古欲起义。六月,擒古欲,屠杀六千余人。九月,都监耶律章奴兵变,攻上京(今内蒙古巴林左旗南),他与留守耶律大悲奴为守御,击退章奴。继受命控扼东路。后以太子太傅致仕。

【萧菩萨哥】(975或983—1032) 即圣宗仁德皇后。契丹族。承天皇太后*萧绰侄女。年十二,选入宫。统和十九年(1001)五月,册为齐天皇后。曾监造清风殿、天祥殿、八方殿。又造九龙辂、诸子车,以白金为浮屠,多有巧思。深受圣宗宠爱,加号仁慈翊圣齐天彰德皇后,并将其生日命为顺天节。生二子,夭亡。开泰五年(1016),收宫人萧耨斤所生子耶律宗真为养子。太平十一年(1031)六月,圣宗卒,宗真继位,是为兴宗。耨斤匿遗嘱,自立为皇太后,擅揽政权。唆使护卫冯家奴、喜孙等诬告她与北府宰相萧啜里、国舅萧匹敌谋反。宗真为其讲情,亦遭拒。被送往上京(今内蒙古巴林左旗南)囚禁。次年春,为耨斤所逼,自尽身亡。按庶人礼葬祖州(今内蒙古巴林左旗西南)北白马山。重熙三年(1034)宗真亲政后,改葬祖州陵园。二十一年(1052),谥仁德皇后。道宗大康七年(1081)十月,迁葬庆陵(今内蒙古巴林右旗白塔子北)。

【萧得里特】(?—1099) 名又作特里特,特里得。辽朝大臣。契丹族。善阿谀。清宁(1055—1064)年间,累迁北面林牙(契丹官名,掌文翰)、同知北院宣徽使事。依附权臣南院枢密使耶律乙辛,成心腹。大康三年(1077),乙辛诬太子濬谋废立,太子被贬为庶人。他奉命监送濬至上京(今内蒙古巴林左旗南),途中倍加凌侮,不许下车,起居饮食百般虐待,至,则筑圜堵囚之。大康(1075—1084)中,迁西南面招讨使,历顺义军节度使,转国舅详稳。寿昌五年(1099),因民怨获罪,以老免死,合家籍没兴圣宫,贬西北路军司。寻卒。及濬子天祚帝即位,乾统二年(1102),诏掘其墓,剖棺戮尸。

【萧塔不烟】(?—1150) 即西辽感天皇后。1143—1150年称制权国。契丹族。西辽创建者*耶律大石皇后。辽末,随大石离天祚帝西走,金天会九年(1131)二月,大石在起儿漫(今苏联克尔米涅)称帝,被封昭德皇后。康国十年(1143),大石病卒,子幼,受遗命主国政,号感天皇后,改元咸清。主政期间,西辽尚盛,史载"契丹所居屯营,乘马行,自旦至日中始周匝。"金曾遣武义将军粘割韩奴随回鹘使者出使西辽,因出言不恭被处死。执政七年卒,子耶律夷列即位。

【萧韩家奴】①(975—1046)辽代中期学者。字休坚。契丹族。涅剌部人。中书令安抟孙。自幼好学,少年时入南山读书,博览经史,通习契丹文和汉文。圣宗统和十四年(996)入仕。二十八年(1010),为右通进,典南京(今北京)栗园。兴宗重熙(1032—1055)初年,同知三司使事。四年(1035),迁天成军节度使,徙彰愍宫使。兴宗喜其文才,命为诗友,受诏作《四时逸乐赋》,兴宗称善。应诏言治道之要,力谏"节盘游,简驿传,薄赋敛,戒奢侈"。擢翰林都林牙(契丹官名,掌文翰),兼修国史。受命著《实录》,记帝起居。益获宠,每入侍,皆被赐座,遇胜日,与帝饮酒赋诗。常力谏兴宗省猎,并不惧帝威,秉笔直书。重熙十三年(1044)六月,受命与耶律庶成、耶律谷欲录遥辇可汗至重熙以来事迹,辑成二十卷以进。十五年(1046),奉诏制礼典,博考经籍,自天子及庶人,撰成三卷以进。依旨以契丹文译《通历》、《贞观政要》、《五代史》等。后以年高,不任朝谒,拜归德军节度使。召修国史。撰有《六义集》十二卷,连同所译书,今皆不存。《辽史》存录《答制问》(重熙四年)和《请追崇四祖为皇帝疏》(重熙十三年)两文,颇具文采。②辽代臣将。字括宁。奚族。奚族首领渤鲁恩之后。性孝友。圣宗太平(1021—1031)年间,补祗候郎君,迁敦睦宫使十以左翼都监领兵攻西夏。以功迁北面林牙(契丹官名,掌文翰)。历任南院部署、奚六部大王。在任期间,有政绩。道宗清宁(1055—1064)初年,封韩国公。历南京统军使、北院宣徽使,封兰陵郡王。九年(1063),以招服奚兵平耶律重元叛乱有功,迁殿前都点检,封荆王,赐资忠保义奉国竭贞平乱功臣。调同知南院枢密使事。咸雍八年(1072)十一月。迁知左夷离毕(契丹官名,掌刑狱)事。大康三年(1077)二月,加尚父,徙封吴王。见皇太子濬被权臣耶律乙辛所诬,受幽上京(今内蒙古巴林左旗南),上书力陈其冤,受阻不达。四年,为西南面招讨使。次年十月,帝诏惟皇子仍一字王,余并削降,遂例改兰陵王(一作兰陵郡王)。寻致仕归里。

【萧蒲离不】 辽末文士。契丹族。魏国王萧惠四世孙。父母早丧,长于祖父兀古匿家。年十三,祖父卒,潜心自学,于文墨、技艺无不精通。处世淡泊,佞佛,终身不仕。天祚帝乾统(1101—1110)年间,屡受征召,皆以疾辞。晚年,谢绝世事,隐居抹古山,专于佛书。终日谈道,不为喜、怒、哀、乐、爱、恶所扰。

【萧斡里剌】 一说为伊斯兰史家所记之额儿布思。西辽大臣。契丹族。辽末为六院司大王,天祚帝保大四年(1124),随耶律大石西迁,至起儿漫(故址在今苏联乌兹别克克尔米涅),拥大石称帝,建西辽,为兵马都元帅,奉命率七万骑东征,相继征服喀什喀尔、和阗、畏兀儿等。复向西,于康国九年(1142)在寻思干(今苏联撒马尔罕)北克特湾大败塞尔柱首领桑节尔率领的诸伊斯兰国家的十万大军,俘获桑节尔妻女及诸伊斯兰国首领。乘胜出师花剌子模(今苏联咸海以南),迫使其首领阿即思臣服,交纳贡赋,巩固西辽对河中一带的统治。子朵鲁不,娶大石女普速完。及普速完(承天太后)执政,其子因太后私通被杀,遂于崇福十四年(1177)率兵围皇宫,射杀太后普速完。

【萧撒葛只】(?—951) 即辽世宗怀节皇后。契丹族。辽太祖*耶律阿保机侄女,景宗*耶律贤生母。天禄元年(947)二月,世宗耶律阮即位前封永康王时纳为妃。次年。生耶律贤。四年(950)册为皇后。五年秋,生萌古公主。闻耶律察割在军中谋弑世宗,乘步辇往见察割,请毕收殓,次日,遇害。及子景宗立。归葬医巫闾山,谥孝烈皇后。兴宗重熙二十一年(1052)十一月,更谥怀节皇后。

【萧查剌阿不】 又作萧剌阿不。西辽大臣。契丹族。辽末为同知枢密院事。天祚帝保大四年(1124),随耶律大石西迁,至起儿漫(故址在今苏联乌兹别克克尔米涅),拥大石称帝,建西辽。为兵马副元帅,随都元帅萧斡里剌率七万骑东征,相继征服喀什喀尔、和阗、畏兀儿等。复向西,于康国九年(1142)在寻思干(今苏联撒马尔罕)北克特湾大败塞尔柱首领桑节尔率领的诸伊斯兰国家的十万大军,俘获桑节尔妻女及诸伊斯兰国首领。乘胜出师花剌子模(今苏联咸海以南),迫使其首领阿即思臣服,交纳贡赋。巩固西辽对河中一带的统治。

【萧朴古只沙里】(?—1177) 契丹族。西辽兵马都元帅*萧斡里剌剌子,驸马*萧朵鲁不弟。承天太后普速完称制时与太后私通,罗织罪名杀兄。崇福十四年(1177),与普速完一起为其父斡里剌射杀。

【萧哈剌帖木儿】 元初官员。契丹族。原属石抹氏。湖北提刑按察使萧青山子。早年事皇太子真金于东宫,典宿卫。累官檀州知州。卒,追封顺国公,谥康惠。

【萨巴】 见"撒八"。(592页)

【萨里】(?—1775) 维吾尔族。新疆乌什人。原为霍集斯辖属。乾隆二十年(1755),受霍集斯遣派,协擒达瓦齐父子于乌什城郊,献于清。二十三年(1758),从清军征布拉呢敦、霍集占,被围于喀喇乌苏。围解,随定边右副将军富德赴和田,授五品伯克。叶尔羌乱平,授噶杂纳齐伯克。二十五年(1760),以输马助伊犁屯田之维吾尔族农民,受命入觐。二十七年(1762)奉令使巴达克山(今阿富汗境),索布拉呢敦尸身及其妻、子。授三等轻车都尉,代理阿克苏伊什罕伯克。三十年(1765),因解运牛、马、粮食助清军镇压赖和木图拉起义,获赏。

【萨垒】 清朝将领。任索伦总管。隶正白旗、初将索伦兵从征伊犁,充营长。乾隆二十一年(1756),因功赏白金五十两。后二年,从鄂博什赴援叶尔羌(今新疆莎车),解将军兆惠黑水之围,赐号哈坦巴图鲁。三十一年,授呼伦贝尔统领。

【萨琦】(?—1457) 明代史学家。回回人。字廷圭。福建闽县(今福州)人。其祖先本西域人,元著名诗人*萨都剌之后。明宣德五年(1430)进士,入翰林庶吉士。为人耿介持正,学有源委,授编修,预修仁宗实录,升礼部右侍郎。

【萨弼】(1628—1655) 清初将领。满族。爱新觉罗氏。清太祖*努尔哈赤曾孙,安平贝勒*杜度第七子。崇德七年(1642),以兄杜尔祜、穆尔祜、特尔祜有怨望,被牵连,削爵,黜宗室。顺治元年(1644),随睿亲王多尔衮入山海关,破李自成义军。二年,复入宗室,封辅国公。三年,随顺承郡王勒克德浑败义军一只虎于荆州。六年(1649),同亲王满达海剿大同叛镇姜瓖于朔州、宁武,以功晋固山贝子。卒,谥怀愍。

【萨赖】(?—1744) 清代卫拉特蒙古土尔扈特部贵族。土尔扈特汗王*敦罗布喇什次子,*渥巴锡仲兄。清乾隆七年(1742),父被迫将其作为人质送至阿斯特拉罕。九年(1744),在囚禁中去世。

【萨大文】 清代诗人。回族。字肇举,号燕坡。福建闽县(今福州)人。道光二十年(1840)举人。选知县。博学能文,从学者颇多。工诗,作品多反映现实生活,同情百姓悲惨生活,揭露官局对民脂民膏之搜括。与萨大年合著《荔影堂诗钞》两卷。

【萨大年】 清代诗人。回族。字肇乾,号兰台。福建闽县(今福州)人。道光二十六年(1846)举人,以钦点内阁中书授建宁府学教授。善诗,诗作多写实,揭露贪官污吏、高利贷者之丑恶行径,同情闽中百姓之疾苦。与萨大文合著《荔影堂诗钞》两卷及《白华楼诗笺注》。

【萨大滋】 清代诗人。回族。字树堂。福建闽县（今福州）人。善诗，作品多抨击时弊，慨叹当权者之昏庸和怀才不遇的苦闷。著有《望云精舍诗钞》。

【萨玉衡】 清代诗人、经文学家。回族。字葱如，号檀河。福建闽县（今福州）人。乾隆五十一年（1786）举人。授陕西旬阳县知县。历任三水、白水、榆林、米脂县知县，绥德直隶州知州、榆林府知府。工诗，诗作豪放、欢快，笔调清新。平生著述甚富，有《经史汇考》、《四部录订正》、《小檀弓》、《傅子补遗》、《金渊客话》、《秦中记》、《曲江杂记》、《续郑荔乡五代诗话》、《全闽诗话》。晚年自定《白华楼诗钞》六卷，遭火，仅存四卷。又有《白华楼焚余稿》一卷。

【萨布素】（？—1701） 清朝将领。满洲镶黄旗人。富察氏。世居吉林。顺治九年（1652），初仕为宁古塔将军笔帖式。康熙元年（1662），改骁骑校。七年（1668），论功迁佐领。十二年（1673），迁协领。十六年（1677），与武默纳巡视东北边区。十七年，授宁古塔副都统。以沙俄窃踞雅克萨（今苏联斯科沃罗丁诺以南，时为中国领土），与彭春等戍守黑龙江流域，整饬边防、筹划屯田、造船备炮，以备迎敌。二十二年（1683），与前锋统领郎坦统兵驻守额苏里，擢黑龙江将军。二十四年（1685），同彭春等统兵攻克雅克萨，于墨尔根建城防御。二十五年，再围沙俄复踞之雅克萨，迫沙俄同意谈判。《中俄尼布楚条约》签订后，曾建议驻兵屯田，开发和保卫边疆。二十九年（1690），坐内大臣班。三十一年（1692），奏建齐齐哈尔及白都讷城。以准噶尔部噶尔丹入犯，疏奏进兵事宜。三十五年（1696）二月，从康熙帝征噶尔丹，奉命统盛京、宁古塔兵扼东路。三十六年，奏请于墨尔根两翼各立一学，教习书艺，是为黑龙江建学之始。三十九年（1700），回任黑龙江将军。因屯田荒废、妄报成效、浮支仓谷等罪革职。

【萨古巴】 清代后藏官员。藏族。为五世班禅罗桑益希传令官卓尼尔。康熙五十六年（1717），拉藏汗与准噶尔军战于达木时，他随班禅于两军间调解停战，未遂。雍正五年（1727），卫、藏战争时，战前曾出面调解，战后促使双方达成暂时停战协议：休战，待清军裁处，解散双方军队；后藏遭战争之灾，免差税等。

【萨龙田】 清代诗人。回族。字肇珊、号燕南。福建闽县（今福州）人。道光十一年（1831）举人。曾官芜湖，后又应聘往湖南，邀游于洞庭、衡岳之间。善诗，作品多古朴清新，壮志凌云，表现其不甘寂寞潦倒、勇往直前之精神，著有《湖南吟草》一卷。

【萨亦德】（1490—1533） 又译赛德，《明实录》作写亦。叶尔羌汗国创建者。东察合台汗国*阿黑麻汗第三子。明弘治十五年至十六年（1502—1503），随父援伯父马合木汗抗击昔班尼汗，受伤被俘，送撒马尔罕，逃归马合木汗，后进入吉利吉斯地区。遭其兄满速儿汗攻击，又逃费尔干，转喀布尔，受到巴布尔帝厚遇。正德六年（1511），朵豁剌惕氏异密赛亦德·马黑麻占领费尔干后，投奔之。在安集延得到异密们的拥戴。九年（1514），因月即别（乌兹别克）进攻费尔干，遂放弃安集延，率领部众进入喀什噶尔（今新疆喀什）地区，攻取英吉沙尔，逼近叶尔羌（今莎车），追杀当地统治者阿巴乩乞儿于昆仑山。9月，称汗，定都叶尔羌。遣使向满速儿汗表示臣服。十一年（1516），于领地交界处阿克苏和库车之间与满速儿会晤，形式上恢复汗国统一，使居民得到安定和繁荣。他又恢复对费尔干等地的统治。晚年醉心"圣战"，相继侵扰克什米尔、拉达克和乌斯藏，甚至派兵要直取拉萨，妄图为伊斯兰教建立奇功，个人获得殊荣。因高山反应死于拉达克。穆斯林作家对其极为崇拜，称赞他宽厚仁爱；对人慷慨，自奉甚俭；英勇绝伦，身先士卒；懂波斯语和突厥语，能诗会文；精通音乐，善奏多种乐器。

【萨英额】 字吉夫。满族。世居吉林。官吉林将军衙门主事。著有《吉林外记》十卷，成书于道光年间（约1821年后），由于亲临实地考察，广为收集整理，对研究吉林史地有一定参考价值。

【萨剌德】 见"耶律萨剌德"。（325页）

【萨哈璘】（1604—1636） 清初将领。满族。爱新觉罗氏。清太祖*努尔哈赤孙，大贝勒*代善第三子。初授台吉。后金天命十年（1625），统兵援蒙古科尔沁部拒察哈尔林丹汗。十一年，从征喀尔喀巴林部、扎鲁特部，以功封贝勒。天聪元年（1627），从太宗征明，与贝勒德格类败明军于大凌河、锦州。三年（1629），从太宗克遵化，逼明都，略通州，取张家湾、香河。四年，破永平，同郑亲王济尔哈朗驻守。五年，直言时政，谏言图治在乎用人，使贤用能。七月，初设六部，受命掌礼部事。六年，同济尔哈朗率右翼兵略归化城，俘蒙古千余人，分置蒙古诸贝勒牧地，申约法令。七年，同贝勒阿巴泰等略明山海关。八年，随太宗征明，克得胜诸堡。九年，同多尔衮收降察哈尔林丹汗子额哲，沿途略明山西府县。十二月，同诸贝勒请太宗上尊号。清崇德元年（1636），晋多罗郡王。卒后追赠和硕颖亲王。康熙十年（1671），谥毅。

【萨都剌】（约1300—1348） 元代诗人、书画家。字天锡，号直斋。回回人。先世大食（今阿拉伯）。后随蒙古军东来，定居雁门（今山西代县）。泰定四年（1327）进士，历任镇江路京口录事司达鲁花赤、燕南河北道肃政廉访司照磨、经历，有善政。晚年寓居武林（今杭州），常游历山水。后入方国珍幕府。感遇时事，往往发于诗词之中，遗诗有七百余首，深刻反映了元代社会生活。其诗"流丽清婉、豪放刚健"，代表作有：《谩兴》、《鹭女谣》、《征妇怨》、《织女图》、《早发黄河即事》等。亦工词，以《满江红·金陵怀古》、《念奴娇·登石头城》等最有名。著有《雁门集》、《西湖十景词》。善楷书，治篆刻和画。其《严陵钓台图》、《梅雀》至今仍保存在北京故宫博物院。

【萨喇尔】（1706—1760） 又作萨喇勒、萨拉尔，萨赖尔。清代卫拉特蒙古准噶尔部官员。达什达瓦属下宰桑。因准噶尔部统治集团内讧,于乾隆十五年(1750)九月率部属五十二户附清,授散秩大臣。十九年(1754),奉命迎辉特部首领阿睦尔撒纳内徙。二十年(1755),随清军征达瓦齐,任定边右副将军,率前锋循巴里坤征进。八月,以阿睦匀撒纳举兵叛乱,与定北将军班第被围,因寡不敌众被俘。次年,乘清军剿阿睦尔撒纳,率众脱出伊犁,至吐鲁番军前告阿睦尔撒纳叛乱事,被俘解京。弘历以其新附,宥罪,仍授散秩大臣。死于京,图形紫光阁。

【萨赖尔】 见"萨喇尔"。(491页)

【萨穆扎】(?—1698) 清朝蒙古王公。苏尼特部人。博尔济吉特氏。郡王腾机思第四子。崇德六年(1641),授三等台吉。顺治三年(1646),随父逃奔喀尔喀车臣汗硕垒。五年(1648),归附清朝。六年,尚郡主,授和硕额驸,寻封多罗贝勒。康熙三年(1664),袭札萨克多罗郡王。二十七年(1688),选兵侦御准噶尔部噶尔丹。三十五年(1696),觐康熙帝于行在,请从征噶尔丹,以年迈,受命供应信使驿马食物。

【萨穆坦】 清代卫拉特蒙古土尔扈特部喇嘛。康熙四十八年(1709),受阿玉奇汗派遣,率八人代表团取道俄境归国,约于五十一年(1712)春抵达北京,深受清廷礼遇。在阿玉奇汗致康熙信中被称为"心腹",奏请清帝"若有密旨,请赐口谕"。同年五月,陪同康熙所派使臣图理琛等离京,出访游牧于伏尔加河流域的土尔扈特。

【萨穆哈】(?—1704) 清朝大臣。满洲正黄旗人。吴雅氏。顺治年间(1644—1661)进士。授户部主事。十五年(1658),迁户部员外郎。康熙十二年(1673),清廷允吴三桂撤藩。受命同郎中党务礼赴贵州筹备船、㲼、粟。闻吴叛,与党务礼回京备陈吴三桂叛情,请兵赴援。复奉命率兵驰守荆州。十三年,迁刑部郎中。十五年(1676),授太仆寺卿。自十六年起,历任内阁学士、户部和吏部侍郎。十八年(1679),奉命察赈山东,举发借端科敛之三州县贪官。二十年(1681),擢左都御史,迁工部尚书。二十一年,察视石景山至卢沟桥石堤。翌年,察视山西地震,请赈济。二十四年(1685),受命勘海口诸州县,以利害陈奏。三十九年(1700),以历年碌碌,虚靡帑金等革职,仍令稽查工部弊端。后以收受索取罪下狱而卒。

【萨木萨克】(约1754—?) 维吾尔族。新疆喀什噶尔(今喀什)人。大和卓木*布拉呢敦幼子。乾隆二十三年(1758),清军征喀什噶尔,被布拉呢敦亲信阿里雅斯携往珲都斯。后移居撒马尔罕、霍占等地。常与其父旧属暗通消息,图谋作乱。五十六年(1791),清廷敕谕浩罕封建主纳尔巴图伯克将其拿解,未果。嘉庆三年(1798),因生活潦倒,疏请归降。由于妻兄从中梗阻,未成行。后死于布哈拉。

【萨仑的斤】(?—约1252) 又作萨仑的、撒连的。蒙古国时期高昌畏兀儿亦都护。*巴而术阿而忒的斤子。奉太宗后脱列哥纳命,继其兄怯失迈失为亦都护。定宗贵由死后,卷入蒙古统治集团拖雷系与窝阔台系汗位之争,党于窝阔台系诸王。宪宗蒙哥即位初,又与窝阔台系使臣八剌必阇赤联络,率军五万驻扎别失八里郊外,以铲除穆斯林为名,配合定宗后斡兀立海迷失及忽察等反对蒙哥。谋泄,受诏赴京,受刑讯,被迫招供。蒙哥汗二年(1252),押回别失八里,被其弟玉古伦赤的斤(斡根赤)处死。

【萨吉尔迪汗】 达斡尔人传说的英雄。所处时代说法不一,一说系于唐朝,一说系于清初。传说为达斡尔人首领,英勇善战,几经迁徙,先从黑龙江北岸迁到南岸,后由黑龙江上游渡江西去,其后裔为今天达斡尔族的先人。

【萨穆尔公主】 明代蒙古公主。孛儿只斤氏。额勒伯克汗女。建文元年(1399),额勒伯克中离间计,误杀出身瓦剌部的大臣浩海达裕(浩海太尉),遂将其嫁浩海子巴图拉(马哈木)丞相以示和解。生脱懽。约永乐十四年(1416)巴图拉败亡后,被额色库汗收纳。洪熙元年(1425)额色库汗卒后,营救被瓦剌俘虏的元裔阿寨台吉母子,将其释归东蒙古。不久,与子脱懽被东蒙古太师阿鲁台所俘。在她请求下,脱懽被释归瓦剌。在脱懽子也先当权时期,曾救护元裔伯颜猛可(巴延蒙克,达延汗父)。一说巴图拉败亡后,被阿岱汗所娶。

【萨玛第巴克什】 清代西藏地方政府官员。生于甘肃洮州(今临潭)。原名阿旺强白楚赤,亦称噶勒丹锡埒图萨玛第巴克什(噶勒丹锡埒图,蒙古封号,即甘丹赤巴)。嘉庆二十四年(1819),奉命赴藏任甘丹赤巴,充当十世达赖喇嘛楚臣嘉措正经师,赐诺们罕名号,代理达赖喇嘛掌办商上事务。后递加"衍宗翊教靖远懋功",又赏达尔汗名号,屡赐御书匾额。道光十年(1830),派官员赴卫、藏各地普查人口、土地,汇成册,是为藏史著名之铁虎年清册。二十一年(1841),西藏与拉达克战争,奉命协理调派征兵,催运粮饷事宜,并捐资助军。二十四年(1844),为七世班禅等控告跋扈不法,诅咒达赖喇嘛,营私谋权,驻藏大臣琦善奏革其职,遣黑龙江。

【萨迦巴·格西】 甘南藏族自治州第二大寺卓尼寺(即禅定寺)之创建者。吐蕃卓尼人。精通经典。元帝师八思巴赴大都途经卓尼,喜见该地风景地势奇佳,倡言在该地建一大寺,并作建寺树塔安排,命其留此建寺。后于成宗元贞元年(1295)始建吉祥集密殿、佛塔及释迦佛像等。后以此发展为卓尼五寺(阿热鲁琼、卓尼根本道场、尼庸、叶哇察朵)。

【萨班贡噶坚赞】(1182—1251) 宋代藏传佛教萨迦派五祖之第四祖。贝钦沃波长子。原名贝丹顿珠,意为"吉祥义成"。萨迦派和元朝建立关系的第一个人。自幼从伯父扎巴坚赞学法,受近事戒,取法名贡噶坚赞。相传九岁就为人说法。十八岁学俱舍论。二十三岁时,师事在藏区传法的印度那兰陀寺末任座主释迦师利跋陀罗(1127—1225)及其弟子僧伽师利等,学习法称的《量释论》等七因明论、《现观庄严论》等佛教经典,以及《声明》、《医方明》、《工巧明》、《诗词》、《韵律》、《修辞》、《歌舞》、《星算》等。通达大小五明,以博学多才著称于世,获"班智达"(意为"大学者")称号。萨班,即萨迦班智达的简称。二十五岁,从释迦师利受比丘戒。据传,有绰切噶哇等六名印度外道师不服萨班,与之辩论,甘认失败,削发为僧,师事萨班。三十五岁始主持萨迦寺。时蒙古兴起朔方,奄有东北、西北地区,涉及藏北边缘及阿里部分地区。宋淳祐四年(1244),以六十三岁高龄,携两侄八思巴和恰那多吉,应召赴凉州(今甘肃武威),会见皇子阔端。六年(1246)八月,抵凉州。次年,谒见阔端,表示归顺蒙古,商定卫藏地区归顺条件,并向卫藏地区僧俗首领发布文告,劝说归附蒙古。为西藏归入元朝及祖国的统一大业作出杰出贡献,并结束了藏族地区自唐末以来的分裂割据局面,使西藏一直置于中央王朝的管辖之下。同时,使萨迦派取得了在卫藏地区的政治、宗教领袖地位。后应蒙古王室请求,一直留居内地,协助蒙古统治者安抚西北地区信奉佛教的西夏故地与甘青藏区。屡在凉州讲经传法,蒙古、畏兀儿、西夏、汉等地的许多善知大德都来听经。十一年(1251)十一月十四日,于凉州幻化寺圆寂,他知识渊博,著述甚丰,涉及语言、修辞、历算、文学、历史和教理诸方面,凡十数种之多。其中著名于时并影响后世者有《三律议论》、《正理藏论》、《萨迦格言》等。

【萨冈彻辰洪台吉】 见"萨囊彻辰洪台吉"。(493页)

【萨囊彻辰洪台吉】(1604—?) 或称萨冈彻辰洪台吉。明末蒙古政治家和史学家。字儿只斤氏。达延汗第三子巴尔斯博罗特后裔,切尽黄台吉曾孙。十一岁承袭曾祖父彻辰洪台吉称号,十七岁起先后任博硕克图济农、策凌额尔德尼洪台吉、林沁额叶齐岱青的执政大臣。崇祯元年(1628),察哈尔部林丹汗西进,鄂尔多斯部服属林丹汗,共同抗击后金。七年(1634),奉林沁额叶齐岱青复济农位。八年,察哈尔部首领额哲、鄂尔多斯部首领林沁额叶齐岱青等投降后金,遂隐居故乡八白室(成吉思汗陵寝),撰写《蒙古源流》,康熙元年(1662)成书。书中倾注了他的佛教思想和民族意识,历述蒙古的起源和元、明时期蒙古诸汗的事迹、世系,对达延汗和俺答汗的活动记述尤详。是研究蒙古历史、文学和佛教史的重要著作,与《元朝秘史》、《蒙古黄金史》合称蒙古族的三大历史著作。

【萨图克·博格拉汗】 十世纪喀喇汗王朝可汗。伊斯兰教名阿布都·克里木。少年时在阿图什接受伊斯兰教。在伊斯兰教圣战者支援下,击败其叔父卡迪汗奥古尔恰克,占领喀什噶尔(今喀什)。伊斯兰历330年(942—943),又在圣战者支援下,经过激烈争夺,占领首都巴拉沙衮,称博格拉汗。死于伊斯兰历344年(955—956),葬阿图什南郊。其墓葬至今仍在,当地人称为"梭里坦麻扎"(苏丹墓),受到穆斯林的礼拜。

【黄三】 见"黄鼎凤"。(494页)

【黄龙】(?—1454) 明景泰年间苗族起义领袖。四川草塘(今属贵州瓮安)人。苗族。景泰三年(1452)二月,与韦保(苗族)率草塘、江渡等地苗民起义。攻播州西坪、黄滩(今皆属贵州遵义地区)等地屯营,联合贵州臻剖、五岔等地苗民抗击明军。贵州提督蒋琳、总兵官都督方瑛等率贵州、四川官兵和土兵会剿义军根据地沧山寨。他派叔父黄定于据水坪大寨还击明官军。五年(1454)六月,与韦保同被俘,械送京师杀害。

【黄头】 一名世雄。元朝官员。唐兀氏。阿荣长子。世居河西,后徙濮州鄄城。以世职让弟山住。始仕浙西元帅府椽,累迁兴国路大冶县达鲁花赤,调安丰路怀远县,兼领蒙城县。镇南王出征,道过其境,为供馆舍帐幕,事备而不扰民,擢嘉兴等处运粮千户。在职八年,改温台等处运粮千户。延祐元年(1314),擢海道都漕运万户府副万户,亲督运米二百七十万石至京师,迁海道都漕运万户。前后九渡海,于海运之事无不周知,凡海运之治,如贷款供修船,严格行期,失物连坐,避免迂道,方便代费,禁官掠回船,供薪爨,方便船工登岸饮食等无不有序,其法后人遵用,以为定例。

【黄俊】 明代湖广龙潭土官。土家族。任龙潭安抚使。素贪暴,据支罗洞寨。以肆意杀人,系狱。其子黄中以征白草番功为之赎罪。出狱后,益骄,与子黄中结群盗李仲实等恣行四川云阳、奉节间。后为付使熊遂所擒,下狱,处死。

【黄少卿】 唐代西原州(今广西左、右江一带)壮族(时称僚人)起义首领。邕管羁縻西原州黄峒人。壮族。贞元十年(794),与弟黄少高等在黄峒一带聚众反唐,率众围攻邕管经略使所在地。后挥师攻克钦、横、浔、贵州,遣其子昌沍相继攻占十三州地。唐朝特命唐州刺史阳旻为容管招讨经略使专师镇压。元和二年(807),因受挫被迫接受招安,被封归顺州刺史。不久复举义旗,迅速攻下宾、峦二州。十一年(816),克钦、横二州,席卷广西南部和广东西南部广大地区。长庆三年(823),破左江镇,兵迫邕州城下,直接威胁了唐王朝对广西的统治。后被朝廷派兵镇压。

【黄可经】 清代永淳十三屯壮族人民抗租首领。广西永淳县那决屯望阜村人。壮族。道光(1821—1850)末年,永淳一带壮族地区的地主对佃民肆意盘剥,民情激愤。咸丰元年(1851),与杨隆盛、陆绵钦等竖旗聚众,倡议抗租,提出"一县土地,皆我壮人祖先开荒自种",官租、民租不输不纳,广大佃民纷纷响应,不下万数千人。继而横州所属上南各村及南乡各村、邓墟八屯等地壮族佃民皆相效尤,形成规模巨大的抗租运动。后代表广大佃民亲往南宁府上书免租,同行九人均被知府黄辅相拘监,勒令散党输租后始行放人。佃民既不散党,也不输租,并奋起反抗,前来镇压的黄辅相被迫放人。后率众加入李文彩领导的农民大起义。

【黄龙冠】 明代广西上思州壮、瑶人民起义首领。又名黄英杰。洪武(1368—1398)初,与黄权等竖旗聚众反抗官府,拥众万余人,举兵袭击郁林州。因知州赵鉴、同知王彬集城内官军拒守,半月不下,海北等卫官军奉命来援,被迫率义军撤回上思州境,继续坚持与官府斗争。洪武二年(1369),遭潭州卫指挥同知丘广及宝庆卫指挥金事胡海、广西卫指挥金事左君弼镇压,在上思州率起义军与官军激战,因寡不敌众,败走十万大山,后被捕牺牲。

【黄台州】 见"伯言儿"。(233页)

【黄甫文】 清代抗法英雄。广西防城县江平乡人。京族。光绪十二年(1886),法国侵略军占领江平,他与京族、汉族人民一起,组成一支反帝武装队伍"江平抗敌义军",和法国侵略军进行不屈不挠的斗争。多谋善战,屡建奇功。当侵略军进入鱼囊岭时,义军在对面山头虚竖旗帜,诱敌集中火力向空无一人的山头射击。当敌军筋疲力尽驻扎后,义军又乘夜奇袭,歼灭敌军,迫使法国侵略军于次年撤出江平。

【黄苓王】 见"毛里孩王"。(67页)

【黄英杰】 见"黄龙冠"。(493页)

【黄明堂】(1866—1938) 近代资产阶级民主革命者。因排行第八,人称八哥。广西钦州大寺人。壮族。早年投身会党,因平日好侠行义,颇有号召和组织才能,被会众举为首领,在广西镇南关一带开展反清斗争。后率部投奔孙中山,加入同盟会。光绪三十三年(1907),奉命与王和顺、李佑卿组织镇南关起义,任总指挥,一举攻占镇南关山顶炮台,受到孙中山嘉奖。由于清军反扑,义军后援不继,被迫撤至越南境内。翌年四月,奉命率部潜入云南河口发动武装起义,攻占要塞河口,挥师北上。遭云贵总督锡良调黔、桂、川三省兵袭击,寡不敌众,河口失陷,被迫再度转入越南。被侵越法军解除武装,出走东兴,绕道新加坡至香港。后奉孙中山命回粤桂边境组织革命武装,成立明字顺军。1911年10月,武昌起义爆发,率军东进广东,进入广州,任革命军政府镇统。继赴海南岛任招抚使。1913年,因不满袁世凯专权,弃职回广州。因龙济光在广州屠杀革命党人,被迫出走澳门。1915年,袁世凯称帝复辟。返广东参加岑春煊等组织的反袁运动,任混成旅旅长。1918年冬,与桂系军阀沈鸿英督师琼州,讨伐龙济光。后任琼崖道尹,驻防海南。1920年,响应孙中山号召,参加讨伐桂系军阀。1922年,陈炯明叛变,他被孙中山任命为南路讨贼总司令。翌年,任中央直辖第二军军长。1925年,孙中山逝世,蒋介石柄权,他愤然弃职,隐居广州,不问政事。1938年,广州沦陷,毅然返回故里,募兵抗日,因年事已高,不久病逝。

【黄和卓】 见"热西丁"。(447页)

【黄乾曜】(?—759) 唐代西原州(今广西左、右江一带)壮族(时称僚人)起义首领。邕管羁縻西原州黄峒人。壮族。为反抗地方封建官吏的侵辱系缚,与真崇郁等于至德元年(756)在黄峒聚众起义,陆州、武阳、朱兰等百余峒人民积极响应,拥众二十万。先后攻陷桂管十八州,席卷广西数千里地,建立强大的政权机构,以武承斐、韦敬简为帅,号称中越王,封梁奉为镇南王、廖殿为桂南王、莫淳为拓南王、相支为南越王、罗诚为戎城王、莫浔为南海王,与唐朝分庭抗礼。坚持斗争达四年之久,乾元二年(759),起义被镇压,在战斗中牺牲。

【黄焕中】(1832—1911) 清代爱国将领和诗人。字尧文,号世章。广西宁明人。壮族。自幼勤奋好学,精通诗文、韬略。青年时曾参加地方团练,后在家乡创办思齐书院,潜心施教。光绪九年(1883),应聘在黑旗军首领刘永福幕府中参赞军务。逾年,随刘永福参加抗法战争。中法停战后,又从刘永福驻防台湾,抗击日本帝国主义的侵略。二十一年(1895),清政府和日本签订丧权辱国的《马关条约》后,仍在台南坚持抗击日寇,后因朝廷一再迫令内渡,怀着极大义愤回师广东。不久又随刘永福移师钦州。暮年解甲归田。宣统三年(1911),于故里病逝。生前写有大量诗词,汇辑成集,名《天涯亭吟草》。

【黄鼎凤】(1828—1864) 清咸丰、同治间广西贵县农民起义领袖。又名黄三。贵县覃塘青云村人。壮族。家贫为雇工。清咸丰元年(1851),洪秀全发动金田起义。二年,响应太平军,在家乡覃塘设馆拜会,倡议惩办贪官劣绅,救百姓于水火,秘密聚众反清。四年(1854)八月,联合邻近起义军,一举攻陷贵县城。因遭清军不断进攻,于翌年五月退出贵县城。不久,归附大成国平靖王李文茂,收复贵县,被封将军,奉命扼守覃塘。七年(1857)六月,率众万余人攻克宾州,改宾州为临浦州。联合上林李锦贵等攻占上林县城,改上林为澄江县。因功被大成国镇南王陈开封为隆国公。十一年(1861),陈开牺牲后,"佯受招抚",潜归覃塘,收陈开残部四万余人,重举义旗。同治元年(1862)五月,再克贵县,统兵五万进攻浔州,在岭头铺受挫,撤回贵县。以此为据点,竖旗立寨,自称建章王,命军师周踢龄造尧天五典,并分兵扼守要隘,以抗官军。二年夏,为清军领楚军布政使刘坤一等所败,贵县、覃塘陷,退守小平天山,凭险筑垒,挖壕立栅,坚持战斗。三年四月,因孤立无援,腹背受敌,下山就抚。刘坤一背弃前言,将其执杀。

【黄道婆】 元代杰出女纺织家。松江府乌泥泾镇(今上海县华泾镇)人。出身于贫苦家庭,为生活所迫,八岁时为童养媳,因不堪忍受婆家虐待,只身流落海南岛南端的崖州(今崖县)黎族地区,受到黎族人民热情款待。在崖州居住近四十年,学会当地一整套先进纺织工艺。晚年思念故土,约在13世纪九十年代中,带着黎族的纺织工具返回故乡。后加以改进,制成捍、弹、纺、织等一套先进的棉纺织工具,其中三缍脚踏纺车一手能纺三根纱,是当时世界上最先进的。教授当地妇女错纱、配色、综线、挈花等纺织方法,推动乌泥泾棉纺织业的发展,并逐步扩展到整个松江地区和长江中下游,后来松江成为全国闻名的棉织品生产中心,产品行销全国。于13世纪末去世,当地人民莫不感怀其恩德,为其立祠。为我国古代棉纺织业的发展作出重大贡献,至今仍受到广大人民的敬仰。

【黄把都儿】 见"摆三勿儿威正台吉"。(564页)

【曹寅】(1658—1712) 清朝官员、文学家。汉军正白旗人。字子清，一字栋亭。号荔轩。尚书曹玺子，著名文学家*曹雪芹祖父。世居河北丰润。降清后为内务府"包衣"（又称"阿哈"，意奴仆）。康熙举人。自幼在康熙帝左右出差伴读，受业于熊赐履。十八年(1679)，充銮仪卫治仪正。后任内务府郎中、苏州织造、江宁织造兼巡视两淮盐政，受命搜集江南民情舆评，监察官吏，笼络封建士大夫。为康熙帝耳目和心腹。康熙帝六次巡视江南，其中两次居其织造官邸。校刊书籍甚精，监刊《音韵五种》及《栋亭十二种》。善诗词，出入白居易、苏轼之间。著有《栋亭诗钞》八卷、《诗钞别集》四卷、《词钞》一卷和《续琵琶记》等。

【曹毂】(？—367) 东晋时匈奴右贤王。兴宁三年(365)，与左贤王刘卫辰同时举兵反前秦，率众二万攻杏城(今陕西黄陵县西南)，为苻坚所败，归降，六千余户徙长安(今陕西西安市)，受秦封雁门公，仍统本部。太和二年(367)，奉使前燕，以觇虚实。不久卒，部众被分为二，由二子统辖，号东、西曹。

【曹仆浑】(？—447) 北魏起义首领。族属稽胡(又称山胡)。太平真君八年(447)正月，率吐京(今山西石楼县)山胡举兵反魏，阻险拒守，抗击魏军。后西渡河，保山以自固，招引朔方(治魏平，今陕西清涧)诸胡。二月，遭魏征东将军武昌王拓跋提、高凉王拓跋那联军袭击，兵败被杀，部众死者以万数。

【曹雪芹】(1715—1763) 清代著名文学家。汉军正白旗人。名霑，字梦阮、芹圃。号雪芹、芹溪居士。先世居河北丰润，降清后为内务府包衣(又称"阿哈"，意奴仆)。生于南京。曾祖曹玺、祖父曹寅、父(一说叔)曹頫三代世袭江宁织造达六十年之久，康熙间盛极一时。雍正初年，父因骚扰驿站等获罪落职，抄没产业，势遂败落。不久，迁居北京。中年，居北京西山，在垣墙不齐、艰难困苦的环境中，依靠卖画和朋友接济维生。一生中经历了曹氏盛衰，对封建社会的种种罪恶和黑暗深有感受，对统治阶级的腐朽没落有深刻认识。能诗善画，具有深厚的文学修养和卓越的艺术才能。著作甚富，然散佚殆尽。遗著有《红楼梦》(初名《石头记》)八十回)，创作中五易其稿。一说其死后，由镶蓝旗满族包衣人高鹗续补后四十回，成一百二十回通行本。本书以贾宝玉和林黛玉的爱情悲剧为主线，展现了贾、王、史、薛四大家族的兴衰，反映了我国封建社会政治、经济、文化和生活状况，揭示了封建制度必然崩溃的趋势，对后世的文学艺术产生了深远影响，是一部具有反封建倾向的现实主义杰作。一说生于1724年，卒于1764年。

【梦月】 清代满族女诗人。别号四焉主人。乾隆(1736—1795)初闽浙满族总督喀尔吉善女孙，湖广总督定长女。著有《竹屋诗钞》。

【梦麟】(？—1758) 清朝大臣。蒙古正白旗人。西噜特氏。议政大臣宪德子。乾隆十年(1745)进士，改庶吉士。十五年(1750)三月，充日讲起居注官，五月，升侍讲，充广西乡试副考官。七月升祭酒。九月任提督河南学政。十六年，授内阁学士。十七年，赴湖北镇压罗田县马朝柱。十八年二月，署户部侍郎。二十年(1755)五月，授工部侍郎。十二月，兼蒙古镶白旗副都统。二十一年，在军机处学习行走。二十二年，督理荆山桥等水利工程。二十三年四月，调工部。七月，署翰林院掌院学士。

【硕讬】(？—1643) 清初将领。满族。爱新觉罗氏。太祖*努尔哈赤孙，礼烈亲王*代善次子。初授台吉。后金天命六年(1621)，从太宗征明奉集堡。十年，同贝勒莽古尔泰等援蒙古科尔沁部。十一年，随父征蒙古巴林部、扎鲁特部，以功授贝勒。天聪元年(1627)初，随二贝勒阿敏征朝鲜，定盟而还。五月，从太宗征明大凌河，围锦州。四年(1630)，从阿敏驻水平，因未阻止阿敏弃城归，削爵。五年，从太宗征明锦州，败明监军道张春军。七年七月，随父征明，克得胜堡，败朔州骑兵。八月，同贝勒萨哈璘克代州，封固山贝子。清崇德元年(1636)，从太宗征朝鲜，败其援兵二万于南汉山城。二年，同武英郡王阿济格克皮岛。三年，与郑亲王济尔哈朗征明宁远。四年，以僭上越分降辅国公。五年，随睿亲王多尔衮围锦州，因远离城驻守，并私遣兵丁回家，受责。旋复封固山贝子。八年(1643)八月，因同郡王阿达礼谋立睿亲王，伏诛。

【硕岱】(1639—1712) 清朝将领。满洲正白旗人。喜塔喇氏。顺治六年(1649)，以二等侍卫兼参领随睿亲王多尔衮讨大同叛镇姜瓖。十三年(1656)，授护军参领。十五年(1658)，随征南将军卓卜特由广西征贵州，败李成蛟、李定国。十六年，随军攻云南，追剿李定国。十八年(1661)，随靖东将军济什哈赴山东栖霞县镇压于七起义军。康熙六年(1667)，擢前锋统领。十二年(1673)，吴三桂叛。受命领前锋兵固守荆州冲要。十三年，参赞承顺郡王勒尔锦军务。后因无功罢。十六年(1677)，随征南将军穆占移兵助安亲王岳乐围长沙。继随穆占征茶陵，复攸县，郴州、永兴等。十八年(1679)，还京。二十九年(1690)，授正白旗满洲副都统。三十年，随定北将军瓦岱征准噶尔部噶尔丹至克鲁伦河。三十四年(1695)，同都统噶尔玛率兵驻大同。三十五年，随康熙帝征噶尔丹，署前锋统领，率大同所驻护军充费扬古西路军前锋，诱噶尔丹至昭莫多(今蒙古人民共和国乌兰巴托东南)，合军败之。师旋，擢内大臣，叙功晋三等轻车都尉。

【硕垒】(？—1655) 清代喀尔喀蒙古车臣汗。博尔济吉特氏。谟啰贝玛子。始称车臣汗，与土谢图汗、札萨克图汗同称喀尔喀三汗。号玛哈萨嘛谛。车臣汗部二十三旗札萨克皆其裔。初期属于察哈尔部。后金天聪九年(1635)致书皇太极通好，贡驼马。崇德元年(1636)春，以其部私与明市马，遭皇太极斥责；冬遣伟征喇嘛向清朝贡献，申明与明绝市。二年，向清献所产珍兽獭喜。三年，向清献马及甲胄、貂皮、雕翎、俄罗斯鸟枪、回部弓箭、鞍辔、阿尔玛斯斧、白鼠裘、唐古特玄狐皮等。清朝命岁贡九白(白驼一、白马八)。顺治三年

(1646)，诱苏尼特部长腾机思叛清，遣子本巴等以兵三万援之，为清军所败。五年，腾机思归降，硕垒亦遣使献驼百、马千入谢，改善与清的关系，清帝命遣子弟入朝。顺治九年(1652)，以妄争岁贡赏，受清朝斥责，并罢贡。

【硕诺】 见"罗卜藏舒努"。(353页)

【硕塞】(1628—1654) 清初将领。满族。爱新觉罗氏。清太宗*皇太极第五子。顺治元年(1644)，封多罗承泽郡王。随豫亲王多铎追征李自成义军于潼关。二年，从破南京，俘明福王朱由崧。三年，从剿蒙古苏尼特部，败喀尔喀土谢图汗、车臣汗兵。五年(1648)，同英亲王阿济格镇压天津义民。戍守大同，镇压姜瓖叛乱。六年三月，晋亲王。八月，仍改为多罗郡王。八年，晋和硕承泽亲王，受命掌兵部书。十月，预议政。十一年(1654)十一月，命掌宗人府事。十二月卒。康熙十年(1671)，谥裕。

【硕德】 又作世德、拾得。元朝将领。蒙古札剌儿氏。成吉思汗十大功臣之一*木华黎后裔，乃燕之子。为人智敏有干才。世祖中统(1260—1264)初年，任宿卫，典朝仪。继任同知通政院事。以辽东兀者、吉烈灭二部扰边，受命前往诏谕，陈兵冲要，执杀首领，招降余众，继招降骨嵬，以功赐玉笠连珠束带。至元二十四年(1287)，随忽必烈汗征叛王乃颜，后受命出使西北，安抚诸王，皆有功。约卒于至元三十一年(1294)前，追封鲁邢公。

【硕德八剌】(1303—1323) 元朝皇帝。蒙古孛儿只斤氏。仁宗*爱育黎拔力八达长子。蒙古语尊称格坚皇帝。仁宗延祐三年(1316)，立为皇太子，兼中书令、枢密使，参决国政。七年(1320)，仁宗死后，即帝位。为防止武宗后人争夺汗位，于至治元年(1321)远徙武宗次子图帖睦尔于海南，以去其势。对右丞相铁木迭儿恃太后答己权宠，把持朝政，私怨杀先帝旧臣杨朵儿只、萧拜住、贺伯颜等，甚不满。为巩固统治地位，任成吉思汗功臣木华黎后裔拜住为中书左丞相，以抑制铁木迭儿势力。二年，铁木迭儿、太后答己相继去世，遂以拜住为右丞相，整治朝政。追查铁木迭儿之不法行为，籍家，毁碑，追夺官爵及封赠制书，清除其余党，诛其子八思吉思，黜其子班丹。在位期间，采取措施，汰冗官，举贤能，命有司搜访隐逸之士，提倡"台宪用人，勿拘资格"；轻赋役，举农桑，恢复称海、五条河屯田，以官牧牲畜、旷田赐民以屯种；加强法制，命纂集世祖以来累朝格例二千五百三十九条，汇成《大元通制》，颁行天下；提倡文治，命纂修累朝仪礼，勉励国子学，命世家子弟入学受教。这些措施遭到铁木迭儿余党及部分蒙古贵族反对。三年(1323)，被铁木迭儿义子铁失等弑于南坡宫幄。泰定元年(1324)，追谥睿圣文孝皇帝，庙号英宗。

【硕德布甲木素】(? —1763) 清代蒙古族僧人。内蒙古土默特旗人。丹巴子。七岁被送进伊克昭盟一寺庙为徒学经。以天资聪颖，被推荐给多伦庙为徒。十八岁，赴青海色日因召修学六年，后赴拉萨继续钻研经典达十年，返回多伦庙，七世达赖喇嘛赐号"对音库尔·班第达"。深受土默特、茂明安、乌拉特等各旗蒙民的崇拜，由于才华出众，学识渊博，参加在北京翻译《丹珠尔》经中的历法部分；获"额尔德尼莫日根·对音库尔班第达"尊号。修建广觉寺，为广觉寺一世活佛。

【奢庞】 见"蒙舍庞"。(562页)

【奢香】(约1361—1396) 明初贵州彝族女土司。水西宣慰使霭翠妻。洪武十六年(1383)，夫老病，代管水西事。因贵州都指挥马晔(又作华、烨或煜)欲灭水西安氏而代以流官，"以事挞香"，企图激其反叛。水东宣慰使宋钦妻刘淑贞(又作赎珠)进京代为申诉，获帝召见。十七年(1384)，亲率部属赴朝控告，同时表示愿效力明廷开西鄙，世世保境。朱元璋赐以锦绮、珠翠、如意冠、金环、袭衣，封贤德夫人；将马晔治罪。归后开辟偏桥、水东道路，以达乌蒙、乌撒及容山、草塘诸境，于水西境内设立龙场(在今贵州修文县)等九驿站。二十年(1387)，贡马二十三匹，确定每年输赋三万石。二十五年(1392)，遣儿媳奢助等贡马六十六匹。诏赐银四百两及锦绮、钞币等物。卒，明朝遣使吊祭。葬于今贵州省大方县城西二里云龙山南麓洗马塘畔。清道光十三年(1833)立"明顺德夫人、摄贵州宣慰使奢香墓"碑，今尚存。

【奢寅】(? —1626) 明代四川永宁彝族首领。永宁宣抚使*奢崇明子。天启元年(1621)，协父举兵反明，欲占四川。九月，派部将樊龙、樊虎等率兵据重庆，杀四川巡抚徐可求、参政孙好古、总兵官黄守魁等二十多人。统士兵数万围困成都百零二日。二年，为巡抚朱燮元所破，败走泸州。三年，败于永宁土地坎，失蔺州，投水西*安邦彦。复攻遵义、永宁。六年(1626)，被朱燮元收买的阿引刺杀。

【奢世统】 明末四川永宁宣抚使*奢效忠妻。彝族。万历(1573—1620)初，夫死，已无子，抚养侄奢崇明，欲夺宣抚司印，与效忠妾奢世续相仇杀。聚兵万余，将攻永宁。后明廷议给其二人冠带，分地理事，始罢。

【奢世续】 明末四川永宁宣抚使*奢效忠妾。彝族。明万历(1573—1620)初，夫死，已子奢崇周幼，效忠妻奢世统以嫡长抚养侄奢崇明，欲夺宣抚司印，与之相攻杀。后明廷议给其二人冠带，分土管所属，始罢。十四年(1586)，子崇周代职，不久死。朝议命奢崇明暂管宣抚事，她拒绝交印，在安疆臣等支持下，私将印信给阿利，被四川巡抚逮问。三十五年(1607)，获释。

【奢陇法】(1377—1457) 明代云南车里傣族首领。宣德三年(1428)，战败*刀典自立，任车里军民宣慰使司宣慰使。明三征麓川思氏地方政权，经车里，他调军以助，并将逃至勐泐(景洪)的麓川首领一人执杀，以功，深受宠遇，被誉为"把守天门之能者"。职权较其他土司为大，故勐乍、勐润、孟艮、孟琏等首长皆对其贡献，以得勐泐委任为荣，各勐公文须经其盖印方为有效。勐蝶、勐香、磨黑、圈秀、那戈西通、槐楞等，俱设有仆役寨，为其服役。以勐勇头人闷摩横暴，被其放逐于那遮挖。统治期间，地方太平，常巡幸各地。景泰四年(1453)，巡幸至

【奢效忠】 明末四川永宁土官。彝族。任永宁宣抚使。支持安智，与水西宣慰使安国亨相攻杀十余年。由川、贵巡抚调解，照其俗罚牛赎罪。明万历（1573—1620）初，卒。

【奢崇明】（？—1629） 明代四川永宁彝族土司。世居永宁（今四川叙永西南）。永宁宣抚使*奢效忠侄，奢尽忠之子。幼孤，由效忠妻奢世续抚养。万历（1573—1620）中，受朝命，暂管宣抚事，因效忠妾奢世续拒交印信，未能正式承袭。天启元年（1621），乘明廷辽东战事急，无力南顾之机，谋据蜀自固，借口募兵援辽，派樊龙等领兵至重庆，久驻不发。以增行粮为名，杀四川巡抚徐可求及道、府、总兵等官二十多员，据重庆。率众破泸州、遵义，进围成都百余日。二年，被四川布政使、巡抚朱燮元击溃，退保重庆，旋败走永宁。三年，败失永宁，投水西，与*安邦彦合兵，攻永宁、遵义。崇祯元年（1628），自称大梁王，攻赤水。二年，在五峰山、桃红坝遭惨败，退至红土川被明军击杀。

【龚渤】 清代纳西族第一个进士。字遂可。云南丽江大研里人。雍正十年（1732）举人。乾隆元年（1736）丙辰科进士。入翰林院改检讨，后仕至侍讲学士。至新中国成立前夕，其家门仍挂有"进士及第"额匾。

【盛安】（？—1759） 清朝大臣。满族。那拉氏。满洲镶黄旗人。康熙四十六年（1767），累官至内务府员外郎。雍正十年（1732），授内务府主事。十一年，迁郎中、太仆寺卿、刑部侍郎、正蓝旗满洲副都统、署正红旗都统。十二年，兼理内务府总管事。十三年，授泰陵总管。乾隆七年（1742），授正厌旗满洲都统，兼管刑部侍郎事。充考试中书阅卷官。十年（1745），擢刑部尚书、议政大臣。奏定十五岁以下杀人之罪。十一年，调左都御史、正黄旗满洲都统。次年，因复奏含糊，降一级留任。十三年，仍刑部尚书，因参革锦州知府金文淳罪失当，受斥，在阿哥师傅处行走赎罪。十四年，以病免其行走。

【盛昱】（？—1899） 清朝宗室、学者。字伯熙（兮），又字伯蕴、韵时，号意园。满洲镶白旗人。肃武亲王*豪格七世孙，左副都御史恒恩之子。少聪慧，十岁作诗，纠《新唐书·突厥传》"纯特勒"为"特勤"之误。光绪二年（1876）进士。授编修，历右庶士、日讲起居注官、祭酒。益笃学，讨究经史、舆地及本朝掌故，皆能详其沿革。著有《蒙古世系谱》、《郁华阁金文》四十八卷、《雪屐寻碑录》、《香南精舍金石契》二卷、《意园藏书目》、《意园文略》二卷、《郁华阁遗集诗》三卷词一卷，辑有《八旗文经》六十卷、《成均课士录》第八集等。

【盛览】 汉代辞赋家。字长通（一作叔通）。一说为叶榆（今云南大理）人。学赋于司马相如，受作赋之法："合纂组以成文，列锦绣而为质，一经一纬，一宫一商，此赋之迹也。赋家之心，包括宇宙，总揽人物，斯乃得之于内，不可得而传也。"取其义，作《合组歌》、《列锦赋》二篇，并著《赋心》四卷，对传播汉族文化作出特殊贡献。一说为"牂柯名士"，《合组歌》、《列锦赋》为其友扬雄所作。

【盛逻皮】（673—728） 又作慎乐皮、诚乐魁。唐代南诏第三世王。"乌蛮"。*罗盛子。太极元年（712），父卒，嗣位。称威成王。开元元年（713），授特进，封为台登郡王。设官征商税。二年，遣张建成入朝，于唐立"土主庙"。九年（721），反唐。十四年（726），立庙祀晋右军将军王羲之为圣人。十六年（728）卒，谥太宗。

【盛熙明】 元朝后期学者。畏兀儿人。先世居曲先（今新疆库车），后徙豫章（今江西南昌）。精通本族语言文字，又深受汉族文化熏陶。史称其"清修谨饬，笃学多材。工翰墨，亦能通六国书"。曾备宿卫，后任奎章阁书吏，预修《经世大典》。晚年定居浙东，既书写金字佛经，为佛教圣地补陀洛迦山修传，又笃信道教，自号玄一山人，集佛、道、儒于一身。卒于至正二十三年（1363）以后。所著《法书考》共八卷，主要研究汉字书法，并对梵文和蒙古新字（八思巴字）作了介绍。《图书考》七卷，将前代有关绘画的论述，分门别类，编辑成书。对研究我国书画有一定参考价值。

【戛密】 云南怒江福贡木古甲怒族第八世祖。距今约900年。由第一世祖仆纳庆七传至戛密，其时人口增长，第七世祖阿觉、阿开两个家族公社又分裂为戛密、戛约及戛必捧三个家族公社，分别居于木古甲、固泉和阿尼岔三个村落。每一个家族公社形成一个社会和经济单位，怒语称"提康"，意氏族之下分支。

【赉塔】 见"赖塔"。（559页）

【赉哈木图拉】 见"赖和木图拉"。（559页）

【雪不台】 见"速不台"。（444页）

【措末迁】 又译搓莫耶、初末呫、斯密愚、昔莫月、撮孟月等。传说中的哈尼族始祖。古时天地混沌，宇宙洪荒，没有人类，只有天神奥玛（女性）、地神阿奥（男性）和魔鬼奥尼。后来天地开朗，地面长出了茅草，茅草里出现一个大蛋，经鹌鹑孵化，变出哈尼族的祖先"措末迁"。在今云南哀牢山的墨江、红河、元阳、绿春、金平等地，哈尼族各姓的父子连名谱系，都说其祖先始自措末迁。传说中鬼、神和人的概念已经有了区别，并据父子连名制产生的历史条件判断，可能是哈尼族进入原始社会后期父系氏族阶段的一个族长。

【排亚】 见"萧排押"。（486页）

【探马赤】（？—1282） 元初将领。秃立不带氏。初随诸王没赤征蜀，后从塔海绀卜、火鲁赤帅师。宪宗八年（1258），随纽璘攻涪州（治今四川涪陵县），以兵二千败南宋水军于马湖江。于横江、嘉定、宣化造浮桥，以达成都。以才干受命领兵千人，从万户昔力答攻碉门，黎、雅、吐蕃等地。中统四年（1263），为蒙古汉军万户。至元九年（1272），从也速带儿征建都，败宋军于梅子岭，迫建都降。继从汪田哥等攻嘉定、重庆、泸、叙诸州，以功兼崇庆府(今四川崇庆县)达鲁花赤。

【据曲】 见"曲据"。(146 页)

【据埒】 见"屈列"。(380 页)

【掘埒】 见"屈列"。(380 页)

【辅道】 见"萧辅道"。(486 页)

【 | 】

【虚除权渠】 东晋时上郡氐羌首领。元帝大兴(318—321)初,自号秦王,拥有氐羌十余万落,与前赵刘曜对抗。三年(320),为前赵车骑大将军、都督秦雍诸军事游子远所败。其子伊余率劲卒五万,攻前赵军于垒门,复败,被俘,遂被发割面而降,受封征西将军、西戎公,部众二十余万,被分徙于长安。

【虚闾权渠单于】(?—公元前60) 西汉时匈奴单于。挛鞮氏。壶衍鞮单于弟。原任左贤王。汉宣帝地节二年(公元前68)兄死,嗣立。击败西嗕部落,迫之南下降汉。因灾饥,人畜死者十之六七,匈奴势衰。三年,闻车师王附汉,以兵攻车师,遭汉侍郎郑吉等迎击,始罢。元康元年(公元前65),遣军攻车师之汉军,亦未果。因车师地肥美,且临近匈奴,恐为汉得,危及匈奴,屡遣军攻车师,并围困郑吉援军,迫汉徙车师民于渠犁,弃车师故地与匈奴。神爵元年(公元前61),以连年遭乙零侵扰,遣万骑击丁零,无所得。翌年病,呕血而死。

【堂邑父】 又作甘父。西汉胡人。一说姓堂邑氏,名胡奴甘父;一说系堂邑县人家胡奴,名甘父,史家省略"甘"字,唯称堂邑父。善射。建元二年(公元前139,一说三年),奉汉武帝命,随张骞取道陇西,出使大月氏,相约夹攻匈奴。途中历艰险,常射禽兽以充饥。经匈奴时被拘留,凡十年。后经葱岭,历大宛、大月氏、大夏、康居,沿南山(昆仑山)穿羌族地区返回,再次被匈奴拘捕。留岁余。元朔三年(公元前126),乘匈奴单于死,国内纷乱,始脱身归汉。封奉使君。

【常山】 见"石抹常山"。(107 页)

【常安】(?—1747) 清朝大臣、学者。字履坦。纳喇氏。满洲镶红旗人。康熙三十二年(1693)举人,授笔帖式。雍正初,擢太原理事同知。六年(1728),由冀宁道迁广西按察使。历云南按察使、布政使,移贵州,迁江西巡抚。乾隆四年(1739),任盛京兵部侍郎。内移刑部侍郎,外授漕运总督。六年(1741),迁浙江巡抚,有惠政。十二年(1747),闽浙总督喀尔吉善劾其贪索等十数事,卒于狱。工文辞,论多讥切时事。著有《明史评》、《受宜堂居官说》三卷、《居家说》三卷、《受宜堂宦游笔记》、《受宜堂集》四十卷诗余三卷、《瀚海前后集》、《沈水三春集》十二卷、《班余剪烛集》十四卷、《驻淮集文》七卷、诗五卷,并辑有《二十二史文钞》一百又九卷、《古文披金》二十四卷、《澄观楼倡和诗》等。

【常青】(1717—1793) 清朝大臣。满族,佟佳氏。满洲正蓝旗人。江西巡抚安图子。初自宁郡王府长史,累官察哈尔都统,杭州、福州将军。乾隆五十一年(1786),署闽浙总督。八月,遣官按问诸罗县民杨光勋纠众立会事,受命拿获,勿使蔓延。授闽浙总督。十二月。台湾林爽文起义,陷彰化。遣黄土简、丁朝雄、郝壮猷、马元勋等分道镇压。次年,义军陷诸罗。以失措,迁湖广总督。复受命渡台视师,授将军职,继以调度失当受责。八月,为福康安所代,受命相机进剿,十一月,授福州将军,留办善后事宜。五十三年,林爽文起义失败后,以徇隐柴大纪贪劣,夺职,获宥。召回京,署镶红旗蒙古都统。五十四年初,授礼部尚书。五月,弘历幸避暑山庄,留京办事,兼署吏部尚书。七月,授镶蓝旗汉军都统。十二月,充经筵讲官。卒,谥恭简。

【常杰】 清初武术家。回族。山东临邑(今属河北临城)人。生于雍正、乾隆之际。博通经典,善击技,河北、山东带多其徒众。

【常钧】(?—1789) 清朝大臣。满洲镶钉旗人。字和亭,又字可园。雍正四年(1726),由翻译举人授中书。乾隆七年(1742),官安西观察副使。二十五年(1760),由江南淮徐海道擢副都统、署刑部侍郎、署江西巡抚。历云南、湖南巡抚。后因事降三等侍卫。五十一年(1786),参加千叟宴。著有《敦煌杂钞》二卷、《敦煌随笔》二卷。

【常胜】 见"完颜元"。(245 页)

【常哥】 见"耶律常哥"。(318 页)

【常德】 ①清朝将领。索伦乌札氏。隶布特哈正红旗,乾隆五十七年(1792),以领催从征廓尔喀,赏花翎。嘉庆元年(1796),从副都统乌尔图那逊,协助镇压白莲教起义,赏廓尔察巴图鲁。道光十三年(1833),授伯都讷副都统,旋调三姓副都统。十八年,以全俸养余年。病故,享年七十五。②(?—1839)清朝将领。满族。索绰罗氏。满洲正红旗人。嘉庆十年(1805),翻译进士。历任盛京主事,礼部主事、员外郎。道光元年(1821),由甘肃兰州知府升直隶热河道。擢湖南、直隶按察使。二年,署布政使、山西按察使、浙江布政使。次年,授太常寺卿。四年,以副都统衔为叶尔羌办事大臣。五年,署喀什噶尔参赞大臣,因事革副都统衔,降一级留任。八年(1828),为伊犁领队大臣。九年,补乌什办事大臣。十年,查明喀什噶尔安集延回众结布鲁特人起事缘由,奏喀什噶尔、英吉沙尔防守情形。十一年,以头等侍卫补叶尔羌办事大臣,调乌什办事大臣,以副都统衔任塔尔巴哈台参赞大臣。次年,署伊犁将军,正红旗汉军副都统,与伊犁将军议定巡边章程。十三年,补伯都讷副都统、三姓副都统、塔尔巴哈台参赞大臣。十五年,署镶黄旗满洲副都统,署镶红旗护军统领、镶黄旗护军统领,调镶红旗满洲副都统,稽查七仓大臣,授山海关副都统。十七年(1837),调江宁副都统。

【常志美】 清代伊斯兰教经师、经堂教育两大学派之一——山东派的创始人。字永华,或作蕴华。回族。康熙(1662—1722)年间人。原籍撒马尔罕,九岁随叔父到北京贡狮子,遂留居中国。早年从陕西学派创始人胡登洲的数传弟子学伊斯兰敦经典,业成,到山东济南讲学。其所倡导之经学,注意博览,于阿拉伯文经典外,兼习波斯文经典,形成经堂教育山东学派。学识渊博,对于认主学(即宗教哲学)造诣尤深。继承陕西派之传统,又有所创新。在穆斯林中享有很高威信,被誉为"常仙学"。经通波斯文。著有:《哈挖衣米诺哈志》,汉译《波斯文法》。

【常遇春】(1330—1369) 明初大将。字伯仁。回族。安徽怀远人。雄勇善射。初从刘聚起兵反元,至正十五年(1355),在和阳归附朱元璋,从破采石、太平。授总管府先锋,升管军总督,奉命守溧阳。攻集庆,功最著。后从徐达取镇江,进统军大元帅。克常州,迁中翼大元帅。取衢州,进金枢密院事。以五翼军设伏败陈友谅军于龙湾,复太平,取安庆,围庐州,攻武昌。二十七年(1367)春,朱元璋称吴王,升为平章政事。秋,拜副将军,征张士诚,下湖州。攻平江,破阊门(今苏州),平张士诚。以功晋中书平章军国重事,封鄂国公。后以副将军从大将军徐达北征,取汴梁(今开封)及河南、河北诸郡,入大都(今北京)。复克太原,取大同,拔凤翔。洪武二年(1369),连取忻州、全宁、大兴州,破开平(上都,今内蒙古正蓝旗东),迫元帝北走。还师,至柳河川暴病卒。追封中书右丞相、开平王,谥忠武。

【唵木海】 蒙古国将领。巴儿忽氏。字合出子。初与父俱事成吉思汗,征战有功。熟知用炮之术,曾谏言"攻城以炮石为先,力重而能技远",被采纳,深受重用,受命为炮手。成吉思汗九年(1214),由汗荐举,随木华黎南征,任随路炮手达鲁花赤,教五百余人学用炮之术,在略定诸地中起颇大作用。窝阔台汗即位后,留为近侍,讲授武艺。窝阔台汗四年(1232),随汗攻河南,颇有战功。蒙哥汗二年(1252),升都元帅。次年,随汗弟旭烈兀西征,破西域诸地而返。

【啰麻】 宋代党项夏州政权官员。党项族。凉州守将苏守信子。大中祥符八年(1015),父死,自领府事,部众不服。甘州回鹘可汗夜落隔遣兵攻破凉州,携其族帐百余,斩首级三百,夺马匹不算,被逼弃城走。天禧元年(1017)八月,逃入沙漠,暗遣人至凉州,约旧部内应,谋取凉州,并遣人请夏州统治者李德明出兵赴援。因甘州回鹘结六谷诸部拒战,不克。

【啜里只】 见"耶律阿保机"。(323页)

【蛇蜡喳巴】(?—1700) 清代康区明正土司。藏族。驻打箭炉。世任长河西、鱼通、宁远宣慰使。清康熙五年(1666),授职,属雅州。三十九年(1700),被西藏第巴桑结嘉措派驻打箭炉的营官昌侧集烈所杀。四川提督唐希顺率兵攻打箭炉,杀营官。次年,清授其妻工喀为宣慰使,袭职。

【野里补】 见"萧仲宣"。(482页)

【野利氏】 ①(?—1010)又称叶勒氏、野力氏。党项族首领*李继迁妻。生子德明,宋大中祥符三年(1010)三月卒。夏天授礼法延祚元年(1038)十月,元昊建国称帝,追谥顺成懿孝皇后。②(?—1048)夏景宗*李元昊皇后。大臣*野利旺荣、*野利遇乞侄女。有智谋,元昊素畏之。元昊妻卫慕氏因祸被囚,生子,她潜其貌类他人,使杀其母子。夏天授礼法延祚元年(1038)十月,元昊称帝,立为宪成皇后。生三子,长宁明,次宁令哥,三锡哩。野利兄弟被诛后,将遇乞妻没藏氏迎养宫中,因与元昊通,又出为尼。及元昊宠没𠼳氏,她失宠怨望,被黜,居别宫不复相见。十一年(1048)正月,子宁令哥受没藏讹庞唆使刺杀元昊,不久与宁令哥同被没藏讹庞所杀。

【野先不花】 见"也先不花"。(24页)

【野利仁荣】(?—1042) 西夏国开国重臣,语言文字学家。党项族。学识渊博,熟悉汉族文化典故。李元昊建国方略、典章制度,多参与赞襄谋划。提出"顺其性而教之功利,因其俗而严以刑赏"的立国主张,封为"谟宁令"(天大王)。大庆元年(1036),在元昊主持下受命创制了记录党项族语言的西夏国文字,演绎成十二卷,推行国内。文字结构多仿汉字,形体方整,笔画繁杂,用点、横、竖、撇、拐、拐钩等组成。夏天授礼法延祚二年(1039),又受命主持蕃学事,译《孝经》《尔雅》《四言杂字》为西夏国文字,教授学生,择优授以官职。五年死,受厚葬,赠富平侯。天盛十六年(1164),仁宗为表彰其创制西夏文字功,追赠广惠王。

【野利旺荣】(?—1043) 又名刚浪凌。西夏国军事重臣。党项族。夏景宗李元昊妻*野利氏冗。西夏国建立后与弟野利遇乞分掌左右厢兵事。封"宁令"(大王),又称"野利王"。能用兵,有谋略,所统"山界"(横山地区)士兵以善战著称。在对宋朝战争中屡立战功。被宋边将视为心腹之患。宋朝谋差人行刺未成。鄜延经略使庞藉曾两次派人贿党项人破丑招唆之。后知渭州王沿等复遣山遇和尚招降,旺荣将计就计,派部下浪埋等三人到青涧种世衡军营诈降,被识破,反遭宋使离间,使元昊疑其与宋暗通,遂夺其兵权,全家皆被杀。

【野利遇乞】(?—1043) 西夏国军事重臣。党项族。夏景宗李元昊妻*野利氏兄。西夏国建立后与兄野利旺荣分掌左右厢兵马,驻天都山,称"天都王"。能用兵,有谋略,所统"山界"(横山地区)士兵以善战著称。在对宋朝战争中屡立战功,被宋边将视为心腹之患。宋朝谋差人行刺未成。素与元昊乳母白姥不和,常遭白姥所谗。又以元昊宠王妃没𠼳氏,疏野利后,常不满于言表,为元昊所恶。知环州种世衡得知此情,遂诱其侍卫之子苏吃曩,盗元昊赐给遇乞的宝刀,作为其叛夏投宋的信物,元昊见疑,夺其兵权,赐死。

【野登台吉】 见"把林台吉"。(224页)

【野里知吉带】(?—1251) 又作野里知给歹、按只歹、宴只吉带、额勒只吉歹。蒙古国将领。札剌儿氏。合丹子。初为窝阔台怯薛(护卫军)长,并执掌宫廷礼仪,深受敬重,汗曾命诸臣遵其意行事。窝阔台汗二年

（1230），随汗征金，隶汗弟拖雷麾下，从破金将完颜合达军于邓州等地。贵由汗二年（1247），领兵西征，平定波斯境内新附诸国，并兼辖鲁木、谷儿只、毛夕里、迪牙别克儿及阿勒波等地，负责征收贡赋。贵由汗死后，力主以窝阔台系后人承袭汗位，反对蒙哥为汗，并结窝阔台系诸后王失烈门、脑忽等，乘蒙哥登极之机，引兵谋乱，事败，被逮问处死。一说于呼罗珊境内之八的吉思被逮，交钦察汗拔都处死。

【鄂山】(1770—1838)　清朝大臣。博尔济吉特氏。满洲正蓝旗人。嘉庆元年（1796）进士，历广东保昌县、山西浮山县知县。十年（1805），升安西直隶州知州。十五年，调邠州直隶州。道光元年（1821），擢陕西同州府知府。次年，调西安府。三年，授河南按察使。后历官陕西布政使、巡抚，署陕甘总督。五年（1825），请缓改陕甘提镇马兵为守兵，以免妨碍乌鲁木齐、巴里坤兵丁生计。六年，以张格尔入卡滋扰，受命与前任陕西巡抚卢坤总理军需事务。七年，以克复喀什噶尔、英吉沙尔、叶尔羌、和阗四城功，赏戴花翎并加太子少保衔。八年，张格尔被俘，赏头品顶戴。十年（1830），安集延回众入卡滋事，复署陕甘总督办理军需粮饷。次年，擢四川总督，奏准查禁鸦片章程，建言查禁鸦片必须先查官吏。十三年，署成都将军。次年，因事降五级留任。十五年，兼署成都将军，因夷事平，赏加太子太保衔，戴双眼花翎。十八年（1838），擢刑部尚书，补正蓝旗汉军都统。寻卒，追赠太子太师衔。

【鄂宁】(? —1770)　清朝将领。满洲镶蓝旗人。西林觉罗氏。大学士*鄂尔泰第四子。乾隆举人。乾隆三十一年（1766），由副都统、侍郎授湖北巡抚，旋调湖南。三十二年，调云南巡抚。任内至普洱（今云南省普洱县）办理军务；因滇省产铜，疏请凡可开矿厂不限远近，俱准采开，被采纳。奉命查实总督杨应琚轻开边衅，致缅甸发兵入境，轻敌失败，虚报战功事，论罪赐死，他暂署总督印务。十月，驻永昌，主滇省营务。三十三年（1768），以任内实心筹划军营，赏内大臣衔。同年，擢云贵总督。旋因株守永昌等事降补福建巡抚。任内匿报缅兵滋衅、掠内地人民事，降级，以二等侍卫录用。

【鄂对】(? —1781)　维吾尔族。新疆库车人。叶尔羌阿奇木伯克。祖玛尔咱尼默特、父颇拉特，世长库车。嗣位后，为准噶尔贵族拘系伊犁，居伊犁河北固勒札。乾隆二十年（1755），清军定伊犁，迎降。二十二年（1757），从定边将军成衮札布剿阿睦尔撒纳。次年春，复从雅尔哈善征霍集占，授散秩大臣。从征霍集占觉阿卜都克勒木于库车，献攻城计，请设云梯，绝水道，截其归路。霍集占来援，又献策屯兵鄂根河，以防霍集占窜。后受定边军将兆惠命，招抚和田，授内大臣。集兵备粮自固，奋力固守，拒霍集占对和田的进攻。围解，封辅国公。继随清军追敌至伊西洱库尔，于阵前招降叛军万余人，晋固山贝子。乱平，随兆惠进京朝觐，晋贝勒衔，图形紫光阁。后遭阿克苏伊什罕伯克颇拉特评告，调任叶尔羌（今莎车）阿奇木伯克。死后因偕同高朴私售玉案发，被夺世爵。

【鄂恒】　清朝官员。字松亭。伊尔根觉罗氏，满洲正黄旗人。嘉庆二十四年（1819）举人。道光六年（1826）进士，散馆授编修。累官侍讲、陕西知府。著有《伊尔根觉罗氏家谱》。

【鄂海】(? —1725)　清朝大臣。温都氏。满洲镶白旗人。由笔帖式授内阁中书。康熙三十六年（1697），圣祖亲征噶尔丹，特简陕西按察使。次年，迁陕西布政使。四十年（1701），擢陕西巡抚。四十九年（1710），晋湖广总督。五十二年，调四川陕西总督。六十一年，奉命赴吐鲁番管理垦种。雍正元年（1723），原品休致。著有《抚苗录》。

【鄂辉】(? —1798)　清朝将领。满洲正白旗人。碧鲁氏。乾隆三十七年（1772），署建昌镇越嶲营守备。三十八年，随定西将军阿桂进讨大小金川土司，降服索诺木。擢宁越营都司。后擢副将、总兵、成都将军。曾随大学士阿桂镇压甘肃回族、撒拉族人民起义。五十二年（1787），署四川总督。随将军福康安渡海镇压林爽文领导的农民起义，次年俘林爽文，赐云骑尉世职。以巴勒布滋扰西藏，奉命与提督成德带兵往剿，收复巴勒布所侵藏地，议站台定界。五十五年（1790），赴藏查实达赖喇嘛弟商卓特巴等渔利舞弊事，将商卓特巴等解京治罪。擢四川总督。五十六年，廓尔喀入侵后藏，奉命同成德带兵进剿，因坐失机宜被革职。后复副都统衔，驻藏办事，督办粮运。后因积压粮运并压搁廓尔喀表章贡物，被解回前藏，永远枷号。五十八年（1793），戴罪回京。不久，擢热河（今河北承德）总管。嘉庆初，赴荆州镇压白莲教起义。又同德楞泰、额勒登保等镇压湖南苗民起义，杀害石柳邓。二年（1797），擢云贵总督。卒，谥恪靖。

【鄂善】　清朝大臣。满族，纳喇氏。满洲镶黄旗人。初自侍卫授秘书院学士，迁副都御史。康熙九年（1670），请求划一官员罚俸制，规定罚现俸。授陕西巡抚。十一年，擢山西陕西总督，寻专督陕西。十二年，调云南总督。十二月，吴三桂反，云贵陷。暂留湖广，与总督蔡毓荣共议剿御事宜。十三年，改云贵总督，随军进征。因三桂陷湖南郡县，当罪，获宥，从宽留任。十二月，以陕西王辅臣叛。与穆舒浑率襄阳满洲、蒙古兵，移守兴安、汉中。十四年，驻延安。十六年（1677），以招抚流民，分守各山口，退敌，授甘肃巡抚。十七年，坐失察布政使伊图蚀饷、清水知县佟国佐苛敛，当革职，命留任。次年五月，以计典察议不力，罢任还京。

【鄂木布】　号车臣岱青。清代卫拉特蒙古和硕特部台吉。*固始汗次子。顺治五年（1648），受父命与弟瑚鲁木什领兵助清军击甘肃回族起义军首领米喇印、丁国栋。次年，赐号土谢图巴图鲁岱青。旋因率众掠内地，抗官兵，受敕责。诏令其向"属番"取贡，须先期将酌定人数告知边防守臣；到内地通市贸易，须从西宁镇海堡等地出入，不得任意取道。

【鄂木佈】(? —1653)　清初蒙古王公。四子部落人。博尔济吉特氏。成吉思汗弟合撒儿(哈布图哈萨尔)十六世孙。诺延泰第三子。号布库台吉。以兄弟四人分牧而处,遂称本部为四子部。天聪七年(1633),向后金献驼马。八年,复献驼马。随清军征明,入得胜堡,攻大同,俘附明之蒙古务巴什等,以功赏驼马。崇德元年(1636),授札萨克,赐号达尔汉卓哩克图,统四子部落。三年,从征喀尔喀札萨克图汗。继从贝勒岳讬征明,败太监冯水盛军。顺治三年(1646),率众随军追苏尼特部腾机思逃众,擒其属一百五十余,获驼马牛羊甚众。六年(1649),封多罗郡王。从睿亲王多尔衮征喀尔喀。

【鄂本兑】(? —1635) 清初蒙古将领。曼靖氏。初仕明,任守备。天命六年(1621),归降后金帝努尔哈赤。后隶属蒙古正黄旗。七年,从伐广宁,以功授世职游击。天聪元年(1627),从皇太极征明,率军破明总兵满桂,以功晋二等参将。二年,从征多罗特部,因功晋一等参将,擢右翼蒙古固山额真。三年,从征明,率所部兵入大安口,克水平、滦州、遵化,迁安四城,继受命守遵化,破来犯之敌,晋三等副将。五年(1631),随军攻明,围大凌河。八年(1634),改三等甲喇章京。九年正月卒。

【鄂尔泰】(1677—1745) 清朝大臣。满洲镶蓝旗人。西林觉罗氏。字西林,号毅庵。世居汪钦。康熙举人。四十二年(1703),袭佐领,授三等侍卫。五十五年(1716),迁内务府员外郎。雍正元年(1723),特擢江苏布政使。后迁广西巡抚,寻调云南,以巡抚治总督事。四年(1726),倡于西南少数民族聚居区实行"改土归流",废土司、设府县、置流官,驻军队,加强行政统治。六年,(1728),受命总督云南、贵州、广西三省。镇压云贵苗族人民起义。十年(1732),授保和殿大学士兼兵部尚书,办理军机事务,授一等伯爵。督巡陕甘,统略军务,大兴屯田,支持张广泗等镇压噶尔部噶尔丹策零,为雍正帝心腹。十一年,先后充八旗志馆、《皇清文颖》馆总裁。雍正帝死,受遗命辅政。乾隆帝即位,与张廷玉总理事务。乾隆元年(1736),相继充《三礼义疏》、《农书》总裁。三年(1738),兼议政大臣。六年(1741),授军机大臣兼理侍卫内大臣。赐号襄勤。十年(1745),以病请解任。卒,谥文瑞。著有《西林奏议》、《平蛮奏疏》和《西林遗稿》六卷,辑《南邦黎献集》十六卷。

【鄂齐尔】①(? —1657)清初蒙古大臣。科尔沁兀鲁特部人。博尔济吉特氏。明安孙,昂洪子。天聪七年(1633),父卒,袭三等副将。次年,改三等梅勒章京。顺治(1644—1661)年间,三次晋升,又以罪降职,定为二等梅勒章京。后升内大臣。管銮仪卫事。授领侍卫内大臣。卒,谥勤恪。乾隆初,定封三等男。②(? —1683)清朝将领。蒙古族。巴林部人。博尔济吉特氏。色布腾次子。康熙七年(1668),袭札萨克多罗郡王。十二年(1673),入朝,扈从康熙帝猎于南苑。请从征吴三桂,并献马助军。次年,遣弟格垱木图督兵赴兖州。十四年(1675),随抚远大将军信郡王鄂札平喀尔喀部布尔尼。③(? —1733)清朝蒙古王公。翁牛特部人。博尔

济吉特氏。杜棱郡王博多和次子。初授一等台吉。康熙十四年(1675),随军平定察哈尔部布尔尼叛乱。三十五年(1696),从征准噶尔部噶尔丹。六十一年(1722)四月,封辅国公,十一月,晋固山贝子。雍正五年(1727),以其侄苍津擅请准噶尔使入藏熬茶,削爵,袭札萨克郡王。

【鄂伦岱】(? —1726) 清朝大臣。满洲镶黄旗人。佟佳氏。大臣佟国纲长子。初任一等侍卫。康熙二十七年(1688),授广东驻防副都统。二十九年(1690),迁镶黄旗汉军都统。三十一年(1692),因员外郎马迪往策妄阿拉布坦,抵哈密为噶尔丹属所杀,受命领火器营。以备调用。三十五年(1696),随康熙帝征噶尔丹,领汉军镶黄、正白两旗火器营出古北口。四十七年(1708),以先举允禩为皇太子被康熙帝诘责。授领侍卫内大臣,管蒙古驿站。任内不抚恤驿站人员,反将驿站败坏,致蒙古人民不能存活。六十一年(1722),召还京,授正蓝旗汉军都统。雍正三年(1725),因与阿灵阿曾结党,保举允禩,扰乱国政为罪,发往盛京,次年被正法。

【鄂容安】(? —1755) 清朝大臣。满洲镶蓝旗人。西林觉罗氏。字休如,号虚亭。大臣鄂尔泰长子、雍正进士,选庶吉士,入值军机。乾隆初,历任侍读、祭酒、兵部侍郎、翰林院掌院学士、河南巡抚。十二年(1747),办送金川兵差。十四年(1749),勘察河南河务。后调山东巡抚,奏请山东沿海暂弛海禁,为乾隆帝采纳。后调江西巡抚。十八年(1753),擢两江总督。任内,查勘高家堰堤工并筹办下河疏浚事,严查严禁舞弊,受乾隆帝嘉奖。是年,授西路参赞大臣,筹办粮马,以备征达瓦齐。二十年(1755),随军攻入伊犁,征达瓦齐,收其牧地,驻守伊犁。与班第密疏劾阿睦尔撒纳蓄异志谋据伊犁。后在擒剿阿睦尔撒纳途中,陷入其党之围,力战自尽。赐祭葬,谥刚烈。著《鄂文端公年谱》及《鄂虚亭诗草》。

【鄂勒衮】 见"乌尔衮"。(72页)

【鄂斯瞒】(? —1788) 维吾尔族。新疆库车人。贝勒品级固山贝子鄂对长子,乾隆二十三年(1758),清军征霍集占,克库车,授库车阿奇木伯克。二十四年,以办事敏练,赏三品顶翎。次年,从鄂对入觐。因借沙雅尔、赛里木、拜城伯克备粮助伊犁屯田维吾尔人,获赏。三十年(1765),参加镇压乌什赖和木图拉起义,并收库车军械防变乱,获二品顶戴。三十三年(1768),再次入觐,授二等台占。四十年(1775),授阿克苏阿奇木伯克,四十六年(1781),袭父爵,调任喀什噶尔(今喀什)阿奇木。嗣以其父参与高朴私贩玉案发,削世爵,授散秩大臣。四十九年(1784),密告英吉沙尔阿奇木伯克阿里木、布鲁特(今柯尔克孜)散秩大臣阿其睦弟,潜通布拉呢敦子萨木萨克,晋固山贝子。五十二年(1787)冬,进京朝觐。次年正月,卒于京。

【鄂博什】 又作鄂博实。清朝将领。黑龙江索伦人。乾隆二十年(1755),以总管率索伦兵从征伊犁,升副都统。二十三年,驻库车,奉命率索伦兵东归。后请

命于富德,率所部西行解兆惠军之围。次年,经艰苦行军,渡叶尔羌河,夜袭大和卓木(即布拉尼敦)军,围解。二十五年,兆惠、富德合军复进,大小和卓木弃阿克苏城逾岭西逃,降英吉沙尔城,赏云骑尉世职。后官至墨尔根副都统。

【鄂木布济】 清朝蒙古王公。喀尔喀札萨克图汗部人。博尔济吉特氏。哈玛尔岱青长子。康熙五十三年(1714),袭札萨克一等台吉。五十五年(1716),率兵驻防扎布堪。五十六年,奉命赴哈达青吉勒护军牧,助征准噶尔部。五十七年,率兵千余驻防呼勒玛诺尔。五十八年,移驻布拉罕苏伯。六十年(1721),驻拜达哩克。雍正二年(1724),驻塔尔弼。八年(1730),驻和苏伯和宁乌苏。九年,随副都统阿三赴库卜克尔御准噶尔。后以弃汛私归,削职,因受敌饵,回守游牧防范,免其削职。随郡王格埒克延丕勒追击准噶尔,十一年(1733),以擒获准噶尔兵,赐孔雀翎。乾隆十五年(1750),以病罢职。

【鄂尔勒克】 见"和鄂尔勒克"。(363页)

【鄂齐尔桑】(?—1648) 清初蒙古大臣。扎鲁特部人。博尔济吉特氏。贝勒巴克子。天命四年(1619),其父被后金俘,七年(1622)正月,入质后金,换回其父。八年,被送还。天聪(1627—1635)初,以本部败盟,与明朝往来,遭后金贝勒代善等袭击,与父俱被俘,隶满洲镶黄旗,旋授牛录额真。天聪三年(1629),从帝征明。五年(1631),围大凌河城,败明锦州援兵。八年(1634),授世职三等甲喇章京,随从攻大同,主中军,大败明将曹文诏。崇德二年(1637),升内大臣。六年(1641),从帝攻明松山,因帝营遭明军袭击,御战不利,受责。顺治二年(1645),进三等梅勒章京。五年卒。

【鄂罗塞臣】(?—1664) 清朝将领。满洲正蓝旗人。郭络罗氏。额驸达尔汉长子。天聪元年(1627),从父征明锦州,任护军参领。三年,从征燕京,破袁崇焕军,授骑都尉世职。四年,署都统事。随贝勒阿巴泰镇守永平。五年(1631),从征明,围大凌河城,连败明军。八年(1634),随贝勒萨哈廉略明山西边境,因功晋二等轻车都尉。崇德元年(1636),从征朝鲜。二年,列论政大臣。三年,随豫亲王多铎征明宁远、锦州。后因兵败革世职。六年(1641),随郑亲王济尔哈朗围锦州,连败松山援兵。七年,复授二等轻车都尉世职,擢副都统。八年,同参政巴礼征黑龙江。顺治二年(1645),随军至潼关击李自成起义军。五年(1648),统兵驻守沧州。从英亲王阿济格讨大同叛镇姜瓖。六年,晋一等轻车都尉,爵三等男,擢正蓝旗蒙古都统兼刑部侍郎,晋二等男。七年,以徇情罢侍郎。八年(1651),授都察院左都御史,寻解任专管都统事。十六年(1659),同安南将军明安达礼率兵驻荆州。赴援江宁(今南京),败郑成功军于扬子江。康熙三年卒。赠太子太保,谥号敏。

【鄂木布达赉】(?—1587?) 汉籍译作碗布台吉、隐布台吉、安克阿不害等。明代蒙古鄂尔多斯部领主。孛儿只斤氏。吉能第四子。隆庆六年(1572),奉父遗命,与兄布延巴图尔鸿台吉将蒙古俘获的明将时銮交还明方。万历元年(1573),受明封为指挥佥事。与明朝保持友好往来,努力促进鄂尔多斯领主和明朝的通贡互市关系。十四年(1586),随博硕克图济农西征瓦剌,途中退还,如期赴榆林与明朝互市,以表示对明朝的忠诚。后因与其弟必锡(比把什)争分畜产被杀。

【鄂齐尔图汗】(?—1677) 号车臣汗。清代卫拉特蒙古和硕特部首领。拜巴噶斯长子。清崇德五年(1640)嗣位。与准噶尔部首领巴图尔珲台吉同为四卫拉特"共主",被称为"合约尔台吉"。(意谓联盟首领是"两台吉")曾遣兵参加固始汗对青海和西藏的远征,也是蒙古四十四部封建主会盟的主要参加者之一。满族统治阶级入关后,屡遣使送贡,与清朝政府保持密切联系。顺治七年(1650),获悉漠南蒙古苏尼特部腾机思举兵反清,派人向清廷表示愿相助。因虔修职贡,于固始汗死后,被清廷特封为"卫拉特首汗"。曾先后两次到西藏谒五世达赖喇嘛。康熙五年(1666),被五世达赖授予"鄂齐尔图车臣汗"号。在卫拉特联盟内部,他十分重视与巴图尔珲台吉及其继承人僧格的合作。崇德八年(1643),与巴图尔珲台吉联合,进攻哈萨克扬吉尔苏丹。顺治二年(1645),又联兵进攻昆都伦乌巴什,迫其承认自己和巴图尔珲台吉的盟主地位。十年(1653),巴图尔珲台吉死后,又积极支持僧格,反对车臣和卓特巴巴图尔。十四年(1657),因弟阿巴赖支持车臣等发动战争,双方在额敏河畔对峙。经噶勒丹玛等斡旋,战事未发。十七年(1660)夏,与僧格盟于塔尔海乌喇呼济尔。虽经咱雅班第达居中调停,未果。是年冬,挥师进逼爱古斯河畔,向阿巴赖进攻。次年四月,激战于额敏河。迫阿巴赖逃回额尔齐斯河旧牧地,围阿巴赖于"寺院城"。旋经其母赛汗珠哈屯劝止撤兵。康熙十年(1671),获悉阿巴赖逃往乌拉833,遣兵西征,收服昆都伦乌巴什等人众。十四年(1675),与噶尔丹发生冲突,引兵往攻,兵败于斋尔附近,逃遁,后被噶尔丹执杀(一说病死)。部众为噶尔丹兼并,妻多尔济拉布坦逃往伏尔加河土尔扈特部。另说卒于1676、1678或1680年。

【鄂罗木咱卜】(?—1805) 一译鄂罗木咱布。维吾尔族。新疆吐鲁番人。札萨克郡王额敏和卓第三子。乾隆二十一年(1756),布拉呢敦、霍集占叛乱,以父兄皆从军,留守办理吐鲁番事务。二十六年(1761),以善理所部,受左都御史水贵举荐,获二品顶戴。三十一年(1766),兄辅国公茂萨病故,无嗣,降袭一等台吉,任伊犁宁远城三品阿奇木伯克,承办维吾尔族移民屯田事务。四十七年(1782),晋一品阿奇木伯克。五十六年(1791),封公品级。伊犁维吾尔族台吉皆其裔。

【鄂木布楚琥尔】(?—1639) 后金将领。蒙古族。土默特部人。博尔济吉特氏。成吉思汗后裔。因屡遭察哈尔林丹汗侵扰,约喀喇沁部长苏布地等击察哈尔兵四万于土默特之赵城,复杀其赴明请赏兵三千于张家口,与察哈尔交恶,恐不敌,于天聪二年(1628),与苏布地上书后金求援。三年六月,遣台吉卓尔毕泰入贡,旋率属朝后金。随皇太极征察哈尔。六年(1632)从征察哈尔,林丹汗遁。继受命随贝勒阿济格攻明大同、宣府。九年(1635),授札萨克。崇德三年(1638),随豫郡王多铎围明中后所,遭明总兵祖大寿袭击,兵败。

【鄂托兰珠和卓】 见"玛木特"。(185页)

【鄂卜锡衮青台吉】 见"乌巴缴察青台吉"。(77页)

【鄂齐尔图车臣汗】 见"鄂齐尔图汗"。(502页)

【鄂克拉罕伊勒登诺延】 见"银锭台吉"。(504页)

【鄂勒哲依图鸿郭斡妣吉】 明代蒙古贵妇人。初嫁脱古思帖木儿可汗子哈尔古楚克鸿台吉。建文元年(1399),因佞臣浩海达裕(浩海太尉)挑拨,丈夫被夫兄额勒伯克汗杀死,自己亦被霸占。为报夫仇,设计诱浩海达裕入内室,制造逼奸不从的假象,致使额勒伯克杀浩海达裕。同年,瓦剌部领主乌格齐哈什哈起兵杀汗,又被其占有,并生哈尔古楚克遗腹子阿寨台吉。乌格齐哈什哈死后,在其子额色库汗帐中为奴。洪熙元年(1425),额色库汗卒,在萨穆尔公主(额勒伯克汗女,额色库汗妻)帮助下,母子逸归东蒙古(鞑靼部)。一说东归后与哈撒儿后裔阿岱汗合婚。

【勖实带】 元朝将领、诗人、儒学教育家。蒙古克烈氏(一说为回回人)。炮手千户昔里吉思之孙,兀都之子。世祖至元(1264—1294)中,袭职。从丞相伯颜南下攻宋,历拜武义将军、武德将军,任河南伊川鸣皋镇回回炮手军总管。喜书嗜读,战中,不争掠金帛财物,独取图书数百卷,允许被俘儒士赎归。宋平,还屯闻喜。晚年,好性理之学,改名士希,字及之。建书院以教士。与名士陈天祥、姚燧等交往甚厚。有诗五百余篇,曰《伊东拙稿》。其子慕颜铁木建稽占阁,储书万卷。仁宗延祐(1314—1320)间,赐名"伊川书院"。由翰林直学士薛友谅撰文,书画家集贤学士赵孟頫题书。一说诗集出自其子之手。

【勖实戴】 见"勖实带"。(503页)

【崧蕃】(?—1905) 清朝大臣。瓜尔佳氏。满洲镶蓝旗人。咸丰五年(1855)举人。光绪六年(1880),署四川按察使。十一年(1885),授湖南按察使,擢四川布政使。十七年(1891),迁贵州巡抚。二十一年(1895),晋云贵总督兼署云南巡抚。二十六年(1900),到京。因义和团起义,京师戒严,留京会办城防事宜。调陕甘总督。二十八年,奉旨筹建甘省大学堂,举办农工商务,筹修宁夏渠工疏通水利。三十一年(1905),调闽浙总督。

【崩用景颇】 景颇族各支系共同的祖先。传说景颇族先民只会种芋,古老的姓氏"梅何"(栽芋)、"梅普"(犁芋)、"梅掌"(整理芋塘)等都是因种芋而得名,自其开始种旱谷,景颇族便以旱谷为主要农作物。其后景颇族分为各支系,奉其为共祖。

【崇安】(?—1733) 清朝宗室。满族。爱新觉罗氏。号友竹道人。康悼亲王椿泰子。封康修亲王。雍正初年,官都统,掌宗人府。九年(1731),率兵驻归化,暂管抚远大将军印,寻召还。卒,谥修。著《友竹轩遗稿》。

【崇纶】(?—1854) 清朝大臣。满族,喜塔腊氏。满洲正白旗人。道光时,由内阁贴写中书,官至署督粮道。咸丰元年(1851),调直隶永定河道、云南按察使。二年,升广东布政使、湖北巡抚。三年,因太平军攻兴国州田家镇,清军失利,革职留任。十月,太平军攻湖北省城,与新任总督吴文镕有隙,各怀己见。四年正月,吴文镕战死后,奉命竭力助堵。五月,以防堵不利,抱病就医,革职。六月,武昌失守,先一日出城由荆州赴陕西就医。十月,曾国藩复武昌,劾其偷生避难,派员押交刑部,是月病故于西安。

【崇实】(?—1876) 清朝大臣。字子华,号朴山。完颜氏。满洲镶黄旗人。河督麟庆子。道光三十年(1850)进士,改翰林院庶吉士。咸丰二年(1852),散馆授编修等。三年,充日讲起居注官,升侍讲学士,加詹事府詹事衔,迁通政使。四年,擢内阁学士兼礼部侍郎衔,授镶蓝旗蒙古副都统,署户部左侍郎兼三库事务,奉命办理川省防剿事宜。五年,补工部右侍郎兼钱法堂事务,因事降四级调用。九年(1859),官内阁学士兼礼部侍郎衔、驻藏办事大臣,赴四川查办事件。十年,补镶黄旗汉军副都统。十一年,授成都将军,办理川陕防堵事宜。同治四年(1865),兼署总督。十年(1871),任镶白旗蒙古都统。十二年,署理热河都统。补刑部尚书,充经筵讲官。十三年,充会试副考官。光绪元年(1875),奉命查办奉天事件,署盛京将军。劾府尹恭镗等,查明吉林将军奕榕等被参各款,疏言奉省兴利除弊事。二年,查明署将军穆图善等被参各款,参蒙古宾图郡王。寻卒,谥文勤。著述甚多,有《适斋奏议》、《惕庵自定年谱》、《白云仙表》、《适斋文稿》、《适斋诗集》四卷和《琅馆诗存》等。

【崇厚】(1827—1893) 清末大臣。满洲镶黄旗人。完颜氏。字地山。河督庆麟子。道光举人。初曾任知州、盐运使。咸丰十年(1860),署盐政。同僧格林沁治畿辅水田,劝垦葛沽、盐水沽活卤地四千二百余亩。同年,协恭亲王奕訢与英法等侵略国签订丧权辱国的《北京条约》。十一年,充牛庄、天津、登州三口通商大臣。同治元年(1862),以兵部侍郎参直隶军事,寻署总督。时葡萄牙遣使入京乞换约,他力主勿受。二年,建议设北洋机械局城南分局。五年(1866),贷款垦海河北岸,订试垦章程,颇有成效。六年,创办天津机械局,以英人密妥士为总管,后由李鸿章接办。九年(1870),天津教案完结后,出使法国,向法国道歉,是为专使一国之始。后历署户部、吏部侍郎。光绪二年(1876),署奉天将军,疏请择地设官,增边关兵备道,被采纳。先后疏论吉林积弊,请惩聚博,清积讼、垦荒地等。四年(1878),授出使俄国大臣,加内大臣衔,晋左都御史。赴俄,交涉归还伊犁问题。次年,擅自签订丧失领土、主权的《里瓦几亚条约》,遭到舆论谴责,下狱,定斩监候。后免死羁禁。十年(1884),慈禧太后五旬,他借"济军"为名,献纹银三十万两,被赦出狱并随班祝嘏,赏给职衔。终以行贿逍遥法外。著有《盛京典制备考》八卷,增辑《历代名臣传节录》三十卷等。

【崇绮】(?—1900) 清朝大臣。蒙古正蓝旗人。阿鲁特氏。字文山。大学士*赛尚阿子。初为工部主事。咸丰四年(1854),充督练旗兵处文案、兵部七品笔帖式。十年(1860),第二次鸦片战争期间,以守卫天津内城功,迁员外郎。同治三年(1864),中一甲第一名进士,为清朝以来满、蒙人试汉文唯一夺魁者。九年(1870),迁侍讲、河南乡试主考官、日讲起居注官。十一年(1872),其女被选为同治帝后,赐三等承恩公。后历任内阁学士、户部、吏部侍郎。光绪二年(1876),任会试副考官。补镶黄旗汉军副都统。四年(1878),署吉林将军。后历任热河都统、盛京将军、户部尚书。二十六年(1900),署翰林院掌院学士。与大学士徐桐谏废光绪帝,深得太后宠。八国联军进犯华北,随荣禄走保定,居莲池书院,自缢死。

【崇礼侯】 见"买的里八剌"。(182 页)

【崇忍利恩】 又作从忍利恩。传说中的纳西族始祖。精仁崇忍之子。据象形文字经书《崇般图》(汉译《创世纪》、《人类迁徙记》)载,在洪水浩劫后余生,经受天神知劳阿普设置的种种惊险考验后,与其女衬恒褒白成婚,共同牧耕,艰苦创业。生恩恒等三子,长大后讲三种不同语言,变成藏、纳西和白三个民族,分居在不同地方,繁衍起来。今纳西族每年春节和七月举行隆重祭天祭祖活动,表达对始祖的崇敬。

【崇德可汗】(?—824) 唐代回鹘汗国第十代可汗。跌跌氏。长庆元年(821)继汗位,唐朝册其为登罗羽禄没密施句主毗伽崇德可汗,又作登罗羽禄没密施句主禄毗伽可汗,登逻骨没密施合毗伽可汗、登罗骨没密施合毗伽可汗。遣使伊难珠、句录等携巨额聘礼赴唐求和亲。穆宗以十七妹太和公主妻之,册为仁孝端丽明智上寿可敦。在汗庭设盛典迎太和公主,封为可敦。不久遣将率军三千助唐平河北乱事,并发万骑出北庭、万骑出安西,伐吐蕃。次年,为吐蕃败,回鹘汗国势益趋衰微。长庆四年(824)卒。

【逻晟】 见"罗盛"。(351 页)
【逻盛】 见"罗盛"。(351 页)

【 丿 】

【铭安】(?—1911) 清末大臣。字新甫,号鼎臣、独醒居士。叶赫那拉氏。内务府镶白旗人。咸丰六年(1856)进士。同治五年(1866),由詹事迁内阁学士。十年,由阁学迁盛京刑部侍郎。光绪三年(1877),署吉林将军。四年,署盛京将军。五年,授吉林将军。九年,病免。卒,谥文肃。著有《止足斋杂录》

【银术可】 见"完颜永蹈"。(252 页)
【银锭台吉】(1533—1575) 亦作银锭把都儿台吉、银定台古。一说为《蒙古源流》中的鄂克拉罕伊勒登诺延。明代蒙古右翼鄂尔多斯部领主。孛儿只斤氏。*吉囊子,*古能弟。领三鄂托克阿玛该。在榆林,孤山边外驻牧,与明朝互市于红山(今陕西榆林县北十里),受明封为指挥同知。隆庆(1567—1572)末,率七百骑,从切尽黄台吉西行,攻略西番(青海藏族等),往返经明境昌宁湖、永昌卫(在今甘肃中部金昌、永昌一带),与明军发生冲突,受到俺答汗责罚。后能约束部众,与明朝通贡互市如约。

【移迭】 见"石抹移迭"。(107 页)
【移相哥】 见"也松格"。(23 页)

【移剌成】 金朝将领。本名落兀。契丹族。姓移剌。先世为辽横帐人。沉勇有谋,通契丹、汉字。天会(1123—1137)间,隶完颜挞懒下为行军猛安,与宋兵战于楚、泗之间,有功,为前锋。熙宗天会十五年(1137),从完颜宗弼将兵废齐国。后随军攻宋,战濠州,河南平,以功授宣武将军,任威州刺史,擢同知延安尹,迁昭义军节度使。海陵王正隆六年(1161),攻宋,为武毅军都总管。因契丹撒八起义,契丹将领被疑,他遣妻子还汗,以解疑。改神武军都总管,为浙东道先锋,由淮阴进兵。以所部护粮赴扬州,拒击来攻宋兵。军还,复镇昭义。世宗大定二年(1162),改河中尹、临洮尹,招降乔家等族首领结什角。迁南京(今开封)留守,拜枢密副使,封任国公。改北京(今内蒙古宁城西大明城)留守。

【移剌杰】 金代学者。契丹族。曾任翰林修撰。大定年间,始开女真进士科,十三年(1173)八月,与侍御史完颜蒲涅、太常博士李晏等为主考,策女真进士。徒单镒等二十七人及第。十五年(1175),世宗诏以女真字译诸经,他受命讲究经义。十七年(1177),因契丹人移剌窝斡在海陵王(1149—1161 年在位)末年,举兵反金,为防后患,受命随同签枢密院事纥石烈奥也等徙西北路契丹人参与起义者置上京、济、利等路,分而治之。十八年受任编修起居注,谏言史官应闻朝仪,被采纳。金代朝奏屏人议事,记注官不避自此始。

【移剌袅】 金代中期契丹起义军将领。契丹族。义军领袖*移剌窝斡弟。海陵王正隆六年(1161)五月,为反抗金朝统治秆在契丹地区大肆征兵,随冗起义,十二月,拥冗称帝,建元"天正",自任六院司大王。次年六月,与金右副元帅仆散忠义战于裊岭西陷泉(今内蒙古巴林左旗境),兵败被擒,义军损伤五万余众(一说三十万),元气大伤,兄窝斡仅以数骑逃脱,九月,起义失败。

【移剌益】(?—1202) 金朝大臣。本名特末阿不,字子迁。契丹族。姓移剌。中部路(治今北京西南)胡鲁土猛安人。以荫补国史院书写,积功调徐州录事,召为枢密院知法,三迁翰林修撰,兼监察御史。改户部员外郎。章宗明昌三年(1192),授霸州刺史,出俸粟以济饥者,增修郡东南堤坝,民以为便,为之立祠。升辽东路提刑副使。历任户部、兵部侍郎。承安二年(1197),蒙古犯边,力主以守为宜。出为山东西路转运使,迁河南北路按察使。卒于官。

【移刺敏】 金代中期将领。契丹族。世家时，为评事。大定二十一年(1181)，为置边堡事上书谏言，当今东北及临潢等地所徙民逐水草以居，开壕堑以备边，加强成守。被采纳。章宗时，官宣徽使。明昌五年(1194)二月，受命与户部主事赤盏实理哥巡视北部边境营屯，经画长久之计。十一月，以广威将军充贺宋正旦使。时因北部蒙古合底斤、山只昆等部侵扰边地，于明昌六年，奉左丞相夹谷清臣命，为都统，领前队进军合勒河，在栲栳泺(今内蒙古呼伦湖)攻克敌营十四座，获大胜。

【移刺温】 金初大臣。本名阿撒。契丹族。工契丹小字。太祖天辅三年(1119)，奉命将册文译契丹字，与辽交涉。太宗时，随左副元帅完颜宗辅南下伐宋，渡江，任江宁府都巡检。擒宋濮，安百姓，受完颜宗弼(兀术)嘉赏，迁同知河北西路转运使事。从宗弼巡边，益得亲信。熙宗时，为同知中京路都转运使事，累迁左谏议大夫兼修起居注。海陵王正隆(1156—1161)年间，率军伐宋，以本官为济州路行军万户，直至扬州。军还，任同知宣徽院事。历永定、震武、崇庆节度使，迁临海军。不避艰险，亲督防治水患。后移镇武定，治旱蝗之灾。以老致仕，未几，卒。

【移刺道】 ①金朝大臣。本名按。契丹族。姓移刺。大定二年(1162)，累官工部郎中。奉命招抚各地奚族，发兵擒获猛安合住子、妇等。收降移刺窝斡起义军将领白撒。改礼部郎中。领兵镇压移刺窝斡起义军。招降起义的奚族人。三年，奉使河南，劝课农桑，密访吏治得失。累迁御史中丞、同修国史。六年(1166)，出使高丽。八年(1168)，以武定军节度使招谕阻卜。九年，廉察山东、河南。改同知大兴尹事，迁刑部尚书。以庇护尚厩局使宗蒉等私用官俯粮草事，解职。不久，起为大理卿，兼签书枢密院事。迁西京(今大同)留守。②(?—1184)金朝大臣。本名赵三。契丹族。姓移刺。先人为乙室部人，初徙咸平。为人宽厚，有大志。通女真、契丹、汉文。皇统(1141—1149)初，补刑部令史，历尚书省令史、大理司直、户部员外郎。正隆三年(1158)，徙临潢、咸平路、毕沙河等三猛安，屯戍斡卢速。翌年，迁户部郎中。六年(1161)。海陵王征发诸道兵攻宋，为都督府长史。大定二年(1162)。复户部郎中，安抚山东，招谕起义。从尚书省右丞仆散忠义镇压契丹移刺窝斡起义军。参幕府事。镇压起义后，遣散元帅府所分俘虏。还京，迁翰林直学士，兼修起居注。改同知中都路都转运事。奉命廉察河北、山东等路官员善恶，廉秆升，治状不善秆下迁。改大理卿。五年(1165)，宋复议和，往山东阅实兵器，赈赡戍人妻子。迁同知大兴尹户部尚书，改西北路招讨使、参知政事，进尚书右丞。改南京留守，入拜平章政事。二十三年(1183)，以老罢为咸平尹，封莘国公。

【移刺瑗】(?—1234) 金朝大臣。本名粘合，亦作粘何，字廷玉。契丹族。姓移刺。世袭契丹猛安。宣宗兴定三年(1219)，与元帅内族完颜承裔领兵攻宋，累迁邓州节度使，兼行枢密院事。哀宗天兴二年(1233)，致书宋荆湖制置司请降，献县五、马步军万五千、口十二万五千。至襄阳谒宋制骨使孟珙，改姓名为刘介。

【移刺慥】(?—1185) 金朝大臣。本名移敌列，契丹族。姓移刺。虞吕部人。通契丹、汉字，授尚书省令史，擢右司都事，海陵王正隆六年(1161)，兼领契丹、汉字两司都事。世宗大定二年(1162)，为真定少尹，人为侍御史。迁司员外郎，累官陈州防御使。由左丞相纥石烈良弼举荐，召为太府监，改刑部侍郎。十九年(1179)，以按出虎等八猛安，自河南徙置大名、东平境。还为大理卿。奉诏典领更定制条，参决皇统旧制及海陵续制，通类校订，得凡一千一百九十条，为十二卷，名为《大定重修制条》，颁行。摄御史大夫，改御史中丞，兼同修国史，迁刑部、吏部尚书，改大兴尹、西京留守、临洮尹。

【移刺履】(1131—1191) 亦称耶律履。金代学者、大臣。字履道。契丹族。姓移刺。辽东丹王＊突欲七世孙，聿鲁之子。过继兴平军节度使德元为子嗣。博学多艺，善属文，通契丹大小字。初举进士。荫补为承奉班袛候、国史院书写。奉诏译经史，擢编修官，兼笔砚直长。建议广开谏诤之路，设科取士。议定以时务策设女真进士科。大定十五年(1175)，授应奉翰林文字，迁修撰。二十一年(1181)，转礼部员外郎。二十五年(1185)，为高丽生日使。翌年，进礼部郎中，兼同修国史、翰林修撰，表进宋司马光《古文孝经指解》。以病转蓟州刺史。召为翰林待制，同修国史。二十七年(1187)，擢尚书礼部侍郎，兼翰林直学士。精于历算书绘，以《大明历》误差较大，不便用，上《乙未历》。任内，以钱五十万送学士院，以繁荣学业。二十九年(1189)，进礼部尚书，七月，拜参知政事。提控刊修《辽史》。明昌元年(1190)，进尚书右丞。二年六月，死。谥文献。

【移刺子元】 金代中期大臣。契丹族。世宗时，官兵部郎中。大定十六年(1176)，任高丽国生日使。十七年，任西北路招讨都监。因契丹人移刺窝斡在海陵王(1149—1161年在位)末年举兵反金，勾防后患，奉命与同签枢密院事纥石烈奥也等徙西北路契丹人参与起义者至上京、济、利等路，分而治之。二十六年(1186)十一月，以刑部尚书为贺宋正旦使，与尚书左司郎中马琪同使宋。

【移刺子敬】(1111—1181) 金朝大臣。本名屋骨朵鲁。字同文。契丹族。姓移刺。五院部人。拔鲁之子。读书好学。皇统(1141—1149)间，预修《辽史》，书成，任同知辽州事，天德三年(1151)，为翰林修撰，迁礼部郎中。正隆元年(1156)，诸将巡边，奉命监战，迁翰林待制。大定二年(1162)，以待制同修国史。奉命招抚契丹移刺窝斡起义军余部。改秘书少监，兼修起居注。博通古今，常被世宗召去讨论古今及时政利害。迁右谏议大夫。建言缩小山后禁猎地，退还百姓耕种。迁秘书监。转签书枢密院事，同修国史，出为河中、兴中、咸平、广宁等府尹。二十一年(1181)，致仕。为官廉洁，曾使于宋，所受诸部进贡，皆散之亲旧。及卒，家无余财，其子质宅以营葬事。

【移剌扎八】 亦作札八。金代起义军领袖。契丹族。姓移剌。原仕金，大定元年(1161)，奉命同前押军谋克播鲁等去招降移剌窝斡领导的契丹起义军。见义军人众兵强，车帐满野，可以成大事，遂留义军中，转战各地。大定二年(1162)，窝斡被部下叛将奚族稍合住出卖被执杀后，与括里率众南走，面对金将完颜宗亨追兵，诈降，自称引兵追括里，同括里一起投奔宋朝。后助宋将李世辅拒战金军，取宿州。

【移剌元臣】(?—1293) 元初将领。别名哈剌哈孙。契丹族。征东大元帅买奴子。十六岁入宿卫，以应对进止有度，为怯薛必阇赤(书吏)，袭千户。后从伐宋，攻淮西，戍清口(今江苏清江西南)，取瓜洲(今江苏扬州南)，下通(今江苏南通)、泰(今江苏泰州)，屡获战功。至元十三年(1276)，从丞相伯颜平宋，进武义将军、中卫亲军总管。十四年，平只儿瓦台叛，留镇应昌府(今内蒙古克什克腾旗西)，翌年，迁明威将军、后卫亲军副都指挥使。居三年，加昭勇大将军。二十二年(1285)，进昭毅大将军，同金江淮行枢密院事。二十八年(1291)，移金湖广行枢密院。三十年，卒于任。赠龙虎卫上将军、同知枢密院事，追封兴国公，谥忠靖。

【移剌中哥】 见"移剌众家奴"。(507页)

【移剌光祖】(?—1221) 金朝大臣。幼名八狗，字仲礼。契丹族。姓移剌。平章政事*移剌道子。以荫补閤门祗候，调平晋令、卫州都巡河、内承奉押班，累转东上閤门使，兼典客署令。大安(1209—1211)中，改少府少监，历任仪鸾局使、同知宣徽院使事、秘书监右宣徽使。兴定二年(1218)，议国家长久之策，建言募士人威望服众者，假以方面重任，能收复一道，即以本道总管授之，能捍州郡，即以长佐授之，使各保一方，守土抗敌。自是兴起对各地地主武装封公设府之事。三年，转左宣徽使。四年，宣宗纳其策，对山东、河北、山西等地势力较大的地主武装首领王福等九人封为九公，分别统辖该地区，或为割据一方之公侯，时称"封建"。

【移剌仲方】 金代中期大臣。契丹族。世宗时，官吏部侍郎。大定二十八年(1188)十一月，与河中尹田彦皋共为贺宋正旦使，与宋友好往来。后为陕西路副统军、左宣徽使。章宗即位，任御史中丞。大定二十九年(1189)，谏言加强盐禁，选能吏充巡捕使，以杜绝私煎盗贩者。因章宗欲放宽盐禁，令民自煎，未被采纳，并罢西京、解州盐巡捕使。后出任知河间府事。明昌六年(1195)，擢御史大夫，充计议官，参与议定军事。

【移剌羊哥】 金末将领。契丹族。宣宗时，为节度副使。时蒙古军大举南下，中都(今北京)失陷，宣宗迁都汴京(今河南开封)。山东、河北纷起抗金，金朝危机四伏。兴定元年(1217)，河南亦爆发义军，四月，南阳五朵山千余人举事，他受命往讨，遇之方城(今河南方城)，招义军不降，奋力进击，杀义军殆尽，将起义镇压。

【移剌按答】 金初大臣。契丹族。辽末降金将领移剌留斡子。初授左奉宸。熙宗初年，充护卫、任安州刺史，累官东京副留守、尚书兵部侍郎。受命徙西北、西南两路原设堡戍逼近内地者于极边安置，与泰州、临潢边堡相接。世宗大定六年(1166)十月，充高丽生日使。寻任武定军节度使。以招徕边部有功，迁东北路招讨使，改临潢尹。

【移剌买奴】(1196—1235) 元朝将领。契丹族。姓移剌。居霸州(今河北霸县)，随父*移剌捏儿降蒙古，从征战。袭父职为高州(治今内蒙古赤峰东北)等处达鲁花赤，兼征行万户。元太宗二年(1230)，奉命攻高丽，取龙、云、宣、泰等十余城。五年(1233)，从征蒲鲜万奴。继从破兴州(今河北承德)。七年(1235)，从征高丽，入王京(今朝鲜开城)，取西京(今朝鲜平壤)。还，加镇国上将军、征东大元帅，卒，追封兴国公，谥显懿。

【移剌曷补】(?—1161) 一作移剌葛补。金代中期大臣。契丹族。官东京鞠院都监。正隆六年(1161)十月，在东京辽阳拥完颜雍即帝位。废海陵王完颜亮，改元大定。以北面行营都统白彦敬与副统纥石烈志宁不从，受遣往召，遭杀害，世宗追赠镇国上将军，令其家食五品俸，仍收录其子。

【移剌捏儿】(?—1228) 蒙古国将领。契丹族。霸州(今河北霸县)人。沉毅多谋，臂力过人，幼怀大志。辽亡后，义不仕金。闻蒙古兴兵，欲为国复仇，率众百人入觐成吉思汗，献十策，受赐名"赛因必阇赤"(意"好司书")，号"霸州元帅"。成吉思汗十年(1215)，拜兵马都元帅，从太师木华黎取北京(今内蒙古宁城西大明城)，下高、利、兴、松、义、锦等二十六城，破五十四寨，讨利州(今内蒙古喀剌沁左旗东)刘四禄，斩锦州(今辽宁锦州)张致。以功迁龙虎卫上将军、兵马都提控元帅。继取辽东、西十五城，平定兴州(今河北滦河)重儿反叛。受赐金虎符。十六年(1221)，攻东平(今山东东平)，伐延安(今陕西延安)，十七年，围凤翔(今陕西凤翔)，中流矢，裹创再战，攻取丹、延等十余城，迁兴中府军民都鲁花赤(蒙语官名，镇守官)，兼兴胜府尹。二十一年(1226)，从征河西，取甘、合等州，继从攻益都(今山东益都)，克莱、胶、淄等三十二城。拖雷监国元年(1228)，患疾归高州(今内蒙赤峰东北)，卒。追封兴国公，谥武毅。

【移剌粘古】 又作曳剌粘古。金末大臣。契丹族。官右宣徽提点近侍局事。天兴元年(1232)，蒙古军大举攻金都汴京(今河南开封)，哀宗求和不成，欲起用白华为右司郎中，遣其至华所问计，华力主弃汴外走，被采纳。翌年正月，攻卫州(今河南汲县)，未下，随哀宗逃入归德(今河南商丘南)。寻受遣赴徐州相地形，察仓库虚实。三月，汴京失陷。以兄移剌瑗为邓州节度使，建言哀宗赴邓州(今河南邓县)，遭拒，遂与白华谋赴邓，事觉，被遣徐州。十月，徐州降蒙。

【移剌窝斡】(?—1162) 金代起义军领袖。契丹族。姓移剌。正隆六年(1161)，海陵王征发西北路契丹丁壮从军伐宋，契丹人恐丁壮从军后遭邻族侵掠。请求免征，遭拒，遂从招讨司译史撒八杀招讨使完颜沃侧及燥合，拘捕耶律娜、没答涅合，取招计司兵甲三千副起义。屡败金军，任义军六院节度使。因撒八欲西投西辽继续反金，旧居山前者不愿西行，与兵官陈家杀撒八，领有其众，自任都元帅，率众东还至临潢（今内蒙古巴林左旗南）府东南新罗寨。收降金将移剌扎八、播幹等。引兵败临潢府，执总管移室懑，义军众至五万人。十二月，称帝，改元天正。次年，攻泰州（今吉林洮安四家子）大败金元帅左都监吾扎忽、同知北京留守事完颜骨只追兵，收服押军猛安忽剌叔，继破泰州节度使乌里雅，义军势力大振。次年，义军一些将领受招安降金，势减。攻济、懿、宜、川等州，不利，西走花道（今内蒙古赤峰东南），至袤岭西陷泉（今内蒙古巴林左旗境），尚有八万众。继为金将仆散忠义等所败，损失惨重，集余众万余进入奚族地区，转战于速鲁古淀、古北口、兴化等地。因义军遭疾疫，艰难不支，后自羊城，经西京，欲奔西夏，遭金军攻击，北走沙陀。九月，被部下叛将奚族稍合住出卖，执送金中都（今北京），牺牲。起义军余部一直战斗到大定四年（1164）。

【移剌蒲阿】（？—1232） 又作移剌蒲兀。金末大将。契丹族。姓移剌。少从军，以功由千户迁总统。哀宗完颜守绪为皇太子时，选充亲卫军总领。元光二年（1223），拥支宗即位，以功遥授同知睢州军州事，权枢密院判官，参决军国大事。正大元年（1224），奉诏率兵至光州，谕宋界军民，以示金朝"更无南伐"。四年（1227），谎报战功，授世袭谋克。六年（1229），权枢密副使，率完颜陈和尚忠孝军一千驻邠州备御北边，复潞州。七年，与总帅纥石烈牙吾塔等战蒙古兵于大昌原，解庆阳围。继率兵十万救卫州。以权参知政事备潼关。八年九月，遣元帅王敢率兵万人援河中府。同年十二月，率诸军入邓州，御蒙古兵于禹山。九年正月，与完颜合达引骑兵二万，步兵十三万自邓州赴汴京。至钧州三峰山（今河南禹县境），为蒙古兵所败，精锐尽失，领残兵走京师，被蒙古军追擒，押至官山，拒降，被杀。

【移剌福僧】（？—1222） 金朝大臣。契丹族。姓移剌。东北路（治今吉林洮安东）乌连苦河猛安人。以荫补吏部令史，转枢密院，调滕州军事判官，历甄官署直长、豳王府司马、顺义军节度副使。转同知开远军节度事，签北京、临潢按察事。卫绍王大安元年（1209），同知兴中府事。修城筑濠以备蒙古军。寻改广宁。崇庆元年（1212），充河东宣抚副使。至宁元年（1213），任巩王傅兼吏部郎中，迁寿州防御使。宣宗贞祐三年（1215），迁山东西路按察转运使。兴定二年（1218），受宣宗召见，议时政得失，建议招徕乣军以复中都（今北京）；与宋人议和，以抚定河朔；选官抚定山东；罢军中监战官等。

【移涅可汗】（？—716） 又称泥涅可汗。唐代后突厥可汗。名匐俱。阿史那氏。默啜可汗子。圣历二年（699），被封为小可汗，号拓西可汗，位左右两察之上，辖处木昆等十姓兵四万。开元二年（714），受命与同俄特勤等率精骑围攻北庭都护府，与唐都护郭虔瓘战城下，同俄特勤被杀，兵败而还。四年（716），默啜在北讨拔野古时战亡，嗣立为可汗。同年，被骨咄禄子阙特勤杀。

【移剌古与涅】（？—1213） 金末将领。契丹族。章宗泰和（1201—1208）年间，为副统随左监军纥石烈执中抗击宋军北伐。六年（1206）十一月，出清河口（今山东东平西），领精骑四千强渡淮河，大败宋兵，克淮阴，进围楚州（今江苏淮安），迫宋请和。宣帝贞祐元年（1213），任安化军节度使。时蒙古军南下，直逼中都（今北京），木华黎军攻密州（今北京密云），他率兵力战，连中流矢，死。三年（1215），诏赠安远大将军，知益都府事。

【移剌众家奴】 又作移剌中哥。金末大臣。契丹族。姓移剌。积战功，累官河间路招抚使，遥授开州刺史，权元帅右都监，赐姓完颜氏。兴定四年（1220），封河间公，辖献、蠡、安、河间、肃宁、安平、武强、饶阳、六家庄、郎山寨。六年（1222），所部州县皆失守，移屯高阳公张甫信安县境。与张甫合兵，复取河间府及安、蠡、献三州，迁金紫光禄大夫。元光二年（1223），与张甫同保信安，各当一面，别遣总领提控孙汝楫、杨寿、提控袁德、李成分保外垣，城得保全

【移剌阿里合】 金末将领。契丹族。宣宗兴定（1217—1222）年间，累迁霍州刺史。四年（1220）正月，移霍州（今山西霍县）治好义堡。蒙古兵至，力战不支，兵败被执，拒诱降，被丛矢射杀。诏赠龙虎卫上将军、泰定军节度使。

【移剌神都幹】 见"耶律神都幹"。（325页）

【移剌塔不也】（？—1219） 金朝末期将领。契丹族。东北路猛安人。章宗明昌元年（1190），累官西上阁门使。翌年，袭父谋克。泰和（1201—1208）年间，率兵伐宋，建功，遥授同知庆州事，权咩列虬详稳（将军）。历西北路招讨判官、尚辇局使、曹王傅。宣宗贞祐二年（1214），迁武宁军节度使。时蒙古军直指中都（今北京），五月，宣宗弃中都南逃入汴（今河南开封）。以涿州、良乡一带契丹乣军起兵，欲投蒙古军，受命招徕，未果，得平章政事术虎高琪庇护，获宥，召为武卫军都指挥使。次年，为应奉翰林文字完颜素兰奏告，改知河南府事，兼副统军，徙彰化军节度使，改知临洮府事，兼陕西副统军。三年（1215），西夏乘蒙古军南下，扩地侵金，围临洮（今甘肃临洮），他奋力抗击，以军万人破西夏军数万于熟羊寨，以功擢劝农使，兼知平凉府事，进阶银青荣禄大夫。次年，伐西夏，攻威、灵、安、会等州。兴定元年（1217），知庆阳府事。三年（1219），迁元帅左都监，卒。

【移剌幹里朵】 金朝官员。一名八斤。契丹族。姓移剌。系出辽五院司。通契丹字。太宗天会三年（1125），随军攻宋，以功，补尚书省令史。熙宗天会十五年（1137），奉命追击南逃官军，以劳迁修武校尉。完颜宗弼复河南时，督诸路帅臣进讨，事定，迁宣武将军。时六部未分，为兵刑二部主事，迁右司都事。皇统二年（1142），授大理正，历同知昭德军节度使事，升孟州防御

使。海陵王正隆(1156—1161)间,转同知北京(今内蒙古宁城西大明城)留守事。奉命押军南下镇压契丹起事者,至松山县被执,拒诱降,遭困辱。后脱归。六年(1161),改北京路转运使。世宗大定(1161—1189)初,为博州防御使,改利涉军节度使、通远军节度使。

【敏珠尔】(？—1740) 清朝蒙古王公。喀尔喀札萨克图汗部人。博尔济吉特氏。衮占次子。康熙五十二年(1713),袭札萨克辅国公。五十四年(1715),受命于本地备御准噶尔部。散秩大臣祁里德及喀尔喀诸札萨克于额德尔齐老图附近驻屯以声援。雍正九年(1731),内徙游牧。乾隆二年(1737),授所部副将军参赞。五年(1740),受命护送哲布尊丹巴呼图克图归居库伦(今蒙古乌兰巴托)。

【敏珠尔喇布坦】(？—1760) 清朝蒙古王公。喀喇沁部人。乌梁罕氏。杜棱郡王噶勒藏次子。初授一等塔布囊。乾隆八年(1743),封辅国公。十二年(1747),赐双眼孔雀翎,命御前行走。二十一年(1756),从乾隆帝行围木兰,赐贝子品级。二十四年(1759),晋封固山贝子。

【笪珋】 清代女书画家。回族。字芝田。书画名家笪重光孙女。乾隆年间(1736—1795)人。工书、画,善白描人物,书遒劲有法,一洗闺阁纤弱之态。

【笪立枢】 清代画家。字绳斋。回族。江苏丹徒人。书画家*笪重光之孙。乾隆五十七年(1792)举人。善山水,论者以为"其高者,得宋人气骨;其下者,亦不屑与蓝田权、宋石门辈为伍"。其画继承"江上(祖笪重光,号江上外史)风流"。

【笪重光】(1623—1692) 清代诗人、书画家。回族。江苏丹徒(一作句容)人。字在莘,号江上外史,自称郁冈扫叶道人。晚年居茅山学道,改名传光,署名"逸光","号"逸叟"。康熙二年(1663)进士,官至御史。善诗文词,工书画。书法眉山苏轼,笔意超逸,与姜西溟、汪退谷、何义门齐名,称为四大书家。山水得南徐江山气象,人谓其"高情逸趣,横逸豪端",为石谷、南田称赞。著有《书筏》、《画筌》、《曲尽精微》等。

【符那南】(？—1470) 明宪宗朝儋州黎族农民起义首领。海南岛儋州七坊峒人。黎族。成化五年(1469),土舍王赋侵夺七坊峒黎人田土,诸黎蓄恨。他乘王赋前往临高祭扫之机,刻箭相约,预谋截杀王赋,未果。拥众自号南王,公开与官府对抗,波及整个儋州。是年十一月,指挥义军凭险屡败官军。相持月余。后官军乘雨夜突破义军据点。被迫率义军退至落贺峒。继续坚持斗争。六年(1470)正月,落贺峒失陷。后与官军奋战中被捕牺牲。

【符南蛇】(？—1502) 又称符蚺蛇。明弘治时儋州黎族人民起义首领。广东海南岛儋州七坊峒人。黎族。弘治十四年(1501),于七峒黎峒刻箭传约,紫众起义,号召黎族人民奋起反抗封建官吏贪残私敛。海南三州十县闻风响应。举众万余先后攻围儋州、昌化、感恩、临高等地,使"琼州西路一千余里,道路不通"。明廷征集各路官军两万余人前往镇压。他率义军凭险奋战,重挫官军。次年,明征蛮将军毛锐率"汉达军狼兵"十万往剿。他领导黎族群众英勇抗击,重创官军。冬腊月,独拥精锐出敌,战斗中不幸中箭坠河,壮烈牺牲。

【符彦通】 宋代叙州少数民族首领。叙州(今湖南黔阳以西)人。乾德三年(965),楚王马希范卒,马氏兄弟内讧不已。他受马希尊之遣,参与夺位之争。与郎、辰等州少数民族一起进攻长沙,掠库存金银财物,始富强。称王于溪峒间。当马氏部将王逵占湖南时,献铜鼓,授黔中节度使。

【第豆胤】 见"拓跋弘"。(334 页)

【第穆呼图克图三世】 见"拉旺巧列朗杰"。(340 页)

【第穆呼图克图四世】 见"拉旺丹贝坚赞"。(340 页)

【第穆呼图克图五世】 见"阿旺拉木喀嘉样"。(293 页)

【第穆呼图克图六世】 见"阿旺降白选热嘉措"。(293 页)

【第穆呼图克图七世】 见"阿旺罗布藏土布丹济克美嘉措"。(294 页)

【第穆呼图克图九世】 见"阿旺罗布藏称勒饶结"。(294 页)

【梨弩悉笼】 见"赤都松"。(205 页)

【偰哲笃】 元朝大臣。畏兀儿人。合剌普华孙。吉安路达鲁花赤偰文质子。泰定元年(1324)进士。初任广东廉访佥事。至正(1341—1368)间,任吏部尚书,建议改钞法,为丞相脱脱所纳。后历任江浙行省参知政事、江西行省右丞。为辽史提调官之一。以文学政事称于时,有诗附其兄偰玉立诗集《世玉集》中。

【偶思】 见"耶律偶思"。(318 页)

【偏何】 东汉时鲜卑首领,大都护。光武帝建武二十五年(49)。在东汉王朝联络鲜卑打击北匈奴的政策下,受财利所诱,率众归附,遣使奉献。受命击北匈奴左伊秩訾部,斩首二千余。后连年击匈奴,计首级受赏赐,削弱了匈奴势力。明帝永平元年(58),受辽东太守祭肜命,率部破渔阳赤山乌桓,击杀其首领歆(钦)志贲。是后,敦煌、酒泉以东鲜卑诸大人皆归附汉朝,每年得赏赐钱币达二亿七千万。历明、章二帝,边塞无事。

【得里底】 见"萧奉先"。(483 页)
【得里特】 见"萧得里特"。(489 页)
【得银协巴】(1383—1415) 明代噶玛噶举第五世转世活佛。本名却贝桑波。出生弓娘波地区的阿拉娘。古如仁清子。四岁从师喀觉旺波学法,受《金刚灌顶》、《那绕六法》、《时轮六加行》等密法。七岁在工布的孜拉岗出家。明建文三年(1401),前往康区,协助馆觉长官斡即南喀调解部落间冲突。后赴林地区和类乌齐弘传佛法。二十岁在孜拉岗受比丘戒。遣使至南京进贡,并应召亲自赴京。永乐四年(1406),抵京,受永乐帝厚待。次年二月,永乐帝建普度大斋厂灵谷寺,命其为太祖帝后荐福。三月,赐名如来(得银协巴即如来之藏文音译),封为"万行具足十方最胜圆觉妙智慧善普应佑国演教如来大宝法王西天大善自在佛"(简称大宝法王)。终明之世,此封号遂为噶玛噶举黑帽系历辈转世活佛所承袭。后受命在五台山显通寺设大斋,为新故去的皇后荐福。六年(1408),返藏传法,僧俗官民集其门下听讲者不计其数,帕木竹巴阐化王礼巴坚赞亦曾从其听法。

【盘都】 见"完颜守纯"。(253 页)

【盘永用】 明代广东泷水(治今广东罗定)瑶族首领。永乐年间(1403—1424),曾入朝贡方物,被赐钞币及绢衣,授抚瑶主簿,后袭抚瑶巡检。

【斜也】 见"完颜杲"。(246 页)

【斜轸】 见"耶律斜轸"。(318 页)

【斜野】 见"完颜杲"。(246 页)

【斜涅赤】 见"耶律斜涅赤"。(325 页)

【斜卯阿里】 金朝将领。女真族。姓斜卯。浑坦子。年十七。从伯父胡麻谷讨诈叛,获其弟沙里只。随父攻高丽,有功。以兵援勃堇忽沙里城,败辽兵数万,解围。苏、复州叛,众至十万,围困女真族众于太尉胡沙家。受命率众援救,内外合击,破敌于辟离密罕水上,凡十余战,屡胜。继破契丹、奚人舟师千艘于海,苏、复州、婆速路皆平。攻显州,下灵山县,取梁鱼务,败余覩兵,皆有功。屯高州。以八谋克兵援胡里特寨,败契丹兵数万。参与攻宋,于孟阳、保州、中山之战,累破宋军。与完颜娄室等乘风纵火,克真定城,围汴京(今开封),降赵州。太宗天会六年(1128),再攻宋,取阳谷、莘县,降海州。七年,追宋帝于明州,与蒲卢浑以精兵四千袭破东关兵,渡曹娥江,败宋兵于高桥镇,迫宋帝走海上。后从完颜宗辅经略陕西,取渭州。十二年,监护水运,败宋舟师。后奉命督造战船以攻宋。自结发从军,大小数十战,江、淮用兵,无役不从。后任迭里部节度使,历顺义、泰宁军,归德、济南尹。海陵王天德元年(1149),致仕,加特进,封王。改封韩国公。年七十八,病卒,谥智敏。

【斜黑阿浑】 见"密尔爱玛提"。(517 页)

【欲谷可汗】 见"乙毗咄陆可汗"。(1 页)

【猎骄靡】(公元前 177?—公元前 104?) 西汉时乌孙王(昆莫)。父*难都(兜)靡率部游牧于敦煌、祁连间(即河西走廊)。约文帝三年(公元前 177)左右,父被大月氏(一说匈奴)所杀,部众亡走匈奴。时在襁褓,为匈奴单于收养。及壮,受命将兵,数有功。单于将其父旧部众子之,令长守于西域。为报父仇,西破大月氏,据有其地,势力渐强,控弦数万,不肯复臣于匈奴。汉中郎将张骞奉使其地,欲使乌孙东徙故地,与之联姻结盟共拒匈奴。王不知汉实力,又惧匈奴,加之年老力衰,国分为三,无法专制,故未明确应允汉使之请,仅遣使送张骞马数十匹报谢。后闻匈奴欲击自己,惧;又得知汉人众富厚,遂示愿尚汉公主,以马千匹行聘。汉以江都王刘建之女细君为公主妻之,为右夫人;匈奴亦遣女妻之,为左夫人。

【猛吾】 元代云南威楚路布朗族头人。统所属布朗族居于景东府开南州(治今云南景东)南部。见开南州景东甸土官阿只弄遣子罕旺入朝请求设府,乃继之入朝请求。至顺二年(1331)五月,入大都(今北京)朝贡,愿入银为岁赋,并请设府,元帝诏置散府一及土官三十三,皆赐金银符。

【猛猎】 南北朝时期云南云龙阿昌族酋长。相传云龙一带自古为僰、阿昌、布朗族共同杂居区。最初占支配地位的是僰族酋长屏剌秆,传四、五世至喇乌,约四世纪中叶,与阿昌族相争,被杀,僰族或死或逃,惟阿昌、布朗二族留居,各立酋长,不相统属。阿昌族酋长传五、六世至猛猎,约当五世纪中叶,与布朗族发生矛盾,展开长期斗争。

【猛可真】 明代蒙古女首领。朵颜卫都督*革兰台弟脱力之女,喀喇沁部领主青把都姨母。初嫁俺答汗弟*昆都力哈(老把都)。被遗弃后,倚青把都之部属阿卜户住马兰谷(在今河北遵化西北)塞外,岁受明抚赏,成为万历(1573—1620)前期活跃于塞北的蒙古族女杰。万历十一年(1583),同小阿卜户率兵袭击明黑谷关(在今北京市密云县西北长城),被革除抚赏。十二年,又与小阿卜户拥兵至塞下要求抚赏。十四年,归还所掳人口,以求恢复岁赏。十五年,复攻击明塞,杀明军卒五十余人。十六年,袭击明古北口,部众二十余人被俘。不久,被明副总兵张臣召至马兰谷演武场,双方以交换所掠人口结束冲突。

【猛廷瑞】 见"勐廷瑞"。(477 页)

【猛骨孛罗】(1573—1600) 又作孟格布禄、蒙格布禄。明代海西女真哈达部首领。纳喇氏。哈达部长*王台第五子。十九岁袭父职,为龙虎将军、左都督。与兄扈尔汉子歹商(亦作岱善)、兄康古陆析父遣业为三,助康古陆攻歹商。万历十一年(1583),明赐敕书一道,以弹压诸夷。十二月,与歹商统二千骑迎战叶赫部长杨吉砮及科尔沁贝勒翁阿岱。十二年,清佳砮、杨吉砮兄弟被明总兵李成梁诱杀后,所部皆受其约束。后屡与歹商攻战。十六年(1588),降于李成梁。二十一年六月,结乌拉、辉发四部攻清太祖努尔哈赤,掠胡卜察寨。九月,又与叶赫等九部联军攻太祖,兵败黑济格城下。二十七年,以三子质清太祖,乞师抵抗叶赫部那林孛罗进攻。寻受那林孛罗诱,背约。九月,太祖发兵灭哈达部,他被擒,获赦。次年,因与噶盖谋乱。被杀。

【猛哥不花】(?—1427) 明代毛怜卫首领。女真族,古伦氏。建州卫首领*阿哈出子,*释加奴弟。永乐九年(1411),由兄建州都指挥释迦奴推荐为毛怜卫指挥使。曾多次入朝贡马,为属下请官。二十二年(1424),遣属下指挥金事王吉率所部从太宗北征。九月,擢右军都督府都督金事。宣德元年(1426),擢中军都督同知,仍掌毛怜卫。二年,入朝进马及银器。旋卒。

【猛哥帖木儿】①明初瓦剌贵族首领。北元权臣。明人称其为瓦剌王。建文二年(1400)后不见于史籍记载。一说为乌格齐哈什哈先世,一说即乌格齐哈什哈本人。②(？—1433)又作孟特穆。明代建州女真首领。爱新觉罗氏。清太祖*努尔哈赤六世祖。世居牡丹江西岸斡朵里(今黑龙江依兰境),为元朝五个万户之一,即斡朵里万户。明初,率部南迁珲春,继迁朝鲜庆源、镜城一带。以聪明机敏见称,永乐元年(1403),由建州卫指挥使阿哈出荐举,为明帝所赏识。二年,受谕归顺明朝。九月赴京,封建州卫都指挥使。八年(1410),徙房州(黑龙江东宁县大城子古城)。十年(1412),明析置建州左卫,为首任指挥使。二十年(1422),率部赴京,随驾北征蒙古。二十二年,重返朝鲜故地。宣德元年(1426),晋都督佥事。八年(1433),晋右都督。助明辽东都指挥裴俊,击退杨木答兀及七姓女真三百余兵的围攻。旋被杨木答兀及七姓女真所杀。清建国后尊为肇祖原皇帝。

【脱欢】①元朝将领。蒙古札剌儿氏。千户脱端子。初袭父职,加武略将军。屡随阿术攻宋,无役不从。取鄂、汉诸州,破建康、太平等郡,皆有功。奉命守扬子桥堡,数败宋将姜才。攻扬州,于泥湖夺宋战船三十艘。至元十三年(1276),一再夺高邮粟。次年,授怀远大将军、太平路总管府达鲁花赤。奉命随军北征只鲁斡带叛军,以功受赏。十五年(1278),随淮间王忽鲁歹、丞相孛罗西征,以功进定远大将军、福州路达鲁花赤,改武昌路达鲁花赤。卒于任。②(？—1301)元朝蒙古宗王。孛儿只斤氏。世祖*忽必烈子。至元二十一年(1284),封镇南王,驻镇鄂州。以占城执杀元朝奉使暹罗之使臣,受命总荆湖诸军征占城。因安南拒绝假道,遂分兵六道先攻安南。次年进占其都城大罗,安南王逃遁,其弟陈益稷降。值罢兵还师时遭伏击,兵败,死伤过半。二十四年(1287),复受命统江淮、江西、湖广等处兵,分兵三道再攻安南,破大罗,次年克敢喃等城,迫安南王逃入海。以粮匮师疲,还师,为安南兵所遏,兵败。因屡丧师,遭世祖责,终身不许入朝。二十八年(1291),率蒙汉军一千五百人出镇扬州。三十一年(1294),忽必烈卒后,与诸王翊戴铁穆耳即汗位。大德五年(1301)卒。子老章袭封。③(1292—1328)元朝大臣。蒙古斡剌纳儿氏。中书右丞相*哈剌哈孙子。自幼嗜学,喜读经史。大德十一年(1307),武宗即位,以其父拥戴功,入宿卫。后为太子爱育黎拔力八达(仁宗)宾客。至大四年(1311),仁宗即位,任御史中丞,袭"答剌罕"号,故习称脱欢答剌罕。皇庆二年(1313),进御史大夫。延祐三年(1316),与御史大夫伯忽拯治台纲。英宗朝,历江南行台御史大夫、江浙行省平章政事。泰定二年(1325),升江浙行省左丞相,兼领行宣政院。奉命疏涤吴松江。致和元年(1328),与户部尚书李家奴等议定修治盐官州海塘之方。卒于任。④元朝官员。党项族,元称唐兀氏。朵罗台子。初直宿卫,历御史台译史,拜监察御史,迁四川行省左右司员外郎、四川廉访司佥事、枢密院都事,升断事官。任内,上疏请停罢修建寺庙,减省供佛饭僧之费,以纾国用;建议回回富商大贾与军民一体应役,平均负担;国家应以善为宝,禁回回诸色人等赍宝中卖,以虚国用,违者罪而没收之,等等。其辞直恳切,为当时所称道。⑤见"薛斌"。(605页)

【脱罗】(？—1506) 又作妥罗。明代建州左卫首领。女真族。爱新觉罗氏。清太祖*努尔哈赤四世祖。明成化五年(1469),降袭父职为建州左卫都指挥同知。八年,晋建州左卫都督。扩大与汉区的贸易,易换农器、耕牛,发展农业生产。向明朝入贡人数日增,由五十余人增至一千二百人。时,明朝边政日坏,太监汪直擅政,十三年,欲兴兵讨建州。次年,兵部侍郎马文升等招抚建州,遂与卜花秃(凡察子)等一百九十五人及建州卫掌印都指挥完者秃(李满住孙)等二十七人应命入贡。在职三十三年,效忠明朝,朝贡不绝,努力维护边疆安宁。

【脱思】见"摩伦汗"。(600页)

【脱栾】又作脱伦、脱仑、脱忽阑等。蒙古国将领。晃豁坛氏。*明里也赤哥子。"十三翼之战"后,随父归依铁木真(成吉思汗),参加统一蒙古诸部。宋嘉泰四年(1204),任扯儿必(侍从官),故又称"脱栾扯儿必",随灭乃蛮部。开禧二年(1206)蒙古国建立时,以功封为左翼千户长之一,与脱鲁罕共掌千户事。成吉思汗八年(1213),随汗弟合撒儿上左翼军攻金,取蓟、平、滦及辽西诸州而还。十年,督蒙古、契丹、汉军南征。降真定,破大名,至东平受阻而还。十四年(1219),随汗西征,凡七年,屡立功。二十一年(1226),从汗征西夏,翌年,汗死后不久,西夏主降,他遵汗遗旨杀之。不久卒。

【脱脱】①(？—1208)又作脱黑脱阿。蒙古国建立前蔑儿乞部首领。享有"别乞"(意"族长")称号。兀都亦惕氏。素与蒙古部为敌,屡相攻杀。因铁木真(成吉思汗)父也速该曾掠其弟也客赤列都之妻,结怨。后为复仇,率众袭击铁木真,掳铁木真妻,夙怨更深。寻为铁木真、克烈部王罕、札只剌部札木合联军所败,逃往巴儿忽真隘(今巴尔古津河流域)。宋庆元三年(1197),为铁木真败于薛灵哥河(今色楞格河)附近的莫那察山。翌年复为王罕所败,子脱古思被杀,二子二女被掳。六年(1200),派兵助泰赤乌部抗击蒙古部,兵败斡难河(今鄂嫩河)。嘉泰元年(1201),遣其子忽秃与哈答斤、散只兀等十一部结盟于刊河(今根河),共举札只剌部札木合为古儿罕,联兵进攻铁木真,兵败海剌儿河(今海拉尔河)。次年,联合乃蛮、朵儿边、哈答斤、散只兀、塔塔儿等部与铁木真、王罕战于阔亦田(今哈拉哈河上源),败绩。四年(1204),与乃蛮等部联兵战蒙古部,兵败纳忽山(今鄂尔浑河东土拉河西)。冬复遭铁木真追击,败逃乃蛮部不欲鲁罕。开禧二年(1206),乃蛮部败亡后,逃也儿的石河(今额尔齐斯河)一带。嘉定元年(1208),为蒙古军追杀。据《元朝秘史》载,牛儿年(开禧元年,

1205)在也儿的石河被蒙古军追杀。②(1264—1307)元朝将领。蒙古札剌儿氏。成吉思汗十大功臣之一*木华黎之玄孙，撒蛮子。初任宿卫，常亲受世祖诲导。至元二十四年(1287)，随汗征叛王乃颜，冲锋陷阵，身先士卒，因功赐御用佩刀，深受器重。继从汗孙铁穆耳征乃颜余党哈丹，大败叛军。成宗铁穆耳即位后，尤受宠信，先后任上都留守、通政院使、虎贲卫亲军都指挥使。大德三年(1299)，进江浙等处行中书省平章政事，在任期间，拒贿赂，屡惩不法官吏豪强，使民众得以相安。卒于位。③(？—1328)元代蒙古宗王。孛儿只斤氏。*成吉思汗幼弟*铁木哥斡赤斤后裔。仁宗延祐三年(1316)，封辽王。英宗至治三年(1323)，乘硕德八剌汗遇弑，晋王也孙铁木儿将即位之隙，仇杀亲王妃主百余人，并夺取畜产，曾屡遭朝臣弹劾。泰定帝致和元年(1328)，结丞相倒剌沙等扶持泰定帝幼子阿剌吉八即汗位于上都。同年，上都诸王以兵犯大都(今北京)时，留镇上都。十月，上都为齐王月鲁帖木儿兵围困，兵败被执杀。④(1314—1355)元朝大臣。字大用。蒙古蔑儿乞氏。中书右丞相*马札儿台子。幼师事浦江吴直方。年十五，任泰定帝皇太子怯怜口怯薛官。文宗至顺二年(1331)，任忠翊侍卫亲军都指挥使。顺帝元统二年(1334)，任同知宣政院事，继任中政使、同知枢密院事。至元元年(1335)，统兵平息唐其势党羽。四年(1338)，进御史大夫，大振纲纪。深虑其伯父、右丞相伯颜专权擅政，殃及自身，遂与顺帝近臣谋除伯颜。顺帝至元六年(1340)，乘伯颜出猎之机，奉旨罢黜伯颜。至正元年(1341)，出任中书右丞相，革伯颜弊政，复科举，开马禁，减盐额，免积欠赋税，雪冤狱，一时被誉为"贤相"。三年(1343)，主修辽、金、宋三史，任都总裁官，并奏请修《至正条格》。尝保育皇太子爱猷识理达腊于己家，救太子于危难，深受顺帝青睐。四年，因病辞相位。八年(1348)，为太傅，综理东宫事。次年，复为中书右丞相。用贾鲁治黄河，功成，赐号"答剌罕"，赐淮安路为食邑，并制《河平碑》以纪其功。十一年(1351)，爆发红巾军起义。次年，率军镇压徐州芝麻李起义军，封太师，仍为右丞相。十三年(1353)，领大司农事，屯田京畿，兴水利，立法佃种。次年，总制诸军攻讨高邮张士诚起义军。遭朝臣哈麻等劾，以劳师费财，被罢黜。十五年(1355)，流放云南，被哈麻遣使毒死。二十二年(1362)，受昭雪，复官爵。⑤(？—1410)明代哈密忠顺王。蒙古贵族。*安克帖木儿兄之子。自幼被俘入中原，后入宿卫。永乐三年(1405)春，安克帖木儿死，无嗣，受命归袭忠顺王位。旋遣使进马"谢恩"。四年春，为其祖母所逐。明成祖敕责其头领，遂得还。三月，明立哈密卫，以其头领马哈麻火者等为指挥、千百户等官，以周安为长史，刘行为纪善，协助其管理哈密事务，使为西域襟喉。"凡夷使入贡者，悉令哈密译语以闻"。沉湎于酒，不理政事。八年(1410，一说九年)，以暴疾卒。

【脱懽】(？—1439) 又译托欢、脱欢。明代瓦剌贵族首领。顺宁王*马哈木子，额勒伯克汗之外孙。据《蒙古源流》载，原名巴噶木(一说为其父之名)，因被东蒙古阿鲁台太师俘，为家奴，覆于釜下，故名"脱欢"(锅之意)。后由其母萨穆尔公主求情，获释，返瓦剌。永乐十六年(1418)，袭父爵。后兼并贤义王捏烈忽、安乐王把秃孛罗属众，统一瓦剌诸部。宣德九年(1434)，袭杀阿鲁台，悉收其部，迎立成吉思汗后裔脱脱不花，并以女嫁之，自称太师，居漠北主政。继征服哈喇沁等部，进一步控制东蒙古。正统三年(1438)，以黄金氏族名义，讨阿鲁台所立阿岱汗及其丞相朵儿只伯，占领亦集乃路(今内蒙古额济纳旗一带)。与明廷关系甚密，部属屡受封爵，并通过朝贡和大同马市与中原地区进行经济交流。

【脱不花】 又作脱不合。蒙古国开国功臣。克烈部人。亦鲁忽蛮子。初事克烈部长王罕，以王罕父子忌铁木真(成吉思汗)威望日盛，欲谋害之，遂率所属二百户归铁木真。途中为汪古部长阿剌兀思剔吉忽里羁留，遣子也速不花告铁木真，经铁木真使者奔走，获释。被委为秃鲁花(质子军)。宋开禧二年(1206)，蒙古国建立时，以功封右翼千户长。太宗时，随军灭金和西征。

【脱火赤】 见"薛贵"。(605页)

【脱古思】 见"萧惠"。(480页)

【脱原保】(？—约1524) 明代建州左卫首领。女真族。爱新觉罗氏。清太祖*努尔哈赤曾祖。明正德元年(1506)，父脱罗卒，袭职为都督佥事。曾先后三次率部属入京朝贡。十三年(1518)，斡旋于明与建州各部之间，以通和好。

【脱栾赤】 见"脱劣勒赤"。(512页)

【脱脱哈】(？—1320) 又作脱忒哈、秃秃合、秃忒哈、秃土哈。元朝大臣。蒙古阿儿剌氏。广平王*玉昔帖木儿第三子。袭广平王爵。延祐六年(1319)，由御史中丞进御史大夫。七年正月，仁宗卒，奉皇太后答己旨，与中书右丞相铁木迭儿、徽政使失列门审理御史中丞杨朵儿只、中书平章政事萧拜住，杀之。五月，以谋废立罪，与中书平章政事黑驴等同伏诛，籍家，收广平王印。

【脱力世官】 元朝将领。畏兀儿人。罗罗斯副都元帅帖哥术探花爱忽赤之子。初袭父职，为武德将军、罗罗斯副都元帅、同知宣慰司事。率兵讨定昌路总管谷纳，执杀其党千户阿夷。继平定德平路落来民的反抗。从左丞爱鲁讨平亦奚不薛部。奉命率蒙古、爨、僰军与行省参政阿合八失攻降纳土原山之蛮童子。进兼管军副万户。继平定细狗、折兴，执杀阿遮。加怀远大将军、罗罗斯宣慰使，兼管军万户。括户口、立赋税，以给屯戍。平定昌州苏你、巴翠，收降千户任世禄之众。卒于京。

【脱列忽乃】 见"脱列哥那"。(511页)

【脱列哥那】(？—1246) 亦作脱列忽乃、秃纳吉纳、朵列格捏、秃剌乞内。元太宗*窝阔台汗可敦(后妃)。乃蛮氏。一说为*太阳罕太不花女。原为蔑儿乞部长答亦儿·兀孙之妻(一说为蔑儿乞部长脱子忽秃之妻)，宋嘉泰四年(1204)，本部为铁木真(成吉思汗)击灭，被俘，赐予铁木真子窝阔台为妻。生五子：贵由汗（定宗）、阔端、阔出、哈剌察儿、合失。窝阔台汗十三年(1241)，汗死后，在察合台等诸王扶持下，于次年称制摄政。在位期间，排挤旧臣中书令耶律楚材，罢黜中书右丞相镇海、燕京行省札鲁花赤（断事官）牙老瓦赤等，宠信西域商人奥都剌合蛮、女巫法特玛。曾命蒙古军攻宋，但无显著进展。其称制五年(1246)，主持召开忽里勒台（聚会），违太宗遗命，拒立太宗孙失烈门，立己子贵由为汗。新汗即位后，朝政仍多出于其手。元世祖至元三年(1266)，追谥昭慈皇后。

【脱列勒赤】 见"脱劣勒赤"。（512页）

【脱劣勒赤】 一作脱列勒赤，又称脱栾赤驸马。蒙古国勋戚。斡亦剌氏。斡亦剌部首领*忽都合别乞子。以其父导蒙古军征服"林木中百姓"功，尚成吉思汗女扯扯干公主为妻。生三男二女。三男即不花帖木儿、八立托、巴尔思不花。二女即斡儿吉纳（兀鲁忽乃），适察合台之孙合剌旭烈兀为妻，亦勒赤黑迷失为忽必烈汗弟阿里不哥元妃。一说有四女：古巴克为旭烈兀长妻，斡儿吉纳为合剌旭烈兀妻；忽出适拔都次子秃罕；完者为旭烈兀之妃。男尚公主，女适宗王，满门显贵。

【脱帖木儿】 见"图帖睦尔"。（359页）

【脱烈海牙】(1257—1323) 元朝大臣。畏兀儿人。世居别失八里（今新疆吉木萨尔北破城子）。八剌术孙，阇里赤子。好学，喜结文士。由中书宣使，出为宁晋主簿，改隆平县达鲁花赤。任内，均赋兴学，劝农平讼，修桥、治水、备荒，颇有惠政，民勒石颂之。后拜监察御史，金燕南道肃政廉访司事，务存大体，不事苛察。在位六年，黜污吏四十余人。后历任户部郎中、右司员外郎、右司郎中。以嗜学，曾获太子爱育黎拔力八达所赐秘府经籍及圣贤图像。后起为吏部尚书，改礼部尚书，领会同馆事，迁荆湖北道宣慰使。发廪赈灾荒。至治三年(1323)，迁淮东宣慰使。七月，以疾卒于广陵。赠河南江北等处行中书省参知政事，追封恒山郡公。

【脱脱不花】(1422—1452) 又作不花王、普化可汗、达达可汗，或简称脱脱。明代蒙古可汗。孛儿只斤氏。元裔*阿寨台吉长子。初与瓦剌领主脱懽合作，娶其女，共同对抗东部蒙古的阿鲁台及阿岱汗。宣德九年(1434)，大败阿鲁台。正统三年(1438)，攻杀阿岱汗。同年（一说次年），被脱懽立为可汗，号岱总汗（一作太松汗，均为"太宗的"讹传）。领有阿鲁台属众，驻牧于东部蒙古，势及兀良哈三卫，时入辽东并攻略女真诸部。四年，脱懽卒，子也先继称太师淮王，欲谋取汗位，君臣失和。为摆脱也先控制，恢复汗权，拒立脱懽女（也先姊）所生子为太子，单独与明朝通贡互市，不同意南下攻明。土木之变后，也先疑其与明朝勾结，关系急剧恶化，兵戎相向，景泰二年(1451)，在喀剌沁等部支持下，击败也先。后因弟阿噶巴尔济中瓦剌离间计，叛投也先，致兵败，逃入兀良哈。次年，被前妻（因过失被休退）之父沙不丹（彻不登）杀害。

【脱脱孛罗】 见"和勇"。（360页）
【脱黑脱阿】 见"脱脱"①。（510页）
【脱斡邻勒】 见"王罕"。（51页）

【脱欢帖木儿】(? —1437) 又译脱懽帖木儿。明代哈密忠义王。蒙古贵族。忠义王*兔力帖木儿弟。宣德三年(1428)，明廷以忠顺正卜里失里年幼，未能胜事，复封其为忠义王，同理政事。后二王并贡，一年达三四次，并奏求婚娶礼币等，获予。正统二年(1437)，卒。子脱脱塔木儿嗣。

【脱栾赤驸马】 见"脱劣勒赤"。（512页）

【脱古思帖木儿】(1342—1388) 明代蒙古可汗。孛儿只斤氏。元惠宗（顺帝）*妥欢贴睦尔次子，*爱猷识理达腊弟（《明史·鞑靼传》等作子）。号乌萨哈尔汗，庙号益宗。北元宣光八年（洪武十一年，1378），继汗位，年号天元。居漠北，屡拒明太祖劝降，常遣军出没明塞下。天元二年（洪武十三年，1380），遭明将沐英攻击，兵败和林（今蒙古人民共和国哈尔和林）。翌年，复遭明将徐达袭击，损失惨重。九年（洪武二十年，1387），丞相纳哈出所率二十万众为明军所迫，归降明朝，遂失去右翼主力。次年，与明将蓝玉所率十五万军激战于捕鱼儿海（今贝尔湖），大败，宫室及部众八万余人被俘，仅与太子天保奴等数十骑突围，行至土拉河，被蒙古别部领主也速迭儿捕杀。

【斛律】(? —414或416) 东晋时柔然可汗。郁久闾氏。缊纥提子，*社仑弟，北魏登国六年(391)，柔然诸部被北魏攻破，与兄诘归之，社仑、曷多汗一同被俘，不久，父兵败亦归降北魏。父子及部众同被迁入云中（今内蒙古自治区托克托一带）。九年(394)，与兄弟社仑、曷多汗弃父西走，遭魏将长孙肥追击，曷多汗被斩，部众多被歼，与兄社仑仅率数百人投伯父匹候跋。后因互相猜忌袭杀匹候跋，远徙漠北。助社仑致柔然于强盛。北魏永兴二年(410)，柔然遭北魏袭击，可汗社仑败死。因社仑子度拔年少，遂被部众立为主，称"蔼苦盖可汗"(意为姿质美好之王)。北并贺术也骨国，东破豎刊辰部。三年，与北燕主冯跋和亲结盟，共抗北魏，献马三千匹，娶冯跋女乐浪公主为妻。拟以女妻冯跋，兄诘归之子步鹿真借此挑起柔然内讧。步鹿真与大臣树黎共谋，夺取可汗位。与妻、女等同被送往北燕王庭和龙（今辽宁省朝阳县），被冯跋封为上谷侯，女纳为昭仪。同年上书冯跋，请派兵护送还国复位。冯跋遣单于前辅万陵（《通志》作万浚）率三百骑护送。途中，因道远劳告，被万陵杀死于黑山（在今内蒙古包头市北）。其卒年《魏书》等作神瑞元年(414)，《十六国春秋辑补》作北燕太平八年(416)。

【斛律平】 北魏、东魏、北齐大臣。敕勒（高车）斛律部人。大那壤子。北魏景明(500—503)中，为殿中将军，迁襄威将军。正光(520—525)末，从大将军尉宾镇压六镇起义，为义军所俘。后脱走，奔其弟金于云州，进龙骧将军。与弟拥众南出，至黄瓜堆，为杜洛周所破，部落离散。乃归尔朱荣，袭父爵为第一领民酋长。后从高欢起事，任都督，迁平北将军、显州刺史，加镇南将军，封固安县伯。寻进为侯，行肆州刺史。破擒北周将李小光于梁州。后历任燕州刺史、济州刺史。东魏武定五年(547)，出任大都督，率军略定寿阳、宿预三十余城，以功升骠骑大将军，晋爵为公。北齐天保元年(550)，高洋即位后，别封羡阳侯，行兖州刺史，以贪污除名。乾明元年(560)，拜特进，食邑沧州乐陵郡。皇建初，封定阳郡公，拜扩军。后为青州刺史。卒，赠太尉。

【斛律光】(515—572) 北齐大臣。字明月。朔州敕勒(高车)斛律部人。左丞相*斛律金长子。工骑射，精武艺。魏末，从父西征，因功擢都督。为东魏世子高澄亲信都督，迁征虏将军，累加卫将军。东魏武定五年(547)，封永乐县子。能射飞雕，号称"落雕都督"。寻兼左卫将军，晋爵为伯。北齐天保元年(550)，高洋即位，别封西安县子。三年(552)，从征出塞，多有战功。还，历任晋州刺史、朔州刺史、并州刺史。皇建元年(560)，晋爵巨鹿郡公。孝昭帝纳其长女为太子妃。大宁元年(561)，任尚书右仆射，食邑中山郡。二年，升太子太保。河清三年(564)冬，率骑五万拒战北周军，败敌于邙山，杀周将王雄。因勋迁太尉，又封冠军县公。天统二年(566)，因次女拜为皇后，转大将军。次年，授太保，袭咸阳王爵及第一领民酋长，别封武德郡公，食邑赵州，迁太傅。武平元年(570)，先后败周将宇文桀、宇文宪，直逼宜阳。加右丞相、并州刺史。次年，筑十三所镇戍于西境，破周军于汾水北。封中山郡公，增邑一千户，又别封长乐郡公。旋败周师于宜阳城下，取周建安等四戍。军还，任右丞相，别封清河郡公。治兵督将颇严，战阵身先士卒，为敌所惮，权倾朝野。武平三年(572)，为权臣穆提婆等所谗陷，以谋反罪，被杀于凉风堂，尽灭其族。

【斛律金】(488—567) 北魏、东魏、北齐大臣。字阿六敦。朔州敕勒(高车)斛律部人。第一领民酋长大那瑰之子。工骑射，善用兵，"望尘识马步多少，嗅地知军度远近"。初为军主，与怀朔镇将畅钧送柔然主阿那瑰北还。北魏正光末，破六韩拔陵起兵反魏，被授以王号。后统所部万户至云州降魏，授第二领民酋长。为杜洛周所破后，归尔朱荣，累迁都督。北魏建义元年(528)，赐爵阜城县男，加宁朔将军、屯骑校尉。参与镇压葛荣等义军，加镇南大将军。后从高欢起事，屡有战绩。北魏普泰元年(531)，守信都，领恒、云、燕、朔、显、蔚六州大都督。太昌(532)年初，为汾州刺史、当州大都督，晋爵为侯。东魏天平初，领步骑三万镇风陵，备御西魏。元象元年(538)，从高欢攻取南绛、邵郡等数城。武定(543—550)初，因战功，授大司马，改封石城郡公，邑一千户，转第一领民酋长。二年(544)，随高欢击山胡，任南道军司，军还，出为冀川刺史。四年(546)，从欢战西魏，围玉壁。次年，以侯景据颍川降于西魏，受命固守河阳以备。还为肆州刺史，以功封安平县男。北齐天保元年(550)，进咸阳郡王。三年(552)，授太师，随帝征库莫奚。四年，率骑二万屯白道备柔然。次年，随帝追

击柔然，进位右丞相，食邑齐州，后迁左丞相，自随高欢，历仕北齐数帝，备受重用，子孙皆封侯，女为皇后，男尚公主，尊宠至盛。卒，赠都督朔定等十二州诸军事、相国、太尉公、录尚书，谥武。

【斛律羡】(？—572) 北齐大臣。字丰乐。朔州敕勒(高车)斛律部人。左丞相*斛律金次子。机警善射。东魏时，历拜征虏将军、安西将军，封大夏县子，授通州刺史。北齐天保元年(550)，进号征西，别封显亲县伯。河清三年(564)，都督幽、安、平、南、北营、东燕六州诸军事，幽州刺史。秋，突厥众十余万犯幽州境，率诸将御却之，致使突厥于天统元年(565)遣使朝贡。以功加行台仆射。为加强北境边防，自库堆戍东至海，于险要处，置成逻五十余所。兴修水利，导高梁水灌田，边储岁积。四年(568)，迁行台尚书令，别封高城县侯。武平元年(570)，加骠骑将军，晋爵荆山郡王。三年(572)，兄斛律光以谋反罪被杀，受株连，与五子皆被害。

【斛斯征】(529—584) 西魏、北周、隋大臣。字士亮。先世为代北高车(敕勒)斛斯部人，归魏后，以部为氏。尚书令*斛斯椿子。以父勋赐爵城阳郡公。西魏大统(535—551)末，为通直散骑常侍，迁太常少卿。博涉群书，尤精《三礼》，兼解音律。以西魏雅乐废缺，遂博采遗逸，考诸典故，改旧创新，使乐渐备。拜司乐中大夫，晋骠骑大将军。北周武帝宇文邕以其治经有师法，令教诸皇子。北周大成元年(579)，迁上大将军、大宗伯。后因上疏极谏，指陈帝失，被贬下狱，为狱卒救，得脱。隋开皇元年(581)，复官，授太子太傅，奉诏修撰《乐典》十卷。四年(584)，卒。

【斛斯椿】(495—537) 北魏大臣。字法寿。先世属高车(敕勒)斛斯部，归北魏后以部为氏。初居代北，富昌(治今内蒙古准格尔旗东南)人。左牧令敦子。以河西不宁，携家投尔朱荣，任都督府铠曹参军。从征有功，授厉威将军，迁中散大夫。孝庄帝初，封阳曲县开国公，迁散骑常侍、平北将军司马，寻任尔朱荣大将军府司马，从荣镇压葛荣义军，任上党太守。永安二年(529)，从破元颢，迁安北将军、建州刺史，改封深泽县公，转镇东将军、徐州刺史，迁征东将军、东徐州刺史。次年，尔朱荣死，投靠受梁支持的汝南王元悦，位至司空公。后率部背悦归尔朱兆。建明二年(531)，与尔朱世隆拥立广陵王元恭，拜侍中、京畿北面大都督，改封城阳郡开国公。后杀世隆，投高欢，被孝武帝封为侍中。自以数反复，不自安，遂劝武帝置阁内都督部曲，增武直人数，归其辖，统掌军政。劝武帝率兵拒高欢，为前驱大都督。兵败，西走长安。拜尚书令，封常山郡公，历司徒、太保、太傅。年四十三卒。谥文宣。

【斛律明月】 见"斛律光"。(513页)

【斛律羌举】 北魏、东魏大臣。太安人。原属敕勒(高车)斛律部，世为部落酋长。北魏龙骧将军斛律谨子。骁勇有胆力。北魏永安(528—530)中，随尔朱兆入洛阳，有战功。后归顺高欢。东魏天平(534—537)中，

授大都督,率步骑三千袭克夏州。后随高欢征伐,屡进取敌之策。元象(538)中,授清州刺史,封密县侯。兴和(539—542)初,为中军大都督,迁朔夏州刺史。曾受命出使高车副伏罗部(阿至罗国),以示招怀,甚得高欢知赏。卒,年三十六岁。追赠并恒二州军事、恒州刺史。

【斛律洛阳】 北魏末年起义首领。西部敕勒斛律氏。孝昌二年(526),乘六镇大起义之势,率众于桑乾西(今山西山阴县一带)起义,与河西牧子(费也头)起义相呼应,互为犄角。被尔朱荣击败于深井(山阴县以西)。

【逸豆归】 见"宇文逸豆归"。(514页)

【 、 】

【商胜】 明初云南武定军民府女土官。彝族。洪武十四年(1381),归附明朝。十五年,署理军民府事。十六年,遣人入朝贡马。诏赐诰命、朝服及锦币、钞锭。

【章奴】 见"耶律章奴"。(319页)

【章肃皇帝】 见"耶律李胡"。(313页)

【章阳沙加监藏】(1340—1373) 藏文作释迦坚赞,《明史》称章阳沙加监赞。元末明初藏传佛教帕竹派僧人。藏族。帕竹政权首脑绛曲坚赞侄。曾任帕竹泽塘寺第一任住持。元末受封"灌顶国师",故又称"章阳国师"。元顺帝妥欢贴睦尔曾赐其大司徒及勤国公敕书。至正二十五年(1365),辞泽塘寺住持职,赴乃邬东任帕竹万户长。元帝命其掌管西藏三区事务,并赞扬他推行政教合一,使卫藏安宁。明洪武六年(1373),支持举行雅隆法会,予以大量布施,与会僧达数万人,被誉为"文殊释迦佛"。

【章嘉瑞贝多吉】(1717—1786) 内蒙古地区藏传佛教格鲁派大活佛——章嘉呼图克图二世(一说三世)。生于夏玛帕查地方。八岁被雍正帝召至北京,居旃檀寺、嵩祝寺。与皇帝第四子同学汉、满、蒙三种文字,并从洛桑丹贝尼玛、喜饶达杰等师长学习佛典,学完五大经部。受雍正帝封为"灌顶普善广慈大国师"。雍正十三年(1735),进藏,随七世达赖及阿旺秋丹于甘丹寺学法,成为诸学者中之佼佼者。后赴扎什伦布寺谒见班禅大师。因雍正帝去世,返京,为乾隆帝召见,受命管理京师寺庙喇嘛事务,封札萨克达喇嘛。乾隆十六年(1751),授以振兴黄教大慈国师之印。四十六年(1781),二次赴藏,由上下密院授以安乐秘密灌顶,后返京。精通汉、藏、蒙、满文字,通晓五明。曾奉旨将《甘珠尔》经由藏文译成蒙文,负责编校满文《藏经》、《首楞严经》、《喇嘛神像集》、《诸佛菩萨圣像赞》,校订《造像量度经》,指导藏译《金刚经》。著有《白塔寺志》及《清凉山志》(即《五台山志》),记载内地寺庙史。《四体清文鉴》亦出自其手。其著作收在《章嘉瑞贝多吉全集》中。曾参与雍和宫及颐和园后山香岩宗印之阁等建筑的设计。死后,乾隆帝为其建塔于五台山镇海寺,楚杰旺却吉为其作传,详述生平。

【章嘉阿旺洛桑却丹】(1642—1715) 内蒙古地区藏传佛教格鲁派(黄教)大活佛——章嘉呼图克图一世(一说二世)。生于青海宗喀宗塞依格地区的多达秋村。幼年去郭隆寺(佑宁寺),后赴拉萨哲蚌寺果芒扎仓学经,从霍尔诺门罕学般若,随洛垂嘉措学中观、俱舍论、律藏。清顺治十七年(1660),巡礼大昭寺,并学续部密宗佛典。随嘉木样谢巴学一切有部,从叶尔雄阿让巴嘉木样洛垂学夏鲁派教法,得闻昔日布敦大师教诫。康熙十三年(1674)、十四年,两赴后藏学法,学经,得闻温萨教派诸法。二十二年(1683),返回多麦地区(即甘、青藏区),从诸大师学法。二十六年(1687),居北京法渊寺。次年任郭隆寺法台。三十六年(1697),奉旨赴西藏,向六世达赖传谕圣旨。途经甘青藏蒙地区,劝导诸台吉入京朝觐,内附。三十九年(1700),奉旨赴多伦建造新寺,塑佛像,缮写佛经,受权完成一切佛教三宝重任。四十四年(1705),受清封"呼图克图"、"灌顶普善广慈大国师",总管内蒙古佛教事务。五十二年(1713),奉旨随康熙帝巡视多伦。五十四年(1715),于多伦圆寂。

【章嘉呼图克图一世】 见"章嘉阿旺洛桑却丹"。(514页)

【章嘉呼图克图二世】 见"章嘉瑞贝多吉"。(514页)

【章嘉呼图克图三世】 见"伊希丹毕札拉参"。(151页)

【章嘉呼图克图四世】 见"冶熙但璧呢玛"。(240页)

【章嘉呼图克图五世】 见"罗藏丹森讲索"。(355页)

【章嘉呼图克图六世】 见"雳迎叶锡道尔济"。(536页)

【望】 汉代东瓯越人。父摇于汉惠帝三年(公元前192)受封东海王。父卒,袭王位。建元三年(公元前138),闽越王郢举兵围东瓯。粮绝,遣使向汉朝告急。武帝令严助发会稽兵从水路援救东瓯。解围后,率族众四万余人迁处江淮间之庐江郡。

【庶成】 见"耶律庶成"。(319页)

【庶箴】 见"耶律庶箴"。(319页)

【庵罗】 隋代突厥汗国可汗。阿史那氏。佗钵可汗子。开皇元年(581),佗钵临终遗言传位于兄木杆可汗子大逻便。因大逻便母出身微贱,部内不服,而庵罗母尊,素为部众敬重,纷乱中,由于得到统领汗国东部地区的摄图的支持,庵罗得继汗位。因大逻便不服,屡遣人责骂作难,不能制,遂让位于摄图,自居独洛水(今蒙古人民共和国土拉河),称第二可汗(按《北史·突厥传》称第三可汗,误)。

【庵罗辰】(?—555?) 南北朝时期柔然君主。郁久闾氏。阿那瓌子。北齐天保三年(552),阿那瓌为突厥所破,自杀,遂率众投归北齐。翌年,被北齐文宣帝高洋立为柔然主,使居马邑川(今山西朔县恢河一带)。五年(554)初,率部众五万余人脱离北齐统治,被高洋击败,借子北逃。同年四月,进攻北齐肆州(今山西忻县),遭高洋反击,妻子及部众三万余人被俘,仅以身免。后屡遭高洋打击,部众及牲畜损失惨重。后事未见记载,其部众逐渐被突厥所并。

【康】(?—33) 汉代西域莎车王。延之子。天凤五年(18)父卒,继位。东汉光武帝(25—57年在位)初,率周邻诸国继续抗击匈奴,保护汉都护部属吏士及家属千余人。派人至河西,探问汉朝动向,并陈述对汉之忠心。建武五年(29),河西大将军窦融承制册立其为汉莎车建功怀德王、西域大都尉。西城五十五国皆属之。死后谥宣成王。

【康果礼】(?—1631) 后金大臣。满族。那穆都鲁氏。世居那穆都鲁,以地为氏。原为绥芬路屯长,明万历三十八年(1610),太祖努尔哈赤命额亦都率兵征东海窝集部,他率众归附,授世管佐领,隶满洲正白旗(一作镶蓝旗),妻贝勒穆尔哈齐女,封和硕额驸,授职扎尔固齐(汉译都堂)。后金天命三年(1618),从征明,克抚顺、抚安、三岔儿堡、清河城,累立战功。六年(1621),从破沈阳。太宗皇太极即位,列为十六大臣之一,佐理正白旗事,擢护军统领。天聪元年(1627),随二贝勒阿敏征朝鲜。三年,从太宗征明,克遵化,逼燕京,与宁远巡抚袁崇焕、锦州总兵祖大寿援军战于广渠门外。后因追明兵未至城而归,削爵。

【康待宾】(?—721) 唐代昭武九姓胡人。先世于贞观时(627—649)随突厥降户入居六胡州,隶兰池都督府。开元九年(721)四月,不满唐朝对六胡州的压榨,苦于重赋,起兵反抗,据长泉县,攻占六胡州,拥众七万,自称叶护,联合夏州之党项,攻银城(今陕西神木甫)、连谷(今陕西神木北)。后因内部不和,加之唐军围攻,同年七月兵败被俘,就义于长安。

【康济鼐】(?—1727) 清代西藏地方政府官员。本名康济鼐·索南杰布,蒙语岱青巴图尔。后藏南木林人。藏族。曾任拉藏汗之"仲意"(相当秘书),为阿里地区总管。康熙五十六年(1717),卫拉特蒙古准噶尔部策妄阿拉布坦侵扰西藏,从叶尔羌入藏,遂立即遣人通报拉藏汗。准噶尔军占领拉萨后,他坚守阿里,截断准军与伊犁之间的联系。五十九年(1720),与颇罗鼐配合清军自阿里、后藏一线反击准军,获胜。次年,以功被清封为贝子,兼西藏地方首席噶伦,总理政务。雍正元年(1723),配合清军追击青海蒙古和硕特部首领罗卜藏丹津叛军。任内,限制宁玛教派,改组宁玛派寺院。任颇罗鼐为仔本(审计官),审理拉萨政府财政收支,以杜绝徇私舞弊。五年(1727),被噶伦阿尔布巴等谋杀。

【康艳典】 唐代西域康国人。贞观(627—649)初,投唐,任石城镇使,驻扎石城(今新疆鄯善)一带,以招西域商贾。上元二年(675),在当地主持兴建弩支、蒲桃、萨毗等九城。至武则天时,其后裔康拂耿延、康地舍拨兄弟尚主事于此。

【康熙帝】 见"玄烨"。(123页)

【康僧会】(?—280) 三国时佛教译经师。祖籍康居,世家天竺。后因父从商移居交趾。十余岁时,父母双亡,被迫出家。为人弘雅,有识量。笃志好学,明解三藏,博通六经,天文图纬,多所涉猎。时吴国孙权雄峙而佛教未行。会欲兴佛立寺,于赤乌十年(247)抵建业(今南京),设像行道,立建初寺,着手译经。先后译出《阿难念弥陀经》、《镜面王》、《察微王》、《梵皇经》等。又注《安般守意》、《法镜》、《道树》等三经。辞趣雅便,义旨微密。

【康里脱脱】 见"亦纳脱脱"。(166页)

【麻奴】 东汉时烧当羌首领。东吾孙,东号子。初随父降汉,徙居安定(今宁夏固原)。永初元年(107),西羌起义爆发后,率部西迁安定郡西塞。建光元年(121),与当煎、烧何等种羌联合,攻汉护羌校尉马贤于金城、湟中等地,败武威、张掖郡援兵于令居(今甘肃永登),退居湟中。延光元年(122),遭马贤等追击,率部逃出塞。冬,部众孤弱饥困,降汉阳太守耿种。

【麻产】 辽代纥石烈部首领之一。女真族。居活刺浑水诃邻乡。*腊醅弟。兄弟七人,素有名声,为众所服。乘温都部首领乌春等起兵反叛劾里钵(世祖)联盟之机,与腊醅一起,约集乌古伦部骚勒勃菫等掳掠野居女真。后为劾里钵部将斜列所败。旋与腊醅至来流水掳掠劾里钵亲盈歌之牧马,并得乌春、窝ខ火兵助,据守暮棱水抵抗,兵败逃走,腊醅被擒。辽大安八年(1092),颇刺淑(肃宗)承袭联盟长后,据守直屋铠水,招纳逃散部众,拒绝颇刺淑之招服,建造营堡抗命。后为劾里钵长子乌雅束、次子骨打等击败被擒,斩首献于辽朝。

【麻余】 三国时夫余国王。国王简位居子。父死,被诸加立为王。以牛加兄子位居为大使,岁岁遣使诣京都贡献。三国魏正始七年(246),以粮助魏幽州刺史毌丘俭征高句丽。卒,子依虑嗣为王。

【麻贵】 明朝将领。回族。大同右卫人。宣府副总兵麻禄子。嘉靖中,随父征瓦剌,累立战功。以都指挥佥事,充宣府游击将军。隆庆中,迁大同新平堡参将。万历初,迁大同总兵官。十年(1582),充宁夏总兵官。十九年(1591),被弹劾,谪戍边。次年复起用,为副将,因累御蒙古贵族侵扰有功,升至宁夏总兵官。二十五年(1597),任备倭总兵官,赴朝鲜击倭寇,数战有功,升右都督。三十八年(1610),奉命镇辽东,败蒙古泰宁等三卫的侵袭,后因病退职。麻氏家族多将才,与铁岭李氏被誉为"东李西麻"。

【麻星徽】 清嘉庆时举人。湖南猪崽坡人。苗族。一名麻心俱。嘉庆年间(1796—1820),中"田字号举人"。曾建议清政府在湖南凤凰、乾州(今吉首)、永绥(今花垣)、保靖厅添设廪生、增生名额,以更多地培养苗族青年。在任武昌学政期间,大量选拔和培养苗族人才,为民族教育事业作出贡献。

【麻勒吉】(?—1689) 清初将领。满洲正黄旗人,瓜尔佳氏。通满、汉文。顺治举人。九年(1652),授修撰。十年,擢弘文院侍讲学士。十一年,擢弘文院学士,受命纂太祖、太宗圣训及删订历代通鉴,任副总裁。十四年(1657),秦王孙可望降,封义王。受命至湖南,迎可望入觐。十七年(1660),同学士石图赴云南会商进剿明桂王朱由榔机宜。康熙五年(1666),擢刑部侍郎。七年,授江南、江西总督,后降补兵部督捕理事官。十六年(1677),赴简亲王喇布军,招抚叛附吴三桂之孙延令、马雄等。十八年(1679),镇守桂林。十九年,清军由广西进征云南,奉诏筹运军饷。二十一年(1682),清廷撤定南王藩属,入隶八旗汉军。他受命率之还京。二十三年(1684),授提督九门步军统领。江南民为其立碑于雨花台,以志其绩。

【麻儿可儿】 见"马可古儿吉思"。(34页)
【痕德堇可汗】 见"钦德"。(403页)
【尰䇿】(? —公元前299) 战国时中山国国君。白狄鲜虞人,姬姓。中山王䁊子。周赧王七年(公元前308),父卒,嗣君位。连年遭赵国武灵王的进攻,率中山国军进行顽强抵抗,互有胜负。周赧王五十六年(公元前299),因战争的破坏,政治腐败,国贫民弱,终于被赵国攻破,死于齐国。
【惟信】 见"萧惟信"。(486页)
【惇堂】 见"德楞泰"。(599页)
【阇里】 见"彻里"。(236页)
【阇阇干】 又译扯扯干、扯扯亦坚。蒙古国公主。孛儿只斤氏。成吉思汗女。嫁斡亦剌部长忽都合别乞子脱栾赤。生三子,名不花帖木儿、不儿脱阿、巴儿思不花。封延安公主。一说嫁忽都合别乞另一子亦纳勒赤。
【阇阇秃】 见"彻彻秃"。(236页)
【阇昆仑】 见"慕容彦超"。(582页)
【清太宗】 见"皇太极"。(411页)
【清太祖】 见"努尔哈赤"。(296页)
【清仁宗】 见"颙琰"。(596页)
【清文宗】 见"奕𬣞"。(415页)
【清世宗】 见"胤禛"。(412页)
【清世祖】 见"福临"。(572页)
【清圣祖】 见"玄烨"。(123页)
【清安泰】(? —1809) 清朝大臣。满族。费莫氏。满洲镶黄旗人。乾隆四十六年(1781)进士,授刑部主事。历任员外郎、甘肃凉州知府、湖南衡永郴桂道。六十年(1795),赴保靖抚辑苗众,以治饷功,赏花翎。嘉庆元年(1796),先后解送义军首领吴半生、石三保赴京,擢湖南按察使。次年,迁广西布政使。七年(1802),署广西巡抚。逾年,调浙江布政使。九年,浙省粮价昂贵,捐银以济民食。十年,擢江西巡抚,调浙江。十一年,以认真防堵蔡牵,受嘉奖。九月,奏加强海防之策,于沿海村庄编造保甲,稽查商贩,以断米粮出口,禁造火药,以防疏漏。十二年冬,蔡牵子至普陀寺,因未获被责。调河南巡抚。十三年,勷粮道孙长庚挪用库项放债渔利,论罪。
【清佳努】(? —1584) 又详作逞加奴。明代叶赫部首领。女真族,纳喇氏。塔里木卫都督金事*祝孔革孙。明宣宗宣德二年(1427),祖率部从张地南徙至叶赫河岸,因号叶赫部,又称北关。该部建大城二座,后他居西城,弟杨吉努居东城,皆自号贝勒。明人称其兄弟为"二奴"。初与弟俱事哈达部万汗王台,因祖父祝孔革为

王台叔王忠所杀,日思报复。神宗万历十年(1582),乘王台年老势弱,与其长子扈尔汉争战。王台死后,索取"故敕七百道",势益盛。十一年,联合蒙古恍惚太等万余骑,袭败王台子猛骨孛罗、孙歹商等,焚室庐,毁田禾,斩杀部众三百余人,后获明犒赏,始罢兵。旋又兴兵焚烧猛骨孛罗、歹商田庄,掠百人。十二年,于中固城被明巡抚李松、总兵李成梁伏兵所杀。

【清宣宗】 见"旻宁"。(351页)
【清高宗】 见"弘历"。(127页)
【清德宗】 见"载湉"。(445页)
【清穆宗】 见"载淳"。(445页)
【添寿】 见"奥屯襄"。(545页)
【淳钦皇后】 见"述律平"。(332页)
【淏丁讹遇】 西夏国军事首领。辖监军讹勃罗部下。党项族。永安二年(1099)七月,因西夏国赤羊川首领赏罗讹乞率部降宋,随讹勃罗率千余骑追击,为宋知环州种朴所败,俱被俘。拒讹勃罗劝,不降,被囚土室三年。贞观二年(1102)十月,贿赂宋朝守卫得脱,逃还西夏国。因临危不屈,擢监军使,守赤羊川。
【粘古】 见"移剌粘古"。(506页)
【粘罕】 见"完颜宗翰"。(257页)
【粘没喝】 见"完颜宗翰"。(257页)
【粘睦姑】 辽初"诸弟之乱"参与者。契丹族。辽太祖*耶律阿保机弟*安端妻。太祖五年(911)五月,获知其夫与诸兄剌葛、迭剌、寅底石等谋反,告发,致使叛事未果,封晋国夫人。翌年十月,叛又起,被裹胁,酿成大战,至七年(913)方平,乱后议罪论罚,以尝有忠告,获免。
【粘合南合】(? —1267) 元朝大臣。女真族。中书左丞相*粘合重山子。随军攻宋。窝阔台汗十年(1238),在军中,以江淮安抚使嗣行军前中书省事。建言大将察罕废屠城旧制,使城民获免。中统元年(1260),授西京路安抚使,改宣抚使。二年,进中书有丞,行河西中兴等路中书省事。三年,迁秦蜀五路四川行中书省事。以李璮反益都,受命谨守东鄙。至元元年(1264),擢中书平章政事。四年,病卒,追封魏国公,谥宣昭。
【粘合重山】(? —约1238) 蒙古国大臣。一名钧。女真族。金末质于蒙古,后事成吉思汗,充必阇赤(令史),主行文书之事。成吉思汗二十一年(1226),随汗征西夏,围凉州,多有战功。窝阔台汗三年(1231),任中书左丞相,佐中书令耶律楚材总理朝政,凡汉地建官立法,遴选人才,课赋,漕运等方面,多有赞襄之功。七年(1235),随汗子阔出攻宋,于军前行中书省事,收降江淮州邑,取定城、天长,以功受赐。后卒于还师途中,追封魏国公。
【盖吴】(418? —446) 北魏关中人民起义领袖。卢水胡人。太平真君六年(445),于杏城(今陕西黄陵东南)聚众起义反魏,诸种胡纷纷响应,众至十余万。败长安副镇将拓跋纥;命部将白广平西略新平(今陕西彬县),安定诸胡争相应之;分兵攻魏临晋以东,与魏将章

直战于河上;主力进攻长安。河东蜀人薛永宗聚众应之,势益盛。自号天台王,署置百官。次年,闻魏分兵攻长安,至戏水,北撤,散入北山,遣使至宋求援,受宋封都督关陇诸军事、雍州刺史、北地公。后,收兵屯杏城,自号秦地王。遭魏永昌王拓跋仁、高凉王拓跋那分道攻击。李闰堡(今陕西大荔)一战,义军受挫,八月,中流矢而死(一说为属下所杀),起义失败。

【寂护】 唐代入吐蕃传教的印度僧人。梵文名菩提萨埵,藏文名希哇措,汉译"静命",故亦称"静命大师"。一说为泥婆罗(今尼泊尔)人。大乘佛教中观学派衍化出现的瑜伽中观派创始人。曾任印度那烂陀寺首座。受赞普赤松德赞(755—797年在位)迎请,两次入吐蕃传播佛教,为赤松德赞宣讲佛法。经其推荐又迎请莲花生入藏,宣扬密咒,演变幻术。与莲花生大力协助建桑耶寺,任该寺第一任堪布,并剃度吐蕃贵族七位聪慧少年出家。后在吐蕃佛教顿渐之诤时,向赤松德赞推荐莲花戒进藏辩论。不久在吐蕃圆寂。所宣传律学及中观之说,对吐蕃佛教的形成颇有影响。

【寅古】 见"萧思温"。(485页)

【寅底石】 见"耶律寅底石"。(325页)

【宿喀·洛追杰波】(1509—?) 明代藏医南方学派,名医。藏族。宿喀·娘尼多吉后裔。幼年从噶玛陈列剃度出家,入勒夏林寺。从门珠译师学诗学。随名师林布却吉听受《宇妥精义传承》、《四部医典》、《千万舍利》等医著,依名医章第师徒学《八支》、《八支注释》、《月光》、《十八支》等著。在列麦一带找到小宇妥·元丹贡布手书的《〈四部医典〉金注》,潜心钻研。毕生致力医学,对讲、辩、著述之道无所不通。历时四年著成医学名著《祖先口述》。另著有《娘尼多吉传》、《诗镜》、《医学概论·庆喜仙人之歌》、《医药问答录》等。据小宇妥手抄本《〈四部医典〉金注》等前代可信抄本校订《四部医典》,由囊索·雅加巴捐资刻板,是为《四部医典》最早刊刻的札塘版。享年七十余。

【宿喀·娘尼多吉】(1439—1475) 明代藏族名医、藏医南方学派奠基人。又名达磨梭底。生于前藏塔波·拉妥。仁增彭措子。幼随父学藏文和医学,后从达隆·阿旺札巴、曼端·旺秀桑布等学习十明,专攻医学,学识渊博,医术精湛。著有医学名著《千万舍利》,总集一切医诀,共有四百一十六部类。另著有:《〈四部医典〉广注·水晶彩函》、《〈四部医典〉问难·银光宝鉴》、《格言阳光》等。于后藏夏却恩噶寺,会集前藏山南地区涅、洛、甲及塔工地区阿、尼洋、工布等处众名医,讨论医学,研究药物,合著了《珍宝药物形态识别》、《药味铁鬘》、《甘露之池》、《甘露宝库》等医学论著,论述药物的性味功效、释名、化后性味、主治病症等。奠定了藏医南方学派的理论基础,南北两学派相互争鸣,促进藏医学发展。门徒众多,有名者六十余人,以才昂、察木·索南扎西、错曼坎青、加尔布班禅等为最著。

【密尔爱玛提】(约1778—1858) 号斜黑阿浑(訇)。

维吾尔族。新疆喀什噶尔(今喀什)阿斯图阿尔图什庄人。阿帕克和卓墓掌管人。清道光六年(1826),暗结张格尔,抱经起誓,随同作乱。张格尔兵败后,又将其藏于家中,使之幸免。复纠集党羽密谋作乱,派人与倭里罕联络,约为内应。咸丰七年(1857)夏,遣兵三千接应倭里罕叛乱,派人输送ь枪、马匹、羊只等物,协助叛军修筑喀什噶尔东坝,阴谋决水灌喀什噶尔汉城。倭里罕兵败后,与同党爱底里沙同为清军俘虏。次年二月,被处死。

【梁柱】 宋代骨科名医。西域人。神宗熙宁间(1068—1077),定居开封,任金疮科御医,专治跌打损伤。其后人世代为回回接骨医生,至今已繁衍二十七代。

【梁元碧】 三国时休屠胡(屠各胡)首领。魏正始元年(240),率种落二千余家至雍州(治长安,今陕西西安市西北)附魏。魏左将军郭淮奏请使居安定之高平(今宁夏固原),其后因置西州都尉。

【梁弥忽】 一作弥葱。南北朝时期宕昌羌首领。梁勤之孙。北魏太武帝(423—452年在位)初,遣子弥黄朝魏,奉表求内附。领地自仇池以西,东西千里,带水(一作席水)以南,南北八百里,部众二万余落。魏封其为宕昌王,赐其子弥黄为甘松侯,使领其众。死,传位于孙虎子。

【梁弥定】(?—564) 南北朝时期宕昌羌首领。西魏南洮州刺史、要安藩王梁仚定之弟。大统七年(541),兄为属下所杀,魏改封其为河、梁二州刺史、宕昌王。十六年(550),为族人獠甘所袭,失位,奔魏。魏命大将军宇文贵、豆卢宁等讨擒獠甘,复其位。北周保定(561—565)初,遣使入贡于周。四年(564),屡扰周边,为周将田弘所灭。

【婆闰】(?—662?) 唐代回纥首领。药罗葛氏。吐迷度子。贞观二十二年(648)其父被乌纥杀后,被唐擢为左骁卫大将军,袭父所领。继拜大俟利发、瀚海都督,辖回纥诸部。永徽二年(651),率五万骑随唐大将军梁建方、契苾何力征突厥阿史那贺鲁,助唐收复北庭。六年(655),随萧嗣业征高丽。显庆二年(657),拜伊丽道行军副总管,与萧嗣业领兵追执阿史那贺鲁,送洛阳,因功擢右卫大将军兼瀚海都督。龙朔(661—663)中卒。

【婆固】 见"婆固"。(472页)

【婆非】 北魏时勿吉族人。孝文帝太和十二年(488),奉命朝魏,贡方物于京师。十七年(493),率五百余人复入朝贡献。

【婆罗门】(?—524) 南北朝时期柔然可汗。郁久闾氏。豆仑子,阿那瓌从兄。柔然建昌十三年(北魏正光元年,520),柔然内讧,丑奴可汗被其母候吕陵氏所杀,丑奴弟阿那瓌立为可汗,旋为族兄示发击败,南投北魏,候吕陵氏被杀。遂率兵击破示发,追示发奔地豆于,被杀。翌年,被拥立为主,号"弥偶可社句可汗"(意为安静之王)。北魏来使令迎阿那瓌归国主政,本人虽无意逊让,然惧北魏兴师问罪,权遣大臣南下迎接。旋为高车王伊匐所败,率十部落至凉州(今甘肃武威)归降北魏,被置于西海郡(今内蒙古额济纳旗一带)。北魏正光三年(522,一说二年),率部众脱离北魏投姻戚哌哒,途中被北魏凉州军擒归洛阳。正光五年卒于洛阳,被魏孝明帝追封为镇西将军、秦州刺史、广牧公。

【婆剌淑】 见"颇剌淑"。(521页)

【婆鲁屋拉】 见"艾拉汗"。(93页)

【谋良虎】 见"完颜宗雄"。(257页)

【谔班】(？—1658) 清初蒙古乌喇特部首领。博尔济吉特氏。鄂木布子。崇德元年(1636),随军侵朝鲜。三年(1638),率兵从清军征喀尔喀。四年,从征明锦州、松山,以功受赏赉。顺治三年(1646),随军追击苏尼特部腾机思,败喀尔喀土谢图汗、车臣汗援兵于扎济布拉克。五年(1648),封札萨克镇国公,掌乌喇特前旗。

【谔巴卓哩克图】 汉籍译作著力兔。明代蒙古鄂尔多斯部领主。孛儿只斤氏。*吉囊孙,*狼台吉(拜桑固尔)子。隆庆五年(1571),俺答汗与明朝达成封贡协议时,受明封为指挥金事。部众二千五百余人,与其兄宾兔驻牧于松山(今甘肃天祝藏族自治县东松山),同明朝互市于庄浪(今甘肃永登县)。俺答汗卒后,不断与明军发生冲突。万历二十六年(1598),松山地区被明将李汶、达云(回族)等夺取,遂率部回到黄河河套地区。

【谔勒哲炳鸿台吉】 汉籍译作俺坠兔,一说阿只兔为另一异译。明代蒙古鄂尔多斯部领主。孛儿只斤氏。布延巴图尔鸿台吉次子,博硕克图济农弟。早年从父入牧西海(青海)。父卒后,随兄东归黄河河套,与明朝按期通贡互市。万历七年(1579),受明封为正千户。十三年(1585),要求明朝增赏不遂,劝兄反明,自领兵至榆林、神木之间,因明军坚守,退还河套。

【谙都剌】(1277—1346) 元朝官员。蒙古克烈部人。冀宁路达鲁花赤阿思兰孙。因祖父名阿思兰,遂以兰为氏,字瑞芝。通经史,兼习诸国语言。成宗(1294—1307在位)朝,为翰林院札尔里赤,书写制诰,深受赏识。旋迁应奉翰林文字,凡蒙古传记,多所校正。升待制。历任辽州达鲁花赤、集贤直学士。至顺元年(1330),改襄阳路达鲁花赤,赈济山西灾民,筑堤于城外以防水患,民以无虞。元统二年(1334),任益都路总管,兴学校,改民俗,裁抑亲王买奴府属扰民之不法行为。

【扈尔汉】(1576—1623) 后金五大臣之一。满族,佟佳氏。太祖赐姓觉罗氏。扈喇虎子。世居雅尔古寨。后隶满洲正白旗。明万历十六年(1588),随父率部归努尔哈赤,被收为养子,授一等大臣。三十五年(1607),随贝勒舒尔哈齐率军往迎瓦尔喀斐悠城新附民,败乌拉部阻截之兵。从贝勒巴雅喇征东海窝集部。三十七年,取瑚叶路,以功赐号达尔汉。三十九年,同额驸何和理征呼尔哈路。四十一年,从征乌拉部,有功。后金天命元年(1616),同安费扬古征东海萨哈连部,取江南、北四十余寨。招降使犬、诺罗、锡拉忻诸部。同年,与额亦都、费英东、何和理、安费扬古同为理政五大臣。四年(1619),败明军于萨尔浒、尚间崖和阿布达里岗。五年,败明总兵贺世贤于沈阳,晋三等总兵官。

【 ㄨ 】

【尉元】(413—493) 北魏大臣。字苟仁,亦作苟人。代郡人,鲜卑尉氏(原为尉迟氏)。中山太守目斤子。世为豪宗。善射。神䴥(428—431)中,为虎贲中郎将,转羽林中郎,迁驾部给事中,赐爵富城男。和平(460—465)中,迁北部尚书,晋爵太昌侯。天安元年(466),率军出东道援彭城。皇兴元年(467),大破宋将于吕梁东。以功拜都督南北兖州诸军事、镇东大将军、徐州刺史、淮阳公。延兴元年(471),假淮南王。太和(477—499)初,为内都大官。出为镇西大将军、统万镇都将,甚得夷人之心。三年(479),晋爵淮阳王。总率诸军征东南新附军。入为侍中、都曹尚书,迁尚书令。十三年(489),进司徒。十六年(492),例降庶姓王爵,封山阳郡开国公。以老逊位,诏为三老。卒,谥景桓公。

【尉眷】(？—463) 北魏大臣。鲜卑尉氏(尉迟氏)。辽西公尉诺子。明元帝时,执事左右,为大官令。太武帝即位,与散骑常侍刘库仁等八人分典四部,赐山桑侯,加陈兵将军。改安北将军,出镇北境,从征柔然、夏赫连昌,以功拜宁北将军,加散骑常侍,晋爵渔阳公。从征和龙。寻为都督豫洛二州及河内诸军事、安南将军,镇虎牢。太平真君元年(440),与永昌王元健率师讨张掖王秃发保周于番禾。留镇凉州,加都督凉沙河三州诸军事、安西将军,领护羌戎校尉。转敦煌镇将,曾击破吐谷浑。太安二年(456),率师北击伊吾,克其城而归。次年,拜侍中、太尉,封渔阳王,与太宰常英等录尚书事。卒,谥庄。

【尉仇台】 东汉时夫余国王。安帝永宁元年(120),以太子身份使汉,诣阙贡献,汉赐印绶金彩。建光元年(121),高句丽王率马韩、溅貊一万余骑进犯玄菟城。奉父命领兵二万,与汉兵并力拒战,大败高句丽军。顺帝永和元年(136),亲自朝汉。桓帝延熹四年(161),遣使朝献。灵帝熹平三年(174),复遣使奉章贡献。夫余本属玄菟,献帝(189—220年在位)时,以原辽东太守公孙度雄张海东,威服诸族,遂遣使更属辽东。

【尉迟运】(539—579) 又作尉运。北周大臣。先世属鲜卑尉迟部,后以部名为氏。代郡人。吴国公*尉迟纲子。西魏大统十六年(550),以父勋封安喜县侯。北周孝闵帝元年(557),授车骑大将军。寻以奉迎明帝功,晋爵周城县公。历任陇州刺史、左武伯中大夫,加军司马。天和六年(571),从宇文宪御北齐,以功进广业郡公。建德元年(572),授右侍伯,转右司卫、右宫正,辅皇太子赟。三年(574),佐赟居守长安,击退卫剌王宇文直攻袭,以功,任大将军。次年,出为同州刺史。寻奉召参议伐齐事。五年(576),晋爵卢国公。宣政元年(578),

转司武上大夫,总宿卫军事。宣帝赟即位,授上柱国。因原为宫正时,与帝有隙,出为秦州总管,仍惧不免于祸,忧卒。赠大后丞、七州诸军事,谥中(一作忠)。

【尉迟迥】(516—580) 又作尉迥,亦名薄居罗。西魏、北周大臣。代郡人。先世鲜卑尉迟部,后以部名为氏。父俟兜,母为宇文泰姐昌乐大长公主。幼孤,依托舅氏。聪敏有志。尚魏文帝女金明公主,拜驸马都尉,封西都侯。大统十一年(545),拜侍中、骠骑大将军,晋爵魏安郡公。十五年(549),迁尚书左仆射,兼领军将军。次年,拜大将军。废帝二年(553),率众讨降梁武陵王萧纪于蜀,晋大都督,益潼等十二州诸军事、益州刺史。三年,加督六州。明赏罚,施恩威,绥辑新邦,经略未附。恭帝三年(556),为小宗伯。周孝闵帝元年(557),进柱国大将军,改封宁蜀公,镇陇右。武成元年(559),晋封蜀国公,任秦州总管。保定二年(562),拜大司马。次年,从宇文护东伐,率师攻洛阳。迁太保、太傅。建德元年(572),拜太师。宣帝即位,为大右弼,转大前疑,出任相州总管。大象二年(580)六月,以杨坚擅权,举兵讨坚,自称大总管。八月,兵败自尽于邺城楼。

【尉迟纲】(517—569) 又作尉纲,字婆罗。西魏、北周大臣。代郡人。先世属鲜卑尉迟部,后以部名为氏。父俟兜,母为宇文泰姐昌乐大长公主。少孤,与兄迥依托舅氏,居晋阳。后入关从泰征伐,骁勇善骑射,甚得泰宠信。西魏大统元年(535),任帐内都督,从讨曹泥,破窦泰,封广宗县伯。复弘农,战沙苑,河桥救泰,皆有功。十四年(548),拜车骑大将军,加散骑常侍,迁骠骑大将军,加侍中,晋爵昌平郡公(一作平昌郡公)。十七年(551),出为华州刺史。废帝二年(553),拜大将军,兼领军将军,典禁旅。恭帝时,为中领军,总宿卫事。周闵帝元年(557),任小司马,与宇文护谋废闵帝,立明帝,进柱国大将军。武成元年(559),晋封吴国公,任泾州总管。历少傅、大司空、陕州总管。保定四年(564),留镇京师。天和二年(567),奉命迎卫突厥阿史那氏皇后入塞。卒于长安,赠太保,谥武。

【尉迟胜】 唐朝将臣。一说为鲜卑尉迟氏。于阗王珪长子。少嗣位。玄宗天宝(742—756)中,向唐贡名马、美玉,受玄宗嘉赏,妻以宗室女,授右威卫将军、毗沙府都督。西归后,与安西节度使高仙芝同击破萨毗、播仙,以功加银青光禄大夫、鸿胪卿,改光禄卿。肃宗至德(756—758)初,闻安禄山反,命弟曜行于阗国事,自率兵五千赴难。受肃宗厚待,为特进,兼殿中监。代宗广德(763—764)中,拜骠骑大将军、毗沙府都督、于阗王,令还国。固请留长安宿卫,以王位让弟曜。封武都王。德宗建中(780—783)末,随帝巡奉天,兼御史中丞。兴元元年(784),转右领军将军,迁右威卫大将军,历睦王傅。贞元三年(787),弟曜表立其子锐嗣为于阗王,固辞乃止。卒年六十四岁。十年(794),赠凉州都督。

【尉迟恭】 见"尉迟敬德"。(519页)

【尉迟璥】 唐代西域于阗王。王族姓尉迟氏。天授三年(692),父*尉迟伏阇雄卒后,被武则天封为于阗王。开元(713—741)初,遣使贡马。卒后,十六年(728),唐朝复立尉迟伏师为于阗王。

【尉迟乙僧】 唐代著名画家。西域于阗(今和田)人。著名画家*尉迟跋质那之子。师从其父,以于阗的凹凸画法熔铸中原画技著称,善画佛像、鬼神、人物、花鸟。贞观十三年至景云二年(639—711)间,活跃于中原画坛,与阎立本齐名。长安大慈恩寺、光宅寺、兴唐寺、安国寺均有其画迹。宋徽宗时(1101—1125),宫廷还珍藏其佛教神像及人物画八幅。据传今尚有《朝僧图》、《番君图》《龟兹舞女图》及《天王图》流传海外。

【尉迟伏师】 唐代西域于阗王。开元十六年(728),受唐册封为于阗王,在位期间,与唐保持和好关系,数遣使朝贡。

【尉迟屈密】 又作尉迟屋密。唐代西域于阗王。王族姓尉迟氏。原臣于西突厥,贞观六年(632),遣使赴唐献玉带。十三年(639),又遣子入侍。

【尉迟洪道】 见"窥基"。(571页)

【尉迟屋密】 见"尉迟屈密"。(519页)

【尉迟敬德】(585—658) 唐初大将。鲜卑尉迟氏。朔州善阳(今山西朔县)人。名恭,以字行。隋大业末,从军高阳,随刘武周为偏将。武德三年(620),降唐,引为右一府统军。曾从李世民击王世充军,参与镇压窦建德、刘黑闼起义军,授王府左二副护军。九年(626),"玄武门之变",助李世民杀太子建成及齐王元吉,授左卫率。寻升右武侯大将军,封吴国公。历任泾州道行军总管、襄州都督、同州刺史。改封鄂国公,历鄜、夏二州都督。贞观十九年(645),随太宗攻高丽,诏以本官行太常卿,为左一马军总管,师还,致仕。晚年笃信方术,杜门不出。显庆三年(658),卒,赠司徒、并州都督,谥忠武。

【尉迟伏阇信】 唐代西域于阗王,王族姓尉迟氏。贞观二十二年(648),阿史那社尔讨龟兹时,遣子以驼马三百匹馈军。龟兹平,受阿史那社尔属下行军长史薛万备之召,与子叶护尉迟玷随赴长安,拜右骁卫大将军,授尉迟玷为右骁卫将军。留数月归国,留子弟入宿卫。太宗死后,刻其石像于昭陵。

【尉迟伏阇雄】(?—692) 唐代西域于阗王。王族姓尉迟氏。上元(674—676)初,助唐击吐蕃。次年,唐朝以其地置毗沙都督府,授为都督,下辖十州。垂拱三年(687),遣使朝唐。

【尉迟娑缚婆】 见"李圣天"。(213页)

【尉迟跋质那】 隋末唐初著名画家。西域于阗(今新疆和田)人。隋时定居洛阳,封郡公。《历代名画记》称其"善画外国及佛像,当时擅名",有大尉迟之称。所作《六番图》、《外国宝树图》、《婆罗门图》名噪一时。

【屠耆堂】 见"握衍朐鞮单于"。(536页)

【屠耆单于】(?—公元前56) 西汉时匈奴单于。挛鞮氏。名薄胥堂。*握衍朐鞮单于从兄。宣帝神爵二年(公元前60),任日逐王。四年(公元前58),握衍朐鞮被呼韩邪单于击败自杀后,被左大且渠都隆奇等立为单于,以兵数万击败呼韩邪,据有单于庭。五凤元年(公元前57),因擅杀右贤王父子、唯犁当户,引起内讧,呼揭王自立为呼揭单于,右奥鞬王自立为车犁单于,乌藉都尉自立为乌藉单于,与呼韩邪单于一起,形成五单于纷立局面。旋击败车犁、乌藉、呼揭三单于联合势力,渐盛。二年,自将六万骑击呼韩邪,兵败,自杀。子右谷蠡王姑瞀楼头亡归汉。

【随阔】 见"绥可"。(477页)

【隈欲】 见"耶律阮"。(305页)

【隗后】 见"狄后"。(238页)

【隆文】(?—1841) 清朝大臣。满洲正红旗人。伊尔根觉罗氏。嘉庆进士。嘉庆(1796—1820)间,累擢至内阁学士。道光(1821—1850)中,充驻藏大臣。历官户部尚书、军机大臣。二十一年(1841),命为钦差大臣偕奕山督师广东。不久,参与签订《广州和约》。因与奕山意不相合,又以和议自愧,忧愤而卒。谥端毅。

【隆先】 见"耶律隆先"。(319页)

【隆庆】 见"耶律隆庆"。(319页)

【隆祐】 见"耶律隆祐"。(319页)

【隆舜】(861—897) 唐代南诏第十二世王。又名法。"乌蛮"。世隆子。唐僖宗乾符四年(877),即王位。五年改元贞明,后又改元承智、大同,国号鹤拓,亦号大封人。耽于逸乐,委国政于臣下。六年,遣使向唐求和亲。广明元年(880),唐拜嗣曹王李龟年为宗正少卿出使云南和亲。中和元年(881),上表附唐。三年(883),唐以宗室女为安化长公主妻之。光启元年(885),遣宰相赵隆眉、清平官杨奇混、段义宗迎公主。唐帝用高骈计,将三人鸩杀。乾宁四年(897),被属下杨登杀。谥宣武帝(圣明文武皇帝)。

【隆布鼐】(?—1728) 清代西藏地方政府官员。本名隆布鼐·扎西杰布,又名公隆布鼐。西藏拉萨人。藏族。曾任拉藏汗地方政权主管财务的仔本。康熙五十六年(1717),卫拉特蒙古准噶尔部军侵扰西藏。受拉藏汗命,赴日喀则宗安抚民众。五十九年(1720),亲赴木鲁乌苏迎接清军入藏,驱逐准噶尔军。次年,以功受清封为辅国公,兼噶伦,管理拉萨东北一带兵马事务。雍正三年(1725),以女嫁七世达赖喇嘛之父索诺木达尔扎,以贵戚自炫,恃势妄行,忌首席噶伦康济鼐。五年(1727),与阿尔布巴等杀害康济鼐。同年,率工布、塔布、霍尔蒙古军,并调运拉萨火炮两次增援前藏军,与后藏颇罗鼐军战于江孜。次年,为颇罗鼐围困于布达拉宫,被执,被清军处死。

【隆科多】(?—1728) 清朝大臣。满洲镶黄旗人。佟佳氏。一等公佟国维子。康熙帝孝懿仁皇后之弟。康熙二十七年(1688),任一等侍卫。五十年(1711),任步军统领。五十九年(1720),擢理藩院尚书。六十一年(1722),康熙帝卒,他助外甥胤禛取得帝位,与年羹尧等同为顾命大臣。雍正初年,充纂修圣祖实录、《大清会典》总裁官、《明史》监修总裁官。以贵戚自炫,以拥戴之功自矜,骄恣擅权,势倾朝野。三年(1725),革步军统领,被夺兵权。因徇庇获罪之年羹尧,命往阿兰善等地修城垦地。四年,因婪赃犯法,革尚书,令料理阿尔泰等路边疆事务;寻命往议俄罗斯边界事。在与沙俄代表谈判中,要求归还侵占的土地。五年,调回京,以大不敬、欺罔、乱政、党奸、不法、贪婪等罪四十一款永远禁锢。六年,死于禁所。

【隆朵嘉措】(1805—1815) 即九世达赖。清代藏传佛教格鲁派(黄教)领袖。藏族。生于康区邓柯地方。春科土司丹增曲结公爵之子。清嘉庆十二年(1807),三岁被认定为八世达赖强白嘉措(绛贝嘉措)转世灵童,迎至拉萨,应七世班禅、摄政及三大寺代表之请,免于金瓶掣签。次年九月二十二日在布达拉坐床,拜七世班禅丹贝尼玛为师,剃度受戒,法名隆朵嘉措。二十年(1815),到大昭寺参加新年大法会,二月二十一日,于布达拉宫暴亡(一说病死)。生前,因年幼,西藏政务均由摄政操办。

【隆钦然降巴】(1308—1364) 藏传佛教宁玛派僧人。吐蕃人。本名智美斡色。十二岁于堪布桑珠仁清和阿阇黎衮噶峨热二师座前出家为僧。曾向当时许多名师学习宁玛派和其他教派教法及新旧密宗经典。后赴势桑浦寺,向名僧学习"慈氏五论"和法称的"七因明论"等显教经典。曾在一个阴暗的岩洞里苦修五个月。后又在深山密林中苦修十三年,成为当时兼通显密教法的著名僧人。学有成就后,对宁玛派的密法进行修订,并著书立说,其所著《七宝藏论》,一直为宁玛派僧人所推崇,被列为必读的经论。曾在住地多次举行法会,向听众讲经传法,着重讲授自己著作中的立论、心得。一度与西藏帕竹政权统治者绛曲坚赞不协,活动受到一些限制,后经调解,恢复正常宗教活动,绛曲坚赞等亦奉其为上师。曾赴不丹传法,并建塔尔巴林寺。继至尼泊尔宏扬宁玛派教法。

【隆多喇嘛阿旺洛桑】(1719—1795) 清代藏传佛教名僧、学者。藏族。生于西藏东部昌都之温普。七岁入昌都寺出家。至十七岁均从父学习文字。二十岁赴里塘寺学习因明及内明。二十四岁返拉萨,于色拉寺的切巴扎仓求学。从七世达赖格桑嘉措、六世班禅贝丹益西等十三位上师学法。一生从事佛学,曾长期隐居聂塘隆多地方岩洞修行,故有隆多喇嘛之称。系佛学大德之一,嘉木样吉美旺波为其弟子。博学多才。有著作二十二部,收于《隆多喇嘛全集》中,内容丰富,被誉为"小百科全书"。

【隐布台吉】 见"鄂木布达赉"。(502页)

【颇罗鼐】(1689—1747) 全称颇拉·索南多杰,简称颇罗瓦或颇罗鼐。清代后藏官员。西藏江孜人。善骑射。崇信宁玛教派,善理政务。卫拉特蒙古和硕特部拉藏汗统治西藏时期,任传事官。康熙五十六年(1717),卫拉特蒙古准噶尔部策妄阿拉布坦派兵侵扰西藏,受拉藏汗命率卫、藏军队于达木(今西藏当雄)奋力抵抗,兵败被俘,遭凌辱,后被释。五十九年(1720),清政府派兵进藏战乱时,配合阿里总管康济鼐,于后藏和阿里地区出兵响应清军,击退准噶尔军。雍正元年(1723),清封为台吉,继而受命为四噶伦(总理政务官员)之一,并任仔本(审计官),掌管并整顿财政,使被准噶尔军骚扰的社会得到较快的恢复。同年,青海蒙古和硕特部贵族罗卜藏丹津叛乱,他奉命率军驻藏北之那雪、青海之玉树等地,防止罗卜藏丹津窜扰西藏。五年(1727),四噶伦之一阿尔布巴等谋杀首席噶伦康济鼐,并攻掠其庄园,他亲往阿里求援于康济鼐之兄噶锡瓦(又称公诺颜),发后藏、阿里兵讨击。翌年,败阿尔布巴军于江孜,包围拉萨,困阿尔布巴于布达拉宫,配合清军执杀阿尔布巴。受命协助钦差驻藏大臣总理藏政,故又称"米旺索南多杰"。七年,封贝子。八年,晋贝勒、多罗贝勒。执政期间,整顿藏政,安定社会秩序和捍卫边防,促进西藏政治、经济、文化的发展:设常备军,练兵设卡;整修驿站;发展贸易;改善摊派差役、赋税等规定;尊重藏传佛教各派,修复各教派寺院。主持藏文大藏经《甘珠尔》、《丹珠尔》的雕刻印行,即著名的纳塘新版大藏经。乾隆四年(1739),晋封为郡王。执政十九年,"恪尽忠诚,实心效力",加强清中央对西藏地方的管理,促进西藏社会的安定繁荣。

【颇剌淑】(1042—1094) 亦作婆剌淑、蒲剌束。即金肃宗。女真完颜部人。景祖*乌古乃第四子,世祖*劾里钵弟。自幼机敏善辩。"劾里钵联盟"时任国相,尽心匡辅其兄。熟知辽朝国政人情,故主管与辽之事。屡领兵助兄击败叔父跋黑及桓赧、散达、乌春等叛军,并俘获杯乃献给辽朝。大安八年(1092),袭兄位,继续完成其兄未竟事业,命劾里钵长子乌雅束、次子阿骨打于直屋铠水讨平麻产叛军,执麻产,斩首献给辽朝。次年,遣阿骨打讨平泥庬古部帅水ась黑。至此,叛军皆平。天会十五年(1137),追谥穆宗皇帝。皇统五年(1145),增谥肃宗明睿穆宪皇帝。

【颇拉·索南多杰】 见"颇罗鼐"。(520页)

【续昌】(?—1892) 清末大臣。蒙古正白旗人。那拉氏。监生出身。咸丰(1851—1861)间,由笔帖式加主事衔。同治十三年(1874),充总理各国事务衙门章京。光绪四年(1878),调奉锦山海道兼按察使衔。后调霸昌道。任内于营口要隘督建炮台,督办营口厘捐,颇有成效;集巨款予晋豫灾民。十年(1884),升两淮盐运使。同年,奉命赴奉天随将军庆裕办理海防。十一年,日本使臣伊藤博文借口朝鲜内乱,中国营兵扰日本商民等事,无理索偿。他奉命赴天津谈判,严词拒绝伊藤博文的无理要求。后官侍郎、副都统、八旗值年大臣。十六年(1890),充赐奠朝鲜王太妃正使。

【绰旺】(1856—1928) 清末民初蒙古族民间艺人。内蒙古哲里木盟札鲁特旗人。生于封建贵族家庭,是札鲁特贝勒的亲属。自幼爱说书,从师根登学艺,并掌握蒙汉藏几种语言。十五岁开始说唱"镇压莽古思的故事",后说唱《三国演义》、《东周列国志》,并编唱诗歌,走遍哲里木盟、昭乌达盟、锡林郭勒盟各旗。所创作诗歌和"好来宝"深刻揭露了黑暗的社会。利用民间语言,经过锤炼加工,具有很强的艺术感染力。所作《罕乌拉山颂》、《献给希里布总管的"赞词"》、《鸦片的害处》等,深受群众欢迎。

【绰罗】 见"咄罗"。(343页)

【绰尔济】①明末蒙古名医。墨尔根氏。后金天命(1616—1626)中,归附努尔哈赤。善医伤。以敷药、裹疗等办法治疗箭伤。白旗先锋鄂硕与敌战,中矢垂危。为之拔镞、敷药,伤愈。都统武拜身中三十余矢,昏绝。剖白驼腹,置武拜于腹中,遂苏醒。颇有名。②(?—1668)清朝将领。蒙古科尔沁部人。察罕子。天聪五年(1631),从征明,围大凌河,败监军道张春等援兵。六年,朝觐皇太极。八年(1634)正月,尚郡主,封和硕额驸,数年从征明有功。顺治三年(1646),随豫亲王多铎攻苏尼特部腾机思。九年(1652),封镇国公。十八年(1661),晋多罗贝勒,世袭罔替。

【绳果】 见"完颜宗峻"。(256页)

【绵洵】(?—1858) 清朝宗室、将领。满族。镶白旗人。多罗贝勒永鋆子。道光六年(1826),由应封宗室考授奉恩将军。二十八年(1848),累官辽阳城守尉,署金州副都统。咸丰元年(1851),升凉州副都统。三年,调江宁。以太平军占据江宁省城,六月,随陕甘总督舒兴阿办理防堵。九月,败太平军于深州。四年五月,因击退临清、丰县之太平军,赐号绰尔欢巴图鲁。七月,随参赞大臣僧格林沁镇压东光县连镇太平军。五年,从察哈尔都统西凌阿攻木城太平军,擒义军首领林凤祥等,赏黄马褂,加都统衔。四月,随僧格林沁克冯官屯,赏戴花翎,旋授荆州将军。六月,督兵从襄阳顺流而下击义军。七月,因三陂港失利,革职留军营当差。八月,署湖北提督。九月,复汉阳等城,复原官。卒,谥庄武。

【绵皋】 春秋时白狄肥氏酋长。肥氏为春秋时的"子国",故亦称"肥子"。居肥都昔阳(在今河北晋县西北。一说在今山西昔阳县境)。周景王十五年(公元前530),晋正卿中行穆子(荀吴)诡称会齐师,借道于鲜虞,突入昔阳,灭肥国,遂被晋军俘虏,余众逃依白狄鼓氏。

【绵愉】(?—1875) 清朝宗室大臣。满族。爱新觉罗氏。嘉庆帝*颙琰第五子。嘉庆二十五年(1820),道光帝即位,封惠郡王。道光十九年(1839),进亲王。咸丰三年(1853),太平天国北伐军进逼北京。授奉命大将军,同科尔沁郡王僧格林沁、胜保负责防堵军务。为解决军需困难,主张发行纸币、铸造铁钱,收夺民财。十年(1860),英法联军侵犯天津。受命至通州与僧格林沁抵御侵略军,后参与和英法联军谈判。同治二年(1863),帝典学。以行辈最尊、品行端正,受太后命在弘德殿专司督责。卒,谥端。著《爱日斋随笔》一卷、《爱日斋集》三卷附文。

【绵思哥】 见"耶律绵思哥"。(325页)

十二画

【一】

【琳丕勒多尔济】（？—1758） 清朝将领。蒙古族。喀尔喀土谢图汗部人。博尔济吉特氏。班珠尔多尔济长子。乾隆二年（1737），袭札萨克一等台吉。八年（1743），扈从乾隆帝木兰行围。十七年（1752），驻防塔密尔。十九年（1754），随赛音诺颜部副将军德沁扎布移阿睦尔撒纳所携降众于塔密尔。二十年，随定北将军班第征准噶尔部达瓦齐于伊犁。后奉命随同部亲王额琳沁多尔济护送阿睦心撒纳入觐。至乌隆古，阿睦尔撒纳叛，其部被围，经奋战，夺路归，封辅国公。二十一年，赴库伦协理俄罗斯边境事。二十二年，从征和托辉特部青衮咱卜，以功授所部副将军、参赞。二十三年，俄罗斯献阿睦尔撒纳尸，奉命赴恰克图验视，卒于途。

【琦善】（约 1790—1854） 清朝大臣。满洲正黄旗人。博尔济吉特氏。都统成德子。字静安。嘉庆间，历任布政使，河南巡抚。道光五年（1825），擢两江总督，旋兼署漕运总督。任内，勘查黄运两河淤塞情形并疏陈盘运之法。九年（1829），授四川总督兼成都将军，后调直隶总督。十八年（1838），擢文渊阁大学士。以申严鸦片烟禁稽查天津海口，定章程七条。二十年（1840），鸦片战争爆发。宣扬抗战必败，反对林则徐布防建议。及英军北犯大沽，他诬陷林则徐挑起事端，乞求英军返回广州议和，寻授钦差大臣赴广东查办。抵广州后，撤销海防，解散水勇。二十一年，英军入侵虎门。他拒不援助虎门诸炮台抗英将士，实行开门揖盗，又擅与义律签订屈辱的《穿鼻约》，后经广东巡抚怡良揭发，被革职议罪。后受道光帝庇护，任驻藏办事大臣、四川总督，复命为大学士、甘陕总督等职。咸丰三年（1853），授钦差大臣，在扬州建立江北大营，督兵阻击太平军，屡败。次年病卒。谥文勤。

【琨特穆尔】 见"坤帖木儿"。（302 页）

【琼波南交巴】（1086—？） 宋代藏传佛教噶举派支派香巴噶举的创始人。"琼波"为族名，"南交"意为"瑜伽行者"。十岁始习藏文和梵文。十三岁学本教法，后改学宁玛派大圆满法。因深感不足，疑难未解，遂赴尼泊尔从世慧进修梵文，并学习密法。继赴佛法发源地印度，从名师学显密教法，从尼古玛《幻身道灌顶》、《六法金刚句》、《幻身道次第》等；随弥勒赞巴学《六臂大黑天》法聚。五十年间，屡往返于西藏、尼泊尔和印度间，从名师达一百五十多人，故通达显密经论及一切要门。后从噶当派高僧朗日塘巴受比丘戒。曾至盆域（拉萨北彭波地区，今属林周县）觉波山建寺，弘扬佛法。继去香地（今南木林县境），以三年时间建一百零八座寺庙，收徒传法，先后集其门下听讲者达八万余人。该派在香地有很大势力，声名远播，故称之为香巴噶举。

【琼结·班觉桑波】 明代西藏地方官员。藏族。15 世纪人。相传世系印度萨霍尔王族后裔，先祖达摩波罗在吐蕃时任赞普赤松德赞上师，后娶波雍萨为妃，生子传世。吐蕃末期迁至云如中心雅隆。传至其时，依恃阐化王后裔蔡西萨玛哇，出任娘麦桑珠孜宗本，继任军事长官，威名远扬。与第一世达赖喇嘛根敦朱巴结为供施法缘，信奉宗喀巴黄教。曾将桑主孜所藏衮钦甫布顿大师亲手抄录的甘珠尔经迎往琼结青哇达孜。此经本成为后世编纂藏文大藏经的重要蓝本。明万历三十七年（1609）西藏第一部丽江版甘珠尔大藏经即据此蓝本雕版而成。后依帕竹阐化王查巴坚赞，任内务长官，并建琼结青哇达孜宗堡（今遗址残迹尚存）。其后世子孙又建松赞溪卡（即以山南松赞干布墓区为主的溪卡）。该家族对山南吐蕃王朝发源地琼结的发展颇有贡献。

【辇真监藏】 见"仁钦坚赞"。（65 页）
【辇真吃剌失思】 见"仁钦扎西"。（65 页）
【琴瑋】 见"岑猛"。（230 页）

【博贝】 ①（？—1704）清朝蒙古王公。喀尔喀札萨克图汗部。博尔济吉特氏。巴喇斯腾喀哩陀音长子。号察罕巴尔。康熙二十七年（1688），率属归清，驻牧乌喇特界内库垳谟多。二十八年，授札萨克。二十九年，入贡，受厚赐。三十年，至多伦诺尔会盟，封固山贝子，仍兼札萨克。②（？—1730）清朝蒙古王公。喀尔喀札萨克图汗部人。博尔济吉特氏。根敦嗣子。初授侍卫。康熙四十三年（1704），袭札萨克一等台吉。四十四年，袭辅国公。五十四年（1715），随清军赴推河御准噶尔部策妄阿喇布坦，受命招降乌梁海。冬，追执乌梁海首领和罗尔迈等逃人。五十六年（1717），随军征准噶尔部，与署副都统常关保自为一路，趋博罗布尔噶苏，败准军于和特克什里等地，执宰桑卜藏锡喇布等。五十九年（1720），随征西将军祁里德击降宰桑色布腾，并擒乌梁海逃众四子，封多罗贝勒。雍正二年（1724），为所部副将军，留驻阿尔泰。三年，和罗尔迈复遁走准噶尔界，他遣子额璘沁追擒之，自赴克木克木齐克追缉叛逃者。继领兵，随前锋统领定寿驻唐努山，防护乌梁海。

【博奇】（？—1859） 清朝将领。达斡尔倭垳氏，隶齐齐哈尔镶红旗。咸丰三年（1853），以佐领率黑龙江骑兵参与镇压太平天国运动，旋赐号富尼雅罕巴图鲁，加副都统衔。八年，为陈玉成所败，收溃卒屯郧伯。次年，战死,谥果肃。

【博明】 清代蒙古族学者、诗人。博尔济吉特氏。原名贵明,字希哲,晰斋、西斋。两江总督邵穆布孙。自幼刻苦好学,博学多识,对经史诗文、书画篆刻、马步骑射,编译图书源流以及蒙古、唐古语都贯串娴习。乾隆十二年(1747)举乡试,十七年(1752),中进士。入翰林院,充庶吉士,参与编纂《续文献通考》(三十二年书成,共二百五十卷,记宋宁宗嘉定年间至明末四百多年政治、经济、制度的沿革)。二十年(1755)在馆授编修。次年,赴广东任副考官。二十二年,任日讲起居官。二十四年,奉敕撰修功臣传,广征博引史籍,考证史实,撰写功臣传二千五百余篇。二十九年(1764),以洗马出守广西庆远府,后典榷柳州。以多年读书积累资料写成笔记《西斋偶得》(三十八年成书,全书三卷,附录一卷,内容广泛,从天文地理、典章制度,到经济文化、历史等均有记载,有一定的参考价值)。三十五年(1770),先后出任云南迤东道、迤西道,后因故被贬,降为兵部员外郎,任凤城权使。是时依据访问和调查写成杂记《凤城琐录》,对地形山水、清代建置、商业物产、风土人情、卫生疾病、名胜古迹等均作了记载,书后并附《朝鲜轶事》和《朝鲜世系考》。五十二年(1787),因疾罢职。为官三十余年间,为人耿直,生活清贫,不屈从权贵,官久居下位,对当时社会现实不满。一生写过不少诗歌,在《西斋诗草》、《西斋诗辑遗》两书中存诗一百余首。另著有《祀典录要》和《前人砚铭集》。

【博洛】(1613—1652) 清初将领。满族,爱新觉罗氏。清太祖*努尔哈赤孙,饶余敏郡王*阿巴泰第三子。后金天聪九年(明崇祯八年,1635),从征明,随贝勒多铎入宁远、锦州界,牵制明关外兵。清崇德元年(崇祯九年,1636),封固山贝子。随父征明延庆义。二年,预议政。三年,任理藩院承政。从攻宁远,趋中后所,败祖大寿军。五年,同郑亲王济尔哈朗驻营义州。击明总督洪承畴军于塔山,败王朴、吴三桂兵。七年,下松山、锦州。顺治元年(1644),随军入山海关,破李自成义军。晋多罗贝勒。二年,从破李自成于潼关,继下西安,定江宁,招抚常、苏二州,败杭州兵,明潞王、淮王分别从杭州、绍兴降。三年,任征南大将军往平浙闽,定绍兴,克金华,斩明蜀王朱盛浓,破仙霞关,克浦城、汀州,擒明唐王朱聿键、曲阳王朱盛渡、西阳王朱盛淦、松滋王朱演汉、西城王朱通筒,招降国公郑芝龙,抚定兴化、漳州、泉州等府。遣军平广东。四年,晋端重郡王。五年,同英亲王阿济格镇压大同叛将姜瓖。六年,破叛党刘遇所据代州,晋亲王。任定西大将军,镇压汾州民,克汾州等地。七年二月,奉命与满达海等理六部事。八月,以事降郡王。八年初,晋和硕端重亲王。三月,以隐匿英亲王私藏军器事,降郡王,分管户部事。五月,复封亲王。卒,谥定。

【博斌】(?—1707) 清朝将领。达斡尔人。隶镶黄旗。乾隆三十八年(1773),从征金川,擢二等侍卫。五十二年(1787),从攻台湾,赏呼嵩额巴图鲁,迁头等侍卫。寻加副都统衔。后官镶白旗蒙古副都统。六十年(1795),管健锐营。嘉庆初,病故。

【博霁】(?—1708) 清朝将领。满洲镶白旗人。巴雅拉氏。康熙二十二年(1683),由护卫、銮仪使擢都统。二十四年(1685),授江宁将军,较得民心并深受康熙帝赞赏。三十一年(1692),调西安将军。任内,以训练官兵有方,官兵壮健、骑射精良著称。三十五年(1696),随军征准噶尔部噶尔丹,统满洲兵自宁夏往会抚远大将军费扬古军,大败噶尔丹于昭莫多(今蒙古人民共和国乌兰巴托东南)。叙功授云骑尉世职。继择西安兵强壮者与将军孙思克赴肃州(今甘肃省酒泉县)驻兵御噶尔丹并侦其往哈密声息。四十三年(1704),授四川、陕西总督。奉命同陕西巡抚鄂海、河南巡抚徐潮山、山西巡抚噶礼会勘三门砥柱,以便挽运漕粮。四十五年(1706),奉命铸造民间所用平准升斗,请停甘陕收粮所用永丰仓斗,以革绝耗粮,被采纳。

【博古里】 见"博木博果尔"。(524页)

【博东齐】 清代卫拉特蒙古杜尔伯特部台吉。姓绰罗斯。伯什阿噶什养子。初游牧沙喇伯勒境。乾隆二十年(1755),清军征达瓦齐,奉父命率宰桑诺斯海等内迁,以哈萨克掠牧疏报清廷。后伯什阿噶什徙牧额尔齐斯,仍聚处。次年,养父卒,徙居呼伦贝尔。

【博尔术】 又作孛斡儿出、博郭尔济。蒙古国大将。阿儿剌氏。与成吉思汗同宗,均系海都后裔。纳忽伯颜子。以"志意沉雄,善战知兵"著称。居地邻蒙古部。年十三岁,助铁木真(成吉思汗)追回被盗之马匹,结友好。自是,随从铁木真,充当那可儿(伴当),"共履艰危,义均同气,征伐四出,无往弗从"。当三姓蔑儿乞人袭击蒙古部时,随从铁木真逃避于不儿罕山,幸免于难。宋淳熙十六年(1189),铁木真被推举为蒙古部汗后,与者勒蔑同被封为众官之长,参与运筹。随从统一蒙古诸部,无役不从,屡救铁木真于危难之中。庆元五年(1199),受命与木华黎等援救克烈部王罕,战败乃蛮部曲薛吾军。嘉泰二年(1202),随从铁木真战察罕塔塔儿等四部于答阑捏木儿格思。翌年,战克烈部于合兰真沙陀,均有战功。开禧二年(1206)蒙古国建立时,因功封右翼万户长兼千户长,统辖汗庭以西至阿尔泰山的广大地区,深受器重,群臣无出其右者,被铁木真誉为"犹车之有辕,身之有臂"。并命汗子察台合从之受教诲。与木华黎、博尔忽、赤老温并称"掇里班·曲律"(蒙古语,意为四杰),世任"怯薛"(护卫军)之长,为十大功臣之一,享有九次犯罪不罚的特权。成吉思汗二十一年(1226),随从征西夏,不久病逝。窝阔台汗八年(1236),因功赐其后裔广平路一万七千三百余户为分地。大德五年(1301),追封广平王。

【博尔忽】(?—1217) 又作孛罗忽勒、博罗浑、钵鲁欢、孛罗浑、博鲁温等。蒙古国大将。许兀慎氏。*成吉思汗母*月伦养子。以智勇著称。原附属主儿乞部,南宋庆元三年(1197)主儿乞败亡后,被月伦收作养子,充当"那可儿"(伴当),随从铁木真(成吉思汗)统一蒙古各部,并与汪古儿等同典御膳。五年(1199),受命与博尔术等援救克烈部王罕,战败乃蛮部曲薛吾军。嘉泰三年(1203),在合兰真沙陀之战中,与克烈部对垒,只身营救汗子窝阔台(太宗)于危难中。四年,以蔑儿乞首领带儿兀孙降后复叛,与沈白领右翼军追至薛凉格河(今色楞格河),讨平叛军。开禧二年(1206)蒙古国建立时,因功封千户长,并配合博尔术同掌右翼军队。与木华黎、博尔术、赤老温并称"掇里班·曲律"(蒙古语,意为四杰),世任"怯薛"(护卫军)之长,为十大功臣之一,享有九次犯罪不罚的特权。成吉思汗十二年(1217),征讨秃马惕部时,中伏兵死于军中。及秃马惕部平,以该部民百户赐其妻,以示抚恤。后追封淇阳王。

【博尔晋】(?—1627) 后金八大臣之一。满族。完颜氏,以地为氏。太祖努尔哈赤起兵初,来归,授牛录额真(佐领),隶满洲镶红旗。寻授侍卫职。明万历二十一年(1593),从太祖略哈达富尔佳齐寨。后金天命六年(1621),授扎尔固齐,监筑萨尔浒城。从太祖攻取沈阳、辽阳。八年,与达音布等率军征扎鲁特部,斩昂安。十年,擢梅勒额真(副都统)。率兵二千征东海虎尔哈部,收五百户而归。次年,太宗皇太极即位,列入八大臣,领镶红旗兼侍卫。天聪元年(1627)初,从征朝鲜。五月,从太宗围锦州,败明兵于宁远。叙功。授一等副将。旋卒。康熙三年(1664)追谥忠直。

【博灵阿】(?—1773) 清朝大臣。蒙古正白旗人,图伯特氏。御前大臣旺扎尔子。乾隆二十七年(1762),授三等侍卫。三十六年(1771),擢御前头等侍卫,署镶黄旗蒙古副都统,授正蓝旗蒙古副都统。三十七年(1772)二月,随军征金川,以功,授领队大臣。三十八年三月,随军分攻当噶尔拉,受枪伤卒。

【博罗欢】(1236或1238—1300) 又作博鲁欢、博罗罕、孛鲁欢、孛罗欢、拨鲁罕、不鲁合罕等。元朝将领。蒙古忙兀氏。蒙古国开国功臣*畏答儿曾孙,琐鲁火都子。以智勇著称。十六岁任本部断事官。后从世祖忽必烈讨阿里不哥。中统三年(1262),率本部军参与平定李璮之乱,皆有战功,屡受赏赐。后受命赴云南,查治皇子忽哥赤为省臣宝合丁毒死事件,以功受赐。至元八年(1271),授昭勇大将军、右卫亲军都指挥使。十一年(1274),授金吾卫上将军、中书右丞,统左军,与伯颜之右军共同进兵南宋,寻兼淮东都元帅,取海州、东海、石秋,下清河、扬州,淮东皆平,加封桂阳、德庆二万一千户。十四年(1277),讨平叛臣只里斡台于应昌。二十年(1283,或作二十一年),拜御史大夫。二十四年(1287),督忙兀、兀鲁兀、札剌儿、弘吉剌、亦乞列思五部军,随军讨叛王乃颜、合丹,凡四年。三十一年(1294)成宗即位后,历任陕西、湖广、江浙行省平章政事。死后追封泰安王。有《平章政事忙兀公神道碑》以志其功。

【博罗特】 ①(?—1654)清朝蒙古王公。浩齐特部人。博尔济吉特氏。奇塔特昆杜棱额尔德尼车臣楚琥尔子,号额尔德尼。为避察哈尔部侵扰,依喀尔喀车臣汗硕垒。崇德二年(1637),投附清朝。三年,从征喀尔喀札萨克图汗。顺治元年(1644)遣使献马。三年,封札萨克多罗贝勒,留额尔德尼号。七年(1650),晋多罗郡王,掌左翼。②(?—1809)清代右部哈萨克汗。阿布勒班毕特长子。乾隆三十四年(1769),父死,袭汗位。三十七年(1772)冬,遣阿克太里克偕侄卓勒齐等进京朝觐,受清朝政府厚赏。

【博和托】(1610—1648) 清初将领。满族,爱新觉罗氏。清太祖*努尔哈赤孙,饶余敏郡王*阿巴泰次子。初封辅国公。清崇德元年(1636),从太宗征朝鲜,围都城,进围南汉山城,击败援军二万。二年,朝鲜国王降。三年,随睿亲王多尔衮入关,掠北京西南六府,入山西,移师取济南。六年(1641),随郑亲王济尔哈朗围锦州。七年,下锦州,围杏山。驻防锦州。随父入关,攻蓟州、河间、景州,克兖州。八年,驻防锦州。顺治元年(1644),从多尔衮入山海关,败李自成义军。晋固山贝子。三年,随豫亲王多铎征蒙古苏尼特部腾机思、腾机特。卒,谥温良。

【博栋阿】 清朝将领。达斡尔人。有军功,通晓汉、满、蒙文字。同治七年(1868),授呼兰副都统。次年,因事降三级调用。旋充翼长,复原官。十四年,补墨尔根城(今黑龙江嫩江)副都统。

【博喇海】 见"卜儿孩"。(3页)

【博尔奔察】 清朝将领。索伦鄂拉氏。世居西布特哈瓦尔土口屯,隶正蓝旗。雍正十年(1732),掌管呼伦贝尔总管关防。乾隆初,擢正黄旗都统。十六年(1751),扈从南巡。二十一年,晋内大臣,受命戍乌里雅苏台。率索伦兵赴巴里坤,助攻回部有功,图像紫光阁。

【博罗尼都】 见"布拉呢敦"。(100页)

【博迪达喇】(1514—?) 全称博迪达喇鄂特罕台吉,汉籍作我托汉卜儿剌台吉。明代蒙古阿苏特、永谢布两部的领主。孛儿只斤氏。*达延汗孙,*巴尔斯博罗特第六子。幼时即立志剿灭其叔乌巴缴察之子阿济、实喇兄弟,占据其地阿苏特和永谢布。后逢阿济、实喇内讧相残,实喇被杀无嗣,阿济以杀弟罪被众人遗弃,遂被立为阿苏特和永谢布领主。驻牧于宣府、张家口塞外正北方,离边塞约二十日程,在张家口与明朝互市。

【博木博果尔】 又作奔博果尔、奔波果尔、博穆博果尔、博古里、博穆波果尔。清代东北索伦部的著名首领。世居黑龙江流域,以才勇见长,得众心,江南北各城屯俱附。崇德二年(1637),率八人朝清,贡马匹貂皮。旋助吴巴海等追杀喀木尼汉部叶雷于温多河,赏赐甚厚。三年,偕瓦代、噶哈等来朝,贡貂皮、猞猁狲等物。清太宗设宴崇政殿,赐衣服、马匹等器物。四年叛,清派索海、萨木什喀等往征。五年,清军克雅克萨、兀库尔(一作乌库尔),进围铎陈。他率六千人迎战,旋陷入清军埋伏,死四百余,败遁。清军伤亡尤众,清太宗旨召索海等还,命席特库(一作锡特库)等,以科尔沁诸部兵潜袭之,被擒于齐洛台地(一作齐路德河)。

【博克多格根】 见"哲布尊丹巴呼图克图一世"。(448页)

【博硕克图汗】 见"噶尔丹"。(594页)

【博勒呼济农】 见"伯颜猛可"。(234页)

【博迪阿拉克汗】 见"卜赤"。(3页)

【博硕克图济农】(1565—1624或1626) 汉籍译作卜失兔、卜失兔阿不害等。明代蒙古右翼鄂尔多斯济农(亲王)。孛儿只斤氏。*吉能孙,*布延巴图尔鸿台吉长子。隆庆六年(1572),受明封为千户。万历元年(1573),父卒,袭都督同知。五年,被立为济农,得到切尽黄台吉辅佐。驻牧于黄河河套及以西地区,与明朝互市于红山(今陕西榆林县北十里)、清水营(今甘肃灵武县东八十里)。至万历十二年(1584),与明朝关系谐和。后因明朝封赏不均,遂起兵端。十五年(1587),不顾其母太虎罕同(虎来罕同)再三劝阻,与明军两次开战,本人受伤,爱女被俘,人畜损失惨重。二十年(1592),与庄秃赖等率兵赴宁夏助副总兵哱拜(蒙古族)反明,被总兵李如松(朝鲜族)击败。二十四年(1596),用兵于西图伯特(西藏西北部),控制沙喇卫郭尔(即撒里畏兀儿,今裕固族)。时该部已分为四十二支,各自为雄,济农已不能节制诸支。本人笃信佛教,用宝石金银装饰《甘珠尔经》,修造释迦牟尼金佛,尊迈达哩呼图克图为"大慈诸们汗",获"转金轮匝噶喇斡尔第彻辰济农汗"的尊号。

【博多哇·仁青赛】(1031—1105) 宋代藏传佛教噶当派大师。吐蕃人。幼年在杰拉康寺伦楚绛师座前出家,曾任扎交寺捏巴(管理人员),办事清廉,从不向僧众索取资财。赴康区专事修行。宋嘉祐三年(1058),到热振寺从仲敦巴学法。与仲敦巴的弟子普穷哇、京俄巴并称为"三昆仲"。仲敦巴死后,从事静修。五十一岁,开始周游各寺讲经收徒,常侍其左右者有二千余人(一说千余人)。极其重视佛教经典的学习,故他传出的这一派弟子,又称教典派。重视阿底峡的《菩提道灯论》,也常讲《大乘经庄严论》、《菩萨地》、《集菩萨学论》、《入菩提行论》、《本生鬘论》、《集法句经》等六论。在任热振寺堪布时,因与其他当权者不协,离开热振寺,另建博多寺。后常驻此寺讲经传法,噶当派的名声逐渐著称于卫藏。

【堪都】 见"罕都"。(265页)

【塔石】 见"塔克世"。(526页)

【塔本】(?—1243) 蒙古国将领。别失八里(今新疆吉木萨尔北破城子)畏兀儿人(一说哈密里人)。宋五设托陀(托陀,意"国老",其国主所号)之子。初随巴而术阿而忒的斤入朝,从成吉思汗征诸部,从围金燕京,征辽西,下平滦、白霤诸城,告诫军士勿妄杀,获成吉思汗赞赏。受命镇抚白霤诸郡,号行省都元帅。后徙治兴平(治今河北卢龙县)。任内,薄赋轻徭,鼓励家耕,民赖以安,归者四集,户由七百增至万余。元太宗二年(1230),又将中山、平定、平原隶其所辖行省。六年(1234),平定李仙、赵小哥。乃马真后二年(1243),病卒。追赠太师、营国公,谥忠武。

【塔出】 ①又译泰出、塔术。蒙古国驸马。斡勒忽讷惕氏。*月伦太后(成吉思汗母)弟斡剌儿之子(一说作月伦弟)。娶成吉思汗幼女按塔伦(又译阿勒塔伦)公主,称"古列坚"(驸马),故习称塔出驸马。成吉思汗赐以"照儿薛禅"称号,任右翼千户长。②(1244—1280)元朝将领。唐兀氏。布兀剌子。幼孤,长善骑射。至元元年(1264),入侍世祖。七年(1270),授昭勇大将军、山东统军使,镇莒、密、胶、沂等城,以扼宋军。九年(1272),改金枢密院事。略地涟海,收降宋将蒋德胜。十年,改金淮西等处行枢密院事,城正阳,以扼宋军。十一年,以镇国上将军、淮西行省参知政事,帅军攻安丰、庐、寿等州,俘敌万余。败宋夏贵师,解正阳之围。十二年,从丞相伯颜以水师与宋军战,顺流东下,相继取池州、太平、建康、丹徒、江阴、常州,扼西津大败宋军。以功授淮东左副都元帅。十三年,领淮西行中书省事,于新附诸州禁掠民,练士卒,境内安然。迁江西都元帅,平定广东。十四年,加赐双虎符,为江西宣慰使,后为中书右丞,行中书省事。十七年(1280),入觐,卒于京。

【塔思】(1212—1239) 又名查剌温。蒙古国将领。札剌儿氏。成吉思汗十大功臣之一*木华黎国王孙,*孛鲁长子。窝阔台汗元年(1229),嗣为国王,镇守西京(今大同)。受命救援潞州,为金将移剌蒲阿所败,后与额勒只吉歹军会合,复取潞州。二年,随伐金,扼守潼关,阻金援军。四年(1232),配合汗弟拖雷大败金军于钧州三峰山,尽歼敌精锐,擒移剌蒲阿。继与忽都虎略河南,招降邓州。五年,随汗子贵由攻辽东,擒蒲鲜万奴。翌年,受命与汗子阔出总兵攻宋。七年(1235),破枣阳,攻郢。次年,拔符镇等地。以功得东平路三万九千余户为食邑,九年(1237),收降光州,攻大苏山。次年取北峡关。十一年(1239),卒于西京。

【塔拜】(1589—1639) 清初将领。满族,爱新觉罗氏。太祖*努尔哈赤第六子。后金天命十年(1625),以征东海北路呼尔哈部功,授三等甲喇章京。天聪八年(1634),封三等辅国将军。顺治十年(1653),追封辅国公,谥悫厚。

【塔孩】 又作塔海。蒙古国将领。逊都思氏。骁勇善战,号把阿秃儿(意为勇士)。初与兄赤勒古台、弟泰亦赤兀歹俱事铁木真(成吉思汗)。宋淳熙十六年(1189),共戴铁木真为蒙古本部汗,被委任为忽剌海,掌前锋巡察之事,故又称塔孩忽剌海。随从参加统一蒙古诸部。嘉泰三年(1203),在合兰真沙陀之战中,与克烈部王罕攻战,兵败,与铁木真等共饮班朱尼水誓盟拒敌。开禧二年(1206)蒙古国建立时,以功封千户长。成吉思汗十四年(1219),随汗西征,与速亦客秃、阿剌黑同掌一军,连破别纳客忒、忽毡等城,卓有战绩。

【塔海】 元朝大臣。哈剌鲁氏。奥鲁总管*铁迈赤孙,兵部尚书*虎都铁木禄侄。初隶土土哈部下,充哈剌赤。至元二十四年(1287),从世祖平诸王乃颜之乱。二十六年,充博儿赤(司膳)。成宗(1294—1307年在位)朝,历中书直省舍人、客省副使。武宗即位,进和林行省理问,历金通政院事、和宁路总管、汴梁路总管。谏言免征虚粮二十二万石,民赖以安。改庐州总管,开廪减值粜粮,以济灾民。天历元年(1328),任金枢密院事,守潼关及河中,御在上都称帝之阿剌吉八军,战山南道廉访使帖木哥等军。进大都督。

【塔儿海】 亦称塔剌海古儿干(驸马)。元代蒙古斡亦剌部贵族。不花帖木儿孙,札乞儿古儿干子,*旭烈兀汗内侄孙。任伊儿汗国斡亦剌千户长(一说万户长)。先后娶旭烈兀女忙古鲁干及孙女阿剌忽鲁鲁为妻。元贞二年(1296),因曾参与谋杀乞合都事件,受合赞汗迫害,率部众一万八千户,从底牙儿别克儿逃往叙利亚。一说因部属抢夺突厥部落牲畜,合赞命归还,不从,遂杀使者出奔。后被当地苏丹拉沁杀害。

【塔不也】 ①见"移剌塔不也"。(507页)②见"耶律挞不也"。(324页)③见"耶律塔不也"。(325页)

【塔不烟】 见"萧塔不烟"。(489页)

【塔齐布】(1817—1855) 清末将领。满洲镶黄旗人。陶佳氏。字智亭。初任护军、三等侍卫。咸丰元年(1851),任湖南绿营都司。二年,太平天国领袖洪秀全进军湖南长沙。他随提督鲍起豹等固守城池两月余。三年,由曾国藩和湖广总督张亮基保荐升副将。次年,率湘军败太平军于湘潭,复武昌等地。后擢湖南提督。五年(1855),率部会攻九江,用兵半年,久攻不下,呕血而死。卒,谥忠武。

【塔阳罕】 见"太阳罕"。(62页)

【塔克世】(？—1583) 又称他失、塔石、塔失。女真族,爱新觉罗氏。景祖*觉昌安第四子,清太祖*努尔哈赤父。明嘉靖(1522—1566)末年,为建州右卫都指挥王杲部将,屡随杲犯明边,后背王杲归顺明朝。万历二年(1574),引明将李成梁攻王杲,以功升任建州左卫指挥使。十一年(1583),图伦城主尼堪外兰导李成梁攻占勒山城时,他随父赴援救女婿阿台,城破死于兵火。清朝追尊为显祖宣皇帝。

【塔剌海】(？—1308) 元朝大臣。蒙古许兀慎氏。*月赤察儿子。初侍世祖皇太子真金。至元三十年(1293),授昭勇大将军、左都威卫使。成宗铁穆耳即位后,先后兼领徽政使、宣徽使。大德十年(1306),迁知枢密院事。在任期间,以功得汗赐江南田六百亩。大德十一年(1307)武宗海山即位后,官拜中书左丞相,兼领枢密院、宣徽院事,加赐田四千亩。寻进中书右丞相。至大元年(1308),随汗幸上都(今内蒙古正蓝旗东闪电河北岸),病卒。追封淇阳王。

【塔勒岱】(？—1686) 清初将领。满洲镶白旗人。博和哩氏。先世居黑龙江。天聪时(1627—1635)任前锋校。康熙元年(1662),随定西将军爱星阿由云南入缅甸,追擒明桂王朱由榔。七年(1668),授前锋侍卫。十三年(1674),随前锋统领穆占进四川,败吴三桂党,于野狐岭、阳平关等败叛军,以功予云骑尉等职。继随穆占讨王辅臣叛军,克秦川,趋平凉,屡败叛军。十五年(1676),移师湖南讨吴三桂。十七年(1678),驻师攸县,屡败叛军。十八年,败叛军于永州、沅州。因功授护军参领。二十年(1681),调前锋参领。二十三年(1684),擢前锋统领。二十四年,擢镶白旗蒙古副都统,晋世职为骑都尉兼一云骑尉。卒,谥勇壮。

【塔斯哈】(？—1830) 清朝将领。满族。瓜尔佳氏。满洲正白旗人。嘉庆五年(1800),由前锋补印务笔帖式,后擢前锋校。道光二年(1822)因军政卓异,擢委前锋参领。五年(1825),升前锋参领。六年,随武隆阿至西北镇压张格尔叛乱。七年,进剿阿瓦巴特回庄,斩获甚众,赏副都统衔。是年底,授镶红旗蒙古副都统。八年,充伊犁领队大臣。十年(1830)初,调喀什噶尔帮办大臣,在与回部作战中阵亡,谥壮毅。

【塔察儿】 ①(？—1238)一名倴盏。蒙古国将领。许兀慎氏。*博尔忽子(一说为从孙)。以骁勇善战著称。初充宿卫,侍成吉思汗。拖雷监国时期(1227—1229),受命于耶律楚材整治燕京盗贼,诛首恶,平盗乱,颇有政绩。窝阔台汗二年(1230),从汗伐金,任行省兵马都元帅,统宿卫军及诸王军士,取河东诸州郡,攻潼关。翌年,从破河中。四年(1232),与速不台等围攻汴梁,迫使金主请和,遣曹王讹可入质。继受委留镇河南。以金败盟杀蒙古使臣,复围汴,屡败金军于南薰门。五年,围攻蔡州,与南宋军配合,南北夹攻,屡败金军。次年,破城,金朝亡。受命留镇河南,以遏阻南宋军。八年(1236),降宋息州,破光州,以功赐息州民三千户。十年卒于军。②又作塔察。蒙古国宗王、大将。孛儿只斤氏。*成吉思汗幼弟*铁木哥斡赤斤之孙,只不干子。父早卒,祖父死,以嫡孙,受皇太弟宝,袭王爵,领有祖父封地。定宗后海迷失称制三年(1251),与东道诸王也古、也松格等拥立蒙哥即汗位。蒙哥汗七年(1257),率兵攻宋,围樊城。次年随汗伐宋,攻荆山,以分宋兵力,略地至江而还。1260年,与诸王首倡拥戴忽必烈称汗,以功赐益都、平州为食邑,并以诸王白虎、袭剌谋所属民户岁赋予之。中统二年(1261),随汗征阿里不哥,大败阿里不哥于昔木土脑儿,迫之北遁。

【塔儿忽台】 又作塔儿忽台乞邻勒秃黑、塔儿忽台希怜秃,"塔儿忽台"为名,"乞邻勒秃黑"意为"嫉妒者"。蒙古国建立前泰赤乌部首领。与成吉思汗同宗,均为*海都后裔。一说为俺巴孩罕之孙,合答安子;一说为阿答勒子。据《史集》载,在俺巴孩死后,执掌泰赤乌部事。该部旧与蒙古部相善,后因其从中作梗,遂生嫌隙。宋乾道六年(1170)铁木真(成吉思汗)父也速该死后,乘蒙古部势衰之机,遗弃铁木真一家,并裹胁其众,遂结怨。后虑铁木真势盛难制,一度率众捕捉监禁铁木真。宋淳熙十六年(1189),铁木真即蒙古部汗位后不久,他又与札只剌等十三部共三万人合攻铁木真,爆发了"十三翼之战",虽胜,但因虐待属部,部众离叛,势衰。宋庆元六年(1200),为铁木真和克烈部王罕联军败于斡难河(今鄂嫩河)。据《圣武亲征录》载,逃至月良兀秃刺思地方被执杀。依《元朝秘史》载,嘉泰元年(1201),与哈答斤等十一部会于刊河(今根河),共举札儿剌部札木合为"古儿罕",联兵进攻铁木真,败于海剌儿河(今海拉尔河),逃匿森林中,被部下纳牙阿所执,欲献于铁木真,旋被释,后不知所终。

【塔札别克】 全称塔札别克·布苏尔曼诺夫。清代右部哈萨克(大玉兹)阿尔班部首领。同治十年(1871)三月,因不满沙俄的侵略和统治,致信伊犁"苏丹国",表示愿率部移居伊犁,获允,率众千余户经春济前来,被安置于托古斯塔柳(今新疆巩留)一带游牧。在其影响下,阿拉木图一带牧民也相继来附。沙俄借口"塔札别克事件"出兵占领伊犁。苏丹艾拉汗降,将其缚送沙俄军。

【塔波拉杰】(1079—1153) 又译达波拉结。宋代藏传佛教塔波噶举派创始人。吐蕃人。本名索南仁钦;幼名罗追扎。生于塔波尼氏家族。从少年时代起学医,医术四乡闻名,故称塔波拉杰,意为塔波地方的医生。二十多岁时妻死,忧伤,遂于二十六岁出家为僧,受具足戒。后从高僧玛域罗丹学密宗《胜乐》和《大宝六庄严母》等教法。又从盆域的甲域哇等学噶当派教法,从阿阇黎降秋僧巴学修行教授,修得"定功"。据说他能持续十三日打坐不起。学成后返乡继续精修。因敬仰米拉日巴大师法力,亲赴甄地(今聂拉木附近),拜米拉日巴为师,学金刚亥母灌顶及拙火定法等。经十三个月,学成返前藏。遵师嘱不贪恋人世间凡俗,不结交有三毒(贪、瞋、痴)的人,一意专修。宋宣和三年(1121),在塔拉岗波(在今雅鲁藏布江北岸加查县和朗县之间)创建岗波寺,收徒传法,成为塔波噶举派的祖寺。他本人亦因此被称为岗波巴。改变其师米拉日巴生前不分别传授"大手印"与"方便道"的作法,视僧徒实际情况而定,凡适合授密法者,则传授方便道;适合兼授显教者,则授以"大手印"。著有《噶当教法次第论》,阐释噶当派教义;还著有讲噶举派密教修法的书,如《解脱道庄严论》。他融合噶当派教法和米拉日巴所传密法,以"大手印"法为主,创立自己的体系,藏传佛教史称之为塔波噶举派。其弟子众多,流传甚广,延续至今。绍兴二十年(1150),把岗波寺主之位传给其侄贡巴粗墀宁波(1116—1169)。

【塔海绀卜】 又译塔海绀不、塔海甘卜、达海绀卜、答海绀卜。蒙古国将领。窝阔台汗六年(1234)灭金后不久,受命统兵征四川。次年,蒙古军分三路攻南宋,任都元帅,随皇子阔端率西路军,由秦、巩入四川。攻石门,说降亡金便宜总帅汪世显。八年(1236),大败宋军于阳平关,招降利州、潼川等路军,入成都,继招降秦、巩二十余州。九年,还师陕西。十二年(1240),以军前所获新民二千户、工匠及牲畜等支援京兆三白渠的修复工程。

【塔塔统阿】 蒙古国大臣。畏兀儿人。性颖悟,善言论。深通畏兀儿文。初为乃蛮部太阳汗师傅,并司"出纳钱谷,委任人材"金印。南宋嘉泰四年(1204),太阳汗败亡,被成吉思汗擒执,仍受命掌印玺,并教太子诸王以畏兀儿字书写蒙古语。窝阔台汗(1229—1241年在位)时,主管内府玉玺及金帛收支事宜。病卒。至大三年(1310),追封雁门郡公。

【塔赫尔汗】(?—1533) 又译塔喜尔汗。明代哈萨克汗。*哈斯木汗侄(一说堂弟)。1523—1533年在位。其统治期间,对内暴虐无道,倒行逆施;对外不分敌友,四处出击,以致中、西部为诸盖国所占领。嘉靖三年(1524),与叶尔羌汗国赛德汗会盟,结姻亲。后被迫从克普恰克草原南徙,联合乞儿吉思统治者马黑麻(穆罕默德),进攻塔什干,兵败,失锡尔河部分领地。因专横残暴,众叛亲离,汗国渐衰,人口从一百万降至四十万。卒后,布达什继位,汗国处于四分五裂状态。

【塔吾克勒汗】(?—1598) 又译泰外库勒汗。明代哈萨克汗。*贾尼别克汗曾孙,契晏依汗子。1582—1589年(一说1586—1598)在位。即位初,为报父祖之仇,和布哈拉汗阿布多拉二世订约结盟,屡与塔什干巴巴苏丹战。明万历十年(1582),于土耳克斯坦附近击杀巴巴苏丹,并使阿布多拉二世将锡尔河流域的萨乌兰、土耳克斯坦、讹答剌、赛拉姆等城归还之。翌年,与阿布多拉关系破裂,不断发生冲突。二十六年(1598),乘阿布多拉新亡,伊朗沙阿巴斯一世攻打布哈拉汗国之机,率军十万入河中地,占领阿合锡依、安集延、塔什干、撒马尔罕等城。并亲统军八万围困布哈拉,战斗中身负重伤,被迫撤回塔什干。旋卒,宗亲艾斯木汗继位。

【塔旺扎木素】(?—1722) 清朝蒙古王公。乌珠穆沁部人。博尔济吉特氏。车臣亲王素达尼次子。初授一等台吉。康熙五十五年(1716),随清军防御准噶尔部策妄阿喇布坦。五十八年(1719),和翁牛特部台吉罗卜藏等,从平逆将军延信送达赖喇嘛入藏。六十一年卒。雍正元年(1723),叙功追封镇国公。

【塔喇海台吉】 汉籍作那竹台吉。明代蒙古贵族。孛儿只斤氏。*巴尔斯博罗特第七子。幼亡,无份地,无嗣。

【塔儿忽台希怜秃】 见"塔儿忽台"。(526页)

【塔希·东松冈瓦】 唐代汉族名医。原名无考。学识渊博,尤精医道。8世纪中叶,应吐蕃王赤松德赞(755—797年在位)邀请入吐蕃,为九太医之一。与诸名医共同撰著编译各种医学论著六十八部,汇成巨著《太医药诊紫色经函》,藏文名《嘉布拉杰布德木布》。与马哈巴拉撰写了其中的《文殊口述·配方宝鬘》、《内脏展示·神奇大鉴》、《手肢脉息所生·珍宝五库》、《茶毒治法·无垢宝珠》、《水火颠倒》、《毒症诊疗·火舌轮》、《杂症特殊治法》、《小便检查法》、《急症速治法》、《灸法实践明灯》等十部。书成后,选九名聪颖儿童精心传授,后成为藏医九名医,*老字妥·元丹贡布为其中之首。曾一度返回故乡,后以吐蕃王赤松德赞患重疾,应召,重返吐蕃。途中著《良医道炬》和《四方医学四论》等医学论著,献于赤松德赞。王病愈,赐以"塔希·东松冈瓦"之号,意为"(誉)满四方三千之医",并赐予雄、堆两地为采邑。从此,以"塔希"为*姓氏,定居吐蕃,娶妻延嗣。后裔为北派医家,多出名医。

【棍噶札勒参】(?—1896) 一译固帑干札拉参、棍噶札拉参。清代新疆蒙古族转世活佛。又名嘉穆巴图多普,法号察罕格根。甘肃洮州(今临潭)人。同治元年(1862),至新疆库尔喀喇乌苏布教。四年(1865)春,率卫拉特兵镇压塔尔巴哈台回族、哈萨克族人民起义,获呼图克图号。是年夏,领兵自塔城南下,援救被伊犁各族人民围困于惠远城之清军。七年(1868),受命统辖流移于阿尔泰山之索伦营、塔城厄鲁特人众,妥办安插事宜。继领兵镇压布伦托海(今新疆福海)难民起义。次年,赴阿勒泰创修千佛庙,赐名"承化寺"。十一年(1872),率所部索伦、厄鲁特兵驻塔城,加强塔尔巴哈台防务。光绪二年(1876),率众迎击沙俄波塔宁骑兵对承化寺的窜犯,解除其武装,将其逐出。沙俄借口官员被辱,迫令清朝政府查处。在沙俄胁迫下,被迫到西藏熬茶学经。十二年(1886)返京。沙克都尔札布请求允其回塔城。清廷恐再度生事,令仍回库尔喀喇乌苏八英沟。二十年(1894),赴洮州新寺。越二年圆寂。

【联魁】 清朝大臣。字星桥。满洲镶红旗人。初为贡生,累官道员。光绪二十四年(1898),任安徽按察使。逾五年,迁布政使,寻署巡抚。三十一年(1905),迁新疆巡抚。宣统二年(1910)召回京。著有《新疆奏稿》。

【颉干迦斯】 又作颉于迦斯。唐代回鹘贵族、重臣。天亲可汗时擢为相,历事天亲、忠贞、奉诚三可汗。建中二年(781),代天亲可汗接见唐册立使源休。忠贞可汗时屡领兵与吐蕃相争。贞元六年(790),率军西击吐蕃,兵败,北庭失陷。六月返归牙庭,辅佐忠贞可汗。次年与唐将杨袭古相约再攻吐蕃,谋复北庭,败绩,死伤大半,势衰,浮图川亦为葛逻禄部所占。

【颉利可汗】(?—634) 唐代东突厥可汗。名咄苾。阿史那氏。*启民可汗染干第三子,*处罗可汗弟。原为莫贺咄设。武德三年(620)处罗可汗死后继位。依俗复纳义成公主为妻。以始毕可汗子什钵苾为突利可汗,又称小可汗。奉隋齐王之子杨政道为隋主,连岁扰唐边。隋末群雄梁师都、刘黑闼、苑君璋等皆附其势。自恃兵马壮,对唐悖傲。高祖李渊忙于逐鹿中原,退容以求乎和,多以赐予。七年(624)七月,与突利可汗联兵南下扰唐,遇秦王李世民抵御,继唐反间计,与突利相互猜忌,军力大衰,遣使求和,请互市。八年(625),率十余万骑掠朔州。次年,兵临渭水,迫太宗李世民倾府库以约和,亲与之会盟于便桥,始退,史称"渭水之盟"。因厚待粟特胡,重敛诸属部,贞观元年(627),薛延陀、回纥、拔野古等十余部相率反抗。以突利征讨兵败,拘之,彼此生隙。次年发兵攻突利,迫其向唐求助。三年(629),遭唐、薛延陀等六路兵所攻。次年,定襄(今山西大同)被袭,退守铁山,遣使求和,请内附。继遭唐将李靖袭击,军溃,义成公主死于乱军,颉利为唐将张宝相俘送长安,东突厥汗国亡。后获释,授右卫大将军。八年(634)正月病卒,追赠归义郡王,陪葬昭陵。

【颉鼻叶护】 唐代焉耆贵族。焉耆王*龙突骑支弟。王族龙姓。与兄有隙,于贞观十八年(644),借栗婆淮等兄弟三人奔西州(今新疆吐鲁番东南高昌城废址)投唐,后事迹不详。

【颉跌利施可汗】(?—691) 唐代后突厥汗国创立者。名骨咄禄,又作骨笃禄、不卒禄。阿史那氏。原为单于都护右厢云中都督舍利元英辖下首领,世袭吐屯啜(突厥官名)。阿史那伏念反唐兵败后,骨咄禄于永淳元年(682)召散亡之众退据总材山,拥众五千,势仍盛,自称颉跌利施可汗,以默啜为设,咄悉匐为叶护,任阿史德元珍为阿波达干,总兵马事,建牙乌德鞬山(今杭爱山北),并在黑沙城(今内蒙古呼和浩特市北)建南牙。北破九姓,东败契丹,称雄漠北,史称后突厥汗国。屡犯唐境,相继攻掠并州、定州、妫州、蔚州。垂拱三年(687),大败唐将爨宝璧部。一生征战四十七次,身经二十战。天授二年(691)病卒。子默棘连年幼,弟默啜自立为汗。

【颉利俱利薛沙耽弥可汗】(?—646) 唐代薛延陀汗国第二代可汗。名拔灼,又作拔酌。*真珠毗伽可汗嫡子。贞观四年(630),封四叶护可汗,也作沙耽弥叶护、沙多弥叶护,辖汗国西方异姓诸部。十二年(638)九月,被唐太宗册为四叶护可汗。十九年(645),父死,杀庶兄突利设曳莽,自立为汗,称颉利俱利薛沙耽弥可汗。同年发兵十万扰唐境,深入夏州,为唐将执失思击败,轻骑遁窜。次年,为江夏王李道宗联合回纥兵所败,为回纥兵杀。

【散达】 女真完颜部首领之一。国相*雅达子,*桓赧弟。详见"桓赧"。(435页)

【散扎布】 又作桑扎布、三扎布、三济扎布。清代卫拉特蒙古土尔扈特部贵族。*阿玉奇汗第三子。康熙四十年至四十一年(1701—1702)因与父不睦,率属户一万余人投准噶尔部策妄阿拉布坦(一说时值阿玉奇汗以女嫁策妄阿拉布坦而从往;另一说是受策妄阿拉布坦之诱而去)。因阿玉奇汗追索,被送归,其属众被扣留,导致双方关系恶化,使土尔扈特部归国之通道梗阻达十年。

【散即思】(?—1432) 又译散西思。明代撒里畏兀儿首领。洪武四年(1371),任曲先卫指挥同知。永乐二十二年(1424),与安定卫指挥哈三之孙散哥劫杀朝使,遭都指挥李英攻击,逃遁。宣德初有罪,都指挥陈通前往抚慰。复遣使进贡,命为都指挥同知。五年(1430),因屡劫往来贡使,宣帝令史昭往讨。先通,继使脱脱不花迎战,兵败。脱脱不花被擒。因人畜多损失,悔惧。次年,遣弟坚都等四人朝贡,命还归故居,以所俘众给之。

【敬征】(1784—1851) 清朝宗室、大臣。满族。镶白旗人。和硕肃亲王永锡子。嘉庆十年(1805),赏头等侍卫。历署镶黄旗蒙古副都统、正蓝旗宗室总族长,授内阁学士兼礼部侍郎。二十二年(1817),因失察宗室海康等习红阳教事,革总族长职,发盛京居住。道光二年(1822),累官内阁学士兼礼部侍郎衔。三年,调镶蓝旗满洲都统,兼管内务府大臣。寻管理圆明园八旗内务府三旗事务。四年,管理钦天监、国子监及算学西洋堂事务。五年,管理畅春园并咸安宫官学等。六年,管理右翼幼官学,转户部左侍郎。因户部代大兴县陆有章呈请于畿辅重地宛平等五州县开采银矿事,降二级留任。七年,承办万年吉地工程,复兼署户部钱法堂事务。历正红旗满洲副都统、署泰宁镇总兵兼管内务府大臣、署经筵讲官。十三年(1833),升正红旗蒙古都统。十四年,调镶黄旗汉军都统,都察院左都御史。奉命勘浙江海塘工程。升兵部尚书,调工部。十五年,充文渊阁提举阁事、镶红旗满洲副都统。次年,历迁镶红旗蒙古都统、都察院左都御史,授内大臣,改工部尚书。十八年(1838),充经筵讲官、镶黄旗汉军都统、镶黄旗宗室总族长。二十年,管理新建精捷营事务。寻兼署户部、兵部、吏部尚书。二十一年,调户部尚书。奏公主下嫁章程。二十二年,奉命会勘江南扬河漫口。任户部尚书协办大学士,旋因事革职留任。二十五年(1845),以滥保驻藏大臣孟保副都统,革协办大学士、尚书、都统,以内阁学士候补。三十年(1850),赏副都统衔署正白旗满洲副都统。

【敬信】(?—1907) 清朝宗室、大臣。满族。正白旗人。咸丰九年(1859),由宗人府笔帖式,授七品笔帖式。光绪六年(1880),官内阁学士兼礼部侍郎衔,升刑部右侍郎。十四年(1888),兼署吏部右侍郎,复兼正蓝旗满洲副都统,因事革职留任。十六年,兼署户部左侍郎,兼管三库事务。十九年(1893),升左都御史。二十年,授兵部尚书,补正白旗蒙古都统,在总理各国事务衙门行走。二十六年(1900),调兵部尚书。二十九年(1903),以吏部尚书协办大学士,授体仁阁大学士。三十年,因病休仕。卒,谥文恪。

【款彻】 见"宽阔"。(471页)

【斯奴古】 见"辛古"。(238页)

【斯密愚】 见"措末迁"。(497页)

【欺南凌温】 见"唃厮啰"。(450页)

【韩轨】(?—554或555) 东魏、北齐官员。一说为匈奴破六韩氏(孝文帝时改为韩氏)。太安狄那人。字百年。北魏永安(528—530)年间,高欢镇晋州,被引为镇城都督。普泰元年(531),随欢起兵信都,从破尔朱兆于广阿,参加韩陵之战,封平昌县侯,迁泰州刺史。其妹为欢所纳,故颇受礼遇。以军功封安德郡公,迁瀛州刺史,被劾,削爵。未几,复爵。历任中书令、司空。东魏武定五年(547),率师讨侯景,转司徒。次年,与慕容绍宗等讨西魏王思政于颍川。北齐天保元年(550),封安德郡王。四年(553),随文宣帝讨契丹。后拜大司马,从征柔然,卒于军。赠太宰、太师,谥肃武。

【韩茂】(?—456) 北魏将领。匈奴破六韩氏。安定安武(今甘肃镇原西南)人。字元兴。常山太守韩耆子。善骑射,年十七,随太宗征丁零翟猛,为中军执幢,升虎贲中郎将。后从世祖征赫连昌,以功赐爵蒲阴子,迁侍辇郎。又从破统万、平凉,拜内侍长,晋爵九门侯。后为前锋都将,与乐平王元丕伐和龙,迁司卫监,拜散骑常侍、殿中尚书,晋爵安定公。太平真君(440—451)年间,从破薛永宗、盖吴义军,转都官尚书。十一年(450),随帝南征,拜徐州刺史。还,为侍中、尚书左仆射,加征南将军。高宗即位,拜尚书令,加侍中、征南大将军。太安二年(456)夏,领太子少师。冬卒。赠泾州刺史、安定王,谥桓。

【韩宝】(?—1385) 又作神宝。撒拉族土司始祖。元时任世袭达鲁花赤。明洪武三年(1370),明军于陇右一带击败元主力扩廓帖木儿。五月,随吐蕃等处宣慰使何锁南普降于明左副将军邓愈。六年(1373),授世袭百户,拔河州卫,征服藏族黑白army等部。同年四月,授昭信校尉管军百户。十八年(1385),拔河州卫右所管军,同年病死。

【韩昱】(?—1810) 清代撒拉族土千户。上六工土千户韩炳孙。乾隆二十九年(1764),承袭土千户职。四十六年(1781),在兰州围攻苏四十三起义军,清廷赏三品顶戴花翎。嘉庆二年(1797)四月,率子辉宗赴江南镇压白莲教起义。

【韩留】 见"耶律韩留"。(320页)

【韩雍】(1422—1478) 明朝将领。回族。字永熙。长洲(今属江苏苏州)人。正统七年(1442)进士,授御史,巡按江西,剪除贪官污吏。参与镇压处州(今属浙江丽水县)叶宗留及邓茂七起义。景泰二年(1451),擢广东副使,天顺初改山西副使。七年(1456),进兵部右侍郎。成化元年(1465),为左佥都御史,赞理军,前往两广镇压瑶、壮、苗等族农民起义。迁左副都御史,提督两广军务。四年(1468),再镇压两广各族人民起义军。九年(1473),遭中官(宦官)弹劾、罢官归乡。正德间,赐谥襄毅。著有《韩雍奏议》一卷、《韩雍文集》十五卷。

【韩二个】(?—1781) 清代撒拉族人民反清起义首领之一。撒拉族。循化(治今青海循化撒拉族自治县)清水工人。早年在唐晒山开荒,乾隆三十四年(1769),与苏四十三共同领导新教。四十五年(1780),与苏四十三提出"杀老教,灭土司"口号。以清朝偏袒老教,于次年正月,率众杀哈尔户长(总头人)韩三十八。三月率众起义,后于攻河州时战死。

【韩文海】 唐代吐蕃松赞干布(?—650年在位)时名医。汉族。应邀到吐蕃,任宫廷御医,为吐蕃王治病。与天竺(今印度)医生巴热达札、大食(一说高昌)医生嘎林诺共同编著七卷本综合性医书《无畏武器》,藏文名《门杰吉村恰》。他执笔《汉医大小杂诊》一章。该书兼收汉、天竺、大食医学内容,被誉为医生必读医书,松赞干布曾明令全吐蕃医生传习,优者予"错吉门巴"称号,并颁布十二条优待规定。被封为邦君,获厚赐。为各民族医学的交流和融合,吐蕃医学的繁荣,作出重大贡献。一说韩文海即韩维康或韩信杭之异译。

【韩有献】(？—1684) 清康熙朝黎族起义首领。绰号羊胡子。海南岛琼山县人。黎族。康熙十六年(1677)，与那义、那嘎等在琼山聚众起义。翌年失败，带领部分群众转入山区，坚持战斗，积蓄力量，伺机再起。十九年(1680)，与海上反清义军杨二、谢昌(汉族)汇同作战，声威大震，迫澄迈、定安等县，驻守官吏弃城逃跑，进驻定安城。海口所守备也开城迎降，琼邑大震。后因清调各路大军进行反扑，势力孤单，率部撤至深山，坚持战斗。二十三年(1684)五月，病逝。

【韩沙班】 撒拉族。下六工土司之祖。明嘉靖三十一年(1552)，以整顿茶马案有功，赐金牌一面，授百户，协助土司副千户办理茶马事务。

【韩努日】(？—1895) 清代循化街子头人。撒拉族。循化(治今青海循化撒拉族自治县)街子人。光绪二十年(1894)，乘老教与新教纷争之机，与韩老四争夺八工头人地位，挑起教派斗争，在械斗中双方死伤多人。次年，被清军所杀。

【韩杰殷】 清朝将领。朝鲜族。韩氏。满洲正黄旗人。一等参将韩义子。初授一等侍卫，累迁正红旗满洲副都统。康熙十一年(1672)，迁扩军统领。十四年(1675)，从内大臣佟国纲率师驻宣府，备御察哈尔部布尔尼。王辅臣叛，他从将军毕力克图驻大同，参赞军事。克吴堡，破卧牛城，复米脂、延川，收延安及诸属县。大破王辅臣万余兵。十五年，屡败吴三桂将吴之茂援军，克祁山堡，取礼、西和二县。督兵追击吴三桂至王屏藩，还驻秦州。十九年(1680)，攻保宁，克顺庆，并复所属州县，进驻成都。寻卒，赐骑都尉世职。

【韩家奴】 见"萧韩家奴"。(489 页)

【韩色力麦】(？—1781) 又称色力麦。清代回民起义女首领。回族。哲赫林耶教派创始人*马明心干女儿。乾隆四十六年(1781)，为反抗清朝对该派的镇压，参加苏四十三等领导的撒拉、回等族人民反清起义。在哲赫林耶、花寺两派联合后，与苏四十三等被推举为义军总指挥，率众攻占河州(今临夏县)城。清军为镇压起义军，逮捕马明心禁锢兰州。她与苏四十三等闻讯，率众营救。攻占兰州西关。击毙清军将领凉州都司王宗龙，歼灭庄浪(今永登县)土司军。后在肉搏战中不幸牺牲。回、撒拉等族穆斯林于兰州徐家湾建"舍希德拱北"(即"殉教者之墓")，以志其功，墓至今犹存。

【朝克图台吉】(1580—1637) 亦称却图汗，或作图蒙肯朝克图鸿台吉、楚琥尔朝克图、青海楚琥尔汗等。明末蒙古外喀尔喀领主。孛儿只斤氏。*格埒森扎曾孙。初信仰藏传佛教格鲁派(黄教)，受佛戒，并在外喀尔喀提倡黄教，组织译藏经。对汉地历史颇为熟习。崇祯元年(1628)，因支持察哈尔部林丹汗以武力征服喀喇沁、土默特、鄂尔多斯，统一蒙古的行动，受到外喀尔喀诸领主的排挤。崇祯五年(1632)，与林丹汗相策应，率部入青海，征服居青海的土默特部，并与格鲁派发生对抗。八年(1635)，遣子阿尔斯兰率兵一万进藏，支援噶玛派和藏巴汗，压制打击格鲁派，占领卫、藏。其子不久背叛，谒见第五世达赖喇嘛，皈依格鲁派。九年，与应格鲁派之请进入青海的和硕特领主固始汗和准噶尔领主巴图尔鸿台吉发生对抗。翌年，被固始汗等擒杀。

【觏烈】 见"耶律觏烈"。(320 页)

【彭正】 明代湖广南渭州土官。字天元。土家族。嗣为南渭州(治今湖南永顺西南)土知州。万历二十七年(1599)，奉调从征播州。泰昌元年(1620)，率妻蓬氏勤王辽东，十余年间，屡建勋劳。天启二年(1622)，授右都督府职，妻封为安国夫人。

【彭仲】 明代湖广永顺土官。土家族。永顺宣慰使彭源子。袭职。永乐十六年(1418)，率土官、部长六百六十七人贡马。宣德元年(1426)，以子彭英朝正误期，获罪，宣宗以远人不无风涛疾病之阻，宥之，仍赐如例。七年(1432)，因征大小荷逢等处有功，累加奖劳。

【彭玕】 唐末吉州(今江西吉安)庐陵赤石洞"蛮酋"。以门籍为胥吏。有大志，不乐吏事，退耕垅亩。在家乡王岭破家籴产，冶铁制兵器，宰牛练楮制甲胄，与兄弟倡率义师，以自卫乡党为名，得勇力五百余人。立偏裨，设号令，雄于一乡。由镇南节度使钟传荐为吉州刺史。扩大城池，务农训兵。淮南兵占洪州时，通好楚武穆王马殷求援。在象牙潭被淮南将周本战败，连战不利，弃塞而还。又舍州退保朱川，尽徙百姓千余家于郴衡。由武穆王荐为郴州刺史。

【彭翅】 明代湖广保靖宣慰司所属土舍。土家族。嘉靖三十三年(1554)，奉调率保靖士兵赴苏州、松江等地征剿倭寇。在新场探路时中敌埋伏，与所部皆战死，赠一官并赐棺殓具。

【彭惠】 明代湖广保靖州土官。土家族。保靖两江口长官*彭世英子。嗣为两江口土舍。正德十四年(1519)，因争两江口地与保靖宣慰使彭九霄相仇杀数年，死者五百余人，被守巡官下狱，为姻亲永顺宣慰使彭明辅率众劫走，不久，复被捕下狱。十五年，经都御史吴廷举勘处，以大江之右五寨归还保靖宣慰司，大江之左二寨归属辰州，设大喇巡检司，以流官一人主之。仍居沱埠，以土舍名目协理巡检事。

【彭鼎】(1634—1686) 明末清初湖广保靖宣慰司土官、诗人。土家族。*彭朝柱长子。青少年时即嗣宣慰使职及防剿湖北路苗总兵官左军都督府左都督。康熙十九年(1680)、二十年间，当地战乱饥荒，人民饿殍，自出仓谷二千石，半价售予土民、商贾。二十四年(1685)冬至二十五年春，率五营副将、五百精兵助清军镇压"篁苗"。通诗书、解音律，尤善丹青，名作有《三公图》、《五马图》。亦精医学，每年以百余金求药救济民间疾苦。

【彭瑊】 五代时期吉州(今江西吉安)庐陵赤石洞"蛮"人。吉州刺史*彭玕弟。后梁开平四年(910)六月，为吴水军指挥使敖骈围困于赤石，获楚兵救援，虏骈。归附楚，任溪州刺史。以土官统治阶级为基础，形成一股力量。后联合鄂西漫水司土官之弟向伯林，击败统治龙山一带的吴著冲、惹巴冲,占领湘西地区。彭氏统治延续八百余年。

【彭九霄】 明代湖广保靖州土官。土家族。任保靖宣慰使。正德十四年(1519),因世仇和争夺两江口地方,与保靖两江口土舍彭惠互相仇杀,数年不息,属下死者五百余人,前后评奏累计八十余章。经都御史吴廷举勘处,令其出价以易两江口故地,将大江之右五寨归还保靖。嘉靖六年(1527),以擒广西田州土官岑猛功进湖广参政,赐银币。

【彭万里】 明代湖广保靖州土官。土家族。元末,任保靖州安抚使。洪武元年(1368),遣子彭德胜奉表贡马及方物于明。六年(1373),归明,诏升安抚司为保靖宣慰使司,任宣慰使,领白崖、大别、大江、小江等二十八村寨,隶湖广都指挥使司。因屡立战功,赐铜印一颗,晋安远将军、轻骑都尉。妻曾氏,封太淑人,世袭诰命。自是,朝贡不绝。

【彭万金】 明代湖广南渭州(治今湖南永顺西南)土官。土家族。洪武二年(1369),偕子内附,随明太祖征鄱阳有功,升南渭州土知州,隶永顺宣慰司。

【彭万潜】(?—1369) 元代湖广永顺土官。土家族。永顺安抚使 *彭胜祖子。至正九年(1349),袭安抚使职。十一年(1351),自改永顺安抚司为永顺等处军民安抚司,旋自升为宣抚司,置南渭州知州,改保靖州为保靖安抚司,隶永顺宣抚司,以彭世雄为保靖安抚使。明洪武二年(1369)卒,谥忠靖。

【彭士然】 见"彭士愁"。(531页)

【彭士愁】 又名彭士然、彭彦晞。五代时溪州(治今湖南永顺东南)土官。"蛮人"。溪州刺史*彭瑊子。后梁开平四年(910),楚王马殷命为静边都指挥使、守溪州刺史。拥有上、中、下溪州,并领有保靖、永顺等州,拥兵万余,日渐强大。后晋天福四年(939)八月,引奖州、锦州"蛮"万余人攻辰州、澧州,与楚王马希范相争。九月,楚王命左静江指挥使等率衡山兵五千讨之。十一月,溪州遭楚兵攻,兵败,弃州走保山寨。次年正月,山寨被焚,逃入奖、锦深山,遣子师嵩纳溪、锦、奖三州印,请降于楚。楚王徙溪州于便地,荐其为溪州刺史。自是归服于楚。于永顺会溪坪立铜柱(重五千斤,高丈二)为界,勒誓于上,确立彭氏对溪州的统治。

【彭元锦】 明代湖广永顺土官。字丙怀、号衷白。土家族。永顺宣慰使*彭永年子。万历十五年(1587),袭宣慰使职。二十五年(1597),明廷调永顺土兵万人赴援辽东。他请自备衣粮听调,既而支吾,有意要挟,命罢之。三十八年(1610),赐都指挥衔,妻汪氏封夫人。四十七年(1619),因贡马误期,减赏。女真兵犯辽东,调永顺土兵三千援辽,经半载,到关者仅七百余人。命究主兵者之责。次年,进都督佥事。以调兵三千不足立功,愿以万兵前往,受嘉奖。既而仅三千塞责,又上疏称病,为巡抚所劾,受责。后不得已而行,抵通州北,闻三路兵败,大溃。

【彭允殊】 宋代下溪州(治今湖南古丈东北)土官。土家族。下溪州刺史彭师裕次子。继兄彭允林后,为下溪州刺史。太平兴国七年(982),受诏命,不得移动部内马氏所铸铜柱。以刺史旧三年则为州所易,请朝廷禁止,宋赐敕书安抚之。八年,与锦、叙、富等州"蛮"诣辰州,愿比内郡输租税。咸平二年(999),以右千牛卫将军致仕,以其侄彭文勇为刺史。

【彭世英】 明代湖广保靖州土官。土家族。保靖两江口长官*彭胜祖子。弘治十年(1497),入粟嗣父职。十四年(1501),奉调从征贵州米鲁,破大小盘江、陆卜、毛口等处,救出被虏杨太监。十六年(1503),因与保靖宣慰使世代仇杀,争夺山寨,被逮问。后迁居沱埠,归还小江七寨给保靖宣慰司,止领大江七寨,受保靖宣慰使彭仕珑约束。十七年(1504),奉调随征河南。

【彭世雄】 ①元末明初湖广保靖州土官。土家族。元为保靖州安抚使。朱元璋初起,率所属归附,仍为保靖安抚使。奉命率土兵一万,随朱元璋军征战,以功授武略将军。仍世袭爵土。②明代湖广永顺土官。字人望。土家族。永顺等处军民宣慰使*彭仲子。正统元年(1436)袭宣慰使职。十四年(1449),奉调随军征清浪。景泰元年(1450),随征五开、铜鼓。天顺二年(1458),率土兵从征贵州东苗。又从征交阯,途中生病。记其功。

【彭世麒】 明代湖广永顺土官。字天祥。土家族。永顺宣慰使*彭显英子。祖籍江西吉州庐陵人。弘治五年(1492),袭宣慰使职。奉调从征施州银山岭。六年,随征都匀。七年,以平苗功,进昭勇将军。八年,进马谢恩。十四年(1501),以北边有警,请帅兵一万赴延绥助征,因刚听调从征米鲁,未允,赐敕奖谕,免明年朝觐。正德元年(1506),以从征有功,赐红织金麒麟服。二年,进马贺立中宫。五年(1510),因与保靖争地相攻,累年不决,诉于朝,命各罚米三百石。同年致仕。十年(1515),献大木三十,次者二百,亲督运至京。十三年(1518),献大楠木四百七十,升都指挥使,仍致仕。嘉靖六年(1527),以擒广西田州土官岑猛功,加赐银币。辞赏,请立坊,赐名曰"表劳"。

【彭仕汉】 宋代下溪州(治今湖南古丈东北)刺史*彭儒猛子。土家族。天禧元年(1017),随父攻扰宋官府民人。二年,为宋知辰州钱绛所破,被俘。同年,诏为殿直,留西京,后遁归。天圣(1023—1032)初,以状白辰州,自言父老兄亡,潜归本道,愿放还家属。诏徙其家京师,舍以官第。不久,因诱唆众人为乱,被其父及兄弟彭士端所杀。

【彭仕珑】 明代湖广保靖州土官。土家族。保靖宣慰使*彭显宗子。成化七年(1471),以父老,代掌司事。十一年(1475),袭保靖宣慰使。十三年(1477),奉调从征靖州白崖塘、九浦塘,执斩充天侯苗禄,以功晋一阶。十四年,奉命征贵州卤保关、索岭、安龙箐、狮子吼、白石崖等处,赏采缎元宝。十五年(1479),因灾免其境租赋。奏劾两江口长官彭胜祖违例进贡。弘治六年

(1493),从征贵州都清地方上下都、结干把、商瓮城、苗坪、兵坝、龙潭、管吕山等处,赏采缎银两。十二年(1499),因前擅率兵攻长官彭世英,仇杀多年,构祸不已,为永顺宣慰司所劾。十四年(1501),以从征贵州米鲁有功,免明年朝觐。十六年(1503),因长期与彭世英相仇杀,被逮问。归,予领小江七寨。

【彭仕端】 宋代下溪州(治今湖南古文东北)土官。土家族。下溪州刺史*彭儒猛子。天圣(1023—1032)初,以兄弟彭仕汉诱众为乱,受父命杀仕汉。五年(1027),父卒,献名马,宋帝命为知下溪州,赐以袍带。七年(1029),遣弟彭仕羲贡方物。明道(1032—1033)初卒。

【彭仕羲】(?—1070) 宋代下溪州(治今湖南古丈东北)土官。土家族。下溪州刺史*彭儒猛子。天圣七年(1029),受兄彭仕端命入朝贡方物。明道(1032—1033)初,兄卒,嗣为下溪州刺史,累迁检校尚书右仆射。皇祐二年(1050),夺子彭师宝之妻,为子所怨。至和二年(1055),师宝举族趋辰州,告其尝杀誓下十三州将,并其地,自号"如意大王",补置官属,欲谋乱。师宝导知辰州宋守信等率兵数千讨之,未获。朝廷继遣三司副使李参等以重兵征之。受招谕,自陈本无反状,其僭称号、补官属,皆因不知宋礼义而致,愿以二十州旧地内属,复贡奉。嘉祐二年(1057),归还所掠兵丁五十一人、械甲一千八百余,率众七百饮血就降。自是,岁奉职贡,然仍屡扰边地,于辰州界白马崖下喏溪聚众据守,拒朝廷招谕,不归还侵地。熙宁三年(1070),被其子彭师彩所杀。

【彭白氏】 明代土家族女土官。湖广保靖宣慰使*彭荩臣之妻,彭守忠之母。嘉靖三十九年(1560),子卒,奉命管理印务,署司事。四十一年(1562),捐银为寨民纳秋粮,以为政清明,诏赐金缎、银花、羊酒、银两。万历元年(1573),因病休致,其孙彭养正袭职。

【彭永年】 明代湖广永顺土官。字汝训,号怀北。土家族。永顺宣慰使*彭翼南子。隆庆三年(1569),袭宣慰使职。万历元年(1573),奉湖广、广西两巡抚会调,随征广西瑶。六年(1578),以云峰贾邦奇遣其党杨时贡传送大乾启运图至司,擒之以献,以功进骠骑将军,特加正一品服色。

【彭师杲】 见"彭师嵩"。(532页)

【彭师宝】 宋代上溪州(今湖南永顺西北)土官。土家族。下溪州刺史*彭仕羲子。景祐(1034—1038)中,知忠顺州。庆历四年(1044),以罪绝其奉贡及岁赐,皇祐二年(1050),知上溪州。因父夺己妻,怀怨,于至和二年(1055)举族趋辰州,上告其父尝杀誓下十三州将,并其地,自号"如意大王",补置官属,欲谋乱,导宋军讨之,未获。卒于嘉祐二年(1057)以前。

【彭师晏】 宋代下溪州(治今湖南古丈东北)土官。土家族。下溪州刺史*彭仕羲长子。熙宁三年(1070),以弟彭师彩弑父,专恣暴虐,举兵攻杀师彩,诛其党,纳誓表于朝,归还其父所占喏溪地,受命袭州事。五年

(1072),复献马皮、白洞(白务峒)地,晋下溪州刺史。受诏命,修筑下溪州城,赐名会溪,隶辰州。诣阙,授礼宾副使、京东州都监。

【彭师嵩】 又作彭师杲。五代时辰州(治今湖南沅陵)土官。溪州刺史*彭仕愁子。楚王马希广(947—950年在位)以其为强弩指挥使、辰州刺史。楚王马希萼(950—951在位)陷长沙,被俘,投梁请就死,马希萼嘉其忠,宥之,笞背,罢为民。马希崇战败马希萼,执之,奉命幽马希萼于衡山,护视马希萼甚谨,奉为衡山王。后归南唐,授殿直都虞侯。

【彭廷椿】 清代湖南永顺土官。号梁卿。土家族。彭元钰子。曾和族人彭允植等争位,在南渭州土知州彭凌高支持下,得袭宣慰使职。康熙十年(1671),吴三桂叛踞辰龙关,授以永顺宣慰使印,旋将印交清,以功赏其子宏海总兵衔。清廷营建太和殿,采大楠木交辰州府运京,以功加十级。

【彭志显】 明代湖广保靖州土官。土家族。大喇巡检司土舍*彭惠子。嗣为大喇巡检司土舍。嘉靖三十五年(1556),应调从征浙江倭寇。三十六年,追剿倭寇至淮安梅口,纵火焚倭舟,获大胜。

【彭宏澍】 又作彭泓澍。明末清初湖广永顺土官。字海若,号潜玄。土家族。袭职为永顺宣慰使。明崇祯五年(1632),永顺宣慰使加授总兵关防。南明福王朱由崧弘光元年(1644),亦授总兵关防。唐王朱聿键隆武二年(1646),桂王朱由榔永历元年(1647),均奉敕晋宫保。同年,清恭顺王孔有德至辰州;率三知州、六长官、三百八十峒"苗蛮"归附。十四年(1657),加太保,领顺字号永顺等处军民宣慰使司印,赐正一品服。

【彭明辅】 明代湖广永顺土官。字德轩。土家族。永顺宣慰使*彭世麒子。正德五年(1510),袭宣慰使职。七年(1512),河南刘惠、赵燧、刘三暴动,自遂平趋东皋。他与都指挥曹鹏等以土兵追击之,斩首八十余级,溺死者二千人,以功,格外加赏,给诰命。十年(1515),献大木三十,次者二百。十三年(1518),复进大木备营建,授正三品散官。保靖宣慰使彭仕垅与大喇司长官彭惠争两江口地,受牵连,令部民奏其从征功,以赎逮治之辱,获允。嘉靖六年(1527),致仕。三十四年(1555),奉调统兵二千协剿倭寇,会于松江。参加王江泾平倭之战,因功受赏赐。四十二年(1563),以献大木功,加都指挥使。四十四年(1565),复献大木,诏加二品服。

【彭宗国】 清代湖南南渭州土官。字桂臣。土家族。嗣为南渭州(治今湖南永顺西南)土知州。以随父彭凌高率土兵与吴三桂部作战,克辰龙关有功,永顺宣慰司授以凯旗旗长。雍正五年(1727),纳土,改土归流,以其地入永顺县。

【彭宗舜】 明代湖广永顺土官。号中轩。土家族。永顺宣慰使*彭明辅次子。嘉靖六年(1527)袭宣慰使职。奉调从征广西思恩、南宁、浔州,以功赐昭勇将军。二十一年(1542),与酉阳宣慰司以采木相仇杀,为害地

方。朝廷命川、湖抚臣抚止。免永顺秋粮。

【彭泓澍】 见"彭宏澎"。(532页)

【彭沛谷】 十六国时期卢水胡首领。贰县人。晋太元十二年(387)正月,与休屠胡(屠各胡)董成、张龙世、新平羌雷恶地等起兵,附前秦大司马苻纂,有众十余万。七月,为后秦姚苌所败,失彭沛谷堡,奔杏城。九月,纂弟苻师奴为姚苌败于泥源后,遂归降后秦。

【彭荩臣】(?—1560) 明代湖广保靖州土官。土家族。保靖宣慰使*彭九霄第三子。嘉靖六年(1527),袭宣慰使。十九年(1540),奉调从征镇筸。二十二年(1543),随征贵州田平。三十三年(1554),奉诏与子彭守忠率所部三千人及土兵二千人,赴苏州、松江抗击倭寇。次年,大败倭寇于石塘湾。继参加王江泾之战,在秋母亭斩倭寇七百余,溺死烧死甚多,论功赐三品服,晋昭毅将军。三十五年,率六千土兵,其子率三千名杀手赴浙江平湖剿倭寇,斩二百八十九人,烧死溺死者不计其数,录功,加云南布政使司右参政,管宣慰司事。

【彭显宗】 又名彭舍怕俾。明代湖广保靖州土官。土家族。正统六年(1441)十月,赴京贡马。七年,袭保靖宣慰使职,诰命授怀远将军。十四年(1449),与族人彭南木答相讦奏,既而讲和,输米赎诬奏罪。景泰七年(1456),奉命派土兵协征铜鼓、五开、黎平"诸蛮"。天顺二年(1458),奉敕选土兵从征。七年(1463),奉湖广总兵命,遣土兵赴靖州、天柱,从征赤溪湳洞。成化二年(1466),以征"蛮"功,赐诰命。三年,遣土兵从征"都掌蛮"。五年(1469),以屡遣兵从征广西、贵州、荆、襄功,免宣慰司所属诸土司所欠税粮八百五十三石。七年(1471),因老不任事,命其子彭仕珑代职,十三年(1477),以平苗民之故,晋一阶。

【彭显英】 明代湖广永顺土官。字朝杰。土家族。天顺六年(1462),袭永顺宣慰使职。成化三年(1467),兵部尚书程信调永顺土兵从征"都掌蛮"。六年(1470),右都御史项忠调永顺土兵镇压流民于荆、襄。十三年(1477),以征苗功,晋散官一阶。因与保靖司久相仇杀,都指挥同知王信调解之。十五年(1479),诏免永顺田赋。是年致仕,建猛洞别墅居之。

【彭胜祖】 明代湖广保靖州土官。土家族。成化(1465—1487)中,以功授保靖两江口长官。成化六年(1470),奉调从征广西大藤峡瑶民起义及湖广襄阳石和尚、刘千斤,晋武略将军。无印署。后以违例进贡,为保靖宣慰使彭仕珑所劾,被逮问,结怨。弘治(1488—1505)初,以己年老,子世英无官,恐辖地为彭仕珑所侵夺,求世袭。为仕珑所阻,仇恨益深。以女许永顺宣慰使彭世麒,相结攻仕珑,连年仇杀,无宁岁。

【彭彦晞】 见"彭士愁"。(531页)

【彭奚念】 晋代枹罕羌人首领。东晋太元十四年(389),率众归附西秦乞伏乾归,任北河州刺史。十七年(392),击败三河王吕光子纂进攻,后遭光自将兵袭击,兵败枹罕,退甘松。隆安元年(397),被乾归征为镇卫将军。义熙三年(407),降于秃发傉檀。四年,乞伏炽磐来攻,与战于枹罕,败之。五年,乘炽磐东至上邽之机,击其后路,遭炽磐还击,枹罕被围,败亡。

【彭添保】 明代湖广永顺土官。土家族。永顺宣抚使*彭万潜子。洪武二年(1369),父卒,袭宣抚使职。五年(1372),置永顺等处军民宣慰使司,任宣慰使,隶湖广都指挥使司,领州三、长官司六。九年(1376),遣弟彭义保等贡马及方物。自是,每三年一入贡。

【彭朝柱】(?—1660) 明末清初湖广保靖州土官。土家族。保靖宣慰使*彭象乾子,明天启七年(1627)袭保靖宣慰使职。崇祯十六年(1643),随军攻张献忠起义军,赐蟒玉正一品服色,左军都督府都督。清顺治四年(1647),派舍把彭伦、邱尚仁等备册籍降清,仍领保靖宣慰使职。允其地"男不剃发,女不改妆"。曾与明军左良玉残部交战。十一年(1654),与李自成起义军余部李来亨、高必正等战于保靖。十七年(1660),病死。

【彭御彬】 清代湖南保靖州土官。土家族。雍正元年(1723),袭保靖宣慰使职。荒淫凶暴,连年与舍把长官彭泽蛟、彭祖裕、彭泽虬等互相劫杀。二年,以追缉彭泽蛟为名,潜结容美土司田旻如、桑植土司向国栋,率土兵抢房保靖民财。四年(1726),以贪暴被参革。五年,改土归流。七年(1729),因罪安置辽阳,以其辖地设保靖县。

【彭象乾】 明代湖广保靖州土官。土家族。嗣保靖宣慰使。万历四十七年(1619),奉命亲帅五千土兵援辽。四十八年,加指挥使。统兵至涿州,生病,中夜土兵逃散三千余人,受责。天启元年(1621),因病不能行,遣子侄率亲兵出关,战于浑河,全军皆殁,一门殉战,义烈为诸土司冠。二年,晋都督佥事。七年(1627)致仕。

【彭肇槐】 清代湖南永顺土官。字公瞻。土家族。永顺宣慰使彭宏海子。康熙五十一年(1712),承袭宣慰使职。雍正六年(1728),纳土,请归江西祖籍,有旨嘉奖,授参将,并世袭拖沙喇哈番(云骑尉)之职,赐银一万两,听其在江西祖籍立产安插,改永顺司为府。

【彭儒猛】(?—1027) 宋代下溪州(治今湖南古丈东北)土官。土家族。彭文勇长子。嗣为下溪州刺史。景德二年(1005),辰州"诸蛮"攻下溪州,为其所败,擒酋首以献,诏赐以锦袍、银带。自陈母老,愿被恩典,诏特加邑封。天禧元年(1017),攻扰宋官府民人。二年,为知辰州钱绛等所破,逃入山林。子彭仕汉被官军俘。后自诉求归,获宥,归还所掠人口、器甲,被辰州通判刘中象召至明滩,歃血誓盟而归。擢检校尚书右仆射。天圣(1023—1032)初,以子彭仕汉逃归,诱"群蛮"为乱,遣别子彭仕端杀之。受朝廷奖谕,特迁左仆射。三年(1025),率兵攻杀知中顺州(忠顺州)彭文绾。

【彭翼南】 明代湖广永顺土官。字晋卿。土家族。永顺宣慰使*彭宗舜子。嘉靖三十三年(1554)袭宣慰使职。三十四年,奉调率土兵三千协剿倭寇,会于松江。参加王江泾之战,大败倭寇,斩获一千九百余级。以功授昭毅将军,不久,升右参政,管宣慰事。四十二年(1563),以献大木功,加右布政使。四十四年(1565),复献大木,诏加二品服。

【彭甘寄伦】 景颇族传说中的开天之祖。妻名威纯木占。相传在其前还没有人类,是时宇宙混沌,天无日月,雾露弥漫着大地。其后太阳出来了,有了日出(景颇语作"宁褪褪爱辣",是男性的名字),日落(景颇语作"宁醒醒木占",是女性的名字)。月亮也出现了。人们以月亮圆缺为一月。其时人们衣树叶,不识耕稼,以石头、木棍猎野兽,而食。

【彭措南杰】(1586—1621) 又作藏巴汗噶玛彭措南杰。明末卫藏藏巴汗地方政权建立者。藏族。辛厦巴后人。其父尺丹多吉在噶玛派及青海却图汗支持下,控制日喀则及其附近地区,遂有第巴藏巴(即藏巴汗)之称。父卒,嗣位。在噶玛派支持下,势盛。万历三十八年(1610),击败山南地方势力雅郊巴。四十年(1612),攻占阿里及拉推南北等地,遂控制整个后藏。四十一年征服彭波及柳吾宗,统治了前藏大部。排挤打击格鲁派(黄教)势力,禁止四世达赖转世(藏史称"鼠牛之乱")。四十六年(1618),攻打色拉及哲蚌二寺,勒令二寺交纳罚金。同年,在堆龙战胜格鲁派的支持者蒙古喀尔喀部进藏军队,控制了藏大部分地区,建藏巴汗地方政权,受噶玛巴却英多吉印信。天启元年(1621,一说泰昌元年,1620)患天花卒。子丹迥旺波嗣位。

【彭舍怕俾】 见"彭显宗"。(533页)

【彭慨主俾】 明代湖广南渭州土官。名兴仁。土家族。嗣为南渭州(治今湖南永顺西南)土知州。嘉靖三十二年(1553),奉调从征盘踞于苏州、松江等地的倭寇,以功,晋阶定安远右将军。

【彭福石宠】(?—1193) 宋代下溪州(治今湖南古丈东北)地方官。土家族。彭仕羲孙。绍兴五年(1135),袭职,为下溪州刺史。将治所由会溪迁往灵溪福石郡,成为以后永顺司数百年之首府。绍熙四年卒,谥忠朴。

【彭大虫可宜】 明代湖广保靖州土官。土家族。保靖宣慰使*彭万里侄。永乐元年(1403),与族属相仇杀,明遣御史刘从政抚谕之。宣德元年(1426),遣子彭顺朝贡。彭万里之子彭勇烈卒,子彭药哈俾嗣为保靖宣慰使,年幼,他遂唆土人奏其为副宣慰使,同理司事。继杀彭药哈俾,夺其十四寨,事发,被逮问,死狱中,革职。

【彭错策旺夺吉】 清代西藏地方官员。藏族。同治四年(1865),由仔本晋升噶伦。七年(1868),率兵进征瞻对,因其兄代本计美多吉侵吞所获财帛牛马,未呈缴商上,被达赖喇嘛及协办商上事务之呼图克图查知,他隐匿维护,并恃功不认罪,欺达赖喇嘛年幼,肆行渎辩,被革职,回籍,禁其再管商上事务。

【葛补】 见"移剌葛补"。(506页)

【葛不律寒】 见"合不勒罕"。(155页)

【董山】(约1417—1467) 又名童仓。明代建州左卫首领。女真族,爱新觉罗氏。建州左卫指挥使*猛哥帖木儿幼子,清太祖*努尔哈赤五世祖。明宣德八年(1433),父兄被杨木答兀及七姓女真所杀,本人被掠,经毛怜卫指挥哈儿秃努力,被赎归。二十岁,在部众支持下与叔凡察争掌卫事。正统二年(1437),向明朝奏父兄被杀事。授职指挥使。五年,与叔凡察率部分属人移居佟佳江(今浑江)和苏子河一带。晋都督金事。七年,明廷析建州左卫,增设建州右卫,与凡察皆晋职都督同知,以旧印掌左卫,凡察以新印掌右卫。承父志,忠于明廷,屡进京朝贡,呈报本卫事。天顺二年(1458),袭父职晋右都督。次年擢左都督。八年(1464),请准在抚顺开设马市,加强女真与汉族、蒙古族政治、经济和文化交流,促进女真社会的发展。因私交朝鲜,受职中枢密使,受明责难,遂结毛怜、海西各部,集兵一万五千余,屡犯辽东。成化三年(1467),被召入朝,拘于广宁,寻遇害。

【董成】 ①又作董咸。十六国时期休屠胡(屠各胡)首领。贰县人。东晋太元十二年(387)正月,与卢水胡彭沛谷、休屠胡张龙世、新平羌雷恶地等起兵,附前秦大司马苻纂,有众十余万。九月,纂弟苻师奴为后秦姚苌败于泥源后,遂降后秦。②唐代南诏清平官、诗人。白族先民。大厘城(今云南大理市喜洲镇)人。传为今喜洲白族董姓始祖。仕南诏主世隆。唐懿宗咸通元年(860)。奉使至成都,与唐节度使李福分庭抗礼,被囚禁。不久获唐懿宗诏释,召至京师长安,赐见于便殿,对答得体,获帝赏赐,遣还南诏。其诗作经战乱,均散佚,仅有《思乡作》一首传世。

【董咸】 见"董成"。(534页)

【董毡】(1032—1083) 宋代唃厮啰政权第二代继嗣者。*唃厮啰第三子。自幼随母乔氏居历精城(今青海西宁市多巴镇),受良好教育,深受父宠爱。九岁时,其父向宋朝为之请封,命为会州刺史。父在世时,已参与政事,屡立战功,为众所服,成为有影响的重要人物。继位后,继续奉行其父的施政措施,与宋朝保持有好关系。宋神宗初,加封太保、进太傅,成为宋牵制西夏的助臂。熙宁三年(1070),助宋败西夏国相梁乙埋对环、庆二州的进攻。并乘西夏国西线空虚之机,沿边抄掠,俘获甚多。王安石挂相印后,纳王韶"欲取西夏,当先复河湟"的《平戎策》,于熙宁五年(1072)命王韶率军进攻唃厮啰属下的熙河地区,至次年九月,占领今甘肃的熙(临洮)、河(临夏)、洮(临潭)、岷(岷县)、叠(卓尼境)、宕(宕昌境)等六州地,招抚三十余万帐(家)。与西夏修好,联姻。七年(1074),为遏止宋向湟水流域推进,遂派部将鬼章率数万之众攻打河州,杀宋将景思立等于踏白城(河州北),阻止了宋军的进攻。熙河之役后,宋为了集中力量对付西夏和辽的威胁,极需与昔日盟友唃厮啰恢复正常关系;与宋对峙近十年的唃厮啰也需要边境安宁,休养生息。故于熙宁十年(1077)十月、十二月,两次遣使向宋贡献,得到宋封赐,由保顺军节度使改封为西平军节度使,与宋关系得到改善。元丰四年(1081)应宋之约,在西线配合宋攻夏,因功由常乐郡公晋封武威郡王。次年,拒绝西夏割地修好,联合抗宋的要求,派鬼章和阿里骨攻取斫龙、龊哆等城。六年(1083),再次拒绝西夏的修好之请,始终与宋维系盟好关系,成为宋牵制西夏的主要力量,宋神宗称赞其"虽中国士大夫存心公家者不过如此"。

【董伽罗】 宋代大理国(在今云南)大臣。白族。世为云南大理洱海地区领主。五代后晋天福(936—944)初,与段思平起兵反大义宁国杨干真,任军师,并与善巨(今云南永胜)守高方共谋,借兵三十七蛮部,推翻杨干真,建大理国。因功封相国,除拥有洱海地区的原领地外,又加封成纪(今永胜)为世袭领地。

【董忽力】 亦作董狐狸。明代蒙古朵颜卫领主。成吉思汗部将 * 者勒蔑后裔,朵颜卫都督 * 花当曾孙, * 革兰台第五子。受明封指挥佥事。居哈剌兀素(在今辽宁大凌河上游建昌附近)。嘉靖二十七年(1548),父卒,与兄影克共率本部。隆庆元年(1567),联合察哈尔部,以数万骑攻入界岭口(在河北省长城东段),被明军大败,影克战死于义院口(在河北省长城东段),遂与影克子长昂继续对抗明军,同内喀尔喀诸部领主速把亥、炒花等联合行动。万历元年(1573),率兵至喜峰口索赏,被明将戚继光大败,仅以身免。十一年(1583),助内喀尔喀领主卜言把都儿为速把亥复仇,共领三万余人攻明,杀明军一百二十余人,后被明将李平胡击退。十二年,南下攻明,被李成梁等击败。十三年,率三百余部属,至明边恳请恢复通贡互市,获准开木市,获大量布帛、粮食和抚赏。

【董狐狸】 见"董忽力"。(535页)

【董善明】 唐代南诏工艺师。白族先民。今云南大理人。天宝(742—756)间,主持铸造大理崇圣寺(在大理城西北的点苍山莲花峰下)雨铜观音巨像,置于崇圣寺千寻塔观音殿中。像高二十四尺。传说,"蒙氏董善明者,吁天愿铸,是夕天雨铜,取以铸像",故称雨铜观音。像成,"如吴道子所画,细腰跣足",全身鎏金,光芒四射,铸造、雕刻技艺精湛。清咸、同年间,崇圣寺遭火灾,铜像之两手及衣角受损。光绪二十二年(1896),由大理提督蔡标组织修复。

【董敦·罗追扎巴】(1106—1166) 宋代藏传佛教噶当派僧人。吐蕃人。曾师事夏尔哇巴学经,是夏尔哇巴的著名弟子。夏尔哇巴死后,从宋绍兴十一年至二十二年(1141—1152),十二年间,一直在纳尔塘附近地方修行,并收徒讲经传法。二十三年(1153),主持修建纳塘寺,在该寺主持事务达十四年,并到各地传法。

【蒋信】 见"把台"。(224页)

【蒋回回】 明代工艺美术家。回族。吴县(今江苏苏州)人。制度造法,极善模拟。用铅钤口、金银花片、泥金描彩、种种克肖,人皆称佳。

【蒋湘南】(1796—1847) 清代文学家、史学家、诗人。回族。字子潇。河南固始县蒋家集人。幼聪颖,拜光州回族大儒马彭为师,未弱冠即考取秀才。道光十五年(1835)中举。曾任河南学使吴巢松和陕西学使周之桢之幕僚,主讲于关中书院和同州书院。一生清苦,但好读书和藏书,自命其藏书楼为"七经楼",是回族一大藏书家。博学多闻,对儒学、"七经"、史学、水利、历法均有研究。善文、工诗,一生著述颇丰,曾修纂《陕西通志》、《同州府志》、《泾阳县志》、《夏邑县志》、《鲁山县志》等,是回族第一位方志学家。又著有《周易郑虞通旨》、《十四经图志》、《中州河渠》、《卦气表》、《华岳图经》、《游艺录》、《庐山游记》等,多佚失,现存有《蒋子遗书》数十卷,未经整理,已刊印者有文集《七经楼文钞》和诗集《春晖阁诗钞》,为其代表作。

【壹万福】 唐代渤海国官员。渤海人。姓壹。文王大钦茂(737—794年在位)时,官青绶大夫。大兴三十四年(唐代宗大历六年,771),奉使聘到日本,同行三百二十五人,分乘十七船。六月,至出羽登陆。翌年正月,入日京,献方物。二月,日皇授从三位,赐宴。与日报聘使武生鸟守同归渤海,遇风暴漂能登,居于福良津。三十六年夏,归国。

【喜宁】(?—1450) 明朝太监。蒙古族。正统十四年(1449),随明英宗征瓦剌,土木兵败被俘,降也先,告以内地虚实,劝也先入侵并充向导。献策从宁夏进兵,夺取陕西苑马寺马匹,直趋江南,置英宗于南京,使与明景帝对抗。屡诬陷英宗左右的袁彬、哈铭(蒙古族)。景泰元年(1450)初,经也先许可,奉英宗命入明京传话。英宗与袁彬密遣军士高磐相随,途中计擒之,以绝后患。行至宣府(今河北省宣化)城下,被明参将杨俊和高磐共擒,解至京师被诛。

【喜隐】 见"耶律喜隐"。(320页)

【覃儿健】(?—80) 东汉武陵郡少数民族起义首领。武陵溇中(今湖南慈利、石门一带)人。肃宗建初三年(78),率众起义,攻零阳、作唐、屡陵(今公安)等县。翌年,肃宗发荆州七郡及汝南、颍川刑徒吏士等五千余人进行镇压,又招募充中的五里少数民族精夫(酋长)四千余人合击澧中、溇中。五年(80),请降,不许,与郡兵战于宏下,不幸牺牲,起义失败。

【覃大胜】(?—1390) 明代湖广施南道土官。土家族。元末任施南道宣慰使。洪武四年(1371),派弟覃大旺、副宣慰使覃大兴赴朝,纳元所授金虎符。十五年(1382),改施南道宣慰司为宣抚司,任宣抚使。十七年,受命招抚散毛等洞"蛮"。二十三年(1390),举兵反明,凉国公蓝玉遣指挥徐玉率兵击之,被擒,械送京师,磔于市。

【覃友谅】 明代湖广散毛长官司土官。土家族。永乐二年(1404),苗将吴面儿之难后,诸土司荒废。是年,他招复"蛮"民,清仍设治所。明以其户少,改散毛宣抚司为长官司,任长官,隶大田军民千户所。四年(1406),赴京朝贡,升长官司为宣抚司,以其为宣抚使。后以罪,械送京师,中途逃匿,为官军所获,死狱中。

【焚如】 春秋时长狄(鄋瞒)酋长。服属于赤狄。《左传》载,长狄酋长为兄弟五人:侨如、焚如、荣如、简如、缘斯。周顷王三年(公元前616),随赤狄为首的北狄诸部进攻齐、鲁,被宋、鲁、齐等国所败,侨如被鲁军所杀,缘斯被宋军所俘。与弟荣如、简如率部众逃走。周匡王六年(公元前607),再入齐境,被齐大夫王子城父所败,荣如被执杀。复与简如率部入卫,又被卫军所败,简如被俘。遂率长狄余众走依赤狄潞氏。周定王十三年(公元前594),晋灭潞氏,被晋人所俘。

【惠令】(?—1804) 清朝大臣。蒙古正白旗人。萨尔都克氏。理藩院尚书、军机大臣*纳延泰子。由翻译官补户部笔帖式,充军机章京。升员外郎。乾隆四十年(1775),领副都统衔,充西宁办事大臣。后历任伊犁领队大臣、工部侍郎、塔尔巴哈台参赞大臣。五十年(1785),回京,历任正黄旗满洲副都统、湖北巡抚等职。五十六年(1791),升四川总督。征廓尔喀,为参赞,赴西藏会剿,督治粮运。被列为十五功臣之一。五十八年(1793),授山东巡抚,后调湖北、安徽。六十年(1795),授户部侍郎。自嘉庆初起,参与镇压四川、湖北、陕西等地白莲教起义,历时数年。累任理藩院尚书,兼镶白旗蒙古都统、陕甘总督。卒,赠太子少保,封二等男,谥勤襄。

【惠妃】 见"萧坦思"。(483页)

【雄黑】 元代云南孟定布朗族头人。阿蒙子。至元二十四年(1287),与金齿、孟定林场布朗族头人阿礼、阿怜等,同接受元云南行省招抚,岁承差布三百匹,阿礼岁承差发铁锄六百把。

【雄顿·多吉坚赞】 元代藏族翻译家。13世纪人。首次将印度檀丁的修辞学名著《诗镜》全文译成藏文。之后,其弟邦译师洛卓丹巴首先以此书讲学,西藏遂开学习《诗镜》之风。继之,藏族学者纷纷注释原文,并结合藏族语言特点,形成自己的修辞学著作。五世达赖亦曾著有《诗镜妙音乐歌》。另译有《菩萨本生如意藤》及《龙喜记》等佛经文学上品。

【庐驭可汗】 见"署飒可汗"。(566页)

【雳迎叶锡道尔济】(1891—1956) 内蒙古地区藏传佛教格鲁派大活佛——章嘉呼图克图六世。加佛教传说的十三位先世,亦称第十九世。父名台吉噶尔玛林沁,母名苏木济特。生寸青海。光绪二十五年(1899),奉旨入京,晋谒光绪帝,获金印。翌年,封为札萨克达喇嘛,驻京任职。二十七年,赴五台山,旋至多伦避暑。因病,至三十年始返京,驻嵩祝寺。因京城副札萨克达喇嘛敏珠尔呼图克图圆寂,奉旨兼任副札萨克达喇嘛,受命管理多伦诺尔之汇宗、善因二寺;京师之嵩祝、法渊、知珠、法海四寺;西宁之廓隆、广济二寺;五台山之镇海、普乐等寺,获"灌顶普善广慈大国师"印。1912年自五台山抵京,赞助共和,劝导内蒙古各旗归附民国政府,被大总统加封为"宏济光明大国师"。1914年,在原有名号上加封"昭因阐化"四字。1919年,奉命劝导外蒙古取消独立,归附中华民国。1921年,遣使至南京觐见新成立的国民政府,被任命为蒙藏委员会委员。1929年,准设大国师章嘉呼图克图驻京办事处。经多年为僧请命,于1930年获国民政府允准,给黄教喇嘛月发三千元口粮费。1931年,"九一八"事变后,于翌年在洛阳广寒宫召开的"国难会议"上,被推举为名誉主席,亲赴会议发表蒙语演说。同年,被行政院任命为"蒙旗宣化使",至北平成立"宣化使署",直隶于行政院,定期赴蒙古地区工作。1933年,在五台山设行台秘书室。1934年先后至包头、杭锦旗、绥远、察哈尔、锡林郭勒等地讲经并宣传民国政府的对蒙政策。同年经北平归五台山。后任国民政府委员。新中国成立前移居台湾。

【揭利失若】 见"赤年松赞"。(205页)

【搓莫耶】 见"措末迁"。(497页)

【握衍朐鞮单于】(?—公元前58) 西汉时匈奴单于。挛鞮氏。名屠耆堂。*乌维单于曾孙。原任右贤王。汉宣帝神爵二年(公元前60),虚闾权渠单于死,被颛渠阏氏及其弟左大且渠都隆奇立为单于。初立,尽杀虚闾权渠单于用事贵人刑未央等,而任用都隆奇;又尽免前单于子弟近亲,而以己子弟代之,引起族人不满。虚闾权渠子稽侯珊以己不得立,亡归妻父乌禅幕;日逐王先贤掸亦因不得立,率众数万归汉,单于擅杀先贤掸两弟。因"暴虐杀伐,国中不附",势衰。为摆脱困境,遣名王奉献于汉,贺正月,以和亲。四年(公元前58),又遣弟呼留若王朝汉,以示好。不久,为左地贵人所立呼韩邪单于击败,求援于弟右贤王,不成,自杀。

【雅达】 女真"乌古乃联盟"时国相。完颜部人。*桓赧、*散达之父。居完颜部邑屯村。景祖乌古乃时,任部落联盟国相,权位仅次于联盟长。世祖劾里钵继任部落联盟长后,被迫接受劾里钵所赠马匹、财物,让位于劾里钵弟颇剌淑,怀怨。后导致桓赧、散达兄弟起兵反劾里钵。

【雅里】 ①见"耶律雅里"。(320页)②见"涅里"。(469页)

【雅尔图】(?—1767) 清朝大臣。蒙古镶黄旗人。雍正四年(1726),自笔帖式升主事,迁郎中。十三年(1735),授镶蓝旗满洲副都统。乾隆元年(1736),随军征准噶尔,授参赞大臣。三年(1738),受命暂管定边副将军印。四年,任左副都御史,迁兵部侍郎。后任河南巡抚;参与镇压河南新乡民及伊阳白莲教。七年(1742),从河南到京,改授镶蓝旗满洲副都统、刑部侍郎,调吏部。十二年(1747),赴山西,镇压安邑、万泉民众起事。以中途称命滞留,解任。后复任内阁侍读学士,擢兵部侍郎。十二年,调仓场侍郎,兼正红旗满洲副都统。署户部侍郎、步军统领。十八年(1753),因疾解任。

【雅忽秃】 见"牙忽都"。(57页)

【雅巴尔岱】 清朝将领。达斡尔鄂济氏,隶黑龙江正白旗。顺治(1644—1661)时,以委署参领转战湖南、广西等地。入云南后，败明将何兴祖于黄草坝，径薄云南省城，克之。授骑都尉。

【雅兰丕勒】(？—1771) 清代卫拉特蒙古和硕特部首领。*拜巴噶斯弟*昆都仑乌巴什四世孙。为土尔扈特汗王*渥巴锡的岳父和政治上忠实支持者。在东返祖邦的准备阶段，力助渥巴锡对和硕特部告密者札木扬的斗争。乾隆三十五年十一月二十日(1771年1月5日)率属众300余户，约千余人参加东返征程。次年入觐于承德，被乾隆封为固山贝子。赐号阿穆尔岭贵。入觐结束时，要求随章嘉呼图克图当喇嘛，获准，削发为僧，皈依佛门，再未返回游牧地，所部由其子布延楚克治理。同年病逝。

【雅桑却杰】 见"雅桑巴却门朗"。(537页)

【雅桑巴却门朗】(1169—1233) 又作雅桑却杰。宋代藏传佛教噶举派支系雅桑噶举的创始人。生于藏协地区的玛尔木。努氏家族人。幼年从后藏僧人却顿堪布出家，命名却门朗。后受业于噶当派鲁迦。从楚臣扎巴学戒律和噶当派教法。十八岁受比丘戒。后从帕木竹巴大弟子索热寺的格丹耶协僧格学法。继周游后藏，求得名师指点。庆元五年(1199)，返索热寺，授以《瑜伽母灌顶》密法。定居塔垅。开禧二年(1206)，负责营建雅桑寺(位今西藏乃东县雅桑)。该派亦由寺得名，称雅桑噶举。次年，师格丹耶协僧格去世，遵嘱代领僧众，收徒传法。曾应雅隆、措纳、洛喀地区施主迎请，主持法会。赴香布甲寺宣讲佛法，云集的听众达一万五千多人。自此名声远扬，影响波及一方。

【雅郊巴·本钦柴阿】 明代西藏地方官员。藏族。15世纪人。吐蕃大臣、藏文创造者屯弥桑布扎后裔。先世多吉扎西被萨迦帝师衮嘎洛追派往元朝皇帝御前侍奉，被授以都元帅职。他上半生从政，被帕木竹巴阐化王查巴琼内授以雅郊本钦("长官"之意)及贡噶宗宗本职务。后半生出家为僧，于明天顺八年(1464)建造密咒寺院贡噶多吉甸寺(即贡噶金刚座寺)。其弟子相传至第巴南木杰哇，权势日盛。

【 斐 】

【斐雅思哈】(？—1672) 清初大臣。满族。富察氏。满洲正黄旗人。佐领木科里第三子。初任护军校。后金天聪六年(1632)，随太宗征察哈尔，分兵略明大同，与道喇败朔州兵。清崇德三年(1638)，署护军参领，随贝勒讬入墙子岭，败密云步兵五千。五年(1640)，围锦州，败明松山、杏山援军。六年，复围锦州，败洪承畴松山援军。顺治元年(1644)，从睿亲王多尔衮入关，追李自成农民军于望都，授护军参领。二年，追义军至武昌、富池口。三年，随豪格征张献忠农民军，同巴哈纳败叛镇贺珍。进师四川，屡败献忠义军。授世职骑都尉，寻加一云骑尉。六年(1649)，镇压大同叛将姜瓖，晋一等轻车都尉。十三年(1656)，擢护军统领，列议政大臣。寻率兵赴湖南驻防，败孙可望军于泸溪。十八年(1661)，随爱星阿至缅甸讨明桂王朱由榔。康熙元年(1662)，因功晋三等男。卒，谥僖恪。

【棠古】 见"耶律棠古"。(320页)

【掌机沙】 元代诗人。回回人。字密卿。礼部尚书哈散之孙。曾学诗于萨都剌。工诗，人称其风流俊爽。

【喃迦巴藏卜】 又译郎杰桑波。元朝帝师。至正二十二年(1362)，在元朝濒于灭亡前夕，被顺帝任命为帝师。二十八年(1368)，元亡。入明后，朱元璋为控制西北地区少数民族，派陕西省员外郎许允德出使吐蕃，令当地首领举元故官赴京受官袭职。他先派使者向明廷进贡，并于明洪武六年(1373)二月，亲自入朝，向明廷推荐故旧六十人，朱元璋皆授以官职，同时改其摄帝师为炽盛佛宝国师，赐玉印。明太祖命河州镇抚韩加里麻等持敕护送其返藏，以招抚未归附的吐蕃诸部首领。在元明易代之际，为藏族地区归顺明廷作出贡献。

【喇什】(？—1570) 清朝将领。蒙古科尔沁部人。毕里衮达赉子。康熙四十年(1701)，尚县君，授固山额驸。雍正二年(1724)，封辅国公。四年(1726)晋固山贝子。九年(1731)，从征准噶尔噶尔丹策零。后赴克鲁伦河防御。

【喇巴奇】 见"拉夫凯"。(338页)

【喇布坦】(？—1766) 清朝蒙古王公。喀尔喀札萨克图汗部人。博尔济吉特氏。贝勒卓特巴次子。初授闲散台吉。康熙五十六年(1717)，随清军征准噶尔部策妄阿喇布坦。雍正五年(1727)，随额驸郡王策棱与俄罗斯使萨瓦立石定界。六年，授札萨克一等台吉，赐牧奇吉尔苏台界。十年(1732)，因拒诏，不随军进征，私归游牧，削职。十三年(1735)，复职。乾隆二十一年(1756)，以拒附青衮杂卜叛，赐公品级。

【喇嘛扎布】(？—1766) 清朝蒙古王公。土默特部人。博尔济吉特氏。达木巴子。居归化城(今呼和浩特)隶左翼。乾隆二十年(1755)，献马三百匹助军征准噶尔部达瓦齐于伊犁，叙功授一等台吉，命笔清门行走。二十一年，随承恩公明瑞赴巴里坤，徙厄鲁特达什达瓦部众于阿尔泰地区，并以女妻和托辉特部青衮咱卜。旋青衮咱卜反清，他奉命随左副将军成衮扎布由乌里雅苏台进征。侦青衮咱卜欲遁俄罗斯，随参赞大臣纳穆扎尔轻骑尾之，于杭哈将噶勒擒青衮咱卜。因功封辅国公，增设土默特一旗，授札萨克，隶乌兰察布盟。二十五年(1760)，以不入觐及违例妄行罪削爵。

【喇嘛什希】(？—1647) 清朝将领。蒙古族。科尔沁部人。博尔济吉特氏。图美子。天聪七年(1633)，向后金朝贡。崇德元年(1636)，封札萨克镇国公。二年，随承政尼堪由朝鲜进征瓦尔喀，至吉木海，败平壤巡抚、安州总兵及安道援兵。三年从征明。六年随睿亲王多尔衮围锦州，败明总督洪承畴援兵。

【喇嘛达尔札】(1726—1753) 清代卫拉特蒙古准

噶尔部首领。号"额尔德尼喇嘛巴图尔珲台吉",亦称准噶尔汗。*噶尔丹策零庶长子。清乾隆十年(1745)父死,弟策安多尔济那木札勒因"母贵"继位,暴虐无道。十五年(1750),部众废其弟而拥立之。翌年,遣使赴彼得堡,严正要求俄国政府拆毁在准噶尔属地上设置的军事要塞,撤除额尔齐斯河和鄂毕河上游的军事堡垒线,并声明继续向这些地区属民征收赋税。同时,屡遣使与清廷联系。故被沙俄视为继续南侵之障碍,欲除之。十七年底(1753年初),破阿睦尔撒纳和达瓦齐买通内奸,突然袭击杀死于伊犁。

【喇依罕木图拉】 见"赖和木图拉"。(559页)

【喇钦索南罗追】(1332—1362) 元朝帝师。吐蕃萨迦人,款氏。帝师*八思巴的侄曾孙,*贡噶雷必迥乃坚赞贝桑波之子。属萨迦款氏家族却卓拉章。至正十八年(1358),被元朝廷召进京,命为帝师。二十二年(1362),于大都梅朵热哇逝世。

【喇嘛久甸日巴日垂】 元代藏传佛教名僧、学者。藏族。西藏纳塘寺亡师格西强卡巴拔施之弟子。皇庆元年(1312),奉师命将汉地整箱的墨、纸、笔等带回西藏,率领卫地人洛塞绛曲益西、译师索南约斯、江若绛曲朋等,集中前藏、阿里所存甘珠尔及丹珠尔经原本,加以校正,编成《甘珠尔、丹珠尔广本目录》,又缩编为《甘珠尔目录日光》。后又编《甘珠尔、丹珠尔目录集》。继之,其师强卡巴拔施又利用从元朝带回的纸墨等,按照所编大藏经目录编成第一部甘珠尔、丹珠尔大藏经。他对西藏第一部完整的抄本大藏经的编纂作了巨大贡献。其后,蔡巴所编订的大藏经亦源于此。明永乐、万历两部刻版大藏经又以蔡巴本为据。

【喂呱】 见"萧思温"。(485页)

【喀兰图】 清朝蒙古大臣。历仕太宗、世祖、圣祖三朝。崇德年间任一等侍卫。顺治初,累进世职二等阿达哈哈番。睿亲王多尔衮摄政。曾扈从世祖福临幸多尔衮官邸。世祖亲政后,以功受奖,赐金帛、鞍马、庄田。改隶满洲正黄旗,晋世职一等。旋以扈帝行怠迟,复降为二等。后继事康熙帝,累官至理藩院尚书。后以老乞休,授内大臣,加太子太保。卒,谥敏壮。

【喀喀穆】(?—1668) 又作喀喀木。清朝将领。满洲镶黄旗人。萨哈尔察氏。塘阿礼子。先世居乌喇部。崇德三年(1638),授吏部理事官。五年,从征虎尔哈部。七年(1642),随征明松山,因本旗将领失律未察,由三等轻车都尉降骑都尉。八年,擢吏部参政。顺治元年(1644),署副都统,随军入山海关,败李自成起义军。叙功加一云骑尉。寻自河南进征郧阳。五年(1648),驻防荆州。后还京,兼任镶黄旗副都统。九年(1652),同都统噶达浑等至贺兰山分兵搜剿犯边之鄂尔多斯部多尔济等。后授镇守江宁(今南京)总管。十年,拜靖南将军,进军潮州,围剿张献忠起义军。十六年(1659),与总督郎廷佐等于江宁击郑成功军。康熙元年(1662),改任江宁将军。

【喀申和卓】 一译克新和卓、喀沙和卓。维吾尔族。新疆叶尔羌(今莎车)人。辅国公额色尹子。清乾隆五十五年(1790)袭父爵。因勤谨奉职,越一年封镇国公。嘉庆二年(1797),以托病不肯当差,革爵,交刑部监禁。后获释,隶蒙古正白旗,补蓝翎侍卫。复以罪革职,降辅国公。其镇国公爵由从弟巴巴克和卓承袭。

【喀尔吉善】(?—1757) 清朝大臣。满族。伊尔根觉罗氏。满洲正黄旗人。吏部尚书凯音(里)布子。初袭骑都尉,授上驷院员外郎,充浒墅关监督。雍正五年(1727),袭世管佐领。九年(1731),累官兵部左侍郎。十年,充八旗通志馆副总裁。十三年,以验马不实革任。乾隆元年(1736),留佐领,管理圆明园八旗兵丁。受命赴盛京收粮,请严禁八旗台站兵与朝鲜人于中江贸易。三年,擢内阁学士迁户部左侍郎,协办步军统领衙门刑名事务,调吏部左侍郎。五年(1740),授山西巡抚。六年,因未及时劾布政使萨哈谅等纳贿罪,革职,后获宥。以归化城等处满兵无薪可采,请准多采煤。七年,以归化城土默特蒙古不谙耕种,以地典给民人,生计窘迫,请输银赈济。后迁安徽巡抚。八年,调山东巡抚。任内,多所建言。十一年(1746),迁闽浙总督。十二年五月,以台湾地狭民稠,申严汉人流寓台湾之制。七月,谏言无税官山许民自种,成材后官给值,以获良材。次年,因秉公劾浙江巡抚常安贪赃,加太子少保。十四年,奏海防三事。十五年,加兵部尚书衔。十七年(1752),因事革职留任,后以老请休,被慰留。十九年(1754)加太子太保。条陈更改浙省海塘六事。卒,谥庄恪。

【喀尔莽阿】(1817—1882) 新疆锡伯族。安佳氏。锡伯营正白旗人。同治十年(1871),任锡伯营领队大臣。是年夏,俄军侵占伊犁。因反对沙俄侵略,屡将沙俄交办事情禀告伊犁将军荣全,引起沙俄怨恨。十二年(1873)冬,被沙俄占领军逐奔塔城。后奉命赴库尔喀喇乌苏(今新疆乌苏县)督理屯田。光绪四年(1878)春,署伊犁察哈尔营领队大臣。后以屯田丰收,获优叙。七年(1881),任察哈尔营领队大臣。八年,因公返归伊犁,途中遇刺身亡。

【喀尔楚浑】(1628—1651) 清朝将领。满族。爱新觉罗氏。清太祖*努尔哈赤曾孙,克勤郡王*岳讬第三子。顺治元年(1644),随睿亲王多尔衮入关,破李自成义军,追至望都。二年,封镇国公。三年,随肃亲王豪格讨张献忠于西充。五年(1648),任镶红旗满洲都统。六年初,随敬谨亲王尼堪伐大同叛镇姜瓖,破敌宁武关。四月,围大同,姜瓖被属下总兵杨威所杀。十月,晋多罗贝勒。八年二月,总理藩院事。八月卒,谥显荣。

【喀沙和卓】 见"喀申和卓"。(538页)

【跋提】 柔然第四代首领。郁久闾氏。*吐奴傀子。父卒,继立。仍役属于鲜卑秃跋部,岁贡牲畜兽皮,游牧于漠南漠北。卒后由子地粟袁继位。

【跋黑】 亦作字黑。辽代完颜部首领。女真完颜部人。景祖*乌古乃异母弟,世祖*劾里钵叔父。咸雍十年（1074），乌古乃死后，因未能当上部落联盟长，心怀异志，与乌古乃子新任联盟长劾里钵对立。为劾里钵所虑，不让统兵，只任命做孛堇（部落长）。遂暗结国相雅达之子桓赧、散达及温都首领乌春等联合起兵反抗劾里钵。辽大安七年（1091），桓赧、散达投降劾里钵。后遭阿骨打军袭击，兵败。

【跋赤斯】 唐代吐蕃名僧。赤松德赞赞普（755—797年在位）时第一位出家的吐蕃僧人。据《大拔协》载，为跋赤热子。又名桑西达。由寂护任亲教师，为其剃度为僧，取名贝央。赞普称其为"吐蕃之宝"，赐名"跋热丹"（梵语，意为"跋氏宝"）。

【跋利延】 南北朝时期高车国王。故国王阿伏至罗宗人。6世纪初，阿伏至罗遭杀后，被国人立为王。岁余，约北魏宣武帝永平元年（508），㖇哒再攻高车，谋立阿伏至罗侄、穷奇子弥俄突为高车王。高车部众遂杀之，迎立弥俄突。

【跋桑希】 唐代吐蕃赤松德赞赞普（755—797年在位）时大臣。汉族。驻吐蕃之唐使贾珠嘎堪之子。曾奉命使唐取佛经，于长安面见唐皇，取回佛经一千部，并赴五台山观看寺院建造程式，为赤松德赞兴佛、建寺做准备。赤松德赞继位后，任副官，与跋塞囊等三十余人再度赴唐，迎请汉地僧人赴吐蕃传法，获唐皇所赐纸张一百秤。因大臣马祥反佛，赤松德赞年幼，遂将佛经埋藏于桑耶附近秦浦山中，后成为赤松德赞兴佛时刊用的重要佛典。为发展佛教，还奉命赴阿里取宝。

【跋塞囊】 唐代吐蕃赤松德赞赞普（755—797年在位）时名僧。积极支持赤松德赞发展佛教。奉命赴印度和尼泊尔等地学习佛教经典，先后朝拜大菩提寺及那烂陀寺，学习众多佛法，迎请静命大师返回芒域，并建寺两座，使芒域成为吐蕃佛教的圣地，为赤松德赞发展佛教做了准备。后将静命大师引见给赤松德赞，为赞普宣讲佛教基本原理。为避免反佛大臣马祥的迫害，赤松德赞委任其为芒域卡佗官长，隐居该地以待兴佛时机。桑耶寺建成后，为最早出家的七僧人之一，僧号益希旺波。赐予大金字告身，任其为吐蕃佛教宗师。后在吐蕃佛教"顿渐之诤"中，坚决支持渐门观点，并最后取得胜利。

【嵬名山】 西夏皇族。党项人。西夏国左厢绥州监军。因与夏毅宗李谅祚有隙，宋知青涧种谔乘间诱以降。夏拱化五年（1067），先收降其弟夷山，继赂其小吏李文喜，并率所部猝围其帐，被迫举众从种谔而南。受命率新附百余人，协同守将，大败西夏军。乾道元年（1068）十一月，至宋京，授左监门卫上将军，赐姓名赵怀顺。西夏国梁氏用其臣罔萌讹计，佯以投夏汉人景询与宋朝易名山，不得。

【嵬名济】 西夏国将领。党项族。官西南都统。大安八年（1082）十一月，致书宋泾原经略司刘昌祚请和。十一年（1085）九月，与张聿正出使宋朝，进助山陵马一百匹，宋哲宗以奉天新历赐之。崇宗时官监军。天佑民安八年（1097），宋朝知保安军李沂兵围洪州，他率众赴援，兵败，洪州失守。永安元年（1098）四月，领兵入鄜延，围顺宁砦，被宋将张守德所败，退走。八月，以兵保青岭，为宋鄜延将苗履击败，被杀五百余人。损失牛羊万只。十一月，随崇宗母梁太后围平夏，驻白池，防御鄜延、秦凤诸路，亦兵败。二年，辽遣人鸩杀梁太后，受命赴宋入告，并上谢罪表状，宋不纳。献计崇宗，使辽国从中斡旋，与宋通好。三月，遣人至辽国请为说和。十一月，赴宋进御马，上谢表。

【嵬名山遇】（？—1038） 西夏国皇族。名惟亮。党项族。李元昊叔父。建国时任左厢监军使，掌兵权，有勇略。夏天授礼法延祚元年（1038）七月，元昊与诸部首领会盟于贺兰山谋攻宋鄜延，出面劝阻，元昊不听，恶其不从己，令其弟惟序告发其谋反。被迫携妻野利罗罗、子阿遇及亲属二十二人投宋，献西夏国军情。被宋知延州郭劝及钤辖李渭等遣兵押送夏州，至宥州，被元昊用乱箭射杀。

【嵬名世安】 西夏国宗室。党项族。桓宗时官至御史大夫。天庆四年（1197）正月，以武节大夫与宣德郎李师广出使金朝贺正旦。为官廉约清峻，不妄取丝毫，刻厉若贫士，至死，庐舍萧然。

【嵬名令公】 西夏国将领。党项族。应天四年（1209）七月，蒙古军攻入夏境，奉命率五万兵迎战，守克夷门，败蒙古兵。相持两月，被蒙古军设伏诱获，带归蒙古，囚于土室。蓬首垢面，志不稍屈。十二月，襄宗向蒙古请和，遣使以礼请令还国。宝义元年（1226）十一月，蒙古军攻灵州，奉末帝李睍命以十万众救援，被蒙古军渡河击败，失灵州（今宁夏灵武东南），逃回中兴府。二年，随末帝奉图籍降蒙古。

【嵬名聿正】 西夏国大臣。党项族。毅宗李谅祚时居官蕃号称"祖儒"。奲都五年（1061）七月，受命赴宋进贡，并请尚公主，宋仁宗以昔尝赐姓，不许。同年十二月，同枢铭靳允中赴宋贺正旦，携带价值八万贯的西夏国货物与宋贸易，因被宋内臣压价，亏折甚多。后西夏国向宋朝天圣节贡物遂减半。

【嵬名阿吴】 西夏国将领。党项族。天仪治平二年（1087）七月，为国相梁乙逋所遣，率兵入青唐（今青海西宁），约吐蕃首领阿里骨等共举兵图宋，谋取熙河，阿里骨许以兵相应。天祐民安五年（1094），国相梁乙逋恃一门二后，独专国政，潜谋篡权，他与大臣仁多保忠等予知其谋，集兵讨杀之，并灭其家。

【嵬名阿埋】 西夏国将领。党项族。官六路都统军，善战。永安元年（1098）正月，与监军妹勒都逋以牧畜为名，宿兵平夏（今宁夏固原县西北）境，欲俟黄河冻解进攻宋朝。失备，为宋军所图，被执，归降。二年正月，献计于宋，请以三万人取夏灵州（今宁夏灵武县东南）地，宋河东统制张世永令副将折可大领兵入夏境，抵藏才山，与西夏军作战。

【嵬名浪遇】（？—1073） 西夏国官员。党项族。夏景宗李元昊族弟。知兵事，熟谙边务。毅宗（1048—1068年在位）时尝执国政。惠宗（1068—1086年在位）

时官都统军,以不随附太后梁氏,于天赐礼盛国庆三年(1072)七月,被罢官,并徙其家属。居家日训子孙,教以忠义,口不言兵,四年十二月卒。遗表请擢用忠良,勿犯宋朝,梁氏族人深恶之,遂不上奏惠宗。

【景安】(?—1823) 清朝大臣。满族。钮祜禄氏。满洲镶红旗人。和珅族孙。乾隆二十七年(1762),由官学生考取内阁中书,累官山西河东道。五十一年(1786),迁甘肃按察使,后历任河南按察使、布政使,山西、甘肃布政使。五十六年(1791)底,以廓尔喀侵后藏,负责办理西宁至藏台站。次年,赴木多筹备军需,督运粮饷。五十八年,擢工部右侍郎兼正蓝旗副都统,转左侍郎。次年,调户部右侍郎。八月,回京兼正黄旗满洲副都统。六十年,授河南巡抚。嘉庆元年(1796),驻兵南阳防堵白莲教起义,筹济军饷,加太子少保衔。十二月,被义军围于邓州魏家集,得恒瑞援助,围解。二年,执杀淅川内乡教首王佐臣等,赏双眼花翎,封三等伯。三月,赴确山,败义军于遂平驿,追至舞阳。继调兵解四里店围,受赏。三年初,擢湖广总督。四年,驻兵郧阳。因奏报不实,堵剿不力,抚治失当,革任,以伯爵赴四川办军需。寻夺爵,戍伊犁。五年,以前畏怯纵敌及淅川冒功罪,禁锢。七年(1802),白莲教起义失败后,获释发热河充披甲。逾年宥还,以六部笔帖式补用,效力河南河工。衡家楼工竣,晋员外郎。后擢陕西、福建布政使。十一年(1806),升江西、湖南巡抚。十六年(1811),授内阁学士兼礼部侍郎衔,迁理藩院右侍郎兼镶白旗汉军副都统。十七年,调户部左侍郎,刑部右侍郎。十一月,擢理藩院尚书兼正红旗汉军都统。十九年,充国史馆副总裁,礼部、户部尚书。二十一年,授内大臣。后三年,加太子少保。二十五年(1820),授侍卫内大臣守护昌陵。道光二年(1822)休致。

【景廉】(?—1885) 清朝大臣。颜札氏。满洲正黄旗人。绥远城将军彦德子。咸丰二年(1852)进士。改翰林院庶吉士。五年,擢内阁学士兼礼部侍郎衔。六年,任镶白旗蒙古副都统,充玉牒馆副总裁。九年(1859),授伊犁参赞大臣。整治边事。同治元年(1862),调叶尔羌参赞大臣。疏请将历年征税款酌量裁减,详立章程。次年,奏请停止巴尔楚克过路税课,八城以安。三年,以病请开缺。因不待命擅入关,革职发都兴阿军营听差。十年(1871),以沙俄侵伊犁,图取乌鲁木齐。奉命巡视乌鲁木齐,寻授乌鲁木齐都统。十一年,抵巴里坤,立坚垒,设屯田为久驻计。十二年,疏陈崇圣学、开言路、重牧令、简军实、劝农事、弭异端六事。光绪元年(1875),授正白旗汉军都统。二年,署正红旗满洲都统,充总理各国事务大臣。三年,在军机大臣上行走。授工部尚书,管理火药局事务。四年,调户部尚书,充国史馆总裁。九年(1883),因滥保降二级调用。寻授兵部尚书,充经筵讲官。著有《奏疏》四卷、《冰岭纪程》附度岭吟、《古近体诗存》二卷。

【景臻】 见"明新"。(348页)

【景福保】 清代反封建斗争的傣族起义首领。云南湾甸州(今昌宁、凤庆一带)人。傣族。咸丰年间,杜文秀领导的云南回民起义,漫延到德宏、耿马等地。咸丰二年(1852),昌宁、凤庆一带傣族农民举其为首领,起而响应。联合回民起义军,入据耿夏土署,驻扎于勐岗等地,以"平分地安身"为口号,号召各族农民团结起来,为平分土地而斗争。是年十二月,义军为清军镇压后,败走耿马。

【黑大汉】 清咸丰同治年间侗族农民起义首领。贵州黎平县六洞人。侗族。咸丰五年(1855),在姜映芳侗族农民起义和白莲教黄号军节节胜利的影响下,率六洞人民起义,进行反对清政府统治的抗粮斗争。七年(1857),农民军发展至万余人,占领永从县城(今分属黎平、从江二县),与当地苗族农民军会合,攻打古州,尽毁四十堡。黎平南江、水口一带的农民军千余人纷起响应。八年,与白莲教黄号军联合在皮林重创湘军,迫使湘军撤走。农民军乘胜东进,冲破地方团练阻击,围攻古州厅城。同治二年(1863),又和白莲教联合,攻破下江厅,进据下汶、特洞、洪州等地,与石达开部的入黔部队数万人配合,在黎平下汶、中汶、上汶一带,击杀清总兵成应洪、游击雷三佳,歼灭清军千余人。在群众支持下,义军利用山区有利形势,采用小型作战为主的策略,坚持斗争达二十二年之久,使清政府在侗族地区的统治遭到沉重打击。

【黑石炭】 又译可可出大、库格珠特、库克齐图、克石炭,或称打来罕、打来汉等。明代蒙古左翼察哈尔部领主之一。孛儿只斤氏。卜赤第五子(一作次子),图们汗叔父。苏尼特部始祖。游牧于舍刺母林(今西拉木伦河)和哈喇母林(西拉木伦河支流)流域。勇敢善战,有谋略,历嘉靖、隆庆、万历三代数十年,与图们汗、脑毛大、速把亥、炒花、布延台吉、长昂等屡次袭击明锦州、义州(今辽宁义县)、开原、辽阳和沈阳等地,拥兵至山海关前,给明边塞造成重大威胁,被明朝视为巨患。后多次被明辽东总兵李成梁(朝鲜族)等击败。

【黑台吉】 见"铁背台吉"。(454页)

【黑劳赤】 见"火落赤"。(83页)

【黑的儿】 明代天文学家。回回人。先世本西域人。洪武(1368—1398)间,官钦天监灵台郎。永乐(1403—1424)初,置回回司天监,被征至京师(今北京)议历法,译有天文书行于世。

【黑齿常之】(?—689) 唐朝将领。百济西部人。姓黑齿。骁毅有谋略。原为百济郡将。高宗龙朔(661—663)中,降唐。累迁左领军员外将军、洋州刺史。仪凤三年(678),从李敬玄、刘审礼征吐蕃,以功擢左武卫将军,检校左羽林军,进为河源军副使。调露(679—680)中,引兵三千袭吐蕃军,斩首二千级,获羊马数万,升河源道经略大使。任内,于河源要冲置烽七十所,垦田五十顷,岁收粟斛百余万,致使兵精粮足,戍逻有备,加强唐西部边防。永隆二年(681),又破吐蕃于青海,茌军七年,吐蕃不敢犯边,封燕国公。武则天垂拱(685—688)中,奉命率军屡败突厥进犯,任燕然道大总管。与李多祚等破突厥兵于黄花堆。后被周兴等诬陷谋反,下狱,自缢死。

【黑的儿火者】(？—1402) 东察合台汗国汗(一称别失八里王)。秃黑鲁·帖木儿汗幼子。元至正二十四年(1364),东察合台汗国异密怯马鲁丁屠杀秃黑鲁·帖木儿汗后裔时,被异密忽罗达之母救出,幸免于难,先后隐藏于帕米尔和塔里木南沿各地。怯马鲁丁死后,于明洪武二十二年(1389)或其前,被忽罗达拥立为汗国汗。都别失八里(今新疆吉木萨尔北破城子)。统治期间,并吐鲁番地区,并强制该地居民皈依伊斯兰教。与明朝互有使臣往来。二十四年(1391),遣使贡于明,受赏赐彩币。建文四年(1402)卒,一说卒于次年。

【遇折】 见"过折"。(143页)

【遏古只】 见"萧阿古只"。(488页)

【遏必隆】(？—1673) 清朝大臣。满洲镶黄旗人。钮祜禄氏。额亦都第十六子。天聪间,官侍卫。崇德六年(1641),从太宗征明,营松山,败明总兵曹变蛟。七年,授骑都尉世职。从饶余贝勒阿巴泰征明,入长城、克蓟州,进兵山东。顺治二年(1645),从顺承郡王勒克德浑于武昌镇压李锦起义军,晋二等轻车都尉。五年(1648),兄子讦其与白旗诸王有隙,投兵护门,夺世职。八年(1651),顺治帝亲政,雪冤复职。九年,袭一等公,旋任议政大臣,擢领侍卫内大臣。十四年(1657),加少保兼太子太保,寻加少傅兼太子太傅。十八年(1661),康熙帝即位,受遗诏辅政。因自身势弱,在鳌拜与苏克萨哈对立互争中附鳌拜自保。康熙六年(1667),加一等公爵。七年,加太师。八年,鳌拜获罪,因其知鳌拜罪而缄口不阻,亦不劾奏,下狱,夺爵。寻复公爵,宿卫内廷。卒谥恪僖。

【遏捻可汗】 唐代回鹘汗国末代可汗。跌跌氏。乌介可汗弟。原为遏捻特勒(勤)。会昌六年(846)乌介可汗被其属逸隐啜杀后,被族人拥立为汗,率残部五千依附于奚族首领硕舍朗。奚为唐将张仲武击破后,穷蹙,又率所有属人五百,转依室韦。大中二年(848),在唐军追逼下携妻子等九人西奔,不知所终。

【 ㄐ 】

【锁南普】 见"何锁南普"。(232页)

【锁懋坚】 明代诗人。回族。先世西域人,随宋王室南渡,遂居杭州。有诗名,尤善吟写。成化间(1465—1487),所赋《沉醉东风》词一阕,为一时所称赞。

【锁南嘉措】(1543—1588) 《明史》作锁南坚措。即三世达赖。藏传佛教格鲁派(黄教)名僧。藏族。生于拉萨西郊堆垅地方玛氏贵族家。穷结宗本南结扎巴子。被认定为达赖喇嘛二世根敦嘉措转世灵童,四岁被迎进哲蚌寺,从堪布索南扎巴受近事戒,得名锁南嘉措,开始学经。明嘉靖二十八年(1549),七岁出家,从索南扎巴受沙弥戒。三十二年(1553),十一岁正式继任哲蚌寺第十二任法台。次年,主持祈愿大会,为僧众讲《佛本生经》。三十七年(1558),兼色拉寺住持。嘉靖四十三年(1564),由格勒巴桑为亲教师,格敦丹巴达吉为羯摩师。受比丘戒。云游各地,传法收徒。应蒙古土默特部俺答汗(明封顺义王)邀请,于万历六年(1578)抵青海,与俺答汗会见于恰卜恰。在仰华寺(大乘法轮洲)讲经传法。规劝蒙古人废止夫妻殉和为死者宰杀大量驼马祭祀的旧俗,深受俺答汗及蒙古人崇仰,使蒙古人舍弃萨满教,改信黄教,对黄教在蒙古的传播产生深远影响。被俺答汗尊为"圣识一切瓦齐尔达喇达赖喇嘛"。是为达赖喇嘛名号之始。追认根敦嘉措为第二世达赖喇嘛,根敦朱巴为第一世达赖喇嘛。并以"咱克喇瓦尔第彻辰汗"尊号回赠俺答汗。以马匹等物进贡明廷,致书请求准其定期进贡。七年,派代表随俺答汗至蒙古讲经说法。八年,离青海前往康区理塘、芒康、昌都等地传法收徒,倡建理塘寺及塔尔寺。十一年(1583),返回青海,应邀到塔尔寺讲经。次年赴内蒙古为俺答汗逝世诵经祈祷,弘扬黄教,建席勒图召寺归化城。十六年(1588),受明神宗之请欲赴北京,不幸于三月二十六日圆寂于内蒙古卡欧吐密地方。

【锁咬儿哈的迷失】(？—1321) 元朝大臣。别失八里(今新疆吉木萨尔北破城子)畏兀儿人(一说哈密里人)。辽阳行省参知政事迭里威失子。十二岁为英宗潜邸宿卫,掌服御诸物。延祐七年(1320),英宗即位,拜监察御史。至治元年(1321),诏起大刹于京西寿安山,他以兴大役劳民耗财为由与御史观音保等极力谏止,遭丞相帖木迭儿之子琐南诬告,以诽上不敬罪被杀。泰定初,追封御史中丞、永平郡公,谥贞愍。

【稍合住】 又作稍和住。金代契丹起义军叛徒。奚族。正隆六年(1161),随西北路契丹人撒八、移剌窝斡等起兵反金,为将领,转战各地。次年,作战中,被金将纥石烈志宁俘获,为封赏所诱,降金。被放回起义军,相约捕起义军首领移剌窝斡以自效。拉拢亲信,许以官赏。挑拨起义军将领间以及契丹和奚族间的关系,诬陷奚人有异志,致使义军离心。九月,与神独斡等执捕移剌窝斡及其母徐辇、妻、子、子妇、弟、侄,尽收义军金银牌印等,至金西南路诏讨使、元帅右都监完颜思敬军投降。移剌窝斡等被押送中都(今北京)杀害,义军失败。因叛变效劳,被金朝册封为同知震武军节度使事。

【策垫】 清代西藏地方政府官员。藏族。咸丰元年(1851),由代本晋升为噶伦。次年,奉命查办乍丫地区喇嘛拘禁诺门罕案,拿获首犯彭错。四年(1854),查办巴勒布商人与察木多茶商聚众械斗案,半年内审讯完结,赏二等台吉,准其承袭一次。九年(1859),因贪功妄为,革职。因其办事勇往,谙练商上公事,准留用,作候补噶伦,以资差委。

【策凌】 又作车凌、车棱。清代卫拉特蒙古杜尔伯特部人。台吉乌尔衮子。初隶噶尔丹。康熙二十七年(1688),随父率众侵扰喀尔喀。乌兰布通之战兵败后,穿行于巴颜乌兰等地。后受喀尔喀和托辉特部台吉根敦召谕,欲内徙,闻清军驰师往击,复遁。旋以属下宰桑绰克图巴图尔率百余广附清,被置张家口外,遂遣使功格额尔克至费扬古军前请降。受命入觐,授散秩大臣,隶察哈尔正白旗。

【策楞】(？—1756) 清朝将领。钮祜禄氏。满洲镶黄旗人。尹德长子。乾隆初任御前侍卫。二年(1737),永定河决口,奉命赴卢沟桥赈灾。累迁至广州将军、两广总督。因秉公为布政使唐绥祖雪冤,受乾隆帝嘉奖,加太子少傅。后移两江总督。袭父爵,为二等公。寻随大学士傅恒征金川,任参赞。师还,加太子太保。十五年(1750),以西藏珠尔默特那木扎勒叛党杀害驻藏大臣傅清、拉布敦,奉令偕提督岳钟琪率兵往讨,并与岳钟琪等议西藏善后章程。十七年(1752),杂谷土司苍旺侵扰梭磨、卓克基,领兵前往镇压。十九年(1754),授定边左副将军,拟征准噶尔。值辉特台吉阿睦尔撒纳内附,与将军舒赫德奏防其诈,被削职。清军定伊犁,获副都统衔,率师驻巴里坤。二十年(1755)冬,任定西将军,追捕阿睦尔撒纳叛军。次年,因阿睦尔撒纳逃哈萨克,劳师无功,被执送京师。途遇准噶尔叛军,被杀。

【策棱】(？—1750) 清朝将领。蒙古喀尔喀部人。博尔济吉特氏。纳木扎勒子。康熙三十一年(1692),随祖母格楚勒哈屯自塔密尔归附清朝,封三等阿达哈哈番,居京师,命入内廷教养。四十五年(1706),尚圣祖女,为和硕额驸。赐贝子品级。五十九年(1720),从振武将军傅尔丹征准噶尔,屡破敌,以功授札萨克。雍正元年(1723),封多罗郡王。二年,与同族亲王丹津多尔济驻阿尔泰,授副将军。三年,分土谢图汗部二十旗,建赛音诺颜部,自是喀尔喀分为四部。五年(1727),与内大臣四格等赴楚库河,与俄使萨瓦谈判,签订《中俄布连斯奇条约》,划定中俄中段边界。陈兵鸣炮,议罪,罚俸。九年(1731),因准噶尔部噶尔丹策零遣大策零敦多卜掠喀尔喀,受命与丹津多尔济迎击,获胜,封和硕亲王,授喀尔喀大札萨克。十年,塔密尔遭小策零敦多卜袭击,二子被掠。遂以兵伏击,大败准噶尔军于鄂尔浑河,以功赐号"超勇",进固伦额驸。十一年,佩定边左副将军印,进屯科布多,旋授盟长。十三年(1735),以准噶尔求和,请以哲尔格西喇呼鲁苏为喀尔喀游牧界,并提出准噶尔游牧必须以阿尔泰为界。乾隆五年(1740),受命勘定喀尔喀游牧界。六年,移军驻塔密尔。卒,谥襄。

【策妄达什】(？—约1750) 一译蒙克什、莫克什。清代卫拉特蒙古准噶尔部台吉。姓绰罗斯。噶尔丹策零第三子。乾隆十五年(1750),庶兄喇嘛达尔札杀策妄多尔济那木扎勒自立,为辉特台吉阿睦尔撒纳所轻,谋拥其为准噶尔大台吉。事觉,被喇嘛达尔札戕害。

【策冷工布】(？—1728) 清代四川下瞻对土司。藏族。世受明封为土司。康熙四十一年(1702),缴明廷所授印信,清授为五品安抚使之职,换给印信,仍令管辖瞻对喇滚之地。雍正六年(1728),因下瞻对屡于川藏大道劫掠,清遣官兵弹压,许以重赏劝降,后被杀,导致瞻对反清。

【策旺扎布】 清朝蒙古王公。喀尔喀札萨克图汗部人。博尔济吉特氏。札萨克图汗*成衮子。康熙二十六年(1687),兄札萨克图汗沙喇为土谢图汗察珲多尔济所杀,属众溃散。次年,遭准噶尔部噶尔丹掠,率众归清,附牧乌喇特诸部界。至三十年(1691),赴多伦诺尔会盟,封和硕亲王,驻牧归化城北,四十二年(1703),尚县主,授多罗额驸,晋和硕额驸。袭札萨克图汗号。雍正九年(1731),授所部副将军,随靖边大将军顺承亲王锡保驻察罕瘦尔。以额驸郡王策棱败准噶尔部大策凌敦多布于苏克阿勒达呼,受赏赐。十年,小策凌敦多布掠克尔森齐老,他因从征退缩,纵属劫粮,削爵,永远监禁。

【策凌蒙克】 见"车凌蒙克"。(58页)

【策旺诺尔布】 清朝蒙古王公。喀尔喀赛音诺颜部人。托多额尔德尼嗣子。初授侍卫,擢内大臣,上驷院卿,兼蒙古正黄旗佐领。康熙五十一年(1712),袭札萨克镇国公。五十五年(1716),因青海蒙古右翼与左翼不和,受命与侍卫布达哩莅盟,劝令和好。五十六年,以准噶尔部策妄阿喇布坦遣策凌敦多布侵西藏,与侍卫阿齐图等驻噶斯侦御。五十七年,与侍卫色楞、四川总督额伦特援西藏,以接应迟延,前军失利,受责。五十九年(1720),随平逆将军延信护送六世达赖喇嘛罗卜藏噶勒藏嘉穆错入藏。六十年,佩定西将军印驻藏。雍正元年(1723),察青海蒙古和硕特部贵族罗卜藏丹津谋叛,谏请设兵备御。继由西宁入觐,以进藏功,晋封固山贝子,赐三眼孔雀翎。四年(1726),授副盟长,十年因老请休。

【策旺喇布坦】 见"策妄阿拉布坦"。(542页)

【策凌乌巴什】 见"车凌乌巴什"。(59页)

【策凌旺札勒】 见"才仁旺杰"。(19页)

【策凌端多布】 见"车凌端多布"。(59页)

【策妄阿拉布坦】(1665—1727) 一译策旺喇布坦。号卓里克图珲台吉。清代卫拉特蒙古准噶尔部首领。*僧格长子。康熙九年(1670),父被杀后,与弟索诺木阿拉布坦、丹津鄂木布附牧于噶尔丹。二十七年(1688),索诺木阿拉布坦被噶尔丹杀害,率僧格旧臣七人,徙博罗塔拉。遭噶尔丹兵追击,与战于乌兰乌苏。为扩展势力,遣使向清朝纳贡,并乘噶尔丹内犯之机,进袭科布多。三十年(1691),攻取撒克里和乌兰古木等地。三十六年(1697)噶尔丹死后,尽有准噶尔牧地。四十八年(1709),得悉沙俄侵入毕雅河和哈屯河准部辖地,筑造比斯克等要塞,派兵袭击巴拉巴和库兹涅茨克,捣毁其要塞巴肯。五十四年(1715),以沙俄派遣布赫戈利茨中校率兵三千侵入达布逊淖尔(亚梅什湖)地区,遣大策凌敦多布率兵往逐,给侵略军沉重打击。同年,派兵扰哈密,为哈密游击潘志善所败。五十六年(1717),借口送婿噶尔丹丹衷、女博托洛克返归西藏,使大策凌敦多布率兵六千,突袭西藏,杀拉藏汗。后为清平逆将军延信、定西将军噶尔弼击败。同年五月,令子噶尔丹策零统兵二万至斋桑湖,驱逐沙俄利哈列夫侵略军。次年遣博罗库尔干赴俄求援,因俄国提出以"臣服"为交换条件,拒绝之。越一年,严词拒绝,并怒斥俄使翁科夫斯基迫其"让与领土"、"签订臣服条约"的无理要求。雍正元年(1723),遣吹纳木克(垂木喀)进京祝贺胤禛继位,以示睦好。三年(1725),向清朝请求划给吐鲁番,并与喀尔喀勘分游牧界,允其贸易商队由喀尔喀路行走,获允。五年(1727)病卒(一说被其妃色特尔扎布毒死)。在其统治时期,轻徭薄赋,准噶尔社会经济,尤其是农业和手工业有较快的发展。为鼓励准噶尔人从事农业,曾从乌什、叶尔羌和喀什噶尔等地迁来大批维吾尔族农民,为之耕种。

【策伯克多尔济】(?—1778) 清代卫拉特蒙古土尔扈特部著名首领。敦罗布旺布孙,*渥巴锡堂侄。渥巴锡袭汗位初,曾至彼得堡活动,希望俄国政府支持其成为汗国首领,未遂。乾隆三十年三月十九日(1765年5月8日),仅被俄国政府任命为改组后的扎尔固成员,名列八名成员之首。政治上失意,加之对俄国民族压迫政策的不满,促使其与渥巴锡合作。三十五年(1770)秋,组织并参加了渥巴锡在维特梁卡(今俄联邦阿斯特拉罕省叶诺耶夫斯克以北)召开的重要会议,决定起义,东返祖邦。会后将扎尔固日常事务交弟奇哩布和阿克萨哈勒治理,全力准备东返斗争的组织工作。乾隆三十五年十一月二十日(1771年1月5日),率属众4000余户,21000余人参加土尔扈特族起义,与渥巴锡同掌东返事宜,三十六年五月二十六日(1771年7月8日),率先遣部队抵伊犁河支流察林河畔。为妥善解决归返故土的七万余部众生计,陪同渥巴锡入觐承德,受封扎萨克和硕布延图亲王,管辖旧土尔扈特蒙古乌纳恩素珠克图盟北路三旗(今新疆维吾尔自治区和布克赛尔蒙古族自治县),任盟长。四十三年(1778)病卒,弟奇哩布袭爵。

【策凌纳木札勒】(1767—1792) 清代卫拉特蒙古土尔扈特部贵族。*渥巴锡长子。乾隆三十九年(1774),父卒,袭札萨克卓哩克图汗,时年八岁。次年,出任旧土尔扈特蒙古乌讷恩素素珠克图盟盟长。五十七年(1792),卒,子霍绍齐袭。

【策妄多尔济那木札勒】(1732—1750) 又作策妄多尔济纳木札尔,简称那木札勒、那木札尔。清代卫拉特蒙古准噶尔部台吉。*噶尔丹策零次子。乾隆十年(1745),袭父位为珲台吉。执政后,与清朝政府一直保持密切的政治、经济联系,多次遣人进京纳贡。十二年(1747),令巴雅斯瑚朗等进藏熬茶,先后在拉萨、日喀则等地布施。因恣意虐杀部众,囚姊乌兰巴雅尔,又欲谋害庶兄喇嘛达尔扎,十五年(1750)为喇嘛达尔札及姊夫赛音伯勒克废黜,禁于阿克苏。不久死。

【策凌额尔德尼洪台吉】(1591—1626) 亦作色棱额尔德尼鸿台吉。明末鄂尔多斯部济农。孛儿只斤氏。博硕克图济农长子。天启六年(1626),嗣济农位,在是年六月去世。

【答己】(?—1322) 父作答古。元顺宗*答别麻八剌之凄。弘吉剌氏。*按陈孙浑都帖木儿之女,生武宗海山、仁宗爱育黎拔力八达,延名儒李孟辅教二子,多所受益。成宗大德九年(1305),与幼子同被卜鲁罕皇后贬居怀州。十一年(1307),成宗卒,奔丧归京,与右丞相哈剌哈孙共辅长子海山称帝,被尊为皇太后。继佐仁宗。延祐七年(1320),仁宗卒,拥立孙硕德八剌(英宗)即位。以英宗不从己制,悔立英宗,遂与中书平章黑驴及其母亦烈失八、宣徽使失烈门等相结,谋废立,事败,诸逆臣被诛。得英宗抚慰,被尊为太皇太后。因心愿未遂,饮恨成疾,于至治二年(1322)病卒。追谥昭献元圣皇后。

【答力台】 见"答里台"。(543页)

【答不也】 见"移刺塔不也"。(507页)

【答失蛮】 ①(1248—1304)元朝大臣。蒙古克烈氏。孛鲁欢第三子。初事忽必烈于王府,充宿卫。忽必烈即位后,独掌第一怯薛,兼监斡脱总管府,又兼户部尚书、内八府宰相,执掌财政及诸种祭祀。世祖至元十八年(1281),升斡脱总管府为泉府司,继掌司事。先后从帝及皇孙铁穆耳征叛王乃颜、合丹。二十五年(1288),充宣政院使,掌全国佛教及吐蕃地区事务。次年,从帝征叛王海都至杭海岭(今杭爱山)。成宗元贞元年(1295),加平章军国重事,奉命征海都党亦怜真。大德三年(1299),兼翰林学士承旨,仍领泉府司事。武宗至大(1308—1311)年间,追封高昌王,谥忠惠。②元朝大臣。蒙古族。累官平章军国重事。成宗元贞元年(1295),以西北叛正将自吐蕃入扰,奉命率兵往讨。便宜总帅发兵千人从行,听其节度。大德(1297—1307)初,任丞相,掌宿卫事,出入禁中。③元朝大臣。蒙古族。累官江浙等处行中书省左丞相。武宗至大三年(1310),因于天寿节殴其平章政事孛兰奚,事属不敬,受武宗使臣诘问。同年十一月,与江西行省左丞相别不花同入大都(今北京)朝觐。

【答里巴】(1395—1415) 又译德勒伯克、他尔巴克、答勒巴等。明代蒙古可汗。孛儿只斤氏。*本雅失里(额勒锥特穆尔)子。永乐九年(1411,一说永乐十年),被瓦剌领主马哈木立为可汗,成为马哈木同东部蒙古(鞑靼部)领主阿鲁台斗争的工具。卒于永乐十三年(1415),在位五年。一说马哈木败亡后,自瓦剌归东蒙古。二十一年(1423),被阿鲁台所杀。

【答里台】 又作答力台、答里台斡赤斤、答里真。蒙古部贵族首领。乞颜·孛儿只斤氏。把儿坛季子,*成吉思汗之叔。原与铁木真(成吉思汗)之父也速该同处。乾道六年(1170)后,乘也速该逝世,投归泰赤乌部。铁木真兴起后又来归附。淳熙十六年(1189),与诸那颜贵族拥戴铁木真为蒙古部汗。于"十三翼之战"中,与忽察儿等共掌第九翼,迎战札只剌等十三部。嘉泰二年(1202),在征塔塔儿部时,因违令私掠财物,受惩处,怀怨,叛附克烈部,唆使王罕及其子亦剌合袭击铁木真。翌年,暗结札只剌部札木合等谋害王罕,事泄,被逐,复亡归铁木真。一说亡入乃蛮部,嘉泰四年,乃蛮部亡,乃归降铁木真。

【答里麻】 元朝大臣。畏兀儿人。益都路达鲁花赤撒吉思之孙。初入宿卫。大德十一年(1307),任御药院达鲁花赤,迁回回药物院、金湖北、山南两道廉访司事,拜监察御史。与亦怜真等劾丞相帖木迭儿专权贪肆,擢河东道廉访副使。至治元年(1321),因帖木迭儿复相,专务报复,辞官。次年,改燕南道廉访副使,平冤狱,正纲纪。泰定元年(1324)后,历迁福建廉访使、浙江廉访使、上都同知留守、淮东廉访使。至顺元年(1330)拜刑部尚书。元统元年(1333),升辽阳行省参知政事。三年(1335),迁山东廉访使,镇压当地反元暴乱。后授大都路留守。至正六年(1346),升河南行省右丞,改翰林学士承旨。次年,迁陕西行台中丞,时年六十九。致仕后,召商议中书平章政事,全俸终身。

【答思蛮】(1257—1317) 元朝大臣。回回人(原为哈剌鲁部人)。阿尔思兰汗属下马马之曾孙,哈只之子。初袭父职,为博尔赤(司膳),为世祖所器重。曾弹劾权臣阿合马蠹国害民之罪。至元二十四年(1287),随世祖征叛王乃颜,有功。成宗继位初,进阶奉议大夫,从征海都,以功升司农丞,晋司农卿。大德十一年(1307),成宗卒,与诸臣拥立武宗。升参知政事,兼司农卿。仁宗时(1311—1320年在位),先后任金宣徽院事、宣徽院使,进阶荣禄大夫。为官廉洁。卒,追赠太保、金紫光禄大夫,封定国公,谥忠亮。

【答纳失里】(?—1335) 元顺帝皇后。钦察伯岳吾氏。太师太平王燕铁木儿女。元统元年(1333),立为皇后。至元元年(1335),兄中书左丞相唐其势以谋逆伏诛,匿弟塔剌海于后宫,被迁出宫,幽禁于上都(今内蒙古正蓝旗东闪电河北岸)。七月,被中书右丞相伯颜鸩杀。

【答度台吉】 见"威正雅拜台吉"。(392页)
【答海绀卜】 见"塔海绀卜"。(527页)
【答儿麻失里】 见"达礼麻识理"。(137页)

【答失八都鲁】(?—1358) 元朝将领。蒙古散只兀氏。四川行省平章南加台子。初世袭万户,镇守罗罗宣慰司,后出征云南,升大理宣慰司都元帅。至正十一年(1351),进四川行省参知政事,随平章咬住镇压荆襄红巾军。十二年,平襄阳。次年进右丞,继定荆门,攻峡州,败赵明远军。十四年,升四川行省平章政事,兼知行枢密院事,总荆襄诸军,出兵援汝宁。次年,迁河南行省平章,进兵徐州长葛,为刘福通军所败。继取太康,围亳州,追大宋小明王韩林儿退出都城亳州,奔安丰。十六年(1356),进河南行省左丞相,兼知枢密院事,守御汴梁(今开封)。次年转四川行省左丞相,为刘福通义军所败,被朝廷斥为"玩寇失机",后忧愤而死。

【答剌麻八剌】(1264—1292) 元朝宗王。蒙古孛儿只斤氏。世祖忽必烈孙。太子真金次子。以皇孙,深受世祖钟爱。至元二十八年(1291),出镇怀州。至赵州,惩从卒之扰民者以戒众。未之镇,以疾召还。次年,卒于大都(今北京)。大德十一年(1307),子海山(武宗)即位,追谥昭圣衍孝皇帝,庙号顺宗。

【答里也忒迷失】(?—1368) 元宁宗懿璘质班皇后。蒙古弘吉剌氏。至顺三年(1332)十月,立为皇后。不久帝卒。至正二十八年(1368),卒。一说是年京师大都(今北京)陷于明军,不知所终。

【答里台斡赤斤】 见"答里台"。(543页)
【答儿麻八剌剌吉塔】 见"达玛巴拉热格希达"。(520页)
【智美斡色】 见"隆钦然降巴"。(520页)

【傅恒】(?—1770) 清朝大臣。满洲镶黄旗人。富察氏。号春和。乾隆帝皇后之弟。察哈尔总管李荣保之子。乾隆五年(1740),任侍卫,后任总管内务府大臣、户部尚书、军机大臣等。为乾隆帝所倚重。十三年(1748),因经略讷亲、总督张广泗镇压大金川土司叛乱久无功,受命暂管川陕总督,经略军务,继续进剿。十四年,会同岳钟琪军,分两路进攻大金川,降服莎罗奔。二十年(1755),力主遣军攻伊犁,征讨达瓦齐,平息准噶尔部叛乱。后充《平定准噶尔方略》正总裁。三十二年(1767),受命经略云南军务,后督师进攻缅甸,中途染病。三十五年(1770),班师。卒,谥文忠。

【傅清】(?—1750) 清朝大臣。满洲镶黄旗人。李荣保次子(一作傅恒之子)。初任侍卫。乾隆二年(1737),晋正黄旗满洲副都统。五年(1740),授天津总兵。九年(1744),任驻藏副都统,协颇罗鼐办理藏务。任内,奏请加强西藏与内地联系,增兵西藏,束守边防,并防准噶尔部颠覆。均为乾隆帝采纳。十三年(1748),还镇天津。授古北口提督,寻调固原。是年,以西藏郡王珠尔默特纳木扎勒年幼且与达赖喇嘛有隙,为加强对西藏的管辖,以傅清对藏务谙悉善处,再以副都统任驻藏大臣。十五年(1750),抵藏后,几次向中央奏报珠尔默特谋叛状。后以珠尔默特阴结准噶尔,绝邮递,致军书不达,遂与拉布敦设计诱杀之。后被叛军围困,自杀。谥襄烈。

【傅森】(?—1801) 清朝大臣。满族。钮祜禄氏。满洲镶黄旗人。初由监生累官内阁学士。乾隆五十六年(1791),任盛京工部侍郎。四月,请于工部所属增设员外郎一员佐办差务。五十九年(1794)初,调盛京刑部侍郎。三月,授公中佐领,迁正黄旗满洲副都统。闰六月,在军机处学习行走。十月,调户部右侍郎兼管光禄寺事务。嘉庆四年(1799)初,转户部左侍郎,调刑部。二月,调镶黄旗满洲副都统,仓场侍郎。三月,请准循旧例,于京通十五仓简放十五员分仓稽查,监放俸米,查核每年通州运京之新粮,以免挪移偷漏。五月,由都察院左都御史授兵部尚书,迁镶蓝旗蒙古都统。七月,任总管内务府大臣。八月,调镶红旗汉军都统。十月,命在军机处行走,授崇文门副监督。五年二月,请准派员出洋严禁代巡。七月,调镶蓝旗满洲都统。八月,于叶县擒义军首领刘之协,加军功一级。九月,管户部三库事务。六年初,调户部尚书。

【傅鼐】(?—1738) 清朝大臣。满洲镶白旗人。

富察氏。字阁峰。初官侍卫、镶黄旗汉军副都统。雍正三年(1725)，由兵部右侍郎调盛京户部侍郎。任内请选户部贤能章京协办盛京仓监督，以稽出入数目情弊、防止亏缺，被采纳。同年，因庇护隆科多，收受浙江粮道江国英贿银万余两，发遣黑龙江。九年(1731)，召赴北路军营效力。旋复侍郎衔，授军营参赞大臣。率军追击准噶尔台吉噶尔丹策零。十二年(1734)，同内阁学士阿克敦宣渝噶尔丹策零划分游牧界。十三年，署兵部尚书，寻授刑部尚书。乾隆元年(1736)，请简熟悉律例大臣修改《法律集解附例》，辑纂颁行，以昭划一。后以勒借商银，夺官。旋署兵部尚书。二年，授满洲正蓝旗都统。三年，因违例误给署参领和德等俸，被发往军台。

【傅尔丹】(? —1752) 清朝将领。满洲镶黄旗人。瓜尔佳氏。费英东曾孙。康熙二十年(1681)，袭三等公兼佐领。四十二年(1703)，扈帝西巡。四十三年，授正蓝旗蒙古都统。四十七年(1708)，调正白旗蒙古都统，后授领侍卫内大臣。五十六年(1717)，命为振武将军，率北路军讨准噶尔，驻军阿尔泰。雍正三年(1725)，授内大臣。四年，授黑龙江将军，六年(1728)，授吏部尚书。七年，以靖边大将军领兵二万余出北路剿噶尔丹策零。九年(1731)，抵阿尔泰。因指挥不利，中噶尔丹策零诱敌计，丧师和通泊，仅二千余幸存。次年复败于乌逊珠勒。十三年(1735)，论罪斩监候。乾隆四年(1739)，获释。十三年(1748)，特授内大臣、护军统领，征大金川。寻署川陕总督，同岳钟琪治办军事。后以年迈受命专办营务，十四年，班师，授黑龙江将军。

【傅达礼】(? —1675) 清初大臣。满洲正黄旗人。吴雅氏。初任主事、员外郎郎中。康熙六年(1667)，授内秘书院侍读学士。十年(1671)，改翰林院侍读学士，充经筵讲官、日讲起居注官，后擢掌院学士兼礼部侍郎。十一年，奏请刊行《大学衍义》。十二年，任重修太宗实录副总裁，参与集《清文鉴》。同侍郎哲尔根赴云南经理吴三桂撤藩起行事宜，因吴三桂叛，被扣留，不为吴所辱。十三年，清军由湖广征讨吴三桂，遂被释放。十四年，以经筵讲章不称旨，罢职。

【傅森内】(? —1792) 索伦都拉尔氏人。隶呼伦贝尔正红旗。清乾隆五十六年(1791)，以骁骑校委参领从征廓尔喀，赐号库齐特巴图鲁。次年，凯旋回，卒于军中。

【傅喇塔】(1621—1676) 清初将领。满族，爱新觉罗氏。舒尔哈齐孙，芬古(又作费扬武)第四子。顺治二年(1645)，封辅国公。随顺承郡王勒克德浑征湖广。五年(1648)，从郑亲王济尔哈朗再征湖广，至广西。六年，晋封固山贝子。十六年(1659)，以朝参失仪，降辅国公。十八年，复固山贝子。康熙十三年(1674)，授宁海将军，同奉命大将军杰书讨叛将耿精忠，破敌于天台、紫云山、九里寺山。十四年，败敌于上塘岭、小河渡，复太平、乐清、青田三县及大荆、盘石二卫，败敌于江南。十五年，分两路迎击来犯之军，歼敌二万。围温州。入福建，收降耿精忠，浙江平。十一月卒于军，谥惠献。乾隆十五年(1750)，追封和硕简亲王。

【傅赖塔】(? —1694) 一作博腊塔，清朝大臣。满洲镶黄旗人。伊尔根觉罗氏。康熙初，由笔帖式授内阁中书，迁侍读，擢御史。二十五年(1686)，授陕西布政使，后擢副都御史，迁工部侍郎。二十七年(1688)，调吏部侍郎。往云南勘察提督万正色与总兵王珍互讦案。是年，授两江总督。及任，清弊政，荐贤能、斥贪墨、慎刑明狱，深受康熙帝信任。二十九年(1690)，疏劾大学士徐元文、原任尚书徐乾学纵子弟争利害民，引起康熙帝重视。是年，署巡抚监临乡试。三十年(1691)，奏请广增江南科举额，被康熙帝采纳。三十二年(1693)，奉命勘查广东巡抚江有良与巡盐太常少卿沙拜互讦事。三十三年，请蠲免盐城、高邮等州县钱粮，被采纳。卒于位。康熙帝嘉其实心供职、清廉自持，特开遣祭之例，追赠太子太保，予骑都尉世职。谥清端。

【焦礼】(1382—1463) 明朝将领。字尚节。蒙古族。把思台子。洪熙元年(1425)，兄谦卒，侄管失奴年幼，遂借袭其职，为都指挥同知，备御辽东。宣穗初，因守边功，奉命居职如故，不再还职于侄。正统十四年(1449)，进右都督。土木之变后，迁辽东左副总兵，镇宁远(今辽宁兴城)。旋因瓦剌也先兵临京师(今北京)，奉景帝诏入卫京城。也先退兵后，还镇宁远。景泰四年(1453)，败蒙古二千余骑，获玺书嘉奖，升左都督。天顺元年(1457)，因守边功，封东宁伯。七年(1463)，以八十二岁高龄殉职于边陲。追封侯爵，谥襄毅。史称其"有胆略，精骑射，善以少击众。守宁远三十余年，士卒乐为用，边陲宁谧"。

【奥巴】(? —1632) 明末蒙古科尔沁部部长。博尔济吉特氏。翁果岱子。后金天命九年(1624)二月，努尔哈赤遣使与之会盟于科尔沁。十年十一月，科尔沁遭察哈尔林丹汗侵扰，驻地格勒珠尔根被围，遣使后金求援，获努尔哈赤亲率兵助，解围。十一年四月，向后金朝贡，请婚。努尔哈赤以贝勒舒尔哈齐第三子台吉图伦女妻之，授和硕额驸。赐号土谢图汗。天聪二年(1628)七月，皇太极亲征察哈尔，命蒙古各部会于绰洛郭勒。他未赴会，自率兵掠察哈尔，受责。三年，随后金军征明，破遵化。六年(1632)，复随军征察哈尔，并从略大同、宣府。

【奥屯襄】(? —1215) 金朝大臣。本名添寿。女真族。姓奥屯。上京路(今黑龙江阿城)人。大定十年(1170)，袭猛安。因通练边事，被丞相完颜襄举荐为崇义军节度副使，改乌古里纠详稳，召为都水少监，石川刺史，为平南荡江将军，以功升寿州防御使，迁河南路副统军兼同知归德府事、昌武军节度使。崇庆元年(1212)，为元帅左都监，奉命援西京(今大同)，领兵至墨谷口，为蒙古军所败，全军覆没，仅以身免，除名。翌年，授上京兵马使。贞祐元年(1213)，金宣宗即位，擢辽东路宣抚副使。不久，改速频路节度使，兼同知上京留守事。二年，任元帅右都监，行元帅府事于北京。五月，改留守，迁宣抚使兼留守。奉命与蒲鲜万奴等备御上京、辽东等地。三年,被北京宣差提控完颜习烈所害。

【奥拉当】 景颇族载瓦定山官。景颇支勒排氏(景颇支五大姓氏之一)第八代孙。第一个到载瓦地区任山官者。为载瓦山官中所有勒排姓的祖先。其统辖时期开始大肆向外扩张地域,与周邻部落发生矛盾斗争。恃势征服一些氏族部落,强制被征服部落氏族向其纳贡。

【奥鲁赤】 ①(1232—1297) 元朝将领。蒙古札剌儿部人。忒木台子。有智勇。早年为宪宗蒙哥宿卫。八年(1258),从征蜀,攻钓鱼山。至元五年(1268),从攻襄阳,为蒙古军万户。次年,袭父职,领蒙古军四万户。十一年(1274),随丞相伯颜攻宋,围鄂州(今武昌),招降守将,迁昭毅大将军。十三年,追宋降。以行省参知政事行湖北道宣慰使,止侵暴,恤孤弱,号令严明,民悉复业。升中书左丞、行宣慰使。十八年(1281)。镇压湖南周龙、张虎等起义,拜行省右丞,改荆湖等处行枢密院副使。二十三年(1286),升湖广行省平章政事。奉命佐镇南王脱欢征交趾,归,改江西行省平章。二十六年(1289),授同知湖广等处枢密院事。成宗即位,进江西行省平章。卒,追封郑国公,谥忠宣。②又作奥鲁只。元朝蒙古宗王。孛儿只斤氏。世祖﹡忽必烈子。至元六年(1269),封西正王。九年(1272),受命与诸王阿鲁帖木儿等同征建都。次年降之,擒其首领下济等四人。十一年(1274),置建都宁远都护府以治其地。翌年,率诸王忙哥剌、只必帖木儿等所部蒙古军征吐蕃。曾会同诸王阿只吉征察合台系叛王笃哇,为叛军所败,兵溃。三十年(1293),遣所部军九千随万户张邦瑞西征。成宗大德七年(1303),赐南恩州一万三千六百零四户为食邑。约卒于大德十年(1306)后。

【奥斯曼·苏丹之苏丹】(？—1212) 宋代喀喇汗王朝宋代可汗(1202—1203至1212年在位)。依附西辽王朝。1207年后,与花拉子模沙摩诃末结盟,反对西辽,兵败,复归附西辽。后因向西辽菊儿汗之女求婚,遭拒,受辱,又转向花拉子模沙。1210年花拉子模在怛逻斯击败西辽,控制整个河中地区后,他赴花拉子模,娶摩诃末的女儿苏丹。因河中地区人民不满花拉子模的统治,为稳定局势,被摩诃末派回河中地区。1212年,撒马尔罕爆发反对花拉子模沙压迫者的起义,因他没有很好组织起义力量,在摩诃末强攻下,兵败,投降。摩诃末根据女儿汗苏丹的请求,将其处死,西部喀喇汗王朝灭亡。

【释鲁】 见"耶律释鲁"。(320页)

【释仁贞】(？—815) 唐代渤海国官员。渤海人。僖王朱雀二年(唐宪宗元和九年,814)秋,与太守、正使王孝廉等奉使聘日本,任录事。能诗,日本诸臣多与之唱和。翌年正月,日皇授从五位下。未久,卒于日本。一说仁贞系僧名,冠以释字。

【释加奴】 明代建州卫首领。女真族,古伦氏。建州卫指挥使﹡阿哈出长子。永乐八年(1410),明成祖亲征出塞,率所属从战有功,升建州卫都指挥金事,赐姓名李显忠。九年,举其弟猛哥不花为毛怜卫指挥使。十年,奏塔温新附人民乏食,辽东都指挥巫凯等发粟赈之。十一年、十四年,与弟猛哥不花朝明,并为所属请官。十五年,奏貜以颜春头人月儿速哥属建州。宣德元年(1426),命其子李满住为都督金事。

【释贞素】(？—828) 唐代渤海国高僧。渤海人。僖王大言义(812—817年在位)初,入唐求学,研究释典,以应公为师。朱雀元年(唐宪宗元和八年,813)秋,于长安结识日本留唐学问僧灵仙。宣王建兴七年(825)携日本寄灵仙书,抵五台山铁勤寺,转致灵仙。未几,返国。是年冬,与政堂省少卿高承祖同聘日本,并转呈灵仙嘱致之表物。九年冬,随贺正使入唐,十年(828)四月,至五台山造访灵仙,闻灵仙已为人毒死,作诗悼祭。是年,返国,航至涂里浦遇风,溺于海。留有《哭日本国内供奉大德灵仙和尚诗》一首。

【释昙谛】 十六国至南北朝时佛僧。祖籍康居,后移居吴兴(治今浙江吴兴南)。十岁出家。学不从师,悟自天发。博览经籍,识见广大。曾于虎丘寺讲《礼》、《易》、《春秋》各七遍,《法华》、《大品》、《维摩》各十五遍。著有《集》六卷。晚年隐居于吴兴章昆山。卒其地。

【释法藏】 唐代佛僧。祖籍康居,生于长安。姓康,字贤首。风度奇正,利智超群。初应名僧义学之选,从玄奘法师译经。后以见证异,退出译场,从智俨学经。武则天施政时,受命进宫讲华严经,以善喻、擅辩得宠信,参与政事,获三品官厚赏。为中宗、睿宗授菩萨戒,获皇帝门师地位,声势显赫。中宗为其建华严寺五所,与天台宗并驾。华严宗奉之为三祖。卒,追赠鸿胪卿。著有《般若心经疏》等。

【释神会】(720—794) 唐代佛僧。祖籍西域。后徙居扶风郡凤翔(今甘肃凤翔),遂称凤翔人。至性悬解,明智内发,大璞不耀。三十岁入蜀,谒无相大师,利根顿悟,深得大师器重。德充慧广,郁为禅宗。主张寂照灭境,超证离念,即心是佛,不见有身。上中下性,随分令入。

【释僧伽】(628—710) 唐代佛僧。葱岭北何国人。俗姓何。幼年出家,誓志游方。贞观二十年(646),抵西凉府,后至江淮。龙朔(661—663)初年,隶名山阳龙兴寺,渐露神异。嗣率弟子慧俨至临淮,建立伽蓝。中宗景龙二年(708),奉召进京做道场,深得宠遇。

【释迦也失】(1354—1435) 明代藏传佛教格鲁派名僧。蔡贡塘人。﹡宗喀巴著名大弟子之一,是黄教与明朝建立关系的开创者。早年为宗喀巴之司膳堪布,常随侍左右,以善学好问,颇得佛教要义。明成祖遣使迎请宗喀巴,宗喀巴因身染重病,命其代表赴阙。永乐十二年(1414),抵南京,获成祖隆重款待和厚赐。受命建寺,招募僧众,举行大法会,为成祖祝寿祈福,为帝授长寿灌顶。次年,封"妙觉圆通慈慧普应辅国显教灌顶弘善西天佛子大国师",赐诰命。奉旨赴蒙古、五台山等地游历传法、建寺收徒。后返藏。成祖赐以写有成祖御制赞的赤字版《甘珠尔经》一百零八函,是为西藏今存最早的藏文雕版印刷品，现存色拉寺，被藏族视为珍宝。宣德九年（1431），应明宣宗之邀，二次赴内地，居于北京法渊寺，奉命讲经传法。其间增建了法渊寺佛殿、佛像，并赴蒙古、四川、青海、甘肃、陕西、山西等地建寺传教。五台山的圆照寺、青海民和灵藏寺均为其所建，是为内地首批黄教建筑。宣宗封其为"万行妙明真如上胜清净般若弘照普应辅国显教至善大慈法王西天正觉如来自在大圆通佛"。次年返藏。卒于青海佐民和县转导乡转导村之佐莫卡。一说死于北京法渊寺，后移灵骨于青海佐莫卡。明帝敕建弘化寺于此。

【释迦坚赞】 见"章阳沙加监藏"。（514页）
【释迦迥乃】 见"素尔波且"。（433页）
【释迦桑波】 吐蕃人。宋淳祐四年（1244），萨班·贡噶坚赞赴凉州后，代摄萨迦寺法主职位，执掌萨迦地方政教事务。咸淳元年（1265），亲至拉萨迎接八思巴返藏。次年，经八思巴荐举，任萨迦本钦，成为西藏地方政府首席官员。四年（1268），奉元廷命，协助八思巴划分卫藏十三万户建置，报请元廷任命诸万户长。并清查户口，确定各万户应纳贡物的种类和数量。元朝赐其"乌思藏三路军民万户"头衔。五年，八思巴返京时，专程护送至拉萨。以八思巴十分赏赞杰热寺的建筑风格，返萨迦后，征调十三万户人力、物力，仿杰热寺模式修筑萨迦寺大殿。对完善西藏地方建置和加强西藏与中央政府的关系作出重要贡献。

【舒努】 见"罗卜藏舒努"。（353页）
【舒明】（？—1762） 清朝将领。蒙古正黄旗人。姓乌梁海济勒莫特。初任二等侍卫、头等侍卫。乾隆九年（1744），授绥远城副都统。十年，调右卫副都统。十五年（1750），受命办理青海事务。十八年（1753），授正白旗满洲副都统。十九年八月，授都察院左副都御史，十月兼正黄旗护军统领。二十年正月，赴北路军营，管理辉特台吉等游牧。十月授吏部侍郎。二十一年，以擒杜尔伯特部讷默库功，赐男爵。继会同亲王成衮扎布擒和托辉特部青衮咱卜，授参赞大臣。二十二年，授理藩院侍郎。二十三年，署正白旗蒙古副都统。二十五年（1760）三月，授归化城都统。二十六年十一月，授绥远城将军，兼署归化城都统。

【舒保】（？—1864） 清朝将领。舒穆鲁氏。满洲正黄旗人。道光二十五年（1845），由护军补护军校。咸丰四年（1854），以护军参领随僧格林沁镇压捻军起义，所率马队出力居多，赐号倭什洪额巴图鲁。八年（1858）初，授镶黄旗汉军副都统，十一年（1861），加都统衔。同治元年（1862），补镶红旗护军统领，镇压湖北义军。三年，兵败寿山，被义军所杀。

【舒亮】（？—1798） 清朝将领。满洲正白旗人。苏佳氏。乾隆三十七年（1772），署前锋参领，从副都统齐里克齐征讨金川土司叛乱。升前锋参领，授副都统。四十一年（1776），授管理健锐营大臣。因训练有法，被乾隆帝赏识。次年，补镶蓝旗护军统领。四十六年（1781），从大学士阿桂、领队大臣海兰察镇压甘肃撒拉族伊斯兰新教首领苏四十三领导的起义，致苏四十三壮烈牺牲。回京调正黄旗护军统领。五十二年（1787），与领侍卫内大臣海兰察、陕甘总督福康安等渡海镇压台湾林爽文领导的起义。次年，押林爽文等义军将领至京。五十五年（1790），擢荆州将军，后调黑龙江。六十年（1795），坐事革职。后被起用，为三等侍卫，统河南兵至湖北等地堵剿川陕楚白莲教起义。嘉庆元年（1796），擢头等侍卫，授副都统。后因堵剿不力，被总督惠龄参奏，命留惠龄军营听调。不久，统兵至河南继续围剿义军。三年（1798），复以坐剿不力被革职。

【舒常】（？—1798） 清朝大臣。满族。苏穆鲁氏。满洲正白旗人。武英殿大学士·舒赫德子。乾隆十一年（1746），由文生员授蓝翎侍卫，累官乾清门行走。十九年（1754）、二十二年，两次因父获咎夺职发黑龙江。后官二等侍卫。三十七年（1772），授正黄旗满洲副都统。迁镶蓝旗护军统领。三十八年，赴金川军营，为温福一路参赞大臣。四年间所奏甚多。四十二年（1777），授工部、仓场侍郎，云骑尉。四十四年（1779），署云贵总督。次年，授湖广总督。四十六年，请将荆州关改归地方官管理。次年，兼署湖北巡抚。四十九年（1784），授两广总督，兼署广东巡抚。五十年，擢工部尚书。五月，署江西巡抚。八月，以湖北被旱，多赴江西贩粮，恐市侩遇籴居奇，请准将常平仓谷先行粜，以资赈济。五十二年初，署湖广总督兼署巡抚，受命整顿湖北吏治。七月，奏支仓谷二十万石解闽，以济军需。五十三年，奉命整顿楚省盐政。七月，以荆州水灾，奏请以建城垣之资增筑堤塍。九月，闻荆江堤决，革翎顶。五十四年，授头等侍卫，晋都察院左都御史。五十五年底，授镶黄旗蒙古都统。嘉庆二年（1797），署刑部尚书。次年，署兵部尚书。寻卒，谥恪僖。

【舒兴阿】（？—1858） 清朝大臣。满族。赫舍里氏。满洲正蓝旗人。道光十二年（1832）进士。改翰林院庶吉士。二十二年（1842），累官内阁学士兼礼部侍郎衔。次年，管理宗室觉罗官学事务。二十四年，历调工部左侍郎兼右翼总兵、正红旗满洲副都统，总管内务府大臣、伊犁参赞大臣。二十五年，迁和阗、阿克苏办事大臣。二十七年，署叶尔羌帮办大臣。以安集延布鲁特等回人起事，陷喀什噶尔，逼英吉沙尔。协助定西将军布彦泰镇压，以功赏戴花翎。咸丰元年（1851），历户部左侍郎、陕甘总督。二年，奉旨筹办甘省保甲胪陈章程八条。三年，奉命赴陕西，于商州、兴安要隘设防，阻截太平军。十二月，因庐州城陷，坐援不力，革职戴罪自效。四年，历任喀什噶尔领队大臣、署泰宁镇总兵兼总管内务府大臣、塔尔巴哈台参赞大臣、云南巡抚。六年，镇压滇南东川回民起义。八月，因未能预防大理府回民起义，降二级留任。

【舒通阿】（？—1836年） 清朝将领。满洲正蓝旗人。赫舍里氏。嘉庆元年（1796），任前锋。随将军恒瑞镇压川、楚、陕白莲教起义。后升佐领。十八年(1813)，随西安副都统富僧德赴河南，于道口、滑县镇压天理教起义；继于司寨、白土岗(今河南辉县境)围剿义军首领李文成部，迫李自焚。复随富僧德移师陕西，镇压木工万五领导的起义。赏戴花翎。道光初，历任副将、总兵。十二年(1832)，充西宁办事大臣、正白旗汉军副都统。十四年(1834)，因前后藏贡使中途屡遭抢劫，奉命同甘陕总督杨遇春酌定永远制宜章程。

【舒通额】(？—1864) 清朝将领。达斡尔额苏里氏，隶齐齐哈尔旗。世居嫩江西齐齐哈尔屯。咸丰三年(1853)，以领催参与镇压太平天国运动。旋又授花翎协领，加副都统衔，赐号图萨台巴图鲁。九年，僧格林沁治兵天津，为骑兵营总。十一年，与捻军作战，充行营翼长，又赏头品顶戴黄马褂。同治元年(1862)，授阿勒楚格副都统。次年，征捻军，执俘其首领张乐行，授记名副都统。三年，迁正黄旗汉军都统，追捻军于罗山肖家河，因孤军深入战死。谥威毅。

【舒赫德】(1710—1777) 清朝大臣。满洲正白旗人。舒穆禄氏。字伯雄，一字明亭。礼部侍郎徐元梦之孙。雍正间，由笔帖式授内阁中书、侍读、监察御史。乾隆二年(1737)，上疏请于盛京、黑龙江、宁古塔三省安置闲散八旗屯垦。四年(1739)，由内阁侍读学士擢副都御史，迁刑部侍郎。六年(1741)，兼办步军统领事务。任内，整顿京营满蒙旗兵，加强京师防务。十三年(1748)，任兵部、户部尚书、军机大臣。十四年，为参赞大臣，同大学士、经略傅恒平定大金川土司莎罗奔叛乱。师旋，留办军需。十七年(1752)，同侍郎玉保赴北路军营防范准噶尔。驻军伊犁，统兵镇抚准噶尔地。二十三年(1758)，驻防阿克苏。授参赞大臣，与定边右副将军富德会兵，败博罗尼都。二十五年(1760)，驻阿克苏，定设官、授禄、赋税、土田之制。后还京，调刑部尚书等职。三十一年(1766)，暂署甘陕总督。三十三年(1768)，为参赞大臣赴滇筹办军务。三十六年(1771)，授伊犁将军。任内实行军屯、采矿等，对开发边疆有一定贡献。三十八年(1773)，晋武英殿大学士。次年，参与镇压山东寿张(今阳谷东南)人王伦领导的农民起义。卒，谥文襄。

【舒德䣭】 宋代叙州领土。西南溪峒少数民族大姓豪富。史称叙州舒氏。乾德二年(964)，与溪、奖州大姓相互攻劫，后受招抚，乃定。太平兴国八年(983)，与锦、溪、富等州少数民族相率至辰州，请求按照内地郡县输租税，未许。累官叙州刺史。

【舒尔哈齐】(1564—1611) 后金创始人之一。满族，爱新觉罗氏。清太祖*努尔哈赤弟，显祖第三子，与太祖同出于喜塔喇氏。曾受明封都督、都指挥之职，忠于明廷，向明朝贡。联姻乌拉部首领布占泰。万历三十五年(1607)，与贝勒褚英、代善等统兵取东海瓦尔喀斐优城，大败乌拉兵于乌碣岩，因功赐号"达尔汗巴图鲁"。建州本部统一后，不主张对外用兵，力主保持与明通贡和好，不肯积极参战，与努尔哈赤分争日炽。为兄所迫欲移徙他处，为兄所不容，长子阿尔通阿、三子扎萨克图被杀，本人亦遭禁锢。三十九年(1611)八月十九日，死于狱。顺治十年(1653)，谥庄。

【舒尔哈善】(？—1826) 清朝将领。满族。葛哲勒氏。满洲镶白旗人。嘉庆二年(1797)，由吉林前锋委骁骑校，赴四川镇压白莲教起义，赏戴蓝翎。四年，随参赞大臣德楞泰执义军首领龚文玉、止三聘等于八石坪，赏换花翎。六年，入陕大破义军徐添德部，赐号舒玛该巴图鲁。后历官盛京防御、宁古塔佐领、布特海乌拉协领。十八年(1813)，率吉林兵镇压辉县天理教起义，破辉县司寨。义军首领刘国明战死，李文成自焚，因此赏副都统衔。旋因事革职。道光元年(1821)，赏三等侍卫。四年，擢头等侍卫充库尔喀喇乌苏领队大臣。五年，任喀什噶尔帮办大臣。六年，在镇压回部张格尔叛乱中，被杀于喀城。

【舒哈克卓哩克图鸿巴图尔】 见"炒花"。(373页)

【舜化贞】(877—902) 唐代南诏第十三世王。"乌蛮"。隆舜子。乾宁四年(897)，父被属下杨登所杀，遂即王位。五年，改元中兴。光化二年(899)，立五校教主。诛杨登。天复二年(902)卒。谥孝哀帝。

【腊醅】 纥石烈部首领。女真族。居活剌浑水河邻乡。*麻产兄。兄弟七人，素有名声，为众所服。乘温都部乌春等起兵反抗劾里钵(世祖)联盟之机，约集乌古论部骚腊勃董等掳掠野居女真。因海罗等密告，野居女真预知其谋，作了防备，败归。继由南路袭击野居女真，俘略甚众。旋为劾里钵部将斜列败于屯睦吐村，逃归。不久，与弟麻产一起，集合兵力至来流水掳掠劾里钵弟盈歌的牧马，先败劾里钵军于野鹊水，继败盈歌兵于蒲芦买水。乌春及窝谋罕相结，得窝谋罕兵助，据暮棱水抵抗。兵败，被执送辽朝。

【鲁苏】 又作李鲁苏。唐代奚族部落联盟首领。前首领*李大酺弟。玄宗开元八年(720)，兄与契丹可突于战死，嗣立。时奚附唐。十年(722)四月，入唐廷，受诏袭兄爵，为饶乐郡王、右金吾员外大将军兼保塞军经略大使。仍以兄妻唐固安公主为妻。后因公主与嫡母不和，诏令离婚，复以成安公主女韦氏为东光公主妻之。十四年(726)正月，改封奉诚王(一作奉诚郡王)，授右羽林军员外将军。十八年(730)五月，奚众为契丹可突于裹胁投突厥，不能制，走渡渝关(今河北抚宁东)，东光公主奔归平卢军(今河北卢龙)。

【鲁不古】 见"耶律鲁不古"。(326页)

【鲁元昌】(？—1643) 又作鲁印昌、鲁胤昌。明代土族土司。世居连城(今甘肃永登)，故称连城土司。崇祯十年(1637)，任西宁副总兵。李自成起义军贺锦部攻河西时，他散家财以笼络士卒，并与土司祁廷谏、李天俞等联合拒义军。崇祯十六年(1643)十二月，率部在西大通(今青海门源)拒贺锦部，后退守连城，被俘杀。

【鲁印昌】 见"鲁元昌"。(548页)

【鲁至道】 见"伯笃鲁丁"。(234页)

【鲁明善】 元代杰出的畏兀儿农学家。名铁柱。出身于书香兼重臣家庭，父迦鲁纳答思官至大司徒。以父名为氏。曾任靖州路（治今湖南靖县）、安丰路（治今安徽寿县）达鲁花赤。延祐元年（1314），出任安丰肃政廉访使，兼劝农事。继承和发展我国周秦以来的农本思想，认为以农桑为本，才能使百姓丰衣足食，安居乐业，知礼明义，臻国家于长治久安。任内，察视江淮地区农情，研讨诸农书，编纂刊印了《农桑衣食撮要》（又名《农桑撮要》、《养民月宜》）二卷。按"月令"体裁撰写，约一万五千余字，列有农事二百零八条。书中按月列举应做之农事，包括农作物、蔬果、竹木的栽培，家畜、家禽、蚕蜂等的饲养，农产品的加工、贮藏和酿造等。"凡天时地利之宜，种植敛藏之法"，（《农桑衣食撮要》自序）尽搜集之。全书文字通俗，简明扼要，为农家历性质的农书。至顺元年（1330），调任大都（今北京）后，此书再次刊印。对元代农业生产的恢复和发展，曾起一定的积极作用。

【鲁胤昌】 见"鲁元昌"。（548页）

【 丶 】

【就陆眷】 ①见"疾陆眷"。（469页）②见"日陆眷"。（64页）

【敦拜】（？—1660） 清初将领。满族。富察氏。先世居沙济。满洲正黄旗人。佐领木科理子。父死，嗣职。后金天命十一年（1626），从太祖努尔哈赤攻宁远。天聪八年（1634），授世职骑都尉。清崇德五年（1640），擢护军统领。从济尔哈朗围锦州，连续败明杏山、松山援军，因功加一云骑尉。八年，与阿济格、尼堪率师驻锦州。顺治元年（1644），随军入关，镇压李自成农民军，至庆都。二年，晋二等轻车都尉。从多铎南征，至陕州，破李自成将刘方亮，克潼关，定西安，追李自成由商州走湖广。继从征下江南，克扬州，薄明南都。追明福王至芜湖，与阿尔津等破明将黄得功，执明福王朱由崧。三年，因功晋世职一等。从博洛自浙江征福建。五年（1648），从谭泰讨金声桓，破王得仁军步骑七万，克九江。六年，镇压畿南的反抗斗争，定献、雄、任丘、宝坻诸县。七年，叙功晋三等男爵。寻从睿亲王多尔衮败于中后所，坐私出猎，降世职一等轻车都尉。八年，世祖福临亲政，复爵。九年，晋二等男。十一年（1654），以明将李定国自广西攻广东，受命佐靖南将军珠玛喇往征，追至横州江岸。师还，晋一等子爵。后因病乞休，加太子少保。十四年（1657），任盛京总管。卒，谥襄壮。

【敦崇】 清末学者。满族。富察氏。字礼臣，号铁狮道人，又别号聋叟、铁石。由笔帖式累官广西思恩府知府。宣统元年（1909），锡良调东三省总督后，保升为道员。辛亥革命后，赴八里桥投河死。著述甚多，有《左传菁华》四卷、《经义新评》、《皇室见闻录》、《隆裕皇太后大事记》、《燕京岁时记》及《紫藤馆诗草》、《南行诗草》、《都门纪变三十首》、《画虎集文钞》等。以《燕京岁时记》为最著名，该书顺时令先后，记北京风俗、礼仪、游览、物产、技艺等，是述北京岁时风物的专书。

【敦多克达什】 见"敦罗布喇什"。（549页）

【敦罗布旺布】（？—1741） 又译敦罗卜旺布、敦多克奥木巴。卫拉特蒙古土尔扈特部汗王。阿玉奇汗之孙，衮扎布之子。雍正十三年（1735）率军击败叔父车凌端多布后，十月正式成为土尔扈特汗国统治者。次年，针对俄国东正教势力的渗透，致函俄国政府，要求归还所有加入东正教的土尔扈特人，不许土尔扈特人再改奉东正教。同年，率军参加俄土战争，并助俄军攻打库班一带的哈喇钦察人和阿巴津人。乾隆二年（1737），其汗位得到俄国政府承认。在汗国内部实行集权统治，将从兄弟敦罗布喇什视为不共戴天仇人。由于指定爱妃贾恩之子兰杜勒为继承人，引起正妻之子噶尔丹诺尔莫不满，联合汗国部分显贵，于乾隆三年（1738）乘敦罗布旺布进攻哈萨克人之机，发动进攻，旋被平息。乾隆六年二月五日（1741年3月21日）病逝，临终仍坚持指定兰杜勒为继承人，给汗国埋下再一次内乱的动因。

【敦罗布喇什】（？—1761） 又译敦多布喇什、敦多克达什。卫拉特蒙古土尔扈特部汗王。阿玉奇汗孙，沙克都尔扎布子。阿玉奇汗逝世后，在土尔扈特贵族争夺汗位斗争中，与车凌端多布、达桑格、道尔济·纳扎洛夫形成四足鼎立之势。车凌端多布执政后，他与兄达桑格为重新分配其父乌鲁思（百姓）而争斗不息。是敦罗布旺布最强有力的政治劲敌，为避免直接对抗，长期隐居蛰伏，蓄积力量。敦罗布旺布死后，因贾恩、兰杜勒母子执政遭到多数贵族反对，他旋于乾隆六年（1741）出任汗国统治者。执政初，为取得俄国支持，曾违心将次子萨赖送到阿斯特拉罕做人质。八年（1743）要求俄国送还萨赖，遭拒。次年萨赖死于阿斯特拉罕，致使双方关系明显恶化。他极力抵制东正教的传播，力阻属下人众接受洗礼。乾隆十五年（1750）后下令摧毁一些受东正教洗礼的土尔扈特部村落，以示惩戒。二十一年（1756），遣吹扎布使团回国，向乾隆帝重申土尔扈特对于俄国是"附之，非降之也"。俄国政府为缓和矛盾，于乾隆二十三年（1758）承认他为汗国的汗王。在位期间，颁布著名的"敦罗布喇什补充法规"，对文化教育及抵御外族侵略等均有明文规定，表露出维护民族独立的倾向。二十五年十二月（1761）病逝。幼子渥巴锡嗣位。

【敦多布多尔济】（？—1743） 清朝蒙古王公。喀尔喀土谢图汗部人。博尔济吉特氏。噶勒丹多尔济长子。康熙三十一年（1692），袭札萨克多罗郡王。三十四年（1695），朝清。三十五年，扈从康熙帝幸归化城。三十六年，尚和硕恪靖公主，授和硕额驸。三十九年（1700），晋和硕亲王，袭土谢图汗位。四十一年以溺职，降袭郡王原爵。五十九年（1720），从平逆将军延信等由里塘护送达赖喇嘛入城，受命留驻其地。雍正元年（1723），以功复封和硕亲王，晋固伦额驸。乾隆六年

(1741),和土谢图汗敦丹多尔济驻库伦,护视哲卜尊丹巴呼图克图。

【敦多克奥木巴】 见"敦罗布旺布"。(549页)

【童仓】 见"董山"。(534页)

【童琮】 清末回族教育家。字印琮,号雪姜。江苏镇江人。清末在镇江创办穆原学堂,自编教科书,倡导回民学习新学。光绪三十二年(1906),在镇江发起组织"东亚穆民教育总会",后改称"东亚清真教育总会",号召各地成立分会,兴办学堂,提倡回族教育。

【蛮子台】 元朝蒙古将领。孛思忽儿弘吉剌氏。*纳陈子。世祖至元二十七年(1290),继其兄帖木儿袭为万户长,尚忽必烈汗女囊加真公主。成宗元贞元年(1295),封济宁王。受命统本部兵讨叛王海都、笃哇,以勇猛称,屡单骑冲敌阵,扰敌军,大败敌兵。复受命总领蒙古军民官,辅佐汗侄海山(即武宗)镇守漠北。囊加真公主死,继尚裕宗真金之女喃哥不剌公主。大德年间晋封鲁王。年五十二岁逝世。

【阔出】(? —1236) 又译曲出、斡赤、阔除。蒙古国皇子。孛儿只斤氏。*窝阔台汗第三子。曾被定为汗位继承人。窝阔台汗七年(1235),蒙古军三道攻宋,率军取中道,拔枣阳,徇襄、邓,入郢,大掠而还。次年冬,卒于军。

【阔阔】(1223—1262) 蒙古国大臣。字子清。蔑儿乞部人。世居不里罕哈里敦(即不儿罕山,今肯特山)。骁勇善骑射。自幼入侍忽必烈于藩邸。乃马真后三年(1244),奉命师事王鹗受教。蒙哥汗二年(1252),奉旨签诸路军籍,以丁壮多者为军户。归,领燕京(今北京)匠局。中统元年(1260),忽必烈即位,拜翰林学士。二年,任中书左丞。三年,出为大名路宣慰使,辖洺磁、怀孟、彰德、卫辉、河南东西两路。

【阔端】 又作扩端、库腾。蒙古国宗王、大将。孛儿只斤氏。太宗*窝阔台子。窝阔台汗时,得原西夏的部分地区为封地,驻河西,后又得东平路四万七千七百四十一户为食邑。窝阔台汗七年(1235),率右路军征南宋,先后招降原金将据守之秦、巩二十余州,破金、兰、定、会等州,大败宋将曹友闻于阳平关,取利州、潼川等路,八年冬入成都。同时着手经营吐蕃,招徕吐蕃酋长勘陀孟迦等十族,任命一些吐蕃首领为边州长官。十一年(1239),还师至陕西。同年(一说翌年),派部将朵尔达率兵侵入吐蕃地区,直至拉萨东北,初步建立蒙古对西藏的统治权。太宗后脱列哥纳(乃马真氏)称制时,设府于凉州(今甘肃武威)镇守。乃马真称制三年(1244),遣使至吐蕃,召请喇嘛教首领萨迦班智达(1182—1251)。贵由汗二年(1217),于凉州会见萨迦班智达,议定吐蕃归附条件,由萨迦班智达致书吐蕃僧俗首领,劝说归附,确立了蒙古对吐蕃的统治,对蒙藏关系的发展及喇嘛教在蒙古族中的传播有一定影响。曾请萨迦班智达制作蒙古文字,设计了四十四个字母,作出了表音的原则。定宗后海迷失称制三年(1251),蒙哥即汗位后,因一向与蒙哥和善相处,未参与窝阔台汗家族失烈门等与蒙哥争夺汗位的斗争,未受株连,仍保有原封地和军队。据《蒙古源流》载,卒于蒙哥汗元年(1251),享年四十六岁。

【阔列坚】(? —1237) 又作果鲁干。蒙古国宗王。孛儿只斤氏。*成吉思汗庶子。母忽兰皇后。蒙古国建立后,分封蒙古八鲁剌思、捏古思等四千户为食邑。窝阔台汗七年(1235),从拔都等征钦察、斡罗思,攻占也烈赞(梁赞)等城,战死于奥卡河畔科洛木纳城下。八年,受赐河间路五户丝户四万五千九百三十户,后裔世袭河间王。

【阔里哈】 见"库力甘"。(239页)

【阔阔出】 ①蒙古国萨满。晃豁坛部人。千户长*明里也赤骨子。因任本部萨满,号"帖卜腾格理"(意为"天之使者")。其父原事铁木真父也速该。宋乾道六年(1170),也速该死后,一度离去,投靠札只剌部札木合。淳熙十六年(1189),铁木真即蒙古部汗位后,随父复归服铁木真。开禧二年(1206),蒙古国建立时,首议尊铁木真号"成吉思汗"(普天下之汗),声言能代天言事,予卜吉凶,深受宠信。后自恃萨满的特殊地位,"产生当权的欲望",极力扩展个人势力,网罗大批信徒,妄图与成吉思汗抗衡,并恃势吊打成吉思汗弟合撒儿,挑拨成吉思汗与合撒儿的关系,诱夺成吉思汗幼弟铁木哥斡赤斤的部众,迫令铁木哥下跪伏罪。成吉思汗看到巫师势力的威胁,遂以摔跤比武为名,命力士们折断其脊背,将其处死,其族势衰。②元朝官员。党项族,元称唐兀氏。祖小丑,父塔尔忽台,俱以业弓著称,管行营工匠。继承父祖之业,亦业弓,尝献所造弓,世祖称善,因状貌魁伟,能射,命为近侍。后擢大同路广胜库达鲁花赤,管理贮藏兵器。于职尽心,管理甚善。大德元年(1297),升大同路武州达鲁花赤,兼管本州诸军奥鲁劝农事。又监建州、利州,改金四川道廉访司事,拜监察御史,累官中大夫、大宁路总管。后卒于官。③(? —1313)元朝蒙古宗王。孛儿只斤氏。元世祖*忽必烈子。至元八年(1271),随北平王那木罕出镇阿力麻里(今新疆霍城县水定镇西北),讨剿海都之乱。十四年(1277,或作十三年),与那木罕同被叛王昔里吉劫执。后诸叛王内讧,于二十一年(1284)被释归。二十六年(1289),封宁远王。三十年(1293),随铁穆耳(成宗)抚军北边。次年,忽必烈汗卒,与诸王共同朔戴铁穆耳即汗位,并代铁穆耳总兵北边,节制诸军。与诸王玉木忽儿等败叛王海都军于八邻。大德二年(1298),因怠于备御,遭叛王笃哇袭击,兵败。次年,以失职,被罢,由海山(武宗)代总军,自随军效力。十一年(1307),拥戴海山即汗位,以功封宁王。至大三年(1310),因与越王秃剌子阿剌纳失里相结谋叛罪下狱,经铁哥廷辩其诬,获释,被夺清州食邑,徙高丽。仁宗皇庆元年(1312),释归本部。次年卒。

【阔阔台】 元朝蒙古牧民起义首领。蒙古族。居杭海岭(今蒙古人民共和国杭爱山)。世祖至元二十六年(1289)冬,因不堪忍受驿站的沉重劳役和各种需索,与撒儿塔台等率领蒙古牧民和站户发动起义。攻占三处驿站,俘获驿站官员脱脱禾孙(专事盘查来往使臣的官员),断绝驿道,并与贵赤卫亲军都指挥使司达鲁花赤(镇守官)明安所领讨之军队作战。后兵败,被镇压。

【阔阔带】(？—1262) 又作阔阔歹。元朝将领。蒙古兀良哈氏。与氏合称兀里羊哈台阔阔带。都元帅*兀良合台次子(一说作西征主帅*速不台次子,兀良合台弟)。袭职,为都元帅。中统三年(1262),与宗王合必赤讨平李瑾之乱。九月,卒于军。

【阔阔真】 见"伯蓝也怯赤"。(235页)

【阔儿吉思】(？—1243) 又作阔里吉思、库尔(而)古司。蒙古国时期畏兀儿人。祖居别失八里(今新疆吉木萨尔北破城子)西之八儿里黑。幼善畏兀儿文书。初事成吉思汗长子术赤,为部将,后任必阇赤(书史)。受命以畏兀儿书授诸王子。后奉命随成帖木儿治理玉龙杰赤(今苏联土库曼里亚乌尔根奇),又从平呼罗珊(今伊朗霍腊散省与阿富汗西部)之乱,初为书记,后升掌印官。窝阔台汗四年(1232),奉命入朝奏事。七年(1235),成帖木儿死后,留任。十一年(1239),受镇海支持,奉命主管呼罗珊等地户口赋税事。整顿财政,调查户口,规定税制,限制奸商,惩治苛敛者,使经济恢复,赋入增加。被任命为阿母河以西各州长官,以徒思城(今伊朗马什哈德北)为治所。着手兴复该城,修建仓库,设计园林,筑盖邸宅,重建市场等。并于辖境内设置驿站,禁止使臣骚扰百姓。遣子偕课税司掾属管理波斯西部一些地区,征收赋税,革除贪赃官吏。太宗后脱列哥那称制元年(1242),因冒犯察合台王妃,被逮送察合台斡耳朵,处死。

【阔里吉思】 ①(？—1298)元代汪古部贵族首领。爱不花子。尚文习武,好儒学,筑"万卷堂"于私邸,常与儒士讨论经史。先尚忽必烈汗皇太子真金之女忽答的迷失公主,继尚铁穆耳汗女爱牙失里。初受命屯戍和林(今蒙古哈尔和林),御叛王海都。元世祖至元二十四年(1287),率千骑追击叛王乃颜党也不干,渡土兀剌河(今土拉河),大败叛军,因功受赐。二十九年(1292),奉诏与耶律希亮等议行屯田于合敦奴孙界。成宗铁穆耳即位初,封高唐王。以西北诸王海都、笃哇之乱未平,自请往讨,大败叛军于伯牙思。大德二年(1298),击退笃哇、彻彻秃等的三次进攻,并乘胜追敌,因孤军无援,被俘,拒诱降,不屈而死。九年(1305),追封赵王。后立《驸马高唐忠献王碑》以志其功。②(1251—1311)元朝大臣。蒙古弘吉剌部人,燕只斤氏。建康路达鲁花赤药失谋之子。初任宿卫,为博尔赤(司膳)。世祖至元二十五年(1288),授司农少卿,升司农卿。二十八年(1291),晋湖广行省平章政事,与右丞廉希恕等督兵攻海南黎部。大德二年(1298),改福建行省平章政事,旋迁福建道宣慰使、都元帅。三年,拜征东行省平章政事,谏请革除高丽弊政,裁汰冗官,因元廷不欲干预高丽内政,未果。五年(1301),改湖广行省平章。次年,迁陕西平章。以坐赃罢职。卒,追封晋宁王。一说卒年六十六。

【阔普通武】 清朝大臣。字甫。他塔拉氏。满洲正白旗人。光绪十二年(1886)进士。二十二年(1896),由詹事迁内阁学士。逾二年,迁礼部左侍郎。支持戊戌变法运动,进呈康有为拟定的《请定立宪开国会》奏折,上书称:"窃思欲除壅蔽,莫如仿照泰西,设立议院。"被改良派誉为"满洲中之最通达者"。变法失败后,改西宁办事大臣。二十九年(1903),以病休。著有《湟中行记》二卷、《华鬘室诗词》《万生园百咏》及《南皮纪游草》等。

【阔阔不花】 又作课课不花。蒙古国将领。阿勒坛塔塔儿氏。以善射著称。成吉思汗十三年(1218),随太师、国王木华黎征金,任探马赤五部前锋都元帅之一。从攻陕右,擒斩金将王公佐。十九年(1224),随嗣国王孛鲁征西夏,克银川。二十二年(1227),从孛鲁破益都,收降李全。继奉命统兵三千屯驻潍、沂、莒,以备宋军。窝阔台汗四年(1232),随汗征金,攻汴梁、归德,招降寿州。八年(1236),受命镇益都、济南,以功受赐益都等处民户六百为良邑。以病卒于位。

【湘岑】 清代满族女诗人。宗室女,知府多龄妻。著有《梦花阁诗稿》。

【湘浦】 见"松筠"。(302页)。

【湘阴王】 见"耶律延禧"。(311页)

【温达】(？—1715) 清朝大臣。满洲镶黄旗人。费莫氏。初由笔帖式授都察院都事,迁户部员外郎。康熙中,官佐领、兵部督捕理事。三十五年(1696),随军征准噶尔部噶尔丹,从皇七子允祐、都统尔玛主镇黄旗大营。三十六年,擢内阁学士。后授户部侍郎。四十年(1701),赴山东察验并整顿驿站马匹管理,颇有成效,旋列议政大臣。继奉命往审云贵总督巴锡与提督李芳述互劾事。四十一年,擢左都御史。奉命往贵州查实盛宁总兵孟大志克减兵饷罪。四十三年(1704),迁工部尚书。后调吏部。四十六年(1707),授文华殿大学士。充国史、政治典训,《平定朔漠方略》、《大清一统志》、《明史》总裁官。五十三年(1714),以老告退。卒,谥文简。

【温齐】 清初将领。满族。爱新觉罗氏。镇国公*屯齐长子。顺治六年(1649),封固山贝子。康熙十三年(1674),授宗人府右宗人,寻授镶蓝旗满洲都统。以四川叛应吴三桂,随定西大将军、贝勒洞鄂由陕西征讨之。继电驻平凉。十六年(1677),因久屯平凉无功,降辅国公,革都统及右宗人。同年,吴三桂陷湖南,安远靖寇大将军、贝勒尚善规复岳州。奉命统兵前往,参赞军务,后随军克复岳州。十八年(1679),以多报首功、不追击叛军等罪,罢参赞,除爵。

【温福】(？—1773) 清朝将领。满洲镶红旗人。费莫氏。文华殿大学士*温达孙。翻译举人。雍正六年(1728),补兵部笔帖式。九年(1731),赴北路军营办事。乾隆十一年(1746),擢湖南布政使,后调贵州。二十三年(1758),授内阁侍读学士。调赴定边将军兆惠军营。随军于叶尔羌(今新疆莎车)征讨霍集占部叛乱。二十五年(1760)回京。历任副都统、福建巡抚、理藩院及工部尚书。三十六年(1771),大金川索诺木(莎罗奔孙)诱杀革布什扎土司官,侵其地;小金川僧桑格进攻鄂克什及明正两土司。命为副将军统兵征讨金川。继为大学士,督师进讨小金川。次年,授定边将军,擒僧桑格之父泽旺。三十八年(1773),所率清军连连失利。六月,兵溃,中枪阵亡。

【温彦博】(574—637) 唐时大臣。并州祁县(今山西祁县东南)人。隋末从幽州总管罗艺为司马。归唐后,官中书舍人,迁侍郎。武德八年(625),随并州道行军总管张瑾御突厥,任行军长史,兵败被俘,囚于阴山苦寒之地。贞观初归朝,授检校吏部侍郎。四年(630),颉利可汗败亡后,献治突厥之策,力主"全其部落,得为捍蔽,又不离其土俗,因而抚之"。在河套以内安置降唐之突厥部众,为太宗采纳,随之约有十万户突厥人迁入中原。十年(636),迁尚书右仆射。一说其生于 573 年,卒于 636 年。

【温逋奇】(?—1032) 宋代邈川(今青海乐都)吐蕃大首领。早年与宗哥(今青海平安驿)李立遵共迎唃厮啰到廓州(今青海化隆县群科),尊之为"赞普"。后屡与立遵等河湟吐蕃大首领贡于宋。约宋天圣元年至二年(1023—1024)间,当唃厮啰与李立遵不和,徙邈川后,他尊立之,自为论逋(相),成为继李立遵之后,左右河湟局势的大首领。九年(1031)十二月,派其甥赴宋秦州致书,献鞍马、乳香等方物,请通和,进一步发展双方友好关系,受宋礼待、厚赐。次年八月,受宋封为归化将军。不久,因发动宫廷政变,欲取代唃厮啰,事败,被杀。

【温溪心】 宋代邈川(今青海乐都)吐蕃大首领。*温逋奇之子。与西夏通好,欲借西夏支持报唃厮啰杀父之仇。同时,向宋朝靠拢。宋熙宁九年(1076),向宋请求归附,因曾投靠西夏国,接受夏人俸给,遭拒绝。因青唐(今青海西宁)阿里骨执政后,把矛头对准邈川,于元丰七年(1084)十月,复遣使致书宋兰州边官李宪,再次请求内附。元祐元年(1086),向宋贡牺牛,获回赐。次年三月,拒从阿里骨、鬼章攻打洮、河二州,与大首领心牟钦毡遣人向宋密报机事,以功授瓜州团练使。四年(1089)一月,宋朝又以其拒绝同西夏国往来,与宋通和,授其子觉勒玛斯多卜本族都军主,其妻辖索诺木布摩特为县君,月给茶绢。六年(1091)二月,宋授其子巴温为化外胜州刺史。十月,因慕宋臣文彦博之名,赠文氏名马。继受宋命,招谕西夏国守将人多保忠归宋,未果。次年八月,为阿里骨所逼,与子前往青唐,为阿里骨所拘留。九年(1094),虽经宋使交涉,仍未获释。后史籍失载。

【温鹤汀】 辛亥革命志士、书画家。回族。字仁寿。四川巴县(今属重庆)人。清末秀才,热心伊斯兰教事务,被推为县伊斯兰教协会会长。精医术,以行医为业。有忠厚长者之风。辛亥前即参加同盟会。1911 年武昌首义后,重庆同盟会密谋响应。11 月 21 日,被推举往说防军统领反正,鼓动六营新军兵变。11 月 22 日,与弟友松参加重庆起义,革命军政府成立后,因功授予勋章和奖状。喜好诗文,著有诗集。工书画,尤善画梅。

【温傅可汗】 见"阿史德温傅"。(289 页)

【温敦蒲剌】 金朝将领。女真族。姓温敦。阿跋斯水温都部首领乌春后裔。始居长白山阿不幸河,徙隆州穆里闵河。善射。初从完颜希尹征伐,摄猛安谋克事,以击破功擢修武校尉。海陵王天德元年(1149),充护卫,迁宿直将军。赴曷懒路选护卫。改辽州刺史。正隆年间(1156—1161),以武翼军副都总管随军攻宋,将兵二千,败宋兵于汝州南。招嵩、汝两州逃亡百姓,使复业。改莫州刺史,征为太子左卫率府率,迁陇州防御使,历镇西、胡里改、显德军节度使。

【温纳支郢成】 宋代邈川(今青海乐都)吐蕃部落大首领。*温逋奇之孙。父一声金龙死后,继为部落首领,统率部众,邈川一带部落多归附之。统二十八族,有兵六万余人。辖地西接董毡,南距黄河勺家族,东界咱家族,北邻西夏国。与董毡有世仇,故为西夏、北宋所重视。宋熙宁六年(1073),宋军进攻熙河时,恐宋军继续向湟水流域推进,占领其族部,派首领华儿河笃等四十三人向宋请命,请授官爵,获准,宋授庄宅副使充邈川一带蕃部都巡检使。元丰三年(1080),受宋封为会州团练使。后以其叔温溪心的势力渐强,他在邈川吐蕃中的地位削弱。

【温都尔格根】 见"哲布尊丹巴呼图克图一世"。(448 页)

【温迪罕移室懑】(?—1161) 金朝将领。女真族。姓温迪罕。速频屯懑欢夯人,徙居上京(今黑龙江阿城)忽论失懒。世袭谋克术犟弟。善骑射,膂力过人。熙宗皇统(1141—1149)初,袭其兄谋克。积战功,为洮州刺史。以谋克让兄子斡鲁古。授贵德州刺史,改移典糺详稳,迁乌古里部族节度使,改德昌军。海陵王正隆四年(1159),金征兵南伐,泰州猛安定远阿补以所部叛还,他以七谋克执定远阿补,以其众付军。率兵镇压契丹起义军于伊改河,以功迁临潢尹。六年(1161),世宗即位于东京(今辽宁辽阳),仍旧职,掌边事。领临潢军士六百人拒战契丹移剌窝斡起义军,兵败被执。拒绝招降城中居民,被杀。

【温迪罕蒲里特】 金朝将领。女真族。姓温迪罕。隆州移离闵河胡勒出寨人。智勇有谋略。从都统完颜呆取中京(今内蒙古宁城西大名城),权猛安,领军五千,连败辽军于衮古里道、腊门华道。熙宗皇统元年(1141),从梁王完颜宗弼攻宋,留军唐州,数破宋军。率三千军分队攻邳州,败敌于南京路。翌年,迁定远大将军,同知凤翔尹。六年(1146),改京兆尹、宁州刺史、西北路招讨都监、永定军节度使。海陵王正隆六年(1161),改武卫军都总管。世宗大定三年(1163),授开远军节度使,改泰宁军。

【滑哥】 ①见"萧革"。(479 页)②见"耶律滑哥"。(320 页)

【渥巴锡】(1742—1775) 清代卫拉特蒙古土尔扈特部首领。敦罗布喇什幼子。乾隆二十五年十二月(1761)继位后,面临俄国政府日益增强的政治压力,被迫接受旨在削弱汗权的新扎尔固条例。三十年(1765)八月,为抵制俄国向伏尔加河流域无节制移民,向阿斯特拉罕省长别克托夫提出抗议。三十三年至三十四年(1768—1769),应征率二万士兵参加俄土战争,战绩显赫,但损失亦重。在土尔扈特民族生存面临危急之时,毅然决定武装反抗,东返祖邦。三十五年(1770)秋,于维特梁卡(今阿斯特拉罕省叶诺塔耶夫斯克以北)召开只有策伯克多尔济、舍楞、巴木巴尔、罗卜藏丹增和达什敦杜克六人参加的会议,决定次年开始东返。乾隆三十五年十一月二十日(1771年1月5日),采取乘乱不备、先发制人的策略,派精锐突袭歼灭杜丁大尉为首的俄国驻军,率十七万余人,分成三路大军,迅速抢渡乌拉尔河,摆脱俄军和哈萨克骑兵追击,战胜哈萨克小帐和中帐的骚扰,跨越哈萨克大草原,于乾隆三十六年六月五日(1771年7月17日)率部抵达伊犁支流察林河畔,完成东返祖邦的壮举。为妥善解决返归故土的七万余土尔扈特人众的生计,与策伯克多尔济、舍楞等首领于六月十三日抵伊犁会见清参赞大臣舒赫德。六月二十五日,在舒赫德陪同下启程入觐承德,受乾隆多次接见,封卓哩克图汗,管辖裕勒都斯旧土尔扈特蒙古乌讷恩素珠克图盟南路四旗(今新疆维吾尔自治区巴音郭楞蒙古族自治州),任盟长。三十九年(1774)正月,颁行防盗法纪六条,健全地方管理体制,明确管理职责,奖惩分明,维持了地方秩序安定。三十九年十二月八日(1775年1月9日)病逝,终年三十三岁,长子策凌那木扎勒袭位。

【普几】 见"周几"。(372页)

【普达】 见"萧普达"。(487页)

【普贵】 又作宇归。汉牂牁"黑卢鹿"部第五十六代首领。五代末为罗甸国王。宋太祖开宝(968—976)中,受诏谕归顺,仍赐王爵以镇一方。

【普颜】(?—1337) 元朝大臣。畏兀儿人。字君卿。赵国公爱全子。幼事北平王那木罕,以功授石城县达鲁花赤。后为仁宗潜邸宿卫。寻补东宫必阇赤。仁宗即位,拜监察御史,纠劾无所惮。授承直郎,擢金河北河南道肃政廉访司事,黜污吏四百人。后移浙西道、燕南道。英宗时,改奉元路总管。以疾去职,移守吉安。后召迁淮西江北道肃政廉访使。未几,致仕归。卒,赠礼部尚书、上轻骑都尉,追封恒山郡公,谥正肃。

【普尔普】(?—1790) 清朝大臣。蒙古正黄旗人。额尔特肯氏。巴图济尔噶尔子。原为卫拉特蒙古杜尔伯特部宰桑,投清,隶蒙古正黄旗。从征准噶尔、霍集占、皆有功,官内大臣,继迁三等侍卫。从征缅甸,擢御前侍卫,授公中佐领。乾隆三十七年(1772),率卫拉特兵,从定边右将军温福征金川,加副都统衔。袭取罗博瓦等地,以功赐"什勒玛咳巴图鲁"名号。四十一年(1776),金川平,封三等奋勇男,世袭。授正红旗护军统领,正白旗满洲副都统。继授领队大臣,从将军福康安赴台湾镇压林爽文起义,解嘉义之围。五十三年(1788),追执林爽文、庄大田等。晋封二等男。

【普宁和】 又作和宁。元末明初云南阿迷州土官。彝族。原承袭阿迷州(治今云南开远)万户府土官。洪武十六年(1383),赴京朝觐。十七年,给以诰敕冠带,实授阿迷州土知州。

【普贤奴】 见"耶律隆庆"。(319页)

【普速完】 见"耶律普速完"。(326页)

【普化可汗】 见"脱脱不花"。(512页)

【普化帖木儿】(?—1364) 又作普化铁木儿、普化帖睦尔。元朝大臣。答鲁乃蛮氏。字兼善。行台御史大夫帖木哥子。至正十八年(1358),任福建行省平章政事。二十一年(1361),为江南行台御史大夫。二十四年(1364),因拒为张士诚请封吴王爵,结怨。张士诚逼索其行台印章,宁死不与,赋诗二首,饮药而死。

【普颜笃皇帝】 见"爱育黎拔力八达"。(459页)

【普颜怯里迷失】 元晋王*甘麻剌妃。蒙古弘吉剌氏。生子*也孙铁木儿(泰定帝)。至治三年(1323),泰定帝即位,十二月,追尊宣懿淑圣皇后。

【善巴】 ①(?—1657)清初蒙古王公。土默特部人。乌梁罕氏。诺穆图传征子。后金天聪三年(1629),率众归后金。十月,以土默特塔布囊从征明,败马兰峪兵,破大同援军。继随贝勒岳讬败明巡抚袁崇焕兵。九年(1635),授札萨克与同塔布囊赓格尔领其众。崇德元年(1636),封达尔汉镇国公。二年,赓格尔因罪削札萨克后,受命专理旗务。三年,遣使献马。四年,以匿喀尔喀逃人,罚马九匹。②(?—1663)清朝蒙古王公。鄂尔多斯部人。博尔济吉特氏。塔尔丹子。崇德二年(1637),遣使哈尔班向清贡驼马。六年归附清朝。顺治七年(1650),封札萨克多罗贝勒,掌鄂尔多斯右翼中旗。③(?—1707)清朝蒙古王公。喀尔喀赛音诺颜部人。博尔济吉特氏。塔斯希布子。康熙六年(1667),嗣为札萨克。清赐信顺额尔克岱青号。二十二年(1683),以蒙古旧俗逐水草而居,疏请免于噶尔拜瀚海置哨。二十五年(1686),以土谢图汗察珲多尔济与札萨克图汗成衮不睦,受命调解,导之修好。二十七年(1688),因准噶尔部噶尔丹侵扰喀尔喀,以兵助察珲多尔济,兵溃,投附清廷,居乌喇特界外和勒博津。二十八年,授札萨克。三十年至多伦诺尔会盟,封多罗郡王,兼札萨克。三十四年(1695),以噶尔丹掠巴颜乌兰,奉命内徙。三十五年,与同族郡王衮布等随西路军征噶尔丹于昭莫多,晋封和硕亲王。三十六年,噶尔丹走死,朔漠平,归喀尔喀游牧。三十七年移牧瀚海,设汛防守。

【善哥】 见"耶律善哥"。(320页)

【富俊】(1749—1834) 清朝将领。蒙古正黄旗人。卓特氏。字松岩。通满、蒙、汉三种语言。乾隆翻译进士。授礼部主事。五十七年(1792),升员外郎,后迁郎中、内阁蒙古侍读学士。六十年(1795),迁内阁学士。嘉庆元年(1796),任科布多参赞大臣。四年(1799),授乌鲁木齐都统,寻调喀什噶尔参赞大臣。八年(1803),授吉林、盛京将军。十年(1805),于盛京清查民典旗地,奏请将应追典价租息、应得罪名加恩宽免,获允。十六年(1811),擢盛京工部侍郎兼管奉天府及六边边门事务。十八年(1813),授黑龙江将军,后调吉林。十九年,奏请于双城子一带行开垦、移驻京旗子法并详列屯垦、出纳、设官事宜。二十二年(1817),复调盛京将军。二十三年,奏请查明双城堡屯田并伯都纳围场荒田以备垦,成效甚著。是年,调吉林将军。道光元年(1821),复疏陈吉林屯田、移驻京旗闲散章程。二年,授理藩院尚书。四年(1824),复出为吉林将军。奏议募民屯垦伯都纳围场荒地。后任东阁大学士、内大臣。善作诗,著《记梦吟草》、《科布多政务总册》、《三合便览》等。卒,谥文诚。

【富宁安】(?—1728) 清朝大臣。满洲镶蓝旗人。富察氏。大学士*阿兰泰子。康熙二十五年(1686),由侍卫任参领,管火器营。后官都统。四十六年(1707),授都察院左都御史,兼任仓场侍郎。任内,请于大通桥复设满汉监督以利经理。以办事妥切谨慎、操守兼善,为康熙帝所倚信。四十九年(1710),迁礼部尚书,调吏部。五十四年(1715),准噶尔部策妄阿拉布坦侵掠哈密,康熙帝命西安将军席柱等领兵授剿。他奉命率侍卫前往总统调度。先后驻兵巴里坤(今新疆巴里坤哈萨克自治县)、驻肃州(今甘肃酒泉县)经理粮马。任内,于开垦、建仓收贮、置官设卫等均有建树,促进了边疆开发。五十六年(1717),授靖逆将军,驻巴里坤,同振武将军傅尔丹等分界侦伺策妄阿拉布坦,并率兵至乌鲁木齐等地。遣散秩大臣阿喇纳等率兵二千驻吐鲁番,收抚安插策妄阿拉布坦所属。旋还驻巴里坤。六十一年(1722),请于嘉峪关外布隆古尔之西驻兵屯牧并设总兵;又请专遣大臣领屯田诸处储粮事宜,均被采纳。雍正帝初,授武英殿大学士,仍驻巴里坤管理军务。后还京,加太子太傅,命往西安署防将军。卒,谥文恭。

【富礼善】(?—1801) 清朝将领。达斡尔鄂济氏,隶黑龙江正黄旗。乾隆五十六年(1791),以花翎副总管从征廓尔喀。嘉庆(1796—1820)初,参与镇压川、陕、楚白莲教起义。累官副都统衔。卒于军。

【富登阿】(?—1823) 清朝将领。索伦鄂拉氏。隶布特哈罐黄旗。乾隆(1736—1795)末,从攻台湾,赏花翎补副总管。嘉庆二年(1797),率索伦兵镇压川、陕、楚三省白莲教起义,授副都统衔,赐号博起巴图鲁。九年,授宁古塔副都统,以失察降二级调用。二十年,擢西安副都统,继调吉林副都统。

【富僧额】(?—1809) 清朝将领。达斡尔鄂拉氏。隶市特哈正黄旗。乾隆三十八年(1773),以领催从征金川,赏蓝翎。五十七年,以副总管从征廓尔喀,克博尔东拉营寨,赏花翎。嘉庆二年(1797),参与镇压川、陕、楚三省白莲教起义,赐号裴礼巴图鲁。十一年,随狩木兰。十三年,擢察哈尔副都统。

【富斡】 见"移剌窝斡"。(506页)

【富阔台】(1186—1241) 又作斡歌歹、谔格德依等。即元太宗。蒙古国第二代大汗。孛儿只斤氏。*成吉思汗第三子。初随父征服漠北诸部。成吉思汗六年(1211),蒙古军南下攻金,与兄术赤、察合台共统右军,取云内、东胜、武州、朔州等地。八年(1213),沿太行山东麓南下,直抵黄河,复绕太行西路北行,攻掠二十余州,并与诸军配合,围攻金中都(今北京)。十四年(1219),蒙古军西征前,被确定为大汗继承人。西征中,与兄术赤、察合台统军攻讹答剌。十六年(1221),克花刺子模旧都玉龙杰赤等城。西征后,受封于额尔齐斯河上游和巴尔喀什湖以东地区,首府叶密立(今新疆额敏县)。1229年继汗位。在位期间,蒙古的军事活动继续发展。窝阔台汗二年(1230),举兵攻金。次年分军三路,亲统中军攻河中府(今山西永济西),由弟拖雷总右军,斡陈那主左军,形成对汴京三面围攻,相继占领陕西、河南、淮西大部。五年(1233)春,攻占金新都汴京(今河南开封)。次年,联合南宋,破蔡州,金哀宗自杀,金亡。七年(1235),以宋败盟攻汴京为由,派兵攻宋。次子阔端由陕入川,招降亡金将领所据秦、巩二十余城。次年占成都;三子阔出占襄阳。九年下光州,至黄州受阻,罢兵。同时于七年(1235),遣拔都、贵由、蒙哥等西征,因诸王、那颜均派长子从征,史称"长子出征"。先破不里阿耳、钦察,继陷斡罗思中部和南部所有主要城市。十二年(1240),破乞瓦(今基辅),随后分路侵入孛烈儿(波兰)、马札儿(匈牙利)。次年连破布达、佩斯,进军至维也纳附近。在位期间,取耶律楚材等建议,在政治、经济、文化等各方面进行了一系列改革:立朝仪,制定诸王拜见大汗礼,提高汗权;建中书省,以耶律楚材为中书令;定赋税制度,汉民以户计,西域人以丁计,并建十路课税使;再次颁行大札撒(法令),约束诸王大臣,以巩固和强化汗权;使用文士,设编修所、经籍所,编集经史,保存典籍。同时在蒙古地区确立百分取一的赋税制度;改变诸王驸马聚会时向百姓征敛的作法,由各千户提供聚会之需;置仓廪,以贮金帛器械;创建和林城,建造万安宫;派人察视荒原戈壁,掘井取水,以供牧民牧饮;设站赤,供使臣来往之需。八年(1236),括中州民户,得续户一百一十余万,按蒙古体制,将民户分赐诸王勋戚,定新税法,行五户丝制。每二户出丝一斤交朝廷,每五户出丝一斤交给受封诸王。其统治时期,蒙古政权的建设,法令的增颁,赋税的确立,驿站的建立等都有新的发展,对蒙古社会的发展起了积极作用,"时称治平"。元世祖至元三年(1266),追谥英文皇帝,庙号太宗。

【道隐】 见"耶律道隐"。(321页)

【道童】(?—1358) 元朝大臣。高昌畏兀儿人。字石岩。尤工大字,能作双钩书。以世胄入官,授直省舍人,迁监察御史。出为广东山南等路廉访司金事,后调任信州路总管,移平江。革征输之弊,令大小户齐纳粮无二,以善政称。至正元年(1341),任大都路达鲁花赤。出为江浙行省参知政事。七年(1347),为中书参知政事。旋出为江浙行省右丞、平章政事。十一年

(1351)，出任江西行省平章政事。次年三月，天完红巾军围攻龙兴(今江西南昌)，守城两月，击退天完军。十五年(1355)，以守城功，加大司徒。适逢大旱，公私匮乏，移咨江浙行省借米数十万石，盐数十万引，定量粜之，以缓灾情，民皆称便。十八年(1358)，龙兴为陈友谅攻破，逃至抚州，被杀。

【道光帝】 见"旻宁"。(351页)

【道尔达达尔罕】 见"多达那波"。(158页)

【谢兰】(1830—?) 清代壮族诗人。广西崇善(今崇左)人。毕生在家乡从事教育。学识广博，善作诗、词，尤以写竹枝词著名。所作诗、词，多富有浓厚的地方色彩，有"风土诗人"之称。著有《笔花吟馆诗抄》等。

【谢恕】 晋代牂牁少数民族首领。字茂理。毋敛(今贵州独山、荔波)人。一说为汉世directoral谢遥之后。晋咸和七年(332)，与朱提太守董炳、宁州刺史尹奉、建宁太守霍彪、兴古太守爨深共御成汉将李寿对宁州的进攻。宁州陷，尹奉、董炳、霍彪皆降。独与爨深坚守不降。受成帝嘉奖，授抚夷中郎将、冠军将军、宁州刺史。自是，谢氏世有牂牁地。

【谢疆】 唐代黔州南谢酋长。一名谢强。汉世牂牁郡大姓谢氏之后裔。西晋时，雄长一方，世为酋长。因位牂牁之南，故名南谢(今贵阳、惠水、独山、罗甸)。唐贞观三年(629)，与谢氏诸部入朝，改其地为庄州，授庄州刺史。

【谢元齐】(?—约722) 唐代牂牁西谢酋长。汉晋时大姓谢氏之后裔。因位牂牁之西，故名西谢(今贵州西南部)。贞观三年(629)，与谢龙羽等诸谢部落入朝献贡物。世为酋长。

【谢元琛】 唐代黔州东谢酋长。汉世牂牁郡大姓谢氏之后裔。西晋时，雄长一方，世为酋长。因据牂牁之东故名东谢(今贵州中部、东南部)。唐贞观三年(629)，入朝，因冠服奇异，太宗令绘《王会图》。改其地为应州，授应州刺史，隶黔州都督府。

【谢龙光】(1886—1915) 辛亥革命烈士。四川彭水人。苗族。光绪三十一年(1905)，在上海参加孙中山领导的同盟会，于上海、南京等处进行革命活动。辛亥革命后，孙中山任临时大总统时，为总统府参事。1914年，在天津被袁世凯逮捕。在狱中继续进行讨袁斗争。1915年3月在北京遇害。

【谢龙羽】 唐代夜郎郡公，牂牁领主。据牂牁，有兵数万。境内有布依、彝、苗等民族居住。唐武德三年(620)，请内附，唐任命为牂牁刺史并加封夜郎郡公。贞观三年(629)，谢氏各支首领相率晋京朝贡，唐以其地分设数州，任牂州刺史，辖今贵州余庆、瓮安，吏称"牂州谢"。

【谢志珊】(?—1516) 又作谢志山。明代畲族农民起义领袖。江西上犹县横水寨人。明武宗正德十一年(1516)，与该县畲民领袖蓝天凤等人利用畲族祖先盘瓠传说组织义军，以横水、左溪为据点，四出攻城略地，打击官绅，声势所及闽、粤、赣、湖广等省，得到各地汉、苗、瑶、壮等族人民的支持。明王朝派王守仁调官军围剿，遭到义军痛击。后终因寡不敌众，退守江西桶冈，其地被攻陷，惨遭杀害。

【谢法成】 唐代牂牁矩州领主。武德四年(621)，纳土归附，以其地置矩州(今贵州贵阳)，授矩州刺史，世有其地。史称矩州谢氏。龙朔三年(663)率部七千户内附。

【谢嘉艺】 唐代牂牁西谢酋长。*谢元齐孙。世袭酋长。贞观三年(629)入朝后，未再贡物。约开元十年(722)，父死，袭位。二十五年(737)，赵氏据有西谢地，为酋长。

【禄万福】(?—1728?) 清代乌蒙军民府土舍。雍正四年(1726)，云、贵、川总督鄂尔泰进兵该地时，随父禄鼎坤被招降。六年(1728)，请求回鲁甸治产业。窥见清军总兵刘起元部军律不肃，遂收集旧部，联络东川、镇雄、凉山等众数万反抗清廷改土归流。不久，被鄂尔泰所派总兵官哈元生擒杀。

【禄东赞】(?—667) 即薛禄东赞、薆禄东赞；藏籍称噶尔·东赞域松，或噶东赞字松。唐代吐蕃王朝大伦。薆氏，一作薛氏。不识文记，性明毅，善用兵，参与吐蕃军政大计，"吐蕃之并诸羌，雄霸本土，多其谋也"。唐贞观十四年(640)，奉赞普命赴唐献金银珍宝，为赞普请婚，受唐太宗召见和礼待。次年，唐太宗以宗室女文成公主许松赞干布。他以迎婚大使迎护公主至吐蕃，甚得赞普宠宠。永徽元年(650)松赞干布去世，王孙年幼即赞普位，受委治理国事，施展治国雄才。为发展经济，进行一些重大改革。四年(653)，于"祜"地定牛腿税，征收农田贡赋。次年，于蒙布赛拉宗集会，决定清查户口。六年，制定吐蕃法律条文。后于吐蕃占领的吐谷浑地区，仿效汉制划定田界，按每户人口多寡分配土地，征收农田贡赋。不拘于吐蕃本土实行的奴隶占有制统治办法来治理经济较发达的占领区，因地而异地推行有别于本土的统治方式。晚年，一直活动于吐蕃与吐谷浑，并出兵灭吐谷浑，巩固了吐蕃在今青海、甘肃西南部的统治。乾封元年(666)，返回吐蕃本部。次年，患痛疽，卒于日布。其家族执掌吐蕃军政大权达五十年。

【禄佑房】 明代云南临安府嶍峨县土官。彝族。洪武十五年(1382)，归附。十六年，赴京，授嶍峨县(今峨山彝族自治县)县丞。十七年，升知县。

【禄鼎坤】(?—1728?) 清代四川乌蒙土府土舍。彝族。因侄儿、土知府禄万钟年幼，而掌实权。雍正四年(1726)，云、贵、川总督鄂尔泰进兵该地时，被招降。后于鲁甸遭禄万钟结镇雄兵攻击，获鄂尔泰兵援，败北。继随军征战。六年(1728)，以功擢河南参将。旋，与子禄万福一起举兵反清，战败被杀。

【裕诚】(?—1858) 亦作裕成。清朝大臣。满族。佟佳氏。满洲镶黄旗人，杭州将军舒明阿子。嘉庆十四年(1809)，由荫生授三等侍卫。历任正红旗汉军副都统、内阁学士兼礼部侍郎衔。道光十三年(1833)，调正白旗护军统领。因料理孝慎成皇后丧仪,奏语有误,降四级留任。十四年初,复工部左侍郎。四月,兼正蓝旗护军统领,十一月,赴盛京视察永陵及福陵工程。十五年夏,调正黄旗护军统领。九月,宣宗阅视八旗护军步射,以训练不力,降级留任。十八年(1838),授总管内务府大臣,劾户部宝泉尚炉役史瑞等胁众停炉罪,查办如律。十一月,擢都察院左都御史,升兵部尚书兼镶红旗满洲都统。二十五年(1845),调工部尚书兼署兵部尚书。二十七年,授察哈尔都统,奏请于查验军政之年由都统等轮流出口全数校阅兵丁,余年责成各该总管经理,以免隔年轮查靡费。二十八年,擢荆州将军,调成都将军,署四川总督。三十年(1850),授兵部尚书、总管内务府大臣。咸丰元年(1851),历调户部尚书、兵部尚书等职。二年,授文渊阁大学士,擢文华殿大学士。三年,署理藩院尚书,充国史馆总裁。四年,任文渊阁领阁事。七年,充上书房总师傅。次年卒,谥文端。

【裕泰】 见"裕谦"。(556页)

【裕恩】(？—1846) 清朝宗室、大臣。满族。正蓝旗人。字容斋。和硕睿恭亲王淳颖子,协办大学士禧恩弟。嘉庆四年(1799),赏戴花翎。十一年(1806),赏头品顶戴。十四年(1809),封二等镇国将军。二十二年(1817),擢内阁学士兼礼部侍郎衔。次年,兼正黄旗汉军副都统。历任崇文门副监督、镶黄旗蒙古总族长、右翼前锋统领、理藩院右侍郎,署行在兵部侍郎。二十五年(1820),以失察巴克什营遗失行印,革职,留镇国将军。后授镶黄旗汉军副都统。道光元年(1821),复理藩院右侍郎、署镶白旗护军统领,调工部右侍郎兼管钱法堂事务。次年,以事降一级留任,调吏部右侍郎,署右翼总兵。奏请补给满洲、蒙古、汉军八旗额设捕盗步军校官马以应差。三年,兼署上驷院事务,调户部左侍郎。四年,与军机大臣等议订保送仓监督章程。署吏部左侍郎。六年,历镶黄旗汉军副都统、正红旗蒙古副都统、玉牒馆副总裁、国史馆清文总校。七年,充八旗军政大臣、八旗侍卫官员军政大臣。九年,授热河都统。十年,以吉林双城堡屯田,京旗愿往者少,请迁热河愿往者以资养赡。后因事降四级留任。十二年,因病回旗调理。著有《音韵逢源》四卷。

【裕禄】(1844—1900) 清朝大臣。喜塔腊氏。满洲正白旗人。字寿山,号寿泉。咸丰六年(1856),由监生捐笔帖式。同治十三年(1874),官安徽巡抚。光绪六年(1880),因筹济新疆协饷,赏头品顶戴。十一年(1885),署湖广总督,兼署湖北巡抚。十三年,授湖广总督,调署两江总督,兼办理通商事务大臣。十五年,授盛京将军。二十年(1894),赏尚书衔。中日战争爆发,安东、凤凰等城失守,以筹防未密,降二级留任。二十一年,调福州将军,因荐举失察,革职留任。后授四川总督。二十四年(1898),在军机大臣上行走,授直隶总督,兼充办理通商事务北洋大臣。义和团运动爆发,八国联军向北京进攻,于二十六年七月十三日自杀于杨村。著有《大清律例根源》一二四卷。

【裕谦】(1793—1841) 清代蒙古族杰出爱国将领。原名裕泰,字衣谷,又字鲁山,号舒亭。察哈尔镶黄旗人。生于封建官僚家庭,曾祖父*班第任内阁中书、兵部尚书,祖父*巴禄为绥远城将军,父庆麟为京口副都统。嘉庆二十二年(1817)中进士,历任翰林院庶吉士、礼部主事、员外郎。道光六年(1826)任湖北荆州知府,因与湖南布政使裕泰同名,改名裕谦。后调武昌,历荆宜施道。道光十三年(1833),在武昌积极开展禁止鸦片烟运动。在《严禁鸦片烟示》中禁止栽种和买卖鸦片,规定"凡军民人等,买食鸦片者,杖一百,枷号两个月",对私开烟馆者,一经访拿,从重治罪。十四年任江苏按察使。十九年(1839),升布政使,兴修水利,发展生产,继续开展禁烟运动,查获大量烟土、烟具等物。发布禁令,防止鸦片从海上进入江苏省,打击鸦片贩子,卓有成效。二十年,以江苏巡抚代署两江总督,为加强江南防务,阻止英军北犯,采取"节节防守"的办法,添置军火,筹运粮饷,在江南海防中起了积极作用。次年英军攻陷虎门沙角、大角两炮台后,清政府正式对英宣战,裕谦受命为钦差大臣赴浙江筹防,到任后,加强沿海防务,上疏弹劾投降派琦善五罪,奏请起用林则徐,未被批准。寻补为两江总督。十月初,英军分三路攻陷定海,守将葛云飞、王锡明、郑国鸿战死。十月十日英军继犯镇海,裕谦率四千兵应战,因提督余步云不战而逃,总兵谢朝恩战死,兵力不足城陷,遂跳沉泮池殉国,经士兵挽救,保护出城,次日行至余姚附近去世。在民族危亡形势下,坚决抗击外国侵略者,保卫祖国海疆,是我国杰出的爱国主义蒙古族将领。有《裕靖节公遗书》。

【裕瑞】(？—1868) 清朝将领。佟佳氏。满洲镶蓝旗人。杭州将军舒明阿子。道光五年(1825),由闲散补銮仪卫整仪尉。二十年(1840),调广州副都统。次年,英军侵入广东,斩英兵多人,赏戴花翎。后两年,署广州将军、江宁将军,调福州将军。咸丰元年(1851),调成都将军,署闽浙总督。二年,署四川总督。三年底,督办省城团练。四年九月,以贵州桐梓县民杨氏结伙肆扰,连及四川綦江等县,遣军分往堵御,自率重兵赴泸州防堵。后因查核不实,擅将南江县民郑怀江以谋逆罪凌迟处死,受劾,革职。六年,充喀喇沙尔、喀什噶尔办事大臣。八年,加副都统衔,授叶尔羌参赞大臣。奏定叶尔羌变通钱法章程。旋授理藩院左侍郎。十一年(1861),署兵部左侍郎。同治元年(1862),充左右翼监督。二年,充稽查坛庙大臣。三年,署镶红旗满洲副都统。四年,署察哈尔都统。五年,授绥远城将军。卒,谥恪勤。

【裕德】(？—1905) 清朝大臣。喜塔腊氏。满洲正白旗人。湖北巡抚*崇纶子。光绪二年(1876)进士。改翰林院庶吉士。迁侍讲、侍读、日讲起居注官。八年(1882),充咸安宫总裁,奏整顿咸安宫官学章程六事。十年,充武英殿纂修。历内阁学士、提督山东学政、工部右侍郎、镶白旗汉军副都统、都察院左都御史、理藩院尚书、兵部尚书。二十八年(1902)，赴哲里木盟查办扎萨克图郡王乌泰，以放荒启衅，与协理台吉巴图济尔噶勒不协事。二十九年，以兵部尚书协办大学士，充文渊阁领阁事。次年，授体仁阁大学士。三十一年，充国史馆总裁，授东阁大学士。十月卒，谥文慎。著有《经籍要略》等。

【 了 】

【弼喇什】(？—1646) 清初蒙古官员。喀喇沁部台吉。博尔济吉特氏。贝勒布延子。天聪二年(1628)二月，随父谒皇太极。八月，献财币驼马，并从皇太极击察哈尔部，继随贝勒岳讬征栋奎部，皆有战功。旋率属众归附后金，隶蒙古镶红旗，尚宗室女。崇德元年(1636)，授世职三等昂邦章京。三年(1638)、六年，与明通市于张家口。顺治三年(1646)，以苏尼特部长腾机思叛，从豫亲王多铎追之，卒于途。

【弼哩克图】 见"舍楞"。(365页)

【强伸】(？—1233) 金末抗蒙将领。女真族。原姓都烈。本河中射粮军子弟。兴定元年(1217)，从华州副都统安宁收复潼关。后于洛阳选充官军，戍陕州。军溃被俘，从都尉兀林答胡土逃归中京(今河南洛阳)，在元帅府任警巡使。天兴元年(1232)，被中京人推为留守府签事，领残兵二千五百人，御蒙古攻城兵，率士卒赤身而战，兵器尽，以钱为镞，创遇炮，能发大石于百步外，所击无不中，坚守数月。升中京留守、元帅左都监、世袭谋克、行元帅府事。二年二月，建"报恩"堂于洛川驿东，刻诏文于石，愿以死自效。继行总帅府事。拒诱降，退蒙古兵。六月，行省忽林答胡土弃中京南逃，部将献西门降。遂率死士数十人东走，转战至偃师，力尽被擒，拒诱降，被杀。

【强必贝】 见"楚臣喜饶"。(563页)

【强白嘉措】(1758—1804) 又译绛贝嘉措。即八世达赖。清代藏传佛教格鲁派(黄教)领袖。藏族。后藏托布加地方拉日岗人。出身于贵族之家。公爵索南达吉子。乾隆二十七年(1762)，五岁被乾隆帝所派章嘉呼图克图认定为七世达赖格桑嘉措转世灵童，迎至布达拉宫坐床。三十年(1765)，拜六世班禅为师，受沙弥戒。乾隆四十二年(1777)，又从六世班禅受比丘戒，因未完成宗教修习，尚未亲政。四十六年(1781)七月二十一日受命亲政，清帝赐金册、金印。四十八年(1783)，于拉萨西郊建罗布林卡夏宫。并于当年寻得七世班禅转世灵童，为七世班禅取名。执政期间，行政事务交摄政，听命于驻藏大臣，只从事宗教事务。政治上维护祖国统一，坚决主张抵抗。五十六年(1791)廓尔喀侵藏，事后，按《钦定章程》处理政务，以稳定西藏政局。嘉庆九年(1804)十一月十九日于布达拉宫圆寂。

【强巴贡却仁青】 见"弥易尼·统瓦端登"。(380页)

【强巴·衮噶坚赞】 清代藏族学者。道光八年(1828)，著有《德格土司传》，详载德格地区(今属四川甘孜藏族自治州)土司家族史，是研究甘孜藏族自治州藏族历史的重要史料根据之一，颇有声誉。有木刻版传世，版存德格印经院，共五十四版。1968年捷克藏学家高马士编译了此书，并附拉丁转写之藏文原文。

【媿后】 见"狄后"。(238页)

【登里可汗】 见"英义建功毗伽可汗"。(328页)

【登利可汗】 见"伊然可汗"。(151页)

【登罗骨没施合毗伽可汗】 见"崇德可汗"。(504页)

【登罗羽禄没密施句立禄毗伽可汗】 见"崇德可汗"。(504页)

【缊纥提】 东晋时柔然西部首领。郁久闾氏。地粟袁次子，匹候跋弟。父卒，柔然分为两部，率部居西部。据有今河套以北，西至甘肃额济纳河流域。拓跋什翼犍(320—376)卒后，脱离拓跋部，投附刘卫辰(夏主赫连勃勃父)。北魏登国六年(391)，柔然诸部遭拓跋珪进攻，兄匹候跋兵败投降北魏，子诘归之、社仑、斛律、曷多汗等被俘。拟投刘卫辰，行至跋那山(今包头西)，被拓跋珪追及，遂降北魏。与诸子及部众同被迁入云中(今内蒙古托克托一带)，部众被分配与北魏诸部。登国九年(394)，子社仑、曷多汗等弃父西逃，曷多汗被魏将长孙肥追斩，社仑投匹候跋。

【缘斯】 春秋时长狄(鄋瞒)酋长。服属于赤狄。《左传》载，长狄酋长为兄弟五人：侨如、焚如、荣如、简如、缘斯。周顷王三年(公元前616)，随长狄攻宋，遭宋军司徒皇父的顽强抵抗，兵败长丘(今河南省封丘县西南)，被宋军俘虏。

十三画

【一】

【瑚图】（?—1687） 清朝将领。满洲镶白旗人。洪鄂氏。顺治十二年（1655），以护军校随宁南靖寇大将军陈泰出师湖广，于岳州、武昌败明桂王将。十七年（1660），郑成功入攻厦门，随安南将军洛讬赴福建，败之。康熙二年（1663），授驻防江宁协领。八年（1669），擢江宁副都统。十三年（1674），吴三桂、耿精忠叛，受命赴杭州与将军图喇规划兵事。寻参赞平南将军赖塔军务。屡败谋犯衢州之叛兵，复常山等地，迫精忠降。继败福州郑锦部。先后驻守泉州、漳州。自十七年（1678）随赖塔相继复长泰、海澄等地。十九年（1680）平定闽粤，回江宁任。二十六年，卒于任，谥敏恪。

【瑚图礼】（?—1814） 清朝大臣。满族。完颜氏。满洲正白旗人。乾隆四十六年（1781），由举人考授国子监助教。后六年，中进士，改庶吉士。五十六年（1791），升侍读，迁祭酒。九月，考试满洲科甲出身，于京堂翰詹各员列第一，奉旨在南书房行走。五十七年，擢内阁学士兼礼部侍郎。五十九年（1794），授镶蓝旗副都统，调镶白旗。六十年，充文渊阁直阁事。三月，充会试副总裁官，因选拔失准，降四品京堂补用。八月，提督山西学政。嘉庆三年（1798），任河南按察使。四年，迁刑部右侍郎，转左侍郎，授镶白旗蒙古副都统。后调盛京兵部、刑部任侍郎，兼管奉天府府尹及威远堡六边事务。五年四月，署广东巡抚。八月，兼两广总督。六年十月，奏请用粤东、西两省公捐银五万两，以备川陕凯旋赏赉之用。借捐需之名假公济私，受责。七年，实授广东巡抚。旋因徇庇陈文、吴俊不报重犯越狱事，革职留任。八年初，回巡抚任。九年初，授镶蓝旗汉军副都统。五月，任工部右侍郎，管理钱法堂事务。七月，调正黄旗满洲副都统。十月，迁湖北巡抚。十年，署湖广总督。因失察南海、番禺二县私设班馆，押毙多命，罚俸三年。次年，擢吏部尚书。十三年（1808），管户部三库事务。十四年，署翰林院掌院学士。十五年，调刑部尚书兼镶红旗满洲都统，迁吏部尚书。十六年，监察崇文门税务，调西藏办事大臣。十八年（1813），授正白旗蒙古副都统、理藩院右侍郎、礼部左侍郎。十九年，改镶黄旗满洲副都统，擢兵部、户部、礼部尚书。十二月卒。

【瑚图灵阿】（?—1779） 清朝将领。蒙古族。喀喇沁部人。乌梁罕氏。多罗贝勒僧衮扎布长子。尚郡君，授多罗额驸。乾隆二年（1737），赐双眼孔雀翎，命御前行走。七年（1742），袭札萨克固山贝子。十四年（1749），因借足疾不随乾隆帝行围，以托故懒惰罪，降镇国公。二十年（1755），复爵。三十八年（1773），授定边左副将军，驻乌里雅苏台（今蒙古扎布哈朗特）。

【瑚素通阿】 清朝大臣。满族。鄂济氏。满洲正白旗人。原名瑚图灵阿，宜绵子。乾隆五十二年（1787）进士。由刑部员外郎改翰林院侍讲，累迁左副都御史。嘉庆初，疏陈关税、盐课积弊；又请却贡献，停捐纳。居官有政绩，擢盛京刑部侍郎。五年（1800），请代父戍伊犁，未允。调刑部侍郎。赴河南审狱，因漏泄密封，降笔帖式。后起用，终刑部侍郎。

【瑞芸】 清代满族女诗人。字馥斋。辉发纳喇氏。著有《白云诗钞》。

【瑞昌】（?—1861） 清朝将领。满族。钮祜禄氏。满洲镶黄旗人。嘉庆二十四年（1819），授銮卫整仪尉。道光二十年（1840），充总理堂务章京。二十四年（1844），袭骑都尉世职。二十九年（1849），署镶白旗蒙古副都统、正白旗汉军副都统。咸丰元年（1851），署镶红旗护军统领，调盛京金州副都统。三年，迁吉林副都统，授杭州将军。三月，奉命统盛京官兵赴淮徐防堵太平军北伐。五月，专办山东防务。率兵赴濮州截击太平军李开芳部。八月，解濮州围，留驻该处。十二月，太平军北伐至静海，命带兵移驻静海城南三里庄。四年，以北伐军占据河间县束城村一带，随钦差参赞大臣僧格林沁御击，七至十二月，屡退北伐军进攻。五年，于河西扼截，攻毁木城，执义军首领林凤祥等。任杭州将军。十年（1860）二月，太平军陷杭州省城，率领军坚守待援，赏黄马褂、二等轻车都尉世职。四月，奉命总统江南诸军赴援苏州。十月，复余杭县城，赏一等轻车都尉世职。十一年五月，以龙游、长兴、金华各府县相继失守，革职。十月，又失严州、余杭、肖山、诸暨及绍兴府。十一月二十八日，杭州粮尽援绝，被太平军攻陷，遂死。遗赠太子太保。

【瑞洵】 清朝官员。字景苏，号觉迟，更号进苏。博尔济吉特氏，原籍蒙古。隶满洲正黄旗。光绪元年（1875）举人。十二年中进士。散馆授编修，累官侍讲学士、科布多参赞大臣。著有《散木居奏稿》二十五集、《犬羊集》一卷续编一卷。

【瑞诰】 清代数学家。字凤纶。博尔济吉特氏。满洲正黄旗人。官广东盐运司。著有《筹算浅说》。

【瑞常】（?—1872） 清代蒙古文学家。蒙古镶红旗人。石尔德特氏。字芝生，号西樵。在杭州驻防。道光十二年（1832）进士。选庶吉士，授编修，六迁至少詹事。二十四年（1844），升光禄寺卿、内阁学士。二十五年,迁兵部侍郎,兼镶红旗汉军副都统。二十八年,充武英殿总裁。咸丰七年(1857),授左都御史。八年,迁理藩院尚书,调刑部尚书。十一年,调工部、户部。同治元年(1862),以吏部尚书协办大学士,参与进讲《治平宝鉴》。四年(1865),任总管内务府大臣,加太子少保,历工部、刑部尚书,兼翰林院掌院学士。十年(1871),拜文渊阁大学士,管理刑部。历仕三朝,为人品行端正,老成练达。长于诗文,有诗集《如舟吟馆诗抄》。同治十一年卒,遗赠太保,谥文端。

【**瑞麟**】(?—1874) 清朝将领。满洲正蓝旗人。叶赫那拉氏。文生员出身。道光间,历官太常寺少卿、内阁学士、礼部右侍郎、护军统领。咸丰三年(1853),入军机。奉命带兵赴天津,同参赞大臣僧格林沁防剿太平军。五年初,于河北连镇俘林凤祥。同年,加都统衔,授西安将军,擢礼部尚书。六年(1856),充玉牒馆副总裁。授总管内务府大臣。八年(1858),署工部尚书。英法联军军舰驶入天津,他赴杨村同提督托明阿筹防守。后署直隶总督,任内截留浙江洋铜九万余斤铸造铜炮。后授文渊阁大学士。十年(1860),复奉命带兵赴通州防守,与英法联军战于八里桥。后于北京安定门外迎战失利。同年,赴山东与僧格林沁镇压捻军。同治四年(1865),署两广总督。同左宗棠围攻太平天国起义军,杀害其将领汪海洋。后实授两广总督、文华殿大学士。十一年(1872),率司道等官倡捐直隶赈银四万余两。卒,谥文庄。

【**瑟瑟**】 见"萧瑟瑟"。(487页)

【**瑟帝米**】 见"室点密可汗"。(423页)

【**塌岗瓦**】 清嘉庆年间德昂族头人。云南芒市司(今潞西)人。嘉庆十九年(1814),以芒市傣族土司抢占德昂族水田,分给户那寨傣族头人,激怒德昂族。遂于是年冬率德昂族民众掀起反对傣族土司的斗争,得到傣族群众的同情和支持。由傣族赛景董领路,从芒牙、芒棒等寨出发,进攻芒市,包围土司衙门,追傣族土司逃龙陵,向勐养土司求援。义军击败勐养援军,后因供给不足,暂从芒市撤回。继续宣传反对封建土司的意义,起义队伍扩大,控制芒市坝及附近山区。清永昌府组织兵力进行镇压,以德昂族的水田为诱饵,吸引和利用景颇族山官的武装及干崖、盏达、南甸(又称勐养)等傣族土司和勐嘎汉族地主武装加紧镇压。义军英勇抗击,坚持斗争达一月之久,终因寡不敌众失败。

【**楞格礼**】(?—1634) 又作冷格里。后金将领。满族。舒穆禄氏。满洲正黄旗人。大臣杨古利之弟。少事太祖努尔哈赤,屡立战功,累官一等副将。后金天命九年(1624),率左翼兵渡鸭绿江击明将毛文龙兵。十一年,太宗皇太极即位,列为十六大臣之一。从大贝勒代善征扎鲁特、巴林部,晋三等总兵官。天聪元年(1627),从贝勒阿敏征朝鲜,移师入明边,克义州,晋一等总兵官。三年,击毛文龙所部于铁山。四年,擢为八大臣之一,领本旗兵。五年,与喀克笃礼分统左右翼,征南海岛。继从太宗围攻大凌河。七年,从贝勒岳讬攻取旅顺口。八年初卒,顺治十三年(1656),追谥武襄。

【**楼班**】(?—207) 东汉时辽西乌桓首领。乌桓大人丘力居子。献帝初平(190—193)中,父死,因年少,由从兄蹋顿代立,总摄三郡。后被上谷乌桓大人难楼、辽东乌桓大人苏仆延举为单于,蹋顿为王。建安十二年(207),乌桓为曹操败于柳城(今辽宁锦西西北)后,走辽东,被辽东太守公孙康斩杀,余众万余落俱降。

【**赖丁**】(?—1904) 清代西藏地方政府官员。藏族。任代本。光绪二十八年(1902),英军侵入西藏的亚东、帕里,北进至曲米森谷。三十年(1904),他率千余藏军于曲米森谷阻止侵略军前进,英军荣赫鹏以阵前对话为名,三面包围屠杀藏军,死于阵前。英军进逼拉萨,十三世达赖喇嘛被迫出走。

【**赖丹**】 西汉时西域扜弥国太子。曾入质于龟兹。汉贰师将军李广利伐大宛,以西域诸国皆臣属于汉,龟兹受扜弥人质为非,责龟兹,将其带入京师。受昭帝封为校尉将军,屯田轮台,并佩汉印绶。后龟兹王纳贵人姑翼谏,以赖丹本臣属其国,今反占其田,必为害,遂杀之。

【**赖塔**】(?—1684) 又作赉塔。清朝将领。满洲正白旗人。那穆都鲁氏。和硕额驸康古哩第四子。初任三等侍卫。崇德六年(1641),随军围明锦州等,因功授前锋侍卫。顺治元年(1644),随军与李自成将唐通战,败其军于一片石,授护军参领。后随豫亲王多铎于河南、陕西围攻李自成起义军;转战江南,克扬州,取江宁(今南京);追执明福王朱由崧于芜湖。三年(1646),随端重郡王博洛征福建,追执明唐王朱聿键于汀州。五年(1648),随郑亲王济尔哈郎趋湖南,征明桂王朱由榔。后移师衡州,取金州。十一年(1654),随都统珠玛喇等于广东围攻张献忠部。康熙二年(1663),以前锋统领随靖西将军穆哩玛于茅麓山(今湖北兴山西北)击败李来亨。八年(1669),擢都统。十三年(1674),拜平安将军,讨耿精忠,后随康亲王杰书入福建,迫耿精忠降。十九年(1680),奉命移驻潮州。讨平尚之信叛军。继拜平南大将军,率满、汉兵入云南讨吴世璠。与穆占、赵良栋合师围昆明。吴自杀,云南遂平。卒,谥襄毅。

【**赖慕布**】(1611—1646) 清初将领。满族。爱新觉罗氏。太祖*努尔哈赤第十三子。后金天聪八年(1634),授牛录章京。清崇德四年(1639),予议政。七年(1642)二月,随武英郡王阿济格征明,败宁远兵。以未劝阻阿济格先归,革职罢议政。敏惠恭和元妃丧期,又因未劝阻阿济格宴娱,黜宗室。后获免。顺治二年(1645),封奉恩将军。卒,追封辅国公,谥介直。

【**赖和木图拉**】(?—1765) 一译赉哈木图拉、赖黑木图拉、喇依罕木图拉。清代乌什起义领袖。维吾尔族。新疆乌什人。四品伯克额色木图拉子。乾隆三十年(1765)二月,奉乌什办事大臣素诚、阿奇木伯克阿布都拉命,运送沙枣树苗,偕众前往请示运达地点,无故遭鞭笞。为反抗欺凌虐掠及沉重徭役,于十四日晚聚众揭竿而起，史称"乌什之变"。攻素诚衙署，焚邸舍，击杀清兵。素诚被迫自杀，阿布都拉被擒，处死。他被城内民众拥举为阿奇木，率众抵御阿克苏办事大臣卞塔海、伊犁将军明瑞、喀什噶尔参赞大臣纳世通等多路兵的攻击。后遭阿桂军炮轰，战斗中不幸中箭身死。八月十五日弹尽粮绝，起义失败。

【酬斡】 见"萧酬斡"。（487页）

【靳家奴】 见"石抹靳家奴"。（107页）

【鼓子】 见"鸢鞮"。（341页）

【蓝玉】（？—1393） 明初大将。回族（一说苗族）。安徽定远人。大将军常遇春妻弟。元末参加朱元璋起义军，初隶春帐下，临敌勇敢，所向皆捷，累功由管军镇抚进大都督府佥事。洪武四年（1371），从傅友德伐蜀，克绵州。五年，随徐达北征，败北元军于土拉河。十一年（1378）同沐英征西番，皆有功，次年，封永昌侯。十四年，以征南左副将军从傅友德攻云南。二十年（1387），从冯胜降纳哈出。因冯胜获罪，代为大将军。移屯蓟州。翌年三月，率师十五万征北元主脱古思帖木儿，获其次子地保奴及官民七万余。功显，朱元璋比之为汉卫青、唐李靖。继破哈剌章，晋凉国公。二十三年（1390），平施南、忠建二宣抚司诸蛮、都匀安抚司散毛诸洞。二十四年，奉命统兰州、庄浪等七卫兵，略西番罕东之地，平建昌指挥使月鲁帖木儿之叛。居功自恣，擅权横暴，侵占民田，私占元妃。二十六年（1393），以谋反罪，被诛，列侯以下受株连者万五千人。

【蓝拜】（？—1665） 清朝将领。满洲镶蓝旗人。世居佟佳，以地为氏。天聪八年（1634），任护军参领。随都统阿山略明锦州，复随前锋统领劳萨率兵迎察哈尔部来归，擢都统。崇德四年（1639），以不称职解任。后随军攻雅克萨城，征索伦部。授骑都尉世职。六年（1641），随郑亲王济尔哈朗到锦州，败明援兵，擢兵部参政。败明总督洪承畴援锦州兵。后调礼部参政。顺治元年（1644），随军入山海关，败李自成起义军。晋三等轻车都尉。三年，授镶蓝旗满洲都统。随恭顺王孔有德进湖南征李自成、王进才等。随智顺王尚可喜攻李自成之郝摇旗部。晋二等轻车都尉。八年（1651），擢都统、工部尚书。九年，调刑部尚书。旋解任，专管都统事。十年，奉命率兵镇守湖南。十三年（1655）还京。旋以老病解都统任，加太子太保。

【蓝山翠】（1805—1875） 清末广西壮族抗清首领。广西马平县（今柳江）流山乡鱼窝村人。壮族。早年曾中秀才，晚年在村中私塾任教，在地方颇有威望。同治十一年（1872），村民奋起反抗地方官府以白银代粮纳赋，被举为首领。率村民构筑工事，以鸟枪、火药炮等与官军对抗。派人到附近乡村动员农民参加抗清斗争，迅速波及柳北广大地区。十三年（1874），于罗汉岭义军受挫。光绪元年（1875），鱼窝村遭清军大举进攻，率众奋战，因寡不敌众被俘遇害。

【蓝天凤】（？—1516） 明代畲族农民起义领袖。江西上犹县左溪人。武宗正德十一年（1516），与该县畲民领袖谢志珊等人，利用畲族祖先盘瓠传说组织义军，以横水、左溪为据点，四出攻城略地，打击官绅，声势所及闽、粤、赣、湖广等省，得到各地汉、苗、瑶、壮等族人民的支持。明王朝派王守仁调官军镇压，遭到义军痛击。后终因寡不敌众，退守江西桶冈，其地被攻陷，惨遭杀害。

【蓝正樽】 清代湖南瑶民起义首领。又名兰元旷。湖南新宁县麻林峒人。瑶族。虽家境贫寒，但年少苦学，曾考取秀才，是瑶族中的知识分子。为人正直不阿，好打抱不平，颇孚众望。道光年间，新宁县瑶山八洞一带地方官吏与瑶族豪强相互勾结，肆意欺压广大瑶民，引起强烈愤恨。与圳源洞童生陈仲潮和九龙庵和尚张永禄等利用传播宗教之名，广泛组织群众，准备武装起义。事泄，宝庆府派兵镇压，被其击溃。旋即在九龙塘宣布正式起义，自称刚健王，封张永禄为军师，陈仲潮为敬贤师，蒋玉元等为大元帅，张学修等为伯侯，发布施政纲领十三条，号召百姓"摧灭道光"，建立"有田同耕，有饭同吃"的社会，湘桂边区一带瑶民纷纷响应，迅速扩展至万余人。道光十六年（1836）二月，兵分两路夺取武冈州。湖南总督纳尔经额亲至保庆府，令武冈知州徐春、城步知县戴鸿恩、新宁知县王廷瑗等联合围剿。因众寡悬殊，张永禄、陈仲潮先后就义，他突围后逃往广西，不知所终。

【蓝奉高】（？—715） 唐初畲族农民起义领袖。中宗景龙二年（708），与畲族首领雷万兴等率众起义，集军潮州，挺进岳山，与陈元光所率唐军作战。景云二年（711），率军追杀陈元光于绥安老巢。开元三年（715），为陈元光子所杀。

【蓝受贰】 见"侯大苟"。（405页）

【蒲鲁】 见"耶律蒲鲁"。（321页）

【蒲古只】 契丹遥辇氏部落联盟贵族。契丹族。曾任本部夷离堇（契丹官名，掌兵刑）。大迭剌部夷离堇耶律匀德实（辽太祖阿保机祖父）被耶律狼德杀害后，他以计诱狼德党，皆诛之。痕德堇可汗时，在契丹内部争权斗争中，联合萧台哂和耶律滑哥（耶律释鲁子）等，将总揽部落联盟大权的"于越"耶律释鲁（阿保机伯父）杀害。后为阿保机处死，家属沦为宫帐奴隶。

【蒲寿庚】 又作蒲寿耕。宋元时大臣、巨商。回回人。祖籍西域。祖父蒲多芬经商由占城（今越南中南部）至广州，资产甚富。父蒲开宗移家泉州。他经营海外贸易三十年。宋度宗咸淳十年（1274），曾击退海贼。景炎元年（1276），以功升福建安抚沿海都制置使，进福建、广东招抚使。不久，受元将伯颜招降。元世祖至元十四年（1277），授昭勇大将军、闽广大都督兵马招讨使，升江西行省参知政事。次年，任福建行中书省左丞，受命镇抚濒海诸郡，招海外诸国互市。曾谏止造海船，以息民力。二十一年（1284），与忽剌出、管如德等分省泉州。

【蒲寿晟】 宋元时回族商人兼诗人。祖籍西域，祖父蒲多芬经商由占城（今越南中南部）至广州。父蒲开宗移家泉州。南宋咸淳七年（1271），知梅州。为人俭约,于民毫无所取。以两瓶井水放在案上,激励自己要像清水一样清廉。州进士杨圭赞其"曾氏井泉千古列,蒲侯心地一般清"。后列"名宦祠"享祀。元至元十三年(1276),与弟蒲寿庚降元。长于诗文,著有《心泉学诗稿》(六卷)。《四库全书总目提要》卷一六五,评其诗曰:"今观其诗,颇有冲澹间远之致,在宋元之际,犹属雅音"。晚年,隐居泉州东南郊外法石山。

【蒲剌束】 见"颇剌淑"。(521页)

【蒲速越】(?—1164) 金代契丹起义军领袖。霿霈河猛安人。海陵王正隆六年(1161),因不愿应征从军,随撒八、移剌窝斡等举义反金,转战各地。大定二年(1162)九月,移剌窝斡为叛徒出卖被执杀后,率领余部继续斗争。拒绝金世宗封官招抚,继续于北京(今内蒙古宁城西北大明城)、临潢、泰州等地战斗。四年五月,被俘牺牲,起义被镇压。

【蒲离不】 见"萧蒲离不"。(490页)

【蒲鲁虎】 见"完颜宗磐"。(257页)

【蒲鲁浑】 见"蒲察通"。(561页)

【蒲察贞】 金朝将领。女真族。姓蒲察。泰和六年(1206),以元帅右都监随平章政事仆散揆迎战宋军。八月,败宋将程松军于方山原。九月,取和尚原、龙门关,修复阁道,追败宋军于小关,斩宋将杨廷。十月,率岐、陇兵一万出成纪,配合诸路军分道攻宋。十一月,克天水、西和州。十二月,破成州。七年,奉命撤军黄牛戍,同完颜纲遣兵自昆谷西山养马涧入,四面攻击,复取散关,斩宋守将张统领、于团练。

【蒲察通】(?—1198) 金朝大臣。本名蒲鲁浑,亦作蒲卢浑。女真族。姓蒲察,亦作富察。中都路胡土爱割蛮猛安人。初拜昭信校尉,授顿舍官,改御院通进。正隆六年(1161),率隆州诸军从海陵王攻宋,至扬州。海陵王遇弑后,还师。世宗即位,任尚厩局副使。奉命佩金符诣军前督战,镇压契丹移剌窝斡起义,以故授世袭谋克。承诏莅军镇压奚族人起义。迁尚厩局使,以母丧免,起复为殿前右卫将军,兼领闲厩。出为肇州防御使,擢蒲与路节度使,移镇归德军,迁西南路招讨,入知大兴府事,迁殿前都点检。大定十七年(1177),拜尚书右丞,转左丞。建言通括各谋克人户物力多寡,以分贫富,定版籍,如有缓急,验籍科差,富者不得隐,贫者不重困。二十年(1180),进平章政事,封任国公。二十四年(1184),为上京留守。后历知真定、平阳、凤翔、广宁府事。以开府仪同三司致仕。

【蒲奴单于】 东汉时北匈奴单于。挛鞮氏。*呼都而尸道皋若鞮单于之弟。原任左贤王。东汉光武帝建武二十二年(46)嗣单于位。时匈奴连年旱蝗,人畜饥疫,死耗大半,恐遭汉袭击,遣使至渔阳请和亲。旋遭乌桓袭击,率众北徙,漠南地空。二十四年(48),以呼韩邪自立为单于,匈奴分裂为南北,他率众留居漠北,是为北匈奴。次年,遭南单于袭击,失众万余,却地千里。虑汉佐南匈奴,自陷孤立,于二十六年(50)归还所掠汉人以示善意,并于二十七、二十八、三十一年,明帝永平七年(64),先后多次遣使奉献,请和亲,求互市,亦得汉赏赐。因怨汉厚南单于薄己,并未终止扰边,一直与汉、南匈奴对抗,扰五原、云中及河西诸郡;破车师,攻金蒲、疏勒,与汉争夺西域,遭汉和南匈奴迎击。永平十六年(73),汉发缘边郡兵率同南匈奴、卢水羌胡、乌桓、鲜卑兵,合数万人,分四道征北匈奴,北单于军力衰耗,属众离叛。章帝建初八年(83),稽留斯等北匈奴大人纷纷率众降汉。元和二年(85),南匈奴攻其前,丁零犯其后,鲜卑击其左,西域扰其右,势衰,不复自立,远引而去。

【蒲鲜万奴】(?—1233) 大真(又作东真)国建立者。女真族。姓蒲鲜。原为金尚厩局使。金泰和六年(1206),以右翼都统从攻南宋,败宋军于溱水,断真阳路,以功晋爵一级。贞祐元年(1213),擢咸平招讨使。次年,为辽东宣抚使,奉命领兵四十万讨叛金自立的契丹将耶律留哥,兵败归仁县北细河,逃回东京(今辽阳)。乘宣宗由燕迁汴之机,忌杀东北路招讨使完颜铁哥,于三年(一说二年,一说系于三年十月),叛金自立,称天王,国号大真,建元天泰,据咸平、东京、沈、澄等州。女真猛安谋克户多从之。三月,率步骑九千攻婆速路,为金同知婆速路兵马都总管纥石烈桓端军所败。四月,攻掠上京等城,杀金同知上京留守事温迪罕老儿。九月,率部九千攻宜风、汤池,被纥石烈桓端击溃。四年十月,蒙古木华黎军攻陷锦州后,势蹙,降蒙古,以子帖哥人质。蒙古军退后,复叛蒙自立,杀辽东行省右丞耶律捏儿哥,自称"东西夏国王",率兵栖于海岛。翌年,破金兵于大夫营,转入女真故地。改金上京为开元,都南京(今延吉市城子山城)。兴定二年(1218),派元帅胡土领兵二万配合蒙古、高丽军镇压契丹农牧民起义。其疆域,以南京为中心,东至海,北至五国头城(今黑龙江依兰),西北至金上京会宁府(今黑龙江阿城),西南至黄龙府(治今吉林农安),南至旧铁岭。国内有南京、开元、率宾三路,设置厥相、元帅、引进使等,职官均与金同。天泰十九年(金于兴二年,1233),蒙古军破南京,被执杀。

【蒲察世杰】 金朝将领。本名阿撒,亦作阿散。女真族。姓蒲察,亦作富察。曷苏馆斡笃水人,徙居辽阳。勇力绝伦,能以拳击牛,折肋死之。初在梁王完颜宗弼军中。后随完颜宗敏至东京(今辽宁辽阳)。熙宗皇统九年(1149),海陵王立,为护卫。拒命,不枉杀海陵诸兄弟。正隆四年(1159),授同知安国军节度使事。入为宿直将军。曾劝阻海陵攻宋,集中镇压契丹起义军。六年(1161),攻宋,授郑州防御使,领武捷军副总管。以军三千护粮东下,败宋军于和州。世宗大定(1161—1189)初,败宋兵于石壕镇,破陕州。历卫州防御使、河南路统军都监、西北路副统。从仆散忠义征契丹,改华州防御使,与徒单合喜经略陇右。改亳州防御使,四迁通远军节度使。十八年,任弘州刺史,复亳州防御使。战中,屡戒士卒勿杀掠。

【蒲察合住】(?—1224) 金朝酷吏。女真族。姓蒲察。以吏起身,久为宣宗完颜珣所信用,声势显赫。为人残苛,人人皆知其蠹国害民而不敢言。兴定(1217—1222)中,乘驸马仆散阿海之狱,大肆株连,使朝臣人人自危。正大元年(1224),由秘书监、权吏部侍郎改恒州刺史。蒙古兵攻入陕西,关中震动。有人告其赴恒州为北逃蒙古之计,亲属遭监禁,怀怨。不久为御史所劾,斩于开封府门之下。

【蒲察官奴】(?—1233) 金末大将。契丹族。本姓移剌,少时被蒙古军俘虏,后逃归,充忠孝军。从移剌蒲阿攻平阳。以功升本军提控,佩金符。开兴元年(1232)正月,三峰山兵败,投宋襄阳制置使以自效。后逃归汴京(今开封),权副都尉,转都尉,拜元帅,统马军。从哀宗北渡。翌年,从哀宗至归德。三月,发动兵变,劫持朝官,杀归德元帅马用和知府石盏女鲁欢等朝臣三百余人,军将、禁卫、百姓三千人。哀宗被迫任其为枢密副使、权参知政事。五月,率忠孝军四百五十人大破蒙古军于王家寺,歼敌三千五百余人。拜参知政事,兼左副元帅。持权擅政,欺君罔上,密令兀惹木构国用安,胁哀宗传位,并谋献哀宗于宋,自赎反复之罪。后受召入宫,被杀。

【蒙哥】(1208—1259) 又作蒙格,即元宪宗。蒙古国第四代大汗。孛儿只斤氏。成吉思汗第四子拖雷之子,母唆鲁和帖尼。自幼养育于窝阔台汗处,随从出征,屡立战功。窝阔台汗二年(1230),随汗征金,破天成堡,攻凤翔。七年(1235),与拔都、贵由率兵西征。九年,破钦察部,执杀其部长八赤蛮及阿速部首领合赤儿·兀古列,进攻斡罗思,破也烈赞诸城。翌年,征撒儿柯思,杀其君主秃合合儿。十一年(1239),破阿速都城蔑怯思。次年,奉命与贵由先行东还蒙古。定宗后海迷失称制三年(1251),由宗王拔都等翊戴,即汗位于斡难河(今鄂嫩河)。以谋叛罪拘禁窝阔台孙失烈门、脑忽,执杀从叛诸王畅吉等。命弟忽必烈领治漠南汉地军政事宜,以诸王分领诸行尚书省事,掌各地蒙古军、汉军。蒙哥汗二年(1252),以窝阔台系诸后王屡作难,将其封地分割,分授窝阔台子孙,以去其势,并以受牵连于谋逆事,赐死定宗后海迷失等。继命诸王出征各地。次年,弟忽必烈平大理,诸王也古破高丽禾山、东州等城。同时命弟旭烈兀西征,塔塔儿带撒里征忻都思(印度)、怯失迷儿(克什米尔)。旭烈兀军数年中先后灭木剌夷(在今伊朗)、报达(今巴格达),以帖必力思(今伊朗大不里士)为中心建伊儿汗国。八年(1258),分三路进攻南宋,命忽必烈攻鄂州(今武昌),兀良合台取潭州(今长沙),亲自率军进四川。次年会师围攻合州,遭宋将王坚及军民坚决抗击,受阻。七月,在攻城时受伤,死于军中,一说病死城下。在位期间,曾定驿乘制度,限制诸王乘驿所征用马匹数量;加强赋税管理,禁诸王擅招民户和科敛民财;罢筑和林城役,放免工匠;括汉地及斡罗思户籍。元世祖至元三年(1266),追谥桓肃皇帝。

【蒙格】 见"蒙哥"。(562页)

【蒙赶】(?—1045) 北宋庆历年间环州少数民族起义首领。广南西路白崖山(今贵州荔波境)人。族属不详(多说水族先民)。庆历(1041—1048)初,与思恩县区希范、区正辞等联合举兵反宋,建立大唐国,被公推为帝,册封区正辞为奉天开基建国桂王、区希范为神武定国令公,受封者四十余人。庆历四年(1044)正月,举兵攻占环州,改环州为武胜军,以此为据点。继乘胜攻克镇宁州及带溪、普义等寨,给地方官府以沉重打击。宋廷悬重赏缉拿,凡捕获蒙赶、希范、正辞者,"人赐袍带,钱三十万,盐千斤",未果。次年,转运使杜杞引兵云集环州,使提官区晔、进士曾子华、宜州校吴香等人杀牲置酒,诱骗其率部赴宴结盟,暗于酒内放入"曼陀罗花"(一种迷药)。蒙赶等不知是计,悉被执杀。

【蒙能】(?—1456) 明景泰年间苗族起义领袖。湖广武冈(今湖南武冈)人。苗族。景泰二年(1451),在广通王徽煠府当家僮。徽煠欲主天下,受命联络苗民起兵围攻武冈,事败后,留在苗民中继续活动。六年(1455),自称蒙王(即苗王),率生苗三万余起义,攻龙里、新化、铜鼓诸城。平越(今福泉)的苗酋阿挐、王阿榜等率苗民响应。湖广、贵州总兵官方瑛率湖广、贵州、云南、四川等地官兵,分路进攻义军。七年,在攻平溪卫时中弹身亡。

【蒙衮】(?—1643) 清朝将领。蒙古族。扎赉特部人。博尔济吉特氏。元太祖弟合撒儿(哈布图哈萨尔)十七世孙。天命九年(1624),赐号达尔汉和硕齐。天聪八年(1634),从征明大同,破堡四。崇德二年(1637),随承政尼堪由朝鲜进征瓦尔喀,至吉木海,败平壤巡抚、安州总兵及安边道援兵。三年,随军攻明。六年(1641),献驼马貂皮。七年,随饶余贝勒阿巴泰等征明。八年(1643)卒。顺治五年(1648),追封固山贝子。

【蒙力克】 见"明里也赤哥"。(5349页)

【蒙公高】 见"郑公厚"。(377页)

【蒙古歹】 见"耶律善哥"。(321页)

【蒙归义】 见"皮逻阁"。(128页)

【蒙伽独】 见"迦独庞"。(382页)

【蒙舍庞】 又作蒙舍龙、奢庞。南诏始祖。自称哀牢之后,"乌蛮"。姓蒙氏。居蒙舍川(治今云南巍山彝族自治县西北龙宇图山)。为部落渠帅。卒,子迦独庞嗣为渠帅。

【蒙得恩】(1806—1861) 太平天国将领。原名上升,又名得天。广西平南县大鹏花水马铃村人。壮族。出身于雇农家庭,自幼痛恨官府豪绅的压迫剥削。道光末年,闻冯云山在广西各地秘密发展拜上帝会组织,策划推翻清朝统治,在家乡积极响应,发展会众数百人,被洪秀全任为大鹏地区拜上帝会首领。道光三十年(1850)秋,率众赴桂平金田,参加武装起义。洪秀全、冯云山被清军困于花洲,奉杨秀清命,率会众五百余人前往解围,大败清军,迎洪、冯入金田领导起义。咸丰元年(1851)正月,金田起义爆发,率部随洪秀全征战有功,授御林侍卫职。翌年二月，擢殿右二指挥。三年，太平军建都天京后，升殿左七检事，继任春官正丞相，总理女营事务。六年(1856)秋，义军发生杨、韦内讧，石达开又带兵出走，朝内无人管事，被委任为正掌率，主持政务。因福王洪仁达、安王洪仁发等结党营私，政令难施，太平军屡战失利。洪秀全为稳定政局，成立"五军主将最高军事体制"，被任命为中军主将，兼任正掌率，总理国事。理政期间，对天朝竭忠尽力，依靠陈玉成、李秀成等太平军著名将领，取得一系列胜利，摆脱内讧以来的被动局面。九年(1859)，因功封赞王。十一年(1861)，病逝。

【蒙嵯颠】 见"王嵯颠"。(56页)

【蒙格布禄】 见"猛骨孛罗"。(509页)

【蒙哥铁木】 见"忙哥帖木儿"。(168页)

【蒙哥撒儿】 见"忙哥撒儿"。(168页)

【蒙克特穆尔】(？—1755) 又译孟克特穆尔。清代卫拉特蒙古杜尔伯特部台吉。姓绰罗斯。蒙和岱曾孙，恩克长子。乾隆十八年(1753)，从"三车凌"内附，授固山贝贝子。翌年，乘"三车凌"进京朝觐之机，从族台吉巴朗潜逃准噶尔，游牧于塔本集赛。后为噶勒杂特宰桑都噶尔擒献于清。在北京被处死。

【楚臣拔】 见"京俄巴·楚臣拔"。(373页)

【楚庄王】(？—公元前591) 春秋时楚国君王。芈氏。名侣，一作吕或旅。楚穆王商臣之子。周顷王五年(楚穆王十二年，公元前614)，父卒，继位。三年内，不出号令，广泛了解国情，三年后，整顿内政，兴修水利，加强备战，灭庸(今湖北竹山一带)、伐宋，进军陆浑之戎(今河南嵩县北)等，国势大盛。后人有"不鸣则已，一鸣惊人"之语，流传于世。庄王八年(公元前606)，派人问九鼎(象征周天子权势之物)之轻重，示欲逼周取天下。九年，平定若敖氏叛乱。十三年(公元前601)，灭舒(在今湖北舒城附近)。十六年(公元前598)，破陈。十七年，克郑，大败晋军，使鲁、宋、郑、陈等国归附，楚成为代晋而起的霸主。

【楚怀王】(？—公元前296) 战国时楚国君王。芈氏。名槐，一作相。楚威王之子。周显王四十年(楚威王十一年，公元前329)，父卒。继位。楚国初丧，魏国趁机攻楚，取陉山。怀王六年(公元前323)，遣柱国昭阳攻魏，败魏于襄陵(今河南睢县西)，取八邑，并进攻齐国。十一年(公元前318)，与赵、魏、韩、燕等国共攻秦，为从长，战于函谷关，不胜。十六年(公元前313)，受秦使张仪离间，与齐绝交。后以秦违诺，不以割让相许之地与楚，举兵攻秦。十七年，兵败丹阳，失汉中(今陕西西南地)。继悉全国兵攻秦，复败于蓝田。二十四年(公元前305)，与秦昭王联姻结盟。二十六年(公元前303)，遭齐、韩、魏攻，以太子质于秦，求援，退三国兵。二十八年(公元前301)，遭秦与齐、韩、魏合攻，失重丘。三十年(公元前299)，复为秦攻，失八城，与秦议盟，亲往武关(今陕西商南西北)，被扣留，秦挟以割巫、黔中两郡为条件。不允。留于秦。逃归未遂，于楚顷襄王三年(公元前296)死于秦。

【楚琥尔】 见"楚琥尔乌巴什"。(563页)

【楚臣喜饶】(1173—1225) 宋代藏传佛教噶举派绰浦噶举支派僧人。吐蕃人。又名强必贝。杰察和衮丹兄弟的弟子。又称绰浦译师。六岁始念诵，八岁从杰察学法，十岁出家受沙弥戒，法名楚臣喜饶。十一岁至十六岁在藏噶门下学显密教法。能解释经义，善辩论，常在辩经场上挫败敌手。十七岁，迎请鲁巴得意弟子八十高龄的孜顿衮桑至绰浦寺传授曼陀罗仪轨。后又学梵文，初步掌握译经的本领。十九岁受比丘戒。继随藏纳尊追僧格学戒律，从衮丹学洛若热巴所传的方便道。从杰察学一百三十六种教授、十三种有缘教法。宋庆元二年(1196)，杰察圆寂后，启程赴尼泊尔，从佛陀室利学习显密教法。并先后迎请弥陀罗交基、佛陀室利至藏讲经传法，以传法所得供献在绰浦寺建慈氏大像。后率弟子到印度的吠琉璃迎请释迦师利跋陀罗进藏传法。嘉泰四年(1204)，至藏，陪同至热振寺、洛札及下聂等地讲经传法，前后达十年之久。扩建了绰浦寺，使绰浦噶举派的名声大振。

【楚臣嘉措】(1816—1837) 即十世达赖。清代藏传佛教格鲁派(黄教)领袖。藏族。康区理塘人。内都那布村头人罗桑年札之子。初被迎到理塘寺，后奉旨迎往拉萨。清道光二年(1822)，在布达拉宫举行金瓶掣签，被认定为十世达赖喇嘛，先住聂塘坡乐寺，以七世班禅为师，受沙弥戒，法名楚臣嘉措。是年八月初八日迎进布达拉宫坐床。八年(1628)，入哲蚌寺学经。十三年(1633)，复拜七世班禅为师，受比丘戒。曾在皇太后六旬大寿之日，在大昭寺率拉萨三大寺僧众涌长寿经。尚未亲政，于道光十七年(1837)九月初一日暴亡(一说病故)于布达拉宫。

【楚琥尔乌巴什】(？—约1684) 又作楚琥尔、书库尔、楚库尔。清代卫拉特蒙古准噶尔部台吉。准噶尔部首领*哈喇忽剌第三子。原游牧于额尔齐斯河流域等地。17世纪20年代初，曾参与反对硕垒乌巴什的斗争。明天启五年(1625)，弟秦台吉卒后，为争夺遗产，与昆弟拜巴吉什发生争执。经杜尔伯特部首领达赖台什与父哈喇忽剌居中调解，无效，双方交战。在土尔扈特部墨尔根特默奈等的支持下，执杀拜巴吉什。哈喇忽剌怨其无义，率兵一万进攻，战争持续数年，致使卫拉特各部产生裂痕。清崇德五年(1640)，参加蒙古四十四部封建主会盟，制定《蒙古卫拉特法典》。顺治三年(1646)，随和硕特部固始汗遣使通贡于清。八年(1651)，借咱雅班第达进藏谒五世达赖喇嘛。准噶尔部首领巴图尔珲台吉死后，支持其子僧格与异母兄车臣争战，并与僧格一起抵制俄国侵略，拒绝效忠俄国。康熙五年(1666)秋，怒斥沙俄使节库尔文斯基敦促其向俄国称臣纳贡的无理要求。十二年(1673)，击退噶尔丹袭击。旋，双方重启战幕，与五子罗卜藏额琳沁被执。长子巴噶班第被杀。死于噶尔丹军中。

【楚噜克鸿台吉】 见"撤力克"。(583页)

【趆祖】 见"中山桓公"。(63页)

【碎奚】(335—376) 一作辟奚。东晋时吐谷浑王。姓吐谷浑氏。*叶延长子。永和七年(351)，父卒，继立。咸安元年(371)，以前秦苻坚击降仇池(今甘肃西和西南)氐王杨纂，势盛，惧而向前秦献马五千匹、金银五百斤。坚拜其为安远将军、漒川侯。史称其"性仁厚慈惠"。三个兄弟专恣，不能禁，长史钟恶地等恐为国害，杀其三弟。碎奚忧哀成疾，立子视连为世子，摄政事，遂忧卒。

【碗布台吉】 见"鄂木布达赉"。(502页)

【感天皇后】 见"萧塔不烟"。(489页)

【雷迁】 东汉南郡澨山地区少数民族起义首领。南郡澨山(在今湖北境内)人。建武二十三年(47)，率族众起义。后遭汉武威将军刘尚镇压，族众七千余口被徙于江夏(今湖北安陆)县境内。

【雷满】 唐代武陵地区少数民族起义首领。武陵(今湖南西部)人。以勇悍著称。广明元年(880)，武陵地区饥荒而赋税不减，激起各族人民不满，遂与族人区景思、周岳等聚众数千人，猎于大泽中，聚议起事，组织"土团军"，被推举为帅，各族人民纷纷响应。后被荆南高骈召于麾下，从徙淮南，至广陵逃归，杀刺史崔翥，据朗州。请命于唐，昭宗以澧、朗为武贞军，封其为武贞军节度使。引沅水堑朗州城，为防御计。天祐(904—907)中卒。

【雷万兴】 唐初畲族农民起义领袖。高宗仪凤二年(677)，与畲族首领苗自成等率民起义，会同广东陈谦所率汉民起义军攻陷广东潮阳，击败唐军，后被陈元光所率唐军镇压。中宗景龙二年(708)，又与苗自成子和畲民首领兰奉高等领导起义，集军潮州，挺击岳山，战陈元光军。后陈元光被兰奉高袭杀于绥安老巢。

【雷再浩】(? —1847) 清代湘桂边区瑶民起义首领。湖南新宁县黄卜洞人。瑶族。出身于农民家庭，曾参加道光十六年(1836)兰正樽领导的瑶山八洞起义，失败后，与广西全州庄塘村汉族李世德等在湘桂边区组织"棒棒会"，广泛招纳会众，铸造枪炮，伺机东山再起。道光二十七年(1847)九月，与李世德策划，准备从黄卜洞和庄塘村分头起兵夹击新宁县城，因攻城计划被泄，官军加强防范，遂移师广西，夺取五排瑶山，以此为据点，发动群众，进行反清斗争，多次击溃来犯官军，杀千总刘春林、外委陈国熊等，附近瑶、苗、汉等族百姓纷纷响应。后遭湘桂两省兵围剿，李世德在战斗中牺牲。他率部移至梅溪口，于火把时与清军激战，击毙守备李廷扬、外委马瑞春等八十余人，夺取大量军需武器。旋回师新宁，重整旗鼓。官府深知单凭武力无法消灭义军，便利用地方团练从内部分化瓦解义军首领。后因李尚开等人反叛，于毛安中计被俘，遭杀害。

【雷征东】 见"雷恶地"。(564页)

【雷恶地】 又作雷征东。新平(今陕西彬县)羌人。以众数万降前秦苻登，拜征东将军，将兵在外。东晋太元十四年(389)十二月，闻后秦主姚苌使其安定东门将军开城诱登入城，以姚苌多诈，不可信，劝阻登，使登免于被难。因勇略过人，为登所忌，恐被害，降后秦，为镇军将军。次年，后秦镇东将军魏褐飞举兵，自称冲天王，他起兵应之。及褐飞为苌所击杀，复降后秦。岭北诸豪皆惮之。

【雷帖木儿不花】 元末农民起义首领。一说蒙古族。顺帝至正(1341—1368)中，在全国红巾军大起义影响下，结程思忠，率众发动起义，攻破永平，势及辽东部分地区，增土筑城，因河为堑，坚守永平，屡与元知枢密院事也速所领政府军攻战。后被困日久，城内粟缺薪乏，义军将士损失过重，被迫伪降，以待喘息，事觉，被政府军执杀。

【零昌】(? —117) 东汉时西羌起义首领。先零羌人。*滇零子。安帝永初元年(107)，随父参加起义。六年(112)，父死，即天子位，以族人狼莫为其计策，汉阳人杜季贡为将军。元初元年(114)，遣兵攻雍城(今陕西凤翔)、汉中，败汉凉州刺史皮杨于狄道。次年，分兵攻益州。汉命左冯翊司马钧为征西将军，督右扶风太守仲光、安定太守杜恢、北地太守盛包、京兆虎牙营都尉耿溥等分道并击，为羌民所败，仲光战死，司马钧自杀。三年(116)，汉以任尚为征西将军，与度辽将军邓遵及南单于兵合攻北地，占起义军军事据点丁奚城(今宁夏灵武)，杀其妻子。四年，被任尚所使效功种羌人号封刺杀，起义失败。

【摄图】 见"沙钵略可汗"。(243页)

【摄赛】 明代四川东川军民府女知府。彝族。乌撒军民府女知府实卜长女。嫁东川土知府姑胜古长男阿发为正妻。夫故翁老，于洪武二十年(1387)袭知府。二十一年，所辖部众暴动，去职。二十六年(1393)，奉太祖旨，恢复府治和知府之职。

【摆腰把都儿台吉】 明代蒙古右翼土默特部领主。孛儿只斤氏。*俺答汗孙，*不彦台吉子。驻牧于山西天成(今天镇)、阳和(今阳高)以北二百余里的野马川。隆庆五年(1571)，受明封为指挥佥事。万历元年(1573)，升指挥同知。封贡后与明朝关系融洽，由明朝译员教以《忠经》和《孝经》。五年(1577)，随俺答汗西行青海，迎接索南嘉措(第三世达赖喇嘛)。十一年(1583)，曾出面调解三娘子和恰台吉的纠纷，未成。十三年，蒙古地区大旱，率各部饥民三千余人至明边，要求抚赏，与明军发生冲突。后交还所掠人畜，明廷也惩办当事将官，双方恢复和平往来。

【摆三勿儿威正台吉】 又称把都黄台吉或黄把都儿。明代蒙古右翼永谢布万户喀喇沁部领主。孛儿只斤氏。*巴尔斯博罗特孙，*昆都力哈长子。驻牧于独石口以北，属部在张家口与明朝互市。其长子即龙虎将军白洪大台吉。

【摇】 战国末东瓯王。秦并天下后被废为君长。秦末诸侯叛秦，率东瓯人从番阳令吴芮抗秦，后佐刘邦攻打西楚霸王项籍，因功，汉惠帝三年(公元前192)被封东海王，都东瓯。

【捌里蛮】 见"捌儿马罕"。(565页)

【捌思监】(? —1364) 元末大臣。蒙古克烈氏。野先不花孙，湖广行省左丞相亦怜真子。泰定帝初，长宿卫，任必阇赤(令史),掌皇帝之吏事。文宗至顺二年(1331),任内八府宰相。顺帝元统初,出任福建宣慰使都元帅。后至元三年(1337),任江浙行省参知政事,受命督理海运。六年(1340),升右丞,整治福建盐法。后历任御史中丞、御史大夫、中书右丞、中书平章等要职。至正十二年(1352),随丞相脱脱镇压徐州芝麻李起义军。十四年(1354),统军镇压淮南农民军。十六年(1356),弹劾中书左丞相哈麻谋立皇太子爱猷识理达腊为帝,以顺帝为太上皇事,哈麻被仗杀,以功进中书左丞相。次年,升右丞相。以恃权擅政,贪受贿赂,印造伪钞,匿报军情,鬻狱卖官,屡遭朝臣弹劾。十九年(1359),出为辽阳行省左丞相。次年,复中书右丞相。与资政院使宦者朴不花内外相结,欲使顺帝禅位于皇太子,对四方警报,将臣劝状皆匿而不奏,与拥兵在外的中书平章扩廓帖木儿相结,排斥异己,使内臣遭陷,外臣失权。二十四年(1364),中书平章孛罗帖木儿以兵犯阙,必欲除搠思监方休,迫顺帝将其交出,处死。

【搠儿马罕】 又作搠里蛮、搠力蛮、绰儿马浑。蒙古国将领。蒙古斡帖格歹氏(一说为雪你惕氏)。初为成吉思汗的火儿赤(佩弓箭侍从汗者)。成吉思汗十四年(1219),随汗西征。十六年(1221),建议成吉思汗进军报达(今巴格达),并统军征之。窝阔台汗二年(1230),复受命攻报达,与斡豁秃儿、蒙格秃的援军联兵攻之,受委为该地镇守官,征收贡物。一说卒于窝阔台后乃马真氏称制初(约1242年)。

【搠只哈撒儿】 见"合撒儿"。(154页)

【搠思吉斡节儿】 又译搠思哥月即儿。元代学者。蒙古族。一说为畏兀儿人。原名达表多吉(意为"无我金刚"),法名搠思吉斡节儿(意为"法光")。曾拜元朝国师、萨迦派高僧八思巴为师,学识渊博,精通蒙古语、畏兀儿语、吐蕃语,对巴宁、陀密桑巴塔、萨思迦班底达·公哥监藏等梵藏学者的语言理论颇有研究。仁宗时(1311—1320年在位),被封为国师。所著《蒙文启蒙》(又译《心耳》、《心脂》或《心箍》)补充蒙文字母,修订正字法,为回鹘体蒙文(也称蒙古畏兀字)的规范化奠定了基础,常为后世蒙古语言学者引鉴。原书已佚。据成书于18世纪的《蒙文启蒙诠释》转述之内容看,他对八思巴字持否定态度,主张用回鹘体蒙文译写佛经,并对回鹘体蒙文拼写规则进行了阐述,将其字母区分为元音、辅音两大类,又将元音字母分成阳、阴、中性三组,详举了123个开音节和11个韵尾。对各种常用语法附加成分写法也分别加以规定。为著名佛经译师,曾率领译者将藏文经(修多罗)、咒(陀罗尼)陆续译成蒙文,还译有《入菩提行论》、《五守护经》、《十二因缘经》及《妙法莲华经》,撰有《入菩提行论疏》等。

【颐园】 见"松年"。(302页)

【 | 】

【肆叶护可汗】(?—约632) 又称乙毗钵罗肆叶护可汗。唐代西突厥可汗。阿史那氏。*统叶护可汗子。原为咥力特勤(勒)。唐贞观二年(628)统叶护可汗被莫贺咄杀后,亡奔康居(约当今巴尔喀什湖与咸海之间)。四年(630),被阿史那泥孰迎立为汗,统弩失毕五部与莫贺咄对抗。取得唐朝支持,增强实力,遣使向唐求和亲,未果。因是突厥汗王之裔,众心归向,西面都陆可汗及莫贺咄部众,多来附之。五年(631,一说四年)与阿史那泥孰联兵击杀莫贺咄于金山,为族人拥为大可汗。兴兵征铁勒诸部,为薛延陀所败。性刚愎猜忌,不引咎自责,反迁怒诸将,斩有功之乙利小可汗;忌阿史那泥孰,迫其亡走焉耆,激起众怒,约贞观六年(632)为部内设卑达干(一作没卑达干)联合右厢(也作西厢)弩失毕部首领所废,亡走康居,忧郁而死。

【暗伯】 又作俺伯、阎伯等。元朝将领。唐兀氏。僧吉陀孙,秃儿赤子。年少入宿卫,性刚毅,有大志。因娶亲于敦煌,受兵阻,不得归,客居于闰宗王阿鲁忽之所。曾助元世祖使者薛彻干等脱归。不花帖木儿征于闰时,乘间至行营,受委枢密院客省使。从世祖征叛王乃颜,以功晋克流速不鲁合不周兀等处万户。从平叛王哈鲁、驸马秃绵答儿,身中七创而胜,受世祖嘉奖,拜唐兀卫亲军都指挥使,兼金枢密院事。凡分立诸色五卫军职,袭替屯戍之法,多所更定。后历任同金,副枢、同知,至枢密院事,以病终于位。追赠甘肃等处行中书省右丞、上护军、宁夏郡公,谥忠遂。

【蜂筑】 清代云南班洪、班老、永邦地区佤族部落首领。汉族称其为葫芦王。清雍正、乾隆时人。辖今沧源及其以北以西的小卡瓦地区。乾隆八年(1743),应云南石屏人吴尚贤之请,允许其在葫芦国开采银矿,由吴主厂,付给佤族山水租金,达成协议,剽牛祭天,刻木为契,名茂隆银厂。厂大赢,占地百余里,有矿工二三万人,自内地前往经商者频于道。矿的开发对佤族影响很大,佤族从此使用银子,并从汉族得到较先进的生产工具条锄等。嘉庆年间银厂被封后,许多汉族矿工流落当地,出现汉人村寨或与佤族杂居的村寨,后逐渐融合于佤族之中。其后代对促进佤族社会生产的发展起了一定作用。

【路松多】 东晋初起义首领。黄石休屠胡(屠各胡)人。大兴二年(319),起兵于新平(治今陕西彬县)、扶风(治今陕西泾阳县西北),聚众数千,反抗前赵王刘曜,附于晋王司马保,据有草壁(今甘肃灵台县附近),秦、陇之氐、羌各族多归之。屡败赵军。次年,为刘曜所败,草壁失陷,奔陇城(今甘肃秦安东北陇城镇)。

【嗣圣皇帝】 见"耶律德光"。(322页)

【嵩昆】 清朝大臣。满洲镶红旗人。光绪十九年(1893),累官安徽按察使,迁贵州布政使。二十年,署贵州巡抚。二十一年,实受贵州巡抚。著有《吏治集事》。

【嵩祝】(1657—1735) 清朝大臣。满洲镶白旗人。赫舍哩氏。岱衮子。顺治十八年(1661),袭骑都尉。康熙三十三年(1694),由佐领、护军参领擢内阁学士。同侍郎珠都纳等往会盛京将军,发海运米万石赈济盛京灾民。三十五年(1696),随康熙帝亲征准噶尔部噶尔丹,受命分管正黄旗行营,率兵至克鲁伦河。师旋,同内大臣公长泰统领后队缓行,接收西路军营奏章。同年改护军统领。三十六年,从康熙帝征噶尔丹至宁夏,奉命参赞昭武将军喀斯喀军务,追击噶尔丹。四十年(1701),迁正黄旗汉军都统。寻授广州将军,檄广东、广西、湖南三省官兵镇压瑶族人民起事,并招抚之。四十八年(1709),署奉天将军。后官至文华殿大学士兼礼部尚书。六十一年(1722),雍正帝即位后,加太子太傅,任纂修圣祖实录及重修玉牒总裁。雍正五年(1727),以徇隐贝子苏努借放库银事,夺官。

【署飒可汗】(?—840) 唐代回鹘汗国第十三代汗。跌跌氏。原为厖驳特勒(勤),故称厖驳可汗。开成四年(839)掘罗勿逼杀彰信可汗后,被拥为可汗。继遭部将句录莫贺引黠戛斯十万骑兵攻击。次年兵败,与掘罗勿同时被杀。时逢回鹘境内大雪、饥荒,回鹘汗国瓦解。

【鼍古只】 见"耶律鼍古只"。(326页)
【鼍撒葛】 见"耶律鼍撒葛"。(326页)

【 丿 】

【矮儿克勿】 见"满五索"。(568页)

【锡良】(1852—1916) 清朝大臣。字清弼。蒙古镶蓝旗人。姓巴岳特。同治十三年(1874)进士。出任山西知县。光绪二十年(1894),调山西冀宁道、按察使。调湖北布政使。二十六年(1900),任湖广总督。调任热河都统。奏请设立求治局,综理吏治财政,开办围场荒地以兴垦务,整饬巡防。二十九年(1903),升闽浙总督,集资自办铁路。三十三年(1907),调云贵总督,创练陆军,设讲武堂。宣统元年(1909),授钦差大臣。调东三省总督。拟修锦州至瑷珲铁路,因经费不足未能实现。二年,称病请休。三年,解任。

【锡珍】(?—1889) 清朝大臣、蒙古族文人。蒙古镶黄旗人。额勒德特氏。字锡卿。和瑛曾孙,刑部尚书璧昌子。同治七年(1868)进士。改翰林院庶吉士。十年(1871),散馆授编修。光绪八年(1882),奏谏整顿八旗学校。九年,充总理各国事务衙门大臣。十一年(1885),至天津与法国使臣换约。平日持躬端谨,学问优良。著有《喀尔喀日记》等。

【锡卜臣】 一作席卜臣。清朝将领。满族。瓜尔佳氏。满洲镶白旗人。费英东弟郎格孙。后金天聪五年(1631),授前锋侍卫。清崇德三年(1638),随多尔衮征明,与索尔德败明太监高起潜兵于通州。五年(1640),围明锦州。次年,与努山败明兵,追至连山。顺治元年(1644),随军进关,败李自成农民军于一片石,追至望都。又败义军于太原。二年,随阿济格征陕西,同锡特库逐自成于安陆,擢前锋参领、云骑尉。三年,随豪格征四川,破张献忠义军。改护军参领。五年(1648),同索拜平大同总兵姜瓖叛。叙功,晋世职二等轻车都尉。十一年(1654),擢护军统领。十二年,同卓洛驻防荆卅,败孙可望军,复辰州。十六年(1659),同明安达礼自荆州援江宁,破郑成功将杨文英等。康熙九年(1670),擢镶白旗蒙古都统。后三年,加太子少傅。十三年(1674),吴三桂反,命为镇西将军镇守陕西,与瓦尔喀等自汉中下四川。十四年,与巴喀等驻西安。是年冬,与赫叶攻保宁,遭三桂将王屏藩拒击,弃蟠龙山还汉中,继回西安。后仍都统。二十二年,追论蟠龙山兵败罪,罢任革世职。

【锡布推哈坦巴图尔】(?—1704) 清朝蒙古王公。喀尔喀土谢图汗部人。博尔济吉特氏。穆车子。初与诸弟驻牧巴颜乌兰,常击退俄罗斯掠境兵。康熙二十七年(1688),迎击准噶尔部噶尔丹对本部的侵扰。拒噶尔丹诱降,执其使,避走克鲁伦河。三十年(1691),随清侍郎瓦岱归附清朝,封札萨克辅国公。是年,仍归牧巴颜乌兰,继徙土拉河,奉命严防准噶尔侵扰。三十五年(1696),受命蹉击噶尔丹。三十八年,晋固山贝子。

【锦台什】(?—1619) 又作金台石、金台失。明代海西女真叶赫部首领。女真族。纳喇氏。叶赫部长*杨吉努子。明万历二十一年(1593),随兄纳林布禄以"九姓之师"攻建州努尔哈赤,兵败。二十五年(1597),以女许努尔哈赤次子代善,叶赫、乌拉、哈达、辉发等扈伦四部与努尔哈赤会盟结好。旋矛盾激化,将女重许蒙古喀尔喀宰赛贝勒。二十六年(一说四十一年),嗣为叶赫贝勒,与贝勒布扬古分踞东西二城。三十二年(1604),为努尔哈赤所败,失二城七寨。四十一年(1613),因拒绝努尔哈赤请,拒将逃匿该部之乌拉部长布占泰交出,复遭努尔哈赤四万兵攻击,失乌苏等十九城寨。后金天命四年(1619)萨尔浒之役,发兵二千助明军战努尔哈赤,兵败。城破,自焚死。

【辞不失】 见"习不失"。(26页)

【简如】 春秋时长狄(鄋瞒)酋长。属于赤狄。《左传》载,长狄酋长为兄弟五人:侨如、焚如、荣如、简如、缘斯。周顷王三年(公元前616),随赤狄为首的北狄诸部进攻齐、鲁,被宋、鲁、齐国所败。侨如被鲁军所杀,缘斯被宋军所俘。遂与兄焚如、荣如率长狄逃走。周匡王六年(公元前607),长狄再次攻入齐国境,被齐大夫王子城父所败,荣如被执杀。又率部逃入卫国,被卫人所俘。

【简献皇后】 见"萧月里朵"。(488页)
【简献皇帝】 见"耶律勺德实"。(323页)

【像舒治】 南北朝时期邓至王。白水羌人。其祖邓至曾为部落首领,遂以邓至为部落名。一说因地名号,自称邓至。即位后,于北魏太和五年(481)遣使入朝于魏,封龙骧将军、邓至王。后贡使不绝。西有赫羊国,有东亭卫、大赤水、寒宕、石河、薄陵下、习山、仓骧、覃水诸羌部。辖地街亭以东、平武以西、汶山以北、宕昌以南。城邓至(今四川南坪县东北)。部落风俗,与宕昌同。

【牒蜡】 见"耶律牒蜡"。(321页)
【舅犯】 见"狐偃"。(368页)
【魁乐觉】 见"皮逻阁"。(128页)
【遥折】 见"萧裕"。(480页)
【腾吉思】 亦称腾吉思古儿干(驸马)。蒙古斡亦剌部贵族。初尚定宗贵由女为妻,后又娶旭烈兀汗第四女秃都合赤。宪宗蒙哥(1251—1259年在位)即位后,因与谋叛之贵由后裔及部分异密有牵连,被控告,受笞挞,经其妻求情,获免。
【腾机思】(？—1648) 清初蒙古苏尼特部首领。博尔济吉特氏。成吉思汗二十世孙。塔巴海达尔汉和硕齐子。初号墨尔根台吉。依附喀尔喀车臣汗硕垒。崇德二年(1637),向清奉表贡驼马。三年,再贡陀马。四年,率众附清。五年,尚郡主,授和硕额驸。六年,封札萨克多罗郡王,留墨尔根鲁。顺治三年(1646),受车臣汗硕垒诱,与弟腾机特及诸台吉奔附喀尔喀硕垒。于谔特克山及土拉河遭清豫王多铎追击,继兵败布尔哈图,台吉茂海侄多尔济等被杀。后得车臣汗硕垒、土谢图汗衮布兵援,与清军战于扎济布拉克,复败,走色楞格河。四年,硕垒、衮布先遣使向清"谢罪"。五年,归降,获赦。
【腾里可汗】(？—808) 唐代回鹘汗国第八代可汗。跌跌氏。怀信可汗骨咄禄子。原为俱禄毗伽。永贞元年(805)继位,唐遣鸿胪少卿孙杲册其为滕里野合俱禄毗伽可汗,简称腾里可汗。统治期间大力扶持摩尼教,摩尼僧侣参与国政。元和元年(806),以摩尼僧为国使至长安。三年(808)卒。
【鲍化南】 清末抗税斗争首领。满族。光绪三十三年(1907),奉天派官到凤城丈量山荒,规定每百亩征银五十两,引起农民严重不满。遂结伊品山、郎振垣等人,以"转牌"联系群众,发动农民抗税。十月二十日,伊品山等率满汉农民二百余人进城,要求废除山荒税,遭官府镇压。次年二月,又联络安、凤、岫三地满汉农民,再次起来斗争,封锁凤城达二十余天,迫使清政府废除山荒税,取得抗税斗争胜利。
【詹山】 东汉武陵郡少数民族起义首领。武陵郡(今湖南西部)人。桓帝元嘉元年(151),为反对官府征收高额赋税,率武陵辰阳(今湖南辰溪、麻阳一带)和零陵都梁(今湖南武冈)等地各族人民起义,拥众四千余人,拘执县令。起义军民聚在深山峡谷,在武冈山一带屡败官军。永兴元年(153),汉朝被迫撤换太守,改派应奉进行安抚招诱,起义遂平。
【詹应鹏】 明朝官员、史学家。回族。字冲南。安徽宣城人。南副都御史詹沂长子。万历四十四年(1616)进士。历户曹三仕。天启(1621—1627)中,请立新旧二库以资饷饷,出纳有度,国计赖之。历任嘉兴知府、两浙提刑按察司副使、布政司右参政,总督粮储。饰法剔弊,革害兴利,士民立生祠祀之。崇祯四年(1631),告归故里。年八十一岁而卒。深明伊斯兰教教义,从政之暇,精心研究伊斯兰教典籍,编为《群书汇辑释疑》,著有《巢云阁集》及理学诸书,今均不传。刘智《天方至圣实录》附录其《群书汇辑释疑跋》一文。

【、】

【靖安皇后】 见"萧温"。(480页)
【新保】(？—1813) 清朝将领。索伦都拉喇氏,隶黑龙江镶白旗。乾隆五十六年(1791),以领催从征廓尔喀,赏花翎。嘉庆二年(1797),参与镇压川、楚白莲教起义,赐号库尔库巴图鲁,旋授佐领。九年,擢副总管。十五年,授打牲总管。十七年,随狩木兰,射虎一只,赏副都统衔。病故。
【新觉劝】 见"寻阁劝"。(181页)
【廉恂】 见"廉米只儿海牙"。(568页)
【廉惇】 元朝大臣。畏兀儿人。字公迈。恒阳王廉希宪第五子。由太中大夫、西蜀四川道肃政廉访使,仕至江西等处行省参知政事。曾师事南昌士人熊朋来,从学诸经义理。至治二年(1322),迁陕西行省左丞。泰定二年(1325),奉旨宣抚四川行省。后卒。谥文靖。有《廉文靖公集》,今仅存《永乐大典》所收数篇。
【廉希贤】(1247—1275) 元朝大臣。畏兀儿人。字达甫,一名中都海牙。魏国公布鲁海牙之侄。年二十余,与兄希宪同侍世祖,出入禁中,小心缜密。至元初,以北部王拘杀使者,奉世祖命往谕,致使王悔谢,以功受赏赐。寻进中议大夫、兵部尚书。世祖至元十二年(1275)春,任礼部尚书,与工部侍郎严忠范等持元廷国书使宋。至广德军独松关,守关者不知为使,被袭杀。
【廉希宪】(1231—1280) 元朝大臣。畏兀儿人。字善甫,又名忻都。魏国公布鲁海牙子。太宗初,其父任燕南诸路廉访使,遂以官为氏,子孙皆姓廉。年十九,入侍忽必烈于藩邸,以其"笃好经史,手不释卷"的勤学精神,深得忽必烈器重,雅称"廉孟子"。曾从征云南。宪宗四年(1254),为忽必烈京兆分地宣抚使。任内问民疾苦,兴办学校,恢复儒籍,治绩显著。九年(1259),随忽必烈渡江取鄂州,运筹帷幄,参谋军机。宪宗死,力助忽必烈继位。后任京兆、四川道宣抚使,平定刘太平之叛。继改中书右丞,行秦蜀省事,力拒阿里不哥将浑都海等军,有功,进平章政事。中统二年(1261),致书晓谕宋四川制置使,使其不敢轻动;并受泸州宋将刘整降。三年,进拜中书平章政事。任内,振举纲纪,汰逐冗滥,兴利除害,议行迁转法,政绩卓著。世祖至元七年(1270),因忤忤世祖,罢职。十一年(1274),复为北京行省平章政事。次年,以荆南新附,受命开大府于荆州,行省荆南。任职三年,大力整顿社会秩序,禁剽夺,通商贩,兵民得安。十四年(1277),以疾召还,江陵民众为之画像建祠。十七年(1280)卒于上都。大德八年(1304),追封魏国公,谥文正。加赠恒阳王。
【廉孟子】 见"廉希宪"。(567页)

【廉惠山海牙】 元朝大臣。畏兀儿人。字公亮。*布鲁海牙孙,广德路达鲁花赤阿鲁浑海牙子。至治元年(1321)进士,授承事郎、同知顺州事。在官一年,召入史馆,预修英宗、显宗实录。拜监察御史,迁都水监,疏会通河,筑滦、漆二堤,修京东闸。历任秘书丞、会福总管府治中、金淮东廉访司事、江浙行省左右司员外郎、金河东、河南、江西廉访司事、江南行御史台经历。继授都转运使,整治山东盐法,用课好转,受赏赉。至正三年(1343)初,拜侍仪使,掌郊礼。次年,预修辽、金、宋三史。后历任河南、湖广、江西、福建行省右丞。参与镇压农民起义,定守御招捕之策。后授金江浙行枢密院事,改福建行省右丞,率兵镇延平、邵武。继还治省事,督赋税由海道供给京师。迁任宣政院使,拜翰林学士承旨、知制诰兼修国史。年七十一卒。

【廉米只儿海牙】 元朝大臣。畏兀儿人。汉名恂。恒阳王*廉希宪次子。仁宗时,仕至江南行御史台中丞。延祐七年(1320),英宗即位,任中书平章政事。至治二年(1322),与中书臣董理国学。旋为集贤大学士。泰定元年(1324),罢集贤大学士,食禄终身。四年(1327),复旧职,参议中书省事。

【雍闿】(? —225) 三国时西南少数民族反蜀首领。益州郡(治今云南晋宁东北晋城镇)人。先世为汉族移民,因世居南中少数民族地区,深受其影响,"恩信著于南土"。建兴元年(223)前后,曾在吴国支持下,采取远交近攻的策略,杀蜀国益州郡守正昂,缚新任太守张裔送给孙权,煽动当地少数民族一起反蜀,拒绝诸葛亮的招降,又指使另一大姓反蜀首领孟获鼓动当地"夷越"反蜀。三年(225)春,诸葛亮率兵分三路南征,他挥众赴越嶲郡(以今西昌市为中心的四川西南地区)援助当地反蜀叟帅高定元(高定),由于大姓与少数民族的矛盾,被高定元的部曲所杀。

【雍正帝】 见"胤禛"。(412页)
【雍虞闾】 见"都蓝可汗"。(438页)
【意辛】 见"萧意辛"。(487页)
【慎乐皮】 见"盛逻皮"。(497页)

【阖闾】(? —公元前496) 一作阖庐。春秋末吴国国君。又名光。吴王诸樊子,故时人称公子光。周敬王五年(公元前515),与伍子胥密计,借宴请吴王僚之机,派亲信专诸杀僚自立。以伍子胥为相,辅佐朝政,命孙武为将军,训练军队。十四年(公元前506),发兵六万攻楚国,克郢都(今江陵纪南城)。后因秦国援楚,越国乘虚伐吴,其弟夫概篡位,被迫与楚媾和。二十四年(公元前496),趁越国新丧,举兵攻越,兵败檇李(今浙江嘉兴西南),负伤,卒于回师途中。

【阙特勤】(684—731) 唐代突厥贵族。名阙,特勤为官名。阿史那氏。*颉跌利施可汗骨咄禄次子,*毗伽可汗弟。屡四出征战。久视元年(700),随默啜可汗征六州胡。神龙元年(705),胜唐将沙吒忠义。景云元年(710),率军西破黠戛斯、突骑施。开元三年(715),征葛逻禄。因战功声名显赫。四年默啜死后,联合旧部,杀默啜子移涅可汗及宗族,拥立兄默棘连为毗伽可汗,自任左贤王,专掌兵马,辅佐汗政。开元十三年(725),与暾欲谷陪同毗伽可汗会见唐使袁振。十九年(731)卒。玄宗遣使金吾将军张去逸、都官郎中吕向前吊祭,并亲撰碑文,立碑建庙,树石像,应毗伽可汗之请,遣工匠于四壁图其战阵。碑有汉文、突厥文二种,内容各异,是研究突厥史重要史料。

【满四】 见"满俊"。(568页)
【满俊】(? —1468) 亦名满四。明代固原石城蒙古族起义领袖。故元平凉万户把丹孙。世代以畜牧、射猎为业。得祖传,家殷富,以资产雄冠族中。成化三年(1467),因收匿通渭(今甘肃通渭县)逃避徭役者,遭巡抚陈介(一作陈价)究治。又因明参将刘靖等在搜捕时乘机敲榨索贿,遂与同部李俊等密谋起义。四年四月,率众入据石城(距平凉千里,原为吐蕃石堡),称招贤王,李俊为顺理王,有众四千。出兵攻甘州所(在固原西)、固原所,李俊战死。败刘清、都指挥邢端(一作邢瑞)等所率诸卫明军,杀明将申澄。众至二万,震动关中。七月,大败陈介所率三万官兵,尽歼入山者,缴获军资甲械千数,使陈介欲自杀。遣兵截静宁州(今甘肃静宁县)道,夺甘肃粮饷无数。迫明廷逮陈介等五名军政要员下狱治罪。八月,明廷命都御史项忠总督军务,率陕西三边四镇之兵五万余人前往镇压,以马文升(回族)为都御史巡抚陕西。十月,大败项忠所率六路大军,射死明伏羌伯毛忠,伤总兵刘玉。因城中缺水乏粮,汲水道被明军所断,渐有出降者。十一月,遣部将杨虎狸夜出营汲水,被擒后降明军,还城充当内应。旋被杨虎狸所诱,出兵中伏坠马,被明军所擒。不久,城破,起义失败,数千人或死或被俘,本人被械送京师处决。

【满济】 一译曼济。清代卫拉特蒙古准噶尔部台吉。姓绰罗斯。*小策凌敦多布长子。雍正九年(1731),随父领兵犯喀尔喀,受命带兵三千攻掠鄂尔海、锡拉乌苏诸地,被击败。集残众自哈布塔克、拜塔克遁。乾隆(1736—1795)初年,自喀喇沙尔徙牧沙喇伯勒境。

【满琦】 明朝将领。蒙古族。故元平凉万户把丹重孙,固原石城起义领袖*满俊(满四)侄。世代以畜牧、狩猎为业。及长,袭祖职千户,以功升平凉卫指挥。成化三年(1467),因叔满俊被明朝官吏所逼,聚众起义,遂奉命率二十余名随从前往搜捕满俊等。入境后被起义军以计拘留,随从被杀。四年四月,被起义军押入石城(距平凉千里,原为唐吐蕃石堡)。十月,起义军在石城阵前与明总督项忠、巡抚马文升谈判,得以投归项忠,还明军营。

【满兀带】 见"满五大"。(568页)
【满五大】(? —1583) 亦作满兀带,又称七庆朝库儿。明代蒙古右翼永谢布万户喀喇沁部领主。孛儿只斤氏。*昆都力哈第五子。驻牧于张家口东北塞外大沙窝、三间房一带,与察哈尔部相邻并通婚姻。隆庆五年(1571),受明封为指挥金事。后与兄满五索从察哈尔部攻明辽阳等地,其部属亦时入明境攻掠,被明朝关闭贡市并议免官职。后受顺义王俺答汗责罚,令在佛前发誓,不再犯明塞,始复职如初,并恢复通贡互市。

【满五索】 亦作满兀四,又称矮儿克勿。明代蒙古右翼永谢布万户喀喇沁部领主。孛儿只斤氏。*昆都力哈第四子。驻牧于张家口西北边外。隆庆五年(1571),受明封为指挥佥事。六年,父卒,喀喇沁部归其仲兄青把都儿台吉统领。入贡或征战皆随仲兄行动。诸兄弟常联合察哈尔部攻击明辽阳。万历九年(1581),发誓不再攻略明边,要求与明朝通贡互市,遂与青把都儿台吉同入贡互市。笃信喇嘛教。

【满苏尔】 见"莽苏尔"。(441 页)

【满速儿】 (1485—1543 或 1545)东察合台汗国汗(一称吐鲁番王)。*阿黑麻汗长子。明弘治十五年至十七年(1502—1504),父出兵支援马合木汗,受命留守吐鲁番,监国。父卒,嗣位。在位期间对内镇压异己,包括亲兄弟,对外积极扩展,多次攻打卡尔梅克人,均取胜,进占阿黑麻晚年已放弃的哈密,军锋直达肃州(今甘肃酒泉市)、甘州(今甘肃张掖市),与明朝连年战争,同时保持与明的政治、经济关系。正德十一年(1516),与弟萨亦德汗(叶尔羌汗国的创建者)会晤,接受其弟臣服,形式上成为统一汗国的汗。萨亦德死后,曾几次出兵统一西部,均失败。笃信伊斯兰教,一生过着朴素无华的生活,不求与臣民有区别。穆斯林史学家称赞他聪明睿智,处事谨慎,善于持政统军。晚年退隐,让位于长子沙。

【满都鲁】(1426—1479) 又作满都古勒、满都固理、满都古尔、满都兀勒等。明人记载或误作满鲁都。明代蒙古可汗。孛儿只斤氏。元裔*阿寨台吉季子,岱总汗*脱脱不花异母弟。岱总汗子摩伦汗被翁牛特部领主毛里孩王杀害后,于成化十一年(1475)被西蒙古乜克力部出身的永谢布领主孔加思兰(伯格坬逊)太师立为可汗,由太师擅政。为恢复汗权,剪除权臣,并为乌珂克图汗、摩伦汗复仇,兴兵击杀多伦土默特部领主多郭朗,与侄孙孛罗忽(伯颜猛可)联合,大败毛里孩。后在鸿郭赉、亦思马因挑拨下,与孛罗忽失和,遣亦思马因击走孛罗忽,势力遂孤。十五年(1479)卒,无嗣,后由孛罗忽子把秃猛可(达延汗)继承汗位。

【满金台吉】 见"班第墨尔根卓哩克图"。(443 页)

【满珠习礼】(?—1672) 清朝蒙古王公。蒙古巴林部人。博尔济吉特氏。郡王色布腾从弟。天聪七年(1633),向后金贡驼马。八年,随后金军攻明,入独石口,下保安,至应州,克堡三。崇德三年(1638),从征喀尔喀札萨克图汗。次年,随武英郡王阿济格征明连山。六年(1641),贡驼马貂皮。顺治五年(1648),封札萨克固山贝子。

【满都古勒汗】 见"满都鲁"。(569 页)

【满都海哈屯】(1448—?) 亦作满都海赛音哈屯、满都海彻辰夫人。明代蒙古女政治、军事首领。土默特恩库特(汪古)部领主绰罗斯拜特穆尔丞相女。初嫁满都鲁可汗(满都古勒汗),生博罗克沁、伊锡克二公主。成化十五年(1479),满都鲁卒,无子嗣,按蒙古风俗,暂由其主政。为维护蒙古汗统,拒绝科尔沁部领主乌讷博罗特王求婚,于次年扶立年仅七岁的元裔把秃猛可(巴图蒙克)继承汗位,号达延汗,并与之结为夫妻,仍执掌军政事。与明朝保持通贡互市关系,亲自率兵两次征服瓦剌,解除对东部蒙古的威胁。制定法令,防瓦剌反抗,加强汗权,为达延汗消除割据势力,统一蒙古,打下基础。生铁力摆户(图鲁博罗特)等七子一女。

【满都赉阿固勒呼】 明代东部蒙古鄂尔多斯(阿尔秃厮)部领主。正德(1506—1521)初,与永谢布领主亦不剌谋杀达延汗次子、新赴任的右翼济农五路士台吉(乌鲁斯博罗特),力图割据,抗拒达延汗统一蒙古各部。正德五年(1510),遭达延汗征伐,双方决战于达兰特哩衮(一说为今内蒙古鄂托克旗的达拉图鲁,一说为今大青山),兵败西逃,流动于凉州(今甘肃武威地区)、甘州(今甘肃张掖地区)、肃州(今甘肃酒泉地区)和西海(今青海)等地。九年(1514),仍驻牧于凉州、肃州。不久被达延汗击杀于阿津柴达木(今青海境)。

【漠咱帕尔】 维吾尔族。清代新疆乌什人。乌什郡王品级*霍集斯长子。乾隆二十一年(1756),大小和卓木据南疆时,任乌什伯克。二十三年,清定边将军兆惠讨霍集占,偕父献籍迎降。代父进京朝觐,获公品级。二十五年(1760),因凌虐乌什百姓被控,奉命居京,与父聚处。后获罪削爵,授一等侍卫。

【滇吾】 又作填虞。汉代烧当羌首领。*滇良子。初随父经营大榆中(今青海贵德一带),使烧当部日盛。汉中元元年(56),继承父业,任部落首领。次年,与弟滇岸率众攻汉陇西塞,相继败汉军于枹罕、允街。永平元年(58),为汉中郎将窦固、捕虏将军马武败于西邯(今青海尖扎东),远遁。次年,降汉,汉将其众七千口置于三辅,后降者徙于陇西南安。

【滇良】(?—56?) 汉代烧当羌首领。西羌人烧当之玄孙。世居河北大允谷(今青海湟水以南至贵德县一带),因屡遭先零种羌侵扰,部落贫弱。东汉初,乘汉军击败先零羌,会集各部羌胡,从大榆谷入,击先零余部,夺大榆谷地,利用当地优越的自然条件,率部人从事农牧业生产,使烧当部羌日趋强盛。

【滇零】(?—112) 汉代西羌起义首领。先零人。东汉安帝永初元年(107),西羌起义爆发,率先零羌一支与钟羌联合,由陇西塞北上,"或持竹竿木枝以代戈矛,或负板案以为盾,或执铜镜以象兵",攻县克郡,断陇道。次年,败征西校尉任尚军于平襄,经安定转入北地,建立政权,自称天子,设官职,招集武都、参狼、上郡、西河等羌胡,东攻赵、魏、河东,南入益州,杀汉中太守董炳,攻三辅。汉廷无力应付,徙凉州东部郡县于三辅及其附近。六年(112),病死,子零昌即位。

【溥仪】(1906—1967)清朝末代皇帝。1908—1911年在位,年号宣统。满族。爱新觉罗氏。醇亲王载沣之子。光绪三十四年(1908)即位时年仅三岁,由父载沣摄政。宣统三年（1911），爆发辛亥革命，推翻清王朝。次年，根据《优待皇室条件》和《清（皇）族待遇之条件》，清帝不废"尊号"，仍留居紫禁城。1917年，张勋率兵进京，拥其复辟，仅十二天即失败。其间，发出谕旨数十道。1924年，被冯玉祥将军驱逐出宫；不久，避居日本公使馆。三个月后，在日本保护下住进天津日本租界。在天津的七年中，进行大量复辟活动。1931年底，在侵华日军策划下潜往东北，在长春为伪"满洲国""执政"。1934年3月1日，登基称帝，为康德皇帝。1935年，东渡日本，答谢酬恩，会见天皇裕仁，参拜神社。1940年，在日本关东军策划下二次访日。1945年日本投降后，逃往日本，途中被苏联红军俘获。1950年8月，移交给中华人民共和国政府。1959年12月4日，最高人民法院根据特赦令，予以释放回京。1964年任政协第四届全国委员会委员、文史馆馆员。1967年卒于京。著有回忆录《我的前半生》。

【源洧】 唐朝官员。鲜卑源氏。临漳（今河北境）人。先世为河西秃发氏，太武帝时归北魏，赐姓源。唐宰相*源乾曜族曾孙，郑州刺史光裕子。天宝（742—756）中，为给事中，历郑州、襄州刺史、本道采访使。十四年（755），任江陵郡大都督府长史、本道采访防御史、摄御史中丞以御安禄山兵，卒于镇。赠礼部尚书，谥懿。

【源光裕】 唐朝官员。鲜卑源氏。临漳（今河北境）人。先世为河西秃发氏，太武帝时归北魏，赐姓源。唐宰相*源乾曜族孙。初为中书舍人，与杨滔、刘令植等同删定《开元新格》。历刑部、户部二侍郎、尚书左丞，累迁郑州刺史，居官清谨，称为良吏。卒于官。

【源乾曜】（？—731） 唐朝大臣。鲜卑源氏。临漳（今河北境）人。先世为河西秃发氏，太武帝时归北魏，赐姓源。隋刑部侍郎师民孙，唐太常伯直心之子。初第进士。神龙（705—707）中，以殿中侍御史黜陟江东。景云（710—711）间，累迁谏议大夫。出为梁州都督。开元（713—741）初，拜少府少监，兼邠王府长史。迁户部侍郎，兼御史中丞，转尚书左丞。四年（716），擢黄门侍郎、同紫微黄门平章事，旋罢。玄宗巡东都，以其为京兆尹，留守京师三年，政存宽简，人皆安之。八年（720），复为黄门侍郎、同中书门下三品，进位侍中。十三年（725），扈从东封，还，为尚书左丞相，兼侍中。十七年（729），罢侍中，迁太子太傅，封安阳郡公。卒，赠幽州大都督。

【溪巴温】 宋代河湟吐蕃大首领，唃厮啰家族重要成员。必鲁匝之子。父死，嗣为首领。因不善管理部落，由其舅郎格占协理内外事务。后因属下首领鬼章势力渐强，与郎格占有隙，他被逐，投奔木波部。阿里骨继为青唐主后，讨伐不降服诸部落。恐祸及己身，复走陇通部，以出家为僧作借口，迷惑阿里骨，图谋恢复对唃厮啰家族的统治。宋绍圣三年（1096）阿里骨死后，乘青唐政局动荡，举兵入据溪哥城（今青海贵德境），自称王子。

【溪赊罗撒】 见"小陇拶"。（26页）

【猷吞】 见"由屯"。（116页）

【慈善夫人】 唐代道赕诏（六诏之一，在今云南邓川）主皮逻邆（一说咩逻皮）妻。白族先民。史载，玄宗开元二十六年（738），南诏主皮罗阁合并六诏为一，被唐朝册封为云南王。传说皮罗阁为统一六诏，设计于六月二十五日星回节祭祖期，召五诏主聚宴于松明楼焚杀之。慈善夫人知其谋，止夫勿往，以免得祸。苦谏不听，乃以铁钏戴夫臂而别。是日酒酣，五诏主均被焚死，骸骨无法辨认，独其识钏，得夫骸以归。又拒绝南诏主求婚，闭城坚守，南诏军攻三月不克。后城中食尽，盛服端坐而死。皮罗阁嘉其节，封为宁北妃，旌其城为德源城。当地人尊称为德源夫人、柏节圣妃，并奉为邓川"本主"。明万历四年（1576），在邓川城南建柏节祠。每年六月二十五日夕，人们举火把以吊之。

【慈禧太后】（1834—1908） 亦称西太后。清咸丰帝妃，同治、光绪两朝摄政者。满族。叶赫那拉氏。咸丰元年（1851），被选入宫。初封贵人。六年（1856），生子载淳。自是地位扶摇直上，被封为懿贵妃，开始有机会参与政事。十一年（1861），咸丰帝病死，载淳（即同治帝）即位，被尊为太后。暗中勾结奕䜣，在英法帝国主义的支持下，密谋夺取最高统治权，发动"北京政变"（亦称"祺祥政变"），捕杀辅政大臣载垣、端华和肃顺。任命奕䜣为议政王，实行垂帘听政。纳奕䜣"借洋兵助剿"之策，与英法美侵略者相勾结，利用曾国藩、李鸿章、左宗棠的地主武装力量湘军、淮军等，镇压太平天国运动，围剿捻军和回族、彝族、苗族人民起义。同治十三年十二月（1875年1月），同治帝死后，又立年幼的乃侄载湉为帝，是为光绪帝。仍行听政，独揽朝政，使光绪成为傀儡皇帝。在日益严重的民族危机中，娇奢极欲，挥霍无度，曾挪用海军经费三千六百万两白银修建颐和园，供其游乐、颐养。任纵其宠爱的太监李莲英等招权纳贿、搜刮民财。为巩固统治，依靠曾国藩、李鸿章等以"自强""新政"为名举办的洋务，开办近代官办军事工业和辅助民用工业，购买外国军火，建立北洋舰队，训练海陆军，并镇压各地人民的反抗。在中法、中日战争中，屈辱投降，先后与侵略者签订出卖国家领土主权的《中俄勘分西北界约记》、《中英烟台条约》、《中法新约》、中日《马关条约》等。光绪二十四年（1898），光绪帝颁诏，发动戊戌变法。她纠聚封建顽固派阻挠变法，宣布"亲政"，囚禁光绪帝、废除新法政令，杀害维新派谭嗣同等"戊戌六君子"。二十六年（1900），一度利用发展到京津地区的义和团对外宣战，以保全自己的统治地位。八国联军侵入北京后，复带领光绪帝及亲信、王公、大臣逃往西安，途中下令清军对义和团斩杀不留，并请求八国联军"助剿"义和团。二十七年，与侵略者签订丧权辱国的《辛丑条约》，使清政府变成帝国主义侵略中国的工具。后又以"实行新政"、"准备立宪"欺骗舆论，加强训练新军，继续镇压革命。三十四年，病卒。

【塞默羯】（？—720？） 唐代奚族部落联盟将领。为牙官。部落联盟首领李大酺附唐，尚唐固安公主。玄宗开元八年（720），大酺率兵讨契丹，战死。弟鲁苏嗣位。于时，他策划奚族谋反,事为固安公主所知,遂置酒诱杀之。

【塞巴桑波抱提】 传说中普米族原始时代的氏族首领。是普米人智慧的化身。聪明能干,教给人们许多改善生活的本领。教人们用高山上的"被尼"(一种青苔)遮身,用细藤串树皮、树叶护体。为改变巢居穴处的状况,教人们用树枝搭窝棚,上覆茅草,这种最古老的房子普米语称"迁里",仅能避雨,却难挡风。为了保暖,又教人们挖地为窨,上覆草顶,成为半地窨式的房屋,称"罗加",是冬季住房。夏天的住房除窝棚外,还教人们垒石为墙,上覆树枝茅草为顶,像今日的牛圈,称"琴真"。

【窥基】(632—682) 唐代名僧,法相宗(即唯识宗)创始人。姓尉迟,字洪道。唐右金吾卫将军尉迟敬宗子,开国将军鄂国公尉迟敬德之侄。京兆长安(今陕西西安)人,一说出自于阗王族。十七岁出家为僧,原住广福寺,后移住大慈恩寺,师事玄奘,从习梵文和佛教经论。二十五岁参加玄奘译场,二十八岁参译并注释《成唯识论》。继承玄奘宣扬法相宗教义。著有《瑜伽师地论略纂》、《杂集论述记》、《因明入正理论疏》等十四部。主持大慈恩寺,世称"慈恩大师"。

【窦威】 唐初大臣。字文蔚。一说为鲜卑纥豆陵氏(后改窦氏)。一说本为扶风平陵人,其先避难代地,赐姓纥豆陵氏。隋太傅*窦炽子,唐太穆皇后从父。喜文史,博览群书,诸兄谓之为"书痴"。隋内史令李德林举秀异,授秘书郎。大业(605—618)中,累迁内史舍人,以数陈得失忤旨,转考功郎中,后坐事免。唐高祖李渊入关,召补大丞相府司录参军,裁定朝章国典。唐武德元年(618),拜内史令。卒,赠同州刺史、延安郡公,谥靖。有文集十卷。

【窦炽】(507—584) 西魏、北周、隋大臣。字光成。一说为鲜卑纥豆陵氏(后改窦氏)。一说本为扶风平陵人。其十世祖窦统避难亡奔匈奴,遂为部落大人。拓跋鲜卑南徙,因家于代,赐姓纥豆陵氏。有谋略,善骑射,少从范阳祁忻学《毛诗》、《左氏春秋》,略通大义。魏正光(520—525)末,随父窦略避地定州,投葛荣,随军战。永安元年(528),入尔朱荣家于并州。三年,授员外散骑侍郎,迁给事中。建明元年(530),加武厉将军。太昌元年(532),随东南道行台樊子鹄追击尔朱仲远。又率骑败梁将元树于谯城,封行唐县子。后晋爵上洛县伯,拜阁内大都督,从孝武帝西迁。西魏大统元年(535),别封真定县子。从宇文泰擒窦泰,复弘农,破沙苑,皆有功。十三年(547),进使持节、骠骑大将军,加侍中。出为泾州刺史,改封安武县公。废帝元年(552),任原州刺史,抑挫豪右,申理狱滞,在州十载,甚有政绩。恭帝元年(554),晋爵广武郡公。北周武成二年(560),拜柱国大将军。保定元年(561),晋封邓国公,邑一万户。天和五年(570),自大宗伯出为宜州刺史。建德元年(572),征为太傅。北齐平,进位上柱国。宣政元年(578),兼雍州牧。以京洛营作大监,执掌营建东京事。隋开皇元年(581),拜太傅。卒,赠八州诸军事、冀州刺史,谥恭。

【窦毅】(519—582) 亦作纥豆陵毅。西魏、北周、隋大臣。字天武。一说为鲜卑纥豆陵氏(后改窦氏)。一说本为扶风平陵人。其先避难代地,赐姓纥豆陵氏。邓国公*窦炽侄,岳子。初任员外散骑侍郎。随孝武帝西迁,封奉高县子。从擒窦泰,复弘农,战沙苑,皆有功,晋爵安武县公。西魏恭帝元年(554),进骠骑大将军、大都督,改封永安县公,出为幽州刺史。北周孝闵帝即位,晋爵神武郡公。保定三年(563),还朝,治左宫伯,转小宗伯,寻拜大将军。五年(565),出使突厥,议迎娶阿史那皇后事。后别封成都县公,进位柱国。历同州刺史、蒲州总管、金州总管。大象二年(580),加上柱国,入为大司马。隋开皇元年(581),为定州总管。二年,卒于州。赠襄郢等六州刺史,谥肃。其次女嫁李渊,即唐太穆皇后。唐武德元年(618),追赠司空、总管荆郢等十州诸军事、荆州刺史,杞国公。

【窟哥】 唐代契丹大贺氏部落联盟首领。贞观十八年(644),随唐营州(今辽宁朝阳)都督张俭攻高丽,以功拜左武卫将军,是为契丹受唐封之始。二十二年(648),举部归唐,受赐姓李,封无极县男、左领军将军兼松漠都督府(契丹归唐后新置)都督,隶东夷都护府。应唐制改原达稽部为峭落州,纥便部为弹汗州,独活部为无逢州,芬问部为羽陵州,突便部为日连州,芮奚部为徒河州,坠斤部为万丹州,伏部为匹黎、赤山二州,连同松模都督府大贺氏共十州,以各部首领(辱纥主)为刺史,使契丹在政治上成为唐朝统辖下的地方行政机构。显庆(656—661)初,又拜左监门大将军。于时,契丹与中原关系极为密切。

【福申】 清朝官员、学者。字保之,号禹门。满洲正黄旗人。嘉庆十六年(1811)进士,散馆授检讨。二十五年,由詹事迁大理寺卿。道光五年(1825),授江西乡试正考,升江西学政。七年,累官内阁学士。逾年革,杭州驻防。著述甚多,有《续同书》二十四卷附录补、《续同书余集》稿本六册、《方舆类聚》十六卷、《方舆类异》二卷、《清earthen珠》二卷、《诗序传说编珠》十二卷、《路史编珠》四卷、《山海经分类编珠》、《干支类联》四卷、《补古锦囊》等。

【福全】(?—1703) 清宗室。满族。爱新觉罗氏。世祖*福临次子。康熙六年(1667),封裕宪亲王,参与议政。十一年(1672)十二月,疏辞,获允。二十二年(1683),扈从太皇太后幸五台,至长城岭而还。二十九年(1690),准噶尔部噶尔丹占有漠北蒙古喀尔喀领地,南侵漠南,深入乌珠穆沁,他受命为抚远大将军,率军迎战,大败噶尔丹于乌兰布通(今内蒙古克什克腾旗南)。后因偏信济隆为噶尔丹游说,不即追击,受康熙帝诘责。三十五年(1696),从康熙帝征噶尔丹,击败叛军。

【福庆】(?—1819) 清朝大臣。字兰泉,亦字仲余。钮祜禄氏。满洲镶黄旗人。初由部曹历官镇迪道。嘉庆七年(1802),累官贵州巡抚。逾六年,因事降三级调用。十四年(1809),任仓场侍郎,调工部左侍郎。十五年,迁礼部尚书。十七年,调兵部尚书。次年革。著有《异域竹枝词》和《志异新编》四卷。

【福兴】①(?—1878) 清朝将领。满洲正白旗人。穆尔察氏。都统穆克登布曾孙。荫生出身。文宗咸丰元年(1851),擢广东高州镇总兵。二年,率兵镇压罗镜凌十八起义,赐号"安巴图鲁",晋升为广西提督。随徐广缙援湖南,与向荣分路追击太平军至湖北。以迁延,夺职留营。三年(1853),从援江宁(今南京),屯兵郊外,屡与太平军战。充翼长,署江宁将军。六年(1856),授西安将军,帮办向荣军务。同年,太平军破江宁大营,被革职留任。及向荣卒,与张国梁同任防剿。因与国梁不睦,调江西会办军务。八年(1858),败石达开部。因腿伤回京。同治四年(1865),从尚书文祥镇压关外"马贼",执杀其首。事平,授察哈尔都统,调绥远城将军。②见"完颜承晖"。(258页)

【福寿】(?—1356) 元朝大臣。唐兀氏。幼喜读书,善辞令。年长入备宿卫,历任长宁寺少卿、饶州路达鲁花赤、淮西廉访使、工部侍郎、监察御史、户部侍郎、尚书、同知枢密院事。至正十一年(1351),颍州红巾义军起,遣官调兵镇压,顺帝善其处事,改以可扎鲁花赤(大断事官),出为淮南行省平章政事。十五年(1355),迁江南行台御史大夫,守集庆(今江苏南京)。训练兵民,令富者助饷。十六年三月,集庆为朱元璋军所破,被杀。追封卫国公,谥忠肃。

【福临】(1638—1661) 清朝皇帝。满族。爱新觉罗氏。*皇太极第九子。1643—1661年在位,年号顺治。崇德八年(1643)嗣位,时年六岁,由叔父多尔衮、济尔哈朗辅政。顺治元年(1644),乘明亡之乱入关,定都北京。时朝政由多尔衮控制。八年(1651),多尔衮死,始亲政。首正多尔衮罪,继而坐其党羽罪,对骄横贪墨者立正典刑。直接掌握正黄、镶黄、正白三旗,限制和削弱旗主势力,加强中央集权。在位期间,虽一袭多尔衮时所施大政方针,但亦多建置:九年,设宗人府,定京察例;十年,定服冠之制依满式;十一年,定秋审决犯例;十二年,设日讲官;十三年,定治赃例;十六年(1659),设置内阁学士,等等。其革弊之政有:规定圈地还原主,罢各省巡按,遣大臣清理刑狱等。其建置、措施虽未有当,但政治规模粗具,为康熙盛世奠定了基础。为加强封建统治,著力箝制思想,使文人学士潜心经史,严禁聚众议论时事;并继续镇压山东榆园农民起义军、李定国抗清北伐军、李来亨抗清起义军等。晚年,发布"迁海令",强令北自渤海湾南至广东惠州、连州一线沿海居民内迁,阻碍了海外贸易发展,使大批农民失去土地成为流民。庙号清世祖。

【福泰】(?—约1868) 清代蒙古族起义首领。内蒙古土默特右翼旗人。蒙古族。因不堪旗封建主强行征兵勒派,于咸丰三、六、七年(1853、1856、1857),数次向盟长衙门和理藩院呈控,均无结果。遂于咸丰七年,与常明等人领导箭丁二百余人发动起义,夺回被王公霸占的土地,拒不比丁、从征、拒交所有差派,抗击官兵,坚持斗争达十年,约于同治七年(1868)病故。同治九年(1870),常明等人亦被清廷派兵逮捕,发配南方。

【福敏】(1671—1756) 清朝大臣。满洲镶白旗人。富察氏。字龙翰,号湘邻。康熙进士。雍正三年(1725),署浙江巡抚。任内,请将海塘工程中条石托外、乱石填中皆改用条石,以防日久坍塌。参庇布政使佟吉图擅动库银。同年,奉命查出年羹尧所藏汪景祺著《西征随笔》,致论汪罪如律。四年,擢都察院左都御史兼翰林院掌院学士。署湖广总督,任内,请查丁口以米赈济灾民,以多余银两筑江宁(今南京)等地堤岸。后官尚书、协办大学士。乾隆三年(1738),擢武英殿大学士。六年(1741),随乾隆帝于木兰行围,就行围期内处理奏章、惩戒留京百官、巡行杜绝琐细渎陈、筹度猎地、布固之制和惠以行兵弁等六事奏谏,皆被采纳。八年(1743),针对时弊,奏请护河防等时政六条。后以疾解任。卒,谥文端。

【福禄】 清朝将领。蒙古正白旗人。旺察氏。自护军校累迁福建建宁镇总兵、正蓝旗蒙古副都统、宣化、广东右翼诸镇总兵、正红旗汉军副都统。乾隆二十三年(1758),授参赞大臣,驻乌里雅苏台(今蒙古扎布哈朗特)。受命将索伦兵二千赴巴里坤。继佐兆惠征小和卓霍集占,与领队大臣永庆率索伦、察哈尔兵退来犯之兵。与策布登札布堵霍集占窜俄罗斯之路,驻军和阗。授云骑尉世职,迁杭州将军,调西安将军,授领侍卫内大臣,以老请休。

【福绵】(?—1831) 清朝大臣。满族。瓜尔佳氏。满洲镶黄旗人。乾隆六十年(1795),由官学生考取内阁中书。嘉庆元年(1796),充军机章京。十年(1805),升侍读。十四年(1809),授广西右江道。二十年(1815),因兼署柳州府任内失察,降三级,以六部员外郎用。道光元年(1821),升郎中。次年,授山东督粮道,迁直隶按察使。三年,升布政使。四年,擢山西巡抚。五年,请于解州安邑县并运城营内,派弁兵巡逻保护河东盐池。次年,建言修渠坝,以防盐池被淹。寻因生日铺张革职留任。七年(1827),授仓场侍郎,仍暂署巡抚。八年,赏头等侍卫,充库车办事大臣,调库尔喀喇乌苏领队大臣、喀喇沙尔办事大臣。九年,加副都统衔,充科布多参赞大臣,赏戴花翎。次年,奏请延期调换部分绿营兵丁,以教蒙古民耕耘,免误屯务,以支科布多兵粮。

【福锟】(1833—1895) 清朝宗室、大臣。满族。镶蓝旗人。吉林副都统载耀子。咸丰九年(1859)进士。光绪六年(1880),以副都统衔充西宁办事大臣。八年,历兵、刑、户部右侍郎。十年,升工部尚书,补授步军统领,命在总理各国事务衙门行走,调户部尚书。十二年(1886),充武英殿总裁、玉牒馆副总裁。十五年(1889),加太子太保衔。历内大臣、阅兵大臣、体仁阁大学士。二十年(1894),奏请变通缉捕章程。二十一年,以大学士致仕。旋卒,谥文慎。

【福长安】(?—1817) 清朝将领。满洲镶黄旗人。富察氏。*傅恒子。自蓝翎侍卫累迁至正红旗满洲副都统、武备院卿,领内务府。乾隆四十五年(1780),入军机行走，累迁户部尚书。五十二年（1787），随军渡海镇压台湾林爽文领导的农民起义。五十七年（1792），入藏抗击廓尔喀入侵。嘉庆四年（1799），以阿附权臣和珅，逮下狱，夺爵、籍家，遣往裕陵充供茶拜唐阿。六年（1801），以请还京，夺职，发盛京披甲。后官马兰镇总兵，署古北口提督，屡坐事谴谪。二十一年（1816），授正黄旗满洲副都统。

【福灵安】（？—1767） 清朝将领。满族。富察氏。满洲镶黄旗人。* 傅恒长子。多罗额驸。乾隆二十一年（1756），授三等侍卫，在乾清门行走。后赴军营效力。二十四年（1759），从定边将军兆惠战于叶尔羌（今莎车），因功授二等侍卫。八月回京，以平定准噶尔能奋勇行阵，屡著勤劳，擢头等侍卫。三十二年（1767），授正白旗满洲副都统，署云南永北镇总兵。四月，赴木帮军营守龙陵，击退缅众进攻，受嘉奖。六月，卒于任。

【福康安】（？—1796） 清朝将领。满洲镶黄旗人。富察氏。字瑶林。大学士* 傅恒子。乾隆三十五年（1770），由三等侍卫擢头等。后授户部右侍郎、镶黄旗满洲副都统。三十八年（1773），从定西将军阿桂征金川土司，赐号"嘉勇巴图鲁"。四十一年（1776）起，历任吉林、盛京将军，云贵、四川总督，工部、兵部尚书。四十九年（1784），同阿桂镇压甘肃苏四十三、田五领导的回族、撒拉族人民起义，残酷捕杀义军将士和新教教徒。五十二年（1787），同海兰察率兵围剿台湾林爽文起义。于老衢街俘获林爽文。后调闽浙、两广总督。五十五年（1790），率安南国王阮光平朝京师。五十七年（1792），以将军衔抗击入侵后藏之廓尔喀。五十八年，奏订藏内善后章程，由清政府颁布。后调四川、云贵总督。六十年（1795），镇压以石柳邓为首的湘黔农民起义，杀害义军领导人吴八月。嘉庆元年（1796），卒于军。追封郡王衔，谥文襄。

【福隆安】（？—1784） 清朝大臣。满族。富察氏。满洲镶黄旗人。* 傅恒次子。尚高宗女和嘉公主，授和硕额驸、御前侍卫。乾隆三十三年（1768），擢兵部尚书、军机处行走，移工部尚书。三十五年（1770），袭一等忠勇公。三十六年，用兵金川，以总兵宋元俊劾四川总督桂林，受命审理。四十一年（1776），任兵部尚书，仍领工部。金川平，图像紫光阁。卒，谥勤恪。

【褚库】（？—1675） 清朝将领。满洲镶黄旗人。萨尔图氏。先世居札鲁特，后徙居叶赫。天聪间，从征蒙古、明大同。论功授骑都尉世职，赐"巴图鲁"号，授佐领兼参领。崇德三年（1638），任吏部理事官。顺治元年（1644），随英亲王阿济格由广西至湖广追剿李自成起义军。三年，随肃亲王豪格征张献忠起义军，败义军于陕西、四川。六年（1649），随军讨叛镇姜瓖，围大同。九年（1652），随征鄂尔多斯部于贺兰山。晋二等轻车都尉。十三年（1656），郑成功入攻福州，率兵赴援。康熙二年（1663），擢正红旗蒙古副都统。三年，晋一等轻车都尉。七年（1668），以年老解副都统任。卒，谥襄壮。

【褚英】（1580—1615） 后金宗室。满族。爱新觉罗氏。清太祖* 努尔哈赤长子。明万历二十六年（1598），率兵伐安楚拉库路，取屯寨二十，赐号洪巴图鲁，封贝勒。三十五年（1607），同贝勒舒尔哈齐、代善接瓦尔喀部蜚悠城新附之民五百户，击败乌拉贝勒布占泰的拦截，以功赐号阿尔哈图图们（汉译"广略"）。三十六年，与贝勒阿敏伐乌拉部，克宜罕山城。屡有功，太祖令其执政。因与诸弟不和，不能恤众，并焚表告天诅咒父汗战死疆场，于四十一年（1613），被太祖幽禁，逾二年死于狱。

【褚孔格】 见"祝孔革"。（425页）

【 ㄆ 】

【辟离剌】 见"耶律辟离剌"。（326页）

十四画

【一】

【璊绰尔图】(？—1758) 清朝武官。索伦萨玛尔吉氏,隶黑龙江镶黄旗。初从征金川,擢二等侍卫。乾隆二十一年(1756)冬,逐叛清的卫拉特蒙古辉特部首领阿睦尔撒纳于哈萨克境,以力战侦敌功,赐号固济尔巴图鲁。十三年,从将军兆惠进逼叶尔羌(今新疆莎车),抵沙拉斯捉生,力战矢尽被俘,为霍集占(即小和卓木)所杀。

【静安】 见"明安图"。(348页)

【赫寿】(？—1719) 清朝大臣。满洲正黄旗人。舒穆禄氏。初由笔帖式授内阁中书,迁内阁侍读。康熙四十五年(1706),授侍郎。四十八年(1709),奉命赴藏协同内阁学士拉都珲办事。四十九年,擢漕运总督。任内疏陈江西湖广漕粮给军米按旧制,以使军民相安,禁以银折米,被采纳。又改进江南、浙江粮船押送之法。五十一年(1712),奉命同尚书张鹏翮审理江宁巡抚张伯行与总督噶礼因会审科场作弊案互劾事。以诬陷罪奏免张伯行职,他暂署江宁巡抚。五十六年(1717),迁理藩院尚书。奉命赴西藏,以准噶尔部策妄阿拉布坦不可信事宣谕拉藏汗,后以策妄阿拉布坦遣兵踞藏地,请发兵策应,清帝遂遣西安将军额伦特集兵救援。

【赫连昌】(？—434) 十六国时期西夏国国君。字还国,一名折。铁弗匈奴人。赫连氏。西夏国创建者*赫连勃勃第三子(《北史》作次子)。夏凤翔二年(414),封太原公。四年(416),为雍州刺史,镇阴密。六年(418),领兵攻潼关,执晋镇将朱令石。真兴六年(424),攻杀兄,被立为太子。次年即帝位,改元承光(《魏书》作永光)。因兄弟相攻,内部紊乱,势衰。承光二年(426),都城统万(故址在今陕西榆林县西南白城子)遭北魏拓跋焘袭击,兵败。次年,城破,奔上邽(在今甘肃天水市西南),继退守平凉(今甘肃平凉市西南)。四年(428),兵败被擒。受北魏帝礼遇,尚始平公主,封假常忠将军、会稽公。北魏神䴥三年(430),封秦王。延和三年(434),叛魏西走,被执杀。

【赫连定】(？—432) 十六国时期西夏国国君。铁弗匈奴人。赫连氏。西夏国创建者*赫连勃勃第五子。夏凤翔二年(414),封平原公。承光三年(427),夏遭北魏袭击,受命统军二万向长安,与魏将奚斤相峙。闻都城统万(故址在今陕西榆林县西南白城子)失陷,走上邽(在今甘肃天水市西南)。次年,还平凉(今甘肃平凉市西南),称帝,改元胜光。旋于平凉马髦岭败魏追军,执奚斤。继遣使请和于魏。胜光三年(430),统军攻魏鄜城,闻魏主攻平凉,回救,兵败,西奔上邽。四年,遣北平公赫连韦伐率众一万攻西秦南安,秦王乞伏暮末出降,秦亡。畏北魏之逼,拥秦民十万余欲击北凉河西王沮渠蒙逊而夺其地,为吐谷浑王慕璝所败,被执,西夏国亡。次年被送于魏处死。

【赫连铎】(？—894) 代北吐谷浑部首领。唐开成元年(836),其父率吐谷浑三千帐投唐丰州(治今内蒙古五原南),后其部散居代北。咸通九年(868),率部从唐羽林将军戴可师镇压以庞勋为首的桂林戍卒起义,势渐盛。乾符五年(878),乘沙陀李国昌父子出兵击党项之机,袭据振武(治今内蒙古和林格尔)、云州(治今山西大同),以功受唐封大同军节度使。广明元年(880),随唐军败国昌父子,任云州刺史、大同军防御使,守云州十余年。乾宁元年(894),为国昌子克用击杀,余部散处蔚州(治今山西灵丘)界中。

【赫连璝】(？—424) 又作赫连瓌。十六国时期西夏国太子。铁弗匈奴人。赫连氏。西夏国创建者*赫连勃勃长子。夏凤翔二年(414),封太子。屡随父征战。五年(417),为抚军大将军,都督前锋诸军事,率军二万南伐长安。次年,为晋将傅弘之破于池阳、寡妇渡,继败弘之于青泥,收降长安。真兴元年(419),夏于长安置南台,他为大将军、雍州牧、录南台尚书事。六年(424),以父欲废己立幼子酒泉公赫连伦,统兵七万自长安伐伦,于高平击杀伦。后为太原公赫连昌袭杀。

【赫连瓌】 见"赫连璝"。(574页)

【赫尔克提】(1634—1724) 原名穆罕默德·伊敏和卓木·库力·鄂里。清代维吾尔族诗人。新疆喀什噶尔(今喀什)塔孜温区巴鄂奇村人。三十岁时曾在白山派首领阿帕克和卓宫廷担任园丁、司灯、厨师。三十七岁完成长篇叙事诗《爱苦相依》。全诗二十七章,两千零七十余行。诗的构思巧妙,视野开阔,思想深邃;敢于言情抒志,挣脱宗教的牢笼。在维吾尔族文学史上,起着开一代诗风的作用。

【赫连子悦】 北齐官员。匈奴赫连氏。字士欣。西夏国主赫连勃勃之后。魏永安元年(528),以军功为济州别驾。普泰元年(531),劝刺史侯景归附高欢。后授林虑太守,改临漳令。北齐天保(550—559)中,为阳州刺史,命以时开闭城门,便于农作。移郑州,时河清年间大水,民多逃散,亲加抚慰,户口益增,立碑颂之。入为都官尚书,加位开府,历行北豫州事,兼吏部尚书。改太常卿,兼侍中,聘周使主。

【赫连勃勃】(？—425) 又名屈子,亦作屈丐。十六国时期西夏国创建者。铁弗匈奴人。赫连氏。东晋时铁弗匈奴首领*刘卫辰第三子。晋孝武帝太元十六年（391），父被部下弑杀后，辗转逃依后秦姚兴，深受宠遇，参与军国大事。后拜安北将军、五原公，掌三交（故址在今陕西榆林县西）五部鲜卑等二万余落，镇朔方。安帝义熙三年（407），袭杀岳父没弈干，并其众，势盛，众至数万，自称天王、大单于，建元龙升，自以夏后氏之苗裔，建国号大夏。以兵破鲜卑薛干等三部，降众万余；攻后秦姚兴之三城（今陕西延安市东南）以北诸戍，侵掠岭北；继大败南凉秃发傉檀于支阳（今甘肃旧平番县南），势益盛，岭北夷夏降附者以数万计。后连年与后秦攻战，时与北魏交兵。夏凤翔元年（413），营筑统万城（故址在今陕西榆林县西南白城子）为都。以"子而从母之姓，非礼"，改刘姓为赫连，以非正统者为铁伐氏。继攻后秦，三年（415），取杏城，次年，陷上邽，五年（417），据安定。翌年，乘东晋灭后秦还军之机，取长安，称帝，改元昌武，仍以统万城为都。在位期间，暴虐好杀，常肆杀无辜及臣下。死后追谥武烈帝，庙号世祖。

【赫论】 见"完颜晏"。（248页）

【赫赤】 见"阔出"。（550页）

【赫里】（？—1822） 一译凡利、瓦里、千里。清代左部哈萨克（中玉兹）汗。阿布赉汗庶长子。初任苏勒坦（苏丹）。乾隆三十四年（1769），奉父命进京纳贡。四十六年（1781），父死，袭汗爵，与清朝保持臣属关系。

【赫真】 见"铁木哥斡赤斤"。（575页）

【赫儿答】 见"斡鲁朵"。（575页）

【赫扎簧】（？—1260） 蒙古国官员。唐兀氏。西夏国宁州（治今甘肃宁县）人。国相*斡道冲孙。世掌西夏国史。西夏末守西凉（治今甘肃武威），率父老以城降蒙古成吉思汗，授中兴路管民官。太祖西征，供运粮饷不绝，无毫发私，时号满朝清。世祖即位，卒于病。高智耀为进遗奏，请谨名爵，节财用，世祖嘉纳之。

【赫赤斤】 见"铁木哥斡赤斤"。（455页）

【赫里剌】 见"萧斡里剌"。（490页）

【赫罗思】（1258—1313） 元朝大臣。康里氏。太府少监明里帖木儿之子。至元十九年（1282），为世祖内府必阇者（书史）。二十一年，任监察御史，迁云南行省理问，领云南王府事，后被劾夺官。二十六年（1289），起为八番罗甸宣慰使，平定诸苗反抗，立安抚司等分治。二十八年，招降思州提溪洞官杨都要。次年，改八番顺元等处宣慰使，兼都元帅。大德六年（1302），授罗罗斯宣慰使，兼管军万户，从湖广行省平章刘国杰镇压蛇节、宋隆济等苗、彝、仡佬族人民起事。武宗即位，进中书左丞，领武卫亲军都指挥使，升右丞，兼翰林学士承旨，迁四川行省平章政事。至大二年（1309），因病召还。卒，赠益国公。

【赫骨剌】 见"唐括辩"。（468页）

【赫都蛮】 元朝将领。回回人。祖籍西域八瓦耳。阿剌瓦而思子。致和元年（1328）八月，离泰定帝子幼主阿速（剌）吉八，自上都（故址在今内蒙古正蓝旗东），投

文宗。为丞相燕帖木儿委为裨将，率精兵百人，围擒灭里帖木儿等于陀罗台驿（河北北部）。同年九月，充行院同金。十月，随军败忽剌台、马扎罕于卢沟桥（今北京西南宛平县境内），俘获甚多，复招降安童军一千五百人。天历二年（1329），升金枢密院事。三年，以隆镇卫（故址在今河北东北部）都指挥使兼领肃拱卫司。

【赫特剌】 见"耶律斡特剌"。（326页）

【赫离不】 见"完颜宗望"。（256页）

【赫鲁古】 见"唐括安礼"。（468页）

【赫鲁朵】 又作斡儿答。白帐汗国建立者。蒙古孛儿只斤氏。*术赤长子，钦察汗*拔都之兄。初从父西征。成吉思汗二十年（1225）父死后，自以才不如弟，让拔都承袭父封地。成吉思汗死后，于拖雷监国二年（1229），与诸王共同拥戴窝阔台（太宗）即汗位。窝阔台汗七年（1235），从拔都西征，参与对莫尔多维亚、也烈赞的攻掠，并从右翼进军至孛烈儿（今波兰）。太宗后乃马真称制元年（1242），闻太宗死讯，随弟还师。定宗后海迷失称制三年（1251），与诸王拥戴蒙哥即汗位。领有拔都分与之咸海东北地方，为白帐汗国，号称左翼，奉拔都为钦察汗。

【赫鲁补】 见"完颜宗望"。（256页）

【赫道冲】（？—1183） 西夏国大臣。党项族。字宗圣。祖籍灵州（今宁夏灵武境），从李德明迁兴州（今宁夏银川），世掌西夏国史职。通西夏文。年五岁（一说八岁），以《尚书》中童子举。及长，又精通《五经》。天盛三年（1151），任蕃汉教授，译《论语注》，作《论语别义》三十卷，又作《〈周易〉卜筮断》，皆以西夏国字书写，流行于国中。为人刚介直言，不屈权势，与御史中丞热辣公济、翰林学士焦景颜反对权臣任得敬擅专政，敢与论断是非，为任得敬所恶，沉沦近二十年，澹然处之。得敬被诛后，乾祐二年（1171），李仁孝重其气节，擢为中书令，百官以师待之。旋升宰相。为官清廉，为相十余年，家无私蓄，仅藏书数床。十四年八月卒，仁孝图其像，从祀学宫，供后人瞻念。

【赫歌歹】 见"窝阔台"。（554页）

【赫儿乞纳】 又译赫儿吉纳、兀鲁忽乃、倭耳干纳、兀儿客捏、兀勒吉捏等。斡亦剌部*脱劣勒赤和*扯扯干公主之女，*成吉思汗外孙女。适察合台汗国*合刺旭烈兀为妻。蒙哥汗元年（1251），其夫受命归国，取代也速蒙哥为汗，中道病卒。她代宣朝旨，杀也速蒙哥。因子木八剌沙年幼，奉蒙哥命监国，统治察合台汗国达十年之久。中统元年（1260），统治权为阿鲁忽（其夫堂兄弟）所夺，遂往依其姐夫阿里不哥。三年（1262），受阿里不哥遣，赴阿鲁忽处议和。及至，被阿鲁忽纳为妻。至元三年（1266，一作二年），阿鲁忽死，复立子木八剌沙为汗。

【赫玉伦徒】 元朝官员。字克庄。唐兀氏。云南廉访使朵儿赤孙，云南行省理问斡仁通子。以礼记举进士，为奎章阁典签。又为嘉议大夫、工部侍郎。任内曾弹劾中书平章政事彻里帖木儿变乱朝政事。参与修撰《宋史》。

【赫匝儿汗】 又作布匝儿汗、俄柴儿王。虎牙思

人。蒙古国时期阿力麻里(今新疆霍城西北)地区哈剌鲁部首领。以偷盗马匹、拦路抢劫起家,获当地部分人支持。不断以武力强占村落,进攻首镇阿力麻里,征服该地区,并攻占普剌(不剌城)。屡败西辽主屈出律进攻。成吉思汗西征时,遣使朝觐,以臣仆自称,奏报屈出律行踪,受到成吉思汗赏识。奉命与术赤结为姻亲。曾亲自入觐成吉思汗。后被屈出律士兵乘机擒获,押至阿力麻里城前,令招降城内兵民,其属闭城抵抗。屈出律闻蒙古军逼近,将其斩于撤离途中。

【斡失帖木儿】 见"阿失帖木儿"。(290页)

【斡兀立海迷失】 见"海迷失"。(471页)

【斡亦剌台可汗】 见"额色库汗"。(602页)

【斡齐尔博罗特】(1490?—?) 亦作瓦齐尔博罗特、乌达博罗特,汉籍作阿赤赖台吉。明代蒙古左翼克什克腾部领主。孛儿只斤氏。*达延汗子,*满都海哈屯生。《蒙古黄金史》等称其与阿勒楚博罗特为孪生兄弟。达延汗统一蒙古后,受封为克什克腾部领主,为左翼察哈尔万户的五大营之一。驻牧于蓟镇边外。卒后由其子打赖台吉继承。

【斡齐赖赛因汗】 见"察珲多尔济"。(590页)

【斡喃渴烈思巴】 见"南喀雷必坚赞"。(387页)

【嘉庆帝】 见"颙琰"。(596页)

【嘉勒斯赉】 见"咟斯啰"。(450页)

【嘉木样嘉措】(1638—1683) 清代四世东科尔活佛。藏族。幼年从却藏活佛南杰班觉出家。顺治三年(1646),赴前藏,随四世班禅受戒,赐号多居嘉措。后在哲蚌寺拜见五世达赖,并得到第斯索南群佩及固实汗的无量供养。请五世达赖赐多卡尔地方建寺,获准,遂回本土,在多卡尔建噶丹却科林寺,又称西宁东科尔寺。九年(1652),五世达赖途经青海去北京,在嘎塘玛库湖与之会见。康熙四年(1665),赴北京,康熙赐以"禅师曼殊室利"名号。后去五台山朝圣,曾赴若尔盖、措卡、华日、隆务及巴康东科尔等寺,广做佛事。

【嘉色仁波切】 全名嘉色屯月曲吉绛措。青海郭隆寺(佑宁寺)创建者。藏族。西藏达布地区人。随三世达赖索南嘉措出家,在达布扎仓学经,从三世达赖、四世班禅罗桑却吉坚赞以及纳卡哇塔贝坚赞等学习佛典。后赴彭域久波山,在凯珠琼波修道处修行,取得许多成果,享有"佛子"——"嘉色"之称。明万历三十年(1602),查底地方之嘎哇囊索喜饶查巨等头人前往西藏,迎请四世达赖去青海建寺。他奉四世达赖命,赴安多地区主持建寺。得到各地僧俗百姓全力资助。三十二年(1604),寺成,因寺在郭隆(今青海互助土族自治县境),故名郭隆寺。举行神变祈愿大会,广扬佛教,所做仪轨同西藏曲果杰寺一致。嘉色活佛世系传承多人,相继建寺十三座、修道处十三所。清雍正十年(1732),奉敕修复,赐名佑宁寺。

【嘉勒斡凌戬】 又译结哇仁钦、结斡领占。明代藏族高僧。15世纪人。北京高梁河畔兴教寺长老,受明封为"大兴法王"。初居北京大能仁寺。后明帝敕建兴教寺,受命将此寺作为焚修之所,由寺提督讲经国师扎巴藏布、住持者纲索诺木巴勒丹等协助管理寺院。应其请,明帝特颁诏拨田亩,免征粮草,并赐敕护,禁官员军民侵占土地及侮慢欺凌以坏其教。其事绩载《畿辅通志》。

【嘉木样吉美旺波】(1728—1791) 清代拉卜楞寺嘉木样二世活佛。属东氏家族。甘南兴扎地区官长阿旺南木杰之子。生于尖扎囊热之色康。六岁出家,七岁随伯父东科尔之东科尔活佛听法。十三岁从东科尔受沙弥戒。后广学佛典。二十二岁随章嘉瑞贝多吉受比丘戒。二十五岁赴拉萨,随达赖、班禅等学习佛典,西藏地方政府称其为"俱善阐教诺门罕"。清乾隆二十四年(1759),返回拉卜楞寺,次年任法台。受乾隆帝封为"扶法禅师班智达额尔德尼诺门罕呼图克图"。三十六岁任佑宁寺法台。三十八岁任塔尔寺法台。六十一岁时还担任夏琼寺法台。先后任四寺之法台,声望甚高。三十三年(1768),应蒙古鄂尔多斯王之请,于次年赴东蒙四十九旗讲经传法,并取道北京,从章嘉仁波切学《五次第明灯》。其功绩在于将拉卜楞寺扩建为一座完整的大寺,将原八十根柱之大经堂扩建为一百四十根柱的建筑,可容三千僧侣同时诵经;以施主身份创建近四十座属寺;创建著名的弥勒殿和弥勒佛像;健全僧侣学经制度,建立和完备诸学院;两次赴藏,广集诸寺之珍贵书籍达万余部,致使拉卜楞寺以藏书之富著称。五十六年(1791),从夏琼寺返拉卜楞寺途中,于甘都圆寂,灵骨被迎回拉卜楞寺,建塔供奉。

【嘉木样谢贝多吉】(1648—1721) 又作嘉木祥协比多吉。清代藏传佛教格鲁派(黄教)转世活佛之一。拉卜楞寺嘉木样一世活佛。藏族。住于今甘南藏区甘加。贝许贝朋杰子。五岁在北京谒见五世达赖。七岁随伯父索南伦珠学字。十三岁出家。二十一岁赴拉萨,在哲蚌寺果芒扎仓学法,获"噶夕巴"学位。二十五岁去桑浦寺学经。二十七岁随五世达赖受比丘戒。二十九岁再赴拉萨下密院学密宗。三十三岁赴格佩山学法。五十三岁受六世达赖委任为哲蚌寺果芒扎仓堪布,连任八年。六十一岁应青海蒙古河南亲王之请,返回多麦,议定于夏河扎西吉滩始建拉卜楞寺。清康熙四十九年(1710),动工,首先建成有八十根柱之大经堂。五十三年(1714),继建活佛僧邸,五十五年(1716),建密宗下密院。五十九年(1720),受康熙帝封为"扶法禅师班智达额尔德尼诺门罕",受到青海各部普遍拥戴。将西藏哲蚌寺的佛教制度引用到拉卜楞寺。著有《五部宗教哲学辩论注释》等书。

【嘉雅·格桑欧珠】 清代藏传佛教高僧。亦名扎巴坚赞。藏族。17世纪中至18世纪初人。生于凉州(今甘肃武威)多加。曾赴西藏学经,通晓显密经典,被五世达赖授以"大班智达"(大学者)称号及印信。曾于今天祝藏族自治县建嘉雅寺,清廷赐名"延禧寺"。后移居青海塔尔寺,并于塔尔寺建自属"噶尔哇"(属寺扎仓或僧邸),由是塔尔寺乃有嘉雅活佛世系。

【嘉色屯月曲吉绛措】 见"嘉色仁波切"。(576 页)

【嘉木样呼图克图一世】 见"嘉木样谢贝多吉"。(576 页)

【嘉木样呼图克图二世】 见"嘉木样吉美旺波"。(576 页)

【嘉木样呼图克图三世】 见"罗桑图旦久美嘉措"。(355 页)

【嘉木样呼图克图四世】 见"尕藏图旦旺秀"。(118 页)

【嘉纳巴·阿旺洛追嘉措】(1635—1688) 明末清初藏传佛教高僧。藏族。青海塔尔寺附近达秀部落人。曾任西藏甘丹寺法台,藏语称"法台金座"为"赛赤",故又称"赛赤活佛"。其根本寺院为尖札县拉穆德钦寺,故亦称"拉穆赛赤活佛"。曾任塔尔寺法台(住持),为塔尔寺大活佛之一。十一岁赴西藏哲蚌寺学经,十八岁随四世班禅受沙弥戒。二十七岁又从之受比丘戒,后任哲蚌寺果芒扎仓及下密院堪布。清康熙二十一年(1682),任甘丹寺法台。二十五年(1686),喀尔喀蒙古土谢图汗部与扎萨克图汗部发生争夺属民内乱,他奉第巴桑结嘉措派遣随清朝大臣进行调解,顾全大局使两部达成和解。因功被康熙帝召入京,封呼图克图。二十七年(1688),返塔尔寺途中死于米纳。

【慕枝】 清代四川西昌土司。彝族。康熙四十九年(1710),因随清军攻打凉山有功,授阿都宣抚司宣抚使,颁给印信、号纸。住牧普格鱼水坡。

【慕洧】(?—1141) 党项族。环州豪族,任宋朝环庆统制官。宋建炎四年(夏正德四年,1130),环庆经略使赵哲因富平之败被斩后,恐殃及自身,自庆阳叛附西夏国。次年,乘金将撒离喝破庆阳之机,取环州,见金兵强大,降金,为熙河经略使。绍兴九年(1139),金宋议和,金归宋陕西河南地,洧以官守按例当留关中,因惧诛,谋潜师袭取关陕,为宋泾原路经略使张中彦等所败,逃入西夏国,被接纳,为山讹首领,后官枢密使。夏大庆二年(1141)四月,取新泉,攻会州,为宋将朱勇所败。欲益师入侵川陕,因宋宣抚使胡世将遗书勉以忠义,愧止。六月,以金人渝宋盟复取陕西地,谋携族归金,遣使求金策应。经灵州,为夏逻者执杀。

【慕璝】(?—436) 南北朝时期吐谷浑王。姓吐谷浑氏。*乌纥堤子。南朝宋元嘉三年(426),从兄阿柴卒,继立为王,南结宋,北交北凉,赫连西夏国、被赫连定封为河南王。招集秦、凉亡业之人,部众转盛。乘西秦衰弱,与北凉沮渠蒙逊屡攻西秦,迫之西迁陇西,遂多据西秦之地。八年(431),败西夏军,俘夏主赫连定,灭西夏国。遣使北魏告捷,请送赫连定入魏京平城(今山西大同),被魏太武帝封为大将军、西秦王。次年,受宋封为陇西王,遣使贡于宋,并遣还原没于西夏国的南朝将士。十三年(436),卒,魏太武帝遣使谥惠王。

【慕利延】(?—452) 又作慕延、没利延等。南北朝时期吐谷浑王。姓吐谷浑氏。*乌纥堤子。北魏太延二年(436),兄慕璝卒,继立为王。受北魏封为镇西大将军、继改封西平王。屡遣使南朝宋,受封镇西将军、秦、河二州刺史、陇西王。五年(439),改封河南王。以北魏灭北凉,势及河西,惧魏军南下,率众西奔,逾沙碛(今青海柴达木盆地沙碛)。后受魏太武帝抚慰,返故地。太平真君五年(444),吐谷浑内乱,以兄子纬代(一作辉伐)与魏使密谋归魏,杀之。纬代弟叱力延等奔北魏,请师击吐谷浑。他为魏晋王伏罗军所败,遁走白兰(今青海都兰、巴隆一带),兄子拾寅走河曲(今青海黄河河曲),从弟伏念等率部一万三千落归降。次年,为魏高凉王败于白兰、曼头山(今青海共和西南),遂西渡流沙,南下攻于阗(今新疆和田),杀其王及部众数万人。继南征罽宾(今克什米尔),并遣使至宋求援。七年(446),魏军撤离后,始返故地。十一年(450),遣使于宋,请从龙涸(今四川松潘)入宋境避难,并献方物,获允。后因北魏罢兵,未徙。

【慕施蒙】 唐代渤海国将领。渤海人。慕氏。文王大钦茂(737—794 年在位)时,官辅国大将军。大兴十五年(唐玄宗天宝十一年,752)秋,奉使报聘日本,同行七十五人。九月,至佐渡岛登陆。翌年五月,入日京,因未带国书,口陈来旨,并献信物。六月,携日皇国书归国。

【慕容仁】(?—336) 十六国时期前燕宗室、将领。昌黎棘城(今辽宁义县西北)人。鲜卑慕容氏。*慕容廆子,*慕容皝弟。受命守平郭。晋太宁三年(325),掌左翼,配合兄皝大败宇文乞得归,获民众、畜产甚丰。有勇略,屡立功,有宠于廆,官拜征虏将军。咸和八年(333),皝嗣位后,遭忌,失宠,与弟慕容昭谋举兵,事泄,昭被杀。继大败皝军于汶城,尽有辽东地。次年,自称车骑将军、平州刺史、辽东公。鲜卑诸部皆应之。不久,为皝所败,失襄平。咸康二年(336),兵败平郭,被执杀。

【慕容永】(?—394) 十六国时期西燕国君。字叔明。鲜卑慕容氏。*慕容廆族孙。淝水之战后,随慕容泓、慕容冲起兵,建西燕,任尚书。昌平元年(386)三月,与左仆射慕容恒袭杀燕王段随,立慕容颛为西燕王,率鲜卑男女三十余万离长安东徙。旋因护军将军慕容韬诱杀西燕王,与武卫将军刁云率众败韬。继执杀慕容恒所立慕容瑶,扶慕容忠为帝,任太尉,尚书令,封河东公。未几,刁云复杀忠,拥其为大都督、大将军、大单于、雍秦梁凉四州牧、河东王。称藩于后燕。假道秦东归,遭拒,败秦军,进据长子(今山西长子南),称帝,改元中兴。五年(390),引兵攻晋洛阳,为朱序所败。次年,攻河南,复败。九年(394),为后燕军所败,退守长子,城破,被杀。

【慕容尘】 又作慕容屈尘。十六国时期前燕将领。鲜卑慕容氏。前燕元玺五年(356),随大司马慕容恪围鲜卑段部首领段龛于广固(今山东益都县西北),迫龛出降,留镇广固。后任青州刺史。光寿二年(358),遣军援泰山太守贾坚,败晋将荀羡,复取山茌。建熙四年(363),为镇南将军,攻陈留太守袁披于长平。次年,屯许昌。八年(367),攻竟陵,为太守罗崇所败。

【慕容会】(？—397) 十六国时期后燕王子、将领。字道通。昌黎棘城(今辽宁义县西兆)人。鲜卑慕容氏。后燕主*慕容垂孙,*慕容宝庶子。史称其"多材艺,有雄略",为垂所钟爱,封清河公,任幽平二州牧。后燕建兴九年(394),受命镇守邺。次年,太子宝伐北魏,奉命代摄东宫事,总录朝政,礼遇一如太子。及垂亲伐北魏,委以东北重任,录留台事,领幽州刺史,镇守旧都龙城。十一年(396),垂临终,命宝以会为嗣。后因宝即位后立幼子慕容策为太子,未如愿,怀怨。永康二年(397),引兵败北魏军,恃功怀异志,遣军攻龙城,求为太子,遭拒,遂自称皇太子、录尚书事。兵败,奔中山,为慕容详所杀。

【慕容冲】(？—386) 十六国时期西燕国君。字凤皇。昌黎棘城(今辽宁义县西北)人。鲜卑慕容氏。前燕国君*慕容俊子,西燕国君*慕容泓弟。前燕光寿三年(359),封中山王。建熙十一年(370),前燕为前秦所灭,与慕容㫚及鲜卑四万余户被迁长安,受秦封平阳太守。后乘前秦淝水之战兵败之机,于建元二十年(384),起兵平阳,有众二万,进攻蒲坂,兵败,投其兄济北王慕容泓。泓据有华阴(今陕西潼关西北),称王,史称西燕。不久,泓为部下高盖所杀,冲自称皇太弟,承制行事,置百官。次年,称帝,改元更始。引兵攻秦,入据长安(今陕西西安西北)。更始二年(386),为部将韩延所杀。

【慕容农】(？—398) 十六国时期后燕王子。又名恶奴。昌黎棘城(今辽宁义县西北)人。鲜卑慕容氏。后燕主*慕容垂子。初随父附前秦苻坚,居于邺。及垂起兵,投奔之。中途,被乌桓张骧等推举为都督河北诸军事、骠骑大将军。燕元元年(384),父称王后,受封原职。奉命征叛将翟真,兵败下邑,继破真从兄翟辽于鲁口。次年,又败真于承营。领军攻克令支,进击高句丽,复辽东、玄菟二郡。封都督幽平二州、北狄诸军事、幽州牧,镇龙城。创立法制,清刑狱,省赋役,劝课农桑,在龙城五年颇有政绩,受封辽西王。建兴四年(389),封侍中、司隶校尉。六年,击退翟辽翟钊对邺城的进攻。七年,为都督兖、豫、荆、徐、雍五州诸军事,镇邺。八年,从垂征西燕。九年,破西燕都城长子(今山西长子南),西燕亡。十年,与太子慕容宝等率军八万攻北魏,兵败参合。永康元年(396),封都督并、雍、益、梁、秦、凉六州诸军事、并州牧,镇晋阳。为北魏军败于并州,逃归中山。次年,为都督中外诸军事、大司马、录尚书事。三年,尚书兰汗结段速骨作乱,他被诱出龙城,被执杀。

【慕容评】 十六国时期前燕大将。鲜卑慕容氏。历仕慕容皝、慕容俊、慕容㫚三朝,屡统军征战。晋咸康五年(339),败后赵军于辽西,斩赵将呼延晃等,掠千余户而归。俊嗣位后,于永和五年(349),封辅弼将军,与辅国将军慕容恪、辅义将军阳骛,通谓之"三辅"。八年(352),统军破邺城,灭冉魏,受命镇守邺城。十年(354),拜镇南将军、都督秦、雍、益、梁、江、扬、荆、徐、兖、豫十州诸军事。后晋封司徒。升平四年(360),俊临终前,受遗诏辅佐幼帝㫚,封太傅,参决朝政。兴宁二年(364),与李洪破许昌、汝南,败晋军于悬瓠。素与吴王慕容垂不睦,忌垂威名,与太后可足浑氏相结,图谋垂,迫垂逃奔前秦苻坚,引秦军来攻,他率军拒战,因平素专一聚敛,不抚士卒,军无斗志,兵败。太和五年(370),前燕亡,逃奔高句丽,被高句丽执送前秦。

【慕容纳】 十六国时期前燕宗王。昌黎棘城(今辽宁义县西北)人。鲜卑慕容氏。南燕国君*慕容德兄,*慕容超父。前燕元玺三年(354),封北海王。建熙十一年(370),燕都城邺(今河北临漳西南)为前秦陷,被执,获宥,封广武太守。数年后去官,家于张掖。后因慕容垂(后燕建立者)起兵反秦,受株连,被杀。南燕太上四年(408),追尊为穆皇帝。

【慕容奇】(？—398) 十六国时期后燕宗王。昌黎棘城(今辽宁义县西北)人。鲜卑慕容氏。太原王*慕容楷之子,尚书*兰汗外孙。袭封太原王。晋隆安二年(398),燕国君慕容宝为兰汗所杀,以外孙获宥,为征南将军,暗结慕容宝子慕容盛,举兵至建安,众至数千,败兰汗军进剿。兰汗被慕容盛攻杀后,拒受盛命,举兵反盛,引军至横沟,为盛所执,赐死。

【慕容㫚】(350—385) 十六国时期前燕国君。昌黎棘城(今辽宁义县西北)人。鲜卑慕容氏。字景茂。前燕国君*慕容俊第三子。初封中山王,晋升平元年(357),立为太子。四年(360)嗣帝位,改元建熙,国事多委于太宰慕容恪。屡与东晋交战,建熙四年(363),遣军攻荥阳、长平。次年,破许昌、汝南,败晋军于悬瓠。六年(365),取洛阳,次年,破鲁郡、高平。九年(368),以王公贵戚的荫户多于国有之户,国库空竭,用度不足,遂收荫户二十余万,尽归郡县。翌年,结前秦,败东晋大司马桓温军。后因辅政大臣慕容评、慕容垂不睦,嫌隙日深,慕容垂逃奔前秦;诸州郡乱事纷起,势衰。十一年(370),为前秦苻坚所败,都城邺(今河北临漳西南)失守,于出逃途中被俘,前燕亡,与其王公以下鲜卑四万余户被徙于长安,受封新兴侯。前秦建元二十年十二月(385年初),图复国,谋杀苻坚,事败,被杀。追谥幽皇帝。

【慕容忠】 ①(？—386)十六国时期西燕国君。昌黎棘城(今辽宁义县西北)人。鲜卑慕容氏。西燕创建者*慕容泓子。建平元年(386),尚书慕容永执杀国君慕容瑶,立其为帝,改元建武。以永为太尉,守尚书令,封河东公。率众至闻喜,闻慕容垂已称尊,不敢进,遂筑燕熙城以居。旋被武卫将军刁云所杀。②(648—698)一名苏度模末。唐代吐谷浑王族。慕容氏。可汗*诺曷钵与唐弘化公主子。永徽三年(652),父母入朝长安,为其请婚。高宗以会稽郡王道恩第三女封金城县主许之。麟德元年(664),完婚。垂拱四年(688),父卒,唐封其为镇军大将军、行左豹韬卫大将军,袭青海国王、乌地也拔勤(勒)豆可汗。圣历元年(698),卒于灵州城南浑牙(即安乐州,在今宁夏中宁鸣沙公社),归葬凉州城南之山冈(今甘肃武威南喇嘛湾)。

【慕容垂】(326—396) 十六国时期后燕建立者。昌黎棘城(今辽宁义县西北)人。鲜卑慕容氏。字道明(一说字叔仁),又名霸,字道业。前燕国君*慕容皝第五子。前燕时,屡从征讨。晋咸康八年(342),与慕容翰大败高句丽军,入丸都,迫高句丽王称臣。永和六年(350),与燕王慕容儁败后赵,取幽州。以功先后封都乡侯、吴王。升平四年(360),任河南大都督、兖州牧、荆州刺史。太和四年(369),败晋大司马桓温于枋头(今河南浚县西南)。以威名为太傅慕容评所忌,恐遇祸,投奔前秦苻坚,封冠军将军、宾都(徒)侯。次年,助前秦灭前燕,后历任京兆尹、泉州侯。后乘苻坚淝水之战兵败之机,于太元九年(384)复国,自称大将军、大都督、燕王,年号燕元,史称后燕。十一年(386)称帝,改元建兴,定都中山(今河北定县),据有幽、冀、平诸州,相继败前秦、破丁零翟魏,灭西燕,势力益盛。建兴十年(395),遣太子宝领兵攻北魏,兵败参合(今内蒙古凉城东北)。次年,率兵亲征,破平城(今山西大同),病重而还,卒于归途。追谥武成皇帝,庙号世祖。

【慕容定】(？—401) 十六国时期后燕太子。昌黎棘城(今辽宁义县西北)人。鲜卑慕容氏。国君*慕容盛子。初封辽西公。后燕长乐二年(400),立为太子。次年,父为前将军段玑所杀,太后丁氏欲立河间公慕容熙,废其太子位。中领军慕容提、步军校尉张佛等谋立其为帝,事觉,赐死。

【慕容宝】(355—398) 十六国时期后燕国君。昌黎棘城(今辽宁义县西北)人。鲜卑慕容氏。字道佑。后燕国君*慕容垂第四子。初随父附前秦苻坚,后乘淝水之战苻坚兵败之机,于晋太元九年(384)劝其父上尊号,称燕王,被立为王太子。十一年(386),父称帝,被立为皇太子,录尚书政事,继拜骠骑大将军、幽州牧。后燕建兴十年(395),率兵八万攻北魏,兵败参合(今内蒙古凉城东北)。次年,父死,嗣帝位,改元永康。遵父遗命,校阅户口,罢诸军营分属郡县,定士族旧籍,但违顾命,不以庶子清河公慕容会为嗣,而立少子濮阳公慕容策为皇太子。旋遭北魏袭击,兵败,都城中山(今河北定县)被围。永康二年(397),尚书慕容皓谋弑宝,立慕容麟,事泄,逃北魏,麟出奔丁零。寻庶子慕容会叛,宝被围龙城。翌年,为尚书兰汗所杀。追谥惠闵皇帝,庙号烈宗。

【慕容法】 十六国时期南燕将领。鲜卑慕容氏。晋隆安二年(398),慕容德称燕王后,受任中军将军。败晋宁朔将军邓启方等于管城。三年,为兖州刺史,镇梁父。南燕太上元年(405),慕容超即位后,封征南大将军、都督徐、兖、扬、南兖四州诸军事。因原轻慢超,结怨,又以德死不奔丧,受责,遂于次年结慕容钟、段宏谋乱,兵败,出奔于北魏。

【慕容详】(？—397) 十六国时期后燕国君。鲜卑慕容氏。受封开封公。后燕永康二年(397),国君慕容宝出战,受命守都城中山(今河北定县)。遭北魏攻,城中无主,百姓惶惑,被立为主,闭门拒守。后以慕容宝又委西河公库辱官骥助守中山,攻杀骥,又杀中山尹苻谟,夷其族。自以能御却魏兵,威德已振,遂于五月即皇帝位,置百官,改元建始。因嗜酒奢淫,杀戮无度,诛王公以下五百余人,群下离心,七月,被赵王慕容麟攻杀。

【慕容泓】(？—384) 十六国时期西燕建立者。昌黎棘城(今辽宁义县西北)人。鲜卑慕容氏。前燕国君*慕容儁子,*慕容暐弟。前燕光寿三年(359),封济北王。建熙十一年(370),前燕为前秦所灭,与暐及鲜卑四万余户迁长安。后乘前秦淝水之战兵败之机,收集鲜卑部众,起兵复国,于前秦建元二十年(384),据有华阴(今陕西潼关西北),败秦军,势盛,自称都督陕西诸军事、大将军、雍州牧、济北王,建西燕,年号燕兴。败秦军,杀苻坚子睿,众至十余万。未几,因持法苛峻,引起部下不满,被谋臣高盖所杀。

【慕容威】(695—756) 唐代吐谷浑王族。字神威。慕容氏。慕容宣彻子。先为唐左武卫郎将,后任左领军卫大将军,仍任长乐州(今宁夏同心)游奕副使。其妻为则天皇后侄孙女、武延寿女武氏。

【慕容俨】 东魏、北齐将领。鲜卑慕容氏。清都成安(今河北境)人。字恃德。*慕容廆后裔。魏南顿太守叱头之子。习兵法,工骑射。北魏孝昌(525—527)中,被尔朱荣授以京畿南面都督,以军功授强弩将军,转积射将军、豫州防城大都督。尔朱氏败,归高欢,以勋,累迁五城太守。北齐天保(550—559)初,授开府仪同三司。六年(555),镇郢城,坚守六月而返。授赵州刺史,进伯为公。十年(559),任扬州行台。北齐皇建(560—561)初,别封成阳郡公。天统二年(566),授特进。四年,别封寄氏县公。五年,晋爵义安王。武平元年(570),出为光州刺史。卒,赠司徒、尚书令。

【慕容顺】(？—635) 一作慕容顺光。隋末唐初吐谷浑可汗。慕容氏。*伏允子。隋大业元年(605),入质隋都长安,"长自中土,早慕华风"。大业末(618),随炀帝幸江都,帝被杀,返长安归唐。唐武德二年(619),高祖欲联伏允灭河西李轨,将其遣还。贞观九年(635)五月,吐谷浑为唐将李靖所败,国都伏俟城(今青海共和铁卜卡古城)陷,降唐,受封西平郡王、趉胡吕乌甘豆可汗。国人不服,遽怀二志,酿成动乱,立十日,为部下所杀。

【慕容儁】(319—360) 十六国时期前燕国君。昌黎棘城(今辽宁义县西北)人。鲜卑慕容氏。字宣英。*慕容皝次子。晋咸康元年(335)立为世子,三年(337)立为王太子。曾统军败段辽,破夫余。永和四年(348),嗣燕王位。次年,被晋封为幽冀并平四州牧、大将军、大单于、燕王。六年(350),率军破后赵,取蓟城。八年(352),俘杀冉闵,灭冉魏,迁都至蓟(治今北京西南),称帝,建元元玺。光寿元年(357),大破敕勒,俘斩十余万,收降匈奴单于贺赖头。后迁都于邺(今河北临漳西南),为前燕极盛时期,有今河北、河南、山东、山西、安徽、江苏、辽宁之一部分。次年，大肆征调，令州郡校实丁数，每户留一丁，欲强征一百五十万大军攻东晋，激起人民反抗，为缓和民愤，放宽常赋，设奇禁，凡有告发肇事者赐官。在位期间，立小学于显贤里，以教帝王贵族子弟；好文籍，有著述四十余篇。死后，追谥景昭皇帝，庙号烈祖。

【慕容钟】 十六国时期后燕、南燕将领。昌黎棘城（今辽宁义县西北）人。鲜卑慕容氏。字道明。南燕国君*慕容德从弟。智勇兼备，有谋略。初事后燕，率军五万屯潞川。南燕建平元年（400），慕容德即位，封司徒。累进奇策，故政无大小，皆委之，为佐命元勋。太上元年（405），慕容超即位后，为都督中外诸军事、录尚书事。因慕容超用公孙五楼为心腹，不自安，求外职，出为青州牧，怀怨。二年，结兖州慕容法谋举兵，事觉，走后秦，被姚兴封为始平太守、归义侯。

【慕容恪】（？—367） 十六国时期前燕大臣。昌黎棘城（今辽宁义县西北）人。鲜卑慕容氏。字玄恭。前燕国君*慕容皝第四子。屡从父征讨，晋咸康四年（338），统军大败后赵石虎。永和元年（345），攻高句丽，取南苏。次年，袭破夫余。慕容俊即位后，于永和五年（349）封辅国将军，与辅弼将军慕容评、辅义将军阳骛，通谓之"三辅"。八年（352），俘杀冉闵，灭冉魏。十二年（356），破段龛，取广固，累有战功，封太原王，拜侍中、大都督、录尚书。升平四年（360），俊临终前，受遗诏辅政。拒绝群臣之推举，竭力辅佐幼帝慕容暐，任太宰，总摄朝政。为人雄毅有谋略，富军事政治才干，执政进止有度。在任期间，数统军出征，前燕建熙六年（365），攻取洛阳，略地至崤、渑，威震关中。历仕三帝，卓有政绩。临终前，举荐吴王慕容垂主政。

【慕容晃】 见"慕容皝"。（581页）

【慕容觊】 见"慕容顗"。（580页）

【慕容盛】（373—401） 十六国时期后燕国君。昌黎棘城（今辽宁义县西北）人。鲜卑慕容氏。字道运。后燕国君*慕容宝庶长子。沉敏有谋略。初封长乐公。晋太元二十一年（396），慕容宝即位，晋爵为王。隆安二年（398），以父等为尚书兰汗所杀，起兵攻杀兰汗，以长乐王称制，改元建平。因太原王慕容奇不听命，并举兵来攻，执杀奇。十月，即皇帝位。次年，革公侯以金帛赎罪法，有罪者令立功自赎。因辽西太守李朗暗结北魏谋叛，尽杀其族人，遣辅国将军李旱追斩李朗。四年，去帝号，称庶人大王（又作庶人天王）。将兵三万攻高句丽，破新城、南苏，扩境七百余里，掠五千余户。继攻库莫奚，大掳获而还。在位期间，命百司举荐文武之士才堪佐世者。好猜忌，疑杀将臣，使宗亲、勋旧人人自危。五年，被前将军段玑等所杀。谥昭武皇帝。庙号中宗。

【慕容隆】（？—397） 十六国时期后燕王子、将领。昌黎棘城（今辽宁义县西北）人。鲜卑慕容氏。后燕主*慕容垂子。封冠军大将军。燕元元年（384），与太子慕容宝败将翟真于邺。二年，败晋将刘牢之于五桥泽等地。建兴元年（386），封高阳王。四年（389），为都督幽平二州诸军事、征北大将军、幽州牧，建留台于龙城，录留台尚书事。十一年（396），从父攻北魏，充先锋，取平城，封右仆射。守都城中山（今河北定县），退北魏军。次年，为慕容会叛军击杀。

【慕容超】（385—410） 十六国时期南燕国君。昌黎棘城（今辽宁义县西北）人。鲜卑慕容氏。字祖明。北海王*慕容纳子，南燕国君*慕容德侄。初封北海王，拜侍中、骠骑大将军、司隶校尉，被德收为义子，立为太子。南燕建平六年（405），德死，嗣位，改元太上。即位后猜虐日甚，政出权幸，安于游逸，又欲复肉刑，增置车裂之法。太上二年（406），以慕容法等作乱，遣军攻取莒城、梁父、青州。五年（409），遣军扰晋宿豫、济南，为晋刘裕军所败，乞援于后秦。次年，都城广固（今山东益都西北）陷，被俘，送建康处死，南燕亡。

【慕容顗】（？—386） 又作慕容觊。十六国时期西燕国君。鲜卑慕容氏。宜都王慕容桓之子。昌平元年（386）三月，左仆射慕容恒、尚书慕容永袭杀燕王段随，立其为燕王，改元建明。率鲜卑男女三十余万（一作四十余万）口离长安（今陕西西安西北）东归。旋为恒弟护军将军慕容韬诱杀于临晋（治今陕西大荔县东南）。

【慕容策】（386—398） 十六国时期后燕太子。字道符。昌黎棘城（今辽宁义县西北）人。鲜卑慕容氏。后燕国君*慕容宝少子。封濮阳公。后燕永康元年（396），立为太子。三年（398），尚书顿丘王兰汗乘慕容宝出征北魏之机，与段速骨相结谋乱，继又杀段速骨，奉其承制，遣使迎宝。及宝归，与父同被兰汗所杀。慕容盛即位后，追谥献哀太子。

【慕容廆】（269—333） 十六国时期辽东地方政权首领。昌黎棘城（今辽宁义县西北）人。鲜卑慕容氏。字弈洛瓌。*慕容涉归之子。父死，弟耐（又作删）篡位，虑被害，避祸出走。晋武帝太康六年（285），被部众迎立为首领。怨晋拒讨其夙敌宇文部，屡扰边，太康十年（289）归降，封鲜卑单于。后迁徙河之青山（今义县东北），又迁大棘城（今义县西北）。怀帝永嘉元年（307），自称鲜卑大单于。建兴中，受晋封为镇军将军、昌黎、辽东二国公。西晋亡，遣使向司马睿劝进，被东晋帝封为辽东郡公。屡与周邻诸族交战，大兴二年（319），败宇文、段部、高句丽军。永昌元年（322），遣军袭段末杯，入令支，并败后赵石勒兵。在位期间，"刑政修明"。西晋末年，招徕流亡晋人士庶，立郡以统之，任用汉族士人裴嶷、鲁昌等为谋主，并教民以农桑。为前燕政权的建立奠定了基础，其孙俊称帝后，追谥武宣皇帝。

【慕容楷】 十六国时期后燕宗王、将领。昌黎棘城（今辽宁义县西北）人。鲜卑慕容氏。后燕主*慕容垂侄，*慕容恪子。初随垂附前秦苻坚，居于邺，及垂起兵，投奔之。燕元元年（384），垂称王后，封征西大将军、太原王。奉命征叛将翟真，兵败下邑。建兴元年（386），任左仆射。与赵王慕容麟等攻前秦冀州牧苻定等，致书晓以祸福,招降之。次年,任兖州刺史,镇东阿。继拜前锋都督,从慕容垂破翟辽。八年(393),晋司空。从垂征西燕。次年,破西燕都城长子(今山西长子南),西燕亡。

【慕容臧】 十六国时期前燕宗室、将领。昌黎棘城(今辽宁义县西北)人。鲜卑慕容氏。燕主*慕容俊子,*慕容暐兄。封乐安王。建熙八年(367),太宰慕容恪临终前,他受遗嘱与太傅慕容评共荐慕容垂承重任,以评不用恪言,未果。十一年(370),以前秦来攻,受命率兵援金墉,破秦兵于石门,进屯荥阳,后为秦将梁成等所败,退还。十一月,都城邺(今河北临漳西南)为秦军陷,随暐奔龙城,前燕亡。

【慕容瑶】(?—386) 十六国时期西燕国君。昌黎棘城(今辽宁义县西北)人。鲜卑慕容氏。西燕国君*慕容冲子。建明元年(386),护军将军慕容韬诱杀燕王慕容𫖮于临晋(治今陕西大荔县东南),尚书慕容永与武卫将军刁云率众攻韬,韬败奔其兄左仆射慕容恒,恒遂立瑶为帝,改元建平。(《魏书》、《北史》记恒所立为慕容望)部众皆背其奔永。旋为永所杀,立慕容忠为帝。

【慕容熙】(385—407) 十六国时期后燕国君。昌黎棘城(今辽宁义县西北)人。鲜卑慕容氏。字道文,一名长生。国君*慕容垂少子。初封河间王。晋隆安二年(398),兰汗篡立后,受封辽东公。慕容盛即位后,改封河间公。次年,拜都督中外诸军事、骠骑大将军、尚书左仆射,领中领军。四年,从慕容盛征高句丽,为先锋,取新城、南苏,扩境七百余里,勇冠诸将。五年,盛为段玑所杀,遂被太后丁氏立为帝,诛段玑等三族,赐死平原公慕容元、原太子慕容定。改元光始。次年,以丁太后谋立章武公慕容渊,杀太后及渊。用兵于契丹、高句丽。在位期间,安于逸乐,发民夫二万大筑龙腾苑,建景云山、逍遥宫、甘露殿,凿天河渠、曲光海、清凉池,以供逸乐;政事暴虐,尽杀其兄慕容宝诸子。后燕建始元年(407),为慕容云(高云)所杀,后燕亡。追谥昭文皇帝。

【慕容皝】(297—348) 亦作慕容晃。十六国时期前燕国君。昌黎棘城(今辽宁义县西北)人。鲜卑慕容氏。字元真,小字万年。*慕容廆第三子。雄毅有权略,尚经学,晓天文,被立为世子。历封冠军将军、望平侯、平北将军、朝鲜公。率众征讨,累有战功。晋成帝咸和八年(333)父死,嗣位。次年被晋封为镇军大将军、平州刺史、大单于、辽东公。内平慕容昭、慕容仁之乱,外破乌桓及鲜卑段部、宇文部,势力渐盛。咸康三年(337),自称燕王,史称前燕。都龙城(今辽宁朝阳)。不断四出征伐,西灭段部,北并宇文部,屡败后赵、夫余、高句丽,成为东北强大的割据政权。在位期间,效法魏晋,设官制,立朝仪,倡农桑,招徕流亡农民耕种,使贫民以官牛耕官地,官私六四分成,有私牛者,与官中分;兴官学,著《典诫》十五篇,亲临讲授,亲莅考试。其子俊嗣位后,追谥文明皇帝。庙号太祖。

【慕容镇】 十六国时期后燕、南燕将领。鲜卑慕容氏。初拜中垒将军,封桂林王。后燕建兴七年(392),从慕容垂败翟钊,迫钊走长子。南燕建平五年(404),奉慕容德命,充前锋随大都督慕容锺征桓玄,旋以德有疾,罢兵。太上元年(405),慕容超即位,封尚书令。二年,以慕容法等谋乱,奉命征之,攻克青州。后晋封太尉。五年(409),谏言拒晋军之策,不被采纳,有怨言,被下狱。旋获宥,录尚书、都督中外诸军事。次年,南燕亡。

【慕容德】(336—405) 十六国时期南燕建立者。昌黎棘城(今辽宁义县西北)人。鲜卑慕容氏。字玄明。前燕国君*慕容皝子,后燕国君*慕容垂弟。前燕慕容俊(348—360年在位)时,封梁公,历幽州刺史、左卫将军。慕容暐(360—370年在位)嗣位后,改封范阳王,迁魏尹。建熙十年(369),与垂共败东晋桓温军于枋头(今河南浚县西南)。次年,前燕为前秦苻坚所灭,徙长安,封张掖太守,拜奋威将军。前秦建元二十年(384),垂建后燕,封范阳王,任司徒,参断政事。永康元年(396),慕容宝嗣位后,任都督冀兖青徐荆豫六州诸军事、冀州牧,受命镇守邺(治今河北临漳西南邺镇)。官至丞相。二年,北魏破中山(今河北定县)。次年初,自邺率户四万南徙滑台(今河南滑县),称燕王,史称南燕。后移都广固(今山东益都西北),有今山东一带。长乐二年(400),称帝,改元建平。在位期间,建官学,择公卿以下子弟及二品士门二百人为太学生。集诸生亲临策试。卒,追谥献武皇帝,庙号世宗。

【慕容翰】(?—344) 十六国时期前燕将领。昌黎棘城(今辽宁义县西北)人,鲜卑慕容氏。字元邕。辽东公*慕容廆庶长子。勇健有权略,深受父器重,屡受委重任,统师征伐,累有战功。随父破附塞鲜卑素连、木津,败宇文悉独官。弟慕容皝嗣位后,以骁武有才,为皝所忌,恐受害,逃奔段辽。晋咸和九年(334),配合段辽败皝军于柳城。咸康四年(338),段辽为燕王皝击败后,翰投奔宇文部。因遭宇文逸豆归所忌,于六年(340),逃归前燕,依附弟皝。八年(342),统军大败高句丽军,入丸都,迫高句丽王称臣。建元二年(344),充前锋将军,从皝征宇文逸豆归,迫逸豆归走死漠北。旋因遭皝疑忌,被赐死。

【慕容凝】 又作慕容嶷。十六国时期南燕将领。鲜卑慕容氏。官右仆射,封济阳王。太上二年(406),以慕容法等作乱,受命与韩范攻兖州,中道欲谋杀范,袭广固,事泄,遭范攻,奔梁父,城破,投后秦。时南燕主慕容超之母、妻在后秦,为姚兴所拘,超遣使奉表称藩,求归其母、妻,凝力阻姚兴送还,谏言姚兴索南燕太乐诸使。

【慕容嶷】 见"慕容凝"。(581页)

【慕容麟】(?—398) 十六国时期后燕国君。昌黎棘城(今辽宁义县西北)人。鲜卑慕容氏。国君*慕容垂子。建兴元年(386),父称帝后,封赵王、卫大将军。屡统兵出征,平定上谷王敏、代郡许谦等。十年(395),与太子慕容宝统军八万攻北魏,兵败参合。翌年,宝即位,任尚书左仆射。永康二年(397),尚书慕容皓乘北魏攻燕都中山(今河北定县)之机,谋杀宝立其为帝,事泄,出、奔丁零。七月,率丁零众入中山,执杀新立之国君慕容详,称帝。继为魏军败于义台,逃邺。三年,奉慕容德为燕王,任司空、领尚书令。旋以谋乱,被杀。

【慕容三藏】(？—611) 北齐、北周、隋将领。鲜卑慕容氏。前燕太原王*慕容恪之后。北齐尚书左仆射绍宗次子。多武略。初为太尉府参军事。北齐武平元年(570),袭爵燕郡公。后以军功,历位武卫大将军。七年(576),周师入邺,齐后主东遁,受命留守邺宫。归周,授开府仪同大将军。隋开皇元年(581),任吴州刺史。九年(589),迁凉州道黜陟大使。随襄阳公伐岭南。至广州,襄阳公中流矢卒。诏其检校广州道行军事,以功授大将军。十二年(592),迁廓州刺史,招抚境内,吏民安业。十五年,任叠州总管。仁寿元年(601),改封武内县男。大业元年(605),授和州刺史。三年,转淮南郡太守。所在有惠政。

【慕容绍宗】(501—549) 北魏、东魏大将。鲜卑慕容氏。前燕*慕容皝第四子太原王*慕容恪之后,北魏恒州刺史远子。北魏孝昌(525—527)中,携家诣晋阳归尔朱荣。以军功封索卢子,寻晋爵为侯,累迁并州刺史。后为尔朱兆长史。永熙二年(533),兆自尽,率余众归高欢,参与军谋兵略。东魏天平元年(534),管军库、国书诸事。次年,为西南道军司,率军镇压宜阳李延孙起事。军还,行扬州刺史,转青州。元象元年(538),以军功晋爵为公,累迁御史中尉。武定五年(547),以徐州刺史为尚书左仆射。十月,任东南道行台,改封燕郡公,与大都督高岳擒梁将萧明于寒山。次年正月,败侯景于涡阳(今安徽蒙城)。四月,为南道行台,与高岳等率步骑十万攻西魏王思政于颍川,堰洧水灌城。七年(549),投水卒。赠太尉,谥景惠。

【慕容宣赵】(？—约707) 一作宣超。吐谷浑王族。慕容氏。慕容忠子。武周圣历元年(698),父卒,嗣立。武则天拜其为左豹韬员外大将军,袭父乌地也拔勤豆可汗号。二年,吐蕃论弓仁率吐谷浑七千帐降,继有吐蕃境内吐谷浑一千四百帐内附。三年(700),武则天纳郭元振谏,将归降之吐谷浑置河西诸州南部,岁遣宣赵兄弟前往抚护。

【慕容彦超】(？—952) 五代时吐谷浑人。后汉高祖刘知远同母弟。常冒姓闫氏,号闫昆仑。后唐明宗时(926—933),为军校,历后唐、后晋二朝,先继任刺史,后因受贿罪,论死,赖同母兄刘知远求情,免死,流于房州(今湖北房县)。后汉天福十二年(947),刘知远即帝位后,逃归,拜镇宁军节度使(镇澶州,今河南濮阳),后徙镇泰宁(镇兖州,今山东兖州)。乾祐三年(950),以枢密使郭威率军围京师开封,受隐帝命主军,自恃骁勇,大言惑众,出城拒战,大败,奔还兖州,隐帝为乱军所杀。后周广顺元年(951),郭威即帝位后,遣使入贡,获抚慰,被称为弟。后起兵反周,兖州为后周军所围。因为人智诈,好聚敛,被围城中,仍搜括民财犒军,又瘗藏珍宝,命匠以铁为质外包以银,号"铁胎银"。故人无斗志,军士皆不为之用。次年,城破,与妻投井死。

【慕容涉归】(？—283) 西晋时辽东地方政权首领。昌黎棘城(今辽宁义县西北)人。鲜卑慕容氏。左贤王木延子,*慕容廆之父。附于晋,数从征讨,以功,拜鲜卑单于,迁于辽东之北。晋太康二年(281)十月,率兵扰昌黎。四年(283),卒,弟耐(又作删)篡立。

【慕容曦皓】(689—738) 名又作曦光,字晟。唐代吐谷浑王族。慕容氏。*慕容宣赵子。三岁为本部观乐王,十岁号燕王。武周长安四年(704),授游击将军、守左豹韬卫翊左郎将,后历转忠武将军、行左屯卫翊府左郎将,封五原郡开国公。唐开元二年(714),六胡州诸胡反唐,他引所部兵参战有功,加授左威卫翊府中郎将。十年(722),再破六胡州胡,以功授左威卫将军,加冠军大将军、行左金吾卫将军。其妻武氏为则天皇后侄孙女。

【蔑兀真笑里徒】(？—1196) 又作蔑古真薛兀勒图。蒙古国建立前塔塔儿部首领。原臣属于金朝。章宗明昌六年(1195),乘金左丞相夹谷清臣北征合底忻(哈答斤)、山只昆(散只兀)等部得胜回师之机,拦夺金军所获之羊马、辎重等,并拒绝纳还赎罪,叛金。承安元年(1196),为金右丞相完颜襄败于怯绿连河(今克鲁伦河),部众溃散,逃往浯勒札河(今蒙古乌勒吉河),筑寨坚守。旋遭夙敌蒙古部铁木真(成吉思汗)、克烈部王罕与金将完颜安国的夹击,于忽速秃失秃延、纳剌秃失秃延地方兵败,被铁木真等执杀。自是塔塔儿部一蹶不振。

【蔡结】(？—899) 唐末湖南瑶族地区起义军首领。唐末朝政腐败,湖南瑶族地区课役益重。乾符六年(879),乘黄巢领导的农民起义军从广州回师北上途经湖南之机,与何庚等人在江华一带号召瑶族人民武装起义。次年六月,与因病留驻的黄巢部将鲁景仁配合,从江华率起义军攻克道州,并建立牢固的据点,在湘南一带坚持斗争近二十年,屡败官军。光化二年(899)秋,设伏于道州险要之地,大败来犯官军。后因官军纵火烧山,城破,与何庚等首领被俘遇害。

【蔡文姬】 又作蔡昭姬。名琰。汉末女诗人。陈留圉(今河南杞县南)人。东汉著名文学家、书法家蔡邕之女。博学有才辩,通音律。初嫁河东卫仲道,夫亡无子,归母家。汉献帝兴平(194—195)中,为"胡骑所获"(一说为董卓部将所虏),归于南匈奴左贤王,居匈奴十二年,生二子。曹操素与其父邕友善,念邕无嗣,遣使以金璧赎之归汉,再嫁屯田都尉董祀。为曹操所敬怜,曾亲诣操所,为犯法当死的丈夫请赦,得允。后遵曹操命,整理缮书其父遗书。作有五言及骚体《悲愤诗》各一首,抒发自己悲惨遭遇,也反映了战乱年代人民的苦痛,至今流传。另有琴曲歌辞《胡笳十八拍》,相传亦为她所作。

【蔡巴·衮噶多吉】(1309—1364) 元代著名学者。吐蕃人。仲钦·门兰多吉之子。五岁能熟读诗文。英宗至治三年(1323),任蔡巴万户长。泰定元年(1324),朝觐元帝也孙铁木儿,受赐银印和封诰。任内,使蔡巴噶举教派势力获得很大发展,并修缮了大昭寺、蔡贡塘寺等圣迹。14世纪中叶,联合止贡和雅桑万户,与帕竹万户作战,兵败,失辖地。至正十二年(1352),将万户长之职给弟查巴喜饶,自行出家为僧。从桑结仁钦受比丘戒,法名仲钦·汤杰钦巴格瓦洛卓。广作佛事,曾邀请布敦·仁钦朱到蔡巴寺主持宗教仪式。佛学知识渊博,受到布敦钦佩。曾邀噶玛巴四世瑞贝多吉至蔡贡塘寺切磋佛学。对佛教经典及西藏历史有很深研究,著作多种,主要代表作有《红史》、《蔡巴甘珠尔目录》等。

【蔼苦盖可汗】 见"斛律"。(512页)

【蔼德曷里禄没弭施合密毗伽可汗】 见"保义可汗"。(404页)

【綦连猛】 东魏、北齐将领。一说为鲜卑綦连氏(綦氏)。代人。一说其先姬姓,十六国末,保祁连山,因以山为姓。字武儿。魏燕郡太守元成子。少习弓马,有志气。北魏永安三年(530),被尔朱荣征为亲信。荣死,从尔朱世隆奔建州,后随尔朱兆入洛阳。普泰元年(531),为征虏将军、中散大夫。及兆败,归高欢。东魏元象元年(538),从欢与西魏军战于芒山。次年,以军功,封广兴县开国君(一作广兴县侯)。后授抚军将军,别封石城县开国子。北齐天保元年(550),授都督、东秦州刺史。从征契丹、柔然、库莫奚、突厥等,累迁领军将军,别封义宁县开国公。天统五年(569),授并省尚书令、领军大将军,封山阳王。武平中,削王爵,为西兖州刺史,在任宽惠,吏人称之。复授胶州刺史。七年(576),授大将军。齐亡入周,寻卒。

【綦母怀文】 东魏、北齐官员。一说为匈奴族。初以道术事高欢。东魏武定元年(543),芒山大战后,建议改东魏军旗帜赤色为赭黄,即所谓河阳幡。善铸冶,曾造宿铁刀,其法为"烧生铁精以重柔铤,数宿则成刚(钢),以柔铁为刀脊,浴以五牲之溺,淬以五牲之脂"。锋利无比,能斩甲过三十札。其铸造之法为后世沿用。官至信州刺史。

【撦力克】 (?—1607) 亦作扯力克、扯礼克,蒙文史籍作楚噜克鸿台吉、卓哩克图诺延。明代蒙古右翼土默特部领主。孛儿只斤氏。*俺答孙,*辛爱黄台吉长子。第三代顺义王。初驻牧于山西偏关外。隆庆五年(1571),受明封为指挥同知。常与其父冲突,争夺牲畜。万历五年(1577),作为俺答汗的第二批使者西行迎索南嘉措(第三世达赖喇嘛)。十一年(1583),袭父职龙虎将军。同年把汉那吉卒后,与三娘子亲生子不他失礼争夺把汉比吉及其领地大板升,一度与把汉比吉合婚。十三年,父病故,次年与三娘子成婚。十五年,在280个领主联名向明朝请求下,得袭顺义王,并移牧于俺答汗驻牧地丰州滩,在山西水泉营和大同得胜堡与明朝互市。同期,被蒙古共主图们汗任命为蒙古五执政理事之一。万历十七年至十八年(1589—1590),以护送第三世达赖喇嘛遗体回藏为由,拥兵入青海,与明军发生冲突,被明军革除市赏。后在三娘子劝告下,返回本土,停止冲突,恢复通贡互市。此后在三娘子辅助下,谨守盟约,保持明蒙和平贡市关系。

【辖底】 见"耶律辖底"。(321页)

【熙麟】 (?—1864) 清朝大臣。富察氏。满洲镶黄旗人。杭州将军福祥子。道光十八年(1838)进士。任户部主事。咸丰四年(1854),累官户部侍郎,补镶黄旗汉军副都统。五年,充八旗值年大臣。七年,以副都统衔任科布多帮办大臣。九年,因官钱铺商人亏空,籍家革职。以查无赃私,复原官,给还籍产。十一年,授马兰镇总兵兼管内务府大臣。同治元年(1862),授陕甘总督,率兵镇压陕西回民起事,共接仗二十四次。卒,谥忠勤。

【舆】 见"呼都而尸道皋若鞮单于"。(344页)

【 丨 】

【睿智皇后】 见"萧绰"。(479页)

【裴纠】 见"裴绰"。(583页)

【裴玢】 (747—812) 唐代疏勒(今新疆喀什)人。疏勒王*裴绰五世孙。出生于长安(今陕西西安)。成年后曾作金吾将军论惟明的兼人。建中四年(783)冬,朱泚之乱时,因在奉天(今陕西乾县)护德宗有功,封奉天定难功臣、忠义郡王。后任鄜州节度使辖下都虞侯。贞元十九年(803),平息鄜坊何朝宗兵变,升行军司马。次年出任鄜坊州节度使。元和三年(808),擢兴元尹、山南西道(治梁州,今陕西汉中市)节度使。任内以公清苦洁为政著称。晚年因病辞归长安。卒,追赠尚书左仆射。

【裴矩】 (548—627) 南北朝及隋唐官员。闻喜(今山西闻喜)人。字弘大。北齐时,为高平王文学。北周时,任定州(治今河北定县)总管杨坚的记室。入隋,迁给事郎等职,参加攻战陈朝之役,撰有《隋开业平陈记》。隋开皇十年(590),以三千兵平定岭南,安抚二十余州。大业三年(607),在张掖主持西域事务,导引西域二十七国首领至隋,撰《西域图记》三卷,提出经营西域之策,被炀帝委为黄门侍郎。次年七月伐铁勒、吐谷浑。十年(614),献策分突厥颉利可汗之势,诱杀颉利可汗宠臣,导致次年炀帝被围的雁门事件。唐初,先附宇文化及,后投窦建德,及败,以山东地降唐,官至民部尚书。

【裴绰】 又作裴纠。唐初疏勒王。武德(618—626)中入唐,封鹰扬大将军、天山郡公。长期居长安(今陕西西安),后入籍京兆。

【裴颋】 唐代渤海国官员、诗人。渤海人。裴氏。官文籍院少监。玄锡王十一年(唐僖宗中和二年,882)冬,奉使聘日本,任大使,同行百余人。同年十一月,至加贺登陆。翌年五月,入京,献国书及信物。博学通才,典领文籍,风仪甚美,故获厚遇,日皇授以从三位,并派文章博士菅原道真等三十多人陪伴游览观光,赋诗唱和,被誉为"七步之才"。及回还,日皇派官员至鸿胪馆,以国书、信物及太政官牒付之。唐昭宗乾宁元年(894)冬,以文籍院监寺使日本,任大使,同行百余人。翌年五月,入日京,当月返回。

【裴璆】 唐末五代时渤海国官员。渤海人。裴氏。

末王大諲譔(906—926年在位)时，嗣父职，官文籍院少监，继为政堂省信部少卿，改和部少卿。后梁开平元年(907)冬，奉使聘日本，任大使。至伯耆登陆，次年四月，入京。日皇深加优礼，授以从三位。携日皇国书及太政官牒归国。贞明五年(919)冬，以信部少卿再奉使日本，同行百余人。十一月，至若狭登陆，翌年五月，入京，上国书及信物，日皇授以正三位。六月，归国。后唐庄宗同光三年(925)二月，以守和部少卿朝后梁，贡方物。五月，梁授以右赞善大夫。明宗天成元年(926)，渤海国为契丹所灭，改为东丹国，仕于其朝，为英绪大夫。东丹甘露四年(后唐明宗天成四年，929)冬，复奉使聘日本，任大使，同行九十三人。十二月，船至竹野大津滨登陆。翌年，因渤海已亡，不得修聘而还。

【裴兴奴】 唐代疏勒(今新疆喀什)人。著名琵琶弹手。与曹纲齐名，《乐府杂录》载："曹纲善运拨，若风雨而不事扣弦，兴奴长于拨捻。"

【裴安定】 唐代疏勒王。仪凤(676—679)时，其国为吐蕃破。开元十六年(728)，唐朝遣大理正乔梦松摄鸿胪少卿，册其为疏勒王，后事迹不详。

【裴国良】 唐代疏勒王。天宝十二年(753)，赴长安(今陕西西安)，受封折冲都尉，赐紫袍、金鱼。

【裴神符】 唐贞观年间(627—649)太常乐工。疏勒人。妙解琵琶，作胜蛮奴、火凤、倾杯乐三曲，声度清美，深受太宗喜爱。高宗末，其伎逐盛。又为五弦名手，始用手弹，后人沿袭。

【裴满氏】(？—1149) 又作裴摩申氏。金熙宗皇后。女真族。太尉忽达女。天会十三年(1135)，熙宗即位，封贵妃。天眷元年(1138)，立为皇后。皇统元年(1141)，册为慈明恭孝顺德皇后。二年，生济安，立为皇太子，不足岁夭亡。完颜宗弼等老臣死后，干预政事，无所忌惮，"朝官往往因之以取宰相"。帝后之争和朝廷中两派官员的纷争相溶，支持盈歌子完颜勖、宗干子完颜亮等，合力反对完颜宗贤。太子济安死后，颇掣制熙宗，致继嗣数年不得立。九年(1149)十一月，被熙宗杀。十二月，海陵王完颜亮弑熙宗自立为帝，为收服人心，于天德二年(1150)，追溢其为悼皇后。大定间(1161—1189)，加谥悼平皇后。

【裴慧琳】(734—820) 唐代疏勒(今新疆喀什)人。语言学家、佛学家。本长安西明寺僧人。贞元四年(788)，始撰《一切经音义》，元和五年(810)书成，计一百卷，博引古代韵书、字书及佛典，共解释一千三百部五千七百余卷佛经的音义。亦名《慧琳音义》或《大藏音义》。

【裴阿摩支】 唐初疏勒王。裴姓。自号阿摩支。治迦师城(今新疆喀什)。贞观(627—649)中，娶西突厥女为妻。九年(635)，遣使赴唐，献良马。十三年(639)，又贡方物。二十二年(648)，唐军破龟兹，受命为疏勒都督府都督，隶安西都护府。

【嘎尔旦】 见"噶尔丹"。(594页)

【嘎莫拉】(1871—1931) 又名杜嘎尔苏荣。清末蒙古族诗人。内蒙古锡林郭勒盟乌珠穆沁右旗人。七岁时边放牧，边在村塾学习蒙文。聪慧好学，学习了大量古代典籍，搜集和背诵民间故事、歌谣。光绪十三年(1887)，于旗衙门当文书。十七年，任苏木章京、旗扎兰、梅林等职。二十三年(1897)，升管旗章京。1924年，辞职还乡。少年时即开始写诗，是个多产诗人。著名的作品有《祭旗》、《颂军》、《在兵荒马乱的日子里》、《醉汉》、《艺人》、《丑态毕露》、《渡过漫长的夏日》、《节日的摔跤手》、《时代》等。其诗语言凝练、丰富，节奏明快，草原气息浓烈，具有较高的艺术性。对蒙文诗头脚韵并押进行探索，对研究蒙文诗韵有一定价值。

【嘎哇贝孜】 唐代吐蕃著名译师。赞普赤松德赞(755—797在位)时人。全称"嘎哇室利古德热格希达松哇"。与久若禄益坚赞、祥班德益西德并称"三少译师"。译有佛经《圣ого宝论》、《三相简述》及《外境所念除欲》等。所译佛经目录在《布顿佛教史》中有详载。是吐蕃第一部梵藏对照佛教《大辟汇》(即《翻译名义大集》)编者之一，此书今存。亦是《旁塘目录》、《丹噶目录》及《青浦目录》三部大藏经目录的编者之一。

【嘎西巴日贝僧格】(1287—1375) 简称嘎西巴。藏传佛教高僧。木雅人。生于热东擦岗仁莫的巴域卧纳。云达冈仁之子。初名雍仲贝，此系本教名称，因其生于佛教之地，遂改名阿贝。幼年居汉藏交界之梅若孜，后抵热甫岗。十三岁母逝，十四岁起为人放牧牲畜，并学字阅读。后赴理塘学法。三十岁随大堪布却杰哇出家为僧，取名绛曲哇贝桑波。后赴藏地那塘，向格西那塘巴学般若佛典。继去萨嘉从洛巴阿闍黎绛曲贝学因明释疏，并改名嘎西巴日贝僧格。三十六岁在仁钦冈寺从卓浦巴索南查巴受圆满戒(即比丘戒)。后遍访西藏诸名寺，广学诸法。四十五岁自乃囊返热甫岗，广结善缘，为徒说法，并著书立说。元至正十六年(1356)，建僧人会议殿、桑珠诺布林冬季经院。专事讲经、辩经及著作之事，著有《舍离常断》、《教派大海之波》等。是木雅地区弘扬藏传佛教最有影响之大师。与玛斯顿巴等被誉为"木雅五贤者"。其遗骸供祭于桑珠诺布林寺。

【嘛呢巴达喇】(？—1767) 清朝喀尔喀蒙古车臣汗。博尔济吉特氏。车臣汗达玛磷长子。乾隆十六年(1751)，袭车臣汗。十八年(1753)，授盟长。二十一年(1756)，和托辉特青衮咱卜叛，他与父率众坚守汛地。是年因疾，与同族郡王德木楚克共同办理旗务。二十二年，以功加一级。二十三年，入京朝觐，命乾清门行走，赐三眼孔雀翎。二十六年(1761)，有罗卜藏锡喇布者冒章嘉呼图克图名沿边肆扰，他执送京师。三十年(1765)，命御前行走。

【㑊讹】(？—1139) 西夏国大将。党项族。大德五年(1139)二月，为陕西招抚使，奉李乾顺命，与枢密使王枢、延安招抚使李世辅，出兵进攻陕西。五月，李世辅抵延安，知宋朝与金议和，陕西归宋，父母之仇已报，即率所部赴其营,谕以归宋,拒从,王枢被擒,他纵铁鹘军战世辅,兵溃被杀,夏兵损失万余人。

【鹘戍】 见"屈戍"。(380页)

【鹘鲁补】 见"独吉义"。(412页)

【鹘提勒悉野】 见"聂赤赞普"。(444页)

【 丿 】

【僧厄】 见"僧格"。(585页)

【僧奴】 见"羌娜"。(379页)

【僧革】 见"僧额"。(585页)

【僧格】(?—1671) 又作僧厄。清代卫拉特蒙古准噶尔部重要首领。巴图尔珲台吉第五子。顺治十年(1653)父死后继位。在其叔楚琥尔乌巴什与和硕特部首领鄂齐尔图车臣汗支持下,击败同父异母兄车臣、卓特巴巴图尔。康熙三年(1664)掌实际统治权后,努力加强与清王朝关系,纳贡通好。五年(1666)、六年和八年,三次遣使进贡,受到清政府的礼遇和赏赉。当政后,努力抑止俄国势力的渗透,康熙四年(1665),严词拒绝俄国使节布宾内要其臣属沙皇统治的非理要求。次年,再次断然拒绝俄国使臣库尔文斯基要准噶尔首领们起立接受沙皇书信和礼物的无理要求,声称自己非沙皇"藩属",不能有损于台吉尊严来接受俄国礼物和来书,要求俄国使臣离开兀鲁思,回托木斯克去。会见时再次要求俄国政府送还被劫的属民。后获悉随库尔文斯基去托木斯克交涉的代表被扣留,率军四千包围克拉斯诺雅尔斯克。康熙九年底(1671年初),被车臣、卓特巴巴图尔密谋杀害。

【僧额】 亦作僧革。明代东海窝集部人、路长。原为使犬部赫哲乌扎拉氏。世居盖青屯(科钦)。明万历三十八年(1610),偕路长尼喀里等归附努尔哈赤,赐甲四十副,授额驸。后朝贡不绝。康熙初,率家口和部属三百人徙居宁古塔,改姓宁古塔,编二佐领,隶满洲镶黄旗。

【僧格贝】 见"邹金巴·仁钦贝"。(155页)

【僧格桑】(?—1773) 清代四川小金川土司。藏族。土司泽旺子。乾隆三十一年(1766),同大金川土司索诺木侵扰鄂克什土司地。三十六年(1771),再攻鄂克什及明正土司,并与往援之清军作战。后因清军专攻小金川要塞美诺,率部逃大金川。三十八年(1773,一说三十九年),清军入大金川,他于木果木大败清军,收复小金川。后小金川破,被杀。

【僧伽跋摩】 唐代佛僧。康国人。少年出家,游步长安,以戒行清严显名。显庆(656—661)年间,受命随使团出访印度,于大觉寺献大法会。又于菩提陀内无忧树下,雕刻佛像及观自在菩萨像。技法精绝。回长安后,复奉敕至交趾采药。会交州荒岁,饿莩遍野,遂办饮食,救济孤苦。以生活困顿,染病死。年六十余。

【僧格林沁】(?—1865) 清代蒙古族军事将领。博尔济吉特氏,内蒙古科尔沁左翼后旗人。四等台吉毕启子。后过继族父扎萨克多罗郡王索特纳木多布斋为嗣子。道光五年(1825)袭郡王。十四年(1834),授御前大臣,补正白旗领侍卫内大臣、正蓝旗蒙古都统,总理行营,出入宫廷,深受皇帝赏识。咸丰三年(1853),受命专办京师团防,镇压太平天国军。继封参赞大臣,随皇叔惠亲王绵愉率骑兵堵截义军。五年,破连镇,俘获太平天国天官副丞相林凤祥,封博多勒噶台和硕亲王。七年(1857),受命为钦差大臣,督办军务,防守天津海口,抵御英国侵略军,赴天津勘筑双港、大沽口炮台,增设水师,并调黑龙江、察哈尔及哲里木盟、昭乌达盟骑兵五千增援海防。九年(1859),指挥大沽口海战,亲督官兵,奋力抗击英法侵略军,击沉敌舰四艘、击伤六艘、俘获两艘,重创侵略军。后遭英、法、俄、美联军袭击,失北塘、大沽口,使三千蒙古骑兵全军覆没,退守通州,被撤领侍卫内大臣、都统职。旋败于张家湾、八里桥,被革王爵。太平天国后期,因捻军起义风起云涌,威胁京畿,复被起用,复郡王爵,受命督军直隶、山东等省,镇压捻军。十一年(1861),复御前大臣,授正红旗汉军都统,管理奉宸苑。同治元年(1862),因在河南镇压捻军,补正黄旗领侍卫内大臣。六月受命掌山东、河南军务。次年,复亲王爵,世袭罔替,准服上赐章服,以示优异。三年,被捻军赖文光等击败。次年,在山东曹州(今菏泽)北高楼寨附近吴家店兵败被杀。

【僧衮扎布】(?—1742) 清朝官员。蒙古族。喀喇沁部人。乌梁罕氏。固山贝子善巴喇什次子。康熙五十六年(1717),袭札萨克固山贝子。五十八年(1719),尚郡主,授多罗额驸。雍正元年(1723),晋和硕额驸,命御前行走,赐三眼孔雀翎。九年(1731)正月,清军征准噶尔部噶尔丹策零。受命率所部兵屯张家口外,驻推河,晋多罗贝勒。继赴十三台协理军站事宜。十年,击败准噶尔小策凌敦多布于额尔德尼昭。乾隆二年(1737),升理藩院额外侍郎。六年(1741),随乾隆帝行围木兰。

【僧格都古楞特穆尔】 见"辛爱黄台吉"。(238页)

【槃瓠】 古代神话中的人物。"槃瓠"意为神犬。传说为高辛氏的一只五色犬,与高辛氏之女结合,生六男六女,自相婚配,后滋蔓繁衍,成为以后的长沙武陵蛮人。中国南方不少民族有类似传说。至今,瑶族中尚有盘瑶自称槃瓠后裔。瑶、畲族奉其为始祖。一说槃瓠即盘古,人类始祖。古代各族不断交往,槃瓠传说广泛流传在南方少数民族中间。

【鲜于琛】(?—535) 梁大同年间鄱阳地区起义首领。敕勒鲜于氏。鄱阳郡(今江西波阳)人。初服食修道法,入山采药,拾得五色幡和石玺。大同元年(535),聚结门徒起事,杀广晋令王筠,改年号为上愿元年,署置官属,有众万余人。率众攻郡,为鄱阳内史陆襄击破,被执杀,余众逃散。

【鲜于世荣】(?—576) 北齐大将。敕勒鲜于氏。渔阳(今北京密云西南)人。怀朔镇将宝业子。东魏兴和二年（540），为高欢亲信都督，迁平西将军，赐爵石门县子。后屡从文宣帝高洋征柔然，破稽胡，授河州刺史。皇建（560—561）中，为武卫将军。天统二年（566），累加开府仪同三司，任郑州刺史。武平（570—576）中，以领军将军从平高思好，封义阳郡王。七年（576），以本官判尚书右仆射事，寻免官。及周师将入邺，授以领军大将军、太子太傅，于城西拒战，兵败，被执杀。

【鲜于修礼】（？—526） 北魏末各族大起义首领之一。敕勒鲜于氏。原为北镇五原边民。孝昌元年（525），破六韩拔陵起义受挫后，降魏的二十余万六镇义军分散于冀、定、瀛等州就食。二年正月，率北镇流民于定州之左城（今河北唐县西）起义，建元鲁兴。进攻州城，败魏兵。义军势日盛。继与柔玄镇义军杜洛周会合，众至十余万。大败北魏大都督长孙稚与河间王元琛于滹沱河旁之五鹿。同年八月，被混入义军的北魏宗室元洪业杀害。葛荣复杀洪业，重举义旗。

【鲜质可汗】 见"习尔"。（26 页）

、

【端方】（1861—1911） 清末大臣。满洲正白旗人。托忒克氏。字午桥。由荫生中举人，后为郎中。光绪二十四年（1898），任直隶霸昌道。因上《劝善歌》标榜维新，被光绪帝委任陕西布政使，护理巡抚。二十六年（1900），八国联军进犯北京时，因追随慈禧，升湖北巡抚。二十八年（1902），改湖广总督，后调江苏，并先后摄湖广、两江总督。任内曾遣资出国学生甚众。三十一年（1905），改闽浙总督，继受命出国考察宪政。及还，上《请改定官制以为预备立宪折》。三十二年，移督两江。设官学，办警察，造兵舰，练陆军，定"长江巡缉章程"，声闻益著。宣统元年（1909）任直隶总督时，因贪墨横暴，被劾罢任。三年（1911），以侍郎衔督办川汉、粤汉铁路，将赎回的修筑权重新出卖给帝国主义。同年，镇压保路运动并劾川督赵尔丰操切。至四川资州（今资中），所部鄂军起义，被士兵处死。著《端忠愍公奏议》十六卷、《匋斋吉金录》八卷续录二卷、《匋斋藏石记》四十四卷藏碑记二卷、《雪池寻碑录》等，辑《列国政要》一三三卷。

【端华】（？—1861） 清朝大臣。满族。乌尔恭阿子。父死，袭郑亲王爵，授御前大臣。道光三十年（1850），宣宗卒，受顾命。文宗即位，选为阅兵大臣、右宗正。旋京师戒严，令督察巡防。咸丰十年（1860），英法侵略军进攻北京，扈从文宗至热河避难，授领侍卫内大臣。次年，文宗病故，再受顾命，与怡亲王载垣及协办大学士尚书肃顺等，同为"赞襄政务王大臣"摄政。以本朝未有皇太后垂帘，难两宫（孝贞、孝钦）皇太后。穆宗载淳还京后，以"专擅跋扈"罪，赐死，爵降为不入八分辅国公。

【端珠仁钦】（1309—1385） 元明时期藏传佛教高僧、青海夏琼寺创建者。藏传佛教格鲁派（黄教）创始人宗喀巴之启蒙导师。生于青海同仁县夏布让。早年出家，隐山修行。后赴西藏聂塘第瓦仅寺学经，先后在那塘、夏鲁寺辩讲佛典，颇有声誉，被誉为"安多（即青海藏区）一杰"。返青海后任甘肃临洮兴茏新寺堪布。先后在故乡建夏布让寺及昂拉寺。元至正九年（1349），创建夏琼寺（即妙翅寺，乾隆赐名"夏琼大乘功德宏扬洲"），收徒传法。二十三年（1363），宗喀巴年七岁至夏琼寺，从其受沙弥戒，命名罗桑扎巴，从其学显密教法十年。后宗喀巴赴藏学经仍尊其教导行事，收益无穷而成一代宗师。宗喀巴成名后感其师之恩道："我愿以自己的头顶去擦拭他脚上的灰尘"。

【辣都】 景颇族。使用火的发明者。传说景颇族先民经历过漫长的原始社会生活，其时人们衣树皮，不识耕稼，亦不会用火取暖和熟食。后辣都（景颇语排行第四之意），发明了用竹片摩擦取火的方法，从此人们才开始用火。

【彰宝】（？—1777） 清朝大臣。鄂谟托氏，满洲镶黄旗人。初任翻译笔帖式，累官直隶口北道。乾隆二十四年（1759），迁贵州按察使。次年，迁湖北布政使。二十六年，调江宁，兼管织造关税。三十年（1765），擢山西巡抚。会勘察哈尔右翼牧场余地，山西丰镇厅，可耕者二万三千余顷。三十三年（1768）初，调山东巡抚。二月调江苏。六月，查前任盐政藉端侵肥状。十二月，署两江总督。三十四年，赴云南署理巡抚，因督运军粮增数倍，加一级署云贵总督，驻老官屯等办军务。三十五年初，加太子太保。四月，谏言于永昌沿边千余里之冲要处设总卡，置官兵巡查，并行十家连环互保法，以加强边防。三十八年（1773）四月，以车里宣慰土司刁维屏逃匿，请准裁土缺设专营，移驻都司等官带兵镇守，兼辖十三土弁于边境。七月，议九龙江立专营，设都司一，中军守备一，马步兵五百，分左右哨，钦定营名普安。十一月实授云贵总督。三十九年十一月，被劾亏空兵粮，革职。

【彰信可汗】（？—839） 唐代回鹘汗国第十二代可汗。跌跌氏。昭礼可汗从子。原为胡特勒（勤）。大和六年（832）昭礼可汗遇害后，继汗位。次年，受唐册封为爱登里罗汨没施合句禄毗伽彰信可汗，又作爱登里罗汨没密施合句禄毗伽彰信可汗。开成四年（839），回鹘汗国内乱，大相安允合联合特勤柴革欲篡位，事泄，受诛。旋为其相掘罗勿引沙陀兵所攻，兵败自杀。

【彰德皇后】 见"萧温"。（480 页）

【豪格】（1609—1648） 清初将领。满族。爱新觉罗氏。清太宗皇太极长子。初从征蒙古、栋夔、察哈尔、鄂尔多斯诸部，因功授贝勒。后金天命十一年（1626），同代善等征札嚕特部，斩贝勒鄂齐图。天聪元年（1627），征明。同德格类等败明兵于锦州，复率偏师卫塔山粮运。二年，同济尔哈朗攻杀蒙古固特塔布囊，收其众。三年，师薄明都，击宁锦援军于广渠门外，围永平，克香河。六年(1632)，征察哈尔，略归化城诸路，晋封和硕贝勒。七年，略明山海关。八年，与杨古利毁边墙，自尚方堡分道入。同多尔衮略朔州及五台山。随太宗视大同，败明援兵。九年，同多尔衮等收察哈尔林丹汗子额哲。清崇德元年(1636)晋封和硕肃亲王，掌户部事。从征朝鲜，同多尔衮克昌州，败安州、黄州兵于宁边城下。三年(1638)，伐明，败明兵于丰润，下山东等地。六年(1641)，驻军松山、杏山间，败明援军十三万，俘总督洪承畴及巡抚邱民仰等。同济尔哈朗克塔山。顺治三年(1646)，为靖远大将军，进军陕西、四川，败张献忠义军于西充，并亲自射死献忠。素与睿亲王多尔衮有隙，五年(1648)三月，以徇隐部将冒功及擢用罪人杨善之弟吉赛罪，削爵，死于狱。八年(1651)，顺治帝亲政，昭雪，追封和硕肃亲王，立碑表之。十三年，追谥武，亲王得谥自此始。

【遮别】 见"哲别"。(448页)

【遮弩】(？—711) 唐代突骑施汗国贵族。汗国创立者*乌质勒子、*娑葛弟。圣历二年(699)，受父命使唐。神龙二年(707)，父死，娑葛继立，与之分地而治，唐朝赐名突骑施守节。景龙三年(709)，怨所得部众少于娑葛，投后突厥。后引默啜兵二万攻擒娑葛。默啜以其"于兄弟尚不和，岂能尽心于我"为由，俱杀之。

【阚爽】 北魏时高昌太守。凉州人。太延五年(439)，乘北凉沮渠牧犍降魏，据高昌，自称太守。太平真君三年(422)四月，因伊吾王唐契欲夺其地，遣使诈降于沮渠无讳，相约共击契。八月，无讳率众至高昌，时唐契已为柔然追杀，遂闭门拒之。九月，高昌为无讳所破，奔柔然。

【阚伯周】 北魏时高昌王。太平真君三年(442)，高昌太守阚爽为北凉宗室沮渠无讳袭击，投奔柔然。高昌为无讳夺据。和平元年(460)，柔然灭北凉，控制高昌，扶立其为高昌王。太和(477—499)初，卒。子义成立。

【精吉木】 见"真金"。(438页)

【赛屿】(1697—1795) 清代回族诗人。字琢庵，号笔山，又号梦鳌山人。云南石屏人。元平章*赛典赤·赡思丁后裔。三岁而孤，雍正七年(1729)中举。乾隆十七年(1752)，任四川珙县知县，在职六年，受劾归里。乾隆六十年(1795)二月十六日卒，葬于石屏北门外。著有《梦鳌山人诗古文集》、《行源堂时文集》，今佚。《石屏州志》、《续志》、《滇诗嗣音集》、《滇南文略》中辑有其遗作。《天方至圣实录》有其序文一篇。

【赛里】 见"完颜宗贤"。(255页)

【赛刊王】(？—1454) 又译赛罕王。明代瓦剌贵族首领。*也先汗之弟。正统十二年(1447)，率兵击杀朵颜卫指挥乃儿不花，掠获其众。景泰元年(1450)三月，随也先攻大同。景泰五年(1454)，与伯都王设计毒杀阿剌知院次子。后闻阿剌率兵攻也先，领众七千蹑阿剌后，欲乘其疲击之。也先死后，弃众南走，为属下所射杀。

【赛冲阿】(？—1828) 清朝将领。满洲正黄旗人。赫舍里氏。乾隆五十一年(1786)，升前锋参领。五十二年，随将军福康安镇压台湾林爽文领导的农民起义。五十九年(1794)，擢吉林副都统。嘉庆初，调三姓(故址为今黑龙江依兰)副都统。领吉林兵赴军明亮、护军统领德楞泰军营。先后于湖北、四川、甘肃、陕西等省镇压和围堵川楚陕白莲教起义。十年(1805)，由西安将军调广州。十一年，东南海上起义军首领蔡牵渡海攻入台湾。命为钦差大臣驰赴台湾镇压。十三年(1808)，事平回将军本任。后调西安、吉林将军。十八年(1813)，调成都将军。镇压天理教起义，于司寨(今河南省辉县境)败李文成。二十一年(1816)，廓尔喀与披楞交兵，禀请救援。命为钦差大臣，带兵赴藏。二十二年，授镶黄旗领侍卫内大臣。后官理藩院尚书、内大臣。卒，赠太子太师，谥襄勤。

【赛那剌】 见"巴尔斯博罗特"。(89页)

【赛尚阿】(？—1875) 清朝大臣。蒙古正蓝旗人。阿鲁特氏。字鹤汀。嘉庆二十一年(1816)举人，授理藩院笔帖式，后充军机章京，迁郎中。道光十一年(1831)，升内阁侍读学士，历任新疆哈密办事大臣。理藩院尚书，兼都统。二十一年(1841)，往天津及山海关勘筑炮台。二十二年，以钦差大臣赴天津治防。二十四年(1844)，调户部尚书，赴江南巡查江防善后事宜。三十年(1850)，兼步军统领、协办大学士。咸丰元年(1851)，拜文华殿大学士，管理户部。旋受命为钦差大臣，赴湖南镇压太平军。因不知军机，致使义军于广西新墟脱逸，陷永安州，以罪，降四级留任。二年，屡为义军所败，清将乌兰泰等战死，义军陷道州等地，逼长沙，以调度无方，号令不明，赏罚失当，日久无功，被革职拿问。旋获释，随军听调。十年(1860)，授正红旗蒙古副都统，后以病免。

【赛景初】 元曲家、书法家。回回人。先世为西域人。天资聪明，考浙省平章政事。工曲、善书法。幼年即从回回书法家峨峨学书。书法极为工妙，深得其师嘉许。后授常熟判官，卒于钱塘(今杭州)西湖之滨。

【赛·基布巴】(1121—1189) 宋代藏传佛教噶当派僧人。出生于上涅的达玛岗。赛氏家族人。从甲·怯喀巴学法多年，隆兴二年(1164)前后，建怯喀寺和基布寺。因建基布寺而出名，故时人又称基布巴。甲·怯喀巴去世后，自乾道二年(1166)起，在两个寺院轮流授徒讲经传法，约十四年之久。弟子众多，较著名者有伦觉绛生、嘉邦萨塘巴、拉更教岗巴和领拉顶巴等四人。他们分别建四座寺庙，作为修行说法之所。

【赛因必阇赤】 见"移剌捏儿"。(506页)

【赛音阿拉克】 见"巴尔斯博罗特"。(89页)

【赛典赤·赡思丁】(1211—1279) 元朝大臣。全名赛典赤·赡思丁·乌马儿。阿拉伯语"赛典赤"，意为"荣耀的圣裔"，"赡思丁"意为"宗教的太阳"，"乌马儿"意为"长寿"。回回人。出生于中亚布哈拉一个信仰伊斯兰教的家庭。苦鲁马丁之子。宋嘉定十四年(1221)，蒙古军攻下布哈拉，随父率骑兵千人归附成吉思汗，充任宿卫，随从征战。窝阔台汗时（1229—1241年在位），任丰、净、云内三州（今大同市西北、呼和浩特市一带）都达鲁花赤、燕京路断事官。蒙哥汗即位后，任燕京路总管。宪宗八年（1258），受命管理军饷。世祖中统元年（1260），任燕京路宣抚使。二年，拜中书平章政事，"军国重事，无不由之"。三年兼管财政，严格控制交钞发行量，使财政出现兴旺局面，以"轻财爱民，多惠政"著称。至元元年（1264），任陕西五路西蜀四川行中书省平章政事，兴办学校，修治山路、桥梁、栈道，故长安为其树碑以志其功。十一年（1274），任云南行省平章政事。在滇六年，有政绩。为改变社会秩序混乱，政令不一，军管民政，刑法苛刻，赋役繁重之时弊，奏准取消军管民政之制，设路府州县，置州县令长，使云南正式成为行省一级政区。对当地少数民族采取羁縻方针，安抚诸酋，使之款附。采取省徭役、招散亡、恤鳏寡、备灾荒、礼贤士、汰冗官，设路食以待劳民，薄征税以便商旅等措施。兴军民屯田，建立十二屯区，共28,419屯户，屯田98,707亩。兴修水利，修浚滇池、六河，以资灌溉。设驿站，修驿路，加强云南与中原各地的联系。建孔庙，授学田，提倡文教，在昆明兴办一所庙学。率回回军进入云南后，将伊斯兰教、阿拉伯文、波斯文、制炮术、采冶术、医药和天文、历算知识及阿拉伯、中亚各地的手工业技术传到云南。相传在昆明建清真寺十二所，现尚存二所。卒于任，追封咸阳王。世祖诏云南省臣尽守其成规，不得辄改。葬昆明北门外松花坝，百姓为之立庙祭祀。今昆明五里多村建有其衣冠冢。

【赛钦·把巴丹增】 清代藏族历算学家。19世纪中晚期人。甘肃天堂寺（位于今天祝藏族自治县永登）高僧。精于历算之学，著有时宪书《汉历发智自在王篇》（手写本二十一页），对运算步骤之先后进行了调整，内容亦有所增补。另著有《黄历编制法》（手写本二十一页），专门介绍时宪历民用历书的编制方法。

【察八】 见"耶律察八"。（321页）

【察伋】（1305—？） 元朝官员。字士安。蒙古塔塔儿氏。居莱州掖县（治今山东掖县）。家有"昌节斋"，自号"海东樵者"。元统元年（1333）进士，授翰林编修，历南台御史、经历。至正二十年（1360），为江西廉访佥事。善写诗词。与余阙等名士交厚，时有诗词唱和。著有《题张溪云〈竹〉图》、《题钱舜举〈秋江待渡图〉》、《赵子昂天马图》与《送别曲》四诗传世。

【察必】（？—1281） 元世祖*忽必烈皇后。蒙古弘吉剌氏。按陈女。蒙哥汗九年（1259），得知阿里不哥欲乘蒙哥汗死于军中之机，发兵于漠北，括兵于漠南，并进兵开平之忽必烈府地，图谋汗位，遂遣使斥诘，并派人驰报忽必烈，促其速班师北还，对世祖即汗位"多辅佐之谋"。中统初，立为皇后。至元十年（1273），授册宝，上尊号。为人明敏，达于事机，随事讽谏于汗，多所裨益。对汗欲割京郊地供牧马用之事极力谏止。屡奏请厚恤南宋被俘皇室，以安其心。性俭素，亲率宫人执女工之

事。致力改革蒙古衣着，改蒙古无前檐旧帽为有檐帽，以遮日。制"比甲"（衣着名），便骑射。至元十八年（1281）病死。成宗即位后，追谥昭睿顺圣皇后。

【察尼】（1640—1688） 清初将领。满族。爱新觉罗氏。清太祖*努尔哈赤孙，豫通亲王*多铎第四子。顺治十三年（1656），封多罗贝勒。康熙七年（1668），任宗人府左宗正，参与议政。九年，任玉牒馆副总裁。十二年（1673），随顺承郡王勒尔锦由湖广进剿吴三桂，参赞军务。十三年，败吴三桂将吴应麟七万军。十四年，佩靖寇将军印，援谷城，攻牛皮丫口、黄连坪，取兴山。十五年，战于太平街，中伏失利，受责。十七年（1678），拜安远靖寇大将军。奏断敌粮源，困敌之计。十八年，复岳州，招抚吴三桂官六百余，兵五千余。助安亲王岳乐取衡州。十九年，克ües龙关，复辰州，屯兵沅州。十一月，以前出师退缩罪，削爵为闲散宗室。二十四年，授奉天将军。二十七年九月卒，谥恪僖。

【察罕】 ①（？—1255）蒙古国将领。初名益德。唐兀乌密氏。西夏国臣曲也怯律之子。庶出，其母不容于嫡母，配掌羊群者及里木。幼牧羊，武勇过人，懂礼仪。被成吉思汗（元太祖）收为养子。及长，赐蒙古姓，妻以宫人弘吉剌氏。随太祖略云中、桑乾，以功为御帐前首千户。从征西域布哈拉、撒马儿罕二城，败花剌子模主札阑丁。从攻西夏，破肃州、甘州，攻灵州，败西夏军十万。受命入中兴（今宁夏银川），招谕夏主，晓以祸福。太祖二十二年（1227），太祖死，诸将擒杀西夏国主，议图中兴，察罕力谏止之，入城安集遗民。窝阔台（元太宗）即位，从攻河南。太宗七年（1235），随皇子阔出伐宋，为斥候。又从亲王口温不花南伐，取枣阳及光化军。口温不花还，代总全军。十年（1238），任马步军都元帅，取滁、寿、泗诸州。定宗即位（1246），受命拓江淮地。宪宗立（1251），以都元帅兼领尚书省事，赐户二万余。宪宗五年（1255）死，追封河南王，谥武宣。②元朝大臣。西域板勒纥（又作巴里黑，今阿富汗境巴尔赫）城人。芮国公伯德那子。博览强记，通诸国语文。初任行军万户府奥鲁千户。至元中，迁湖广行省、蒙古都万府知事、理问，佐平章奥鲁赤裁决政事。二十四年（1287），从镇南王脱欢征安南，进逼都城，迫安南王逃入海。二十八年（1291），授行枢密院经历。后随奥鲁赤移治江西。前后从奥鲁赤出入湖广、江西凡二十一年。大德四年（1300），任武昌路治中，擢河南省郎中。至大元年（1308），进太子府正，加昭文馆大学士，并与囊加台掌东宫右卫。仁宗即位后，历任中书参知政事、平章政事。晚年，归居德安白云山别墅，故以白云自号，被仁宗称为"白云先生"。尝译《贞观政要》、《帝范》为蒙古文，译蒙文《脱必赤颜》为汉文，名《圣武开天记》、《太宗平金始末》。著有《纪年纂要》。程巨夫曾有"白云山人起西域，阳春为心王为德"的诗句赞其德操。

【察哥】（？—1156） 西夏国宗室。党项族。崇宗*李乾顺庶弟。性雄毅，多权谋，善劲弩。任都统军职，

镇衙头。用兵审机法,贵善变,力主训练有素之蕃汉强弩勇士,避短谋长,战而胜之。乾顺纳其策。贞观三年(1103)九月,封晋王,掌兵权。雍宁三年(1116)二月,受命救仁多泉城,因惧宋将刘法,不敢入城,城陷。元德元年(1119)三月,败宋军于统安城,杀刘法,进围震武,城将陷,令勿破此城,留作宋朝病块,引师还。五月,复围震武,不克。恃功多贪,于都中广起宅第,横征殊求,遭濮王仁忠弹劾,稍收敛。仁宗时,收受任得敬,荐召得敬入朝为尚书令。晚年,更货贿公行,威福自用,年七十余,犹姬妾充下陈。有园宅数处,皆攘之民间。仁宗以其巨老臣,亦不过问,及卒,将宅园悉还其主。

【察割】 见"耶律察割"。(322页)

【察八儿】 又作察八而。窝阔台汗国汗。蒙古孛儿只斤氏。*海都长子。元成宗大德五年(1301),父为元军所败,走死,在察合台汗笃哇支持下嗣汗位。因窝阔台后裔为争夺汗位分裂争战,汗国削弱。七年,与笃哇等遣使入朝,请息兵议和,获成宗使者抚慰。次年,遣使归附,获厚赐。后与笃哇交恶,战于忽毡、撒马耳干之间,兵败,失塔剌思等地。十年(1306),又遭怀宁王海山(武宗)所统元军攻袭,部众溃散,逃依笃哇,窝阔台汗国领地部分归入元朝,大部分并入察合台汗国。至大二年(1309),乘察合台汗国内乱之机,图谋复国,为笃哇子怯伯所败,无所归,于次年投奔元朝。武宗赐以其父海都位下分地汝宁府历年所积五户丝。延祐二年(1315),封汝宁王,置王傅府。

【察达克】 清代阿尔泰乌梁海宰桑。初隶准噶尔部。乾隆十九年(1754),归附清朝,授总管。次年,率兵赴额尔齐斯河招降包沁鄂拓克宰桑,授副都统,予总管赤伦副都统衔。后受命招抚乌梁海人众,编赤伦及其辖众为七佐领。二十一年(1756),授内大臣。防御准噶尔部达什车凌窜入乌梁海。二十五年(1760),受命暂辖原任总管阿喇逃众。越二年,以库克新逃俄国中道掠哈萨克马匹,领兵执捕之,分辖其人户。

【察合台】(？—1242或1241) 又作察阿歹、察哈台、察合带、茶合带、察干岱等。察合台汗国的建立者。蒙古孛儿只斤氏,*成吉思汗次子。蒙古国建立后分封时,得八千民户。以善战著称,屡建战功。成吉思汗六年(1211),随征金,与兄术赤、弟窝阔台同率右军,攻克云内、东胜、武、朔等州。八年,与术赤、窝阔台再掌右军,取太行山东西二十余州,并于次年与诸路军合围金中都(今北京),迫金帝纳女请和。十四年(1219),随父西征,与术赤、窝阔台先后破讹答剌、别纳客忒,取花剌子模旧都玉龙杰赤。西征后,得西辽旧境为封地,后在此基础上建察合台汗国。二十一年(1226)成吉思汗征西夏时,受命留镇漠北。成吉思汗死后,于拖雷监国二年(1229),遵成吉思汗遗命,排众议,拥戴窝阔台即汗位,并纳耶律楚材议,率诸王百官首执臣属之礼。备受汗尊信,列为诸王之长,汗国大事,汗必与之咨商而后行。窝阔台汗三年(1231),派本部兵随汗征金。七年(1235),首倡以长子出征,并派嫡孙不里等随拔都西征。在其辅佐下取得灭金及西征的胜利。八年,朝廷籍中原诸州民户分赐诸王勋贵时,得太原民户四万七千余户。十年,复得真定深州民户一万户。十三年(1241)窝阔台死后,首倡由皇后脱列哥纳摄政。死后,封地由其孙合剌旭烈兀监摄。

【察阿歹】 见"察合台"。(589页)
【察哈台】 见"察合台"。(589页)

【察罕丹津】(？—1735) 号岱青和硕齐。清代卫拉特蒙古和硕特部台吉。*固始汗曾孙。世居青海。康熙四十年(1701),率部附清,封多罗贝勒。嗣因拉藏汗杀第巴桑结嘉措,废六世达赖喇嘛仓央嘉措,别立意希嘉措为达赖喇嘛,怀怨,不予承认。四十九年(1710)左右,另确认理塘出生的噶桑嘉措为真达赖喇嘛之呼毕勒罕,呈请清政府册封。清遣内阁学士拉都琥往验,又派侍卫阿齐图召青海两翼台吉议遣噶桑嘉措至京,以息争端。不从命,密与罗卜藏丹津会盟,率兵伐异己。因清廷于西宁、四川、松潘备兵,始惧,徙噶桑嘉措居塔尔寺。后阿齐图集诸台吉定盟,令与罗卜藏丹津同领右翼,额尔德尼额尔克托克托鼐等领左翼,永修和好。五十六年(1717),拉藏汗被准噶尔部策妄阿拉布坦遣兵攻杀后,谋诱准噶尔兵至青海迎击之,未果。五十九年1720),随清平逆将军延信等进藏,败准噶尔兵。雍正元年(1723),叙进藏功,晋和硕亲王。寻因拒绝随从罗卜藏丹津反清,遭攻击,被迫徙河州关外。罗卜藏丹津为清军击败逃入准噶尔后,编旗分佐领。三年(1725)授札萨克,领和硕特前头旗。牧地在伊克哈柳图河上源。

【察罕格根】 见"棍噶札勒参"。(528页)

【察罕帖木儿】(？—1362) 元末将领。字廷瑞。畏兀儿人,一说为乃蛮种人。阔阔台曾孙,阿鲁温子。自曾祖随元军收河南,遂定居颍州沈丘(今河南沈丘南)。至正十二年(1352),组织地主武装数百人,与信阳之罗山人李思齐合兵,败刘福通领导的红巾军,取罗山,被委为汝宁府达鲁花赤,拥兵万人,屯驻沈丘,镇压义军。十五年(1355),转战河北、淮右,败义军于中牟等地,升刑部侍郎。次年,升兵部尚书,取灵宝,加中奉大夫、金河北行枢密院事。十七年(1357),入潼关,援陕西,败红巾军,授陕西行省左丞。继败白不信等率领的大宋农民军于凤翔,平定关中。次年,设伏晋南南山,败关铎义军,定河东,进陕西行省右丞。十九年(1359),水路并进,败大宋丞相刘福通,取宋都城汴梁(今开封),迫宋主韩林儿退走安丰,定河南,授河南行省平章政事,兼河南行枢密院事,重兵屯太行,分镇关陕、荆襄、河洛、江淮。继与屯驻大同之孛罗帖木儿争夺晋、冀之权,顺帝屡诏和解,无效。二十一年(1361),出兵镇压山东起义军,招降田丰、王士诚,复东平、济宁,破济南,围益都,官拜中书平章政事、知河南山东行枢密院事。次年,视察军营时被田丰、王士诚刺杀。先后追封忠襄王、颍川王。

【察剌孩领忽】 又作察剌哈宁昆、察剌合领昆。蒙古部贵族首领。蒙古国创建者*成吉思汗六世祖*海都次子。"察剌孩"为名，"领忽"为官职。是时，蒙古本部统一，地临契丹，臣属于辽，封"令稳"（辽朝小部族下所设之官职），蒙语讹为"领忽"。至其子想昆必勒格时，随着部族渐强，被辽晋封为"详稳"（辽朝大部族下所设之官职）。其族支在蒙古部中地广民众，传至其孙俺巴孩时，别立为泰赤乌部，他被奉为泰赤乌部先祖。据《元朝秘史》载，曾依蒙古俗娶嫂为妻，生子别速台，其后裔形成别速惕部。

【察珲多尔济】（1634—1699） 清代喀尔喀蒙古土谢图汗。博尔济吉特氏。土谢图汗*衮布长子。驻牧土拉河南。顺治十二年（1655），继父位称汗，号斡齐赖赛因汗。与同族墨尔根诺颜等遣子弟向清朝奉表贡。冬，复遣使与清廷会盟于宗人府，受命为喀尔喀八札萨克之一，向清廷进"九白"（白驼一、白马八）之贡。康熙十六年（1677），助卫拉特蒙古和硕特部首领鄂齐尔图汗抗击准噶尔部噶尔丹袭击。不及，鄂齐尔图被杀。继遣台吉色棱达什率兵三百，劫噶尔丹派往清朝的贡使，与噶尔丹构难。素与扎萨克图汗部不和，康熙元年（1662），因额琳沁以私怨擅杀扎萨克图汗旺舒克，与赛因诺颜部长丹津喇嘛出兵击之，迫额琳沁北奔。后因拒绝归还来附之扎萨克图汗部属众，复与扎萨克图汗成衮纷争。二十五年（1686），经清廷调解，举行库伦伯勒齐尔（今蒙古人民共和国乌兰巴托附近）会盟，仅归还部分属民，纠纷亦未彻底解决。次年，闻扎萨克图汗沙喇附噶尔丹，会盟于固尔班赫格尔，以兵击杀沙喇及噶尔丹弟多尔济扎布。同年，与车臣汗诺尔布请清廷赐印，并奏请康熙上尊号，未准。以沙皇俄国不断侵占自己辖地，于康熙十一年（1672）派卓立克图等人致书沙皇，不准俄国在蒙古土地上建立色楞格斯克城，要求迁走。十四年（1675），复遣加尔马比利克图等到莫斯科，列举在色楞格斯克等地的俄国人攻打土谢图汗属部，劫掠妇孺和财产的行径。因俄国拒绝迁城，遂派其弟西第什哩率军驻色楞格河地区，以遏止俄国对自己辖地的侵占。二十七年（1688），喀尔喀遭准噶尔部首领噶尔丹袭击，兵败，走翁吉。后得赛音诺颜部长善巴兵助，复与噶尔丹鏖战。再溃，遂投附清朝，受命入居苏尼特界内鄂琳图牧地。清廷为加强北方边防和对喀尔喀蒙古的管理，于三十年（1691）在多伦诺尔举行会盟。察珲多尔济因率众归诚，仍保留土谢图汗号。清廷依漠南蒙古例在土谢图汗部编旗佐。次年，改喀尔喀左右翼为三路，土谢图汗部为北路，由察珲多尔济统领。三十六年（1697），复归土拉河驻牧。

【槊直腯鲁华】 蒙古国将领。克烈部人。原隶属克烈部王罕。宋嘉泰三年（1203），王罕为铁木真（成吉思汗）所灭，他率属众二百人归降。从征乃蛮、西夏，有战功。成吉思汗六年（1211），从征金，随前锋速不台取桓州，袭金群牧监。从略辽东、西诸州，取东京（今辽阳），徇地河北，攻大名，大小数十战，及城将陷，中流失卒。元武宗时，追封卫国公，谥武敏。

【谭泰】（1594—1651） 清初将领。满族。舒穆禄氏。珲春库尔喀部长郎柱子。初授佐领。后金天聪八年（1634），授护军参领。与都统图尔格略锦州，从太宗皇太极征明，擢护军统领。九年，以事罢护军统领，寻复授本旗都统。清崇德元年（1636）五月，随武英郡王阿济格征明，克延庆等地有功。九月，与都统阿山设伏，败明遵化三屯营兵。十二月，从太宗征朝鲜，至南汉山城。四年（1639），随睿亲王多尔衮征明，夺青山口等地。六年，随睿亲王围锦州，以远离城驻围，并私自遣所部军士归家，受罚。继围锦州，绝明兵归路，大败洪承畴军，授二等子。七年，同辅国公篇古攻蓟州。八年，驻防锦州。顺治元年（1644），随睿亲王入关，败李自成义军，追至望都、正定。授一等公。二年八月，以匿旨不传示英亲王阿济格罪状，降子爵，解都统任。十一月，复都统。五年（1648），以征南大将军讨江西金声桓，连下诸州，平江西，叙功加一等子。七年，任吏部尚书。八年，复一等公。后以擅政营私及党附睿亲王罪，伏诛。

【谭公柄】 明代广西迁江壮族起义首领。迁江（治今广西来宾西南迁江镇）人。习武，善骑射，为人刚直不阿，被族人推为首领，颇受拥戴。隆庆年间（1567—1572），举兵响应杨公满等领导的府江壮、瑶人民反明斗争。所部能骑善射，矫健轻捷威震敌军。常以"十百为群"袭击官府，先后攻破广西南宁、平南、武宣、来宾、藤、贵等州县及广东三水，清远等县。所到之处，惩办贪官土豪，开仓济贫，深受民众拥护。万历五年（1577）冬，广西巡抚吴文华命巡道吴善、陈俊，参将王瑞纠集永顺、白山等地官军、土兵前往征剿，并以威逼利诱手段瓦解起义军部分首领，使义军据点相继失陷。他被迫率部退入深山，继续坚持战斗，多次击退官军进攻。因势孤力单，于次年春失守，后不知所终。

【谭绍光】（？—1863） 太平天国将领。广西象州县大樟山婆村人。壮族。咸丰元年（1851）正月，金田起义爆发，投奔太平军。刚直悍勇，富有胆略，深受忠王李秀成所器重。十年（1860），天京受清江南大营之困，随李秀成举兵攻克杭州，迫使江南大营分师救援，旋回师破江南大营，解天京之困，以功封慕王。十一年，随李秀成转战湖北、浙江。是年秋，复破杭州，杀浙江巡抚王有龄。同治元年（1862）正月，从李秀成进军上海，沿途攻城占邑，大败清军及华尔指挥的洋枪队。江苏巡抚李鸿章亲临上海督军，勾结帝国主义反动武装，向太平军疯狂反扑。二年，被困苏州，身先士卒，亲临城门挥刃杀敌，屡挫李鸿章军及戈登指挥的洋枪队。十月，因部永宽、汪安钧等叛变，被刺身亡。

【 翟 】

【翟辽】（？—391） 十六国时期翟魏创建人。中山丁零人。*翟真从兄（一说为子）。原驻守鲁口（今河北饶阳南）。东晋太元九年（384），为后燕慕容农击败，退屯无极（今河北无极县）。继遭慕容麟、农合兵袭击，单骑奔翟真。次年，翟真被鲜于乞杀后，复奔黎阳，深得太守滕恬信任。十一年（386）正月，乘太守南攻鹿鸣城之机，逐而执之，据有黎阳。三月，收降晋泰山太守张愿，势及今山东泰山一带。次年，遣子钊南掠东晋陈（治今河南淮阳）、颖（治今河南许昌附近）等郡，收降高平（今山东菏泽东），势力日盛。后遭慕容垂袭击，所部燕赵之人多叛，被迫请降。被垂委为徐州牧，封河南公。同年冬，叛燕，遣军攻燕清河（治今河北清河南）、平原（治今河北平原南）二郡，南攻东晋襄上（治今湖北襄樊）。十三年（388），自称魏天王，改元建光，置百官，建政权，史称翟魏。从黎阳徙屯滑台（今河南滑县），以河为固，防御后燕。次年，攻占东晋荥阳，进入陈、项。十五年（390），攻掠司（治今河南洛阳）、兖（治今山东鄄城北）二州。八月，被东晋朱序败于滑台，进攻受遏制。次年，卒，子钊立。

【翟钊】 十六国时期翟魏君主。中山丁零人。*翟辽子。东晋太元十二年（387），率军南掠东晋陈、颖等郡。十六（391），父死，继魏天王位，改元定鼎。辖地跨七郡，户三万八千。进攻邺城，被后燕慕容农击退。次年二月，遣将翟都攻馆陶，屯苏康垒。三月，为慕容垂所败，求救于西燕慕容永，遭拒。六月，黎阳（今河南浚县东北）为后燕军所破，败走滑台，收余部北渡河，登白鹿山（今河南修武县北），凭险拒守。因缺粮少援，被迫下山决战，为慕容垂击败，部众损失殆尽，单骑奔西燕长子。被慕容永封为车骑大将军、兖州牧、东郡王。参与攻东晋之河南。既而以谋反为永所杀。丁零翟魏政权从388年正式建国至392年灭亡，前后约五年。

【翟真】（？—385） 十六国时期反抗前秦的义军将领。中山丁零人。义军首领*翟斌之侄。东晋太元九年（384），翟斌为慕容垂所害后，率部走邯郸，后南下邺城，欲与前秦苻丕内外相应。遭垂攻袭，逃邯郸北，后于下邑退追兵，屯驻承营（今河北定县东南）。十年，先为慕容农败于承营，继为乐浪王慕容温破于中山，从承营徙屯行唐（今河北行唐）。时义军内讧，为司马鲜于乞所杀。

【翟斌】（？—384） 十六国时期反抗前秦的义军首领。丁零人。世居康居，后徙中山。东晋咸和五年（330），率一支中山丁零人投归后赵石勒，被封为句町王。后转附前燕。咸安元年（371），前秦灭前燕后，强迁其部于河南新安，命其为卫军从事中郎将。太元八年（383），乘苻坚淝水之战兵败之机，在新安首举反秦义旗，得到各族响应，众达数千，势力日盛。击杀洛阳守将毛当，攻陵云台（洛阳西）。并联结河内（今河南沁阳）慕容垂合兵攻洛阳。次年，垂称燕王后，封其为建义大将军、河南王。率二十余万兵围邺城，久攻未下。因请封尚书令，遭拒，与垂离异，密与邺城将苻丕联络，欲遣丁零兵决漳河水灌慕容军，事觉，被杀。

【翟鼠】 十六国时期中山敕勒（丁零）族首领。约晋永嘉三年（309），归降石勒。建兴四年（316），趁中山、常山一带蝗灾严重，率领不堪忍受石勒统治和压迫的丁零人奋起反抗，攻中山、常山，为石勒所败，母妻被擒，退保胥关，后奔代郡。东晋永和七年（351），率部投归前燕慕容俊，封归义王。

【翟璜】 亦作翟黄。战国初魏文侯的大臣。出身于狄族。曾多次向文侯举荐贤才，以名将吴起为西河守，使秦兵不敢东向。以西门豹为邺令，开西门豹渠。文侯欲攻中山，又进翟角谋划攻中山事。以乐羊为将，攻拔中山国。又荐李悝（李克）治理魏属中山国。推荐屈侯鲋为太子之师。因功封上卿，赐予国君才能乘坐的"轩车"。

【翟里力】 见"翟黎里"。（591页）

【翟黎里】 一译翟里力。维吾尔族诗人。原籍叶尔羌（今新疆莎车）。出身贫苦。年轻时就创作了许多诗歌，被编成《翟黎里诗集》。信仰依禅教派，曾到阿图什苏图克麻札度过七年苦行者生活。后至和田。因在诗中揭露伊禅派的伪善和丑恶，引起当权者恐惧，受到毛拉和隐士们迫害。晚年生活困苦，靠代人写信为生。著有《胜利篇》，包括三十三首格则尔，十二首劝酒行，十九首五行诗，五首穆斯塔扎提，以及完成时间较晚的《漆尔坦传》，共五百三十二行。另一部长篇叙事诗《穆罕麦德圣行录》，有一千五百四十行。他的诗无情鞭挞了白山派首领与准噶尔贵族相互勾结、欺压人民的罪恶行径。

【熊绎】 西周时楚国第一代君王。鬻熊之曾孙。鬻熊子事周文王有功，因早卒未得封。至熊绎始受周成王之封，为楚国第一代君王。封以子男之田，居丹阳（今湖北秭归东南），姓芈氏。时地瘠民贫，奋力拓荒创业，建设家园，故后人有"先王熊绎辟在荆山，荜露蓝蒌，以处草莽，跋涉山林以事天子"之记载。其事周，一是贡苞茅以缩酒，二是献桃弧棘矢以除祟，三是守燎以祭天或礼宾。与周保持纳贡关系。据说其墓在今湖北秭归县。

【熊渠】 西周时楚国君王。芈氏。楚国第一代君王*熊绎四世孙。以雄武有力著称，改善武器，增强兵力，甚得江汉间民众拥护。周夷王时，组织远征军，灭庸国和扬越，疆域扩展到长江中游。因周夷王力量衰微，诸侯相争，以自为蛮夷，不愿再听从周王号令，封长子康为句亶（在今湖北江陵地区）王，封次子红为鄂（在今湖北武昌地区）王，封幼子执疵为越章（在今安徽湖北间）王。成为南方强大势力。死后，子挚红继位。

【熊万顺】 见"陶新春"。（474页）

十五画

【一】

【麹嘉】(？—523) 北魏时高昌王。字灵凤。金城榆中(今兰州榆中)人。马儒为高昌王时,任长史。太和二十三年(499,一说二十一年),儒被杀,国人立之为王。臣于柔然那盖可汗。应徙居焉耆之车师前部众请,以次子为焉耆王治焉耆。永平元年(508),派兄子孝亮至北魏,求内徙,请军迎援。后因失期不赴,未果。柔然可汗伏图为高车王弥俄突杀后,复臣属高车。仍频繁与北魏联系数遣使献珠像、白黑貂裘、名马、盐枕等。延昌二年(513),受魏封平西将军、瓜州刺史、泰临县开国伯,仍称王如故。正光元年(520),接见魏使假员外将军赵义,并朝贡不绝。后遣使奉表,求借五经、诸史,并请国子助教刘奕为博士,获允。四年(523),卒,追封镇西将军、凉州刺史。

【慧成】(？—1864) 清朝大臣。戴佳氏。满洲镶黄旗人。道光十六年(1836)进士。改翰林院庶吉士。二十年(1840),累官署理藩院左侍郎。二十一年七月,赴河南查办祥符决口事,擢兵部右侍郎、镶蓝旗蒙古副都统。次年,署东河河道总督。二十三年,因中河厅九堡堤顶塌陷,革职留任。后大工合龙以六部员外郎用。咸丰二年(1852),复授东河河道总督,署四川总督。三年,率兵赴江北防太平军,督兵攻江南扬州府。八月,授闽浙总督,于瓜洲为太军所败,革职戴罪自效。

【震钧】(1857—1920) 清末学者。字士廷(亭),自号涉江道人,汉名唐晏。满族。瓜尔佳氏。光绪二十六年(1900)后,曾任江苏江都知县。宣统二年(1910),执教于京师大学堂,寻为江宁将军铁良幕府,并任江宁八旗学堂总办。辛亥革命后,居南方。一生潜心著述,有《庚子西行纪事》、《渤海国志》、《两汉三国学案》、《八旗诗媛小传》、《洛阳伽蓝记钩沉》、《八旗人著述存目》、《陆子新语校注》、《香奁集发微》、《国朝书人辑略》、《天咫偶闻》等。另有《石鼓集注》一卷。其中《天咫偶闻》是研究北京城市坊巷建制及地方掌故的重要史料。《庚子西行记事》是作者目睹,并随日记录而成,有重要参考价值。

【撒八】(？—1161) 又作萨巴。金代海陵王末年起义领袖。契丹族。初为西北路招讨司译史。正隆六年(1161)五月,为反抗金征兵,与孛特补率契丹部众在西北路起义,杀牌印燥合和招讨使完颜沃侧,取官府贮甲三千,推辽天祚帝后裔、都监耶律老和尚为招讨使,声势颇壮,山后四群牧、山前诸群牧以及东北各地契丹人纷起响应,五院司部人老和尚亦也、辟沙河千户十哥、咸平府谋克括里亦率众投附。击退金将枢密使仆散忽土、西京留守萧怀忠等征剿。面对强敌,恐不久支,欲投西辽,率部沿龙驹河(今克鲁伦河)西行。部众恋旧居,不愿前往。九月,在西行途中被六院节度使移剌窝斡所杀,义军东返。

【撒里】 又作撒立。蒙古国将领。塔塔儿部人。合剌·蒙格秃·兀赫之子。初为蒙哥汗统率下的一名战士,随汗攻东胜堡等地,以攻城骁勇,受赏赐,留作近侍,深受信任和崇敬。蒙哥汗三年(1253),受命与诸王秃儿花出征欣都思(今印度)、怯失迷儿(今克什米尔),获大量人口和战利品。继而进军伊朗,受西征统帅旭烈兀统辖。后受汗命始终留驻该地。

【撒改】①(？—1121)"盈歌联盟"国相。女真完颜部人。景祖*乌古乃孙,世祖*劾里钵兄劾者之长子。为人敦厚多智,善于用人。辽道宗大安十年(1094),穆宗盈歌袭女真部落联盟长后,为联盟国相。佐盈歌,铲除强梗不服者,受命取马纪岭道(今黑龙江老爷岭),攻纥石烈部阿疏,至阿不塞水,纳乌延部斜勒勃董之策,攻下钝恩城。辽天庆三年(1113),康宗乌雅束死后,与都勃极烈阿骨打分治诸部,统治来流水(今吉林拉林河)地区,匹脱水以北则归阿骨打统治。次年九月,遣子宗翰等贺阿骨打大败辽兵,并劝其登位。金收国元年(1115),与吴乞买、习不失等推戴阿骨打称帝,仍任国相。七月,为国论勃极烈。九月,加国论胡鲁勃极烈。天会十五年(1137),追封燕国王。正隆年间(1156—1161),降封陈国公。大定三年(1163),改赠金源郡王,追谥忠毅。②见"完颜思敬"。(258页)

【撒迪】 又作撒的。元朝大臣。蒙古人。初侍怀王图帖睦尔(文宗),随从出居琼州、建康等地,备极劳苦。天历元年(1328),文宗即位后,任治书侍御史,奉命迎皇兄和世㻋于漠北。二年,升中书右丞、奎章阁大学士,预修《经世大典》。至顺二年(1331),兼领广谊司。三年,进中书平章政事。元统二年(1334),领蒙古国子监。三年,迁御史大夫,领奎章阁,知经筵事。

【撒剌】 见"耶律撒剌"。(322页)
【撒速】 见"完颜匡"。(245页)
【撒绪】 清末文学家、书法家。字徽堂。回族。四川西昌人。邑廪生。学有根底,诗文迥然出尘。曾为礼州县官之子,延课近二十年。善书法。
【撒葛】 见"耶律毡撒葛"。(326页)
【撒敦】(？—1335) 元朝大臣。钦察氏。知枢密院事*床兀儿子,中书右丞相*燕铁木儿弟。致和元年(1328),泰定帝死于上都(今内蒙古正蓝旗东闪电河北岸),奉兄召,自上都还大都(今北京),共拥戴武宗子怀王图帖睦尔为帝,与即位上都之阿剌吉八对峙,率军连败上都来犯之兵于榆林、白浮、檀子山等地。以功历任宣徽使、知枢密院事,赐"答剌罕"号。至顺三年(1332),宁宗即位,任御史大夫。元统元年(1333)顺帝即位,任左丞相,封荣王,食邑庐州(今合肥)。二年,加开府仪同三司、上柱国、录军国重事。后至元元年(1335)卒。次年,以曾参与侄唐其势谋逆罪,籍没家财。

【撒察】 见"薛撒"。(605页)

【撒之浮】 明末回族抗清将领,"教门三忠"之一。与羽凤麒、马成祖俱为南京人。明末调镇两广瑶苗起义,留镇广州,授回卫指挥使。清兵入关后,南明永历帝以抗清加授三人为都督同知。顺治七年(南明永历四年,1650),广州被清军围困,三人拒守南门,城破,俱自尽。广州回民将三人安葬于城北流花桥北回民墓地,为"教门三忠墓"。

【撒礼塔】(?—1232) 又译作撒里塔、撒里答、撒里台。蒙古国将领。初任火儿赤(佩弓矢侍从汗者),故又称撒礼塔火儿赤。窝阔台汗元年(1229),与吾也而、王荣祖征辽东,破盖州、宣城、石城等十余城。三年(1331),以高丽杀蒙古使者,受命出兵高丽,取安、开、龙、宣、泰等四十余城,进抵王京,迫高丽王遣弟淮安公请和,遂置京、府、县达鲁花赤(镇守官)七十二人分镇其地,还师。次年,以高丽王尽杀蒙古所置达鲁花赤,退守江华岛,复奉旨兴兵,于攻处仁城时中流矢卒。

【撒吉思】 又作撒吉斯。元朝大臣。畏兀儿人。阿大都督多和思次子。初为太祖弟斡赤斤必阇赤(书史),领王傅。后以拥立斡赤斤嫡孙塔察儿功,与火鲁火孙分治国王本部事,掌黑山以南。后从宪宗蒙哥攻宋钓鱼山,建言乘势定江南。在忽必烈与阿里不哥之汗位之争中,劝谏塔察儿翊戴忽必烈。忽必烈即位,授以北京(今内蒙古昭乌达盟宁城西大明城,一说东京)宣慰使,锄奸抑强,辽东以宁。中统三年(1262),率军从宗王哈必赤讨平李璮之叛,任山东行省都督,迁经略、统军二使,兼益都路达鲁花赤。任内,体恤民情,奏请验民丁力,官给牛具。奏劾统军抄不花、元帅野速客儿扰民诸事。以山东连年歉收,奏请蠲田租,发粟赈恤。士民刻石颂之。卒年六十六。赠安边经远宣惠功臣,谥襄惠。

【撒连的】 见"萨仑的斤"。(492页)。

【撒里蛮】 元朝宗王。蒙古孛儿只斤氏。蒙哥汗孙,*玉龙答失子。至元十三年(1276,或作十四年),暗结宗王昔里吉、玉木忽儿等谋叛,劫执北平王那木罕、丞相安童,遣使通好于海都,请援,遭拒。继犯和林(今蒙古哈尔和林),为元军所败。后叛王内讧,被脱黑帖木儿拥立为主,与昔里吉相攻。脱黑帖木儿被杀后,失助,复归昔里吉,被执送术赤后王处。中道集旧部,复攻昔里吉,执玉木忽儿,送往元廷。路遭铁木哥斡赤斤后王袭击,部众溃散,只身幸免,于十九年(1282)归顺元廷,赐以牧地、部民,仍命统军。不久卒。

【撒里答】(?—1256) 钦察汗国汗。蒙古孛儿只斤氏。*成吉思汗曾孙,*拔都长子。元定宗贵由死后,奉父命与叔别儿哥率军扈送蒙哥至蒙古肇基之地斡难河(今鄂嫩河),拥之即大汗位。后镇守钦察汗国西境。在拔都晚年,曾代掌汗国政事。蒙哥汗五年(1255),赴和林朝觐。次年,父卒,奉蒙哥命西归嗣汗位。死于归途。

【撒剌的】 见"耶律撒剌的"。(326页)

【撒曷辇】 见"纥石烈志宁"。(183页)

【撒葛只】 见"萧撒葛只"。(490页)

【撒儿塔台】 元世祖朝蒙古牧民起义首领。蒙古族。详见"阔阔台"。(550页)

【撒拉雍珠】(?—1890) 四川瞻对地区反对驻瞻对西藏官员之组织者。中瞻对吴鲁玛人。小头人,著名铁匠,亦称"撒拉刀"。同治四年(1865),瞻对归属西藏,因驻瞻对藏官青饶策批苛待百姓,于光绪十四年(1888)与巴巴垫、巴宗喇嘛、撒拉阿噶等策划反藏官,组织上、中、下瞻对六千余人,攻占藏兵驻守之所有官寨,欲迎立瞻对土司工布朗结之子主持瞻对,脱离藏官,仍归四川管辖。十六年(1890),清以查界为名,包围其驻地。突围时被降清军之撒拉阿噶枪杀。

【撒吉思卜华】(?—1233) 又作撒吉思不花。蒙古国将领。克烈部人。卫国公*槊直腯鲁华子。随军征战,父死,嗣领军。窝阔台汗元年(1229),奉命安辑河北、山东诸州。次年,任达鲁花赤,佩金虎符,监真定史天泽军。四年(1232),自河阴县渡河,配合窝阔台汗、汗弟拖雷军大举攻金,取郑州、卫州。次年,大败金将完颜白撒于白公庙,追金哀宗至归德(今河南商丘),中金将蒲察官奴诈降计,遭金军夜袭,被杀,全军覆没。追封太师,谥忠武。

【撒满答失里】 又作撒满哈失里。明代毛怜卫首领。女真族,古伦氏。建州卫首领*阿哈出孙。都督猛哥不花子。明宣德四年(1429),袭父职为都督佥事,仍掌毛怜卫。曾多次入朝进贡。十年(1435),晋都督同知。正统二年(1437),入朝贡珠五百颗,并请居京自效,受命仍居毛怜卫抚众捍边。七年(1442),入朝请印,明廷补给,并晋为右都督。

【撮孟月】 见"措末迁"。(497页)

【 丨 】

【噶礼】(?—1714) 清朝大臣。满洲正红旗人。栋鄂氏。何和哩四世孙。荫生出身。初任吏部主事、郎中。康熙三十五年(1696),康熙帝征准噶尔部噶尔丹至克鲁伦河,命其随左都御史于成龙督运中路兵粮。三十六年(1697),擢内阁学士。三十八年(1699),授山西巡抚。四十二年(1730年),康熙帝欲于河南储积米谷,以黄河轮运至陕西。受命与川陕总督博霁等会勘三门、砥柱水势,阅视汾河。四十四年(1705),请改河东修筑堤堰工力,物料皆取于民例,建议商人出料、民人出力,以使民无置料之费,商免觅雇之累,被采纳。同年,因贪赃银数十万两等,被御史刘若萧弹劾。四十八年(1709),擢江南、江西总督,任内,历疏罢江苏巡抚于准及布政使、按府使等。四十九年,与镇海将军马三奇由吴淞口出海抵浙江定海界镇压郑尽心,俘获郑茂、余国栋等。请遣兵驻守浙江要冲,并令浙江官兵每月会巡海岛。五十一年(1712),与江苏巡抚张伯行互参案起。康熙帝遣官往审,为噶礼所制。后复审,革其总督职。五十三年(1714),以其贪婪和谋杀祖母(一说为母)等罪令自尽。

【噶盖】(?—1600) 后金开国功臣之一。满族。伊尔根觉罗氏。世居呼纳赫,隶满洲镶黄旗。受努尔哈赤封为十扎尔固齐之一,位次于费英东。明万历二十一年(1593)闰十一月,同额亦都、安费扬古统千人攻讷殷、佛多和山寨,斩其首领搜稳、塞克什。二十六年(1598)正月,与褚英、巴雅喇、费英东率千人伐安褚拉库路,取屯寨二十余处。二十七年,受命与巴克什额尔德尼以蒙古文字母为基础创制满文,颁行国内,是为"无圈点满文",或"老满文"。九月,与费英东统率二千人戍哈达,防叶赫那林布录。后因与蒙格布录通谋篡位,被诛。

【噶尔丹】(1644—1697) 又作嘎尔旦、噶勒丹。清代卫拉特蒙古准噶尔部首领。巴图尔珲台吉第六子。初于西藏当喇嘛,师事五世达赖罗卜藏嘉穆错。生性聪颖,深得达赖器重。康熙九年(1670),准噶尔部内乱,兄僧格为异母兄车臣、卓特巴巴图尔害。为替兄复仇,返归准噶尔,杀车臣,逐卓特巴巴图尔,自立为"大台吉"。称博硕克图汗。政权日渐巩固后,引兵攻楚琥尔乌巴什,杀其长子巴噶班第,尽有其众。旋破和硕特部首领鄂齐尔图车臣汗。康熙十七年(1678),谋取青海,见清军戒备,中途回师,占领哈密和吐鲁番。十九年(1680),受达赖喇嘛命,以兵助天山南路伊斯兰教"白山派"首领阿帕克和卓与"黑山派"争权,率军经阿克苏、乌什,征喀什噶尔、叶尔羌,俘伊斯玛伊勒汗,将政权交阿帕克和卓代理。二十年至二十三年,进征中亚哈萨克、诺盖等族,兵锋抵黑海一带。二十一年(1682),由清理藩院尚书伊阿尔尼、达赖喇嘛代表噶尔亶,西勒图出面,集喀尔喀两翼台吉"会盟"于库伦,解决封建主内部纷争。他因土谢图汗察珲多尔济曾助鄂齐尔图,乃借口察珲多尔济弟哲布尊丹巴呼图克图会盟时与噶尔亶西勒图"抗礼踞坐",煽动札萨克图汗部沙喇攻察珲多尔济。后闻沙喇兵败被杀,弟多尔济札卜也死,于二十七年(1688)引兵三万纵掠土谢图汗部,分兵扰克鲁伦与额尔德尼昭,迫察珲多尔济及哲布尊丹巴遁入汛界。复暗结沙俄,举兵反清。二十八年夏,为巩固统治权,杀僧格继承人索诺木阿拉布坦,迫策妄阿拉布坦潜逃博罗塔拉。二十九年六月,领劲骑侵入乌尔会河东,败阿尔尼军。七月,犯乌兰布通。大败,夜渡西拉木伦河而逃。策妄阿拉布坦乘其内犯,驰兵进攻科布多,劫其人畜。后数年耕牧于乌兰古木、札布堪河流域。复遣使至伊尔库茨克等地,请俄国提供火药、铅弹和大炮。三十四年(1695),遣兵掠西卜退哈滩巴图尔、纳木札尔陀音牧地。次年五

月,与清军战于昭莫多。再败,走塔米尔。因穷困无依,流徙于白格尔等地。三十六年闰三月十三日(1697年5月3日),于阿察阿穆塔台病逝(一说饮药自尽)。

【噶尔玛】(?—1648) 清朝蒙古王公。翁牛特部人。博尔济吉特氏。郡王逊杜棱从子。天聪六年(1632),遣台吉阿喇纳诺木齐从征察哈尔部。七年,向后金贡驼马。八年,率阿喇纳诺木齐等从征察哈尔,自龙门口入明边,至大同,克堡四。崇德三年(1638),随贝勒岳讬征明,入墙子岭,逼北京,下山东。八年(1643),以功封镇国公。

【噶尔弼】(?—1738) 清朝大臣。蒙古科尔沁部人。博木博什台吉子。康熙五十六年(1717),从帝木兰行围,赐孔雀翎。五十七年,授二等台吉。五十八年擢散秩大臣。六十年(1721),晋一等台吉。雍正二年(1724),封辅国公。九年(1731),从征噶尔丹策零,在克鲁伦河防御。

【噶达浑】(?—1657) 清朝将领。满洲正红旗人。纳喇氏,初任护军参领。天聪二年(1628),从太宗征多罗特部。八年(1634),从征明山西。崇德五年(1640),从睿亲王多尔衮困锦州,受命先进,在杏山、松山败明军。七年(1642),随豫亲王多铎征宁远。顺治元年(1644),擢护军统领。随军入山海关,败李自成起义军。以功授骑都尉世职。三年(1646),随肃亲王豪格征四川。擢户部侍郎。五年(1648),调吏部侍郎。叙功晋三等轻车都尉。协英亲王阿济格讨大同叛镇姜瓖,七战皆捷,平代州等地。六年(1649),擢本旗蒙古都统,后罢。八年(1651),世祖亲政,擢户部尚书。九年,改都察院左都御史。率师往征鄂尔多斯部。晋三等男,后调满洲都统。十二年(1655),调兵部尚书。十三年,晋二等男。郑成功攻入福州,受命同定远大将军世子济渡等统师征之,克福州,下泉州。十四年卒,赠太子太保,谥敏壮。

【噶勒丹】 见"噶尔丹"。(594页)

【噶勒图】 见"赶兔"。(445页)

【噶尔钦凌】 见"论钦陵"。(178页)

【噶尔第巴】 见"噶勒达玛"。(595页)

【噶玛拔希】(1204—1283) 宋元时期藏传佛教噶玛噶举派第二代祖师。康区止垅丹巴却秋地方人,属赞波邬家族。父名甲旺楚察章达,母名生萨芒吉。聪明过人,五六岁已晓诵读,九、十岁开始读佛书,过目成诵,能心领神会。后师事都松钦巴的再传弟子绷扎巴,受灌顶礼。继从喀脱巴出家,授名却吉喇嘛,随从学法达十年之久。师事两位上师恭谨备至,甚得赏识,获得真传。返回康区后,收徒传法,有门徒五百余人。深受崇敬,被尊称为朱钦(意为有大成就者)。自宋淳祐七年(1247)起,居粗朴寺,名声大振。宝祐元年(1253),忽必烈取道康区征服大理,闻其名,遣金字使者,迎至内地。沿途供施僧众,出资修缮残破寺庙。是年,于绒域色堆会见忽必烈,谢绝忽必烈挽留,到北方游方传教,先后至今内蒙古、宁夏等地,并创建楚囊朱必拉康寺。后到甘州(今

甘肃张掖)一带活动。宝祐四年(1256),受元宪宗蒙哥召见赴和林,为蒙哥所留。相传蒙哥封其为国师,赐以金丝黑帽、金印,其传承称噶玛噶举黑帽系即源于此。中统元年(1260),忽必烈即位后,因其旧事蒙哥,不愿随侍忽必烈,为忽必烈所不容,被捕入狱,一说被流放沿海服役。因其在藏区颇有影响,忽必烈恐仅依靠萨迦派八思巴难以服众,于至元元年(1264)将其释放。是年,启程返藏,沿途传教,历八年返回粗朴寺,修缮寺庙,增建佛像。因噶玛派从他开始影响大增,宗教势力加强,故从他这一辈开始,确立噶玛派活佛转世相承的制度。

【噶岱默特】(? —1775) 一译噶达默特。维吾尔族。新疆乌什人。初为拜城阿奇木伯克。乾隆二十一年(1756),因惧布拉呢敦、霍集占加害,赴伊犁投清军。次年,从定边将军成衮札木布征阿睦尔撒纳。寻以三品总管随靖逆将军雅尔哈善讨霍集占,克库车。复从军赴阿克苏、乌什。将抵叶尔羌,闻定边将军兆惠被围于喀喇乌苏,奔阿克苏请援。继领兵五百驰救和田。擢一等侍卫,授拜城伯克。二十四年(1759)夏,统兵尾击霍集占,封公品级。越一年,进京朝觐,授喀什噶尔阿奇木伯克。二十七年(1762),偕诸伯克倡设义仓,输谷千石以济贫。二十九年(1764),以揭发阿卜都喇依木潜通浩罕事,受嘉奖。次年,因遣车里克齐擒乌什起义领袖赖和木图拉派赴浩罕乞援之使者巴布敦,令世袭罔替,后死于伤寒病。

【噶勒达玛】(1635—1666) 一译噶尔第巴、噶尔旦木巴。清代卫拉特蒙古和硕部台吉。鄂齐尔图车臣汗次子。顺治九年(1652),随父远征哈萨克,杀扬吉尔苏丹。十四年(1657),因父、叔不睦,彼此兵戎相见,与从弟察衮居中调停。次年春,率众三千,败布哈拉阿勒图书库尔于呼楞吉楞。据说他身经百战。民间至今仍流传许多关于他的英雄事迹。死后骨灰被送往西藏。

【噶东赞宇松】 见"禄东赞"。(555页)

【噶尔丹策零】(1695—1745) 又称噶尔丹策凌、噶勒丹策凌。清代卫拉特蒙古准噶尔部首领。策妄阿拉布坦长子。康熙五十九年(1720),领兵击逐沙俄利哈列夫等入侵。六十一年(1722),以俄使翁科夫斯基胁迫策妄阿拉布坦"臣服",与大策凌敦多布等"反对同俄国亲近"。雍正五年(1727)继承父位。次年遣使进京,求进藏熬茶。因西藏阿尔布巴叛乱刚平息,未获允。七年(1729),奉命派人解送罗卜藏丹津,中途闻清军来攻,复携归伊犁。八年冬,遣宰桑玛木特率兵二万,掠科舍图卡伦。次年六月,令大小策凌敦多布集重兵于额尔齐斯河源,诱傅尔丹来攻,大败清军于和通淖尔附近。八月,又遣兵屯苏克阿勒达呼,分掠克鲁伦、鄂尔海等地,为喀尔喀副将军丹津多尔济、额驸策凌所败。十年(1732)正月,遣色布腾等率兵六千,侵哈密塔勒纳沁地区,为清将击败。六月,命小策凌敦多布领兵三万劫掠察罕瘦尔、克鲁伦、塔密尔等地,被额驸策凌截击,败奔额尔德尼昭。再战,复败。精锐尽失,被迫遣使求和。乾隆四年(1739),与清廷议定准、喀二部牧界:循布延图河,南以博尔济、昂吉勒图、乌克克岭等处为界;北以孙多尔库奎、多尔辉库奎、至哈尔奇喇、博木哈喇等处为界。清廷准其派三百人进藏熬茶,并定期于肃州互市。是后遣使通贡不绝。为收复被沙俄霸占的土地,曾进行长期斗争。雍正十年(1732),拒乌格柳莫夫索取亚库什湖战斗中被俘的俄国人。乾隆七年(1742),派喇嘛达什赴俄,重申鄂木河河口一带住着准噶尔属民,要求拆除托木斯克、库兹涅茨克、克拉斯诺雅尔斯克及额尔齐斯河沿岸各要塞,坚决维护民族主权和尊严。

【噶尔旦木巴】 见"噶勒达玛"。(595页)

【噶尔玛色旺】(? —1664) 清朝蒙古王公。浩齐特部人。博尔济吉特氏。奇塔特扎干杜棱土谢图子。父早卒,为避察哈尔部侵扰,与母图奎依附喀尔喀蒙古车臣汗硕垒。顺治八年(1651),与弟班第墨尔根楚琥尔率一千三百余,弃喀尔喀归附清朝。十年(1653),封札萨克多罗郡王,掌右翼。

【噶勒丹达什】(? —1739) 清代卫拉特蒙古和硕特台吉。姓博尔济吉特。达延鄂齐尔汗曾孙,垂库尔子。康熙三十六年(1697),从达什巴图尔附清。五十年(1711),封辅国公。以率属随平逆将军延信护送达赖七世噶桑嘉措进藏坐床功,于雍正元年(1723)晋镇国公。同年,因拒附罗卜藏丹津反清,携属台吉旺达巴等避入甘州界,被置之苏油口内。三年(1725),授札萨克。

【噶勒丹策凌】 见"噶尔丹策零"。(595页)

【噶·伊西达吉】 卓尼藏族始祖。吐蕃赞普赤祖德赞(815—838年在位)时大臣。吐蕃人。奉命随军东移,驻防今甘南藏族自治州玛曲及四川若尔盖县黑河、白河、黄河汇流处,任吐蕃征收赋税官员,后被拥为统帅。因口粮缺乏,率部移居卓尼境内,定居于今卓尼县城内外及近郊,部落从人被称作"掌朵",分为外十二掌朵、内四掌朵。被尊为卓尼藏族始祖。其后裔被称为"些地"(藏文称"姜太"),亦被尊为先祖之一。

【噶玛丹迥旺波】(1606—1642) 明末卫藏地方政权藏巴汗。藏族。*彭措南杰子。天启元年(1621,一说泰昌元年,1620),父卒,嗣为第巴藏巴(即藏巴汗)。曾将原"十五法"改十六法,以法治政。并继联合青海蒙古却图汗及康区白利土司屯月多吉共同反对格鲁派(黄教)。而五世达赖及四世班禅则求助于青海蒙古和硕特部首领固始汗。崇祯九年(1636),固始汗击败却图汗。十二年(1639),又败白利土司。十四年(1641),固始汗进兵西藏,次年至日喀则。其全家被俘,囚于拉萨附近的柳吾地方,给一小庄园为生。后以其拥护者噶尔巴雅甫赛等起兵反抗甘丹颇章(即黄教政权),固始汗派兵镇压,从俘虏中发现噶玛巴反叛计划,遂将其缝在湿牛皮内,投河溺死。藏巴汗地方政权亡。

【噶玛曲吉旺秋】(1584—1635) 明末藏传佛教噶玛噶举派红帽系六世活佛。藏族。与云南丽江纳西族土司木增结缘,留居丽江传法,协助木土司刻印藏文大藏经。木土司根据蔡巴甘珠尔底本主持刻印,特邀其编纂和校订,明万历三十六年(1608)着手勘刻。四十二年(1614),篆刻了藏文序言。天启元年(1621)九月竟功,广行印刷。是为著名的丽江版藏文大藏经,是继永乐、万历版之后第三部藏文大藏经(甘珠尔部)。三年(1623)木增又亲书汉文序言。今日所存丽江版藏文甘珠尔大藏经即两序并录。丽江版大藏经的完成,对藏族文化的传播作出重大贡献。康熙三十七年(1698),和硕特蒙古达尔杰博硕克图兵临云南,于丽江见此经版,将其移至里塘寺,故又称里塘版。六十年(1721),甘南卓尼寺参校此经版及其他经版刻印了卓尼版甘珠尔经。光绪三十四年(1908),此丽江一里塘版甘珠尔经版毁于兵祸。

【噶勒丹达尔札】(?—1765) 清代卫拉特蒙古辉特部台吉。姓伊克明安。辅国公罗卜藏第五子。雍正九年(1731),受兄巴济襄胁,潜归准噶尔,驻牧特穆尔图淖尔(今苏联境内伊塞克湖)。乾隆二十年(1755),清军抵伊犁,偕兄达什达尔札率众附清。获宥,被遣归牧喀尔喀,授扎萨一等台吉。

【噶勒丹多尔济】①(?—1692)清朝蒙古王公。喀尔喀土谢图汗部人。博尔济吉特氏。土谢图汗*察珲多尔济长子。康熙二十五年(1686),随父赴库伦伯勒齐尔盟,授扎萨克。二十六年,率宰桑额尔德尼额尔克等贡于清。二十七年,与台吉额尔齐穆岱青御噶尔丹于特穆尔,兵败,自齐奇尔台归附清朝。二十九年(1690),以同族昆都伦博硕克图衮布遭准噶尔部噶勒丹掠,选兵随尚书阿喇尼赴土拉河援之。三十年,至京朝贡,至多伦诺尔会盟,封多罗郡王,兼扎萨克。②一译噶勒(尔)宣多尔济。清代卫拉特蒙古和硕特台吉。*鄂齐尔图车臣汗孙。初游牧于准噶尔边境。康熙二十八年(1689),从兄罗卜藏衮布阿喇布坦卒后,应其妻及诸宰桑请,奉召徙居阿拉善,辖其众。次年,闻清军征噶尔丹,遣使请从戎效力。时噶尔丹势盛,谋以女钟济海配之,策妄阿拉布坦遣使劝勿从。西藏第巴桑结嘉措召其与青海诸台吉会盟于察罕托罗海,谋助噶尔丹。辞不往,自率兵百与清军会于布隆吉尔。后受属众阿勒达尔哈什哈、恭格喉使,劫西欣驿驼马,叛附策妄阿拉布担。三十八年(1699)左右,策妄阿拉布坦引兵攻哈萨克,伪以兵从,中道率众遁库车,被库车维吾尔人击杀。

【噶尔·东赞域采】 见"禄东赞"。(555页)
【噶尔玛岱青和硕齐】 见"丹津"。(77页)
【噶玛巴·却英多吉】 见"却英多吉"。(196页)
【噶玛巴·都松钦巴】 见"都松钦巴"。(437页)

【噶锡鼐·策丹扎喜】(?—1727) 清代西藏阿里地方官员。汉籍名作噶锡鼐·色布登喇什。噶伦康济鼐之兄。俗称阿里公。雍正三年(1725),以康济鼐长居拉萨,被任命为阿里官员噶本(阿里总管)。雍正五年(1727),卫、藏战争中,率后藏日土、噶达克等地藏军赴援颇罗鼐,于江孜战役中阵亡。七年(1729),清朝追封其为头等台吉,准世袭。

【噶丹巴·玛本索南杰波】 西藏噶丹巴族先民。藏族。14世纪末15世纪初人。出自吐蕃赞普松赞干布噶尔赞家族,父噶德桑波在元代蔡巴万户长手下为官,后为帕竹政权乃溪卡宗本之侍从,旋任娘阐噶丹地方长官,由是遂有"噶丹巴"族称。他初为聂巴官长班觉波心腹,故又名齐南索杰。其后世子孙曾将势力扩张至堆隆、觉木隆、曲水、乃乌宗、聂塘、彭域、吉麦南木杰冈,并联合帕竹政权将势力延伸到山南查卡溪卡宗。

【噶锡鼐·那木扎尔色卜腾】(?—1739) 清代西藏阿里地区官员。藏族。*噶锡鼐·策丹扎喜之子。雍正七年(1729),袭其父头等台吉职。九年(1731),献方物,世宗以其为国出力,办事甚善,且为西藏地方首席噶伦康济鼐兄子,而康济鼐无子嗣,故被加封辅国公,世袭,后晋为噶伦官员。卒,内弟贡布欧珠喇布旦袭辅国公爵。

【噶勒丹锡勒图呼图克图一世】 见"阿旺洛锥嘉措"。(293页)
【噶勒丹锡勒图呼图克图二世】 见"洛桑丹白尼玛"。(420页)
【噶勒丹锡勒图呼图克图六世】 见"洛桑图丹嘉错"。(420页)

【瞎征】(?—1102) 宋代青唐(今青海西宁)主。又名邦彪篯。*阿里骨子。初受宋封鄯州防御使。绍圣三年(1096)十月,继承青唐主位。次年一月,获宋正式册封。袭父职为河西军节度使。"性嗜杀",执政初,内讧,听信大臣心牟钦毡谗言,杀重臣、其叔父苏南党征及其党。致使上下厌苦,部曲离异,唃厮啰疏族溪巴温等据地自立,称王子。因无力维系统治,失去宋朝支持。元符二年(1099),宋哲宗采纳大将王赡"速取青唐"的建议,借抚慰邈川附汉诸酋为名,命总管王愍等进兵湟水流域。七月,取邈川。八月,宗哥大首领舍钦脚归宋。大首领心牟钦毡、青归论征及契丹、西夏国、回鹘三公主争先向王愍通款纳贡。他为心牟钦毡所逐,逃居青唐新城,与妻子削发入城西佛舍为僧尼,以避兵燹。继携妻子及亲信数十人赴宗哥降宋。先后被安置于邈川、熙州。次年,同河湟诸首领一起赴宋京城朝觐,封怀远军节度使。归居湟州。后为小陇拶所迫,于建中靖国元年(1101),远迁邓州(今河南邓县)。

【瞎毡】(?—1058) 宋代亀谷吐蕃大首领。*唃厮啰长子。因其母失宠,与父不协,离青唐徙居亀谷(今甘肃榆中县境),为当地吐蕃部众拥戴为部落大首领。宋宝元二年(1039),受宋封为澄州团练使。庆历四年(1044),遣使向宋贡名马一百九十匹,金二十两,铁甲一副。后贡使不绝,亦得宋厚赐。至和元年(1054)四月,以助宋军弹压渭州沙精谷蕃部有功,且贡名马,受厚赐,并加封其妻李萨勒。嘉祐三年(1058)十月,病卒。

【瞎丁木征】 见"木征"。(48页)

【颙琰】(1760—1820) 清朝皇帝。满族。爱新觉罗氏。乾隆帝*弘历第十五子。1796—1820年在位,年号嘉庆。乾隆间,封嘉亲王,册为皇太子。时土地高度集中,流民大量涌现,官吏贪污腐化,封建剥削日益加重。面对动荡之局,曾条进时政所宜二十一件,力主改革吏政,挽救清王朝危机。嘉庆元年(1796),受禅为帝。初,因乾隆帝及和珅把握大权,他没有用人、行使之权。表面采取韬晦策略,实际与和珅争夺统治权的矛盾日益尖锐。曾以文借古讽今,决心翦除和珅。四年(1799),太上皇乾隆帝死。他将和珅逮捕下狱,宣布其罪二十,籍没家产。至是亲政。为缓和阶级矛盾和民族矛盾,曾重申旗地不准增租夺佃之令,多次减免各地田赋。曾镇压湘黔苗民起义、云南傈僳族人民起义、川楚陕白莲教起义和北方天理教起义。后病死于热河(今河北承德)行宫。庙号清仁宗。

【影克】(?—1567) 明代蒙古朵颜卫首领。成吉思汗部将*者勒蔑后裔,朵颜卫都督*革兰台长子。嘉靖二十七年(1548),父卒,袭都督职。史称其"剽悍逾于父",曾引俺答汗入掠明境。三十六年(1557),被察哈尔部打来孙汗控制。三十八年,为昆都力哈(老把都)、辛爱黄台吉作向导,领数万人,攻至蓟州塞下。三十九年,复联合昆都力哈等攻一片石(在今河北省秦皇岛市东北九门口西),被明军击退。四十年,联合察哈尔、土默特等部数万人溃墙子岭(在今北京市密云县东北墙子路)而入,大掠通州。隆庆元年(1567),与弟董忽力结察哈尔部数万人攻入界岭口(在今河北省长城东段),被明援军击败,出义院口(在今河北省长城东段),被明军击毙。

【墨池】 明代湖广忠建长官司土官。土家族。元末任忠建宣抚司元帅。洪武五年(1372),遣子驴吾,率所部溪洞元帅阿巨等归附,纳元所授金虎符并银印、铜章、诰敕,请改授。明置忠建长官司及沿边、溪洞长官司,任忠建长官司长官。

【墨特勤】 又作默特勤。唐代后突厥汗国贵族。名逾输。阿史那氏。*默啜可汗子,*移涅可汗弟。开元四年(716),移涅可汗继位后,受封右贤王。同年,因骨咄禄子阙特勤攻杀移涅可汗,出兵攻阙特勤,兵败投唐。六年(718),唐谋大举攻后突厥,受召从征,师未出而止。后卒于长安。

【墨尔根保】(?—1792) 清朝武官。索伦阿拉尔氏,隶正黄旗。初以马甲驻京补亲军,后因功升至二等侍卫。乾隆五十二年(1787),从征台湾。五十七年,廓尔喀侵扰后藏,从将军福康安讨之。八月,攻噶勒拉山城,战死。

【墨尔根台吉】 见"腾机思"。(567页)
【墨尔根诺颜】 见"固噜什喜"。(357页)
【墨尔根特木纳】 又作默尔根特墨奈、莫尔根特木内、特木内。明代卫拉特蒙古土尔扈特部台吉。客列亦特氏。额济内台什子。原游牧于额尔齐斯河上游。16世纪末,受土默特部俺答汗影响,皈依喇嘛教,送子内齐托音当喇嘛,为黄教在卫拉特蒙古传教起先导作用。明万历四十八年(1620),与准噶尔部首领哈喇忽喇联合,引兵击札萨克图汗和托辉特鄂托克。兵败,遁居球梅什河口。天启五年(1625),当准噶尔部封建主楚琥尔乌巴什与弟拜巴吉什争夺秦台吉遗产时,遣兵支持楚琥尔。崇祯元年(1628),随哈喇忽喇等远征俄木布额尔德尼,予重创。清崇德二年(1637),随和硕特部固始汗进军青海,灭喀尔喀却图汗。

【题子】 见"耶律题子"。(322页)

【 丿 】

【镇国】 又作镇古。蒙古国驸马。汪古部人。首领必讷亦子,*阿剌兀思剔吉忽里之侄。一说其父死后,曾一度入质于金国。汪古部归附蒙古后,为汪古五千户长之一。曾率三十一鄂托克部众反抗蒙古,为成吉思汗及汗弟合撒儿所败,归降。一说约成吉思汗六年(1211)以后,阿剌兀思为部众所杀,避居云内,后归附成吉思汗。封北平王,摄汪古部事,尚汗第三女阿剌海别吉,为驸马。死后,子聂古台袭爵。

【镇海】(1168—1251) 又作称海、田镇海。蒙古国大臣。克烈氏。有勇略,善骑射。原事克烈部首领王罕。南宋嘉泰三年(1203),克烈部与蒙古部分裂后,投效铁木真(成吉思汗),任扯儿必(侍从官),随从破克烈部、乃蛮部。开禧二年(1206)蒙古国建立时,以功封百户长,兼札鲁花赤(断事官)。成吉思汗六年(1211),随从征金,以功受重赏。后受命留守后方,领所俘汉民万人,辟地屯田于斡耳寒河(今鄂尔浑河),筑镇海城,因屯田有功,得名田镇海,同时兼掌诸种工匠事宜,为执掌汗国农业、手工业的重臣。窝阔台汗三年(1231),封中书右丞相,兼掌起居注。信仰景教,精通畏兀儿文,执掌中书省的畏兀儿字行文。自窝阔台汗二年(1230),先后随汗征金,攻河中、河南、钧州、蔡州等地。八年(1236),以功赐恩州一千户(一说三百户),世食其赋。太宗后脱列哥那称制后,被罢相。贵由汗(定宗)即位后,复职,继任中书右丞相。蒙哥汗元年(1251),以诱诸王作乱罪被诛。世祖忽必烈汗即位后,受昭雪。一说其生卒年为1169—1252年。

【稽粥】 见"老上单于"。(131页)
【稽侯珊】 见"呼韩邪单于"①。(344页)
【黎亚义】(?—1833) 清道光朝黎族起义首领。海南岛儋州人。黎族。道光十三年(1833),儋州大旱,地方官吏、汉族地主及高利贷趁机盘剥,黎人蓄恨。是年七月,与薛凤章在儋州薄沙、龙头黎峒倡导起义,"贫黎群起应之"。率众千余人,一举攻陷田头市。儋州游击塔鲁率薄沙巡检娄汝楫统兵前来征剿。率义军撤回黎峒,以抗官军。官军因水土不服,染疾者众,娄汝楫病卒,散师而归。率义军复出,袭击王五市,声势益张。拒战总督卢坤所遣崖州知州来剿之军,据守薄沙、龙头二峒与官军相持,在弹尽粮绝的困境下仍拒绝接受官府招安。是年十月,在战斗中牺牲。

【黎佛二】(?—1534) 又名黎福二。明嘉靖朝琼山县黎族起义首领。海南岛琼山县沙湾峒人。黎族。

嘉靖十三年(1534)三月,于琼山县沙湾、居林等峒聚众一千余人,发动反抗地方官府的武装斗争。率领黎族群众夜袭守兵营寨,杀伤、俘虏大量官军,处死典史李士奇等贪官污吏,给当地封建统治势力以沉重打击。海南兵备副使以政治欺骗和军事镇压相结合的手段,一面遣县丞高明督土舍许丞宜设法"招降旁酋",一面暗中集结兵力伏击义军。不幸中计被捕,是年九月,惨遭杀害。

【黎纳许】 又称黎迷纳。唐代吐蕃早期之香雄王(占羊同国)。辖今阿里及藏北西南部地区,为当时十二小邦之一,势力颇强。松赞干布曾以妹赞蒙赛玛噶妻之,助其治理内务。在位期间,设官职、建军队、以本教治国、创香雄文字,对后来吐蕃政权的建设均有较大影响。恃强屡与松赞干布之父囊日伦赞争战,后降服。及囊日伦赞被毒身死后,复与诸小邦一起反叛。松赞干布赞普时亦与之时有抗争,后松赞干布闻其妹受冷遇,遂择机发兵攻之。灭香雄。将其臣民收为叶蕃属民,该地成为吐蕃辖地,时在文成公主入藏后三年。

【虢射】 春秋时晋国大夫。出身于白狄虢氏。晋献公娶"小戎子"虢氏为夫人,生惠公,故为惠公之母舅,并辅佐惠公。周襄王六年(晋惠公五年,公元前646),秦国饥荒,贷粮于晋。晋惠公谋于群臣。虢射认为,惠公即位后悔约,未割河西(今山西、陕西之间黄河南段以西地区)与秦,双方结怨已深,虽贷粮亦无济于事,犹"皮之不存,毛将安傅"。主张乘秦之饥,出兵伐秦。结果,激怒秦穆公。翌年,为秦军所败,惠公亦为秦兵所俘。

【德妃】①见"萧德妃"。(487页)②见"萧师姑"。(482页)

【德寿】①金代起义军领袖。契丹族。原为特满群牧官。承安元年(1196)十一月,与陁锁等据信州反金。建年号圣,攻占韩州、懿州等地,众号数十万,远近震动。北方各族组成的纥军起而响应。金发上京兵六千驻北京,派临潢总管乌古论道远、咸平总管蒲察守纯等分道进兵镇压,德寿兵败,被俘送京师,起义失败。②(?—1306初)元朝太子。蒙古孛儿只斤氏。成宗*铁穆耳子,母贞慈静懿皇后失怜答里。大德九年(1305),立为皇太子。十二月(1306初)卒,无嗣。③见"完颜宗叙"。(255页)

【德周】(?—727) 渤海国将领。渤海人。大氏。武王大武艺(719—737年在位)时,官义游将军、果毅都尉。武王仁安八年(唐玄宗开元十五年,727)九月,同宁远将军郎将高仁等共二十四人奉使聘日本,海中遇风,漂虾夷境,被害。

【德沛】(?—1752) 清朝宗室、学者。字济斋。满族。贝子福存子。雍正十三年(1735),授镇国将军,迁兵部侍郎。乾隆元年(1736),改古北口提督。二年,任甘肃巡抚,擢湖广总督。五年(1740),以操守廉洁,赐福建藩库银万两。六年,兼署浙江巡抚。七年,调两江总督。拨银十万两治赈淮、扬水灾。八年,转吏部侍郎。十二年(1747),署山西巡抚,擢吏部尚书。十三年,以疾解任,旋袭简亲王爵。卒,谥仪。著有《周易补注》十一卷、《易图解》、《实践录·附录》及《鳌峰书院讲学录》。

【德保】(?—1789) 清朝大臣。卓络氏,内务府满洲正白旗人。曾祖都图署总管内务府大臣,圣祖赐姓石。乾隆二年(1737)进士。九年(1744),充顺天乡试副考官,日讲起居注官。十年,入直南书房,充会试同考官。次年,擢侍讲。十二年,充山东乡试正考官,提督山西学政。次年,转侍读。十四年,条奏学政事宜。十五年,调山东学政,擢翰林院侍讲学士、内阁学士。十七年(1752),迁工部侍郎兼总管内务府大臣。二十六年(1761),授正黄旗汉军副都统,充经筵讲官,吏部侍郎。二十七年,以旗人不顾生计,妄行糜费,奏请八旗大臣、步军统领衙门不时稽查。二十八年,充会试副考官,教习庶吉士。三十年(1765),管理国子监事,充江西乡试正考官,提督顺天学政。三十二年,补吏部侍郎。后二年,调镶黄旗满洲副都统会试副考官,兼翰林院掌院学士,管理盛京官学生事,广东巡抚。三十六年(1771),兼署两广总督。四十一年(1776)底,署福建巡抚。后两年,擢礼部尚书。四十四年(1779)初,兼署吏部尚书。奉命纂《音韵述微》。次年,充会试正考官。四十六年(1781),充《日下旧闻考》总裁。次年九月,暂署兵部尚书。十月,因编辑《明臣奏议》一书未详加厘正,以不胜总师傅之任,令回原衙门办事。五十年(1785)八月,总办《乐律全书》。五十三年(1788),充顺天府乡试正考官。卒,谥文庄。

【德祖】见"耶律撒剌的"。(326页)

【德福】(?—1769) 清朝将领。蒙古正蓝旗人。巴鲁特氏。乾隆十三年(1748),赴金川军营。十四年,授前锋校。二十年(1755),随军征准噶尔部达瓦齐。二十三年(1758),随将军兆惠征新疆小和卓霍集占于叶尔羌(今莎车),以功授云骑尉世职。二十六年(1761),授副前锋参领。三十二年(1767),赴云南军营,三十三年,升鹤丽镇总兵。

【德兴阿】(?—1867) 清朝将领。达斡尔瓦兰氏,隶齐齐哈尔正黄旗。少孤,由母乌苏里氏抚养。以善射挑选三音哈哈,升为乾清门头等侍卫。咸丰二年(1852),随黑龙江骑兵南下,参与镇压太平天国运动。四年,赐号博奇巴图鲁。五年,擢正白旗汉军副都统。六年,迁正白旗蒙古都统。十一年,署密云副都统。同治元年(1862),授西安副都统,弹劾胜保谎报军功。二年,抵西安副都统任,旋署将军。五年(1866),调正红旗汉军副都统,充塔尔巴哈台参赞大臣,帮办库克吉泰新疆北路军务。六年,改署塔巴哈台参赞大臣帮办军务。卒于军,谥威恪。

【德济特】 清代卫拉特蒙古辉特部台吉。姓伊克明安。乾隆十九年(1754),率众随辉特部台吉阿睦尔撒纳附清,授扎萨克固山贝子。二十一年(1756),因叛附阿睦尔撒纳,属众被藉,令隶阿卜达什。

【德格类】(1596—1635) 清初将领。满族、爱新觉罗氏。清太祖*努尔哈赤第十子。初授台吉。后金天命六年(1621)，随军攻明奉集堡，同台吉岳讬等，逼总兵李秉诚营。同台吉寨桑古阅三岔河桥，至海州城，严禁士卒扰民。八年，同阿巴泰征喀尔喀扎鲁特部。十一年(1626)，随大贝勒代善征扎鲁特部，封多罗贝勒。天聪三年(1629)，同贝勒济尔哈朗略明锦州。五年六月，直言时政，谏言慎选正直，屏弃逸邪，疏远奸佞，任贤使能。七月，受命管户部事。八月，从太宗围明大凌河城。九月，败明监军道张春、总兵吴襄等援兵。十月，收降明总兵祖大寿，同贝勒阿巴泰夜袭锦州。六年，同贝勒济尔哈朗略归化城、黄河诸路。七年，破旅顺口。八年，从征明，招抚蒙古来归人户，入独石口，围赤城，拔保安州。九年十月初二卒。

【德勒克】(？—1794) 清朝蒙古王公。巴林部人。博尔济吉特氏。郡王璘沁长子。娶和硕和婉公主，授和硕额驸。因体弱，未袭王爵，以公爵在内廷行走，又在清字经馆译办经卷。乾隆二十一年(1756)，封辅国公。四十八年(1783)，晋封固山贝子，升理藩院额外侍郎。充国史馆副总裁。

【德楞泰】(？—1809) 清朝大臣。正黄旗蒙古人。伍弥特氏。字淳堂。乾隆中，以前锋从征金川、石峰堡、台湾，升参领，赐号"继勇巴图鲁"。五十七年(1792)，从福康安征廓尔喀，攻克热索桥寨，授副都统。迁护军统领。六十年(1795)，随从镇压湖南苗族，执其首领吴半生，授内大臣。嘉庆元年(1796)，升御前侍卫。署领侍卫内大臣。苗地平，封二等子爵，赐双眼花翎。次年，与将军明亮率军镇压白莲教起义，近十年中，转战于四川、陕西、甘肃、湖北等地。五年(1800)，授成都将军。七年(1802)，累晋封一等侯，加太子太保。十年(1805)，授领侍卫内大臣，充方略馆总裁，总理行营事务，管理兵部。十四年晋三等公。卒，谥壮果。

【德薛禅】 见"特薛禅"。(453页)

【德穆图】(？—1652) 清朝将领。蒙古正白旗人。博尔济吉特氏。固山额真*武纳格子。初任牛录额真。崇德三年(1638)正月，升户部承政。七月，改右参政。四年，随太宗征明，围松山，闻明兵自锦州赴援，放弃攻城，论罪。不久兼任梅勒额真。六年(1641)，从郑亲王济尔哈朗围锦州，以谎报军功论罪，籍家产之半，罢参政、梅勒额真，专领牛录。次年，随军逼明都，略山东。顺治元年(1644)，入关击农民起义军，授牛录章京。二年，从豫亲王多铎攻潼关，定江南，败明将郑鸿逵于瓜洲，破黄蜚于常州，取宜兴、昆山诸县。复任本旗副都统，进一等甲喇章京。

【德木楚克】①(？—1725)清朝蒙古王公。阿巴噶部人。博尔济吉特氏。郡王沙克沙僧格次子。初授二等台吉。康熙二十九年(1690)，从清军击准噶尔部噶尔丹于乌兰布通(今赤峰附近)，获其牧群。三十五年(1696)，随康熙帝征噶尔丹，充向导。三十六年，奉命赴察罕陀罗海，宣谕青海部长由镇海堡入觐。晋一等台吉。五十四年(1715)，封辅国达尔汉公。六十一年(1722)，晋镇国公。雍正二年(1724)，晋固山贝子。②(？—1780)清朝大臣。喀尔喀蒙古车臣汗部人。博尔济吉特氏。垂扎布长子。雍正十三年(1735)，袭札萨克多罗郡王。乾隆十三年(1748)，署盟长。二十年(1755)，授所部副将军，与副都统纳木扎勒由塔密尔徙辉特部、和硕特部降众于固尔班苏鲁克，防护之。二十一年，授参赞大臣。继受命返本部镇压齐木齐格特，于呼伦贝尔西执什等。以功加一级，赐三眼孔雀翎。

【德沁扎布】(？—1762) 清朝蒙古王公。喀尔喀赛音诺颜部人。达什敦多布次子。雍正十一年(1733)，袭札萨克和硕亲王。乾隆十六年(1751)，授所部副将军，寻授副盟长。十七年，与土谢图汗部郡王齐巴克雅喇木丕勒率兵千人驻防锡喇乌苏。十八年，献驼马助军。十九年，驻防乌里雅苏台。以辉特台吉阿睦尔撒纳归降，受命移降众于塔密尔，继置固尔班苏鲁克，设汛防护。二十一年(1756)，授参赞大臣。和托辉特部青衮咱卜叛，他伪檄撤喀尔喀各汛兵，解参赞大臣职。二十二年，复授参赞大臣，赴巴里坤协理军务。

【德参济旺】(？—1648) 清初官吏。蒙古族。博尔济吉特氏。世居阿布罕。初为察哈尔部宰桑。后金天聪八年(1634)，林丹汗败走，死大草滩后，便与噶尔玛济农、多尼库鲁克、多尔济达尔汉诺颜等四大宰桑，挟林丹汗两妻，率众二千人归附后金。谒皇太极于行在，授世职一等昂邦章京。隶蒙古正黄旗。顺治二年(1645)，坐事，降三等。三年，从豫亲王多铎北讨苏尼特部腾机思，在鄂特山之役，击败土谢图汗，以功进一等昂邦章京。同年，改一等总管。

【德钦多吉】(1439—1488) 明代西藏察木多地区帕巴拉活佛。察木多地区格鲁派最大之绛巴林寺，由麦·喜饶桑布兴建，后传予他，称一世帕巴拉活佛。藏族。生于工布江达娘布地区。贡觉多登桑杰贝桑子。由德木塘巴剃度，取法名帕巴拉，意为"圣天"。拜多登桑杰彭ői、荣顿巴等数十名高僧为师，博学多识，广修显、密二宗。四十岁于噶丹寺由巴索·却吉贤赞授比丘戒。因将格鲁派教义与噶举派口诀教义融会贯通而闻名。于各地广建寺院，著名者有：叶尔巴拉日宁布、龙布扎西曲配、扎西察热等。并于波密与工布交界处建第穆拉喀洛色林寺，以其经师衮觉穷乃任主持，称第穆巴，第穆活佛世系由此而生。

【德勒伯克】 见"答里巴"。(543页)

【德源夫人】 见"慈善夫人"。(570页)

【德勒克乌巴什】(？—1791) 清代卫拉特蒙古硕特部贵族。恭格长子。乾隆三十八年(1773)，袭札萨克多罗土谢图贝勒。四十年(1775)，诏授盟长，赐札萨克及盟长印。

【德勒克旺舒克】(？—1756) 清蒙古王公。乌珠穆沁部人。博尔济吉特氏。车臣亲王素达尼第三子。初授一等台吉。雍正十年(1732)，随喀尔喀亲王策楞等败准噶尔军于额尔德尼昭。十一年，督锡林郭勒乌兰察布兵攻准部。十二年，献马二百助军。乾隆三年

(1738)，封辅国公。二十年(1755)，清征准噶尔部达瓦齐、奉命赴科尔沁部购驼八百、马四万匹、羊三万只，送北路军，以助军。

【樊察】 见"凡察"。(22页)

【滕里野合俱禄毗伽可汗】 见"腾里可汗"。(567页)

【 、 】

【颜札氏】 清代满族女学者。军机大臣、礼部尚书启秀之继室。著有《库雅拉启公秀事略》。

【颜盏门都】 金朝将领。女真族。姓颜盏。隆州帕里千山人。天会间(1123—1137)，从军定陕右，为蒲辇，隶监军完颜杲亲管万户，攻饶风关。熙宗天眷(1138—1140)初，杲为叛将定国军节度使李世辅执，以兵救杲于难，以功迁明威将军。从杲招复陕西，进至凤翔，受命抚定诸路。皇统(1141—1149)初，迁广威将军。四年(1144)，授同知通远军节度使事，改知保安军事。海陵王天德三年(1151)，为丹州刺史兼知军事。正隆(1156—1161)初，为宁州刺史。世宗大定(1161—1189)初，为勇烈军都总管，领军攻宋将吴璘。翌年，平秦、陇，以功迁金吾上将军，授通远军节度使。五年(1165)，改广阳尹，兼本路兵马都总管，卒于官。

【摩会】 唐代契丹大贺氏部落联盟首领。原附突厥，贞观二年(628)，率诸部投唐，是为历史上契丹归附中原唐王朝之始。突厥怀怨，与唐交涉，愿以反唐附己的隋将梁师都(称梁国皇帝)换取契丹，遭唐太宗拒绝。翌年，摩会入朝，获唐太宗所赐"鼓纛"(象征统治权力)，从而确立契丹对唐的领属关系。自是，契丹对唐常有贡。

【摩伦汗】(1437—1466) 名脱思(脱谷思)。明代蒙古可汗。孛儿只斤氏。岱总汗＊脱脱不花长子。景泰三年(1452)，父遇难时，被外祖父沙不丹(彻卜登)留下未杀。后被送至翁牛特部领主毛里孩王处。成化元年(1465，一作成化二年)，其异母弟马可古儿吉思(乌珂克图汗)被权臣孛来所杀，翌年被毛里孩王立为可汗。因受鄂尔多斯部蒙哥、哈答不花(一译和卜罕)挑拨，君臣内讧，被毛里孩杀死。

【摩诃衍】 又译摩诃衍那，梵语意为"大乘"，故汉籍又称大乘和尚。唐代敦煌禅宗名僧。汉族。8世纪下半叶人。久居敦煌，宣讲佛教顿悟学说，声闻吐蕃。唐建中二年(781)，被赞普赤松德赞迎至吐蕃，居十余年，传播大乘顿悟禅宗，盛极一时，成为汉地佛教在吐蕃的代表人物。从教者甚众，赞普姨母、王妃及苏毗王子为首的大臣多人，均从其学顿悟禅宗，并出家为僧。致使原吐蕃信仰印度中观兼密宗，提倡"渐悟"的僧人遭到冷落，桑耶寺供施中断，故为该派所反对，两派观点尖锐冲突。贞元八年至十年(792—794)，在赤松德赞主持下，汉地佛教与印度佛教展开辩论，即所谓"顿渐之净"。汉籍载顿门派获胜，藏史谓渐门派被赤松德赞宣布获胜。

十年，返回敦煌，继续宣讲禅宗顿悟说，许多居敦煌之藏族僧人仍从其听闻佛法。所传顿悟禅宗流传于吐蕃，影响后世。

【潭戎】 东汉武陵郡少数民族起义首领。武陵澧中(今湖南澧县)人。和帝永元四年(92)，以郡县徭税失平，怀怨，率澧中、溇中(今湖南慈利、石门一带)的少数民族起义，烧邮亭，杀官吏。七年(95)，再次暴动。后被武陵郡兵镇压。

【潘乐】(507或509—555) 亦作潘相乐。东魏、北齐将领。一说为鲜卑破多罗氏(孝文帝时改为潘氏)，广宁石门(今内蒙古境内)人。字相贵。一说本为广宗(今河北威县东)大族，北魏时分镇北边，遂居家。怀朔镇将长之孙，广宗男永子。北魏孝昌(525—527)年间，年十九，附葛荣起事，授京兆王。后随尔朱荣，为别将讨元颢，以功封敷城县男。永安三年(530)，至晋州，被高欢引为镇城将。从破尔朱兆于广阿，晋爵广宗县伯，累功拜东雍州刺史。后破西魏军于河阴，改封金门郡公。东魏武定七年(549)，镇河阳，破西魏军，拜司空。北齐天保元年(550)，封河东郡王，迁司徒。三年，任东南道大都督，与清河王高岳等南伐克安州。四年，率精骑五千，随宣帝讨契丹。后任瀛州刺史，经略淮、汉。六年(555)，卒于悬瓠。赠太师、大司马、尚书令。

【潘鸿】 见"卜阳"。(3页)

【潘父恣】(？—1409) 明代仫佬族人民起义首领。广西罗城人。仫佬族。永乐七年(1409)，领导罗城县仫佬等族人民揭竿而起，反抗明朝封建统治，攻至柳庆各地。后遭柳州等卫官兵剿，寡不敌众，起义失败，被明军逮捕遇害。

【潘龙源】 清代仫佬族人民起义首领。广西天河(今罗城西天河镇)人。仫佬族。咸丰四年(1854)，在太平天国节节胜利的影响下，与同乡潘亚开在家乡聚众起义。在县城(今天河乡所在地)设拜台会，名曰"广明堂"，附近仫佬等族人民纷纷参加，声势浩大，有力地配合了广西各地"堂会"的反清斗争。七年(1857)，配合太平军李文茂部攻打柳北各县，占领天河县，改县名为朝阳县，委官治理。不久，遭清朝重兵围剿，郡城失守，李文茂被迫退出柳州，仫佬族人民斗争被镇压。

【潘老冒】 见"张秀眉"。(268页)

【潘名杰】 清咸丰同治年间苗族起义领袖。贵州贵定人。苗族。咸丰五年(1855)，与兄潘名德在贵定边境麻哈坝芒聚众起义。多次进攻龙里、贵定以及贵阳等城镇。十年(1860)，与太平军曾广依部及号军联合，先后攻占龙里、贵定、定番(今惠水)、长寨(今长顺)、清镇、修文、开州等城。同治二年(1863)，协同贵州各地起义军围攻贵阳。七年(1868)，清军攻占龙里和贵定，降清，不知所终。

【潘名德】 详见"潘名杰"。(600页)

【潘罗支】(？—1004) 宋代吐蕃西凉府(今甘肃武威)六谷部落大首领。附宋抗击党项。咸平四年(1001)，受宋封为凉州防御使兼灵州西面都巡检使。六年(1003)二月,遣吴福圣腊向宋进贡,声称已集中骑兵六万愿助宋收复灵州,受宋封朔方军节度使。十一月,西凉府为西夏李继迁攻陷,伪降。旋联合六谷诸部合击李继迁,重创西夏军,继迁中流矢死。次年二月,遣甥厮陷完至宋请功。六月,复派兄邦逋支赴宋,表示欲亲率六谷诸部及回鹘兵攻西夏,并请宋军配合,遭拒,坐失良机。是月,为归附者龙族属下部落迷般嘱和日逋吉罗丹二族所杀。宋追赠其为武威郡王。

【潘金盛】 五代后梁开平年间苗族起义首领。靖州(今湖南靖县)人。苗族。开平四年(910),与杨成磊率靖州苗、侗族农民于飞山岩(今湖南靖县境)暴动。楚王马殷遣官兵镇压,起义失败。

【潘新简】(1820—1869) 清咸、同年间水族农民起义首领。贵州荔波县九阡里(今属三都水族自治县)梅采寨人。水族。出身于贫苦农民家庭,自幼饱尝地主豪强欺榨。咸丰五年(1855),与吴邦吉等在九阡发动水族农民武装起义,提出"不缴粮,不纳税,打倒清朝享太平"。邻近佳荣、三洞等农民纷纷响应,拥众万余,自号辅德王。击溃荔波县前来镇压的官军,控制荔波县大部分地区,与苗、侗、布依等民族农民起义军互相配合,转战于荔波、独山、都匀、古州及广西南丹等地,所到之处惩办贪官污吏,废除苛捐杂税,开仓济贫,深得群众拥护和支持。同治五年(1866),与潘老帽领导的苗族农民军联合攻克荔波县城。后遭湘、桂、川等省官军围剿,失利,率部退守九阡,在敌人重兵包围下,孤军奋战两年之久。八年(1869),九阡失陷被俘,面对敌人威迫利诱,坚贞不屈,后被解送桂林,英勇就义。

【羯猎颠】 唐代龟兹将领。贞观二十二年(648),与龟兹王白诃黎布失毕率军五万御阿史那社尔所率唐军,兵败退守拨换城(今新疆阿克苏县)。月余,城破与白诃黎布失毕同被俘,执送长安,获赦。佐龟兹王归国执政。后降西突厥阿史那贺鲁,拒龟兹王入城。显庆元年(656),附阿史那贺鲁反唐。三年(658),与唐左屯卫大将军杨胄战于泥师城,兵败,被俘。唐以其地置龟兹都督府。

【额哲】(?—1649) 全称额尔克孔果尔额哲。明末蒙古察哈尔部首领。孛儿只斤氏。林丹汗长子。崇祯七年(后金天聪八年,1634),父率兵西进青海途中病死。翌年,察哈尔余部居地归化(今呼和浩特)被后金攻克,与其母被俘,投降后金,献元朝皇帝的玉玺"制诰之宝"。九年(清崇德元年,1636),作为蒙古首席代表参加推举"大清皇帝"的会议,尚清太宗皇太极次女固伦公主,受封和硕亲王(亦称察哈尔亲王),奉命将察哈尔部迁至义州(今辽宁义县)驻牧。卒后无嗣。

【额敏】(?—1739) 维吾尔族。新疆哈密人。额贝都拉达尔汉伯克孙。哈密札萨克贝子。生于肃州及长,归籍。康熙五十年(1711),父郭帕伯克死,袭一等札萨克。次年,进京朝觐。五十四年(1715),准噶尔部首领策妄阿拉布坦遣兵扰哈密,会同清军驻防兵击退之。后率属众屯田于塔勒纳沁,输青稞助军。雍正五年(1727),以功封镇国公。不久再进京朝觐,晋固山贝子。八年(1730),川陕总督岳钟琪以其勤屯务,奏请奖赐银币。十年(1732),噶尔丹策零遣车凌纳木札勒统兵扰塔勒纳沁,设伏堵御,并遣将告岳钟琪逐之。

【额森】 见"也先"。(23页)

【额楚】(?—1680或1681) 清朝将领。满洲镶黄旗人。乌札拉氏。顺治二年(1645)随破西平县,叙功授云骑尉世职。寻晋世职至佐领、三等轻车都尉。十五年(1658),从军取贵阳。十六年,郑成功入攻江宁(今南京),受命统江宁驻防兵,败之,以功晋二等轻车都尉,寻授驻防江宁协领,擢副都领。康熙七年(1668),授江宁将军。十三年(1674)奉命同副都统巴尔堪率兵讨耿精忠。十五年(1676)赴南昌,参赞简亲王喇布军务。与吴三桂部战于吉安、螺子山,旋赴广东。十六年,统兵驻韶州。十七年,同勒贝率兵驻梧州,参赞莽依图军务,会讨广东总兵祖泽清。十八年败吴世琮犯梧州军。十九年(1680)还江宁。

【额色尹】(?—1790) 号额尔克和卓。维吾尔族。新疆叶尔羌(今莎车)人。阿帕克和卓侄孙。初被准噶尔胁徙伊犁。乾隆二十年(1755),降清军。次年,拒从霍集占叛,与弟帕尔萨、兄子玛木特、图尔都避居布鲁特(今柯尔克孜)牧区及安集延等处。二十三年(1758),清军征布拉呢敦、霍集占抵叶尔羌时,偕图尔都及布鲁特兵攻喀什噶尔(今喀什),袭英吉沙尔(今英吉沙)诸邑,扼布拉尼敦后路。次年,遣玛木特赴阿克苏,协同清兵击敌。诏封辅国公,令入觐,赐居京师。

【额色赫】(?—1661) 清初大臣。满族,富察氏,世居讷殷。满洲镶白旗人。初从清太宗皇太极征伐,由巴牙喇壮达(护军校)授兵部理事官。后金天聪九年(1635),从巴奇兰征黑龙江部。清崇德三年(1638),擢秘书院学士。五年(1640),随多尔衮围锦州,奉命谕机宜。六年,以明洪承畴率师十三万援锦州至松山,复奉命赴军前诸将方略。奏请增兵,太宗遂亲率兵破明军。七月,济尔哈朗克锦州,祖大寿降。八年,从阿巴泰略山东、下兖州。顺治元年(1644),随军入关。二年,授云骑尉。四年,加一云骑尉。五年,迁刑部启心郎。八年(1651),擢国史院大学士。九年,充纂修太宗实录总裁官、会试正考官、列议政大臣。复充武会试正考官。累晋世职一等轻车都尉。十二年(1655),加少保兼太子太保,再充会试正考官。纂辑太祖、太宗圣训,资政要览,充总裁官。十三年,晋少傅兼太子太傅。十五年(1658),改保和殿大学士。十六年,晋少师兼太子太师。卒,谥文格。

【额亦都】(1562—1621) 后金五大臣之一。满族。钮祜禄氏。世居长白山。都灵阿巴图鲁子。幼时,父母为仇人所害,为邻人匿得免于难。十三岁手刃仇人,避居嘉木瑚,依姑母而居。明万历八年(1580),归附努尔哈赤,深受信赖。后隶满洲镶黄旗。十一年(1583),从讨尼堪外兰于图伦,取色克济等城。十五年(1587),督兵取巴尔达城，赐号巴图鲁。继败萨克察人入扰，连下尼玛兰、章嘉、索尔瑚等城寨。二十一年(1593)，随军败叶赫等九部联军来犯。攻讷殷路，斩其长收稳、色克什于佛多和山。三十五年(1607)，随贝勒巴雅喇征东海窝集部。三十八年(1610)，抚定那木都鲁、绥芬、宁古塔、尼玛察四路。三十九年，征窝集部呼尔哈路，克扎库塔城。后金天命元年(1616)，与费英东、何和理、扈尔汉、安费扬古，为理政五大臣。二年，同安费扬古，攻取明马根单、花豹冲等堡。四年，同贝勒代善大破明兵于吉林崖、萨尔浒山、尚间崖及阿布达里岗。从破叞伦四部。身经百战，累立战功，先后授一等大臣、总兵官、尚和硕公主。天命六年六月十四日，卒于辽阳。天聪元年(1627)，追封宏(弘)毅公。

【额里克】 见"阿里不哥"。(284页)

【额琳沁】(?—1710) 清朝蒙古王公。喀尔喀赛音诺颜部人。博尔济吉特氏。郡王衮布长子。康熙三十五年(1696)，随抚远大将军费扬古败噶尔丹于昭莫多。四十七年(1708)，袭札萨克多罗贝勒。四十九年(1710)，袭其父郡王原爵。

【额墨根】(?—1757) 清朝蒙古王公。喀尔喀赛音诺颜部人。博尔济吉特氏。喇布坦子。初授协理台吉。隶贝勒吹扎木三旗。康熙五十九年(1720)，随清军由布拉罕征准噶尔。雍正九年(1731)，随额驸策棱败准部军于苏克阿勒达呼，以功受赏。十年，战准部军于克尔森齐老，力战被创，赐孔雀翎。乾隆二年(1737)，以定准噶尔牧界，受命往谕噶尔丹策零。三年，授一等台吉，命乾清门行走。四年，授札萨克。十六年(1751)，奉命禁回人入界与喀尔喀互市。

【额璘臣】①(?—1656)清初蒙古鄂尔多斯部首领。博尔济吉特氏。成吉思汗二十一世孙、济农博硕克图子。嗣济农号。原依附察哈尔部，遭林丹汗虐，被夺济农号。与喀喇沁、阿巴噶诸部长败察哈尔兵四万于土默特之赵城。天聪九年(1635)，与额哲结盟，分其众以行，为后金军追及，献察哈尔户千余。与弟垂喇珲台吉归附后金，赐济农号。顺治元年(1644)，献驼马貂皮。六年(1649)，封多罗郡王。掌鄂尔多斯左翼中旗。②见"林沁额叶齐岱青"。(304页)

【额璘沁】(?—1764) 清朝蒙古王公。喀尔喀赛音诺颜部人。博尔济吉特氏。齐旺扎布长子。雍正十二年(1734)，袭札萨克一等台吉。乾隆二十年(1755)，随清军征噶尔部达瓦齐，受命于军营督牧驼马。二十一年，和托辉特部青衮咱卜反清，他以不受煽惑，督牧如故，受嘉奖，赐孔雀翎。

【额儿布思】 见"萧斡里剌"。(490页)

【额贝都拉】(?—1709) 一译厄碑都拉、额贝杜拉。维吾尔族。新疆哈密人。号达尔汉伯克。初隶准噶尔。清康熙三十一年(1692)，理藩院员外郎马迪出使策妄阿拉布坦，途经哈密，为罗卜藏额琳沁等杀害，从众避入哈密。他派人护归嘉峪关，并发给粮、马。三十五年(1696)，遣纳林伯克进京纳贡，令长子郭帕伯克率三百人擒噶尔丹子色布腾巴尔珠尔于巴里坤，献于清。次年，噶尔丹侄丹济拉败走哈密，令子护送至内地。诏给札萨克印，赐红纛，仍达尔汉号；子郭帕伯克、白奇伯克，各授二等伯克。三十七年(1698)，编设旗队，设管旗章京、参领、佐领等官职。其屯居肃州者，别设佐领一。

【额尔古伦】 新疆锡伯族人。初任锡伯营总管。道光六年(1826)，张格尔入侵喀什噶尔(今喀什)，奉命随领队大臣祥云保等领兵往逐，在浑巴什河战役中，大败敌军。旋复会杨芳等擒张格尔于喀尔铁盖山，以功授领队大臣。十年(1830)，张格尔兄玉素普和卓率浩罕兵入犯。与协领奇成额领兵二千，经冰岭往援。在叶尔羌(今莎车)西路哈拉布札什头台，会乌鲁木齐援军共同破敌，为解除叶尔羌、喀什噶尔之围作出贡献。

【额尔德尼】①(?—1623)清初学者、满文创制者之一。满族。纳喇氏，世居都英额。满洲正黄旗人。清太祖努尔哈赤起兵初期归附。兼通蒙古、汉文。从征蒙古诸部，能因其土俗、语言、文字宣示旨意。招纳降附，著有劳绩，赐号"巴克什"(满语意为"学者")。满洲初起，无文字，文移往来，皆译蒙古语通之。随着统一事业的发展，交往的频繁，要求创制一种新文字。明万历二十七年(1599)，受命与噶盖创制国书，以蒙古文字协女真语音制成，为满族有文字之始。颁行国内，对满族社会的发展起了重要作用。后与"新满文"相区别，被称为"无圈点满文"或"老满文"。后金天命元年(1616)，建后金国时，由其宣读诏书。曾参与草创后金的各项制度。三年(1618)，从征明抚顺，师还，与诸将斩明总兵张承荫，因功授男爵。八年(1623)，因贪取东珠等被杀。太宗皇太极誉之为"一代杰出之人"。世祖福临时追谥文成。②一译额尔得尼、额尔多呢。清代卫拉特蒙古杜尔伯特部台吉。姓绰罗斯。鄂木布岱青和硕齐玄孙，达克巴第五子。乾隆十九年(1754)，随辉特部台吉阿睦尔撒纳、讷默库等附清，授札萨克固山贝子。二十年，从西路军征达瓦齐。伊犁平定，仍旧牧。

【额色库汗】(1387—1425) 或作斡亦剌台可汗、厄塞库等。明代蒙古可汗。瓦剌克坞古特(即额尔克彻古特，土尔扈特旧姓)氏乌格齐哈什哈子。永乐十三年(1415)，继可汗位。娶巴图拉(马哈木)遗孀萨穆尔公主。将元裔阿寨台吉(岱总汗脱脱不花父)母子作家奴役使。洪熙元年(1425)卒，在位十一年。其生平事迹与汉文史籍中的瓦剌领主太平(?—1425)相近。

【额驸阿宝】 见"阿宝"。(272页)

【额勒和布】(?—1900) 清朝大臣。觉尔察氏。满洲镶蓝旗人。咸丰二年(1852)翻译进士。改翰林院庶吉士。同治元年(1862)，官内阁学士兼礼部侍郎衔。二年，升理藩院右侍郎，充国史馆副总裁。三年，授正白旗蒙古副都统，奉命查办热河土默特旗老头会，补正黄旗满洲副都统。四年，授盛京户部侍郎兼管奉天府尹。五年，奉诏编查保甲、收缴军械、修筑堡寨、创立学校。

六年,倡捐粟米三百五十石以赈关内饥荒。七年,请准重开凤凰城矿炭,以济军火。十年(1871),迁察哈尔都统。十一年,派蒙古马队八旗官兵接济新疆用兵。十三年,擢乌里雅苏台将军。光绪二年(1876),回民围布伦托海民厂,派兵捕剿。六年(1880),补镶白旗汉军都统。七年,充派赴朝鲜国正使,调热河都统。九年(1883),迁理藩院尚书,调户部尚书。十年,在军机大臣上行走,以户部尚书协办大学士。奏开滇越边界矿务。授体仁阁大学士、文渊阁领阁事。十一年,调管兵部事务,转武英殿大学士。二十二年(1896),因疾乞仕。卒,谥文恭。

【**额勒登保**】(1748—1805) 清朝将领。满洲正黄旗人。瓜尔佳氏。世居吉林乌拉。字珠轩。乾隆三十三年(1768),以马甲随征缅甸。三十八年(1773),参与镇压金川土司叛乱。四十年(1775),擢三等侍卫。四十一年,金川平。叙功赐号"和隆武巴图鲁",移驻京师。四十九年(1784),随尚书福康安等镇压甘肃田五领导的回民起义。五十二年(1787),授头等侍卫。随福康安镇压台湾林爽文起义,援嘉义,解其围。五十六年(1791),驻藏大臣舒濂卒,受命驻前藏摄其事。随福康安驱逐入侵后藏之廓尔喀,擢都统。乾嘉之际,随福康安等镇压湘黔苗民起义,杀害石柳邓、吴半生。后围剿鄂陕白莲教起义。嘉庆八年(1803),留川陕经理善后,旋移师陕楚查阅关卡。九年,阅湖北、陕西营伍。后入川,同德楞泰筹办裁撤兵勇、安设边防等事宜。不久回京,充方略馆总裁官。授崇文门正监督。卒,谥忠毅。

【**额勒登额**】(?—1796) 清朝将领。满族。栋鄂氏。满洲正白旗人。陕甘总督*永常子。初授三等侍卫。乾隆十三年(1748),随岳钟琪征金川,因功擢二等侍卫。后四年,晋头等侍卫。十八年(1753),授镶红旗汉军副都统。二十年(1755),随征准噶尔。五月,领索伦兵千渡伊犁河,降宰桑得木齐等。六月,领兵堵截达瓦齐,未获,受责。是月,霍集斯擒达瓦齐及其子罗卜札,他受命接应。旋因父获罪,夺职,留军中立功自赎。二十一年,随达勒党阿追捕阿睦尔撒纳至哈萨克,屡与哈萨克战,多所斩获,复头等侍卫。十月,授正蓝旗汉军副都统。十二月,授御前侍卫。二十二年,随兆惠征额鲁特,因未能奋勇追剿,革副都统,降为三等侍卫。二十三年,擒达尔扎朗。二十四年,征回部霍集占,叙功擢二等侍卫。二十五年,授镶红旗蒙古副都统。二十七年(1762),授公中佐领、骑都尉世职、武备院卿、正黄旗护军统领。后三年,因疾致仕。

【**额敏和卓**】(?—1777) 清代新疆吐鲁番郡王。维吾尔族。吐鲁番大阿訇尼雅斯和卓子。世居鲁克沁。初隶准噶尔。康熙五十九年(1720),清散秩大臣阿喇纳征准噶尔至吐鲁番时,投附清朝。雍正四年(1726),清军撤居哈密,以吐鲁番给策妄阿拉布坦,受命辖鲁克沁众。九年(1731),准噶尔策零遣兵侵扰鲁克沁,率众三创准噶尔军。十一年(1733),为避准军劫掠,率众八千余徙瓜州,封辅国公。乾隆二十年(1755),率兵三百从清军征达瓦齐。晋镇国公。次年,归鲁克沁,复领兵四百助宁夏将军和起追擒辉特台吉巴雅尔。抵辟展(今鄯善),莽噶里克叛杀和起。遣使告变,以功封贝子。二十二年(1757),授领队大臣,从户部侍郎阿里衮击阿睦尔撒纳余党,赐贝勒品级。越一年,授参赞大臣,随靖逆将军雅尔哈善往库车讨霍集占。雅尔哈善罹罪伏诛后,从定边将军兆惠赴乌什,招降霍集斯。旋于喀喇乌苏为霍集占所困,拒其请和。二十四年(1759),布拉呢敦、霍集占逃巴达克山,受命抚叶尔羌(今莎车),封郡王。向受乾隆帝器重。赞其"知无不言,言无不宜"。三十年(1765),请随军镇压乌什赖和木图拉起义,未至事平,留驻叶儿羌。越二年,入觐。后因评告噶岱默特不实,被令回原籍。

【**额尔克沙喇**】(?—1766) 清朝蒙古王公。喀尔喀赛音诺颜部人。博尔济吉特氏。亲王*成衮扎布长子。初授一等台吉。乾隆二十二年(1757),随军征辉特部巴雅尔,封辅国公。二十三年,扈从乾隆帝木兰行围,赐黄马褂,命莅清门行走,叙擒莫逻左什扎布功,赐贝子品级。二十四年,受命赴哈萨克界侦御,驻兵护乌梁海。

【**额尔克和卓**】 见"额色尹"。(601页)

【**额尔克戴青**】(?—1611) 清代蒙古大臣。喀尔喀巴约特部人。博尔济吉特氏。*恩格德尔子。初任侍卫,三等甲喇章京。崇德元年(1636)父卒,嗣爵。顺治二年(1645)进二等昂邦章京。七年进三等侯。因拒附睿亲王多尔衮,不愿改入正白旗,降二等总管。顺治帝福临嗣位后,进一等侯,列议政大臣,管銮仪卫。继升领侍卫内大臣、兼三等甲喇章京,进一等公。十年(1653)以判案徇私,降二等公。十四年加少保,兼太子太保。十六年以其仆从殴侍卫于市,并先发诬告侍卫,被削爵夺官,公留内大臣衔。十八年六月卒,谥勤良。

【**额色木图拉**】(?—1765) 清代新疆乌什维吾尔族反清起义首领。维吾尔族。新疆乌什人。赖黑木图拉之父。初为乌什四品伯克。乾隆三十年(1765),因不堪清驻乌什办事大臣素诚(苏诚)及阿奇木伯克阿卜都拉之征索欺凌,子赖黑木图拉率众起义,在与清军作战中死。他被乌什群众举为首领,继续领导抗清斗争,据险固守。后因城内弹尽粮绝,被叛徒沙布勒、锡喇卜阿訇出卖,于八月十五日被擒献清军,壮烈牺牲,起义失败。

【**额勒伯克汗**】(1361—1399) 全称额勒伯克尼古埒苏克齐汗,又译厄尔白克等。明代蒙古可汗。孛儿只斤氏。可汗*脱古思帖木儿子。明洪武二十五年(1392,一作1391),兄恩克卓里克图汗卒,无嗣,于二十六年(1393,一作1394)继汗位。重用瓦剌出身的佞臣浩海达裕(浩海太尉)。建文元年(1399),受浩海达裕怂恿,杀弟哈尔古楚克鸿台吉,夺取弟媳鄂勒哲依图鸿郭斡妣吉。不久,中妣吉离间计,误杀浩海达裕,复以浩海达裕子巴图拉(马哈木)为丞相,以己女萨穆尔公主妻之,令管瓦剌,引起瓦剌大领主乌格齐哈什哈不满,被其所杀。卒后,长子坤帖木儿继汗位。

【额琳奇岱青】（？—1643） 清初官员。蒙古族。博尔济吉特氏。居翁牛特部。为察哈尔部宰桑。后金天聪八年（1634），林丹汗兵败后，与多尔济塔苏尔海谋降后金。同年皇太极征明，至波硕兑，与多尔济塔苏尔海等五宰桑率丁壮七百人及家小二千口归附。被护送至沈阳获厚赍，分隶蒙古正白旗。崇德元年（1636），授世职二等昂邦章京。三年（1638），随军伐明，略地山东。六年，围锦州，以功进一等，世袭罔替。

【额勒锥特穆尔】 见"本雅失里"。（98页）

【额琳沁多尔济】（？—1756） 清朝蒙古王公。喀尔喀赛音诺颜部人。博尔济吉特氏。亲王策棱第五子。初授一等台吉。乾隆二十一年（1756），与台吉旺辰多尔济随定边左副将军哈达哈征乌梁海，复进兵哈萨克，以出痘卒，追封公品级。

【额墨根乌巴什】（？—1772） 清代卫拉特蒙古土尔扈特部贵族。沙克都尔扎布次子巴图之孙。乾隆三十六年（1771），率所属400余户约2000余人随渥巴锡东返祖邦，封固山贝子，赐号巴雅尔图。次年卒，子恭坦袭。

【额璘沁多尔济】（？—1755） 清朝蒙古王公。喀尔喀土谢图汗部人。博尔济吉特氏。敦多布多尔济次子。乾隆六年（1741），命乾清门行走。八年（1743），袭札萨克和硕亲王。十年（1745），受命督理俄罗斯边境事。十二年（1747），授所部副将军，赴塔密尔驻防。十九年（1754）夏，奉命购驼马解岊格扎布堪饲牧，备用。冬，授西路参赞大臣。二十年，随清军征准噶尔部达瓦齐于伊犁。继受命护送阿睦尔撒纳入觐，察阿睦尔撒纳叛迹，不为备，并拒将木库尔劝，未及时逮擒，致使阿睦尔撒纳逃遁。以罪，赐死，停亲王爵。

【额尔克孔果尔额哲】 见"额哲"。（601页）

【额尔德尼巴图尔珲台吉】 见"巴图尔珲台吉"。（90页）

【额尔德尼额尔克托克托鼐】（？—1749） 又作厄尔德尼俄尔克他克他耐。清代卫拉特蒙古和硕特部台吉。青海*固始汗孙衮布长子。清康熙四十四年（1705），袭多罗贝勒爵。五十六年（1717），受命领青海左翼。五十九年（1720），随清军进藏，逐准噶尔部大策凌敦多布军。雍正元年（1723），叙进藏功，晋封郡王。是年，亲王罗卜藏丹津觊为"藏王"，举兵反清，胁其叛。不从，遭罗卜藏丹津袭击。兵败，走甘州，请清廷救援，被抚远大将军延信安置于苏油口内。子阿喇布济、索诺木达什集兵拒战，败罗卜藏丹津军。三年（1725），授札萨克，归牧大通河南岸。

【额尔德尼喇嘛巴图尔珲台吉】 见"喇嘛达尔札"。（538页）

【额尔德尼伊拉古克三呼图克图】（？—1697） 清代卫拉特蒙古僧人。原名拉尊纳旺丹增。祖居察罕托辉。乌巴什之子。清康熙十八年（1679），五世达赖授以"额尔德尼伊拉古克三呼图克图"号。二十四年（1685）被清朝封为归化城掌印札萨克大喇嘛。次年，擢总管京城喇嘛班第札萨克大喇嘛。二十七年（1688），借赴拉萨之机，暗投噶尔丹。为噶尔丹反清献策，传递情报。三十一年（1692）七月，借部众投奔噶尔丹。三十六年（1697）四月，噶尔丹兵败身亡，他被清军俘获。十月，在北京被磔诛。

【鹤汀】 见"赛尚阿"。（587页）

【鹤侣】 清代官员。原名奕赓。满族。出身贵族。道光十一年至十六年（1831—1836），官御前侍卫。著子弟书《借靴》、《柳敬亭》和《侍卫叹》等二十余种，最为有名。

【鹤野】 见"完颜永成"。（251页）

【 ㄏ 】

【憨都】 一作罕都、堪都。清代卫拉特蒙古准噶尔部台吉。都噶尔阿喇布坦兄。早年依附噶尔丹。康熙二十九年（1690），追随噶尔丹犯乌兰布通，为清军击败，奔附策妄阿拉布坦，被囚七年。三十五年（1696），噶尔丹兵败昭莫多，其兄子滚楚克率属众四十户附策妄阿拉布坦。遂获释，受命与滚楚克同居。因怨策妄虐待，率属众百余户内移。辗转至巴里坤，为哈密郭帕伯克执送振武将军孙思克处。清廷念其远来不易，赦之，授台吉，被安置于察哈尔镶黄旗。

【憨塔卜】 见"石抹咸得不"。（107页）

【豫甫】 见"立山"。（123页）

十六画

【 一 】

【璘沁】（？—1756） 清朝蒙古王公。巴林部人。博尔济吉特氏。桑哩达长子。初授二等台吉。雍正九年（1731），随父赴北路军，十年授一等台吉。乾隆六年（1741），命御前行走。八年（1743）封辅国公。十三年（1748），袭札萨克多罗郡王。十四年，赐号和硕齐。十五年，授副盟长。十八年（1753），晋盟长。十九年，赐亲王品级。二十年，授议政大臣，随定北将军班第征准噶尔部达瓦齐于伊犁。六月，达瓦齐兵败后，受命押送俘囚。后以病还牧。

【耨斤】 见"萧耨斤"。（487 页）

【耨里】 见"耶律恕"。（307 页）

【耨里思】 见"耶律耨里思"。（326 页）

【耨盌温敦兀带】（1121—1167） 名又作吾带、乌带、斡带。金朝大臣。女真族。姓耨盌温敦，亦作耨怨温都。太师耨怨温敦思忠侄。天会（1123—1137）间，充女真字学生，学问通达，观书史，工为诗。选为尚书省令史，除右司都事，转行台右司郎中，入为左员外郎。海陵王天德四年（1152），为贺宋正旦使。累官同知大兴尹，历任刑部、兵部、吏部尚书，定海军节度使。正隆六年（1161），随军攻宋，为武定军都总管。同年，世宗完颜雍即位于东京（今辽宁辽阳），授咸平尹，为北边行军都统。改会宁尹。任内，勤备御，边患以宁。改北京留守。世宗大定七年（1167），拜参知政事。

【耨盌温敦思忠】（1089—1161） 亦作温都思忠、温敦乙剌补、温都移剌保。金大臣。阿补斯水人。女真族。姓耨怨温敦。太祖阿骨打伐辽时，女真族尚无文字，凡军中机密，诸将皆口授思忠，由其面奏受诏，还军传致诏辞，虽往复数千言，很少有误。金辽和议，奉使辽国，号称"闸刺"（行人）。后从宗翰伐宋。天会八年（1130），受太宗命为宣传使，册封刘豫为齐帝。不久授谋克。从宗弼克和尚原。任同知西京留守事。天眷（1138—1140）初，改蒲州防御使，进行台尚书左丞。与参知政事乌林答赞谟不睦。天德二年（1150），乘海陵王杀左丞相秉德之机，以赞谟妻为秉德乳母，陷杀赞谟。同年为尚书右丞，进平章政事，封邳国公。进拜左丞相兼侍中，封沂国公。三年，辞官。贞元二年（1154）十月，复拜太傅，领三省事，封齐国王。继拜太师兼劝农使，尚书令，位在丞相之上。海陵王更定封爵制度，诸王皆降封，唯封其为广平郡王。百官不封妻，唯封其次室为郡夫人。曾谏阻攻宋，不为所纳。海陵王起兵攻宋，致使国内义军蜂起。卒，海陵亲临奠。

【醢落尸逐鞮单于】 见"呼韩邪单于"。（344 页）

【翰】 见"回离保"。（146 页）

【薛贵】（？—1430） 原名脱火赤。明朝将领。蒙古族。薛台子，*薛斌弟。洪武时，随父归附明朝。建文元年（1399），从燕王朱棣起"靖难"师，屡脱王于险，积功升都指挥使。永乐八年（1410），从明成祖征东蒙古阿鲁台、本雅失里，进都督佥事。二十年（1422），封安顺伯。宣德元年（1426），晋爵为侯。卒，追封滨国公，谥忠勇。

【薛绶】（1417—1449） 幼名寿童。明朝将领。蒙古族。*薛斌子。永乐二十二年（1424），袭父爵永顺伯，明仁宗赐名绶。史称"骁勇善战"。正统十四年（1449），从明英宗征瓦剌。英宗撤离宣府时，明将吴克忠、吴克勤兄弟（蒙古族）所率殿军，被瓦剌追兵所歼，遂与成国公朱勇往援，中伏，牺牲。谥武毅。

【薛琡】（？—550） 北魏、东魏官员。鲜卑叱干氏（薛氏）。河南洛阳人。字昙珍。魏徐刺史虎子之子。初为典客令。正光（520—525）中，行洛阳令，部内肃然。东魏天平（534—537）初，拜七兵尚书。被高欢引为丞相长史，深受礼遇，闻预军国之事。率军平范阳卢仲礼。转殷州刺史，为政严酷，吏人苦之。历位度支、殿中二尚书。北齐天保元年（550），卒于兼尚书右仆射。赠尚书左仆射、青州刺史，谥威恭。

【薛斌】（？—1421） 原名脱欢。明朝将领。蒙古族。洪武（1368—1398）年间，随父薛台归附明朝，赐姓薛。父卒，嗣父职，任燕山右护卫指挥佥事。建文元年（1399），从燕王朱棣起兵"靖难"，升都督佥事。后随明成祖北征有功，进都督同知、骠骑将军。永乐十八年（1420）末，封永顺伯。次年卒。

【薛撒】（？—1197） 又作撒察、薛扯。蒙古国建立前主儿乞部首领。号"别乞"（"族长"之意）。忽秃黑秃主儿乞之子。与成吉思汗同宗，均为*合不勒罕之曾孙。原与弟大丑依附札只剌部札木合。宋淳熙十六年（1189），率众归附铁木真（成吉思汗），与诸部共推铁木真为蒙古部汗。继而在"十三翼之战"中，与弟大丑共掌第六翼（一说第五、六翼），攻战札只剌部札木合等十三部联军。但自恃为合不勒罕长支，势力强盛，无人能敌，不甘屈从铁木真，"冀图王权"，屡与铁木真构难，借故殴打铁木真的兄弟和部属，拒绝与蒙古部联合攻塔塔儿部，并乘机袭击铁木真的奥鲁（后方老营），引起战端。庆元二年（1196，一说三年），为铁木真败于帖烈徒，与大丑同被执杀。

【薛彻秃】 见"彻彻秃"。（236 页）

【薛超吾】 见"马九皋"。（28 页）

【薛禄东赞】 见"禄东赞"。（555 页）

【薛禅皇帝】 见"忽必烈"。(370页)

【薄句大】(？—335) 东晋时北羌王。黑羌人。活动于陕西关中北部，称四角王。东晋咸和九年(334)，乘后赵内哄，联合长安人陈良夫攻冯翊、北地，为后赵章武王石斌、乐安王石韬所败，走马兰山(今陕西旬邑东北)，大败郭敖追兵，使赵军死者十之七八。次年，遭石斌所率精兵二万及秦、雍二州兵攻击，兵败。

【薄居罗】 见"尉迟迥"。(519页)

【薄胥堂】 见"屠耆单于"。(519页)

【燕哥】 见"耶律燕哥"。(322页)

【燕颇】 反辽起义军首领。渤海人。燕氏。仕辽为黄龙府卫将。辽景宗保宁七年(975)七月，率部族起义，杀辽都监张琚。九月，为辽敌烈耶律曷里必败于治河，奔乌舍国。圣宗统和十三年(995)秋，与乌舍国昭度合兵攻铁利部，铁利人告急于辽。昭度率众死守，败辽兵。

【燕燕】 见"萧绰"。(479页)

【燕国妃】 见"萧师姑"。(482页)

【燕荔阳】 东汉时鲜卑首领。安帝永初(107—113)年间，为鲜卑部落大人。亲至洛阳朝贺，受赐鲜卑王印绶，被允许在宁城(今河北宣化市西北)通市贸易。东汉王朝在其地筑南北两部质馆接待之。于是鲜卑邑落一百二十部相继遣使入质宁城，归服汉朝。对沟通鲜卑与汉的关系起了一定作用。是后，鲜卑或降或叛，并屡与匈奴、乌桓相攻击。

【燕只不花】(1244—1314) 元朝大臣。畏兀儿人。字延真。世居哈剌火州，为北庭大族。阿布纳脱脱之子。由其兄曲只举荐，佐世祖命，佐也速不花督建大都城(今北京)。至元七年(1270)，领兵巡视都城迤北顺州、拜郊台、羔麋台、咸宁庄等处首蓿地，兼典御厩。十六年(1279)，受命督建太庙司天台及皇城内外桥梁。十八年(1281)，佥福建广东道提刑按察司事。次年，调兵击建宁黄华军于建安尤溪口。二十一年(1284)，改金山南湖北道提刑按察司事。修辰沅驿路，凿山通道四十余里，直抵沅州，行旅称便。二十七年(1290)，迁岭北湖南道提刑按察司副使。招降武冈瑶民。二十九年(1292)，授广南西南道宣慰副使。大德元年(1297)，改葛蛮军民安抚使。后授沅州路总管府达鲁花赤。十年(1306)，任南安路总管府达鲁花赤，累迁海北广东道肃政廉访使、广东道宣慰使、副元帅。

【燕只吉台】(？—1330) 又译燕只哥台、燕只哥歹。察合台汗国汗。蒙古孛儿只斤氏。*怯伯子。元泰定四年(1327)，父卒，袭汗位。与元廷保持密切联系，屡遣使献方物，获厚赐。天历二年(1329)，受元廷所赐太宗皇帝旧铸"皇兄之宝"。至顺元年(1330)，元廷遣使抚问。

【燕只哥台】 见"燕只吉台"。(606页)

【燕帖古思】(？—1340) 元朝皇太子。蒙古孛儿只斤氏。文宗*图帖睦尔次子，母*卜答失里。原名古纳答剌。以宫中不祥，育于丞相燕铁木儿家。至顺三年(1332)，更名燕帖古思。其父弑兄明宗和世㻋据汗位，内疚，临终嘱立明宗子，故未得称尊。明宗子妥欢贴睦尔即位后，相约百年之后传位于他。后至元六年(1340)，顺帝追究文宗毒害明宗事，被流放高丽。途中，被从臣月阔察儿杀。

【燕铁木儿】(？—1333) 又作燕帖木儿。元朝权臣。钦察人。句容郡王*床兀儿第三子。初侍怀宁王海山镇守北方，备宿卫十余年。海山即位后，任同知宣徽院事。仁宗皇庆元年(1312)，袭左卫亲军都指挥使。泰定帝致和元年(1328)，进佥枢密院事。同年，泰定帝卒于上都，左丞相倒剌沙欲立帝幼子阿剌吉八即位。他以身为武宗旧臣，借留守大都(今北京)之机，暗结心腹，凭所掌宿卫兵，翦除泰定帝的支持者，挟持群迎迎立武宗次子图帖睦尔即位，是为文宗。以功封知枢密院事，继进中书右丞相、太平王，食邑太平路。统兵大败上都军于榆河、白浮、石槽、卢沟河，在齐王月鲁帖木儿军围攻上都的配合下，迫倒剌沙奉皇帝宝出降，以功赐"答剌罕"号。天历二年(1329)初，文宗让位于兄明宗和世㻋，他奉命护玺宝北上迎驾，八月途经王忽察都，与文宗合谋加害明宗，复以皇后命奉文宗即位。独揽朝政，凡号令、刑名、选法、钱粮、造作，一切中书政务，皆由其总裁，恃权擅杀异己。至顺三年(1332)文宗卒，遗诏立明宗子。他背遗命欲立文宗子燕帖古思，未得文宗后认可，始舍长立幼，以明宗次子、年仅七岁的懿璘质班即帝位，是为宁宗。宁宗旋死。复图谋阻挠明宗长子妥欢贴睦尔称帝，迁延数月不立。不久因荒淫无节病死。

【霍什克】 见"和什克"。(361页)

【霍隆武】(？—1853) 清朝将领。满族。钮祜禄氏。满洲镶红旗人。由前锋中武举。道光二十七年(1847)，累官水师旗营协领。咸丰元年(1851)，擢江宁副都统。二年，署江宁将军。三年初，以太平军占领武昌后顺江而下，与江宁将军祥厚等参劾两江总督陆建瀛弃九江，江苏巡抚杨文定移驻镇江事，并陈守御情形。奉命代两江总督。与祥厚登金陵战守。二月，因应援不至，城陷而亡，谥果毅。

【霍集占】(？—1759) 一作霍集古。号小和卓木。维吾尔族。新疆喀什噶尔人。新疆白山派和卓玛罕木特次子。初与兄大和卓木被准噶尔贵族拘系伊犁，因于阿巴噶斯、哈丹鄂拓克。乾隆二十年(1755)，清军征达瓦齐，偕布拉呢敦率众迎降，奉命仍辖伊犁旧属。旋附阿睦尔撒纳叛乱，惧清军征讨，次年潜回南疆，煽大和卓木反清，杀副都统阿敏道，僭称"巴图尔汗"。史称"大小和卓之乱"。二十三年(1758)，遣兵据库车，抵御靖逆将军雅尔哈善军。复自领兵五千经阿苏进援。后势蹙遁，经阿克苏、乌什走叶尔羌(今莎车)。同年冬，围清定边将军兆惠于喀喇乌苏(黑水)。因于呼尔璊战斗中被定边右副将军富德等击败，撤围。次年六月，以清军压境，自伯克和罗木渡口遁，谋奔巴达克山，相继受挫于霍斯库鲁克山(意谓双耳山)、阿尔楚尔岭、伊西洱库尔淖尔(叶什勒池)。七月二十八日在巴达克山被其部酋执杀。

【霍集斯】(?—1781) 维吾尔族。新疆乌什人。阿济斯和卓子。父死,嗣位,称图尔璊(吐鲁番音转)阿奇木伯克。乾隆二十年(1755),配合清军剿准噶尔首领达瓦齐,设伏于乌什城外,擒达瓦齐献清军。寻以叶尔羌(今莎车)、喀什噶尔(今喀什)欲偕包沁、希卜察克众袭库车、阿克苏等地,受命与布拉呢敦、霍集占往抚。霍集占惧其族强,使为和田伯克。嗣因谋私权,中途谒定边左副将军阿睦尔撒纳,请俟叶尔羌、喀什噶尔抚定以己为"回疆"长。阿睦尔撒纳叛乱后,奉命驻原地防察。二十三年(1758),闻霍集占于库车被清军击败,将走乌什。欲诱之入城,缚献清军,未果。遂遣子请降,献户籍五千,并向定边将军兆惠谏进军路线,被采纳。又遣从弟额敏都霍什提卜赴叶尔羌,招降其兄阿卜都伯克,封公品级。清军于喀喇乌苏为霍集占所困,与兆惠等协力奋战。晋固山贝子加贝勒衔。二十四年,自乌什赴援和田,授和田六城阿奇木伯克。继随清军追霍集占于阿尔楚尔、伊西洱库尔淖尔,于阵前招降布拉呢敦、霍集占众万余。晋多罗贝勒加郡王衔。大小和卓乱平,恃功欲总管回部,受召入京。后因乌什诸伯克讦其虐众,被留京居住,隶属理藩院(一说隶蒙古正白旗)。

【霍尔·曲吉昂汪彭措】 清代康区著名寺院创建者,藏族。系霍尔土司家族之喇嘛。五世达赖喇嘛罗桑嘉措之弟子,获格西学位。五世达赖先后命其于康区以贵族、高僧身分修建大金寺、白利寺、灵雀寺等十三座黄教寺庙。

【丨】

【暾欲谷】 唐代后突厥大臣,突厥政治家、军事家。历仕颉跌利施、默啜、毗伽三可汗。原属单于都护府突厥降户。永淳二年(683)因从骨咄禄起兵有功,拜裴罗莫贺达干。率兵破铁勒九姓、黠戛斯,又西渡珍珠河(锡尔河上游),降粟特部。开元四年(716)毗伽可汗嗣位,阙特勤尽诛默啜旧臣,暾欲谷独以女为毗伽可汗之可敦(后妃)而得免,并以其深沉有智谋而为毗伽谋臣,辅佐汗政。曾劝止毗伽可汗修建城堡、寺观,曰:"突厥众不敌唐百分一,所能与抗者,随水草射猎,居处无常,习于武事,强则进取,弱则遁伏,唐兵虽多,无所用也,若城而居,一战不败,必为彼擒,且佛、老教人仁弱,非武强术。"以唐"人和岁丰,未有间",力主与唐朝和好,力促毗伽可汗与唐和亲。开元十三年(725),与阙特勤陪同毗伽可汗会见唐使袁振,再倡和亲之议。晚年所撰突厥文暾欲谷纪功碑,为研究突厥史的重要史料。一说暾欲谷即助骨咄禄可汗复国的阿史德元珍。

【默啜】(?—716) 又作默咄、墨啜、斩啜。唐代后突厥汗国可汗。名瑔。阿史那氏。*颉跌利施可汗骨咄禄弟。天授二年(691)兄卒,以侄默棘连幼弱,自立为可汗。鄂尔浑突厥文碑称作阿波干可汗。长寿二年(693),为调整与唐朝关系,遣使言和,受封左卫大将军、归国公。次年,加授迁善可汗。万岁通天元年(696)助唐大败契丹李尽忠、孙万荣,因功封颉跌利施大单于、立功报国可汗。神功元年(697,一作圣历元年,698),遣使请为武后之子,以己女和亲以示好;并索取丰、胜、灵、夏、朝、代六州之突厥降户及单于都护府之辖地。获允,得六州突厥降户数千帐、种子四万余斛、农器三千具、铁四万斤。突厥社会生产力迅速发展,势盛,四出攻击契丹、拔悉密、黠戛斯、葛逻禄、拔野古等部,控地万余里,为颉利可汗后突厥最强盛时代。与唐时战时和,圣历元年,率军十余万扰赵、定二州。后为壮己势,复请和亲。唐神龙二年(706),因与唐发生鸣沙之役,和亲未果。先天二年(713)八月,再遣子杨我支特勤入朝请婚,唐廷以蜀王女南和县主妻之。次年自称天上得果报天男突厥圣天骨咄禄可汗。同年遣子移涅可汗等率军围北庭,兵败。开元四年(716)亲征拔野古部,大败敌军于独乐水(又作独洛河,今蒙古人民共和国境内土拉河),恃胜轻敌,班师途中遭拔野古余众袭击,死于军中。子移涅可汗为阙特勤斩杀,弟默矩嗣位。

【默们图】(?—1795) 清代卫拉特蒙古土尔扈特部贵族。汗王*渥巴锡族叔。乾隆三十五年十一月二十日(1771年1月5日),率所1000余户、4000余人参加渥巴锡领导的东返斗争,为东返征程中的基本队伍之一。三十六年六月五日(1771年7月17日),返抵伊犁河支流察林河畔,继随渥巴锡入觐承德,被乾隆封为多罗贝勒,赐号济尔哈朗,次年(1772),划牧于晶河(今新疆维吾尔自治区精河县)。四十年(1775),定牧地为旧土尔扈特蒙古乌纳恩素珠克图盟西路,任盟长。六十年(1795)病逝,子额尔德尼袭。

【器弩悉弄】 见"赤都松"。(205页)

【丿】

【穆占】(1628—1683) 清朝将领。满洲正黄旗人,纳喇氏,先世为叶赫部长。初任侍卫兼佐领。顺治十六年(1659),署前锋参领,随都统卓洛等驻云南。以平元江土司功,擢正黄旗副都统。康熙十二年(1673),以前锋统领参赞安西将军赫叶军务,由陕西入四川进讨吴三桂。十三年,师至陕西,闻四川巡抚罗森等叛,同西安将军瓦尔喀率兵先驱,克阳平关、七盘关,败叛军于朝天关。旋总兵吴之茂据保宁叛,提督王辅臣叛据宁夏,遥相呼应。以饷不继,随大将军洞鄂退回西安。十四年(1678),以安西将军讨王辅臣。次年,辅臣降。继以征南将军率兵赴湖广讨吴三桂。十六年(1677),至荆州,受命助安亲王岳乐围攻长沙,会简亲王喇布规复衡州。十七年,取郴州。次年,随定远平寇大将军彰泰规取云、贵,围昆明。三桂孙吴世璠自杀,云南始平。师还,授正黄旗蒙古都统、议政大臣。

【穆荫】(?—1871) 清朝大臣。满洲正白旗人。

托和洛氏。字清轩。道光时（1821—1850）时，任京官、道府。咸丰二年（1852），官副都统、侍郎。三年，太平军攻入河南，京师戒严。奉命同僧格林沁负责京旗各营巡防。六年（1856），同协办大学士彭蕴章请仿唐时刺史带团练例，以官率绅，以绅劝民，用以镇压太平军。九年（1859），署兵部尚书。十月，英国侵略军犯内地。他主张防外之策在于筑炮台以利轰击，泄水势以遏往来。十年，英法联军再占天津。受命为钦差大臣，同怡亲王载垣至通州与英法联军议和，未果，撤职。寻英法联军侵逼北京，奉命与肃顺、载垣、端华等护送咸丰帝逃至热河（今河北承德）。十一年，咸丰病死，与肃顺等受命为辅政大臣。同年，慈禧太后与奕䜣共谋发动"北京政变"（亦称"祺祥政变"）后，被革职，发往军台。同治三年（1864）释回。

【穆亮】(451—502) 北魏大臣。字幼辅。鲜卑丘穆陵氏（后改穆氏）。开国大臣太尉＊穆崇玄孙，驸马都尉穆平国之子。献文帝时，为侍御中散。尚中山长公主，拜驸马都尉，封赵郡王，加侍中、征南大将军。延兴元年（471），孝文帝即位，徙封长乐王。历任泰州刺史、殿中尚书，西戎校尉、敦煌镇都大将。政尚宽简，赈恤穷乏。后授都督秦梁益三州诸军事、征南大将军、领护西戎校尉、仇池镇将。太和九年（485），率骑三万于龙鹄击走吐谷浑，立弥承为宕昌王而还。后为侍中。尚书左仆射、司州大中正。十二年（488），加征南大将军，都督怀洛南北豫徐兖六州诸军事，率骑一万击退齐将陈显达于醴阳。翌年，迁司空，参议律令。寻迁太子太傅。十七年（493），受诏与李冲等经治洛阳。及迁都，加武卫大将军，以本官董摄中军事。孝文帝南征，以其录尚书事，留镇洛京。二十年（496），以兄黑参与穆泰谋叛事，上表自劾。迁征北大将军、冀州刺史。徙封顿丘郡开国公。以袭高祖崇爵。宣武帝即位，迁定州刺史，授骠骑大将军、尚书令，转司空公。卒，追赠太尉公，谥匡。

【穆哥】 见"末哥"。(97 页)

【穆泰】(?—496) 北魏大臣。本名石洛。鲜卑丘穆陵氏（孝文帝时改为穆氏）。魏开国功臣太尉＊穆崇玄孙，南部尚书穆真子。以功臣子孙，尚章武长公主，拜驸马都尉，典羽猎四曹事，赐爵冯翊侯。以谏止冯太后废孝文帝，获帝宠信，迁殿中尚书，加散骑常侍、安西将军，晋爵为公。出为镇南将军、洛州刺史。历书右仆射、定州刺史，改封冯翊县开国侯。反对孝文帝迁都洛阳，于太和二十年（496），求为恒州刺史。阴结元隆、元业、元超等，欲推阳平王元颐为首，据平城。颐密表其事，孝文帝派元澄发并、肆二州兵进讨。兵败，被擒诛。

【穆崇】(?—406) 北魏大臣。鲜卑丘穆陵氏（孝文帝时改为穆氏）。少时以盗窃为生。后侍奉拓跋珪于独孤部。刘显及窟咄先后欲谋害珪，崇均密告为备，使珪免于难。登国元年（386），珪即帝位，任征房将军。从征中原，赐爵历阳公、散骑常侍。皇始三年（398），迁太尉，加侍中，徙安邑公。从征高车，大胜而还。天兴二年

（399），以后秦姚兴围洛阳，应晋将辛恭靖请救，率六千骑赴援。未至，恭靖败。奉命镇野王（今河南沁阳县），授豫州刺史。后为太尉，徙宜都公。卒，谥丁公。

【穆彰】(?—1647) 清初将领。蒙古族。阿噜科尔沁部人。博尔济吉特氏。达赉子。后金天聪四年（1630），随父投后金。六年（1632），随军征察哈尔部，林丹汗败走后，受命往大同、宣府界，收窜入明边之察哈尔部众。八年（1634），随军征明，入得胜堡，至大同。崇德元年（1636），受命掌阿噜科尔沁部务。二年，征瓦尔喀。俘获甚众。三年春，以喀尔喀札萨克图汗拥众逼归化城，随皇太极征之。继遣众从睿亲王多尔衮攻明，克山东。四年，从征明松山（今辽宁锦县西南）。六年（1641），攻锦州，战松山，以功受赏。七年，娶郡主，授和硕额驸。随军攻蓟州（治今河北蓟县）。顺治元年（1644），从睿亲王多尔衮入山海关，镇压李自成起义军，以功封札萨克固山贝子。四年卒。五年，追封多罗贝勒。

【穆尔祐】 清初将领。满族。＊努尔哈赤曾孙，＊杜度次子。后金天聪九年（1635），随多铎率偏师入宁远、锦州界，以牵制明军。抵大凌河击斩明将刘应选，追至松山，有功。清崇德元年（1636），封辅国公。六年（1641），从皇太极围松山，率骑兵追击明军。七年，与兄杜尔祐同以罪削爵，黜宗室。顺治元年（1644），随多铎南征，破李自成起义军于潼关，拔两营。击败义军对前锋兵的进攻。设伏山隘，败其众。二年，复宗室，封三等镇国将军。三年，叙功晋一等镇国将军。从多铎征败苏尼特部腾机思。四年，封辅国公。六年（1649），从尼堪击大同叛将姜瓖，因功晋封固山贝子。九年（1652），复从征湖南，尼堪阵亡衡阳后，与屯齐合营，破孙可望和冯双礼的进攻。十一年（1654），议尼堪阵殁罪，削爵。

【穆成额】 清朝将领。满洲镶红旗人。那穆都鲁氏。西安将军富喀禅子。康熙十三年（1674），耿精忠叛应吴三桂。奉命署副都统赴定南将军希尔根军营，继赴江西，守南昌、袁州，复万载、安福等地。后赴广东，参赞镇南将军舒恕军务。十四年，克始兴县。十五年，尚之信叛。奉命随舒恕退保南安、赣州。击败犯赣州叛军。十六年，赴广东、参赞镇南将军莽依图军务，驻兵韶州，败犯韶州吴三桂军。定广、韶，与莽依图进兵广西。十七年，与将军额楚统兵讨犯浔梧、桂林等地叛军。至郁林，失利，退守藤县。因指挥不利，藤县失守。以罪，免官。

【穆仲义】 见"沐仲易"。(242 页)

【穆里玛】(?—1669) 清初大臣。满族。瓜尔佳氏。满洲镶黄旗人。＊费英东弟＊伟齐第六子。顺治（1644—1661）初，叙父功擢一等侍卫。四年（1647），授参领，晋一等轻车都尉又一云骑尉。五年，随征江西叛镇金声桓，下饶州，攻南昌，屡胜。十七年（1660），擢工部尚书，寻授都统。康熙二年（1663），以靖西将军会图海等攻李来亨，来亨势蹙自焚，论功晋一等男世爵。八年，以附兄鳌拜罪，削爵，弃市。

【穆图善】(?—1887) 清朝将领。那哈塔氏。满洲镶黄旗人。道光二十六年(1846),由前锋补骁骑校。咸丰三年(1853),升参领,参与镇压太平军。从征河南,转战直隶、山东、山西、湖北。六年(1856),复汉阳府。七年,晋防御。九年(1859),由楚入皖。十年,以功授副都统衔。十一年,战太平天国英王陈玉成,赐号西林巴图鲁。同治元年(1862),败陈玉成于卢州。继与捻军作战,授西安左翼副都统。三年,署钦差大臣,擢荆州将军,率军围攻张总愚等军。参与镇压新疆回民反清活动。四年,补宁夏将军,督办甘肃军务。六年(1867),署陕甘总督,率兵镇压河州东乡族众。十年(1871),赏云骑尉世职。光绪元年(1875),署正白旗汉军都统,署吉林将军。二年,因滥保革职。三年,授贵州副都统,升察哈尔都统。五年,授福州将军。十年(1884),法军入侵闽粤,以帮办军务参与抗法斗争。十一年,授钦差大臣,会同东三省将军办理练兵事宜。

【穆惟真】(1855—1915) 清书画家、医师。回族。河南开封人。清代河南回族书法家、著名医师*穆敬一之子。承继祖业,以行医为生,擅长针灸科,长于脉象经络之学。受父影响,亦善书画。

【穆敬一】(1805—1879) 清书画家。医师。回族。河南开封人,号理斋。祖籍天津穆庄,后定居汴梁(今河南开封)。以行医作画为生,其医擅长妇科,有《妇科血症》传世。其书法仿郑板桥,画宗文徵明,且受板桥影响颇深,是豫东写意派画家。其画洒脱、俊俏,擅画花卉,尤擅画兰花、竹石,形象逼真,寓意深刻。清末民初,开封书肆坊间,尚流传其不少作品,现存有光绪二年的《竹石》条幅、四扇屏八帧、横幅三帧等。

【穆腾阿】(1813—1884) 清朝大臣。达斡尔郭博勒(一作郭贝尔)氏。字瑞亭。世居黑龙江布特哈莽鼐屯。道光之际尝防海浙江。咸丰四年(1854),参与镇压太平天国运动,逐林凤祥于京畿,晋头等侍卫。次年,破连镇,擒林凤祥等人朝,加副都统衔。旋还军下高唐,俘李开芳于冯官屯。六年,率察哈尔骑兵征捻军,赐号济特固勒武依巴图鲁。九年,在军中授镶蓝旗汉军副都统。十年,受命办安徽军务,旋迁镶黄旗蒙古都统。时英兵犯天津,勤王到徐州,疏请起用宿将伊兴额主徐、宿军事,议成。次年,回京供职。同治元年(1862),迁西安将军帮办胜保军务,胜保被逮,赴西安将军任。二年,因事革职,赏副都统衔,授巴里坤领队大臣。后改署京旗副都统充神机营专操大臣。六年,管理神机营事,迁镶白旗蒙古都统,旋率神机营三千人,与捻军转战涿、冀、沧、德间。七年,充内大臣。十年,迁江宁将军。建崇文书院,庚辰、辛巳第进士者共六人,士风蒸蔚。曾疏言练精兵万人于京津间,备不虞。以盛京、吉林、黑龙江三省与俄邻,谏练兵筹饷以备御,命为东三省练兵大臣。光绪六年(1880),调镶黄旗蒙古都统兼理神机营大臣。次年,兼管健锐营大臣等。

【穆赫林】(?—1678) 清朝将领。蒙古兀鲁特部人。博尔济吉特氏。贝勒僧格子。康熙五年(1666),授正蓝旗满洲副都统,列议政大臣。十三年(1674),驻守兖州、江宁,防吴三桂。继率喀喇沁、土默特兵赴浙江,与傅喇塔攻耿精忠叛军。十四年,从攻台州,复仙居。先后败精忠军于上塘岭、宝带桥。后移师福建,驻守延平。败郑锦军,收复邵武、汀州。十七年(1678),为郑锦败于湾腰树,退保海澄。城陷,自刭死。

【穆彰阿】(1782—1856) 清朝大臣。满洲镶蓝旗人。郭佳氏。字鹤舫。嘉庆进士。历任内阁学士、护军统领。充玉牒馆副总裁,武英殿总裁。曾告祭长白山等处。道光元年(1821),充总管内务府大臣。八年(1828),因平定张格尔叛乱有功,充军机大臣。深为道光帝倚信。在鸦片战争中,极力反对禁止鸦片,包庇走私烟贩和舞弊官吏。引耆英为腹心,以遂其谋。同耆英对英军妥协投降,与英美法签订不平等条约;以抑民奉外,压制广东人民的抗英斗争;诬陷抵抗派将领林则徐和邓廷桢;逸陷台湾抗英将领姚莹、达洪阿。当权日久,门生故吏遍京内外,且多登要职,时称"穆党"。咸丰元年(1851),被革职,永不叙用。著有《熙朝宰辅录》及《澄怀书屋诗钞》四卷。

【穆尔哈齐】(1561—1620) 清朝开国功臣。满族。爱新觉罗氏。*塔克世次子,太祖*努尔哈赤异母弟。初封台吉。明万历十三年(1585),从努尔哈赤征哲陈部。因嘉哈部长苏库赉呼告密,遭托摩和、章嘉、巴尔达、萨尔浒、界藩五城兵八百夹击。与努尔哈赤等四人误入重围,奋勇迎战,进击,以四人,败八百众。后屡从征战,以骁勇善战著称,赐号"青巴图鲁"。顺治十年(1653),追封多罗贝勒,谥勇壮。

【穆克登布】(?—1803) 清朝将领。满族。钮祜禄氏。满洲正红旗人。成都将军成德子。乾隆五十四年(1789),以从征金川,授蓝翎侍卫,累擢直隶提标游击。嘉庆元年(1796),参与镇压湖北白莲教起义,赏花翎。继转战川、陕。四年(1799)初,克麻坝寨,擒首领冉文俦,加总兵衔,补副将。三月,歼冷天禄于岳池,赐号济特库勒特依巴图鲁。十月,败樊人杰于通江,擢山西太原镇总兵。五年,督兵入陕,先后击伍金柱于手板崖、铜钱窑,毙杨开甲于茅坪,歼曾印于阶州佛堂寺。六年春,连败冉学胜、伍怀志,擢乾清门侍卫。夏,擒伍怀志于秦岭,授云骑尉世职。七年,调湖南永州镇总兵,升甘肃提督,进征川东、湖北,擢御前侍卫,晋骑都尉世职。八年春,由巴峪关深入,执首领宋应伏,又擒姚馨佐等于南江。因轻敌中伏,阵亡。赐二等男世职,谥刚烈。

【穆克登阿】(?—1807) 清朝将领。满族。董鄂氏。满洲镶红旗人。初由鸟枪护军、鸟枪蓝翎长擢鸟枪护军校、委护军参领、副护军参领。乾隆三十三年(1768),发四川以游击用。三十八年(1773),赴金川军营,因功授四川重庆镇标中营游击,擢城守营参领、江西袁州协副将,署广西庆远协副将、广东右翼镇总兵。四十九年(1784),调四川松潘镇总兵。五十二年(1787),

受四川总督鄂辉命,率兵二千赴台湾,镇压林爽文起义。次年初,起义被镇压,赐号奋图礼巴图鲁,图像紫光阁。调建昌镇总兵。五十六年(1791)七月,率屯练兵赴藏御剿廓尔喀侵扰。次年,廓尔喀降,图像紫光阁。五十八年(1793),授四川提督。六十年(1795)初,参与镇压贵州松桃厅苗民起义,继赴达州镇压白莲教起义。嘉庆二年(1797)六月,执陈明彩等二十七名首领,抵苦草坝汪家山,擒义军总兵熊永明、亢作俸。闰六月,攻董家营,俘唐泳等四十四人。后攻白岩山、鸭子坪受挫。因遭王三槐、林亮功万余人联合抵抗,半年多无进展,革职,以兵丁留军营效力赎罪。三年七月,随勒保擒王三槐于安乐坪,受嘉奖。十二月,署四川松潘镇总兵,进剿冷天禄。四年(1799),克八石坪、犬禾田等。五年,因眼疾原品休致。

【穆埠赞普】 吐蕃传说中的第二代赞普。第一代赞普兄雅埠赞普之子。据本教史籍载,曾自香雄(今阿里及羌塘西南一带)请来一〇八位学者,并从大食请来译师,在吐蕃建本教修行处四十五处,建本教主要寺院阔纳纽琼寺,以久连查为御前本教师长(亦称久恰嘎)。于吐蕃弘扬雍仲本教,被本教徒视为雍仲本教之王。

【穆伦德克汗】(?—1511) 又译木伦都克汗,一作巴兰杜克汗。明代哈萨克汗。1480—1511年(一说1488—1509)在位。为争夺锡尔河流域诸城,与乌兹别克汗穆罕默德·旨班尼长期作战,并与帖木儿汗国结盟,共御别失八里(或亦力把里)和乌兹别克的统治者。十五世纪末,经过多年争斗,中亚的塔什干、赛拉姆等城归属别失八里,而讹答剌、土耳克斯坦、阿尔奎克、乌尔坚奇、锡晏那克、萨乌兰、苏札克等城和土耳克斯坦北部均属哈萨克。弘治十三年(1500),率军攻昔班尼,迫其迁至河中地区,使哈萨克汗国得以稳定发展。因哈萨克领地分别由哈斯木、加尼希、塔尼希、艾合买提等速檀统治,汗权旁落。

【穆罕默德·萨迪克·喀什噶里】(1685—1765) 一译穆罕默德·沙迪克·喀什噶尔。清代维吾尔族史学家。新疆喀什噶尔(今喀什)人。曾任喀什噶尔阿奇木伯克鄂斯璊的首席秘书官。著有《和卓传》《布格拉汗传》《艾萨毕里凯夫》等。还依据维吾尔族习惯法,写成《问题的辩认》一书,论证伊斯兰法规与维吾尔族习惯法的关系。

【翱尔钦衮噶桑波】(1382—1456) 萨迦派密法传承三支派中翱尔支派的创始人。藏族。九岁出家,在萨嘉东院学三律仪论,又依佛陀师利为根本上师学显密经论。曾任萨嘉寺堪布。明宣德四年(1429),建埃旺却寺,宣讲道果八十三遍,传金刚鬘灌顶六十余遍。所传灌顶、讲解、口诀甚多,随其受具足式者万余人。精严律仪,生平以一白石为座。曾两次赴前藏,三次往阿里,两次去洛敏塘传授显密佛典。

【雕陶莫皋】 见"复株累若鞮单于"。(403 页)

【辨材】 见"耶律辨材"。(322 页)
【裹里】 见"耶律裹履"。(323 页)
【廪君】 古代巴人首领。武落钟离山(在今湖北境内)人。名务相。时有巴、樊、瞫、相、郑五姓部落,巴氏生于赤穴,其他四姓生于黑穴。其属巴氏部落。五部无君长统领,相约掷剑于石穴,中者为君长,务相掷中。又约各乘土船,能浮者为君长,四姓皆沉,唯务相独浮于水上。立为君长,是为廪君。因不允许神女居于盐阳。盐神变成飞虫掩住日光,天地一片黑暗。他射死盐神,天光大开。君临夷城,四姓皆臣之。死后变成白虎,故巴氏奉虎为始祖。一说,巴氏以虎为图腾。

【磨古斯】(?—1100) 辽代北阻卜首领。臣属于辽,然叛服无常。辽大安五年(1089),被辽命为诸部长。八年(1092),随辽西北路招讨使耶律何鲁扫古攻辽边叛部耶睹刮,俘获甚众。旋遭辽军误击,遂杀金吾(军官)吐古斯,叛辽。翌年,败何鲁扫古及都监萧张九之追兵,尽陷辽二室韦与六院部等军,并于镇州西南沙碛间诱杀新任西北路招讨使耶律挞不也,大败辽军。十年(1094),遭辽知北院枢密使事耶律斡特剌袭击,兵败,损丧千余人。寿隆元年(1095)以后,复屡为斡特剌所败。六年(1100)正月被执,二月磔于市。一说磨古斯即蒙古国建立前克烈部部长王罕之祖父马儿忽思,据《史集》载,马儿忽思被塔塔儿部长纳兀儿不亦鲁汗所俘,献于金朝(当为辽朝)皇帝,死于木驴之刑。

【磨毡角】(?—1058) 宋代宗哥城(今青海平安驿)吐蕃首领。唃厮啰政权创建者*唃厮啰次子。其母李氏因父立遵与唃厮啰有隙失宠,与母徙居宗哥城。宗哥原为立遵势力范围,遂借助立遵昔日余威及人情世故,被当地民众拥立为首领。与宋朝发展政治、经济往来。宋宝元二年(1039),受宋封为顺州(有作严州)团练使。次年四月,上表宋,称有兵二万,愿攻取西凉府,请宋派使者护讨西夏。因力量不足与夏人抗衡,未获准。后屡向宋贡马,以换取回赐。改授恩州团练使。

【潞子婴儿】 简称潞子。春秋时赤狄潞氏之君主。妘姓。与晋国联姻,娶晋景公(一作晋成公)姊伯姬为夫人。以赤狄潞氏为首,联合白狄、长狄和众狄建立强大的北狄国家,建都曲梁(今河北省鸡泽县),攻略齐、晋、占据黎、卫的领土,威镇诸侯。因连年战争,众狄等不堪役使,内部分裂。周定王九年(公元前598年)晋国乘机挑拨白狄、众狄脱离赤狄归晋,赤狄被孤立。不久,赤狄内讧,被国相酆舒刺伤,伯姬也被杀。十三年(公元前594年),晋景公及荀林父借口赤狄虐杀伯姬,分兵讨伐赤狄。赤狄兵败后被俘,酆舒亦被晋军所杀,潞氏灭亡,赤狄瓦解。

【禧恩】(?—1852) 清朝宗室、大臣。满族。正蓝旗人。和硕睿恭亲王淳颖子。乾隆五十八年(1793),赏戴花翎。嘉庆六年(1801),赏头等侍卫。历内阁学士兼礼部侍郎衔、正黄旗护军统领。充奏事处领班、理藩院左侍郎、总管内务府大臣、户部左侍郎等。二十五年(1820),奉命执理仁宗丧仪。道光元年(1821),授御前大臣,命在领侍卫内大臣上书房行走,署正蓝旗汉军都统,充后扈大臣。二年,升理藩院尚书。三年,授镶黄旗侍卫内大臣。六年,调户部尚书兼正黄旗满洲都统。八年,因扈从勤慎,赏太子少保衔,署吏部尚书。十一年(1831),署兵部尚书。十二年,镇压湖南永州瑶人赵金陇起事,并奏办善后事宜九条。署两广总督,因镇压湖南、广东瑶人起事,赏戴三眼花翎,封辅国公。十三年,以处理孝慎成皇后丧仪违制,革御前大臣、户部尚书、总管内务府大臣职,旋授理藩院尚书。十五年(1835),署兵部尚书,充文渊阁提举阁事,赏太子太保衔。后因事,以内阁学士降补,管理圆明园八旗事务。二十二年(1842),授盛京将军。次年,议定撤防善后十事。咸丰二年(1852),以户部尚书协办大学士,管理理藩院事务,充国史馆正总裁。十一月卒,谥文庄。

【 ㄅ 】

【璧昌】(?—1854) 清朝大臣。蒙古镶黄旗人。额勒德特氏。字东垣。尚书和瑛子。由工部笔帖式铨选河南阳武知县,改直隶枣强知县,擢大名知府。道光七年(1827),从那彦成赴新疆佐理善后事宜。九年(1829),擢头等侍卫,充叶尔羌(今莎车)办事大臣。任内,清私垦地亩,得粮万九千余石,拨补阿克苏、乌什、喀喇沙尔俸饷,余留叶城充经费。增建军台,开水渠,种苜蓿,垦荒田,颇有成效。十年,拒退浩罕对叶尔羌的进犯,加副都统衔,寻授镶黄旗汉军副都统。败浩罕军于哈拉布札什、英吉沙尔等地。十一年升参赞大臣,兴屯田,垦地二万余亩。十三年(1833),还京。次年,复出为乌什办事大臣,历凉州副都统、阿克苏办事大臣、察哈尔都统。后充伊犁参赞大臣,授陕西巡抚,擢福州将军。二十三年(1843),任两江总督,谏请设福山镇水师,沿江扼险设防,筑炮台,以备御英国侵略军。后历任内大臣,福州将军、巡防大臣。咸丰四年卒,赠太子太保,谥勤襄。

十七画

【檀】 见"万氏尸逐鞮单于"。（18页）

【檀石槐】（约137—181） 东汉鲜卑部落联盟首领。投鹿侯之子。自幼勇健有智略，能"施法禁，平曲直"，为众所服，被推举为鲜卑大人，建庭于高柳（今山西阳高县）北三百里之弹汗山。东西部大人皆归服，势盛，遂东败夫余，西击乌孙，北逐丁零，南扰中原边郡，尽有匈奴故地，建立强盛的鲜卑部落大联盟。桓帝永寿、延熹年间（155—167）屡扰汉云中、雁门、辽东属国，结匈奴、乌桓，分道扰缘边九郡，拒受汉所封王号及和亲之请。将鲜卑分为东、中、西三部，各置大人统领，拥兵十万，较匈奴尤盛。灵帝（167—189年在位）后，连年扰幽、并、凉三州缘边诸郡。熹平六年（177），大败东汉三路大军。在位期间，用汉人谋议，定法律，由汉地输入铁器，制造兵器和工具，发展渔业，促进鲜卑社会的发展。由于各部大人割地统御，各有分界，莫能相一，其死后，鲜卑势衰，部落联盟随之瓦解。

【藏巴汗】 ①见"彭措南杰"。（534页）②见"噶玛丹迥旺波"。（595页）

【藏巴仁波且】（1077—1161） 宋代藏传佛教噶当派大师。吐蕃人。本名多吉弥觉。出生于后藏鲁裕绒。著名咒师鲁·阿那那之子。受家庭影响，自幼对密法就有兴趣。师事俄罗丹喜饶等五位译师学法，博取众家之长。继启程赴印度，欲师一两位班智达，以验证西藏教法与印度教法之异同。行至定日，遇贝塘巴大师。后转至甲域哇大师座前学法。侍师恭谨，甚得师长喜爱，得甲域哇传授诸法教授和密法灌顶，成为其门下高徒。因学习勤奋，通达四部怛特罗（即作部、行部、瑜伽部、无上瑜伽部），兼通显密。甲域哇死后，任洛寺和甲域寺堪布，使两寺以修持和密法传承为主。

【藏巴嘉热·耶协多吉】（1161—1211） 宋代藏传佛教噶举中主巴噶举支派僧人。生于娘堆（今西藏江孜）的库勒地方。嘉氏家族人。嘉素波擦哇第七子。因兄弟过多，被寄养于一本教徒，取名雍中贝。十二岁随兄噶敦到藏绒地方学"挫火定"法。十三岁开始从阿阇黎达塘巴学《俱舍论》、《瑜伽·怛特罗》和希解派的教法。三年后，改从阿阇黎喀垅巴听受宁玛派的大圆满法和《量论》等显教经论，先后达八年之久，并从其他名僧学《大悲伏藏》和阿底峡所传的《大悲观音法门》等，在索·达玛僧格座前听受《入行论》。并从那浦寺林热·白玛多吉学"那绕六法"等，获得密法真传口诀。相传冬天用泥巴封闭门静修。曾与达尔垛辩论教义获胜，得"智者"称号。五年后离那浦寺到朵地区的喀尔曲修行，到热垅地方收徒传法，以所得为师长林热建造尸骨灵塔。后偕徒七人到喀尔曲的甲浦坚修定三年，并发现热穹巴所著《饶乌告尔珠》一书，使之为时人知晓。继到拉萨，并建隆多寺。由向蔡巴传其大悲法。也劝他出家。宋绍熙四年（1193），由索巴、向蔡巴作亲教师，同时受沙弥戒和比丘戒。出家后，到后藏农牧区周游传法，帮助排解纠纷。相继在热垅建热垅寺。在拉萨西南建"主"寺，本派即因寺而得名。晚年僧徒多至五千余人。他讲经传法，告诫僧徒要脱离贪欲，坚定修行，要为法弃舍身心，敬重师长，应到邬仗那、那烂陀、汉地五台山、冈底斯山等名山大川圣地去作终生修行。故"主"巴噶举的僧徒遍布卫藏，乃至不丹等睦邻。

【霞惹哇】 见"夏尔哇巴"。（477页）

【擦尔钦罗赛嘉措】（1494—1566） 明代萨嘉派密法传承中擦尔支派的创始人。藏族。最初学格鲁派，居后藏扎什伦布寺。后改从萨嘉派仁杂仁巴衮桑却吉尼玛及达勤罗追坚赞学法，既学翱尔支派及贡噶支派（即宗哇）密法，又学此二派所无之其他萨嘉派密法，汇总而学，因而闻名。所传称"擦尔派耳传教授"。徒众甚多，三世达赖索南嘉措曾从其学，五世达赖阿旺罗桑嘉措亦通过索南曲丹学习擦尔派所传之道果十三金法及大小明王诸法，故后世格鲁派亦传此法。擦尔派影响到蒙古、上下多康及内地之萨迦寺院，直至十九世初，德格伦珠顶寺仍由翱尔寺派堪布住持。

【擦绒·汪曲结布】 清代西藏地方政府官员。藏族。光绪二十八年（1902），锡金侵入后藏甲岗地方。次年，英、印政府派荣赫鹏假谈判之名，从甲岗入境，鞭打藏民。他奉驻藏大臣命与之谈判，遭拒，未果。三十四年（1908），同驻藏大臣张荫棠与英政府在印度加尔各答签订"中英修订藏印通商章程"。宣统二年（1910），钟颖率清军进拉萨，十三世达赖喇嘛土登嘉措离藏出走，他和策默林·罗桑丹必坚参等管理拉萨政教事务。

【赡思】（1278—1351） 元代著名经史学家。真定（今河北正定）人。祖籍大食国人。幼好学，习古经传。后师事翰林学士承旨王思廉，博览群书，为乡里所推重。轻仕途，拒应试。泰定三年（1326），应征至上都谒帝，见倒剌沙弄权，以养亲辞归。文宗天历三年（1330），召为应奉翰林文字，进《帝王心法》。奉诏预修《经世大典》，以论议不合辞归。至顺四年（1333），授国子博士，亦不赴。顺帝至元二年（1336），拜陕西行台监察御史，谏言法祖宗、揽权纲、敦宗室、礼勋旧、惜名器、开言路、复科举、罢数军，一刑章，宽禁纲等十事。皆时臣所不敢言。奏请设官府以安抚襄、汉流民。三年，金浙西肃政廉访司事，惩贪官。四年，改金浙东肃政廉访司事。历官台宪,平冤狱,有政绩。至正四年(1344),授江东肃政廉访副使。十年(1350),召为秘书少监,以疾辞。博通经史、易学、天文、地理、算数、水利、旁及外国之书。著述有《四书阙疑》、《五经思问》、《奇偶阴阳消息图》、《老庄精诣》、《镇阳风土记》、《续东阳志》、《西国图经》、《西域异人传》、《金哀宗记》、《正大都臣列传》、《审听要诀》、及文集三十卷,皆佚,仅《永乐大典》存有《重订河防通议》。陈垣于《常山贞石志》发现其文五篇:《加号大成诏书碑阴记》、《哈珊神道碑》、《善众寺创设方丈记》、《龙兴寺钞主通照大师碑》、《龙兴寺主持佛光弘教大师碑》。

【赡思丁】 ①见"赛典赤·赡思丁"。(587页)②见"苫思丁"。(327页)

【蹋顿】(?—207) 汉代乌桓联盟首领。辽西乌桓大人丘力居从子。有武略。东汉献帝初平(190—193)中,丘力居死,子楼班幼,代立为辽西乌担大人,总摄辽西、辽东、右北平三郡乌桓部众,组成乌桓联盟,势力渐强。建安(196—220)初,遣使向袁绍求和亲。建安四年(199),助绍击破公孙瓒,被绍以献帝名义封为乌桓单于。后被上谷大人难楼、辽东大人苏仆延等共奉为王,总长乌桓事宜。十年(205),绍子袁尚为曹操所逼,逃依乌桓,欲借其力复图冀州,遂以三郡乌桓兵攻犷平,为曹操所败,遁走。十二年(207),为曹操大破于柳城(今辽宁锦西西北),被杀,部众降者达二十余万,尽被迁至内地,后逐渐与汉族融合。

【箧古真薛兀勒图】 见"蔑兀真笑里徒"。(582页)

【濯浦巴·释迦僧格】(1074—1134) 宋代藏传佛教宁玛派僧人。吐蕃人。因曾在濯浦地方建濯浦寺,故称濯浦巴。又称拉杰钦波·濯浦巴(意为濯浦巴大医师)。素尔穹幼子。出世后不久,父逝世,由母达汉珠垛江及舅父抚养成人。十五岁开始学法,十九岁时,因家财骤增,为财所惑,不便远行,迎请功德较深的上师讲学解难。向其父高徒四柱学得经教、幻化、心识三部密法的教授、仪轨、灌顶等,又从伦·释迦绛秋学得宁玛派大圆满法,成为著名佛门大师。后传法收徒,四邻地区有志于学习宁玛教法者皆慕名前来,弟子增至千余人。得意高足有所谓"四麦":温敦甲居、肖扎色哇、甲敦多杰扎、裕敦;"四纳":杰敦嘉纳、土纳柯洛、芒纳垛波、阿纳珠垛旺秋;"四敦":嘉敦、教敦、业敦、香敦。

【豁儿赤】 又作豁儿赤兀孙额不干,豁儿赤为名,"兀孙"蒙古语意为"长者、长寿","额不干"意为"老人"。八邻部萨满,蒙古国万户长之一。初依服札只剌部札木合,后率众归服铁木真(成吉思汗)。宋淳熙十六年(1189),倡举铁木真为蒙古部汗,并要求铁木真对其"言必见听"。随从统一蒙古各部,深受崇信。开禧二年(1206)蒙古国建立时,因功封镇守林木中百姓的万户长,统领八邻部三千户及阿答儿斤、赤那思、帖良古惕等部众共万户,辖区在也儿的石河(今额尔齐斯河)一带。同时被封为"别乞"(意为"长老"),执掌萨满教事宜。后因到秃马惕部挑选美女,激起秃马惕人的反抗,被捉。成吉思汗十二年(1217),秃马惕部被平定后,救归。一说豁儿赤与兀孙为二人。

【豁真别乞】 见"火臣别吉"。(83页)

十八画以上

【鳌拜】(?—1669) 清朝大臣。满洲镶黄旗人。瓜尔佳氏。卫齐子。初为护军校,屡从征有功。天聪八年(1634),授骑都尉世职,任参领。从太宗征察哈尔部。崇德二年(1637),随征明,破皮岛。晋爵三等男,赐号"巴图鲁"。四年,率护军略地锦州。六年,随郑亲王济尔哈郎围锦州,五败明总督洪承畴,功最,晋一等男。七年(1642),擢护军统领。八年,从贝勒阿巴泰征明,克边城,进逼燕京,略地至山东,晋三等子。顺治元年(1644),随军定京师。二年,晋一等子。从英亲王阿济格征湖广,追剿李自成、张献忠起义军。三年,随肃亲王豪格征四川,抵西充,斩张献忠。五年(1648),坐事,夺世职,复以贝子屯齐评告其谋立肃亲王,论死,后受诏宥。八年(1651),顺治帝亲政,授议政大臣,擢领侍卫内大臣。十四年(1657)。加少傅兼太子太傅。十八年(1661),康熙帝即位,受顾命辅政。任内,排斥异己,擅权跋扈。康熙五年(1666),以互易圈地打击正白旗势力。胁迫康熙帝诛苏纳海、苏克萨哈,权倾朝野。六年,康熙帝亲政,加赐一等公,后加太师。八年(1669),以其结党专擅,不思悛改,图谋杀害康熙帝等罪,被革职籍没,死于禁所。

【瞿昙悉达】 唐代天文学家。原籍印度。开元(713—741)、天宝(742—756)年间,为司天鉴,与僧一行齐名。开元六年(718),奉命译印度《九执历》,还编纂了《开元占经》一百二十卷,为唐代天文学的发展做出了贡献。

【霭翠】(?—1388) 元末明初今贵州彝族土司。汉样阿"黑卢鹿"默部第六十六代首领。阿画曾孙。元末封四川等处行中书省左丞并顺元宣抚使、八番顺元沿边宣慰使。明洪武五年(1372),与宣慰同知蒙古歹归附,皆授原职,改顺元为贵州。加封怀远将军。统帅四十八部。贵州宣抚司晋宣慰司,任宣慰使,并位在各宣慰使之上。赐姓安。设治所于贵州城,领有水西(鸭池河以西,即息烽、修文以西,普定以北,水城以东,大方以南)地,世袭。每年贡方物、马匹,明帝所赐亦较其他土司为厚。十六年(1383)以后,因年老,由妻﹡奢香代掌宣慰事。

【耀屈之】 见"耶律德光"。(322页)

【酆舒】 春秋时赤狄潞氏的国相。周文王西伯昌第十七子酆侯之后裔。姬姓。融入赤狄,并成为赤狄潞氏的统治阶级。辅佐潞子婴儿联合白狄、众狄建立强大的北狄国家。周襄王三十二年(公元前620年),因北狄侵犯鲁国西陲而受到晋国赵宣子的警告。此后,北狄分裂,长狄、白狄及众狄摆脱赤狄控制。在赤狄内讧中,刺伤潞子婴儿,并杀死其夫人伯姬(晋景公姊)。晋景公借机与荀林父分率晋兵讨伐赤狄。赤狄兵败后,逃入卫国,被卫人执送晋国,旋被诛。

【霸都鲁】(?—1261) 又作霸突鲁、拔都儿。蒙古国将领。札剌儿氏。据《丞相东平忠宪王碑》为﹡塔思次子。初从忽必烈(元世祖)征战,累立战功。有识略,深受忽必烈器重。蒙哥汗九年(1259),随忽必烈攻宋,五战皆捷,继领舟师趋岳州,败宋将吕文德援军。同年,蒙哥汗死,忽必烈北还,他奉命留屯,总军务。中统二年(1261),卒于军。大德八年(1304),追封东平王。

【曩欢】 明代云南干崖傣族首领。永乐元年(1403),明改镇西路军民总管府为干崖长官司,以其为副长官。二年,颁给信符、金字红牌并赐冠服。三年,遣头目奉表贡马及犀、象、金银器,谢恩。五年设古刺驿,隶干崖。复遣子刀思曩朝贡。自是,三年一朝贡,不绝。

【曩壁】 明代云南潞江傣族首领。受明封为潞江长官司长官。永乐九年(1411),遣子维罗法贡马、方物,明赐以钞币。寻升长官司为安抚司,任安抚使,向朝廷贡象、马、金银器,谢恩。宣德元年(1426),遣人贡马,请改隶云南布政司,获准。三年(1428)改为潞江州。同年,因潞江千户长刀不浪班附籠川,劫潞江,被逐入金齿,据潞江驿,逐驿丞周礼,立寨固守,断绝道路。五年,刀不浪班俱明军讨,还所据地归原部,复输役如故,获宥。

【懿祖】 见"耶律萨剌德"。(325页)

【懿德皇后】 见"萧观音"。(482页)

【懿璘质班】(1326—1332) 又作懿怜只班、亦怜真班。元朝皇帝。蒙古孛儿只斤氏。明宗﹡和世㻋次子,惠宗﹡妥欢贴睦尔弟。文宗天历三年(1330),封鄜王。至顺三年(1332)八月,文宗死,十月,被皇后卜答失里及右丞相燕铁木儿扶立为帝,年仅七岁,尊卜答失里为皇太后,临朝称制,"中书百司政务,咸启中宫取进止。"十一月病死,在位仅五十三日。惠宗至元四年(1338),追谥冲圣嗣孝皇帝,庙号宁宗。

【囊占】 清代抗敌斗争中的女爱国者。傣族。木邦波龙银厂厂主、"桂家"集团首领宫里雁之妻。乾隆二十五年(1760),英法殖民者扶持的缅甸木梳王朝大举进攻,夫被迫"内附",谋取清军支持,孟连土司刀派春趁势对之苛索,夫不服,出走。她寄住孟连,遭辱掠,刀派春强索畜产,进而索其二女及其本人。她不堪欺凌,夜袭刀家,手刃刀派春等三十余口,奔缅甸。时宫里雁正与不降缅主的木邦相依,清政府借孟连之变,诱杀其夫。她继承夫志,誓不降缅,也不投清,率幼子和数百群众赴孟艮,誓与木梳军战斗到底。二十八年(1763),木梳军侵入西双版纳,抗缅清兵不敌,遭木梳兵追击,她捐弃家恨,击退木梳兵进攻,解清军之危。后挥泪斥清廷杀害己夫,愤然而去。

【囊加歹】 又作囊加台(带)。元朝将领。蒙古乃蛮氏。麻察子。初任都元帅府经历。从都元帅阿术围宋襄阳,以功授千户。继从丞相伯颜渡江东下,屡奉命使宋谈判。至元十三年(1276),入临安(今杭州)受宋降表。授怀远大将军、安抚司达鲁花赤。继与阿剌罕取台、温、福等州,迁蒙古军副都万户、江东道宣慰使。十八年(1281),拜都元帅,东侵日本,未至而还。以万户守建康,旋拜云南行省参知政事。征金齿,侵缅国,以疾还,改河南道宣慰使。袭领其父军为都万户。大德三年(1299),从海山北征叛王海都。十一年(1307),成宗死,力佐海山、爱育黎拔力八达夺取帝位,拜同知枢密院事。旋加蕲县万户府达鲁花赤。皇庆元年(1321),授河南江北行省平章政事。封浚都王。

【囊日松赞】 又作囊日论赞。《唐书》称论赞索或论赞率弄赞。吐蕃雅隆部落杰出首领。*达布聂西(达日年寨)子,吐蕃王朝建立者*松赞干布之父。六世纪末叶,继其父为赞普。在位期间,雅隆部落发展壮大,据有今山南地区,开始统一青藏高原,由雅鲁藏布江南岸向北岸远征,攻占拉萨平原的苏毗部落,东进至工布、达波、娘波等地;攻取部分突厥地区;西向阿里(吐蕃时之香雄)发兵,并收服香雄,成为诸部统一的"赞普"(君王)。推行奴隶制,将吐蕃范围的土地、奴隶封赐给有功之臣,贵族拥有奴户成百、成千,多者上万。是为藏文史籍详载奴隶之始。为其子松赞干布建成完整的吐蕃奴隶制王朝奠定基础。经济、文化亦取得新的进展,开始从北方羌塘拉措湖取用食盐,是为吐蕃人食盐之始。首次从汉地取得医药及历算知识,此系汉藏文化交流之肇端。后为被征服的旧贵族毒死。

【囊知牙斯】 见"乌珠留若鞮单于"。(77页)

【囊索达麦巴】 明代西藏山南拉甲里王系先民。藏族。十五世纪人。吐蕃赞普约松后裔。父辈为藏擦六兄弟之一。生于山南丹萨梯附近。及长,在埃堆温泉对面山上建一溪卡庄园,因山上长有山羊须草,故名"甲里山溪卡"(意为"山羊草溪卡")。后山南拉甲里王系即源于此。其后裔多出精通天神佛法的学者及僧众总管,曾建甲里宗,并在日果扎西却宗建中央王宫,势力扩展到约卡达孜宗及嘎宗。对宗喀巴之黄教效力尤多。该系以吐蕃王族身份始终是西藏政教事务中的一支重要派系,世称"拉甲里哇"或"拉甲里王"。

【巙巙】(约1295—1345) 元朝大臣、书法家、诗人。字子山。回回人,祖籍康里。平章政事*不忽木之子,回回兄。幼肆业于国学,博通群书,学识渊博。曾受益于许衡等名士。及长,袭宿卫,历任集贤待制、兵部郎中、秘书监丞。奉命攻察泉舶,见珍宝而不染。历迁监察御史、集贤直学士、礼部尚书、奎章阁学士院大学士、翰林学士承旨、知制诰兼修国史。出任江浙行省平章政事。辅佐文宗,顺帝两朝,有政绩。常劝帝务学,为帝讲诵圣贤格言以及《四书》、《六经》所载治国之道,以商纣王不纳谏、宋徽宗国破事以戒帝。敬重有学儒士。建言恢复科举与纂修辽、金、宋三史。与兄皆为当时名臣,被誉为"双璧"。对楷、行、隶、篆均有造诣,尤善真、行、草书。其正书师虞永兴(世南),行草师钟繇、王羲之。名重一时,与赵孟頫齐名,有"北巙南赵"之誉。代表作有《颜鲁公传张旭十二意笔法》、《谪龙说》、《李白古风》、《渔父辞》、《赠礼部尚书晁公神道碑》等墨迹和碑刻。著有《临池九生法》等。亦善诗。明人戴良《丁鹤年集序》中称其诗"清新俊拔,成一家言",为当时西域十二诗人之一。诗作今已不存。卒,谥文忠。

【麟书】(?—1898) 清朝宗室、大臣。满族。满洲正蓝旗人。咸丰三年(1853)进士。同治六年(1867),官内阁学士兼礼部侍郎衔。光绪元年(1875),补理藩院左侍郎。历任刑部右侍郎、正白旗总族长、户部左侍郎。七年(1881),授理藩院尚书,奉命查办江苏命案。八年,兼署吏部尚书,严行审办云南官吏报销舞弊案。九年,调工部尚书。十年,署户部尚书。十八年(1892),官至吏部尚书、协办大学士。二十一年(1895),授文渊阁大学士。次年,充国史馆、会典馆正总裁,授武英殿大学士。卒,谥文慎。

【麟庆】 清朝大臣。字见亭。完颜氏。满洲镶黄旗人。嘉庆十四年(1809)进士。道光三年(1823),出任安徽徽州知府,调颍州,擢河南开归陈许道。历河南按察使、贵州布政使,护理巡抚。十三年(1833),晋湖北巡抚,改江南河道总督。二十二年(1842),英舰侵入长江,奉命筹淮、扬防务以保运道,旋因事革职。次年,发东河中牟工效力,工竣以四品京堂候补。寻以二等侍卫充库伦办事大臣。旋卒。著有《黄运河口古今图说》、《河工器具图说》、《皇朝纪盛录》、《鸿雪姻缘图记》、《词苑编联》、《凝香室诗文偶存》并辑有《叙德书情集》、《安梅书院观风遗存》、《蓉湖草堂赠言录》等。

【麟魁】(?—1862) 清朝大臣。绰罗氏。满洲镶白旗人。道光三年(1823)进士。六年,殿试二甲第一名。改翰林院庶吉士。历刑部主事、翰林院侍讲学士、詹事府詹事,通政使,都察院左副都御史,盛京刑部侍郎等。十八年(1838),补刑部右侍郎兼镶红旗汉军副都统,转左侍郎。十九年,署镶红旗护军统领。二十年,署仓场侍郎,崇文门副监督。赴湖北查勘各州水灾及安抚情形。调户部右侍郎,管钱法堂事务。二十一年,充武英殿总裁,调吏部左侍郎,署礼部尚书、总管内务府大臣,都察院左都御史。二十二年,署山东巡抚。以英舰侵入镇江,奉命设防备御。十月,复署礼部尚书兼镶红旗汉军都统。二十三年,补礼部尚书,管理太仆寺、鸿胪寺事务。次年,因中牟河坝工屡蛰,革职。寻赏三等侍卫,充叶尔羌、乌里雅苏台参赞大臣。二十七年(1847),任礼部右侍郎,充右翼监督,调刑部左侍郎。次年,升礼部尚书,署正红旗、镶蓝旗蒙古都统,充翰林院掌院学士。后因事降三级调用。

三十年,赏副都统衔,充乌什办事大臣。咸丰二年(1852),升工部尚书。三年,授总管内务府大臣。八年(1858),授内大臣,充文渊阁领阁事。同治元年(1862),以兵部尚书协办大学士。寻卒,谥文端。

【爨深】 晋代南宁州少数民族首领。兴古郡(今云南砚山北)人。楚令尹子文之后,受姓斑氏。西汉末食邑于爨,逐以为氏。世为镇蛮校尉。晋武帝时,任兴古太守。怀帝永嘉(307—313)中,与将军姚岳大破成汉李雄。咸和七年(332),与朱提郡太守董炳、宁州刺史尹奉、建宁太守霍彪等共御李寿进攻。宁州陷,董炳、尹奉、霍彪皆降,独与牂柯太守谢恕坚守不降。九年(334),授为交州刺史。

【爨震】(?—598) 隋代西爨领主。又名爨翫,震翫。南北朝宁州刺史*爨瓒之子。开皇(581—600)初,遣使朝贡,以其地置恭州、协州、昆州。授昆州刺史。十七年(597),举兵反隋,屯据要害。被隋行军总管史万岁破三十余部,走西洱河、滇池,后惧而入朝。翌年,复叛,被诛,诸子没为官奴。

【爨瓒】 南北朝时期西爨领主。西晋南宁太守之后裔。梁太清二年(548),乘宁州刺史徐文盛从湘东徵赴荆州之际,窃据其地,延袤二千余里。其地多骏马、犀、象、明珠。承圣二年(553),降西魏,授宁州刺史,子孙世袭。

【爨日进】 唐代西南两爨(东爨、西爨)首领之一。白蛮。爨摩之子,*爨归王侄,*爨崇道弟。受唐朝封为昆州(今昆明一带)刺史,与弟爨日用同居安宁。天宝(742—756)初,同两爨诸部起兵反对唐朝开辟步头路(在今云南建水南部)和修筑安宁城(今云南安宁),杀筑城使者。遭南诏王皮罗阁(即蒙归义)征讨,遂与爨归王等至军门谢罪,获唐朝赦免。不久因受唐都督李宓离间,家族内讧,被亲兄爨崇道杀死。

【爨归王】 唐代西南两爨(东爨、西爨)首领之一。白蛮。唐玄宗时,因两爨首领爨宏达已卒,遂被唐朝任命为南宁州(今滇东曲靖一带)都督,居石城(今曲靖市),娶乌蛮女阿姹,袭杀东爨首领盖聘、盖启父子,占据升麻川(今云南寻甸、嵩明一带)。天宝(742—756)初,同两爨诸部反对唐朝开辟步头路(在今云南建水南部)和修筑安宁城(今云南安宁),杀筑城使者。遭南诏王皮罗阁(即蒙归义)征讨,遂与侄爨崇道、爨日进等至军门谢罪,获唐廷赦免。不久,因受唐都督李宓离间而内讧,被爨崇道所杀。其妻、子投母族乌蛮并向南诏求援。

【爨弘达】 唐代西爨领主。西晋宁州大姓爨氏之后裔,*爨瓒之孙,*爨震之子。隋开皇十八年(598),因父举兵反隋,没为官奴。唐高祖即位(618)后,授为昆州刺史。益州刺史段纶诱其部纳款贡物。西爨遭太宗遣将击讨,开青蛉、弄栋县。

【爨守隅】 唐代西南地区西爨首领之一。白蛮。*爨归王子。母阿姹为乌蛮女。天宝(742—756)间,因受唐都督李宓离间,西爨内讧,父被爨崇道所杀,遂与母投乌蛮求救,代父任南宁州(今滇东曲靖一带)都督,又遣使至南诏求援,尚皮罗阁(蒙归义)女。南诏、东爨及李宓均兴师进讨爨崇道,杀崇道及其子爨辅朝,俘其家族等。诸爨从此衰落,被南诏控制。至皮罗阁死,阁罗凤立时,携妻至河赕(今大理)闲居。

【爨辅朝】 唐代西南地区西爨首领之一。白蛮。*爨崇道子。天宝(742—756)间,因受唐将李宓离间,家族内讧,父杀亲族爨归王和爨日进。南诏王皮罗阁为笼络爨氏,分别将二女嫁与爨归王子爨守隅和爨辅朝。不久,遭皮罗阁征讨,与父同被南诏军所杀,妻被皮罗阁接走,诸爨为南诏控制。

【爨崇道】 唐代西南两爨(东爨、西爨)首领之一。白蛮。*爨归王侄。为"两爨大鬼主"(主祭者)。唐玄宗时,受唐封南宁州(今滇东曲靖一带)司马、威州(云南嵩明县杨林东一带)刺史,居曲轭(今云南马龙)。天宝(742—756)初,同两爨诸部起兵反对唐朝开辟步头路(在今云南建水南部)和修筑安宁城(今云南安宁),杀筑城使者。遭南诏王皮罗阁(即蒙归义)征讨,遂与爨归王等至军门谢罪,获唐廷赦免。不久,受唐都督李宓之离间,杀爨归王,又杀弟爨日进。引起东爨诸部及南诏进讨,兵败被杀,家族被俘,两爨遂被南诏控制。

附录1　中国民族历史纪年表

说　明

一、本年表所收以少数民族政权为主(包括民族起义),这些政权不少未立年号,不见于一般常用年表。

二、年表中对汉族政权未全部列出,只举其大要者,以兹对照。汉族政权与少数民族政权之间以双线隔开。

三、本年表自夏迄清末,按时代顺序分列夏、商、西周、春秋、战国、秦汉、魏晋及十六国、南北朝、隋唐、辽宋夏金、元、明、清等十三表。

四、年表分三栏。第一栏为公元纪年;第二栏干支("共和"以前不标示);第三栏为诸民族纪年。纪年以阿拉伯数字标示,数字前为年号,数字后为帝王。

五、年表中所用符号:

□表示政权的起始。

〔〕表示当年即位沿用前帝年号而于第二年改元者。

③表示即位或改元的月份(正月改元者一般不标)。

●表示政权灭亡月份。

(?)和……表示年代不确。其中:有的指大约于是年即位或改元;有的指在此期间有此年号;有的是仅知有此年号,时间不明。

六、年表中纪年按夏历,历代凡更改朔闰者,在注中说明。

七、秦以前诸少数民族,除吴、越、楚、中山外,其余事迹异常零散,不能作表,皆于注中说明。

八、本年表有注解1011条,除以上内容外,还包括:诸史所载的不同年号、称号;帝王的原名、更名、赐名等;列表的史料依据以及对史实的考释;学术界在纪年上的不同看法;易引起疑问和混乱处的背景资料说明。

目 录

一 夏纪年表
夏 …………………………………… (622)
商 …………………………………… (624)

二 商纪年表
商 …………………………………… (625)
周 …………………………………… (628)

三 西周纪年表
西周 ………………………………… (629)
曹 …………………………………… (630)
燕 …………………………………… (630)
蔡 …………………………………… (630)
宋 …………………………………… (630)
晋 …………………………………… (631)
鲁 …………………………………… (631)
卫 …………………………………… (631)
陈 …………………………………… (631)
齐 …………………………………… (631)
楚 …………………………………… (631)
秦 …………………………………… (631)
郑 …………………………………… (633)

四 春秋纪年表
东周 ………………………………… (636)
曹 …………………………………… (636)
燕 …………………………………… (636)
蔡 …………………………………… (636)
宋 …………………………………… (636)
晋 …………………………………… (636)
鲁 …………………………………… (637)

卫 …………………………………… (637)
陈 …………………………………… (637)
齐 …………………………………… (637)
秦 …………………………………… (637)
郑 …………………………………… (637)
楚 …………………………………… (637)
吴 …………………………………… (645)
越 …………………………………… (649)

五 战国纪年表
东周 ………………………………… (650)
燕 …………………………………… (650)
晋 …………………………………… (650)
齐 …………………………………… (650)
秦 …………………………………… (651)
赵 …………………………………… (651)
魏 …………………………………… (651)
楚 …………………………………… (651)
吴 …………………………………… (651)
越 …………………………………… (651)
韩 …………………………………… (653)
田齐 ………………………………… (653)
中山 ………………………………… (653)(657)

六 秦汉纪年表
秦 …………………………………… (662)
匈奴 ………………………………… (662)
西汉 ………………………………… (662)
南越 ………………………………… (662)
闽越 ………………………………… (662)
卫氏朝鲜 …………………………… (662)
东瓯 ………………………………… (662)

乌孙	(662)
东越	(663)
夜郎	(663)(667)
滇	(664)
句町	(665)
高句丽	(667)
漏卧	(667)
新	(668)
莎车	(669)
益州夷	(669)
越嶲夷	(669)
东汉	(670)
北匈奴	(670)
南匈奴	(670)
烧当羌	(671)
邛都夷	(671)
哀牢夷	(671)
潓山蛮	(671)
武陵蛮	(671)(679)
于阗	(671)
疏勒	(673)
龟兹	(673)
澧中蛮	(673)(675)
溇中蛮	(673)
焉耆	(675)
溇中、澧中蛮	(675)
车师	(675)
巫蛮	(675)
先零羌	(675)
卷夷	(677)
零陵蛮	(677)
当煎羌	(677)
陇西羌	(677)
拘弥	(677)
钟羌	(677)
鲜卑	(679)
上谷乌桓	(679)
辽西乌桓	(679)
辽东乌桓	(679)
右北平乌桓	(679)
江夏蛮	(679)
小种鲜卑	(680)
羌、胡	(681)

七 魏晋及十六国纪年表

魏	(682)
蜀	(682)
吴	(682)
南匈奴	(683)
高句丽	(683)
小种鲜卑	(683)
拓跋鲜卑	(683)
西晋	(684)
铁弗匈奴	(685)
汉(匈奴)	(686)
慕容鲜卑	(687)
前仇池(氐)	(687)
巴氐	(687)
义阳蛮	(687)
成(巴氐)	(687)
临渭氐	(687)
东晋	(688)
前凉	(688)
前赵(匈奴)	(688)
羌	(689)
吐谷浑	(689)
段鲜卑	(689)
后赵(羯)	(689)
大秦(巴氐)	(689)
乞伏鲜卑	(689)
翟魏(丁零)	(689)
代(鲜卑)	(690)
前燕(鲜卑)	(690)
汉(巴氐)	(690)
宇文鲜卑	(691)
冉魏	(691)
前秦(氐)	(693)
北魏(鲜卑)	(694)
西燕(鲜卑)	(694)
后燕(鲜卑)	(694)
后仇池(氐)	(695)
后秦(羌)	(695)
西秦(鲜卑)	(695)
后凉(氐)	(695)
南凉(鲜卑)	(695)
西凉	(696)

南燕(鲜卑) ……………………… (696)
夏(铁弗匈奴) …………………… (696)
北燕 ……………………………… (696)
北凉(卢水胡) …………………… (697)
柔然 ……………………………… (697)
河西胡 …………………………… (698)

八 南北朝纪年表

宋 ………………………………… (700)
西凉 ……………………………… (700)
北魏(鲜卑) ……………………… (700)
高句丽 …………………………… (700)
夏(铁弗匈奴) …………………… (700)
北燕 ……………………………… (701)
后仇池(氐) ……………………… (701)
吐谷浑 …………………………… (701)
西秦(鲜卑) ……………………… (701)
北凉(卢水胡) …………………… (701)
柔然 ……………………………… (701)
武都(氐) ………………………… (701)
南齐 ……………………………… (702)
武兴(氐) ………………………… (702)
高昌 ……………………………… (703)
阴平(氐) ………………………… (703)
梁 ………………………………… (704)
高车 ……………………………… (705)
(真王杜氏) ……………………… (706)
敕勒 ……………………………… (706)
屠各胡 …………………………… (707)
秦州羌 …………………………… (707)
匈奴 ……………………………… (707)
秦(羌) …………………………… (707)
稽胡 ……………………………… (707)
丁零 ……………………………… (707)
大赵(匈奴) ……………………… (707)
西魏(鲜卑) ……………………… (708)
东魏(鲜卑) ……………………… (708)
北齐 ……………………………… (708)
汾州胡 …………………………… (709)
突厥 ……………………………… (709)
陈 ………………………………… (710)
北周(鲜卑) ……………………… (710)
西突厥 …………………………… (711)

九 隋唐纪年表

隋 ………………………………… (712)
陈 ………………………………… (712)
吐谷浑 …………………………… (712)
高昌 ……………………………… (712)
东突厥 …………………………… (712)
西突厥 …………………………… (712)
铁勒(契苾部) …………………… (713)
薛延陀 …………………………… (713)
焉耆 ……………………………… (713)
龟兹 ……………………………… (713)
于阗 ……………………………… (713)
疏勒 ……………………………… (713)
唐 ………………………………… (714)(720)
牂牁 ……………………………… (715)(721)
许(鲜卑) ………………………… (715)
吐蕃 ……………………………… (715)
大蒙国 …………………………… (717)
周 ………………………………… (718)
后突厥 …………………………… (719)
震国(靺鞨) ……………………… (721)
渤海 ……………………………… (721)
南诏 ……………………………… (723)
回鹘 ……………………………… (723)
燕(胡) …………………………… (725)
甘州回鹘 ………………………… (729)(733)
西州回鹘 ………………………… (729)(737)
喀喇汗 …………………………… (729)(735)
南诏(大封民) …………………… (730)
南诏(大长和) …………………… (731)

十 辽宋夏金纪年表

后梁 ……………………………… (732)
晋(沙陀) ………………………… (732)
辽(契丹) ………………………… (732)
后唐(沙陀) ……………………… (732)
渤海 ……………………………… (733)
南诏(大长和) …………………… (733)
于阗 ……………………………… (733)
甘州回鹘 ………………………… (733)
东丹 ……………………………… (733)
南诏(大天兴) …………………… (733)
南诏(大义宁) …………………… (733)

后晋(沙陀)	(734)
后周	(734)
后汉(沙陀)	(734)
北汉(沙陀)	(734)
北宋	(734)
大理	(735)
西州回鹘	(737)
喀喇汗	(737)
定安	(737)
唃厮啰	(739)
兴辽	(739)
西夏	(741)
长其(侬)	(741)
大历(侬)	(741)
桂阳瑶	(741)
宜州蛮	(741)
南天(侬)	(741)
大南国(侬)	(741)
大中	(744)
后理	(744)
金	(745)
大元	(745)
北辽	(746)
西辽	(746)
南宋	(746)
奚	(747)
契丹	(749)
蒙古	(751)
东真	(751)
察合台兀鲁思	(753)
窝阔台兀鲁思	(753)

十一　元纪年表

南宋	(755)
元	(755)
察合台兀鲁思	(755)
窝阔台兀鲁思	(755)
天完	(757)
周	(757)
宋	(757)
别失八里	(757)
汉	(757)
夏	(757)

十二　明纪年表

明	(758)
夏	(758)
北元	(758)
别失八里	(758)
哈密	(758)
鞑靼	(758)
瓦剌	(760)
贵州苗	(760)
吐鲁番	(760)
叶尔羌	(761)
后金	(763)
准噶尔	(764)

十三　清纪年表

明	(765)
清	(765)
叶尔羌	(765)
准噶尔	(765)
大顺	(765)
南明	(765)
周	(766)
太平天国	(768)

注解 .... (770)

一 夏 纪 年 表[①]

公元前	夏	公元前	夏	公元前	夏	公元前	夏
2140	1 禹[②]	2095	1 启[④]	2050	7 仲康	2005	11 少康
2139	2	2094	2	2049	8	2004	12
2138	3	2093	3	2048	9	2003	13
2137	4	2092	4	2047	10	2002	14
2136	5	2091	5	2046	11	2001	15
2135	6	2090	6	2045	12	2000	16
2134	7	2089	7	2044	13[⑦]	1999	17
2133	8	2088	8	2043	1 相[⑧]	1998	18
2132	9	2087	9	2042	2[⑨]	1997	19
2131	10	2086	10[⑤]	2041	3	1996	20
2130	11	2085	1 太康	2040	4	1995	21[⑬]
2129	12	2084	2	2039	5	1994	1 杼[⑭]
2128	13	2083	3	2038	6	1993	2
2127	14	2082	4	2037	7[⑩]	1992	3
2126	15	2081	5	2036	8	1991	4
2125	16	2080	6	2035	9	1990	5
2124	17	2079	7	2034	10	1989	6
2123	18	2078	8	2033	11	1988	7
2122	19	2077	9	2032	12	1987	8
2121	20	2076	10	2031	13	1986	9
2120	21	2075	11	2030	14	1985	10
2119	22	2074	12	2029	15	1984	11
2118	23	2073	13	2028	16	1983	12
2117	24	2072	14	2027	17	1982	13
2116	25	2071	15	2026	18	1981	14
2115	26	2070	16	2025	19	1980	15
2114	27	2069	17	2024	20	1979	16
2113	28	2068	18	2023	21	1978	17[⑮]
2112	29	2067	19	2022	22	1977	1 槐[⑯]
2111	30	2066	20	2021	23	1976	2
2110	31	2065	21	2020	24	1975	3[⑰]
2109	32	2064	22	2019	25	1974	4
2108	33	2063	23	2018	26	1973	5
2107	34	2062	24	2017	27	1972	6
2106	35	2061	25	2016	28[⑪]	1971	7
2105	36	2060	26	2015	1 少康	1970	8
2104	37	2059	27	2014	2[⑫]	1969	9
2103	38	2058	28	2013	3	1968	10
2102	39	2057	29[⑥]	2012	4	1967	11
2101	40	2056	1 仲康	2011	5	1966	12
2100	41	2055	2	2010	6	1965	13
2099	42	2054	3	2009	7	1964	14
2098	43	2053	4	2008	8	1963	15
2097	44	2052	5	2007	9	1962	16
2096	45[③]	2051	6	2006	10	1961	17

公元前	夏	公元前	夏	公元前	夏	公元前	夏
1960	18 槐	1915	3 不降	1870	48 不降	1825	13 廑
1959	19	1914	4	1869	49	1824	14
1958	20	1913	5	1868	50	1823	15
1957	21	1912	6	1867	51	1822	16
1956	22	1911	7	1866	52	1821	17
1955	23	1910	8	1865	53	1820	18
1954	24	1909	9	1864	54	1819	19
1953	25	1908	10	1863	55	1818	20
1952	26⑱	1907	11	1862	56	1817	21㉖
1951	1 芒⑲	1906	12	1861	57	1816	1 孔甲
1950	2	1905	13	1860	58	1815	2
1949	3	1904	14	1859	59㉓	1814	3
1948	4	1903	15	1858	1 扃㉔	1813	4
1947	5	1902	16	1857	2	1812	5
1946	6	1901	17	1856	3	1811	6
1945	7	1900	18	1855	4	1810	7
1944	8	1899	19	1854	5	1809	8
1943	9	1898	20	1853	6	1808	9
1942	10	1897	21	1852	7	1807	10
1941	11	1896	22	1851	8	1806	11
1940	12	1895	23	1850	9	1805	12
1939	13	1894	24	1849	10	1804	13
1938	14	1893	25	1848	11	1803	14
1937	15	1892	26	1847	12	1802	15
1936	16	1891	27	1846	13	1801	16
1935	17	1890	28	1845	14	1800	17
1934	18⑳	1889	29	1844	15	1799	18
1933	1 泄㉑	1888	30	1843	16	1798	19
1932	2	1887	31	1842	17	1797	20
1931	3	1886	32	1841	18	1796	21
1930	4	1885	33	1840	19	1795	22
1929	5	1884	34	1839	20	1794	23
1928	6	1883	35	1838	21㉕	1793	24
1927	7	1882	36	1837	1 廑㉗	1792	25
1926	8	1881	37	1836	2	1791	26
1925	9	1880	38	1835	3	1790	27
1924	10	1879	39	1834	4	1789	28
1923	11	1878	40	1833	5	1788	29
1922	12	1877	41	1832	6	1787	30
1921	13	1876	42	1831	7	1786	31㉘
1920	14	1875	43	1830	8	1785	1 皋㉙
1919	15	1874	44	1829	9	1784	2
1918	16㉒	1873	45	1828	10	1783	3
1917	1 不降㉓	1872	46	1827	11	1782	4
1916	2	1871	47	1826	12	1781	5

公元前	夏	公元前	夏	公元前	夏	商
1780	6 皋	1755	9 桀	1730	34 桀	
1779	7	1754	10	1729	35	
1778	8	1753	11	1728	36	商
1777	9	1752	12	1727	37	1 汤㉚
1776	10	1751	13	1726	38	2
1775	11㉑	1750	14	1725	39	3
1774	1 发㉒	1749	15	1724	40	4
1773	2	1748	16	1723	41	5
1772	3	1747	17	1722	42	6
1771	4	1746	18	1721	43	7
1770	5	1745	19	1720	44	8
1769	6	1744	20	1719	45	9
1768	7	1743	21㉓	1718	46	10
1767	8	1742	22	1717	47	11
1766	9	1741	23	1716	48	12
1765	10	1740	24	1715	49	13
1764	11㉓	1739	25	1714	50	14
1763	1 桀㉔	1738	26	1713	51	15
1762	2	1737	27	1712	52㉙	16
1761	3㉕	1736	28		（亡于商）	
1760	4	1735	29			
1759	5	1734	30			
1758	6㉖	1733	31			
1757	7	1732	32			
1756	8	1731	33			

二 商 纪 年 表

公元前	商	公元前	商	公元前	商	公元前	商
1711	17 汤①	1665	28 太甲	1620	11 太庚	1575	31 小甲
1710	18	1664	29	1619	12	1574	32
1709	19②	1663	30	1618	13	1573	33
1708	20	1662	31	1617	14	1572	34
1707	21	1661	32	1616	15	1571	35
1706	22						
1705	23	1660	33⑨	1615	16	1570	36⑭
1704	24	1659	1 沃丁⑩	1614	17	1569	1 雍己⑮
1703	25	1658	2	1613	18	1568	2
1702	26	1657	3	1612	19	1567	3
1701	27	1656	4	1611	20	1566	4
1700	28	1655	5	1610	21	1565	5
1699	29③	1654	6	1609	22	1564	6
1698	1 外丙④	1653	7	1608	23	1563	7
1697	2⑤	1652	8	1607	24	1562	8
1696	1 仲壬⑥	1651	9	1606	25⑬	1561	9
1695	2	1650	10	1605	1 小甲	1560	10
1694	3	1649	11	1604	2	1559	11
1693	4⑦	1648	12	1603	3	1558	12⑯
1692	1 太甲⑧	1647	13	1602	4	1557	1 太戊⑰
1691	2	1646	14	1601	5	1556	2
1690	3	1645	15	1600	6	1555	3
1689	4	1644	16	1599	7	1554	4
1688	5	1643	17	1598	8	1553	5
1687	6	1642	18	1597	9	1552	6
1686	7	1641	19	1596	10	1551	7
1685	8	1640	20	1595	11	1550	8
1684	9	1639	21	1594	12	1549	9
1683	10	1638	22	1593	13	1548	10
1682	11	1637	23	1592	14	1547	11
1681	12	1636	24	1591	15	1546	12
1680	13	1635	25	1590	16	1545	13
1679	14	1634	26	1589	17	1544	14
1678	15	1633	27	1588	18	1543	15
1677	16	1632	28	1587	19	1542	16
1676	17	1631	29⑪	1586	20	1541	17
1675	18	1630	1 太庚⑫	1585	21	1540	18
1674	19	1629	2	1584	22	1539	19
1673	20	1628	3	1583	23	1538	20
1672	21	1627	4	1582	24	1537	21
1671	22	1626	5	1581	25	1536	22
1670	23	1625	6	1580	26	1535	23
1669	24	1624	7	1579	27	1534	24
1668	25	1623	8	1578	28	1533	25
1667	26	1622	9	1577	29	1532	26⑱
1666	27	1621	10	1576	30	1531	27

公元前	商	公元前	商	公元前	商	公元前	商
1530	28 太戊	1485	73 太戊	1440	8 祖乙	1395	18 沃甲
1529	29	1484	74	1439	9	1394	19
1528	30	1483	75⑳	1438	10	1393	20㉘
1527	31	1482	1 仲丁㉑	1437	11	1392	1 祖丁
1526	32	1481	2	1436	12	1391	2
1525	33	1480	3	1435	13	1390	3
1524	34	1479	4	1434	14	1389	4
1523	35	1478	5	1433	15	1388	5
1522	36	1477	6㉒	1432	16	1387	6
1521	37	1476	7	1431	17	1386	7
1520	38	1475	8	1430	18	1385	8
1519	39	1474	9	1429	19㉓	1384	9
1518	40	1473	10	1428	1 祖辛㉔	1383	10
1517	41	1472	11㉕	1427	2	1382	11
1516	42	1471	1 外壬㉖	1426	3	1381	12
1515	43	1470	2	1425	4	1380	13
1514	44	1469	3	1424	5	1379	14
1513	45	1468	4	1423	6	1378	15
1512	46	1467	5	1422	7	1377	16
1511	47	1466	6	1421	8	1376	17
1510	48	1465	7	1420	9	1375	18
1509	49	1464	8	1419	10	1374	19
1508	50	1463	9	1418	11	1373	20
1507	51	1462	10	1417	12	1372	21
1506	52	1461	11	1416	13	1371	22
1505	53	1460	12	1415	14	1370	23
1504	54	1459	13	1414	15	1369	24
1503	55	1458	14	1413	16㉗	1368	25
1502	56	1457	15㉖	1412	1 沃甲㉘	1367	26
1501	57	1456	1 河亶甲㉗	1411	2	1366	27
1500	58	1455	2	1410	3	1365	28
1499	59	1454	3	1409	4	1364	29
1498	60	1453	4㉗	1408	5	1363	30
1497	61⑲	1452	5	1407	6	1362	31
1496	62	1451	6	1406	7	1361	32㉘
1495	63	1450	7	1405	8	1360	1 南庚
1494	64	1449	8	1404	9	1359	2
1493	65	1448	9㉘	1403	10	1358	3
1492	66	1447	1 祖乙29	1402	11	1357	4
1491	67	1446	2	1401	12	1356	5
1490	68	1445	3	1400	13	1355	6
1489	69	1444	4	1399	14	1354	7
1488	70	1443	5	1398	15	1353	8
1487	71	1442	6	1397	16	1352	9
1486	72	1441	7	1396	17	1351	10

公元前	商	公元前	商	公元前	商	公元前	商
1350	11 南庚	1305	20 盘庚	1260	16 小乙	1215	40 武丁
1349	12	1304	21	1259	17	1214	41
1348	13	1303	22	1258	18	1213	42
1347	14	1302	23	1257	19	1212	43
1346	15	1301	24	1256	20	1211	44
1345	16	1300	25	1255	21㊱	1210	45
1344	17	1299	26	1254	1 武丁㊵	1209	46
1343	18	1298	27	1253	2	1208	47
1342	19	1297	28㊴	1252	3	1207	48
1341	20	1296	1 小辛	1251	4	1206	49
1340	21	1295	2	1250	5	1205	50
1339	22	1294	3	1249	6	1204	51
1338	23	1293	4	1248	7	1203	52
1337	24	1292	5	1247	8	1202	53
1336	25	1291	6	1246	9	1201	54
1335	26	1290	7	1245	10	1200	55
1334	27	1289	8	1244	11	1199	56
1333	28	1288	9	1243	12	1198	57
1332	29㉛	1287	10	1242	13	1197	58
1331	1 阳甲㉜	1286	11	1241	14	1196	59㊶
1330	2	1285	12	1240	15	1195	1 祖庚㊷
1329	3㉝	1284	13	1239	16	1194	2
1328	4	1283	14	1238	17	1193	3
1327	5	1282	15	1237	18	1192	4
1326	6	1281	16	1236	19	1191	5
1325	7㉞	1280	17	1235	20	1190	6
1324	1 盘庚㉟	1279	18	1234	21	1189	7㊸
1323	2	1278	19	1233	22	1188	1 祖甲㊹
1322	3	1277	20	1232	23	1187	2
1321	4	1276	21㊲	1231	24	1186	3
1320	5	1275	1 小乙	1230	25	1185	4
1319	6	1274	2	1229	26	1184	5
1318	7	1273	3	1228	27	1183	6
1317	8	1272	4	1227	28	1182	7
1316	9	1271	5	1226	29	1181	8
1315	10	1270	6	1225	30	1180	9
1314	11	1269	7	1224	31	1179	10
1313	12	1268	8	1223	32㊺	1178	11
1312	13	1267	9	1222	33	1177	12㊻
1311	14	1266	10	1221	34㊼	1176	13㊽
1310	15	1265	11	1220	35	1175	14
1309	16	1264	12	1219	36	1174	15
1308	17	1263	13	1218	37	1173	16
1307	18	1262	14	1217	38	1172	17
1306	19	1261	15	1216	39	1171	18

公元前	商	公元前	商	公元前	商	周
1170	19 祖甲	1135	2 帝乙	1100	37㊶帝乙	
1169	20	1134	3㊴	1099	1 纣㊷	
1168	21	1133	4	1098	2	
1167	22	1132	5	1097	3	
1166	23	1131	6	1096	4	
1165	24	1130	7	1095	5	
1164	25	1129	8	1094	6	
1163	26	1128	9	1093	7	
1162	27	1127	10㊵	1092	8	
1161	28	1126	11	1091	9	
1160	29	1125	12	1090	10	
1159	30	1124	13	1089	11	
1158	31	1123	14	1088	12	
1157	32	1122	15	1087	13	
1156	33㉝	1121	16	1086	14	
1155	1 廪辛㉞	1120	17	1085	15	
1154	2	1119	18	1084	16	
1153	3	1118	19	1083	17	
1152	4	1117	20	1082	18	
1151	5	1116	21	1081	19	
1150	6㉟	1115	22	1080	20	
1149	1 庚丁㊱	1114	23	1079	21	
1148	2	1113	24	1078	22	
1147	3	1112	25	1077	23	周
1146	4	1111	26	1076	24	1 武王发㊸
1145	5	1110	27	1075	25	2
1144	6㊲	1109	28	1074	26	3
1143	1 武乙㊳	1108	29	1073	27	4
1142	2	1107	30	1072	28	5
1141	3	1106	31	1071	29	6
1140	4㊴	1105	32	1070	30	7
1139	1 文丁㊵	1104	33	1069	31	8
1138	2㊶	1103	34	1068	32	9
1137	3㊷	1102	35	1067	33㊹	10
1136	1 帝乙㊸	1101	36		(亡于周)	

三　西　周　纪　年　表

公元前	西周	公元前	西周	公元前	西周	公元前	西周
1066	11 武王发①	1020	7 康王钊	975	2 穆王满	930	47 穆王满
1065	12	1019	8	974	3	929	48
1064	13②	1018	9	973	4	928	49
1063	1 成王诵	1017	10	972	5	927	50
1062	2③	1016	11	971	6	926	51
1061	3						
1060	4④	1015	12	970	7	925	52
1059	5	1014	13	969	8	924	53
1058	6	1013	14	968	9	923	54
1057	7	1012	15	967	10	922	55⑲
1056	8	1011	16	966	11	921	1 共王繄扈⑳
1055	9⑤	1010	17	965	12⑬	920	2
1054	10	1009	18	964	13⑭	919	3
1053	11	1008	19	963	14⑮	918	4
1052	12	1007	20	962	15	917	5
1051	13⑥	1006	21	961	16	916	6
1050	14	1005	22	960	17⑯	915	7
1049	15	1004	23	959	18	914	8
1048	16	1003	24	958	19	913	9
1047	17	1002	25	957	20	912	10
1046	18	1001	26⑪	956	21	911	11
1045	19	1000	1 昭王瑕	955	22	910	12㉑
1044	20	999	2	954	23	909	1 懿王囏㉒
1043	21	998	3	953	24	908	2
1042	22	997	4	952	25	907	3
1041	23	996	5	951	26	906	4
1040	24⑦	995	6	950	27	905	5
1039	25⑧	994	7	949	28	904	6
1038	26	993	8	948	29	903	7㉓
1037	27	992	9	947	30	902	8
1036	28	991	10	946	31	901	9
1035	29	990	11	945	32	900	10
1034	30⑨	989	12	944	33	899	11
1033	31	988	13	943	34	898	12
1032	32	987	14	942	35⑰	897	13㉔
1031	33	986	15	941	36	896	14
1030	34	985	16	940	37⑱	895	15
1029	35	984	17	939	38	894	16
1028	36	983	18	938	39	893	17
1027	37⑩	982	19	937	40	892	18
1026	1 康王钊	981	20	936	41	891	19
1025	2	980	21	935	42	890	20
1024	3	979	22	934	43	889	21㉕
1023	4	978	23	933	44	888	22
1022	5	977	24	932	45	887	23
1021	6	976	1 穆王满⑫	931	46	886	24

公元前	干支	西周	曹	燕	蔡	宋
885		25㉕懿王囏				
884		1㉗孝王辟方				
883		2				
882		3				
881		4				
880		5㉘				
879		6				
878		7				
877		8				
876		9				
875		10				
874		11				
873		12				
872		13				
871		14				
870		15㉙				
869		1夷王燮				
868		2㉚				
867		3				
866		4				
865		5	曹	燕		
864		6	1夷伯喜	1惠侯	蔡	
863		7㉛	2	2	1武侯	
862		8	3	3	2	
861		9	4	4	3	
860		10	5	5	4	
859		11	6	6	5	宋
858		12	7	7	6	1釐公举
857		1厉王胡	8	8	7	2
856		2	9	9	8	3
855		3㉜	10	10	9	4
854		4	11	11	10	5
853		5	12	12	11	6
852		6	13	13	12	7
851		7	14	14	13	8
850		8	15	15	14	9
849		9	16	16	15	10
848		10	17	17	16	11
847		11㉝	18	18	17	12
846		12	19	19	18	13
845		13	20	20	19	14
844		14	21	21	20	15
843		15	22	22	21	16
842		16	23	23	22	17
841	庚申	(共和)㉞1	24	24	23	18

晋	鲁	卫	陈	齐	秦	楚	公元前
							885
							884
							883
							882
							881
							880
							879
							878
							877
							876
							875
							874
							873
							872
							871
							870
							869
							868
							867
							866
							865
							864
							863
							862
							861
							860
晋							859
1 靖侯宜臼							858
2							857
3	鲁						856
4	1 真公濞③	卫	陈				855
5	2	1 釐侯	1 幽公宁				854
6	3	2	2				853
7	4	3	3				852
8	5	4	4	齐			851
9	6	5	5	1 武公寿④			850
10	7	6	6	2			849
11	8	7	7	3		楚⑤	848
12	9	8	8	4		1 熊勇⑥	847
13	10	9	9	5		2	846
14	11	10	10	6	秦	3	845
15	12	11	11	7	1 秦仲	4	844
16	13	12	12	8	2	5	843
17	14	13	13	9	3⑧	6	842
18[釐侯]	15	14	14	10	4	7	841

西周纪年表　631

公元前	干支	西周	曹	燕	蔡	宋	晋
840	辛酉	(共和)2	25 夷伯喜	25 惠侯	24 武侯	19 釐公举	1 釐侯司徒
839	壬戌	3	26	26	25	20	2
838	癸亥	4	27	27	26[夷侯]	21	3
837	甲子	5	28	28	1 夷侯	22	4
836	乙丑	6	29	29	2	23	5
835	丙寅	7	30[幽伯]	30	3	24	6
834	丁卯	8	1 幽伯疆	31	4	25	7
833	戊辰	9	2	32	5	26	8
832	己巳	10	3	33	6	27	9
831	庚午	11	4	34	7	28[惠氏]	10
830	辛未	12	5	35	8	1 惠公覸	11
829	壬申	13	6	36	9	2	12
828	癸酉	14[宣王]	7	37	10	3	13
827	甲戌	1 宣王静㊵	8	38[釐侯]	11	4	14
826	乙亥	2	9[戴伯]	1 釐侯庄	12	5	15
825	丙子	3	1 戴伯鲜㊶	2	13	6	16
824	丁丑	4	2	3	14	7	17
823	戊寅	5㊸	3	4	15	8	18[献侯]
822	己卯	6㊹	4	5	16	9	1 献侯籍
821	庚辰	7	5	6	17	10	2
820	辛巳	8	6	7	18	11	3
819	壬午	9	7	8	19	12	4
818	癸未	10	8	9	20	13	5
817	甲申	11	9	10	21	14	6
816	乙酉	12	10	11	22	15	7
815	丙戌	13	11	12	23	16	8
814	丁亥	14	12	13	24	17	9
813	戊子	15	13	14	25	18	10
812	己丑	16	14	15	26	19	11[穆侯]
811	庚寅	17	15	16	27	20	1 穆侯弗生㊷
810	辛卯	18	16	17	28[釐侯]	21	2
809	壬辰	19	17	18	1 釐侯所事	22	3
808	癸巳	20	18	19	2	23	4
807	甲午	21	19	20	3	24	5
806	乙未	22	20	21	4	25	6
805	丙申	23	21	22	5	26	7
804	丁酉	24	22	23	6	27	8
803	戊戌	25	23	24	7	28	9
802	己亥	26	24	25	8	29	10
801	庚子	27	25	26	9	30[哀公]	11
800	辛丑	28	26	27	10	1 哀公[戴公]	12
799	壬寅	29	27	28	11	1 戴公	13
798	癸卯	30	28	29	12	2	14
797	甲辰	31	29	30	13	3	15
796	乙巳	32	30[惠公]	31	14	4	16

鲁	卫	陈	齐	秦	郑	楚	公元前
16 真公濞	15 釐侯	15 幽公宁	11 武公寿	5 秦仲		8 熊勇	840
17	16	16	12	6		9	839
18	17	17	13	7		10[熊严]	838
19	18	18	14	8		1 熊严	837
20	19	19	15	9		2	836
21	20	20	16	10		3	835
22	21	21	17	11		4	834
23	22	22	18	12		5	833
24	23	23[釐公]	19	13		6	832
25	24	1 釐公孝	20	14		7	831
26	25	2	21	15		8	830
27	26	3	22	16		9	829
28	27	4	23	17		10[熊霜]	828
29	28	5	24	18		1 熊霜	827
30[武公]	29	6	25	19		2	826
1 武公敖	30	7	25[厉公]	20		3	825
2	31	8	1 厉公无忌	21		4	824
3	32	9	2	22		5	823
4	33	10	3	23[庄公]		6[熊徇]	822
5	34	11	4	1 庄公其		1 熊徇	821
6	35	12	5	2		2	820
7	36	13	6	3		3	819
8	37	14	7	4		4	818
9	38	15	8	5		5	817
10[懿公]	39	16	9[文公]	6		6	816
1 懿公戏	40	17	1 文公赤	7		7	815
2	41	18	2	8		8	814
3	42	19	3	9		9	813
	1 共伯馀[武公]						
4	1 武公和	20	4	10		10	812
5	2	21	5	11		11	811
6	3	22	6	12		12	810
7	4	23	7	13		13	809
8	5	24	8	14	郑	14	808
9[伯御]	6	25	9	15		15	807
1 伯御	7	26	10	16	1 桓公友	16	806
2	8	27	11	17	2	17	805
3	9	28	12[成公]	18	3	18	804
4	10	29	1 成公悦	19	4	19	803
5	11	30	2	20	5	20	802
6	12	31	3	21	6	21	801
7	13	32	4	22	7	22[熊鄂]	800
8	14	33	5	23	8	1 熊鄂	799
9	15	34	6	24	9	2	798
10[孝公]	16	35	7	25	10	3	797
1 孝公称	17	36[武公]	8	26	11	4	796

公元前	干支	西周	曹	燕	蔡	宋	晋
795	丙午	33 宣王静㊾	1 惠公伯兕㊿	32 釐侯庄	15 釐侯所事	5 戴公	17 穆侯弗生
794	丁未	34	2	33	16	6	18
793	戊申	35	3	34	17	7	19
792	己酉	36	4	35	18	8	20
791	庚戌	37	5	36[顷侯]	19	9	21
790	辛亥	38㊿	6	1 顷侯	20	10	22
789	壬子	39	7	2	21	11	23
788	癸丑	40㊿	8	3	22	12	24
787	甲寅	41	9	4	23	13	25㊿
786	乙卯	42	10	5	24	14	26
785	丙辰	43	11	6	25	15	27[殇叔]
784	丁巳	44	12	7	26	16	1 殇叔
783	戊午	45	13	8	27	17	2
782	己未	46[幽王]	14	9	28	18	3
781	庚申	1 幽王宫涅	15	10	29	19	4[文侯]
780	辛酉	2	16	11	30	20	1 文侯仇
779	壬戌	3	17	12	31	21	2
778	癸亥	4	18	13	32	22	3
777	甲子	5	19	14	33	23	4
776	乙丑	6㊿	20	15	34	24	5
775	丙寅	7	21	16	35	25	6
774	丁卯	8	22	17	36	26	7
773	戊辰	9㊿	23	18	37	27	8
772	己巳	10	24	19	38	28	9
771	庚午	11㊿	25	20	39	29	10

鲁	卫	陈	齐	秦	郑	楚	公元前
2 孝公称	18 武公和	1 武公灵	9[庄公]	27 庄公其	12 桓公友	5 熊鄂	795
3	19	2	1 庄公赎㊶	28	13	6	794
4	20	3	2	29	14	7	793
5	21	4	3	30	15	8	792
6	22	5	4	31	16	9[若敖]	791
7	23	6	5	32	17	1 若敖㊾	790
8	24	7	6	33	18	2	789
9	25	8	7	34	19	3	788
10	26	9	8	35	20	4	787
11	27	10	9	36	21	5	786
12	28	11	10	37	22	6	785
13	29	12	11	38	23	7	784
14	30	13	12	39	24	8	783
15	31	14	13	40	25	9	782
16	32	15[夷公]	14	41	26	10	781
17	33	1 夷公说	15	42	27	11	780
18	34	2	16	43	28	12	779
19	35	3[平公]	17	44㊼[襄公]	29	13	778
20	36	1 平公燮	18	1 襄公	30	14	777
21	37	2	19	2㊽	31	15	776
22	38	3	20	3	32	16	775
23	39	4	21	4	33㊿	17	774
24	40	5	22	5	34	18	773
25	41	6	23	6	35	19	772
26	42	7	24	7	36㊿[武公]	20	771

四 春 秋

公元前	干支	东周	曹	燕	蔡	宋	晋
770	辛未	1 平王宜臼②	26 惠公伯兕	21 顷侯	40 釐侯所事	30 戴公	11 文侯仇
769	壬申	2	27	22	41	31	12
768	癸酉	3	28	23	42	32	13
767	甲戌	4	29	24[哀侯]	43	33	14
766	乙亥	5	30	1 哀侯	44	34[武公]	15
765	丙子	6	31	2[郑侯]	45	1 武公司空⑦	16
764	丁丑	7	32	1 郑侯	46	2	17
763	戊寅	8	33	2	47	3	18
762	己卯	9	34	3	48[共侯]	4	19
761	庚辰	10	35	4	1 共侯兴	5	20
760	辛巳	11	36 / 1 石甫[穆公]	5	2[戴侯]	6	21
759	壬午	12	1 穆公⑧武	6	1 戴侯	7	22
758	癸未	13	2	7	2	8	23
757	甲申	14	3[桓公]	8	3	9	24
756	乙酉	15	1 桓公终生⑩	9	4	10	25
755	丙戌	16	2	10	5	11	26
754	丁亥	17	3	11	6	12	27
753	戊子	18	4	12	7	13	28
752	己丑	19	5	13	8	14	29
751	庚寅	20	6	14	9	15	30
750	辛卯	21	7	15	10[宣侯]	16	31
749	壬辰	22	8	16	1 宣侯楷论⑫	17	32
748	癸巳	23	9	17	2	18[宣力]	33
747	甲午	24	10	18	3	1 宣公力	34
746	乙未	25	11	19	4	2	35[昭侯]
745	丙申	26	12	20	5	3	1 昭侯伯
744	丁酉	27	13	21	6	4	2
743	戊戌	28	14	22	7	5	3
742	己亥	29	15	23	8	6	4
741	庚子	30	16	24	9	7	5
740	辛丑	31	17	25	10	8	6
739	壬寅	32	18	26	11	9	1 孝侯平⑭
738	癸卯	33	19	27	12	10	2
737	甲辰	34	20	28	13	11	3
736	乙巳	35	21	29	14	12	4
735	丙午	36	22	30	15	13	5
734	丁未	37	23	31	16	14	6
733	戊申	38	24	32	17	15	7
732	己酉	39	25	33	18	16	8
731	庚戌	40	26	34	19	17	9
730	辛亥	41	27	35	20	18	10
729	壬子	42	28	36[穆侯]	21	19[穆公]	11⑯
728	癸丑	43	29	1 穆侯⑰	22	1 穆公和	12
727	甲寅	44	30	2	23	2	13
726	乙卯	45	31	3	24	3	14

纪 年 表[①]

鲁	卫	陈	齐	秦	郑	楚	公元前
27 孝公称	43 武公和	8 平公燮	25 庄公赎	8 襄公[③]	1 武公滑突[④]	21 若敖	770
28[惠公]	44	9	26	9	2	22	769
1 惠公弗涅[⑤]	45	10	27	10	3	23	768
2	46	11	28	11	4	24	767
3	47	12	29	12[⑥][文公]	5	25	766
4	48	13	30	1 文公	6	26	765
5	49	14	31	2	7	27[霄敖]	764
6	50	15	32	3	8	1 霄敖	763
7	51	16	33	4	9	2	762
8	52	17	34	5	10	3	761
9	53	18	35	6	11	4	760
10	54	19	36	7	12	5	759
11	55[庄公]	20	37	8	13	6[蚡冒]	758
12	1 庄公扬	21	38	9	14	1 蚡冒[⑨]	757
13	2	22	39	10	15	2	756
14	3	23[文公]	40	11	16	3	755
15	4	1 文公圉	41	12	17	4	754
16	5	2	42	13	18	5	753
17	6	3	43	14	19	6	752
18	7	4	44	15	20	7	751
19	8	5	45	16[⑪]	21	8	750
20	9	6	46	17	22	9	749
21	10	7	47	18	23	10	748
22	11	8	48	19	24	11	747
23	12	9	49	20	25	12	746
24	13	10[桓公]	50	21	26	13	745
25	14	1 桓公鲍	51	22	27[庄公]	14	744
26	15	2	52	23	1 庄公寤生	15	743
27	16	3	53	24	2	16	742
28	17	4	54	25	3	17[武王]	741
29	18	5	55	26	4	1 武王通[⑬]	740
30	19	6	56	27	5	2	739
31	20	7	57	28	6	3	738
32	21	8	58	29	7	4	737
33	22	9	59	30	8	5	736
34	23[桓公]	10	60	31	9	6	735
35	1 桓公完	11	61	32	10	7	734
36	2	12	62	33	11	8	733
37	3	13	63	34	12	9	732
38	4	14	64[釐公]	35	13	10	731
39	5	15	1 釐公禄父[⑮]	36	14	11	730
40	6	16	2	37	15	12	729
41	7	17	3	38	16	13	728
42	8	18	4	39	17	14	727
43	9	19	5	40	18	15	726

公元前	干支	东周	曹	燕	蔡	宋	晋
725	丙辰	46平王宜臼	32桓公终生	4穆侯	25宣侯楷论	4穆公和	15孝侯平
724	丁巳	47	33	5	26	5	16[鄂侯]
723	戊午	48	34	6	27	6	1鄂侯却⑱
722	己未	49	35	7	28	7	2
721	庚申	50	36	8	29	8	3
720	辛酉	51[桓王㊂]	37	9	30	9[殇公㊄]	4
719	壬戌	1桓王林	38	10	31	1殇公与夷	5
718	癸亥	2	39	11	32	2	6[哀侯]
717	甲子	3	40	12	33	3	1哀侯光
716	乙丑	4㊶	41	13	34	4	2
715	丙寅	5	42	14	35[桓侯㊅]	5	3
714	丁卯	6	43	15	1桓侯封人	6	4
713	戊辰	7	44	16	2	7	5
712	己巳	8	45	17	3	8	6
711	庚午	9	46	18[宣侯]	4	9	7
710	辛未	10	47	1宣侯	5	1庄公冯㊀	8
709	壬申	11	48	2	6	2	1小子㊳
708	癸酉	12	49	3	7	3	2
707	甲戌	13㊴	50	4	8	4	3
706	乙亥	14	51	5	9	5	1晋侯滑㊵
705	丙子	15	52	6	10	6	2
704	丁丑	16	53	7	11	7	3
703	戊寅	17	54	8	12	8	4
702	己卯	18	55[庄公]	9	13	9	5
701	庚辰	19	1庄公射姑㊶	10	14	10	6
700	辛巳	20	2	11	15	11	7
699	壬午	21	3	12	16	12	8
698	癸未	22	4	13[桓侯]	17	13	9
697	甲申	23[庄王㊂]	5	1桓侯	18	14	10
696	乙酉	1庄王佗	6	2	19	15	11
695	丙戌	2	7	3	20[哀侯㊅]	16	12
694	丁亥	3	8	4	1哀侯献舞	17	13
693	戊子	4	9	5	2	18	14
692	己丑	5	10	6	3	19[滑公㊁]	15
691	庚寅	6	11	7[庄公]	4	1滑公捷	16
690	辛卯	7	12	1庄公	5	2	17
689	壬辰	8	13	2	6	3	18
688	癸巳	9	14	3	7	4	19
687	甲午	10	15	4	8	5	20
686	乙未	11	16	5	9	6	21

鲁	卫	陈	齐	秦	郑	楚	公元前
44 惠公弗湦	10 桓公完	20 桓公鲍	6 釐公禄父	41 文公	19 庄公寤生	16 武王通	725
45	11	21	7	42	20	17	724
46[隐公]	12	22	8	43	21	18	723
1 隐公息姑⑲	13	23	9	44	22	19	722
2⑳	14	24	10	45	23	20	721
3	15	25	11	46	24	21	720
4	16	26	12	47	25	22	719
	1 州吁 [宣公]						
5	1 宣公晋	27	13	48	26	23	718
6	2	28	14	49	27	24	717
7	3	29	15	50[宪公]	28	25	716
8	4	30	16	1 宪公	29	26	715
9	5	31	17	2㉑	30㉓	27	714
10	6	32	18	3㉔	31	28	713
11[桓公㊉㉕]	7	33	19	4	32	29	712
1 桓公允㉖	8	34	20	5	33	30	711
2㉗	9	35	21	6	34	31	710
3	10	36	22	7	35	32	709
4	11	37	23	8	36	33	708
5	12	38[厉公]	24	9	37	34	707
6	13	1 厉公	25㉘	10	38	35	706
7	14	2	26	11	39	36	705
8	15	3	27	12㉙[出子]	40	37	704
9	16	4	28	1 出子	41㉚	38	703
10	17	5	29	2	42	39	702
11	18	6	30	3	43[厉公㊈]	40㉛	701
12	19[惠公㊁]	7[庄公㊇]	31	4	1 厉公突	41㉜	700
13	1 惠公朔	1 庄公林	32	5	2	42㉝	699
14	2	2	33[襄公㊁]	6[武公]	3	43	698
15㉞	3[黔牟]	3	1 襄公诸儿	1 武公㉟	4[昭公㊄]	44	697
16	1 黔牟	4	2	2	1 昭公忽	45	676
17	2	5	3	3	2[子亹㊉]	46	695
18[庄公㊃]	3	6	4	4	1 子亹	47	694
1 庄公同	4	7[宣公㊉]	5	5	1 婴㊵	48	693
2	5	1 宣公杵臼	6	6	2	49	692
3	6	2	7	7	3	50	691
4	7	3	8	8	4	51[文王㊂]	690
5	8	4	9	9	5	1 文王赀㊶	689
6	9	5	10	10㊷	6	2	688
7	10[惠公]	6	11	11㊸	7	3	687
8	14 惠公朔㊹	7	12[无知㊻]	12	8	4	686

公元前	干支	东周	曹	燕	蔡	宋	晋
685	丙申	12 庄王佗	17 庄公射姑	6 庄公	10 哀侯献舞	7 湣公捷	22 晋侯湣
684	丁酉	13	18	7	11	8	23
683	戊戌	14	19	8	12	9	24
682	己亥	15[釐王]	20	9	13	10	25
681	庚子	1 釐王胡齐	21	10	14	1 游[桓公] 1 桓公御说	26
680	辛丑	2	22	11	15	2	27
679	壬寅	3	23	12	16	3	28
678	癸卯	4	24	13	17	4	37 武公称㊵
677	甲辰	5[惠王]	25	14	18	5	38
676	乙巳	1 惠王阆	26	15	19	6	39[献公] 1 献公诡诸㊺
675	丙午	2	27	16	20[穆侯]	7	2
674	丁未	3	28	17	1 穆侯㊷盱	8	3
673	戊申	4	29	18	2	9	4
672	己酉	5	30	19	3	10	5㊻
671	庚戌	6	31[釐公㊐]	20	4	11	6
670	辛亥	7	1 釐公夷㊼	21	5	12	7
669	壬子	8	2	22	6	13	8
668	癸丑	9	3	23	7	14	9
667	甲寅	10	4	24	8	15	10
666	乙卯	11	5	25	9	16	11
665	丙辰	12	6	26	10	17	12
664	丁巳	13	7	27	11	18	13
663	戊午	14	8	28㊾	12	19	14
662	己未	15	9[昭王]	29	13	20	15
661	庚申	16	1 昭王班	30	14	21	16
660	辛酉	17㊿	2	31	15	22	17㊼
659	壬戌	18㊽	3	32	16	23	18
658	癸亥	19㊼	4	33[襄公]	17	24	19
657	甲子	20㊽	5	1 襄公	18	25	20
656	乙丑	21	6	2	19	26	21
655	丙寅	22	7	3	20	27	22㊼
654	丁卯	23	8	4	21	28	23
653	戊辰	24	9[共公㊐]	5	22	29	24㊻
652	己巳	25[襄王]	1 共公襄	6	23	30	25㊼
651	庚午	1 襄王郑	2	7	24	31[襄公]	26㊼[惠公㊈]
650	辛未	2	3	8	25	1 襄公兹父㊼	1 惠公夷吾
649	壬申	3㊼	4	9	26	2	2
648	癸酉	4	5	10	27	3	3
647	甲戌	5㊼	6	11	28	4	4
646	乙亥	6㊼	7	12	29[庄侯]	5	5

春秋纪年表   641

鲁	卫	陈	齐	秦	郑	楚	公元前
9 庄公同	15 惠公朔	8 宣公杵臼	1 无知 1 桓公小白㊺	13 武公	9 婴	5 文王赀	685
10	16	9	2㊻	14	10	6	684
11	17	10	3	15	11	7	683
12	18	11	4	16	12	8	682
13	19	12	5	17	13	9	681
14	20	13	6	18	14[厉公㊅]	10	680
15	21	14	7	19	1 厉公突	11	679
16	22	15	8	20[德公]	2	12	678
17	23	16	9	1 德公	3	13[堵敖]	677
18㊽	24	17	10	2[宣公]	4	1 堵敖㊾	676
19	25	18	11	1 宣公	5	2㊿	675
20	26	19	12㊾	2	6	3	674
21	27	20	13	3	7[文公㊄]	4	673
22	28	21	14	4	1 文公捷㊿	5[成王]	672
23	29	22	15	5	2	1 成王恽	671
24	30	23	16	6	3	2	670
25	31[懿公㊄]	24	17	7	4	3	669
26㊿	1 懿公赤	25	18	8	5	4	668
27	2	26	19	9	6	5	667
28	3	27	20	10	7	6	666
29	4	28	21	11	8	7	665
30	5	29	22㊿	12[成公]	9	8	664
31	6	30	23	1 成公	10	9	663
32	7	31	24㊿	2	11	10	662
1 子般㊇ [闵公㊉] 1 闵公㊿开㊿	8	32	25㊿	3	12	11	661
2[釐公㊇]	1 戴公申㊿ [文公]	33	26	4[穆公]	13	12	660
1 釐公申㊿	1 文公毁	34	27	1 穆公任好㊿	14	13	659
2	2㊿	35	28	2	15	14	658
3	3	36	29	3	16	15	657
4	4	37	30	4	17	16	656
5	5	38	31	5	18	17㊿	655
6	6	39	32	6	19	18	654
7	7	40	33	7	20	19	653
8	8	41	34	8	21	20	652
9	9	42	35	9	22	21	651
10	10㊿	43	36㊿	10	23	22	650
11	11	44	37	11	24	23	649
12	12㊿	45[穆公㊿]	38㊿	12	25	24	648
13	13㊿	1 穆公款	39	13	26	25	647
14	14	2	40	14	27㊿	26	646

公元前	干支	东周	曹	燕	蔡	宋	晋
645	丙子	7 襄王郑	8 共公襄	13 襄公	1 庄侯甲午	6 襄公兹父	6 惠公夷吾
644	丁丑	8⑨	9	14	2	7	7⑨
643	戊寅	9	10	15	3	8	8
642	己卯	10	11	16	4	9	9
641	庚辰	11	12	17	5	10⑥	10
640	辛巳	12	13	18	6	11	11
639	壬午	13⑨	14	19	7	12	12
638	癸未	14	15	20	8	13	13
637	甲申	15	16	21	9	14[成公㊄]	14
636	乙酉	16(100)	17	22	10	1 成公王臣	1怀公子圉㊈ 1 文公重耳㊂
635	丙戌	17(101)	18	23	11	2	2
634	丁亥	18	19	24	12	3	3
633	戊子	19	20	25	13	4	4
632	己丑	20	21	26	14	5	5(103)
631	庚寅	21	22	27	15	6	6
630	辛卯	22	23	28	16	7	7
629	壬辰	23	24	29	17	8	8(105)
628	癸巳	24	25	30	18	9	9[襄公]
627	甲午	25	26	31	19	10	1 襄公骧(108)
626	乙未	26	27	32	20	11	2
625	丙申	27	28	33	21	12	3
624	丁酉	28	29	34	22	13	4
623	戊戌	29	30	35	23	14	5
622	己亥	30	31	36	24	15	6
621	庚子	31	32	37	25	16	7[灵公㊇](116)
620	辛丑	32(117)	33	38	26	17 1 御 [昭公]	1 灵公夷皋
619	壬寅	33[顷王㊇]	34	39	27	1 昭公杵臼	2
618	癸卯	1 顷王壬臣	35[文公㊇]	40[桓公]	28	2	3
617	甲辰	2	1 文公寿	1 桓公	29	3(122)	4
616	乙巳	3	2	2	30	4(123)	5
615	丙午	4	3	3	31	5	6
614	丁未	5	4	4	32	6	7
613	戊申	6[匡王]	5	5	33	7	8
612	己酉	1 匡王班	6	6	34[文侯]	8	9
611	庚戌	2	7	7	1 文侯申	9[文公㊃]	10
610	辛亥	3(128)	8	8	2	1 文公鲍(128)	11
609	壬子	4	9	9	3	2	12
608	癸丑	5	10	10	4	3	13
607	甲寅	6[定王㊉]	11	11	5	4	14[成公㊈]
606	乙卯	1 定王瑜	12	12	6	5	1 成公黑臀

鲁	卫	陈	齐	秦	郑	楚	公元前
15 釐公曳	15 文公毁	3 穆公款	41 桓公小白	15 穆公任好	28 文公捷	27⑨ 成王恽	645
16	16	4	42	16	29	28	644
17	17	5	43⑩[无诡㊂]	17	30	29	643
18	18⑭	6	1 无诡⑯	18	31	30	642
			1 孝公昭				
19	19	7	2	19	32	31	641
20	20	8	3⑱	20	33	32	640
21	21⑲	9	4	21	34	33	639
22	22	10	5	22⑳	35	34	638
23	23	11	6	23	36	35	637
24	24	12	7	24	37	36	636
25	25[成公㊃]	13	8	25	38	37	635
26	1 成公郑	14	9	26	39	38(102)	634
27	2	15	10[昭共㊅]	27	40	39	633
28	3	16[共公㊆]	1 昭公潘	28	41	40	632
29	4	1 共公朔	2	29	42	41	631
30	5	2	3(104)	30	43	42	630
31	6(106)	3	4	31	44	43	629
32	7(107)	4	5	32	45[穆公㊃]	44	628
33[文公㊆]	8	5	6(109)	33(110)	1 穆公(111)兰	45	627
1 文公兴	9	6	7	34(112)	2	46[穆王㊉]	626
2	10	7	8	35	3	1 穆王商臣	625
3	11	8	9	36	4	2	624
4	12	9	10(113)	37(114)	5	3	623
5	13	10	11	38	6	4(115)	622
6	14	11	12	39[康公]	7	5	621
7(118)	15	12	13	1 康公罃	8	6	620
8(119)	16	13	14	2	9	7	619
9	17	14	15(120)	3	10	8(121)	618
10	18	15	16	4	11	9	617
11(124)	19	16	17	5	12	10	616
12	20	17	18	6	13	11(125)	615
13	21(126)	18[灵公㊄]	19	7	14	12[庄王]	614
14	22	1 灵公平国	20[舍㊄]	8	15	1 庄王侣	613
			[懿公㊉]				
15	23	2	1 懿公商人	9	16	2	612
16	24	3	2	10	17	3(127)	611
17	25	4	3	11	18	4	610
18[宣公㊂]	26	5	4[惠公㊄]	12[共公㊂]	19	5	609
1 宣公俀(130)	27	6	1 惠公元	1 共公和	20	6	608
2	28	7	2(131)	2	21	7	607
3	29	8	3(132)	3	22[灵公㊉]	8(133)	606

公元前	干支	东周	曹	燕	蔡	宋	晋
605	丙辰	2 定王瑜	13 文公寿	13 桓公	7 文侯申	6 文公鲍	2 成公黑臀
604	丁巳	3	14	14	8	7	3
603	戊午	4	15	15	9	8	4(135)
602	己未	5	16	16[宣公]	10	9	5(136)
601	庚申	6	17	1 宣公	11	10	6(137)
600	辛酉	7	18	2	12	11	7[景公㊈]
599	壬戌	8	19	3	13	12	1 景公据
598	癸亥	9	20	4	14	13	2(139)
597	甲子	10	21	5	15	14	3
596	乙丑	11	22	6	16	15	4(141)
595	丙寅	12	23[宣公㊄]	7	17	16	5
594	丁卯	13	1 宣公庐(142)	8	18	17	6(143)
593	戊辰	14	2	9	19	18	7(144)
592	己巳	15	3	10	20[景侯㊂]	19	8
591	庚午	16	4	11	1 景侯固	20	9
590	辛未	17(145)	5	12	2	21	10
589	壬申	18	6	13	3	22[共公㊇]	11
588	癸酉	19	7	14	4	1 共公瑕	12(146)
587	甲戌	20	8	15[昭公]	5	2	13
586	乙亥	21[简王㊉]	9	1 昭公	6	3	14
585	丙子	1 简王夷	10	2	7	4(148)	15
584	丁丑	2	11	3	8	5	16
583	戊寅	3	12	4	9	6	17
582	己卯	4	13	5	10	7	18(151)
581	庚辰	5	14	6	11	8	19[厉公㊅]
580	辛巳	6	15	7	12	9	1 厉公寿曼
579	壬午	7	16	8	13	10	2(153)
578	癸未	8	17[成公㊄]	9	14	11	3
577	甲申	9	1 成公负刍	10	15	12	4
576	乙酉	10	2	11	16	13[平公㊅]	5
575	丙戌	11	3	12	17	1 平公成	6
574	丁亥	12	4	13[武公]	18	2	7
573	戊子	13	5	1 武公	19	3	8[悼公]
572	己丑	14[灵王㊈]	6	2	20	4	1 悼公孙周(155)
571	庚寅	1 灵王泄心	7	3	21	5	2
570	辛卯	2	8	4	22	6	3
569	壬辰	3	9	5	23	7	4(156)
568	癸巳	4	10	6	24	8	5
567	甲午	5	11	7	25	9	6
566	乙未	6	12	8	26	10	7
565	丙申	7	13	9	27	11	8
564	丁酉	8	14	10	28	12	9
563	戊戌	9	15	11	29	13	10
562	己亥	10	16	12	30	14	11
561	庚子	11	17	13	31	15	12

鲁	卫	陈	齐	秦	郑	楚	吴	公元前
4 宣公俀	30 成公郑	9 灵公平国	4(134) 惠公元	4 共公和	1 灵公夷 [襄公]	9 庄王侣		605
5	31	10	5	5[惠公]	1 襄公坚	10		604
6	32	11	6	1 桓公荣	2	11		603
7	33	12	7	2	3	12		602
8	34	13	8	3	4	13(138)		601
9	35[穆公⊕]	14	9	4	5	14		600
10	1 穆公遬	15[徵舒㊄]	10[顷公㊃]	5	6	15		599
11	2	1 徵舒 1 成公午(140)	1 顷公无野	6	7	16		598
12	3	2	2	7	8	17		597
13	4	3	3	8	9	18		596
14	5	4	4	9	10	19		595
15	6	5	5	10	11	20		594
16	7	6	6	11	12	21		593
17	8	7	7	12	13	22		592
18[成公⊕]	9	8	8	13	14	23[共王㊆]		591
1 成公黑肱	10	9	9	14	15	1 共王审		590
2	11[定公㊇]	10	10	15	16	2		589
3	1 定公臧	11	11	16	17	3		588
4	2	12	12	17	18[悼公㊂]	4		587
5	3	13	13	18	1 悼公费(147)	5	吴	586
6	4	14	14	19	2[成公㊇]	6	1 寿梦(149)	585
7	5	15	15	20	1 成公眊	7	2(150)	584
8	6	16	16	21	2	8	3	583
9	7	17	17[灵公⊕]	22	3	9	4	582
10	8	18	1 灵公环	23	4	10	5	581
11	9	19	2	24(152)	5	11	6	580
12	10	20	3	25	6	12	7	579
13	11	21	4	26	7	13	8	578
14	12[献公⊕]	22	5	27[景公⊕]	8	14	9	577
15	1 献公衎	23	6	1 景公石	9	15	10	576
16	2	24	7	2	10	16	11	575
17	3	25	8	3	11	17(154)	12	574
18[襄公㊇]	4	26	9	4	12	18	13	573
1 襄公午	5	27	10	5	13	19	14	572
2	6	28	11	6	14[釐公㊅]	20	15	571
3	7	29	12	7	1 釐公恽	21	16	570
4	8	30[哀公㊂]	13	8	2	22	17	569
5	9	1 哀公弱	14	9	3	23	18	568
6	10	2	15	10	4	24	19	567
7	11	3	16	11	5[简公⊕]	25	20	566
8	12	4	17	12	1 简公嘉	26	21	565
9	13	5	18	13	2	27	22	564
10	14	6	19	14	3	28	23	563
11	15	7	20	15	4	29	24	562
12	16	8	21	16	5	30	25[诸樊㊈]	561

春秋纪年表 645

公元前	干支	东周	曹	燕	蔡	宋	晋
560	辛丑	12 灵王泄心	18 成公负刍	14 武公	32 景侯固	16 平公成	13 悼公孙周
559	壬寅	13	19	15	33	17	14(157)
558	癸卯	14	20	16	34	18	15[平公]
557	甲辰	15	21	17	35	19	1 平公彪
556	乙巳	16	22	18	36	20	2
555	丙午	17	23[武公㊉]	19[文公]	37	21	3
554	丁未	18	1 武公胜	1 文公	38	22	4
553	戊申	19	2	2	39	23	5
552	己酉	20	3	3	40	24	6
551	庚戌	21	4	4	41	25	7
550	辛亥	22	5	5	42	26	8
549	壬子	23	6	6[懿公]	43	27	9
548	癸丑	24	7	1 懿公	44	28	10
547	甲寅	25	8	2	45	29	11
546	乙卯	26	9	3	46	30	12
545	丙辰	27[景王㊉]	10	4[惠公]	47	31	13(165)
544	丁巳	1 景王贵	11	1 惠公	48	32	14
543	戊午	2	12	2	49[灵侯㊃]	33	15
542	己未	3	13	3	1 灵侯班	34	16
541	庚申	4	14	4	2	35	17(166)
540	辛酉	5	15	5	3	36	18
539	壬戌	6	16	6	4	37	19
538	癸亥	7	17	7	5	38	20
537	甲子	8	18	8	6	39	21
536	乙丑	9	19	9[悼公]	7	40	22
535	丙寅	10	20	1 悼公	8	41	23
534	丁卯	11	21	2	9	42	24
533	戊辰	12	22	3	10	43	25
532	己巳	13	23	4	11	44[元公㊉]	26[昭公㊉]
531	庚午	14	24	5	12[平侯]	1 元公佐	1 昭公夷
530	辛未	15	25	6	1 平侯庐(171)	2	2(172)
529	壬申	16	26	7[共公]	2	3	3(174)
528	癸酉	17	27[平公㊂]	1 共公	3	4	4
527	甲戌	18	1 平公须	2	4	5	5(176)
526	乙亥	19	2	3	5	6	6[顷公㊇]
525	丙子	20	3	4	6	7	1 顷公去疾(179)
524	丁丑	21	4[悼公㊂]	5[平公]	7	8	2
523	戊寅	22	1 悼公午	1 平公	8	9	3
522	己卯	23	2	2	9[悼侯㊉]	10	4
521	庚辰	24	3	3	1 悼侯东国	11	5(181)
520	辛巳	25[敬王]	4	4	2	12	6(182)
519	壬午	1 敬王匄(183)	5	5	3[昭侯㊇]	13	7
518	癸未	2	6	6	1 昭侯申	14	8
517	甲申	3	7	7	2	15[景公㊉]	9
516	乙酉	4	8	8	3	1 景公头曼	10

鲁	卫	陈	齐	秦	郑	楚	吴	公元前
13 襄公午	17 献公衎	9 哀公弱	22 灵公环	17 景公石	6 简公嘉	31[康王⑨]	1 诸樊	560
14	18[殇公]	10	23	18	7	1 康王昭⁽¹⁵⁸⁾	2	559
15	1 殇公狄⁽¹⁵⁹⁾	11	24	19	8	2	3	558
16	2	12	25	20	9	3	4	557
17	3	13	26	21	10	4	5	556
18⁽¹⁶⁰⁾	4	14	27	22	11	5	6	555
19	5	15	28[庄公⑤]	23	12	6	7	554
20	6	16	1 庄公	24	13	7	8	553
21	7	17	2	25	14	8	9	552
22	8	18	3	26	15	9	10	551
23	9	19	4	27	16	10	11	550
24	10	20	5	28	17	11⁽¹⁶¹⁾	12	549
25	11	21	6[景公⑤]	29	18	12⁽¹⁶²⁾	13[馀祭⑦]	548
26	12[献公㈡]	22	1 景公杵臼	30	19	13	1 馀祭	547
27	(后)1⁽¹⁶⁴⁾ 献公衎	23	2 ⁽¹⁶³⁾	31	20	14	2	546
28	2	24	3	32	21	15[郏敖㈡]	3	545
29	3[襄公⑤]	25	4	33	22	1 郏敖	4	544
30	1 襄公恶	26	5	34	23	2	5	543
31[昭公⑥]	2	27	6	35	24	3	6	542
1 昭公裯	3	28	7	36	25	4[灵王]	7	541
2	4	29	8	37	26	1 灵王围	8	540
3	5	30	9	38	27	2	9	539
4	6	31	10	39	28	3⁽¹⁶⁷⁾	10	538
5	7	32	11	40[哀公⑦]	29	4⁽¹⁶⁸⁾	11	537
6	8	33	12	1 哀公⁽¹⁶⁹⁾	30	5⁽¹⁷⁰⁾	12	536
7	9[灵公⑧]	34	13	2	31	6	13	535
8	1 灵公元	35 1 留㈢ [弃疾⑭]	14	3	32	7	14	534
9	2	1 弃疾	15	4	33	8	15	533
10	3	2	16	5	34	9	16	532
11	4	3	17	6	35	10	17[馀眜]	531
12	5	4	18	7	36[定公㈢]	11⁽¹⁷³⁾	1 馀眜	530
13	6	5 惠公吴⁽¹⁷⁵⁾	19	8	1 定公宁	12[平王④]	2	529
14	7	6	20	9	2	1 平王居	3	528
15	8	7	21	10	3	2	4[僚]	527
16	9	8	22⁽¹⁷⁷⁾	11	4	3⁽¹⁷⁸⁾	1 僚	526
17	10	9	23	12	5	4	2	525
18	11	10	24	13	6	5	3	524
19	12	11	25	14	7	6⁽¹⁸⁰⁾	4	523
20	13	12	26	15	8	7	5	522
21	14	13	27	16	9	8	6	521
22	15	14	28	17	10	9	7	520
23	16	15	29	18	11	10	8	519
24	17	16	30	19	12	11	9	518
25	18	17	31	20	13	12	10	517
26	19	18	32	21	14	13[昭王⑨]	11	516

公元前	干支	东周	曹	燕	蔡	宋	晋	鲁
515	丙戌	5 敬王匄	9[襄公⊕]	9 平公	4 昭侯申	2 景公头曼	11 顷公去疾	27 昭公裯
514	丁亥	6	1 襄公⁽¹⁸⁵⁾野	10	5	3	12	28
513	戊子	7	2	11	6	4	13	29
512	己丑	8	3	12	7	5	14[定公⊗]	30
511	庚寅	9	4	13	8	6	1 定公午	31
510	辛卯	10	5[隐公]	14	9	7	2	32[定公⊕]
509	壬辰	11	1 隐公通	15	10	8	3	1 定公宋
508	癸巳	12	2	16	11	9	4	2
507	甲午	13	3	17	12	10	5⁽¹⁸⁹⁾	3
506	乙未	14	4[靖公]	18	13	11	6⁽¹⁹⁰⁾	4
505	丙申	15	1 靖公路⁽¹⁹¹⁾	19[简公]	14	12	7⁽¹⁹²⁾	5
504	丁酉	16	2	1 简公	15	13	8	6
503	戊戌	17	3	2	16	14	9	7
502	己亥	18	4[伯阳⊜]	3	17	15	10	8
501	庚子	19	1 伯阳	4	18	16	11	9
500	辛丑	20	2	5	19	17	12	10
499	壬寅	21	3	6	20	18	13	11
498	癸卯	22	4	7	21	19	14	12
497	甲辰	23	5	8	22	20	15	13
496	乙巳	24	6	9	23	21	16	14
495	丙午	25	7	10	24	22	17⁽¹⁹⁴⁾	15[哀公⊞]
494	丁未	26	8	11	25	23	18⁽¹⁹⁶⁾	1 哀公蒋⁽¹⁹⁷⁾
493	戊申	27	9	12[献公]	26	24	19	2
492	己酉	28	10	1 献公	27	25	20	3
491	庚戌	29	11	2	28[成侯⊖]	26	21⁽¹⁹⁹⁾	4
490	辛亥	30	12	3	1 成侯朔	27	22	5
489	壬子	31	13	4	2	28	23⁽²⁰¹⁾	6
488	癸丑	32	14	5	3	29	24	7
487	甲寅	33	15(亡于宋)	6	4	30	25	8
486	乙卯	34		7	5	31	26	9
485	丙辰	35		8	6	32	27	10
484	丁巳	36		9	7	33	28	11
483	戊午	37		10	8	34	29	12
482	己未	38		11	9	35	30	13
481	庚申	39		12	10	36	31	14⁽²⁰²⁾
480	辛酉	40		13	11	37	32	15
479	壬戌	41		14	12	38	33	16
478	癸亥	42⁽²⁰³⁾		15	13	39	34	17
477	甲子	43		16	14	40	35	18
476	乙丑	44[元王]		17	15	41	36	19

卫	陈	齐	秦	郑	楚	吴	越	公元前
20 灵公元	19 惠公吴	33 景公杵臼	22 哀公	15 定公宁	1 昭王珍	12(180)[阖闾㈣]		515
21	20	34	23	16[献公㈣]	2	1 阖闾(186)		514
22	21	35	24	1 献公虿	3	2		513
23	22	36	25	2	4	3(187)		512
24	23	37	26	3	5	4(188)	越	511
25	24	38	27	4	6	5	1 允常	510
26	25	39	28	5	7	6	2	509
27	26	40	29	6	8	7	3	508
28	27	41	30	7	9	8	4	507
29	28[怀公㈠]	42	31	8	10	9	5	506
30	1 怀公柳	43	32	9	11	10	6	505
31	2	44	33	10	12	11	7	504
32	3	45	34	11	13	12	8	503
33	4[滑公㈦]	46	35	12	14	13	9	502
34	1 滑公越(193)	47	36[惠公]	13[声公㈣]	15	14	10	501
35	2	48	1 惠公	1 声公胜	16	15	11	500
36	3	49	2	2	17	16	12	499
37	4	50	3	3	18	17	13	498
38	5	51	4	4	19	18	14[勾践]	497
39	6	52	5	5	20	19[夫差㈤]	1 勾践	596
40	7	53	6	6	21(195)	1 夫差	2	495
41	8	54	7	7	22	2	3	494
42[出公㈣]	9	55	8	8	23	3	4	493
1 出公辄	10	56(198)	9	9	24	4	5	492
2	11	57	10[悼公㈩]	10	25(200)	5	6	491
3	12	58[晏孺子㈨]	1 悼公	11	26	6	7	490
4	13	1 晏孺子荼 [悼公㈩]	2	12	27[惠王㈦]	7	8	489
5	14	1 悼公阳生	3	13	1 惠王章	8	9	488
6	15	2	4	14	2	9	10	487
7	16	3	5	15	3	10	11	486
8	17	4[简公㈢]	6	16	4	11	12	485
9	18	1 简公壬	7	17	5	12	13	484
10	19	2	8	18	6	13	14	483
11	20	3	9	19	7	14	15	482
12[庄公]	21	4[平公㈤]	10	20	8	15	16	481
1 庄公蒯聩	22	1 平公骜	11	21	9	16	17	480
2	23	2	12	22	10	17	18	479
3	24(亡于楚)	3	13	23	11	18	19	478
1 斑师㈤ [起(204)] 1 起 [出公(206)]		4	14[厉共公]	24	12(205)	19	20	477
1 出公辄		5	1 厉共公	25	13(207)	20	21	476

五 战 国

公元前	干支	东周	燕	晋	齐
475	丙寅	1②元王仁	23③孝公	37 定公午 [出公]	6 平公骜
474	丁卯	2	24	1 出公错⑤	7
473	戊辰	3	25	2	8
472	己巳	4	26	3	9
471	庚午	5	27	4	10
470	辛未	6	28	5	11
469	壬申	7[定王]	29	6	12
468	癸酉	1 定王⑧介	30	7	13
467	甲戌	2	31	8	14
466	乙亥	3	32	9	15
465	丙子	4	33	10	16
464	丁丑	5	34	11	17
463	戊寅	6	35	12	18
462	己卯	7	36	13	19
461	庚辰	8	37	14	20
460	辛巳	9	38	15	21
459	壬午	10	39	16	22
458	癸未	11	40	17	23
457	甲申	12	41	18	24
456	乙酉	13	42	19	25[宣公]
455	丙戌	14	43[成公]	20	1 宣公积⑩
454	丁亥	15	1 成公载	21	2
453	戊子	16	2	22	3
452	己丑	17	3	23[敬公]	4
451	庚寅	18	4	1 敬公	5
450	辛卯	19	5	2	6
449	壬辰	20	6	3	7
448	癸巳	21	7	4	8
447	甲午	22	8	5	9
446	乙未	23	9	6	10
445	丙申	24	10	7	11
444	丁酉	25	11	8	12
443	戊戌	26	12	9	13
442	己亥	27	13	10	14
441	庚子	28[哀王]	14	11	15
440	辛丑	1 哀王去疾⑬ 1 思王叔袭⑭ 1 考王嵬	15	12	16
439	壬寅	2	16[文公]	13	17
438	癸卯	3	1 文公	14	18
437	甲辰	4	2	15	19
436	乙巳	5	3	16	20

纪 年 表[①]

秦	赵	魏	楚	吴	越	公元前
2 厉公共[④]	1 襄子		14 惠公章	21 夫差	22 勾践	475
3	2		15	22	23	474
4	3		16	23	24	473
5	4		17	24[⑥]（亡于越）	25	472
6[⑦]	5		18		26	471
7	6		19		27	470
8	7		20		28	469
9	8		21		29	468
10	9		22		30	467
11	10		23		31	466
12	11		24		32[鹿郢]	465
13	12		25		1 鹿郢	464
14	13		26		2	463
15	14		27		3	462
16[⑨]	15		28		4	461
17	16		29		5	460
18	17		30		6[不寿]	459
19	18		31		1 不寿	458
20	19		32		2	457
21	20		33		3	456
22	21		34		4	455
23	22		35		5	454
24	23		36		6	453
25	24		37		7	452
26	25		38		8	451
27	26		39		9	450
28	27		40		10[朱勾]	449
29	28		41		1 朱勾	448
30	29		42		2	447
31	30	魏	43		3	446
32	31	1 文侯斯[⑪]	44		4	445
33[⑫]	32	2	45		5	444
34[躁公]	33	3	46		6	443
1 躁公	34	4	47		7	442
2	35	5	48		8	441
3	36	6	49		9	440
4	37	7	50		10	439
5	38	8	51		11	438
6	39	9	52		12	437
7	40	10	53		13	436

公元前	干支	东周	燕	晋	齐	秦	赵
435	丙午	6 考王嵬	4 文公	17 敬公	21 宣公积	8 躁公	41 襄子
434	丁未	7	5	18[幽公]	22	9	42
433	戊申	8	6	1 幽公柳	23	10	43
432	己酉	9	7	2	24	11	44
431	庚戌	10	8	3	25	12	45
430	辛亥	11	9	4	26	13⑱	46
429	壬子	12	10	5	27	14[怀公]	47
428	癸丑	13	11	6	28	1 怀公	48
427	甲寅	14	12	7	29	2	49
426	乙卯	15[威烈王]	13	8	30	3	50
425	丙辰	1 威烈王午	14	9	31	4[灵公]	51
424	丁巳	2	15	10	32	1 灵公	1 桓子嘉
423	戊午	3	16	11	33	2	1 献侯浣
422	己未	4	17	12	34	3	2
421	庚申	5	18	13	35	4	3
420	辛酉	6	19	14	36	5	4
419	壬戌	7	20	15	37	6	5
418	癸亥	8	21	16	38	7	6
417	甲子	9	22	17	39	8	7
416	乙丑	10	23	18[烈公]	40	9	8
415	丙寅	11	24[简公]	1 烈公止	41	10[简公]	9
414	丁卯	12	1 简公	2	42	1 简公悼子	10
413	戊辰	13	2	3	43	2	11
412	己巳	14	3	4	44	3	12
411	庚午	15	4	5	45	4	13
410	辛未	16	5	6	46	5	14
409	壬申	17	6	7	47	6	15[烈侯]
408	癸酉	18	7	8	48	7	1 烈侯籍
407	甲戌	19	8	9	49	8	2
406	乙亥	20	9	10	50	9	3
405	丙子	21	10	11	51[康公]	10	4
404	丁丑	22	11	12	1 康公贷	11	5
403	戊寅	23	12	13	2	12	6
402	己卯	24[安王]	13	14	3	13	7
401	庚辰	1 安王骄	14	15	4	14	8
400	辛巳	2	15	16	5	15[惠公]	9
399	壬午	3	16	17	6	1 惠公	10
398	癸未	4	17	18	7	2	11
397	甲申	5	18	19	8	3	12
396	乙酉	6	19	20	9	4	13
395	丙戌	7	20	21	10	5	14
394	丁亥	8	21	22	11	6	15
393	戊子	9	22	23	12	7	16
392	己丑	10	23	24	13	8	17
391	庚寅	11	24	25	14	9	18

魏	韩	田齐	楚	越	中山	公元前
11 文侯斯			54 惠王章	14 朱勾		435
12			55	15		434
13			56	16		433
14			57[简王]	17		432
15			1 简王仲⑮	18		431
16			2	19		430
17⑰			3	20		429
18			4	21		428
19			5	22		427
20			6	23		426
21	韩		7	24		425
22	1 武子启章		8	25		424
23	2		9	26		423
24	3		10	27		422
25	4		11	28		421
26	5		12	29		420
27	6		13	30		419
28	7		14	31		418
29	8		15	32		417
30	9		16	33		416
31	10		17	34	中山⑱	415
32	11		18	35	1 武公⑲	414
33	12		19	36	2	413
34	13		20	37[翳]	3	412
35	14	田齐	21	1 翳	4	411
36	15	1 悼子	22	2	5	410
37	16[景侯]	2	23	3	6	409
38	1 景侯虔⑳	3	24[声王]	4	7	408
39	2	4	1 声王当	5	8	407
40	3	5	2	6	1 桓公㉑	406
41	4	6[太公]	3	7	⋮	405
42	5	1 太公和	4	8	⋮	404
43	6	2	5	9		403
44	7	3	6[悼王]	10		402
45	8	4	1 悼王类㉒	11		401
46	9[烈侯]	5	2	12		400
47	1 烈侯㉓取	6	3	13		399
48	2	7	4	14		398
49	3	8	5	15		397
50[武侯]	4	9	6	16		396
1 武侯击	5	10	7	17		395
2	6	11	8	18		394
3	7	12	9	19		393
4	8	13	10	20		392
5	9	14	11	21		391

公元前	干支	东周	燕	晋	齐	秦
390	辛卯	12 安王骄	25 简公	26 烈公止	15 康公贷	10 惠公
389	壬辰	13	26	27[桓公]	16	11
388	癸巳	14	27	1 桓公	17	12
387	甲午	15	28	2	18	13㉓[出公]
386	乙未	16	29	3	19	1 出公
385	丙申	17	30	4	20	2[献公]
384	丁酉	18	31	5	21	1 献公师隰
383	戊戌	19	32	6	22	2
382	己亥	20	33	7	23	3
381	庚子	21	34	8	24	4
380	辛丑	22	35	9	25	5
379	壬寅	23	36	10	26㉕	6
378	癸卯	24	37	11		7
377	甲辰	25	38	12		8
376	乙巳	26[烈王]	39	13		9
375	丙午	1 烈王喜	40	14		10
374	丁未	2	41	15		11
373	戊申	3	42	16		12
372	己酉	4	43	17		13
371	庚戌	5	44	18		14
370	辛亥	6	45[桓公]	19		15
369	壬子	7[显王]	1 桓公	20㉘		16
368	癸丑	1 显王扁	2			17
367	甲寅	2	3			18
366	乙卯	3	4			19
365	丙辰	4	5			20
364	丁巳	5	6			21
363	戊午	6	7			22
362	己未	7	8[文公]			23[孝公]
361	庚申	8	1 文公			1 孝公渠梁㉚
360	辛酉	9	2			2
359	壬戌	10	3			3
358	癸亥	11	4			4
357	甲子	12	5			5
356	乙丑	13	6			6
355	丙寅	14	7			7
354	丁卯	15	8			8
353	戊辰	16	9			9
352	己巳	17	10			10
351	庚午	18	11			11

赵	魏	韩	田齐	楚	越	公元前
19 烈侯籍	6 武侯击	10 烈侯取	15 太公和	12 悼王类	22 翳	390
20	7	11	16	13	23	389
21	8	12	17	14	24	388
22[敬侯]	9	13	18	15	25	387
1 敬侯章	10	14	19	16	26	386
2	11	15	20	17	27	385
3	12	16	21[剡]	18	28	384
4	13	17	1 剡	19	29	383
5	14	18	2	20	30	382
6	15	19	3	21[肃王]	31	381
7	16	20	4	1 肃王臧	32	380
8	17	21	5	2	33	379
9	18㉕	22	6	3	34	378
10㉗	19	23[哀侯]	7	4㉘	35	377
11㉙	20	1 哀侯	8	5	36	376
					1 诸咎㉖ [孚错枝㉚]	
12[成侯]	21	2	9	6	1 孚错枝 [无余之]	375
1 成侯种	22	1 懿侯若山㉛	1 桓公午㉜	7	1 无余之	374
2	23	2	2	8	2	373
3	24	3	3	9	3	372
4	25	4	4	10	4	371
5	26[惠王]	5	5	11[宣王]	5	370
6㉝	1 惠王罃	6	6	1 宣王良夫	6	369
7	2	7	7	2	7	368
8	3	8	8	3	8	367
9	4	9	9	4	9	366
10	5	10	10	5	10[无颛]	365
11	6	11	11	6	1 无颛	364
12	7	12[昭侯]	12	7	2	363
13	8	1 昭侯	13	8	3	362
14	9	2	14	9	4	361
15	10	3	15	10	5	360
16	11	4	16	11	6	359
17	12	5	17	12	7	358
18	13	6	18[威王]	13	8[无疆]	357
19	14	7	1 威王因齐	14	1 无疆	356
20	15	8	2	15	2	355
21	16	9	3	16	3	354
22	17	10	4	17	4	353
23	18	11	5	18	5	352
24	19	12	6	19	6	351

战国纪年表　655

公元前	干支	东周	燕	秦	赵
350	辛未	19 显王扁	12 文公	12 孝公渠梁	25[肃侯]
349	壬申	20	13	13	1 肃侯语
348	癸酉	21	14	14	2
347	甲戌	22	15	15	3
346	乙亥	23	16	16	4
345	丙子	24	17	17	5
344	丁丑	25	18	18	6
343	戊寅	26	19	19	7
342	己卯	27	20	20	8
341	庚辰	28	21	21	9
340	辛巳	29	22	22	10
339	壬午	30	23	23	11
338	癸未	31	24	24[惠文王]	12
337	甲申	32	25	1 惠文王驷㊵	13
336	乙酉	33	26	2	14
335	丙戌	34	27	3㊳	15
334	丁亥	35	28	4	16
333	戊子	36	29[易王]	5	17
332	己丑	37	1 易王㊶	6	18
331	庚寅	38	2	7㊷	19
330	辛卯	39	3	8	20
329	壬辰	40	4	9	21
328	癸巳	41	5	10	22
327	甲午	42	6	11㊸	23
326	乙未	43	7	12	24[武灵王]
325	丙申	44	8	13	1 武灵王雍
324	丁酉	45	9	(更元㊹)1	2
323	戊戌	46	10	2	3
322	己亥	47	11	3	4
321	庚子	48[慎靓王]	12[哙]	4	5
320	辛丑	1 慎靓王定	1 哙	5㊺	6
319	壬寅	2	2	6	7
318	癸卯	3	3	7㊼	8
317	甲辰	4	4	8	9
316	乙巳	5	5	9㊽	10
315	丙午	6[赧王]	6	10	11
314	丁未	1 赧王延㊾	7	11㊿	12
313	戊申	2	8	12	13
312	己酉	3	9[昭王]	13	14
311	庚戌	4	1 昭王平	14㋕[武王]	15
310	辛亥	5	2	1 武王荡㋖	16
309	壬子	6	3	2	17
308	癸丑	7	4	3	18
307	甲寅	8	5	4[昭襄王]	19㋗
306	乙卯	9	6	1 昭襄王稷㋘	20㋙

魏	韩	田齐	楚	越	公元前
20 惠王罃	13 昭侯	7 威王因齐	20 宣王良夫	7 无疆	350
21	14	8	21	8	349
22	15	9	22	9	348
23	16	10	23	10	347
24	17	11	24	11	346
25	18	12	25	12	345
26	19	13	26	13	344
27	20	14	27	14	343
28㊳	21	15	28	15	342
29	22	16	29	16	341
30	23	17	30[威王]	17	340
31	24	18	1 威王商	18	339
32	25	19	2	19	338
33	26	20	3	20	337
34	27	21	4	21	336
35	28	22	5	22	335
(后元)㊳1	29	23	6㊴	23	334
2	30[宣惠王]	24	7	24(亡于楚)㊵	333
3	1 宣惠王	25	8		332
4	2	26	9	中　山	331
5	3	27	10	(?)成公	330
6	4	28	11[怀王]	⋮	329
7	5	29	1 怀王槐	1 䱇	328
8	6	30	2	2	327
9	7	31	3	3	326
10	8	32	4	4	325
11	9	33	5	5	324
12	10	34	6	6㊺	323
13	11	35	7	7	322
14	12	36	8	8	321
15	13	37[宣王]	9	9	320
16[襄王]	14	1 宣王辟疆	10	10	319
1 襄王嗣	15	2	11	11	318
2	16	3	12	12	317
3	17	4	13	13	316
4	18	5	14	14	315
5	19	6	15	15	314
6	20	7	16	16	313
7	21[襄王]	8	17	17	312
8	1 襄王仓	9	18	18	311
9	2	10	19	19	310
10	3	11	20	20	309
11	4	12	21	21[尊蚕]	308
12	5	13	22	1 尊蚕	307
13	6	14	23	2	306

公元前	干支	东周	燕	秦	赵
305	丙辰	10 赧王延	7 昭王平	2 昭襄王稷	21 武灵王雍
304	丁巳	11	8	3	22
303	戊午	12	9	4	23
302	己未	13	10	5	24
301	庚申	14	11	6㊾	25
300	辛酉	15	12㊿	7	26
299	壬戌	16	13	8	27㊿ [惠文王㊺]
298	癸亥	17	14	9	1 惠文王何
297	甲子	18	15	10	2㊿
296	乙丑	19	16	11	3
295	丙寅	20	17	12	4
294	丁卯	21	18	13	5
293	戊辰	22	19	14	6
292	己巳	23	20	15	7
291	庚午	24	21	16	8
290	辛未	25	22	17	9
289	壬申	26	23	18	10
288	癸酉	27	24	19	11
287	甲戌	28	25	20	12
286	乙亥	29	26	21	13
285	丙子	30	27	22㊿	14
284	丁丑	31	28	23	15
283	戊寅	32	29	24	16
282	己卯	33	30	25	17
281	庚辰	34	31	26	18
280	辛巳	35	32	27㊿	19
279	壬午	36	33 [惠王]	28	20
278	癸未	37	1 惠王	29	21
277	甲申	38	2	30	22
276	乙酉	39	3	31	23
275	丙戌	40	4	32	24
274	丁亥	41	5	33	25
273	戊子	42	6	34	26㊿
272	己丑	43	7 [武成王]	35㊿	27
271	庚寅	44	1 武成王	36	28
270	辛卯	45	2	37	29
269	壬辰	46	3	38	30
268	癸巳	47	4	39	31
267	甲午	48	5	40	32
266	乙未	49	6	41	33 [孝成王]
265	丙申	50	7	42	1 孝成王丹㊿
264	丁酉	51	8	43	2
263	戊戌	52	9	44	3
262	己亥	53	10	45	4
261	庚子	54	11	46	5

魏	韩	田齐	楚	中山	公元前
14 襄王嗣	7 襄王仓	15 宣王辟疆	24 怀王槐	3 䴙蛮	305
15	8	16	25	4	304
16	9	17	26	5	303
17	10	18	27	6	302
18	11	19[湣王]	28	7	301
19	12	1 湣王地	29	8	300
20	13	2	30[顷襄王]	9[尚]	299
21	14	3	1 顷襄王横	1 尚	298
22	15	4	2	2	297
23[昭王]	16[釐王]	5	3	3	296
1 昭王遫	1 釐王咎	6	4	4(亡于赵)	295
2	2	7	5		294
3	3	8	6		293
4	4	9	7		292
5	5	10	8		291
6	6	11	9		290
7	7	12	10		289
8	8	13	11		288
9	9	14	12		287
10	10	15	13		286
11	11	16	14		285
12	12	17[襄王]	15		284
13	13	1 襄王法章	16		283
14	14	2	17		282
15	15	3	18		281
16	16	4	19		280
17	17	5	20		279
18	18	6	21		278
19[安釐王]	19	7	22		277
1 安釐王圉	20	8	23		276
2	21	9	24		275
3	22	10	25		274
4	23[桓惠王]	11	26		273
5	1 桓惠王	12	27		272
6	2	13	28		271
7	3	14	29		270
8	4	15	30		269
9	5	16	31		268
10	6	17	32		267
11	7	18	33		266
12	8	19[齐王]	34		265
13	9	1 齐王建	35		264
14	10	2	36[考烈王]		263
15	11	3	1 考烈王元		262
16	12	4	2		261

公元前	干支	东周	燕	秦	赵
260	辛丑	55 赧王延	12 武成王	47 昭襄王稷	6 孝成王丹
259	壬寅	56	13	48	7
258	癸卯	57	14[孝公]	49	8
257	甲辰	58	1 孝王	50	9
256	乙巳	59(亡于秦)	2	51	10
255	丙午		3[喜]	52	11
254	丁未		1 喜	53	12
253	戊申		2	54	13
252	己酉		3	55	14
251	庚戌		4	56[孝文王]	15
250	辛亥		5	1 孝文王柱 [庄襄王⊕]	16
249	壬子		6	1 庄襄王楚㉑	17
248	癸丑		7	2	18
247	甲寅		8	3[嬴政㉕]	19
246	乙卯		9	1 嬴政	20
245	丙辰		10	2	21[悼襄王]
244	丁巳		11	3	1 悼襄王偃
243	戊午		12	4	2
242	己未		13	5	3
241	庚申		14	6	4
240	辛酉		15	7	5
239	壬戌		16	8	6
238	癸亥		17	9	7
237	甲子		18	10	8
236	乙丑		19	11	9[幽缪王]
235	丙寅		20	12	1 幽缪王㉓迁
234	丁卯		21	13	2
233	戊辰		22	14	3
232	己巳		23	15	4
231	庚午		24	16	5
230	辛未		25	17	6
229	壬申		26	18	7
228	癸酉		27	19	8[代王⊕]
227	甲戌		28	20	1 代王嘉
226	乙亥		29㉖	21	2
225	丙子		30	22	3
224	丁丑		31	23	4
223	戊寅		32	24	5
222	己卯		33(亡于秦㉗)	25㉘	6(亡于秦)
221	庚辰			26	

魏	韩	田齐	楚	公元前
17 安釐王圉	13 桓惠王	5 齐王建	3 考烈王元	260
18	14	6	4	259
19	15	7	5	258
20	16	8	6	257
21	17	9	7	256
22	18	10	8	255
23	19	11	9	254
24	20	12	10	253
25	21	13	11	252
26	22	14	12	251
27	23	15	13	250
28	24	16	14	249
29	25	17	15	248
30	26	18	16	247
31	27	19	17	246
32	28	20	18	245
33	29	21	19	244
34[景湣王]	30	22	20	243
1 景湣王增⑦	31	23	21	242
2	32	24	22	241
3	33	25	23	240
4	34[安]	26	24	239
5	1 安	27	25[幽王]	238
6	2	28	1 幽王悍⑦	237
7	3	29	2	236
8	4	30	3	235
9	5	31	4	234
10	6	32	5	233
11	7	33	6	232
12	8	34	7	231
13	9(亡于秦)	35	8	230
14		36	9	229
15[假]		37	10	228
			1 哀王犹⑦[负刍⑦]	
1 假		38	1 负刍	227
2		39	2	226
3(亡于秦)		40	3	225
		41	4	224
		42	5(亡于秦)	223
		43		222
		44(亡于秦)		221

六 秦 汉 纪 年 表

公元前	干支	秦	匈奴	南越	闽越	东瓯
221	庚辰	26 始皇帝嬴政①				
220	辛巳	27				
219	壬午	28				
218	癸未	29	匈奴			
217	甲申	30	⋮			
216	乙酉	31	⋮			
215	丙戌	32	(?) 头曼			
214	丁亥	33	单于②			
213	戊子	34	⋮			
212	己丑	35	⋮			
211	庚寅	36	⋮			
210	辛卯	37[二世⑦]				
209	壬辰	1 二世皇帝胡亥	1 冒顿单于③			
208	癸巳	2	2	南越④		
207	甲午	3 子婴⑧⊕(降于汉)	3	1(?)赵佗⑤		
		西汉				
206	乙未	1 高祖刘邦	4⑥	2		
205	丙申	2	5	3		
204	丁酉	3	6	4		
203	戊戌	4	7	5	闽越	
202	己亥	5⑦	8	6	1 无诸⑧	
201	庚子	6	9	7	⋮	
200	辛丑	7	10	8	⋮	
199	壬寅	8	11	9		
198	癸卯	9	12	10		
197	甲辰	10	13	11		
196	乙巳	11	14	12		
195	丙午	12[惠帝⑮]	15	13	卫氏朝鲜⑨	
194	丁未	1 惠帝刘盈	16	14	1(?)卫满⑩	
193	戊申	2	17	15	2	东瓯
192	己酉	3	18	16	3	1 摇⑪
191	庚戌	4	19	17	4	⋮
190	辛亥	5	20	18	5	⋮
189	壬子	6	21	19	6	
188	癸丑	7[高后⑨]	22	20	7	
187	甲寅	1 高后吕雉	23	21	8	
186	乙卯	2	24	22	9	
185	丙辰	3	25	23	10	
184	丁巳	4	26	24	11	
183	戊午	5	27	25	12	
182	己未	6	28	26	13	
181	庚申	7	29	27	14	乌孙
180	辛酉	8[文帝闰⑨]	30	28	15	(?)难兜靡
179	壬戌	1 文帝刘桓	31	29	16	⋮
178	癸亥	2	32	30	17	⋮
177	甲子	3	33	31	18	1(?)猎骄靡⑫
176	乙丑	4	34⑬	32	19	2

公元前	干支	西汉	匈奴	南越	卫氏朝鲜	乌孙	东越	夜郎
175	丙寅	5 文帝刘桓	35 冒顿单于	33 赵佗	20 卫满	3 猎骄靡		
174	丁卯	6	36	34	21	4		
			1 老上单于稽粥					
173	戊辰	7	2	35	22	5		
172	己巳	8	3	36	23	6		
171	庚午	9	4	37	24	7		
170	辛未	10	5	38	25	8		
169	壬申	11	6	39	26	9		
168	癸酉	12	7	40	27	10		
167	甲戌	13	8	41	28	11		
166	乙亥	14	9	42	29	12		
165	丙子	15	10	43	30	13		
164	丁丑	16	11	44	31	14		
163	戊寅	(后)1	12	45	32	15		
162	己卯	2	13	46	33	16		
161	庚辰	3	14	47	34	17		
			1 军臣单于					
160	辛巳	4	2	48	35	18		
159	壬午	5	3	49	36	19		
158	癸未	6	4	50	37	20		
157	甲申	7[景帝㈥]	5	51	38	21		
156	乙酉	1 景帝刘启	6	52	39	22		
155	丙戌	2	7	53	40	23		
154	丁亥	3	8	54	41	24		
153	戊子	4	9	55	42	25		
152	己丑	5	10	56	43	26		
151	庚寅	6	11	57	44	27		
150	辛卯	7	12	58	45	28		
149	壬辰	(中)1	13	59	46	29		
148	癸巳	2	14	60	47	30		
147	甲午	3	15	61	48	31		
146	乙未	4	16	62	49	32		
145	丙申	5	17	63	50	33		
144	丁酉	6	18	64	51	34		
143	戊戌	(后)1	19	65	52	35		
142	己亥	2	20	66	53	36		
141	庚子	3[武帝㈠]	21	67	54	37		
140	辛丑	建元1 武帝刘彻	22	68	55	38		
139	壬寅	2	23	69	56	39		
138	癸卯	3	24	70	57	40		
137	甲辰	4	25	71	58	41		
				1 文王赵胡				
136	乙巳	5	26	2	59	42	东 越	夜 郎⑭
135	丙午	6	27	3	60	43	1 馀善	1(?)多同⑮
134	丁未	元光1	28	4	61	44	2	2
133	戊申	2	29	5	62	45	3	3
132	己酉	3	30	6	63	46	4	4
131	庚戌	4	31	7	64	47	5	5

公元前	干支	西汉	匈奴	南越	卫氏朝鲜	乌孙	东越	夜郎	滇
130	辛亥	元光5 武帝 刘彻	32 军臣单于	8 文王赵胡	65 卫满	48 猎骄靡	6 徐善	6 多同	
129	壬子	6	33	9	66(?)	49	7	7	
128	癸丑	元朔1	34	10	1 右渠⑯	50	8	8	
127	甲寅	2	35	11	2	51	9	9	
126	乙卯	3	36 1 伊稚斜单于⑰	12	3	52	10	10	
125	丙辰	4	2	13	4	53	11	11	
124	丁巳	5	3	14	5	54	12	12	
123	戊午	6	4	15	6	55	13	13	滇⑱
122	己未	元狩1	5	16 1(?)明王赵婴齐	7	56	14	14	1(?) 当羌⑲
121	庚申	2	6	2	8	57	15	15	2
120	辛酉	3	7	3	9	58	16	16	3
119	壬戌	4	8	4	10	59	17	17	4
118	癸亥	5	9	5	11	60	18	18	5
117	甲子	6	10	6	12	61	19	19	6
116	乙丑	元鼎1	11	7	13	62	20	20	7
115	丙寅	2	12	8	14	63	21	21	8
114	丁卯	3	13 1 乌维单于	9	15	64	22	22	9
113	戊辰	4	2	10 1 哀王赵兴⑳	16	65	23	23	10
112	己巳	5	3	2 1 赵建德⊕	17	66	24	24	11
111	庚午	6	4	2⊕(亡于汉)	18	67	25	25㉑(降于汉)	12
110	辛未	元封1	5		19	68	26㉒(降于汉)		13
109	壬申	2	6		20	69			14㉓(降于汉)
108	癸酉	3	7		21㉔(亡于汉)	70			
107	甲戌	4	8			71			
106	乙亥	5	9			72			
105	丙子	6	10 1 乌师庐㉕单于			73			
104	丁丑	太初1㉖	2			74 1(?) 军须靡			
103	戊寅	2	3			2			
102	己卯	3	4			3			
101	庚辰	4	1 呴犁湖㉗单于㉘ 2 1 且鞮侯单于			4			
100	辛巳	天汉1	2			5			
99	壬午	2	3			6			
98	癸未	3	4			7			
97	甲申	4	5			8			
96	乙酉	太始1	6 1 狐鹿姑单于			9			

公元前	干支	西汉	匈奴	乌孙	句町
95	丙戌	太始2 武帝刘彻	2 狐鹿姑单于	10 军须靡	
94	丁亥	3	3	11	
93	戊子	4	4	12(?)㉘ 1(?)肥王翁归靡	
92	己丑	征和㉙1	5	2	
91	庚寅	2	6	3	
90	辛卯	3	7	4	
89	壬辰	4	8	5	
88	癸巳	后元㉚1	9	6	句町㉛
87	甲午	2[昭帝㊀]	10	7	(?)亡波
86	乙未	始元1 昭帝刘弗陵	11	8	
85	丙申	2	12 1 壶衍鞮单于	9	⋮
84	丁酉	3	2	10	
83	戊戌	4	3	11	
82	己亥	5	4	12	
81	庚子	6	5	13	
80	辛丑	7 元凤㊇1	6	14	
79	壬寅	2	7	15	
78	癸卯	3	8	16	
77	甲辰	4	9	17	
76	乙巳	5	10	18	
75	丙午	6	11	19	
74	丁未	元平1 刘贺㊅ [宣帝㊆]	12	20	
73	戊申	本始1 宣帝刘询	13	21	
72	己酉	2	14	22	
71	庚戌	3	15	23	
70	辛亥	4	16	24	
69	壬子	地节1	17	25	
68	癸丑	2	18 1 虚闾权渠单于	26	
67	甲寅	3	2	27	
66	乙卯	4	3	28	
65	丙辰	元康1	4	29	
64	丁巳	2	5	30	
63	戊午	3	6	31	
62	己未	4	7	32	
61	庚申	5 神爵㊂1	8	33	
60	辛酉	2	9 1 握衍朐鞮单于屠耆堂	34 1 狂王泥靡㉜	
59	壬戌	3	2	2	
58	癸亥	4	3 1 呼韩邪单于稽侯珊 1 屠耆单于薄胥堂㉝	3	
57	甲子	五凤1	2 呼韩邪单于 2 屠耆单于 1 车犁单于㊆ 1 呼揭单于㊆ 1 乌藉单于㊆㉞	4	

公元前	干支	西汉	匈奴			乌孙	
				（西边）	（东边）		
56	乙丑	五凤2 宣帝刘询	3 呼韩邪单于 3 屠耆单于⑧㊳	1 闰振单于㊂㊳	1 郅支骨都侯 单于呼屠吾斯	5 狂王泥靡	
55	丙寅	3	4 呼韩邪单于	2	2	6	
54	丁卯	4	5	3㊵	3	7	
						（小昆弥）	（大昆弥）
53	戊辰	甘露1	6		4	1 乌就屠	1 元贵靡
52	己巳	2	7		5	2	2
51	庚午	3	8		6	3	3
							1 星靡
50	辛未	4	9		7	4	2
49	壬申	黄龙1[元帝㊂]	10		8㊵	5	3
48	癸酉	初元1 元帝刘奭	11		9	6	4
47	甲戌	2	12		10	7	5
46	乙亥	3	13		11	8	6
45	丙子	4	14		12	9	7
44	丁丑	5	15		13	10	8
43	戊寅	永光1	16		14	11	9
42	己卯	2	17		15	12	10
41	庚辰	3	18		16	13	11
40	辛巳	4	19		17	14	12
39	壬午	5	20		18	15	13
38	癸未	建昭1	21		19	16	14
37	甲申	2	22		20	17	15
36	乙酉	3	23		21㊶	18	16
35	丙戌	4	24			19	17
34	丁亥	5	25			20	18
33	戊子	竟宁1[成帝㊅]	26			21	19
						1 拊离	1 雌栗靡
32	己丑	建始1 成帝刘骜	27			2	2
31	庚寅	2	28			3	3
			1 复株累若鞮单于雕陶莫皋㊺				
30	辛卯	3	2			4	4
						1 安日	
29	壬辰	4	3			2	5
28	癸巳	5	4			3	6
27	甲午	河平㊂1	5			4	7
26	乙未	2	6			5	8
25	丙申	3	7			6	9
24	丁酉	4	8			7	10
23	戊戌	阳朔1	9			8	11
22	己亥	2	10			9	12
21	庚子	3	11			10	13
20	辛丑	4	12			11	14
		鸿嘉1	1 搜谐若鞮单于且糜胥㊀				
19	壬寅	2	2			12	15
18	癸卯	3	3			13	16
17	甲辰	4	4			14	17㊸
						1 末振将	
16	乙巳	永始1	5			2	1 伊秩靡

高句丽	句町	夜郎	漏卧	公元前
				56
				55
				54
				53
				52
				51
				50
				49
				48
				47
				46
				45
				44
				43
				42
				41
				40
				39
高 句 丽㉝				38
1 始祖东明圣王朱蒙㉞				37
2				36
3				35
4				34
5				33
6				32
7				31
8				30
9			漏 卧	29
10	(?)禹㊸	(?)兴㊹	(?)俞㊺	28
	⋮	⋮	⋮	
11				27
12				26
13				25
14				24
15				23
16				22
17				21
18				20
19				19
1 琉璃王类利㈨				18
2				17
3				
4				16

公元	干支	西汉	匈奴	乌孙 (小昆弥)	(大昆弥)
前15	丙午	永始2 成帝刘骜	6 搜谐若鞮单于且糜胥	3 末振将	：伊秩靡
前14	丁未	3	7	4	：
前13	戊申	4	8	5	（以后不明）
前12	己酉	元延1	9	6	
前11	庚戌	2	1 车牙若鞮单于且莫车㊄ 2	7 1 安犁靡㊶	
前10	辛亥	3	3	：	
前9	壬子	4	4	：	
前8	癸丑	绥和1	5 1 乌珠留若鞮单于 囊知牙斯㊵㊇	（以后不明）	
前7	甲寅	2［哀帝㊃］	2		
前6	乙卯	建平1 哀帝刘欣	3		
前5	丙辰	2 太初㊸㊅1 建平㊇2	4		
前4	丁巳	3	5		
前3	戊午	4	6		
前2	己未	元寿1	7		
前1	庚申	2［平帝㊈］	8		
1	辛酉	元始1 平帝刘衎	9		
2	壬戌	2	10		
3	癸亥	3	11		
4	甲子	4	12		
5	乙丑	5	13		
6	丙寅	居摄1 孺子刘婴㊂	14		
7	丁卯	2	15		
8	戊辰	3 始初㊶㊿1 新 始建国㊅㊶ 王莽	16		
9	己巳	1	17		
10	庚午	2	18		
11	辛未	3	19		
12	壬申	4	20		
13	癸酉	5	21 1 乌累若鞮单于咸		
14	甲戌	天凤1	2		
15	乙亥	2	3		
16	丙子	3	4		
17	丁丑	4	5		
18	戊寅	5	6 1 呼都而尸道皋若鞮单于舆		
19	己卯	6	2		
20	庚辰	地皇1	3		

高句丽	句町	莎车	益州夷	越巂夷	公元
5 琉璃王类利					前15
6					前14
7					前13
8					前12
9					前11
10					前10
11					前9
12					前8
13					前7
14					前6
15					前5
16					前4
17					前3
18					前2
19					前1
20					1
21					2
22					3
23					4
24					5
25					6
26					7
27					8
		莎 车㊷	益州夷	越巂夷	
28	(?)邯	1(?)忠武王延㊿	1(?)栋蚕㊿	1(?)大牟㊿	9
29	⋮	2	2	⋮	10
30	⋮	3	3	⋮	11
31	(以后不明)	4	4		12
32		5	5		13
33		6	6		14
34		7	7		15
35		8	8		16
36		9	9		17
37		10	10		18
1 大武神王㊿无恤⊕		1 宣成王康			19
2		2	11		20
3		3	12		

公元	干支	新	匈奴		高句丽
21	辛巳	地皇2 王莽	4 呼都而尸道皋若鞮单于舆		4 大武神王无恤
22	壬午	3	5		5
23	癸未	4⑨	6		6
		更始㊀1 刘玄㊳			
24	甲申	2㊴	7		7
25	乙酉	3⑨	8		8
		东　汉			
		建武㊅1 光武帝刘秀			
26	丙戌	2	9		9
27	丁亥	3	10		10
28	戊子	4	11		11
29	己丑	5	12		12
30	庚寅	6	13		13
31	辛卯	7	14		14
32	壬辰	8	15		15
33	癸巳	9	16		16
34	甲午	10	17		17
35	乙未	11	18		18
36	丙申	12	19		19
37	丁酉	13	20		20
38	戊戌	14	21		21
39	己亥	15	22		22
40	庚子	16	23		23
41	辛丑	17	24		24
42	壬寅	18	25		25
43	癸卯	19	26		26
44	甲辰	20	27		27
					1 闵中王解色朱㊉
45	乙巳	21	28		2
46	丙午	22	29		3
			1 乌达鞮侯单于		
			北　匈　奴		
			1 蒲奴单于		
47	丁未	23	2	南　匈　奴	4
48	戊申	24	3	1 呼韩邪单于比㊳	5
					1 慕本王解忧㊳
49	己酉	25	4	2	2
50	庚戌	26	5	3	3
51	辛亥	27	6	4	4
52	壬子	28	7	5	5
53	癸丑	29	8	6	6
					1 太祖王宫㊁㊷
54	甲寅	30	9	7	2
55	乙卯	31	10	8	3

莎车	益州夷	烧当羌	邛都夷	武陵蛮	公元
4 宜成王康	13 栋蚕	烧当羌			21
5	14				22
6	15	1(?)滇良	邛都夷		23
7	16	2	1 邛谷王长贵		24
8	17	3	2		25
9	18	4	3		26
10	19	5	4		27
11	20	6	5		28
12	21	7	6		29
13	22	8	7		30
14	23	9	8		31
15	24	10	9		32
16	25	11	10		33
1 贤					
2	26	12	11		34
3	27	13	12		35
4	28	14	13		36
5	29	15	14		37
6	30	16	15		38
7	31	17	16		39
8	32	18	17		40
9	33	19	18		41
10	34	20	19		42
11	35	21	20		43
12	36	22	哀牢夷		44
13	37●	23	(?)九隆		45
14		24	⋮		46
	渳山蛮		⋮	武陵蛮	
15	(?)雷迁	25		1 相单程	47
16	⋮	26	(?)贤栗	2	48
	⋮		⋮		
17		27	⋮		49
18		28		3(降于汉)	50
19		29		于窴	51
20		30		(?)俞林	52
21		31			53
22		32		⋮	54
23		33		(?)君得	55

公元	干支	东汉	北匈奴	南匈奴	高句丽	莎车
56	丙辰	建武32光武帝刘秀 建武中元㈣1	11蒲奴单于	9呼韩邪单于比 1丘浮尤鞮单于莫	4太祖王宫	24贤
57	丁巳	2[明帝㈠]	12	2 1伊伐於虑鞮单于汗	5	25
58	戊午	永平1明帝刘庄	13	2	6	26
59	己未	2	14	3 1醢僮尸逐侯鞮单于适	7	27
60	庚申	3	15	2	8	28
61	辛酉	4	16	3	9	29
62	壬戌	5	17	4	10	30
63	癸亥	6	18	5 1丘除车林鞮单于苏 1胡邪尸逐侯鞮单于长	11	1不居征 1齐黎 2
64	甲子	7	19	2	12	3
65	乙丑	8	20	3	13	4
66	丙寅	9	21	4	14	5
67	丁卯	10	22	5	15	6
68	戊辰	11	23	6	16	7
69	己巳	12	24	7	17	8
70	庚午	13	25	8	18	9
71	辛未	14	26	9	19	10
72	壬申	15	27	10	20	11
73	癸酉	16	28	11	21	12
74	甲戌	17	29	12	22	13
75	乙亥	18[章帝㈧]	30	13	23	14
76	丙子	建初1章帝刘炟	31	14	24	15
77	丁丑	2	32	15	25	16
78	戊寅	3	33	16	26	17
79	己卯	4	34	17	27	18
80	庚辰	5	35	18	28	19
81	辛巳	6	36	19	29	20
82	壬午	7	37	20	30	21
83	癸未	8	38	21	31	22
84	甲申	9 元和㈧1	39	22	32	23
85	乙酉	2	40	23 1伊屠於闾鞮单于宣	33	24

烧当羌	哀牢夷	于阗	疏勒	龟兹	澧中蛮	公元
34 滇良						56
1(?)滇吾						
2						57
3						58
4						59
1 东吾						
2		(?)休莫霸				60
3		1(?)广德				61
4		2				62
5		3				63
6		4				64
7		5				65
8		6				66
9		7				67
10		8	疏勒			68
11	(?)抑狼	9				69
12	⋮	10	(?)成			70
13	⋮	11	⋮			71
14		12	⋮	龟兹		72
15		13	1 兜题	(?)建		73
16		14	2	⋮		74
17		15	1 忠	⋮	澧中蛮	75
18	1(?)类牢	16	3	1(?)尤利多	1 陈从	76
19	2	17	4	2	溇中蛮	77
1 迷吾					1 覃儿健	
2		18	5	3	2	78
3		19	6	4	3	79
4		20	7	5		80
5		21	8	6		81
6		22	9	7		82
7		23	10	8		83
8		24	1 成大	9		84
9		25	2	10		85

公元	干支	东汉	北匈奴	南匈奴	高句丽	莎车	烧当羌
86	丙戌	元和3章帝刘炟	41 蒲奴单于	2 伊屠於闾鞮单于宣	34 太祖王宫	25 齐黎	10 迷吾
87	丁亥	4 章和㊆1	42(?) 1(?)优留单于㊶	3	35	26	11 1迷唐㊆
88	戊子	2[和帝㊀]	1 北单于㊷	4 1 休兰尸逐侯鞮单于屯屠何㊂	36	27 (降汉)	2
89	己丑	永元1和帝刘肇	2	2	37		3	1(?)东号
90	庚寅	2	3	3	38		4	2
91	辛卯	3	4 1 於除鞬单于㊆	4	39		5	3
92	壬辰	4	2	5	40		6	4
93	癸巳	5	3	6	41		7	5
94	甲午	6	1 逢侯单于㊆	1 安国单于 2 1 亭独尸逐侯鞮单于师子㊀	42		8	6
95	乙未	7	2	2	43		9	7
96	丙申	8	3	3	44		10	8
97	丁酉	9	4	4	45		11	9
98	戊戌	10	5	5 1 万氏尸农鞮单于檀㊆	46		12	10
99	己亥	11	6	2	47		13	11
100	庚子	12	7	3	48		14	12
101	辛丑	13	8	4	49		15	13
102	壬寅	14	9	5	50		16	14
103	癸卯	15	10	6	51		17	15
104	甲辰	16	11	7	52		18	16
105	乙巳	17 元兴㊃1[殇帝㊆]	12	8	53		19	17
106	丙午	延平1殇帝刘隆[安帝㊇]	13	9	54		20	18
107	丁未	永初1安帝刘祜	14	10	55		21	19 1(?)麻奴
108	戊申	2	15	11	56		22	2
109	己酉	3	16	12	57		23	3
110	庚戌	4	17	13	58		24㊴	4
111	辛亥	5	18	14	59			5
112	壬子	6	19	15	60			6
113	癸丑	7	20	16	61			7
114	甲寅	元初1	21	17	62			8
115	乙卯	2	22	18	63			9

于阗	疏勒	龟兹	焉耆	溇中、澧中蛮	巫蛮	澧中蛮	公元
26 广德	3 成大	11 尤利多					86
27	4	12					87
28	⋮	⋮					88
⋮		13					
		14					89
		15	焉耆⑧				90
		16	(?)广	溇中、澧中蛮			91
		1 白霸	⋮	1 潭戎⑧			92
		2	⋮				
		3		车 师⑨			93
		4	1 元孟⑧	(?)涿鞮			94
				⋮			
		5	2	⋮			95
		6	3	⋮⑩			96
		7	4	1 农奇			97
		8	5	2			98
		9	6	3	巫 蛮		99
		10	7	4			100
					1 许圣⑧		101
		11	8	5	2 (降汉)		
		12	9	6			102
		13	10	7			103
		14	11	8			104
		15	12	9			105
		16	13	10	先零羌		106
		17	14	11	1 滇零⑧		107
		18	15	12	2		108
		19	16	13	3		109
		⋮	17	14	4		110
		⋮	18	15	5		111
			19	16	6		112
					1 零昌		
			20	17	2		113
			21	18	3		114
			22	19	4	1 充中⑩	115

秦汉纪年表 　　675

公元	干支	东汉	北匈奴	南匈奴	高句丽	烧当羌	于阗
116	丙辰	元初3 安帝刘祜	23 逢侯单于	19 万氏尸逐鞮单于檀	64 太祖王宫	10 麻奴	
117	丁巳	4	24	20	65	11	
118	戊午	5	25⑩	21	66	12	
119	己未	6		22	67	13	
120	庚申	7 永宁㈣1		23	68	14	
121	辛酉	2 建光㈦1		24	69	15	
122	壬戌	2		25	70	16	
123	癸亥	建光㈢1 2		26	71	17	
124	甲子	3		27 1 乌稽侯尸逐鞮单于拔㈣	72	18 1 犀苦	
125	乙丑	4 北乡侯刘懿㈢ [顺帝㈦]		2	73	2	
126	丙寅	永建1 顺帝刘保		3	74	3	
127	丁卯	2		4	75	4	
128	戊辰	3		5 1 去特若尸逐就单于休利㈦	76	5	
129	己巳	4		2	77	6	(?)放前 ⋮
130	庚午	4		3	78	7	⋮
131	辛未	6		4	79	8	⋮
132	壬申	7 阳嘉㈢1		5	80	⋮	⋮
133	癸酉	2		6	81		
134	甲戌	3		7	82		
135	乙亥	4		8	83		
136	丙子	永和1		9	84		
137	丁丑	2		10	85	1(?)那离	
138	戊寅	3		11	86	2(103)	
139	己卯	4		12	87	⋮	
140	庚辰	5		13 1 车纽单于㈨(104)	88	(以后不明)	
141	辛巳	6			89		
142	壬午	汉安1			90		
143	癸未	2		1 呼兰若尸逐就单于兜楼储㈥(105)	91		
144	甲申	3 建康㈣1[冲帝㈧]		2	92		
145	乙酉	永嘉(106)1 冲帝刘炳 [质帝㈠]		3	93		

疏勒	龟兹	焉耆	车师	先零羌	卷夷	零陵蛮	公元
(?)安国 ⋮ ⋮		23 元孟 24 25 26 27	20 农奇 21 22 23 24 1 军就	5 零昌 6 1 狼莫㊆㉚ 2 当煎羌 (?)饥五㊵ ⋮	卷夷 1 封离㊶ 2(降汉)	1 羊孙㊷ 陇西羌 1 号良㊸	116 117 118 119 120
		28 29 30 31 32	2 3 4 5 6	拘弥㊹			121 122 123 124 125
	(?)白英(降汉)						
(?)遗腹							
1(?)臣磐㊺ 2 3 4		33 34(降汉)	7 1 加特奴 2 3 4 5	(?)兴 ⋮ ⋮ 1(放前子[100]) 2			126 127 128 129 130
5 6 7 8 9			6 7 8 9 10	3 4 1 成国 2 3 4	钟羌 1(?)良封[101] 2 (?)且昌[102]		131 132 133 134 135
10 11 12 13 14			11 12 13 14 15	5 6 7 8 9			136 137 138 139 140
15 16 17 18 19			16 17 18 19 20	10 11 12 13 14			141 142 143 144 145

公元	干支	东汉	南匈奴	高句丽	于阗	疏勒	车师
146	丙戌	本初1 质帝刘缵 [桓帝闰㈥]	4 呼兰若尸逐就单于兜楼储	94(107) 太祖王宫 1 次大王遂成㊤		20 臣磐	21 加特奴
147	丁亥	建和1 桓帝刘志	5 1 伊陵尸逐就单于居车儿	2		21	22
148	戊子	2	2	3		22	23
149	己丑	3	3	4	(?)建	23	24
150	庚寅	和平1	4	5	⋮	24	25
151	辛卯	元嘉1	5	6	⋮	25	26
152	壬辰	2	6	7	1 安国	26	27
153	癸巳	3 永兴㈤1	7	8	2	27	1 阿罗多 ⋮
154	甲午	2	8	9	3	28	⋮
155	乙未	永寿1	9	10	4	29	(以后不明)
156	丙申	2	10	11	5	30	
157	丁酉	3	11	12	6	31	
158	戊戌	4 延熹㈥1	12	13	7	32	
159	己亥	2	13	14	8	33	
160	庚子	3	14	15	9	34	
161	辛丑	4	15	16	10	35	
162	壬寅	5	16	17	11	36	
163	癸卯	6	17	18	12	37	
164	甲辰	7	18	19	13	38	
165	乙巳	8	19	20 1 新大王伯固㊉(108)	14	39	
166	丙午	9	20	2	15	40	
167	丁未	10 永康㈥1[灵帝㊤]	21	3	16	41	
168	戊申	建宁1 灵帝刘宏	22	4	17	42 1 和得	
169	己酉	2	23	5	18	2	
170	庚戌	3	24	6	19	3	
171	辛亥	4	25	7	20	⋮	
172	壬子	5	26	8	21	⋮	
173	癸丑	熹平㈤1 2	1 屠特若尸逐就单于 2	9	22		
174	甲寅	3	3	10	23		
175	乙卯	4	4	11	24		
176	丙辰	5	5	12	⋮(110)		
177	丁巳	6	6	13			
178	戊午	7 光和㈢1	7 1 呼征单于	14			
179	己未	2	2 1 羌渠单于㊄	15 1 故国川王男武㊤(111)			
180	庚申	3	2	2			

拘弥	武陵蛮	上谷乌桓	辽西乌桓	辽东乌桓	右北平乌桓	江夏蛮	公元
15 成国							146
16							147
17							148
18							149
19							150
20	1 詹山						151
21	2						152
22	3						153
23							154
24	鲜 卑						155
25	1 檀石槐						156
26	2						157
27	3						158
28	4						159
29	5						160
30	6						161
31	7						162
32	8						163
33	9						164
34	10						165
35	11						166
36	12	上谷乌桓	辽西乌桓	辽东乌桓	右北平乌桓		167
37	13	1 难楼[109]	1 丘力居	1 峭王苏仆延	1 汗鲁王乌延		168
38	14	2	2	2	2		169
39	15	3	3	3	3		170
40	16	4	4	4	4		171
41	17	5	5	5	5		172
42	18	6	6	6	6		173
43	19	7	7	7	7		174
44 1 定兴	20	8	8	8	8		175
⋮	21	9	9	9	9		176
⋮	22	10	10	10	10		177
	23	11	11	11	11		178
	24	12	12	12	12	江夏蛮	179
	25	13	13	13	13	1 黄穰	180

公元	干支	东汉	南匈奴	高匈奴	鲜卑
181	辛酉	光和4 灵帝刘宏	3 羌渠单于	3 故国川王男武	26 檀石槐 1 和连 ⊕
182	壬戌	5	4	4	1 魁头
183	癸亥	6	5	5	⋮
184	甲子	7 中平㊀1	6	6	(?)步度根 (112) ⋮
185	乙丑	2	7	7	⋮
186	丙寅	3	8	8	
187	丁卯	4	9	9	
188	戊辰	5	10 1 持至尸逐侯单于於扶罗㊂	10	
189	己巳	6 光熹㊃1 少帝刘辩 昭宁㊇1 永汉㊈1 献帝刘协 中平㊅6	1 须卜骨都侯单于㊂ 2 持到尸逐侯单于 2 须卜骨都侯单于	11	小种鲜卑
190	庚午	初平(116)1	3 持至尸逐侯单于	12	1(?)轲比能
191	辛未	2	4	13	2
192	壬申	3	5	14	3
193	癸酉	4	6	15	4
194	甲戌	兴平1	7	16	5
195	乙亥	2	8 1 呼厨泉单于㊄	17	6
196	丙子	建安1	2	18	7
197	丁丑	2	3	19 1 山上王延优㊄(118)	8
198	戊寅	3	4	2	9
199	己卯	4	5	3	10
200	庚辰	5	6	4	11
201	辛巳	6	7	5	12
202	壬午	7	8	6	13
203	癸未	8	9	7	14
204	甲申	9	10	8	15
205	乙酉	10	11	9	16
206	丙戌	11	12	10	17
207	丁亥	12	13	11	18
208	戊子	13	14	12	19
209	己丑	14	15	13	20
210	庚寅	15	16	14	21
211	辛卯	16	17	15	22
212	壬辰	17	18	16	23
213	癸巳	18	19	17	24
214	甲午	19	20	18	25
215	乙未	20	21	19	26
216	丙申	21	22 1 刘豹	20	27
217	丁酉	22	2	21	28
218	戊戌	23	3	22	29
219	己亥	24	4	23	30
220	庚子	25 延康㊃1 ⊕	5	24	31

上谷乌桓	辽西乌桓	辽东乌桓	右北平乌桓	江夏蛮	公元
14 难楼	14 丘力居	14 峭王苏仆延	14 汗鲁王乌延	⋮黄穰⋮	181
15	15	15	15		182
16	16	16	16	羌、胡	183
17	17	17	17	1 北宫伯玉(113)	184
18	18	18	18	2	185
19	19	19	19	3	186
20	20	20	20	1 王国(114) 2	187
21	21	21	21	3	188
22	22	22	22	1 阎忠(115)	189
23	23(?)	23	23	1(?)宋建(117)	190
24	1(?)蹋顿	24	24	2	191
25	2	25	25	3	192
26	3	26	26	4	193
27	4	27	27	5	194
28	5	28	28	6	195
29	6	29	29	7	196
30	7	30	30	8	197
31	8	31	31	9	198
32	9	32	32	10	199
33	10	33	33	11	200
34	11	34	34	12	201
35	12	35	35	13	202
36	13	36	36	14	203
37	14	37	37	15	204
38	15	38	38	16	205
39	16	39	39	17	206
40(亡于汉)	17(亡于汉)	40(亡于汉)	40(亡于汉)	18	207
				19	208
				20	209
				21	210
				22	211
				23	212
				24	213
				25 ✚	214
					215
					216
					217
					218
					219
					220

七 魏晋及十

公元	干支	魏	蜀	吴
220	庚子	黄初⊕1 文帝曹丕	蜀	
221	辛丑	2	章武㊃1 昭烈帝刘备①	吴
222	壬寅	3	2	黄武⊕1 大帝孙权
223	癸卯	4	3	2
			建兴㊂1 后主刘禅	
224	甲辰	5	2	3
225	乙巳	6	3	4
226	丙午	7[明帝㊄]	4	5
227	丁未	太和1 明帝曹叡	5	6
228	戊申	2	6	7
229	己酉	3	7	8
				黄龙㊃1
230	庚戌	4	8	2
231	辛亥	5	9	3
232	壬子	6	10	嘉禾1
233	癸丑	7	11	2
		青龙㊁1		
234	甲寅	2	12	3
235	乙卯	3	13	4
236	丙辰	4	14	5
237	丁巳	5③	15	6
		景初㊂1		
238	戊午	2	延熙1	7
				赤乌㊇1
239	己未	3[齐王㊀]	2	2
240	庚申	正始1 齐王曹芳	3	3
241	辛酉	2	4	4
242	壬戌	3	5	5
243	癸亥	4	6	6
244	甲子	5	7	7
245	乙丑	6	8	8
246	丙寅	7	9	9
247	丁卯	8	10	10
248	戊辰	9	11	11
249	己巳	10	12	12
		嘉平㊃1		
250	庚午	2	13	13

六 国 纪 年 表

南匈奴	高句丽	小种鲜卑	拓跋鲜卑	公元
5 刘豹	24 山上王延优	31 轲比能	1 始祖拓跋力微	220
6	25	32	2	221
7	26	33	3	222
8	27	34	4	223
9	28	35	5	224
10	29	36	6	225
11	30	37	7	226
12	31	38	8	227
	1 东川王忧位居㊄②			
13	2	39	9	228
14	3	40	10	229
15	4	41	11	230
16	5	42	12	231
17	6	43	13	232
18	7	44	14	233
19	8	45	15	234
20	9	46（亡于魏）	16	235
21	10		17	236
22	11		18	237
23	12		19	238
24	13		20	239
25	14		21	240
26	15		22	241
27	16		23	242
28	17		24	243
29	18		25	244
30	19		26	245
31	20		27	246
32	21		28	247
33	22		29	248
	1 中川王然弗㊈④			
34	2		30	249
35	3		31	250

公元	干支	魏	蜀	吴	南匈奴
251	辛未	嘉平3 齐王曹芳	延熙14 后主刘禅	赤乌14 大帝孙权 太元⑤1	36 刘豹
252	壬申	4	15	2 神凤㊀1 建兴㊃1 会稽王孙亮	37
253	癸酉	5	16	2	38
254	甲戌	6	17	五凤1	39
255	乙亥	正元㊉1 高贵乡公曹髦 2	18	2	40
256	丙子	3 甘露⑥1	19	3 太平㊉1	41
257	丁丑	2	20	2	42
258	戊寅	3	景耀1	3 永安㊉1 景帝孙休	43
259	己卯	4	2	2	44
260	庚辰	5 景元⑥1 元帝曹奂	3	3	45
261	辛巳	2	4	4	46
262	壬午	3	5	5	47
263	癸未	4	6 炎兴⑧1㊧（降于魏）	6	48
264	甲申	5 咸熙⑤1		7 元兴㊆1 末帝孙皓	49
265	乙酉	2㊧（亡于晋） 西 晋 泰始㊉1 武帝司马炎		2 甘露㊃1	50
266	丙戌	2		2 宝鼎1	51
267	丁亥	3		2	52
268	戊子	4		3	53
269	己丑	5		4 建衡㊉1	54
270	庚寅	6		2	55
271	辛卯	7		3	56
272	壬辰	8		凤凰1	57
273	癸巳	9		2	58
274	甲午	10		3	59
275	乙未	咸宁1		天册1	60
276	丙申	2		2 天玺㊉1	61
277	丁酉	3		天纪1	62
278	戊戌	4		2	63
279	己亥	5		3	64(?) 1(?)刘渊
280	庚子	6 太康㊃1		4㊤（降晋）	2

高句丽	拓跋鲜卑	铁弗匈奴	公元
4 中川王然弗	32 始祖拓跋力微		251
5	33		252
6	34		253
7	35		254
8	36		255
9	37		256
10	38		257
11	39		258
12	40		259
13	41		260
14	42		261
15	43		262
16	44		263
17	45		264
18	46		265
19	47		266
20	48		267
21	49		268
22	50		269
23	51		270
1 西川王药卢⊕⑤			
2	52	铁 弗 匈 奴	271
3	53	1 诰升爰	272
4	54	2	273
8	55	3	274
6	56	4	275
7	57	5	276
8	58	6	277
	1 单帝拓跋悉鹿⑥		
9	2	7	278
10	3	8	279
11	4	9	280

公元	干支	西晋	南匈奴	高句丽	拓跋鲜卑
281	辛丑	太康2 武帝司马炎	3 刘渊	12 西川王药卢	5 章帝拓跋悉鹿
282	壬寅	3	4	13	6
283	癸卯	4	5	14	7
284	甲辰	5	6	15	8
285	乙巳	6	7	16	9
286	丙午	7	8	17	10 1 平帝拓跋绰
287	丁未	8	9	18	2
288	戊申	9	10	19	3
289	己酉	10	11	20	4
290	庚戌	太熙1 永熙㈣1 惠帝司马衷	12	21	5
291	辛亥	永平1 元康㈢1	13	22	6
292	壬子	2	14	23 1 烽上王相夫⑦	7
293	癸丑	3	15	2	8 1 思帝拓跋弗
294	甲寅	4	16	3	2 1 昭帝拓跋禄官
295	乙卯	5	17	4	2⑧
296	丙辰	6	18	5	3
297	丁巳	7	19	6	4
298	戊午	8	20	7	5
299	己未	9	21	8	6
300	庚申	永康1	22	9 1 美川王乙弗㈨⑨	7
301	辛酉	2 永宁㈣1	23	2	8
302	壬戌	2 太安⑪1	24	3	9
303	癸亥	2	25	4	10
304	甲子	永安1 建武⑫1 永安⑬1	汉(匈奴) 元熙⑭1 刘渊	5	11
305	乙丑	永兴⑮1 2	2	6	12
306	丙寅	3 光熙㈥1[怀帝⑯]	3	7	13
307	丁卯	永嘉1 怀帝司马炽	4	8	14 1 穆帝拓跋猗卢⑰⑱
308	戊辰	2	5 永凤⑲2	9	2
309	己巳	3	河瑞⑳1	10	3
310	庚午	4	2 1 刘和㉑ 光兴㉒1 刘聪	11	4㉓

铁弗匈奴	慕容鲜卑	前仇池(氐)	巴氐	义阳蛮	公元
10 诰升爰					281
11					282
12					283
13	慕 容 鲜 卑				284
14	1 武宣帝慕容廆				285
15	2				286
16	3				287
17	4				288
18	5				289
19	6				290
20	7				291
21	8				292
22	9				293
23	10				294
24	11	前仇池(氐)			295
25	12	1 杨茂搜			296
26	13	2			297
27	14	3			298
28	15	4			299
29	16	5	巴氐		300
30	17	6	1 始祖李特		301
31	18	7	2		302
32	19	8	建初⑪1 1 秦文王李		303
33	20	9	流㊀[李雄㊈] 建兴⑩/太宗李雄	义阳蛮 神凤㊄一㊇刘尼⑫	304
34	21	10	2		305
35	22	11	3		306
36	23	12	成(巴氐) 晏平㊅⑬1 太宗李雄		307
37	24	13	2		308
38(?) 1(?)刘虎	25	14	3 4	临渭氐 1 苻洪⑯	309
2	26	15	5		310

魏晋及十六国纪年表

公元	干支	西晋	前凉	汉(匈奴)	高句丽	拓跋鲜卑	铁弗匈奴	慕容鲜卑	前仇池(氐)
311	辛未	永嘉5⑰怀帝 司马炽		光兴2刘聪 嘉平⑱1	12美川王 乙弗	5穆帝 拓跋猗卢	3刘虎	27武宣帝 慕容廆	16杨茂搜
312	壬申	6		2	13	6	4	28	17
313	癸酉	7 建兴㊃1愍帝 司马邺		3	14	7	5	29	18
314	甲戌	2		4	15	8	6	30	19
315	乙亥	3		5 建元㊂1	16	9	7	31	20
316	丙子	4 (亡于汉)		2 麟嘉㊄1	17	10 1拓跋普根㊂ 1拓跋始生㊃ 1平文帝拓 跋郁律㊄	8	32	21
317	丁丑	东晋 建武㊂1元帝 司马睿	前凉 建兴⑱5张寔	2	18	2	9	33	22 1杨难敌
318	戊寅	2 太兴㊂⑲1	6	3 汉昌㊄1刘粲 前赵(匈奴) 光初⑲⑳1刘曜	19	3	10	34	2
319	己卯	2	7	2	20	4	11	35	3
320	庚辰	3	8张 茂㊅	3	21	5	12	36	4
321	辛巳	4	9	4	22	6 1惠帝拓跋 贺傉㊄ 2	13	37	5
322	壬午	永昌1[明帝 闰㊄]	10	5	23	14	38	6
323	癸未	2 太宁㊂1明帝 司马绍	11	6	24	3	15	39	7
324	甲申	2	12张 骏㊄	7	25	4	16	40	8
325	乙酉	3[成帝 闰㊇]	13	8	26	5 1炀帝拓跋 纥那㊄	17	41	9
326	丙戌	4成帝 司马衍 咸和㊂1	14	9	27	2	18	42	10
327	丁亥	2	15	10	28	3	19	43	11
328	戊子	3	16	11㊀	29	4	20	44	12
329	己丑	4	17	12㊈ (亡于后赵)	30	5 1烈帝拓跋 翳槐	21	45	13
330	庚寅	5	18		31	2	22	46	14

成(巴氏)	临渭氐	羌	吐谷浑	段鲜卑	后赵(羯)	大秦(巴氏)	翟魏(丁零)	公元
玉衡1太宗 李雄	2 苻洪	羌 1 姚弋仲						311
2	3	2						312
3	4							313
4	5	3						314
5	6	4						315
6	7	5						316
7	8	6	吐谷浑 1 吐延	段鲜卑 1 段末杯				317
8	9	7	2	1 段末杯				318
9	10	8	3	2	后赵(羯) 1 高祖 明帝石勒㊉			319
10	11	9	4	3	2	大秦(巴氏) 平赵㈥一㊆ 句渠知		320
11	12	10	5	4	3			321
12	13	11	6	5	4			322
13	14	12	7	6	5			323
14	15	13	8	7	6			324
15	16	14	9	8 1 段牙㈢ 1 段辽㈦	7			325
16	17	15	10	2	8			326
17	18	16	11	3	9			327
18	19	17	12	4	10 太和㈢1			328
19	20	18	13 1 叶延	5	2	乞伏鲜卑 1 乞伏司繁		329
20	21	19	2	6	3 建平㈨1	2	翟魏(丁零) 1 翟斌㈥㉒	330

公元	干支	东晋	前凉	高句丽	拓跋鲜卑	铁弗匈奴	慕容鲜卑	前伊池(氐)	成(巴氏)
331	辛卯	咸和6成帝 司马衍	建兴19 张骏	32 美川王 1 故国原王 斯由㊀	3 烈帝 拓跋翳槐	23 刘虎	47 武宣帝 慕容廆	15 杨难敌	玉衡21 太宗李雄
332	壬辰	7	20	2	4	24	48	16	22
333	癸巳	8	21	3	5	25	49 1 太祖文明帝 慕容皝㊅㊁	17	23
334	甲午	9	22	4	6	26	2	18 1 杨毅	24 1 哀帝 李班㊅
335	乙未	咸康1	23	5	7	27	3	2	[李期] 玉恒㊆1幽公 李期
336	丙申	2	24	6	8	28	4 前燕(鲜卑)	3	2
337	丁酉	3	25	7	9	29	5㊆	4 1 杨初	3
338	戊戌	4	26	8	10 代(鲜卑) 建国㊆1代王 拓跋什翼犍	30	6	2	4 汉(巴氏) 汉兴㊃1中 宗李寿㊇
339	己亥	5	27	9	2	31	7	3	
340	庚子	6	28	10	3	32	8	4	3
341	辛丑	7	29	11	4	33 1 刘务桓㊉	9	5	4
342	壬寅	8[康帝㊅]	30	12	5	2	10	6	5
343	癸卯	建元1康帝 司马岳	31	13	6	3	11	7	6
344	甲辰	2[穆帝㊈]	32	14	7	4	12	8	[李势㊇] 太和㊂1后 主李势
345	乙巳	永和1穆帝 司马聃	33	15	8	5	13	9	2
346	丙午	2		16	9	6	14	10	3 嘉宁㊉1 2㊂ (降于晋)
347	丁未	3	34 张 重华㊄	17	10	7	15	11	
348	戊申	4	35 36	18	11	8	16 1 烈祖景昭帝 慕容俊㊉㊉	12	
349	己酉	5	37	19	12	9	2	13	
350	庚戌	6	38	20	13	10	3	14	

临渭氐	羌	吐谷浑	段鲜卑	后赵(羯)	乞伏鲜卑	翟魏(丁零)	宇文鲜卑	公元
22 苻洪	20 姚弋仲	3 叶延	7 段辽	建平 2 高祖明帝 石勒	3 乞伏司繁	2 翟斌		331
23	21	4	8	3	4	3	宇文鲜卑	332
24	22	5	9	4 [石弘⑰㉒]	5	4	1 宇文逸豆归	333
25	23	6	10	延熙 1 海阳王 石弘 [石虎⑰]	6	5	2	334
26	24	7	11	建武㉕ 1 太祖武帝 石虎	7	6	3	335
			12					
27	25	8	13	2	8	7	4	336
28	26	9	14	3	9	8	5	337
29	27	10		4	10	9	6	338
30	28	11		5	11	10	7	339
31	29	12		6	12	11	8	340
32	30	13		7	13	12	9	341
33	31	14		8	14	13	10	342
34	32	15	1 段兰	9	15	14	11	343
35	33	16	2	10	16	15	12 (亡于前燕)	344
36	34	17	3	11	17	16		345
37	35	18	4	12	18	17		346
38	36	19	5	13	19	18		347
39	37	20	⋮	14	20	19		348
40	38	21		太宁㉛ 1 1 石世㉔ 1 彭城王 石遵㉕ [石鉴⑰]	21	20		349
41㉜ [苻健㉖]	39	22	1 段龛	青龙㉝ 1 义阳王 石鉴 永宁㉝ 1 新兴王 石祇	22	21	冉 魏 永兴闰㊀ 1 冉闵㉘	350

公元	干支	东晋	前凉	高句丽	代(鲜卑)	铁弗匈奴	前燕(鲜卑)	前仇池(氐)
351	辛亥	永和7 穆帝 司马聃	建兴39 张重华	21 故国原王 斯由	建国14 代王 拓跋 什翼犍	11 刘务桓	4 烈祖 景昭帝 慕容俊	15 杨初
352	壬子	8	40	22	15	12	5 元玺㊂1	16
353	癸丑	9	41 张曜灵㊃	23	16	13	2	17
354	甲寅	10	和平1 张祚 2	24	17	14	3	18
355	乙卯	11	建兴㊵闰㊈43 张玄靓	25	18	15	4	19 1 杨国㊀
356	丙辰	12	44	26	19	16 1 刘阏陋头㊀㊸	5	2 1 杨俊
357	丁巳	升平1	45	27	20	2	6 光寿㊂1	2
358	戊午	2	46	28	21	3 1 刘悉勿祁㊃	2	3
359	己未	3	47	29	22	2 1 刘卫辰㊃	3	4
360	庚申	4	48	30	23	2	4 建熙1 幽帝 慕容暐㊀	5 1 杨世
361	辛酉	5[哀帝㊄]	49 升平㊁㊽5	31	24	3	2	2
362	壬戌	隆和㊸1 哀帝 司马丕	6	32	25	4	3	3
363	癸亥	2 兴宁㊁1	7㊶张天锡㊇	33	26	5	4	4
364	甲子	2	8	34	27	6	5	5
365	乙丑	3[废帝㊀]	9	35	28	7	6	6
366	丙寅	太和1 废帝 司马奕	10	36	29	8	7	7
367	丁卯	2	11	37	30	9	8	8
368	戊辰	3	12	38	31	10	9	9
369	己巳	4	13	39	32	11	10	10
370	庚午	5	14	340	33	12	11㊂ (亡于前秦)	11 1 杨纂
371	辛未	6 咸安㊂1 简文帝 司马昱	15	41 1 小兽林王 丘夫㊹	34	13		2㊃ (降于前秦)
372	壬申	2[孝武帝㊂]	16	2	35	14		
373	癸酉	宋江康㊸1 孝武帝 司马曜	17	3	36	15		
374	甲戌	2	18	4	37	16		
375	乙亥	3	19	5	38	17		

前秦(氐)	羌	吐谷浑	段鲜卑	后赵(羯)	乞伏鲜卑	翟魏(丁零)	冉魏	公元
皇始1高祖景明帝苻健㊲	40姚弋仲	23叶延	2段龛	永宁2㊃新兴王石祇（亡于冉魏）	23乞伏司繁	22翟斌	永兴2冉闵	351
2	41 1姚襄㊴	1碎奚㊼㊳ 2	3		24	23	3㊃ （亡于前燕）	352
3	2	3	4		25	24		353
4	3	4	5		26	25		354
5	4	5	6		27	26		355
寿光㊅1厉王苻生								
2	5	6	7㊀ （降于前燕）		28	27		356
3	6	7			29	28		357
永兴㊅1世祖宣昭帝苻坚	1太祖武昭帝姚苌㊄							
2	2	8			30	29		358
3	3	9			31	30		359
甘露㊅1								
2	4	10			32	31		360
3	5	11			33	32		361
4	6	12			34	33		362
5	7	13			35	34		363
6	8	14			36	35		364
7	9	15			37	36		365
建元㊂1								
2	10	16			38	37		366
3	11	17			39	38		367
4	12	18			40	39		368
5	13	19			41	40		369
6	14	20			42	41		370
7	15	21			43	42		371
8	16	22			44	43		372
9	17	23			45	44		373
10	18	24			46	45		374
11	19	25			47	46		375

公元	干支	东晋	前凉	高句丽	代(鲜卑)	铁弗匈奴	后燕(鲜卑)
376	丙子	太元1 孝武帝 司马曜	升平20㊇张于锡 (降于前秦)	6 小兽林王 丘夫	建国39㊉代王 拓跋什翼犍 (亡于前秦)	18 刘卫辰	
377	丁丑	2		7		19	
378	戊寅	3		8		20	
379	己卯	4		9		21	
380	庚辰	5		10		22	
381	辛巳	6		11		23	
382	壬午	7		12		24	
383	癸未	8		13		25	
					西燕(鲜卑)		后燕(鲜卑)
384	甲申	9		14 1 故国壤王 伊连㊉㊺	燕兴㊃1 慕容泓	26	燕元1 世祖 成武帝 慕容垂
385	乙酉	10		2	更始1 威帝 慕容冲	27	2
			北魏(鲜卑)				
386	丙戌	11	登国1 太祖道武 帝拓跋珪	3	2 昌平㊀1 段随 建明㊁1 慕容𫖮 建平㊂1 慕容瑶 建武㊃1 慕容忠 中兴㊉1 慕容永	28	3 建兴㊁1
387	丁亥	12	2	4	2	29	2
388	戊子	13	3	5	3	30	3
389	己丑	14	4	6	4	31	4
390	庚寅	15	5	7	5	32	5
391	辛卯	16	6	8 1 广开土王 谈德㊄㊺	6	33㊉ (亡于北魏)	6
392	壬辰	17	7	2	7		7
393	癸巳	18	8	3	8		8
394	甲午	19	9	4	9㊇ (亡于后燕)		9
395	乙未	20	10	5			10

后仇池(氐)	前秦(氐)	羌	吐谷浑	乞伏鲜卑	翟魏(丁零)	后凉(氐)	公元
	建元12 世祖宣昭帝苻坚	20 太祖武昭帝姚苌	26㊸ 碎奚 1(?)视连	48 乞伏司繁 1 烈祖宣烈王乞伏国仁	47 翟斌		376
	13	21	2	2	48		377
	14	22	3	3	49		378
	15	23	4	4	50		379
	16	24	5	5	51		380
	17		6	6	52		381
	18		7	7	53		382
	19		8	8	54		383
	20	后秦(羌) 白雀㊃1 太祖武昭帝姚苌	9	9	55		384
后仇池(氐) 1 武王杨定㊃	21 太安㊇㊸1 哀平帝苻丕	2	10	西秦(鲜卑) 建义㊈1 烈祖宣烈王乞伏国仁	1 翟真㊃ 1 翟成	后凉(氐)	385
2	2 太初㊆1 太宗高帝苻登	3 建初㊃1	11	2	1 翟辽	太安㊉㊸1 太祖懿武帝吕光	386
3	2	2	12	3	2	2	387
4	3	3	13	4 太初㊅高祖武元王乞伏乾归	建光㊂1	3	388
5	4	4	14	2	2	4 麟嘉㊂1	389
6	5	5	15 1 视黑㊉	3	3	2	390
7	6	6	2	4	4 定鼎㊉1 翟钊	3	391
8	7	7	3	5	2㊅ (亡于后燕)	4	392
9	8	8[姚兴㊂]	4	6		5	393
10 1 杨盛㊃	9 延初㊉1 末主苻崇㊉ (亡于西秦)	9 皇初㊉1 高祖文桓帝姚兴	5	7		南凉(鲜卑) 1 烈祖武王秃发乌孤	394
2		2	6	8		2	7	395

魏晋及十六国纪年表

公元	干支	东晋	西凉	北魏(鲜卑)	高句丽	夏(铁弗匈奴)	后燕(鲜卑)	南燕(鲜卑)
396	丙申	太元21[安帝⑨]		登国11 太祖道武帝拓跋珪 皇始⑰1	6 广开土王谈德		建兴11 世祖成武帝慕容垂 永康㊣1 烈宗惠闵帝慕容宝	
397	丁酉	隆安㊿1 安帝司马德宗		2	7		2 建始㊄1 慕容详㊾	
398	戊戌	2		3 天兴⑰1	8		延平㊆㊿1 慕容麟㊉ 永康3 慕容宝 青龙㊃1 兰汗㊿	南燕(鲜卑) 1 世宗献武帝慕容德㊻
399	己亥	3		2	9		建平㊉1 中宗昭武帝慕容盛 长乐1	2
400	庚子	4	西凉 庚子㊉1 李暠	3	10		2	建平1
401	辛丑	5	2	4	11		3 光始㊇1 昭文帝慕容熙	2
402	壬寅	元兴1 隆安㊂6 大亨㊂1	3	5	12		2	3
403	癸卯	元兴2	4	6	13		3	4
404	甲辰	3	5	7 天赐㊉1	14		4	5
405	乙巳	义熙1	建初1	2	15		5	6 太上㊉1 慕容超
406	丙午	2	2	3	16		6	2
407	丁未	3	3	4	17	夏(铁弗匈奴) 龙升㊇1 世祖武烈帝赫连勃勃	建始1㊆ (亡于北燕) 北燕	3
408	戊申	4	4	5	18	2	正始㊆1 高云	4
409	己酉	5	5	6 永兴㊉1 太宗明元帝拓跋嗣	19	3	太平㊉1 冯跋㊶	5
410	庚戌	6	6	2	20	4	2	6㊁ (亡于晋)

后仇池(氐)	后秦(羌)	吐谷浑	西秦(鲜卑)	后凉(氐)	南凉(鲜卑)	北凉(卢水胡)	柔然	公元
3 杨盛	皇初 3 高祖文桓帝 姚兴	7 视罴	太初 9 高祖武元王 乞伏乾归	麟嘉 8 太祖懿武帝 吕光 龙飞㊅1	3 烈祖武王 秃发乌孤	北凉(卢水胡)		396
4	4	8	10	2 太初 1		神玺㊄1 段业		397
5	5	9	11	3	2	2		398
6	6 弘始㊈㊼1	10	12	承康㊻1 1 吕绍㊼ 咸宁㊽1 灵帝 吕纂	3 [康王㊇]	3 天玺㊂1		399
7	2	11 1 乌纥堤㊃	13 ㊆㊼	2 建和 1 康王 秃发利鹿孤		2		400
8	3	2		3 神鼎㊁1 后主吕隆	2 永安㊅1 太祖武宣王 沮渠蒙逊	3		401
9	4	3	2	弘昌㊂㊾1 景王 秃发傉檀	3	2	柔然 1 丘豆伐可汗社仑㊽	402
10	5	4	3 ㊇ (隆于后秦)	2	3	2		403
11	6	5	3 ㊀㊿		4	3		404
12	7	6 1 武王树洛干			5	4		405
13	8	2			6	5		406
14	9	3			7	6		407
15	10	4		嘉平㊆1	8	7		408
16	11	5	更始㊆1 乞伏乾归	2	9	8		409
17	12	6	2	3	10	9 1 蔼苦盖可汗斛律		410

公元	干支	东晋	西凉	北魏(鲜卑)	高句丽	夏(铁弗匈奴)	北燕	河西胡
411	辛亥	义熙7安帝 司马德宗	建初7李暠	永兴3太宗 明元帝 拓跋嗣	21广开土王 谈德	龙升5世祖 武烈帝 赫连勃勃	太平3冯跋	
412	壬子	8	8	4	22 1长寿王 巨连㊽	6	4	
413	癸丑	9	9	5	2	7 凤翔㊂1	5	
414	甲寅	10	10	神瑞1	3	2	6	
415	乙卯	11	11	2	4	3	7	河西胡 建平㊂1白亚栗斯 刘虎㊃
416	丙辰	12	12	3 泰常㊃1	5	4	8	2㊈ (亡于北魏)
417	丁巳	13	13 嘉兴㊂1李歆	2	6	5	9	
418	戊午	14[恭帝㊄]	2	3	7	6 昌武㊆1	10	
419	己未	元熙1恭帝 司马德文	3	4	8	2 真兴㊂1	11	
420	庚申	2㊅ (亡于宋)	4 永建㊈1李恂	5	9	2	12	

后仇池(氐)	后秦(羌)	吐谷浑	西秦(鲜卑)	南凉(鲜卑)	北凉(卢水胡)	柔然	公元
18 杨盛	弘始 13 高祖文桓帝姚兴	7 武王树洛干	更始 3 高祖武元王乞伏乾归	嘉平 4 景王秃发傉檀	永安 11 太祖武宣王沮渠蒙逊	2 蔼苦盖可汗斛律	411
19	14	8	4 永康㊇1 太祖文昭王乞伏炽磐	5	12 玄始㊷1	3	412
20	15	9	2	6	2	4	413
21	16	10	3	7㊆（亡于西秦）	3	5 1 步鹿真 1 牟汗纥升盖可汗大檀㊄	414
22	17	11	4		4	2	415
23	18 永和㊀1 后主姚泓	12	5		5	3	416
24	2㊇（亡于晋）	13 1 威王阿柴㊈	6		6	4	417
25		2	7		7	5	418
26		3	8		8	6	419
27		4	建弘 1		9	7	420

八　南北朝

公元	干支	宋	西凉	北魏(鲜卑)	高句丽	夏(铁弗匈奴)
420	庚申	永初㈥1 武帝刘裕	永建㈨1 李恂	泰常5 明元帝 拓跋嗣	9 长寿王巨连	真兴2 武烈帝 赫连勃勃
421	辛酉	2	2㈢ (亡于北凉)	6	10	3
422	壬戌	3[少帝㈤]		7	11	4
423	癸亥	景平1 少帝刘义符		8[太武帝㈦]	12	5
424	甲子	2 元嘉㈧1 文帝刘义隆		始光1 世祖 太武帝拓跋焘	13	6
425	乙丑	2		2	14	7 承光㈠1 赫连昌
426	丙寅	3		3	15 16③	2
427	丁卯	4		4		3
428	戊辰	5		5		4
429	己巳	6		神䴥㈢1 2		胜光㈢1 赫连定 2
430	庚午	7		3		3
431	辛未	8		4		4㈥ (亡于吐谷浑)
432	壬申	9		延和1		
433	癸酉	10		2		
434	甲戌	11		3		
435	乙亥	12		太延1		
436	丙子	13		2		
437	丁丑	14		3		
438	戊寅	15		4		
439	己卯	16		5		
440	庚辰	17		6 太平真君㈥1		
441	辛巳	18		2		
442	壬午	19		3		
443	癸未	20		4		
444	甲申	21		5		
445	乙酉	22		6		
446	丙戌	23		7		
447	丁亥	24		8		
448	戊子	25		9		
449	己丑	26		10		
450	庚寅	27		11		

纪 年 表

北燕	后仇池(氐)	吐谷浑	西秦(鲜卑)	北凉(卢水胡)	柔然
太平12冯跋	27 杨盛	4 威王阿柴	建弘1太祖 乞伏炽磐	玄始9太祖 沮渠蒙逊	7牟汗纥升盖 可汗大檀
13	28	5	2	10	8
14	29	6	3	11	9
15	30	7	4	12	10
16	31	8	5	13	11
17	32 1 杨玄㈥	9	6	14	12
18	2	10② 1 慕𪩘	7	15	13
19	3	2	8	16	14
20	4	3	9	17	15
			永弘㈤1 后主 乞伏暮末	承玄㈥1	
21	5 1 杨保宗㈦ 1 杨难当	4	2	2	16 1 敕连可汗 吴提㈦
22[冯弘㈨]	2	5	3	3	2
太兴1冯弘	3	6	4● (降于夏)	4 义和㈥④1	3
2	4	7		2	4
3	5	8		3	5
				永和㈣⑤1哀王 沮渠牧犍	
4	6	9		2	6
5	7	10		3	7
6㈤ (亡于北魏)	建义㈢1	11 1 慕利延		4	8
	2	2		5	9
	3	3		6	10
	4	4		7㈨ (降于北魏)	11
	5	5			12
	6	6			13
	7 1 杨保炽㈤	7		1 沮渠 元讳㈨	14
	武都(氐) 1 杨文德㈣	8		承平1	15
	2	9		2 沮渠 安周㈥	16 1 处可汗⑥ 吐贺真㈨
	3	10		3	2
	4	11		4	3
	5	12		5	4
	6	13		6	5
	7	14		7	6
	8	15		8	7

公元	干支	宋	北魏(鲜卑)	武都(氐)
451	辛卯	元嘉28 文帝刘义隆	太平真君12 太武帝拓跋焘 正平㈥1	9 杨文德
452	壬辰	29	承平㈦㈡1 南安王拓跋余	10
453	癸巳	30 太初㈡1 刘劭⑧ 元嘉㈣30 孝武帝刘骏⑨	兴安㈩1 高宗文成帝拓跋濬 2	11
454	甲午	孝建1	3 兴光㈦1	12
455	乙未	2	2 太安㈥1	1 杨元和
456	丙申	3	2	2
457	丁酉	大明1	3	3
458	戊戌	2	4	4
459	己亥	3	5	5
460	庚子	4	和平1	6
461	辛丑	5	2	7
462	壬寅	6	3	8
463	癸卯	7	4	9
464	甲辰	8[前废帝闰㈤]	5	10
465	乙巳	永光1 前废帝刘子业 景和㈧1 泰始㈦1 明帝刘彧	6[献文帝㈥]	11
466	丙午	2	天安1 显祖献文帝拓跋弘	12 1 杨僧嗣㈦
467	丁未	3	2 皇兴㈧1	2
468	戊申	4	2	3
469	己酉	5	3	4
470	庚戌	6	4	5
471	辛亥	7	5 延兴㈧1 高祖孝文帝元宏	6
472	壬子	泰豫1[后废帝㈣]	2	7
473	癸丑	元徽1 后废帝刘昱	3	8 1 杨文度㈩
474	甲寅	2	4	2
475	乙卯	3	5	3
476	丙辰	4	6 承明㈨1	4
477	丁巳	5 升明㈦1 顺帝刘准	太和1	5 武兴⑪(氐)
478	戊午	2	2	1 杨文弘㈥
479	己未	3㈣(亡于齐) 南 齐 建元㈣1 高帝萧道成	3	2
480	庚申	2	4	3

	吐谷浑	北凉(卢水胡)	柔然	公元
	16 慕利延	承平9 沮渠安周	8 处可汗吐贺真	451
	17 1 拾寅⑨	10	9	452
	2	11	10	453
	3	12	11	454
	4	13	12	455
	5	14	13	456
	6	15	14	457
	7	16	15	458
	8	17	16	459
	9	18(亡于柔然) 高　昌 1 阚伯周⑩	17	460
	10	2	18	461
	11	3	19	462
	12	4	20	463
	13	5	21	464
	14	6	永康⑦1 受罗部真可汗 　　　　予成 2	465
	15	7	3	466
	16	8	4	467
	17	9	5	468
	18	10	6	469
	19	11	7	470
	20	12	8	471
	21	13	9	472 473
	22	14	10	
	23	15	11	474 475
	24	16	12	
阴平(氐)	25	17	13	476
1 杨广香⑪	26	18 1 义成	14	477
2	27	2	15	478
3	28	3	16	479
4	29	4	17	480

公元	干支	南齐	北魏(鲜卑)	武兴(氐)	阴平(氐)
481	辛酉	建元3高帝萧道成	太和5高祖孝文帝元宏	4杨文弘	5杨广香
482	壬戌	4[武帝㊂]	6	5	6
483	癸亥	永明1武帝萧赜	7	1杨后起⑨	7⑫
484	甲子	2	8	2	1杨炅㊂
485	乙丑	3	9	3	2
				4	3
486	丙寅	4	10	5	4
487	丁卯	5	11	1杨集始	5
488	戊辰	6	12	2	6
489	己巳	7	13	3	7
490	庚午	8	14	4	8
				5	
491	辛未	9	15	6	9
492	壬申	10	16	7	10
493	癸酉	11[萧昭业㊆]	17	8	11
494	甲戌	隆昌1郁林王萧昭业	18	9	12
		延兴㊆1海陵王萧昭文			
		建武㊉1明帝萧鸾			
495	乙亥	2	19	10	13
496	丙子	3	20	11	14
					1杨崇祖
					1杨孟孙⑬
497	丁丑	4	21	12	2
498	戊寅	5	22	13	3
499	己卯	永泰㊃1[萧宝卷㊆]	23[宣武帝㊃]	14	4
		永元1东昏侯萧宝卷			
500	庚辰	2	景明1世宗宣武帝元恪	15	5
501	辛巳	3	2	16	6
		中兴㊂1和帝萧宝融			
502	壬午	2㊂(亡于梁)	3	17	7
		梁			
		天监㊃1武帝萧衍			
503	癸未		4	18	8
				1杨绍先㊆	
504	甲申	3	正始1	2	9
505	乙酉	4	2	3	10

吐谷浑	高昌	柔然	高车	公元
30 拾寅 1 度易侯⑨	5 义成 1 首归 1 张孟明 1 马儒	永康18 受罗部真可汗 予成		481
2	2	19		482
3	3	20		483
4	4	21		484
5	5	22 太平1 伏古敦可汗豆仑		485
6	6	2	高 车	486
7	7	3	1 阿伏至罗	487
8	8	4	2	488
9	9	5	3	489
10 1 伏连筹⑧	10	6	4	490
2	11	7	5	491
3	12	8 太安⑧1 候其伏代库者 可汗那盖	6	492
4	13	2	7	493
5	14	3	8	494
6	15	4	9	495
7	16 1 麴嘉	5	10	496
8	2	6	11	497
9	3	7	12	498
10	4	8	13	499
11	5	9	14	500
12	6	10	15	501
13	7	11	16	502
14	8	12	17	503
15	9	13	18	504
16	10	14	19	505

公元	干支	梁	北魏(鲜卑)	武兴(氐)	阴平(氐)
506	丙戌	天监5 武帝 萧衍	正始3 世宗宣武帝元恪	4 杨绍先㊄（附魏）	11 杨孟孙
507	丁亥	6	4		12
508	戊子	7	5 永平㊇1⑰		13
509	己丑	8	2		14
510	庚寅	9	3		15
511	辛卯	10	4		16
512	壬辰	11	5 延昌㊃1		1 杨定 2
513	癸巳	12	2		3
514	甲午	13	3		4
515	乙未	14	4[孝明帝㊀]		5
516	丙申	15	熙平1 肃宗孝明帝元诩		6
517	丁酉	16	2		7
518	戊戌	17	3 神龟㊂1		8 （以后不明）
519	己亥	18	2		
520	庚子	普通1	3 正光㊆1		
521	辛丑	2	2		
522	壬寅	3	3		
523	癸卯	4	4		敕勒
524	甲辰	5	5		1 高平王 胡琛㊃
525	乙巳	6	6 孝昌㊅1	（真王杜氏） 真王㊇1 杜洛周⑲	2
526	丙午	7	2	2	3
527	丁未	8	3	3	
528	戊申	大通㊂1 2	武泰1 建义㊃1 敬宗孝庄帝元子攸 永安㊈1	4㊁	
529	己酉	3 中大通㊉1	2	孝基㊃1 元颢㉒ 建武㊄一闰㊅	
530	庚戌	2	建明㊉元晔 3㊆	1 元悦㊅㉓ 更兴㊌1	

吐谷浑	高昌	柔然	高车	屠各胡	秦州羌	稽胡	公元
17 伏连筹	11 麴嘉	太安15 候其伏代库者可汗那盖 始平㊂1 他汗可汗伏图	20 阿伏至罗	圣明㊀1 陈瞻㊆	建明㊀1 吕苟儿㊆		506
18	12	2	21				507
19	13	3 建昌1 豆罗伏跋豆伐可汗丑奴	1(?)跋利延 2 1(?)弥俄突				508
20	14	2	2				509
21	15	3	3				510
22	16	4	4				511
23	17	5	5				512
24	18	6	6				513
25	19	7	7				514
26	20	8	8				515
27	21	9	9				516
28	22	10	1 伊匐⑮				517
29	23	11	2				518
30	24	12	3				519
31	25	13 1 阿那瓌㊈⑯	4				520
32	26	1 弥偶可社句可汗婆罗门 1 后主俟匿伐 2 阿那瓌⑩	5				521
33	27	3	6	匈奴			522
34	28	4	7	真王1 破六韩拔陵⑰			523
35	1 麹光	5	⋮	2	秦(羌) 1 莫折大提㊅⑱ 天建㊅1 莫折念生	稽胡	524
36	2	6	⋮	3㊅ (亡于柔然)	2	神嘉㊂1 刘蠡升	525
37	3	6	(?)越居	丁零 鲁兴㊀⑳1 鲜于修礼㊇	3	2	526
38	4	7	⋮	大赵(匈奴)	4㊈	3	527
39	5	8	⋮	神兽㊅㉑1 万俟丑奴		4	528
40 1 呵罗真	6	9		2		5	529
2 1 佛辅	7	10		3㊃		6	530
	8	11					

公元	干支	梁	北魏(鲜卑)		武兴(氐)	吐谷浑
531	辛亥	中大通3 武帝萧衍	建明2 元晔 普泰㉒㊀1 元恭	更兴2 元悦		2 佛辅
532	壬子	4	2	中兴㊉1 元朗 2		3
			太昌㊃1 元修 永兴1 永熙㊅1	3㊎		
533	癸丑	5	2		5 杨绍先㉖	4
534	甲寅	6	3 闰㊎			5 1 可杳振
				东魏(鲜卑) 天平㊉1 孝静帝元善见		
			西魏(鲜卑)			
535	乙卯	大同1	大统1 文帝元宝炬	2	6 1 杨智慧㊍	2 1 夸吕㉘
536	丙辰	2	2	3	2	2
537	丁巳	3	3	4	3	3
538	戊午	4	4	元象1	4	4
539	己未	5	5	2 兴和㊉1	5	5
540	庚申	6	6	2	6	6
541	辛酉	7	7	3	7	7
542	壬戌	8	8	4	8	8
543	癸亥	9	9	武定1	9	9
544	甲子	10	10	2	10	10
545	乙丑	11	11	3	11 1 杨辟邪	11
546	丙寅	12 中大同㊃1	12	4	2	12
547	丁卯	2 太清㊃㉙1	13	5	3	13
548	戊辰	2	14	6	4	14
549	己巳	3[简文帝㊄]	15	7	5	15
550	庚午	大宝㉙1 简文帝萧纲	16	8㊄(亡于北齐) 北齐 天保㊄1 文宣帝高洋㉚	6	16
551	辛未	2 天正㊇1 豫章王萧栋㉛	17[废帝㊂]	2	7	17
552	壬申	2 武陵王萧纪㊃㉜ 承圣㊉1 元帝萧绎㉝	1 废帝元钦㉝	3	8	18
553	癸酉	天正3㊆㉗ 承圣2	2	4	9 (亡于西魏)	19
554	甲戌	3	3 1 恭帝元廓㊀			20
555	乙亥	4 天成㊄1 贞阳侯萧渊明 绍泰㊉1 敬帝萧方智	2	6		21

高昌	柔然	高车	稽胡	汾州胡	公元
章和1麹坚	12阿那瓌		神嘉7刘蠡升		531
2	13		8		532
3	14		9		533
4	15		10		534
5	16		11㊂		535
				汾州胡	
6	17	(?)比适		平都㊉1王迢触	536
7	18	⋮			537
8	19	⋮			538
9	20				539
10	21				540
11	22	(?)去宾	1刘平伏㊆		541
12	23	(亡于柔然)			542
13	24				543
14	25				544
15	26				545
16	27				546
17	28				547
18[麹玄喜]	29				548
永来1麹玄喜	30				549
2	31				550
					551
和平1麹□	32			突厥	
2	33			1伊利可汗土门㊲	552
				1乙息记可汗 科罗㊱	
	(东部)				
	1铁伐㊀	(西部)			
3	2	1邓叔子㊳		2	553
	1登注俟利㊁			1木杆可汗 俟斤㊂㊳	
	1库提㊁				
	1庵罗辰㊉				
4	2	2		2	554
建昌1麹宝茂	3	3㊵		3	555

公元	干支	梁	西魏(鲜卑)	北齐	吐谷浑
556	丙子	绍泰2 敬帝萧方智 太平⑨1	3 元廓[孝闵帝⑰]	天保7 文宣帝高洋	22 夸吕
557	丁丑	2⊕(亡于陈) [陈]	北周(鲜卑) 1 孝闵帝宇文觉 1 世宗明帝	8	23
558	戊寅	永定⊕1 武帝陈霸先	宇文毓⑨ 2	9	24
559	己卯	3[文帝⑥]	武成⑥1	10[废帝⊕]	25
560	庚辰	天嘉1 文帝陈蒨	2[武帝④]	乾明1 废帝高殷 皇建⑧1 孝昭帝高演	26
561	辛巳	2	保定1 高祖武帝宇文邕	2 太宁⑫1 武成帝高湛	27
562	壬午	3	2	2 河清④1	28
563	癸未	4	3	2	29
564	甲申	5	4	3	30
565	乙酉	6	5	4 天统④1 后主高纬	31
566	丙戌	7 天康⊜1[废帝④]	天和1	2	32
567	丁亥	光大1 废帝陈伯宗	2	3	33
568	戊子	2	3	4	34
569	己丑	太建1 宣帝陈顼	4	5	35
570	庚寅	2	5	武平1	36
571	辛卯	3	6	2	37
572	壬辰	4	7 建德⊜1	3	38
573	癸巳	5	2	4	39
574	甲午	6	3	5	40
575	乙未	7	4	6	41
576	丙申	8	5	7 隆化⑫1 德昌1 安德王高延宗	42
577	丁酉	9	6	承光1 幼主高桓⊜ (亡于北周)	43
578	戊戌	10	7 宣政⊜1[宣帝⑥]	武平9 范阳王 高绍义⑱	44
579	己亥	11	大成1 宣帝宇文赟 大象⊜1 静帝宇文衍⑱	10	45
580	庚子	12	2	11⊕	46
581	辛丑	13	大定1⊜(亡于隋)		47

高昌	稽胡	突厥	西突厥	公元
建昌2麹宝茂		4木杆可汗俟斤		556
3		5		557
4		6		558
5	1郝何保、郝狼皮[41]	7		559
6	2	8		560
延昌1麹乾固		9		561
2		10		562
3		11		563
4		12		564
5		13		565
6		14		566
7		15	西突厥 1室点密可汗[43]	567
8		16	2	568
9		17	3	569
10		18	4	570
11		19	5	571
12		20	6	572
13		1佗钵可汗[44] 2	7	573
14		3	8	574
15		4	9	575
16	石平1圣武帝刘没铎[45]	5	10 1达头[46]可汗玷厥	576
17	2	6	2	577
18	1刘受罗千[47]	7	3	578
19		8	4	579
20		9	5	580
21		10	6	581

九 隋 唐

公元	干支	隋	陈	吐谷浑	高昌	东突厥	西突厥
581	辛丑	开皇㊀1 文帝 杨坚	太建13 宣帝陈顼	47 夸吕	延昌21 麴乾固	11 佗钵可汗 1 沙钵略可汗 摄图①	6 达头可汗 玷厥
582	壬寅	2	14[后主㊀]	48	22	2	7
583	癸卯	3	至德1 后主陈叔宝	49	23	3	8②
584	甲辰	4	2	50	24	4	9
585	乙巳	5	3	51	25	5	10
586	丙午	6	4	52	26	6	11
587	丁未	7	祯明1	53	27	7 1 叶护可汗 处罗侯㊃③	12
588	戊申	8	2	54	28	2 1 都蓝可汗 雍虞闾㊆④	13
589	己酉	9	3●	55	29	2	14
590	庚戌	10	(亡于隋)	56	30	3	15
591	辛亥	11		57 1 世伏㊀	31	4	16
592	壬子	12		2	32	5	17
593	癸丑	13		3	33	6	18
594	甲寅	14		4	34	7	19
595	乙卯	15		5	35	8	20
596	丙辰	16		6	36	9	21
597	丁巳	17		7 1 伏允	37	10	22
598	戊午	18		2	38	11	23
599	己未	19		3	39	12 1 启民可汗 染干㊉⑥	24⑤
600	庚申	20		4	40	2	25
601	辛酉	仁寿1		5	41[麴伯雅]	3	26
602	壬戌	2		6	延和1 麴伯雅	4	27
603	癸亥	3		7	2	5	28 1 泥利可汗
604	甲子	4[炀帝㊉]		8	3	6	2
605	乙丑	大业1 炀帝 杨广		9	4	7	3 1 泥橛处罗 可汗达漫⑫
606	丙寅	2		10	5	8	2
607	丁卯	3		11	6	9	3
608	戊辰	4		12⑬	7	10 1 始毕可汗㊀⑭	4
609	己巳	5		13	8	2	5
610	庚午	6		14	9	3	6

纪年表

铁勒		焉耆	龟兹	于阗	疏勒	公元
						581
						582
						583
						584
						585
						586
						587
						588
						589
						590
						591
						592
						593
						594
						595
						596
						597
						598
						599
						600
						601
						602
						603
(契苾部) 1 易勿真莫何可汗契苾歌楞[7]	薛延陀 1 乙室钵[8]	焉耆 1(?)龙突骑支[9]	龟兹 (?)白苏尼咥[10] ⋮	于阗 (?)王早示门[11] ⋮	疏勒 (?)阿弥厥 ⋮	604 605
2 3 4	2 3 4	2 3 4				606 607 608
5 6	5 6	5 6				609 610

公元	干支	隋	吐谷浑	高昌	东突厥	西突厥	铁勒(契苾部)
611	辛未	大业7炀帝杨广	15伏允	延和10麹伯雅	4始毕可汗	7⑮泥橛处罗可汗达漫 1射匮可汗	7易勿真莫何可汗契苾歌楞8(?)⑯
612	壬申	8	16	11	5	2	
613	癸酉	9	17	12[麹□]	6	3	
614	甲戌	10	18	义和1麹□	7	4	
615	乙亥	11	19	2	8	5	
616	丙子	12	20	3	9	6	
617	丁丑	13 义宁㊀1恭帝杨侑	21	4	10	7	
618	戊寅	大业14㊂ 义宁2㊄(亡于唐) 唐 武德㊄1高祖李渊	22	5	11	8(?) 1(?)统叶护可汗⑲	
619	己卯	2	23	6[麹伯雅]	12 1处罗可汗㊃⑳	2	
620	庚辰	3	24	重光㊁㉒1麹伯雅	2 1颉利可汗咄苾㉓	3	
621	辛巳	4	25	2	2	4	
622	壬午	5	26	3	3	5	
623	癸未	6	27	4[麹文泰]	4	6	
624	甲申	7	28	延寿1麹文泰	5	7	
625	乙酉	8	29	2	6	8	
626	丙戌	9[太宗㊇]	30	3	7	9	
627	丁亥	贞观1太宗李世民	31	4	8	10	
628	戊子	2	32	5	9	11	
629	己丑	3	33	6	10	(咄陆五部)1屈利俟毗可汗莫贺咄 2 / (弩失毕五部) 2	
630	庚寅	4	34	7	11㊂(亡于唐)	3 / 1肆叶护可汗㉘	
631	辛卯	5	35	8		4㉙ / 2	
632	壬辰	6	36	9		2 / 3 1大度可汗泥孰㉛	
633	癸巳	7	37	10		2	
634	甲午	8	38	11		3 1沙钵罗咥利失可汗㉝	
635	乙未	9	39 1慕容顺㊄㉜ 1诺曷钵㉝	12		2	

薛延陀	焉耆	龟兹	于阗	疏勒	牂牁	许(鲜卑)	公元
7 乙室钵	7 龙突骑支						611
8(?)⑰	8						612
	9						613
	10						614
	11						615
	12				牂牁⑱		616
	13				1(?)谢龙羽		617
	14		(?)裴绰	2		许(鲜卑)	618
		1(?)白苏伐勒	⋮			天寿㉙1宇文化及	
		1(?)白苏伐叠㉑	⋮				
	15			3			619
	16	2		4		2⊜	620
		3					
	17	4		5			621
	18	5		6			622
	19	6		7			623
	20	7		8			624
	21	8		9			625
	22	9		1(?)裴阿摩支㉓	10		626
	23	10		2	11		627
1 真珠毗伽可汗夷男㉖	24	11			12	吐蕃	628
2	25	12		3	13	1(?)松赞干布	629
3㉗	26	13		4	14	2	630
					(以下不明)		
4	27	14		5		3	631
5	28	15	(?)尉迟屈密㉓	6		4	632
			⋮				
			⋮				
6	29	16		7		5	633
7	30	17		8		6	634
8	31	18		9		7	635

随唐纪年表 715

公元	干支	唐	吐谷浑	高昌	西突厥	
636	丙申	贞观10 太宗 李世民	2 诺曷钵	延寿13 麴文泰		3 沙钵罗咥利失可汗
637	丁酉	11	3	14	（北 庭）	4 （南 庭）
638	戊戌	12	4	15	1 乙毗咄陆可汗㊳	5
639	己亥	13	5	16	2	6
						1 乙屈利失乙毗可汗 2
640	庚子	14	6	17 1⑧麴智盛	3	1 乙毗沙钵罗叶护可汗㊴
641	辛丑	15	7	（降唐）	4㊵	2❼（亡于北庭）
642	壬寅	16	8		1 乙毗射匮可汗	
643	癸卯	17	9		2	
644	甲辰	18	10		3	
					4	
645	乙巳	19	11		5	
646	丙午	20	12		6	
647	丁未	21	13		7	
648	戊申	22	14		8	
649	己酉	23[高宗㊅]	15		9	
650	庚戌	永徽1 高宗 李治	16		10	
651	辛亥	2	17		11	
652	壬子	3	18		1 泥伏沙钵略可汗贺鲁 2	
653	癸丑	4	19		3	1 真珠叶护可汗
654	甲寅	5	20		4	2
655	乙卯	6	21		5	3
656	丙辰	显庆㊳1	22		6	4
657	丁巳	2	23		7❼㊹（亡于唐）	5
					（咄陆五部）	（弩失毕五部）
					1 阿史那弥射	1 阿史那步真
658	戊午	3	24		2	2	6
659	己未	4	25		3	3	7㊺
660	庚申	5	26		4	4	
661	辛酉	6 龙朔㊼1	27		5	5	
662	壬戌	2	28		6㊼	6	
663	癸亥	3	29			7	
664	甲子	麟德㊽1	30			8	
665	乙丑	2	31			9	

薛延陀	焉耆	龟兹	于阗	疏勒	吐蕃	大蒙国	公元
9 真珠毗伽可汗夷男	32 龙突骑支	19 白苏伐叠		10 裴阿摩支	8 松赞干布		636
10	33	20		11	9		637
11	34	21		12	10		638
12	35	22		13	11		639
13	36	23		14	12		640
14	37	24		15	13		641
15	38	25		16	14		642
16	39	26		17	15		643
17	40㊴	27		18	16		644
18	1 龙栗婆准 2	1 白诃黎布失毕 2		19	17		645
1 多弥可汗拔灼㊚㊳	1 龙薛婆阿那支						
2 1 伊特勿失可汗咄摩支㊻—㊆（降唐）	2	3		20	18		646
	3	4		21	19		647
	4	5㊴	(?)尉迟伏阇信	22	20	大蒙国	648
	5 1 龙婆伽利㊶	6	⋮	⋮	21	1 高祖细奴逻㊵	649
	1 龙突骑支㊷ ⋮	7 1 羯猎颠	⋮ (以下不明)		22 1 芒松芒赞	2	650
		⋮ (?)龙嫩突	2		2	3	651
		⋮	3		3	4	652
		⋮	4		4	5	653
			5		5	6	654
			6		6	7	655
		7			7	8	656
		8			8	9	657
		9 1 白素稽			9	10	658
		2			10	11	659
		3			11	12	660
		4			12	13	661
		5			13	14	662
		6			14	15	663
		7			15	16	664
		8			16	17	665

公元	干支	唐	吐谷浑	西突厥 (咄陆五部)	(弩失毕五部)
666	丙寅	乾封1 高宗李治	32 诺曷钵	10 阿史那步真	
667	丁卯	2	33		
668	戊辰	3 总章㊂1	34		
669	己巳	2	35		
670	庚午	3 咸亨㊂1	36		
671	辛未	2	37	1 阿史那都支	
672	壬申	3	38	2	
673	癸酉	4	39	3	
674	甲戌	5 上元㊇1	40	4	
675	乙亥	2	41	5	
676	丙子	3 仪凤㊆1	42	6	
677	丁丑	2	43	7	
678	戊寅	3	44	8	
679	己卯	4 调露㊅1	45	9	
680	庚辰	2 永隆㊇1	46		
681	辛巳	2 开耀㊉1	47		
682	壬午	2 永淳㊁1	48		
683	癸未	2 弘道㊉1[中宗㊉]	49		
684	甲申	嗣圣1 中宗李显 文明㊁1 睿宗李旦 光宅㊈1 武则天	50		
685	乙酉	垂拱1	51	1 阿史那元庆	
686	丙戌	2	52	2	1 阿史那斛瑟罗
687	丁亥	3	53	3	2
688	戊子	4	54	4	3
689	己亥	永昌1 载初㊉1	1 慕容忠 2	5	4
690	庚寅	2 周 天授㊈1 武则天	3	6	5	(突骑施) 1 乌质勒
691	辛卯	2	4	7	6	2
692	壬辰	3 如意㊃1 长寿㊈1	5	8	7	3
693	癸巳	2	6	1 阿史那俀子	8	4
694	甲午	3 延载㊄1	7	2	9	5
695	乙未	证圣1 天册万岁㊈1 万岁登封㊉1	8		10	6

后突厥	龟兹	于阗	吐蕃	大蒙国	公元
	9 白素稽		17 芒松芒赞	18 细奴逻	666
	10		18	19	667
	11		19	20	668
	12		20	21	669
	13		21	22	670
	14		22	23	671
	15		23	24	672
	16		24	25	673
	17	1(?)尉迟伏阇雄㉒	25	26	674
				1 世宗兴宗王罗盛㉓	
	18	2	26	2	675
	⋮	3	27	3	676
	⋮		1 赤都松		
		4	2	4	677
		5	3	5	678
		6	4	6	679
		7	5	7	680
后 突 厥		8	6	8	681
1 颉跌利施可汗骨笃禄㉔		9	7	9	682
2		10	8	10	683
3		11	9	11	684
4		12	10	12	685
5		13	11	13	686
6		14	12	14	687
7		15	13	15	688
8		16	14	16	689
9		17	15	17	690
10		18	16	18	691
1 默啜㉕					
2	(?)白延田跌	19	17	19	692
	⋮	1 尉迟璥			
	⋮				
3		2	18	20	693
4㉖		3	19	21	694
5		4	20	22	695

随唐纪年表　719

公元	干支	周	吐谷浑	西突厥 (弩失毕五部)	西突厥 (突骑施)	后突厥	焉耆
696	丙申	万岁登封 2 武则天 万岁通天㊂1	9 慕容忠	11 阿史那 斛瑟罗	7 乌质勒	6㊶默啜	
697	丁酉	2 神功㊨1	10	12	8	7	
698	戊戌	圣历 1	11㊷ 1 慕容宣赵㊸	13	9	8	
699	己亥	2	2	14	10	9㊹	
700	庚子	3 久视㊄1	3	15㊺	11	10	
701	辛丑	大足 1 长安㊉1	4	16	12	11	
702	壬寅	2	5	17	13	12	
703	癸卯	3	6	18	14	13	
704	甲辰	4	7	19 1 阿史那怀道㊻	15	14	
705	乙巳	神龙㊼1[中宗] 唐 神龙 1 中宗李显	8	2	16	15	
706	丙午	2	9	3 ⋮	17 1 娑葛㊼㊽	16	
707	丁未	3 景龙㊈1	10	⋮ (咄陆五部)	2	17	
708	戊申	2	11(?)	1 阿史那献㊼㊾	3㊿	18	
709	己酉	3	1 慕容曦皓㊻	2	4㊼	19	
710	庚戌	4 唐隆㊅㊽1 少帝 李重茂 景云㊆1 睿宗李旦	2	3	5	20	
711	辛亥	2	3	4	6㊾ 1 苏禄	21	
712	壬子	太极 1 延和㊄1 先天㊇1 玄宗 李隆基	4	5	2	22	
713	癸丑	2 开元㊉1	5	6	3	23	
714	甲寅	2	6		4	24㊿	
715	乙卯	3	7		5	25	
716	丙辰	4	8		6㊼ 1 移涅可汗 匐俱㊽ 1 毗伽可汗 默棘连㊾	26	
717	丁巳	5	9		7	2	
718	戊午	6	10		8	3	
719	己未	7	11		9㊿	4	1 龙焉吐拂延
720	庚申	8	12		10	5	2

龟兹	于阗	吐蕃	大蒙国	震国(靺鞨)	牂牁	公元
	5 尉迟璥	21 赤都松	23 罗盛			696
	6	22	24	震国⑩(靺鞨)		697
	7	23	25	1 高王 大祚荣		698
	8	24	26	2		699
	9	25	27	3		700
	10	26	28	4		701
	11	27	29	5		702
	12	28	30	6		703
	13	29	31	7		704
	14	1 赤德祖赞 2	32	8		705
	15	3	33	9		706
	16	4	34	10		707
	17	5	35	11		708
	18	6	36	12		709
	19	7	37	13		710
	20	8	38	14		711
	21	9	39 1 太宗威成王 盛逻皮⑪	15 渤海		712
	22	10	2	16 大祚荣⑪		713
	23	11	3	17		714
	24	12	4	18		715
(?)白莫苾 ⋮ ⋮	25	13	5	19		716
	26	14	6	20 21		717
	27	15	7	22[大武艺㊂]	(?)谢元齐 ⋮	718
1 白多匝⑫	28	16	8	仁安⑬1 武王 大武艺		719
2	29	17	9			720

公元	干支	唐	吐谷浑	西突厥 (咄陆五部)	(突骑施)	后突厥	焉耆
721	辛酉	开元9 玄宗李隆基	13 慕容曦皓		11 苏禄	16 毗伽可汗默棘连	3 龙焉吐拂延
722	壬戌	10	14		12	7	4
723	癸亥	11	15		13	8	5
724	甲子	12	16		14	9	6
725	乙丑	13	17		15	10	7
726	丙寅	14	18		16	11	8
727	丁卯	15	19		17	12	9
728	戊辰	16	20		18	13	10
729	己巳	17	21		19	14	11
730	庚午	18	22		20	15	12
731	辛未	19	23		21	16	13
732	壬申	20	24		22	17	14
733	癸酉	21	25		23	18	15
734	甲戌	22	26		24	19	16
735	乙亥	23	27		25	1 伊然可汗㊉ 1 登利可汗㊉㊼ 2	17
736	丙子	24	28		26	3	18
737	丁丑	25	29		27	4	19
738	戊寅	26	30		28㊾ 1 吐火仙可汗骨啜	5	20
739	己卯	27	1 慕容兆	(弩失毕五部)	2㊿	6	21
740	庚辰	28	:	1 阿史那昕㊊㊼	1 莫贺达干㊉	7	22
741	辛巳	29	: (以后不明)	2	2	8㊼ 1 骨咄禄可汗㊉ 2	23
742	壬午	天宝1		3㊽	3	1 乌苏米施可汗㊇ 1 颉跌伊施可汗㊇	24
743	癸未	2			4	2　　　　　 2	25
744	甲申	3㊽			5 1 骨咄禄毗伽(102)	3(100)　　　　 3 1 白眉可汗鹘陇匐㊇	: : (以后不明)
745	乙酉	4			2	2㊀(亡于回鹘)	
746	丙戌	5			3		
747	丁亥	6			4		
748	戊子	7			5		
749	己丑	8			6		
750	庚寅	9			7		

龟兹	于阗	疏勒	吐蕃	大蒙国	渤海	牂柯	公元
3 白多匹	30 尉迟璥		18 赤德祖赞	10 盛逻皮	仁安 2 武王 大武艺	：谢元齐	721
4	31		19	11	3	1 谢嘉艺	722
5	32		20	12	4	2	723
6	33		21	13	5	3	724
7	34		22	14	6	4	725
8	35		23	15	7	5	726
9	36		24	16	8	6	727
10	37	1 裴安定	25	17	9	7	728
	1 尉迟伏师[93]	2	26	1 皮逻阁[94]	10	8	729
11	2	3	27	2	11	9	730
12	：	4	28	3	12	10	731
： (以后不明)	(?)尉迟伏阇达	5	29	4	13	11	732
	：	6	30	5	14	12	733
	：	7	31	6	15	13	734
				7		：	
	(?)尉迟珪	8	32	8	16	：	735
	：	9	33	9	17		736
		10	34	10	18[大钦茂]		737
	(?)尉迟胜	11	35	南诏 11 南诏王 皮逻阁[95]	大兴[94] 1 文王 大钦茂	(?)赵君道 ：	738
	：	12	36	12	2		739
		13	37	13	3		740
		14	38	14	4		741
		15	39	15	5		742
		16	40	16	6	回鹘	743
		17	41	17	7	1 怀仁可汗 骨力裴罗[101]	744
		18	42	18	8	2	745
		19	43	19	9	3	746
		20	44	20	10	4[103] 1 英武威远 毗伽阙可汗 磨延啜[104]	747
		21	45	21 1 神武王 阁逻凤[105]	11	2	748
		22	46	2	12	3	749
		23	47	3	13	4	750

公元	干支	唐	西突厥	于阗	疏勒
751	辛卯	天宝10 玄宗李隆基	8 骨咄禄毗伽		⋮裴安定
752	壬辰	11	9		⋮
753	癸巳	12	1 登里伊罗密施		(?)裴国良
754	甲午	13	2		⋮
755	乙未	14	3		⋮(以后不明)
756	丙申	15 至德㊆1 肃宗李亨	4 ⋮	1 尉迟曜	
757	丁酉	2	⋮	2	
758	戊戌	3 乾元㊀1	⋮(以后不明)	3	
759	己亥	2		4	
760	庚子	3 上元闰㊃1		5	
761	辛丑	2 1㊈(108)		6	
762	壬寅	宝应㊃1[代宗㊃]		7	
763	癸卯	广德㊆1 代宗李豫		8	
764	甲辰	2		9	
765	乙巳	永泰1		⋮	
766	丙午	2 大历㊆1			
767	丁未	2			
768	戊申	3			
769	己酉	4			
770	庚戌	5			
771	辛亥	6			
772	壬子	7			
773	癸丑	8			
774	甲寅	9			
775	乙卯	10			
776	丙辰	11			
777	丁巳	12			
778	戊午	13			
779	己未	14[德宗㊄]			
780	庚申	建中1 德宗李适			
781	辛酉	2			
782	壬戌	3			
783	癸亥	4			
784	甲子	兴元1			
785	乙丑	贞元1			

吐蕃	南诏	渤海	回鹘	燕(胡)	公元
48 赤德祖赞	4 神武王 阁逻凤	大兴14 文王大钦茂	5 英武威远毗伽阙可汗磨延啜		751
49	赞普钟1	15	6		752
50	2	16	7		753
51	3	17	8		754
52	4	18	9	燕(胡)	755
1 赤松德赞					
2	5	19	10	圣武㊀1 安禄山	756
3	6	20	11	载初㊀1 安庆绪 天成㊉(106) 1	757
4	7	21	12	2	758
5	8	22	13 1 英义建功毗伽可汗移地健㊃(107)		应天1 史思明 顺天㊃1	759
6	9	23	2	2	760
7	10	24	3	显圣㊂1 史朝义	761
8	11	25	4	2	762
9	12	26	5	3●	763
10	13	27	6		764
11	14	28	7		765
12	15	29	8		766
13	16	30	9		767
14	17	31	10		768
15	长寿1(109)	32	11		769
16	2	33	12		770
17	3	34	13		771
18	4	35	14		772
19	5	36	15		773
20	6	37(110)	16		774
21	7	38	17		775
22	8	39	18		776
23	9	40	19		777
24	10	41	20		778
25	11(111) [异牟寻]	42	21		779
26	见龙1 孝桓帝 异牟寻	43	22 1 武义成功可汗顿莫贺㊅(112)		780
27	2	44	2		781
28	3	45	3		782
29	4	46	4		783
30	上元1	47	5		784
31	⋮	48	6		785

随唐纪年表

公元	干支	唐	吐蕃
786	丙寅	贞元2 德宗李适	32 赤松德赞
787	丁卯	3	33
788	戊辰	4	34
789	己巳	5	35
790	庚午	6	36
791	辛未	7	37
792	壬申	8	38
793	癸酉	9	39
794	甲戌	10	40
795	乙亥	11	41
796	丙子	12	42
797	丁丑	13	43 1 牟尼赞普
798	戊寅	14	2 1 赤德松赞
799	己卯	15	2
800	庚辰	16	3
801	辛巳	17	4
802	壬午	18	5
803	癸未	19	6
804	甲申	20	7
805	乙酉	21 永贞⑧1 顺宗李诵 [宪宗⑧]	8
806	丙戌	元和1 宪宗李纯	9
807	丁亥	2	10
808	戊子	3	11
809	己丑	4	12
810	庚寅	5	13
811	辛卯	6	14
812	壬辰	7	15
813	癸巳	8	16
814	甲午	9	17
815	乙未	10	18 彝泰1 赤祖德赞

南诏	渤海	回鹘	公元
元封(?)异牟寻	大兴49 文王大钦茂	7 武义成功可汗顿莫贺	786
⋮	50	8	787
	51	9^(113)	788
	52	10	789
		1 忠贞可汗多逻斯㊆^(114)	
	53	2	790
		1 奉诚可汗阿啜㊃^(115)	
	54	2	791
	55	3	792
	56	4	793
	57	5	794
	1 废王大元义		
	中兴^(116)1 成王大华屿		
	［大嵩璘］		
	正历^(117)1 康王大嵩璘	6	795
		1 怀信可汗骨咄禄㊃^(118)	
	2	2	796
	3	3	797
	4	4	798
	5	5	799
	6	6	800
	7	7	801
	8	8	802
	9	9	803
	10	10	804
	11	11	805
		1 腾里野合俱录毗伽可汗㊆^(119)	
	12	2	806
	13	3	807
［寻阁劝㊆］	14	4	808
		1 保义可汗^(120)	
应道 1 孝惠王寻阁劝^(121)	15［大元瑜㊀］	2	809
［劝龙晟］			
龙兴 1 幽王劝龙晟^(122)	永德^(123)1 定王大元瑜	3	810
2	2	4	811
3	3	5	812
4	朱雀^(124)1 僖王大言义	6	813
5	2	7	814
6	3	8	815

公元	干支	唐	吐蕃	南诏
816	丙申	元和11 宪宗李纯	彝泰2 赤祖德赞	龙兴7[劝利晟]
817	丁酉	12	3	全义1 靖王劝利晟[125]
818	戊戌	13	4	2
819	己亥	14	5	3
820	庚子	15[穆宗闰㊀]	6	大丰1
821	辛丑	长庆1 穆宗李恒	7	2
822	壬寅	2	8	3
823	癸卯	3	9	4[128][劝丰祐㊉]
824	甲辰	4[敬宗㊀]	10	保和[129]1 昭成王劝丰祐[130]
825	乙巳	宝历1 敬宗李湛	11	2
826	丙午	2 绛王李悟㊉[文宗㊉]	12	3
827	丁未	3 文宗李昂[132]	13	4
		大和㊀[133]1		
828	戊申	2	14	5
829	己酉	3	15	6
830	庚戌	4	16	7
831	辛亥	5	17	8
832	壬子	6	18	9
833	癸丑	7	19	10
834	甲寅	8	20	11
835	乙卯	9	21	12
836	丙辰	开成1	22	13
837	丁巳	2	23	14
838	戊午	3	24[136]	15
			1 达磨	
839	己未	4	2	16
840	庚申	5[武宗㊀]	3	17(?)
				天启1(?)
841	辛酉	会昌1 武宗李炎	4	2
842	壬戌	2	5	3
843	癸亥	3	(以后分裂)	4
844	甲子	4		5
845	乙丑	5		6

渤海	回鹘	甘州回鹘	西州回鹘	喀喇汗	公元
朱雀4 僖王大言义	9 保义可汗				816
5[大明忠]	10				817
太始1 简王大明忠 [大仁秀]	11				818
建兴(126)1 宣王 大仁秀	12				819
2	13				820
3	14 / 1 崇德可汗(127)				821
4	2				822
5	3				823
6	4				824
7	5 / 1 昭礼可汗(131)				825
8	2				826
9	3				827
10	4				828
11	5				829
12[大彝震]	6				830
咸和(134)1 大彝震	7				831
2	8 / 1 彰信可汗㊁(135)				832
3	2				833
4	3				834
5	4				835
6	5				836
7	6				837
8	7				838
9	8				839
	1 署飒可汗(137)				
10	2(138)	甘州回鹘(139)	西州回鹘(140)	喀喇汗(141)	840
11	1 乌介可汗	1 庞特勤(142)	(?)(143)	1 毗伽阙·卡迪尔汗(144)	841
12	2	2	⋮	⋮	842
13	3	3	⋮	⋮	843
14	4	4			844
15	5	5			845

公元	干支	唐	南诏	渤海	回鹘	甘州回鹘
846	丙寅	会昌6[宣宗㊂]	天启7昭成王劝丰祐	咸和16大彝震	6乌介可汗 1遏捻可汗[145]	6庞特勤
847	丁卯	大中1宣李忱	8	17	2	7
848	戊辰	2	9	18	3[146]	8
849	己巳	3	10	19		9
850	庚午	4	11	20		
851	辛未	5	12	21		
852	壬申	6	13	22		
853	癸酉	7	14	23		
854	甲戌	8	15	24		
855	乙亥	9	16	25		
856	丙子	10	17	26		
857	丁丑	11	18	27[大虔晃]		
858	戊寅	12	19	1大虔晃		
859	己卯	13[懿宗㊇]	20[世隆]	2		
860	庚辰	14懿宗李漼 咸通㊀1	建极1景庄帝世隆[147]	3		
861	辛巳	2	2	4		
862	壬午	3	3	5		
863	癸未	4	4	6		
864	甲申	5	5	7		
865	乙酉	6	6	8		
866	丙戌	7	7	9		
867	丁亥	8	8	10		
868	戊子	9	9	11		
869	己丑	10	10	12		
870	庚寅	11	11	13		
871	辛卯	12	12	14[大玄锡]		
872	壬辰	13	13	1大玄锡		
873	癸巳	14[僖宗㊉]	⋮	2		
874	甲午	15僖宗李儇 乾符㊅1	⋮ 法尧(?)	3		
875	乙未	2	⋮	4		
876	丙申	3	⋮	5		
877	丁酉	4	[隆舜] 南诏(大封民)	6		
878	戊戌	5	贞明1宣武帝隆舜[148]	7		
879	己亥	6	⋮	8		
880	庚子	广明1	⋮	9		
881	辛丑	2 中和㊉1	承智(?)	10		
882	壬寅	2	⋮	11		
883	癸卯	3	大同(?)	12		
884	甲辰	4	⋮	13		
885	乙巳	5 光启㊂1	嵯耶(?)	14		

隋唐纪年表

公元	干支	唐	南诏(大封民)	渤海
886	丙午	光启 2 僖宗李儇		15 大玄锡
887	丁未	3		16
888	戊申	4 文德㈢1[昭宗㈢]		17
889	己酉	龙纪 1 昭宗李晔		18
890	庚戌	大顺 1		19
891	辛亥	2		20
892	壬子	景福 1		21
893	癸丑	2		22[大玮瑎]
894	甲寅	乾宁 1		1 大玮瑎
895	乙卯	2		2
896	丙辰	3		3
897	丁巳	4	[舜化贞]	4
898	戊午	5	中兴 1 孝哀帝舜化贞	5
899	己未	光化㈧1	2	6
900	庚申	2	3	7
		3		
901	辛酉	4 天复㈣1	4	8
902	壬戌	2	南诏(大长和) 中兴 5[郑买嗣⁽¹⁴⁹⁾]	9
903	癸亥	3	安国 1 郑买嗣	10
904	甲子	4 天祐闰㈣1[哀帝㈧]	2	11
905	乙丑	2 哀帝李柷	3	12
906	丙寅	3	4	13[大諲譔]
907	丁卯	4㈣(亡于梁)	5	1 末王大諲譔

十 辽宋夏

公元	干支	后 梁	晋(沙陀)	辽(契丹)
907	丁卯	开平㊃1 太祖朱温①	天祐4 太祖武帝李克用②	1 太祖耶律阿保机③
908	戊辰	2	5 庄宗李存勖④	2
909	己巳	3	6	3
910	庚午	4	7	4
911	辛未	5 乾化㊄1	8	5
912	壬申	2 [郢王⑥]	9	6
913	癸酉	凤历1 郢王朱友珪 乾化㊂3 末帝朱友贞⑦	10	7
914	甲戌	4	11	8
915	乙亥	5 贞明㈣1	12	9
916	丙子	2	13	神册㊄1
917	丁丑	3	14	2
918	戊寅	4	15	3
919	己卯	5	16	4
920	庚辰	6	17	5
921	辛巳	7 龙德㊄1	18	6
922	壬午	2	19	7
923	癸未	3✚(亡于后唐)	20 后唐(沙陀) 同光㊃1 庄宗李存勖	天赞㊂1 2
924	甲申		2	3
925	乙酉		3	4
926	丙戌		4 天成㊃1 明宗李嗣源⑩	5 天显㊄1⑪
927	丁亥		2	2 太宗耶律德光⑫
928	戊子		3	3
929	己丑		4	4
930	庚寅		5 长兴㊂1	5

金 纪 年 表

渤海	南诏(大长和)	于阗	甘州回鹘	公元
1 末王大諲譔	安国5 郑买嗣			907
2	6			908
3	7			909
4	始元1 肃文帝郑仁旻			910
5	⋮			911
6	天瑞景星⑤(?)	于 阗		912
7	⋮	同庆1 李圣天⑥		913
		2		
8	安和(?)			914
9	⋮	3		915
		4		
10	贞祐(?)	5		916
11	⋮	6		917
12	⋮	7		918
13	初历(?)	8		919
14	⋮	9		920
15	⋮	10		921
16	孝治(?)	11		922
17	⋮	12		923
18		13	(?)英义可汗仁美⑧	924
			1 顺化可汗仁裕⑨	
19		14	2	925
20(亡于辽)	[郑隆亶Ⓐ]	15	3	926
东 丹				
甘露㊀1 人皇王耶律倍	天应1 恭惠帝郑隆亶	16	4	927
2	2	17	5	928
3	南诏(大天兴⑬)			
	尊圣1 悼康帝赵善政			
4	2	18	6	929
	南诏(大义宁)			
5	兴圣⑭1 肃恭帝杨干贞	19	7	930

公元	干支	后周	后唐(沙陀)	辽(契丹)	东丹
931	辛卯		长兴2 明宗李嗣源	天显6 太宗耶律德光	甘露6 人皇王耶律倍
932	壬辰		3	7	7
933	癸巳		4 [闵帝⑬]	8	8
934	甲午		应顺1 闵帝李从厚	9	9
			清泰㈣1 末帝李从珂⑮		
935	乙未		2	10	10
936	丙申		3 闰⊕(亡于后晋)	11	11⑯
			后晋(沙陀)		
937	丁酉		天福㊂1 高祖石敬瑭	12	
938	戊戌		3	13	
				会同㊆1	
939	己亥		4	2	
940	庚子		5	3	
941	辛丑		6	4	
942	壬寅		7 出帝石重贵㈥⑱	5	
943	癸卯		8	6	
944	甲辰		9	7	
			开运㊅1		
945	乙巳		2	8	
946	丙午		3⊕(亡于辽)	9	
			后汉(沙陀)		
947	丁未		天福㊂12 高祖刘知远㉓	10	
				大同㊂1 [世宗㈣]	
948	戊申		乾祐1 隐帝刘承祐㊂㉕	天禄㊈1 世宗耶律阮㉔	
949	己酉		2	2	
950	庚戌		3⊕(亡于后周)	3	
		后 周	北汉(沙陀)	4	
951	辛亥	广顺1 太祖郭威	乾祐4 世祖刘崇㉖	5	
				应历㊈1 穆宗耶律璟㉗	
952	壬子	2	5	2	
953	癸丑	3	6	3	
954	甲寅	显德1 世宗柴荣㉙	7 孝和帝刘承钧㉚⊕	4	
955	乙卯	2	8	5	
956	丙辰	3	9	6	
957	丁巳	4	天会1	7	
958	戊午	5	2	8	
959	己未	6 恭帝柴宗训㈥㉜	3	9	
960	庚申	7⊕(亡于宋)	4	10	
		北 宋			
		建隆1 太祖赵匡胤			

南诏(大义宁)	于阗	甘州回鹘	喀喇汗	公元
大明1肃恭帝杨干贞	同庆20 李圣天	8 顺化可汗仁裕		931
2	21	9		932
3	22	10		933
4	23	11		934
5	24	12		935
6				936
7[段思平]	25	13		
	26	14		937
大　理				
文德1太祖圣神文武帝 段思平	27	15		938
神武⑰(?)	28	16		939
⋮	29	17(?)⑱		
⋮		1(?)景琼		940
	30	2		941
	31	3	1 博格拉汗⑳	942
	32	4	2	943
[段思良]	33	5	3	944
文经㉑1段思英 [段思良]	34	6	4	945
至治㉒1圣慈文武帝 段思良	35	7	5	946
2	36	8	6	947
3	37	9	7	948
4	38	10	8	949
5	39	11	9	950
6[段思聪]	40	12	10	951
明德1至道广慈帝 段思聪㉘	41	13	11	952
⋮	42	14	12	953
	43	15	13	954
广德(?)段思聪	44	16	14	955
⋮			1 木萨·阿斯兰汗㉛	
⋮	45	17	2	956
	46	18	3	957
	47	19	4	958
	48	20	5	959
	49	21	6	960

公元	干支	北宋	北汉(沙陀)	辽(契丹)	大理
961	辛酉	建隆2 太祖赵匡胤	天会5 孝和帝刘承钧	应历11 穆宗耶律璟	
962	壬戌	3	6	12	
963	癸亥	4	7	13	
		乾德㊂1			
964	甲子	2	8	14	
965	乙丑	3	9	15	
966	丙寅	4	10	16	
967	丁卯	5	11	17	
968	戊辰	6	12 刘继恩㊆㉝	18	顺德1 段思聪
		开宝㊂1	英武帝刘继元㊈		明政㊱1 应道帝段素顺
969	己巳	2	13	19	
				保守㊀1 景宗耶律贤㊳	
970	庚午	3	14	2	2
971	辛未	4	15	3	3
972	壬申	5	16	4	4
973	癸酉	6	17	5	5
974	甲戌	7	18	6	6
			广运1		
975	乙亥	8	2	7	7
976	丙子	9	3	8	8
		太平兴国㊂1 太宗赵光义			
977	丁丑	2	4	9	9
978	戊寅	3	5	10	10
979	己卯	4	6㊄(降于宋)	11	11
				乾亨㊂1	
980	庚辰	5		2	12
981	辛巳	6		3	13
982	壬午	7		4[圣宗㊈]	14
983	癸未	8		5	15
				统和㊅1 圣宗耶律隆绪㊵	
984	甲申	9		2	16
		雍熙㊂1			
985	乙酉	2		3	17[段素英㊷]
986	丙戌	3		4	广明1 昭明帝段素英
987	丁亥	4		5	2
988	戊子	端拱1		6	3
989	己丑	2		7	4
990	庚寅	淳化1		8	5
991	辛卯	2		9	6
992	壬辰	3		10	7
993	癸巳	4		11	8
994	甲午	5		12	9
995	乙未	至道1		13	10

辽宋夏金纪年表

于阗	甘州回鹘	西州回鹘	喀喇汗	定安	公元
同庆50 李圣天	22 景琼		7 木萨·阿斯兰汗		961
51	23		8		962
52	24		9		963
53	25		10		964
54	26		11		965
55	27		12		966
⋮	28		13		967
(?)李德从	29		14		968
⋮	30		15		969
⋮	31		16		970
	32		17 1 阿尔斯兰汗		971
	33		2		972
	34		3		973
	35		4		974
	36		5	定 安	975
	37		6	元兴1 乌玄明	976
	38		7	2	977
	39		8	3	978
	40		9	4	979
	(?)密礼遇		10	5	980
	⋮	(?)阿厮兰汗	11	6	981
	⋮	⋮	12	(以后不明)	982
		⋮	13		983
			14		984
			15		985
			16		986
			17		987
			18		988
			19		989
			20		990
			21		991
			22		992
			23		993
			24		994
			25		995

公元	干支	北宋	辽(契丹)	大理
996	丙申	至道2 太宗赵光义	统和14 圣宗耶律隆绪	广明11 昭明帝段素英
997	丁酉	3[真宗㊂]	15	12
998	戊戌	咸平1 真宗赵恒	16	13
999	己亥	2	17	14
1000	庚子	3	18	15
1001	辛丑	4	19	16
1002	壬寅	5	20	17
1003	癸卯	6	21	18
1004	甲辰	景德1	22	19
1005	乙巳	2	23	明应1
1006	丙午	3	24	︙
1007	丁未	4	25	明圣(?)
1008	戊申	大中祥符1	26	明德(?)
1009	己酉	2	27	明治(?)[段素廉]
1010	庚戌	3	28	明启1 敬明帝段素廉
1011	辛亥	4	29	2
1012	壬子	5	30	3
1013	癸丑	6	开泰㊂1	4
1014	甲寅	7	2	5
1015	乙卯	8	3	6
			4	
1016	丙辰	9	5	7
1017	丁巳	天禧1	6	8
1018	戊午	2	7	9
1019	己未	3	8	10
1020	庚申	4	9	11
1021	辛酉	5	10	12
1022	壬戌	乾兴1[仁宗㊂]	太平㊂1	13[段素隆]
1023	癸亥	天圣1 仁宗赵祯	3	明通1 秉义帝段素隆
1024	甲子	2	4	2
1025	乙丑	3	5	3
1026	丙寅	4	6	4[段素真]
1027	丁卯	5	7	正治1 圣德帝段素真
1028	戊辰	6	8	2
1029	己巳	7	9	3
1030	庚午	8	10	4

甘州回鹘	喀喇汗	唃厮啰	兴辽	公元
	26 阿尔斯兰汗			996
	27			997
	28			998
	1 托干汗㊷			
	2			999
	3			1000
(?)禄胜㊸	4			1001
⋮	5			1002
⋮	6			1003
(?)“夜落纥”㊹	7			1004
⋮	8			1005
⋮	9			1006
	10			1007
	11			1008
	12			1009
	13			1010
	14			1011
	15			1012
	16			1013
	17	唃厮啰		1014
(?)“夜落隔”㊺	18	1 唃厮啰㊻		1015
	1 阿尔斯兰汗㊼			
1 归化㊽	2	2		1016
2	3	3		1017
3	4	4		1018
4	5	5		1019
5	6	6		1020
6	7	7		1021
7	8	8		1022
(?)归忠保顺可汗王通顺㊾	9	9		1023
⋮	10	10		1024
⋮	1 托干汗Ⅱ㊿			
⋮	2	11		1025
	3	12		1026
	1 卡迪尔汗(51)			
	2	13		1027
	3	14	兴辽	1028
	4	15	天庆㊇1 大延琳	1029
	5	16	2㊇	1030

公元	干支	北宋	辽(契丹)	大理	喀喇汗	
1031	辛未	天圣9 仁宗赵祯	太平11 圣宗耶律隆绪 景福㈥1 兴宗耶律宗真㊾	正治5 圣德帝段素真	6 卡迪尔汗	
1032	壬申	10 明道㈦1	2 重熙㈦1	6	7 1 阿尔斯兰汗㊿	
1033	癸酉	2	2	7	2	
1034	甲戌	景祐1	3	8	3	
1035	乙亥	2	4	9	4	
1036	丙子	3	5	10	5	
1037	丁丑	4	6	11	6	
1038	戊寅	5 宝元㈦1	7	12	7	
1039	己卯	2	8	13	8	
1040	庚辰	3 康定㈠1	9	14	9	
					(东 部)	(西 部)
1041	辛巳	2 庆历㈦1	10	15 [段素兴㊿]	10	1 桃花石·博格拉汗㊿
1042	壬午	2	11	圣明1 天明帝段素兴	11	2
1043	癸未	3	12	天明(?)	12	3
1044	甲申	4	13	：[段思廉]	13	4
1045	乙酉	5	14	保安1 兴宗孝德帝段思廉	14	5
1046	丙戌	6	15	2	15	6
1047	丁亥	7	16	3	16	7
1048	戊子	8	17	4	17	8
1049	己丑	皇祐1	18	5	18	9
1050	庚寅	2	19	6	19	10
1051	辛卯	3	20	7	20	11
1052	壬辰	4	21	8	21	12
1053	癸巳	5	22	正安㊿1	22	13
1054	甲午	6 至和㈢1	23	2	23	14
1055	乙未	2	24 清宁㈧1 道宗耶律弘基㊿	3 ：	24	15

唃厮啰	西夏	长其(侬)	桂阳瑶	宜州蛮	公元
17 厮啰					1031
	西 夏				
18	显道⊕1 景宗 李元昊				1032
19	2				1033
20	3				1034
	开运㈦1				
	广运㈧1				
21	2				1035
22	3				1036
	大庆㈦1				
23	2				1037
24	3				1038
	天授礼法延祚㈦1	长 其(侬)			
25	2	1 侬全福			1039
26	3	大 历(侬)			1040
27	4	1 侬智高			1041
28	5	2			1042
			桂 阳 瑶	宜 州 蛮	
29	6	3	1 唐和㈨㊵		1043
30	7	4	2	1 蒙赶㊀㊼	1044
31	8	5	3	2 ㊂	1045
32	9	6	4		1046
33	10	7	5		1047
34	11[毅宗㊃]	8	6㊅		1048
35	延嗣宁国1 毅宗 李谅祚	9 南 天(侬)			1049
36	天祐垂圣1	景瑞1 侬智高			1050
37	2	2			1051
38	3	3			1052
		大 南 国(侬) 启历㊳㊄1 仁惠帝 侬智高			
39	福圣承道1	2			1053
40	2	3			1054
41	3	4㊸			1055

辽宋夏金纪年表　741

公元	干支	北宋	辽(契丹)	大理
1056	丙申	至和3 仁宗赵祯 嘉祐⑨1	清宁2 道宗耶律弘基	⋮ 段思廉 正德⑳(?)
1057	丁酉	2	3	⋮
1058	戊戌	3	4	保德(?)
1059	己亥	4	5	⋮
1060	庚子	5	6	
1061	辛丑	6	7	
1062	壬寅	7	8	
1063	癸卯	8[英宗㉔]	9	
1064	甲辰	治平1 英宗赵曙	10	
1065	乙巳	2	咸雍1	
1066	丙午	3	2	
1067	丁未	4[神宗㊀]	3	
1068	戊申	熙宁1 神宗赵顼	4	
1069	己酉	2	5	
1070	庚戌	3	6	
1071	辛亥	4	7	
1072	壬子	5	8	
1073	癸丑	6	9	
1074	甲寅	7	10	
1075	乙卯	8	大康1	[段廉义㉗]
1076	丙辰	9	2	上德1 段廉义
1077	丁巳	10	3	广安1
1078	戊午	元丰1	4	2
1079	己未	2	5	3
1080	庚申	3	6	4 1 杨义贞 [段寿辉]
1081	辛酉	4	7	上明1 段寿辉 [段正明]
1082	壬戌	5	8	保定㉛1 段正明
1083	癸亥	6	9	⋮
1084	甲子	7	10	建安(?)
1085	乙丑	8[哲宗㉝]	大安1	⋮
1086	丙寅	元祐1 哲宗赵煦	2	⋮ 天祐(?)
1087	丁卯	2	3	⋮
1088	戊辰	3	4	⋮
1089	己巳	4	5	
1090	庚午	5	6	

喀喇汗		唃厮啰	西夏	公元
(东部)	(西部)			
25 阿尔斯兰汗 1 博格拉汗㊾	16 桃花石·博格拉汗	42 唃厮啰	福圣承道 4 毅宗 李谅祚	1056
2 1 侯赛因·本·穆罕默德㊿	17	43	奲都 1	1057
2 1 伊卜拉欣·本·穆罕默德㊿	18	44	2	1058
2 1 托格鲁尔汗㊿	19	45	3	1059
2	20	46	4	1060
3	21	47	5	1061
4	22	48	6	1062
5	23	49	拱化 1	1063
6	24	50	2	1064
7	25	51 1 董毡	3	1065
8	26	2	4	1066
9	27	3	5[惠宗㊿]	1067
10	28 1 纳赛尔·本·伊卜拉欣㊿	4	乾道 1 惠宗 李秉常	1068
11	2	5	天赐礼盛国庆 1	1069
12	3	6	2	1070
13	4	7	3	1071
14	5	8	4	1072
15	6	9	5	1073
16 1 托格鲁尔特勤㊿ 1 桃花石·博格拉汗㊿	7	10	6	1074
2	8	11	大安 1	1075
3	9	12	2	1076
4	10	13	3	1077
5	11	14	4	1078
6	12	15	5	1079
7	13 1 希兹尔·本·伊卜拉欣	16	6	1080
8	2(?) 1(?)阿赫马德·本·希兹尔	17	7	1081
9	2	18	8	1082
10	3	19㊿ 1 阿里骨	9	1083
11	4	2	10	1084
12	5	3	11	1085
13	6	4	天安礼定 1 天仪治平㊿1 崇宗 李乾顺	1086
14	7	5	2	1087
15	8	6	3	1088
16	9	7	4	1089
17	10	8	天祐民安 1	1090

公元	干支	北宋	辽(契丹)	大理	喀喇汗(东部)	喀喇汗(西部)
1091	辛未	元祐6 哲宗赵煦	大安7 道宗耶律弘基		18 桃花石·博格拉汗	11 阿赫马德·本·希兹尔
1092	壬申	7	8	大 中	19	12
1093	癸酉	8	9		20	13
1094	甲戌	9 绍圣㉔1	10	1 富有圣德表正帝高升泰㉓	21	14
1095	乙亥	2	寿昌㉔1	上治 1 后 理	22	15 1 马斯乌德·本·穆罕默德
1096	丙子	3	2	天授1 中宗文安帝段正淳	23	2
1097	丁丑	4	3	开明㉕1	24	3 1 卡迪尔·桃花石可汗㉖ 1 马赫穆德特勤㉗
1098	戊寅	5 元符㉘1	4	2	25	2
1099	己卯	2	5	3	26	3 1(?)哈龙·本·奥玛尔
1100	庚辰	3[徽宗㊀]	6	4	27	2
1101	辛巳	建中靖国1 徽宗赵佶	7[天祚帝㊀] 乾统㊁1 天祚帝耶律延禧㊂	5	28	3
1102	壬午	崇宁1	2	6	29 1 阿尔斯兰汗㊃	4 1 阿尔斯兰汗㊄
1103	癸未	2	3	天正㊅1	2	2
1104	甲申	3	4	2	3	3
1105	乙酉	4	5	文安1	4	4
1106	丙戌	5	6	2	5	5
1107	丁亥	大观1	7	3	6	6
1108	戊子	2	8	4[段正严]	7	7
1109	己丑	3	9	日新1 宪宣仁帝段正严	8	8
1110	庚寅	4	10	文治1	9	9
1111	辛卯	政和1	天庆1	2	10	10
1112	壬辰	2	2	3	11	11
1113	癸巳	3	3	4	12	12
1114	甲午	4	4	5	13	13
1115	乙未	5	5	6	14	14
1116	丙申	6	6	7	15	15
1117	丁酉	7	7	8	16	16
1118	戊戌	8 重和㊀1	8	9 ⋮	17	17
1119	己亥	2 宣和㊁1	9	永嘉(?)	18	18
1120	庚子	2	10	⋮	19	19

唃厮啰	西夏	金	大元	公元
9 阿里骨	天祐民安2 崇宗李乾顺			1091
10	3			1092
11	4			1093
12	5			1094
13	6			1095
14 1 瞎征⊕	7			1096
2	8			1097
3	永安1			1098
4 1 陇拶⑳ 1 溪赊罗撒⊕㉑ 2	2 3			1099 1100
3	贞观1			1101
4	2			1102
5	3			1103
6㉒	4			1104
	5			1105
	6			1106
	7			1107
	8			1108
	9			1109
	10			1110
	11			1111
	12			1112
	13			1113
	雍宁1	金		1114
	2	收国1 太祖完颜阿骨打㉓	大元㉔	1115
	3	2	应顺㉕㊀一㊄高永昌	1116
	4	天辅1		1117
	5	2		1118
	元德1	3		1119
	2	4		1120

公元	干支	北宋	辽(契丹)		后理
1121	辛丑	宣和3 徽宗赵佶	保大1 天祚帝耶律延禧		
1122	壬寅	4	2	北辽 建福㊂1 天锡帝耶律淳㊳ 德兴㊅1 萧德妃㊴	
1123	癸卯	5	3	2 神历㊄1 耶律雅里 1 耶律术烈㊉㊵ 西辽	
1124	甲辰	6	4	1 德宗耶律大石㊆㊷	
1125	乙巳	7[钦宗㊉]	5㊁(亡于金)	2	
1126	丙午	靖康1 钦宗赵桓		3	
1127	丁未	2㊃(亡于金)		4	
		南宋			
1128	戊申	建炎㊄1 高宗赵构 2		5	
1129	己酉	3		6	保天㊸1 段正严
1130	庚戌	4		7	2
1131	辛亥	绍兴1		延庆㊀1	3
1132	壬子	2		2	4
1133	癸丑	3		3	5
1134	甲寅	4		康国1	6
1135	乙卯	5		2	7
1136	丙辰	6		3	8
1137	丁巳	7		4	⋮
1138	戊午	8		5	⋮
1139	己未	9		6	广运(?)
1140	庚申	10		7	⋮
1141	辛酉	11		8	⋮
1142	壬戌	12		9	
1143	癸亥	13		10[感天后]	
1144	甲子	14		咸清1 感天后萧塔不烟	
1145	乙丑	15		2	
1146	丙寅	16		3	
1147	丁卯	17		4	[段正兴]
1148	戊辰	18		5	永贞1 景宗正康帝段正兴
1149	己巳	19		6	大宝㊹1
1150	庚午	20		7	2

喀喇汗 (东部)	喀喇汗 (西部)	西夏	金	奚	公元
20 阿尔斯兰汗	20 阿尔斯兰汗	元德3 崇宗李乾顺	天辅5 太祖完颜阿骨打		1121
21	21	4	6		1122
22	22	5	7 天会㈨1 太宗完颜吴乞买	奚 天复㈠―㈤回离保	1123
23	23	6	2		1124
24	24	7	3		1125
25	25	8	4		1126
26	26	9 正德㈣1	5		1127
27 1 土库曼伊利克	27	2	6		1128
2	28	3	7		1129
3	29 1 桃花石·博格拉汗 1 哈桑·本·阿里	4	8		1130
4	2	5	9		1131
5	3 1 马赫穆德·本·穆罕默德	6	10		1132
6	2	7	11		1133
7	3	8	12		1134
8	4	大德1	13 熙宗完颜亶		1135
9	5	2	14		1136
10	6	3	15		1137
11	7	4	天眷1		1138
12	8	5[仁宗㈥]	2		1139
13	9	大庆1 仁宗李仁孝	3		1140
14	10 1 桃花石汗	2	皇统1		1141
15	2	3	2		1142
16	3	4	3		1143
17	4	5 人庆㈨1	4		1144
18	5	2	5		1145
19	6	3	6		1146
20	7	4	7		1147
21	8	5	8		1148
22	9	天盛1	9 天德㈦海陵王完颜亮		1149
23	10	2	2		1150

公元	干支	南宋	西辽	后理	喀喇（东部）
1151	辛未	绍兴21 高宗赵构	绍兴1 仁宗耶律夷列	大宝3 景宗正康帝 段正兴	24 土库曼伊利克
1152	壬申	22	2	4	25
1153	癸酉	23	3	5	26
1154	甲戌	24	4	6	27
1155	乙亥	25	5	7[101] 龙兴1	28
1156	丙子	26	6	⋮	29
1157	丁丑	27	7	盛明(?)	30
1158	戊寅	28	8	⋮	31 1 穆罕默德·本·伊卜拉欣[103]
1159	己卯	29	9	建德(?)	2
1160	庚辰	30	10	⋮	3
1161	辛巳	31	11	⋮	4
1162	壬午	32[孝宗㈥]	12		5
1163	癸未	隆兴1 孝宗赵	13[承天太后]		6
1164	甲申	2	崇福1 承天太后 耶律普速完		7
1165	乙酉	乾道1	2		8
1166	丙戌	2	3		9
1167	丁亥	3	4		10
1168	戊子	4	5		11
1169	己丑	5	6		12
1170	庚寅	6	7		13
1171	辛卯	7	8		⋮
1172	壬辰	8	9	[段智兴㈣]	⋮
1173	癸巳	9	10	利贞[108]1 宣宗功极帝 段智兴	(?) 玉素甫·本·穆罕默德
1174	甲午	淳熙1	11	2	⋮
1175	乙未	2	12	3	⋮
1176	丙申	3	13	盛德1	
1177	丁酉	4	14[109][末主]	2	
1178	戊戌	5	天禧1 末主耶律直鲁古	3	
1179	己亥	6	2	4	
1180	庚子	7	3	5	
1181	辛丑	8	4	嘉会1	
1182	壬寅	9	5	2	
1183	癸卯	10	6	3	
1184	甲辰	11	7	4	
1185	乙巳	12	8	元亨[111]1	
1186	丙午	13	9	2	
1187	丁未	14	10	3	
1188	戊申	15	11	4	
1189	己酉	16[光宗㈠]	12	5	
1190	庚戌	绍熙1 光宗赵惇	13	6	

汗（西部）	西夏	金	契丹	公元
11 桃花石汗	天盛3 仁宗李仁孝	天德3 海陵王完颜亮		1151
12	4	4		1152
13	5	5		1153
		贞元㊂1		
14	6	2		1154
15	7	3		1155
16	8	4		1156
1 恰格雷汗(102)		正隆㊂1		
2	9	2		1157
3	10	3		1158
4	11	4		1159
5	12	5	契 丹	1160
6	13	6	天正㊂1 移剌窝斡	1161
		大定㊉1 世宗完颜雍(104)		
7	14	2	2㊅	1162
1 克雷奇·桃花石汗(105)				
2	15	3		1163
3	16	4		1164
4	17	5		1165
5	18	6		1166
6	19	7		1167
7	20	8		1168
1 纳赛尔·本·侯赛因(106)				
2	21	9		1169
3	乾祐1	10		1170
4	2	11		1171
5	3	12		1172
1 穆罕默德·本·马斯乌德(107)				
2	4	13		1173
3	5	14		1174
4	6	15		1175
5	7	16		1176
6	8	17		1177
1 伊卜拉欣·本·侯赛因(110)	9	18		1178
2	10	19		1179
3	11	20		1180
4	12	21		1181
5	13	22		1182
6	14	23		1183
7	15	24		1184
8	16	25		1185
9	17	26		1186
10	18	27		1187
11	19	28		1188
12	20	29［章宗㊀］		1189
13	21	明昌1 章宗完颜璟(112)		1190

公元	干支	南宋	西辽	后理	喀喇汗 (东部)	喀喇汗 (西部)
1191	辛亥	绍熙2 光宗赵惇	天禧14 末主耶律直鲁古	元亨7 宣宗功极帝 段智兴		14 伊卜拉欣·本·侯赛因
1192	壬子	3	15	8		15
1193	癸丑	4	16	9		16
1194	甲寅	5[宁宗⊕]	17	10		17
1195	乙卯	庆元1 宁宗赵扩	18	11		18
1196	丙辰	2	19	⋮		19
1197	丁巳	3	20	安定(?)		20
1198	戊午	4	21	⋮		21
1199	己未	5	22	⋮		22
1200	庚申	6	23	[段智廉⊗]		23
1201	辛酉	嘉泰1	24	凤历1 享天帝 段智廉		24
1202	壬戌	2	25	元寿(?) ⋮		25 1 奥斯曼·本·伊卜拉欣[114]
1203	癸亥	3	26			2
1204	甲子	4	27	[段智祥][115]	1 穆罕默德·本·玉素甫[116]	3
1205	乙丑	开禧1	28	天开1 神宗段智祥	2	4
1206	丙寅	2	29	2	3	5
1207	丁卯	3	30	3	4	6
1208	戊辰	嘉定1	31	4	5	7
1209	己巳	2	32	5	6	8
1210	庚午	3	33	6	7	9
1211	辛未	4	34[屈出律]	7	8(亡于喀什噶尔)	10
1212	壬申	5	1 屈出律	8		11
1213	癸酉	6	2	9		(亡于花拉子模)
1214	甲戌	7	3	10		
1215	乙亥	8	4	11		
1216	丙子	9	5	12		
1217	丁丑	10	6	13		
1218	戊寅	11	7(亡于蒙古)	14		
1219	己卯	12		15		
1220	庚辰	13		16		

西夏	金	蒙古	契丹	东真	公元
乾祐22 仁宗 李仁孝	明昌2 章宗完颜璟				1191
23	3				1192
24[桓宗⑨]	4				1193
天庆1 桓宗 李纯祐	5				1194
2	6				1195
3	7		身圣⑩1 德寿(113)		1196
	承安⑪1				
4	2				1197
5	3				1198
6	4				1199
7	5				1200
8	泰和1				1201
9	2				1202
10	3				1203
11	4				1204
12	5	蒙 古			1205
13 应天㊀1 襄宗 李安全	6	1 太祖成吉思汗 铁木真			1206
2	7	2			1207
3	8[卫绍王⑪]	3			1208
4	大安1 卫绍王 完颜永济(117)	4			1209
皇建1	2	5			1210
2 光定㊇1 神宗 李遵顼	3	6			1211
2	崇庆1	7			1212
3	2 至宁㊄1 贞祐㊈1 宣宗 完颜珣(119)	8	天统㊂(118)1 辽王 耶律留哥	东 真(120)	1213
4	2	9	2	天泰1 天王蒲鲜万奴	1214
5	3	10	3		1215
6	4	11	天威1 耶厮不 天祐1 乞奴 天德(121)1 金山	2	1216
7	5 兴定㊈1	12	2	3	1217
8	2	13		4	1218
9	3	14		5	1219
10	4	15		6	1220

公元	干支	南宋	后理	西夏	金
1221	辛巳	嘉定14 宁宗赵扩	天开17 神宗段智祥	光定11 示李遵顼	兴定5 宣宗完颜珣
1222	壬午	15	18	12	6
1223	癸未	16	19	13	元光㈧1
					2[哀宗㈦]
1224	甲申	17[理宗㈧]	20	乾定㈦1 献宗李德旺	正大1 哀宗完颜守绪[122]
1225	乙酉	宝庆1 理宗赵昀	21	2	2
				3	
1226	丙戌	2	天辅1	4	3
1227	丁亥	3	⋮	宝义㈦1 末主李睍	4
				2㈥(降于蒙古)	
1228	戊子	绍定1	仁寿(?)		5
1229	己丑	2	⋮		6
1230	庚寅	3			7
1231	辛卯	4			8
1232	壬辰	5			开兴1
					开兴㈣1
1233	癸巳	6			2
1234	甲午	端平1			3● 末帝完颜承麟
1235	乙未	2			(亡于蒙古)[124]
1236	丙申	3			
1237	丁酉	嘉熙1			
1238	戊戌	2	[段祥兴]		
1239	己亥	3	道隆1 孝义帝段祥兴		
1240	庚子	4	2		
1241	辛丑	淳祐1	3		
1242	壬寅	2	4		
1243	癸卯	3	5		
1244	甲辰	4	6		
1245	乙巳	5	7		
1246	丙午	6	8		
1247	丁未	7	9		
1248	戊申	8	10		
1249	己酉	9	11		
1250	庚戌	10	12		
1251	辛亥	11	13[段兴智]		
1252	壬子	12	天定[126]1 段兴智		
1253	癸丑	宝祐1	2		
1254	甲寅	2	3(亡于蒙古)		
1255	乙卯	3			

蒙古	东真	察合台兀鲁思	窝阔台兀鲁思	公元
16 太祖成吉思汗铁木真	天泰7 天王蒲鲜万奴			1221
17	8			1222
18	9			1223
19	10	察合台兀鲁思	窝阔台兀鲁思	1224
20	11	1(?)察合台	1(?)窝阔台	1225
21	12	2	2	1226
22[拖雷㊏(123)]	13	3	3	1227
1 睿宗拖雷	14	4	4	1228
2	15	5	5	1229
1 太宗窝阔台㊏				
2	16	6	1 贵由	1230
3	17	7	2	1231
4	18	8	3	1232
5	19㊨(亡于蒙古)	9	4	1233
6		10	5	1234
7		11	6	1235
8		12	7	1236
9		13	8	1237
10		14	9	1238
11		15	10	1239
12		16	11	1240
13		17	12	1241
1 乃马真皇后脱死哥那		18	13	1242
		1 合剌旭烈兀(125)		
2		2	14	1243
3		3	15	1244
4		4	16	1245
5		5		1246
1 定宗贵由㊏		1 也速蒙哥		
2		2		1247
3[海迷失㊂]		3		1248
1 皇后海迷失		4		1249
2		5		1250
3		6		1251
1 宪宗蒙哥㊏				
2		7	(127)	1252
		1 兀鲁忽乃(128)		
3		2		1253
4		3		1254
5		4		1255

公元	干支	南宋	蒙古	察合台兀鲁思	窝阔台兀鲁思
1256	丙辰	宝祐4 理宗赵昀	6 宪宗蒙哥	5 兀鲁忽乃	
1257	丁巳	5	7	6	
1258	戊午	6	8	7	
1259	己未	开庆1	9	8	
1260	庚申	景定1	中统㊄1 世祖忽必烈	9 1 阿鲁忽	1(?)海都
1261	辛酉	2	2	2	2
1262	壬戌	3	3	3	3
1263	癸亥	4	4	4	4
1264	甲子	5[度宗⊕]	5 至元㊇1	5	5
1265	乙丑	咸淳1 度宗赵禥	2	6 1 木八剌沙 1 八剌[129]	6
1266	丙寅	2	3	2	7
1267	丁卯	3	4	3	8
1268	戊辰	4	5	4	9
1268	己巳	5	6	5	10
1270	庚午	6	7	6	11

十一 元 纪 年 表

公元	干支	南宋	元	察合台兀鲁思	窝阔台兀鲁思
1271	辛未	咸淳7度宗赵禥	至元8世祖忽必烈①	7八刺	12海都
1272	壬申	8	9	1聂古伯	13
1273	癸酉	9	10	2	14
1274	甲戌	10[恭帝㊆]	11	3 1不合贴木儿 1(?)笃哇②	15
1275	乙亥	德祐1恭帝赵㬎	12	2	16
1276	丙子	2	13	3	17
1277	丁丑	景炎㊄1端宗赵昰			
1278	戊寅	2 3	14	4	18
			15	5	19
1279	己卯	祥兴㊄③1卫王赵昺	16	6	20
1280	庚辰	2●(亡于元)	17	7	21
1281	辛巳		18	8	22
1282	壬午		19	9	23
1283	癸未		20	10	24
1284	甲申		21	11	25
1285	乙酉		22	12	26
1286	丙戌		23	13	27
1287	丁亥		24	14	28
1288	戊子		25	15	29
1289	己丑		26	16	30
1290	庚寅		27	17	31
1291	辛卯		28	18	32
1292	壬辰		29	19	33
1293	癸巳		30	20	34
1294	甲午		31[成宗㊃]	21	35
1295	乙未		元贞1成宗铁穆耳	22	36
1296	丙申		2	23	37
1297	丁酉		3	24	38
1298	戊戌		大德㊂1	25	39
1299	己亥		2	26	40
1300	庚子		3	27	41
			4		
1301	辛丑		5	28	42 1察八儿
1302	壬寅		6	29	2
1303	癸卯		7	30	3
1304	甲辰		8	31	4
1305	乙巳		9	32	5
1306	丙午		10	33 1宽阇	6
1307	丁未		11[武宗㊄]	2	7
1308	戊申		至大1武宗海山	3 1塔里忽	8
1309	己酉		2	2	9④
1310	庚戌		3 1也先不花	3	

公元	干支	元	察合台兀鲁思
1311	辛亥	至大 4[仁宗㊂]	2 也先不花
1312	壬子	皇庆 1 仁宗爱育黎拔力八达	3
1313	癸丑	2	4
1314	甲寅	延祐 1	5
1315	乙卯	2	6
1316	丙辰	3	7
1317	丁巳	4	8
1318	戊午	5	9
1319	己未	6	10
1320	庚申	7[英宗㊂]	11 1 怯伯
1321	辛酉	至治 1 英宗硕德八剌	2
1322	壬戌	2	3
1323	癸亥	3[泰定帝㊈]	4
1324	甲子	泰定 1 泰定帝也孙铁木儿	5
1325	乙丑	2	6
1326	丙寅	3	7
1327	丁卯	4	8 1 燕只吉台
1328	戊辰	5 致和㊂1 天顺㊈1 幼主阿剌吉八 天历㊈1 文宗图帖睦尔	2
1329	己巳	2 明宗和世瑓㊀⑤ 文宗图帖睦尔㊇	3
1330	庚午	3 至顺㊄1	4 1 笃来帖木儿
1331	辛未	2	2 1 答儿麻失里
1332	壬申	3 宁宗懿璘质班⊕	2
1333	癸酉	4 元统⊕1 惠宗妥欢帖睦尔	3
1334	甲戌	2	4 1 不赞
1335	乙亥	3 至元㊀1	1 敞失
1336	丙子	2	2
1337	丁丑	3	3
1338	戊寅	4	4 1 也孙帖木儿
1339	己卯	5	2
1340	庚辰	6	1 阿里
1341	辛巳	至正 1	1 麻哈没的
1342	壬午	2	⋮
1343	癸未	3	⋮
1344	甲申	4	
1345	乙酉	5	

公元	干支	天完	周	宋	元	察合台兀鲁思	别失八里
1346	丙戌				至正6 惠宗妥欢帖睦尔		别失八里⑥
1347	丁亥				7	? 合赞 1 答失蛮	1 秃黑鲁·帖木儿⑦
1348	戊子				8	2	2
1349	己丑				9	3 1 拜延忽里	3
1350	庚寅	天 完			10	⋮	4
1351	辛卯	治平㊉1 徐寿辉			11	⋮	5
1352	壬辰	2			12	(?)阿的勒	6
1353	癸巳	3	周		13	⋮	7
1354	甲午	4	天祐1 张士诚	宋	14	⋮	8
1355	乙未	5	2	龙凤㊀1 韩林儿	15		9
1356	丙申	太平1	3	2	16		10
1357	丁酉	2	4㊇	3	17		11
1358	戊戌	3		4	18		12
1359	己亥	天启㊇1 2		5	19		13
1360	庚子	天定㊃1 2㊄	汉 大义闰㊄1 陈友谅	6	20		14
1361	辛丑	夏	2	7	21		15
1362	壬寅	元统㊂1 明玉珍	大定1	8	22	(?)合不勒	16
1363	癸卯	2	2 德寿㊇1 陈理	9	23	⋮⑧	17 1 也里牙思火者
1364	甲辰	3	2㊁	10	24		2 1 怯马鲁丁
1365	乙巳	4		11	25		2
1366	丙午	5 开熙㊁1 明升⑨		12㊄	26		3
1367	丁未	2			27		4
1368	戊申	3			28		5

十二　明纪年表

公元	干支	明	夏	北元	别失八里	哈密
1368	戊申	洪武1 太祖朱元璋	开熙3 明升	至正28 惠宗妥欢帖睦尔①	5 怯马鲁丁	
1369	己酉	2	4	29	6	
1370	庚戌	3	5	30 [昭宗㈣]	7	
1371	辛亥	4	6㊅（降于明）	宣光1 昭宗爱猷识理达腊	8	
1372	壬子	5		2	9	
1373	癸丑	6		3	10	
1374	甲寅	7		4	11	
1375	乙卯	8		5	12	
1376	丙辰	9		6	13	
1377	丁巳	10		7	14	
1378	戊午	11		8 [益宗㈣]	15	
1379	己未	12		天元1 益宗脱古思帖木儿	16	哈密
1380	庚申	13		2	17	1(?)纳忽里
1381	辛酉	14		3	18	2
1382	壬戌	15		4	19	3
1383	癸亥	16		5	20	4
1384	甲子	17		6	21	5
1385	乙丑	18		7	22	6
1386	丙寅	19		8	23	7
1387	丁卯	20		9	24	8
1388	戊辰	21		10	25	9
1389	己巳	22		1 恩克桌里克图②	26	10
1390	庚午	23		2	1(?)黑的儿火者	11
1391	辛未	24		3	3	12
1392	壬申	25		4③	4	13
1393	癸酉	26		1 额勒伯克④	5	1 安克帖木儿
1394	甲戌	27		2	6	2
1395	乙亥	28		3	7	3
1396	丙子	29		4	8	4
1397	丁丑	30		5	9	5
1398	戊寅	31 [惠帝闰㈤]		6	10	6
1399	己卯	建文1 惠帝朱允炆		7	11	7
1400	庚辰	2		1 坤帖木儿	12	8
1401	辛巳	3		2	13	9
1402	壬午	4 [成祖㈥]		3	14	10
1403	癸未	洪武㊆35 成祖朱棣 永乐1		鞑靼 1(?)鬼力赤	15 1 沙迷查干⑤	11
1404	甲申	2		2	2	12
1405	乙酉	3		3	3	13 14 1 脱脱

明纪年表　759

公元	干支	明	鞑靼	别失八里	哈密
1406	丙戌	永乐4 成祖朱棣	4 鬼力赤	4 少迷查干	2 脱脱
1407	丁亥	5	5	5	3
1408	戊子	6	1 本雅失里	6	4
				1 马哈麻⑥	
1409	己丑	7	2	2	5
1410	庚寅	8	3	3	6⑦
1411	辛卯	9	4	4	1 兔力帖木儿
1412	壬辰	10	5⑧	5	2
			1 答里巴⑨		
1413	癸巳	11	2	6	3
1414	甲午	12	3	7	4
1415	乙未	13	4	8	5
			1 额色库	1 纳黑失史罕⑩	
1416	丙申	14	2	2	6
1417	丁酉	15	3	3	7
1418	戊戌	16	4	4	8
				1 失儿马黑麻	
1419	己亥	17	5	2	9
1420	庚子	18	6	3	10
1421	辛丑	19	7	4	11
				1 歪思	
1422	壬寅	20	8	2	12
1423	癸卯	21	9	3	13
1424	甲辰	22[仁宗㈧]	10	4	14
1425	乙巳	洪熙1 仁宗朱高炽 [宣宗㈨]	11 1 阿岱汗⑪	5	15
1426	丙午	宣德1 宣宗朱瞻基	2	6	1 卜答失里
1427	丁未	2	3	7	2
1428	戊申	3	4	8⑫ 1 也先不花	3
1429	己酉	4	5	2	4
1430	庚戌	5	6	3	5
1431	辛亥	6	7	4	6
1432	壬子	7	8	5	7
1433	癸丑	8	9	6	8
1434	甲寅	9	10	7	9
1435	乙卯	10[英宗㈠]	11	8	10
1436	丙辰	正统1 英宗朱祁镇	12	9	11
1437	丁巳	2	13	10	12
1438	戊午	3	14	11	13
			1 脱脱不花		
1439	己未	4	2	12	14 1 哈力⑬
1440	庚申	5	3	13	2
1441	辛酉	6	4	14	3
1442	壬戌	7	5	15	4
1443	癸亥	8	6	16	5
1444	甲子	9	7	17	6
1445	乙丑	10	8	18	7

公元	干支	明	鞑靼	别失八里	哈密	贵州苗
1446	丙寅	正统11 英宗朱祁镇	9 脱脱不花	19 也先不花	8 哈力	
1447	丁卯	12	10	20	9	
1448	戊辰	13	11	21	10	
1449	己巳	14[代宗㉔]	12	22	11	
1450	庚午	景泰1 代宗朱祁钰	13	23	12	
1451	辛未	2	14	24	13	
1452	壬申	3	15　**瓦剌**	25	14	
1453	癸酉	4	添元1 也先⑬	26	15	
1454	甲戌	5	2　**鞑靼**	27	16	
1455	乙亥	6	1 马可古儿吉思⑮ / 2	28	17	
1456	丙子	7	3	29	18	
1457	丁丑	天顺1 英宗朱祁镇	4	30	19 / 1 卜列革	
1458	戊寅	2	5	31	2	
1459	己卯	3	6	32	3	
1460	庚辰	4	7	33	4 / 1 弩温答失里	**贵州苗** 武烈1 李添保
1461	辛巳	5	8	34	2	2
1462	壬午	6	9	35	3	**吐鲁番** 1 也密力火者⑯
1463	癸未	7	10		4	2
1464	甲申	8[宪宗㊀]	11		5	3
1465	乙酉	成化1 宪宗朱见深	12		6	4
1466	丙戌	2	1 摩伦⑰		7	5
1467	丁亥	3			8	6
1468	戊子	4			9	7
1469	己丑	5			10	1 羽奴思⑱
1470	庚寅	6			11	2
1471	辛卯	7			12	3
1472	壬辰	8			13	4
1473	癸巳	9			14	5
1474	甲午	10			15	6
1475	乙未	11	1 满都鲁		16	7
1476	丙申	12	2		17	8
1477	丁酉	13	3		18	9
1478	戊戌	14	4		19	10 / 1 阿黑麻⑲
1479	己亥	15	5		20	2
1480	庚子	16	1 达延汗 巴图蒙克		21	3
1481	辛丑	17	2		22	4
1482	壬寅	18	3		23	5
1483	癸卯	19	4		24	6
1484	甲辰	20	5		25	7
1485	乙巳	21	6		26	8

公元	干支	明	鞑靼	哈密	吐鲁番	叶尔羌
1486	丙午	成化22 宪宗朱见深	7 达延汗巴图蒙克	27 弩温答失里	9 阿黑麻	
1487	丁未	23[孝宗⑲]	8	28	10	
1488	戊申	弘治1 孝宗朱祐樘	9	29 1 罕慎⑳	11	
1489	己酉	2	10		12	
1490	庚戌	3	11		13	
1491	辛亥	4	12		14	
1492	壬子	5	13	1 陕巴	15	
1493	癸丑	6	14	2	16	
1494	甲寅	7	15	3	17	
1495	乙卯	8	16	4	18	
1496	丙辰	9	17	5	19	
1497	丁巳	10	18	6	20	
1498	戊午	11	19	7	21	
1499	己未	12	20	8	22	
1500	庚申	13	21	9	23	
1501	辛酉	14	22	10	24	
1502	壬戌	15	23	11	25	
1503	癸亥	16	24	12	26	
1504	甲子	17	25	13	27 1 满速儿	
1505	乙丑	18[武宗㉑]	26	14 1 拜牙即	2	
1506	丙寅	正德1 武宗朱厚照	27	2	3	
1507	丁卯	2	28	3	4	
1508	戊辰	3	29	4	5	
1509	己巳	4	30	5	6	
1510	庚午	5	31	6	7	
1511	辛未	6	32	7	8	
1512	壬申	7	33	8	9	
1513	癸酉	8	34	9	10	
1514	甲戌	9	35	10	11	叶尔羌
1515	乙亥	10	36	11	12	1 萨亦德㉒
1516	丙子	11	37		13	2
1517	丁丑	12	38		14	3
1518	戊寅	13			15	4
1519	己卯	14	1 巴尔斯博罗特 1 卜赤		16	5
1520	庚辰	15	2		17	6
1521	辛巳	16[世宗㉓]	3		18	7
1522	壬午	嘉靖1 世宗提厚熜	4		19	8
1523	癸未	2	5		20	9
1524	甲申	3	6		21	10
1525	乙酉	4	7		22	11
1526	丙戌	5	8		23	12
1527	丁亥	6	9		24	13
1528	戊子	7	10		25	14
1529	己丑	8	11		26	15
1530	庚寅	9	12		27	16

公元	干支	明	鞑靼	吐鲁番	叶尔羌
1531	辛卯	嘉靖10 世宗朱厚熜	13 卜赤	28 满速儿	17 萨赤德
1532	壬辰	11	14	29	18
1533	癸巳	12	15	30	19
					1 拉失德
1534	甲午	13	16	31	2
1535	乙未	14	17	32	3
1536	丙申	15	18	33	4
1537	丁酉	16	19	34	5
1538	戊戌	17	20㉒	35	6
1539	己亥	18	21	36	7
1540	庚子	19	22	37	8
1541	辛丑	20	23	38	9
1542	壬寅	21	24㉓	39	10
1543	癸卯	22	25	40	11
1544	甲辰	23	26	41	12
1545	乙巳	24	27	42	13
				1 沙㉔	
1546	丙午	25	28	2	14
1547	丁未	26	29	3	15
			1 打来孙㉕		
1548	戊申	27	2	4	16
1549	己酉	28	3	5	17
1550	庚戌	29	4	6	18
1551	辛亥	30	5	7	19
1552	壬子	31	6	8	20
1553	癸丑	32	7	9	21
1554	甲寅	33	8	10	22
1555	乙卯	34	9	11	23
1556	丙辰	35	10	12	24
1557	丁巳	36	11	13	25
1558	戊午	37	1 图们	14	26
1559	己未	38	2	15	27
					1 可卜都哈林㉖
1560	庚申	39	3	16	2
1561	辛酉	40	4	17	3
1562	壬戌	41	5	18	4
1563	癸亥	42	6	19	5
1564	甲子	43	7	20	6
1565	乙丑	44	8	21	7
1566	丙寅	45[穆宗㉗]	9	22	8
1567	丁卯	隆庆1 穆宗朱载垕	10	23	9
1568	戊辰	2	11	24	10
1569	己巳	3	12	25	11
1570	庚午	4	13	26㉗(并于叶尔羌)	12
1571	辛未	5	14		13
1572	壬申	6[神宗㉘]	15		14
1573	癸酉	万历1 神宗朱翊钧	16		15
1574	甲戌	2	17		16
1575	乙亥	3	18		17

公元	干支	明	鞑靼	叶尔羌	后金
1576	丙子	万历4 神宗朱翊钧	19 图们	18 阿卜都哈林	
1577	丁丑	5	20	19	
1578	戊寅	6	21	20	
1579	己卯	7	22	21	
1580	庚辰	8	23	22	
1581	辛巳	9	24	23	
1582	壬午	10	25	24	
1583	癸未	11	26	25	
1584	甲申	12	27	26	
1585	乙酉	13	28	27	
1586	丙戌	14	29	28	
1587	丁亥	15	30	29	
1588	戊子	16	31	30	
1589	己丑	17	32	31	
1590	庚寅	18	33	32	
1591	辛卯	19	34	33 1 马黑麻	
1592	壬辰	20	35	2	
1593	癸巳	21	1 布延彻辰㉖	3	
1594	甲午	22	2	4	
1595	乙未	23	3	5	
1596	丙申	24	4	6	
1597	丁酉	25	5	7	
1598	戊戌	26	6	8	
1599	己亥	27	7	9	
1600	庚子	28	8	10	
1601	辛丑	29	9	11	
1602	壬寅	30	10	12	
1603	癸卯	31	11	13	
1604	甲辰	32	1 林丹㉗	14	
1605	乙巳	33	2	15	
1606	丙午	34	3	16	
1607	丁未	35	4	17	
1608	戊申	36	5	18	
1609	己酉	37	6	19 1 阿合马㉘	
1610	庚戌	38	7	2	
1611	辛亥	39	8	3	
1612	壬子	40	9	4	
1613	癸丑	41	10	5	
1614	甲寅	42	11	6	
1615	乙卯	43	12	7	后金
1616	丙辰	44	13	8	天命1 太祖努尔哈赤
1617	丁巳	45	14	9	2
1618	戊午	46	15	10	3
1619	己未	47	16	11	4
1620	庚申	48 泰昌㉙光宗朱常洛 [熹宗㉚]	17	12	5

公元	干支	明	鞑靼	叶尔羌	后金	准噶尔
1621	辛酉	天启1熹宗由校	18 林丹	13 阿合马	天命6太祖努尔哈赤	
1622	壬戌	2	19	14	7	
1623	癸亥	3	20	15	8	
1624	甲子	4	21	16	9	
1625	乙丑	5	22	17	10	
1626	丙寅	6	23	18	11[太宗⑨]	
1627	丁卯	7[思宗⑧]	24	19	天聪1太宗皇太极	
1628	戊辰	崇祯1思宗朱由检	25	20	2	
1629	己巳	2	26	21	3	
1630	庚午	3	27	22	4	
1631	辛未	4	28	23	5	
1632	壬申	5	29	24	6	准噶尔
1633	癸酉	6	30	25	7	
1634	甲戌	7	31 / 1 额哲	26	8	1 巴图尔珲台吉
1635	乙亥	8	2⑤(降后金)	27	9	2

十三　清纪年表

公元	干支	明			清	叶尔羌	准噶尔
1636	丙子	崇祯9 思宗 朱由检			天聪10 太宗 皇太极 崇德㊃1①	28 阿合马	3 巴图尔 珲台吉
1637	丁丑	10			2	29	4
1638	戊寅	11			3	30	5
1639	己卯	12			4	1 阿布杜拉 2	6
1640	庚辰	13			5	3	7
1641	辛巳	14			6	4	8
1642	壬午	15			7	5	9
1643	癸未	16	大　顺		8[世祖㊈]	6	10
1644	甲申	17㊂	永昌1 李自成		顺治1 世祖福临	7	11
1645	乙酉		2㊄		2	8	12
		南　明					
		弘光1 福王 朱由崧	隆武闰㊅1 唐王 朱聿键				
1646	丙戌	庚寅②1 鲁王 朱以海	2㊇ 绍武㊆1 唐王 朱聿𨮁	定武1 韩王 朱亶塉	3	9	13
1647	丁亥	2	永历1 桂王 朱由榔	2	4	10	14
1648	戊子	3	2	3	5	11	15
1649	己丑	4	3	4	6	12	16
1650	庚寅	5	4	5	7	13	17
1651	辛卯	6	5	6	8	14	18
1652	壬辰		6	7	9	15	19
1653	癸巳		7	8	10	16	20 1 僧格
1654	甲午		8	9	11	17	2
1655	乙未		9	10	12	18	3
1656	丙申		10	11	13	19	4
1657	丁酉		11	12	14	20	5
1658	戊戌		12	13	15	21	6
1659	己亥		13	14	16	22	7
1660	庚子		14	15	17	23	8
1661	辛丑		15㊉	16	18[圣祖㊀]	24	9
1662	壬寅			17	康熙1 圣祖 玄烨	25	10
1663	癸卯			18	2	26	11
1664	甲辰				3	27	12
1665	乙巳				4	28	13
1666	丙午				5	29	14
1667	丁未				6	30 1 伊斯玛依勒	15
1668	戊申				7	2	16
1669	己酉				8	3	17
1670	庚戌				9	4	18③

公元	干支	周	清	叶尔羌	准噶尔
1671	辛亥		康熙10 圣祖玄烨	5 伊斯玛依勒	1 噶尔丹
1672	壬子	周	11	6	2
1673	癸丑	1 吴三桂㊂	12	7	3
1674	甲寅	2	13	8	4
1675	乙卯	3	14	9	5
1676	丙辰	4	15	10	6
1677	丁巳	5	16	11	7
1678	戊午	昭武㊂1[吴世璠㊇]	17	12	8
1679	己未	洪化1 吴世璠	18	13	9
1680	庚申	2	19	14	10
1681	辛酉	3❶	20	15	11
1682	壬戌		21	16(亡于准噶尔)④	12
1683	癸亥		22		13
1684	甲子		23		14
1685	乙丑		24		15
1686	丙寅		25		16
1687	丁卯		26		17
1688	戊辰		27		18
1689	己巳		28		19
1690	庚午		29		20
1691	辛未		30		21
1692	壬申		31		22
1693	癸酉		32		23
1694	甲戌		33		24
1695	乙亥		34		25
1696	丙子		35		26
1697	丁丑		36		27
1698	戊寅		37		1 策妄阿拉布坦
1699	己卯		38		2
1700	庚辰		39		3
					4
1701	辛巳		40		5
1702	壬午		41		6
1703	癸未		42		7
1704	甲申		43		8
1705	乙酉		44		9
1706	丙戌		45		10
1707	丁亥		46		11
1708	戊子		47		12
1709	己丑		48		13
1710	庚寅		49		14
1711	辛卯		50		15
1712	壬辰		51		16
1713	癸巳		52		17
1714	甲午		53		18
1715	乙未		54		19

公元	干支	清	准噶尔	公元	干支	清
1716	丙申	康熙55 圣祖玄烨	20 策妄阿拉布坦	1761	辛巳	乾隆26 高宗弘历
1717	丁酉	56	21	1762	壬午	27
1718	戊戌	57	22	1763	癸未	28
1719	己亥	58	23	1764	甲申	29
1720	庚子	59	24	1765	乙酉	30
1721	辛丑	60	25	1766	丙戌	31
1722	壬寅	61[世宗㊁]	26	1767	丁亥	32
1723	癸卯	雍正1 世宗胤禛	27	1768	戊子	33
1724	甲辰	2	28	1769	己丑	34
1725	乙巳	3	29	1770	庚寅	35
1726	丙午	4	30	1771	辛卯	36
1727	丁未	5	31 / 1 噶尔丹策零	1772	壬辰	37
1728	戊申	6	2	1773	癸巳	38
1729	己酉	7	3	1774	甲午	39
1730	庚戌	8	4	1775	乙未	40
1731	辛亥	9	5	1776	丙申	41
1732	壬子	10	6	1777	丁酉	42
1733	癸丑	11	7	1778	戊戌	43
1734	甲寅	12	8	1779	己亥	44
1735	乙卯	13[高宗㊇]	9	1780	庚子	45
1736	丙辰	乾隆1 高宗弘历	10	1781	辛丑	46
1737	丁巳	2	11	1782	壬寅	47
1738	戊午	3	12	1783	癸卯	48
1739	己未	4	13	1784	甲辰	49
1740	庚申	5	14	1785	乙巳	50
1741	辛酉	6	15	1786	丙午	51
1742	壬戌	7	16	1787	丁未	52
1743	癸亥	8	17	1788	戊申	53
1744	甲子	9	18	1789	己酉	54
1745	乙丑	10	19 / 1 策妄多尔济那木札勒	1790	庚戌	55
1746	丙寅	11	2	1791	辛亥	56
1747	丁卯	12	3	1792	壬子	57
1748	戊辰	13	4	1793	癸丑	58
1749	己巳	14	5	1794	甲寅	59
1750	庚午	15	6 / 1 喇嘛达尔札	1795	乙卯	60[仁宗㊀]
1751	辛未	16	2	1796	丙辰	嘉庆1 仁宗颙琰
1752	壬申	17	3 / 1 达瓦齐	1797	丁巳	2
1753	癸酉	18	2	1798	戊午	3
1754	甲戌	19	3	1799	己未	4
1755	乙亥	20	4㊄ / 1 阿睦尔撒纳㊇	1800	庚申	5
1756	丙子	21	2	1801	辛酉	6
1757	丁丑	22	3㊆(亡于清)	1802	壬戌	7
1758	戊寅	23		1803	癸亥	8
1759	己卯	24		1804	甲子	9
1760	庚辰	25		1805	乙丑	10

清纪年表 767

公元	干支	清	公元	干支	太平天国	清
1806	丙寅	嘉庆11 仁宗颙琰	1851	辛亥	太平天国1 洪秀全⑥	咸丰1 文宗奕詝
1807	丁卯	12	1852	壬子	2	2
1808	戊辰	13	1853	癸丑	3	3
1809	己巳	14	1854	甲寅	4	4
1810	庚午	15	1855	乙卯	5	5
1811	辛未	16	1856	丙辰	6	6
1812	壬申	17	1857	丁巳	7	7
1813	癸酉	18	1858	戊午	8	8
1814	甲戌	19	1859	己未	9	9
1815	乙亥	20	1860	庚申	10	10
1816	丙子	21	1861	辛酉	11	11[穆宗㊉⑦]
1817	丁丑	22	1862	壬戌	12	同治1 穆宗载淳
1818	戊寅	23	1863	癸亥	13	2
1819	己卯	24	1864	甲子	14 洪福瑱㊄	3
1820	庚辰	25[宣宗㊈]	1865	乙丑	15	4
1821	辛巳	道光1 宣宗旻宁	1866	丙寅	16	5
1822	壬午	2	1867	丁卯	17	6
1823	癸未	3	1868	戊辰	18㊅	7
1824	甲申	4	1869	己巳		8
1825	乙酉	5	1870	庚午		9
1826	丙戌	6	1871	辛未		10
1827	丁亥	7	1872	壬申		11
1828	戊子	8	1873	癸酉		12
1829	己丑	9	1874	甲戌		13[德宗㊉]
1830	庚寅	10	1875	乙亥		光绪1 德宗载湉
1831	辛卯	11	1876	丙子		2
1832	壬辰	12	1877	丁丑		3
1833	癸巳	13	1878	戊寅		4
1834	甲午	14	1879	己卯		5
1835	乙未	15	1880	庚辰		6
1836	丙申	16	1881	辛巳		7
1837	丁酉	17	1882	壬午		8
1838	戊戌	18	1883	癸未		9
1839	己亥	19	1884	甲申		10
1840	庚子	20	1885	乙酉		11
1841	辛丑	21	1886	丙戌		12
1842	壬寅	22	1887	丁亥		13
1843	癸卯	23	1888	戊子		14
1844	甲辰	24	1889	己丑		15
1845	乙巳	25	1890	庚寅		16
1846	丙午	26	1891	辛卯		17
1847	丁未	27	1892	壬辰		18
1848	戊申	28	1893	癸巳		19
1849	己酉	29	1894	甲午		20
1850	庚戌	30[文宗㊀]	1895	乙未		21

公元	干支	清	公元	干支	清
1896	丙申	光绪22 德宗载湉	1906	丙午	光绪32 德宗载湉
1897	丁酉	23	1907	丁未	33
1898	戊戌	24	1908	戊申	34 [溥仪⊕]
1899	己亥	25	1909	己酉	宣统1 溥仪
1900	庚子	26	1910	庚戌	2
1901	辛丑	27	1911	辛亥	3
1902	壬寅	28			
1903	癸卯	29			
1904	甲辰	30			
1905	乙巳	31			

注解

一　夏纪年表

①我国历史纪年始自“共和”(公元前841年)。“共和”以前,史载杳混,甚为不确,本表及后表“共和”以前纪年主要依据《竹书纪年》并参考他书和后人考证。
②据《史记·夏本纪》:禹治水成功,受舜禅,即天子位,国号曰夏,姓姒氏。据《墨子·非攻》:禹时曾征有苗,克三苗。
③据《竹书纪年》:禹在位四十五年。
④据《史记·夏本纪》:启即位,有扈氏不服,启伐之,大战于甘,遂灭有扈氏,天下咸朝。
⑤据《帝王世纪》:启在位十年。
⑥据《帝王世纪》:太康在位二十九年。另据《左传》:太康无道失国,东夷之君后羿迁于穷后,因夏民以代夏政,太康逃,死于外,传弟仲康,夏成偏安,仲康子相迁于商邱。后羿又为本族寒浞所杀。浞有子浇、豷,浇灭相,夏亡。靡集遗民灭浞,相子少康灭浇,复夏。少康子杼灭豷,亡有穷氏。
⑦据《通鉴外纪》:仲康在位十三年。
⑧据《竹书纪年》:是年征淮夷。
⑨据《竹书纪年》:是年征风夷、黄夷。
⑩据《竹书纪年》:是年于夷来宾。
⑪据《竹书纪年》:相在位二十八年。
⑫据《竹书纪年》:是年方夷来宾,献其歌舞。
⑬据《竹书纪年》:少康在位二十一年。
⑭据《竹书纪年》:“杼,或作帝宁,一曰伯杼。”据《帝王世纪》:“帝宁,一号后予,或曰公孙曼。”
⑮据《竹书纪年》:杼在位十七年。
⑯一作芬。《帝王世纪》又作祖武。
⑰据《竹书纪年》:是年,九夷来朝。
⑱据《帝王世纪》:槐在位二十六年。
⑲一作荒,或作和。
⑳据《通鉴外记》:芒在位十八年。
㉑一作世。
㉒据《帝王世纪》:泄在位十六年。《竹书纪年》作二十一年。并载是年“命畎夷、白夷、赤夷、玄夷、风夷、阳夷,繇是服从”。
㉓一作降。《帝王世纪》作北成。
㉔据《竹书纪年》:不降在位五十九年。
㉕一作局,或作禺。《帝王世纪》作高阳。
㉖据《帝王世纪》:扃在位二十一年。
㉗一作项,或作胤甲。《帝王世纪》作董江。
㉘据《通鉴外纪》:在位二十一年。
㉙据《通鉴外纪》:孔甲在位三十一年。
㉚一作昊,或作皋苟。
㉛据《通鉴外纪》:皋在位十一年。
㉜一作后敬,或作发惠。据《竹书纪年》:是年诸夷宾于王门,献其乐舞。
㉝据《通鉴外纪》:发在位十一年。
㉞名履癸。
㉟据《竹书纪年》:畎夷入岐。
㊱据《竹书纪年》:岐踵戎来宾。
㊲据《竹书纪年》:商帅师征有洛,克之,遂征荆,荆降。
㊳据《史记·殷本纪》:帝喾次妃有子曰契,佐禹治水有功,封于商,赐姓子氏。契至汤嗣递为:契——昭明——相土——昌若——曹圉——冥——振——微——报丁——报乙——报丙——主壬——主癸——汤。
㊴据《通鉴外纪》:桀在位五十二年。据《史记·匈奴传》:桀崩,其子淳维妻其众妾,遁于北野,随畜转徙,号荤育,逮周日盛,曰猃狁。

二　商纪年表

①一作成汤,或作武汤、武唐、武王、天乙、大乙、履。据《帝王世纪》:汤即位十七年而灭夏。
②据《竹书纪年》:氐羌来宾。
③据《竹书纪年》:汤在位二十九年。
④卜辞有卜丙。
⑤据《竹书纪年》:外丙在位二年。
⑥一作中壬。卜辞有南壬。
⑦据《史记·殷本纪》:仲壬在位四年。
⑧一作大甲,或作祖甲。《帝王世纪》云:太甲修政,殷道中兴,号曰太宗。
⑨据《帝王世纪》:太甲在位三十三年。
⑩卜辞有羌丁。
⑪据《通鉴外纪》:沃丁在位二十九年。
⑫一作小庚,或作小庚辨。卜辞有大庚。
⑬据《通鉴外纪》:太庚在位二十五年。
⑭据《通鉴外纪》:小甲在位三十六年。
⑮一作邕己。
⑯据《竹书纪年》:雍己在位十二年。
⑰一作大戊,或作天戊。据《史记·殷本纪》:太戊修德,殷复兴,诸侯归之,故称中宗。
⑱据《竹书纪年》:西戎来宾,王使王孟聘西戎。
⑲据《竹书纪年》:东九夷来宾。
⑳据《尚书·无逸》:太戊在位七十五年。
㉑一作中丁。
㉒据《竹书纪年》:征蓝夷。
㉓据《通鉴外纪》:仲丁在位十一年。
㉔卜辞有卜壬。
㉕据《通鉴外纪》:外壬在位十五年。
㉖卜辞有戋甲。
㉗据《竹书纪年》:征蓝夷,再征班方。
㉘据《竹书纪年》:河亶甲在位九年。
㉙卜辞作且乙。
㉚据《竹书纪年》:祖乙在位十九年。
㉛卜辞作且辛。
㉜据《通鉴外纪》:祖辛在位十六年。
㉝一作开甲,卜辞作羌甲。
㉞据《通鉴外纪》:沃甲在位二十年。
㉟据《通鉴外纪》:祖丁在位三十二年。
㊱据《通鉴外纪》:南庚在位二十九年。
㊲一作和甲,卜辞作象甲。
㊳据《竹书纪年》:西征丹山戎。
㊴据《通鉴外纪》:阳甲在位七年。
㊵卜辞作般庚。据《帝王世纪》:盘庚徙都殷,始改商曰殷。
㊶据《竹书纪年》:盘庚在位二十八年。
㊷据《通鉴外纪》:小辛在位二十一年。
㊸据《通鉴外纪》:小乙在位二十一年。
㊹号高宗。据《诗经·商颂·殷武》:武丁时曾伐荆楚。据《易经·既济》:高宗伐鬼方,三年克之。
㊺据《竹书纪年》:伐鬼方。
㊻据《竹书纪年》:克鬼方。氐羌来宾。
㊼据《尚书·无逸》:武丁在位五十九年。
㊽卜辞作且庚。
㊾据《通鉴外纪》:祖庚在位七年。
㊿卜辞作且甲。
51据《竹书纪年》:征西戎。
52据《竹书纪年》:西戎来宾。
53据《尚书·无逸》:祖甲在位三十三年。
54一作冯辛。卜辞作且辛。
55据《通鉴外纪》:廪辛在位六年。
56卜辞作康且丁。
57据《通鉴外纪》:庚丁在位六年。
58卜辞作武且乙。据《后汉书·东夷传》:武乙时,东夷寝盛,分迁淮岱,渐居中土。

(59)据《通鉴外纪》：武乙在位四年。《竹书纪年》记为三十五年，并云是年周公季历伐西落鬼戎，俘二十翟王。据《易经・既济》：震用伐鬼方，三年有赏于大国。

(60)一作太丁，或作大丁，卜辞作文武丁。据《帝王世纪》：太丁之世，王季伐诸戎。

(61)据《竹书纪年》：周公季历伐燕京之戎，大败。

(62)据《通鉴外纪》：文丁在位三年。《竹书纪年》记为十一年，并记：四年时，周公季历伐余无之戎，克之，命为牧师。七年，伐始呼之戎，克之。十一年，伐翳徒之戎，捷其三大夫。

(63)卜辞作乙。

(64)据《竹书纪年》：命南仲西拒昆夷，城朔方。

(65)据卜辞：征夷方、盂方。

(66)据《帝王世纪》：帝乙在位三十七年。

(67)一作受，又名辛，号帝辛。

(68)据《史记・周本纪》：帝喾元妃有子名弃，弃农耕有功，封于邰，号后稷，别姓姬氏。弃至发嗣承顺序为：弃——不窋（时奔戎狄之间）——鞠——公刘（自戎狄保归）——庆节——皇仆——差弗——毁隃——公非——高圉——亚圉——公叔祖类——古公亶父（时薰育戎狄来攻，避迁岐下）——季历（兄太伯、虞仲亡人荆蛮，文身断发以让位）——文王昌（即西伯，时曾伐犬戎）——武王发。

(69)据《帝王世纪》：纣在位三十三年。又据《汉书・地理志》：殷商即亡，殷道衰，箕子去之朝鲜，教其民以礼仪，田蚕织作。《尚书大传》：武王胜殷，释箕子之囚，箕子不忍周之释，走之朝鲜，武王闻之。因以朝鲜封之。

三　西周纪年表

①武王克商，据《史记・周本纪》在武王十一年。此与《竹书纪年》有异，《竹》书记在十二年。两书在武王纪年上还有不同，据《竹》：武王十五年，肃慎氏来宾。据《左传》："及武王克商，蒲姑、商奄，吾东土也；巴、濮、楚、邓，吾南土也；肃慎、燕、毫，吾北土也。"《国语・鲁语》云：昔武王克商，通道九夷、百蛮，使各以其方贿来贡，使无忘职业，于是肃慎氏贡楛矢、石砮，其长尺有咫。《后汉书・西羌传》：及武王克商，羌、髳率师会于牧野。

②据《史记・封禅书》：武王克殷二年，天下未宁而崩。

③据《帝王世纪》：淮夷、徐戎及郁叛，王乃大搜于岐阳，东伐淮夷。

④据《竹书纪年》：王师伐淮夷，遂入奄。

⑤据《竹书纪年》：肃慎氏来朝，王使荣伯赐肃慎氏命。

⑥据《竹书纪年》：王师会齐侯、鲁侯伐戎。

⑦据《竹书纪年》：於越来宾。

⑧据《竹书纪年》：王大会诸侯于东都，四夷来宾。

⑨据《竹书纪年》：离戎来宾。

⑩据《尚书・顾命篇》：成王在位三十七年。

⑪据《帝王世纪》：康王在位二十六年。

⑫据《帝王世纪》：穆王征犬戎，得练刚赤刀，用之割玉，如割泥焉。《国语》、《史记》记为：穆王征犬戎，得四白狼、四白鹿以归。

⑬据《竹书纪年》：是年，伐犬戎。

⑭据《竹书纪年》：西戎来宾，徐戎侵洛。

⑮据《竹书纪年》：伐徐戎。九月，狄人来侵。

⑯据《竹书纪年》：迁西戎于太原。

⑰据《竹书纪年》：荆人入徐，败荆人于千沛。

⑱据《竹书纪年》：伐楚。荆人来贡。伐越。

⑲据《帝王世纪》：穆王在位五十五年。

⑳一作恭王伊扈。

㉑据《竹书纪年》：共王在位十二年。

㉒一作坚。据《汉书・匈奴传》：懿王时，王室遂衰，戎狄交侵，暴虐中国，中国被其苦，诗人始作，疾而歌曰："靡室靡家，猃允之故，岂不日戒，猃允孔棘。"

㉓据《竹书纪年》：西戎侵镐。

㉔据《竹书纪年》：翟人侵岐。

㉕据《竹书纪年》：伐犬戎。

㉖据《竹书纪年》：懿王在位二十五年。

㉗据《竹书纪年》：伐西戎。

㉘据《竹书纪年》：西戎来献马。

㉙据《帝王世纪》孝王在位十五年。

㉚据《竹书纪年》：蜀人、吕人来献琼玉。

㉛据《竹书纪年》：虢公帅师伐太原之戎。

㉜据《竹书纪年》：淮夷侵洛，王命虢公长父伐之。

㉝一作慎公挚。

㉞姓姜氏。

㉟楚政权是否为民族政权，尚未定论。

㊱据《竹书纪年》：西戎入于犬丘。

㊲芈姓。鬻熊之后，因氏熊。

㊳据《史记・秦本纪》：秦仲立三年，周厉王无道，诸侯或叛之。西戎反王室，灭犬丘大骆之族。

㊴据《史记・周本纪》：王室乱，召公、周公二相行政，号曰共和。此为我国历史纪年之始。此表"共和"以后主要依据《史记，十二诸侯年表》。

㊵据《汉书》：宣王时，兴师命将征伐戎狄，诗人美大其功曰："薄伐猃允，至于太原，出车彭彭，城彼朔方。"是时，四夷宾服，称为中兴。

㊶一作苏。

㊷据《竹书纪年》：周宣王命大夫秦仲伐西戎。

㊸据《竹书纪年》：六月，尹吉甫帅师伐俨狁，至于太原。八月，方叔帅师伐荆蛮。

㊹据《竹书纪年》：召穆公率师伐淮夷。王帅师伐徐戎，皇父休父从王伐徐戎。

㊺据《史记・秦本纪》：西戎杀秦仲，秦仲立二十三年，死于戎。

㊻据《史记・秦本纪》：周宣王召庄公昆弟五人，与兵七千人，使伐西戎，破之。于是复予秦仲后，及其先大骆地犬丘并有之，为西垂大夫。

㊼一作费王。

㊽一作脱。

㊾据《竹书纪年》：王师伐太原之戎，不克。

㊿《史记・十二诸侯年表》作惠公伯雉。《管蔡世家》作惠伯兕，集解引孙检曰："曹惠伯或名雉，或名弟，或复名弟兕也。"

(51)一作购。

(52)据《竹书纪年》：王师及晋穆侯伐条戎、奔戎，败。

(53)《史记》索隐：名熊仪，号若敖。

(54)据《竹书纪年》：王师伐姜戎，战于千亩，败。

(55)据《竹书纪年》：戎人灭姜邑。

(56)据《竹书纪年》：晋人败北戎于汾隰。

(57)据《史记・秦本纪》：庄公有子三人，长曰世父，世父曰："戎杀我大父仲，我非杀戎王则不敢入邑。"遂将击戎，让其弟襄公为太子。庄公立四十四年卒，太子襄公代立。
⑤⑧据《竹书纪年》：王命伯士帅师伐六济之戎，败。西戎灭盖。
⑤⑨据《史记·秦本纪》：戎围犬丘，世父击之，为戎人所虏，岁余，复归世父。
⑥⑩据《国语·郑语》：史伯曰：当成周者，南有荆蛮、申、吕、应、邓、陈、蔡、随、唐；北有卫、燕、狄、鲜虞、潞、洛、泉、徐、蒲；西有虞、虢、晋、隗、霍、杨、魏、芮；东有齐、鲁、曹、宋、滕、薛、邹、莒。是非王之支子母弟甥舅也，则皆蛮、夷、戎、狄之人也。
⑥⑴据《竹书纪年》：申侯聘西戎及鄫。
⑥⑵据《竹书纪年》：申侯引西夷、鄫人、犬戎攻杀幽王。据《史记·匈奴列传》：周幽王用宠姬褒姒之故，与申侯有隙，申侯怒，而与犬戎共攻杀周幽王于骊山之下，遂取周之焦获，而居于泾、渭之间，侵暴中国。秦襄公救周，于是周平王去酆、鄗，而东徙洛邑。
⑥⑶据《史记·十二诸侯年表》：以幽王故，桓公为犬戎所杀。

四 春秋纪年表

①此表主要据《史记·十二诸侯年表》，并参考后人考证。
②据《史记·秦本纪》：周避犬戎难，东徙洛邑。
③据《史记·秦本纪》：秦襄公以兵送周平王，平王封襄公为诸侯，赐之岐以西之地，曰："戎无道，侵夺我岐、丰之地，秦能攻逐戎，即有其地。"与誓封爵。襄公于是始国，与诸侯通使聘享之礼。
④"滑"一作"掘"。
⑤一作弗湟，或弗皇，或弗生。
⑥据《竹书纪年》：襄公帅师伐戎，卒于师。
⑦据《左传》：武公时，郐瞒来伐，败狄于长丘，获长狄缘斯。
⑧一作缪公。
⑨一作粉冒。
⑩一作终湟。
⑪据《史记·秦本纪》：以兵伐戎，戎败走，于是文公遂收周余民有之，地至岐，岐以东献之周。
⑫一作考父，或作措父。
⑬据《左传》：初，楚武王克权，使斗缗尹之，以叛，围而杀之，迁权于那处，使阎敖尹之。

⑭据《史记·晋世家》：是年，晋大臣潘父杀昭侯，晋人共立平为君，是为孝侯，诛潘父。
⑮一作禄甫。
⑯据《竹书纪年》：狄人伐翼，至于晋郊。
⑰一作缪侯。
⑱一作郚，或作都。
⑲一作息。《春秋》记事始于是年。据《左传》：是年八月，纪人伐夷。
⑳据《左传》：春，会戎于潜。八月，与戎盟于唐。
㉑据《左传》：戎伐凡伯于楚丘。
㉒据《史记·秦本纪》：遣兵伐荡社。
㉓据《左传》：北戎侵郑，郑伯御之，十一月，郑人大败戎师。
㉔据《史记·秦本纪》：与亳战，亳王奔戎，遂灭荡社。
㉕据《左传》：隐公于十一年被杀，立桓公。翌年桓公即位。集解曰：嗣子位定于初丧，而改元必逾年。
㉖一作兀，或作轨、子允。
㉗据《左传》：与戎盟于唐，修旧好。
㉘据《史记·晋世家》：是年哀侯被虏，晋人立其子小子为君。
㉙据《竹书纪年》：戎人逆芮伯万于郊。
㉚据《史记·晋世家》：是年，小子被杀，其叔潜为晋侯。
㉛据《左传》：北戎伐齐，齐侯乞师于郑，郑救齐，六月，大败戎师，获其二帅大良和少良，以及甲首三百，以献齐。
㉜据《史记·秦本纪》：宪公作宁公。是年伐荡氏，取之。宁公立十二年卒。
㉝据《左传》：巴子告楚，请与邓为好。鄾人攻之。夏，楚、巴围鄾，邓救之，败，鄾师馈。
㉞一作夕姑。
㉟据《左传》：楚将盟于式、轸。郑欲与随、绞、州、蓼伐楚。楚败郑师，卒盟而还。
㊱据《左传》：楚伐绞，大败之，为城下之盟而还。
㊲据《左传》：春，楚伐罗，罗与卢戎共败楚师。
㊳据《左传》：邾人、牟人、葛人来朝。
㊴据《史记·秦本纪》：武公元年，伐彭戏氏。据《史记》正义：彭戏氏为戎号。
㊵一名子仪。
㊶据《左传》：文王与巴人伐申。
㊷据《史记·秦本纪》：伐邽、冀戎，初县之。

㊸据《史记·秦本纪》：灭小虢。正义：小虢，羌之别种。
㊹惠公复位。
㊺据《国语·齐语》：桓公即位数年，东南多有淫乱者，莱、莒、徐夷、吴、越，一战帅服三十一国。遂南征伐楚，北伐山戎，西征攘白狄之地。
㊻据《左传》：齐师灭谭，谭子奔莒。
㊼厉公复位。
㊽据《史记·晋世家》：二十八年（公元前679年），曲沃武公灭晋侯，周王命武公为晋君，时武公已即位三十七年。
㊾据《左传》：娶二女于戎，大戎狐姬生重耳，小戎子生夷吾。
㊿据《左传》：追戎于济西。
㈤一作杜敖，或作庄敖。据《左传》：冬，巴人伐楚。
㈥据《左传》：春，楚子被巴败于津，还，鬻拳弗纳，遂伐黄，败黄师。
㈦一作缪侯。
㈧据《左传》：齐伐戎。
㈨据《国语·晋语》：克骊戎，获骊姬以为夫人，生奚齐。公将黜太子申生，而立奚齐。
㈩一作犍。
57据《左传》：冬，戎侵曹。
58据《左传》：鲁公伐戎。
59据《左传》：伐山戎，次年献捷。
60据《史记·齐太公世家》：山戎伐燕，齐救之，伐山戎，至于孤竹而还。
61据《国语·齐语》：狄人攻邢，桓公筑夷仪以封之。
62一作愍公。
63一作启方。
64据《左传》：狄人伐邢，齐人救之。
65据《左传》：虢公败犬戎。
66据《国语·晋语》：使申生伐东山皋落氏，败狄于稷桑而还。
67据《竹书纪年》：卫懿公及赤狄战于洞泽。据《左传》：懿公因好鹤而败之。
68据《左传》：为御狄，诸侯救邢，邢败，迁于夷仪。
69一作申。
70一作缪公。据《史记·秦本纪》：元年，伐茅津。正义：茅津为戎号。
71据《左传》：虢公败戎于桑田。
72据《史记·十二诸侯年表》：齐为卫筑楚丘，以救狄之伐。
73据《左传》：徐人取舒。
74据《史记·晋世家》：重耳奔狄，狄伐廧咎如,获二女,以长女妻重耳,少女妻赵衰。
⑦⑤据《左传》:楚灭弦,弦子奔黄,于是江、黄、道、柏方睦于齐,皆弦姻也。弦子恃之不事楚,又不防备,故亡。
⑦⑥据《左传》:败狄于采桑。
⑦⑦据《左传》:夏,狄伐晋,报采桑之役。
⑦⑧据《国语·晋语》:献公卒,告公子重耳于狄。
⑦⑨一作兹甫。
⑧⑩据《左传》:狄灭温。因苏子无信,叛周王即狄,又不能于狄相处,狄人伐之,周王不救,故灭,苏子奔卫。
⑧①据《左传》:夏,伐北戎。
⑧②据《左传》:夏,杨拒、泉皋、伊洛之戎同伐京师,秦、晋来救。秋,晋促戎于周王和。
⑧③据《左传》:诸侯于卫楚丘筑郭,惧狄难。
⑧④据《左传》:周王以戎难之故,讨子带,秋,子带奔齐,冬,齐侯使管夷吾促戎于王和,使隰朋促戎于晋和。
⑧⑤据《左传》:淮夷令杞扰,且谋王室。秋,为戎难,诸侯戍周。
⑧⑥据《左传》:狄侵卫。
⑧⑦据《左传》:春,诸侯城缘陵,迁杞,避淮夷。
⑧⑧据《左传》:狄侵郑。
⑧⑨据《左传》:春,楚人伐徐。三月,鲁、齐等救徐。冬,楚败徐于娄林。
⑨⑩据《左传》:周王以戎难告齐,齐会诸侯以戍周。
⑨①据《左传》:秋,狄侵晋,取狐厨、受铎,涉汾水,及昆都。
⑨②据《左传》:春,齐人为徐伐英氏,报娄林之役。夏,齐灭项。
⑨③据《左传》:冬,狄人伐卫。
⑨④无诡立三月而卒。
⑨⑤据《左传》:邾人执鄫子,欲以使东夷归附。
⑨⑥据《左传》:秋,与狄盟于邢。
⑨⑦据《国语》:郑人伐滑,周王怒,将以狄伐郑。
⑨⑧据《左传》:春,狄侵卫。
⑨⑨据《左传》:秋,秦、晋迁陆浑之戎于伊川。
(100)据《左传》:周王使狄出师攻郑。夏,狄伐郑《史记》记为十五年,《国语》记为十七年),取栎。周王纳狄女为后。秋,狄伐周,大败周师(《国语》记为十八年);周王适郑。
(101)据《左传》:四月,为御狄,晋助周王,周王回城。据《汉书》:攘戎狄居于西河圜洛间,号曰赤狄、白狄。
(102)据《左传》:秋,楚灭夔。
(103)据《左传》:晋作三军以御狄。
(104)据《左传》:夏,狄侵齐。
(105)据《左传》:作五军以御狄。
(106)据《左传》:冬,狄围卫,卫迁于帝丘。
(107)据《左传》:夏,狄有乱,卫侵狄,狄请和。秋,与狄盟。
(108)据《左传》:狄伐晋。八月,败狄于箕,获白狄子。
(109)据《左传》:狄侵齐。
(110)据《左传》:晋及姜戎败秦师。
(111)一作缪公。
(112)据《史记·秦本纪》:戎王使由余赴秦,由余本晋人,亡于戎。
(113)狄侵齐。
(114)据《史记·匈奴列传》:秦用由余谋,伐戎王,益国十二、开地千里,遂霸西戎。于时,陇以西有绵诸、绲戎、翟貕之戎、岐、梁山、泾、漆之北有义渠、大荔、乌氏、朐衍之戎,而晋北有林胡、楼烦,燕北有东胡、山戎。
(115)据《左传》:六囘人叛楚,即东夷。秋,楚灭六。
(116)《左传》:十一月,贾季奔狄。
(117)《史记·周本纪》记三十二年襄王崩,与《十二诸侯年表》有异。
(118)据《左传》:狄侵西鄙,告于晋。冬,徐伐莒,莒宋请盟。
(119)据《左传》:冬,襄仲会伊洛之戎。
(120)据《左传》:狄侵齐。
(121)据《左传》:秋,楚公子朱自东夷伐陈。
(122)据《左传》:狄侵宋。
(123)据《史记》:败狄于长丘。据《左传》:获长狄缘斯。
(124)据《左传》:十月,败狄于咸,获长狄侨如。
(125)据《左传》:群舒叛楚。夏、楚围巢。集解:巢,群舒之一。
(126)据《左传》:狄侵卫。
(127)据《左传》:楚大饥,戎来伐。庸人帅群蛮叛,麇人率百濮伺动。楚与巴人、秦人灭庸,群蛮从楚他,百濮乃罢。
(128)据《左传》:周败戎。
(129)一作鲍革。
(130)一作倭,或作接、委。
(131)据《史记·齐太公世家》:长翟来,王子城父攻杀之。
(132)据《左传》:赤狄侵齐。
(133)据《左传》:楚庄王伐陆浑之戎,至于洛。观兵周疆,固定王遣使慰劳,庄王问鼎之大小轻重。
(134)据《左传》:赤狄侵齐。
(135)据《左传》:秋,赤狄伐晋。
(136)据《左传》:赤狄侵晋。
(137)据《左传》:春,白狄与晋和。六月,晋与白狄伐秦。
(138)据《左传》:楚灭舒、蓼。
(139)据《左传》:晋求好于众狄,众狄怨赤狄奴役,遂服晋。秋,会于欑函,众狄服也。
(140)成公立于是年冬。
(141)据《左传》:秋,赤狄伐晋。
(142)一作疆。
(143)据《左传》:六月,晋败赤狄,灭潞氏。
(144)据《左传》:晋灭赤狄甲氏及留吁、铎辰。
(145)据《左传》:王师败于茅戎。
(146)据《左传》:晋伐廧咎如,讨赤狄余众。
(147)一作沸,或作弗。
(148)据《左传》:三月,伊洛之戎、陆浑、蛮氏等侵宋。
(149)据《史记·吴太伯世家》:周太王子太伯未得立,奔荆蛮,文身断发,自号句吴,归之千余家,立为吴太伯。自太伯作吴,五世而武王克殷,封其后为二:其一虞,在中国;其一吴,在夷蛮。太伯至寿梦十九世。
(150)据《左传》:吴始伐楚、巢、徐,蛮夷属于楚者,吴尽取之,是以始大,得以与中原诸国往来。
(151)据《左传》:白狄伐晋。
(152)据《史记·秦本纪》:秦与翟合谋击晋。
(153)据《左传》:狄人乘宋之盟以侵晋。秋,晋败狄于交刚。
(154)据《左传》:楚人灭舒庸。
(155)一作子周,或作纠。
(156)据《左传》:无终子嘉父使孟乐赴晋,献虎豹之皮,以请和诸戎,晋遣魏绛盟诸戎。
(157)据《左传》:戎子驹支赋《青蝇》诗。
(158)一作招。
(159)一作秋,或作焱、剽。

(160)据《左传》：春，白狄始来。
(161)据《左传》：舒鸠人叛楚。
(162)据《左传》：八月，楚灭舒鸠。
(163)一作箬白。
(164)据《史记·卫康叔世家》：献公后元年。
(165)据《左传》：白狄朝于晋，宋盟之故。
(166)据《左传》：荀吴帅师败无终及群狄于大卤。
(167)据《左传》：夏，楚会淮夷于申。
(168)据《左传》：十月，楚子以诸侯及东夷伐吴。
(169)一作瑊公。
(170)据《左传》：楚伐徐，吴人救之。
(171)一作房。
(172)据《左传》：十月，伐鲜虞。
(173)据《左传》：伐徐。
(174)据《左传》：荀吴侵鲜虞，大获而归。
(175)据《史记·陈杞世家》：陈哀公三十五年（公元前534年），其弟招作乱，哀公自杀，招立太子留为陈君。楚灵王闻陈乱，于十一月发兵灭陈，使楚灵王弟弃疾为陈公。及楚平王立（公元前529年），为求和于诸侯，乃复立陈哀公孙吴为陈侯，是为惠公。惠公立，为续纪年，以哀公卒后为元年，此为五年矣。
(176)据《左传》：荀吴帅师伐鲜虞，克鼓而返，执鼓子鸢鞮归。
(177)据《左传》：齐侯伐徐，徐人请和，盟于蒲隧。
(178)据《左传》：楚子闻蛮氏之乱，诱戎蛮子嘉杀之，取蛮氏，既而立其子。
(179)据《左传》：九月，荀吴帅师灭陆浑之戎，陆浑子奔楚，其众奔甘鹿，周大获。
(180)据《左传》：楚子为舟师以伐濮。
(181)据《左传》：将伐鲜虞。
(182)据《左传》：鼓子叛晋归鲜虞。六月，荀吴袭鼓，灭之。执鼓子鸢鞮归，使涉佗守鼓地。十月，晋将籍等帅九州之戎及焦、瑕、温、原之师，以纳王子猛（未即位，卒后周人谥曰悼王）于王城。
(183)一作丐。
(184)据《左传》：是年，公子掩馀奔徐；公子烛庸奔钟吾。
(185)一作声公。
(186)一作阖庐。

(187)据《左传》：吴子使徐人执掩馀，掩馀奔楚。十一月，吴子伐徐，己卯，灭徐，徐子章禹奔楚，楚救徐弗及，遂城夷，使徐子处之。
(188)据《左传》：秋，吴人侵楚，伐夷。
(189)据《左传》：九月，鲜虞人败晋师于平中。
(190)据《左传》：是年三月，刘文公合诸侯谋伐楚。晋荀寅语及中山（集解：中山，鲜虞）。旋晋士鞅、卫孔圉帅师伐鲜虞。
(191)一作露。
(192)据《左传》：士鞅围鲜虞，报观虎之役。
(193)一作周。
(194)据《左传》：析成鲋、小王桃甲率狄师以袭晋，战于绛中，不克而还。
(195)据《左传》：二月，楚子灭胡，执胡子豹归。
(196)据《左传》：齐、卫、鲜虞伐晋，取棘蒲。
(197)一作将。
(198)据《左传》：春，齐、卫围戚，求援于中山。
(199)据《左传》：荀寅奔鲜虞，国夏伐晋，会鲜虞，纳荀寅于柏人（集解：晋邑）。
(200)据《左传》：夏，单浮馀围蛮氏，蛮氏溃。蛮子赤奔晋阴地。楚司马召丰、析二邑人及狄戎，逼近上洛。士蔑乃召九州之戎（集解：九州戎，在晋阴地，陆浑者），将分田以与蛮子筑城，且将为之卜。蛮子前来听卜，被执，司马以筑邑诱其民，而尽俘以归。
(201)据《左传》：赵鞅帅师伐鲜虞。
(202)孔子《春秋》绝笔于是年。
(203)敬王崩年，《史记·周本纪》记为四十二年；《十二诸侯年表》记为四十三年；集解据皇甫谧曰，为四十四年。
(204)据《史记·卫康叔世家》：庄公三年（公元前478年），庄公上城，见戎州（集解：贾逵曰，戎州，戎人之邑），曰："戎虏何为是？"戎州病之。十月，戎州告赵简子，简子围卫。十一月，庄公出奔，卫人立公子斑师为卫君。齐伐卫，虏斑师，更立公子起为卫君。
(205)据《左传》：巴人伐楚，围鄾。

(206)自齐归，复立。
(207)据《左传》：秋，沈诸梁伐东夷，三夷男女及楚师盟于敖。

五　战国纪年表

①本表主要依据《竹书纪年》和《史记·六国年表》，并参考后人考证。
②此据《竹书纪年》。《史记·六国年表》作二年。
③此据《竹书纪年》。《史记·六国年表》作献公十八年。后人多依《竹》书所记。
④据《史记·秦本纪》：蜀人来赂。
⑤一作凿。
⑥此据《竹书纪年》。《史记·六国年表》作二十三年十一月亡。
⑦据《史记·秦本纪》：义渠来赂。
⑧一作贞王，或贞定王。
⑨据《史记·秦本纪》：以二万兵伐大荔，取其王城。
⑩一作就匝。
⑪一作都。
⑫据《史记·秦本纪》：伐义渠，虏其王。
⑬据《史记·周本纪》：在位三个月。
⑭据《史记·周本纪》：在位五个月。
⑮一作中。
⑯据《史记·秦本纪》：义渠来伐，至渭南。
⑰据《史记·魏世家》：伐中山。
⑱"中山"一名，最早见于《左传》鲁定公四年（公元前506年），有人将其称之为早期中山国。早期国君世袭不明，不能作表。据《史记》索隐：中山，古鲜虞国。
⑲一说武公立国为中期中山国。据近年出土文物，中山武公之前尚有一"文公"，然年代失考。
⑳一作处。
㉑一说中山国于前407年亡于魏，桓公于前381年复国。
㉒一作疑。
㉓一作武侯。
㉔据《史记·六国年表》：蜀来伐，取南郑。
㉕是年康公卒，吕氏遂绝其祀，田氏拥有齐国。
㉖据《史记·魏世家》：狄败魏于浍。
㉗据《史记·赵世家》：与中山战于房子。
㉘据《史记·楚世家》：蜀来伐，取兹方。

㉙据《史记·赵世家》：伐中山,又战于中人。

㉚是年,若山杀哀侯自立。

㉛据《竹书纪年》：周烈王二年（公元前374年）,齐田午杀其君而为公。

㉜三家分晋,桓公被迁,以后世系不详。

㉝据《史记·赵世家》：中山筑长城。

㉞据《史记·秦本纪》：出兵东围陕城,西斩戎之獂王。

㉟据《史记·魏世家》：中山君相魏。索隐：魏文侯灭中山,其弟守之,后寻复国,至是令相魏。其中山后又为赵所灭。

㊱据《史记·秦本纪》：蜀人来朝。

㊲据《后汉书·西羌传》：义渠败秦师于洛。

㊳惠王三十六年改元年,史称后元。

㊴据《史记·西南夷列传》：威王时,使将军庄蹻将兵循江上,略巴、蜀、黔中以西,至滇池,以兵威定归楚。欲回报,会秦击夺楚巴、黔中郡,道塞不通。因还,以其众于滇称王,变服,从其俗。

㊵一说亡于前334年。

㊶据《魏略》：昔箕予以后,朝鲜侯见周衰,燕自尊为王,欲东略也。朝鲜侯亦自称为王,欲兴兵逆击燕,以尊周室,其大夫礼谏之,乃止。

㊷据《史记·六国年表》：义渠内乱,庶长操将兵定之。

㊸据《史记·秦本纪》：县义渠,义渠君为臣。

㊹据《史记·秦本纪》：是年,更为元年,后人称之为更元。

㊺是年（一作前318年）称王。

㊻据《史记·六国年表》：王北游戎地,至河上。

㊼据《史记·秦本纪》：韩、赵、魏、燕、齐帅匈奴共攻秦。一说认为"帅匈奴"三字不实。

㊽据《史记·秦本纪》：司马错伐蜀,灭之。

㊾一作诞。据《史记·周本纪》：赧王时,因王室分裂,赧王与武公各居一都,分主政理。

㊿据《史记·秦本纪》：伐义渠,得二十五城。

51据《史记·秦本纪》：丹、犁臣、蜀相杀蜀侯来降。（正义,丹、犁,二戎号。原臣服于蜀。）

52据《史记·秦本纪》：诛蜀相,伐义渠、丹、犁。

53据《史记·赵世家》：王北略中山之地,至于房子,云："今中山在我腹心,北有燕,东有胡,西有林胡、楼烦、秦、韩之边,而无强兵之救,是亡社稷。"于是,命大臣胡服,以便骑射。

54据《后汉书·西羌传》：义渠王朝秦。

55据《史记·赵世家》：西略胡地,至榆中,林胡王献马。

56《史记·秦本纪》：是年,蜀侯反,司马错定蜀。

57据《史记·匈奴列传》：燕有贤将秦开,为质于胡,胡甚信之,归而袭破走东胡,东胡却千余里。燕亦筑长城,自造阳至襄平,以拒胡。史籍未载具体年代,宋人吕祖谦作《大事记》系此事于周赧王十五年。

58一名遂。

59据《史记·赵世家》：胡服将士西北略胡地。

60亦称胜。

61据《史记·赵世家》：惠文王出代,西遇楼烦王于西河而致其兵。

62一说亡于前296年。

63据《华阳国志·蜀志》：张若取筰及江南地。

64据《史记·秦本纪》：使司马错发陇西,因蜀攻楚黔中,拔之。

65据《资治通鉴》：田单攻狄,先败后胜。

66据《史记·秦本纪》：蜀伐楚,取巫郡及江南,为黔中郡。

67据《史记·赵世家》：取东胡欧代地。

68据《史记·匈奴列传》：秦昭王时,义渠戎王与宣太后乱,有二子。宣太后诈而杀义渠戎王于甘泉,遂起兵伐残义渠。于是,秦有陇西、北地、上郡,筑长城以拒胡。

69据《史记·李牧传》：赵将李牧驻守代郡、雁门备御匈奴,大破匈奴十余万骑,单于奔走。其后十余岁,匈奴不敢近赵边城。

70一作完。

71原名异人。

72一作午。

73一作悍。

74一作潘王。

75一作郝。

76据《史记·燕召公世家》：秦拔蓟,王徙辽东。

77据《史记·燕召公世家》：秦拔辽东,房燕王喜灭燕。

78据《资治通鉴》：秦王翦悉定荆江南地,降百越之君,置会稽郡。

六 秦汉纪年表

① 秦王嬴政于公元前246年执政,前221年统一,称始皇帝。时以十月为岁首。

② 据《史记·匈奴列传》：始皇帝使蒙恬将十万之众北击匈奴,悉收河南地,时匈奴单于曰头曼,头曼不胜秦,北徙。

③ 据《史记·匈奴列传》：冒顿以鸣镝射杀其父头曼,自立。集解曰：于秦二世元年壬辰岁（公元前209年）立。一说立于前210年。

④ 一作南粤。

⑤ 据《史记·南越尉佗列传》：赵佗在秦时为南海龙川令。秦灭时据桂林、象郡,自立为南越武王。一说赵佗立于前204年。

⑥ 据《史记·匈奴列传》：时东胡强盛,与匈奴边界纠纷,为匈奴所败,既归,西击月氏,南并楼烦,侵燕、代,控弦之士三十余万。后北服浑庚、屈射、丁灵、鬲昆、薪犁之国。

⑦ 刘邦初称汉王,于五年（公元前202年）二月灭项羽后正式称帝。

⑧ 据《史记·东越列传》：汉高祖五年（公元前202年）,立无诸为闽越王。

⑨ 在此以前,西周初年,尚有一箕子朝鲜,传四十余世,为卫满所灭。因其具体年代与世递不详,表不能作。

⑩ 据《史记·朝鲜列传》：战国时,燕曾略属朝鲜,为置吏。秦灭燕,属辽东外徼。朝鲜王卫满原为燕人,聚众千人,东走出塞,渡浿水,亡命朝鲜,遂王之,都王险。"孝惠、高后时,天下初定,辽东太守即约满为外臣。"关于卫满亡入朝鲜的时间,该传未确指,其云："燕王卢绾反,入匈奴,满亡命。"据该书《高祖纪》：汉高祖于十二年（公元前195年）四月卒,"卢绾闻高祖崩,遂亡入匈奴。"卫满入朝亦应在此时。据《汉书》颜注："满死传子,子死传孙。右渠者,其孙名也。"满子名失考,嗣位年亦不详,姑且将其纪年汇入卫满纪年之中。

⑪ 据《史记·东越列传》：汉惠帝三年（公元前192年）,立摇为东海王,因都东瓯,世称东瓯王。东瓯至建元三

⑪年(公元前138年),受闽越攻讨,举众内徙,处江、淮间。

⑫乌孙初立时依附匈奴,后与匈奴相背,西迁。后人一般以西迁为其立国之年。西迁年代有四说:一为前177至前176年;二为前174至前161年;三为前161至前160年;四为前130年。

⑬据《史记·匈奴列传》:冒顿灭月氏,定楼兰、乌孙、呼揭及其旁二十六国,皆以为匈奴。

⑭夜郎之名,早见于战国时期,秦汉时建立政权,多同以前情况不明。

⑮据《汉书·西南夷列传》,是年,汉遣郎中将唐蒙入夜郎,见夜郎侯多同。

⑯右渠嗣位年不详,据《后汉书·东夷传》:"元朔元年,涉君南闾等叛右渠,率二十八万口诣辽东内属。"此为史载右渠最早的时间。

⑰一作伊稚斜单于。据《史记》索隐:稚斜,匈奴语。

⑱滇之名,早见于战国时期,楚威王时,庄蹻入滇为王。

⑲据《汉书·西南夷列传》:汉遣王然于等出使西南夷,至滇,见滇王当羌。

⑳一说立于前118年。

㉑《汉书·西南夷列传》:时夜郎倚南越,南越亡,夜郎降汉,汉设牂柯郡。

㉒据《史记·东越列传》:元封元年,馀善被杀,东越降汉,民徙江淮间。

㉓据《汉书·西南夷列传》:汉兵临滇,滇王举国降,汉置益州郡。

㉔据《史记·朝鲜列传》:元封三年夏,尼溪相参使人杀朝鲜王右渠来降。《汉书》记同。《后汉书·东夷传》:至元封三年,灭朝鲜,分置乐浪、临屯、玄菟、真番四郡。

㉕一作詹师庐。据《史记·匈奴列传》:因年少,号儿单于。

㉖是年改历,更十月岁首为正月岁首。

㉗一作句黎湖。

㉘军须靡卒年,有三种说法:一曰前96年;二曰前93年;三曰前72年。

㉙一作延和。

㉚此年号有四说:一曰"后";二曰"征和后元",三曰"后元";四曰不著年号。

㉛一作鉤町。

㉜一说立于前64年。前53年为乌就屠所杀。

㉝据《汉书·匈奴传》:薄胥堂于是年冬立,与呼韩邪相攻。

㉞据《汉书·匈奴传》:时匈奴立有五单于。后,乌藉、呼揭去单于号,共辅车犁单于。明年,车犁东降呼韩邪单于。

㉟据《汉书·匈奴传》:屠耆单于从弟休旬王将所主五、六百骑击杀左大且渠,并其兵,至右地,自立为闰振单于,在西边。其后,呼韩邪单于兄左贤王呼屠吾斯亦自立为郅支骨都侯单于,在东边。

㊱与呼韩邪战败自杀。

㊲是年,闰振单于被郅支骨都侯单于所杀。

㊳是年,伊利目单于在右地自立,旋为郅支骨都侯单于击杀。一说此事发生在前53年。

㊴一作高勾骊。

㊵一名邹牟,或作众解,姓高氏。

㊶是年冬,郅支骨都侯单于被汉将斩于康居。

㊷据《汉书·匈奴传》:呼韩邪建始二年(公元前31年)死,雕陶莫皋立。

㊸据《汉书·西南夷传》:汉成帝河平中,夜郎王兴与句町王禹,漏卧侯俞举兵相攻。

㊹据《汉书·西南夷传》:夜郎王兴不从汉命,被汉将陈立诱斩。其妻父翁指与兴子邪务收余兵,胁旁二十二邑反,被杀。

㊺据《汉书·西南夷传》:夜郎王兴不从汉命被斩,句町王禹、漏卧侯俞震恐,从汉。

㊻雌栗靡卒于前16年。

㊼一作乌犁靡。

㊽后更名知。

㊾一作太初元将。八月,复称建平二年。

㊿一作初始。

51王莽十一月即位,建元,改国号,并改历,以十二月为岁首,《资治通鉴》以明年为元年。

52莎车为西域诸国之一,汉武帝时曾附汉。

53据《汉书·西域传》:汉宣帝(公元前74年—公元前49年在位)时,莎车王卒,无子,立乌孙人万年为王,未几,莎车王弟呼屠征杀万年自立,背汉。元康元年,(公元前65年)汉吏冯奉世发兵杀呼屠征,立他昆弟子为莎车王。据《后汉书·西域传》:匈奴单于因王莽之乱,略,有西域,唯莎车王延最强,不肯附属。天凤五年(18),延死,谥忠武王,子康代立。延即位年失考,暂以王莽元年为其纪年之始。

54据《后汉书·西南夷传》:及王莽政乱,益州夷栋蚕起兵,被平。建武十八年(42),又举兵。

55据《后汉书·西南夷传》:及王莽政乱,越巂姑复夷人大牟女亦举兵,不知所终。

56一作太武神王,又作大解朱留王,或大朱留王。

57据《后汉书·西羌传》:西羌之本,出自三苗。秦时爰剑以后,子孙分别各自为种。从爰剑种五世至研,研最豪健,以为种号;十三世至烧当,复豪健,其子孙又以烧当为种号。滇良为烧当之玄孙。烧当与滇良间嗣承情况与年代不明。

58刘玄为西汉皇族,由绿林起义军拥为帝。

59是年将历改回,复以正月为岁首。

60邛都之名,首见于《史记》。据《后汉书·西南夷传》:更始二年(24),长贵率种人攻杀郡守枚根,自立为邛谷王,领太守事。至东汉光武帝即位,加封为其王。

61据《后汉书·西域传》:是年,汉封莎车王康为汉莎车建功怀德王、西域大都尉。五十五国皆属焉。

62据《后汉书·西南夷传》:建武十九年(43),汉占邛都,长贵被杀,家属徙成都。

63据《后汉书·西南夷传》:是年,栋蚕为汉将所杀,诸夷悉平。

64据《华阳国志》:永昌郡,古哀牢国,九隆长大,共推以为王。

65据《后汉书·南蛮传》:建武二十三年(47),南郡湄山蛮雷迁等反汉,汉遣刘尚讨破,徙其种人七千余口置江夏界中,是为沔中蛮。

66《华阳国志》作扈栗。据《后汉书·西南夷传》:建武二十三年(47),其王为贤栗。

67据《后汉书·南蛮传》:光武中兴,武陵蛮夷特盛。建武二十三年(47),精夫相单程等据险自立,汉遣刘向发兵攻讨。

68即醢落尸逐鞮单于。

69名一作解爱娄。

70《汉书》作于阗,《史记》作于窴。据《新唐书·西域传》:或曰瞿萨旦那,亦曰涣那,曰屈丹,北狄曰于遁,诸胡曰豁旦。自汉武帝通西域以来,中原王朝诏书符节,其王传以相授。

⑦据《后汉书·西域传》:建武末,莎车王贤强盛,攻并于阗,徙其王俞林(《梁书·诸夷传》作俞)为骊归王。

⑦一作大祖王,或国祖王。小名於漱。

⑦一作广得。

⑦一作柳貌。据《华阳国志》:永平十二年(69),哀牢抑狼遣子奉献。

⑦据《新唐书·西域传》:疏勒,一曰伕沙。

⑦据《新唐书·西域传》:龟兹,一曰丘兹,一曰屈兹。《大唐西域记》又记作屈支。

⑦据《后汉书·班超传》:永平十六年(73),龟兹王建攻疏勒,杀其王。

⑦据《后汉书·西南夷传》:建初元年(76),哀牢王类牢杀守令,哀牢三千余人攻博南,次年,类牢被斩,传首洛阳。

⑦据《后汉书·南蛮传》:建初元年(76),武陵澧中蛮陈从等举兵,冬,降。

⑧据《后汉书·南蛮传》:建初三年(78)冬,溇中蛮覃儿健等举兵,五年(80)春。儿健被杀,余降。

⑧蒲奴单于卒年和优留单于立年不详,据《后汉书·南匈奴传》:章和元年(87)七月,鲜卑人入左地击北匈奴,斩优留单于。

⑧名号不明。原为右贤王,为骨都侯等立。

⑧《大唐西域记》作阿耆尼,又有作乌夷、乌耆、乌缠等。

⑧据《后汉书·南蛮传》:永元四年(92)冬,溇中、澧中蛮谭戎等举兵,旋被击破降之。

⑧《史记·大宛传》作姑师。《汉书·西域传》记有车师前国、车师后国、车师都尉国和车师后城长国。《后汉书·西域传》云:前、后部及东且弥、卑陆、蒲类、移支,是为车师六国。

⑧据《后汉书·班超传》:永元六年(94),班超讨焉耆,杀其王广,立元孟。

⑧据《后汉书·西域传》:永元八年(96),戊己校尉索頵欲废车师后部王涿鞮,立破虏侯细致,涿鞮反。明年,汉遣兵攻讨,斩涿鞮,立其弟农奇。

⑧据《后汉书·西域传》:永元十三年(101),巫蛮许圣等屯聚起兵,明年夏,

降,众徙置江夏。

⑧据《后汉书·西羌传》:永初元年(107),先零别种滇零与钟羌诸种,兵断陇道。明年冬,败汉军,滇零自称天子。

⑨永初中,迷唐病卒,一子降汉。

⑨据《后汉书·南蛮传》:元初二年(115),澧中蛮结充中诸种反,旋被击破,皆散降。

⑨据《后汉书·南蛮传》:元初三年(116),零陵蛮羊孙、陈汤等起兵,称将军,被讨平。

⑨狼莫原为零昌谋主,元初四年(117)七月,零昌被刺,狼莫继为首领。明年,狼莫被刺,滇零所建政权宣告瓦解。

⑨据《后汉书·南匈奴传》:元初四年(117),逢侯为鲜卑所破,部众分散。五年(118)春,将百余骑降汉,汉将其徙于颍川郡。

⑨据《后汉书·西南夷传》:元初五年(118),卷夷大牛种封离举兵,众十余万,明年,战败,降。

⑨据《后汉书·西羌传》:号良等举兵,被斩,众皆降散。

⑨据《后汉书·西羌传》:永宁元年(120),当煎种饥五攻金城。

⑨《史记》作扜罙。《汉书》作扜弥,并云:今名宁弥。《后汉书》作拘弥。据《汉书》王先谦注:三国时属于阗,晋时号拘睒弥,唐称桥赏弥,又作俱密。《新唐书》标点本作汗弥。

⑨据《后汉书·西域传》:安国死,无子,母持国政,与国人共立臣磐同产弟子遗腹为疏勒王,臣磐闻之,请月氏助己为王,国人畏月氏,素敬臣磐,共夺遗腹印绶,迎臣磐,立为王,疏勒渐强。永建二年(127),汉封臣磐为大都尉。臣磐称王时间不可考,暂以受封之年为纪年之始。

(100)据《后汉书·西域传》:永建四年(129),于阗王放前杀拘弥王兴,自立其子为拘弥王。汉闻之,令其归拘弥国,放前不肯,阳嘉元年(132),汉发兵击于阗,更立兴宗人成国为拘弥王。

(101)据《后汉书·西羌传》:阳嘉三年(134),钟羌良封复扰,四年,击杀良封。

(102)据《后汉书·西羌传》:阳嘉四年

(135),复进击钟羌且昌,降之。

(103)据《后汉书·西羌传》:永和三年(138)冬,烧当羌那离等攻金城塞,四年,为汉将所杀。以后,烧当羌王位递替不明,至汉桓帝末年,尚有对汉奉使贡献的记载。

(104)据《后汉书·南匈奴传》:永和五年(140),南匈奴左部句龙王吾斯、车纽等反汉。五月,单于休利被迫自杀。九月,吾斯立车纽为单于。十二月,车纽对汉请降。

(105)据《后汉书·南匈奴传》:兜楼储为汉立于京师,送归南匈奴。

(106)一作永熹。《后汉纪》作元嘉。

(107)据《三国史记》:太祖王在位九十四年,于十二月禅位与其弟遂成,《后汉书·高句丽记》记太祖王宫卒于建光元年(121),子遂成嗣位。

(108)名一作伯句。

(109)据《后汉书·乌桓传》:灵帝(167—189年在位)初,乌桓首领难楼、丘力居、苏仆延、乌延等称王。《资治通鉴》系其事于建宁元年(168)。

(110)以后情况不明。据《梁书·诸夷传》:至三国魏文帝时,其王为山习。南朝梁时,有贡献方物的记载。

(111)一作国襄王。名一作伊夷谟,或伊夷模、伊夷摸。

(112)步度根在位年代不详,公元223年为轲比能所杀。

(113)是年,北地先零羌、义从羌、义从胡等反汉,推义从胡北宫伯玉为首领。

(114)韩遂杀北宫伯玉,拥义从羌狄道人王国为首领。

(115)韩遂废王国,立前信都太守阎忠。

(116)是年12月,复称中平六年。

(117)阎忠病卒,首领间分裂,义从羌抱罕人宋建自称"河首平汉王",改元,置百官。

(118)名一作位宫。

七 魏晋及十六国纪年表

①是年称帝,国号汉,史称蜀,或蜀汉。

②一作东襄王,少名郊彘。

③青龙五年(237)三月改元并改历,以建丑月(十二月)为正月。景初三年(239)十二月复寅正。

④一作中壤王。
⑤一作西壤王。名一作若友。
⑥《资治通鉴》作悉禄。
⑦一作雉葛王,名一作猷失娄。
⑧分其国为三部:一居上谷之北,濡源之西,自统之;一居代郡参合陂之北,由侄猗㐌统之;一居盛乐,使猗㐌弟猗卢统之。
⑨一作好壤王,名一作乙弗利,或忧弗。
⑩一作大安。
⑪一说太安元年(302)建元建初。
⑫据《资治通鉴》:太安二年(303)五月,义阳蛮张昌起兵据江夏,奉山都县吏丘沈为天子,更名刘尼,云为"汉"后,建元神凤。七月,败,张昌逃,众降。《考异》引《帝纪》:"八月庚申,刘弘及张昌战于清水,斩之。"
⑬一作宣平。是年,李雄称帝,国号大成。
⑭禄官卒,猗卢总摄三部。
⑮是年称代王。
⑯初姓蒲,后改姓苻。
⑰刘聪陷洛阳,俘司马炽,晋仍用永嘉年号。
⑱前凉纪年有两说,据《晋书·张轨传》与新疆出土文书印证,寔、茂、骏、重华皆沿用晋"建兴"年号;另据《玉海》、《甲子会记》载,314年改元"永安";320年改"永元";324年改"太元";346年改元"永乐"。
⑲一作大兴。
⑳一作佐初。
㉑据《资治通鉴》:刘曜于咸和三年(323)被后赵石勒所擒杀。次年九月,后赵中山公石虎又擒杀刘曜太子刘熙及将王公卿三千余人,前赵亡。
㉒一说自388年翟辽称魏天王起方称翟魏。
㉓是年七月,石弘即位,沿用"建平"年号,逾年改元,详见《资治通鉴》考异。一说当年即改元延熙。
㉔名一作晃,或作石真。
㉕有人怀疑王恒即玉衡。
㉖一说虎即位时改元延兴,明年改建武。一说改元永熙。
㉗是年十月,慕容皝称燕王,史称其为前燕。
㉘李寿改国号曰"汉"。
㉙《华阳国志》记为343年改元。
㉚据《资治通鉴》:永和四年(348)九月,慕容皝卒,十一月,慕容俊即位。《晋书·慕容俊载记》作永和五年(349)即燕王位,称元年。
㉛一作泰宁。四月石世、五月石遵、十一月石鉴等嗣位皆沿用此年号。
㉜据《资治通鉴》:是年闰二月,洪自称大都督、大将军、大单于、三秦王,改姓苻氏。三月卒,子健代统其众,去大都督、大将军、三秦王之号。
㉝一说石鉴于349年十一月即位时改青龙年号,350年正月为冉闵所杀。
㉞据《资治通鉴》及考异:冉闵,字永会,小字棘奴,石虎之养孙。永和六年(350)闰正月改永兴,国号大魏。
㉟据《资治通鉴》:是年正月,苻健即天王、大单于位,国号大秦,改元皇始。
㊱一作辟奚。
㊲一作改元太始。
㊳一作阙头。
㊴沿用晋穆帝年号。
㊵《玉海》作"崇和",盖因唐避讳改。
㊶一作改元太清。
㊷一作小解朱留王。
㊸一作康宁,误。
㊹一说卒于371年,子视连立。
㊺名一作於只支。
㊻一作大安,或作太平。
㊼一作大安。
㊽又作好太王,全谥为:国冈上广开土境平安好太王。尊号:永乐太王。名一作安。《三国史记》载故壤王在位九年,《好太王碑》记谈德于十八岁(391年)即位,后人多依《好》碑所记。
㊾据《资治通鉴》:是年十二月,姚苌卒,子兴秘不发丧,率众伐前秦,至次年五月始发丧,即位,改元。
㊿《玉海》作崇安,盖因唐讳改。
㉛北魏攻后燕,围都城中山,慕容宝弃中山奔龙城,中山城中无主,开封公慕容详自谓能却魏兵,于397年五月即皇帝位,改元建始。七月,赵王慕容麟袭中山,斩详,称尊号。十月,魏攻入中山,麟奔邺,投范阳王慕容德。
㉜一作建平。
㉝397年,北魏攻下后燕都城中山,后燕被截割为南、北两部,一部分随慕容宝赴辽西龙城,一部分投范阳王慕容德。398年正月,德由邺南迁滑台,称燕王,改永康三年为元年,史称南燕。
㊴据《资治通鉴》:隆安二年(398)四月,燕尚书顿丘王兰汗遣弟加难杀慕容宝,谥宝曰灵帝,自称大都督、大将军、大单于、昌黎王,改元青龙。七月,慕容盛杀兰汗,十月,复上尊号,即皇帝位。
㊵一作永康。据《太平广记》引《述异记》:承康元年(399),吕光卒,子绍代立,五日,其庶兄纂杀绍自立。
㊶一作洪始。
㊷是年七月,降于南凉,八月,又降于后秦,失国八年,至409年复国。
㊸据《北史·蠕蠕传》:蠕蠕(柔然),始神元(拓跋鲜卑力微)之末,掠骑有得一奴,亡本姓名,其主字之曰木骨闾。后逃亡,子车鹿会,始有众,自号柔然。死后继立者有:子吐奴傀;孙跋提;曾孙地粟袁。地粟袁死,部分为二,长子匹候跋继父居东边,次子温纥提别居西边。后,温纥提降魏,其子社仑投匹侯跋,寻杀匹侯跋,远遁漠北,势张,自号豆代可汗(《魏书》作丘豆伐可汗)。社仑以前,王位递替时间不明。
㊹一作洪昌,或作宏昌。
㊺是年二月降于后秦,失国三年,至408年复称凉王。
㊻冯跋为鲜卑化的汉人。
㊼一作元始。
㊽一作巨琏,或作琏。据《魏书·高句丽传》谥曰康。据《三国史记》:广开土王在位二十二年卒,子巨连即位,另据《好太王碑》:广开土王于三十九岁卒,亦为412年。
㊾一作阿豺。

八　南北朝纪年表

①一作永光。
②一说卒于424年,从弟慕瓛嗣。
③是年迁都。对迁都后的高句丽,中外学者看法不尽相同,有待深入研究。
④甘肃酒泉新发现刻有"凉故大沮渠缘禾三年岁次甲戌"的残石,新疆吐鲁番出土文书中亦有"缘禾"年号的字样,有人认为"义和"(或"永和")即"缘禾"之误,然对照所记干支不合,待考。
⑤一作承和。
⑥《资治通鉴》记为处罗可汗。
⑦一作永平。
⑧据《资治通鉴》:刘劭为文帝长子,初被

立为皇太子,后欲废,劭闻,于元嘉三十年(453)二月,率军入宫,杀文帝夺位,改元太初。

⑨据《资治通鉴》:刘骏为文帝三子,见兄劭杀父夺位,举兵抗之,于是年四月即皇帝位,五月,执杀刘劭,逾年正月改元孝建。

⑩和平元年(460),柔然人攻高昌郡,立汉人阚伯周为高昌王,一般以此为高昌王国之始。

⑪一说武兴国为杨文度于473年所建。477年为北魏所灭,当年底,杨文弘受魏封武都王,复立武兴国。

⑫一说卒于481年。

⑬一说立于502年。

⑭据《魏书》:永平元年(508)八月,京兆王元愉在信都南称帝,改元建平,九月被讨平。

⑮一说于518年立。

⑯阿那瓌是年九月立,无年号,525年称敕连头兵豆伐可汗。

⑰一作破落汗拔陵。

⑱一作莫折太提。据《资治通鉴》:普通五年(524)薛珍等聚众杀秦州刺使,推莫折大提为帅,大提自称秦王。寻卒。子念生自称天子,置百官,改元天建。

⑲杜洛周,《梁书》作吐斤洛周,有人以为他是敕勒人。

⑳一作普兴。

㉑一作神虎,或作神平。

㉒据《资治通鉴》:永安二年(529)四月(《魏书·孝庄记》记为永安元年十月),元颢在睢阳即帝位,改元孝基,五月,攻入洛阳,改元建武,闰六月,战败被杀。

㉓据《魏书·汝南王悦传》:尔朱荣举兵向洛,汝南王元悦奔梁,梁立为魏主,改元更兴。奔梁事,《孝庄记》记为武泰元年(528)四月。立悦为魏主事,《梁书·武帝纪》记在中大通二年(530)六月丁巳。是年九月,尔朱荣被诛,齐献武王以悦为皇室,欲立之,未果,太昌元年(532)十二月,悦被杀。

㉔一作普嘉。

㉕从北魏逃归武兴,复自立。

㉖一说伏连筹540年卒,子夸吕嗣位,中间无呵罗真、佛辅、可普振继立事。

㉗据《周书·异域传》:是年,稽胡别帅刘平伏据上郡举兵,相继被讨平。

㉘此年号在有的地区用至六年。

㉙此年号在有的地区用至三年。

㉚高洋祖先为渤海人,长期生活在鲜卑地区,已完全鲜卑化了。

㉛是年十一月,侯景废萧栋自立,改元太始,国号汉。

㉜萧纪自立为帝,袭天正年号。

㉝据诸书所记,元钦立后去年号。《历代统纪表》著有年号"乾明",不知何据。

㉞一作吐门。阿史那氏。是年始自号土门伊利可汗,或伊利可汗,《阙特勤碑》称布民可汗。

㉟萧绎在江陵即位,与萧纪各据一方。

㊱一作逸可汗,或阿逸可汗。

㊲萧纪在峡口败死。

㊳是年三月,别部又立邓叔子可汗。

㊴一作大伊泥温木汗,或阿史那木可汗。其名一作燕尹,或燕都。

㊵是年,邓叔子被突厥所杀,庵罗辰被北齐击破,下落不明,柔然政权瓦解。

㊶据《周书·异域传》:武成初,延州稽胡赫阿保(一作郝阿保)、狼皮(一作郝狼皮)率其众反周,被击破。翌年,狼皮复举兵,被讨平。

㊷一作大宁,或泰宁。

㊸或作室点蜜,亦曰室帝米、瑟帝米、常瑟波罗斯,《阙特勤碑》称伊室点蜜可汗。

㊹佗钵即位后以摄图为尔伏可汗统其东部地区,以其弟褥但可汗之子为步离可汗,统西部地区,自统中部。

㊺据《周书·异域传》:建德五年(576),稽胡刘没铎立,称圣武皇帝,次年被周擒,余众降。

㊻又作达度、地头。

㊼据《北齐书》:北周灭北齐,范阳王高绍义奔突厥,次年(578),即皇帝位,沿用后主武平年号;后为周擒,流于蜀,卒。《资治通鉴》记为前一年(577)十二月绍义称帝改元,至580年七月,周使突厥执绍义,送至长安,徙之蜀,久之,病故。

㊽据《周书·异域传》:宣政元年(578),汾州稽胡帅刘受罗千(《北史》作刘父罗千)复举兵,越王盛督诸军讨擒之。

㊾后改名阐。

九 隋唐纪年表

①又称伊利俱卢设莫何始波罗可汗。佗钵可汗卒后,各势力争雄,时东突厥有

四可汗:沙钵略可汗摄图;第二可汗庵逻;阿波可汗大逻便,突利可汗处罗侯。还有一些小可汗。其中以摄图最强。

②是年,摄图从弟地勤察叛归大逻便,又与大逻便、贪汗等共投玷厥,与摄图相攻。从此,突厥正式分裂为东西两部。

③一作莫何可汗。

④即颉伽施多那都蓝可汗。

⑤是年十二月,称步伽可汗。

⑥即意利弥(一作珍)豆启民可汗。讳改启人可汗。原号突利可汗。

⑦又作易勿施莫贺可汗。其名又作契苾哥论。

⑧又作乙失钵。名也咥,一作野咥。原为薛延陀部俟斤,臣突厥。大业元年(605)反突厥,称小可汗,又作也咥可汗,或野咥可汗。

⑨隋大业时,焉耆王为龙突骑支(一作龙突骑),其承位年不详,时遣使朝隋。

⑩一作白苏尼咥。隋大业时为龟兹王,承位年不详。

⑪一作王卑示闭练。

⑫一作达曼。一说仁寿三年(603)即位。

⑬是年七月,伏允兵败,奔党项。次年,隋立伏允子慕容顺为可汗,顺未入吐谷浑境,618年,伏允还。

⑭名咄吉世,一作咄吉,或吐蕊。

⑮是年十一月,达漫朝隋,留长安。翌年正月,赐号曷沙(婆)那可汗。

⑯臣突厥,去可汗号。

⑰臣突厥,去可汗号。

⑱一作牂柯。

⑲一作叶护可汗。

⑳号时健莫贺俟利发。

㉑一作叱罗可汗。

㉒一说重光为麴文泰的年号。

㉓一作吐蕊。

㉔承位年不详。史载贞观年间娶西突厥女为妻。

㉕夷男为乙室钵孙,原臣突厥。据《旧唐书·北狄传》:贞观二年(628),叛突厥,立为主,唐册其为真珠毗伽可汗。(《资治通鉴》记同,《新唐书·回鹘传》记为贞观二年立,次年受册。)

㉖即乙毗钵罗肆叶护可汗。

㉗一说夷男于是年创立薛延陀国。

㉘一说莫贺咄于630年为肆叶护可汗

㉙一作尉迟屋密，或尉迟厖密。
㉚一作大渡可汗。唐封吞阿娄拔奚利邲咄陆可汗，简称咄陆可汗。名一作泥熟，因世袭莫贺咄（设），故又称泥孰莫贺咄（设）。
㉛一作咥利失可汗，或咥利始可汗。
㉜号趈胡吕乌甘豆可汗。
㉝号乌地也拔勒（勤）豆可汗。
㉞一作欲谷可汗，或咄陆可汗。
㉟一作叶护可汗，或沙钵罗叶护、毕贺咄叶护。
㊱是年，乙毗咄陆可汗为其部下所逼出走。
㊲被唐所俘。
㊳即颉利俱利薛沙多弥可汗。
㊴是年被唐俘，650年遣归国，仍为龟兹王。
㊵一作细农罗。又名独罗。
㊶一作先那准。一说阿那支于648年卒，婆伽利即位。
㊷龙突骑支被唐遣归国，复为焉耆王。
㊸或作光庆、明庆，因讳改。
㊹显庆二年（657）十二月，泥伏沙钵略可汗被唐所擒，史家一般以此为西突厥汗国亡。唐于沙钵略原统治区置昆陵与濛池两都护府。分别以突厥贵族阿史那弥射为左卫大将军、昆陵都护，封兴昔亡可汗，管领咄陆五部；以阿史那步真为右卫大将军、濛池都护，封继往绝可汗，管领弩失毕五部。
㊺被阿史那弥射所杀。
㊻一作二月改。
㊼弥射受步真所诬，被唐将苏海政所杀。
㊽据《新唐书》和《旧唐书》：龙朔三年十二月，诏改来年正月为麟德元年，而新疆出土《纪元钞》作龙朔四年六月一日改。
㊾一作卒于667年。卒后，突厥部落失主，大部散亡。
㊿《新唐书》、《资治通鉴》作三月改元，《旧唐书》记为二月改元。
㉕又作阿史那匐延都支。唐授其为左骁卫大将军兼匐延都督，以安集咄陆五部。
㉖承位年不详，据史载，上元初年，助唐击吐蕃。
㉗一作逻盛炎，或逻晟。
㉘679年（一作677年）秋，都支结吐蕃反唐，自立为十姓可汗。继被唐设计诱擒。

㉕一作永崇，因讳改。
㉖一作九月改。
㉗一作骨咄禄，或不卒禄。阿史那氏。
㉘是年十一月，唐授阿史那元庆为左玉钤卫将军兼昆陵都护，袭兴昔亡可汗位，管领咄陆五部。
㉙是年九月（一说七月），唐授阿史那解瑟罗为右玉钤卫将军兼濛池都护，袭继往绝可汗位，管领弩失毕五部。
⑥是年改历，以十一月为载初元年正月，十二月为腊月，旧正月为一月，至久视元年十月改还原历。
⑥斛瑟罗屡受后突厥侵掠，于是年十月率六、七万人入居内地，武则天授其为右卫大将军，改封竭忠事主可汗。
⑥乌质勒出身突骑施莫贺索葛啜部，原隶斛瑟罗属下，690年，斛瑟罗赴长安后，他为部众拥立。
⑥一作墨啜、或默咄、斩啜。汗号不详，一说为《毗伽可汗碑》之阿波干可汗。
⑥默啜于是年受武则天封为迁善可汗。
⑥是年晋封颉跌利施大单于、立功报国可汗。
⑥一作振国。
⑥一说慕容忠卒于700年，子宣赵嗣立。
⑥一作宣超。
⑥是年，立子匐俱为小可汗，又号拓西可汗，主处木昆部落。
⑦是年腊月，斛瑟罗复为平西军大总管，出镇碎叶。
⑦又名史怀道。袭父爵继往绝可汗，又称十姓可汗。
⑦据《新唐书·中宗纪》：长安五年（705）正月甲辰日（二十三日）改元神龙，丙午日（二十五日）中宗复位，翌日，迁武则天于上阳宫，戊申（二十七日），尊其号为则天大圣皇帝。二月，复国号唐，十一月，武则天卒，谥大圣则天皇后。
⑦是年春，乌质勒受唐封怀德郡王，十二月卒，子娑葛袭爵。
⑦袭兴昔亡可汗（又作摩阿那兴昔亡可汗）。
⑦是年建号贺腊毗伽十四姓可汗。唐赐名守忠。
⑦《册府元龟》作希皓。一说与武威出土《慕容曦光墓志》之曦光为一人。
⑦唐封娑葛为归化可汗（一作钦化可汗）。

⑦一作唐元，或唐兴、唐安，因讳改。
⑦一说卒于715年。
⑧一作诚乐魁。
⑧698年，靺鞨族大祚荣自立为震国王。713年，唐册其为渤海郡王。《新唐书·渤海传》云："自是始去靺鞨号，专称渤海。"
⑧是年四月，称天上得果披天男突厥圣天骨咄禄可汗。
⑧自称毗伽可汗。
⑧一作泥涅可汗。
⑧一作苾伽可汗。其名一作默矩。
⑧是年十月，受唐封毗伽忠顺可汗。
⑧继改名孝节。
⑧一说仁安元年为719年，渤海自立年号自此始。
⑧一作尉迟伏师战。
⑨一作皮罗阁，或魁乐觉。
⑨一说伊然可汗执政七年，无另一登利可汗，"登利"为通称，犹云"天可汗"，在此指伊然。
⑨一说卒于739年。
⑨是年皮逻阁统一六诏，唐封其为云南王，赐名蒙归义。一般以此为南诏国始。
⑨一说大兴元年为737年。
⑨是年八月，被唐擒。
⑨又名史昕。袭继往绝可汗号，又受封十姓可汗。
⑨据《新唐书·突厥传》：登利可汗为左杀（官名）所杀，遂立毗伽可汗子，俄为骨咄禄叶护所杀，立其弟，旋又杀之，骨咄禄乃自为可汗。
⑨阿史那昕为莫贺达干所杀，阿史那氏位绝。
⑨自是年起，唐称"年"曰"载"，至乾元元年（758），复"载"为"年"。
(100)据《新唐书·突厥传》：乌苏米施为拔悉蜜部所杀，白眉可汗立。于是突厥乱，国人推拔悉蜜酋为可汗，回纥部、葛逻禄部杀拔悉蜜可汗，奉回纥骨力裴罗定其国，次年，杀白眉可汗，后突厥至是亡，其地入回纥。
(101)怀仁可汗为唐封号，自号骨咄禄毗伽阙可汗。
(102)即伊里底蜜施骨咄禄毗伽。是年六月，被唐封十姓可汗，一说在743年。
(103)一说卒于745年，磨延啜嗣。

(104) 自号葛勒可汗。
(105) 一作觉乐凤。
(106) 一作天和,或至成。
(107) 自号登里可汗,一作牟羽可汗。
(108) 是年九月壬寅(二十一日)去年号,称元年,以建子为岁首。翌年四月十五日改元宝应,复寅正。二十日代宗即位,沿用宝应年号。
(109) 一说阁逻凤于天宝八年(749)立,改元长寿。
(110) 据《贞惠公主墓志》,是年改元宝历,而其它文献仍作大兴。
(111) 一说卒于大历十一年(776);另说卒于大历十三年(778)。
(112) 自号合骨咄禄毗伽可汗。一说移地健卒于779年,顿莫贺嗣。
(113) 是年,又受唐册为长寿天亲可汗。
(114) 自号爱登里逻汩没密施俱录毗伽可汗。
(115) 自号汩咄禄毗伽可汗。
(116) 一说中兴元年为793年。
(117) 一说正历元年为794年。
(118) 自号爱里逻羽录没密施合胡禄毗伽可汗。
(119) 此为自号,文作登里逻羽德蜜施俱录毗伽可汗。
(120) 自号爱登里啰汩没密施合毗伽可汗。
(121) 一作寻觉劝,又名新觉劝。
(122) 一说劝龙晟立于元和四年(809),六年(811)被杀。
(123) 一说永德元年为809年。
(124) 一说朱雀元年为812年。
(125) 一作劝利。
(126) 一说建兴元年为818年。
(127) 自号登啰羽录没密施句主毗伽可汗。
(128) 一说劝利晟卒于长庆四年(824)。
(129) 一作保合。
(130) 一作劝丰祐,或丰祐。
(131) 自号爱登里罗汩没密施合毗伽可汗。一说崇德可汗卒于824年,昭礼可汗嗣。
(132) 文宗即位初未改元。
(133) 一作太和。
(134) 一说咸和元年为830年。
(135) 自号爱登里啰汩没密施合句录毗伽可汗。
(136) 一说赤祖德赞卒于841年,达磨嗣。
(137) 一作厖飒可汗,或厖驳特勤可汗。
(138) 回鹘时遭疫雪大灾,又受黠戛斯的侵扰,内部彼此残杀,分崩离析。据《旧唐书·回纥传》:将军句录末贺引黠戛斯兵破回鹘城,杀署飒可汗,烧荡殆尽,回鹘散奔诸蕃,一支西奔葛逻禄,一支投吐蕃,一支投安西。余众以特勤乌介为可汗,南附汉。
(139) 西迁河西的回鹘统称河西回鹘,其中以甘州一支最强,亦作甘州回鹘。
(140) 亦称高昌回鹘。
(141) 又作黑汗王朝,即葱岭西回鹘。
(142) 据《宋史·回鹘传》:会昌中,其国衰乱,其相驳职拥庞特勤(误记为庞勒)西奔安西。既而回鹘为幽州张仲武所破,庞乃自称可汗,居甘、沙、西州。一说庞特勤西奔葛逻禄,建立喀喇汗王朝。
(143) 这是回鹘西迁中重要的一支,其首领载籍甚稀,且年代不确。
(144) 一说即为庞特勤。
(145) 据《旧唐书·回纥传》乌介嫁妹与室韦,托附之,为回鹘相逸隐啜所杀,以其弟特勤遏捻为可汗,复有众五千以上,其食用粮羊皆取给于奚王硕金朗。
(146) 据《旧唐书·回纥传》:大中元年(847)春,唐幽州节度使张仲武大破奚众,回鹘无所取给,日有耗散。至二年春,唯存名王贵臣五百以下,依室韦。仲武遣送遏捻等来以幽州,遏捻等惧,是夜与妻、子等九骑西走。室韦分回鹘余众为七分,七姓室韦各一分。经三宿,黠戛斯大败室韦,尽收回鹘在室韦者归碛北。
(147) 始称皇帝,自号大礼国。
(148) 一名法。
(149) 又名晟。是年即位,改国号,称圣明文武威德桓帝。逾年改元。

十　辽宋夏金纪年表

① 朱温即位时更名晃。
② 李克用,本姓朱邪,唐赐姓李。唐末封晋王。据《新五代史·唐庄宗纪》:天复四年(904),唐昭帝在朱温胁迫下迁都洛阳,改元天祐,李克用据河东以天祐非唐号,不可称,乃仍称天复,至天复七年(907)梁灭唐,克用复称天祐四年。
③ 耶律阿保机,汉名亿。
④ 是年正月,李克用卒,子存勖即位,仍沿用唐天祐年号。
⑤ 一说天瑞与景星分别为两个年号。
⑥ 本名尉迟婆缚婆。
⑦ 朱友贞即位时更名锽。后又更名瑱。
⑧ 仁美,本名毋母主。据《旧五代史·回鹘传》:同光二年(924)四月,回鹘权知可汗仁美遣使贡献,庄宗册其为英义可汗。十一月卒,弟仁裕(狄银)嗣立。
⑨ 仁裕本名狄银。据《新五代史·回鹘传》:天成二年(927),后唐明宗册其为顺化可汗。后晋高祖时又册为奉化可汗。
⑩ 李嗣源,原名邈佶烈,事李克用,受赐名嗣源,即位后第二年更名亶。
⑪ 是年七月,阿保机卒,述律皇后称制权国。
⑫ 耶律德光,小字尧骨(一作契丹名)。即位后沿用天显年号。
⑬ 一作兴源国。
⑭ 一说天成四年(929)改元兴圣,翌年改元大明。
⑮ 又作废帝。李从珂本姓王,小字阿三,幼为李嗣源收养。
⑯ 耶律倍于930年投奔后唐,936年被杀,甘露年号延续至五十七年。
⑰ 沈德符《正闰考》载神武年号,他书无载。
⑱ 按标点本《新五代史·回鹘传》:"同光四年(926)狄银卒,阿咄欲立。"据考,狄银阿咄欲是一人,即仁裕,"卒"字衍。其卒年应在940年或以后。据《宋史·回鹘传》:仁裕卒,子景琼立。
⑲ 石重贵即位后未改元。
⑳ 名萨图克。一说立于943年。
㉑ 一作文经武略。
㉒ 一作致治。《云南志略》作主治,误。
㉓ 据《新五代史·汉高祖纪》:刘知远二月即皇帝位,袭晋高祖石敬瑭年号。六月,改国号曰汉。次年春,更名暠。
㉔ 耶律阮,小字兀欲(一作契丹名)。
㉕ 刘知远即位第二年(948)正月改元乾祐。二月卒,子承祐嗣位,未改元。
㉖ 刘崇称帝时改名曰旻,称帝后沿用后

汉年号。

㉗耶律璟曾名明，小字述律(一作契丹名)。

㉘一说是年即位，翌年改元。

㉙郭威于甲寅年(954)正月丙子日改元显德，壬辰日卒，丙申日柴荣即位，不改元。

㉚一作刘钧。即位后沿用乾祐年号。

㉛又称阿尔斯兰汗。名木萨·本·阿布杜·克里木。一说立于956年。

㉜柴宗训即位后沿用显德年号。

㉝刘继恩、刘继元即位后皆沿用天会年号。

㉞一作李从德，原名尉迟苏拉。

㉟一作明正。

㊱耶律贤，小字明扆(一作契丹名)。

㊲名阿里·本·木萨。

㊳据《宋史·回鹘传》：太平兴国五年(980)，甘、沙州回鹘可汗"夜落纥"密礼遏遣使贡献。

㊴据《宋史·高昌传》：其王始称西州外生师子王阿厮兰汗。

㊵耶律隆绪，小字文殊奴(一作契丹名)。

㊶一说立于986年。

㊷名阿赫马德·本·阿里。

㊸据《宋史·回鹘传》：咸平四年(1001)，可汗王禄胜遣使贡献。

㊹据《宋史·回鹘传》：景德元年(1004)，"夜落纥"遣使贡献。

㊺据《宋史·回鹘传》：大中祥符八年(1015)，可汗王"夜落隔"上表。

㊻据《宋史·吐蕃传》：唃厮啰者，绪出赞普之后，本名欺南陵温钱逋。钱逋犹赞普也，羌语讹为钱逋。河州人谓佛为"唃"，谓儿子为"厮啰"。唃厮啰为"佛子"之意。《梦溪笔谈·杂志》记为："唃厮啰，人号瑕萨镀逋。"在藏史中称其为宗喀王。其政权亦称唃嘶啰。汉文史籍称邈川吐蕃。

㊼名曼苏尔·本·阿里。一说立于1016年。

㊽据《宋史·回鹘传》：大中祥符九年(1016)，"夜落隔"卒，九宰相诸部落奉"夜落隔"归化为可汗王领国事。

㊾据《宋史·回鹘传》：天圣元年(1023)五月，甘州"夜落隔"通顺遣使贡献，六月，受封归忠保顺可汗王。

㊿名阿赫马德·本·哈桑。一说立于1025年。

(51)名玉素甫·本·哈桑。一说立于1027年。

(52)耶律宗真，小字只骨(一作契丹名)。

(53)名苏来曼·本·玉素甫。

(54)一说立于1039年。

(55)即东方与中国之王。名伊卜拉欣·本·纳赛尔。

(56)一作唐和尚。据《续资治通鉴长编》：庆历三年(1043)九月，桂阳监蛮瑶起事内攻。七年(1047)，被安抚。次年，复反，被平。

(57)据《续资治通鉴长编》：庆历四年(1044)正月，广西环州(隶宜州)蛮区希范等与白崖山酋蒙赶、荔波洞蛮起事，推蒙赶为帝，希范为神武定国令公、桂州牧(《宋史·仁宗纪》记为是年四月)。翌年三月，被讨平。

(58)一作端懿。

(59)一作政安。

(60)皇祐五年(1053)，依智高为宋将狄青所败，退走大理。至和二年(1055)，为大理王所杀，其首献宋。

(61)一作洪基。

(62)一作政德。

(63)名穆罕默德·本·玉素甫。一说立于1057年。

(64)一说立于1058年。

(65)一说立于1059年。

(66)名马赫穆德·本·玉素甫。一说立于1060年。

(67)称为东方与中国之苏丹。

(68)名奥玛尔·本·马赫穆德。一说立于1075年。

(69)一作阿尔斯兰汗。名哈桑·本·苏来曼。托格鲁尔特勤立两月后取而代之。

(70)一说立于1074年。

(71)一作保立。

(72)一说卒于1086年。

(73)是年立，改国号，翌年改元。

(74)《辽史》误记为寿隆。

(75)《云南志略》作明开。

(76)名苏来曼·本·达乌德。

(77)名马赫穆德·本·符拉尔。

(78)元符二年(1099)七月，宋攻邈川，八月，瞎征降宋。余众拥立陇拶为主。九月，宋军入青唐，陇拶出降，宋改邈川为湟州，青唐为鄯州，任陇拶为河西节度使，知鄯州，赐名赵怀德。十月，吐蕃诸部立陇拶弟溪赊罗撒(人称"小陇拶")继续抗宋。陇拶返回邈川地区后，继受当地部落首领扶持，至崇宁三年(1104)十月，为宋所攻，再度降宋。

(79)《皇宋十朝纲要》记为温赊罢撒。据该书：建中靖国元年(1101)十一月，宋诏西番温赊罢撒为西平节度使、邈川首领。承认其对其地的统治。

(80)耶律延禧，小字阿果(一说为契丹名)。

(81)名阿赫马德(哈龙)哈桑。一说立于1103年。

(82)名穆罕默德·本·苏来曼。

(83)《南诏野史》(胡蔚本)作天政。

(84)崇宁三年(1104)四月，宋军攻占邈川地区，溪赊罗撒败投西夏，政权瓦解。五月，宋改鄯州为西宁，此地区归宋统治。

(85)阿骨打，汉名旻。

(86)《高丽史》作大元。《契丹国志》作大渤海国。

(87)《金史》作隆基。

(88)耶律淳，小字涅里(一说为契丹名)。

(89)是年六月，耶律淳卒。遗命遥立耶律定为帝，萧德妃自立为皇太后，称制主政。后，在金兵的攻击下，逃归天祚帝，天祚帝怒其自立，保大三年(1123)二月被杀。

(90)吴乞买，汉名晟。

(91)耶律术烈即位未及一月即为乱兵所杀。

(92)是年七月，自立为王，率众西行，1131年二月在起儿漫称帝，改元延庆(一说于1132年称帝改元)。

(93)名伊卜拉欣·本·阿赫马德。

(94)《云南志略》作天保。

(95)名伊卜拉欣·本·苏来曼。

(96)是年附西辽，去汗号，受封土库曼王。

(97)亦作闵宗。本名合剌。即位后未改元。

(98)名伊卜拉欣·本·穆罕默德。

(99)《云南志略》作天宝。

(100)即金废帝，本名迪古乃。

(101)《南诏野史》(王崧本)记：绍兴二十五年(1155)改元龙兴，云南洱源县大理石塔砖有"大宝七年岁次乙亥"的字样。

(102)名阿里·本·哈桑。一说立于1157年。

(103)恢复汗号。

(104)完颜雍，本名乌禄。

(105)名马斯乌德·本·阿里。一说立于1163年。

(106) 一说立于1169年。
(107) 一说立于1173年。
(108) 一说于1172年改元。
(109) 一说承天太后死于1178年，直鲁古于当年嗣位改元。
(110) 一说立于1179年。
(111) 《南诏野史》(王崧本)作亨利。
(112) 完颜璟，小字麻达葛。
(113) 一作德寿陁锁。德寿与陁锁实为两人。德寿、陁锁反金一作十一月。
(114) 一称奥斯曼·苏丹之苏丹。一说立于1203年。
(115) 一说立于1205年。
(116) 一说立于1205年。
(117) 一作允济，小字兴盛。
(118) 一作元统。
(119) 本名吾睹补，又名从嘉。
(120) 蒲鲜万奴于1215年叛金自立，国号大真。次年十月降蒙，既而又叛蒙自立，称"东西夏国王"，故此政权亦有称"大真"、"东夏"者。
(121) 一作天成。
(122) 亦作义宗。初名守礼，又名宁甲速。
(123) 成吉思汗卒后，由拖雷监国，后经诸王推举，窝阔台于1229年八月继承汗位。
(124) 是年正月，金哀宗传位给完颜承麟，月内，金亡于蒙，承麟为乱军所杀。
(125) 一说察合台卒于1241年，孙合剌旭烈兀嗣。
(126) 段兴智年号有两说：《南诏野史》(胡蔚本)有利正、兴正、天定三个年号；《云南志略》和《南诏野史》(王崧本)仅有天定一个年号。近年出土《故正直温良恭谦和尚墓碑》有"天定二年"字样。
(127) 蒙古蒙哥即位后，于是年将窝阔台兀鲁思划分为数个小封地。

(128) 兀鲁忽乃为合剌旭烈兀妃，1252年受命监国。
(129) 一说立于1266年。

十一　元纪年表

① 是年十一月改国号大元。
② 一说1275年嗣位。
③ 一作己卯年(1279)正月改元祥兴。
④ 是年，察八儿为察合台汗所败，归奔元朝，封地为察合台兀鲁所并。
⑤ 是年正月，明宗即位沿用天历年号。八月，明宗死，文宗复位。
⑥ 有将别失八里、吐鲁番等所辖地区统称为东察合台汗国。也有将别失八里所辖地区称蒙兀儿斯坦。
⑦ 一说立于1348年。
⑧ 合不勒之后有苦兀儿海迷失、麻哈没的嗣察合台兀鲁思汗位，具体年代不详。
⑨ 一作至正二十五年(1365)，玉珍卒，子升嗣，改元开熙。

十二　明纪年表

① 是年闰七月，退出大都北走。自昭宗后史称北元。
② 一说立于1388年。
③ 一说卒于1391年。
④ 一说立于1394年。
⑤ 一说立于1399年。
⑥ 一说立于1407年。
⑦ 一说卒于1411年。
⑧ 一说卒于1410年。
⑨ 一说立于1411年。
⑩ 一说在失儿马黑麻之后。
⑪ 一作阿台汗。
⑫ 一说卒于1432年。
⑬ 一名倒瓦答失里。
⑭ 添元一作天元。也先于是年统一蒙古，自称"大元田盛(天圣)大可汗"，明朝称其为瓦剌可汗。一说也先1451年败脱脱不花汗，自立，改元添元。
⑮ 号乌珂克图汗，明人称为小王子。
⑯ 一说立于1446年。
⑰ 是年摩伦为翁牛特部领主毛里孩所杀，死后无嗣。
⑱ 一说即《明史》所记之阿力。
⑲ 一说立于1487年。
⑳ 一说罕慎于1485年封忠顺王。1488年罕慎被杀后王位空虚。
㉑ 一作赛德，或赛义德。一说立于1514年。
㉒ 蒙古左右翼会盟，尊卜赤为库登汗，授俺答为索多汗。
㉓ 卜赤汗授俺答汗土谢图彻辰汗称号。
㉔ 一说立于1543年。
㉕ 一说立于1551年。
㉖ 一说立于1560年。
㉗ 一说卒于1566年左右。
㉘ 又记作卜言台周。
㉙ 一作陵丹，或民旦。
㉚ 一说立于1610年。

十三　清纪年表

① 是年改国号曰清。
② 一说五年号。
③ 康熙九年(1670)底，僧格为车臣等杀害。翌年，僧格弟噶尔丹杀车臣等自立。
④ 一说亡于1680年。
⑤ 1755年五月达瓦齐被清军所执，政权瓦解。八月，阿睦尔撒纳叛清自立。
⑥ 洪秀全于道光三十年十二月初十日(1851年1月11日)在金田起义，建立太平天国，一般皆云金田起义在1851年，故此将元年划入1851年栏内，而不入道光三十年栏。
⑦ 七月即位改元祺祥，十月改同治，以下年为同治元年。

附录2　中国少数民族政权系谱表

凡　例

1. 本表自秦统一迄清末。
2. 所列人物世系主要是当时该族的执政者,余略。
3. 系谱过于简单者不列。
4. 表中实线（——）表示父子关系,虚线（……）表示非直系亲属或非父子关系。
5. 表中之①②③或㊀㊁㊂表示执政的顺序。
6. 人物后括号内之阿拉伯数字表示在位年代,凡有不同说法者用"或"字表示,凡无记载者用"?"号表示。
7. 凡系属关系中姓名不详者以"○"号表示。

目　录

1. 匈奴单于及前赵世系 …………… (786)
2. 南越王世系 ……………………… (787)
3. 乌孙昆弥世系 …………………… (787)
4. 烧当羌世系 ……………………… (787)
5. 莎车王世系 ……………………… (787)
6. 鲜卑世系 ………………………… (788)
7. 拓跋鲜卑世系(北魏、东魏、西魏)…… (788)
8. 慕容鲜卑世系(前燕、后燕、西燕、南燕) ………………………………… (789)
9. 乞伏鲜卑世系(西秦) …………… (789)
10. 秃发鲜卑世系(南凉) …………… (789)
11. 宇文鲜卑世系(北周) …………… (789)
12. 鲜卑段部世系 …………………… (790)
13. 氐族世系(仇池) ………………… (790)
14. 巴氐族世系(成汉) ……………… (790)
15. 氐族世系(前秦) ………………… (791)
16. 氐族世系(后凉) ………………… (791)
17. 羯族世系(后赵) ………………… (791)
18. 丁零翟魏世系 …………………… (791)
19. 羌族世系(后秦) ………………… (791)
20. 卢水胡世系(北凉) ……………… (792)
21. 铁弗匈奴世系(夏) ……………… (792)
22. 吐谷浑世系 ……………………… (792)
23. 柔然世系………………………… (793)
24. 突厥可汗世系 …………………… (794)
25. 吐蕃赞普世系 …………………… (795)
26. 唃厮啰世系 ……………………… (795)
27. 薛延陀世系 ……………………… (795)
28. 焉耆王世系 ……………………… (796)
29. 龟兹王世系 ……………………… (796)
30. 于阗王世系 ……………………… (796)
31. 南诏世系 ………………………… (797)
32. 大理世系 ………………………… (798)
33. 靺鞨世系(渤海) ………………… (799)
34. 回鹘(回纥)世系 ………………… (799)
35. 沙陀世系(晋、后唐、后晋、后汉、北汉) …………………………………… (800)
36. 契丹世系(辽、西辽、北辽) ……… (800)
37. 党项世系(西夏) ………………… (801)
38. 女真世系(金) …………………… (801)
39. 蒙古世系(蒙古国、元) ………… (802)
40. 蒙古世系(察合台汗国) ………… (802)
41. 蒙古世系(北元、鞑靼) ………… (803)
42. 别失八里王、吐鲁番王及叶尔羌汗世系 …………………………………… (804)
43. 哈密世系 ………………………… (804)
44. 蒙古准噶尔世系 ………………… (805)
45. 满族世系(清) …………………… (805)

1. 匈奴单于及前赵世系*

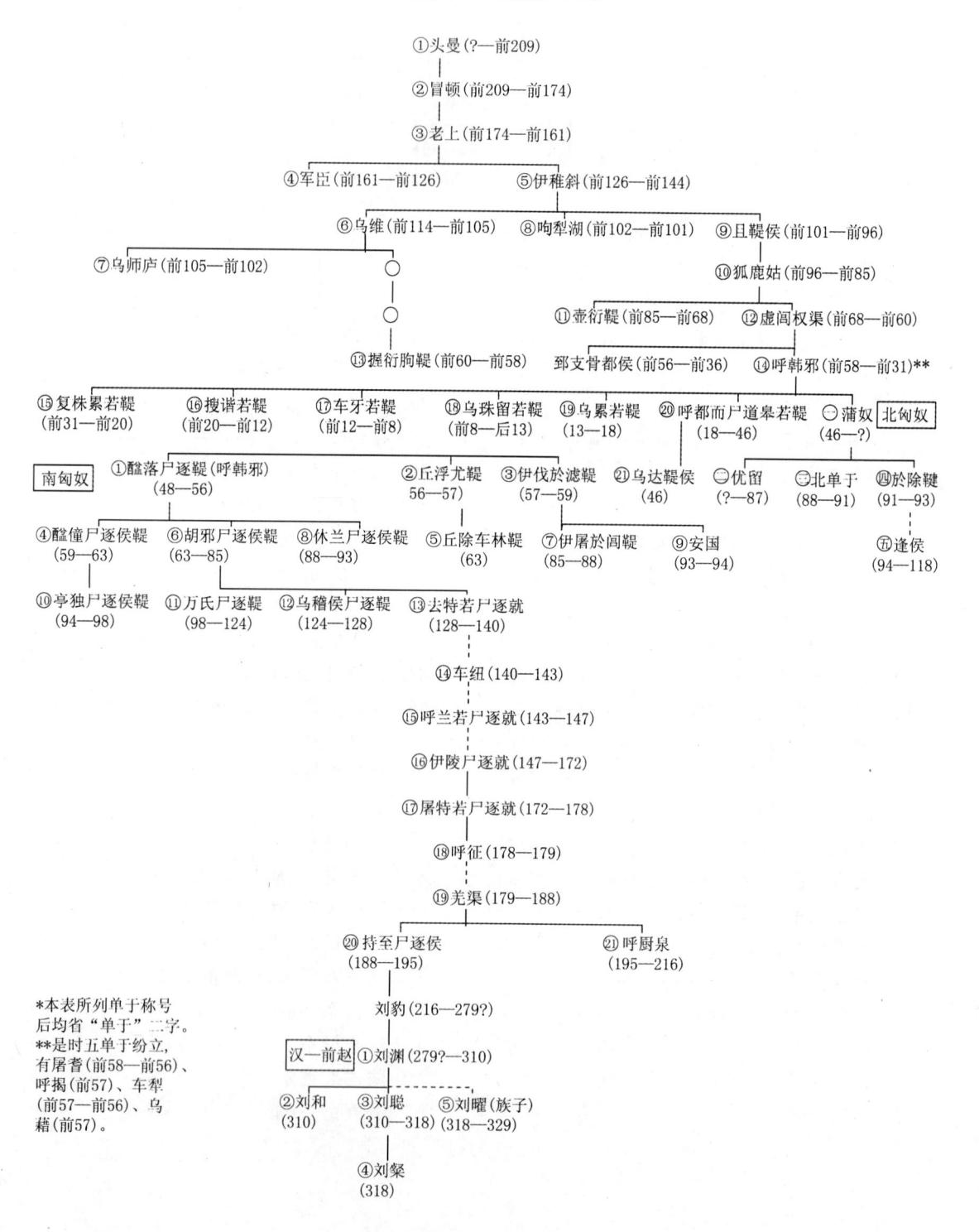

- ① 头曼 (?—前209)
- ② 冒顿 (前209—前174)
- ③ 老上 (前174—前161)
- ④ 军臣 (前161—前126)
- ⑤ 伊稚斜 (前126—前114)
- ⑥ 乌维 (前114—前105)
- ⑧ 呴犁湖 (前102—前101)
- ⑨ 且鞮侯 (前101—前96)
- ⑦ 乌师庐 (前105—前102)
- ⑩ 狐鹿姑 (前96—前85)
- ⑪ 壶衍鞮 (前85—前68)
- ⑫ 虚闾权渠 (前68—前60)
- ⑬ 握衍朐鞮 (前60—前58)
- 郅支骨都侯 (前56—前36)
- ⑭ 呼韩邪 (前58—前31)**

- ⑮ 复株累若鞮 (前31—前20)
- ⑯ 搜谐若鞮 (前20—前12)
- ⑰ 车牙若鞮 (前12—前8)
- ⑱ 乌珠留若鞮 (前8—后13)
- ⑲ 乌累若鞮 (13—18)
- ⑳ 呼都而尸道皋若鞮 (18—46)
- ㉑ 蒲奴 (46—?) [北匈奴]

[南匈奴]
- ① 醢落尸逐鞮 (呼韩邪) (48—56)
- ② 丘浮尤鞮 (56—57)
- ③ 伊伐於虑鞮 (57—59)
- ㉑ 乌达鞮侯 (46)
- 优留 (?—87)
- 北单于 (88—91)
- ㉔ 於除鞬 (91—93)

- ④ 醢僮尸逐侯鞮 (59—63)
- ⑥ 胡邪尸逐侯鞮 (63—85)
- ⑧ 休兰尸逐侯鞮 (88—93)
- ⑤ 丘除车林鞮 (63)
- ⑦ 伊屠於闾鞮 (85—88)
- ⑨ 安国 (93—94)
- ⑮ 逢侯 (94—118)

- ⑩ 亭独尸逐侯鞮 (94—98)
- ⑪ 万氏尸逐鞮 (98—124)
- ⑫ 乌稽侯尸逐鞮 (124—128)
- ⑬ 去特若尸逐就 (128—140)
- ⑭ 车纽 (140—143)
- ⑮ 呼兰若尸逐就 (143—147)
- ⑯ 伊陵尸逐就 (147—172)
- ⑰ 屠特若尸逐就 (172—178)
- ⑱ 呼征 (178—179)
- ⑲ 羌渠 (179—188)
- ⑳ 持至尸逐侯 (188—195)
- ㉑ 呼厨泉 (195—216)

- 刘豹 (216—279?)

[汉—前赵]
- ① 刘渊 (279?—310)
- ② 刘和 (310)
- ③ 刘聪 (310—318)
- ⑤ 刘曜 (族子) (318—329)
- ④ 刘粲 (318)

*本表所列单于称号后均省"单于"二字。
**是时五单于纷立,有屠耆(前58—前56)、呼揭(前57)、车犁(前57—前56)、乌藉(前57)。

2. 南越王世系

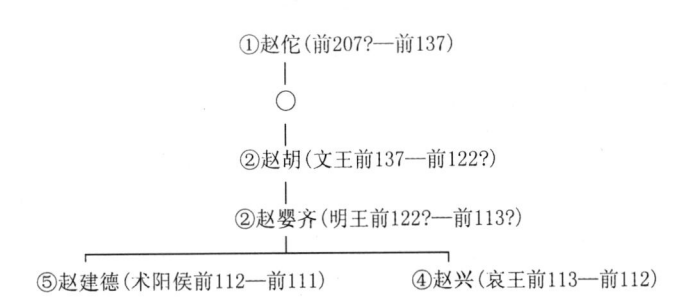

① 赵佗（前207?—前137）
│
○
│
② 赵胡（文王前137—前122?）
│
③ 赵婴齐（明王前122?—前113?）
├── ⑤ 赵建德（术阳侯前112—前111）
└── ④ 赵兴（哀王前113—前112）

3. 乌孙昆弥世系

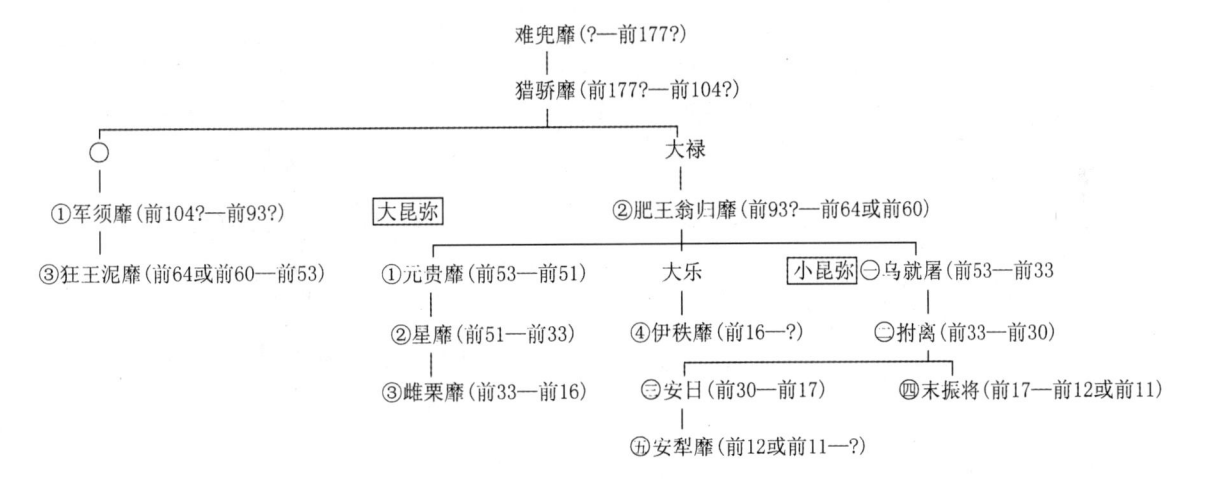

难兜靡（?—前177?）
│
猎骄靡（前177?—前104?）
├── ○
│   └── ① 军须靡（前104?—前93?）
│   └── ③ 狂王泥靡（前64或前60—前53）
└── 大禄
    ├── 大昆弥
    │   └── ① 元贵靡（前53—前51）
    │   └── ② 星靡（前51—前33）
    │   └── ③ 雌栗靡（前33—前16）
    ├── ② 肥王翁归靡（前93?—前64或前60）
    │   └── 大乐
    │   └── ④ 伊秩靡（前16—?）
    │   └── ㈢ 安日（前30—前17）
    │   └── ㈤ 安犁靡（前12或前11—?）
    └── 小昆弥
        └── ㊀ 乌就屠（前53—前33）
            └── ㈡ 拊离（前33—前30）
                └── ㈣ 末振将（前17—前12或前11）

4. 烧当羌世系

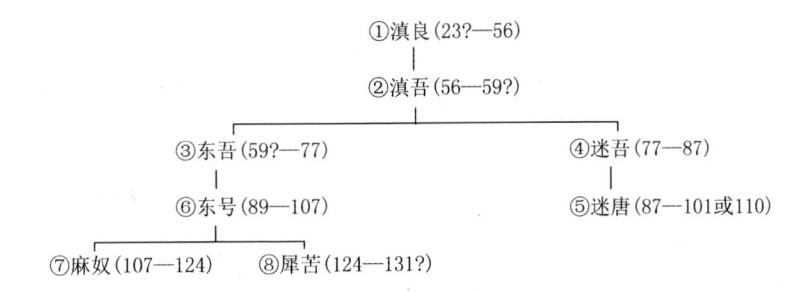

① 滇良（23?—56）
│
② 滇吾（56—59?）
├── ③ 东吾（59?—77）
│   └── ⑥ 东号（89—107）
│   ├── ⑦ 麻奴（107—124）
│   └── ⑧ 犀苦（124—131?）
└── ④ 迷吾（77—87）
    └── ⑤ 迷唐（87—101或110）

5. 莎车王世系

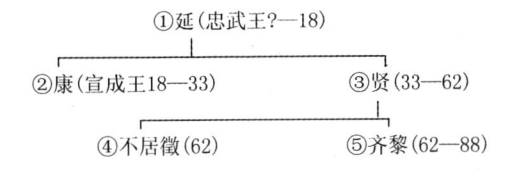

① 延（忠武王?—18）
├── ② 康（宣成王18—33）
│   └── ④ 不居徵（62）
└── ③ 贤（33—62）
    └── ⑤ 齐黎（62—88）

6. 鲜卑世系

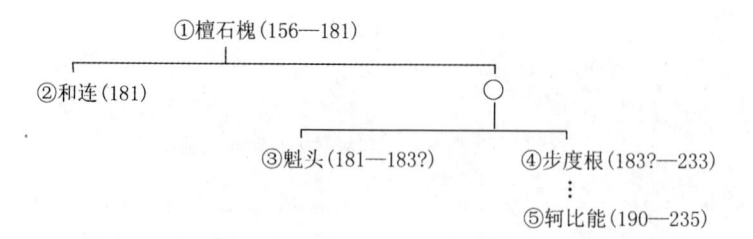

```
①檀石槐(156—181)
    ├─────────────────────┬──────────────┐
②和连(181)              ○
                    ┌────────┴────────┐
                ③魁头(181—183?)  ④步度根(183?—233)
                                      ⋮
                                  ⑤轲比能(190—235)
```

7. 拓跋鲜卑世系(北魏、东魏、西魏)

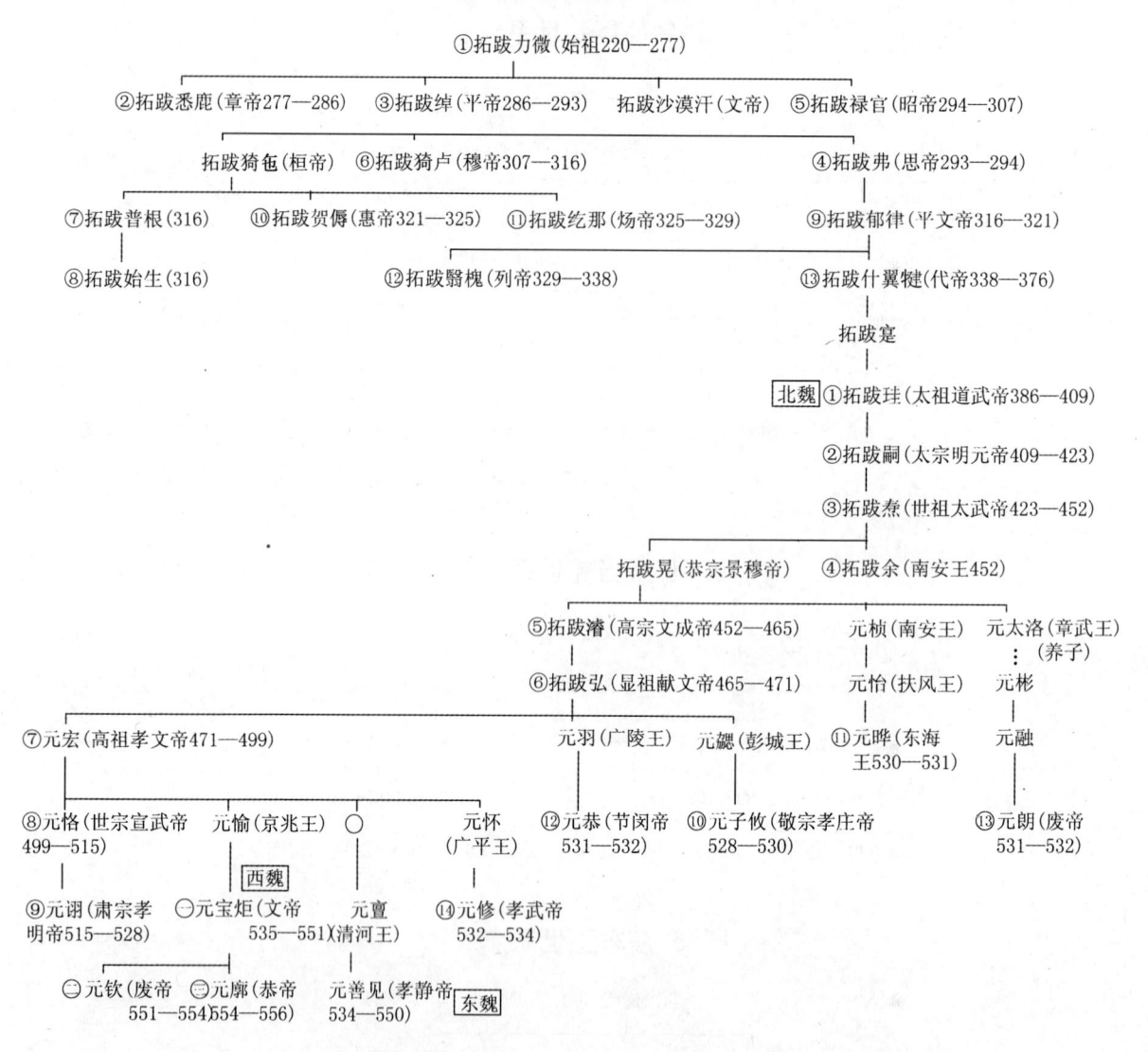

```
                              ①拓跋力微(始祖220—277)
        ┌──────────────┬──────────────┬──────────────┬──────────────┐
  ②拓跋悉鹿      ③拓跋绰         拓跋沙漠汗(文帝)              ⑤拓跋禄官
  (章帝277—286) (平帝286—293)                                (昭帝294—307)
        ┌──────┴──────┐                    ┌──────────┘
   拓跋猗㐌(桓帝)  ⑥拓跋猗卢(穆帝307—316)   ④拓跋弗(思帝293—294)
   ┌────┬──────┐        │                         │
⑦拓跋普根 ⑩拓跋贺傉  ⑪拓跋纥那             ⑨拓跋郁律(平文帝316—321)
 (316)  (惠帝321—325)(炀帝325—329)
   │              │
⑧拓跋始生    ⑫拓跋翳槐              ⑬拓跋什翼犍(代帝338—376)
 (316)     (列帝329—338)                      │
                                           拓跋寔
                                              │
                          [北魏]①拓跋珪(太祖道武帝386—409)
                                              │
                                    ②拓跋嗣(太宗明元帝409—423)
                                              │
                                    ③拓跋焘(世祖太武帝423—452)
                                    ┌─────────┴─────────┐
                              拓跋晃(恭宗景穆帝)      ④拓跋余(南安王452)
                              ┌────────┬────────┐
                        ⑤拓跋濬      元桢       元太洛(章武王)
                        (高宗文成帝   (南安王)     (养子)
                         452—465)      │          ⋮
                              │      元怡(扶风王)   元彬
                        ⑥拓跋弘                      │
                        (显祖献文帝465—471)          
     ┌────────┬──────────────┬──────────┐         ⑪元晔      元融
  ⑦元宏              元羽(广陵王) 元勰(彭城王) (东海王530—531)  │
  (高祖孝文帝                                                     ⑬元朗
   471—499)                                                     (废帝531—532)
     ┌────────┬──────────┬────────┐     ⑫元恭    ⑩元子攸
  ⑧元恪  元愉(京兆王) ○  元怀         (节闵帝    (敬宗孝庄帝
  (世宗宣武帝           (广平王)        531—532)   528—530)
   499—515)       [西魏]
     │         ○元宝炬(文帝  元亶      ⑭元修(孝武帝
  ⑨元诩       535—551)  (清河王)    532—534)
  (肃宗孝明帝
   515—528)
       ○元钦(废帝 ○元廓(恭帝  元善见(孝静帝
        551—554) 554—556)   534—550)[东魏]
```

8. 慕容鲜卑世系（前燕、后燕、西燕、南燕）

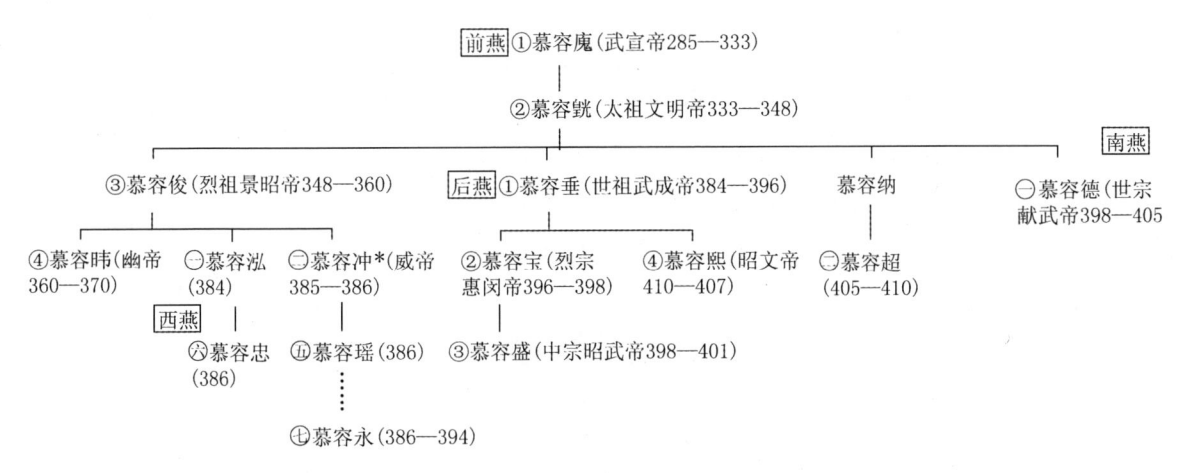

```
前燕 ①慕容廆（武宣帝285—333）
         │
       ②慕容皝（太祖文明帝333—348）
         │
┌────────┼────────────────────┬──────────────┐
③慕容儁        后燕 ①慕容垂            慕容纳      南燕
(烈祖景昭帝      （世祖武成帝384—396）                 ㊀慕容德（世宗
348—360)                                               献武帝398—405）
│                  │                        │
┌───┬───┬───┐    ┌────┬────┐              ㊀慕容超
④   ㊀   ㊁   │   ②慕容宝  ④慕容熙         (405—410)
慕容 慕容 慕容冲*（威帝  (烈宗      （昭文帝
暐   泓   385—386)    惠愍帝     410—407）
(幽帝 (384)            396—398)
360—      西燕
370)   │
       ㊅慕容忠  ㊄慕容瑶(386)  ③慕容盛（中宗昭武帝398—401）
       (386)        ⋮
                  ㊆慕容永(386—394)
```

*386年2月慕容冲被杀后，其将段随称燕王，三月复被杀，慕容觊称燕王，同月被杀，慕容瑶即位。

9. 乞伏鲜卑世系（西秦）

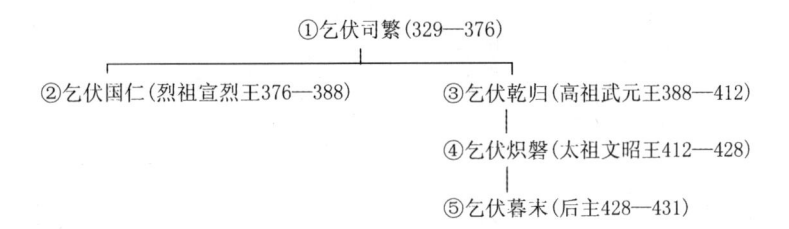

```
            ①乞伏司繁(329—376)
                  │
     ┌────────────┴────────────┐
②乞伏国仁（烈祖宣烈王376—388）  ③乞伏乾归（高祖武元王388—412）
                                      │
                              ④乞伏炽磐（太祖文昭王412—428）
                                      │
                              ⑤乞伏暮末（后主428—431）
```

10. 秃发鲜卑世系（南凉）

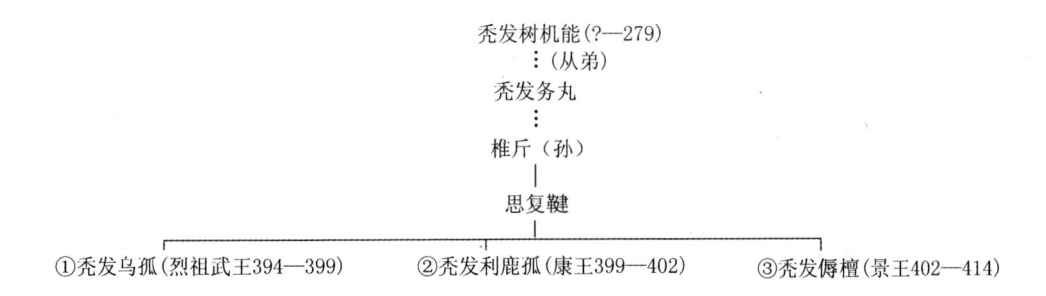

```
        秃发树机能(?—279)
            ⋮（从弟）
          秃发务丸
            ⋮
          椎斤（孙）
            │
          思复鞬
            │
┌───────────┼───────────┐
①秃发乌孤    ②秃发利鹿孤    ③秃发傉檀
(烈祖武王    （康王399—402） （景王402—414）
394—399)
```

11. 宇文鲜卑世系（北周）

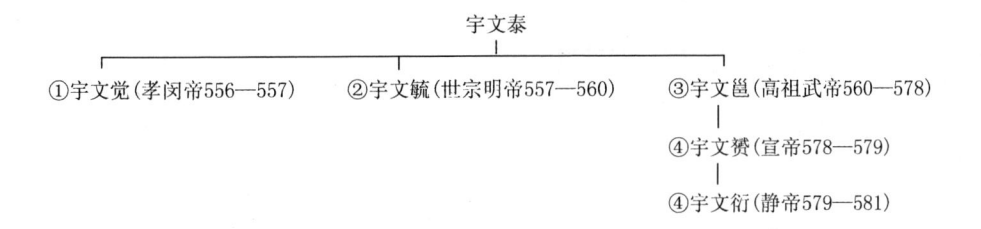

```
              宇文泰
                │
┌───────────────┼───────────────┐
①宇文觉        ②宇文毓          ③宇文邕
(孝闵帝556—557) (世宗明帝557—560) (高祖武帝560—578)
                                      │
                                 ④宇文赟（宣帝578—579）
                                      │
                                 ④宇文衍（静帝579—581）
```

12. 鲜卑段部世系

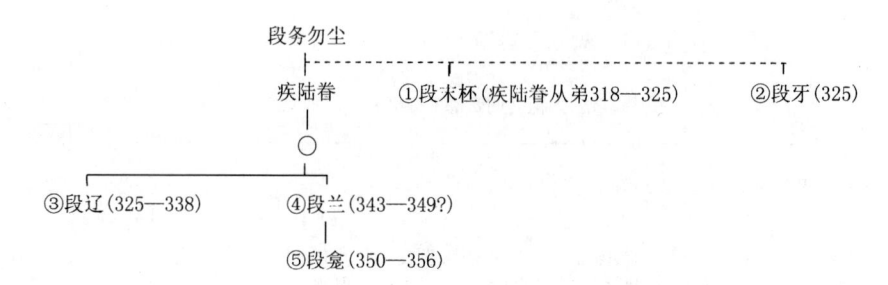

```
段务勿尘
   │
   ├─────────────┬──────────────────────┐
  疾陆眷        ①段末柸(疾陆眷从弟318—325)   ②段牙(325)
   ○
   ├─────────────┐
  ③段辽(325—338)  ④段兰(343—349?)
                   │
                  ⑤段龛(350—356)
```

13. 氐族世系(仇池)

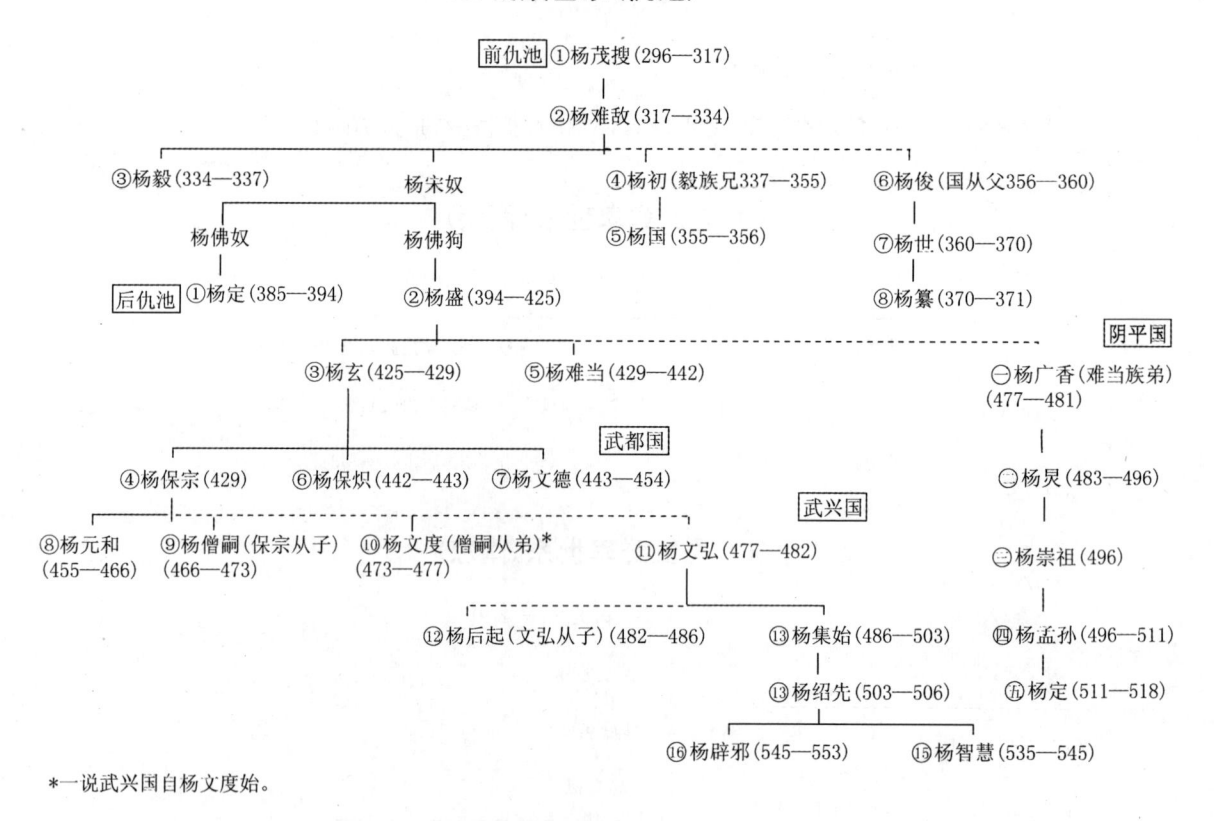

前仇池 ①杨茂搜(296—317)
│
②杨难敌(317—334)
│
├──────────────┬──────────────┬──────────────┐
③杨毅(334—337)   杨宋奴   ④杨初(毅族兄337—355)   ⑥杨俊(国从父356—360)
                │   │
       ┌────────┴────────┐   ⑤杨国(355—356)   ⑦杨世(360—370)
      杨佛奴   杨佛狗   │
       │   │   ⑧杨纂(370—371)
后仇池 ①杨定(385—394)   ②杨盛(394—425)
                        │   阴平国
       ┌────────────────┼────────────────┐   ─杨广香(难当族弟)
      ③杨玄(425—429)   ⑤杨难当(429—442)   (477—481)
       │   │
       ├──────────────┬──────────────┐   武都国   ○杨炅(483—496)
      ④杨保宗(429)   ⑥杨保炽(442—443) ⑦杨文德(443—454)   武兴国   │
       │   ○杨崇祖(496)
       ├──────────┬──────────────┬──────────────┐   │
      ⑧杨元和   ⑨杨僧嗣(保宗从子) ⑩杨文度(僧嗣从弟)* ⑪杨文弘(477—482)   ○杨孟孙(496—511)
      (455—466) (466—473)   (473—477)   │
                                                                        ○杨定(511—518)
                ┌──────────────┴──────────────┐
               ⑫杨后起(文弘从子)(482—486)   ⑬杨集始(486—503)
                                                │
                                               ⑭杨绍先(503—506)
                                                │
                                    ┌───────────┴───────────┐
                                   ⑯杨辟邪(545—553)   ⑮杨智慧(535—545)

*一说武兴国自杨文度始。

14. 巴氐族世系(成汉)

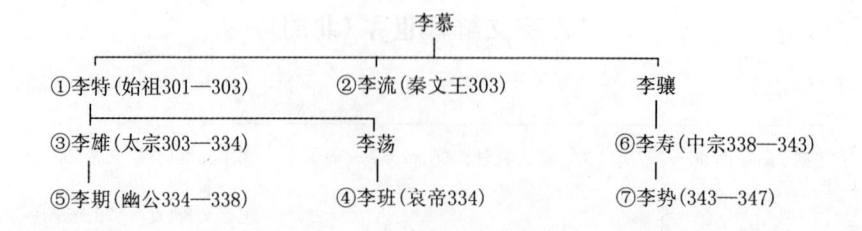

```
              李慕
               │
   ┌───────────┼───────────┐
①李特(始祖301—303) ②李流(秦文王303)  李骧
   │                              │
③李雄(太宗303—334)  李荡          ⑥李寿(中宗338—343)
   │                │              │
⑤李期(幽公334—338) ④李班(哀帝334)  ⑦李势(343—347)
```

15. 氐族世系（前秦）

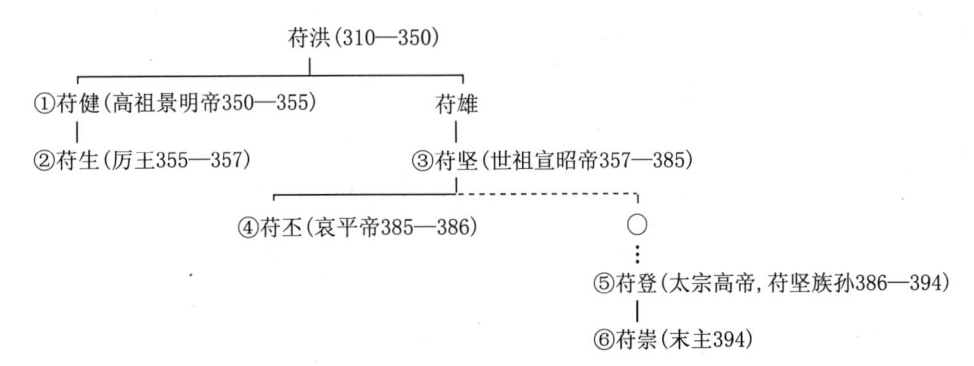

```
                        苻洪(310—350)
            ┌───────────────┴───────────────┐
        ①苻健(高祖景明帝350—355)          苻雄
            │                               │
        ②苻生(厉王355—357)              ③苻坚(世祖宣昭帝357—385)
                            ┌───────────────┴╌╌╌╌╌╌╌╌┐
                        ④苻丕(哀平帝385—386)         ○
                                                     ╎
                                              ⑤苻登(太宗高帝，苻坚族孙386—394)
                                                     │
                                              ⑥苻崇(末主394)
```

16. 氐族世系（后凉）

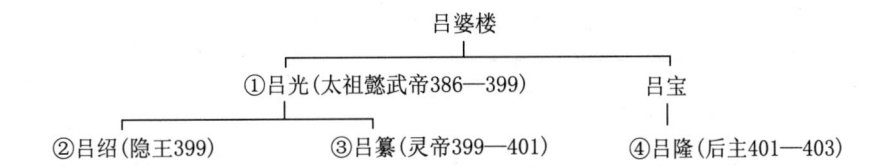

```
                    吕婆楼
            ┌─────────┴─────────┐
        ①吕光(太祖懿武帝386—399)   吕宝
        ┌───┴───┐                  │
    ②吕绍    ③吕纂              ④吕隆(后主401—403)
    (隐王399) (灵帝399—401)
```

17. 羯族世系（后赵）

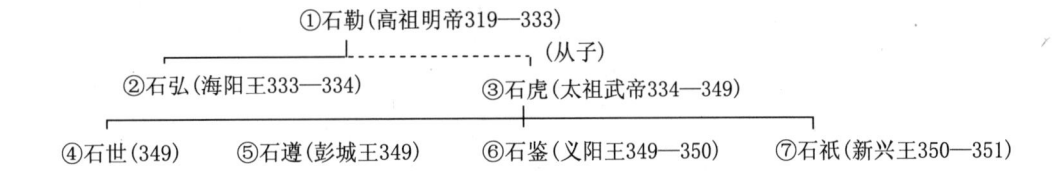

```
                        ①石勒(高祖明帝319—333)
                    ┌───────────┴╌╌╌╌╌╌╌╌┐(从子)
                ②石弘(海阳王333—334)   ③石虎(太祖武帝334—349)
        ┌───────────┬───────────┬───────────┐
    ④石世(349)  ⑤石遵(彭城王349) ⑥石鉴(义阳王349—350) ⑦石祇(新兴王350—351)
```

18. 丁零翟魏世系

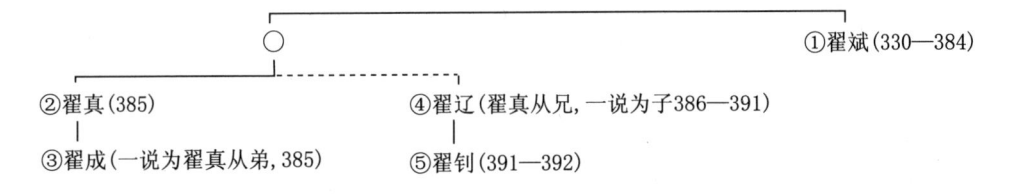

```
            ┌───────────────────────────────┐
            ○                           ①翟斌(330—384)
    ┌───────┴╌╌╌╌╌╌╌┐
②翟真(385)      ④翟辽(翟真从兄，一说为子386—391)
    │                   │
③翟成(一说为翟真从弟,385) ⑤翟钊(391—392)
```

19. 羌族世系（后秦）

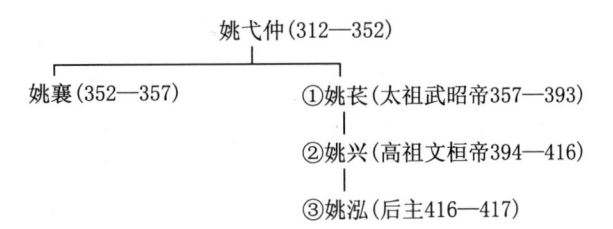

```
                姚弋仲(312—352)
            ┌───────┴───────┐
        姚襄(352—357)   ①姚苌(太祖武昭帝357—393)
                            │
                        ②姚兴(高祖文桓帝394—416)
                            │
                        ③姚泓(后主416—417)
```

20. 卢水胡世系（北凉）

①沮渠蒙逊（太祖武宣王401—433）
- ②沮渠牧犍（哀王433—439）
- ③沮渠无讳（442—444）
- ④沮渠安周（444—460）

21. 铁弗匈奴世系（夏）

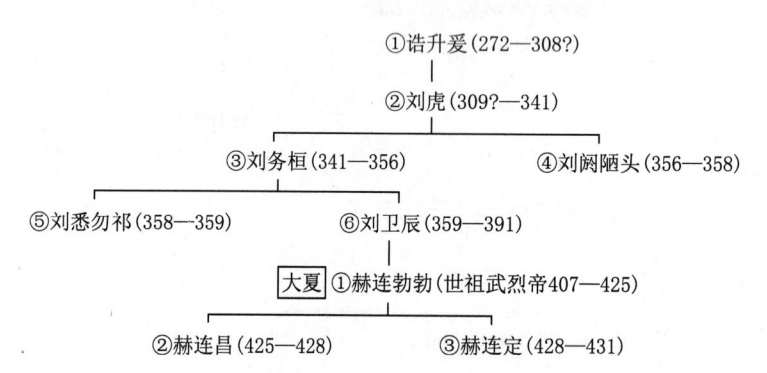

①诰升爰（272—308?）
│
②刘虎（309?—341）
- ③刘务桓（341—356）
- ④刘阏陋头（356—358）

③刘务桓之下：
- ⑤刘悉勿祁（358—359）
- ⑥刘卫辰（359—391）

大夏 ①赫连勃勃（世祖武烈帝407—425）
- ②赫连昌（425—428）
- ③赫连定（428—431）

22. 吐谷浑世系

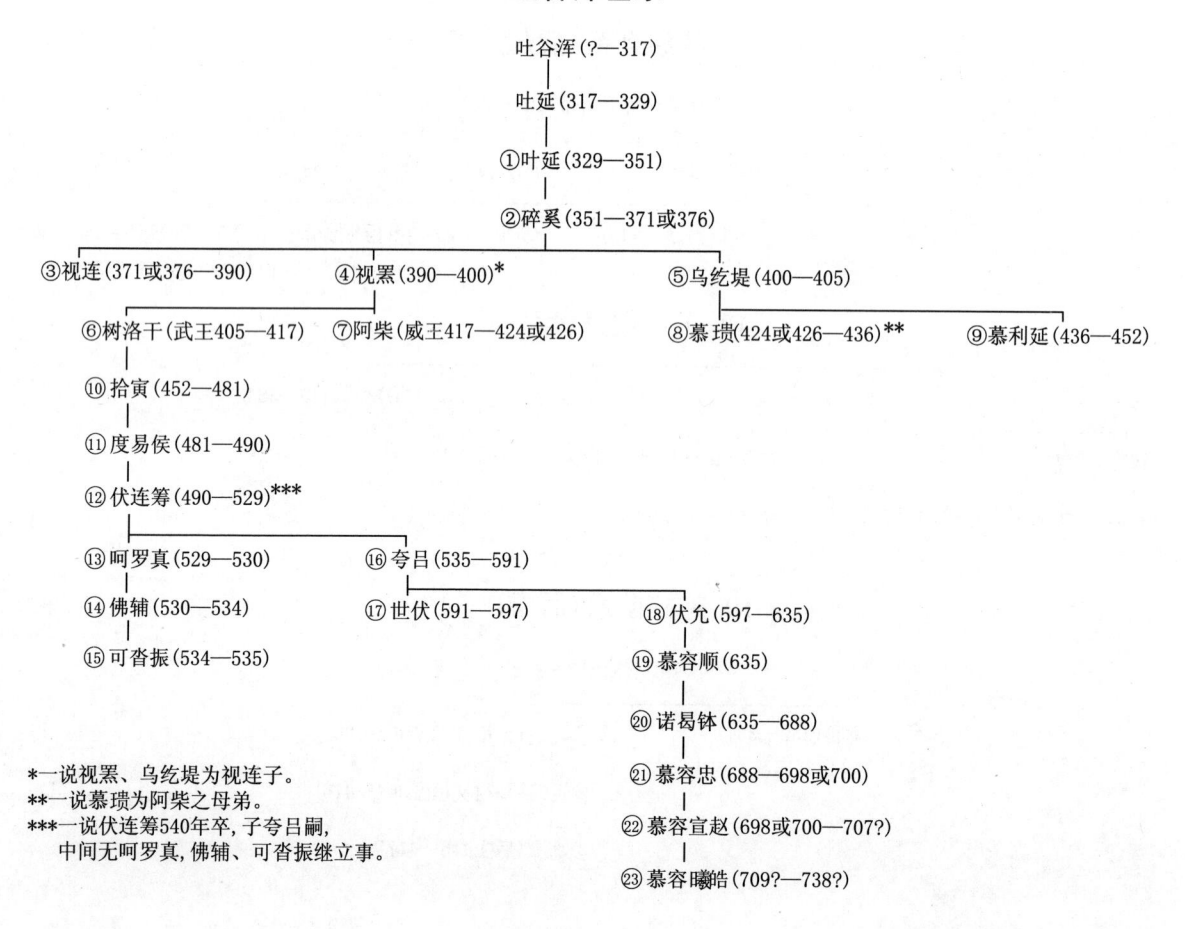

吐谷浑（?—317）
│
吐延（317—329）
│
①叶延（329—351）
│
②碎奚（351—371或376）

- ③视连（371或376—390）
- ④视罴（390—400）*
- ⑤乌纥堤（400—405）
- ⑥树洛干（武王405—417）
- ⑦阿柴（威王417—424或426）
- ⑧慕璝（424或426—436）**
- ⑨慕利延（436—452）

⑩拾寅（452—481）
│
⑪度易侯（481—490）
│
⑫伏连筹（490—529）***

- ⑬呵罗真（529—530）
- ⑭佛辅（530—534）
- ⑮可沓振（534—535）

- ⑯夸吕（535—591）
- ⑰世伏（591—597）
- ⑱伏允（597—635）
- ⑲慕容顺（635）
- ⑳诺曷钵（635—688）
- ㉑慕容忠（688—698或700）
- ㉒慕容宣赵（698或700—707?）
- ㉓慕容曦皓（709?—738?）

*一说视罴、乌纥堤为视连子。
**一说慕璝为阿柴之母弟。
***一说伏连筹540年卒，子夸吕嗣，中间无呵罗真、佛辅、可沓振继立事。

23. 柔然世系

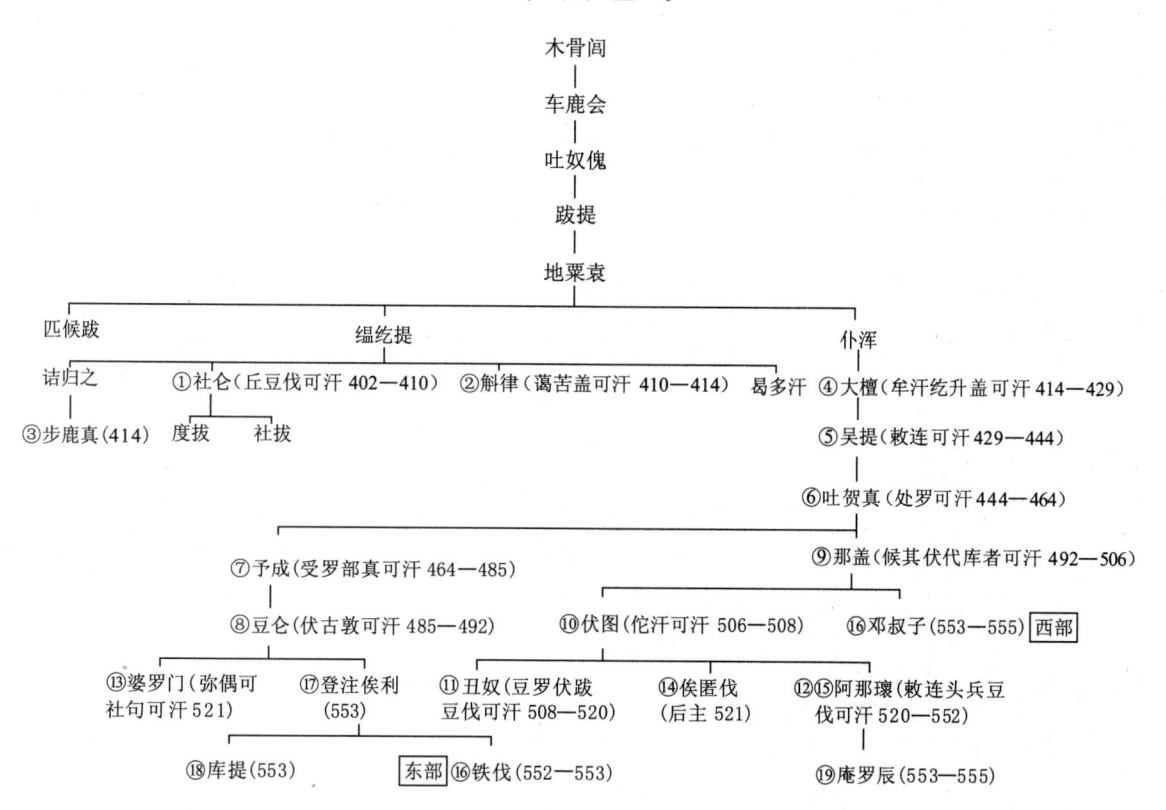

木骨闾
｜
车鹿会
｜
吐奴傀
｜
跋提
｜
地粟袁
├── 匹候跋
│   └── 诘归之
│   └── ③步鹿真(414)
├── 缊纥提
│   ├── ①社仑（丘豆伐可汗 402—410）
│   ├── ②斛律（蔼苦盖可汗 410—414）
│   │   ├── 度拔
│   │   └── 社拔
│   └── 曷多汗
└── 仆浑
    └── ④大檀（牟汗纥升盖可汗 414—429）
        └── ⑤吴提（敕连可汗 429—444）
            └── ⑥吐贺真（处罗可汗 444—464）
                ├── ⑦予成（受罗部真可汗 464—485）
                │   └── ⑧豆仑（伏古敦可汗 485—492）
                │   ├── ⑬婆罗门（弥偶可社句可汗 521）
                │   │   └── ⑱库提(553)
                │   └── ⑰登注俟利(553)
                │   └── 东部 ⑯铁伐(552—553)
                │   ⑪丑奴（豆罗伏跋豆伐可汗 508—520）
                │   ⑭俟匿伐（后主 521）
                └── ⑨那盖（候其伏代库者可汗 492—506）
                    ├── ⑩伏图（佗汗可汗 506—508）
                    │   └── ⑫⑮阿那瓌（敕连头兵豆伐可汗 520—552）
                    │   └── ⑲庵罗辰(553—555)
                    └── ⑯邓叔子(553—555) 西部

24. 突厥可汗世系

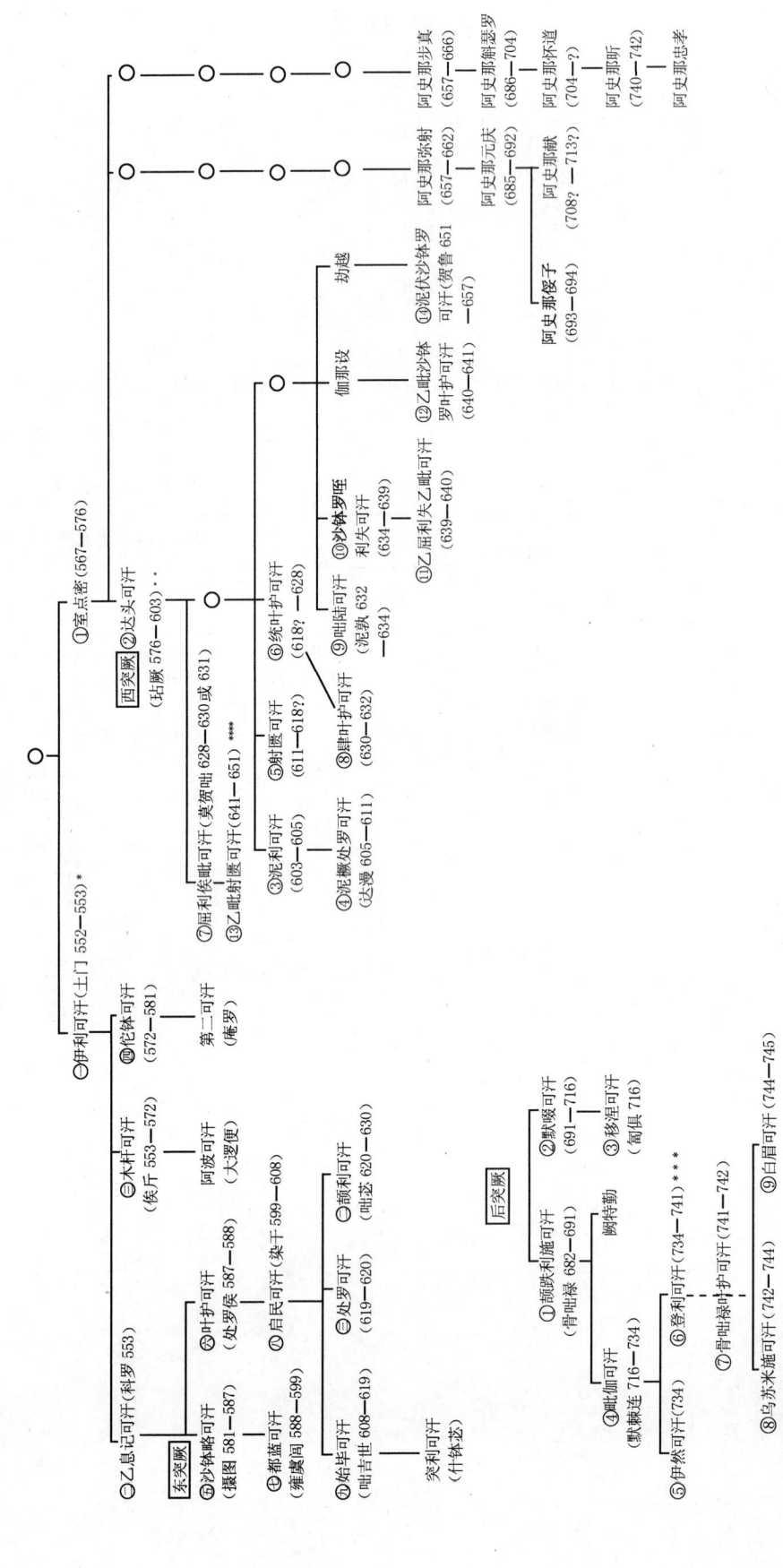

①伊利可汗（土门 552—553）*
②室点密（567—576）

东突厥
②乙息记可汗（科罗 553）
③木杆可汗（俟斤 553—572）
④佗钵可汗（572—581）
第二可汗（庵罗）
⑤沙钵略可汗（摄图 581—587）
⑧叶护可汗（处罗侯 587—588）
阿波可汗（大逻便）
⑥都蓝可汗（雍虞闾 588—599）
⑨启民可汗（染干 599—608）
⑩始毕可汗（咄吉世 608—619）
⑪处罗可汗（619—620）
⑫颉利可汗（咄苾 620—630）
突利可汗（什钵苾）

西突厥（沽厥 576—603）**
⑦屈利俟毗可汗（莫贺咄 628—630 或 631）
③乙毗射匮可汗（641—651）****
⑤泥利可汗（603—605）
④泥撅处罗可汗（达漫 605—611）
⑥射匮可汗（611—618?）
⑦统叶护可汗（618?—628）
⑧肆叶护可汗（630—632）
⑨咄陆可汗（泥孰 632—634）
⑩沙钵罗咥利失可汗（634—639）
⑪乙屈利失乙毗可汗（639—640）
⑫乙毗咄陆可汗（640—641）
伽那设
劫越
⑬乙毗沙钵罗叶护可汗（640—641）
⑭泥伏沙钵罗可汗（贺鲁 651—657）

阿史那俀子（693—694）
阿史那弥射（657—662）
阿史那元庆（685—692）
阿史那献（708?—713?）
阿史那步真（657—666）
阿史那斛瑟罗（686—704）
阿史那怀道（704—?）
阿史那昕（740—742）
阿史那忠孝

后突厥
①颉跌利施可汗（骨咄禄 682—691）
②默啜可汗（691—716）
③移涅可汗（匐俱 716）
④毗伽可汗（默棘连 716—734）
阙特勤
⑤伊然可汗（734）
⑥登利可汗（734—741）***
⑦骨咄叶护可汗（741—742）
⑧乌苏米施可汗（742—744）
⑨白眉可汗（744—745）

* 一说卒于 552 年，子科罗嗣。
** 是时突厥有五可汗：沙钵略可汗、第二可汗、阿波可汗、叶护可汗、达头可汗。583 年，达头可汗联合阿波可汗等反对沙钵略可汗，自是突厥分裂为东西二部。
*** 一说伊然可汗与登利可汗为一人。
**** 据《新唐书》为乙屈利失乙毗可汗子。

25. 吐蕃赞普世系

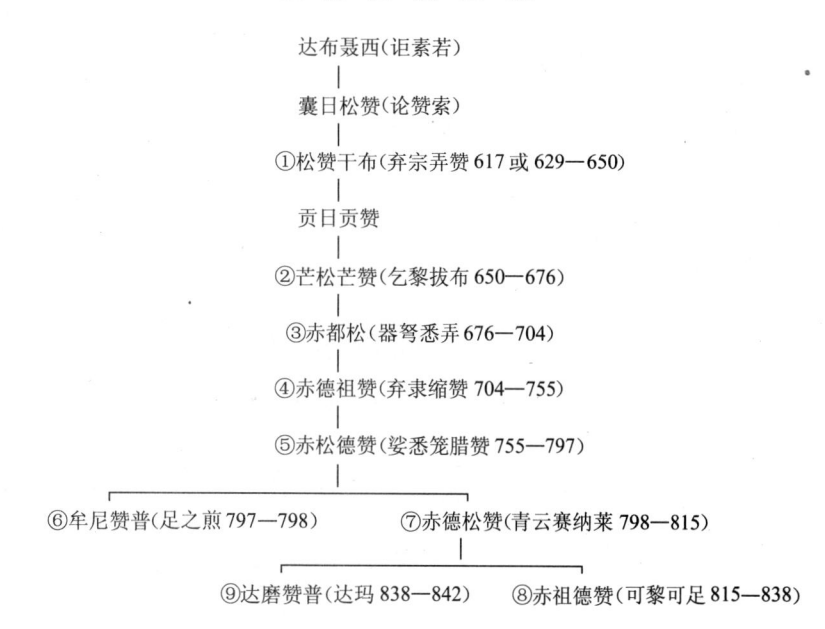

达布聂西(讵素若)
|
囊日松赞(论赞索)
|
① 松赞干布(弃宗弄赞 617 或 629—650)
|
贡日贡赞
|
② 芒松芒赞(乞黎拔布 650—676)
|
③ 赤都松(器弩悉弄 676—704)
|
④ 赤德祖赞(弃隶缩赞 704—755)
|
⑤ 赤松德赞(娑悉笼腊赞 755—797)
|
⑥ 牟尼赞普(足之煎 797—798)　　⑦ 赤德松赞(青云赛纳莱 798—815)
|
⑨ 达磨赞普(达玛 838—842)　　⑧ 赤祖德赞(可黎可足 815—838)

26. 唃厮啰世系

① 唃厮啰(1015—1065)
|
② 董毡(1065—1083)
┊（养子）
③ 阿里骨(1083—1096)
|
④ 瞎征(1096—1099)
┊——（疏族）——┐
⑤ 陇拶(1099)　　溪赊罗撒(1099—1104)

27. 薛延陀世系

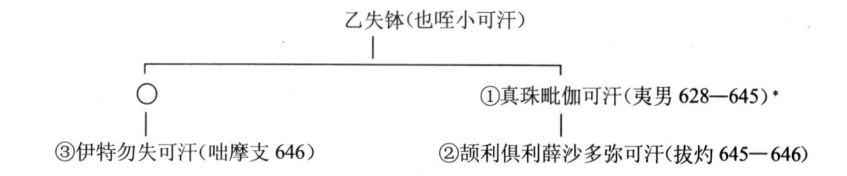

乙失钵(也咥小可汗)
┌──────────┴──────────┐
○　　　　　　　　　　①真珠毗伽可汗(夷男 628—645)*
|
③伊特勿失可汗(咄摩支 646)　　②颉利俱利薛沙多弥可汗(拔灼 645—646)

* 一作乙失钵孙。

28. 焉耆王世系

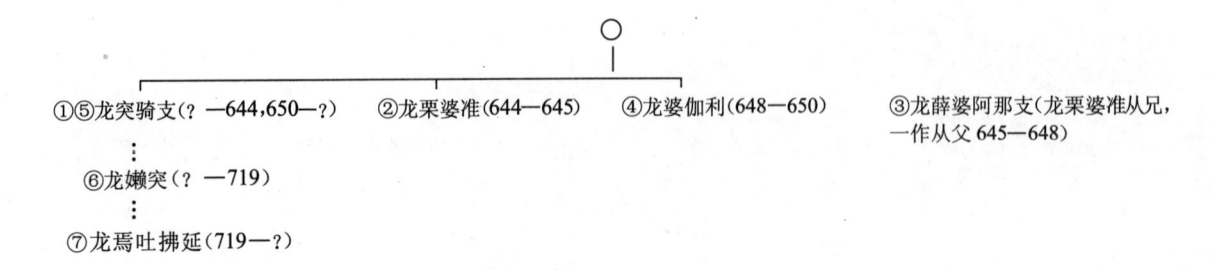

○
├─ ①⑤龙突骑支(？—644,650—？)
│   ⋮
│   ⑥龙嬾突(？—719)
│   ⋮
│   ⑦龙焉吐拂延(719—？)
├─ ②龙栗婆准(644—645)
└─ ④龙婆伽利(648—650)

③龙薛婆阿那支(龙栗婆准从兄，一作从父 645—648)

29. 龟兹王世系

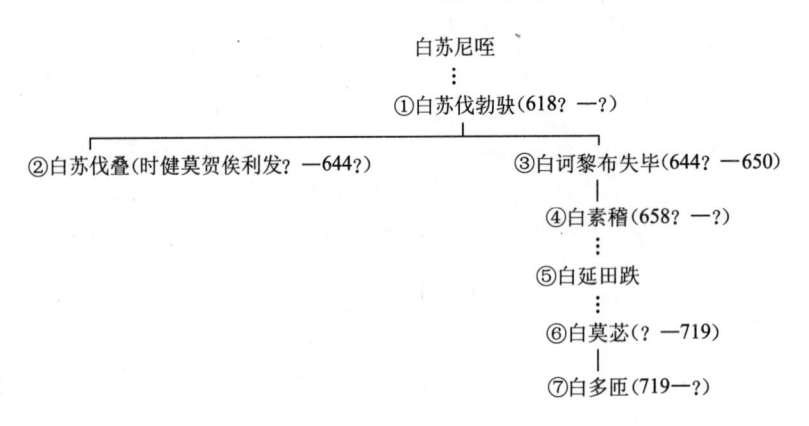

白苏尼咥
⋮
①白苏伐勃䭾(618？—？)
├─ ②白苏伐叠(时健莫贺俟利发？—644？)
└─ ③白诃黎布失毕(644？—650)
    │
    ④白素稽(658？—？)
    ⋮
    ⑤白延田跌
    │
    ⑥白莫苾(？—719)
    │
    ⑦白多匝(719—？)

30. 于阗王世系

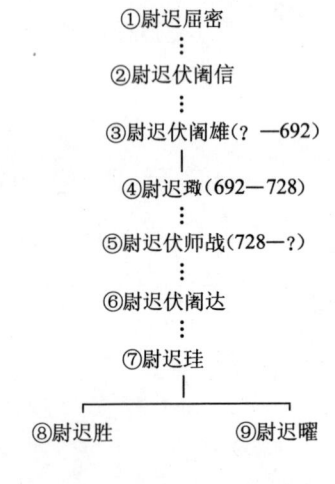

①尉迟屈密
⋮
②尉迟伏阇信
⋮
③尉迟伏阇雄(？—692)
│
④尉迟璥(692—728)
│
⑤尉迟伏师战(728—？)
⋮
⑥尉迟伏阇达
⋮
⑦尉迟珪
├─ ⑧尉迟胜
└─ ⑨尉迟曜

31. 南诏世系

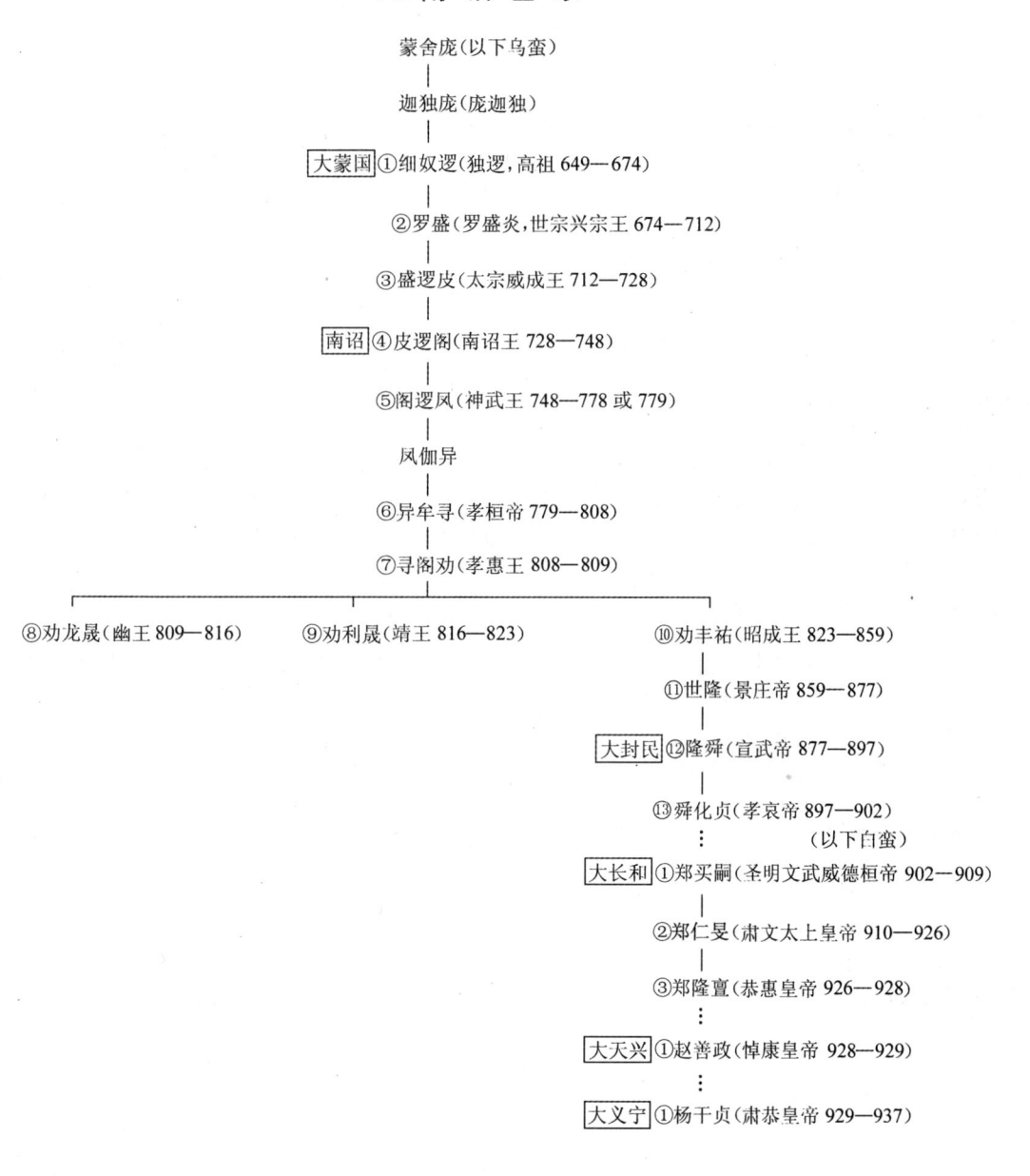

蒙舍庞(以下乌蛮)
｜
迦独庞(庞迦独)
｜
大蒙国 ①细奴逻(独逻,高祖 649—674)
｜
②罗盛(罗盛炎,世宗兴宗王 674—712)
｜
③盛逻皮(太宗威成王 712—728)
｜
南诏 ④皮逻阁(南诏王 728—748)
｜
⑤阁逻凤(神武王 748—778 或 779)
｜
凤伽异
｜
⑥异牟寻(孝桓帝 779—808)
｜
⑦寻阁劝(孝惠王 808—809)
├─────────────────┬─────────────────┬─────────────────
⑧劝龙晟(幽王 809—816)　⑨劝利晟(靖王 816—823)　⑩劝丰祐(昭成王 823—859)
　　　　　　　　　　　　　　　　　　　　　　　　　　｜
　　　　　　　　　　　　　　　　　　　　　　　　⑪世隆(景庄帝 859—877)
　　　　　　　　　　　　　　　　　　　　　　　　　　｜
　　　　　　　　　　　　　　　　　　　　大封民 ⑫隆舜(宣武帝 877—897)
　　　　　　　　　　　　　　　　　　　　　　　　　　｜
　　　　　　　　　　　　　　　　　　　　　　　　⑬舜化贞(孝哀帝 897—902)
　　　　　　　　　　　　　　　　　　　　　　　　　　⋮
　　　　　　　　　　　　　　　　　　　　　　　　(以下白蛮)
　　　　　　　　　　　　　　　　　　　　大长和 ①郑买嗣(圣明文武威德桓帝 902—909)
　　　　　　　　　　　　　　　　　　　　　　　　　　｜
　　　　　　　　　　　　　　　　　　　　　　　　②郑仁旻(肃文太上皇帝 910—926)
　　　　　　　　　　　　　　　　　　　　　　　　　　｜
　　　　　　　　　　　　　　　　　　　　　　　　③郑隆亶(恭惠皇帝 926—928)
　　　　　　　　　　　　　　　　　　　　　　　　　　⋮
　　　　　　　　　　　　　　　　　　　　大天兴 ①赵善政(悼康皇帝 928—929)
　　　　　　　　　　　　　　　　　　　　　　　　　　⋮
　　　　　　　　　　　　　　　　　　　　大义宁 ①杨干贞(肃恭皇帝 929—937)

32. 大理世系

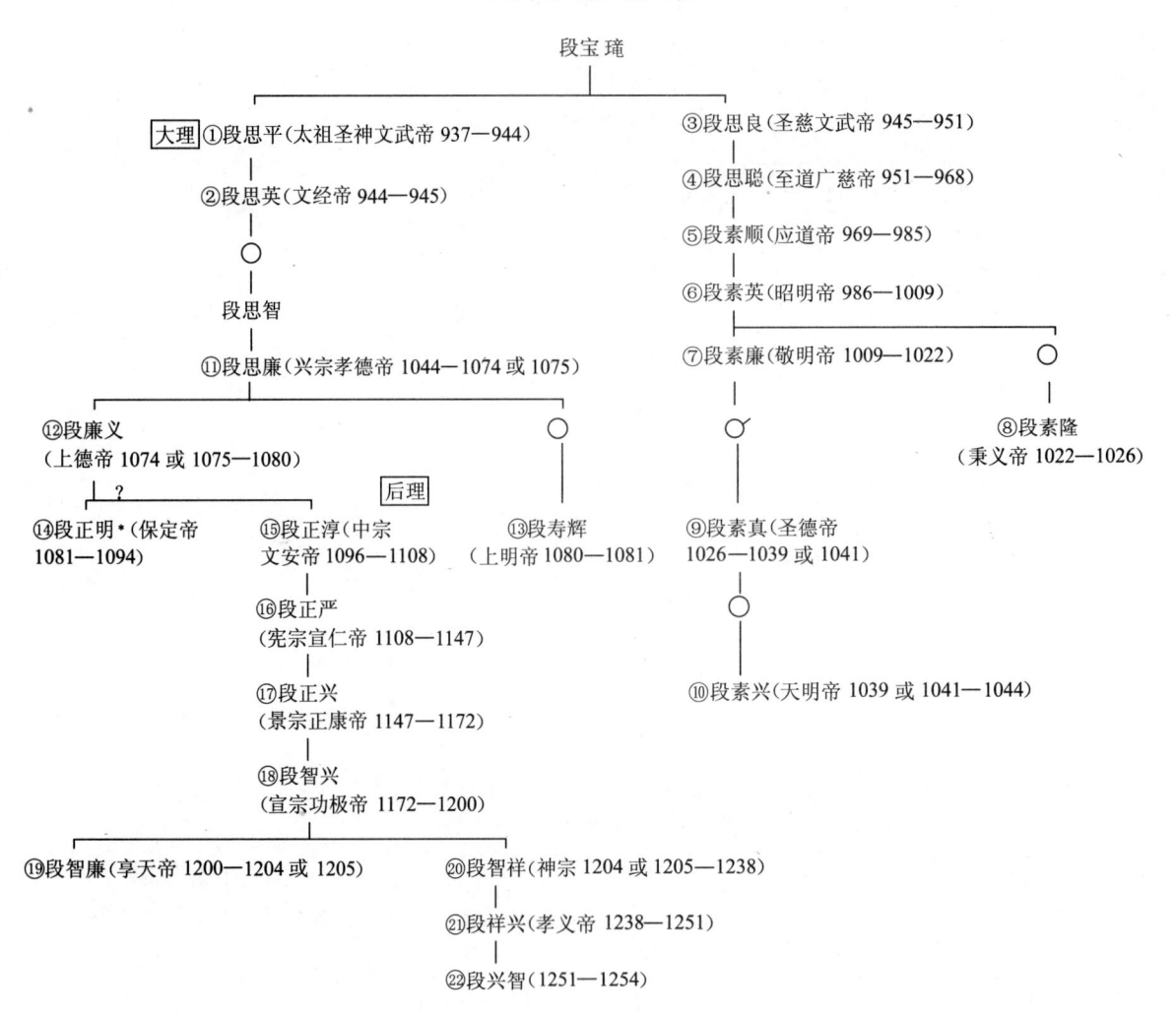

段宝瑂

- 大理 ① 段思平（太祖圣神文武帝 937—944）
  - ② 段思英（文经帝 944—945）
  - 段思智
    - ⑪ 段思廉（兴宗孝德帝 1044—1074 或 1075）
      - ⑫ 段廉义（上德帝 1074 或 1075—1080）
        - ？
        - ⑭ 段正明·（保定帝 1081—1094）
        - ⑮ 段正淳（中宗文安帝 1096—1108）
          - ⑯ 段正严（宪宗宣仁帝 1108—1147）
            - ⑰ 段正兴（景宗正康帝 1147—1172）
              - ⑱ 段智兴（宣宗功极帝 1172—1200）
                - ⑲ 段智廉（享天帝 1200—1204 或 1205）
                - ⑳ 段智祥（神宗 1204 或 1205—1238）
                  - ㉑ 段祥兴（孝义帝 1238—1251）
                    - ㉒ 段兴智（1251—1254）
      - ⑬ 段寿辉（上明帝 1080—1081）[后理]
- ③ 段思良（圣慈文武帝 945—951）
  - ④ 段思聪（至道广慈帝 951—968）
    - ⑤ 段素顺（应道帝 969—985）
      - ⑥ 段素英（昭明帝 986—1009）
        - ⑦ 段素廉（敬明帝 1009—1022）
          - ⑧ 段素隆（秉义帝 1022—1026）
          - ⑨ 段素真（圣德帝 1026—1039 或 1041）
            - ⑩ 段素兴（天明帝 1039 或 1041—1044）

* 一说段正明为段廉义子。

33. 靺鞨世系（渤海）

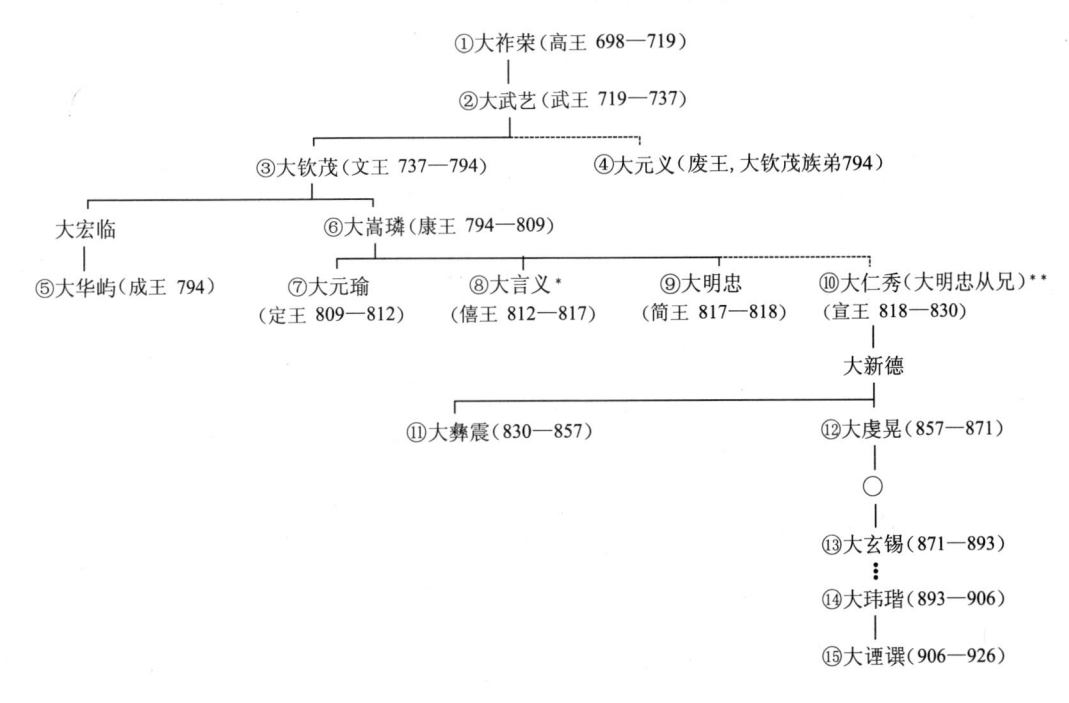

```
①大祚荣（高王 698—719）
         │
②大武艺（武王 719—737）
         │
    ┌────┴────────────────────────┐
③大钦茂（文王 737—794）      ④大元义（废王, 大钦茂族弟 794）
    │
┌───┴──────────┐
大宏临      ⑥大嵩璘（康王 794—809）
    │              │
⑤大华屿（成王 794）  ┌──────┬──────┬──────┬──────────────────┐
              ⑦大元瑜  ⑧大言义*  ⑨大明忠  ⑩大仁秀（大明忠从兄）**
              （定王    （僖王    （简王    （宣王 818—830）
              809—812）812—817）817—818）
                                              │
                                           大新德
                                              │
                                    ┌─────────┴─────────┐
                              ⑪大彝震（830—857）  ⑫大虔晃（857—871）
                                                        │
                                                        ○
                                                        │
                                                  ⑬大玄锡（871—893）
                                                        ⋮
                                                  ⑭大玮瑎（893—906）
                                                        ⋮
                                                  ⑮大諲譔（906—926）
```

* 一说大言义、大明忠为大元义弟。
** 一说大仁秀为大明忠从父。

34. 回鹘（回纥）世系

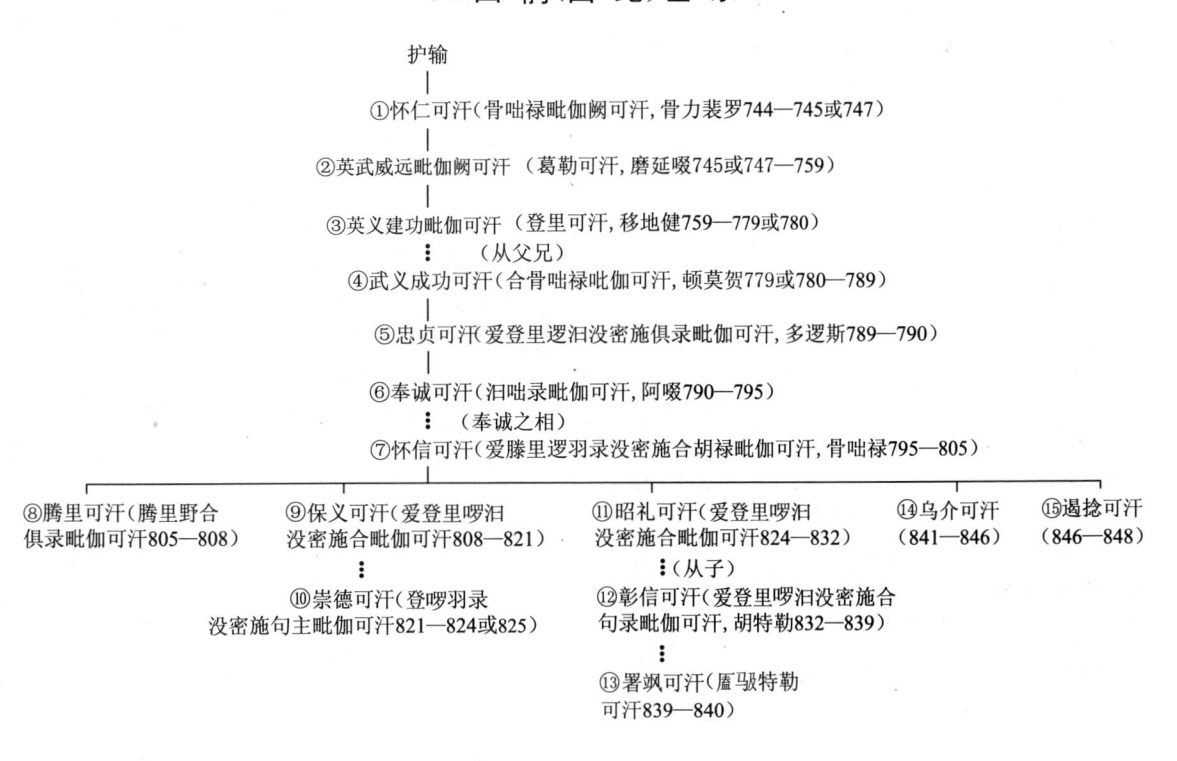

```
护输
 │
①怀仁可汗（骨咄禄毗伽阙可汗, 骨力裴罗744—745或747）
 │
②英武威远毗伽阙可汗（葛勒可汗, 磨延啜745或747—759）
 │
③英义建功毗伽可汗（登里可汗, 移地健759—779或780）
 ⋮（从父兄）
④武义成功可汗（合骨咄禄毗伽可汗, 顿莫贺779或780—789）
 │
⑤忠贞可汗（爱登里逻汩没密施俱录毗伽可汗, 多逻斯789—790）
 │
⑥奉诚可汗（汩咄录毗伽可汗, 阿啜790—795）
 ⋮（奉诚之相）
⑦怀信可汗（爱滕里逻羽录没密施合胡禄毗伽可汗, 骨咄禄795—805）
```

⑧腾里可汗（腾里野合　⑨保义可汗（爱登里啰汩　⑪昭礼可汗（爱登里啰汩　⑭乌介可汗　⑮遏捻可汗
俱录毗伽可汗805—808）　没密施合毗伽可汗808—821）　没密施合毗伽可汗824—832）　（841—846）　（846—848）
　　　　　　　　　　　　　⋮　　　　　　　　　　　　（从子）
　　　　　　　　　　⑩崇德可汗（登啰羽录　⑫彰信可汗（爱登里啰汩没密施合
　　　　　　　　　　没密施句主毗伽可汗821—824或825）　句录毗伽可汗, 胡特勒832—839）
　　　　　　　　　　　　　　　　　　　　　　　　⋮
　　　　　　　　　　　　　　　　　　　　⑬署飒可汗（厣馺特勒
　　　　　　　　　　　　　　　　　　　　可汗839—840）

35. 沙陀世系（晋、后唐、后晋、后汉、北汉）

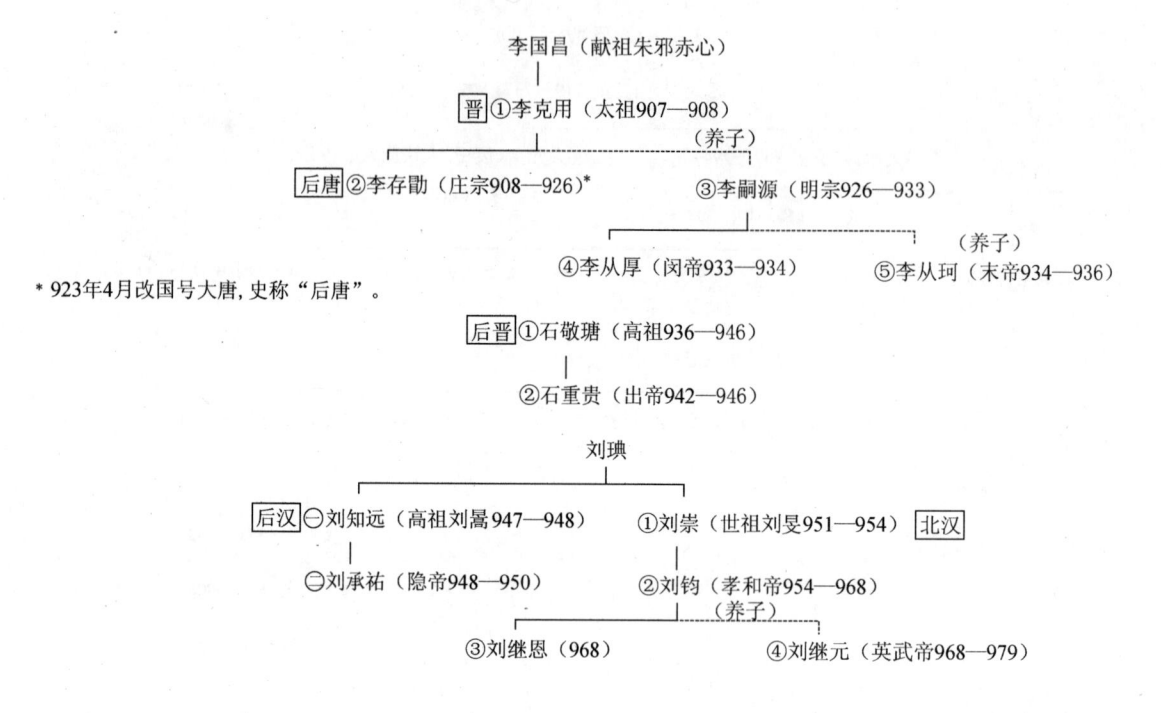

```
                          李国昌（献祖朱邪赤心）
                                │
                    晋 ①李克用（太祖907—908）
                         ┌──────┴──────────────┐
                                              （养子）
              后唐 ②李存勖（庄宗908—926）*    ③李嗣源（明宗926—933）
                                        ┌──────┴──────┐
                                                     （养子）
                              ④李从厚（闵帝933—934）  ⑤李从珂（末帝934—936）

              后晋 ①石敬瑭（高祖936—946）
                         │
                   ②石重贵（出帝942—946）

                              刘琠
                         ┌─────┴─────┐
           后汉 ㊀刘知远（高祖刘暠947—948）   ①刘崇（世祖刘旻951—954） 北汉
                    │                          │
              ㊁刘承祐（隐帝948—950）        ②刘钧（孝和帝954—968）
                                          ┌────┴────（养子）────┐
                                    ③刘继恩（968）          ④刘继元（英武帝968—979）
```

*923年4月改国号大唐，史称"后唐"。

36. 契丹世系（辽、西辽、北辽）

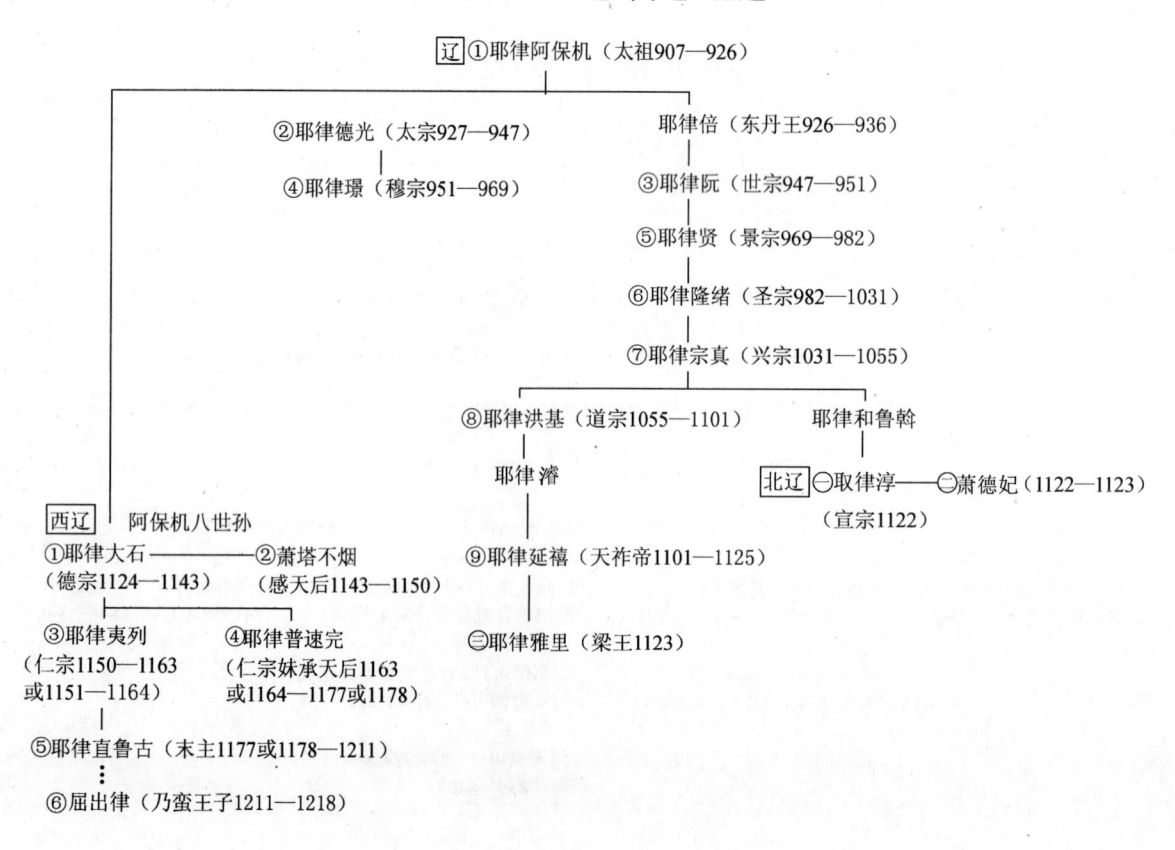

```
                    辽 ①耶律阿保机（太祖907—926）
              ┌──────────────────────────┴──────────────────┐
          ②耶律德光（太宗927—947）              耶律倍（东丹王926—936）
              │                                    │
          ④耶律璟（穆宗951—969）              ③耶律阮（世宗947—951）
                                                  │
                                          ⑤耶律贤（景宗969—982）
                                                  │
                                          ⑥耶律隆绪（圣宗982—1031）
                                                  │
                                          ⑦耶律宗真（兴宗1031—1055）
                                          ┌───────┴──────────┐
                                    ⑧耶律洪基（道宗1055—1101）  耶律和鲁斡
                                          │                      │
                                       耶律濬              北辽 ㊀耶律淳——㊁萧德妃（1122—1123）
          西辽 │ 阿保机八世孙                                  （宣宗1122）
          ①耶律大石————②萧塔不烟        ⑨耶律延禧（天祚帝1101—1125）
          （德宗1124—1143）（感天后1143—1150）
                                          ㊂耶律雅里（梁王1123）
          ③耶律夷列    ④耶律普速完
          （仁宗1150—1163 （仁宗妹承天后1163
           或1151—1164） 或1164—1177或1178）
          ⑤耶律直鲁古（末主1177或1178—1211）
              ⋮
          ⑥屈出律（乃蛮王子1211—1218）
```

37. 党项世系（西夏）

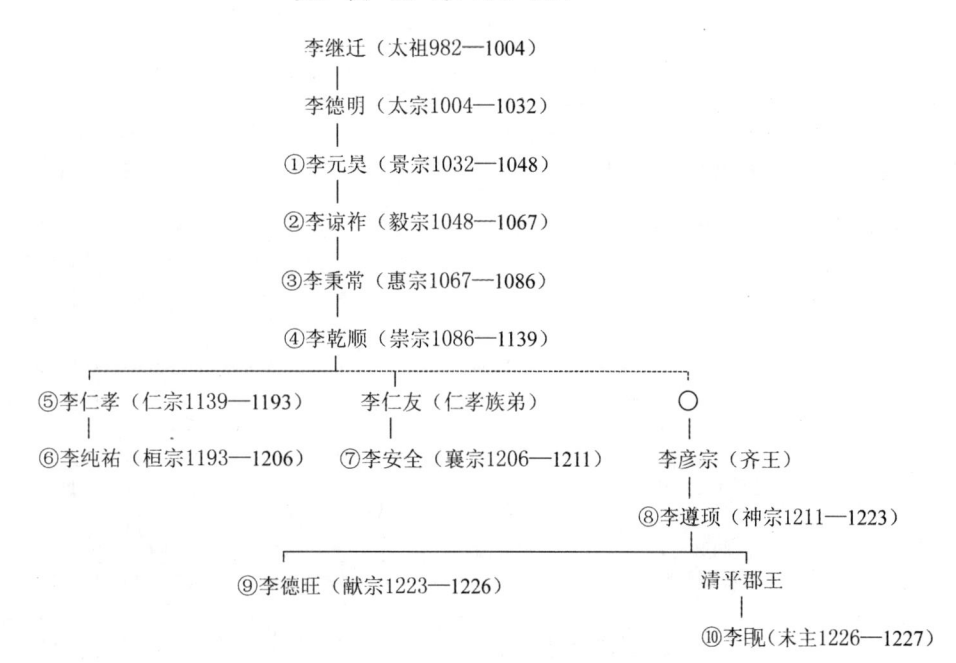

```
            李继迁（太祖982—1004）
                    │
            李德明（太宗1004—1032）
                    │
            ①李元昊（景宗1032—1048）
                    │
            ②李谅祚（毅宗1048—1067）
                    │
            ③李秉常（惠宗1067—1086）
                    │
            ④李乾顺（崇宗1086—1139）
       ┌────────────┼────────────┐
  ⑤李仁孝         李仁友          ○
  （仁宗1139—1193）（仁孝族弟）     │
       │            │         李彦宗（齐王）
  ⑥李纯祐       ⑦李安全            │
  （桓宗1193—1206）（襄宗1206—1211）⑧李遵顼（神宗1211—1223）
                  ┌──────────────┴──┐
            ⑨李德旺（献宗1223—1226）  清平郡王
                                      │
                                ⑩李睍（末主1226—1227）
```

38. 女真世系（金）

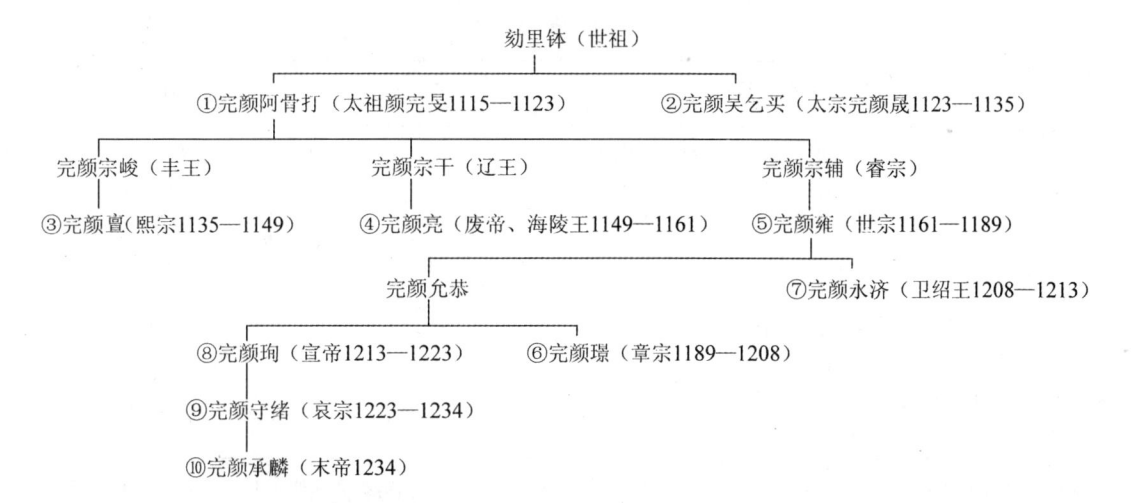

```
                        劾里钵（世祖）
            ┌──────────────────────────┐
      ①完颜阿骨打（太祖颜完旻1115—1123）  ②完颜吴乞买（太宗完颜晟1123—1135）
    ┌───────────────┼───────────────────┐
 完颜宗峻（丰王）  完颜宗干（辽王）      完颜宗辅（睿宗）
      │              │                    │
 ③完颜亶          ④完颜亮            ⑤完颜雍（世宗1161—1189）
 （熙宗1135—1149）（废帝、海陵王1149—1161）
                                    完颜允恭          ⑦完颜永济（卫绍王1208—1213）
                              ┌──────┴──────┐
                        ⑧完颜珣           ⑥完颜璟（章宗1189—1208）
                        （宣帝1213—1223）
                              │
                        ⑨完颜守绪（哀宗1223—1234）
                              │
                        ⑩完颜承麟（末帝1234）
```

39. 蒙古世系（蒙古国、元）

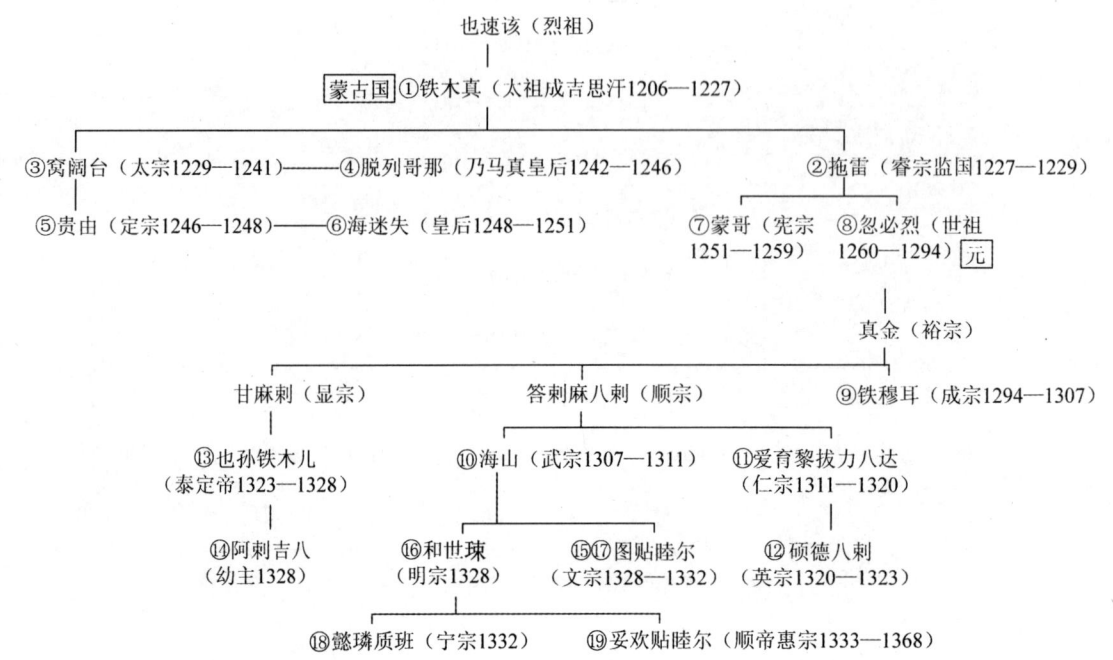

也速该（烈祖）

蒙古国 ①铁木真（太祖成吉思汗1206—1227）

③窝阔台（太宗1229—1241）——④脱列哥那（乃马真皇后1242—1246）　　②拖雷（睿宗监国1227—1229）

⑤贵由（定宗1246—1248）——⑥海迷失（皇后1248—1251）　　⑦蒙哥（宪宗1251—1259）　⑧忽必烈（世祖1260—1294）元

真金（裕宗）

甘麻剌（显宗）　　答剌麻八剌（顺宗）　　⑨铁穆耳（成宗1294—1307）

⑬也孙铁木儿（泰定帝1323—1328）　　⑩海山（武宗1307—1311）　　⑪爱育黎拔力八达（仁宗1311—1320）

⑭阿剌吉八（幼主1328）　⑯和世㻋（明宗1328）　⑮⑰图贴睦尔（文宗1328—1332）　⑫硕德八剌（英宗1320—1323）

⑱懿璘质班（宁宗1332）　　⑲妥欢贴睦尔（顺帝惠宗1333—1368）

40. 蒙古世系（察合台汗国）

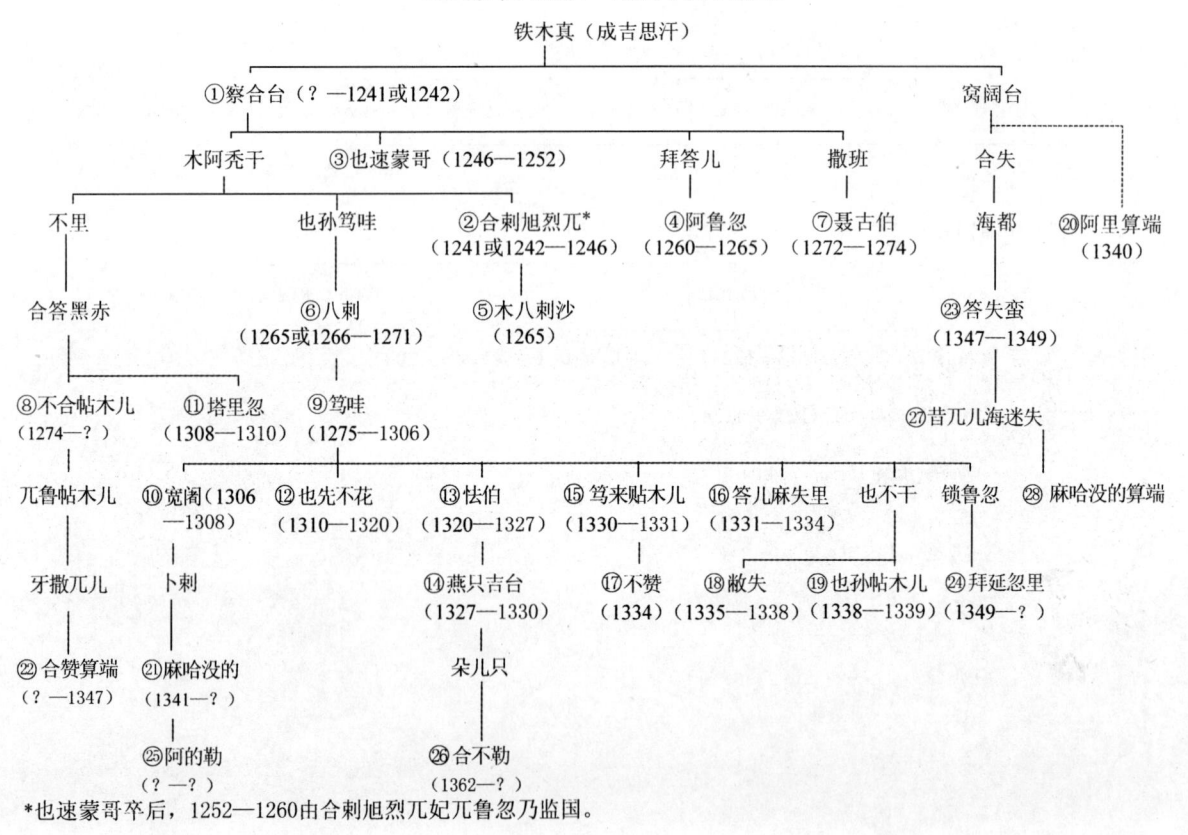

铁木真（成吉思汗）

①察合台（？—1241或1242）　　　　　　　　　　　　　窝阔台

木阿秃干　③也速蒙哥（1246—1252）　拜答儿　撒班　　合失

不里　也孙笃哇　②合剌旭烈兀*（1241或1242—1246）　④阿鲁忽（1260—1265）　⑦聂古伯（1272—1274）　海都　⑳阿里算端（1340）

合答黑赤　⑥八剌（1265或1266—1271）　⑤木八剌沙（1265）　　　　㉓答失蛮（1347—1349）

⑧不合帖木儿（1274—？）　⑪塔里忽（1308—1310）　⑨笃哇（1275—1306）　　　　　　　　　　　㉗昔兀儿海迷失

兀鲁帖木儿　⑩宽阇（1306—1308）　⑫也先不花（1310—1320）　⑬怯伯（1320—1327）　⑮笃来贴木儿（1330—1331）　⑯答儿麻失里（1331—1334）　也不干　锁鲁忽　㉘麻哈没的算端

牙撒兀儿　卜剌　　⑭燕只吉台（1327—1330）　⑰不赞（1334）　⑱敞失（1335—1338）　⑲也孙帖木儿（1338—1339）　㉔拜延忽里（1349—？）

㉒合赞算端（？—1347）　㉑麻哈没的（1341—？）　朵儿只

㉕阿的勒（？—？）　㉖合不勒（1362—？）

*也速蒙哥卒后，1252—1260由合剌旭烈兀妃兀鲁忽乃监国。

41. 蒙古世系（北元、鞑靼）

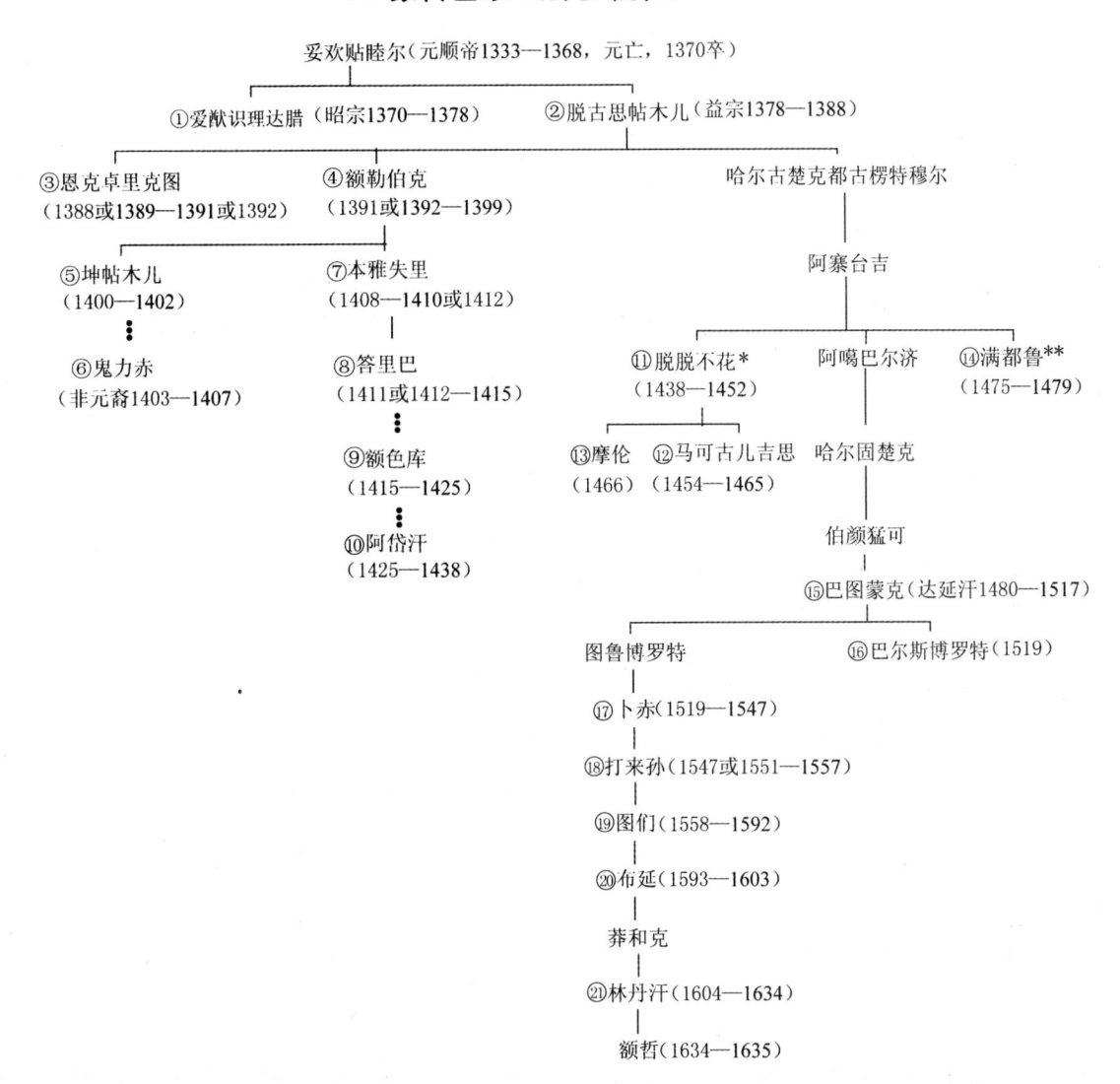

```
                        妥欢贴睦尔（元顺帝1333—1368，元亡，1370卒）
                              │
            ┌─────────────────┴─────────────────┐
       ①爱猷识理达腊（昭宗1370—1378）      ②脱古思帖木儿（益宗1378—1388）
            │                                   │
   ┌────────┴────────┐                      哈尔古楚克都古楞特穆尔
③恩克卓里克图      ④额勒伯克                      │
(1388或1389—      (1391或1392—                阿寨台吉
 1391或1392)       1399)                          │
   │                 │              ┌─────────────┼─────────────┐
⑤坤帖木儿       ⑦本雅失里        ⑪脱脱不花*    阿噶巴尔济    ⑭满都鲁**
(1400—1402)    (1408—1410或1412) (1438—1452)       │        (1475—1479)
   ⋮                 │              │          哈尔固楚克
⑥鬼力赤          ⑧答里巴      ┌────┴────┐          │
(非元裔1403—    (1411或1412    ⑬摩伦  ⑫马可古儿吉思  伯颜猛可
 1407)          —1415)        (1466)  (1454—1465)    │
                   ⋮                              ⑮巴图蒙克（达延汗1480—1517）
                ⑨额色库                              │
                (1415—1425)                ┌─────────┴─────────┐
                   │                    图鲁博罗特        ⑯巴尔斯博罗特(1519)
                ⑩阿岱汗                     │
                (1425—1438)              ⑰卜赤(1519—1547)
                                            │
                                         ⑱打来孙(1547或1551—1557)
                                            │
                                         ⑲图们(1558—1592)
                                            │
                                         ⑳布延(1593—1603)
                                            │
                                          莽和克
                                            │
                                         ㉑林丹汗(1604—1634)
                                            │
                                          额哲(1634—1635)
```

*1452年（一说1451年），瓦剌太师也先统一蒙古，称汗，卒于1454年。

**1466年，摩伦卒后，无嗣。1475年，满都鲁嗣位。

42. 别失八里王、吐鲁番王及叶尔羌汗世系*

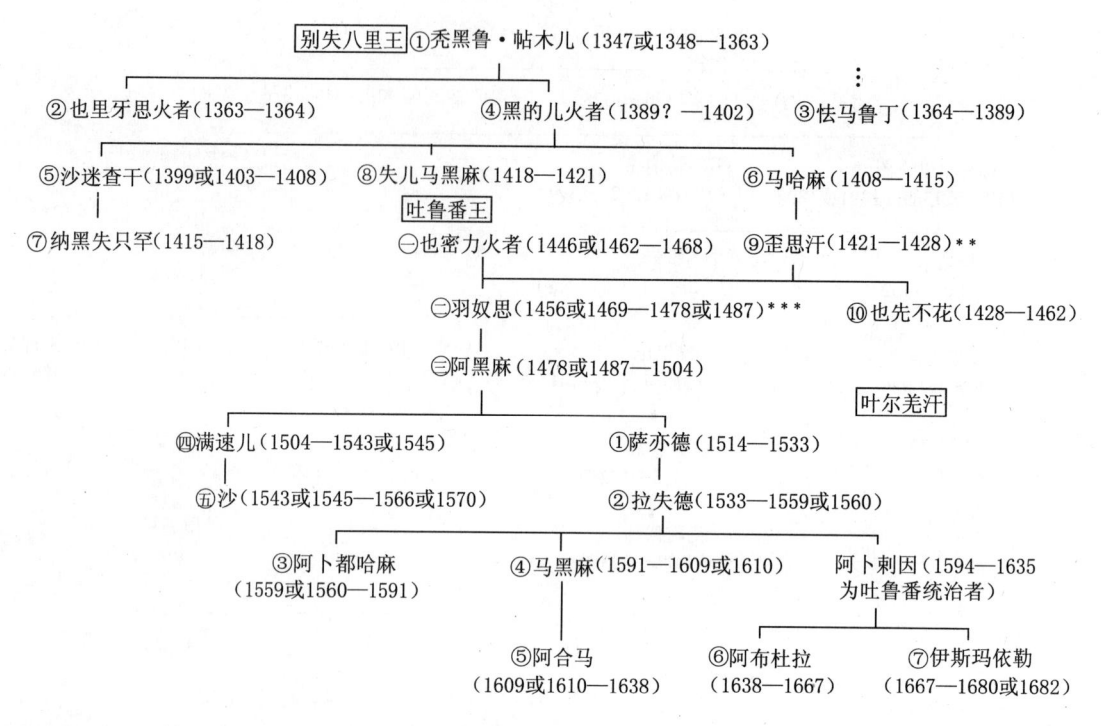

```
别失八里王 ①秃黑鲁·帖木儿(1347或1348—1363)
    ├─────────────────────┬─────────────────────┐
②也里牙思火者(1363—1364)  ④黑的儿火者(1389?—1402)  ③怯马鲁丁(1364—1389)
    │                     │                     │
⑤沙迷查干(1399或1403—1408) ⑧失儿马黑麻(1418—1421) ⑥马哈麻(1408—1415)
    │                  吐鲁番王                    │
⑦纳黑失只罕(1415—1418)  一也密力火者(1446或1462—1468) ⑨歪思汗(1421—1428)**
                          │                      │
                    二羽奴思(1456或1469—1478或1487)***  ⑩也先不花(1428—1462)
                          │
                    三阿黑麻(1478或1487—1504)                    叶尔羌汗
            ┌─────────────┴──────────────┐
      四满速儿(1504—1543或1545)        ①萨亦德(1514—1533)
            │                            │
      五沙(1543或1545—1566或1570)     ②拉失德(1533—1559或1560)
            │                  ┌─────────┼─────────────┐
      ③阿卜都哈麻           ④马黑麻(1591—1609或1610)  阿卜剌因(1594—1635
      (1559或1560—1591)                              为吐鲁番统治者)
                          ┌──────┼──────┐
                      ⑤阿合马  ⑥阿布杜拉  ⑦伊斯玛依勒
                    (1609或1610—1638)(1638—1667)(1667—1680或1682)
```

* 有的史籍将别失八里和吐鲁番统治者建立的政权通称为东察合台汗国。
** 一说歪思汗为马哈麻之孙。
*** 一说即《明史》之阿力。

43. 哈密世系

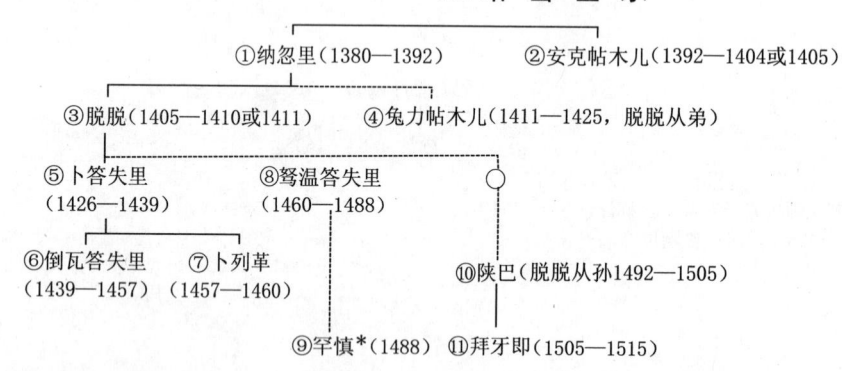

```
         ①纳忽里(1380—1392)    ②安克帖木儿(1392—1404或1405)
    ┌─────────┴─────────┐
③脱脱(1405—1410或1411)  ④兔力帖木儿(1411—1425,脱脱从弟)
    │                              │
⑤卜答失里      ⑧弩温答失里           ○
(1426—1439)   (1460—1488)           │
    │                            ⑩陕巴(脱脱从孙1492—1505)
⑥倒瓦答失里  ⑦卜列革
(1439—1457) (1457—1460)
         ⑨罕慎*(1488)  ⑪拜牙即(1505—1515)
```

* 一说罕慎之父把塔木儿为兔力帖木儿姐之子。卒后,王位空虚。

44. 蒙古准噶尔世系

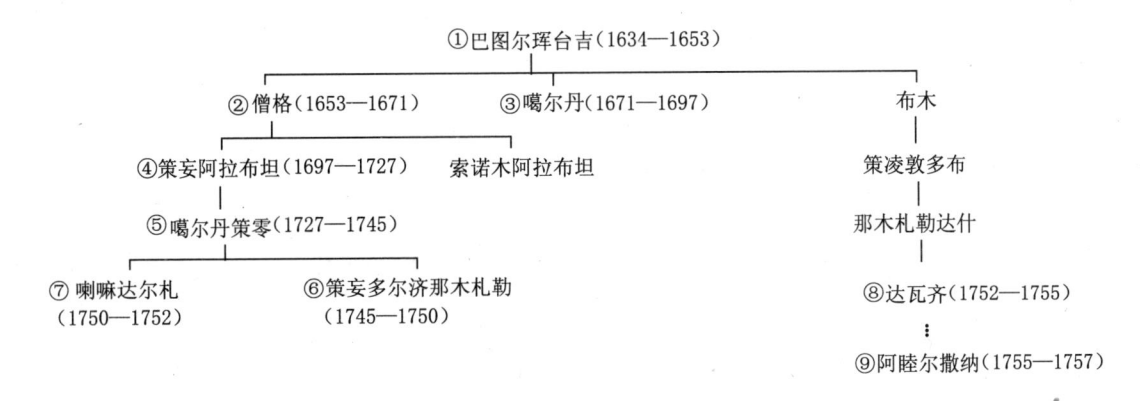

```
①巴图尔珲台吉(1634—1653)
    ├─────────────────┬──────────────────┐
②僧格(1653—1671)   ③噶尔丹(1671—1697)   布木
    │                                   │
    ├──────────────────┐              策凌敦多布
④策妄阿拉布坦(1697—1727)  索诺木阿拉布坦      │
    │                                 那木札勒达什
⑤噶尔丹策零(1727—1745)                    │
    ├──────────────────┐           ⑧达瓦齐(1752—1755)
⑦喇嘛达尔札        ⑥策妄多尔济那木札勒            ⋮
 (1750—1752)         (1745—1750)      ⑨阿睦尔撒纳(1755—1757)
```

45. 满族世系（清）

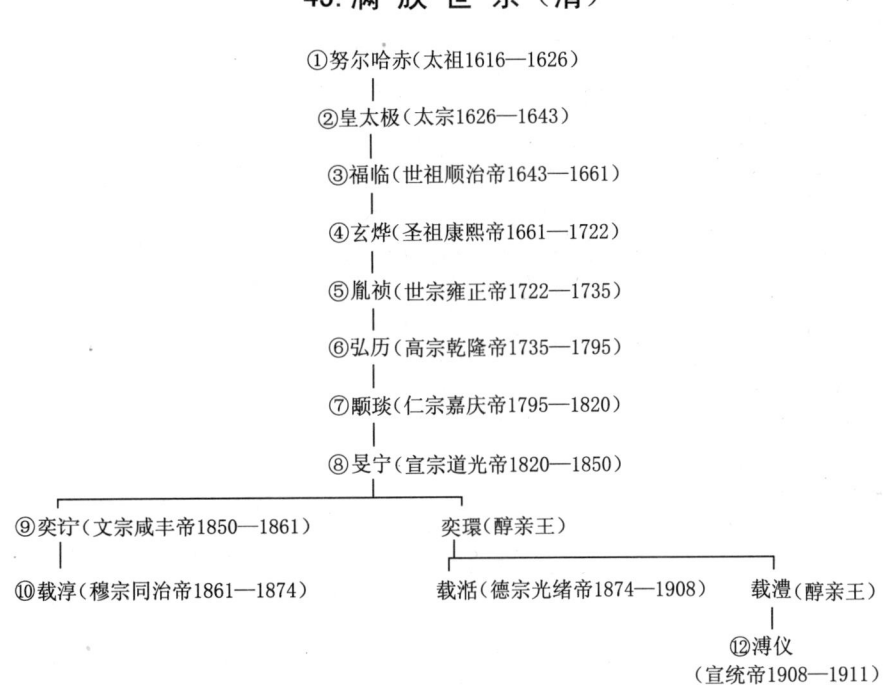

```
①努尔哈赤(太祖1616—1626)
        │
②皇太极(太宗1626—1643)
        │
③福临(世祖顺治帝1643—1661)
        │
④玄烨(圣祖康熙帝1661—1722)
        │
⑤胤禛(世宗雍正帝1722—1735)
        │
⑥弘历(高宗乾隆帝1735—1795)
        │
⑦颙琰(仁宗嘉庆帝1795—1820)
        │
⑧旻宁(宣宗道光帝1820—1850)
        ├──────────────────────┐
⑨奕詝(文宗咸丰帝1850—1861)    奕譞(醇亲王)
        │                     ├──────────────────┐
⑩载淳(穆宗同治帝1861—1874)  载湉(德宗光绪帝1874—1908)  载沣(醇亲王)
                                                    │
                                                ⑫溥仪
                                              (宣统帝1908—1911)
```